निराला की साहित्य-साधना

तृतीय खंड

पत्र-संग्रह

निराला की साहित्य-साधना

तृतीय खंड

पत्र-संग्रह

रामविलास शर्मा

राजकमल प्रकाशन

ISBN : 978-81-267-0435-4

मूल्य : ₹4950
(सम्पूर्ण सेट तीन खंड में)

पहला संस्करण : 1972
ग्यारहवाँ संस्करण : 2022

प्रकाशक : राजकमल प्रकाशन प्रा.लि.
1-बी, नेताजी सुभाष मार्ग, दरियागंज
नई दिल्ली-110 002

शाखाएँ : अशोक राजपथ, साइंस कॉलेज के सामने, पटना-800 006
पहली मंजिल, दरबारी बिल्डिंग, महात्मा गांधी मार्ग, प्रयागराज-211 001
36 ए, शेक्सपियर सरणी, कोलकाता-700 017

वेबसाइट : www.rajkamalprakashan.com
ई-मेल : info@rajkamalprakashan.com

मुद्रक : बी.के. ऑफसेट
नवीन शाहदरा, दिल्ली-110 032

NIRALA KI SAHITYA SADHANA (Vol. 3)
A Critical Study of Nirala by Dr. Ram Bilas Sharma

महिषादल के राजकुमार देवप्रसाद गर्ग बहादुर की कृपा से मुझे एक पुराना फोटोग्राफ़ प्राप्त हुआ था जिसमें बंगाल के गवर्नर, महिषादल महाराज तथा कुछ अन्य व्यक्तियों की पंक्ति के पीछे कई सिपाहियों के साथ रामसहाय तेवारी खड़े हैं। उस पुराने फोटोग्राफ़ से कला-कुंज आगरा के सत्यनारायण 'छविरत्न' ने यह चित्र तैयार किया है। इस सहयोग के लिए मैं इन दोनों सज्जनों के प्रति हार्दिक आभार व्यक्त करता हूँ।

25-7-76

—रामविलास शर्मा

क्रम

पहला भाग
निराला को लिखे हुए पत्र

दूसरा भाग

निराला के पत्र

जिसे पत्र लिखे गये **पत्र-संख्या**

तीसरा भाग

[निराला से सम्बन्धित काग़ज़-पत्र]

कलकत्ते के प्रमाण-पत्र

परिशिष्ट

दूसरे संस्करण की भूमिका

1. भक्ति साहित्य और छायावाद

इंग्लैंड में व्यापारिक पूँजीवाद के युग में जो साहित्य रचा गया, वह पुनर्जागरण काल का साहित्य कहलाता है; औद्योगिक पूँजीवाद के युग में जो साहित्य रचा गया, वह रोमांटिक आन्दोलन का साहित्य है। रोमांटिक साहित्य की अनेक विशेषताएँ पुनर्जागरण साहित्य में मिलती हैं। रोमांटिक आन्दोलन एक तरह से पुनर्जागरण का दूसरा संस्करण है। भारत में व्यापारिक पूँजीवाद के युग में जो धारा सर्वाधिक व्यापक और शक्तिशाली थी, वह भक्ति साहित्य की थी। हिन्दी का छायावादी साहित्य इंग्लैंड के रोमांटिक साहित्य से काफी मिलता-जुलता है, उसे स्वच्छन्दतावाद का नाम भी दिया गया है। इंग्लैंड का पुनर्जागरण और हिन्दी का भक्ति साहित्य समकालीन हैं किन्तु हिन्दी का छायावाद अंग्रेज़ी के रोमांटिक आन्दोलन से सौ साल बाद का है। इसका कारण क्या है? और छायावाद तथा भक्ति साहित्य में क्या वैसा ही सम्बन्ध है, जैसा रोमांटिक और पुनर्जागरण साहित्य में है?

व्यापारिक पूँजीवाद के युग में भारत स्वाधीन है, औद्योगिक पूँजीवाद के युग में भारत पराधीन है। इंग्लैंड में जब औद्योगिक विकास होता है, तब भारत का देहातीकरण होता है, उसका खेतिहरपन बढ़ता है। भक्ति साहित्य और पुनर्जागरण साहित्य की धाराएँ सामन्त विरोधी हैं; भक्ति साहित्य के निर्माण में किसानों-कारीगरों और उनसे सम्बद्ध कवियों की जैसी भूमिका है, वैसी उनकी भूमिका अंग्रेज़ी साहित्य में नहीं है। व्यापारिक पूँजीवाद के युग में हिन्दी प्रदेश की नगर-सभ्यता राजभाषा फ़ारसी से बँधी हुई है, देशी भाषा के माध्यम से वह अपनी भूमिका नहीं निबाह पाई। सामन्ती साहित्य की प्रतिनिधि रीतिवाद की धारा—पुनर्जागरण काल में क्षीण है, इंग्लैंड में गृह-युद्ध के बाद उसे नया जीवन मिलता है। भक्ति साहित्य के समानान्तर, केशवदास के बावजूद, यहाँ भी रीति साहित्य की धारा क्षीण है। दिल्ली की केन्द्रीय सत्ता के विघटन के बाद रीतिवाद को नया जीवन मिलता है। अंग्रेज़ी राज के कारण भारत के सामाजिक-सांस्कृतिक जीवन में जो अवरोध पैदा हुआ, उसका परिणाम है इंग्लैंड की तुलना में यहाँ रीति साहित्य की दीर्घकालीनता। भारतेन्दु हरिश्चन्द्र, महावीर प्रसाद द्विवेदी, रामचन्द्र शुक्ल, निराला—इन सबकी प्रगतिशीलता मुख्यत:

उनके रीतिवाद विरोध से निर्धारित होती है। इंग्लैंड के रोमांटिक साहित्य का झुकाव वहाँ श्रमिक पूँजीपति विरोध के कारण समाजवादी विचारधारा की ओर होने लगा है। भारत में यह झुकाव बीसवीं सदी में दिखाई देता है, 1917 की बोल्शेविक क्रान्ति से उसे ज़बर्दस्त प्रेरणा मिलती है। समाजवादी विचारधारा की मुख्य भूमिका यहाँ साम्राज्यविरोधी है। छायावाद औद्योगिक क्रान्ति के दौरान या उसके बाद का रचा हुआ साहित्य नहीं है; वह औद्योगिक विकास के लिए प्रयत्नशील, राष्ट्रीय स्वाधीनता की प्राप्ति के लिए संघर्ष करनेवाले समाज का साहित्य है। रीतिविरोध के साथ मनुष्य के भावबोध की मुक्ति और विकास से साहित्य में जो विशेषताएँ पैदा होती हैं, वे अंग्रेज़ी के पुनर्जागरण और रोमांटिक साहित्य में विद्यमान हैं। वे भक्ति और छायावादी साहित्य में भी हैं। फिर भी रोमांटिक और पुनर्जागरण साहित्य में उतना फर्क नहीं दिखाई देता जितना यहाँ छायावादी और भक्ति साहित्य में दिखाई देता है। भक्ति साहित्य के रचनाकार लगभग या पूरी तरह सम्पत्तिहीन हैं। छायावादियों में जो लगभग सम्पत्तिहीन हैं, वे भक्ति साहित्य के बहुत निकट हैं, शेष अपनी मध्यवर्गीयता के कारण दूर हैं।

मुकुटधर पांडेय ने 1920 में छायावाद पर जो निबन्ध लिखा, उसका विशेष महत्त्व यह है कि उसमें साहित्य को रीति और शास्त्रीय नियमों से मुक्त करने पर खूब ज़ोर दिया गया है। कई किस्तों में प्रकाशित होनेवाला यह निबन्ध—'हिन्दी में छायावाद'—डॉ. बलदेव द्वारा सम्पादित मुकुटधर पांडेय के लेख संग्रह 'छायावाद एवं अन्य श्रेष्ठ निबन्ध' (श्री शारदा साहित्य सदन, रायगढ़, 1984) में सुलभ है। पांडेय जी ने लिखा है, कविता जब अपनी जन्म कुटीर से बाहर आना चाहती है, तब "उसे नियमों और रीतियों द्वारा चारों ओर से घेर रखने का यत्न आरम्भ हो जाता है।...बेचारा कवि इन रीतियों के दबाव में यहाँ तक आ जाता है कि वह उनकी सीमा से एक पग भी आगे बढ़ाना पाप समझता है।...सभ्यता साहित्य में रीतिग्रंथों का पहाड़ खड़ा कर देती है, जिससे मौलिकता का द्वार रुक जाता है।...नैतिक साहस के अभाव से कवि रीतिग्रंथों की सीमा को नहीं लाँघ सकता।" (पृ. 53-54) पन्त जी ने 'पल्लव' की भूमिका में, निराला ने 'परिमल' की भूमिका तथा अन्य निबन्धों में इसी तरह रीतिवाद का विरोध किया। ऐसी बातें महावीर प्रसाद द्विवेदी और रामचन्द्र शुक्ल भी कह रहे थे; मुकुटधर पांडेय का रीतिविरोध अधिक व्यापक है। वे कवि की प्रतिभा को, उसके भावावेश को शास्त्रीय और अशास्त्रीय नियमों से मुक्त रखना चाहते हैं। द्विवेदी जी और उनके सहयोगियों के लिए यह बात भी नई नहीं है किन्तु मुकुटधर पांडेय ने उस पर ज़ोर अधिक दिया है। इसके सिवा उन्होंने प्रतिभा और भावावेश की बात को कवि की मौलिकता और उसके व्यक्तित्व से जोड़ा है। लिखा है : "मौलिकता का अभाव व्यक्तित्व का बाधक है जो कवि के लिए अत्यन्त आवश्यक है। बिना व्यक्तित्व दिखलाए कवि प्रतिपत्ति किसी को नहीं मिल सकती। वह व्यक्तित्व भाव में हो, भाषा में हो, छन्द में हो या प्रकाशन रीति

में हो, पर कविता में हो ज़रूर; जिसकी कविता में व्यक्तित्व नहीं, उसे कवि नहीं, अनुकरणकारी कहना चाहिए।" (पृ. 54)

रहस्यवाद और अध्यात्मवाद की चर्चा में व्यक्तित्व प्रकाशन की बात आँखों से ओझल हो जाती है। प्रतिभा, भावावेश, मौलिकता—इन सबका घनिष्ठ सम्बन्ध व्यक्तित्व प्रकाशन से है। यह व्यक्तित्व प्रकाशन स्वतंत्रता की भावना से जुड़ा हुआ है। "संसार में प्रत्येक मनुष्य स्वतंत्रता की इच्छा रखता है, फिर उसे मानसिक भूमि में परतंत्र रहना क्यों पसन्द होगा, यह बात समझ में नहीं आती।" (उप.) मानसिक और सामाजिक क्षेत्रों में स्वाधीनता का महत्त्व गद्य और पद्य में निराला का प्रिय विषय है। "छायावाद भाव राज्य की वस्तु है;" (पृ. 61) भाव की सत्ता रीतिवादी भी स्वीकार करते थे। यहाँ बात सामान्य भावों की नहीं, भावावेश की है। पांडेय जी के अनुसार कवि "अपने हृदय के आवेशों को प्रकट करता है;" (पृ. 54) "कविता लिखने के पूर्व उसके हृदय में जो भावावेश प्रकट हुए थे, वे शब्द सीमा के भीतर से नहीं आए थे। वे केवल उसके अनुभूति राज्य की सामग्री थे।" (पृ. 61) भावावेश की यह विशेषता छायावाद को रीति साहित्य से ही नहीं, समाज-सुधारक, उपदेशात्मक समकालीन कविता से भी अलग करती थी, साथ ही उसे भक्ति साहित्य से जोड़ती थी। भावावेश अनिवार्यत: कवियों को लिरिक अथवा प्रगीतकाव्य की ओर ठेलता है। इंग्लैंड के नवजागरण काल में नाटक और महाकाव्य लिखे गए, रोमांटिक काल में खंडकाव्य और नाटक लिखे गए; दोनों युगों में बहुत से गीत और प्रगीत लिखे गए। प्रगीत का गुण महाकाव्य, नाटकों और खंड-काव्यों में भी है। यही स्थिति छायावादी और भक्ति साहित्य की है। रीतिकाव्य में मुक्तक बहुत लिखे गए, इनमें रीतिमुक्त बहुत कम है; इसलिए उनमें भावविह्वल गेयता का अभाव है।

छायावादी कविता का एक अन्य गुण उसे रीतिकाव्य से अलग करता है, वह है "चित्रकारी और संगीत का अपूर्व एकीकरण।" (पृ. 62) अनुप्रासों की अतिशयता के कारण रीतिकाव्य में भाषा का सहज संगीत दबा रहता है, उसका उन्मुक्त प्रवाह भक्तिकाव्य में है। रीतिकाव्य की चित्रमयता अधिकतर रूढ़िग्रस्त होने के कारण प्रभावशाली नहीं होती। छायावादी कविता के चित्र, भाषा और छन्द का संगीत सांकेतिक व्यंजना के माध्यम बनते हैं। रीतिकाव्य में संकेतों की कमी नहीं पर सभी इशारे पहले से जाने-पहचाने होते हैं। शब्द के निश्चित अर्थ की सीमा से आगे बढ़कर चित्र और संगीत की जो सांकेतिक व्यंजना है, वह नियमों की पकड़ में नहीं आती। "यदि यह कहा जाय कि ऐसी रचनाओं में शब्द अपने स्वाभाविक मूल्य को खोकर सांकेतिक चिह्न मात्र हुआ करते हैं तो कोई अत्युक्ति नहीं होगी।" (पृ. 59) आवश्यक नहीं कि शब्द अपना स्वाभाविक मूल्य खो दें; सांकेतिक व्यंजना शब्दों के सहज मूल्य से जुड़ी होती है, उससे अलग भी होती है। जैसे शब्दों की अनिश्चित व्यंजना उनके सहज निश्चित अर्थ का निषेध नहीं है, वैसे ही भाव विह्वलता मनुष्य की वैचारिक दृढ़ता का निषेध नहीं है। सूक्ष्म भावबोध और विवेकशील चिन्तन में गहरा सम्बन्ध

है। मनुष्य का अन्तर्जगत् उसके बाह्य जगत् से असम्बद्ध नहीं होता। प्रगीत का गुण नाटक में हो सकता है, नाटकीयता प्रगीत में हो सकती है। व्यक्तित्व का विकास और प्रकाशन सामाजिक संघर्ष से अलग रहकर नहीं, उसमें भाग लेने से सम्भव होता है।

पांडेय जी ने छायावाद की कुछ ऐसी प्रवृत्तियों का समर्थन किया है जो नकारात्मक हैं; वे उसे कमज़ोर बनाती थीं और उनका विरोध हुआ तो यह उचित ही था। पांडेय जी ने छायावादी कवि-दृष्टि के लिए लिखा है : "छायावाद के कवि वस्तुओं को एक असाधारण दृष्टि से देखते हैं।...इसमें स्थैर्य और पूर्णत्व का नितान्त अभाव रहता है, जिससे वह क्षण भर में, बिजली की तरह, वस्तु को स्पर्श करती हुई निकल जाती है। पर यह स्पर्श इतना क्षीण होता है कि प्राय: वस्तु को उसका ठीक-ठीक ज्ञान भी नहीं होता।" (पृ. 59-60) यह एक प्रकार का अस्पष्ट बिम्बवाद हुआ। सम्भव है, इस प्रसंग में कुछ पाठकों को शमशेर बहादुर सिंह की कविताएँ याद आएँ। वस्तु को कवि-दृष्टि का स्पर्शबोध हो चाहे न हो, कवि को वस्तु का—अनेक वस्तुओं के आपसी सम्बन्ध का—बोध अवश्य होना चाहिए। वर्ना यथार्थ जगत् से उसका नाता टूट जाएगा या कमज़ोर हो जाएगा। छायावादी कवि के सपने किसी नशेबाज़ की फैंटेसी हो जाएँगे। पांडेय जी ने सटीक उपमा देते हुए लिखा है : "जिस प्रकार किसी भंग भवानी भक्त के रंजित लोचनों में कोई वस्तु, उसकी भावना या लहर के अनुसार कुछ और ही सूझने लगती है, वही हाल इन कवियों की दृष्टि का भी समझिए।" (पृ. 60) यह बात छायावादी कविता की प्रशंसा में कही गई है। स्वभावत: बुद्धिवाद से ऐसी कविता का कोई सम्बन्ध न होगा। पांडेय जी छायावादी कवि के आनन्द स्पन्दन के बारे में एक बंगाली लेखक का कथन उद्धृत करते हैं : "उसे बुद्धि के मार्ग से समझने की चेष्टा करना व्यर्थ है।" (पृ. 62) व्यंग्य चित्रों के छायावादी कवियों को मानो ध्यान में रखकर पांडेय जी ने लिखा है : "उनकी कविता देवी की आँखें सदैव ऊपर की ही ओर उठी रहती हैं। मृत्युलोक से उसका बहुत कम सम्बन्ध रहता है। वह बुद्धि और ज्ञान की सामर्थ्य सीमा को अतिक्रम करके मन-प्राण के अतीत लोक में ही विचरण करती रहती है, क्योंकि यहाँ उसे अपनी रुचि तथा इच्छापूर्ति का यथेष्ट अवसर मिला करता है।" (पृ. 63) यह छायावादी कविता का कमज़ोर पलायनवादी रुझान है। उसका ऐसा स्पष्ट उल्लेख अन्य छायावादी लेखकों के यहाँ दुर्लभ है।

इस कमज़ोर रुझान का सम्बन्ध पांडेय जी ने अध्यात्म चिन्तन से जोड़ा है। छायावादी कवि गूढ़ातिगूढ़ रहस्य में ही मग्न रहते हैं।" (उप.) पुराने रहस्यवाद का सम्बन्ध मृत्युलोक से था, उस समय के सामन्त विरोधी संघर्ष से था। नये रहस्यवाद का सम्बन्ध भी मृत्युलोक से था किन्तु साम्राज्य विरोधी संघर्ष से उसका सम्बन्ध कमज़ोर था। हिन्दी के छायावादी कवियों का गहरा सम्बन्ध इस संघर्ष से है किन्तु ऐसा सम्बन्ध यथार्थवाद के स्तर पर है, रहस्यवाद के स्तर पर नहीं। रवीन्द्रनाथ का एक गीत उद्धृत करने के बाद पांडेय जी ने लिखा है : "उन्होंने अपने गीतों के विषय

में जो कुछ कहा है, वही यहाँ सम्पूर्ण छायावाद के लिए कहा जा सकता है।" (पृ. 65) छायावाद को हिन्दी साहित्य में क्यों स्थान मिलना चाहिए, इस प्रश्न का उत्तर देते हुए पांडेय जी ने लिखा है : "हिन्दी में 'आध्यात्मिक साहित्य' का एकदम अभाव न होने पर भी वह कदाचित् पर्याप्त नहीं।" (पृ. 72) अध्यात्म जगत और साधारण जगत् का सम्बन्ध इस तरह निश्चित होता है : "छायावाद अध्यात्म जगत् को लेकर खेलने की वस्तु है। जीवन-यात्रा में उसका बहुत कम हाथ रहता है। अतएव केवल उसे ही लेकर जो जीना चाहते हैं, वे अवश्य भूलते हैं। वह मुट्ठी भर लोगों की क्रीड़ा भूमि है। उसमें साधारण जगत् का निर्वाह नहीं।" (उप.)

पांडेय जी छायावादी धारा के प्रवर्तकों में हैं। उसके बारे में कई बातें उन्होंने अपने कविकर्म को ध्यान में रखकर नहीं, दूसरों की पुस्तकें पढ़कर लिखी हैं। 'छायावाद' शब्द के बारे में लिखा है : "अंग्रेज़ी या किसी पाश्चात्य साहित्य अथवा बंग साहित्य की वर्तमान स्थिति की कुछ भी जानकारी रखनेवाले तो सुनते ही समझ जाएँगे कि यह शब्द Mysticism के लिए आया है...मैंने इस विषय में पाश्चात्य लेखकों की दो-एक छोटी-मोटी रचना छोड़कर और कोई किताब नहीं पढ़ी। हाँ, कवीन्द्र रवीन्द्र के मीष्टिक साहित्य की कुछ पुस्तकें अवश्य पढ़ी हैं। यद्यपि इस अल्पाति अल्प ज्ञान को लेकर एक नवीन और गहन विषय पर कुछ लिखने बैठना हास्यास्पद है, तथापि हिन्दी में उसका नितान्त अभाव देखकर, इधर-उधर की कुछ टीका-टिप्पणियों के सहारे, मैं यह दुस्साहस कर रहा हूँ।" (पृ. 59)

कवि मुकुटधर पांडेय को भक्ति साहित्य जिस तरह द्रवित करता है, उस तरह नई रहस्यवादी कविता नहीं। जिस निबन्ध में छायावादी कविता की अनिवार्य अस्पष्टता, साधारण जगत् में उसके सम्बन्ध-विच्छेद के लिए इतना आग्रह है, उसी में उन्होंने अपने एक अनुभव के बारे में बहुत स्पष्ट शब्दों में लिखा है : "अभी उस दिन जब हम श्रीमद्भागवत का दशम स्कंध पढ़ते-पढ़ते रो पड़े थे, तब हमने सोचा कि ऐसी सरल, सरस एवं स्वाभाविक रचना का भी तिरस्कार क्या किसी हृदय से सम्भव है? नहीं, कदापि नहीं।" (पृ. 72) यही हाल महावीर प्रसाद द्विवेदी का था। दोनों की भावभूमि में बड़ी समानता थी। रवीन्द्रनाथ को इस भावभूमि का ज्ञान था। उन्होंने बंगाली ज़मींदार के हिन्दुस्तानी दरबान पर एक मार्मिक कविता लिखी है। अवकाश के समय वह तुलसी रामायण पढ़ता है और रोता जाता है। इस ग्रंथ के बारे में पांडेय जी ने लिखा है :

विश्व वाङ्मय का है शृंगार, हिन्द हिन्दी का है अभिमान,
राष्ट्र को है अनुपम अवदान, तुम्हारा मानस ग्रंथ महान्॥

(डॉ. बलदेव द्वारा सम्पादित पांडेय जी का कविता संग्रह 'विश्वबोध', श्री शारदा साहित्य सदन, रायगढ़, 1984; पृ. 65)। तुलसीदास के परम भक्त निराला भी थे। भक्ति साहित्य से छायावाद का ऐसा ही नाता है।

निराला और मुकुटधर पांडेय का सम्बन्ध 'समन्वय' काल का है। 'विश्वबोध' में 'स्वागत' कविता के नीचे सम्पादकीय टिप्पणी है : ' 'समन्वय', 1920, महाकवि निराला के आग्रह पर।' (पृ. 62) 'समन्वय' का पहला अंक माघ, संवत् 1978 वि. में निकला था। यह ईस्वी सन् 1922 की बात है। 8 नवम्बर, 1921 के कार्ड में महावीर प्रसाद द्विवेदी ने निराला को सूचित किया था कि मायावती आश्रम के स्वामी माधवानन्द ने सम्पादक के लिए विज्ञापन दे दिया है, फिर 17 दिसम्बर, 1921 के कार्ड में लिखा था : "जान पड़ता है, स्वामी जी ने बहाना कर दिया है। पसन्द किसी और ही को किया होगा।" रामकृष्ण मिशन के इस पत्र से निराला का घनिष्ठ सम्बन्ध था। उसके प्रथम वर्ष के पहले अंक में मुकुटधर पांडेय की कविता छपे, यह तथ्य रोचक है। प्रथम वर्ष के ग्यारहवें और बारहवें अंकों में भी उनकी कविताएँ प्रकाशित हुई थीं। उनकी प्रतिलिपि मेरे पास नहीं है। 'स्वागत' कविता इन्हीं में से कोई एक होगी। 'आओ हे घनश्याम उदार'—कविता की यह पंक्ति पारम्परिक है। किन्तु घनश्याम की व्याप्ति के साथ मूर्ति विधान नया है :

आओ, साथ उषा के आओ
किरणों के मिस कर फैलाओ
विकसित अमल कमल बन जाओ
पहनो मुक्ताहार।

जयशंकर प्रसाद से अपनी भेंट के बारे में पांडेय जी ने लिखा है : "उन्होंने अत्यन्त धीमी आवाज़ में कहा, 'आप छायावाद के प्रथम कवि हैं।' मैंने कहा, 'मैंने तो आपका अनुकरण किया था।' उनकी आँखें सजल हो गईं।" ('छायावाद एवं अन्य श्रेष्ठ निबन्ध', पृ. 166) पांडेय जी ने बहुत तरह की कविताएँ लिखी हैं, उनमें शैली की विविधता है। उनकी कुछ रचनाएँ पढ़कर प्रसाद, निराला, पन्त का स्मरण हो आता है तो कुछ को पढ़कर मैथिलीशरण गुप्त और सनेही का।

पांडेय जी ने अपनी कविता के सन्दर्भ में लिखा है : "किसान मेरा प्रिय विषय था।" (उप., पृ. 169) इस विषय पर लिखते समय कवि छायावाद की व्याख्याएँ भूल जाए तो आश्चर्य नहीं।

धनियों को है मौज रात दिन हैं उनके पौ बारे
दीन दरिद्रों के मत्थे ही पड़े शिशिर दुख सारे...
वे हैं सुख साधन से पूरित सुधर घरों के वासी
इनके टूटे फूटे घर में छाई सदा उदासी...
भारत का यह कृषक खेत में कठिन काम करता है,
किन्तु वर्ष में कई महीने भूखों ही रहता है॥

('विश्वबोध', पृ. 18-19)

छायावादी कवियों ने हिन्दी पाठकों के भावबोध में महत्त्वपूर्ण परिवर्तन किये। इसके साथ ही उन्होंने उनकी सामाजिक चेतना को निखारा। वे स्वाधीनता आन्दोलन के समर्थक हैं; इससे आगे बढ़कर वे श्रमिक जनता के प्रति गहरी सहानुभूति व्यक्त करते हैं। उनका यह कार्य कविता से अधिक गद्य में सम्पन्न होता है।

2. छायावाद और हिन्दी नवजागरण

इस पुस्तक के दूसरे खंड के अन्त में छायावाद का स्वरूप निर्धारित करते हुए मैंने लिखा था : "छायावाद साम्राज्य विरोधी चेतना के निखार का साहित्य है" और "छायावाद नये सामन्त विरोधी मानव मूल्यों की प्रतिष्ठा का साहित्य है"। इन धारणाओं के समर्थन में निराला की विचारधारा का विश्लेषण, मुख्यत: उनकी गद्य रचनाओं के आधार पर, मैंने उक्त खंड के प्रारम्भिक अंश में प्रस्तुत किया था। 'छायावादी' साहित्य पढ़ते समय साम्राज्य विरोधी चेतना, सामन्त विरोधी मूल्य जैसी चीज़ें अप्रासंगिक मालूम होती हैं। किन्तु जहाँ छायावादी कलाकार, पत्रकारिता वाले गद्य की ठोस धरती पर पाँव रोपे हुए, साधारण पाठकों से बातें करते हैं, वहाँ साम्राज्य विरोधी चेतना और सामन्त विरोधी मूल्य जैसी चीज़ें निहायत प्रासंगिक ही नहीं, इतनी प्रासंगिक मालूम होती हैं कि उनके बिना उस गद्य का विवेचन हो ही नहीं सकता। यह गद्य पूर्ववर्ती भारतेन्दु हरिश्चन्द्र और निकटवर्ती महावीर प्रसाद द्विवेदी के लेखन कौशल से जुड़ा हुआ है।

छायावाद के स्वरूप निर्धारण के प्रसंग में महावीर प्रसाद द्विवेदी का उल्लेख मैंने स्वाधीनता आन्दोलन के सुधारवादी पक्ष और उसके प्रतिनिधि कवि मैथिलीशरण गुप्त के साथ किया है। भाव-बोध और कलात्मक साहित्य के विचार से यह बात सही है। छायावादी कविता से द्विवेदी जी को प्रेम न था, उन्होंने उसका विरोध किया था। किन्तु उनकी विचारधारा की भूमि लगभग वही है जो छायावादी गद्य लेखकों की है। जो अन्तर है, वह सम्भवत: इसलिए है कि द्विवेदी जी का अधिकांश गद्य लेखन सन् '20 से पहले का है, छायावादियों का सन् '20 के बाद का है। सन् '30 के बाद स्वयं छायावादियों के लेखन में परिवर्तन हुआ। यही नहीं कि राजनीति में वामपक्ष की ओर उनका अधिक झुकाव हुआ वरन् स्मरणीय है कि 'छायावादी' कल्पना के स्वरूप में भी बहुत बड़ा परिवर्तन हुआ। 'राम की शक्तिपूजा' और 'तुलसीदास' छायावादी रचनाएँ हैं किन्तु इनमें निराला की कल्पना का जो स्वरूप है, वह उनकी सन् '30 से पहले की रचनाओं में बीज रूप में ही है। इसलिए सन् '20 से पहले द्विवेदी जी के गद्य में साम्राज्य विरोधी चेतना का वह निखार न मिले जो सन् '20 के बाद निराला के गद्य में है, तो इस पर आश्चर्य न होना चाहिए। द्विवेदी जी की तुलना में भारतेन्दु की साम्राज्य विरोधी चेतना और भी कम निखरी हुई जान पड़े तो इस पर भी आश्चर्य न होना चाहिए।

'भारतेन्दु-युग और हिन्दी भाषा की विकास परम्परा' तथा 'भारतेन्दु हरिश्चन्द्र'—मेरी ये दो पुस्तकें जिस साम्राज्य विरोधी, सामन्त विरोधी चेतना का विश्लेषण प्रस्तुत

करती हैं, उसी के अगले विकास का विवेचन 'महावीर प्रसाद द्विवेदी और हिन्दी नवजागरण' में है। प्रथम विश्वयुद्ध के बाद जो हिन्दी लेखक राजनीति में सक्रिय थे, उनके गद्य लेखन का बहुत कुछ सम्बन्ध भारतेन्दु-युग के रचना कौशल से था। इस सिलसिले में कुछ सामग्री 'भारत में अंग्रेज़ी राज और मार्क्सवाद' के पहले खंड में है। 'निराला की साहित्य-साधना' के दूसरे खंड में छायावादी गद्य के बारे में जो बातें मैंने कही हैं, उनकी पुष्टि एक अन्य छायावादी कवि और गद्यकार का हवाला देते हुए मैं यहाँ करूँगा। किन्तु उससे पहले 'निराला की साहित्य-साधना' का पहला खंड पढ़कर श्रीकान्त जोशी ने मुझे जो पत्र लिखा था, उसे उद्धृत करना ज़रूरी है :

दि. 11.12.99

आदरणीय शर्मा जी,

अभी हाल ही में मैंने आपकी निराला जी से सम्बन्धित अप्रतिम कृति समाप्त की। यह कृति साहित्यकारों की जीवनी लिखने की विशिष्ट प्रणाली की स्थापना करनेवाली है। यद्यपि प्रारम्भ से अन्त तक आपने निराला की हर बात को प्रशंसामुखी अभिव्यक्ति दी है, फिर भी इस ग्रंथ को पढ़कर objective दृष्टिकोण बनाने में कोई बाधा नहीं आती। इस ग्रंथ की 'कला' इसी खूबी में है।

अज्ञात, अल्पज्ञात सामग्री के प्रस्तुतीकरण में भी आपने बहुत महान कार्य किया है। [1] आपका श्रम अनुकरणीय है और मेरे जैसे व्यक्ति के लिए प्रेरणामय भी कम नहीं है। सोचता हूँ, कभी माखनलाल जी के क्रान्तिकारी घटना-बहुल जीवन को इसी तरह लिख सकूँगा।

इस ग्रंथ में माखनलाल जी का उल्लेख बहुत ही कम हुआ है और जिस रूप में हुआ है, उससे उनके प्रति न्याय नहीं हो पाया है। माखनलाल जी और निराला जी के सम्बन्ध प्रगाढ़ चाहे न रहे हों पर उनके व्यक्तित्व में आजीवन एक महान निराला-समर्थक सक्रिय रहा, इससे इनकार नहीं किया जा सकता। आपके ग्रंथ से ज्ञात होता है कि सर्वश्री मैथिलीशरण जी गुप्त और प्रेमचन्द जी ने भी निराला के विरोध में छद्म नामों से लेख लिखे थे और उनके काव्य तथा उपन्यासों की कटु आलोचना की थी। इसके ठीक विपरीत माखनलाल जी ने जब निराला के उपन्यासों की 'कर्मवीर' में समीक्षा प्रकाशित की तो निराला ने उन्हें यह पत्र लिखा था :

C/o Ganga Pustakmala
Aminabad
Lucknow
16.1.34

आदरणीय चतुर्वेदी जी,

आपके अमूल्य 'कर्मवीर' में 'अलका' की आलोचना पढ़ी। हृदय को बल मिला। आलोचक ने जो सहृदयता 'अलका' और 'अपरा' [अप्सरा] को दी है, वही 'अलका' और 'अपरा' [अप्सरा] की सृष्टि की वजह भी है। लेखक तो भिक्षुक की

झोली की तरह रिक्त होकर द्वार-द्वार भटकता फिरता है। आलोचक श्री प्रतापसिंह (यह चतुर्वेदी जी के कई नामों में से एक नाम था) की मूल्यवान सम्मति मानकर चलने का प्रयत्न करूँगा। इति,

सविनय

'निराला'

स्पष्ट ही माखनलाल जी से निराला को सदा ही 'हृदय का बल' मिलता रहा। श्री बनारसीदास जी चतुर्वेदी चतुर्वेदी जी के समर्थक एवं निराला के विरोधी थे पर वे निराला के विरुद्ध एक भी शब्द उनसे प्राप्त कर न सके। यह बात बेहद महत्त्वपूर्ण है। निराला की मृत्यु पर अपनी तीव्र बीमारी के बावजूद माखनलाल जी ने श्री बाँकेबिहारी भटनागर को भेजने के लिए लेख डिक्टेट करवाया था। उस छोटे लेख से ये पंक्तियाँ देखें : "एक सम्पादक बन्धु ने स्वर्गीय श्री गणेशशंकर जी विद्यार्थी और मुझ पर यह आरोप लगाया था कि हम दोनों ने निराला की आलोचना में उनका साथ नहीं दिया। किन्तु सच तो यह है कि बरसों बाद एक नई प्रतिभा निराला जी के रूप में अवतरित हुई थी, उसका स्वागत होना चाहिए था।"

'संगम' में निराला पर लिखी अपनी कविता में उन्होंने लिखा था :

आ तेरी जीवित मौतों पर
जीने का त्योहार बना दूँ
सूझों के मन्दिर के गायक
तेरी कीर्ति-रागिनी गा दूँ।

इस पत्र ने 'निराला विशेषांक' निकाला था, यह कविता 'माता' काव्य संग्रह में है।

आपने पृष्ठ 360 पर लिखा है कि लाहौर में कवि सम्मेलन का सभापतित्व स्वयं निराला ने किया था। यदि आपके पास 'नया साहित्य' का 'निराला अंक' हो तो उसमें प्रकाशित श्री भदन्त आनन्द कौसल्यायन का लेख देखें। उसमें उन्होंने लिखा है कि इस कवि सम्मेलन की अध्यक्षता माखनलाल जी ने की थी और जब निराला के कविता पाठ के समय एक पंजाबी सिक्ख ने कुछ उल्टी-सुल्टी बातें कहीं तो माखनलाल जी ने उसे करारी फटकार दी। श्री कौसल्यायन लिखते हैं : "काश! चतुर्वेदी जी का वह भाषण रेकार्ड हो सका होता।"

ये कुछ प्रसंग हैं जो इस बात का प्रमाण देने के लिए पर्याप्त हैं कि माखनलाल जी और निराला के सम्बन्ध आजीवन कैसे रहे। आपका ग्रंथ या तो चुप रहता है या अनुकूल प्रभाव उत्पन्न नहीं कर पाता। आशा है, इस ओर आप कुछ सोचना उचित समझेंगे।

इस बीच आपने 'माखनलाल चतुर्वेदी : यात्रा पुरुष' ग्रंथ सम्पूर्ण रूप में पढ़ लिया होगा। आशा है, आप अपने पूर्व पत्रानुसार इस ग्रंथ की बावत कुछ लिखेंगे, साथ ही माखनलाल जी के पुनर्मूल्यांकन की दिशा में भी अपना सबल सहयोग हिन्दी

संसार को प्रदान करने में आगे बढ़ते रहेंगे।

आशा है, आप सानन्द हैं।

विनीत

श्रीकान्त जोशी

माखनलाल चतुर्वेदी और निराला के सम्बन्धों के बारे में श्रीकान्त जोशी की भेजी हुई सूचनाएँ अत्यन्त महत्त्वपूर्ण हैं। मैंने उन्हें लिखा था कि पुस्तक के तीसरे खंड में उनका पत्र उद्धृत कर दूँगा और पहले खंड का दूसरा संस्करण निकलेगा, तब लाहौर सम्मेलन वाली बात का ध्यान रखूँगा। पर ये दोनों बातें मैं भूल गया। चौदह साल बाद मैंने उनका 12.1.70 का पत्र न पढ़ा होता तो वे बातें मुझे याद भी न आतीं। वह पत्र आप भी देखें :

12.1.70

मान्यवर,

आपके 9.1. के कृपा पत्र के लिए कृतज्ञ हूँ। निराला जी के पत्र में अप्सरा है—अपरा नहीं, शायद जल्दी में मैं अशुद्ध लिख गया हूँ। मुझे बहुत प्रसन्नता है कि (1) मेरा पत्र आप अपनी पुस्तक के तीसरे खंड में दे रहे हैं व (2) लाहौर सम्मेलन वाली बात का पुस्तक के दूसरे संस्करण में ध्यान रखेंगे।

निराला और माखनलाल जी के सम्बन्ध सामान्य से बहुत ज़्यादा थे। इसका एक प्रमाण मुझे और मिला है—सोच रहा हूँ, एक लेख में यह सब मैं लिख डालूँ। अनुमति दीजिए।

माखनलाल जी पर आप निराला जी की तरह कार्य करें, यह मैं नहीं चाहता, पर एक ऐसा लेख अवश्य चाहता हूँ जिसमें माखनलाल जी के सन्दर्भ में सही-सही सोचने की प्रेरणा परवर्ती समीक्षकों को प्राप्त हो। श्रमिकों, गरीबों और किसानों के माखनलाल जी जबरदस्त हिमायती थे और 1935-36 में जो समाजवादी विचारधारा हिन्दी में आई, उसकी ओर अपने नाटक 'कृष्णार्जुन युद्ध' में सन् 1913 में उन्होंने बड़े ही शक्तिशाली संकेत दिये थे। मनुष्य को आदर्श रूप में ही नहीं, उसकी समस्त कमज़ोरियों के साथ भी वे प्यार करते थे, ये बड़ी भारी बातें हैं। कृपया 'यात्रा पुरुष' में श्री मुकुट बिहारी शर्मा का लेख पढ़ें नवीन जी के सन्दर्भ में।

सानन्द होंगे।

श्रीकान्त जोशी

जोशी जी निष्ठावान साहित्यकार हैं, बड़ी लगन के आदमी हैं। 'माखनलाल चतुर्वेदी रचनावली' का सम्पादन उनकी निष्ठा का प्रमाण है। मेरे 1.2.70 के पत्र का स्मरण कराते हुए उन्होंने 12.1.84 को मुझे जो कुछ लिखा, वह उनकी लगन का प्रमाण है। यह तीसरा पत्र जब आया, तब मैं 'निराला की साहित्य-साधना-3' के दूसरे संस्करण की भूमिका लिखने के बारे में सोच रहा था। यह पत्र पाकर मैंने

उनके दो पुराने पत्र ढूँढ़ निकाले; उन्हें पढ़कर पुरानी बातें याद आईं। तीसरा पत्र आगे उद्धृत करूँगा। उससे पहले उनके पहले पत्र पर टिप्पणी करना चाहता हूँ। जोशी जी के पत्र में सबसे महत्त्वपूर्ण सूचना यह है कि जिस समय बनारसीदास चतुर्वेदी निराला का घेराव कर रहे थे, उस समय वह निराला के विरुद्ध एक भी शब्द माखनलाल चतुर्वेदी से प्राप्त न कर सके। माखनलाल जी स्वयं छायावादी कवि थे, कवि रूप में वह निराला का महत्त्व अवश्य समझते रहे होंगे। उन्होंने निराला के उपन्यासों की समीक्षा प्रकाशित की, उन पर कविता लिखी, उनकी मृत्यु के बाद उन पर लेख डिक्टेट कराया, यह सब उनकी सहृदयता और साहित्य प्रेम का सूचक है।

जोशी जी ने निराला के विरुद्ध छद्मनाम से लिखनेवालों में मैथिलीशरण गुप्त के साथ प्रेमचन्द का नाम भी लिया है। मेरी पुस्तक पढ़ने से उन्हें ऐसा आभास हुआ। 'भावों की भिड़न्त' के लेखक मेरी समझ में मैथिलीशरण गुप्त थे किन्तु प्रेमचन्द ने भी उनके विरुद्ध छद्मनाम से लिखा, मेरा यह आशय बिलकुल न था। 'अप्सरा' की कटु आलोचना 'हंस' में छपी। इसे पढ़कर "निराला के लिए यह सन्देह करना स्वाभाविक था कि उस लेख में प्रेमचन्द का हाथ है।" 'निराला की साहित्य-साधना-1' के सातवें अध्याय में मैंने निराला के सन्देह को स्वाभाविक बताया है। प्रेमचन्द ने जगमोहन गुप्त के नाम से लेख लिखा, यह कथन चन्द्र प्रकाश सिंह का है जिसे मैंने उनके लेख से उद्धृत किया है। आगे मैंने लिखा है : "प्रेमचन्द के बारे में निराला का सन्देह दूर करने का प्रयत्न उस समय के प्रसिद्ध कहानी लेखक और उपन्यासकार विश्वंभर शर्मा कौशिक ने किया। जगमोहन गुप्त फर्ज़ी नाम नहीं है; 'विशाल भारत' और 'हंस' में उनकी कहानियाँ छपी हैं। इससे स्पष्ट हो जाएगा कि मैं प्रेमचन्द को छद्म नाम से लिखने का दोषी नहीं मानता। उनका दोष इतना ही था कि 'हंस' और 'जागरण' में उन्होंने निराला पर कुछ आपत्तिजनक सामग्री छापी थी।

लाहौर में जो कवि सम्मेलन हुआ, उसके संयोजक उदयशंकर भट्ट थे। इस सम्बन्ध में उन्होंने अपना संस्मरण मेरे पास भेजा था। इसका प्रारम्भिक अंश इस प्रकार है :

"जिन दिनों अबोहर हिन्दी साहित्य सम्मेलन हुआ तो स्वागताध्यक्ष और बाकी स्वागतकारिणी के मेम्बर लाहौर से चुने गए। दुर्भाग्यवश मेरे न चाहने पर भी कवि सम्मेलन का संयोजकत्व मुझे सौंपा गया। स्वागतकारिणी के लोगों की राय थी कि कवि सम्मेलन के लिए न तो कोई आदमी बाहर से बुलाया जाए और न बहुत रुपये ही खर्च किये जाएँ। मैंने इसी बात को लेकर अपना इस्तीफा पेश कर दिया। मैं चाहता था कि पं. सूर्यकान्त त्रिपाठी 'निराला' को सभापति बनाया जाए। स्वागतकारिणी के सदस्यों ने काफी झगड़े और झंझट के बाद यह निश्चय किया कि सभापति को केवल मार्ग व्यय ही दिया जाए। मैंने निराला जी को कवि सम्मेलन के संयोजक के रूप में पत्र लिखा तो उन्होंने 500) रु. माँगे। इसके बाद एक तरह से कवि सम्मेलन के सम्बन्ध में सम्मेलन वालों ने चुप्पी साध ली। मेरा आग्रह था कि निराला जी यदि

500) रु. माँगते हैं तो उन्हें 500) रु. दिये जाएँ। तब एक दिन स्वामी केशवानन्द आकर गिड़गिड़ाए कि आप हम लोगों की तरफ से निराला जी से प्रार्थना कीजिए कि वह कवि सम्मेलन का सभापतित्व करें। और इस प्रकार एक पत्र लिखा गया। निराला जी ने स्वीकार नहीं किया। फिर मैंने व्यक्तिगत रूप से पत्र लिखकर उनसे अनुरोध किया कि जो कुछ भी सम्मेलन देता है, उसे स्वीकार करके वह सभापतित्व करने के लिए आ जाएँ। निराला जी मान गए।"

निराला जी गए; गेस्ट हाउस में ठहरे; लोगों को पार्टियाँ दीं। फिर : "दूसरे रोज़ कवि सम्मेलन हुआ। कवि सम्मेलन में पं. माखनलाल चतुर्वेदी आदि कई प्रतिष्ठित कवि थे। निराला जी ने शुद्ध उर्दू में अपना सभापति का भाषण दिया।" जनता ने विरोध किया, उदयशंकर भट्ट के कहने पर निराला ने हिन्दी में बोलना शुरू किया। कवियों को पुरस्कार और प्रमाणपत्र दिये। "कवि सम्मेलन की समाप्ति के बाद दूसरे रोज़ बाबू पुरुषोत्तमदास टंडन, माखनलाल चतुर्वेदी तथा और लोग लाहौर को रवाना हो गए।" वहाँ अपने ठहरने और भोजनपान की समुचित व्यवस्था करा लेने के बाद निराला ने कवि सम्मेलन में भाग लिया। "लाहौर के लोकसेवा मंडल के हॉल में एक कवि सम्मेलन हुआ। उसके सभापति भी निराला जी हुए। उस सभापतित्व की यह विशेषता थी कि जब कवि सम्मेलन जमता तो निराला स्वयं अपनी कविता पढ़ने खड़े हो जाते और 'कुकुरमुत्ता' जैसी लम्बी कविताएँ सुनाते।"

मेरे लिए भट्ट जी के विस्तृत विवरण पर सन्देह करने का कोई कारण नहीं था। कवि सम्मेलन की अध्यक्षता का महत्त्व निराला के लिए उस समय उनकी मानसिक स्थिति के कारण था; ऐतिहासिक महत्त्व इस बात का है कि निराला के साथ दो कवि सम्मेलनों में माखनलाल चतुर्वेदी भी थे।

अब श्रीकान्त जोशी का तीसरा पत्र देखें :

दि. 12.1.84
जवाहर गंज/खंडवा
450001

मान्य शर्मा जी : सादर नमन

कृपया अपना थोड़ा-सा समय स-क्षमा मुझे दें—मैं आपकी व्यस्तता से सुपरिचित हूँ।

मैं आपके 30, नई राजामंडी, आगरा से लिखे गए दिनांक 1.2.70 के पत्र की कुछ पंक्तियाँ आपके अवलोकन-मनन के लिए भेज रहा हूँ जो इस प्रकार हैं (पं. माखनलाल जी चतुर्वेदी के सन्दर्भ में) :

> "तात्कालिक कार्य जो सम्भव है, वह यह कि 'निराला की साहित्य-साधना' के दूसरे खंड में एक अध्याय छायावाद पर लिखूँगा—यानी '20-'36 के बीच के साहित्यकारों की सामाजिक-चेतना पर भी उसमें कुछ बातें लिखूँगा। वहाँ मैं माखनलाल जी पर कुछ पृष्ठ लिखने की सोच रहा हूँ। उनके राजनीतिक निबन्ध देखे बिना यह कार्य असम्भव है। यदि आप

'कर्मवीर' के कुछ निबन्ध या उनके उपयुक्त अंश मुझे भेज सकें तो यह काम हो जाएगा।"

निवेदन यह है कि उन दिनों यह कार्य नहीं हो सका किन्तु अब माखनलाल जी के सम्पादकीय 'प्रभा' के रचनावली के खंड दो में व 'कर्मवीर' के खंड 9 व 10 में उपलब्ध हैं। मैं श्री माहेश्वरी को लिख चुका हूँ कि वे रचनावली आपके पास प्रेषित करें—यदि उन्होंने प्रेषित न की हो तो कृपया मँगवा लेने का कष्ट करें। मेरी दृष्टि में माखनलाल जी की रचनावली पढ़कर आप जो भी लिखेंगे, वह स्थापित मान्यताओं को हिला देनेवाला तथा नई जानकारी देनेवाला सिद्ध होगा। मेरा इसी समीक्षकीय न्याय के लिए आपसे अनुरोध है।

आशा है, आप पूर्णत: स्वस्थ सानन्द हैं।

विनीत

श्रीकान्त जोशी

चौदह साल पहले की बात याद रखना और समय आने पर दूसरे को उसकी याद दिलाना साधारण काम नहीं है। इसके लिए मैं जोशी जी की प्रशंसा करता हूँ और उनके प्रति आभार भी प्रकट करता हूँ। अपनी पुस्तक के दूसरे खंड के लिए तैयारी करते समय माखनलाल चतुर्वेदी पर कुछ पृष्ठ लिखने की बात मैं सोच रहा था। उपयुक्त सामग्री के अभाव में वह काम उस समय न हुआ। यहाँ जो कुछ लिखूँगा, पाठक उसे दूसरे खंड में छायावादी विचारधारा के विश्लेषण से सम्बद्ध मानें।

माखनलाल चतुर्वेदी ने जनवरी, 1920 से 'कर्मवीर' पत्र का सम्पादन आरम्भ किया। इससे पहले गणेशशंकर विद्यार्थी 'प्रताप' और उससे पहले बालकृष्ण भट्ट 'हिन्दी प्रदीप' निकाल चुके थे। बालकृष्ण भट्ट भारतेन्दु-युग के प्रमुख लेखकों में थे, गणेशशंकर विद्यार्थी 'सरस्वती' में महावीर प्रसाद के सहयोगी रह चुके थे। माखनलाल चतुर्वेदी ने फरवरी, 1921 में सरकारी दमन के विरुद्ध हिन्दी की साम्राज्य विरोधी पत्रकारिता की कड़ियाँ इस प्रकार जोड़ी थीं : "वह आवाज़ 'प्रताप' ही की थी जिसने 'हिन्दी प्रदीप' और 'कर्मयोगी' के द्वारा किये जानेवाले जागृति के प्रारम्भिक पथ को अपनी कार्य-शैली के बल पर विस्तृत बनाया।" (9/292; प्रथम संख्या 'रचनावली' के खंड की है, दूसरी पृष्ठ की। आगे भी यही क्रम रहेगा।) 'प्रताप' के ही सन्दर्भ में चार महीने बाद उन्होंने 'कर्मयोगी' का परिचय इस प्रकार दिया था : "जिसे सन् 1907-8 की पकड़-धकड़ और सरकारी क्रूरता के दिन याद हैं, उसे यह बताने की ज़रूरत नहीं कि देश में उस समय पत्रों के जीवन की क्या अवस्था थी। उस समय जो पत्र राष्ट्रीय सेवा में अपना कदम आगे बढ़ानेवाले थे, उनमें श्रीयुत सुन्दरलालजी द्वारा प्रकाशित 'कर्मयोगी' का ऊँचा आसन था।" (6/325) राष्ट्रीय पत्रों में 'कर्मयोगी' के साथ चतुर्वेदी जी ने माधवराव सप्रे के 'हिन्दी केसरी' और बाबूराव विष्णु पराड़कर के 'हितवार्ता' का उल्लेख किया है। फिर 'प्रताप' के लिए उन्होंने एक अनमोल वाक्य लिखा है : "पत्र का निर्भीक स्वर 'कर्मयोगी', 'हिन्दी प्रदीप' और 'हितवार्ता'

के पुनर्जन्म की सूचना कर रहा था।" (6/326) भारतेन्दु-युग की पत्रकारिता इस प्रकार प्रथम विश्वयुद्ध से पहले और बाद की पत्रकारिता से जुड़ी हुई थी। 'कर्मयोगी' और 'हितवार्ता' के साथ 'हिन्दी प्रदीप' ने 'प्रताप' में नया जीवन पाया, यह स्थापना बालकृष्ण भट्ट के लेखन का क्रान्तिकारी पक्ष सही रूप में पेश करती है। इन पत्रों की शृंखला में एक गौरवपूर्ण कड़ी के रूप में था माखनलाल चतुर्वेदी का 'कर्मवीर'।

बालकृष्ण भट्ट और उनका 'हिन्दी प्रदीप' प्रसिद्ध पत्र 'मतवाला' के भी प्रेरणा स्रोत थे। बालकृष्ण भट्ट के नाम पर ही महादेव प्रसाद सेठ ने अपने प्रेस का नाम 'बालकृष्ण प्रेस' रखा था। बालकृष्ण भट्ट क्रान्तिकारियों के समर्थक थे; गणेशशंकर विद्यार्थी को क्रान्तिकारियों से गहरी सहानुभूति थी। कुछ समय के लिए 'प्रताप' में उन्होंने भगतसिंह को अपना सहयोगी बनाया था और राम प्रसाद बिस्मिल की आत्मकथा, शिव वर्मा से प्राप्त होने पर, गुप्त रूप से प्रकाशित की थी। 'मतवाला'-मंडल के सम्मानित सदस्य, निराला के 'मास्टर साहब' राधामोहन गोकुल जी क्रान्तिकारी थे। कानपुर में चन्द्रशेखर आज़ाद से शिव वर्मा की भेंट उन्हीं के यहाँ हुई थी और कानपुर में ही सत्य भक्त तथा अन्य सहयोगियों के साथ राधा मोहन गोकुल जी ने कम्युनिस्ट पार्टी की स्थापना की थी। माखनलाल चतुर्वेदी ने अपने क्रान्तिकारी जीवन के बारे में लिखा है : "1905 से मैं क्रान्तिकारी था और उस समय तक रहा, जब हिन्दू यूनिवर्सिटी की पुण्यशिला रखने के लिए गांधी जी वहाँ पर आए और कितने ही राजा वगैरा आए थे। पुण्यशिला किसने रखी थी, मुझे याद नहीं, परन्तु गांधी जी का भाषण हुआ था कि 'तुम मुझे पिस्तौल दो, मैं तुम्हें स्वराज्य दूँगा।' मेरे साथ ग्यारह बंगालियों ने अपनी-अपनी पिस्तौलें दे दी थीं।" (3/86-87)

क्रान्तिकारियों के लिए कोई नहीं कह सकता कि वे संघर्ष से डरते थे। किन्तु जनान्दोलन के बदले उनका संघर्ष लुके-छिपे होता था। क्रान्तिकारियों और छायावादियों में यह लुका-छिपी वाली बात सामान्य थी। चतुर्वेदी जी ने 1958 में दोनों की तुलना इस तरह की थी : "अत: उस समय का क्रान्तिवाद यदि भारतीय पराधीनता के प्रति विद्रोह था और लुक-छिपकर ज़िन्दगी बिताना उनकी [उसकी] लाचारी थी तो [यहाँ से छायावादी गद्य का नमूना शुरू होता है] सुधारवाद और गद्यात्मकता के अधिक उपदेशप्रद ऊँचे उठकर बोलने के दिनों में भाषा और कथन की मल्लविद्या सीखने की अपेक्षा भावों की जगदीश्वरी के आँगन में आँसुओं और अनुभूतियों के पंख लगाकर आनन्द और माधुर्य को न छूटने देने के लिए नगण्य कहलाकर भी विद्रोह करने के लिए युग के माधुर्य की तबीयत मचल-मचल उठती थी।" (4/196) क्रान्तिवाद भारतीय पराधीनता के प्रति विद्रोह है, छायावाद भाषा और कथन की मल्ल विद्या के प्रति विद्रोह है। विद्रोह दोनों ओर है। पहले विद्रोह से स्वाधीनता की प्राप्ति होगी, दूसरे से माधुर्य की। दोनों में लुका-छिपी की वृत्ति सामान्य है।

1958 में लुका-छिपी की ज़रूरत न थी—न साहित्य में, न समाज में। युग के

माधुर्य की तबीयत मचल-मचल उठती थी—यह शैली चतुर्वेदी जी क्यों अपनाए हुए थे? अधिकांश छायावादी साहित्यकारों ने सन् '30 के बाद इसे त्याग दिया था। चतुर्वेदी जी जिसे माधुर्य कहते थे, उसका विशेष सम्बन्ध इस शैली से था। यह माधुर्य और उससे जुड़ी हुई शैली भावुकता की उपज हैं, वे विवेकशील चिन्तन का परिणाम नहीं हैं। महावीर प्रसाद द्विवेदी और रामचन्द्र शुक्ल भावुकता से हटकर विवेकशील चिन्तन का समर्थन करते हैं। उनके गद्य का यह समर्थ और महत्त्वपूर्ण पक्ष है। इस पक्ष के बहुत अच्छे प्रतिनिधि स्वयं माखनलाल चतुर्वेदी हैं। किन्तु जिसे वह छायावाद कहते हैं, वह वास्तव में छायावाद का कमज़ोर पक्ष है। उनकी छायावादी कविता इस कमज़ोर पक्ष तक सीमित नहीं है। उनकी एक कविता क्रान्तिकारी युवकों को बहुत प्रिय थी :

चाह नहीं मैं सुरबाला के गहनों में गूँथा जाऊँ,
चाह नहीं प्रेमीमाला में बिंध प्यारी को ललचाऊँ,
चाह नहीं सम्राटों के शव पर हे हरि डाला जाऊँ,
चाह नहीं देवों के सिर पर चढ़ूँ भाग्य पर इतराऊँ;
मुझे तोड़ देना वनमाली!
उस पथ में देना तुम फेंक।
मातृभूमि पर शीश चढ़ाने
जिस पथ जावें वीर अनेक।

(6/80; रचनावली में चौथी पंक्ति में 'सिर सर' और पाँचवीं में 'तोड़ देना' अशुद्ध पाठ हैं।) अतिशय लाक्षणिकता से मुक्त यह शैली सहज ही प्रभावशाली है।

छायावाद और माधुर्य वाले प्रसंग में चतुर्वेदी जी ने लिखा है : "इस तरह की रचनाओं को सबसे पहले स्वर्गीय श्री गणेशशंकर विद्यार्थी ने 'प्रताप' में प्रकाशित किया। (4/196) विद्यार्थी जी स्वयं कभी-कभी छायावादी ढंग का गद्य लिखते थे किन्तु अपवाद रूप में। उनके और माखनलाल जी के मित्र वृन्दावनलाल वर्मा ने गद्य काव्य लिखा था किन्तु उपन्यासों में वह यथार्थ की ठोस धरती खूब मज़बूती से पकड़े रहते थे। विद्यार्थी जी के सहयोगी बालकृष्ण शर्मा 'नवीन' छायावादी कवि थे और कानपुर की मज़दूर सभा के अध्यक्ष भी थे। मज़दूर सभा में वह कम्युनिस्ट नेता रुद्रदत्त भारद्वाज के सहयोगी थे। माखनलाल चतुर्वेदी ने 1913 में 'प्रभा' निकाली। बन्द हो जाने पर दूसरी बार वह कानपुर से प्रकाशित हुई। पहला अंक जनवरी, 1920 का है; सम्पादक गणेशशंकर विद्यार्थी और देवदत्त शर्मा हैं। जून, 1920 के अंक में निराला की 'जन्मभूमि' (बन्दूँ मैं अमल कमल); नवम्बर, 1921 में 'अध्यात्म पुष्प' (जब कड़ी मारें पड़ीं दिल हिल उठा) कविताएँ प्रकाशित हुईं। 'प्रभा' में 'भारतीय आत्मा' (माखनलाल चतुर्वेदी), प्रेमचन्द, सुभद्रा कुमारी चौहान, नवीन, उग्र आदि साहित्यकारों की रचनाएँ प्रकाशित हुई थीं। इसका सम्पादन बालकृष्ण शर्मा 'नवीन'

ने भी किया और इसमें क्रान्तिकारी आन्दोलन से सम्बन्धित काफी सामग्री प्रकाशित की थी। (यथा : दिसम्बर, 1924 के अंक में सुरेशचन्द्र भट्टाचार्य का लेख 'भारत में क्रान्तिकारी आन्दोलन') गांधीवाद के समानान्तर हमारे यहाँ क्रान्तिकारी विचारधारा का प्रसार हो रहा था। उसका जन्म गांधीवाद से पहले हो चुका था। छायावाद से उसका घनिष्ठ सम्बन्ध था और छायावाद का जन्म भी सन् '20 के आन्दोलन से पहले हुआ था। रामचन्द्र शुक्ल के अनुसार "चित्रमयी, कोमल और व्यंजक भाषा में...नये ढंग की रचनाएँ संवत् 1970-71 [सन् 1913-14] से ही निकलने लगी थीं।" ('हिन्दी साहित्य का इतिहास', सं. 1997; पृ. 781)

3. अंग्रेज़ी लूट और किसान-संघर्ष

माखनलाल चतुर्वेदी ने अपने पारिवारिक परिवेश से वैष्णव संस्कार प्राप्त किये थे। उन्हें कृष्ण-भक्ति के अनेक पद याद थे और शुरू-शुरू में उन्होंने स्वयं इसी तरह के पद रचे थे। "किन्तु मेरा स्वभाव उग्र था। समस्त लाड़-प्यार के बावजूद यदि कोई मुझे छेड़ता, तो फिर मेरे वैष्णव पद मुझे लड़ने और मारपीट करने से नहीं रोक पाते थे" (1/99-100)। सहज प्रतिरोध की यह वृत्ति क्रान्तिकारियों के साथ काम करने से पुष्ट हुई थी। क्रमशः उन्होंने ब्रिटिश साम्राज्यवाद के आर्थिक, राजनीतिक और सैनिक प्रपंच का अध्ययन किया और यह अध्ययन आश्चर्यजनक रूप से 'सम्पत्तिशास्त्र' में महावीर प्रसाद द्विवेदी के विश्लेषण से मिलता-जुलता है। माधवराव सप्रे और महावीर प्रसाद द्विवेदी मिलकर काम करते थे, एक दूसरे की सामग्री का उपयोग करते थे। दोनों के विचारों में बहुत समानता थी।* सप्रे जी को 1969 में माखनलाल चतुर्वेदी ने 'गुरुवर्य पं. माधवराव सप्रे' कहकर याद किया था। सप्रे जिसके गुरु हों, वह अंग्रेज़ों की आर्थिक नीति का विश्लेषण महावीर प्रसाद द्विवेदी की तरह करे, यह स्वाभाविक था।

---

* द्विवेदी-सप्रे सम्बन्धों के बारे में रायपुर से 2 फरवरी, 1980 को लिखे हुए देवी प्रसाद वर्मा के पत्र को उद्धृत करने का यह उपयुक्त अवसर है। 'म.प्र. द्विवेदी और हिन्दी नवजागरण' पढ़कर उन्होंने लिखा था : "आपने स्व. माधवराव सप्रे के निबन्धों की चर्चा की है परतु कई स्थानों में उनके बारे में पूरी सूचना न होने के कारण आपके कुछ तर्क गलत से होते दृष्टिगोचर होते हैं। उदाहरण के लिए स्व. माधवराव सप्रे त्रिमूर्ति, त्रिमूर्ति शर्मा, माधव बी.ए. आदि नामों से लिखते थे। इस [का] उल्लेख आपको हार्डीकर द्वारा लिखित माधवराव सप्रे की जीवनी में मिलेगा। मेरे पास कुछेक अभिलेख हैं जिनके आधार पर मैं यह प्रमाणित कर दूँगा कि 'इंग्लैंड की राज्य क्रान्ति', 'फ्रांस की राज्य क्रान्ति' आदि सभी निबन्ध उनके हैं। उनके द्वारा लिखे गए इतिहास-सम्बन्धी सभी लेख 'माधवराव सप्रे : इतिहास चिन्तन'—इस नाम से विश्व भारती प्रकाशन, सीताबर्डी, नागपुर में छप रहा है। साथ ही 'सम्पत्तिशास्त्र' के विषय में उनका एक अधूरा अप्रकाशित निबन्ध भी है जिससे यह उद्घाटित होता है कि हिन्दुस्तान का धन हिन्दुस्थान में रहना चाहिए। आपसे विनम्र निवेदन है कि आप अपनी यह मान्यता सुधार लें कि द्विवेदी जी ही त्रिमूर्ति या त्रिमूर्ति शर्मा के नाम से लिखते थे।" पत्र में दी हुई सूचना के लिए मैं देवी प्रसाद वर्मा के प्रति आभारी हूँ।

भारत सदा ग्राम समाजों का देश रहा है, उसे सदा कृषिप्रधान देश बने रहना चाहिए, इस धारणा का खंडन करते हुए 1926 में माखनलाल जी ने लिखा था : "भारत केवल किसान देश नहीं रहा। आज से ठीक 109 वर्ष पहले प्रसिद्ध अंग्रेज़ डा. राबर्टसन ने लिखा था, '...उनका [भारतवासियों का] व्यापार, सदा से एक ही ढंग से चला आ रहा है और उनके हुनर और कुदरत की चीज़ों के बदले में उनके पास सोना आता रहा है।'

"किन्तु अब तो सोना इंग्लैंड को चाहिए, उसकी सोने की लंका के कई गढ़ अभी बनने बाकी हैं। इधर भारतवासी चिथड़े और टुकड़े के लिए मोहताज हो रहे हैं। पहिले किसानी का रोज़गार करनेवाले कम थे, अब इंग्लैंड की लूट के कारण उनकी तादाद, फीसदी 75 तक बढ़ गई है। किन्तु रायल कमीशन चाहता है कि भारतवासी और भी खेती पर ही जीने के लिए विवश हों; यह भारत के भूखे पेटों, सूखी हड्डियों और गरीब किसानों को चुनौती है। क्या हम इस चुनौती को चुपचाप बर्दाश्त कर लेंगे? हमें एक स्वर से गर्जना करनी चाहिए—हमें खेती का ब्रह्मज्ञान मत सिखाओ, हमें व्यापार की कुंजी चाहिए; हम प्राण रहते अपने बचे-खुचे बाज़ार तुम्हें हरगिज़ न हथियाने देंगे।" (10/157-58)

भारतीय उद्योग-धन्धों द्वारा तैयार किये हुए माल और यहाँ की प्राकृतिक उपज की बिक्री से विदेशी सोना प्राप्त होता था। अंग्रेज़ी राज ने यह प्रक्रिया उलट दी; यहाँ का सोना लूट के ज़रिये इंग्लैंड पहुँचाया गया और भारत खेतिहर देश बना डाला गया। स्वभावत: खेती पर जीविका के लिए निर्भर रहनेवालों की संख्या बढ़ गई। उद्योगीकरण के लिए पहली शर्त है, माल की खपत के लिए अपना बाज़ार हो। अंग्रेज़ों ने भारत के बाज़ार पर कब्ज़ा किया, फिर पूछने लगे—तुम लोगों ने मशीनी उत्पादन क्यों नहीं शुरू किया? मानो अंग्रेज़ स्वयं मशीनी उत्पादन शुरू करने के बाद भारत आए हों! भारत की लूट पहले, इंग्लैंड में मशीनी उत्पादन बाद को—घटनाओं का क्रम इस प्रकार है : भारतीय व्यापार का नाश करके अंग्रेज़ों ने यहाँ का औद्योगिक विकास रोका, इंग्लैंड का औद्योगिक विकास सम्पन्न किया। इसीलिए हिन्दी के जागरूक पत्रकार कह रहे थे, खेती का ब्रह्मज्ञान नहीं, व्यापार की कुंजी चाहिए; अपने बचे-खुचे बाज़ार हम अंग्रेज़ों के हाथ न जाने देंगे।

पराधीन देशों के क्रान्तिकारी आन्दोलनों का समर्थन करनेवाली अमरीकी लेखिका ऐग्नीस स्मेडले के एक लेख से माखनलाल चतुर्वेदी ने ज़ार पीतर का यह दिलचस्प कथन उद्धृत किया था : "इस बात को कभी मत भूलो कि हिन्दुस्तान का व्यापार समस्त संसार का व्यापार है और जो देश इस व्यापार को पूरी तरह से अपने हाथ में रखेगा, वही सारे यूरोप का प्रमुख राष्ट्र बनेगा।" (10/20) यह बात उस समय की है जब भारत में अंग्रेज़ी राज कायम न हुआ था, जब यूरुप के राष्ट्र व्यापारिक पूँजीवाद के दौर में थे और उन्हें उन्नति का सबसे कारगर यह उपाय दिखाई देता था कि भारत का माल खरीदकर दूसरे देशों में बेचें। भारतीय माल की खरीद पर

जिसका इजारा होगा, वही यूरुप का प्रमुख राष्ट्र बनेगा। पीतर के कथन का हवाला देने के बाद चतुर्वेदी जी ने बताया कि यूरुप के राष्ट्र भारत पर अधिकार जमाने के लिए लड़े, इंग्लैंड विजयी हुआ और इसके बाद वहाँ औद्योगिक क्रान्ति हुई। "इंग्लैंड और हिन्दुस्थान के इतिहास में दो विचित्र बातें दिखाई देती हैं—औद्योगिक क्रान्ति के आरम्भ के समय इंग्लैंड निर्धन देश था, परन्तु आज वह सर्वश्रेष्ठ धनी और बलवान देश बन गया है। उसके मुकाबले में हिन्दुस्तान की हालत क्या है? वह आरम्भ में अमीर था परन्तु आज गरीब है।" (10/20-21)

गरीबी की मार सही सबसे ज़्यादा किसानों ने। उनके ऊपर केवल शासनतंत्र का भार नहीं था, इस तंत्र के सहायक ज़मींदारों और साहूकारों का भार भी था। जनवरी, 1921 में माखनलाल जी ने लिखा था : "रसद और बेगार के सरकारी और गैरसरकारी ज़ुल्मों से हिन्दुस्तान की प्रजा आजिज आ चुकी है।" (9/269) रसद और बेगार का काफी विरोध हुआ था, फिर भी इन्हें रोकने के लिए कानून न बनाया गया था। इसीलिए सरकार की जड़ को मज़बूत रखनेवाले छोटे-छोटे ज़मींदारों और ताल्लुकेदारों को अपने इलाके में रहनेवाले काश्तकारों पर जबरन रसद और बेगार लेने का हक हासिल हो गया।" (उप.) सरकार की जड़ को मज़बूत करनेवाले लोग भारत के हैं, ये ज़मींदार और ताल्लुकेदार हैं। इनके विरुद्ध किसानों का संघर्ष संगठित किये बिना अंग्रेज़ी राज की जड़ न काटी जा सकती थी। किसानों को यह बताने की ज़रूरत न थी कि उन पर अत्याचार होते हैं, ज़रूरत थी दमन से न टूट सकनेवाले संगठन की, उस संगठन के बल पर किसानों के क्रान्तिकारी संघर्ष के संचालन की। उस समय किसान आन्दोलन का केन्द्र था अवध; यहाँ के किसानों ने स्वतःस्फूर्त ढंग से सामन्त विरोधी संग्राम छेड़ दिया था। इस संग्राम का अखिल भारतीय महत्त्व था।

चतुर्वेदी जी ने लिखा कि अन्य प्रान्तों में तो बेगार की सख्तियाँ रोकने के लिए नियमों के 'थोथे उपाय' रचे भी गए हैं पर "अवध के दुर्भाशी किसानों के कानून में ऐसी कड़ाई है, जिससे उन्हें अपने मालिकों—ताल्लुकेदारों—के ज़ोर और ज़ुल्म को, कानूनन सहना पड़ता है।" (उप.) परिणाम यह कि "अवध के ताल्लुकेदारों तथा किसानों के बीच के असन्तोष की आग से चिनगारियाँ निकल पड़ीं।" (उप.) किसानों ने एक विशाल सभा का आयोजन किया। आजकल भी ऐसी सभा का आयोजन महान् उपलब्धि माना जाएगा, उन दिनों तो वह चमत्कार ही था। "गत दिसम्बर [1920] मास के अन्तिम सप्ताह में अवध के किसानों ने ताल्लुकेदारों के अत्याचारों के विषय में विचार करने और उनसे बचने के उपाय सोचने के लिए फैजाबाद में एक सभा की थी। इस सभा में कहते हैं, एक लाख के करीब किसान एकत्र हुए थे। देश में यह पहला दिन था जब अपने दुःख-दर्दों पर विचार करने के लिए एक लाख किसान इकट्ठे हुए थे और यह इकट्ठा होना उन लोगों के लिए बहुत बुरा था जो सत्ताधारी सरकारी या ज़मींदार कहलाते हैं, और जिनके व्यवहार ही किसानों

के कष्ट हो रहे हैं। उस सभा के उपदेशों और आदेशों के कारण किसानों में वह जागृति पैदा हो गई थी जिसकी आशा कभी नहीं की जाती थी।" (6/269) जागृति पैदा करने का श्रेय कांग्रेस को न था। "अवध में एक बड़ा किसान आन्दोलन फैल गया, इसमें जवाहरलाल नेहरू के लिए जो आश्चर्य की बात थी, वह यह थी कि 'किसी शहरी मदद के बिना या राजनीतिज्ञों आदि के दखल दिये बिना वह बिलकुल अपने आप फैल गया'। किसान आन्दोलन कांग्रेस से बिलकुल अलग था; जो असहयोग आन्दोलन चल रहा था, उससे इसका कोई सम्बन्ध नहीं था।" ('आत्मकथा'; अंग्रेज़ी संस्करण, पृ. 54)

सरकार ने कुछ किसान नेताओं को पकड़ लिया। चतुर्वेदी जी के अनुसार "दूसरे दिन ता. 7 जनवरी को मुंशीगंज में किसान लोग एकत्र हुए और अपने मुखिया नेता 'बाबा' [बाबा रामचन्द्र] को देखने के लिए जेल की ओर से [जेल की ओर?] जाने लगे। उन्हें पुलिस ने उधर जाने से मना किया...जब किसान आगे बढ़े तव पुलिस तथा मिलिटरी के सिपाहियों ने गोली चला दी।...सरकारी रिपोर्ट कहाँ तक सच्ची होगी, यह बात पंजाब के हत्याकांड की सरकारी रिपोर्ट और कांग्रेस की जाँच की रिपोर्ट की तुलना से समझी जा सकती है तथापि उसी को मान लेने पर यह प्रकट होता है कि 9 आदमी मार डाले गए तथा उनसे दूनों को जख्मी करके सदा के लिए संसार में अनुपयोगी बना दिया गया।" (9/269) निष्कर्ष यह : "अवध के किसान जाग चुके हैं। पूँजीपति सरकार ताल्लुकेदारों की सहायता करती है और करेगी क्योंकि उसके जीवन की जड़ मज़बूत बनाये रखने में पूँजीवालों की बड़ी भारी सहायता है। सरकार के लोहे के हाथ यदि सख्ती भी करें, तो भी किसानों पर अत्याचार किया जाना अब अधिक दिनों तक जारी नहीं रह सकता। किसानों के संगठन में शक्ति है—वह अटूट शक्ति है, जिसके सामने नाइल को रुकना और हिमालय को झुकना पड़ेगा।" (6/272)

माखनलाल चतुर्वेदी ने अवध के किसान आन्दोलन का समर्थन किया, यह तथ्य इसलिए और भी महत्त्वपूर्ण है कि अधिकतर शहरी बुद्धिजीवियों को इस आन्दोलन का पता न था और 'राष्ट्रीय' अंग्रेज़ी पत्रों ने इसकी ओर ध्यान देना आवश्यक न समझा था। जवाहरलाल नेहरू ने इस स्थिति के बारे में लिखा था : "इस महान किसान आन्दोलन के बारे में शहर के लोगों का पूरी तरह अनजान होना मेरे लिए और भी आश्चर्य की बात थी। किसी अखबार में एक सतर इसके बारे में न छपी थी।" ('आत्मकथा', पृ. 54) अंग्रेज़ी के 'नेशनल प्रेस' का जो भी हाल रहा हो, 'वर्नाक्यूलर प्रेस' उसकी ओर बराबर ध्यान दे रही थी। पराधीन भारत की हिन्दी पत्रकारिता स्वाधीन भारत की अधिकांश पत्रकारिता की तरह अंग्रेज़ी की नकल नहीं थी। गणेशशंकर विद्यार्थी, माखनलाल चतुर्वेदी, बाबूराव विष्णु पराड़कर ऐसे प्रबुद्ध और साहसी लेखक थे जिनसे अंग्रेज़ी की 'राष्ट्रीय' पत्रिकारिता बहुत कुछ सीख सकती थी।

समाज में पूँजीपति हैं, ज़मींदार हैं, किसान हैं, अंग्रेज़ों का कानून, उनकी फौज और पुलिस किसानों का दमन करने के लिए हैं। समाज में वर्गों की स्थिति, सरकार से कुछ वर्गों का सहयोग, कुछ की टक्कर, यह सारा विश्लेषण माखनलाल चतुर्वेदी के विवरण में स्पष्ट देखा जा सकता है। स्वाधीनता संग्राम में सभी वर्गों का महत्त्व एक-सा नहीं है; सर्वाधिक महत्त्व किसानों का है। क्रान्तिकारी हिन्दी पत्रकारिता इस महत्त्व पर लगातार ज़ोर देती रही थी। "'प्रताप' हिन्दी जगत् के उन राष्ट्रीय पत्रों में से है, जिन्होंने निर्भीकता से देश के लिए अपनी आवाज़ उठाई और आये-दिन सरकार से कभी चेतावनी, कभी जमानत और जमानत-ज़ब्ती के दिन देखे। वह आवाज़ 'प्रताप' ही की थी जिसने 'हिन्दी प्रदीप' और 'कर्मयोगी' के द्वारा किये जानेवाले जागृति के प्रारम्भिक पथ को अपनी कार्यशैली के बल पर विस्तृत बनाया...हिन्दी जगत् 'प्रताप' को अपनी खास चीज़ समझता है और उसके द्वारा मिलनेवाले स्वाधीनता के सन्देश के उपासकों की संख्या हज़ारों की तादाद में है।" (6/292)

'प्रताप' ने स्वाधीनता का जो सन्देश दिया, वह ज़मींदारों और किसानों को समान रूप में देशभक्त मानकर न दिया गया था। उसमें ज़मींदारों के शोषण से किसानों की मुक्ति के लिए आग्रह था। 'प्रताप' ने किसानों का समर्थन किया तो ज़मींदारों ने उसका विरोध किया। "साप्ताहिक 'प्रताप' गरीब और दुखियों की चीज़ था और दैनिक रूप में भी उसने वही टेक निबाही...। रायबरेली में गरीब किसानों पर की जानेवाली गोलियों की मार की घटना पर 'प्रताप' ने कुछ अधिक प्रकाश पहुँचाया। सुनते हैं, 'प्रताप' की निर्भीकतापूर्ण बातों से जहाँ गरीबों, दुखियों और सरकारी कृपा की गर्मी से कुम्हलाए हुओं ने कुछ धीरज, ठंडक और सेहत पाई, तहाँ किसी धनिक मालगुज़ार सरदार वीरपालसिंह ने 'प्रताप' की उन्हीं लकीरों में से कुछ लकीरों को अपना अपमान करते देखा। उन्होंने श्रीयुत गणेशशंकर जी विद्यार्थी तथा 'प्रताप' के श्रीयुत शिवनारायण जी मिश्र पर मानहानि की नालिश कर दी। एक तरफ गरीब देशवासी और उनके विद्यार्थी और मिश्र जी हैं और दूसरी तरफ सरकार की अदालत और उसके...[हिमायती?] सरदार वीरपालसिंह जी हैं। ता. 1 मार्च को इस मामले की सुनवाई है। इस समय सारा देश 'प्रताप' की ओर आदर की दृष्टि से देख रहा है और मामले का अन्तिम निर्णय देखने के लिए हृदय थामे हुए बैठा है।" (9/293)

एक तरफ गरीब देशवासी और उनके विद्यार्थी जी तथा मिश्र जी हैं, दूसरी तरफ सरकार की अदालत और उसके हिमायती सरदार वीरपालसिंह तथा इनके समर्थक पत्रकार हैं। देश में गरीब-अमीर का भेद स्वाधीनता आन्दोलन को प्रभावित कर रहा था। अंग्रेज़ों को कांग्रेसी सत्याग्रहियों से उतना भय न था जितना किसानों के संगठनकर्ताओं से। 'कर्मवीर' में किसान नेता बाबा रामचन्द्र की गिरफ्तारी का यह उल्लेख ध्यान देने योग्य है : "सरकार हमारी शान्ति, धैर्य और अहिंसक वृत्ति

का नमूना अन्य स्थानों के समान बनारस में देख चुकी है जबकि उसके नौकरों ने हज़ारों की सभा में महात्मा गांधी के सामने श्रीयुत रामचन्द्र महाशय को गिरफ्तार करके भारी शिकस्त खाई, जबकि कोई भी गड़बड़ न हुई। तो भी नौकरशाही के नौकर बाबा रामचन्द्र के मुकद्दमे के लिए पूरी बैटेलियन फौज और दो सौ सशस्त्र सिपाही चाहते हैं।" (9/291) फौज भारतीय जनता को दबाकर रखने के लिए थी, वह दुनिया में ब्रिटिश साम्राज्य का विस्तार करने के लिए थी। अंग्रेज़ भारतीय जनता पर भारी टैक्स इसलिए लगाते थे कि "सरकार के डायर बड़ी-बड़ी तनख्वाहें पावें और उनकी तोपों के लिए गोलों का अटूट भंडार भरें, जिनकी बाढ़ खैबर की ओर हो और हाँ, स्वयं हिन्दुस्तान की तरफ भी दागी जा सके।" (9/299) प्रथम महायुद्ध के बाद "साम्राज्य सत्ता बढ़ाने की प्रबल तृष्णापूर्ति के लिए भारत के सिपाही बलि दिये जा रहे हैं। पर मोसल की खदानों से मिलनेवाले लाभ के कारण साम्राज्यवादियों का दल अपनी नीति बदलने को तैयार नहीं है।" (9/222) ब्रिटिश साम्राज्य के विस्तार के लिए और उस साम्राज्य की रक्षा के लिए अंग्रेज़ों के पास मुख्य साधन भारतीय सेना थी। सेना का खर्च मुख्यत: किसानों से वसूल किया जाता था और सेना के अधिकांश जवान किसान परिवारों के थे। लगानबन्दी का आन्दोलन अंग्रेज़ी राज के लिए सबसे बड़ा खतरा था; वह सैनिक व्यवस्था की जड़ पर प्रहार था—सेना के लिए आवश्यक धन मिलना बन्द, सरकार के प्रति सैनिक जवानों की वफादारी खत्म। ऐसे आन्दोलन से कांग्रेसी नेताओं को कोई दिलचस्पी न थी। अंग्रेज़ी राज में सेना पर खर्च बराबर बढ़ता गया, लगभग उसी अनुपात में किसानों की गरीबी बढ़ती गई।

बढ़ती हुई गरीबी के बारे में माखनलाल चतुर्वेदी ने लिखा : "किसान स्वयं भी अनुभव करता है कि वह गरीब होता जा रहा है। वह पहिले से अधिक कर्ज़दार है, उसके बैल पहिले से अधिक 'मरी हत्या' हो रहे हैं और वे कम हो गए हैं, उसकी ज़मीन भी कम हो गई है।" (10/50) खेती की जाँच के लिए रायल कमीशन बिठाया गया। ज़मीन की मिल्कियत के सवाल को जाँच की परिधि से बाहर रखा गया। ज़मीन की मालिक सरकार है या उसका मालिक ज़मींदार अथवा किसान है, यह प्रश्न उस समय के लेखकों के सामने था। इस सिलसिले में माखनलाल चतुर्वेदी ने लिखा कि बंगाल के जिस हिस्से में इस्तमरारी बन्दोबस्त है, "वहाँ ज़मीन का मालिक ज़मींदार है, बाकी जहाँ अस्थायी बन्दोबस्त है, "वहाँ ज़मीन की मालिक सरकार है और किसान केवल उस ज़मीन का किरायेदार है। जब किसानों की भलाई के लिए खेती का रायल कमीशन मुकर्रर किया जाता है, तब यह उम्मीद होना स्वाभाविक है कि शायद यह कमीशन, किसानों को ज़मीन के किरायेदार की अवस्था से उठाकर, सरकार को सूचित करे कि किसानों को ज़मीन का मालिक घोषित किया जाए। किन्तु यह खयाल गलत है। लाट साहब कहते हैं कि इस कमीशन का यह काम न होगा कि वह इस बात पर बहस करे कि ज़मीन

का मालिक कौन है। इसका मतलब यह कि ज़मीन की मालिक सरकार ही रहना चाहती है। वह किसान को ज़मीन का मालिक करार दिया जाय या नहीं, इस बात पर विचार भी नहीं करना चाहती।" (10/129; किसान संकट पर यह टिप्पणी 1926 की है।)

अंग्रेज़ों ने खेती में कई तरह के बन्दोबस्त किये किन्तु इस अनेकता में एकता वाला तत्त्व यह था कि ज़मीन की असली मालिक सरकार थी। इसीलिए व्यापक किसान संगठन के बिना यहाँ साम्राज्यविरोधी क्रान्ति सम्पन्न न की जा सकती थी। अंग्रेज़ों की आमदनी का मुख्य भाग किसानों से वसूल किया जाता था। "सरकार देश भर से जो कर वसूल करती है, उसमें 100 में 90 रुपया किसानों से वसूल किया जाता है। और किसानों की अवस्था लगातार बिगड़ती जाने पर भी देश भर से तीसवें साल और मध्य प्रदेश में तो हर बीसवें साल लगान बढ़ा दिया जाता है।" (उप.) खेती का संकट इसलिए और प्राणघातक हो गया था कि देशी धन्धों का नाश कर दिया गया था और ग्रामीण बेकारों की संख्या बढ़कर तेरह करोड़ हो गई थी। (10/130)

जुलाई, 1914 की 'सरस्वती' में महावीर प्रसाद द्विवेदी ने लिखा था : "यदि कृषकों से लगान मिलना बन्द हो जाय तो बड़े-बड़े राजा-महाराजों और ताल्लुकेदारों की दुर्गति का ठिकाना न रहे, सरकार के शासन चक्का चलना बन्द हो जाय, वकीलों और बैरिस्टरों के गाड़ी-घोड़े बिक जायँ, और व्यापारियों तथा महाजनों को शीघ्र ही टाट उलटना पड़े।" ग्यारह साल बाद इस वाक्य का भाष्य करते हुए चतुर्वेदी जी ने लिखा : "उसे [किसान को] नहीं मालूम कि धनिक तब तक ज़िन्दा हैं, राज्य तब तक कायम है, ये सारी कौंसिलें तब तक हैं, जब तक वह अनाज उपजाता है और मालगुज़ारी देता है। जिस दिन वह इनकार कर दे, उस दिन समस्त संसार में महाप्रलय मच जाएगा। उसे नहीं मालूम कि संसार का ज्ञान, संसार के अधिकार और संसार की ताकत उससे किसने छीन कर रखी है और क्यों छीनकर रखी है। वह नहीं जानता कि जिस दिन वह अज्ञान [अर्थात् अज्ञानी किसान] इनकार कर उठेगा, उस दिन ज्ञान के ठेकेदार स्कूल फिसल पड़ेंगे, कालेज नष्ट हो जावेंगे और विश्वविद्यालय धूल में मिल जाएँगे। उसे नहीं मालूम कि जिस दिन उसका खून चूसने के लिए न होगा, उस दिन देश में यह उजाला, यह चहल-पहल, यह कोलाहल न होगा। फौज और पुलिस, वज़ीर और वाइसराय—सब कुछ किसान की गाढ़ी कमाई के खेल हैं। बात इतनी ही है कि किसान इस बात को जानता नहीं। (10/55-56)

सारा शासनतंत्र, विदेशी प्रभुसत्ता मुख्यत: किसानों के शोषण पर निर्भर हो तो यह निश्चित है कि किसानों के संगठन और संघर्ष के बिना उस प्रभुसत्ता को खत्म नहीं किया जा सकता, उस शासनतंत्र को बदला नहीं जा सकता। भारत में जिस हद तक ब्रिटिश कूटनीति सफल हुई है, उसका कारण यह है कि स्वाधीनता आन्दोलन ने उस कूटनीति को विफल करने के लिए किसान शक्ति का भरपूर उपयोग नहीं

किया। साहूकार, ज़मींदार, राजकर्मचारी—इन सबकी मिलीभगत थी; ये भारत में अंग्रेज़ी शासनतंत्र की आधारशिला थे। "न्यायालय में रिश्वत देने के लिए, पुलिस चौकी पर हथकड़ियों में बन्द, अफसरों के सन्मुख बेगार देने और जूतियाँ खाने के लिए, और अगर फसल में कुछ पैदा हो गया तो साहूकार के द्वारा लूटे जाने के लिए आप सदैव किसान नामक प्राणी को हाज़िर पाइएगा।" (10/55) सारी न्याय व्यवस्था, सारा दमनतंत्र इसलिए था कि किसान का शोषण बरकरार रहे। महावीर प्रसाद द्विवेदी, प्रेमचन्द, माखनलाल चतुर्वेदी की निगाह देश की बहुसंख्यक किसान जनता पर बराबर रहती है; स्वाधीनता आन्दोलन की सफलता के लिए और पुरानी समाज व्यवस्था बदलने के लिए वे इस किसान जनता को शिक्षित और संगठित करने पर बराबर ज़ोर देते रहे हैं।

किसानों का आन्दोलन केवल किसानों के लिए नहीं, देश की समस्त जनता के लिए—यहाँ के पूँजीपति वर्ग के लिए भी आवश्यक और उपयोगी था। भारत की सम्पत्ति अंग्रेज़ों के लिए थी, अंग्रेज़ी राज के लिए थी; धन इतने बड़े परिमाण में बाहर भेजा जाता था कि औद्योगिक विकास के लिए यहाँ आवश्यक पूँजी का संचय न हो पाता था। औद्योगिक विकास के लिए राजनीतिक और आर्थिक रूप से देश का स्वतंत्र होना ज़रूरी था। किसानों की शक्ति स्वाधीनता आन्दोलन को अजेय बना सकती थी।

4. ब्रिटिश साम्राज्य में भारत की भूमिका

16 मई, 1925 के 'कर्मवीर' में प्रकाशित 'हिन्दुस्तान की साम्पत्तिक लूट' शीर्षक लेख में साम्राज्यवादी तंत्र का जो विश्लेषण किया गया है, वह 19वीं सदी के कुछ उदारपंथी अर्थशास्त्रियों के विश्लेषण से मिलता-जुलता है। इसके साथ ही वह कुछ बातों में मार्क्स और मार्क्सवादियों के विश्लेषण से भी मिलता-जुलता है। खास बात यह है कि उक्त लेख में साम्राज्यवाद की विश्व व्यवस्था पर बराबर ध्यान केन्द्रित किया गया है और उस व्यवस्था के अन्तर्गत ही पराधीन भारत की भूमिका विवेचित है। "हिन्दुस्तान को छलबल से अपने अधीन करने के पश्चात इंग्लैंड ने 3 बातों की ओर विशेष रूप से ध्यान दिया।" (10/21) उन तीन बातों की चर्चा से पहले भारत को छलबल से अधीन करने पर विचार कर लें। छल और बल में अंग्रेज़ों ने बल से कम, छल से अधिक काम लिया। जो हमारा माल बेचकर अमीर बनने का सपना देख रहे थे, वे हमसे आर्थिक रूप में अधिक शक्तिशाली हो न सकते थे। अंग्रेज़ स्वलिखित भारतीय इतिहास का "वह पात्र है जो अपने काले कलंकित मुख पर सफेदी पोतकर प्रेक्षकों के सामने सौन्दर्य का मूर्त स्वरूप बनकर रंगमंच पर आता है।" (10/188) यहाँ इतिहास के प्रति उदारपंथी सुधारकों के दृष्टिकोण से एकदम भिन्न विवेक दिखाई देता है। बंगाल और महाराष्ट्र के कुछ इतिहासकार अंग्रेज़ों की कपटनीति के प्रमाण जुटा रहे थे। 19वीं सदी के आरम्भ में अंग्रेज़ों को मराठा शक्ति

से निपटना था। "उस समय अंग्रेज़ों की हैसियत आजकल के रियासती शहंशाहों की अपेक्षा अधिक नहीं थी। इसीलिए उन्हें फौजी मुकाबले के बजाय छल, कपट, घूस आदि मार्गों का अवलम्बन करना पड़ता था।" (10/189) अपनी टिप्पणी के अन्त में चतुर्वेदी जी ने लिखा : "यूरोप में अंग्रेज़ जाति वीरता के लिए विख्यात नहीं है, विज्ञान में भी वह गिरी पड़ी सी है, परन्तु छल, कपट और चालबाज़ी में वह सबसे बढ़ी हुई है। इसी स्वभाव ने उसे हिन्दुस्थान का शासक बनाया।" (10/192) 1857 में दिल्ली पर दुबारा अधिकार करने के बाद अंग्रेज़ों ने अपनी वीरता का जो बखान किया, उस पर मार्क्स की टिप्पणी तुलनीय है : "दिल्ली पर हल्ला बोलकर सैनिकों ने कब्ज़ा कर लिया, इस बात को लेकर उनकी वीरता का जो शोर ग्रेट ब्रिटेन के आसमान में गूँज रहा है, उसमें हम शामिल न होंगे। अपना जय-जयकार करने में, खास तौर से जब सवाल बहादुरी का हो, कोई भी जाति अंग्रेज़ों का मुकाबला नहीं कर सकती, फ्रांसीसी भी नहीं। लेकिन तथ्यों की छानबीन की जाए तो सौ में निन्नानवे उदाहरण ऐसे मिलेंगे जिनमें वीरता की महिमा जल्दी ही घटकर मामूली-सी चीज़ रह जाती है।" (Marx and Engels, 'The First Indian War of Independence', 1857-1859, पृ. 117) इसलिए छल-बल की नीति में छल की मात्रा ही अधिक होती थी।

छलबल से भारत को अपने अधीन करने के पश्चात् इंग्लैंड ने जिन तीन बातों की ओर विशेष ध्यान दिया, वे इस प्रकार थीं :

(1) हिन्दुस्तान के आसपास के देश, जैसे ब्रह्मदेश, मलाया, स्याम, मैसोपोटेमिया और अरब आदि पर चढ़ाई की।

(2) इंग्लैंड से हिन्दुस्तान आने के जलमार्ग पर जो दो मार्के के स्थान पड़ते हैं, उन सब पर अधिकार जमाया।

(3) हिन्दुस्तान तक आनेवाले खुश्की के रास्ते पर पड़नेवाले देशों को या तो जीता या अपने अधीन किया। (10/21)

ब्रिटिश साम्राज्य के विस्तार में पराधीन भारत की भूमिका संक्षेप में यह है। यहाँ की धन-जन-शक्ति का उपयोग करने से ही एशिया में साम्राज्य का यह प्रसार सम्भव हुआ।

पिछले दो-तीन दशकों में कुछ विद्वान् यह प्रचार करते रहे हैं कि भारत पर अधिकार जमाये रखने से ब्रिटेन को घाटा था, भारत को लाभ था। वास्तविक स्थिति यह थी कि अन्य साम्राज्यवादी गुटों का मुकाबला करने के लिए ब्रिटेन भारत के साधनों का ही भरोसा करता था। यह कहना बिलकुल सही था कि "हिन्दुस्तान के जन और धन के बल पर इंग्लैंड एशिया की स्वतंत्र शक्तियों से, जापान आदि से, लोहा लेना चाहता है और अपना प्रभुत्व समस्त एशिया पर जमाना चाहता है। यूरुप अथवा एशिया के भिन्न-भिन्न राष्ट्रों से इंग्लैंड ने जो अन्तरराष्ट्रीय संधियाँ की हैं, वे भी इसी एक उद्देश्य को सम्मुख रखकर की गई हैं—हिन्दुस्तान हाथ से न निकलने पावे। हिन्दुस्तान से इंग्लैंड के 4-5 करोड़ लोग पलते हैं, हिन्दुस्तान के बल पर

इंग्लैंड का अधिकार संसार भर पर जमता है।" (उप.) इंग्लैंड दूसरे साम्राज्यवादी देशों का मुकाबला तभी कर सकता है, जब उसे सस्ते दामों पर कच्चा माल मिलता रहे और उसके पास अपने पक्के माल की खपत के लिए बाज़ार हो। "अंग्रेज़ी उद्योग-धन्धों को ज़िन्दा रखने के लिए इंग्लैंड के लिए आवश्यक है कि हिन्दुस्तान के कच्चे माल पर अपना नियंत्रण चलाये और साथ-साथ शासन सत्ता भी अपने हाथ में रखे जिससे हिन्दुस्तान का बाज़ार अकेले उसी के हाथ में रहे और वह पक्का माल बना सके।" (10/22)

यह है इजारेदार पूँजीवाद। स्वच्छन्द व्यापार का ज़माना पीछे छोड़कर वह कच्चे-पक्के माल के बाज़ार पर एकाधिकार चाहता है। इस इजारेदार पूँजीवाद की एक विशेषता यह है कि वह पक्के माल के अलावा पूँजी का निर्यात भी करता है। भारत के कुल विदेशी व्यापार का 64 फीसदी इंग्लैंड से सम्बन्धित है। "इसके अलावा अंग्रेज़ी पूँजी के ब्याज और मुनाफे से इतनी रकम इंग्लैंड को और प्राप्त होती है जिसके बल पर इंग्लैंड के हज़ारों कुटुंबों का भरण-पोषण चलता है।" (उप.) ब्रिटिश पूँजी पर भारत कितना ब्याज देता है, यह प्रश्न साम्राज्यवाद का स्वरूप पहचानने के लिए जितना महत्त्वपूर्ण 1925 में था, उतना ही 1984 में है। इंग्लैंड ने भारत की वित्तीय व्यवस्था को लंदन के बैंकों से बाँध रखा था। "हिन्दुस्तान के नोटों का सुवर्ण निधि, सारा का सारा, बैंक आफ इंग्लैंड में रखा जाता है। इंग्लैंड में सोने का पाउंड चलता है और हिन्दुस्तान में चाँदी का सिक्का चलता है। हिन्दुस्तान [का] सर्राफा बाज़ार इंग्लैंड के हाथ में है, इसलिए चाँदी के रुपयों की सोने के साथ कीमत ठहराने में इंग्लैंड बहुत बड़ा मुनाफा हिन्दुस्तान से कमाता है।" (उप.) ये सारी बातें कुछ विस्तार से रजनी पाम दत्त की पुस्तक 'आज का भारत' में हैं। इसके प्रकाशित होने में अभी पन्द्रह साल की देर थी। माखनलाल चतुर्वेदी का लेख भले ही ऐग्नीस स्मेडले के निबन्ध के सहारे लिखा गया हो, उससे साबित यह होता है कि सन् '20-'30 के दशक में जागरूक हिन्दी लेखक इजारेदार पूँजीवाद का वह स्वरूप पहचान रहे थे जिसका विश्लेषण मार्क्सवाद की विशेषता है। इस विश्लेषण से जो नतीजा निकलता है, वह यह कि साम्राज्यवाद पराधीन देशों को आर्थिक-सांस्कृतिक रूप से पिछड़ा हुआ रखता है, उनकी मुक्ति के संघर्ष में बहुसंख्यक किसान जनता की भूमिका निर्णायक होती है।

पूँजी पर सूद और व्यापार के मुनाफे के अलावा ब्रिटेन के हज़ारों कर्मचारी भारत के सहारे पलते थे। "हिन्दुस्तान के शासन के लिए इंग्लैंड ने एक सिविल सर्विस स्थापित की है। इसकी बड़ी-बड़ी नौकरियाँ, बड़ी-बड़ी तनख्वाहों पर, अंग्रेज़ों को दी जाती हैं। कुछ दिन की नौकरी के बाद प्रत्येक अंग्रेज़ विलायत लौट जाता है और उसे आजीवन पेंशन मिलती है। हिन्दुस्तान से खींची जानेवाली सम्पत्ति का यह एक मार्ग है और यह वर्ष में 2 करोड़ पौंड या 30 करोड़ रुपये तक पहुँचता है! सर जान कैम्पबेल ने अन्दाज़ लगाया है कि इतनी ही रकम

अंग्रेज़ लोग अपने घर प्रतिवर्ष हिन्दुस्तान से भेजते हैं! प्रतिवर्ष इतना 'कर' भी हिन्दुस्तान इंग्लैंड को देता है! इसका कोई बदला हिन्दुस्तान को नहीं मिलता जिसके परिणामस्वरूप हिन्दुतान दिन-ब-दिन गरीब होता जाता है।" (उप.) इस तरह की ब्रिटिश आमदनी की तफसील सितम्बर, 1857 में लिखे हुए मार्क्स के निबन्ध British Incomes in India में है। (देखें, 'The First Indian War of Independence', पृ. 86) ब्रिटेन ने अपनी सभ्यता का जो विकास किया, उसका आधार भारत से प्राप्त सम्पत्ति थी। इस सम्पत्ति में वहाँ का मज़दूर वर्ग भी हिस्सा बँटाता था। "रैमसे मैकडोनल्ड के मंत्रिकाल में यह बात स्पष्ट हो गई थी, जबकि हिन्दुस्तान के कुछ विशेष दमनकारी कानून बनाये गए थे।" (10/25) [किन्तु यह धारणा गलत है कि "अंग्रेज़ कम्युनिस्ट भी 'गोरे आदमी का बोझ' उठाने की उम्मीद रखता है।" रजनी पाम दत्त की पुस्तक 1940 में प्रकाशित हुई; भारत में वह ज़ब्त कर दी गई। अंग्रेज़ नहीं चाहते थे कि उनके शोषण तंत्र की भीतरी जानकारी भारत के शिक्षित जनों को हो।]

हिन्दी के अन्य जागरूक लेखकों की तरह माखनलाल चतुर्वेदी अन्य देशों के स्वाधीनता आन्दोलनों की ओर ध्यान दे रहे थे। इंग्लैंड ने छोटे देशों की स्वाधीनता की रक्षा के लिए जर्मनी से युद्ध किया था, इस दावे का मज़ाक उड़ाते हुए 1920 में माखनलाल जी ने लिखा था : "जर्मनी को दबाकर इंग्लैंड अपनी स्वातंत्र्य-प्रियता का इश्तहार दे चुका था किन्तु आयरलैंड को स्वराज्य-दान देते समय इंग्लैंड के बुद्धिमान कूटनीति विशारदों की अक्ल का दीवाला निकला दिखता है।" (9/165-66) आयरलैंड के स्वाधीनता संग्राम में मज़दूरों की भूमिका पर विशेष ध्यान देते हुए लिखा था : "आयरलैंड के मज़दूर तथा रेलवे कर्मचारी सरकारी शस्त्रास्त्र रेल पर से उतारने और चढ़ाने से हाथ रोक चुके हैं। प्रधान मंत्री लायड जार्ज इस कार्य को 'सरकारी सत्ता पर आघात' समझते हैं और रेलवे मैन्स यूनियन के प्रतिनिधियों को धमकी देते हैं कि सरकार हर तरह से आयरलैंड में शान्ति प्रस्थापित करेगी।" (9/166) आइरिश देशभक्त मैकस्वेनी की भूख हड़ताल के समय उनसे अपने भाईचारे की घोषणा करते हुए चतुर्वेदी जी ने लिखा : "हम भी मि. स्वेनी के पथ के पथिक हैं।" (9/241) इंग्लैंड तो आयरलैंड की तरफ प्रेम का हाथ बढ़ाता है, केवल आयरलैंड हिंसा पर उतारू है, इस प्रचार का खंडन करते हुए उन्होंने लिखा : "यदि उस पंजे के बढ़ते हुए कोई देश शताब्दियों तक पराधीन रह सकता है तो ईश्वर और मुल्क के नाम पर उचित यही है कि वह पंजा लाचार कर दिया जाए और आगे न बढ़ने पाये। (9/279) बेशक, आन्दोलन शान्तिपूर्ण होना चाहिए किन्तु यह कहने का अधिकार अंग्रेज़ों को नहीं है। जो लोग शान्ति आन्दोलनकारी मैकस्विनी को भूखों मारकर उनकी हत्या कर सकते हैं, उनकी पवित्र और लचीली जीभ को यह शोभा नहीं देता कि वे अपने ही हाथों दुखियों के कलेजों में छेद करें और फिर उन जख्मों पर शान्ति के उपदेशों का नमक छिड़कें।" (9/279) भूख हड़ताल के कारण यतीन्द्रनाथ दास की मृत्यु होने

पर चतुर्वेदी जी ने स्वभावतः मैकस्विनी को फिर याद करते हुए लिखा था : "63 दिन के कठिन उपवास व्रत के पश्चात्, इस वीरात्मा [यतीन्द्रनाथ दास] का अन्तिम श्वास, अमरत्व में विलीन हो गया। आयरलैंड के टेरेन्स मैकस्विनी ने भी इतने दिनों ब्रिटेन के जेलखानों के सीकचों में भूखों रहकर, अपने प्राण त्याग दिये थे।" (4/120) ऊपर से आजादी, भीतर अपनी प्रभुसत्ता, अंग्रेज़ों के इस स्वाँग का मज़ाक उड़ाते हुए उन्होंने लिखा : "सन् 1921 तक आयरलैंड के स्वाधीनता के आन्दोलकों को गदर मचानेवाला कहा गया, उन्हें जेल में ठूँसा गया, और फाँसियाँ दी गईं। किन्तु जब वे समझौते पर आए तब उन्हें 'फ्री स्टेट' नाम से एक निकम्मी चीज़ दे दी गई। भारतीय नेता चाहे जो कहें परन्तु भारतीय तरुण कभी आयरिश शासन विधान को अपने देश में नहीं लेना चाहेंगे।" (10/305) साम्राज्यवाद अपना आर्थिक शोषण कायम रखने के लिए विभिन्न देशों से अलग-अलग तरह के राजनीतिक सम्बन्ध कायम करके उन्हें अपने प्रभाव क्षेत्र में बनाये रहता है। यही नाटक अंग्रेज़ आयरलैंड में खेल रहे थे।

"ब्रिटिश फौजी नीति का केन्द्र हिन्दुस्तान है।" (10/24) इस स्थापना के प्रमाण आये-दिन मिलते रहते थे। अंग्रेज़ों ने चीन के स्वाधीनता आन्दोलन का दमन करने के लिए भारतीय सेना का उपयोग किया। माखनलाल चतुर्वेदी ने ब्रिटिश नीति का विरोध करते हुए लिखा : "गुलाम भारत के लोगों ने पुकार मचाई पर पराधीन भारत की सेना उसकी अपनी नहीं; भारत का खज़ाना उसके अपने हाथ में नहीं। उन्होंने केवल अपना विरोध प्रगट कर दिया। गोले गोलियाँ लेकर, चीन की सहायता के लिए पहुँचना, हथियार छिने हुए पराधीन भारत के लिए असम्भव था।" (10/248) इस वाक्य की ध्वनि स्पष्ट है। यदि भारत स्वाधीन होता, उसकी अपनी सेना होती, तो वह चीनी जनता के साथ मिलकर साम्राज्यवाद से युद्ध करता। इसी तरह अरबों के स्वाधीनता संग्राम का पूर्ण समर्थन करते हुए उन्होंने लिखा था : "भारत के धन और जन की बलि चढ़ाकर अरबों की स्वतंत्रता पर हमला करनेवाली इस नीति को कोई भारतीय पसन्द नहीं करता।" (9/222)

विश्व पैमाने पर चलनेवाले साम्राज्यविरोधी आन्दोलनों से रूसी क्रान्ति अभिन्न रूप में जुड़ी हुई थी। दुनिया के एक बड़े हिस्से में उसने साम्राज्यवाद का घेरा तोड़ दिया। उसने भारत के स्वाधीनता अन्दोलन को, इस आन्दोलन से सम्बद्ध लेखकों को प्रभावित किया। भारतेन्दु-द्विवेदी युगीन अनेक साहित्यकारों की तरह पहले माखनलाल चतुर्वेदी भी ब्रिटिश बादशाही को अंग्रेज़ नौकरशाही से भिन्न प्रपंच मानते थे। 'कर्मवीर' के प्रथम अंक में उन्होंने लिखा था : "सम्राट् की घोषणा सहायता के लिए बाँहें पसारनेवालों को सहारा है और सुधार की योजना आज तक की हुई तपस्या का परिणाम।" (9/16) यही बात उन्होंने हिन्दू विश्वविद्यालय में मालवीय जी के भाषण का सारांश देते हुए लिखी : "सुधार योजना और सम्राट् की घोषणा ने भारत के इतिहास में नवीन युग उपस्थित कर दिया है। (9/42) किंतु भारत

का औद्योगिक विकास सम्राट् की घोषणाओं के बल पर नहीं, भारतीय जनता के स्वदेशी आन्दोलन के फलस्वरूप हुआ, यह सत्य चतुर्वेदी जी ने प्रत्यक्ष देखा। इसके साथ ही उन्होंने यह भी देखा कि भारत के पूँजीपति इस आन्दोलन से लाभ उठाते हैं किन्तु उस लाभ का कोई अंश मज़दूरों को नहीं देते। चतुर्वेदी जी ने भारतीय समाज के इस नये अन्तर्विरोध से रूसी क्रान्ति के विश्लेषण का सीधा सम्बन्ध जोड़ा था।

श्रीकान्त जोशी ने 'रूसी क्रान्ति के भी काफी पहले' 'कृष्णार्जुन युद्ध' में वर्गहीन समाज के स्वप्न की ओर सही ध्यान आकर्षित किया है। उस नाटक में चतुर्वेदी जी ने लिखा था : "आगे चलकर पृथ्वी पर समष्टिवाद का बल बढ़ेगा, लोग प्रयत्न करेंगे कि धनवान और धनहीन का भेद मिटे। सुवर्ण तथा ऐश्वर्य से दमकते हुए महल और पास ही में छप्पर रहित झोंपड़ी दिखाई न देंगी, महल तोड़े जावेंगे, झोंपिड़याँ हवेलियों में परिणत की जावेंगी, धन और धरती का संसार के सभी मनुष्यों में बराबर बँटवारा होगा।" (1/भूमिका) गरीब और पीड़ित जनता के प्रति माखनलाल जी की गहरी सहानुभूति उनका बहुत बड़ा सम्बल रही है। उनकी राजनीतिक विचारधारा समतल भूमि पर विकसित नहीं हुई किन्तु उस सम्बल के कारण उसके विकास की दिशा पहचानना मुश्किल नहीं है। 1920 में उन्होंने साम्यवाद के बारे में लिखा था : "वह संसार की साम्पत्तिक, राजनीतिक, धार्मिक अथवा बौद्धिक महत्ता के ठेकेदारों को कहता है कि यदि तुम अपनी हठ से न हटोगे तो संसार तुम्हें हटने को विवश कर देगा।" (9/138) भारतीय मज़दूरों की हड़तालों की ओर ध्यान आकर्षित करते हुए उन्होंने लिखा : "हमारे देश में इस समय नार्थ-वेस्ट रेलवे के कर्मचारियों, अहमदाबाद के मिलवालों, मद्रास के तेल के कारखानों में काम करनेवालों और ब्यावर (राजपूताना) के मिल कर्मचारियों ने अपने-अपने काम छोड़ रखे हैं।" (उप.) स्वाधीनता आन्दोलन के उस प्रारम्भिक दौर में ही भारतीय पूँजीवाद को सावधान करते हुए उन्होंने। लिखा : "सम्पत्ति के यथोचित विभाग का प्रश्न उपस्थित है। मज़दूर चाहते हैं, भरपेट भोजन मिले, पूँजीवाले अपने ऐशो-आराम में कमी करना पसन्द नहीं करते।" (उप.) रूसी क्रान्ति का सबक यह है : "लोकसत्ता के सामने कर्तुमकर्तुमन्यथा कर्तुम्' [की] शक्ति रखनेवाली जारशाही तक की कुछ न चली!" अत: "पूँजीवाले यदि जल्द रास्ते पर न आए तो देश की उलझनें बढ़ जाएँगी।" (उप.) यहाँ भारतीय समाज के उस अन्तर्विरोध की ओर संकेत है जो स्वाधीनता आन्दोलन को प्रभावित करने लगा था और जो स्वाधीनता-प्राप्ति के बाद देश में भारी उलझनें पैदा करनेवाला था।

इसी वर्ष उन्होंने रामचन्द्र वर्मा की साम्यवाद पुस्तक की समीक्षा लिखी। ('रचनावली' में 'साम्यवाद' के लेखक का नाम बाबूराम वर्मा गलत छपा है।) भारत में हिन्दी के समाचारपत्र पढ़नेवाले बोल्शेविज़्म, बोल्शेविक शब्दों से खूब

परिचित हैं, इनकी विस्तृत जानकारी उन्हें नहीं है। रामचन्द्र वर्मा का ग्रंथ 'हिन्दी में अपने ढंग का पहला' है। "साम्यवाद का अभिप्राय यह है कि सब मनुष्य एक समान हैं और सबको अपनी उन्नति करने का समान अवसर दिया जावे, सम्पत्ति पर किसी व्यक्ति विशेष का अधिकार न रहे, पूँजीदारी की हानिकारक प्रथा तोड़ दी जावे, ज़मीन पर समाज का अधिकार होवे, प्रत्येक मनुष्य अपनी शक्ति और योग्यता के अनुसार कार्य करे और अपनी आवश्यकता की पूर्ति के लिए यथेष्ट सामग्री प्राप्त करे, इत्यादि।" (5/214) इसकी उत्पत्ति का कारण यह है कि औद्योगिक उन्नति से आर्थिक विषमता उत्पन्न हुई; "साम्यवाद इस विषमता को दूर करने का अमोघ अस्त्र माना गया है और अनेक देशों में इसका अवलम्बन किया जा रहा है और बहुत सफलता के साथ।" (उप.) पूँजीदारों का आसन हिल गया है। वे समझने लगे हैं कि उनकी धींगाधींगी देर तक नहीं चल सकती और श्रमजीवी संघशक्ति का प्रभाव समझने लगे हैं। "कहीं-कहीं साम्यवादियों ने आवेश में आकर बड़े-बड़े अन्याय कर डाले हैं—राज्य-सिंहासन तक उलट दिये हैं। रूस के बोल्शेविक लोग इसी अतिवादी साम्यवाद के अनुयायी हैं, उनका आतंक इस समय सारे संसार में छा रहा है।" (उप.) पुस्तक के एक अध्याय में "भारतीय कृषकों और मज़दूरों का मर्मस्पर्शी चित्र खींचा गया है।" लेखक ने बहुत परिश्रम किया है।

"हमारा अनुरोध है कि प्रत्येक समर्थ हिन्दी भाषा-भाषी इस पुस्तक को ध्यानपूर्वक पढ़े।" यदि प्रकाशक "इस पुस्तक का सारांश लगभग 100 पृष्ठों में लिखाकर प्रकाशित करें, तो पुस्तक का प्रचार अधिक व्यापी होगा और जनता साम्यवाद के सिद्धान्तों से परिचित हो सकेगी और बोल्शेविज़्म के सिद्धान्त समझने में अभी जो कहीं-कहीं नासमझी हो रही है, वह अधिकांश में दूर हो सकेगी।" (5/215)

चतुर्वेदी जी बोल्शेविकों का अतिवाद—अर्थात् क्रान्ति नहीं चाहते। किन्तु वह पूँजीदारी प्रथा को हानिकारक मानते हैं और चाहते हैं कि बोल्शेविज़्म को समझने में जहाँ नासमझी हो, वहाँ उसे दूर किया जाए। 1926 में उन्होंने 'श्रमोपासक रशिया और धनोपासक इंग्लैंड' लेख लिखा। इससे पता चलता है कि सन् '20 के बाद वह साम्यवाद के सैद्धान्तिक और व्यावहारिक पक्षों का अध्ययन करते रहे थे। ब्रिटेन को रूस से भय तो पहले भी था "परन्तु जब से 'रशिया की सोवियट सरकार' के हाथ में रशिया के शासन की बागडोर आई है, जब से रशियन श्रमजीवी प्रजा के हाथ में रशियन राज का कारोबार आया है, तब से ब्रिटेन का भय और अधिक बढ़ गया है।" (10/197) सोवियत शासन से रूस के मज़दूर, कारीगर, व्यापारी, किसान, स्त्री-पुरुष, बाल-बच्चे "सभी सन्तुष्ट हैं। सभी रशिया को अपना देश और अपने आपको रशिया की सन्तान मानने लगे हैं। अपने मन का [अपनेपन का] स्वाभिमान उनमें उत्पन्न हो गया है।" (उप.) इस स्वाभिमान के कारण फूट के बीज बोने में ब्रिटेन को भारी कठिनाई हो रही है।

ब्रिटेन और रूस का भेद साम्राज्यवादी धनिक सत्ता और साम्राज्यविरोधी लोकसत्ता का भेद है। इस प्रकार : " 'साम्राज्यवादी ब्रिटेन' का अस्तित्व उसके उपनिवेशों, दलित देशों और उनके साथ किये जानेवाले प्रचंड व्यापार पर अवलम्बित है। स्वभावत: ब्रिटिश जाति को धनिकों के शासन की आदत पड़ी हुई है। पूँजीपतियों की सत्ता का प्रभाव ब्रिटिश शासन पर विशेष रूप से दिखाई देता है। रशिया का राज गरीबों का और उस देश के बहुसंख्यक निवासियों का राज है, तो ब्रिटिश राज समाज के अत्यल्पसंख्यक धनिकों का राज है।" (10/198) पूँजीवादी जनतंत्र और समाजवादी जनतंत्र का भेद यहाँ संक्षेप में, किन्तु बहुत स्पष्ट रूप में, बताया गया है। दोनों देशों की शासन पद्धतियाँ परस्पर विरोधी हैं : "इसी वजह से 'रशियन सोवियट की बदनामी' का अथक प्रयत्न ब्रिटिश सत्ता करती रही है।" यह बदनामी भारत में खूब फैले, ब्रिटिश सत्ता इसका विशेष ध्यान रखती आई है। कारण यह कि "रशिया देश हिन्दुस्थान से निकट है, अतएव हिन्दुस्थान के लोगों में रशिया के नवीन कार्यों और समाजहित-साधक प्रयोगों के विषय में तिरस्कार भाव पैदा करनेवाली खबरें प्राय: फैलाई जाती हैं।" (उप.) महायुद्ध के बाद अनेक यात्रियों ने रूस जाकर वहाँ की स्थिति देखी और उसका वर्णन किया। "रशियन सरकार गरीबों की सहायक है। वह अपने ही नहीं, अपने देश के बाहर के गरीबों, श्रमजीवियों, हलाल खानेवालों की समर्थक है।" (उप.) दुनिया के पूँजीपतियों को इसी बात से बड़ा कष्ट है। पराधीन देशों के गरीब सोवियत संघ को अपना मित्र और सहायक मानते हैं।

केवल ब्रिटेन के नहीं, अमरीका के पूँजीपति भी एशिया में पैर फैला रहे हैं। "चीन में अमरीकन पूँजीपतियों का खासा अड्डा जमा हुआ है।" (उप.) जिन्होंने शिकागो और मास्को देखे हैं, उनका कहना है कि "शिकागो धनोन्माद का बाह्य दर्शन है तो मास्को श्रमजीवी सन्तोष का आन्तरिक प्रकट रूप है। रूस और अमरीका में केवल वैचारिक मतभेद नहीं है। एक चीन के स्वाधीनता आन्दोलन का समर्थक है, दूसरा उसका विरोधी। "चीन की पिछले दिनों की खबरों से दुनिया को मालूम हो गया है कि अमरीका का धनसत्तावाद और रशिया का जनसत्तावाद किसी न किसी दिन वहाँ खून की नदियाँ बहाएगा।" (10/199) भविष्यवाणी सही साबित हुई। 1927 में अमरीका और चीन के अन्तर्विरोध को देखना, रूस समर्थित अमरीका-विरोधी चीनी क्रान्ति का अनुमान करना बड़ी राजनीतिक दूरदर्शिता है। हर देश के पूँजीपति अपने यहाँ के मज़दूर आन्दोलन के लिए रूस को दोषी ठहराते थे। एक उदाहरण इस प्रकार है : "गत मास की इंग्लैंड की हड़ताल में रशियन ट्रेड यूनियन संस्थाओं ने कई लाख पौंड की सहायता अंग्रेज़ हड़तालियों के बालबच्चों के लिए पहुँचाई थी। ब्रिटेन ने इसे अंग्रेज़ हड़तालियों को 'भड़काने का प्रयत्न' कहा और रशियन सरकार को इसके लिए ज़िम्मेदार बताया।" (उप.) दुनिया को बदलने के लिए दुनिया के मज़दूरों की एकता ज़रूरी है। इस एकता को तोड़ने के लिए अन्तरराष्ट्रीय पूँजीवाद सदा से प्रयत्नशील रहा है।

5. देशी पूँजीवाद और मज़दूर आन्दोलन

माखनलाल चतुर्वेदी ने पूरी निष्ठा से असहयोग की नीति स्वीकार की थी। यदि अहिंसा और असहयोग की नीति सफल न हुई तो स्वाधीनता और आर्थिक विकास की समस्याएँ बोल्शेविज़्म द्वारा ही हल होंगी, यह अहसास उन्हें 1920 में ही होने लगा था। "कोई नहीं कह सकता कि धनिकों द्वारा गरीबों पर होनेवाले अत्याचार हटा न दिये जाएँ, क्योंकि हटाये न जाने पर उसे [उन्हें] बोल्शेविज़्म आकर हटावेगा।" (9/124) किन्तु जो बात उन्हें उस समय भी गांधीवाद से अलग करती थी, वह उद्योगीकरण के बारे में उनकी नीति थी। सबसे पहले भारत का निर्यात व्यापार भारतवासियों के हाथ में होना चाहिए। पहले हमारी ज़रूरतें पूरी हों, उसके बाद ही भोजन सामग्री तथा अन्य चीज़ें बाहर भेजी जाएँ। भारत के बाज़ार में स्वदेशी वस्तुएँ बिकनी चाहिए। विदेशी माल के बहिष्कार और स्वदेशी वस्तुओं के व्यवहार का परिणाम होगा भारतीय उद्योग-धन्धों का विकास। "यह आत्मदमन कौन सह सकता है कि यूरोप की चीज़ें बन्द होते ही जापान की वस्तुएँ हमारे बाज़ारों को पाट दें और सरकार का कलेजा हमारे हाथों हमारी चीज़ें बनवाने के लिए तब भी न पसीजे? तब यह किसे अभीष्ट नहीं कि स्वदेशी तत्त्वों की उन्नति और हिन्दुस्तानी धन्धों की तरक्की की जाय और इसके लिए सरकारी खज़ाना थैली खोलने के लिए बाध्य किया जाय, और चुंगी के नियम ऐसे हों जो हमारी चीज़ों को हमारे देश और विदेशों में भी सुगमता से पाट सकें तथा आनेवाले उस माल को, जो हमारे यहाँ बन सकता है, हमारे देश के माल का प्रतिस्पर्धी न बनने दें।" (9/124) 'हमारा देश' यहाँ चरखे-करघे वाले स्वायत्त ग्राम समाजों का देश नहीं है। वह आधुनिक उद्योग-धन्धों का देश है। ऐसा देश है, जिसका माल देशी-विदेशी बाज़ारों को पाट सकता है। यह तब होगा जब विदेशी माल देशी माल का प्रतिस्पर्धी न बनेगा। भारतेन्दु हरिश्चन्द्र और महावीर प्रसाद द्विवेदी की तरह कर्मवीर माखनलाल चतुर्वेदी उद्योगीकरण के पक्षपाती हैं, पिछड़े हुए अलग-थलग, स्वायत्त ग्राम समाजों के स्वप्नद्रष्टा नहीं हैं। देश की रक्षा के लिए औद्योगिक विकास चाहिए, शस्त्र लेकर लड़नेवाली सेना चाहिए। अहिंसा व्यावहारिक नीति है, धर्म नहीं है। इसलिए उनकी माँग थी कि रेलों की आमदनी राष्ट्र को मिले और "डेढ़ सौ बरस की निहत्थी भारतीय जनता को वैसी ही पड़ी न रहने देकर नागरिक भारतीय सेना का संगठन किया जाय और अब आधी रात को सोते हुए, पुलिसमैन से 'होशियार रहो' सुनते रहने की अपेक्षा, सचमुच ही जनबल में होशियार रहकर दिखा दिया जाय।" (9/124) बैलगाड़ियों के सहारे नहीं, रेलों के सहारे अखिल भारतीय यातायात व्यवस्था चलेगी; निहत्थी जनता नहीं, सशस्त्र जनबल का भरोसा करनेवाली नव जाग्रत भारतीय जनता, नागरिक भारतीय सेना देश की रक्षा करेगी।

भारत के अनेक नेताओं ने स्वदेशी आन्दोलन के एक व्यापक स्वरूप की कल्पना की थी। पुरानी लीक से हटकर लोकमान्य बाल गंगाधर तिलक ने कांग्रेस को "बाध्य किया था" कि वह "स्वदेशी का तपस्वी बनकर योगभ्रष्ट करनेवाली मनोमोहिनी दुनिया का बायकाट कर दे। (9/233) यह बायकाट व्यापक क्रान्तिकारी आन्दोलन का रूप ले सकता था। "तिलक ने एक बार कहा था, 'सरकार को लगान वसूल करने में हम सहायता नहीं देंगे। हिन्दुस्तान की सीमा के बाहर की लड़ाइयों में हम सरकार को हिन्दुस्तानी सिपाही और धन नहीं देंगे, हम उनकी अदालतों की मदद नहीं करेंगे। स्वयं अपने न्यायालय खोलेंगे, मौका आने पर टैक्स नहीं देंगे।' उन्होंने इसे बहिष्कार कहा था—महात्मा गांधी और राष्ट्रीय सभा [अर्थात् कांग्रेस] इसे असहयोग कहती है।" (9/234) चतुर्वेदी जी को विश्वास था कि कांग्रेस ऐसा व्यापक आन्दोलन चलाएगी, किन्तु वैसा आन्दोलन चलाया नहीं गया, विशेष रूप से लगानबन्दी वाले पक्ष को निरन्तर सीमित रखा गया। उस समय ऐसे नेता काफी थे जो ऐसे आन्दोलन को असम्भव मानते थे, जो अंग्रेज़ों की दी हुई रिआयतें स्वीकार करके उन्हें अमल में लाने के पक्ष में थे। इनके लिए जिस शब्दावली का प्रयोग माखनलाल चतुर्वेदी ने सन् '20 में किया था, उसे स्वाधीन भारत के नागरिकों ने बड़े प्रेम से अपना लिया है। "हम देख रहे हैं कि जिस तरह स्वराज्य की उस चतुःसूची को देश के कुर्सीभक्त नेताओं ने असम्भव कहा था, ठीक उसी तरह, महात्मा गांधी के असहयोग के उपायों को असम्भव कहा जाता है।" (उप.; शब्दों पर ज़ोर मेरा है)। इस कुर्सीभक्ति ने कांग्रेसी नेताओं को बाध्य किया कि वे 1937 में ब्रिटिश कानून के मातहत मंत्रिमंडल बनाएँ और दूसरे महायुद्ध के बाद अंग्रेज़ वाइसराय (अथवा गवर्नर जनरल) की अध्यक्षता में अन्तरिम सरकार के भीतर मुस्लिम लीग के प्रतिनिधियों के सहयोगी बनकर काम करें।

माखनलाल चतुर्वेदी को सन् '20 में भी जो चीज़ दक्षिणपंथी नेताओं से अलग करती थी, वह उनकी अन्तर्राष्ट्रीय मज़दूर आन्दोलन के प्रति गहरी सहानुभूति थी। इटली के मज़दूरों ने हड़ताल की है। प्रार्थनाओं से कोई काम होते न देखकर उन्होंने "कारखानों पर कब्ज़ा करना शुरू किया" और "कारखानों के मालिकों को 'सोवियत' के ढंग पर मज़दूरों का प्रबन्ध करने का वचन देना पड़ा।" (9/235) मज़दूरों और मालिकों के बीच वैमनस्य पहले भी था किन्तु महायुद्ध के बाद मज़दूरों के "मन की स्थिति बदल गई है।" महायुद्ध में शारीरिक बल का मूल्य प्रकट हुआ, परिणाम यह कि "संसार का प्रत्येक मज़दूर नींद से जागकर समझने लगा है कि वह भी संसार में एक बड़ी शक्ति है और उसे भी अन्य मनुष्यों की तरह सुख से जीवन व्यतीत करने का अधिकार है। इस भावना में इन दिनों की महँगी ने और भी ज़ोर पहुँचाया जिसका परिणाम अकेले रशिया या इटली में ही नहीं, वरन् संसार की कुल सरकारों में देखा जा रहा है। इंग्लैंड के कोयले वालों ने अपनी मज़दूरी बढ़ाने का निश्चय कर लिया है...। धनिकों की पृष्ठ रक्षक सरकार कहती है कि

अधिक काम करके बताओ, मज़दूरी भी अधिक दी जाएगी...। कोयला इस समय संसार के सारे कार्य चलानेवाली शक्ति है। यदि इंग्लैंड के दो लाख कोयले वाले हड़ताल कर देंगे तो इंग्लैंड को अपना वाणिज्य-व्यवसाय सँभालना अति कठिन हो जाएगा।" (9/235-36) इंग्लैंड के मज़दूरों की हड़ताल वहाँ के पूँजीपति वर्ग को कमज़ोर करती थी, इसलिए स्वभावतः भारत के स्वाधीनता आन्दोलन को वह शक्तिशाली बनाती थी।

पूँजीवाद भारत में विकसित हो रहा था, उसके साथ नये अन्तर्विरोध विकसित हो रहे थे। "मज़दूरों और धनिकों के झगड़े से भारतवर्ष भी मुक्त नहीं रहा है। यहाँ के धनिक भी अन्य देशों की तरह धन-लोलुप हैं और यहाँ के मज़दूरों को भी अन्य देशों की तरह भूख की पीड़ा होती है।" (9/236) जी.आई.पी. रेलवे के कर्मचारियों ने अधिकारियों को बाध्य किया कि वे उनकी बातें सुनें। बम्बई के डाकतार विभाग के कर्मचारियों ने सरकार से तीन बार प्रार्थना की : "उसका कुछ असर न हुआ और अन्त में उन्हें हड़ताल का ही सहारा लेना पड़ा।" (उप.) हड़तालें इंग्लैंड में भी होती हैं, कुछ दिन बाद वहाँ समझौता हो जाता है, "पर हमारे यहाँ की हड़ताल का महीनों तक चलते रहना भी सरकार और उसकी छत्रच्छाया में रहनेवाले पूँजीवालों को ज़रा भी विचलित नहीं करता। इसके दो कारण हो सकते हैं—पहला, सहानुभूतिशून्य सरकार और दूसरा, मज़दूर दल की शक्ति का कम होना।" (9/254) मज़दूरों को संगठित करना ज़रूरी है। इसके लिए प्रयत्न शुरू हो गया है। लाला लाजपतराय की अध्यक्षता में ट्रेड यूनियन कांग्रेस का प्रथम अधिवेशन बम्बई में हुआ। "हम आशा करते हैं कि यह कांग्रेस देश के गरीब श्रमजीवियों में जागृति फैलाएगी और उन्हें एक सबल समाज बना देगी।" (9/255) ब्रिटिश मज़दूरों की ओर से कर्नल वेजवुड आए। "अपने अन्तर्राष्ट्रीय भाई की हैसियत से कर्नल वेजवुड का स्वागत किया गया।" (उप.)

विदेशी माल के बहिष्कार से भारतीय पूँजीपतियों को अपने उद्योग-धन्धों के विकास का मौका मिलता था। स्वदेशी आन्दोलन से तटस्थ रहकर उन्होंने उससे पूरा लाभ उठाया। यह बात वे नेता जानते थे जो अनेक पूँजीपतियों से घनिष्ठ सम्पर्क कायम किये हुए थे। किन्तु वे यह बात कहते न थे। इसके सिवा यदि मज़दूर अपनी दशा सुधारने के लिए संघर्ष करें तो वे उसका विरोध करते थे, हल्ला मचाते थे कि इससे औद्योगिक विकास में बाधा पड़ती है। 26 सितम्बर, 1925 के 'कर्मवीर' में 'मिलों की हड़ताल' शीर्षक लेख प्रकाशित हुआ। मई, 1907 की 'सरस्वती' में प्रकाशित माधवराव सप्रे के 'हड़ताल' शीर्षक लेख का मानो यह नया संस्करण है। इसमें चतुर्वेदी जी ने भारतीय पूँजीपतियों के बारे में जो बातें कही हैं, वे सन् '25 के बाद के 50 साल का इतिहास समझने में सहायक हैं। बम्बई की मिलों में दो लाख आदमी काम करते हैं। मज़दूर समाज की ऐसी श्रेणी से आते हैं कि उन्हें घर छोड़ना अच्छा नहीं लगता। मिल के एजेंट उन्हें फुसलाकर शहर ले आते हैं। अब

वे हड़ताल पर हैं। कई मिलों में ताले लग रहे हैं और मज़दूर बम्बई छोड़कर बाहर जा रहे हैं। इससे मिल-मालिकों के सामने भारी कठिनाई पैदा हुई है, पर इसके लिए ज़िम्मेदार कौन है?

"हमारे देश में वस्त्र व्यवसाय ही सर्वप्रथम व्यवसाय है। इसको बचाना व बढ़ाना देश के हित के लिए आवश्यक है। परन्तु दुर्भाग्य से यह व्यवसाय जिन लोगों के हाथ में जा पड़ा है, उनमें से कई लोगों को राष्ट्रीय हानि-लाभ का बिलकुल ज्ञान नहीं है। बम्बई के मिल वालों को पाँच साल पहले काफी मुनाफा मिल चुका है परन्तु उस ऐश्वर्य और समृद्धि के समय उन्होंने आपत्तिकाल के लिए काफी धन संचय नहीं किया। स्वदेशी बहिष्कार की लहर बीस साल पहले जब इस देश में आई थी, तब भी वस्त्र व्यवसायियों एवं मिल-मालिकों ने देश का साथ नहीं दिया। अभी 4-5 साल पहिले खद्दर आन्दोलन के समय भी देश के वस्त्र व्यवसायियों ने देश का साथ नहीं दिया और नकली खद्दर बना एवं बेचकर काफी धन कमाया। महायुद्ध के समय उन्होंने लगभग दूना मुनाफा खाया। आखिर इस सम्पत्ति से क्या ये लोग अपने व्यवसाय की रक्षा एवं आकस्मिक आपत्ति का सामना करने की योजना नहीं कर सकते थे?" (10/57) बेशक, सरकार की नीति वस्त्र व्यवसाय को बढ़ावा देने की नहीं है। उसकी चुंगी नीति का विरोध करना चाहिए, किन्तु इसके साथ ही "हमें अपना घर भी देखने की आवश्यकता है और इसी दृष्टि से हम देश के मिल व्यवसायियों से पूछते हैं कि आपने कभी देश का साथ दिया है? आपने गरीब मज़दूरों की हालत सुधारने, अपने बड़े-बड़े अधिकारियों के खर्च कम करने तथा इस या उस रास्ते मैनेजिंग एजेंट्स अथवा मैनेजिंग डाइरेक्टर के घर में चालाकी से पहुँचनेवाले पाप धन को रोकने का प्रयत्न किया है?" (10/57-58)

मैनेजिंग एजेंटों के द्वारा जनता की रकम का उपयोग पूँजीपति जिस तरह करते हैं, उसकी कैफियत इस प्रकार है : "प्राय: इस देश की मिलें लिमिटेड कम्पनियों के अधीन हैं। उनके मैनेजिंग एजेंट्स प्राय: धनिकों की वे ही दुकानें हैं जो मिल के अधिकतर शेअर्स खरीदती हैं या यों कहिए कि अपनी घरू मिल के लिए शेअर होल्डर की रकमों की बलि चढ़ाती हैं।" (10/58) सार्वजनिक सम्पत्ति को व्यक्तिगत सम्पत्ति बनाने के पूँजीवादी तरीके अनेक हैं। उनमें एक यह है—मैनेजिंग एजेंटों के द्वारा शेअर होल्डरों की रकम का अपने लाभ के लिए उपयोग। मैनेजिंग डाइरेक्टर के यहाँ पाप का धन कैसे पहुँचता है, माखनलाल जी इसका एक उदाहरण देते हैं। "हमें एक ऐसी मिल का हाल मालूम हुआ है। जिसके मैनेजिंग डाइरेक्टर साहब बम्बई के बाज़ार से अपने एक गुमाश्ते के मार्फत फर्ज़ी नाम से चीज़ें खरीदते थे और वे ही चीज़ें बम्बई-भाव से कुछ अधिक भाव में मिल को बेच देते थे और प्रतिमास सैकड़ों रुपयों का मुनाफा कमा खाते थे।" (उप.) और भी : "कुछ लोग तो इस हद तक पहुँच जाते हैं

कि मिल की मशीनरी फर्ज़ी नाम से खरीद लेते हैं और महँगे भाव में कंपनी के सिर मढ़ देते हैं। मिल के लिए कपास खरीदने में, शेअरों की खरीद-बिक्री में, कपड़े के बेचने में, इसी तरह अन्य छोटे-बड़े कामों में मिल के व्यवस्थापक लोग कमाई करते सुने गए हैं। उनकी यह कमाई पाप की कमाई है और शेअर होल्डरों के प्रति अन्याय है।" (उप.)

जो पुण्य की कमाई है, कानून के अनुसार, माल की पैदावार और बिक्री से प्राप्त की जाती है, वह मज़दूरों के श्रम के बल पर सुलभ होती है; जो पाप की कमाई है, ठग विद्या से प्राप्त की जाती है, उसका स्रोत भी वही मज़दूरों का श्रम है। अपनी श्रमशक्ति बेचकर मज़दूर पूँजीपतियों के लिए जो अतिरिक्त मूल्य बनाता है, उसी से पूँजीपति और उनके मिल व्यवस्थापक अपनी पुण्य और पाप की कमाई करते हैं। वस्त्र-उद्योग देश का सबसे सुरक्षित उद्योग था। विदेशी माल के बहिष्कार में सबसे पहले वस्त्रों का बहिष्कार होता था। इसलिए स्वदेशी आन्दोलन से लाभ उठाकर भारतीय पूँजीपतियों ने जिस उद्योग का सर्वाधिक विकास किया, वह वस्त्र उद्योग था। राष्ट्रीय प्रयत्न से यह विकास सम्भव हुआ किन्तु इस विकास से लाभ उठानेवाले पूँजीपतियों ने राष्ट्रहित का ध्यान नहीं रखा, मज़दूरों के हितों का ध्यान रखना तो और भी दूर की बात है। सरकारी नीति के साथ देशी पूँजीपतियों की स्वार्थपरता की आलोचना करते हुए माखनलाल चतुर्वेदी ने लिखा : "मिल के व्यवसाय में हिन्दुस्थान में हानि होने की सम्भावना बहुत कम है परन्तु जहाँ यहाँ की सरकार इस धन्धे को पनपने नहीं देती, वहाँ इस धन्धे में पड़े हुए लोग भी अपने स्वार्थ के सामने देशहित का ज़रा भी खयाल नहीं करते। देशहित ही नहीं, इन लोभियों को अपने ही स्वार्थ का ख्याल नहीं है। जब कभी वर्तमान समय जैसी अवस्था उत्पन्न हो जाती है, तब उन्हें अपनी मिलें बन्द करनी पड़ती हैं और हानि उठानी पड़ती है। यदि वे अपने घर में सिर्फ इतना ही धन जाने दें जितना लेने का उन्हें अधिकार है तो मिलों की अवस्था बिगड़ने का कारण ही उपस्थित नहीं हो सकता।" (उप.)

यदि पूँजीपति उतना ही धन समेटें जितना उनके लिए जायज है तो वे पूँजीपति न रह जाएँ। मुनाफे पर अंकुश लगाने का मतलब है, उनकी 'स्वाधीनता' को नियंत्रित करना। यह नियंत्रण उन्हें पसन्द नहीं। जहाँ भी शासन जनता के दबाव से मुनाफे पर कुछ प्रतिबंध लगाता है, वहाँ वे उन्हें तोड़कर शासन की ही मदद से 'पाप का धन' कमाने की पच्चीस तरकीबें निकाल लेते हैं। स्वभावत: वह मज़दूरों की दशा में बुनियादी सुधार नहीं कर सकते। मज़दूरों और पूँजीपतियों के सम्बन्धों के बारे में माखनलाल जी ने लिखा था : "इस देश में मज़दूरों को मुनाफे में से बँटवारा देने की प्रथा अभी प्रचलित नहीं हुई है किन्तु आज या कल इस प्रथा का जन्म होगा। उस समय के लिए इस देश के वस्त्र व्यवसायियों को अपने-आपको तैयार रखना चाहिए।" (उप.) लगभग 60 साल बीत गए हैं। विदेशी सरकार की जगह देशी

सरकार है। अभी तक मज़दूरों और पूँजीपतियों में मुनाफे के बँटवारे की नौबत नहीं आई। बँटवारा हो भी तो पूँजीवादी राज्य सत्ता के रहते वह मज़दूरों की दशा में कोई मौलिक परिवर्तन न कर सकेगा। जिस लोकसत्ता का आधार मज़दूर-किसान शक्ति हो, वही पूँजीवाद को नियंत्रित करके समाजवादी निर्माण का मार्ग प्रशस्त कर सकती है। "यथार्थ में मिल मालिक का तो केवल रुपया खेलकूद करता है। जिनकी रोज़ की भूख, गिरी हुई देह और नैतिक पतन के बल पर ये मिलें चलती हैं, वे हैं मज़दूर। वे ही व्यवसायियों के अन्नदाता हैं। अन्य देशों में वे और उनके प्रतिनिधि सरकारें सँभाल रहे और राज्य शकट का संचालन कर रहे हैं और इस देश में वे भूखों मरने के लिए लाख के ऊपर की तादाद में लाचार हो रहे हैं। सरकार दोषी है किन्तु इस दिशा में धनिक व्यवसायी भी दोषमुक्त नहीं हैं। अब मुकुटों और सिंहासनों के बल पर इतिहास के बनने का युग गया, इन डेढ़ लाख के लगभग मज़दूरों का भूखा मर कर दिन काटना आज का इतिहास है और इस परिस्थिति के पैदा करनेवालों को इसकी कीमत चुकानी पड़ेगी।" (उप.)

कीमत चुकाने का दिन अभी तक नहीं आया, राष्ट्रीय स्वाधीनता से लाभ उठाने के दिन ज़रूर आए। मिल मालिकों के कर्तव्य के बारे में माखनलाल जी ने लिखा था : "उन्हें राष्ट्र की लड़ाई में शामिल होना चाहिए और विदेशी वस्त्र के बहिष्कार का प्रस्ताव आगामी कांग्रेस में पास कराना चाहिए और साथ ही उन्हें देशवासियों को यह विश्वास दिलाना चाहिए कि देशी कपड़े की माँग के बढ़ने पर मिल वाले अपना लोभ सँवरण करेंगे।" (10/59) विदेशी वस्त्रों के बहिष्कार का प्रस्ताव पास कराना मिल मालिकों के हित में था। कांग्रेसी नेताओं पर इन मिल मालिकों का प्रभाव था, इसीलिए उनसे कहा गया था कि वे कांग्रेस में बहिष्कार का प्रस्ताव पास कराएँ। माखनलाल जी जानते थे कि विदेशी कपड़ों के बहिष्कार से देशी कपड़ों की माँग बढ़ेगी, इसलिए उन्होंने मिल वालों से अपना लोभ सँवरण करने की अपील की थी। जो लोग समझते हैं कि भारत में उद्योग-धन्धों का विकास अंग्रेज़ी राज के कारण हुआ, वे स्वदेशी आन्दोलन और वस्त्र उद्योग के आपसी सम्बन्ध पर विचार करें।

वस्त्र उद्योग के विकास में स्वयं मज़दूरों का योगदान अत्यन्त महत्त्वपूर्ण था, इस तथ्य को पहचानना, उस पर ज़ोर देना माखनलाल चतुर्वेदी की गहरी राजनीतिक सूझबूझ का प्रमाण है। देशी मिलों में बननेवाले कपड़े पर सरकार ने जो कर लगाया था, उसका व्यापक विरोध हुआ। "लार्ड रीडिंग की इन्साफ-पसन्द सरकार ने बजट में कमी होने का बहाना बताकर इस कर को उठाने से इनकार कर दिया।" (10/104) मिल मालिकों ने कहा, मज़दूरों को पूरा वेतन देना असम्भव है। "वे मज़दूरों से कहते थे—काम पर आ जाओ, जो मज़दूरी हम दे रहे हैं, उसे स्वीकार कर लो। परन्तु अनन्त कठिनाइयों के रहते हुए भी मज़दूरों के संगठन ने मिल मालिकों की दाद नहीं दी। उनके सम-व्यवसायियों ने, यूरोप के मज़दूर

मंडलों ने, उन्हें आर्थिक सहायता पहुँचाई और वे लड़ाई का ज़माना जानकर पेट-पानी की कष्टदायी कल्पनाएँ सहते रहे। आखिर असम्भव सम्भव हुआ। कपड़े के गिरते हुए व्यापार से एक पाई की भी आमदनी न होते देख, हड़ताल के मिटने एवं बम्बई की मिलों के चलने की कोई आशा न देख, आखिर भारत सरकार ने 1 दिसम्बर, 1925 को जाहिर किया कि "हम एक्साइज ड्यूटी मुल्तबी करते हैं।" (उप.) सम्भवत: भारत सरकार शान्ति का वातावरण पैदा करना चाहती थी। उसने "काटन ड्यूटी ही एक ऐसी वस्तु देखी जिसके उठाने से सरकार का कुछ भी बिगड़ता नहीं है और धनलोलुप पूँजीपति प्रसन्न होते हैं।...जो हो, इस कर के उठने का वास्तविक श्रेय उन गरीब मज़दूरों को है जिनके पसीने के पानी से मिल की बड़ी-बड़ी इमारतें खड़ी हुई हैं।" (10/105)

यद्यपि वस्त्रों पर उस कर के उठ जाने से पूँजीपतियों को लाभ होनेवाला था, फिर भी यह सम्भावना बराबर बनी हुई थी कि संकट का आभास मिलते ही मिल मालिक मज़दूरों की पगार में कटौती करेंगे। अत: पूँजीपतियों को सावधान करते हुए माखनलाल जी ने लिखा : "जब किफायत के अन्य कोई मार्ग नहीं दिखाई देते, तब मिल वाले मज़दूरों का गला पकड़ते हैं और उन बेचारों की बलि चढ़ाकर घटी को पूरा करते हैं। हम भारतीय वस्त्र-व्यवसाय को देश की अत्यावश्यक धरोहर समझते हैं। इसी वजह से पूँजीपति मिल मालिकों से हम कहना चाहते हैं कि आप विदेशी वस्त्रों के मुकाबले में अपने वस्त्र-व्यवसाय की उन्नति कीजिए। स्वयं धन और यश कमाइए, परन्तु यह न भूल जाइए कि आपका धन मिलों के मज़दूरों की वजह से पैदा होता है, आपका धन आपके वस्त्र को खरीदनेवाले भारतीय खरीददारों से पैदा होता है। एक्साइज ड्यूटी के उठ जाने से आप विदेशी वस्त्र-व्यवसाय का मुकाबला कर सकेंगे, परन्तु इस मुकाबले के समय महँगे वस्त्र अधिक मुनाफा और कम मज़दूरी के पाप मार्ग की ओर हरगिज न जाइए।" (10/105-06)

दिसम्बर, 1925 में कानपुर में कांग्रेस का अधिवेशन हुआ। इससे माखनलाल जी को भारी निराशा हुई क्योंकि कांग्रेस ने देश के सामने संघर्ष का कोई कार्यक्रम न रखा था। कुछ आशा दिखाई दी तो राजनीतिक कैदियों के सम्मेलन में। इसके अध्यक्ष गोविन्दानन्द ने कहा : "हम लोग 1921 के कार्यक्रम के स्थगित होने को राष्ट्रीय अपमान समझते हैं और चाहते हैं कि उसका पुन: ग्रहण हो।" (10/122) राजनीतिक कैदियों की दशा सुधारने के लिए सरकार ने बाध्य होकर जो कुछ दिया है, वह हमारे बलिदान का ही फल है। कांग्रेस इस बात को स्वीकार करने में भी हिचकिचाती है। पूँजीपतियों के सदृश, जो मज़ूरों के अधिकारों की अवहेलना करके उनके परिश्रम से अपना पेट भरते हैं, कांग्रेस भी हमारे परिश्रम से प्राप्त फल को हड़पना चाहती है।" (10/123) बड़ी सटीक उपमा है। निष्कर्ष यह : "राजनीतिक स्वतंत्रता कौंसिल या चरखे से नहीं मिल सकती। भारतीयों को स्वतंत्रता का उचित मूल्य देना होगा।" (उप.)

कांग्रेसी नेतृत्व में चलाये हुए आन्दोलन की विफलता जितना ही प्रत्यक्ष हुई, उतना ही किसानों और मज़दूरों के संगठन की, आन्दोलन के लिए नये नेतृत्व की आवश्यकता स्पष्ट हुई। असहयोग आन्दोलन ने "जनता में जोश भर दिया, उनके हृदयों में स्वराज्य की ज्योति जलाई, फैशन को देश-निकाला दे दिया, मानापमान की झूठी कल्पनाओं को विदा कर दिया, निर्भयता का सबक सिखाया, सादे आचार और ऊँचे विचारों को देशभर में फैलाया, कांग्रेस के सामने विधायक कार्यक्रम रखा, खिलाफत के लिए आवाज़ उठाकर मुसलमान समाज में भी जागृति की। उस समय मालूम होता था कि अब देश के अच्छे दिन दिखेंगे। लेकिन हाय, यह सब स्वप्न हो गया। धीरे-धीरे आन्दोलन शिथिल होने लगा। जोश का पारा नीचे उतर आया। राष्ट्रीयता के प्रभाव में फाँटे फूट गए। नेताओं में दलबन्दियाँ बन गईं। धूर्तों को विष-बीज बोने का मौका मिल गया। भ्रातृभाव से परस्पर गले लगानेवाले एक-दूसरे के खून के प्यासे हो गए।" (10/223) जब देश के नेता संघर्ष का मार्ग छोड़कर समझौते की राह पर चलेंगे, तब यही हाल होगा। स्वदेशी आन्दोलन व्यापक रूप से न चलाया जाएगा तो वह जल्दी ही शिथिल होकर बिखर जाएगा। आगे बढ़ने के बदले "देश की प्रगति बीस-पच्चीस वर्ष पीछे हट गई।" (10/224)

अगस्त, 1927 में माखनलाल चतुर्वेदी ने कांग्रेस की ढुलमुल नीति की तीखी आलोचना की। कांग्रेस के भावी सभापति डॉ. अंसारी ने सब दलों से मिलकर शत्रु का सामना करने को कहा। ये दल ऐसे थे जो सरकार से सहयोग कर रहे थे। इसलिए प्रश्न यह था कि "सहयोग करनेवालों का शत्रु कौन?" (10/269) जो बड़ा दल बनेगा, उसमें नरम दल के लोग होंगे, ऐंग्लो इंडियन होंगे और भारत में बसे हुए अंग्रेज़ भी होंगे। केवल उसमें देश के क्रान्तिकारी युवक न होंगे। कांग्रेस के भावी सभापति की दृष्टि में जिस तरह नरम, ऐंग्लो इंडियन और भारत में बसे अंग्रेज़ आ गए, क्या उसी तरह, उनकी दृष्टि से, देश के उन क्रान्तिवादी तरुणों का भुलाया जाना उचित हुआ, जिनकी जेलों, फाँसियों, कालेपानियों और यंत्रणाओं ने देश में नये युग को जन्म दिया? और जो लोग, यदि अपनी पिस्तौले फेंक कर, ईमानदारी से असहयोग का साथ न देते, तो कांग्रेस के अनुशासन की धाक और गांधी युग का अहिंसा का कार्यक्रम—बम और पिस्तौलों की आवाज़ों पर देखते [देखते-देखते] धूल में मिल जाता। क्योंकि धनवान और आरामतलब नेताओं का त्याग प्रदर्शनी का त्याग था, और देश के गरीबों का त्याग देश की स्वतंत्रता का यथार्थ मूल्य था।" (10/269-70) चतुर्वेदी जी ने अपने जीवन के अनुभव के बल पर देश के नौजवानों और गरीबों की ओर से यह बात कही थी। वह असहयोग आन्दोलन को समझौता किये बिना व्यापक जन-आधार पर चलाने के पक्ष में थे। असहयोग छोड़कर लोग बम-पिस्तौल के रास्ते चलें, यह उनका आशय न था। "यदि देश में काम करना है तो क्रान्तिवादियों से पुनः पिस्तौलों को थोड़ा विश्राम देने के लिए कहना होगा।" (10/270) किन्तु क्रान्तिकारी आन्दोलनों में मज़दूर निर्णायक भूमिका निबाहते आए

हैं, यह तथ्य अब उनके सामने स्पष्ट हो चुका था। 'हर देश में मज़दूरों के दलों ने क्रान्तियाँ की हैं'—यह सत्य 1917 की बोल्शेविक क्रान्ति से उजागर हुआ था। कांग्रेसी नेता क्रान्तिकारी तरुणों को साथ नहीं लेना चाहते क्योंकि उन्हें 'सरकारी पदों का लालच है,' साथ ही 'प्रबल त्यागी और देशभक्त कहलाने का मोह' भी वे नहीं छोड़ सकते। (उप.) ऐसे लोगों को स्वतंत्रता का नाम छोड़ देना चाहिए। उनके लिए उचित है कि दुखी जनता में निरर्थक आशा का संचार न करें, न मज़दूरों के दु:ख से दुखी होकर उनके संगठन की बात करें "क्योंकि उनके संगठन का परिणाम, किसी भी देश में, निरंकुश सत्ता के नीचे पिसते हुए पराधीन रहना और राज्यकर्ताओं की खैरातों पर जीना नहीं रहा। हर देश में मज़दूरों के दलों ने क्रान्तियाँ की हैं। फिर माडरेटों, ऐंग्लो इंडियनों और भारत में बसे हुए अंग्रेज़ों के हाथ इन क्रान्तिवादियों को देकर क्या इनकी गोलियाँ मज़दूरों पर चलवाने का तमाशा देखना है?" (उप.) भारतीय समाज के अन्तर्विरोधों की ओर यहाँ स्पष्ट और महत्त्वपूर्ण संकेत है। एक ओर खाते-पीते घरानों के लोगों का नेतृत्व है, उन्हें सरकारी पदों का लालच है और त्यागी तथा देशभक्त कहलाने का लोभ है। दूसरी ओर मज़दूरों का संगठन है। यह संगठन राज्यकर्ताओं की खैरात पर नहीं जीता, वह निरंकुश सत्ता के नीचे पिसता न रहेगा, उसमें क्रान्ति करने की क्षमता है।

1925 में कम्युनिस्ट पार्टी की स्थापना हुई। उस समय यह प्रचार किया गया कि वह कांग्रेस के पंडाल में आग लगाना चाहती थी, गांधी जी को बेंतों से पीटना चाहती थी। स्मरणीय है कि कानपुर में कम्युनिस्ट सम्मेलन के संगठनकर्ता हिन्दी पत्रकार सत्यभक्त थे। वह सन् '25 से पहले और बाद को भी अहिंसा के सिद्धान्त में विश्वास करते रहे हैं। कांग्रेस अधिवेशन में कम्युनिस्ट सम्मेलन की ओर से जो सज्जन क्रान्तिकारी कार्यक्रम का सन्देश लेकर गए थे, वह स्वयं कांग्रेसी नेता—मौलाना हसरत मोहानी—थे। उस सम्मेलन के बाद चार साल के भीतर ब्रिटिश सरकार मज़दूर आन्दोलन की प्रगति से चिन्तित हो उठी। 1929 में उसने मेरठ षड्यंत्र का प्रसिद्ध मुकदमा चलाया। इस मुकदमे से बोल्शेविक एजेंटों वाला ब्रिटिश प्रचार छिन्न-भिन्न हो गया। 22 जून, 1929 के 'कर्मवीर' में प्रकाशित 'श्रमजीवी, सरकार और कांग्रेस' शीर्षक लेख, इतने दिन बीत जाने पर भी, आज के सन्दर्भ में ताज़ा है। अप्रैल में असेम्बली में भगतसिंह और बटुकेश्वर दत्त ने बम फेंका; दिल्ली की अदालत ने इसके बारे में फैसला दे दिया, "परन्तु रशिया के बोल्शेविकों से सम्बन्ध रखने के नाम पर दायर किये गए मामले में अभी अनेक मासों की देरी है।" (10/297) कम्युनिस्टों के बारे में बहुत तरह की अफवाहें फैलाई जा रही थीं और कांग्रेस इनसे मुक्त नहीं थी। "इस बीच में चाहे कांग्रेस में हो, या कांग्रेस के बाहर, कम्युनिस्ट अथवा समाज-सत्तावादी के नाम से परिचित किये जानेवाले लोगों के विषय में कैसी-कैसी कथाएँ इस देश में प्रचलित हो रही हैं, उन पर एक विहंगम दृष्टि डालना आवश्यक है।" (उप.)

माखनलाल जी ने लिखा कि मेरठ में उन लोगों को लाया गया है जिनका सम्बन्ध बम्बई-कलकत्ता के मज़दूर आन्दोलनों से है। इन बड़े शहरों में मज़दूरों के संगठित होने का कारण यह है : "सम्पत्ति की विषमता इन्हीं दो शहरों में विशेष रूप से दिखाई देती है। एक ओर साफ-सुथरे मुहल्लों में बने हुए गगनचुंबी प्रासाद हैं तो दूसरी ओर गलाजत में सड़नेवाली झोंपिड़याँ हैं। एक ओर अनेक भोज्य और पेय पदार्थों को सूँघ कर फेंक देने पर भी 'अजीर्ण' की दवा खानेवाले धन कुबेर हैं तो दूसरी ओर पेट की पूरी खाई न भर सकने के कारण जठरानल से झुलसने वाले रोगी हैं।" (10/297-98) विषमता गाँवों में भी है किन्तु किसानों और मजदूरों के जीवन की परिस्थितियों में एक अन्तर है। विभिन्न गाँवों के किसान "कभी एक स्थान पर नहीं आते, इस वजह से कृषकों की अपेक्षा मज़दूरों में ही श्रमजीवी आन्दोलन विशेष सफल हो रहा है।" (10/298) ब्रिटेन में अठारहवीं सदी में औद्योगिक क्रान्ति हुई, वर्ग विषमता बढ़ी। "आज भी वहाँ इस अवस्था का सन्तोषप्रद हल नहीं हो सका है।" (उप.) अब भारत में "औद्योगिक क्रान्ति का युग आ रहा है।...कल-कारखाने तथा हज़ारों आदमियों का एक स्थान में एकत्र होकर वस्तु विशेष का निर्माण करना आदि बातें हमारे लिए नई हैं।" (उप.) मशीनों के चलन से पहले उत्पादन दूसरे ढंग का था, अब "प्रचुर परिमाण में वस्तुओं के निर्माण के साथ-साथ सम्पत्ति की विषमता पैदा हुई और मज़दूरों-कारखानेवालों की समस्या का जन्म हुआ।" (उप.)

केवल व्याख्यानों द्वारा सहानुभूति प्रकट करनेवालों की अपेक्षा मज़दूरों का संगठन करनेवालों को अधिक लोक समर्थन प्राप्त है। "इस बात से इनकार नहीं किया जा सकता कि व्याख्यान मंच से प्रचार करनेवाले सज्जनों की अपेक्षा इन प्रत्यक्ष कार्य करनेवालों की पीठ पर लोकमत की विशेष सहायक संख्या है।" (10/297) सविनय वैध गति से काम करनेवालों की अपेक्षा मज़दूरों को संगठित करनेवालों की गति तीव्र है। कठिनाइयों के सामने इनका संगठन टूटता नहीं है। "बम्बई की कई महीनों की हड़तालों के होते हुए भी मज़दूरों का संगठन नष्ट नहीं हुआ दीख रहा। उनमें अनुशासन का उदय हो रहा है।" (उप.) मज़दूरों का संगठन कांग्रेस के संगठन से भिन्न प्रकार का था। उनका अनुशासन कांग्रेस के अनुशासन से भिन्न प्रकार का था। विरोधी कहते थे—क्या कर्तव्य है, क्या अकर्तव्य, यह विवेक मज़दूरों में नहीं होता। इसका उत्तर यह है कि "वैध कहे जानेवाले आन्दोलन में" यदि प्रचार की आवश्यकता है तो "प्रत्यक्ष कार्य करने के मार्ग का अनुसरण करनेवाले आन्दोलन में अनुशासन की आवश्यकता है।" (उप.) दो तरह के आन्दोलन हैं। पहली तरह के आन्दोलन प्रचार तक सीमित हैं, हड़ताल जैसी चीज़ों से दूर हैं। दूसरी तरह के आन्दोलन प्रत्यक्ष कार्य पर ज़ोर देते हैं। इनके लिए अनुशासन ज़रूरी है। "ऐसी अवस्था में अगर मज़दूर संगठन का सदस्य कर्तव्याकर्तव्य का ज्ञान नहीं रखता तो वह उन 'बुद्धिमानों' से लाख गुना अच्छा है जो प्रत्येक वाक्य और शब्द पर दलीलों

की बरसात बरसाकर अपने जोश की भाप को खतम कर देते हैं।" (उप.) 'कर्मवीर' सम्पादक ने अपने पत्र के जन्मकाल से कर्म पर ज़ोर दिया था। उन्होंने बहसबाज़ बुद्धिमानों की तुलना में संघर्ष करनेवाले मज़दूरों को लाख गुना अच्छा कहा, यह बात पत्र की नीति के अनुरूप थी।

पहले सम्पत्ति की ऐसी विषमता न थी; तब श्रमजीवी आन्दोलन भी न था। अब विषमता बढ़ी है, अत: "श्रमजीवी आन्दोलन को बदनाम करनेवाले लोगों से हमें विशेष सचेत रहने की आवश्यकता है।" (10/298) सरकारी प्रचार इस तरह का था। "मीरट वाले मामले में सरकारी वकील महोदय ने श्रमजीवी आन्दोलन के प्रवर्तकों को 'राष्ट्रीयता के विरोधी', 'अनीश्वरवादी', आदि उपाधियों से विभूषित किया है।" (10/298-99) ब्रिटिश सरकार का वकील कम्युनिस्टों को राष्ट्रीयता के विरोधी कह रहा था। पूँजीपतियों के चाकर लेखकों ने सरकारी वकील के इसी सूत्र को बरसों तक पाठ किया है। धर्म के ठेकेदारों ने सरकारी हितों की रक्षा के लिए धर्म की दुहाई दी, कम्युनिस्टों को अनीश्वरवादी कहा। समाज के पुरानपंथी सड़े-गले तत्त्वों के बारे में माखनलाल जी ने लिखा : "इस देश की हिन्दू-मुस्लिम जनता में 'परमात्मा और खुदा' का बड़ा ज़ोर है। हमारे देश का प्रत्येक चोटी और दाढ़ी रखनेवाला व्यक्ति धर्म के अगाध ज्ञान और ईश्वर तथा खुदा की पहिचान का दावा करता है। ऐसी अवस्था में जो लोग बोल्शेविकों की 'अनीश्वरवादिता' का ढोल पीटते हैं, वे सन्देहास्पद प्रचार करते हैं। श्रमजीवी आन्दोलन के प्रवर्तक 'अराष्ट्रीय' हैं, अतएव राष्ट्रीयता के उपासक उनसे घृणा करें। वे 'समानता' के प्रचारक हैं, अतएव धनपति उन्हें नष्ट कर दें। वे 'अनीश्वरवादी' हैं, अतएव पाखंड पंडित उन्हें ज़िन्दा गाड़ दें। और वे 'अराजक' हैं, इसलिए सरकार उनकी जड़ खोद दे। कितना बढ़िया प्रचार है! (10/299)

इस तरह के प्रचार से कांग्रेसीजनों को सावधान करते हुए चतुर्वेदी जी ने आगे लिखा : "इस विचारधारा में जब कांग्रेसी समझे जानेवाले लोग डुबकी लगाते दिखाई देते हैं तब हमें सावधानी की सूचना देने की आवश्यकता प्रतीत होती है।" (उप.) बम्बई की हड़ताल खत्म कराने के लिए बम्बई के गवर्नर, मिल-मालिकों तथा कांग्रेसी नेताओं ने समझौता कराने की चेष्टा की। "बम्बई की कांग्रेस कमेटी ने, यह सोचकर कि श्रेणि-युद्ध की इस समय आवश्यकता नहीं है, इस समझौते में भाग लिया।" (उप.) चलो, कोई बात नहीं। किन्तु कांग्रेसी नेताओं ने मिल-मालिकों के बदले मज़दूरों की आलोचना की। "'टाइम्स आफ इंडिया' ने बम्बई कांग्रेस के हड़ताल विरोधक वाक्यों की आड़ में कांग्रेस और श्रमजीवियों के बीच की खाई बढ़ाने का अवसर पा लिया है। यह बात हमारी दृष्टि से उचित नहीं है। कांग्रेस की आड़ में श्रमजीवियों पर यदि प्रहार किया जाएगा तो आनेवाली सन्तान—चाहे सही हो, चाहे गलत—कांग्रेसवादियों पर छींटाकशी किये बिना नहीं रहेगी।" (उप.) तथास्तु!

6. माखनलाल चतुर्वेदी और निराला

'माखनलाल चतुर्वेदी रचनावली' के लिए जो लेख 'कर्मवीर' से चुने गए हैं, वे 1929 तक के हैं। इसके बाद स्वाधीनता आन्दोलन के विभिन्न दौरों में चतुर्वेदी जी की राजनीतिक प्रतिक्रिया क्या थी, यह जानने के लिए व्यवस्थित सामग्री अभी सुलभ नहीं है। एक बात निश्चित है, सन् '20 से पहले वाले क्रान्तिकारी जीवन की आग उनमें कभी बूझी नहीं। यतीन्द्रनाथ दास के बलिदान को याद करते हुए उन्होंने लिखा था : "हम जानते हैं, राष्ट्रीय सभा [कांग्रेस] का बाँध आपको अंग्रेज़ों को शस्त्रों से खून नहीं करने देता, खून करना मजहब नहीं है; किन्तु क्या हमारी अँतड़ियों में यह वेदना भी उत्पन्न नहीं होती कि हम कम-से-कम यतीन्द्र की मौत पर बैठकर राष्ट्र को सबल बनाने का निश्चय करें, और देश के महान् आन्दोलन के बल पर, शासकों को दिखावें कि पाप की कीमत पर, तुम दो दिन भी चलने नहीं दिये जा सकते? क्या हममें यह बल है?" (10/342) दस साल बाद—1939 में—लाला हरदयाल को स्मरण करते हुए उन्होंने लिखा था : "उन्होंने प्रतिभा रखकर, मस्तक झुकाये पेट भरने को लात मार दी, और अपने गरीब देश के उद्धरार्थ, क्रान्तिकारियों का मस्तक चढ़ाने का पक्ष इख्तियार किया। किन्तु भारतीय तो उस अभागी जाति का नाम है कि अंग्रेज़ जिसे दुश्मन कह दे, वह हमारा अपना होकर भी हमारी नज़र में दुश्मन हो जाता है। एक अंग्रेज़, जर्मन, इटालियन या जापानी के अपमानित होने पर वहाँ के देश उकस उठते हैं, किन्तु हम तो लाला हरदयाल की मौत के बाद भी नहीं जानते कि कौन मर गया!" (4/206)

इस लेख का स्मरणीय वाक्य है : "मस्तक चढ़ानेवाली जाति मौन रहकर आँसू नहीं ढाला करती।" (उप.) इसे पढ़कर बरबस निराला की पंक्तियाँ याद आती हैं :

सिंही की गोद से
छीनता रे शिशु कौन?
मौन भी क्या रहती वह
रहते प्राण? रे अजान!
एक मेष माता ही
रहती है निर्निमेष
दुर्बल वह—
छिनती सन्तान जब,
जन्म पर अपने अभिशप्त
तप्त आँसू बहाती है—
किन्तु क्या
योग्य जन जीता है,
पश्चिम की उक्ति नहीं—

गीता है, गीता है—
स्मरण करो बार-बार—
जागो फिर एक बार!

छायावाद का यह भी एक पक्ष है : वह गद्य में व्यक्त हुआ हो, चाहे पद्य में।

1937 में कांग्रेसी मंत्रिमंडल बने; 1939 में वे कायम थे। कहाँ लाला हरदयाल का त्याग, कहाँ यह पदग्रहण! माखनलाल जी ने लिखा : "हम अपने देश में अपने मंत्रिमंडल देखते हैं, धारा सभाओं की चुनाइयाँ देखते हैं, और देखते हैं सिद्धान्तों की खींचतान के खिलवाड़, किन्तु हमारे बीच उस मस्तक का अभाव है जो दूर-दूर तक देखे, और जहाँ तक नज़र जाय, वह वीरतापूर्वक कविवर मैथिलीशरण जी की 'जयद्रथ वध' में कही वाणी में बोल सके, 'जहाँ तक बाण मेरा जायगा, अपने जनों को आपदा से वह अवश्य बचाएगा।' " (८/207) फिर देश स्वाधीन हुआ। अन्तरिम सरकार देश के स्वाधीन होने से पहले ही बन गई थी। अंग्रेज़ों के जाने के बाद : "ब्रिटिशों के चले जाने के बाद यदि हमारे सफेद वस्त्र छीनकर फेंक दिये जायँ, यदि स्वाँगों वाले मुँह पोंछ दिये जायँ, तो हम स्वयं अपनी विकृत मूरतें देखकर काँप उठें। परोपकार के अध्यवसायी हम अपने सार्वजनिक जीवन के व्यवसाय ही को परोपकार कहने के आदी हो गए हैं।" (3/27) निराला के शब्दों में :

लेंडी ज़मींदारों को आँखों तले रक्खे हुए;
मिलों के मुनाफे खानेवालों के अभिन्न मित्र;
देश के किसानों, मज़दूरों के भी अपने सगे
विलायती राष्ट्र से समझौते के लिए।

गरीबों का क्या हुआ?

"हमने साँसों का जोड़ पैसों से बैठाकर, ग्रामीणों के मोती जैसे अन्न कणों को काले बाज़ारों के दाँव चढ़ा दिया और स्वयं ग्रामीणों को कौड़ियों के भाव मरने के लिए छोड़ दिया। (3/27) निराला के अनुसार :

खुला भेद, विजयी कहाये हुए जो,
लहू दूसरे का पिये जा रहे हैं।

जनता को ठगनेवाले बड़े ज्ञानी हैं; जनता ठगी जाती है, इसलिए अज्ञानी है। ज्ञान-अज्ञान सम्बन्धी वर्तमान स्थिति यह है : "जनता तो अज्ञान है। उसका हमें भय नहीं है। भय ईश्वर का भी नहीं है क्योंकि उसे हम या तो मानते नहीं हैं या ईश्वर का नाम लेना भी हमारी विजय के चातुर्यों में से एक चातुर्य मात्र है। और अपने से

डरने का तो सवाल ही नहीं उठता। तब जहाँ ज्ञान कायर हो, प्रार्थना दृष्टिहीन हो और पुरुषार्थ उद्दंड, वहाँ सुधारना किसे होगा—पढ़कर गिरे हुए को या बेपढ़े न उठ सकनेवाले को?" (3/27)

निराला ने शोषकों के हाथ बिके हुए ज्ञान के बारे में लिखा था :

कितने ब्राह्मण आए
पोथियों में जनता को बाँधे हुए।
कवियों ने उसकी बहादुरी के गीत गाये,
लेखकों ने लेख लिखे,
ऐतिहासिकों ने इतिहासों के पन्ने भरे,
नाट्य कलाकारों ने कितने नाटक रचे,
रंगमंच पर खेले।

जनता पर जादू चला राजे के समाज का।

पुराने समाज को देखते आधुनिक समाज में आर्थिक विषमता बहुत बढ़ गई है। क्या इसे दूर करने के लिए क्रान्ति होगी? माखनलाल जी ने लिखा : "रोटी के लिए तरसनेवाला व्यक्ति चोर नहीं है। चोर वह है जो अपनी दिमागी चतुराई और समाज तथा शासन के नियमों की भूलभुलैया में गरीबों को चूसकर उन्हें पहिले चोर बनाता है, और फिर अपनी चोरी को छुपाने के लिए गरीबों को चोर घोषित कर उनसे नीतिज्ञता वसूल करता है। आज या कल, शान्ति से या क्रान्ति से यह विषमता तो हमें हटानी ही पड़ेगी।" (3/45)

और निराला :

जल्द जल्द पैर बढ़ाओ, आओ, आओ।
आज अमीरों की हवेली
किसानों की होगी पाठशाला,
धोबी, पासी, चमार, तेली,
खोलेंगे अँधेरे का ताला,
एक पाठ पढ़ेंगे, टाट बिछाओ।

भारतेन्दु हरिश्चन्द्र के साहित्य की विशेषताएँ गिनाते हुए चतुर्वेदी जी ने लिखा था : "उन्होंने किसी राजा अथवा धनिक की प्रशंसा में काव्य-रचना को कभी प्रोत्साहन नहीं दिया।" (4/232) हिन्दी की इस गौरवशाली परम्परा के श्रेष्ठ प्रतिनिधि थे माखनलाल और निराला। भारतेन्दु हरिश्चन्द्र ने साहित्य में अनेक विधाओं का विकास किया। "जिस प्रधान सूत्र में हिन्दी साहित्य के ये मोती पिरोये गए थे, वह था

लोकजागरण का तेजस्वी सूत्र, जो भारतेन्दु जी के 'मुद्राराक्षस' और 'भारत-दुर्दशा' और 'नीलदेवी' नामक नाटकों में सुलभ होता है।" (उप.) भारतेन्दु के समय से जो साम्राज्य विरोधी लोक-जागरण की परम्परा शुरू हुई, उसी की महत्त्वपूर्ण कड़ियाँ हैं निराला और माखनलाल। अन्य देशों के नवजागरण को याद करते हुए उसी प्रसंग में उन्होंने लिखा था : "राजनीति अथवा समाज में जागरण लाने के लिए साहित्य परम अमोघ अस्त्र है। रूस का नवजागरण मैक्सिम गोर्की जैसे कलाकारों का अत्यन्त ऋणी है। रूस उन राजनीतिक नेताओं को भूल सकता है जो समय-समय पर उसके रंगमंच पर आए और तिरोहित हो गए। किन्तु क्या वह मैक्सिम गोर्की तथा अन्य शिल्पी कलाकारों को भूल सकता है जिन्होंने आधुनिक रूस का निर्माण किया?" (उप.)

समाज में जैसे-जैसे आर्थिक विषमता बढ़ी, वैसे-वैसे पूँजीपति वर्ग की ओर से इस बात के लिए निरन्तर प्रयत्न हुआ कि साहित्य को सामाजिक समस्याओं से दूर रखा जाय, आधुनिकता के नाम पर ऐसा साहित्य रचा जाय जो राष्ट्र का मनोबल तोड़ दे। माखनलाल चतुर्वेदी के साहित्य की दिशा इससे ठीक उल्टी है। उनका साहित्य लोक-जागरण का साहित्य है। इस साहित्य का मुख्य अस्त्र गद्य है। इस गद्य के निर्माण में भारतेन्दु का योगदान अविस्मरणीय है। चतुर्वेदी जी ने ठीक लिखा है : "हिन्दी गद्य शैली को उन्होंने एक लोकप्रिय एवं निश्चित स्वरूप प्रदान किया जिसे हम वर्तमान गद्य शैली की प्राण-प्रतिमा कह सकते हैं।" (4/23[illegible]) जिस हिन्दी के लिए भारतेन्दु के समकालीन लेखक उन्हें देवता के समान पूजते थे, वह उनकी कविता की ब्रजभाषा नहीं, गद्य की खड़ी बोली थी। माखनलाल चतुर्वेदी के गद्य में बड़ी विविधता है। निराला की तरह छायावादी 'अप्सरा' से लेकर उन्हीं के यथार्थपरक 'चरखा' जैसे निबन्धों तक माखनलाल जी ने अनेक स्तरों पर रचना की है। उनका जो साहित्य भारतेन्दु हरिश्चन्द्र, बालकृष्ण भट्ट, महावीर प्रसाद द्विवेदी और गणेशशंकर विद्यार्थी के गद्य के सर्वाधिक निकट है, वह 'कर्मवीर' का राजनीतिक गद्य है। व्यवस्थित चिन्तन, साफ-सुथरा विवेचन, पाठक को आन्दोलित करनेवाला ओज, ठेठ हिन्दी की वाक्य-रचना, बोलचाल का प्रवाह—इस गद्य की विशेषताएँ हैं। ऐसा गद्य लिखना आसान नहीं है। वह गद्य हिन्दी साहित्य और हिन्दी राजनीति की परम उपलब्धि है।

कहीं-कहीं उनका गद्य निराला के वर्णनात्मक गद्य की याद दिलाता है। उसका अनूठा सौन्दर्य पाठकों को अचंभे में डाल देता है। यथा :

"विंध्या की घनी झाड़ियाँ, नालों के उतार, पहाड़ों के चढ़ाव, बस्तियों और शिखरों के घुमाव, सड़कों पर आती-जाती बैलगाड़ियाँ और नर-नारियों का बोझ लेकर आना-जाना और मर्दों का कानों में बुंदे पहने, बंद लगी हुई लाठियाँ हाथों में लिये, तथा उनके ऊपर रेशमी फुन्दे लगे हुए, बालों में तेल, बढ़े हुए बाल, गले में मूँगे की कंठियाँ और सिर पर बोझा होते हुए भी अकड़कर चलना, किसी राहगीर के पास हाथ में अलगोझा सिर पर बोझा, पाँव में जूते नहीं, धूल का उड़ना और तिस

पर हँसी-मज़ाक। क्या कहना है बुन्देलखंड की उस ज़िन्दगी के!" (1/81) तुलनीय है, निराला की लिखी चतुरी के 'मज़बूत जूतों की तारीफ' : "पासी हफ्ते में तीन दिन हिरन, चौगड़े और बनैले सुअर खदेड़कर फाँसते हैं, किसान अरहर की ठूँठियों पर ढोर भगाते हुए दौड़ते हैं—कटीली झाड़ियों को दबाकर चले जाते हैं, छोकरे बेल, बबूल, करील और बेर के काँटों से भरे रुँधवाए बागों से सरपट भागते हैं, लोग जेंगरे पर मड़नी करते हैं, द्वारिका नाई न्योता बाँटता हुआ दो साल में दो हज़ार कोस से ज़्यादा चलता है, चतुरी के जूते अपरिवर्तनवाद के चुस्त रूपक जैसे टस से मस नहीं होते।" अब हम ऐसे गद्य के लिए तरसते हैं।

माखनलाल चतुर्वेदी ने अपने लड़कपन के जो संस्मरण बोलकर लिखाये हैं, वे 'कुल्ली भाट', 'देवी', 'चतुरी चमार' आदि में निराला के संस्मरणात्मक गद्य से तुलनीय हैं। इन दोनों साहित्यकारों के जीवन में, उनके साहित्य में, अनेक समानताएँ हैं। चतुर्वेदी जी ने निराला पर कविता लिखी थी। इसमें ऐसा तादात्म्य है जो निराला पर तटस्थ होकर लिखी अन्य कविताओं में नहीं है :

आ तेरी
जीवित मौतों को
जीने का त्योहार बना दूँ;
सूझों के मन्दिर के गायक
तेरी कीर्ति रागिनी गा दूँ। [6/235-36]

निराला की मृत्यु पर उन्होंने युवा साहित्यकारों को ललकारते हुए लिखा था : "मेरे तरुण मित्रों को सोचना यह है कि युग जो चरण-चरण इतना बढ़ आया था, वह निराला के साथ मर तो नहीं गया।" (4/283) निराला के जीवन और साहित्य का सारतत्त्व उन्होंने इन शब्दों में प्रकट किया था : "श्री सूर्यकान्त जी ने जन्म से जीते रहने तक किसी भी विरोध की परवाह नहीं की। वे जब तक जिये, संघर्ष करते रहे, इसीलिए कविता में जो संघर्ष करे, उसका नाम और उसका काम 'निराला' होना ही चाहिए।" (4/284) जब संघर्ष करोगे, तब मार भी खानी पड़ेगी, बहुत कुछ सहना पड़ेगा। "कवि का मार्ग 'कहना' होता है, माना, किन्तु उसकी 'कहन' उसकी सहन में से आती है। इसीलिए निराला की वाणी में रस है, इसीलिए युग बेबस है कि निराला की कीर्ति में कुछ करे।" (उप.) निराला की या औरों की कीर्ति-रक्षा के लिए जो प्रयत्न किये जाते हैं, वे अक्सर अपनी ही कीर्ति कौमुदी के प्रसार के लिए होते हैं। 'तेरा स्मारक तू ही होगी तू इक अमिट निशानी थी'—रानी लक्ष्मीबाई के लिए सुभद्राकुमारी चौहान के ये शब्द क्रान्तिकारी योद्धाओं के लिए सही हैं और उन साहित्यकारों के लिए भी, जिनकी जीवित मौतें जीने का त्योहार हैं।

निराला के अभ्युदय काल में ही उनसे माखनलाल चतुर्वेदी की भेंट हुई थी। "पहले-पहल निराला जी मुझे कलकत्ता में अपने अनेक साथियों को लेकर मेरे और

स्व. गणेशशंकर जी के मित्र श्री नारायण काँपा के [यहाँ] मिले थे। उस समय उन्होंने अपनी नई अतुकान्त कविताएँ भी सुनाई थीं। उस समय उन कविताओं को सुनकर लगा था कि हिन्दी का एक युग समाप्त हो रहा है और दूसरा युग आने की झिझक में व्यस्त। निराला जी ने हिन्दी को एक युग प्रदान किया।" (4/283) माखनलाल जी निराला के व्यक्तित्व और कृतित्व दोनों से प्रभावित हुए। "मुझे तो प्रारम्भ में ही इस तरुण ने मोह लिया था। अत: मैं सम्यक् विरोध में भी शामिल न हो सका।" (4/284) काशी में निराला के अभिनन्दन से वह प्रसन्न हुए क्योंकि वह हिन्दी के स्वभाव को जानते थे कि "वह धनिकों की घोर उपेक्षा करके गरीब प्रतिभाओं का सम्मान किया करती है।" (उप.)

जीवन के अन्तिम चरण में, अपनी अशक्त अवस्था में, चतुर्वेदी जी ने निराला-सम्बन्धी संस्मरण श्रीकान्त जोशी को बोल कर लिखाया था। इसमें उन्होंने कलकत्ते में निराला से भेंट को फिर याद किया है। निराला के साथ शिवपूजन सहाय थे; निराला के हाथ में श्री रामकृष्ण मठ से प्रकाशित होनेवाले पत्र [समन्वय] की कुछ प्रतियाँ थीं और उन्होंने अपनी अनेक कविताएँ सुनाई थीं। जहाँ तक मैं जानता हूँ, अपनी 'तुम और मैं' शीर्षक विख्यात कविता को उन्होंने सर्वप्रथम मुझे ही सुनाया। यह कविता मुझे बहुत प्रिय रही है। और याद भी रही है :

तुम पथ हो मैं हूँ रेणु,
तुम हो राधा के मनमोहन
मैं उन अधरों की वेणु...

अथवा

तुम पथिक दूर के क्लान्त
और मैं बाट जोहती आशा,
तुम भवसागर दुस्तार
पार जाने की मैं अभिलाषा... ।

(यह संस्मरण रचनावली में नहीं है किन्तु उसकी प्रतिलिपि श्रीकान्त जोशी ने मुझे भेज दी है। इसके लिए तथा रचनावली में निराला-सम्बन्धी सन्दर्भों की सूचना के लिए मैं उनका आभारी हूँ।)

दूसरी बार निराला जी से सन् 1934 में हिन्दी साहित्य सम्मेलन, दिल्ली में उनकी भेंट हुई। उस समय "उन्होंने दाढ़ी बढ़ा रखी थी और वे शरीर की ओर से लापरवाह थे" (यह स्मृति-चित्र 1934 के बाद का होना चाहिए। 1934 में मैं उनके साथ ही रहता था और अभी उन्होंने दाढ़ी न रखायी थी।) इसके बाद निराला जी से उनकी भेंट अनेक बार हुई। "सन् 1940 में निराला जी अबोहर सम्मेलन से होते हुए लाहौर पहुँचे थे। वहाँ साहित्य सम्मेलन में उन्होंने कविताएँ पढ़ी थीं जिसकी

अध्यक्षता भी मैंने ही की थी।"* इस संस्मरण में उन्होंने निराला-विरोधी प्रचार अभियान को फिर याद किया है : "एक सम्पादक बंधु ने स्वर्गीय श्री गणेशशंकर जी विद्यार्थी और मुझ पर यह आरोप लगाया था कि हम दोनों ने निराला जी की आलोचना में उनका साथ नहीं दिया। किन्तु सच तो यह है कि बरसों बाद एक नई प्रतिभा निराला जी के रूप में अवतरित हुई थी, उसका स्वागत होना चाहिए था। सुना है, अब तो उक्त सम्पादक-वर भी निराला जी के महत्त्व को मानने लगे हैं—यह बड़ी बात है।" गणेशशंकर विद्यार्थी क्रान्तिकारियों के सहायक थे, माखनलाल चतुर्वेदी वर्षों तक क्रन्तिकारियों का जीवन बिता चुके थे। ये लोग साहित्य में क्रान्तिकारी परिवर्तन का महत्त्व गहराई से समझते थे, इसीलिए वे निराला के समर्थक थे।

चतुर्वेदी जी का उक्त संस्मरण भेजते हुए श्रीकान्त जोशी ने 5.2.84 के पत्र में मुझे सूचना दी है कि चतुर्वेदी जी की बहुत-सी सामग्री अब भी प्रकाशित होने को बाकी है। "रचनावली मात्र 10 खंडों की हो, यह निर्णय म. प्र. शासन ने पहले ही ले लिया था। अत: यह भी सोचा कि शेष सामग्री बाद के खंडों में ली जा सकेगी। तब तक प्रामाणिकता भी स्थापित हो सकेगी। अभी 'प्रताप', 'प्रभा', 'कर्मवीर' की बहुत-सी सामग्री और बहुत सारे पत्र शेष हैं। इन्हें निकालना है।" प्रामाणिकता का प्रश्न 'अप्सरा' और 'अलका' की समीक्षा को लेकर है। समीक्षा प्रतापसिंह के नाम के साथ प्रकाशित हुई थी। व्यास जी के अनुसार यद्यपि 'प्रतापसिंह' नाम से माखनलाल जी ने लिखा है पर इस नाम के एक सज्जन भी थे, जो माखनलाल जी के सूत्र पाकर लिखते थे। भाषा देखने पर पूर्णत: माखनलाल जी की ही प्रतीत हुई पर ज़रा-सा सन्देह भी मन में आया कि यदि माखनलाल जी ने स्वयं न लिखी हो तो...बस, इसी पर उक्त समीक्षा को मैंने छोड़ दिया।" समीक्षा किसी की भी लिखी हो, उसका 'कर्मवीर' में प्रकाशित होना निराला के लिए महत्त्वपूर्ण था और निश्चय ही उससे उन्हें सन्तोष हुआ होगा।

'प्रताप', 'प्रभा' और 'कर्मवीर' की बहुत-सी सामग्री शेष है। रचनावली को दस खंडों में सीमित किया गया, हर खंड की पृष्ठ संख्या भी सीमित की गई होगी। योजना बनाते समय सीमाएँ निर्धारित करनी ही पड़ती हैं किन्तु वे यांत्रिक ढंग से निश्चित नहीं की जा सकतीं। ऐसी योजनाएँ बीसियों हैं जिनमें अनुमानित से अधिक व्यय किया गया है। फिर एक वरिष्ठ राजनीतिज्ञ-साहित्यकार की रचनावली में दो खंड और बढ़ जाते तो विशेष क्षति न होती। कलाकारों की गोष्ठियों के लिए भव्य इमारतें बनवाने, साहित्यकारों को पुरस्कार बाँटने और अनेक सरकारी पत्रिकाएँ निकालने से ज़्यादा ज़रूरी काम है 'प्रताप', 'प्रभा' और 'कर्मवीर' के पुराने लेखों का पुन: प्रकाशन। इनका प्रकाशन और अध्ययन आज के राजनीतिज्ञों को उनका

* सम्भव है, अध्यक्षता के बारे में चतुर्वेदी जी की स्मृति ने धोखा दिया हो। श्रीकान्त जोशी के फरवरी, 1984 में लिखे हुए एक पत्र के अनुसार : "1962 में चतुर्वेदी जी की स्मृति (आँखों के आपरेशन के बाद) मन्द पड़ने लगी थी।"

कर्तव्यबोध कराने के लिए ज़रूरी है। जनता के लिए पत्र निकालनेवाले सम्पादकों, उन पत्रों के लेखकों को हिन्दी भाषा की पहचान कराने के लिए ज़रूरी है। पत्रकार माखनलाल चतुर्वेदी का गद्य लोकमानस का इतिहास है। वह ऐसा इतिहास है जो पाठ्य पुस्तकों में नहीं मिलता; उसकी ओर इतिहासकार कम ही ध्यान देते हैं। 'भारतीय जनता के साम्राज्य विरोधी नवजागरण में हिन्दी जाति का योगदान'—इस विषय को कभी शोधकार्य के लिए उपयुक्त माना गया तो उसे सम्पन्न करने के लिए इन्हीं 'प्रभा', 'प्रताप', 'कर्मवीर' आदि की सामग्री का सहारा लेना पड़ेगा। 'कविवचन-सुधा' से लेकर 'प्रताप' तक यह सामग्री क्रमश: दुर्लभ होती गई है, नष्ट होती गई है। कुछ दिनों तक अभिनन्दन ग्रंथों के प्रकाशन पर रोक लगा दी जाए और पहले इस तरह की पुरानी सामग्री छाप दी जाए तो क्या बुरा है?

माखनलाल चतुर्वेदी ने स्वाधीनता आन्दोलन के अनेक पक्षों की ओर ध्यान दिया है। उन्होंने देशी राज्यों की प्रजा के आन्दोलन का समर्थन किया, उसे राष्ट्रीय स्वाधीनता आन्दोलन का अंग माना; उन्होंने साम्प्रदायिक उकसावा पैदा करनेवालों की तीखी आलोचना की और इस बात पर ज़ोर दिया कि जब लोग साम्राज्य-विरोधी संघर्ष का मार्ग छोड़ देते हैं, तब सम्प्रदायवाद को सिर उठाने का अवसर मिलता है। उन्होंने साम्राज्यवादी युद्ध-नीति का पर्दाफाश किया, ब्रिटिश कानून की असलियत जाहिर की, कि कैसे वह गरीब जनता के शोषण के बल पर साम्राज्य के विस्तार और उसकी सुरक्षा के लिए इस्तेमाल किया जाता है? स्वाधीनता आन्दोलन यहाँ के सामाजिक आन्दोलनों से जुड़ा हुआ था। उसके सन्दर्भ में माखनलाल जी ने स्त्रियों को सामन्ती रूढ़ियों से मुक्त करने पर ज़ोर दिया। उस समय का शायद ही कोई पत्रकार हो जिसने स्त्रियों की स्वाधीनता के बारे में न लिखा हो। उन्होंने देश के पिछड़े हुए आदिवासीजनों की ओर भी ध्यान दिया; वह उनके जीवन से युवाकाल में ही परिचित हो चुके थे। उन्हें देश की प्रगति के लिए सबसे ज़्यादा भरोसा युवा शक्ति का था। अपने जीवन की हर मंज़िल में वह देश के तरुणों के विशेष प्रवक्ता बने रहे। उन्होंने बहुत स्पष्ट रूप से अपने को धनिक वर्ग से अलग रखा; उनकी सहानुभूति पीड़ित मज़दूरों और गरीब किसानों के प्रति अटूट बनी रही। उनके राजनीतिक चिन्तन का जितना महत्त्व अतीत के लिए था, उससे अधिक भविष्य के लिए है।

चतुर्वेदी जी के साहित्य का विस्तृत विवेचन अपेक्षित है, उनके राजनीतिक चिन्तन का अध्ययन और विश्लेषण ज़रूरी है। 'निराला को साहित्य-साधना-3' की भूमिका में मेरा प्रयत्न केवल इस बात की ओर ध्यान दिलाने के लिए है कि छायावादी कवियों की राजनीतिक सूझबूझ केवल निराला में नहीं है, वह माखनलाल चतुर्वेदी में भी है। पूँजीवादी विचारधारा से अलग हटकर राजनीतिक चिन्तन—यह छायावाद की विशेषता है; उसे स्वीकार करना चाहिए। जो लोग मानते हैं कि देश में व्यापक

परिवर्तन दरकार है और यह परिवर्तन एक शक्तिशाली जन-आन्दोलन के द्वारा ही सम्भव है, उनके लिए माखनलाल चतुर्वेदी और निराला के राजनीतिक चिन्तन का महत्त्व असन्दिग्ध है।

मेरे लिए यह प्रसन्नता की बात है कि आठ खंडों में 'निराला रचनावली' प्रकाशित हो गई है। इसके आठवें खंड में दुलारेलाल भार्गव के नाम लिखे हुए निराला के पत्र संकलित हैं। जो लोग निराला के पत्रों का अध्ययन कर रहे हों, वे इन पत्रों की ओर अवश्य ध्यान दें। रामकृष्ण त्रिपाठी के नाम लिखे हुए निराला के पत्र भी इस खंड में सुलभ हैं। अत: उन्हें मैंने अपनी पुस्तक के नये संस्करण में देना आवश्यक नहीं समझा। दुलारेलाल भार्गव को लिखे निराला के पत्रों के बारे में एक बात और। दिसम्बर, 1975 में जगतपति शरण निगम ने मुझे लखनऊ से शिवसिंह 'सरोज' का एक वक्तव्य भेजा था। उसमें शिवसिंह जी का कहना था : "लगभग 10 वर्ष पूर्व तीन दिनों के लगातार परिश्रम के बाद मैंने गंगा पुस्तक माला के संचालक स्व. श्री दुलारेलाल भार्गव के नाम महाकवि पंडित सूर्यकान्त त्रिपाठी 'निराला' द्वारा लिखे गए लगभग डेढ़ सौ पत्र और पुर्जियाँ खोज निकालीं।" मैंने गंगा पुस्तक माला कार्यालय में अन्य साहित्यकारों के बस्ते देखे हैं जिनमें उनकी चिट्ठियाँ रखी हुई थीं। दुलारेलाल भार्गव से निराला के निकट और दीर्घकालीन सम्बन्धों को देखते हुए डेढ़ सौ की संख्या कम हो सकती है, अधिक नहीं। 'निराला रचनावली' में प्रकाशित निराला के 45 पत्र और पुर्जे इस सामग्री का अल्प अंश मात्र हैं। शेष सामग्री की प्राप्ति और उसके प्रकाशन के लिए प्रयत्न जारी रहना चाहिए।

—रामविलास शर्मा

दिल्ली,
20 मार्च, 1984

भूमिका

1. यह पत्र-संग्रह

पुस्तक के इस तीसरे खंड में निराला के लिखे हुए पत्र तथा निराला को साहित्यकारों, पारिवारिकजनों और उनके मित्रों द्वारा लिखे हुए पत्र हैं। एक तरह से तीनों खंडों में यह सबसे महत्त्वपूर्ण है। इसमें मेरा लेखन कम-से-कम है, दूसरों का अधिक-से-अधिक। इसका सम्बन्ध साहित्य के विवेचन से कम, निराला के जीवन-चरित से अधिक है। यहाँ वह अधिकांश स्रोत-सामग्री है जिसके आधार पर जीवन-चरित लिखा जा सकता है और लिखे हुए जीवन-चरित को परखा जा सकता है। स्रोत-सामग्री कच्चे माल की तरह है जिससे साहित्य का पक्का माल तैयार किया जाता है। किन्तु कच्चा माल जुटानेवाले यदि निराला और उनके सहयोगी हों तो कोई भी पक्का माल उसके मुकाबले में ठहरेगा, इसमें सन्देह है। इसके अलावा साहित्यकारों के पत्र—जीवन-चरित के सन्दर्भ से अलग हटकर—अपने-आपमें पक्का माल हैं, इसमें भी कोई सन्देह नहीं। सभी पत्र इस कोटि के नहीं हैं, फिर भी काफी ऐसे हैं, और बहुतों में काफी अंश ऐसे हैं, कि उन्हें श्रेष्ठ साहित्य की कोटि में रखना उचित होगा। निराला के युग और परिवेश की गम्भीर, आन्तरिक और मार्मिक जानकारी के लिए इनका ऐतिहासिक महत्त्व निर्विवाद है।

दूसरों के पत्र पढ़ना एक तरह से नाटक पढ़ने की तरह है। नाटक में पात्रों का और उनके परिवेश का परिचय देनेवाला विवरण श्रोता को नहीं सुनाया जाता, वह पात्रों का संवाद सुनकर कथासूत्र पकड़ता है, उनके परिवेश से परिचित होता है, और फिर उनके आपसी सम्बन्धों से, उनके बाह्य और आन्तरिक द्वन्द्व से, उसे गहरी दिलचस्पी हो जाती है। जहाँ मुख्य पात्र के संवाद अनेक पत्रों में सुलभ हैं, और उसके सहयोगी, प्रतिस्पर्धी जनों, बन्धु-बान्धवों के संवाद भी प्रचुर संख्या में सुलभ हैं, वहाँ नाटक से पत्र-संग्रह की तुलना और भी सटीक बन जाती है। अन्तर इतना है कि नाटककार हर जगह, हर संवाद में स्वयं उपस्थित रहता है। किसे क्या कहना है, कितना कहना है, कथावस्तु को किस दिशा में आगे बढ़ना है—इस सब पर उस कलाकार का नियंत्रण रहता है। यहाँ स्थिति इससे भिन्न ही नहीं, विपरीत भी है। पात्र जो कुछ कहते हैं, वह सब पत्रों के संकलनकर्ता की इच्छा से स्वतंत्र

हैं। वे एक नाटक के पात्र हैं, इसका उन्हें बोध नहीं है। नाटक के कथासूत्र की दिशा पात्रों और संकलनकर्ता, दोनों की इच्छाओं से स्वतंत्र है। बहुत जगह श्रोता को लगेगा कि यह पात्र कुछ और ज़्यादा बोलता तो अच्छा था किन्तु श्रोता और संकलनकर्ता चाहे जितना चाहें, चाहे जितना प्रयत्न करें, वे पात्र अब इससे अधिक बोलने के नहीं। श्रोता और संकलनकर्ता, दोनों ही इस बात से दुखी हो सकते हैं कि जिन बातों को लेकर पात्रों को कुछ और बोलना चाहिए था, वहाँ वे चुप साध लेते हैं। यह भी सम्भव है कि श्रोता को लगे कि अमुक पात्र इतना ज़्यादा क्यों बोल रहा है, किन्तु यहाँ उसके प्रति—यानी श्रोता के प्रति—संकलनकर्ता की कोई सहानुभूति नहीं।

पत्र-संग्रह ऐसा नाटक है जो योजना बनाकर किसी एक कलाकार द्वारा नहीं रचा गया। शायद इसीलिए वह अनेक नाटकों से अधिक महत्त्वपूर्ण, अधिक आकर्षक भी है। वह नाटक है, उसमें आन्तरिक और बाह्य द्वन्द्व का विशद उद्घाटन है, इसमें सन्देह नहीं। निठल्ले, आलसी, केवल मनोरंजन के लिए पुस्तकें पढ़नेवालों के लिए यह पत्र-संग्रह नहीं है। कल्पना से थोड़ा ही नहीं, काफी काम लेना ज़रूरी है। निराधार, मिथ्या बातों की कल्पना दरकार नहीं है; निराला, उनके सहयोगियों, उनके परिवेश को ध्यान में ले आना आवश्यक है। ये सब वास्तविक हैं किन्तु वे परस्पर सम्बद्ध, युग विशेष की इकाई के समान, हमेशा हमारे ध्यान में नहीं रहते। यहीं कल्पना की आवश्यकता है। जिसका अस्तित्व था, और जिसे हमने पूरी तरह पहचाना नहीं और जितना पहचाना, उसे भूल गए, उसी को कल्पना में पुन: साकार करना है। और क्या यह बताना आवश्यक है कि जिस काल खंड में आज आपका अस्तित्व है, वह एक और बड़े काल खंड का ही अंश है? यहाँ खुद को पहचानने के लिए उस युग को पहचानें जिससे आज का जीवन जुड़ा हुआ है, भिन्न होते हुए भी जुड़ा हुआ है। आप चाहें तो कल्पना में उस युग को साकार देखने के लिए अन्यत्र प्रकाशित सामग्री का उपयोग कर सकते हैं। किन्तु दरअसल इसकी ज़रूरत नहीं। जीवन-चित्र का जो भाग यहाँ दिखाई देता है, वह लगभग अपने में पूर्ण है, इस अर्थ में पूर्ण है कि यहाँ जो कुछ कहा गया है, उसकी पृष्ठभूमि को जानने की सामग्री भी यहाँ विद्यमान है। बाहर से दूसरों की कही हुई कहानी लाकर इस नाटक पर आरोपित करना आवश्यक नहीं है।

पत्र चाहे निराला के लिखे हों, चाहे दूसरों के, सभी का सम्बन्ध एक ही मुख्य पात्र, निराला, से है। निराला के माध्यम से यहाँ हम उनके सहयोगियों को देखते हैं और उनके सहयोगियों के माध्यम से स्वयं निराला को। दोनों का परस्पर सम्बन्ध एकरस या नीरस नहीं है और पूरी कथावस्तु को ध्यान में रखें तो इस सम्बन्ध में काफी हेर-फेर भी होता है।

महावीरप्रसाद द्विवेदी, एक बीते हुए युग के आचार्य, निराला से नितान्त भिन्न रुचि के, भिन्न आचार-विचार के, साहित्यकार, निराला को लिखे हुए पत्रों में वे

निगला के विरोधी नहीं, उनके मार्गदर्शक भी नहीं, वरन् जीवन-संघर्ष में अपने पैरों खड़े होने में निराला के सहायक, उनके अभिभावक के रूप में दिखाई देते हैं। और उनकी यह भूमिका निराला के सन्दर्भ में ही नहीं है, वह कुछ वर्षों बाद उदीयमान लेखक नन्ददुलारे वाजपेयी के सन्दर्भ में भी दिखाई देती है। (इस दूसरी बात का ज्ञान निराला के नाम नन्ददुलारे वाजपेयी के पत्रों से होता है।) द्विवेदी जी अपने बारे में कम लिखते हैं किन्तु जहाँ लिखते हैं, वहाँ बुढ़ापे में उनके जीवन की तेज़ झलक हमें मिलती है। जयशंकर प्रसाद, निराला के मित्र और अग्रज, सहयोगी और सहधर्मी, पत्रों में बहुत ही संक्षेप में बात कहनेवाले, अपनी व्याधि और कठिनाइयों के बारे में अधिकतर खामोश, निराला की देखभाल करनेवाले बड़े भाई का-सा भाव; जिस समय निराला बिलकुल अकेले पड़ गए थे, उस समय आडम्बरहीन सौहार्द, औषधि-उपचार से सहायता करनेवाले; और इनके पत्रों को विनोदशंकर व्यास, शिवपूजन सहाय, रूपनारायण पांडेय आदि के पत्रों के साथ मिलाकर पढ़ा जाय तो स्पष्ट हो जाता है कि निराला के जीवन-नाटक का एक केन्द्र बनारस है, वहीं अनेक महत्त्वपूर्ण दृश्य प्रस्तुत किये जाते हैं और वहाँ सूत्रधार जयशंकर प्रसाद हैं। सुमित्रानन्दन पन्त जिनके प्रति निराला के मन में स्नेह और प्रतिस्पर्धा का द्वैत भाव था, जिनकी जीवन-कथा निराला के बिना अधूरी है और निराला की जीवन-कथा जिन पन्त के बिना अधूरी है, प्रसाद के पत्रों से भिन्न इनके पत्रों का ऐतिहासिक ही नहीं, अपना स्वतंत्र साहित्यिक मूल्य है। सादा, अलंकारहीन गद्य, पन्त की सूक्ष्म भाव-दशाओं, मन:स्थितियों का सजीव चित्र, उनके लघु गीतों की तरह आकर्षक, निराला के प्रति निश्छल मैत्रीभाव,—यह केवल शिष्टता है, यह कोई कैसे मान ले,—पन्त अपनी मनोव्यथा से जूझते हुए, दारुण रोग की कल्पना से पीड़ित, फिर भी धैर्य से उसका सामना करते हुए, और यह सब निराला के सामने उद्घाटित, निराला से सहानुभूति की आकांक्षा और उसकी प्राप्ति, फिर 'पल्लव' की कठोर आलोचना द्वारा पन्त पर प्रहार, और उस आलोचना को पढ़कर पन्त का ऐतिहासिक उत्तर जहाँ उनके व्यक्तित्व की गरिमा पूरी शक्ति से व्यंजित हुई है, सहनशीलता के साथ निराला का प्रहार झेलकर स्नेह-सम्बन्ध बनाये रखने का आह्वान, और इसमें सफलता भी, जिसका प्रमाण एक दूसरे को ब्रजभाषा और बँगला में लिखी हुई कविताएँ हैं, और इनमें पहले पन्त ने कविता लिखी, निस्सन्देह पन्त और निराला के द्वन्द्वमय सम्बन्धों में एक अटूट स्नेह-सूत्र कायम रहा तो इसका यथेष्ट श्रेय सुमित्रानन्दन पन्त को है।

प्रेमचन्द के पत्र सम्पादकीय दफ्तर से लिखे गए हैं और यह ज़रा अजीब-सा लगता है कि 'प्रेमाश्रम' का लेखक 'जुही की कली' के कवि की रचनाएँ प्रकाशित करने के बारे में उससे किसी तरह का पत्र-व्यवहार करे किन्तु निराला 'बादल-राग' के 'तुझे बुलाता कृषक अधीर' के—कवि भी हैं और दोनों में बहुत-सी समानताएँ हैं जो सतह पर नहीं दिखाई देतीं। इसके अलावा प्रेमचन्द कृष्णबिहारी मिश्र के

सहयोगी, 'माधुरी' के सम्पादक थे। कम-से-कम उनका एक पत्र मार्मिक है, निहायत अनौपचारिक, जहाँ छतरपुर में निराला के बीमार पड़ जाने पर प्रेमचन्द चिन्ता प्रकट करते हैं और जहाँ इस चिन्ता प्रकट करने में पूर्व आत्मीयता का आभास है। कृष्णबिहारी मिश्र, रीतिवादी कवियों के प्रशंसक हैं, देव और बिहारी में कौन बड़ा है, इस विवाद में देव के समर्थक, प्रेमचन्द के सहयोगी, निराला के रूढ़िविरोधी, परम विवादास्पद लेखों को 'माधुरी' में प्रकाशित करनेवाले; युग का अन्तर्विरोध! निराला के लेख प्रकाशित करना ही उनका सबसे बड़ा समर्थन करता था और इसके लिए कृष्णबिहारी मिश्र को जिस-तिस के बोल भी सहने पड़े किन्तु वे अपना सम्पादकीय दायित्व समझकर अडिग रहे। दरअसल कृष्णबिहारी मिश्र उतने रीतिवादी थे नहीं जितना वे समझे जाते हैं। बिहारी के विरोध में देव का समर्थन लगभग वैसा ही कार्य था, जैसा निराला द्वारा बिहारी का विरोध किन्तु पद्माकर का समर्थन। निराला के लेखों के अलावा, औरों के साहित्यिक लेखों के अलावा, उन्होंने अनीश्वरवाद के समर्थन में राधा मोहन गोकुल जी की लेखमाला प्रकाशित की थी। वर्तमान धर्म के लेख को लेकर जब निराला का सुनियोजित घेराव किया गया, उस समय निराला का प्रत्युत्तर 'सुधा' ने नहीं, 'माधुरी' ने प्रकाशित किया था। यहाँ रूपनारायण पांडेय स्मरणीय हैं जिनकी कड़ी आलोचना 'मतवाला' में निराला कर चुके थे किन्तु बहुत कुछ जयशंकर प्रसाद के प्रभाव से जिन्होंने निराला के प्रति उदार मैत्रीभाव अपनाया था। 'माधुरी'-कार्यालय से निराला को भेजे गए कार्ड कहीं-कहीं बिलकुल औपचारिक जान पड़ते हैं। कार्ड किसी कर्मचारी ने लिखा और हस्ताक्षर सम्पादक ने कर दिये, अथवा कार्ड छपा हुआ है, सम्पादक ने 'प्रिय महाशय' 'काट कर' 'प्रिय निराला जी' भी नहीं लिखा, केवल हस्ताक्षर करके, और वह भी कभी-कभी अंग्रेज़ी में, कार्ड भेज दिया। किन्तु 'माधुरी'-कार्यालय से लिखे हुए इन सभी काग़ज़ों को मिलाकर देखें, तब व्यष्टि-रूप से किसी एक सम्पादक का नहीं, वरन् समष्टि-रूप में 'माधुरी' पत्रिका का महत्त्व उजागर होगा।

'माधुरी' से भिन्न कोटि का पत्र 'सुकवि' था जिसके सम्पादक सनेही एक ओर राष्ट्रीय और साम्यवादी कविताओं के रचयिता थे, दूसरी ओर घनाक्षरी-सवैया वाले पुराने कवि-सम्प्रदाय के आचार्य भी थे। 'सुकवि' में निराला की कविताएँ अजीब ही लगतीं किन्तु उतना ही अजीब समस्या पूर्ति करनेवालों का राष्ट्रीय कविताएँ लिखना भी था। पुनः युग का अन्तर्विरोध! सनेही, निराला की तरह, बैसवाड़े के रहनेवाले, कान्यकुब्ज ब्राह्मण, उन्हें कनौजिया सम्मेलन में शामिल होने को बुलाते हैं। निराला समय मिलता तो अवश्य जाते—या सम्भव है, गए हों—क्योंकि ऐसे सम्मेलनों से उन्हें काफी दिलचस्पी थी और ससुराल में वह अहीरों का सम्मेलन देखने गए थे। रूपनारायण पांडेय की अपेक्षा निराला के प्रति अधिक आत्मीयता का भाव लिये हुए 'माधुरी' के अन्य सम्पादक मातादीन शुक्ल; निराला की साहित्यिक गतिविधि से घनिष्ठ रूप में सम्बद्ध दुलारेलाल भार्गव; 'मतवाला'-मंडल के सदस्य, निराला

के अभिन्न मित्र, आगे चलकर 'सरोज' के सम्पादक, नवजादिकलाल श्रीवास्तव; और रामनाथलाल सुमन, छायावाद के समर्थक, विनोदशंकर व्यास की दृष्टि में अविश्वसनीय, 'त्याग भूमि' के सम्पादक, 'पल्लव' की आलोचना देखकर निराला से अपना स्पष्ट मतभेद व्यक्त करनेवाले मित्र। बनारसीदास चतुर्वेदी, 'विशाल भारत' के सम्पादक, 'भारत' में आये-दिन नन्ददुलारे वाजपेयी के चुटकियाँ काटते रहने से परेशान होकर, 'भारत' में प्रकाशित 'वर्तमान धर्म' को लेकर 'विशाल भारत' में निराला का ऐतिहासिक घेराव करनेवाले अपने बारे में कुछ ऐसी स्पष्ट बातें कहते हैं जिनसे निराला से, और साहित्य मात्र से, उनके सम्बन्ध अच्छी तरह समझ में आ जाते हैं। भगवतीचरण वर्मा, कवि और कथाकार, 'विचार-पत्र के सम्पादक, 'बापू तुम मुर्गी खाते यदि' विख्यात कविता के प्रकाशक, जिस पर उनकी सम्पादकीय टिप्पणी को लेकर निराला से मतभेद हुआ। और रामनरेश त्रिपाठी, 'कविता कौमुदी' पुस्तक-शृंखला के सम्पादक, निराला की कविताएँ और जीवन-सम्बन्धी तथ्य प्राप्त करने को आतुर, आगे चलकर 'राम की शक्तिपूजा' की तुलना बिच्छू झाड़ने के मंत्र से करनेवाले।

शिवपूजन सहाय, मतवाला के सहयोगी, अनेक पत्रों के सम्पादक, निराला के जीवन-संघर्ष में उनकी निरन्तर खोज-खबर रखनेवाले सहायक और साथी, जिनके कलात्मक गद्य का एक प्रमाण नवजादिकलाल श्रीवास्तव पर उनका संस्मरण है, और दूसरा प्रमाण साहित्य परिषद, पटना की पत्रिका में रूपनारायण पांडेय का सजीव रेखाचित्र है। उनके जो पत्र यहाँ प्रकाशित हैं, उनमें साधारण बातों की चर्चा है, फिर भी सतह के नीचे एक ऐसे मन की झलक मिलती है जो प्रवाह में अचल है, और कठिनाइयाँ आने पर अपने बारे में कम बोलता है, दूसरों का ध्यान ही उसे अधिक रहता है। निराला उचित ही उनके गद्य की प्रशंसा करते थे। वह काफी दिन बनारस में रहे और कुछ दिन तक विनोदशंकर व्यास के 'जागरण' का सम्पादन करते रहे जिसमें प्रसाद, निराला, पन्त आदि की अनेक रचनाएँ प्रकाशित हुईं। स्वयं विनोदशंकर व्यास निराला से उम्र में छोटे, और इस कारण आमोद-प्रमोद में प्रसाद की अपेक्षा निराला से घनिष्ठ थे। उनके पत्रों में तत्कालीन साहित्यकारों में व्याप्त अवसाद की भावना अक्सर प्रकट होती है, निराला के व्यवहार से कभी-कभी वह खिन्न भी हो जाते हैं, फिर भी जिन व्यास के प्रेम पर बहुतों को विश्वास नहीं था, उनके हृदय में निराला के प्रति स्नेह का अटूट स्रोत था, और दोनों की साहित्यिक प्रतिभा में महत्त्वपूर्ण भेद रहने पर भी, मानवीय सम्बन्धों में ये एक-दूसरे के बहुत निकट थे। विनोदशंकर व्यास ने अपने पत्र बहुत ही अनौपचारिक, बहुत ही आत्मीयता और बहुत ही सहज भाव से लिखे हैं।

प्रसाद, विनोदशंकर व्यास आदि की मंडली के एक सदस्य थे शान्तिप्रिय द्विवेदी जिनके वास्तविक—या राम जाने कल्पित—नाम 'मुच्छन' को लेकर उनके मित्र उन्हें चिढ़ाते थे। विधिवत् शिक्षा न पाने और निर्धन होने से अभिजात भद्रगण वैसे

भी उन्हें मनोविनोद का आलम्बन समझते थे; फिर संक्षिप्त, निर्बल काया और ऊँचा सुनने की प्रवृत्ति। किन्तु अपने पत्रों में वे इस छेड़-छाड़ के आलम्बन रूप में नहीं हैं, समाज में सताए हुए, अकेले पड़ जानेवाले व्यक्ति की सी स्थिति उनकी नहीं है। वह प्रसाद-मंडली के मित्र-सदस्य हैं और इस मंडली को उनके बिना चैन नहीं और उन्हें इस मंडली के बिना चैन नहीं। कई जगह वे अपने अवसाद-विषाद की बात करते हैं जो विनोदशंकर व्यास के वाक्यों की प्रतिध्वनि-सी लगती है। उनकी छायावादी साहित्यकार वाली मुद्रा परम दर्शनीय है किन्तु मुद्रा और भंगिमाओं के अतिरिक्त साहित्य के प्रति उनकी लगन और निराला के प्रति उनका स्नेह-भाव कई जगह अच्छे गद्य-लेखन की प्रेरणा बन जाता है। निराला और पन्त के परस्पर सम्बन्धों में उनकी भूमिका सदैव सराहनीय नहीं है। वे अकेले साहित्यकार हैं जो निराला को उस समय निरन्तर उकसाते रहते हैं। निराला की देव-पूजा करने के बाद उन्होंने पन्त को अपना इष्टदेव बनाया। इस परिवर्तन का मूल कारण उतना साहित्यिक अभिरुचि नहीं जितना उनके जीवन की परिस्थितियाँ थीं। जैसे-जैसे हिन्दी साहित्य में निराला के विरोध ने उग्र रूप धारण किया, और पन्त को व्यापक समर्थन मिलता गया, वैसे-वैसे शान्तिप्रिय द्विवेदी के सामने यह स्पष्ट होता गया कि उनकी आकांक्षाओं की पूर्ति निराला की अपेक्षा पन्त का साथ देने से अधिक होगी और पन्त का साथ ही न देना होगा, निराला का विरोध करना भी आवश्यक होगा। पन्त और निराला के मैत्रीभाव को पहचानने, उससे प्रसन्न होने का भाव उनके पत्रों में कहीं दिखाई नहीं देता।

इससे भिन्न स्थिति नन्ददुलारे वाजपेयी की है। वह अपने छात्र जीवन से निराला के समर्थक रूप में सामने आते हैं और आजीवन निराला के समर्थक बने रहते हैं। वह निराला समेत प्रसाद और पन्त को छायावाद के तीन प्रमुख कवि मानते हैं। उनके पत्रों में निराला के प्रति कहीं भी वह देव-पूजा का भाव नहीं है जो शान्तिप्रिय द्विवेदी के पन्नों में बहुत ही स्पष्ट झलकता है। आरम्भ से ही वह अपना मत प्रकट करने में यथेष्ट आत्मविश्वास का परिचय देते हैं और जहाँ निराला की कविता उन्हें पसन्द नहीं आती, वहाँ वैसा कहने में उन्हें हिचक नहीं है। कभी-कभी निराला के प्रति सामाजिक जीवन में अपने व्यवहार से उन्हें क्षोभ होता है, आत्मग्लानि को लेकर अन्तर्द्वन्द्व पैदा होता है, किन्तु वे निरन्तर इस मानसिक ऊहापोह से ऊपर उठने का प्रयत्न करते हैं और इसमें सफल होते हैं। वह अनेक आलोचकों की तरह शुरुआत कविता से करते हैं। कहानी भी लिखते हैं लेकिन बहुत जल्दी वे अपना रास्ता पहचान लेते हैं और आलोचक रूप में ही निरन्तर आगे बढ़ते जाते हैं। दो-तीन साल के भीतर ही उनके चिन्तन में जो प्रगति हुई है, और उनकी गद्य शैली में जितना परिवर्तन हुआ है, उसका विस्तृत और सघन चित्र निराला को लिखे हुए उनके पत्रों में है। आरम्भ में वह साहित्यशास्त्र और जहाँ-तहाँ पुरानी नैतिकता से प्रभावित दिखाई देते हैं किन्तु यह दृष्टिकोण शीघ्र बदलता जाता है। विश्वविद्यालय के गुरु-सम्प्रदाय के प्रति उनका

श्रद्धाभाव पहले ही काफी क्षीण था, एम.ए. में द्वितीय श्रेणी आने पर वह क्षीणतर हुआ, और जब उनके लेख प्रकाशित होने लगे और निराला से विचार-विनिमय का अधिक अवसर मिला, तो वह क्षीणतम हो गया। विश्वविद्यालय में छायावाद का प्रवेश रोकने के लिए कैसे-कैसे पहरेदार बैठे थे, यह नन्ददुलारे वाजपेयी के पत्रों से विदित होता है, और यह भी कि इन्हीं पहरेदारों की टुकड़ी का एक सिपाही, उन्हीं के गढ़ में, छायावाद का—यानी रूढ़ि विरोधी आधुनिक साहित्य का—झंडा उठाने पर तुला हुआ है, और वह अकेला नहीं है, रामअवध द्विवेदी जैसे और सिपाही भी उसके साथ हैं। विश्वविद्यालय के भीतर नन्ददुलारे वाजपेयी और बाहर जयशंकर प्रसाद, रूढ़िवाद के खिलाफ इन दोनों का संयुक्त मोर्चा हिन्दी साहित्य के इतिहास की रोचक कहानी है।

लगभग तीन वर्ष तक थोड़े-थोड़े समय के बाद लिखे जानेवाले नन्ददुलारे वाजपेयी के पत्रों की अटूट श्रृंखलाा यहाँ सुलभ है। काल-विस्तार की कमी घनत्व ने पूरी की है। इस अवधि में निराला के, और स्वयं नन्ददुलारे वाजपेयी के, विकास और जीवन-संघर्ष की सजीव, ब्योरेवार कथा इन पत्रों में है। छायावाद के इतिहास में वाजपेयी जी की भूमिका एक जुझारू और पक्षधर आलोचक की है। दुर्भाग्य से इस समय लिखे हुए उनके अनेक आलोचनात्मक लेख, विशेषत: 'भारत' में प्रकाशित उनकी टिप्पणियाँ असंकलित हैं। इसलिए हिन्दी आलोचना में इस लेखन का ऐतिहासिक महत्त्व आँखों से ओझल रहता है। वह कमी इन पत्रों के प्रकाशन से एक सीमा तक पूरी होती है।

आनुषंगिक रूप में यहाँ गुलाबराय, राय कृष्णदास, सियारामशरण गुप्त, राधामोहन गोकुल जी आदि अन्य साहित्यकार हैं जो परिवेश की बहुत-सी खाली जगह भर देते हैं। इनमें गुलाबराय के सम्बन्ध में दो शब्द कहना आवश्यक है। शिवपूजन सहाय की तरह वह मूलत: कलाकार थे किन्तु प्रकाशकों की कृपा से कलात्मक रचनाएँ प्रकाशित करने की प्रेरणा उन्हें कम मिली, बाज़ार का काम—छात्रोपयोगी बिकाऊ माल—तैयार करने की प्रेरणा अधिक मिली। निराला से अपरिचय की स्थिति समाप्त होते ही उनका ललित निबन्धकार वाला—सहज आकर्षक गद्यशैलीकार वाला—रूप पत्रों में साफ झलक उठता है। निराला और गुलाबराय, दोनों ही दार्शनिक थे; और दोनों के ही गद्य का लालित्य दर्शनेतर भूमि पर व्यंजित होता है। वैसे गुलाबराय ने कविता भी लिखी थी और उसकी बानगी केवल इसी पत्र-संग्रह में है।

इस संग्रह के दूसरे भाग में निराला के लिखे हुए पत्र हैं। इनमें अधिकतर पत्र उनके साहित्यिक मित्रों को लिखे गए हैं और खासी संख्या ऐसे पत्रों की हैं जो पारिवारिक हैं। निराला के साहित्यिक और पारिवारिक परिवेश की जानकारी के लिए इस सामग्री का महत्त्व स्पष्ट ही है। एक ओर भारतेन्दु-युग के अन्तिम छोर पर नाथूरामशंकर शर्मा हैं और उनके साथ स्वयं युग-निर्माता महावीरप्रसाद

द्विवेदी हैं, दूसरे छोर पर केदारनाथ अग्रवाल, अमृतलाल नागर आदि निराला के बाद वाली पीढ़ी के लोग हैं। इनके बीच जयशंकर प्रसाद, शिवपूजन सहाय, सुमित्रानन्दन पन्त, विनोदशंकर व्यास, बनारसीदास चतुर्वेदी, सनेही, उग्र, नन्ददुलारे वाजपेयी, पुरुषोत्तमदास टंडन आदि साहित्यकार हैं। इनको लिखे हुए निराला के पत्रों से किसी न किसी रूप में उनसे निराला के सम्बन्धों की, अथवा साहित्यकारों के आपसी सम्बन्धों की, झलक मिलती है। और सर्वत्र निराला की मनोदशा का परिचय तो मिलता ही है। वह स्वयं विभिन्न भूमिकाओं में यहाँ दिखाई देते हैं। कहीं वह सम्पादक रूप में हैं—यथा नाथूरामशंकर शर्मा को लिखे हुए पत्र में। कहीं वह स्वयं अपनी रचनाएँ प्रकाशित कराने के लिए सम्पादक को पत्र लिख रहे हैं—यथा महावीरप्रसाद द्विवेदी को। कहीं नई पीढ़ी के अभिभावक के रूप में हैं और कहीं मैत्रीभाव से जीवन-संघर्ष के साथियों को अपनी स्थिति की सूचना देते हैं। महावीरप्रसाद द्विवेदी को लिखे हुए पत्रों से स्पष्ट है कि 21-22 साल की उम्र में उनके साहित्यिक व्यक्तित्व का निर्माण हो चुका है। साहित्य और जीवन के प्रति उनका दृष्टिकोण, बड़ों के बीच भी अपने व्यक्तित्व की स्वाधीन सत्ता का बोध, उनकी गद्य-शैली की अनेक विशेषताएँ, साहित्यिक जीवन के प्रारम्भ में लिखे हुए उनके पत्रों में दिखाई देती हैं। दो-एक पत्र उन्होंने द्विवेदी जी को अवधी में लिखे हैं जो परस्पर आत्मीयता के परिचायक हैं। निराला किस तरह की अवधी बोलते थे, उसका लिखित प्रमाण और उन्हीं के द्वारा लिखित, यहीं है। बाद को वे अक्सर कहते थे और ऐसा लिखा भी है कि हिन्दी उन्होंने 'सरस्वती' आदि पत्रिकाएँ पढ़कर सीखी। द्विवेदी जी को लिखे हुए पत्रों में वह ऐसे समर्थ गद्यकार दिखाई देते हैं कि लगता है, सीखने का काम उन्होंने बहुत जल्दी पूरा किया और ऐसा सीखा कि आगे चलकर सीखने को बहुत कम रह गया।

प्रसाद को लिखे हुए पत्रों में स्वयं को काफी नियंत्रित रखते हैं किन्तु शिवपूजन सहाय के नाम अपने पत्रों में, किसी निषेध-भावना के बिना, वह अपने मन की बात कहते हैं। शिवपूजन सहाय उनके सखा हैं, जीवन-संघर्ष में उनके सहयोगी और सहायक हैं, उन्हीं को लिखे हुए पत्रों में जब-तब उनके उत्तेजित मन की दशा का चित्र मिलता है। सुमित्रानन्दन पन्त को लिखे हुए जो विरल पत्र प्राप्त हैं, वे निराला के जीवन में ऐतिहासिक क्षणों की रचना हैं, मानो इसीलिए निराला ने उनकी प्रतिलिपि रख छोड़ी थी। विनोदशंकर व्यास के नाम उनके पत्र भिन्न स्तर वाली मैत्री का परिचय देते हैं। बनारसीदास चतुर्वेदी को लिखे हुए पत्रों में कहीं खूब तनाव है, और कहीं वैसा ही तनाव कम करने का प्रयत्न है।

एक पत्र उन्होंने अपनी माँ—यानी अपनी सास, मनोहरादेवी की माँ—को लिखा था। इसमें निराला वत्स के रूप में, वात्सल्य भाजन के रूप में दिखाई देते हैं, जननी के अभाव की पूर्ति मानो इस माता से कर रहे हों। कुछ पत्र साले को लिखे हैं, ससुराल से निराला के घनिष्ठ सम्बन्ध का परिचय देनेवाले, जहाँ-तहाँ

साले-बहनोई के सहज विनोद से सरस। अनेक पत्र भतीजों के नाम हैं जो निराला के सगे भतीजे नहीं हैं किन्तु जिनके पालन-पोषण की चिन्ता निराला को सगे से कम नहीं थी।

यहाँ मैं 'सम्मेलन पत्रिका' (भाग 48, संख्या 2-3-4) में प्रकाशित रामकृष्ण त्रिपाठी के लेख 'महाकवि निराला का जीवन तथ्य : भ्रम निवारण' से एक अंश उद्धृत करना चाहता हूँ। पहले महायुद्ध के बाद महामारी के दिनों की बात है :

"पं. रामलाल जी (निराला जी के चाचा) घर के बाहर चबूतरे पर पड़े छटपटाते हुए दम तोड़ रहे थे। पिताजी ने उनके पैर छूकर ज़ोर से आवाज़ दी : 'काका!' पिताजी की आवाज़ पहचानकर रामलाल जी ने आँखें खोल दीं और रोने लगे। उन्होंने कहा : 'बेटा, तुम आ गए? अच्छा हुआ, चलते समय तुम्हें देख लिया; खुश रहो, जीते रहो!' इतना कहने के बाद वह पुन: रोने लगे। पिताजी ने भी रोते हुए सान्त्वना के शब्दों में कहा : 'काका! आप अच्छे हो जाएँगे। अब तक जो कुछ हुआ है, उसे ईश्वर की इच्छा समझकर, हृदय को शान्त करें, अधिक शोक न करें।' रामलाल जी ने कहा : 'बेटा! सधारी (शिवाधार त्रिपाठी, जो निराला जी के पितामह थे) के चार पुत्रों में तीन पहले ही भगवान के घर चले गए, मेरा भी समय पूरा हो गया है और अब कुछ ही क्षणों का मेहमान हूँ। हमारी रानी बहू (निराला जी की पत्नी) और बदलू (निराला जी के चचेरे बड़े भाई) की असामयिक मृत्यु का हमें महान् दु:ख है। तुम्हारी कच्ची उम्र है, अभी बच्चे ही हो, फिर तुम्हारे दो बच्चों तथा बदलू के चार लड़कों और एक लड़की, इनकी परवरिश कैसे होगी, यही सबसे बड़ी चिन्ता है, जो मुझे शान्ति से मरने नहीं देती।'

"निराला जी ने दृढ़ता से कहा था : 'काका! बच्चों की परवरिश का भार मैं लेता हैं। आप विश्वास रखें, मैं प्राण रहते श्री योधा (अयोध्याप्रसाद) बदलू प्रसाद जी के पिता तथा श्रीराम सहाय (निराला जी के पिता) की वंशवेलि मुरझाने न दूँगा।'"

यह गाँव के संयुक्त परिवार का चित्र है। परिवार की यह व्यवस्था, प्रेमचन्द और निराला के समय में, टूट रही थी और अब उसके अवशेष ही जहाँ-तहाँ रह गए हैं। निराला के पारिवारिक पत्रों को सही तौर पर समझने के लिए परिस्थिति का उपर्युक्त सजीव वर्णन ध्यान में रखना उचित है। [निराला के जिन भतीजों का यहाँ ज़िक्र है, वे रामलाल के नहीं, अयोध्याप्रसाद (उर्फ जोधा) के वंशज हैं। अपनी पुस्तक के पहले खंड में मैंने उन्हें रामलाल का वंशज लिखा है। यह गलती सुधारने के लिए मैं रामकृष्ण त्रिपाठी का आभारी हूँ।] जो लोग इस अफवाह के शिकार हैं या खुद उसे फैलाने के ज़िम्मेदार हैं कि निराला तो मस्त, फक्कड़ जीव थे, जिन्हें घर-गृहस्थी की चिन्ता न थी, वे निराला के गृहस्थ जीवन, उनके दायित्व-बोध, कर्तव्यनिष्ठा का चित्र यहाँ देखें। काफी पत्र रामकृष्ण त्रिपाठी के नाम हैं। जीवन के जिस दौर में निराला बहुत विक्षिप्त जान पड़ते थे, उस दौर में भी वे रामकृष्ण की पढ़ाई-लिखाई से लेकर उनकी गृहस्थी जमाने तक की ओर सतर्क थे। यहाँ सामान्य गृहस्थ का ही

नहीं, पिता के विशेष दायित्व-बोध का भी परिचय मिलता है। पिता-पुत्र के सम्बन्धों को लेकर कुछ लोगों ने जो कल्पनाएँ की हैं, उनके साधारणीकरण के लिए यहाँ पर्याप्त सामग्री है।

कुछ पत्र शिवशेखर द्विवेदी के नाम हैं जो पहले उनके शिष्य थे, फिर दामाद हुए। यहाँ भी संक्षेप में निराला का वही गृहस्थ-रूप दिखाई देता है। इसी पारिवारिक परिधि में रामशंकर शुक्ल आते हैं। वह महिषादल में निराला के पड़ोसी और बाल सखा थे। उन्होंने अपने भाई शिवशंकर शुक्ल की पुत्री फूल दुलारी को अपनी बेटी की तरह पाला था। (पुस्तक के पहले खंड में मैंने फूल दुलारी को रामशंकर शुक्ल की बेटी मान लिया है जो ग़लत है। यह ग़लती भी मुझे रामकृष्ण त्रिपाठी ने बताई।) निराला ने अपने इकलौते बेटे का ब्याह रामशंकर शुक्ल की इस भतीजी से किया। संयुक्त परिवार के अन्य सदस्यों की तरह निराला उनकी भी खोज-खबर रखते थे और समय-समय पर यथासम्भव उनकी सहायता भी करते थे।

ससुराल के लोगों से उनका घनिष्ठ सम्बन्ध निरन्तर बना रहा। नवम्बर, सन् '45 में अपने साले की लड़की के ब्याह के लिए जो सामान उन्होंने खरीदा, उससे उनका गृहस्थ वाला रूप ही नहीं, उनकी विशेष अभिरुचि का पता भी चलता है। सामान की जो सूची उन्होंने रामधनी द्विवेदी को भेजी, उसमें तुलसीदास की रामायण के साथ कस्तूरी सेंट की शीशी उल्लेखनीय है। (27-11-45 का पत्र)

एक पत्र रामकृष्ण त्रिपाठी की पुत्री, अपनी नातिन, छाया के नाम निराला ने लिखा था। बाबा की हैसियत से परिवार के इस सदस्य के प्रति उनकी चिन्ता देखते ही बनती है। उसकी पढ़ाई-लिखाई बहुत कच्ची है। उसे सलाह देते हैं कि किताबें लेकर हिन्दी पका ले। उन्हें ज्ञान है, इस समय उनका मन जहाँ है, वहाँ की बात छाया की समझ में न आएगी। इसलिए उसे सावधान कर देते हैं : "हमारा हिसाब तुम्हारी समझ में न आएगा।" उसके विवाह के बारे में भी वह सोच रहे हैं। जाति, वर, घर आदि अनुकूल न होने पर विवाह करना उचित नहीं। फिर : "तुम्हारे घर में बूढ़ी-बूढ़े हैं। उनकी सेवा कौन करेगा?" (15-7-58 का पत्र)

एक-दो पत्र रामकृष्ण मिशन के संन्यासियों के नाम हैं। परिवार और साहित्य, दोनों से ही अलग, फिर भी गृहस्थ जनों की सेवा करनेवाले, और अपने पत्र 'समन्वय' में साहित्यिक रचनाएँ प्रकाशित करनेवाले, इन संन्यासियों के प्रति निराला के मन में बड़ी श्रद्धा थी। उनके साहित्य का प्राय: अदृश्य यह प्रेरणास्रोत यहाँ प्रत्यक्ष है।

निराला ने जिन्हें पत्र लिखे हैं, वे प्रसिद्ध साहित्यकार हैं, साधारण जन भी हैं। सभी से निराला का सहज मानवोचित व्यवहार उल्लेखनीय है।

कुछ पत्र अंग्रेज़ी और बँगला में हैं। जो लोग हिन्दी और बँगला, दोनों से परिचित हैं, उनके लिए तुलनात्मक अध्ययन दिलचस्प होगा और वे परख सकते हैं कि निराला के लिए सहज अभिव्यक्ति का माध्यम बँगला है या हिन्दी।

निराला के पत्रों से उनके व्यक्तित्व के अनेक पक्षों की रूपरेखाएँ उभरकर सामने आती हैं। जीवन में उनके स्नेह-सम्बन्ध दीर्घकालीन और आसानी से न टूटनेवाले हैं। पन्त से उनका ऐसा ही सम्बन्ध था और यह सम्बन्ध केवल व्यक्तिगत नहीं, ऐतिहासिक है, निराला यह जानते थे। उन्होंने बहुत सही लिखा था : "मेरा-आपका हिन्दी साहित्य के इतिहास में अभिन्न सम्बन्ध है। मुझे सबसे बड़ी सफलता यही हुई, मैं समझता हूँ।" (सुमित्रानन्दन पन्त को, 4-4-39) दूसरे वाक्य में व्यंजित उनकी अतिशय विनम्रता का कारण उन पर लिखी हुई पन्त की कविता है जिसकी चर्चा इस पत्र में है।

घोर निराशा के क्षणों में उन्होंने जयशंकर प्रसाद को लिखा था : "शरीर बिलकुल क्षीण हो गया है। जीवन रहा तो दूसरा पत्र लिखूँगा। यह निराला का अन्तिन प्रणाम पत्र है। सब अपराध, सब त्रुटियों के लिए क्षमा।" (जयशंकर प्रसाद को, 29-1-28) छतरपुर में बीमार हो जाने पर उन्होंने यह पत्र लिखा था। ऐसी कातर वाणी उन्होंने अन्य किसी व्यक्ति को नहीं सुनाई, यह तथ्य प्रसाद के प्रति उनकी गहरी स्नेह-भावना का प्रमाण है।

शिवपूजन सहाय को उन्होंने लिखा था : "मुंशी जी भी गए। अब मेरी बारी है।" (27-9-39) यहाँ वाणी में वैसी कातरता नहीं है। स्वर सधा हुआ है। निराला मृत्यु के साक्षात्कार के लिए प्रस्तुत हैं, यह बात उन्होंने अभिन्न मित्र शिवपूजन सहाय को लिखी। 'अनामिका' में महादेवप्रसाद सेठ पर वह शिवपूजन सहाय का लेख देना चाहते थे। 'मतवाला'-काल की अनेक रचनाएँ 'अनामिका' में थीं। पुस्तक का नाम भी बीते दिनों का स्मृति-रूप उसी नाम की पुस्तिका की आवृत्ति था। पुस्तक महादेवप्रसाद सेठ को समर्पित है। उन पर शिवपूजन सहाय का लेख भी उसमें होता, सारी सज्जा पुराने स्नेह-सम्बन्धों की पुष्टि का प्रमाण थी। शिवपूजन सहाय ने जो लेख भेजा, वह निराला को मिला नहीं। तब उन्होंने लिखा : "अब किसी दूसरी अच्छी किताब की भूमिका लिखिएगा। किताब मुंशी जी को समर्पित करूँगा।" (शिवपूजन सहाय को, 25-10-39) यह किताब नहीं लिखी गई, मुंशी नवजादिकलाल को वह समर्पित नहीं की गई, शिवपूजन सहाय उसकी भूमिका लिखें, यह नौबत न आई, किन्तु जो करना चाहते थे और नहीं कर पाए, उससे 'मतवाला'-काल के मित्रों के प्रति निराला के सुदृढ़ स्नेह-सम्बन्धों का ज्ञान तो होता ही है। वह महादेवप्रसाद सेठ पर कविता लिखना चाहते थे, नहीं लिख पाए। यह इच्छा भी जो पूरी न हुई, उसी स्नेह का प्रमाण है।

निराला उस वर्ग के कलाकार हैं जो अपने परिवेश के प्रति अत्यन्त सजग रहता है। अनेक पत्रों में—कहीं संक्षेप में, कहीं विस्तार से—वह इस परिवेश का चित्रण करते हैं। केदारनाथ अग्रवाल को लिखते हैं : "यहाँ पानी गिरा। एकाएक यमुना में बाढ़ आई, गंगा भर गई—मुहाने का पानी रेलकर चढ़ आया, रेती डूब गई।" (8-7-45) चित्र पूर्ण है और किसी लघु यथार्थवादी कविता की तरह कलापूर्ण भी।

रामकृष्ण त्रिपाठी को लिखते हैं : "कल से हमारी वसन्त की मेज़ लगेगी, काम होगा। अखीर मई से, जून-जुलाई, दो महीने आराम करेंगे।" (31-3-46) यहाँ

भी परिवेश के प्रति वही सजगता है, और इस परिवेश से निराला के लिखने का सम्बन्ध है। लिखने का काम केवल वसन्त में करेंगे; जब ज़्यादा गर्मी पड़ेगी, तब आराम करने लगेंगे।

निराला के मन का सहज प्रसन्न भाव अनेक पत्रों में नये-नये मूर्ति-विधान जुटाकर व्यक्त होता है। अलंकारों पर पुस्तक लिख रहे हैं। शिवपूजन सहाय को (21 मई, सन् '26 के पत्र में) लिखते हैं : "रस तो 60 के कोठे में पूरे हो गए थे, परन्तु अलंकार अभी आधा भी नहीं हुआ। जनाब एक-एक अलंकार के आठ-आठ बच्चे हैं। ऐसे 100 से भी ज़्यादा अलंकार हैं।" इसी तरह नन्ददुलारे वाजपेयी को, गाँव के नाच की कल्पना से प्रसन्न होकर, लिखते हैं : "कौन आई थी, श्मशान वाली? सितलन मुँह दाग, बित्ता भरे के बारन कै पातरि चोटी—जैसे खोपरी भरे मँडिंयारो लाग होय—नाटी नाटी—कारि भुजैल—वहै न?"

जब-तब साहित्य-सम्बन्धी विश्लेषण को मूर्त रूप देकर वह विलक्षण वाक्य-रचना करते हैं। सितम्बर, 1929 के पत्र में, 'पल्लव' और 'परिमल' का संक्षिप्त तुलनात्मक विवेचन पन्त को लिख भेजते हैं : " 'पल्लव' से कोई हानि नहीं, भय भी नहीं, बल्कि आनन्द ही है; पर 'परिमल', कभी-कभी किसी-किसी वन्य झाड़ से जिस चटखारे से निकलता है, दिमाग ही फूँक जाता है, अस्वस्थ भी कर देता है।" भवभूति के नाटक में मालती का सौन्दर्य देखकर जो दशा माधव की होती है, कुछ वैसी ही दशा 'परिमल' के तीव्र गंधभाव से निराला के सौन्दर्य-प्रेमी मन की होती है; सौन्दर्य की अतिशयता अमृत से विष बनकर मानो उन्हें मूर्च्छित कर देती है।

निराला के गद्य की अनेक शैलीगत विशेषताएँ उनके प्रारम्भिक गद्य में ही देखने को मिलने लगती हैं। कूट रूप में बात कहना, व्यंग्य को बहुत गहरे दबाकर रखना, शब्दों के अर्थ-भेद से व्यंजना में वक्रता उत्पन्न करना उनको आरम्भ से ही प्रिय है। 11 जनवरी, सन् '21 वाले पत्र में महावीरप्रसाद द्विवेदी को लिखते हैं : "अक्षर हूँ, न साक्षर और न निरक्षर।" जो लोग निराला के 'वर्तमान धर्म' से व्यथित थे, वे कह सकते हैं कि निराला ने जब से लिखना शुरू किया तभी से सन्निपातग्रस्त थे। हिन्दी में जब अच्छे गद्य की पहचान होने लगेगी, तब सम्भव है, निराला के इस संक्षिप्त सारगर्भित वाक्य को नये कलात्मक गद्य का आदिसूत्र माना जाय।

प्रसाद के प्रति निराला के मन में सामान्यत: विनय का भाव रहता है। किन्तु 12 फरवरी, सन् '36 के पत्र में प्रसाद के चारों ओर रचाए हुए प्रभामंडल से असन्तुष्ट होकर कहते हैं : "पर मैंने सुना है, आप उपनिषदों से नीचे उतरना पसन्द नहीं करते। फिर भी मैं प्रयत्न करूँगा, यदि आपको नीचे उतार सकूँ।" वाचस्पति पाठक को लिखे हुए 18 दिसम्बर, सन् '38 के पत्र में गांधी से निराला की उक्ति भी ऐसी है। "महात्मा गांधी ने जब मुझसे कहा था—मैं तो उथला आदमी हूँ, आपको याद होगा, मैंने जवाब दिया था, हम लोग उथले को गहरा और गहरे को उथला कर सकते हैं।"

निराला के जीवन के अन्तिम चरण में जहाँ उनके पत्रों में उनका मन डगमगाता-सा जान पड़ता है, वह अक्सर उसी पुरानी कूट शैली का विकास है। 28 जनवरी, सन् '54 के पत्र में रामकृष्ण त्रिपाठी को लिखते हैं : "बाकी रजिस्ट्री आदि की बातें, सो तुम गैर नहीं, लड़के-पुत्र हो, जिनसे रजिस्ट्री खुद रहेगी, नहीं तो हज़ार हाथ पानी में हैं।" इसी तरह 6 अक्तूबर, सन् '56 को रामशंकर शुक्ल के नाम पत्र में लिखते हैं : "घबराहट की बात तभी है जब इधर का उधर होता है। हम रास कुल पकड़े हैं।"

निराला ने अपने पत्र, साहित्य समझकर, न लिखे थे जिसे वे प्रकाशित करते। कलाकार की सहज वृत्तियाँ यहाँ निर्बाध रूप में प्रकट हैं। सर्वत्र वह कलाकार हैं और गद्य उनकी कला का ऐसा मध्यम है जो पद्य से कम महत्त्वपूर्ण नहीं है। अनेक पत्रों में ऐसे वाक्य पढ़ने को मिलते हैं जो अपनी मार्मिक अभिव्यंजना के कारण अनुपम हैं और उनके साहित्य में अन्यत्र दुर्लभ हैं।

दयाशंकर वाजपेयी को लिखते हैं : "ईश्वर की दुनिया में आदमी के लिए बहुत थोड़ी जगह है।" (14-2-'40) अपने मित्र बलभद्र दीक्षित पढ़ीस की मृत्यु पर लिखा था : "दीक्षित के लिए बहुत सोचता हूँ, मगर वह नस मेरी कट चुकी है जिसमें स्नेह सार्थक है।" (रामविलास शर्मा को, 2-2-'43 का पत्र) और "अकेला बैठा झरोखों से आकाश देखा करता हूँ।" (उपर्युक्त को, 16-2-'45 का पत्र)

निराला निरन्तर गद्य लेखन में नये-नये प्रयोग करते हैं और यह प्रयोग नवीनता या मौलिकता के प्रदर्शन के लिए नहीं हैं। इन प्रयोगों के द्वारा वे अपनी मनोदशा, मनुष्य की सूक्ष्म भाव-सम्पदा, विचारों का कोई दुरूह पक्ष, समर्थ रूप में प्रस्तुत करते हैं। गद्य के अध्ययन में अधिकतर तत्सम-तद्भव शब्दों के चुनाव, मुहावरों आदि के प्रयोग पर बल दिया जाता है। निराला के प्रयोग इन विशेषताओं को लेकर उल्लेखनीय नहीं हैं। उनके प्रयोगों का आधार है वाक्य-विन्यास। जितनी तरह के वाक्य निराला के इन पत्रों में हैं, उतनी तरह के वाक्य किसी अन्य हिन्दी लेखक के यहाँ कठिनाई से मिलेंगे। वाक्य के भीतर शब्दों और शब्द-बंधों का सहज स्थान बदलकर, वाक्य की प्रचलित व्यवस्था में नये-नये परिवर्तन करके, क्रिया पदों और सम्बद्ध शब्दों की स्थिति में हेर-फेर करके, निराला निरन्तर नये प्रभाव उत्पन्न करते हैं। वाक्यों को तोड़-मरोड़कर नया रूप देना, वाक्य की सहज व्यवस्था बदलकर उसे अजनबी बना देना कठिन काम नहीं है। अंग्रेज़ी वाक्य-विन्यास से प्रभावित पच्चीसों हिन्दी लेखक आये-दिन यह काम करते हैं। किन्तु निराला के वाक्य-विन्यास-सम्बन्धी प्रयोग किसी विदेशी भाषा के वाक्यतंत्र की छाया नहीं हैं। उनके वाक्य अपना जातीय रूप बनाये रहते हैं, वे हिन्दी के ही वाक्य हैं यद्यपि उनका यह हिन्दीपन नये ढंग का है। इस नयेपन की मात्रा वह सन्तुलित रखते हैं। उदाहरण के लिए यदि उस तरह के वाक्य एक जगह इकट्ठे कर दिये जाएँ तो लगेगा कि अनोखापन बहुत ज़्यादा है किन्तु जब उन्हें सन्दर्भ में देखेंगे तो लगेगा,

बीस वाक्यों में एकाध वाक्य ही ऐसा आ जाता है। अंग्रेज़ी से प्रभावित होनेवाली हिन्दी की वाक्य-रचना से निराला का वाक्यतंत्र मूलत: दो बातों में भिन्न है। पहली यह कि निराला का वाक्यतंत्र हिन्दी का है, हिन्दी न लिख पाने के कारण अंग्रेज़ी का अनिवार्य प्रभाव नहीं। दूसरी यह कि वाक्य-विन्यास में वह जो परिवर्तन करते हैं, वह कलात्मक दृष्टि से सार्थक होता है, निरर्थक नहीं। आजकल शैलीतात्त्विक विवेचन का काफी ज़ोर है। इस विवेचन को सार्थक बनाने के लिए यह आवश्यक है कि वाक्य-विन्यास की विविधता का विश्लेषण इस ढंग से किया जाय कि कलाकार की अभिव्यंजना-क्षमता का परिचय मिले। इस तरह के विवेचन से यदि उसकी कलात्मक क्षमता या अक्षमता का परिचय न मिले तो वह पुरानी परिपाटी के अनुसार कविता में अलंकार गिनाने से अधिक महत्त्वपूर्ण न होगा। सही ढंग के शैलीतात्त्विक विवेचन के लिए इस पत्र-संग्रह में—केवल निराला के पत्रों में—इतनी सामग्री है कि उस पर अनुसंधान करके पी-एच.डी. की ही नहीं, डी.लिट् की उपाधि भी प्राप्त की जा सकती है। हिन्दी में शोध-कार्य के लिए नये-नये विषयों की तलाश निरन्तर होती रहती है। जिन्हें शैलीतात्त्विक अनुसंधान से दिलचस्पी हो, उनके लिए मैं अपनी ओर से अनुसन्धान का यह विषय प्रस्तावित करता हूँ। किसी न किसी विश्वविद्यालय में, शोध समितियों के कोई-न-कोई सदस्य ऐसे निकल ही आएँगे जो इस कार्य का महत्त्व समझेंगे।

एक ढंग की वाक्य-रचना 19 जून, सन् '32 को लिखे हुए शिवपूजन सहाय के नाम पत्र में है। हर वाक्य छोटा है, कविता के एक-एक चरण की तरह, जहाँ विराम दु:ख की सघनता के कारण मनुष्य की धाराप्रवाह वक्तृता पर रोक लगाता है : "अकेला बड़ी परेशानी में हूँ। पहला अंक बाज़ार की समझ से ऊँचा कहा गया। दूसरा ठीक। पूरे कुल कालम भिन्न-भिन्न दूसरे के मैंने ही भरे। पहला तो स्पष्ट ही है। तीसरे ने अस्वस्थ्य होकर गिरा दिया। 4था सँभालने का विचार है। क्या आपका वह खून बिलकुल पानी हो गया? हाथ बटाइए। चल गया तो ठीक है। नहीं तो मस्तराम के सोंटे से। कलकत्ता अब वह नहीं, बहुत गिरा है, समय भी वैसा है।"

दूसरी तरह के वाक्य वे हैं, जहाँ जैसे-जैसे बात याद आती जाती है, शब्दबंध जोड़ते जाते हैं, फिर भी वाक्य असहज नहीं होता : "शिवपूजन जी की सिफ़ारिश से महाराज छतरपुर ने मुझे बुलाया था अपने सेक्रेटरी द्वारा, तारों और पत्रों से, आपको इतना मालूम हो चुका है मेरे बनारस रहते समय।" (जयशंकर प्रसाद को, 9-12-27)

एक मजे की बात यह है कि इस तरह की वाक्य-रचना खड़ी बोली में ही नहीं, उनकी अवधी में भी है और साहित्यिक जीवन के प्रारम्भिक दौर में है : "हम जो रामायण पाठ आदि मं [मँ] बनियई क भाव राखा होब—अर्थात् लोग हम का अच्छा कहैं औ हम नामी ह्वइ जाई—बड़े सच्चरित्र साधु महापुरुष कहाई—हे राम हम तुम्हार नाव लेइत हैं बदले मं [मँ] तुम हूँ कुछु दियव, तो जउन यहु ह्वय रहा है यहु सब ठीक है।" (महावीरप्रसाद द्विवेदी को, 6-11-23)

इस तरह के वाक्य किसी हद तक उनकी तर्क-पद्धति का चित्र भी प्रस्तुत करते हैं। एक तर्क से दूसरा तर्क फूटता है। सुननेवाला सावधान न हुआ तो शब्दबंधों की अमर बेल में उलझकर गिर पड़ेगा।

निराला के पत्र अलग-थलग वाक्यों में नहीं, अपनी पूर्णता में पठनीय हैं। प्राय: प्रत्येक पत्र कुशल संरचना का नमूना है। यह संरचना वैचारिक निबन्ध की तरह सोच-विचारकर नहीं की गई। वह सहज है और सिद्ध करती है कि निराला की कला में इस संगठन तत्त्व का महत्त्व कितना अधिक है। दो-एक वाक्य औपचारिक या आनुषंगिक हो सकते हैं, शेष पत्र एक बँधा हुआ मज़मून होता है अथवा उनकी मनोदशा का संक्षिप्त किन्तु पूर्ण चित्र होता है। लम्बे पत्र वे कम लिखते हैं किन्तु जब लिखते हैं तब उनकी यह गठन-क्षमता उल्लेखनीय होती है। मेरे नाम लिखा हुआ 20 नवम्बर, सन् '36 का पत्र उनके विवरणात्मक गद्य का बहुत अच्छा नमूना है। सारांश यह है कि निराला के स्मरणीय वाक्यों को उनके सन्दर्भ में देखना चाहिए, वे वाक्य-बंधों का अंश हैं, उनका अभिन्न अंश, और पूरे पत्र का सौन्दर्य उद्धरण में दिखाई नहीं दे सकता।

पत्र लिखने की अनेक शैलियाँ हैं। "प्रिय नारायण दीन को सूर्यकान्त त्रिपाठी का नमस्कार। आगे हाल यह है कि हम उन्नाव में सभापति त्रिपाठी जी से मिलकर लखनऊ आए और आते ही बीमार पड़ गए।" (नारायणदीन अवस्थी को, 25-7-30) गाँव के किसान को लिखे हुए पत्र में यह पुरानी शैली का निदर्शन है। सास को आदरपूर्वक लिखते हैं : "श्री अम्मा, चरण स्पर्श।" (22-2-28) पुरानी शैली को मानो नया रूप दे रहे हों! चचेरे भतीजों को लिखते हैं : "चिरंजीव केशव व कालीचरण को चूमी" (13-6-27)। यहाँ ठेठ काका के रूप में हैं। अपना पता सूचित करते हैं तो उसे भी पुराने ढंग से लिखते हैं :

पता :—पास राम शंकर सुकुल
मिलै सूर्य्यकान्त त्रिपाठी
10/5 कैनल ईस्ट रोड
अवस्थी घोष कम्पनी
उल्टा डांगा
(कलकत्ता)

यहाँ 'मिले' की जगह मिलै' का प्रयोग गाँव के सम्बन्धों वाली आत्मीयता की झलक देता है। चिट्ठियों के अन्त में वे कहीं अपने को 'विनीत', कहीं केवल 'आपका', कहीं 'तुम्हारा काका' आदि लिखते हैं। उल्लेखनीय है कि पत्रों के अन्त में 'दास सूर्यकान्त' वह केवल संन्यासियों के लिए हैं या महावीरप्रसाद द्विवेदी के लिए।

मैंने भरसक प्रयत्न किया है कि पत्रों में जैसा जो कुछ लिखा गया है, वह वैसे ही छपे। शान्तिप्रिय द्विवेदी 'सस्वस्थ' लिखते हैं, विनोदशंकर व्यास 'स्वास्थ', मैंने वैसा

ही रहने दिया है। व्यास जी 'व' और 'ब' में अक्सर भेद नहीं करते। महावीरप्रसाद द्विवेदी यह देखकर चिन्तित होते क्योंकि बकरी को 'वकरी' लिखने, या उसके वैसा छप जाने पर, उन्होंने आपत्ति की थी और बालमुकुन्द गुप्त ने इस पर उनका मज़ाक उड़ाया था। किन्तु स्वयं द्विवेदी जी अपने पत्रों में, सम्पादन काल समाप्त होने के बाद, बहुत सावधान नहीं रहते। 21 सितम्बर, 1921 वाले पत्र में उन्होंने 'सितम्बर' को 'सितंवर' लिखा है। एक जगह पते में 'मगड़ायर' को अंग्रेज़ी में 'Magrail' लिखा है। इस जवार के लोग इस गाँव को 'मगड़ायर' कहते हैं किन्तु निराला, नन्ददुलारे वाजपेयी आदि सभी लोग 'ड़' की जगह 'र' लिखते हैं। सम्भव है, गाँव के नाम को शुद्ध रूप देने का, अथवा अधिक सुसंस्कृत उच्चारण वाला रूप देने का, यह प्रयास हो, अथवा अंग्रेज़ी वर्तनी का प्रभाव हो! किन्तु गुरुप्रसाद पांडेय निराला से पत्र-व्यवहार करनेवालों में अकेले सज्जन मिले जो वहाँ का बोला जानेवाला रूप 'मगड़ायर' लिखते हैं।

इसी तरह जिले और शहर का नाम गाँव वालों के बोलने में 'उनाव' सुना जाता है किन्तु कुछ पढ़े-लिखे लोग एक 'न' और जोड़कर 'उन्नाव' भी लिखते और बोलते हैं। नन्ददुलारे वाजपेयी दोनों रूपों का व्यवहार करते हैं। इसी तरह निराला की ससुराल का शहर डलमऊ है किन्तु उसे वे शुद्ध करके 'दलमऊ' भी लिखते थे। परिनिष्ठित हिन्दी से भिन्न अवधी में ह्रस्व एकार भी होता है। निराला और नन्ददुलारे वाजपेयी 'भेजवाऊँगा' जैसे रूप का प्रयोग करते हैं जो उनके अवधी उच्चारण का प्रमाण है। लिखने में जो दीर्घ एकार है, वह बोलने में ह्रस्व होता है।

जो लोग पाठ-शोध के पंडित हैं, वे अक्सर यह दलील देते हैं कि अमुक कवि अमुक रूप का प्रयोग करता था, इसलिए उससे भिन्न रूप उसका लिखा नहीं हो सकता। वैकल्पिक प्रयोग मनुष्य की सहज वृत्ति है; भाषा उतना परिनिष्ठित नहीं होती जितना व्याकरण की पुस्तकों में वह दिखाई देती है। निराला अनुस्वार के प्रयोग में अक्सर लापरवाही दिखाते हैं। 'मे' लिखेंगे, 'में' भी; 'नही' लिखेंगे, और 'नहीं' भी। एक ही पत्र में 'फीस' के 'फ' के नीचे एक जगह नुक्ता लगाएँगे, दूसरी जगह छोड़ देंगे। विनोदशंकर व्यास अक्सर अनुस्वार छोड़ देंगे। जहाँ 'ब' लिखना है, वहाँ 'व' का पेट चीरना भूल जाएँगे और अनेक गुजराती बन्धुओं की तरह ह्रस्व और दीर्घ इकार में भेद न करके 'इधर' की जगह 'ईधर' लिखेंगे। नन्ददुलारे वाजपेयी 'जवाब' की जगह 'जबाब' लिख जाएँगे और लखनऊ के 'ख' के नीचे नुक्ता भी लगा देंगे। सन् लिखने के बाद 'ई' लिखेंगे और इस 'ई' के बाद कहीं शून्य का चिह्न लगाएँगे और कहीं छोड़ देंगे।

पाठ-शोध के सिद्धान्त स्थिर करने के लिए यहाँ पर्याप्त सामग्री है जिसका उपयोग विशेषज्ञ कर सकते हैं।

तीसरे खंड की अधिकांश मूल सामग्री मेरी खुद की देखी हुई है और उसकी प्रतिलिपि मेरी देखरेख में की गई है। इस सामग्री को प्रकाशन के लिए देते समय

मैंने भरसक ध्यान रखा है कि जैसा जो कुछ लिखा गया था, वैसा ही वह छपे, भले ही वह अशुद्ध हो या पढ़नेवाले को अशुद्ध लगे। प्रूफरीडरों की नीति दूसरी होती है। भाषा की शुद्धता के लिए वे अपनी ज़िम्मेदारी समझते हैं। इस तरह की शुद्धता का समावेश इन पत्रों की भाषा में हो जाय तो मैं कुछ नहीं कह सकता। वर्तनी या विराम चिह्नों को लेकर अपनी ओर से कुछ जोड़ना आवश्यक हुआ तो वह बड़े कोष्टकों में दे दिया है। कुछ सामग्री मेरी देखी हुई नहीं है। वह या तो प्रकाशित है या उसकी प्रतिलिपि दूसरों ने की है। 'नया प्रतीक' में प्रसाद के नाम निराला के जो पत्र प्रकाशित हैं, उनसे एकाध जगह ऐसी ही प्राप्त प्रतिलिपि सुधारने में मैंने सहायता ली है। कहीं-कहीं 'नया प्रतीक' के प्रकाशित पत्र-रूपों में अशुद्धियाँ हैं, उनका उल्लेख यथास्थान मैंने कर दिया है। सामान्यत: लोग पत्रों के साथ पता प्रकाशित नहीं करते। जहाँ-तहाँ मैंने पता भी दे दिया है। पत्र-लेखक के बारे में कुछ बातों की जानकारी पता लिखने के ढंग से हो जाती है। गुलाबराय ने पते पर निराला को 'श्रीहर्ष' लिखा। अवश्य ही छतरपुर में निराला ने उनसे 'हर्ष' काव्य की चर्चा की होगी और इस चर्चा से गुलाबराय यह भी समझे होंगे कि 'श्रीहर्ष' कहे जाने से निराला प्रसन्न होंगे। भगवतीचरण वर्मा ने 'बापू तुम मुर्गी खाते यदि' कविता के प्रसंग में लिफाफे पर उन्हें पोइट एम्परर, हिन्दी के कवि सम्राट् का अनुवाद करते हुए, लिखा था, निराला को छेड़ने के लिए। रामकृष्ण त्रिपाठी के पते में निराला अक्सर ऐस.वी. लिख देते हैं—संगीत विशारद की डिगरी का संक्षिप्तरूप। उनके पास डिगरी नहीं तो क्या, बेटे के पास तो है। पते में कौन कितनी नागरी, और कितनी रोमन लिपि का व्यवहार करता है, यह भी जब-तब दर्शनीय है।

मैं कितना ही प्रयत्न करूँ, मूल पत्र देखकर जो दु:ख या सुख मुझे मिला है, वह केवल छपा हुआ रूप देखनेवाले को न मिलेगा। कहाँ स्याही लुढ़क गई है, कहाँ पानी या तम्बाकू की पीक गिरने से अक्षर मिट गए हैं, कहाँ घसीट के कारण अक्षर पढ़े नहीं जाते—यह दु:ख वाला पक्ष है। कौन से पत्र निराला ने बार-बार पढ़े, प्रारम्भिक पत्रों में उनकी लिखावट कैसी है, बाद में कैसे बदलती गई और कहाँ तक बदल गई है, पत्र लिखते समय पोस्टकार्ड में, ऊपर-नीचे, या आगे-पीछे, या अगल-बगल में छूटी हुई जगह का उपयोग कौन लेखक किस तरह करता है, हिन्दी साहित्यकार की अंग्रेज़ी की लिखावट किस तरह की है, अपने हस्ताक्षर कौन स्पष्ट करता है, कौन अस्पष्ट—यह सब सुख वाला पक्ष है।

पन्त जी के हिन्दी हस्ताक्षर कोई जानकार ही पहचान सकता है किन्तु अंग्रेज़ी में उनके हस्ताक्षर बहुत स्पष्ट होते हैं जिन्हें कोई भी पढ़ सकता है। निराला अपने नाम सूर्यकान्त में कभी दो 'य' लिखते हैं, कभी एक; उपनाम निराला कभी उल्टे कौमा के भीतर लिखते हैं, कभी उनके बिना। जयशंकर प्रसाद अपना उपनाम 'प्रसाद' उल्टे कौमा के भीतर लिखते हैं। शिवपूजन सहाय के अक्षर जल्दी लिखने पर भी साफ-सुथरे और देखने में सुन्दर होते हैं। निराला की तरह सामान्यत: वे बड़े-बड़े

अक्षर लिखते हैं। नन्ददुलारे वाजपेयी सबसे छोटे आकार के अक्षर लिखनेवालों में हैं। एक पोस्टकार्ड में इतना लिख डालते हैं जितना निराला दो बड़े आकार के पृष्ठों में लिखते हैं। शान्तिप्रिय द्विवेदी के अक्षरों में वक्र रेखाएँ अलंकरण प्रवृत्ति की ओर संकेत करती हैं। पन्त की हस्तलिपि में यह प्रवृत्ति मात्राएँ आदि लगाने में, पत्र में सिरनामा, पता, वगैरह लिखने के ढंग में, और सबसे अधिक उनके हस्ताक्षर के चक्रव्यूह में दिखाई देती है। किन्तु उनके अक्षर सीधे, लघु आकार के और वक्र रेखाओं से हीन होते हैं। अलंकरण की सर्वाधिक प्रवृत्ति निराला में है। प्रारम्भिक 'समन्वय'-काल की हस्तलिपि बहुत सीधी-सादी, उनकी बाद की लिपि से भिन्न है। 'मतवाला' से 'परिमल' के प्रकाशन तक की अवधि में अक्षरों की भंगिमाएँ बढ़ने लगती हैं, फिर भी बहुत नियंत्रित रहती हैं। सन् '32 के आसपास, 'रँगीला' साप्ताहिक के दिनों में, वे खड़े अक्षर बनाते हैं और अलंकरण वाली वक्र रेखाएँ यहाँ सबसे अधिक हैं। इस हस्तलिपि पर पन्त के अनुकरण का प्रयास स्पष्ट है, केवल अलंकरण वाली रेखाएँ पन्त की अपेक्षा कहीं अधिक हैं। यह स्थिति बहुत थोड़े दिन रहती है और सन् '33-'34 में, 'देवी'—'चतुरी चमार'—'तुलसीदास' वाले दौर में वे फिर पहले की तरह तिरछे अक्षर लिखने लगते हैं, अलंकरण वाली रेखाएँ कम हो जाती हैं। सन् '40 के बाद और भी बड़े-बड़े अक्षर लिखते हैं और अन्तिम दौर में, सन् '50 से सन् '61 तक के दौर में, उनके अक्षर मुझे अपने गाँव के अनेक किसानों की लिखावट की याद दिलाते हैं जिसकी विशेषता है—जल्दी न लिखना, अक्षर बड़े-बड़े बनाना; जिस कलम से लिखा जाय, उसकी नोक पैनी न हो वरन् चौड़ी हो जिससे अक्षरों की रेखाएँ मोटी-मोटी बनें। आश्चर्य की बात है कि जिस दौर में उनका मन इतना उलझा हुआ लगता था, उन दिनों उनकी हस्तलिपि सबसे ज़्यादा साफ-सुथरी होती थी। संयत अलंकरण वाली वृत्ति अब भी कायम रहती है।

पत्र मैंने काल-क्रमानुसार दिये हैं। उद्देश्य यह है कि पाठक के सामने क्रमश: निराला का जीवन-चित्र खुलता जाय। जो लोग निराला के नाम किसी एक व्यक्ति के लिखे हुए पत्र या किसी एक व्यक्ति को लिखे हुए निराला के पत्र पढ़ना चाहें, उन्हें कोई कठिनाई न होगी। पुस्तक के आरम्भ में पत्र लेखक या पत्र पानेवाले के नाम के साथ पत्र की संख्या दे दी गई है।

कुछ पत्रों में तारीख नहीं है। वहाँ डाक मोहर की तारीख देखकर या अन्य पत्रों से मिलान करते हुए अनुमान लगाकर तारीख दी गई है। जहाँ आवश्यकता हुई, पत्र में पहली बार उल्लिखित व्यक्ति का संक्षिप्त परिचय दे दिया गया है। बाद वाले पत्रों में उल्लेख आने पर उस परिचय की आवृत्ति नहीं की गई। जहाँ इस तरह का परिचय नहीं दिया गया, वहाँ यह समझना चाहिए कि मैं परिचय देना भूल गया या आवश्यक परिचय मुझे प्राप्त नहीं हुआ या परिचय देना मैंने आवश्यक नहीं समझा।

इस खंड के तीसरे भाग में निराला के जीवन से सम्बन्धित कुछ काग़ज़-पत्र हैं। कलकत्ते से चलते समय उन्होंने अपनी योग्यता के बारे में जो प्रमाणपत्र प्राप्त किए थे, वे यहाँ दिये गए हैं। निराला पर अपनी पहली पुस्तक लिखने के समय मैंने निराला के पास कुछ प्रश्न लिख भेजे थे। उन्होंने उनका उत्तर नरोत्तम नागर को लिखा दिया था। 'प्रश्नोत्तरी' नाम से वह पूरा विवरण यहाँ पहली बार प्रकाशित किया जा रहा है।

शिवशेखर द्विवेदी ने मेरे आग्रह पर सरोज के विवाह, बीमारी और मृत्यु से सम्बन्धित विवरण लिख भेजा था। उसे भी मैं यहाँ प्रकाशित कर रहा हूँ। निराला की वंशावली से सम्बन्धित सामग्री रामकृष्ण त्रिपाठी ने भेजी है, वह भी यहाँ प्रकाशित है। इसके अलावा निराला के बारे में मुझे लिखे हुए कुछ पत्र हैं जिनका तात्कालिक साक्ष्य के रूप में महत्त्व है। उनका आवश्यक अंश यहाँ दे दिया है। दो-चार मनीआर्डर की रसीदें हैं, वे भी यहाँ दी गई हैं। उद्देश्य यह है कि निराला के जीवन का अध्ययन करनेवाले को वह सारी स्रोत-सामग्री सुलभ हो जाय जो मेरे पास है।

2. जन्म-संवत् और जन्मतिथि

निराला के जीवन-चरित से सम्बन्धित एक समस्या का उल्लेख करना यहाँ आवश्यक है। समस्या यह है : निराला का जन्म किस वर्ष हुआ और उनकी जन्मतिथि कौन-सी है? इस पुस्तक के पहले खंड में उनके जन्म का जो संवत् और जो तिथि मैंने लिखी है, उससे कुछ मित्रों को सन्तोष नहीं है। वे लोग उनके जन्म का साल 1896 ई. मानते हैं और जन्मतिथि वसन्त पंचमी। इस सम्बन्ध में मेरा निवेदन इस प्रकार है :

11 जनवरी, सन् '21 के पत्र में निराला महावीरप्रसाद द्विवेदी को अपनी उम्र 22 साल बताते हैं। स्वयं निराला द्वारा अपनी आयु के बारे में यह पहला उल्लेख है जो सुलभ है। इसके बाद जब रामनरेश त्रिपाठी ने सन् 1926 के अन्त में उनसे जीवन-सम्बन्धी विवरण माँगा, तब उन्होंने माघ शुक्ल 11, संवत् 1955 अपनी जन्मतिथि लिख भेजी। यह विवरण निराला ने स्वयं लिखकर भेजा था, यह रामनरेश त्रिपाठी के पत्रों से स्पष्ट है जो यहाँ प्रकाशित किये गए हैं। इसके सात वर्ष बाद सन् 1934 में 'मिश्रबन्धु विनोद' का चौथा भाग प्रकाशित हुआ जिसमें जन्म संवत् 1955 है। द्विवेदी जी को लिखे हुए पत्र में जो आयु बताई गई है, और 'कविता कौमुदी' तथा 'मिश्रबन्धु विनोद' में दिये गए संवत् के अनुसार उनकी जो आयु जनवरी, सन् '21 में होनी चाहिए, उनमें कोई विरोध नहीं है।

इसके बाद सन् 1941 में श्यामसुन्दर दास की पुस्तक 'हिन्दी के निर्माता' (भाग 2) (इंडियन प्रेस, इलाहाबाद) प्रकाशित हुई। इसमें निराला की जन्मतिथि माघ शुक्ल 11 ही है किन्तु संवत् बदलकर 1953 हो गया है। दो वर्ष बाद सन् 1943

में राहुल सांकृत्यायन की पुस्तक 'नये भारत के नये नेता' प्रकाशित हुई। इसमें निराला की जन्मतिथि है वसन्त पंचमी और संवत् है 1953, जिसके आगे कोष्टकों में दिया है 1896 ई.। राहुल जी ने 1953 से 57 घटाकर 1896 सन् निकाला है। सन् '21 से सन् '34 तक निराला का जन्म संवत् 1955 बना रहता है। सन् '34 के बाद सन् '41 का अन्त होने से पहले किसी समय इसे बदलने का विचार निराला के मन में आता है। मेरा अनुमान है कि जिस समय वह 'कुल्ली भाट' लिख रहे थे, उस समय अपने जन्म संवत् को लेकर उन्होंने यह नया हिसाब-किताब दुरुस्त किया था। श्यामसुन्दर दास को इसी के अनुसार उन्होंने अपना जन्म-संवत् 1953 लिखा किन्तु जन्मतिथि उन्होंने वही माघ शुक्ल 11 रहने दी। 1943 में जब राहुल सांकृत्यायन उनके जीवन से सम्बन्धित विवरण प्रकाशित करने जा रहे थे, तब उन्होंने माघ शुक्ल 11 की जगह तिथि भी बदलकर वसन्त पंचमी कर दी। ये सारे परिवर्तन निराला ने किये थे, श्यामसुन्दर दास या राहुल सांकृत्यायन ने नहीं। किन्तु संवत् 1953 की वसन्त पंचमी सन् 1897 में पड़ती है न कि सन् 1896 में। यांत्रिक ढंग से 57 की संख्या घटाने पर सन् 1896 जन्म का वर्ष बन गया। निराला ने अपना जन्म 2 वर्ष पहले स्थिर किया था; इस गलती से उसमें एक साल का इजाफा और हुआ। यह बहुत ही स्पष्ट है कि निराला ने जन्मतिथि और जन्म-संवत्, दोनों एक ही साथ न बदले थे। पहले उन्होंने संवत् बदला, उसके बाद उन्होंने जन्मतिथि भी बदली। और यह सारी कार्रवाई सरोज की मृत्यु के बाद हुई। निराला के प्रति लोगों की श्रद्धाभावना का प्रसार हुआ; वसन्त पंचमी की तिथि पर उनका जन्म दिवस मनाया जाने लगा। किन्तु बहुत-से लोग अभी माघ शुक्ल एकादशी वाली जन्मतिथि भूले नहीं थे। 'अपरा' में उनकी वही जन्मतिथि है और वही जन्म-संवत्, कोष्टकों में आगे लिखा है : 20 फरवरी, 1899। निराला का निधन होने पर 'कादम्बिनी' पत्रिका में उनका जन्म-संवत् और तिथि, अंग्रेज़ी तारीख और साल के साथ वही छपी जो 'अपरा' में दी हुई है। 'कादम्बिनी' के सम्पादकीय कार्यालय का पता है : लीडर बिल्डिंग्स, इलाहाबाद; और 'अपरा' के प्रकाशक और मुद्रक हैं : लीडर प्रेस, इलाहाबाद। यह अनुमान असंगत न होगा कि 'कादम्बिनी' और 'अपरा' में सही जन्मतिथि और सही संवत् वाचस्पति पाठक के कारण हैं।

इस पुस्तक के पहले खंड में माघ शुक्ल 11, संवत् 1955, सन् 1899 ई. की 21 फरवरी है। 'अपरा' और 'कादम्बिनी' में यह तारीख 20 फरवरी दी हुई है। 21 फरवरी पुराने पंचांग देखकर डॉ. भगवानदास माहौर ने बताई थी। उनकी गणना सही है या 'अपरा' में दी हुई तारीख, यह मैं नहीं कह सकता। पर यह केवल पंचांग देखकर तिथि के अनुसार तारीख निश्चित करने का प्रश्न है। मुख्य बात है तिथि और संवत् की।

'कविता कौमुदी' में मनोहरादेवी की मृत्यु के समय निराला की आयु 20 वर्ष की बताई गई है। श्यामसुन्दर दास की पुस्तक में पत्नी की मृत्यु के समय निराला

की आयु 22 वर्ष है। 2 वर्ष जन्म-संवत् पीछे किया तो पत्नी की मृत्यु के समय आयु 22 वर्ष की होगी ही। पत्नी की मृत्यु सन् 1918 में हुई थी। इस वर्ष को बदलना असम्भव था। अत: आयु का अनुपात ही बदला जा सकता था। जब वह 1899 में पैदा हुए, तब 1918 में 20 साल के थे, और जब 1897 में पैदा हुए तब स्वभावत: 1918 में 22 साल के थे। पत्नी की मृत्यु के समय उनकी आयु के दो विवरण सिद्ध करते हैं कि निराला जन्म-संवत् को लेकर एक गाथा रच रहे थे और जन्म-संवत् बदलने पर जहाँ-जहाँ आवश्यक समझते थे, आयु-सम्बन्धी उल्लेखों में परिवर्तन करते जाते थे।

महिषादल के स्कूल में जब वह 13 सितम्बर, 1907 को आठवें दर्जे में भर्ती हुए, तब उनकी उम्र लिखाई गई 10 साल 8 महीने। कोई नहीं जानता कि बेटे को स्कूल में भर्ती कराने स्वयं पंडित रामसहाय तेवारी गए थे या किसी के साथ उसे भेजा था। असम्भव नहीं कि जिस आदमी के साथ सुर्जकुमार स्कूल भेजे गए, उसे उम्र तो बताई गई 8 साल 10 महीने, पर स्कूल पहुँचते-पहुँचते उसे याद रहा 10 साल 8 महीने। यदि रजिस्टर में लिखी उम्र सही मानी जाय, तो भी उनके जन्म का साल 1897 ठहरेगा, 1896 नहीं। 1897 की वसन्त पंचमी 6 फरवरी को थी और दिन शनिवार था, रविवार नहीं। (यह सब डॉ. भगवानदास माहौर द्वारा भेजी हुई गणना के आधार पर कह रहा हूँ।) निराला का जन्म इतवार को हुआ था, इसलिए सूरजकुमार कहलाए, यह धारणा महिषादल के रजिस्टर में दी हुई उम्र से प्रमाणित नहीं होती। अलबत्ता संवत् 1952 की वसन्त पंचमी रविवार को थी परन्तु निराला ने जन्म-सम्बन्धी जो सूचनाएँ रामनरेश त्रिपाठी और श्यामसुन्दर दास को दीं, उनमें कहीं संवत् 1952 नहीं है। महावीरप्रसाद द्विवेदी के नाम पत्र में निराला की आयु का उल्लेख और रामनरेश त्रिपाठी तथा मिश्रबन्धुओं को दिया हुआ जन्म-संवत्-सम्बन्धी विवरण महिषादल के स्कूल-रजिस्टर में दी हुई उम्र की अपेक्षा अधिक प्रामाणिक हैं।

निराला ने जीवन-सम्बन्धी विवरण देते हुए जनेऊ और ब्याह जैसी घटनाओं के समय अपनी जो आयु विभिन्न व्यक्तियों को बताई, वह एक-सी नहीं है। श्यामसुन्दर दास को उन्होंने जनेऊ के समय अपनी उम्र 9 साल बताई, मुझे 8 साल (18-2-43 का पत्र); ब्याह के समय श्यामसुन्दर दास को अपनी आयु 13 साल बताई, मुझे 14 साल। इस तरह का हेर-फेर किसी योजना के अनुसार नहीं है; उम्र उन्होंने अन्दाज़ से बताई, साल-दो साल का फेर आसानी से हो सकता है। किन्तु मनोहरादेवी की मृत्यु के समय उनका एक जगह बीस साल का होना और दूसरी जगह बाईस साल का होना दूसरे ढंग की हेराफेरी है और वह योजना के अनुसार है।

गंगाप्रसाद पांडेय ने 'महाप्राण निराला' (1949) में लिखा है कि 1896 ई. में वसन्त पंचमी के दिन निराला का जन्म हुआ। इस उल्लेख को आधार राहुल

सांकृत्यायन हैं। नन्ददुलारे वाजपेयी अधिक सतर्क थे। उन्होंने विक्रमी संवत् से 57 की संख्या घटाकर ईसवी सन् निकालना पर्याप्त नहीं समझा। 'कवि निराला' में लिखा है, इनका जन्म "माघ शुक्ल एकादशी सम्वत् 1953; जनवरी, सन् 1897 को हुआ था।"

बच्चनसिंह ने 1947 में लिखी हुई निराला पर अपनी पुस्तक में, और 1946 में लिखी हुई अपनी पुस्तक में मैंने, राहुल सांकृत्यायन के आधार पर वसन्त पंचमी, संवत् 1953 को निराला का जन्म माना है। विश्वम्भर मानव ने 'काव्य का देवता निराला' (1963) में जन्म का साल 1896 ई. मानते हुए पाद-टिप्पणी में लिखा है : "बाबू श्यामसुन्दर दास ने इनके जन्म की तिथि माघ शुक्ल 11, सम्वत् 1953 मानी है, जो ठीक प्रतीत होती है।" मानव जी ने ई. सन् राहुल जी से लिया है, किन्तु वसन्त पंचमी वाली बात स्वीकार नहीं की। जानकीवल्लभ शास्त्री ने 'महाकवि निराला' (1963) में निराला की जन्मतिथि 'वसन्त पंचमी, रविवार (वि. सं. 1955; 1896 ई.)' लिखी है। यहाँ दो स्रोतों से प्राप्त सन् और संवत् एक साथ बिठा दिये गए हैं। 'निराला के पत्र' पुस्तक की भूमिका में शास्त्री जी ने लिखा है : "प्राय: सन् '35 में प्रकाशित 'हमारे साहित्य निर्माता' नामक अपने अत्यन्त लोकप्रिय ग्रंथ में छायावाद के सबसे सहृदय समीक्षक श्री शान्तिप्रिय जी द्विवेदी ने निराला का जन्म संवत् 1955 और रचनाकाल का प्रारम्भ संवत् 1972 में बताया है।" (पृ. 57) शास्त्री जी के संवत् का आधार शान्तिप्रिय द्विवेदी हैं और सन् का आधार राहुल सांकृत्यायन।

नन्ददुलारे वाजपेयी पहले व्यक्ति हैं जिन्होंने इस बात की ओर ध्यान दिया कि जन्मतिथि बदलने का क्रम स्वयं निराला का है और इसका सम्बन्ध उनकी मानसिक स्थिति से है। 'कवि निराला' पुस्तक के परिशिष्ट में उन्होंने लिखा है : "कुछ वर्षों के अनन्तर जब कवि की मानसिक स्थिति कुछ डाँवाँडोल रहने लगी, तब उन्होंने ही यह तिथि बदलकर माघ शुक्ल वसन्त पंचमी को अपनी जन्मतिथि बताया।"

यह पुस्तक 1965 ई. में प्रकाशित हुई थी। वाजपेयी जी उन विरले आलोचकों में से थे जो साहित्य-क्षेत्र में निराला के विरोधियों को करारा उत्तर देते हुए निराला की स्वरचित गाथाओं से अपने मन को अभिभूत न होने देते थे। सबसे पहले अपने विवेक से उन्होंने पहचाना कि अपनी डाँवाँडोल मानसिक स्थिति के कारण निराला अपनी जन्मतिथि में कुछ हेर-फेर कर रहे हैं। वाजपेयी जी के सामने निराला को लिखे हुए रामनरेश त्रिपाठी के पत्र न थे। उन्हें इस बात की जानकारी न थी कि अपने जीवन से सम्बन्धित विवरण 'कविता कौमुदी' के लिए निराला ने ही भेजा था। इससे छह वर्ष पूर्व निराला ने महावीरप्रसाद द्विवेदी को अपनी उम्र के बारे में जो कुछ लिखा था, उसकी जानकारी भी उन्हें नहीं थी। इसलिए उनका यह लिखना बहुत स्वाभाविक था कि "प्राप्त प्रमाणों में डॉ. श्यामसुन्दर दास की पुस्तक 'हिन्दी

के निर्माता' की तिथि तथ्यपूर्ण कही जा सकती है।" संवत् के बारे में उन्हें पूर्ण निश्चय नहीं था पर जन्मतिथि के बारे में उन्हें कोई दुविधा नहीं थी कि निराला ने एकादशी बदलकर पंचमी की है।

जन्म-संवत् और तिथि के बारे में 'कविता कौमुदी' और 'हिन्दी के निर्माता' में दिये हुए विवरण भिन्न हैं और इनमें न जाने कौन सही है, इस समस्या का विवेचन करते हुए 14 अक्तूबर, 1962 के 'साप्ताहिक हिन्दुस्तान' में डॉ. शिवगोपाल मिश्र का महत्त्वपूर्ण लेख 'निराला-सम्बन्धी कतिपय भ्रामक तथ्य' छपा था। इस लेख में वसन्त पंचमी को निराला का जन्म-दिवस मनाने के चलन का उल्लेख करते हुए उन्होंने लिखा था : "वह स्वयं भी इस तिथि को मान्यता प्रदान करते रहे हैं, परन्तु कभी-कभी वह यह भी कह दिया करते थे कि वसन्त पंचमी मेरा नहीं, सरस्वती पूजन का दिन है।" शिवगोपाल मिश्र को जन्मतिथि बदलने के बारे में उस तरह निश्चय नहीं है जिस तरह वाजपेयी जी को, किन्तु इस हेर-फेर की तरफ ध्यान उनका भी गया था और वाजपेयी जी से पहले गया था। निराला पर मेरी पहली पुस्तक तथा डॉ. बच्चन सिंह और राहुल सांकृत्यायन के उल्लेखों का हवाला देने के बाद लिखा है : "माघ सुदी 11 कहाँ से और किस प्रकार उपलब्ध हुई, कहना कठिन है...श्यामसुन्दर दास जी ने माघ सुदी 11 को जन्मतिथि स्वीकार करते हुए जन्म सम्वत् में दो वर्षों का हेर-फेर कैसे कर दिया, यह विचारणीय है...दूसरे वर्ग के लेखक निराला जी की जन्मतिथि वसन्त पंचमी के दिन मानते हैं। इसका आधार समझ में नहीं आता।"

रामनरेश त्रिपाठी ने जन्म का जो संवत् और जो तिथि दी है, उनका आधार निराला का दिया हुआ विवरण है। दो वर्षों का हेर-फेर श्यामसुन्दर दास ने नहीं किया, उसका आधार भी निराला हैं। फिर तिथि बदलकर वसन्त पंचमी को जन्मदिवस मनाने का आधार भी निराला हैं।

वसन्त पंचमी को जन्मदिवस मनाने की प्रेरणा निराला को दुलारेलाल भार्गव से मिली।

प्रकाशक होने के अलावा दुलारेलाल भार्गव कवि भी थे और इनका जन्म वसन्त पंचमी को हुआ था। निराला ने जब 'सुधा' में काम करना शुरू किया, तब इनका जन्मदिवस वसन्त पंचमी को मनाया गया और उस दिन वृन्दावनलाल वर्मा के उपन्यास 'गढ़ कुंडार' का प्रकाशन हुआ। उस समय विद्वानों की सभा में निराला ने अपना लिखित भाषण पढ़ा जो 'गढ़ कुंडार' की भूमिका के रूप में प्रकाशित है। निराला यहाँ कहते हैं : "श्री दुलारेलाल जी का जन्म हुआ था वसन्त पंचमी को, उनके विवाह की वह अमूल्य स्मृति भी उन्हें मिली वसन्त पंचमी की रात, गंगा पुस्तकमाला का प्रकाशन आरम्भ हुआ वसन्त पंचमी के दिन, और आज इस माला के 108वें जप-पुष्प की पूर्णता भी होती है वसन्त पंचमी को।" ('राम की शक्तिपूजा' में 108 कमल पुष्प चढ़ाकर जप पूरा करने का पूर्वाभास!)

वसन्त पंचमी का ऐसा उजागर महत्त्व किसी युग प्रवर्तक कवि के जीवन में होना चाहिए था, न कि मूलत: व्यवसायी किसी प्रकाशक-लेखक के जीवन में। निराला ने इस समय दुलारेलाल भार्गव से कहा था कि वह भी अपना जन्मदिन वसन्त पंचमी को मनाएँगे। यह बात मुझे दुलारेलाल भार्गव ने बताई थी।

'गढ़ कुंडार' की उस भूमिका में निराला की कही हुई कुछ अन्य बातें ध्यान देने योग्य हैं :

(1) "श्रीयुत दुलारेलाल जी ने उस 16 वर्ष की छोटी ही सी अवस्था में अपनी जातीय महासभा की मुख पत्रिका का सम्पादन भार उठा लिया, और इस तरह हिन्दी की सेवा के लिए दत्तचित्त हो गए।" इसी उम्र में निराला को 'जुही की कली' का लेखक होना चाहिए।

(2) "मित्रवर पं. दुलारेलाल जी के जीवन की धारा को, उनके परिवार में प्रचलित प्रथा के प्रतिकूल उर्दू से हिन्दी की तरफ बहाने का श्रेय एकमात्र उनकी धर्मपत्नी स्वर्गीया श्रीमती गंगादेवी को है।...हिन्दी बहुत अच्छी जानती थीं...उन्हें संगीत का भी ज्ञान था...छोटी अवस्था में ही श्रीयुत दुलारेलाल जी के साथ इनका शुभ विवाह विपुल आयोजन तथा उत्साह के साथ हुआ...स्वर्गीया सौभाग्यवती श्री गंगादेवी ने, यहाँ इस उर्दू के अजेय दुर्ग में आकर देखा, लखनऊ हिन्दी के प्रेम से रहित है...अपने पति के हृदय में हिन्दी की आशा की लता अपने सुकुमार प्रयत्नों से उन्होंने रोपित कर दी।" मनोहरादेवी से गंगादेवी के जीवन और गुणों का साम्य बहुत ही स्पष्ट है। कम उम्र में ब्याह होना साधारण बात है, विवाह के बाद पति का विधुर होना भी साधारण बात है किन्तु हिन्दी का ज्ञान और उससे इतना प्रेम कि पति के हिन्दी-शून्य हृदय में नारी उसका अमर बीज डाल दे, यह बात असाधारण है। साहित्य के साथ गंगादेवी को संगीत का भी ज्ञान था और इन गुणों के साथ उन्हें ईश्वर प्रदत्त "अपार सौन्दर्य मिला था।" दूसरी मनोहरादेवी ही थीं।

(3) "तिरोधान के पश्चात् अपने पति की आभा में मिलित होकर यह हिन्दी का इतना बड़ा उपकार करेंगी, यह किसी को पहले स्वप्न में भी मालूम न था।" ये पंक्तियाँ 'गीतिका' के समर्पण की याद दिलाती हैं। मनोहरादेवी की हिन्दी के प्रकाश से, प्रथम परिचय के समय, निराला आँखें नहीं मिला सके, हीन-हिन्दी प्रान्त में हिन्दी की शिक्षा का संकल्प किया और हिन्दी सीखी, उनका स्वर निराला के (संगीत) स्वर को परास्त करता था, और उन्होंने अन्त में अदृश्य होकर मुझसे मेरी पूर्ण परिणीता की तरह मिलकर मेरे जड़ हाथ को अपने चेतन हाथ से उठाकर दिव्य शृंगार की पूर्ति की।" दुलारेलाल भार्गव ने अपनी पुस्तक 'हृदय-तरंग' 'अपनी प्राणाधिक स्वर्गीया सहधर्मिणी को' उनकी उस प्रेरणा की याद दिलाते हुए समर्पित की। ठीक यही कार्य निराला ने 'गीतिका' के समर्पण में किया। और ये सभी देवियाँ अन्तर्धान होने से पहले अपनी दिव्य ज्योति पुरुष के शरीर में मिला देती हैं—राम के वदन में लीन होनेवाली शक्ति के समान!

इतना सब साम्य होने के बाद दुलारेलाल का जन्म वसन्त पंचमी को हो और सरस्वती के वरद पुत्र निराला का न हो, यह बात समझ में आनेवाली न थी।

इससे मिलते-जुलते परिवर्तन दो-एक और हैं। 'सुकुल की बीवी' कहानी सितम्बर, सन् '37 की 'सुधा' में प्रकाशित हुई थी। इसमें एंट्रेस परीक्षा में फेल होने का कारण यह लिखा है : "गणित की नीरस कापी को पद्माकर के चुहचुहाते कबित्तों से मैंने सरस कर दिया है।" 4 साल बाद उन्होंने श्याम सुन्दर दास को जो सूचना दी, उसके अनुसार "प्रवेशिका की परीक्षा देने गए। उस समय पिता पर फालिज का आक्रमण हुआ, इससे लौट आए। परीक्षा में उत्तीर्ण नहीं हो सके।" लकवे की बात उन्होंने राहुल जी से भी कही किन्तु परीक्षा में फेल होने का कारण यह बताया कि एक पर्चे में शामिल न हुए थे।

यदि प्रवेशिका परीक्षा के समय पंडित रामसहाय पर फालिज का आक्रमण हुआ तो इसके बाद वह कम-से-कम 3-4 साल तक जीवित रहे और गाँव आने से पहले इस हालत में कुछ समय तक महिषादल में भी रहे होंगे। लकवे वाली बात का प्रमाण किसी स्रोत से नहीं मिला। महिषादल में यह जानकारी अवश्य मिली कि डॉ. क्षेत्रमोहन गुप्त ने उनका हार्निया का आपरेशन किया था। मुझे 'सुकुल की बीवी' में कही हुई बात ही सही मालूम होती है।

परीक्षा में असफल होने की चर्चा के बाद श्यामसुन्दर दास कहते हैं : "कुछ समय पीछे संस्कृत पढ़ना प्रारम्भ किया। इस समय संस्कृत में भी कुछ रचनाएँ कीं।" संस्कृत स्कूली जीवन समाप्त करने के बाद सीखी, यह बात विश्वसनीय है। हिन्दी पढ़ने के बारे में लिखा है : "नौ वर्ष की अवस्था में घर में साधारण हिन्दी सिखाई गई। घर वालों को तुलसीकृत रामायण पढ़कर सुनाते थे। इसके फलस्वरूप ब्रजभाषा, अवधी और बैसवाड़ी से मिली तुकबन्दियाँ भी किया करते थे।" यह उल्लेख भी सही है; जिस परिवेश में निराला का लालन-पालन हुआ, उसमें ऐसा होना बहुत स्वाभाविक था। निराला शुरू में हिन्दी में कविता करते थे; खड़ी बोली हिन्दी में नहीं किन्तु ब्रजभाषा और अवधी में, या दोनों के मिले हुए रूप में। उन्हें कविता लिखने की प्रेरणा तुलसीकृत रामायण से मिली, बँगला कविता से उनका परिचय बाद को हुआ।

बँगला के बारे में लिखा है : "जब आप स्कूल में पढ़ते थे तभी से कविता करने लगे थे। उस समय बँगला में कविता लिखते थे।" इस बात को घर में हिन्दी सिखाये जाने और ब्रजभाषा अवधी में प्रारम्भिक तुकबन्दियाँ करने के सन्दर्भ में पढ़ना चाहिए। "खड़ी बोली सबके अन्त में अपने परिश्रम से सीखी"—यह बात इसी रूप में सार्थक है कि खड़ी बोली में गद्य-पद्य रचना का अभ्यास बाद में किया।

श्यामसुन्दर दास के विवरण के अनुसार : "पहला लेख हिन्दी और बँगला के सम्बन्ध में 1919 ई. की 'सरस्वती' में पं. महावीरप्रसाद द्विवेदी के सम्पादन में निकला।" श्यामसुन्दर दास यदि स्वयं तथ्य संग्रह करते तो 1920 की जगह 1919 कभी न लिखते। उन्हें जो विवरण निराला ने भेजा था, उसे उन्होंने ज्यों-का-त्यों

स्वीकार किया था। (इस तरह की भूलें मुझसे भी हुई हैं।) निराला का लेख 1920 में छपा था और उस समय 'सरस्वती' के सम्पादक महावीरप्रसाद द्विवेदी न थे यद्यपि निराला ने अपना लेख उन्हीं के पास भेजा था। स्पष्ट है कि निराला ने जहाँ जो कुछ अपने बारे में लिखा है, उसे आँख मूँदकर स्वीकार न कर लेना चाहिए।

3. मुक्तछन्द और उसका सृजन काल

जानकीवल्लभ शास्त्री ने 'निराला के पत्र' की भूमिका में लिखा है : "अब निराला तो रहे नहीं, मैं किससे कहलाऊँ कि सन् '16 में 'जुही की कली' लिखे जाने की बात उन्हीं ने बताई थी; कि अकेले मैं ही नहीं, मेरी तरह कितने ही दूसरे भी दिग्भ्रान्त (!) हुए हैं।" (पृ. 56) किसी से कहलाने की ज़रूरत नहीं है, मैं पूरी तरह विश्वास करता हूँ कि निराला ने उनसे 'जुही की कली' का रचनाकाल 1916 बताया होगा। उनके द्वारा सम्पादित 'महाकवि निराला' पुस्तक 1963 में प्रकाशित हुई थी। इससे 14 साल पहले 1949 में प्रकाशित गंगाप्रसाद पांडेय की पुस्तक 'महाप्राण निराला' में ऐसा ही उल्लेख है। " 'जुही की कली' निराला ने सन् '16 में लिखी थी, (पृ. 46) और पांडेय जी की पुस्तक प्रकाशित होने से 18 वर्ष पहले 1931 में नन्ददुलारे वाजपेयी को निराला ने लिखा था कि 'अधिवास' कविता मेरे पास 1916 की लिखी हुई पड़ी थी;" (नन्ददुलारे वाजपेयी, 'कवि निराला', वाणी वितान प्रकाशन, वाराणसी, 1965, पृ. 30) और इससे पहले 'पन्तजी और पल्लव' लेख में उन्होंने सूचित किया था : "गुप्त जी द्वारा किया गया 'वीरांगना' काव्य का अनुवाद जिन दिनों 'सरस्वती' में निकल रहा था, उन दिनों इस अमित्र छन्द की सृष्टि मैं कर चुका था—मैं कर क्यों चुका था, भाव के आवेश में 'जुही की कली' उन दिनों मेरी कापी में खिल चुकी थी;" ('प्रबन्ध पद्म', गंगा ग्रंथागार, लखनऊ, संवत् 1991, पृ. 64) और इससे लगभग एक वर्ष पहले वह रामनरेश त्रिपाठी को सूचित कर चुके थे कि उनका रचनाकाल संवत् 1972 से शुरू हुआ था, उसी के आधार पर रामनरेश त्रिपाठी ने उनके परिचय में लिखा था : "इनकी कविता का रचनाकाल सं. 1972 से प्रारम्भ होता है। 'जुही की कली' और 'अधिवास' इनकी पहली रचनाएँ हैं ।" ('कविता कौमुदी', दूसरा भाग, तीसरा संस्करण, फाल्गुन, 1983, पृ. 593)

इससे पहले 'जुही की कली' या 'अधिवास' के रचनाकाल का उल्लेख नहीं मिलता। ये सारे उल्लेख 'पल्लव' के प्रकाशन के बाद के हैं और 'पल्लव' में पन्त जी ने कविताओं के साथ जो समय दिया है, उससे संवत् 1972 में निराला के रचनाकाल के आरम्भ होने का गहरा सम्बन्ध है। 'कविता कौमुदी' के तीसरे संस्करण में प्रकाशन का महीना फाल्गुन है, और सम्वत् 1983। इस 83 में से 57 घटाने पर 26 बचते हैं पर इससे यह न समझना चाहिए कि 'कविता कौमुदी' का यह संस्करण 1926 में प्रकाशित हुआ था। 1926 के अन्त में रामनरेश त्रिपाठी अभी निराला से कविताएँ और उनका जीवन-परिचय माँग रहे थे और इसकी प्राप्ति उन्हें 1927 के आरम्भ में

हुई। 'कविता कौमुदी' में निराला का जीवन-परिचय 'पल्लव' के प्रकाशन के बाद भेजा गया और छपा है, यह याद रखना चाहिए। 'पल्लव' के अलावा निराला को इस बात का ध्यान रखना था कि पन्त से पहले और किन लोगों ने अतुकान्त छन्द में रचनाएँ की हैं। नन्ददुलारे वाजपेयी को ऊपर उद्धृत पत्र में उन्होंने यह भी लिखा था : "गुरुजी का 'ब्लैंक वर्स' 'वीरांगना' काव्य भी पन्त जी की सृष्टियों से पहले 'सरस्वती' में निकला ।" ('कवि निराला', पृ. 30) 'वीरांगना' काव्य का उल्लेख उन्होंने 'पन्त जी और पल्लव' लेख में भी किया।

मैथिलीशरण गुप्त ने 'वीरांगना' काव्य का जो अनुवाद किया, वह 1919 में प्रकाशित हो रहा था। उस वर्ष की 'सरस्वती' के फरवरी मास में 'अर्जुन के प्रति द्रौपदी' वाली कविता छपी। अगस्त की संख्या में 'दुर्योधन के प्रति भानुमती' कविता छपी। 1916 में गुप्त जी ने 'वीरांगना' का अनुवाद न किया था।

निराला ने 1916 का साल क्यों चुना? सम्भव है, उन्हें यही याद रहा हो कि 'वीरांगना' का अनुवाद 1916 में प्रकाशित हुआ था। 'जुही की कली' उन्होंने महावीरप्रसाद द्विवेदी के पास नहीं भेजी थी, इसका प्रमाण तो 1920 में लिखा हुआ द्विवेदी जी के नाम उनका पहला पत्र है। इससे पहले द्विवेदी जी से उनका कोई पत्र-व्यवहार न हुआ था। इस पत्र के साथ उन्होंने जो लेख भेजा था, उसमें उसी वर्णिक छन्द को कविता के लिए अनुपयुक्त बताया गया है जिसमें 'जुही की कली' लिखी गई है। इसलिए यह मानने का कोई कारण नहीं कि 'जुही की कली' उन्होंने 1916 में लिखी थी।

मान लीजिए, उन्होंने यह कविता 1916 में ही लिखी, उस समय उनकी उम्र क्या थी? 'पन्त जी और पल्लव' में हिन्दी और बँगला नाटक देखने और नटों के अस्वाभाविक उच्चारण की चर्चा के बाद उन्होंने लिखा था : "उस समय मैं 16-17 से अधिक न था। कल्पना की सुदूर भूमि में हिन्दी के अभिनय की सफलता पर विचार करते हुए, बोलते हुए, पाठ खेलते हुए, जिस छन्द की सृष्टि हुई, वह यही है।" ('प्रबन्ध पद्म', पृ. 97) यदि 'जुही की कली' उन्होंने 1916 में लिखी, और उस समय वह 16-17 साल से ज़्यादा न थे, तो उनका जन्म किस वर्ष में हुआ? तब उनका जन्म 1900 या 1899 में हुआ, इससे पहले नहीं। जो लोग निराला के कहने से यह मान लेते हैं कि 'जुही की कली' 1916 में लिखी गई थी, वे यह भी मान लें कि उस समय वह 16-17 साल से ज़्यादा के नहीं थे और उनका जन्म 1899 या 1900 में हुआ था। ऐसा नहीं हो सकता कि 'जुही की कली' 1916 में लिखी जाय, उस समय कवि की उम्र 16-17 साल हो, और उसका जन्म 1896 में हुआ हो। न 1897 को ही उनके जन्म का साल माना जा सकता है।

निराला ने अपने बारे में जो गाथा रची, उसकी कई मंज़िलें थीं। पहली मंज़िल की शुरुआत रचनाकाल को पीछे ठेलने से हुई। इस मंज़िल में जन्म-संवत् अपनी जगह स्थिर रहा।

दूसरी मंज़िल में उन्होंने जन्म का संवत् दो साल पीछे किया, जिसका उल्लेख श्यामसुन्दर दास की पुस्तक में है। तीसरी मंज़िल में उन्होंने जन्मतिथि भी बदल दी और उसे वसन्त पंचमी कर दिया। इसके बाद रविवार को जन्म होने के कारण सूरज कुमार नाम रक्खा गया, यह बात उन्होंने स्वयं इस गाथा में जोड़ी या दूसरों ने उसे जोड़ा, मैं नहीं कह सकता।

छायावाद के अभ्युदय काल में अतुकान्त छन्द की बड़ी महिमा थी और किसने सबसे पहले इसका व्यवहार करके युग-प्रवर्तन किया, यह बड़ा महत्त्वपूर्ण प्रश्न था। इसी कारण 'उच्छ्वास' के लेखक सुमित्रानन्दन पन्त ने 'पल्लव' की भूमिका में निराला के मुक्त छन्द की आलोचना की, इसीलिए उस भूमिका की आलोचना करते हुए निराला ने पन्त से ही नहीं, मैथिलीशरण गुप्त से भी पहले स्वयं अतुकान्त छन्द लिखने का दावा किया। यहाँ एक नाम छूटा जा रहा था, जयशंकर प्रसाद का। इनकी कविता 'महाराणा का महत्त्व' 'इन्दु' में, जून, 1914 में प्रकाशित हुई थी। यह उल्लेख कविता के पुस्तक रूप में छपने पर प्रकाशक के 'कथन' में है। और इससे पहले जनवरी, 1912 की 'सरस्वती' में गिरिधर शर्मा की कविता 'एक भावना' अतुकान्त छन्द में है। मार्च, 1913 में रूपनारायण पांडेय की 'तिलांजलि', 'अन्त्यानुप्रासहीन पद्य' प्रकाशित हुआ था। दरअसल 'सरस्वती' का सम्पादन-भार लेने से भी पहले महावीरप्रसाद द्विवेदी ने अतुकान्त छन्दों के व्यवहार की आवश्यकता पर ज़ोर देना शुरू कर दिया था। जब 'सरस्वती' के सम्पादक श्यामसुन्दर दास थे, तब जुलाई, सन् 1901 की संख्या में महावीरप्रसाद द्विवेदी का 'कवि कर्तव्य' लेख छपा था।

द्विवेदी जी का यह लेख ऐतिहासिक महत्त्व का है। इसमें ब्रजभाषा की जगह कविता में खड़ी बोली के व्यवहार पर ज़ोर देने के साथ-साथ उन्होंने नई तरह के छन्द लिखने पर भी ज़ोर दिया। अन्त्यानुप्रासहीन कविता के बारे में लिखा : "हमारा यह मत है कि पादान्त में अनुप्रासहीन छन्द भी भाषा में लिखे जाने चाहिए। इस प्रकार के छन्द जब संस्कृत, अंग्रेज़ी और बँगला में विद्यमान हैं, तब कोई कारण नहीं, कि हमारी भाषा में वे न लिखे जावें।...अनुप्रासयुक्त पादान्त सुनते-सुनते हमारे कान उस प्रकार की पंक्तियों के पक्षपाती हो गए हैं। इसीलिए अनुप्रासहीन रचना अच्छी नहीं लगती। बिना तुक वाली कविता के लिखने अथवा सुनने का अभ्यास होते ही वह भी अच्छी लगने लगैगी; इसमें कोई सन्देह नहीं। अनुप्रास और यमक आदि शब्दाडम्बर कविता के आधार नहीं हैं जो उसके न होने से कविता निर्जीव हो जावै या उसे कोई अपरिमेय हानि पहुँचै। कविता का अच्छा और बुरा होना विशेषत: अच्छे अर्थ और रस बाहुल्य पर अवलम्बित है। परन्तु अनुप्रासों के ढूँढ़ने का प्रयास उठाने में समर्पक शब्द न मिलने से अर्थांश की हानि हो जाया करती है जिससे कविता की चारुता नष्ट हो जाती है। अनुप्रासों का विचार न करने से कविता लिखने में सुकरता भी होती है और मनोऽभिलषित अर्थ को व्यक्त करने

में विशेष कठिनाई भी नहीं पड़ती। अतएव पादान्त में अनुप्रासहीन छन्द भाषा में लिखे जाने की बड़ी आवश्यकता है।"

परम्परावादी लोग अतुकान्त कविता पसन्द न करेंगे पर धीरे-धीरे लोकरुचि बदलेगी, यह विश्वास प्रकट करते हुए रूढ़ियों के विरोध में द्विवेदी जी ने लिखा था : "किसी भी प्रचलित परिपाटी का क्रम भंग होता देख प्राचीनों के पक्षपाती बिगड़ खड़े होते हैं और नवीन संशोधन के विषय में नाना प्रकार की कुचेष्टा और दोषोद्भावना करने लगते हैं। हमको आशंका है कि इस विषय में भी किसी-किसी का मत हमारे मत के प्रतिकूल होगा। परन्तु कुछ दिनों में हमारे प्रतिपक्षियों को इस नवीन सूचना की उपयोगिता स्वीकार करके, अपने मत को उन्हें अवश्यमेव भ्रान्तिमूलक मानना पड़ैगा, इसका हमको दृढ़ विश्वास है।"

बँगला में माइकेल मधुसूदन दत्त ने 'वीरांगना' और 'मेघनाद वध' जैसे काव्य अतुकान्त छन्द में लिखे थे। पहले इनका भी विरोध हुआ था। द्विवेदी जी इस तथ्य से परिचित थे। मधुसूदन दत्त उनके प्रिय कवि थे। जुलाई और अगस्त, 1903 की 'सरस्वती' में माइकेल मधुसूदन दत्त पर उनका लम्बा लेख छपा था। इस लेख में अपने प्रिय विषय अतुकान्त छन्द की चर्चा करते हुए उन्होंने लिखा था : "मधुसूदन के समय तक बँगला में अमित्राक्षर छन्द नहीं लिखे जाते थे। हमारे दोहा, चौपाई, छप्पय और घनाक्षरी आदि के समान उसमें विशेष करके पयार, त्रिपदी और चतुष्पदी आदिक ही छन्द प्रयोग किये जाते थे। लोगों का यह अनुमान था कि बँगला में अमित्राक्षर छन्द हो ही नहीं सकते। इस बात को माइकेल ने निर्मूल सिद्ध कर दिया।"

जैसे भारतेन्दु हरिश्चन्द्र ध्यान रखते थे कि पड़ोसी प्रदेश बंगाल में क्या हो रहा है, उसी तरह महावीरप्रसाद द्विवेदी वहाँ की साहित्यिक गतिविधि पर नज़र रखते थे। अपने दरबे में बन्द रहकर बड़प्पन की डींग मारना उन्हें पसन्द न था। पड़ोसियों से सीखो; अंग्रेज़ी से ही नहीं, दूसरी भारतीय भाषाओं से भी सीखो, ऐसी उनकी नीति थी।

उसी निबन्ध में हिन्दी को लक्ष्य करके द्विवेदी जी ने लिखा : "जब इस प्रकार के छन्द बँगला में लिखे जा सकते हैं, और बड़ी योग्यता से लिखे जा सकते हैं, तब उनका हिन्दी में भी लिखा जाना सम्भव है। लिखनेवाला अच्छा और योग्य होना चाहिए।" अप्रैल, 1904 की 'सरस्वती' में रायदेवी प्रसाद की कविता 'मृत्युंजय' प्रकाशित हुई। रचना अतुकान्त है, छन्द गणात्मक है, भाषा ब्रज है :

विपुल घोर उपद्रव मृत्यु के
अकथ शोक भरे करुनामयी
निरखि के भव बीच चहूँ दिशा
विविध भाव हिये उपजें घने।

इसी छन्द में 'दिवस का अवसान समीप था' आदि 'प्रियप्रवास' का प्रसिद्ध प्रारम्भिक अंश लिखा गया था। जनवरी, 1912 की 'सरस्वती' में प्रकाशित गिरिधर शर्मा की कविता 'एक भावना' यों शुरू होती है :

प्यारे पंडित राज! क्यों बदन में फूले समाते नहीं?
क्यों सौन्दर्य अपूर्व दिव्य मुख पै छाया हुआ है महा?
आँखें क्यों विकसी हुई रसभरी देतीं दिखाई कहो?
क्यों मन्द-स्मित-ब्याज से अधर से माधुर्य जाता बहा?

मार्च, 1913 की 'सरस्वती' में प्रकाशित रूपनारायण पांडेय की 'तिलांजलि' मात्रिक छन्द में है :

चन्द्रिका-सदृश दमभर खिलकर, हा हन्त, हुईं अन्तर्हित यों।
कर हृदय हमारा अन्धकार, उठ गईं जगत् से दम भर में।
प्रियतमे, देवि, तुम तो अनन्त सौभाग्यशालिनी निश्चित हो।
बालक-वियोग-वेदना नहीं सह सकीं, गईं पीछे उसके॥

ऐसी रचनाएँ देखकर मैथिलीशरण गुप्त का महत्त्व समझ में आता है। ये रचनाएँ अतुकान्त होने के अलावा भाषा की दृष्टि से कम बेतुकी नहीं हैं। गुप्त जी की सबसे बड़ी सफलता यह है कि संस्कृत वृत्तों में लिखी हुई उनकी कविताएँ पढ़ते समय यह ध्यान नहीं रहता कि इनका छन्द गणात्मक है। पर वह अतुकान्त कविता लिखने से बचते थे।

द्विवेदी जी मैथिलीशरण गुप्त से अवश्य कहते रहे होंगे कि अतुकान्त छन्द में कविता लिखो। 'वीरांगना' की भूमिका में गुप्त जी ने लिखा है कि वह (गुप्त जी) मात्रिक छन्द में अनुवाद करने की बात सोच रहे थे पर तभी 'सरस्वती' में 'यात्री' नाम की कविता प्रकाशित हुई जिसमें घनाक्षरी के आधे हिस्से का प्रयोग किया गया था। गुप्त जी ने लिखा है, बँगला का "मूल छन्द चौदह अक्षर का होता है। यदि हिन्दी में उसी का प्रयोग किया जाता तो ठीक न होता। दो-एक कवियों ने उसमें हिन्दी कविता लिखी भी, पर वह प्रचलित न हो सका। बात यह है कि उच्चारण वैचित्र्य के कारण बँगला के ही अनुरूप उसका गठन है। ऐसी दशा में अनुवादक किसी मात्रिक छन्द का आश्रय लेने का विचार कर रहा था। इन्हीं दिनों 'सरस्वती' में यात्री' नाम की एक कविता प्रकाशित हुई। उसमें लेखक ने मिताक्षरी नाम देकर प्रसिद्ध घनाक्षरी छन्द के अर्द्धांश का स्वतंत्र रूप से प्रयोग किया था। घनाक्षरी या कबित्त का प्रयोग हिन्दी कवियों ने जिस ढंग से किया है, उसमें प्राय: एक विषय-वर्णन की एक ही छन्द में समाप्ति हो जाती है। धारावाहिक वर्णन उसमें शायद उतना अच्छा न मालूम हो। 'यात्री' नाम की कविता में जिस ढंग से उसका प्रयोग किया गया है, वह धारावाहिक वर्णन के लिए अच्छा जान पड़ता है।"

'मेघनाद वध' काव्य यों आरम्भ होता है :

सम्मुख समर में, अकाल में निहत हो,
शूर शिरोरत्न वीरबाहु, यमपुर को।
गया जब, कह तब देवि, सुधाभाषिणी!
किस वर वीर को निशाचर नरेन्द्र ने
करके वरण निज सेनापति-पद पै।
भेजा रण में था उस राघव के वैरी ने?

गुप्त जी के छन्द में हर पंक्ति की समाप्ति दीर्घ वर्ण से होती है। इससे छन्द का प्रवाह हर पंक्ति के बाद रुक जाता है और 10-5 पन्ने पढ़ने के बाद एकरसता से जी ऊबने लगता है। बँगला में छन्द की गति जहाँ धाराप्रवाह है, वहाँ हिन्दी में इस छन्द की गति रुद्ध-प्रवाह है। गुप्त जी की रचनाएँ देखने पर ही अच्छी तरह इस बात का ज्ञान होता है कि निराला ने अपने वर्णिक मुक्त छन्द में कितनी बड़ी सफलता प्राप्त की थी।

अतुकान्त कविता के लिए कौन-सा छन्द चुना जाय, यह समस्या जयशंकर प्रसाद के सामने भी थी। 'महाराणा का महत्त्व' के प्रकाशकीय 'कथन' में कहा गया है : "लेखक ने भिन्न तुकान्त कविता के लिए कई तरह के छन्दों से काम लिया है। उनमें से 21 मात्रा का छन्द, जो अरिल्ल नाम से प्रसिद्ध था, वही विरति के हेरफेर से प्रचलित किया हुआ अधिकांश कविताओं में व्यवहृत है। इस छन्द में भिन्न तुकान्त में, सबसे पहली कविता, लेखक की 'भरत' नाम की है। हर्ष की बात है कि इसी छन्द को भिन्न तुकान्त के लेखकों ने पसन्द किया है; और इसी छन्द में वे अपने विचार प्रकट करने लग गए हैं।...मार्च, 1913 में लेखक ने 'करुणालय' नाम का एक गीतिरूपक 'इन्दु' में लिखा था। यह देखकर और भी हर्ष होता है कि पंडित रूपनारायण पांडेय जैसे साहित्यिक ने हाल ही में 'तारा' नामक गीतिरूपक का इसी छन्द में अनुवाद करके उक्त मत की पुष्टि की है।"

छायावादी कवियों के लिए यह प्रश्न महत्त्वपूर्ण था कि अतुकान्त कविता के लिए कौन-सा छन्द उपयुक्त है और उसका चलन सबसे पहले किसने किया। शान्तिप्रिय द्विवेदी ने 'हमारे साहित्य निर्माता' में, प्रसाद पर लिखते हुए, अतुकान्त छन्द के प्रसंग में पन्त का स्मरण किया है। 'ग्रंथि' की भूमिका में पन्त ने लिखा था : "हिन्दी में रोला छन्द अन्त्यानुप्रास-हीन कविता के लिए विशेष उपयुक्त जान पड़ता है, उसकी साँसों में प्रशस्त जीवन तथा स्पन्दन मिलता है; उसके तुरही के समान स्वर से निर्जीव शब्द भी फड़क उठते हैं।"

सितम्बर, 1922 में पन्त ने 'उच्छ्वास' कविता लिखी। इसमें उन्होंने रोला छन्द का प्रयोग किया :

गरज, गगन के गान! गरज गम्भीर स्वरों में,
भर अपना सन्देश उरों में, औ' अधरों में;

बरस धरा में, बरस सरित गिरि, सर, सागर में,
हर मेरा सन्ताप, पाप जग का क्षण भर में।

यह रोला छन्द तो है पर अतुकान्त नहीं। यह स्थिति कुछ वैसी ही है, जैसी मैथिलीशरण गुप्त की, जिन्होंने 'मेघनाद वध' की भूमिका में अतुकान्त छन्द रचने पर काफी ज़ोर दिया और अन्त्यानुप्रास मिलाने की बड़ी निन्दा की पर कविता उसी पुराने ढर्रे पर की। उस भूमिका में गुप्त जी ने लिखा था : "सच तो यह है कि तुक एक कृत्रिमता है। जहाँ तक कानों का सम्बन्ध है, वह भले ही अच्छी मालूम हो; किन्तु हृदय हिला देनेवाली वस्तु दूसरी ही होती है। जो अतुकान्त कविता को 'बेतुकी' कहकर उसकी हँसी उड़ाते हैं, उन्हें याद रखना चाहिए कि वाल्मीकि, व्यास और कालिदास ने तुकबन्दी नहीं की। जब से शब्दालंकारों की ओर लोग झुक पड़े तब से कविता में कृत्रिमता और आडम्बर का समावेश हुआ।" इसे पढ़कर ऐसा लगता है कि गुप्त जी हिन्दी कविता को कृत्रिमता और आडम्बर से मुक्त करने ही वाले हैं और भविष्य में अतुकान्त कविता ही लिखेंगे। पर 'मेघनाद वध' की भूमिका में महावीरप्रसाद द्विवेदी के विचारों की प्रतिध्वनि है, गुप्त जी के अपने मन की बात उनकी पद्य-रचना से प्रकट होती है। इसी तरह पन्त जी ने 'ग्रंथि' की भूमिका में अतुकान्त कविता के बारे में लिखा : "अतुकान्त का सौन्दर्य-स्वरूप तब मेरे हृदय में प्रस्फुटित नहीं हो पाया था। अपने साहित्य में उन दिनों जैसा ढंग प्रचलित था, उसी के अनुरूप मैंने भी यह बेतुका लिवास पहना दिया। पर, हिन्दी में बड़ी ही मनोहर तथा परिपूर्ण, प्रासहीन सृष्टि हो सकती है।" यह मनोहर और परिपूर्ण सृष्टि 'पल्लव' या 'पल्लविनी' में देखने को नहीं मिली।

'पल्लव' के प्रकाशन से पहले 'मतवाला' में निराला की बहुत-सी रचनाएँ मुक्त छन्द में छपीं और उनसे जहाँ एक ओर निराला का विरोध हुआ, वहाँ दूसरी ओर बहुत-से लोगों के मन में यह विश्वास भी जम गया कि कविता में युगान्तर मुक्त छन्द लिखने से ही होता है। 'पल्लव' की भूमिका में पन्त ने 'उच्छ्वास' को स्वच्छन्द छन्द की रचना माना। 'सम्मेलन पत्रिका' में 'निगम' जी की प्रशंसा का उल्लेख करने के बाद उन्होंने कहा : "पर उस बामन ने, जो कि लोकप्रियता के रात-दिन घटने-बढ़ने वाले चाँद को पकड़ने के लिए बहुत छोटा था, कुछ ऐसी टाँगें फैला दीं कि आज, सौभाग्य अथवा दुर्भाग्यवश, हिन्दी में सर्वत्र 'स्वच्छन्द छन्द' ही की छटा दिखलाई पड़ती है।" इस कथन से 'महाराणा का महत्त्व' में दिये हुए प्रकाशक के 'कथन' की तुलना करनी चाहिए। प्रसाद ने अरिल्ल छन्द में अन्त्यानुप्रासहीन कविता लिखी और रूपनारायण पांडेय ने उसका अनुसरण किया, वैसी कविता लोकप्रिय हुई। इधर पन्त ने 'उच्छ्वास' कविता लिखी और उसके स्वच्छन्द छन्द की छटा अब सब जगह दिखाई देने लगी।

'उच्छ्वास' में अन्त्यानुप्रास का ध्यान तो रखा ही गया है, स्वच्छन्दता इतनी ही है कि कहीं रोला छन्द का व्यवहार किया गया है और कहीं उससे कम मात्राओं वाले छन्दों का, यथा :

मन्द, विद्युत् सा हँसकर,
बज्र सा उर में धँसकर,

अथवा कहीं पंक्तियाँ छोटी-बड़ी कर दी गई हैं :

जरा है आदरणीय;
सुखद यौवन! विलास उपवन रमणीय।

निराला ने वर्णिक मुक्त छन्द में जो कविताएँ लिखी थीं, उनकी गति पन्त जी को हिन्दी की प्रकृति के अनुकूल न जान पड़ी। मात्रिक छन्दों में निराला ने जो छोटी-बड़ी पंक्तियों वाली कविताएँ लिखी थीं, उन्हें उन्होंने हिन्दी के स्वभाव के अधिक अनुकूल पाया।

निराला के लिए यह आवश्यक हुआ कि एक ओर अपने वर्णिक छन्द को हिन्दी के उच्चारण-संगीत के अनुकूल सिद्ध करें, दूसरी ओर वह पन्त से पहले न केवल वर्णिक मुक्त छन्द के वरन् मात्रिक मुक्त छन्द के भी स्रष्टा बनें। इसीलिए 'अधिवास' और 'जुही की कली', दोनों उनके लिए 1916 की रचनाएँ हैं।

पर मुक्त छन्द से अधिक महत्त्वपूर्ण एक दूसरा प्रश्न सामने आ गया : वर्णप्रधान छन्द हिन्दी की प्रकृति के अनुकूल हैं या नहीं? हिन्दी में कबित्त छन्द को जो लोकप्रियता मिली, उसे सभी जानते हैं। दरअसल मात्रिक और वर्णिक छन्द, दोनों ही हिन्दी की प्रकृति के अनुकूल हैं। इन छन्दों के स्रोत बहुत पुराने हैं। रीतिवादियों के अलावा तुलसीदास जैसे भक्त कवि ने बहुत-से और अत्यन्त सुन्दर कबित्त लिखे हैं। 'कवितावली' में कबित्तों की प्रधानता है। इसके अलावा तुलसीदास ने 'गीतावली' और 'विनयपत्रिका' में वर्णिक छन्दों में गीत लिखे हैं। यह उनका साहसिक प्रयोग है क्योंकि उनसे पहले और बाद को मात्रिक छन्दों में ही गीत लिखे जाते रहे हैं। तुलसीदास के ये वर्णिक छन्द वाले गीत संस्कृत की तरह गणात्मक नहीं हैं वरन् बोलचाल के लहजे का ध्यान रखते हुए कबित्त की तरह मुक्त लय वाले हैं। गणात्मक छन्दों में प्रत्येक पंक्ति की लय एक-सी रहती है क्योंकि ह्रस्व-दीर्घ वर्गों का स्थान निश्चित रहता है। बोलचाल में इस तरह गणात्मक बन्धनों में कसी हुई भाषा के दर्शन नहीं होते। इसीलिए हिन्दी के वर्णिक छन्दों की तुलना में संस्कृत के गणात्मक छन्द कम-से-कम हिन्दी के लिए कृत्रिम हैं और उनका चलन हिन्दी में नहीं हुआ। पर इसके विपरीत मुक्त लय वाले कबित्त का प्रसार गाँव से लेकर राजमहलों तक हुआ।

मैथिलीशरण गुप्त ने 'वीरांगना' की भूमिका में बँगला के चौदह अक्षरों वाले पयार छन्द को हिन्दी के लिए अनुपयुक्त माना था। प्रसाद के 'चित्राधार' में 'सन्ध्यातारा' इसी छन्द में लिखी गई है :

संध्या के गगन महँ सुन्दर वरन।
को हौ झलकत तुम अमल रतन॥
तारा तुम तारा अति सुन्दर लखात।
तुम्हें देखिबे को नहिं आनँद समात॥

गुप्त जी ने अतुकान्त छन्द के लिए पन्द्रह अक्षरों की पंक्ति चुनी किन्तु वह भी सहज प्रवाह के लिए उपयुक्त सिद्ध न हुई। निराला को इस बात का श्रेय है कि उन्होंने अतुकान्त वर्णिक छन्द का यह रुद्ध प्रवाह तोड़कर अपने मुक्त छन्द को हिन्दी भाषण और वक्तृत्व कला के अनुरूप बनाया। मुक्त छन्द की विशेषता यह है कि वह "ध्वनि अथवा लय (rhythm) पर चलता है। जिस प्रकार जलौघ पहाड़ से निर्झर-नाद में उतरता, चढ़ाव में मन्द गति, उतार में क्षिप्रवेग धारण करता, आवश्यकतानुसार अपने किनारों को काटता-छाँटता, अपने लिए ऋजुकुंचित पथ बनाता हुआ आगे बढ़ता है, उसी प्रकार यह छन्द भी कल्पना तथा भावना के उत्थान-पतन, आवर्तन-विवर्तन के अनुरूप संकुचित प्रसारित होता सरल-तरल, ह्रस्व-दीर्घ गति बदलता रहता है।" ये शब्द पन्त जी के हैं। 'पल्लव' की भूमिका में वह स्वच्छन्द छन्द की विशेषताएँ बता रहे हैं। निराला के मुक्त छन्द का वर्णन करने के लिए ये शब्द बहुत ही उपयुक्त हैं।

यहाँ यह कहना आवश्यक है कि अंग्रेज़ी में मिल्टन, और मिल्टन से अधिक शेक्सपियर, नपी-तुली पंक्तियाँ कम, मुक्त छन्द ज़्यादा, लिखते हैं। छपी हुई पंक्तियाँ देखने से लगता है कि पंक्ति में छन्द-रचना के नियमों का ध्यान रखा गया है। किन्तु लय पर ध्यान दें तो विदित होगा कि पंक्तियाँ छोटी-बड़ी हैं यानी जहाँ लय के अनुसार रुकना पड़े, वहाँ आप समझें कि पंक्ति समाप्त हुई तो अंग्रेज़ी के ब्लैंक वर्स को फ्रीवर्स की तरह छापा जायगा। इसके अलावा लघु गुरु वर्णों का क्रम रखते हुए छन्द की जो लय निर्धारित है, उसका ध्यान न मिल्टन रखते हैं, न शेक्सपियर। उनके छन्द की लय मुक्त है। इनका ब्लैंक वर्स दरअसल मुक्त लय वाला मुक्त छन्द है। जैसे हिन्दी के वर्णिक छन्द गणात्मक बन्धनों से मुक्त हैं, वैसे ही शेक्सपियर का ब्लैंक वर्स यूनानी भाषा की आयम्बिक पद-रचना के बन्धनों से मुक्त है। हिन्दी में जिस कवि की रचना अपनी मुक्त लय और मुक्त प्रवाह के कारण शेक्सपियर और मिल्टन के ब्लैंक वर्स के सर्वाधिक निकट है, वह निराला है।

निराला ने मुक्त छन्द के समर्थन में बहुत कुछ वैसी ही बातें कहीं, जैसी 'पल्लव' की भूमिका में हैं। निराला ने अपने मुक्त छन्द के अलावा तुकान्त और बन्धनयुक्त छन्दों में भी काफी रचनाएँ कीं। एक दिलचस्प प्रयोग 'अनामिका' की

'नर्गिस' कविता है। 'वीरांगना' के अनुवाद से पहले 'यात्री' कविता में कबित्त छन्द का अर्द्धांश इस्तेमाल किया गया था किन्तु यह उत्तरांश था, पूर्वांश नहीं। उत्तरांश का नमूना गुप्त जी के अनुवाद में है, पूर्वांश का नमूना 'नर्गिस' में :

चैत्र का है कृष्ण पक्ष, चन्द्र तृतीया का आज
उग आया गगन में, ज्योत्स्ना तनु-शुभ्र-साज।
नन्दन की अप्सरा धरा को विनिर्जन जान
उतरी सभय करने को नैश गंगा-स्नान।

हिन्दी वर्ण वृत्त की पूर्ण गरिमा सोलह अक्षरों वाली पंक्ति में दिखाई देती है, चौदह या पन्द्रह अक्षरों वाली पंक्ति में नहीं। प्रसाद ने 'पेशोला की प्रतिध्वनि', 'शेरसिंह का शस्त्र समर्पण' और 'प्रलय की छाया, में वर्णिक मुक्त छन्द का प्रयोग किया है। जिस अरिल्ल छन्द को उन्होंने अतुकान्त कविता के लिए उपयुक्त समझा था, उसे उन्होंने मुक्त छन्द का आधार नहीं बनाया। निराला की तरह उन्होंने कबित्त छन्द को उसका आधार बनाया। शान्तिप्रिय द्विवेदी ने इन कविताओं के लिए 'हमारे साहित्य निर्माता' में लिखा था कि "वे निराला जी के अतुकान्त मुक्त छन्द के अनुसरण हैं।" निराला और प्रसाद के अतुकान्त मुक्त छन्दों का प्रवाह इस प्रकार एक है, कि मानो वे एक ही आत्मा से निकले हुए दो उद्गार हों!" यह बात बहुत कुछ सही है। और छायावाद के ज्येष्ठ कवि प्रसाद अपनी तीन लम्बी कविताओं में निराला का मुक्त छन्द अपनाएँ, यह उनके द्वारा निराला को बहुत बड़ा सम्मान देना था। जो लोग निराला के मुक्त छन्द को हिन्दी के उच्चारण-संगीत के विरुद्ध मानते थे, उन्हें प्रसाद ने अपने ढंग से उत्तर दिया था।

महावीरप्रसाद द्विवेदी बीसवीं सदी के आरम्भ से ही जिस तरह की अतुकान्त कविता के लिए निरन्तर प्रयत्न करते आए थे, उसका पूर्ण विकास निराला के मुक्त छन्द में हुआ। यह विकास देखकर उनका प्रसन्न होना अधिक स्वाभाविक था, न कि मुक्त छन्द में लिखी कविता देखकर उसे वापस कर देना। 'जुही की कली' उन्हें शृंगार रस के कारण भले नापसन्द होती पर उसके छन्द से वह क्यों असन्तुष्ट होते? दरअसल वह असन्तुष्ट नहीं हुए वरन् निराला की कविता 'पंचवटी प्रसंग' देखकर उन्होंने सम्मति दी थी : "हिन्दी वालों में 90 फीसदी इस छन्द को अच्छी तरह पढ़ भी न सकेंगे। पर चीज़ नई है। अगर इसका आदर हो तो आगे भी इसी छन्द में कुछ लिखिएगा। मुझे तो रचना ललित और भावपूर्ण जान पड़ती है।" महादेवप्रसाद सेठ ने 'अनामिका' की भूमिका में द्विवेदी जी की यह सम्मति उद्धृत की थी। उस समय, और बहुत दिनों बाद तक भी, निराला के मुक्त छन्द के पक्ष में इतना कहने को कोई तैयार न था। द्विवेदी जी को आशंका है कि लोग इसका विरोध करेंगे पर यदि छन्द का आदर हो तो निराला को उसमें आगे भी कुछ लिखना चाहिए। जहाँ तक स्वयं द्विवेदी जी का सम्बन्ध है, उन्हें रचना ललित और भावपूर्ण जान पड़ती

है। महावीरप्रसाद द्विवेदी, और कुछ दिन बाद जयशंकर प्रसाद, ये दो उच्च श्रेणी के साहित्यकार थे जिन्होंने निराला के मुक्त छन्द का समर्थन किया था। बाकी उच्च से लेकर मध्य और निम्न श्रेणियों तक के साहित्यकार ज़्यादातर उसके विरोध में ही उठ खड़े हुए थे। पर निराला ने यह कल्पना की कि द्विवेदी जी ने उनकी 'जुही की कली' वापस कर दी और उन्होंने उसे वापस करते हुए पत्र में लिखा : "आपके भाव अच्छे हैं, पर छन्द अच्छा नहीं। इस छन्द को बदल सकें, तो बदल दीजिए।" यानी द्विवेदी जी को 'जुही की कली' का शृंगार रस तो पसन्द था पर उसका मुक्त छन्द पसन्द न था यद्यपि 'पंचवटी प्रसंग' में इसी छन्द का प्रयोग देखकर वह निराला को लिख चुके थे, आगे भी इसी छन्द में कुछ लिखिएगा।

द्विवेदी जी ने मुक्त छन्द के प्रथम दर्शन 'पंचवटी प्रसंग' में किये, 'जुही की कली' में नहीं। निराला ने द्विवेदी जी को प्रथम पत्र 26 अगस्त, 1920 को लिखा, इससे पहले नहीं। द्विवेदी जी को उन्होंने अपनी जो पहली रचना प्रकाशन के लिए भेजी, वह कविता नहीं, 'बंग भाषा का उच्चारण' शीर्षक गद्य लेख था जो 'सरस्वती' में प्रकाशित भी हुआ। तब निराला ने यह कैसे लिखा कि द्विवेदी जी ने उनकी कविता वापस कर दी थी, वह भी छन्द के कारण?

एक अन्य कवि की पद्य-रचनाएँ द्विवेदी जी ने अवश्य अस्वीकृत की थीं। एक कविता 'विनय' (माँ! मेरे जीवन की हार) और 'अन्धकार के प्रति' (अब न अगोचर रहो सुजान!)। किनारे पेंसिल से द्विवेदी जी के हाथ का लिखा हुआ है Rjd (रिजेक्टेड) और नीचे तारीख है 22-1-20। इससे पहले 'सरस्वती' की दिसम्बर, 1919 की संख्या में पन्त की कविता 'स्वप्न' छप चुकी थी। अवश्य ही इसे द्विवेदी जी ने नहीं, 'सरस्वती' के अन्य सम्पादक देवीप्रसाद शुक्ल ने प्रकाशित किया होगा। शान्ति जोशी ने इस प्रसंग में ठीक लिखा है : " 'स्वप्न' कविता श्री देवीप्रसाद शुक्ल जी को भी बहुत अच्छी लगी जो उस समय 'सरस्वती' के सम्पादक तथा हिन्दू बोर्डिंग हाउस के वार्डन थे। उन्होंने अगले महीने ही, सम्भवत: दिसम्बर, '19 की 'सरस्वती' में, जो तब हिन्दी की प्रमुख साहित्यिक पत्रिका थी और जिसमें पन्त की एक बार रचना अस्वीकृत हो चुकी थी, उसे प्रकाशित कर दिया ।" (सुमित्रानन्दन पन्त, पृ. 145) पर इससे पहले 'गिरजे का घंटा' कविता के बारे में जो लिखा है कि मैथिलीशरण गुप्त ने उसे "सहज सौजन्यवश प्रशंसात्मक शब्द लिखकर उनके पास लौटा दिया। पन्त ने प्रोत्साहित होकर वह रचना 'सरस्वती' में प्रकाशनार्थ भेज दी। किन्तु 'सरस्वती' के सम्पादक श्री महावीरप्रसाद द्विवेदी जी ने गुप्त जी के हस्ताक्षर के नीचे 'अस्वीकृत, म.प्र. द्वि.' लिखकर रचना लौटा दी। यह सम्भवत: उनकी प्रथम और अन्तिम रचना थी जो किसी सम्पादक ने अस्वीकृत की थी ।" (उप., पृ. 94) यहाँ आखिरी बात सही नहीं है। जनवरी, 1920 में द्विवेदी जी ने पन्त जी की दो कविताएँ और अस्वीकृत कीं। वास्तव में द्विवेदी जी से टक्कर पन्त की हुई, निराला की नहीं। किन्तु निराला ने पन्त से जो

स्नेह-सम्बन्ध कायम कर रखा था, जिसने उनकी कल्पना में तादात्म्य का रूप ले लिया था, इसे आप स्मरण करें तो यह असम्भव न लगेगा कि जो टक्कर पन्त से हुई, उसे निराला ने अपने ऊपर ओढ़ लिया। तादात्म्य-भाव में वह बहुत गहरे डूबे हुए न होते तो द्विवेदी जी के जीवनकाल में वैसी बातें न लिखते, जैसी 'पन्त जी और पल्लव' में उन्होंने लिखी थीं।

इस तादात्म्य भाव में भिन्नता और स्पर्धा का भाव तिरोहित न हो गया था। निराला का स्नेह-सम्बन्ध कुछ विशिष्टाद्वैत जैसा था, विशुद्ध अद्वैत जैसा नहीं। पन्त की 'स्वप्न' कविता 'सरस्वती' में 1919 में प्रकाशित हुई थी। इसलिए 'बंग भाषा का उच्चारण' लेख भी 'सरस्वती' में 1919 में प्रकाशित हुआ यद्यपि उसे भेजा उन्होंने अगस्त, 1920 में था। 'सरस्वती' के अंक उठाकर कोई भी देख सकता था कि वह 1919 में न छपा था। पर गाथा रचते समय उन्हें इन छोटी-मोटी बातों पर ध्यान देने की फुरसत न रहती थी।

प्रतिभाशाली कवि नये ढंग की कविताएँ ही नहीं लिखते, मुक्त छन्द द्वारा साहित्य में युगान्तर ही उपस्थित नहीं करते, वे यह क्रिया अपनी किशोर-अवस्था में ही प्रारम्भ कर देते हैं। महत्त्वपूर्ण प्रश्न यही नहीं था कि मुक्त छन्द लिखना पहले किसने शुरू किया वरन् यह भी था कि पन्त या निराला जब छायावादी कविता लिखने लगे, तब उनकी उम्र क्या थी। 'पल्लव' में कविताओं के नीचे उनका रचनाकाल दिया है। इनमें सबसे पहले की रचनाएँ जनवरी, सन् 1918 की हैं। साबित हुआ कि पन्त जब सत्रह साल के थे, तब वह छायावादी कविताएँ लिखने लगे थे। अ: जब निराला ने कलकत्ते के नटों का अस्वाभाविक उच्चारण सुनकर 'जुही की कली' लिखी : "उस समय मैं 16-17 से अधिक न था।" इसके अलावा 'मतवाला' में उन्होंने पन्त पर जो लेख लिखा था, उसमें "पन्त जी की उम्र इस समय बाइस साल की है। आपका जन्म अल्मोड़ा प्रान्त में, 1902 ई. में, हुआ था।" इस हिसाब-किताब में उन्होंने पन्त जी की उम्र दो साल कम कर दी थी। 1918 में पन्त 16 साल के ही हुए। उसी हिसाब से उन्होंने रामनरेश त्रिपाठी को सूचित किया कि उन्होंने (निराला ने) कविताएँ लिखना संवत् 1972 से शुरू किया यानी जब वह सोलह-सत्रह साल के थे।

यहाँ द्विवेदी जी के सम्बन्ध में इतना कह देना और उचित होगा कि उन्होंने पन्त की ही नहीं, मैथिलीशरण गुप्त की कविताएँ भी अस्वीकृत की थीं। गुप्त जी ने द्विवेदी जी पर अपने निबन्ध में अपनी कविताओं के अनेक बार अस्वीकृत किये जाने की बात लिखी है। द्विवेदी जी का यह व्यवहार उन्हें बुरा लगा और उन्होंने उन्हें रोषपूर्ण पत्र भी लिखे। उनकी 'क्रोधाष्टक' रचना पढ़कर द्विवेदी जी ने उन्हें लिखा : "हम लोग सिद्ध कवि नहीं। बहुत परिश्रम और विचारपूर्वक लिखने से ही हमारे पद्य पढ़ने योग्य बन पाते हैं। आप दो बातों में से एक भी नहीं करना चाहते। कुछ भी लिखकर उसे छपा देना ही आपका उद्देश्य जान पड़ता है। आपने 'क्रोधाष्टक'

थोड़े ही समय में लिखा होगा परन्तु इसे ठीक करने में हमारे चार घंटे लग गए...इसे हम अवश्य 'सरस्वती' में छापेंगे, परन्तु आगे से आप 'सरस्वती' के लिए लिखना चाहें तो इधर-उधर अपनी कविताएँ छपाने का विचार छोड़ दीजिए। जिस कविता को हम चाहें, उसे छापेंगे। जिसे न चाहें, उसे न कहीं दूसरी जगह छपाइये, न किसी को दिखाइये। ताले में बन्द करके रखिये ।" ('द्विवेदी पत्रावली', पृ. 49) द्विवेदी जी से पन्त की टक्कर कविताएँ न छापने से शुरू हुई। फिर 'सरस्वती' में द्विवेदी जी ने 'सुकवि किंकर' के नाम से छायावादियों की जो आलोचना की, उसमें एक लक्ष्य पन्त थे। पन्त ने 'वीणा' की भूमिका में उसका उत्तर दिया। निराला ने 'पन्त जी और पल्लव' में महावीरप्रसाद द्विवेदी पर व्यंग्य किया : "खड़ी बोली की प्रथम कविता की स्वर्ण लंका को छायावाद के मलिनत्व के स्पर्श से बचाने के लिए 'सरस्वती' के सुकवि किंकर महाशय ने छायावाद के कवियों की लांगूलों में आग लगा दी है।" द्विवेदी जी से निराला की सीधी टक्कर न हुई थी। जो कुछ असन्तोष था, वह पदुमलाल पुन्नालाल बख्शी की नीति के कारण। वह पन्त की कविताएँ छापते थे, निराला की नहीं, पर इसके लिए द्विवेदी जी उत्तरदायी न थे। उन्हें पन्त की कविताएँ पसन्द न थीं जैसाकि सुकवि किंकर के लेख से स्पष्ट है। जहाँ तक निराला के मुक्त छन्द का सम्बन्ध है, वह द्विवेदी जी को तो पसन्द था ही, उनके विशिष्ट कवि मैथिलीशरण गुप्त को भी पसन्द था और इसका उल्लेख द्विवेदी जी को लिखे हुए निराला के 27-10-23 के पत्र में है, और 'पन्त जी और पल्लव' लेख में है।

छायावाद का प्रवर्तन किसने किया, अतुकान्त छन्द पहले किसने लिखा, वर्णिक और मात्रिक छन्दों की सृष्टि किसने की, छायावादी कवियों में सबसे कम उम्र में सबसे बढ़िया कविताएँ किसने लिखीं—इन सारे प्रश्नों का समाधान एक ही बात से हो जाता था : निराला ने 'जुही की कली' और 'अधिवास' कविताएँ संवत् 1972 (या सन् 1916) में लिखीं जब वह 16-17 साल से ज़्यादा के न थे। पन्त के विकास में बाधक हुए महावीरप्रसाद द्विवेदी, फिर निराला के विकास में वह बाधक क्यों न होते?

4. निराला के पत्र और जानकीवल्लभ शास्त्री

यहाँ जानकीवल्लभ शास्त्री को लिखे हुए निराला के पत्रों की चर्चा प्रासंगिक होगी। 'निराला के पत्र' नाम से ये राजकमल द्वारा प्रकाशित हैं। आरम्भ में लम्बी भूमिका है, पत्रों के साथ विस्तृत पाद-टिप्पणियाँ हैं।

ये पत्र अत्यन्त महत्त्वपूर्ण हैं। ये जुलाई, सन् '35 में शुरू होते हैं और जनवरी, सन् '57 में खत्म होते हैं। इनमें केवल दो पत्र सरोज की मृत्यु से पहले लिखे गए हैं, शेष उसके बाद। 98 पत्र सन् '35 से सन् '46 के बीच लिखे गए हैं, शेष 7 पत्र सन् '47 से सन् '57 के बीच। (98 संख्या वाले जिस पत्र पर 27-7-47 की तारीख है, वहाँ सन् '46 होना चाहिए। "मेरे साले मृत्युशय्या पर हैं"—यह उल्लेख

सन् '47 का नहीं है क्योंकि रामधनी द्विवेदी की मृत्यु सन् '46 में हुई थी।) सन् '35 से '46 तक की अवधि छायावादी काव्यधारा की क्षीणता और स्वयं प्रमुख छायावादी कवियों द्वारा नई प्रगतिवादी धारा के अपनाये जाने की अवधि है। निराला के जीवन में—इसी अवधि में—सरोज की मृत्यु, प्रेमचन्द, प्रसाद, नवजादिकलाल श्रीवास्तव की मृत्यु, उनके साले रामधनी द्विवेदी और पुत्रवधू फूलदुलारी की मृत्यु होती है और इसी में वह स्वयं गम्भीर रूप से बीमार पड़ते हैं जब, उनके अनुसार, उनका वज़न करीब एक मन कम हो गया, और दूसरे महायुद्ध के दौरान उनकी मानसिक स्थिति बहुत खराब हो गई। ऐसी अवधि में निराला किसी को लगभग सौ पत्र लिखें तो वे निराला के जीवन-चरित का अध्ययन करनेवाले के लिए असाधारण महत्त्व के तो होंगे ही, जिसे वे लिखे गए हैं, निराला के जीवन में उसकी महत्त्वपूर्ण भूमिका भी असन्दिग्ध होगी। जानकीवल्लभ शास्त्री ने बिलकुल ठीक लिखा है : "इन पत्रों में मुँदा-मुँदा ऐसा क्या कुछ नहीं खुलता!" ('निराला के पत्र', पृ. 66) इसके अलावा "इन पत्रों के होने-न-होने से निराला का कुछ नहीं आता-जाता, अलबत्ता ये न हों तो मेरी प्रत्यभिज्ञा न हो; कोई न जाने कि किसी परमशिव ने कभी स्वेच्छा से अपने पट पर मेरा चित्र आँका था।" (पृ. 67)

यह चित्र किस तरह का है, निराला के जीवन में महत्त्वपूर्ण भूमिका निबाहनेवाले जानकीवल्लभ शास्त्री के व्यक्तित्व की विशेषताएँ कौन-सी हैं, निराला के पत्र पढ़नेवाले के लिए ऐसी बातों की जानकारी आवश्यक है।

जानकीवल्लभ शास्त्री की माता का देहान्त उनके बचपन में हो गया था। पिता ही माता, बन्धु और गुरु—सब कुछ हुए। इनमें गुरुवाला रूप भयंकर था। जानकीवल्लभ शास्त्री ने अपनी काव्य-कल्पना की भूमि से अलग, यथार्थवाद की ज़मीन पर, 'पितृदेव' का संस्मरण लिखा है। उसमें पिता के गुरु-रूप की उग्रता इस प्रकार वर्णित है :

"उन्होंने मुझे इतना पीटा है; इतनी बार पीटा है और इतनी उग्र निर्दयता से पीटा है कि वह, अधिक-से-अधिक, मेरे लिए मान्य और श्रद्धेय ही बने रह गए हैं; लाख-लाख चेष्टाओं के बाद भी मैं उन्हें प्राणों का प्यार न अर्पित कर सका...।

"कोई भी सभ्य व्यक्ति जैसी गालियाँ ज़बान पर लाते हमेशा हिचकेगा, उनका प्रत्येक वाक्य में सन्निवेश किये बिना वह भरसक मुझसे वार्तालाप भी नहीं करते...।

"गालियाँ सुनते-सुनते मैं बहुत छोटी उमर में ही उस विद्या में पारंगत हो गया था।" ('स्मृति के वातायन', पृ. 141)

दुर्भाग्य से पिता के अलावा स्कूल के मास्टर भी उन्हें बहुत मारते थे। इसका कारण यह था कि "स्कूल में मैं सबसे भोंदू विद्यार्थी समझा जाता था। मेरा नाम कक्षा में अन्तिम रहता था," (उप., पृ. 139) और "सात-आठ साल तक मैं बुरी तरह तुतलाता था। 'क' को 'त' कहता था और संयुक्त वर्णों के उच्चरण के समय

हकलाने और थरथर काँपने लगता था।" (उप.) इसलिए "खजूर की छड़ी से पिटना रोज़मर्रे में दाखिल हो गया था; फिर कान उमेठने और चाँटे जड़ने की तो बात ही क्या!...एक दिन मास्टर साहब ने मुझे इतना पीटा कि मेरी पीठ फट गई; लहू के धब्बे कुर्ते पर उग आए।" (उप.)

जिस बच्चे को घर और स्कूल में इस तरह मार खानी पड़े, उसकी व्यथा की कल्पना की जा सकती है। फिर मातृहीन बालक। ऐसे बालक को बाल्यकाल से विद्रोही होना चाहिए, दूसरों के दु:ख से उसे गहरी सहानुभूति होनी चाहिए।

इस तरह की मारपीट वाली शिक्षा का एक परिणाम यह होता है कि बच्चे को जो आता है, वह भी भूल जाता है, उसका सहज बौद्धिक विकास कुंठित हो जाता है। अधिकतर वह रट्टू तोता बनकर रह जाता है। फिर जानकीवल्लभ की संस्कृत शिक्षा का आरम्भ 'लघु सिद्धान्त कौमुदी' और 'अमरकोष' से हुआ जहाँ आदि से अन्त तक रटाई ही रटाई थी। इस शिक्षा के प्रति विरोधभाव उत्पन्न होना स्वाभाविक था।

जानकीवल्लभ अंग्रेज़ी पढ़ना चाहते थे, दो साल तक इसके लिए उन्होंने प्रयत्न भी किया : "नान मैट्रिक बाबुओं के दरवाज़े-दरवाज़े मारा फिरा," (उप., पृ. 140) किन्तु सफलता न मिली। "गाँव के दो-एक रईसों ने पिता जी की गरीबी पर तरस खाकर मुझे अंग्रेज़ी न पढ़ाने की सलाह दी।" (उप.) पिता ने इसी 'दुष्ट सम्मति' के अनुसार काम किया और इस क्रम में जो मार खानी पड़ी और अंग्रेज़ी जाननेवाले भद्र समाज में जो दबकर रहना पड़ा, उससे शिक्षा पद्धति ही नहीं, जिस भाषा की शिक्षा दी जा रही थी, उससे—संस्कृत से—विरक्त होना भी स्वाभाविक था। जब संस्कृत के विद्वान् बन जाने पर "अपने मानस को सर्वतो भावेन नीरस होने से किंचित् बचा सका हूँ, मुझे इसके विरुद्ध वाग्युद्ध करना नहीं भाता", पर वह यह कहे बिना नहीं रह सकते कि "मुँह बन्द कर नाक से साँस लेते हुए मुझे बड़ी कठिनाई झेलनी पड़ी है।" (उप.) इस कठिन शिक्षा का भौतिक पक्ष यह है : "आज के, विदेशी ढंग से सजे देशी बाज़ार में संस्कृत-विद्या का सौदा बहुत महँगा पड़ा है।" (उप.)

संस्कृत जानकीवल्लभ के गले पड़ गई थी। स्वेच्छा से उन्होंने उसका अध्ययन न किया था। इसका एक कारण उनकी समझ में आर्थिक विपन्नता और पिता का देहाती होना था। यदि उनके पिता ने "नागरिक जीवन बिताया होता तो आज उनकी आर्थिक एवं सामाजिक स्थिति उच्चतर होती।" (उप.) इस तरह जानकीवल्लभ के मन में, बहुत गहरे उतरकर, अपनी सामाजिक स्थिति को लेकर हीन भावना उत्पन्न हुई।

उनके विकास में गाँव की एक विधवा की भूमिका महत्त्वपूर्ण सिद्ध हुई। वह इन्हें अपने घर ले जाती और "रूखे-सूखे बदन को चिकना-चुपड़ा बना मुझे चुचकार कर चूमती और अपने गोरे-गोरे गालों को आस्फालित कर मुझे भी चूमने को कहती;" (उप., पृ. 126) "वह गोबर से लीपी हुई ज़मीन पर ताड़ की चटाई डाल अस्त-व्यस्त सोई हुई थी। अचानक चौंककर जगी तो मुझे झपटकर उठा लिया, और माथे का पसीना पोंछ ताबड़-तोड़ दुलारने लगी।" (उप., पृ. 129) "फिर

उसने मेरे दाँतों के बीच अपनी उँगली उलझा, होंठों से गाल गुदगुदा कर कहा, 'अब एक बात मैं भी पूछूँ?' उत्तर देने की तत्परता सँजोए बिना ही मैंने अपनी नयन-तारिका में उसका सुखद मुख प्रतिबिम्बित हो जाने दिया। उसने पूछा, 'मेरे अलावा तुम्हें और कोई प्यार करता है क्या?'" (उप., पृ. 132)

इस सुखद अनुभूति में एक बाधा थी। लिखा है : "किसी दुर्बल की वधू को भाभी कहकर कृत्रिम सन्तोष का अनुभव कर सकता था—पर माँ की समवयस्क उस भाभी का जिस मृत-वत्स पिता ने गला घोंट दिया था, उसकी क्रूर कापुरुषता किसी भी सम्भाव्य भाभी में मुझे अब तक दृष्टिगोचर होती है। नहीं-नहीं, मुझे उस मातृत्व महिमा को भाभी मानने के लिए विवश न करे कोई।" (उप., पृ. 128)

जानकीवल्लभ समझने लगे थे कि "उसके उतने गोरे गठीले बदन पर मैला-फटा कपड़ा कुछ ऊँचता न था; उतने लम्बे बाल खुले, धूल-भरे या चीथड़ से बँधे रहने पर खूब खुलते न थे।" (उप.) जितना सुख, पिता की मार खाते रहने पर भी, उन्हें इन दिनों मिला, उतना शायद आगे कभी नहीं मिला। विवाह बचपन में हो गया था : "मैं बारह वर्ष का था, वह चौदह-पन्द्रह की। ब्याह के बाद वह अट्ठारह-उन्नीस वर्ष जीवित रहीं...अट्ठारह-उन्नीस वर्षों में हम अठारह-उन्नीस दिन भी साथ न रहे।" ('निराला के पत्र', पृ. 255) इनके देहान्त के एक वर्ष बाद जानकीवल्लभ का दूसरा ब्याह हुआ। पर "सन् '28 में बाल-विवाह और सन् '48 में वृद्ध विवाह! मेरे अनब्याहे मन को दो-दो बेमेल ब्याहों से ताल-मेल बैठाना पड़ा।" (उप., पृ. 259)

सन् '28 में जब ब्याह हुआ तब उनकी पत्नी उनसे दो-तीन साल ही बड़ी थीं; उनके साथ न रह पाए, वह अलग बात है। सन् '48 में वह 32 साल के थे। इस उम्र का आदमी वृद्ध तो न कहा जायगा। ऐसा लगता है कि गाँव की उस विधवा के सम्पर्क से उन्हें 'प्रगाढ़-प्रगल्भ' हो जानेवाली, 'उत्कट-उन्मद', उसकी जिस 'अतृप्त वात्सल्य-वासना' की अनुभूति हुई थी, उसकी आवृत्ति की आकांक्षा उनके मन में बराबर बनी रही किन्तु इसकी आवृत्ति कराना किसी सामान्य स्त्री के लिए सम्भव न था। इसीलिए उसके द्वारा चुने जाने की याद, उसके गोरे गालों को चूमने के निमंत्रण की याद : "उस समय की वह अतिक्षीण स्मृति आज कितनी तीव्र और तीक्ष्ण लगती है!" (उप., पृ. 126)

एक ओर जीवन की अतृप्त यौन-आकांक्षाएँ, दूसरी ओर हीन सामाजिक स्थिति—इन सबकी पूर्ति का एक ही साधन था संस्कृत की शिक्षा। भले ही यह शिक्षा नापसन्द हो, पर अपने जीवन को सार्थक सिद्ध करने का और कोई माध्यम न था। जानकीवल्लभ शास्त्री रटने की कला में प्रवीण थे। जिस पद्धति से अन्य छात्रों को विद्या पढ़ाई गई थी, उसी से इन्हें भी पढ़ाई गई थी पर इन्हें अधिक ताड़ना दी गई थी, उस पद्धति के अनुरूप रटन्त-अभ्यास अधिक कराया गया था। इसका सुफल उन्हें प्राप्त हुआ।

"सन् '34 में, मैं 'साहित्याचार्य्य' हो चुका था। बिहार और उड़ीसा भर में सर्वप्रथम आया था। स्वर्णपदक से समादृत भी हुआ था।

"सन् '35 में पूर्व-बंग सारस्वत समाज, ढाका से 'साहित्य रत्न' की उपाधि प्राप्त की थी। पुराने रेकार्ड तोड़कर सर्वोत्तमता का एक नया रेकार्ड स्थापित किया था। प्रशस्ति-समेत स्वर्णपदक मिला था। केन्द्राधीक्षक के निर्देश से मैंने बंगाक्षरों में ही प्रश्नों के उत्तर लिखे थे।

"और, काशी विश्वविद्यालय से प्रथम श्रेणी में शास्त्री होकर शास्त्राचार्य्य की तैयारी कर रहा था।" ('निराला के पत्र', पृ. 28)

और भी :

"वेदान्ताचार्य्य की परीक्षा में मैं सूबे भर में अव्वल आया था। दो स्वर्णपदक मिले थे—एक वेदान्त में प्रथम श्रेणी में प्रथम होने के कारण, दूसरा उस वर्ष के सभी वषयों के परीक्षार्थियों में सर्वप्रथम स्थान प्राप्त करने के कारण।" (उप., पृ. 187)

ऐसी सफलता पर किसी भी छात्र को गर्व हो सकता था, फिर उस छात्र को तो गर्व होना ही चाहिए जिसने इतनी मार खाकर संस्कृत पढ़ी हो। पर संस्कृत-शिक्षा में यह सारी सफलता जानकीवल्लभ के मन से यह हीन भावना न निकाल पाई कि वह अंग्रेज़ी न पढ़ पाए, और समाज में मान-सम्मान संस्कृत के माध्यम से नहीं मिलता। उन्होंने अंग्रेज़ी पढ़ना फिर शुरू किया किन्तु अब तक संस्कृत की शिक्षा-पद्धति में उनकी बुद्धि ऐसी ढल चुकी थी कि वह हर भाषा रटकर सीखते थे—यहाँ तक कि उस भाषा की कविता भी घोट डालते थे। " 'चयनिका' [रवीन्द्रनाथ ठाकुर की चुनी हुई कविताओं का संग्रह] की भाँति 'गोल्डेन ट्रेजरी' भी घोंट डाली थी।" (उप., पृ. 28)

इस तरह कविताएँ रटने का एक परिणाम यह होता है कि रटनेवाला विद्वान् कविताओं के उद्धरण ज़्यादा देता है, उन्हें समझता कम है। इसके अलावा अंग्रेज़ी की पढ़ाई न कर पाने पर अंग्रेज़ी कविता के उद्धरणों द्वारा अपना ज्ञान प्रदर्शित करने का लोभ ऐसे विद्वान सँवरण नहीं कर पाते। 'निराला के पत्र' में संस्कृत उद्धरणों की अपेक्षा अंग्रेज़ी के उद्धरण अधिक हैं, इसका यही कारण है।

ऐसा विद्वान् यदि कवि भी हुआ, तो वह दूसरों की शब्दावली, भाव और विचार से सहज ही अपनी काव्य-कला सँवार सकता है। जानकीवल्लभ शास्त्री ने संस्कृत में कविताएँ लिखीं और इनमें भी उन्हें वैसी ही सफलता मिली, जैसी परीक्षाओं में उत्तीर्ण होते समय मिली थी।

" 'सुप्रभातम्' में प्रकाशित मेरी एक कविता अखिल भारतीय स्तर पर सर्वश्रेष्ठता के लिए स्वर्ण-पदक प्राप्त मेरे...इस श्लोक के समान ही बहुत दिनों तक चर्चा में रही थी।" (उप., पृ. 25)

संस्कृत के अलावा उन्होंने हिन्दी में भी कविताएँ लिखी थीं, (उप., पृ. 21) "हिन्दी-संस्कृत की पत्र-पत्रिकाओं में मेरी कुछ रचनाएँ छप चुकी थीं।" (उप.,पृ. 22)

निराला उन्हें हिन्दी में न लाए थे। हिन्दी में वह पहले से ही थे, केवल हिन्दी काव्य-क्षेत्र में प्रसिद्धि पाना उतना सरल न था जितना संस्कृत के आधुनिक सीमित क्षेत्र में। दरअसल वह हिन्दी ही नहीं, उर्दू में भी कविताएँ लिखते थे, और इनके अलावा बँगला और अंग्रेज़ी में भी प्रयास किया था। सफलता उन्हें संस्कृत काव्य-क्षेत्र में ही मिलती दिखाई दे रही थी। उन्होंने संस्कृत कविताओं का संग्रह 'काकली' नाम से प्रकाशित किया। इस पर उन्हें संस्कृत के बड़े-बड़े पंडितों की सम्मतियाँ प्राप्त हुईं। संस्कृत और बँगला की पत्रिकाओं में समीक्षाएँ निकलीं। उन्होंने इसकी प्रतियाँ हिन्दी पत्रिकाओं को भी भेजीं। " 'सरस्वती' और 'विशाल भारत' ने भी ऊँचे शब्दों में आशंसित किया; किन्तु 'सुधा' मौन रही।" (उप., पृ. 28)

जुलाई, 1933 की 'सुधा' में निराला की एक सम्पादकीय टिप्पणी छपी थी : 'हिन्दी में आलोचना'। यह टिप्पणी जानकीवल्लभ शास्त्री को पसन्द नहीं आई। "मैंने तिलमिलाकर उसका प्रतिवाद लिख भेजा था। निराला ने पहली बार उस दर्प-डँसे लेख में मेरा अनछपा नाम देखा होगा। टिप्पणी उन्हीं की थी, मालूम होने पर जैसे मेरी विद्या की किश्ती ढलान पर आकर टेढ़ी हो गई; तर्कों के झांईंदार ज्ञान के गिर्द रुक गई।" ('स्मृति के वातायन', पृ. 14) इस उल्लेख से ऐसा लगता है कि टिप्पणी पढ़ने पर जानकीवल्लभ शास्त्री को यह अनुमान न हुआ था कि उसके लेखक निराला हैं। किन्तु 'निराला के पत्र' में वह निश्चयपूर्वक लिखते हैं : "शैली से मैंने जिसे निराला-लिखित समझा था, वर्षों बाद मालूम हुआ, वह सचमुच उन्हीं की लिखी हुई थी।" (उप., पृ. 23-24)

उस टिप्पणी को पढ़ते ही उन्होंने निराला-लिखित समझा हो, चाहे बाद में जाना हो, मुख्य प्रश्न यह है कि वह उससे तिलमिला क्यों उठे? 'स्मृति के वातायन' में इसका कोई स्पष्ट कारण नहीं बताया गया। 'निराला के पत्र' में यह कारण बताया गया है कि इसमें जहाँ कालिदास के एक श्लोक के कलापक्ष की बड़ाई की गई थी, वहाँ "संस्कृत के बड़े-बड़े पंडितों की आलोचना-शक्ति की कमी पर व्यंग्य भी किया गया था। मैं तब इस चुनौती के लायक हर्गिज़ न था, मगर मुझसे जवाब दिये बगैर न रहा गया।" (उप., पृ. 24)

'सुधा' वाली टिप्पणी में संस्कृत पंडितों पर व्यंग्य नहीं है। स्वयं जानकीवल्लभ उसी पृष्ठ पर आगे कहते हैं : "यद्यपि निराला ने संस्कृत के बड़े-बड़े पंडितों की सुस्पष्ट चर्चा नहीं की थी", फिर भी जानकीवल्लभ ने बड़े-बड़े पंडितों का अर्थ संस्कृत के बड़े-बड़े पंडित ही लगाया।

निराला और जानकीवल्लभ शास्त्री के सम्बन्धों को समझने के लिए इस टिप्पणी पर कुछ ठहरकर ध्यान देना आवश्यक है। इसका शीर्षक है : 'हिन्दी में आलोचना'। निराला हिन्दी के उन आलोचकों की नुक्ताचीनी करते हैं जो रीतिवाद के समर्थक हैं और छायावाद के विरोधी हैं। लिखा है : "केवल रस, अलंकार और नायिका-भेद की सीढ़ियों से चढ़ना-उतरना काव्य-ज्ञान का प्रकृष्ट परिचय नहीं।" टिप्पणी का मूल

सूत्र यह वाक्य है। कोई भी लेखक यदि छायावाद के रीति-विरोधी पक्ष को समझता, तो अवश्य इस टिप्पणी का स्वागत करता। बहुत ही स्पष्ट शब्दों में समकालीन हिन्दी आलोचना के बारे में लिखा है : "पर हिन्दी का आलोचनात्मक वर्तमान साहित्य देखकर किताब फाड़कर फेंक देने की तबियत होती है, वह मानवीय मन से इतनी दूर है, इतना स्थूल, इतना जड़ है।" कोई कितना भी संस्कृत पंडितों से इस टिप्पणी का सम्बन्ध जोड़े, इसमें ज़रा भी संशय नहीं कि निराला का आक्रोश समकालीन हिन्दी आलोचना पर है, छायावाद के विरोधी रस-अलंकार के पंडितों पर है, कालिदास के व्याख्याकार संस्कृत-पंडितों पर नहीं।

जानकीवल्लभ शास्त्री छायावाद का रीतिविरोधी पक्ष न समझ रहे थे; वह रस-अलंकार के पंडितों—आधुनिक साहित्य के रीतिवादी विरोधियों—के समर्थन में मैदान में आए थे।

इस टिप्पणी में कालिदास को उल्लेख इस सन्दर्भ में है कि कविता भावोद्‌गार नहीं है, उसमें बुद्धितत्त्व का महत्त्वपूर्ण योग होता है। छायावादी कवियों में यह बात सबसे पहले, और इतने स्पष्ट रूप में, निराला ने कही थी। रोमांटिक कविता के विरोधी टी.एस. इलियट ने बुद्धि-तत्त्व पर ज़ोर देते हुए इससे मिलती-जुलती बात कुछ दिन बाद कही थी। शास्त्री जी इलियट के उद्धरण बहुत देते हैं। उन्हें इलियट की इस स्थापना से परिचित होना चाहिए था। मान लीजिए, न परिचित हो सके, काव्य में बुद्धि-तत्त्व पर ज़ोर देने का समर्थन तो करना चाहिए था। निराला का ऐतिहासिक वाक्य यह है : "हृदय का महत्त्व लेकर निकलनेवाली कविता भी यदि विचार और शृंखला से सम्बद्ध नहीं, तो शैशव संलाप की तरह भावोच्छ्वास मात्र है, उससे साहित्य को कोई बड़ी प्राप्ति नहीं हो सकती।"

यह टिप्पणी 1933 में लिखी गई थी। निराला न केवल छायावाद का रीति-विरोधी प्रगतिशील पक्ष पहचानते हैं, वरन् छायावाद का कल्पनाविलासी भावुक पक्ष भी पहचानते हैं, और उसकी सीमा पार करके ऐसी कविता रचने पर ज़ोर दे रहे हैं जिसमें बुद्धि पक्ष की भूमिका महत्त्वपूर्ण हो। यह सब जानकीवल्लभ शास्त्री की समझ से बाहर की चीज़ें थीं।

निराला ने जो कविताएँ छायावाद से भिन्न दिशा में लिखीं, उनसे सहानुभूति होना दरकिनार, अभी उन्हें निराला की छायावादी रचनाएँ भी पसन्द नहीं थीं। लिखा है : "बँगला का ऐसा नशा चढ़ा था कि दूर-दूर से खड़ी बोली की ज़मीन उजाड़ और ऊबड़-खाबड़ नज़र आती थी। जनवरी, '31 की 'सुधा' के प्रथम पृष्ठ पर प्रकाशित निराला का 'पद' (नर जीवन के स्वार्थ सकल) 'महाजन पदावली' की कौन कहे, 'भानु सिंहेर पदावली' के मुकाबले भी मुझे गद्यात्मक लगता था।" ('निराला के पत्र', पृ. 52) 'सुधा' की टिप्पणी से अप्रसन्न होने का मुख्य कारण यह था। न उन्हें निराला की कविताएँ पसन्द थीं, न सामान्यत: आधुनिक हिन्दी की कविताएँ, न इनके समर्थन में लिखी हुई आलोचनाएँ।

उन्होंने अपनी संस्कृत कविताओं की पुस्तिका निराला के पास भेजीं। निराला ने तुरत उस पर अपनी प्रतिक्रिया लिख भेजी, उसे देखकर उन्हें अपनी लड़कपन की संस्कृत काव्य-रचना याद आई, और उन्होंने किसी पत्रिका में उसकी चर्चा करने का वादा किया। 'सुधा' को भेजी हुई 'काकली' की प्रतियाँ यदि उन्हें देखने को मिली होतीं, तो अवश्य वे ऐसी ही प्रतिक्रिया पहले भी भेजते। इसी तरह 'सुधा' की टिप्पणी का प्रतिवाद भी उन्हें देखने को मिला होता तो वे उसका उल्लेख अपने पत्रों में करते। 'सुधा' के सम्पादन के लिए यदि वह वास्तव में ज़िम्मेदार होते, तो उस प्रतिवाद के बारे में उन्हें पत्र लिखते।

'सुधा' में क्या छपे, क्या न छपे, इसका निर्णय निराला नहीं, दुलारेलाल भार्गव करते थे। इसी कारण 'वर्तमान धर्म' वाले विवाद में निराला का प्रत्युत्तर 'माधुरी' में छपा था, 'सुधा' में नहीं। इसी कारण पन्त की 'ज्योत्स्ना' नाटिका पर मेरा लेख निराला ने दुलारेलाल भार्गव को दिया था और वह 'सुधा' में प्रकाशित नहीं हुआ था। 30 अप्रैल, सन् '36 के पत्र में निराला ने जानकीवल्लभ शास्त्री को लिखा था : " 'सुधा' को मैं आपके लेख-कविताएँ देता, पर 'सुधा' सम्पादक कुछ दूसरी तरह के आदमी हैं, फिर मेरी घनिष्ठता भी अब वैसी नहीं रही। फिर भी मैं पूछूँगा। वे चाहते हैं, लेखक या कवि स्वयं उनसे पत्र-व्यवहार करे। मैं आपका ज़िक्र उनसे करूँगा।" इससे स्थिति स्पष्ट हो जानी चाहिए कि 'सुधा' के सम्पादन के लिए निराला की ज़िम्मेदारी कितनी थी। किन्तु शास्त्री जी ने इस प्रसंग का उल्लेख इस ढंग से किया है मानो निराला ने जानबूझकर उनका लेख छपने से रोक दिया हो! निराला अवश्य ही यह प्रसंग भूल गए होंगे या शास्त्री जी की युक्तिपूर्ण स्थापनाएँ याद न रही होंगी, इसलिए उन्होंने बाद को इस निबन्ध की प्रतिलिपि मँगवाई थी।

'सुधा' में निराला की 'तुलसीदास' कविता छपी। इसका प्रतिवाद न करके जानकीवल्लभ शास्त्री ने उसी कविता के छन्द में, निराला की शैली का अनुकरण करते हुए, उनकी प्रशस्ति लिखी। निराला की शैली का अनुकरण दुष्कर है। बताया न जाय कि जानकीवल्लभ की कविता निराला की प्रशस्ति है, तो लोग उसे 'तुलसीदास' की पैरोडी समझ सकते हैं। कविता पढ़कर निराला प्रसन्न हुए। उन्होंने उदारतापूर्वक अपने प्रशंसक की प्रशंसा करते हुए लिखा : "आपकी काव्य-प्रतिभा 'निराला' की तारीफ में, उसके 'तुलसीदास' के मुकाबले न्यून नहीं।" (23-11-35 का पत्र)

निराला पर यह कविता लिखने के बावजूद जानकीवल्लभ शास्त्री और निराला के काव्य-बोध का अन्तर बना ही न रहा, वरन् पहले से और बढ़ गया। जानकीवल्लभ शास्त्री ने निराला की काव्य-कला की तारीफ़ में जो निबन्ध लिखा, उसमें जगह-जगह उन्होंने निराला की खिल्ली भी उड़ाई। 'जागो फिर एक बार' (1) की परिसमाप्ति उन्हें 'दो कौड़ी की' मालूम हुई, "जैसे कलम को रुलाकर ज़बर्दस्ती उतनी लाइनें उगलवाई गई हों" और 'जागो फिर एक बार' (2) की पंक्ति :

पर क्या है, सब माया है—माया है

उन्हें 'असाहित्यिक' और 'एकदम नीरस' ही न लगी वरन् 'राम नाम सत्य है की तरह असत्य' भी प्रतीत हुई। इसके बाद 'गीतिका' पर अपने लेख में उन्होंने निराला का और भी खुलकर विरोध किया। कहीं-कहीं भाव और भाषा का सम्बन्ध उन्हें चमत्कारपूर्ण लगा, "पर अधिकांश स्थल का सजल सौन्दर्य कृत्रिमता के प्रहार से चूर्ण-चूर्ण हो रहा है। निराला जी के अतिरिक्त किसी भी महान् कवि की भाषा सौन्दर्य की इतनी पिपासा नहीं रखती।" स्वभावत: निराला को इस तरह की आलोचना न तो पसन्द थी, न वह उससे सहमत हो सकते थे।

निराला जिस नई दिशा में बढ़ रहे थे, उसमें कालिदास की काव्य-कल्पना उन्हें प्रतिरोध जैसी लगती थी। कालिदास का खंडन करते हुए वह जिस तर्क-पद्धति का आश्रय लेते थे, उसमें असंगतियाँ भी होती थीं। उन्होंने छायावादी कवियों, विशेष कर पन्त जी की रचनाओं में दोष दिखाने के लिए 'शणवल' सूत्र रचा और इसका सम्बन्ध उन्होंने कालिदास से जोड़ा। इस प्रसंग को जानकीवल्लभ शास्त्री ने इस तरह प्रस्तुत किया है : " 'शणवल' की अनोखी खोज निराला को कालिदास की मर्मज्ञता का प्रमाण-पत्र देनेवाली न थी। जब निराला और डॉ. रामविलास शर्मा इकट्ठे बैठकर कालिदास की खिल्लियाँ उड़ाते थे तब मेरी रोनी सूरत पर नकली हँसी पुत जाती थी; जब तुलसीदास में 'शणवल' के आधार पर कालिदास का कुप्रभाव सिद्ध किया जाता था तब मुझे इन महान् आलोचकों की विनम्र अहम्मन्यता पर रोना आता था।" (उप., पृ. 53) यद्यपि निराला के साथ महान् आलोचक कहे जाने पर मुझे गर्व है और जानकीवल्लभ शास्त्री के रोना आने से पूर्ण सहानुभूति है, फिर भी वास्तविक स्थिति इससे कुछ भिन्न थी।

सन् '46 में लिखी हुई मेरी 'निराला' पुस्तक में इस विषय की चर्चा इस प्रकार है : "उनकी तर्क-प्रणाली में हमेशा तर्क ही की प्रधानता नहीं होती। एक बार कालिदास और रवीन्द्रनाथ की तुलना करते हुए वह कालिदास के दोष दिखाने लगे। 'शकुन्तला' नाटक से उस स्थल का हवाला दिया जहाँ प्रथम मिलन के बाद शकुन्तला दुष्यन्त से बिदा होती है। कालिदास ने उपमा दी है, यष्टि के समान उसका शरीर तो आगे बढ़ता था परन्तु पताका के समान उसका मन पीछे की ओर उड़ रहा था। निराला जी ने कालिदास के अज्ञान की चर्चा करते हुए कहा कि यष्टि आगे चलेगी तो पताका उसके आगे कैसे उड़ेगी? यह तो अत्यन्त अस्वाभाविक क्रिया है। लगभग आध घंटे की बहस के बाद वह यह मानने के लिए तैयार हुए कि कालिदास के श्लोक में पताका पीछे भी उड़ सकती है लेकिन इस शर्त पर कि तुम्हारा मतलब सही हो सकता है लेकिन हम जो कह रहे हैं, वह भी बिलकुल गलत नहीं है।" (तीसरा संस्करण, पृ. 27)

और भी स्पष्ट रूप में 'शणवल'-प्रसंग का उल्लेख इस प्रकार है : "पन्त जी और अन्य छायावादियों की शब्दावली को निराला जी ने सूत्र रूप में 'शणवल' नाम दिया। हिन्दी की प्रकृति 'श' को 'स', 'ण' को 'न', 'व' को 'ब' कहने

की है। 'ल' को लोग 'ल' ही कहते हैं लेकिन शणवल के साथ मिलकर उसमें क्लीवता आ जाती है। यहाँ पर निराला जी संस्कृत उच्चारण के विपरीत ब्रजभाषा और ग्राम भाषाओं की प्रकृति का समर्थन कर रहे थे। छायावादी कवियों ने अक्सर जनसाधारण की भाषा की उपेक्षा करके काल्पनिक सौन्दर्य के लिए एक असाधारण शब्दावली गढ़ी थी। निराला जी ने यह लेख सन् '35 में लिखा था और उसके बाद उनमें क्रमशः यह प्रवृत्ति ज़ोर पकड़ती गई कि गद्य में ही नहीं, पद्य में भी सरल मुहावरेदार भाषा का प्रयोग करें। छायावादी चतुष्पद के स्वयं एक स्तम्भ होने के कारण वे उसकी कमज़ोर नस को पहचानते थे। इसलिए उनका वार भरपूर बैठा, पर पन्त जी पर ही नहीं, वह वार उनकी अपनी रचनाओं पर भी है। 'विजन वन वल्लरी' में 'व' ही बोलता है और 'तुलसीदास' के आरम्भ में 'शत-शत अब्दों का सान्ध्यकाल' है। बातचीत में वह कहते थे कि "यह शपाशप कालिदास के प्रभाव के कारण है।" (उप., पृ. 84)

निराला की शणवल-चर्चा काव्य-बोध के नवीन विकास के सन्दर्भ में ही समझी जा सकती है। उसे अक्षरशः ग्रहण किया जाय तो वह हास्यास्पद है, सही सन्दर्भ में देखा जाय तो वह आंशिक रूप में सही लगेगी।

इसी प्रसंग का उल्लेख 'निराला की साहित्य-साधना' के पहले खंड में है : "कालिदास काव्य में शणवल वर्णों का प्राधान्य है; वही बात पन्त काव्य में है। निराला का अपना काव्य हिन्दी के अनुकूल स, न, ब, ल पर ज़ोर देता है।...इस लेख की अनेक मान्यताओं को लेकर उनसे मेरी बहस हुई। 'विजन वन वल्लरी' पर—यहाँ 'व' बोलता है या नहीं? 'शत-शत अब्दों का सान्ध्यकाल'—यहाँ शपाशप है या नहीं? इस तरह की पंक्तियाँ उद्धृत करने पर वह तीन तरह के उत्तर देते। श, ण, व—वर्ण आए हैं पर पंक्ति में ये बोलते नहीं हैं; मुख्य वर्ण दूसरे हैं। इस तरह की पंक्ति में ऐसे ही वर्ण आवश्यक थे। इधर-उधर शणवल आ गए हैं, कालिदास के प्रभाव से।" (प्रथम संस्करण, पृ. 302-03)

किन्तु जानकीवल्लभ शास्त्री का विचार है कि मैं निराला के साथ बैठकर कालिदास की खिल्ली उड़ाता था और निराला के साथ मिलकर 'तुलसीदास' कविता में शणवल के आधार पर कालिदास का कुप्रभाव भी सिद्ध करता था। खिल्ली उड़ाने से चिढ़कर उन्होंने रामविलास से संस्कृत में प्रश्न किये। रामविलास की समझ में संस्कृत न आई और उन्होंने शास्त्री जी से अपनी बात हिन्दी में कहने की प्रार्थना की। इस पर शास्त्री जी हँसे और बोले : "जब आप मेरी संस्कृत नहीं समझते, कालिदास की कैसे समझते हैं? अर्थमात्र तो काव्य नहीं है।" शास्त्री जी की संस्कृत सुनकर "निराला ने अपनी संस्कृत में कुछ कहकर अप्रार्थित मध्यस्थता की और वार्तालाप का विषय तत्काल बदल दिया।" (उप., पृ. 53)

संस्कृत में अपनी अयोग्यता मैं स्वीकार करता हूँ किन्तु इस सारे दृश्य और संवाद की रचना जानकीवल्लभ शास्त्री ने 'निराला की साहित्य-साधना-1' पढ़ने के

बाद की है। उनकी क्षुब्ध कल्पना ने संस्कृत के पांडित्य से रामविलास के पराभव की बात गढ़ी है। उन्होंने अपनी संस्कृत से मुझे नहीं, जयशंकर प्रसाद को आतंकित करने का प्रयत्न किया था। निराला 'मेघदूत' के कुछ श्लोकों की 'अपनी मौलिक व्याख्या' सुनाकर प्रसाद की राय जानना चाहते थे; प्रसाद ने जानकीवल्लभ की ओर संकेत किया। तब : "झड़े दिमाग से संस्कृत का एक क्लिष्ट और लच्छेदार वाक्य बोल गया। प्रसाद जी ठठाकर हँस पड़े" ('स्मृति के वातायन', पृ. 45)।

शास्त्री जी की अदाएँ देखकर लखनऊ में उनके मित्र भी मुस्कराते थे, बेशक ठठाकर न हँसते थे। इसी समय 'चकल्लस' (श्री नरोत्तमप्रसाद नागर द्वारा सम्पादित) का 'भाभी' अंक निकला। उसमें मेरे 'माधुरी' के मुख पृष्ठ पर प्रकाशित मेघ गीत की पैरोडी निकली। दिल कड़ा कर, ओठ चबाकर सब झेलना पड़ा" ('निराला के पत्र', पृ. 44)। जहाँ तक याद है, उस पैरोडी में ओठ चबाने की तो ऐसी कोई बात न थी :

मुखरमधीरं त्यज मंजीरं चल प्रिय शयनागारे,
हिमगिरि गरुअ पयोधर परसत जागूँ मैं भिनुसारे।

शास्त्री जी ने इसी प्रसंग में आगे लिखा है : "वहाँ निराला के प्रशंसकों में रामविलास शर्मा, नरोत्तम नागर और अमृतलाल नागर ही सूझ-बूझ वाले थे। इनमें भी व्यंग्य नरोत्तम जी अधिक करते थे; रामविलास शर्मा बेझिझक फटकारते थे—रूप-अरूप के कुछ छपे फर्मे देखकर कहा था कि यदि ये कविताएँ उनकी होतीं तो (भूसामंडी की मोरियाँ दिखलाकर) वे फाड़कर फेंक देते।" (उप., पृ. 45) यहाँ भी शास्त्री जी की स्मृति उन्हें धोखा दे रही है। किताबें फाड़कर फेंकने की बात निराला ने 'हिन्दी आलोचना' शीर्षक 'सुधा' वाली टिप्पणी में लिखी थी, पर हिन्दी का आलोचनात्मक वर्तमान साहित्य देखकर किताब फाड़कर फेंक देने की तबियत होती है। इसे उन्होंने भिन्न सन्दर्भ में मुझ पर आरोपित कर दिया है। यदि यह बात सही होती तो उन जैसा स्वाभिमानी व्यक्ति इस घटना के बाद मुझे अपनी पुस्तकें क्यों भेजता?

जानकीवल्लभ शास्त्री ने 'एक राष्ट्रीय खंड काव्य' लिखा था : 'बन्दी मन्दिरम्'। इसे सुनकर निराला इतने प्रभावित हुए कि कहने लगे : "मैं फिर संस्कृत पढ़ूँगा।" ('निराला के पत्र', पृ. 101) यद्यपि निराला 'अपनी संस्कृत' ही बोल सकते थे, कालिदास की 'अपनी मौलिक व्याख्या' ही प्रस्तुत कर सकते थे, तथापि शास्त्री जी अपने खंडकाव्य की भूमिका संस्कृत में निराला से ही लिखाना चाहते थे। इसका कारण यह था कि 'बन्दी मन्दिरम्' की प्रस्तावना लिखवाकर मैं यह चमत्कार प्रदर्शित करना चाहता था कि संस्कृत भाषा और साहित्य में भी निराला की कितनी गहरी पैठ है।" (उप., पृ. 108) ऐसे ही किसी क्षण में जब वह निराला से अपनी पुस्तक की भूमिका लिखाने की बात सोच रहे होंगे, उन्हें "निराला ने अपने संस्कृत साहित्य के गहन ज्ञान से अभिभूत किया होगा।" (उप., पृ. 60) किन्तु निराला 'बन्दी मन्दिरम्' की भूमिका लिखी नहीं।

कालिदास की तुलना में निराला को श्रीहर्ष अधिक गहन जान पड़ते थे। दोनों कवियों के बारे में निराला ने लिखा : "दोनों महान् हैं, पर श्रीहर्ष का प्रभाव अधिक स्थायी होता है। फिर भी कला की जानकारी कालिदास को अधिक है, अगर कुछ गहन होते।" (14-8-35 का पत्र) इस विषय पर शास्त्री जी ने बड़े परिश्रम से एक निबन्ध लिखा था : "यह निबन्ध निराला जी की असावधानी से नष्ट हो गया। इस तुलनात्मक अध्ययन में मैंने जी खपा डाला था।" (उप., पृ. 78) सरोज की मृत्यु 31 जुलाई, सन् '35 को हुई थी। निराला को इसका समाचार-पत्र द्वारा मिलने में 3-4 दिन तो लगे ही होंगे। श्रीहर्ष और कालिदास वाली बात उन्होंने 14 अगस्त, सन् '35 के पत्र में लिखी जिसके आरम्भ में ही कन्या के देहान्त का उल्लेख है। उन दिनों निराला की असावधानी से शास्त्री जी का निबन्ध नष्ट हो गया हो तो यह असावधानी क्षम्य होनी चाहिए। अपनी मानसिक स्थिति के बारे में निराला ने अगले साल 11 फरवरी को लिखा : "आपके दो पत्रों पर भी निरुत्तर रहा। मैं मानसिक स्फूर्ति उत्तरोत्तर खोता जा रहा हूँ। केवल विश्वास रह गया है। इस स्थिति में शास्त्री जी को लेख और पत्र खोजकर पढ़ना और उत्तर देना उनके लिए कष्टप्रद था। वह 'सरोज-स्मृति' कविता लिख रहे थे जो अब तक पूरी हो गई थी। पर इस बीच कालिदास वाला विवाद भी उन्हें उलझाए था। निराला ने पत्र में जो कुछ लिखा, उसमें शास्त्री जी को क्रोध की झलक दिखाई दी। निराला उसी पत्र में अपनी कैफियत देते हुए कहते हैं : "यह ठीक है कि भाषा की ओजस्विता कभी-कभी क्रोध की परिचायिका होती है, पर यह भ्रम है, सत्य नहीं। मैं तो आपको छोटे कवि-मित्र की ही तरह देखता हूँ। दूसरों पर भी वैर नहीं रखता। पर न जाने क्यों मुझे वैर ही दूसरों से मिला।"

31 मार्च, सन् '36 के पत्र में निराला फिर कैफियत देते हैं : "कटु आलोचना मेरा उद्देश्य नहीं। हो भी जाय अगर कहीं कटुत्व, तो उसे रस मानता हूँ। कहने के लिए दुनिया है।"

इस पत्र में कालिदास के साथ एक दूसरा नाम जुड़ जाता है : रवीन्द्रनाथ ठाकुर का। निराला गर्व से लिखते हैं : "रवीन्द्रनाथ की नकल बनूँ, मेरी इच्छा नहीं; मैं मैं हूँ : सूर्य्यकान्त रवीन्द्रनाथ नहीं,—कान्त 'इन्द्र' और 'नाथ' की गुरुता चाहेगा?"

वर्ष भर बाद 27 मई, सन् '37 के पत्र में निराला लिखते हैं : "आप पर कालिदास का जो रंग है, वह मेरी धारा का बाधक है, मुझे ऐसा जान पड़ता है। जिसे मैं दुर्बलता मानता हूँ, वह आप लोगों की निगाह में सौन्दर्य बन जाता है।" दो प्रकार के सौन्दर्य-बोध यहाँ टकरा रहे हैं। शास्त्री जी की सूचना के अनुसार : "जाने क्यों, निराला ही नहीं, प्रसाद जी भी कालिदास से खिंचते थे।" (उप., पृ. 115) इससे और भी स्पष्ट हो जाता है कि सन् '30-'32 के बाद छायावादी कवियों की चेतना में जो परिवर्तन हो रहा था, उसकी मिसाल अकेले निराला नहीं थे। शास्त्री जी का पछतावा वाजिब है : "अब तो कोई उपाय नहीं, निराला ने

मेरा लेख खो दिया, वह छपा होता तो निराला के तिनकने का रहस्य मालूम हो जाता।" (उप., पृ. 115) एक बार पुन: निराला का व्यवहार क्षम्य है। उन दिनों वह पुत्री के निधन से शोकसंतप्त थे।

महीने भर बाद 23 जून को निराला कालिदास वाले प्रसंग में शास्त्री जी को फिर लिखते हैं : "समझ की सनद तो आपके पास ऊँची है ही। इस परीक्षा में मैं तो समझदारी में बहुत पीछे हूँ।" दो महीने बाद 12 अगस्त, सन् '37 के पत्र में वह अधिक उत्तेजित होकर लिखते हैं :

"आपने मेरे लिए जो कुछ लिखा है, सब ठीक है। पर अभी आप लड़के हैं, जब भी अपनी और पदवी की समझ से समझदार।

"मैं जो कुछ लिखता हूँ, साहित्य समझकर। नहीं बन पड़ता, मेरी कमज़ोरी है। लोग क्या चाहते हैं, लोग जानें। मैं क्या देता हूँ, मैं समझता हूँ।

"आज 'परिमल' के वे गीत आप चाहते हैं, जिन्हें पहले (उन गीतों के ज़माने में) लोग नहीं चाहते थे। मुमकिन, फिर आज की चीज़ें आपको अच्छी लगने लगें—मेरा मतलब 'आप' से है।"

आज जानकीवल्लभ शास्त्री लिखते हैं कि निराला एक नहीं, तीन थे और तीनों महान् थे। एक निराला "व्यंग्यों की आधुनिकता सिरजता है", दूसरा निराला "अनुराग-सम्राट् और विराग योगी है", तीसरा निराला "भक्ति और ज्ञान के सहज समन्वय का महान् कवि है।" (उप., पृ. 49) "ये तीनों निराला अजेय हैं।" (उप., पृ. 50) किन्तु उस समय निराला के नये प्रयोगों के प्रति उनकी स्थिति नितान्त सहानुभूतिशून्य विरोधी आलोचक की थी। निराला के पत्र उस स्थिति के प्रमाण हैं।

'निराला के पत्र' में शास्त्री जी ने टी.एस. इलियट की कविताओं से अनेक उद्धरण दिये हैं। इन्हें देखकर विश्वास हो सकता है कि उन्हें सामान्य रूप से अंग्रेज़ी कविता ही प्रिय नहीं है वरन् इलियट की कविता उन्हें असामान्य रूप से प्रिय है। 'इलियट जैसे जागरूक कवि' (पृ. 9) का उल्लेख भी यही प्रमाणित करता है। इलियट की अपेक्षा कालिदास के काव्य-बोध से अधिक विपरीत दिशा में चलनेवाले कवि की कल्पना करना कठिन है। पर इलियट की पंक्तियाँ उद्धृत करना एक बात है, इलियट और कालिदास के काव्य-बोध का अन्तर समझना दूसरी बात। यही नहीं, निराला-सम्बन्धी जो अंग्रेज़ी उद्धरण दिये गए हैं, उनमें नवीन काव्य-बोध का बहुत स्पष्ट उल्लेख है। यह काव्य-बोध पराजय, विद्रोह और आधुनिक संसार की निर्जीव अनुर्वरता समेट लेता है; इस प्रसंग में इलियट की 'वेस्टलैंड' कविता का नाम भी लिया गया है। (उप., पृ. 138) निराला के लिए कहा गया है कि संसार में पराजित होने का भाव उनके यथार्थ अनुभव का ऐसा वास्तविक अंश है कि वह जो कुछ कठिन है, कठोर है, नग्न और तटस्थ है, समर्पित है, उसकी पहचान में विस्तार पाता है। (उप., पृ. 140) शास्त्री जी द्वारा दिये हुए अंग्रेज़ी के उद्धरण उनकी हिन्दी में लिखी स्थापनाओं का खंडन करते हैं।

अपने नवीन काव्य-बोध से जानकीवल्लभ के भाव-बोध का अन्तर स्पष्ट करते हुए निराला ने लिखा था : "मैंने चाहा था, आपको नई हवा खिलाऊँ। कोशिश की थी, पर आपने एक स्थिति से दूसरी स्थिति को समझना चाहा। मेरी आदत किसी को बिगाड़ना नहीं। जब दर्द पैदा होता है, तब हर आदमी दवा के लिए दौड़ता है। सोचकर मैं चुप हो गया।" (5-9-38 का पत्र)

निराला के नवीन काव्य-बोध का विकास उनके तीव्र आत्मसंघर्ष का परिणाम था। यह आत्मसंघर्ष उनके जीवन की बहुत ही विषम परिस्थितियों में चल रहा था। जितना ही यथार्थ की कटुता और दु:ख की गहराई प्रत्यक्ष होती थी, उतना ही रूमानी कल्पनाएँ निस्सार प्रतीत होती थीं। कभी-कभी उनके मन में आता था कि वे अपनी सारी पुरानी कविताएँ फिर से लिख डालें और बिलकुल विरोधी दृष्टि से लिखें। ऐसा सोचने और कहने का साहस निराला जैसे महान् साहित्यकारों को ही होता है। लिखा था : "एक रोज़ दिल में आया, जो कुछ पद्य साहित्य में लिखा है, उसका उल्टा लिख डालूँ।" (26-5-43 का पत्र) कालिदास-सम्बन्धी विवाद निराला के इस आन्तरिक संघर्ष के सन्दर्भ में ही समझा जा सकता है।

कालिदास के सम्बन्ध में अपनी कैफियत देते हुए निराला ने लिखा था : "कालिदास को नीचा दिखाना मेरा अभिप्राय नहीं। वे मेरे दैहिक-मानसिक—दोनों प्रकार के सर्वोत्तम भोज्य हैं।" (17-10-37 का पत्र) किन्तु जानकीवल्लभ शास्त्री कालिदास को मुकाबले में खड़ा करके निराला को नीचा दिखाने पर तुले हुए थे। कालिदास के अलावा सहायता के लिए उन्होंने रवीन्द्रनाथ ठाकुर को भी साथ ले लिया था। इन दो महाकवियों को आगे करके वह निराला को सलाह देने लगे थे कि उन्हें क्या लिखना चाहिए और क्या न लिखना चाहिए; कैसे काम करना चाहिए, कैसे काम न करना चाहिए। निराला ने चिढ़कर लिखा : "रवि बाबू बहुत काम करते रहे हैं, करते हैं; मैं तबियत से जो कुछ कर सकता हूँ : मैं रवि बाबू नहीं।" फिर कालिदास के प्रभाव के सन्दर्भ में, स्वयं अपनी कविता के बारे में : " 'तुलसीदास' आपको बहुत अच्छा लगता है, मुझे नहीं, तो क्या करूँ? लिखूँगा दो-चार वैसी चीज़ें और, यथासमय आप लोगों की मनस्तुष्टि के लिए, फिर कालिदास को पढ़कर।" (25-10-37 का पत्र)

इसके बाद—प्रसाद के निधन के बाद—18 मार्च, सन् '38 के पत्र में निराला रवीन्द्रनाथ वाले प्रसंग में फिर लिखते हैं : "रवि बाबू की तरह के अनेक अर्थ हैं। लिखता भी हूँ जब वैसी तबियत होती है, कुछ। पर रवि बाबू अब ज़माने के विचार से दूर हो गए हैं, यह आधुनिक साहित्य के विचार से लिख रहा हूँ।" कोई भी साहित्य-समीक्षक बँगला समेत भारतीय भाषाओं के तत्कालीन साहित्य पर दृष्टिपात करेगा तो वह निराला से सहमत होगा। उस समय जो भी उल्लेखनीय नवीन विकास हो रहा था, वह रवीन्द्रनाथ की कल्पना-भूमि छोड़कर। और यह कल्पना-भूमि कालिदास के आलोक से जगमगा रही थी। इस आलोक की विशेषता यह थी कि यथार्थ

जीवन की ऊबड़-खाबड़ भूमि, झाड़-झंखाड़, सब परिवर्तित होकर यथार्थ जीवन की विषमता खो देते थे। उसी पत्र में रवीन्द्रनाथ और कालिदास का सम्बन्ध जोड़ते हुए निराला कहते हैं : "मेरी दृष्टि में रवि बाबू एक श्रेष्ठ कवि और साहित्यिक हैं, बस। उनमें कमज़ोरियाँ भी अपार हैं। आपको अच्छे इसलिए लगते हैं कि रवि बाबू भी 'कालिदासो विलास:' हैं।"

जानकीवल्लभ शास्त्री के लिए स्वाभाविक था कि न केवल निराला की नये ढंग की चीज़ें उन्हें नापसन्द हों वरन् 'गीतिका' के गीत भी उन्हें पसन्द न हों। जब 'माधुरी' में 'गीतिका' पर जानकीवल्लभ शास्त्री का लेख प्रकाशित हुआ, तब निराला के मन में उसकी गहरी प्रतिक्रिया हुई। उनके मन की यह प्रतिक्रिया कालिदास-सम्बन्धी विवाद से जुड़ गई।

'निराला के पत्र' की भूमिका में 'गीतिका' की इस आलोचना के प्रसंग का अनेक बार उल्लेख है और अनेक प्रकार से है। एक उल्लेख इस प्रकार है : "ऐसे ही समय मुझसे भी एक अपराध बन पड़ा जिसका परिगुंठित पछतावा आजीवन मेरा पीछा करता रहेगा। जहाँ मैंने निराला पर पहली कविता लिखी थी; पहला बड़ा लेख लिखा था, वहाँ मुझसे परिचय के बाद निकली उनकी पहली पुस्तक—'गीतिका' पर पहला (और कदाचित् अन्तिम भी) बड़ा आलोचनात्मक लेख भी मेरा ही प्रकाशित हुआ था। मेरे तब तक के लिखे लेखों में वह सबसे तीखा था।" (पृ. 44) कहना चाहिए कि 'सुधा' की टिप्पणी के प्रतिवाद की यह अगली कड़ी थी।

'निराला के पत्र' की भूमिका में आगे लिखा है : "हिन्दी में लिखते हुए अभी दो ही वर्ष बीते थे कि 'गीतिका में निराला'-जैसा निबन्ध साहसपूर्वक लिखकर मैंने 'माधुरी' में छपा डाला। उस निबन्ध का स्थापत्य एक अनाड़ी की करामात में बदल गया।...मेरा कथ्य कमज़ोर न था, मगर मेरे पास भाषा के नाम रामदुहाई थी। पता नहीं, किनके बहकावे में पड़कर निराला बिगड़ खड़े हुए और उन्होंने कड़ा विरोध पत्र भेजा।" (पृ. 51) यदि निराला के बहकाये जाने की बात सही है तो पछतावे की बात झूठ है। अपने निबन्ध की स्थापनाओं के सही होने पर जानकीवल्लभ का विश्वास दृढ़ है; यदि निराला ने उन्हें स्वीकार नहीं किया तो इसका कारण यह होगा कि वह किसी के बहकावे में आ गए थे।

आगे लिखा है : "निराला अपनी प्रशंसाओं से नहीं, मेरे द्वारा दरसाए गए काव्य-दोषों से अधिक प्रभावित हुए, यह जानकर अपना प्रथम श्रम भी मुझे चरम-जैसा सार्थक प्रतीत हुआ। फिर उन्होंने दुष्ट गीत जो नहीं लिखे!" (पृ. 54) निराला ने अपनी भूलें चाहे 'गीतिका' से पहले लिखे हुए गीतों की आलोचना देखकर सुधारी हों, चाहे 'गीतिका' की आलोचना देखकर, यह स्पष्ट है कि जानकीवल्लभ शास्त्री निराला के विरोध में जो कुछ लिखते आए थे, उस पर वह अडिग रहे।

'गीतिका' की आलोचना पढ़कर निराला ने जानकीवल्लभ शास्त्री को लिखा : "कुछ अच्छा प्रभाव नहीं पड़ा : इसलिए नहीं कि उसमें मेरी कोई तारीफ़ नहीं,

बल्कि इसलिए कि ज़माना जितना बढ़ता जाता है, लोगों की बुद्धि उतनी मन्द होती जाती है।" (9-8-38 का पत्र)

जानकीवल्लभ शास्त्री के बौद्धिक विकास के बारे में निराला की यह राय महत्त्वपूर्ण है। दोनों के काव्य-बोध का अंतर तो स्पष्ट है ही।

साहित्य के मैदान में तरह-तरह के लोग निराला का घेराव कर चुके थे। 'गीतिका' पर जानकीवल्लभ शास्त्री का लेख उन्हें ऐसे ही घेराव से सम्बद्ध जान पड़ा। 'माधुरी' में शास्त्री जी के लेख और कविताएँ प्रकाशित हों, इसके लिए निराला अनेक बार प्रयत्न कर चुके थे। उसी 'माधुरी' को उन्हीं जानकीवल्लभ शास्त्री ने निराला पर अपने आक्रमण का माध्यम बनाया था। निराला ने लिखा :

"मैंने आपको कोई उत्तर देने की हिम्मत नहीं की। आप अच्छे हो जाइए। मानसिक अशान्ति ईश्वर दूर करें।

"सुनता हूँ, कोई-कोई आपको जवाब देनेवाले हैं; कोई 'गीतिका' की तारीफ़ में लिखनेवाले हैं। यह सब अपनी तबियत की बात है।

"मैं जैसा समझता हूँ, लिख देता हूँ। जब बहुत घिरता हूँ, तब जवाब देता हूँ।

"आपको उत्तर तो मैं दूँगा ही नहीं : क्योंकि ख़ड़ी बोली अपने-आप खड़ी होगी अगर खड़ी होगी। फिर मैं प्रचारक नहीं।

"आप लोग बड़े-बड़े निबन्ध लिखिएगा, ग्रंथ लिखिएगा, बड़ी-बड़ी दोहाइयाँ दीजिएगा, मुझे भी, जितना समझूँगा, आनन्द आएगा।

"मैं तो कालिदास और रवीन्द्रनाथ से अपनी माँ का मुख ही अधिक पहचानता हूँ।" (30-8-38 का पत्र)

निराला को कालिदास और रवीन्द्रनाथ जैसे बड़े नामों से आतंकित न किया जा सकता था। कालिदास संस्कृत में महान् हैं, रवीन्द्रनाथ बँगला में महान् हैं, कुछ सम्पत्ति हिन्दी की अपनी भी है। निराला हिन्दी साहित्य को देखते और पहचानते हैं; उनके लिए बँगला या संस्कृत की निगाह को अपनी निगाह बना लेना सम्भव नहीं है। कविता का अनुवाद करना इसीलिए असम्भव है कि वह किसी भाषा विशेष से अभिन्न रूप में जुड़ी होती है। रवीन्द्रनाथ को बँगला से अलग करके किसी भी भाषा के माध्यम से—फिर चाहे अनुवादक स्वयं रवीन्द्रनाथ ठाकुर ही हों—पहचाना नहीं जा सकता। ऐसा ही अभिन्न सम्बन्ध निराला का हिन्दी से है। "मैं तो कालिदास और रवीन्द्रनाथ से अपनी माँ का मुख ही अधिक पहचानता हूँ "—इस सारगर्भित वाक्य का यही आशय है। पत्र के नीचे पाद-टिप्पणी में इसे 'भीष्म तर्क' कहकर जानकीवल्लभ ने निराला की बात का मखौल उड़ाया है। निराला से कोई असहमत भले हो पर उनके मन पर जो बीत रही थी, उसे कोई अनदेखा कैसे कर सकता था? इस सारे विवाद से निराला के दर्द का गहरा सम्बन्ध था, इसमें सन्देह की गुंजाइश कहाँ है?

लिखा था : "मेरा जो कुछ होगा, होगा। जिन्हें लिखना है और जो कुछ लिखा जाना है, बिना मेरे भी लिखेंगे, लिखा जाएगा।

"यही है कि एक समझ होती है, वह पहले चाहिए। वही मौलिक साहित्य पैदा करती है। बाकी सब पीछे लगे रहते हैं। मैं अपने मित्रों से यही कहता रहा हूँ। पर सब जगह परिणाम उल्टा मिला है। ईश्वरेच्छा, जैसा आप मेरे लिए लिखते हैं!" (20-12-38 का पत्र)

ये शब्द दर्द भरे मन की बड़ी गहराई से निकले हैं।

निराला ने साहित्य की जातीय विशेषताओं की बात विस्तार से समझाई। "रचना में बहुत-सी बातें रहती हैं। आप लोग जिस तरह प्रान्त-प्रान्त की भिन्न-भिन्न संस्कृति का पता लगाते हैं, उसी तरह हिन्दी का भी लगता है। संस्कृति, दर्शन, सामाजिक विचार, साहित्यिक प्रभाव, मानसिक स्थिति, शिक्षा आदि बहुत-सी बातें रचना के हृदय में रहती हैं—देश-काल—कलाबोध—समन्वित; प्रादेशिकता तो रहती ही है। मेरे सुधार न करने या न पाने का यही कारण है।" (30-5-36 का पत्र)

निराला जितना ही प्रयत्न करते थे कि जानकीवल्लभ शास्त्री हिन्दी भाषा और साहित्य की विशेषताएँ पहचानें, उतना ही शास्त्री जी को लगता था कि निराला उन्हें साहित्य की व्यापक ज़मीन से घसीटकर हिन्दी के संकीर्ण दायरे में बन्द कर देना चाहते हैं।

कालिदास-सम्बन्धी विवाद जानकीवल्लभ शास्त्री के प्रति निराला की किसी व्यक्तिगत धारणा का परिणाम नहीं था, इसका एक प्रमाण यह भी है कि वह कालिदास को लेकर मैथिलीशरण गुप्त से भी टकराये थे।

"अभी तीन दिन से गुप्त जी से—'दूरादयश्चक्र निभस्य तन्वी' श्लोक चल रहा है।

"गुप्त जी ने कहा, तुम मूर्ख हो, हठी हो। कालिदास का मतलब बड़े-बड़े विद्वान् नहीं समझा सके, मैं जो कुछ कहता हूँ, वही सही है।

"मैंने मन में कहा, या तो कालिदास मूर्ख था या आप हैं; पंडिता: समदर्शिन: तो हैं नहीं, एक तरफ से 'गवि हस्तिनि' नज़र आते हैं।" (16-2-40 का पत्र)

सन् '35 में आरम्भ होनेवाला विवाद सन् '40 में समाप्त हुआ। सन् '40 में निराला के मित्र की बेटी, रामकृष्ण त्रिपाठी की पुत्री, फूलदुलारी को वही बीमारी हुई जो सरोज को हुई थी। पहले पुत्री, फिर पुत्रवधू। दोनों का अन्त—एक-सा। निराला अपना मन साधकर जिस नई दिशा की ओर बढ़ रहे थे, उसी ओर और भी साहसपूर्वक बढ़े। उन्होंने लिखा : "मैंने अत्याधुनिक धारा और समाजवाद का इधर कुछ अध्ययन किया है, कुछ लिख रहा हूँ।" (19-3-41 का पत्र) जो लोग निराला के प्रसंग में सामाजिक संघर्ष या समाजवाद का नाम सुनते ही क्रोध से बावले हो जाते हैं, वे उनका यह वाक्य ध्यानपूर्वक पढ़ें।

शास्त्री जी कहते हैं : "संक्षेप में, मेरे लेख से बिदके हुए निराला कुछ ही दिनों में प्रकृतिस्थ हो गए थे। उस क्रम में मुझे कुछ कड़वे पत्र भी लिखने पड़े थे।" (उप., पृ. 60) शास्त्री जी के पत्रों में कितना कड़वापन था, इसे जानने का कोई साधन नहीं। किन्तु निराला ने उनको जो पत्र लिखे, उनमें जितनी कटुक्तियाँ हैं, उतनी अन्य सभी जनों को लिखे हुए उनके 200 से अधिक प्राप्त पत्रों में नहीं हैं। इससे अन्दाज़ लगाया

जा सकता है कि शास्त्री जी के पत्रों में कितना और किस तरह का कड़वापन रहा होगा। सन् '42 में निराला तीन महीने बीमार रहे। उनका वज़न करीब एक मन घट गया। वह अंग्रेज़ी में उपन्यास लिखने की बात सोचने लगे, स्वयं को भारत का सबसे पुराना विश्व पर्यटक घोषित करने लगे। वह कल्पना करने लगे कि उन्होंने लन्दन में अंग्रेज़ी में व्याख्यान दिया है और संसार के सभी प्रधान नगरों में कविताएँ सुनाई हैं। (देखें, 22-12-47 का पत्र)

निराला के मन की यह असन्तुलित दशा एक दिन में न हो गई थी। उनमें बड़ी दृढ़ इच्छाशक्ति थी और उसे तोड़ने का काम अनेक घटनाओं ने किया और अनेक वर्षों तक किया। इनमें प्रमुख घटना सरोज की मृत्यु थी और इसके बाद, दूसरों को जो घटनाएँ छोटी लगती हैं, उन्होंने निराला के मन को असाधारण रूप से प्रभावित किया था। इन्हीं में एक घटना जानकीवल्लभ शास्त्री से वर्षों तक चलनेवाला उनका विवाद है।

'निराला के पत्र' पुस्तक का तीन-चौथाई भाग जानकीवल्लभ शास्त्री के बारे में है, एक-चौथाई भाग निराला के बारे में। निराला और उनके पत्र जानकीवल्लभ शास्त्री के प्रसंग में आते हैं, निराला के प्रसंग में जानकीवल्लभ शास्त्री नहीं आते। इसमें कोई सन्देह नहीं कि शास्त्री जी का व्यक्तित्व महत्त्वपूर्ण है और अपने बारे में वह जितनी जानकारी देते हैं, वह स्वागत योग्य है।

जब निराला उनसे मिलने आए, तब वह साहित्य-यात्रा पर अकेले ही निकल चुके थे : "कालिदास, भवभूति की बारीकियाँ परखता हुआ; शेक्सपियर, रवीन्द्रनाथ के दरवाज़े खटखटाता हुआ।" ('स्मृति के वातायन', पृ. 20) यद्यपि हिन्दी कविता उन्हें बंजर ज़मीन लगती थी और वह कालिदास और भवभूति का दरवाज़ा न खटखटा रहे थे वरन् उनकी बारीकियाँ पहचान रहे थे, फिर भी वह अनुकरण अपनी संस्कृत कविताओं में हिन्दी कवि सुमित्रानन्दन पन्त का कर रहे थे। 'निराला के पत्र' की भूमिका में उन्होंने पन्त जी की अनेक पंक्तियों के साथ अपनी संस्कृत पदावली उद्धृत करके यह प्रमाणित किया है कि हिन्दी की बंजर भूमि से देववाणी के शृंगार के लिए उन्हें कौन-कौन-से पुष्प प्राप्त हुए थे। कोई आश्चर्य नहीं कि 'काकली' की रचनाओं पर 'भारत-भर के महामहोपाध्यायों की ऊँची से ऊँची सम्मतियाँ' (उप., पृ. 108) उन्हें सहज ही प्राप्त हो गई थीं। रवीन्द्रनाथ की 'उर्वशी' से प्रभावित होकर उन्होंने 'शकुन्तला' लिखी और निराला की 'तुलसीदास' से प्रभावित होकर 'निराला' कविता लिखी। इन दोनों कविताओं की पद-रचना 'काकली' से बहुत भिन्न नहीं है। का, सी, में आदि हिन्दी का परिचय देनेवाले चिन्ह दो-चार ही जहाँ-तहाँ दिखाई देते हैं। संस्कृत-पद-रचना में उन्हें बड़ी महारत थी, इसमें कोई सन्देह नहीं। राजा ने कहा, 'जब ज़रा गर्दन झुकाई, देख ली', इसका संस्कृत पद्य में रूपान्तर करो। जानकीवल्लभ ने तुरत इसका अनुवाद कर दिया, वैसे ही, जैसे बहुत से लोग हिन्दी में समस्यापूर्ति करते थे, यद्यपि दुहाई आत्मानुभूति की देते थे। (उप., पृ. 161-62)

परीक्षाओं में सफलता पाने और कवि रूप में ख्याति मिलने पर भी जीविका की समस्या सन्तोषजनक ढंग से हल न हुई थी। साथ के लोग सामाजिक जीवन में आगे बढ़ते चले जा रहे थे, जानकीवल्लभ पीछे छूटे जा रहे थे। कुछ दिन तक वह रायगढ़ राजा के दरबारी कवि रहे पर यह नौकरी ज़्यादा दिन चली नहीं। उनका यह सोचना स्वाभाविक ही है : "वाकई चारण भाट होता तो कोई न कोई कुर्सी ज़रूर मेरे भी हाथ लग जाती।" (उप., पृ. 55) उनकी ओर से प्रयत्न में कोई कमी न हुई थी। निराला ने उनकी मनोवृत्ति पहचान कर ठीक ही सलाह दी थी : "अब संसार में तेल लगाने के दिन नहीं रहे, हिन्दोस्तान में हैं, लगाइए; पर मालिश अच्छी नहीं।" (20-12-38 का पत्र)

दैन्य-प्रदर्शन उनके स्वभाव की एक विशेषता बन गया था। निराला से पहली भेंट हुई तब सूखे चने चबा रहे थे। सामने एक बुझा-सा शीशा था और एक पुस्तक 'रस गंगाधर'। इन्हें सामने रखकर वह कविता लिखते थे। "तभी चने चबाने पड़ते थे—सूखे चने। अब भी वही बेढंगी रफ्तार है, क्योंकि लिखने का ढंग अब भी नहीं बदला। तो अभी मैं चने चबाकर चुका ही था कि दो विशिष्ट अपरिचितों ने एक साथ कमरे में प्रवेश किया" ('स्मृति के वातायन', पृ. 10-11)। साहित्य-सेवा के पीछे "मैं वर्षों बेकार रहा, भूखों मरा;" ('निराला के पत्र', पृ. 171) रायगढ़ का राजदरबार छोड़ने के बाद "छह-आठ वर्षों का लम्बा अरसा भयानक मुफलिसी में गुजरा।" (उप., पृ. 207) इसके अलावा जब-तब बीमार पड़ते रहते थे। निराला दूसरों को दुखी देखकर तुरत द्रवित होते थे, फिर साहित्यकार दुखी हो तो उनकी करुणा की कोई सीमा न होती थी। सरोज का देहान्त हुए दो हफ्ते ही बीते हैं, वह रूपनारायण पांडेय से जानकीवल्लभ शास्त्री की सिफारिश कर रहे हैं, 'माधुरी' में उनकी रचनाएँ प्रकाशित करने को कहते हैं। (14-8-35 का पत्र) पांडेय जी से कहते हैं कि जानकीवल्लभ शास्त्री को पुरस्कार अवश्य दिया जाय। (17-9-40 का पत्र) कुँवर चन्द्रप्रकाश सिंह से कहते हैं : "आपके जो 15) मुझ पर बाकी हैं, मैं जानकीवल्लभ जी को भेज दूँगा।" पर : "अफसोस, इधर मुझे वैसी कोई प्राप्ति नहीं हुई।" (26-6-41 का पत्र) लखनऊ रेडियो में प्रसारण के लिए उनका नाम भेजते हैं। (25-7-41 का पत्र) पुन: लिखते हैं : "All India Radio में मैंने आपकी सिफारिश भेज दी" और "All India Radio, Lucknow के Director से आपकी सिफारिश President, All India Hindi Poets' Conference की हैसियत से कराई है, लिखित; खुद जबानी भी की है उनके कर्मचारी से और इस बार के कवि सम्मेलन में बुलाने के लिए कहा है।" (30-1-43) 17 सितम्बर, '43 के पत्र में लिखते हैं : "आपके लिए मैं प्रयत्न करूँगा। रेडियो मैं नहीं जाता। दूसरे की राय पर शायद वे लोग कम ध्यान देते हैं अगर वह गैर-सरकारी है।" और इसी पत्र में सूचित करते हैं : "चौधरी राजेन्द्र शंकर जी कहते हैं कि अक्टोबर के अन्त तक 100) भेजेंगे।" इसी वर्ष 2 नवम्बर को लिखते हैं : "आपका हाल और रुपये 5 से पहले भेजने की बातचीत पद्मकान्त जी

से कह दी। अगर भेजें तो आएँ। कह दिया कि 65) भेजें, चाहें तो कार का खर्च काट लें।" फिर अगले महीने 2 तारीख को : "चौधरी साहब यहाँ आए थे। मैंने 100) तत्काल आपको भेजने के लिए कह दिया था।" अगले वर्ष 3 जनवरी को लिखते हैं : "आपको यहाँ के कवि सम्मेलनों में बुलाने का अवश्य प्रबन्ध करूँगा। और भी देखता हूँ, यदि कुछ कर सकूँ।" 16 फरवरी, '44 को लिखते हैं : "जैसा लिखा है, चौधरी जी आए थे, हमने रुपये भेज देने के लिए कहा है। आज फिर तार कर रहे हैं कि तार से भेज दें।"

निराला जब साहित्यकार संसद में थे, तब पहली अक्तूबर, सन् '49 को उन्होंने जानकीवल्लभ शास्त्री को लिखा था : "हमने महादेवी जी से कहा था। वे 50) अभी आपके पास भेजती हैं। पुस्तक बुक की गई। फिर यथा प्राप्ति मिलता रहेग। इलाज कीजिए। अभी तक राह देख रहे थे, मगर देवी पाख खाली गया।" स्वयं निराला की मानसिक स्थिति इस समय कैसी थी, इसका आभास पत्र के इन दो वाक्यों से मिलेगा : "हम कल संन्यास ले रहे हैं, कथनानुसार अर्थात् 42 की प्रयागवाली ए.आई.सी.सी. में दिये कथाप्रसंग—विश्वसम्बन्ध—आय आदि के ब्यौरे के साथ समावर्तन के हिसाब से। विश्वमयी वात्सायन [वात्स्यायन] और शंकर के शास्त्र प्रमाणों को सत्य साबित कर चुकीं।" (यह पत्र जानकीवल्लभ शास्त्री को भेजा न गया था और गंगाप्रसाद पांडेय के पास था जिनसे वह क्रमश: उदयशंकर शास्त्री को प्राप्त हुआ) कलकत्ते में अपने अभिनन्दन के दौरान निराला ने जानकीवल्लभ शास्त्री को रुपये दिये, वह इसी पुरानी सहायता प्रक्रिया के अन्तर्गत।

यह सब होने पर भी जानकीवल्लभ शास्त्री को हिन्दी साहित्य में वह प्रतिष्ठा न मिली, जिसके वह अधिकारी थे या जिसके वह अपने को अधिकारी समझते थे।

वैसे बड़े-बड़े कवियों ने उनकी कविता की प्रशंसा की थी। बालकृष्ण शर्मा 'नवीन' और मैथिलीशरण गुप्त ने उनकी रचनाओं को "देर-देर तक रस ले-लेकर सुना, सराहा था," और उनकी "भावार्द्र प्रशंसा" की थी। (उप., पृ. 37) किन्तु हिन्दी आलोचकों ने उनकी ओर ध्यान न दिया। उनकी 'रूप-अरूप' पुस्तक देखकर "काव्य रस के आलोचक उन्मत्त न हुए थे", उनकी "प्रशस्ति किसी ने नहीं गायी थी", फिर भी उन्हें विश्वास था कि निष्पक्ष समीक्षक उनकी "ताज़गी को प्राथमिकता देंगे", क्योंकि उस वक्त तक के सुने स्वर से उनकी "टेर निराली थी। पर यह सब कुछ न हुआ" (उप., पृ. 159) जो नहीं हुआ, उसकी पूर्ति वह निराला से अपने सम्बन्धों को प्रभामंडित करके, कल्पना से उन्हें भव्य रूप देते हुए करते हैं। निराला के पत्रों के सम्पादन में वह स्वयं को प्रतिष्ठित करने का ध्यान बराबर रखते हैं। इन पत्रों को उचित सन्दर्भ देने के लिए अपनी कविताओं से अनेक और लम्बे उद्धरण तो देते ही हैं, अपनी रचना-प्रक्रिया के बारे में पाठक को आवश्यक सूचनाएँ भी देते चलते हैं, यथा : कवि सम्मेलनों में उनकी किस तरह की कविताओं पर दाद मिलती थी, किस तरह की कविताएँ 'मेरी नई उपलब्धि थी', (उप., पृ. 187) स्टेशन पर बिदा करने

जब निराला समेत डेढ़ दर्जन आदमी आए, तब गाड़ी में बैठकर वह कौन-सा गीत गुनगुनाने लगे, (उप., पृ. 237) किन दिनों उन्होंने अपने सबसे अधिक अवसादपूर्ण गीत रचे, (उप., पृ. 242) कब उन्होंने निश्चय किया : "निराला की काव्य-कला पर सबसे पहला लेख मैं लिखूँगा," (उप., पृ. 29) अथवा यह निश्चय किया कि "निराला पर पहली कविता मैं लिखूँगा" (उप., पृ. 34) इत्यादि। उन्होंने जब जो कुछ लिखा, यथासम्भव उसका तुलनात्मक अध्ययन भी वह प्रस्तुत करते जाते हैं। निराला से पहली मुलाकात का हाल "कदाचित् सबसे पहले मैंने लिखा था"; इसे नन्ददुलारे वाजपेयी ने इतना पसन्द किया कि अपनी पुस्तक 'कवि निराला' में "उन्होंने भी उसी लहजे का इस्तेमाल किया।" (उप., पृ. 55)

जानकीवल्लभ शास्त्री तथा सुमित्रानन्दन पन्त की काव्य-कला का विस्तृत तुलनात्मक अध्ययन उपलब्ध नहीं है किन्तु संक्षेप में उसका एक सूत्र सुलभ है। वह इस प्रकार कि दोनों कवियों ने निराला पर कविताएँ लिखीं और पन्त की कविता बहुत प्रसिद्ध हुई किन्तु शास्त्री जी के अनुसार "मेरे क्षितिज की असीमता को धूमिलता, गम्भीरता को अशान्ति और प्रकाश के ईषत् स्पर्श को कुन्तलमेघ माननेवालों को मालूम हो,—'उर्वशी' विश्वकवि की पहली या प्रारम्भिक रचना न थी; अवस्था में मुझसे सत्रह वर्ष बड़े और काव्य-कला में एक शताब्दी बड़े महाकवि पन्त की निराला पर लिखी हुई अद्वितीय कविता अवस्था में मेरी कविता से 4 साल छोटी है... आज (सन् '69 में) सन् '35 की इस समास-बहुल संस्कृत हिन्दी को चाहे जितने व्यंग्य बाण ओंजने पड़े, तब इसकी सार्थकता सुस्पष्ट थी। इसे ही निकट भविष्य में निराला पर लिखी गई एक हज़ार कविताओं में 'या सृष्टिः स्रष्टुराद्या' का गौरव प्राप्त होना था।" (उप., पृ. 35-36)

शास्त्री जी का क्षितिज धूमिल नहीं है, असीम है! रवीन्द्रनाथ ठाकुर की कविता 'उर्वशी' बहुत प्रसिद्ध हुई किन्तु वह उनकी प्रारम्भिक रचना न थी; 'उर्वशी' से प्रभावित जानकीवल्लभ की कविता, 'शकुन्तला' उनकी प्रारम्भिक रचना थी। यदि रवीन्द्रनाथ ठाकुर की प्रारम्भिक रचनाओं से इसकी तुलना की जाय, अथवा 'उर्वशी' से शास्त्री जी की परिपक्व रचनाओं की तुलना की जाय, तो तौल में किसका वज़न ज़्यादा होगा, किसी को सन्देह न होना चाहिए। पन्त ने निराला पर कविता लिखी, शास्त्री जी की रचना के चार साल बाद। फिर निराला पर सैकड़ों कविताएँ लिखी गईं। इनमें जो विधाता की आदि सृष्टि के समान सबसे सुन्दर है, वह निराला पर शास्त्री जी की रचना है, भले ही वह विनम्रतावश पन्त की कविता को अद्वितीय कहें।

आधुनिक कविता के प्रसंग में मुक्तिबोध और अज्ञेय का नाम बहुत लिया जाता है। जहाँ तक मुक्तिबोध का सम्बन्ध है, कुछ आलोचक उनमें निराला-काव्य की कतिपय विशेषताएँ देखते हैं। परन्तु नन्ददुलारे वाजपेयी तथा विष्णुचन्द्र शर्मा को "मेरी संगीत-कविताओं में निराला के उदात्त गीतों का आभास मिलता है" बेशक, ऐसा कह कर उन्होंने "हिमायत की हद कर दी" पर यह सही है कि "मुक्तिबोध में

भाषा और भावों की कहीं विविधता नहीं है" और उनकी रचनाओं से तुलना करने पर जानकीवल्लभ के गीतों से "निराला की उदात्त और ललित गीत-कला की प्रत्यभिज्ञा सम्भव है!" (उप., पृ. 2; अवश्य ही यह उदात्त और ललित गीत-कला निराला की 'गीतिका' से बाहर कहीं विकसित हुई होगी)! रह गए अज्ञेय सो "अज्ञेय की इतिहास-निर्मात्री प्रतिभा अपाश्चात्य प्राणों को चौंकाती रहेगी, कभी भारत की आत्मा से एकाकार न होगी।" (उप., पृ. 42)

जानकीवल्लभ के कृतित्व और व्यक्तित्व से तुलनात्मक अध्ययन के लिए सबसे अधिक उपयुक्त निराला ही हैं। प्रसिद्ध है कि निराला का जन्म बंगाल में हुआ था और बँगला उनके लिए मातृभाषा के समान थी। इस भाषा से जानकीवल्लभ का परिचय भी कुछ ऐसा ही था : "बँगला मैं बचपन से जानता था।" (उप., पृ. 26) निराला ने सोलह-सत्रह साल की उम्र में 'जुही की कली' लिखी, इसी उम्र में जानकीवल्लभ भी कविताएँ रचने में निपुण हो गए थे। निराला का जन्म माघ में हुआ था, जानकीवल्लभ शास्त्री का जन्म भी माघ में हुआ, और विशेष बात यह कि निराला से पहले हुआ। जब उन्होंने निराला को अपनी जन्मतिथि माघ शुक्ल द्वितीया बताई, तो निराला ने भावविह्वल होकर हवा में हाथ उछालते हुए कहा : "अरे-अरे! तुम तो मुझसे तीन दिन बड़े निकले!" (उप., पृ. 57)

शास्त्री जी 3 दिन की जगह 8 दिन कर सकते हैं क्योंकि निराला का जन्म पंचमी को नहीं, एकादशी को हुआ था।

निराला अपने और दूसरों के गीत बड़े सुन्दर ढंग से गाते थे। जानकीवल्लभ शास्त्री न केवल गीत-रचना में निराला से होड़ करते थे, वरन् संगीत में भी वह लगभग अद्वितीय थे। "एक दिन की बात है : मैं भैरवी में गा रहा था। [पन्त जी का एक गीत गा रहे थे।] जिन्होंने उस अवस्था में मुझे सुना होगा, उन्हें मेरा आजकल वाला गला बिलकुल ही बेसुरा, बासी और उतरा हुआ लगता होगा। तब की बात और थी। संस्कृत के अखिल भारतीय कवि सम्मेलनों में मेरा काव्य-पाठ सुनकर आँखों में आशीर्वाद भरे हुए श्रोता अनावश्यक साँस तक न लेते थे; फुसफुस करनेवालों की फूँक सरक जाती थी" (उप., पृ. 39)।

बेशक, ऐसी सफलता निराला को किसी हिन्दी कवि सम्मेलन में नहीं मिली।

कलकत्ता अभिनन्दन के समय जब जानकीवल्लभ शास्त्री के "भाषण का सारांश मोटे टाइप के शीर्षकों में दैनिक पत्रों ने दमकाकर छापा था", तब अनेक रागों में उन्होंने निराला के गीत सुनाये किन्तु जब निराला ने रामकृष्ण त्रिपाठी से बाजा मँगाया और स्वयं गाने लगे, तब "अपनी स्वर-रचना में उक्त गीतों में नये प्राण प्रतिष्ठित कर मेरा (सभा में अलौकिक लोकप्रियता का) अहंकार हर लिया।" (उप., पृ. 40)

वैसे तो मनोहरा देवी ने अपनी संगीत-प्रतिभा से निराला का अहंकार हर लिया था, पर निराला ने जानकीवल्लभ शास्त्री का अहंकार हर लिया हो, यह बात समझ में नहीं आती। क्या यह बात सही नहीं है कि निराला ने " 'गीतिका' की भूमिका में प्राचीन

कवियों और गवइयों को अपने कँटीले तर्कों में बुरी तरह घसीटा था?" (उप., पृ. 52) जानकीवल्लभ शास्त्री को रीतिवादी शास्त्र के आगे जैसे निराला की आलोचना पसन्द नहीं थी, वैसे ही 'गीतिका' की भूमिका में दरबारी गायकी की आलोचना भी उन्हें पसन्द न थी। यह बात आश्चर्यजनक ही होती यदि कविता और आलोचना के क्षेत्र में जानकीवल्लभ रीतिवाद के समर्थक होते और संगीत-क्षेत्र में उसके विरोधी होते। अत: निराला द्वारा उनके अहंकार-हरण की बात विनम्रता का प्रदर्शन मात्र है।

हिन्दी साहित्य में जानकीवल्लभ शास्त्री को निराला की उतनी आवश्यकता न थी जितनी निराला को जानकीवल्लभ शास्त्री की। इसीलिए नन्ददुलारे वाजपेयी के साथ वह "छात्रावास में मुझे ढूँढ़ते हुए मेरे कमरे में आए थे।" (उप., पृ. 25) जिन दिनों वह रायगढ़ में राजकवि थे और रूपनारायण पांडेय के पत्र उनके पास आते ही रहते थे, जिन दिनों " 'माधुरी' में धड़ाधड़ मेरी रचनाएँ छपने लगी थीं; 'सरस्वती' ने भी प्रथम पृष्ठ पर मेरे कुछ गीत छापे थे; उन दिनों निराला ने अपने पत्रों में मुझसे तरह-तरह के साहित्यिक प्रश्न पूछे थे।" (उप., पृ. 60) निराला गीत लिख रहे थे : 'ऐ कहो, मौन मत रहो।' उन्होंने सोलह शृंगार कौन-कौन से हैं, जानना चाहा। शास्त्री जी ने उन्हें सोलह शृंगारों के नाम लिख भेजे। निराला को "संस्कृत नाटकों पर वार्ता प्रसारित करनी थी," (उप., पृ. 60), शास्त्री जी ने उन्हें 'अश्वघोष', 'दिङ्नाग' आदि के अपेक्षाकृत अल्प प्रचलित नाटकों की सूची भेज दी। "एक बार बुद्ध और शंकराचार्य के दर्शनों में कहाँ-कहाँ समता है, इस पर एक संक्षिप्त टिप्पणी माँगी थी।" (उप.) "मुझसे कालिदास और रवीन्द्रनाथ के मिलते-जुलते हुए भावों वाले पद पूछते थे। (उप.) शास्त्री जी ने विनम्रतापूर्वक लिखा है कि निराला का अभिप्राय "मुझे हीनता की भावना से पीड़ित न होने देना ही था। वह क्या नहीं जानते थे!" (उप.)

निराला बहुत-सी बातें नहीं जानते थे। वह समझते थे कि उनकी 'तुलसीदास' कविता कालिदास से प्रभावित है पर कालिदास उन्हें प्रिय तो थे नहीं, फिर "जिसे कालिदास प्रिय न हों, उसने संस्कृत पढ़ी ही नहीं...कालिदास का अध्येता 'चित्रांगदा', 'विदाय', 'अभिशाप' या 'फॉस्ट' लिखता है, 'तुलसीदास' नहीं।" (उप., पृ. 53) सिद्ध हुआ, निराला न तो कालिदास का काव्य समझते थे, न उनमें यह विवेक ही था कि वह पहचानते कि वह कालिदास से प्रभावित नहीं हुए।

निराला बँगला जानते थे, थोड़ी-बहुत संस्कृत भी जानते थे, अंग्रेज़ी से भी परिचित थे, फिर भी उनके पास साहित्य का व्यापक परिप्रेक्ष्य न था। यही नहीं, वह शास्त्री जी के व्यापक परिप्रेक्ष्य को समझ न पाते थे, उल्टा उसे संकीर्ण बना लेने की सलाह देते थे। "मैं तब तक साहित्य को संस्कृत, अंग्रेज़ी, बँगला के व्यापक परिवेश में देखने लगा था, वह मुझे राष्ट्रभाषा हिन्दी के दायरे की याद दिलाते रहते थे।" (उप., पृ. 163)

निराला को किन नये विषयों पर लिखना चाहिए, समय-समय पर जानकीवल्लभ शास्त्री उन्हें बतलाते रहते थे। रवीन्द्रनाथ का कविता-संग्रह 'कथा ओ काहिनी' पढ़ने

के बाद "मैं प्राय: ही निराला जी से कहा करता था : आप भी कुछ ऐसी चीजें लिखें। सूरदास पर लिखने के लिए भी मैंने उन्हें जाने कितनी बार लिखा और कहा था। वह न लिख सके, पर उन्हीं दिनों उस भावी संकलन का नामकरण संस्कार हो गया था—गाथा" (उप., पृ. 216)

शास्त्री जी की सूचना के लिए यह कहना आवश्यक है कि निराला 'गाथा' में जैसी कविताएँ रखना चाहते थे, उन्हीं में सबसे पहली कविता 'तुलसीदास' थी। उसकी रचना के समय तक निराला ने जानकीवल्लभ शास्त्री के दर्शन न किये थे। 'तुलसीदास' के बाद वह सूरदास पर उसी ढंग की कविता लिखना चाहते थे किन्तु इस बीच सरोज का देहान्त हुआ और सूरदास पर लिखने के बदले उन्होंने 'सरोज-स्मृति' कविता लिखी, फिर उसी क्रम में आगे 'राम की शक्तिपूजा'।

जानकीवल्लभ शास्त्री ने 'गाथा' नाम निराला से सुनकर उसे अपनी पुस्तक के लिए इस्तेमाल किया। फिर अपनी इस 'गाथा' पर निराला से सम्मति भी चाही। स्वभावत: "निराला ने जवाब में करारी डाँट पिलाई।" (उप., पृ. 229)

निराला की कविताओं में कहाँ कैसा सुधार अपेक्षित है, यह उन्हें बताना शास्त्री जी अपना कर्तव्य समझते थे। निराला ने उनकी इस्लाह मंजूर न की, तो इससे घाटे में निराला ही रहे। 'हिन्दी के सुमनों के प्रति पत्र' कविता में निराला ने पहले लिखा था : "मैं हूँ केवल किसलय-आसन।" जानकीवल्लभ ने सुझाया कि 'किसलय' की जगह 'पल्लव' लिखना ज़्यादा मौजूँ होता क्योंकि 'पल्लव' (पद्+लव) का 'पद' पद-प्रान्त एवं 'लव' (dividend) तक ध्वनि विस्तार कर अर्थ गौरव प्रदर्शित करता था। किन्तु निराला ने 'पल्लव' न लिखा : 'किसलय' की जगह 'पदतल' अवश्य कर दिया। 'पल्लव' न लिखने से निराला घाटे में रहे क्योंकि "ऐसे तीक्ष्णता बढ़ गई, पल्लव में फिर भी गूढ़ व्यंग्य था।" (उप., पृ. 130)

'पल्लव' नाम की एक प्रसिद्ध कविता-पुस्तक छपी थी जिसके लेखक सुमित्रानन्दन पन्त थे। 'पल्लव' लिखने में निराला को व्यंग्य बहुत गूढ़ न लगा हो, तो आश्चर्य नहीं।

दुर्भाग्य की बात है कि ऐसे प्रतिभाशाली साहित्यकार का उचित मूल्यांकन हिन्दी में नहीं हुआ। कला के प्रति अपनी अडिग आस्था के कारण कलाकारों को अनेक कष्ट सहने पड़ते हैं। निराला के कष्टों को लेकर बहुत लिखा गया है किन्तु एक अन्य कलाकार के वैसे ही कष्ट उपेक्षित रहे। बनारसीदास चतुर्वेदी दिनकर के प्रशंसक थे। निराला ने सुझाया कि दिनकर के मुकाबले जानकीवल्लभ को खड़ा किया जाय। "कहना न होगा, मैंने अपने व्यक्तित्व और कर्तृत्व को बुझ जाने देना पसन्द किया; किन्तु निराला को ऐसा अप्रिय और अवांछनीय आन्दोलन कभी नहीं खड़ा करने दिया।" (उप., पृ. 85)

निराला ने सुझाव दिया कि शास्त्री जी संस्कृत और आधुनिक हिन्दी कवियों की एक तुलनात्मक आलोचना लिख डालें, वह कोशिश करेंगे कि आलोचना छप

जाय। और उन्हें उस पर पारिश्रमिक मिले। इस सुझाव पर शास्त्री जी की टिप्पणी है : "मैं ऐसी (निराला द्वारा प्रस्तावित जैसी) आलोचना अनायास लिख सकता था; किन्तु यत्र-तत्र कलात्मक अभिव्यक्तियों में आंशिक समता देखना एक बात है और निराला, प्रसाद और पन्त को कालिदास, भारवि, भवभूति की कोटि का कवि समझना दूसरी।" (उप., पृ. 171) इस टिप्पणी से ऐसा लगता है कि निराला चाहते थे कि उन्हें ही नहीं, प्रसाद और पन्त को भी, कालिदास, भारवि, भवभूति की कोटि का कवि सिद्ध किया जाय। निराला ने शास्त्री जी से पक्षपात रहित होकर आलोचना लिखने के लिए कहा था; (16-2-40 का पत्र) शास्त्री जी ने उसका यही अर्थ लगाया कि उनसे संस्कृत के मुकाबले हिन्दी का पक्षपात करने को कहा जाता है। इसी सन्दर्भ में अपने आत्म-त्याग के बारे में शास्त्री जी ने लिखा : "मैं वर्षों बेकार रहा, भूखों मरा, मगर आत्मा के प्रतिकूल यह अर्थप्रद कार्य नहीं किया।" (उप., पृ. 171)

निराला दूसरों को दिये हुए अपने ही उपदेश भूल जाते थे। स्वार्थवश कला की साधना छोड़कर द्रव्य की साधना करने लगते थे। जानकीवल्लभ शास्त्री ऐसे प्रलोभनों से दूर रहते थे। निराला चाहते थे, जानकीवल्लभ शास्त्री के यहाँ कवि सम्मेलन हो और कविता-पाठ के लिए उन्हें उचित पारिश्रमिक मिले; "फीस पूरी नहीं, तो जाने लायक दिलाने की बातचीत कीजिए, वहाँ तो अच्छे-अच्छे आदमी हैं। काव्य-प्रेमी भी होंगे।" (7-7-45 का पत्र) इस पर शास्त्री जी कहते हैं : "प्रचार और विज्ञप्ति से पृथक् रहकर अखंड साधना का सतत उपदेश निराला भूल गए थे शायद।" (उप., पृ. 231)

जानकीवल्लभ शास्त्री और निराला में किसका व्यक्तित्व अधिक महान् है, इस बारे में अब सन्देह की गुंजाइश नहीं रह जाती। और भी प्रमाण देखिए :

निराला ने जानकीवल्लभ शास्त्री को सम्मेलन में बुलाया, सम्मेलन द्वारा प्रस्तावित डेढ़ सौ रुपये का खर्च स्वयं मंज़ूर कर लिया किन्तु "सब ठीक-ठाक हो चुकने पर महज पैसे पर जान देनेवालों के हाथ आत्मा के न बिक सकने से मेरा जाना स्थगित हो गया।" (उप., पृ. 194) विचार कीजिए, किसकी आत्मा बिकी और किसकी अनबिकी रह गई।

कलकत्ते में निराला के अभिनन्दन के दौरान उन्हें सौ-सवा सौ रुपयों का बटुआ भेंट किया गया। निराला ने बटुआ न लिया और जानकीवल्लभ से कहा : "तुम रखो। मैं क्या करूँगा?" इस पर शास्त्री जी ने कहा : "रामकृष्ण को दे देंगे।" तब निराला ने पूछा : "और तुम कौन हो?" इस पर शास्त्री जी ने बटुआ रख लिया। निराला के कुपित हो जाने का भय रहा होगा; वर्ना बटुआ अपने पास क्यों रखते? जब रामकृष्ण ने बटुआ माँगा तो शास्त्री जी ने देने से इनकार किया। शास्त्री जी का कहना है कि रामकृष्ण ने उन्हें कठोर पत्र लिखा था और मुकदमा चलाने की धमकी दी थी, इसलिए उन्होंने बटुआ उन्हें न दिया। यह घटना 1953 की है। इससे 4 साल पहले निराला के सर में चोट लगी थी। इस चोट का रहस्य शास्त्री जी की समझ में तब आया जब रामकृष्ण त्रिपाठी ने उनसे रुपये माँगे।

शास्त्री जी कहते हैं : "अब कहीं निराला के माथे का घाव फूटा। सुना था, 'अपरा' पर जो उन्हें पारितोषिक मिला था, उसे उन्होंने नहीं लिया था। स्व. मुंशी नवजादिकलाल श्रीवास्तव की विधवा के नाम उत्सर्ग कर दिया था। इस आत्मदान की खीझ स्वजनों ने उनकी खोपड़ी से निकाली थी। निराला ने मुँह ढँककर खोपड़ी खोलनेवालों का किस्सा सुनाया था।" (उप., पृ. 263)

जिन निराला ने 2100 रुपये का पुरस्कार अपने स्वर्गीय मित्र की विधवा को दे दिया था, वह तो अखंड साधना का उद्देश्य भूल गए थे, जिन जानकीवल्लभ शास्त्री ने निराला को भेंट किया हुआ सौ-सवा सौ रुपयों का बटुआ उनके पुत्र को देने से इनकार किया, वह अपनी अखंड साधना में अडिग रहे, दोनों के व्यक्तित्वों के तुलनात्मक अध्ययन से कुछ ऐसे ही अद्भुत निष्कर्ष निकलते हैं।

जिन परिस्थितियों में जानकीवल्लभ का लालन-पालन हुआ, शिक्षण और विकास हुआ, उन्हें देखते हुए आशा की जा सकती थी कि अन्याय के विरुद्ध निर्धन और पीड़ित मनुष्यों के संघर्ष से उन्हें सहानुभूति होगी। किन्तु रायगढ़ के भूतपूर्व राजकवि ने इस संघर्ष का विरोध करने में अपना कल्याण समझा। व्यवस्था का विरोध करने के बदले उन्होंने उससे समझौता किया और इस समझौते को अध्यात्मवाद की रेशमी चादर से ढँक दिया। सन् '35 से '46 तक का समय निराला के जीवन में और हिन्दी साहित्य के विकास में बहुत महत्त्वपूर्ण था। इस अवधि में निराला तथा पन्त जैसे कवियों ने पुरानी कल्पना-भूमि छोड़कर यथार्थवाद की नई ज़मीन पर साहित्य रचना की। ऐसा प्रयत्न केवल हिन्दी में नहीं, अन्य भाषाओं में भी, अखिल भारतीय स्तर पर हुआ। इस विकास से जानकीवल्लभ शास्त्री को कोई सहानुभूति न थी। प्रगतिवादी आलोचकों से उन्हें नाराज़ होना ही चाहिए क्योंकि शास्त्री जी के अनुसार इन लोगों ने निराला की पृथिवी-स्थानीय, अन्तरिक्ष-स्थानीय तथा द्यु-स्थानीय जीवनानुभूतियों को 'मिट्टी में मिलाकर प्रगतिशील समीक्षा की खाद' तैयार की थी। (उप., पृ. 4) इन लोगों ने 'सरोज-स्मृति' कविता के सन्दर्भ में सरोज की सामान्य चिकित्सा न हो पाने, प्रकाशक से रुपये न मिलने, निराला के अर्थकष्ट आदि की बातें की थीं। शास्त्री जी कहते हैं : "यह कसक वर्तमान पूँजीवादी व्यवस्था में आग लगाकर मार्क्सवाद की दुन्दुभी बन जाती तो निराला को बिरज की बुलन्दी से मिट्टी में घसीट लाना क्या बुरा होता; किन्तु 'गीते मेरी तज रूपनाम...' लिखनेवाले की दमदार पीड़ा तूफानी नारेबाजी या दम दिलासे की नहीं हो सकती।" (उप., पृ. 13) निराला ने स्वयं 'सरोज-स्मृति' में अपने अर्थ-संकट के बारे में जो कुछ लिखा है, उसे उद्धृत करना यहाँ अनावश्यक है। निराला का वेदान्त प्रगतिशील विचारधारा का विरोधी नहीं, उसका मित्र है। पर जानकीवल्लभ शास्त्री को हिन्दी साहित्य में अपनी स्थिति से जितना ही असन्तोष होता है, उतना ही वह अध्यात्मवाद का नारा ज़ोरों से बुलन्द करते हैं, उतना ही प्रगतिवाद का विरोध करते हुए भारतीय संस्कृति की दुहाई देते हैं और पश्चिमी कुरूपता की भर्त्सना करते हैं। कहते हैं : "हम पश्चिमी

कुरूपता को सौन्दर्य, अस्वस्थ प्रवृत्तियों को विकासशील और विवेक-विक्षेप को नई बौद्धिक उपलब्धि स्वीकारने के लिए विवश नहीं हैं।" (उप., पृ. 43) विवश होना भी नहीं चाहिए परन्तु इस पश्चिमी कुरूपता की लपेट में प्रगतिवादी ही नहीं, निराला भी; और निराला ही नहीं, रवीन्द्रनाथ ठाकुर भी आ जाते हैं।

'निराला की काव्य-कला' निबन्ध में जानकीवल्लभ शास्त्री ने निराला के गीत 'कौन तुम शुभ्र किरण वसना' से रवीन्द्रनाथ की 'अचल आलोके रएछो दाँडाए' आदि पंक्तियों की तुलना करते हुए लिखा था : "पश्चिमी भावों के मिश्रण का पाप दोनों के सिर पर लदा है, इसलिए भारतीय दृष्टि से दोनों ही चित्र दूषित हैं।"

शास्त्री जी अतीन्द्रिय अनुभूति में विश्वास करते हैं, ('निराला के पत्र', पृ. 18) जन्म-जन्मान्तर से अन्तर्मन में जमी हुई प्रज्ञा की बात करते हैं, (उप., पृ. 25) वह तन-मन से पृथक् आत्मा की अनुभूति करते हैं, (उप., पृ. 51) निष्कर्ष यह कि "भौतिकवादी की दृष्टि समसामयिक सृष्टि पर टिकती है, अध्यात्मवादी तात्कालिकता को अधिक महत्त्व नहीं देता।" (उप., पृ. 66)

जन्म-जन्मान्तर में जो भी हुआ हो, इसी जन्म में अपने बाल्यकाल में शास्त्री जी को जो अनुभूतियाँ हुई थीं, और जो बहुत अतीन्द्रिय नहीं थीं, वे समय-समय पर उनकी सुसंस्कृत अध्यात्मवादी चेतना को परेशान करती रही हैं। 'गाथा' में उन्होंने ऐसी रचनाएँ प्रस्तुत की थीं जिन्हें कुछ लोग अश्लील कहते थे :

तू नंगी थी नहा रही, मुझ पर पड़ते ही दृष्टि—
पड़े सौ घड़े पानी के, ज्यों बची न सूखी सृष्टि। [उप., पृ. 215]

नग्न स्त्रियों के दिवा-स्वप्न से जानकीवल्लभ अध्यात्मवाद का कोई विरोध नहीं है, उसका विरोध है समाज-व्यवस्था को बदलने के प्रयत्नों से, सामाजिक अन्यायों के खिलाफ मनुष्य के संघर्ष से।

अपने और निराला के व्यक्तित्व और कृतित्व का तुलनात्मक अध्ययन करके जानकीवल्लभ शास्त्री ने जो निष्कर्ष निकाले हैं, उन्हें निराला-सम्बन्धी पुस्तकों में न पाकर वह क्षुब्ध हो उठते हैं। निराला के "जिन छोटे और खोटे कामों की अति यथार्थता में निराला का बड़प्पन झलकाया गया है, वस्तुत: वह विपन्न और अति क्रान्त मन का आंशिक चित्र मात्र है। वह महर्षि विश्वामित्र द्वारा कुत्ते का, जूठा, मांस खाने जैसा है।" (उप., पृ. 60)

फिर शास्त्री जी निराला के ऐसे समालोचकों को कोसना शुरू करते हैं : "चौकोर तिकड़म से कमाई कीर्ति को कलेजे से लगाकर रखनेवाले इतिहास के सतत प्रवाह की राह में पड़े हुए इस पर्वत को लाँघने की कोशिश में बह जाएँगे, अपने ही भूगोल में गोल हो जाएँगे, जाल डालकर भी मछुए उनके अष्टावक्र अस्थिपंजर का अता-पता न पा सकेंगे। निराला का अन्न, रस, प्राण छीनकर मुँह जुठारनेवाले अब उसकी वाणी छीनने के लिए हाथ लपका रहे हैं, ऐसे हूठा देकर सरकसी मृत्यु-कूप में इतरा-इठला

गाड़ी दौड़ानेवाले कब गाड़ी में हेला मारने के लिए हाय-हाय मचाएँगे, कहना कठिन नहीं है।" (उप., पृ. 62)

बचपन में पिता की गालियाँ सुनते-सुनते बहुत छोटी उम्र में वह उस विद्या में पारंगत हो गए थे और प्राय: निर्दोष व्यक्तियों पर उसका प्रयोग करके वह अपने को योग्य पिता का योग्य पुत्र सिद्ध करने लगे थे। ('स्मृति के वातायन', पृ. 141) बचपन का वह संस्कार मिटा नहीं; अपने उदात्त रूप में वह 'निराला के पत्र' की भूमिका में जहाँ-तहाँ प्रकट है।

बायीं ओर एक बुझा-सा शीशा और दाहिनी तरफ एक पुस्तक—'रस गंगाधर'। इन्हें "अक्सर सामने रखकर मैं अपने को लिखा करता था।" (उप., पृ. 10) बुझे शीशे की जगह अनबुझा शीशा आ गया, 'रस गंगाधर' की जगह और पुस्तकें आती-जाती रहीं। शीशे में अपनी छवि देखकर, पुस्तकें रटकर, जानकीवल्लभ शास्त्री ने बहुत कुछ लिखा, पर निराला को, या खुद को भी, पहचानने का यह तरीका बहुत अच्छा नहीं है। कारण यह कि "अहन्ता अन्धकार है", और "अपने व्यक्तित्व का परिहार किये बिना 'समग्र' पकड़ में नहीं आता। असीम आनन्द अहन्ता के उन्मूलन में से फूटता है।" (उप., पृ. 18) इन वाक्यों में बहुत सुन्दर उपदेश हैं। उनके अनुसार आचरण करने में कोई हानि नहीं है। तथास्तु।

5. शेष प्रसंग

एक लघु चर्चा और, फिर उसके बाद धन्यवाद, और बस।

निराला ने एक कविता लिखी थी : 'बापू, तुम मुर्गी खाते यदि'। यह कविता भगवतीचरण वर्मा ने 'विचार' नाम के पत्र में छापी थी। इस कविता पर वर्मा जी ने टिप्पणी की थी : "अगर ऊल-जलूल बातें लिखना और उनकी घोषणा करना, अगर लोगों की सुरुचि पर प्रहार करना, अगर जनमत अथवा लोकमत की भद्दे तौर से हँसी उड़ाना ही उत्कृष्ट कला है, तो हम स्वीकार करते हैं कि निराला जी का इस युग का सर्वश्रेष्ठ कवि अथवा कलाकार होने का वह दावा जो वह अक्सर मौके-बे-मौके उचित-अनुचित ढंग से किया करते हैं, सोलह आना ठीक है।"

और इसी तरह की कुछ और बातें।

इस पुस्तक के पहले खंड में मैंने लिखा था कि वर्मा जी ने निराला से यह कविता सुनी थी, 'विचार' के लिए उसे भेजने को कहा था, न भेजने पर उन्हें ताकीद की थी। कविता मिल गई तो कविता और अपने नोट की एक प्रूफ कापी उन्हें भेजी थी। इस विवरण पर वर्मा जी को आपत्ति हुई। वह आपत्ति अप्रैल-जून, 1969 की 'आलोचना' में मेरी पुस्तक की समीक्षा करते हुए अमृतलाल नागर ने यों बयान की थी : "डॉ. शर्मा की किताब से मैंने यह जाना कि छोटे कद और बड़े बाँके मिज़ाज वाले हमारे भगवती बाबू का नाम निराला जी ने 'बेंटराज' रखा था। पढ़कर बड़ी ज़ोर से हँसी आई, साथ ही अनूठे और उपयुक्त नामकरण करनेवाली निराला जी की

बैसवारी प्रतिभा की दाद दिये बिना भी न रहा गया। भगवती बाबू से भेंट होने पर जब यह प्रसंग आया तो वे बोले : "मैं तो अपनी लाइक्स और डिसलाइक्स (पसन्द और नापसन्दगी) में शुरू ही से निराला जी से एकदम साफ़ रहा। वे हमारे मुँह पर कहते थे, मैं उनके मुँह पर। मगर उनकी 'बापू तुम मुर्गी खाते' वाली कविता को 'विचार' में मेरे द्वारा नोट लगाकर छापे जाने के प्रसंग में रामविलास ने मेरे साथ न्याय नहीं किया। मैंने न तो वह कविता मँगाई थी और न रिमाइंडर भेजा था। यह ग़लत स्टेटमेंट है।"

"हमारे मित्र ज्ञानचन्द जैन ने कहा कि यह तो निराला जी के पत्र के आधार पर ही लिखा गया है। इस पर भगवती बाबू बोले : "बात उस पत्र से ही उठती है। निराला जी की यह बात कि कविता मैंने मँगाई थी और न पहुँचने पर रिमाइंडर भेजा था, शत-प्रतिशत ग़लत है। तुम तो जानते ही हो, उन दिनों मैं पक्का गांधीवादी था। ऐसी कविता मँगाकर छापने का सवाल ही नहीं उठता। वह कविता मुझे दी गई थी। बात यों हुई कि मैं इलाहाबाद गया था, वाचस्पति पाठक के यहाँ निराला जी से भेंट हुई। उन दिनों वे पाठक जी के यहाँ रहते थे। उन्होंने यह कविता सुनाई और मुझसे कहा कि छापोगे? पहले तो मैं सकुचाया पर जब उन्होंने मुझे दो बार चुनौती दी तो हमने भी कहा कि दे दीजिए, छापेंगे। निराला जी ने वह कविता मुझे वहीं दे दी। पाठक जी भी उस समय मौजूद थे।"

यह विवरण सुनकर अमृतलाल नागर ने मेरे पक्ष में जो कुछ लिखा है, वह यह मानकर लिखा है कि वर्मा जी की कही हुई बात सही है। अवश्य ही वर्मा जी की स्मृति उन्हें धोखा दे रही थी जब उन्होंने कल्पना की कि निराला ने उन्हें अपनी कविता इलाहाबाद में दी थी। यह कविता उन्हें इलाहाबाद में नहीं, कलकत्ते में मिली थी, इसका प्रमाण निराला का पत्र ही नहीं, स्वयं भगवतीचरण वर्मा का पत्र है जो उन्होंने कविता मिलने पर निराला को लिखा था। इस पत्र का हवाला इस पुस्तक के पहले खंड में भी है और इस तीसरे खंड में वह पूरा पत्र प्रकाशित है। 27 जून, 1940 के इस पत्र में वर्मा जी ने निराला को लिखा था : "आपकी कविता मिली, धन्यवाद—कोटि-कोटि धन्यवाद! उसे मैं 'विचार' के अगले अंक में अपने सम्पादकीय नोट के साथ प्रकाशित कर रहा हूँ। नोट और कविता का प्रूफ आपकी सेवा में भेज रहा हूँ।"

यदि वह इलाहाबाद से निराला के चुनौती देने पर कविता ले गए होते तो उसके मिलने की सूचना कलकत्ते से निराला को लखनऊ के पते पर न भेजते, न उसके लिए उन्हें कोटि-कोटि धन्यवाद देते। कविता उन्होंने इलाहाबाद में सुनी ज़रूर होगी लेकिन वह उन्हें वहाँ प्राप्त न हुई थी। इसीलिए सम्पादकीय नोट पढ़कर निराला ने भगवतीचरण वर्मा को याद दिलाया था : "नोट में आप इतना लिखना भूल गए हैं कि यह रचना आपने छापने के लिए खुद माँगी थी और न भेजने पर फिर याद भी दिलाई थी।"

दिलचस्प बात है, यह कविता छापने के बाद, उस पर वैसा सम्पादकीय नोट लिखने के बाद भी, भगवतीचरण वर्मा 'विचार' में प्रकाशन के लिए निराला से रचनाएँ मँगा रहे थे। 29 जुलाई, 1941 के पत्र में निराला ने इस तरह की सूचना कुँवर सुरेश

सिंह को दी थी : "भगवतीचरण वर्मा का एक पत्र आपके पत्र के साथ आया है। उसमें उन्होंने लिखा है, 'हमने सुना है कि आप कहानी तगड़ी लिखते हैं। लिहाज़ा हमें कहना यह है कि पूजा के अवसर पर 'विचार' का एक विशेषांक निकल रहा है। उसके लिए एक कहानी और एक कविता आप भेजें। कहानी और कविता, दोनों ही भेजनी होंगी, समझे आप?' "

अवश्य ही निराला ने कुँवर सुरेश सिंह को भगवतीचरण वर्मा के इस पत्र की बात मन से गढ़कर न लिखी थी। निराला उन्हीं के वाक्य उद्धृत करके कुँवर सुरेश सिंह को सुना रहे थे कि भगवतीचरण वर्मा ने ऐसा-ऐसा लिखा है। अब रही बात वर्मा जी के पक्का गांधीवादी होने की, और ऐसी कविता मँगाकर छापने के सवाल न उठने की, तो वर्मा जी ऐसे पक्के गांधीवादी कभी थे नहीं, जैसे वह बातचीत में अमृतलाल नागर को जताना चाहते थे। 'टेढ़े-मेढ़े रास्ते' जैसे उपन्यास उनकी राजनीतिक दृष्टि के परिचायक हैं। वे इतने गांधीवादी ज़रूर थे कि 'विचार' में 'बापू, तुम मुर्गी खाते यदि' जैसी कविता छापें और निराला को बदनाम करके मज़ा लें। उनके सामने 'वर्तमान धर्म' वाला आन्दोलन नमूने के तौर पर पहले से मौजूद था। निराला ने इसी की ओर अपने पत्र में संकेत किया था : "अपने जैसे और अनेक का जो मेरी कला के सम्मतिदाताओं में उल्लेख किया है, यह उनके प्रति आपकी उदारता है; उनके नाम भी आप लिख देते तो पाठकों को भ्रम में न पड़ना पड़ता।"

अपनी समझ में मैंने वर्मा जी के साथ कोई अन्याय नहीं किया और न निराला ने अपने पत्र में कविता के मँगाने के बारे में जो कुछ लिखा था, वह एक प्रतिशत भी गलत था।

इस तीसरे खंड में जितनी भी सामग्री संकलित है, उसके लिए मैं सबसे पहले और सबसे अधिक निराला का ऋणी हूँ। लखनऊ छोड़ते समय वे बहुत-सी पत्र-सामग्री मुझे दे गए थे जिसका आंशिक उपयोग, उनके जीवनकाल में प्रकाशित, उन पर अपनी पहली पुस्तक में मैंने किया था। वह सामग्री पूरी की पूरी यहाँ प्रकाशित की जा रही है। निराला सामग्री-संकलन के प्रति अत्यन्त सजग थे। उनके फक्कड़पन की कहानियों के कारण जैसे उनका गृहस्थ रूप आँखों से ओझल हो गया है, वैसे ही और इसी कारण उनका सावधान संग्रहकर्ता वाला रूप भी लोगों की आँखों से ओझल है। किन्तु निराला ने गढ़ाकोला में रहते समय साहित्यिक मित्रों से प्राप्त पत्र सावधानी से रखे। इसके अतिरिक्त जहाँ बन पड़ा, वे अपने भेजे हुए पत्र भी वहाँ से उठा लाए। सास, साले, दामाद के नाम भेजे हुए पत्र इसी तरह उन्होंने प्राप्त किये और अपने संग्रह में उन्हें सुरक्षित किये रहे। अपने चचेरे भतीजों को भेजे हुए मनीआर्डरों की रसीदें, अनेक पत्रों की प्रतिलिपियाँ, अधूरे पत्र आदि, जीवन के एक चरण में, उन्होंने कुछ भी नष्ट न होने दिया था। आश्चर्य की बात है कि नन्ददुलारे वाजपेयी

की पच्चीसों चिट्ठियाँ निराला के पास सुरक्षित रहीं और निराला के पत्र नन्ददुलारे वाजपेयी के यहाँ सुरक्षित न रहे। इस बात पर विश्वास करने को जी नहीं चाहता। मुझे अब भी आशा है, कि न केवल नन्ददुलारे वाजपेयी को वरन् सुमित्रानन्दन पन्त और दुलारेलाल भार्गव को भी लिखे हुए निराला के पत्र एक दिन प्रकाशित हो जाएँगे।

निराला के बाद इस खंड की तैयारी में रामकृष्ण त्रिपाठी ने मेरी यथेष्ट सहायता की है। निराला ने उन्हें जो पत्र लिखे थे, वे सारे पत्र यहाँ प्रकाशित करने की अनुमति उन्होंने मुझे दी, इसके लिए मैं उनके प्रति हृदय से आभारी हूँ। उनसे कई तरह की उपयोगी जानकारी भी मुझे प्राप्त हुई; उसका यथास्थान उल्लेख मैंने कर दिया है।

नागरी प्रचारिणी सभा, काशी के अधिकारियों ने द्विवेदी-संग्रह में निराला के पत्र मुझे देखने दिये और उन्हें प्रकाशित करने की अनुमति दी। शिवपूजन सहाय ने पटना में अपना सारा पत्र-संग्रह मेरे सामने रख दिया और उसमें मुझे वे पत्र भी मिले जिनकी ओर शिवपूजन सहाय का ध्यान न गया था। अपनी जानकारी से उन्होंने मेरी विविध सहायता की, वह तो की ही। जयशंकर प्रसाद को लिखे हुए निराला के पत्र रत्नशंकर प्रसाद की कृपा से प्राप्त हुए। हरिशंकर शर्मा ने अपने पिता नाथूरामशंकर शर्मा को लिखा हुआ निराला का पत्र मुझे दिया। निराला के बाल सखा रामशंकर शुक्ल ने जो पत्र आदि उनके पास थे, मुझे भेज दिये। नलिन विलोचन शर्मा की पत्नी श्रीमती कुमुद शर्मा ने अपने यहाँ की सामग्री मुझे दी। कलकत्ता प्रवास के समय निराला के शिष्य और मित्र दयाशंकर वाजपेयी को लिखे हुए पत्र मुझे उनके पुत्र शान्तिस्वरूप वाजपेयी से प्राप्त हुए। बनारसीदास चतुर्वेदी, परमानन्द शर्मा, उग्र, गंगाप्रसाद मिश्र, केदारनाथ अग्रवाल, अमृतलाल नागर, गंगाधर शास्त्री, मेरे लखनऊ के मित्र रामप्रसाद उर्फ लल्लू ने अपने पास के पत्र मुझे दिये। राजा बख्शसिंह के नाम निराला के पत्र कुँवर चन्द्रप्रकाश सिंह ने भेजे। कुँवर सुरेशसिंह से उन्हें लिखे हुए निराला के पत्र प्राप्त हुए। वाचस्पति पाठक को लिखे हुए निराला के पत्रों की प्रतिलिपि त्रिलोचन शास्त्री ने करके भेजी थी; उन्हें प्रकाशित करने की अनुमति पाठक जी से प्राप्त हुई। गुलाबराय, शिवशेखर द्विवेदी, उदयशंकर शास्त्री, नागार्जुन, विष्णुकान्त शास्त्री, शिवमंगलसिंह सुमन, कल्याणमल लोढ़ा, जगतपतिशरण निगम, घनश्याम अस्थाना, ब्रज किशोर सिंह, रमेशचन्द्र दुबे आदि महानुभावों ने अनेक प्रकार से मेरी सहायता की है। एक तरह से यह पुस्तक सामूहिक प्रयास का फल है। इसके लिए मैं सभी सम्बद्ध व्यक्तियों के प्रति हार्दिक आभार प्रकट करता हूँ।

—रामविलास शर्मा

आगरा,
26-12-75

पहला भाग

[निराला को लिखे हुए पत्र]

1. महावीरप्रसाद द्विवेदी

दौलतपुर, रायबरेली
4-6-21

शुभाशिष: सन्तु

आशा है, आप अच्छी तरह हैं। कुशल समाचार भेजिए।

फरवरी, '21 की सरस्वती लौटा दीजिए। कभी कभी काम पड़ता है। जो पुस्तकें आप पढ़ चुके हों उन्हें भी डाक से भेज दीजिए।

शुभेच्छु
म.प्र. द्विवेदी

[पता]

पंडित सूर्यकान्त त्रिपाठी
मौज़ा गढ़ाकोला
डाकखाना मगरायल (उनाव)
P.O. Magrail
(Unao)

2. महावीरप्रसाद द्विवेदी

जुही, कानपुर
21-9-21

आशीष,

16 सितंवर की चिट्ठी मिली। प्रताप प्रेस वालों ने 20) या 25) पर काम देने को कहा है। शुरू शुरू में। पर जल्दी बुलाया है।

मैं आजकल तकलीफ में हूँ। यहां पर बड़ी भानजी दस रोज़ से बीमार है। बुखार कभी कभी 104, 105 दरजे तक हो जाता है। भानजा भी बीमार है।

शुभैषी
म.प्र. द्वि.

[पता]

पण्डित सूर्य्यकान्त त्रिपाठी
मौज़ा वसियां
डाकख़ाना ईदामऊ (उन्नाव)
P.O. Indamau
(Unao)

[कार्ड की दूसरी तरफ खाली जगह में निराला ने लिखा :

श्री हरि:
कृपा पत्र मिला
श्री बहिन की बीमारी
का हाल मिला।]

3. रघुनन्दन शर्मा

ओ३म्

कानपुर
[21-10-21]

श्रीयुत पं. सूर्यकुमार जी,

नमः

मैं दृढ़ आशा के साथ लिख रहा हूं कि आपने स्थिर कार्य आरंभ कर दिया होगा या शीघ्र ही आरंभ करने की चिन्ता में होंगे। यदि ग़फलत में होंगे तो मैं नहीं कह सकूंगा कि आपके मन में क्या है।

जो कार्य उस दिन मैंने स्थिर किया है अव्यर्थ है, मांगलिक है और सारी व्यग्रताओं को दूर करनेवाला है। आर्थिक दृष्टि से उससे अच्छा कार्य किसी भी स्वावलम्बी के लिए न तो सोचा जा सकता है और न अब तक उपलब्ध है। मैं उत्तर की प्रतीक्षा में हूं कि आप लिखें कि, सिद्धि प्राप्त हो गई।

विशेष कुशल है [।] मैं दीपमालिका के दो दिन आगे पीछे आऊंगा—इति

शीघ्र उत्तराभिलाषी
रघुनन्दन

पं. सत्यदेव वैद्य
का मकान; प्रयाग
नारायण का मन्दिर
कानपुर

[पता]

P. Surya Kumar Tewari
Garhakola गढ़ाकोला
P.O. Magrayar
Dt. Unao

['अक्षर विज्ञान' के लेखक रघुनन्दन शर्मा ने निराला के लिए कौन-सा कार्य स्थिर किया था, यह अज्ञात है।]

4. महावीरप्रसाद द्विवेदी

जुही, कानपुर
1-11-21

आशीष,

मेरी तबीयत पहले से कुछ अच्छी ही है। पर कमज़ोरी बहुत आ गई है। परसों से दुलारी (बड़ी भानजी) और छोटी बिट्टी भी फिर बुखार में पड़ी हैं। देखूं कैसे इन तकलीफ़ों से नजात मिलती है। मैंने रामकृष्ण मिशन के स्वामी जी को लिख दिया है कि संपादक दरकार हो तो मुझसे सलाह कर लें।

शुभैषी
म.प्र. द्विवेदी

[पता]

Soorya Kant Tripathi
Garhacola-ViII
P.O. Magrair
(Unao)
पं. सूर्यकान्त त्रिपाठी
गढ़ाकोला
मगरायल उनाव

[जवाबी कार्ड पर अंग्रेज़ी में पता निराला का लिखा है, हिन्दी में द्विवेदी जी का। रामकृष्ण मिशन के स्वामी, माधवानन्द, हैं।]

5. महावीरप्रसाद द्विवेदी

जुही, कानपुर
9-11-21

आशीष

मायावती-आश्रम के स्वामी माधवानंद आज आये थे। उनसे आपका हाल कहा। यह भी कहा कि 50) मासिक कम से कम मिलने पर आप कलकत्ते जा सकेंगे। उनका पता उद्बोधन आफिस, बाग बाज़ार, कलकत्ता है। आपको वे शायद लिखेंगे। पता ले लिया है। एडिटर के लिए वे विज्ञापन दे चुके हैं। बहुत सम्भव है वे आप ही को लें।

शुभैषी
म.प्र. द्विवेदी

[पता]

पं. सूर्यकान्त त्रिपाठी
मौज़ा गढ़ाकोला
डाकखाना मगरायल (उनाव)
P.O. Magrial
Unao

6. महावीरप्रसाद द्विवेदी

सूर्यकान्त जी,

इस चिट्ठी को लेकर आप बनारस चले जाइए। मैंने आपके विषय में सब कुछ बाबू शिवप्रसाद जी को लिख दिया है। कलकत्ते से बनारस अच्छा है। मैं 1 दिसंबर को गांव चला जाऊंगा (।)

म.प्र. द्वि.
28/11/21

[महावीरप्रसाद द्विवेदी ने यह नोट पेंसिल से शिवप्रसाद गुप्त के पत्र पर लिखा है। पत्र पर ज्ञानमंडल का ब्लाक छपा है : सबसे ऊपर ब्रह्म देश समेत हिन्दुस्तान का नक्शा, नक्शे के बीच में "ॐ", अरब समुद्र में "बन्दे" और बंगाल की खाड़ी में "मातरम्"; "ज्ञानमंडल कार्यालय काशी"—बड़े बड़े अक्षरों में, इसके ऊपर छोटे अक्षरों में—"ज्ञानमंडल ग्रन्थमाला", नीचे वैसे ही छोटे अक्षरों में "हिन्दी पुस्तक प्रकाशक"; दाहने किनारे पुष्पों-पत्रों के बीच तीन पुस्तकों पर रखी चौथी पुस्तक के खुले पृष्ठों पर छपा है : "हिन्दी पुस्तक विक्रेता"। शायद पता नाकाफी समझ कर द्विवेदी जी ने उसकी सजधज के नीचे लिखा :

ज्ञानमंडल प्रेस
और
ज्ञानमंडल कार्य्यालय
महल्ला
कबीरचौरा
बनारस

शिव प्रसाद गुप्त का पत्र उनके कर्मचारी ने लिखा है, उसके अंत में "विनीत शिवप्रसाद गुप्त" तथा बीच में "घर में विवाह होने के कारण" गुप्त जी का लिखा हुआ है। पत्र यों है :

"श्री पूज्य पंडित जी,

आपने जिन सज्जन के विषय में लिखा था, कृपा कर उन्हें आप काशी भेज दीजिए। यदि उनके योग्य कोई कार्य ज्ञानमण्डल, इत्यादि में मिल सका तो मैं उन्हें अवश्य रख लूंगा, अन्यथा उन्हें आने जाने का व्यय देकर जैसा कुछ उचित होगा, उत्तर दे दूंगा। आप उन्हें काशी में सीधे

ज्ञानमण्डल कार्यालय (कबीर चौरा) में आने के लिए कह दीजिये। मुझे आजकल घर में विवाह होने के कारण अवकाश बहुत कम मिलता है, अत: संभव है मैं उन्हें घर पर न मिल सकूं। इसलिए ठीक यही होगा कि वे स्टेशन से उतर कर सीधे ज्ञानमण्डल कार्यालय में ही चले आवें। मैंने ज्ञानमण्डल कार्यालय के व्यवस्थापक श्री मुकुन्दीलाल जी को आदेश दे दिया है। वे उनके ठहरने का यथोचित प्रबन्ध कर देंगे।

विनीत

शिवप्रसाद गुप्त"]

7. महावीरप्रसाद द्विवेदी

दौलतपुर, रायबरेली

17-12-21

आशीष,

आपके दोनों कार्ड मिल गये। मैं यहां 2 दिसंबर को आया। 5 से 11 तक फिर बुखार में पड़ा रहा। अब अच्छा हूं।

दुलारी 1 दिस. वृहस्पति को ही गई थी। साथ छापेखाने का एक लड़का था। दुलारी को आप पहचानते नहीं। वह मेरी बहन की नातिन है। विधवा है।

जान पड़ता है स्वामी जी ने बहाना कर दिया है। पसंद किसी और ही को किया होगा। ख़ैर उनकी इच्छा। इधर बनारस जाने में भी आपने देर कर डाली।

आप जब चाहें चले आवें। मगर आठ कोस पैदल आने जाने में आपको कष्ट होगा। जो पूछना था, चिट्ठी से क्यों न पूछ लिया?

शुभैषी

म.प्र. द्विवेदी

8. सुमित्रानन्दन पन्त

3, म्योर रोड

प्रयाग।

31 मार्च, '26

प्रियवर निराला जी,

आप मुझे पत्र क्यों नहीं लिखते? मैंने एक बार श्रीयुत मतवाला-सम्पादक जी से आपका पता भी पुछवाया था, पर तब आप अपने गाँव में थे।

कल श्रीयुत शान्तिप्रिय द्विवेदी जी मुझे मिले [;] उन्होंने आपके विषय में चर्चा की। मैं बहुत चाहता हूँ कि आप मुझे अपने कृपापत्रों से बराबर आभारी करते रहें। आपके पुराने पत्र कल मैंने पढ़े, वे कैसे स्नेहपूर्ण हैं! क्या आप अब मुझसे नाराज़

हैं? मैंने ऐसा क्या अपराध किया, निराला जी? क्या आप मुझे बतलावेंगे? यदि मुझसे अनजान में कुछ हो भी पड़ा तो क्या आप मुझे क्षमा न करेंगे?

पिछले वर्ष मेरा मानसिक स्वास्थ्य अच्छा नहीं रहा, अब भी अधिक अच्छा नहीं, इसीलिए मैं आपको न लिख सका—मैंने कोई नवीन कविता भी परिवर्तन के बाद नहीं लिखी।

श्रीयुत शान्तिप्रिय द्विवेदी जी कहते थे कि आपका स्वास्थ [स्वास्थ्य] भी अच्छा नहीं रहता, आप बहुत दुबले हो गए हैं—आप क्यों अपने स्वास्थ्य को नहीं सुधारते? ख़ूब तनदुरुस्त तथा सुन्दर बन जाइए निराला जी, अपना खूब यत्न कीजिए। आप कभी प्रयाग भी नहीं आते। आपके दर्शन कब होंगे?

मैं एप्रिल के अन्तिम सप्ताह तक यहाँ हूँ फिर अल्मोड़ा चला जाऊँगा, अगस्त में फिर लौट आऊँगा।

आजकल इंडियन प्रेस में मेरी कविताओं का एक संग्रह छप रहा है, नाम "पल्लव" है। एप्रिल के अन्त तक प्रकाशित हो जाएगा।

आप आजकल क्या करते हैं? स्वास्थ्य आपका कैसा है? आप मेरे पत्र का उत्तर तो देंगे? मुझे अवश्य पत्र लिखा कीजिए निराला जी, आप बड़े अच्छे पत्र लिखा करते थे, न जाने फिर क्यों नाराज़ हो गए?

आपका पत्र पाकर मैं प्रसन्न रहूँगा, आप अवश्य लिखिए, शीघ्र ही लिखिए—

आपकी कविताएँ कभी 2 "मतवाला" में पढ़ने को मिल जाती हैं—

क्या आप ही के शब्दों में आपको लिखना पड़ेगा—"जागो एक बार!"

आप वैसे ही स्नेहपूर्ण, कृपापूर्ण पत्र मुझे लिखा कीजिए, मुझे उनकी बड़ी ज़रूरत है, मैं सदैव आपका कृतज्ञ रहूँगा।

अपना यत्न कीजिए—पत्र अवश्य दीजिए—

और आपको क्या लिखूँ—मुझे विश्वास है आप मुझ पर अवश्य कृपा करेंगे—

मैं अच्छा हूँ—
आपका
सुमित्रानन्दन पन्त

9. शान्तिप्रिय द्विवेदी

C/o राधाकृष्णदास बी.ए.
कोठी-भदैनी,
Benares City
3/4/26

गुरुदेव, प्रणाम।

बहुत दिन हुए मैंने आपको एक कार्ड भेजा था, उत्तर न मिला। आशा है, आप सस्वस्थ हैं—मैं भी।

परसों मैं इलाहाबाद गया था—पन्त जी के शुभ-दर्शन हुए। दरअसल वे दर्शनीय हैं। उनकी कविताओं का एक वृहत्-संकलन "पल्लव" नाम से इण्डियन-प्रेस से अप्रैल तक निकल जायगा—उसकी भूमिका में पन्त जी ने आपकी शैली पर जो आलोचना की है—विचारणीय है।

अधिक क्या लिखूँ? पन्त जी को मैंने अपनी हाल में लिखी हुई कुछ कविताएँ दिखलाई थीं, आश्चर्य है वे उसमें 'शेली' और 'बाइरन' के भावों की महँक पाते हैं और अपनी भी। ख़ैर।

विजय और पद्म को प्रेम। उनका कोई पत्र नहीं मिलता—क्या बात है?

विनीत—
शान्तिप्रिय द्विवेदी

सेठ जी, मुन्शी जी,
दयाशंकर जी को नमस्कार

[पता]

श्रद्धेय
सूर्यकान्त त्रिपाठी 'निराला'
'मतवाला-मण्डल'
36, शंकरघोष लेन,
कलकत्ता—Calcutta

10. सुमित्रानन्दन पन्त

3, म्योर रोड,
प्रयाग
16. 4. '26

प्रियवर निराला जी,

आपको एक पत्र लिखा था, उत्तर की प्रतीक्षा करते 2 हार गया—क्या आप मुझे शीघ्र पत्रोत्तर देकर आभारी नहीं कीजिएगा?

पत्र अवश्य दीजिएगा निराला जी, मैं बड़ा उत्सुक हूँ। आजकल मुझे खूब लम्बे-चौड़े पत्र अच्छे लगते हैं [।] अभी ख़ूब बड़ा सा पत्र लिखिएगा—आशा है, आप मुझे हताश न करेंगे—

आपका सविनय—
सुमित्रानन्दन पन्त

[पता]

Sriyut
Suryakanta Tripathi Je,
"Nirala"
C/o
The Editor **Matwala**
26, Shunker Ghose Lane
Calcutta

11. सुमित्रानन्दन पन्त

प्रयाग
1-5/26

प्रियवर निराला जी,

प्रिय-पत्र आपका मिला, ज़ुकाम से बेचैन था इसलिए विलम्ब से उत्तर दे रहा हूँ क्षमा कीजिए—

आपने अपनी लेखनी की नोंक पूरी ताक़त से मेरे हृदय में चुभा दी, क्या आपको यह अच्छा लगता है? भला, बतलाइए तो कौन से वे पुराने नियम हैं जिनके दलदल में आपके पत्र ग़ायब हो गए? और कितने आपके पत्र ग़ायब हुए?

केवल एक पत्र को छोड़ कर—जो शायद आपका अन्तिम था—और जो मेरे बड़े भाई साहब के मेज़ की दराज़ में 3 महीने तक पड़ा रहा, वे मुझे देना भूल गए—और कौन सा पत्र आपका कब ग़ायब हुआ? उस पत्र में आपने मेरी कविताओं की आलोचना की थी, जो अशुद्धियाँ बतलाईं थी मैंने ठीक करलीं [।] उन दिनों मेरा मानसिक-स्वास्थ्य इतना ख़राब था कि मैं आपको यह सब न लिख सका—आप ही बतलाइए क्या इसी बात को लेकर आपको रुष्ट हो जाना चाहिए था? खैर misunderstanding हो ही जाती है, मैं आपसे अपने जाने अनजाने अपराध के लिए बार 2 क्षमा माँगता हूँ—मुझे आशा है भविष्य में आप मुझ पर वैसा ही स्नेह रक्खेंगे मुझे विश्वास भी है—

अब आप मुझ पर कभी अपने व्यंग्य-वाण न छोड़िएगा—"पल्लव" के लिए जो आपने बधाई दी धन्यवाद। अभी प्रकाशित नहीं हुआ, शायद मई के अन्त तक हो जाय।

अपना यत्न कीजिए, पत्र अवश्य प्रदान कीजिए—

आपका
सुमित्रानन्दन पंत

12. शिवपूजन सहाय

दण्डपाणि भैरव, (काशी)
मुहल्ला, कालभैरव
Benares City
29/5 [१९२६]

मान्यवर निराला जी

सादर सप्रेम प्रणाम।

आपका कृपापत्र और रस अलंकार नामक ग्रंथ मिला। धन्यवाद। मेरी स्त्री जब से आई, सख्त बीमार है। बहुत परीशान हूँ। चित्त स्थिर नहीं हैं। चिन्ता और चंचलता के कारण समय पर आपको उत्तर न दे सका। क्षमा चाहता हूँ।

आपके घर 25) भेजने के लिये लहेरियासराय पत्र लिख दिया है। आप भूमिका आदि भेज दीजिए। पुस्तक शीघ्र ही प्रेस में जायगी। प्रूफ़ भेजूँगा। बेनीपुरी भी घर गये हैं—बीमार होकर। यहीं से ज्वरग्रस्त होकर गये थे। शान्तिप्रिय जी सदा मिलते हैं। आपको प्राय: स्मरण करते हैं। मैं स्त्री की बीमारी से कहीं आ-जा नहीं सकता। बड़े संकट में जी पड़ा है। पत्रोत्तर में देर होने से आप कोई दूसरी बात न समझें। आप के लिये काम की कोशिश कर रहा हूँ। हाथ में आते ही भेजूँगा। आप प्रकाशकों की और हिन्दी संसार की हालत जानते ही हैं। अधिक क्या लिखूँ। मुंशी जी को एक पत्र लिखा था। उत्तर नहीं मिला। मतवाला के केस का हाल सुना। वह एक निश्चित होनी थी। आखिर होकर ही रही। विश्वास है कि मतवाला विचलित नहीं होगा। बनारसी लोग तो ऐसी ही चर्चा करते हैं। मैं जब से आया, मतवाला के किसी अंक के दर्शन नहीं हुए। ॐशान्ति: वाला एक अंक भेजने को कह दीजियेगा। जरा स्वस्थ-चित्त होकर कुछ लिखूँगा। रूपनारायण जी आये थे। आपको पूछते थे। बिहारी सम्मेलन के समय (22 जून) तक स्त्री को कुछ आराम हुआ तो लहेरियासराय जाऊँगा और आपके महाकाव्यों के विषय में बातें करूँगा। मुझसे जहाँ तक हो सकेगा, कोई कसर न रक्खूँगा। आइन्दे हिन्दी का भाग्य। यहाँ आने के बाद से तिमारदारी में इस क़दर फँस जाना पड़ा है कि जिसका पैसा खाता हूँ उसका कुछ काम नहीं हुआ। बड़े संकोच और संकट में जान पड़ गई है। शुरू में मुन्शी जी के आने की प्रतीक्षा करता रहा। फिर मामले का हाल कर समझ गया कि अभी देर है। ब्रजकिशोर और बबुनी का समाचार लिखियेगा।

यहाँ के एक सज्जन रामचन्द्र कपूर पूछते थे कि रवीन्द्र गांधी सम्बंधी निराला जी का लेख कृष्णसन्देश में कब पूरा होगा। मैंने कह दिया कि निराला जी अस्वस्थ हैं। क्षमा कीजिएगा।

आपका कृपाकांक्षी—शिवपूजन

25) रुपये आपके घर चले जायँगे उसी पते पर जो आपने लिखा है। वहाँ से पत्र आने पर सूचना दूँगा। शिव.

[पुस्तक प्रेस में नहीं गई, न निराला को प्रूफ भेजे गये। मुंशी—नवजादिक लाल श्रीवास्तव।]

13. रामनरेश त्रिपाठी

हिन्दी मन्दिर, प्रयाग
28-9-26

प्रिय त्रिपाठी जी,

नमस्कार। कविता-कौमुदी के दूसरे भाग में मैं आपकी जीवनी और चुनी हुई कविताओं का संग्रह देना चाहता हूँ। आशा है, इस काम में मुझे आपसे काफी सहायता मिलेगी। आपकी जो जो पुस्तकें प्रकाशित हो चुकी हों कृपया उन्हें वी.पी. से भेजवा दीजिये और कुछ कविताएं जो अप्रकाशित हों, उन्हें भी कृपया नकल करा के भेजवा दीजिये। जीवनी किसी मासिक पत्र में प्रकाशित हुई हो तो कृपया उसका वह अंक वी.पी. से भेजवा दीजिये। न प्रकाशित हुई हो तो कृपा कर किसी मित्र से लिखवाकर भेजवा दीजिये।

आशा है आप स्वस्थ और खुशी होंगे।

आपका
रामनरेश त्रिपाठी

कविता-कौमुदी प्रेस में जा चुकी है, कृपया जीवनी और कविताएँ जल्दी भेजवाइयेगा।

14. रामनरेश त्रिपाठी

[राज्य की मुद्रा]

C/o Shanti Bhavan,
Deara Raj,
Sultanpur,
OUDH.
[16 (?)-10-26]

प्रियवर निराला जी,

आपका पत्र मिला। धन्यवाद।

मैं इस पत्र द्वारा आपसे पूरा अनुरोध करता हूँ कि आप कृपया अपनी जीवनी किसी से लिखवा कर भेज दें। और अपनी कविताएँ भी चुन दें। आप हिन्दी कविता

में एक नये युग के प्रवर्त्तक हैं। आपका यथेष्ठ वर्णन हुये बिना वर्तमान कविता का इतिहास अधूरा ही रह जायगा। आपकी जीवनी और कविताएँ कविता कौमुदी में न जायँगी तो सचमुच मुझे हार्दिक दु:ख होगा।

मैं आशा करता हूँ कि आप मेरा आग्रह न टालेंगे। मैं अपने एक मित्र के यहाँ ठहरा हूँ! अतएव पत्र ऊपर के पते पर ही भेजिए।

आपका—
रामनरेश त्रिपाठी

[पत्र पर बड़ा बाज़ार कलकत्ते की डाक मुहर में तारीख है : 18 अक्तूबर, 26।]

15. शान्तिप्रिय द्विवेदी

C/o राधाकृष्णदास B.A. कोठी-भदैनी
Benares 16-11-26

प्रणाम। बहुत दिनों पर एक कृपा-कार्ड पाकर प्रसन्नता हुई।

मुझे कल स्थानीय दैनिक "आज" में आदरणीय पं. श्री नंदकुमार देव शर्म्मा की मृत्यु का समाचार पढ़कर वड़ा खेद हुआ। मेरा प्रिय मित्र 'विजय' अनाथ होगया। हायरी प्रभु की लीला! पिता की मृत्यु से 'विजय' का भविष्य कैसा होगा—इसे मैंने खूब समझा है। बेचारा बचपन से ही "टुअर" और स्नेहवञ्चित है, मुझे मालूम है कि उसके साथ घरवालों ने कैसे-कैसे व्यवहार किये हैं। पिता के वात्सल्य का एक सहारा था, वह भी चला गया। क्षोभ। ग्लानि। अशान्ति। अनुताप। प्रिय 'विजय' से मेरी सहानुभूति कहदीजिएगा। आपसे प्रार्थना है कि आप उस भावुक हृदय कवि को कभी कभी व्यावहारिक परामर्श और सान्त्वना से संतुष्ट करते रहियेगा। कविता की हरियाली में विचरनेवाले हृदय! तेरा भविष्य परमात्मा ही सुनहला करे। शुभ।

क्या आपने 'पन्त' की 'सरस्वती' में आलोचना की है? 'पल्लव' के सम्बंध में मैं भी कुछ लिखूँगा।

चरण-सेवक
शान्तिप्रिय

[पता]

श्रद्धेय
पं. सूर्यकान्त त्रिपाठी "निराला"
30, अपर चितपुर रोड,
कलकत्ता—
Calcutta

16. शान्तिप्रिय द्विवेदी

C/o राधाकृष्णदास बी.ए.
कोठी-भदैनी
बनारस सिटी
30-11-26

पूज्य गुरुदेव के श्री चरणों में श्रद्धापूर्वक प्रणाम।

भगवन्,

मैं एक पत्र आपके कार्ड के उत्तर में भेज चुका हूँ। मिला होगा। फिर कोई कुशल-पत्र नहीं मिला। आशा है, आप सकुशल और सस्वस्थ हैं।

एक आवश्यक परामर्श सुनिए। पन्त जी का 'पल्लव' निकलने के बाद मेरी और अन्य मित्रों की उत्कट अभिलाषा हो गई है कि आपकी सम्पूर्ण रचनाओं का भी एक सर्वांग सुन्दर सचित्र संकलन निकले। एक दिन बातों ही बातों में मैंने अपनी यह धारणा भावमयी 'साधना' के आदरणीय लेखक श्रीमान रायकृष्णदास जी से प्रकट की। इतना मैं कह देना चाहता हूँ कि रायसाहव ने आपकी कविताओं के गूढ़ाशय और आपके मर्म्मस्थल को जितना स्पन्दित किया है उतना शायद ही दूसरा कोई। ख़ैर।

रायसाहब चाहते हैं कि यदि आप अपनी सुकृतमयी कृतियों को ग्रंथरूप में प्रकाशित करने का अधिकार उन्हें दें तो वे उसे अनेक भावमय मौलिक चित्रों द्वारा अलंकृत कर 'पल्लव' से भी कई गुने सजधज के साथ प्रकाशित करें। मैं भी इतना अवश्य कहूँगा कि वे आपकी रचनाओं का जितना सुन्दर संस्करण निकाल सकते हैं उतना शायद ही कोई हिन्दी-प्रकाशक। व्यवसायी प्रकाशक और भावुक लेखक का अन्तर आप स्वयं समझ सकते हैं। मैं आपके हृदय की जिस प्रकार पूजा कर रहा हूँ चाहता हूँ उसके अनुरूप ही आपका काव्य-ग्रंथ देखूँ।

समस्या यही है कि आप अपनी कृतियों को कम-से-कम कितने पुरस्कार पर दान दे सकते हैं? आपकी कृतियों के साथ ही उस उत्कृष्ट कवि-हृदय को कोई पुरस्कार तो क्या देगा पर रायसाहव 'पत्रं-पुष्पं-फलं' से सेवा करने के लिए प्रस्तुत हैं। उनका प्रकाशन-कार्य अभी नया है अत: पुरस्कार के मामले में वे एकाएक कलकत्ता और बम्बई के प्रकाशकों का मुकाबला नहीं कर सकते फिर भी आप जो पुरस्कार उचित समझते हों, लिखें। अविलम्ब। किन शर्तों पर आपकी कृतियों का अधिकार मिल सकता है—अवश्य लिखिये। अधिक क्या। स्नेह चाहिए।

चरण-सेवक
शान्तिप्रिय द्विवेदी

प्रिय 'पद्म' और 'विजय' को प्रेम। बड़ी दया हो
यदि आप कभी उन्हें मेरा यह सन्देश दे दें—
"क्या कभी उन्हें इस अभागे की भी याद आती है?"

17. शान्तिप्रिय द्विवेदी

C/o राधाकृष्णदास B.A.
कोठी-भदैनी
बनारस सिटी.
10-12-26.

पूज्यवर,

प्रणाम।

आपका कार्ड यथासमय मिला।

आपकी अस्वस्थता का समाचार पाकर बड़ी मार्मिक पीड़ा हुई। मुझे खेद हुआ कि न मैं कलकत्ते में रहा और न आपके श्री चरणों की सेवा का लाभ उठा सका। दुर्भाग्य।

मैं आपकी रचनाओं द्वारा आपके जीवन का सांगोपांग अध्ययन करता जाता हूँ, वेदनाओं ने आपको बहुत प्यार किया है और आपके हृदय ने करूणा-रस को विश्व के व्यथित मात्र को। यही अदृश्य प्रभावोत्पादक प्रणय ही तो आपको अगली शताब्दियों के लिये अमर कर देगा—पन्त को नहीं। क्योंकि पन्त को आकांक्षाओं और सुख की मीठी दर्दभरी वासनाओं ने हिलमिल कर प्यार किया है—यही उनके गीतों की लय है। —वह लय जो हृदय को स्पञ्ज की तरह देर तक पकड़ नहीं सकती आपकी चिरकाल तक। सृष्टि में वेदना का अंश अधिक और अनन्त है अत: सम्पूर्ण सृष्टि की वेदनाओं के साथ सहानुभूति रखनेवाले कवि ही अमर हैं। पन्तजी की कविताएँ अपने-आप तक परिमित हैं आपकी निस्सीम। आप अपने जीवन को सराहिये जिसने 'विधवा', 'खंडहर', 'भिक्षुक', 'दीन' जैसे गीतों का प्रणयन किया। आपकी अस्वस्थता और वेदना से मेरा इतना ही निवेदन है कि वह आपके प्रति अपना प्यार सीमा के बाहर न जाने दे।

\+ \+ \+

यदि आपकी 'मतवाला' में छपी सभी कविताओं का अधिकार मिलना दुरूह हो तो सेठ जी से इतना अनुरोध कर दीजिये कि वे उनमें से केवल 30 कवितायें चुन लेने दें। इसके अतिरिक्त 30 कवितायें आप अपनी अप्रकाशित कविताओं में से दीजिये। अच्छा होगा कि तत्काल आपकी 60 रचनाओं का एक सचित्र संस्करण निकल जाय।

समयानुकूल इसकी बड़ी आवश्यकता भी है। इस प्रकार यदि एक बार राय साहब से आपका प्रकाशन-सम्बन्ध स्थापित हो जाय तो वे यथासमय आपकी सभी प्रकाशित और अप्रकाशित रचनाओं का प्रकाशन-भार अपने ऊपर ले लेंगे।

यदि आप अपनी 60 कविताओं का एक संकलन राय सहाब को देने की चेष्टा करें तो मैं उनसे आपको तत्काल पुरस्कार देने की बात कहूँगा—सफलता के साथ।

इस पत्र का उत्तर आने पर राय साहब ने आपको पत्र लिखने का विचार किया है।

अधिक क्या लिखूँ।

आपके स्वास्थ्य का समाचार जानने का उत्कण्ठित इच्छुक

शान्तिप्रिय द्विवेदी

अच्छा हो यदि आप अपना स्वास्थ्य बनाने के लिये 'गढ़कोला' जाने का विचार करें। उस ज़हरीले शहर को थूकिये।

[ज़हरीला शहर—कलकत्ता]

18. रामनरेश त्रिपाठी

[कलकत्ता : डाक मुहर : 30-12-26]

Allahabad

Date	Hour	Minute	Word
30	19	25	22
Recd.	here	at	23.50

Pandit Sooryakant Tripathi 30 Upper Chitpore Road Calcutta
Please send your life with selected poems by return mail

Ramnaresh Tripathi

19. शान्तिप्रिय द्विवेदी

श्री

1-1-27

C/o राधाकृष्ण दास B.A.
कोठी-भदैनी
Benares City

भगवन्,
प्रणाम।

कितने ही दिन हो गये, मैं एक लिफाफा-बन्द पत्र आपकी सेवा में भेज चुका हूँ—उत्तर न मिलने की चिन्ता है।

आपका स्वास्थ्य कैसा है?

मैंने पिछले पत्र में लिखा था कि यदि आप अपनी अप्रकाशित तथा प्रकाशित रचनाओं में से चुनकर कुल 60 कविताओं का संग्रह प्रकाशित करने का अधिकार

दें तो मैं रायसाहब से तत्काल पुरस्कार दे देने की बात कहूँ। उत्तर दीजिये। आपका पत्र आने पर रायसाहब आपको स्वयं पत्र लिखेंगे। उनका पता यह है—

रायकृष्णदास, शान्ति कुटीर, रामघाट, बनारस सिटी।

प्रिय पद्म और विजय को प्रेम।
उनका समाचार?

—शा.

[पता अपर चितपुर रोड कलकत्ते का]

20. रामनरेश त्रिपाठी

हिन्दी मन्दिर, प्रयाग
1-1-27

प्रिय निराला जी,

आपका कार्ड ठीक समय पर मिल गया था। कल आपकी जीवनी और कविताओं के लिए एक तार दिया है। आशा है, मिल गया होगा और आपने जीवनी भेज दी होगी। न भेजी हो या तार न मिला हो तो कृपया इस पत्र के पाते ही जीवनी और कविताएं भेजवा दीजिये। आपके लिये मैं स्थान रोक रखता हूँ। कृपया जल्दी कीजियेगा।

सरस्वती में मैं आपके प्रत्युत्तर की प्रतीक्षा करूँगा।

आपका
रा.न. त्रिपाठी

21. रामनरेश त्रिपाठी

हिन्दी मन्दिर, प्रयाग
4-1-27

प्रियवर निराला जी,

आज की डाक से जीवनी मिल गई। अनेक धन्यवाद। स्थान के अनुसार मैं कविताओं का चुनाव कर लूँगा।

आपका
रा.न. त्रिपाठी

22. कृष्णविहारी मिश्र

नं. 974.
नवलकिशोर-प्रेस (बुक डिपो)
हज़रतगंज, लखनऊ

तार—"UKHBAR"
माधुरी-कार्यालय
(संपादन-विभाग)
ता. 24-3-1927

प्रिय निराला जी,

करहु कृपा समरथ बड़े उचित भाव नहिं अन्य;
कविता दै अपनाइए होहि माधुरी धन्य।

निवेदक
कृष्णविहारी मिश्र

[पता] कलकत्ता

23. वाचस्पति पाठक

10-5-27
नवाबगंज
काशी

प्रिय निराला जी!

नमस्कार

कल यकायक आपके यहां जाने पर पता लगा कि आप चले गये—मुझे आपके यों जाने का अत्यंत दुख हुआ—इधर मैं आपकी दवा एक विशेषज्ञ से तयार करवा रहा था [,] इसलिये आपसे मिल न सका—और उधर आप काशी ही से चले गये—इसे आप स्वयं समझें मुझे कितना दुःख हुआ—ख़ैर यदि अभी आवश्यकता हो तो लिखिये मैं दवा भेज दूं [।] मुझे पूर्ण विश्वास है कि 3-4 दिन में ही रोग समूल नष्ट हो जायगा। पत्र देखते ही इसके विषय में लिखियेगा। और सब यहां कुशल है [।] मेरी तबीयत कुछ उद्विग्न एवं चिंतित रहती है [।] कभी 2 पेट में मन्द 2 दर्द हुआ करता है। और सब लोग मज़े में हैं—विशेष क्या लिखूँ।

आपका
वाचस्पति

24. विनोद शंकर व्यास

व्यासभवन
मानमन्दिर
17,5, [27]

प्रियवर निरालाजी, सप्रेम वन्दे

आपका कार्ड आज मिला। आपकी बीमारी बढ़ने का समाचार सुनकर दुख हुआ। ईश्वर करे आप शीघ्र अच्छे हो जायं। दवा लग कर कीजियेगा। बदपहरेजी

[बदपरहेजी] न कीजियेगा। सब आनन्द है। आपके चले जाने से कई दिन तक सूना लगता था। बाबू साहब अच्छी तरह हैं।

शिवपूजन जी को भी आपका समाचार दे दिया। शान्तिप्रिय ने शायद आपको पत्र लिखा हो। कल आये थे। जिसको जिसको आपने याद किया था, सब से आपका यथायोग्य कह दिया। मुन्नी का प्रणाम! कृपा कर अपना समाचार बराबर देते रहियेगा।

मेरे लायक सेवा लिखें! मैं कई झंझटों में फिर फंस गया हूँ। अभी गांव नहीं गया हूं [,] यही हूं।

आपका
विनोदशंकर व्यास

25. शान्तिप्रिय द्विवेदी

C/o राधाकृष्णदास बी.ए.
कोठी-भदैनी,
बनारस सिटी.
19.5.27

प्रणाम।

श्री 'विनोद' जी के पास, आपका मई का लिखा हुआ पत्र आया। मित्रों को आनंद हुआ। मैं आपको एक कार्ड लिख चुका हूँ, आशा है, मिला होगा।

दवा जाती है। जगन्नाथ का कहना है कि, एक गोली सुबह और एक गोली शाम को खाना चाहिए। पानी के साथ। इसको एक पत्थर पर घिस कर घाव पर लगाने के लिये भी कहा है। आप इसका विश्वास-पूर्वक सेवन करें।

यहाँ आनंद है। आपके स्वास्थ्य के लिये बाबा विश्वनाथ से वारंवार शुभकामना है। दवा की पहुँच लिखियेगा।

सविनय—
शांतिप्रिय द्विवेदी

आप अपने स्वास्थ्य की चिन्ता पूर्ण रूप से करें, इसके बिना आपका साहित्यिक-क्षेत्र वीरान हो रहा है। खेद। आपसे फिर-फिर अनुरोध है कि, आप व्यर्थ के झमेलों में न पड़कर इस समय एकमात्र 'स्वास्थ्य' की सेवा करें, इस सेवा के फूल श्री नंदिनी देवी (पंतजी) की शब्दावली को अर्पित करने के लिए। 'पल्लव' के इन्द्रजाल का पर्दाफ़ाश अवश्य होना चाहिए। इसके बिना बात का वतंगड़ हो रहा है। विशेष बातें फिर लिखूँगा—

शां. प्रि.

26. जयशंकर 'प्रसाद'

काशी

19-5-27।

प्रिय 'निराला जी',

पत्र आपका मिला, यह जानकर दु:ख हुआ कि काशी से जाने पर आप की बीमारी बढ़ गई। अपने स्वास्थ्य का विशेष ध्यान रखिए। संयम से रहिए।

इस अवस्था में यदि अत्यन्त आवश्यक हो तभी और झमेलों में पड़ना चाहिए।

शिवपूजन जी से कह दिया है।

अपने कुशल समाचार से सूचित करते रहिए।

भवदीय

जयशंकर 'प्रसाद'

[पता]

To,

Pt. Surya Kanta Tripathi "Nirala"
Village Garhakola
P.O. Magrair
(Unao)

27. शान्तिप्रिय द्विवेदी

C/o राधाकृष्णदास बी.ए.

कोठी-भदैनी

बनारस सिटी

[मई 1927]

प्रणाम।

दो दिन मकान से बाहर रहने के बाद, आपका लिफ़ाफ़ा बंद पत्र मिला; इससे पहिले भी आपका एक कार्ड मिला था, उसका उत्तर मैं दे चुका हूँ—मिला होगा। यह पत्र कुछ देर में लिख रहा हूँ, क्षमा कीजियेगा।

मैंने बाबू साहब द्वारा, जगन्नाथ से दवा के लिए कहला दिया है, स्वयं भी कहलाया है; दवा तैयार होते ही भेजूँगा। आपसे प्रार्थना है कि, जगन्नाथ की दवा का पुन: सेवन करने पर, फिर किसी दूसरी दवा के फेर में न भटकियेगा—बाबू साहब भी यही कर रहे हैं। आप विश्वासपूर्वक जगन्नाथ की दवा का भरपूर सेवन कीजिये। जब तक कि अच्छा न हो जाय।

शिवपूजन यहीं हैं, भला वे कब कलकत्ता जाने लगे। ईश्वरी जी का मामला अभी हाईकोर्ट में विचाराधीन है।

आजकल मैं बेकार हूँ। आपको मालूम होगा कि, गया से महतो के संपादन में "राम" नामक मासिक पत्र निकलता था, वह अब काशी से निकलेगा—उसका

संपादन आपके चरणों के आशीर्वाद से मैं ही करूँगा। संपादक होने का मेरा मुँह नहीं किन्तु पेट की फ़िक्र ही तो ठहरी! पत्र सर्वसाधारण को लेकर चलेगा, प्रकाशक की यही इच्छा है, साहित्यिकता कम रहेगी। साहित्यिक पत्र तो सभी निकालते हैं, पर, सर्वसाधारण के लिये शायद ही कोई। आप अपनी "भिक्षुक" कविता के ढंग पर कोई सरल गीत देने की कृपा कीजियेगा। कृतज्ञता का ठिकाना न रहेगा।

आप पंत जी की हस्तलाघवता के नमूने तो अवश्य ही भेजिये, समालोचना यथासमय लिखियेगा। मैं पंत जी से प्रयाग में मिलने का विचार कर रहा हूँ, यदि आप समालोचना न भी लिख सकें तो मैं उनकी हस्तलाघवता उनके सम्मुख उपस्थित करूँगा। बड़ी इच्छा है।

अधिक क्या लिखूँ! आप अपने स्वास्थ्य की जितनी ही अधिक चिंता कर सकें, मैं उतना ही प्रसन्न हूँ।

सेवक
शां. प्रि.

[बाबू साहब—जयशंकर 'प्रसाद';
ईश्वरी जी—ईश्वरी प्रसाद शर्मा; महतो—
मोहनलाल महतो गयाकाल 'वियोगी'।]
[पुरवा की डाकमुहर में तारीख—2 जून, '27]

[पता]

पूज्य पं. सूर्य्यकान्त त्रिपाठी "निराला"
गाँव—गढ़ाकोला,
पोस्ट—मगरायर P.O. Magrair
(उन्नाव) (Unao)

28. विनोदशंकर व्यास

छावनी सरौना
P.O. जमालापुर
Dist. Jaunpur
1. 6. 27
जौनपुर

प्रियवर निरालाजी,

प्रेमाभिवादन [।]

आपको पत्र लिखने के दूसरे दिन ही मैं छावनी पर चला आया। वड़े झंझट में हूं। चि. प्रमोद के पत्र से आपका समाचार मिला। बीमारी के बढ़ने का हाल सुनकर दुख हुआ। बहुत परहेज से रहिये। और लगकर दवा कीजिये।

अभी मैं यहां एक सप्ताह तक और रहूंगा। पत्र आप काशी के पते से भेजा कीजिये। मुझे वहीं मिल जायगा।

सब आनन्द है। आजकल तो सब मित्रों से बहुत दूर हूं। अकेले यहां पड़ा हूं। तबीयत भी गड़बड़ रहती है। योग्य सेवा लिखें।

आपका

विनोदशंकर व्यास

काशी जाने पर वहां से सब हाल लिखूंगा। इधर 11, 12 दिन से कोई नया समाचार नहीं मिला है। घर के पते से पत्र दीजियेगा—

29. वाचस्पति पाठक

नवाबगंज

काशी

[जून 1927]

प्रिय निरालाजी

नमस्कार

आपका पत्र यथासमय मिला किन्तु बाबू साहब एवं सुमन के कहने पर मैंने दवा अभी तक नहीं भजी थी [।] उनका ऐसा विचार था कि यदि दवा शीघ्र यह भी पहुँच जायगी तो कदाचित् जल्दीबाज़ी में मेरी तथा ये दोनों दवा खाकर कोई हानि न उठा ले [।] खैर आज रविवार होने से पैकट लौट आया है पोस्ट आफिस से [;] अत: इस तरह भेज रहा हूं—दवा का क्रम यों कीजियेगा—2 गोली काली जो हैं उन्हें पहले सुबह खाकर मिश्री का खूब शरबत पीजिये—बाद में दस्त होने शुरू होंगे [।] दस्त होने दीजियेगा—10-12 दस्त होने के पश्चात यदि आप चाहें तो गर्म जल पीकर दस्त रोक भी सकते हैं। पश्चात दूसरे दिन—साथ में जो बीज हैं उनको पीसकर 1 गिलास जल से ग्रहण कीजियेगा। इससे 5-6 कै होगी कदाचित 1 आध दस्त भी हो जाय। इस उपक्रम से आप बिलकुल शुद्ध हो जायंगे—दवा जो है उसे 1 चावल मानन्द लेकर 1 पत्ते पान के संग सुबह खा लिया कीजियेगा। आशा है कि आप 4 दिन में बिलकुल स्वस्थ हो जायँगे। फोड़े को नीम के पानी से धोकर सुफैदा की बुकनी चमेली का तेल लगाकर छिड़क दिया कीजिये। आप अवश्य ही 4 दिन [में] आरोग्य हो जायँगे [।] विशेष क्या लिखूं कुशल समाचार शीघ्र भेजियेगा। तबीयत लगी रहती है।

आपका

वाचस्पति

30. शान्तिप्रिय द्विवेदी

C/o राधाकृष्ण दास B.A.
कोठी-भदैनी
बनारस सिटी 8/6/27

चरणों में प्रणाम।

मैं आपको एक लिफाफ़ा लिख चुका हूँ, आपका पत्र नहीं मिला। आपकी तबियत कैसी है, जानने की बड़ी इच्छा है। वाचस्पति ने दवा भेजी है, मिली होगी। कहीं ऐसा न हो कि, एक के बाद एक दवा के इस्तेमाल से बात का बतंगड़ हो जाय। आप एक दवापर विश्वास जमा कर चिकित्सा कीजिए। आपके स्वास्थ्य की खुशखबरी सुनकर मित्रों को एक अनुपम हर्ष-दिन का सुख प्राप्त होगा। ईश्वर आपको पूर्ण निरोग करें।

यहाँ के सभी मित्रगण सकुशल हैं। मैं भी। एक नई खवर यह है कि, सेठ जी और मुंशी जी निर्दोष छूट गए किन्तु ईश्वरी जी 6 महीने के लिए चले।

आजकल पंत जी ने मुझे पत्र लिखना छोड़ दिया है। उन्होने 'सुमन' जी को पत्रों द्वारा अपनाया है। बधाई। न जाने कब तक के लिए यह आकस्मिक मित्रता हुई है।

सकुशल सविनय
शांतिप्रिय

[पता गाँव का]

31. जयशंकर 'प्रसाद'

काशी
6-6-27

प्रिय निराला जी,

आपका पत्र मिला था, परन्तु कामों के झंझट में फँसे रहने से उत्तर देने में विलम्व हुआ। अब आपका स्वास्थ्य कैसा है? दवा किसकी खाते हैं? कुशल समाचार से सूचित कीजिएगा।

भवदीय
जयशंकर प्रसाद

32. शान्तिप्रिय द्विवेदी

[21 जून 1927]

श्री.

C/o राधाकृष्णदास बी.ए.
कोठी-भदैनी,
Benares City

प्रणाम।

कृपापत्र पाकर आनन्द हुआ। आप जितना शीघ्र स्वास्थ्य लाभ करें, उतना ही अच्छा। प्रभु सदय हों। मेरी समझ में यह नहीं आया कि, जगन्नाथ की दवा से कुछ कुछ लाभ होने पर आपने एकाएक उसका सेवन बंद क्यों कर दिया। जगन्नाथ ने उसे बड़ा ही विश्वस्त उपचार बतलाया था। आप किसी एक दवा का जमकर सेवन कीजिए। अच्छा, वाचस्पति की दवा का क्या हाल है? बरसात आ गई। इधर मौसिम में खूब ठंढक आ गई, आशा है, आपके स्वास्थ्य पर भी इस ऋतु-परिवर्तन का बड़ा अच्छा प्रभाव पड़ा होगा।

आजकल आर्थिक-प्रश्न के कारण 'इंदु' का काम ढीला पड़ गया है, 'अंक' लेट है। मैं भी अलग हूँ। रोजी की भीषण समस्या फिर सामने आ रही है, कदाचित काशी छोड़नी पड़े। मैंने इधर अध्ययन का अच्छा क्रम जारी किया था, यदि बाहर जाना पड़ा तो यहाँ जैसी सुविधा नहीं मिलेगी। एक कथावाचक-महोदय, वेतन देकर मुझे अपने साथ रखना चाहते हैं। कुछ सोच नहीं पाता हूँ।

कलकत्ते से श्री शिवशेखर जी के दो पत्र आये हैं। वहाँ के सब मित्र अच्छे हैं। 'मतवाला' छूट गया किंतु 'हिन्दू पंच' के मामले में ईश्वरीजी छ: महीने के लिए चले। एक नई खबर यह है कि, "श्रीकृष्णसंदेश" कलकत्ते से पुन: निकलेगा। सम्पादक-प्रकाशक पहिले ही के लोग होंगे। सम्भवत: जिज्जाजी उसमें जायँगे। पत्रों में उसके निकलने की सूचना छप चुकी है।

"सुमन" जी यहाँ से यह कहकर गये हैं कि, मैं कलकत्ते की इम्पीरियल-लाइब्रेरी में कुछ पुस्तकें लिखने के लिए अध्ययन करूँगा, पर, वस्तुत: वे आजीविका की खोज में ही गये है। सफलता की आशा कम है। "मतवाला"-मंडल के पते से वे अपने पत्रादि मँगाते है, ठहरे हैं मेरे एक मित्र के यहाँ। शेष, फिर लिखूँगा। आप अपने स्वास्थ्य का समाचार दें।

सेवक
शां.

[पता गाँव का]

33. शिवपूजनसहाय

दंडपाणि भैरव, काशी
23/6/27

मान्यवर पंडित जी,

सादर सप्रेम प्रणाम। आपकी कृपा पत्र मिला। मैं आपके आशीर्वाद से सकुशल हूँ। काशी में बड़ी सख्त गर्मी पड़ रही है, मानो विश्वनाथ जी ने तीसरा नेत्र खोल दिया है। बड़ी कठिनाई से काम कर रहा हूँ। काम का झमेला वैसा ही है। खैर, शिवशेखर जी ने कलकत्ते से एक पत्र भेजा है। उन्होंने भी अनुवाद का काम लेने के लिये लिखा है। किन्तु यहाँ के प्रकाशक महाशय से पटना कठिन है। वह बहुत सस्ते दर में अनुवाद कराते हैं—4)-5) से अधिक प्रति, फार्म देना नहीं चाहते, और कुछ ग्रंथ अनुवादित अभी अप्रकाशित रक्खे हैं। उनके प्रकाशन के बाद कुछ आगे कराना चाहते हैं। प्रकाशकों का हाल आप जानते ही हैं। अभी मेरी चेष्टा सफल होती नज़र नहीं आती। मेरे ध्यान में आपकी सेवा ज़रूर है; मगर ईश्वर की इच्छा पर निर्भर है। आपके रोग का क्या हाल है? बाबू साहब और व्यास जी सानन्द हैं। शान्तिप्रिय जी 'राम' के सम्पादक हुए हैं।

शिवपूजन।

34. दयाशंकर वाजपेयी

श्री

बड़ा बाज़ार युवक सभा।
BURRA BAZAR
YUWAK SABHA
23/1, Tarachand Dutta Street,
CULCUTTA

23-1, ताराचन्द्रदत्त स्ट्रीट
कलकत्ता 4-7-1927

पूज्य पाद पण्डित जी,

सादर चरणस्पर्श।

पत्र मिला। तबियत आप की फिर खराब हो गई, आम खा लेने से। आम तो गरम होते ही हैं। जहां तक हो, आम आदि, जो इस बीमारी के लिये कुपथ्य है, बचाते ही रहियेगा; क्योंकि देहात का मामला है, न कोई वैद्य है न डाक्टर। रोग बढ़ेगा, तो बड़ी ही तक़लीफ़ उठानी पड़ेगी। बनारस से जो दवा आप ले गये थे, वह अब तक है या खतम हो गयी? अगर खतम हो गयी हो, तो उसका नाम लिखने की कृपा कीजियेगा, मैं यहां से भेज दूंगा। दवा डाक्टरी है या वैद्यों की। इस दवा को द्विवेदी जी लाभ दायक बतलाते थे।...

परसों उमादत्त मिले थे। मैंने उनसे कहा कि आप की कापी बहुत जल्दी आजाएगी। कहने लगे कि मैं भी रुपये का जुगाड़ कर रहा हूँ; कापी आते ही भेज दूँगा।

आप के यहाँ से चले जाने से पढ़ने का कोई सिलसिला ठीक न रहा। इधर किन्हीं कारण से मानसिक परिस्थत [परिस्थिति] भी डावाँडोल रहा करती थी; इसलिए बीच में पढ़ाई में कुछ शिथिलता आ गई थी; पर अब मेहनत कर रहा हूँ। परीक्षा दूँगा ही। ईश्वर मालिक है। इतिहास में ही ज़रा गड़बड़ी है। खैर देखा जायगा।

पं. जी, गर्दे जी, को आप मेरे सम्बन्ध में ज़रूर लिख दीजियेगा। मेरी इच्छा इस समय लिखने की होती है। कई एक कविताएँ लिखी भी हैं। अगले सप्ताह से आपके पास बंगला अखबार आने लगेगा। श्री कृष्ण-सन्देश का पता है—27 वाराणसी घोष स्ट्रीट कलकत्ता। बस, शेष सब कुशल है। अपनी तबीयत के हाल लिखियेगा।...

आपका प्रिय सेवक
दयाशंकर वाजपेयी

35. विनोदशंकर व्यास

काशी
14 जुलाई [1927]

प्रियवर निराला जी,

सप्रेम वन्दे।

आपके दो कार्ड मिले थे। उस समय मैं सम्मेलन के झंझट में था, इसीलिये अपना समाचार आपको न दे सका। क्षमा कीजियेगा।

पं. रूपनारायण जी पाण्डेय मुजफरपुर से मेरे साथ ही काशी आये थे। बड़ी चहल-पहल रही। मुजफरपुर में आपके लिये मैंने बहुत कुछ बन्दोबस्त किया था; किन्तु अभाग्य। आप न आये।

उग्र भी काशी में ही हैं। 'सुमन' त्यागभूमि में चले गये हैं। शिवपूजन जी भी सानन्द हैं। शान्तिप्रिय का उन्माद बढ़ रहा है।

बाबू साहब आपको बहुत याद किया करते हैं। प्राय: आपकी चर्चा रहती है। सावन भी आ गया; मगर आप नहीं आये। आइये न।

'तूलिका' की कापी आपके पास भेजने के लिये मैने पाण्डेय जी से कह दिया है। आप 'सुधा' के लिये उसकी समालोचना अवश्य कर दीजियेगा।

मुझे हार्दिक दुख है कि आप अपनी फक्कड़मस्ती में कोई "सोलिड वर्क" नहीं कर रहे हैं। यह अच्छा नहीं है। आप जैसे विद्वानों से हिन्दी भाषा को वहुत कुछ आशा है; फिर इतना आलस्य क्यों?

कब आते हैं? लिखिये।

अभिन्न
विनोद

36. विनोदशंकर व्यास

व्यास भवन
मान मन्दिर
काशी
15.7.27.

प्रियवर निरालाजी,

सप्रेम वन्दे

आपका कार्ड मिला। वास्तव में आपकी बीमारी का समाचार सुनकर बड़ा दुख होता है। आप भी विचित्र पुरुष हैं, परहेज तो करते नहीं, मनमानी करते हैं। वहाँ कोई कहनेवाला भी नहीं है [,] इसलिये आपको समझ कर काम करना चाहिए।

बाबू साहब इधर कई झंझटों में पड़े हैं [,] इसीलिए साहित्य संसार से अलग है [हैं]। आपकी चर्चा वहाँ प्राय: हुआ करती है। 'सुमन' के सम्बंध में एक दिन मैंने बात उठाई थी, मैंने खूब फटकारा। वह कहने लगा—मैने कलकत्ते में कुछ नहीं कहा है, वहाँ पहले ही से सबको यह समाचार विदित है। मेरी समझ में यह काम उसी का है। हम लोग तो उससे इसी से अधिक व्यवहार नहीं रखते। मैंने उसके सम्बंध में आपसे पहले ही कहा था। खैर कोई चिन्ता नहीं [,] किसी के कहने से आपका कुछ नहीं होगा, जो आप हैं, वह सब की दृष्टि में सदव वैसे ही रहेंगे।

निरालाजी, मैंने इस संसार को खूब देखा है, देखकर जी भर गया है। मैं मानव स्वभाव से खूब परिचित हो चुका हूँ। आदमी की परख उसके बाद ही होती है।

दवा आपकी पहुँच गई होगी। शान्तिप्रिय जी आजकल 'राम' का सम्पादन कर रहे हैं—इसीलिए दो सप्ताह से उनका दर्शन नहीं हुआ। वाचस्पति जी अच्छी तरह से हैं। शिवजी को अपने कार्य से ही छुट्टी नहीं मिलती [,] वह 'बालक' में ही व्यस्त रहते है। मित्र मण्डल [मंडल] आजकल जमता नहीं, जैसा कि आपने देखा था।

'सुधा' अभी नहीं निकली है। अब एक सप्ताह के अन्दर निकल जायगी। सूचना मिली है। पन्तजी की समालोचना आप अवश्य लिख डालें, इसकी बड़ी आवश्यकता है।

कलकत्ते से उग्र की दो पुस्तकें निकलीं हैं, एक चन्द हसीनों के खतूत और दूसरी 'दिल्ली का दलाल।'

बाबू साहब की कामना और मेरा 'अशान्त' एक सप्ताह में तैयार हो जायगा, तब आपके पास भेजूँगा।

वर्षा हो रही है। हृदय में कभी उमंग आती है, किन्तु साहस और सुख सदैव के लिए चला गया। अब मुझ में है ही क्या? किसी तरह संसारिक [सांसारिक] बंधनों में अपने को फँसाये हूँ। ईधर कुछ लिख भी नहीं रहा हूँ। विचारों में ही दिवस समाप्त हो जाता है। कभी कभी बड़ी इच्छा होती है कि आपसे मिलें; किन्तु पारिवारिक

कार्यों में ही व्यस्त रहता हूँ। गाँव पर जाने वाला हूँ। देखिये, शायद सावन बाद कहीं फुर्सत मिले तो लखनऊ आऊँगा। और यहाँ सब आनन्द है। कोई नवीन समाचार नहीं है [।] सबका यथायोग्य। मेरे लायक जो कुछ काम हो, सदैव लिखते रहें। ईश्वर शीघ्र ही आपको निरोग कर दे यही मेरी हार्दिक शुभकामना है—और क्या लिखूँ?

"एक चुल्लू में बहुत बहँक उठते थे दाग
सुना है आज निकाले गये मयखाने से"

आपका
विनोदशंकर व्यास

37. शान्तिप्रिय द्विवेदी

श्री

23-7-27

चरणों में प्रणाम।

इतने दिन होगए, दो पत्र लिखने पर भी, आपका कोई पत्र नहीं मिला। मालूम नहीं, इस समय आपका स्वास्थ्य कैसा है, समाचार जानने के लिए जी उकता रहा है। एक दिन शिवपूजन जी के डेरे पर 'गर्ग जी' के पत्र से मालूम हुआ कि, आपका स्वास्थ्य अत्यन्त चिंतनीय है, बुरी हालत है। मैं घबड़ाया हुआ बाबू साहब के पास गया, पर, सिवा आपको पत्र लिखकर समाचार जानने के और कैसे संतोष हो सकता है! आप शीघ्र उतर दें, इसीलिए जवाबी कार्ड भेज रहा हूँ। दवा मिली या नहीं? मिली हो तो, मनोयोगपूर्वक उसीका सेवन कीजिए, अब और मत भटकिए।

यहाँ के मित्रगण प्रसन्न हैं। आपकी प्रसन्नता चाहिए। "सुमन" जी कलकत्ते से आगए। ईश्वरी जी हाईकोर्ट से छूट गए। "श्री कृष्ण-सन्देश" निकल गया। जिज्जाजी उसी में काम करने के लिए कलकत्ते गए। 'उग्र' के दो उपन्यास मतवाला मंडल से निकले हैं—"चन्द हसीनों के ख़ुतूत" और 'दिल्ली का दलाल'। तीन पुस्तकें और निकलेंगी—'चाकलेट', 'चिनगारी', 'चुम्बन'। आजकल 'उग्र' की खूब धूम है। मतवाला-मंडल 'निराला' और 'शिवपूजन' की उतनी कद्र न कर सका, जितनी 'उग्र' की।

भाई विनोद जी का विचार इलाहाबाद जाने का हो रहा है—बख्शी जी के निमंत्रण पर। मैं भी जाना चाहता हूँ—'पंत' जी से 'शेक हैण्ड' करने। आपने उनकी हस्तलाघवता के नमूने नहीं भेजे, किस मुँह से जाऊँगा। प्रभु का बल न मिलता तो बालि के सामने जाने में सुग्रीव की क्षमता ही कितनी?

सेवक—
शांतिप्रिय

[पता गाँव का]

38. कृष्णविहारी मिश्र

नं. 4373
नवलकिशोर-प्रेस (बुकडिपो)
हज़रतगंज, लखनऊ

तार—"UKHBAR"
माधुरी-कार्यालय
(संपादन-विभाग),
ता. 27-7-1927

प्रिय महाशय,

आपकी 'रेखा' कविता मिली। धन्यवाद। वह सादर स्वीकृत है और 'माधुरी' के श्रावण मास के विशेषांक में प्रकाशित की जायगी।

कृपा-भाव बना रहे। योग्य सेवा की सूचना देते रहिएगा।

आपने जो और बातें लिखी हैं उनका उत्तर दूसरे पत्र में दूँगा।

भवदीय
K.B. Misra
संपादक

[पता :]

Pt. Surya Kanta Tripathi
'Nirala'.
Garaha Kota Village
P.O. Magrair,
Dist. Unao

[पत्र दूसरे व्यक्ति से लिखाया गया है। कार्ड पर पते के साथ 'प्रिय महाशय' छापा हुआ है। अन्तिम वाक्य तथा हस्ताक्षर मिश्र जी की लेखनी से अंकित हैं। अंग्रेज़ी में पता भी उसी अन्य व्यक्ति का लिखा है किन्तु गाँव का नाम मिश्र जी ने ही बताया होगा। अभी वह गढ़ाकोला के नाम से अच्छी तरह परिचित नहीं हैं।]

39. दयाशंकर वाजपेयी

श्री

बड़ा बाज़ार युवक सभा।
BURRA BAZAR
YUWAK SABHA
402, UPPER CHITPUR ROAD
CULCUTTA

23/1, ताराचन्द दत्त स्ट्रीट
कलकत्ता 2-8-1927

पूज्य पं. जी,

सादर चरण-स्पर्श।

आज शाम की डाक से या कल प्रात:काल की डाक से एक पत्र सेवा में भेजूंगा;...इस समय जल्दी में मैं कुछ नहीं लिख रहा हूँ। क्षमा कीजियेगा।

उमादत्त के रुपये पहुँचे कि नहीं? यदि नहीं पहुँचे हैं, तो जुलाई महीने की तनख्वाह पाते ही, हम लोग सेवा में रुपये भेज देंगे। रामशंकर जी आ गये हैं।

आपका दास
दया शंकर

[रामशंकर जी—संभवत: रामशंकर शुक्ल।]

40. शान्तिप्रिय द्विवेदी

C/o. राधाकृष्णदास बी.ए.
कोठी-भदैनी
—बनारस सिटी
3.8.27

पूज्य चरणों में प्रणाम।

बहुत दिनों बाद कृपा-पत्र मिला। स्वास्थ्य का समाचार पढ़कर संतोष और आनन्द हुआ।

यह जान कर और भी हर्ष हुआ कि अप पंत जी की समालोचना में हाथ लगा दिये हैं; किन शब्दों में बधाई दूँ। 'माधुरी' के श्रावण का अंक विशेषांक होगा, यदि उस समय समालोचना निकलती तो क्या कहना था! ख़ैर, अब आप आलस्य न कीजिएगा, पूरी ही कर डालिए। आषाढ़ की 'माधुरी' में हम लोगों के सहृदय मित्र श्री कृष्णदेव प्रसाद गौड़ एम.ए.एल.टी. का "छायावाद की छानवीन" शीर्षक लेख निकला है, उसमें आपका भी समर्थन है; पढ़ियेगा। क्या आपको मासिक पत्र-पत्रिकायें पढ़ने को नहीं मिलतीं? 'सुधा' निकली, "माधुरी" में और उसमें यदि कुछ फ़रक है तो वह यही कि वह 'माधुरी' की सौत है। मुझे तो "सरस्वती' को छोड़कर अब भी हिन्दी में कोई और मार्जित पत्रिका नही देख पड़ती, गो कि उसमें भी त्रुटियाँ हैं। ईश्वरी जी की मृत्यु हो गई। 'सुमन' 'हिन्दुस्तानी एकेडेमी' में घुसने के लिए लखनऊ-कानपुर गए हैं। सब कुशल है।

शा.

आप दवा को सिर्फ़ पानी के साथ खाइए। पान की ज़रूरत नहीं, क्योंकि गोलियाँ ताम्बूल रस के सम्मिश्रण से बनायी गई हैं यह वात मैं जगन्नाथ के घर पर बैठ कर लिख रहा हूँ।

[पता गाँव का]

41. कृष्णविहारी मिश्र

नं. 4930
नवल किशोर-प्रेस (बुक डिपो)
हज़रत गंज, लखनऊ

तार—"UKHBAR"
माधुरी-कार्यालय
(संपादन-विभाग)
ता. 12-8-1927

प्रिय महाशय,

आपका कृपा-पत्र मिला। धन्यवाद। आज्ञानुसार आषाढ़-मास की 'माधुरी' की एक प्रति सेवा में भेजी जाती है। लौटाने की कौन सी बात है। आप की रचना श्रावण के अंक में प्रकाशित हो रही है।

कृपा-भाव बना रहे। योग्य सेवा की सूचना दीजिएगा।

भवदीय
कृष्ण त्रिहारी मिश्र
संपादक

[पता]

Sri Surya Kanta Tripathi "Nirala"
Garra Kote
Magrayer
Unao

[कार्ड दूसरे से लिखाया गया है, केवल हस्ताक्षर मिश्र जी के हैं।]

42. जयशंकर प्रसाद

काशी-सराय गोबरधन
12-8-27

प्रिय 'निराला' जी,

बहुत दिनों बाद आपका पत्र मिला। यह जानकर प्रसन्नता हुई कि अव आपका स्वास्थ्य सुधर रहा है। परन्तु अभी बहुत सावधान रहने की आवश्यकता है। औषधि की आवश्यकता हो तो लिखिएगा। मैं समझता हूँ कि रोग जब तक निर्मूल न हो तब तक उसका सेवन करते रहिए। मैं सकुशल हूँ, अपना कुशल समाचार बराबर लिखते रहिए।

भवदीय
जयशंकर 'प्रसाद'

43. विनोदशंकर व्यास

छावनी सरौना
P.O. जमालपुर[1]
मडिया
Dt. Jaunpur
16 Aug. 27

प्रियवर निराला जी,

सप्रेम वन्दे!

आपका कार्ड मिला। मैं आजकल फिर गाँव पर चला आया हूँ। एक सप्ताह में काशी लौटूँगा। आपकी बीमारी अच्छी होने का समाचार सुनकर, वास्तव में हृदय से प्रसन्नता हुई। 'अशान्त' उपन्यास छप गया है [,] काशी आकर शीघ्र ही आप के पास भेजूंगा। सब लोग काशी में अच्छी तरह हैं—मैं भी अपने जीवन के आवश्यक कार्यों को पूर्ण करने के उद्योग में लगा हूँ। आशा है, बहुत शीघ्र निश्चिन्त हो जाऊगा। देखूँ अब आपका दर्शन कब होता है?

क्यों नहीं आप एक मौलिक उपन्यास लिखते? व्यर्थ अपनी प्रतीभा [प्रतिभा] को अनुवाद और दूसरे कामों में लगाकर नष्ट कर रहे हैं। मेरी हार्दिक इच्छा है कि आप मौलिक पुस्तक लिखें चाहे कविता की हो या उपन्यास इत्यादि हो।

कृपा-सेवा—
आपका
विनोद

[1. अन्य पत्रों में जमालापुर]

44. शिवपूजन सहाय

काशी
जन्माष्टमी
[अगस्त 1927]

मान्यवर पंडित जी,

सादर सप्रम प्रणाम—

आपका कृपा पत्र मिला। धन्यवाद। आप की बीमारी अब सिर्फ एक आना है, यह सुखद संवाद सुनकर अत्यन्त आनन्दित हुआ। एक प्रकार की दु:खद चिन्ता लगी हुई थी। 'माधुरी' में आपका लेख अवश्य पढ़ूँगा। 'रेखा' भी देखूँगा। कृपया अब बराबर लिखा कीजिये। आप बहुत कुछ कर सकेंगे। आप में जो कुछ है, उसे मुझसे अधिक बहुत कम लोग जानते होंगे। पैर की अँगुली की चोट अब कैसी है। रक्षा कीजिये शरीर की। आप हिन्दी के धरोहर हैं। यहाँ सब लोग सकुशल हैं। दया बनी रहे।

शिवपूजन

[मगड़ायर की दो डाक मुहरों की तारीखें : 26 अगस्त तथा 27 अगस्त, 28।]

45. रूपनारायण पांडेय

"सुधा"—कार्यालय
(संपादन-विभाग)
29-30, अमीना बाद-पार्क
लखनऊ 25/8/1927

प्रिय महाशय,

कृपा पत्र प्राप्त हुआ। एक सज्जन की आवश्यकता अवश्य है। आप कितने वेतन में आ सकेंगे? काम करने का समय 8 बजे से 5 बजे तक है।

मैं सकुशल हूँ। भार्गव जी भी। हाँ, आपके क्वालिफ़िकेशन क्या हैं, यह भी लिखने की कृपा करें।

भवदीय
रूपनारायण पांडेय
संपादक

46. कृष्ण विहारी मिश्र

नं. 1775
नवल किशोर-प्रेस (बुकडिपो)
हज़रतगंज, लखनऊ

तार—"UKHBAR"
माधुरी-कार्यालय
(संपादन-विभाग)
ता. 27-8-1927

प्रिय त्रिपाठी जी,

आपको पत्रोत्तर देर से जा रहा है। क्षमा कीजिएगा। हम लोग 'माधुरी' के विशेषांक के फेर में थे। इसी से उत्तर देने में विलंब हुआ। आज विशेषांक से छुट्टी मिली। आप की लिखी पल्लव की समालोचना भाद्रपद की 'माधुरी' में छपने जा रही है। 'श्रावण' का अंक शीघ्र सेवा में पहुँचेगा। 'समालोचक' भी भेजूँगा। 'आषाढ़' की 'माधुरी' तो आपको मिल गई होगी। आश्विन की 'माधुरी' के लिये 'पल्लव' की समालोचना का अवशिष्ट भाग भेजिये।

आपका
कृष्ण विहारी मिश्र

[पता]

Pt. Surya Kanta Tripathi
Nirala Kavi
Village Garha-Kola
P.O. Magrair
(Unao)

47. शिवपूजन सहाय

सं. (Private)

ज्ञानमंडल यन्त्रालय
काशी
मि. 2—9—27

मान्यवर पंडित जी,

सादर सप्रेम प्रणाम।

कृपापत्र मिला। धन्यवाद। बेनीपुरी घर गये। वीरांक निकल गया। आपके वहाँ जाने की खबर मेरी ओर से किसी को नहीं मिलेगी। इतना विश्वास रखिये। पं. रूपनारायण पांडेय जी का पत्र आया है। उसमें लिखा है—"निराला जी का एक पत्र आया है। वह हमारे कार्यालय में कार्य करना चाहते हैं। पर हमारी राय में उनके स्वभाव के कारण हमारी उनकी पटेगी नहीं। आप की क्या राय है? आपका उत्तर आने पर हम उन्हें उत्तर देंगे।"—बस। मैंने भी लिख दिया है खूब कसकर। सारांश यह है—"यदि आप लोग सहृदयता से, शान्त भाव से, काम लेंगे तो आपके सम्पादकीय विभाग के वह बड़े काम के होंगे। परन्तु आत्मसम्मान के भाव में धक्का लगा कि बात बिगड़ी। आप लोग चाहें तो निबह सकता है और आपके यहाँ उपयुक्त साधन और क्षेत्र पाकर वह अपनी प्रतिभा का जौहर दिखा सकते हैं। आप लोग अवश्य ही उनको रखिये और पिछली बातें एकदम भूल जाइये।" देखा चाहिये कि वहाँ से क्या जवाब आता है। मेरी चेष्टा विफल न होगी, ऐसी आशा है। यदि वहाँ ठीक हो जाय, तो आप वहीं जाइये। "आज" से कहीं अच्छी जगह है। "सुधा" में आपकी रुचि के लिए क्षेत्र है, 'आज' में नहीं। जब वहाँ का निर्णय हो जाय, तब—यहाँ देख लूँगा। ऐसा न होगा कि यहाँ वहाँ दोनो जाय। एक न एक मिलेगा ही। वहाँ कब तक ठहरियेगा?

S P Sahay
[शिवपूजन सहाय]

48. नन्ददुलारे वाजपेयी

ओउम्

सेन्ट्रल हिन्दू कालेज
काशी 7-9-1927 ई.

सम्माननीय कविवर,

सप्रेम बन्दे।

उचित तो यह कदापि नहीं कि एक अपरिचित अथवा अधिक-से-अधिक अर्धपरिचित व्यक्ति होता हुआ भी पत्र-प्रेषण का अनधिकृत कार्य करूँ पर मेरा तो सिद्धान्त यह है कि कवि की कृति से परिचित होना ही कवि से सच्चा परिचय प्राप्त करना है। इस विचार से मैं कहूँ तो कह सकता हूँ कि आपका मेरा परिचय विगत पाँच वर्षों से है। और वह परिचय भी बराय नाम नहीं प्रत्युत घनिष्ट तथा स्थायी है।

हाँ, यह सच है कि वैयक्तिक रीति से मैं आपको नहीं जानता—इसके लिये मैं दोषी भी हूँ क्योंकि आपके शुभस्थान के सन्निकट 'मगरायर' ग्राम का निवासी होता हुआ भी आपके प्रत्यक्ष दर्शन का सौभाग्य प्राप्त न कर सका। इसके कतिप्य कारण हैं पर हैं सब अनुल्लेख्य। अच्छा उन कारणों को जाने दीजिये और सुनिये बात मेरे मतलब की :—

मैं इस समय हिन्दी-साहित्य के आधुनिक कविता-काल का अध्ययन कर रहा हूं। मेरा विचार है कि इस काल के कवियों में आपका एक विशिष्ट स्थान है; आपने अपने मुक्त-वृत्त से हिन्दी-कविता में नवीन युग ही उपस्थित कर दिया है। मैंने आपकी कविताओं का अध्ययन किया है पर सर्वांश में नहीं क्योंकि आपकी सम्पूर्ण रचनायें अभी तक पुस्तकाकार नहीं प्रकाशित हुई हैं। कृपा करके आप कोई ऐसा साधन बतलाइये जिससे मैं आपकी समस्त रचनाओं का सम्यक् अध्ययन कर सकूं। एक बात और है, वह यह कि मेरे अनुमान से आपकी रचनाओं में अंग्रेज कवि 'शेली' Shelley की छाप पड़ी है—मैं नहीं कह सकता कि अनुमान कहाँ तक सच है। इस विषय में मैं आपसे यह जानना चाहता हूं कि क्या आपने 'शेली' का अपेक्षाकृत विशेष अध्ययन किया है और क्या उसके भावों से आप प्रभावित हुए हैं? विशेष फिर।

भवदीय

नन्ददुलारे वाजपेयी (एम.ए., एल.एल.बी श्रेणी)

49. शिवपूजन सहाय

सं.

ज्ञानमण्डल यन्त्रालय,
काशी
मि. 20/9—1927

मान्यवर पण्डित जी,

सादर सप्रेम प्रणाम।

आपका कृपा पत्र। धन्यवाद। आप मतवाला-मण्डल में दाखिल हो गये, और दो आर्डर भी पा गये, बड़ी खुशी की बात है। यह शुभ संवाद यहाँ सभी के लिए सुखकर हुआ है। कहिये, अब तो 'सुधा' की खबर लेंगे न? चाहे जो करें; मगर अब कुछ दिन जम कर एक जगह रहिये। आसन जमा कर बैठिये। मन को स्थिर और शान्त कीजिये। चेष्टा कीजिये कि आपकी सभी कवितायें सुन्दर सजीले ढंग से हिन्दी संसार के सामने आवें—पुस्तकाकार। 'अनामिका' उसी में अन्तर्भुक्त। इसका बड़ा प्रभाव और लाभ नज़र आयेगा। आप कब से कब तक मण्डल में काम करने जाते हैं? आपकी दवा बाबू साहव भेजेंगे शीघ्र ही। सम्भव है, भेज

चुके हों। पं. रामशंकर जी से मेरा प्रणाम, और कह दें कि दीवाली के लिये कुछ भेजने की चेष्टा अवश्य करूँगा। दिमाग खाली पड़ा है, ख़ाक लिखूँ? पत्रोत्तर। दयाभाव।

शिवपूजन

[राम शंकर जी—रामशंकर त्रिपाठी, 'मतवाला' के सहयोगी संपादक]

50. राधामोहन गोकुल जी

पटकापुर
कान पूर
ता. 23/9—1927

प्यारे मित्र,

आपका पत्र पढ़कर दु:ख हुआ पर आपकी सत्य वादिता से प्रसन्नता हुई। अब आप सीधे मार्ग पर चलेंगे तो आपका कल्याण ही होगा। पुस्तक लिखें। सादा भोजन मूंग की दाल रोटी हलका शाक खायें और चौथे रोज 'केलोमेल 200' ले लिया करें तो रोग कुछ काल में जड़ से चला जायगा। मैं बहुधा फिरा करता हूँ। सम्भवत: कलकत्ते भी जाना पड़े। आप घर जायँ तो कानपूर होकर जायँ [,] मैं मिल जाऊँ तो ठीक [,] नहीं तो जब आऊँगा तब आपसे आपके ग्राम में जाकर मिल लूंगा।

मेरी हाथ जोड़ कर प्रार्थना है कि अब आपने [अपने] स्वभाव को और आचार विचार को सम्हाले [।] आप सदृश योग्य पुरुष का समाज के हाथ से निकल जाना बड़े दुख की बात है। समाज में रहने के लिए समाज का थोड़ा बहुत खयाल रखना ही पड़ता है—

आपका
राधे

[पत्र पर नाम, कानपुर, और "ता." मुद्रित हैं।]

51. जयशंकर प्रसाद

काशी
4-10-27

प्रिय निराला जी,

पत्र मिला, यह जान कर प्रसन्नता हुई कि आप 'मतवाला' में हैं। दवा का नियमित सेवन कीजिए—बैजनाथ कहता था कि अब तक उन्हें नीरोग हो जाना चाहिए—

मैंने पुस्तक ही भेज देने के लिए विनोद जी से कह दिया है—सम्भवत: वह आपके पास पहुँच भी गई होगी—

और सब कुशल है अपना कुशल समाचार लिखते रहिए—

भवदीय
जयशंकर 'प्रसाद'

52. गुलाबराय

[गोलाकार मुद्रा के बीच दो पक्षियों वाला राज्यचिह्न है और वृत्त-रेखा के पास राजा के व्यक्तिगत सचिव का गोलाकार मुद्रित पता है।]

Private Secretary's Office
Chhatarpur,
Bundelkhand

Chhatarpur
Dated 7/10/27

श्रीमन्

लाला शिवपूजन सहाय से ज्ञात हुआ है कि आप बंगला भाषा और ब्रजभाषा के अच्छे ज्ञाता हैं और ब्रजभाषा में कविता भी करते हैं। श्री महाराजा साहिब को एक एसे (ऐसे) ही विद्वान की आवश्यकता है। वह श्री चण्डीदास जी के ग्रन्थों का पद्यानुवाद कराना चाहते हैं (।) कृपया तार द्वारा सूचित कीजिये कि आप यहां आ सकते हैं या नहीं और आ सकते हैं तो कब और कृपया यह भी लिखिये कि यहां आने के लिये आपके क्या terms होंगे। उत्तर बहुत शीघ्र देने की कृपा कीजिये।

भवदीय
गुलाबराय
प्राइवेट सेकरेटरी

53. सुमित्रानन्दन पन्त

29, Beli Road,
Alld.
U.P.
(11. ×. '27)

प्रियवर निराला जी,

आपकी "पन्त जी और पल्लव" शीर्षक **आलोचना** माधुरी में पढ़ने को मिली। इसका समाचार मुझे श्रीयुत शान्तिप्रिय द्विवेदी जी से पहिले ही मिल चुका था, मैं उत्सुकता के साथ प्रतीक्षा कर रहा था—

अच्छा ही हुआ, बहुत दिनों से आप हज़रत नाराज़ थे, अब शायद जी की जलन निकल जाने पर आप कुछ शान्त हो जाए [जायँ] गे। "जलन" मैंने कुछ आपको चिढ़ाने के लिए भी लिख दिया। न जाने क्या आपको सूझी कि आपने चट से आलोचना, वह भी खूब कड़ी, छपवा ही तो दी। अच्छा साहब, यह सब कुछ तो हुआ—आप बनारस तक कई बार आते जाते हैं,—केवल प्रयाग ही पर इतने नाराज़ क्यों हैं? मैं कई बार शान्तिप्रिय जी को लिख चुका हूँ, लेकिन सदैव आपके दर्शनों को तरसता रहता हूँ—जैसाकि कहा करते हैं।

आपने तो जान पड़ता है खूब दर्शन शास्त्रों का अध्ययन कर लिया है—"आलोचना" के सिवा वैसे भी मुझे दो एक बार ख़बर मिली थी, और यह भी सुनता हूँ कि आपका स्वास्थ [स्वास्थ्य] आपकी मानसिक स्थिति के साथ ही साथ अवनत होता जा रहा है, वाह भई! अच्छा, अब अगर ग़ुस्सा मिट गया हो, पन्त को उसके 1 से 100 तक और शायद इससे भी अधिक अपराधों का दण्ड बहुत कुछ आप दे चुके हों तो एक बार प्रयाग आकर दर्शन दीजिए—आपसे किसी प्रकार लड़ाई झगड़ा तो मुझे करना नहीं है, केवल मनोविनोद रहेगा। यदि आपको प्रयाग में ठौर-ठिकाना न मिलने का डर हो तो मेरी कुटी में आप सदैव अपनी ही समझकर (जैसाकि शिष्टाचार वश लोग कहते हैं) आ सकते हैं।

और आपको क्या लिखूँ, आप "तुंग-हिमालय शैलशृंग" जो ठहरे! कहीं क्या जाने कोई बात कलम से ठीक न निकली तो नाराज़ हो जाएंगे!

आना तो आपको एक बार यहां अवश्य चाहिए—यदि जल्दी ही हो तो और भी अच्छा। क्या आ सकेंगे? अब भी क्या नाराज़ ही हैं? आइए। मैं अब बहुत होशियार हो गया हूँ—चौर्य कार्य में नहीं जैसा आप लिखते हैं—और कई तरह, यहां आने पर मालूम होगा। सुनता हूँ, यहाँ लोग आपको Tit for Tat उत्तर देने के लिए ज़ोर शोर से तय्यारी कर रहे हैं—करने दीजिए—वे लोग क्या जानें कि आप "तुंग हिमालय शैलशृंग" हैं।

पत्रोत्तर अवश्य दीजिएगा। बड़ी प्रसन्नता मुझे होगी। और मेरी प्रसन्नता का मूल्य थोड़ा नहीं—सचमुच, अवश्य उत्तर दीजिए, चाहे नाराज़ होकर दीजिए चाहे प्रसन्न होकर [,] दीजिए ज़रूर—

मैं अच्छा हूँ—पत्रोत्तर की प्रतीक्षा करूँगा [,] नहीं देंगे तो दूसरा पत्र लिखूँगा—उसके बाद जैसा होगा—

सलाम—

आपका

सुमित्रानन्दन पन्त

54. (क) विनोदशंकर व्यास

(ख) शान्तिप्रिय द्विवेदी

व्यास भवन
मान मन्दिर
काशी
14.10.27

(क) प्रियवर निराला जी,

सप्रेम वन्दे।

कृपा कार्ड मिला। बीमारी का हाल सुनकर बड़ा दुख होता है। मैं तो यही समझता समझता हूँ कि आप परहेज नहीं करते और मनमाना काम करते हैं।

हम लोग यहां सब सानन्द हैं। कोई नवीन समाचार नहीं है। पन्त जी पर आलोचना देखी। मैं तो समझता हूँ कि आप अपना अमूल्य समय एक छोटे से विषय पर नष्ट कर रहे हैं। मेरी हार्दिक इच्छा है कि आप कोई काव्य की अथवा कोई भी मौलिक पुस्तक लिखें।

कृपा।

आपका
विनोद

(ख) पूज्य चरणों में प्रणाम।

क्या आप भूल गये किंकर को?

सेवक—शां. प्रि. [शान्तिप्रिय द्विवेदी]

55. शिवपूजन सहाय

[15.10.27]

मान्यवर पंडित जी

सादर सप्रेम प्रणाम।

आपका कृपा पत्र मिला। धन्यवाद। पैरों के घाव से अभी तक परेशान हूँ। दोनों पैर घाव से भर गये हैं। इधर एक सप्ताह से 'आज'-सम्पादक पराड़कर जी की दवा करता हूँ। बड़ा फ़ायदा है। बाबू साहब, व्यासजी, शान्तिप्रिय जी सानन्द हैं। शान्तिजी से समाचार कह दिया है। सुमन जी बम्बई गये—मारवाड़ी-अग्रवाल के सम्पादक होकर—100) वेतन। गर्ग जी का पत्र आया है। उन्हें मतवाला में साथ रखिये। उग्र

भी ज्वरग्रस्त हैं। माधुरी देखी। समालोचना में कुछ कटुता आ गई है। मैत्री का पुट देकर दोषदर्शन कराते तो रंग जम जाता। आपकी ललकार पर पन्त—सम्प्रदाय बिगड़ेगा—खंगहस्त रहिये। कृपा रखियेगा।

शिवपूजन

[बनारस की डाकमुहर में तारीख—15 अक्टूबर, '27;
गर्ग - रामलाल गर्ग।]

56. गुलाबराय

छतरपुर
21/10/27

श्रीमन्

यह पंडित श्री हरेकृष्ण मुखोपाध्याय श्री महाराजा साहिब बहादुर की ओर से आप से मिलेंगे। आप के पास वह पुस्तकें हैं जिनका कि अनुवाद ब्रजभाषा पद्य में होना है [।] कृपया पुस्तकें देख लीजियेगा और इनसे बातचीत करके अनुवाद का थोड़ा नमूना चाहे इन्ही की मार्फत चाहे स्वतन्त्र रूप से श्री महाराजा साहिब बहादुर के अवलोकनार्थ भेज दीजियेगा। फिर जैसी श्री महाराजा साहिब की आज्ञा होगी उससे सूचना दी जावेगी।

भवदीय
गुलाबराय
प्राइवेट सेकरेटरी

57. हरेकृष्ण मुखर्जी

Kurmitha
Batikar-P.O.
Dist. Birbhum (Bengal)
10-11-27

Dear Sir,

Recently I had the honor to be at the Chhatarpur Raj. His Highness was enamoured of the poetry of Chandi Das—the Vaishnab Poet of Bengal & was anxious to have them translated in **Hindi.** You have been selected out for the task, as the best hand available.

I think you have already received letter from his Highness. I also went down to Calcutta to meet & talk with you on the subject. But unfortunately I could not meet you.

However, kindly translate, as sample, a few of the Poems of Chandidas, to His Highness, for his appreciation.

Chandidas is now considered a world-renonwned lyrical Poet & it is a matter of great pride to all alike that his Highness is willing to get it translated in Hindi. I would threrefore request you, leaving all other consideration apart, to at once set in the task & and be the renowned translator of the World-Poet like Chandidas—It is glory to you & and the Maharaja Bdr alike.

If you desire or are in need of any help in the mattter of translation, or right understanding of the Poems, I am always at your service.

Praying God for your success

I remain yours flly
Harekrishna Mukherji
Sahityaratna.

[पता]

Pandit
Surjakanta Tripathi
Village—Garhakola
P.O.—Magrair
Dt.—**Unao**

[सारांश : छतरपुर महाराज बंगाल के वैष्णव कवि चंडीदास के बड़े प्रेमी हैं। उनकी कविता के लिए जो लोग सुलभ हैं, उनमें सर्वाधिक उपयुक्त समझकर आपको चुना गया है। महाराज का पत्र मिला होगा। मैं आपसे मिलने और बात करने कलकत्ते गया था; खेद है, भेंट न हो सकी। नमूने के तौर पर महाराज के अवलोकनार्थ कुछ कविताएँ अनुवादित करें। चंडीदास अब विश्वविख्यात गीतकार माने जाते हैं सभी के लिए गर्व की बात है कि महाराज उनका अनुवाद हिन्दी में कराना चाहते हैं। इसलिए और सब विचार छोड़कर आप इस काम में लग जायँ, चंडीदास जैसे विश्वकवि के यशस्वी अनुवादक हों। इसमें आप और महाराज—दोनों का गौरव है। अनुवाद में या कविताएँ सही-सही समझने में, आप चाहें या आवश्यकता हो, तो मैं सेवा के लिए तत्पर हूँ।]

58. नन्ददुलारे वाजपेयी

"ओ३म्"

श्री काशी विश्वविद्यालय

12-11-1927

सम्मान्य त्रिपाठी जी,

सादर सप्रेम बन्दे।

कृपापत्र करगत हुए कई दिन हुए। शीघ्रतर उत्तर देने में विलम्ब हुआ। अपराध हुआ, कृपा कर कवि-कुल-सुलभ सदयता से उसे क्षमा करें।

शेली-सम्बन्धी मेरी जिज्ञासा का उत्तर मिला, धन्यबाद। उससे मेरे संदेह की आँशिक निवृत्ति हो गई—साथ ही इस धारणा की परिपुष्टि भी हुई कि कवियों की कृतियों में भावसाम्य का होना सम्भव ही नहीं स्वाभाविक भी है। इस विषय की विशेष बातें किसी अन्य अवसर पर निवेदित करूँगा।

पंतजी के 'पल्लव' की आपकी आलोचना को मैं ध्यानपूर्वक पढ़ रहा हूँ। मैं उसे अधिकांश में तथ्यपूर्ण और विद्वत्तापूर्ण मानता हूं। भावापहरण के उदाहरण सभी निष्पक्ष विद्वानों को समभाव से स्वीकार होंगे—ऐसा मेरा विचार है।

माधुरी के विशेषांक की "रेखा" में कुछ छापे की अशुद्धियाँ हो गई हैं ऐसा जान पड़ता है—क्योंकि कहीं 2 ठीक 2 अर्थ नहीं लगता। यदि ऐसा हो तो कृपया अशुद्ध शब्दों की सूची लिख भेजिएगा। अन्यथा क्षमा कीजिएगा—मैं फिर से समझने की चेष्टा करूँगा।

त्रिपाठी जी, आप वहाँ क्या काम करते हैं? इधर साहित्य-क्षेत्र से अलग हो गए से क्यों जान पड़ते हैं। कुछ लिख रहे हैं या नहीं? "मतवाला" के विगत अंक में प्रकाशित आपका "गीत" मुझे बहुत ही साधारण सा लगा। शब्दों का संगठन आपके योग्य नहीं है। सुकवि 'गुलाब' के "अभिनन्दन-वन्दन" को 'वन्दन-अभिनन्दन' बनाकर आपने उसके स्वाभाविक सौन्दर्य को कुछ कम सा कर दिया है—आपकी क्या सम्मति है?

आपके समाज-सम्बन्धी विचारों को जानने की मुझे बड़ी उत्कण्ठा है। स्त्रियों के स्वातन्त्र्य के सम्बन्ध में मैं आपके विचार विशेष रूप से जानना चाहता हूं। श्रद्धेय पं. अयोध्यासिंह जी ने यहाँ एक ऐसे साहित्य-सेवी समुदाय के स्थापन का विचार किया है जो सामाजिक विषय पर समय 2 पर लेख लिखे और यथाशक्ति समाज की बढ़ती हुई उच्छृंखलता का सुधार करे। स्त्रियों को स्वतन्त्रता दी जाय पर इतनी अधिक नहीं कि उसका दुरुपयोग हो। वर्णाश्रम धर्म ही हमारा सर्वस्व है। इसी ने हमारी शताब्दियों से रक्षा की है—इसके तोड़ देने से सिवा हानि के लाभ नहीं। उपाध्याय जी के ये ही और इस प्रकार के ही सिद्धान्त हैं और मेरे विचार से प्रत्येक विवेकशील पुरुष के ऐसे ही विचार होंगे। हम भारतवर्ष को भारतवर्ष ही की प्राचीन संस्कृति का पाठ पढ़ावें—यूरोप की संस्कृति का नहीं—संक्षेप में यही हमारा भी मत है। उपाध्याय जी ने मुझको उस साहित्य-सेवी-दल का मंत्री बनाया है और स्वयं अध्यक्ष हैं। "आर्य-महिला" पत्रिका जो महामंडल से निकलती थी अब विशेष परिष्कृत रूप में उपाध्याय जी के संरक्षण में निकलेगी। उसी में हम सब को अपने विचारों को व्यक्त करने का अवसर मिलेगा। क्या मैं आशा करूँ और साथ ही साथ आप से निवेदन भी करूँ कि "आर्य-महिला" के लिये आप कुछ न कुछ लिखते रहें—अपनी अमूल्य विचारावलि से उसके पन्नों को अलंकृत करते रहें—उसकी सफलता के सहायक हों।

"दासता-सिंधु" शीर्षक एक साधारण-सी रचना, जो कि वर्तमान शिथिल राजनीतिक परिस्थिति को लक्ष्य करके प्रोत्साहन के रूप में लिखी गई है—सेवा में भेजता हूं। यदि आप उसे उचित समझें तो उसे स्थानींय किसी पत्र में प्रकाशनार्थ दे दें। "माधुरी" की आश्विन की संख्या में "जिज्ञासा" शीर्षक एक कविता निकली है [,] कृपया उस पर अपनी सम्मति—उचित आदेशयुक्त लिख भेजने का कष्ट करें।

पंडित जी, मैंने यह पत्र ऐसा लिखा है, जैसे मैं आपका कोइ चिर परिचित मित्र होऊँ! पर मैं आपको अपना एक सम्मान्य सुहृद ही नहीं कुछ और भी मानता हूं। सुना है कविगण अंर्तयामी होते हैं—इसलिये मुझे कोई विशेष चिन्ता नहीं।

कृपाकांक्षी
"नन्ददुलारे वाजपेयी"

['मतवाला' में प्रकाशित गीत :
जीवन चिरकालिक क्रन्दन।
'अनामिका' में संकलित है।]

"दासता-सिन्धु"

सिंधु-संतरण के अभिलाषी
साहसमय सच्चे सन्यासी।
हिचकन दिखती कैसी?
आह, मत विचलित हो आधी राह॥

अहा तीर की मधुर कल्पना!
सोचो क्या थी निरी जल्पना?
नहीं नही, थी सच्ची चाह।
मत विचलित हो आधी राह॥

कहते थे मनहर वह तट है,
ऊबा इससे, उसकी रट है—
चलो निकट है—कैसा दाह?
मत विचलित हो आधी राह॥

दहले इतने ही झोंकों से!
कहो क्या कहा था लोगों से?
नकली निकली बातें! वाह,
मत विचलित हो आधी राह॥

है कमनीय भूमि आगे ही,
सुख की राशि विना माँगे ही—
मिल जाती है। वहाँ अथाह
मत विचलित हो आधी राह॥
वीर बंश के बीर अंश हो।
विजयी बनना विघ्न-ध्वंस हो।
भूलो मत समुचित उत्साह।
मत विचलित हो आधी राह॥
केवल दो ही हाथ लगा दो,
क्षण भर को भीरुता भगा दो।
अभी अभी मिलती है थाह
मत विचलित हो आधी राह॥

उत्तर इस पते से दें :

Nand Dularey Bajpeyi
M.A. & L.L.B. Student
Central Hindu College
P.O. Benares Hindu
University
Benaras

—o—

59. गुलाब राय

From—
GULAB RAI, M.A., L.LB.,
Private Secretary
To
H.H. the Maharaja Sahib
Bahadur, Chhatarpur

Chhatarpur
C.I.
14/11/27

श्रीमन्

मैंने पंडित हरेकृष्ण मुखोपाध्याय को आप के पास श्री महाराजा साहिब की आज्ञा से भेजा था। उनके पत्र से ज्ञात हुआ कि आप घर आये हुए हैं। यदि हो सके तो कलकत्ता लौटने से पूर्व श्री महाराजा साहिब से मिलते जाइये।

हरपालपुर पहुचने की तारीख से सूचित कीजिये—

भवदीय
गुलाबराय

[ऊपर अंग्रेज़ी में पता मुद्रित है।]

60. कृष्ण विहारी मिश्र

नवल किशोर-प्रेस,
लखनऊ।

'माधुरी' कार्यालय
(संपादन-विभाग)
ता. 18-11-1927

प्रिय त्रिपाठी जी,

बहुत दिनों से आपका कोई पत्र नहीं मिला। मेरे पिता जी का देहांत हो गया है [,] इससे लखनऊ में मेरा रहना कम होता है। संभव है इस बीच में मेरे नाम आपके पत्र आये हों पर मुझे मिले नहीं। आपकी 'पल्लव' पुस्तक की समालोचना की दूसरी क़िस्त अगहन की 'माधुरी' में निकल रही है [।] अब इसकी तीसरी क़िस्त भी शीघ्र भेजिये। आशा है पुरस्कार आपको मिल गया है। कृपाभाव बना रहे। कभी-कभी पत्र भेजने की उदारता दिखलाते रहिये।

विनयावनत
कृष्ण विहारी मिश्र

[यह कार्ड 'मतवाला' के पते पर कलकत्ते भेजा गया था, वहाँ से गढ़ाकोला लौटाया गया है।]

61. विष्णुदत्त शुक्ल

बन्देमातरम्

'प्रताप'
प्रसिद्ध राष्ट्रीय
साप्ताहिक
पत्र

जिसको न निज गौरव तथा निज देश का अभिमान है,
वह नर नहीं नर-पशु निरा है और मृतक समान है।

तार का पता—'प्रताप'

उत्तर में यह संख्या
और तारीख लिखिए
संख्या

'प्रताप' कार्य्यालय
कानपुर
21-11-1927

प्रिय निराला जी,

नमस्कार

आपकी यह कविता बहुत दिनों से पड़ी हुई है। प्रताप में दी जा सकेगी या नहीं इसका कुछ ठीक नहीं। यहाँ पड़े-पड़े उलटे उसके खो जाने का भय है। इसलिए मैं कविता आपके पास वापस भेजता हूँ।

शेष कुशल है। आशा है आप भी सकुशल होंगे।

आपका
विष्णु दत्त शुक्ल

62. हरेकृष्ण मुखर्जी

[नवंबर 1927]

श्री हरेकृष्ण मुखोपाध्याय,
साहित्यरत्न।

श्री श्री रामकृष्ण
'सारदा कुटीर'
कुड़मिठा (वीरभूम)

बातिकार
पो

तारिख 14 अग्रहायण 1334

सविनय निवेदन

नमस्कार ग्रहणकरून:।

आपनार 16-11-27 तारिखेर पत्र यथासमये पाइयाछि। सिकेटारी छतरपुर हइते पत्र दियेछिलेन, ताहां के आपनार ठिकाना पाठाइयाछि, आपनि विलंब न करिया यथा संभव शीघ्र गुटि दुई पद हिन्दी ते अनुवाद करिया पाठाइया दिबेन।

आमार इच्छा छिल आपनि ओ आमि एक संगे थाकिया एइ अनुवाद कार्य शेष करि। एई कार्ये अन्तत: छय मास काल समय लागिबे। आमि जेमन यथाशक्ति आपना के साहाय्य करिताम तेमनि आपनार निकट हिन्दी शिक्षा करिले आमार एकटा गुरुतर अभाव पूर्ण हइत। ता छोड़ा शुधू पदावली अनुवाद नय, आपनाके दिया चंडीदासेर पदसमूहेर एकटा विश्लेषण मूलक विस्तृत भूमिका ओ हिन्दी ते लिखाइबार संकल्प करियाछिलाम। आपनार सहित साक्षात् हइले एइ सब विषय आलोचना करिताम। पदावलीर अनुवाद प्रकाशेर पूर्व्वेइ आपनि ओद आलोचना हिन्दी मासिक पत्रे प्रकाश करिले चंडीदास लइया आपनादेर साहित्यिक समाजे ओ आपनि ए विषये यथेष्ट आन्दोलन तुलिते पारितेन। आमि चण्डीदास संबन्धे कलिकाताय थियोसोफिकल हले गत श्रावणे ओ भाद्रे ये चारिटि लेक्चार दियेछि, ताहा आपना के दिते पारिताम, कारण ताहा आमार निकटे लिखित अवस्थाय प्रस्तुत रहियाछे। किन्तु ए सब कथा आमि निज हइते महाराजा बहादुर के बलिते पारि नाइ। आपनि बलिलेइ इहा सहजेइ हय। अथच इहाते आपनार अर्थागम, वा सम्मान लाभ कोनो दिकेइ क्षति हइबे ना, वरं सुविधाइ हइबे, ओ परन्तु माझखान हइते आमि यथेष्ट उपकृत हइब। आपनि छतरपुर गिये बलिलेइ हइबे जे अनुवादेर कार्य्ये पदावली जाना एक जन बांगाली पंडितेर साहाय्य दरकार। महाराजा बहादुर द्विरुक्ति ना करिया आमाय संवाद दिबेन। एई रूपई बुझिया आसियाछि। एखन आपनार जेरूप अभिरुचि। आमि आपनार एवं आमार दुइ जनेर जाहाते सुविधा हय ताहाइ करिते अनुरोध करते छि। नि [वेदन] इति॥

विनीत श्रीहरेकृष्ण मुखोपाध्याय

[सारांश : आपका 16-11-27 का पत्र मिला। सेक्रेटरी ने छतरपुर से पत्र लिखा था। उन्हें आपका पता भेज दिया है। आप शीघ्र दो पदों का अनुवाद करके भेज दें।

इच्छा थी कि हम और आप एक साथ रहकर यह काम करें। लगभग छह महीने लगेंगे। मैं आपकी जितनी सहायता करूँगा, उतना ही आप मुझे हिन्दी सिखाकर मेरा एक अभाव दूर करेंगे। आप चंडीदास की एक आलोचनात्मक भूमिका भी लिखें और किसी हिन्दी मासिक पत्र में प्रकाशित करके इस विषय में आन्दोलन कर सकते हैं। मैंने कलकत्ते में चंडीदास पर जो भाषण दिये थे, उन्हें आपके पास भेज सकता हूं। किन्तु यह सब मैं महाराजा बहादुर से न कहूँगा। आपका कहना ही उचित होगा। इसमें अर्थ या सम्मान—किसी की भी क्षति न होगी, सुविधा ही होगी और इससे मैं उपकृत हूँगा। आप छतरपुर जाकर यह अवश्य कहें कि अनुवाद के लिए पदावली के ज्ञाता एक बंगाली पंडित दरकार हैं। महाराजा बहादुर विरोध न करके मुझे सूचित करेंगे। आगे जैसा रुचे। हम दोनों की जिसमें सुविधा हो, वही करें—यह अनुरोध है।]

63. जयशंकर 'प्रसाद'

काशी
3-12-27

प्रिय निराला जी,

कार्ड आपका मिला। इसके पहले भी आपका पत्र हस्तगत हुआ था। स्वास्थ्य ठीक न रहने से उत्तर देने में विलम्ब हुआ। अभी कहीं कुछ उत्तर तो नहीं देखने में आया। शिवपूजन जी ने स्थान बदलने जाकर अपना पैर तोड़ डाला था, अब धीरे 2 अच्छे हो रहे हैं। विनोद जी कानपुर नहीं जा सके। और कोई नया समाचार नहीं है, मेरा भी स्वास्थ्य अब अच्छा हो रहा है। आपने अपने पत्र में यह नहीं लिखा कि आप के रोग की क्या अवस्था है। कुशल समाचार लिखिए—

भवदीय
जयशंकर 'प्रसाद'

[केवल हस्ताक्षर प्रसाद के।]

64. शान्तिप्रिय द्विवेदी

श्री

C/o राधाकृष्णदास बी.ए.
कोठी-भदैनी,
Benares City 9/12/27

प्रणाम।

बहुत दिनों से आपके स्वास्थ्य का समाचार नहीं मिला, आशा है, आप पहले से अधिक स्वस्थ हैं। परमात्मा आपकी सुख-शान्ति की वृद्धि करता रहे।

यहाँ मित्र-मंडली पूर्ववत् मिलती जुलती है, सब प्रसन्न हैं। एक नया समाचार यह है कि, बहुत दिन हुए, शिवपूजन जी छत पर से गिर पड़ने के कारण घायल हो गये, चिकित्सा हो रही है, अब सानंद हैं। चिंता की बात नहीं। वह गली वाला मकान छोड़ कर क्वीन्स-कालेज के पास, हवा-पानी बदलने के लिये एक बागीचे में ठहरे हैं—वहीं यह घटना हुई। उनका वर्तमान पता—शिवपूजन सहाय जी, C/o अग्रवालप्रेस, तेलियाबाग, बनारस कैन्ट। बेनीपुरी जी भी आए हुए हैं। 'विनोद' जी इलाहाबाद गये हुए थे। उनसे मालूम हुआ है कि, बख्शी जी भी 12-15 ता. तक यहाँ आनेवाले हैं। श्री मैथिलीशरण जी के भी आने की बड़ी आशा है। अच्छा है, साहित्यिकों का एक मजेदार जमघट रहेगा।

एक नई बात यह है कि, बख्शी जी आजकल मुझ पर सदय हुए हैं—'सरस्वती'—द्वारा प्रोत्साहित करने के लिये। एक छोटी कविता नवंबर की 'सरस्वती' में छपी थी। वार्षिक अंक में मेरा एक लेख भी छपेगा। आपका आशीर्वाद बना रहे, यही साहित्यिक मंगल की कामना है।

मुझे आपकी सीख भूली नहीं है—वही अध्ययन करने की बात। आप विश्वास रखें, पानी के लिये कुँआ खोदने से जो समय मिलता है, उसे मैं अध्ययन को ही समर्पित करता हूँ; किंतु चिंताओं से समय बहुत कम मिलता है। मैं अध्ययन के आनंद को जानता हूँ, मैं उन लोगों में से नहीं हूँ जो पढ़ना कुछ नहीं चाहते, किंतु साहित्य-महारथी, कविकोविद बनने के लिये मरे जाते हैं। मैं आपको फिर विश्वास दिलाता हूँ कि, जिस दिन 'शांतिप्रिय' को यह मालूम हो जायगा कि, वह केवल नाम कमाने अथवा कुछ ऐंड़ी-बैंड़ी लिखने के लिये, कलम और काग़ज़ का सम्मिलन कराता है, उस दिन वह अपने मुँह में कालिख पोत लेगा। मैं अनधिकार चेष्टा से बचूँगा। आपके चरणों से भी मुझे बहुत कुछ सीखना है, वह सामग्री आपसे प्राप्त करना चाहता हूँ जिसकी गुरुता को समझकर, मैं गुरुभाव से शीस झुकाता हूँ। आप इसकी उपेक्षा न करें, इसमें आपकी क्षति क्या है? यदि मैं अयोग्य हूँ तो आपके संकेतों से योग्य भी बन सकता हूँ। कब वह दिन आयेगा, जव आपके साथ रहने का मुझे एक लम्बा समय मिले, और मैं आपसे कुछ सीखूँ।—केवल अध्ययन का उपदेश नहीं, बल्कि अध्ययन की सामग्री भी प्राप्त करूँ।

सेठ जी का अनुरोध था कि, मैं उग्र जी के साथ 'मतवाला' में चला जाऊँ, मैं इसीलिये नहीं गया, वहाँ की क्लर्की से मेरे मानसिक विकास में आघात पहुँचेगा। मैं एक ऐसी संगति का आकांक्षी हूँ, जिससे कुछ सीख सकूँ। अस्तु।

'माधुरी' के इस नये अंक में आपकी पंत जी के प्रति नई समालोचना देखी—बहुत अच्छी। इन समालोचनाओं से न जाने पंत जी पर क्या बीते! मैं चाहता हूँ, उनका गुरुडम यदि कम हो जाय तो उन्हें क्षमा-दान भी दीजियेगा।

पंत जी के बाद एक हाथ महतो जी पर भी लगाइये। आवश्यक समझिये तो। अच्छा हो, पंत जी की ही तरह, हिन्दी के सभी प्रमुख कवियों की समालोचना कर

जाइये—अलग-अलग। ये समालोचनायें पुस्तकाकार होकर साहित्य की एक ठोस चीज़ होंगी। समालोचना के लिये कवितायें मैं एकत्रित कर दूँगा। क्या आपको वहाँ ख़ास-ख़ास सभी पत्रिकायें पढ़ने को मिल जाती हैं?

चरणाश्रित
श्री शांतिप्रिय द्विवेदी

[पता गाँव का]

65. (क) शिवपूजन सहाय
(ख) शान्तिप्रिय द्विवेदी

श्री.

C/o ज्ञानमंडल प्रेस,
बनारस सिटी
13-12-27

मान्यवर पंडित जी,

सादर सविनय प्रणाम।

आपका कृपा-पत्र, शांतिप्रिय जी द्वारा मिला। बड़ी प्रसन्नता हुई। मैं आपका समाचार जानने के लिये अत्यंत उत्सुक था। बड़े हर्ष की बात है कि, आप छतर पुर जा रहे हैं। वह राजदरबार है; मेरी राय है कि आप वहाँ कुछ दिन रहें, कोई 'गारंटी' तो है नहीं, जब तक दाना-पानी साथ दे। मुझे विश्वास है कि आप वहाँ रहना चाहेंगे तो साहित्य का बड़ा उपकार होगा। मेरी आन्तरिक इच्छा यह है कि, आप वहाँ पहले आसन जमावें, फिर पैर फैलावें, उसके बाद आराम से सोवें या चाहे जो करें। आप तो एक दरबार में लड़कपन से बहुत दिनों तक रह चुके हैं, आप को मैं नहीं बता सकता कि राजदरवार में कैसे रहना चाहिये। इस विषय में आप ही भली भाँति सोच सकते हैं।

'पल्लव' की समालोचना मैं बड़े ध्यान से पढ़ता हूँ। उसकी पहली किस्त के बारे में मैंने लिखा था कि, कुछ कटु हुई है; पर, दूसरी किस्त बहुत ही सरस है। पहिली के समय आप शायद कुछ आवेश में थे। आपकी चंडीदास—अनूदित कविता बहुत अच्छी जँची। 'सुधा' में चंडीदास पढ़ने की उत्सुकता है। अब 'सुधा' और 'माधुरी' दोनों में आपके लेख पढ़ने को मिलेंगे। 'चंडीदास' के बाद यदि आप 'रवीन्द्र' पर लम्बी लेखमाला लिखें तो गंगा-पुस्तक माला से पुस्तकाकार छप भी जायगी, और आप जो 'रवीन्द्र' पर छानवीन किये बैठे हैं, वह भी सफल हो जायगी। जैसे 'माधुरी' और 'सुधा' पर जादू डाला, वैसे ही 'विशाल भारत' पर भी एक धौल रहे। वह कलकत्ते से 91, अपर सर्कुलर रोड, 'माडर्न रिव्यू'—आफिस से निकल रहा है।

मेरे पैर की हालत अब अच्छी है। बाबू साहब और व्यास जी तथा शांतिप्रिय जी आदि दर्शन दिया करते हैं। छतरपुर पहुँच कर विस्तृत पत्र दीजियेगा।

शिवपूजन

(ख) देव, पूज्य चरणों में मेरा भी प्रणाम।

शांतिप्रिय।

[रवीन्द्रनाथ और तुलसीदास की तुलना करते हुए कुछ लेख निराला ने 'मतवाला' में लिखे थे। 'सुधा' की अनेक संपादकीय टिप्पणियों में रवीन्द्रनाथ का उल्लेख है। किन्तु जैसी लेखमाला की ओर शिवपूजन सहाय ने संकेत किया है, वैसी उन्होंने नहीं लिखी।

कार्ड शान्तिप्रिय द्विवेदी की हस्तलिपि में है, केवल हस्ताक्षर शिवपूजन सहाय के हैं।]

66. प्रेमचन्द

तार—"UKHBAR"
'माधुरी' कार्यालय
(संपादन-विभाग)
ता. 21-12-1927

नं. 3287
नवलकिशोर प्रेस,
लखनऊ।

प्रिय सूर्यकान्त जी, बन्दे।

लेख और पत्र मिले। धन्यवाद। शीघ्र छपेगा।

मिश्र जी आपको नमस्कार कहते हैं।

रुपए मैंने अभी नहीं लिए। आप के पास भेज दिए गए। शायद आप को जरूरत हो। हिन्दी ड्रामा पर एक लेख क्यों न विशेषांक के लिये लिखने की कृपा कीजिए। उसमें सूर्य विजय, व्याकुल आदि, मदन, अल्फ्रेड की चर्चा हो और मुख्य ऐक्टरों की विवेचना की जाय। लिखिएगा अवश्य।

भवदीय
धनपतराय

[पता]

Shrijut
Pt. Surya Kantji Tripathi
Vill. Garhakola
P.O. Magrayar
Dt. Unao

['महाशय' की जगह "सूर्यकान्त जी" से लेकर पते तक कार्ड प्रेमचन्द की हस्तलिपि में है। जैसा लेख माँगा गया है, वैसा लेख निराला ने नहीं लिखा।]

67. राम सेवक त्रिपाठी

टेलीफ़ोन नं. 5 व 8. तार का पता—"UKHBAR"

[संपादकीय-विभाग) **'माधुरी' कार्यालय,**

नं.________ **नवलकिशोर-प्रेस**

लखनऊ 3-1-1928

प्रिय निराला जी,

यदि, आप को 'माधुरी' के संपादन विभाग में सहायक की भांति कोई स्थान मिल सके तो क्या आप उन ज़िम्मेदारियों को निभा सकेंगे? आप की हिन्दी, अंगरेज़ी आदि किन 2 भाषाओं की योग्यता है? प्रूफ रीडिंग का कैसा अभ्यास है? विवरण सहित लिखिए। कम-से-कम क्या वेतन आप स्वीकार कर लेंगे। प्रत्येक बात का स्पष्टीकरण कर दीजिए। ताकि, पत्रव्यौहार में व्यर्थ समय न जावे।

भवदीय
राम सेवक त्रिपाठी
संपादक तथा प्रबंधक

[पता]

Pandit,
Surya Kant Tripathi
"Nirala"
गढ़ाटोला
Magrayar P.O.
Dt. Unao

[गाँव का ठीक नाम अभी पत्र लेखक को मालूम नहीं।]

68. प्रेमचन्द

नं. 3753 तार—"UKHBAR"
नवलकिशोर प्रेस, 'माधुरी' कार्यालय
लखनऊ। (संपादन-विभाग)
ता. 6-1-1928

प्रिय सूर्यकान्त जी।

लेख मिला [,] धन्यवाद। आप छत्रपूर पहुँचें तो समाचार लिखिएगा।
हम लोग सकुशल हैं।

भवदीय
ध. राय
[धनपतराय]

[पता]

Shrijut
Pt. Surya Kant ji Tripathi Nirala
Vill. Garhakotla
P.O. Magrayar
Unao

[21-12-27 के कार्ड पर प्रेमचन्द ने गाँव का नाम ठीक लिखा था किन्तु 6 जनवरी और 1 फरवरी, 1928 के कार्डों पर स्पष्ट ही 'कोला' का 'कोटला' हो गया है।]

69. विनोदशंकर व्यास

मानमन्दिर
काशी
6-1.28

प्रिय निराला जी,

सप्रेम वन्दे।

मैंने समझा था कि आप पत्र लिखेंगे; किन्तु अब निराश होकर मैं ही लिख रहा हूँ। मैंने ईधर [इधर] अपने किसी साथी को पत्र नहीं लिखा है। कुछ ऐसी ही तवीयत हो गयी थी। आज सबको लिखने बैठा हूँ, अतएव आपको भी लिख रहा हूँ।

'उग्र' के न तैयार होने के कारण कानपुर मैं नहीं जा सका था जैसाकि आपसे वादा किया था। आप लखनऊ गए थे, यह समाचार भार्गव की जबानी मालुम हुआ। मेरा झगड़ा निपटाने काशी आए थे। एक तरह से मेल हो गया। लोगों के कहने पर।

भाई शिवपूजन के गिरने का समाचार आप को मिल ही गया होगा। ईश्वर की कृपा से अब अच्छे हो गए हैं।

मैं भी हँसता, रोता, गाता, अपने समय को काट रहा हूँ। एक तरह से अच्छा ही हूँ। आप अपना समाचार लिखिए।

हाँ, 'अशान्त' पर आपके [की] सम्मति की अत्यन्त आवश्यकता है। अपनी सम्मति लिखकर भेजिए। बस। फिर कभी।

आपका
विनोद

70. जयशंकर प्रसाद

काशी
10-1-28

प्रिय निराला जी,

आप का लेख 'भारत जीवन' में न भेजकर पं. रूप नारायण पाण्डय जी को मैंने दे दिया। वे उसे प्रकाशित करेंगे। भारत जीवन का मासिक रूप में निकलना असम्भव-सा है। और 'सुधा' में उन्होंने आपके और लेखों को भी सपुरस्कार छापने के लिए वचन दिया है। आशा है कि आप उनके लिए कुछ न कुछ बराबर लिखा करेंगे। चण्डीदास का अनुवाद मैंने देखा, बहुत सुन्दर हुआ है। शिव पूजन जी के पास आपका वह पत्र भेज दिया था। छतरपुर आप कब तक जायँगे? हनारे हाथ में कुछ चोट है [।] और सब कुशल है, अपना कुशल समाचार लिखिए।

भवदीय :—
N.K. Dubey
for जयशंकर 'प्रसाद'

[प्रसाद जी के लिखाये हुए अनेक पत्र इन्हीं सज्जन की हस्तलिपि में हैं किन्तु एकाध पत्र किसी और की लिखावट में भी है।]

71. प्रेमचन्द

नं. 4689
(संपादकीय-विभाग)

तार का पता—"UKHBAR"
'माधुरी'—कार्यालय
नवलकिशोर-प्रेस,
लखनऊ, 1-2-1928

प्रिय सूर्यकान्त जी।

कृपा पत्र मिला। मीयादी बुख़ार क्या इसी लिये आप की ताक में बैठा था कि घर से निकलें तो धर दबाऊँ। क़िसमत ने वहां भी आप का साथ न छोड़ा। इस बीमारी ने तो आपको बिलकुल घुला डाला होगा। पहले ही ऐसे कहाँ के मोटे ताज़े थे। ईश्वर जल्द आप को चंगा कर दे।

आप की आलोचना जल्द निकलेगी। बीच में एक महीना का गैप पड़ गया। अब की विचार है कि उसका एक अंश ज़रूर दे दिया जाय।

सप्रेम
धनपत राय।

[पता]

Shrijut
Pt. Surya Kant Tripathi Nirala
Vill. Garhakotla
P.O. Magrair
Dt. **Unao**

72. राम सेवक त्रिपाठी

'माधुरी'—कार्यालय
नवलकिशोर-प्रेस,
लखनऊ 1-2-1928

प्रिय निराला जी,

पत्र मिला। धन्यवाद,

इन शर्तों पर अभी आपको न बुला सकूंगा। आशा है, कष्ट के लिए क्षमा करेंगे।

भवदीय,
राम सेवक त्रिपाठी

73. विनोदशंकर व्यास

5.2.28
आधी रात

प्रियवर निराला जी,

सप्रेम वन्दे।

आपका कार्ड मिला। मैं बड़े फेर में था कि इधर आपका समाचार क्यों नहीं मिल रहा है। बाबू साहब और शिवपूजन जी से पूछने पर मालुम होता था कि आपका कोई समाचार नहीं मिल रहा है। अब 1 महीने के बाद आपने अपना हाल लिखा है। शुक्र है।

आपकी बीमारी का हाल सुनकर दुख हुआ। मेरी तबीयत भी इधर खराब ही रहा करती है। दिल में बेचैनी है। कुछ भी नहीं कर रहा हूँ, लिखना पढ़ना बन्द है।

आप क्या कर रहे हैं? कोई मौलिक पुस्तक क्यों नहीं लिखना आरम्भ कर देते? छत्तरपुर में शायद मंजूर नहीं किया। कुछ तो करना ही होगा। इस तरह कितने दिन चलेंगे।

हिन्दी संसार की आर्थिक दशा जानते ही हैं। खैर हम लोगों को तो अपना दिन पूरा करना है।

आजकल आपकी बड़ी याद आती है—परसाल गर्मी का दिन—हमारी आपकी बातचीत—हारमोनियम—गंगा नहाने जाना—मस्ती—वगैरह वगैरह—आजकल मैं बड़ा दुखी हूँ। तबीयत कहीं लगती ही नहीं। कल सबेरे की गाड़ी से गाँव पर जा रहा हूँ—[,] इसीलिए आज रात के समय 12 बजे आपको लिख रहा हूँ। गाँव के पते से उत्तर दीजिएगा—

मुन्नी का प्रणाम।

स्नेही
विनोद

पता विनोदशंकर व्यास
छावनी सरौना
जमालापुर
तहसील मिड़याहूँ **जिला : जौनपुर**

नोट :— होली के दो चार दिन पहले बनारस आइएगा, उस समय मै भी यहाँ आजाऊगा।

74. रूपनारायण पांडेय

[सुधा कार्यालय]

Lucknow 8/2/192८

प्रिय भाई निराला जी,

वंदे। आपकी 3 रचनाएँ मिलीं। एक कविता भी। एक रचना मैं जयशंक्रर जी से ले आया था। ये सब क्रमश: छपेंगी। व्यंग्य-विनोद इसी संख्या में जा रहा है। पत्रिका आप की है। हम लोग आप के हैं। मैं भी हूँ। आशा है, इसी तरह कृपा बनाए रक्खेंगे। भार्गव जी वाहर गए हैं।

[पता]

भवदीय
रू.ना.पा.
[रूपनारायण पाण्डेय]

75. महादेव प्रसाद सेठ

मतवाला कार्य्यालय
36, शंकरघोष लेन, कलकत्ता।

[बोतल, पेग और पियक्कड़ का चित्र] MATAWALA

ता. 15-2-1928

मान्यवर,

सदा की भांति इस वर्ष भी मतवाला अपने होलिकांक के लिए आपसे कुछ पत्र पुष्प की प्राथना [प्रार्थना] करता है। लेख तथा कवितादि 25 फरवरी तक आ जाने चाहिए।

आपका
म. प्र. सेठ
सम्पादक

[ऊपर वाला अंश छपा हुआ है। हस्ताक्षर करने के बाद महादेव प्रसाद सेठ ने नीचे लिखा है :]

प्रिय त्रिपाठी जी,

आशा है, [,] स्वास्थ्य ठीक होगा। जहां तक सम्भव हो कुछ भेजिए। यदि कुछ कष्ट हो तो भी। मतवाला आप ही का है।

76. शिवपूजन सहाय

'बालक'	**हिन्दी-पुस्तक-भंडार**	**मिति 16/2/28**
सचित्र मासिकपत्र	**लहेरिया सराय**	काशी, ज्ञानमण्डल

मान्यवर पंडितजी,

सादर सप्रेम प्रणाम—आपकी दो चिट्ठियाँ मिलीं—एक छतरपुर से और एक घर से। बड़ी दया।

मेरा पैर अभी एकदम ठीक नहीं हुआ। दस-बीस कदम किसी क़दर चल सकता हूँ। सूजन अभी तक है। चलने पर दर्द होता है। तेल मालिश और fomentation जारी है। इधर हफ्तों वर्षा और सर्दी के कारण बड़ा कष्ट हुआ। शादी बैसाख में होनेवाली है। अगर पैर दुरुस्त न हुआ, तो आषाढ़ में होगी। आपको सादर निमंत्रण भेजूँगा। आप अगर सम्मिलित होने की कृपा करें तो मेरा अहोभाग्य। बनारस की मण्डली चलेगी। छतरपुर का सब हाल मालूम हुआ। आपके आर्डर के लिये ताक में हूँ, पर हिन्दी वालों की दशा आप जानते हैं। टीका के लिए अभी मालदार कोई नहीं सूझता। स्वस्थ होकर आप काशी में नौकरी कीजिये। कुछ दिन कहीं पैर जमे तो बड़ा लाभ हो। बहुत काम होगा। आपके रु. के लिए स्पष्ट उत्तर माँगा है। सूचना दूँगा। अपने स्वास्थ्य का हाल लिखिये। आपका—शिव. [शिवपूजन सहाय]

[पता]

77. विनोदशंकर व्यास

व्यास भवन

29-2-28

होली का प्रेमालिंगन

प्रिय निरालाजी,

सप्रेम वन्दे!

बहुत दिनों से आपका समाचार नहीं मिल रहा है। मैं आपके इस कार्य के लिये बड़ा दुखी हूँ। मैंने एक कार्ड गाँव जाते समय आपके पास भेजा था; किन्तु उसका उत्तर भी आपने नहीं दिया। क्या वास्तव में आप मुझसे रुष्ट हैं?

बाबू साहब ईधर [इधर] कुछ अस्वस्थ थे। शिवपूजन जी घर गये (आरा)। आजकल बनारस विनारस हो रहा है। आप अपना सब समाचार कार्ड देखते ही लिखिये। क्या कर रहे हैं? हम लोग यहाँ अच्छे हैं। आशा है, आप भी निरोग होंगे।

मुन्नी का प्रणाम।

आपका
विनोदशंकर व्यास

[पता]

78. शान्तिप्रिय द्विवेदी

C/o राधाकृष्ण दास बी.ए.
कोठी-भदैनी
बनारस
2/3/1928

प्रणाम।

वहुत दिनों बाद पत्र लिख रहा हूँ। इससे पहिले भी मैंने एक कार्ड लिखा था। पर, आपने कुछ लिखा नहीं—शायद अस्वास्थ्य के कारण।

दो तीन दिनों बाद होली है, किन शब्दों में अभ्यर्थना करूँ। परमात्मा नवीन संवत् से आपको नवीन स्वास्थ्य दे। आप एक बार फिर उठ खड़े हों, वही पूर्व उत्साह नवीन वर्ष से आपमें प्रस्फुटित हो।

मैं सकुशल-सस्वस्थ हूँ। आप अपने स्वास्थ्य का समाचार दें। बड़ी उत्कंठा है। यहाँ सब मित्रगण प्रसन्न हैं। बाबू साहव को इधर फोड़ा हो गया था, इसलिए वे आपको कोई पत्र न लिख सके। शायद अब लिखें। मेर योग्य सेवा से सूचित कीजिये।

सविनय—शान्तिप्रिय

[पता गाँव का]

79. महादेव प्रसाद सेठ

मतवाला-मण्डल

मान्यवर महोदय,

आपकी रसीली रचना हमें यथा समय मिल गई थी। उसे हमने अपने होली के [**होली की बधाई!**] प्याले में सादर ढाल कर पियक्कड़ पाठकों के आगे परोस

भी दिया है। आशा है, आप इसी प्रकार सदैव अपने 'मतवाला' और उसके पागल 'मण्डल' पर कृपा करते रहेंगे।

होली का त्योहार आपको सुखद हो!

प्रेमी—
महादेव प्रसाद सेठ
मतवाला-संपादक

5-3-28
कलकत्ता [छपा हुआ कार्ड]

80. रामनारायण शर्मा

साहित्य सेवा सदन
छतरपुर राज्य
5/3/28

प्रिय निराला जी,

सादर वंदे

आशा है, कुशल से होगे। जव से गए मोरी सुधिहू न लीनी...।

मेरी आखे अव वारह आना स्वस्थ है। वीमारी के कारण पत्र व्यवहार वंद रहा। हिन्दू पंच का होलिकांक देखियेगा, उसमे हुजूर का लेख 61 पृष्ठ पर है [।] एक—नज़र डालना—वावू गुलावराय जी यथायोग्य कहते हैं

भवदीय
राम नारायण शर्मा

81. गुलाबराय

छतरपुर
6/3/27 [28]

प्रियवर—

बहुत दिन से आपके कुशल समाचार नहीं मिले। आशा है, कि आप कुशल से होंगे [।] आप आजकल घर पर ही है या और कहीं। और क्या कर रहे हैं। आजकल हम लोग खजराहो में हैं। पं. रामनारायण जी अभीं [अभी] तक नेत्र रोग से पीड़ित रहे [।] अव ज़रा अच्छे होते जाते है।

कुशल समाचार शीघ्र भेज दीजिएगा [।]

भवदीय
गुलाबराय

82. गुलाबराय

प्रेमाभिवादनसहित
गुलाबराय

नव वर्ष

1985

हरा भरा कोमल पुष्पमाल सा
विकास की आस भरा नवेन्दु सा
प्रमोद दाता नवजात वाल सा
प्रभात आभा नव वर्ष आ लसा
घरी घरी हो फलवान कामना।
सुसद्‌म तेरा धन धान्य से भरा
रमै रमा श्री ग्रह मे सशारदा
हरी रहै प्रेमलता सदा मुदा

साहित्य सेवा सदन
खुजराहो
छतरपुर राज्य
चैत्र शुक्ला 1

गुलाबराय
रामनारायण शर्मा

[कविता गुलाबराय के हाथ की लिखी है। रामनारायण शर्मा ने उनके नाम़ के नीचे हस्ताक्षर मात्र किये हैं। लिफ़ाफ़े पर मगड़ायर डाकखाने की मुहर में तारीख है 27 मार्च '28।]

83. शान्तिप्रिय द्विवेदी

C/o राधाकृष्ण दास बी.ए.
कोटी भदैनी
काशी
25.3.28

प्रणाम।

वहुत दिनों बाद पत्र लिख रहा हूँ। क्षमा चाहता हूँ इस विलंब के लिए। आपका होली का अशीर्वाद-पत्र मिला था—बड़भागी हुआ।

अव आपके पत्र यहाँ किसी भी मित्र के पास नहीं आते। कहिए तबियत कैसी है?

आपका लेख 'हिन्दी कविता की प्रगति' 'सुधा' में पढ़ा। रोचक है। एक बात कहूँगा, आप उसमें श्रीधर पाठक का नामोल्लेख करना भूल गए। क्या आपने ज़ानबूझ कर उन्हें छोड दिया?

पन्त जी की एक नई किताब 'वीणा' निकली है। उसमें उनकी 1918-19 की कविताओं का संग्रह है! मैंने खरीद ली है—सिर्फ़ पंत जी के चित्र के लिये।

एक रहस्य की बात सुनिए। 'वीणा' जब पहले पहल बाज़ार में बिकने आई, तो दो ही एक रोज़ बाद इडियन प्रेस वालों ने उसे वापस मँगा ली। कारण, पंत जी ने उसमें जो भूमिका लिखी थी, उसके द्वारा द्विवेदी जी (सुकवि किंकर) के 'सरस्वती' वाले लेख की अच्छी चुटकी ली थी। इंडियन प्रेस वाले उतने अंश को निकालकर अब फिर 'वीणा' को बाजाऱ में भेजा है। शायद इसी रंज में पंतजी ने 'सरस्वती' में लिखना बंद कर दिया है। वे उदासीन हो गए हैं। अस्तु। मेरा एक कष्ट स्वीकार कीजिए। मैं रविबाबू के दो चार पद्यों का अनुवाद आपसे करवाना चाहता हूँ—स्वीकार करें तो भेजूँ। आवश्यक है।

शांतिप्रिय

[पता गाँव का]

84. नन्ददुलारे वाजपेयी

काशी विश्वविद्यालय

27.3.1927+1

सम्मान्य त्रिपाठी जी,

सविनय वन्दे।

आपके कथनानुसार अब तक प्रतीक्षा में रहा पर न तो दर्शनों की लालसा ही पूरी हुई और न कुशल समाचारों की सूचना ही मिली। संभवत: आपके काशी न आने का कारण स्वास्थ्य संबंधिनी त्रुटि है क्योंकि कार्यक्रम में व्यतिक्रम होने का कारण साधारणत: स्वास्थ्य ही हुआ करता है। मुझे इसकी चिन्ता है [।] कृपया कुशलता की विज्ञप्ति से उद्विग्नता का उपशमन कीजिए।

"'गुलाब" जी के "अभिनन्दन वन्दन" लिखने के पूर्व की आपकी यह कविता मुझे मिली है—

ओ मेरे! —मेरे उन्मोचन-वन्धन
ओ मेरे! —ओ मेरे क्रन्दन-बन्दन
ओ मेरे अभिनन्दन
ये सन्तप्तलिप्त कब होंगे गीत
हत्तल में तव जैसे शीतल चन्दन?

भाव और भाषा दोनों ही परमोत्तम हैं। अन्तिम पंक्तियों में अद्भुत अनोखापन है—पण्डित राम नरेश त्रिपाठी की सुप्रसिद्ध पंक्तियाँ—

मेरे करुणा निधि का आसन गरम होगा
कौन जाने कब मेरे शीतल उसास से।

क्या उपर्युक्त पंक्तियों का रूपान्तर मात्र नहीं हैं?

क्या इस प्रकार का साम्य भी भावापहरण नहीं कहा जायेगा? स्वतंत्र रचनाओं का साम्य ऐसा हो सकता है :—

× × जब गिरिगृह छोड़ के
सविता सवेग जाती सागर की ओर है।
शक्ति किस की है तब रोके गति उसकी?
—माइकेल मधुसूदन

रोक टोक से कभी नहीं रुकती है।
यौवन-मद की बाढ़ नदी की—
किसे देख झुकती है?
"निराला जी"

इससे अधिक समता चोरी ही कहायगी। आप की क्या सम्मति है? शेष कुशलता है। मैं अधिक-से-अधिक 15 अप्रेल तक यहाँ रहूँगा। पत्रोत्तर दीजिए।

भवदीय नन्ददुलारे वाजेपयी

85. गयाप्रसाद शुक्ल सनेही

सुकवि प्रेस,
फ़ीलख़ाना, कानपुर।
तारीख 2-4-1928

प्रिय निराला जी।

बन्दे

'सुकवि' निकालने का निश्चय हो गया है। उसके लिए कोई रचना या लेख अवश्य भेजिए।

उन्नाव कनौजिया सम्मेलन के अवसर पर अवश्य पधारिए। कवि सम्मेलन की सूचना भेजी जा चुकी है।

भवदीय
सनेही

[कार्ड के दूसरी ओर छपा हुआ विज्ञापन :

—सुकवि—

सम्पादक—सनेही

यह कविता सम्बंधी मासिक पत्र प्रति मास प्रकाशित होता है। इसमें वर्तमान और प्राचीन सुकवियों की चुनी हुई कविताएँ, निष्पक्ष समालोचनाएँ, कवियों की जीवनियां, प्रकाशित होती हैं। काव्य रसिकों का मनोरंजन और नवीन कवियों को प्रोत्साहन देना इसका मुख्य उद्देश है। वर्षिक मू. 3) एक प्रति का 1—)

मैनेजर—'सुकवि'
फ़ीलख़ाना, कानपुर।]

86. गुरुप्रसाद पांडेय

श्री

12-4-28

कानपुर

पूज्य निराला जी

बन्दे।

अत्र कुशलं तत्रास्तु। आप उन्नाव नहीं आये। स्वास्थ्य कैसा है? लिखियेगा। और अधिक क्या लिखूं पत्रोत्तर दीजियेगा। भूल न जाइयेगा। आप 'मतवाला' वालों को भी एक पत्र लिख दे। जैसा आपने कहा था।

आपका—

गुरु प्रसाद पांडेय

लच्छू बगीचा

कानपुर

[पता]

सेवा में—

श्री. सूर्यकांत त्रिपाठी

'निराला'

पो. मगड़ायर

मु. गढ़ाकोला

उन्नाव

[गुरुप्रसाद पांडेय के बारे में कुछ नहीं मालूम किन्तु इस संग्रह में वह एकमात्र पत्र लेखक हैं जिन्होंने मगड़ायर गाँव का नाम, जैसा वह बैसवाड़े में बोला जाता है, वैसा लिखा है।]

87. शान्तिप्रिय द्विवेदी

श्री

C/o राधाकृष्णदास बी.ए.

कोठी-भदैनी

बनारस सिटी

17/4/28

सविनय प्रणाम—

दोनों कार्ड पाकर प्रसन्नता हुई। आपके स्वास्थ्य का समाचार पाकर तो बड़ा ही आनन्द आया। मित्रों को भी यह सुसंवाद दे दिया। बाबूसाहव और विनोद जी की

इच्छा है कि, आप एक वार पुन: काशी आवें। यदि इन दिनों आने की कृपा करें तो नाव पर संगीत का आनन्द फिर मिले। कुछ दिनों अच्छी चहल-पहल रहेगी।

'माधुरी' में 'पंत और पल्लव' का तीसरा अंश देखा—गम्भीर, विषद, तर्कपूर्ण। कुछ लोगों का मतभेद है। उनका कहना है, अभी आपने 'पल्लव' पर कुछ लिखा नहीं। मूल विषय पर आपकी समालोचना देखने की उत्कंठा है। मेरा निवेदन यह है कि आप आगे चलकर यथास्थान 'पल्लव' की कविताओं के गुण भी दिखावें। पंत जी का हिन्दी-कविता के इस युग में जो स्थान है, उसको स्पष्ट करें।—कला की दृष्टि से उनकी त्रुटियाँ भी। अधिक क्या। काशी आइए। सेवक—शांतिप्रिय

[पता गाँव का]

88. (क) शिवपूजन सहाय
(ख) राम नारायण शर्मा

P O. Itarhi
Via, Buxar E.I. Ry.
(Bihar)

(क) मान्यवर पंडित जी,

सादर सप्रेम प्रणाम।

यह पत्र छतरपुर से काशी होता हुआ मेरे घर पर आया है। मैं लगभग दो महीने से घर पर हूँ। शादी का दिन अभी ठीक नहीं हुआ है। विवाह तिथि निश्चित होते ही सूचना दूँगा। पैर की दशा सुधर रही है। अब कुछ-कुछ चलता फिरता हूँ। इस पत्र का उत्तर छतरपुर अवश्य भेज दीजिएगा। अब आपका स्वास्थ्य कैसा है?

स्नेहाकांक्षी—शिवपूजन

आप कब तक घर पर रहेंगे? आगे का कुछ प्रोग्राम भी बनाया है?

(ख)

'साहित्य सेवा मंडल'
छतरपुर राज्य
11—4—28

प्रिय निराला जी,

सादर वन्दे!

बहुत दिन हुए आपकी कोई भी खबर नहीं मिली [।] क्या कारण है? हम लोगों ने प्राय: 5 पत्र डाले किन्तु एक का भी उत्तर नहीं [मिला।] कृपया पत्र पाते

ही कुशल समाचार दीजिए। गुरू जी ने दो तीन बार कई जगह पूछा भी कि आप कहाँ पर हैं किन्तु पता नहीं मिला [।] आशा है आप कुशल से होंगे।

भवदीय
राम नारायण शर्मा

पुनश्च :—

कृपया पता सदा लिखते रहने की कृपा करते रहिए

N.B.

सुधा में चंडिदास सम्बन्धी लेख देखा—

धन्यवाद

[राम नारायण शर्मा ने जो पत्र निराला को शिवपूजन सहाय के पते पर काशी भेजा था, वह वहाँ से उनके गाँव भेजा गया। उसी के खाली हिस्से में अपनी ओर से लिखकर उन्होंने उसे निराला के पास भेज दिया। राम नारायण शर्मा ने अपना पत्र 11 अप्रैल को लिखा था; इसके सात-आठ दिन बाद शिवपूजन सहाय ने उसे अपने यहाँ से रवाना किया होगा।]

89. विनोदशंकर व्यास

18.4 28

प्रिय निराला जी,

सप्रेम।

आपका कार्ड मिला था। भला, आप कभी 2 इस अकिंचन को याद तो कर लिया करते हैं।

आपका स्वास्थ्य कैसा है? ईधर [इधर] तो आप बहुत भ्रमण कर रहे हैं। काशी कब तक आने का इरादा है। बहुत दिन हो गये। अब तो अवश्य आना चाहिये। मैं भी फिर बाहर जाने वाला हूँ।

यहाँ कोई नवीन समाचार नहीं है। बाबू साहब अच्छी तरह हैं। मैं भी दिन काट रहा हूँ। शिवपूजन जी अपने घर गये हैं।

मैथलीशरण जी आजकल काशी आए हुए हैं। शान्तिप्रिय से भी आपका समाचार मिला [।] आपकी दो लाइनों से सन्तोष नहीं होता [,] पूरा हाल लिखा कीजिये।

मन्नी का प्रणाम

आपका
विनोदशंकर व्यास

90. शिवशेखर द्विवेदी

श्री

193/2, कुमार सभा
इरीसन रोड,
20-4-28

श्री चरणकमलेषु,

आपकी तबियत खराब ही रहती है। क्या वीमारी फिर उखड आई है? संयम रखिये। पं. उमा दत्त जी शीघ्र 'हिन्दी-बंगला-शिक्षा' निकालने को कहते हैं। उनसे एक दिन रास्ते में ही बात हुई थी। दो बार आफिस गया। लेकिन वे नहीं मिले। आज शाम को उनके घर जाऊँगा। दया शंकर जी कलकत्ता पहुँच गये। प्रसन्न हैं। मैं यू.पी. की मैट्रिक की तैयारी करता हूँ। अब केवल अंग्रेज़ी में ही तैयारी करने से मैट्रिक में बैठ सकूँगा। क्योंकि वर्नाक्यूलर पास कर चुका हूँ। रुपयों की जरूरत हो तो लिखिये। केशव को प्यार

आपका शि—[शिष्य]
शिव शेखर द्वि—[द्विवेदी]

[निराला की हिन्दी-बँगला शिक्षा पुस्तक पौपुलर ट्रेडिंग कंपनी से उमादत्त शर्मा ने प्रकाशित की थी।]

91. नवजादिकलाल श्रीवास्तव

'सरोज'-कार्यालय।

किशोर-भवन,
151, मछुआ बाजार स्ट्रीट,
कलकत्ता 20-4-1928

प्रिय पण्डित जी,

इधर वहुत दिनों से आपका कोई समाचार नहीं मिला। आशा है, आप प्रसन्न होंगे। आगामी दशहरा से मेरे सम्पादकत्व में 'सरोज' नाम का एक मासिक पत्र निकलने वाला है। कनका बाबू के विशेष आग्रह से मैंने यह गुरुभार अपने कन्धे पर उठाया है, कैसे पार लगेगा, भगवान जानें। प्रथम संख्या के लिये आपसे कुछ भेजने की प्रार्थना है। एक मोटो भी चाहिये। मैं आशा करता हूँ कि प्रार्थना विफल न जायगी। यदि आप स्वीकार करने की कृपा करेंगे तो 'सरोज' आपकी यथासाध्य सेवा भी किया करेगा। क्या आप नियमित रूप से इसके लिये कुछ भेजा करेंगे? विषय आप अपनी इच्छानुसार चुन ले सकते हैं। इसमें विशेष रूप से कहानियां ही छापने का विचार है और प्रतिमास किसी एक हिन्दी शिल्पी का चित्र और चरित्र देने

का भी विचार है। आपका चित्र और चरित्र कैसे प्राप्त होगा? उत्तर शीघ्र दीजियेगा। सेठ जी अच्छी तरह से हैं।

आपका

नवजादिकलाल।

[कनका बाबू—नवजादिकलाल श्रीवास्तव के धनी साहित्य प्रेमी मित्र। जनवरी, 1931 के 'हंस' में महादेव प्रसाद सेठ, निराला और शिवपूजन सहाय के साथ उन्हें और नवजादिकलाल श्रीवास्तव को चित्र में देखा जा सकता है। 'सरोज' के कुछ अंक निकले; फिर पत्र बन्द हो गया।]

92. शान्तिप्रिय द्विवेदी

श्री

C/o राधाकृष्णदास बी.ए.

कोठी-भदैनी

बनारस सिटी

23/4/28

सादर सविनय प्रणाम—

इससे पहिले मैं आपको एक कार्ड लिख चुका हूँ। आशा है, मिला होगा। मैं सानन्द हूँ, आपका आनंद मंगल सदा चाहिये।

पिछले दिनों यहां अच्छी साहित्यिक जमघट रही। श्री मैथिलीशरण जी और मुंशी अजमेरी जी आये हुए थे। परसों गये हैं। पिछला पत्र जब मैं लिखने वाला था, तब मुंशी जी ने आपको अपना प्रणाम लिखने को कहा था।

कहिये, इन दिनों आप क्या कर रहे हैं? तबियत कैसी है? मन का झुकाव किस ओर है? 'चंडीदास' का काम क्या अधूरा ही रहा। कलकत्ते से मुंशी नवजादिकलाल जी के संपादन में आगामी...'सरोज' नामक मासिक पत्र निकलने...के द्वारा समाचार और लेख...

एक नया समाचार यह है कि, राय साहब आपसे कुछ काम लेना चाहते हैं। उन्होंने अभी-अभी प्रकाशन-कार्य प्रारंभ किया है। वे आप से रवि बाबू के 'चित्रांगदा' और 'विदाय अभिशाप' —नामक काव्यों का हिंदी-पद्यानुवाद कराना चाहते हैं। यह पत्र मैं उन्हीं की ओर से लिख रहा हूँ। यदि आप पसंद करें तो उचित पारिश्रमिक...ध्यान रखिये कि प्रकाशन कार्य अभी...रूप में है। पत्रोत्तर शीघ्र... मित्रों की इच्छा है।

...क [सेवक]—शांतिप्रिय

[पोस्टकार्ड का कुछ हिस्सा चूहों ने काट डाला था।]

[पता गाँव का]

93. दयाशंकर वाजपेयी

C/o युवक सभा
19, ताराचन्द दत्त स्ट्रीट
ता. 25-4-28

पूज्य चरण पं. जी,

सभक्ति चरण-स्पर्श।

आज कई दिन हुए मैं सकुशल कलकत्ता आ गया। सानन्द हूँ। काम पर भी जाने लगा। राम लाल अब तक यहाँ नहीं आये। आप की तबीयत कैसी है?

कल उमादत्त शर्मा से भेंट हुई थी। वे आप से कुछ काम कराना चाहते हैं, एक बंगला उपन्यास का अनुवाद। मुझे आप से, लिख कर पूंछने को कहा है। आप जैसा लिखें, मैं उनसे मिल कर तय कर लूं या आप ही यदि उचित समझें तो इस सम्बन्ध में उनसे डाइरेक्टली पत्र-ब्योहार कर लें। आदेश की अपेक्षा में हूँ। शीघ्र ही सूचित कीजियेगा। शेष सब कुशलता है। और कोई नये समाचार नहीं हैं। मुंशी जी के सम्पादकत्व में कनिका बाबू 'सरोज' के नाम से एक पत्र शीघ्र ही निकालेंगे। महादेव बा. और उग्र आप को पूछते थे। पत्र दीजियेगा। शिव शेखर मजे में है। कृपा बनी रहे।

दास
द.शं.
[दया शंकर]

94. रामनारायण शर्मा

साहित्य सेवा सदन
छतरपुर राज्य
27-4-28

प्रियवर,

प्रणाम!

कृपाकार्ड मिला [।] धन्यवाद। लिखा गया 'हाथ धोकर तैयार रहना' [।] क्षमा कीजिएगा मैंने भूल की जो कार्ड रख दिया। मैने समझा कि देहात मे यदि कार्ड शीघ्र न मिल सका तो मुझे पत्रोत्तर के लिए अधिक (एक दिन और) प्रतीक्षा करनी पड़ेगी [।] अस्तु इस धृष्टता को क्षमा कीजिएगा—धृष्टता करने का साहस यों हुआ कि आपने मुँह लगा रक्खा है। एक संदेह और होता है [,] वह यह है कि शिवपूजन जी के मा. एक पत्र भेजा था [।] उसका भी कारण यह था कि मेरे तीन चार पत्र के उत्तर नहीं मिले थे। अस्तु कुछ भी क्षमा कीजिएगा [।] गुरू जी ने भी

कार्ड रखने पर लानत मलामत कही [।] उन्होंने कहा इससे दूसरे की अप्रतिष्ठा होती है। ख़ैर—

बनारस जाइये और अवश्य जाइये [] देखिये यदि संयोग लग गया तो म भी मिट्टी सूंघता 2 वहीं पहुचूँगा [।] 'स्वास्थ' के विषय में समाचार पढ़ अति आनन्द भया—'छोटे पंडित जी की कथा' का छीटा मेरी समझ में आ गया था किन्तु जरा गहरा मजाक था इससे समझने में देर लगी—जब माधुरी पढ़ी तब स्मरण हुआ कही हो न हों यह छोटे पंडित जी है। मेरी दस्तकारी पर आपने कटाक्ष किया—खूब!!

यदि आपका 'स्वास्थ' यहाँ पर अच्छा होता तो विचार था कि एक चित्र लेता किन्तु अभाग्यतावस सोचता ही रह गया—मुझे साहित्यिक गोष्ठी के लिए आपका चित्र चाहिए, या चित्र पाने का पता या सुभीता बतलाइये [।]

अभी तक कई कारणों से वह लेख छपने नहीं भेज पाया था [।] इस समय तैयार है [,] यदि चित्र मिल गया तो अच्छी बात है वरन: क्या करेंगे [।] बिना चुपड़ी खानी पड़ेगी और संतोष करना पड़ेगा ० इसी तरह कृपा वनाए रखिए—

चरणानुरागी

रामनारायण

पुनश्च: थोड़ी सी सुरती वनाकर भजिएगा हे ईश्वर! वह दिन कहाँ?!! 'वही'

[गुरूजी—गुलाबराय। पत्र शिवपूजन सहाय को मिला; उन्होंने उसे गढ़ाकोला भेजा।]

95. गुलाबराय

[छतरपुर,

27-4-28]

प्रियवर—यद्यपि रामनारायण जी के पत्र लिखते समय में [मैं] अन्तरध्यान था तथापि मेरा अत्यन्ताभाव नही हो गया था—आप के पत्र पाते समय में उपस्थित था—एक बार भाग्य ने धोका दिया किन्तु दूसरी बार न दे सका—पत्र में बिना रामनारायण जी की उपस्थिति के भी लिख सकता था किन्तु आलस्य भक्त के लिए उत्तेजक की आवश्यकता रहती है [।] आपके पत्र ने वाञ्छित उत्तेजना दे दी।

आपका कुशल समाचार सुनकर अत्यन्त हर्ष हुआ क्योंकि आपने पहिले पत्र में रामनारायण के मत्थे यह दोष रक्खा था कि जब आप उनको पत्र लिखते हैं तब आप ज्वर से पीड़ित हो जाते हैं। आप ज्वर से मुक्त हो गए और विचारे रामनारायण जी कलंक से—इससे बढ़कर क्या आनन्द की वात? फिर आप जल विहार के लिए बनारस जा रहे है। जिस प्रकार मित्र के दुख में दुखी होना परम धर्म है उसी प्रकार मित्र के सुख में सुखी होना भी परम धर्म है। आप का

भी संवाद आपकी सुधामई मधुर वीणा द्वारा मिलता रहता है। सुनायो किन सखी हरिनाम का नवरस में श्रवण दर्शन के सम्वंध में उल्लेख कर रहा हूँ। स्मृति को भी नवरस में समाविष्ट कर दिया है। आशा है, पं. महावीर प्रसाद जी की भान्ति [भाँति] आपत्ति न उठावेंगे।

छोटे पंडितजी का वृतान्त वतला दिया गया है। कृपया अपने कुशल समाचार लिखते रहिए। मैंने जवावी कार्ड भेजने का अपराध नही किया है। कचहरी को देर हो रही है नही तो और लिखता

भवदीय
गुलाबराय

[छतरपुर की डाकमुहर-तारीख :
27 अप्रैल '28 : पता :]
श्री युत 'आधुनिक श्रीहर्ष'
सूर्य्यकान्त जी त्रिपाठी 'निराला'
डाकखाना—मगरायर
गाँव—गढ़ाकोला
उन्नाव

96. कृष्णविहारी मिश्र

नं. 6827
[संपादकीय विभाग]

तार का पता—"UKHBAR"
'माधुरी'—कार्यालय
नवल किशोर-प्रेस,
लखनऊ 30-4-1928

प्रिय पं. सूर्यकांत जी,
नमस्कार

पत्र के लिये धन्यवाद। 'माधुरी' का मामला निपट गया। विशेष विवरण 'माधुरी' में देखियेगा। समालोचना आप भेजिये [,] जितनी जल्दी हो सकेगा उसे निकालेंगे। वैशाख के अंक में तो आपका लेख है। ज्येष्ट के लिये मैटर कल दिया है। अगर आपका लेख जल्दी आ गया तो संभव है नहीं तो आषाढ़ में अवश्य जायगा। आपका पत्र पं. राम शंकर जी को दिखला दिया है। विशेष विनय।

आपका
कृष्ण विहारी मिश्र

[रामशंकर जी—रामशंकर शुक्ल]

97. नवजादिकलाल श्रीवास्तव

"SAROJ" **'सरोज'—कार्यालय।**
OFFICE **किशोर-भवन,**
Telephone 316, B.B. 151, मछुआ बाजार स्ट्रीट,
कलकत्ता 2-5-1928।

प्रियवर पण्डित जी,

सप्रेम प्रणाम।

पत्र मिला, प्रसन्नता हुई। 'सरोज' का कार्य आरम्भ हो गया है। मोटो और अपनी कोई अच्छी रचना शीघ्र भेजने की कृपा कीजियेगा। मेरी योग्यता आपसे छिपी नहीं है। कनका बाबू के विशेष आग्रह और आप लोगों की कृपा के भरोसे मैंने अपने जराजीर्ण दुर्बल कन्धों पर यह गुरुभार उठाया है। इसलिये सफलता सर्वथा आप लोगों की कृपा पर ही निर्भर है। आप का चित्र और चरित्र तो चाहिए ही। टाल-मटोल से काम नहीं चलेगा। पहले से ही तैयार रहना चाहता हूँ, ताकि पत्र ठीक समय पर निकलता रहे।

आपने अपने कलकत्ता आने के बारे में कुछ नहीं लिखा। कब तक आइयेगा? कनका बाबू पुस्तकें भी प्रकाशित करना चाहते हैं और इस संवंध में आपको भी लिखने को उन्होंने कहा है। यदि आप को समय हो तो कोई नाटक लिखने की चेष्टा कीजियेगा। लिखाई आदि के बारे में उन्होंने पूछा है। आशा है, आप उत्तर देने की कृपा करेंगे।

सेठजी, कनका बाबू, व्रजकिशोर आदि सकुशल हैं।

आपका
नवजादिक लाल श्रीवास्तव।

श्रद्धेय निराला जी,

सादर वन्दे

आशा है आप सकुशल होंगे, जान पड़ता है आप समन्वय को एक दम भूल गये [,] क्या कुछ भेजने की दया करेंगे।

श्री निराला जी कृपाभिलाषी
राम प्रसाद पाण्डेय

98. प्रेमचन्द

नं. 6906 तार का पता—"UKHBAR"
[संपादकीय विभाग] 'माधुरी'—कार्यालय
नवलकिशोर-प्रेस,
लखनऊ 5/5/1628

प्रिय महाशय,

पंत जी और पल्लव शीर्षक समालोचना का (5) भाग मिला। तदर्थ धन्यवाद। वह सादर स्वीकृत है। और आगामी अंक में प्रकाशित भी कर दिया जायगा।

कृपा भाव बना रहे।
योग्य सेवा सदैव लिखिये।

भवदीय
Prem Chand
सम्पादक

[पता]

श्री सूर्यकान्त त्रीपाठी "निराला"
Village—Garhakola (गढ़ाकोला)
Post—Magrair
Dt. (Unao)

[कार्ड पर अंग्रेज़ी में हस्ताक्षर प्रेमचन्द के हैं; शेष सब दूसरे की हस्तलिपि में है।]

99. विनोदशंकर व्यास

11.5.28

प्रिय निराला जी,

सप्रेम।

आपका कृपा कार्ड मिला। प्रसन्नता हुई।

भाई शिवपूजन की शादी पर अवश्य आईये [।] 19 ता. तक बनारस पहुँच जाना चाहिये [।] 20 को बरात जायगी। बाकी मिलने पर बातें होगी [।]

आपका
विनोदशंकर
व्यास

100. शिवपूजन सहाय

C/o Agrawala Press, Benares Cantt.
13/5 ['28]

मान्यवर पण्डित जी, सादर सप्रेम प्रणाम—

एक कार्ड आपको भेज चुका हूँ। यह मेरे शुभ विवाह का सादर सप्रेम निमंत्रण है। कृपया सहर्ष स्वीकार करके सोत्साह पधारिये। ता. 20 मई को 12 बजे दिन की गाड़ी से बनारस छावनी स्टेशन पर काशी की मित्रमण्डली प्रस्थान करेगी। उसी दिन शाम को 7-8 बजे छपरे पहुँचेगी, और 10 बजे रात को मसरख स्टेशन पर पहुँचेगी, जहाँ रात-भर विश्राम कर प्रात: काल ता. 21 को विलासपुर के लिये प्रस्थान करेगी। सवारी का इन्तजाम है। दो कोस की दूरी पर विलासपुर है। स्टेशन से आमदरफ़्त की

सवारी मिलेगी। आपसे सादर निवेदन है कि आप अवश्य आइये। पहले भी प्रार्थना कर चुका हूँ। सम्मेलन की तिथि बढ़ गई। मुहर्रम की छुट्टियों में होगा। विश्वास है, आप दर्शन देकर कृतार्थ करेंगे।

भवदीय
दर्शनाभिलाषी—शिवपूजन

101. शान्तिप्रिय द्विवेदी

श्री

C/o. राधाकृष्णदास बी.ए.
कोठी-भदैनी,
बनारस सिटी,
18-5-28

प्रणाम—

आपका कृपा-पत्र मिले कई दिन बीत गए। इधर राय साहव बारात चले गए थे, बिना पूछे उतर न देते बना। राय साहव ने बतलाया है कि रवीन्द्र वावू ने अपनी संपूर्ण पुस्तकों का अधिकार—मूल और अनुवाद-सहित—'माडर्न रिव्यू' वालों को दे दिया है। हिन्दी में जिन प्रकाशकों ने उनके अनुवाद निकाले हैं, उनसे अधिकार खरीदा भी जा रहा है। इस प्रवंध के कारण राय साहव ने अनुवाद कराने का विचार छोड़ दिया। अस्तु।

आशा है, आप सस्वस्थ और प्रसन्न हैं—मैं भी। 'माधुरी' के नवीन अंक में 'पंत और पल्लव' समालोचना में पंतजी के कविता भाग पर खूब विचार किया है। अब समालोचना का माधुर्य्य वढ़ गया है। समालोचना की भाषा मुझे तो बहुत पसंद आई। आप काशी कव तक आयेंगे? प्रतीक्षा है—

सेवक
शांतिप्रिय द्विवे.

[पता गाँव का]

102. जयशंकर प्रसाद

काशी
25-5-28

प्रिय निराला जी,

आपके दो पत्र मिले। यह जानकर कि आप फिर रुग्ण हो गए हैं दु:ख हुआ। और पैर का क्या हाल है? शिवपूजन जी की बारात लौट आई—विनोद जी उसमें

गये थे। मैं भी आज कल कुछ लिखता नहीं—बड़ी गर्मी पड़ रही है। अपना कुशल समाचार लि.

भवदीय
जयशंकर 'प्रसाद'

[यह पूरा पत्र प्रसाद की हस्तलिपि में है।]

103. विनोदशंकर व्यास

काशी
28.5.28

प्रियवर निराला जी

प्रणाम।

भाई शिवपूजन के विवाह में आपकी प्रतीक्षा करता रहा; किन्तु समाचार मिला कि आपके पैर में चोट आ गई है। दुख है।

आजकल आपकी बहुत याद आती है। मैं कुछ दिनों तक बनारस में ही हूँ। आप काशी क्यों नहीं आते? खैर, पानी वरसने पर ही आइए। आपके बजाने के लिये एक छोटा सा सुन्दर हारमोनियम बनवाया है।

ईधर क्या लिख रहे हैं? क्या कर रहे हैं? कुछ समझ में नहीं आता। पत्र भी आप अस्तव्यस्त होकर ही लिखते हैं।

'तूलिका' छप चुकी है। कापियाँ मिलने पर शीघ्र भेजूँगा। बाबू साहब अच्छी तरह हैं। शिवपूजन का विवाह आनन्द से समाप्त हो गया।

[अन्त में हस्ताक्षर नहीं हैं।]

104. रूपनारायण पांडेय

तार का पता—"गंगा, लखनऊ"

टेलीफ़ोन नं. 6
गंगा-पुस्तक माला-कार्यालय,
(प्रकाशन-विभाग)
लखनऊ, 2/6/1928

प्रिय त्रिपाठी जी,

प्रणाम। आप साहित्यकला और विरह की आलोचना अवश्य भेजें। मैं छापूँगा। मैं इस विषय में किसी का पक्षपाती नहीं। पर हां, लेख तेरहवीं संख्या में

जा सकेगा। बारहवीं संख्या तो प्राय: छप गई है। अब कुसुमकुंज वग़ैरह छप रहा है। कोई हर्ज नहीं, उनकी लेखमाला तो अभी चल रही है। मैं सकुशल हूँ, आप की कुशल चाहता हूँ।

भवदीय

रूपनारायण पांडेय

[छायावादियों पर हेमचन्द्र जोशी के आक्षेपों की ओर संकेत है। निराला का लेख 'कला के विरह में जोशीबन्धु' शीर्षक से छपा था।]

105. शान्तिप्रिय द्विवेदी

श्री :

C/o राधाकृष्ण दास वी.ए.

कोठी-भदैनी,

बनारस सिटी

11/6/28

प्रणाम—

आपका कृपा-पत्र मिला। पैर के कष्ट का समाचार पाकर चिंता हुई। कठिनाइयाँ आपका पीछा नहीं छोड़तीं, शायद वे आपके साहस और सहनशक्ति पर फ़िदा हैं। मैं तो आपके कष्ट का अनुमान करके ही काँप उठता हूँ। यदि परतंत्र न होता तो इस दशा में आपके दर्शनों के लिए आता। परमात्मा आपको आरोग्य करे। इन दिनों दशा कैसी है? पीड़ा कम है?

मैं पिञ्जर-बद्ध-पक्षी की भाँति अपनी क्षुद्र सीमा में संतुष्ट और प्रसन्न हूँ, साहित्यिक संसार से साथ छूट गया है। पाँच छ: महीने पहिले जो चीज़ें इधर-उधर भेजी थीं, वे ही छप रही हैं। सबसे मिलना-जुलना छोड़ कर एकान्त-वास करता हूँ—परिस्थिति ने मुझे इसीलिए [इसी के लिए?] मजबूर किया है। इतनी फुर्सत नही कि लोगों से मिलूँ। आज कल उग्र जी यहाँ आये हुए हैं, सुमन जी भी बंबई से। बेनीपुरी ने 'बालक' और लहेरियासराय को छोड़ दिया। अब शिवपूजन जी एकच्छत्र सम्राट हैं।

शा.

[पता गाँव का]

106. रामसेवक त्रिपाठी

नं. 7619
[संपादकीय विभाग]

'माधुरी' कार्यालय
नवलकिशोर प्रेस
लखनऊ ता. 15/6/1928

प्रिय महाशय,

आपकी निम्नलिखित रचना मिली। धन्यवाद। वह सादर स्वीकृत है, और शीघ्र ही 'माधुरी' के विशेषांक में प्रकाशित कर दी जायगी। कृपाभाव बना रहे।

"बंगाल के वैष्णव कवियों की
श्रृंगार-वर्णना"

भवदीय
रामसेवक त्रिपाठी
सम्पादक

107. नन्द दुलारे वाजपेयी

बड़ा बाज़ार हज़ारी बाग़
19-6-1928

प्रिय निराला जी,

प्रणाम। मैं आप से विमुक्त होकर लखनऊ और काशी होता हुआ कल सकुशल यहाँ पहुँच गया हूँ। कानपुर जाने का मेरा विचार पूरा न हो सका, परन्तु "प्रताप" सम्बन्धी कार्य मैं काशी से पत्र द्वारा कर चुका हूँ, आशा है अगले सप्ताह से "प्रताप" नियमित रूप से आया करेगा।

पुस्तकालय के संचालन का सब भार अब आप ही लोगों पर है [,] जैसे हो सके उसे चलाइए। पुस्तकें अभी ऐसी ही मँगाइए जिन्हें लोग पढ़ सकें और जिनसे मनोरंजन के साथ 2 उन्हें शिक्षा भी मिले। अभी ठीक 2 तो नहीं कह सकता पर संभवत: जुलाई के प्रारम्भ में आ सका तो एक बार अवश्य आऊँगा। तभी पुस्तकालय के लिए कुछ पुस्तकें भी लाने का विचार है।

पण्डित आनन्द मोहन जी से मेरा सप्रेम नमस्कार कहिएगा। उनको इस बात की सूचना भी मिल जानी चाहिए कि मैंने बाबू श्याम सुन्दर दास से पत्र द्वारा इस बात का निवेदन किया है कि वे एम.ए. में हिन्दी ले सकें।

पत्रोत्तर मिलने पर मैं शीघ्र ही उनकी स्वीकृति की सूचना भी दूँगा।

शेष कुशलता है—आप अपनी कुशलता के पत्र, तथा पुस्तकालय संबंधी समाचार शीघ्र शीघ्र लिखते रहें तो बड़ी कृपा हो।

अभिन्न नन्ददुलारे।

[पुस्तकालय मगड़ायर में; आनन्दमोहन वाजपेयी—मगड़ायर के निकट एक गाँव के निवासी।]

108. नन्द दुलारे वाजपेयी

Barabazar, Hazaribagh
4.7.1928

श्रीमान् त्रिपाठी जी,

सविनय बन्दे। कृपापत्र करगत, समाचारों से विशेष प्रसन्नता हुई। लखनऊ जाने का प्रयोजन क्या था [.] "सुधा" वालों से जोशी बन्धुओं के सम्बन्ध के लेख विषयक कोई बात-चीत तो नहीं हुई। कुछ वसूल—तहसील भी हुई—? गोविन्द-पदावलि पूरी हो चुकी होगी, बाज़ार भाव जाँचा या नहीं? मैने "विशाल भारत" को सत्परामर्श दिया है पर अभी तक उत्तर नदारद—शायद सम्पादक महोदय साहित्य-सम्मेलन को सुशोभित कर रहे हैं [।] जबाब मिलते ही इत्तिला दूँगा। पुस्तकालय का कार्य सम्यक रीत्या चल रहा है, क्यों न चले। प्रताप को रुपए देकर क्यों मँगा रहे हैं? विद्यार्थी जी तो ऐसे नहीं मालूम पड़ते थे [,] फिर उन्होंने पत्र पर क्यों ध्यान नहीं दिया? मैं तो देवव्रत से कहकर ही प्रबन्ध कर सकता था पर क्या बताऊँ कानपुर जा भी न पाया। मैं अत्यन्त शीघ्र कुछ पुस्तकें भेजने के विचार में हूँ—15 तक काशी आकर रवाना करूँगा।

"आँसू" पर एक कविता नई हो या पुरानी अवश्य भेजिए। एक संग्रह "मोती की लड़ी" प्रकाशित हो रहा है, मैं आपके लिए वचन दे चुका हूँ, देखिए शिथिलता न होने पाए।

विश्वस्त सूत्र से पता चला है कि "माधुरी" की समालोचना-प्रतियोगिता का पुरष्कार "निराला" जी को ही मिलेगा—आपने कुछ पता लगाया? शेष कुशलता है [।] पत्रोत्तर अब काशी के पते से [,] मैं 8-9 तक वहाँ पहुँच जाऊँगा [।]

कविता भेजने में यदि किसी बात का कुछ भी संकोच हो तो कदापि न भेजिएगा। यह नहीं कि उसके बिना काम न चले।

आनन्द मोहन जी के लिए बाबू श्याम सुन्दर दास जी ने लिखा है :—"जिस लड़के ने बी.ए. में हिन्दी नहीं ली एम.ए. में उसे हिन्दी न लेनी चाहिए—मैं उनके अध्ययन का विस्तार जान लूँ तब निश्चित रीति से कुछ कह सकता हूँ"—यदि वाजपेयी जी हों तो उन्हें यह सन्देश मिल जाना चाहिए। नन्ददुलारे।

109. उमादत्त शर्मा

The Popular Trading Co.

पोपुलर ट्रेडिंग कम्पनी।
115, हरीसन रोड,
कलकत्ता।

115, Harrison Road
Calcutta **D. 4-7-28**

प्रिय पण्डित निराला जी,

कृपापत्र मिला। बंगला शिक्षा छप रही है। एक डेढ़ मास में ज़रूर छप जायगी। छपते ही हिसाब [एक शब्द अस्पष्ट] करके भेज दिया जायगा। अब

20 उपन्यास निकाल रहा हूँ। आपकी जब इच्छा हो—लिखना—एक दो—पुस्तक भेज दूँगा।

कृपा रखें।

आपका
उ.द. श. [उमादत्त शर्मा]

110. नन्द दुलारे वाजपेयी

Benares Hindu University
14.7.1928.

प्रिय पंडित जी,

प्रणाम। मैं यथासमय काशी पहुँच कर नवीन वर्ष का कार्यारम्भ कर चुका हूँ—आनन्द मोहन जी पहले ही पहुँच चुके थे [।] उनके लिए "हिन्दी" लेने का प्रबन्ध हो गया है। खूब प्रसन्न हैं। शिव दुलारे को भी यहीं ले आया हूँ, यहीं अध्ययन करने का बिचार निश्चित रहा।

आज मैंने कुछ पुस्तकों के लिए लिख दिया है, रुपए भी भेजे देता हूँ "वीणापाणि पुस्तकालय" के पते से ही भेजने को लिख दिया है। शायद वी.पी. का खर्च देना पड़े तो दिला दीजिएगा।

आपका यहाँ आने का विचार कब तक का है? यहाँ आपके स्वागत की तैयारियाँ धूमधाम से होने लगी हैं। उपाध्याय जी एक सुन्दर सम्मेलन का आयोजन कर रहे हैं। बड़ा रंग रहेगा। बैसवाड़े की ख़ूब धाक जमेगी [।] हाँ, एक सुन्दर भाषण उस अवसर पर देना होगा [,] रहस्यवाद की, अपनी कविता की वकालत करनी होगी [।]

भवदीय
नन्ददुलारे।

[शिव दुलारे—नन्द दुलारे वाजपेयी के छोटे भाई।]

111. दुलारेलाल भार्गव

TELEGRAMS : "GANGA"
Press Department :
GANGA FINE ARTS PRESS

Leading Hindi Monthly :

TELEPHONE : No. 6

GANGA PUSTAK-MALA KARYALAYA
PRINTERS, PUBLISHERS, BOOK-

THE "SUDHA" SELLERS & STATIONERS
Stationary Department : 29-30, Aminabad Park...LUCKNOW
BHOLA NATH & CO. [जुलाई 1928]

Dear Sir,

I Shall feel highly obliged by your favouring me with a copy of your goodself's recent photograph to be published in our Premier Hindi Monthly the "Sudha" together with your article in the Sahitya Ank.

Should I expect to be favoured with one at your earliest convenience please?

Thanking you and assuring you of our best services,

Yours faithfully,
Dulareylal Bhargawa
Editor-in-chief & Proprietor

[मगड़ायर की डाकमुहर में तारीख : 19 जुलाई '28]

112. (क) हरिभाऊ उपाध्याय
(ख) रामनाथ लाल 'सुमन'

सस्ता-साहित्य-मंडल
अजमेर
ता. 21-7-1928

(क) प्रिय निराला जी,

सस्नेह वन्दे। 12/7 के कृपा-पत्र के लिए धन्यवाद। आपकी रचनाओं के लिए पत्र-पुष्प आपको समर्पत किये जायंगे। दूसरी जगह से आपको जो कुछ मिलता है उससे तो कुछ कम ही आप त्या. भू. से लेना चाहेंगे। तथापि आप की इच्छा मालूम होने पर उसकी पूर्ति के लिए भरसक उद्योग किया जायगा।

त्या. भू. की फाइल भिजवाने का प्रबंध कर दिया है। रचना और लेख शीघ्र भेजिए।

विनीत
हरिभाऊ

(ख) प्रिय निराला जी,

मैं यहां आ गया हूँ। अब भविष्य में मुझे ही पत्र लिखें तो विलम्व न होगा। उपाध्याय जी की ऐसी ही आज्ञा है।

श्री रामनाथ लाल 'सुमन'

113. नन्द दुलारे वाजपेयी

काशी विश्वविद्यालय
26-7-1928 ई.

प्रिय निराला जी,

सप्रेम प्रणाम। आपके दो पत्रों में मेरे संबंध की अनेकानेक बातें थीं परन्तु न जाने उनमें मेरा पता क्यों नहीं लिखा गया था [।] संभवत: आपको अब तक उसका पता ही न था। तो क्या वास्तव में मैं एक लापता जीव हूँ? नहीं नहीं मेरी इतनी अवहेला, इतना अनादर नहीं किया जा सकता [।] पता ठिकाना सब कुछ है और वह भी अत्यन्त निश्चित—ठीक—दुरुस्त।

"माधुरी" समालोचना-प्रतियोगिता संबंधी समाचार विश्वस्त सूत्र से ज्ञात हुआ है। यदि अधिक आग्रह करते हैं तो लीजिए बतलाता हूँ गोल बात—गुप्त बात—वहीं के एक कर्मचारी से—इससे आगे न पूछिए।

पूछिएगा भी तो यही कहूँगा—सुयोग्य—प्रतिष्ठित—विश्वसनीय बस। पुस्तकें मैं भेजनेवाला था पर ऐन वख्त पर आनन्द मोहन जी से मालूम हुआ कि अजमेर मंडल की किताबें बाबू रामरत्न जी दे रहे हैं। मैं ठहर गया हूँ—उनसे पूंछकर लिखिएगा मैं दूसरी भेजने का प्रबन्ध करूँगा।

घबड़ाने की—भय की कोई बात नहीं है—यहाँ आपके हिमायती करीब करीब असंख्य हैं [,] विरोधी दो, चार। बड़ा आनन्द आवेगा—आइए भी तो।

विनीत
नन्द दुलारे वाजपेयी

स्थायी पता : नन्द दुलारे वाजपेयी एम.ए. फाइनल
आर्य भवन पो. आ. लंका (Lanka)
Benares City

[बाबू रामरत्न—मगड़ायर-निवासी।]

114. कृष्णविहारी मिश्र

नं. 8771
[संपादकीय विभाग]

'माधुरी' कार्यालय
नवलकिशोर प्रेस,
लखनऊ, ता. 30-7-1928

प्रिय महाशय,

आपकी निम्नलिखित रचना मिली। धन्यवाद। वह सादर स्वीकृत है, और शीघ्र ही 'माधुरी' की किसी आगामी संख्या में प्रकाशित कर दी जायगी। कृपाभाव बना रहे।

'गोविन्द दास—पदावली'

भवदीय
K.B. Misra
सम्पादक

115. विनोदशंकर व्यास

3 **Aug.** [1928]

प्रिय निराला जी,

सप्रेम।

आपका कार्ड मिला। प्रसन्नता हुई। आशा है आप शीघ्र ही दर्शन देंगें।

गंगा खूव बढ़ी हैं। मगर मस्ती नही है। आजकल कुछ सन्नाटा सा है। खैर [,] आपके आने पर आ जायगी [।]

'सरोज के 1, 2 अकों [अंकों] में आपको देखा।

शिवपूजन अच्छे हैं। और क्या लिखूँ? मिलने पर सब बातें होंगी।

अभिन्न
विनोद

116. नन्ददुलारे वाजपेयी

काशी विश्वविद्यालय
4-8-1928 ई.

प्रिय निराला जी,

कृपापत्र प्राप्त, समाचार सूचित। ज्ञात में—पता वाले में जिस अलौकिक आनन्द की अजस्र और अदभ्र छटा छाई हुई—समाई हुई है [,] उसके निरीक्षण के लिए निराले-नेत्रों की आवश्यकता अनिवार्य नहीं, उनके बिना उसका काम रुका नहीं रहता। किन्तु वासनामय ओछे आनन्द में अनुरक्त व्यक्ति की आँखें न तो ऊपर उठेंगी न वह झलक उसे अपनी ओर आकर्षित कर सकेगी।

"वासुदेवशरण की समालोचना पर पुरस्कार पक्षपात का प्रश्रय लेने पर ही मिल सकता है" यह कथन मेरे एक प्रतिष्ठित लखनवी-मित्र का है जिसका संबंध "Madhury Politics" से घनिष्ट नहीं तो न्यून भी नहीं है। कृष्ण विहारी जी पर काशी के साहित्य सेवियों में सर्वाधिक किसका प्रभाव पड़ सकता है किसकी बातों से वे पक्षपात का परित्याग कर सकते सत्पथ पर आ सकते हैं? लिखिएगा।

मनोरमा आने लगी, अच्छा हुआ। मैं किस प्रकार की पुस्तकें भेजूँ आप लिखिए। पत्र की ही प्रतीक्षा है।

स्नेह भाजन नन्द दुलारे।

117. शान्तिप्रिय द्विवेदी

काशी
4-8-28

प्रणाम—

बहुत दिनों बाद कृपा-पत्र मिला। प्रसन्नता हुई। मैं जो अबतक आपको पत्र न लिख सका—इसका कारण आपके ठीक ठिकाने से अपरिचित रहना था। न जानें कहाँ-कहाँ आप रहते हैं। सुना था, आपके पैरों में गहरी चोट आई है; खेद हुआ, आपकी उन्मुक्त भावुकता कभी कभी आपको आघात भी पहुँचा देती है।

इन दिनों मैं साहित्यिक जगत से बहुत अलग रहता हूँ। जो रचनायें आपने पत्रों में देखीं, वे बहुत पहिले की लिखी हैं। इधर 7-8 महीने से मैंने कुछ नहीं लिखा। लिखने की इच्छा भी नहीं होती। न वह हौसला है, न वह महत्त्वाकांक्षा। मैंने साहित्य जगत से ही नहीं, सभी परिचितों से भी सन्यास ले लिया है। किसी से मिलता-जुलता नहीं। मुझे कहीं कोई आनन्द ही नहीं मिलता। जीवन बड़ा नीरस मालूम पड़ता है। मुझे आर्थिक कष्ट नहीं, किन्तु, मानसिक व्यथा मेरे कलेजे को मथती रहती है। स्वस्थ होते हुए भी अस्वस्थ हूँ। आप कब तक काशी आवेंगे? शायद आपके आने पर पुन: जीवन-ज्योति जागृत हो।

सेवक
श्री शांतिप्रिय

118. रामनाथलाल 'सुमन'

C/o 'त्याग-भूमि

सस्ता-साहित्य-मण्डल,
अजमेर
ता. 11/8/1928

प्रिय भाई,

तुम्हारा 7/8/28 का कार्ड मिल गया।

तुम अभिभाषण की विस्तृत समालोचना लिखो। मुझे तो मेरे मित्र दो एक महीना चुप रहने को कह रहे हैं—यद्यपि कुछ लिखना मुझे आवश्यक जान पड़ रहा है।

वर्तमान नाटकों पर तुम क्या लिखना चाहते हो? विस्तार के साथ लिखो तो मैं भी तुम्हारे साथ सम्मिलित हो जाऊँगा।

लेख-कविता शीघ्र भेजो

एक बात कहूँ। मैं तो तुम्हें सदैव वंधु ही मानता आया हूँ। उस समय की बात याद होगी जब तुम्हारा विरोध शुरू हुआ था। मैंने अपना हृदय तुम्हारे आगे रख दिया था। शायद तुम्हारे बाहर के समर्थकों में मैं पहला आदमी था। पीछे तुम्हें मेरे बारे में बहुत ग़लतफहमी हुई। मुझे सब बातें वतायी गईं पर मैंने कभी न तुमसे कुछ कहा और

न किसी से। जानते हो, आत्माभिमान मेरा देवता है। उस पर मैं वहुत कुछ बलि कर सकता हूँ। जब देखा कि तुम बहुत जल्दी प्रवाह में बह जाते हो—कल मुझे सवसे अधिक सहृदय समझते थे और आज न जाने क्या समझने लगे—तो मैं उदासीन हो गया। फिर भी मेरे हृदय में तुम्हारे लिए जो स्नेह का बंधन है वह कुछ मतभेद के साथ भी स्थिर है—इसीलिये बंधुत्व के नाते क्या मेरा एक अनुरोध स्वीकार करोगे?

मुझे तुम्हारी पंत की आलोचनाओं से बड़ा दु:ख पहुँचा है। मुझे ही क्या अभी तक जितने लोगों से मिला हूँ, सब उससे disgusted प्रतीत होते हैं। जो नये स्कूल के विरोधी हैं वे कहते हैं—"चलो एक चोर निकल गया और दूसरे की यह हालत है।" आपस में ही विवाद खड़ा कर हम लोग अपनी दीवारें कमजोर कर रहे हैं। कम-से-कम नये स्कूल के सब कवियों को कंधा-से-कंधा भिड़ाकर खड़ा होना चाहिए। माखनलाल जी की समालोचना पढ़कर तुम्हारी कविता के एक परम सहृदय admirer ने मुझे रोकर पत्र लिखा है। इस बारे में तुम्हारा justification सुनना मैं नहीं चाहता। हाथ जोड़कर मैं प्रार्थना करूँगा कि नये कवियों पर ऐसी आलोचनाएँ न लिखो। इस सम्बंध में तुमसे बहुत कुछ बातें करनी थीं। पर वे मिलकर ही हो सकती हैं। तुमसे मिलने को भी मन करता है। बहुत कुछ पूछना है, बहुत कुछ कहना है। भावी कार्यक्रम के सम्बंध में भी बातें करनी है। हिन्दी कविता पर मैं 500-600 पेज की एक पुस्तक लिखने की सामग्री एकत्र कर रहा हूँ। उसके लिए भी तुमसे कई बातें पूछनी हैं। 'नये स्कूल के हि. कवि' शीर्षक एक आलोचनात्मक सचित्र लेखमाला लिख रहा हूँ। उसमें तुम्हारे सम्बंध में बहुत कुछ लिखना है। क्या भेंट होने की कोई संभावना है?

सामने कम्पोजीटर्स कापी के लिये खड़े हैं। अतएव बहुत जल्दी में लिखा है।

तुम्हारा
'सुमन'

[अभिभाषण—साहित्य सम्मेलन के सभापति पद्मसिंह शर्मा का भाषण जिसमें छायावादियों की आलोचना थी।]

119. महादेव प्रसाद सेठ

BISVIN SADI PUSTAKALAYA
GOUGHAT, MIRZAPUR CITY
बीसवीं सदी पुस्तकालय
गऊघाट, मिरजापुर सिटी

No. —
Dated 15-8-1928

प्रिय निराला जी,

बहुत दिनों बाद आप का कुशल संवाद पाकर प्रसन्न हुआ। मैं आज प्राय: डेढ़ महीने से बीमार होकर यहाँ आया हूं और हकीम का इलाज कर रहा हूं। धीरे 2

आराम भी हो रहा हूं। मैं शीघ्र ही कलकत्ता जाने का विचार कर रहा हूं परन्तु कुछ निश्चय नहीं है। आप अपने बनारस आने की तारीख की सूचना दीजिए [।] यदि मिर्जापुर में उन दिनों रहा तो आपके दर्शन अवश्य करूँगा।

भवदीय
म.प्र. सेठ

[पता]

120. शिवपूजन सहाय

काशी, 20/8

मान्यवर पण्डितजी,

सादर सप्रेम प्रणाम

कृपापत्र पाया। लहेरियासराय भेज दिया। लिख दिया है कि रुपया भेज दें। आइन्दे मर्जी उनकी। मैं सच्ची बात से इनकार नहीं करता। आप कब तक यहाँ आइएगा? मेरी स्त्री इस समय कुछ अस्वस्थ है—साधारणत:—केवल नये हमल के कारण। अपनी चिन्ताओं को पूर्ववत् झेलता हूँ। आप का स्वास्थ्य कैसा है? दया रखियेगा।

शिवपूजन
C/o ज्ञानमण्डल प्रेस

121. नन्ददुलारे वाजपेयी

Beneras Hindu University
August 24th 1928.

प्रिय "निराला" जी,

आपका प्रिय पत्र पाकर प्रसन्नता हुई।—ठिकाना बेठिकाना और मकाँ बर ला—मकाँ रखना—यह तो समाज में प्रबल बेग से बढ़ती हुई विकृति से भयभीत होकर भाग खड़े होने वाले किसी कापुरुष का कथन है। अपने राम तो मर मिटेंगे पर डर कर बनबासी न बनेंगे। वासना निगोड़ी की मज़ाल क्या कि किसी कर्तव्य-रत व्यक्ति के निकट फटकने पावे।

जाने दीजिए; पारंगत विद्वानों के पारंगत पक्षपात पर अपनी और अपने असमर्थ साथियों की सीधी सादी सम्मति अब न लिखा करूँगा। यदि वासुदेव शरण की चर्चा आपने ही चलाई थी—विगत पत्र से यह स्पष्ट नहीं होता—तब तो आप भी पं. कृष्ण विहारी जी से सहमत हो गए। पर हृदय पर हाथ रखकर कौन कह सकता है कि वासुदेव शरण की समालोचना सचमुच उस योग्य है। वे मेरे सहपाठी,

बी.ए. में दर्शन के दर्शन भी न कर पाए थे फिर इतने पारदर्शी कैसे बन बैठे? ज़रा शैली पर दृष्टि डालिए—शैली पर—और बताइए है कुछ भी रोचकता-सुन्दरता। आत्मश्लाघा नहीं—बी.ए. की परीक्षा में वे विश्वविद्यालय में द्वितीय हुए थे—मुझ से 10-12 नंबर अधिक पाए थे परन्तु हिन्दी में तो वे मुझ से पीछे—बहुत पीछे थे।

पुस्तकालय के लिए घर घर फिरने का कष्ट—धन्यवाद। और क्या कहूँ?

हाँ, सर्वाधिक आवश्यक बात तो छूटी ही जाती थी। बताइए आने का विचार कब तक का है?—है भी या नहीं। यहाँ पर्चे बँट चुके, "आज" में नोटिस निकल चुकी। क्या सब की आशाओं पर पानी फिर जायगा। आनन्द मोहन जी सानन्द हैं।

भवदीय नन्द दुलारे।

122. रामनाथलाल 'सुमन'

"त्याग भूमि" सस्ता-साहित्य-मण्डल,
5101 अजमेर
ता. 4/6/1928.

भाई

तुमने न पत्र का उत्तर दिया, न अब तक कुछ भेजा ही। एक कविता तो तुरंत—**लौटती डाक** से—भेज दो। प्रथमांक छपने जा रहा है।

तार से जरूरी समझो।
तुम्हारा
'सुमन'

123. गयाप्रसाद शुक्ल 'सनेही'

DAILY VARTMAN OFFICE
दैनिक वर्तमान कार्यालय,
कानपुर। CAUNPORE, 17-9-1928

प्रियवर निराला जी!

बन्दे

महीनों से आप का कुछ पता नहीं। और एक कष्ट यह देना चाहता हूं कि वर्त्तमान का विशेषांक निकलने जा रहा है [,] उसके लिए एक लम्बी कविता भेजने की कृपा कीजिए [,] कविता में 20 छन्द से कम न हों। अवस्थी जी का विचार है कि रहस्यवादी और स्पष्टवादी दोनों तरह के कवियों की और खास कवियों के लिए एक एक पेज सुरक्षित रहे। हां वर्त्तमान का पेज ख़याल करके ऊबियेगा नहीं [।]

उसका विशेषांक हिन्दू संसार के साइज में निकलेगा। उम्मेद है कि आप को बार बार लिखने की ज़रूरत न होगी। अंक का छपना अभी से प्रारम्भ हो गया है। मैं प्रतीक्षा करूँगा। आशा है, कि आप शीघ्र उत्तर देगें।

भवदीय
सनेही

[अवस्थी जी—'वर्तमान'—सम्पादक रमाशंकर अवस्थी।]

124. कृष्णविहारी मिश्र

नं. 9515
[संपादकीय विभाग]

'माधुरी' कार्यालय,
नवलकिशोरप्रेस,
लखनऊ, ता. 21-8-1928

प्रिय महाशय,

आपकी निम्नलिखित रचना मिली। धन्यवाद। वह सादर स्वीकृत है, और शीघ्र ही 'माधुरी' की किसी आगामी संख्या में प्रकाशित कर दी जायगी। कृपाभाव बना रहे।

'वर्णाश्रम धर्म की वर्तमान स्थिति'

भबदीय
K.B. Misra
संपादक

125. मातादीन शुक्ल

नवलकिशोर प्रेस,
लखनऊ।

'माधुरी कार्यालय
(संपादन-विभाग)
ता. 1-10-1928

प्रिय निराला जी,

आप सकुशल पहुँच गए होंगे। आप की कविता कब तक आवेगी? एक पत्र आप के नाम आया है। मतवाला आफ़िस से। उसकी नकल भेजता हूँ। पत्र के भेजनेवाले कोई रामलाल हैं—

"इधर मैंने कई पत्र आपके गाँव के पते से भेजे। जवाब न आया। मुंशी जी से मालूम हुआ, आप बनारस में हैं। रंगून से लौटती बार मेरे यहाँ आए थे। क्या आप कलकत्ता भी आवेंगे?" इत्यादि।

उन्हें आप ही पत्रोत्तर दे दीजिए। शेष फिर।

आपका
मातादीन शुक्ल

[रामलाल—रामलाल गर्ग। मुंशी जी—नवजादिकलाल श्रीवास्तव।]

126. हरिभाऊ उपाध्याय

सुख-निवास
माटुंगा G.I.P.
1 अक्टूबर [1928]

प्रिय त्रिपाठी जी,

सस्नेह प्रणाम। 'त्याग भूमि' के लिए अपनी सुन्दर भावमयी रचनायें भेजने के आश्वासन के लिए मेरा धन्यवाद स्वीकार करने की कृपा कीजिए। प्रथमांक 'वजयादशमी' को प्रकाशित होकर आपकी सेवा में पहुँचेगा। आशा है, उस पर अपनी सम्मति देने की कृपा करेंगे।

मेरी हार्दिक इच्छा है कि द्वितीय संख्या में आपकी कोई ललित जीवन दायिनी रचना प्रकाशित हो। आप यह सुनकर प्रसन्न होंगे कि हम 'त्याग भूमि' को व्यापक और उन्नत बना रहे हैं। अन्तर्राष्ट्रीय महत्त्व की वस्तु बनाने का उद्योग हो रहा है। हो सका तो तीसरे ही अंक से पृष्ठ संख्या 64 से बढ़ाकर 120 कर दी जायगी और 2 रंगीन तथा 8-10 सादे चित्रों की पत्रिका सिर्फ 4) में दी जायगी। इस दृष्टि से हिंदी-संसार में हमारा यह पहला ही उद्योग होगा और आशा है, आप हमें हर तरह से उत्साहित करने की कृपा करेंगे।

उत्तर और रचना अजमेर के पते पर।

हमारे योग्य सेवा लिखिएगा।

भवदीय
हरिभाऊ उपाध्याय

127. (क) नन्ददुलारे वाजपेयी
(ख) रामअवध द्विवेदी
(ग) आनन्द मोहन वाजपेयी
(घ) अवध विहारी श्रीवास्तव

(क) **काशी विश्वविद्यालय**
4-10-1928 ई.

प्रिय निराला जी,

आप जब से गये कोई पत्र नहीं मिला। प्रसाद जी से इतना पता अवश्य लगा कि लखनऊ से आपका विचार इलाहाबाद जाने का है। मैं यह पत्र घर के पते से लिख रहा हूँ—सम्भवत: आप: घूमघाम कर घर वापस आ गए होंगे।

एक अत्यावश्यक बात सुनिए, आगामी विजयादशमी के अवसर पर "स्वदेश" का विशेषांक निकल रहा है। 13 तारीख तक मैटर Press में चला

जायगा। आप यथासंभव शीघ्र ही एक कविता विशेषांक के लिए भेजिए। विशेषांक यथासंभव उत्कृष्ट निकालने का प्रयत्न किया जा रहा है—प्रसाद जी, गौड़ जी, राय साहब आदि के लेख मिलने की संभावना है—उन्होंने वचन भी दिया है।

पत्रोत्तर शीघ्र दें। शेष कुशलता है। सुधा अभी नहीं आई।

सविनय नन्ददुलारे

(ख) प्रिय 'निराला' जी,

सादर वन्दे।

आपका कोई पत्र नहीं मिला। कविता अवश्य भेजियगा। हम लोगों का विशेष अनुरोध है। और सब कुशल हैं।

आपका—राम अवध

(ग) प्रिय निराला जी,

जैसा कि द्विवेदी जी ने लिखा है स्वदेश का विशेषांक विशेष सजधज के साथ निकलने जा रहा है। आशा है आप समय पर कोई कविता अवश्य भेजेंगे। 14-16 तक घर आऊँगा। तब दर्शन होंगे।

आपका
आनन्द मोहन

(घ) श्रद्धेय निराला जी, सादर प्रणाम

मुझे भी आप न भूलें, यही प्रार्थना है।

भवदीय :
श्री पाण्डेय अवध विहारी

[पांडेय अवध विहारी का परिचय, नन्ददुलारे वाजपेयी के आग्रह पर, निराला के कहने से, 'मिश्र बन्धु विनोद' (भाग 4) में यों छपा था : अवध विहारी श्रीवास्तव 'बिहारी', बिहार, पकड़ी नरोत्तम, सत जोड़ा बाजार, सारन, जन्म सं. 1962, सुकवि हैं।

इनकी दो कविताएँ उद्धृत की गई हैं जिन पर प्रसाद और पन्त का प्रभाव दिखाई देता है :

अरी चिते! चित बीच सर्प-सा
यह तेरा डसना कैसा?
और : *पवन के पावन तम शृंगार,*
उषा के मंजु मनोहर हास।]

128. पांडेय अवध विहारी श्रीवास्तव

श्री हरि :

आर्य-भवन,
श्री काशीपुरी,
17-10-28।

श्रद्धेय निराला जी!

सादर प्रणाम—

वाजपेयी जी के पत्र में आप की ओर से अपनी यादगारी देख कर फूले नहीं समाया। एक पंक्ति—हां एक पंक्ति! एक वार नहीं कई बार मैंने पढ़ा। हृदय में आनन्द की मन्दाकिनी उमड़ने लगी। कुछ देर तक अपने को भूल सा गया।

सोचने लगा कि बड़ों को तो छोटों की याद नहीं रहती, फिर यह नई बात कैसी?

आत्मा से उत्तर मिला—यह तुम्हारा भ्रम है।

तुम्हारी यह बात कम से कम—साथ लागू नहीं हो सकती। [अतिरिक्त स्थान लेखक को छोड़ा हुआ है।] वह सचमुच निराला है। लाखों में एक है। उसका हृदय उदार होते हुए भी समुद्र की तरह गंभीर है।

पूज्य निराला जी! जब जब मैं यह सोचता हूँ कि आप मुझे भी याद रखते हैं तो मेरा मन मयूर नाच उठता है, और आप की साँवली सूरत आँखों के सामने नाचने लगती है। और न जाने तब मैं क्या क्या सोचने लगता हूँ।

वाजपेयी जी के, पत्र में मैंने ही श्रद्धेय निरालाजी लिखा था, और जीवन भर यही लिखता रहूँगा। जगह की तंगी से नाम साफ साफ नहीं लिख सका था। आप मुझे छायावादी ही ढंग नहीं किसी और ही ढंग से याद रखें, पर याद तो रखें।

एक बात और भी कहूँ? कहने दीजिए—आप मुझे भले ही भूल जायं, पर मैं आपको कब भूलनेवाला? भूलना तो दूर रहे, मैं तो आप को प्यार करता हूँ। और दिल से प्यार करता हूँ। वह कैसा प्यार? यह भी सुन लीजिए—नहीं इस वार रहने देता हूँ।

खैर, आज ही मैं भी घर जा रहा हूँ। लगभग एक मास की छुट्टी है। पुन: पत्र फिर दूँगा। आप से क्यों कर पत्र लिखने का अनुरोध करूँ? यह तो आप की दया पर है। मैं सानन्द हूँ। आप की कुशल सर्वदा परमपिता परमात्मा से चाहता हूँ। दया दृष्टि बनी रहे, यही प्रार्थना है।

भवदीय
श्री पाण्डेय अवध विहारी

घर का पता :—
श्री पाण्डेय अवध विहारी।
विहारी-विहार
पो:—Satjora bazar (सतजोड़ा बाज़ार)
Dist :— Saran (Chapra) छपरा
Behar

129. नन्ददुलारे वाजपेयी

काशी विश्वविद्यालय
17-10-1928 ई.

प्रिय निराला जी,

आपके दो पत्र आए पर मैं गोरखपुर चला गया था, वहाँ से अभी-अभी आ रहा हूँ—सुनता हूं एक कविता भी आई थी पर वह तो आनन्दमोहन जी की कृपा से कल ही "स्वदेश" के लिए रवाना कर दी गई—मैं उसे देख न पाया और न उसके साथ जो पत्र था उसे ही क्योंकि आनन्दमोहन जी उसे अपने कमरे में बन्द कर Allahabad चले गए हैं—ख़ैर छपने पर कविता देख लूंगा और उनके आ जाने पर वह पत्र।

गोरखपुर "स्वदेश" के विजयांक का सम्पादन करने गया था। पहला अनुभव था पर अच्छा रहा। अजीब नज़्ज़ारे देखने को मिले। बड़े-बड़े प्रोफेसरों के—स्वनामधन्यों के—लेख अस्वीकृत कर देने पड़े और सुधार तो प्राय: प्रत्येक लेख में करना पड़ा। क्या बताऊँ व्याकरण की भद्दी भूलें—अशुद्ध पदविन्यास! मैं तो दंग रह गया। हाँ, आपकी "प्रथम प्रात के पुलकित पात"—कविता मेरे लेख के बीच में display की गई है। समालोचना सम्बन्धी एक छोटा सा लेख—एक प्रकार से भूमिका मात्र—मैंने "साहित्यप्रेर्म" के नाम से लिखा है। "हिन्दी साहित्य का नवयुग"—शीर्षक है—स्वदेश के विशेषांक में वह भी निकलेगा [,] ज़रा उसको देखिएगा—यदि इसी भूमिका के आधार पर आधुनिक कविता का विवेचन करते हुए एक विस्तृत लेख लिखूँ तो क्या ठीक न होगा?

अभी तो हज़ारीबाग जा रहा हूं पर विजयादशमी के बाद एक बार मगरायर आने का विचार करता हूं—देखिए मौका मिला तो अवश्य आऊँगा। आप वहीं रहिए—कहीं आइए जाइएगा मत नहीं तो दर्शन न हो पाएँगे।

'स्वदेश' की एक प्रति बराबर आपके पास जाया करे इसका प्रबंध कर आया हूँ—ख़ासी धाक "बैष्णव कवियों की श्रृंगार वर्णना" को सुना कर जमा आया हूँ। अभी एक पत्र लिखता हूं कि आपकी यह दूसरी कविता मुखपृष्ठ पर निकले। "प्रसाद" जी आदि की भी कविताएँ हैं। कुल मिलाकर 'स्वदेश' अच्छा निकलेगा। "सुमन जी" ने भी कुछ लिखने को लिखा था पर कल तक तो कुछ नहीं भेजा। "अनूप जी" "हरिऔध", "गोपाल शरण" सियारामशरण रसिकेन्द्र आदि की कविताएँ भी हैं। पर मुझे कोई भी विशेष पसंद नहीं आईं शायद मेरा Standard इन दिनों बहुत High हो गया है—हाँ, ज़रा मेरी कविता का तो मुलाहिजा फर्माइएगा—कैसी है—क्या त्रुटि है! राम अवध जी की कविता अच्छी है—"श्याम" की साधारण। किसकी किसकी प्रशंसा करूँ किसकी किसकी निन्दा!—आप से मिल कर विस्तृत-विवेचन किया जायगा।—लाइब्रेरी का क्या हाल है? "सुधा" अभी नहीं आई। पत्र हज़ारीबाग के निम्नांकित पते से शीघ्र लिखिएगा।

पता :—बड़ा बाज़ार
Hazaribagh

सविनय नन्ददुलारे

130. नन्ददुलारे वाजपेयी

Bara Bazar. H. Bagh
21st Oct. 1928.

प्रिय निराला जी,

एक पत्र इसके पूर्व भी लिख चुका हूँ—परन्तु तब काशी में था और अब उससे दूर—बहुत दूर हज़ारी बाग में। आपका कोई पत्र इस सुदूर स्थान में शायद ही आ सके क्योंकि एक तो पता अज्ञात दूसरे मुझे रहना भी बहुत कम दिन!

भाई आनन्द मोहन जी Allahabad गए हुए थे, संभवत: घर भी जाएँगे—मैं भी आने के विचार में हूँ तब एक बार—दो दिन के लिए ही सही—29 जमेगी। मुझको भी ज़राज़रा चस्का लग गया है।

इधर एक छोटा सा लेख शान्तिप्रिय जी के अनुरोध से किसी विशेषांक के लिए लिखा है। शीर्षक है "अंतराष्ट्रीय तथा राष्ट्रीय दृष्टिकोण से गोस्वामी जी के स्थान-निर्धारण में कठिनाइयाँ" [,] छप जाय तो देखिएगा।

स्वदेश अभी क्या आया होगा—ज़रा "साहित्य प्रेमी" जी का मुलाहिजा फर्माइएगा। "सुधा" की उत्कट प्रतीक्षा है—आपके चित्र की सर्वाधिक!

नन्ददुलारे।

[29 जमेगी—ताश का एक खेल जमेगा; पता गाँव का।]

131. नन्ददुलारे वाजपेयी

Bara Bazar Hazaribagh
Oct 31, 1928.

प्रिय निराला जी,

सादर वन्दे। आपका कृपा पत्र कल मिला था, साथ ही भाई आनन्दमोहन जी की ज़रा जल्दी में लिखी चिट्ठी भी मिली थी। अब तक तो वे काशी में विराजमान होंगे अत: उनके लिए पैसों की हिंसा नहीं करूँगा। मैं ख़ूब समझता हूँ अपने प्रोफेसरों की लियाक़त, उनकी सूरत साफ नज़र आती है, पर अभी जैसी अवस्था मैं हूँ, ज़रा दुआ सलाम न किया करूँ तो काम कैसे चले?—दूसरी बात यह भी तो है कि उनका ऐतिहासिक महत्त्व—हिन्दी पर उनका उपकार—यह भी तो एक चीज़ है। आप अधीरता पूर्वक मुझ सरीखे "नवीनों" का स्वागत करें, मैं भी ज़रा "प्राचीनों" से सहानुभूति दिखा—समवेदना प्रकट कर—आता ही हूँ, बहुत देर नहीं है। क्या लिखते हैं—भाषा-सौष्ठव! अरे नहीं "निराला जी" दिल्लगी मत कीजिए—वह तो "उग्र" सरीखे कलाविदों की बपौती है, मैं तो उनके सामने बात तक नहीं कर सकता। एक काफी करी चोट उस दिन, रात को लगी थी, आप शायद उसको अधिक महत्त्व न दें—संभवत: सहमत भी न हों पर मैं तो एक लेख अंग्रेज़ी में लिख रहा हूँ—हिन्दी में

भी लिख डालूंगा—जिससे अधिक नहीं तो मरहम-पट्टी तो हो ही जायगी। मैं "उग्र" को कुछ नहीं—सचमुच कुछ नहीं समझता, अधिक-से-अधिक वे मेरी दृष्टि में एक पेट-पोषक औपन्यासिक—थर्ड रेट बाज़ारू—इसके अतिरिक्त और कुछ नहीं। मैं लेख का लिखित अंश भेजने ही वाला हूँ। ज़रा सहानुभूति से देखिएगा [।]

"स्वदेश" में आपके काम की कोई चीज़ नहीं है, आया तो होगा ही। "सुधा" की तीव्र प्रतीक्षा है, इधर फाँसी-अंक की भी शोहरत है—एक तमाशा और क्या [।] मैं अभी भी घर आने का विचार रखता हूँ पर अब कुछ दुविधा है, देखिए दर्शन होने होंगे तो हो ही जाएँगे।

[पत्र के अन्त में हस्ताक्षर नहीं किये गए; पता गाँव का।]

132. सुमित्रानन्दन पन्त

21, Stanley Road
Allahabad
(Nov. 8, '28)

प्रियवर निराला जी,

क्षमा प्रार्थी हूँ आपको यथासमय पत्र नहीं लिख सका; आशा है आप सानन्द समंगल हैं।

आज कानपुर से एक सज्जन आए हुए थे। कानपुर वाले एक कवि सम्मेलन करने का विचार कर रहे हैं—उसमें सब 'Young Group' के कवि रहेंगे। समस्या अथवा विषय कुछ भी निर्धारित नहीं—अपनी 2 इच्छानुसार कविगण अपनी सुन्दर 2 कृतियाँ पढ़ेंगे।

बनारस से "प्रसाद" जी को भी बुलाने वाले हैं। यदि आप उस अवसर पर वहाँ चलने का विचार करें तो मैं भी जाऊँ। कृपया लिखिए, आपके पत्र आने पर मैं कानपुर वालों को अपने आने जाने की सूचना दूँगा—क्या आप अत्यन्त शीघ्र पत्र देंगे? धृष्टता क्षमा—

मैं कई रोज़ तक प्रतीक्षा करता था कि आप अवश्य पत्र देंगे पर आपने मुझे निराश कर दिया। मेरा स्वास्थ्य आजकल अच्छा नहीं—जुकाम-खाँसी कुछ feverish सा दो एक रोज से रहता है।

आप आजकल क्या कर रहे हैं? कुछ लिख रहे हैं? अपने स्वास्थ्य का ख़ूब यत्न कीजिएगा।

"Swami Vivekanand as a Calcutta Boy" का चित्र मुझे अभी नहीं। मिला—आशा है, आप शीघ्र पत्रोत्तर देंगे—क्या अपना photo भेजूँ?

सप्रेम
आपका
सुमित्रानन्दन पन्त

133. नन्ददुलारे वाजपेयी

काशी विश्वविद्यालय
15-11-1928 ई.

प्रिय निराला जी

प्रणाम। आपने कुछ भी नहीं लिखा इधर कुछ दिनों से। मैं कल आया हूँ काशी, आते ही आपकी "सुधा" वाली तस्वीर देखी। रद्दी तो है [,] आप क्या कह रहे थे कि बड़ी अच्छी है। मुँह खुल गया है, बाल स्पष्ट, सुन्दर नहीं आए—इससे तो आपका सम्मिलित Group अच्छा आया है। लेख अभी तक नहीं पढ़ा [।] कल "प्रसाद जी" से लेकर पढ़ूँगा। स्वदेश के विशेषांक के विषय में आपकी सम्मति भाई आनन्दमोहन जी ने दिखाई [।] मुझे तो आप की कविता सब से सुन्दर, सबसे अच्छी मालूम पड़ी।

मैंने "अनोखे कलाविद" शीर्षक लेख लिख डाला। Copy size के 20-29 पृष्ठ हैं "माधुरी" 6-7 पेज होंगे। एक बार आप देख लेते तो अच्छा था क्योंकि विषय-प्रतिपादन के संबंध में आप से अधिक मूल्यवान सम्मति मुझे मिल नहीं सकती। एक बार घर आऊँ तो काम बने।

द्विवेदी जी आज आ गए हैं—आनन्दमोहन तो पहले ही से डटे हैं।

सविनय—नन्ददुलारे।

द्विवेदी जी आपको प्रणाम [एक शब्द अस्पष्ट] हैं।

[द्विवेदी जी—राम अवध द्विवेदी; पता गाँव का।]

134. (क) नन्दकिशोर तिवारी
(ख) दुलारेलाल भार्गव

गंगा-पुस्तकमाला-कार्यालय
(सुधा-संपादन-विभाग)
लखनऊ 5/12/1928

प्रिय महाशय,

आपकी भेजी रचना* मिली। धन्यवाद। स्वीकृत कर ली गई है। सुविधानुसार सुधा में वह प्रकाशित कर दी जायगी। योग्य सेवा लिखें। कृपा रक्खें।

भवदीय
नन्दकिशोर तिवारी
संपादक

*विस्मृति भोर [विस्मृत भोर]

मैं काशी गया था आज ही लौटा हूँ।

दुलारेलाल

[पता गाँव का]

135. मातादीन शुक्ल

Madhuri Office
Lucknow
[5—12—28]

प्रिय निराला जी

तुम्हारे पत्र का अब जवाब दे रहा हूँ। आशा है अब पूर्णत: अच्छे होंगे। अगर काफी शक्ति आ गई हो तो सैर सपाटे के लिये निकल पड़ो। तुम्हारी बीमारी के पहले मैंने समझा था कि प्रयाग गए होगे। क्या वहां गए ही नहीं।

मैं किशुनपुर जा ही नहीं सका। वहां का हालचाल क्या लिखूं। बिटिया सख़्त वीमार हो गई थी। अब अच्छी है। इन दिनों उसकी मां का नंबर है। वह भी अच्छी हो जायगी। ईश्वर की कृपा से। अब तुम कब तक आओगे? मिश्र जी भी छुट्टी से लौट कर आ गए हैं। पहली तारीख को। काम बदस्तूर चल रहा है। अब इधर वह यही रहेंगे।

प्रेमचन्द जी को तुम्हारी ओर से धन्यवाद दे दिया था। आओगे कब तक?

अपने तथा बच्चों के हाल लिखना

वही
मातादीन शुक्ल

[पता गाँव का]

136. सुमित्रानन्दन पन्त

[इलाहाबाद
दिसंबर 1928]

प्रिय निराला जी,

आपके पत्र का उत्तर स्वस्थ होने पर दूँगा।

कल प्रात: 8 बजे हमारे पूज्य प्रिय पितृ-चरण हमें सदैव के लिए छोड़ कर परमधाम चले गए हैं। उनकी अवस्था 73 साल की थी। भगवान् ने उन्हें वृद्धावस्था के कष्टों से छुटकारा देकर अपनी गोद में बुला लिया। पर मनुष्य का हृदय, हम सब लोग शोक-संतप्त हैं।

कानपुर अब मैं न जा सकूँगा। चित्त शान्त होने पर आपको फिर पत्र दूँगा।

आशा है आप आनन्द पूर्वक होंगे।

आपका
सुमित्रानन्दन पन्त

137. कृष्णविहारी मिश्र

लखनऊ

8-12-28

प्रिय पं. सूर्यकांत जी,

सादर नमस्कार।

'समालोचक' के लिये लेख मिल गया है। बहुत बहुत धन्यवाद। आपकी बीमारी का हाल सुनकर बड़ा दु:ख हुआ। आशा है अब आप बिलकुल स्वस्थ हैं। लखनऊ कब तक आइएगा? साहित्य की प्रगति वाला आपका लेख अधूरा है उसे पूरा कर दीजिए। बड़ी कृपा होगी। लेख बड़ा सुन्दर है, माधुरी में मैंने जो छायावाद का विरोध नहीं किया है इससे कुछ प्राचीन प्रथा के लोग शायद मुझसे खुश नहीं हैं परन्तु Editor की हैसियत से मैं तो Secretary of public opinion हूँ। विशेष विनय।

आपका कृपापात्र

कृष्ण विहारी मिश्र

['माधुरी' के अलावा कृष्ण विहारी मिश्र समालोचक पत्र का भी सम्पादन कर रहे हैं। पता गाँव का है।]

138. नन्ददुलारे वाजपेयी

आर्य भवन: पो. आ. लंका

काशी विश्व विद्यालय

10-12-1928 ई.

प्रिय निराला जी,

आपका सुन्दर साहित्यिक पत्र यथा समय मिला था, आप नहीं आए इसीलिए मैं भी ज़रा देर से लिख रहा हूँ। प्रतिशोध ही सही, पर हृदय की यही स्वाभाविक गति है, मेरे वश की बात नहीं।

हाँ, पत्र कितना सुन्दर है, मैंने माधुरी के सुमन-संचय में कभी ऐसे Notes नहीं देखे। कृष्णबिहारी जी का पत्र आया था, मैंने उन्हें Suggest किया है कि सुमन-संचय के अन्तर्गत या किसी अन्य स्तम्भ के भीतर इस प्रकार के साहित्यिक पत्रों को प्रकाशित कीजिए, हिन्दी में नई बात होगी, अंगरेजी में तो साहित्यिक पत्रों को वही स्थान है जो निबंधों को, आख्यायिकाओं को या Lyrics को। यदि वे सहमत हों तो क्या आपका यह पत्र भेज दूँ? शुद्ध साहित्यिक तो है, कुछ भी तो Private Matter नहीं।

"You will not die a stone's death," मेरे लिए यह बात अनुरजंन का सामग्री नहीं, क्या करूं अपने अहंकार को, मुझे तो stone आदि की उपमा अपने लिए एकदम अनुपयुक्त प्रतीत होती है।

आपकी तुलना Poe से? पंतजी को क्या सूझी है, संभवत: उन्हें पता ही नहीं कि अंगरेजी में किस कवि को कौन सा स्थान है। हिन्दी वाले अधिकतर अंगरेजी साहित्य की चर्चा अपनी धाक जमाने के लिए ही करते हैं, पर वास्तव में यह बात अधिक श्रेयस्कर नहीं। आपने 'I do not love thee' वाली कवयित्री से पंतजी की तुलना की, चलिए साधर्म्य का आधार तो है!

कानपुर कवि सम्मेलन में आपका Part एक poet-like ही हुआ, अच्छा रहा। यहाँ तो "कंटक" जी hero of the day माने गए—समझ लीजिए कैसा अखिल भारतवर्षीय महासम्मेलन रहा होगा। हम लोगों का पूर्ण असहयोग ही रहा। द्विवेदीजी को कविता सुनाने को बुलाया गया तो वे बोल उठे—He is seriously ill. आनन्दमोहन जी ने पहले "साइमन के भतीजे बनि आए हैं" की पूर्ति की थी पर ऐन मौके पर मौनावलंबन कर लिया।

139. विनोदशंकर व्यास

काशी
14 दिसम्बर 1928

प्रियवर निराला जी,

सप्रेम प्रणाम!

आज बाबू साहब के यहाँ आपका कार्ड देखकर अत्यन्त आश्चर्य हुआ। भला, मैं आपसे क्यों अप्रसन्न होऊ! मेरा तो सदैव आपके प्रति वही भाव रहता है। आपने अपना कोई समाचार नहीं दिया, इसीलिए मैं कोई पत्र न भेज सका। इसमें यदि आपका कोई अपराध है भी तो यही कि आपने पत्र नहीं भेजा। पुस्तकें आपकी रखी हैं, शीघ्र ही भेज दूँगा।

मैं स्वयं आजकल कुछ ऐसी झंझटों में हूँ कि न कुछ लिखूं ही और न किसी पत्र का उत्तर ही दूँ।

आप आजकल क्या कर रहे है?

बाबू साहब का स्वास्थ अच्छा नहीं है। इसीलिए वह भी आपके कार्ड का उत्तर न दे सके! दीवाली से ही बीमार हैं। अब कुछ अच्छे हैं।

आशा है अब आपके मन में कोई भाव न रहेगा। मेरे प्रति ऐसा ख्याल करना ही आपका अपराध है। विशेष सब आनन्द है।

स्नेही
विनोदशंकर व्यास

140. सुमित्रानन्दन पन्त

21, स्टैनले रोड,
प्रयाग।
16. 12. 28

प्रियवर निराला जी,

आपका स्नेह-पत्र मुझे कल सन्ध्या को मिला, बड़ी प्रसन्नता हुई।

हाँ अब भगवान की कृपा से तथा आप की कृपा से मेरा चित्त कुछ 2 शान्त हो गया है। मैं आपके जाने के बाद से बड़ा उद्विग्न रहा। आपका उपकार मैं कभी न भूलूँगा। आशा है आप मुझे और भी अच्छी तरह शान्त होने में मेरी सहायता कीजिएगा।

चित्त की उद्विग्नता के कारण ही मैं आप को अपनी तस्वीर भी न भेज सका। अब शीघ्र ही भेजवा दूँगा। आपके दर्शन करने का सौभाग्य न जाने अब कब प्राप्त होगा। मेरा चित्त अच्छी तरह स्वस्थ हो जाय तो आप मुझे बनारस बुलाइएगा—जब आप ठीक समझें, तथा आपको सुभीता हो। आपके कहने के अनुसार मैं बार 2 आपको याद करता रहा जिससे मुझे विशेष लाभ हुआ। आशा है आप सानन्द हैं, तथा मेरा चित्त शीघ्र ही शान्त करने में सहायता करिएगा।

भाई साहब को मस्तिष्क-विकार नहीं हुआ; न जाने किसने ऐसी ख़बर चला दी।

कृपा रखिए—अत्यन्त स्नेहपूर्वक
आपका
सुमित्रानन्दन पन्त

[पता]

Sriman,
Suryakanta Tripathiji
Village, Garha Kola,
P.O. Magrair
(Unao)

[शान्ति जोशी की पुस्तक 'सुमित्रानन्दन पन्त : जीवन और साहित्य' में प्रकाशित अपने वक्तव्य में पन्त जी कहते हैं : "इसके बाद जैसा कि डॉ. रामविलास जी ने लिखा है, निराला जी अगले वर्ष मेरे पिता की मृत्यु के बाद मुझे सान्त्वना देने नहीं आये। हाँ, यदा-कदा हमारा पत्राचार होता रहा, जिसके कुछ उदाहरण डॉ. रामविलास ने 'निराला की साहित्य-साधना' में उपस्थित किये हैं जो केवल मेरे शिष्टाचार और सौजन्य के ही उदाहरण कहे जा सकते हैं" (पृ. 379)।

मेरा अनुमान है कि यह पत्र पन्त जी ने अपने पिताजी के स्वर्गवास के बाद लिखा था और इसमें जो निराला के जाने की बात लिखी है, उसका सम्बन्ध निराला की उसी यात्रा में है जो उन्होंने

पन्त जी के पिताजी के स्वर्गवास का समाचार पाकर की थी। इससे पहले पन्त जी ने निराला को पिता के देहावसान की सूचना देते हुए पत्र लिखा था। उस पत्र पर तारीख नहीं है किन्तु वह होगा दिसम्बर, 1928 का ही। पिता के स्वर्गवास के दूसरे ही दिन पन्त जी ने निराला को लिखा था : "कल प्रात: 8 बजे हमारे पूज्य प्रिय पितृ-चरण हमें सदैव के लिए छोड़कर परमधाम चले गए हैं।" शान्ति जोशी की पुस्तक में पन्त जी का यह कथन उद्धृत किया गया है : "घर बिकने के एक ही वर्ष के भीतर मेरी मझली बहनों तथा दूसरे मझले भाई की मृत्यु के आघात के कारण पिताजी का रहा-सहा स्वास्थ्य तथा मानसिक धैर्य भी टूट गया और उसके दूसरे साल ही सन् '28 में प्रयाग में उनका स्वर्गवास हो गया" (पृ. 217)। इससे स्पष्ट है कि पन्त जी के पिताजी का स्वर्गवास सन् '28 में हुआ था। इस वर्ष दिसम्बर में पन्त जी का मन उद्विग्न था और निराला उनसे मिलने इलाहाबाद गए, तो इसका सम्बन्ध पन्त जी के पिताजी के देहान्त से ही हो सकता है। पहले कानपुर जाने के बारे में पन्त जी ने निश्चय किया था, फिर पिता की मृत्यु के कारण वह निश्चय बदल दिया, इस उल्लेख से भी पन्त जी के पिताजी के स्वर्गवास का समय निश्चित किया जा सकता है।

शान्ति जोशी ने पन्त जी का जो कथन अपनी पुस्तक के पृष्ठ 217 पर उद्धृत किया है, वह आगे उन्हें याद नहीं रहा। इसलिए फरवरी, सन् '29 में पन्त जी के पिताजी के स्वर्गवासी होने की सम्भावना का उल्लेख किया है। इस सिलसिले में लिखा है : "गंगादत्त जी ने चाय का व्यवसाय बन्द करने के साथ ही पीना छोड़ दिया था। हृदय में जो भी बात हो, बाहर से वे यही कहते थे कि दूसरे प्रकार की चाय मैं पी नहीं सकता। एक दिन, सम्भवत: फरवरी, '29 का अन्तिम सप्ताह था, सबेरे का समय। उन्होंने कहा : 'मैं चाय पिऊँगा'। हरिदत्त जी उनके लिए चाय बना लाए। दो-एक घूँट चाय पीने के बाद उन्होंने बहिन गौरी को देखने की इच्छा प्रकट की। बहिन निकट ही तीन म्योर रोड में थीं। उन्हें बुला लाने के लिए नौकर भेज दिया गया। जिस समय उन्होंने अपने पति के साथ कमरे में प्रवेश किया, तब लगभंग आठ बज रहे होंगे। गंगादत्त जी ने उन्हें देखा। एक मधुर मुस्कान उनके चेहरे पर आज दिनों बाद झलक गई, 'तू आ गई' कहने के साथ ही उन्होंने बहत्तर वर्ष की आयु में सदैव के लिए आँखें मूँद लीं।" (पृ. 225-26)

इस विवरण में सबेरे के आठ बजे निधन होने की बात पन्त जी के पत्र से भी पुष्ट होती है। किन्तु यह सन् '29 में फरवरी का महीना न रहा होगा। पन्त जी ने सन् '28 में पिता के देहावसान की जो बात कही है, वही ठीक है। उनके पत्रों को देखने से यह निश्चित हो जाता है कि यह घटना दिसम्बर में हुई थी और इसके बाद पन्त जी से मिलने और उन्हें सान्त्वना देने निराला इलाहाबाद गए थे। निराला का यह कार्य बहुत स्वाभाविक था क्योंकि पन्त जी के भाई की मृत्यु का समाचार सुनकर निराला उनसे मिलने गए थे। इस प्रसंग में शान्ति जोशी ने ठीक लिखा है : "भ्रातृ बिछोह के दारुण दु:ख में पन्त तप रहे थे कि उन्हें द्वितीय बार निराला जी के दर्शन हुए। निराला जी अपने जामाता के साथ पन्त से मिलने स्टेनली रोड पर आए, सम्भवत: रघुवर दत्त जी की मृत्यु का समाचार सुनकर, उनसे समवेदना प्रकट करने।" (पृ. 223) परस्पर ऐसा स्नेह-सम्बन्ध होने पर यह अत्यन्त आश्चर्य की बात होती यदि निराला स्वयं पन्त जी से उनके पिताजी के स्वर्गवास का समाचार पाकर उनसे मिलने और उन्हें सान्त्वना देने न जाते।]

141. नन्ददुलारे वाजपेयी

Benares Hindu University
29th Dec 1928.

प्रिय निराला जी।

सविनय प्रणाम। आपका छोटा सा पत्र मिला, उतने से भला कैसे सन्तोष होता, मैं तो क्या बताऊँ प्यासा ही रह गया। पं श्याम विहारी जी से बनारस के संबंध में कैसी बातें हुईं कुछ पता न चला। अच्छा मैं Guess करता हूँ। सुकुल जी और बाबू श्यामसुन्दर दास के अनुकूल तो कोई बात कही नहीं होगी परन्तु कहीं अवश्य होंगी कुछ बातें। आप खुलासा लिखिएगा, बड़ी उत्सुकता है। एक बात और पूछनी है—स्वभाव कैसा है मिश्र जी का, हो माकूल तो ज़रा मुझे introduce करा दीजिएगा। उनसे और द्विवेदी जी से एकएक Certificate लेना है एम.ए. पास कर लेने पर क्योंकि हिन्दी संसार में इनका इस समय बोलबाला है। कोई जल्दी नहीं है। और किससे किससे मिले थे। आप तो बस यही लिख देते हैं मिलने पर सब बातें बताई जाएंगी, पर बताइए अभी हाल में मिलने की कौन सी आशा करूँ, आप भी तो आने की कृपा नहीं करते। समालोचक वाला लेख निकले तो पढ़ूँ। मैंने एक चतुर्दशपदी स्वर्गीय लाला लाजपत राय पर लिखी थी, "महारथी" का लाजपत-अंक निकल रहा है, शर्मा जी का पत्र आया था, उन्हें ही भेज दी है।

सविनय—नन्ददुलारे

सुधा में जोशी वंधु संबंधी आप का लेख कब तक निकलेगा? निकले तो ज़रा हलचल रहेगी।

[शर्मा जी—महारथी-सम्पादक रामचन्द्र शर्मा; पता गाँव का।]

142. कृष्णविहारी मिश्र

Telephone 5 & 8
नं. 2762
[संपादकीय विभाग]

तार का पता—"UKHBAR"
'माधुरी'—कार्यालय
नवलकिशोर-प्रेस
लखनऊ 3-1-1929

प्रिय निराला जी,

नमस्कार।

कृपापात्र के लिये धन्यवाद। 'समालोचक' प्रकाशित हो गया है। शीघ्र सेवा में पहुँचेगा। 'माधुरी' के लिये एवं 'समालोचक' के और लेख भेजिए। 'वर्णाश्रम धर्म' पर आपका जो लेख है वह भी शीघ्र प्रकाशित किया जायगा। आशा है आप प्रसन्न हैं। विशेष विनय।

कृपापात्र
कृष्ण विहारी मिश्र

पं. मातादीन जी को जो पत्र आपने लिखा है और उसमें मेरा भी स्मरण किया है सो शुक्ल जी ने मुझको सूचित किया है। तदर्थ भी धन्यवाद।

कृ.वि. मिश्र

[पता गाँव का]

143. नन्द दुलारे वाजपेयी

आर्य भवन; पो. आ. लंका
काशी विश्वविद्यालय
6-1-1929 ई.

प्रिय "निरालाजी",

सविनय प्रणाम। आपका कोई कृपापत्र नहीं मिला, मैं तो दो पत्र लिख चुका हूँ। आज आनन्दमोहन जी से मालूम हुआ कि मेरा एक ही पत्र मिला जिसका उत्तर आप नहीं दे सके।

इधर "साहित्य-समालोचक" में हिन्दी में नवीन प्रगति पर आपका निबंध पढ़ने को मिला, साथ ही तत्ससंबंधी समालोचनाएँ भी सुनने को मिलीं। हमारे अध्यापकों को लेख में "व्यक्तित्व पर गंदे आक्रमण" इतने अधिक दिखाई देते हैं जिनकी आशा वे निराला से स्वप्न में भी नहीं करते थे। उनके मत में "साहित्य समालोचक" जैसे गंभीर प्रतिष्ठित पत्र में उसका छपना भी कम आश्चर्य का विषय नहीं है। कहते हैं सिद्धान्तों का प्रतिपादन एक बात है और गाली देनी दूसरी। कह तो नहीं सकता पर बहुत संभव है मामला अब कुछ बढ़े। अच्छा है लोक-लोचन समक्ष अब निपटारा हो ही जाय।

भाई आनंदमोहन जी की राय है कि लेख में सिद्धान्त-प्रतिपादन जिस सुन्दरता से किया गया है, भाषा उसे देखते कुछ अधिक मधुर होनी चाहिए थी। अच्छा, लेख में छायावाद के सम्बन्ध में विस्तृत रीति से लिखने का जो वचन है वह कब तक? अगले अंक के लिये कुछ भेजा है?

प्रसाद जी कहते थे कि फर्वरी में काशी नागरी प्रचारिणी सभा की ओर से नये पुराने दलों का वाद विवाद कराने का निश्चय कराया गया है। उनको नये दल को संघटित करने और उसका spokesman बनने को कहा गया है। वे तो लिखित रीति से ही अपना वक्तव्य प्रकाशित करेंगे, पर वाद-विवाद के लिए आपकी उपस्थिति की बड़ी आवश्यकता है। प्रसाद जी ने संभवत: आपको इस सम्बंध में लिखा भी होगा, मुझसे कहते थे कि यदि नागरी प्रचारिणी सभा बुलाए तो बुलाए नहीं तो मैं तो उन्हें अवश्य बुलाऊँगा। वास्तव में यह एक Epoch-Marking घटना होगी—हिन्दी-साहित्य के इतिहास में एक नई बात। आइये इस बार—आनंदमोहन जी बड़े धूमधाम से स्वागतार्थ तत्पर हो रहे हैं, हम लोग तो परीक्षा के कारण ज़रा शिथिल पड़ गए हैं।

"माधुरी समालोचना पदक" का निर्णय अभी कहाँ हुआ है। कार्तिक की "माधुरी" निकल गई, अब निर्णय होगा। पता लगते ही सूचना दूँगा।

पं. कृष्णविहारी जी के पत्र आए थे। उन्होंने मेरी "सत्समालोचना" को "समालोचक" में निकाल दिया है। पौष की माधुरी में "अनोखे कलाविद" निकालने को लिखते हैं। साहित्यिक पत्रों के सम्बंध में लिखते हैं, वे छापने को तैयार हैं वशर्ते वे अच्छी तादाद में मिलें।

एक लेख "साहित्य समालोचक" के लिए भेजा है, अगले अंक में छपेगा। इधर तो बड़ी गहरी पढ़ाई हो रही है।

सविनय नन्ददुलारे।

144. विनोदशंकर व्यास

छावनी जमालापुर
जौनपुर
6 जनवरी 1929

प्रियवर निरालाजी,

सप्रेम प्रणाम। आपका कार्ड बनारस से लौटता हुआ यहाँ मिला। मैं भी आपकी तरह देहात में एक महीने से दिन काट रहा हूँ।

'उग्र' कलकत्ते में हैं। दो महीने से उनसे भेंट नहीं हुई।

एक सप्ताह में काशी जाऊँगा। बाबू साहब का स्वास्थ्य अब अच्छा है।

आप क्या कर रहे हैं। फागुन में अवश्य आइये। अपना समाचार बराबर देते रहियेगा।

विशेष सब आनन्द ही है। कोई नवीन समाचार नहीं [।] आपका स्वास्थ्य कैसा है?

आशा है, इसी तरह आपका स्नेह-भाव बना रहेगा।

स्नेही
विनोदशंकर

[पता गाँव का]

145. नन्ददुलारे वाजपेयी

आर्य भवन; काशी विश्वविद्यालय
24-1-1929

प्रिय निराला जी,

मैं दूसरे दिन शाम को प्रसाद जी के यहाँ गया तो पता चला कि आप रात ही को चले गए थे। इधर आपके पत्र न मिलने से यह चिन्ता हो रही थी कि नशे की अवस्था में दूर की यात्रा और टिकट का यह हाल, कहीं किसी से चख-चख हुई तो बात बुरी होगी। मैं भी पत्र लिखता तो कैसे—शान्तिप्रिय जी तक से ठीक ठाक पता

न मालूम हो सका। लाचार हाथ पर हाथ रखे बैठा था कि आपका पत्र मिला। सुना है सहानी साहब को आपके चले जाने की बात यथासमय मालूम हो चुकी थी और वे अपनी स्वभाव-सरल मुद्रा में मीठी हँसी हँस कर चुप हो रहे थे। मेरी तो उनसे जैसी बनती है, आप जानते ही हैं—नहीं तो ज़रा पूछता कि जनाब इसमें हँसने की कौन सी बात है, कुछ आधुनिक तहजीब ही सब कुछ नहीं है—मशीन में और मनुष्य में कुछ तो अंतर बना रहने दीजिए।

आनंदमोहन जी की ओर से "यमुने" की याद दिलाता हूं, हो सके तो "मतवाला" की वे प्रतियाँ ही भेजवाइएगा, आप अपनी ओर से संशोधन कर दें तो और अच्छा हो। रवीन्द्र कविता-कानन को देखा है। शेष प्रसन्नता है, अगला पत्र कुछ विस्तृत विवरण युक्त हो तो अच्छा हो।

सविनय
नन्ददुलारे।

[पता]

Pandit Suryakant Tripathi "Nirala"
C/o. The Matwala Office
36, Shanker Ghose Lane, Calcutta
पं. सूर्यकान्त त्रिपाठी "निराला"
मतवाला कार्यालय, कलकत्ता।

146. सुमित्रानन्दन पन्त

21, स्टैनले रोड,
प्रयाग
(28-एक-29)

प्रियवर निराला जी,

आपका अत्यन्त प्रिय पत्र मुझे कई दिनों बाद मिला, बड़ी प्रसन्नता हुई। यथासमय उत्तर नहीं दे सका, क्षमा प्रार्थी हूँ। मुझे अपनी प्रशंसा और किसी से सुन प्रसन्नता के बदले संकोच ही होता है, पर जब कभी आपसे सुनता हूँ तो सचमुच मेरे हृदय को जैसे कोई भीतर ही भीतर गुदगुदा देता है : शायद मैं हमेशा डरता रहता हूँ कि कभी किसी बात से आप फिर नाराज न हो जायँ, क्योंकि मैं बड़ा ही Careless-सा हूँ।

श्रीमान् सेठ महादेव जी से जो आपने कविता प्रकाशन की बात लिखी उसमें मुझे कोई भी आपत्ति नहीं, केवल यही कि मुझे इण्डियन-प्रेस वालों से अपनी पुस्तकों को—यद्यपि वे Royalty System पर ही हैं—वापस माँगने में बड़ा संकोच होगा, आप मेरा स्वभाव जानते हैं। हाँ, भविष्य में मैं सेठ जी की सेवा में भेज दूँगा—यद्यपि मैं एक पुस्तक "निर्मल जी" को तथा एक श्री दुलारेलाल जी को देने का वादा कर

चुका हूँ। वादा क्या कर चुका हूँ मैं नहीं कह ही नहीं सकता—आप सेठ जी को समझा दीजिएगा [।] उन्होंने जो निराश होने की बात कही वह शायद इसलिए कि मैं मतवाला के लिए कविता नहीं भेज सका—पर यह किसी अभिमान वश नहीं—केवल मेरी Carelessness या शायद मानसिक ऊहापोह के सबब—मैं हमेशा यही प्रयत्न अब तक करता आया हूँ कि मेरी मानसिक ऊहापोह कभी किसी ठीक स्थान पर पहुँच जाय, पर अभी तक ऐसा नहीं हो पाया, यद्यपि मैं सदैव ही आशान्वित रहता हूँ।

और एक बात के लिए आप से बार 2 क्षमा चाहता हूँ—वह यह कि आपके पास अपनी Photo नहीं भेज सका! न अब मेरे पास ही है! उस रोज जब मैंने पिछला पत्र आपको लिखा था श्रीयुत Prof. Ambadatt Joshije तथा Prof. Hafiz (Alld-Uni) मेरे यहाँ शाम को आए—मेरे टेबल पर मेरे चित्र देख कर माँगने लगे—मैं नहीं कही नहीं सकता—यद्यपि मुझे बड़ी तकलीफ़ हो रही थी कि आपको क्या भेजूँगा—पर मैंने उन्हें दे ही दिए अपनी इच्छा के विरुद्ध अपने आप दे दिए—आप मुझे अवश्य क्षमा कीजिएगा—

आपका स्वास्थ्य अब कैसा है? मैं तो चाहता हूँ आप सदैव मुझे शीघ्र 2 पत्र लिखा करें, यद्यपि स्वयं ही अन्यमनस्क रहता हूँ—

और फिर [।]

सस्नेह
आपका
सुमित्रानन्दनपन्त

[पता]

Suryakanta Tripathi Esqr.
C/o
"Matwālā"
36, Shunker Ghose Lane,
Calcutta

147. कृष्णविहारी मिश्र

Telephone 5 & 8
नं.—3537
[संपादकीय विभाग)

तार का पता—"UKHBAR"
'माधुरी'-कार्यालय
नवलकिशोर—प्रेस,
लखनऊ 26-1-1929

प्रिय तृपाठी जी!

'जीव विज्ञान' नामक पुस्तक समालोचनार्थ सेवा में भेजी गई थी, पर पहुँच की सूचना नहीं मिली। पुस्तक रजिष्ट्री से भेजी गई थी। मिली ही होगी। समालोचना

शीघ्र लिख भेजने की कृपा कीजिये। कष्ट के लिये क्षमा। आशा है, आप सानन्द हैं। कृपा बनाए रहें।

भवदीय :—
कृष्ण विहारी मिश्र
संपादक।

[केवल हस्ताक्षर मिश्र जी के हैं।
कार्ड 'मतवाला के' पते पर भेजा गया है।]

148. नन्ददुलारे वाजपेयी

आर्य भवन काशी विश्वविद्यालय
7-2-1929 ई

प्रिय "निराला" जी,

आपके लिफाफे की प्रतीक्षा में इतने दिन रहा, अब तक उसका कहीं पता नहीं। आपके कुशल समाचार न मिलने से कभी-कभी कुछ उद्विग्नता रहती है, कृपा करके विस्तृत विवरणात्मक पत्र अवश्य लिखिएगा।

"प्रेमचन्द जी का दृष्टिकोण" शीर्षक एक लेख कल रात को लिखा है। इधर-उधर की बातें मिला कर 7-8 पेज हो गए हैं—इसे देखकर प्रकाशित होने दीजिएगा—मैने अभी Revise भी नहीं किया है। आप जानते ही हैं आजकल पढ़ाई-लिखाई में व्यस्त रहता हूं।

शिवदुलारे का विवाह बसंत पंचमी को होना निश्चित हुआ है। मैं कल निमंत्रण पत्र भेजूंगा। उसकी यह प्रबल आकांक्षा है कि आप विवाह में अवश्य सम्मिलित हों और मेरी आकांक्षा तो आपको मालूम ही है। मुझे भय है आप संभवत: न आ सकिएगा—पर इसकी सूचना आप कृपा कर शीघ्र ही दें—मैं तब तक काशी ही में ठहरा रहूँगा।

आनंदमोहन जी बराबर यमुने के लिये कहते हैं, आपका कोई उत्तर न आने से मैं उन्हें क्या जवाब दूं।

अवध विहारी जी द्विवेदी जी आदि सब प्रसन्नतापूर्वक हैं। शिवदुलारे तो कल घर चला गया है।

शेष प्रसन्नता है।

सविनय
नन्ददुलारे।

[पता 'मतवाला' का]

149. नन्ददुलारे वाजपेयी

आर्यभवन; काशी विश्वविद्यालय
11-2-1929 ई

प्रिय निराला जी,

आपका पत्र अब तक नहीं मिला—आप तो रहते हैं रहते हैं चुप हो जाते हैं। मैं परसों यहाँ से चले जाने के विचार में हूँ, संभव है कल ही चला जाऊँ। निमंत्रण पत्र भेज रहा हूँ, यदि परिस्थिति अनुकूल हो तो आइएगा—शिवदुलारे का विशेष आग्रह है।

" 'सुधा' के नन्दकिशोर तिवारी तो बड़े भलेमानस हैं। अपने एक मित्र को पत्र लिखते हुए उन्होंने आपके सम्बन्ध में जैसी बातें लिखी हैं—वे उन्हीं के योग्य हैं। लिखा है कि "निराला जी" सुधा कार्यालय में ठहरे और मुझसे पूछने लगे—आप हमारी कविताओं को कैसी समझते हैं? मैंने कहा 'Mr. Nirala, excuse me, you are no poet to me.' तब निराला जी बोले आप समझा कीजिए, मेरे प्रशंसकों का एक अलग समुदाय है—मेरे समर्थकों की एक अलग श्रेणी। इसके बाद उस पत्र में बहुत सी ऐसी बातें लिखी हुई थीं जिनको मैं अब तक नहीं जान पाया। हां, एक बात और जान पाया हूँ, वह यह कि सुधा का जो कार्टून अंक निकल रहा है उसमें आप पर भी दो एक कार्टून हैं। यह भी तिवारी जी की कृपा से! मैंने तो उनके मित्र को सच्ची बातें समझा दी हैं—बिचारे सीधे आदमी मान भी गए हैं— पर तिवारी जी महाराज किसके मनाए मानेंगे?"—पं. राम अवध द्विवेदी।

मैंने तो द्विवेदी जी को कह दिया है कि वे मानेंगे तो खरी समालोचनाओं से—उनकी भी, देवीजी की भी, और निराला जी की भी। अभी तो "कविता क्या है" का युग हिन्दी संसार के सामने है, यही नहीं हल हो पाया; अंतरंग विषयो का तो राम मालिक है।

तीन चार दिन हुए लक्ष्मीनारायण "श्याम" मेरे यहाँ आए हुए थे। मैंने आपकी 'कवि' वाली कविता दिखाई और पूछा कैसी है? आप बोले "Niralaji has ceased to be a poet now." मैंने कहा क्यों? कहने लगे एक बार पढ़ने से जो समझ में नहीं आती, हमारे ऐसे लोगों को भी समझने के लिये दिमाग़ को Strain करना पड़ता है—वह कविता, कविता नहीं।—देखते जाइए कितनी कितनी परिभाषाएँ कविता की निकलती हैं, मुझे तो हँसी भी आती है और कभी-कभी रुलाई भी।

मेरा विचार जाते हुये कृष्णविहारी जी से मिलने का है—वहाँ ज़रा साहित्यिक ख़बरें अधिक मिलेंगी। समालोचना पारितोषिक का भी पता लगेगा। घर का कुछ काम हो तो मुझे लिखिएगा [।] मै 18-20 तक मगरायर में रहूंगा। "अक्षर विज्ञान" के लिए लिख दीजिएगा मैं आपके यहाँ जाकर उसे अवश्य ले आऊंगा [।]

सविनय नन्ददुलारे वाजपेयी

['अक्षर विज्ञान'—रघुनन्दन शर्मा की कृति;
देवीजी—सम्भवत: महादेवी वर्मा; पता 'मतवाला' का]

150. कृष्णविहारी मिश्र

लखनऊ 20-2-1929

प्रिय पं. सूर्यकान्त जी,

नमस्कार।

बहुत दिनों से आपके कुशल-समाचार नहीं मिले। कृपया 'माधुरी' के लिये कोई लेख भेजिए और 'समालोचक' वाला भी अपना लेख पूरा कर डालिए। आशा है आप प्रसन्न हैं। विशेष विनय।

कृपापात्र
कृष्ण विहारी मिश्र

[पता 'मतवाला' का]

151. नन्ददुलारे वाजपेयी

आर्य भवन काशी विश्वविद्यालय
21-2-1929

प्रिय निरालाजी,

आपका पत्र मुझे कल बीघापुर की स्टेशन पर मिला। एक दिन पहले मिल गया होता तो अक्षर विज्ञान ला सकता था। खैर अब महीने भर बाद छुट्टियों में निश्चिंत होकर देखूंगा। यहाँ आकर आज प्रसाद जी के यहां मतवाला देखा और आपका वह पत्र भी जो प्रसाद जी के पास आया हुआ है। उस लेख में उतना अंश और...हो गया है, अब वह आपका ही लिखा मालूम पड़ता है—मेरी... भूमिका मात्र रह जाती है। आपके शिर दर्द से मुझे बड़ी चिन्ता होती है। जलवायु की अनुकूलता ही का रूप होगा। न हो तो कुछ दिनों के लिए यहाँ चले आइए। दिमाग़ी कसरत आपके कमज़ोर स्वास्थ्य के लिए हानिकर (?) है। मेरी बात मानिए अभी अपनी Scheme को post-pone कर दीजिए, नहीं तो हम लोगों की आशा पर पानी फिर जायगा।

प्रसाद जी को भी आपके स्वास्थ्य की बड़ी चिन्ता है, वे कहते थे कि निराला जी यदि अपने स्वास्थ्य पर जल्दी ध्यान नहीं देंगे तो आगे चलकर बड़ी हानि होगी।

आपकी तीनों कविताएं मुझे बहुत पसंद आई हैं—वासन्ती सबसे अधिक। शेष फिर—

—विनयावनत नन्द दुलारे।

[कार्ड पर स्याही गिर गई थी। कुछ अंश पढ़ा नहीं गया। पता 'मतवाला' का।]

152. शान्तिप्रिय द्विवेदी

श्री:

C/o बा. राधाकृष्णदास बी.ए.
कोठी-भदैनी,
Benares City
21-2-29

पूज्यवर, प्रणाम—

आपका कार्ड यहाँ बावू साहव के यहाँ आया। आपकी अस्वस्थता जानकर दु:ख हुआ। मैं समझता हूँ, आपका स्वास्थ्य आपके हाथ में है, यदि तनिक ध्यान और सावधानी रक्खें तो अच्छा हो। भगवान सच्चिदानंद आपके आनंद की सीमा अपरिमित रखें।

मैं सकुशल हूँ, यद्यपि छह महीने से अधिक समय से मेरा अन्तर्जगत शून्य और क्रंदनमय है—जीवन की किसी सुस्निग्ध आकांक्षा से। फिर भी यथावकाश हँसता हूँ, कारण, जीवित रहने के लिए इससे सस्ता और कोई आधार नहीं।

बावू साहव के पत्र में आपने मुझे सूचित किया है कि मेरे संबंध की कुछ बातें आप मुझे सूचित करना चाहते हैं—मैं उत्सुक हूँ और उत्कण्ठापूर्वक पत्रोत्तर की राह देखूँगा।

मैने "हिन्दी कविता का आधुनिक जीवन" शीर्षक एक लेख दो चार दिन हुए, 'विशाल भारत' के पास भेजा है, हो सके तो एक बार सम्पादक से मिलकर देख लीजिए। ज़रा 'सरोज' के मुंशी जी से कह दीजिएगा कि 7वें अंक से 'सरोज' फिर मेरे पास नहीं आया, पता ठीक करके भेजें।

सेवक
शां. प्रि.

[पता 'मतवाला' का]

153. (क) जयशंकर प्रसाद
(ख) विनोदशंकर व्यास

(क)

काशी
23-2-29

प्रिय निराला जी,

पत्र मिला। अभी मेरा स्वास्थ्य वैसा ही है—आज से कविराज की दवा आरम्भ की है और कोई विशेष समाचार नहीं है।

अपना कुशल समाचार लि. सिर के दर्द का क्या हाल है?

भवदीय
जयशंकर 'प्रसाद'

(ख)

[काशी,
23-2-29]

पहले मैं रुष्ट था, अब [आप रुष्ट हैं।] क्यों? खैर बनारस आने पर फैसला होगा।

आशा है, मेरी दोनों पुस्तकें आपको मिल गई होंगी। फोटो काशी आने पर—विशेष सब आनन्द है।

तूलिका और...की समालोचना उचित समझिए तो मतवाला के लिये लिख दीजिये। सेठ जी को भी लिख दिया है—

विनोद

[प्रसाद के ऊपर वाले पत्र के साथ ही विनोदशंकर व्यास ने यह नोट भेजा था। यदि आरम्भ में कुछ और लिखा था तो वह सुरक्षित नहीं रहा। सम्भावना यही है कि इतना ही लिखा था; यह सब उसी काग़ज़ के आधे हिस्से में है जिसके एक हिस्से में प्रसाद ने पत्र लिखा था। निराला के पास दोनों टुकड़े अलग-अलग थे। पत्र के एक भाग पर स्याही के गहरे धब्बे हैं, अन्य भाग के अक्षर पानी टपकने या तमाखू की पीक से अस्पष्ट हो गए हैं।]

154. नन्ददुलारे वाजपेयी

आर्य भवन काशी विश्वविद्यालय
25-2-1929

प्रिय निराला जी,

बारात से लौटने पर एक छोटा सा पत्र लिख चुका हूँ, परन्तु आपके लम्बे पत्रों में कुछ ऐसा आकर्षण, कुछ ऐसा नशा-सा मेरे लिए होता है कि इन परीक्षा के दिनों में भी रोज़ कम-से-कम एक बार उन्हें पढ़ना पड़ता है और जी करता है ऐसे पत्र प्रतिदिन पढ़ने को मिलें, Leader या Pioneer मिलें या न मिलें। एक अजीब प्रकार की तृप्ति, एक न जाने किस तरह का संतोष होता है, थोड़ी देर के लिए जैसे जीवन में पूर्णता आ गई हो—और—कुछ न चाहिए।

आपने "सुधा" में प्रोफेसर अमरनाथ झा वाला लेख देखा? कुछ लोग इसे युगप्रवर्तक घटना कहेंगे। कारण अंग्रेज़ी के एक धुरंधर प्रोफेसर को इस तरह तारीफ करते किसने सुना था? मनोरमा में किसी ग्रैजुएट ने वियोगी जी की रचनाओं की प्रशंसा की है—लेख third class है तो क्या हुआ, जिस प्रवृत्ति का द्योतन हो रहा है वह अवश्य आशाप्रद है।

"युवक" के दूसरे अंक में क़ाज़ी नजीरुल [निज़रुल] इस्लाम की "अग्निवीणा" की प्रशंसा छपी है, आप देखिएगा। उसमें एक आधी कविता (जो उद्धृत है) मुझे इतनी अच्छी लगी कि इच्छा होती है आप से बंगला बड़ी जल्दी सीख लूं और बराबर

Original में कविताएँ पढ़ा करूँ। बतलाइए मेरी परीक्षा होली के एक दिन पहले ही समाप्त होगी, इसके बाद आपके पास आऊं?—दो बातें होंगी एक तो कलकत्ते में बंगला atmosphere और दूसरे आप पढ़ाने वाले, अधिक नहीं महीने भर में पढ़ने-समझने भर को जान सकूँ तो अच्छा हो।

आप अपनी कविताओं का Collection निकलवा रहे हैं। कहाँ से यह नहीं मालूम हुआ। मैं तो भारती भांडार काशी की छपाई पर मुग्ध हूँ, कलकत्ते में तो छपाना कुछ जँचता नहीं है। एक बात और—कितना बड़ा Collection होगा? कौन-कौन-सी कविताएँ रखने का विचार है? प्रारम्भ में कुछ भूमिका आदि रहेगी न? कुछ तो रहनी ही चाहिए।

जोशी बंधुओं पर आक्रमण है बड़े ढंग से। प्रसाद जी बड़ी प्रशंसा करते थे। मुझे प्रारंभ की personal बातें कुछ अनावश्यक सी लगीं। गंभीर लेखों में मैं ऐसी बातों के पक्ष में नहीं हूँ। चाहता हूँ पहली ही पंक्ति में मतलब की बातें हों। उन्हें शेर क़रार देना और इसी तरह की अन्य बातें समालोचना के बहुत उपयुक्त नहीं कहीं जाएंगी। लेख का अंतरंग आप के अबतक के सब लेखों में मार्मिक हुआ है। देखें आगे क्या होता है। Controversy चलेगी ऐसा पता चलता है—रहेगा ज़रा लुत्फ़।

यहाँ का कोषोत्सव समाप्त हो गया—सकुशल ही समझिए क्योंकि विरोध की गुंजाइश ही नहीं रखी गई थी। मैं तो था नहीं पर सुना जाता है गौड़ जी जब रहस्यवाद के पक्ष में और सुकुल जी के विपक्ष में कुछ बोलने चले तो रोक दिए गए और समयाभाव बताकर आगे काम चलता किया गया। हमारे बाबू श्यामसुन्दरदास ने 5000) की थैली अस्वीकार कर दी—कितना महान त्याग है? प्रसादजी ने "नारी और लज्जा" पर एक कविता पढ़ी थी जिसकी यहाँ के पुराने लोगों में बड़ी प्रशंसा है। "मतवाला" में छपवाइए, उन्हें लिखिए, भेज देंगे।

आपके शिर दर्द के लिए, मेरे दिल में एक खास जगह है, चिन्तित रहता हूं, जिज्ञासा रहती है पर आपकी जैसी प्रकृति है—क्या किया जाय! कुशल पत्र शीघ्र दें [।]

—सविनय नन्ददुलारे वाजपेयी

[पुनश्च]

आनन्दमोहन जी की इस साल की पढ़ाई समाप्त हो गई—परीक्षा वरीक्षा तो कछ है नहीं [,] कल ही Allahabad जा रहे हैं उधर ही से होली तक घर पहुँचने का विचार कर रहे हैं। अब उनकी "यमुने" के लिये कुछ हड़बड़ी नहीं है, आप 10-15 दिन बाद मेरे पते से भेज देंगे तो काम चल जाएगा।

द्विवेदीजी Law की तैयार में लगे हुए हैं। त्यागभूमि में सुमन जी ने उनके लिए प्रशंसा के दो शब्द कहे हैं। "साक़ी" शीर्षक एक कविता भी द्विवेदी जी की त्यागभूमि में छपने गई है।

अवधबिहारी जी को तो इस समय परीक्षा का भूत सवार है। किसी से बोलते तक नहीं [,] और क्या कहा जाय।

इस बार की माधुरी में शायद मेरा लेख निकले। द्विवेदीजी (पं. महावीरप्रसाद जी) की 'लेखाञ्जली' की आलोचना भी इसी बार निकल जाने की संभावना है।

मतवाला के होलिकांक के लिए आप क्या लिखेंगे? मैं भी कुछ लिखूँ? समय तो नहीं है।

शेष प्रसन्नता है।

नन्ददुलारे।

[पता 'मतवाला' का]

155. जयशंकर प्रसाद

प्रिय 'निराला' जी।

आप का जब पत्र आया था उस समय मैं स्वयं रोगी था [।] इधर महीनों से मेरा स्वास्थ ठीक नहीं। अब तो कुछ अच्छा है— आजकल आप क्या कर रहे हैं, और स्वास्थ कैसा है, सविस्तार लिखियेगा। और यह भी सुना है कि आप काशी आने वाले हैं। क्या यह ठीक है?

भवदीय—
जयशंकर 'प्रसाद'
21/3/29

पुनश्च—

पीठ में जो फोड़ा हो गया था वह अब अच्छा है।

156. नन्ददुलारे वाजपेयी

आर्यभवन : काशी वि.वि.
25-3-1929

प्रिय निराला जी,

आपका कृपा पत्र आया था, मैं परीक्षा में लगा हुआ था, इसी से उत्तर देने में विलम्ब हुआ, क्षमा कीजिए। कल परीक्षा खत्म हो गई, आज होली है।

परचे अच्छे नहीं हुए। वाहियात बेढंगे सवाल आए थे जिनमें साहित्यिक अभिरुचि का कहीं पता ही नहीं था। साहित्य के परीक्षक साहित्यिक होने चाहिएँ—परिमार्जित साहित्यिक—पर यहाँ तो थे ऐसे ऐसे विकट महारथी [—] लज्जाशंकर झा, ध्रुव साहब, डाक्टर रामप्रसाद त्रिपाठी, विधुशेखर भट्टाचार्य (शान्तिनिकेतन वाले) जिनको भगवान ने विद्वान तो बनाया है पर संस्कार में कसर रखदी है। सुकुल जी, श्यामसुन्दरदास आदि के परचे अच्छे थे। रिजल्ट बीस पच्चीस अप्रेल तक निकल जायगा, मुझे तो अच्छे Division की उम्मीद नहीं है—पर देखिए शायद क़िस्मत साथ दे दे।

अब फुर्सत है। मेरी एक बहन का गौना, और एक का विवाह चैत सुदी में है। 15-20 दिन रह गए हैं। मुझे अभी तो घर जाना होगा, विवाह आदि के बाद कलकत्ते आने का विचार करता हूं। इसी बीच में आनन्दमोहन जी का विवाह भी होने को है—क्या आप न आएँगे।

आपका स्वास्थ्य तब तक क्या सुधरेगा जब तक आप अपने को Regulate नहीं करेंगे। मैं जानता हूँ कि आपके लिए यह कार्य बड़ा कठिन है परन्तु खुदा के वास्ते अद्वैतवाद के व्यवहारात्मक रंग ढंग, अतृप्त वासनाओं की हानिकर अभिव्यक्ति थोड़े दिनों के लिए दूर कर दीजिए, चिन्तन को विश्राम दीजिए और नियमों का बंधन स्वीकार कीजिए। समझ लीजिए साल भर जेल में रहना है।

"सुधा" वाली आपकी कविता देखी। एक साहब कह रहे थे कि उसमें Wordsworth के Ode to immortality की छाया है, इसी से देखने की और भी इच्छा हो रही थी। क्या बेबकूफी है—आपकी यह कविता purely दार्शनिक है, भारतीय दर्शनों के सिद्धान्तों पर अवलंबित—इसे Wordsworth की छाया बतलाते हैं। मैंने तो उनका संतोष कर दिया है पर ऐसी ऐसी बातें कहनेवालों पर हँसी अवश्य आती है। एक जगह जहाँ निशा से निकल कर प्रकाश की ओर आने की उत्सुकता है—"हा भोर" वाला बंद भावव्यंजना में थोड़ी सी कसर रख देता है, [,] और तो सर्वत्र वही सुन्दर expression है जिसके लिए मुझे आपकी कविताएँ इतनी रुचती हैं। बुद्धि की सब क्रियाएं सीमित, थक कर बीच ही में रह जाने वाली, अंतिम सत्य तक न पहुँचने वाली—यही निशा है—इसी से प्रकाश की आकांक्षा है—"हा भोर" इसी आकांक्षा का द्योतन करता है—तुलसीदास के

"वाक्य ज्ञान अत्यन्त निपुन भव पार न पावै कोई,

जिमि निशि मध्य दीप की बातन तम निवृत्त नहिं होइ" में सिद्धान्त यही है—यही भारतीय दर्शन है। इसे Wordsworth की लाख Ode to Immortality नहीं सकती—अभारतीय नहीं बना सकतीं। उन्हें क्या पता जो 'छायावाद' की हिन्दी रचनाओं को नकल समझते हैं—वड्र्सवर्थ की, शेली की और टेगोर की।

तुलसीदास और टेगोर की तुलनात्मक समालोचना देख रहा हूं। पहला खंड बड़ा सुन्दर है, दूसरे खंड में उदाहरणों का आधिक्य है [।] उदाहरण कुछ कम होते तो बड़ा अच्छा होता—तुलसीदास के उदाहरण कम हैं।

मैं होलिकांक के लिए कुछ भी न लिख सका [,] अब कुछ लिखकर भेजने का विचार करता हूं [।] 'छायावाद' के सम्बन्ध में ही लिखूं तो कैसा हो?

"महारथी सम्पादक" मेरे मित्र श्री रामचन्द्र शर्मा आपकी कविता के लिए बहुत दिनों से मुझे लिख रहे हैं। एक कविता मार्च की संख्या के लिए अवश्य लिख दीजिए। उनके मोटो—वीर रस—के अनुकूल हो तो और अच्छा।

[पत्र संभवत: इतना ही लिखा गया था किन्तु अंत में हस्ताक्षर नहीं हैं। तुलसीदास और रवीन्द्रनाथ से सम्बन्धित लेख 'मतवाला' में प्रकाशित हुए थे; पता 'मतवाला' का।]

157. मातादीन शुक्ल

House No. 73 Husainganj
M.D. SHUKLA Lucknow
Jaurnalist Dated 29. 3. 29

बहुत दिनों से तुम्हारा कोई पत्र नहीं आया। आशा है, प्रसन्न हो। मैं फरवरी के महीने में 2-3 हफ्ते के लिये किशनपुर गया था। उसके बाद से यहाँ आकर प्राय: सब लोग बीमार रहे। अभी होली के 2 दिन पहले लक्ष्मी को पथ मिला है। अब तो जान पड़ता है, सब ठीक हैं। तुम अपना हाल चाल ज़रा विशद रूप से लिखना। क्या होता है—कहाँ हो और कैसे कटती है। यह सब जानना चाहता हूँ।

माधुरी के लिये इधर कुछ लिखा नहीं। चित्त तो ठिकाने है न। बाबू भगवती चरण वर्मा कलकत्ते गए थे। तुम से मिले होंगे। लिखना। पं. देवदत्त मिश्र और पं. रामशंकर त्रिपाठी के भी हाल लिखना। पत्र आने पर फिर यहाँ के साहित्य मंडल के अंतरंग हालचाल लिखूँगा।

वही—मातादीन शुक्ल

[पता 'मतवाला' का]

158. नन्ददुलारे वाजपेयी

मगरायर (उन्नाव)
7-4-1929 ई.

प्रिय निराला जी,

आपका एक पत्र उस समय आया था जब मेरी परीक्षा हो रही थी। मैने काशी से ही एक पत्र लिखा था पर तब से आपका कोई समाचार नहीं मिला। चिन्ता रहती है। मैं अष्टमी के दिन यहाँ आ गया था, गाँव का मेला था। नाच-वाच का भी प्रबन्ध था। बाबू रामरतन जी की ओर से विरोध था, कुछ नवयुवक उनके दल में सम्मिलित भी थे, पर नाच तो हुआ ही। आनन्द मोहन जी भी एन मौके पर मौजूद थे।

यहाँ पर मुझे 20-25 दिन का अटकाव है [।] आप इस बीच में यहाँ आएँगे? आइये तो अच्छा हो। कई काम हैं [।] "हिन्दी कविता में छायावाद" शीर्षक एक लेख लिखने का विचार है—आप से कई बातों की सलाह लेनी है। आनन्दमोहन जी का विवाह भी है। मुझे थोड़ी सी बंगला भी पढ़ लेनी है। इसके अतिरिक्त द्विवेदी जी तथा मिश्र बन्धुओं से Introduction भी हो जाता, यही उपयुक्त अवसर था। आइये तो लिखिए मैं कानपुर में जहाँ कहिए मिलूं। आपके स्वास्थ्य का क्या हाल है? संभवत: स्थान परिवर्तन से कुछ लाभ हो।

मेरा परीक्षा फल अब निकलने ही वाला है। देखिये क्या होता है? बाबू श्यामसुन्दर दास दो साल Research Work करने को कहते हैं—सौ रुपये महीने

Scholarship देंगे, मुझे तो विशेष जँचता नहीं है, पर इन दो वर्षों में स्वास्थ्य सुधार का अच्छा मौका मिल सकता है, D. Litt. की तो अधिक आशा नहीं है।

—लाइब्रेरी को पुनरुज्जीवित करने का विचार है। अभी तो कोई विशेष उत्साह नहीं दिखाई देता। शेष प्रसन्नता है। पत्र दें।

—सविनय नन्ददुलारे

159. नन्ददुलारे वाजपेयी

मगरायर (उनाव)
21-4-1929 ई.

प्रिय निराला जी,

आपके दोनो पत्र मिले। मैं "माधुरी" का विशेषांक लेने आप के यहाँ गया हुआ था, वहाँ तो आपके बहुत शीघ्र आने की सूचना मिली थी, पर इस पत्र से मालूम हुआ कि आप अभी न आएँगे। आपका स्वास्थ्य अब सुधर गया है, और अब उपन्यास लिखने का विचार हुआ है—बड़ी प्रसन्नता की बात है। मेरे काम पीछे भी होते रहेंगे, अभी कोई हड़बड़ी नहीं है, अभी तो परीक्षाफल भी प्रकाशित नहीं हुआ है। मुझे कोई विशेष उद्विग्नता नहीं है।

दो Certificates—साधारण सम्मतियाँ लेनी हैं, एक द्विवेदीजी से और एक मिश्रवन्धुओं से। आज एक पत्र द्विवेदी जी को लिखा है—पहले ही पत्र में स्वार्थ की भरमार—प्रायः दस पंक्तियों का, देखिए उत्तर में क्या लिखते हैं। मिश्रवन्धुओं को अभी नहीं लिखा, कृष्णविहारी जी से सहायता लेनी होगी, अथवा आपके आने तक ठहरना होगा क्योंकि उनसे मिलकर बातचीत करने से ही काम बनेगा।—और किस के यहाँ जाऊँ। अपने प्रोफेसरों की तो बड़ी बड़ी प्रशंसात्मक सम्मतियाँ मिल गईं हैं, मालवीय जी से मिल जाने की संभावना है। यदि Research Work ही करना निश्चित हुआ तब तो यह दौड़-धूप भी फिजूल ही होगी।

कलकत्ते की प्रोफेसरी मेरे विकास के लिए विशेष उपयोगिनी नहीं होगी। एक तो स्वास्थ्य की अनुकूलता होनी कठिन है और दूसरे हिन्दी-साहित्य् का क्षेत्र वहाँ विशेष विस्तृत नहीं दिखाई देता। बंगालियों के बीच उनकी गबड़चौथ में पड़कर मैं कुछ भी न कर सकूंगा। मुझे तो काशी, प्रयाग, लखनऊ या कानपुर चाहिए [,] आखिरी दर्जे में कलकत्ता है। दूसरी बात यह भी तो है कि वे अपना Preference देंगे। क्या सकलनारायण शर्मा आदि के प्रभाव से कुछ कार्य हो सकता है?—आपसे उनका परिचय है?

मैं अभी कलकत्ते कहाँ जा रहा हूं। अभी 10-12 दिन का अटकाव तो यहीं है, इसके बाद एक बार बनारस और गोरखपुर जाना है। गोरखपुर से द्विवेदी जी ने बुलाया है, स्वदेश के "साहित्यांक" के सम्पादन के लिए। यह अंक वृहत् और हिन्दी-साहित्य में महत्त्वपूर्ण होगा। कोई दो ढाई सौ, या इससे भी अधिक पृष्ठ होंगे—ठोस और

स्थायी लेखों के। द्विवेदी जी भरपूर खर्च करने को भी कहते हैं। "हिन्दी कविता में छायावाद" मैं इसी अंक के लिए लिखने का विचार करता हूँ।

छायावाद के सम्बन्ध में आपने जो कुछ लिखा और कहा है उसका सारांश मेरी समझ में इतना ही आया है कि आपके विचार में जो सत्य है वही कविता है, वही छायावाद या रहस्यवाद है। रहस्य वास्तव में रहस्य नहीं है, पहुँचे हुए के लिए वह साधारण सत्य है। इसी रहस्य के न समझने के कारण—सत्य की तात्त्विक व्याख्या न करने के कारण कहीं-कहीं Tagore भी भ्रामक बतलाए गए हैं और इसी कारण जोशीवन्धु और गंगाप्रसाद उपाध्याय आदि सच्ची अनुभूति के अभाव में विपथगामी हो गए हैं।

मुझे इन प्रश्नों का उत्तर लिख भेजिए :

(1) जब साधारण सत्य ही कविता है तब कविता के सत्य और असत्य के आधार पर दो ही विभाग हो सकेंगे—उसके अन्य सूक्ष्म विभेद कैसे होंगे?—अर्धसत्य, चतुष्पद सत्य, अष्टांश सत्य आदि? यह बात कुछ जँचती नहीं है क्योंकि ऐसा करने से कविता Mathematics से कुछ मिलती जुलती-सी हो जायगी।

(2) अंग्रेज़ी में Romanticism, Classicism, Idealism. Realism, Symbolism, आदि न जाने कितने भेद कविता के हैं पर आपके Division के अनुसार तो Wordsworth और Shelly [Shelley]; Shakespeare और Keats [,] Milton और Tennyson आदि एक ही श्रेणी में रहेंगे—उन स्थलों में जहाँ वे सत्य का अभिव्यंजन करते हैं। आजकल समालोचकों का झुकाव Clearcut Classification की ओर है, किन्तु आपकी व्याख्या में उसकी गुंजाइश मुझे कम मालूम पड़ती है।

(3) "नैया बिच नदिया डूबी जाय"—में कबीर ने एक महान सत्य कह डाला है। यह सत्य क्या वही नहीं है जिसकी व्यंजना कबीर के पूर्व—बहुत पूर्व हो चुकी थी? कबीर की मौलिकता क्या है?—एक प्रश्न और है [,] इसमें काव्य की रसात्मकता कहाँ है? "प्रसाद" का कितना अभाव है? पहेली ही तो है? क्या यही बात कवित्वपूर्ण ढंग से सब के समझने के लिए नहीं कही जा सकती?

(4) साधारण सत्य तो दर्शन है, मेरे विचार में कविता नहीं। आप क्या दोनों की अभिन्नता स्वीकार करते हैं? अंग्रेज़ी कवियों में Browning सबसे बड़ा दार्शनिक था, पर वह सबसे बड़ा कवि नहीं माना जाता—क्यों? मेरे विचार में इसलिए कि उसने 'सत्य' को काव्योपयोगी नहीं बनाया, उसमें कवित्व कम था।

(5) रहस्य वास्तव में रहस्य नहीं है [,] पहुँचे हुए के लिए वह साधारण सत्य है। यहाँ आपने रहस्य को सापेक्षिक माना है। पर सत्य तो Absolute है, वह सापेक्षिक नहीं है।—और रहस्य के प्रत्यक्षीकरण में भी तो भेद है।—गीता

के "अणोरणीयान् महतो महीयान्" में जो रहस्य है वही रहस्य "नैया बिच नदिया डूबी जाय" में भी है पर एक में कहने का ढंग साफ और दूसरे में पहेलीनुमा है। मेरे विचार में पहला ढंग अधिक काव्योपयोगी है।

(6) मैं यह मानता हूं कि अनुभूतिविहीन बातें कहना घपलेबाजी है। साधना-विहीन ज्ञान ढकोसला है। इस दृष्टि से हिन्दी के छायावादियों में बतलाइये कौन सबसे बड़ा साधक है?—क्या आप या पंत या प्रसाद? विवाह न करना और दो घंटों तक बालों को Trim करके फोटो खिंचाना परस्पर विरोधी बातें हैं। साधना विचारी बीच ही में लटक गई है। विरक्ति तो विरक्ति ही है, उसमें एकांगिता नहीं हो सकती। साधक इंडियन प्रेस की नौकरी के लिए लालायित नहीं रहता और न सुंघनी की दुकान में बैठता है। यदि दूसरे पक्ष में देखिए तो विवाह कोई ऐसा प्रतिबंध नहीं है जो नर्क ही को ले जाए। साधना की कल्पना उसकी उपस्थिति में भी की जा सकती है, महात्मा गांधी उस क्षेत्र में कुछ दूर तक पहुँचते हैं—आप इसे मानते है या नहीं?

(7) जोशी वंधु या गंगाप्रसाद कोरे पुस्तक-कीट हैं। पर तत्त्वज्ञानी और साधक भी तो कम ही हैं। अब हिन्दी में मध्यकालीन भक्त कवियों की-सी सच्ची अनुभूति का साहित्य कहाँ सृजित होता है? ऐसी अवस्था में केवल परिमाण का [,] Degree का भेद रह जाता है जिसकी खोज करना बड़ा कठिन है। और थोड़ी-थोड़ी अनुभूति उपाध्याय जी, मैथिलीशरण जी आदि में भी स्वीकार करनी ही पड़ेगी। आपकी क्या सम्मति है?

आम यहाँ अच्छे फले हैं। आपकी बाग भी अच्छी आई है। मेरी इच्छा तो यहीं रहकर आमों की फसल का उपयोग करने की है, परन्तु क्या होगा यह निश्चित नहीं है।

पं. रघुनन्दन शर्मा परसों यहाँ (मेरे यहाँ) आनेवाले हैं। तीन चार दिन रहेंगे। आनन्दमोहन जी आज दो-तीन दिनों से कानपुर में हैं, विवाह उनका जेठ में है। शायद विवाह बेकरार का तय हुआ है।

यहाँ लाइब्रेरी का काम ज्यों त्यों चलता है। शर्मा जी से एक आध दिन व्याख्यान दिलाने का विचार करता हूं। कुछ चन्दा भी एकत्र करना होगा। पत्र पत्रिकाओं का कार्य पूरा हो रहा है। आपने वीणा, सरोज, त्यागभूमि, मनोरमा आदि का जो प्रबन्ध किया था, वह सब चार छह महीने से बन्द है। पुस्तकें भी थोड़ी ही हैं—उतनी नहीं कि Library को वाचनालय के अतिरिक्त और कुछ कहा जाय। आप पत्रिकाओं का लिख दें तो अच्छा हो। पढ़ने की ओर लोगों का उत्साह तो धीरे ही धीरे होगा। मतवाला, प्रताप आदि पत्र आते हैं और लोग उन्हें पढ़ते भी हैं। साधारण लोगों की प्रवृत्ति साप्ताहिकों की ओर अधिक है। कुछ उपन्यास भी पढ़े जा सकते हैं।

शेष प्रसन्नता है।

सविनय नन्ददुलारे

[बेकरार—दहेज-सम्बन्धी करार के बिना।]

160. मातादीन शुक्ल

'माधुरी'-कार्यालय
लखनऊ 25/4/1929

प्रिय निराला जी,

माधुरी के लिये कोई कविता—छोटी या बड़ी—भेज दो। गोविंददास पदावली के सभी छंद छप चुके। दो चार छंद इस के भी, नई कविता के साथ भेजना। शेष फिर।

तुम्हारा
मातादीन शुक्ल

[पता 'मतवाला' का]

161. रूपनारायण पांडेय

रानीकटरा, लखनऊ
29-4-29

प्रिय निराला जी,

नमोनम:। मैं सकुशल घर पहुँच गया। घर में तबियत कुछ खराब हो जाने के कारण मैं बहुत शीघ्र घर लौट आया। इसी कारण आपसे फिर भेंट न कर सका। आशा है, आप इस अपराध को क्षमा करेंगे। आपने जो प्रस्ताव किया था, उसके सम्बन्ध में अभी तो मैं क्षमा चाहता हूँ। एक कारण यह भी है कि उतने वेतन में वहाँ कार्य करना असंभव है। यहाँ नवल किशोर प्रेस में ठीक हो गया है। इसके अतिरिक्त और जो कुछ सेवा मैं आपकी और आपकी मित्रमण्डली की कर सकता हूँ, उससे मुझे कभी इनकार नहीं। मैं सकुशल हूँ, आप की कुशल चाहता हूँ।

भवदीय
रूपनारायण पाण्डेय

[पता 'मतवाला' का]

162. नन्ददुलारे वाजपेयी

मगरायर (उनाव)
3-5-1929

प्रिय निराला जी,

आपके पत्र का उत्तर कुछ विलंब से दे रहा हूँ। पहले तो परीक्षा-फल की प्रतीक्षा में था और फिर उस पर ग़म मनाने में। Second Division में पास हुआ हूँ। परचे खराब हो गए थे, पर मुझे इसकी आशा न थी। खैर।

अब मैं 2-4 दिनों में एक बार काशी जाने का विचार करता हूँ। वहाँ से एक चक्कर गोरखपुर तक लगा कर, लखनऊ होते हुए घर लौटूँगा। यात्रा में 15-20

दिनों से कम क्या लगेंगे। आप यदि घर आएँ तो मुझे लिखिएगा, शायद मैं काशी से घर तक आपका साथ दे सकूँ। काशी में आप उतरेंगे तो अवश्य ही;—बस वहीं से साथ होगा। जयशंकर जी के पते से पत्र दीजिएगा। इस महीने की "सुधा" आपने देखी है? ज़रा सम्पादकीय टिप्पणियाँ देखिए। नन्दकिशोर साहब ने धर्मपत्नी जी के परिहास का कैसा बदला लिया है? उस भले आदमी को यह भी नहीं मालूम कि "परा और अपरा" बंगालियों की ईजाद की हुई वस्तु नहीं है—वह प्रत्येक भारतवासी को पूर्व-परम्परा से सुलभ है। जैसे कोई विक्षिप्त बके।

आपका एक गीत मैंने महारथी को भेज दिया है और भविष्य में ऐसी बेशर्मी न करने की ताकीद कर दी है—दूसरा गीत "मतवाला ["] में निकला है। तीनों ही सुन्दर और अत्यन्त सरस गीत हैं। बधाई।

आपका "नन्ददुलारे"

[पता 'मतवाला' का]

163. शान्तिप्रिय द्विवेदी

C/o बा. राधाकृष्ण दास
वी.ए.
कोठी-भदैनी
बनारस सिटी
6/5/29

प्रणाम—

बहुत दिनों से आपका कोई समाचार नहीं मिला। आपका आनद चाहिए। मैंने एक पत्र पहिले भी आपको लिखा था, उत्तर नहीं मिला।

मेरा एक लेख आधुनिक हिन्दी-कविता पर विशाल भारत में छप रहा है, चतुर्वेदी जी उसमें कवियों के चित्र भी दिया चाहते हैं। आप कृपा करके अपना एक ताज़ा फोटो उनके पास मेरी ओर से भेज दें! अथवा 'सुधा'—आफ़िस से अपना ब्लाक ही भिजवा दें। बहुत ज़रूरी है! भूलिये नहीं। जल्दी।

आपका पत्र चाहिए पूरे समाचार के साथ। सेठ जी को जयशिव!

विनीत—शांतिप्रिय

164. नन्ददुलारे वाजपेयी

काशी
15-5-1929

प्रिय निराला जी,

मैं आज दो दिन से "प्रसाद जी" के यहाँ आया हुआ हूँ, और आज गोरखपुर जाने के विचार में हूँ। विनोद जी कहते थे कि आप शीघ्र ही घर जानेवाले हैं। क्या सच है?

यदि आप आएं तो मुझे सूचना अवश्य दे, गोरखपुर से लौट कर साथ ही घर चलूँगा। विशाल भारत के लिए समालोचना लिखने का आयोजन कर रहा हूँ। "सुधा," सुनते हैं बन्द हो रही है, आपने भी कुछ सुना है? आपका उपन्यास कहाँ तक पहुँचा? कविता-संग्रह में फिर विक्षेप हो रहा है।

सविनय—नन्ददुलारे
उत्तर—स्वदेश प्रेस, गोरखपुर के
पते से दें।

['मतवाला' के पते पर भेजा गया, गाँव के पते पर लौटाया गया।]

165. शान्तिप्रिय द्विवेदी

C/o पं. विनोदशंकर व्यास,
व्यास-भवन,
मानमंदिर, वनारस सिटी
9—6—29

प्रणाम—

बहुत दिनों से आपका कुशल समाचार नहीं मिला। आशा है, आप सानंद हैं। यहाँ कोई नई बात नहीं। हाँ, भाई व्यास जी कुछ घरेलू झंझटों में हैं, उनकी पत्नी और एक बच्चा अस्वस्थ हैं।

नीरव, राज्यश्री, करुणालय की दो-दो प्रतियाँ जा रहीं हैं, एक-एक प्रति अपने पास रखकर, बाकी नन्ददुलारे जी को दे दीजियेगा। 'नीरव' पर आपकी सम्मति वाञ्छनीय है, और नन्ददुलारे जी की समालोचना भी। शेष, आपका कुशल पत्र चाहिए।

सेवक—शांतिप्रिय

166. रामनाथलाल 'सुमन'

"त्यागभूमि"

सस्ता-साहित्य-मण्डल,
अजमेर
ता. 10/6/1929

प्रियवर,

यह सूचित करते हुए बड़ा दु:ख होता है कि आपने 'प्रभाती' नामक जो कविता यहाँ भेजी थी, उसे ही महारथी में भी भेज दी थी। वह 'महारथी' के इस अंक में प्रकाशित हुई है। आपके पास स्वीकृति भेजी जा चुकी थी। 'त्या. भूमि' को इसके कारण हानि उठानी पड़ी है।

आपसे ऐसी आशा न थी।

[अस्पष्ट चिन्ह]
'सुमन'

[कार्ड 'मतवाला' से गढ़ाकोला लौटाया गया।]

167. शान्तिप्रिय द्विवेदी

श्री:

पता—वही
श्री काशी
10—7—29

पूज्य चरणों में प्रणाम—

आपका कार्ड मिला, बहुत दिनों बाद एक पत्र पाकर बड़ी प्रसन्नता हुई। मैं आपका समाचार जानने के लिए उत्सुक था, इस पत्र से संतोष हुआ।

अब आप क्या कर रहे हैं? या, क्या करने का विचार कर रहे हैं? मैं सानंद हूँ, बाबा विश्वनाथ की कृपा से जीवन-नौका निर्विघ्न चल रही है। राय साहब के यहाँ काम करता हूँ, आजीविका की चिन्ता से साधारणत: मुक्त हूँ।

जून-भर की मुझे छुट्टी थी, यदि उस समय आपका कार्ड मिला होता तो मैं चरणों में अवश्य उपस्थित होता। आजकल तो मरने की भी फुरसत नहीं। आशीर्वाद दीजिए कि जीवन किसी तरह यों ही बीत जाय।

मैंने अपनी कविताओं का संग्रह 'नीरव' नाम से निकलवाया है। आपकी सेवा में उसकी कापी भेजे बहुत दिन हो गए, मिली या नहीं? आपकी सम्मति सापेक्ष्य है। देखूँ आप कब तक दर्शन देते हैं।

सेवक—शांतिप्रिय

168. सुमित्रानन्दन पन्त

C/o. Dr. N.C. Joshi
C.M.O.
Bharatpur State
13th July 1929

प्रियवर निराला जी,

आपका पत्र घूमफिर कर मिला, मैं अभी अस्वस्थ ही हूं इसीलिए इलाज कराने भरतपुर चला आया हूं। श्री मतवाला सम्पादक जी के विषय में जो आपने लिखा वह सर्वथा स्पृहणीय है पर मैं तो अस्वस्थ हूं। डाक्टर साहब ने कम-से-कम एक साल तक कुछ न करने को कह दिया है [,] उसके बाद अगर ज़िन्दा रहा तो मतवाला सम्पादक जी को अवश्य मौलिक रचनायें लिख कर दे सकता हूं। आप उन्हें इस सम्बन्ध में जो कुछ ठीक समझें लिख दीजिये।

उमर खय्याम जव प्रयाग जाऊ तब आप की सेवा में भेज सकूँ। मुझे स्वयं ही वह अधिक पसन्द नहीं है। आज कल कुछ नहीं करता [,] चुपचाप लेटा

रहता हूं [,] हाथ पांव हिलाना भी मना है [।] आशा है, आप सानन्द हैं। पत्रोत्तर शीघ्र दीजियेगा [।]

आपका
सुमित्रानंदन पंत

[पता]

Suryakanta Tripathi
Esqr.
Village Garhakola
P.O. Magrair
गढ़ाकोला (Unao)
मगरायर

[पत्र गढ़ाकोला से गंगा पुस्तक-माला, कार्यालय, अमीनाबाद पार्क, लखनऊ के पते पर भेजा गया।]

169. नन्ददुलारे वाजपेयी

आर्यभवन; काशी. वि. वि.
[14(?) जुलाई, 1929]

प्रिय निराला जी,

आप लखनऊ में बहुत दिन रहे। मैंने कई दिनों तक प्रतीक्षा की, और अन्त में मंगल के दिन सन्ध्या की गाड़ी से इधर चला आया। शायद आप छतरपुर चले गये अथवा लखनऊ में ही किसी काम से रुक गये, क्या Selection की भूमिका लिखते होंगे?

यहाँ से बाबू श्यामसुन्दर दास या उपाध्याय जी के साथ आज ही Allahabad जाने के विचार में हूँ। घर पर द्विवेदी जी की चिट्ठी आ चुकी थी, उन्होंने अपनी सिफारिश इंडियन प्रेस के मैनेजर को लिख दी है। यहाँ से जाकर देखिए क्या होता है। आपने शिवशेखर जी के लिए क्या किया? प्रयाग आने का विचार कब तक का है?

शिवशेखर जी का लोटा छाता मेरे यहाँ से गायब हो गया है, क्या करूँ मुझे कभी कभी बड़ी आत्मग्लानि होती है। चित्रकूट कब तक चला जाय। अब तो ऋतु अनुकूल आ गई है [,] क्या आपने शुक्ल जी से (पं. त्रिभुवननाथ जी) इस संबंध में। बातचीत की?

शेष फिर—

सविनय—नन्ददुलारे

[त्रिभुवननाथ शुक्ल—निराला के मित्र; कुछ दिन तक 58, नारियलवाली गली, लखनऊ में साथ रहे थे। गाँव के पते पर भेजा गया कार्ड गंगा पुस्तक-माला, लखनऊ के पते पर लौटाया गया।]

170. नन्ददुलारे वाजपेयी

Aryabhawan, P.O. Lanka
B.H. University
19.7.29

प्रिय निराला जी,

आप का जबाब अब तक नहीं आया। मैं प्रयाग गया था, वहाँ मैनेजर साहब ने फर्माया द्विवेदी जी ने लिखा तो है सही और बाबू श्याम सुन्दर दास की Recommendation भी मेरे लिए अनुल्लंघनीय है पर सरस्वती की स्थिति अभी 4-6 महीने ऐसी नहीं है कि आप जैसा आदमी रख सके। कहने लगे सरस्वती की ग्राहक संख्या बहुत कम है और वह यों ही घाटे में चल रही है। उनकी समझ में घाटे का कारण यह है कि सरस्वती में अत्यंत उच्चकोटि के लेख छपते हैं और साधारण लोग इसी कारण उसके ग्राहक नहीं बनते। मैंने कहा आप के पिता जी इसे "प्रवासी" की टक्कर की पत्रिका बनाना चाहते थे और आप अब तिजारत करने के विचार में हैं—यह हिन्दी के दिनों का फेर है। मैंने समझाया कि उच्च कोटि के लेखों के कारण पत्रिका की ग्राहक संख्या कम हो गई है—यह बात किसी भले मानुस के सामने कहने की नहीं है। साधारण लोग ग्राहक बनकर पत्रिकाएँ नहीं पढ़ते, बड़े लोग ही साहित्य से अनुराग रखते और पत्रिकाओं के ग्राहक बनते हैं। Standard गिराने से पत्रिका के ग्राहक बढ़ेंगे—"अंधहु बधिर न कहहिं अस"। मैं चला आया [।] यहाँ Research Scholar हो गया हूँ। अभी Fifty पर। पं. देवीदत्त जी आप की याद करते थे। पंत जी से मिलने की इच्छा थी पर नहीं मिला। आनन्दमोहन यहाँ आज आए हैं [।]

[कार्ड में हस्ताक्षर के लिए स्थान नहीं रहा। गाँव के पते पर भेजा गया, गंगा पुस्तक-माला के पते पर लौटाया गया।]

171. सियारामशरण गुप्त

श्री.

चिरगाँव (झाँसी)
श्रा. कृ. 1—86

प्रिय निराला जी,

प्रणाम। आशा है, आप सानन्द हैं। मैं भादों क्वाँर की प्रतीक्षा में हूँ, जब आपने मुझे दर्शन देने की प्रतिज्ञा की है।

आप की सेवा में पुस्तकें भेज रहा हूँ। कृपा कर स्वीकार कीजिए। और जिस पुस्तक की आवश्यकता हो कृपा कर अवश्य आज्ञा कीजिए।

झंकार का एक पैकट भट्ट जी के लिए है। उसे आप प्रेस के आदमी के हाथ अवश्य भिजवा देने की कृपा कीजिए। अन्यथा वह उन तक न पहुँच सकेगी।

आशा है, आप सानन्द हैं। विशेष विनय। दया रखिए।

आपका अपना

सियारामशरण गुप्त

आपकी पुस्तकों के साथ ही एक पैकट सुधा में समालोचनार्थ पुस्तकों के लिए है। वह उन्हें दे दीजिए। पहले की भेजी हुई गुरुकुल, गीतारहस्य, चित्रांगदा, हेमलता और विकट भट की समालोचना उन्होंने नहीं की है, यह भी कह दीजिए।

[भट्ट जी—बदरीनाथ भट्ट]

172. नन्ददुलारे वाजपेयी

आर्यभवन; काशी. वि. वि.

27-7-1929

प्रिय निराला जी,

मेरे दो-तीन पत्र आपके घर के पते पर पहुँचे होंगे, पर शायद आप बहुत दिनों से लखनऊ में ही हैं। शिवशेखर जी की एक चिट्ठी आनन्दमोहन जी के यहाँ आई थी पर उसमें आपके संबंध की कोई बात नहीं देखी। शर्मा जी से सुना था कि कविताओं की भूमिका लिखने के लिए आप लखनऊ में ठहरे हुए हैं। तो अब कब तक घर जाएँगे?

सरस्वती-सम्पादन के संबंध में जैसी कुछ बातचीत हुई, मैंने दूसरे पत्र में लिखा है, घर जाकर देखिएगा। मैनेजर महोदय सरस्वती का व्यापार करना चाहते हैं, फिर भला कैसे काम चले—शायद द्विवेदी जी यह बात नहीं जानते थे। उनका एक पत्र मुझे यहाँ पर परसों मिला था, उसी से ऐसा अनुमान करता हूँ। आजकल यहाँ रिसर्च का काम करता हूँ। विषय है "Theme of Love in Hindi Poetry" [।] मुझे कुछ और Suggestions की भी आवश्यकता है, आप कुछ अन्य अनुसन्धानोपयोगी विषयों की सूची शीघ्र भेजिए। मैंने मिश्र जी को भी लिखा था, उन्हें भी स्मरण दिला दीजिए। यज्ञदत्त जी से आपकी भेंट हुई थी, उनका पत्र आया था। शेष प्रसन्नता है। चित्रकूट कब चलेंगे? यहाँ आइए तो Tanda falls भी चलें। पंत जी का उमर खैयाम का अनुवाद आया हो तो अवश्य भेजें।

"Theme of Love" की एक Out-line अभी बना रहा हूँ। आपसे सलाह लेनी है। क्या करूँ?

द्विवेदी जी, आनन्दमोहन जी सब प्रसन्न हैं। अवध विहारी जी भी आने ही वाले हैं।

[कृष्णबिहारी मिश्र के द्वारा 'माधुरी', लखनऊ का पता]

173. सुमित्रानन्दन पन्त

C/o. The Medical Officer
Bharatpur State
30 July [1929]

प्रियवर निराला जी,

आपका प्रिय कार्ड कल मिला, बड़ी प्रसन्नता हुई। क्या किया जाय [,] स्वास्थ्य का भला बुरा होना तो मुझ जैसे मनुष्यों के हाथ नहीं : हृदय-रोग तो मुझे नहीं है। हाँ, उससे भी बुरा Lungs दोनों affected हैं। मुझे स्वयं ही दु:ख है कि मुझे T.B. जैसी भयानक बीमारी का सामना करना पड़ा। शायद इसी तरह rest लेने से 2/1 साल में कुछ ठीक हो जाय.

आजकल मैं पहले से कुछ अच्छा हूँ। Temperature normal है. 4^0 अधिक शाम को रहता है। मुझे Complete rest लेने की इजाजत है. पत्र भी नहीं लिखना चाहिए। आप यहाँ कब आइएगा? मुझे बेहद उत्कण्ठा है। अवश्य आइए। पत्रोत्तर शीघ्र दीजिए—आशा है, आप सानन्द हैं।

सस्नेह—
आपका
सुमित्रानन्दन पन्त

[पता]

Suryakanta Tripathi Esqr.
Village Garhakola
P.O. Magrair
(Unao)

[दूसरे पैरा में 'इजाजत' साफ़ पढ़ा नहीं गया।]

174. नन्ददुलारे वाजपेयी

Hindu University
Benares, Ist. August 1929

प्रिय निराला जी,

आपका चिर इप्सित पत्र आज मिला। शान्तिप्रिय जी से बहुत दिनों से नहीं मिला इससे आपका दूसरा पत्र न मिल सका [।] उन्होंने भी यहाँ तक आने का कष्ट नहीं किया—अब कल जाकर देखूंगा। मैंने जो विषय खोज के लिए चुना है, उसके बारे में सोच रहा हूँ। पहले Love की Philosophy की कुछ पुस्तकें पढ़नी पड़ेगीं [,] फिर हिन्दी कविता की छानबीन करनी पड़ेगी। Christian Philosophy में God is Love या Love is God का सामंजस्य सूफियों के

"इश्के बुताँ" से हो जाता है और वैष्णव साहित्य में "प्रेम एव परोधर्मः" ढाई अच्छर प्रेम का etc. भी उसी तत्त्व तक पहुँचते हैं पर पता नहीं उपनिषदों के शुद्ध ज्ञान (ब्रह्मविद्या) में जो निवृत्तिमूलक है "प्रेम" को कुछ स्थान है या नहीं, शायद नहीं है। जो कुछ हो इस सम्बंध में अनुसंधान कर एक अध्याय तो इसके समन्वय में खर्च करूंगा। इसके उपरांत हिन्दी के वीरगाथाकाल के Love and War के Ideal पर, जायसी के रहस्यात्मक प्रेम पर, भक्तों के प्रेम पर, स्वकीया-परकीया के प्रेम पर [,] वात्सल्य प्रेम पर लिखने का काफी मसाला है। प्रेम का आदर्श किसी विशेष काल में क्यों उस प्रकार का रहा—इस सम्बंध में अनुसंधान करने की गुंजायश है। इसी तरह की एक Outline आप सोचकर लिख देंगे तो मेरे लिए उपयोगी होगा।

द्विवेदी जी का एक पत्र आया था, वे छंदःशास्त्र तथा काव्यानुशासन (कविता के कानून) पर खोज करने की सलाह देते हैं। मुझसे अब शायद कुछ प्रसन्न हैं—इस पत्र में आशीर्वचन लिखा है पहले नमोनमः लिखते थे।

आपकी पुस्तक के इतने शीघ्र निकल जाने की बड़ी प्रसन्नता है। तो क्या भूमिकासमेत 4-6 दिन में निकल जाएगी? कितनी बड़ी भूमिका है—आपको पूरा संतोष है? मैं घोर प्रतीक्षा में रहूँगा।

चित्रकूट चलने के प्रोग्राम में यदि मेरी ओर से कुछ आक्षेप है तो इतना ही कि मुझे Ist year और 2nd year को प्रतिदिन एक घंट पढ़ाना पड़ता है। बाबू श्यामसुन्दरदास ने Experienced बनाने के लिये यह काम मुझे सौंपा है। इससे इतनी बाधा अवश्य पड़ गई है कि या तो छुट्टी लेकर चलूँ, या छुट्टी के दिनों में चलूँ। जन्माष्टमी की छुट्टी कई दिनों की होगी, उसमें चलें तो कैसा हो? इधर आनंदमोहन जी कहते हैं दशहरे में ससुराल की सैर करने को, और रास्ते में चित्रकूट बतलाते हैं, कहते हैं उसी समय तुम लोग भी चलो। उनका तो 'एक पंथ दो काज' सधता है और हम लोग कोरे "चित्रकूट के घाट में भई संतन की भीर" को चरितार्थ करेंगे—कुछ जँचता नहीं, उधर ऋतु भी दूसरी आ जायगी।

"माधुरी" के विशेषांक के लिये मिश्र जी ने एक लेख लिखने को कहा है, मैं छायावाद के विकास पर लिखने का विचार कर रहा हूँ, यदि दो-चार दिन में लिख सका तो आप भी देख लीजिएगा। मैं इस लेख में किसी Controversy के खड़ा करने का विचार नहीं रखता।

शेष प्रसन्नता है। "सुधा" की ज्येष्ठ वाली संख्या परसों प्रसाद जी के यहाँ देखी थी। उसकी अब कैसी स्थिति है। शिवशेखर जी कहाँ है? उनके संबंध में यज्ञदत्त जी ने 15 जुलाई के "भारत" में क्या लिखा है? मुझे भी देखना है।

सविनय नन्ददुलारे।

आनन्दमोहन जी, द्विवेदी जी आदि प्रसन्न हैं—अवधविहारी जी अभी लौटे नहीं हैं।

घरेलू मामले आपके अधिक विकट हैं, पर मुझे भी उनका कटु अनुभव इस बार हुआ है। आप मेरी बहुत सी बातें जानते हैं—विस्तार से फिर कभी लिखूंगा।

—नन्ददुलारे।

[कृष्णबिहारी मिश्र द्वारा 'माधुरी' का पता]

175. नन्ददुलारे वाजपेयी

आर्यभवन; काशी विश्वविद्यालय

12-8-1929

प्रिय निराला जी,

परसों एक पत्र माधुरी के पते से लिख चुका हूँ उसे देखिएगा। आज एक विशेष अभिप्राय से लिख रहा हूँ—'परिमल' के संबंध में एक दिन उपाध्याय जी से बातचीत हो रही थी, उन्होंने कहा कि यदि यह पुस्तक Hindustani Academy में जाय तो उसके लिए पुरस्कार-प्राप्ति की संभावना है। उनका Vote तो 'परिमल' के लिए होता—ऐसा वे कहते थे। संभव है इसमें व्यंग्य अंतनिर्हित हो पर उस समय की बातचीत से ऐसी आशंका मुझे नहीं हुई थी। अब तक की आई हुई पुस्तकों में संभवत: वे वियोगी जी के "एकतारा, निर्माल्य" आदि को पसन्द करते हैं, यद्यपि "पल्लव" आदि पुस्तकें भी वहाँ पहुँच चुकी हैं। इस बार मैथिलीशरण जी से लेकर शान्तिप्रिय जी की "नीरव" तक अनेक पुस्तकें आई हैं, इसलिए प्रतियोगिता है बड़े मार्के की। त्रुटि इतनी ही है कि निर्णायकों की भी पुस्तकें आई हुई हैं और उनके रहते औरों को मिलने में कुछ कठिनाई अवश्य होगी, फिर भी यदि गंगा-पुस्तक-माला उचित समझे तो "परिमल" की सात प्रतियाँ Academy को भेज दे। यह पता लगा लिया जाय कि अंतिम तिथि expire तो नहीं हो गई—

सविनय नन्ददुलारे

15 जुलाई का "भारत" आपने देखा? उसमें यज्ञदत्त जी ने शिवशेखर जी के संबंध में कुछ लिखा है, यदि मिल सके तो वह पत्र भेज दीजिए, मैं भी देख लूँ।

[गंगा पुस्तक-माला के पते पर भेजा हुआ कार्ड गाँव लौटाया गया।]

176. नन्ददुलारे वाजपेयी

आर्यभवन : काशी वि वि

19-8-1929

प्रिय निराला जी,

आपने लगभग दो सप्ताह से कोई पत्र नहीं लिखा, और न मुझे "परिमल" की प्रति ही मिली। "सुधा" के विज्ञापन और हरिऔध जी के कथन से यह पता चलता है

कि पुस्तक बिलकुल तैयार है, आपके पहले पत्र से भी इसी की पुष्टि होती है। मैंने एक पत्र "माधुरी" के पते पर और दूसरा C/o गंगा पुस्तक माला लिखा था, यह विचार कर कि आप कहीं न कहीं तो होंगे ही; पर उत्तर न मिलने से संदेह, उद्विग्नता आदि के कारण तबीयत अस्थिर रहती है। आप तो कभी कभी बड़ी लंबी चुप्पी साध लेते हैं।

आपने "भारत" का 15 जुलाई वाला अंक नहीं भेजा जिसमें यज्ञदत्त जी का लेख था, उसमें कुछ विशेष बातें मेरे प्रयोजन की हैं। यज्ञदत्त जी का पत्र आया था [,] उन्होंने उस लेख को पढ़ने को लिखा भी है। त्रिभुवन नाथ जी के कार्यक्रम की प्रगति का हाल लिखिएगा।

आनन्द मोहन जी अच्छी तरह हैं, उनकी कबीर-ग्रंथावली आप के पास है, उसे जब घर जाइए, भेज दीजिए क्योंकि उनकी पढ़ाई आजकल हो रही है।

और आपके आने का क्या हुआ? आइए तो ठीक हो। जब तक आते नहीं, और न पत्र लिखते हैं तब तक मैं क्या लिखूँ?

सविनय नन्ददुलारे।

हरिऔध जी ने आपके संबंध में परसों जैसी बातें कहीं, उनसे एक खंड काव्य की रचना हो सकती है। फिर कभी।

['माधुरी' के पते पर भेजा हुआ पत्र गाँव लौटाया गया।]

177. नन्ददुलारे वाजपेयी

आर्यभवन; काशी विश्वविद्यालय
25-8-1929

प्रिय निराला जी,

आपका पत्र बहुत दिनों की प्रतीक्षा के उपरान्त मिला। अब तो आप लखनऊ आ गए होंगे। मैंने समझा था "परिमल" की भूमिका काफी लम्बी-चौड़ी होगी, पर आपने 18-20 पेज में ही लिख डाला। बुरा नहीं है, सचमुच दाम अधिक हो जाने से बिकने में कठिनाई होती।

"सुधा" तथा "माधुरी" के विशेषांकों के लिए लिख चुके—किन विषयों पर लिखा है। मैंने कृष्णविहारी जी से भी पूछा है पर अबतक उनका उत्तर नहीं आया, अब आप ही लिख दीजिए।

संभव है मेरा अद्वैत-ज्ञान भ्रामक हो पर हमारे यहाँ प्रेय तथा श्रेय के दो विभाग तो हुए ही हैं—सीधा सीधा God is Love तो कह नहीं दिया गया। सत् [,] चित और आनन्द के आधार पर "भक्ति" का निरूपण तो मजे में किया जा सकता है पर "प्रेम" और "भक्ति" को पर्यायवाची मानने के पहले कुछ विचार करने की आवश्यकता होगी। साहित्य शास्त्रों में तो देव विषयक "रति" को "रसाभास"

कहकर रस परिपाक तक स्वीकार नहीं किया गया। तो क्या इन साहित्यशास्त्रों की एकदम अवहेलना करनी पड़ेगी?—सो भी साहित्यक विवेचन में। संस्कृत साहित्य में वैष्णव कवियों तथा हिन्दी में कबीर, मीरा आदि की मधुर वाणी में रस की जो तरंगिनी बही है [,] वह क्या विहारी, दास आदि की शृंगारिक रचनाओं से अलग एक दूसरी श्रेणी की नहीं?

दूसरी बात यह कि संस्कृत कविता में वैष्णव कवियों के अतिरिक्त शुद्ध प्रेम का निरूपण करनेवाला दूसरा कवि सम्प्रदाय नहीं है। इन वैष्णव कवियों का ऐतिहासिक अनुसंधान करने पर इनकी परम्परा कब से आविर्भूत हुई यह पता चलेगा। मैं अभी ठीक ठीक तो नहीं कह सकता पर संभवत: इस परम्परा का प्रारम्भ आधुनिक (ख्रीष्ट के बाद) ही ठहरेगा। ऐसी अवस्था में इन पर Christianity या Islam का कुछ भी असर न पड़ा होगा?

मेरी ये सब बातें अभी बिल्कुल Experimental हैं; आपका विरोध करने से संभव है, तथ्य की कुछ अन्य बातें भी निकलें, क्योंकि आप उत्तेजित होकर बड़ी-बड़ी बातें कह सकते हैं।

"भारत" का अंक मिला। कोई खास बात तो नहीं है। विशाल भारत यदि सच पूछा जाय तो अवश्य किसी बड़ी मौलिकता का प्रचार हिन्दी में नहीं कर रहा है। हाँ, राजनीतिक लेखों में चाहे जो विशेषता हो। अथवा घासलेट-साहित्य के सम्बन्ध में।

मैंने आपसे जो बातें छिपा रखने को लिखी थीं, वास्तव में आपको उनका अभिज्ञान है। मुझसे आनन्दमोहन कहते भी थे। प्रिय रामकृष्ण की बहन के विवाहोपलक्ष में मेरे सर्वथा अननुमोदनीय ढंग की ही मुझे सबसे अधिक ग्लानि है, शिवशेखर जी की कई चीज़ों के खो जाने तथा स्वयं आपके साथ अपव्यवहारों को तो उतनी चिन्ता नहीं। मैं उन बातों को क्या लिखूं—लिखने से अब वे फिर तो आएंगी नहीं। साधारण शिष्टता का भी परित्याग कर परिस्थितियों के चक्र में पड़ अपनी आत्मा को न जाने कैसे दबा, साधारण शिष्टता का भी पालन न कर सकना, सम्भवत: मुझसे ही हो सकता था। दुनियाँ तो वाह्य रूप ही देखेगी, हृदय की तह तक पहुँचने की वह आवश्यकता ही नहीं समझती। इस मामले में आपकी सहृदयता ही मेरा साथ दे तो दे, नहीं तो खो तो मैं सब कुछ चुका हूँ।

पहले इतने का जवाब दे लीजिए, फिर और कुछ—

विनीत नन्ददुलारे।

[लिफाफे पर मातादीन शुक्ल के लिए लिखा है :]

प्रिय शुक्लजी, प्रणाम। यदि "निरालाजी" लखनऊ में न हों तो यह पत्र उनके घर के पते पर फेर दीजिएगा।

—विनीत नन्ददुलारे।

['माधुरी' के पते पर भेजा हुआ पत्र गाँव लौटाया गया।]

178. नन्ददुलारे वाजपेयी

आर्यभवन; काशी विश्वविद्यालय
5/9/29 ई.

प्रिय निराला जी,

आपका पत्र कई दिनों से नहीं आया था, आज शिवशेखर जी से मालूम हुआ कि आप की तबीयत अच्छी नहीं है और आप घर पर ही हैं। मैंने एक पत्र मातादीन जी के ठिकाने पर लिखा था, शायद आप तक पहुँच गया हो। शिवशेखर जी कलकत्ते से आ रहे हैं और अपने कुछ विद्यार्थियों को सम्मेलन-परीक्षा में बैठाने लिए जा रहे हैं। इलाहाबाद होकर निसगर जाएंगे, फिर आपसे भी मिलने को कहते हैं। पता नहीं शायद आप को बुखार आ रहा है, आपके पिछले पत्र में तो कोई ऐसी बात नहीं लिखी थी। स्वास्थ्य का हाल शीघ्र लिखिएगा, मेरा जी लगा रहेगा।

यहाँ का हाल-चाल अच्छा ही है। सरोज के विशेषांक में एक लेख किन्हीं दान्ते जी का निकला है आपने तो उसे देखा नहीं होगा, शिवशेखर जी के "सरोज" मे देखिएगा—कुछ मजेदार बातें भी हैं।

इस समय अखिल-भारतीय हिन्दी साहित्य के संबंध में दो एक छोटे मोटे लेख देखे हैं—द्विवेदी जी ने तो सभापतित्व अस्वीकार कर दिया, अब देखिए क्या होता है—कुशल समाचार शीघ्र.

—सविनय नन्ददुलारे।

[निसगर—दयाशंकर वाजपेयी का गाँव; द्विवेदीजी—महावीर प्रसाद द्विवेदी; पता गाँव का।]

179. सुमित्रानन्दन पन्त

C/O The Chief Medical Officer
Bharatpore State
12 Sep 29

My dear Nirala je,

Please order a copy of Chayanika, (चयनिका) by Tagore, for me per V.P.P. and oblige. I do not know the proper address.

I got your letter from Luck. duly. When are you coming to see me? Eager to meet you. When is your book "Parimal" going to be published? How you keeping? Please write about yourself & oblige.

Excuse me my writing in English. In haste.

With best wishes,

V. Sincerely,
Sumitranandan Pant

Sriyut
Suryakanta Tripathi
Niralaje,
Garhakola
P.O. Magrair,
(Unao)

[**सारांश :** रवीन्द्रनाथ की 'चयनिका' की एक प्रति वी.पी.पी. से भेजने का आर्डर दे दें। मुझे ठीक पता नहीं मालूम। लखनऊ से आपका पत्र यथासमय मिला। मुझसे मिलने कब आएँगे? मिलने को उत्सुक हूँ। आपकी पुस्तक 'परिमल' कब प्रकाशित हो रही है? स्वास्थ्य कैसा है? कृपया अपना समाचार दें। अंग्रेज़ी में लिखने के लिए क्षमा करें। जल्दी में हूँ।]

180. नन्ददुलारे वाजपेयी

आर्यभवन; काशी विश्वविद्यालय
25-9-1929

प्रिय निराला जी,

आपका एक पत्र कुछ दिन हुए मिला था, उत्तर में विलंब का कारण कुछ तो उसका रूखापन और कुछ परिमल के आगमन की प्रतीक्षा थी। प्रतीक्षा में इतने दिन बीत गए अबतक गंगा पुस्तक माला के एजेंट के दर्शन दुर्लभ थे। कई बार पुस्तक विक्रेताओं के यहाँ भी गया, पर सब पखवारे भर की मुहलत माँगते रहे। संयोग से आज एक एजेंट ने कल लाने का वचन दिया है, कल महात्मा गांधी भी विश्वविद्यालय में आएंगे। उनका यू.पी. भ्रमण हो रहा है।

आप की अप्सरा कहाँ तक पहुँची, ज़रा उसके Plot का परिचय अगले पत्र में दीजिएगा, और संगीत काव्य भी कुछ लिख रहे हैं या नहीं। एक बात और—'पल्लव', 'पस्मिल;' ग्रंथि-रेखा; 'परी'-'अप्सरा' में पंत-निराला का अंतर होते हुए भी शब्द साम्य के आधार पर जिस अनुकरण का आभास मिलता है, उसकी कोई आवश्यकता दिखाई नहीं देती। क्या आपका ध्यान कभी इस पर गया है?

दशहरे की छुट्टी सात अक्टूबर से लगभग एक महीने की होगी। मैं तो शायद हज़ारी बाग जाऊँगा पर शिवदुलारे दो-चार दिनों के लिए घर जाएंगे और त्रिभुवन नाथ जी के यहाँ से होकर लौटेंगे। आपने, चित्रकूट यात्रा तो मालूम होता है स्थगित ही कर दी, यहाँ भी अब न आ सकेंगे। गोरखपुर में साहित्य सम्मेलन अक्टूबर के अन्त में होगा, यदि आप चलने को कहें तो मैं हज़ारी बाग से लौटकर आपसे मिल सकता हूँ। पत्र शीघ्र लिखिएगा—नन्ददुलारे।

आज "परिमल" देखने को मिली—Get-up, भूमिका अच्छी, छपाई की भूलें हैं। सब पढ़ रहा हूँ।

[पता गाँव का]

181. नन्ददुलारे वाजपेयी

बड़ा बाज़ार; हज़ारीबाग
19-10-29

प्रिय निराला जी,

आपका प्रिय पत्र मिला। कितने रुपयों से किस कोटि का कितना आनन्द मिलता है इसका पता लगानेवाले आविष्कार वैज्ञानिक लोग कर नहीं सकेंगे, नहीं तो आपके पत्रों को 4)/5) रुपयों से कहीं अधिक वहुमूल्य—मेरे हक में अमूल्य—सिद्ध करने के लिए मुझे यह पंक्ति लिखनी न पड़ती। अच्छा हुआ जो "आनन्द" का भौतिकता से कुछ संसर्ग ही न रखा गया नहीं तो आजकल की दुनियाँ हवा पर भी टैक्स लगाने का प्रबंध कर रही है।

"परिमल" के सम्बन्ध में मुझे जिन साहित्यिकों से बातचीत करनी पड़ी, उनसे कई प्रकार की बातें सुनने को मिलीं। सोहनलाल जी का हाल पहले ही लिख चुका हूँ। एक और साहब कहने लगे 'परिमल' में कई स्थानों पर शब्दाडम्बर में पड़कर भावों की अवहेलना करनी पड़ी है। ऐसी बात प्रसाद और पंत में नहीं पाई जाती। मैने उद्धरण माँगे। उन्होंने कहा उद्धरण क्या होगा, यह तो साधारण बात है कि या तो अनुप्रास ही सजा लिए जाएँ या भाव ही व्यक्त किये जाएँ, दोनों साथ-साथ नहीं चल सकते। मैने कहा यह साधारण बात तो है पर परिमल की कविता तो साधारण बात नहीं है। और प्रसाद-पन्त ने भी शब्दों को सजाया है—कहीं-कहीं बेजा तरीके से भावों का अथवा मुहावरों का तिरस्कार करके। "घनीभूत पीड़ा का बरसने आना", "चीरता हरे अचीर शरीर" आदि प्रयोग शब्द-प्रधान हैं। परिमल में जिस प्रकार का शब्द-चमत्कार है वह संगीतमूलक है, यही उसकी विशेषता है [,] पंत-प्रसाद में यही "विरोधाभास" आदि अलंकारों के रूप में आया है।

एक साहब दार्शनिक ढंग से और कुछ विकासवाद का आश्रय लेकर कहने लगे गद्य और पद्य की मूल मनोवृत्ति में अन्तर है। पद्य में मनुष्य की रागप्रियता, लयप्रियता प्रतिबिंबित होती है। कविता में छंदों आदि की उत्पत्ति मानव हृदय की इसी लयप्रियता के कारण हुई है। अत: छंदों का तिरस्कार करना कविता के मूल पर कुठाराघात करना है। वेदों के मुक्त छंदों के सम्बन्ध में आपने फरमाया कि उस समय भाषा का प्राथमिक विकास था, छंदों की रचना होने का लग्गा ही लगा था, इसीलिये उसमें कहीं-कहीं मुक्त प्रवाह (जिसको आप "विश्रृंखलता" कहते थे) देख पड़ती है। हिन्दी की उत्पत्ति जिस समय हुई उस समय भी (चन्दवरदाई के समय में) छंदों में बड़ी शिथिलता थी। भाषा की प्रारंभिक अवस्था में तो ऐसी बातें रहेंगी ही, पर उसके प्रौढ़काल में ऐसा न होना चाहिए। मैंने कहा मूल मनोवृत्ति की तो बात ठीक है और 'परिमल' के मुक्त छंदों में कहीं की [भी] मूल मनोवृत्ति का तिरस्कार नहीं किया गया, केवल समझ के फेर से उसमें किसी को लय न मिले तो इसमें दोष किसका है? और वेदों के मुक्त-छंदों को भाषा की प्राथमिक अवस्था में रचे

जाने के कारण अज्ञानजन्य मानना और उन्हीं की कक्षा में चन्दवरदाई के समकालीन भट्ट-चारणों की तुक वंदियों को रखना भाषा सम्बन्धी अज्ञान तो है ही, सत्य का अपमान भी है। वेदों के मुक्त छंदों में कहीं भी भट्ट-चारणों जैसी शिथिलता नहीं है। उनका मुक्त प्रवाह ज्ञान जन्य है, और हिन्दी की चारण-कविता में जो मुक्ति (मुक्ति नहीं शैथिल्य) है वह अज्ञानजन्य है। यदि मुक्ति के इन दो स्वरूपों को ठीक-ठीक समझ कर परिमल के मुक्त-छंदों की जाँच कीजिए और स्वच्छ हृदय की सारग्राहिणी शक्ति से काम लीजिए तो सब बातें ठीक-ठीक समझ में आ सकेंगी।

अभी तक "माधुरी" नहीं आई है। कृष्णविहारी जी को कैसा मजमून लिखूँ कि व्यवहार रक्षा भी हो और स्वार्थ-सिद्धि भी। मैं तो जब संकोच में पड़ जाता हूं तो लिखने की विधि भूल जाती है। इधर तो मैंने भी "हिन्दी साहित्य के विकास" पर लिखना प्रारंभ किया है, अब तक 60-70 पृष्ठ लिखे भी हैं, पुस्तक में प्राय: 300-350 पृष्ठ होंगे और बहुत सी Original महत्त्वपूर्ण बातें भी होंगी। शायद अबतक के मेरे लेखों से आप उसे श्रेष्ठ मानेंगे। मैं कह तो नहीं सकता पर हिन्दी में अब तक जो साहित्य के इतिहास सम्बन्धी पुस्तकें निकली हैं, वे अधिकतर Catalogue के रूप में हैं, तालिका मात्र हैं, उनमें साहित्यिक विवेचन नहीं के बराबर है। मैंने इसमें कुछ दूसरी चेष्टा की है। मिलने पर देखिएगा। क्या पुस्तकाकार छपने के पहले उसको मासिक पत्रों में प्रकाशित करना ठीक होगा?

कल रामअवध जी की चिट्ठी आई है, जिसमें साहित्य सम्मेलन के सम्बन्ध में निराशाजनक बातें हैं, उसी में उनकी एक कविता भी है, मैं उनका पत्र भेज रहा हूँ। कविता भी देखिएगा। मेरी भी एक बहुत कुछ राजनीतिक कविता जाती है यह महारथी के मराठा अंक (विशेषांक) में इस बार पहले पेज पर शायद छपी है। छंद तो वही है जिसे आप पसन्द नहीं करते।

आप ठीक लिखते हैं हिन्दी की दशा बिलकुल ऐसी ही है। 60 प्रतिशत तो यहाँ उड़ती खबरें चलती हैं। जिन पुस्तकों के कभी दर्शन भी नहीं किए उन पर भी राय देने के समय व्यास बननेवाले बहुत से हैं। और यह तो मेरे अनुभव की बात है कि कालेज में हिन्दी लेकर एम.ए. पास करनेवाले बहुत से अच्छे समझे जाने वाले छात्र भी अंधेरे में टटोलते और 2nd hand 3rd hand या 100th hand information ग्रहण कर संतोष करते हैं। यह परिस्थिति बड़ी ही निराशाजनक है, आपको मुझे काशी के कुछ प्रख्यात लोगों तथा विश्व.विद्या. के विद्यार्थियों से भेंट करानी है जिनका अज्ञान देखकर आप मेरे 2nd division में पास होने का कारण जान सकेंगे। मुझे 14 नंबरों से Ist class नहीं मिला, इसमें कुछ रहस्य भी है, जो कुछ बाहरी लोगों को मालूम हो चुका है, मुझे उन्हीं से मालूम हुआ। पर इन बातों पर विश्वास करने के लिए यहाँ के जो एम.ए. के विद्यार्थी हैं उनसे एक बार भेंट करने की आवश्यकता होगी, उनमें से कुछ तो देखिएगा Ist division में भी जाएँगे। खैर। आप की बातें अब ठीक ठीक मेरी समझ में आती है, अब तक तो

गुरु-गण-गरिमा में दबा हुआ था। मैंने प्रत्यक्ष देखा रवीन्द्रनाथ की कहानियाँ भी हमारे पूज्य लोगों की समझ में नहीं आतीं, और वे ही हिन्दी के रवीन्द्रनाथ बनने को तैयार हैं। बड़ा अन्धेर है, सचमुच आप लोगों ने जो विद्रोह किया सोलह आने उचित था।

पारिवारिक मामलों को सुलझाकर अलग कर दीजिए। रामकृष्ण को पढ़ने के लिए काशी भेज दीजिए, मेरे पास रहेंगे और अंग्रेज़ी पढ़ेंगे। यह अवस्था बीत जाने पर ज़रा कठिनाई होगी। हम लोगों के साथ रहने में पढ़ाई का सिलसिला ठीक रहने की संभावना है। शिवशेखर जी कब तक वहाँ रहेंगे? मैं यहाँ से 24-25 को चल दूंगा। बनारस होकर, यदि सम्मेलन होने का निश्चय हुआ, तो आप से घर पर मिलूंगा और यदि सम्मेलन न हुआ तब कुछ विलम्ब से भेंट करूंगा। अभी एक दम पक्की बात नहीं है। पत्र शीघ्र लिखिएगा। त्रिभुवननाथ जी का पत्र आया है, उन्होंने मुझे भी बुलाया है—यदि आप से मिला, तो उनसे भी भेंट होगी।

—आपका नन्ददुलारे।

[पुनश्च]

इधर पूज्य पं. महावीर प्रसाद द्विवेदी जी से मेरा एक नया प्रसंग उठ खड़ा हुआ है। बात यह हुई कि द्विवेदी जी ने जो काशी विश्वविद्यालय को रुपए दिए हैं उनसे जो छात्रवृत्तियाँ मिलती हैं उनमें से एक के लिए आनन्दमोहन जी ने अर्जी दी थी। जब अर्जी द्विवेदी जी के पास पहुंची तब उन्होंने उसमें अपनी राय यह दी कि आनन्दमोहन वाजपेयी तो नन्ददुलारे वाजपेयी की Family के हैं, शायद उनके Cousin हैं, और नन्ददुलारे की पारिवारिक स्थिति अच्छी है यह मुझे मालूम है अत: आनन्दमोहन को स्कालरशिप न दी जाय। मैंने उन्हें सार-सूचना देते हुए लिखा कि आनन्दमोहन का मेरे परिवार से कोई सम्बन्ध नहीं है, और मेरे परिवार की साम्पत्तिक अवस्था विशेष सम्पन्न नहीं है। मैंने एक वाक्य यह भी लिख दिया कि मेरी आर्थिक स्थिति के सम्बन्ध में किसी ने मिथ्या सूचना आप को दी होगी नहीं तो जेठ की दोपहरी में इधर-उधर भटकते फिरना और पं. देवीदत्त जी तक को अपना भाग्य-विधाता बनाने को सहमत होना मेरी सम्पन्नता का तो परिचायक नहीं है—क्या अब तक आपने इस विषय पर विचार नहीं किया था। इसके पहले भी उनके किसी सवाल का जवाब देते हुए मैंने लिख दिया था कि इंडियन प्रेस से मेरी सिफारिश करने में आपने हार्दिक वृत्ति का दुरुपयोग तो नहीं किया पर "सरस्वती" का व्यवसाय करनेवालों के लिए वह समय का दुरुपयोग ही तो ठहरा, मैं जब उनसे मिला तब बातचीत करने में उनके समयाभाव का मुझे विशेष रीति से अनुभव हुआ। आजकल कुछ दिनों से उनका पत्र वन्द है, अब वे कानपुर में रहते हैं। घर आकर आपके साथ चलकर एक बार उनसे भी मिलना है, इस बार कुछ स्वच्छंद रूप से। मैंने कोई अनुचित बात तो शायद लिखी नहीं। हाँ कुछ कठोर अवश्य हो गया।

आपका

नन्ददुलारे।

कर्मपथ

इधर "जी रहे हैं, जी लेंगे" की वाणी निरीह निर्द्वन्द्व!
उधर सत्यजीवन-अन्वेषण, कठिन कर्म, फिर चिर आनन्द।
इधर शिशिर की शीत निशा में सुख से सोने की माया,
उधर जागरण का, जीवन का, आकर्षण वसन्त लाया।
इधर "नाश हूं, महाकाल हूं, "—कवियों के प्रमाद निस्सार,
उधर शक्ति-संचय में तत्पर, व्रत पर दृढ़ नवयुवक उदार।
वीर विप्लवी कहलाने की इधर मधुर-मृदु अभिलाषा,
उधर आत्मबल से बलशाली वीरों की नीरव भाषा।
इधर बने सिंहासन जिन पर आसन धर कितने उपदेश—
कितनी रीति-नीति की शिक्षा पग पग पर कितने संदेश—
कितने ओजस्वी शब्दों में देते कितने पुरुष महान!
उधर न इतने आयोजन हैं—केवल कर्म, कर्म ही ज्ञान।
शत सहस्त्र वर्षों का बंधन अंधकार का प्रबल प्रवाह,
आह न यों निस्तार मिलेगा पहचानो पहचानो राह।

नन्ददुलारे।

[पता गाँव का]

182. रायकृष्णदास

दीपावली '86
शान्ति-कुटीर
बनारस सिटी

प्रिय सूर्यकान्त जी—वन्दे—

आपका कार्ड शान्तिप्रिय जी के नाम का देखा [।] आपने पहिले ही ऐसा निराश कर दिया था—पत्र द्वारा कि प्रत्यक्ष वात करने की हिम्मत न हुई। अस्तु, आप ही के शब्दों में "अब उसके लिए कौन सी चिन्ता"। आप अब एक पुस्तक हमें भी अवश्य दीजिए। मैं आपसे पूर्ण सहमत हूँ कि सचित्र पुस्तक और भद्दी हो जाती। गुप्त जी के वाद वाले कवियों में मेरा सर्वोपरि ममत्व आपकी कविता पर है [,] उसे दूसरे के हाथ जाते देखकर बड़ा कष्ट हुआ है। मैंने समझा था कि मतवाला ही आप की सब किताबें छापेगा सो यह नया ही गुल खिल गया। दिवाली का स्नेहाभिवादन।

आपका—
कृष्णदास

[इस पत्र में ऊपर 'शान्तिकुटीर, बनारस सिटी' और निराला का गाँव का पता शान्तिप्रिय द्विवेदी की हस्तलिपि में हैं।]

183. नन्ददुलारे वाजपेयी

आर्यभवन; काशी विश्वविद्यालय
10-11-1929

प्रिय निराला जी,

आपका पत्र कुछ देर से मिला। हम लोगों को बड़ी उत्सुकता थी, कहीं आप गोरखपुर चले न गए हों। दो पोस्टकार्ड घर के पते से लिख चुका हूँ, वे आपको नहीं मिले होंगे। गोरखपुर वालों का इस मामले में विशेष दोष नहीं है, साहित्य सम्मेलन के मंत्री महोदय इसके जुम्मेवार समझे जाते हैं। राम अवध जी तो कहते हैं कि वहाँ सब तैयारी ठीक ठीक हो चुकी थी और आसाम, मद्रास तथा पंजाब के कितने ही डेलीगेट आ चुके थे। वे सब निराश होकर लौट गए। केवल 48 घंटे पहले सम्मेलन के स्थगित होने की खबर 'लीडर' में छपी थी, ये सब बातें वास्तव में अच्छी नहीं कही जा सकतीं।

राम अवध जी को आपका पत्र दे दिया है। वे आज ही अपनी कविता भेज रहे हैं। शायद वही जो मैंने आपके पास लिख भेजी थी। मेरे पास तो इस समय कोई लेख नहीं है, पर शीघ्र लिख कर भेजने का प्रबन्ध करूँगा। वह जो इतिहास लिखने की बात लिखी थी, एक अजीब कहानी उसकी है, आप सुनेंगे तो शायद बहुत हँसेंगे! लखनऊ में कब तक रहने का विचार है? कहानी कब सुनिएगा?

आपका नन्ददुलारे।

[पता गंगा पुस्तक-माला का]

184. (क) रामअवध द्विवेदी
(ख) नन्ददुलारे वाजपेयी

श्री काशीधाम
11 नवम्बर, 1929

(क) पूज्य 'निराला' जी,

सादर वन्दे!

आपका कृपा पत्र मिला। क्या कहूँ पं. कृष्णकान्त मालवीय ने सम्मेलन स्थगित करके अनर्थ कर दिया। मुझे क्या मालूम था कि उनकी ऐसी कृपा हो जायगी। हम लोगों का सारा परिश्रम व्यर्थ गया। आप लोगों के दर्शन भी न हो सके। 'सुधा' के लिए एक कविता भेज रहा हूँ। इस साल आपने काशी को तो बिल्कुल भुला ही दिया। हम लोग सकुशल हैं।

आपका
रामअवध

(ख) प्रिय निराला जी,

यह द्विवेदी जी की कविता जा रही है। इसका शीर्षक 'निवेदन' था, पर यह उन्हें कम पसन्द है; मैं दूसरा कुछ सोच नहीं सका, आप कोई Suitable शीर्षक लिख दीजिएगा, अथवा 'निवेदन' ही रहने दीजिएगा। मैं अपना लेख 7-8 दिन में अवश्य भेजूँगा, आज लिखना प्रारम्भ करने का विचार कर रहा हूँ, धीरे-धीरे लिखूँगा, क्योंकि कुछ बेगार भी आजकल करनी पड़ती है। आप लखनऊ में कब तक रहेंगे? सुधा में किसी मतलब से, अथवा बेमतलब हैं? —नन्ददुलारे।

[वाजपेयी जी ने कविता और अपने नाम राम अवध द्विवेदी का पत्र—दो चीज़ें निराला को भेजी थीं जो इस प्रकार हैं :]

गजपुर
13 अक्टूबर, 1929

प्रिय वाजपेयी जी,

बन्दे :

आपका कृपा कार्ड मिला। आशा है, आप हज़ारी बाग सकुशल पहुँच कर सानन्द होंगे। मैं तो जब से आया तब से परेशान हूँ। इधर चार-छह रोज़ से तो बुखार भी है। गान्धी जी के साथ जिले में घूमा था। लौटने पर जुकाम इत्यादि ने मुझे तंग करना शुरू कर दिया। खैर—आशा है, अच्छा हो जाऊंगा।

सम्मेलन की तो बड़ी बुरी हालत है। वह तो इस बीच में शायद होगा भी नहीं—आगे की राम जाने। परमहंस बाबा राघवदास—स्वागत समिति के मन्त्री उसके बारे में इतने निरुपेक्ष हैं कि देख कर आश्चर्य होता है। अभी तक कुछ भी नहीं हुआ है। कुछ होने की आशा ही है। एक मौलवी ने मुझे एक बार बताया था कि कुरान में लिखा है कि जो कुछ खुदा करता है अच्छा ही करता है। यही सोचकर मैं भी चुप होकर घर आकर बैठा हूँ। स्वयंभू नेताओं की बात अकथ है—तिस पर बाबाजी ठहरे परमहंस। सम्मेलन एक सूरत में अवश्य हो सकता है। सोहन गुरू आनेवाले हैं ही [,] उनका स्वागतगान शहर के किसी चौराहे पर हो जायेगा। बस, इस साल का साहित्य सम्मेलन यहीं होगा।

एक कविता लिखा है [लिखी है]—भेजता हूं। आप अपनी राय लिखियेगा। बेढंगा छंद लिखने की ऐसी आदत पड़ी जा रही है कि पिंगल से बँध कर चलने की इच्छा ही नहीं होती!

पत्र शीघ्र लिखिएगा।

निवेदन

किया तुमने जब, प्राणाधार!
उस स्वप्नों के स्वर्ण-लोक में कोमल पद संचार,
सोती हुयी लालसा जागी,
मैं निर्लिप्त सदा का
उस दिन पहले पहल हुआ अनुरागी।
जीवन के उस नवप्रभात में, हे प्रिय प्रान!
प्रथम किरण से जब तुम आए,
ज्योतिर्मय, अम्लान,
मेरा बाल सरल भोलापन—
चिर-विस्मृति सा निद्रित-यौवन
उद्वेलित हो उठा, भर गया एक नया आवेश
—मिला नूतन संदेश।
अवगुन्ठित जीवन में कुन्ठित सा बन्दी था प्यार,
सखे, प्रिय प्राणाधार!
तुमने ही तो मुक्त कर दिया। एक बार,
फिर एक बार,
दर्शन हो, प्राणाधार!

राम अवध द्विवेदी गजपुरी
13-10-29

[सोहन गुरू—सोहनलाल द्विवेदी?]

185. नन्ददुलारे वाजपेयी

आर्य भवन, काशी विश्वविद्यालय
26-11-1929

प्रिय निराला जी,

डलमऊ और गढ़ाकोला से आपके दोनों पत्र मिले। मैंने हिन्दी साहित्य का इतिहास लिखने का जो उपक्रम किया था अब गुरु दक्षिणा में उसका उपयोग कर रहा हूँ—अब तक सवा सौ डेढ़ सौ पृष्ठ लिख चुका हूँ पर "इदम श्री गुरवे" का संकल्प कर डाला। ऐसी अवस्था में अब यदि आप विशेष आग्रह न करें तो ज़रा देर से, एक अच्छा सा लेख लिखूँ—जैसा आप कहें। पूरा इतिवृत्त मैं आपसे मिलने पर कहूंगा। यहाँ क्रिसमस की छुट्टी 12 दिसम्बर से होगी, आनन्दमोहन और मैं भी उनके साथ घर आने का विचार कर रहा हूँ।

भारतीय काव्य दृष्टि पर इधर एक व्याख्यान सुकुल जी का हुआ था। पाखंड-प्रतिबेध को गद्य का रूप मिल गया है। एक पूरी क़िताब लिख चुके हैं जिसमें यह सिद्ध

किया गया है कि रहस्यवाद की कविता अभारतीय है—छप रही है, उसकी थोड़ी सी बेवकूफियाँ मेरी समझ में भी आई हैं, छप जाने पर आप देखेंगे ही।

शान्तिप्रिय द्विवेदी बड़े आग्रह से विनयपूर्वक कह रहे थे कि निराला जी अपने गीतों का संग्रह स्वरलिपि सहित भारती भंडार से छपने की अनुमति दें। रायकृष्ण दास की बड़ी अभिलाषा है। पुरस्कार से असंतोष नहीं होगा इसका वे जुम्मा लेते हैं।

आनन्दमोहन की कविता की समालोचना आपने लिख कर काट क्यों दी—क्या मैं पढ़ नहीं पाया?।

—नन्ददुलारे

[छायावाद और रहस्यवाद का मखौल उड़ानेवाले रामचन्द्र शुक्ल के कबित्त फरवरी, 1928 की 'सुधा' में प्रकाशित हुए थे। पता गाँव का।]

186. नन्ददुलारे वाजपेयी

आर्यभवन; काशी विश्वविद्यालय
6-12-1929

प्रिय निराला जी,

मेरे पिछले पत्र का उत्तर दीजिएगा। इस पत्र में एक समस्या पेश कर रहा हूँ। आप अवधविहारी जी को तो जानते होंगे। ये मेरे मित्र बड़े सहृदय, बड़े विनयशील साथ ही महत्त्वाकांक्षी भी हैं। ये विहारी हैं पर विहार वालों से इनकी पटती नहीं है। एक विहारी महोदय के पास पं. गणेश विहारी जी की चिट्ठी आई थी, शायद लिखा था कि विनोद के चतुर्थ खंड के लिए काशीविश्वविद्यालय के विहारी साहित्य सेवियों की सूची—नाम धाम काम आदि भेज दें। अवध विहारी जी इस सूची में नहीं भेजे गए, इन पर अन्याय किया गया है। आप को गणेश विहारी जी ने कहा था नाम भेजने के लिए। आप अवध विहारी जी का नाम लिख कर और नीचे का परिचय भेज दें तो अवध विहारी जी की सम्मान रक्षा हो सकती है—

पाण्डेय अवधविहारी श्रीवास्तव
"विहारी विहार" पकरी; सतजोरा बाज़ार
छपरा

ये चटपटी भाषा लिखनेवाले हिन्दी के नये कहानी लेखक हैं। मनोरमा, 'स्वदेश' आदि में इनकी कहानियाँ निकली हैं। कहानियों का संग्रह प्रेस में है। कविताएं लिखते हैं पर कम। काशी विश्वविद्यालय में पढ़ते हैं आयु इक्कीस वर्ष।

मैं 12-13 तक करीब करीब अवश्य आऊंगा। आनन्द मोहन जी भी, इस पत्र की स्वीकृति अवध विहारी जी को दिखलानी है—अत:—शीघ्र—नन्ददुलारे।

काशी नागरी प्रचारिणी सभा से आप को निमंत्रण दिया जाने वाला है। केशव जी पता पूछते थे [,] मैंने बतला दिया है। 13 तक तो आप घर पर ही रहेंगे।

[पता गाँव का]

187. नन्ददुलारे वाजपेयी

आर्य भवन, काशी वि.विद्या.
10-1-1930

प्रिय निराला जी,

मैं डिबाई चला गया था, मेरी स्त्री कुछ अस्वस्थ हो गई थी। वहाँ से आने पर आपका पत्र मिला। मेरी दीनता का हाल आप ने नहीं समझा, पर मैं तो आप लोगों की करार दी हुई अपनी सम्पन्नता को न समझ सकने पर अन्ततोगत्वा दीन बना था। मेरी निगाह में सुमन जी, इलाचन्द्र जी, अवध उपाध्याय [,] नन्दकिशोर तिवारी आदि थोड़े बहुत अन्तर से एक ही क्लास के क्रिटिक हैं। अपने क्षेत्र में वासुदेवशरण जी भी लगभग उतनी ही गहराई में हैं या अधिक? हेमचन्द्र जी डाक्टर हैं तो क्या हुआ, मुझ पर कोई गहरा इम्प्रेशन नहीं क्रिएट कर सके। साहित्यिक जानकारी में आप उन्हें शुक्ल जी के मुकाबिले में कैसा समझेंगे? इधर "प्रसाद" जी के अजातशत्रु की एक टीका 100-150 पेजेस की निकली है, प्रशंसा बड़ी की गई है, पर बहुत कुछ बेढंगी। "एक घूंट" नामक उनका नवीन नाटक बाज़ार में आया है—उसमें विवाह पद्धति की विवेचना की गई है, प्रसंगवश शायद शान्तिनिकेतन आदि पर कुछ तीखे व्यंग्यात्मक छींटे हैं। मैं उन स्लिपों के शेषांशों को यथासंभव जल्दी ही भेजने का प्रयास करूंगा। आपने अप्सरा में हाथ लगाया या नहीं, आपके प्रोग्राम के अनुसार तो उसे अब तक लिख जाना चाहिए था। सुधा के विशेषांक के लिए कब तक मैटर लिया जा सकता है। उन अवस्थी जी का छपरे वाला लड़का वापस आया या नहीं, मेरी चिट्ठी का क्या हुआ था, यदि कभी मिलें और याद रहे तो पूछ लीजिएगा—

आपका नन्ददुलारे

अबकी जब लखनऊ जाएं तो पं. गणेश विहारी जी को अवध विहारी जी का नाम अवश्य दे दीजिएगा। रामावध जी को भी भेजूंगा, हम दोनों को तो आप जानते ही हैं [,] फिर भी कुछ लिख कर दे दीजिएगा—

[पता गाँव का]

188. (क) नन्ददुलारे वाजपेयी
(ख) अवधविहारी श्रीवास्तव

आर्य भवन काशी विश्वविद्यालय
27-1-30

(क)

प्रिय निराला जी,

आपका पत्र जिस दिन मिला था, उसके दूसरे दिन त्रिभुवननाथ जी का पत्र भी आया था जिसमें आपके लखनऊ जाने की बात थी। आप शायद अचानक ही चले गए क्योंकि पत्र में तो 10-15 दिन के बाद जाने को लिखा था। लखनऊ का

समाचार लिखिएगा। कृष्णविहारी जी की एक चिट्ठी मेरे पास आई है, उसमें वे भविष्य में प्रकाशित होनेवाले मेरे सब लेखों पर पुरस्कार देने को लिखते हैं। मैंने उन्हें लिखा था कि इतनी सम्पन्न पत्रिका होते हुए भी जब माधुरी अपने लेखकों के संतोष का विधान नहीं कर सकती, तो उसके लिये लेख आदि लिखने की नीति मुझे पसन्द नहीं। इसी के जबाब में उन्होंने लिखा है। मैंने तो अब तक कुछ लिख कर भेजा नहीं है, आज चिट्ठी का जबाब दे दूंगा। आज एक कहानी मैंने महारथी में भेजी है, शीर्षक 'क्षेपक' है—आपको छपने पर दिखाऊंगा। सुधा की ग्राहक संख्या क्या बहुत कम हो गई है। आज कल बहुत ढूँढ़े 2 मिलती है। प्रसाद जी के पास तो पहले से ही बन्द है। परसों इलाचन्द जोशी से भेंट हुई। काशी वि.वि. में ठहरे थे, मुझ से मिलने आए थे। कहते थे निराला जी क्रुद्ध होकर लिखते हैं। आपके सम्बन्ध में काफी बड़ा सम्मानभाव है। पंत-निराला के बराबर तीसरा कोई कवि नहीं है। अभी हिन्दी कविता in the making है—ये दोनों होनहार हैं आदि। प्रसाद जी पुराने ढर्रे के हैं। मैं बिना अपनी स्लिपों को देखे अब पूरा नहीं कर सकता, यदि आप उसे Notes के रूप में न भेजना चाहते हों तो मेरे पास भेज दीजिए, लिख डालूं।

सुधा पौष की अब तक देखी नहीं है। विशेषांक कब तक निकलेगा। कुछ गीत अगले पत्र में अवश्य भेजिएगा।

[कार्ड में नन्ददुलारे वाजपेयी ने हस्ताक्षर नहीं किये। एक ओर अवधविहारी श्रीवास्तव ने लिखा है :]

(ख) श्रद्धेय निरालाजी,

सादर वन्दे—

पत्र लिखते लिखते थक गया। फिर क्या लिखूँ! कृपादृष्टि चाहिए।

भवदीय

श्री अवध.

[पता गाँव का]

189. नन्ददुलारे वाजपेयी

आर्य भवन, काशी वि. वि.

4-2-30

प्रिय निराला जी,

एक पत्र घर के पते से लिख चुका हूं, दूसरा पत्र लखनऊ से आया, मुझे आशा थी आप घर शीघ्र ही लौटेंगे। स्लिपें जब भेज देंगे तब मैं उन्हें पूरा लिख दूंगा।

आपकी परिमल की समालोचना माधुरी में देखी, एक वाक्य समझ नहीं सका [।] "परिमल" को देहली के हिन्दी कहानी लेखक जैनेन्द्र कुमार माँग ले गए हैं—पढ़ना चाहते थे। मैं तब तक चन्द्रनाथ जी वाली प्रति से काम चलाऊँगा। प्रसाद जी की कंकाल पुस्तक निकली है। वे कभी कभी आपको याद करते हैं—काफी उत्सुकता के साथ। वर्णाश्रम वाला लेख अब तक नहीं देखा [,] आज देखूंगा।

आयु की तालिका इस प्रकार है [—]

श्री पा. अवधबिहारी जी—तेईस वर्ष [,] श्री आनन्दमोहन जी—चौबीस वर्ष पाँच दिन [,] श्री द्विवेदी जी—पचीस वर्ष [।] मेरी आयु इस समय तेईस वर्ष की है [,] महीने-दो-महीने कम या अधिक ठीक ठीक नहीं कह सकता। शेष प्रसन्नता है, घर जाकर पत्र देखिएगा। शुक्ल जी का पत्र भी आया था [।] मैं कुछ कुछ अन्यमनस्क हो गया हूँ—कमज़ोरी है, पर क्या करूं—दूर करने की कोशिश में हूं।

आपका नन्ददुलारे

[गंगा पुस्तक-माला के पते पर भेजा कार्ड गाँव लौटाया गया।]

190. नन्ददुलारे वाजपेयी

आर्य भवन काशी विश्वविद्यालय

13-2-1930

प्रिय निराला जी,

लखनऊ वाले पत्र का उत्तर लखनऊ के पते पर लिख चुका हूं, पर आप तो घर लौट गए। कविता बहुत पसंद आई [।] एक और प्रताप में निकली है, उसे देखने जा रहा हूं। हम लोगों की जन्म तिथि के विषय में आप बहुत अधिक Particular क्यों हैं—22-23-24 के बीच हम सभी लोग होंगे—इतने से तो काम चल सकता था। नहीं, आपको गीत भेजने ही पड़ेंगे, मेरा काम नहीं चलेगा, समय नहीं कटेगा। प्रसाद जी का कंकाल उपन्यास निकला है—उसके बारे में प्रेमचन्द जी क्या कहते थे—अक्षर अक्षर लिखिएगा। मनसुखा की बात पहले ही सुनी थी, शायद गालिब वाली वही शेर थी जो आप सुनाया करते थे। उसका दार्शनिक विश्लेषण तो अवश्य अकाट्य है साहित्यिक उहापोह तो मैं जानता नहीं हैं—सुधा में देखूंगा। सुधा कम देखने को मिलती है। द्विवेदी जी की प्रति उन्हें भेज देने को लिख दीजिए—इसी बहाने देख लूंगा। पत्र और शीघ्र-शीघ्र लिखिए [,] इधर मुझे ज़रूरत है—

नन्ददुलारे।

[पता गाँव का]

191. (क) नन्ददुलारे वाजपेयी
(ख) अवधविहारी श्रीवास्तव

आर्य भवन, काशी विश्वविद्यालय
28-2-1930

(क) प्रिय निराला जी,

आपका प्रिय पत्र मिला। सुधा देखी, पहला गीत art paper पर अधिक सुन्दर है। आपने अवस्थी जी महाराज को फटकार तो पूरी बतलाई, देखिए अब कानपुर के सब छोटे बड़े आप पर टूट पड़ेंगे, इधर सद्गुरुशरण पार्टी भी लोहा लेगी। आनन्दमोहन ने आपकी उग्रता पसंद नहीं की और कहानी भी नहीं। आपका पुरस्कृत गीत साम्प्रदायिक रहस्यवाद की श्रेणी में आता है—आपने उसे ही काशी नागरी प्रचारिणी सभा में भेजा है? यहाँ जलसा 2-3-4 मार्च को होगा, गोरखपुर मैं नहीं जा रहा—प्रतिवाद स्वरूप। परिमल की कैसी आलोचना सुधा में छपी है (माधुरी में या सुधा में?)—विह्वल जी, बेताब जी आदि सब बढ़िया आलोचक हैं। मैंने भी थोड़ा लिखा है, थोड़ा और लिख लूंगा। परिमल पर। कहाँ छपेगी?—पत्र जल्दी दें.

नन्ददुलारे

[कार्ड के दूसरी ओर अवधविहारी श्रीवास्तव:]

(ख) श्रद्धेय निराला जी,

सादर वन्दे—

बहुत सोचने पर भी, मुझे नहीं मालूम होता, कि किस अपराध के कारण मुझे ऐसा दण्ड दिया जाता है? ख़ैर, धैर्य है। जो कुछ सजा मिलेगी, उसे चुपचाप सह लूँगा। दर्शन होगे ही पर जो कुछ भक्ति और प्रेम के नाते कहना होगा कह दूँगा। शेष सब प्रसन्नता है। कुशल चाहिए। अवध.

[पता गाँव का]

192. नन्द दुलारे वाजपेयी

आर्य भवन, काशी विश्वविद्यालय
8-3-1930

प्रिय निराला जी,

इससे पहले जो एक पत्र लिखा था, वह नशे की अवस्था में। कह नहीं सकता कि क्या लिखा क्या नहीं। होली की छुट्टियों में दो-एक दिन के लिए घर आने का

विचार कर रहा हूं, यदि आया तो भेंट होगी। पहले डिबाई जाकर 17-18-19 तक घर पहुँचगा—इन दिनों आप लखनऊ या कहीं जाएंगे तो नहीं? कृष्णबिहारी मिश्र अखिल भारतवर्षीय हिन्दी कवि सम्मेलन के सभापति हो गए और सब लोग रखे रह गए—क्या सुन्दर बात है?

रहस्यवाद पर एक लेख लिखने का विचार कर रहा था, बीच में परिमल की विस्तृत आलोचना करने का। शायद आप से मिलने के पहले नहीं लिख सकूंगा [,] मिलने पर कई बातें कहनी हैं। —

आपका
नन्ददुलारे

[पता गाँव का]

193. नन्द दुलारे वाजपेयी

आर्य भवन, काशी वि.विद्या.
12-3-30

पूज्य निराला जी,

मेरा आपके प्रति जैसा पूज्यभाव आरम्भ से रहा है, पत्रों आदि में उचित विशेषणों के अभाव में भी वह आपसे भी छिपा नहीं है। बाहर तो अनेक जानते हैं। मेरी विद्या के विजय पत्र मात्र से आपकी जैसी कुछ श्रद्धा हो सकती है, उसकी व्यंग्यात्मकता की कल्पना मैं क्या कर नहीं लेता। ऐसे तो कलकत्ते की अध्यापक मंडली के प्रसिद्ध जे.एल. बेनर्जी आदि आदि कितने ही और हिन्दी संसार के अपार असंख्य विद्वान आपका लोहा मानते होंगे, पर मैंने आपके जिस अंश से जो कुछ समझ कर श्रद्धा की है उसका कुछ तो मूल्य मान ही लीजिए। अथवा यदि निर्मूल्य ही हो तो स्तनपायीत्व से तो समता नहीं हो सकती, क्योंकि इसकी शिशुता मुझे स्वीकार नहीं और शायद द्वापर की पूतना का कृष्ण द्वारा स्तनपान आपको पसंद न हो। अब तक तो निश्चय ही सब प्रकार हम तुम सन हारे का पालन करने के योग्य ही अपने को मानकर तदनुरूप बर्तता आया हूं, और भविष्य में भी प्राणपन से चेष्टा करता रहूंगा, पर जब साहित्य की परीक्षा समिति के सामने आज नहीं, 10 वर्षों के बाद अपना अपना उत्तर पत्र दिखाया जायगा तब क्या होगा, राम जाने, क्योंकि प्रतिभा और प्रकाश का द्वार सबके लिए एक सा खुला है और आज से 10 वर्ष पहले आपका जो स्वरूप था वह मुझे मालूम है।

पंत जी का पत्र देखा। बहुत उपयुक्त और समझदारी का द्योतक है और किसी को नहीं दिखाया। 20 के पहले आपके दर्शन करूंगा [,] तब पत्र लेता आऊंगा।

[पत्र में हस्ताक्षर नहीं हैं। पता गाँव का।]

194. शान्तिप्रिय द्विवेदी

श्री:

शान्तिकुटीर
रामघाट,
बनारस सिटी
16-4-30

पूज्यवर, प्रणाम—

आपका कृपाकार्ड आज मिला। आपकी मंगल कामना पढ़कर आपकी प्रसन्नता की सूचना मिली। मुझ पर सदा इसी तरह दया रक्खा कीजिए—सभी दृष्टियों से आपके सम्मुख बालक हूँ।

पंत जी के तीन चार पत्र तो मेरे पास भी आये थे। एक पत्र में उन्होंने लिखा था—'परिमल मुझे बहुत पसंद आया।' मैंने उन्हें बधाई अभी तक नहीं दी, समय पाकर दूँगा।

मेरा स्वास्थ्य बहुत गिर गया है। गर्मी के दिन, अलमोड़े में पंत जी के सहवास में बिताया चाहता था; उन्होंने दिक्कतें पेश की हैं, मेरा जी निराश हो गया। वे बड़े आदमी हैं, अधिक क्या कहूँ।

सेवक—शांतिप्रिय

'प्रसाद' जी का 'कंकाल' उपन्यास आपने पढ़ा! कहिए तो भेज दें? शां.
आप नमक कानून तोड़ना चाहते हैं—बधाई।
जेलयात्रा का विचार तो मेरा और उग्रजी का भी है, आगे हरि की इच्छा।
लेख कव तक छपेंगे?

शां.

195. नन्ददुलारे वाजपेयी

बड़ा बाजार, हजारीबाग
28-4-1930

प्रिय निराला जी,

एक पत्र अभी-अभी लिख चुका हूं। यह पत्र एक विशेष आशय से लिख रहा हूं। सुधा में "शकुन्तला नाटक के कानूनी आधार" शीर्षक एक लेख मेरे अध्यापक, यहाँ के कालेज के प्रोफेसर, पंडित जी ने लिख कर भेजा है। पंडित जी साहित्यिक दुनियाँ से अलग पड़ गए हैं, नहीं तो हिन्दी के लब्धप्रतिष्ठ लेखकों और विद्वानों से कम योग्य नहीं हैं। संस्कृत का विशेष अध्ययन करके हिन्दी के क्षेत्र में आनेवालों को जो सुविधाएं मिलतीं हैं, पंडित जी को वे सभी प्राप्त हैं। यहाँ इस उजाड़ देश में

रहकर साहित्यिक उर्बरता बड़े महत्त्व की बात कही जायगी। काशी, प्रयाग, लखनऊ, कानपुर आदि जैसी जगहों की बात नहीं की जा सकती। यहाँ वे साधन नहीं हैं, वह समाज नहीं है। साहित्यिक प्रगति के लिए वह वायुमंडल...

...जाएं तब पंडित जी के लेख को अवश्य देखिए और आगामी अंक में उसके प्रकाशन का प्रबन्ध कर दीजिए। यदि "सुधा" वाले डिग्री धारियों और प्रोफेसरों का सम्मान करने के लिए प्रसिद्ध हैं तो कोई कारण नहीं कि पंडित जी को उनके लेख का पुरस्कार न मिले। उत्साह-प्रदान के लिए उसकी उपयोगिता स्पष्ट है। आप इस पर भी विचार कीजिएगा।

पंडित जी का शुभ नाम पं. परमेश्वर प्रसाद शर्मा है [,] मेरे आत्मीयवत हैं, बड़ा स्नेह रखते हैं। मैं 15 मई के आस पास यहाँ से चलकर घर पहुंचने का विचार करता हूं।

आपका—नन्ददुलारे

[गाँव से गंगा पुस्तक-माला के पते पर लौटाया गया।]

196. नन्ददुलारे वाजपेयी

आर्य भवन, काशी विश्वविद्यालय

20-5-1930

प्रिय निराला जी,

आपके पत्र का उत्तर हजारी-बाग से न दे सका, यहाँ से लिख रहा हूं। यहाँ आज पहुँचा हैं, कल यहाँ से चलकर घर पहुँचने का विचार है, उन लोगों का आह्वान मेरे पास भी आया था। यदि आप अब तक लखनऊ न छोड़ चुके हों, तो एक बार घर आइए। विचार किया जाय। आज बिलकुल अचानक असंभावित रूप से यहाँ आर्य भवन जैसी उजाड़ जगह में द्विवेदी जी (रामअवध जी) से भेंट हो गई—बड़ा विस्मय हुआ।

—आपका नन्ददुलारे

[पता गंगा पुस्तक-माला का]

197. सुमित्रानन्दन पन्त

[जनवरी, 1931]

प्रियवर निराला जी।

अच्छा ही हुआ [।] यदि आप उन पत्रों का छपना बुरा नहीं समझते तो मुझे भी कोई आपत्ति नहीं—आपका दृष्टिकोण भी ठीक ही है। आप बड़ी मज़े की बातें कभी लिखते हैं—एक प्रकार से आप मेरे लिए mystic-भाषा का प्रयोग करते हैं ऐसा जान पड़ता है।

मुझे अपना जीवन स्वयं ही बड़ा रहस्यमय लगता है। मानसिक व्यथाएँ भी मुझे 1921 से कुछ कम नहीं रहीं। अब भी थोड़ी बहुत हैं। आपकी बंगला की कविता भी

कुछ कम रहस्य से भरी मेरे लिए नहीं थी। अपनी बुद्धि के अनुसार अनेक दृष्टिकोणों से मैं सोचने की चेष्टा अधिकांश समय किया करता हूं। एक thinker की Life में किस प्रकार की आपत्तियाँ खड़ी हो उठती हैं, आप स्वयं ही विचार सकते हैं। विचारों के संघर्ष के कारण poetic Joy अभी मेरे हृदय में पूर्ण मात्रा में उदित नहीं हो पाई है। यद्यपि मैं पहले से बहुत अच्छा हूं। मन का परिष्कार करने में काफ़ी समय लगता है। अवश्य ही आपसे मिलने को मेरा जी लालायित है, फरवरी 15 तक लखनऊ पहुँच सकूँगा—आपसे अनेक प्रकार की बातें पूछनी भी मुझे हैं—एक प्रकार से मैं आपके जीवन से बिलकुल ही अनभिज्ञ हूँ, केवल अनुमान ही अनुमान आपके बारे में मेरे पास है—आपने भी कभी खुलकर नहीं लिखा—मैंने भी अनेक बातें अपने जीवन की आपको नहीं बतलाई, अब मिलने पर कह सकूँगा—आज तक प्रयत्न करने पर भी नहीं कह सकता था—यदि मुझे यह ज्ञात होता कि आप उस ब्रजभाषा की कविता को प्रकाशनार्थ देंगे तो शायद मैं अच्छी तरह लिखता—उसमें अधिकांश परिहास भी है यह तो साफ़ ही है। "क्षुद्र हृदय को नारो मेरो" etc. ऐसे expressions एक प्रकार से मेरे हृदय के प्रतिकूल हैं क्योंकि मैं भीतर ही भीतर बड़ा ही आशावादी हूँ, यद्यपि मेरे बाहरी चित्त की व्यथाएँ कभी 2 उदास बना देती हैं।

एक प्रति "माधुरी" की मेरे पास भी भेजवाइए [,] मेरे पास वैसे आती नहीं—

पत्रोत्तर शीघ्र प्रदान कीजिए—

आपको बहुत 2 प्यार—

आपका

सुमित्रानन्दन पन्त

पुनश्च—

आपकी रचनाओं का appreciation जो मेरे हृदय में है उसे मैं अभी साहित्य को नहीं दे सका, मानसिक स्वास्थ्य लाभ करने पर मैं अपने हृदय के स्नेह को अवश्य ही साहित्य में जमा कर सकूँगा ऐसी आशा है—मैं अभी केवल धैर्यपूर्वक अपने को रोके हुए हूँ कि mind पूर्णत: प्रकाशित हो सके—

आपका

सुमित्रानन्दन पन्त

198. नन्ददुलारे वाजपेयी

लीडर प्रेस, प्रयाग

31-8-1931

प्रिय निराला जी,

कभी कभी अपनी लापर्वाही पर इतनी ग्लानि होती है कि ज़िन्दगी से घृणा करने लगता हूँ। विचारता हूँ तो लापर्वाही निश्चेतन स्थिति—मृत्यु ही है, क्षणिक मृत्यु सही।

इस तरह मर-मर कर जीते रहने से आज घृणा हो रही है। कोई कारण नहीं था कि आपके अत्यंत सान्त्वनाप्रद पत्र के उत्तर में जो कार्ड लिखा था वह आज तक पोस्ट आफिस में न छोड़ दिया जाता, क्या कारण था कि दूसरे पत्र के उत्तर में इतनी देर करता? समय न मिलने का बहाना बिल्कुल झूठा है—वास्तविक बात है वही लापर्वाही जिसे आज मृत्यु का ही एक रूप समझ गया हूं। क्षमा चाहता हूं। आश्चर्य तो यह है कि जिस समय यह पढ़ा था कि दूसरे फोड़े के बाद आपका स्वास्थ्य गिरकर पहले की तरह हो गया है, तब भय से काँप उठा था, निश्चय किया था कि कल ही (आपका पत्र रात को मिला था) पत्र लिखकर आपको कुछ दिनों के लिए प्रयाग बुलाऊंगा, पर इसी बीच में आ गया विस्मरण [—] लापर्वाही—मृत्यु!

बहुत सी बातें लिखनी हैं, बहुत सी कहनी हैं पर क्या आप प्रयाग आएंगे? सुमित्रानन्दन जी ने एक बार दावत में बुलाया था, सचमुच कालाकांकर में रहेंगे। कहते में [थे] महीने में एक हफ्ते के लिए प्रयाग आया करेंगे।

यदि आप आएंगे तो आपके साथ चित्रकूट चलूंगा, नहीं तो कहिए मैं ही दो-एक दिन के लिए आऊँ।

विशेष पत्र मिलने पर

नन्ददुलारे

[पता गाँव का]

199. नन्ददुलारे वाजपेयी

लीडर प्रेस, प्रयाग
7. 9. 31.

प्रिय निराला जी,

आपका पत्र मिला। इसके पहले मैं एक पत्र आपको लिख चुका हूं। आशा है वह मिल गया होगा। दुलारेलालजी के सम्बन्ध में 'भारत' में व्यक्तिगत तो शायद कोई बात नहीं निकली। विवाह अवश्य एक व्यक्तिगत बात है पर दुलारेलाल जी का विवाह तो बहुत कुछ public interest की वस्तु हो गई है। यह तो हम आप सब जानते हैं। सम्मेलन के सम्बन्ध में, कवि समाज के सभापति के रूप में जो कुछ निकला है वह भी बहुत अनुचित नहीं है, मैं जहाँ तक समझता हूं, हल्का व्यंग्य है। फिर भी अब मैं उनके सम्बन्ध में कुछ ऐसी बातें नहीं छपने दूँगा, जिससे उन्हें कष्ट हो।

आप एक बार यहाँ आइए अवश्य। मैंने पिछले बार भी लिखा था। चित्रकूट यहीं से चलिएगा।

विशेष फिर

आपका
नन्ददुलारे वाजपेयी

[पता गाँव का]

200. नन्ददुलारे वाजपेयी

लीडर प्रेस, प्रयाग
14-9-31

प्रिय निराला जी,

दो पत्र लिख चुका हूं : यह तीसरा है। इस बार आप पिछड़ रहे हैं। स्वास्थ्य कैसा है? मैंने तो आपके पास आने के लिए लिखा भी था, पर अब तक उत्तर नहीं मिला। इधर रामावधजी की चिट्ठी भी आई है। चित्रकूट चलने के लिए लिखा है। आपको पत्र न आने से मैंने उन्हें कुछ नहीं लिखा।

'युवक' में आपकी कविता देखी, बहुत दिनों के बाद रचना प्रकाशित देखी है। भारत के लिए अपने साहित्य सम्मेलन पर लेख नहीं भेजा। क्या आपकी तबीयत कुछ अधिक खराब हो रही है। पत्र न मिलने से कुछ पता नहीं चल रहा। आज एक पत्र रामरतन जी को लिख रहा हूं। यहाँ का काम किसी तरह चला जा रहा है। 'भारत' तो गाँव के पते पर मिल रहा होगा?

—आपका नन्ददुलारे

[पता गाँव का]

201. नन्ददुलारे वाजपेयी

लीडर प्रेस, प्रयाग
12—10—31

प्रिय निराला जी,

वहाँ से आकर मैं बेहद चिन्ता में पड़ गया और अस्तव्यस्त रहा। मेरे छोटे भाई का बुखार उतरा ही नहीं [,] आज 36-37 दिन हो रहे हैं। हज़ारीबाग में है। यहाँ से काशी गया। काशी से शिवदुलारे को भेजा। वे वहाँ से लौटे हैं, पर बुख़ार अब तक उतरा नहीं। चित्रकूट की याद इसी चिन्ता में भूल गया हूं।

मैं नित्य प्रति पत्र की प्रतीक्षा करता रहता हूँ। नित्य प्रति बुखार न उतरने की ही ख़बर आती है। बयालीसवें दिन उतरने की संभावना डाक्टर बतलाते हैं। जैसा होगा, लिखूंगा।

लेख का पुरस्कार भेज देने के लिए आज कह सका हूं। दो एक दिन में भेजेंगे। मैं स्वयम तन्देही रखकर भेजवाऊंगा। अब तक बहुत अधिक चिन्तित रहा और अब तक वैसा ही हूँ।

दूसरा पत्र शीघ्र ही लिखूंगा।

आपका
नन्ददुलारे

[पता गाँव का]

202. शिवपूजन सहाय

शिवपूजन सहाय
C/o. महाशक्ति-मन्दिर

बुलानाला, बनारस सिटी
ता. 22—4—1932 ई.

मान्यवर पण्डितजी,

सादर सप्रेम प्रणाम—

आपकी लड़की की तबीयत खराब सुनकर बड़ी चिन्ता हुई। बहुत दिन हो गये। क्या यह वही लड़की है जिसकी शादी शिवशेखर जी से हुई है? शिवशेखर जी का पत्र आया है। कलकत्ते में सकुशल हैं। आप इस समय बड़ी भारी चिन्ता में फँसे हैं। ईश्वर शीघ्र आपको चिन्तामुक्त करे। अभी रहने दीजिये स्वस्थ और शान्तचित्त होकर कुछ लिखियेगा। कवि-चित्र भी पूर्ण निश्चिन्त और स्वस्थ होने ही पर भेजियेगा। पं. नन्ददुलारे जी एक सप्ताह के लिये यहाँ आये हैं। 'जागरण' मिर्जापुर सेठ जी के यहाँ जाता है। कविता का संशोधन प्रकाशित कर दिया है। मेरे योग्य सेवा लिखियेगा। व्यास जी कलकत्ते में हैं। शि.

[यह पहला कार्ड है जिसपर शिवपूजन सहाय का नाम और पता छपा हुआ है। लेकिन उनका पता है दूसरे के केयर ऑफ ही!]

203. नन्ददुलारे वाजपेयी

50 लूकर गंज प्रयाग
1-5-32

प्रिय निराला जी,

आपका पत्र काशी से लौटने पर मिला। लेख आदि निर्मल जी ने रख लिये हैं। एक कविता आज निकली भी है। मैं तो 18 अप्रेल से ही छुट्टी पर हूं। कल फिर काशी जा रहा हूं। 5 को लौटूंगा। शीघ्र ही घर आने का निश्चय करता हूं। मेरे लेखों की संग्रह शायद 'भारती भंडार' शीघ्र ही निकाले। विनोद जी भी मांग रहे थे पर अब तक तो मैं उन्हें नहीं दे सका। काशी मैं एक दूसरे सज्जन के काम से जा रहा हूं। मिलने पर कहूँगा।

वाचस्पति जी मेरे साथ ही प्रयाग आए हैं। वे आपको याद भी कर रहे हैं। उनकी बड़ी इच्छा है कि इधर आप कुछ मुक्तवृत्त लिखें और मेरी भी इच्छा है। 'परिमल' पढ़ते पढ़ते ऐसी भावना उठी।

कृष्णगोपाल अवस्थी सेकेण्ड डिवीजन बी.ए. आनर्स पास हुए हैं। आपने सुना ही होगा। अच्छा हुआ।

आपसे मिलकर बहुत सी बातें करनी हैं इसलिए पत्र में लिखने को कोई बात ही नहीं मिलती!

—आपका
नन्ददुलारे

[कृष्णगोपाल अवस्थी—सम्भवत: मगड़ायर के; पता गाँव का।]

204. सियारामशरण गुप्त

श्रीराम:।

चिरगाँव (झाँसी)
1. 5. 32

प्रिय निराला जी,

कृपा कार्ड मिला। आपकी पुत्री की बीमारी का समाचार जानकर दु:ख हुआ। राम-कृपा से आशा है, शीघ्र स्वास्थ्य-लाभ होगा।

"साकेत" आपको पसन्द आया यह हम लोगों का सौभाग्य है। इसकी आलोचना कभी आप किसी पत्र में लिखेंगे यह जानकर प्रसन्नता हुई। मैं उत्सुकता पूर्वक उसकी प्रतीक्षा करूँगा। आशा है, आप स्वस्थ हैं। शेष कुशल।

आपका
सियारामशरण

श्री निवास का प्रणाम।

[निराला ने 'साकेत' की आलोचना 'रँगीला' में की थी। पता गाँव का है।]

205. हर्षवर्धन नैथाणी

रायबरेली
10. 3. 37

प्रिय निराला जी

1ली मार्च से मेरी नियुक्ति मुश्तकिल रूप से यहाँ हो गई। काम यद्यपि अधिक है परन्तु यह स्थान भी कुछ कम रमणीक नहीं। मैं महाराज तिलोई के वंगले के निकट ठाकुर चयन सिह के वंगले में टिका हुआ हूँ। एक बार अवष्य पधारिये। आशा है, यह स्थान आपको रुचिकर प्रतीत होगा। 19 तक यहीं हूँ। कम-से-कम एक आध दिन के हेतु ही चले आइये। मैं भी विलकुल अकेला हूँ।

वंगला चारों ओर से पेड़ों से घिरा है। रात में केवल चार प्राणी रह जाते हैं [—] मैं, मेरा नौकर, मेरा माली व चौकीदार; ज़रूर आइये।

अधिक क्या लिखूँ—आजकल अवकाश के समय बगीचा ठीक करा रहा हूँ. पाठकजी से मेरा प्रणम [प्रणाम] कह दीजियेगा [।]

सेत्रक
हर्षत्रर्धन

[हर्षवर्धन नथाणी, निराला के साहित्य प्रेमी मित्र, जिनका उल्लेख 'देवी' कहानी में है। —इन दिनों रायबरेली में सरकारी अफ़सर—शायद ट्रेज़री आफ़िसर—थे।]

206. बनारसीदास चतुर्वेदी
निजी

टीकमगढ़,
23-1-40

प्रियवर,

वन्दे।

आपका 17-12-39 का कृपा पत्र 7 जनवरी को मुझे कलकत्ते में मिला। दो महीने से मैं यात्रा कर रहा हूँ। और मेरी डाक आगरे में इकट्ठी होती थी। 16 तारीख को यहां लौटा हूं। अनिवार्य विलंब के लिए क्षमा प्रार्थी हूं।

आपने मुझे आज्ञा दी है कि मैं प्रवासी वालों से आपका परिचय करा दूं। प्रवासी सम्पादक श्री रामानन्द चट्टोपाध्याय सीधे पत्र व्यवहार के पक्षपाती हैं। वे इसे पसन्द नहीं करते कि कोई आदमी उनके और लेखक के बीच में आवे। यदि आपकी रचना अच्छी होगी तो उसे अवश्य स्थान देंगे। वैसे मेरी समझ में सर्वोत्तम उपाय यह होगा कि आप तथा अन्य महानुभाव, जो हिन्दी तथा बंगला दोनों ही जानते हों, एक छोटी सी उपसमिति बना लें, और और हिन्दी की सर्वोत्तम चीज़ों का ही बंगला अनुवाद करावें। मैं तो बंगला नाममात्र को ही जानता हूं। और आप तो बंगाल तथा उस प्रान्त की भाषा और मनोवृत्ति से भलीभांति परिचित हैं।

एक ज़बरदस्त खतरे की ओर से आपको आगाह करने की ज़रूरत है। मदरास में ज़ोर ज़बरदस्ती द्वारा हिन्दी का जो प्रचार किया गया है उसका बंगाल पर अच्छा प्रभाव नहीं पड़ा। राष्ट्र भाषा की लाठी लेकर हम बंगालियों को हिन्दी नहीं पढ़ा सकते। केवल एक ही तरीका है, वह है मिशनरी ढंग से काम करने का। विनम्रता यदि हममें नहीं है, और साथ ही अपनी सर्वोत्तम चीज़ श्रद्धापूर्वक अर्पित करने की मनोवृत्ति भी नहीं है, तो हमें बंगाल में हिन्दी प्रचार की आशा छोड़ देना चाहिए। संख्या के बूते पर प्रचार की आशा करना गलत है। सांस्कृतिक कार्य में संख्या का कुछ भी महत्त्व नहीं। इस स्पष्टवादिता के लिये क्षमाप्रार्थी हूं।

सम्मेलन के प्रचार मंत्री से मेरा पत्रव्यवहार नहीं।

विनीत,
बनारसीदास चतुर्वेदी

207. बनारसीदास चतुर्वेदी

टीकमगढ़,
27-1-40

प्रिय निराला जी,

वन्दे। 24 ता. का कृपापत्र मिला। वैसे ही मैं काफी भार ग्रस्त हूं। नई ज़िम्मेवारी न लूंगा। हां, बिना बंधन में बंधे कुछ सेवा अपने ढंग पर कर सकता हूं। वह करता रहूंगा। यदि धृष्टता न हो तो दो एक बातें निवेदन कर दूं।

1. आप सम्मेलन से इस कार्य में सहायता अवश्य लें, पर अपने को सर्वथा स्वाधीन रखते हुए। सम्मेलन का कर्तव्य है कि वह आपकी योग्यता का लाभ उठावे। आप की कलकत्ते तथा शान्ति निकेतन की यात्रा का प्रबन्ध उसे ही करना चाहिये। यही मौका है जब कुछ काम हो सकता है।

   आप कलकत्ते में पूज्य वाजपेयी जी से मिलें, और फिर उनको साथ लेकर शान्ति निकेतन की यात्रा करें। वहां श्री क्षिति बाबू तथा मि. ऐण्ड्रूज़ से बात करें। कवीन्द्र का आशीर्वाद तो ज़रूरी है ही। एक बात का खयाल रखने की ज़रूरत है। इस समय बंगाल अत्यन्त क्षुब्ध है। हमें बड़ी विनम्रता से और सेवा भाव से जाना चाहिए। थोड़ा भी अभिमान हमारे काम को चौपट कर देगा। दूसरों की कमज़ोरी के प्रति हमें अत्यन्त सहिष्णु होना चाहिये। बंगाल इस समय अत्यन्त सहानुभूति तथा प्रेम का पात्र है।
2. मुझे इस बारे में शक है कि यह कार्य सम्मेलन के अधीन हो सकेगा। सम्मेलन की अपनी नीति है अपने प्रस्ताव, उस नीति के संकीर्ण दायरे में आपको कार्य करने की पूर्ण स्वाधीनता नहीं मिल सकेगी। आखिर संस्था संस्था ही है।
3. पूज्य टंडन जी के प्रति मेरे हृदय में बड़ी श्रद्धा रही है, पर अब मुझे यह शंका होने लगी है कि कहीं उनकी साहित्यिक साधना की पूंजी कम तो नहीं हो गई। क्या वे उस पिता की तरह नहीं हैं जो मोह वश ज़िन्दगी भर बच्चों का अभिभावक बना रहना चाहता है। पर मुश्किल तो यह है कि हमारे यहां ऐसा भी तो कोई नहीं, जो सम्मेलन की बागडोर अपने हाथ में ले सके।
4. सम्मेलन के अधिकारियों में सहृदयता की मात्रा बहुत ज़्यादा नहीं है। राष्ट्र भाषा और सत्यनारायण के जीवन चरित्र को बिना पैसा लिये देने पर भी और लगभग एक हज़ार सत्य नारायण कुटीर के लिये भिजवाने पर भी कभी सम्मेलन द्वारा प्रकाशित ग्रंथ मुझे नहीं मिले। यह शिकायत

के तौर पर नहीं कह रहा। स्वयं श्री जगन्नाथ प्रसाद जी शुक्ल को ही कोई ग्रन्थ नहीं मिलते।

5. आपके सामने यह बात स्वीकार करने में मुझे कुछ संकोच नहीं कि मेरी खुद की साहित्यिक साधना करीब करीब खत्म हो गई है। वैसे भी मैं इस क्षेत्र का आदमी नहीं था। 20 वर्ष प्रवासी भारतीयों की सेवा में व्यय किये थे, पर किसी से मिल कर काम करने की प्रवृत्ति न होने के कारण वह कार्य भी असफल रहा। जीवन का मुख्यभाग यों ही नष्ट हो गया। साहित्य तो मेरे लिये रपट पड़ने की हरगंगा ही रहा है। न तो वर्कर ही बन सका, और न साहित्यिक, न खुदा ही मिला न विसाले सनम वाला मामला है। पर अब अड़तालिसवां वर्ष में साहित्यिक बनने के प्रयत्न में हूं। खैर, यह सब प्राइवेट बात है। आपने साहित्य सेवा में कष्ट सहे हैं। उस साधना के बल बूते पर आप बंगाल का काम हाथ में लीजिए।

बनारसीदास चतुर्वेदी।

208. भगवती चरण वर्मा

VICHAR
Leading Hindi Weekly

Vichar office
402, Harrison Road,
Calcutta
27.6.40

पण्डित सूर्यकान्त त्रिपाटी निराला
हाथी खाना, भूसामण्डी,
लखनऊ।

प्रिय निराला जी,

आपकी कविता मिली, धन्यवाद—कोटि-कोटि धन्यवाद! उसे मैं विचार के अगले अंक में अपने सम्पादकीय नोट के साथ प्रकाशित कर रहा हूँ। नोट और कविता का प्रूफ़ आपकी सेवा में भेज रहा हूँ।

यहाँ एक बात और कह दूँ। हमारा—यानी आपका और मेरा साहित्य के मसले पर मतभेद बड़ा स्पष्ट रहा है; पर व्यक्तिगत मैत्री का भाव भी बहुत ऊँचा रहा है। यह नोट साहित्य-क्षेत्र का है, इससे व्यक्तिगत मनोमालिन्य न आने पावे उसकी मैं आशा करूँगा। पर यदि आप समझते हैं कि व्यक्तिगत मनोमालिन्य आ सकता

है तो आप मुझे स्पष्ट लिख दीजियेगा। ऐसी हालत में मैं यह कविता न छापूँगा; क्योंकि कविता इस नोट के साथ ही छापने को तैयार हूँ।

आशा करता हूँ आप सानन्द होंगे। प्रणाम के साथ,

आपका
भगवतीचरण वर्मा

[पता]

The Poet-Emperor
Pandit Surya Kant Tripathi Nirala
Hathikhana Bhusamandi
Lucknow.

दूसरा भाग

[निराला के पत्र]

1. महावीरप्रसाद द्विवेदी को

श्री हरि:

Mahishadal Raj
26/8/20

परम पूजनीय
श्री 108 महावीर प्रसाद जी
द्विवेदी महाराज,
श्री चरणों मे [में]

बाबा,

सेवा पर 'बंगभाषा का उच्चारण' शीर्षक लेख भेजता हूं। आशा है, बंगप्रवासी एक अपरिचित सन्तान के परिश्रम को आप सफल करेंगे। इस लेख को 'सरस्वती' में स्थान मिलेगा। इति—

आपका अपरिचित किन्तु
आपका एकान्त सेवक
सूर्य्यकान्त त्रिपाठी
पता—Mahishadal Raj
P.O. Mahishadal
(Midnapore)

2. महावीरप्रसाद द्विवेदी को

श्री श्री गणेशायनम:

महिषादल राज
11—1—21

श्री चरणकमलेषु : बाबा, असङ्ख्य भूमिष्ठ प्रणाम

6 जनवरी का असीस पत्र मिला। उसमें आप लिखते हैं—'आप संबन्ध जोड़ना ही चाहते हैं तो कुछ हाल अपना लिखिए। आप कहां के रहनेवाले हैं,...क्या उम्र है,...कुटुम्ब...व्यवसाय...इत्यादि इत्यादि।' आपकी इस लिखावट से मालूम हो रहा

है कि मेरे पूर्व्व प्रेरित पत्र की व्याख्या विज्ञ-दृष्टि से नही [नहीं] की गई। उस पत्र को फिर से पढ़िए। देखिए तो, उसमे [उसमें] स्वार्थ का गुप्त वर्णन है या बन्धुता का विशद विवेचन? उससे सम्बन्ध जोड़ने की आशा व्यक्त होती है या जुड़े हुए सम्बन्ध का प्रमाण?

आप हिन्दी संसार के स्वनामधन्य पुरुष हैं। मैं आपको हृदय से पूजता हूं। यही आपसे मेरा सम्बन्ध है। इससे अधिक मधुरता और किस सम्बन्ध मे [में] है?

मैं कान्यकुब्ज ब्राह्मण हूं। आपका पड़ोसी हूं। उन्नाव ज़िला में पूर्व्वा [पुरवा] के पास का रहनेवाला हूं। उम्र 22 शरीर पांच फुट 11½ इंच लम्बा, छाती 39 इंच चौड़ी। हृष्ट पुष्टांग न तु स्थूलकाय। अक्षर हूं, न साक्षर और न निरक्षर। सगा यानी माता, पिता, भाई, बहन, चाचा, चाची स्त्री संसार कोई नही [नहीं]। सब थे किन्तु 1918 के इन्फ़्लुएन्जा मे [में] सब गुज़र गए। जीवन का लक्ष्य निरे बाल्यकाल से है परमपदलाभ। रामकृष्णमठ के सन्यासी मुझ पर विशेष कृपादृष्टि रखते हैं। स्वामी प्रेमानन्द ने कहा था—तुम्हारा विचार ठीक है।

मेरा दृढ़ विश्वास है कि मुझ पर ईश्वर की कृपा होगी। परन्तु उपस्थित स्थिति मेरी क्रमोन्नति पर बाधा डाल रही है। मेरे सिर पर पितृमातृहीन 6 नाबालक भतीजे आदि का पालनभार अर्पित है। इसलिए अभी मैंने नौकरी करना स्वीकार किया है। लड़कों को सबालक करके अपने लक्ष्य पर बढ़ूंगा। मैं एक साधारणवित्त मनुष्य हूं। विद्वन्मण्डली के सामने मेरा परिचय मूर्खों में है।

मेरा [मेरे] पिता-पितृव्य इस स्टेट के फौजी अफसर थे। गण्यमान्य थे। मेरा जन्म यहीं हुआ। शिक्षा यहीं मिली। हिन्दी मै [मैं] ने किसी व्यक्ति विशेष से नहीं सीखी। यहाँ हिन्दी का एक भी ज्ञाता नही [नहीं]। (आप पर भक्ति का एक कारण यह भी है।)

महाराज महिषादल मुझ पर अत्यन्त कृपा करते हैं। महाराज दो भाई हैं। बड़े राजा—सती प्रसाद गर्ग और छोटे राजा—गोपाल प्रसाद गर्ग हैं। इनके पूर्व्व पुरुष ज़िला बांदा के रहनेवाले थे। राजा रामनाथ गर्ग की रानी पति शव को लेकर चिता पर चढ़ने के पूर्व्व दरिद्रवेशी—समागत—लक्ष्मणप्रसाद को, जो कि वर्त्तमान नरेश के आजा थे, राजासन पर स्थापित कर गईं थी [गई थीं]। इस राज्य की गवर्नमेन्ट रेवन्यू 3,36,000 है। और वार्षिक आमदनी है 12,00,000।

अधिक और क्या लिखूं? संक्षेप मे [में] आपके आग्रह को पूरा कर चुका।

जगन्नियन्ता का नियम है कि सेवा सेव्य की आत्मा पर तृप्ति की और सेवक की आत्मा पर शुद्धि की छाप लगाकर दोनों के उन्नति मार्ग को साफ़ करती है। मनोराज्य के इस नियम को मैं निश्छल होकर प्रणाम करता हूं—

चरणसेवक—

सूर्य्यकान्त त्रिपाठी

(हिन्दी सिखाइए) इति॥

[पता]

श्री चरणकमलेषु
पंडित महावीर प्रसाद द्विवेदी
P.O. **Daulatpur**
(Raebareli)
[U.P.]

3. शिवपूजन सहाय को

श्री :

28 College street
Market
Calcutta. 13.3.23

प्रियवर

आपका लेख चैत्र की संख्या में प्रकाशित,—नहीं,—छप गया है; कृपा करके कुछ और भेजिए। स्वामी जी को आपकी भाषा—आपकी शैली बहुत पसन्द है।

महिला महत्व की समालोचना, बन पड़ा तो, वैशाख के अंक में कर दूंगा। पुस्तक पढ़कर जो आनन्द हुआ, वह कहीं आपके दर्शनों से भी अधिक सुखकर है।

आपके समाचार बाबूजी से मिल जाते हैं। मैं सकुशल हूं। भौजी के हाल लिखिए। अन्य नये समाचार जो हों, आशा है, आप सूचित करेंगे [।]

किमधिकम्॥

आपका—
सूर्य्यकान्त

[पता]

Hindibhushan
Baboo Shivpujan Sahay
The Editor 'Mar. Agra'.
अखिल भारतवर्षीय मारवाड़ी
अग्रवाल महासभा।
स्वागतकारिणी-समिति पंचम
अधिवेशन
झरिया (विहार) **Jharia**

[पते में 'Mar. Agra.' का आशय है—'मारवाड़ी अग्रवाल'।]

4. शिवपूजन सहाय को

[कलकत्ता
जून 1923]

प्रिय शिवपूजन जी,

पत्र आपका मिला था। बृहत् उत्तर लिखा तो, पर पोस्ट नहीं कर सका; क्षमा। शीघ्र भेजूंगा। आपकी बीबी तो अच्छी हो गई होंगी? क्या रुपये गये? भूमिका के लिए इतनी जल्दबाज़ी क्या है? आखिर सूची भी तो चाहिये? संवाद पत्रों में सेठ जी का हाल पढ़ा होगा आपने। मुन्शी जी विवाह के लिये जाने वाले हैं, शीघ्र।

मतवाला की अपील हाईकोर्ट में होगी। सेठ जी 4 महीने की कैद से ज़मानत पर छूटे हैं। मैं आनन्दपूर्वक हूं।

आपका
'निराला'

बबनी व्रजकिशोर को घर गये एक महीने से ज़्यादा हो गया। रामशंकर भी नहीं आये।

[19 जुलाई, 1923 के पत्र में नवजादिकलाल श्रीवास्तव ने शिवपूजन सहाय को लिखा था : "विवाह हो गया। ईश्वर की इच्छा पूरी हो गई। बीबी को वहीं छोड़ आया हूँ। अगहन में यहां ले आऊंगा।" इसी विवाह का उल्लेख निराला के पत्र में है। 19 जुलाई तक मुंशी जी का विवाह हो गया था। निराला का पत्र जून के अन्त में या जुलाई के आरम्भ में लिखा गया होगा। महादेव प्रसाद सेठ ज़मानत पर छूटने के बाद शायद फिर जेल में थे। उस पत्र में मुंशी जी ने उनके स्वास्थ्य के बारे में लिखा था : "सेठ जी दुबले हो गये हैं। खाने पीने की व्यवस्था अच्छी नहीं है। चेष्टा कर रहा हूं। देखें, क्या होता है।" निराला ने अपने पत्र में शिवपूजन सहाय की पत्नी के स्वास्थ्य के बारे में पूछा था। मुंशी जी को उनकी बीमारी की बात ईश्वरी प्रसाद शर्मा से मालूम हुई थी। इसके बारे में उन्होंने शिवपूजन सहाय को उसी पत्र में लिखा था : "पंडित जी [ईश्वरी प्रसाद शर्मा] कहते थे कि उन्हें क्षय हो गया। राजरोग है।" इसी रोग से उनका देहान्त हुआ था।]

5. नाथूराम शर्मा शंकर को

ADVAITA ASHRAMA
(Publication Dep.)
28, College St. Market
Calcutta 3.7.23

श्री

श्री कवि शिरोभूषण,

वहुत दिनों से कुछ मिला नहीं। विनीत निवेदन है कि कुछ भेजने की कृपा करके पत्र को समलंकृत कीजिए। यदि किसी मास का पत्र न पहुचा [पहुँचा] हो तो सूचित कीजिएगा।

विनीत—सूर्यकान्त त्रिपाठी

[पता]

Pandit
Nathuram Sankar Sarma
Hardua ganj
(Aligarh)

[अद्वैत आश्रम का पता वहाँ की मुद्रा द्वारा अंकित है; तारीख निराला की लिखी हुई है।]

6. महावीर प्रसाद द्विवेदी को

"मतवाला" कार्यालय।

बालकृष्ण प्रेस,
22, शंकरघोष लेन,
कलकत्ता, 27/10/1923

श्री 108 कमलचरणनमां
विजया क असंख्य भूमिष्ठ
प्रणाम।

बाबा।

लिखा रहै, कतों जाब। मुलो जाब नहीं भा। हियैं रहि गयन। कलकते की पूजा दीख। 8 मी के दिन बाबू मैथिलीशरण ते भेंट भै, राय कृष्णदास के साथ आये रहैं। 3/4 दिन कउनव माड़वारी की कोठी मं [मँ] रहे रहैं। स्वभाव के तो बड़े अच्छे हैं। एक एक 'अनामिका' दूनो जनेन क दीन। दुसरे दिन हियां प्रेस मं [मँ] मैथिलीशरण आये, औ छन्द का नाव [नांव] पूछेन। तब पढ़ि कै सुनावा। प्रसन्न खूब भे। कहेन पहिलेहे रचना बड़ी अच्छी जानि परी मुलो छन्द समुझ मं [मँ] नहीं आवा। हम कहा, हमरी समुझ मं [मँ] यहि छन्द ते तुम्हरे वीरांगना के अनुवाद के छन्द मं [मँ] बहुत थ्वारै फर्क है; वह बेतुका कवित्व छन्द है औ यहि मां कतों कवित्व छन्द की 3/4, कतों 1/2, कतों 1/3 लाइन आवति है। महादेव बाबू हमरे परिचय मं [मँ] तुम्हार सम्बन्ध जोरेन तो मैथिलीशरण कहेन कि हमका तो वई बनायन हैं। यही तना की बहुतेरी बातें होती रहीं। हमारि इच्छा है, अनामिका एक दईं तुमका पढ़ि कै सुनाई।

'मतवाला' की कविता औ समालोचना पढ़ि कै लिख्यो। भूल कतों होति होई तो सुधारब। 'निराला' की कविता मं [मँ] कहां का करैक चही लिख्यो। यह सम्मति हमरे हे लगे रही।

आशा है अच्छे हौ औ घर मां अच्छी भलाई है। चि. कमला किशोर कस हैं, कानपुर कब तक जइहौ, घरवालेन क मलेरिया ज्वर छूट कि नहीं, सब लिख्यो।

दास
सूर्य्यकान्त त्रिपाठी

हम रहित हियै हैं [है]। चहै समन्वय के पते पर लिख्यो चहै मतवाला के पते पर चिट्ठी हमका मिलि जाई।

दास
सूर्य्यकान्त

[पता]

Shreeman
Pandit Mahavir Prasad ji
Dwivedi Maharaj
Daulatpur (Raebareli)

[पत्र दौलतपुर से जुहू कलां, कानपुर भेजा गया।]

7. महावीर प्रसाद द्विवेदी को

6/11/23

श्री चरणेषु—

कृपापत्र पढ़ा। मतवाला कै संख्या दीख। सरस्वती सम्पादक के नोटन मं [मँ], न समुझि सकेन, भूलै काहे नहिंन। कारण लिखि देत्यो तो समुझि जाइत। अबै तो मतवाला की समालोचना के पुष्ट कारण ते भूलै जानि परत है।

सरस्वती सम्पादक के विषय मं [मँ] लिखै बैठेन तो हमहूं 5/6 पृष्ठ लिखि डारा। मुलो पीछे जब जाना कि तुम्हारा समय अकारण नष्ट होई तब फारि डारा। याकन कहा, 'द्विवेदी जी का प्रत्यक्ष नहिंन तो का भा सरस्वती ते परोक्ष सम्बन्ध तो है; उइ अपनी बिदाई मं [मँ] यह बात स्वीकार करि चुके हैं। अतएव सरस्वती क पक्ष उइ लेबे करिहैं। औ वहि का वई बनायन है [हैं] तो अपने रहत उइ वहिकै उल्टी समालोचना देखि सकति हैं? कुछो होय हमका युक्ति ते काम। बात युक्तिपूर्ण होई तो चित्त मं [मँ] बैठि जाई, न होई, अलग ह्वइ जाई।

हम जो रामायण पाठ आदि मं [मँ] बनियई क भाव राखा होब—अर्थात् लोग हमका अच्छा कहैं औ हम नामी ह्वइ जाई—बड़े सच्चरित्र साधु महापुरुष कहाई—हे। राम हम तुम्हार नाव लेइत है बदले मं [मँ] तुमहूँ कुछ दियव, तो जउन यहु ह्वय रहा है यहु सब ठीक है। यही तना का विपरीप [विपरीत] फल मिलत है। औ लोग प्रकृति का एक अध्याय पढ़ि कै समुझैवाली बहुती बातै पाय जाति हैं।

—दास सूर्य्यकान्त।

8. महावीर प्रसाद द्विवेदी को

ADVAITA ASHRAMA
(PUBLICATION DEPT.)
28, College St. Market,
Calcutta. 10/11/23

श्री :
श्रीचरणेषु निवेदनम्।

सेवा में अभी अभी जो पत्र भेजा गया, भय है, उसे पढ़कर आपके चित्त को व्यथा हो। मैं आपको किसी तरह की चोट नहीं पहुंचाना चाहता। यदि आप ही बुरा मानते हैं तो अब मैं सरस्वती की समालोचना न किया करूंगा। परन्तु उसके सम्पादक ने अकारण ही मेरे साथ दुर्व्यवहार किया। कविता न छापते, जवाब तो देते। इस पर अधिक और क्या लिखूं। आशा है आप और कमलाकिशोर अच्छे हैं।

दास
सूर्य्यकान्त

मेरे अकारण अपमान पर आपने ज़रा भी ध्यान नहीं दिया।

[पता]

Pandit
Mahavirprasad ji
Dwivedi
Juhi Kalan
(Cawnpore)

9. गांगेय नरोत्तम शास्त्री को

"मतवाला कार्यालय"
(बालकृष्ण प्रेस)

23, शंकर घोष लेन,
कलकत्ता 26/4/1924

प्रियवर शास्त्री जी,

पत्र आपका मिला। शिवपूजन जी इस समय यहां नहीं हैं। घर गये हैं। आठ दस दिन में, सम्भव है, आ जायँ। उनके आने से आपका यह पत्र उन्हें दे दिया जायगा। यहाँ तो आप पर किसी तरह का असन्तोष नहीं है। बल्कि यदाकदा आपके सौभाग्य और विद्वत्ता की प्रशंसा ही होती है। और यदि 'मतवाला' की किसी टिप्पणी पर आपको दु:ख हुआ हो तो इसे आप अपना ही श्रम समझिये। टिप्पणी मधुररसाश्रित थी, द्वेष-भाव-कलुषित नहीं। आप पर सभी प्रसन्न हैं। केवल मैं असन्तुष्ट हूँ। कारण यह कि मैं इस मतवाला-मण्डल का मुंह लगा और "बड़े आदर" का छोटा भाई हूं।

तदनुसार आप भी मेरे बड़े भाई हुए। अब बतलाइये कि यह कहां का न्याय है जो आपने मेरी नामौजूदगी में विवाह भी कर लिया और मेरी "भौजी' को अभी तक मुझे दिखाया भी नहीं। इस अपराध का आप क्या दण्ड स्वीकार करते हैं? किमधिकम्

आपका—
त्रिपाठी 'निराला'

[पता]

श्रीमान पण्डित गांगेय नरोत्तम शास्त्री
पं. विनायक मिश्र जी का क्षेत्र,
दशाश्वमेध,
(बनारस सिटी) (Benares City)

10. शिवपूजन सहाय को

Matwala
36. Sunkerghose Lane,
Calcutta,
21. 5. 1926

प्रिय शिवपूजन जी,

आपकी कोई चिट्‌ठी नहीं मिली। आशा है, आप सस्त्रीक प्रसन्न हैं। उत्तर शीघ्र दीजियेगा।

रस अलंकार कल-परसों भेजूंगा। कुछ बढ़ गया है। मैंने अपनी ओर से कुछ लिखा। लड़कों की पाठ्यपुस्तक है, रसों, भाव, विभाव, अनुभाव, संचारी और अलंकारों के लक्षण और उदाहरण मात्र दिये गये हैं। शिष्टता का काफ़ी ख़याल रक्खा गया है। साथ ही कुछ छोड़ा भी नहीं गया केवल नायिकाभेद को छोड़कर। आप समझिये कि 251 पृष्ठ रँग डाले हैं लालाजी ने सिर्फ़ अलंकार लिखकर, सो भी बहुत विस्तृत नहीं। यदि दो एक फार्म बढ़ जाय तो क्या कोई हानि होगी? आज 101 वा पृष्ठ लिख रहा हूं (मेरा एक पृष्ठ कुछ कम आपका एक पृष्ठ होगा) [।] रस तो 60 के कोठे में पूरे हो गये थे, परंतु अलंकार अभी आधा भी नहीं हुआ। जनाब एक एक अलंकार के आठ आठ बच्चे हैं। ऐसे 100 से भी ज़्यादा अलंकार हैं। कम से कम पच्चीस रुपये अपने

[पत्र के एक किनारे] रुपये 25) घर अवश्य भेजिये अपने नाम से
Beharilal Tripathi
vill. Garhakola. P.O. Magrair
Unao को, कापी पाते ही भेजियेगा। आप से पहले कह चुका हूं।

आपका—निराला

[पत्र के दूसरे किनारे] मुझे विश्वास नहीं कि पुस्तक के बढ़ने पर उन्हें कोई एतराज़ होगा जबकि ऐसी दशा है।

[पता]

Babu
Shivapujan Sahay
Hindi Bhushan
c/o. Gyan Mandal
Benares City

[लालाजी—लाला भगवानदीन, 'अलंकार मञ्जूषा' के लेखक।]

11. रामगोपाल त्रिपाठी को

गढ़ बनैली

[मार्च, 1927]

चिरंजीव रामगोपाल,

अब हम को कलकत्ते के पते पर चिट्ठी न लिखना। जबतक हम चिट्ठी न दें तब तक चिट्ठी न लिखो। हम इस समय घूम रहे हैं, काम से।

केशव, कालीचरण को [आसीस]।

सूर्यकान्त

[पता]

Shreejut
Ram gopal Tripathi
Gadhacola Village
P.O. Magriar
(Unao)

[चिरंजीव रामगोपाल त्रिपाठी—निराला के चचेरे भतीजे। कुछ शब्द मिट गए हैं, सम्भवत: पानी गिरने से।]

12. रामशंकर शुक्ल को

श्री

गढ़ बनैली
पूर्णिया
[18 मार्च 1927]

बच्चा,

भागलपुर से बड़ा चक्कर काटना पड़ा। जिस लाइन से, कटिहार हो कर हम लोग भागलपुर गए थे, उसी लाइन से गंगा उतरकर पूर्णिया आना पड़ा। बनेली राज यहीं पर है। बनेली स्टेशन है। यहाँ मैं एक सज्जन मारवाड़ी ब्राह्मण के यहाँ ठहरा हुआ हूँ। आज सुबह नौ बजे राजा साहब से मिलने के लिये गया था, लेकिन उन से मिलने के पहले

ही उनके नौकरों ने होली के कारण मेरे ऊपर धूल झोंक दी—कपड़े बरबाद हो गये। राजा साहब के कर्मचारी मुझे गढ़ के अन्दर ठहरने के लिए कहते थे। लेकिन बाहर मुझे आराम खूब है। आज तीन बजे मुलाकात के लिए जाऊँगा। प्रणाम। राम लाल को प्रेम।

सूर्यकान्त

शिवशेखर और दयाशंकर को आसीस।

शिवशेखर! तुम ने चिट्ठियों वाला बंडल जिस में चतुर्वेदी जी वग़ैर: की सम्मति थी दिया ही नहीं! सूर्य्यकान्त

[पता]

Shreejut
Ram Shanker Sukul
Awasthi + Ghose + Co
10/5 Canal East
Road
Calcutta

[बच्चा—रामशंकर शुक्ल; गढ़बनैली की डाकमुहर में तारीख—18 मार्च, 27।]

13. विनोदशंकर व्यास को

उन्नाव
11-5-27

प्रिय व्यास जी,

मैं सकुशल 9 मई को [के] दिन 11 वजे घर पहुँच गया। इस समय रोग कुछ बढ़ गया है, शायद रास्ते की धूप खाने की वजह। कल से दवा करूँगा। यहाँ आम ख़ूब हैं।

शायद आप भी 2-4 दिनों में गाँव चले जायँ। उत्तर दीजिये। गाड़ी में एक मजेदार घटना हुई, अखबारो के लायक, फिर लिखूँगा।

बाबू साहब श्री जयशंकर प्रसाद जी, हिन्दी भूषण श्री शिवपूजन सहाय जी, श्री शान्ति, सुमन जी आदि से मेरा प्रेम॥

विशेष हाल फिर लिखूँगा।

मुन्नी को प्यार

[शान्ति—शान्तिप्रिय द्विवेदी।]

14. विनोदशंकर व्यास को

मगरायर, उन्नाव
12-6-27

प्रिय विनोद जी,

पत्र आपका मिला। आपके बनारस न रहने का समाचार शान्ति जी से मिल चुका था। इधर 5-6 दिनों के लिए मैं भी ससुराल चला गया था। लड़के का जनेऊ था।

यहाँ पत्र आने में देर होती है। 8-9 दिन बाद मिलता है। मेरे पास और नये समाचार कुछ नहीं। अपनी, नई खबर अवश्य भेजिये। बाबू साहब+महा द्विवेदी प्रसंग अच्छा रहा।

[महा द्विवेदी—महाप्रसाद द्विवेदी; नागरी प्रचारिणी सभा द्वारा द्विवेदी जी के अभिनन्दन तथा प्रसाद जी से उनके छायावाद-सम्बन्धी वार्तालाप की ओर संकेत है।]

15. विनोदशंकर व्यास को

उन्नाव
मगरायर, आषाढ़ सुदी 10 मी
[जुलाई, 1927]

प्रिय व्यास जी,

पत्र आपका मिला। यहाँ रोगग्रस्त जीवन दु:सह हो रहा है। आप लोगों के पत्रों से ही बचा हूँ। अब तक यहाँ बड़ी गर्मी थी। अब दो रोज़ से वर्षा होने लगी है। आम ख़ूब पकते हैं।

वह पुस्तक पूरी हो गई थी। अब तक आपके शब्दो में मस्ती ले रहा था। अब एक दूसरी पुस्तक लिखूँगा, आर्डर-पूर्ति, अन्त:सार शून्य। इन्हीं दिनों पन्त जी की समालोचना भी लिख डालना चाहता हूँ। साधनाभाव है। किसी तरह लिखूँगा। बाबू साहब के पत्र का जबाब अभी तक मैंने नहीं लिखा, क्योंकि बहुत दिनों बाद उन्होंने जो कुछ लिखा, वह नहीं बराबर।

शिव पूजन जी को मैंने लिखा है। क्या 'सुधा' निकली? मुझे इस समय साहित्य से वनवास मिला है।

16. विनोदशंकर व्यास को

[गढ़ाकोला]
5-4-27
[5-8-27]

पत्र आपका आया, आपका हार्दिक स्नेह, ईश्वर मुझे हमेशा दिलाये। उत्तर देर से जा रहा है—क्षमा।

अब वीमारी 3 आना और है, अन्दर 15 दिन के आशा है, बिल्कुल साफ हो जायगी। दवा निहायत अच्छी है। आम भी खा लिये, बीमारी भी अच्छी करली।

अब तो आप खूब मस्ती लेते होंगे। आपकी चिन्ता की क्लिष्ट, मृदु, कुछ गहन रेखा कवि की दृष्टि बनकर नहीं रह सकी। आशा है, लापरवाही से जो रत्न नष्ट हो चुके हैं, चिन्ता उन मणियों को निकालेगी।

क्या आप सरस्वती-सम्पादक का निमंत्रण स्वीकार कर बनारस आ गये?

आपकी सहृदय सरलता का सेवक

सूर्यकान्त

[विनोदशंकर व्यास की पुस्तक 'दिन रात' में इस पत्र पर छपी हुई तारीख 5-4-27 सही नहीं है। व्यास जी ने इसे मई-जून के पत्रों के बाद रखा है, वह उचित ही है।]

17. शिवपूजन सहाय को

श्री :

Garhakola

भादों बदी 2

प्रिय शिवपूजन जी,

पत्र आपका मिला। ईश्वरी जी का हाल श्रीकृष्ण सन्देश में पढ़ चुका था, मृत्यु क्या आश्चर्य सा हो गया। रामशंकर जी से सुना आपका एक लेख सुधा के शीर्षस्थान में छपा है, शायद "सुधा" शीर्षक है भी। "सुधा" की शकल मैंने नहीं देखी। 'माधुरी" के सावन के अंक में शायद मेरी "रेखा" का एक अंश छपे। पन्त जी की समालोचना के 30 स्लिप आज "माधुरी" में छपने के लिये भेज रहा हूँ, इस तरह के 60 स्लिप और होंगे, शायद तीन अंक तक क्रमश: प्रकाशित करना पड़े। बाकी अंश भी इसी उठान में पूरा करूंगा, नहीं तो स्वभाव तो आप जानते ही हैं। पढ़ियेगा।

मेरी बीमारी बस एक आना और है। लेकिन कई फोड़े हुए हैं। समय बडा खराब है। अंगुली में (पैर की) एक चोट लगी थी। पकी है, चला नहीं जाता, कई रोज़ से।

मतवाला वाले हमेशा टट्टी की ओट शिकार खेलते हैं। उग्र की यह भी एक मौलिकता थी।

अपना और ललन का हाल लिखिये। मैं व्यास जी और बाबू साहब को लिख चुका हूँ। बाबू साहब की "कामना" मिली। शान्ति से अपने पत्र का सब हाल अवश्य कह दीजियेगा। उनका पत्र मिला, उत्तर दिया या नहीं, याद नहीं—

"निराला"

Hindibhushan
Babu Shivapoojan
Sahayaje
Dandapani Bhairav
(Benares City)

[पोस्टकार्ड पर सफ़ेद चिकना काग़ज़ चिपका कर लिखा है। पते की जगह भी काग़ज़ चिपका कर लिखा है। सम्भवत: किसी को कार्ड लिखा, भेजा नहीं; उसी का उपयोग शिवपूजन सहाय के लिए किया। मगड़ायर की डाकमुहर में तारीख है : 16 अगस्त '27।]

18. स्वामी विश्वेश्वरानन्द को

Garhakola
23. 8. 27

Respected Prabhu Maharaj,

I receive your letter today. Sorry to read about Sarat Maharaj. I fear, I will not see him again. When I think of the attack of Apoplexy and of his lying in unconcious state...

[सम्भवत: इतना लिखने पर उन्हें असन्तोष हुआ और पत्र दुबारा लिख कर—शायद बँगला में—उन्होंने स्वामी जी के पास भेजा। इन्हीं स्वामी जी के नाम बँगला में लिखा हुआ। पत्र आगे देखें। सरत महाराज निराला के लिए साक्षात महावीर थे; उनके अचेत अवस्था में पड़े होने के समाचार से निराला का विचलित होना स्वाभाविक था।]

19. केशवलाल त्रिपाठी को

पता :—पास राम शंकर सुकुल
मिलै सूर्य्यकान्त त्रिपाठी
10/5 कैनल ईस्ट रोड
अवस्थी घोष कम्पनी
उल्टाडांगा
(कलकत्ता)
[9-9-27]

चिरंजीव केशव व कालीचरण को आसीस। आगे हम अच्छी तरह कलकत्ता आ गये। किसी बात की चिन्ता न करना। एक चिट्ठी डलमऊ से तुम को लिखी। मिली होगी। आज 20) बीस रुपया मनी अर्डर [आर्डर] से भेजते हैं। सो 5) पाँच रुपया तुम लेना और 15) मन्नीलाल जी पण्डित को देना। अभी हमारे रुपये नहीं मिले। जल्दी रुपये मिलेंगे। तब तुम को और पण्डित जी को और खर्चा भेज देंगे। हमारी चिट्ठियाँ ऊपर के पते पर भेज दो। किताबें जो आवें उनको न भेजना। हम अच्छी तरह हैं। रुपयों के पाने पर चिट्ठी जल्दी देना। दो दिन बाद रामगोपाल के पास जायंगे।

तुम्हारा काका

पता—Shreejut
Keshava Lal Tripathi
Garahakola Village
P.O. Magrair
(Unao) U.P.

[केशवलाल, कालीचरण—निराला के चचेरे भतीजे; मन्नीलाल—महाजन।]

20. केशवलाल त्रिपाठी को

10/5 कैनल ईस्ट रोड
उल्टाडांगा (कलकत्ता)
तारीख 13. 9. 27

चिरंजीव केशव व कालीचरण को चूमी।

तुम लोगों के भेजे हुए चिट्ठियों का बंडल, दो लिफ़ाफों में चिट्ठियाँ सब मिलीं। तुम्हारा हाल पढ़कर खुशी हुई। हम हरगोपाल के पास गये थे। वहाँ सब राजी खुशी है। विहारीलाल ने लिखा है कि हम बहुत बीमार हैं, सो हम ने चले आने के लिए लिख दिया है।

और बच्चा केशव, तुम ने जो लोगों के दाम दे दिये और अनाज खरीद लिया सो अच्छा किया। पंडित जी ने बाग का चारा 22) में बेच डाला यह भी अच्छा हुआ। देखना, पेड़ न चर जायं जो पौधे हैं। रुपया पंडित जी को हम बहुत जल्द भेजते हैं। हम को यहाँ 150) डेढ़ सौ रुपये का एक छोटा मोटा काम मिल गया है। सो दस दिन में खतम कर के घर आवेंगे। लेकिन एक नौकरी भी मिल रही है और रुपयों की दिक्कत से बचने के लिये हम जबान भी दे चुके हैं, इसलिये कहा नहीं जाता कि हम ठीक ठीक आ सकें गे कि नहीं। हमारे पैर के घाव अच्छे हो गये।

तुम लोगों को जड़ावर भेजें गे। रामकृष्ण को अपने साथ ले आने के लिये घर जायं तो जायं। छोटकऊ भैया को प्रणाम।

—तुम्हारा काका

आज तुम्हारे नाम पंडित जी [को] 40) चालीस रुपया भेजते हैं।

पता—Shreejut
Keshava Lal Tripathi
Village Garahakola
P.O. Magrair
(Unao) U.P.

21. शिवपूजन सहाय को

10/5 Canal East Road
Ultadanga, Calcutta
13. 9. 27

प्रिय शिवपूजन जी,

आपके पत्र का एक उत्तर लिखा, पर पोस्ट करने की नौबत न आई। पाण्डेय जी को आपने जो कुछ लिखा है, वह आप जैसे लेखनकुशल साहित्यिक की निर्वैर लेखनी के अनुकूल ही हुआ है।

अच्छा सुनिये, पाण्डेय जी का कार्ड घर से redirected होकर यहां मिला। दो विषय मुख्य हैं—" आप कितने वेतन पर आ सकें गे? " और " आपके क्वालिफ़िकेशन

क्या हैं?" वेतन के संबन्ध में 100) और क्वालिफ़िकेशन के संबन्ध में पहले मैंने ज़रा शाब्दिक दिल्लगी की थी, परन्तु फिर वह पत्र फाड़ डाला। सोचा, अकारण क्यों कष्ट दें, उन्होंने व्यवसाय ठीक ही तो किया है। ख़ैर अपने क्वालिफ़िकेशन पर सरल उत्तर लिखकर आज चिट्ठी पोस्ट कर दी।

ख़ैर, सेठ जी मिले, रामशंकर जी के डेरे पर, उग्र जी को साथ लेकर, ख़ास तौर से मेरे ही लिये आये थे, व्यथित, मैं उनसे मिलने मतवाला नहीं गया—इसलिये! क्षमा मांगी, उनकी सरलता। अब लोग इसे व्यवसाय कहते हैं। कारण दूसरे दिन मुझ से उन्होंने पूछा, सुना आप माधुरी जा रहे हैं? मैंने कहा : "हैं" नहीं, "था"; जगह भर गई। उन्होंने कहा, हमारे यहां रह जाइये। बड़ी देर के बाद उन्होंने कहा, 60) से अधिक पत्र में गुंजाइश नहीं है महाराज। भाई, मैं तो असमंजस में पड़ गया, मत. की सहका...स्वीकार कर ली। अभी join नहीं किया। 150) 200) के दो आर्डर मिल गये हैं। इधर स्वास्थ्य का यह हाल है। वेणीपुरी जी को नमस्कार। आप बाबू साहब से दवा भेजवा दीजिये, पत्र दिखा दीजिये। माधुरी में नाटक पर आपने ख़ूब लिखा। मेरी बेतुकी अशुद्ध छपी कई जगह।

—निराला

Babu
Shivapoojan Sahayaje
Dandapani Bhairava
(Benares City)

[सहकार..., 'का' के बाद का अक्षर अस्पष्ट है! 'त्रिपथगा' (फरवरी '62) में शिवपूजन सहाय की भेजी हुई पत्र की जो प्रतिलिपि छपी है, उसमें यह शब्द 'सहकार्यता' है। अन्तिम अंश में 'दवा भेजवा दीजिये' के बाद 'समाचार कह दीजिये' भी छपा है; मैंने कार्ड की जो प्रतिलिपि की थी, उसमें ये शब्द नहीं हैं। सम्भव है, प्रतिलिपि करते समय छूट गए हों।]

22. जयशंकर प्रसाद को

मतवाला
कलकत्ता

Matawala
36, Shanker Ghose Lane
Calcutta
[सितम्बर 1927]

श्रीमान् बाबू साहब,

चिरकाल बाद पत्र दे रहा हूँ। इधर विनोद जी के पत्र से मालूम हुआ, आपकी तबियत कुछ अस्वस्थ है। आशा है, अब सकुशल होंगे। मैं कलकत्ते में तो हूँ, पर किसी स्थिति में नहीं हूँ। उसी तरह का निष्काम भाव रहता है। अब एक दूसरी बला सिर दर्द की लग गई है। इधर 15 दिन से बेचैन रहता हूँ। पर कुछ लिखता भी जाता हूँ। इस समय Head Quarter मतवाला ही है। बहुत कुछ बेफिक्र हो चुका हूँ।

देखिए आगे राम की क्या इच्छा होती है। पं. शान्तिप्रिय जी को पत्र देने के लिए कहिएगा, कुछ बात करनी है, उनके सम्बन्ध की।

सविनय
निराला

[पता]

Shriman
Babu Jay Shanker je
"Prasad"
Govardhan Sarai
Benares City

[यह पत्र सितम्बर, 1927 में लिखा गया होगा जब निराला से महादेव प्रसाद सेठ ने 'मतवाला' में सहायक के पद पर काम करने को कहा था और निराला ने यह पद स्वीकार कर लिया था पर काम करना शुरू न किया था।]

23. जयशंकर प्रसाद को

10/5 Canal East Road
Ultadanga
Calcutta
1-10-27

श्रीमान् बाबू साहब,

क्षमा। बहुत दिनों के बाद लिख रहा हूं। दवा मिल गई। आज शनिवार है। कल से सेवन करूंगा। मेरी नियुक्ति का हाल शिवपूजन जी से मिल गया होगा आपको। फिलहाल मतवाला का सहायक हूं। लिफाफे में पत्र लिखें और अपनी उन पंक्तियों को जो पुरानी हैं छपने के सन्-संवत तारीख के साथ भेजें जिनके मध्य भाग में पूर्ण विराम आया है—आपको याद होगा, मैंने उनको पसन्द किया था—वे मेरे काम की हैं, उनके अभाव से समालोचना का दूसरा अंश जो यहाँ से भेजा है जिसमें मुक्त काव्य का थोड़ा सा विचार आया है, अधूरा चला गया, अब तीसरे अंश में अच्छी तरह लिखूंगा।

सविनय
निराला

बहुत शीघ्र पत्र दें और वे पंक्तियां, मेरी पुस्तकें घर रह गईं। यहाँ कौन लायब्रेरी जाय।

['सरोज' में प्रकाशित उस लेख की चर्चा है जिसमें निराला ने प्रसाद-काव्य का विवेचन किया था।]

पता :

Babu
Jay Shankar Prasad
Govardhan Sarai
Benares City

24. शिवपूजन सहाय को

Awasthi Ghose & Co.
105, Canal East Road
Ultadanga,
Calcutta,
1/10/1927

प्रिय शिवपूजन जी,

दवा कल शाम को मिली, पत्र भी। मैं मतवाला में मुंशीजी का सहायक हूं। काम मधुचक्र आदि जो साधारण शीर्षक हैं, उन्हें पूरा करना, प्रूफ देखना आदि। 60) देते हैं।

सुधा के लिये अभी कुछ भी नहीं किया, सेठ जी के पास 'सुधा' है भी नहीं। अभी तो रूसी रासपुटीन के 18॥ इंच के ठपाक (?) बे [वे] सँभालें। आगे हरि इच्छा।

पहले से कुछ अच्छा हूं। घर में सब कुशल है। बिहारीलाल रंगून में है। पत्र आया है, अच्छी तरह है। उमादत्त जी ने रुपये दे दिये।

समन्वय का काम रामप्रसाद जी ही करते हैं। मैं स्वामियों से नहीं मिला। सुनता हूं, इस साल के बाद समन्वय बन्द हो जायगा।

रामशंकर जी अच्छी तरह हैं। उनकी भादों की 'माधुरी' एक हफ्ता हुआ आ गई, अभी सेठ जी की नहीं आई। मेरी समालोचना निकल गई। दूसरा अंश भी यहां से भेज चुका। अब तक भादों का अंक आपको भी मिल गया होगा। पढ़ कर राय लिखियेगा। प्रति अंक पढ़कर राय लिखिये। सच्ची।

आपने छतरपुर महाराज के प्राइवेट सेकेटरी गुलाबराय एम. ए. महाशय को मेरे संबन्ध में लिखा है। अभी उनका कोई पत्र नहीं आया। मैं स्टेट में रह चुका हूं। यदि वे लिखेंगे तो आपको लिखूंगा।

आप अपनी योग्यता के लिए रोते हैं। आपके आंसू पोछूं, वह शक्ति यहां नहीं। मै तो जो कुछ देखता हूं, बहुत है मेरे लिये—पूछे हु मोंहि कि रहौं कहँ मैं पूछत सकुचाउँ। कोई कहता है, हाल, बेताब-ए-दिल होश में आलू [आलूं] तो कहूं। परन्तु यहां तो होश आने पर भी भूली हुई बातों की याद नहीं आती—जो कुछ जानता था, वह भी गया।

सेठ जी ने गर्ग जी को बुलाया है। चिट्ठी लिख दी गई है। अभी आये नहीं। उनकी इच्छा थी, जहां मैं रहूंगा, वहीं रहेंगे। शायद अब आ जायं। शान्तिप्रिय जी की कोई खबर नहीं मिली। मिलें तो पत्र देने के लिए कहिये गा। उग्र जी और सेठ जी घर जानेवाले हैं—पूजा के इधर-उधर। खूब बिकती हैं उग्र जी की पुस्तकें। दिल्ली का दलाल डेढ़ महीने में 1100 बिक गया। ललन के स्नेह।

आपका
—निराला

25. विनोदशंकर व्यास को

10-10-27

रोग बहुत अच्छा है। दाहिने घुटने में सूजन है। वात के लक्षण। देखिये क्या होता है। इधर तो समय बड़ा बुरा रहा। आपकी भाषा का शान्त सहज सौन्दर्य बहुत कम लोग समझेगें। दूसरे उसे साधारण से अधिक शायद और कुछ न कहेगें। पर लिखते हैं आप पुरदर्द। मैं कुछ समझता हूँ।

26. आनन्दमोहन वाजपेयी को

C/o. AWASTHI GHOSE & Co.

10-5, CANAL EAST ROAD,
ULTADANGA.
Calcutta, 19/10/1927

प्रिय भाई आनन्द मोहन,

तुम्हारी चिट्ठी मिली। सभापति के गुरु उत्तरदायित्व का बोझ आप लोग मेरे कमज़ोर कन्धों पर रखना ही चाहते हैं तो अच्छा, स्वीकार करता हूं।

मैं प्रसन्न हूं। अपने समाचार देना।

तुम्हारा
सूर्य्यकान्त

27. जयशंकर प्रसाद को

Dalmau
[नवंबर 1927]

श्रीमान बाबू साहब,

आपको बहुत देर से लिख रहा हूं। बनारस छोड़ने के पश्चात् अब तक कहीं स्थिर नहीं रह सका। कल घर जाऊंगा। कल से कुछ दिनों तक आसन अविचल है। कानपुर के D.A.V. College का कवि सम्मेलन देखा। निबाह किया गया किसी तरह। वहां के विद्यार्थी आपके 'आंसू' के बड़े भक्त मिले। जान पड़ता है कि पताका छायावादियों के ही हाथ रहेगी। 'पल्लव' मुझे मिल गया। मेरे पास यहां कोई अखबार नहीं आता। पंतजी के मित्र कुछ लिखें तो सूचित करने की अवश्य कृपा कीजियेगा। विनोद जी व उग्र जी कानपुर में नहीं मिले। क्या हाल है, लिखिये गा कृपा कर घर के पते पर—

सविनय
निराला

माधुरी से समालोचना का
तकाजा कीजियेगा।

['नया प्रतीक' (जून, 1975) में प्रकाशित प्रसाद के नाम निराला के पत्रों में इस पत्र के ऊपर लखनऊ, अगहन बदी 2 छपा है। मेरी प्रतिलिपि में डलमऊ है और तिथि नहीं है।]

28. जयशंकर प्रसाद को

[गढ़ाकोला]
6-12-27

श्रीमान् बाबू साहब,

आपका कृपा पत्र मिला। बाबू शिवपूजन जी के समाचार से विचलित हूँ। मैंने उन्हें पत्र नहीं लिखा था। आज लिखूँगा। मेरी बीमारी पहले से ठीक है परन्तु जड़ अभी है। शिव पूजन जी ने यदि अपना पहला पता बदल दिया (पत्र से कुछ समझ में न आया कि वे उसी पते पर हैं या दूसरा पता बदला) तो पता न मालूम रहने के कारण उनका पत्र आपके पास भेजता हूँ, आप उनके पास भेजवा दीजिए। आपके पत्र में अधिक झुकाव उनके पूर्व पते की ओर ही जान पड़ता है पर कौन सन्देह में पड़े। आप मुझे लिफाफे में पत्र लिखने पर अपना एक सादा letter paper साथ ही रख दिया कीजिएगा। यहाँ कागज का बड़ा अभाव रहता है। बज्र देहात है। शिव पूजन जी की सिफारिश से महाराज छतरपुर ने मुझे बुलाया था अपने सेक्रेटरी द्वारा, तारों और पत्रों से, आपको इतना मालूम हो चुका है मेरे बनारस रहते समय। अब यहाँ भी उनके सेक्रेटरी के कई पत्र आ चुके हैं। एक बार जाने का विचार कर रहा हूँ। अभी तक अर्थाभाव था। सेक्रेटरी गुलाबराय जी के आदेशानुसार ब्रज भाषा में चंडिदास की एक कविता का अनुवाद उनके पास भेज दिया है मैंने, आपको शायद नहीं लिखा था। बनारस में मेरे लिए कहीं सम्भव हो तो कोशिश कीजिए गा, जगह की हो या पुस्तक की। विनोद जी को लिखता हूँ। हाँ, वह पद्यानुवाद शिव पूजन जी के पत्र में भेजता हूँ—देखिएगा।

निराला

[पता]

Babu Jay Shankar Prasad
Govardhan Sarai
Benares City,

['नया प्रतीक' में तारीख 8-12-21 छपी है; वहाँ 21 की जगह 27 होना चाहिए। 8 सम्भव है, सही हो और मेरी प्रतिलिपि में 9 गलत हो।]

29. जयशंकर प्रसाद को

[गढ़ाकोला]
[15. 12. 27]

श्रीमान् बाबू साहब,

यह सम्पूर्ण पत्र पढ़ियेगा। सब हाल मालूम हो जायेंगे। फिर इसे बाबू शिवपूजन जी के पास भेजवा दीजियेगा; उनका पता मालूम नहीं। श्री शान्तिप्रिय के पत्र से उनके

परिवर्तन का समाचार मिला। मैं एक हफ्ते में छतरपुर चला जाऊंगा। वहां से आपको लिखूंगा। यथासंभव शीघ्र लौटूंगा।

"कामना" हिन्दी संसार की पहेली हो रही है। माधुरी या सुधा में कामना की समालोचना करूंगा, यथासंभव शीघ्र।

आपका

निराला

15—12—27

['यह सम्पूर्ण पत्र' अर्थात् अगला पत्र, जो उन्होंने शिवपूजन सहाय को लिखा था और पता न मालूम होने से जिसे उन्होंने प्रसाद जी के पास भेजा था।]

30. शिवपूजन सहाय को

गढ़कोला, मगरायर, उन्नाव

15.12.27

प्रिय शिवपूजन जी,

श्री मान् बाबू साहब के पत्र से आपके पैर में चोट आ जाने की खबर पा विचलित हूँ। उन्होंने यह भी लिखा था कि अब आप पहले से अच्छे हैं। सविशेष लिखिये।

कलकत्ते से चले आने [पर] एक बंगाल (बंगाली) महाशय जिनकी उपाधि साहित्यरत्न है, मुझसे मिलने के लिये श्री महाराजा साहिब बहादुर की ओर से कलकत्ता गये थे। रामलाल ने उनसे मिलकर मेरे चले आने का कारण और समाचार कहा। गुलाबराय जी की चिट्ठी उनसे ले ली। मेरे पास रवाना भी डाक से कर दिया। यहाँ भी सेक्रेटरी के पत्र आये। बंगाली महाशय ने भी लिखे हैं दो पत्र। इन्होंने कलकत्ते के थियोसफिकल हाल में श्री चंडिदास पर कई लेक्चर दिये हैं जैसा कि इनके पत्र से मालूम होता है। इनकी इच्छा है कि मैं छतरपुर में इनकी सहायता का सवाल पेश करूँ यद्यपि इनके मन में मैंने इनके नाम लिखे गये अपने बंगला-पत्र से यह विश्वास करा देने की चेष्टा की है कि मुझे सहायक की आवश्यकता नहीं है। यह विश्वास खुलासा लिखकर नहीं किन्तु केवल अपनी भाषा द्वारा। ये कहते हैं, इससे आप का नुकसान न होगा—न आर्थिक, न साम्मानिक। खैर जहां तक होगा, मैं इनके लिये ज़रूर चेष्टा करूंगा, अभी मेरा यही निश्चय है। एक सप्ताह के अन्दर ही अन्दर छतरपुर जाता हूँ। यदि महाराजा साहिब न करावेंगे तो चंडिदास का अनुवाद हिन्दी में बिकने को न रह जायगा। सूझ एक अच्छी मिली।

कल लखनऊ से लौटा हूँ। दुलारे लाल जी और पांड़े जी से मिला। सब लोगों की कृपादृष्टि है। 'श्री चंडिदास' एक लेख 'सुधा' को दिया।

हां, सेक्रेटरी छतरपुर के पास व्रजभाषा में चंडिदास के एक पद्य का अनुवाद करके भेज चुका हूँ उनकी आज्ञानुसार। भई, बहुत ठोंक बजा रहे हैं।

अच्छा, वह अनुवाद चंडिदास वाले लेख में दे दिया है—आप भी देखिये, लिखता हूँ, बाबू साहब से कौल कर चुका हूं कि दिखलाऊंगा।

आपके वहाँ क्या रंग है, पुस्तकें निकलती हैं या नहीं, रामायण की टीका कोई लिखवाना चाहते हैं या नहीं, और जो नई बातें हों लिखिये। आप की नई बीबी वाली कविता अच्छी रही। विवाह में निमंत्रण होगा जहाँ तक आशा है। मैं तैयार हूं। अबके साहित्यिक बरात ले चलिये। दो महीने की तनख्वाह न सही। फिर कुछ दिन अखबारी दुनिया में आपके विवाह का रंग रहे। अधिक और क्या इति।

आपका
निराला

बाबू साहब,

मेरी तबियत अच्छी है। बीमारी क्रमशः अच्छी हो रही है। पैर का घाव अभी तक वैसा ही है।

सविनय निराला

[जो बंगाली महाशय निराला से मिलने कलकत्ते गए थे, वह हरेकृष्ण मुखोपाध्याय थे। अन्तिम दो पंक्तियाँ बाबू साहब अर्थात जयशंकर प्रसाद के लिए लिखी गई हैं।]

31. जयशंकर प्रसाद को

Dalmau
Raebareli
मंगलवार तारीख याद नहीं
—27-28 होगी
[दिसंबर 1927)

श्रीमान् बाबू साहब,

घर से शिव. पू. जी की चिट्ठी आपके नाम भेजकर मैं ससुराल चला आया। आज 10 दिन से यहीं हूं। यहां कल बुध को अखिल भारतवर्षीय अहीरों (यादव क्षत्रियों) की सभा होगी। इसलिए उत्सुकता बढ़ी, मैं रह गया। वृहस्पति शुक्र तक घर जाऊंगा। फिर छतरपुर, यदि कुछ परिवर्तन छतरपुर वाले न कर देंगे। प्रसन्न हूं। अब तक आपका कोई पत्र घर गया होगा।

पत्र के साथ एक लेख भेजता हूं। आपके यहाँ कोई साप्ताहिक मासिक में परिवर्तित हुआ है। मुझे नाम याद नहीं। उसके मैनेजर ने उसकी एक प्रति (मासिक के रूप से दरिद्र निकली हुई—भविष्य की अपनी स्थूलता का विश्वास दिलाती हुई) मेरे पास भेजने की कृपा कर दी। साथ ही पत्र लिखकर लेख कविता की प्रार्थना की। कुछ पत्रं पुष्पं के रूप से देने के लिए भी लिखा। अतएव यह लेख मुद्रा के लोभ से मुद्रणयंत्र में जाना चाहता है। आप कृपा कर उनके पास भेज दें, लेख नष्ट न हो। दूसरी कापी मेरे पास नहीं।

पढ़ लीजियेगा। सुधार, आवश्यक समझें तो कर दीजियेगा। मैने दोबारा पढ़ा नहीं। घर से उनका पत्र पढ़कर मैं उन्हें लेख भेजने की सूचना देता हूं।

आपका—निराला

32. विनोदशंकर व्यास को

[गढ़ाकोला]

7-1-28

डलमऊ से एक पत्र आपके नाम मैंने लिखा था, पर पोस्ट करना भूल गया। किसी ने वहाँ से यदि पोस्ट कर दिया होगा तो अब तक पत्र आपको मिला होगा। बाबू साहब और शिव पूजन जी के पत्रों से आपके समाचार मिल जाते हैं। मेरे समाचार भी आपको मिलते रहे होगें। पत्र न लिखने का आपके पास कोई कारण न होगा, सिवा नाराज़गी के। कानपुर में तो आप लोग आप+उग्र ख़ूब मिले। अब देहात में मेरा जी नहीं लगता। हो सका तो छतरपुर से लौटकर आपके उधर आऊँगा।

33. शिवपूजन सहाय को

छतरपुर,

C/o बाबू गुलाबराय जी एम.ए.

एल एल बी

प्राइवेट सेक्रेटरी, महाराजा बहादुर

छतरपुर

[जनवरी 1928]

प्रिय शिवपूजन जी,

मुझे यहाँ आये आज चौथा दिन है। परसों थोड़ी देर के लिये श्री महाराजा बहादुर से बातचीत हुई थी। महाराज स्वभाव के बड़े शीतल हैं। सेक्रेटरी साहब भी उस समय थे।

मैं जब से आया, महाराज छत्रसाल की बात मेरे मस्तिष्क से नहीं उतरती। यहाँ की प्रत्येक कृति में मैं गत गौरव देख रहा हूं। ईश्वर से प्रार्थना करता हूं, यहां के लोगों को उनके विगत सूर्य की किरण उज्वल करे।

श्री महाराज को इस वर्ष K.C.I.E. की पदवी मिली है। अभी तक उत्साह-उत्सव हो रहे हैं। 'सरस्वती-सदन' पुस्तकालय की मीटिंग में, श्री शुकदेव विहारी जी (राय बहादुर, दीवान साहब) की अध्यक्षता में यानी सभापतित्व में कुछ मुझे भी कहना पड़ा। एक गाना भी गाया—रचकर—आपको अलग लिखता हूं।

बाबू गुलाबराय जी भी थे—बोले भी। अन्त में मिश्र जी के भाषण के पश्चात [पश्चात्] सभा विसर्जित की गई।

मैं यहां बहुत अच्छी तरह हूं। किसी प्रकार का कष्ट नहीं होने पाता। यह सब सेक्रेटरी साहब की कृपा और सज्जनता के कारण। उनके सहायक श्री रामनारायण जी शर्मा मित्रवत [त्] मेरे साथ ही रहते हैं—भंग उन्हीं के यहाँ छनती है। वे मुझे पुस्तकें भी पढ़ने के लिये दे जाते हैं। हिन्दी लिखते हैं और अनुप्रासाशी खूब हैं। नौजवान, प्रसन्न, मधुरभाषी। आप बालक के लिये इनसे प्रबन्ध लेकर अपनी प्रचलित प्रथानुसार अपनाइये—छापिये। हिन्दू पंच के आपके शिष्य (यद्यपि वह पत्र एक समय आपके श्री [एक शब्द अस्पष्ट] के हाथों रहा) इनके लेख छापते हैं, और ये लिखते भी हैं अच्छा, सेक्रेटरी साहब का भी हाथ रहता है।

काम मिल जाने पर विचार है, इलाहाबाद होकर घर जाऊंगा और निश्चिन्त होकर लिखूंगा। बनारस में एक पत्र आपके पास भेज चुका हूं मिला होगा। उत्तर घर के पते पर लिखिये।

आपका
—निराला

नयनन उमड़ि आयो सिन्धु।
गगन जस-थल विमल-किरननि
धनि लख्यों नव इन्दु॥
बहि चलीं रसधार नव।
मति - कुमुदिनी उघरी।
पाय कविता-दरस
परसत पग, परागन - भरी॥
दियो वर हँसि, बसि रही उर,
मधुर भो मो प्रान।
प्रात होइहि, करहु भारत-
भजन - गुन - गन - गान॥
लख्यों नरपति - विश्वनाथहिं।
द्वार स्मृति के खड़ो।
छात्रसाल - महीप - महिमा को
नवल रवि कढ़ो॥

चन्द्र और सूर्य दोनों से रात्रि और प्रभात की प्रकृति के साथ श्री महाराज की तुलना—निबाह

—निराला

34. विनोदशंकर व्यास को

22-1-28

ससुराल से एक कार्ड आपको मैने लिखा, पर पोस्ट करना भूल गया। इसके बाद घर आकर छतरपुर चला गया। वहाँ मियादी बुखार से बीमार पड़ा। 17 उपवास हुए। कल घर लौटा हूँ। अपराध क्षमा हो। प्रत्यक्ष पत्र तो आपके पास नहीं गया, पर मन ही मन मैंने न जाने कितने पत्र आपको लिख डाले। अब एक दिन न्योता दीजिए। तो बनारस आवें मस्ती लेने।

दुलारेलाल से आपने खुशामद करा ली—खूब हुआ। प्रसाद जी आपकी तरफ थे ही। मामला बढ़ता तो मैं भी आप ही का पक्ष लेता।

35. शिवपूजन सहाय को

Garhakola Village
P.O. Magrair (Unao)
29. 1. 28

प्रिय शिवपूजन जी,

कल छतरपुर से घर लौट आया। वहां मुझे मीयादी बुखार आ गया। जिसमें 17 उपास पड़े। वहां के डाक्टर ने इलाज अच्छा किया और बाबू गुलाब राय अच्छा इन्तजाम करते रहे।

वहां दो सभाओं में मुझे बोलने का अवसर मिला। इस वर्ष वहां के महाराजा साहिब K.C.I.E. का खिताब मिला है। उत्सव इसी उपलक्ष में हुए थे। सभी [?] और लोगों से—आफ़िसर वगैर: से काफी तारीफ मिली।

दो रोज़, वहाँ के दीवान, 1300) मासिक पानेवाले, शुकदेव विहारी जी मिश्र के यहां बैठक रही। सब बड़े बड़े आफ़िसर दूसरे दिन एकत्र थे। मेरा गाना हुआ और कविता पाठ। मिश्र जी ने कहा, आप जीनियस हैं।—और बड़ी तारीफ़ की। बाबू गुलाब राय ने मेरी बीमारी के वक्त कहा था, कीमती जीवन है—रक्षा होनी चाहिए—इनसे हिन्दी को बड़ा लाभ होगा।

जो अनुवाद मैंने पहले आपके पास भेजा था, उसे, महाराजा साहब के कहने पर, उन्हीं के प्रिय छन्द में इस तरह बदल कर उन्हें दिया—उन्होंने पूछा, आप ललित किशोरी के छन्दों में अनुवाद कर सकेंगे? मैंने कहा, हां, मैं कर सकता हूं। थोड़ी देर तक जो बातचीत महाराजा से हुई वह अंग्रेज़ी में।

पद 1

स्याम नाम किन आनि सुनायो
पल छिन कल न परत मोहिं आली।
स्रवनन मगु धँसिगो, बसिगो उर,
विकल कियो मो मन वनमाली॥
स्रवत सुधा, लवलीन मीन सम,
नाम नीर नहिं त्यागन चाहौं।
जपत बिबस भो मो तन-मन धनि
पावन-हित चित सों अवगाहौं।
नाम-प्रतापहिं यह गति भइ जब
अंग-परस-रस धौं किमि होई।
बसत जहां वह लखि नयनन सों
निज कुल-धरम जुवति किमि गोई॥
भूलन चाहौं भूलि सकौं नहिं।
अब कहु कौन उपाव रह्यो री।
चंडिदास वारी कुलवारी
तन-जोबन वनवारि लह्यो री॥

इस अनुवाद में मेरा अंश बहुत है।

—निराला

महाराज पर मैंने जो कविता लिखी थी, वहां से आपके पास भेज दी है।

अब क़ाम की बात सुनिये। चंडिदास का Work, माधुरी से कुछ छोटे साइज़ की किताब में, दो कालम प्रति पृष्ठ, 350 पेज, वे केवल 400) में कराना चाहते हैं यानी 1) प्रति पेज! बताइये, पद्यानुवाद का यह पुरस्कार! 2॥) पेज तो 'माधुरी और 'सुधा' से गद्य की लिखाई मिलती है। मैंने इन्कार कर दिया। मैंने कम से कम 5) पेज कहा था, इसमें भी मुझे घाटा ही था। अनुवाद आप देख ही रहे हैं—मनमाने ढंगे [ढंग] से कराया जाता है—पच्चीस बार बदलना। मैंने जितने रेट पर करना चाहा था, मुश्किल से एक पेज रोज़ अनुवाद कर पाता। पद्य है, जो करता है, वही जानता है। फिर मैं वैसा स्वयंभू कवि भी नहीं—कि जो अंट संट आया, लिखे सिद्ध। लाचार मैंने काम छोड़ दिया।

चलते समय एक सिपाही मुझे कानपुर तक छोड़ने आया था। और सब व्यवहार अच्छा रहा। 75) चलते समय बिदाई मिली।

मेरी तबियत अभी बहुत साफ़ नहीं हुई। कमज़ोरी बहुत है। अपने समाचार दीजिये। कोई काम हो तो कोशिश कीजियेगा—Order के लिये। नौकरी अभी नहीं कर सकूँगा। आपके वहां से मेरे जो रुपये मिलने थे, न मिले; न पुस्तक ही छपी। आप रामायण की टीका के बारे में कहते थे, मगर लहरिया सराय वाले करावें तो

कोशिश कीजिये—शायद कोशिश करने पर कुछ कामयाबी हो। रामायण की अच्छी टीका हिन्दी में एक भी नहीं है। क्या कहें, कोई मालदार कराता टीका, तो उसके लिये भी हमेशा के फायदे की एक चीज़ तैयार हो जाती। और क्या लिखें—उत्थाय हृदि लीयन्ते दरिद्राणां मनोरथा:। खैर। गोली मार दीजिये—हम लोग भी साहित्य के बादशाह हैं—अन्धे क्या जानें—अच्छा सप्रेम। विवाह में ले चलियेगा कि नहीं?

आपका
निराला

बेनीपुरी जी को सप्रेम। शान्तिप्रिय जी को भी। उत्तर शीघ्र नवीन समाचारों के सहित।

—निराला

[निराला की चिकित्सा करनेवाले डा. भट्टाचार्य नाम के बंगाली सज्जन थे।]

36. जयशंकर प्रसाद को

Chhatrapur C.I.
C/o. P. Secretary
[29/1 तथा 7-2-28]

श्रीमान् बाबू साहब,

छतरपुर आये करीब 20 रोज़ हो गये। आज 12 दिन से बुखार है, उतरता नहीं, हालत अत्यन्त शोचनीय हो रही है, दवा हो रही है, अभी मियादी बुखार उतरा नहीं। मेरे जीवन से दैव का यह क्या खेल है, वही जाने। कल परसों तक घर जानेवाला हूं। जिस काम से मुझे बुलाया गया था वह काम मुझे छोड़ देना पड़ा। 'माधुरी' आकार के करीब 350 पृष्ठों की कविता पुस्तक का पद्यानुवाद कराना चाहते हैं 400) में यानी 1) पेज [।] 'माधुरी' से गद्य की लिखाई 25) मिलती है प्रति पेज और यहां पद्य 1) पेज।

शरीर बिलकुल क्षीण हो गया है। जीवन रहा तो दूसरा पत्र लिखूंगा। यह निराला का अन्तिम प्रणामपत्र है। सब अपराध, सब त्रुटियों के लिए क्षमा। विनोद जी को सप्रेम।

सविनय
निराला

पुनश्च:

यहां आपका पत्र मिला। लेख आपने रूपनारायण जी को दे दिया है, आपकी इच्छा। समाचार दीजिये। मैं बहुत दुर्बल हूं। मेरी वह बीमारी साफ़ हो गई।

श्री बाबू साहब

मैं घर पहुँच गया। अब अच्छा हूं। यह पत्र मैंने छतरपुर से लिखा था, पोस्ट नहीं कर सका।

निराला
29-1-28

पुन:

जो अनुवाद आप देख चुके हैं, महाराज छतरपुर के कहने पर उनके प्रिय ललित किशोरी के छन्द में मैंने इस प्रकार करके उन्हें दिया—(इस अनुवाद में मेरे अपने भाव भी हैं—छन्द की पूर्ति के लिये शब्द बढ़ाने पड़े) देखिये।—

पद 1

स्याम नाम किन आनि सुनायो, पल छिन कल न परत मोहिं आली।
स्त्रवनन मगु धँसिगो बसिगो उर, बिकल कियो मो मन बनमाली।
स्त्रवत सुधा लवलीन मीन सम, नामनीर नहिं त्यागन चाहौं।
जपत बिबस भो मो तन मन धनि, पावन हित चित सों अवगाहौं।
नाम प्रतापहिं यह गति भइ जब, अंग-परस-रस धौं किमि होई।
बसत जहां वह लखि नैनन सौं, निज कुल धरम जुवति किमि गोई॥
भूलन चाहौं भूलि सकौं नहिं, अब वह कौन उपाव रह्यौ री।
चंडिदास वारी कुलवारी, तन जोबन बनवारि लह्यौ री।

महाराज की तारीफ़ में एक पद्य मैंने लिखा था। शिवपूजन जी के पास है। आप देखना चाहें तो मँगा लीजियेगा। यहां मेरे पास उसकी कापी नहीं है।

आपका
निराला
7-2-28

अपनी चोट का हाल दीजिये। यह पत्र भी दो तीन दिन पड़ा रहा, अब कुछ और अच्छा हूँ।

[पता]

Babhu
Jay Shankar Prasad
Govardhan Sarai
Benares City

['नया प्रतीक' में छपी इस पत्र की प्रतिलिपि में पद्यानुवाद की दर 2) पेज है जो सही नहीं है। निराला के अनुसार 1) पेज ही पड़ता था; इसकी पुष्टि अगले ही वाक्य से, तथा शिवपूजन सहाय को लिखे हुए इससे पहले वाले पत्र से भी, होती है।]

37. स्वामी वीरेश्वरानन्द को

Garhakola-village
P.O. Magrair (Unao) U.P.

4. 2. 28

पूज्यपाद प्रभु महाराज,

अनेक दिन अपनार कोन संवाद पाइ नि। हय त आपनि भाल आछेन। आमि कोलकाता गियेछिलूम ता आपनि आमार पत्रे जानते पेयेछेन। कोलकाताय

किछु दिन थेके, किछु बाकी टाका आदाय करे, बाड़ी फिरे आसि। महादेव बाबू बल्‌ते मास खानेक 'मतओयालार' काज करे आसि। कानपुर D.A.V. College थेके कवि-सम्मिलनेर सभापति हबार अनुरोध स्वीकार करा फिरबार कारन। सेइ कोलकाता थाकबार समय छतरपुर थेके महाराजा तांर सेक्रेटारी दिये तारे करिये चिठि लिखिये डाकलेन। तांर इच्छे छिल चंडिदास-पदावलीर हिन्दी अनुवाद कराबेन। कानपुर सभा थेके फिरे एसे मास खानेक बाड़ी रइलूम। तार पर छतरपुर गेलूम। सेखाने दिन पांचेक परे Remittent fever, 17 दिन भुगि। 25 दिन थेके बाड़ी फिरे आसि। काज ओ ह'ल ना। बड़ कम दिते चाय। 70) टाका आसबार समय 'बिदाइ' दिये छे। दिन पांचेक फिरे छि। क्रमशः भुगे भुगे एखन बड़ काहिल हये पड़ेछि।

बाड़ी बसे टाका 30) नासिकेर व्यवस्था एक रकम करे निये छि—'माधुरी' ओ 'सुधा' देओया प्रबन्धेर मूल्ये। किछु भाल हये बइ लिखब। 'सुधा' ओयालारा नेबे बले छे।

अपनार समन्वयेर खबर कि, जनाबेन। के जेनो बलछिल, आपनारा ए बछर थेके समन्वय बन्द करे देबेन। आमार इच्छे छिल, स्वामीजीर कवितागुलिर अनुवाद करे दिइ। बीरबानीर एकटा हिन्दी संस्करण बेरिये जाबे। शरीर एकटु सुधाराले करब, भावछि।

समस्त सन्यासी ओ ब्रह्मचारी महाराजगण के आमार भूमिष्ठ प्रणाम। निर्मल महाराज, बिमल महाराज ओ सत्येन महाराजेर खबर लिखबेन। एंरा कोथाय कोथाय आछेन। आपनार समस्त खबर देबेन।

दास—सूर्यकान्त त्रिपाठी

[पता]

Swami
Virishwaranand ji
Maharaj,
The President,
Advait Ashram
Mayawati, (Almora)

[स्वामी वीरेश्वरानन्द अल्मोड़ा में सुलभ नहीं हुए। तब पत्र 182 ए मुक्ता राम बाबू स्ट्रीट के पते पर कलकत्ते भेजा गया। अंत में डेड लेटर आफिस मद्रास होता हुआ गढ़ाकोला वापस आ गया। इसकी लिखावट में एक विशेष बात यह है कि 'कलिकाता' की प्रचलित बँगला वर्तनी बदलकर निराला ने दो जगह 'कोलकाता'—उच्चारण के अनुरूप—लिखा है। पत्र का सारांश यह है : निराला कलकत्ते गए, कुछ रुपये अदा करके, 'मतवाला' में कुछ दिन काम करके, कानपुर में डी.ए.वी. कालेज में कवि सम्मेलन की अध्यक्षता करने के लिए लौट आए। छतरपुर के राजा चंडिदास का अनुवाद कराना चाहते थे किन्तु पैसे कम दे रहे थे। 17 दिन ज्वरग्रस्त रहने के बाद 70) बिदाई

लेकर वापस आए। गढ़ाकोला में 'सुधा-माधुरी' से लेखों का पारिश्रमिक पाकर खर्च चलाते हैं, शरीर ठीक होने पर स्वामी विवेकानन्द की 'वीरवाणी' का हिन्दी अनुवाद प्रकाशित करना चाहते हैं। स्वामी-समाज को भूमिष्ठ प्रणाम करने के साथ दास सूर्यकान्त उनके समाचार देने को कहते हैं। पत्र बँगला लिपि में है।]

38. मनोहरादेवी की माता को

गांव—गढ़ाकोला
डाकख़ाना—मगरायर
ज़िला—उन्नाव
22 2/28

श्री अम्मा, चरण स्पर्श।

आपका कृपा-कार्ड मिला। अबके आपके नुकसान से तबियत उदास हो गई। अब मेरा पैर अच्छा हो गया है। चल लेता हूं। ज़रा ज़रा कसकता है। शायद इधर मुझे लखनऊ से बनारस तक जाना पड़े। इस समय आपके वहां न जा सकूंगा। कर्वी के मेरे एक मित्र कलकत्ता से घर आनेवाले हैं, पर साल वे यहाँ मेरे घर हो गये हैं, इस लिये अबके मुझे उनके घर जाना पड़ेगा। लेकिन अन्त चैत तक जाऊंगा। तब तक डल्मऊ में ही आप होंगी। कालीचरण बाकस से कुछ रुपये निकाल कर भग गया है। और सब कुशल है।

सविनय
सूर्य्यकान्त

आपका पूरा पता भूल गया हूँ। अन्दाज़ देखूं कहां तक लड़ती है।

सूर्य्यकान्त

आप डल्मऊ आवें तो वहां से अपने आने की सूचना ज़रूर दें।

सूर्य्यकान्त

[पता]

Shreejut
Ramdhani Dube
C/o. Pdt. Bhairaoprasad
Munim
Bāzār } **Atarra—**
Sarai } P.O.
(Banda)

39. शिवपूजन सहाय को

गढ़ाकोला

श्री. मगरायर (उन्नाव)

22. 2. 28

प्रिय शिवपूजन जी,

पत्र आपका मिला। बड़ी प्रतीक्षा रही। कारण न लिखने का कुछ समझ में न आता था। छतरपुर के पते पर मेरे नाम का वासन्ती कार्ड बेनीपुरी जी को भेजा हुआ लौटकर मुझे मिला। सप्रेम प्रणाम।

आपके पैर के समाचार से खिन्नता से आश्चर्य ही अधिक रहा। मैं समझता था अब तक आप खूब चलते फिरते हैं। इधर एक चोट मेरे पैर में भी लगी। छूटी आदत, शौक चर्राया। फुटबाल हो रहा था, मैं भी back के लिये तैयार हो गया। फिसला एक शॉट, दाहिना foot पींड़ा हो गया। चारपाई से न उठ सकनेवाली अवस्था 36 घन्टे, लठ्ठ सहायता से चलनेवाली 7 दिन, अब चल लेता हूं ख़ूब, पर कसक है। पहले से यानी छतरपुर से अब बहुत अच्छी हालत में हूं। विवाह में अवश्य चलूंगा—

आपका

'निराला'

[पता]

श्रीयुत

बाबू श्री शिवपूजन जी

'हिन्दी भूषण'

ज्ञान-मण्डल प्रेस

कबीर चौरा

(काशी) **Benares City**

40. रामधनी द्विवेदी को

गढ़ाकोला, मगरायर, उन्नाव

27 फ़रवरी 1928

चिरंजीव बड़े मियाँ,

जिस दिन हमने तुमको चिट्ठी लिखी, उसी दिन तुम्हारी भी चिट्ठी आई। अम्मा का हाल उनके पत्र से मालूम हो चुका था। कालीचरण लखनऊ भग गया था, वहाँ से घर आया तो हमने घर में नहीं रहने दिया, वह कुछ रुपये लेकर भगा था, दूसरे दिन फिर वहीं चला गया, सुनते हैं कि किसुनपुर जाने को कहता था। अब केशव को घर में अकेले काम बहुत पड़ता है। हमारी गाई बियानी है। दूध का अभाव अब

नहीं रहा। और सब कुशल है। हम जल्द ही बाहर जानेवाले हैं। अम्मा का आना कब तक होगा सो लिखो। बिटिया को जगन्नाथ भय्या पढ़ाते हैं या नहीं यह भी ज़ाहिर करो। तुम्हारी शिवरात कैसी रही, इसका हाल तुमने नहीं लिखा। फागुन का महीना है, बबुआ जी, अब कैसे करी?

तुमको व रामकृष्ण को आसीस। दोनों बिटिया को स्नेह। जगन्नाथ भय्या को नमस्कार। तुम्हारी बीबी को 27 फ़रवरी। अब तो जी भर गया होगा? क्या कबीर भी सुनियेगा [?]

—सूर्य्यकान्त

[बड़े मियाँ—निराला के साले रामधनी द्विवेदी। बिटिया अर्थात् सरोज जिसके पढ़ाने की बात है।]

41. विनोदशंकर व्यास को

लखनऊ

4-4-28

आपके पत्र का उत्तर इसी लखनऊ से किसी तरह घसीट कर मैं कानपुर होता हुआ बाँदा चला गया था। बाँदा से चित्रकूट। 15-20 दिन लग गये। आज बाँदा से लखनऊ आया। एक रोज़ घर रहकर उन्नाव कान्यकुब्ज सम्मेलन चला जाऊँगा। फिर कुछ दिन किसी शहर में रहकर रिसर्च का कुछ काम करना चाहता हूँ। विस्तृत पत्र घर से दूँगा, क्षमा। मुन्नी को प्यार। बाबू साहब को सप्रेम।

42. गुलाबराय को

गढ़कोला, मगरायर, उन्नाव

12-4-28

श्रीमान्, सेकरेटरी साहब, सादर।

इधर महीने भर चित्रकूट रहा। कल लौटा हूँ। यहाँ आपके दो कृपा-पत्र मिले। लज्जित हूं, उत्तर समय पर नहीं दे सका। मेरे इस मशहूर मर्ज की दवा शायद इस जीवन में न होगी। क्षमा।

आप से पत्र-व्यवहार न रहने पर भी आपके प्रसन्न लेखों से मुझे पत्र-प्राप्ति ही का आनन्द मिलता रहा है। छोटे पंडित जी [पंडित रामनारायण शर्मा] का सान्निपातिक-विकार क्या खासा मनोरंजन हुआ।

अभी तक मैं खूब प्रसन्न रहा। स्वास्थ्य भी बहुत कुछ सुधर चला था, इधर तीन-चार रोज से कुछ अस्वस्थ हूं। प्रबन्धों के अलावा अब उपन्यास, नाटक लिखने का विचार कर रहा हूं। श्रीगणेश दो-ही-एक रोज़ में करूंगा। इधर 'रेखा' कविता-

पुस्तक की रचना में पड़ा था। निस्संग जीवन वाले के लिये आनुषंगिक नियम और कानून क्या—सब कुछ मनभाता हुआ करता है।

श्रीमान लाला जी का अंग्रेज़ी 'एट दी फीट आफ गोड' का संस्कृत अनुवाद कुछ दिनों में आप के पास भेजता हूं। अभी तक विशेष अवसर नहीं मिला, प्राणों की सम्पूर्ण स्वीकृति भी नहीं हुई थी। आप उनके पास भेज दीजिएगा।

सम्मान्य मिश्र जी और भट्टाचार्य महाशय को सविनय नमस्कार।

आप की कविता बहुत साफ आई।

मैं जब रस-ग्रहण करता हूँ उस समय गुंजार नहीं करता। इति सुप्रभात। रामनरायण जी को पृथक लिखता हूं।

सविनय
निराला

[गुलाबराय के अनुसार लालाजी सम्भवत: लाला कन्नोमल हैं। भट्टाचार्य महाशय वही निराला के चिकित्सक हैं।]

43. शिवपूजन सहाय को

Magrair
27 [अप्रैल 1928]

Dear Sheopujanji

बहुत दिन बाद मिले [।] तबियत बड़ी हैरान थी। मैं चित्रकूट चला गया था। एक महीने बाद लौटा। खूब स्वस्थ हूँ। इधर Headquarter घर ही है। विवाह की सूचना अवश्य दीजिये। होली में आपके नाम एक पत्र बेनीपुरी जी को लिखा था। क्या वह पत्र आपको नहीं मिला। ज्ञानमण्डल के पते पर भेजा था। इस समय ध्यान केवल स्वास्थ्य पर है। कोई डौल लगाइये। आपके पैर ने आपको बड़ा कष्ट दिया। छतरपुर को उत्तर दे चुका हूँ। नवविवाह के लिये धन्यवाद सहर्ष।

आपका
निराला

[पता]

Hindibhushan
Babu Sheopujanji
P.O. Itarhi
Via Buxar, E. I. Ry.
(Bihar)

44. विनोदशंकर व्यास को

28-4-28

आपका पत्र मिला। बड़ी प्रसन्नता हुई। आपने पत्र में मुझे बुलाया है। मेरी वड़ी इच्छा हो रही है। सालभर से तौबा है। ज़रा आजमाइश करनी थी। बिना मित्र मंडली के क्या आनन्द? आऊंगा जरूर परन्तु अब गर्मी भर बाहर निकलने की हिम्मत नहीं होती। बारिश शुरू होने पर आप लोगों से मिलूंगा। उस समय का बनारस और गंगा का दृश्य देखना है। चैत में पहले बनारस जाने का विचार था। वहाँ के एक एम.ए. क्लास के विद्यार्थी से जो मेरे यहाँ के रहनेवाले हैं—मगरायर के; मैंने बनारस जाने का हाल कहा था। इससे वहाँ के बहुत से लोगों में मेरे बनारस जाने की खबर फैल चुकी थी। बाबू साहब को भी न जाने कैसे मालूम हो गया था। लेकिन फिर विचार बदल देना पड़ा। चित्रकूट जाना पड़ा। एक महीना वहीं बिताया। अब मैं खूब स्वस्थ हूँ। कोई शिकायत नहीं।

यदि शिवपूजन जी के विवाह में जाना हुआ तो मुलाकात उधर ही होगी, नहीं तो सावन में।

[एम.ए. के विद्यार्थी—नन्ददुलारे वाजपेयी]

45. विनोदशंकर व्यास को

मगरायर, उन्नाव
3-6-28

आपका सुलिखित स्नेह पत्र मिला। आपके बाराती होकर जाने का उल्लेख मैं पहले ही पढ़ चुका था। अपने शिवपूजन की बीबी का स्वरुप वर्णन नहीं किया, जिसके बिना विवाह का तमाम हाल फीका जँच रहा है—कैसी हैं छोटी, मोटी, लम्बी, गोरी, साँवली पढ़ी, अनपढ़ी, बड़े की बेटी या गरीब की दुलारी। विवाह समय के कुछ संघटन। आप कहानी लेखक हैं या पत्र में कविता लिखा करते हैं। आप ही से कुछ आशा थी कि पूरा-पूरा व्योरा मालूम हो जायगा सो आपने भी बैठा दिया।

आपका कहना ठीक है। अस्त-व्यस्त ही हूँ। जब सँभलता हूँ तभी प्रकृति का कोई न कोई उत्पात हो जाता है। बिगड़ी हुई प्रकृति की लिखावट भी अस्त-व्यस्त होगी। इसमें क्या सन्देह? हाल बेताबएदिल [बेताबिएदिल] होश में आलू [आलूं] तो कहूँ—होश ही में नहीं आने पाता। लेकिन आप लोगों को उत्तर प्रत्युत्तर तो लिखना—बेहोशी की हालत में आपको कहीं कुछ भला बुरा लिख डालूँ तो मुआफ कीजिएगा। यह मैं बातें नहीं रंगता, न मुझे बातें रंगना आता है, बिल्कुल सत्य है।

मैं कुछ नहीं लिख रहा हूँ। ब्रजभाषा साहित्य पढ़ रहा हूँ। कभी-कभी कोई प्रबन्ध लिख डालता हूँ। एक कटु, मधुर, तिक्त, कषाय समालोचना हेमचन्द्र + इलाचन्द्र जोशी के लेखकी की है। इधर समालोचना ही लिखता हूं। पैर कुछ अच्छा है। हारमोनियम के हाल से बड़ी प्रसन्नता हुई। तमाम बातों में यही एक बात है। लाला शिवपूजन जी तो लाल हो गये। ललाइन को घर ले गये होगें?

46. विनोदशंकर व्यास को

उन्नाव

17-6-28

आपका पत्र मिला। मालूम नहीं उत्तर मैंने दिया या नहीं। इधर पत्रों में आप खूब निकल रहे हैं। अच्छे ढंग से निकल रहे हैं। आपकी भाषा काबिल तारीफ होती है। भाव भी अच्छे।

मेरा पैर कुछ अच्छा है। अच्छी तरह बैठ तो नहीं सकता पर मील दो मील चल लेता हूँ। 'सरोज' निकलने वाला था, निकला या नहीं? सूचित कीजिएगा। आजकल सुनता हूँ चंडाल चौकड़ी इकट्ठा है। देखें मेरे बनवास की अवधि कब समाप्त होती है।

मैं विशेष कुछ लिखता-पढ़ता नहीं। सोचा ज़रूर करता हूं और कदाचित औरों से ज़्यादा और हर बात पर।

आपने जो हारमोनियम मेरे लिए खरीदा है इतने दिनों में एक यही काम आपने समझ का किया है। निठल्ले दिन काटने से, मेरे विचार में गाना-बजाना बहुत अच्छा है। हाँ इतना न गाया जाय कि फिर गला ही बैठ जाय।

गंगा जी बढ़ जायं तो लिखियेगा। बढ़ी गंगा में नाव की सैर बन्द तो नहीं रहती। एक दफा गंगा की छाती पर ही गंगा जल और लाल पानी एक कर दिया जाय।

47. विनोदशंकर व्यास को

उन्नाव

26-7-28

आपका प्रिय पत्र मिला। इधर मैं फिर लखनऊ गया था, सब लोग मिले। विशेषांकों की अच्छी धूम है। पांडेय जी से आप लोगों की सिद्धेश्वरी पार्टी के समाचार मिले। धन्यवाद! बनारस हिन्दू विश्वविद्यालय के मेरे मित्र कुछ एम.ए. के छात्र मुझे बुला

रहे हैं, यह जानकर कि मैं बनारस आप लोगों (यानी आप + बाबूसाहब) के यहाँ ठहरूँगा, सुनता हूँ, स्वागत करना चाहते हैं। मुझे प्रोफेसरो के बीच में छायावाद सिद्ध करना पड़ेगा। मैंने सुना है, बाबू साहब ने इस सिद्धि के लिए बहुत सा मसाला इकट्ठा कर लिया है, बनारस के लिए तैयार हूँ। कलकत्ता से रुपये कुछ खर्च के लिए आने वाले हैं, उन्हीं की राह देख रहा हूँ। 10-15 दिन तो जरूर ही लग जायेंगे। प्रसन्न हूँ।

48. जयशंकर प्रसाद को

गढ़ाकोला, मगरायर,
उन्नाव
17—11—28

श्रीमान् बाबू साहब,

इधर बहुत दिनों से आपके समाचार नहीं मिले। मैं इलाहाबाद गया था। पन्त जी से मुलाकात हुई। लौटने पर बीमार पड़ गया। नौबत गोदान कराने तक की पहुँची। अब अच्छा हूं। एक दिन कुछ कपड़े खरीदने कानपुर गया था, वहां प्रताप प्रेस में 'सुमन' जी से मुलाकात हुई। अब तो वे बनारस ही होंगे। सुना है आप कानपुर आने वाले हैं। विश्वास तो नहीं होता। आवें तो लिखें। मेरा स्वास्थ्य बहुत दुर्बल है। पर प्रसन्न हूं। पन्त जी आपसे मिलना चाहते हैं, बल्कि कुछ उत्सुक हैं। मेरे साथ बनारस चलेंगे। देखें कब अवसर आता है। आशा है, आप प्रसन्न हैं।

आपका
निराला

[पता]

श्रीमान् जयशंकर जी 'प्रसाद'
सराय गोवर्धन
काशी
Benares City

49. केशवप्रसाद त्रिपाठी को

36 शंकर घोष लेन,
कलकत्ता
वसन्त पंचमी [1929)

चिरंजीव केशव, कालीचरण, रामकृष्ण व सरोज

हम अच्छी तरह से हैं। अपने समाचार देना। इधर 15) खर्च भेजा, वह मिला होगा। रामधनी वगैर: चाँदपुर में हैं। सरोज को अभी न ले जाना। कालीचरण अकेले

उसी तरह चले आवें जैसा चिट्ठी में लिखा है। डल्मऊ में किसी तरह घर में रात काट लें। रामकृष्ण को भी जल्द बुला लेंगे या हमीं चले जायँगे। चैत तक किसी तरह मकान में पढ़ते रहें। गयाप्रसाद को आसीस।

तुम्हारा काका
सूर्य्यकान्त

बहुरिया को तकलीफ़ न हो। काम-धाम करती रहे।

[पता]

To
Keshavapd. Tripathi
Vill. Garha Kola
P.O. Magrair
(Unao)
केशव प्रसाद नेवारी
गढ़ाकोला

[कलकत्ते की डाकमुहर की तारीख : 15 फ़रवरी '29]

50. केशवलाल त्रिपाठी को

कलकत्ता
8/3/29

चिरंजीव केशव,

तुम्हारा कार्ड मिला। समाचार मिले। बिटिया को वहां से अब गढ़ाकोला भेज जायं। पराग से कहो। और बिहारी लाल की दुलहिन भले आदमी की तरह रहे। यहां सब अच्छी भलाई है। कालीचरण को रामगोपाल के पास भेज दिया गया है। रामकृष्ण यहां पर है। अच्छी तरह है। और तुमको 55) पचपन रुपये भेजते हैं। सो 40) चालिस रुपये मन्नी पंडित जी को दे देना। हिसाब फिर हम आ के करेंगे। यहां सब कुशल है।

तुम्हारा काका
सूर्य्यकान्त

[पता]

Keshava Lal Tripathi
Vill. Garha Kola
P.O. Magrair
(Unao)

51. रामधनी द्विवेदी को

श्रीगणेशाय नम:

36 शंकर घोष लेन,
कलकत्ता
19. 3. 29

चिरंजीव रामधनी,

इधर बहुत दिनों से तुम्हारे हाल नहीं मिले। चिन्ता है। तुम लोग अच्छी तरह होगे। यहाँ सब कुशल है। कालीचरण और रामकृष्ण दोनों यहां चले आये हैं। कालीचरण को रामगोपाल के पास भेज दिया है। रामकृष्ण यहीं पढ़ता है। अच्छी तरह है। केशव, विहारी लाल की बहू और सरोज घर में हैं। वैशाख तक हमारा घर जाने का विचार है। तुम लोग कैसे हो, यहां कौन कौन हो, उत्तर में लिखना। पत्र लिफ़ाफ़े में देना। अम्मा को प्रणाम। तुमको आसीस। पंडित भैरव दत्त जी को नमस्कार।

मंगलाकांक्षी—
सूर्य्यकान्त त्रिपाठी

[जिन्हें पत्र लिखा गया है, वह डलमऊ में हैं। 'घर जाने का विचार' अर्थात् गढ़ाकोला जाने का विचार।]

52. पांडेय बेचन शर्मा उग्र को

[अप्रैल 1929]

प्रिय उग्रजी

Times of India का वह अंक जिसमें महाराज भरतपुर का चित्र है (उनके पोलो के खिलाड़ियों के साथ) कृपा कर आज ही गर्ग जी के हाथ भेज दीजियेगा। बड़ी ज़रूरत है।

आपका—निराला

[यह छोटा-सा पत्र किशोरी लाल चौधरी, 151, मछुवा बाज़ार स्ट्रीट, कलकत्ता के गुलबहार हेयर आयल के इश्तहार पर लिखा गया है। इश्तहार का काग़ज़ चिकना है, पोस्टकार्ड से थोड़ा और चौड़ा। सम्भवत: पत्र रामलाल गर्ग के हाथ उग्र के पास भेजा गया था। अप्रैल, '29 में निराला और उग्र, दोनों कलकत्ते में थे; उसी समय यह लिखा गया होगा।]

53. (क) नन्ददुलारे वाजपेयी को

36 शंकर घोष लेन
कलकत्ता
शाम 8
[10-4-29]

प्रिय वाजपेयी जी,

आज ही आपके पत्र का उत्तर पोस्ट किया है। शाम को आपका दूसरा पत्र मिला। इधर मुझे बिलकुल फ़ुर्सत नहीं। महीने के अन्दर शायद गाँव जा सकूं। आज इसकी बातचीत की। पर जाना ठीक न हो सका। बात यह कि कुछ लिखकर रुपये लेना चाहता हूं। इधर मतवाला के पीछे कुछ दिनों तक बेकारी रही। अब उसके संपादक घर से आ गए हैं। उग्र और विनोद इस समय यहीं हैं, इनका तार जाने पर वे मिर्ज़ापुर से आये। मैं भी निश्चिन्त हुआ। आप result out हो जाने पर क्या कीजियेगा? द्विवेदी जी और मिश्र बन्धुओं से कानपुर और लखनऊ के आपके परिचित दूसरे मित्र भी मिला सकते हैं। यदि ज़रूरत हो तो लिखियेगा, मैं यहां [से] पत्र लिख दे सकता हूं। अन्यथा, यदि संभव हो, 1/1॥ महीना बैठ कर स्वास्थ्य सुधारिये। तब तक मैं आ जाऊंगा। आम खाइयेगा या नहीं? आनन्द मोहन जी का विवाह कब है? आनन्द मोहन जी कितने में ठहरे?

आपके पत्र से मालूम हुआ बाबू रामरत्न जी आ गये हैं। मैं तो वाजपेयी जी (रामेश्वरजी) से पता ही पूछता रह गया। उनका एक पत्र मुझे गढ़ाकोला के पते पर मिला था। शायद एक गढ़ाकोला से redirected होकर यहां, पर उसमें पता न था। पुस्तकालय को नवीन रूप से अवश्य जीवित कीजिये।

research का काम तो अच्छा है। पर research scholar होकर कविता लिखना कुछ हास्यास्पद भी है। प्रोफ़ेसरी ही ठीक है। जैसी आप की मर्ज़ी हो।

रहस्यवाद पर मुझ से पूछना क्या है। जैसा आपने सोच रक्खा है, वैसे ही लिखकर कहीं भेज दीजिये। मैं समझता हूं, रहस्यवाद से अधिक आवश्यक वर्तमान कविता पर संगठनात्मक एक वृहत् प्रबन्ध इस समय हो रहा है। बड़ी धांधली मची हुई है। मैं स्वयं एक कवि के नाते समालोचना लिख नहीं सकता और लिखते समय अपना उल्लेख भी नहीं कर सकता, और न करना ठीक भी नहीं—इतिहास के विचार से।

अधिक और क्या लिखूं, अपने समाचार दीजिये। गांव का नाच बहुमत से पास हुआ [।] नारी समागम कवित्त्व से भरा है ही, फिर आनंद मोहन जी कैसे अपने को कवित्व-रस-ग्राहिता-शून्य साबित करते? बीच में बैठे होंगे डटकर? कौन आई थी 'श्मशान' वाली? "सितलन-मुँह-दाग", "बित्ता भरे के बारन

कै पातरि चोटी—जैसे खोपरी भरे में डिँयारो लाग होय"—नाटी नाटी—कारि भुजैल—वहै न?

आपका
सूर्य्यकान्त

बाबू श्याम सुन्दर जी की
राय अच्छी तो है।

—नि.

[यह पत्र निराला ने भेजा नहीं। दुबारा मजमून बाँधा—अंग्रेज़ी में। देखें अगला पत्र]

53. (ख) नन्ददुलारे वाजपेयी को

36 Shanker Ghose Lane
Calcutta
10. 4. 29
11 p.M.

Dear Bajpeye je,

I receive your 2nd letter today by evening mail. Just a few hours before I have posted an answer to the Ist letter. Perhaps you will receive both the letters by the same mail. [At] the present time I am awefully busy in writing a novel Fancy. Sorry that I cannot meet you within the time you expect. Past a few days, a vagabond indeed I had been here to look after the press works and the Matwala. The Editor went to mirzapur to perform the funeral ceremonies of his dead cousin. He came back after the cremony done but before the time fixed, by the cause of coming of Ugra je+Vinode je

[यह भी निराला का एक अधूरा पत्र है। शायद अंग्रेज़ी में इतना लिखने के बाद उन्होंने उसे फिर हिन्दी में ही लिखा।]

54. केशवलाल त्रिपाठी को

मतवाला
कलकत्ता।

36, SUNKER GHOSE LANE
Calcutta—192
[मई 1929]

चिरंजीव केशव,

तुम्हारी सब चिट्ठियां मिली हैं, रामगोपाल ने हमको लिखा था कि हम 14) भेजा है। लेकिन तुम आठ ही रुपये लिखते हो। रामगोपाल को और रुपये भेज देने

के लिये हमने लिखा है। जल्द ही तुमको रुपये मिलेंगे। बाग बेच डाला सो अच्छा किया। खर्च की तकलीफ़ हो तो बरतन बेच डालना। तकलीफ़ न सहना। हम अच्छी तरह हैं। रामकृष्ण मजे में है।

तुम्हारा—काका।

हमको इस पते पर अब चिट्‌ठी न लिखना। हम दूसरी जगह जाते हैं। तुमको फिर हाल देंगे। रामकृष्ण का प्रणाम। सरोज को स्नेह।

तुम्हारा काका
सूर्य्यकान्त

[पता]

Shrijut
Keshava Lal Tripathi
Vill. Garhakola
P.O. Magrair
(Unao)

[पोस्टकार्ड पर पुरवा और मगरायर की डाकमुहरों की तारीख है : 10 मई, '29; कार्ड लिखा गया होगा 7 मई के आसपास।]

55. सुमित्रानन्दन पन्त को

Gurhakola Village
P.O. Magrair
Unao
[सितंबर 1929]

प्रियवर पन्त जी,

आपका आकांक्षित प्रिय पत्र मिला। गृह-कलह तथा अर्थ-संकट के कारण मैं आपसे मिल नहीं सका। इससे मेरी मानसिक स्थिति कैसी रही, क्या लिखूं? लज्जा और संकोच से पत्र भी नहीं लिखा। कानपुर में कुछ पहले मालूम हुआ था, आपके वकीलभाई नवीन जी से मिले थे, कहते थे, वह तो अब इतना मोटा हो गया है आप लोग पहचान नहीं सकेंगे।.

परिमल आपको पसन्द आया, यह उसका सबसे बड़ा पुरस्कार है। मैंने आपको कार्यारंभ करने के समय ही बुलाया था, आपको स्मरण होगा। आपने सहयोग नहीं किया। आपने मेरी प्रशंसा नहीं की, इससे मुझे बिलकुल अन्यमना मत समझिये। बल्कि मुझे हर्ष होता था कि मुझे एक रत्न मिला और रहस्य जनक धोखे से।

आपकी तुलना थोड़ी ही देर के लिये, सीजन फ्लावर के सौन्दर्य की तरह, अजान के सूंघने से पहले तक अच्छी लगी। इतनी बड़ी बड़ी तुलना, इतनी शीघ्रता से, 70/80 मील की स्पीड से चलती हुई गाड़ी को एकाएक रोक देना है जिससे हानि की ही

शंका है और गाड़ी के हमेशा के लिये रुक जाने की। प्रशंसा की बला जब जब, जहाँ कहीं आई, मैंने आपके सिर टाल दिया। छिपकर रहने में कितनी शक्ति है, यह शायद मुझसे अधिक बहुत कम लोगों को मिली होगी। आप शक्ति भंग भी कर रहे हैं।

मेरे मित्र पन्त जी के 'पल्लव' की परी दिन रात मेरे पलँग पर रहती है, पर 'परिमल' तो कभी कभी वसन्त ही में मिलता है। 'पल्लव' से कोई हानि नहीं, भय भी नहीं, बल्कि आनन्द ही है; पर 'परिमल', कभी कभी किसी किसी वन्य झाड़ से जिस चटख़ारे से निकलता है, दिमाग़ ही फूंक जाता है, अस्वस्थ भी कर देता है।

आप मुक्ताओं से अक्षर लिखते थे, अब पत्र लिखने के समय ही आपको इतनी जल्दी रहती है। कहीं कहीं मैं पढ़ भी नहीं सका। मिलने के लिये क्या लिखूं, यह क्रियाफल भाग्य ही पर निर्भर है। मैं बहुत प्रयत्न कर चुका।

"पल्लव" हिन्दी के भाल पर चन्द्रविन्दु है। हताश होते हैं आप?—आपकी रचनाएँ अपराजित हैं। —बिदा।

आपका
"निराला"

एक बार, इच्छा होती है, आपके स्वरों में भी अपना सितार बांधू। पर आपके फिर उतरने पर ही ऐसा करूंगा।

—नि.

56. शिवशेखर द्विवेदी को

Lucknow
Ganga Fine Arts Press
Aminabad, 30.9.29

प्रिय शिव शेखर,

तुम अब मुमकिन है, ऊबते हो। तुम्हारे जाने के बाद हमें बुख़ार आ गया। कई रोज़ तक रहा। अब 6/7 दिन से अच्छे हैं। अगर वहां तकलीफ़ मिलती हो तो बरदाश्त करना। पानी की दिक्कत पड़ती होगी। नाऊ से भरा लेना। हम आकर उसकी मिहनत दे देंगे। अभी हमको यहां 5/6 तारीख तक रहना पड़ेगा। डल्मऊ के पते पर पत्र लिखने की ज़रूरत नहीं। तुमको किसी की क्या पड़ी है? तुम अपनी उन्नति की राह देखो। आसीस।

सूर्य्यकान्त त्रिपाठी

[पता]

Pdt. Shiva Shekhar Dwivedi
C/o Surya Kant Tripathi
Vill. Garhakola
P.O. Magrair
(Unao)

57. पुरुषोत्तमदास टंडन को

गंगा-पुस्तकमाला-कार्यालय
पुस्तक-प्रकाशक और विक्रेता
लखनऊ

टेलीफ़ोन नं. 6
तार का पता—"गंगा, लखनऊ" तारीख 6/10/1929

श्रीमान् टंडन जी,

आप से मैंने ज़िक्र किया था कि श्रीपन्त जी को 50) मैंने भेज दिये हैं। दुलारेलाल जी की सही पर बैंक के मैनेजर ने 49।।।) दे दिये थे। पर आप के चेक के सम्बन्ध में इधर जो पत्र उन्होंने लिखा है, उसे इस पत्र के साथ भेजता हूं। दुलारेलाल जी को रुपये मिल जायं, ऐसा प्रबंध कर दीजिएगा। आशा है, आप प्रसन्न हैं।

सविनय
—'निराला'

['जो पत्र उन्होंने लिखा है', अर्थात् बैंक वालों ने। दुलारेलाल भार्गव के नाम सेंट्रल बैंक ऑफ इंडिया की अमीनाबाद, लखनऊ शाखा के मैनेजर ने 3-10-29 को लिखा था :

Dear Sir,

With reference to your enquiry re : the cheque for Rs. 50/- on Lahore, we beg to inform you that the same has been received back unpaid with the remark

'Ist payee's endorsement irregular'

Yours faithfully
(हस्ताक्षर
सब एजेंट किन्हीं टंडन के।)

निराला के पत्र के नीचे पुरुषोत्तमदास टंडन ने लिखा :

प्रिय निराला जी—

मेरे पास तो बैंक के पत्र भेजने की आवश्यकता न थी—इसका संबन्ध तो श्री दुलारेलाल जी से है। "First payee's endorsement irregular" का अर्थ यह है कि दुलारेलाल जी ने उस प्रकार हस्ताक्षर नहीं किये जिस प्रकार से मैंने उनका नाम चेक पर लिखा था—उनको चाहिए कि अपने Bank द्वारा payment gurantee करवा दें और अपने हस्ताक्षर ठीक कर दें—

आपका
पुरुषोत्तमदास टंडन]

58. शिवशेखर द्विवेदी को

गंगापुस्तकमाला कार्यालय
[विक्रय विभाग]
लखनऊ 11.11.1929

प्रिय शिवशेखर,

तुम्हारा दूसरा पत्र भी मिला। तुम्हारी माता की बीमारी के हाल पढ़कर चिन्ता हुई। हम 3/4 दिन में आते हैं। शुक्रवार को सन्ध्या वाली गाड़ी के समय धनीराम को अवश्य भेज देना। तुम्हारी इच्छा हो तो तुम भी चले आना। उसी दिन आवेंगे। और सब कुशल है।

आसीस

—सूर्यकान्त त्रिपाठी

[पता]

Shrijut Shiva Shekhar Dwivedi
C/o. Surya Kant Tripathi
Village—Gurhakola
P.O. Magriar
(Unao)

59. रामधनी द्विवेदी को

गढ़ाकोला, मगरायर, उन्नाव
26.12.29

चिरञ्जीव रामधनी,

रामकृष्ण का लिखा हुआ एक पत्र हमें मिला था। उससे तुम्हारे वहाँ के समाचार मालूम हुए। यहाँ सब कुशल है। कुछ दिनों में हम लखनऊ जायेंगे। अपनी खैरियत के हाल देते जाना।

अम्मा को प्रणाम। तुम लोगों को आसीस। मनन्ना को स्नेह।

सूर्य्यकान्त त्रिपाठी

द्विवेदी जी का पत्र अगर, सरोज, तुम्हारे पास आये तो जवाब लिख देना। रामकृष्ण से लिखना सीख लो।

[पता]

To
Ramdhani Dwivedi,
Sherandazpur, P.O. Dalmau (Rai Bareli)

[मनन्ना : रामधनी द्विवेदी की पुत्री।]

60. पांडेय बेचन शर्मा उग्र को

[गढ़ाकोला,
28-12-29]

प्रिय कलक्टर—काका कोलाहलकर जी, सप्रेम।

एक बार 'मतवाला' में पहले जैसे किसी ने 'निराला'-रूपक पहचान लिया था, उसी तरह, उसी आधार पर, आपकी यह पंक्ति—"सोचते हैं ऐं-सें—मुझ सा चमकीला कौन? ये दूसरे!" मुझ से अगर कुछ भी संबंध रखती है, तो क्या मैं आप से पूछ सकूंगा, कि इस तरह की भावना के प्रमाण, आपके 'मतवाला' में 'उग्र' जी की ही तरफ़ से आपको नहीं मिले?—आप "मतवाला"—मण्डलेश से सलाह कर लीजिये। और आपने उग्र-साहित्य की जैसी तारीफ़ की है, जान पड़ा, वास्तव में आपको वह साहित्य अच्छा लगा है। पर समालोचक क्या अन्धे ही आपको मिलते रहे हैं? —आप भी एक ही निष्पक्ष लिक्खाड़ दिखाई दिये। आप की इन बातों से एक बार मन ही मन हँस लेने के सिवा और कोई उत्तर नहीं। प्रतिभा की आपने जैसी पहचान कराई, खेद है, सहमत न हो सका [।]

—'निराला'

['मतवाला' के कोलाहलकर सम्भवत: उग्र थे! यह कार्ड मुझे उन्हीं से प्राप्त हुआ था। मगड़ायर की डाकमुहर में तारीख है : 28 दिसंबर '29]

[पता]

Mr. Kolahlkar
C/o. The Editor
'Matwala'.
Gaughat
Mirzapur City

61. नन्ददुलारे वाजपेयी को

गढ़ाकोला, मगरायर, उन्नाव
20. 1. 30

प्रिय वाजपेयी जी,

आपका सुख-पत्र मिला। बड़ी प्रतीक्षा थी। वैसे ही उत्तर देने में कुछ देर हो गई। शरीर अच्छा नहीं था। अब स्वस्थ हो गया हूं। कुछ शिकायत अभी है। इधर दो कहानियाँ तथा 10/12 गीत लिख कर 'सुधा' को भेज दिये हैं जो क्रमश: निकलते रहेंगे। कुछ नोट्स भी भेजे हैं। अप्सरा तैयार हो रही है। उसका बड़ा स्लो प्रॉग्रेस है। चैत तक गीत और अप्सरा बाज़ार में ज़रूर आ जायंगे। कुछ कहानियाँ भी शायद लिख डालूं।

आपका प्रश्न बड़ा विकट है। यों तो मुझे ख़ूराक कहीं भी नहीं मिलती जिसके लिये किन्हीं सज्जन का उल्लेख करूं। पर अपनी अपनी डाल पर जो जिस तरह खिले हुए चमकते हैं, सब की शोभा देख लेता हूं। हृदय की भारती की पसन्द के लिये मैं विवश हूं। उनका शासन मुझ पर बड़ा कठोर, उनको इंगित बड़ा मधुर, वे बड़े बड़े लोगों का सामना करती हुई ज़रा भी त्रस्त नहीं होतीं। आप माने या न माने। यों वाह्य दृष्टि से जिनकी जैसी सेवा, प्रसिद्धि, शिक्षा, अध्ययन है, वे उतने बड़े हैं, मुझ पर यह सब प्रभाव है। जितने आदमियों के नाम आपने लिखे हैं सब की एक अपनी विचित्रता भी है। आप सोच कर आप ही समझ लीजियेगा।

'दो घूंट' आपको जितना पसन्द आया, अभी मुझे भी वैसा ही लगता है। देकर ही लोग बड़े बने हैं, मार कर नहीं बन सके। उस विवाह ने भी समाज+साहित्य को बहुत कुछ दिया है।

द्विवेदी जी की कविता न जाने क्यों अभी नहीं निकाली! 10/15 दिन बाद जाकर देखूंगा। शायद इधर निकालें। भेज दीजिये उग्र [?] साहित्य जो लिखा और सब जीवयों [कवियों?] की जन्म-तिथियां। प्रसन्न हूं।

आपका
निराला

[पता]

Pandit
Nandadularey Bajpeyi
M.A.
Arya bhawan
P.O. Lanka
Benares

[यह कार्ड भेजा न गया था; अन्तिम अंश में 'भेज दीजिये' आदि वाक्य स्पष्ट नहीं है। विवाह—अवश्य ही सरोज का विवाह।]

62. महादेव प्रसाद सेठ को

गढ़ाकोला, मगरायर, उन्नाव
25. 2. 30

प्रिय सेठ जी,

आपका अमूल्य पत्र "मतवाला" बराबर मेरे पास आ रहा है, इस कृपा के लिये आप का कृतज्ञ हूं। पर कृपा इतनी ही मेरे लिये यथेष्ट हुई, अब आप मेरा नाम काट दीजिये। पत्र लौटाने की अशिष्टता करते हुए संकोच होता है। आशा है, आप मुझे ऐसा न करने देंगे।

आपके जो 125) एक सौ पच्चीस रु. के लगभग प्राप्य हैं, उनके लिये प्रयत्न कर रहा हूं। विश्वास है शीघ्र ही आपके ऋण से मुक्ति मिलेगी। मैंने अन्दाज़ा लिखा है, सत्य जो हो, आप भेज दें तो और कृपा होगी। किताब प्रकाशक के पास भेज रहा हूं, वहीं से उक्त रुपये आप को भेज देने के लिये लिख दूंगा।

सविनय—निराला

[पता]

Babu
Mahadev prd Seth
The Editor, The "Matwala"
Gowghat
(मिर्जापुर) Mirzapur City

[यह कार्ड भी भेजा न गया था।]

63. रामधनी द्विवेदी को

गढ़कोला, मगरायर, उन्नाव
5. 3. 30

प्रिय रामधनी,

तुम्हारा कार्ड मिला। तुम्हारे रुपये आगए, पढ़कर हर्ष हुआ। तुमने हमें होली के वक्त बुलाया है। पर शायद हम जा नहीं सकेंगे। इस साल लखनऊ की होली देखने का विचार है। और सब कुशल है। अपने समाचार देते जाना। अगर लखनऊ जाना नहीं हुआ तो तुम्हारे यहाँ की ही होली देख लेंगे। तुम्हारी बीबी को कमर छूना, और तुमको फागुन के सब भगतों का आशीर्वाद।

तुम्हारा
सूर्य्यकान्त

64. रामधनी द्विवेदी को

सुधा कार्यालय, अमीनाबाद,
लखनऊ 22-6-1930

चिरञ्जीव रामधनी,

अब तुम लोग चाँदपुर से आगये होगे। आशा है, अम्मा भी अभी होंगी और तुम सब लोग सानन्द सकुशल होगे। शायद अब तुम मकान आदि के छवाने के काम में लगे हो। अम्मा भी, मुमकिन है, अभी 10/5 दिन कहीं न जायं—हम प्रसन्न हैं। काम ज़्यादा रहने से हमें अभी फुरसत नहीं मिली। मकान छवाना-ठोपाना था। पर अकेले क्या करें? कहीं जल गिरा तो घर बैठ जायगा। अभी 8/10 दिन कम से कम

हमको सांस लेने का वक्त नहीं। इससे अधिक समय भी लग सकता है। फिर सरोज को गांव में छोड़ देंगे। द्विवेदी जी को भी वहीं रख देंगे। हमारे हाथ में काम बहुत आ गया है। हमारी एक किताब महीने भर में छपकर निकल जायगी। दूसरी लिख रहे हैं। ऊपर से सुधा का कुल काम देखना पड़ता है। अम्मा को प्रणाम। तुम्हारी बीबी को भेंट-भेंट। तुमको किसमिश। लड़कों को आसीस।

सूर्य्यकान्त

65. नारायणदीन अवस्थी को

[लखनऊ]
25-7-30

प्रिय नारायण दीन को सूर्यकान्त त्रिपाठी का नमस्कार। आगे हाल यह है कि हम उन्नाव में सभापति त्रिपाठी जी से मिलकर लखनऊ आये और आते ही बीमार पड़ गये। हमें 3 दिन से बुख़ार आ रहा है और बायें हाथ में एक बहुत बड़ा फोड़ा निकला है। इससे हम परसों इतवार को शायद गांव न जा सकें। यहां हम किसी से मिल भी नहीं सके।

पुरवा में 2 अगस्त को रविवार के दिन सभा होगी। त्रिपाठी जी उसमें जायंगे। इसके बाद वाले इतवार को गांव में सभा की उनसे बातचीत हुई है। उन्होंने आने के लिये पूरा पूरा वादा किया है। अब बिना अच्छे हुए कुछ ठीक नहीं कह सकते।

सूर्य्यकान्त

[पता]

श्रीयुत
नारायणदीन अवस्थी
मु. गढ़ाकोला
डाकखाना मगरायर
(उन्नाव)
Unao

[यह कार्ड गढ़ाकोला के किसान नारायण दीन अवस्थी को भेजा गया था। लखनऊ से लौटने पर वह निराला को पुन: प्राप्त हुआ।]

66. रामधनी द्विवेदी को

Aminabad Hotel
Lucknow
11. 11. 30

प्रिय रामधनी,

हम सीतापुर चले जाने के कारण तुम्हारे वहां कतकी के समय नहीं पहुँच सके। अम्मा की दवा के लिये अभी तक लिख नहीं सके। वहां से कल लौटे हैं। आज

लिख रहे हैं। दवा 8/10 दिन में पहुँच जायगी। आशा है, तुम लोग अच्छी तरह हो। हम प्रसन्न हैं।

सूर्य्यकान्त त्रिपाठी

67. रामधनी द्विवेदी को

गढ़ाकोला, **मगरायर,** उन्नाव

30. 12. 30

चिरञ्जीव रामधनी,

हम इस समय गांव में हैं। 2/3 दिन बाद लखनऊ चले जायेंगे। सकुशल हैं। आशा है, तुम लोग अच्छी तरह हो। खुसरूपुर शायद न जा सकेंगे। सस्नेह।

सूर्य्यकान्त

68. रामधनी द्विवेदी को

Lucknow

24. 3. 31

प्रिय रामधनी,

बहुत दिनों से तुम लोगों के सुख-समाचार नहीं मिले। आशा है, तुम लोग अच्छी तरह हो। अम्मा इस समय शायद बांदा में होंगी, हम अच्छी तरह हैं, ज़रा ज़ुकाम और बुख़ार आ रहा है। दो एक दिन में अच्छा हो जायगा। और सब कुशल है। इति

सस्नेह सूर्य्यकान्त

69. शिवपूजन सहाय को

[5. 6. 31]

प्रिय शिवपूजन जी,

मेरे मित्र पद्मादत्त त्रिपाठी हिन्दी में एम. ए. की तैयारी कर रहे हैं। यहां (कलकत्ते में) हिन्दी वालों को मैथिली भी लेनी पड़ती है। आपसे मैथिली की कुछ पुस्तकों की सहायता, वहां रहने के कारण, मिल सकती है। ये पत्र के साथ आवश्यक अपना कथन तथा पुस्तकों की तालिका देंगे, आप यथाशक्ति इनकी मदद अवश्य कर दें। आप इनको पहचानते हैं—मतवाला में (विद्यार्थी अवस्था में) आते जाते थे—कालेज स्क्वायर में भी थे—अब [?]।

आशा है, आप प्रसन्न हैं। मैं कल यहां से चलूंगा, लखनऊ होकर घर।

आपका

—'निराला'

कलकत्ता

5. 6. 31

70. कन्हैयालाल को

Gurhakola, Magrair,
Unao
16.8.31

My dear Kanhaiyalal je,

I receive both of your cards. I am a little late to answer, sorry. You can publish the stories in your collection. For that one, you heard from Munshi je. I request you not to place. It is obscene though instructive, not befitting a collection.

[लखनऊ-स्थित कलाकार मित्र कन्हैयालाल को लिखा हुआ अधूरा कार्ड। कार्ड पर पता नहीं लिखा गया।]

71. नन्ददुलारे वाजपेयी को

[1931]

प्रिय वाजपेयी जी,

आज आपकी 'निराला' आलोचना पढ़ी। विचारों के लिए तो मैं कुछ कह ही नहीं सकता। कारण, वे आपके हैं, पर इतिहास के लिए अवश्य कहूँगा कि सुमित्रानंदन जी को प्यार करने के आठ महीने पहले मैं हिन्दी जनता की आँख की किरकिरी हो चुका था। उनको अच्छी तरह लोगों ने तभी जाना जब 'मौन निमंत्रण' से, शायद 1924 की 'सरस्वती' के फरवरी वाले अंक से, लगातार उनकी रचनाएँ निकलने लगीं। मैं आठ महीने और पहले से 'मतवाला' के मुख पृष्ठ पर, जिसका आपने उद्धरण दिया है—'छूटता है यद्यपि अधिवास', और बाद की रचना कहकर भावना सम्वलित बतलाया है, 'मतवाला' के निकलने से भी पहले 'माधुरी' के पहले साल निकल चुकी है और मेरे पास 1916 की लिखी हुई पड़ी थी। शिव पूजन जी ने 'माधुरी' में भेज दी थी। समन्वय में इससे पहले और रचनाएँ निकल चुकी हैं। पन्त जी का 'उच्छ्वास' सिर्फ छपा था। पर वह हिन्दी जनता के पास, 6-7 पृष्ठों का॥।) कीमत पर पहुँच चुका था, मैं नहीं कह सकता। गुरु जी का 'ब्लैंक वर्स' वीरांगना काव्य भी पन्त जी की सृष्टियों से पहले 'सरस्वती' में निकला। आपका शायद मतलब है, पन्त जी ने भावना का प्रसार किया, और तभी से जब वे 'मुसक्यानों से उछल-उछल' लिखते थे।

आपका
"निराला"

72. विनोदशंकर व्यास को

गढ़ाकोला, मगरायर, उन्नाव
18, 2. 32

प्रिय विनोद जी,

25 दिन लखनऊ रह कर कल घर आया हूं। आपके प्रिय पत्र का इसीलिये समय पर उत्तर नहीं दे सका।

एक प्रति 'जागरण' की मिली। पढ़कर तबियत बहुत खुश हुई। बहुत दिनों से बाबू शिवपूजन सहाय जी की प्रतिभा का व्यक्तिगत परिचय नहीं मिल रहा था। उनके हाथ से शीघ्र ही पत्र की प्रतिभा बढ़ जायगी, इसमें ज़रा भी सन्देह नहीं। पत्र प्रथम अंक से ही आकर्षक है।

एक लिपि इख्तियार कीजिये। जैसे :—श्री कृष्णचन्द्र विद्यालंकार (लंकार) लिखित...हिन्दू-संगठन (संगठन) आदि आदि। या तो हिन्दू-संगठन लिखिये या हिन्दू-संगठन। यह दूसरे पृष्ठ के दूसरे कालम में है। एक स्कूल पकड़िये।

एक गीत भेजता हूa। आशा है, आप लोग प्रसन्न हैं। इति

आपका
—निराला

[शिवपूजन सहाय 'जागरण' का सम्पादन कर रहे थे। विनोद शंकर व्यास ने गीत के साथ उन्हें यह पत्र भी भेज दिया होगा। वह उनके—शिवपूजन सहाय के—संग्रह में था।]

73. शिवपूजन सहाय को

गढ़ाकोला, मगरायर, उन्नाव
10. 4. 32.

प्रिय शिवपूजन जी,

आपका प्रिय पत्र मिला। मैंने अपनी राय में प्रवासीलाल जी को आत्मकथांक पर जैसा समझा लिख दिया है। मेरी लड़की सख्त बीमार है। 4 महीने से रायबरेली अस्पताल में पड़ी है। बड़ी संकटमय अवस्था है। स्वस्थ समय का फोटो मैंने लिया नहीं। अब तो कृश हो रहा हूं। बाल भी कटवा दिये। कवि-चित्र 8/10 महीने बाद मिल सकेगा। अभी मैं निकलवाना भी नहीं चाहता। कुछ लिख लूं। तब शोभा भी देगा।

क्या 'जागरण' महादेव बाबू के पास जाता है? अवश्य लिखिये [।]

मुझे 3/4 दो अंक पुन: भेज देने की कृपा करें। खो गये हैं।

एक सप्ताह में गद्य-पद्य कुछ भेजूंगा। छठा अंक खाली ही रहेगा।

आपका—सूर्य्यकान्त

5वें अंकवाली मेरी कविता की लड़ी में 'उघर देखोगे' गल्ती से 'उधर देखोगे' छप गया!

—नि.

[पता]

Babu
Shivpoojan Sahaya,
The Editor, Jagaran
The Vias Bhawan
Man Mandir
Benares City

74. शिवपूजन सहाय को

गढ़ाकोला
[अप्रैल, 1932]

प्रिय शिवपूजन जी,

आपका पत्र। जागरण मिला। वही लड़की है। एक आलोचना और 3 गीत भेजता हूं। आलोचना शीघ्र निकालिये। अपने संवाद देते रहिये। कोई [काम] दिला सकें तो कोशिश कीजिये [।] घर बैठा [हूं]।

आपका
निराला

75. शिवपूजन सहाय को

गढ़ाकोला
[अप्रैल, 1932]

प्रिय शिवपूजन जी,

आपके प्रिय पत्र का यथासमय उत्तर न दे सकने का कारण आप समझ गए होंगे, मेरा प्रयाग जाना था; विनोद जी से वहां की बातें आपने सुनी होंगी। अनवकाश वश होलिकांक के लिये गद्य नहीं भेज सका। इस पत्र के साथ एक गीत भेजता हूं।

मैं इस समय विषाद ग्रस्त रहता हूं। मेरी लड़की तीन महीने से रायबरेली-अस्पताल-दाखिल है। बहुत बड़ा Operation हुआ था। जीने की आशा नहीं थी, हुई, अब फिर जा रही है। बायें स्तन की बग़ल से अस्त्रक्रिया हुई है। घाव अच्छा नहीं हो रहा। दो रोज़ हुए खून परीक्षा के लिये फिर लखनऊ भेजा गया है घर में एक चाची साल भर से पड़ी हैं। नदी में गिर पड़ी थीं, कूल उतर गया था। वह मृत्यु पर्यन्त अच्छा नहीं होनेवाला। किसी तरह दिन पार करता हूं।

'हंस' में आपने अत्युक्ति की। बहुत अंशों में सत्य का अपलाप हुआ। पर लेखक की कोमलता पाठकों पर अपना सुखद स्पर्श छोड़ती ही है।

'जागरण' में आप अपनी तरफ से भी अपनी अलंकृत भाषा में कुछ लिखा करें। इतना समाचार बिना पूड़ियों का आचार ही आचार हो जाता है जिसे कुछ हद तक व्यभिचार भी कह सकते हैं।

आशा है, आप खूब स्वस्थ, हष्टपुष्ट, नये वसन्त की ही तरह अपने गत साहित्यिक जीवन के नवोन्मेष-काल में प्रसन्न हो रहे हैं। इति।

आपका
—निराला

[पत्र अप्रैल, '32 में लिखा गया था, सम्भवत: तीसरे हफ्ते में।]

76. जयशंकर 'प्रसाद' को

रँगीला
हास्य-रस-प्रधान हिन्दी साप्ताहिक।

57, बांसतल्ला स्ट्रीट,
कलकत्ता,
23-5-1932.

प्रिय बाबू साहब,

मैंने आपको नहीं लिखा। कई कारण हैं। आपने भी मुझे नहीं लिखा। मुमकिन है मैंने ग़लती की हो। रंगीला मेरे मित्रों की हठवादिता का रूप है। मुझे उसके प्रकाशित होने की खबर हुई पत्रों में मेरे सम्पादकत्व का विज्ञापन छप जाने के बाद। परिस्थिति सँभालने आया तो प्रकाशन की नौबत आई। कुछ भेजिये 5/6 रोज़ में।

आपका
निराला

[पता]

Babu
Jaya Shanker 'Prasad'
Govardhan Sarai
Benares City

77. शिवपूजन सहाय को

रँगीला
हास्य-रस-प्रधान हिन्दी साप्ताहिक।

57, बांसतल्ला स्ट्रीट,
कलकत्ता—23/5/1932

प्रिय शिवपूजन जी,

मित्रों ने ढिठाई की। बिना पूछे रँगीला का डिक्लरेशन लिया। बिना पूछे पत्रों में मुझे भविष्य सम्पादक छापा। मालूम होने पर अनिच्छित मुझे आना पड़ा। आगे

राम मालिक है। पत्र शीघ्र निकलेगा, इस शनि के बाद वाले शनि को। कुछ शीघ्र भेजिये। इति।

आपका
—निराला

[पता]

Babu Shivapoojan Sahaya je
The Editor, Jagaran,
Manmandir
Benares City

78. जयशंकर 'प्रसाद' को

रँगीला
हास्य-रस-प्रधान हिन्दी साप्ताहिक।

57, बांसतल्ला स्ट्रीट,
कलकत्ता
6-5-1932

प्रिय बाबू साहब,

आपकी कविता रँगीला में निकल गई। पत्र जा रहा है। अपनी सम्मति तथा और कुछ परिश्रम के बिना आ सके तो भेज दें। मुझको इस तरह के काम से कष्ट होता है, पर बैठा ठाला मित्रों के कहने पर उठा लिया। आपके समाचार मिलते रहे हैं। मैं सकुशल हूं। इति।

आपका
निराला

[पता]

Shri Jay Shanker Prasad je
Goverdhan Sarai
Benares City

79. जयशंकर प्रसाद' को

रँगीला
हास्य-रस-प्रधान हिन्दी साप्ताहिक।

57, बांसतल्ला स्ट्रीट,
कलकत्ता
19-5-1932

श्रीमान् बाबू साहब

कुछ भेजिये। अपनी सम्मति के साथ। तीसरे अंक को देखकर सम्मति न दीजिये। बीमार रह कर लिखा है यह अंक। दूसरे में स्टन्डार्ड घटा दिया है बाज़ार देखकर। फिर भी बिक्री अच्छी नहीं, किसी अखबार की नहीं। 4थे में कोशिश करूंगा। कुल

आप लोगों का भी सहारा मिल जायगा। शिवपूजन जी कुछ नहीं भेज रहे। अकेला हूं, सब विषय हर हफ्ते अकेला कहां तक पूरे करूं? छापे की गलतियां भी होती हैं। प्रेस अपना नहीं : प्रेस की मशीन अपनी नहीं। अर्थाभाव ऊपर से। अपनी इच्छा की मैंने प्रतिकूलता की, मित्रों के अनुकूल होने के लिए। अब देखूं, कब तक गुण खींचता हूं। आप प्रसन्न होंगे।

आपका
निराला

[पता]

Babu
Jay shanker je
Prasad
Goverdhan Sarai
Benares City

80. शिवपूजन सहाय को

रंगीला।
हास्य-रस-प्रधान हिन्दी साप्ताहिक।

57, बांसतल्ला स्ट्रीट,
कलकत्ता 19/6/1932

प्रिय शिवपूजन जी,

आपका प्रिय पत्र मिला। अकेला बड़ी परेशानी में हूं। पहला अंक बाज़ार की समझ से ऊंचा कहा गया। दूसरा ठीक। पूरे कुल कालम भिन्न भिन्न दूसरे के मैंने ही भरे। पहला तो स्पष्ट ही है। तीसरे में अस्वस्थ होकर गिरा दिया। 4था सँभालने का विचार है। क्या आपका वह खून बिलकुल पानी हो गया? हाथ बटाइये, चल गया तो ठीक है। नहीं तो 'मस्तराम के सोंटे से'। कलकत्ता अब वह नहीं, बहुत गिरा है, समय भी वैसा है।

आलोचना कर दीजियेगा। व्यक्तिगत राय भी भेजिये। शिकस्त हो गया हूं। बहुत होता है एक आदमी के लिये। सम्मति प्रथम पर। दूसरे पर भी। कुछ मिलने पर फिर लिखूंगा।

आपका
—निराला

[पता]

Babu
Shivpoojan Sahai
The Editor, Jagaran
The Vias Bhawan
Manmandir
Benares City

81. बनारसीदास चतुर्वेदी को

[भार्गव मैजेस्टिक होटल,
हेवट रोड, लखनऊ]
4-10-32

प्रिय चतुर्वेदी जी,

आपका प्रूफ मिला। आपने अपने मनोभाव बहुत अच्छी तरह आकर्षक ढंग से प्रकट किये हैं। देखें कैसी कैसी सम्मतियां हिन्दी के हितैषी विद्वानों से आपको मिलती हैं। फिर न हो कहीं कुछ लिखूंगा। आप तो बिना समझे कुछ छापेंगे नहीं। निबन्ध यदि नहीं समझ में आया तो राय तो अवश्य ही समझ में आ जायगी। इस तरह की चहलपहल से मुझे भी काफी दिलचस्पी रहती है। समझने और लिखने लायक बहुत सा मसाला मिलता है। आपने अपने आक्रमण का प्रूफ भेजा, यदि चाहते तो प्रबन्ध की टीका करने का निमंत्रण भी दे सकते थे; तब इतना आकर्षक कुछ ज़रूर न रहता पर गुत्थी सुलझ जाती। मुमकिन है, अन्त तक आप ही बदनाम हों। सच बतलाइयेगा, बिना कोष देखे, पूछे, सन्निपात की व्युत्पत्ति जानते हैं आप? यह पत्र भी छापिये।

निराला

[यह पत्र 'विशाल भारत' में नहीं छपा; 'वर्तमान धर्म' की टीका वाले लेख के साथ 'माधुरी' में छपा था।]

82. बनारसीदास चतुर्वेदी को

भार्गव मेजेस्टिक होटल,
हेवट रोड, लखनऊ।
17-10-32

प्रिय चतुर्वेदी जी,

आपके पत्र का यथासमय उत्तर नहीं दे सका। क्षमा। मैं अभी "वर्तमान धर्म" की टीका लिखकर 'साहित्यिक सन्निपात' उसका खिताब नहीं हटाना चाहता। आपका परिश्रम जो आपने पत्र और प्रूफ भेजकर किया है, विफल हो, मेरा ऐसा उद्‌देश्य नहीं। मैं आक्षेप हो चुकने के बाद, आप के पास साहित्यिकों की सम्मतियां आ चुकने के बाद अक्षर-अक्षर टीका लिखूंगा। देखना है, सन्निपात-ग्रस्त कौन है। न भेजा हो तो महात्मा जी और रवीन्द्र नाथ के पास भी एक प्रूफ और अनुवाद भेजकर सम्मति अवश्य अवश्य लीजिये। इससे भावी हिन्दी का बड़ा उपकार होगा। शायद सरस्वती ने यही सत्य समझ कर आपको इस प्रकार का योग्यतम मनुष्य समझा है। पहले आप आक्षेप—प्रतिकूल या अनुकूल छापिये। फिर मैं आप

को टीका लिख कर दूंगा। अथवा प्रताप की तरह दूसरी जगह का प्रूफ छापने के लिये भेज दूंगा। इति।

आपका
निराला

प्रार्थना है, शीघ्रातिशीघ्र सम्मतियां छापना आरम्भ करें। इसी महीने से हो तो बड़ा अच्छा।

निराला।

83. जयशंकर प्रसाद को

Bhargava Majestic Hotel
Hewett Road, Lucknow
24. 4. 33

प्रिय बाबू साहब,

पन्त जी के साथ मैंने निश्चय किया है, एक ड्रामा अच्छा सा लिखकर खेला जाय। मेरा 'ऊषा' नाम उन्हें पसन्द आया है। ऊषा अनिरुद्ध वाला विषय, नामार्थों से आध्यात्मिक पुष्टि के साथ, दृश्य काव्य में आयेगा। पंत जी ऊषा का पार्ट खेलेंगे। शायद मुझे अनिरुद्ध बनकर उतरना पड़े। आज एक ठाकुर साहब बी.एस.सी. एल.एल.बी. बाण की भूमिका पूरी करनेवाले तगड़े तगड़े मिल गये हैं। खेलनेवाले सभी साहित्यिक, चार पांच एम.ए. भी हैं। ऊषा का अंश मेरा लिखा होने पर भी पंत जी इच्छानुसार सुधार कर लेंगे, ऊषा के गीत उन्हीं से लिखवाऊंगा। कुछ पात्रों की भाषा, मेरे ब्लैंक वर्स में रहेगी जैसे अनिरुद्ध, बाण आदि की। मैं आपकी भी सहायता चाहता हूं। आप अभी, मई तक opening song दीजिये, फिर अपर सहायता लूंगा। ऐसा ही लिखवाकर आपके नाम के साथ मैंने विज्ञापन कर दिया है, अर्थात् हम तीनों की मदद से नाटक तैयार हो रहा है। गुप्त जी से भी एक song लूंगा। आशा है आप आज्ञा देंगे। सविशेष फिर।

आपका
"निराला"

आप प्रसन्न होंगे। मैं स्वस्थ हूं। अभिनन्दन में न जा सकूंगा, कारण आमंत्रित व्यक्ति कुछ पढ़ नहीं सकते।

नि.

[पता]

Babu Jai Shanker Prasad Ji
Govardhan Sarai
Benares City

84. रामकृष्ण त्रिपाठी को

Bhargava Majestic Hotel
Hewett Road, **Lucknow**
[अप्रैल, 1933]

चिरंजीव श्रीरामकृष्ण,

तुम्हारा पत्र मिला। उत्तर देने में कुछ देर हुई। गोपा के चेचक निकलने के समाचार से चिन्ता है। अवश्य छोटी देवी होंगी। शायद परसाल मनन्ना के निकलीं थीं। तुम्हारे मामा लौटे हैं या नहीं, लिखना। अम्मा शायद जेठ अमावस्या तक लौटें। द्विवेदी जी को हमने लिखा है। तुम्हारे वहां हम जाना चाहते थे, पर नहीं गये। हमारी 'अलका' समाप्त हो चुकी। 7/8 दिन में निकल जायगी। 7/8 मई तक हमें अपनी छोटी कहानियों का संग्रह "लिली" छापेखाने में दे देना है। फिर मई के अंत तक "अपराजिता", इनके अलावा और बहुत सा काम है। कलकत्ते वाला आर्डर भी ले लिया है। जल्द जल्द काम कर रहे हैं। अब स्थिति अच्छी हो रही है। तुमको 15/20 रोज़ तक यहीं ले आवेंगे। तब तक अम्मा भी आ जायंगी. और हम कुछ और काम कर चुके होंगे। सरोज क्या अभी रोटी बनाने लायक है? लिखो

—निराला

पता :

Sriyut Ramkrishna Tripathi
C/o. Ramdhani Dwivedi
Sherandazpur
P.O. Dalmau
(Raebareli)

[डाकमुहर डल्मऊ 26-4-33]

85. शिवपूजन सहाय को

गंगा-पुस्तकमाला-कार्यालय
[संपादन-विभाग]
लखनऊ

Office
7.10.33

प्रिय शिवपूजन जी,

आपके पास सुधा भेजी जाती है, जिसमें आपका प्रिय चित्र प्रकाशित हुआ है। यहां आने पर देखा, आपने, मुझे भी याद (?) लिया (किया?) है।

मैं आपका पहले ही जैसा चिर-शुचि स्नेहाकांक्ष मित्र हूं। 6/7 दिन हुए वाजपेयी नन्ददुलारे जी यहां आये थे। आपके संवाद उनसे प्राप्त कर दुखी हुआ हूं। श्री दुलारेलाल जी कुछ दिनों से लाहौर हैं, शायद शीघ्र आ जायं 2/1 दिन में, तब सविशेष लेख

आदि के संबन्ध में कहूंगा। आप इस समय भी कुछ भेजिए। सुधा की ओर से मैं सविनय प्रार्थना करता हूं। यदि मुझे पत्र दें तो

Bhargava Majestic Hotel
Hewett Road, Lucknow

लिखें। आपके स्नेह से मैं सकुशल हूं।

आपका चिर-प्रिय

—'निराला'

मैं कलकत्ते की तरह यहाँ भी मुक्त रहता हूँ।

[पता]

बाबू शिवपूजन सहाय जी,
हिन्दी-भूषण,
महाशक्ति-साहित्य-मंदिर,
बुलानाला, काशी
Benares City

86. गया प्रसाद शुक्ल सनेही को

The Bhargava Majestic Hotel
Hewett Road, Lucknow.
3.11.33.

आदरणीय सनेही जी,

छायावाद पर एक लेख 'सुकवि' में देखा। ऐसे अन्ट-सन्ट लेख से आपके सुकवियों को कुछ लाभ होगा, मेरे अनुमान से बाहर है। उत्तर के लिये मेरे पास समय कम है, पुन:, गधा घोड़ा नहीं बन सकता यह प्रसिद्धि आप भी जानते हैं। ऐसी हालत में लिखने से क्या फ़ायदा होगा? मुक्त छन्द की मुक्ता का महत्त्व नराकारवानरमहाशय क्या समझेंगे? उन्हें तो समावर्त केले ही प्रसन्न कर सकते हैं। 'हिन्दी कविता में छायावाद' का उत्तर इससे अधिक नहीं लिख सकता। छापें न छापें, आपकी इच्छा।

सविनय—
निराला

['सुकवि' में महेशप्रसाद मिश्र रसिकेश, मुख्तार, कलक्टरी, गोरखपुर का रीतिवादी दृष्टि से छायावादी काव्यशैली की भर्त्सना करते हुए लेख—'हिन्दी कविता में छायावाद'—प्रकाशित हुआ था। निराला का पत्र उस लेख पर उनकी टिप्पणी के रूप में अक्तूबर, 1933 के 'सुकवि' में प्रकाशित हुआ। महेशप्रसाद मिश्र ने उस पत्र में अपनी मानहानि देख कर सनेही को पत्र लिखकर सूचित किया कि निराला अपने पत्र के लिए क्षमा माँगें, नहीं तो वे कानूनी कार्रवाई करेंगे। नवम्बर, 1933 के 'सुकवि' में निराला का लेख 'क्षमायाचना के लिये धमकी' प्रकाशित हुआ। महेशप्रसाद के लेख

की अपमानजनक बातों की चर्चा करने के बाद निराला ने लिखा : "अब रही बात मेरे क्षमा मांगने की। दोष करने पर क्षमाप्रार्थी होना गुण कहलाता है। इस गुण के ग्रहण के लिए मैंने कोशिश की। पर इससे मुझे ऐसी पैरालिसिस हुई कि क्षमा चाहने की शक्ति जाती रही—हाथ जुड़ने को नहीं उठे। कारण आप लोग समझें।"]

87. जयशंकर 'प्रसाद' को

बाबू जयशंकर प्रसाद' जी,
सुँघनी साहु, गोवर्धन सराय,
काशी

प्रिय बाबू साहब,

यह पत्र कुवँर गजराजसिंह जी लिये जा रहे हैं। हिन्दी में कुछ (अच्छी) कविताएं लिखकर बी.ए. की परीक्षा से मुहँ मोड़कर, संन्यास लेने के इरादे पर निकले हुए कुवँर चन्द्रप्रकाश आजकल काशी में हैं, ऐसा पता लगा है। चित्रकूट से वह काशी गये हैं। मुझसे उन्होंने आपकी जैसी तारीफ सुनी थी, और स्वयं आपकी कविताओं से जैसा प्रेम रखते थे, उसके विचार से अनुमान है कि वह आप से मिले होंगे। पत्रवाहक उनके पिता हैं। यदि कुछ उनके सम्बन्ध में आपको मालूम हो तो इन्हें अच्छी तरह बतलाने की कृपा करें। पत्रवाहक राजा साहब कसमंडा, राजा साहब टिकरी आदि के खानदान के, बैसवाड़े के बैस क्षत्रिय, हम लोगों के राजवंश हैं। आप सकुशल होंगे। वाजपेयी नन्द दुलारे जी के पास भी इन्हें पता बतलाकर भेजवा दें।

पाठक वाचस्पति जी से भी यह मिल सकेंगे।

सविनय
निराला
16-4-34

88. दुलारेलाल भार्गव को

[मार्च '35]
प्रिय भार्गव जी,

कल घर जाना चाहता हूं। किश्त समझना है। अभी अदालत की नक़ल नहीं ली। सम्भव हुआ—अगर आपसे 25) मिले तो किश्त दे दूंगा, नहीं तो घूम फिर कर होलीबाद चला आऊंगा। यदि 25) नहीं तो 10) दीजिएगा।

इति।
निराला

गीत अभी लिखे कोई
नहीं : कल सुबह
एक लिखूँगा।

नि.

[इस पर दुलारेलाल भार्गव ने लिखा :]

किश्तें आप 25 एप्रिल से देना शुरू करें।
25 एप्रिल तक बड़ा अर्थकष्ट रहेगा। इधर
मैंने काम भी कम किया।

दुलारे.
25/3]

89. दुलारेलाल भार्गव को

[लखनऊ]

प्रिय भार्गव जी,

मेरे पत्र को 24 घन्टे हो गये : अभी तक निरुत्तर है। क्या मैं अपना स्वतन्त्र कार्य शुरू करूं? यह अन्तिम सूचना है, अगर निश्चय मुझे न मिला। जिसने घर से रुपया लेकर एक वार चुकाया है, वह फिर चुकायेगा।

आपको उस वार शराफ़त से नहीं लिखा, इस वार साफ़ किये देता हूँ—'दुलारे दोहावली' में मेरे जितने संशोधन हैं : हज़ार-हज़ार प्रत्येक के लिये लगाता हूं। अभी मिलाया नहीं। फिर हिसाब पेश करता हूं। सिलाकारी जी ने जिस 'भईं भीरु भव भामिनी' की सबसे ज़्यादा तारीफ़ की है, वह पत्थर से बनाया हीरा मेरा कार्य है; और दूसरों को आपने धोखा दिया यह कह कर कि आप का लिखा हुआ है।

निराला
11. 7. 35.

90. केदारनाथ अग्रवाल को

58, Nariyalwali Gali
Lucknow
2. 1. 36.

प्रिय बालेन्दु जी,

आपका पत्र मिला। आप सकुशल, मित्रों के साथ, पहुंच गये, पढ़कर खुशी हुई। आप जो कुछ लिखना चाहते हैं, जहां चाहें, भेजियेगा। मि: राम बिलास शर्मा से अभी तक मुलाकात नहीं हुई। मैं प्रसन्न हूं।

आपका
कुशलकामी
सप्रेम निराला

[पता]

श्री केदारनाथ अग्रवाल 'बालेन्दु'
बी.ए.

The Poet "Balendu"
D.A.V. College Hostel,
Cawnpore

91. जयशंकर 'प्रसाद' को

[डलमऊ]

आदरणीय बाबू साहब,

इधर आपको लिखनेवाला था। पर अभी उस उद्देश की पूर्ति कुछ समय लेगी, इसलिये नहीं लिखा। बात यह थी कि 'ऊषा' नाटिका के लिये प्रथन गीत चाहता था; पर अभी उसके लिये कुछ देर होगी। बहुत देर हो गई यह तो आप जानते ही हैं। इस समय मैं 'निरुपमा' उपन्यास तैयार कर रहा हूं : फिर 'उच्छृंखल' की तैयारी में लगूंगा; इसके बाद कुछ समय के लिये उपन्यास लिखना स्थगित करूंगा। अभी ऐसा विचार है, पर यह सब षडैश्वर्यशाली भगवान की इच्छा पर अवलंबित हैं, कारण ऐश्वर्य का असहयोग मुझे विचार बदलने को बाध्य कर सकता है। कामयाब हुआ तो तब नाटक लिखूंगा। इसके लिये 5/6 महीने की देर ज़्यादा से ज़्यादा होगी।

इधर मेरी दो किताबें निकली हैं, छोटी कहानियों का दूसरा संग्रह 'सखी' और उपन्यास तीसरा 'प्रभावती' लखनऊ के एक मामूली प्रकाशक के यहां से। मैंने अपना कुछ भी आपको नहीं दिया और आपका सब कुछ ले लिया। मुझसे कुछ प्राप्ति की आशा आपको होनी भी नहीं चाहिए और मुझे उत्तरोत्तर पाते रहने की छोड़नी नहीं। शायद इसी आधार पर, मैंने अपनी बहुत सी किताबें यद्यपि मित्रों को खरीद-खरीदकर भेंट की, आपके पास एक भी नहीं भेज सका। पर मैंने सुना है, आप उपनिषदों से नीचे उतरना पसन्द नहीं करते। फिर भी मैं प्रयत्न करूंगा, यदि आपको नीचे उतार सकूं। इसके लिए ऐश्वर्यवान या भगवान की कृपा आवश्यक है, क्योंकि किताबें खरीदनी होंगी।

मेरी इच्छा आपसे मिलने की थी, पर बहुत उलझा हुआ हूं; न आ सकूंगा। आपको सादर अभिवादन भेजता हूं। यदि 'ऊषा' और 'अनिरुद्ध' के अर्थ-रूपों को देखकर एक गीत लिख रक्खें तो मेरे चाहने पर आपको जल्दी न करनी पड़ेगी। इति

सविनय

निराला

18. 4. 36

['ऊषा' नाटिका और 'उच्छृंखल' उपन्यास लिखने के बानक नहीं बने। 'सखी' और 'प्रभावती' सरस्वती पुस्तक भंडार, लखनऊ से छपीं। यह पत्र डलमऊ से रजिस्टर्ड भेजा गया था, सम्भवत: इसलिए कि 'ऊषा' नाटिका के लिए गीतों की माँग कवि प्रसाद तक निश्चित रूप से पहुँच जाय।]

92. राम विलास शर्मा को

C/o. Pandit Vachaspati Pathak Esqr.
The Leader Buildings
The Leader Press
Allahabad.
8. 10. 36.

प्रिय शर्मा जी,

मैं फिर काशी नहीं गया। रोक लिया गया। यहाँ आपका इन्स्टालमेन्ट पर लिखा लेख मिल गया है और वह छपने के लिये—'भारत' में दे दिया गया है। मेरी किताबें अभी प्रकाशित नहीं हुईं। होने पर जल्द आपके पास भेज दूँगा। आपने वह लेख पाण्डेय जी को दे दिया होगा। मैं भरसक उन्हें आज एक पत्र लिखूंगा। और सब कुशल है। तिवारी जी को नमस्कार। लल्लू और चौबे को स्नेह।

आपका
निराला

[पता]

Pandit
Rambilas Sharma, M.A.
112, Moqboolganj,
Lucknow

[इंस्टालमेंट— भगवतीचरण वर्मा का कहानी-संग्रह;
पाण्डेय जी— रूपनारायण पाण्डेय;
तिवारी जी— कान्यकुब्ज कालेज लखनऊ में अंग्रेज़ी के अध्यापक, कवि, निराला के मित्र;
लल्लू— राम प्रसाद यादव, मेरे मित्र, 112 मकबूलगंज, लखनऊ में निराला के भावी मकान मालिक।]

93. राम विलास शर्मा को

C/o. Vachaspati Pathak Esqr.
The Leader Press, Allahabad.
7.11.36

प्रिय शर्मा जी,

आपके पत्र का उत्तर देते हुए कुछ देर हो गई। आपकी आलोचना इन्स्टालमेन्ट पर आज या कल भेजवा रहा हूं; पाठक जी से कह दिया है; साथ प्रेमचन्द जी पर वाला मेरा लेख भी जायगा; आप तिवारी जी को दे दीजियेगा। गीतिका सोम-मंगल तक तैयार हो जायगी। शीघ्र भेजवाऊंगा।

आपकी आलोचना मुझे बहुत अच्छी लगी, आपके विचारों को आप ही की दृष्टि से देखने की जब मैंने कोशिश की। 'खल' 'जनरञ्जन'+'धन्य' आदि में कहीं कहीं परिवर्तन मुझे भी ज़रूरी जान पड़ा था। 'गाथा' में छपते समय ठीक कर दूंगा। 'धन्य' तो अच्छा लगता जब 'धन्यकुमार जैन' में जैसे 'धन्य' सिंह का विशेषण होता है। 'शशि शेखर' के लिये आपने जो त्रुटि कलाजन्य बतलाई है, उस पर मेरा ध्यान लिखने के वक्त गया था। पहले ऐसा न था। बड़ी ज़ोरदार पंक्ति थी—"अम्बर में हुए दिगम्बर आलिंगित शंकर"। पर 'राम की शक्तिपूजा' में भाव साद्यन्त शुद्ध है। राम की शक्ति रावण की जैसी शक्ति नहीं। रावण की शक्ति में मैंने कालिका का वर्णन किया है—"श्यामा के पदतल भारधरण हर..." राम की शक्ति में शिव मस्तक पर हैं शक्ति के। फलत: वह पंक्ति मुझे बदलनी पड़ी। वहाँ शशिशेखर शिव के ही अर्थ में है। यदि 'शशि' को देखना हो तो अमावस्या में वह कल्पना में ही देख पड़ेगा—वह आकाश में है। दुर्गा के दस हाथ पहाड़ में देख नहीं पड़ते; यह ठीक है; पर दश हाथ दिखाये भी नहीं जा सकते, क्योंकि ऊर्द्धव और अध हाथ में रूप में कैसे आयेंगे, आप ही बतायें, पहाड़ में। यों आठ दिशाओं के हाथ देखाना भी असंभव है : पर यह निर्णय आठ दिशाओं के पहाड़ से किया जा सकता है। जो शुद्धि मैंने की है वह 'सिया' नहीं 'प्रिया' है। पुरुषोत्तम 'नवीन' में पहले 'प्रवीण' रक्खा था जो शब्दोच्चारण के विचार से ज़्यादा साफ़ है। पर फिर 'नवीन' कर दिया। मुझे इसमें व्यंग्य अच्छा मालूम दिया।

और सब कुशल है। 'माधुरी' में मुझ पर छपा वह लेख भुवनेश्वरवाला तो देखा होगा? —निराला

[पता]

Mr. Rambilas Sharma, M.A.
112 Moqboolganj,
Lucknow.

[‘भारत’ में छपे ‘राम की शक्तिपूजा’ के पाठ की आलोचना करते हुए मैंने जो बातें कही थीं, निराला के उत्तर से पाठक उनकी अवधारणा कर सकते हैं। ‘गाथा’ संग्रह में वह ‘राम की शक्तिपूजा’ जैसी कथात्मक रचनाएँ देना चाहते थे किन्तु वह योजना पूरी नहीं हुई और ‘गाथा’ नाम से कोई संग्रह छपा नहीं।]

94. राम विलास शर्मा को

C/o. Vaschaspati Pathak Esqr.
The Leader, Allahabad
8.11.36.

प्रिय शर्मा जी,

कल आपके पत्र का उत्तर मैं पोस्ट कर चुका हूँ। पर चूंकि 4/5 बजे शाम को किया था, इसलिये, मुमकिन, ये दोनों पत्र एक साथ आपको मिलें। आज रवि है। कल आपके लेख भेजे जायंगे।

दूसरी तरफ का पत्र श्री राजेन्द्र नाथ शुक्ल को अवश्य दीजियेगा।

आपका
निराला

माधुरी का उत्तर कल भेज रहा हूँ। साथ दो और आदमियों के संस्मरण हैं भुवनेश्वर पर।
नि.

[पता]

Pandit
Mr. Rambilas Sharma, M.A.
112 Moqboolganj,
Lucknow

[राजेन्द्र नाथ शुक्ल—निराला के मित्र त्रिभुवन नाथ शुक्ल के पुत्र। ‘माधुरी’ का उत्तर—निराला पर भुवनेश्वर के आक्षेपपूर्ण लघु लेख का उत्तर। जो लेख मुझे भेजे जानेवाले थे, उनमें मेरा एक ही था—भगवतीचरण वर्मा के कहानी संग्रह ‘इंस्टालमेंट’ की, 13 अक्तूबर, सन् '36 के ‘भारत’ में प्रकाशित, आलोचना; दूसरा लेख प्रेमचन्द पर निराला का था। अगला पत्र देखें।]

95. राम विलास शर्मा को

The Leader Building
Allahabad
9.11.36

प्रिय शर्मा जी,

आपका पत्र मिला। आज आपका इन्स्टालमेन्ट और मेरा प्रेमचन्द जी वाला लेख भेज दिया गया। गीतिका निकल गई। आपकी और तिवारी जी की कापी 4/5 दिन बाद, भारत से रुपया मिलने पर भेजूंगा। यहाँ 12 नवम्बर को प्रयाग विश्वविद्यालय

में मेरा एक भाषण होनेवाला है। यहाँ की प्रदर्शनी में भी जाने का विज्ञापन निकल गया है, पर मैं जाऊंगा नहीं।

कान्यकुब्ज पत्रिका में आपके पद्य एक-एक वार पढ़े। बड़े अच्छे मालूम दिये। फिर कई बार पढ़ूँगा, जैसा मैं पढ़ता हूँ, एक-एक शब्द अच्छी तरह समझ कर। तिवारी जी के Editor's call के लिये धन्यवाद तो बड़ी हल्की बात होगी, वैसी वज़नदार क्या दूँ—वही 'राम की शक्तिपूजा' एक बार सुना दीजियेगा।

श्री भुवनेश्वर प्रसाद को उत्तर भेज चुका हूँ। मैंने भूमिका भर लिखी है, मुझे ही लिखना था, क्योंकि बातचीत उन्होंने मेरी लिखी है; उनका परिचय मेरे मित्र पं. वाचस्पति पाठक और पं. बलभद्र प्रसाद मिश्र एम.ए. (आपकी तरह प्रयाग विश्वविद्यालय के रिसर्चस्कालर) ने लिखा है; दोनों पत्र भेज दिये हैं जो बड़े चुभते हुए हैं। वहाँ छपते छपते पढ़ लीजियेगा। उनके लिये बड़े तिक्त साबित होंगे। पाण्डुलिपियाँ इन्हीं सज्जनों की भेजी हैं।

अनुवाद के सम्बन्ध में क़ानूनी राय मैं इसी वक्त नहीं दे सकता। पर कुछ दिनों में अनुवाद करने का अधिकर हो जाता है चाहे जिसके पास किताब हो। आप जबकि हिन्दी की प्रसिद्धि के विचार से अनुवाद कर रहे हैं तब किसी से बिना पूछे भी कर सकते हैं। मैं यह अवश्य कहूँगा कि आप अच्छी अच्छी कुछ कविताएं एक वार माडर्न रिव्य को भेज कर देखें, एक तमाशा सही।

एक वार लखनऊ जाने की बड़ी इच्छा होती है। पर शायद बड़ी प्रदर्शनी के समय ही जा पाऊँ।

आप साहित्यिक तरीके से एक लेख लिख कर भुवनेश्वर प्रसाद से अंगरेज़ी और फ्रेंच का ज्ञान थोड़ा-बहुत प्राप्त करने की कोशिश करें तो क्या बुरा है : Morbidity तो वे आपको बहुत दिनों तक बतायेंगे, यह मैं दावे के साथ कह सकता हूँ।

उनके उत्तर में मैंने आपका थोड़ा सा उल्लेख किया है कि "स्कालर कवि मित्र श्री रामविलास शर्मा के यहाँ कला की रूपरेखा लिखी"—ऐसा एक।

आपका
निराला

[पता]

Mr. Rambilas Sharma, M.A.
112 Moqboolganj,
Lucknow

[कान्यकुब्ज पत्रिका—कान्यकुब्ज कालेज से एक हिन्दी पत्रिका निकलती थी, 'ज्योति', सम्पादक—मदन गोपाल मिश्र; दूसरी अंग्रेज़ी की 'टॉर्चबेयरर', सम्पादक—ब्रजमोहन तिवारी। अंग्रेज़ी पत्रिका में निराला तथा विक्तर ह्यूगो की कुछ कविताओं के मेरे किये हुए अनुवाद छपे थे।]

96. ब्रजमोहन तिवारी को

C/o. Sjt. Vachaspati Pathak Esq.
The Leader Press, Allahabad.
12. 11. 36.

To,

B.M. Tiwary M.A. L. T.

My dear Tiwary je,

I have read you. You bow down before my poetry like a flower on a slender stem, she may accept. A monotony to me all you praise, new what I see is 'trashy' of mine in you : I enjoy : what a fine expression indeed! But do not mind. This causes the chance to call me now and then to twist the tail of the University-bulls, and today is the twelfth, the date of my lecture in Allahabad University.

I am told that editor, The Bharat, at a glimpse even, is taken aback, and goes (in a bounden duty as if) to take in your notes' Translated forms, not leaving even the trashy one.

I read Dr. Sharma's translations and see no gap to point out Hugo's—sounds' bomardment, tremendous to me, a timid Indian.

Don't mind if I am rich of my poor English, and delay not writing me your address full. Geetika is pubilished, and I, watching the moment to send it to you.

Yours sincerely
Nirala

[**आशय :** 'मैंने आपको पढ़ लिया है। सुकुमार वृन्त पर कुसुम के समान आप मेरी कविता के सामने नत हैं। वह आपको स्वीकार करती है। आपकी प्रशंसा मेरे लिए नीरस है। आप में जो नवीन है, वह मेरी ही तलछट है। मुझे मज़ा आता है। कैसी व्यञ्जना है! बुरा न मानें। इसी से कभी-कभी विश्वविद्यालय के बलीवर्दों की पूँछ मरोड़ देता हूँ। आज इलाहाबाद वि.वि. में मेरा भाषण है। सुना है 'भारत' के सम्पादक आपकी टिप्पणियों को कर्तव्य समझ कर अनुवाद रूप में दे रहे हैं, तलछट वाली भी नहीं छोड़ीं। मैंने डॉ. शर्मा के अनुवाद देखे। ह्यूगो की धुआँधार ध्वनि की गोलाबारी में मुझ दब्बू हिन्दुस्तानी को कहीं खाली जगह न दिखाई दी। अपनी इस अंग्रेज़ी की दरिद्रता से समृद्ध हूँ। क्षमा करें। पूरा पता लिखें। 'गीतिका' छप गई और मैं उसे भेजने की ताक में हूँ।']

[यह पत्र मैंने तिवारी जी को यथासमय दे दिया था; उसकी प्रतिलिपि करके अपने पास रख ली थी।]

97. राम विलास शर्मा को

C/o. The Leader Press

Allahabad

20. 11. 36

प्रिय शर्मा जी,

आपका पत्र मिला। तिवारी जी ने कोई उत्तर नहीं लिखा। शायद लोहा मान गये। उनका कान्यकुब्ज कालेज से एक पहले का लिखा हुआ पत्र मिला था, कुछ भेजने की मांग या तकाजे के तौर पर, टार्च-बेयरर के लिये। उनसे मेरी शिकायत कर दीजियेगा। यह भी पूछियेगा कि यह मशालची 'सूर्य्यकान्त' को कैसे सँभालेगा। दोनों में तो दिन रात का फ़र्क है।

गीतिका भरसक कल या परसों भेजवाऊँगा। तिवारी जी वाली उन्हें दे दीजियेगा। अच्छा हो अगर आप 'लीडर' के लिए एक आलोचना लिख कर भेजें और तिवारी जी 'भारत' के लिए। विज्ञापन पाठक जी का लिखा हुआ है। हाँ, तिवारी जी के नोट तो भारत के लिए अनुवादित कराये गए थे, और कम्पोज़ होने को दे भी दिये गये हैं! मुमकिन, निकल भी जायँ; इसलिए वे 'माधुरी या किसी दूसरी अच्छी पत्रिका को दें। आपको हिन्दी में कुछ सहलियत इसलिए होगी कि आप विस्तार पूर्वक लिख सकेंगे : 'लीडर', मुमकिन, जगह का ख़याल करे। खैर, जैसा जान पड़े, आप लोग करें।

यहां की यूनीवर्सिटी में 'आधुनिक हिन्दी साहित्य की गतिविधि' पर भाषण था। यह यहाँ की एक हिन्दी की सभा है। प्राय: 40/50 विद्यार्थी और 10/12 छात्राएँ थीं; पं. देवीप्रसाद शुक्ल और कवि रामकुमार वर्मा जैसे प्रोफेसर; कुछ प्रोफ़ेसर डा. धीरेन्द्र वर्मा जैसे काम से बाहर गये हुए थे; कुछ अन्य सज्जन थे, अतिथि। यहाँ वही छात्र और छात्राएँ आ सकते हैं जो इसके मेम्बर हैं। भाषण और कविता-पाठ दोनों एक प्रकार अच्छे रहे। फिर सब ने एक साथ चाय-नाश्ता किया। भाषण और कविता-पाठ प्राय डेढ़ घन्टे हुआ। पहले एक विद्यार्थी ने निबन्ध पढ़ा, फिर कुछ समय राम कुमार जी ने मेरी तारीफ़ की : कुछ समय तक छात्र और छात्राओं के नोट-बुकों में मैं कविता लिख लिख कर हस्ताक्षर करता रहा; कुछ समय चाय नाश्ता और प्रश्नोत्तर में बीता : इस प्रकार ढाई घन्टे से कुछ अधिक अधिक समय सर्फ़ हुआ, शाम सात बजे तक।

इसी दिन यहाँ की स्वदेशी प्रदर्शनी में एक साथ कवि-सम्मेलन और मशायरा था। डा. ताराचन्द सभापति। मुझे ले जाने के बड़े प्रयत्न हो चुके थे। आज भी दुपहर को लोग आ चुके थे। मैंने धोका देना ही उचित समझा; कह दिया, जाऊँगा। पहले से पत्रों में विज्ञापन भी मेरे नाम का किया जा चुका था। अस्तु, यथासमय, यानी जब ठीक टिकट बिकने का समय हुआ, रेडियो में बार-बार पुकार उठने लगी—निराला जी... (आदि आदि) आये हैं, कविता पढ़ेंगे। विद्यार्थी ढेर होते गए। एक ने टिकट बेचने वाले से (यह कवि सम्मेलन वाला टिकट है) पूछा, क्या निराला जी आये हैं? उसने

बड़ी प्रसन्नता से कहा, हाँ, अभी उस तरफ गये हैं, उन्हें क्या—वे तो डायस वाले हैं, आप लोगों को फिर अच्छी जगह न मिलेगी। कवि-सम्मेलन जैसा होना था, हुआ; अंगरेज़ी पढ़े कवियों ने कविता में भारतीय स्वर से रोना शुरू कर दिया : एक एक उठता था, और 'बस अब बैठ जाइए—बैठ जाइये' की पुकार आती थी। बिस्मिल की कविता कुछ जमी। कुछ रामकुमार की। मुझे, दूसरे दिन, 'भारत' से गये लोगों ने बताया, और वह महाशय भी आये जिन्हें कहा गया था कि निराला जी उधर गए हैं।

यहाँ एक दल ऐसा है, जो उच्च शिक्षित है। शायद सोश्यलिस्ट भी। इसके कुछ लोग योरप भी हो आये हैं। स्त्री और पुरुष, हिन्दू और मुसलमान दोनों। इन्होंने प्रोग्रेसिव राइटर्स मीटिङ, या ऐसोसियेशन नाम की एक संस्था कायम की है। ये उच्च शिक्षित जन कुछ लिखते भी हैं, इसमें मुझे संशय है। शायद इसीलिए लिखने का एक नया आविष्कार इन्होंने किया है, और वह इनमें ज़ोर पकड़ता जा रहा है। कुछ पं. जवाहर लाल जी से काफी मिलते जुलते हैं और देश के उद्धार के लिये कटिबद्ध हैं।

इनमें सज्जाद जहीर साहब विशेष रूप से उल्लेखनीय हैं। ये बैरिस्टर होकर आये हैं, पर शायद बैरिस्टरी नहीं करते। सुन्दर, सभ्य, नौजवान आदमी हैं। सुना है, चीफ़ जस्टिस वज़ीर हसन साहब के छोटे साहबज़ादे हैं। जब प्रेमचन्द जी के लिये यहाँ शोकसभा हुई थी, मैं गया था : ये भी आये थे : मुझे हिन्दी वालों ने सभापति बनाया था! बोलनेवालों में पहला नाम इन्हीं का था। उस रोज़ पहले पहल मैंने इन्हें देखा था। फिर कई वार स्वदेशी प्रदर्शनी में (इधर) देखा। एक और महिला हैं हाजरा बेगम साहिबा। मुसल्मान होती हुई भी रूढिगत मुसलमान नहीं। बाहर निकलतीं, सबसे मिलती जुलती हैं। कहते हैं, इनकी शिक्षा जर्मनी में हुई है। ये इस ऐसोसियेशन के उर्दू विभाग की सेक्रेटरी हैं। उमा जी नेहरू, श्यामकुमारी जी नेहरू, चन्द्रावती जी त्रिपाठी आदि को आप जानते होंगे। ये सब उसी सभा की सदस्य हैं। जब सज्जाद ज़हीर साहब प्रदर्शनी में मुझे मिले—उस वक्त साफ़्ट कोक वलों का वायस्कोप से अनेकानेक पंजाबी, गुजराती, मदरासी और बंगाली महिलाओं का लड़की [लकड़ी] के धुएँ से परेशान होना, पत्थर के कोयले से हाथ जलना और साफ़ट [साफ़्ट] कोक से प्रसन्न होना विविध भावभंगिमाओं से दिखाया जा चुका था और उसी (विज्ञापन वाले वायस्कोप) के पास (जहाँ तम्बू के नीचे पचासों कुर्सियाँ पड़ी थीं और एक ओर वायस्कोप दिखाया जाता था) (वायस्कोप बन्द होने पर) प्रोग्रेसिव राइटर्स मीटिङ् बैठ चुकी थी और मैं कुछ मित्रों के साथ बैठा हुआ देर से सभ्यों को देख रहा था जिनमें बाबू भगवतीचरण वर्मा और प्रो. रघुपति सहाय भी थे, (मीटिङ् खत्म होने पर, शुरू हुआ आधा बायस्कोप देखकर मेरे उठने पर) सज्जाद ज़हीर साहब ने मुझसे कहा, आपके नाम लखनऊ निमन्त्रण भेजा गया है, आप मीटिङ् में ज़रूर तशरीफ़ लायें।...मीटिङ् हुई। पहले रोज़ मैं नहीं गया। दूसरे रोज़ भी (जाने का) विचार न था। पर कलकत्ते से एक मित्र आये थे। उनके+पाठक जी के साथ गया। काफी देर हो चुकी थी। आधे से अधिक वक्ता बोल चुके थे। पहले दिन के सभापति थे रामवृक्ष

शर्मा बेनीपुरी और दूसरे दिन के सुदर्शन जी। यों सभापति हिन्दी-विभाग के चुने गये थे मैथिलीशरण जी और उर्दू के जोश मलीहाबादी। पर गुप्त जी ने इन्कार कर दिया और जोश शायद नहीं आ सके। प्रदर्शनी में घूम रहे थे हम लोग कि रामकुमार जी मिले। कहा, तुम गये नहीं। मैंने कहा, मुझे निमन्त्रण ही नहीं मिला। ख़ैर निश्चय हुआ कि चलकर देख लिया जाय। हम लोग गये। एक किनारे मैं बैठ गया। देखता रहा। पं. राम नरेश त्रिपाठी जी ग्रामगीतों की व्याख्या कर रहे थे। इसी समय सज्जाद ज़हीर आये और मुझ से कविता सुनाने के लिए पूछा। मैंने इन्कार किया। अस्ली बात यह थी कि भंग ज़्यादा पी ली थी, ज़ोर का नशा था, पर यह कैसे कहता, टालने के लिए एक युक्ति निकाली, कहा, मुझे निमन्त्रण आपका तो मिला नहीं, ज़बानी आपने कहा था, इसलिए आ गया हूं, पर इससे अधिक मैं उचित नहीं समझता और आप समझदार हैं, आपको अधिक कहना व्यर्थ है। वे तो चुप हुए, पर उसी समय श्री चन्द्रावती त्रिपाठी और श्री श्यामकुमारी नेहरू आईं। श्यामकुमारी ने चन्द्रावती जी को आगे कर कहा, आप हमारे प्रोग्रेसिव राइटर्स ऐसोसियेशन की सेक्रेटरी हैं। पहले मैं गर्दन उठाये सुन रहा था, होश आया कि यार, ये देवियाँ हैं, उठकर खड़े हो जाओ। चन्द्रावती जी ने कहा, आपको इन्विटेशन लेटर तो मिला होगा? मैं—नहीं मिला। चंद्रावती जी—लखनऊ से रिडायरेक्ट होकर नहीं आया? मैं—लखनऊ से रिडायक्टेड होकर नहीं आया। चंद्रास––रिडायरेक्टेड! श्यामकुमारी फुर्ती से बातचीत को सँभालती हुई, पहले मुस्किरा कर चन्द्रावती को देखकर, मुझसे बोलीं—हम लोग तो आपको सभापति चुन रहे थे, सबकी बड़ी इच्छा है कि आपकी कविता सुनें। मैंने श्यामकुमारी का सुन्दर मुह एक बार देखा। निराला-साहित्य किसी प्रकार अब तक देवियों का विरोधाचार नहीं कर सका—वह भाव एकएक [एकाएक] जाग्रत हो गया। भंग की याद आई, साथ साथ एक दफ़ा नशे को दबाकर देखा मैं उस पर कुछ देर अब भी प्रभुत्व कर सकता हूं या नहीं। क्षण भर में यह सब हुआ। मैंने कहा, अच्छा। श्यामकुमारी मुस्कराती हुई बोलीं—आप डायस में जाइये। मैं गया। एक ऐसे सज्जन वहां बैठे थे जिन्हें मैं नहीं जानता था। जैनेन्द्रकुमार ने मेरा ध्यान आकर्षित करते हुए कहा—निराला जी, ये काका साहब हैं। मैंने अच्छा, धीमे सभ्य स्वर से कह कर काका कालेलकर साहब को प्रणाम किया। काका प्रसन्न होकर काक दृष्टि से मुझे देखने लगे। एक आज्ञा हुई : जैनेन्द्र कुमार ने कहा, रायकृष्ण दास जी ने 'पगला' (या ऐसा ही एक नाम) काका साहब को देने के लिये कहा है, पाठक जी से कह दीजियेगा, भेज देंगे। मैंने कहा, कह दूँगा—हालाँकि मीटिंङ् में पाठक जी भी बैठे थे और जैनेन्द्र कुमार वहाँ तक हो आये थे जब मैं डायस पर नहीं गया था। अब काका साहब संयत होकर दूसरी आज्ञा की तैयारी करने लगे होंगे : मैं "एक बार चूकै तो बावन वीर सुहावै, बार-बार चूकैतो तो गप्पूनाथ कहावै" सोच रहा था और अपने को बावन वीरता से नीचे न उतरने के लिए तैयार कर रहा था। बस, काका साहब दो एक बार उच्छ्वसित होकर रह गये : न जाने क्यों कुछ न बोले। मैं बैठा रहा।

इस दिन के सभापति सुदर्शन कलकत्ते की गाड़ी पकड़ने के लिए रवाना हो चुके थे, सभापति रामवृक्ष शर्मा थे। एक मुसलमान साहब की पुकार हुई। कहा गया, वे शान्ति-निकेतन के उर्दू -फारसी के प्रोफेसर हैं। उन्होंने कहा : "हिन्दी में क्या है? जो कुछ है, मुसलमानों का लिखा हुआ है। कालेजों में जो किताबें पढ़ाई जाती हैं, सब मुसलमानों की लिखी होती हैं। दुनिया भर के मुसलमानों में जो ज़बान मुसलमानों की बनाई हुई है [,] वह उर्दू है (फ़ार्म यहीं का है, मेरठ सर्कल का, क्रियापद और विभक्तियाँ; यह कुछ प्रोफ़ेसर साहब को याद न था।) फिर भी हम फ़ारसी लिपि को अच्छा नहीं समझते, पर नागरी लिपि भी ठीक नहीं। रोमन में लिखा जाय।" इस भाव को कुछ देर तक कहते गये। उमा नेहरू जी ने इसका विरोध किया। एक दूसरे हिन्दू ने भी विरोध किया। सज्जाद ज़हीर ने समर्थन किया, यह कहते हुए कि जब दो विरोध हुए, तब दो समर्थन भी हो जाने चाहिए। मेरा जी ऊब रहा था। मैंने रामवृक्ष से कहा, मेरा नाम कह दीजिये, मुझे जाना है। रामवृक्ष शेखी में आकर सभापति की अकड़ से खड़े हुए और बोले [,] निराला जी चाहते हैं कि अपनी कविता सुनायें, मैंने डाटा कि क्या कह रहे हैं आप, तब इधर से सज्जाद ज़हीर और उधर से श्यामकुमारी ने कहा, नहीं, हमने आपसे रिक्वेस्ट किया था। तब सभापति जी एक सभ्य की तरह बोले। हालाँकि मेरे खड़े होने के साथ ही एक दूसरे मुसलमान सज्जन खड़े हो रहे थे, क्योंकि समर्थन के दो वोट बाक़ी रहे जा रहे थे। मैंने कहा, अभी शायद सभापति जी ने मुझी पर कुछ कहा था। कह कर सामने चला गया। वे बैठ गए। मेरे यह कहते ही कि हिन्दी साहित्य उस जगह है अब, जहाँ संसार के बड़े-बड़े साहित्यिक एक दूसरे से (भावों में) मिलते हैं। एक मुसलमान ने कहा, यह हिन्दी साहित्य सम्मेलन नहीं है। मैंने डाट कर कहा, बैठ जाइये, पूरा सुन लीजिये। थोड़े और सुथरे शब्दों में मैंने कहा, अक्षर और कुछ शब्दों से हिन्दी का कुछ नहीं बनता बिगड़ता; आप लोग जनता की राय से जैसा चाहें करें, हिन्दी साहित्य सदा आपसे हाथ मिलाने को तैयार है। फिर 'टूटें सकल बन्ध' सार्थ सुनाया। आवाज़ें आईं, कुछ गाकर सुनाइये। भिक्षुक सुनाया। खूब जमा। लोगों की प्रसन्नता में उठकर फिर बाहर चला गया।

—निराला

98. रामविलास शर्मा को

The Leader Press, Allahabad

23. 12. 36

प्रिय शर्मा जी,

आपके कार्ड का देर से उत्तर लिख रहा हूं। एक पत्र तिवारी जी का भी आया है। उन्हें कह दीजियेगा, उनकी सहानुभूति को मैं खूब समझता हूं। मैंने पत्र में उन्हें जो कुछ लिखा था, वह सिर्फ़ कला के विचार से। यद्यपि उन्होंने नहीं मागा, फिर

भी मैं यदाकदा उनके लिये अँगरेज़ी में हाथ साफ करने की कोशिश करूंग। मेरे अनुवाद के लिये अगर मेरे प्रकाशकों की अनुमति ज़रूरी है ऐसा तो मैं नहीं सम्झता।

यहां शुक्ल त्रिभुवन नाथ जी तशरीफ़ ले आये थे। मैंने ह्यूगो से किये आपके अनुवाद पढ़ने के लिये संस्तुति उन्हें पत्रिका दी है। उनके साथ उनके एक कालेज के बंगाली मित्र थे। इस अनुवाद के लिये आपको एक वार फिर धन्यवाद।

सम्राट् एडवर्ड अष्टम पर मैंने एक कविता लिखी है : 8/10 दिन में, इस वार की सरस्वती में प्रकाशित हो जायगी, देखियेगा।

हर्षवर्धन जी नैथाणी मिले,—मिलते हैं या नहीं आपको,—हैं या नहीं वहां,—परीक्षाफल निकला या नहीं, लिखियेगा।—नन्द दुलारे जी इस वक्त प्रदर्शनी में, गीता प्रेस की दुकान में हैं, मिले या नहीं—प्रदर्शनी कैसी है। कुछ दिनों में तिवारी जी को कुछ भेजूंगा। अभी दूसरे कामों में व्यस्त हूं।

साथ जो पत्र है, वह श्री राजेन्द्र को खुद दे आइयेगा। क्योंकि privet बातें हैं, आप ही तक रहें। षट् कर्ण न हों।

प्रसन्न हूँ। आशा है, आप लोग सकुशल हैं।

आपका
—निराला

99. रामविलास शर्मा को

C/o. Pdt. Vachaspati Pathak Esqr.
The Leader Press, Allahabad

8.2.37

प्रिय शर्मा जी,

आपका पत्र मिला। आपका पत्र विश्वविद्यालय में अच्छी तरह समझ में नहीं आया, इसलिये, अनुमान है, वह महत्त्व का होगा। मैं प्रसन्न हूं। पर अभी तक कुछ किया नहीं। पुरानी कविताएँ 'मतवाला' की नक़ल कर रहा हूँ। 'माधुरी' को कुछ भी नहीं भेज सका। कुछ दिनों बाद कुछ कविताएं लिखने का विचार है, यह 'अनामिका' सङ्ग्रह पूरा करने के बाद। पहले इसी नाम की एक काव्य पुस्तिका बाबू महादेव सेठ की भूमिका सहित निकल चुकी है [।] अब वे स्वर्गस्थ हैं : उनकी उसी भूमिका के साथ एक वृहत् दूसरा सङ्ग्रह उनकी स्मृति में निकालना चाहता हूं, नई पुरानी कविताओं से, सिर्फ इधर के लिखे Ballads छोड़कर—तुलसी दास, राम की शक्तिपूजा, सरोज-स्मृति आदि। कुँवर चन्द्रप्रकाश जी को कठिन हृद्रोग हो गया है, उनके पत्र से मालूम हुआ, पाठक जी से। शीघ्र घर आनेवाले हैं। मेरे दो काम कर दीजिये :—(1) Torch Bearer मैं राजेन्द्र के यहां भूल आया हूँ, भेजवाइये एक प्रति किसी तरह। (2) श्री नारायण जी चतुर्वेदी की किताब, उनकी दी, उन्हीं के तम्बू में छोड़ आया हूं, इसे भी।

मेरी छड़ी कान्यकुब्ज कालेज में कविता पढ़ते समय छूटी या श्री नारायण जी के तम्बू में, पता लगाइयेगा अगर मिली हो। तिवारी जी को नमस्कार —नि.

[पता]

Dr. Rambilas Sharma M.A.
Maqboolganj
Lucknow

[मेरे किस पत्र का उल्लेख है, याद नहीं। 'अनामिका' में महादेव प्रसाद सेठ की लिखी पुरानी 'अनामिका' वाली भूमिका नहीं गई; 'तुलसीदास' छोड़कर अन्य लम्बी कविताएँ शामिल की गईं। पाठक जी—वाचस्पति पाठक; राजेन्द्र—राजेन्द्र शुक्ल।]

100. सकलनारायण शर्मा को

महामहोपाध्याय पं. सकल नारायण शर्मा
काव्य-सांख्य-व्याकरण-तीर्थ
कलकत्ता

पूज्य पण्डित जी,

बहुत दिनों से दर्शन नहीं हुए। उपाधि आपको मिली, आपसे उसकी शोभा वृद्धि हुई। प्रसन्न होंगे।

ये मेरे मित्र पं. रामविलास शर्मा एम.ए, पीएच.डी. कर रहे हैं। ये फ्रेञ्च के भी डिप्लोमा होल्डर हैं। कई भाषाएँ और जानते हैं। कलकत्ता जा रहे हैं। इम्पीरियल लाइब्रेरी और यूनिवर्सिटी लाइब्रेरी में न-देखी-हुई अपने विषय की किताबें देखने। आपसे प्रार्थना है, इनकी आप शक्ति भर मदद करें। ये हिन्दी के भी सुयोग्य कवि और लेखक हैं। एफ़. ए. तक संस्कृत ले चुके हैं। इति॥

प्रणत
—निराला

सरकार होटल,
अमीनाबाद,
लखनऊ
18.4.37.

[अपने शोधकार्य के सिलसिले में मैं जब पहली बार कलकत्ते जा रहा था, तब 'निराला' ने मुझे कुछ परिचय-पत्र लिख कर दिये थे। मैंने इनका उपयोग नहीं किया; वे मेरे पास सुरक्षित रहे।]

101. विनोदशंकर व्यास को

पण्डित विनोदशंकर व्यास,
व्यास भवन, मानमन्दिर,
काशी

प्रिय व्यास जी,

ये मेरे मित्र पं. राम विलास शर्मा एम.ए. 'पीएच.डी.' कर रहे हैं। काम पूरा कर चुके हैं। कुछ किताबें देखने के लिये कलकत्ता इम्पीरियल लाइब्रेरी जा रहे हैं। काशी दो चार दिन ठहरेंगे। सारनाथ, विश्वविद्यालय वगैर: देखेंगे। अपने खातिरदार रईस दोस्तों में मुझे तुम्हारा ही सुन्दर मुँह पहले याद आया। इसलियें लिखता हूँ, इन्हें अपने यहाँ जगह देकर मुझे अनुगृहीत करना। इनका संग सुखकर होगा। ये हिन्दी के नये कवि और लेखकों में अधिक पायेदार हैं यह टामी के यहाँ पत्रों में पढ़ा ही होगा।

नमस्कार।

तुम्हारा
—निराला

सरकार होटल,
अमीनाबाद, लखनऊ
8.4.37

[मैंने पूछा—टामी कौन है?
निराला ने कहा—विनोदशंकर की प्रेमिका।]

102. गांगेय नरोत्तम शास्त्री को

श्रीमान् पण्डित गांगेय नरोत्तम जी शास्त्री,
कलकत्ता

प्रिय शास्त्री जी,

अभी अभी सम्वादपत्रों में आपके मद्रास जाने की खबर पढ़ी थी। आप लौट कर प्रसन्नता पूर्वक होंगे। आपका दिया हुआ वह दामी चदरा मुझे मिला थ। पता खो जाने से मैं मन में ही आपको धन्यवाद देकर रह गया। सच तो यह है कि आपने इस तरह मुझे अत्यधिक लज्जित किया। आपकी सुललित रचनाओं का लोकोत्तरानन्द ही मैं चाहता हूँ। आपके एक आधार में सरस्वती और लक्ष्मी की समकृपा देख कर चित्त पुलकित हो जाता है।

पत्र के साथ ये मेरे मित्र पं. रामविलास शर्मा एम.ए., लखनऊ यूनिवर्सिटी के फ़ेल्लो, अँगरेजी और फ्रेञ्च साहित्य के पारंगत पण्डित हैं। कई और भी भाषाएँ जानते हैं। इस समय पी-एच.डी. कर रहे हैं, अँगरेजी साहित्य में। काम पूरा कर चुके हैं।

तीन साल से इसी में लगे थे। इनकी इच्छा है, इम्पीरियल लाइब्रेरी और यूनिवर्सिटी लाइब्रेरी की भी न-देखी-हुई अपने विषय की किताबें देख लें। इस उद्देश्य से ये महीने सवा महीने कलकत्ता रहेंगे। आप से अनुरोध है, आप इनके रहने का कोई सुप्रबन्ध अवश्य कर दें। ये हिन्दी के भी प्रशंसित कवि और लेखक हैं। इनसे मिलकर आप सुखी होंगे। इति शम्।

सरकार होटल, अमीनाबाद,
लखनऊ
18-4-37

आपका
—"निराला"

103. बनारसीदास चतुर्वेदी को

श्रीयुत पं. बनारसीदास जी चतुर्वेदी,
सम्पादक, विशाल भारत,
कलकत्ता

प्रिय चतुर्वेदी जी,

ये मेरे मित्र पं. रामविलास शर्मा एम.ए. इस समय अँगरेजी साहित्य में पीएच.डी. कर रहे हैं। अपने विषय की न-देखी हुई किताबें देखने के लिए कलकत्ता जा रहे हैं, इम्पीरियल लाइब्रेरी और यूनिवर्सिटी लाइब्रेरी। ये फ्रेञ्च के भी डिप्लोमा होल्डर और विद्वान हैं। इटेलियन पढ़ रहे हैं। हिन्दी के कवि, लेखक, उपन्यास और नाटककार हैं। आप, सम्भव हो, तो इन्हें रामानन्द बाबू के दर्शन करा दें। अपने यहां के और मार्डन रिव्यू और प्रवासी के भी योग्य जनों से मिला दें और कलकत्ते में इनकी यथासाध्य मदद करें। ये मजे की बँगला भी जानते हैं। रविबाबू को मूलत: पढ़ा है। इति। ये हिन्दी के बड़े आशाधार हैं।

सरकार होटल, अमीनाबाद,
लखनऊ
18.4, 37

आपका
निराला

104. जगन्नाथ प्रसाद चतुर्वेदी को

आचार्य पण्डित जगन्नाथ प्रसाद जी चतुर्वेदी,
कलकत्ता,

पूज्य चतुर्वेदी जी,

ये मेरे मित्र पं. रामविलास शर्मा एम.ए. इस समय पीएच्. डी. कर रहे हैं। काम पूरा कर चुके हैं। कुछ किताबें इम्पीरियल लाइब्रेरी और यूनिवर्सिटी लाइब्रेरी में देखने

के लिये जा रहे हैं। आपके दर्शन करें, मैंने इनसे कहा है। आप भी कृपा कर इन्हें रास्ता दिखायें, रास्ता न बतायें।

मैं प्रसन्न हूं। आप स्वस्थ होंगे।

सरकार होटल, अमीनाबाद, सविनय

लखनऊ निराला

18. 4. 37.

105. रामविलास शर्मा को

प्रेमा होटल, अमीनाबाद, लखनऊ

8.5.37.

प्रिय शर्मा जी,

पत्र आपका मिला। कुछ देर से लिख रहा हूं। मेरे पास पत्र आया है कि इस साल कलकत्ते में गर्मी अधिक पड़ रही है। इसलिये राजेन्द्र को लेकर बरसात में या पूजा की छुट्टियों में जाऊंगा। आपके दीर्घ पत्र के उत्तर में मेरे लिये दीर्घ पत्र देने की कोई बात नहीं, क्योंकि बात आपके पास है, मेरे पास केवल सम्वाद। वहां के विस्तृत समाचार दीजिये। यहां सब कुशल है। मैं कुछ अच्छा हो रहा हूं। इधर कुछ गीत लिखे हैं जो मेरे प्रशंसक मित्रों को पुराने टाइप के मालूम देंगे : अप्रशंसकों के लिये भी ग्रीक और लाटिन हैं। मौसम यहां कुछ अच्छा है। दो दिन से रात को बादल उमड़ आते हैं। परसों बारिश भी हो गई रास्ता गीला करने भर की। वहाँ तो कभी कभी दौंगरे गिरने लगे होंगे, या गिरेंगे आपके रहते रहते। हसरत एम.ए. तीसरे श्रेणी में पास हो गये। राजेन्द्र इस समय यहाँ नहीं हैं। आज कुँ. चन्द्रप्रकाश यहाँ आये हुए हैं। दया शंकर को सस्नेह। इति।

आपका

—निराला

[पता]

Pdt. Rambilas Sharma, M.A.
C/o. Pdt. Daya Shanker Bajpeyi
The Burra Bazar Library
10/1/1, Syed Salley Lane
Calcutta.

[राजेन्द्र—राजेन्द्र शुक्ल वल्द त्रिभुवननाथ शुक्ल; हसरत—राम रतन भटनागर हसरत।]

106. शिवपूजनसहाय को

112, मक़बूल गंज, लखनऊ,
112, Maqboolganj, Lucknow,
15. 3. 38.

प्रिय शिवपूजन जी,

आपके प्रिय पत्र का उत्तर प्रयाग से दे रहा हूँ। 19, 20 मार्च को हिन्दुस्तानी एकेडमी का जल्सा देखकर लखनऊ जाऊँगा। अगर आ सके तो अवश्य आयें। 'अनामिका' मेरी कविताओं का संग्रह है, नया। पर, आप जानते हैं, एक छोटी 'अनामिका' सेठ जी निकाल चुके हैं। उसमें सेठ जी की लिखी एक भूमिका भी थी। इस किताब में भी वही भूमिका रहेगी, अपितु किताब समर्पित भी सेठ जी को होगी; सारांश, किताब सेठजी की स्मृति में निकलेगी। आप सेठजी के जीवन की बातें लिखिये संक्षेप में, 'मतवाला' वाली कुछ विस्तार से, कुल 10/12 पृष्ठों में, कवि निराला को सेठजी ने ही हिन्दी में रक्खा है, 'मतवाला' निकालने का एक उद्देश उसकी कविता निकालना भी था, उसके प्रति सेठजी के भाव-विचार आदि : थोड़े में लिखिये।

—"निराला"

[पता]

Babu
Shivapujan Sahaya
Lahariya Saraya
(Pustak Bhandar)
बाबू शिवपूजन सहाय जी,
पुस्तक भंडार,
लहरिया सराय

[निराला ने पत्र में अपना पता लखनऊ का दिया है किन्तु जैसा पत्र में लिखा है, उसे प्रयाग से भेजा था। डाकमुहर इलाहाबाद की ही है। कार्ड में एक ओर वाचस्पति पाठक की लिखी ये पंक्तियाँ हैं :

"सप्रेम नम:
विशेष मैं पत्र लिखकर बताऊंगा—वाचस्पति पाठक"।]

107. रामविलास शर्मा को

[लखनऊ,
8-6-38]

प्रिय शर्मा जी,

बहुत व्यस्त हूं। कल बहू के भाई का जनेऊ है। 1 जुलाई को रामकृष्ण की शादी। मैं कलकत्ता गया था, सात रोज़ में वापस आया, कन्यापक्ष के साथ। आपकी

मां को ले आना चाहता था, लेकिन इन लोगों को सेट्‌ल करने कराने से फुर्सत नहीं मिली, फिर आप की मां चली गईं, दो रोज़ उनके दर्शन हुए थे। आपका लेख देखा माधुरी में। चकल्लस में मेरा इन्टरव्यू पूरा शायद ही आपने देखा होगा। आपको 'कला' का विशेषांक तो मिला होगा। बहुत साधारण निकला। मैंने तीन नोट डिक्टेट करा दिये थे। बहुत व्यस्त हूं। जनेऊ के बाद कल ही रामकृष्ण के फलदान हैं। आप कब तक आएंगे? और प्रसन्नता है। इति।

विवाह का निमन्त्रण भेजता हूं।

आपका
निराला

112, मक़बूलगंज,
लखनऊ
8.6.38.

[चकल्लस—अमृतलाल नागर द्वारा सम्पादित-प्रकाशित हास्यरस का साप्ताहिक पत्र; कला—कुछ समय तक यह पत्रिका कमलाशंकर सिंह ने निकाली थी।]

108. अमृतलाल नागर को

S.N. CHATURVEDI, M.A. (London) EDUCATION EXPANSION
Civil Secretariat
LUCKNOW
[सितम्बर 1938]

श्री अमृत लाल जी नागर,
सम्पादक, चकल्लस।

प्रिय अमृत जी,

'भाभी अंक' अभी नहीं मिला। भेज दीजिये और आदमी के साथ जल्द आइये अगर सम्भव हो, पन्त सुमित्रा नन्दन आये हुए हैं।

निराला

स्थान—
प्रिन्सिपल भट्टाचार्य का
बंगला

[प्रिंसिपल भट्टाचार्य—लखनऊ ट्रेनिंग कालेज के प्रिंसिपल। पत्र किसी के हाथ भेजा गया था।]

109. वाचस्पति पाठक को

भूसामंडी, हाथी खाना, लखनऊ
10,10,38
दिन तीन बजे

प्रिय पाठक जी,

आपका पत्र मिला। मेरे शरीर के साथ कोई शाप लगा है। शिमला से आने के बाद ज़ुकाम और बुख़ार रहा। अब अच्छा हुआ है। पन्द्रह पौण्ड घट गया हूँ।

मैं 'कुल्लीभाट' लिख रहा था धीरे धीरे। कल या परसों अनामिका का प्रूफ़ भेज दूँगा। बाक़ी पद्य, जब तक पूरी छपती है, भेज देने की चेष्टा करूँगा। हिन्दुस्तानी वाले गीत भी भेज दूँगा। गीत अगर आपको पसन्द नहीं तो इसके ये मानी नहीं कि हिन्दी में सुलभ हैं। प्रसाद जी और महादेव बाबू पर भी लिखूँगा! समर्पण वग़ैर: उसी समय दूँगा। महादेव बाबू की भूमिका आपके पास है ही।

रामविलास जी से दो बार मैं कह चुका हूँ अगर हफ्ते भर एक घण्टा रोज़ आयें तो नोट पूरे कर दूँ। लेकिन उन्हें इस समय फ़ुर्सत नहीं। इन्कार मैं आसानी से कर सकता हूँ। लेकिन किताब बनाने की ओर ही मैंने ध्यान रक्खा है अब तक, तो इसे सँवार ही दूँ सोचता हूँ।

इस समय तो आपका सीज़न भी है, और आप मुझसे बिज़नेस भी नहीं करते। रुपया 400) 'चमेली' पर लेकर भेजिये जल्द। रुपया मिलने पर काम में जी लगेगा। जब तक किताबें छपती हैं, उपन्यास भेज दूँगा। मुझे आदमी भी रखना है, लिखने के लिए। अब ड्रामा लिखने वाला हूँ।

राधाकृष्ण जी आये थे कहानी लेखक। मेरे सब उपन्यास पढ़े हैं। निरुपमा सर्वश्रेष्ठ कहते थे।

अगर चार सौ नहीं तो दो ही सौ भेजिये अभी। पत्र जल्द दीजिये। क्योंकि मुझे रुपयों का प्रबन्ध पहले करना है। निरुपमा और तुलसीदास पूरे पूरे हैं ही। प्रबन्ध भी आपके वहाँ हैं—चुन लीजिये। कहानी-संग्रह मैं भेज दूँगा।

रुपयों की बातचीत पक्की कर लीजिये। साल में कितने सौ रुपये आप मुझे देंगे—किताब लेकर। रुपया वसूल हो जाने पर मेरी रायल्टी 20 परसेन्ट चलेगी या नहीं।

आपका
निराला

110. वाचस्पति पाठक को

[लखनऊ, 18-12-38]

प्रिय पाठक जी,

आपका पत्र मिला। एक प्रूफ़ जो पहले आया था, वह मैं भेज चुका हूँ। लेकिन वह तो शायद एक ही फार्म था। बाक़ी दो फ़ार्मवाला अभी नहीं मिला।

'अनामिका' में श्रीमान् स्वर्गीय सेठ जी की लिखी भूमिका जायगी जो उन्होंने उस छोटी अनामिका में लिखी थी। आपके पास 'अनामिका' पहलेवाली होगी ही। समर्पण मैं भेज रहा हूँ। अगर अनामिका की अनेक कापियों में से एक भी आपके पास न हो तो सेठ हरगोविन्द जी से ले लीजिये। आपने पत्र में मुझसे अनामिका की भूमिका माँगी है; अवश्य आपको याद न रही होगी। मैंने आपसे ज़बानी यह भी कह दिया था कि समर्पण आप जैसा चाहें लिखकर दे दें, जब आप यहाँ से गये थे।

मेरा पत्र महत्त्वपूर्ण है, इससे मालूम देता है, आप बदलकर बोल रहे हैं। महत्त्वपूर्ण तो है, पर आपकी समझ में वेदान्त कैसे आये? बनिया-कुल-मुकुटमणि महात्मा गांधी ने जब मुझसे कहा था—मैं तो उथला आदमी हूँ, आपको याद होगा, मैंने जवाब दिया था, हम लोग उथले को गहरा और गहरे को उथला कर सकते हैं। अब मेरा पत्र इस दृष्टि से देखते हुए फिर समझिये; तब आपको मालूम होगा, तुलसीदास ने क्यों कहा था—सबसे अच्छे मूढ़ जिन्हैं न व्यापी जगत् गति!!!

माँ को प्रणाम

भूसा मंडी, हाथीख़ाना, लखनऊ
18. 12. 38

सस्नेह—
सूर्यकान्त त्रिपाठी

111. वाचस्पति पाठक को

बड़ा बाज़ार लाइब्रेरी
10/1/1 सैयद साली लेन, कलकत्ता
31/12/38

प्रिय पाठक जी,

मैं आपके वहां से इसलिये नहीं आ सका कि मैंने देहरा से पहुँचने की सूचना दे दी थी, और दूसरे ही दिन 7॥ बजे देहरा चल देना था। आपके वहां जाने पर समय पर नहीं पहुँच सकता था। यहां छात्र और उनके प्रोफ़ेसर स्टेशन पर (हत्रड़ा में) मिले थे। जैसा प्रचलन है, माला आदि से संवर्द्धना की थी। अच्छी जगह टिकाया और अच्छी तरह बातें कीं। रहा भी अच्छा एक तरह दोनों दिन—28 और 29। यहां के ऐडवांस में खबरें छपी हैं। अब मैं दो/तीन दिन रहकर लखनऊ जाता हूँ। आपसे मिलने की इच्छा थी। लेकिन कह नहीं सकता, पूरी होगी या नहीं। यहाँ कल पहली को यह लाइब्रेरी एक अभिनन्दन मुझे देगी : एक व्याख्यान छात्रावास में है; बस।

सही काली स्याही की भेजता हूं।

प्रूफ़ भी भेज रहा हूँ! पर 'राम की शक्तिपूजा' एक बार और देखूँगा। कुछ सुधार, कुछ गलती और कुछ परिवर्तन किया है। इसका कुछ भी बिगड़ा रूप मुझे असह्य होगा।

माँ को प्रणाम।

सस्नेह—
निराला।

112. रामविलास शर्मा को

बड़ा बाज़ार लाइब्रेरी,
10/1/1 सैयद साली लेन, कलकत्ता
3. 1. 39.

प्रिय शर्मा जी,

यहाँ अच्छा रहा। Advance में खबरें छपी देखी थीं, अच्छा लिखा था। साधारण अच्छी अदायगी रही। विद्यासागर कालेज में प्रिंसिपल और कुछ प्रोफ़ेसर और लड़कों के साथ ग्रूप लिया गया था, अच्छा आया है। मुझे एक कापी भेंट की गई है। मैं लखनऊ ला रहा हूं। देखियेगा। जब देहरा से उतरा विद्यार्थी अँगरेज़ी के एक प्रोफ़ेसर को लेकर हवड़ा रिसीव करने गये थे मालाएं लेकर। बड़ा बाज़ार लाइब्रेरी ने मानपत्र दिया, एक प्रति भेजता हूं। तिवारी जी को नमस्कार। लल्लू और चौबे को स्नेह।

आपका
—निराला

आज शाम कालकामेल
से इलाहाबाद जा रहा
हूं।

113. अमृतलाल नागर, सर्वदानन्द, उमाशंकर वग़ैर: को

Kamla Shankar Singh
ARTIST
LUCKNOW
भूसामण्डी, हाथीख़ाना,
लखनऊ
16-1-39.

अमृत लाल, सर्वदानन्द, उमाशंकर वगैर:!

दोस्तो,

उस रोज़ नाटक की मीटिंग के सम्बन्ध में सर्वदानन्द जी के कहने के अनुसार निश्चय हुआ था, उनकी जगह यानी माननीय शिक्षामंत्री के वासभवन में रविवार के दिन मीटिंग होगी। मैं अपना उद्देश ज़ाहिर कर चुका हूँ कि साधारण व्यक्ति सभापति चुना जाय, रामविलास साधारण और योग्य दोनों हैं। लेकिन उमाशंकर जी से सुना, आप लोगों में कुछ की राय है, मान. शिक्षा मंत्री सभापति हों। व्यक्तिगत रूप से उनके प्रति मेरी श्रद्धा है। पर इस सभापति चुनने की वृत्ति को मैं अच्छी निगाह से नहीं देख पा रहा। निश्चय हुआ था, काम करके हुक्कामों की सहानुभूति ली जायगी।

अगर आप लोग मेरी तरह पर सहयोग देंगे, तो, और तभी, मैं काम कर सकूँगा; अन्यथा नहीं। क्योंकि ड्रामा लिखने से खेलने तक का भार मेरा ही कुछ अधिक भारी होगा। कृपया सूचित करें, आप लोगों की क्या राय है। मैंने सर्वदानन्द जी के कारण वहाँ जाने में संकोच नहीं किया, यों मुझे वहाँ मीटिंग करते भी संकोच है। अगर आप लोग बुरा न माने तो स्थान बदल दें, मेरे यहाँ या अन्यत्र जहाँ कहें, मीटिंग की जगह निश्चित हो। यह ज़रूर है कि आदर्श साधारण रूप से ही आदर्श बनाया जायगा। आप जहाँ अड़चन देखते हैं, मुमकिन, वहाँ सुगमता हो; क्योंकि कुछ विचार-शक्ति मेरे अन्दर भी है। अन्य दूसरा प्रेसिडेन्ट भी चुन सकते हैं, लेकिन व्यक्ति साधारण हो, साथ ही योग्य। इस तरह, निश्चय करके चिट्ठी लिखें। मैंने वहाँ कहा था, अगर शिक्षामन्त्री के लड़के न होते तो सर्वदानन्द को सभापति चुन लेने में मुझे एतराज़ न होता। सभापति और मीटिंग की बात सूचित करें कि किसे चाहते हैं और कहाँ चाहते हैं। इति।

16.1.39.

आप लोगों का
निराला

114. अमरनाथ झा को

The Leader Press,
Allahabad
९. 3. 39.

Dear Sir,

Your invitation in english received. I shall be glad to join your company and entertain you all by my recital, but more I shall be if you won't hasitate [hesitate] to cross the barrier of imaginary greatness, when called, to come to my place.

Pranam.

Sincerely yours,
Nirala

[14 अक्तूबर, 1962 के 'साप्ताहिक हिन्दुस्तान' में इलाचन्द्र जोशी ने निराला के इस पत्र का दूसरा मसौदा उद्धृत किया है, जो इस प्रकार है :]

Dear Sir,

If you have the guts to cross the barrier of your imaginary greatness and come with us under the shade of a 'babool' tree, then, and only then, shall we recite our poems to you.

Your's truly, etc.

[**आशय :** (1) अंग्रेज़ी में आपका निमंत्रण मिला। आप लोगों से मिलने और कविता-पाठ से आपका मनोरंजन करने में मुझे प्रसन्नता होगी पर यदि काल्पनिक बड़प्पन की सीमा लाँघकर, बुलाये जाने पर, आप मेरे यहाँ आने में संकोच न करेंगे तो और भी प्रसन्नता होगी।

(2) काल्पनिक बड़प्पन की सीमा लाँघने की हिम्मत हो और हमारे साथ बबूल की छाँह में बैठ सकें तो, और तभी, हम आपको कविता सुनाएँगे।]

115 सुमित्रानन्दन पन्त को

भूसामंडी, हाथीखाना, लखनऊ

4. 4. 39

प्रिय श्री पन्तजी,

आपकी रचना की दोनों चिट्ठियां मिलीं। आज अभी अभी। मुझ पर आप कविता न लिखें, इस आशय का पत्र आपको लिख चुका हूं। मुझे भय था कि आपका कवि इस तरह गिर न जाय। मेरा-आपका हिन्दी साहित्य के इतिहास में अभिन्न सम्वन्ध है। मुझे सबसे बड़ी सफलता यही हुई, मैं समझता हूं। लेकिन आपकी रचना देखकर मैं हैरान रह गया। यह तो कवि और वही कवि जिसे मैं प्यार करता हूं, लिख रहा है।

अधिक क्या लिखूं, एक बात कहता हूं, हिन्दी में अपनी कल्पना-शक्ति के लिये ही आप बेजोड़ समझे जाते हैं और अपनी अपराजिता भाषा के लिये; इसी मौलिक सागर की ओर हिन्दी के नवयुवकों के हृदय के नदी-नद बहे हैं; वे आपसे कुछ हताश हो गये हैं : उन्हें इसी ओजस्विनी वाणी का कल्पनामृत पिलाइये। हिन्दी बड़ी ग़रीब है, कवि, कल्पना से बड़ा धन साहित्य में और नहीं। इति।

आपका
निराला

पुन:

यह पत्र उस कविता के नीचे छापने के लिए भेज दीजिये। मैं अनुचित नहीं समझता। मतलब खुला है। छपना ज़रूरी मालूम देता है। नरेन्द्र जी चाहें तो अपने नाम से और खुलासा कर दे सकते हैं। इस समय आन्दोलन वाले प्रसंग पर कुछ नहीं लिख सकूँगा।

आपका
—निराला

[कविता 'रूपाभ' में छपी थी। नरेन्द्रजी—नरेन्द्र शर्मा, 'रूपाभ' के सह सम्पादक।]

116. वाचस्पति पाठक को

भूसामंडी, हाथीख़ाना, लखनऊ
29-4.39
सन्ध्या 7

प्रिय पाठक जी,

अभी अभी आपका पत्र मिला। आपको लिखने के बाद मैंने नरेन्द्र जी को भी लिखा था। आपका नाम नहीं लिया था। उन्होंने बिल्लेसुर (नं. 2) का छपा फ़ार्म भेजते हुए पूछा था, मुझे किसने सूचित किया था कि नहीं छप रहा। मैंने नाम नहीं लिखा। तीसरे दफ़े में पूरा हो जायगा। एक तरह आपकी कहानी-लेख पूरे हैं।

नन्द दुलारे जी का मेरे पत्र का उत्तर भी आज ही मिला सबेरे। उन्होंने लिखा है, रामकृष्ण जी का पत्र पाठक जी के यहां देखा। उन्होंने सौजन्य को ताक पर रख दिया है।

आपने लिखा है कि अपने पत्र के साथ आप रामकृष्ण जी का पत्र भेज रहे हैं, मैं पढ़कर वापस कर दूं। लेकिन आपके पत्र के साथ कोई दूसरा पत्र नहीं था।

पन्त जी ने मुझ पर जो कविता लिखी है, उसकी प्रति मेरे पास उन्होंने भेजने की कृपा की थी। इस समय वह मेरे पास नहीं।

शौक़ में 1) क्या करोड़ों रुपये उड़ गये।

अब मुझे मालूम दे रहा है, दवा से मुझे यही फ़ायदा रहा कि अकारण पतले दस्त आते रहे। जान पड़ता है यह कोई और रोग है। बात होगा। पैर पड़ा है, रहे।

कुल्ली भाट के तीन फ़ार्म छप गए।

रामविलास का कहना है, बिल्लेसुर पहले दफ़े से अबके दफ़े अच्छे आये हैं। श्री नारायण जी का कहना है, पहली सूरत अच्छी है। रामविलास कहते हैं, अबके बहाव है, बात खुलती गई है—पहले में अलंकृत रूप है जो मुझे पसन्द नहीं।

इस समय मैं भोजन भी पकाता हूँ। थोड़ा थोड़ा लिखता पढ़ता हूँ।

मां को प्रणाम।

सस्नेह
श्री सूर्यकान्त त्रिपाठी

सात आठ दिन में 'चरखा' निबन्ध भेज दूँगा। 'कुल्लीभाट' किसे समर्पित करूँ? बहुत बातें भूल रहा हूँ। यह पत्र आज तीन मई को पोस्ट कर रहा हूँ। और कुशल है।

—नि.

117. राजाबख्श सिंह को

भूसामंडी, हाथीखाना,
लखनऊ, 3-5-39
शाम 7

प्रिय श्री राजाबख्श,

जितनी जल्दी जाने की बात कही, उतनी जल्दी जाना नहीं हो सका। विचार है, 12 मई को चलेंगे। अगर इस बीच आना हो तो आइएगा। दूसरे पत्र में गाड़ी का समय लिखेंगे। बहुत संभव आपके वहां कुछ दिन रहें।

कुल्लीभाट के तीन फार्म छप चुके हैं। तब तक निकाल देने को कहेंगे। अगर वहां रहेंगे तो दूसरों से मिलने का समय नियत रहेगा सिर्फ दो घंटे, एक घंटा सुबह, एक घंटा शाम। बाकी वक्त काम करेंगे। आपके बैठक में बहुत गर्मी तो नहीं लगती?

किसी सभा सम्मेलन में नहीं जायेंगे।

सस्नेह
—निराला

[राजा बख्श सिंह—सीतापुर ज़िले के; बलभद्र दीक्षित और चन्द्रप्रकाशसिंह के मित्र।]

118. शिवपूजन सहाय को

भूसामन्डी, हाथी खाना, लखनऊ,
27. 9. 39

प्रिय शिवपूजन जी,

आज जानकीबल्लभ जी साहित्याचार्य के पत्र से मालूम हुआ, वे आपसे मिले थे और आपने 'अनामिका' के लिये सेठ जी पर आग्रह और अनुरोध के अनुसार कुछ लिखकर भेजा था। मुझे आपका लेख नहीं मिला। मैं बल्कि आपसे नाराज़ था।

सुना, आपका बच्चा अस्वस्थ था। अवश्य अब तक वह तनदुरुस्त हो गया होगा।

मुन्शी जी भी गये। अब मेरी बारी है।

आपका उन पर विश्वमित्र में लेख पढ़ा। मेरा हिस्सा मेरे मित्रों को बहुत पसन्द आया। यों आपके लेख की क्या क्षुद्र प्रशंसा?

छाँट कर साहित्य-परिषद का सभापतित्व मेरे पास पहुँचा है। एक दफ़ा अस्वीकृत कर दिया था। तार से फिर अनुरोध आया है। स्वीकार कर लूंगा। टंडन जी की आज्ञा है। क्या आप सम्मेलन आयेंगे? आइये, दर्शन हो जायेंगे।

आपका
निराला

119. वाचस्पति पाठक को

भूसा मंडी, हाथी ख़ाना, लखनऊ

27-9-39

प्रिय पाठक जी,

साहित्य परिषद् का सभापतित्व छँटता हुआ मेरे पास पहुँचा है। मेरा शायद अन्तिम नम्बर है। मुझसे प्रबन्ध-मंत्री ने निजी पत्र में अपनी सरल प्रकृति के अनुसार सभापतित्व करने की भीख माँगी : बेचारे जहाँ गये वहीं से टाले गये। पहले मैंने भीख नहीं दी : लिख दिया 108 बार असमर्थ हूँ। फिर टंडन जी से मिला। टंडन जी ने समझाया; कहा, मेरी निगाह में उसकी इज़्ज़त बढ़ जाती है जो बाद में रहा भी पद स्वीकार करते अपने को अमर्यादित नहीं समझता। पराड़कर जी की इज़्ज़त उनकी निगाह में परसाल बढ़ गई। मैंने कहा, जैसी आज्ञा होगी। फिर तार आया है। स्वीकार कर लूँगा।

और कुशल है। माँ को प्रणाम। वाजपेयी जी एक बार आये थे। इसी बीच मेरी जबलपुर जाने की बात है।

आपका

निराला

120. शिवपूजन सहाय को

भूसामन्डी, हाथीखाना,

लखनऊ

25.7.39.

[25.10.39]

प्रिय शिवपूजन जी,

सम्मेलन से इलाहाबाद होता हुआ 23 तारीख को यहां आया। आपका प्रिय पत्र पढ़ा। सम्मेलन में आपकी बड़ी प्रतीक्षा थी। कुछ बिहारी साहित्यिकों से तथा विनोद के पत्र से आपके न पहुँच सकने का कारण मालूम हुआ। चिरञ्जीव की तबियत अब सुधर गई होगी।

सम्मेलन अच्छा रहा। बिहारियों ने और यहां वालों ने बिहार की नई रीडरों और 'होनहार' की बड़ी मुखालिफत की। होनहार के सम्पादक हैं—कौन हैं—रामलोचन या क्या नाम है, बोलने उठे तो बहुत बनाये गये। राष्ट्रभाषा सम्मेलन की बड़ी धज्जियाँ उड़ीं।

साहित्य-परिषद के लिये मेरे वोट सबसे कम थे। किसी ने सभापतित्व स्वीकार नहीं किया, तब मेरे पास आमंत्रण आया। मैंने भी इन्कार किया; फिर प्रार्थना की गई, टंडन जी ने भी कहा, तब स्वीकार कर लिया। भाषण की एक प्रति भेजता हूं।

सच यह है कि साहित्य-परिषद ही सबसे अधिक सफल रही, पर उसी का पत्रों में उल्लेख नहीं आया।

'अनामिका' अभी यहां नहीं है। फिर भेजवाऊंगा। अच्छी निकली है। अब प्राय: डेढ़ दर्जन से अधिक किताबें हो गई हैं। आप के पास सङ्ग्रह रहता है, इसलिये एक एक प्रति सबकी भेजवाना चाहता हूं। कुछ देर होगी। दो छप रही हैं।

अब किसी दूसरी अच्छी किताब की भूमिका लिखियेगा। किताब मुन्शी जी को समर्पित करूंगा।

आपने बाहर से बहुत ज़्यादा अधिकार न किया हो, पर लोगों के दिलों पर आपका बहुत बड़ा अधिकार है—आज भी आपके गद्य का जोड़ हिन्दी में नहीं। देखूं, 'मतवाला' के आपके अग्रलेख किताब के रूप में निकलवाने में कहां तक कामयाब हूंगा। —सेठ जी के लड़के हरगोविन्द अक्सर मिलते रहते हैं। प्रकाशन दूसरी जगह से कराया जा सकता है।

जीवन कभी व्यर्थ नहीं जाता, फिर आप लोगों का जीवन। जीवन की वह कीमत नहीं जो आजकल लोग कूत रहे हैं। कुछ निगाह चाहिए गहरी और तेज़।

अधिक क्या लिखूं, जब आप सम्मेलन नहीं पहुंच सके और हिन्दी के प्रेमी और पत्र के सम्पादक-सम्वाददाता वहां की बहुत सी बातों को—भाषणों को जो मौखिक थे, निर्महत्व, समझ बैठे, तब चुप रहना ही अच्छा है, कला-पक्ष की यही सलाह है।

मेरे इस छपे भाषण में संक्षेप का भी संक्षेप है, वहां राष्ट्रभाषा-परिषद् की वक्तृता कुछ मनन करने योग्य थी।

आपका
—निराला

भाषण बुकपोस्ट से
भेज रहा हूँ।

[मैंने इस पत्र की जो प्रतिलिपि की थी, उसमें ता. 25 जुलाई है जो गलत है; 25 अक्तूबर होना चाहिए। सम्मेलन मध्य अक्तूबर में हुआ था और निराला वहाँ से 23 को लौटने के दो दिन बाद यह पत्र लिख रहे थे।]

121. कुँवर सुरेशसिंह को

भूसामन्डी, हाथीख़ाना,
लखनऊ
26-11-39

प्रिय कुंवर साहब,

आपका एक ख़त आया था, बहुत दिन हुए आपने 'कुमार' के लिए कुछ भेजने को लिखा था। मैं उत्तर नहीं लिख सका, कुछ भेज भी नहीं सका। अब निश्चिन्त हो सका हूँ। लिखकर भेजूँगा।

आपसे एक ज़रूरी बातचीत है! क्या आप जल्द लखनऊ आयेंगे?

बहुत दिन हुए, इलाहाबाद से एक पत्र पन्त जी को लिखा था : उन्होंने जवाब नहीं दिया : फिर बीमार हो गये। सम्मेलन से इलाहाबाद लौटकर उनके मुक़ाम पर उनसे मिलने गया नहीं मिले। अब कैसे हैं और कहाँ हैं?

इति शुभ

आपका
निराला

122. बनारसीदास चतुर्वेदी को

भूसामन्डी, हाथीख़ाना, लखनऊ
17. 12. 39

आदरणीय चतुर्वेदी जी,

आपको मुमकिन, मालूम हो, हिन्दी-साहित्य-सम्मेलन ने इस साल कुछ प्रस्ताव पास किये हैं जिनकी बुनियाद पर प्रचारात्मक कुछ काम करने के लिये एक कमिटी बनाई गई है। सम्मेलन के अन्तर्गत। प्रचारमन्त्री पण्डित पद्मकान्त मालवीय जी भी शायद उस कमिटी के सदस्य हैं। उन्होंने प्रचारमन्त्री के पद से मुझे सम्मेलन के प्रचार में सहयोग देने के लिये आमन्त्रित किया है यानी लिखने के लिये कहा है। आप जानते हैं, मैं केवल नीरस साहित्यिक हूँ और कवि। दूसरों के पद स्वीकार न करने के कारण साहित्य-परिषद का सभापति बनाया गया। इस तरह सम्मेलन में हूं। प्रचार कार्य दस-पांच प्रभावशाली अनुभवी व्यक्तियों के सहयोग से ही हो सकता है। मेरे विचार से आप जैसे योग्य जनों का सहयोग ही प्रचार में सफलता ला सकता है। अवश्य उन्होंने आप को भी लिखा होगा। मेरे कार्य में आपकी सहायता बहुत ही आवश्यक है। परसाल मैं विद्यासागर-कालेज से प्रधान-अतिथि की हैसियत से बुलाया गया था। मेरी चीज़ें सुनकर वहां के अध्यापकों ने मुझ से उनका बँगला अनुवाद करने के लिये कहा था। मैं अभी इसी तरह का कुछ काम करना चाहता हूं। दूसरे कामों के लिये आपसे बाद को पूछूंगा। क्या उसी अनुवाद के छपने के सम्बन्ध में आप 'प्रवासी' के कुछ अधिकारियों से मेरा थोड़ा सा परिचय करा देने की कृपा करेंगे?

इति शम।

सविनय—निराला

123. दयाशंकर वाजपेयी को

भूसामन्डी, हाथीख़ाना, लखनऊ
26-12-39

प्रिय दयाशंकर,

तुम्हारा पत्र मिला था। अब तुम पूरे स्वस्थ हो गए होगे। चिन्ता है। अपने समाचार लिख लिखा देना। यहां कुशल है। पर साल कलकत्ते के कुछ बंगाली अध्यापकों ने

मेरी चीज़ों का बंगला अनुवाद करने के लिये कहा था। इस साल मैं यह काम करना चाहता हूं। अपने साथ औरों के भी अनुवाद दूंगा बाद को। इस प्रसंग पर पं. हज़ारी प्रसाद जी द्विवेदी को मैंने लिखा था। उनका बड़ा ही सहृदय उत्तर मिला है। काम हिन्दी का है और रूप व्यापक। इसीलिये पं. बनारसीदास जी को लिखना मैंने आवश्यक समझा। लिखा, पर उत्तर अभी नहीं आया; काफी देर हो चुकी है। कुछ दिनों बाद मैं यह काम शुरू करूंगा। सम्मेलन को लिख चुका हूं। टन्डन जी से व्यक्तिगत रूप से बातें करना चाहता हूं। अगर तुम्हारी तबियत अच्छी हो तो पं. अम्बिका प्रसाद जी से वाजपेयी का पता मेरे पास भेज दो। श्री दुर्गाप्रसाद जी खेतान या काली प्रसाद जी खेतान, जिन्हें बँगला मासिकों के लिये कुछ अधिक प्रभावशाली समझो, उनका भी भेज दो। लेखों में निश्चिन्त रहो भाषा और भाव बंगला में अनादृत नही होंगे। इति शम्।

सस्नेह तुम्हारा

निराला

124. बनारसीदास चतुर्वेदी को

भूसामन्डी, हाथीखाना, लखनऊ।

24-1-40

आदरणीय चतुर्वेदी जी,

आपका सुलिखित कृपापत्र मिला। मैं प्रतीक्षा करता हुआ निराश हो गया था। आपके विचारों से मैं सहमत हूं। मैं बंगला में केवल हिन्दी साहित्य ही रखना चाहता हूं। दूसरे साहित्यिकों को भी लूंगा। समिति वाली बात बड़ी अच्छी है। समिति फिलहाल तीन आदमियों की रहे। आप, हज़ारीप्रसाद और मैं। हज़ारीप्रसाद जी को मैं सूचित कर चुका हूं, अनुवाद वाली बात। काम अभी मैं करता हूं। चोटी की बंगला होगी सरल, आधुनिक; इधर से निश्चिंत रहिये। आप सभापति हो जाइये। वर्षों का काम है। साथ मेम्बर बढ़ाते जायंगे। जल्द जवाब दीजिये।

सविनय,

निराला

125. दयाशंकर वाजपेयी को

भूसामन्डी, हाथीखाना, लखनऊ,

8-2-40

प्रिय श्री दयाशंकर,

तुम्हारे प्रिय पत्र का बहुत देर से उत्तर लिख रहा हूँ। आने के बाद से तुम्हारी बीमारी के बढ़ने का कारण, मैं जहाँ तक समझता हूँ, एकाएक पानी का बदलना है। अब तक तुम्हारी हालत सुधर गई होगी। अब कैसी तबियत है, किसी से लिखा

देना। जी लगा रहेगा। खुद न लिखना मस्तिष्क को ज़ोर पहुंचने पर क्षति हो सकती है! चिन्ता न करना। कुछ अच्छे होने पर यहां चले आना।

वंकिम की अभी सिर्फ पांच किताबें अनुवादित हो सकी हैं। लीडर से 400 सफों का लेखों का संग्रह निकल रहा है, कम्पोजिंग खत्म हो चुकी है। इसके बाद कहानियों का सङ्ग्रह निकलेगा।

मैं बरेली कालेज गया था, वहां वालों ने एक अभिनन्दन दिया था। 5/6 दिन में लखनऊ वाले एक देनेवाले हैं। बरेली वाली तस्वीर यानी फोटो सुना है, बड़ी अच्छी आई है। अभिनन्दन वहीं छोड़ आया था। फोटो के साथ वे लोग जल्द भेज देंगे, लिखा है।

जिनके यहाँ ठहरा था, उनका नाम है श्री ज्ञान प्रकाश जौहरी। ये बरेली कालेज के अंगरेजी के अध्यापक हैं, कालेज की हिन्दी प्रचारिणी सभा के सभापति [,] इन्हीं के [यहाँ] ठहरा था। ये लखनऊ-विश्वविद्यालय के प्रथम श्रेणी पास करनेवाले छात्र हैं। तभी से मेरे मित्र हैं। इनकी पत्नी प्रेमा देवी लखनऊ-विश्वविद्यालय की रत्न हैं, एम.ए. में प्रथम श्रेणी में प्रथम आनेवाली जूनियर केम्ब्रिज, सीनियर केम्ब्रिज, एफ.ए., बी.ए., एल.टी. सब में बराबर प्रथम आईं। अभी हाल वलायत से लौटी हैं। 26 की। विवाह प्रेम का किया। मिस प्रेमा खन्ना अब श्रीमती प्रेमा जौहरी एम.ए., एल.टी. हैं। वलायत वाली डिगरी मुझे नहीं मालूम। दोनों बड़े सज्जन, सदा प्रसन्न। प्रेमा को बरेली से बाहर, ऊँची जगह मिलती है, पर पति को छोड़ कर नहीं जातीं। प्रेमा के पिता लखनऊ के मेरे आदरणीय वृद्ध मित्र हैं। प्रेमा के एक लड़का भी हुआ है एम. ए. करने के एक साल बाद हुआ था, यानी शादी होने के साल भर में; वह लखनऊ में ही रहता है नानी की गोद में। नाम पुष्कर है।

अब मेरा विचार है, अपनी कुछ चीज़ें बंगला में अनुवादित करूँ; पहले लेख रूप में मासिक पत्रों में कुछ छपवाऊं। तुम्हें याद होगा, अगर मैंने कहा है, परसाल तुम्हारे कहने पर कलकत्ता जाकर विद्यासागर के कुछ अध्यापकों से अपनी चीज़ों का बंगला में अनुवाद देने के लिये अनुरुद्ध हुआ था। अब काम पूरा उतारने का इरादा है। इस सम्बन्ध में मैंने पं. हज़ारी प्रसाद द्विवेदी और पं. बनारसीदास चतुर्वेदी को लिखा था। हज़ारी प्रसाद जी का उत्तर बड़ा ही सहृदय है, चतुर्वेदी जी का भी है, पर वे अभी तटस्थ हैं। मैं कुछ दिनों में इलाहाबाद जाना चाहता हूँ, लौटने पर यह काम शुरू करूँगा। इसी तरह का काम मेरे मित्र अंगरेज़ी में करने जा रहे हैं जो यहाँ के अंगरेज़ी पत्रों में छपेगा। 3/4 साल बाद, कुछ और गहरे जड़ गई तो मैं भी अंगरेजी में कुछ लिखने की अनुवाद देने की कोशिश करूंगा।

तुम्हारे समाचार की चिन्ता है। अभी 7 दिन यहाँ हूँ। हाल दो। तुम्हारे पिता जी को और डिप्टी साहब के लड़के तिवारी जी को मेरा प्रणाम। इति।

तुम्हारा

निराला

126. दयाशंकर वाजपेयी को

भूसामण्डी, हाथीखाना, लखनऊ

14-2-40

प्रिय दयाशंकर,

तुम्हारा पत्र मिला। समाचार मालूम हुए। दु:ख की बात है। मैं 16/17 को इलाहाबाद जा रहा हूं। लौटकर तुम्हें लिखूंगा। टी.बी. के इलाज के लिए कहां तक क्या सम्भव है, समझूंगा।

किसी को [के?] लिखने से कुछ नहीं होता अगर उद्देश्य अच्छा है। हम हर बात में महाजनों का अपमान करते हैं। ईश्वर की दुनिया में आदमी के लिए बहुत थोड़ी जगह है। तुम इतना लम्बा पत्र न लिखना।

उपेन्द्र जी मेरे मित्र हैं। मैं व्यक्तिगत रूप से उन्हें लिख दूँगा।

लखनऊ वाला अभिनन्दन अलग से तुम्हें भेजा।

इलाहाबाद से या यहाँ से जल्द तुम्हें अच्छी खबरें भेजूँगा।

तुम्हारे पिता जी को और त्रिपाठी जी को नमस्कार।

इति।

सस्नेह तुम्हारा

निराला

[उपेन्द्र जी—निराला के मित्र उपेन्द्रनाथ चतुर्वेदी। इनका उल्लेख दयाशंकर वाजपेयी को लिखे हुए 14-3-40 के पत्र में भी है।]

127. रामशंकर शुक्ल को

भूसामन्डी, हाथीख़ाना, लखनऊ,

3. 3. 40.

प्रिय भाई साहब,

इलाहाबाद में आपकी चिट्ठियां और तार मिले थे। रुपये नहीं मिले। जगदीश के लिखने के अनुसार हमने लिख दिया था। पर बात पर बात टलती गई। दूसरा इन्तज़ाम भी नहीं किया था। अब 6 मार्च को किस्त न चुकाने के लिये दावा दायर होगा जिसकी कोई सुनवाई नहीं होगी। यह फल आगे है। एक तार और करते हैं, फिर हरि इच्छा। गोरखपुर का हाल मालूम हुआ। जैसा उचित जान पड़े कीजिये। हमसे जैसा कहें हम शक्तिभर करने को तैयार हैं। इति।

सविनय

श्री सूर्य्यकान्त त्रिपाठी

128. दयाशंकर वाजपेयी को

भूसामन्डी, हाथीखाना, लखनऊ
14-3-40.

प्रिय श्री दयाशंकर

हमें इलाहाबाद में देर लगी। अड़चनें भी कई रहीं। फिर सविस्तार लिखेंगे। वहां से आते ही कार्यवश गांव जाना पड़ा। दो दिन हुए गांव से आया हूं। अपनी तबियत का हाल जल्द दो। पं. उपेन्द्र नाथ जी चतुर्वेदी इस समय छुट्टी लेकर अपने घर हैं। आने पर कहूँगा। कई आदमियों से पूछने पर मालूम हुआ, गंगा की हवा से फायदा पहुँच सकता है। कैसा हाल है, जल्द लिखो। इति।

तुम्हारा
निराला

129. दयाशंकर वाजपेयी को

भूसामन्डी, हाथीखाना, लखनऊ
1-4-40

प्रिय श्री दयाशंकर,

3, 4 दिन हुए तुम्हारा पत्र मिला था। इलाहाबाद से अब तक मेरी तबियत भीतरी सूरत से बहुत खराब थी। इन्डियन प्रेस के मालिक की लड़की की शादी थी, वे लोग कलकत्ता गये थे; कहते हैं, शादी के बाद से उनके यहाँ रुपये का बड़ा टोटा है। हम लोगों की राय थी कि तुम्हें पहाड़ भेजें। लेकिन वह नहीं हो सका। तुम्हारी दवा की चीज़ें पोस्ट से नहीं जा सकतीं। देर हो गई। इस समय रिक्त हूं। इरादा है कि 3/4 दिन में खुद लेकर बैसवाड़ा या तकिया से बैलगाड़ी किराये करके जाऊंगा। तुम्हारी दवा का अवश्य अब तक इन्तजाम हो गया होगा। पर, कुछ फल के साथ तुम्हें देखना हो जायगा। रामकृष्ण की स्त्री गोरखपुर में सख्त बीमार है, प्रसूती का ज्वर तीन महीने से है।

अधिक क्या लिखूं, मेरे पैर की हालत—उत्तरोत्तर खराब होती जा रही है। इति।

तुम्हारा
निराला

[दयाशंकर वाजपेयी और रामकृष्ण त्रिपाठी की पत्नी, दोनों का ही उल्लिखित रोगों के कारण निधन हुआ।]

130. राजाबख्श सिंह को

नैनीताल,
दिनांक 9-6-40

प्रिय राजाबख्श जी,

मैं आपके वहां 10 तारीख को पहुंचने का विचार कर रहा था, लेकिन पं. श्रीनारायण चतुर्वेदी के कहने पर उनके साथ 15 दिन के लिए यहाँ चला आया। अब 15 जुलाई तक शायद आपके वहां आऊंगा। घी और गुड़ आपने खरीद लिया होगा। अगर 25 जून तक किसी के हाथ भेज दें तो भी बन सकता है; और मैं अगर 25/26 जून तक आपके यहां नहीं पहुँच सका तो 10 से 13 जुलाई तक अवश्य आऊंगा। नैनीताल का बयान आपके पास व्यर्थ है क्योंकि आप देख चुके होंगे। जगह मुझे अच्छी लगी। भूख लगती है, पेट साफ रहता है। दृश्य अच्छे अच्छे हैं। आप प्रसन्न होंगे। इति।

सस्नेह आपका,
—निराला

131. भगवतीचरण वर्मा को

[लखनऊ,
जुलाई 1940]

प्रिय भगवती बाबू,

आप का पत्र, नोट और मेरी छपी कविता मिली। अवश्य छापिये। इसमें बुरी बात मुझे कोई नहीं नज़र आती—दार्शनिक रूप स्पष्ट है, आंखें चाहिए। हाँ, नोट में आप इतना लिखना भूल गये हैं कि यह रचना आपने छापने के लिये खुद मागी थी और न भेजने पर फिर याद भी दिलाई थी। आपने अपने जैसे और अनेक का जो मेरी कला के सम्मति दाताओं में उल्लेख किया है, यह उनके प्रति आपकी उदारता है; उनके नाम भी आप लिख देते तो पाठकों को भ्रम में न पड़ना पड़ता। रही बात आपके कलाज्ञान के सम्बन्ध में मेरी, यह आप जनते [जानते हैं]—मैं आपका कितना क़ायल हूं।

मेरे कुछ मित्रों को आपका नोट बहुत पसन्द आया है, छपते ही वे आपके कलाज्ञान की, सौजन्य-शिष्टता की तारीफ़ करेंगे, कहते हैं। आप अपनी प्रसिद्धि से घबराइयेगा नहीं, यद्यपि आप जैसे उदारचेता से घबराहट की ही आशा बंधती है। विश्वविद्यालयों की कृपा से ये लोग मेरी तरह अज्ञात कुलशील नहीं। सुना, श्रीनारायण जी चतुर्वेदी आपको व्यंग्य में सम्मति देनेवाले हैं। भगवती बाबू, ईश्वर जाने, बहुत दिनों से अच्छी कलापूर्ण बातें नहीं पढ़ीं [,] न छापकर इनकी जड़ न मारियेगा।

आपका
निराला

[वर्मा जी ने अपना पत्र 27 जून को लिखा था; निराला ने अनुमानतः अपना यह उत्तर जुलाई के पहले हफ्ते में किसी समय लिखा होगा।]

132. कुँवर सुरेशसिंह को

भूसामन्डी, हाथीख़ाना, लखनऊ
दीपावली
30. 10. 40

प्रिय कुंवर साहब,

आपका कृपापत्र मिला। मेरी आवृत्ति आपको पसन्द आई, आनन्द मिला, मेरे कृत कार्यत्व के लिए इतना बहुत है। आप लोगों के दर्शनों की यों मेरी प्रबल इच्छा है, पर बहुत समय इच्छा को दबाना पड़ता है, वह कार्य में परिणत नहीं की जा सकती। भगवान जाने, नहीं प्रकृति जाने, इससे कौन सी बीमारी पैदा होगी। मेरे दिन किसी तरह कटते जा रहे हैं। आप सपरिवार प्रसन्न होंगे। इति शुभ

आपका
निराला

133. कुँवर सुरेश सिंह को

भूसामन्डी, हाथीख़ाना
लखनऊ
9-11-40

प्रिय कुंवर साहब,

आपको शायद यह लिखना भूल गया था कि जिन शब्दों में आपने मेरी आवृत्ति की प्रशंसा की है वे शब्द लखनऊ और दिल्ली के रेडियो स्टेशन के डायरेक्टरों को लिखकर भेज दें और यह इच्छा भी यदि और सुनना चाहते हैं। आपने देखा होगा, सारंग, आवाज़ और Listener के टाइटिल पेज पर बड़े आकार में मेरी तस्वीर निकली है। मुझे आपसे कुछ साहित्यिक बातचीत करनी है, एक दफा जल्द लखनऊ आयें तो अच्छा हो।

आपका—निराला

134. कुँवर सुरेश सिंह को

भूसामन्डी, हाथीखाना, लखनऊ
8-4-41
शाम 7

प्रिय कुंवर साहब,

आपसे हिन्दी के स्टेज की संक्षिप्त बातचीत की थी। आप जैसे आदमी के रहने से (साहित्यिकता के साथ साथ) यहाँ के राजा तअल्लुकेदारो का भी थोड़ा बहुत

सहयोग मिल सकेगा। आपको, बहुत बड़ी चिन्ता इसके लिए कुछ नहीं करनी होगी। कुछ हाथ पैर डुलाना होगा, और प्रारम्भ में एक साधारण सहायता करना। हिन्दी से करोड़ो रु. बम्बई और कलकत्ते की सिनेमा कम्पनियाँ खीचती हैं। कोई परिस्थिति इसमें बाधक नहीं होगी। पन्त जी सहयोग देंगे और एक सञ्चालक की ही तरह आपके साथ रहेंगे, उन्होंने मुझे वचन दिया है। आप थोड़ा सोचकर जवाव दें : यह उठान जल्द पूरा करना है। मैं अभी कुछ उलझा हूँ। क्या इधर जल्द आना होगा? मैंने केवल याद दिलाई।

आपका—निराला

135. कुँवर सुरेश सिंह को

मारफत लीडर प्रेस, इलाहाबाद
26-6-41

प्रिय श्री कुंवर साहब,

आपका पत्र लखनऊ से फिर भेजा जाकर मुझे यहाँ मिला। समाचार मालूम हुए। अब तक पन्त जी आपसे मिल चुके होंगे। दिल्ली रेडियो का उनके सभापतित्व में होनेवाला कवि सम्मेलन मैंने सुना, मुझे बहुत पसन्द आया। मालूम नहीं 19 जुलाई को लखनऊ रेडियो में होनेवाले कवि सम्मेलन में वे शरीक हो रहे हैं या नहीं। मेरे पास पत्र आया था। जवाब में शरीक न हो सकने के लिए मैंने लिखा है। बहुत दिनों से अधूरी पड़ी किताबें—चमेली और विल्लेसुर बकरिहा—पूरी कर रहा हूँ। प्रेस से कड़ा तकाजा है। कुछ रुपये पेशगी ले चुका हूँ। "कुकुरमुत्ता" एक बड़ी रचना 450 पङ्क्तियों की इधर लिखी हैं आधुनिक ढंग की हास्य प्रधान : शुरू की 150 लाइनों के करीब मई के हंस में निकल चुका है। ज़बान हिन्दुस्तानी है। मैं इसे अपनी 'तुलसीदास' रचना की कोटि की समझता हूँ।

आपको शूल के आक्रमण से वहाँ मुक्ति मिली, प्रसन्नता की बात है। मिलने जुलने में रोक है, जी ऊबता होगा। इस समय संसार की सामरिक स्थिति बड़ी भयंकर हो रही है। सारा निश्चय समय के हाथ है। आपको सम्वाद पत्र पढ़ने को मिलते होंगे। हिन्दी के प्रकाशन का क्रम यानी लेखक और प्रकाशक के बर्ताव अच्छे नहीं। साहित्य भी अच्छा नहीं। तरह-तरह का प्रभाव है जो मानवीयता के लिए कम है। हम लोग अब तक किसी तरह चले; आगे चलेंगे, उपायों को देखते हुए विश्वास नहीं बँधता।

प्रकाश जी की घबराहट उनके पत्र से जाहिर हो रही थी। आपके लिए इतना कर सकीं, इतना भी बहुत है। आप लोग एकान्तवास खुशी खुशी पार करें मेरी यही

कामना है। कुंवर ब्रजेश, प्रकाश और आप मेरा नमस्कार ग्रहण करें। उत्तर दे सकें तो 15 रोज़ के अन्दर ऊपर के पते पर दें। बाद को लखनऊ के पते पर—भूसमन्डी, हाथीखाना। इति

सस्नेह आपका
निराला

[प्रकाश—श्रीमती सुरेशसिंह
कुँवर ब्रजेश—कुँवर सुरेशसिंह के भाई, मेरे छात्रजीवन-काल में लखनऊ की मज़दूर-सभा के कार्यकर्ता]

136. शिवदानसिंह चौहान को

C/o. The Leader,
Alld.
1.7.41

प्रिय शिवदान सिंह जी,

आप के पत्र का देर से जवाब लिख रहा हूँ। मैं आप को 'खजोहरा' एक लम्बी कविता पहले छापने के लिए भेजूंगा। फिर लेख-कहानी। अभी तक बुरी तरह उलझा रहा अपने आप में। काम बहुत अच्छा नहीं कर सका। कुछ किया है। श्रीपति जी से की बात पूरी नहीं कर सका। मुझे रुपये भी चाहिए। Education Expan. Officer एक किताब की 700 प्रतियां ले लेंगे। 'बिल्लेसुर' तैयार कर रहा हूं। 'कुकुरमुत्ता' संग्रह भी तैयार है। श्रीपति जी हों तो जल्द मुझे लिखें। यहां दूसरे लेनेवाले हैं पहला संस्करण।

आप अच्छी तरह होंगे। आप की भाषा मुझे बहुत पसन्द है। जल्दी में हूं। नमोनमः।

आपका
निराला

[पता]

Shri Shivadan Singh Chauhan
"The Hans"
Benares City

137. कुँवर सुरेश सिंह को

भूसामन्डी, हाथीखाना, लखनऊ

29-7-41

प्रिय कुंवर साहब,

आपका पत्र मिला। 'कुकुरमुत्ता' आपको पसन्द आया, श्रम सार्थक है। यहाँ का कवि सम्मेलन साधारण अच्छा रहा। मैं फिर प्रयाग लौट जाना चाहता हूँ। 'हंस' के इस महीने में 'खजोहरा' 134 लाइन की कविता निकलेगी। साधारण है। पैर का दर्द बहुत बढ़ा है। काम बहुत कम होता है। यहाँ पं. अमर नाथ जी झा आए हैं। एक कवि सम्मेलन उनके सम्वर्धन में हो रहा है। मैं रहूँगा। अब कुछ ध्यान मैंने बँगला की तरफ भी दिया है। यहाँ के विश्वविद्यालय में दो-एक प्रोफेसर बंगाली मित्र हैं, बँगला के अच्छे विद्वान् लेखक हैं। रवीन्द्र जयन्ती में मुझे यहाँ के बंगाली समाज ने बुलाया था। डॉ. राधाकुमुद सभापति थे। मैं छुट्टा बोला। लोगों को बहुत पसन्द आया। वहाँ डॉ. नन्दलाल चटर्जी ने एक पेपर मेरी और पन्त जी की तारीफ में, रवीन्द्र प्रभाव का उल्लेख करते हुए पढ़ा। अभी कानपुर में, रवीन्द्र जयन्ती में उन्होंने व्याख्यान दिया था (दूसरा)। पन्त जी पर + मुझ पर रवीन्द्र प्रभाव बतलाया था। सच्चे भाव से कहा था। बड़े सज्जन हैं। पन्त जी के साथ इलाहाबाद में पढ़े हैं। उनका व्याख्यान सुनकर एक सज्जन ने प्रताप में लिखा है—छायावाद के श्रेष्ठ कवि न पन्त जी हैं, न निराला जी, बल्कि प्रसाद जी हैं।

भगवती चरण वर्मा का एक पत्र आपके पत्र के साथ आया है। उसमें उन्होंने लिखा है—हमने सुना है कि आपका यह दावा है कि आप कहानी तगड़ी लिखते हैं। लिहाजा हमें कहना यह है कि 'पूजा' के अवसर विचार का एक विशेषांक निकल रहा है। उसके लिए एक कहानी और एक कविता आप भेजें। कहानी और कविता दोनों ही भेजनी होंगी समझे आप?

महादेवी वर्मा का गद्य-दर्शन 'रेखाचित्र' या ऐसा ही नाम है कुछ, बड़े थाट से भारती भंडार से निकल रहा है।

मैं अब 'सुरुहटू' पर कविता लिखने वाला हूँ। 'बिल्लेसुर' बकरी चरा चुके, अब शादी कर रहे हैं। चमेली एक के साथ भाग गई।

आप प्रसन्न होंगे। बच्चों का कुशल चाहता हूँ। नमस्कार—प्रकाश जी को+आपको। पन्त जी की पायल इधर खूब बज रही है। पानी नहीं बरसा, खेती सूख गई।

आपका

सूर्यकान्त त्रिपाठी

[पन्त जी की पायल—जून, 1941 के 'हंस' में पन्त जी की कविता छपी थी :

बज पायल छम!
छम—छम!
कम्प कम्प में उर के मम
बज पायल छम!
छम—छम!]

138. कुँवर सुरेश सिंह को

भूसामन्डी हाथीख़ाना,
लखनऊ
16-9-41

प्रिय कुंवर साहब,

आपको बहुत दिनों बाद लिख रहा हूँ। पैर के दर्द से मानसिक दशा अच्छी नहीं रही। अभी तक कोई किताब पूरी नहीं कर सका। आशा है, जल्द कर लूँगा। यहाँ इस समय बड़ी उमस होती है। आपसे पन्त जी मिलते होंगे। वहाँ मौसम अच्छा होगा। आजकल पहाड़ बड़ा सुहावना लगता है। कहानियाँ कुछ लिखना चाहता हूँ। देखें कब तक सफल हो सकूँगा। मेरी 'सुकुल की बीबी' किताब छप गई है। 'चाबुक' भी छप गया होगा। चाबुक में 'मतवाला' के और कुछ इधर के लेख हैं। सुकुल की बीबी में चार कहानियाँ। श्रीमती कुंवरानी साहबा अच्छी तरह होंगी। बच्चे भी प्रसन्न। आप लोग मेरा नमस्कार लीजिए। श्री पन्त जी को स्नेह। इति

आपका
सूर्यकान्त त्रिपाठी
निराला

139. केदारनाथ अग्रवाल को

मारफत पं. राम लाल गर्ग, कर्वी, बांदा।
23. 6. 42

प्रिय केदार बाबू,

आपका प्रिय पत्र मिला। मैं भरकोरा (पहाड़ी) रहता हूं। पत्र की सुविधा के लिए वह पता रक्खा है। पहले कुछ दिन वहां भी ठहरा था। वहां से इस बार फिर चित्रकूट गया और 'स्फटिक शिला' एक लम्बी कविता लिखी। नागर जी का पत्र मुझे भी मिला है। आपका उत्तर देखने की प्रतीक्षा है। इस समय राजापुर में पं. राम बहोरी जी शुक्ल से मिलने का विचार है। आपसे मिलने की भी उत्कंठा है।

अपने प्रकाशक से रुपये मगाये थे, अभी तक उनका उत्तर नहीं मिला। 'बिल्लेसुर बकरिहा' निकल गया है। मेरे पास 5 प्रतियां यहां भेजी गई थीं। आपको एक देना चाहता हूं।

यहां गर्ग जी के मकान में चोरी हो गई। उनकी और उनके मित्र की अमानत में रक्खी बक्से सेंध से निकाल ली गईं।

आपका—"निराला"

राम प्रसाद जी अग्रवाल से मेरी मुलाक़ात नहीं हुई।

—नि.

[पता]

Srijut
Kedarnath ji Agrawal,
B.A. L.L.B.
Banda [नागर जी—नरोत्तम नागर।]

140. केदारनाथ अग्रवाल को

C/o. Pdt. Ramlal Garga,
Karwi, Banda
7. 7. 42.

प्रिय अग्रवाल जी,

पत्र मिला। नागर जी ने फिर अभ्युदय नहीं भेजा। आपका लेख अब तक छप चुका होगा। आप से बांदा चल कर अभी नहीं मिल सकता। यदि आप अगले रविवार की शाम को कर्ज़ी चले आयें तो मैं स्टेशन पर मिलूं। बिल्लेसुर भी आप को दूं और वहीं किसी मित्र के यहां या धर्मशाला में रातभर रह कर बातचीत भी करूं। सुबह आठ की गाड़ी से किताब लिये आप बाला-बाला रवाना हो जायं। एक पत्र पत्र पाते ही डाल दें कि आप आ रहे हैं। और कुशल है। प्रसन्न होंगे। इति।

आपका—निराला

पत्र भरकोर्रा से लिखा

—नि.

[पहलेवाले पत्र में पहाड़ी का नाम भरकोरा लिखा है।]

[पता]

Sri
Kedarnath ji Agrawal
advocate
Banda

141. केदारनाथ अग्रवाल को

C/o. Rai Bahadur Pdt. Sri Narayanji
Chaturvedi, M.A. (Lond.)
Daraganj, Allahabad
15-10-42.

प्रिय अग्रवाल जी,

आपके पत्र का उत्तर नहीं दे सका। मैं प्राय: 3 महीने से मलेरिया के बुख़ार का शिकार हूं। आप के स्वागत के लिए कर्वी स्टेशन गया था। आप नहीं आये। गाड़ी लेट आई। लौट आया। किताब आप की वहीं रखी है। लेख आपका बड़ा अच्छा लगा उत्तर। बीमारी का हाल पाकर श्री चतुर्वेदी जी ने बुला लिया [।] परसों आया हूं। अच्छी आबोहवा है यहाँ की। इलाज भी अच्छा। तीन ही दिन में हालत बदल चली। यों वज़न 60 पौण्ड घट गया था। बड़ी तकलीफ मिली। आप प्रसन्न होंगे। आपकी रचनाएं जो न पढ़ी थीं, यहां पढ़ रहा हूं। इति [।] मित्रों को जैसे मि. सिंह, नमस्कार [।]

आपका
निराला

[पता]

Babu
Kedarnath Agrawal
advocate
(Banda)

['लेख आपका बड़ा अच्छा लगा उत्तर।'—इस वाक्य में निराला ने पहले प्रत्युत्तर लिखा, फिर काट कर उत्तर लिखा। आशय यह कि केदारनाथ अग्रवाल का लेख किसी अन्य के आक्षेपों का उत्तर अथवा प्रत्युत्तर था। मि. सिंह—वीरेश्वर सिंह, 'लोक युद्ध' के 'गोरा बादल'।]

142. रामविलास शर्मा को

मार्फ़त रायबहादुर पण्डित श्री नारायण जी चतुर्वेदी,
एम.ए. (लन्दन)
दारागञ्ज, इलाहाबाद
11-12-42

प्रिय श्री डॉ. रामबिलास,

आपका पत्र मिला। समाचार मालूम हुए। लखनऊ विश्वविद्यालय की घटना सम्वाद पत्रों में देखी।

पढ़ीसजी पर माधुरी का विशिष्ट अंक, शायद आप ही की है, अच्छी सूझ है।

अच्छा हूँ, 70 पौन्ड घट गया था, 25 पूरे करने हैं।

मेरे संबन्ध की बातचीत मिलने पर ही अच्छी होगी। लिख-लिखा भी दे सकूँगा। जब आप फ़ुर्सत से मिल सकें, एक बार मिल लें।

आपका साहित्य-क्रम बहुत पसन्द आया।

इधर कुछ गीत लिखे हैं। वैसे अच्छे नहीं बन पड़े।

सुमन जी को लिख दिया है। मेरी कम-से-कम मांग उनके लिये अधिक हो सकती है।

चौबे जी और लल्लू जी को नमस्कार। इति।

आपका—निराला

[पता]

Dr. Ram Bilas Sharma
M.A. Ph. D.
K.C. De Lane,
Sunder Bagh,
Lucknow

[लखनऊ विश्वविद्यालय की घटना—सन् '42 के आन्दोलन-क्रम में छात्रों की साम्राज्य-विरोधी कार्रवाई। पढ़ीस जी—बलभद्र दीक्षित पढ़ीस, गद्य लेखक, अवधी के कवि, निराला के मित्र। इनके निधन पर मैंने 'माधुरी' के पढ़ीस-अंक का सम्पादन किया था।]

143. रामविलास शर्मा को

मार्फ़त रायबहादुर पं. श्री नारायण जी चतुर्वेदी
दारागंज, इलाहाबाद
2.2.43

प्रिय श्री डाक्टर,

आपका पत्र मिला। समाचार मालूम हुए। आपके उत्तर के देखने की प्रतीक्षा है। दीक्षित के लिये बहुत सोचता हूँ, मगर वह नस मेरी कट चुकी है जिसमें स्नेह सार्थक है : अपने-आप दिनरात जलन होती है। किसी से अपनी तरफ से प्राय: नहीं मिलता। मिल नहीं सकता। कोई आता है तो थोड़ी सी बातचीत। आने वाला ऊब जाता है। मुझे भी बातचीत अच्छी नहीं लगती। कभी रात-रातभर नींद नहीं आती। तम्बाकू छूटती नहीं। खोपड़ी भन्नाई रहती है। चित्रकूट में एकदफ़ा बीमारी के समय छोड़ दिया था खाना, फिर आदत पड़ गई। चतुर्वेदी जी की दया है। रहता हूँ, बहुत अच्छी तरह। उर्दू की, हिन्दी में छपी, गज़लें पढ़ा करता हूँ। एक काम एसप्स् फ़ेब्ल्स के अनुवाद का लिया है, कर रहा हूँ। मजे में हैं। कसरत इन दिनों फिर छुटी है। चौधरी साहब से अणिमा वाला हाल कह दीजियेगा। उन्हें अभी मैं उत्तर

नहीं लिख सका। शिवपूजन जी को समर्पण बहुत अच्छा है, बड़े सज्जन और चारु साहित्यिक हैं। इति।

आपका
—निराला

काम जितना करूँगा, अच्छा ही
करूँगा, कुछ कुछ कर रहा हूँ।
--नि.

[पता]

Dr. Ram Bilas Sharma
M.A. Ph. D.
Sunder Bagh,
Lucknow

[चौधरी साहब—युगमन्दिर के, और सुमित्राकुमारी सिन्हा के, स्वामी, चौधरी राजेन्द्र शंकर। शिवपूजन जी को समर्पण—निराला पर मेरी प्रस्तावित पुस्तक का समर्पण।]

144. रामविलास शर्मा को

C/o. S.N. Chaturvedi Esqr.
Dara Gunj, Alld.
3. 2. 43.

Dear Doctor,

Received your both letters. I consent for the poem to be recited on the 7th Feb. Your letter I'll answer very soon dealing all the points.

Yours
Nirala

[पता]

Dr. Rambilas Sharma,
M.A. Ph.D.
Sundar Bagh,
Lucknow.

[वे कविता-पाठ कहाँ करनेवाले थे, याद नहीं। सम्भवत: रेडियो द्वारा कविता का प्रसारण था। अगला पत्र देखें। इस पत्र का आशय:

तुम्हारे दोनों पत्र मिले। 7 फरवरी के कवितापाठ के लिये मेरी स्वीकृति है। तुम्हारे पत्र की सब बातों का शीघ्र उत्तर दूँगा।]

145. रामविलास शर्मा को

C/o. Rai Bahadur B.N. Chaturvedi
Dara Ganj, Allahabad.
18. 2. 43.

प्रिय राम बिलास जी,

आपके पत्र का लिफाफा एक महीने से पहले का लिखा है, वह चिट्ठी सुरक्षित होगी, इस समय मिल नहीं रही, इसलिए पायन्ट्स नहीं लिख सकता, जबानी लिख भी नहीं सकूंगा, फिर भी स्मरण से कुछ लिखता हूं, आप निष्कर्ष निकाल लीजिएगा।

पहले यह सूचित कर दूं कि वह गाना मैंने नहीं सुना। अच्छा ही गाया गया होगा। 20) की एक प्रवर्तिका (Programme) बना कर भेजी गई थी, सही करके भेजने के लिए। मैंने कौशल जी से, अगर वह दूसरे सज्जन नहीं थे, कहा था कि आप के रेडियो को मेरे गाने गवाने के लिए कोई फ़ीस नहीं देनी पड़ेगी, इसलिए Programme का reply sheet मैंने दस्तखत करके नहीं भेजा।

मेरा विरोध 'जुही की कली' न छाप कर पं. महावीर प्रसाद द्विवेदी ने पहले किया। फिर जिनके उल्लेख आपने किये हैं, उन सबों ने किया, क्रमश: इसकी व्याप्ति बहुत है, अनेक पत्रों, अनेक जनों में। पं. नन्ददुलारे जी बाजपेयी से बहुत कुछ मालूम होगा। श्री कृष्णदेव प्रसाद जी गौड़, बाबू गुलाब राय जी, श्री अवध उपाध्याय जी आदि समर्थकों में थे।

गढ़ाकोला मैं कुल मिलाकर 8/10 बार लम्बे लम्बे अरसे के बाद आ-जा चुका हूं। दादाजाद भाई के ब्याह में, उम्र 4 साल की, तब। जनेऊ में, उम्र आठ साल। घर बनवाने पिता जी के साथ, उम्र 11 साल। ब्याह में, उम्र 14 साल। गवने में, उम्र 16 साल। अब तक महीने महीने, दो-दो महीने रहा। इसके बाद तीन चार बार और गया, और एक-एक साल, 6-6 महीने रहा। इधर ग्यारह साल के अन्दर शायद एक बार 2/3 दिन के लिए गया था।

आशा है, आप प्रसन्न हैं। आप के साथ दीक्षित जी का एक लड़का रहता है, सुनकर प्रसन्नता हुई। मैं काम अभी अच्छी तरह नहीं कर पाता। फिर भी कुछ अच्छी परिस्थिति है।

चौबे जी को लल्लू साहब को स्नेह।

आपका
—निराला

[पता]

Dr. Rambilas Sharma, MA.
Ph.D.
Sunder Bagh,
Lucknow

[दीक्षित जी—बलभद्र दीक्षित।]

146. रामविलास शर्मा को

मार्फ़त रायबहादुर पं. श्री नारायण जी चतुर्वेदी
दारागंज, इलाहाबाद
22-2-43

प्रिय श्री डाक्टर,

कल नागर जी आये थे। आपका प्रश्नों वाला पत्र मिल गया। ख़ासा लम्बा उत्तर लिखा दिया। इस पत्र से पहले उनके पत्र के साथ मिल जायगा। आज कुंवर चन्द्रप्रकाश जी की दूसरी कविता पुस्तक 'शम्पा' मिली, 'मेघमाला' पहले मिल चुकी थी। आपने दोनों किताबें देखी होंगी। मुझे बहुत पसन्द आईं।

मैं स्वस्थ हूँ। इधर कुछ पढ़ रहा था। थोड़ा-थोड़ा फिर लिखना शुरू करूँगा।

चौधरी साहब को पूरी रचनाएं नहीं भेज सका। क्योंकि इधर उर्दू शायरी के रसास्वादन में पड़ा था। कुछ चीज़े [चीज़ें] इस हिसाब-किताब की तैयार करनी हैं। आपको जो किताब समर्पित हो, वह 'अणिमा' ही रह जाय, यह दु:ख की बात है। देखूँ, कहाँ तक नातवानी रहती है।

आप फ़िराक़ साहब को उत्तर लिखेंगे या नहीं, सूचित कीजिएगा। इति

आपका
—निराला

[पता]

Dr. Rambilas Sharma,
M.A. Ph.D.
Sundar Bagh,
Lucknow.

[नागर जी—नरोत्तम नागर; इस पुस्तक में अन्यत्र प्रकाशित 'प्रश्नोत्तरी' की ओर संकेत है।]

147. रामविलास शर्मा को

मार्फ़त रायबहादुर पं. श्री नारायण जी चतुर्वेदी
दारागंज, इलाहाबाद
15.3.43.

प्रिय डाक्टर,

आपका पत्र समय पर मिला था। आपका माधुरी में निकला लेख भी कल देखा। बहुत पसंद आया।

किताबें जब जिस तरह समर्पित होनी होंगी होंगी। शिवपूजन जी अवश्य ही भरोसे की मदद करेंगे।

इस समय एक छोटे से भ्रमण की चर्चा कर रहा हूँ। यदि आपको फुर्सत हो तो सूचित कीजिये। कलिंजर और चित्रकट के लिये होली तक, चैत के पहले पक्ष तक, बड़ा अच्छा समय है। अगर चलने का विचार हो तो लिखें। लल्लू जी और चौबे जी से भी पूछ लें। केदार जी आये थे, उनसे मैंने बातचीत कर ली है। हमारे एक ज़मीदार मित्र हैं [,] वे नारायणी से कलिंजर तक बैलगाड़ी देंगे। अच्छी जगह है ऐतिहासिक, चित्रकूट के स्थलों का कहना ही क्या? लिखिएगा।

इधर जो कुछ काम किया है, चौधरी साहब को होली तक भेजता हूँ। अच्छी किताब हो जायगी। एसप के फ़ेब्ल हिन्दी में लिख रहा हूँ। थोड़ा काम बाकी रह गया है। स्वास्थ्य बुरा नहीं। आप लोग प्रसन्न होंगे। तिवारी ब्रजमोहन जी और मालवीय जी को नमस्कार। इति।

आपका

—सूर्यकान्त त्रिपाठी, निराला

[पता]

Dr. Rambilas Sharma,
M.A. Ph.D.
Sundar Bagh,
Lucknow.

[मालवीय जी—छंगालाल मालवीय, कान्यकुब्ज कालेज लखनऊ में हिन्दी अध्यापक, सुन्दरबाग में इनके घर निराला अक्सर आते थे।]

148. गंगाप्रसाद मिश्र को

रायबहादुर पं. श्री नारायण जी चतुर्वेदी
एम.ए. **(लन्दन)**
दारागंज, इलाहाबाद
3.4.43

प्रिय गंगाप्रसाद जी,

आपकी आलोचना मैंने देखी। वह तारीफ़ है, आलोचना भी बहुत अंशों में है, अगर अदोषदर्शन भी आलोचना की हद में आता है। आपकी आलोचना से मेरे कवि कलाकार को ख़ुशी हुई, इसमें सन्देह नहीं; सम्भव है, यह उसकी दुर्बलता हो। आप जैसे नये ख़ून-पानी के सच्चे विद्वान कलाकार से ऐसी ही आलोचना की आशा की जाती है।

इस समय श्री नन्द दुलारे जी वाजपेयी यहां आये हैं, सम्भव है मैं उनके साथ काशी जाऊँ। डॉ. रामविलास का पत्र आया था। प्रसन्न हैं। श्री चतुर्वेदी जी का

आशीर्वाद, बाजपेयी भगवती प्रसाद जी और अंचल जी का स्नेह लीजिए। आपकी चर्चा हुआ करती है। आशा है, आप अन्य किसी पर जल्द कोई दूसरी आलोचना लिखेंगे। इति।

सस्नेह आपका
—'निराला'

[पता]

Pdt. Ganga Prasad Misra, M.A.
Teacher,
The Government High School,
Hardoi (U.P.)

[गंगाप्रसाद मिश्र की सूचना के अनुसार यह पत्र बनारस में पोस्ट किया गया था।]

149. रामविलास शर्मा को

[19.4.43]

प्रिय डाक्टर, नमस्कार।

आपका पत्र मिला था प्रयाग में। एक यहां भी मिला। सहृदय पद्य देखा। यहां आ सकें तो आयें। अच्छी तरह होंगे। चौबे जी + लल्लू जी को सप्रेम।

आपका
निराला
19.4/43

[निराला ने नन्द दुलारे वाजपेयी के पत्र में ये पंक्तियाँ लिखी थीं। सहृदय पद्य—'वह सहज विलंबित मंथर गति जिसको निहार' पंक्ति से शुरू होनेवाली कविता है। वाजपेयी जी का पत्र इस प्रकार है :]

दुर्गाकुंड, बनारस
19.4.43

प्रियवर,

आपका पत्र मिला। निराला जी को कविता दे दी है। इधर सुना 'विशाल भारत' में आपकी पुस्तक पर कोई कड़ी टिप्पणी प्रकाशित हुई है। मैंने अब तक देखा नहीं। इधर परीक्षाओं और परीक्षा-पत्रों में व्यस्त हैं। नागरी प्रचारिणी सभा में अंधेरखाता चल रहा है। इसका भी पुनरुद्धार हो जाना चाहिए। 2 मई को इनका वार्षिक अधिवेशन है। क्या आप उस समय 2 दिन को आ सकते हैं? आ जाएं तो

बड़ा अच्छा रहे। लखनऊ के आपके जो मित्र सभा के सदस्य हों उनसे भी चर्चा कीजिएगा। संस्कार अत्यन्त आवश्यक है। कानपुर और प्रयाग के भी कुछ लोग शायद आवें। मैं झा साहब को भी बुलाना चाहता हूं। आपका आना आवश्यक है। कुछ 'वोट्स' भी लखनऊ से आपके साथ आ सकते हैं। नियम है कि एक व्यक्ति तीन व्यक्तियों का proxy कर सकता है। यदि आप आवें तो तुरत सूचना दें। निराला जी पर आपकी पुस्तक लिखी जा रही है, बड़ा ही अच्छा है। मैं जो कुछ संस्मरण हैं, अवश्य भेजूंगा। पत्र भी बहुत से होंगे।

विशेष आपके यहाँ आने पर, अथवा न आ सकने की हालत में, पत्र मिलने पर।

आपका

नन्ददुलारे वाजपेयी

16.4.43

150. रामविलास शर्मा को

मार्फ़त प्रोफ़ेसर नन्ददुलारे वाजपेयी

दुर्गाकुण्ड, काशी

11-5-43

प्रिय डाक्टर, नमस्कार।

आपके पत्रादि समाचार मिले। मैं काम करने लायक़ हो गया हूं। प्रो. वाजपेयी का साथ प्रेरणादायक है। इधर एक रचना लम्बी भी लिखी—स्वामी प्रेमानन्द जी महाराज, 536 पङ्क्तियों की। फ्री-वर्स में है। 'अणिमा' में जायगी। एक, पद्य में, इससे कुछ लम्बी, लिखने का सूत्रपात कर रहा हूँ। 'तुलसीदास' की तरह अलग पुस्तिकाकार छपेगी। 'अणिमा' के लिये कुछ और रचनाएँ दी हैं, कुछ और देने को हैं। खासी किताब बन जायगी।

सम्मेलन के कवि-सम्मेलन में शिरकत करूँगा। 100) देने को लिखा था जवाबी तार में उन्होंने; मैंने जवाब में लिखा 500) फ़ीस है, 350) छोड़ता हूँ सम्मेलन के नाम पर। 150) देने का तार आया है। मज्जूर कर लिया।

मुमकिन, आपको ड्योढ़ा खर्च देकर बुलाया हो। खास अटकाव न हो तो चलिए। जानकीवल्लभ जी को भी लिखा है मैंने।

लल्लू प्रसन्न होंगे। कोई पत्र नहीं लिखते। आजकल क्या करते हैं?

राम स्वरूप जी को अवश्य कोई अच्छा स्थायी काम मिल गया होगा।

यहाँ दो रोज़ अच्छी बारिश हो गई। वायुमण्डल ठंढा हो गया।

आज एक किश्त फिर चौधरी साहब को भेज रहा हूँ रचनाओं की अणिमा के लिए। बड़ी देर हो गई अगर बन जाय। अभी देर होगी, पर तब क़ीमत एक रुपये से बढ़ानी पड़ेगी।

मुंशी अब किस क्लास में हैं? अवस्थी का हाल भी लिखिये। शिवप्रसाद क्या पढ़ते हैं? इति।

आपका,
निराला

[पता]

Dr. Rambilas Sharma,
M.A. Ph.D.
Sundar Bagh,
Lucknow.

[मुंशी, अवस्थी मेरे छोटे भाइयों—रामशरण और रामशंकर—के घर के नाम शिवप्रसाद—रामप्रसाद यादव उर्फ लल्लू के छोटे भाई।]

151. रामविलास शर्मा को

C/o. Prof. Nandadularey Bajpeyi,
Durga Kunda, Benares
17.5.43

प्रिय डाक्टर,

आपका पत्र मिला। आप हरद्वार नहीं चले अच्छा हुआ। मैं भी नहीं गया। वाजपेयी जी भी नहीं जा सके। वहाँ रावरंग बिगड़ा है।

आपने यथार्थवाद की अच्छी बात लिखी। इसकी वृद्धि आवश्यक है। मैं आपके पास चीज़ कोई भेजूंगा।

वाजपेयी जी उत्तर पत्र देखने में पड़े थे। अब, सम्भव है, कुछ भेजें।

मैं अब शायद बिहार जाऊँ। लौटकर कानपुर जाऊँगा। 'अणिमा' का आकार-प्रकार देखना है। कुछ और मैटर प्रेस [में] देना है। उसी समय आपसे बातचीत होगी।

अमृत लाल के साथ आप मजे में रहेंगे। मुझे भी उन्होंने बुलाया था। सोचता हूँ, बाहर पैर निकालूँ जब मन का साहित्य तैयार कर लूँ।

लोक युद्ध के सह-सम्पादक रमेश सिनहा जी ने पत्र लिख कर कुछ माँगा था। मैंने भेजने का उत्तर लिखा है। आप चाहें तो याद दिला दें।

P.W. की मुख्य बातें लिखिएगा, बड़े बड़े कौन-कौन आये, किनसे-किनसे मिले, सभा में क्या-क्या कहा उन्होंने।

कुशल है। बाजपेयी जी का आतिथ्य उच्चकोटि का।

यहाँ दो-तीन सभाओं में गया। अच्छा रहा।

आपका
—निराला

[पता]

Dr. Ram bilas Sharma, M.A. Ph.D.
C/o. Pdt. Amrit Lal Nagar
Sera Villa,
Shivaji Park,
Cadell Road, P.O.
Dadar, **Bombay**

[यथार्थवाद की चर्चा 'हंस' से सम्बन्धित थी। 'आपके पास कोई चीज़' भेजने का आशय है, 'हंस' के लिए कोई रचना भेजेंगे। अमृतलाल नागर के साथ—अर्थात् बम्बई में जहाँ के पते पर यह पत्र भेजा गया था। P.W.—उन दिनों बम्बई में अखिल भारतीय प्रगतिशील लेखक सम्मेलन हुआ था।]

152. गंगाप्रसाद पांडेय को

C/o. Babu Rajendra Shanker Chaudr
[चौधरी]
Yuga Mandir, Unao
4. 8. 43.

प्रिय पाण्डेय जी,

बहुत कुछ ऐसा ही मतलब था, मैंने देवी जी को नमस्कार सूचित नहीं किया। आप की किताब निकली, लिख रहे हैं; परम हर्ष की बात है। जोशी जी का आदर बढ़ा, यह होना ही था। आप अपनी औपन्यासिक चर्चा में उनके लिए अच्छी ही जगह बनाएंगे। मैं ऐसे ही एक कहानी में हाथ साफ कर रहा हूँ। हिन्दी में अर्थाभाव है, कवियों की शिरकत लाज़िमी है। मैं कलकत्ता नहीं जा रहा। पन्त जी किसी के साथ रहें, चमकेंगे, मुझे ऐसी ही आशा है। कुशल है। आप अच्छी तरह होंगे। देवी जी और जोशी जी की नई चीज़ों से हिन्दी में अच्छी चर्चा रहेगी। आप भी आ पहुँचे हैं। अच्छा क्रम है। आप के वहां नहीं बरसता, यहां रोज़ बारिश हो रही है और दिल को खिला देनेवाली ठन्ढक है। अच्छा मौसम है। सावन-बारहमासियाँ छा जाती हैं। अन्न की ऐसी महगी है और चीज़ों के दाम बढ़े हुए कि त्राहि त्राहि है। लोग तीन वक्त में एक वक्त पेट भर पाते हैं। इति।

आपका
—सूर्यकान्त त्रिपाठी
'निराला'

[पता]

श्रीयुत गंगाप्रसाद जी पाण्डेय,
रिसर्च-स्कालर,
के.पी. होस्टेल,
प्रयाग-विश्वविद्यालय
Allahabad

153. केदारनाथ अग्रवाल को

युग-मन्दिर, उन्नाव
2. 9. 43.

प्रिय केदार बाबू,

पत्र आपका मिला। समाचार ज्ञात हुए। अच्छा हो कि आप सम्मेलन का समय बढ़ा दें। गुलाबी जाड़े का वक्त अच्छा होगा। तब कुछ रुपया भी एकत्र हो जायगा। मेरे लिए कुछ करने की क्या आवश्यकता है? मैं तो परिषद् में हूं ही। अवश्य आऊंगा। आपको गाड़ी के खर्च की व्यवस्था करनी होगी। आजकल भीड़ बहुत होती है, दूसरे दरजे से कम में कवियों को कष्ट होगा। कविता-पाठ तो करूंगा नहीं, फिर भी गोष्ठी में मनोरञ्जन का कोई उपाय कर लूंगा। सम्मेलन में प्रबन्ध पढ़ूंगा। सभापति किसी दूसरे को बनाइए। आपके विषय विशद हैं, उन पर वाद विवाद होना निबन्ध आदि पढ़ना आवश्यक है। मेरे सभी मित्र हैं। आपको सबका परिचय मालूम है। प्रगतिशीलों की संख्या अच्छी होनी चाहिए। जनता उनकी आवाज़ सुन सके, ऐसा प्रबन्ध अवश्य किया जाना चाहिए।

वीरेश्वर जी सकुशल हैं, प्रसन्नता की बात है। उन्हें अभिवादन। रायसाहब और विशू बाबू को सप्रेम-विनय। आप लोग सामने हैं ही, और अच्छी तरह आ जाइए। राठोर साहब आज कल कहां हैं? जब समय निश्चित हो जायगा, मुझे सूचित कर दीजिएगा; स्थानीय मित्रों को ले चलने का प्रयत्न करूँगा। अपने किसी नौजवान साहित्यिक को क्यों न सभापति बनायें?

'अणिमा' डॉ. रामविलास को समर्पित है, बाज़ार में आ गई। गीतों का संग्रह है [।] 'चोटी की पकड़' छपने के लिए प्रेस जाने वाला है, उपन्यास। आपकी कितनी रचनाएं हुईं? कोई सङ्ग्रह तो नहीं निकालिएगा।

आपका
—सूर्यकान्त त्रिपाठी

[पता]

Babu
Kedarnath Agrawal
—B.A., L.L.B.
advocate
Banda

['चोटी की पकड़' किताब महल से प्रकाशित होनेवाला था। वहीं से केदारनाथ अग्रवाल का कविता-संग्रह भी छप सकता है, इस बात की ओर संकेत अन्तिम वाक्य में है। यही बात खुलासा केदारनाथ अग्रवाल को लिखे हुए 13-2-44 के पत्र में है। केदारनाथ उपन्यास लिखनेवाले थे या लिख रहे थे, उसके लिए निराला ने दूसरा प्रकाशक तलाश किया था। देखें, 23-2-44 का पत्र।]

154. रामविलास शर्मा को

C/o. B.P. Bajpayi
Dara Ganj, Alld.

2-12-43

प्रिय डा. रामबिलास,

आपका पत्र मिला। समाचार मालूम हुए। जिगर लिखते हैं, ठीक, मैं भी लिखूँगा। अभी आकाश ताका करता हूँ। बरसात में चौधरी के यहाँ सुमित्रा के गाने सुना करता था और एक उपन्यास लिखा करता था। 21 परिच्छेद लिख कर छोड़ दिया, मस्तिष्क और हृदय दुर्बल सा हो गया। ख़ूब बन पड़ा है, दूसरे भी कहते हैं। मुझे भी जान पड़ता है। अभी इतना ही और लिखना है, तब पूरा होगा। अणिमा आपको मिली होगी। साधारण क्या बुरी है? गंगा प्रसाद मिश्र ने कवि सम्मेलन के लिये बुलाया है, सिर्फ 101) देंगे। उनकी पुकार है [,] स्कूल देगा भी और क्या? मैं शायद ही पहुँच सकूं। काम भी है। 'हंस' आता नहीं। अभी यही पता है। हो सका तो आगरा आऊँगा, कुछ काम है।

आपका—निराला

[पता]

डा. रामबिलास शर्मा
अंगरेज़ी विभाग
बलवन्त राजपूत कालेज
आगरा (Agra.)

[पत्र में निराला का पता मार्फत भगवती प्रसाद वाजपेयी है।]

155. गंगाप्रसाद मिश्र को

C/o. Pdt. Bhagwati Pd. Bajpayi
Daraganj, Allahabad

2.12.43

प्रियवर,

आपका पत्र मिला। मैं स्कूल के लड़कों को क्या सुनाऊँगा? आप लोगों का स्नेह खींचता है। परन्तु सिद्धान्त से विवश हूं। काम कर रहा हूं। इसमें सन्देह नहीं कि स्कूल 101) भी प्राय: नहीं दे सकता। कभी आपके उधर जाना हुआ तो नि:शुल्क सुनाऊँगा। आप प्रसन्न होंगे। अगर मेरे जाने से आपका व्यक्तिगत श्रेष्ठत्व बढ़ता हो तो रुपये भेज दीजिए। इस तरह मुझे सप्रसार [?] न समझें। इति।

—सूर्यकान्त त्रिपाठी
'निराला'

[इस सन्दर्भ में गंगाप्रसाद मिश्र की यह सूचना है :]

इसके पश्चात् मैंने 101) रुपये भेजे पर निराला जी न आए, यद्यपि बीच में समय और तिथि का विस्मरण हो जाने से उन्होंने जवाबी तार देकर मुझसे समय पूछा था, जिससे मुझे पूर्ण निश्चय हो गया था कि वे अवश्य आयेंगे। न आने के कारण इलाहाबाद का ही कोई कवि सम्मेलन सम्भवत: था। मैं आपके साथ जब गया था तब उन्होंने रुपये वापिस कर देने को कहा था पर मैंने कहा कि मैं तो रुपये नहीं चाहता, आपको हरदोई में चाहता हूं। उस समय उन्होंने आने का वायदा किया था पर फिर नहीं ही आये। एक अन्य कवि सम्मेलन का आयोजन मैंने हरदोई में किया था। उसमें सुभद्राकुमारी चौहान प्रयाग होकर हरदोई आई थीं। उनके साथ मेरे रु. उन्होंने भेज दिये थे।

[13-4-45]

156. रामप्रसाद उर्फ़ 'लल्लू' को

Daraganj, Allahabad
27. 12. 43

प्रिय लल्लू ली,

डा. रामबिलास बड़े दिनों में वहाँ आयें तो कहिएगा, वे दारागंज में हमसे मिलें। हमने किराये का मकान ले लिया है। यहां रहेंगे। रोज़ गंगा नहाते हैं। नाव पर सैर करते हैं। स्वास्थ्य अच्छा है। खेतों की हरियाली, गंगा के रेत की सफ़ेदी और पानी की नीलाई पर नज़र दौड़ाते रहते हैं। कुछ लिखते-पढ़ते भी हैं। उनके लायक अब कुछ लिखेंगे। चौबे जी और मुन्शी, अवस्थी को स्नेह। शिवप्रसाद को स्नेह। बड़े दिनों में कहीं निकलने का विचार नहीं। आजकल इलाहाबाद के अमरूदों की बहार है। हमारी कौन कौन सी पत्रिका अब भी वहां जाती है, लिखना।

सस्नेह निराला

[पता]

Babu
Ram prasad ji 'Lalloo'
Maqbool Ganj,
Lucknow

157. केदारनाथअग्रवाल को

दारागंज, प्रयाग
13. 2-44

प्रिय केदार बाबू,

आपका पत्र मिला। समाचार मालूम हुए। श्रीनिवास जी अग्रवाल आपकी किताब छापेंगे। दो महीने का अरसा है। तीसरी किताब आपकी होगी। एक

और प्रकाशक हैं। वह भी छापनेवाले हैं। अपना उपन्यास और कविता-संग्रह दोनों को दे दीजिए। समय निकाल कर एक दफ़ा चले आइये और दोनों से बातचीत कर जाइए—अपनी शर्तें निश्चित कर लीजिए। खत के ज़रिए बातचीत करना चाहें तो अंचल जी को लिखिए, वह सही जवाब देंगे, रास्ता भी साफ कर देंगे। दूसरे प्रकाशक से हुई बातचीत के दिन वह थे, बाजपेयी भगवती प्रसाद जी भी थे।

आप लोग सकुशल होंगे। वीरेश्वर जी को नमस्कार। क्या कर रहे हैं? घर में कुशल तो है? उनकी चीज़ें कहां हैं, क्या क्या हैं, लिखने की कृपा कीजिए। अदालती दुनिया से बिरले ही लेखक लिखने का समय निकाल पाते हैं।

हरिश्चन्द्र जी का क्या हाल है? राय साहब तो फिरन्ट जान पड़ते हैं। विश्वा बाबू को सप्रेम।

आपके मित्र बहुत मिलते हैं यानी आज के लोग। आपका विज्ञापन मैंने काफी कर दिया है, आगे आप के भाग। इति। आपके चाचा साहब को नमस्कार और जितने सज्जन हैं, सबको।

सस्नेह

"निराला"

158. रामलाल गर्ग को

दारागंज, इलाहाबाद

16-2-44.

प्रिय गर्ग जी,

आपका पत्र मिला। समाचार मालूम हुए। बहू की तन्दुरुस्ती, बात के कारण, गिरी हुई है, दर्द होता है, यह चिन्ता का विषय है। कुछ अच्छी तरह पीड़ाओं का बयान लिखकर भेजिए। दवा भेज दूँ। रुपए 25) से 50) तक एक महीने के अन्दर कर्वी के पते पर कामता की मारफ़त भेजेंगे, चलकर ले लेना। हम प्रसन्न हैं। थोड़ा थोड़ा काम करते हैं। किताबें छप रहीं हैं। जब तक निकल नहीं जातीं, इलाहाबाद से बाहर निकल नहीं सकते। बड़ा उत्तरदायित्व है। अपनी आध्यात्मिकता न लिखा कीजिए। भगवान को [की] भक्ति करने से वे रास्ता निकाल देते हैं। हमारी उलझनें अब और बढ़ी हैं। अकेले इस किराये के मकान में दिन बिताते रहते हैं। गंगा नहाते हैं और लिखते पढ़ते हैं। किसी मित्र के यहाँ भोजन कर आते हैं। खत-किताबत कम कर दी है। साहित्यिक बखेड़े छोड़ दिये हैं। काम लेकिन अच्छा हो रहा है। बांदा के 26 जनवरी वाले कविसम्मेलन में हम नहीं गए। राम सहाय प्रसन्न होंगे।

वैकलवा, पहलवान आदि को स्नेह कहिएगा। बच्चों को आशिर्वाद। माया पढ़ती है, अच्छा है। शेखर को भी साधारण रूप से हिन्दी पढ़ा दीजिए। देवीप्रसाद जी को स्नेह। इति।

सस्नेह
—सूर्यकान्त त्रिपाठी "निराला"

[पता]

Pandit
Ram Lal ji Garga
C/o. Sri Kamtanath Garga,
VII Class
The Chitrakoota M.E. School
Via Karvi G.I.P.
(Banda)

159. केदारनाथ अग्रवाल को

दारागंज, इलाहाबाद
23.2.44

प्रिय अग्रवाल जी,

आपके पत्र का उत्तर लिख चुके हैं। मिला होगा। आपने 'अञ्चल' जी को लिखा होगा। हमारे पास वाली आपकी किताब दो महीने बाद छपेगी। कुशल है। वहाँ के क्या हालचाल हैं। एक रोज़ श्रीपति के छोटे भाई मिले थे। आपकी बातचीत करते थे। अपने काम से लगे हैं। हमारी किताबें छप रही हैं। रामविलास जी के समाचार नहीं मिले। सुना, इधर आगरे में कोई कवि-सम्मेलन था। इति।

आपका
—सूर्यकान्त त्रिपाठी

[पता]

Shreejut
Babu Kedarnath Agrawalji
Advocate,
The Civil Lines
Banda G.I.P. Ry

160. रामलाल गर्ग को

मार्फ़त राय बहादुर पं. श्री नारायण
चतुर्वेदी, एम्.ए.
दारागंज, इलाहाबाद
[फर्वरी 1944]

प्रिय रामलाल जी,

आपका पत्र मिला। समाचार मालूम हुए। आपको बहुत बड़ी मानसिक अशान्ति मिली होगी। पर धैर्य से काम लें। आपका ख़याल अच्छा है।

मैंने रामसहाय से वसन्त पंचमी तक भरकोरी आने के लिये कहा था, पर नहीं आ सका। कुछ उलझन है।

आपकी खेती कैसी है, और गाय कब तक बियायगी, सूचित कीजिएगा।

और जो आवश्यक नये समाचार हों, उनसे भी परिचित कराइये।

रामसहाय का पत्र समझ में नहीं आया।

आप लोगों की याद आती है। माया, छाया, काया, कामता, शेखर आदि को स्नेह। इति।

गौतम और मुखिया आदि को स्नेह। देवी प्रसाद को अन्तरङ्गता।

सस्नेह
सुर्यकान्त
त्रिपाठी
निराला

पुन:

आपकी चोरी का पता नहीं लगा, उल्टा ही नज्ज़ारा रहा। आपकी पत्नी और भयहू का स्वास्थ्य अच्छा होगा। आप लोग प्रसन्न हैं, यही चाहिए; आपके स्वास्थ्य का जल्द सुधार हो जायगा। आपको मेरे कारण बड़ा कष्ट उठाना पड़ा। बड़े खेद की बात है। अच्छा होगा अगर मेरी किताबें आप यहाँ दे जायं या रामसहाय के हाथ भेज दें। आपकी व्यथा सचमुच हृदय द्राविनी है। कब तक आ सकेंगे, सूचित करें। मैं जहाँ रहता हूँ, यहाँ आपकी सुविधा न होगी, मुझे दूसरी जगह प्रबन्ध करना पड़ेगा। आपकी नौकरी का उत्तर नहीं मिला। इति।

आपका
निराला

चिन्ता न करें, समय मिला तो हम ही चले आएँगे। और उलझन कैसी है, लिखें।

161. रामविलास शर्मा को

दारागंज,
इलाहाबाद,
14-6-44.

प्रिय डाक्टर,

अच्छे होंगे। समाचार नहीं। कल 'तार सप्तक' संग्रह मिला। अच्छा निकला है। फिर आलोचना लिखूँगा। अभी बहुत गरमी है। विशेष लिखा नहीं। अज्ञेय का पता नहीं मालूम। हालांकि तार सप्तक उन्हीं का भेजा हुआ है। सिर्फ शिलंग लिखा है। इन रचनाओं का रूप मेरी दृष्टि में निखर रहा है। इति।

चौबे, मुंशी, अवस्थी और लल्लू, शिवप्रसाद को नमस्कार। मैं तो दरकिनार हूँ। आप लोग मौज में होंगे।

—निराला

[पता]

Dr. Rambilas Sharma, M.A. Ph. D.
C/o. Mr. Chaube
Ram Swarup Sharma, M.A.
Sunder Bagh, Lucknow.

162. रामविलास शर्मा को

Daraganj, Allahabad
13.8.44

प्रिय डाक्टर साहब,

आपका पत्र मिला। आप लोग जो कुछ करेंगे, वह अच्छाई के खयाल से। भविष्य में क्या होगा यह सोचने की शक्ति नौजवानों में अधिक है। जापानियों का डर अब उतना नहीं रहा। 'जो तिन कियो सरासन धारन, कपि पखान ढोये किहि कारन'—महाभारत, सबल सिंह—"अर्जुन-हनुमान-सम्वाद"। इसी सिलसिले का कर्णपर्व में—"सर सों सागर बांधि कै जिन जीत्यो हनुमान :" यह सब पढ़कर मुझे जान पड़ता है देश में महान परिवर्तन अपेक्षित है। आप लोग अपने यहां का भी देख चुके हैं। मैं सब कुछ चाहता हूं [;] जितना स्वाधीनता दैशिक के लिए आवश्यक है और स्वाधीनता सार्वभौमिक के लिए।

आपकी बातें मैंने नागर जी से कीं। वह प्रसन्न हैं। आप सकुशल होंगे। इधर कुछ कविताएं लिखी हैं। देशदूत में मेरी कजलियां देखी होंगी। स्वामी विवेकानन्द जी

की 'Kali the Mother' और 'To the fourth of July' हिन्दी में अनुवादित कर रहा हूँ। इति।

आपका
निराला

[पता]

Prof.
Dr. Rambilas Sharma
Eng. Deptt.
Balwant Rajput College,
Agra

[नागर जी—नरोत्तम नागर]

163. रामविलास शर्मा को

Daraganj, Allahabad
7. 11. 44

प्रिय डाक्टर साहब,

क्या हाल है? जब से गये, पहुंच की सूचना न दी। यहां कुशल है। विषवृक्ष का अनुवाद चल रहा है। शक्ति कई कारणों से पहली जैसी नहीं रही। आशा है, टूटा स्वास्थ्य अच्छे भोजन से जल्द उपलब्ध हो जायगा। कुछ कसरत भी करने का विचार है। इति।

भवदीय—"निराला"

[पता]

Dr. Ram Bilas Sharma, M.A., Ph.D.
The English Deptt.
Rajput Jaswant College
Agra

[बलवन्त राजपूत कालेज निराला को यहाँ राजपूत जसवन्त कालेज के रूप में याद रहा।]

164. रामविलास शर्मा को

दारागंज, इलाहाबाद
19-11-44.

प्रिय डाक्टर साहब,

आपका पत्र मिला। सामयिक समाचार मालूम हुए। गृह-धर्म स्वीकार करने के बाद तल्लीनता आवश्यक है, उसके संचालन के लिये सब लोग प्रसन्न हैं। पढ़कर खुशी हुई। नागर का पत्र मेरे पास नहीं आता। काम आज कल अच्छा कर रहा हूँ। ग़ज़लों के अलावा नये गीत लिख रहा हूँ। काफ़ी लिख चुका हूँ। प्राय: सभी पत्रों को भेज चुका हूँ जिनमें छपते हैं। यही संग्रह पहले निकलेगा [,] फिर गज़लों वाला। ढर्रा पुराना है। कहीं कुछ देहाती लता भी है मगर निखरी। खाना खुद पकाता हूँ, चौका-

बरतन खुद करता हूँ। कल आप के पत्र के साथ हंस भी मिला। पन्त जी के गुज़रने की ग़लत खबर ने गजब ढा दिया; फिर दूसरे रोज़ निराकरण हुआ। ईश्वर की इच्छा से अच्छे हो रहे हैं। अनुवाद का काम भी चलता जा रहा है। 'चोटी की पकड़' बहुत दिन पड़ी रही। अब पूरी करनेवाला हूँ। चौधरी ख़त का जवाब नहीं देते। कुछ गीत भेजता हूँ। रूस की क्रान्ति पर मैंने अभी नहीं लिखा। अभी राग-रागिनी के छन्दों की छानबीन में हूँ। यह काम बड़े पैराये में करने का विचार है। इति।

आपका
—"निराला"

1

आये पलक पर प्राण कि बन्दनवार बने तुम।
उमड़े हो कण्ठ के गान, गले के हार बने तुम।
देह की माया की जोत, जीभ की सीप के मोती,
छन-छन और उदोत, बसंत बहार बने तुम।
दुपहर की घनी छाँह, धनी एक मेरे बानिक,
हाथ की पकड़ी बाँह, सुरों के तार बने तुम।
भीख के दिन दूने दान, कमल-जल की कान के,
मेरे जिये के मान, हिये के प्यार बने तुम।

2

बातें चलीं सारी रात तुम्हारी।
आँखें नहीं खुलीं प्रात तुम्हारी।
पुरवाई के झोंके लगे हैं,
जादू के जीवन में आ जगे हैं,
पारस पास कि राग रँगे हैं,
काँपी सुकोमल गात तुम्हारी।
अनजाने जग को बढ़ने की,
अनपढ़ पड़े पाठ पढ़ने की
जगी सुरति चोटी चढ़ने की,
यौवन की बरसात तुम्हारी।

3

साथ न होना।
गाँठ खुलेगी, छूटेगा उर का सोना।
आँख पर चढ़े

कि लड़े, फिर लड़े,
जीवन के हुए और कोस कड़े;
प्राणों से हुआ हाथ धोना।
गाँठ पड़ेगी,
बरछी की तरह गड़ेगी,
मुरझा कर कली झड़ेगी;
पाना ही होगा खोना।
हाथ बचा जा,
फटने से माथ बचा जा,
अपने को सदा लचा जा;
सोच न कर मिला अगर कोना।

4

शुभ्र आनन्द आकाश पर छा गया
रवि गा गया किरण गीत;
श्वेत शत दल कमल के अमल खुल गये,
विहगकुलकंठ उपवीत।
चरण की ध्वनि सुनी सहज शंका गुनी
छिप गये जन्तु भयभीत;
बालुका की चुनी पुरलगी सुरधुनी;
हो गये नहा कर प्रीत।
किरण की मालिका पड़ी तनु पालिका,
समीरण बह चला क्रीत;
कण्ठ रत पाठ में, हाट में वाट में
खुल गया ग्रीष्म या शीत।

5

रूप की धारा के उस पार
कभी धँसने भी दोगे मुझे?
विश्व की श्यामल स्नेह सँवार
हँसी हँसने भी दोगे मुझे?
निखिल के कान बसे जो गान,
टूटते हैं जिस ध्वनि से ध्यान,
देह की वीणा का वह मान,
कभी कसने भी दोगे मुझे?

शत्रुता से विश्व है उदास;
करों के दल की छाँह, सुवास
कली का मधु जैसा, निस्त्रास
कभी फँसने भी दोगे मुझे?

वैर यह! बाधाओं से अन्ध।
प्रगति में दुर्गति का प्रतिबन्ध!
मधुर उर से उर जैसे गन्ध
कभी बसने भी दोगे मुझे?

6

नाथ, तुमने गहा हाथ, वीणा बजी।
विश्व यह हो गया साथ, द्विविधा लजी।
खुल गये डाल के फूल, रँग गये मुख
विहग के, धूल मग की हुई विमल सुख,
शरण में मरण का मिट गया महादुख,
मिला आनन्द पथ पाथ, संसृति सजी।
जल भरे जलद जैसे गगन में चले,
अनिल अनुकूल होकर लगी है गले,
नमित जैसे पनस-आम-जामुन फले,
भक्ति के सुने गुण गाथ, माया तजी।
मिट गया मोह, स्वर हुआ था जहाँ जड़,
सहज सरिल्य के लिये छोड़ी अकड़,
सत्य की भूमि की हो गई नित्य अड़,
पदों पर नत हुआ माथ, काया मजी।

7

बीन की झंकार कैसी बस गई मन में हमारे।
धुल गईं आँखें जगत की खुग गये रवि चन्द्र तारे।
शरत के पंकज सरोवर के हृदय के भाव जैसे
खिल गये हैं पंक से उठकर विमल विश्राव जैसे,
गन्धस्वर पीकर दिगन्तों से भ्रमर उन्मद पधारे
पवन के उर में भरा कम्पन प्रणय का मन्द गतिक्रम
कर रहा है समम जग की सुप्ति से जो हुआ निर्मम।
हार कर जन सकल जीते, जीत कर जन सकल हारे।
भर गई विज्ञान माया, कर गई आलोक छाया,

छूट गई मिल कर हृदय धन से प्रिया की प्रकृत काया,
दिग्वधू ने दन्तियों के मलिनता मद यथा झारे।

[पता :]

डाक्टर श्री रामविलास शर्मा, एम.ए.
पीएच.डी.

स्वदेशी बीमा नगर,
आगरा, Agra

[नागर—अमृतलाल नागर।]

165. रामविलास शर्मा को

Daraganj, Allahabad
8.12.44

Shri Ram Krishna

डाक्टर साहब

पत्र मिला। संगतो जायते काम: वाला भाव ही है। निवृत्ति का विषय भी है। मैं इन दिनों अस्वस्थ रहा। काम बन्द रखना पड़ा। विषवृक्ष के 100/125 पृष्ठ अनुवाद किया है। गीतों का संग्रह भी साथ तैयार कर रहा हूँ। समाजवाद की भूमि पर आपकी प्रशंसा हो रही है। पढ़कर हर्ष होता है। आजकल क्या लिख रहे हैं? आपके साथ आपके भाई भी हैं कोई? बड़े दिनों में कहाँ रहिएगा? उधर आपके घनिष्ठ मित्रों में कौन कौन हैं? आप तो पन्त जी को देखने गये होंगे? बड़ी बीमारी पाई। आजकल रेडियो जाना छोड़ दिया होगा, इसलिए दिल्ली न गये होंगे। आपको जलवायु कहाँ का अच्छा लगता है? आगरे का या लखनऊ का?

आपका
निराला

[पता]

डॉ. रामबिलास शर्मा एम.ए.
पी.एच-डी.
स्वदेशी बीमा नगर
आगरा,
Agra

[यह कार्ड किसी बंगाली संन्यासी को लिखने जा रहे थे : "पूज्यपद महाराज"— बँगला में लिखा हुआ—काट दिया था। संगतो जायते काम: आदि बातें 19-11-44 के पत्र में उद्धृत कविताओं के सन्दर्भ में है। इन पर मैंने जो भी उन्हें लिखा हो, पत्र विलम्ब से 6-12-44 को भेजा था, जिसका उत्तर उन्होंने तुरत 8-12-44 को दिया।]

166. रामविलास शर्मा को

दारागंज, इलाहाबाद
30-12-44

प्रिय डाक्टर साहब,

देर हुई। जवाव में सूचना है कि पहले के कहे अनुसार मेरा छुटकारा मकर सङ्क्रान्ति के पश्चात् हो सकता है। शीघ्र न होने पर भी काम में अब मैं मन्द नहीं। खर्च चल जाता है। तब तक एक सांस स्वस्ति की भरने लगूंगा। फिर नये काम की सोचूंगा। जन प्रकाशन गृह को कोई या कई अच्छी किताबें दे सकूंगा। उनकी खत क़िताबत भेजिए। क्या समझौते होंगे? कितने सौ तक पेशगी दे पाएंगे? कितनी जल्दी एडीशन ख़त्म कर सकते हैं हज़ार का? बाज़ार हाथ होगा या आ जायगा। प्रसन्न हूं। इति।

आपका
निराला

आगरा माघ के अन्त या फागुन के मध्य में आयेंगे। बड़े दिन का अभिवादन। नि.

किताबों में हमारी जीवन स्मृतियां भी हैं जो बड़ा महत्त्व रख सकती हैं। नि.

[पता]

डॉ. रामविलास शर्मा
स्वदेशी बीमा नगर
आगरा,
Agra

167. रामविलास शर्मा को

दारागञ्ज, इलाहाबाद
16-2-45

प्रिय डाक्टर साहब,

पत्र मिला। समाचार अवगत हुए। टिप्पणी हंस वाली देखी। कुवँर चन्द्रप्रकाश की योजना (अभिनन्दन वाली) ज्ञात हुई। देश और विश्व की स्थिति बुरी है। अभिनन्दन शोभा नहीं देता। अभी पन्द्रह बीस साल तक यह अवधि बढ़ाई जा सकती है। यदि मेरा अन्त हो गया तो साहित्य में अभिनन्दनीय व्यक्ति का टोटा नहीं रहेगा।

मेरे पत्र बहुत साधारण हैं, मेरे साहित्य में साधारणतया लिखे भी मैंने इने-गिने आदमियों को हैं। उनमें साधारण जन भी हैं। अधिकांश जनों को आप जानते हैं। सबने सङ्कलन कर रखा है, निश्चय नहीं।

पुस्तकों की राइट् के बारे में मिलने पर कहूँगा। छुड़ा कर वह राइट् जाति को ही दी जा सकती है।

मैं लिखने-पढ़ने में रहता हूँ। अभी छुटकारा नहीं हुआ। तीन चार महीने में निकली किताबों से नतीजा मालूम हो जायगा। कुकुरमुत्ते को फिर से संवरा [सँवारा] है। छप रहा है। अब की अकेला है। उर्दू में भी छपेगा। बाक़ी रचनाएं और कुछ इधर की

मिला कर, छोटा पड़ा तो कुकुरमुत्ता भी रखकर दूसरा सङ्ग्रह 'नये पत्ते' के नाम से निकल [निकाल] रहा हूँ। इसका भी फ़ारसी अक्षरों में मुद्रण होगा। 'बेला' एक पुस्तिका इधर के गीतों की निकाल रहा हूँ। कुल मैटर 'नये पत्ते' को छोड़ कर हिन्दी के लिये जा चुका [।] 'विषवृक्ष' का अनुवाद प्राय: समाप्त है। 'चोटी की पकड़' पूरी करने के लिये लिखना शुरू करनेवाला हूँ। 'सखी', 'प्रभावती' और 'बिल्लेसुर बकरिहा' के भी दूसरे संस्करण की तैयारी हो चुकी। इन्हीं उलझनों में हूं। जाड़ा भी अभी नहीं घटा। चैत दो हैं। एक तक फ़ारिग़ हो जाऊँगा। 'साहित्यकार-संसद्' महादेवी जी वाली मेरी चुनी, अब तक की कविताओं में श्रेष्ठ रचनाओं, का सङ्ग्रह निकाल रही है 'अपरा' नाम से : काग़ज़ सिर्फ 250 पृष्ठों की किताब का मिला है। सङ्ग्रह मैंने प्राय: आधा लिख दिया है, आधे में निशान लगा दिये हैं : देवी जी अपनी छात्राओं से नक़ल करा लेंगी। तब तक कुछ किताबें निकल जायंगी। आपको आंखों का सुख मिलेगा। एक सङ्ग्रह महा. पन्त. निरा. के 100 गीतों का कर रहा हूँ। वहीं से निकलेगा। प्रसन्न हूं। अकेला बैठा झरोखों से आकाश देखा करता हूँ।

आपका
निराला

[पता]

डॉ. रामविलास शर्मा, एम.ए., पी.एच्.डी.
स्वदेशी बीमा नगर,
आगरा
Agra

[निराला ने अन्तिम वाक्य यों पूरा किया था : "जब थक जाता हूँ सोचते सोचते या काम करते करते तब"; इसे काट दिया और विराम 'हूँ' के बाद लगाया।]

168. शिवमंगल सिंह 'सुमन' को

दारागंज,
इलाहाबाद
19.3.45

प्रियवर,

आपका स्नेह। मैं सकुशल लखनऊ होता हुआ यहां आया। किताबें छप रही हैं। कुछ कम एक दरज़न हैं। मुमकिन, दरज़न पूरा हो जाय।

गरमियों में कहां रहने का विचार है? महीने भर बाद बाहर निकलने का इरादा है।

आप लोगों के कवि सम्मेलन और 151) की ख़बर मैंने 'भारत' में ठाट से छपा दी। आप लोगों के नाम हैं। मिलिन्द जी का हाल लिखिएगा। शान्ति जी को नमस्कार। बच्चों को स्नेह।

आपका
निराला

[पता]

Prof. Shiva Mangal Singh, M.A.
Sumanji
The New Colony, Gwalior
(G.I.P.)
Gwalior State

[शान्ति जी—कवि सुमन की साध्वी पत्नी।]

169. रामविलास शर्मा को

दारागंज, इलाहाबाद,
19-3-45

प्रियवर,

सकुशल लखनऊ होता हुआ यहाँ आया। ग्वालियर में अच्छा प्रदर्शन हुआ। किताबें छप रही हैं। शायद महीना पूरा यानी तीस दिन लगेंगे। कोंच में कवि सम्मेलन है। बुलाया है। रुपये देंगे तो जाऊँगा।

लखनऊ में 12 घंटे ठहरा। चौबे, मुन्शी, अवस्थी, शिवप्रसाद, लल्लू, गंगा प्रसाद मिश्र आदि मिले। प्रसन्न हैं।

आपको रुपये महीने के अन्त में भेजूँगा। इति।

आपका
निराला

[पता]

Dr. Rambilas Sharma, M.A., Ph.D.
Swadeshi Bima Nagar
Agra.

170. कुँवर सुरेश सिंह को

दारागंज, इलाहाबाद
28-3-45

प्रिय कुंवर साहब, नमस्कार

पत्र मिला। बहुत दिनों से मुलाकात नहीं हुई। बड़े पेंच में था। इधर की निकली रचनाएँ आप देखते होंगे। साधारण हैं। उनका संग्रह छप रहा है। नई पुरानी 8-10 किताबें निकल रही हैं। दो महीने में कुल बाज़ार में आ जायेंगी। (1) बेला (गीत संग्रह) (2) नये पत्ते (आधुनिक कविता संग्रह नया) (3) चोटी की पकड़ (नया उपन्यास) (4) विष वृक्ष (अनुवाद) ये नये हैं।

कुकुरमुत्ता, बिल्लेसुर बकरिहा, चतुरी चमार, प्रभावती, इनका दूसरा संस्करण हो रहा है। साहित्यकार संसद 'अपरा' नाम से मेरा एक संग्रह 250 पृष्ठों का निकाल रही है। बाकी कुशता [कुशल] है।

मैंने देहली में पन्त जी को दो दिन देखा था। बुखार आ गया था। होली में स्नान भोजन करके बाहर बैठे थे। प्रकाश जी प्रसन्न होंगी।

आपका—निराला

171. रामविलास शर्मा को

Daraganj,
Allahabad
31.3.45

प्रिय डाक्टर,

आपका पत्र मिला। गरमियों में क्या यहाँ गंगा नहाने का आनन्द लेने आयेंगे? इस साल मेरा अन्यत्र जाना न होगा। मेरी भतीजी की शादी है। यहाँ कुछ और बातें ज्ञात होंगी। कुशल है। शिवपूजन जी का कोई पत्र नहीं आया। महादेवी जी प्रसन्न हैं। 'अपरा' छप रही है। गीतों वाला संग्रह जल्द दे रहा हूँ। फिर स्वरलिपि भी करानी है। रामकृष्ण करेंगे। किताब महल से अनबन हो गई। इसलिये रुपये नहीं भेजे। इम्तहान हो जाने पर एक दफ़ा आ जाइये। स्थिति मालूम हो जायगी। अब कुछ कहानियाँ लिखने का विचार है। आज से शुरू करूँगा। इति।

आपका
निराला

[पता]

Dr.
Rambilas Sharma,
M.A., Ph.D.
Swadeshi Bima Nagar
Agra

172. नलिन विलोचन शर्मा को

दारागंज, इलाहाबाद
2.4.45

प्रिय श्री नलिन विलोचन जी,

पत्र मिला। कवि सम्मेलन में इसलिए नहीं जाता कि उसकी फ़ीस हज़ारों कर रखी है मैंने, ताकि लोग न आयें, मगर दो तीन सौ से पांच सौ तक देनेवाले आ जाते हैं। मैं प्राय: नहीं जाता। खास बात हुई तो गया। आपका कालिज साधारण है, शहर भी साधारण। मेरी माँग पूरी करके ले जाने में असमर्थता होगी। आपकी मैत्री अमूल्य है, इस नाते रुपयों वाला हिसाब छोड़ना बाधक नहीं, फिर भी एक काफी लम्बे खर्च का हिसाब होगा। यह रुपया मनी आर्डर द्वारा, तारीख लिखकर भेज दीजिए।

आपका पत्र खो गया है। यह पत्र अन्दाज़न भेजता हूं। प्रसन्न हूं।

आपका
निराला

173. केदारनाथ अग्रवाल को

दारागंज, इ़लाहाबाद
2-4-45

प्रिय केदार,

आपके पत्रों का उचित उत्तर आप स्वयं हैं। इसलिए नहीं लिख सका। यहां था भी नहीं। आज तक उस संग्रह का संवाद न मिला। वह आपके मामा या रिश्तेदार के यहां है या कहां है।

अब मेरी फ़ीस खुल चुकी है। सबको मालूम हो चुका है। आगे पीछे आपका शहर मेरा अधिवेशन फीस देकर करा सकता है। आपके मित्र अवश्य बाधक नहीं होंगे। चेयर मैं रखता ही हूं। चीज़ें जो अच्छी हैं, वे फ़ीस मिलने पर ही सुनाई जा सकती हैं। ठाकुर साहब सानन्द होंगे। इति।

आपका
निराला

[ठाकुर साहब—वीरेश्वर सिंह।]

174. केदारनाथ अग्रवाल को

दारागंज, इलाहाबाद
7. 4. 45

प्रियवर,

आपका पत्र मिला। निबन्ध कहां पढ़े जायंगे? आप अधिक-से-अधिक कितना रुपया पाँच निबन्धों के लिए दिला सकते हैं अग्रिम? आखिर तक कितना? यानी, कुल कितना होगा।

आजकल विज्ञापित कवि सम्मेलन रेडियो विरोधी कवियों के किये जा रहे हैं। आप एक कराइये और जल्द सूचना दीजिए। इस तरह जनता में जागृति फैलेगी। मेरी फ़ीस वहां जो मेरी उसकी कई गुनी अधिक है। पूरी नहीं दे पाइएगा तो चौथाई तो दे ही सकते हैं।

बाकी कुशल है। आपके साले आपकी तरह समझदार नहीं। मुमकिन आपके दोस्तों के जादू से प्रकाशक भी अन्धे हो रहे हों।

ठाकुर साहब को सलाम।

आपका
निराला

175. शिवमंगलसह 'सुमन' को

Dalmau, Rae Bareli
23.4.45

प्रिय सुमन,

याद नहीं, तुम्हारे पत्र के उत्तर का उत्तर आया, तो लिखा भी मैंने या नहीं। गर्मियों में इस साल मुझको शायद ही फ़ुर्सत मिले। मेरी भतीजी का ब्याह होने वाला

है। पहाड़ या तुम लोगों के यहां की यात्रा स्थगित रहेगी। छुट्टियां हो चुकी होंगी। शायद तुम गांव नहीं आने वाले। अवश्य प्रसन्न होंगे। इधर मैं आरा और पटना गया था। अच्छा रहा। कालिज की बैठकें थीं। लड़के ख़ुश थे। डॉ. रामविलास के इधर के समाचार नहीं मिले। कुछ ठहर कर इलाहाबाद, दारागंज, पत्र देना। शान्ति जी को नमस्कार। लड़कों को स्नेह। इति।

सस्नेह
निराला

176. रामविलास शर्मा को

Yugmandir, Unao, U.P.
5.5.45

प्रिय डाक्टर,

आपका पत्र अगर इधर कोई गया तो मेरे यहाँ चले आने के कारण नहीं मिल सका, वहीं होगा। मैं घरेलू कामों से लखनऊ और डल्मऊ रहा। मेरे बाग़ की प्राथमिक डिक्री मेरे खिलाफ़ हो चुकी है। इस समय वह पूरा बाग़ चार-पाँच हज़ार रुपये कीमत का होगा। रुपया मैंने एकत्र कर लिया है। श्री रामकृष्ण के नाम बैंक में जमा कर दिया है। क़र्ज़ वाली डिक्री का रुपया चुका दिया जायगा। मुकद्द[मे] में मैं हाज़िर नहीं हुआ। पैत्रिक सम्पत्ति रामकृष्ण के नाम कर देना चाहत [चाहता] हूँ, जो कुछ है। मेरी आथरशिप (authorship) वाली किताबें भी उनकी होंगी। पारिवारिक हिसाब फिर जैसा होगा। आपको सूचित किया। प्रसन्न होंगे। कुशल है। यहाँ शिवशेखर, रामकृष्ण हैं, चौधरी भी।

आपका
निराला

[पता]

Dr. Rambilas Sharma
Swadeshi Bima Nagar
Agra.

[पहले लिखा था—'चाहते हैं'; फिर काटकर 'चाहता हूँ' कर दिया। 'त' के बाद मात्रा लगाना भूल गए।]

177. कुँवर सुरेशसिंह को

Daraganj, Allahabad
11. 5. 45

प्रियवर

पत्र मिला। इधर आपके यहाँ वहाँ आने का इरादा था। आपके एक शिक्षक से मालूम हुआ, आप कहीं गये हैं। जैन कालिज आरा और बी.एन. कालिज पटना गया

था। अच्छा रहा। लखनऊ और दलमऊ भी हो आया। मेरे खिलाफ एक डिकरी हुई है। मुकदमे में मैं हाज़िर नहीं हुआ। कुछ रुपया लड़की की बीमारी के समय लिया था एक बाग रेहन रखकर। रुपया देने के इन्तजाम में उन्नाव गया था। बाग अच्छा है। थोडे दामों में नीलाम हो जायगा जैसे 400) में 3000) की सम्पत्ति। पैत्रिक है, लड़का हकदार है, बाल बच्चे वाला है। इन्तजाम कर देना चाहिए, इस खयाल से गया था। आपका आना हो चुका है, मालूम होता तो मिलकर इलाहाबाद आता। पन्त जी अच्छे हो गए अति प्रसन्नता की बात है। मेरा कुशल है। कई कितावें निकल रही हैं। यथासमय मुलाकात होगी। स्वास्थ्य की कामना करता हूँ। प्रकाश जी और बच्चों को सम्नेह नमस्कार

आपका निराला

178. केदारनाथ अग्रवाल को

Daraganj, Allahabad
15.5.45

प्रियवर,

पत्र का उत्तर देते देर हुई। कारण, मैं लखनऊ, उन्नाव आदि गया था। मेरे लिए विशेष उद्विग्न न हूजिए। क्योंकि लेखनी मेरे पास है और वह आप की सभा-परिषद् से कम शक्तिशालिनी नहीं।

'साहित्यकार संसद्' नाम से अपनी व्याख्या करती है। साहित्यिकों की एक ही संस्था है। साहित्यिक और धनिक मदद कर रहे हैं। आप भी कुछ कीजिए। महादेवी जी Secretary हैं, मैथिलीशरण जी सभापति, बहुत से गण्य लेखक सभासद हैं, राय कृष्णदास कोषाध्यक्ष, मैं साहित्यकार हूँ, प्रकाशन मेरे सङ्ग्रह का पहला हो रहा है, रुपये 500) अग्रिम मिले।

नरेन्द्र ने 100) भेजे हैं, कुछ कुछ आप लोग भी भेजिए।

सर तेज की भोजन की बाद वाली बदहज़मी है। जब तक इनका फ़ैसला होगा तब तक युग इनकी अमान्यता कर जायगा। वे मुझ को बुला नहीं सकते, कारण लिख चुका। कविता फिर भेजूंगा। डा. रामविलास आनेवाले थे, नहीं आये। ठाकुर साहब को स्नेह।

आपका
निराला

[पता]

Babu Kedarnath
Agrawal,
Advocate
Civil Lines
(Banda) U.P.

179. रामविलास शर्मा को

Daragunj, Alld.
19.5.45

प्रिय डाक्टर,

आपका पत्र मिला। यथासमय आप नहीं आये। एक पत्र अवस्थी का आपके नाम आया है। सुमन ने जैसा लिखा है, शायद फ़ैज़ाबाद आपका मुकाम हो, सुमन की ससुराल। मेरा जाना न होगा। काम है। इति।

आपका
निराला

[पता]

Dr. Rambilas Sharma, M.A. Ph.D.
Swadeshi Bima Nagar,
Agra.

180. रामविलास शर्मा को

Daragunj, Allahabad
23.5.45

प्रिय डाक्टर,

एक पत्र लिखा है। यहाँ आने की अवधि में आपका आना नहीं हुआ। आप शायद त्रिलोकी नारायण दीक्षित को जानते हैं। लखनऊ से हिन्दी में फ़र्स्ट क्लास फ़र्स्ट हैं एम्.ए.। इस समय स्कालरशिप लेकर रिसर्च स्कालर हैं। इस साल फ़ाइनल ला भी दे चुके हैं। आपके कालिज में हिन्दी अध्यापक की जगह खाली हुई है उसके लिये अप्लीकेशन दे रहे हैं। आप सिफ़ारिश कीजिएगा जहाँ तक सम्भव हो। इन्होंने कुछ अच्छे निबन्ध भी लिखे हैं।

कुशल है। जानकी वल्लभ की कई किताबें निकलीं। शिप्रा, तीर-तरंग, और रस गंगाधार भाष्य। कई निकलने वाली हैं। अवस्थी का एक कार्ड यहां है। हमारी किताबें निकल रही हैं+छप रही हैं।

आपका
निराला

आपके रुपयों की देर हुई। हमको भी देने वाले देर कर रहे हैं। —नि.

181. रामविलास शर्मा को

दारागंज, इलाहाबाद
26.5.45.

प्रिय डाक्टर, नमस्कार।

पत्र आया। समाचार ज्ञात हुए। नागर जी से मैंने पूछा था, मगर कोई निश्चयात्मक उत्तर नहीं मिला कि आये। डल्मऊ मैं रामकृष्ण आदि को देखने, बाग़ के रुपयों की हुई डिक्री पर बातचीत करने और रुपये देने के लिये गया था लखनऊ और उन्नाव होता हुआ। रामकृष्ण की दूसरी स्त्री को पहली बार तीन साल बाद देखा। उसके लड़का होने वाला है।

पुरवा (रंजीत) में रामकृष्ण की उस स्त्री से हुई लड़की को देखा।

अभी साले की लड़की की शादी नहीं हुई।

इधर वही विषवृक्ष का अनुवाद पूरा करके दिया है। कुछ कविताएँ लिखी हैं। एक लोकयुद्ध को भेजने के लिये कामरेड कृष्णदास को दे दी है। 'चोटी की पकड़' पूरी कर रहा हूँ। 'अपरा' संग्रह साहित्यकार संसद में छप रहा है। 4 किताबें किताब महल छाप चुका, 3 छाप रहा है।

आपका—निराला

पं. जानकी वल्लभ शास्त्री इधर बड़ा काम कर रहे हैं। उनकी 'तीर-तरंग' 'शिप्रा' आदि किताबें निकल गईं।

आरा जैन कालिज और बी.एन. कालिज, पटना गया था। पटने नें उनको बुलाया था।

[उस स्त्री से अर्थात् पहली पत्नी से।]

182. अमृतलाल नागर को

Daraganj, Allahabad
29. 5.45

प्रिय अमृत लाल नागर, नमस्कार।

आपका पत्र आया। समाचार विदित हुए। आप लोग नये साहित्य में शान से आये। घूमे भी खूब। आपके उपन्यास के समाचार से ख़ुशी हुई। हमारी व्यस्तता अस्तव्यस्त है। किताबें नई पुरानी आठ दस निकल रही हैं। यहाँ अब काफ़ी गरमी पड़ने लगी है। कल ज़ोर की आंधी चली, काफी पेड़ टूटे, जल भी गिरा। समय सुहावना रहा। आज लू बन्द है, धूप काफी तेज़ है। रामविलास की किताब के बारे में सुना है, आप के यहां से निकल रही है, अच्छा है। एक कविता लिखकर 'लोक

युद्ध' को देने के लिए कामरेड दास को दी थी, अगर अब तक 'लोक युद्ध' के दफ़्तर पहुंच चुकी है और आपको शीघ्रता है तो उसको ले लीजिए; नहीं, तो कुछ ठहर जाइए, समाचार दीजिए, तब तक कोई अच्छी रचना भेज देंगे।

हमारे कविता पाठ का चित्र तैयार किया जाय तो कैसा हो? कितना देंगे? खपत तो काफी होगी।

यहां कुशल है। जून में डा. विलास आने वाले हैं। इति।

आपका
निराला

[उपन्यास : 'महाकाल'। कामरेड दास : इलाहाबाद के श्री कृष्णदास। नागर जी इन दिनों 'नया साहित्य' का सम्पादन कर रहे थे; उसी के लिए कविता भेजने की बात है। 'नया साहित्य' जनप्रकाशनगृह से निकलता था, वहीं से निराला पर मेरी किताब प्रकाशित होनेवाली थी।]

[पता]

श्रीयुत पण्डित अमृतलाल नागर
शिवाजी पार्क रोड, नं. 2,
दादर, बम्बई
Shivaji Park Road, No.2,
Dadar, Bombay.

183. रामविलास शर्मा को

Daragunj, Allahabad
8.6.45

प्रिय डाक्टर,

पत्र मिला। त्रिलोकी नारायण जी यहीं हैं। कुशल है। प्रूफ़ देखता हूं। किताब महल से चार किताबें निकल गईं दूसरे संस्करण वाली, तीन छप रही हैं मौलिक। 'विषवृक्ष' अभी छपने को नहीं दिया गया। पूरा हो चुका है। सा. संसद से 'अपरा' सङ्ग्रह के आठ फ़ार्म छप चुके। 'गीतिका' का भी संस्करण हो रहा है। 'अनामिका' का भी होगा। इस साल के बाद साधारणत: अच्छा हिसाब आ जायगा। यों '50 ई. तक लगेगा। काम की सचाई तभी देख पड़ेगी।

यहाँ 15 दिन पहले पानी बरसा था। अब कड़ी धूप होती है। गरमी जवानी पर है। थोड़ा थोड़ा लिखता हूं। भोजन अपने हाथ पकाता हूं। ग़ज़लें कुछ और लिखी हैं। गरमी के बाद 'चमेली' पूरी करूँगा। एक ग़ज़ल भेजता हूं—

(फ़फ़लुन् फ़लुन 4)

लू के झोंकों झुलसे हुए थे जो
हरा दौंगरा उन्हीं पर गिरा।
उन्हीं बीजों के नये पर लगे,
उन्हीं पौधों से नया रस झिरा।
उन्हीं खेतों पर नये हल चले,
उन्हीं माथों पर नये बल पड़े,
उन्हीं पेड़ों पर नये फल फले,
जवानी फिरी जो पानी फिरा।
पुरवा हवा की नमी बढ़ी,
जुही के जहां की लड़ी कढ़ी,
सविता ने क्या कविता पढ़ी,
बदला है बादल से सिरा।
जग के अपावन धुल गये,
ढेले गड़ने वाले थे, घुल गये,
समता के दृग दोनों तुल गये,
तपता गगन घन से घिरा।

आपका
निराला

[पता]

Dr. Rambilas Sharma, M.A. Ph.D.
Mahtab Bhawan,
Wazeer Gunj,
Agra

[वज़ीरपुरा की जगह निराला ने पते में वज़ीरगंज लिखा है।]

184. केदारनाथ अग्रवाल को

Daragunj,
Allahabad
13.6.45

लाला जी, नमोनम:

पत्र का उत्तर नहीं मिला। आप पिछड़े जा रहे हैं। आप लोग ही तो हैं, और कौन भिड़ेंगे? जहां हम नहीं गये वहां न जाना ही अच्छा था। ठाकुर साहब को नमस्कार। एक गज़ल इधर की भेजते हैं।

आपका निराला

गज़ल

"लू के झोंकों झुलसे हुए थे जो
हरा दौंगरा उन्हीं पर गिरा;
उन्हीं बीजों के नये पर लगे,
उन्हीं पौधों से नया रस झिरा।
उन्हीं खेतों पर नये हल चले,
उन्हीं माथों पर नये बल पड़े,
उन्हीं पेड़ों पर नये फल फले,
जवानी फिरी जो पानी फिरा।
पुरवा हवा की नमी बढ़ी,
जुही के जहां की लड़ी कढ़ी,
सविता ने क्या कविता पढ़ी,
बदला है बादल से सिरा।
जग के अपावन धुल गये,
ढेले गड़ने वाले थे घुल गये,
समता के दृग दोनों तुल गये,
तपता गगन घन से घिरा।"

और क्या हाल हैं? साहित्यकार संसद् के लिए कितना चन्दा इकट्ठा कर रहे हैं? हमारी सिट्टिंग कब करा रहे हैं? चेयर तो हमारा ही है? रामबिलास खुश हैं।

आपका
निराला

[पता]

Babu
Kedarnath Agrawal ji,
Advocate,
Civil lines (Banda) U.P.

185. रामविलास शर्मा को

दारागंज, इलाहाबाद
18. 6. 43[1] [45]

प्रिय डाक्टर साहब,

पत्र हस्तगत हुआ। आपकी पुस्तक का रुपया मेरे पास भेजा गया, इस मज़ाक़ का कारण मेरी समझ में नहीं आता। चेक अभी रक्खा है। या तो रुपये ही भेज दूंगा

या चेक ही। यहाँ भी बड़ी गरमी है। 15/20 दिन पहले एक दौंगरा गिरा था। अब फिर बदली है। पं. जवाहर लाल जी के स्वागत की बड़ी तैयारियां हैं। आज आने वाले हैं, इसी समय। आठ बजने को हैं शाम के। गंगा का आनन्द इस साल नहीं ले रहा। कभी कभी जाता हूँ। कुशल है। केदार अग्रवाल का पत्र आया है। मज़े में हैं। एक कविता लिख भेजी है। अच्छी है। कुछ ग़ज़लें लिखी हैं मैंने। आपने जानकी वल्लभ की शिप्रा देखी होगी। प्रसन्न होंगे। हां, अमृत नागर का पत्र आया है। मैंने पूछा था, सिनेमा में आवृत्ति की रील निकालेंगे तो क्या देंगे। लिखा है, हो सकता है, स्थिर करके लिखेंगे। इति।

आपका
—"निराला"

ग़ज़ल

दोनों लताएँ आपके बाज़ू-बाज़ू खिलीं;
ख़ुशबू की सैकड़ों बाँहों गले-गले मिलीं।
दिल को तमाशायी बनाया दोनों जहाँ में,
जिसने उसी की आँखों के इशारे पर हिलीं।
फूलों ने पत्तों के जो मारे पर, आई बहार,
चिड़ियों की छिड़ीं तानें, हवा की पैंगें झिलीं।

(2)

संकोच को विस्तार दिये जा रहा हूँ मैं;
क्या छन्द को निस्तार दिये जा रहा हूँ मैं।
प्रस्तार को प्रस्तार दिये जा रहा हूँ मैं,
वैसे विजय को हार दिये जा रहा हूँ मैं।
उड़ जाने को हवा के साथ खेला खेलाया,[2]
हल्का जो उसको भार दिये जा रहा हूँ मैं।
क्या छोरों पर कला की साड़ी के लगाये हंस,
हस्ती को गुनहगार दिये जा रहा हूँ मैं।
उपवन में शायरी के मेरे शब्द यों आये,
जैसे गुलों को ख़ार दिये जा रहा हूँ मैं।
तुलसी की सूर की किताबों में जो आ गई,
उस युवती को सिंगार दिये जा रहा हूँ मैं।

उतरी हैं आपसे वे कलाएँ यहाँ, कहा—
उन किरनों को निखार दिये जा रहा हूँ मैं।
युग को किया सुरूप दुनिया की आँखों में,
जैसे मदन को प्यार दिये जा रहा हूँ मैं।

—निराला

[पता]

Dr. Rambilas Sharma, M.A., Ph.D.
Mahtab Bhawan,
Wazirpura, Agra.

[1. यहाँ सन् '45 होना चाहिए था; तभी पंडित जवाहरलाल छूटे थे।
2. पहले लिखा था—'खेलने वाला', जो काट दिया है।]

186. रामविलास शर्मा को

दारागंज, इलाहाबाद
4. 7. 45

प्रिय डाक्टर साहब,

पत्र हस्तगत हुआ। समाचार मालूम हुए। अभी बम्बई से चेक के रुपये नहीं आये। आजकल में आजायंगे।

मेरे संस्मरण वाली किताब के बारे में कई बातें हैं समझौते के लिये। इससे पहले उस प्रकाशन से सम्बन्ध निश्चित हो जाना चाहिये जो दो सौ रुपये का चेक आपकी मारफ़त भेजता है, मुझ से जिसकी ख़त किताबत नहीं।

संस्मरण वाली किताब बारह सौ-डेढ़हज़ार सफ़हों की होगी, दो वालूमों में। क़ीमत आज को देखते 15) से 18) तक होगी। अगर पहला एडीशन दो हज़ार का भी मानें तो बीस सैकड़े के हिसाब से सात हज़ार रुपये से ज़्यादा की रायल्टी होती है। चाहिये कि हिन्दी एडीशन पहला पाँच हज़ार का हो। पार्टी के पास बेचने के साधन हैं। किताब संसार के साहित्य में एक होगी, क्योंकि उसका मसाला वैसा है,—संसार के प्राय: सभी बड़े आदमी आते हैं। हम इसका अंगरेजी संस्करण भी करेंगे, बंगला भी, उर्दू भी। प्रकाशन को बड़ा काम मिलेगा, नामवरी भी होगी। अंगरेज़ी वाले में आपका सहयोग रहेगा अगर आपकी इच्छा हुई। अंगरेजी की ख़पत का अंदाजा लगा सकते हैं। ऐसी हालत में ये दो सौ रुपये कौन हींग हैं, मेरी समझ में नहीं आता। और हिन्दी संस्करण के लिये 3000) कम से कम अग्रिम मिलना चाहिये। इस समय 1)।) से अधिक नहीं पहले को देखते। ख़ैर आपको इतना इशारा काफ़ी है। आप उनसे बातचीत कीजिये। इस बड़े काम के लिये वे खुद भी यहाँ आ सकते हैं, आप

भी रहें, दो एक और। समझौता हो जाय, रुपये दें, हम काम देने लगें। आगरा रहकर भी काम किया जा सकता है।

यों 200) में एक किताब कोई देंगे। जल्द जवाब दीजिये। उनसे भी मालूम कीजिये। सविशेष फिर।

आपका
निराला

[पता]

Dr. Rambilas Sharma
M.A. Ph.D.
Mahtab Bhawan,
Wazirpura
Agra

187. रामविलास शर्मा को

ग़ज़ले [ग़ज़लें]

(1)

बदलीं जो उनकी आँखें इरादा बदल गया,
गुल ज्यों ही चमचमाया कि बुलबुल मचल गया।
यह टहनी से हवा की छेड़छाड़ थी, मगर
खिलकर सुगंध से किसी का दिल बहल गया।
ख़ामोश फ़तह पाने को रोका नहीं रुका,
मुश्किल, तमाम ज़िन्दगी का जब सहल गया।
मैंने कला की पाटी ली है, शेर के लिये,
दुनियाँ के गोलन्दाजों को देखा, टहल गया।

(2)

दोनों लताएँ आपके बाज़ू-बाज़ू खिलीं,
ख़ूशबू की सैकड़ों बाँहों गले-गले मिलीं।
दिल को तमाशायी बनाया दोनों जहाँ में,
जिसने उसी की आँखों के इशारे से हिलीं।
फलों ने पत्तों के जो मारे पर, आई बहार,
चिड़ियों की छिड़ीं तानें, हवा की पैंगें झिलीं।

(3)

संकोच को विस्तार दिये जा रहा हूँ मैं,
छन्दों को विनिस्तार दिये जा रहा हूँ मैं।
प्रस्तार को प्रस्तार दिये जा रहा हूँ मैं,
जैसे विजय को हार दिये जा रहा हूँ मैं।
उड़ जाने को हवा के साथ खेला खेलाया,
हल्का जो उसको वार[1] दिये जा रहा हूँ मैं।
क्या छोरों पर कला की साड़ी के लगाये हंस,
हस्ती को गुल हज़ार दिये जा रहा हूँ मैं।
उपवन में शायरी के मेरे शब्द यों आए
जैसे फलों को भार दिये जा रहा हूँ मैं।
तुलसी की सूर की किताबों में जो आ गई
उस युवती को सिंगार दिये जा रहा हूँ मैं।
उतरी हैं आपसे जो कलाएँ यहाँ, कहा,
उन किरनों को निखार दिये जा रहा हूँ मैं।
युग को किया सुरूप दुनियाँ की आँखों में
जैसे मदन को प्यार दिये जा रहा हूँ मैं।

—निराला

दारागंज, इलाहाबाद
6-7-45

प्रिय डाक्टर साहब,

एक पत्र उत्तर में लिख चुका हूं। तीन ग़ज़लें और भेजता हूँ। बातचीत का ज्ञापन शीघ्र करेंगे, आशा है। प्रकाशक ध्यान देंगे, क्योंकि विषय महत्त्वपूर्ण है।

यहाँ जमुना में इतना पानी आ गया था कि गंगा लबालब भर गई थीं, मुहाने का पानी रेल कर आ गया था। बारिश भी हुई अच्छी। कुछ दिनों बाद आगरा आना चाहता हूँ। कल सुमन जी आये थे, रात रहे, खाना खाया काशी गये हैं। यहाँ से ग्वालियर जायंगे। नागर का तार आया था, नये साहित्य के लिये कविता मागी थी, दो भेज दी हैं। 'अपरा' छप रही है सा. संसद वाली मेरी संग्रहणी। महादेवी जी अभी पहाड़ में नहीं आईं। आजकल में आनेवाली हैं। कुशल है। आगरे में मेरी आवृत्ति का प्रबंध करा सकते हों तो कराइए। पुरस्कार अच्छा होना चाहिये। लेक्चर सुनना चाहें लड़के तो वही सही, इस युग के काव्य साहित्य पर हो जायगा। इति।

आपका
निराला

[पता]

Dr. Rambilas Sharma
M.A. Ph.D.
Mahtab Mahal,
Wazeerpura, Agra

[1. अर्थात् 'बार' शायद 'भार' को उर्दू रूप देने के लिए, किन्तु तीन पंक्तियों बाद 'भार' का प्रयोग किया है। 18 जून, 1945 के पत्र में जो पाठ है, उसे जहाँ-तहाँ बदला है।]

188. केदारनाथ अग्रवाल को

Daraganj,
Allahabad
8.7.45

प्रियवर,

क्या हाल हैं? वीरेश्वर जी सकुशल होंगे। आजकल आप लोगों में कैसी साहित्य चर्चा है? हमने इधर कुछ ग़ज़लें लिखी हैं, पत्रों में यदाकदा निकलती हैं।

डॉ. रामबिलास प्रसन्न हैं। यहां आनेवाले हैं अगर आ पाये। सुमन ग्वालियर जाते हुए यहां आये थे बनारस के रास्ते, लौटकर ग्वालियर जायंगे। गरमियों की छुट्टियों के बाद अब लोग पहाड़ से लौट रहे हैं। महादेवी जी आजकल में आने वाली हैं।

आपके कविसम्मेलन या निबन्ध-पाठन का क्या हुआ? जल्द फिर साहित्य और राजनीति की चलने वाली है। यहां कुशल है।

आजकल बांदे का जलवायु बिगड़ चला होगा। सम्भव है, पहाड़ियों के कारण अच्छा रहता हो। यहाँ पानी गिरा। एकाएक यमुना में बाढ़ आई, गंगा भर गईं—मुहाने का पानी रेलकर चढ़ आया, रेती डूबी गई। हमारी चार किताबें निकल गईं, छ: निकल रही हैं। इति।

आपका
निराला

[पता]

Babu Kedarnath ji
Agrawal, B.A., L.L.B.
Advocate
Civil Lines
(Banda)
G.I.P.R. (U.P.)

189. केदारनाथ अग्रवाल को

Daraganj,
Allahabad

8.7.45

प्रियवर,

आपका पत्र नहीं मिला। आपके साहित्य-समारोह के उपलक्ष्य में शरत् पूनो ही है क्या? आपका नगर जिन हाथों में है उनका दाक्षिण्य यहां नहीं हो पाता. वाम्य ही रहता है, फलत: वाम्य ही होगा। रहीमवाला भाड़ किस जगह है? सम्भवत: आगरा जाऊंगा। अभी अलीगढ़ होता हुआ देहली जा रहा हूं। एक हफ़्ते के बाद।

आपका
निराला

[पता]

Babu Kedarnath Agrawal,
B.A., L.L.B.
Civil Lines
(Banda)

[इस कार्ड पर, और इससे पहले वाले कार्ड पर, एक ही तारीख पड़ी है, किन्तु दोनों कार्ड एक ही दिन के लिखे नहीं जान पड़ते। पहले वाले कार्ड पर दारागंज इलाहाबाद की डाकमुहर 9 जुलाई की है, दूसरे पर 10 जुलाई की।]

190. रामविलास शर्मा को

Daraganj,
Allahabad

25-7-45

प्रिय डाक्टर,

पत्र मिला। उत्तर देर से जा रहा है। आपकें जनप्रकाशनगृह को लिखे पत्र का उत्तर आया। उन्होंने छोटी स्मृति-पुस्तिका मागी है। दो आधुनिक रचनाएं भेजीं, 15) उन्होंने भेजे। फ़िराक़ से नहीं मुलाक़ात होती। उर्दू का रंग उनका नहीं। कुशल है। अभी तक आगरा चलने का हिसाब नहीं आया। समाचार देते रहें। सम्मेलन का क्या हुआ (?) आगरा हमारी बातें क्या जाने? हमारा शायद व्यक्तिगत है?

आपका
निराला

[पता]

Dr.
Rambilas M.A. Ph.D.
Wazeerpura,
Agra

191. रामविलास शर्मा को

Daraganj,
Allahabad
8.7.45
[8-8-45]

प्रियवर,

पत्र मिला। समाचार मालूम हुए। अगरे [आगरे] के लोगों को प्रदर्शन दे सकता हूं। दर्शन मैं नहीं देता। मगर इन लोगों की भेंट बहुत कम होती है। खैर। हो सका तो जल्द मिलूंगा। पार्टीवन्दी का परिणाम कैसा हो रहा है। कुशल है। शनिवार को सम्भवत: मिलूंगा। नहीं तो एक हफ्ते बाद। यहाँ पानी नहीं बरस रहा है। बड़ी गरमी है। मैथिलीशरण हीरक जयन्ती का निमन्त्रण आया है। लिखा था, 1000) लूँगा कवि गोष्ठी के लिये। सिर्फ़ निमन्त्रण आता है। नागर को लिखा था, स्क्रीन में आवृत्ति करा सकते हो? हाँ करके मौका देख रहे हैं। ख़ैर। पुत्तन वहाँ हैं अच्छा है। अभी इतर विशेष नहीं कर रहे। इति।

आपका
निराला

[पता]

Dr. Rambilas Sharma
Mahtab Mahal,
Wazeerpura,
Agra.

[पुत्तन—युक्तिभद्र दीक्षित, कवि, पुतान नाम से अधिक प्रसिद्ध, बलभद्र दीक्षित के पुत्र; पते में महताब भवन को सानुप्रास महताब महल कर दिया गया है। डाकमुहर में अगस्त है।]

192. केदारनाथ अग्रवाल को

Daraganj,
Allahabad
20.8.45

प्रियवर,

फिर भी उत्तर नहीं आया। मैं आगरा, दिल्ली, मेरठ, मुरादाबाद, लखनऊ, उन्नाव होकर कल आ गया। डाक्टर राम विलास प्रसन्न हैं। दिल्ली, मेरठ, मुरादाबाद, लखनऊ, उन्नाव के साहित्यिकों के यहां कोई ग़मी नहीं हुई। आपके लक्चर भी न हुए, कवि सम्मेलन भी रह गया। श्रीयुत राव जैसे साहित्यिक से भी आप लोग कुछ कर न गुज़रे।

ठाकुर साहब के क्या हाल हैं? इधर कई उल्लेख आये हैं। कुछ मित्र बम्बई बुला रहे हैं। दो हज़ार मासिक के कई आये, मगर अभी साहित्य में रहना अच्छा लगता है।

आशा है, कुशल है।

आपका
निराला

[पता]

Babu
Kedarnath Agrawal,
Advocate
Civil Lines
(Banda)

193. रामविलास शर्मा को

दारागंज, इलाहाबाद
20.6.45

प्रिय डाक्टर,

आपका कार्ड मिला। अभी अभी (नागर) नरोत्तम गये। उनसे मालूम हुआ कि 27 को आ रहे हैं, अब समझे, नहीं। प्रतीक्षा थी।

जानकीवल्लभ इधर से गये। लिख चुका हूं, आए थे पिता के साथ, मथुरा, आगरा होते हुए। इस समय शिवशेखर जी हैं। अच्छी तरह हैं।

पत्र में ग़लत ठिकाना लिख जाना बड़ी बात नहीं।

'पारिजात' देखा पटनेवाला। अच्छा निकला है। आपका लेख प्रथम पृष्ठ पर है। परिचय लिखा है, अंगरेज़ी के लेखकों का जैसा, अख़ीर में; वह लेखानुक्रमिक है, नामाक्षरानुक्रमिक नहीं, यानी वह भी शुरू में।

पानी फुटकर बरस जाता है। गंगा में परसाल की जैसी बाढ़ नहीं आई।

उपन्यास लिखा[1] रहा हूं।

आपका
निराला

[पता:]

Dr. Rambilas Sharma
M.A. Ph.D.
Mahtab Bhawan,
Wazirpura,
Agra

[1. लिख—देखें 12.11.45 का पत्र]

194. नलिन विलोचन शर्मा को

Daraganj,
Allahabad
10.10.45

प्रियवर, नमस्कार।

एक पत्र यहां आकर भेजा था। मिला होगा। तब से मौन हैं। प्रसन्न होंगे। बड़ी क़ैद है। जानकीवल्लभ सख्त बीमार फिर हो गये। काम गरमी में न हुआ था [,] कर रहा हूं।

संसद चली चल रही है।

तिवारी जी से पूजा बाद मिलूंगा।

निराला

195. केदारनाथ अग्रवाल को

Daraganj,
Allahabad
10.10.45

प्रियवर,

नये साहित्य वाली चीज़ें तुम्हारी सबसे अच्छी रहीं। डाक्टर रामविलास आये थे। अच्छी चर्चा रही। कुशल है। गरमी में काम कम हुआ था, कर रहे हैं। संसद् चल रही है। इति।

सस्नेह
निराला

[पता]

Babu Kedarnath Agrawal,
Advocate
Civil Lines
(Banda) U.P.

196. रामविलास शर्मा को

Daraganj,
Allahabad
10.10.45

डाक्टर,

पत्र मिला। चित्र के साथ वाला पत्र देखा था। सबने फ़ोटो की तारीफ की। शिवशेखर गये। काम चल रहा है। सर्दी शुरू हुई। गंगा उतर गईं। दसहरे का नमस्कार। इति।

निराला

[पता]

Dr. Rambilas Sharma
M.A. Ph.D.
Mahtab Bhawan,
Wazirpura,
Agra

[आगरे में मेरे साथ खिंचाये हुए फोटो का ज़िक्र है। उससे निराला का फोटो अलग निकलवा कर भी उन्हें भेजा था और वह उन्हें बहुत पसन्द था।]

197. नलिन विलोचन शर्मा को

Daraganj,
Allahabad
12.11.45

प्रियवर,

पत्र मिला। उत्तर को देर हुई। आपका लेख दीवाली अंक विश्वमित्र में देखा। आपकी शैली बहुत पसन्द है। जानकीवल्लभ जी बीमार हैं। एक उपन्यास लिख रहा हूं। नमस्कार।

आपका
निराला

198. रामविलास शर्मा को

दारागंज
इलाहाबाद
कार्तिकी पूनो

डाक्टर साहब,

आपका पत्र मिला। समाचार ज्ञात हुए। यहां कुशल है। काम धीरे धीरे हो रहा है। 'अपरा' छप गई। निकलने को है। "चोटी की पकड़["] भी प्राय: समाप्त है। 'काले कारनामे' उपन्यास आधा पूरा हुआ।

आपका
निराला

[पता]

Dr. Rambilas Sharma
M.A. Ph.D.
Mahtab Bhawan,
Wazirpura,
Agra

[इलाहाबाद की डाकमुहर की तारीख : 16 नवम्बर, 1945]

199. रामधनी द्विवेदी को

तालिका

43।।।) ईर्रिङ् एक
27) – साड़ी एक सूती-जर्रीन
7॥) सूती साड़ी एक
13) स्विटर एक ऊनी
11) एक जोड़ी सूती चद्दर
5) – चप्पल एक जोड़ी
4॥) ≡ रामायण गो० तुलसीदास जी की एक
4) भक्तमाल एक
2॥) शीशा एक
।।।) कंघा एक
1) कस्तूरी सेन्ट एक शीशी
1) वेसलिन एक शीशी
।) साबुन दो

---

122) –
14) मेवा, कत्था-सुपारी आदि।

---

136) –

एक सौ छत्तीस रुपये
और एक आने का कुल सामान }

प्रिय भैया रामधनी,

यह सामान खरीदा जा चुका है। एक पत्र तुमको लिख चुके हैं। हमारी तबियत ठीक कम है। अगर पहुँच न हुई तो ले जाने की व्यवस्था करना। रामकृष्ण दलमऊ आ गये होंगे। आशा है, कुशल हैं। अञ्जनी आदि को स्नेह। प्रणाम आदि। इति।

सस्नेह

सूर्यकान्त त्रिपाठी
निराला

दारागंज
इलाहाबाद
27. 11.45.

[अञ्जनी—रामधनी द्विवेदी के पुत्र।]

200. रामधनी द्विवेदी को

दारागंज, इलाहाबाद
30, 11. 45

प्रिय भैया रामधनी,

रामकृष्ण कल रात वाली गाड़ी से सामान लेकर गये। तालिका, दामों के साथ, पिछली डाक से तुम्हारे पास भेज दी गई है, मिली होगी। अपने सामान और खर्च का हिसाब एक एक, पत्र पाते ही, लिखकर भेज दो। जो नई बात या नई घटना हो, सूचित करो। यहाँ कुशल है। काम जारी है। रूपया आने पर बहू के लिए कुछ खरीदकर रामकृष्ण के हाथ भेज देंगे। अञ्जनी, छोटे आदि के लिये भी। होली तक इन लोगों को यहां बुलाने का विचार है। कुछ रोज़ रह जायेंगे। जगन्नाथ भैया को भी बुलाया है। रामगोपाल और केशव की चिठ्ठी आई है। वे लोग प्रसन्न हैं। एक खत कालीचरण का आया था कि बहुत अस्वस्थ हैं, जवाब हमने लिख दिया है। उनका क्या हाल है, क्या शिकायत है, मालूम होने पर जल्द लिखना। चांदपुर के कौन कौन लोग आये, नाम लिखना। शुक्लों के यहां से कितने दिन में बिटिया को बिदा करा ले आने का विचार है, वे लोग गौने में भी कोई ज़ेवर लाते हैं, या नहीं, ज़ाहिर करना। खुसरूपुर कबतक आओगे, रामकृष्ण कब लखनऊ के लिए रवाने होंगे, सामान और सीधा पिसान के साथ कुल कितना ख़र्च बैठा, कतकी कितने की लगी, कुल सामाचार ब्योरे से लिखना और यह भी कि बिहारीलाल आये या नहीं। इति। अम्मा को और अपने सास-ससुर जी तथा भगवद्दास जी को प्रणाम कहना।

सस्नेह
—सूर्यकान्त त्रिपाठी

[छोटे—अञ्जनी के भाई मारुतीशरण।

चाँदपुर—जिला फतहपुर में, रामधनी द्विवेदी जहाँ के मूल निवासी थे।

शुक्लों के यहाँ से—भोजपुर में गोपा की ससुराल से।

खुसरूपुर—चाँदपुर के पास गाँव।

भगवद्दास—डल्मऊ के पड़ोसी।

(रामकृष्ण त्रिपाठी की सूचना के अनुसार)]

201. रामविलास शर्मा को

Dara Ganj,
Allahabad
13.1.46.

प्रिय डाक्टर,

पत्र मिला। बम्बई जाने का समाचार मिला था। हाल मालूम हुए। मगर कोई पत्र वहाँ से नहीं आया। एक किताब गीतों की छप गई है। निकलने पर भेजेंगे। कुछ और भी जल्द निकलने वाली हैं। देखें, कहां तक शीघ्रता होती है। 'बेला' गीतों और ग़ज़लों का संग्रह है, 80 अस्सी गीत-ग़ज़लें (आधे-आधे) अब तक छप चुके हैं। मुमकिन 100 पूरे हों या दूसरे संग्रह में जायं—नरगिस में, जिसमें सिर्फ़ ग़ज़लें होंगी। बेला जानकीवल्लभ को समर्पित है। 'चोटी की पकड़' का पहला भाग दे दिया गया। चार भागों में होगी। छोटे छोटे भाग। 150/200 सफ़ों का हर एक। यह उपन्यास मास के अख़ीर तक निकल जायगा। नये पत्ते—अब प्रेस जाने वाला है। एक और उपन्यास छप रहा है 'काले कारनामे' [।] यह समाचार है। अनुवाद अभी नहीं छप रहे। इति।

अभी जाना न होगा। जाड़ा घटने पर विचार है। वहीं सूरदास लिखेंगे।

आपका
निराला

[पता]

Dr. Rambilas Sharma
M.A. Ph.D.
Mahtab Mahal,
Wazirpura,
Agra

['नारगिस' नाम से संग्रह नहीं छपा; आगरे आकर सूरदास पर कविता नहीं लिखी। 'महताब भवन' की जगह एक बार फिर 'महताब महल'।]

202. नलिन विलोचन शर्मा को

Dara Gunj,
Allahabad
7.2.46

प्रियवर,

समय पर उत्तर नहीं जा सका। बड़े दिनों में आपका आना नहीं हुआ। इधर गीत और गज़लों का संग्रह 'बेला' निकल गई। 'नये पत्ते' आधुनिक काव्य छप

रहा है। कई और किताबें लगी हैं। भेजवाऊंगा। कुशल है। आपका स्वास्थ्य अच्छा होगा इति।

आपका

निराला

[पता]

Prof.
Nalin Vilochan Sharma, M.A.,
Jain College,
Arrah
(Bihar)

203. कुँवर सुरेश सिंह को

C/o. Pdt. Ram Krishna Tripathi
Dalmau
Rae Bareli

11-6-46

प्रियवर,

आपके यहाँ क्या मोटर मिल सकेगा? यहाँ तक आयेगा, फिर लखनऊ जायगा। तेल का खर्चा न हो, हमीं दे लेंगे अगर राजा साहब न उठा सके। क्या तेल का अभाव होगा? प्रसन्न होंगे।

आपका

निराला

204. रामविलास शर्मा को

C/o. Pdt. Ram Krishna Tripathi, S.V.
Dalmau, Rae-Bareli

23.6.46

प्रिय डाक्टर,

आगरा पहुंच कर अपनी स्त्री के समाचार जल्द दीजिए कि अब कैसी हैं। यहाँ देवियों का जी लगा है। उन्होंने दु:खद समाचार सुना है। हम को भी उद्वेग है। समाचार लेकर हम प्रयाग रवाना होंगे। बाकी पड़ा काम पूरा करेंगे। वहां से छपती किताबों के निकलने के साथ प्राय: एक सेट का पार्सल आपके पास करेंगे। रामधनी की वैसी ही हालत है। यन्त्र मंत्र पूजापाठ औषध उपचार सब कुछ हो रहा है। चिन्ता है, समाचार जल्द दीजिएगा। इति।

आपका

निराला

[पता]

Dr. Rambilas Sharma
M.A. Ph.D.
Mahtab Bhawan,
Wazirpura,
Agra

[मैं उनसे मिलने डलमऊ गया था। वहीं पत्नी की अस्वस्थता का समाचार मिला और आगरा लौट आया था। उसके बाद निराला ने यह पत्र लिखा था।]

205. रामविलास शर्मा को

C/o. Pdt. Ram Krishna Tripathi
S.V.
Dalmau
Rae Bareli

भाद्र शु. 11.

प्रियवर,

हमारे साले साहब का चार मास की बड़ी बीमारी के बाद देहान्त हो गया। अब तक इन्हीं कारणों से खत नहीं जा सका। इति।

आपका
—नि.

[पता]

Prof.
Dr. Rambilas Sharma
M.A. Ph.D.
Mahtab Bhawan,
Wazirpura,
Agra

[डलमऊ की डाकमुहर की तारीख : 9 सितम्बर, '46]

206. नरोत्तम नागर को

[इलाहाबाद]

नरोत्तम जी नागर

प्रिय नागर जी,

हम लोग मोती झील तक गये, फिर लौट आये। मुलाकात नहीं हुई। फिर कभी—

निराला
31. 5/47

207. रामशंकर शुक्ल को

Dalmau
Rae Bareli
1.8.47

भाई साहब,

हम डेढ़ मास यहीं हैं। केशव का विवाह हो गया। आज तुम्हारा पत्र पढ़ [पढ़ा]। अभी तक लिखना बन्द था। रामकृष्ण के खर्च में और विवाह में 300) के इधर उधर लगा, केशव 800) ले आये थे। इसी फेर में न कुछ भेज सके, न लेने पहुच सके। अब इलाहाबाद जाते हैं। यहां भी ख़र्च चुका है।

पुन:, साल भर बैठे विश्रम करते रहे। अब काम करने जा रहे हैं। जल्द मिलेंगे। भौजी को नमस्कार प्रणाम। इति।

सूर्यकान्त त्रिपाठी

काम ये कुछ करते नहीं अभी।
कुशल है। प्रणाम।

निराला

[पता]

Shreeyut
Pandit Ram Shanker
Sukul ji
Po. R. Purwa
(Pachhi Tola)
Unao

208. रामशंकर शुक्ल को

राष्ट्रभाषा विद्यालय,
गायघाट, काशी
31.12.47

प्रियवर,

पत्र मिला। कल 30) तीस रुपये आपके नाम भेजे। छाया का समाचार रामकृष्ण के पत्र से भी मिला। उनकी हज़ारों की माग पहले से पेश रहती है। खैर, काम से हज़ारों का भी हिसाब आ जाता है। बिहारी लाल ने क्या तकिया के मेले में कोई दूकान की? आपका काम अगले साल से जारी हो जायगा। यहां हमारा अच्छा काम

चल रहा है। एक महीना और रहेंगे। अब पहले की तरह हो आये। रुपया कुछ फिर भेजेंगे। फिर सहूलियत आ जायगी। छाया को तथा अन्य लड़कों को स्नेह। इति।

आपका

सूर्यकान्त

[पता]

Pandit Ram Shankar Sukul, Esqr.
Pachhi Tola
P.O.R. Purwa
(Unao)
U.P.

209. परमानन्द शर्मा को

शिव की बारात

दोहा — कहा विष्णु ने बिहंस कर, बुलवाकर दिग्राज
बिलग-बिलग होकर चलो निज-जिन-सहित-समाज।

चौ. — वर-अनुहर बारात नहीं है,
ऐसे पर-पुर गये हँसी है।
विष्णु-वचन से जन मुसकाये,
अपनी सेना से बिलगाये।
मन ही मन शिव भी हँसते हैं,
हरि के व्यंग्य वचन लसते हैं।
प्रिय के प्रति प्रिय वचन श्रवणकर,
भृंगी को टेरा डेरे पर।
बुलवाये कुल गण, अनुशासन,
सुनकर आये सब शीश-चरण।
बनी वाहिनी नाना वेशा,
बिहंसा जिसने भी रुख देखा।
कुछ मुखहीन, विपुल मुख कुछ के,
विना-चरण-कर-पद, दुख कुछ से।
विपुल-नयन, फिर दृग-विहीन हैं,
हृष्ट-पुष्ट या महा क्षीण हैं।

छन्द — तन क्षीण कोई, पीन, पावन-तन, अपावन गति धरे,
भूषण-कराल, कलाप-कर, सब सद्य-शोणित तन भरे।
खर-श्वान-सुअर-शृगाल-मुख गण, वेश अगणित क्या गने?
योगी-पिशाच-जमात, करने बात चलने की बने।

सो. — नाचे गायें गीत, परम तरंगी भूत सब,
देखे अति विपरीत, बोले वचनविचित्र विधि।

चौ. — जैसा दूलह है, बरात है,
मग कौतुक की चली घात है।
यहाँ हिमाचल के वितान हैं,
तरह-तरह के सजे प्राण हैं।
शैल सकल जितने तक जग में,
लघु विशाल, आये श्री-मग में।
वन, सागर, तालाब, नदी, नद,
बुला पठाये हिमगिरि ने सब।
कामरूप सुन्दर-तनुधारी,
निज समाज सोही वर नारी।
आये सकल हिमाचल के घर,
गाये मंगल विमल स्नेह-स्वर।
पहले से गिरि ने गृह बासे।
जथा जोग सब लोग सुपासे।
सुन्दर पुरशोभा विलोक कर
विधि की लगी निपुणता लघुतर।

छन्द — लघु लगी विधि की निपुणता, लखिए नगर-शोभा सही,
वन, बाग, कूप, तड़ाग, सरिता, सुभग, किसकी क्या कही!
मंगल-विपुल-तोरण-पताका-केतु गृह-गृह सोहते,
वणिता-पुरुष सुन्दर-चतुर छबि देखकर मुनि मोहते।

दो. — जगदम्बा अवतरीं जव, पुर शोभा साकार,
ऋद्धि, सिद्धि, सम्पत्ति, सुख, नित्य नये विस्तार।

चौ. — सुनकर नगर-निकट बरात है,
पुर खरभर, शोभा निवात है।
करके रुचिर वनाव सवाहन,
लेने चले लोग आगमन।
सुरसेनाएँ देखीं हरषे,।
हरि को जब देखा, रस बरसे।
शिव समाज को देखा जिस छन,
भगे बिड़रकर, जितने वाहन।
धीरज धरकर रहे सयाने,
बालक लेकर जीव पराने।
गये भवन, पूछें मातागण,
कहें वचन वे भय-कम्पित-तन।

कहें, नहीं कुछ कह जाता है,
जम की धार बरात कि क्या है!
वर बौराह, सवार बलद पर,
व्याल-विभूषण हैं कपाल-कर।

छन्द — तन, छार, व्याल-कपाल-भूषण, नग्न-जटिल, करालतर,
भय, भूत-प्रेत-पिशाच कटु-मुख, विकट-भट-नट-तिमिरचर,
जीता हुआ बारात देखे पुण्य उसकी है बड़ी,
देखे व' उमा-विवाह घर-घर बात लड़कों ने कही।*

—निराला

* गो. तुलसीदास जी के रामचरित मानस का अनुवाद, आज की हिन्दी में—

(आदि-आदि)

निराला

प्रिय परमानन्द जी,

पत्र मिला। एक हिस्सा भेजते हैं। रुपये की क्या बात है? शिव शेखर कहाँ हैं? कुशल है। उमाशंकर को स्नेह। इति

निराला
2/5/48

दया शंकर की स्त्री को कुछ भेजेंगे सहायता। कुछ मुंशी जी की स्त्री के लिए किया है।

[मुंशी जी—मुंशी नवजादिक लाल श्रीवास्तव;
दयाशंकर—दयाशंकर वाजपेयी;
रामचरित मानस के खड़ी बोली रूपान्तर में 'वनिता' की जगह 'वणिता' निराला का लिखा हुआ है।]

210. रामशंकर शुक्ल को

राष्ट्रभाषा विद्यालय
गायघाट,
काशी
7. 5. 48

प्रिय भाई साहब,

पत्र मिला। समाचार मालूम हुए। रामकृष्ण को 225) दो सौ पच्चीस रुपये भेज चुके तीन दिन हुए। कतकी से अबतक सात सौ से अधिक नक्द रुपया गया। काम चलता रहेगा। भिक्खू को काम कराना चाहिए। 25) रुपये पच्चीस भेजते हैं।

अब यहां पत्र न देना। डलमऊ या कानपुर रहेंगे। कुछ लोग पहाड़ चलने के लिए कहते हैं। फिर मुलाक़ात होगी। इति। चिन्ता न कीजिएगा।

आपका
निराला

250) ढाई सौ रु. की दो साड़ियाँ और जम्पर बनारसी खरीदीं

[पता]

Pdt. Ram Shankar Sukul
Pachhi Tola
P.O.R. Purwa
(Unao) U.P.

211. परमानन्द शर्मा को

Dalmau
Rai Bareli
8.3.49

प्रियवर,

पत्र मिला। साधना भी प्राप्त हुई। देखकर प्रसन्न हुआ। एक चीज़ दो चार दिन में भेजी जाती है। शिवशेखर का पत्र आया है। होली में उनको बुलाया है। कलकत्ता जायंगे तो खर्च दे दिया जायगा। यहाँ कुशल है। अनुष्ठान कर रहा हूँ ब्राह्मण धर्म वाले। व्रत उपवास आदि चल रहे हैं। देवी पक्ष में दुर्गासप्तशती और व्रत पूजादि रहेगें [,] फिर भागवत और रामायण वाल्मीकीय और व्यास वाली महाभारत के पाठ। समाचार देना। सविशेष फिर—

निराला

S. Tagore
C/o. Nirala
Sherandazpur
Dalmau P.O.
(Rae Bareli) U.P.

[पता]

Pdt,
Paramananda Shuklaji
Editor, The Sadhana
15, Bhavani Dutt Lane
Calcutta

[हिन्दी में हस्ताक्षर के बाद 'ऐसू. टैगोर' लिखने का आशय सम्भवत: टैगोर खानदान से सूर्यकान्त का सम्बन्ध जोड़ना है किन्तु ऐसू. टैगोर को पत्र मिले गा 'निराला' के ही मार्फत। 'साधना' पत्रिका कुछ समय तक परमानन्द शर्मा के सम्पादन में कलकत्ते से प्रकाशित हुई थी।]

212. परमानन्द शर्मा को

Sherandazpur
Dalmau
Rae Bareli
13-3-49

प्रियवर,

पत्र मिला। समाचार ज्ञात हुए। आपके पत्र के लिये कुछ लिखना असम्भव सा हो रहा है। सुबह से शाम तक फुरसत नहीं होती। काम में लगा रहता हूं। कोशिश करूंगा कि कल-परसों तक कोई चीज़ आपके पत्र के लिए भेज दें।

सम्मेलन के लिए क्या जवाब मेरा हो सकता है? मैं व्रती हो रहा हूँ, हिन्दू-विधान की पूर्ति में लगा हूँ, उधर आपका दूसरा ही अनुष्ठान है। अगर रुपये के विचार से हाँ करूँगा तो शैथिल्य भी होगा और सम्मेलन मेरी लम्बी फ़ीस पूरी न कर पायेगा; दूसरे मेरे दूसरे नाम [काम?] उर्दू के लिये गुणग्राम आपको मालूम नहीं, अर्थात् उधर से भी मेरी शिरकत हो सकती है। मुमकिन, करनेवाले आप लोगों को चकमा दे रहे हों, सरकारी तौर से।

सस्नेह
निराला

[पता]

Pandit,
Paramananda Shukla
15, Bhavani Dutt Lane
Calcutta

213. रामशंकर शुक्ल को

Sherandazpur
Dalmau
Rae Bareli
8.4.49

भाई साहब, प्रणाम।

हम अनुष्ठान कर रहे हैं। इस लिए समय पर नहीं रह पाते। अब आवेंगे और छाया को इलाहाबाद ले जायंगे। हमको इक्कीस सौ रुपये का इनाम सरकार से मिला

है। अख़बार में देखा होगा। कुशल है। जगदीश सिंह का एक पत्र आया है। छाया का प्रबन्ध करके तब दूसरी बात करेंगे। महादेवी जी के साथ रहेगी। इति

निराला

मन्ना की जायदाद अपनी है। वह क्या कहते हैं। तुम्हारी भी ठीक कर देनी है।

[पता]

Pdt. Ram Shankar Shukla
Pachhi Tola
P.O. R. Purwa
(Unao)

[रामकृष्ण त्रिपाठी की सूचना के अनुसार :

मन्ना बाबू—मनिकापुर, ज़िला उन्नाव के निवासी, रामशंकर शुक्ल के बहनोई, बजबज (बंगाल) में कारोबार।]

214. परमानन्द शर्मा को

गीत

कमरख की आँखें भर आईं;
वन वर का सौदा कर आईं।
नयनों की नाव चढ़ा कोई,
यह ख़ाली पाँव बढ़ा कोई,
मोती के मोल कढ़ा कोई,
सागर से भँवर उतर आईं।
ये भय या परिणय के फूटे
आँखों से जो आँसू टूटे?
पूछें किससे संशय छूटे,
ये हर लाईं या हर आईं?

—"निराला"

साहित्यकार-संसद्-भवन,
रसूलाबाद, प्रयाग
6-8-49

प्रिय परमानन्दजी,

मैं घायल होकर रायबरेली के सरकारी अस्पताल में एक अरसे तक रहकर प्रयाग आया। दो महीने हो गये, अभी तक पूर्ण-अरोग नहीं हुआ। एक कविता भेजता हूँ। फिर और भेजूँगा। उत्तर दीजिएगा। पत्र मिलते रहे हैं। प्रसन्न होंगे। घाटा भर जाता है। इति

आपका निराला

215. परमानन्द शर्मा को

साहित्यकार संसद्, रसूलाबाद,
प्रयाग
4-10-49

प्रियवर,

पत्र मिला। उत्तर तत्काल नहीं दे पाये। अभी आंख में छर है। पूरे-पूरे अच्छे हो आये हैं। विजयदशमी के बादवाली एकादशी को हमने संन्यास ले लिया है। कुशल है। अब कुछ लिखेंगे। इति।

आपका
—नि.

['निराला अभिनन्दन ग्रंथ' में प्रकाशित यह पत्र परमानन्द शर्मा की अनुमति से यहाँ उद्धृत है।]

216. गंगाधर शास्त्री को

Dara Ganj
Alld
19.4.52

प्रिय मिश्र जी,

पत्र मिला। रामायण के अनुवाद 'विनय खण्ड' की एक-दो प्रतियां लेते आइये या भेज दीजिए। हमारा काशी जाना न हो सकेगा। नियम का उल्लंघन भी नियमपूर्वक होना चाहिए। बलदेव जी को नमस्कार। इधर 30/40 गीत लिखे हैं।

अभिवादन।

आपका
निराला

[पता]

Pdt. Gangadhar Shastri
Gaya ghat
Benares

['विजय खंड' का प्रकाशन गंगाधर शास्त्री ने ही किया था। बलदेव जी—बलदेव महरोत्रा, हिन्दी प्रेमी युवक, शास्त्री जी के शिष्य।]

217. रामविलास शर्मा को

Dara Ganj
Allahabad
3. 4. 53.

Dear doctor,

I Received your letter but due to restriction I did not write you. Now, that I forget the principal Points in the letter, I mere shoot in the void. Kindly do not feel otherwise, rather note down a second one if necessary, I shall guide Shiva Gopal to take down and drop it. I am teaching him Shakespeare.

Yours
Nirala

[पता]

Dr. Ram Bilas Sharma M.A. Ph.D.
Gokul Pura
Agra
Agra (U.P.)

[कार्ड निराला ने लिखा, पता शिवगोपाल मिश्र ने। **आशय :** पत्र मिला। लिखने पर रोक है, इसलिए नहीं लिखा। पत्र की मुख्य बातें भूल गया हूँ। अँधेरे में तीर मार रहा हूँ। बुरा न मानना। चाहो तो दूसरा पत्र भेज दो। शिवगोपाल से लिखवाकर भिजवा दूँगा। मैं उन्हें शेक्सपियर पढ़ा रहा हूँ।]

218. रामशंकर शुक्ल को

16.5.54

बच्चा बाबू,

तोमार पत्र पेये खुसि हलाम। एखन आमार शरीर सुस्थ। तिन मास परे पा भाल ह'ल। किछु किछु कसरत करि। 1000 एक हाजार टाका रामकृष्ण के बियेर जन्य दिलाम। बिहारीलालेर मेयेर बिये देबार कि व्यवस्था?

S.

[पता]

Ram Shankar Sukulji
Pachchi Tola
R. Purwa
(Unao) U.P.

[मूल पत्र बँगला में था। रामशंकर शुक्ल को घरेलू नाम बच्चा बाबू से सम्बोधित करते हुए लिखा है : तुम्हारा पत्र पाकर खुशी हुई। अब शरीर स्वस्थ है। तीन महीने में पैर ठीक हुआ। थोड़ी कसरत

करता हूँ। ब्याह के लिए रामकृष्ण को एक हज़ार रुपये दिये। बिहारीलाल की लड़की के ब्याह की क्या व्यवस्था है?

यह पत्र भेजा न गया था।]

219. रामशंकर शुक्ल को

प्रिय भाई साहब,

आपका पहले वाला पत्र भी मिला था। इस बादवाले का कड़ा तक़ाज़ा रहा। छाया के सम्बन्ध में एक हज़ार रूपये हम रामकृष्ण को दे चुके थे। सरकार या सेठों के यहां अबतक लाखों रूपये का हमारा हिसाब पड़ा होगा। छाया के लिये ढ़ाई पौने तीन सौ रूपये के दो थान गहने उसी के साथ, काटकर, खरीदकर, दिये थे। कुछ निष्कर्ष न समझ में आया। वहां की सम्पत्ति आपके साथ है। हाल हमारा उसी हिसाब चलेगा जिससे आप-ये होंगे। और क्या लिखें? हम अकेले क्या कर सकते हैं जब हमारा माल हड़पा जा सकता है या दूसरे हिसाब में ख़र्च किया जा रहा है? आपको इतना काफी होगा। इति। नमस्कार।

भवदीय
निराला

दारागंज, प्रयाग
4. 12. 54

220. नागार्जुन को

8-12-54
एलाहाबाद

आपका पत्र मिला। बड़ी खुशी हुई। जवाब में देर आने की वजह लिखने वाले जयगोपाल मिश्र उपस्थित न थे।

आपके जैसे कलीम दोस्त के खत से जैसा ग़ालिब ने लिखा है, लिखने वाले ही से चार आँखें होती हैं। आप ख़ुश रहें और हर हालात से वाकिफ़ करते रहें यह आपसे अर्ज़ है।

आपका
निराला

[पता]

महामनीषी
पं. नागार्जुन जी
पडुई कोठी
लंगर टोली, पटना-4

221. रामशंकर शुक्ल को

दारागंज, इलाहाबाद
25 दिसम्बर, '56

भाई साहब,

आपका खत मिला। सामाचार मालूम हुए। रुपये हमारे ही बहुत होते हैं। वसूल न होने की वजह दूसरी जगह होगी। सरकार के यहां, मुमकिन, हो। जानकर आगे का किया किया जा मकता है। कुशल है। पांडे जी से खत मिला, उन्ही को जवाब दिया जाता है। इति।

—निराला

[पता]

श्री रामशंकर जी शुक्ल
पच्छी टोला, पुरवा
उन्नाव

[पत्र व्यक्ति के हाथ भेजा गया है; पता लिफाफे पर नहीं, पत्र में ही लिखा है।]

222. गंगाधर शास्त्री को

प्रियवर,

आपकी किताब चि. गौरीशंकर के हाथ मिली। हम इस लायक नहीं कि स्थानान्तर चल सकें। दूसरी पुस्तकों के देखने की लालसा रही। पिछले क्रम से आज के क्रम का साधारण संघर्ष नहीं। हम इतने ही से मुकाबिल हैं। फैसला कौन करेगा?

निराला
6-1-57

[यह पत्र कैलेंडर के काग़ज़ के टुकड़े पर लिखा गया था और चि. गौरीशंकर—गंगाधर शास्त्री के सुपुत्र के हाथ—भेजा गया था।]

223. रामशंकर शुक्ल को

दारागंज
इलाहाबाद
15/7/58

प्रिय भाई साहब,

ख़त आपका मिला। सरकार जहां कच्ची होगी, वहां किताबत की पूरी पकड़ के साथ हम जल्दी या देर से गुज़र रहे हैं। जो विद्वान बच्चे हैं, उनको राज़ समझा

जाते हैं। ज़्यादा हम क्या लिखें [,] जब खाते पीते घरबार करते बहुत रँगे-रँगाये जा चुके हैं। विवाह शास्त्रोक्ति रीति से कहां तक बन पड़ेगा, इसकी निगरानी आप ख़ुद कीजिये। हम शास्त्र से बाहर क़दम रखने में असमर्थ हैं गोकि बाउण्ड्री के बाहर जाना ही पड़ा, मुमकिन पड़ता भी हो। हम खाने पीने का इन्तजाम कर जायेंगे तो दूसरे मुंतज़िम भाड़ फोड़ने वाले चने या चिल्ले तैयार करेंगे तो कोई समझौता क्यों होगा। रंग [?] आदि का व्यवहारिक ब्यौरा संसार ही की तरह बड़ा है। थोड़े में क्या आवेगा?

ह : सूर्य्यकान्त
शिवगोपाल मिश्र

[विवाह—छाया का, जो 1960 में सम्पन्न हुआ; 1967 में छाया का देहान्त हुआ
(रामकृष्ण त्रिपाठी की सूचना के अनुसार)।]

224. छाया को

[इलाहाबाद
संभवत: 1958]

चिरञ्जीवि छाया,

यह ख़त डॉ. शिवगोपाल से लिखा रहा हूँ। तुम्हारे दोनों पत्र मिले। पढ़ाई और लिखाई अभी बहुत कच्ची है। किताबें लेकर हिन्दी पका लो। हमारा हिसाब तुम्हारी समझ में न आयेगा। वहां से गांव तक मिले मिलाये खाते रहना। जाति, बर, घर आदि के निश्चय के बिना तुम्हारे विवाह की ठान नहीं ठान सकता। इतर विवाह हमको धोखे जान पड़ते हैं। तुम्हारे घर में बूढ़ी-बूढ़े हैं, उनकी सेवा कौन करेगा।

तुम्हारा बाबा
निरालाजी

[पता]

श्री रामशंकर जी शुक्ल
पच्छी टोला
रनजीत पुरवा
उन्नाव **(Unao)**

[पिछले पत्र की तरह यह भी शिवगोपाल मिश्र का लिखा हुआ है।]

225. रामशंकर शुक्ल को

780 A
Dara Ganj
Allahabad
6. 10. 59

भाई साहब,

आपका पत्र मिला। यहां कुशल है। रूपये पैसे बदमाशों से फंसे हैं। यही मुख्य बात है। इसी से हिसाब है। ज़बानी बाक़ी कह दिया गया है। घबराहट की बात तभी है जब इधर का उधर होता है। हम रास कुल पकड़े हैं। उस्ताद जला साहब का एक काम रूपये वाला है, दूसरा हमारा, और कुश्ती वाली बात। वहां की तीसरी। इति।

—नि.

[पता]

Pandit Ram Shankar Sukul
Pachi Tola
P. O. R. Purwa (Unao)

[यह निराला का अन्तिम पत्र है जो मेरे देखने में आया है। हिन्दी और अंग्रेज़ी, दोनों में उनकी हस्तलिपि सधी हुई है।

रामकृष्ण त्रिपाठी की सूचना के अनुसार—उस्ताद जला साहब स्वयं रामकृष्ण त्रिपाठी हैं।]

तीसरा भाग

[निराला से सम्बन्धित काग़ज़-पत्र]

कलकत्ते के प्रमाण-पत्र

1. साधारण मनुष्यों की अपेक्षा ऊँचे पर

"श्री"

श्री पं. सूर्यकान्त त्रिपाठी जी साधारण मनुष्यों की अपेक्षा कुछ ऊंचे पर रहते हैं। सृष्टि के बाह्य रूप में उसके अन्तरंग का विशेष अनुसंधान करते हैं। ऐसे मनुष्य संसार में थोड़े होते हैं। इन्हीं में प्रतिभा होती है और यदि परिस्थिति इन्हें प्रापंचिक चिन्ताओं के परे कर दे तो इनसे साहित्य का बड़ा उपकार हो सकता है। पं. सूर्यकान्त के गुणों का और विद्या का प्रकाश फैले, इसकी बड़ी आवश्यकता है। विज्ञेषु किमधिकम्?

ल. ना. गर्दे

भाद्र शुक्ल 1 सं. 1983

[इस प्रमाण-पत्र के लेखक लक्ष्मण नारायण गर्दे का उल्लेख निराला ने महादेवप्रसाद सेठ आदि के साथ अपने मान्य जनों अर्थात् समर्थकों में किया है (देखें, 'प्रश्नोत्तरी', प्रश्न 4 का उत्तर)। प्रमाण-पत्र में मराठी-भाषी हिन्दी-प्रेम गर्दे जी ने औपचारिकता का निबाह न करके निराला के व्यक्तित्व के सम्बन्ध में अपनी अन्तर्दृष्टि का परिचय दिया है।]

2. हिन्दी संसार में युगान्तर

श्री

जगन्नाथ प्रसाद चतुर्वेदी। 90, सीताराम घोष स्ट्रीट,

कलकत्ता मिती भा. कृ. 15-1983

श्रीयुत पण्डित सूर्य्यकान्त जी त्रिपाठी से मैं परिचित हूँ। आप हिन्दी साहित्य के मर्मज्ञ हैं। आप के निराले ढंग के पद्यों ने हिन्दी संसार में युगान्तरसा उपस्थित कर दिया है। आपकी गद्य रचना भी प्रौढ़, पुष्ट और पाण्डित्यपूर्ण होती है। हिन्दी के अतिरिक्त आप संस्कृत, बंगला और अंगरेजी भी अच्छी जानते हैं। मैं आपकी उन्नति चाहता हूँ।

जगन्नाथ प्रसाद चतुर्वेदी

[द्वादश हिन्दी साहित्य सम्मेलन के सभापति]

[चतुर्वेदी जी निराला के समर्थक थे, मुक्त छन्द का मज़ाक उड़ाने वाले उनके विरोधी भी।]

3. भाव—विरक्त साधुओं के

आशुतोष विलडिंग-कलकत्ता विश्व
विद्यालय
कलकत्ता-7-9-26

मैं श्री पंडित सूर्यकान्त जी त्रिपाठी को बहुत दिनों से जानता हूँ। ये हिन्दी, संस्कृत तथा बंगला के बड़े सुयोग्य विद्वान हैं। इनका ज्ञान अंग्रेज़ी में भी अभिनिविष्ट है। इनकी लिखी हुई छन्द तथा अन्त्यानुप्रास रहित कविताएँ हिन्दी साहित्य भाण्डार का रत्न समझी जाती हैं। इनके भाव बड़े उच्च होते हैं और हिन्दी रसिकों के हृदयों को अपना लेते हैं। दार्शनिक गद्य ऐसे सरल होते हैं। [,] जिन्हें हिन्दी भाषा का थोड़ा भी ज्ञान है वे उन्हें भलीभाँति समझ सकते हैं। भाषा प्रौढ़ सरल और शुद्ध होती है। लोगों को इनका निराला नाम ही ज्ञात है क्योंकि ये प्राय: उसी नाम से गद्यपद्य लिखा करते हैं। मैंने एक बार इनसे वेदान्त विषयक एक संस्कृत ग्रंथ के संबन्ध में बातें की थीं तो मालूम हुआ कि आपके हार्दिक भाव विरक्त साधुओं के से हैं। मैं बहुत प्रसन्न हूँगा यदि पढ़े लिखे सज्जनों में इनका उचित सम्मान होगा।

सकल नारायण शर्मा

[काव्य—व्याकरण—सांख्यतीर्थ, विद्याभूषण, शिक्षा सम्पादक, कलकत्ता संस्कृत कौलेज के अध्यापक, कलकत्ता विश्वविद्यालय के हिन्दी तथा संस्कृत के व्याख्याता आदि।]

[प्रमाणपत्र बोलकर लिखाया गया है; केवल हस्ताक्षर सकल नारायण शर्मा के हैं।]

4. नामी लेखकों में हैं

श्री. पं. सूर्यकान्त जी त्रिपाठी से मैं पूर्णतया परिचित हूँ। आप अच्छे विद्वान और हिन्दी साहित्य के नामी लेखकों में हैं। कविता आप उच्च श्रेणी की करते हैं जो राष्ट्र-प्रेमी नवीन साहित्य सेवीयों [सेवियों] को खूब ही रुचिकर होती है। आप को अंग्रेज़ी इत्यादि अन्य भाषाओं का भी अच्छा ज्ञान है। विद्याप्रेमी सज्जनों को आप की योग्यता से लाभ उठाना चाहिये। आशा है, आप के गुणों की अवश्य कदर होगी।

बालमुकुन्द डागा

Calcutta
6.10.26

[साहित्य क्षेत्र में अपनी किसी कृति के लिए बालमुकुन्द डागा को ख्याति मिली हो, ऐसा नहीं सुना। उनसे निराला ने प्रमाणपत्र लिया, इससे उस समय की उनकी विवशता का ही बोध होता है।]

5. केदारनाथ अग्रवाल के लिए प्रमाणपत्र

श्री केदारनाथ अग्रवाल "बालेंदु" बी.ए. को मैं जानता हूँ; वह हिन्दी गद्य और पद्य के उत्तम लेखक हैं। उनकी विचारधारा मार्जित और भाव गम्भीर होते हैं। उनका विषय-प्रवेश सराहनीय है। आधुनिक गद्य और पद्य के लेखकों में वह सर्वोत्कृष्ट होनहारों में से हैं। बातचीत में सरल, सहृदय और ओजस्वी प्रतीत होते हैं, जिससे उनके पुष्ट पवित्र चरित्र और अध्ययन का पता चलता है। ऐसे नवयुवक हिन्दी साहित्य का एक दिन मुखोज्ज्वल करेंगे। मैं समझता हूँ, वह किसी भी कालेज में हिन्दी शिक्षक का कार्य भली भाँति कर सकेंगे।

शुकदेव विहारी मिश्र
(रायबहादुर)
28-7-35

[सन् '35 में केदारनाथ अग्रवाल वकील रूप में प्रतिष्ठित न हो पाए थे। कहीं अध्यापन कार्य मिल जाय, प्रयत्न कर रहे थे। उनकी इच्छानुसार निराला ने शुकदेव विहारी मिश्र से यह प्रमाण-पत्र प्राप्त किया था। निराला बोलते गए थे, मैं लिखता गया था; घर से प्रमाण पत्र तैयार करके मिश्र-बन्धुओं के यहाँ गए थे। शुकदेव विहारी मिश्र ने हस्ताक्षर करने के बाद नीचे रायबहादुर भी लिख दिया था।]

6. प्रश्नोत्तरी

[सन् '43 में लखनऊ से मैंने नरोत्तम नागर को कुछ प्रश्न लिख भेजे थे। निराला ने इन प्रश्नों के जो उत्तर दिये, नरोत्तम नागर ने उन्हें ज्यों-का-त्यों लिखकर इलाहाबाद से मेरे पास भेज दिया था। प्रश्नों की सीमा की चिन्ता न करके निराला ने वह सब कहा जो उस समय उनके मन में था। उन्हें इस बात का ज्ञान था कि उनकी 'मानसिक स्थिति डाँवाँडोल' है। इस डाँवाँडोल स्थिति को सँभालने का प्रयत्न भी उनके उत्तरों में निहित है।]

प्रश्न 1 : श्री बनारसी दास से पहली मुलाकात—आपके विरुद्ध उनके पहले लेख कब निकले?

उत्तर— वास्तव में मेरा विरोधाचार बनारसी दास जी से शुरू नहीं हुआ। पं. बनारसी दास चतुर्वेदी काफी प्रकाश में विशाल भारत के निकलने के बाद आए हैं। इसके तीन-चार साल पहले 'मतवाला' निकल चुका था, 1923 में। उसमें लगातार मेरी कविताएँ छपती थीं। जो वर्णात्मक और मात्रात्मक मुक्त छन्द में थीं। इससे भी पहले 'समन्वय' में मेरी रचनाएँ निकलीं। इसी समय प्रो. शिवपूजन सहाय, हिन्दी भूषण जी ने 'आदर्श' और 'मारवाड़ी सुधार' में मेरी रचनाएँ निकालीं। 'जुही की कली' पहले 'आदर्श' में ही निकली है। जब भी कई साल पहले की लिखी हुई मुझे याद थी। ऐसी और कई रचनाएँ थीं। 1919 में पं. महावीर प्रसाद जी द्विवेदी

महाराज की सेवा में 'सरस्वती' में छपने के लिए मैंने यही ('जुही की कली') रचना भेजी थी। लेकिन यह छपी नहीं। उन्होंने इसे वापिस कर दिया। जब भी मेरा हिन्दी काव्य-रचना-काल मेरी चौदह-पन्द्रह साल की उम्र से, यानी सन् 1909-10 से शुरू होता है। फिर भी वह, ब्रजभाषा की कविता में मित्रों को पत्रादि लिखने के लड़कपन के सिवा विशेष महत्त्व नहीं रखता, पर काव्यगत सौन्दर्य की उसमें कमी नहीं। खड़ी बोली मैंने बाद को सीखी—जैसा कि 'कुल्ली भाट' में लिखा है। 1920 में मेरी एक रचना 'प्रभा' में निकली थी जो किसी संग्रह में नहीं आई। 'प्रणवीर' में भी दो-एक रचनाएँ निकली हैं, 'सरस्वती', 'विश्वमित्र' (साप्ताहिक) आदि पत्रों में जिनका संग्रह अपने अपरिणामदर्शी स्वभाव के कारण मैंने नहीं किया, न जो किसी संग्रह में आ सकीं। 'मतवाला' में हर तरह की आज़ादी लिये हुए निकलनेवाली रचनाओं से हिन्दी साहित्य में एक सन्नाटा-सा छाया। फिर प्रतिक्रिया होना शुरू हुई। चूँकि मेरा प्राथमिक काल था, इसलिए उपेक्षा ही लोगों में प्रधान थी। पर चीज़ों के बोझ को वे देर तक सँभाल नहीं सके। पं. जगन्नाथ प्रसाद चतुर्वेदी ने एक वैसा ही छन्द लिख कर, मुझ से शुद्ध कराकर, मित्रों को सुना कर, पटना से निकलनेवाले साप्ताहिक पत्र 'शिक्षा' में छपाया। फिर हिन्दी के आचार्यगण खुल्लमखुल्ला विरोध कर चले। मेरी दो-एक रचनाएँ ऐसी भी थीं जिनका, मुखपृष्ठ पर प्रकाशन होने के कारण, 'मतवाला' सम्पादक ने अनूदित या भावानुसारी लिखकर उनकी वक़अत साधारण नहीं की। 'प्रभा' में, शायद 1924 में, ऐसी दो रचनाओं की चोरी प्रमाणित की गई। लिखनेवाले ने उपनाम देकर लिखा। पं. बालकृष्ण शर्मा 'नवीन' को उनका असली नाम मालूम होगा। लेखक ने साथ ही रचनाओं की तुच्छता पर पुरअसर प्रकाश डालते हुए लोगों की सहानुभूति ली। इन दो रचनाओं में जो विशिष्ट है, वह है—'तट पर'। इसका कारण यह है कि मुंशी जी ने एक लेख मेरी रचनाओं की तारीफ में छापा था। और मुझे विशेषणों से याद किया था। आलोचना के छप जाने पर नवीन जी ने सम्पादक की हैसियत से अपना एक नोट 'प्रभा' में प्रकाशित किया। मेरी काफी तारीफ उन्होंने की। इसके बाद 'माधुरी' में आलोचना-प्रत्यालोचन शुरू हुई। पं. महावीर प्रसाद जी द्विवेदी का दल विरोध में था। लखनऊ के मृत्युञ्जय औषद्यालय वाले पं. शालिग्राम शास्त्री जी ने विरोध किया था। डा. अवध उपाध्याय, प्रो. गुलाब राय एम.ए.; प्रो. कृष्णदेव प्रसाद गौड़ एम.ए. ने समर्थन किया। यह चढ़ाई और लड़ाई छायावाद के नाम से हुई। इन्हीं दिनों आचार्य पं. रामचन्द्र शुक्ल ने एक कविता लिखी जो 'सुधा' में प्रकाशित हुई। उसकी एक लाइन मुझे याद है : 'काव्य में रहस्य कोई वाद है न ऐसा जिसे लेकर निराला कोई पंथ ही खड़ा करे।' इसका जवाब पं. मातादीन जी शुक्ल ने उसी तरह कविता में लिखकर दिया। पश्चात् आचार्य शुक्ल जी का 'काव्य में रहस्यवाद' निकला। स्मरण से तमाम नाम नहीं गिनाए जा सकते। इतना ही कहा जा सकता है कि हिन्दी के बीस साल के इतिहास में छायावाद और रहस्यवाद

के विरोध और अनुकूल में हज़ारों सफे रंग गए हैं और उस समय के जितने बड़े आचार्य थे, मिश्र-बंधुओं को छोड़ कर, प्राय: सभी तीव्र विरोधी थे। बनारसी दास चतुर्वेदी अपने पत्र की प्रसिद्धि के लिए यद्यपि एक-एक आदमी और एक-एक विरोधी चुने रहते थे, फिर भी उन्होंने मेरे सम्बन्ध में कुछ देर की और बड़ी समझ से काम लिया। पं. बनारसीदास से मेरी पहली मुलाकात शायद सन् 1928 में हुई। उन्होंने मुझे बुलाया था। मैं उनसे मिलने उनके आफिस गया था। बड़ों का जैसा स्वभाव है, उन्होंने वैसा ही बरताव किया : एक, मैं आपका राज्य [राज़] लेना चाहता हूँ। दो, उन्हें आप क्या समझते हैं? मेरा उत्तर : किन्हें? बनारसी दास जी ने कहा : किसी का नाम लीजिए। मैंने कहा : किसका नाम लूँ? उन्होंने कहा : बस, आप हार गए।

1. मैंने आप को बुला लिया।
2. मैंने आप से बातचीत करायी।
3. और अब मैं आगे-आगे चलता हूँ, आप मेरे पीछे-पीछे आइए।

मैं उनके पीछे-पीछे चला। बस, यही मेरी उनकी पहली मुलाकात और बातचीत है। मछुआ स्ट्रीट के पास मैंने कहा—मैं अब इधर जाऊँगा। उन्होंने कहा : "Go Coward! Don't you know that I am always with the great men; like Mahatma Gandhi & Ravindra Nath Tagore? I can show you the way if you follow me—and I am in the position to give you a superior place to which you are situated."

मैं एक हक्के-बक्के उल्लू के पट्ठे की तरह उनका मुँह देखता हुआ मछुआ बाज़ार स्ट्रीट से 'मतवाला' आफिस के लिए मुड़ा।

इसके बाद 'विशाल भारत' देखने से मालूम होगा कि 1931-32 से उन्होंने मेरे विरुद्ध तैयारी करके लिखना शुरू किया। जिन आचार्यों के नाम वह नहीं देना चाहते थे, उनमें पं. महावीर प्रसाद द्विवेदी और पं. पद्म सिंह शर्मा आदि-आदि रहे। होंगे। जिस 'वर्तमान धर्म' शीर्षक, भारत में छपे, लेख को लेकर उन्होंने आन्दोलन उठाया था, उस पर राय देनेवालों में कि लेखक पागल है, पं. जगन्नाथ प्रसाद चतुर्वेदी और प्रो. रामदास गौड़ भी थे। पं. मोहन लाल महतो वियोगी भी पं. बनारसी दास जी के सहयोगियों में हैं। इसका विवरण बहुत बड़ा है। साहित्य उस समय का पढ़िए। पं. नन्ददुलारे जी वाजपेयी ने, जो उस समय अर्द्ध साप्ताहिक 'भारत' के सम्पादक थे, इस लेख की विरोधिता का अपने पत्र में सम्पादक की ज़िम्मेदारी के रूप से सुंदर उत्तर लिखा था। जिन पत्रों ने 'विशाल भारत' के इस आन्दोलन का समर्थन किया था, उनमें एक 'प्रताप' भी है। ऐसे अनेक पत्र एक साथ मेरे खिलाफ हो गए थे। आप जानते हैं, पं. बनारसी दास जी चतुर्वेदी भी अच्छे प्रापगेंडिस्ट हैं। मेरा उत्तर जो 'माधुरी' में संपादक पं. मातादीन शुक्ल की कृपा से निकला, वह 'प्रबंध प्रतिमा' में आ चुका है।

प्रश्न 2 : पद्मसिंह शर्मा से क्या आपकी कभी भेंट या बातचीत हुई थी?

उत्तर : पद्मसिंह जी से मेरी कई बार मुलाकात हुई। 'सुधा' के एक साहित्य अंक का उन्होंने संपादन किया था। उस वक्त लखनऊ तशरीफ ले आए थे। काफी बातचीत हुई थी। सज्जन, विद्वान् और विनम्र थे। परन्तु प्रचारक का रूप प्रबलतर था। पहले द्विवेदी जी से उनकी पटरी नहीं बैठी। जिसे वे आदर्श हिन्दी समझते थे, उसे द्विवेदी जी नहीं। पुन: उनमें उर्दू और ब्रजभाषा के ज्ञान की अधिकता थी, संस्कृत के साथ। उन्होंने मुझसे कहा : "आप हमसे बातचीत में शरकत नहीं कर रहे? हम एक आन्दोलन आप पर चलवाएँगे। इससे आपकी जानकारी की पोल खुल जाएगी।" यह जहाँ तक स्मरण है, सन् 1928-29 की बात है।

प्रश्न 3 : आपकी कविताएँ छपने पर आपके प्रमुख विरोधियों में कौन थे और विरोध का कौन रूप था?

उत्तर : विरोधियों के प्राय: नाम मैं गिना चुका हूँ। छन्द, ध्वनि और अलंकार शास्त्र के अनुसार मेरी कविताएँ, उनकी समझ में नहीं आती थीं। वे समझते थे, ऐसी स्वतंत्रता स्वेच्छाचारिता है, साहित्य का इससे नाश होता है।

प्रश्न 3 : कलकत्ता और लखनऊ के जीवन के बारे में जो विशेष आप बता सकें?

उत्तर : बंगाल मेरी जन्मभूमि है। इसलिए मुझे बहुत प्रिय है। सिटी-लाइफ़ का जो उपयोग और आनन्द मुझे कलकत्ता में मिला, वह लखनऊ में नहीं। लेकिन लखनऊ के चौदह साल में मेरा साहित्य-सर्जन कलकत्ता के 'परिमल' से अधिक ही महत्त्व रखता है। पं. दुलारेलाल जी भार्गव की कृपा से लखनऊ में मुझे बहुत तरह की सहूलियतें रहीं, लेकिन कलकत्ता का मुक्त, निष्कपट वातावरण, लखनऊ में नहीं मिला। कुछ साहित्यिक मित्र, आपकी तरह के, जो भविष्य के उज्ज्वलतर ज्योतिष्क हैं, लखनऊ से ही मुझे अपना प्रकाश दिखा सके। कलकत्ता में बाबू महादेव जी प्रसाद सेठ, मुंशी नवजादिक लाल जी, पं. लक्ष्मण नारायण जी गर्दे, पं. अम्बिका प्रसाद जी वाजपेयी, बाबू मूल चन्द जी अग्रवाल, पं. जगन्नाथ जी प्रसाद चतुर्वेदी, पं. सकल नारायण जी शर्मा आदि मेरे मान्यजन थे। मित्रों में बाबू शिवपूजन सहाय, उग्र, पं. रामशंकर त्रिपाठी आदि-आदि थे। अन्तरंगों में पं. शिवशेखर द्विवेदी, स्व. दयाशंकर वाजपेयी, स्व. विजय और दुर्गादत्त त्रिपाठी एम.ए., बी-एल आदि थे।

स्वास्थ्य लखनऊ में बहुत अच्छा हुआ। पर मैं स्वास्थ्य का दुर्बल कभी भी नहीं था। लखनऊ का जो प्रभाव मुझ पर पड़ा है, वह मेरे साहित्य के लिए बहुत बुरा नहीं, पर बहुत अच्छा भी नहीं। क्योंकि मेरे [मेरी] पहले की भाषा देखने पर आप की समझ में आसानी से आ जाएगा कि बैसवाड़े—मेरे घर—की बोली ही मुझ पर ग़ालिब थी। लखनऊ के वातावरण से बैसवाड़े का वातावरण मुझे बहुत पसन्द है, कविता के लिए कलकत्ते का। लखनऊ में मुझे एक फ़ायदा हुआ। कलकत्ते की

मेरी चढ़ी आँख लखनऊ में झुक गई। मैं समतल पर आ गया। यों एकान्तप्रिय मैं कलकत्ता में भी था, लखनऊ में आपने मुझे देखा ही है।

बंगाल में पैदा होने के कारण प्रचुर जलाशयता मुझे बहुत पसंद है। लखनऊ में इसकी कमी थी, जब भी नमी शहर में बहुत है। मेरी बँगला की नफ़ासत लखनऊ की सीढ़ियों से उतरते-उतरते उतर गई। मैं समझा, लखनऊ की भाषा में ही कहूँ, 'ख़ार जारे इश्क़ में मुश्किल जो है मंज़िल में है।' जब तक मेरी आँख खुली है, मैं कलकत्ता को भूल नहीं सकता और लखनऊ की श्रेष्ठता मेरी निगाह में आधुनिक नहीं, प्राचीन है।

प्रश्न 3 : आपके प्राथमिक समर्थकों में सुमन, नन्ददुलारे जी के अतिरिक्त और कौन लोग रहे हैं?

उत्तर : बाबू महादेव प्रसाद जी सेठ, 'मतवाला'-सम्पादक, मेरे सबसे पहले और सम्मान्य समर्थक थे। हिन्दी के लिए उनका जैसा प्यार मैंने अन्यत्र नहीं देखा। 'मतवाला' के निकलने का एक मुख्य उद्‌देश्य मेरी कविताओं का प्रकाश में लाना ही था। वह महत् चरित्र थे। महत् होकर ही गुज़रे। कलकता में उनके पृष्ठ पोषण के कारण मेरे अनेक प्रशंसक थे। बहुत से आवृत्ति के कारण हुए। मुंशी जी का और शिवपूजन जी का नाम लेना अनुचित है क्योंकि हम सब एक ही थे। पं. सकल नारायण शर्मा, पं. लक्ष्मण नारायण गर्दे, पं. चन्द्रशेखर शास्त्री और पं. महावीर प्रसाद द्विवेदी मेरे समर्थक ही थे, मुझे स्नेह करते थे, प्रोत्साहन देते थे। पं. जगन्नाथ प्रसाद चतुर्वेदी भी मुझ पर कृपा करनेवाले व्यक्तियों में थे। उन्होंने रेल के निकलने की कथा सुनाई थी और कहा था : "हम तुम्हारा विरोध इसलिए करते हैं कि तुम बड़े बनो। बगैर तुम्हारा विरोध किये हम रह नहीं सकते। क्योंकि ज़माना हमारे साथ है, तुम्हारे साथ नहीं। तुम बड़े यदि होगे तो इस विरोध से उभर कर।' प्राय: सब विरोधियों के लिए ऐसा ही समझिए।

प्रसाद जी ने जो फ्रीवर्स में दो रचनाएँ की हैं, यह इसलिए नहीं कि वे मेरे अनुगामी हुए, बल्कि इसलिए कि उन्होंने कलात्मिकता से मेरा समर्थन किया। नवीन जी भी मेरे प्रशंसकों में हैं और अमर शहीद पूज्यपाद गणेश शंकर जी विद्यार्थी भी। सुमन और नन्ददुलारे जी तो हैं ही। औंर अब शायद सभी को फ्रीवर्स की मान्यता स्वीकृत हो चुकी है।

प्रश्न 3 : गाँव में कुल मिलाकर आप कितने दिन रहे हैं?

उत्तर : इसका उत्तर मैं अपने पत्र में दे चुका हूँ। [देखें : 18-2-43 का निराला का पत्र]

प्रश्न 3 : अपने नाम से प्रकाशित पुस्तकों के सिवा जीविकोपार्जन के लिए आपने जो लेखन-चर्चा की हो, उसका ज़िक्र करें।

उत्तर : मैंने रामकृष्ण मिशन में प्राय: दो हज़ार सफों का अनुवाद किया। किताबें निकल रही हैं। वात्स्यायन कामसूत्र और कुछ बँगला पुस्तकों का अनुवाद, दूसरों के नाम से, किया है। हिन्दी में लिखी पांडुलिपियाँ शुद्ध की हैं।

तुलसीदास की रामायण की टीका लिखी है। पत्रों में बहुत से लेख और नोट लिखे हैं जो मेरे संग्रह में नहीं आए। कलकत्ता से निकलीं 6 किताबें मेरे नाम से हैं, जो बाज़ार के लिए ही लिखी गई हैं। दो नाटक हैं जिनमें एक 'समाज' है दूसरा 'शकुंतला', जो अभी तक प्रकाश में नहीं आए। समाज को हम लोगों ने कलकत्ता के मनमोहन स्टेज पर खेला था। कुछ पहली-दूसरी किताबें लिखी हैं जिन पर मेरा नाम नहीं है। एक 'रस और अलंकार' पुस्तिका लिखी है। वह निकली या नहीं, नहीं मालूम।

प्रश्न 3 : विरोधी आलोचकों की बातों पर आपकी राय?

उत्तर : मैंने अपनी चीज़ों का आवृत्ति द्वारा जितना प्रदर्शन किया है, और इस तरह विरोध न होने का निराकरण, उतना मेरे साथियों में किसी ने भी नहीं किया। न किसी ने आवृत्ति में वैसी ख्याति पाई। फिर भी जब विरोध होता है तो यही निष्कर्ष मेरी दृष्टि में है कि यह विरोध का मनुष्य का स्वभाव है।

प्रश्न 3 : आगे आपने जो लिखने का विचार किया हो, उसकी रूपरेखा?

उत्तर : मैं गीतशास्त्र और तुलसीदास जैसी चीज़ों से अपने साहित्य को अधिक समृद्ध देखना चाहता हूँ। आपसे काफी बातचीत कर चुका हूँ। अब भी मेरी मानसिक स्थिति डाँवाँडोल है, फिर भी वह अपूर्णता मुझे बहुत खटकती है कि मेरा काव्यशास्त्र अभी अधूरा पड़ा है। नाटक भी लिखना चाहता हूँ और उपन्यास भी। समय और सुयोग की प्रतीक्षा में हूँ। कुछ तैयार भी कर रहा हूँ।

प्रश्न 3 : मेरी पारिवारिक स्थिति आप अच्छी तरह जानते हैं।

[नरोत्तम नागर निराला के उत्तर भेजते समय यहाँ प्रश्न लिखना भूल गए हैं। उत्तर से प्रश्न का आशय स्पष्ट है।]

7. सरोज का विवाह

निराला जी के साथ हमारे परिचय और सरोज की शादी में कोई चकित करनेवाली औपन्यासिक घटना नहीं है। असल इतना ही है कि दयाशंकर बाजपेयी हमारे गहरे दोस्त थे।—यह सम्बन्ध उनके परिवार से आज भी वैसा ही है। हम लोग पढ़ना चाहते थे हि.सा. सम्मेलन की परीक्षाओं के लिए, इसी मतलब से हम लोग 'मतवाला' गए। कारण बाजपेयी जी सेठ जी को जानते थे। हम लोग निराला जी से पढ़ने के इच्छुक थे। सेठजी बड़े खुश हुए और उन्होंने ही हम लोगों का परिचय निराला जी से कराया। निराला जी ने पढ़ाना मंज़ूर किया; पर यह केवल भावुकता थी। फलत: 3 माह लगातार जाकर और जैसे के तैसे लौट आकर बाजपेयी जी ऊब गए और पढ़ना बन्द कर दिया। हम जाते ही रहे। वहीं से हमने विशारद की परीक्षा दी। इस तरह हमारे धैर्य ने सम्बन्ध दृढ़ किया। साथ ही इस अर्से में उनकी

कुछ कठिनाइयों में भी हम लोग यथाशक्ति काम आए। इसलिए विश्वास करने का उनका मन निश्चिन्त हुआ। तब से बराबर सम्बन्ध रहा।

अचानक सरोज की समस्या आई। वे घर थे। पैसों की तंगी थी। एक रचना बेचने के लिए वे गाँव से गंगा पुस्तकमाला, लखनऊ पैदल ही गए। फिर काम बना। किन्तु जो कुछ वसूल होता, उसका आधा, कभी-कभी आधे से अधिक कवित्वशक्ति की उत्फुल्लता में वहीं खर्च हो जाता। इस प्रकार ज़रूरत भर की रकम का संग्रह ही असम्भव था।

फिर भी उनकी कामना थी, पास-पड़ोस में किसी अति कुलीन के घर सरोज की शादी करने की। दो एक जगह चर्चा भी उन्होंने की। पर कहीं से कोई सहानुभूति न मिली। तब उन्होंने हमारे लिए श्री दयाशंकर बाजपेयी को लिखा। बाजपेयी ने हमें कुछ बताने के पहले ही स्वीकृति भेज दी। फिर हमें बताया। इसके तीन माह के बाद हमें गढ़ाकोला जाने के लिए तार मिला। हम बहुत ही श्रद्धा करते थे। हम गए और वहाँ जाकर देखा; कुछ भी पास नहीं है। सिर्फ नब्बे रुपये हमारे पास थे। यही धन हमारी शादी में सहायक था। बिना किसी आडम्बर के उन्होंने जैसा चाहा, वैसा हमने पूरा किया। पुरोहित को वे मनोनुकूल देने में असमर्थ थे। इसीलिए वे पुरोहित थे। माली का काम भगवान वेद व्यास और महाकवि तुलसीदास ने किया—गीता-रामायण ही मौर्य-मौरी थे।

साहित्यिकों में श्री पं. नन्ददुलारे जी बाजपेयी और स्व. पं. आनन्द मोहन जी बाजपेयी उपस्थित थे। इस कृत्य के बाद दो सप्ताह वहाँ रहकर हम लौट आए। सरोज वहीं रही। वह पूरे डेढ़ साल बाद हमारे घर आई, जब हम वहाँ दोबारा गए।

सरोज की विदाई उसके ननिहाल से हुई थी। कारण, जीवन में स्नेह—सच्चे स्नेह के नाते जो कुछ उसे प्राप्त था, एकमात्र नानी से। उसी ने 6 मास की इस मातृहीना बालिका का पालन किया था। उस वृद्धा के स्नेह की सीमा न थी और सरोज को किसी भी मूल्य पर उससे वंचित करना कठिन था।

इस प्रकार हमारा अटूट सम्बन्ध 14 साल तक साथ रहने का—कलकत्ते और लखनऊ का था। बाद, घर की हमारी कठिनाइयाँ हमारी लापरवाही से इतनी बढ़ गईं कि जिन्हें हम हल न कर सके। हमें अपनी ही उलझनों में कसे रहना पड़ा।

बस। इतनी ही मूल बात है। तिल का ताड़ करने के लिए 14 साल के लम्बे अर्से में काफी मसाला है, पर अब उसकी चर्चा हमें न तो प्रिय है, न निराला जी के यश:शरीर में उसका योग उपयोगी।

कलकत्ता : 5-3-62

शिवशेखर द्विवेदी

[रामविलास शर्मा को पत्र]

8. सरोज की बीमारी और मृत्यु

सरोज की कहानी लम्बी है। वह पहले पहल बीमार हुई—अचानक काँख में (बाईं) फोड़ा हुआ। देहात में दवा होती रही। फल न हुआ। महीनों बाद पता चला, औंधा फोड़ा है। वह उस समय ननिहाल में थी। नानी ने पाला था। वहीं इलाज कराती थी और जब देहात में ऊब गई तथा सांघातिक फोड़ा है, पता चला, तब वह उसे लेकर रायबरेली हास्पिटल गईं। वहाँ आपरेशन हुआ। किन्तु कंधे के ऊपर नासूर हो गया, यह बात 7 बार के आपरेशन के बाद जानी गई। वह बराबर 14 माह वहीं रही और देखभाल के लिए उसका ननिहाल का पूरा परिवार भी। खर्च वे लोग ही चलाते थे। बीच-बीच में हमसे और निराला जी से कुछ मदद उन्हें मिलती थी, पर मदद यह नगण्य ही थी।

14 माह के बाद निराश होकर वे लोग उसे लेकर घर चले गए। वहाँ अचानक एक परमहंस से भेंट हुई और उनकी दवा से नासूर अच्छा हुआ।

फिर थोड़े दिनों बाद वह ज्वर से पीड़ित हुई। दवा होती रही। यह ज्वर प्राय: साल भर तक बना रहा। इस दफे बाँदा के एक वृद्ध अनुभवी वैद्य ने निदान किया कि उसे यक्ष्मा है और अब चरमसीमा पर रोग है। तब एक्सरे हुआ। पता चला, बाँया पंजर खराब गया—हर पसली छिद्रों से नष्ट है। फलत: दवा के साथ ही उसके गंगा की धारा में रखने का आदेश हुआ। वैद्यों और डा. ने कहा, 11 वर्ष पार होने पर इसके सँभलने की आशा बँधेगी। एक माह से अधिक गंगा की धारा से सटे डलमऊ के एक मठ में रखने की व्यवस्था थी। वहीं श्रावण शुक्ला प्रतिपदा को करीब साढ़े ग्यारह बजे वह सदा के लिए शान्त हो गई। नानी की गोद में ही पली, उन्हीं की देखरेख में रही और उन्हीं के प्यार की गोद में मरी भी। असल में इस दुनिया में सम्पूर्ण निर्दोष और सच्चा स्नेह उसे अपनी नानी का ही प्राप्त था। बस।

कलकत्ता : 22-3-62

शिवशेखर द्विवेदी

[रामविलास शर्मा को पत्र]

9. जैसे अभी अभी रोगशय्या से उठे हों

निराला जी के यहाँ जब मैं पहुँचा तो वे बैठे चौका लगा रहे थे। घर में अन्धकार छाया हुआ था, ऊपर के एक कमरे के कोने में मिट्टी का छोटा सा दीपक अवश्य टिमटिमा रहा था। केश और दाड़ी मूछ बढ़े हुए, अस्तव्यस्त, जैसे अभी 2 रोग शय्या से उठे हों। मुझे बिजली की करेंट का धक्का सा लगा, दिल दहल उठा, पर चुपचाप उनकी ओर ताकता खड़ा रह गया। वे थोड़ी ही देर पहले शाम का भोजन पकाकर उठे थे। मुझे देखकर बहुत ही खुश हुए। बिना कुशल समाचार पूछे ही बोल पड़े, आज खाना ज़्यादा बना लिया था, सोच ही रहा था कि इतना खाना

कौन खाएगा? पर तुम अच्छे आ गये, अब खाना खाकर ही जाना। फिर घी की और दूध की तारीफ़ के पुल बाँध दिये। आज बहुत ही बढ़िया घी लाया हूँ, ऐसा तो बैसवारे के गाँवों में भी मिलना दुर्लभ है, आजकल। बहरहाल मुझे ज़बरदस्ती बिठाकर खिलाया। और सच पूछो तो खुद भूखे रह गए। मुश्किल से दो या तीन रोटियाँ खाई होंगी। तीन चौथाई दूध भी रोटी मीसकर मेरे सामने रख गए, बहुत मना करने पर भी नहीं माने। कहने लगे कि तुम आदमी हो कि क्या हो। मैं बेवकूफ़ हूँ जो तुम्हारे लिए भूखा रह जाऊँगा। मुझे चारपाई पर गद्दा बिछाकर सुलाया, स्वयं खरेरे तखत पर सोए। तुम्हारे कुशल समाचार पूछे, तुम्हारी वाली पुस्तक का तो उन्हें पहले ही पता लग चुका था, पता नहीं कैसे, शायद तुम्हारे ही द्वारा। खाने के पहले एक पोटली में बँधा हुआ आटा अन्दर से लाए और मटकी में भरने लगे। मैंने कहा, लाइए मैं भर दूंगा, आप नहाने जाइए, तो बिगड़ पड़े। फिर जब स्नान करने जाने लगे तो उसी कपड़े को जिसमें आटा बंधा हुआ था, झाड़ कर पहनने के लिए ले गए। सब कपड़े मैले हो गए थे। धुलवाने की कौन फ़िकर करे? घर तो तुमने देखा ही है। कच्चा, खपरैल की छत और सीलन।

सोते समय मैंने गवालियर चलने की बात की तो सफा नाहीं कर गए। मैंने बड़ी चिरौरी मिन्नत की पर वे अपने निश्चय से न डिगे। डा. महावीर सिंह की ओर से सन्देश भी दिया। तुम्हारा भी नाम लिया पर वे टस से मस न हुए। फिर पन्त जी के विषय में बड़ी व्यग्रता से पूछते रहे। प्रात: काल भी मुझे रोक लिया। कलिया बनाकर खिलाई अपने हाथ से। मेरे सोकर उठने के पहले ही बाज़ार से जलेबी लाकर रख दी थी। रात को उनके मना करने पर भी लगभग एक घंटे मैंने हाथ पैर और शरीर दबाया था, पहले तो मना किया पर बाद में चुपचाप दबवाते रहे। बारह बजे मुझे जबरदस्ती सुला दिया। दिन में फिर मैंने गवालियर चलने पर ज़ोर दिया तो कहने लगे कि पुस्तकें आधी छप चुकी हैं, मेरे पास उनके प्रूफ भी आने लगे हैं, मैं बिना पुस्तकें पूरी किए कहीं आ जा नहीं सकता। कुछ किताबों के प्रूफ भी दिखाए। खासकर उसके जो महादेवी जी के संसद की ओर से छप रही थी। फिर कहने लगे अभी 'चोटी की पकड़' नामक आलोचनात्मक पुस्तक पूरी करना है और बिना उसे पूरा किए मैं कहीं आ जा नहीं सकता। तुम्हें यह लिख देने को कहा कि पुस्तकें पूरी हो जाने पर—लगभग दो महीने बाद—एक सप्ताह के लिए—केवल एक सप्ताह के लिए आगरे आऊँगा और फिर वहाँ से शायद गवालियर भी एक सप्ताह के लिए चला जाऊँ पर गवालियर के बारे में अभी कुछ निश्चय नहीं कह सकता। मेरी सारी मनुहारें व्यर्थ हो गईं, दिल इतना गिरा गिरा रहा कि तुम्हें क्या लिखूं, कुछ समझ में ही न आया। हो सकता है उन्हें गवालियर लाने के लिए ज़िद करने में मुझ से कुछ मनोवैज्ञानिक भूलें हो गई हों, जो शायद तुम होते तो न होतीं। यह मैं अब अनुभव कर रहा हूँ। आजकल गज़लें भी अच्छी लिख रहे हैं। अभी नई छै गज़लें लिखी हैं। मुझे पढ़ने को दी थीं। जब

सो गए तो उन्हें मैंने एक कागद पर उतार लिया। उपयोग करने की इच्छा है। कुछ काफी सुन्दर बन पड़ी हैं।

ग्वालियर : [1944]

शिवमंगलसिंह 'सुमन'

[रामविलास शर्मा को पत्र]

10. आँखें सजल हो गईं, बोले कुछ नहीं

'निराला' जी सकुशल एलाहाबाद पहुँच गए। यहाँ जब तक रहे काफी स्वरचित रहे। एक दिन मुरार गए थे और एक दिन डा. महाबीर सिंह के यहाँ गोष्ठी में। मुरार में उन्हें 151) की थैली भेंट की गई जिसे उन्होंने पहले तो साहित्य सभा को दे देना चाहा पर मिलिन्द जी और हरिहरनिवास जी आदि के अनुरोध करने पर स्वीकार कर लिया। सबसे अच्छी बात तो यह रही कि वे डा. महाबीर सिंह जी से बहुत प्रसन्न हो गए हैं, यहाँ तक कि, एक बार बोले कि अबकी बार जब आएँगे तो डा. सा. के ही यहाँ ठहरेंगे। डा. सा. ने उनके Blood-pressure आदि की जाँच भी की। बड़ी खुशी 2 जाँच करवाई। फिर डा सा. ने कहा कि मैं आपके पूरे शरीर का X-Ray लेना चाहता हूँ तथा Blood, stool और urine तीनों की परीक्षा करना चाहता हूँ। इस पर बहुत खुशी से स्वीकारोक्ति दे दी। यह शर्त अवश्य लगा दी कि इस बार मुझे समय नहीं है। दूसरी बार आऊँगा तो आप फुर्सत से मेरे शरीर की जाँच कर सकते हैं। उनकी मुखाकृति से भी यह मालूम पड़ रहा था कि इस प्रस्ताव से वे बहुत सन्तुष्ट हुए हैं। तुम जानते ही हो कि निराला जी बहुत सी बातें चाहने पर भी व्यक्त नहीं करते, चुपचाप पी जाते हैं, विशेषत: व्यक्तिगत हर्षपुलक संबंधी [।] दो तीन दिन भी रुक जाते तो रक्त-परीक्षा हो गई होती, पर वे नहीं माने और अधिक हठ करना उचित नहीं मालूम पड़ा। यहाँ से लखनऊ गए थे। झांसी तक मैं स्वयं पहुँचाने गया था। फिर उन्होंने मुझे आगे नहीं जाने दिया, शायद जान गए कि मैं उन्हीं के कारण जा रहा हूँ [।] झाँसी पर पूरी बर्थ सेकंड क्लास की खाली मिल गई थी, उसी पर मैंने बिस्तर लगा दिया था। वहाँ चलकर गाड़ी लखनऊ ही खड़ी होती है, पूछा भी कि लखनऊ आप किसके यहाँ ठहरना चाहेंगे जिससे मैं तार दे दूँ। पर उन्होंने कहा कि कोई आवश्यकता नहीं, रामविलास का घर तो है ही। वहाँ उनके छोटे भाई मिल ही जायँगे। चलते समय मैंने कुछ भावुक शब्द कह दिए जिस पर उनकी आँखें सजल हो गईं, बोले कुछ नहीं, केवल शून्य में ताकते रह गए। मैं पैर छूकर बाहर निकल आया, गाड़ी चल दी।

ग्वालियर : 31-3-45

शिवमंगलसिंह 'सुमन'

[रामविलास शर्मा को पत्र]

11. स्वस्थ देह, भद्रवेश

अच्छा, निराला जी के बारे में लोकयुद्ध ने जैसी खबर फैला रखी थी, या उस लेख से फैल गई थी, उसका दसवाँ अंश ही शायद ठीक हो। निराला जी जैसा खुद बता रहे थे कि उनके मित्र ने कहा कि "हम तो सुना है कि तुम भूख हड़ताल कइ रहे हौ मुला तुम खाय खाय कै पड़वा ह्वै रह्यो है।" बात यही ज़्यादा सच थी। निराला जी को ऐसा तंदुरस्त हमने भी कभी ही कभी देखा है। उस दिन सफ़ेद तहमत, रेशमी कुर्ता और गांधी टोपी लगाये हुए थे। विद्यार्थी जी ने आवाज़ दी—चौबे जी—। बाहर निकल कर आये तो निराला जी को देखा। हम अचंभे में रह गये। दफ्तर से आये थे। दूर से ही हमने नमस्कार किया और जवाब मिला नमोनम:। बाद में मुंशी आए और पैर छुए। शिवप्रसाद आये तो पैरों पर सिर ही रखकर रगड़ने लगे। निराला जी बाहर तखत पर पल्थी मारे बैठे थे। हमने कहा, यह हिमाकत हमसे न होगी, पता नहीं बिगड़ने लगें। हम उनसे थोड़ी थोड़ी बातचीत करते रहे पर अपना दाँव तैयार रखे थे कि कुछ उल्टी पुल्टी बात कहें तो वैसा ही जवाब दें। यह सीखा तो हमने तुम्हीं से है। मगर निराला जी बहुत प्रसन्न थे। ऐसी कोई बात नहीं हुई। मुंशी ने जो एक मजेदार प्रश्न पूछा, वह यह कि निराला जी आप जाइयेगा कब? निराला जी ने कहा, रात वाली गाड़ी से।

एक सिगरेट पी रहे थे। आधी से ज़्यादा जल गई थी। और उंगली के पास सरक रही थी। बात करते करते उसे ज़मीन पर फेंक दिया, फिर तहमत सँभालते हुए उतरे और उसे उठा लिया। बोले, दुनियाँ में देखो कितना वेस्टेज होता है, और उसे पीने लगे। थोड़ी देर बातें करते रहे कि अचानक उँगली की तरफ आग पहुँचने पर फिर उसे फेंक दिया और फिर तहमत सँभाल कर उतरे और उठा लिया—बोले, देखो आदत कितनी खराब है। ज़रा-सी आँच उँगली में लगी कि सिगरेट अपने आप ज़मीन पर चली जाती है और एक फूँक उन्होंने फिर खींची। हमने पूछा, निराला जी, कौन सी सिगरेट है। बोले—होगी कैप्स्टन, डिलक्स, नेवीकट।... टेनर है टेनर। थोड़ी देर बाद खाना मँगाया। चावल दाल तरकारी नियमानुसार एक करके खा गये और कहने लगे आप लोगों के यहाँ बड़ा सात्विक भोजन बनता है। हमें शक हुआ कि कहीं इन्हें नमक तो कम नहीं लगा। थोड़ी देर बाद बोले, चलना चाहिए—सेकंड क्लास टिकट भी लेना है। हमने कहा—कहाँ यह सेकंड क्लास ट्रैवेल और कहाँ सिगरेट को बार बार ज़मीन से उठाकर पीना। यही इनके दिमाग की विचित्रता है।

घंटा डेढ़ एक हो गया था। कहने लगे, चलो घूम आयें। हमने सोचा जितना साथ हो उतना ही सही। रामकिसन के यहाँ गये। रास्ते में निराला जी बोले कि रिसर्च करो। इससे ज़्यादा लाभ होगा। दो चार आदमी आपस में भी तैयार होने चाहिए।

फिर रुक कर हाथ से बल्ले दबा कर देखे। बोले, पहले से दुबले भी हो। हमने कहा, क्या करें। जो काम कर रहे हैं वह हमारी बहुत रुचि का नहीं है पर आवश्यक तो है ही। रामकिसन के यहाँ गवैयों की मंडली बैठी थी। हम, मुंशी, निराला जी बाहर बैठ कर गाना सुनते रहे। शिवप्रसाद कमरे के अन्दर ठेका देने चले गये। ठेका देने में शिवप्रसाद एक दफे दो मात्रा पहले ही सम दिखा गये तो रामकिसन ने निराला जी स्टाइल में डाट बताई।

मुंशी और रामकिसन सामान इक्के पर रखकर स्टेशन आये और रामकिसन ने एक 2nd क्लास में सामान रख दिया। बाद में निराला जी हमारे साथ आये और सामान बर्थ पर बिछाने लगे तो टी.टी.आई. ने उज्र किया। सब वर्थ्स रिजर्व थीं। देखिये पहले ही से कार्ड लगे हैं। निराला जी को इंटर में आना पड़ा। बोले, अच्छा ही हुआ। हमें लोगों के लिये 2nd का सफर मँहगा भी पड़ता है। जगह उसमें काफी थी। धीरे 2 और लोग आने लगे। गंगा, लल्लू, शिवप्रसाद, गिरजा, मुंशी सभी लोग आ गये। गंगा के आने पर निराला जी को कुछ साहित्यिक पिटारा खुला और थोड़ी देर में धुँवा, कंकड़-पत्थर उसमें से उछलने लगे। हमें डर लगा कि कहीं शेर से लड़ाई न होने लगे पर मामला शान्त ही रहा। जब सब लोग विदा होने लगे तो उन्होंने फिर कहा कि देखो रिसर्च करना। यह ज़रूरत का काम है। घर आने पर उनकी एक बात याद आई, वह यह कि 'तुम्हारी चिट्ठी पढ़ी थी, अच्छा लिखते हो, नन्ददुलारे तुम्हारे गद्य की तारीफ करते थे।' हम में थोड़ी सी उदासी आ गई। तुम समझ गए होगे क्यों।

लखनऊ : 1-4-45

रामस्वरूप शर्मा

[रामविलास शर्मा को पत्र]

[बम्बई से प्रकाशित होनेवाले कम्युनिस्ट पार्टी के साप्ताहिक 'लोकयुद्ध' में निराला की चिन्ताजनक स्थिति का जो विवरण छपा था, पत्र के आरम्भ में उसीकी ओर संकेत है। पत्र लेखक रामस्वरूप शर्मा—उर्फ चौबे—मेरे छोटे भाई, हिन्दी में एम.ए. पास करने के बाद, उन दिनों किसी दफ्तर में नौकरी कर रहे थे। लल्लू—रामप्रसाद यादव, मेरे और बाद को निराला के मित्र, हम दोनों के मकान मालिक; शिवप्रसाद—लल्लू के छोटे भाई, संगीतज्ञ, हास्य-विनोद की सजीव मूर्ति। निराला के चरणों पर सिर रगड़ना उनकी भक्ति से अधिक उनकी विनोदवृत्ति का परिचायक था। विद्यार्थी जी—प्राणिशास्त्र पर अनेक पुस्तकों के लेखक, लखनऊ में मेरे पड़ोसी, जब-तब अखाड़े के सहयोगी—रामदास विद्यार्थी। गंगा—कहानी-उपन्यास लेखक—गंगाप्रसाद मिश्र। मुंशी—रामशरण शर्मा, रामस्वरूप से छोटे मेरे भाई; गिरजा—भैया के साले। निराला इस युवक मंडली में मन से घुलमिल जाते थे।]

12. करवी के जंगल और शेरों से मुकाबला

शाम को एक दिन इला. में निराला जी के यहाँ पहुँचे। मकान तुम जानते ही होगे। आँगन में पहुँच कर आवाज़ लगाई तो बोले कौन? हमने बताया तो कहने लगे कि ऊपर आ जाव। अब हम चारों ओर देखने लगे तो ऊपर जाने का रास्ता ही न मिले। जिधर जाँय उधर ही सामने दिवाल। खैर थोड़ी देर में सफल हुए और छत पर पहुँचे जहाँ निराला जी टहल रहे थे। हमने पैर छुए। पास में एक कुर्सी पड़ी थी [,] उसी पर बैठने को उन्होंने कहा। और उनका पहला प्रश्न हुआ कि कहो कसरत करते हो। हमने हामी भरी। मिलने पर प्राय: वह इस बात को अवश्य पूछते हैं। हमसे खासतौर से क्योंकि एक मर्तबा हम अपने एक शो में उन्हें युनिवर्सिटी ले गये थे। इसके पश्चात् घर के वे और हालचाल पूँछने लगे। तुम्हारे विषय में भी पूंछ रहे थे। बोले इला. से कहाँ जाओगे [,] हमने बताया कि करवी बिदा करवाने जा रहे हैं। बोले—करवी के उधर बड़ा जंगल है। हम भी वहाँ कई बरस रहे हैं। रात को झुटपुटा होने के बाद कभी घर से बाहर न निकलना। और इसके बाद उनकी बाघों वाली कथा का श्रीगणेश हो गया जो तब तक समाप्त न हुई कि जब हमने स्वयं ही कह दिया कि—अब हम चलेंगे। रात हो रही है और अँधेरा होता जा रहा है। शेरों और बाघों की कथा का हाल पहले भी तुम्हारे मुँह से सुन चुके थे पर निराला जी से पहले ही पहल सुनने को मिला। कहने लगे "वहाँ से मैंने चार 2 शेर पकड़वा कर लखनऊ भिजवाये हैं। पहले किंग कमीशन आता था। मुझे बहुत परेशानी रही। ट्रेन तक में इन्होंने पीछा नहीं छोड़ा। एक दफे एक शेरनी हमारी छत पर आ गई। तुम जानते हो कि लियोपर्ड कितनी छलाँग मार सकता है। अच्छा तुम्हारा कभी साबिका पड़ा है?" इसका हम क्या जवाब देते। चुप रहे। पर इन सब बातों को न समझते हुए भी बहुत कुछ समझ गये। निराला जी की यह बातचीत रूपक में होती है पर उनका लक्ष्य किस ओर है इसको हम पूर्णतया निश्चित नहीं कर सकते क्योंकि वह रूपक कहीं-कहीं पर इतना मैटर ऑफ फैक्ट हो जाता है कि यह भ्रम होने लगता है कि यह लक्ष्यार्थ से बात कर रहे हैं या जो कुछ यह कह रहे हैं—इनका उतने से ही मतलब है। पर बात तत्व की है अवश्य। इसको दिमाग का फितूर कहना शायद उचित न होगा। इसी बीच में वह बहुत-सी गालियों के रूप में बेहूदी बातें भी बकते रहे। उनके साथ जो स्वामी जी रहते हैं उनसे भी बीच-बीच में हुँकारी भरवाते जाते थे। उनका निराला जी के साथ में जाने कैसे निबाह हो जाता है। जब उन्होंने हमसे पूछा कि हमारा भी साबिका पड़ा है कि नहीं तो मन में आया कि बात को स्पष्ट कर लें पर समय की कमी, और लड़ाई हो जाने के भय से हमने वैसा नहीं किया। बीच 2 में मिठाई, दूध, वगैरह के लिये पूछते गये और हम नाहीं करते गये। वह चौराहे तक छोड़ने आये। बोले आइसक्रीम पी लो। हमने सोचा अब नाहीं करना ठीक नहीं और उस खातिरदारी के बाद घर

चले आये। निराला जी जहाँ रहते हैं वहाँ अपने ही आप प्रसिद्ध हो जाते हैं। उनका मकान ढूँढ़ने में हमें ज़रा भी कठिनाई नहीं हुई।

लखनऊ : 23-10-45

रामस्वरूप शर्मा

[रामविलास शर्मा को पत्र]

13. मैले कपड़े, धूल-धूसरित

संसद के कवि सम्मेलन में एक महीने पहले प्रयाग गया था, उन्हें देखकर सन्न रह गया। बड़ी बुरी हालत थी। मुझे घर तक में नहीं घुसने दिया; कहने लगे 'हुआँ मेहरिया बैठी हैं, हुआँ जइहौ तो मारि 2 चोकरा कई डरिहैं।' बहुत कोशिश की पर वे एक न माने। तुम्हारा ज़िक्र आया पर तब भी 'हाल' में ही रहे, कहने लगे रामविलास जी आपके मित्र होंगे, मेरे तो उनसे कोई विशेष सम्बन्ध नहीं। मैं सन्न रह गया। पागलपन की सीमा थी। मैले कपड़े, धूलधूसरित, हाँफते से।

बनारस : 24-12-45

शिवमंगलसिंह 'सुमन'

[रामविलास शर्मा को पत्र]

14. रात भर जगते हैं, सोचते हैं, हँसते हैं

इधर मैं एक दिन इलाहाबाद गया था, पिता जी से मुलाक़ात हुई; कुछ देर बातचीत हुई, फिर उन्होंने मुझे बिदा होने के लिए कहा, किंतु मैं अपनी तरफ से उस दिन रह गया। उनकी 'अपरा' 'चोटी की पकड़' और बेला आदि पुस्तकें छपने के क़रीब थीं, शायद अब छप गई होंगी। उनका रहन-सहन देखकर मुझे बड़ा दुख हुआ। निहायत गन्दे कपड़े, कई दिनों में खाना पकाते हैं, राशन वगैरह के झंझट से सिर्फ साग ही उबाल कर खा लेते हैं। सारा जाड़ा खत्म हो गया, एक चादर तक न ओढ़ी, यूँ ही काट दिया। रास्ते में चाय ली, कुल्हड़ हाथ में लिए पीते हुए चले जा रहे हैं। लोग हँस रहे थे। उनकी बातें बहुतांश में न समझ सकनेवाली होती हैं। रात भर जगते हैं, सोचते हैं, हँसते हैं। इन बातों को देखकर, मुझे आप की बात याद आई। आप सही कहते थे। आप तो जानते हैं, वह मेरी कोई बात मानेंगे नहीं, न मुझ में उनसे कुछ कहने का सामर्थ्य ही है। हाँ, आप लोग कह सकते हैं और ऐसी व्यवस्था कर सकते हैं कि कुछ दिनों उनका सोचना और लिखना बन्द रहे। शायद इससे लाभ हो। क्या करूँ, जब से लौटा हूँ, चित्त को बड़ी अशान्ति रहती है।

लखनऊ : 16-2-46

रामकृष्ण त्रिपाठी

[रामविलास शर्मा को पत्र]

15. चौमंज़िला मकान, 24 परी संगमर्मर की

निराला जी अभी तक यहीं हैं। मामा की हालत बहुत खराब हो गई है। छोटा बच्चा डेढ़ महीने बाद मीयादी बुखार से उठा है। मैं इन्हीं झंझटों में फँसा हूँ। कुछ नहीं कर पा रहा और न कहीं जा सकता हूँ। बीच में आर्थिक कठिनाई पड़ गई थी किन्तु किसी प्रकार निपट गए। चार महीने में अभी 100) निराला जी के आए हैं, वह भी कहीं से अग्रिम लिया है। और, एक करोड़ का हिसाब कहते हैं हुआ अब तक। चौमंज़िला मकान है उनका, उसमें 24 परी संगमरमर की हैं। मगर, रहेंगे ससुराल में या किराये के मकान में।

डलमऊ : 22-8-46 रामकृष्ण त्रिपाठी

[रामविलास शर्मा को पत्र]

16. सरकारी सहायता के नमूने

No. CA-5/APP/59-60/2220 10. 9. 59

Subject:—Financial assistance to persons distinguished in arts etc. who may be in indigent circumstances. Case of Sri Surya Kant Tripathi 'NIRALA'.

In continuation of this office letter No. CA-5/APP/58-5676 dated 31.3.59 on the above mentioned subject, I am to state that as sanctioned by the Government of India Ministry of Scientific Research & Cultural Affairs, in their letter No. F 1-57/59-C-4 dated 5.8.59, you are hereby authorised to continue to pay a sum of Rs. 100/- p.m. (Rs. one hundred only) for one year beginning from March 1959 to District Magistrate Allahabad for payment to Sri Surya Kant Tripathi NIRALA, a Hindi Poet of Allahabad on presentation of a duly receipted bill in Form No. TR-42 supported with a life certificate of Sri Nirala signed by the District Magistrate of Allahabad.

No. CA-5/APP/60-61/1301 22.7.60

In continuation of this office letter No. CA-5/APP/59-60/2220 dated 19.9.59, I am to state that as sanctioned by the Govt. of India Ministry of Scientific Research and Cultural Affairs, in their letter No. F.1-95/C-4 dated 13.7.60, you are hereby authorised to pay a sum of Rs 100/- (Rs one hundred only) for one year beginning from March 1960 to District Magistrate, Allahabad on behalf of

Sri Surya Kant Tripathi NIRALA, a Hindi poet of Allahabad on production of receipted bill in from TR-42 duly supported with a life certificate attested by former District Magistrate of Allahabad.

The expenditure, involved, is debitable to the head, "57Misc. Central, B3 Misc. & Unforseen charges (Non-Plan) B3 (2) Misc. expenditure lumb sum grants or allowances etc" and is adjustable in the books of the office.

Payments:-

1. March 59 to August 59	600/-	3.10.59
2. Sept. 59 to Dec. 59	400/-	7.1.60
3. Jan. 60 to Feb. 60	200/-	3.3.60
4. March 60 to Sept. 60	700/-	17.10.60
5. Oct. 60 to Dec. 60	300/-	20.1.61
6. Jan. 61 to Feb. 61	200/-	11.3.67

[रमेशचन्द्र दुबे के प्रयत्न से प्राप्त]

17. अग्निचक्र से मुक्ति

निराला जी से सम्बधित एक छोटी सी फिल्म बन रही है, यू.पी. शिक्षा प्रसार विभाग की ओर से। उन्हें लखनऊ के वे स्थान दिखाये जहाँ निराला जी रहते थे। फिर अमृत नागर को लेकर इलाहाबाद गया। अब तुम से क्या वर्णन करूँ। कवि खाट पर बैठे थे। बाल काफी सफेद हो गये हैं लेकिन घने हैं अब भी। और दाढ़ी भी कुछ respectable हो गई है, पहले की एकदम हुमायूँ जैसी नहीं है। आँखों की ज्योति भी अधिक स्पष्ट है। अब बुदबुदाते नहीं हैं; न उँगलियाँ चलाया करते हैं; न उठकर घूमने लगते हैं। अपने श्वेत वर्ण, अंग्रेज़ी-ज्ञान, सम्पत्ति आदि की फैंटेसी रचने के बाद बोले कि लम्बे भाषण से तुम्हें परेशान किया! महाशुभ चिन्ह! विक्षिप्त होने की पहली मंज़िल में यही लक्षण थे। हमारा प्यारा कवि नरक-यात्रा करके फिर स्वर्ग की ओर उठ रहा है। कितनी बार Lear पढ़ते-पढ़ाते हुए मैंने उन्हें याद नहीं किया। लियर ने विक्षिप्त अवस्था के बाद जब पहली बार ज्ञान नयन खोले और सामने angel जैसी अपनी निर्दोष कन्या Cordelia को देखा तो कहा :

You do me wrong to take me out o' the grave.
Thou art a soul in bliss; but I am bound
Upon a wheel of fire, that mine own tears
Do scald like molten lead. (iv,7)

उस अग्निचक्र से निराला जी भी बँधे रह चुके हैं। अब मानो grave में एक पैर रहते हुए भी वे दुनिया को झाँक कर देख रहे हैं, उसे फिर पहचान रहे हैं।

हाँ, तो उन्होंने अमृत को और मुझे खाट पर बिठाया। पैरों पर रजाई डालने को कहा। जलेबियाँ आईं। अमृत ने चारपाई पर ही खाना शुरू किया। निराला जी ने कई बार कहा—तुम टपका दोगे लेकिन अमृत आश्वासन देते रहे कि रज़ाई खराब न होगी। और निराला जी ने पैरों पर से रज़ाई खींचकर एक ओर रख दी। फिर मिल्टन पढ़ने को कहा। कुछ समय बाद उन्हें खयाल आया कि उसमें [मिल्टन वाली पोथी में] फ़ारसी की पहली किताब रखी थी। खोज शुरू हुई। पुस्तक (Milton) में तो थी ही नहीं। हम खाट छोड़ कर उठे। रज़ाई उठाकर देखी। फिर इधर-उधर की बात हुई। लेकिन ध्यान उसी किताब पर। जेबें देखने को कहा। हम लोगों ने अपनी जेबों की खुद तलाशी ली। कमला शंकर ने कहा कि दूसरी मँगा देंगे। फिर इधर-उधर की बातें हुईं। और बीच-बीच में तब भी उसी किताब का ज़िक्र। किसी बूढ़े बाबा को जैसे अपने नातियों से प्यार होता है, वैसे ही महाकवि को अपनी पुस्तकों का मोह है। उस अलमारी में—जिसमें क्विाड़ें नहीं हैं—उनकी सारी सम्पदा है। वैसे सामने की बड़ी कोठी उन्होंने अपने भक्तों के लिए अपनी रायल्टी से बनवा दी है।

किस तन्मयता से उन्होंने 'श्री रामचन्द्र कृपालु भजु मन' हारमोनियम लेकर गाया। एक बार '34-'36 का निराला फिर उदय हुआ। भारति जय विजय करे! टूटें सकल बन्ध! नयनों के डोरे लाल! बँगला के कई गीत, विवेकानन्द की एक बँगला कविता! लगभग दो ढाई घंटे तक गाते रहे।

शाम को शिक्षा प्रसार विभाग के Studio आये। लेकिन वहाँ उन्होंने किसी को इंच भर भी Lift न दिया। काली टोपी, काला बंद कालर का कोट, धोती, मोजे, जूते—खासे भलेमानुस लगते थे। काश! ये इलाहाबादी...उन्हें उस गली से निकाल कर किसी बँगले में बसा पाते। दो महीने में निराला दूसरा हो जाता।

आगरा : [जनवरी, 1959]

रामविलास शर्मा

[केदारनाथ अग्रवाल को पत्र]

18. पौत्री के विवाह का उपक्रम (1)

कल प्रयाग में गुरू जी से निराली भेंट हुई। वाचस्पति जी पाठक के दफ़्तर में कल सुबह दस बजे वर्षों के बाद श्री रामकृष्ण त्रिपाठी मिले थे। उनकी बड़ी लड़की भा. छाया का विवाह लखनऊ जिले के इस्माईल गंज ग्राम निवासी शुक्लों के लड़के से तय हुआ है। लड़का एम. एस-सी. में पढ़ रहा है। रामकृष्ण बोले कि लड़के के पिता हमारे मित्र हैं इसलिए तीन हज़ार पर मान गये हैं, 17 फ़रवरी को तिलक देना है और निराला जी रॉयल्टी की रसीद पर दस्तख़त करने से इनकार कर रहे हैं। पाठक जी चार हज़ार रुपयों की चैक और रसीद तैयार किये बैठे थे। कहने लगे कि

आठ रोज़ पहले निराला जी इसी बात को लेकर उन पर खूब गर्मा चुके हैं लेकिन यह काम तो करना ही है, हमारी समझ में आप जाइए।...

वसन्तपञ्चमी के अवसर पर निराला जी के एकाएक प्रयाग से 'ग़ायब' हो जाने और फिर वाराणसी में उपस्थित होने की नाटकीय घटना के बाद उन्हें देखने की तड़प तो जी में थी ही मगर इस प्रस्ताव को लेकर जाने में उस समय अज्ञात संकोच उपजा। पौत्री के विवाह में निराला जी का पैसा लगे यह अवश्य चाहता था, अनदेखी छाया के लिये भी ममत्व था, बेटी के बाप के रूप में रामकृष्ण के प्रति भी सहज सहानुभूति थी,—यह सब होते हुए भी संकोच था। निराला जी लीडर प्रेस से अपनी रॉयल्टी का पैसा उठाने से सदा इंकार करते हैं। अनेक वर्ष पूर्व तीन आदमियों की ज़मानत पर पाठक जी ने रामकृष्ण को ढाई हज़ार रुपया दिलवाया था, निराला जी ने तब भी रसीद पर हस्ताक्षर करने से इंकार कर दिया था। रामकृष्ण इस बार भी उनके पास गये थे और उन्हीं के कथनानुसार निराला जी ने कहा कि मैं हस्ताक्षर नहीं करूंगा, वैसे तुम्हारा तो है ही, जाकर ले लो। निराला जी की यह दृढ़ हठवादिता अपने कुछ मानसिक कारण रखती है और निराला जी को समझते हुये ही मैं इस काम में हाथ नहीं डालना चाहता था। उस समय का अनबूझा संकोच इस समय स्पष्ट समझ में आ रहा है। खैर। वैसे ही भगवती बाबू (वर्माजी) भी लीडर प्रेस पहुँच गये। मैंने कहा कि डेपुटेशन के लीडर 'नेता' होंगे, मैं साथ चलूंगा।

दोपहर के भोजन के लिये मैं और नेता जी दोनों ही पंत जी के यहाँ आमंत्रित थे। पाठक जी अपने दामाद को लेकर वहीं आ गये। एकाएक भगवती बाबू बोले : "भइ हम नहीं जायेंगे। हम चार बजे की गाड़ी से लखनऊ जायेंगे।" पाठकजी नाराज़ हो गये। भगवती बाबू और दम साध गये। बोले : "मैं कहता हूँ कि निरालाजी जब इस बात पर सरासर पागलपना बरत रहे हैं—और पागल तो वे हैं ही—तब उनके पास जाने से लाभ ही क्या? मैं कहता हूँ कि लाइये काग़ज़ मैं ड्राफ्ट बनाये देता हूँ, निराला का पैसा उनके पागलपन की हालत में उनके एकमात्र उत्तराधिकारी पुत्र को दे दिया जाय। उसपर पंत जी मैं और नागर जी दस्तख़त कर देंगे फिर आप रामकृष्ण को पैसा दे दीजियेगा।" पंत जी बोले : "ख़ैर वह तो अंतिम अस्त्र है मगर मैं समझता हूँ कि आप लोगों को निराला जी के पास अवश्य जाना चाहिए। वे किसी कारणवश रामकृष्ण की बात नहीं मानते होंगे मगर आप लोगों की बात अवश्य मान जायेंगे। वे तो औढरदानी हैं, औरों की सहायता करते हैं, फिर यह तो पौत्री के विवाह का प्रश्न है।" भगवती बाबू और तन गये, बोले : "अब तो हम चार बजे की ट्रेन से जायेंगे।" मैंने कहा कि तब मैं आप के साथ न लौट सकूंगा, रात को आऊंगा। —प्रसंगवश यह लिख दें कि हम दोनों ही परसों प्रात:काल रेडियो हास्य गोष्ठी में भाग लेने के लिये प्रयाग पहुँचे थे। मेरे कथन पर भगवती बाबू ढीले पड़ गये।

ढाई बजे हमारा मिशनरी क़ाफ़िला दारागंज पहुँचा। श्री गंगा प्रसाद पांडेय, श्रीरामकृष्ण त्रिपाठी और श्री उमा शंकर सिंह गली के बाहर एक बंद दूकान के चबूतरे पर बैठे हमारी प्रतीक्षा कर रहे थे। पहुँचने पर मालूम हुआ, निराला जी अभी सो रहे हैं।

उमाशंकर को अकेले में घसीट कर पूछा कि गुरू कैसी मौज में हैं। उमा बोला : "तुहार काम न बनी। अबकी जब से बनारस से आये हैं बहुत चिड़चिड़ाते हैं। ऊ सब लोग वहाँ पैसावैसा दिहिन—रोज शराब कलिया का सत्कार ओत्कार पाये हैं न निराला जी, ओही से दिमाग इस बखत चढ़ा भया है।" उमाशंकर ने बतलाया कि काशी की राष्ट्रभाषा परिषद वाले चंगेर भर के बनारसी मिठाई लाये और आशुतोष को रिझाकर टैक्सी में ही ले गये। यहाँ (प्रयाग में) साहित्यिकों पत्रकारों ने उनकी जन्मतिथि मनाने के लिए जो आयोजन किया था, वह बिन दूल्हा की बरात जैसा बिखर गया। वाराणसी में तीन चार दिन सत्कार से बिता कर निराला जी फिर टैक्सी पर ही वापस आये। काशी की कोई भक्त नवयुवती उनके साथ आई थी उसे कंबल इत्यादि बहुत सा सामान खरीद कर दिया। आजकल रोज़ रात में पीते हैं और रोज़ कलिया खाते हैं।

महाकवि की नींद पूरी हुई। हम लोग पहुँचे। निराला जी का स्वास्थ्य देखकर चित्त प्रसन्न हुआ। देह खूब भरी हुई है। दाढ़ी और सिर के बाल कुछ छँटे हुये थे और अच्छे लग रहे थे। निराला जी भव्य लग रहे थे।

13-2-1960

अमृतलाल नागर

[रामविलास शर्मा को पत्र]

[अमृतलाल नागर ने यह पत्र पूरा न किया था, न उसे इस अधूरे रूप में मेरे पास भेजा ही था। किन्तु वह उनके पास सुरक्षित रहा और जो बातें यहाँ छूट गई थीं, उन्हें आठ वर्ष बाद—16.5.68 के पत्र में—पूरा करके उन्होंने मेरे पास भेज दिया था।]

19. पौत्री के विवाह का उपक्रम (2)

स्व. छाया के विवाह से पहले राम कृष्ण आर्थिक सहायता प्राप्त करने के लिये लीडर प्रेस गये थे। वाचस्पति जी पाठक उन्हें रुपया देना तो चाहते थे किन्तु निराला जी के हस्ताक्षर कानूनी खानापूरी के लिये आवश्यक थे। निराला जी दस्तखत करने की बात रामकृष्ण अथवा उनके किसी पैरोकार के सामने यह कह कर गोल कर चुके थे कि 'मेरे बाद वह पैसा राम कृष्ण ही को मिलेगा।' संयोग से मैं और भगवती बाबू रेडियो के किसी विशेष कार्यक्रम में भाग लेने के लिये उसी समय इलाहाबाद गये थे। मैं लीडर प्रेस में पाठक जी के यहाँ ही ठहरा था। पाठक जी ने प्रस्ताव किया कि एक बार तुम और भगवती बाबू भी निराला जी से मिलकर उन्हें

रसीद पर हस्ताक्षर करने के लिये समझा-बुझाकर राज़ी करने का प्रयत्न करो। विचार विमर्श के बाद अंत में यह तय हुआ कि हम दोनों के अलावा पाठक जी और श्री गंगाप्रसाद पांडेय भी साथ चलें। पाठक जी के दामाद चि. प्रेमचंद्र भी उन दिनों वहीं आये हुए थे। चूँकि पाठक जी की बेटी, सौ. मुन्नी को बचपन में निराला जी का बड़ा लाड़ मिला था, इसलिये यह तय हुआ कि चि. प्रेमचंद्र को भी साथ ले लिया जाये जिससे कि नि.जी पर अनुकूल मनोवैज्ञानिक प्रभाव पड़े। यह सब तय होने के बाद हम लोग पंत जी के यहाँ गये...(या शायद मेरा और भगवती बाबू का वहाँ पहले ही से जाना तय था इसलिये वहाँ गये।) पंत जी स्वयं भी निराला जी से हस्ताक्षर करने की प्रार्थना करने चलना चाहते थे पर उनसे कहा गया कि आप कृपया न चलें। हो सकता है कि प्रभाव उलटा पड़े। बहरहाल, भगवती बाबू, पाठक जी, उनके जामाता और मैं दारागंज गये। रामकृष्ण और गंगाप्रसाद पाण्डेय रास्ते में एक दूकान पर बैठे हमारी प्रतीक्षा कर रहे थे। पाण्डे हमारे साथ चले। पाठक जी को देखते ही नि.जी शायद हमारे आने का कारण भाँप गये। भगवती बाबू ने बात आरम्भ की। उन्होंने कहा, कोई और बात करो। मैंने चि. प्रेमचंद्र को बहाना बनाकर बात उठाई; किंतु बात के उस बिंदु को छूते ही वे डपट कर बोले : "क्वायट-क्यू, यू, आई, ई, टी—अण्डरस्टैण्ड।" उमाशंकर सिंह ने तब सूत्र साधना चाहा परन्तु निराला जी ज़ोर से गर्मा उठे। बैसवारी में बमकना शुरू किया। वह 'गद्य' भगवती बाबू को प्रलाप लगा लेकिन मैं उनकी नाराज़गी के सूत्र पकड़ रहा था। रायबरेली में रामकृष्ण के दूसरे ससुर के प्रति नि. जी का क्रोध बरस रहा था। हस्ताक्षर करने की बात फिर उठ ही न सकी। बाद में एक पंचनामा बना जिसमें निराला जी को मानसिक रोगी और रामकृष्ण को उनका एकमात्र वारिस बतला कर नि.जी की पौत्री के विवाह कार्य के लिये रामकृष्ण को रुपया देने की सिफारिश की गई थी। पंचनामे पर महादेवी जी, पंत जी, भगवती बाबू, गंगा पांड़े और मैंने हस्ताक्षर किये थे।

16-5-68

अमृतलाल नागर

[रामविलास शर्मा को पत्र]

20. चेहरे की चमक उड़ गई है

मैं 2/9 को इलाहाबाद में था। सबेरे ही वहां पहुंचा जहां निराला जी थे। वह अपने छोटे से कमरे की दीवार की तरफ मुँह किये—तहमत लपेटे—उघारे बदन, लेटे थे। पता नहीं कि सो रहे थे या जग रहे थे। हो सकता है कि शिथिलतावश मौन लेटे रहे हों। मैंने उन्हें बखोरना उचित नहीं समझा। अतएव मैं श्री रामकृष्ण के घर गया। वहां उनसे मिला। निराला जी के हालचाल पूछता रहा। पता चला कि

कुछ दिनों पूर्व वह डांवाडोल हालत में थे। तमाम सूजन आ गई थी। आशंका उत्पन्न हो गई थी। दवा डाक्टर दास करते थे। परन्तु कवि ने उनसे दवा कराना स्वीकार नहीं किया। तब फिर दूसरे डाक्टर शायद व्रजविहारी से वही दवा कराने पर राजी हुए जो दवा उन्हें पिछले बार दी जाया करती थी। मालूम हुआ कि उससे लाभ भी हुआ। फिर मैं श्री रामकृष्ण के साथ निराला जी के कमरे में आया। तब तक वह हमारी तरफ हेर रहे थे। हम लोग बैठे। मैंने देखा कि हमारे महाकवि के चेहरे की चमक उड़ गई है। गाल पिचक गये हैं। चमड़ा सांवला पड़ गया है। दाढ़ी लटक गयी है। वह लेटे थे। पेट लम्बोदर के पेट की तरह हो गया है। पेड़ू के नीचे ही तहमत काफी उठी हुई लगी। पूछने पर पता चला कि अपेन्डोसाइटिस का बहुत सा झोंझ निकल आया है। यह बात तब तक आ गये श्री जयगोपाल मिश्र ने बताई। वह निराला जी को चांपते रहे। पावों में सूजन कम हो गई है। और कहीं सूजन नहीं दिखी। बीमारी का हाल पूछ ही रहा था कि कवि ने स्वयं बताया कि पेशाब काफी मात्रा में होने लगा है। यह लक्षण अच्छा है। केवल दूध और फलों का रस पीते हैं। पर मानते नहीं। इतवार के दिन—कुछ दिन पहले उन्होंने गोश्त खुद ही पकाया था और जल गये थे। वहीं मालूम हुआ कि ठर्रा की बोतल मँगायी थी। छनी थी। यह कुतर्क भी होते चलते हैं। मुझे पहचान गये थे हालांकि मिश्र जी ने मेरा नाम बता दिया था। बांदा का हाल पूछते रहे। किसी मिथिलेश कुमारी का नाम लेकर उसका हाल पूछा। पर मैं उसे नहीं जानता था। एक सुन्दर स्त्री को जानता था। मैंने कह दिया कि वह अब बांदा में नहीं है। कहीं और है। मिश्र जी से धीरे चांपने को कहा तो मिश्र जी ने हास्य में कहा : अब वह निराला कहां है कि ज़ोर से चांपू—कलकत्ते की चर्चा चल पड़ी। मिश्र जी ने ही बताया कि जिस घर में कवि और वह लोग ठहरे थे वहां ही ख़ूब छानी थी। वह बेचारा वैष्णव था। घबरा गया था। उसी दिन उसके बच्चा भी पैदा हो गया था। मिश्र जी ने कहा कि कवि अस्पताल जाने को तैयार नहीं हुए क्योंकि उन्होंने कहा कि बहुत लोग बीमार हैं। पहले उनका इलाज हो। देखा तुमने। निराला संघर्ष कर रहा है शासकीय व्यवस्था के खिलाफ़। उसका रोग असहनीय बातों के कारण ही इतना उग्र रूप धारण कर लेता है। वह नेता नहीं है कि जुलूस निकाले। आवाज़ बुलंद करे। अब वह इस दशा में है कि पड़े-पड़े सब कष्ट अपने जर्जर शरीर पर ही झेल जाना चाहता है। मेरे सामने उनका सारा जीवन झलक मार गया। मैं उन्हें देखता था और देखकर मन में गुनने लगता था कि उनकी बीमारी के मूल में असंगतियों का बड़ा ज़बरदस्त तनाव हुआ होगा और है। तभी वह इतना उग्र रूप ले लेती है। ऐसे रोग का उपचार दवा से नहीं हो सकता। मुझसे इसी हालत में कविता सुनाने की बात कही। पर मैं तैयार न था। कापी न ले गया था। जबानी याद भी न थी। मैं इनकार कर गया। कोई मौक़ा न था। न मन था। तभी फिर बोले कि सनेही जी आये थे। मैंने उनका शिमला में अपमान नहीं किया था। उन्होंने उस

दिन प्रयाग में गाना गाया था। कविता सुनाई थी। खूब रस मिला था। दाद दे रहे थे। और अपने शिमला के व्यवहार की सफाई दे रहे थे। मैंने पूछा कि पंत जी भी आते हैं या नहीं। मालूम हुआ कि एक दिन आये थे। जी छौंक खा [सा?] गया। उन्हें तो प्रतिदिन आना चाहिए। अपने से स्नेह पाकर बीमारी हल्की हो जाती है। इलाहाबाद के वातावरण में अजीब बेरहमी और ममत्वहीनता व्याप गयी है। फिर हम चले। पान मँगाकर कवि ने खिलवाये थे। वहाँ से हमें मिश्र जी श्री नारायण चतुर्वेदी जी के पास ले गये। वहीं दारागंज में हैं। उसी घर में जिस में एक बार मैं तुम्हारे साथ कई साल पहले गया था। निराला की बीमारी की चर्चा वहां भी चली। उन्होंने अपने सफेद बालों की परिपक्वता के स्वर में कहा कि निराला के भक्त ही उनकी बीमारी के कारण क्योंकि वह ही हल्ला मचा मचा कर उत्पात खड़ा किये रहते हैं। एक बात उन्होंने यह भी कही कि यह गलत है कि निराला को लोगों ने ठुकराया है—चपत मारे हैं और तभी वह इस दशा को प्राप्त हुए हैं। अपनी दलील के समर्थन में उन्होंने नज़ीर दी कि तब मतवाला में निराला तो खुद ही दूसरों को कस-कस कर कोड़े मारते थे। वह फिर अपने साथ क्यों अच्छे व्यवहार की कल्पना के अधिकारी हैं। मैं चुप सुनता रहा। मुझे उनकी दलील कुछ भी न जँची।

बांदा : 5-6-61

केदारनाथ अग्रवाल

[रामविलास शर्मा को पत्र]

21. अशोक हाल और कान्स्टीट्यूशन क्लब में निराला-चर्चा

राष्ट्रपति-भवन का उत्सव मज़े का रहा, मगर तुम्हारे बिना बड़ा फीका लगा। मुंशी मिले थे, अधिक हाल नहीं पूछ पाया, उसके पहले बच्चन से पूछा कि रामविलास क्यों नहीं आए तो कहा कि निमंत्रण तो गया था पर पता नहीं क्यों नहीं आए, आशा तो थी। राष्ट्रपति का भाषण यथावत्, पुष्पितां वाचं...। एक बात समन्वय के संपादक होने की उनके मतलब की निकल आयी थी। नन्ददुलारे जी से बड़ी आशा थी पर बहुत ठंडे बोले। बच्चन ने 'मैं अकेला' और 'स्नेह निर्झर बह गया है' तथा नरेन्द्र जी ने 'जुही की कली' की आवृत्ति की, जैसे रस्म अदाई कर रहे हों। मैंने कुछ अंश पुरानी कविता का और एक 'नयी रचना' सुनाई जो लिखकर नहीं भेजूँगा, मिलने पर ही सुनाऊँगा। दिनकर कुछ काम की बातें बोलें, अपेक्षाकृत जीवट का आदमी है। कुल मिलाकर 1 घंटे का नपानपाया उत्सव, शाही साज-सामान वाले अशोक हाल में। संत महाराज आ जाते तो घिसी पनहियाँ सिलवा दी जातीं।

शाम को कान्स्टीट्यूशन क्लब में मैंने संस्मरणों के साथ तुम्हारी रचना का भी अंश सुनाया, झुंझला 2 कर। न जाने क्यों तुम्हार नाम मुँह मँ अउतै परी भर खून सूख जात है। फिर जुही की कली और अपनी लम्बी कविता। इलाहाबाद

वालों ने भावावेश तो दिखाया पर संतुलित नहीं रह सके। पर उसका राज़ तो खुला दूसरे दिन कमलारत्नम के यहाँ की गोष्ठी में जब सबने निराला जी के विरुद्ध अपना दबा बुख़ार निकाला। सुनकर सन्न रह गया। सब से मतलब है नरेन्द्र, बच्चन और दिनकर से। तभी से कुछ ऊना ऊना हो रहा हूँ। मिलकर कार्यक्रम निश्चित करूँगा।

उज्जैन : 20-2-62

शिवमंगलसिंह सुमन

[रामविलास शर्मा को पत्र]

[परी भर खून घटने की बात सुमन ने अवधी में लिखी है। अब वह मेरा नाम स्मरण नहीं करते, इसलिए स्वास्थ्य अच्छा है।]

22. मनी आर्डर की रसीदें और कूपन

संयुक्त परिवार की देखभाल करनेवाले निराला ने समय समय पर लोगों को रुपया भेजा था, उसके प्रमाणस्वरूप मनीआर्डर की कुछ रसीदे हैं जो उन्होंने सुरक्षित जमा कर रखी थीं।

(1) रामगोपाल त्रिपाठी के मार्फत पंडित मन्नीलाल सुकूल को 36, शंकर घोष लेन, कलकत्ता से निराला ने 50) भेजे। मगड़ायर की डाकमुहर में तारीख है : 2 मार्च, '26। (मन्नीलाल सुकुल महाजन थे; कर्ज़ चुकाने के लिए ये रुपये भेजे गए होंगे।)

(2) रामबिहारी मिश्र के नाम शिवशेखर द्विवेदी, मार्फत केशवप्रसाद तेवारी, गढ़ाकोला, पो. मगड़ायर उन्नाव ने 10) भेजे। (इन चारों रसीदों में भेजनेवाले का पता रोमन लिपि में निराला का लिखा हुआ है। ये रुपये शिवशेखर द्विवेदी की ओर से निराला ने भेजे होंगे।) मगड़ायर की डाक-मुहर में तारीख है : 2 अक्तूबर, '28! (रामबिहारी मिश्र के बारे में कुछ नहीं मालूम।)

(3) केशव प्रसाद त्रिपाठी को निराला ने 36 शंकर घोष लेन कलकत्ता से 10) भेजे। पुरवा की डाकमुहर में तारीख है : 22 जनवरी, '29।

(4) केशवप्रसाद त्रिपाठी को निराला ने कलकत्ते के उसी ठिकाने से 15) भेजे।

इनके अलावा मनीआर्डर के दो कूपन हैं जिनमें पहला निराला की हस्तलिपि में है और दूसरा सम्भवत: महादेवी वर्मा की हस्तलिपि में। दोनों में उल्लिखित रुपये रामशंकर शुक्ल को भेजे गये थे। उन्हीं ने दोनों कूपन मेरे पास भेजे थे।

(क) बीस रुपये भेजते हैं। छाया को रेशमी साड़ी ले दीजिए। केशव को 111) भेजे पहले 27) इति।

निराला

25/-

(ख) श्री निराला जी के आदेशानुसार पच्चीस रुपये भेजे जा रहे हैं।

मंत्री
साहित्यकार-संसद
प्रयाग

23. 'वर्तमान धर्म' और मुंशी अजमेरी के पत्र

['वर्तमान धर्म' नाम के निराला के लेख को लेकर जो आन्दोलन चलाया गया था, उससे सम्बन्धित बनारसी दास चतुर्वेदी को लिखे हुए मुंशी अजमेरी के कुछ पत्र 'सम्मेलन पत्रिका', भाग 51, संख्या 1-2 में प्रकाशित हुए थे। ये पत्र, आन्दोलन के समय, सन् '32 में लिखे गए थे; चतुर्वेदी जी ने इन्हें उस समय प्रकाशित नहीं किया था। उनके आवश्यक अंश परिस्थिति की पूरी जानकारी के लिए साभार उद्धृत किये जाते हैं।]

शान्तिकुटीर,
बनारस सिटी,
25-11-32

प्रिय श्री चतुर्वेदी जी, प्रणाम!

'वर्तमान धर्म' को लेकर इधर बहुत कुछ लिखा गया। आपने लेखक का नाम नहीं दिया था, इससे कदाचित् कुछ ही लोग समझ सके होंगे कि लेख किसका है। परन्तु अब, जब श्री नन्द दुलारे वाजपेयी एम.ए. ने नाम खोल दिया तब 'विशाल भारत' के सब पाठक जान गए कि वह लेख 'निराला' जी का है।

मैं जानता हूँ कि श्री सूर्यकान्त त्रिपाठी 'निराला' जी एक विद्वान् एवं प्रतिभावान् पुरुष हैं। यद्यपि मेरा उनका मार्ग एक नहीं है और न मैं उनकी सभी रचनाओं को ही समझ सकता हूँ, परन्तु मेरे हृदय में उनके प्रति आदर और प्रेम का भाव है। मैं मानता हूँ कि उनका पथ भी एक पथ है और वही नहीं, अन्य अनेक कवि उस पथ के पथिक हैं, जिनमें कई सुलेखक और सुलेखिकाएँ भी हैं। हाँ, यह हो सकता है कि वह पथ अभी उतना परिष्कृत न हुआ हो, जितना उसे होना चाहिए। परन्तु यह कोई विरोध की बात नहीं है। यदि अभी परिष्कृत नहीं हुआ तो आगे चलकर हो जाएगा। फिर यह बात भी नहीं है कि 'निराला' जी जो कुछ लिखते हैं, वह सभी अगम्य या असंगत अथवा असम्बद्ध होता है। उनकी अनेक रचनाएँ तुकान्त, बोधगम्य, और बहुत ही अच्छी हैं। उनमें से कुछ कविताओं के अंश यहाँ उद्धृत करता हूँ। देखिए, कितने सुन्दर हैं!

[यहाँ 'यमुना के प्रति' से चार पंक्तियाँ, 'तुम और मैं' से छह पंक्तियाँ, 'क्या दूँ' से सात, 'विधवा' से पाँच और 'दीन' से आठ पंक्तियाँ तथा 'शेफालिका' पूरी की पूरी उद्धृत करते हैं।]

इन उद्धरणों में यह अन्तिम कविता-शेफालिका—'निराला' जी के मुक्त छन्द में है। उनके मुक्त छन्द के विषय में उस वर्ष कलकत्ता-हिन्दी-साहित्य-सम्मेलन के अवसर पर उनसे बातें हुई थीं। मैं उनके डेरे पर गया था। उस समय उन्होंने अपने मुक्त छन्द मुझको सुनाए थे। सुनकर मैंने कहा था कि इस प्रकार से तो कोई सा भी गद्य पढ़ा जा सकता है। 'निराला' जी बोले—नहीं। उन्होंने अपनी 'अप्सरा' में से एक गद्य-अंश मुझे पढ़ने को दिया। मैंने वह पढ़ सुनाया। तब बोले कि मात्र देकर अर्थात् लय में इस तरह पढ़िए। मैंने वैसे भी पढ़ दिया। तब उन्होंने कहा कि इसे पढ़िए—यह 'बहने दो' है, यदि 'बहने न दो' कर दिया जाएगा तो इस तरह नहीं पढ़ा जाएगा। मैंने उनके 'बहने दो' की तरह 'बहने न दो' भी पढ़ दिया वे हँस पड़े। उस समय वहाँ श्री पद्मदत्त जी त्रिपाठी एम.ए., श्री शिवशेखर जी द्विवेदी, श्री शान्तिप्रिय जी द्विवेदी आदि कई सज्जन उपस्थित थे। उनमें से श्री शशि शेखर जी या शिव शेखर जी, अच्छी तरह नाम स्मरण नहीं रहा, द्विवेदी जी ने कहा था कि हम यह मान लेते हैं कि जो संगीत जानता है, वह गद्य को इस तरह—मुक्त छन्द के पद्यवत्—पढ़ सकता है।

परन्तु निराला जी का मुक्त छन्द सर्वत्र गद्यवत् नहीं है। इसी 'शेफालिका' को लीजिए। इसकी सब पंक्तियाँ कबित्त—घनाक्षरी—के टुकड़ों की तरह हैं और उसी तरह पढ़ भी ली जाती हैं क्योंकि गति है उन टुकड़ों में। गति के लिए ही तीसरी पंक्ति में 'शेफाली' न लिखकर 'शेफालि' लिखा गया है। अन्त की दोनों पंक्तियों में—भर जाती और झर जाती—तुक भी मिली है, चाहे वह स्वयं मिल गई हो या मिलाई गई हो। अब इस रचना को हम चाहे 'निराला' जी के मुक्त छन्द में मानें, चाहे गद्य में, पर रचना बड़ी सुन्दर है : "यौवन उभार में प्यार से कंचुकी के सब बंद खोल दिये, पल्लव-पर्यंक पर सोती हुई शेफाली के। मूक आवाह्न से भरे लालसा वाले कपोलों के व्याकुल विकास पर गगन के चुम्बन शिशिर से झरते हैं।" प्रेयसी है शरीरधारिणी छोटी-सी शेफाली और उसका प्रेमी है अशरीर, अनन्त आकाश! वह उस सोती हुई यौवनमती को चूम रहा था कि वह जाग पड़ी। "उस जागती हुई प्रिया के वक्ष पर, नक्षत्र दीप कक्ष में लिये हुए, संतरण-आशी आकाश है।" अनन्त आकाश ने उस सोती हुई शेफाली पर इतने शिशिर चुम्बन बरसाये थे कि वह आई ही गई, उसका मानस भर गया! जब वह जगी तब आकाश उसके वक्ष पर था, नक्षत्र दीप कक्ष में थे और वह अनन्त आकाश उस छोटी सी शेफाली के वक्ष में बद्ध एवं संतरण-आशी था, अर्थात् उसके मानस में डूबता नहीं था, तैरकर "पार करना चाहता था सुरभिमय समीर लोक और शोकदु:ख-जर्जर इस नश्वर संसार की क्षुद्र सीमा।" वह पहुँचना कहाँ चाहता था? "प्रणय से छाए हुए अमर विराम के सप्तम सोपान पर।" अर्थात् वह अनन्त जो—शेफाली के मानस रूप—छोटे से स्थान में प्रतिबिम्ब रूप से बद्ध हो गया था, फिर अनन्त में लीन होना चाहता था, पर होता क्या है कि : "पाती अमर प्रेमधाम, आशा की प्यास एक

रात में भर जाती है, सुबह को आली, शेफाली झर जाती है।" अमर प्रेमधाम पाना तो चाहता है आकाश और पाती है शेफाली। यह विचित्रता है और कुछ भी नहीं क्योंकि जब जीव अमर प्रेमधाम में पहुँच जाएगा तब उसमें बद्ध ब्रह्म तो पहुँच ही चुका। इसलिए अनन्त की अनन्त में लीन होनेवाली बात नहीं कही गई। उसे कह देने में वह चमत्कार न रहता। मेरी राय में यह रचना इस विषय के अच्छे अन्य भाषाभाषी कवियों की भी रचनाओं से टक्कर लेनेवाली है।

यह 'शेफालिका' 'निराला' जी के 'परिमल' में पाई जाती है, पर मैं इस 'शेफालिका' में परिमल पाता हूँ। अस्तु, इतना सब लिखने का तात्पर्य यह है कि उनकी ऐसी सुन्दर कृतियों को, उनकी सम्पूर्ण सेवाओं को इस 'वर्तमान धर्म' के कारण क्या भूल जाना चाहिए? कदापि नहीं। हमें उनके उस 'वर्तमान धर्म' को ही भूल जाना चाहिए।

अब मैं उस 'वर्तमान धर्म' की बात कहूँगा। मैंने उसे पढ़ा और कुछ नहीं समझा। ज़ोर लगाकर समझने की कोशिश भी नहीं की क्योंकि वह व्यर्थ होती। उस समय मुझे एक बात याद आ गई थी। एक बार प्रवास में कहीं किसी ने मुझसे कहा था कि अमुक छायावादी कवि की अमुक कविता हम नहीं समझे, हमने उक्त कवि को पत्र लिखकर उस कविता का भाव समझा देने की प्रार्थना की। उत्तर में उक्त कवि महोदय ने लिखा : "हम कह नहीं सकते कि जब हमने यह कविता लिखी थी, तब हम किस स्थान और किस अवस्था में थे, इसलिए, इस अवस्था में उसका भाव समझा देने में हम असमर्थ हैं।" मैंने सोचा, कदाचित् यह लेख भी उन कवि जी की उक्त कविता की भाँति किसी विशेष स्थान से और विशेष अवस्था में लिखा गया हो।

हो सकता है कि मेरा वैसा सोचना ठीक न हो और 'निराला' जी उक्त कवि का अनुकरण न करके समझाने को उद्यत हो जायँ एवं समझाने भी लगे, परन्तु फिर भी हम लोग यदि न समझ सके तो क्या उपाय है? कुछ नहीं। इसलिए हम ऐसी चीज़ को समझने की चेष्टा ही क्यों करें। मान लीजिए, हम किसी दुकान में गए। हमने वहाँ बहुत सी चीज़ें रखी देखीं। कोई एक चीज़ हमारी समझ में नहीं आई। हमने दुकानदार से उसका नाम पूछा। उसने जो नाम बतलाया, वह भी हमारी समझ में न आया। उपयोग की बात भी हम नहीं समझे। तब क्या हमें उस दुकानदार के पीछे पड़ जाना चाहिए? नहीं। हमें समझ लेना चाहिए कि उसने यह वस्तु हमारे या हम जैसों के लिए नहीं रखी है। सम्भव है, उसका भी कोई ग्राहक हो। ऐसा समझकर, उस वस्तु से अपनी दृष्टि हमें ओझल कर लेना चाहिए, न कि उस दुकानभर से। मैं तो यही समझता हूँ और यही समझने की आपसे प्रार्थना करता हूँ। यदि आपने मेरे विचार से सहमत होने की कृपा की तो मैं हृदय से कृतज्ञ होऊँगा।

आपका, अजमेरी।

[मुंशी अजमेरी दरबारी आदमी थे किन्तु छायावादी कविता समझने में उन्होंने यहाँ जिस विवेक का परिचय दिया है, वह अनेक प्रतिष्ठित समालोचकों में दुर्लभ था, और है। विवेक के अलावा उनका पत्र समर्थ गद्य लेखक की रचना है। दूसरे दिन उन्होंने चतुर्वेदी जी को दूसरा पत्र लिखा।]

शान्ति कुटीर,
रामघाट, बनारस,
26-11-32

पूज्य चतुर्वेदी जी महाराज, प्रणाम!

यहाँ मैं श्री राय कृष्णदास जी के पास ठहरा हुआ हूँ। पर आते समय लखनऊ होकर आया था। वहाँ श्री दुलारेलाल भार्गव के यहाँ 2-3 दिन ठहरा था। श्रीयुत निराला जी से कई बार वहाँ भेंट हुई थी। श्रीयुत श्रीराम जी शर्मा ने आपको लिखा ही होगा। अब मैं भी अपनी राय लिखता हूँ। मुझे श्री दुलारेलाल जी से मालूम हुआ कि निराला जी आजकल बहुत दुखी हैं। हाथ बहुत तंग है और उनकी एक मात्र कन्या बहुत बीमार है। इत्यादि। यही बातें यहाँ श्री शान्तिप्रिय द्विवेदी ने सुनाईं। ऐसे दुखी मनुष्य पर इस समय चारों ओर से साहित्यिक वार भी हो रहे हैं। तब उसका मस्तिष्क कैसे ठीक रह सकता है? इस समय वे बहुत घबरा गए हैं और इसीलिए बौखला भी गए हैं। ऐसे समय में उन्हें सहानुभूति की आवश्यकता है। नहीं तो ऐसा आदमी कि जिसके—जोड़ू न जाँता, खुदा से नाता—है, ऐसे संकट के समय में सताया जाकर—घात और आत्मघात जैसे कुकर्म भी कर सकता है—आरत काह न करहिं कुकरम्। और, रहत न आरत के चित चेतू। उनकी दशा देखकर मेरा हृदय द्रवित हो गया और श्री शान्तिप्रिय जी ने तथा श्रीमन् राय साहब ने भी मुझसे कहा, इसलिए मैंने वह बड़ा पत्र आपको लिखा है जो इस पत्र के साथ है। अब कृपा करके इस झगड़े को समाप्त कर दीजिए। मेरी यह प्रार्थना है और श्रीमान् राय साहब की भी यही राय है। मेरा वह पत्र अगले ही अंक में—विशाल भारत में—छाप देने की कृपा कीजिए। ऊपर लिख दीजिए—मुंशी अजमेरी का पत्र। उस पत्र पर आप अपनी सम्मति भी प्रकाशित कर देने की कृपा कीजिए। मेरे पत्र से सहमत होकर इस 'वर्तमान धर्म' वाले झगड़े को बन्द करने की बात होनी चाहिए। बस, अब यह झगड़ा बन्द ही हो जाना चाहिए। बहुत हो गया और निराला जी की तथा नन्ददुलारे जी की दोनों की खूब छीछालेदर हो गई। श्री राय साहब मज़ाक के टोन में कहते हैं कि एक ब्राह्मण की रोटी तो ले ली, अब क्या किसी की जान लीजिएगा?

मेरा पत्र अगले ही अंक में छप जाना चाहिए। यदि गुंजाइश न रही हो तो कृपा कर कुछ मैटर उसमें से निकालकर इस पत्र के लिए जगह कर दीजिएगा। बड़ी कृपा होगी। मैं बहुत सोच-विचारकर इस नतीजे पर पहुँचा हूँ कि इस झगड़े को इस तरह समाप्त कर दिया जाय। स्वीकृति देकर कृतार्थ कीजिए...।

एक प्रार्थना और है, कृपा करके इस पत्र को पढ़कर फाड़ फेंकिएगा। इस पत्र की बात किसी को मालूम न हो, आपके सहकारियों को भी नहीं। इस बात का विशेष रूप से ध्यान रखिएगा। विशेष विनय।

आपका, अजमेरी

[चतुर्वेदी जी को पत्र संग्रह करने का बड़ा शौक है। यह दूसरा पत्र उन्होंने फाड़कर फेंका नहीं, इससे साहित्य के इतिहास की एक कड़ी सुरक्षित रही। किन्तु मुंशी अजमेरी ने पहले वाला पत्र छाप देने पर बड़ा ज़ोर दिया था। चतुर्वेदी जी ने उसे नहीं छापा।]

['वर्तमान धर्म' वाला विवाद शुरू होने पर निराला ने 4 अक्तूबर, सन् '32 को जो पत्र बनारसीदास चतुर्वेदी को भेजा था, उसके अन्त में लिख दिया था : 'यह पत्र भी छापिए।' चतुर्वेदी जी ने यह पत्र भी नहीं छापा था।

17 अक्तूबर, सन् '32 के पत्र में निराला ने चतुर्वेदी जी को लिखा था : "न भेजा हो तो महात्मा जी और रवीन्द्र नाथ के पास भी एक प्रूफ और अनुवाद भेजकर सम्मति अवश्य-अवश्य लीजिए।" निराला के निबन्ध पर चतुर्वेदी जी ने इनकी सम्मतियाँ शायद नहीं मगाईं किन्तु उग्र की पुस्तक 'चाकलेट' पर—घासलेट-विरोधी आन्दोलन के दौरान—गांधी जी की सम्मति मँगाई थी। इसे भी चतुर्वेदी जी ने उस समय प्रकाशित न किया था। गांधी जी ने लिखा था : "मेरे मन पर जो असर आप पर हुआ नहीं हुआ है। मैं पुस्तक का हेतु शुद्ध मानता हूँ। इसका असर अच्छा पड़ता है या बुरा मुझे मालुम नहिं है। लेखक ने अमानुषी व्यवहार पर घृणा ही पैदा की है।"

गांधी जी की राय प्रकाशित न करने पर मोहनसिंह सेंगर ने जुलाई, 1952 के 'नया समाज' में लिखा था :

"यदि वे इस पुस्तक के बारे में बापूजी से कुछ न पूछते तो कोई बात ही नहीं थी। पर जब उन्होंने उनके पास पुस्तक भेजी, तो एक ज़िम्मेदार और ईमानदार पत्रकार की हैसियत से उसके सम्बन्ध में बापू जी का जो मत था, वह भी प्रकाशित करना चाहिए था—भले ही उनके आन्दोलन पर इसका चाहे कैसा भी असर क्यों न पड़ता। बापू का मत एक निरपेक्ष समाज नेता का मत था। पाठक उसे पढ़कर अपना मत स्थिर करने अथवा निर्णय देने में स्वतंत्र थे। किन्तु अपने आन्दोलन को सफल बनाने के मोह ने चतुर्वेदी जी को इस पत्र को प्रकाशित न करने के लिए राज़ी कर लिया और वे इसे इन 20 वर्षों तक दबाए बैठे रहे, यह नम्र से नम्र शब्दों में किसी भी सच्चे और ज़िम्मेदार पत्रकार की प्रतिष्ठा, बौद्धिक ईमानदारी और सार्वजनिक दायित्व की दृष्टि से शोभन नहीं कहा जा सकता।

"इतना ही नहीं, हमारी समझ में तो ऐसा करके चतुर्वेदी जी ने जाने या अनजाने एक बहुत बड़े साहित्यिक अनर्थ का पाप अपने सिर लिया है।"

इस पर चतुर्वेदी जी ने सेंगर जी को लिखा : "चलते वक्त स्वयं महात्मा जी ने कहा, 'आपने बहुत अच्छा किया कि कलकत्ते से अहमदाबाद चले आए। यदि मैं अपनी सम्मति छाप देता तो बड़ा अहित हो जाता'।"

अन्य पत्र में उन्होंने सेंगर जी को फिर लिखा : "उन्होंने खुद कहा था, 'यदि मेरी सम्मति छप जाती, तो ऐसे साहित्य को प्रोत्साहन मिलता'।"

तीसरे पत्र में, इस बार अंग्रेज़ी में, उन्होंने सेंगर जी को पुन: सूचित किया : "It would have been quite improper to publish the letter without giving the gist of the entire talk." (सारी बातचीत का सारांश दिये बिना पत्र छापना निहायत अनुचित होता। —देखें : 'नया समाज', जुलाई, 1952)।

प्रश्न यह है कि चतुर्वेदी जी ने गांधी जी के पास जाकर उनसे 'चाकलेट' के बारे में बात भी की या नहीं? उग्र के निधन के बाद 1967 में उन्होंने उग्र पर एक लेख लिखा। यह लेख 15 अप्रैल, 1967 के 'हिन्दी टाइम्स' में प्रकाशित हुआ। इसमें एक तरह से घासलेट-विरोधी आंदोलन की ज़िम्मेदारी उन्होंने उग्र पर डाली और उग्र की नियत सही थी, गांधी जी की यह बात मानी। उग्र के आत्मचरित 'अपनी ख़बर' के बारे में उन्होंने लिखा : "यदि इस ग्रंथ को उग्र जी प्रारम्भ में ही, यानी सन् 1927 के आसपास छपा देते तो उनकी मनोवृति को समझने में पाठकों और आलोचकों को पूरी-पूरी मदद मिलती। किन्तु उग्र जी ने यह किताब सन् 1927 में लिखी न थी, इसलिए उसे तब छपाना ज़रा मुश्किल था। किन्तु गांधी जी अपना पत्र बनारसीदास के नाम लिख चुके थे और उसे भेज चुके थे; यदि इसे वह छपा देते तो आत्मचरित के बिना भी, गांधी जी की राय के सहारे, उग्र की मनोवृत्ति समझने में—पाठकों और आलोचकों के अलावा, उन्हें भी—पूरी-पूरी मदद मिलती।

दरअसल इस मदद की उन्हें ज़रूरत नहीं थी। उग्र की मनोवृत्ति वह जानते थे, और गांधी जी की राय भले ही छपी न हो, चतुर्वेदी जी से वह छिपी नहीं थी। गांधी जी जल्दबाज़ी में राय कायम नहीं करते, यह बात वह जानते थे। इसलिए जब वह गांधी जी से मिले, तब उन्होंने और बहुत सा अश्लील साहित्य गांधी जी को सुनाया किन्तु 'चाकलेट' के बारे में एक शब्द भी नहीं कहा।

उसी लेख में चतुर्वेदी जी का बयान है : "'चाकलेट' नामक पुस्तक की चर्चा मैंने जानबूझकर बापू से नहीं की। मैं जानता था कि बापू प्रत्येक पुस्तक को ध्यानपूर्वक पढ़कर उस पर अपनी सम्मति निश्चित करते थे और उस पर से उन्हें डिगा देना आसान काम न था। इसलिए 'सीधे आक्रमण' के बजाय घुमा फिराकर हमला करना मैंने ठीक समझा।"

गांधी जी से जब 'चाकलेट' पुस्तक की चर्चा ही नहीं हुई, तब उस पर अपनी सम्मति न छापने की बात गांधी जी कहते ही कैसे? चतुर्वेदी जी ने सेंगर जी को जो पत्र लिखे थे, उनमें कहीं स्पष्ट 'चाकलेट' पर गांधी जी की राय नहीं दी गई।

'हिन्दी टाइम्स' वाले लेख के अन्त में चतुर्वेदी जी ने लिखा है : "यदि उग्र जी के जीवनकाल में उनके प्रति कुछ अन्याय हुआ हो तो उनके स्वर्गवास के पश्चात्

तो पूर्ण न्याय ही होना चाहिए।" अन्याय उग्र के प्रति हुआ, इसमें 'यदि' की शर्त लगाना ज़रूरी नहीं है; निराला के प्रति और भी अधिक अन्याय हुआ, इसमें सन्देह नहीं। इसीलिए उनके जीवनकाल में, और उनके स्वर्गवास के पश्चात्, अन्याय के प्रतिकार के लिए इस विषय की संक्षिप्त चर्चा कर दी गई है।]

24. निराला वंशावली

[ग्राम—गढ़ाकोला, पो.—चमियानी, ज़िला—उन्नाव]

1. श्री शिवाधार त्रिपाठी उर्फ़ (सधारी बाबा) के चार पुत्र

1. सर्वश्री गयादीन,

2. जोधा प्रसाद के एकमात्र पुत्र श्री बदलू प्रसाद के चार पुत्र

1. बिहारीलाल 2. रामगोपाल 3. केशवलाल 4. कालीचरण (स्वर्गीय)

इन चारों भाइयों के अनेक पुत्र और पुत्रियाँ हैं :—लक्ष्मी नारायण, कौशल किशोर, उमाकान्त, रमाकान्त, आदि।

3. रामसहाय के एकमात्र पुत्र श्री सूर्यकान्त त्रिपाठी 'निराला', घर का नाम सूर्य कुमार

के एक पुत्र, एक पुत्री, पुत्र रामकृष्ण त्रिपाठी,

पुत्री सरोज (स्वर्गीया, 1935)

रामकृष्ण त्रिपाठी के चार पुत्र, दो पुत्रियाँ; पुत्र :

1. गिरिजा कान्त 2. अवधेश कुमार, 3. अमरेश कुमार, 4. अखिलेश कुमार;
पुत्रियाँ : 1. छाया (स्वर्गीया, 1967), 2. अलका रानी।

4. रामलाल

विशेष

1. निराला जी का वास्तविक परिवार निराला जी की बीमारी के समय से ही इलाहाबाद में रहता है। पता—श्री रामकृष्ण त्रिपाठी, आत्मज, महाकवि निराला, 265, बस्की खुर्द, दारागंज, इलाहाबाद;
2. ग्राम गढ़ाकोला में जो पैतृक मकान है, उसमें श्री बिहारीलाल त्रिपाठी सपरिवार रहते हैं;
3. केशवलाल, स्वर्गीय कालीचरण और रामगोपाल क्रमश: दलमऊ, लालगंज (रायबरेली) तथा कलकत्ता (बंगाल) में रहते रहे हैं।

4. बिहारीलाल त्रिपाठी तथा उनके बन्धु या पुत्र लक्ष्मीनारायण त्रिपाठी वगैरह पं. जोधाप्रसाद के पुत्र बदलूप्रसाद के वंशज हैं। ये पं. रामसहाय त्रिपाठी के पुत्र सूर्यकान्त त्रिपाठी निराला के वंशज नहीं हैं। किन्तु अपने को निराला का भतीजा और पौत्र बतलाकर सरकार तथा जनता से अपना स्वार्थ साधन करना, रुपये-पैसे तथा किसी प्रकार की भी सहायता प्राप्त करना, इनका धर्म हो गया है।

ये हमारे पट्टीदार हैं, जो निराला की महानता से जलते हैं तथा उनकी कीर्ति में कालिख पोतने का प्रयास करते रहते हैं। ये अपने पिता, पितामह का नाम न लेकर मेरे पिता श्री निराला के वंशज या आश्रित बनकर उनके नाम से गर्हित उपार्जन करते हैं। सरकार को तो चाहिए कि इनको ऐसा करने से रोके, इन्हें किसी प्रकार की सहायता न दे और जो कुछ दिया हो, उसे वापस ले ले। क्योंकि ये लोग निराला के नाम से या सम्बन्ध से किसी भी प्रकार की सहायता पाने का नैतिक अधिकार नहीं रखते।

मैंने इस सम्बन्ध में प्रधानमंत्री भा. सरकार, मु. मंत्री उ.प्र. तथा डी.एम. उन्नाव को भी लिखा था। पता नहीं, उस पर कोई कार्यवाही हुई या नहीं, मुझे कोई सूचना नहीं मिली।

रामकृष्ण त्रिपाठी

परिशिष्ट
['मतवाला'-सम्पादक के नाम एक पत्र]

नवजादिकलाल श्रीवास्तव को

[कलकत्ता,
अगस्त 1924]

श्रद्धेय मुंशी जी,

मतवाला के गत किसी अंक में आपने मेरे सम्बन्ध में जो कुछ लिखा है, उस पर मैं आपसे कुछ निवेदन करना चाहता हूँ। आशा है, आप मेरा पत्र 'मतवाला' में प्रकाशित कर देंगे।

मेरे कुछ मित्रों का आग्रह है, अपनी कविता की मौलिकता और अमौलिकता के सम्बन्ध में मैं स्वयं कुछ लिखूँ; अतएव स्वतंत्र रूप से कुछ न लिखकर मैं आपके इस पत्र में ही उनके सम्बन्ध में कुछ निवेदन करूँगा।

आपके पत्र में मेरी जितनी कविताएँ प्रकाशित हो चुकी हैं, उनमें मौलिक कविताओं की संख्या ही अधिक है। उन अधिक-संख्यक कविताओं का नामोल्लेख मैं निष्प्रयोजन समझता हूँ। अतएव मैं केवल उन्हीं कविताओं का उल्लेख करूँगा

जिन्हें मैंने पहले डाक्टर टगोर की कविताएँ पढ़ लेने पर, दो भिन्न रूपों के चित्रण में सादृश्य देखने के अभिप्राय से, लिखा था। मेरी 'क्यों हँसती हो, कहाँ देश है' कविता की 43 लाइनों में 7/8 लाइनें डाक्टर टगोर की हैं। मेरी 'प्रिया से' और 'क्षमा-प्रार्थना' में डाक्टर टगोर के ही भाव अधिक हैं। कविवर की 'जीवन देवता' का उद्‌देश दूसरा है; मेरा दूसरा, उनकी कविता में वही भाव दूसरी ओर झुकाए गए हैं, मेरी में दूसरी ओर। मेरी यह कविता उन्हीं के भावों पर लिखी गई है। 'तट पर' में चार-पाँच लाइनें महाकवि की हैं। 'ज्येष्ठ' के भाव में उनके 'वैशाख' के कुछ भाग आए हैं। सम्भव है, और इसी कविता में उनका कोई भाव आ गया हो, परन्तु उसके लिए मैं कुछ कह नहीं सकता। इस सम्बन्ध में बहुत कुछ लिखने की इच्छा थी। परन्तु किसी विशेष कारण से आज यहीं तक।

एक बात और। मेरी 'अनामिका' पुस्तिका की 'लज्जिता' कविता को, सुना, लखनऊ के कोई 'साहित्य-सेवी मेरे एक मित्र से रवी बाबू की कविता का अनुवाद या ऐसा ही कुछ बतलाते थे। सौभाग्य से, 'केन जामिनी ना जेते जागाले ना नाथ बेला होलो मरी लाजे', मैं भी गाता हूँ। मैंने अपने मित्र को दोनों के पद सुनाए। न जाने क्यों, उन्होंने उसे न अनुवाद कहा और न भावापहरण।

'कवीन्द्र' में मेरी एक कविता निकली है, मुझे उसका नाम याद नहीं। कोई सज्जन उसमें भी रवी बाबू के काव्य की छाया पाते हैं। कलकत्ते में मेरे एक मित्र से उन्होंने कहा भी था। यह चोरी मेरी समझ में नहीं आई। रवी बाबू की कविता के साथ उसका उद्धरण करने से, सम्भव है, मेरी समझ में आ जाए।

विनीत—

सूर्यकान्त

[यह पत्र 30 अगस्त, 1924 के 'मतवाला' में प्रकाशित हुआ था। इस पत्र का सम्बन्ध उस विवाद से है जो निराला की रचनाओं में भावापहरण को लेकर चला था।]

निराला की साहित्य-साधना

प्रथम खंड

जीवन चरित

निराला की साहित्य-साधना

प्रथम खंड

जीवन चरित

रामविलास शर्मा

राजकमल प्रकाशन

ISBN : 978-81-267-0435-4

मूल्य : ₹4950
(सम्पूर्ण सेट तीन खंड में)

पहला संस्करण : 1972
ग्यारहवाँ संस्करण : 2022

प्रकाशक : राजकमल प्रकाशन प्रा.लि.
1-बी, नेताजी सुभाष मार्ग, दरियागंज
नई दिल्ली-110 002

शाखाएँ : अशोक राजपथ, साइंस कॉलेज के सामने, पटना-800 006
पहली मंजिल, दरबारी बिल्डिंग, महात्मा गांधी मार्ग, प्रयागराज-211 001
36 ए, शेक्सपियर सरणी, कोलकाता-700 017

वेबसाइट : www.rajkamalprakashan.com
ई-मेल : info@rajkamalprakashan.com

मुद्रक : बी.के. ऑफसेट
नवीन शाहदरा, दिल्ली-110 032

NIRALA KI SAHITYA SADHANA (Vol. 1)
A Critical Study of Nirala by Dr. Ram Bilas Sharma

शिवपूजन सहाय की
पुण्य स्मृति को सादर समर्पित—
निराला के इन शब्दों के साथ :

'शिवपूजनजी को समर्पण
बहुत अच्छा है, बड़े सज्जन
और चारु साहित्यिक हैं।'

[2-2-43]

नये संस्करण की भूमिका

निराला की पुत्री सरोज का देहान्त सन् '35 में हुआ। उसकी प्रतिक्रिया : 'उन्होंने न एक भी आँसू गिराया, न एक भी शब्द कहा। कुछ देर कमरे में चक्कर लगाते रहे। फिर कुर्ता पहना, छड़ी उठाई और घर से बाहर निकल गए।'

जयशंकर प्रसाद का देहान्त सन् '37 में हुआ। उसकी प्रतिक्रिया : 'निराला ने समाचार सुना और कुछ न कहा...निराला के मन में जैसे शून्य समा गया! उनका भावस्रोत मानो जड़ हो गया!'

इन दोनों मृत्युओं को मिलाकर एक साथ देखना चाहिए। इससे निराला के दुख की गहराई का अनुमान होगा, उस पर काबू पाने और कविता लिखते रहने के लिए उन्होंने कैसा विकट संघर्ष किया था, इसका अनुमान होगा। सरोज पर कविता लिखने की बात उन्होंने उसकी मृत्यु के तुरन्त बाद ही सोच ली होगी। 'सरोज-स्मृति' के अन्त में तारीख दी है—9-10-35। निश्चय ही यह लम्बी कविता एक दिन में न लिखी गई होगी, तैयारी में भी समय लगा होगा; कविता जब पूरी हुई, उस दिन की तारीख डाली होगी। प्रसाद पर कविता उन्होंने काफी समय बाद लिखी। 'आदरणीय प्रसादजी के प्रति' के अन्त में सन् दिया है—1940।

प्रसाद की मृत्यु पर निराला की तात्कालिक प्रतिक्रिया उनके एक पत्र से जाहिर होती है। जिस घर से सरोज की अनन्त स्मृतियाँ जुड़ी थीं, वहीं से प्रसाद के पुत्र रत्नशंकर को ढाढ़स बँधाते हुए उन्होंने पत्र लिखा था। 'लिखा थोड़ा, जानना बहुत' का नमूना वह पत्र इस प्रकार है :

शरन्दाजपूर [शेरंदाज़पुर] डल्मऊ,
रायबरेली
20.11. 37

चिरञ्जीव बच्चा,

तुम्हारी विपत्ति का अनुमान दूसरा नहीं लगा सकता। मेरे आदरणीय मित्र तुम्हारे पिता इस संसार में नहीं रहे, यहाँ मुझे कल मालूम हुआ। तुम्हें सान्त्वना मैं क्या दूँ : मेरी सेवा की तुम्हें आवश्यकता होगी तो मैं आदरणीय मित्र के प्रति श्रद्धा-प्रकाश का इसे शुभअवसर समझूँगा। ईश्वर तुम्हें सुबोध और सक्षम करें।

इति।

सस्नेह

—निराला

प्रसाद की मृत्यु का उल्लेख पुस्तक के नवें अध्याय में है, उन पर कविता की चर्चा बारहवें अध्याय में है। पाठक उन प्रसंगों से मिलाकर यह पत्र पढ़ें।

हिन्दी साहित्य में प्रसाद और निराला की मैत्री ऐतिहासिक महत्त्व की है। उस मैत्री से सम्बन्धित यह पत्र सुलभ कराने के लिए मैं प्रमिला शर्मा के प्रति आभार प्रकट करता हूँ।

नई दिल्ली,
23 अप्रैल, 1993

—रामविलास शर्मा

भूमिका

'निराला की साहित्य-साधना'—इस पुस्तक के प्रथम खंड में निराला का जीवन-चरित है। इसे लिखते समय मेरा ध्यान उनके व्यक्तित्व के अध्ययन की ओर रहा है। पन्द्रह अध्यायों में जीवन-कथा है, अगले तीन अध्यायों में उनके व्यक्तित्व का विश्लेषण है। एक अध्याय पन्त और निराला के व्यक्तित्वों पर—उनके साम्य और वैषम्य पर—है। अन्तिम अध्याय में तथ्य-संग्रह और जीवनी लिखने की कुछ समस्याओं का विवेचन है।

यह एक साहित्यकार का जीवन-चरित है, इसलिए इसमें किसी हद तक उनके साहित्य का मूल्यांकन भी शामिल है पर यह पुस्तक मुख्यत: उनके साहित्य की आलोचना नहीं है। निराला के पारिवारिक, सामाजिक परिवेश से, उस युग की सांस्कृतिक परिस्थितियों से, उनके जीवन के बाह्य रूपों के साथ उनके अन्तर्जगत् से पाठकों को परिचित कराना मेरा उद्देश्य है। निराला पर मेरी पहली पुस्तक से यह भिन्न है, तथ्यसंग्रह और विश्लेषण—दोनों की ही दृष्टि से। कुछ बातों की आवृत्ति अनिवार्य थी पर इस तरह की कुल सामग्री दो-तीन पृष्ठों से ज़्यादा न होगी। पुस्तक का मूल उद्देश्य व्यक्तित्व का अध्ययन है, इसलिए निराला के प्रत्येक लेख, प्रत्येक रचना का हवाला देना मैंने आवश्यक नहीं समझा।

पत्रों से जो उद्धरण दिये गए हैं, उनमें व्याकरण या वर्तनी सम्बन्धी कोई परिवर्तन मैंने नहीं किया। उद्धरण में यदि कोई आवश्यक शब्द छूट गया है और मैंने उसे जोड़ा है तो उसे कोष्ठकों के बीच में कर दिया है। नामों के साथ जहाँ श्री या जी का प्रयोग नहीं है, वह केवल लिखने की सुविधा के लिए; किसी प्रकार उसे अनादर-सूचक न मानना चाहिए।

'राम की शक्तिपूजा' से मैंने एक पंक्ति उद्धृत की है :

अम्बर में हुए दिगम्बर आलिंगित शंकर।

मुद्रित पाठ में यह पंक्ति नहीं है। कविता में इस तरह का शृंगार-भाव न आए, इस विचार से उन्होंने उसे बदल दिया था। एकाध अन्य रचना के

पाठ में ऐसा भेद मिलेगा, कहीं-कहीं पत्रिका में छपा कोई पाठ मैंने लिया है जिसे संकलन में देते समय निराला ने बदल दिया था।

'निराला की साहित्य-साधना' के दूसरे खंड में उनकी कला और विचारधारा का विवेचन होगा; तीसरे खंड में उनके जीवन और साहित्य से सम्बन्धित अध्ययन- सामग्री तथा उनके पत्र होंगे।

आगरा, 22 जून, 1968

—रामविलास शर्मा

द्वितीय संस्करण की भूमिका

'वर्तमान धर्म' सम्बन्धी विवाद के सिलसिले में मुंशी अजमेरी ने बनारसीदास चतुर्वेदी को जो पत्र लिखे थे और जिन्हें चतुर्वेदीजी ने उनकी मृत्यु के बाद प्रकाशित किया था, उनका उल्लेख छठे अध्याय में कर दिया है। अपनी एक डायरी के कुछ पन्ने पुराने काग़ज़ों में मिले। उनमें ग्वालियर-यात्रा के समय सुमन के घर पर निराला की बातचीत का विवरण लिखा हुआ था। उसे मैंने तेरहवें अध्याय में यथास्थान सम्मिलित कर लिया है। इलाहाबाद के परिवेश पर कुछ अंश पन्द्रहवें अध्याय के आरम्भ में जोड़ा है। सोलहवें के आरम्भ में व्यक्तित्व-विश्लेषण की मंज़िल सुगम बनाने के लिए कुछ बातें भूमिका रूप में कह दी हैं। सत्रहवें अध्याय का अन्तिम अंश मैंने फिर से लिखा है, मूल स्थापनाओं में कोई परिवर्तन किये बिना, उन्हें अधिक स्पष्ट करने के लिए। 'उपसंहार' के अन्तिम अंश में कुछ बातें दोहराई गई थीं; उन्हें मैंने निकाल दिया है। विष्णुकान्त शास्त्री की सूचना के अनुसार सुर्जकुमार के आठवें दर्जे को आज के तीसरे का समकक्ष मानकर मैंने आवश्यक सुधार कर दिया है। सुश्री शान्ति जोशी की पुस्तक 'सुमित्रानन्दन पन्त : जीवन और साहित्य' में पन्तजी ने निराला से अपनी पहली भेंट का जो विवरण दिया है, उसका उपयोग मैंने उन्नीसवें अध्याय में किया है। वह पूरा अध्याय ही पन्तजी की देन है, उनके प्रति मैं पुन: कृतज्ञता प्रकट करता हूँ।

आलोचकों ने पुस्तक ध्यान से पढ़कर उस पर जो कुछ लिखा है, साहित्यिक बन्धुओं ने पत्र लिखकर अथवा मौखिक रूप से जो कुछ मुझे बताया है, उससे मैंने लाभ उठाने का प्रयत्न किया है। इस सबके लिए मैं उन्हें धन्यवाद देता हूँ। उनकी कुछ बातों से मैं सहमत नहीं हूँ। उनकी चर्चा मैं पुस्तक के तीसरे भाग में करूँगा।

12-1-71 —**रामविलास शर्मा**

तृतीय संस्करण की भूमिका

निराला के जीवन से सम्बन्धित कुछ समस्याओं का विवेचन मैंने इस पुस्तक के तीसरे खंड की भूमिका में किया है। उस विवेचन से मेरे विवरण और विश्लेषण में कोई फर्क नहीं पड़ता, इसलिए पुस्तक के इस पहले खंड में मैंने कोई परिवर्तन नहीं किया। भाषा सम्बन्धी अशुद्धियाँ यथासम्भव दूर कर दी हैं। पहले अध्याय में निराला-परिवार के बारे में जहाँ गलतियाँ थीं, उन्हें ठीक कर दिया है।

22 अगस्त, 1978

—रामविलास शर्मा

क्रम

सुर्जकुमार तेवारी

उत्तर भारत में अति प्राचीन काल से अवध नाम का जनपद प्रसिद्ध है। यहाँ के राजा रामचन्द्र ऐसे प्रतापी हुए कि लोग उन्हें ईश्वर का अवतार कहने लगे; जिस राज में प्रजा को सब सुख प्राप्त हों, उसे राम-राज कहा जाने लगा। भारत के आदि-काव्य 'रामायण' के नायक यही राम थे; महर्षि वाल्मीकि ने उस महाकाव्य की रचना इसी अवध के एक भाग में की थी, जिसे अब नीमसारन कहते हैं। पौराणिक काल में वह नैमिषारण्य कथावाचकों का केन्द्र था। यहाँ से अनेक व्यास और सूत कथा-वार्ता सुनाने निकले, नये-नये प्रदेशों में घूमकर उन्होंने सारे देश को एकता के सूत्र में बाँधा। 16वीं सदी में रायबरेली ज़िले के जायसग्रामवासी मलिक मुहम्मद ने अवधी में अपना प्रबन्ध-काव्य 'पद्मावत' लिखा। इसका प्रभाव दूर-दूर तक पड़ा और बँगला में इसका अनुवाद किया गया। अकबर के समय में व्यापार, उद्योग-धन्धे, कला, साहित्य—सभी क्षेत्रों में अभूतपूर्व उन्नति हुई। उस युग में गोस्वामी तुलसीदास ने अवधी में अपना विश्व-प्रसिद्ध ग्रंथ 'रामचरितमानस' रचा। अवध के अलावा उत्तर भारत के प्राय: सभी जनपदों में यह काव्य पढ़ा और गाया जाने लगा, भारत की संस्कृति पर उसकी छाप गहरी और अमिट है। अठारहवीं-उन्नीसवीं सदियों में केन्द्रीय शासन कमज़ोर होने से अवध के नवाब बादशाह बन बैठे। नवाबी विघटन से लाभ उठाकर अंग्रेज़ों ने अवध पर अधिकार कर लिया। अवध पर अंग्रेज़ों का अधिकार—अठारह सौ सत्तावन में भारत के प्रथम स्वाधीनता-संग्राम का यह एक प्रमुख कारण था।

क्लाइव के ज़माने से अवध के किसान रोटी-रोज़ी की तलाश में बंगाल जाते थे। वहाँ फौज में भर्ती होकर अंग्रेज़ी राज के विस्तार में सहायक होते थे। जिसे बंगाल-आर्मी कहा जाता था, उसमें बंगाल का एक सिपाही न था; ज़्यादातर सिपाही पछाँह के थे, विशेषकर अवध के। अवध की बेगम, अज़ीमुल्ला, नानासाहब, फैज़ाबाद के मौलवी, राना बेनीमाधव को साथ मिलाकर अवध के सिपाहियों ने अंग्रेज़ों से दो साल तक भयंकर संग्राम किया। अंग्रेज़ों ने इसका बदला लिया, उन्होंने अवध को, जो भारत का बाग़ कहलाता था, उजाड़ डाला। उन्नाव, रायबरेली, इलाहाबाद, बहराइच आदि उद्योग और व्यापार के बड़े-बड़े केन्द्रों को बर्बाद कर दिया।

अंग्रेज़ी राज में अवध की प्रजा को दोहरा अत्याचार सहना पड़ता था। अंग्रेज़ों ने ताल्लुकदारों-ज़मींदारों को अपना चाकर बना लिया था। सूदखोर महाजनों और निर्दयी ज़मींदारों की मदद के लिए अंग्रेज़ी कानून, कचहरी-अदालत, पुलिस, ज़रूरत हो तो

फौज भी, हमेशा तैयार रहती थी। सबसे ज़्यादा सताए जाते थे 'नीची जात' वाले। चमारों से बेगार लेना, उनकी बहू-बेटियों को बेइज़्ज़त करना ज़मींदारों का आम चलन था। बहुत-से गाँवों में गरीबी के मारे ये अपढ़-असहाय चमार मुर्दा जानवरों का मांस खाकर दिन काटते थे। अंग्रेज़ों ने अल्पसंख्यक मुसलमानों को पुलिस-कचहरी में विशेष सुविधाएँ देकर, सरकारी काम-काज में अरबी-फारसी से लदी हुई भाषा चलाकर यहाँ की जनता के सांस्कृतिक विकास को भारी नुकसान पहुँचाया। उन्नीसवीं सदी के अन्तिम चरण में अंग्रेज़ी नीति का विरोध करते हुए भारतेन्दु हरिश्चन्द्र ने हिन्दी जनता में स्वदेश और स्वभाषा के प्रति प्रेम जगाया। इनके दो प्रमुख सहयोगी अवध के थे : एक प्रतापनारायण मिश्र जिनका गद्य भारतेन्दु के गद्य-जैसा ललित होता था; दूसरे बालकृष्ण भट्ट जो अपने युग के सबसे क्रान्तिकारी लेखक थे।

अवध का पछाँहीं भाग बैसवाड़ा कहलाता है। उन्नाव और रायबरेली ज़िलों के लगभग डेढ़ हज़ार वर्गमील के इस इलाके में बसी हुई जनता अपनी बोली, अपनी लोक-संस्कृति, अपनी ऐतिहासिक परम्पराओं पर बड़ा अभिमान करती है। यहाँ के लोग अपने जीवट और हेकड़ी के लिए विख्यात हैं। भारतेन्दु ने बैसवाड़े की यात्रा करने के बाद लिखा था कि यहाँ का हर आदमी अपने को भीम और अर्जुन समझता है। इनकी भाषा भी कुछ ऐसी है कि लोग सीधे स्वभाव बात कर रहे हों तो अजनबी को लगेगा कि लड़ रहे हैं। ब्रजभाषा का गुण मिठास है, बैसवाड़ी का पौरुष। बैसवाड़े का शायद ही कोई घर हो, खास कर बाम्हन-ठाकुर का, जिसमें कोई फौज में सिपाही, हवलदार या सूबेदार न रहा हो। कसरत-कुश्ती के शौकीन, मज़बूत काठी वाले, गलमुच्छ रखाए ये सिपाही किसी समय बैसवाड़े के गाँवों की शोभा थे। चौपाल में सुर्ती मलते हुए वे देहात के लोगों को देश-विदेश की खबरें सुनाते थे। बूढ़े होने पर, फौज से अलग होने पर भी, पेंशन मिलने के कारण ये अपने को औसत किसान से बढ़कर समझते थे।

बैसवाड़ा वर्णगत संकीर्णता का भी गढ़ था। ऊँच-नीच का भेद-भाव अलग-अलग वर्णों के बीच में ही न था, एक ही वर्ण में, विशेष रूप से ब्राह्मणों में—बीघा-बिस्वा के अनुसार—यह भेद बड़ा प्रबल था। 'आठ कनौजिया नौ चूल्हे' की कहावत मशहूर है। अनेक ब्राह्मण मांसाहारी होने पर भी छुआछूत के ऐसे कायल थे कि चमार का लाया ईंधन धोकर जलाते थे। बाल-विवाह, दहेज, पर्दा जैसी अनेक कुरीतियाँ 'ऊँची' जातियों में प्रचलित थीं। इतर वर्णों की स्त्रियाँ मर्दों के साथ खेतों में काम करतीं, लड़ाई-झगड़ा होने पर एक को छोड़कर दूसरे के घर बैठ जातीं; ज़रूरत होने पर उनका न्याय पंचायत करती।

चारों ओर निरक्षरता का राज था। कोसों तक प्राइमरी स्कूल के दर्शन न होते थे। जो दर्जा चहारुम पास कर ले, वह बड़ा विद्वान् समझा जाता था। मिडिल पास गिने-चुने थे। फिर भी लोक-संस्कृति दरिद्र न थी। हर गाँव में रामायण, भागवत, प्रेमसागर जैसे ग्रंथ बाँचनेवाले दो-चार व्यक्ति ज़रूर होते थे। इनसे सुनकर अनपढ़ किसान भी धर्म और नीति की बहुत-सी बातें सीख लेते थे, मौके पर रामायण की चौपाई या

दोहा उद्धृत कर सकते थे। गिरधर कविराय की कुंडलियाँ, घाघ-भड्डरी की कहावतें, राना बेनीमाधव की वीरता पर बैसवाड़े के ही कवियों के रचे हुए कबित्त, सूर के पद, शृंगार रस के सैकड़ों छन्द हज़ारों किसानों को कंठस्थ थे। चौपाल में आल्हा जमने पर आधा गाँव इकट्ठा हो जाता; नौटंकी देखने दूर-दूर के गाँवों से मनचले जवान टूट पड़ते। शूद्रों में कबीर के पदों का चलन खास तौर से था। मुसलमानों का सामाजिक जीवन भी सामन्ती व्यवस्था के ऊँच-नीच वाले भेद-भाव से प्रभावित था। शेख और बेहना एक-दूसरे से वैसे ही दूर थे, जैसे कुलीन और धाकर। ताज़ियों में हिन्दू भी शरीक होते थे। अवधी में जब मुसलमान मर्सिये गाते थे, तब सुननेवाले धर्म की बात भूलकर काव्य-रस में डूब जाते थे। प्राय: हर गाँव में किसी नदी, नाले या ताल के किनारे देवी का मन्दिर या शिवाला था, जहाँ फुर्सत के समय तमाखू खाने और बातें करने के लिए किसान इकट्ठे होते। पुरुष ज़्यादातर हनुमान के उपासक थे क्योंकि वह बजरंग हैं, बल के देवता हैं। शाम को कनेर के लाल-पीले फूलों से जलभरे लोटे सजाकर खेतों की मेंड़ से कन्याएँ देवी-पूजन को जाती।

दिवाली की रात खेतों में दीये जलाकर किसान 'धरती माता जागो' की पुकार लगाते। कतकी के पर्व पर सैकड़ों बैलगाड़ियाँ घुँघरू बजाती गंगा की ओर दौड़ चलतीं। किसान होली में नये अन्न की बालें भूनते, अलैया-बलैया गाँव की सीमा के बाहर भगाते, ढोल-मँजीरे के साथ फाग गाते हुए निकलते। कभी तकिया का मेला, कभी देवी अल्वापन का, कभी पासाखेरे की बजार, कभी पुरवा की, कभी करवा चौथ, कभी बरगदहाई, स्त्रियों-पुरुषों के मनोरंजक सांस्कृतिक कार्यक्रम आये-दिन होते ही रहते थे।

गंगा, लोन, सई नदियों से सींची हुई बैसवाड़े की धरती उपजाऊ है। यहाँ की घनी अमराइयों में कोसों तक बौर महक उठते हैं, चाँदनी रात में सफेद धरती पर चुपचाप रसभरे महुए टपकते हैं, कोल्हू में ईख पेरी जाती है, कड़ाह में रस खौलता है। चीपी, पतोई, राब की अलग-अलग मिठास की चर्चा होती है। तालों में कहीं लाल-सफेद कमल, रात में खिली हुई कोकाबेली, भीगती हुई सनई की गन्ध, ज्वार के पेड़ों में लिपटी हुई कचेलियों का सोंधापन, जौ और गेहूँ के खेतों में शान्त बहता हुआ, पुर से निकला हुआ, कुएँ का पानी—कोई आश्चर्य नहीं कि यहाँ के लोगों को अपनी धरती से बड़ा प्यार है जिसे वे अक्सर तब समझते हैं जब उन्हें बैसवाड़े से दूर कहीं रहना होता है।

बात गदर से कुछ साल बाद की है।

गढ़ाकोला, ज़िला उन्नाव में, बैसवाड़े का एक छोटा-सा गाँव है। ज़्यादातर लोग गरीब थे। ब्राह्मण लोग हल चलाना आत्म-सम्मान के विरुद्ध समझते हैं, फिर भी गरीबी के मारे गढ़ाकोला के ब्राह्मण खेती करते थे। गाँव के ताल्लुकदार पं. भगवानदीन दुबे छोटे-मोटे रईस थे। समाज की परवाह न करके उन्होंने अपने यहाँ मुसलमान वेश्या रख ली थी—कुलीन-अकुलीन, सभी। ब्राह्मण उनके यहाँ खाते-

पीते थे। किसी में हिम्मत न थी कि उनकी ओर उँगली उठाये। 'समरथ को नहिं दोष गुसाईं'—कहकर लोग चुप हो जाते थे। भगवानदीन दुबे की गरीब रिआया में एक गरीब ब्राह्मण किसान थे शिवाधारी तेवारी। संक्षेप में लोग इन्हें सिधारी पंडित कहते थे। चार लड़के थे—गयादीन, जोधा, रामसहाय और रामलाल। किसानी से घर का खर्च न चल पाता था। काम की तलाश में गयादीन ताल्लुकदार भगवानदीन के यहाँ गए। उन्होंने सिधारी पंडित के लड़के को अपने यहाँ नौकर रख लिया। कोई बहुत बड़ी नौकरी न थी, फिर भी गृहस्थी की गाड़ी चलाने में थोड़ी-बहुत मदद मिल जाती थी। दुर्भाग्य से एक दिन ताल्लुकदार के घोड़े ने उनका हाथ काट लिया। भगवानदीन दुबे ने दया करके उन्हें थोड़ी-सी ज़मीन माफी दे दी। फिर भी दिन तंगी में कट रहे थे। रामसहाय और रामलाल—इन दो भाइयों का एक गुट था। ये आपस में बातें करते—खेती में कुछ नहीं धरा, बिगहपुर में फलाने को देखो; कलकत्ता गए थे, दो साल में कमा के घर भर दिया। रामसहाय जवार के कई लोगों को जानते थे जो बंगाल में नौकर थे। खेती में उनका मन न लगता था। परदेस जाने के लिए वह सबसे ज़्यादा उत्सुक थे। एक दिन भाइयों में कुछ कहा-सुनी हुई। रामसहाय ने हाथ की खुरपी खेत में गाड़ते हुए कहा—यह खुरपी तभी निकलेगी जब परदेस से कमाकर लौटूँगा।

सिधारी पंडित के जवान लड़के रामसहाय ने सत्तू-चबेना बाँधा, लोटा-डोर लिया और बंगाल के लिए पयान किया। कुछ दूर पैदल चले, बाकी रास्ता रेल से तय किया। कलकत्ता पहुँचकर बैसवाड़े के लोगों से मिले। इनमें कुछ पुलिस में नौकर थे। बंगाल पुलिस में पुरबियों की बड़ी खपत थी। रामसहाय लम्बे-तगड़े जवान थे। भर्ती कर लिये गए। किसानी की हाय-हाय से पिंड छूटा। उन्होंने रामलाल को भी बुलाकर पुलिस में भर्ती करा दिया। उनके भाई जोधाप्रसाद का ब्याह हो चुका था, पर रामसहाय की स्त्री का देहान्त हो गया था। जोधा के लड़का हुआ; नाम रखा बदलूप्रसाद। रामसहाय ने चाँदपुर, ज़िला फतहपुर के दुबों के यहाँ दूसरा ब्याह किया। पुलिस में नौकरी करते कुछ साल बीते थे कि रामसहाय को एक दिन मालूम हुआ कि उनके अफसर चाहते हैं कि अपने भाई रामलाल के साथ वह महिषादल चले जाएँ।

बंगाल के मिदनापुर ज़िले में महिषादल नाम का देशी राज्य था। यहाँ राजा रामनाथ राज करते थे। जब इनका देहान्त हुआ, तब इनकी रानी पति का शव लेकर चिता पर चढ़ गईं। राज्य का उत्तराधिकारी कोई न था। तभी वहाँ पछाँह से ज़िला बाँदा का रहनेवाला लक्ष्मणप्रसाद नाम का गरीब ब्राह्मण युवक भटकता हुआ जा पहुँचा। महाराज रामनाथ की पत्नी ने सती होने से पहले उसी को राज-सिंहासन पर बिठा दिया। गदर के बाद लक्ष्मणप्रसाद के पुत्र ईश्वरप्रसाद गर्ग राजा हुए। अंग्रेज़ों को जैसे बंगाल-पुलिस के लिए पुरबियों की ज़रूरत थी, वैसे ही राजा ईश्वरप्रसाद कुछ मातबर आदमी चाहते थे जो बंगाली प्रजा को काबू में रख सकें। उन्होंने अंग्रेज़ अफसरों से बात की, जिसका नतीजा यह हुआ कि सिधारी पंडित के दो पुत्र रामसहाय और रामलाल महिषादल में आ गए। काम वही सिपाहियों का था।

रामसहाय 'रामायण', 'हनुमानचालीसा' का पाठ करनेवाले सीधे-सादे ब्राह्मण सिपाही थे। जिसका नमक खाना, ईमानदारी से उसकी ताबेदारी करना—यही उनके जीवन का सिद्धान्त था। राजा ने प्रसन्न होकर उन्हें सिपाहियों का जमादार बना दिया।

राजा ईश्वरप्रसाद गर्ग के पुत्र हुआ। सती की महिमा का स्मरण करके उन्होंने उसका नाम रखा सतीप्रसाद।

गढ़ाकोला में सिधारी पंडित का देहान्त हो गया। पिता के क्रियाकर्म में रामसहाय और रामलाल ने काफी पैसा खर्च किया। भाइयों में अब फिर हेलमेल हो गया था। रामसहाय गुस्सैल स्वभाव के थे, पर मन में मैल न जमने देते थे। भाइयों की बराबर मदद करते रहे। इधर ईश्वरप्रसाद गर्ग के बाद उनके पुत्र सतीप्रसाद गर्ग राजा हुए। उनसे भी रामसहाय और रामलाल की अच्छी निभती रही। रामसहाय ने कुछ पैसे जोड़ लिये थे। अपनी पत्नी के लिए कुछ गहने बनवाए, अपने लिए उन्होंने बड़ी गुरियों का कंठा बनवाया। सोने का कंठा पहने बिना गाँव में कोई इज़्ज़तदार न कहलाता था। रामसहाय की वह साध भी पूरी हुई। एक ही साध बाकी यी। वह चालीस पार कर चुके थे और अभी सन्तान का मुँह न देखा था। आखिर महावीर स्वामी ने वह साध भी पूरी की।

माघ शुक्ल 11, संवत् 1955, तदनुसार 29 फरवरी, 1899 को रामसहाय तेवारी के घर पुत्र-जन्म हुआ।[1] उस दिन मंगल था। महावीर स्वामी ने अपनी पूजा के ही दिन रामसहाय को पुत्र का मुँह दिखाया। दरवाज़े पर बाजे बजे; नाई, धोबी, डोम वगैरह नेग माँगने आए। महिषादल में अवध के और परिवार भी रहते थे, कई घर बैसवाड़े के ही लोगों के थे। इन सबसे स्त्रियाँ आईं; सोहर होने लगे। थोड़ी देर के लिए रामसहाय को लगा कि वह गढ़ाकोला में ही उत्सव मना रहे हैं। खैर, अभी न सही, जैसे ही मौका मिला, वह पुरखों की देहरी छुलाने बच्चे को गाँव ज़रूर ले जाएँगे।

पंडित ने जन्मकुंडली बनाई। कहा—लड़का मंगली है, दो ब्याह लिखे हैं; है बड़ा भाग्यवान, बड़ा नाम करेगा। इसका नाम रखो—सुर्जकुमार। रामसहाय ने सोचा—दो ब्याह हमारे हुए, बेटा भी कुल-रीति निबाहेगा।

सुर्जकुमार पड़ोस की स्त्रियों के खिलौना हो गए। रंग-रूप देखकर कहतीं—महतारी तो साँवली है मुला बेटवा गोरा है, बाप को पड़ा है, आँखें और नाक हूबहू जमादार की-सी हैं।

रामसहाय को ढलती उम्र में पुत्र का मुँह देखने को मिला, पर अब एक नई चिन्ता सताने लगी। उनकी पत्नी का स्वास्थ्य ठीक न रहता था। वास्तव में सौर से निकलने के बाद फिर वह पनपी ही नहीं। सुर्जकुमार अभी बोलना सीख रहे थे, करीब ढाई साल के हुए होंगे कि उनकी माँ इस संसार से बिदा हो गई।

रामसहाय की सारी ममता बेटे पर केन्द्रित हो गई। अभी वह पैंतालीस के होंगे। इस उम्र में तीसरा ब्याह करना कोई अनहोनी बात न थी। पर अब उनकी इच्छा ब्याह करने की न थी। वह बेटे को नहलाते-धुलाते, भोजन कराते, रात को अपने पास सुलाते। पर दिन में हमेशा अपने पास रखना सम्भव न था। नौकरी पर जाते

समय वह अपने मित्र ज्वालाप्रसाद शुक्ल के दरवाजे पर आवाज़ देते, उनकी पत्नी निकलकर आतीं। सुर्जकुमार को उनके सुपुर्द करके रामसहाय काम पर चले जाते। ज्वालाप्रसाद शुक्ल के भी एक लड़का था। नाम था रामशंकर, उम्र में सुर्जकुमार से चार-पाँच साल बड़ा था। दोनों बच्चे साथ खेला करते। परदेस में एक ही गाँव-जवार के लोग आपस में बड़ा भाईचारा मानते हैं, सुख-दुख में एक-दूसरे का साथ देते हैं। सुर्जकुमार को हर तरफ स्नेह मिलता था, स्त्रियाँ हाथों-हाथ रखतीं। बाप का लाड़ अलग। जो खाने-पहनने को माँगते, वही मिल जाता। सुर्जकुमार स्वभाव से खिलाड़ी, नटखट और कुछ-कुछ ज़िद्दी भी हो चले।

सुर्जकुमार की खेलने की जगह महल की हद से बाहर एक ताल के किनारे थी, जहाँ उनके बाप कच्चे घर में रहते थे। दूर पर राजमहल दिखाई देता था, बहुत बड़ा, खूब शानदार, उसके सामने कच्चे घर बहुत ही तुच्छ मालूम होते थे। वहाँ राजा रहते हैं, हम उनके नौकर हैं, यह भेद सुर्जकुमार की समझ में आने लगा। बाप के साथ कभी-कभी वह महल की तरफ जाते। हर तरफ हरी-हरी दूब के मैदान, सुन्दर फलों वाले पेड़ और फूल-ही-फूल दिखाई देते। कमल, गुलाब, जुही की अरघानें सुर्जकुमार का दिमाग तर कर देतीं। पर यह सब दूर से देखा जा सकता है। बाप समझा देते, यहाँ खेलना मना है।

जोधा का लड़का बदलूप्रसाद अब बारह साल का हो रहा था। उसका ब्याह करना ज़रूरी था। इस तरह का काम-काज गढ़ाकोला में ही हो सकता था। यह अच्छा अवसर था जब रामसहाय बच्चे को लेकर पुरखों की देहरी छुआ लाते। बदलू का ब्याह करने रामलाल के साथ वह गाँव आए।

सुर्जकुमार ने पहली बार बेर और बबूल के जंगल, बड़े-बड़े ऊसर, गाँव के किनारे सूखी लोन नदी देंखी। आमों के बाग़ थे, पर वैसी घनी हरियाली यहाँ न थी जैसी महिषादल में देखी थी। यहाँ का घर वैसा ही कच्चा, टूटा-फूटा, जैसा महिषादल वाला था। भगवानदीन दुबे का घर पक्का था, पर राजा के महल के सामने बिलकुल टुच्चा। सुर्जकुमार 'सहिबाला' बनकर भाई के साथ डोली में बैठे, ब्याह कितना बढ़िया तमाशा होता है, यह उन्होंने देखा!

गाँव में भी सुर्जकुमार को अपना प्यार-दुलार करनेवाले बहुत-से मिले। इनमें ताल्लुकदार भगवानदीन दुबे की पतुरिया भी थी। सुर्जकुमार को उसका व्यवहार बहुत अच्छा लगा। वह मिठाई खिलाती, प्यार करती और गाना सुनाती। सुर्जकुमार ने गाँव की अन्य स्त्रियों को भी गाते सुना, पर इसका गला उन सबसे ज़्यादा सुरीला था। कपड़े भी अच्छे पहनती है, साफ-सुथरी रहती है, बाल सुन्दर ढंग से सँवारती है। यह गाँव की दूसरी औरतों की तरह नहीं है। वे सब इसे पतुरिया कहकर हँसती हैं। क्यों हँसती हैं, यह सुर्जकुमार की समझ में न आता था, पर वह उन्हें अच्छी ज़रूर लगती थी।

होते-करते बदलूप्रसाद का गौना भी हो गया। घर में रोटी बनाने की समस्या हल हो गई। दोनों भाई हाथ से ठोंककर खाते थे। अब बदलूप्रसाद की नवयुवती पत्नी

महिषादल आ गईं। सुर्जकुमार को अपनी भौजाई बहुत अच्छी लगती थीं, वह उनको प्यार भी बहुत करती थीं। पर चौके-चूल्हे, नहाने-धोने के नियम-कायदों की बड़ी पाबन्द थीं। इधर सुर्जकुमार की समझ में ये नियम-कायदे आते न थे। खेल-कूद में रहते थे, पढ़ने-लिखने से अभी कोई वास्ता न था।

एक दिन शाम को सुर्जकुमार ने घर के पास हाजत रफा की। ठंढ के दिन थे। सोचा, कौन ताल में सौंचने जाए। कुछ पत्तों से जगह पोंछकर घर पहुँच गए। उधर इनकी भाभी खिड़की के पास खड़ी यह सब तमाशा देख रही थीं। इन्हें भूख लगी थी। सीधे रसोईघर में जाने ही वाले थे कि भाभी ने रास्ता रोक लिया और पंडित रामसहाय को सारा हाल बता दिया। रामसहाय उठे। सुर्जकुमार का हाथ पकड़कर उठा लिया। टाँगे हुए ताल तक ले गए। फिर पानी में डुबो-डुबोकर कहने लगे—सौंचता जा, सौंचता जा। सुर्जकुमार ने जब सौंच लिया, तब रामसहाय ने दो-चार तमाचे और लगाए। बाम्हन का लड़का, सौंचे बिना चौके में जा रहा था। सुर्जकुमार को इस बारे में कोई स्पष्ट निर्देश न मिला था, इसलिए पिता ने जो दंड दिया, वह उन्हें अन्याय लगा।

सुर्जकुमार मुहल्ले के लड़कों के नेता हो गए। गोली खेलने में वह सबके उस्ताद थे। ज़्यादा समय खेल-कूद में बीतता था। पर अब वह घर में ककहरा और गिनती सीखने लगे। रामसहाय कभी भजन गाते, हनुमानचालीसा पढ़ते, या रामायण का पाठ करते। देवी-देवताओं की कहानियाँ वह सुर्जकुमार को सुनाते। सुर्जकुमार को कहानियाँ सुनने में बड़ा मज़ा आता था। रामसहाय ने सोचा—अब लड़के का जनेऊ कर देना चाहिए। उसके बाद इसे स्कूल में भर्ती कराएँगे।

सुर्जकुमार पिता के साथ गढ़ाकोला आए। अब वह आठ साल के हो गए थे। लोगों से सुनते कि जनेऊ हो जाने के बाद लड़के हर किसी के हाथ का छुआ खा-पी नहीं सकते। सुर्जकुमार सोचते, आख़िर जनेऊ पहनने से ऐसा क्या हो जाएगा कि मैं दूसरे का छुआ खा न सकूँगा? पतुरिया के लड़कों से दोस्ती थी। उसके यहाँ आना-जाना बन्द करना पड़ेगा। अब ताल्लुकदार भगवानदीन दुबे नहीं थे। समाज में इस परिवार का मान घट गया था। जब ताल्लुकदार ने बड़े लड़के शमशेरबहादुर का जनेऊ किया था, तब ब्रह्मभोज में सब बाम्हन शामिल हुए थे। पर अब इन्हीं लोगों ने उनके यहाँ खाना-पीना बन्द कर दिया था। पतुरिया के छोटे लड़के फतहबहादुर ने सुर्जकुमार से कहा : "अभी तुम हमारे यहाँ खाते हो, जब जनेऊ हो जाएगा, न खाओगे।" उन्हें यह भी याद दिलाया कि उनके ताल्लुकदार पिता ने सुर्जकुमार के बड़े चाचा को ज़मीन माफ़ी दी थी। फतहबहादुर की बहन परागा ने कहा : "बदलू सुकुल के यहाँ महुए की लप्सी खाओगे, हमारे यहाँ हलुआ नहीं।" सुर्जकुमार ने तय किया कि जनेऊ के बाद भी इनके यहाँ खाए-पीएँगे, देखें, कोई क्या कर लेता है!

भैयाचार आए। यज्ञोपवीत संस्कार पूरा हुआ। प्रथा के अनुसार सुर्जकुमार ने हठ किया कि विद्या पढ़ने जाएँगे; माँ की जगह काकी ने मनाते हुए कहा—बेटा, मान जाओ, घर छोड़कर मत जाओ। पंडितजी ने मंत्र पढ़े। सुर्जकुमार ने जनेऊ पहना,

अब वह बाकायदा द्विज हुए। पिता ने सावधान किया : "अब आज से, खबरदार, पतुरिया के घर का कुछ खाना-पीना मत।" सुर्जकुमार को याद आया कि पतुरिया मुसलमान है, उसके लड़के अपने को पंडित समझते हैं, इसलिए माँ होने पर भी उसे भोजन दूर से देते हैं। पिता से बोले : "पतुरिया का छुआ तो उसके लड़के भी नहीं खाते-पीते।" रामसहाय ने कहा : "उनके हाथ का भी मत खाना।" पर सुर्जकुमार ने हुज्जत की : "जब ताल्लुकदार थे, तब आप लोग उनका छुआ खाते थे?" इस पर रामसहाय ने डाँटकर कहा : "हम जैसा कहते हैं, कर।"

एक दिन पतुरिया-पुत्र फतहबहादुर कुएँ पर नहा रहे थे कि उधर सुर्जकुमार निकले। इन्हें देखकर फतहबहादुर व्यंग्य से मुस्कराए। मतलब यह कि अब तुम्हारी हिम्मत नहीं कि हमारे यहाँ खाओ-पियो। सुर्जकुमार ने मतलब समझकर कहा : "भैया, पानी पिला दीजिए।" फतहबहादुर ने प्रसन्न होकर पानी पिलाया, गाँव के जो ब्राह्मण उन्हें अपमानित करते थे, उनसे उन्होंने इस तरह बदला लिया। ब्राह्मणों को मालूम हुआ। उन्होंने जाकर रामसहाय से शिकायत की : "आपका लड़का सबके सामने पतुरिया के छोटे लड़के का भरा पानी उन्हीं के लोटे से पी रहा था। अभी नादान है, इसलिए इस दफा माफ किए देते हैं, फिर अगर हरकत करते देखा गया, तो हमें लाचार होकर आपसे व्यवहार तोड़ना होगा।" शिकायत सुनकर रामसहाय तेवारी को बड़ा क्रोध आया, सुर्जकुमार की अच्छी तरह मरम्मत कर डाली। पर इससे पतुरिया-परिवार से सुर्जकुमार का स्नेह-सम्बन्ध टूटा नहीं। कुछ दिन बाद उन्होंने फिर वैसी ही हरकत की। और यह चोरी-छिपे नहीं वरन् खुलकर, जिससे दम्भी विप्रवर्ग को सब-कुछ मालूम हो जाय। गाँव के मुखिया ने रामसहाय से कहा : "क्या तुम दूसरों का धर्म लेना चाहते हो? आज तुम्हारा लड़का पतुरिया के लड़के से ले-लेकर भुने चने चबा रहा था। आज से गाँव के ब्राह्मणों में तुम्हारा व्यवहार बन्द है।"

रामसहाय तेवारी के स्वभाव में क्रोध और स्वाभिमान की मात्रा बराबर थी। इसके सिवा वह सुर्जकुमार को प्यार भी करते थे; क्रोध में आकर जब-तब हाथ छोड़ बैठते थे पर यह आवेश क्षणिक होता था। जाति-बिरादरी की मर्यादा के लिए वह अपने प्यारे पुत्र की फिर ठुकाई करें, यह असम्भव था। इस बार उनका सारा क्रोध मुखिया पर बरस पड़ा। उन्होंने डाँटकर कहा : "तू हमारा पानी बन्द करेगा? तू पासी का है, गाँव में जा और पूछ, तेरी लड़की पटने में एक-दो-तीन-चार, एक-दो-तीन-चार कर रही है—हम अपनी आँखों देख आए हैं। माना कि चौधरी भगवानदीन का काम बेजा था, लेकिन उनके सामने कहते। नहीं, जब तक वह जिए, इन्हीं लड़कों की धो-धोकर पीते रहे, अब सब छंगे के बने फिरते हो? शहर में होते तो देखते हम, कितने आदमियों का बम्बे का पानी और डाक्टर की दवा छुड़ाते हो। यहाँ क्या नाम के करने को कौन-सा काम और गाने को छीता हरन।"

मुखिया से कुछ जवाब देते न बना। अपना-सा मुँह लेकर चले गए। रामसहाय ने बेटे का पक्ष ही नहीं लिया, मुखिया के विरुद्ध उसी का दिया हुआ तर्क भी इस्तेमाल किया।

सुर्जकुमार ने ही उनसे पूछा था : "जब ताल्लुकेदार थे, तब आप लोग उनका छुआ खाते थे?" रामसहाय ने पुत्र को डाँट दिया था, पर मन में उसकी तर्क-बुद्धि के कायल थे।

जनेऊ के बाद सब लोग महिषादल आए। रामसहाय ने अब सुर्जकुमार की पढ़ाई की ओर ध्यान दिया। महिषादल में हाई स्कूल था ही। उन्होंने सुर्जकुमार को उसी में भर्ती कराने का विचार किया। 13 सितम्बर, 1907 को महिषादल स्कूल की कक्षा 8 सेक्शन-बी (अब के हिसाब से तीसरी कक्षा) में सुर्जकुमार का नाम लिखा दिया गया। पिता और गार्जियन—रामसहाय तेवारी; निवास स्थान—गढ़ाकोला, उन्नाव; पेशा—नौकरी; 'रिमार्क्स' के खाने में हेडमास्टर जे.एन. कुंजीलाल ने लिखा—'एडमिशन फ्री।' राजकर्मचारी का लड़का था, भर्ती होने की फीस नहीं ली गई। उम्र दो साल बढ़ाकर लिखाई गई—दस साल आठ महीने। सुर्जकुमार की क्लास के दूसरे लड़के ज्योतीषचन्द्र, विभूतिभूषण आदि चौदहवें, पन्द्रहवें साल में थे; सुर्जकुमार का अभी नवाँ ही चल रहा था। कद में लम्बे होने पर भी वह अपनी कक्षा में सबसे कम उम्र वाले लड़कों में थे। अब तक घर पर कोई नियमित पढ़ाई भी न हुई थी, इसलिए दर्जे में उनका कमज़ोर रहना अनिवार्य था।

इस वर्ष एक महत्त्वपूर्ण घटना और हुई। बंगाल के लाट सर फ्रांसिस ड्यूक महिषादल पधारे। महिषादल के राजा के साथ उन्होंने फोटो खिंचाया। बीच में ऊँची कुर्सी पर लाट साहब बैठे। कुर्सी इतनी ऊँची थी कि लाट साहब के पाँव मुश्किल से ज़मीन तक पहुँचते थे। उनके दाएँ नीची कुर्सी पर राजा सतीप्रसाद गर्ग बहादुर बैठे, बाएँ वैसी ही दो नीची कुर्सियों पर राजपरिवार के दो अन्य सदस्य। पीछे एक चपरासी, शेष सिपाही हाथ में तलवारें खींचे खड़े हुए। इस लाइन में गवर्नर की बाईं ओर एकदम सिरे पर रामसहाय तेवारी खड़े हुए। लाइन में खड़े हुए लोगों में वह सबसे लम्बे थे। सिर पर कामदार गोल टोपी, गले में सोने का कंठा, भव्य दाढ़ी-मूँछें, लम्बी नाक, बड़ी आँखें, बिर्जिस पर फौजी कोट, आँखों में थकन, हाथ में नंगी तलवार, बढ़ते हुए पेट को पेटी से कसे हुए—गढ़ाकोला-निवासी पंडित रामसहाय तेवारी, महिषादल राज में सिपाहियों के जमादार ने लाट साहब के साथ फोटो खिंचाया।

स्कूल में पढ़ते हुए सुर्जकुमार तेवारी राजा, अंग्रेज़, जमादार—इन शब्दों का अर्थ समझने लगे। गढ़ाकोला से महिषादल कितना भिन्न है! कहाँ वह छोटी-सी लोन नदी, कहाँ यह विशाल नद रूपनारायण! हर तरफ पानी-ही-पानी दिखाई देता है; नदियाँ, नाले, तालों की तो गिनती नहीं। उपजाऊ धरती, हर तरफ वृक्ष, लताएँ, घास, फूल और काँटे, सब बेसँभाल बढ़ते-फैलते हुए; क्षितिज तक फैले हुए सुनहले धान के खेत, बीच में खेतों को चीरती हुई सड़क, आस-पास और क्षितिज पर गहरे हरे रंग के वृक्षों की पाँति। दृश्य सुन्दर किन्तु मलेरिया का प्रकोप, सारा क्षेत्र विषैले साँपों से भरा हुआ।

राजमहल के चारों ओर प्रशस्त उद्यानभूमि, हरी दूब वाले बड़े-बड़े पार्क, पानी से भरी हुई परिखा में कमल, बड़े-बड़े लाल गुलाबों से भरा हुआ पूरा एक मैदान, बेला, जुही, हरसिंगार, बकुल, चम्पा के ऋतु-अनुसार फूल; आम, जामुन, लीची,

फालसे, अनार, कटहल के वृक्ष, जगह-जगह बाँसों के झाड़, नारियल के पेड़ हर तरफ। सुर्जकुमार ने पिता के साथ उन कमरों की झलक भी देखी जिनमें ज़री के काम वाले वस्त्र, जवाहरात, सोने के आभूषण, कीमती बर्तन रखे जाते थे। बड़े-बड़े सन्दूकों में राजकोष कहाँ रखा रहता है, इसका आभास भी उन्हें था। महल के हर निकास पर पहरा रहता है, यह भी उन्हें मालूम था। चौधरी भगवानदीन दुबे गढ़ाकोला में ताल्लुकेदार कहलाते थे, महिषादल में उनकी हैसियत एक मामूली नौकर से ज़्यादा न होती। महिषादल राज्य लगभग चार सौ वर्गमील का क्षेत्र घेरे हुए था, सालाना आमदनी बारह लाख थी। तीन लाख छत्तीस हज़ार तो सरकारी मालगुज़ारी देनी होती थी।

एक दिन सुर्जकुमार ने पिता से कहा : "तुम्हारे मातहत इतने सिपाही हैं, तुम इस राजा को लूट क्यों नहीं लेते?" रामसहाय को शक हुआ कि उनके बेटे को किसी दुश्मन ने बरगलाया है। उन्होंने पूछा—किसने सिखाया है? सुर्जकुमार ने जितना ही इनकार किया, उतना ही उनका शक पक्का होता गया। उन्होंने लड़के को बहुत मारा, इतना मारा कि सुर्जकुमार बेहोश हो गए।

रामसहाय तेवारी वफादार सिपाही थे। जिसका नमक खाया था, उसके बारे में इस तरह की बात सुन भी न सकते थे। आख़िर राजा अवध के इन सिपाहियों को नौकर क्यों रखते हैं? इसलिए कि राजा का नमक खाकर बंगाली प्रजा के विरुद्ध वे राजा का हुक्म बजा लाने में ज़रा भी आगा-पीछा न करते थे।

राजा ईश्वरप्रसाद ने रामसहाय को अपने यहाँ नौकर रखा था, उनके पुत्र सतीप्रसाद पर रामसहाय की सहज ममता थी। अब वह साठ के नज़दीक पहुँच रहे थे। इस उम्र में राजा के खिलाफ़ बग़ावत? पुत्र पर क्रोध करना स्वाभाविक था। फिर राजा क्षत्रिय न होकर ब्राह्मण थे। अलबत्ता कान्यकुब्ज न थे, सरयूपारीण ही थे, पर थे तो ब्राह्मण। पछाँह से उनका सम्बन्ध था। घर के लोग साफ़ हिन्दी बोलते थे। हर दृष्टि से सुर्जकुमार का सुझाव उन्हें किसी शत्रु का रचा हुआ षड्यंत्र ही लगा।

सुर्जकुमार को राह पर लाने के लिए उन्होंने एक काम और किया। अपने गुरुजी के पास ले जाकर उन्हें गुरुमंत्र दिला लाए, सुर्जकुमार और अपने भतीजे बदलूप्रसाद का भविष्य सुखी बनाने के लिए उन्होंने गढ़ाकोला वाला घर नये सिरे से बनवाया। नया घर भी कच्चा था, पर काफी बड़ा था और परिवार के रहने लायक था।

सुर्जकुमार के दिन मज़े में कट रहे थे। स्कूल में भर्ती होने से उनके खेलकूद में कोई तब्दीली न हुई थी। मुहल्ले में लड़कियाँ हैं, उन्हें देखना अच्छा लगता है, सुर्जकुमार यह समझने लगे थे। कोर्स की किताबें अच्छी न लगती थीं पर इन्द्रजाल की पोथी पढ़कर मारण, मोहन, उच्चाटन, वशीकरण के बारे में वह बहुत-कुछ जान गए थे। एक दिन इन्द्रजाल की पोथी के अनुसार उन्होंने मंत्र सिद्ध करने का विचार किया। रात के नौ बजे होंगे। वह भाभी की कोठरी में थे कि छछूंदर दिखाई दी। उन्होंने उठकर तुरत किवाड़ बन्द किये, फिर धोती उतारकर फेंक दी; हाथ में जूता लेकर

छछूंदर के पीछे दौड़ने लगे। उल्टे जूते से छछूंदर मारनी थी। बड़ी मुश्किल से मार पाए। फिर हांडी में भरकर उसे बाहर गाड़ आए। लौटकर धोती पहनी।

स्त्रियों में चर्चा होने लगी कि सुर्जकुमार को मंत्र सिद्ध है, उनकी झाड़-फूँक से रोगी अच्छे हो जाते हैं। पड़ोस में सुकुलाइन नाम की युवती को यह सब ढोंग मालूम हुआ। उन्होंने अपनी शंका सुर्जकुमार की भाभी के सामने प्रकट की। भाभी ने सुर्जकुमार को ललकारा : "लोग कहते हैं, तुझे जंत्र-मंत्र कुछ नहीं आता, तू ढोंग करता है।" सुर्जकुमार ने सिद्ध पुरुष की तरह आत्मविश्वास से जवाब दिया : "जिसको विश्वास न हो, आज़मा ले।" भाभी ने कहा कि सुकुलाइन को अपनी करामात दिखाओ। सुर्जकुमार एक कनेर का फूल तोड़ लाए और बोले : "मैं मंत्र पढ़कर यह दूँगा। इसे लेना होगा। बस, इसके बाद मैं सिद्ध हूँ या नहीं, देख लेना।" भाभी फूल लेने से डरी, सुकुलाइन से कहा : "फूल ले लो।" वह बोलीं : "फूल लेने से क्या होगा?" सुर्जकुमार ने जवाब दिया : "मंत्र के जोर से हमेशा मेरे पीछे लगे रहना होगा। मैं जहाँ-जहाँ जाऊँगा, पीछे-पीछे जाना होगा।" सुकुलाइन की हिम्मत पस्त हो गई। भाभी से बोली : "भई, मैं बहन हूँ, मैं कैसे फूल ले लूँ? तुम भाभी हो, तुमको उतना दोष नहीं।" इस तरह कनेर का फूल दिखाने से ही सुर्जकुमार इस मारण-उच्चाटन युद्ध में विजयी हुए।

रामसहाय तक ये बातें पहुँची हों चाहे नहीं, कुलरीति के अनुसार पुत्र का ब्याह कर देना ज़रूरी था। अभी उम्र बारह के आस-पास थी, ब्याह की कोई जल्दी न थी, पर गाँव में लड़कों का ब्याह इस उम्र तक कर दिया जाता था। डलमऊ में रामदयाल द्विवेदी के यहाँ बात पक्की हुई। लड़की की उम्र करीब ग्यारह साल।

रामसहाय गाँव आए और सुर्जकुमार के ब्याह की तैयारी शुरू हो गई। सात सुहागिनों ने एक साथ मूसल पकड़कर धान कूटे, एक साथ दरेती का खूँटा पकड़कर उड़द दले। उड़द की दाल भिगोई गई। रामसहाय को बूढ़ी भौजाई के साथ चौक पर बिठाया गया। दोनों की गाँठ जोड़ी गई और दोनों ने दाल पीसने की रस्म पूरी की। फिर उड़द की धोई के बड़े तले गए। गेरू से दरवाज़े पर माँईं बनाई गईं; उन्हें बड़ा भात खिलाया गया। हर रोज़ ढोलक बजती, गीत होते। नाइन सुर्जकुमार के उबटन लगाती। आख़िर निकासी का दिन आया। सुर्जकुमार को हाथ-पैरों में कड़े पहनाये गए, गले में कंठा, पीली धोती, पीला जामा, पीली पगड़ी पहनाई गई। सिर पर मोर रखा गया। झैंयम-झैंयम करते बरात गढ़ाकोला से रवाना हुई।

डलमऊ पहुँचने पर बरातियों को मिर्चवान पिलाई गई; फिर नाश्ते के लिए पूड़ियाँ आईं। बरातियों ने हाथ-मुँह धोया, नाश्ता किया, कपड़े बदले। अगवानी हुई। हँसी-मज़ाक़ करते लोग फिर जनवासे लौट आए। कुछ देर बाद भाँवरों के लिए बुलावा आया। मंडप के नीचे पंडित ने मंत्र पढ़े, सुर्जकुमार और मनोहरादेवी की गाँठ जोड़ी गई। दोनों ने भाँवरें घूमीं। फिर देवताओं के सामने वर-वधू ने एक-दूसरे को दही-बताशे खिलाए। मनोहरादेवी घूँघट मारे थीं, सुर्जकुमार उनका मुँह देखने में असफल रहे।

दूसरे दिन भात के समय सुर्जकुमार ने स्त्रियों को गालियाँ गाते सुना। शाम को छोटी बढ़ार और तीसरे दिन बड़ी बढ़ार के समय भी यह सिलसिला जारी रहा। ब्याह हो गया पर बहू अपने मायके ही रही। सुर्जकुमार पिता और बरातियों के साथ गढ़ाकोला वापस आए। वहाँ कुछ दिन रहने के बाद सब लोग फिर महिषादल आ गए।

सुर्जकुमार महिषादल में फिर पहले जैसा जीवन बिताने लगे। खेल-कूद में ज़्यादा समय पहले ही जाता था, अब पढ़ने में मन और भी कम लगता। अब वह फुटबॉल के अच्छे खिलाड़ी हो गए। तैरने में कुशल थे। नाटक देखने में उन्हें विशेष आनन्द आता था। महल के पास ही नाट्यशाला थीं जहाँ राजा सतीप्रसाद जब-तब नाटक कराते थे। बँगला नाटक 'तरुबाला' में सुर्जकुमार ने एक 'हिन्दुस्तानी' का पार्ट किया। कुछ दिन बाद वहाँ स्टार थियेटर आया। उसके रंगमंच की चमक-दमक, अभिनेताओं और अभिनेत्रियों के ठाठ-बाट देखकर सुर्जकुमार को लगा—सबसे बढ़िया जीवन इन्हीं का है।

नाटक, खेल-कूद के साथ सुर्जकुमार ने अपने शरीर को सुदृढ़ और सुन्दर बनाने की ओर ध्यान दिया। महिषादल का वातावरण ही ऐसा था। हर सिपाही थोड़ी-बहुत डंड-बैठक करता था। दूसरे राजा-रईसों की तरह महाराज सतीप्रसाद गर्ग के यहाँ भी अच्छे-अच्छे पहलवान थे। स्वयं महाराज सतीप्रसाद अपने पराक्रम के लिए प्रसिद्ध थे।

एक बार कलकत्ते में कोई सरकस आया। उसमें एक पहलवान ने घुटने से लोहे की मोटी छड़ दबाकर मोड़ दी। फिर उसने चुनौती दी, जो कोई ऐसे ही छड़ मोड़ देगा, उसे एक हज़ार रुपया इनाम मिलेगा। राजा सतीप्रसाद के साथ उनके मित्र बंगाल के प्रसिद्ध डाक्टर और राजनीतिज्ञ विधानचन्द्र राय सरकस देख रहे थे। उन्होंने खड़े होकर अपनी ओर से ऐलान कर दिया, राजा सतीप्रसाद छड़ मोड़ेंगे। बंगाल के सम्मान का प्रश्न था। लोगों ने ज़ोरों से तालियाँ बजाईं। राजा उठे और पहली से भी ज़्यादा मोटी छड़ लेकर घुटने लगाए बिना ही दोनों हाथों से मोड़कर उन्होंने बँगला के चार का अंक बना दिया। फिर उन्होंने कहा, जो इसे सीधा कर देगा, उसे दो हज़ार रुपये इनाम मिलेंगे। किसी ने वह चुनौती स्वीकार न की।

सुर्जकुमार कसरत करते, बादाम छानते, रामायण पढ़ते और मित्रों से गप लड़ाते। राजमहल के सामने जो बड़ी नहर थी, उस पर कलकत्ता जाने वाले स्टीमर देखते, किश्तियों में लोग माल ढोकर लाते, छोटा-सा बाज़ार, जैसा उन्होंने अपने गाँव से कुछ दूर पुरवा में देखा था, स्कूल के पास ताल के किनारे बैठकर मित्रों से सुनते, कैसे इसी मिदनापुर ज़िले में प्रसिद्ध उपन्यासकार बंकिमचन्द्र सरकारी अफ़सर थे और यहाँ अपने एक-दो उपन्यास भी उन्होंने लिखे थे। बंगाली जाति महान् है, बँगला भाषा के समान भारत की कोई भाषा नहीं है, रवीन्द्रनाथ संसार के सर्वश्रेष्ठ कवि हैं, सुर्जकुमार बंगाली नहीं, 'हिन्दुस्तानी' हैं—यह सब ज्ञान एंट्रेंस परीक्षा देने से पहले ही मित्रों ने उन्हें करा दिया। सुर्जकुमार बँगला की अपेक्षा हिन्दी ही ज़्यादा जानते थे। उनका मन भक्ति-साहित्य और शृंगार-रस की कविता, दोनों में ही रमता था। उन्होंने

ब्रजभाषा की काफी कविता पढ़ डाली थी। पद्माकर उनके प्रिय कवि थे। उनकी सानुप्रास शब्दावली, शृंगार-वर्णन में भी ओजगुण का पुट, सुर्जकुमार को विशेष पसन्द था। पद्माकर के शृंगार-वर्णन की चित्रमयता उनका मन मोह लेती थी। स्मरण-शक्ति अच्छी थी, दो-तीन बार पढ़ने पर छन्द कंठस्थ हो जाते थे। संस्कृत काव्य भी अच्छा लगता था, विशेष कर जहाँ शब्द-योजना सुन्दर हो और शृंगार के चित्र खींचे गए हों। सुन्दर कवि ने राजा की लड़की विद्या से प्रेम किया, राजा ने उसे प्राणदंड दिया। जब प्रहरी उसे सूली देने ले जा रहे थे तब वह अपने और विद्या के प्रेम-सम्बन्ध पर छन्द पढ़ता हुआ राजप्रासाद के सामने से निकला। उनमें एक छन्द यह था :

अद्यापि तां कनकचम्पकदामगौरीम्
फुल्लारविन्दनयनां तनुरोमराजिम्।
सुप्तोत्थितां मदनविह्वलितां लसांगीम्
विद्यां प्रमादगलितामिव चिन्तयामि।

राजा ने छन्दों पर मुग्ध होकर प्राणदंड की आज्ञा रद्द कर दी। सुर्जकुमार को 'विद्या सुन्दर' की कहानी बहुत पसन्द आई। 'चौर पंचाशिका' का उपर्युक्त छन्द वह खूब रस लेकर गुनगुनाते रहते।

ब्याह हुए दो वर्ष बीत गए थे। सोलह के नज़दीक पहुँच रहे थे। लोग कहते थे, कंठ फूट आया, मसें भीगने लगीं, बगलें निकल आईं, अब गौना कर देना चाहिए। सुर्जकुमार अपनी रानें देखते, बोतल जैसी ढली हुई लगती। कमर बालिश्त भर, सीना खूब चौड़ा, सिर पर घने काले बाल, गोरा रंग, मदभरी आँखें—सुर्जकुमार अपनी ही छवि पर मुग्ध हो जाते। साथ ही कनकचम्पकदामगौरी विद्या का चित्र भी आँखों के सामने घूम जाता। रामसहाय तेवारी ने तै किया कि लड़के का गौना कर देना चाहिए और बहू को महिषादल ले आना चाहिए।

पुत्र को लेकर रामसहाय गढ़ाकोला पहुँचे, वहाँ से गौना लेने डलमऊ गए। सुर्जकुमार की ससुराल में इस बात की बड़ी चर्चा थी कि गौने के बाद बिटिया परदेस—बड़ी दूर बंगाल—चली जाएगी। वर-वधू की गाँठ जोड़कर उनसे जब पूजा कराई जा रही थी, तब घर की एक वृद्धा ने कहा : "दामाद जवान, बिटिया जवान, परदेस ले जाते हैं तो ले जाने दो।" लोग उन्हें जवान समझते हैं, यह जानकर सुर्जकुमार को विशेष प्रसन्नता हुई। गौना हुआ। बहू को बिदा कराके रामसहाय गाँव आए। दुर्भाग्य से वहाँ उन दिनों प्लेग की बीमारी फैली हुई थी। लोग घरों से निकलकर बाग़ में झोंपड़े डालकर रहते थे। महुए के पेड़ के नीचे एक झोंपड़े में सुर्जकुमार का बिस्तर लगाया गया। जीवन में पहली बार उन्हें नारी-देह के स्पर्श का सुखद अनुभव हुआ। मनोहरादेवी कुल तेरह साल की थीं।

गौना लेकर आए अभी चार-पाँच दिन ही बीते थे कि सुर्जकुमार के ससुर अपनी बिटिया बिदा कराने आ पहुँचे। गाँव में बीमारी फैली है, यह उन्हें मालूम था। बेटी

को बहुत प्यार करते थे; डर था कि महामारी में उसे कुछ हो न जाए। लड़की के यहाँ लोग खाते नहीं हैं; रामदयाल दुबे ने गढ़ाकोला में पानी भी न पिया। बिदा के लिए जल्दी की। रामसहाय को बहुत बुरा लगा। बंगाल से इतना रुपया खर्च करके आए हैं, लड़का पाँच दिन भी बहू के साथ न रह पाया। दुबे लड़की के स्वास्थ्य की चिन्ता के कारण इतनी जल्दी आए हैं, यह सोचकर उन्हें और भी क्रोध आया। आख़िर महामारी का डर उनके बेटे के लिए भी है। बिटिया के लिए बड़ा डर लगा, दामाद के बारे में कुछ न सोचा? क्रोधी स्वभाव के थे ही। बोले—ले जाओ अपनी बिटिया, हम लड़के का दूसरा ब्याह कर लेंगे। दुबेजी कुछ ऊँचा सुनते थे। समधी की पूरी बात समझे बिना बिटिया को बिदा कराके चल दिये। पर बिटिया ने सारी बात सुनी और समझ ली थी।

जब सुर्जकुमार सोकर उठे, उन्हें पता चला कि मनोहरादेवी बहल में बैठी हुई, लोन नदी पार करके, बीघापुर स्टेशन पहुँचने वाली हैं।

मनोहरादेवी से उनकी माँ पार्वतीदेवी ने सब हाल सुना तो बहुत परेशान हुईं। मेरी दो दाँत की लड़की, उसके सामने दूसरे ब्याह की बात! उन्होंने पंडित रामसहाय के नाम चिट्ठी भिजवाई, कसूर के लिए माफ़ी माँगी, दामाद को गवहीं देने के लिए निमंत्रित किया। गौना हो जाने के बाद गवहीं की रस्म होती है। वर ससुराल जाकर कुछ हफ्ते या महीने वहाँ रहता है। फिर बहू को बिदा कराके अपने घर आता है।

रामसहाय को प्रस्ताव पसन्द आया। लड़के से ससुराल जाने को कहा। समधी से बदला लेने के लिए ताकीद कर दी, यहाँ से तिगुना खाना। सुर्जकुमार ससुराल जाने को तैयार बैठे थे। पिता की आज्ञा तुरन्त स्वीकार कर ली। कहा कि घी और बादाम की मात्रा तिगुनी कर देंगे। अफसोस इस बात पर किया कि वहाँ बेदाना मिलता नहीं, वर्ना शरबत में ही रोज़ तीन रुपये खर्च करा देते। रामसहाय ने सुझाया, रूह की मालिश कराना रोज़, होश दुरुस्त हो जाएँगे। बाप-बेटे घुल-घुलकर बतियाने लगे; रामदयाल दुबे को कैसे छकाएँ, इस बारे में दोनों ने षड्यंत्रकारियों की तरह योजना बनाई। इस समय उन्हें देखकर कोई यह न कहता कि इन्हीं रामसहाय ने कभी बेटे की मरम्मत भी की होगी।

गवहीं की तैयारी हुई। बक्से में धराऊ कपड़ों के अलावा एक जोड़ी जूते भी रख लिये। बैसवाड़े की धूल में जूते बेआब हो जाते, ससुराल में पहनने लायक न रहते। डलमऊ कलकत्ता न था पर गढ़ाकोला को देखते तो कस्बा था। सुर्जकुमार को अपनी नागरिक सभ्यता से ससुराल वालों को प्रभावित करना था; वह बैसवाड़े के कोई ऐसे-वैसे देहाती हूस नहीं हैं, यह बताना था। बंगाली ढंग से कीमती शान्तिपुरी धोती बाँधी, उस पर कमीज़ पहनी, छाता लिया और स्टेशन के लिए रवाना हुए। गाड़ी शाम के चार बजे आती थी पर स्टेशन दूर था, इसलिए ढाई बजे घर से निकले। बैलगाड़ी का इन्तज़ाम न था, पैदल ही स्टेशन चले। चन्द्रिका लोध को खिदमतगार बनाकर पहले ही सामान के साथ स्टेशन भेज दिया था।

जेठ-बैसाख के दिन। लू ज़ोरों से चल रही थी। सुर्जकुमार ने सर-कान ढकने का कोई प्रबन्ध न किया। लू के थपेड़ों से मुँह लाल हो गया। रास्ते में कंकड़ों से ठोकर लगने पर जूता फट गया। कोंछदार धोती उड़ती हुई बेर के काँटों में उलझ गई। हवा के तेज़ झोंके से छाता उलट गया। हाथ, पैर, मुँह, बाल—सब धूल से भर गए। मगड़ायर पार करके बीघापुर स्टेशन के सामने वाले ऊसर में पहुँचे थे कि टिकौली रावतपुर से आती हुई गाड़ी का अर्रहटा सुनाई दिया। घर वापस जाने का सवाल न था। जूते उतार कर हाथ में लिये, छाता बगल में दबाया और स्टेशन की तरफ़ दौड़ना शुरू किया। बीघापुर में इंजन पानी लेता है, गाड़ी से अलग होता है, फिर जुड़ता है। सुर्जकुमार को समय मिला। ऊसर की तरफ़ प्लेटफार्म नहीं था। चन्द्रिका इस पार मुँह बाये सुर्जकुमार की राह देख रहा था। धूल-पसीने में लथपथ जब वह गाड़ी तक पहुँच गए, उसे तसल्ली हुई। टिकट कटा लिये थे। सुर्जकुमार पहली बार पिता के बिना ससुराल के लिए रवाना हुए।

सूरज डूबते डलमऊ स्टेशन आया। चन्द्रिका से सामान उठवाकर चले तो गेट पर टिकट-कलेक्टर के पास एक नौजवान ने पूछा, कहाँ जाइएगा? शेरंदाज़पुर का नाम सुनकर उसने कहा, आइए, हमारा इक्का है। किसके यहाँ जाना है, यह भी उसने मालूम कर लिया। सुर्जकुमार ने देखा, चिकनाई जुल्फों पर दुपलिया टोपी लगाए, मूँछें ऐंठे, चिकन के कुर्ते पर वास्कट पहने, हाथ में बेंत लिये गाँव का छैला जैसा लगता है। उन्होंने यह भी नोट किया कि वह भी काली मखमली किनारे की कलकतिया धोती पहने है। पैरों में मेरठी जूते हैं। इस व्यक्ति का नाम पथवारीदीन भट्ट उर्फ कुल्लीभाट था।

सुर्जकुमार किसके इक्के पर बैठकर आए हैं, यह समाचार उनके ससुराल पहुँचने के साथ-साथ सास को मिल गया। गलीचा-बिछे पलँग पर बैठे ही थे कि उन्होंने पूछा, क्यों भइया, तुम कुल्ली के एक्के पर आए हो? उन्हीं के इक्के पर आए हैं, बात पक्की होने पर सास ने लम्बी साँस ली। सुर्जकुमार के लम्बे लहराते बाल और कोंछदार धोती देखकर बैसवाड़े के लोग यही कहते—ज़नाना है। वही भाव सास का था।

शरबत-पानी के बाद उन्होंने रामसहाय की तीखी आलोचना की, अगर उन्होंने सुर्जकुमार का दूसरा ब्याह कर दिया तो इससे पिता-पुत्र की जो दुर्गति होगी—इस जन्म में और उसके बाद—उसका सजीव चित्र खींच दिया। साथ ही उन्होंने अपनी पुत्री के रूप-गुण की प्रशंसा भी काफी की। दामाद को पढ़ाते हुए कहा—मैंने तुम्हारा ही मुँह देखकर ब्याह किया है, तुम्हारे पिता की तोंद देखकर नहीं।

सुर्जकुमार आज्ञाकारी दामाद की तरह सब-कुछ सुनते रहे। पिता का पक्ष लेकर उन्होंने लड़ाई करना उचित न समझा। पिता ने दूसरे ब्याह की धमकी देकर ठीक किया है, ऐसा दृढ़ विश्वास भी उन्हें नहीं था। रात में पत्नी के आने पर दीये के प्रकाश में पहली बार उन्होंने मनोहरादेवी की छवि देखी। पर माँ की तरह बेटी ने भी सवाल क़िया : "तुम कुल्ली के एक्के पर आए हो?"

सबेरा होते ही कुल्ली आकर सुर्जकुमार को पूछ गए। अभी वह सो रहे थे। सास ने बताया और दामाद को चेतावनी दी, उनके साथ रहने पर तुम्हारी बदनामी हो सकती है। इससे मिलो, उससे न मिलो—यह सब सुर्जकुमार को अच्छा न लगता था। गढ़ाकोला में बाप कहते थे, पतुरिया के लड़कों से न मिला करो; यहाँ सास कहती हैं, कुल्ली से न मिलो। पर ऐसे लोगों से मिलने में ही उन्हें विशेष आनन्द आता था। कुल्ली आए, डलमऊ के इतिहास के बारे में बातें कीं। शाम को गंगा का घाट, पुराना किला वगैरह दिखाने को कहा। सास ने मना किया पर इन्होंने ज़िद की। सास ने चन्द्रिका को साथ भेज दिया।

कुल्ली ने इशारा किया कि चन्द्रिका को बिदा कर देना चाहिए। सुर्जकुमार ने उसे रूह खरीदने भेज दिया। किले में एक स्थान उन्हें बहुत पसन्द आया। काफी ऊँचाई पर बारहदरी बनी थी और नीचे गंगा बहती थी। नीचे उतरने के लिए सीढ़ियाँ बनाई गई थीं जिनमें कुछ अब भी बची हुई थीं। कुल्ली ने सुर्जकुमार से गाने को कहा। गले की तारीफ की। "पान भी क्या खूबसूरत बनाता है तुम्हें! तुम्हारे होंठ भी गज़ब के हैं। पान की बारीक लकीर, क्या कहूँ, शमशीर बन जाती है।" कुल्ली के प्रशंसा-वाक्य सुनकर सुर्जकुमार प्रसन्न मन घर लौटे। रास्ते में चन्द्रिका को समझा दिया, तुम्हारी नानी पूछें तो कहना, हम साथ थे।

सास को यह पता लगाते देर न हुई कि सुर्जकुमार किला देखने गए तब चन्द्रिका साथ न था। उन्होंने डंडा उठाकर चन्द्रिका से कहा : "देख, दहिजार लोध! भले आदमी की तरह ठीक-ठीक बता, नहीं तो वह डंडा दिया कि मुँह टेढ़ा हो गया।"

चन्द्रिका अपने मालिक सुर्जकुमार को पकड़कर रोने लगा। बोला : "बाबा, मैं न रहूँगा।" पूछने पर मालूम हुआ कि चन्द्रिका को रूह लेने के बहाने अलग करने का राज सास को मालूम हो चुका है। सुर्जकुमार ने तै किया, दबना नहीं है। चन्द्रिका से रूह की मालिश करने को कहा। चन्द्रिका जब सुर्जकुमार के सीने पर रूह मल रहा था, तभी ससुर रामदयाल दुबे खुशबू के सहारे आ पहुँचे और बोले : "अरघानें उठ रही हैं बच्चा! इतना इत्र-फुलेल न लगाया करो।" सास ने आकर पूछा, रूह की मालिश से क्या होता है? दामाद ने जवाब दिया, सीना तगड़ा होता है। इस पर उन्होंने बड़ा टेढ़ा सवाल किया : "तुम्हारे पिताजी तनखाह कितनी पाते हैं?" तनखाह इतनी कम थी कि सुर्जकुमार सही बात कहने में शरमाये। कूटनीति का सहारा लेकर बोले : "पिताजी की आमदनी की कितनी सूरतें हैं, क्या कहूँ! उनकी आमदनी कब कितनी हो जाएगी, कहाँ से, कैसे, किससे, यह वही नहीं बता सकते।" इस पर सास रोने लगीं। रामसहाय रूह से बेटे की मालिश कराएँ पर उनकी बेटी के लिए चढ़ावा ऐसा मामूली लाए! ऐसे घर में बेटी ब्याहने पर खुद ही पछताने लगीं : "अरे राम रे! मुझे क्या हो गया, जो मैंने शादी की!"

रात को पत्नी ने विरोध किया। इत्र-फुलेल लगाना किसान-परिवारों में अच्छा न समझा जाता था। मनोहरादेवी ने कहा, इत्र की इतनी तेज़ खुशबू है कि शायद आज

आँख न लगेगी। सुर्जकुमार ने चुटकुला सुनाया। एक मछुआइन को नदी से लौटते देर हो गई, रास्ते में राजा की फुलवारी पड़ती थी, उसी में सो रही, पर फूलों की महक से नींद न आई। मछली वाली टोकरी सिरहाने रखी, तब नींद आई। पत्नी ने बिगड़कर कहा : "तो मैं मछुआइन हूँ? मैं मछली-कलिया खाती हूँ?" सुर्जकुमार ने जवाब दिया : "अपने बाल सूँघो? तेल की ऐसी चीकट और बदबू है कि कभी-कभी मालूम देता है कि तुम्हारे मुँह पर कै कर दूँ।" मनोहरादेवी ने और तेज़ होकर कहा : "तो क्या मैं रंडी हूँ जो हर वक्त बनाव-सिंगार के पीछे पड़ी रहूँ?" और वह उठकर चल दी।

सुर्जकुमार ने गाँव में पतुरिया का श्रृंगार देखा था। यद्यपि वह उम्र में बहुत बड़ी थी और उसके लड़के भी सुर्जकुमार से बड़े थे, फिर भी थी तो वह पतुरिया। वह गाँव की स्त्रियों से अलग निखर-सँवर कर रहती थी। उसके अलावा महिषादल में गायिकाओं, सुन्दर स्त्रियों की कमी न थी; उनकी प्रसाधन-कला को गँवईगाँव की स्त्रियाँ कहाँ पातीं? मनोहरादेवी ने अपने पति की रुचि भाँपकर ही मानो कहा था, तो क्या मैं रंडी हूँ जो बनाव-सिंगार के पीछे पड़ी रहूँ?

सुर्जकुमार को लग रहा था, पत्नी उनके अधिकार में पूरी तरह नहीं आ रही। एक दिन उनका गाना सुना, लोगों को उनके गाने की प्रशंसा करते सुना। जिसे देखो, वही मनोहरादेवी की चर्चा कर रहा था, मानो सुर्जकुमार उस घर में हों ही नहीं! मनोहरादेवी ने भजन गाया :

श्रीरामचन्द्र कृपालु भजु मन हरणभवभयदारुणम्।

तुलसीदास की शब्द-योजना इतनी सुन्दर है, सुर्जकुमार के ध्यान में यह बात पहले न आई थी। जब मनोहरादेवी ने गाया :

कन्दर्प अगणित अमित छवि नवनीलनीरज सुन्दरम्!

तब सुर्जकुमार को लगा, गले में मृदंग बज रहा है।

मनोहरादेवी के कंठ से तुलसीदास का यह छन्द सुनकर सुर्जकुमार के न जाने कौन-से सोते संस्कार जाग उठे। साहित्य इतना सुन्दर है, संगीत इतना आकर्षक है, उनकी आँखों ने जैसे नया संसार देखा, कानों ने ऐसा संगीत सुना जो मानो इस पृथ्वी पर दूर किसी लोक से आता हो! अपनी इस विलक्षण अनुभूति पर वह स्वयं चकित रह गए। अपने सौन्दर्य पर जो अभिमान था, वह चूर-चूर हो गया। ऐसा ही कुछ गाएँ, ऐसा कुछ रचकर दिखाएँ, तब जीवन सार्थक हो। पर यहाँ विधिवत् न साहित्य की शिक्षा मिली, न संगीत की।

सुर्जकुमार को पढ़ाई का ध्यान आया। बिदा कराके गाँव आए, गाँव से महिषादल। स्कूल जाने का क्रम फिर शुरू हुआ। अब एक कठिनाई और हो गई थी; किताब लेकर बैठते तो पृष्ठों से अक्षर ग़ायब हो जाते और उनकी जगह मनोहरादेवी की छवि तैरने लगती। पद्माकर के कबित्तों का अर्थ अब और भी अच्छी तरह समझ में आने लगा। एंट्रेस परीक्षा के दिन नज़दीक आए। परीक्षा में पास न हो पाएँगे, सुर्जकुमार

को निश्चय हो गया था। गणित के दिन वह कापी में पद्माकर के श्रृंगार रसवाले कबित्त लिखकर घर चले आए।

जैसे-जैसे परीक्षाफल निकलने के दिन पास आने लगे, वैसे-वैसे सुर्जकुमार के मन में श्रृंगार के बदले वैराग्य के भाव उदय होने लगे। रामायण का पाठ वह और भी मनोयोग से करने लगे। पर इससे कोई लाभ न हुआ। सफल विद्यार्थियों में कहीं उनका नाम न था। रामसहाय तेवारी ने समझ लिया, लड़का आवारा हो गया; सज़ा दिये बिना काम न चलेगा। बुलाकर कहा, जो कुछ पढ़ना था, पढ़ चुके; हमने अपना फ़र्ज़ पूरा किया, अब अपनी मेहरिया सँभालो और कमाओ-खाओ।

उन्होंने बहू का सारा गहना रखवा लिया, सुर्जकुमार के धराऊ कपड़े रखवा लिये। भाग्य के सहारे कमाने-खाने के लिए घर से बाहर कर दिया। सुर्जकुमार के मन को एक चोट लगी परीक्षा में फेल होने की। ख़ैर, पास होने की तो वैसे भी बहुत आशा न थी। दूसरी चोट अब यह घर से निकाले जाने की, वह भी अकेले नहीं, पत्नी के साथ। कहाँ जाएँ, किससे नौकरी माँगे? महिषादल छोड़ अभी दूसरी जगह विशेष परिचय न था। कलकत्ते में इधर-उधर भटकने पर कुछ-न-कुछ काम मिल जाता, पर पत्नी को लिये-लिये कहाँ घूमें? एक ही रास्ता था। किसी तरह ससुराल पहुँचकर वहीं शरण लें। सुर्जकुमार दुखी मन से पत्नी को लिये डलमऊ पहुँचे। सास ने सारा हाल सुना, सहानुभूति प्रकट की। रामसहाय के व्यवहार से वह पहले ही नाराज़ थीं, वह जंगली हूस हैं, इस घटना से उनकी यह राय और भी पक्की हो गई। सुर्जकुमार पिता की आलोचना सुनकर चुप रहे। जिस घर में रूह की मालिश कराके उन्होंने अपनी नागरिक सभ्यता का परिचय दिया था, उसी में दीन-मलीन वेश में निठल्ले दामाद की तरह उन्हें आश्रय लेना पड़ा। अब उनसे कहने की ज़रूरत न थी, कुल्ली के यहाँ मत जाना। कुल्ली का साथ करके वह सास को नाराज़ न करना चाहते थे। पार्वतीदेवी काफी सहानुभूति से पेश आईं। बेटी के लिए नये सिरे से गहने और दामाद के लिए कपड़े बनवाए, और बातें दर-किनार, कस्बे में खुद अपनी इज़्ज़त का सवाल था।

सुर्जकुमार भविष्य की चिन्ता करना छोड़कर पत्नी के साथ सुख से दिन बिताने लगे। अब उन्हें उनके बालों और वेशभूषा से कोई शिकायत न रही। उनकी पत्नी कितनी कर्मठ हैं और वह स्वयं कितने निकम्मे हैं, इसका बोध उन्हें होने लगा। छह महीने बीत गए। बाप-बेटा दोनों जिद्दी। आख़िर रामसहाय तेवारी ही झुके। ख़ुद डलमऊ आए और बेटे-बहू को गाँव लिवा लाए।

मनोहरादेवी साध्वी महिला थीं। उनकी माँ लम्बे कद, गौरवर्ण की सतेज व्यक्तित्व वाली देवी थीं। माँ के समान मनोहरादेवी सुन्दर थीं। पर वह अपना समय श्रृंगार-प्रसाधन में न खर्च करती थी। उस समय तक गाँव में क्रीम-पाउडर की पहुँच न हुई थी। मनोहरादेवी रोटी बनातीं, बर्तन माँजती, टोला-पड़ोस के लोगों के लिए चिट्ठी लिखतीं। इन चिट्ठी लिखाने वालों में एक साँवला चमार युवक था—चतुरी। वह

दहलीज़ में बैठकर रामायण पढ़तीं, बाहर चबूतरे पर सुर्जकुमार के काका रामलाल बैठकर सुना करते। कभी-कभी वह भजन गातीं और चतुरी भी मगन मन सुनता रहता।

सुर्जकुमार को एक दिक्कत थी। मनोहरादेवी शाकाहारी थीं और सुर्जकुमार को गोश्त खाने का शौक था। वैसे वह गुरुमुख हो चुके थे पर लाड़-प्यार में पले बेटे ने मन की इच्छाओं का दमन करना न सीखा था। मनोहरादेवी ने कहा : "विश्रामसागर में लिखा है कि मांस खाने से बड़ा पाप होता है, तुम मांस खाना छोड़ दो।" उनके कहने से सुर्जकुमार ने मांस खाना छोड़ दिया। मांस छोड़ने के कारण हो अथवा पत्नी के साथ रहने से हो, सुर्जकुमार बहुत दुबले हो गए। एक दिन उघारे बदन जब नहाने जा रहे थे, तब गाँव के एक बूढ़े पंडितजी ने इन्हें देखकर ताज्जुब से कहा : "तुम क्या हो गए?" सुर्जकुमार ने जवाब दिया : "मांस छोड़ दिया, इसलिए दुबला हो गया हूँ।" उन्होंने पूछा : "तो मांस क्यों छोड़ा?" इन्होंने बताया : "विश्रामसागर में लिखा है, बड़ा पाप होता है, मरने पर मांसाहारी को यम के दूत बड़ा दंड देते हैं।" पंडितजी ने पूछा : "तुमने अपनी इच्छा से छोड़ा या किसी के कहने पर?" सुर्जकुमार ने बताया कि पत्नी के उपदेश से ऐसा किया है। पंडितजी ने कहा : "तो फिर तुम खाओ। कनवजियों को पाप नहीं होता। उनको वरदान है।" इन्होंने जिज्ञासा की : "कहीं लिखा भी है?" पंडितजी ने विश्वासपूर्वक कहा : "हाँ, है क्यों नहीं? वंशावली में लिखा है।"

सुर्जकुमार चिकवे के यहाँ गए और आधा सेर मांस ले आए। रूमाल में खून के धब्बे देखकर मनोहरादेवी ने पूछा : "यह क्या है?" उत्तर मिला : "मांस।" उन्होंने पूछा : "तो फिर खाओगे?" सुर्जकुमार ने कहा : "हाँ, हमें वरदान है। वंशावली में लिखा है।" मनोहरादेवी ने कहा : "अपने मांस वाले बरतन अलग कर लो। जिस दिन मांस खाओ, उस दिन न मुझे छुओ और न घर के और बरतन। तीन दिन तक कच्चे घड़े न छू पाओगे।" सुर्जकुमार ने कहा : "इस समय तो रोज़ खाने का विचार है क्योंकि पिछली कसर पूरी करनी है।" मनोहरादेवी ने कहा : "तो मुझे मेरे मायके छोड़ आओ।" सुर्जकुमार ने जवाब दिया : "लिख दो, कोई ले जाए, नहीं तो नाई भेज दो, किसी को बुला लाए। मैं जहाँ मांस पकाता हूँ वहाँ तो रोटियाँ भी ठोंक लूँगा।" मनोहरादेवी मायके चली गईं।

सन् '14 की लड़ाई शुरू हो गई थी। देश में महँगाई बढ़ रही थी। रामसहाय बुढ़ा रहे थे पर सुर्जकुमार को अभी घर का भार उठाने की कोई फिक्र न थी। इसी साल कुँवार के महीने में मनोहरादेवी ने मायके में ही पुत्र को जन्म दिया। रामसहाय अब बाबा हुए। नाती के जन्म पर उन्होंने धूमधाम से उत्सव किया। सुर्जकुमार की जिम्मेदारी बढ़ गई। लेकिन जब तक रामसहाय जिए, इन्होंने घर-गृहस्थी की कोई चिन्ता न की। अब स्कूल जाना भी बन्द था। कसरत, खेलकूद, सैर-सपाटा, स्वेच्छानुसार अध्ययन—यही जीवन-क्रम था।

रामसहाय का शरीर शिथिल हो रहा था, पेट बढ़ गया था। डाक्टरों ने कहा, हार्निया है। महिषादल के अस्पताल में उनका आपरेशन हुआ। आपरेशन सफल हुआ

पर रामसहाय पूरी तरह स्वस्थ फिर कभी नहीं हुए। वह गाँव चले आए। सलेथू, ज़िला उन्नाव की एक स्त्री, जिसका परिवार महिषादल में था, गौरी की माँ के नाम से प्रसिद्ध, गढ़ाकोला में उनकी देखभाल करती रही। सन् '17 में मनोहरादेवी ने दूसरी सन्तान, कन्या सरोज को जन्म दिया। उसी वर्ष रामसहाय तेवारी का देहान्त हुआ।

सुर्जकुमार को अब अपने उत्तरदायित्व का बोध हुआ। उम्र उन्नीस साल, दो बच्चों के बाप, पिता अब नहीं हैं; उन्हें अब दूसरों के सहारे जीने का अधिकार नहीं है—यह सब उनकी समझ में अपने-आप आ गया। इसके सिवा पिता के न रहने पर उन्हें ज्ञात हुआ कि बुढ़ऊ उन्हें कितना प्यार करते थे! माँ के न रहने पर माँ-बाप—वह दोनों थे। जो कुछ कमाया था, वह सब सुर्जकुमार के लिए। गाँव से इतनी दूर परदेस में और किसके लिए मर-खप रहे थे? क्रोध आने पर कई बार उन्होंने मारा भी था, पर यह भी सुर्जकुमार के भले के लिए। उन्होंने लाड़-प्यार भी कम न किया था। देशी रियासत में सिपाहियों के मामूली जमादार की हैसियत ही क्या? पर उन्होंने सुर्जकुमार को राजकुमारों की तरह रखा। कौन जनेऊ, ब्याह, गौने के लिए बंगाल से बैसवाड़े के दरिद्र गाँव में आकर इतना पैसा खर्च करता है? गाँव में किस नौजवान को शान्तिपुरी धोती और पम्पशू पहनने का सौभाग्य मिलता है? बादाम और वेदाना कितनों को मयस्सर होता है? उस पर इत्र-फुलेल, नाटक-तमाशे, सैर-सपाटा! यह सब रामसहाय तेवारी की बदौलत। अब वह साया उठ गया था।

बाप की सेवाओं का विचार करके राजा सतीप्रसाद गर्ग ने सुर्जकुमार को अपने यहाँ नौकर रख लिया। सिपाही के बेटे को उन्होंने सिपाहियों में भर्ती नहीं किया। सुर्जकुमार बाप से ज़्यादा पढ़े-लिखे थे। उन्हें चिट्ठी-पत्री, तहसील-वसूली, कचहरी-अदालत से सम्बन्धित काम मिल गया। तनखाह मामूली थी, पर चचेरे भाई बदलूप्रसाद भी यहीं नौकर थे, खर्च चल जाता था। सुर्जकुमार अब राजा के और निकट सम्पर्क में आए। एक नाटक में सुर्जकुमार को संस्कृत श्लोक पढ़ने का छोटा-सा पार्ट दिया गया। राजा को इनका लोक-पाठ पसन्द आया। उन्होंने अपने यहाँ के एक राजकर्मचारी को आज्ञा दी कि वह सुर्जकुमार को गाना सिखाया करे। सुर्जकुमार ने भी अब राजा को निकट से देखा। कद में सुर्जकुमार से कई इंच छोटे हैं। रंग हल्का साँवला है, होंठ मोटे हैं, नीचे का होंठ आगे को कुछ निकला हुआ है। सुर्जकुमार से ज़्यादा सुन्दर नहीं हैं पर चेहरे से तेज झलकता है, और हाथ-पैर भी फौलाद के हैं। राजा ब्राह्मण हैं, नौकर-चाकर, रिआया-आसामी ज़मीन में लेटकर, उनके चरणों में माथा टेककर, साष्टांग दंडवत् करते हैं—उन्होंने देखा। हुज़ूर कहे बिना उनसे बात करना गुस्ताखी में शामिल है। नौकरी और आत्म-सम्मान में परस्पर क्या सम्बन्ध है, सुर्जकुमार को मालूम होने लगा।

एक दिन सुना, लड़ाई बन्द हो गई, अंग्रेज़ जीत गए। स्वामिभक्त राजाओं ने उत्सव मनाये। पर लड़ाई के कारण किसानों की हालत बहुत खराब हो गई थी। अशिक्षा और निर्धनता तो थी ही, बाढ़ और अकाल में उनकी सहायता का कोई

प्रबन्ध न था। युद्ध और महामारी में चोली-दामन का सम्बन्ध है। यूरुप में लड़ाई खत्म होने पर भारत में महामारी फैली।

सुर्जकुमार को तार मिला—तुम्हारी स्त्री सख्त बीमार है, फौरन आओ। सुर्जकुमार ने तुरन्त डलमऊ के लिए कूच किया। राम-राम करते जब ससुराल पहुँचे, तब मालूम हुआ, मनोहरादेवी पहले ही चिता में जल चुकी हैं। फेफड़े कफ़ से जकड़ गए थे। डाक्टर ने पानी की जगह यखनी पिलाने को कहा था। पर यखनी पीना तो दूर, मनोहरादेवी ने अंग्रेज़ी दवा पीने से भी इनकार कर दिया। कहा—दस बार नहीं मरना है; कौन धरम बिगाड़े? बड़े भाई बदलूप्रमाद उन्हें देखने आए पर खुद ही बीमार हो गए। सुर्जकुमार के पहुँचने से पहले ही वह गढ़ाकोला चले गए थे।

डलमऊ में और उसके आसपास इतने लोग मरे कि उनकी लाशें फूँकना असम्भव हो गया। गंगा के घाटों पर लाशों के ठट लगे थे। लाशें फूलकर धीरे-धीरे नदी के दोनों किनारों की तरफ़ बहती थीं; बीच में थोड़ी-सी धारा दिखाई देती थी। लोग कहते थे, लाशों के सड़ने से गंगा का निर्मल जल भी अशुद्ध हो गया है। डाक्टरों ने जाँच करके देखा है, सेर भर पानी में आध पाव सड़ा मांस निकलता है।

चार साल के रामकृष्ण, साल-भर की सरोज—दोनों सन्तानों को वहीं उनकी नानी के पास छोड़कर सुर्जकुमार अपने गाँव चले। अभी गाँव पहुँचे न थे कि देखा, लोग बड़े भाई बदलू की लाश लिये चले आ रहे हैं। सुर्जकुमार को चक्कर आ गया। राह में वहीं सिर पकड़कर बैठ गए। किसी तरह घर पहुँचे तो देखा, भौजाई बीमार हैं। उन्होंने पूछा : "तुम्हारे दादा को कितनी दूर ले गए होंगे?" सुर्जकुमार से कुछ जवाव देते न बन पड़ा। काका रामलाल भी बीमार थे, भतीजे को देखकर बोले : "तू यहँ क्यों आया?" सुर्जकुमार ने कहा : "आप अच्छे हो जाएँ तो सबको लेकर बंगाल चलूँ।"

बदलूप्रसाद के पाँच बच्चे थे—चार लड़के और एक दूध-पीती बच्ची। बड़ा लड़का महिषादल में सुर्जकुमार के साथ रहता था, बाकी तीन गाँव में थे। बड़े भाई के देहान्त के तीसरे दिन भाभी भी गुजर गई। दूध-पीती बच्ची अकेली रह गई। सुर्जकुमार रात को उसे अपने पास लिटाकर सोये। घर में बिल्ली उछल-कूद मचाये थी। सुर्जकुमार को नींद न आई। सबेरे उठकर देखा तो खाट पर लेटी बच्ची का शरीर ठंढा थ।

सुर्जकुमार ने बच्ची का शव उठाया। उसे नदी किनारे ले गए। गड्ढा खोदकर उसे गाड़ा, फिर घर लौटे। इसके बाद काका रामलाल का देहान्त हुआ। बदलूप्रसाद के लड़के बीमार हुए पर सौभाग्य से अच्छे हो गए। मृत्यु-लीला समाप्त हुई। परिवार में रह गए सुर्जकुमार और उनके चचेरे भतीजे; पुत्र और कन्या ननिहाल में थे।

ज़िन्दगी का यह दौर एक भयानक सपने जैसा था। सारा कुनबा ही उजड़ गया। अब सर पर किसी का साया नहीं। रामसहाय-रामलाल की पीढ़ी तो खत्म हो ही गई, बदलू-सुर्जकुमार की पीढ़ी में भी अकेले सुर्जकुमार रह गए। एक आदमी की कमाई से इतने बच्चों का खर्च कैसे चलेगा? इतनी मौतें एक साथ देखकर कोई अपने औसान कैसे कायम रखे? कोई ऐसी पाठशाला नहीं जहाँ ऐसी परिस्थिति का

सामना करने की शिक्षा आदमी को पहले से दी जा सके। फिर सुर्जकुमार के दिन लाड़-प्यार में बीते थे। ज़िन्दगी के बीस साल निश्चिन्त बिताने के बाद सर पर यह आफत का पहाड़ ही टूट पड़ा।

सबसे बड़ा धक्का लगा, मनोहरादेवी के गुज़र जाने का। उनके विवाहित जीवन की शुरुआत अब होनी चाहिए थी पर शुरू होने के बदले उसका अन्त हो गया। मनोहरादेवी के जीवित रहते उन्होंने उनकी कद्र न की। गवहीं के दिनों उनके बालों को लेकर ताने कसे। गोश्त खाने के पीछे गढ़ाकोला में अपने साथ रहना दूभर कर दिया। अपने निठल्लेपन के कारण एंट्रेंस परीक्षा पास न कर पाए, इससे अपने साथ उन्हें भी अपमानित कराके घर से निकले। पर वह कितनी उदार थीं! कभी पति या ससुर के रूखे व्यवहार की शिकायत न की। कितनी कम उम्र में संसार छोड़ गईं! अभी अठारह की भी तो न थीं। कैसा सुन्दर कंठ, कैसा मृदुल स्वभाव, कैसा सात्त्विक सौन्दर्य, सुर्जकुमार ने देखा, उनके हृदय पत्नी के लिए अगाध प्यार है। यह प्यार अब तक क्यों न दिखाई दिया था? किस मोह ने उनकी आँखों पर पर्दा डाल दिया था? क्या मृत्यु ही यह पर्दा उठा सकती थी कि वह मनोहरादेवी की वास्तविक छवि देखें?

सुर्जकुमार गढ़ाकोला से डलमऊ गए। गंगा के किनारे रात-रात भर वह श्मशान में घूमा करते जहाँ मनोहरादेवी की चिता जली थी। दिन में वह अवधूत टीले पर बैठ जाते और गंगा में बहती हुई लाशें देखा करते। पत्नी और भाई के निधन के बाद अब मृत्यु का ऐसा कोई दृश्य न था जिससे सुर्जकुमार को भय होता। जीवन में जो सबसे बीभत्स और भयानक है, उसे भर आँखों देखना वह सीख गए थे।

एक दिन वह अवधूत टीले पर बैठे थे, तभी कुल्ली ने आकर कहा : "मैं जानता हूँ, आप मनोहरा को बहुत चाहते थे। ईश्वर चाह की ही जगह मार देता है, होश कराने के लिए।"

सुर्जकुमार को महाज्ञान मिला। वह अभी तक बेहोश थे। न अपने को समझते थे, न मनोहरा को, न संसार को। दुख के अंकुश द्वारा अब ब्रह्म ने उन्हें अपना और संसार का ज्ञान कराया।

श्रीरामचन्द्र कृपालु भजु मन हरणभवभयदारुणम्।

कितना सुन्दर भजन! दारुण भवभय को हरने वाला वही एक है राम। राम को छोड़ कौन ऐसे समय मन को शान्ति दे सकता है?

सुर्जकुमार महिषादल लौट आए। फिर वही तहसील-वसूली, कचहरी-अदालत। वह और भी नियमित रूप से रामायण का पाठ करने लगे। तभी एक दिन वहाँ रामकृष्ण परमहंस के शिष्य स्वामी प्रेमानन्द आए। स्वामी रामकृष्ण ने बंगाल के धार्मिक जीवन में अपनी साधना से एक ज़बरदस्त क्रान्ति कर दी थी; उनके शिष्य स्वामी विवेकानन्द के वेदान्तज्ञान से ब्रिटेन और अमरीका चमत्कृत हो उठे थे। उन्हीं स्वामी विवेकानन्द के गुरुभाई, साक्षात् रामकृष्ण परमहंस के शिष्य स्वामी प्रेमानन्द महिषादल पधारे थे।

राज्य के चीफ़ मैनेजर कायस्थ थे। स्वामी प्रेमानन्द भी संन्यासी होने से पहले कायस्थ ही थे। मैनेजर को गर्व था कि उनकी जाति में इतने बड़े संन्यासी पैदा हुए कि महिषादल की तमाम जनता उनके दर्शनों को उमड़ आई। एक खेत हमवार करके उसमें शामियाना लगाया गया। मंडप के द्वार पर तोरण, जल सेठ भरे कलशों पर सेंदुर से बनाई हुई स्वस्तिका, परई में धान, आम के हरे पत्ते और कच्चे नारियल, फूल-पत्तियों से सजाया हुआ मंच, मंच पर कालीन से ढका हुआ तख्ता, तख्त पर रामकृष्ण परमहंस का चित्र, चित्र के चारों ओर फूलमालाओं के ढेर। सुर्जकुमार ने स्वामी प्रेमानन्द के गले में बहुत-सी मालाएँ पहना दीं। स्वामीजी ने हँसकर कहा : "तुम लोगों ने तो मुझे काली बना दिया।" कीर्तन आरम्भ हुआ। ढोल-करताल की ध्वनि के साथ भक्तजन रामकृष्ण परमहंस के चित्र की परिक्रमा करने लगे।

उत्सव समाप्त होने पर मैनेजर स्वामीजी को अपने निवास-स्थान पर ले आए। वहाँ उन्होंने कबीर के पदों का बँगला अनुवाद स्वामीजी को सुनाया। राज्य के अन्य उच्च पदाधिकारी भी वहाँ उपस्थित थे। सुर्जकुमार अपनी सबसे बड़ी निधि तुलसीकृत रामायण भी साथ ले गए थे। स्वामीजी की आज्ञा पाकर वह पाठ करने लगे। अपने ही स्वर पर मुग्ध सुर्जकुमार को कभी स्वामीजी दिखाई देते, कभी महावीर, कभी मनोहरादेवी। स्थल वह था जहाँ सुतीक्ष्ण राम से मिले हैं—*श्याम तामरस दाम शरीरम्। जटा मुकुट परिधन मुनि चीरम्।* सुर्जकुमार को लगा, कंठ में स्वयं सरस्वती आकर बोल रही हैं और उनका स्वर मनोहरादेवी के कंठ-स्वर से मिलता है। वह भावावेश में पाठ करते जा रहे थे, समझ रहे थे कि सभी श्रोता भक्ति-रस के प्रवाह में निमज्जित हैं, स्वामी प्रेमानन्द ध्यानमग्न सहस्रार की छवि देख रहे हैं, तभी पूर्ण विराम वाला दोहा आने पर स्वामीजी ने पाठ बन्द कर देने को कहा।

घर के भीतर से घी में पकते हुए अन्न की सोंधी सुगन्ध आ रही थी। गृह-स्वामी ने लोगों को भोजन के लिए आमंत्रित किया। ब्राह्मण-कायस्थ सब एक ही पंक्ति में बैठे। सबसे ऊँचे आसन पर स्वामी प्रेमानन्द को बिठाया गया। मैनेजर ने गर्व से कहा : "ब्राह्मणों ने हमें पतित समझा था, हमारी गिनती शूद्रों में करते थे। पर स्वामी विवेकानन्द और स्वामी प्रेमानन्द जैसे महापुरुषों ने हमें धन्य कर दिया। अब हम भी समाज में ब्राह्मणों की ही तरह सर उठाकर रहते हैं।" इस पर स्वामी प्रेमानन्द ने शान्त भाव से कहा : "संन्यासी होने पर देश-काल-पात्रता से हम दूर हो गए हैं। हमारा जीवन रामकृष्णमय है और सभी जनों के लिए है।" कुछ ब्राहाणों ने कायस्थों के साथ एक ही पंक्ति में भोजन करने पर आपत्ति की। स्वामीजी ने उन्हें शान्त किया।

भोजन समाप्त होने पर सब लोग मदनगोपाल के मन्दिर गए। स्वामी जी ने एक कथा सुनाई। नारदजी ने एक बार विष्णुजी से पूछा : "भगवन्! मृत्यु-लोक में आपका सबसे बड़ा भक्त कौन है?" विष्णुजी ने जवाब दिया : "एक किसान मेरा बड़ा भक्त है।" नारद भक्त की परीक्षा लेने चले। किसान हल जोतकर दोपहर को लौटा तो राम का नाम लिया। शाम को खेत से लौटा तब राम का नाम लिया। सबेरे

खेत जोतने चला तब फिर राम का नाम लिया। नारद को बड़ा आश्चर्य हुआ कि ऋषि-मुनि आठों याम इनका ध्यान करते हैं, यह किसान दिन-रात में केवल तीन बार नाम लेता है और यह उन्हें सबसे प्रिय हो गया! विष्णु के पास जाकर उन्होंने शंका प्रकट की। विष्णु ने कहा : "इसका उत्तर मिल जाएगा। इस समय एक आवश्यक काम कर डालिए। यह तेल का भरा कटोरा हथेली पर रख लीजिए और पृथ्वी की परिक्रमा करके लौट आइए, पर देखिए, एक भी बूँद तेल छलक कर गिरने न पाए।" नारद तेल का कटोरा लेकर चले; बड़ी सावधानी से कटोरा सँभाले हुए पृथ्वी की परिक्रमा करके वापस आए। मन में बड़े प्रसन्न थे, तेल की एक बूँद भी नहीं गिरी और कार्य पूरा हुआ। विष्णु ने पूछा : "परिक्रमा के समय कितनी बार मुझे स्मरण किया?" नारद ने कहा : "आप ही का काम था। ध्यान तेल के कटोरे पर था। आपका स्मरण क्या करता?" विष्णु ने कहा : "वह किसान भी मेरा ही काम करता है। पर आठ पहर में तीन बार मुझे याद करता है। इसीलिए वह मेरा सबसे प्रिय भक्त है।"

सुर्जकुमार को यह कहानी बहुत अच्छी लगी। जो गरीब है, खेत में हल चलाता है, जो धर्म का आडम्बर नहीं जानता, वह भगवान् का सबसे प्रिय भक्त है। ये संन्यासी कितने महान् हैं! ये किसी को छोटा नहीं समझते; कुलीन-अकुलीन इनकी निगाह में सब बराबर हैं। राजा और नौकर इनके लिए समान हैं। ये आदमी देखते हैं, आदमी की पोशाक नहीं। स्वामी प्रेमानन्द के मुख पर कैसी शान्ति थी! सुर्जकुमार के दुखी मन को एक सहारा मिला। शान्ति संन्यास में है। बड़ा वह है जो संसार का मोह त्याग देता है, जैसे स्वामी प्रेमानन्द ने त्याग दिया है। स्वामी रामकृष्ण ने तो ईश्वर को प्रत्यक्ष देखा था, सुर्जकुमार को भी ईश्वर के दर्शन हो सकते हैं?

वैराग्य के भाव मन में और प्रबल हुए। स्वर्गीय मनोहरादेवी की छवि के साथ अब स्वामी प्रेमानन्द का भव्य मुख आँखों के सामने आता और लोप हो जाता। महिषा-दल में एक सज्जन थे श्यामापद मुखोपाध्याय। वह रामकृष्ण परमहंस के बड़े भक्त थे। सुर्जकुमार से उनकी मैत्री हो गई। उनके घर जाकर वह अक्सर वेदान्त-चर्चा करने लगे। स्वामी विवेकानन्द की पुस्तकें लेकर पढ़ीं। स्वामी रामकृष्ण परमहंस के बारे में दूसरों का लिखा हुआ बहुत-कुछ पढ़ा। ज्ञान का एक नया संसार सुर्जकुमार को दिखाई देने लगा। स्कूल, कालेज, युनिवर्सिटी—इनकी शिक्षा से ज्ञान का क्या सम्बन्ध है? ये सब डिगरियाँ बाँटते हैं पर सच्चा ज्ञान तो साधना से आता है। सुर्जकुमार एंट्रेंस पास न कर पाए तो क्या हुआ? साधना का द्वार तो उनके लिए भी खुला है।

तहसील-वसूली का काम अब उन्हें बिलकुल अच्छा न लगता था। वह काम करते समय भी अपने दिवा-स्वप्नों में डूबे रहते। वह श्यामापद मुखोपाध्याय के बारे में सोचते। रामकृष्ण परमहंस की कृपा से सब-कुछ सम्भव है। श्यामापद बाबू की भानजी को देखो। बहन का देहान्त हुआ तब उनकी पत्नी 15 वर्ष की थी। बच्चा एक भी न हुआ था। श्यामापद बाबू की आठ महीने की भानजी को वह स्तन पिलाने लगीं। रामकृष्ण की कृपा; कुछ ही दिनों में उनके स्तनों से दूध निकलने लगा। श्यामापद

बाबू कहते थे, मेरी भानजी के प्रति पत्नी के हृदय में वैसा ही भाव उदय हुआ, जैसा अपनी पुत्री के लिए होता है। हृदय में स्नेह उमड़ने के साथ स्तनों से दूध बह चला!

रामकृष्ण परमहंस का व्यक्तित्व भी कैसा चमत्कारी था! उनके पिता रघुवीरजी की उपासना करते थे। रामकृष्ण के गर्भ में आने से पहले ही रघुवीरजी ने उनकी माँ को स्वप्न में दर्शन दिये थे और कहा था, हम तुम्हारे पुत्र-रूप में अवतीर्ण होंगे। रामकृष्ण भगवान् के अवतार थे। साधना लोक-दिखावे को करते थे; सिद्ध पुरुष तो वह जन्म से थे। जब निरे बालक थे, तभी आकाश में हंसों को उड़ते देखकर समाधि में लीन हो गए थे। उन्होंने ब्याह किया पर वह साधारण जनों का-सा ब्याह थोड़े ही था। योग दृष्टि से उन्होंने पहले ही मालूम कर लिया था कि उनकी पत्नी कहाँ है। उन्होंने घरवालों को बता दिया, वहाँ चले जाओ; ऐसी-ऐसी लड़की मेरी पत्नी है, उससे सम्बन्ध पक्का कर आओ। सारदा मणिदेवी उनकी पत्नी क्या थीं, साक्षात् सरस्वती थीं। ब्रह्मरूप पति के साथ विद्या की ज्योति की तरह रहती थीं। रामकृष्ण परमहंस के मन में पत्नी को देखकर ज़रा भी काम-विकार उत्पन्न न होता था।

स्वामी विवेकानन्द संन्यासी होने से पहले जब पढ़ते थे, तब रामकृष्ण से पूछने आए थे : "क्या आपने ईश्वर को देखा है?" रामकृष्ण ने उन्हें ज़रा-सा छू दिया। तमाम पृथ्वी, पेड़-पौधे नज़र के सामने चक्कर खाने लगे। विवेकानन्द भय से चिल्लाए। रामकृष्ण ने उन्हें फिर छू दिया। तब वह अपनी पहले जैसी स्थिति में आए। पश्चिम का जड़ विज्ञान यह सब-कुछ नहीं मानता, पर भारत अपनी इस अध्यात्म-विद्या के कारण महान् है।

सुर्जकुमार को अब स्वप्न में कभी महावीर दिखाई देते, कभी स्वामी प्रेमानन्द, कभी मनोहरादेवी। महावीर कभी गदा लिये वीर रूप में प्रकट होते, कभी भक्त रूप में हाथ जोड़े हुए। आकाश में देवता के ही समान प्रकाशमान स्वामी प्रेमानन्द दिखाई देते। मनोहरादेवी साक्षात् सरस्वती के रूप में आतीं और माथे का सिन्दूर दिखाकर कहतीं, महावीर को मैं मस्तक पर धारण करती हूँ। प्रिया जब सरस्वती बन गई तब काम-संस्कार भस्म हो गए; जब उसने मस्तक पर सिन्दूर के रूप में महावीर को धारण कर लिया, तब पत्नी के ध्यान और अखंड ब्रह्मचर्य व्रत का समन्वय हो गया।

सुर्जकुमार आठ पहर में आधे समय स्वप्न-लोक में रहते और आधे समय प्रत्यक्ष संसार में। जिस स्वप्न-लोक में वह महावीर-प्रेमानन्द-मनोहरादेवी को देखते थे, उससे प्रत्यक्ष संसार एकदम भिन्न था। आये-दिन प्रजा के उत्पीड़न के बारे में कोई-न-कोई कथा सुनने को मिलती। एक दिन उन्होंने सुना, नहर के किनारे किसी गाँव के पुजारी को राजा के सिपाहियों ने मारा है। राजा किश्ती पर हवा खाने निकले थे। साथ में कुछ पहलवान और सिपाही थे। कुछ सिपाही नहर के किनारे-किनारे नाव के साथ पैदल दौड़ने लगे। अचानक उन्होंने देखा, एक पुजारी नहर के किनारे खड़ा हुआ राजा को देखकर मुँह से अजीब-सी आवाज कर रहा है। जब राजा की निगाह उस तरफ़ गई तो उसने पेट खलाकर हाथों से उसे मला, यानी वह भूखा है,

यह बता दिया। फिर मुँह थपथपाया और हवा में दोनों हाथों के अंगूठे हिलाए, जिसका मतलब था कि कोई सुनवाई नहीं, खाने को कुछ नहीं है।

राजा ने किश्ती की रफ्तार धीमी करा दी। कुछ दूर पुजारी साथ दौड़ा। तब तक पीछे से सिपाही भी आ पहुँचे। राजा का इशारा पाकर सिपाहियों ने पुजारी को पकड़ लिया। कहा, ठेंगा दिखाता है हमारे महाराज को? उसे खूब मारा, फिर उसकी दोनों हथेलियाँ और उँगलियाँ लाठी के गूले से कुचल डालीं। पुजारी के घर में सत्रह साल की विधवा बेटी, दो छोटे लड़के और पत्नी थीं। ये सब दाने-दाने को मोहताज हो गए। पुजारी देवी के मन्दिर में पूजा करता था, प्रतिदिन उसे तीन पाव चावल और चार केले मिलते थे, महीने के अन्त में तीन रुपये। उसे डेढ़ साल से यह वृत्ति न मिली थी। उसने दरखास्तें भेजी थीं, कोई सुनवाई न हुई थी, तभी उसने राजा से अपनी बात कहने का यह ढंग निकाला था। अब उसे मन्दिर में पूजा के उस काम से भी अलग कर दिया गया।

ऐसी घटनाएँ राज्य में आये-दिन हुआ करती थीं। सुर्जकुमार सुनते और सोचते, आख़िर भगवान् इनके लिए कुछ क्यों नहीं करते? वह कमल और गुलाब के फूलों से महावीर का श्रृंगार करते और सोचते, यह प्रजा के पक्ष में क्यों नहीं बोलते? एक दिन सुर्जकुमार ने सपने में देखा, अँधेरे जल पर कमल खिला है; कह रहा है, मैं तो राजा का था, तुमने क्यों तोड़ा? फिर एक गुलाब सामने आ गया, बोला, मुझे छूने का तुम्हें क्या अधिकार था? सुर्जकुमार परेशान होने लगे। कहाँ से फूल लाये जो राजा के न हों, जिनसे महावीर स्वामी को सजाएँ? तभी सपने में महावीर आए। समझाया : "वत्स, यहाँ कौन-सी चीज़ राजा की नहीं है? यह मूर्ति किसकी खरीदी है? कौन पुजवाता है?" सुर्जकुमार की परेशानी दूर होने के बदले और बढ़ गई। फूल ही राजा के नहीं, जिस मूर्ति को वह फूलों से सजाते हैं, वह भी राजा की है। उन्होंने सवाल किया : "ये गरीब मरे जा रहे हैं, इनका क्या होगा?" महावीर स्वामी ने कहा : "जो राजा के लिए है, वही इनके लिए। तुम अपना काम देखो।"

सुर्जकुमार को सन्तोष न हुआ। गरीब प्रजा का ध्यान सताने लगा। जर्मनी की लड़ाई खत्म हो चुकी थी। कुछ क्रान्तिकारियों ने जर्मनी से हथियार मँगाकर भारत में सशस्त्र विद्रोह के लिए प्रयत्न किया था, पर वे सफल न हुए। जो नेता युद्ध में अंग्रेज़ों की सहायता करके बड़ी आस लगाए बैठे थे कि लड़ाई खत्म होने पर डोमीनियन स्टेटस मिल जाएगा, वे बड़े निराश हुए। अंग्रेज़ों ने स्वराज की माँग का जवाब रॉलट ऐक्ट और जलियाँवाला बाग़ से दिया। देश के नौजवान क्रोध से तिलमिला उठे। आपस में बातें करते कि अंग्रेज़ी राज का खात्मा किस उपाय से किया जाए। सुर्जकुमार बँगला के अखबार पढ़ते, मित्रों से देश-विदेश की चर्चा करते। कुछ नौजवान लुक-छिपकर उन्हें क्रान्तिकारियों के बारे में वह साहित्य पढ़ने को देते जिस पर सरकार ने प्रतिबन्ध लगा रखा था। सुर्जकुमार तेजी से राजनीति की तरफ़ खिंचने लगे।

सन् '20 में गांधीजी ने असहयोग आन्दोलन शुरू किया। हिन्दुओं और मुसलमानों की मैत्री के अभूतपूर्व दृश्य देखे गए। दूर-दूर देहात तक चरखे का प्रचार होने लगा।

बँगला पत्रों में सुर्जकुमार रूसी क्रान्ति और यहाँ एक नये समाज की रचना का हाल पढ़ते। महिषादल के आसपास के गाँवों में जाते; मित्रों के साथ यहाँ किसानों, कोरियों, जुलाहों आदि का संगठन करते, उन्हें स्वदेशी का महत्त्व समझाते। हर जगह राष्ट्रीय गीतों की धूम थी। सुर्जकुमार बड़े प्रेम से ये गीत पढ़ते और गाते। उन्हें द्विजेन्द्रलाल राय के गाने विशेष रूप से पसन्द थे। उन्होंने स्वयं राष्ट्रीय गीत लिखने का विचार किया। सन् '20 के वसन्त में सुर्जकुमार ने जन्मभूमि पर एक गीत लिखा :

बन्दूँ मैं अमल-कमल,—
चिर सेवित चरण युगल—
शोभामय शान्ति निलय पाप ताप हारी,
मुक्तबन्ध, घनानन्द मुद मंगलकारी॥
बधिर विश्व चकित भीत सुन भैरव वाणी।
जन्मभूमि मेरी है जगन्महारानी॥
मुकुट शुभ्र हिमागार।
हृदय बीच विमल हार—
पंच सिन्धु ब्रह्मपुत्र रवितनया गंगा।
विन्ध्य विपिन राजे धनघेरि युगल जंघा॥
बधिर विश्व चकित भीत सुन भैरव वाणी।
जन्मभूमि मेरी है जगन्महारानी॥
त्रिदश कोटि नर समाज।
मधुर-कंठ-मुखर आज॥
चपल चरण भंग नाच तारागण सूर्यचन्द्र।
चूम चरण ताल मार गरज जलधि मधुर मन्द्र॥
बधिर विश्व चकित भीत सुन भैरव वाणी।
जन्मभूमि मेरी है जगन्महारानी॥

सुर्जकुमार का नया जीवन आरम्भ हुआ—कवि का जीवन। पर उन्हें अपना नाम सुर्जकुमार तेवारी ज़रा भी कवित्वपूर्ण न लगता था। इसे शुद्ध करके यदि सूर्जकुमार तेवारी कर दिया जाये, तब भी गिरीशचन्द्र घोष, द्विजेन्द्रलाल राय, बंकिमचन्द्र चट्टोपाध्याय अथवा रवीन्द्रनाथ ठाकुर के नामों के मुकाबले वज़न में कुछ हल्का बैठता था। बहुत सोच-विचार के बाद उन्होंने अपना नया नाम रखा—सूर्यकान्त त्रिपाठी। सूर्यकुमार से सूर्यकान्त नाम सुनने में और अर्थ के विचार से भी ज़्यादा अच्छा लगा। बहुत-से तेवारी अपने को त्रिपाठी लिखने लगे थे। अब कुछ साहित्यकार अपना नाम शुद्ध रूप में लिखते थे, जैसे महावीरप्रसाद दुबे अपने को महावीरप्रसाद द्विवेदी लिखते थे। जन्मभूमि की वन्दना से रामसहाय तेवारी के पुत्र सूर्यकान्त त्रिपाठी ने अपनी साहित्य-साधना आरम्भ की।

कविता लिख गई लेकिन कहाँ भेजें? गणेशशंकर विद्यार्थी का नाम सुना था। कानपुर से उन्होंने 'प्रताप' के अलावा 'प्रभा' मासिक पत्रिका प्रकाशित की थी। सूर्यकान्त ने अपनी कविता वहीं भेजी। कविता स्वीकृत हो गई। जून, 1920 की 'प्रभा' में प्रकाशित हुई। छपी हुई कविता देखकर वह खूब प्रसन्न हुए। उनके बंगाली मित्रों को यह खबर मिलते देर न हुई कि सुर्जकुमार कविता लिखते हैं और वह छप भी जाती है पर वह हिन्दी में लिखते हैं। काव्य-चर्चा के प्रसंग में हिन्दी और बँगला के साहित्य पर बहस छिड़ जाती। सन् '20 के आन्दोलन के साथ राष्ट्रभाषा का सवाल भी एक राजनीतिक समस्या की तरह लोगों के सामने आया। उस समय अनेक बंगाली विद्वान् इस बात का प्रचार करते थे कि हिन्दी को राष्ट्रभाषा का पद मिलना चाहिए। एक बार सूर्यकान्त ने स्टीमर में यात्रा करते हुए बंगाल के प्रसिद्ध विद्वान् नगेन्द्रनाथ सेन की बातचीत सुनी। स्टीमर आर्मीनियन घाट से घाटाल जा रहा था। उसी पर तामलुक के एक वकील थे जो नगेन्द्रनाथ से बहस कर रहे थे कि अंग्रेज़ी के साथ दूसरी भाषा का दबाव छात्रों पर डालना अनुचित है। सेन महाशय का कहना था कि राष्ट्रभाषा कोई विदेशी भाषा नहीं, भारत की भाषा ही हो सकती है और वह भाषा हिन्दी है।

सूर्यकान्त दोनों के तर्क ध्यान से सुनते और उन पर विचार करते रहे। उन्हें ज़्यादातर साहित्यप्रेमी युवक ऐसे मिलते जो बँगला पर अभिमान करते और हिन्दी को उपेक्षा की दृष्टि से देखते थे। सूर्यकान्त अब ज़ोरों से हिन्दी और बँगला-साहित्य के अध्ययन में जुट गए। बँगला में काव्य, नाटक, कथा-साहित्य की अनेक पुस्तकें उन्होंने पढ़ीं। हिन्दी की पुस्तकें उधर कम मिलती थीं, फिर भी 'सरस्वती' वह नियमित रूप से पढ़ते थे। उसके माध्यम से वह हिन्दी-साहित्य के विकास से काफी परिचित हो गए। 'प्रभा', 'प्रताप' आदि पत्र-पत्रिकाएँ भी जब-तब पढ़ने को मिल जाती थीं। गयाप्रसाद शुक्ल 'सनेही', दूसरा उपनाम 'त्रिशूल' की राष्ट्रीय कविताएँ उन्हें विशेष अच्छी लगती थीं। नाथूराम शंकर शर्मा की भाषा उन्हें बहुत पसन्द थी। बँगला के मुकाबले हिन्दी कविता उन्हें काफी पिछड़ी हुई मालूम होती थी, पर केवल भाषा की दृष्टि से वह हिन्दी को बँगला से श्रेष्ठ मानते थे।

राष्ट्रभाषा-सम्बन्धी विवाद में वह बंगाली मित्रों से कहते—माना कि बँगला का साहित्य श्रेष्ठ है पर भाषा के अवगुण तो देखिए। इसके उच्चारण-मार्ग पर बचपन में जीभ न फेरी जाए तो वह कभी शुद्ध चाल चल ही नहीं सकती। दूसरे प्रान्त के लोग जब बँगला कविता पढ़ते हैं तो जीभ हैरान हो जाती है। ऐसी भाषा कहीं राष्ट्रभाषा हो सकती है?

उनके बंगाली मित्र कहते—बँगला भाषा का माधुर्य कौन नहीं जानता? किस भारतीय भाषा में ऐसी कोमलकान्त पदावली है, जैसी रवीन्द्रनाथ की रचनाओं में है? उनके काव्य का रसपान करने के लिए ही अनेक देशी-विदेशी विद्वान् आज बांग्ला सीख रहे हैं। बांग्ला भाषा भारत की श्रेष्ठ भाषा है, उसके महत्त्व को कौन अस्वीकार कर सकता है?

मित्रों के ऐसे तर्क सुनकर सूर्यकान्त कहते—कोमलता स्त्री का धर्म है। बंगालियों की भाषा ही क्या, उनकी वेश-भूषा, हाव-भाव, रहन-सहन—हर चीज में कोमलता दिखाई देती है। पर देश को कोमलता नहीं, पौरुष चाहिए। आवाज़ अगर बुलन्द न हो तो भाषा में गम्भीर भाव पैदा नहीं हो सकते। बँगला में बुलन्दपन की कमी है, इसलिए वह गम्भीर भाव प्रकट नहीं कर सकती। जब बंगालियों को गम्भीर भाव प्रकट करना होता है तब वे हिन्दी शब्दों का सहारा लेते हैं। जैसे 'चुप कर' न कहकर कहेंगे—'चोप राव'।

इस पर बंगाली मित्र रवीन्द्रनाथ की कविताओं से उद्धरण देकर पूछते—इसमें गम्भीर भावों की कमी है?

सूर्यकान्त हुज्जत करते—उच्चारण अस्वाभाविक, छन्द अस्वाभाविक, भाव में गम्भीरता कहाँ से आएगी? बंगाली दीर्घ स्वरों का भी ह्रस्व-जैसा उच्चारण करते हैं। यह कोई आर्य तरीका है? कविता लिखते हैं तो मात्राओं पर ध्यान नहीं देते...अक्षर गिनते हैं।

बनेर पाखी गाहे बाहिरे बसि बसि
बनेर गान छिल जत,
खाँचार पाखी, पड़े शिखानो बुलि तार
दोहार भाषा दुई मत।

ज़रा गिनिए मात्राएँ।

सूर्यकान्त अक्षर गिनाते—14। फिर मात्राएँ गिनाते—21। पहली पंक्ति के जोड़ की तीसरी पंक्ति—अक्षर वही 14, लेकिन मात्राएँ 22। ऐसे ही दूसरी और चौथी पंक्तियों में अक्षर नौ-नौ लेकिन मात्राएँ 11 और 13। जब मात्राएँ बराबर न होंगी तब संगीत का सहज प्रवाह भी नष्ट हो जाएगा। 'बनेर पाखी गाहे बाहिरे बसि बसि' को अगर यों लिखा जाए : 'सकल खग कुल कहत बसि बसि' तो देखिए, प्रवाह कितना स्वाभाविक हो जाता है।

इसके बाद बहस उच्चारण की वैज्ञानिकता को लेकर होने लगती। मित्र कहते—हिन्दी का कोई अपना उच्चारण नहीं, पूरब और पछाँह वाले अलग-अलग ढंग से बोलते हैं। हिन्दी लेखक उर्दू की खिचड़ी पकाते हैं। बँगला में जैसी परिष्कृत तत्सम शब्दावली है, वैसी हिन्दी में कहाँ है?

सूर्यकान्त उत्तर देते—आप लोगों का उच्चारण आर्य न होकर मंगोलियन है। शुद्ध 'अ' का उच्चारण आप कर ही नहीं सकते। गोल-गोल औकार जैसा बोलते हैं। वैसे ही 'ऐ' को 'ओइ' और 'औ' को 'ओउ' कहते हैं। ओइतिहासिक, ओउशध—यह भी कोई उच्चारण है? श, ष, स में कोई भेद ही नहीं। शमाज, शंध्या, शावधान, शंशार— मारे 'श' के नाक में दम। 'ण' और 'ब' की ध्वनि ही नहीं। तेवारी को कहेंगे—तेओयारी, मेवा को—मेओया! लक्ष्मी को—लक्खी, ऐक्य को—ऐक्क, अध्ययन को—अद्धयन...

बहस में काफी गर्मी आ जाती और झगड़ा करते हुए मित्र अलग होते। सूर्यकान्त के मित्रों में वहाँ हिन्दी भाषा और साहित्य का कोई अच्छा जानकार नहीं था। उन्हें

बंगाली मित्रों से अकेले ही वाक्-युद्ध करना पड़ता। शरीर साढ़े पाँच फुट से ऊपर, सीना तगड़ा, आवाज बुलन्द—वह बहस में दबते न थे। बंगाल की हुज्जत मशहूर है। उन्होंने इस कला का अच्छा अभ्यास किया। महिषादल में रहकर बंगाली मित्रों से हिन्दी आलोचना सुनने के कारण उनमें जातीय अभिमान का भाव दृढ़ हो गया। उन्होंने तै किया कि बँगला उच्चारण के बारे में उन्होंने जो रिसर्च की है, उसका ज्ञान अन्य हिन्दी-भाषियों को भी कराना चाहिए। उन्होंने उसी साल अगस्त में एक लेख लिखा : 'बंगभाषा का उच्चारण'। इसमें उन्होंने वे सब तर्क सजाकर रखे जिन्हें अपने मित्रों के सामने बहस के दौरान वह पेश करते थे। तै किया कि इसे 'सरस्वती' में भेजेंगे। उन्होंने द्विवेदीजी को पत्र लिखा :

श्री हरिः

Mahishadal Raj
26-8-20

परम पूजनीय
श्री 108 महावीरप्रसादजी
द्विवेदी महाराज,
श्री चरणों में

बाबा,

सेवा पर 'बंग भाषा का उच्चारण' शीर्षक लेख भेजता हूँ। आशा है, बंग प्रवासी एक अपरिचित सन्तान के परिश्रम को आप सफल करेंगे। इस लेख को 'सरस्वती' में स्थान मिलेगा। इति—

आपका अपरिचित किन्तु—
आपका एकान्त सेवक
सूर्यकान्त त्रिपाठी

आचार्य महावीरप्रसाद द्विवेदी 'सरस्वती' से अवकाश ग्रहण कर चुके थे, पर लेख स्वीकृत हो गया। देवीदत्त शुक्ल ने जहाँ-तहाँ कुछ शब्द बदलकर लेख छाप दिया। अक्तूबर, '20 की 'सरस्वती' में सूर्यकान्त त्रिपाठी का पहला गद्य लेख प्रकाशित हुआ।

द्विवेदीजी के यहाँ आये-दिन दर्जनों होनहार लेखकों के पत्र आते थे। सभी उन्हें गुरु मानते थे, सभी दंडवत् करते थे और लगभग सभी का उद्देश्य होता था कि उनकी रचनाएँ 'सरस्वती' में प्रकाशित हो जाएँ। उन्हें लगा कि यह सूर्यकान्त नाम का व्यक्ति, जो उन्हें असंख्य प्रणाम-दंडवत् लिखता है, अवश्य उनके सहारे हिन्दी में आगे आने के उद्देश्य से उनकी खुशामद कर रहा है। सूर्यकान्त के एक पत्र के उत्तर में उन्होंने अपने इस भाव का संकेत करते हुए पूछा—आप कहाँ के रहनेवाले

हैं, क्या उम्र है, कुटुम्ब में कौन-कौन है, क्या व्यवसाय होता है, इत्यादि। सूर्यकान्त ने 'बाबा के श्री चरण कमलों में असंख्य भूमिष्ठ प्रणाम' निवेदित करने के बाद उन्हें सूचित किया : "आपकी इस लिखावट से मालूम हो रहा है कि मेरे पूर्व प्रेषित पत्र की व्याख्या विज्ञ-दृष्टि से नहीं की गई। उस पत्र को फिर पढ़िए। देखिए तो, उसमें स्वार्थ का गुप्त वर्णन है या बन्धुता का विशद विवेचन? उससे सम्बन्ध जोड़ने की आशा व्यक्त होती है या जुड़े हुए सम्बन्ध का प्रमाण?"

सूर्यकान्त पहले हिन्दी-लेखक थे जो महावीरप्रसाद द्विवेदी से कह रहे थे, आपने मेरे पत्र की व्याख्या विज्ञ-दृष्टि से नहीं की। अभी केवल एक कविता छपी थी 'प्रभा' में और एक लेख छपा था 'सरस्वती' में, पर तेवर ऐसे, मानो सत्रह साल तक 'सरस्वती' का सम्पादन इन्हीं ने किया हो! पर सूर्यकान्त त्रिपाठी ने द्विवेदीजी के सरोष मुख पर शीतल चन्दन के छींटे भी दिये : "आप हिन्दी संसार के स्वनामधन्य पुरुष हैं। मैं आपको हृदय से पूजता हूँ। यही आपसे मेरा सम्बन्ध है। इससे अधिक मधुरता और किस सम्बन्ध में है?"

इस भूमिका के बाद सूर्यकान्त ने द्विवेदीजी के प्रश्नों का उत्तर देते हुए अपना परिचय लिखा : "मैं कान्यकुब्ज ब्राह्मण हूँ। आपका पड़ोसी हूँ। उन्नाव ज़िले के पूर्व्वा के पास का रहनेवाला हूँ। उम्र 22, शरीर पाँच फुट 11-1/2 इंच लम्ब, छाती 39 इंच चौड़ी। हृष्ट-पुष्टांग न तु स्थूलकाय। अक्षर हूँ, न साक्षर और न निरक्षर। सगा यानी माता, पिता, भाई, बहन, चाचा, चाची, स्त्री—संसार में कोई नहीं। सब थे किन्तु 1918 के इन्फ्लुएंजा में सब गुज़र गए। जीवन का लक्ष्य निरे बाल्यकाल से है परमपदलाभ। रामकृष्ण मठ के संन्यासी मुझ पर विशेष कृपा-दृष्टि रखते हैं। स्वामी प्रेमानन्द ने कहा था—तुम्हारा विचार ठीक है।

"मेरा दृढ़ विश्वास है कि मुझ पर ईश्वर की कृपा होगी, परन्तु उपस्थित स्थिति मेरी क्रमोन्नति पर बाधा डाल रही है। मेरे सिर पर पितृमातृहीन 6 नाबालक भतीजे आदि का पालन-भार अर्पित है। इसलिए अभी मैंने नौकरी करना स्वीकार किया है। लड़कों को सबालक करके अपने लक्ष्य पर बढ़ूँगा। मैं एक साधारण-वित्त मनुष्य हूँ। विद्वन्मंडली के सामने मेरा परिचय मूर्खों में है।

"मेरे पिता-पितृव्य इस स्टेट में फौजी अफ़सर थे। गण्यमान्य थे। मेरा जन्म यहीं हुआ। शिक्षा यहीं मिली। हिन्दी मैंने किसी व्यक्ति-विशेष से नहीं सीखी। यहाँ हिन्दी का एक भी ज्ञाता नहीं। (आप पर भक्ति का एक कारण यह भी है।)

"महाराज महिषादल मुझ पर अत्यन्त कृपा करते हैं। महाराज दो भाई हैं। बड़े राजा—सतीप्रसाद गर्ग और छोटे राजा—गोपालप्रसाद गर्ग हैं। इनके पूर्व्व पुरुष ज़िला बाँदा के रहनेवाले थे। राजा रामनाथ गर्ग की रानी पति-शव को लेकर चिता पर चढ़ने के पूर्व दरिद्रवेशी—समागत—लक्ष्मणप्रसाद को, जो कि वर्तमान नरेश के आजा थे, राजासन पर स्थापित कर गई थीं। इस राज्य की गवर्नमेंट रेवेन्यू 3,36,000 है। और वार्षिक आमदनी है 12,00,000।"

राजा की विशद आमदनी तथा अपनी वैराग्य-भावना—दोनों से गुरुवर द्विवेदी को प्रभावित करने के बाद पत्र के अन्त में लिखा :

"अधिक और क्या लिखूँ? संक्षेप में आपके आग्रह को पूरा कर चुका।

"जगन्नियन्ता का नियम है कि सेवा सेव्य की आत्मा पर तृप्ति की और सेवक की आत्मा पर शुद्धि की छाप लगाकर दोनों के उन्नतिमार्ग को साफ़ करती है। मनो-राज्य के इस नियम को मैं निश्छल होकर प्रणाम करता हूँ।"

हस्ताक्षर के बाद एक वाक्य और जोड़ दिया 'हिन्दी सिखाइए।' जितनी हिन्दी उन्हें द्विवेदीजी से सीखनी थी, उतनी 'सरस्वती' के अंक पढ़कर अब तक वह सीख चुके थे। यह केवल उनकी विनम्रता थी जो द्विवेदीजी से हिन्दी सिखाने के लिए कह रहे थे। जहाँ तक दर्शनशास्त्र का सम्बन्ध था, वह दो-एक ज्ञान की बातें आचार्य द्विवेदी को भी सिखा सकते थे। सेवा से जहाँ सेवक की आत्मा शुद्ध होती है, वहाँ सेव्य की आत्मा भी तृप्त होती है। अर्थात् सूर्यकान्त-महावीरप्रसाद सम्बन्ध एकतरफ़ा व्यापार नहीं है। इससे लाभ द्विवेदीजी को भी है। सूर्यकान्त उनसे इसलिए सम्बन्ध कायम नहीं कर रहे हैं कि उनके सहारे साहित्यिक-क्षेत्र में आगे बढ़ चलें, जीवन का लक्ष्य साहित्य-सेवा नहीं, परमपद-लाभ है।

सूर्यकान्त कभी-कभी बेलूड़ के मठ जाते, स्वामी प्रेमानन्द के दर्शन करते, दूसरे संन्यासियों के साथ दरिद्रों की सेवा के लिए गाँवों की यात्रा करते। परन्तु उनका मन इस समय केवल धर्म-साधना पर केन्द्रित न था। राजनीति और साहित्य—दोनों उन्हें अपनी ओर आकर्षित कर रहे थे।

एक दिन सूर्यकान्त को पुलिस ने गिरफ्तार कर लिया। उन पर आरोप यह लगाया गया कि उन्होंने मदनगोपाल के मन्दिर से गहने चुराये हैं। इस मन्दिर के बाहर संगमर्मर की सुन्दर बेंचे हैं। सूर्यकान्त अक्सर वहाँ जाकर बैठते और कभी-कभी कविताएँ लिखते। मन्दिर में राधाकृष्ण की मूर्तियों को बहुमूल्य स्वर्णाभूषण पहनाये गए थे। एक रात ये गहने चोरी चले गए। पुलिस ने सूर्यकान्त को हिरासत में ले लिया। राजा अथवा राज-परिवार की ओर से कोई संकेत न दिया गया था कि उन्हें सूर्यकान्त पर शक है, फिर भी पुलिस ने इन्हें गिरफ्तार कर लिया। राजा सतीप्रसाद गर्ग ने इनके चाल-चलन के बारे में पुलिस को आश्वासन दिया और इन्हें हवालात से छुड़ा लिया।

कुछ दिन बाद एक दुर्घटना और हुई। महिषादल में एक साधु आए, पुराने ढंग के, चिमटा-धूनी वाले। राजमहल के सुपरिंटेंडेंट साधु को कुछ देना चाहते थे परन्तु सूर्यकान्त ने राजा से साधु की बुराई की और सलाह दी : "राजकोष का रुपया इस तरह नहीं खर्च करना चाहिए।" एक रात जब सूर्यकान्त राजमहल से अपने घर लौट रहे थे, तब हाथीखाने के पास उन्हें वही सुपरिंटेंडेंट मिले। इन्हें लगा, सुपरिंटेंडेंट के मुँह से शराब की बू आ रही है। यह समाचार भी इन्होंने राजा तक पहुँचा दिया। इस पर सुपरिंटेंडेंट से पूछताछ हुई, उन्होंने इनकार किया। इस पर राजा का हुक्म हुआ कि दोनों आदमी मदनगोपालजी के मन्दिर में कसम खाकर सच-सच बताएँ कि क्या

हुआ था। सूर्यकान्त ने कसम खाई कि उन्हें शराब की-सी बू आई थी; सुपरिंटेंडेंट ने कसम खाई कि उन्होंने शराब छुई न थी। बात खत्म हो गई पर सूर्यकान्त को लगा कि कसम खाने के लिए मजबूर करके उनका भारी अपमान किया गया है। कसम खिलाए बिना ही राजा को उनकी बात पर विश्वास कर लेना चाहिए था। यह न करके उन्होंने सुपरिंटेंडेंट और उन्हें एक ही तराज़ू से तोला। सुपरिंटेंडेंट बदनाम आदमी थे, शराब के अलावा उनमें और भी व्यसन थे, इस बात को राज्य के बहुत-से लोग जानते थे। इसलिए सूर्यकान्त को और भी बुरा लगा। उन्होंने राजा को लिखा : "मेरे धर्मस्थल पर हस्तक्षेप करने का आपको कोई अधिकार न था। फिर मैंने सुपरिंटेंडेंट साहब की नौकरी लेने के लिए नहीं कहा था।" इसके साथ उन्होंने नौकरी से इस्तीफा दाखिल कर दिया।

राजा ईश्वरप्रसाद गर्ग के समय से इस राज्य के साथ रामसहाय तेवारी के परिवार का जो सम्बन्ध चला आ रहा था, उसे सूर्यकान्त त्रिपाठी ने एक झटके से तोड़ दिया। कोई बहुत बड़ी नौकरी नहीं थी, फिर भी घर का खर्च चल जाता था। अपने खर्च के अलावा वह गाँव में अपने चचेरे भतीजों के लिए रुपये भेजते थे। एंट्रेंस फेल आदमी को नौकरी मिलना आसान नहीं था। राजा की नौकरी से इस्तीफा देने के बाद महिषादल में बने रहना सम्भव न था। गाँव में खेती-पाती के विशेष साधन न थे। महिषादल की नौकरी से मन में एक सुरक्षा का भाव बना हुआ था। अब असुरक्षित दशा में जहाँ-तहाँ भटकना होगा, यह निश्चित था। सूर्यकान्त जल्दबाज़ी में कोई काम न करते थे। उनको राज्य की नौकरी वैसे ही नापसन्द थी। वहाँ रहते हुए गरीब प्रजा का उत्पीड़न उनसे देखा न जाता था। वह स्वयं अलग होने की बात सोच रहे थे। तभी मन्दिर में कसम खाने की घटना हुई। उन्होंने महिषादल छोड़ने का निश्चय कर लिया।

राजा ने इस्तीफा मंज़ूर न किया। पर मंज़ूरी की चिन्ता न करके सूर्यकान्त त्रिपाठी ने अपना सामान नीलाम किया। चचेरे भतीजों में बड़ा भतीजा महिषादल में था। उसे साथ लेकर सन् '21 की गर्मियों में उन्होंने गढ़ाकोला की ओर प्रस्थान किया।

साधना-प्रारम्भ

बीसवीं सदी के प्रारम्भिक बीस वर्षों में हिन्दी का शायद ही कोई साहित्यकार हो जिसके विकास में थोड़ा-बहुत महावीरप्रसाद द्विवेदी का हाथ न रहा हो। भारतेन्दु हरिश्चन्द्र के बाद हिन्दी में किसी व्यक्ति का इतना सम्मान नहीं हुआ जितना द्विवेदीजी का। भारतेन्दु के समय से अब तक हिन्दी लेखकों और साहित्यकारों की संख्या बहुत बढ़ गई थी। द्विवेदीजी का सम्मान और विरोध करनेवालों की संख्या भी भारतेन्दु के प्रशंसकों और विरोधियों से कहीं ज़्यादा थी। भारतेन्दु की प्रतिभा मुख्यत: कलात्मक थी, द्विवेदीजी की प्रतिभा मुख्यत: आलोचनात्मक। 'सरस्वती' में प्रकाशित गद्य-पद्य की सभी रचनाओं

को वह भाषा के एक ही साँचे में ढालकर प्रकाशित करते थे। उस समय हिन्दी जनक के सामाजिक-सांस्कृतिक विकास के लिए यह कार्य अत्यन्त आवश्यक था। द्विवेदीजी के सम्मान का यह मुख्य कारण था। सन् '20 में जब सूर्यकान्त त्रिपाठी ने 'सरस्वती' को अपनी पहली गद्य-रचना भेजी, तब वह सम्पादन-कार्य से अवकाश लेकर अपने गाँव दौलतपुर में रहने लगे थे। 'सरस्वती' से अलग होने पर भी उसकी रीति-नीति पर उनका प्रभाव था। किसी साहित्यिक संस्था अथवा विश्वविद्यालय के पदाधिकारी न होने पर भी अवकाश-प्राप्त सम्पादक द्विवेदीजी की बात हिन्दी संसार में मान्य थी। सूर्यकान्त उनके प्रति जो अपार श्रद्धा प्रदर्शित कर रहे थे, वह चाटुकारिता नहीं थी। वह उन्हें सचमुच आधुनिक हिन्दी का निर्माता समझते थे और उनके आगे अन्य किसी व्यक्ति का ऐसा साहित्यिक महत्त्व स्वीकार करने को तैयार न थे।

सूर्यकान्त त्रिपाठी और महावीरप्रसाद द्विवेदी में बहुत-सी बातें सामान्य थीं। द्विवेदीजी के पिता फौज में काम कर चुके थे। पिता के समान उनका शरीर भी स्वस्थ और पुष्ट था। अवकाश लेने पर छप्पन साल की उम्र में भी वह व्यायाम करते थे और खूब घूमते थे। उनका चौड़ा माथा, घनी भौंहें, बड़ी-बड़ी मूँछें देखकर लोग सहज ही प्रभावित हो जाते थे। सूर्यकान्त के समान द्विवेदीजी के संस्कार मूलत: बैसवाड़े के किसान के थे। वह अत्यन्त स्वाभिमानी, बातचीत और व्यवहार में अक्खड़ पर अन्दर से कोमल वृत्ति वाले और बहुत ही भावुक थे।

कुलीन समझे जानेवाले कान्यकुब्ज उन्हें धाकर कहते थे। दौलतपुर के इस 'दुबौना' का इतना सम्मान होते देखकर उन्हें आश्चर्य होता था। अपने साहित्यिक जीवन के आरम्भ से ही वे समाज-सुधार के पक्षपाती थे। जब 'सरस्वती' का प्रकाशन आरम्भ न हुआ था, तब उन्होंने 'नागरी प्रचारिणी पत्रिका' में 'विधवा-विलाप' नाम की कविता भेजी थी। पत्रिका के सम्पादक राधाकृष्ण ने उसे भले घरों में पढ़े जाने के अयोग्य समझकर वापस कर दिया था। कानपुर में कान्यकुब्ज ब्राह्मणों की सभा का अधिवेशन हुआ। द्विवेदीजी और उनके कुछ सहयोगी सभा में यह प्रस्ताव रखना चाहते थे कि सभी कान्यकुब्ज एक पंक्ति में बैठकर खाएँ। पर वहाँ स्त्री-शिक्षा के विरोध में ज़ोरदार भाषण सुनकर द्विवेदीजी ने अपने साथियों से कहा—भैया, अब यहाँ से चलो, इस सभा में हम लोगों के लिए स्थान नहीं है।

जब लक्ष्मीधर वाजपेयी उनसे मिलने गए, तब द्विवेदीजी ने कहा : "आपके भोजन का क्या प्रबन्ध हो? क्या पूड़ी आप मेरे यहाँ खाएँगे? कच्ची रसोई तो आप मेरे यहाँ कैसे खाएँगे; क्योंकि मैं कनौजियों में बहुत छोटा हूँ, और बीस बिस्वावाले कनौजिया तो मेरे यहाँ पूड़ी तक खाने नहीं आते। कहते हैं, सोलह रुपये दक्षिणा दो तो खाएँ।" सन् '20 के आन्दोलन से प्रभावित लक्ष्मीधर वाजपेयी छूत-अछूत—सबके यहाँ खा-पी लेते थे। पर ऐसे उदार ब्राह्मण अभी थोड़े ही थे।

द्विवेदीजी हर तरह की धार्मिक-साम्प्रदायिक संकीर्णता से मुक्त थे। वह परम भगवद्भक्त थे; पर पूजापाठ, संध्यावन्दन का आडम्बर न करते थे। इसलिए पुरानपंथी

पंडित उन्हें नास्तिक कहते थे। एक ब्राह्मण से संध्या के बारे में बहस होने पर उन्होंने कहा था : "पंडितजी, कुछ समझते भी हो, या यों ही वक्त बरबाद करते हो? संध्या में क्या रखा है, रोज़ शाम को यह पद पढ़ा करो—क्षुद्र-सी हमारी नाव चारों ओर है समुद्र, वायु के झकोरे रुद्र उग्र रूप धारे हैं। परन्तु तुम तो कहोगे—'जो पुरिखन ते होत आवा है वहै होई।' हमार अस नास्तिक धाकर का बोले का कौन परोजन।'

सन् '21 में महिषादल छोड़ने के बाद सूर्यकान्त जब गढ़ाकोला आए, तब उन्होंने पहला काम यह किया कि दौलतपुर जाकर द्विवेदीजी के दर्शन किये। गाढ़े की मिर्जई, कन्धे पर दुपट्टा, देशी जूता, हाथ में डंडा, ओठों पर पान की लाली—उनकी सादगी और सरलता देखकर सूर्यकान्त खूब प्रभावित हुए। उन्होंने देखा—इन युग-निर्माता का व्यवहार रामकृष्णमठ के संन्यासियों से मिलता-जुलता है। इनमें प्रदर्शन की भावना बिलकुल नहीं। अपने हाथ से पुस्तकों-पत्रिकाओं की धूल झाड़ते हैं। कोई अतिथि आ जाए तो उसके जूते तक पोंछ देते हैं। उसकी सुख-सुविधा का पूरा ध्यान रखते हैं। नियम के कितने पक्के, कितने परिश्रमी, कितने अध्ययनशील, फिर भी कितने विनम्र! लोग प्रणाम करते हैं तो संकोच से आशीर्वाद तक नहीं देते, नमोनम: कह देते हैं। पत्नी का स्वर्गवास हो गया है। चालीस साल हो गए। सूर्यकान्त से उम्र में थोड़ा ही बड़े रहे होंगे जब यह भी विधुर हुए। पर कैसी साधना! अपनी सारी शक्ति हिन्दी की सेवा में लगा दी। उन्होंने सूर्यकान्त को अपनाया है। परिश्रम से जमकर हिन्दी सेवा करने को कहते हैं।

सूर्यकान्त ने जैसी कल्पना की थी, अपने गुरु को उससे भी भव्य पाया। बंगाल में रहने और बँगला जानने से सूर्यकान्त अपने को अन्य साधारण हिन्दी लेखकों से कुछ ऊँचा समझते थे। पर ये द्विवेदी तो बम्बई में रहकर मराठी और गुजराती का अच्छा ज्ञान प्राप्त कर आए हैं, साथ ही बँगला भाषा और साहित्य से भी परिचय प्राप्त कर चुके हैं। सूर्यकान्त को साधारण संस्कृत आती थी। पर इनका संस्कृत ज्ञान तो अगाध है, संस्कृत में भाषण दे सकते हैं, तुरन्त श्लोक बनाकर लोगों को आशीर्वाद दे डालते हैं। अंग्रेज़ी के अनेक कठिन ग्रंथों का अनुवाद कर चुके हैं। व्यक्तित्व की सादगी के अलावा सूर्यकान्त के मन पर द्विवेदीजी की विद्वत्ता की गहरी छाप पड़ी।

असाढ़ आया। आम पके। सूर्यकान्त ने अपने बाग़ से बढ़िया-बढ़िया आम चुने—बिसैंधा जिसकी महक से मन तृप्त हो जाता है; जोगिया—जिसका गाढ़ा गूदा बनारसी लँगड़े को मात करता है। गोलवा, लँबुई, मिठुआ आदि अनेक पेड़ों के आम जो सूर्यकान्त को सफेदा-दशहरी, हर तरह के कलमी आम से ज़्यादा पसन्द थे, सब सुतली की बुनी हुई खरिया में भरे। गढ़ाकोला से दौलतपुर 16-17 मील है। सर पर आमों का बोझ लिये वह पैदल ही दौलतपुर जा पहुँचे। द्विवेदीजी इस सेवा से प्रसन्न हुए। आशीष दी। पढ़ने के लिए अपने संग्रह से पुस्तकें और पत्रिकाएँ दीं।

बारह लाख वार्षिक आमदनी के राज्य में सूर्यकान्त अब नौकर नहीं हैं। इनके साथ चार भतीजे हैं, पुत्र और कन्या डलमऊ में हैं, द्विवेदीजी ने सब हाल मालूम

किया। वह इनके लिए काम की तलाश करने लगे। सूर्यकान्त इस समय सचमुच कष्ट में थे। कर्ज़ से भी दबते जा रहे थे। भतीजे छोटे थे। घर का सारा काम खुद ही करते थे, यहाँ तक कि हाथ की चक्की से आटा भी खुद ही पीसते थे।

बरसात बीतने पर द्विवेदीजी ने प्रताप प्रेस वालों को खटखटाया। वह काम देने को तैयार हो गए। पर शुरू-शुरू में बीस-पचीस रुपये से ज़्यादा देने में असमर्थता प्रकट की। सूर्यकान्त ने इतने कम पैसों पर काम करना तौहीनी समझा, वैसे स्वयं द्विवेदीजी ने रेलवे की नौकरी छोड़कर 'सरस्वती' में तीस रुपये मासिक पर काम करना शुरू किया था। पर सन् तीन को देखते सन् इक्कीस में महँगाई बढ़ गई थी।

द्विवेदीजी कभी जुही (कानपुर) में रहते, कभी दौलतपुर। सन् '21 की शरद् में उधर एक संन्यासी आए—स्वामी माधवानन्द। ये अंग्रेज़ी, बँगला, हिन्दी के अच्छे पंडित, रामकृष्ण मिशन के प्रमुख संन्यासी थे। अद्वैत मत के प्रचार के लिए वह बँगला के साथ हिन्दी में भी एक मासिक पत्र निकालना चाहते थे। द्विवेदीजी के नाम से परिचित थे। जुही में उनसे पूछने गए, कौन इस कार्य के लिए ठीक रहेगा। द्विवेदीजी को सूर्यकान्त का स्मरण हुआ। वह बँगला भी जानते हैं और रामकृष्ण मिशन के सम्पर्क में भी आ चुके हैं। उन्होंने स्वामी माधवानन्द को उनका पता-ठिकाना लिखवा दिया और अपने पत्र में उन्हें रखने की सिफारिश की।

यथासमय सूर्यकान्त के पास स्वामी माधवानन्द का पत्र पहुँचा। उसमें लिखा था कि प्रमाणपत्र सहित अपनी योग्यता के बारे में सूचित कीजिए। पत्र अंग्रेज़ी में था। सूर्यकान्त ने इसका उत्तर बँगला में लिखा : "बंगाल में रहते हुए परमहंस श्री रामकृष्ण तथा स्वामी विवेकानन्द का साहित्य पढ़ चुका हूँ, बेलूड़ मठ दरिद्रनारायण की सेवा के लिए जा चुका हूँ, महिषादल में स्वामी प्रेमानन्द को रामायण सुनाकर उनका आशीर्वाद पा चुका हूँ"—ये सब बातें अपनी योग्यता के प्रमाण-स्वरूप सूर्यकान्त ने उन्हें लिख दीं। स्वामी माधवानन्द इन बातों से और सूर्यकान्त की बँगला से प्रभावित अवश्य हुए, पर द्विवेदीजी ने उनसे कह दिया था कि पचास रुपये मासिक से कम में सूर्यकान्त तैयार न होंगे। धर्म का कार्य था; स्वामीजी इतना पैसा देने को तैयार न थे।

इसी समय द्विवेदीजी ने सूर्यकान्त के लिए काशी में भी प्रयत्न किया। शिवप्रसाद गुप्त धनवान, हिन्दी-हितैषी, देशभक्त, ज्ञानमंडल संस्था और दैनिक पत्र 'आज' के संस्थापक थे। द्विवेदीजी ने उनसे बात की, हो सके तो सूर्यकान्त को ज्ञानमंडल में कोई काम दे दें। शिवप्रसाद गुप्त ने द्विवेदीजी को सूचित किया : "आपने जिन सज्जन के विषय में लिखा था, कृपा कर उन्हें आप काशी भेज दीजिए। यदि उनके योग्य कोई कार्य ज्ञानमंडल, इत्यादि में मिल सका तो मैं उन्हें अवश्य रख लूँगा, अन्यथा उन्हें आने-जाने का व्यय देकर जैसा कुछ उचित होगा, उत्तर दे दूँगा।"[1] द्विवेदीजी ने यह पत्र सूर्यकान्त के पास भेज दिया और ताकीद की : "इस चिट्ठी को लेकर आप बनारस चले जाइए। मैंने आपके विषय में सब-कुछ बाबू शिवप्रसादजी को लिख दिया है। कलकत्ते से बनारस अच्छा है।"[2]

अब जाड़ा आ गया था। सूर्यकान्त कभी कलकत्ता जाने की सोचते, कभी बनारस; कहीं मन न जम रहा था। द्विवेदीजी सोच रहे थे, ऐसे आदमी की मदद कैसे करें जो खुद अपने लिए दौड़धूप करने को तैयार नहीं है। उधर उन्हें यह भी सूचना मिली कि स्वामी माधवानन्द ने अपने पत्र के लिए किसी को रख लिया है। उन्होंने सूर्यकान्त को पत्र लिखा : "जान पड़ता है, स्वामीजी ने बहाना कर दिया है। पसन्द किसी और ही को किया होगा। ख़ैर, उनकी इच्छा। इधर बनारस जाने में भी आपने देर कर डाली।"[3]

सूर्यकान्त ने सोचा, क्यों न ऐसा धन्धा करें जिससे देश की सेवा हो, घर का खर्च भी चले? एक पड़ोसी सज्जन कानपुर जा रहे थे। उनसे कहा, एक तकुआ लेते आना, सूत कातेंगे। वह सज्जन तकुआ लाना भूल गए। तब वह गाँव के पड़ोस में कोरियों के पास गए और कहा, बुनाई का काम सिखा दो। कोरियों को विश्वास न हुआ, यह सचमुच काम सीखने आए हैं। उन्होंने कहा : "तुम महाराज होकर यह काम क्या करोगे?"

इस बीच अपने दुखी जीवन के अनुभवों को वेदान्त से मिलाते हुए उन्होंने एक कविता लिखी : 'जब कड़ी मारें पड़ीं दिल हिल उठा'। कविता कानपुर की 'प्रभा' में छप गई।

इस बेकारी में भी अपनी कन्याओं के लिए वर तलाश करनेवाले लोगों से वह घिर जाते। इनसे बचने के लिए ससुराल चले गए। सरोज अब चार साल की हो गई थी, रामकृष्ण सात के थे। भाई-बहन में कभी-कभी लड़ाई होती, रामकृष्ण सरोज के दो-एक चपत लगा देते। वह जाकर नानी से शिकायत करती। सूर्यकान्त उसे लेकर गंगा के किनारे घूमने निकल जाते। बालू पर बैठे हुए वह गंगा की लहरें देखते, भविष्य के बारे में सोचते और मनोहरादेवी के ध्यान में खो जाते। कविताएँ लिखते थे पर बहुत कम छपती थीं। द्विवेदीजी चाहते तो 'सरस्वती' में उनकी कविताएँ छपने लगतीं, पर उनसे कविताएँ छपाने के लिए कहना उन्हें आत्मसम्मान के विरुद्ध लगा। द्विवेदीजी को इस बात का ध्यान न था कि इनके लिए कविताओं का प्रकाशन उतना ही आवश्यक है जितना नौकरी मिलना। वह केवल उपयुक्त काम दिलाने के बारे में सोच रहे थे।

बच्चों को देखकर वह गाँव आ गए। तभी उन्हें महिषादल से तार मिला—फौरन चले आओ। बेकारी में दर-दर भटकने से परेशान होकर सूर्यकान्त ने तै किया कि इस ज़िन्दगी से वह ग़ुलामी ही भली। स्वाभिमान के पीछे जहाँ से चले आए थे, वहाँ जाना रुचिकर न था। फिर भी जानी-पहचानी जगह थी। साहित्यिक पत्रों का सम्पादक कोई बनाता न था और प्रेस की प्रूफरीडरी करनी न थी। 'सरस्वती' में द्विवेदी जी के बाद वहाँ पदुमलाल पुन्नालाल बख्शी और देवीदत्त शुक्ल पहुँच गए थे। सूर्यकान्त भी अच्छे सम्पादक हो सकते हैं, इस पर खुद उन्हें छोड़कर औरों को विश्वास न था।

सूर्यकान्त महिषादल आ गए। फिर वही चिट्ठी-पत्री, तहसील-वसूली, कचहरी-अदालत। मन मारकर काम में लग गए। एक कहावत उन्हें अक्सर याद आती थी—राजा

जोगी अगिन जल, इनकी उल्टी रीति। राजा सामने थे, जोगी कलकत्ते में। रामकृष्ण मिशन वालों ने कौन-सा पत्र निकाला, किसे सम्पादक रखा, वह हिन्दी में बँगला से कैसा अनुवाद करता है, इन सब प्रश्नों के उत्तर जानने की उन्हें इच्छा थी। स्वामी माधवानन्द ने अपने पत्र का नाम रखा 'समन्वय'। सन् '21-22 का जाड़ा बीत रहा था, तभी सूर्यकान्त को 'समन्वय' के दर्शन हुए। स्वामी माधवानन्द उन्हें भूले न थे। पहला अंक प्रकाशित होते ही इनके पास भेजा, साथ ही लेख के लिए भी प्रार्थना की।

सूर्यकान्त ने बड़े परिश्रम से लेख लिखा : 'भारत में श्री रामकृष्णावतार'। अब तक उन्होंने दार्शनिक विषयों पर चिन्तन करते हुए जो रहस्यभेद किए थे, उनका सारतत्त्व इस लेख में सँजो दिया। दार्शनिक विषय पर यह पहला लेख था, संन्यासियों के पत्र में छपने जा रहा था, इसे सूर्यकान्त की मौलिक प्रतिभा का प्रमाण होना ही था। मनुष्य का लक्ष्य है ईश्वर-प्राप्ति। जब तक भोगसुख की लालसा बनी रहती है, तब तक जीव अतीन्द्रिय सत्ता की ओर कदम नहीं उठा सकता। यूरुप आज भोग की ओर उन्मुख है। भोग में फँसे मनुष्य का उद्धार करने के लिए रामकृष्ण परमहंस का अवतार हुआ।

संन्यासी यह सब जानते थे, इस सबका प्रचार आवश्यक था, पर इसमें मौलिकता क्या थी?

सूर्यकान्त ने अपने व्याकरण के सूत्र दर्शन के क्षेत्र में सिद्ध किए। लोग भारत-भारत करते हैं, भारत का अर्थ भी समझते हैं? भारत का अर्थ है, भा अर्थात् प्रकाश में रत। इसलिए भारत अपने शब्दार्थ से ही धर्मप्राण है। ऐसे ही संसार शब्द है। इसका अर्थ है जो संसरणशील हो, बराबर चला करे।

शब्दों की व्याख्या में अपनी मौलिकता दिखाने के बाद सूर्यकान्त ने यह विचित्र दावा किया : "धर्म को मानते हुए हमें अधर्म को भी मान लेना चाहिए।" इस पर संन्यासी और धर्मभीरु जन चौंक सकते थे। सूर्यकान्त ने तर्क किया : "सृष्टि में ऐसी कोई वस्तु नहीं, ऐसा कोई शब्द नहीं, जिसका विरोधी गुण न हो। अमृत का गुणगान कीजिए तो विष को भी अपनी तान छेड़ते हुए देखिए। हरएक व्यक्ति—हरएक शब्द का विरोधी गुण उसकी प्रगति का निर्णय कर रहा है। प्रगति भले और बुरे के संघर्ष से ही होती है। यदि विरोधी गुणों का त्याग और नाश कर दिया जाय तो संसार की प्रगति रुक जायगी।"

इससे यह सिद्ध हुआ कि जब तक संसार है तब तक धर्म के साथ अधर्म, त्याग के साथ भोग, पुण्य के साथ पाप भी रहेगा। सूर्यकान्त अपनी विलक्षण प्रतिभा से व्यावहारिक दर्शन के क्षेत्र में द्वन्द्व-सिद्धान्त लागू कर रहे थे। यह तुलसीदास के महाकाव्य 'रामचरितमानस' में भी द्वन्द्ववाद देखते थे : 'जड़-चेतन गुनदोषमय, बिस्व कीन्ह करतार'। पर यह तर्क प्रस्तुत करने की आवश्यकता क्या थी?

सूर्यकान्त ने यह तर्क स्वयं अपने अन्त:करण के सामने अपनी जीवन-चर्या को उचित ठहराने के लिए दिया था। महिषादल में रामकृष्ण परमहंस के उपासक थे तो चीफ़ मैनेजर की तरह अनेक जन ऐसे भी थे जो संसार में आकर सब सुख भोगने

में विश्वास करते थे। इस सुखभोग में सुरापान का महत्त्वपूर्ण स्थान था। सूर्यकान्त अध इन लोगों के प्रभाव में आ रहे थे। मन कहता, सुरापान अनुचित है। तब वह तर्क करते, जब तक संसार है और संसार में रहना है, तब तक धर्म के साथ अधर्म भी है और इनके द्वन्द्व के बिना प्रगति सम्भव नहीं। फिर इस भोग से वह दूसरों की रोटी न छीन रहे थे। राजा को देखो। यूरुप के पूँजीपतियों को देखो। इनके भोगवाद से अशान्ति फैलती है। "एक-एक मनुष्य के भोग के लिए हर रोज़ हज़ारों मनुष्यों को अपने भोजनांश का अग्रभाव दे देना पड़े, अथवा लाखों आदमियों को भूखे रहकर सिर्फ एक भोगी के भोग का सामान तैयार करना पड़े तो संसार में अशान्ति के फैल जाने में देर नहीं होती।"

सूर्यकान्त ने परमपद-लाभ का विचार अभी छोड़ा नहीं था। संसार में रहते हुए भोग का बन्धन स्वीकार करना पड़ता है। फिर भी भोग द्वारा मनुष्य तृप्त नहीं हो सकता, एक दिन भोग की असारता उसे मालूम हो जाएगी। सूर्यकान्त को ईश्वर-दर्शन की आशा थी, साथ ही राजनीति भी उन्हें अपनी ओर खींच रही थी। एक आदमी के भोग-सुख के लिए लाखों आदमी भूखे मरते हैं, यह भाव उन्हें व्यथित करता था।

रामकृष्ण मिशन के संन्यासियों को सूर्यकान्त का लेख पसन्द आया। उन्हें अपने हिन्दी-भाषी सहायकों से काम लेने में कठिनाई हो रही थी। ये सहायक बँगला के बहुत अच्छे जानकार न थे, इसलिए उनके काम से उन्हें सन्तोष न था। उन्होंने सूर्यकान्त को लिखा कि वह 'समन्वय' में काम करने आ जाएँ। इन्होंने सोचा, पत्र में काम करते हुए लिखने-पढ़ने के लिए अधिक समय मिलेगा। राजा की नौकरी में समय बहुत नष्ट होता है। उन्होंने कलकत्ते जाने का विचार किया।

'समन्वय' का अंक द्विवेदीजी के पास भी पहुँचा। सूर्यकान्त का लेख उन्हें पसन्द आया। उसके पुष्ट गद्य और मौलिक चिन्तन पर उन्होंने बधाई दी। द्विवेदीजी के प्रोत्साहन से सूर्यकान्त को विश्वास हो गया कि उनमें सिद्ध साहित्यकार की प्रतिभा है। नौकरी में समय नष्ट करना और भी व्यर्थ जान पड़ा। दूसरी बार और अन्तिम बार सन् '22 की बरसात में, महिषादल के राजभवन, बटम पाम की कतारें, हरी दूब के पार्क, कमलों से भरे हुए तालाब, यात्रा के रथ, नाट्यशाला और अनेक हिन्दी-बंगाली मित्रों को छोड़कर सूर्यकान्त कलकत्ता आ गए।

उद्बोधन कार्यालय, बाग़ बाज़ार में उन्होंने डेरा डाला। महीने में कितनी तनख्वाह मिलेगी, यह कुछ तै न हुआ था। स्वामी माधवानन्द तथा अन्य संन्यासियों के साथ वह रहने लगे, उन्हीं के साथ भोजन करते, उन्हीं की तरह सादा जीवन बिताते। गेरुए वस्त्र न पहनते थे, पर आचार-विचार बहुत-कुछ संन्यासियों जैसा था। 'समन्वय' का काम उन्हें पसन्द आया। वह बँगला लेखों का अनुवाद करते, टिप्पणियाँ लिखते, जब-तब 'समन्वय' में अपनी कविताएँ भी प्रकाशित करते।

सूर्यकान्त के आने से पहले ही 'समन्वय' धर्म और दर्शन के साथ साहित्य की भी सेवा करने लगा था। उसमें मुकुटधर पांडेय, रामचरित उपाध्याय आदि कवियों

की रचनाएँ छपती थीं। लाहौर में हिन्दी साहित्य सम्मेलन का बारहवाँ अधिवेशन हुआ। उसके सभापति जगन्नाथप्रसाद चतुर्वेदी का अभिभाषण 'समन्वय' में उद्धृत हुआ। सूर्यकान्त के आ जाने पर उसका साहित्यिक रूप और परिष्कृत हुआ। सबसे पहले इन्होंने आचार्य द्विवेदी से लेख भेजने की प्रार्थना की। जिन कवियों की भाषा से वह प्रभावित थे, उनमें हरदुआगंज, अलीगढ़ के निवासी नाथूराम शंकर शर्मा का प्रमुख स्थान था। उनसे भी उन्होंने सम्पर्क स्थापित किया। इनके अलावा 'समन्वय' में आगे-पीछे अयोध्यासिंह उपाध्याय, लाला भगवानदीन, लक्ष्मणनारायण गर्दे, बदरीनाथ भट्ट, कामताप्रसाद गुरु, देवीदत्त शुक्ल आदि की रचनाएँ भी प्रकाशित हुईं। पत्र का सम्पादन सूर्यकान्त ही करते थे, पर सम्पादक की जगह उनका नाम न छपता था। नाम छपता था स्वामी माधवानन्द का। 'समन्वय' में एक धारावाहिक स्तम्भ शुरू हुआ : 'श्री रामकृष्णवचनामृत'। बँगला में रामकृष्ण परमहंस की जीवनचर्या से सम्बन्धित इस प्रसिद्ध पुस्तक के चार खंड प्रकाशित हो चुके थे। सूर्यकान्त ने इनका अनुवाद करना शुरू किया और वह धारावाहिक रूप से 'समन्वय' में छपने लगा। इसके अलावा 'एक दार्शनिक' के नाम से उन्होंने कई लेख लिखे।

धर्म और दर्शन के अलावा वह भाषा और साहित्य की समस्याओं के बारे में भी सोचा करते थे। बँगला और हिन्दी कविता की प्रवृत्ति काफी भिन्न है। बँगला में गुणात्मक छन्द नहीं होते, मात्रिक छन्द होते हैं, पर हिन्दी से अन्तर होता है। बँगला में क्रियापदों पर उतना ज़ोर नहीं दिया जाता। सन् '20 में जब उन्होंने बँगला-उच्चारण पर लेख लिखा था, तब बँगला में मात्रिक छन्द भी होते हैं, यह न माना था। अब स्थिति बदल गई थी। अपने विचार 'विविध विषय' स्तम्भ में 'हिन्दी और बँगला की कविता' शीर्षक से उन्होंने लिखे। लेखक के नाम के बिना ही यह लेख छपा। हिन्दी राष्ट्रभाषा है, उसका रूप कैसा हो, इस विषय पर भी वह विचार किया करते थे। 'हिन्दी भाषा कैसी होनी चाहिए!' इस लेख में उन्होंने मत प्रकट किया कि "राष्ट्रभाषा की दृष्टि से हिन्दी को सरल और तेजस्वी होना चाहिए।" इसके साथ भी लेखक का नाम नहीं छपा। 'भाषा की गति और हिन्दी की शैली' लेख उनके नाम के साथ छपा। इसमें उन्होंने तत्समप्रधान शैली का विरोध करते हुए लिखा : "ऐसी संस्कृत-प्रचुर हिन्दी न किसी के मुँह से निकलती है और न वह किसी की मादरी ज़बान है।"

अवकाश के समय वह रामचरितमानस देखते थे। रामकृष्ण मिशन के संन्यासियों के संसर्ग से वह जो अद्वैतज्ञान कमा रहे थे, उसकी कसौटी पर तुलसी की विचारधारा को परखते थे। वह रवीन्द्रनाथ की कविताएँ भी पढ़ रहे थे और यह तर्क लड़ा रहे थे कि ज़मींदार रवीन्द्रनाथ और गृहत्यागी तुलसीदास में सच्चा ज्ञानी कौन हो सकता है। संन्यासियों के बीच रहते हुए गृहत्यागी कवि का पक्ष लेना उनके लिए स्वाभाविक था। उन्होंने 'समन्वय' के लिए लेख लिखा : 'तुलसीकृत रामायण में अद्वैत-तत्त्व'। इसमें तुलसी का सार्वभौम महत्त्व घोषित करते हुए उन्होंने लिखा : "हिन्दी का सौभाग्य है कि उसके काव्यकुंज की तुलसी मंजरी का जैसा सुगन्ध संसार की साहित्य-वाटिका

में शायद कहीं नहीं।" तुलसी का यह महत्त्व वह बंगालियों ही को नहीं, हिन्दीवालों को भी समझा रहे थे। उनका विचार था, तुलसी की आदर्श आलोचना हिन्दी में अभी लिखी ही नहीं गई। आदर्श आलोचना लिखने के लिए कैसी योग्यता होनी चाहिए, इस बारे में उन्होंने उसी लेख में यह मत व्यक्त किया : "रामायण के अर्थ-गाम्भीर्य, भाव-माधुर्य, श्रुति-लालित्य और शब्द-योजना आदि काव्य-गुणों का ज्ञान, रामायण की श्रेष्ठता के अनुरूप, उसी को होगा जो स्वयं अच्छा कवि हो, अच्छा समालोचक हो, ईश्वरानुगामी हो और भव-बन्धनों से अलग हो।" अर्थात् सूर्यकान्त त्रिपाठी ही तुलसीदास जैसे ज्ञानी कवि के आदर्श आलोचक हो सकते हैं।

'रामकृष्णवचनामृत' का अनुवाद करने के समय वह परमहंस के ध्यान में डूबे रहते थे। रामकृष्ण परमहंस का व्यक्तित्व प्रभावशाली बनकर जितना ही आँखों के सामने दीप्त हो उठता, उतना ही रवीन्द्रनाथ का व्यक्तित्व उन्हें छोटा लगता। रवीन्द्रनाथ ब्राह्मसमाजी थे। ब्रह्मसमाज और रामकृष्ण परमहंस की लागडाट पुरानी थी। ब्राह्मसमाज में धनी वर्ग के लोग ज़्यादा थे, रामकृष्ण के अनुयायियों में निम्न मध्यम-वर्ग के लोग अधिक थे। दोनों का ही लक्ष्य सामाजिक और धार्मिक सुधार था। पर ब्राह्मसमाज वाले ज़मींदारी की रक्षा करते हुए निराकार उपासना में विश्वास करते थे, रामकृष्ण परमहंस और उनके शिष्य सब-कुछ छोड़कर दरिद्रनारायण की सेवा करने निकले थे। ब्रह्मसमाजी मूर्तिपूजा आदि को ढोंग समझते थे, रामकृष्ण हर उपासनापद्धति को ईश्वर-प्राप्ति के लिए उचित मानते थे। ब्राह्मसमाज में ज्ञान पर अधिक जोर था, रामकृष्ण मत में भक्ति पर। सूर्यकान्त को रामकृष्ण के संस्कार तुलसीदास के संस्कारों से मिलते-जुलते लगे। इसलिए भी रामकृष्ण परमहंस को अवतारी पुरुष स्वीकार करने में उन्हें अड़चन न हुई।

यह 'रामकृष्णवचनामृत' तथा अन्य सम्बद्ध पुस्तकों-लेखों में रामकृष्ण परमहंस और केशवचन्द्र सेन के बारे में पढ़ते, दोनों के व्यक्तित्व की तुलना करते। केशवचन्द्र सेन का चेहरा सुन्दर, आँखें तेजपूर्ण, ऐसा भव्य व्यक्तित्व कि दस हज़ार आदमियों में भी सबका ध्यान अपनी ओर खींच लें। और क्या भाषण-कला! विलायत तक में उनके धारा-प्रवाह भाषणों की प्रसिद्धि थी। क्या अंग्रेज़ी, क्या बँगला—भाषा पर ऐसा आधिपत्य कि लोग घंटों तक मंत्रमुग्ध सुना करते। उधर रामकृष्ण, देखने में वज्र देहाती। काला रंग, दुर्बल शरीर, मँझोला कद, दाढ़ी उलझी हुई, आँखें आधी बन्द, भीड़ में हों तो लोग धकियाते निकल जाएँ, कोई उनकी ओर ध्यान भी न दे। बोलते थे तो हल्की तुतलाहट का आभास होता था, भाषा ऐसी जैसी देहात के लोग बोलते हैं। "सेव्यसेवक भाव ही अच्छा है। 'मैं' जब कि हटने का ही नहीं तो बना रहने दो साले को 'दास मैं'।"..."निर्गुण और सगुण, दोनों गिरगिट की तरह हैं, अनेक रंग और बेरंग।" पर जब वह बोलने लगते थे तब केशवचन्द्र सेन जैसे वक्ता भी मौन होकर सुनते रह जाते। केशवचन्द्र सेन ईश्वर के ऐश्वर्य का वर्णन बहुत करते थे। इस पर रामकृष्ण परमहंस ने कितना सून्दर व्यंग्य किया था : "जो स्वयं ऐश्वर्य चाहते हैं,

वे ईश्वर के ऐश्वर्य का वर्णन करना अच्छा समझते हैं।" रवीन्द्रनाथ के पास ऐश्वर्य है, रामकृष्ण और तुलसी के पास है केवल त्याग।

मिशन के संन्यासी उन्हीं रामकृष्ण परमहंस की देन हैं। विश्वजयी स्वामी विवेकानन्द अब नहीं हैं पर उनके सहयोगी विद्यमान हैं। उन्हीं में संन्यासीश्रेष्ठ सारदानन्द महाराज हैं। विशाल आकार, तेज से भरी आँखें, लोग उन्हें महावीर का अवतार कहते हैं। उन्हें देखकर सूर्यकान्त को डर लगता था, उनकी अस्त्रों की ओर देखने का साहस न होता था। उनके निकट बैठने, उनकी बातें सुनने में अपार सुख मिलता था। उनके स्पर्श से सारे दैहिक-मानसिक क्लेश दूर हो जाते थे। एक दिन सूर्यकान्त के सिर में भयानक पीड़ा थी। स्वामी सारदानन्द के कमरे में जाकर उनकी कुर्सी के सामने झुककर प्रणाम किया। कहा कुछ नहीं पर उन्होंने समझ लिया। सूर्यकान्त का माथा थाम लिया, अँगूठे और अँगुली से दबाकर खींचा। इन्हें लगा कि दर्द चला गया और शरीर हल्का हो गया।

संन्यासियों के साथ रहते-रहते सूर्यकान्त को आभास होता कि वह भी बहुत जल्दी सिद्ध पुरुष होने जा रहे हैं। स्वप्न में महावीर पहले ही दिखाई देते थे, अब अन्य देवता भी आने लगे। एक दिन इन्होंने स्वामी सारदानन्द से कहा : "सो जाने पर मेरे साथ देवता बातचीत करते हैं।" उन्होंने हँसकर जवाब दिया : "बाबूराम महाराज से भी करते थे।" बाबूराम महाराज अर्थात् स्वामी प्रेमानन्द। इससे साबित हुआ कि सूर्यकान्त भी उसी राह पर चल रहे हैं। देवताओं के अलावा स्वप्न में उन्हें संन्यासी भी दिखाई देते थे। एक दिन दोपहर को अपने किसी बंगाली मित्र के बिस्तर पर सो रहे थे कि देखा, स्वामी सारदानन्द कमलासन बैठे हुए, उर्ध्वबाहु, मुद्रित नेत्र, महाध्यान में मग्न हैं। मुख पर महानन्द की दिव्य ज्योति है। स्वप्न में ही एक संन्यासी उन्हें रसगुल्ला खिलाने आया। उसी ध्यानावस्थित अवस्था में स्वामीजी ने सूर्यकान्त की ओर इशारा किया। ये गए और रसगुल्ला खिलाकर कटोरा संन्यासी को दे आए।

स्वामी सारदानन्द ने संन्यासी से रसगुल्ला न लेकर सूर्यकान्त से लिया, यह सिद्ध करने के लिए कि वह संन्यासी से भी उनके ज़्यादा निकट हैं। एक दिन स्वामी रामकृष्ण परमहंस की पत्नी स्वर्गीया सारदामणिदेवी के कमरे में रामायण-पाठ करने के बाद स्वामी सारदानन्द ने प्रसाद में इन्हें एक के बदले दो रसगुल्ले दिलाये। केवल शंकर महाराज को एक के बदले दो रसगुल्ले मिले थे। वे सारदानन्द के बड़े गुरुभाई, रामकृष्ण मिशन के प्रथम प्रेसिडेंट, स्वामी ब्रह्मानन्द के प्रिय शिष्य थे। पर उन्होंने उन दो में से एक रसगुल्ला सूर्यकान्त को दे दिया था। ये सब घटनाएँ प्रमाणित करती थीं कि सूर्यकान्त सिद्ध पुरुषों के मार्ग पर ही चल रहे हैं।

पूजा-उपासना वह पहले भी कम करते थे, अब वह सब बिलकुल बन्द कर दिया। उन्होंने पढ़ा था कि स्वामी रामकृष्ण भी संध्या-पूजन आदि न करते थे। एक बार स्वामी दयानन्द से भेंट होने पर उन्हें संध्या करते देखकर रामकृष्ण परमहंस ने पूछा था : "संध्यावंदन से क्या होता है?" स्वामी दयानन्द ने उत्तर दिया था : "लोटा

रोज़ मला न जाय तो गंदा हो जायगा।" इस पर उन्होंने कहा था : "यदि सोने का लोटा हो तो?" सूर्यकान्त सोचते, हमारे पास भी सोने का लोटा है। यदि रामकृष्ण परमहंस संध्यावंदन न करते थे, तो सूर्यकान्त त्रिपाठी ही क्यों करें?

उनके मन पर स्वामी सारदानन्द की मूर्ति छाई रहती। जब किताब पढ़ने बैठते तो लगता कि अक्षर ग़ायब हो गए और स्वामी सारदानन्द ने इनकी आँखें मूँद लीं। भीतर उनकी वाणी सुनाई देती, इस चिड़िया को पढ़ो। आँखें खोलने पर चूँ-चूँ करती चिड़िया दिखाई देती। उनके स्वर में उन्हें अनेक अर्थ सुनाई देते। गरुड़काकभुसुंड संवाद याद आता और वह तुलसीदास की चौपाई घोखने लगते :

इहि भक्षणकृत क्षुधा न प्यासा।
वर्ष सहसदल संसय नासा॥

सूर्यकान्त का मन कहीं इस सारे चमत्कारवाद को अस्वीकार भी करता था। देवता स्वप्न में दिखाई देते हैं। यदि देवता सचमुच कहीं हैं तो जाग्रत अवस्था में क्यों नहीं आते? ये संन्यासी ज्ञानी हैं तो मूर्खों की बातें क्यों सुना करते हैं? किताबें पढ़कर दर्शन बघारने वाले लोग इनका कितना समय नष्ट करते हैं। इन विद्वानों को प्रत्यक्ष अनुभूति तो कुछ है नहीं, फिर भी महाज्ञान बकबकाया करते हैं। इनके शब्द कानों को ऐसे लगते हैं, जैसे भाड़ में लावा चटकते हों! ये लोग स्वामी प्रेमानन्द जैसे संन्यासी से बार-बार पूछते हैं, यह किताब पढ़ी है, वह किताब पढ़ी है। स्वामी प्रेमानन्द ने ठीक जवाब दिया—मैंने महापुरुष-चरित पढ़ा है। महापुरुष-चरित सूर्यकान्त ने भी पढ़ा है। स्वामी सारदानन्द महापुरुष हैं, इसमें सन्देह ही क्या! पर वे जो ज्ञान की बातें करते हैं, उन्हें तुलसीदास तो बहुत पहले ही रामायण में लिख गए थे।

एक दिन सूर्यकान्त ने स्वामी सारदानन्द से कहा, सभी महापुरुषों की बातों में समानता दिखाई देती है। ज्ञान की सारी बातें रामायण में हैं। मैं उसकी टीका लिखूँगा और महापुरुषों की उक्तियों की समता दिखाऊँगा।

स्वामी सारदानन्द ने कहा, अभी नहीं; अभी कुछ दिन ठहर जाओ। अभी और समझोगे।

सूर्यकान्त की समझ में न आता था, अभी और क्या समझना बाकी है दूसरों की बात चुपचाप सुनकर मान लेना उनकी प्रकृति में न था। उन्होंने स्वामी सारदानन्द से प्रश्न किया : "यह संसार मुझमें है या मैं इस संसार में हूँ?" सारदानन्द ने सीधा उत्तर न देकर कहा : "इस तरह नहीं।" इस पर सूर्यकान्त ने हुज्जत करते हुए कहा : "तो यह प्रश्न हल भी नहीं हो सकता।" इस पर स्वामी सारदानन्द ने कुछ नाराज़ होकर उत्तर दिया : "पागल क्या नहीं कहते!" इस तरह कभी-कभी तनाव की हालत पैदा हो जाती थी।

एक दिन वह स्वामीजी जो स्वप्न में सारदानन्द को रसगुल्ला खिलाने आए थे, सूर्यकान्त से बोले : "तुम मंत्र नहीं लोगे?"

सूर्यकान्त सीढ़ियों पर दौड़कर चढ़ते हुए स्वामी सारदानन्द के कमरे में पहुँच गए। उन्होंने पूछा : "क्या है?" इन्होंने जवाब दिया : "मंत्र लेने आया हूँ।" स्वर में यह भाव कि मंत्रों से कुछ होता-जाता नहीं है, फिर भी देखें, आप कौन-सा मंत्र देते हैं। स्वामी सारदानन्द ने कहा : "अच्छा, फिर कभी आना।" कुछ दिन बीतने पर सारदामणिदेवी के कमरे में रामायण-पाठ करने के बाद जब सूर्यकान्त प्रसाद लिये हुए स्वामी सारदानन्द के ज़ीने की तरफ़ जा रहे थे, तभी उधर से स्वामीजी आ निकले। सूर्यकान्त रामायण के भाव में डूबे हुए थे। स्वामीजी हटकर एक तरफ़ खड़े हो गए। इसे अपना असाधारण सम्मान समझकर सूर्यकान्त भी उन्हें रास्ता देने के लिए एक तरफ़ खड़े हो गए। स्वामीजी ने पूछा : "यह प्रसाद किसके लिए लिये जा रहे हो?" इन्होंने कहा : "अपने लिए।" स्वामीजी ने कहा : "अच्छा, खाकर आओ।" प्रसाद खाने के बाद वह स्वामीजी के पास पहुँचे। वह अब भी अपने कमरे के सामने खड़े हुए थे। उन्होंने पूछा : "उस रोज़ तुम क्या कहने वाले थे?" सूर्यकान्त ने कहा : "मुझे तंत्र-मंत्र पर विश्वास नहीं।" उन्होंने पूछा : "तुम गुरुमुख हो?" उन्होंने उत्तर दिया : "हाँ, पर तब मैं नौ साल का था।" स्वामीजी ने कहा : "हम लोग तो श्री रामकृष्ण को ही ईश मानते हैं।" सूर्यकान्त ने कहा : "ऐसा तो मैं भी मानता हूँ।" इसके बाद स्वामी सारदानन्द निकट आए। सूर्यकान्त को लगा कि ठंढी छाँह में डूबते जा रहे हैं। स्वामीजी ने उँगली से गले में कुछ लिख दिया। सूर्यकान्त ने गले में अपना मन केन्द्रित करके मंत्र पढ़ने का बड़ा प्रयत्न किया पर सफल न हुए। लड़कपन में वशीकरण-मारण-उच्चाटन के बारे में इन्द्रजाल वाली पोथी में पढ़ा था। अब लगा कि ये संन्यासी उन पर वशीकरण मंत्र सिद्ध कर रहे हैं। उन्हें आभास होता कि संन्यासी उन्हें अपनी ओर खींच रहे हैं। एक दिन रामकृष्ण मिशन के ही एक साधु की भी वैसी ही दशा हुई। उन्होंने सूर्यकान्त से कहा : "पंडितजी, क्या आप वशीकरण जानते हैं?" इन्होंने जवाब दिया : "मैं मारण, मोहन, वशीकरण, उच्चाटन सब में सिद्ध हूँ।" यह साधु दर्शनशास्त्र में एम.ए. थे। जब ऐसे शिक्षित साधु तक सूर्यकान्त की ओर खिंचने लगे, तब इनके सिद्ध होने में सन्देह ही क्या रह गया? ज्ञान में वह किसी से कम नहीं हैं, यह स्पर्द्धा-भाव बढ़ने लगा।

'समन्वय' कार्यालय बाग़ बाज़ार से उठकर 23, शंकरघोष लेन में आ गया। इस इमारत में एक प्रेस था, नाम था बालकृष्ण प्रेस और उसके मालिक थे महादेवप्रसाद सेठ। 'समन्वय' इसी प्रेस में छपता था। उसी बिल्डिंग में किराये के कमरे लेकर ऊपर की मंज़िल में 'समन्वय' के कार्यकर्ता भी रहते थे। मिर्ज़ापुर निवासी महादेवप्रसाद सेठ भारतेन्दु-युग के प्रसिद्ध लेखक बालकृष्ण भट्ट के कृपापात्र थे। उनकी साहित्य-सेवा, त्यागमय जीवन और उग्र राजनीति से बहुत प्रभावित थे। उन्हीं की स्मृति में उन्होंने अपने प्रेस का नाम 'बालकृष्ण प्रेस' रखा था। वह स्वयं भी लेखक थे। 'इंदु', 'अभ्युदय', 'सरस्वती' आदि पत्रिकाओं में उनके लेख प्रकाशित हो चुके थे। महावीरप्रसाद द्विवेदी से प्रोत्साहन पाने वालों में एक लेखक वह भी थे। इतिहास

से उन्हें विशेष प्रेम था। इतिहास की पुस्तकें खरीदने और पढ़ने में काफी धन और समय खर्च करते थे। हिन्दी के अतिरिक्त अंग्रेज़ी, उर्दू और बँगला का भी अच्छा ज्ञान था। घर पर पत्थर का कारोबार होता था। कुछ पूँजी लेकर इन्होंने कलकत्ते में प्रेस खोला था। असहयोग आन्दोलन में वह सक्रिय भाग ले चुके थे और जेल भी हो आए थे। बड़े सहृदय थे। गरीबों और भिखारियों की भरसक सहायता करते थे।

एक ही बिल्डिंग में रहने पर महादेवप्रसाद सेठ से सूर्यकान्त का परिचय हुआ। धर्म और दर्शन के अलावा अब साहित्य और राजनीति की चर्चा विशेष होने लगी। रवीन्द्रनाथ ठाकुर को गांधीजी की चरखेवाली नीति नापसन्द थी। सूर्यकान्त और महादेवप्रसाद सेठ दोनों स्वदेशी आन्दोलन और चरखा-नीति के प्रबल समर्थक थे। दोनों का झुकाव उग्र राजनीति की ओर था। अंग्रेज़ों को निकालना ही काफी नहीं है, भारतीय समाज का ढाँचा बदलना भी ज़रूरी है। द्विज-शूद्र, स्त्री-पुरुष में ऊँच-नीच का भेद-भाव मिटाना आवश्यक है। रूस में बोलशेविक क्या कर रहे हैं, इसके बारे में बँगला-हिन्दी पत्रों में आये-दिन लेख प्रकाशित होते थे। महादेवप्रसाद सेठ के पास बहुत-से हिन्दी पत्र आते थे जिनमें 'प्रताप' भी था। उस समय के हिन्दी पत्रों में वह सबसे ज़्यादा क्रान्तिकारी था। सूर्यकान्त के मन में वही प्रश्न बार-बार फिर उभरने लगा जिसे उन्होंने महिषादल में अपने इष्ट देव महावीर से किया था : "ये गरीब मरे जा रहे हैं—इनके लिए क्या होगा?" संन्यासी त्यागी अवश्य हैं पर क्या संन्यास लेने से देश की गुलामी खत्म हो जाएगी? उनके मन में अद्वैत मत को लेकर जो शंकाएँ उठती थीं, वे और तीव्र हो गईं। अद्वैतवादी साधुओं के लिए तो सब संसार माया है, दरिद्र भी माया, उनका दुख भी माया। ब्रह्म के आगे हर तरह का माया-मोह व्यर्थ है। अभी तक सूर्यकान्त ने अपने सामने जो परमपद-लाभ का लक्ष्य रखा था, उससे मन डिगने लगा।

उन्होंने एक कविता लिखी : 'अधिवास'। इसमें उन्होंने अपने मन की शंकाएँ प्रकट कीं। ब्रह्म में कोई गति नहीं होती, गति संसार में है। दुखी जनों को देखकर हृदय में करुणा उमड़ आती है। करुणा से दुखियों को सहारा देना मानवधर्म है। भले ही कोई इसे माया कहे पर निश्चल ब्रह्म में लीन होने से करुणा की इस माया में फँसे रहना अच्छा है।

छूटता है यद्यपि अधिवास,
किन्तु फिर भी न मुझे कुछ त्रास।

सूर्यकान्त का अधिवास छूट रहा था, परमपद-लाभ का वह लक्ष्य छूट रहा था, जिसकी प्राप्ति के लिए अभी तक वह अपनी इच्छाओं का दमन करते आए थे। अधिवास के छूटने का अर्थ यह भी था कि संन्यासियों से सम्बन्ध शिथिल हो रहे थे।

सूर्यकान्त ने कविता 'सरस्वती' में छपने भेजी। सम्पादक पदुमलाल पुन्नालाल बख्शी ने लिखा कि कविता के भाव समझ में नहीं आते और लेखक के पास सधन्यवाद उसे वापस भेज दिया।

सूर्यकान्त की जान-पहचान अब हिन्दी-लेखक शिवपूजन सहाय से हुई। यह शाहाबाद, बिहार के एक गाँव के रहनेवाले थे। 'मारवाड़ी सुधार' नामक मारवाड़ियों के एक पत्र का सम्पादन करते थे। अपना पत्र बालकृष्ण प्रेस में ही छपवाते थे। सूर्यकान्त को शिवपूजन सहाय बहुत अच्छे लगे। उम्र में बड़े थे, पत्र के सम्पादक थे जिसमें बाकायदा उनका नाम छपता था, दो-चार पुस्तकें भी लिख चुके थे, फिर भी सूर्यकान्त का बड़प्पन जितनी आसानी से यह स्वीकार कर लेते थे, उतनी आसानी से और कोई स्वीकार न करता था। ब्रजभाषा के पचीसों अनूठे छन्द इन्हें याद थे। राजनीति से भी गहरी दिलचस्पी थी। असहयोग आन्दोलन में यह भी सरकारी स्कूल की नौकरी छोड़ चुके थे। सूर्यकान्त ने 'समन्वय' में इनके लेख छापे। शिवपूजन सहाय को मालूम हुआ कि 'अधिवास' कविता 'सरस्वती' से वापस आ गई है; उन्होंने उसे 'माधुरी' में छपने के लिए उसके सम्पादक रूपनारायण पांडेय के पास भेज दिया।

कलकत्ते में इन दिनों नाटक कम्पनियों की धूम थी। कोरिंथियन, अल्फ्रेड, मदन थियेटर आदि पारसी नाटक कम्पनियों में नारायणप्रसाद बेताब, हरिकृष्ण जौहर, तुलसीदत्त शैदा आदि के नाटकों की धूम थी। नाटकों की भाषा उर्दू होती थी; गाने, शेर और चटपटे संवाद मुख्य आकर्षण थे। अभिनय में स्वाभाविकता कम, वेश्याओं के नाज़-नखरे ज़्यादा होते थे। महादेवप्रसाद सेठ, शिवपूजन सहाय आदि मित्रों के साथ सूर्यकान्त नाटक देखने जाते। वह संवाद से लेकर अभिनय तक हर चीज़ की आलोचना करते, फिर भी अभिनेत्रियों का रूप और उनका गाना उन्हें अच्छा लगता। वह बँगला नाटक भी देखने जाते। बँगला रंगमंच का स्तर पारसी थियेटर से बहुत ऊँचा था। शिवपूजन सहाय और सूर्यकान्त सहमत होते कि बँगला अभिनेत्रियों की कला अधिक स्वाभाविक है। हिन्दी साहित्यकारों को पारसी स्टेज के कुरुचि-प्रदर्शन से क्षोभ होता, जातीय प्रतिद्वन्द्विता का भाव ज़ोर मारता। बँगला के मुकाबले हिन्दी की नाट्यशाला होनी चाहिए। प्रसिद्ध राष्ट्रीय कवि माधव शुक्ल ने हिन्दी नाट्य परिषद् की स्थापना की; वह कवि, नाटककार, प्रभावशाली वक्ता और कुशल अभिनेता थे। साहित्य-प्रेमी रामलाल बर्मन ने हिन्दी नाट्य समिति बनाई। ईश्वरीप्रसाद शर्मा, माधव शुक्ल आदि लेखक इन संस्थाओं के लिए नाटक लिखते। सूर्यकान्त की बड़ी इच्छा थी, वह भी नाटक लिखें, सम्भव हो तो अभिनय भी करें। गिरीशचन्द्र घोष बँगला रंगमंच के कितने सफल अभिनेता थे, साथ ही कितने बड़े नाटककार। रामकृष्ण परमहंस के भक्त भी थे। लोग श्रद्धा से उन्हें बंगाल का शेक्सपियर कहते थे। विशेष रूप से सूर्यकान्त को उनका मुक्तछन्द बहुत अच्छा लगता। वे उनकी पंक्तियाँ अक्सर गुनगुनाया करते :

विज्ञान, विज्ञान
नाहीं आर ज्ञान,
भावे नर संसारेर स्वामी।

सूर्यकान्त ने एक नाटिका लिखना शुरू किया :

आती है याद आज
उस दिन की प्रियतम!
जिस दिन हमारी पुष्प-
वाटिका में पुष्पराज!
बाल रवि किरणों से
हँसते नव नीलोत्पल!

निराला ने वर्णिक मुक्तछन्द में 'पंचवटी प्रसंग' कविता लिखी। पंचवटी में सीता, राम, लक्ष्मण और शूर्पणखा का संवाद! ज्ञान और भक्ति की चर्चा, लक्ष्मण के त्याग और सेवा-भाव की प्रशंसा। कुछ अंश लिख लेने के बाद उन्होंने उसे महावीरप्रसाद द्विवेदी के पास सम्मति के लिए भेजा। द्विवेदीजी छन्द देखकर चकराये, फिर भी रचना में भक्तिभाव व्यंजित किया गया था। उन्होंने प्रोत्साहन देते हुए, साथ ही किंचित् सतर्कता से, उत्तर दिया : "हिन्दीवालों में 90 फीसदी इस छन्द को अच्छी तरह पढ़ भी न सकेंगे। पर चीज़ नई है। अगर इसका आदर हो तो आगे भी इसी छन्द में कुछ लिखिएगा। मुझे तो रचना ललित और भावपूर्ण जान पड़ती है। अवशिष्टांश मुझे भेजने की ज़रूरत नहीं। ठीक है। पूरी कर डालिए।"

द्विवेदीजी को रचना बहुत आकर्षक लगती तो शेष भाग भेजने के लिए ज़रूर कहते, पर उन्होंने बाकी कविता भेजने के लिए साफ़ मना कर दिया। 'अगर इसका आदर हो', आदि शब्दावली से उन्होंने अपने बचाव का रास्ता भी निकाल लिया।

सूर्यकान्त ने कविता पूरी कर डाली। ज़्यादातर कविता में धर्म और नीति के उपदेश, अलंकारहीन सीधे-सादे गद्यात्मक वाक्य ही थे। पर कविता के तीसरे भाग में शूर्पणखा के आते ही छन्द, भाव, भाषा, सब जैसे एक साथ बदल गए :

देव दानवों ने मिल
मथकर समन्दर से निकाले थे चौदह रत्न,
सुनती हूँ—
रंभा और रमा ये दोनों नारियाँ भी निकली थीं;
कहते लोग, सुन्दरी हैं;
किन्तु मुझे जान पड़ता—
सृष्टि-भर की सुन्दर प्रकृति का सौन्दर्य-भाग खींचकर विधाता ने भरा है इस अंग में—
प्यार से—
अन्यथा उस बूढ़े विधि शिल्पी की कँपती हुई अँगुलियाँ बिगाड़ देतीं चित्र यह—
धूल में मिल जाती चतुराई चित्रकार की।

ऐसा प्रवाह अब तक की उनकी किसी रचना में न आया था। गिरीशचन्द्र घोष की नाटकीयता और पद्माकर के कबित्तों का प्रवाह सूर्यकान्त के मुक्तछन्द में घुल-मिल गया। शूर्पणखा की भौंहों का वर्णन करते हुए उन्हें इन्द्रजाल की पोथी याद आई :

छूटते हैं जिनसे आदिरस के सम्मोहन-शर
वशीकरण-मारण-उच्चाटन भी कभी-कभी।

कलकत्ते की अभिनेत्रियों-नायिकाओं की भौंहों से कैसे सम्मोहन-शर छूटते हैं, इसका प्रत्यक्ष अनुभव उन्हें हो गया था। 'पंचवटी प्रसंग' के लक्ष्मण वह स्वयं हैं, त्याग और सेवा अब भी उनका आदर्श है। यदि वह भी शूर्पणखा के नाक-कान काट लेते तो रामकृष्ण मिशन के संन्यासियों के पदचिन्हों पर चल सकते। पर नारी-सौन्दर्य में उनका मन रमता था। संन्यासियों के आदर्श में उनकी आस्था डिग चुकी थी।

इस समय रवीन्द्रनाथ की कविताएँ उन्हें नये सिरे से आकर्षित करने लगीं। सुन्दरी उर्वशी—नग्न-कान्ति, सुरेन्द्रवन्दिता—कितनी भव्य है! विजयिनी, सरोवर में स्नान करती हुई, स्तनों से हंसों को दुलराती हुई, स्नान के बाद सीढ़ियों पर चरण-चिन्ह आँकती हुई, सूर्य का प्रकाश उसके स्तनों पर पड़ता हुआ, लावण्यपाश में बँधा यौवन! 'रात्रे और प्रभाते' में दो प्रेमियों का मिलन, मधुयामिनी की ज्योत्स्ना, फेनिलोच्छल यौवन-सुरा, पान चुम्बनभरा सरस बिम्बाधरे। प्रातः सुप्तोत्थिता का सौन्दर्य-वर्णन, आहा जागि पोहालो विभावरी, क्लान्त नयन तव सुन्दरी। चौरपंचाशिका की सुप्तोत्थिता मदनविह्वलितालसांगी विद्या भी याद आई। और सूर्यकान्त ने निषेध भावनाएँ दूर करके एक कविता लिख डाली :

विजन में वन-वल्लरी पर, सोती थी—
सुहाग-भरी, स्नेह-स्वप्न-मगन, अमल-कोमल-तनु—
तरुणी जूही की कली,—
दृग बन्द किये,—शिथिल,—पत्रांक बीच।

और आगे लिखा :

सुन्दर सुकुमार देह सारी झकझोर डाली—
मसल दिये गोरे कपोल गोल।

नाम रखा 'जूही की कली'। यह कविता उन्होंने शिवपूजन सहाय और महादेवप्रसाद सेठ को सुनाई। इन मित्रों को उसमें ऐसा लालित्य दिखाई दिया, जैसा उस समय की खड़ी बोली हिन्दी कविता में दिखाई न देता था। वे सूर्यकान्त की प्रतिभा के कायल हो गए। शिवपूजन सहाय ने 'जूही की कली' अपने 'आदर्श' नामक पत्र में प्रकाशित की। 'आदर्श' अपने नाम के अनुरूप धर्म और नीति के उपदेश देने वाला पत्र था। सन् '22 के जाड़े में यह पत्र निकला था, सन् '23 का वसन्तोत्सव

देखने के बाद बन्द हो गया। कविता पत्र के उपयुक्त न थी, पर न छपने से 'आदर्श' में ही छपना अच्छा था। अप्रैल, सन् '23 की 'माधुरी' में शिवपूजन सहाय की भेजी हुई 'अधिवास' कविता भी छप गई।

सूर्यकान्त ने पहले जो कविताएँ लिखी थीं, उनकी शब्द-योजना में सादगी थी, एक कसाव था, बोलचाल के धरातल का स्पर्श था :

जब कड़ी मारें पड़ीं, दिल हिल उठा;
पर न कर चूँ भी कभी पाया यहाँ।

विषय था जीवन का विषाद और वेदान्त। अब वह उस दुख को भुला देना चाहते थे। निषेध की सीमाएँ तोड़कर वे जीवन का सुख भोगने की ओर अग्रसर हुए। सुख की नई अनुभूति के साथ कविता में उल्लास का स्वर सुनाई देने लगा। वह अब शब्दों के सौन्दर्य और ध्वनि पर मुग्ध थे। जिस संस्कृत-प्रचुर शब्दावली को दूर रखते आए थे, अब पूरे वेग से उसकी ओर खिंचे। अनुप्रास, ध्वनियों के आवर्त उन्हें मोहने लगे। 'निराला' ने एक कविता लिखी : 'तुम और मैं'। इसमें भाषा का जो नया मृदंग हाथ लगा था, उसे खूब ज़ोर से उन्होंने बजाया। आधुनिक हिन्दी कविता में ऐसी गम्भीर ध्वनि वाली मधुर पदयोजना इससे पहले न हुई थी :

तुम तुंग हिमालय-शृंग
और मैं चंचल-गति सुर-सरिता।
तुम विमल हृदय उच्छ्वास
और मैं कान्त-कामिनी कविता।
तुम प्रेम और मैं शान्ति
तुम सुरापान-घन-अन्धकार,
मैं हूँ मतवाली भ्रान्ति।

ब्रह्म और जीव का रूपक, शेली की 'स्काइलार्क' और नज़रुल की 'विद्रोही' रचनाओं की तरह यहाँ भी उपमानों की भरमार। सारी कविता में वक्तृत्व-कला का ऐसा प्रवाह कि सुनने वाले शब्दों की ध्वनि पर ही मुग्ध हो जाएँ, वेदान्त-ज्ञान खोजने का कष्ट न उठाएँ।

पर ब्रह्म-माया की चर्चा में सूर्यकान्त शायद पहले कवि थे, जिन्होंने ब्रह्म को सुरापान-घन-अन्धकार कहा था, माया को मतवाली भ्रान्ति। वह अपनी विचित्र द्वन्द्वात्मक तर्क-पद्धति से जीवन के नये अनुभवों का वेदान्त-ज्ञान से मेल करा रहे थे। ब्रह्म-सुरा-पान-घन-अन्धकार ही नहीं था, वह मदन पंचशर हस्त भी था और माया मुग्धा नायिका। शृंगार और उल्लास के अनेक भाव उपमानों द्वारा उन्होंने कविता में गूँथ दिये थे।

इस नये साहित्यिक विकास की दिशा में सूर्यकान्त जितना ही आगे बढ़े, उतना ही संन्यासियों से दूर होते गए। उनके व्यवहार में उच्छृंखलता आने लगी; यह उच्छृंखलता

पहले वह 23, शंकर घोष लेन के बाहर छोड़ आते थे, अब उसे अन्दर भी ले आने लगे। कलाकार पर लोक-व्यवहार के नियम लागू नहीं होते। जीवन में तरह-तरह के अनुभव प्राप्त किये बिना कोई सच्चा कलाकार नहीं हो सकता। माइकेल मधुसूदन दत्त, गिरीशचन्द्र घोष कितनी शराब पीते थे, फिर भी कितने बड़े कलाकार थे! सूर्यकान्त के मित्रों में इन बातों की बड़ी चर्चा होती थी। उनके कुछ साथी बैसवाड़े के थे, वे व्यापारी थे, धनी थे और अपना शौक पूरा करने के लिए रुपये फूँक सकते थे। कुछ महिषादल के मित्र थे, जो अब कलकत्ते में थे, जिनकी आर्थिक स्थिति बहुत अच्छी नहीं थी, पर जो सूर्यकान्त के साथ हर व्यसन में साथ रहते थे। शिवपूजन सहाय और महादेवप्रसाद सेठ पुराने आचार-विचार के सद्गृहस्थ थे। कलकत्ते में अकेले रहते थे, छठे-छमाहे घर हो आते थे। वे सूर्यकान्त के व्यसनों को कलाकार की विशेषता समझकर तरह देते थे।

सूर्यकान्त कभी संन्यासियों के कमरे में चप्पलें पहने चले आते; कमरे में चप्पलें उतारकर एक तरफ़ बैठ जाते। कोई संन्यासी चुपचाप उठकर उनकी चप्पलें बाहर रख आता। कभी अपना विद्रोही भाव जताने के लिए वह संन्यासियों के सामने सिगरेट सुलगा लेते थे और धुआँ उड़ाते रहते। कभी वह स्वामी माधवानन्द से बहस करते, रवीन्द्रनाथ की रचनाओं में दर्शन-सम्बन्धी कैसी ज़बर्दस्त भूलें हैं। वह अपनी रचनाओं का महत्त्व भी उन्हें समझाने का प्रयत्न करते। 'सरस्वती', 'माधुरी', 'प्रभा' जैसी प्रतिष्ठित पत्रिकाओं में उनकी एक-एक, दो-दो रचनाएँ छप चुकी थीं। इसी बल पर वह संन्यासियों से कहते, मेरी प्रतिभा रवीन्द्रनाथ ठाकुर से घटकर नहीं है। संन्यासी हँसने लगते। इस पर सूर्यकान्त चिढ़कर कहते, यदि मैं भी प्रिन्स द्वारकानाथ ठाकुर का नाती होता, तो आप लोग मानते कि मेरे अन्दर महाकवि की प्रतिभा है।

बालकृष्ण प्रेस में आनेवाले एक और सज्जन से इनका परिचय हुआ। सब लोग इन्हें मुंशीजी-मुंशीजी कहा करते थे, नाम था नवजादिकलाल श्रीवास्तव। तेल-साबुन की एक प्रसिद्ध उद्योग-संस्था थी—भूतनाथ। मुंशीजी इसके मैनेजर थे। उर्दू का अच्छा ज्ञान था, हिन्दी-प्रेमी थे, बँगला भी जानते थे, कारोबार में अत्यन्त कुशल थे। महादेव सेठ से दोस्ती थी। बालकृष्ण प्रेस के लिए भूतनाथ कार्यालय से तीन-चार हज़ार रुपये का काम ले आते थे। दूसरे छापेखानों से कमीशन मिलता था। वह सब त्याग कर दोस्ती में, कमीशन लिये बिना ही, वह सारा काम महादेव बाबू के प्रेस से कराते थे। सूर्यकान्त से उनकी भी मैत्री हुई। जितना वह इनकी कविता से प्रभावित हुए, उससे ज़्यादा इनके व्यक्तित्व से। सूर्यकान्त युगप्रवर्तक कवि हैं, यह उन्होंने सहर्ष स्वीकार किया। युगप्रवर्तक कवि की एक भी कविता-पुस्तक अभी न निकली थी। सबसे आवश्यक काम यह था कि उनका कविता-संग्रह प्रकाशित किया जाए। प्रेस घर का था, काग़ज़ सस्ता था, प्रकाशन में कोई कठिनाई न थी। मुंशीजी ने कहा, प्रकाशक की जगह मेरा नाम दे सकते हैं, छापने का काम महादेव

बाबू करें। एक ही कठिनाई थी, सूर्यकान्त ने अब तक जितनी कविताएँ लिखी थीं, वे एक साधारण-से कविता-संग्रह के लिए भी काफी नहीं थीं।

पृष्ठ-संख्या से क्या? कविता में वज़न होना चाहिए। सूर्यकान्त ने जोड़-बटोर कर नौ कविताओं की प्रेस-कापी तैयार की। काफी सोच-विचार के बाद नाम रखा 'अनामिका'। नाम की व्याख्या करने के लिए यह पद उद्धृत किया :

पुरा कवीनां गणनाप्रसंगे
कनिष्ठिकाधिष्ठित कालिदासः।
अद्यापि तत्तुल्य कवेरभावात्
अनामिका सार्थवती बभूव।

महाकवियों की गिनती शुरू हुई तो कनिष्ठिका उँगली पर कालिदास गिने गए। फिर उतना बड़ा कवि पैदा नहीं हुआ, इसलिए अनामिका सार्थवती हुई। ध्वनि यह कि कालिदास के बाद समान प्रतिभा वाला यह दूसरा कवि पैदा हुआ है जिसने यह अर्थवती 'अनामिका' पुस्तक रची है।

छोटे आकार में पुस्तिका छप गई; कुल पृष्ठ-संख्या चालीस। सूर्यकान्त ने अब तक बहुत थोड़ी कविताएँ लिखी थीं, इनमें सभी संग्रह में प्रकाशित करने लायक उन्हें जँची नहीं। 'प्रभा' में 'जन्मभूमि' वाली उनकी जो पहली कविता छपी थी, उसे उन्होंने संग्रह में न दिया। ऐसी कविताएँ कम थीं जो किसी-न-किसी पत्रिका में छप न चुकी हों। 'अध्यात्म-फल' 'प्रभा' में, 'माया' और 'जलद' 'समन्वय' में, 'अधिवास', 'तुम और मैं' 'माधुरी' में तथा 'जूही की कली 'आदर्श' में छप चुकी थीं। भले ही सूर्यकान्त की इच्छानुसार उनकी कविताएँ 'सरस्वती' में न छपी हों, पर अन्य पत्र भी उन्हें नहीं छापते, यह शिकायत उन्हें न हो सकती थी। संग्रह की सबसे लम्बी कविता 'पंचवटी प्रसंग' थी। यह उन्होंने हाल में लिखी थी। 'सच्चा प्यार' और 'लज्जित' दो कमज़ोर कविताएँ थीं; कविताओं की कमी के कारण उन्हें संग्रह में जगह दी।

महादेवप्रसाद सेठ ने भूमिका लिखी। सूर्यकान्त त्रिपाठी उनके मित्र हैं, उनके बारे में विशेष लिखना उचित न होगा, इसलिए 'पंचवटी प्रसंग' पर द्विवेदीजी की सम्मति उद्धृत करते हैं। आगे लिखा : "हाँ, इतना मैं अवश्य कहूँगा और दावे के साथ कहूँगा कि त्रिपाठीजी ने 'पंचवटी प्रसंग', 'अधिवास' तथा 'जूही की कली, नामक कविताओं को लिखकर हिन्दी के पद्य-साहित्य में एक अभूतपूर्व नई शैली का समावेश किया है और यदि हिन्दी का कवि-समाज इस शैली का आदर और अनुगमन करेगा तो मातृभाषा का बड़ा उपकार होगा और उसके लालित्य में एक नई बात पैदा हो जायगी।" अन्त में उन्होंने ग़ालिब का यह शेर उद्धृत किया :

अदाये ख़ास से ग़ालिब हुआ है नुक्तः सरा
सेलाये आम है यारान नुक्तदां के लिए।

पुस्तक में साहित्याचार्य चन्द्रशेखर शास्त्री की सम्मति भी उद्धृत की गई : "आपकी पुस्तक एकदम नई है, पर उत्तम है, उक्तियाँ भी कहीं-कहीं बड़ी ही मधुर हैं। मैं इस पुस्तक को देखकर प्रसन्न हुआ हूँ।" 23, शंकरघोष लेन, कलकत्ता से नवजादिकलाल श्रीवास्तव द्वारा 'अनामिका' प्रकाशित हो गई।

सूर्यकान्त अब भी संन्यासियों के साथ रहते थे, 'समन्वय' के लिए भी लिखते थे, पर उनका अधिक समय महादेवप्रसाद सेठ आदि साहित्यिक मित्रों के साथ बीतने लगा। भारतीय राजनीति और हिन्दी साहित्य की गतिविधि पर अक्सर बातचीत होती। बँगला में क्या हो रहा है, हिन्दी में क्या नहीं हो रहा है, इस पर तीनों मित्रों की निगाह थी। एक साप्ताहिक पत्र के बिना राजनीति और साहित्य को नई दिशा में नहीं मोड़ा जा सकता। महादेव बाबू ने मुंशीजी से प्रस्ताव किया, भूतनाथ का काम छोड़ दीजिए, यहीं आ जाइए, प्रेस और प्रकाशन की ज़िम्मेदारी सँभालिए, सबके साथ मिलकर साहित्य-सेवा कीजिए। मुंशीजी के साथ बड़ा परिवार था। गरीब घर में पैदा हुए थे। डाकखाने में चिट्ठीरसा की नौकरी से शुरुआत की थी। अब 'भूतनाथ उद्योग' के मालिक किशोरीलाल चौधरी उन्हें बहुत मानते थे। कारखाने में स्याह-सफेद जो चाहे करें, मुंशीजी को पूरा अधिकार था। मित्र कहते थे, आप तेल-साबुन-इत्र के राजा हैं; वह अपने मित्रों को इसकी सौगात बाँटते जिसमें इत्र का खास हिस्सा सूर्यकान्त के लिए होता था।

'भूतनाथ'-कार्यालय से मुंशीजी को सौ रुपये माहवार मिलते थे। उस समय को देखते बहुत थे। सूर्यकान्त को पचास रुपये पर कोई रखने को तैयार न था। भूतनाथ के अलावा मुंशीजी दूसरी फर्मों में भी अवकाश निकालकर चिट्ठी-पत्री का काम कर आते थे यानी सेठों की हिन्दी-उर्दू की चिट्ठियाँ पढ़कर सुनाते और उनके जवाब लिखते। इससे कुछ अतिरिक्त आमदनी हो जाती थी। कलकत्ते से एक पत्र निकला था : 'वीर भारत'। मुंशीजी इसके सम्पादक रह चुके थे। शिवपूजन सहाय से उनकी दोस्ती तभी की थी। दोनों एक ही बिरादरी के थे—कायस्थ; एक ही जनपद के, भोजपुरी बोलते थे। भोजपुरी क्षेत्र आधा बिहार, आधा उत्तरप्रदेश में है; शिवपूजन सहाय बिहार के थे, नवजादिकलाल उत्तरप्रदेश के; बोली दोनों की एक थी। महादेवप्रसाद सेठ की बात मानकर, अपना पुराना धन्धा छोड़कर मुंशीजी 23, शंकरघोष लेन में आकर रहने लगे। महादेव बाबू ने कुंजियों का गुच्छा उनके सामने रख दिया और कहा, लीजिए, कारोबार सँभालिए, हम अपना समय अध्ययन में लगाएँगे। मुंशीजी ने कहा, यह चाभियों का गुच्छा हम लोगों की दोस्ती के लिए कहीं घातक न हो!

शिवपूजन सहाय और सूर्यकान्त वहाँ पहले ही रहते थे। मुंशीजी के आ जाने से महादेवप्रसाद सेठ समेत चार साहित्यकार जुट गए। पत्र निकालने की योजना बनने लगी। एक दिन मुंशीजी बाज़ार से बँगला साप्ताहिक 'अवतार' की एक प्रति खरीद लाए। यह हास्यरस का पत्र था। सोचा कि ऐसा ही पत्र हिन्दी

में निकाला जाए। मुंशीजी ने नाम रखा : 'मतवाला'। तै हुआ कि मुंशीजी व्यंग्य-विनोद लिखेंगे, सेठजी सम्पादकीय लिखेंगे, सूर्यकान्त कविताएँ और आलोचनाएँ देंगे, शिवपूजन सहाय गद्य लेख आदि देंगे तथा प्रूफ देखेंगे। आवरण-पृष्ठ के लिए चारुबाबू नाम के चित्रकार ने नटराज का चित्र बनाया। सूर्यकान्त ने पत्र के लिए मोटो तैयार किया :

अमिय गरल शशि सीकर रविकर राग विराग भरा प्याला।
पीते हैं जो साधक उनका प्यारा है यह मतवाला॥

ये पंक्तियाँ नटराज के चित्र के नीचे छपीं। रविवार, श्रावणी पूर्णिमा, 26 अगस्त, सन् '23 को 'मतवाला', का प्रथम अंक प्रकाशित हो गया।

'मतवाला' के प्रथम अंक के मुखपृष्ठ पर दो कविताएँ छपीं, दोनों ही 'रक्षाबन्धन' पर; पहली के लेखक 'पुराने महारथी', दूसरी के 'निराला'। पहली कविता ब्रजभाषा में थी और उस पर बंगाल के वैष्णव कवियों की पद-योजना का प्रभाव स्पष्ट दिखाई देता था :

परिमल युत मृदुमंद मलय वह गुञ्जन छन छन मत्त मधुपगन,
उठत बीन झंकार चतुर्दिसि चढ्यौ मदन जनु करन कतहुँ रन।
घन-पिय-अधरन चूम चाँदनी, अलस चुवत तन सुधा-स्वेदकन,
प्रकृति-पुरुष कर मिलन मनोहर अति सुखकर यह 'रक्षाबन्धन'॥

'रक्षाबन्धन' के अवसर पर मदनदेव का स्मरण, प्रकृति-पुरुष के मिलन का वर्णन कुछ विचित्र अवश्य था पर कविता की शब्द-योजना सुन्दर थी।

दूसरी कविता 'निराला' नाम के साथ छपी—एक कबित्त और अन्त में द्विपदी :

बढ़ गई शोभा सखी सावनी सलोनी हुई
बड़े भाग्य भारत के गये दिन आये फिर!
'रक्षा' से बँधे हैं भारतीयों के कोमल कर;
मंगल मनाती क्यों न, रहा क्यों कलेजा चिर।
तारों इन सुनहलों के आगे सितारे मात
अथवा प्रकाश रहा बादल दलों से घिर?
देख करतूत ऐसी वीरवर सपूतों की
भारत का गर्व से उठेगा या झुकेगा सिर?
कंगालों का कत्ल अहो इस 'राखी' के रंग में छिपा,
भूत, भविष्यत, वर्तमान हैं दीनों का तीनों लिपा!

दूसरे अंक में 'पुराने महारथी' की कविता फिर छपी—एक कुंडलिया। शीर्षक 'कृष्ण महातम', भाव राजनीतिक; 'काले' हाथ पसारते हैं पर गोरों से धेला भर भी

प्रेम नहीं मिलता। 'निराला' नाम के साथ कोई कविता न छपी। तीसरे अंक में एक कविता छपी : 'गये रूप पहचान'। इसका रहस्यवाद से कोई सम्बन्ध न था।

सुनी राष्ट्रभाषा की जब से भव्य मनोहर तान।
मिटी मोहमाया की निद्रा गये रूप पहचान।

इसमें आगे यह राजनीतिक उद्बोधन था :

चूम चरण मत चोरों के तू,
गले लिपट मत गोरों के तू,
झटक पटक झंझट को झटपट झोंक भाड़ में मान।

कविता के साथ नाम था—'निराला'।

चौथे अंक में 'निराला' नाम के साथ कोई कविता न छपी, पाँचवें अंक में उस नाम के साथ 'दिव्य प्रकाश' रचना छपी; दलितों के प्रति सहानुभूति, रहस्यवाद का स्पर्श। इसके बाद हर अंक में 'निराला' नाम के साथ उस ढंग की कविताएँ निकलने लगीं जिन्हें छायावादी कहा जाता था। अठारहवें अंक (22 दिसम्बर, सन् '23 के 'मतवाला') में 'जूही की कली' कविता छपी—फुटनोट में सूचना कि 'अनामिका' संग्रह से उद्धृत, है—लेखक का नाम प्रकाशित हुआ—पंडित सूर्यकान्त त्रिपाठी 'निराला'।

'मतवाला' के सम पर 'निराला' नाम रख दिया गया था, किसी विशेष विचार से नहीं, 'पुराने महारथी' की तरह यह भी एक नाम था। लेखक थोड़े थे, उन्हीं को पूरे अंक की सामग्री तैयार करनी थी। सूर्यकान्त ने 'कसौटी' स्तम्भ में आलोचना लिखी, नाम दिया : 'हथियार'। 'मतवाले की चाबुक' लिखी, लेखक का नाम दिया—श्रीमान गरगज सिंह वर्मा, साहित्यशार्दूल। एक कहानी लिखी : 'क्या देखा?', लेखक का नाम दिया—जनाबआली। ग्यारहवें अंक में 'देवि! कौन वह?' काफी गहरे रंग की छायावादी कविता छपी, पर इसके साथ सूर्यकान्त ने नाम दिया—'शौहर'। इन तमाम छद्मनामों में एक नाम था 'निराला'। शिवपूजन सहाय, नवजादिकलाल आदि अन्य लेखक भी साधारणत: छद्मनाम से ही लिखते थे। जहाँ तीन से तेरह लेखकों का काम लेना हो—यह दिखाने के लिए कि पत्र को बहुत-से लेखकों का सहयोग प्राप्त है—वहाँ छद्मनामों के बिना काम चल ही न सकता था। 'निराला' कवि के उपनाम से अधिक छद्मनाम था।

पर कुछ ही अंकों के बाद 'निराला' की अपनी शैली निखर उठी। कबित्त और गीत-रचना की पद्धति छोड़कर वह तुकान्त मात्रिक मुक्तछन्द में कविताएँ लिखने लगे। ये रचनाएँ कविताप्रेमियों को बहुत पसन्द आई और सूर्यकान्त ने तै किया कि अब असली रूप में प्रकट हो जाना चाहिए। 'जूही की कली' के साथ उन्होंने पूरा नाम प्रकाशित कर दिया। 'निराला' अब छद्मनाम न रहकर उनका उपनाम हो गया। उनके मित्र उन्हें पंडितजी, कुछ लोग त्रिपाठीजी, कुछ बुजुर्ग सूर्यकान्त और कुछ

पुराने परिचित उन्हें सूर्यकुमार कहते थे, पर साधारण हिन्दी पाठकों में उनका 'निराला' नाम ही सबसे अधिक लिया जाने लगा। उनके व्यक्तित्व के साथ कुछ खास उपयुक्त ढंग से यह नाम चिपक गया।

निराला की प्रसिद्धि का समय छायावादी कविता का अभ्युदय-काल था। काशी के जयशंकर प्रसाद, उम्र में निराला से दस साल बड़े, 'इन्दु' में अपनी कुछ छायावादी रचनाएँ प्रकाशित कर चुके थे। 'सरस्वती' में छायावादियों को जगह न मिलती थी, इसलिए प्रसाद ने 'इन्दु' पत्र का प्रकाशन आरम्भ किया था। सुमित्रानन्दन पन्त प्रयाग में स्वदेशी आन्दोलन के दिनों अपना अध्ययन-क्रम भंग करने के बाद कविताएँ लिखने लगे थे। पदुमलाल पुन्नालाल बख्शी छायावाद की छूत से 'सरस्वती' को बचाते रहे पर पन्तजी इलाहाबाद ही में थे जहाँ से 'सरस्वती' निकलती थी। इलाहाबाद के शिक्षित जनों में पन्तजी की लोकप्रियता बढ़ रही थी। इलाहाबाद यूनिवर्स्टिी में छात्रों के अलावा अमरनाथ झा आदि कुछ प्रभावशाली प्रोफ़ेसर उनके प्रशंसक थे। 'सरस्वती' में पन्तजी की रचनाएँ छपने लगीं।

राष्ट्रीय आन्दोलन के उभार के साथ तरुण देशभक्तों ने अपनी संस्कृति और साहित्य पर अभिमान करना सीखा। बीसवीं सदी में जिस कवि ने विश्व-साहित्य में भारत का माथा ऊँचा किया था, वह थे रवीन्द्रनाथ ठाकुर। उनकी रचनाओं के अनुवाद भारत की प्राय: हर भाषा में हो रहे थे। हिन्दी के अनेक कवि-लेखक-पाठक मूल बँगला में उनकी कविता पढ़कर उसका रस लेते थे। रवीन्द्रनाथ में बँगला के वैष्णव कवि, कालिदास, उपनिषद्, शेली आदि अनेक भारतीय और विदेशी कवियों और चिन्तनधाराओं का प्रभाव घुल-मिलकर एक हो गया था। हिन्दी कवियों पर भी उनका प्रभाव पड़ा। अब तक मैथिलीशरण गुप्त, अयोध्यासिंह उपाध्याय, नाथूराम शंकर शर्मा, गयाप्रसाद शुक्ल 'सनेही' आदि हिन्दी के श्रेष्ठ और प्रतिनिधि कवि माने जाते थे। अब इनकी लोकप्रियता पहले जैसी न रह गई; यद्यपि वह समाप्त नहीं हुई। मैथिलीशरण 'साकेत' लिख चुके थे। एक तरह से उनका श्रेष्ठ काव्य-काल समाप्त हो चुका था। सन् '20 के राष्ट्रीय आन्दोलन के उभार के साथ ही जैसे पुराने ढंग के राष्ट्रीय कवियों का युग समाप्त हो गया। इसका बहुत बड़ा कारण था रवीन्द्रनाथ ठाकुर का भारतव्यापी प्रभाव।

प्रसाद का 'आँसू' अभी प्रकाशित हुआ था। सन् '23-24 में छायावादी कविता को प्रतिष्ठित करनेवाले दो प्रमुख कवि थे—सूर्यकान्त त्रिपाठी 'निराला' और सुमित्रानन्दन पन्त। अभी ऐसे लोगों की संख्या कम न थी जो समझते थे कि कविता की भाषा ब्रजभाषा ही रहनी चाहिए, जो समस्यापूर्ति और नायिकाभेद की परम्परा को काव्य-साहित्य का चरम विकास मानते थे। निराला और पन्त—इन दोनों कवियों ने कविता के क्षेत्र में खड़ी बोली को पूरी तरह प्रतिष्ठित कर दिया। अनेक ब्रजभाषा के प्रेमियों ने स्वीकार किया कि इनकी रचनाएँ अक्सर पुरानी कविता के टक्कर की होती हैं।

सालभर तक 'मतवाला' में निराला की कविताएँ छपती रहीं। इनमें बहुत-सी सामाजिक विषयों पर थीं—जैसे 'भारत की विधवा', 'भिक्षुक' और 'हमारी बहू'; कुछ प्रकृति-सम्बन्धी—'संध्या सुन्दरी', 'धारा' आदि; कुछ श्रृंगार-परक, जैसे—'प्रार्थना' (बन्द तुम्हारा द्वार); कुछ रहस्यवाद का स्पर्श लिये हुए, जैसे—'भर देते हो'; कुछ प्रतीकों के माध्यम से मानव-जीवन के विभिन्न पक्षों पर कवि के भाव प्रदर्शित करती थीं, जैसे—'बादल-राग' वाली छह कविताएँ। सभी कविताएँ एक ही स्तर की नहीं थीं। विशेष रूप से वर्णिक मुक्तछन्द में उन्होंने 'खँडहर के प्रति', 'दिल्ली', 'स्वाधीनता पर' आदि जो कविताएँ लिखीं, वे मात्रिक छन्दवाली रचनाओं के मुकाबले कमज़ोर थीं। प्राय: हर अंक में उनकी कविता छपती थी। कभी किसी अंक में दो कविताएँ भी छप जाती थीं, इसलिए कविताओं का स्तर कहीं ऊँचा हो, कहीं नीचा, यह स्वाभाविक था।

अक्तूबर, सन् '23 में राय कृष्णदास और मैथिलीशरण गुप्त कलकत्ते आए। निराला ने 'अनामिका' भेंट की और वर्णिक मुक्तछन्द की कुछ रचनाएँ सुनाईं। इस भेंट का हाल निराला ने अवधी में महावीरप्रसाद द्विवेदी को लिखा : "8मी के दिन बाबू मैथिलीशरण से भेंट भै, राय कृष्णादास के साथ आये रहैं। 3-4 दिन कउनव माड़वारी की कोठी मं रहे रहैं। स्वभाव के तो बड़े अच्छे हैं। एक-एक 'अनामिका' दूनो जनेन का दीन। दुसरे दिन हियाँ प्रेस मं मैथिलीशरण आये, और छन्द का नाव पूछेन। तब पढ़िकै सुनावा। प्रसन्न खूब भे। कहेन पहिले हे रचना बड़ी अच्छी जानि परी मुलो छन्द समुझि मं नहीं आवा। हम कहा, हमरी समझ मं यहि छन्द ते तुम्हरे वीराङ्गना के अनुवाद के छन्द मं बहुत थ्वारै फर्क है; वह बेतुका कवित्व छन्द है औ यहि माँ कतों कवित्व छन्द की 3-4, कतों 1-2, कतों 1-3 लाइन आवति है। महादेव बाबू हमरे परिचय मं तुम्हार संबन्ध जोरेन तो मैथिलीशरण कहेन कि हमका तो वई बनायन हैं। यही तना की बहुतेरी बातें होती रहीं। हमारि इच्छा है, अनामिका एक दईं तुमका पढ़िकै सुनाई।"

'मतवाला' में प्रकाशित रचनाओं दारा, कवियों और कविता-प्रेमियों के बीच अपनी रचनाओं के पाठ द्वारा तथा 'अनामिका' की बिक्री और वितरण द्वारा निराला नई धारा के एक प्रतिनिधि कवि के रूप में विख्यात हो चले थे। 'मतवाला' के पहले अंक में ही 'अनामिका' का ज़ोरदार विज्ञापन निकला था : "इस कविता पुस्तक ने हिन्दी संसार में खलबली मचा दी है! क्योंकि इसके प्रतिभाशाली लेखक खड़ी बोली के कवियों की तरह सनातन भेड़ियाधसान के पीछे नहीं पड़े हैं बल्कि उन्होंने अपने लिए एक ऐसा मुक्त मार्ग निश्चित किया है जिस पर केवल वही चल सकता है जो स्वभावत: भावुक कवि है और जिसके मुख से अनवरत धारावाहिक रूप से ललित भावमयी कविता निकलती है तथा स्वच्छन्द भावावेश में मग्न होकर जो अपने साथ-ही-साथ पाठकों को भी कल्पना की अगाध तरंगिणी में दबोच देता है।" विज्ञापन-लेखक—सम्भवत: मुंशी नवजादिकलाल—ने 'मतवाले की बहक' के स्टाइल में आगे लिखा : "आप यदि बिना हवाई जहाज़ के कल्पना के मेघमुक्त आकाश

में उड़ना चाहते हैं तो इस पुस्तिका को अवश्य पढ़िए।" महावीरप्रसाद द्विवेदी और चन्द्रशेखर शास्त्री की सम्मतियों के सहारे विज्ञापन-लेखक ने थोड़ा अतिशयोक्ति का सहारा लेते हुए लिखा : "उन विद्वानों की राय में यह पुस्तक हिन्दी में युगांतर उपस्थित करनेवाली है।"

सन् '23 की शरद् में 'समन्वय' ने 'अनामिका' की आलोचना प्रकाशित की। साथ में किसी लेखक का नाम नहीं प्रकाशित हुआ। मुक्तछन्द के बारे में आलोचक ने कहा : "हमें तो यह नयापन बहुत अच्छा जँचता है। आशा है कि हिन्दी के रस-मर्मज्ञ कवि और विद्वान् इस ओर समुचित ध्यान देंगे।" इसके बाद बड़ी सूझ-बूझ से इस आलोचक ने बँगला में मुक्तछन्द के प्रचलन का उल्लेख करते हुए कहा : "बंगाल के नाट्य-सम्राट् महाकवि गिरीशचन्द्र ने बड़ी खूबी से ऐसे छन्दों को अपनाया है, जिसमें भाव के अनुसार पंक्तियाँ तो छोटी-बड़ी होती हैं, पर पढ़ने में सभी सुन्दर होती हैं और इसी से छन्दों में एक अनोखी स्वाभाविकता पाई जाती है। हमारे हिन्दी के नाट्यकार यदि अपनी प्रतिभा के अनुसार इस ढंग से छन्दों का उपयोग करेंगे तो एक कठिन समस्या अनायास ही हल हो जाएगी। इस दृष्टि से आलोच्य पुस्तक, बड़ी ही महत्त्वपूर्ण है।" 'समन्वय' और 'मतवाला' एक ही जगह छपते थे, एक ही जगह से प्रकाशित होते थे, दोनों के कार्यकर्ता एक ही जगह रहते थे। 'अनामिका' की आलोचना लिखने वाले ने निराला से मुक्तछन्द के बारे में जो कुछ सुना था, वह सब—नाटकों में गिरीशचन्द्र द्वारा इसका प्रयोग, हिन्दी नाटकों में इसके व्यवहार से युगांतर की सम्भावना आदि—उसने लिख दिया।

'मतवाला' की ग्राहक-संख्या बढ़ रही थी, इसके साथ निराला की ख्याति चारों ओर फैल रही थी, पर इससे उन्हें सन्तोष न था। 'मतवाला' आख़िर हास्यरस का पत्र था, गम्भीर साहित्यिक पत्रिकाएँ तो 'सरस्वती' और 'माधुरी' थीं। इनमें 'माधुरी' ने तो निराला की दो-एक कविताएँ छापी भी थीं, पर 'सरस्वती' का दरवाज़ा उनके लिए बन्द था। 'मतवाला' में उन्होंने 'सरस्वती' और 'माधुरी' के सम्पादकों की कटु आलोचना शुरू की। अभी तक द्विवेदीजी से मधुर सम्बन्ध बने हुए थे। 'मतवाला' निकलने के लगभग दो महीने बाद निराला ने उन्हें लिखा : " 'मतवाला' की कविता और समालोचना पढ़िके लिख्यौ। भूल कतों होति होई तो सुधारब। 'निराला' की कविता में कहाँ का करैक चही, लिख्यौ। यह सम्मति हमरेहे लगे रही।" इस विनम्रता में शिष्टाचार अधिक था, वास्तविक विनम्रता कम। पद्य में तो द्विवेदीजी को गुरु मानने का सवाल न था, गद्य में भी अब निराला अपने को आचार्य समझने लगे थे। 'मतवाला' में 'सरस्वती' की आलोचना पढ़कर द्विवेदीजी नाराज़ हुए। यद्यपि अब वह उसके सम्पादक न थे, फिर भी उस पर उनकी ममता थी, और यह उसकी आलोचना बर्दाश्त न कर सकते थे। उन्होंने 'मतवाला' का एक अंक रँग डाला; उसकी तमाम अशुद्धियाँ दिखाकर उसे निराला के पास भेज दिया। निराला ने 'सरस्वती' के प्रति द्विवेदीजी की ममता को अयुक्तिपूर्ण और 'मतवाला' की नीति को सही मानते हुए उन्हें लिखा :

"मतवाला कै संख्या दीख। सरस्वती सम्पादक के नोटन मं, न समुझि सकेन, भूलै काहे नहिंन। कारण लिखि देत्यो तो समुझि जाइत। अबै तो मतवाला की समालोचना के पुष्ट कारण से भूलै जानि परत है।

"सरस्वती-सम्पादक के विषय मं लिखे बैठेन तो हमहूं 5/6 पृष्ठ लिखि डारा। मुलो पीछे जब जाना कि तुम्हार समय अकारण नष्ट होई तब फारि डारा। याकन कहा, 'द्विवेदीजी का प्रत्यक्ष नहिंन तो का भा सरस्वती ते परोक्ष सम्बन्ध तो है; उइ अपनी बिदाई मं यह बात स्वीकार करि चुके हैं। अतएव सरस्वती क पक्ष उइ लेबे करिहैं। औ वहिका वई बनायन हैं तो अपने रहत कब उइ वहिकै उल्टी समालोचना देखि सकति हैं? कुछो होय हमका युक्ति ते काम। बात युक्तिपूर्ण होई तो चित्त मं बैठि जाई, न होई, अलग ह्वइ जाई।"

अगले महीने उन्होंने 'सरस्वती' की आलोचना न करने का आश्वासन दिया, साथ ही यह भी बता दिया कि 'सरस्वती'-सम्पादक ने न उनकी कविता छापी, न उनके पत्र का उत्तर दिया और यह व्यवहार अपमानजनक था। यह पत्र, कुछ और औपचारिक ढंग से, उन्होंने खड़ी बोली में लिखा : "सेवा में अभी-अभी जो पत्र भेजा गया, भय है, उसे पढ़कर आपके चित्त को व्यथा हो। मैं आपको किसी तरह की चोट नहीं पहुँचाना चाहता। यदि आप ही बुरा मानते हैं तो अब मैं 'सरस्वती' की समालोचना न किया करूँगा। परन्तु उसके सम्पादक ने अकारण ही मेरे साथ दुर्व्यवहार किया। कविता न छापते, जवाब तो देते। इस पर अधिक और क्या लिखूँ।" हस्ताक्षर के बाद यह वाक्य और जोड़ दिया : "मेरे अकारण अपमान पर आपने ज़रा भी ध्यान नहीं दिया।"

'सरस्वती' की आलोचना वह इस ढंग से करते थे। अगस्त, सन् '23 की 'सरस्वती' के 'विविध विषय' स्तम्भ में एक पंक्ति छपी : 'कोरम पूरा भी होता है तो भी सब न सही, अधिकांश मेंबर नहीं आते।' 'भी' की भरमार का मज़ाक़; 'सब न सही' अनावश्यक। यदि वाक्य यों लिखते : 'कोरम पूरा होता है तो भी अधिकांश मेंबर नहीं आते'—तो भला सम्पादन-कला की 16 नहीं, 64 कलाओं में से कितनी कलाएँ घट जातीं? 'सरस्वती' में छपा : 'तब आजकल जैसे साधन भी न थे।' निराला ने तर्क किया, 'साधन' और 'आजकल' में समता दिखाना उद्देश्य नहीं है, फिर 'जैसे' का प्रयोग क्यों? 'आजकल के जैसे' लिखना चाहिए था।

निराला ने 'सरस्वती' की आलोचना न करने का जो वचन दिया था, उसका पालन नहीं किया। मार्च, सन् '24 की 'सरस्वती' के सम्पादकीय नोट में एक वाक्य था : 'अब उनकी स्थिति इतनी उन्नत ज़रूर हो गई है कि उनके कहने का प्रभाव पड़ सकता है।' निराला ने आपत्ति की, दूसरे वाक्यखंड में इतनी बड़ी समापिका क्रिया की ज़रूरत न थी। लिखना चाहिए था, कहने का प्रभाव पड़े या पड़ सके। इस आलोचना के साथ उन्होंने 'सरस्वती' और द्विवेदीजी की प्रशंसा भी की। 'सरस्वती' हिन्दी की सर्वोत्तम पत्रिका है। द्विवेदीजी के परिश्रम से वह अंग्रेज़ी में 'माडर्न रिव्यू'

और बँगला के 'प्रवासी' के जोड़ की हो गई थी। जब तक द्विवेदीजी उसके सम्पादक थे, तब तक उसकी भाषा आदर्श होती थी। यह सही है कि हर सम्पादक महावीरप्रसाद द्विवेदी नहीं हो सकता, पर वह जिस स्थान को सुशोभित कर चुके थे, वहाँ अब पदुमलाल पुन्नालाल बख्शी हैं। "अतएव हिन्दी संसार बख्शीजी को भी श्रद्धा की दृष्टि से देखता है। हमें यह लिखते हुए दुख हो रहा है कि बख्शीजी की भाषा को हम हिन्दी की आदर्श भाषा नहीं मान सके। हमें उनकी भाषा में, उनके पदप्रकरण में एक नहीं, अनेक; यत्र-तत्र नहीं, प्राय: सर्वत्र, दोष-ही-दोष दीख पड़ते हैं। सम्भव है, यह हमारी अल्पज्ञता का कारण हो; और यह भी सम्भव है कि सी.पी. (मध्य-भारत) की हिन्दी भी कुछ ऐसी ही होती हो।"

द्विवेदीजी से 'सरस्वती' के सम्बन्ध का विचार करके निराला उसकी आलोचना में शिष्टता का ध्यान रखते थे, पर 'माधुरी' की आलोचना करते समय ऐसा कोई तकल्लुफ़ न था। 'माधुरी' के सम्पादकों ने लिखा : 'कड़ी परिश्रम', निराला ने टिप्पणी की : लखनऊ में हीजड़ों की भरमार, फिर लिंग-निर्णय कैसे हो? 'माधुरी', में लाहौर पर लेख छपा। पहला वाक्य : 'पुरातन काल से चली आनेवाली पंजाब की राजधानी लाहौर ने जितने परिवर्तन देखे हैं...।' टिप्पणी : श्रीमती लाहौर के पैर बड़े मज़बूत हैं, क्योंकि वे पुरातन काल से चलती ही आ रही हैं। 'माधुरी' की सम्पादकीय टिप्पणियों में छपा : 'आप स्वदेश को गए थे', 'आपको योरप में भेजा था', निराला ने इन वाक्यों में 'को', 'में' के प्रयोग का मज़ाक़ उड़ाया। 'माधुरी' के दो सम्पादक थे : दुलारेलाल भार्गव और रूपनारायण पांडेय। इनमें निराला की कृपादृष्टि पांडेयजी पर विशेष थी। उनके नाम पर भी उन्होंने व्यंग्य किया : 'रूपनारायण' शब्द का प्रथम अक्षर अगर गलती से न लिखा जाए तो अवशिष्ट अक्षरों के अर्थ में कैसा अनर्थपात हो जाता है, इसका विचार पाठक स्वयं करके देखें।

'सरस्वती', 'माधुरी' आदि के साथ निराला ने 'प्रभा', 'शारदा' आदि अन्य पत्रिकाओं और उनके सम्पादकों की खबर ली। जिन-जिनसे उन्हें शिकायत थी, जिन्होंने भी उनकी कविताएँ न छापी थीं, उनकी खासी मरम्मत निराला ने 'मतवाला' में कर डाली। वह दिमाग की एक खिड़की खोलते थे तो गम्भीर कविताएँ निकलती थीं, दूसरी खिड़की खोलते थे तो व्यंग्य के तीर छूटते थे। ये परस्पर विरोधी-सी लगने वाली क्रियाएँ वे एकसाथ प्राय: प्रति अंक में प्रति सप्ताह सम्पन्न करते थे। पत्रिका-सम्पादकों पर इस चौमुखी हमले में कुछ कविगण भी मारे गए जिनकी रचनाएँ इन पत्रिकाओं में छपती थीं। 'शारदा' में प्रकाशित एक कविता की पैरोडी करते हुए निराला ने लिखा :

तुकबन्दी के लिए तुम्हें
हम धन्यवाद देते कविराज।
किन्तु प्रार्थना, कविजी! रखना
भाषा भावों की भी लाज॥

निराला ने अपने व्यंग्य-शर उन्हीं पर नहीं छोड़े, जो उन्हें नाराज़ करनेवाली पत्रिकाओं में छपते थे। चलते-फिरते दो-चार बाण वह जब-तब रवीन्द्रनाथ ठाकुर की ओर भी छोड़ देते थे। यह सब छद्म-वेष में। प्रकट में वह रीतिवादियों के मुकाबले रवीन्द्रनाथ की श्रेष्ठता का बखान करते थे। 'कविवर बिहारी और कवीन्द्र रवीन्द्र' में उन्होंने इसी प्रकार रवीन्द्रनाथ की श्रेष्ठता का निदर्शन कराया। पद्मसिंह शर्मा उस समय के प्रसिद्ध आलोचक और बिहारी की काव्यकला के प्रबल समर्थक थे। दोहों के साथ उनकी व्याख्या उद्धृत करते हुए निराला ने अप्रत्यक्ष रूप से, बिहारी के साथ, पद्मसिंह शर्मा की भी आलोचना की।

'छायावाद' शब्द अब तक काफी प्रसिद्ध हो चुका था। निराला ने जहाँ किसी को नई कविता की नुक्ताचीनी करते पाया कि उस पर दुहत्था वार किया। लतीफे और चुटकुले उन्हें खूब याद थे। इनका उपयोग बड़े कौशल से करते थे। किन्हीं स्वामी नारायणानन्द सरस्वती ने छायावादी कविता का मज़ाक़ उड़ाया था। निराला ने उन्हें आड़े हाथों लिया : " 'छायावाद' पर आपने जो कुछ लिखा है, उसे पढ़कर हमें एक देहाती कहावत याद आ गई। किसी लड़के ने अपने पिता से कहा था, बाबूजी, मैं भी 'फफीम' खाऊँगा। पिता ने जवाब दिया, बेटा, पहले नाम सीख लो, फिर 'फफीम' खाना।"

निराला की निगाह इस समय हिन्दी की हर प्रसिद्ध पत्रिका पर थी। कहाँ क्या निकला, छायावाद के पक्ष में क्या लिखा गया, विरोध में क्या—यह सब कुशल नेता की तरह वह चौकन्ने होकर देखते थे। प्रसाद वाद-विवाद से दूर रहते थे। पन्त अभी उभर रहे थे। गद्य वैसे भी न लिखते थे। केवल 'निराला' ललकार-ललकार कर शत्रुओं का वध करने में लगे थे। पर जो साहित्य की सेवा कर रहे थे अथवा नई कविता को सहानुभूति की दृष्टि से देखते थे, उनके प्रति वह आदर और स्नेह भी प्रकट करते थे।

फरवरी, सन् '24 में वह दिल्ली गए। साहित्य-सम्मेलन के अधिवेशन में भाग लिया। वहाँ इन्होंने अधिवेशन के आरम्भ में गिरिधर शर्मा 'नवरत्न' की रचना 'वन्दे-मातरम्' गाकर सुनाई। निराला किसी दूसरे की रचना पढ़कर सुनाएँ, यह उनकी ओर से कवि का काफी बड़ा सम्मान था। रचना साधारण कोटि की थी :

अद्भुत सुन्दर मात हमारी अनुपम गुणमय मात।
नमै नमै हम तुझको तेरी संतति भारतमात॥

साहित्य-सम्मेलन में साहित्यकारों से अधिक राजाओं की पूछ होती थी। बड़ौदा-नरेश सभापति थे। उनके आने पर निराला ने 'गूँथे तप्त अश्रुओं के मैंने कितने ही हार' आदि अपनी 'विफल वासना' कविता गाकर सुनाई।

सम्मेलन में कवि नाथूराम शंकर शर्मा भी आए थे। 'समन्वय' में काम शुरू करते ही निराला ने उनसे सम्पर्क कायम कर लिया था। उनकी अनेक रचनाएँ 'समन्वय' में प्रकाशित की थीं। 'मतवाला' के कई अंकों में 'शंकर' और 'निराला' की कविताएँ

एक साथ छपी थीं। यह दो युगों का विचित्र मिलन था। शंकरजी भारतेन्दु हरिश्चन्द्र से केवल आठ वर्ष छोटे थे। वे भारतेन्दु के परम भक्त, उस युग के वातावरण से पूरी तरह प्रभावित, द्विवेदी-युग में खड़ीबोली के उन्नायकों में थे। जिन कवियों की रचनाएँ पढ़कर निराला ने तीन-चार साल पहले पद्य लिखना सीखा था, उनमें शंकरजी भी थे।

निराला को देखकर शंकरजी बड़े प्रसन्न हुए। उन्हें स्नेह से पास बिठाया। फिर 'मतवाला', 'माधुरी' की छेड़छाड़ का जिक्र करते हुए कहा : "'मतवाला' से मैं बड़ा प्रेम करता हूँ और 'माधुरी' के साथ सम्बन्ध हो जाने पर तो यह दम्पती मुझे और भी अधिक अच्छी लगती है।" फिर मुस्कराते हुए आशीर्वाद-रूप में तुरन्त यह दोहा बनाकर सुना दिया :

धन्य माधुरी को मिला, मतवाला भरतार।
सुख भोगे फूले फले, हे शंकर करतार॥

निराला वहाँ अन्य साहित्यकारों से मिले। इनमें रूपनारायण पांडेय भी थे। वह दिल खोलकर न मिल सके। 'मतवाला' में 'माधुरी' की सख्त आलोचना छपी थी, उसे याद करके लोग निराला और पांडेय को साथ देखकर जुगल-जोड़ी का जिक्र छेड़ देते थे।

नाथूराम शंकर शर्मा, मैथिलीशरण गुप्त आदि पुराने कवियों से बिगाड़ न करके निराला यथाशक्ति उनकी सहानुभूति लेते हुए आगे बढ़ रहे थे। महावीरप्रसाद द्विवेदी के अतिरिक्त चन्द्रशेखर शास्त्री, कलकत्ता विश्वविद्यालय के अध्यापक सकलनारायण शर्मा आदि विद्वानों से भी उन्होंने स्नेह-सम्बन्ध जोड़ा था। नये लोगों में उनकी निगाह पन्त पर थी। उनकी राय में ऐसी मधुर कविता आधुनिक हिन्दी में किसी ने न लिखी थी। यद्यपि 'सरस्वती' में निराला की कविताएँ न छपी थीं, पन्त की छपी थीं, फिर भी इसके लिए कवि को दोषी न ठहराकर उन्होंने उसे प्रोत्साहन देने का विचार किया। उन्होंने लेख लिखा : 'कविवर श्री सुमित्रानन्दन पन्त'। वह हिन्दी में पन्त पर पहला प्रशंसात्मक लेख था। लेख 3 मई, सन् '24 के 'मतवाला' में प्रकाशित हुआ।

आरम्भ में उन्होंने मैथिलीशरण गुप्त की चार पंक्तियाँ उद्धृत कीं :

मग्न बने रहते हैं मोद में विनोद में,
क्रीड़ा करते हैं कल-कल्पना की गोद में,
सारदा के मन्दिर में सुमन चढ़ाते हैं,
प्रेम का ही पुण्य पाठ सबको पढ़ाते हैं।

यह उद्धरण दिया केवल बड़ों के प्रति आदर व्यक्त करने के लिए। लेख में कहीं इस बात की झलक भी न आने दी कि मैथिलीशरण गुप्त ने भी खड़ीबोली में अच्छी कविता की है। कवि की प्रशंसा में कई उपमान सजाने के बाद उन्होंने 'ठोके-पीटे कवियों की गढ़ी हुई कविताओं' की निन्दा की और उन सहज कवियों की प्रशंसा

की जो प्रकृति का अद्भुत चमत्कार हैं। आधुनिक हिन्दी कविता पर उन्होंने यह राय जाहिर की : "हिन्दी में जब से खड़ीबोली की कविता का प्रचार हुआ तब से आज तक उसमें स्वाभाविक कवि का अभाव ही था।" यह मैथिलीशरण आदि प्रसिद्ध कवियों पर आक्रमण था। ठीक है, उन्होंने साहित्य-सेवा की, पर वे निराला की निगाह में साहित्य का पौधा सींचने वाले माली थे, उसके फूल नहीं। बेशक खड़ीबोली के प्रचारकों और कवियों ने बहुत गालियाँ खाईं पर पौधे में फूल समय पर ही आते हैं। खड़ीबोली का "स्वाभाविक कवि अब इतने दिनों बाद आया है, और हिन्दी का वह गौरव-कुसुम श्री सुमित्रानन्दन पन्त है।"

पन्त इस पर फूल न उठें, अहंकार में पथभ्रष्ट न हो जाएँ, इसलिए उन्होंने उन्हें सावधान भी कर दिया : "यह कुसुम अभी पूर्ण विकसित नहीं हुआ, हाँ, पंखुड़ियाँ खोलने लगा है। इसके परागों में सुरभि की अभी मादकता नहीं कि रास्ते का हर एक पथिक सुगन्ध से खिंचकर बाग़ में आ जाए। अभी दो ही चार भौंरे उसके अर्द्ध विकास की रागिनी गाने लगे हैं।"

अन्त में उनके मंगलमय भविष्य के लिए अपनी शुभकामना व्यक्त करते हुए लिखा : "खड़ीबोली में प्रथम सफल कविता आप ही कर सके हैं। आपसे हिन्दी को बहुत कुछ आशा है। प्रार्थना है, हमारे इस अधखिले फूल [पर] परमात्मा की शुभ दृष्टि रहे। इसका परागमय जीवन उनके विराट् रूप की ही सेवा के लिए है।"

'निराला' जो आलोचनात्मक निबंध लिख रहे थे, वे छायायादी आन्दोलन को आगे बढ़ाने और उसे शक्ति प्रदान करनेवाले थे। तुलसीदास, रवीन्द्रनाथ, बिहारी, पन्त आदि पर अब तक उन्होंने जो कुछ लिखा था, उससे उनकी गहरी पैठ का पता चलता था। छायावादी कवियों में अभी किसी ने आलोचना के क्षेत्र में ऐसी पैनी सूझसूझ का परिचय न दिया था। अपने नाम से भाषा, साहित्य और दर्शन पर लिखे हुए लेखों के अलावा उन्होंने दूसरे नामों से या कोई नाम दिये बिना ही इन विषयों पर बहुत-सी टिप्पणियाँ लिखीं। 'सरस्वती' और 'माधुरी' की तीखी आलोचना के पीछे व्यक्तिगत कारण अवश्य थे; फिर भी यह आलोचना लेखकों को भाषा-सम्बन्धी प्रयोगों के बारे में सतर्क करनेवाली, द्विवेदी-परम्परा की अगली कड़ी थी। निराला की कविता के साथ ही छायावादी आलोचना का भी जन्म हुआ। निराला के हाथ में आलोचना एक अस्त्र थी जिससे एक तरफ़ वह विरोधी चिन्तन को छिन्न-भिन्न करते थे, दूसरी ओर नवीन विचारधारा और भावबोध को प्रतिष्ठित करते थे। अपने साहित्यिक कार्यक्रम में निराला ने गद्य को उतना ही महत्त्व दिया था जितना पद्य को। 'समन्वय' में उन्होंने लिखा था : "कविता की भाषा से मनोरंजन तो होता है परन्तु वह जीवन-संग्राम के काम की नहीं होती।" जीवन और साहित्य के संघर्ष में गद्य बड़े काम का है, निराला अपने व्यवहार से सिद्ध कर रहे थे।

आलोचना के साथ उन्होंने 'मतवाला' में दो-एक कहानियाँ भी लिखीं : 'क्या देखा?' 'जनाबआली' के नाम से, 'प्रेमपूर्ण तरंग' अपने नाम से। इनमें उनका व्यंग्य,

उनका यथार्थ चित्रण का रुझान, अपने अनुभवों-कल्पनाओं को रंग-चुनकर प्रस्तुत करने की कला के दर्शन हुए। पर यह अभी उनके गद्य साहित्य का कमज़ोर पहलू था।

'निराला' और 'मतवाला' का सम्बन्ध कुछ विचित्र-सा था। 'मतवाला' लोगों का मनोरंजन करनेवाला हास्य-व्यंग्य का पत्र था। 'निराला' की कविताएँ भाव-गम्भीर, ललित-पदावली युक्त, अधिकांश पाठकों के लिए दुरूह होती थीं। 'मतवाला' जैसे पत्र द्विवेदी-युग में कम थे पर भारतेन्दु-युग में अधिकांश पत्र इसी ढंग के निकलते थे। 'हरिश्चन्द्र-चन्द्रिका', 'हिन्दी-प्रदीप', 'ब्राह्मण'—इन सभी पदों में हास्य-व्यंग्य होता था और इन्हीं में गम्भीर रचनाएँ भी छपती थीं। 'मतवाला' का जन्म इसी वंश-परम्परा में हुआ था। जिस समय द्विवेदीजी ने 'सरस्वती' से अवकाश ग्रहण किया, उस समय हिन्दी-संसार भारतेन्दु-युग की आभा से दीप्त था। स्वयं द्विवेदीजी बालकृष्ण भट्ट के मित्र और कृपापात्र थे। 'मतवाला' के सम्पादक-संचालक-लेखक भारतेन्दु-युग की महिमा से अच्छी तरह परिचित थे। महादेवप्रसाद सेठ साहित्य और राजनीति में बालकृष्ण भट्ट को अपना आदर्श मानते थे। नवजादिकलाल श्रीवास्तव अपने मित्रों और सहयोगियों को बालमुकुन्द गुप्त और गोविन्दनारायण मिश्र के किस्से बड़े प्रेम से सुनाया करते थे। शिवपूजन सहाय ने काशी में अम्बिकाप्रसाद वैद्य से 'प्रेमघन' की चर्चा बहुत सुनी थी। भारतेन्दु-युग का उत्कट हिन्दी-प्रेम, समाज-सुधार और राष्ट्रीय स्वाधीनता की भावना, हास्य-प्रियता और ज़िन्दादिली 'मतवाला' में नया अवतार लेकर जनता के सामने आई।

'मतवाला' में राजनीति, समाज-व्यवस्था, साहित्य—सभी पर जोरदार टिप्पणियाँ होती थीं। 'मतवाला' अंग्रेज़ी राज का विरोधी और सामाजिक रूढ़िवाद का कट्टर शत्रु था। सन् '20 के स्वाधीनता-आन्दोलन के साथ देश में जो जागृति फैली, 'मतवाला' उसका प्रतिनिधि था। उसकी राजनीतिक चेतना गांधीवाद की सीमाएँ लाँघकर देश और समाज की परिस्थितियों में और गहरे पैठती थी। वह बालकृष्ण भट्ट के 'हिन्दी-प्रदीप' का सही उत्तराधिकारी और गणेशशंकर विद्यार्थी के 'प्रताप' का योग्य जोड़ीदार था। 'मतवाला' दूर-दूर तक पहुँचता था। जहाँ हिन्दी-प्रेमी थे, वहाँ 'मतवाला' था। लोग पढ़ते थे, अंक सँभालकर रख लेते थे। वाचनालयों में 'मतवाला' पढ़ने के लिए भीड़ लग जाती थी। 'मतवाला' का हर अंक ध्यान से पढ़नेवाले उसके एक प्रेमी पाठक कवि और नाटककार जयशंकर 'प्रसाद' भी थे।

'मतवाला' का जो गम्भीर साहित्यिक पक्ष था, उसके एकमात्र निर्माता निराला थे। कविताएँ औरों की भी छपीं पर संख्या और गुण, दोनों की ही दृष्टि से कवि-रूप में 'मतवाला' पर केवल निराला छाये हुए थे। 'मतवाला' के हास्य-व्यंग्य वाले अंश को भी रचने-सँवारने में निराला का बड़ा हाथ था। भाषा और साहित्य से सम्बन्धित आलोचना वही लिखते थे। इस आलोचना को अपने हास्य और व्यंग्य से वह 'मतवाला' का प्रमुख आकर्षक बना देते थे। यह हिन्दी-पत्रकार-कला का स्वर्ण-युग था जब महादेवप्रसाद सेठ, नवजादिकलाल श्रीवास्तव, शिवपूजन सहाय

और सूर्यकान्त त्रिपाठी 'निराला' ने अपने सम्मिलित प्रयास से 'मतवाला' को हिन्दी का सर्वाधिक लोकप्रिय पत्र बना दिया था।

'मतवाला' के प्रकाशन से पहले सूर्यकान्त त्रिपाठी को कवि-रूप में जानने वाले व्यक्ति उँगलियों पर गिने जा सकते थे। 'मतवाला' निकलने के साल-भर बाद शायद ही कोई हिन्दी-प्रेमी हो जो निराला नाम से अपरिचित रह गया हो। ऐसी व्यापक प्रसिद्धि इतने कम समय में अब तक हिन्दी में किसी कवि को न मिली थी—उन कवियों को भी नहीं, जिनकी रचनाएँ स्वयं महावीरप्रसाद द्विवेदी ने 'सरस्वती' में छापी थीं। एंट्रेंस-फेल सुर्जकुमार ने अपनी प्रतिभा और पौरुष से युगप्रवर्तक सूर्यकान्त त्रिपाठी 'निराला' की इस भव्य मूर्ति का निर्माण किया था। आँखों में चकाचौंध पैदा करनेवाली अपनी छवि पर कुछ विस्मित, कुछ मुग्ध, वह उचित ही गर्व कर सकते थे।

'मतवाला'-मंडल

महादेवप्रसाद सेठ के परिवार में मिर्ज़ापुरी पत्थरों का कारोबार होता था। साहित्य में पैसा लगाना उनके घरवाले व्यर्थ समझते थे। महादेवप्रसाद चतुर आदमी थे। तरह-तरह के बहाने करके रुपये ले ही आते थे। कलकत्ते में उन्होंने अपना प्रेस जमा लिया था। 'समन्वय' वहीं छपता था। साबुन-तेल की फर्म भूतनाथ की सारी छपाई उन्हीं के यहाँ होती थी। 'समन्वय' के संन्यासियों से लेकर भूतनाथ के मैनेजर मुंशी नवजादिकलाल तक हर तरह के आदमी महादेवप्रसाद सेठ के मित्र थे। वह राष्ट्रीय आन्दोलन में सक्रिय भाग ले चुके थे। इसलिए कलकत्ते के हिन्दी-प्रेमी, स्वदेशी के समर्थक मारवाड़ी व्यापारी उनसे स्नेह करते थे, और उनके लिए बहुत-सा काम जुटा देते थे।

प्रेस जम गया था, 'मतवाला' निकालने में विशेष कठिनाई न हुई। महादेवप्रसाद सेठ आदमी पहचानते थे। खुद काम कम करते थे, दूसरों से काम लेना खूब जानते थे। उन्होंने देखा, मुंशी नवजादिकलाल भूतनाथ वालों की मैनेजरी बड़ी चुस्ती और मुस्तैदी से करते हैं। उन्होंने बालकृष्ण प्रेस और 'मतवाला' के प्रबन्ध का सारा भार उन पर डाल दिया। अपना समय वह इतिहास की पुस्तकें पढ़ने और हुक्का पीने में लगाते। उर्दू शायरी से उन्हें विशेष प्रेम था; बात-बात में शेर उद्धृत करते। जब मिशन स्कूल में पढ़ते थे, तब खुद भी 'रज़ा' नाम से शेर कहते थे। अपने उर्दू के उस्ताद एक मौलवी साहब से इस्लाह लेते, ग़ज़लें दुरुस्त कराते थे। ग़ालिब उनके प्रिय कवि, थे, उनका एक शेर वह अक्सर दोहराते थे :

मय से गरज निशात है किस रू सियाह को।
इक गूना बेख़ुदी मुझे दिन-रात चाहिये।

मय के बदले वह भाँग के प्रेमी थे। संध्या समय भाँग छानना अहोरात्र का सबसे महत्त्वपूर्ण कार्य था। कसेरू, बेल, फालसे, अंगूर, सन्तरे, आम—नित-नये फलों के रस के साथ वह भाँग का सेवन करते थे। 'मतवाला'-मंडल के सभी सदस्य बड़ी आत्मीयता का अनुभव करते हुए इस सुखद कृत्य में उनका साथ देते थे।

भाँग पीने के बाद वह उकड़ूँ बैठकर बड़े मनोयोग से हुक्का गुड़गुड़ाते। मुंशी नवजादिकलाल लोगों को सावधान करते—कोई बोलना मत; गोपालकृष्ण गोखले बजट पर स्पीच की तैयारी कर रहे हैं। महादेवप्रसाद सेठ हुक्के की नली से ज़ोर से कश लेकर धुआँ उड़ाते हुए कहते :

मारा चिलम पै दम तो शरारे निकल पड़े,
एक बुर्ज आतशीं से सितारे निकल पड़े।

महादेवप्रसाद सेठ सौन्दर्य-प्रेमी व्यक्ति थे। फिटन में जुते हुए अच्छे कोतल घोड़े को दौड़ते देखते तो सड़क पर खड़े ही रह जाते। कनौती उठाये दौड़ने की अदा की तारीफ करते। चिड़ियाघर में चितकबरे साँप उन्हें विशेष पसन्द थे। आकाश में घटाएँ उठते देखकर मिर्ज़ापुर की कजली गुनगुनाने लगते। वह निराला के सौन्दर्य के, विशेषकर उनकी मोहक बड़ी-बड़ी आँखों के भी प्रशंसक थे। उनकी कद्रदानी की दाद देते हुए मुंशी नवजादिकलाल कहते : "एक तो महाकवि बिहारीलाल की नायिका भौंहों में हँसती थी, दूसरे हमारे निरालाजी भौंहों में हँसा करते हैं। बल्कि ये तो बिहारी की नायिका के भी कान कुतर चुके हैं। इनकी पलकें हँसती हैं, बरौनियाँ हँसती हैं, आँखों के कोए हँसते हैं, अजी इनकी नसें और मसें हँसती हैं।" निराला का नख-शिख-वर्णन सुनकर महादेवप्रसाद सेठ अपनी घनी काली मूँछों में मुस्कराते; मुँह पर शीतला के हल्के दाग हँसी की लाली में छिप जाते।

निराला 'मतवाला'-मंडल की शोभा थे। वह कविता लिखते, कविता के बारे में बातें करते, कविता के ध्यान में डूबे रहते। अपनी धुन में मस्त कभी वह तमाखू मलते हुए नंगे पैर ही मछुआ बाज़ार से कार्नवालिस स्ट्रीट तक पहुँच जाते। कविता की चर्चा छिड़ने पर वह गिरीशचन्द्र घोष के 'रावणवध' या 'बुद्धदेव चरित' का कोई संवाद बड़े नाटकीय ढंग से सुनाते, कभी अभिनय की कुशल भावभंगी के साथ 'पंचवटी प्रसंग' के किसी अंश का पाठ करते। चन्द्रशेखर शास्त्री मुग्ध होकर कहते : "अजन्ता की कोई प्रतिमा सजीव होकर हिन्दी संसार में आ गई है।" हिन्दी-संस्कृत-बँगला की बीसों कविताएँ उन्हें याद थीं। महादेवप्रसाद सेठ उनकी स्मरणशक्ति देखकर चकित रह जाते थे।

काव्य-चर्चा के साथ जब-तब 'मतवाला'-मंडल में तेज़ बहस भी हुआ करती थी। उन दिनों हिन्दी के हर साप्ताहिक पत्र के दफ्तर में शब्दों के प्रयोग को लेकर विवाद छिड़ा रहता था। महावीरप्रसाद द्विवेदी और बालमुकुन्द गुप्त के 'अनस्थिरता'-सम्बन्धी महाभारत को खत्म हुए अभी ज़्यादा दिन न हुए थे। मुंशी नवजादिकलाल उर्दू-ज्ञान के बल पर अपने को भाषा के मामले में अधिकारी विद्वान् मानते थे। निराला

अपना अंग्रेज़ी व्याकरण का ज्ञान हिन्दी-प्रयोग में सिद्ध करते। महादेवप्रसाद सेठ दोनों महारथियों को भिड़ाकर चुपचाप हुक्का पीते रहते। असमापिका क्रिया और केस इन अपोज़ीशन का रहस्य समझाते हुए निराला का स्वर मध्य से तार सप्तक तक पहुँच जाता।

राजनीति का प्रसंग छिड़ता। निराला क्रोध से अंग्रेज़ों के अत्याचारों का वर्णन करते, हिन्दू-समाज में अछूतों पर अत्याचार, किसानों पर ज़मींदारों के उत्पीड़न का सजीव चित्र खींच देते। व्यावहारिक वेदान्त के बल पर वह देश में क्रान्तिकारी परिवर्तन की आवश्यकता समझाते। शिवपूजन सहाय को लगता, वह किसी उग्र साम्यवादी का भाषण सुन रहे हैं।

महादेवप्रसाद सेठ रईस आदमी थे। साहित्यकारों का सम्मान करने में उन्हें आनन्द आता था। बाहर से जो साहित्यकार आता, एक बार 'मतवाला'-मंडल में उसका आदर-सत्कार अवश्य किया जाता। बाहरवालों के सिवा कलकत्ते के साहित्यकारों का एक अड्डा शंकरघोष लेन में 23 नम्बरवाला मकान था। अम्बिकाप्रसाद वाजपेयी, लक्ष्मणनारायण गर्दे, मूलचन्द अग्रवाल, ईश्वरीप्रसाद शर्मा, चन्द्रशेखर शास्त्री, रामगोविन्द त्रिवेदी, सकलनारायण शर्मा, जगन्नाथप्रसाद चतुर्वेदी, माधव शुक्ल आदि अनेक पत्रकार, कवि, नाटककार और हिन्दी-संस्कृत के विद्वान् वहाँ एकत्र होते। निराला ध्यान से भाषा और साहित्य के बारे में इनकी बातें सुनते; कहाँ से क्या लेना है, मन में नोट करते जाते। सकलनारायण शर्मा हिन्दी लेखकों की असावधानी की चर्चा करते, लोग एक ही पंक्ति में 'ही' के साथ 'भी' का भी प्रयोग करके वाक्यों को दूषित कर देते हैं। निराला दूसरों का गद्य पढ़ते समय 'ही-भी' की तलाश में रहते। अपनी नम्रता से, कविता-पाठ से, संस्कृत-बँगला काव्य-चर्चा से वह बुज़ुर्ग साहित्यकारों को बहुत जल्दी प्रभावित कर लेते। बीच-बीच में मुंशी नवजादिकलाल फुलझड़ियाँ छोड़ते रहते; शंकरघोष लेन का वह मकान हिन्दी साहित्यकारों की हँसी से गूँज उठता।

रामगोविन्द शास्त्री को निराला का परिचय देते हुए मुंशीजी कहते : "हमारे यहाँ एक क्रान्तिकारी कवि हैं। उनको आपने देखा है? पद्म पलाश लोचन, आजानुबाहु, काकपक्षधारी, वृषभस्कन्ध और कोकिल-कंठ हैं। उनकी उँगलियाँ अजन्तागुहा के चित्रों की छवि छीनती हैं। उनकी मांसपेशियाँ ग्रीस-रोम की मूर्तियों की याद दिलाती हैं। सुए की टोंट-सी उनकी नासिका और अनारदाने-से उनके दाँत देखकर आप घपले में पड़ जायँगे। जब वे भुजदंड ठोककर अपने प्रशस्त वक्ष:स्थल का विस्तार दिखाते हैं, बुद्धि पगुरी करने लगती है। डीलडौल पंजाबी, बोलचाल बैसवाड़ी, खान-पान बंगाली, रहन-सहन वेदान्ती। जनेऊ को साबुन लगाकर धूप में रख देते हैं। जब तक कोई उसकी याद न दिलाए, तब तक अपनी धुन में मस्त रहते हैं। 'सजीव रसगुल्ले' के बड़े प्रेमी हैं। केंचुआ छन्द के आदिकवि हैं। उनकी शंखध्वनि से हिन्दी-जगत् में हड़कम्प छा गया है।"

कभी-कभी बाहर से आनेवाले लेखकों से निराला की गर्मागर्म बहस हो जाती। हिन्दी के उदीयमान लेखक इलाचन्द्र जोशी रवीन्द्रनाथ के बड़े भक्त थे। निराला से बोले : "मैं उन्हें संसार का सर्वश्रेष्ठ कवि मानता हूँ।" निराला ने व्यंग्यपूर्ण स्वर में पूछा : "क्या आप उन्हें शेक्सपियर से भी बड़ा कवि मानते हैं?" इलाचन्द्र ने निराला के बलिष्ठ शरीर की चिन्ता न करके कहा : "जी हाँ, मैं उन्हें शेक्सपियर से भी कई बातों में बड़ा मानता हूँ?" निराला ने स्वर ऊँचा करते हुए पूछा : "कालिदास से भी बड़ा मानते हैं?" इलाचन्द्र ने भी स्वर ऊँचा करके कहा : "जी, हाँ।" निराला ने सामने बैठे हुए दुबले-पतले युवक को घूरते हुए फिर प्रश्न किया : "तो क्या आपकी राय में रवीन्द्रनाथ तुलसीदास से भी बड़े हैं?" इलाचन्द्र ने जान पर खेलते हुए जवाब दिया : 'जी हाँ, मैं उन्हें कुछ बातों में तुलसीदास से भी बड़ा मानता हूँ।" इस पर निराला जोर से ठठाकर हँस पड़े। अर्थ यह कि सामने बैठा व्यक्ति असाध्य है।

निराला स्वयं रवीन्द्रनाथ के प्रशंसक थे पर वह उन्हें विश्व का सर्वश्रेष्ठ कवि मानने को तैयार न थे। शेक्सपियर और कालिदास से चाहे कोई रवीन्द्रनाथ को बड़ा कह दे, पर यदि वह उन्हें तुलसीदास से भी बड़ा कहे, तो वह उसे माफ़ न कर सकते थे। रवीन्द्रनाथ के बंगाली प्रशंसक तुलसीदास को भक्तकवि कहकर कभी-कभी उनका अनादर करते, रवीन्द्रनाथ को ब्रह्मज्ञान में उनसे श्रेष्ठ बतलाते। निराला पूछते—परमाणु में जो गति है, उसे चलानेवाला कौन है, बता सकते हैं?

भव भव विभव पराभव कारिणि।
विश्व विमोहिनि स्ववश विहारिणि॥

इसका मतलब समझते हैं?

रवीन्द्रनाथ के ब्रह्मज्ञान की कमज़ोरियाँ दिखाना निराला की साहित्यिक चर्चा का प्रमुख विषय होता था। वह हिन्दीवालों को खास तौर से समझाते थे कि तुलसीदास जितने बड़े भक्त थे, उतने ही बड़े ज्ञानी थे। प्रमाण देते : 'ज्ञानहि भक्तिहिं नहिं कछु भेदा'।

कलकत्ते के साहित्यप्रेमियों ने तुलसी-जयन्ती का आयोजन किया। रायबहादुर बद्रीदास के घर पर सभा हुई। अम्बिकाप्रसाद वाजपेयी, लक्ष्मणनारायण गर्दे, सकलनारायण शर्मा, झाबरमल्ल शर्मा, जगन्नाथप्रसाद चतुर्वेदी, राधामोहन गोकुलजी, नन्दकुमारदेव शर्मा, माधव शुक्ल, मनोरमा-सम्पादक महावीरप्रसाद मालवीय आदि साहित्यप्रेमी सज्जन एकत्र हुए। इस सभा में निराला ने तुलसीदास के सम्बन्ध में कहा—वे सिद्ध महात्मा थे। द्वैतभाव की पुष्टि तो वह कर ही न सकते थे। अद्वैत ही सबसे उच्च तत्त्व है।

सेवहिं लखन सीय रघुबीरहिं।
जिमि अविवेकी पुरुष सरीरहिं॥

इससे अद्वैत मत की ही पुष्टि होती है। 'रामचरितमानस' एक सरोवर है। वह अद्वैत का ही रूपक है। सात सीढ़ियाँ योगियों के सात चक्र हैं।

निराला अभी तक मुख्यत: दो महाकवियों को घोखते रहते थे : एक तो रवीन्द्रनाथ, दूसरे तुलसीदास। इनके साथ अब एक तीसरा नाम जुड़ गया—ग़ालिब। ग़ालिब की रचनाएँ वे महादेवप्रसाद सेठ से सुनते, कुछ शेर याद कर लेते, फिर वेदान्त की कसौटी पर उन्हें परखते, अपने ढंग से उनकी व्याख्या करते।

न था कुछ तो ख़ुदा था, कुछ न होता तो ख़ुदा होता,
डुबाया मुझको होने ने, न होता मैं तो क्या होता।

आदि-अन्त में ब्रह्म ही है। संसार मिथ्या है। तुलसीदास में भी यही भाव है : 'जेहि जाने जग जाय हेराई'। और कबीर ने भी कहा था :

सूर परकास तहँ रैन कहँ पाइये
रैन परकास नहिं सूर भासै।

ग़ालिब, तुलसी और कबीर में भाव-साम्य दिखाने के साथ निराला राजनीतिक निष्कर्ष निकालते कि वेदान्त की भूमि पर ही हिन्दुओं-मुसलमानों में सच्ची मैत्री कायम हो सकती है।

'मतवाला'-मंडल में निराला के ज्ञान को चुनौती देनेवाला कोई नहीं था। व्याकरण के मामले में नवजादिकलाल उनसे भिड़ सकते थे पर दार्शनिक क्षेत्र में निराला वहाँ सभी के आचार्य थे। वैसे ज्ञान में वह अपने को किसी संन्यासी से कम न समझते थे पर एक जगह—अपने मन में—उनसे कमज़ोर पड़ते थे। संन्यासी दृढ़-चरित्र थे, निराला ब्रह्म को मदन-पंचशर-हस्त के रूप में देख चुके थे। छोटे-मोटे संन्यासियों की तो कोई बात नहीं, पर स्वामी सारदानन्द जैसे महावीर को देखकर उन पर छुटपन सवार हो जाता था। 'मतवाला'-मंडल में सभी बराबर थे। उम्र में बड़े होने पर भी महादेवप्रसाद, मुंशी नवजादिकलाल और शिवपूजन सहाय बड़प्पन न जताते थे। 'पंडितजी' कहकर वे उनका आदर करते थे, आदर से ज़्यादा उनको प्यार करते थे। निराला उनसे आदर पाकर खुद उनकी बड़ी इज़्ज़त करते थे। महादेवप्रसाद सेठ, शिवपूजन सहाय निराला के साथ फोटो खिंचाने गए : निराला ने उन्हें कुर्सियों पर बिठाया। खुद शिवपूजन सहाय के पीछे खड़े हुए। उनका हृदय प्रेम का भूखा था। पंडित रामसहाय और मनोहरादेवी के बाद निराला का दुलार करनेवाला न रह गया। यहाँ दूर-देश बंगाल में अकेले रहनेवाले ये एक ही उद्देश्य से प्रेरित हिन्दी साहित्यकार हृदय का सारा स्नेह एक-दूसरे पर उँड़ेल देते थे। वे निराला को प्यार ही न करते थे, उन्हें यह दृढ़ विश्वास भी हो गया था कि निराला अत्यन्त प्रतिभाशाली युगप्रवर्तक कवि हैं। संन्यासियों के सामने जब निराला अपने को रवीन्द्रनाथ के समकक्ष कवि घोषित करते, तब वे लोग हँस देते थे। पर इन मित्रों के सामने जब वह तुलसीदास के ज्ञान की व्याख्या करते, रवीन्द्रनाथ की दार्शनिक कमज़ोरियाँ दिखलाते, मृदु गम्भीर कंठ से अपनी कविताएँ सुनाते, तब उनके अग्रज बन्धुओं की आँखें प्रशंसा

के अदम्य तेज से चमक उठतीं। वे निराला के सामने और पीठ-पीछे उनके गुणों का बखान करते अघाते न थे।

मुंशी नवजादिकलाल श्रीवास्तव महादेवप्रसाद सेठ की तरह रईस न थे। देहात के एक साधारण परिवार में जन्म लेकर डाक का थैला ढोने के बाद बड़े परिश्रम से साहित्य की दुनिया में घुस पाए थे। 'मतवाला'-मंडल के प्रत्यक्ष सूत्रधार वही थे। 'मतवाला' की बिक्री से लेकर आटे-दाल तक हर चीज़ का ध्यान रखते थे। तरकारी कौन-सी बनेगी, भाँग के लिए कौन-से फल आएँगे, बाग़बाज़ार से रसगुल्ले कितने आएँगे—इन सब महत्त्वपूर्ण प्रश्नों का निर्णय मुंशीजी ही करते थे। इतवार के दिन वह घर की सफाई में जुट जाते! सफाई के बाद वह झाड़ू को सुखाते, दवात की स्याही बदलते; कंघी, चाकू, चश्मा तक साबुन से धोते, जूते पोंछते और कुर्सियों से खटमल निकालते। बीच-बीच में निराला को अपने ज़िला बलिया के किस्से भी सुनाते जाते। एक साहब ताल के किनारे हाजत रफ़ा करने जाते थे। किसी दिन ठंढ ज़्यादा लगी तो रज़ाई ओढ़कर गए। आबदस्त के लिए बैठे तो बायाँ हाथ ठीक जगह तक पहुँचा नहीं। परेशान होकर बोले—हथवै छोट बा कि—यै दूर बा?

निराला ज़ोर से हँसते और देर तक हँसते रहते।

मुंशीजी फिर अपने काम में लग जाते।

'मतवाला' में भूतनाथ तेल का विज्ञापन देना था। मुंशीजी को सूझा कि गद्य के बदले पद्य में तेल का फड़कता हुआ विज्ञापन दिया जाय। उन्होंने निराला से प्रार्थना की और उन्होंने कविता तैयार कर दी :

बजा दमामा जिस दम इसका तेल हज़ारों मात हुए,
हुआ बराबर फतहयाब जब-जब युद्धों में घात हुए।
एकछत्र हो बादशाह जैसा करता है राज यही,
नहीं सामने रही किसी भी तेलों की अब कोई सही।

मुंशीजी विज्ञापन देखकर प्रसन्न हुए।

'मतवाला'-मंडल में निराला की सबसे ज़्यादा पटरी बैठती थी शिवपूजन सहाय के साथ। वाक्य-रचना और शब्दों के प्रयोग के बारे में शिष्यवत् निराला का आचार्यत्व वह स्वीकार करते थे। कचहरी में नकलनवीसी से शुरुआत करने के बाद बड़े भाग्य से 'मतवाला'-जैसा पत्र मिला था। उन्होंने प्रतिज्ञा की थी, जब तक तन में प्राण हैं, तब तक 'मतवाला' की सेवा करते रहेंगे। 'मारवाड़ी सुधार' तो यों ही समाज-सुधारक पत्र था, 'आदर्श' से उन्हें बड़ी-बड़ी आशाएँ थीं। पाँच अंकों के बाद उसे भी बन्द कर देना पड़ा। यह निराला से अपना दुख कहते : "निःसन्तान होकर रहना अच्छा है, पर पुत्रशोक अच्छा नहीं है। किसी लेखक को ऐसे पत्र का सम्पादन हाथ में न लेना चाहिए जिसका भविष्य उज्ज्वल न हो। भविष्य उज्ज्वल उसी पत्र का हो सकता है जिसके प्रकाशक के पास पूँजी हो, साहित्य के प्रति अटल अनुराग भी हो।"

शिवपूजन सहाय को लगता था, अब ऐसा ही प्रकाशक मिल गया है। महादेवप्रसाद सेठ उनकी टिप्पणियों की, प्रूफ पढ़ने की योग्यता की प्रशंसा करते। वास्तव में 'मतवाला'-मंडल के प्रेक्षकों में हिन्दी लिखना सबसे पहले उन्हीं ने शुरू किया था; पत्र-सम्पादन का व्यावहारिक ज्ञान भी उन्हें सबसे ज़्यादा था। दूसरों का बड़प्पन वह आसानी ओढ़ लेते थे; लोग उनकी सरलता और सज्जनता पर बलि-बलि जाते। शिवपूजन सहाय कवि न थे पर कविता के पारखी ज़रूर थे। संस्कृत, हिन्दी और उर्दू के बहुत-से छन्द उन्हें याद थे। 'रामचरितमानस' का पाठ वह बड़े भक्तिभाव से करते थे। मित्रों के साथ भाँग छानते, थियेटर देखने जाते, मुंशीजी के साथ कहकहे लगाते पर कभी-कभी अकेले में उनका मन उदास हो जाता था। मन की बात किससे कहें, कैसे कहें, समझ में न आता था। अब तक जितने पत्रों में उन्होंने काम किया था, उनमें हर महीने उन्हें बँधी हुई तनखाह मिल जाती थी। यहाँ हर काम भाईचारे में होता था। 'मतवाला' की ग्राहक-संख्या बढ़ रही थी। उसकी लोकप्रियता के कारण प्रेस को और ज़्यादा काम मिलने लगा था। मुंशी नवजादिकलाल आमदनी और खर्च का हिसाब ही न रखते थे, किस मद में कितना पैसा खर्च हो, इसका फैसला भी करते थे। शिवपूजन सहाय या निराला को मासिक वेतन देने का सवाल न था; उनकी ज़रूरत के लिए उन्हें कब कितना रुपया दिया जाय, यह कारोबार की हालत देखकर मुंशीजी तय करते थे। कानून के अनुसार पत्र और प्रेस पर स्वामित्व महादेवप्रसाद सेठ का था, दैनिक व्यवहार में गद्दी के मालिक मुंशीजी थे। शिवपूजन सहाय को खाने-पीने, कपड़े-लत्ते, भाड़े-किराये की कोई चिन्ता न थी। पर वह गृहस्थ आदमी थे, घरवालों को पैसा भेजना होता था। इस तरह साहित्य-सेवा से कैसे चलेगा?

कलकत्ते में शिवपूजन के मित्र और गुरु एक लेखक और थे—पंडित ईश्वरीप्रसाद शर्मा। आरम्भ में इन्हीं के प्रोत्साहन से शिवपूजन सहाय ने हिन्दी-सेवा का व्रत लिया था। कुछ दिन तक आगरे में एक साथ रहकर दोनों आदमी 'धर्माभ्युदय' पत्र में काम कर चुके थे। ईश्वरीप्रसाद शर्मा हास्य-व्यंग्य के उस्ताद, फक्कड़ों के बादशाह, 'मतवाला'-मंडल के सहयोगी थे। दफ्तर कभी वक्त से न जाते थे। मित्रों से कहते थे—त्यागपत्र हमेशा जेब में रखता हूँ। अनुवाद से लेकर व्यापारियों के लिए विज्ञापन लिखने तक जब जैसा काम मिला, वह आनन-फानन कर डालते थे। कलकत्ते की किन दुकानों में कौन-सी मिठाई सबसे अच्छी मिलती है, इसकी जानकारी उनसे ज़्यादा किसी दूसरे को न थी। स्वादिष्ट भोजन करना, आये-दिन थियेटर देखना, मित्रों के साथ गप लगाना, दूसरों को काम न करने देना—यही उनका दैनिक कार्यक्रम था। कविताएँ सैकड़ों याद थीं। संस्कृत, बँगला, हिन्दी, उर्दू, जब जिस भाषा की जैसी कविता की ज़रूरत हुई, सुनाने लगते थे। थियेटर देखने के शौकीन तो थे ही, अभिनय करने में भी एक ही थे। 'सत्य हरिश्चन्द्र' में डोम का पार्ट इतना बढ़िया किया था कि शिवपूजन सहाय हँसते-हँसते लोट-पोट हो गए थे।

ऊपर से निठल्ले और हँसोड़ लगने वाले ईश्वरीप्रसाद शर्मा सूझ-बूझ के आदमी थे; काव्य के साथ इतिहास के भी पंडित थे। सन् '22 में उन्होंने ग़दर का इतिहास लिखा, ग़दर को भारत का स्वाधीनता-संग्राम कहा था। शिवपूजन सहाय उनके इतिहास-ज्ञान से भी प्रभावित थे। दोनों का जन्म एक ही क्षेत्र में हुआ था, उसी शाहाबाद के कुँअरसिंह ने अंग्रेज़ों से वीरतापूर्ण संग्राम किया था। उनकी जीवनी के लिए सामग्री बटोरते हुए अपने मित्रों के साथ शिवपूजन सहाय ने गाँवों की काफी खाक छानी थी।

शिवपूजन सहाय अपने गुरु ईश्वरीप्रसाद से इतना प्रभावित थे कि लिखावट में भी उनका अनुसरण क़रते थे, उन्हीं के-से स्वच्छ, सुडौल अक्षर बनाने का प्रयत्न करते थे।

बनियों से पैसा वसूल करने की कला में पंडित ईश्वरीप्रसाद शर्मा कलकत्ते के हिन्दी लेखकों के आचार्य थे। 'मतवाला'-मंडल के साहित्यकारों की मैत्री को वह बड़ी तटस्थ दार्शनिक दृष्टि से देखते थे। शिवपूजन सहाय को समझाते, सीधी उँगली से घी नहीं निकलता। पेशगी रुपया माँगो, मिल जाय तो कहो, बकाया वसूल पाया।

शिवपूजन सहाय यहीं कमज़ोर थे। खुलकर महादेवप्रसाद सेठ या मुंशी नवजादिकलाल से कुछ कह न पाते थे। कई महीने तक घुटते रहने के बाद उन्होंने तै किया कि 'मतवाला' छोड़ देंगे। पर 'मतवाला' छोड़ने से पहले किसी दूसरी जगह का प्रबन्ध कर लेना ज़रूरी था। उन्होंने 'माधुरी'-कार्यालय से लिखा-पढ़ी शुरू की। 'मतवाला' 'माधुरी' की तीखी आलोचना करता आया था, उसका एक स्तम्भ उसे छोड़कर 'माधुरी' में आना चाहता है, यह जानकर 'माधुरी' वालों को सहज प्रसन्नता हुई। शिवपूजन सहाय अपनी सम्पादन-योग्यता के लिए काफी विख्यात भी हो चुके थे। उन्हें 'माधुरी' के सम्पादकीय विभाग में काम मिल गया।

शिवपूजन सहाय ने महादेवप्रसाद सेठ से कहा : "मुझे रुपयों की ज़रूरत है, घर जाना है।" महादेवप्रसाद ने स्वयं हाँ-ना कुछ न कहकर मुंशीजी को रुक्का लिख दिया। 'मतवाला' घाटे में चल रहा है, आजकल हाथ बहुत तंग है, सेठजी इतिहास की किताबों पर इतना रुपया फिज़ूल खर्च कर देते हैं—आदि बातें मुंशीजी ने शिवपूजन सहाय को समझाईं। इन्होंने मुंशीजी को अपनी घर की स्थिति बताई। आख़िर दो सौ रुपये मुंशीजी ने इन्हें दिये। 'मतवाला' में काम करते हुए शिवपूजन सहाय को करीब छह महीने हो गए थे। ये दो सौ रुपये इसी काम का मेहनताना थे। शिवपूजन सहाय को लगा कि महादेवप्रसाद और दूसरे प्रकाशकों में ज़्यादा अन्तर नहीं है। मेहनत की कद्र करना कोई नहीं जानता। जान लड़ा दो लेकिन पैसे वाले को आदमी नहीं, पैसा ही दिखाई दिया। अब पेट की चोट खाकर यहाँ से भी जाना पड़ा। मुंशीजी की भी निगाह बदल गई है। हैं कलम-नवीस, पर बातें ऐसे करते हैं मानो गद्दी के मालिक यही हों!

शिवपूजन सहाय ने महादेवप्रसाद सेठ और मुंशी नवजादिकलाल के व्यवहार की शिकायत इधर-उधर की, फिर सबको नमस्कार करके लखनऊ चल दिये। उनकी शिकायत की बात निराला तक पहुँची। निराला ने महादेवप्रसाद से कहा—शिवपूजन सहाय आपके और मुंशीजी के व्यवहार से बहुत दुखी होकर गए हैं। महादेवप्रसाद ने पूछा—यह आपको कैसे मालूम हुआ? निराला ने कहा—इससे क्या? मैं जो बात कह रहा हूँ, सच है।

पूछताछ करने पर महादेवप्रसाद सेठ को मालूम हुआ कि निराला से ये बातें उनके मित्र रामलाल गर्ग ने कहीं। रामलाल गर्ग को शिकायत की बात शिवपूजन सहाय के बन्धु बृजकिशोर से मालूम हुई। बृजकिशोर ने रामलाल के अलावा भूतनाथ के मालिक कनका बाबू को भी शिवपूजन सहाय की शिकायत का हाल बता दिया था। यह सब जानकर महादेवप्रसाद सेठ को काफी दुख हुआ। शिवपूजन सहाय का व्यवहार उन्हें अपने प्रति सरासर अन्याय लगा। दुनिया भर में कहते फिरे, आख़िर हमसे कहने में इतना संकोच क्यों था? 'मतवाला' का प्रकाशन मुनाफे के लिए तो किया न गया था। यहाँ मालिक और नौकर का सम्बन्ध तो था नहीं। सब लोग मिलकर भाइयों की तरह काम करते थे।

महादेवप्रसाद सेठ ने क्षुब्ध होकर शिवपूजन सहाय को पत्र लिखना शुरू किया :

Matwala
23, Shanker Ghose Lane,
Calcutta

26-3-1924

भाई शिवपूजन,

तुम मुझे अपने पत्रों में बराबर 'पूज्य' और 'आदर-प्रणाम' आदि शब्दों से संबोधित करते रहे हो। यह पूज्य और आदर-प्रणाम का प्रयोग मुझे आज के पहले तक कितना संकुचित और लज्जित करता रहा है, यह कहकर नहीं जताया जा सकता। परन्तु आज इस पत्र में मैं तुम्हारे लिए 'त्वंकार' का ही प्रयोग करता हूँ। इससे बहुत सम्भव है, तुम्हें कुछ आश्चर्य होगा, पर मैंने उक्त शब्दों के प्रयोग के द्वारा प्राप्त अपने अधिकार को काम में लाना ठान लिया है। मेरे ऐसा करने का एक खास कारण है। आज, ज़रा देर पहले ही निराला महाराज की जुबानी यह खबर पाकर कि तुम मेरे और मुंशीजी के व्यवहार—निष्ठुर व्यवहार—से दुखित और असंतुष्ट होकर यहाँ से गए हो, मुझे अनिर्वचनीय दुख हुआ। पहले तो त्रिपाठीजी ने यह बतलाने से स्पष्ट इनकार किया कि उन्हें यह खबर कैसे लगी परन्तु हम लोगों के विशेष पीड़ा-पीड़ी करने पर उन्होंने कहा कि उनसे रामलाल ने कहा और रामलाल से पूछने पर पता लगा कि उनसे बृजकिशोर ने कहा और इतना ही नहीं, बृजकिशोर ने अपने आफिस में कनका बाबू आदि से भी कहा था। ख़ैर, बृजकिशोर से पूछा गया तो पता लगा कि

तुमने बृजकिशोर से कहा था कि तुम्हें आशा थी कि तुमको घर जाने के समय 300) तो अवश्य ही दिये जाएँगे। पर मैंने तुमारी इस आशा के विपरीत केवल 200) के लिए मुंशीजी को लिखा और तुम्हें वणिक् प्रेस को अनकरीब 100) देने थे, वह तुम न दे सके। इससे तुम्हारी घरवाली (यह स्त्रीलिंग प्रयोग मैं अपनी ओर से कर रहा हूँ, उन्होंने 'घरवाले' कहा था) नाराज़ होंगी और शायद तुम्हें यहाँ आने की आज्ञा न मिलेगी। यह खबर पाकर मुझे कितनी आत्मग्लानि हुई, यह कह नहीं सकता—सुनाऊँ दर्द दिल ताक़त अगर हो सुनने वाले में'। ख़ैर, इस पत्र में हृदय और उसके भावों के विवेचन की आवश्यकता नहीं। उचित और उपयुक्त भी नहीं; क्योंकि किसी के हृदय पर सन्देह हो जाने पर चाहे वह लाख सफाई दे परन्तु उसका विशेष फल नहीं होता। अतएव मैं अपनी स्थिति स्पष्ट कर देने के विचार से तुमारे सामने एक प्रश्नमाला रखता हूँ। इनका स्पष्ट उत्तर दो। और फौरन दो :

(1) क्या आज तक तुमारे साथ मैंने कभी कोई ऐसा व्यवहार किया है जिससे तुम्हें यह विश्वास हुआ कि ये 200) तुम्हें मासिक वेतन के हिसाब से दिये गए हैं?

(2) क्या तुम इतने दिनों तक हम लोगों के साथ रहकर यह नहीं समझ सके थे कि 'मुंशीजी' का और आपका अधिकार मैंने (मैं) अपने से भी अधिक समझता था?

(3) जब तुम यह जान चुके थे कि मैंने 200) का प्रबन्ध कर देने को लिखा है तब तुमने अपनी आवश्यकता मुझे क्यों नहीं जताई?

(4) तुमसे मुंशीजी ने जब कहा कि 'महादेव बाबू' के लिखने से यह न समझिए कि आवश्यकता होने पर मैं (मुंशीजी) सौ-दो सौ का प्रबन्ध और न कर दे सकूँगा; आप अपनी आवश्यकता बताएँ, तब तुमने उनसे वणिक् प्रेस की बात क्यों न कही?

(5) मेरे पत्र (private) को पढ़ने पर क्या तुम यह न समझ सके कि अभाव के कारण ही मैंने उपस्थित 200) का प्रबन्ध करने के लिए लिखा था?

(6) मेरा तुम्हारे प्रति जो प्रेम-भाव था, उसे क्या तुम समझ नहीं सके या समझकर भी तुम यह अनुमान न कर सके कि मैं तुम्हारे जैसे मित्रों के लिए क्या कुछ कर सकता हूँ?

खैर, इन प्रश्नों का उत्तर तुम दो और मेरा बयान मुझसे सुनो :

(1) मेरी नीति सदा से हिसाबे दोस्ताँ दर्दे दिल रही है।

(2) मेरा हृदय कभी किसी को अपन (अपना) नौकर समझने की धृष्टता करने का साहस नहीं करता।

(3) स्पष्ट व्यवहार—निस्संकोच व्यवहार ही पसन्द करता हूँ। अधिक इस समय क्षोभवश लिखा नहीं जाता, इसलिए अब बस।

अन्त में तुम्हें अपने-आप की हुई उस प्रतिज्ञा की जोरदार याद दिलाता हूँ जो 'मतवाला' के सम्बन्ध में तुमने की थी। आशा है, उसे भूले न होंगे।

उत्तर दो और यह सूचित करो कि कब तक आते हो। एक प्रस्ताव भी लिखता हूँ। तुम 'मतवाला' का काम कितने रुपये मासिक पर करना चाहते हो, यह अब स्पष्ट और निस्संकोच सूचित करो। पर यह विश्वास रखो कि यह प्रस्ताव मैं हार्दिक प्रसन्नता के साथ नहीं वरन् बृजकिशोर से कही हुई तुम्हारी बातों को सुनकर लिख रहा हूँ।

महादेवप्रसाद सेठ ने पत्र आवेश में लिखा। कई जगह 'तुम्हारी' के स्थान पर 'तुमारी' लिख गए। अन्त में हस्ताक्षर करना भूल गए। उनकी समझ में न आ रहा था कि ऊपर से एकदम भोले बाबा लगने वाले यह शिवपूजन सहाय भीतर से इतने घुटे हुए कैसे निकले! सबके साथ खाते-पीते, हँसते-बतियाते थे। मन की बात मन में डाले रहे। 'मतवाला' से जो आमदनी होती है, वह 'मतवाला' के लिए है, पुस्तक-प्रकाशन के लिए है, लेखकों के लिए है, अकेले महादेवप्रसाद के लिए नहीं है। हिसाब-किताब सब मुंशीजी के हाथ में है। पहले मरते दम तक काम करने की प्रतिज्ञा की, फिर छह महीने में ही भाग खड़े हुए। दुनिया के लोग एक ही सम्बन्ध समझते हैं—मालिक और नौकर का। अच्छा, वही सही। बताएँ, कितनी तनखाह पर आएँगे?

पर वह कितनी तनखाह पर आएँगे, यह कहने को शिवपूजन सहाय न आज तैयार हुए, न कल। लखनऊ पहुँचकर वह 'माधुरी'-कार्यालय में काम करने लगे। यहाँ का वातावरण बिलकुल दूसरा था। 'मतवाला'-मंडल में शामिल होकर वह नौकर-मालिक का सम्बन्ध भूलने लगे थे। उसकी याद यहाँ फिर ताज़ा हो गई। सम्पादक रूपनारायण पांडेय उनसे स्नेह करते थे, पर 'माधुरी' के स्वामी थे भागर्व लोग। उनके परिवार से दुलारेलाल भार्गव का घनिष्ठ सम्बन्ध था। 'माधुरी' के प्रमुख सूत्रधार दुलारेलाल ही थे। स्वाभिमानी शिवपूजन सहाय उनकी धौंस सहने को तैयार न थे। तभी लखनऊ में हिन्दू-मुस्लिम दंगा हुआ। सन् बीस के असहयोग आन्दोलन की लहर अब तक बैठ चुकी थी। वह फिर न उठे, इस इरादे से अंग्रेज़ शासक साम्प्रदायिक नेताओं को बढ़ावा दे रहे थे। शिवपूजन सहाय जान लेकर भागे।

रूपनारायण पांडेय ने उन्हें फिर बुलाने की कोशिश की। बड़े आग्रह से लिखा : "दुलारेलालजी अभी बाल्यावस्था के प्रभाव से उत्तीर्ण नहीं हो पाए हैं। अत: उनकी ओर से आपको कोई शिकायत न होनी चाहिए।"[1] पर शिवपूजन सहाय को लखनऊ लौटने की कोई जल्दी न थी।

उधर कलकत्ते में गुरु ईश्वरीप्रसाद शर्मा, 'मतवाला' ने किस लेखक के कितने रुपये दबा लिये हैं, इसका हिसाब लगाए बैठे थे। चन्द्रशेखर शास्त्री का हवाला देते हुए उन्होंने शिवपूजन सहाय को सलाह दी : "शास्त्रीजी अपनी घात में हैं—'मतवाला' वाले अपनी में। तुम अपनी घात में रहो और मैं अपनी (में), फिर तुम देखोगे कि कैसा मजा आता है। ये केवल लेखक बेचारों को धोखा देना जानते हैं...सत्यवादी

हरिश्चन्द्र बनने का काम नहीं। यह दुनिया मकर की है—सफाई का यहाँ कुछ भी मोल नहीं है।"[2] शिवपूजन सहाय के सामने उन्होंने यह प्रस्ताव भी रखा; वह आकर ईश्वरीप्रसाद की जगह काम करने लगें, तनखाह आधी-आधी बाँट लेंगे। कलकत्ता आकर 'मतवाला' से रुपये ज़रूर वसूल करें पर उसमें काम न करें, न और कहीं काम करने का प्रतिज्ञापत्र लिखें।

शिवपूजन सहाय को यह प्रस्ताव भी बहुत पसन्द न आया। वह न कलकत्ते गए, न लखनऊ। कुछ दिन के लिए उन्होंने अपने गाँव में डेरा डाला। उनके अलग होने से 'मतवाला' की लोकप्रियता में कोई कमी न आई। ग्राहक-संख्या बढ़ती गई और बढ़ते-बढ़ते दस हज़ार तक पहुँच गई। 'मतवाला' हिन्दी के नये-पुराने लेखकों को साथ लेकर आगे बढ़ रहा था। उसने कुछ कवियों-सम्पादकों की तीखी आलोचना की थी तो बहुतों को सराहा भी था। निराला के साथ नाथूराम शंकर शर्मा की रचनाएँ अक्सर उसमें छपी थीं। जब-तब मैथिलीशरण गुप्त की कविताएँ भी उसमें प्रकाशित हुई थीं। नई पीढ़ी के प्रतिभाशाली कवियों में 'मतवाला' ने सुमित्रानन्दन पन्त की कविताएँ ही न छापी थीं, उन पर एक ज़ोरदार प्रशंसात्मक लेख भी छापा था जिसके लेखक थे सूर्यकान्त त्रिपाठी निराला।

फिर भी बहुत-से आचार्य 'मतवाला' से रुष्ट थे। वे देव-बिहारी की चटसार से विद्या पढ़कर आए थे। रवीन्द्रनाथ उन्हें फूटी आँखों न सुहाते थे, पर इस समय सारी दुनिया में उनका नाम हो रहा था, भारत के तमाम नये साहित्यकार उन्हें पूजते थे। आचार्यों का मत था कि रवीन्द्रनाथ के प्रभाव से ही हिन्दी के नये लेखक साहित्य की खेती चरे जा रहे हैं। कहाँ बिहारी की वह कारीगरी, कहाँ यह ऊबड़-खाबड़ बेतुके छन्द की कविता! 'मतवाला' के माध्यम से यह नई कविता रीतिवादी कविता को ही नहीं, धामिक-नैतिक-राष्ट्रवादी कविता को भी मैदान से खदेड़ रही थी। इस कार्य में प्रमुख भूमिका थी निराला की।

'मतवाला' की लोकप्रियता बढ़ी, इसके साथ उस पर हमले भी शुरू हुए। इन हमलों का खास लक्ष्य थे—निराला।

जगन्नाथप्रसाद चतुर्वेदी कलकत्ते के सम्मानित साहित्यकार थे। अखिल भारतीय हिन्दी साहित्य सम्मेलन का सभापतित्व कर चुके थे। अधिकांश चतुर्वेदी घर में ब्रजभाषा बोलते हैं। ब्रजभाषा कविता पर उनको विशेष ममता होना स्वाभाविक है। जगन्नाथप्रसाद चतुर्वेदी निराला से स्नेह करते थे, 'मतवाला' कार्यालय में आकर उनका अभिनय देखते थे, कविताएँ सुनते थे, स्वयं तरह-तरह के रोने की नकल करके सबका मनोरंजन करते थे। पर निराला की काव्य-शैली कौतुक की चीज़ न होकर संक्रामक रोग की तरह फैलती जा रही थी। उन्होंने निराला के मुक्तछन्द की पैरोडी लिखी और उसे 'शिक्षा' पत्रिका में छपवाया। यदि उन्होंने उसे 'मतवाला'-सम्पादकों के पास भेजा होता, तो वे उसे सहर्ष प्रकाशित कर देते। जब वह 'शिक्षा' में छपी, तो मुंशी नवजादिकलाल ने 'मतवाला' का एक पूरा पृष्ठ भरके उसे पुनर्मुद्रित कर

दिया। जगन्नाथप्रसाद चतुर्वेदी का परिचय मोटे अक्षरों में छापा, मुक्तछन्द की पैरोडी साधारण टाइप में :

द्वादश हिन्दी साहित्य सम्मेलन
के

सभापति, सुप्रसिद्ध हास्यरस-रसिक हिन्दी के 'मौजी' लेखक कविवर श्रीमान् पंडित जगन्नाथप्रसाद चतुर्वेदी का, हिन्दी के युग-प्रवर्तक कवि पं. सूर्यकान्त त्रिपाठी 'निराला'-लिखित 'अनामिका' पुस्तक के

विषम छन्दों में प्रथम
प्रयास
अनामिका!

आयी अनामिका अद्भुत,
धन्यवाद देता हूँ
करूँ क्या आलोचना मैं
और दूँ क्या सम्मति भी।
देखा पढ़ा सोचा किन्तु
समझ में न आया कुछ
अद्भुत है आविष्कार
रचना भी नयी है।
कविता है,
छन्दोबद्ध, किन्तु नहीं
गद्य है न पद्य है
दोनों का मिश्रण है
अजब अनूठी यह अकथ कहानी है
क्षम्य है बेतुका छन्द
बोली बोलचाल की भी
किन्तु अमाजेनीय [अमार्जनीय?] है
छन्दच्युत पदावली
स्वेच्छाचारी अनुचित है
आदर के योग्य नहीं
नियम विरुद्ध कार्य
नूतन भी निषिद्ध है।'[3]

कविता समझ में नहीं आती, छन्द बेतुका है, पदावली छन्दच्युत है, इस तरह की कविता नियमविरुद्ध स्वेच्छाचार है—छायावाद के सम्बन्ध में इस तरह के विचार प्राय: सभी रूढ़िवादियों के थे। चतुर्वेदीजी ने बड़े व्यवस्थित ढंग से उन्हें अपनी

नकल में प्रस्तुत किया। नकल छापकर 'मतवाला'-मंडल ने निराला के प्रति अपनी दृढ़ आस्था का परिचय दिया, लेकिन यह तो शुरुआत भर थी।

प्रयाग से एक पत्रिका निकली थी 'मनोरमा'। उसने एक सम्पादकीय नोट लिखा : 'हिन्दी कविता की गति'। इस नोट में हिन्दी कविता को बँगला बौर अंग्रेज़ी की नकल बताया गया। "जिन दिशाओं से यह नूतन लालिमा दृष्टिगोचर हो रही है, वह बँगला और अंग्रेज़ी है...हमारे अधिकांश परिवर्तनवादी कवि बँगला के उत्कृष्ट कवियों की प्रतिभा से प्रतिभा-युक्त, तपस्या से तपस्वी, और साधना से साधक बन रहे हैं।"[4] इस आलोचना का लक्ष्य निराला थे, यह इस बात से स्पष्ट हो गया कि नोट में निराला की कविता 'सिर्फ एक उन्माद' से उद्धरण दिया गया था। और भी स्पष्ट रूप से निराला और 'मतवाला' का मज़ाक़ उड़ाते 'मनोरमा' में कविता छपी—'भंगी की मौज'।[5] इसमें कहा गया था :

ब्रजभाषा कविता उन्मूलन, जिस प्रकार सत्वर हो जाय।
बजे हमारी विजय-दुन्दुभी, नव प्रतिभा-महिमा अधिकाय॥
टाँग तोड़ने में कविता की, मैं ही सुभट निराला हूँ।
मित्र सदा मैं भंग-रंग में, मग्न हुआ मतवाला हूँ॥

'मतवाला' के लिए उत्तर देना आवश्यक हो गया। मुंशी नवजादिकलाल ने लेख लिखा : 'अन्ध परम्परा'। निराला की कविताएँ समझ में नहीं आतीं, यह कहने वाले को उन्होंने समझाया कि उनके भाव व्यापक, भाषा संयत और व्याकरणसम्मत होती है, थोड़ा ध्यान देने से कविता समझ में आ जाती है। मुक्तछन्द के बारे में लिखा : "जब कविता का वेग स्वभावत: अबाध गति से निकलता रहता है तब उसकी गति विषम हो जाती है।" मुंशीजी ने निराला की कविता के लिए ऊँचा दावा पेश किया : "निरालाजी की कविताएँ उस हिन्दी की सम्पत्ति हैं जो हिन्दी राष्ट्रभाषा होगी। आपके भावों में कहीं भी प्रान्तीयता नहीं है।...हिन्दी साहित्य में निरालाजी का स्थान कितना ऊँचा है, यह वही समझते हैं जो उनकी कृतियों को ध्यान लगाकर पढ़ते हैं और जो हिन्दी तथा दूसरी भाषाओं के धुरन्धर विद्वान समझे जाते हैं।"[6]

नई कविता बँगला और अंग्रेज़ी की नकल है, इस आक्षेप का उत्तर देते हुए मुंशीजी ने कुछ अनावश्यक चुनौती के स्वर में कहा : "अच्छा होता यदि आप एक ही उदाहरण अपने वाक्य की पुष्टि में रख देते, बँगला की कविता और 'निराला' जी की कविता में साम्य दिखला देते। मैं हिन्दी संसार से अनुरोध करता हूँ कि वह 'निराला' जी की मौलिकता में प्रमाण देकर त्रुटि दिखलावे, इससे हिन्दी संसार का बड़ा लाभ होगा। अन्यथा एक मौलिक और युगप्रवर्तक कवि पर इस तरह आक्षेप करने से लेखक की ही क्षुद्रता प्रमाणित होगी।"

निराला की गरिमा की और भी उदात्त घोषणा करते हुए, उनके और 'मतवाला' के सम्बन्ध पर जोर देते हुए मुंशीजी ने लिखा : " 'निराला' जी क्या हैं, क्या नहीं, उनका स्थान ऊँचा है या नीचा, यह समय खुद ज़ाहिर कर देगा। मैंने उन्हें देखा है,

उनकी कवित्वशक्ति और उनकी भावुकता के मुझे यथेष्ट प्रमाण मिल चुके हैं, और ऐसे युगप्रवर्तक कवि को प्राप्त करके 'मतवाला' अपने को धन्य भी समझता है। हम (मैं) पहले भी लिख चुका हूँ और अब भी लिखता हूँ कि 'निराला' जी किसी समाज या किसी प्रान्त के कवि नहीं, वे राष्ट्रभाषा हिन्दी के प्रथम महाकवि हैं।"

लेख नवजादिकलाल श्रीवास्तव के नाम से छपा; उसमें दी हुई युक्तियाँ निराला की थीं।

'मनोरमा' को जवाब मिल गया। पर इस जवाब में जो चुनौती थी, वह न केवल रीतिवादी कवियों को बुरी लगी, वरन् जो खड़ी बोली में धार्मिक और राष्ट्रीय कविता करते थे, उन्हें भी अखरी। 'मतवाला' कह रहा था, निराला राष्ट्रभाषा हिन्दी के प्रथम महाकवि हैं, मानो इनसे पहले खड़ी बोली के दूसरे कवि घास छीलते रहे हैं! खड़ी बोली के इन पुराने कवियों में अनेक हिन्दी-उर्दू-संस्कृत के साथ बँगला के भी अच्छे जानकार थे। वे 'मतवाला' में निराला की रचनाएँ ध्यानपूर्वक पढ़ रहे थे। ये एक प्रतिद्वन्द्वी की रचनाएँ हैं, वे अच्छी तरह समझ रहे थे। मौके की तलाश में थे कि ऐसा दबोचें कि युगप्रवर्तक महाशय ज़मीन से फिर न उठ पाएँ। उन्हें निराला की दो ऐसी रचनाएँ मिल गईं जो रवीन्द्रनाथ की कविताओं के आधार पर लिखी गई थीं। जहाँ-तहाँ बहुत मामूली परिवर्तन किये गए थे। 'मतवाला' ने चुनौती दी थी कि जो समझता हो कि निराला ने बँगला से भाव उधार लिये हैं, वह प्रमाण-सहित मैदान में आए।

राष्ट्रवादी दल ने चुनौती स्वीकार की। निराला और रवीन्द्रनाथ के भावसाम्य पर एक लम्बा लेख 'प्रभा' में प्रकाशनार्थ उसके सम्पादक बालकृष्ण शर्मा 'नवीन' के पास पहुँच गया। 'नवीन' जी का एक पैर राष्ट्रवादी खेमे में था, दूसरा छायावादी खेमे में। लेख में जो बातें कही गई थीं, उन्हें सत्य लगीं। पर वह 'मतवाला' के प्रशंसक थे, 'प्रभा' में निराला की कविताएँ छप चुकी थीं। उन्होंने तय किया कि 'मतवाला' को पहले से बता देना चाहिए कि 'प्रभा' में निराला पर ऐसा लेख छपने जा रहा है। मुंशीजी के पास 'नवीन' का पत्र पहुँचा। उन्होंने पत्र निराला को दिखाया। निराला को यह न मालूम था कि कौन-सी कविताओं में 'प्रभा' के लेखक ने भावसाम्य दिखाया है, पर यह तो वह जानते ही थे कि उन्होंने कई कविताएँ रवीन्द्रनाथ की रचनाओं के आधार पर लिखी हैं। उन्हें यह भी विश्वास था कि इस तरह की दो-चार कविताओं से उनकी मौलिकता पर आँच नहीं आ सकती। उन्होंने मुंशीजी को समझाया, कुछ कविताएँ रवीन्द्रनाथ को पढ़ने के बाद लिखी थीं, जहाँ-तहाँ कुछ भाव आ गए होंगे पर अधिकांश कविताएँ मौलिक ही हैं। मुंशीजी आश्वस्त हुए। उन्होंने 'नवीन' को पत्र लिखा कि लेख 'मतवाला' में छपने भेज दीजिए, वह विरोधी आलोचना से डरता नहीं, उसे सहर्ष स्थान देगा। पर 'नवीन' लेखक का नाम गुप्त रखना चाहते थे, उन्होंने लेख 'मतवाला' में भेजना उचित न समझा। लेख मार्के का था, छपने पर खूब चहल-पहल रहेगी, 'प्रभा' का नाम होगा। उन्होंने मुंशीजी को सूचित किया कि लेख प्रेस में जा चुका है, उसे 'मतवाला' में छपने भेजना सम्भव नहीं है। मुंशीजी

ने विचार किया कि 'प्रभा' में लेख छपने से पहले ही 'मतवाला' में भाव-साम्य का स्पष्टीकरण प्रकाशित हो जाना चाहिए। निराला स्वयं इस सम्बन्ध में कुछ लिखें। निराला ने 'मतवाला' में प्रकाशनार्थ मुंशीजी के नाम पत्र लिखा :

श्रद्धेय मुंशीजी,

मतवाला के गत किसी अंक में आपने मेरे सम्बन्ध में जो कुछ लिखा है, उस पर मैं आपसे कुछ निवेदन करना चाहता हूँ। आशा है, आप मेरा पत्र 'मतवाला' में प्रकाशित करा देंगे।

मेरे कुछ मित्रों का आग्रह है, अपनी कविता की मौलिकता और अमौलिकता के सम्बन्ध में मैं स्वयं कुछ लिखूँ, अतएव स्वतन्त्र रूप से विशेष कुछ न लिखकर मैं आपके पत्र में ही उनके सम्बन्ध में कुछ निवेदन करूँगा।

आपके पत्र में मेरी जितनी कविताएँ प्रकाशित हो चुकी हैं, उनमें मौलिक कविताओं की संख्या ही अधिक है। उन अधिक-संख्यक कविताओं का नामोल्लेख मैं निष्प्रयोजन समझता हूँ। अतएव मैं केवल उन्हीं कविताओं का उल्लेख करूँगा, जिन्हें मैंने पहले डाक्टर टैगोर की कविताएँ पढ़ लेने पर, दो भिन्न रूपों के चित्रण में सादृश्य देखने के अभिप्राय से, लिखा था। मेरी 'क्यों हँसती हो, कहाँ देश है' कविता की 43 लाइनों में 7-8 लाइनें डाक्टर टैगोर की हैं। मेरी 'प्रिय से' और 'क्षमा-प्रार्थना' में डाक्टर टैगोर के ही भाव अधिक हैं। कविवर की 'जीवन-देवता' का उद्देश्य दूसरा है, मेरा दूसरा। उनकी कविता में वही भाव दूसरी ओर झुकाए गये हैं, मेरी में दूसरी ओर। मेरी यह कविता उन्हीं के भावों पर लिखी गई है। 'तट पर' में चार-पाँच लाइनें महाकवि की हैं। 'ज्येष्ठ' के भाव में उनके वैशाख के कुछ भाव आए हैं। सम्भव है, और किसी कविता में उनका कोई भाव आ गया हो, परन्तु उसके लिए मैं कुछ कह नहीं मकता। इस सम्बन्ध में बहुत कुछ लिखने की इच्छा थी। परन्तु किसी विशेष कारण से आज यहीं तक।

एक बात और। मेरी 'अनामिका' पुस्तिका की 'लज्जिता' कविता को सुना, लखनऊ के कोई साहित्यसेवी मेरे एक मित्र से रविबाबू की कविता का अनुवाद या ऐसा ही कुछ बतलाते थे। सौभाग्य से 'केन जामिनी ना जेते जागाले ना नाथ बेला होलो मरी लाजे' मैं भी गाता हूँ। मैंने अपने मित्र को दोनों के पद सुनाये। न जाने क्यों, उन्होंने उसे न अनुवाद माना और न भावापहरण!'

'कवीन्द्र' में मेरी एक कविता निकली है, मुझे उसका नाम याद नहीं। कोई सज्जन उसमें भी रविबाबू के काव्य की छाया पाते हैं। कलकत्ते में मेरे एक मित्र से उन्होंने कहा भी था—यह चोरी मेरी समझ में नहीं आई। रविबाबू की कविता के साथ उसका उद्धरण करने में, सम्भव है, मेरी समझ में आ जाय।

विनीत—
सूर्यकान्त[7]

30 अगस्त के 'मतवाला' में निराला का पत्र छप गया। साथ में सम्पादक ने यह नोट दिया : "यह पत्र निरालाजी ने मुंशी नवजादिकलाल को लिखा था। पत्र का सम्बन्ध उनके लेख से है, इसलिए प्रकाशित किया गया।"

अगले हफ्ते 'प्रभा' का सितम्बर वाला अंक आया। लेख का शीर्षक था : 'भावों की भिड़न्त', लेखक : 'श्रीयुत भावुक'। निराला की मौलिकता के लिए जो दम्भपूर्ण-सा लगने वाला दावा किया गया था, 'भावुक' ने उसे प्रमाण-सहित तहस-नहस कर दिया था। खास बात यह कि 'मतवाला' को जवाब उसी शैली में मिला था, जिसमें यह 'माधुरी', 'सरस्वती' आदि की आलोचना किया करता था।

लेख के आरम्भ में भावुक ने भाव-साम्य के अनेक प्रकार बताये और ऐसी गम्भीरता से उनका वर्गीकरण प्रस्तुत किया मानो नया लक्षण-ग्रंथ रच रहे हों! "छन्द की कैद नहीं; भावों पर ही दार-मदार नहीं; भाव, शब्द, पद, अनुप्रास जो कुछ लेते बने—सभी लिया जा सकता है। हाँ, थोड़ी-सी तोड़-मरोड़ की आवश्यकता अवश्य रहती है। करना चाहें तो यत्र-तत्र कुछ परिवर्तन भी कर सकते हैं। सबसे बड़ी खूबी इसमें यह होती है कि अर्थ-संगति पर विशेष ध्यान देने की आवश्यकता नहीं रहती!" भाव-साम्य के प्रति लोगों के विभिन्न दृष्टिकोणों की चर्चा करते हुए भावुक ने लिखा : "भावों की इस भिड़न्त, लड़न्त या टक्कर का वर्णन लोग भिन्न-भिन्न भाँति से किया करते हैं। सीधे लट्ठमार लोग कहते हैं—यह चोरी है, डाकेजनी है। शान्ति-प्रिय लोग इतना ही कह देते हैं कि इस कविता का भाव अमुक कविता से मिलता-जुलता-सा है। और जिन्हें आलोच्य कविता के कवि से प्रेम और उसकी कविता के प्रति पक्षपात होता है, वे चतुर जन कहते हैं कि उस कवि से—जिसका भाव लिया गया है—यह बात इस तरह कहते नहीं बनी जिस तरह इसने कही। जिस बात को कहने के लिए उसने इतना बड़ा पद्य बनाया, उसे इसने इतने छोटे पद्य में कर दिया; यह ले उड़ा, उसने उससे मज़मून छीन लिया, इत्यादि।"

इस भूमिका के बाद 'भावुक' ने दो कविताएँ लीं : एक 'बँगला के विश्वविख्यात कवि श्री रवीन्द्रनाथ टैगोर की' और दूसरी 'कलकतिया' 'मतवाला' के शब्दों में : 'हिन्दी के युगप्रवर्तक श्रीसूर्यकान्तजी त्रिपाठी निराला की'। पहली कविता का नाम है : 'विजयिनी', दूसरी का नाम है : 'तट पर', जो 2 फरवरी, सन् '24 के 'मतवाला' में प्रकाशित हुई थी। दोनों कविताओं में काफी अंश उद्धृत न करने के बाद भावुक ने लिखा : "रविबाबू की कविता में आच्छोद सरसी का वर्णन है। निराला की कबिता में क्षीणकटि तटिनी है। बँगला-कविता में रमणी सुनील-वसना है; हिन्दी कविता में वह वसन्ती रंग के कपड़े पहने है। अन्य उपकरण एक-से हैं, वसन्त का वर्णन, सुखद वायु, शिलाखंड, सारस का जोड़ा, रमणी का स्नान के बाद सजल चरण-चिन्ह रखना, लावण्यपाश में बँधा यौवन इत्यादि। बँगला-कविता में सूर्य का प्रकाश रमणी के नग्न अंगों पर पड़ता है; हिन्दी कविता में वायु उसके विभिन्न अंगों को पोंछ देती है। बँगला कविता में कामदेव अपना पुष्प-धनु-बाण रमणी के चरणों में रख देता है, हिन्दी-कविता में वसन्त अपना मुकुट रखता है।"

इसके याद 'भावुक' ने 3 मई, सन् '24 के 'मतवाला' में प्रकाशित 'क्यों हँसती हो? —कहाँ देश है?' कविता में रवीन्द्रनाथ की 'निरुद्‌देश्य यात्रा' में साम्य दिखाया। मूल बँगला कविता में 84 पंक्तियाँ हैं, हिन्दी कविता में 43! "परन्तु इन थोड़ी ही पंक्तियों में मज़मून साफ़ छीन लिया गया है। गागर में सागर इसी को कहते हैं।" रवीन्द्रनाथ और सूर्यकान्त—इन दोनों नामों के अर्द्धसाम्य की ओर संकेत करते हुए 'भावुक' ने लिखा : "दोनों कविताओं में से अधिक पंक्तियाँ उद्धृत न करके केवल उतनी ही उद्धृत की गई हैं जितनी रवि और सूर्य की भाँति एक ही मालूम होती हैं।" दोनों कविताओं में कुछ छोटे-मोटे भेद भी दिखा दिये जिससे यह मालूम हो कि भाव-साम्य छिपाने के लिए लेखक ने कारीगरी की है। इसके बाद अन्त में बड़ी शालीनता से भावुक ने लिखा : "इस प्रकार मिलान करने से यह मालूम हो गया कि 'हिन्दी के युग प्रवर्तक कवि' श्रीसूर्यकान्तजी त्रिपाठी की 'तट पर' और 'क्यों हँसती हो? कहाँ देश है?'—ये दोनों कविताएँ श्री रवीन्द्रनाथ टैगोर की 'विजयिनी' और 'निरुद्‌देश यात्रा' नाम की कविताओं की टक्कर की हैं! क्या हिन्दी संसार, हिन्दी की इस गौरव-वृद्धि के लिए, श्री त्रिपाठीजी महाराज को बधाई या धन्यवाद न देगा? और क्या कोई भव्य भावुक इस बात का अन्वेषण न करेगा कि इसी प्रकार उनकी और कविताएँ भी रविबाबू या अन्य किसी की कविताओं से टकराती हैं या नहीं?"

'प्रभा'-सम्पादक बालकृष्ण शर्मा 'नवीन' ने लेख का महत्त्व जताने के लिए उस पर एक सम्पादकीय नोट भी लिख दिया। उसमें मुंशी नवजादिकलाल श्रीवास्तव को शिक्षा दी कि पंक्तियाँ उद्धृत करके मौलिकता का दावा गलत साबित करने की चुनौती न देते तो अच्छा था। मुंशीजी को ललकारते हुए तार दिया, लेख का जवाब दीजिए। 'प्रभा' का अंक आने के बाद 'मतवाला'-कार्यालय में सन्नाटा छा गया। महादेवप्रसाद सेठ और मुंशी नवजादिकलाल अब तक निराला की मौलिकता के प्रति आश्वस्त थे। बालकृष्ण शर्मा के पत्र और निराला की बातचीत से इतना ही समझे थे कि रवीन्द्रनाथ के भावों से मिलते-जुलते दो-चार भाव कहीं आ गए होंगे। निराला ने कई कविताएँ पूरी की पूरी रवीन्द्रनाथ की रचनाओं के आधार पर लिखी हैं, इसका उन्हें गुमान न था। ख़ैर, 'प्रभा' के लेखक को जवाब तो देना ही था। निराला से अधिक 'मतवाला' की इज़्ज़त का सवाल था। निराला से सलाह-मशविरा करने के बाद मुंशीजी ने लेख लिखा : 'निराला बनाम रवीन्द्र'।

मुंशी नवजादिकलाल एक बात बखूबी समझ रहे थे। निराला की मौलिकता के सम्बन्ध में उन्होंने दावा किया था 9 अगस्त के 'मतवाला' में, निराला का स्पष्टीकरण छापा था 30 अगस्त के अंक में। अपने सम्बन्ध में निराला को जो कुछ कहना था, उसके लिए वे तीन हफ्ते रुके क्यों रहे? इस सवाल का जवाब देते हुए मुंशीजी ने लिखा : "हिन्दी संसार से जहाँ मैंने 'निराला' जी की मौलिकता में त्रुटि दिखलाने का अनुरोध किया है, यहाँ, पहले निरालाजी का नोट, जिसे पत्राकार दो बार छापना पड़ा

है, छापने के लिए प्रेस में दिया था, परन्तु छोटा-सा चुटका न जाने किसके भ्रम से कम्पोज होने के पहले ही खो गया।"

बचाव के लिए इतनी नाकेबन्दी करने के बाद मुंशीजी ने 'भावुक' से पूछा : "आप मौलिकता का क्या अर्थ लगाते हैं?" यह प्रश्न इस विचार से किया था कि मौलिकता के दार्शनिक-विवेचन में 'भावुक' जी फँस जाएँ। फिर यह प्रस्ताव किया कि 'भावुक' मौलिकता का जो भी अर्थ करेंगे, उसी को कसौटी मानकर 'मतवाला' पचास से अधिक निराला की मौलिक कविताएँ देगा।

यहाँ लेख की शैली में किंचित् आदेश आ गया, फिर भी लेखक ने 'प्रभा'-सम्पादक को ही सावधान किया कि आवेश में मैं नहीं, 'तुम' हो! वह आवेश में थे, इसके अनेक प्रमाण दिये। 'नवीन' ने पत्र लिखा था मुंशीजी को, पर सम्पादकीय नोट में कहा कि पत्र निराला को लिखा था! फिर तार दिया। निराला के बारे में 'मतवाला' में लिखने को आमंत्रित किया था, सम्पादकीय नोट में इसका जिक्र नहीं किया। "यदि आप आवेश में नहीं आए तो क्या आप इस लेख को महीनेभर अप्रकाशित नहीं रख सकते थे?"

'प्रभा'-सम्पादक आवेश में थे, यह सिद्ध करने के बाद निराला की मौलिकता के बारे में मुंशीजी ने व्यक्तिगत जानकारी तथा बँगला और हिन्दी के विद्वानों के मतों का उल्लेख किया। "निरालाजी की मौलिकता के सम्बन्ध में मुझे अनेक प्रमाण मिल चुके हैं। आप 15 साल की उम्र में संस्कृत-कविता करते थे। स्थानाभाव है, फिर कभी उन कविताओं को प्रकाशित करूँगा। मैंने अपनी आँखों देखा है, कई पुस्तकों के प्रणेता—संसार का भ्रमण करनेवाले—अंग्रेज़ी और बँगला के पत्रों के सम्पादक—बाबू यामिनी मोहन घोष के दूसरे विवाह में, कहने के साथ ही 'निरालाजी' ने बँगला में कविता लिख दी और बंग-समाज में उसका आशातीत आदर हुआ। तब से यामिनी बाबू-जैसे बंगभाषा के आचार्य जब कोई कविता लिखते हैं तो 'निरालाजी' को अवश्य दिखाते हैं। मैंने देखा है, निरालाजी ने किसी मित्र के विवाह में हिन्दी और बँगला, दोनों भाषाओं में कविताएँ लिखीं, हिन्दी की कविता लोगों की रुचि का विचार करके लिखी गई थी, इसलिए उसके भाव बँगला की कविता तक पहुँच नहीं सके। पढ़कर कई बंगाली सज्जनों (ने) आपसे बँगला लिखने का अनुरोध किया। इस पर आपने अपनी दोनों कविताएँ पूज्यपाद विद्यावयोवृद्ध श्रीमान् पंडित महावीरप्रसादजी द्विवेदी की सेवा में भेजकर बँगला में कुछ लिखने की आज्ञा-प्रार्थना की। मुझे विश्वास है, कमर्शल प्रेस के पास रहने के कारण 'प्रभा'-सम्पादक को मालूम होगा, 'निरालाजी' द्विवेदीजी महाराज के पवित्र स्नेह के पास हैं। अस्तु, द्विवेदीजी महाराज ने हिन्दी में ही लिखते रहने की आज्ञा दी। यद्यपि आपने उनकी बँगला कविता को ही हिन्दी की अपेक्षा अच्छी बतलाया। मैंने देखा है, अंग्रेज़ी पर भी 'निरालाजी' का उतना ही अधिकार है जितना अवगत अन्य भाषाओं पर।"

मौलिकता के समर्थन में इतने प्रमाण देने के बाद कविताओं में सादृश्य का कारण बताया। वह इस प्रकार : "निरालाजी के रवीन्द्रबाबू की कविताओं का अनुरूप खींचने का उद्‌देश्य भी मुझे मालूम है। आप हिन्दी और बँगला में सादृश्य देखना चाहते हैं।

बंगालियों के सामने जिस आदर्श के रखने से उनके लिए हिन्दी की शिक्षा सुगम होगी—हिन्दी पढ़ने में उत्साह बढ़ेगा, उसकी चेष्टा करते हैं, परन्तु इसमें कोई यह न समझे कि वे हिन्दी को बँगला बनाना चाहते हैं या बँगला उनका आदर्श है। 'निरालाजी' की हिन्दी की प्रशंसा द्विवेदीजी महाराज जैसे स्पष्ट वक्ता भी कर चुके हैं। मुंशीजी ने हिन्दी के प्रति बंगालियों के उपेक्षाभाव का उल्लेख किया। उन्हें हिन्दी की ओर खींचने के लिए ही निराला ने रवीन्द्रनाथ के कुछ प्रतिरूप प्रस्तुत किये। फिर यह दावा दोहराया कि उनकी मौलिकता सिद्ध करने के लिए पचासों कविताएँ पेश की जा सकती हैं।

लेख मुंशीजी ने लिखा : उसमें युक्तियाँ निराला की दीं। मौलिकता का अर्थ पूछने वाला दाँव निराला का था। स्वयं आवेश में आने पर विरोधी पर आवेश का आरोप लगाना उन्हीं की कला थी। पन्द्रह साल की उम्र से ही वह संस्कृत में कविता करने लगे थे, अपने बारे में यह जानकारी निराला ने ही मुंशीजी को दी। मेरी विद्वत्ता का प्रमाण मेरा संस्कृत-ज्ञान है, मैं बँगला में कविता ही नहीं कर लेता, हिन्दी से मेरी बँगला कविता ही अच्छी होती है, द्विवेदीजी की आज्ञा से मैं हिन्दी में लिखता हूँ, वर्ना अब तक बँगला का प्रतिष्ठित कवि होता, बंग-भाषा के आचार्य भी इस्लाह के लिए मुझे अपनी कविताएँ दिखलाते हैं—यह सारी तर्क-योजना हिन्दी में अपने विरोध से चिढ़े हुए निराला की थी।

हिन्दी का युग-प्रवर्तक कवि अपनी मौलिकता प्रमाणित करने के लिए विवाहादि अवसरों पर लिखी कविताओं का हवाला दे, बीते युग के वृद्ध आचार्य के स्नेह और सम्मति की दुहाई दे—इसमें न उसका गौरव था, न 'मतवाला' का। 'मतवाला' का व्यंग्य आक्रामक होता था, अभी तक वह दूसरों की खिल्ली उड़ाता रहता था। 'भावों की भिड़न्त' के प्रकाशन के बाद लोग उसकी खिल्ली उड़ाने लगे। 'मनोरमा' ने मुंशीजी के लेख पर मज़ाक़ करते हुए 'चोरी की सफाई' प्रकाशित की। मुंशी नवजादिकलाल के नाम का रूपान्तर किया—हालपैदालाल निराला का अनोखेजी और 'मतवाला' आफिस का पागल-आफिस।

अनोखेजी की चोरी का भंडाफोड़ हुआ तो उन्हें यह हिकमत बतलाई गई :

"साहित्यिक चोरी के मामले में सबसे पहली बात तो यह करनी चाहिए कि उसे उच्च उद्देश्यों द्वारा प्रेरित कुछ इस प्रकार का प्रयत्न बतलाना चाहिए जो अपनी गरीबी या अमौलिकता के कारण नहीं बल्कि किसी भाषा के हित में किया गया है। अनोखेजी के सम्बन्ध में अब आप अब कभी समर्थन-लेख लिखें तब उसमें यह लिखिए—अनोखेजी हिन्दी और बँगला में सादृश्य देखना चाहते हैं...लेकिन यह याद रहे कि मौलिकता के दावे में ज़रा भी शिथिलता आने देना ठीक न होगा। मौके पर असर डालने और काम निकालने के लिए 'अनोखे कवि' जी को संस्कृत और फारसी आदि भाषाओं का मर्मज्ञ कवि कहने में नैतिक दृष्टि से कुछ भी बुराई नहीं है। मेरा तो खयाल यह है कि जिस तरह आपद्धर्म्म में मनु महाराज ने चमड़े के बेग में रखकर रोटी खाने को बुरा नहीं कहा, उसी तरह चौर-कर्म के भंडाफोड़ के समय आप उक्त कविजी की जितनी प्रशंसा करें, उस पर नीतिशास्त्र कोई भी आपत्ति नहीं

कर सकता। मैंने श्रीयुत हालपैदालालजी को निम्नलिखित ढंग पर लिखने की सलाह दी—अनोखेजी की मौलिकता के सम्बन्ध में मुझे अनेक प्रमाण मिल चुके हैं। आप 15 साल की उम्र में संस्कृत कविता करते थे..." इत्यादि।[9]

13 सितम्बर, सन् '24 के 'मतवाला' में 'निराला बनाम रवीन्द्र' लेख छपा। 20 सितम्बर के अंक में 'तिरती है समीर सागर पर'—'बादल राग' वाली कविता छपी। 27 सितम्बर के अंक में 'दीन' कविता छपी। इसके बाद 'मतवाला' में निराला की कविता छपना बन्द हो गया। इस समय उनका मानवीय करुणा और विद्रोह वाला काव्य-स्वर पूरी तरह सधा हुआ था, रूपान्तरकार वाली भंगिमा समाप्त हो गई थी। 'भावों की भिड़न्त' के प्रकाशन के बाद निराला और 'मतवाला' का सम्बन्ध पहले जैसा न रहा। निराला के व्यक्तित्व से, वार्तालाप और काव्यपाठ से उनके मित्र प्रभावित हुए थे। उनके काव्य की मौलिकता की थाह लेना उनके बस की बात न थी। 'भावुक' की बात सही मालूम होती थी, जवाब में वकील की तरह भले ही बहुत-सी दलीलें दी जाएँ।

महादेवप्रसाद सेठ ने शिवपूजन सहाय को लिखा : "एक बात और जानने की प्रबल आकांक्षा है और आप वह जानते हैं। यद्यपि बात private and confidential है तथापि जान लेने पर भी उस जानकारी को उपयोग में न लाने की प्रतिज्ञा करता हुआ पूछता हूँ कि 'प्रभा' में भावों की भिड़न्त के लेखक का नाम क्या है?"[10]

बालकृष्ण शर्मा 'नवीन' ने अपना सम्पादकीय कर्तव्य बड़ी खूबी से निबाहा। किसी को उन्होंने कानोंकान खबर न होने दी कि 'भावों की भिड़न्त' का लेखक कौन है। शिवपूजन सहाय को भी मालूम न था, महादेवप्रसाद सेठ को बतलाते क्या? यह अफवाह जरूर उड़ी कि चिरगाँव में मुंशी अजमेरी ने यह लेख लिखा है। पर लेख में जिस विद्या का प्रमाण था, वह मुंशी अजमेरी के पास न थी।

लेख का शीर्षक : 'भावों की भिड़न्त'।

लेखक का नाम भी : 'भावुक'।

अनुप्रासों की छटा देखने लायक थी।

'भिन्न भाषा या स्वभाषा का भेद नहीं।'

भावों की भिड़न्त या लड़न्त का वर्णन लोग 'भिन्न-भिन्न भाँति से' किया करते हैं।

'क्या कोई भव्य भावुक इस बात का अन्वेषण न करेगा...'

हठात् 'भारत-भारती' और

'भगवान भारतवर्ष में गूँजे हमारी भारती' का स्मरण हो आता है।

'भारत-भारती' के लेखक हास्य और व्यंग्य के उस्ताद थे। इस हुनर को वह अपने कवि-कर्म से दूर रखते थे पर सामान्य जीवन में मित्रों और परिचितों को अक्सर उसका ज्ञान करा देते थे। उनका व्यंग्य मर्म-भेदी होता था, साथ ही यह शालीनता की सीमा न लाँघता था। वह संस्कृत-बँगला-उर्दू काव्य के पंडित थे। हाली के मुसद्दस से प्रभावित होकर उन्होंने 'भारत-भारती' लिखी थी; माइकेल मधुसूदन दत्त के 'वीरांगना' काव्य का हिन्दी अनुवाद कर चुके थे।

ज़्यादा अच्छा होता कि राष्ट्रवादी कवि छायावादियों के साथ मिलकर नायिका-भेद और समस्यापूर्ति वाली परम्परा का मूलोच्छेद करते। पर उन्हें लग रहा था कि छायावादी कवि उनकी गद्दी छीने ले रहे हैं। उन्होंने रीतिवादियों के साथ मिलकर छायावाद पर आक्रमण किया। 'भावों की भिड़न्त' छायायादी कविता पर एकांगी आक्षेप था। उसमें छायावादी कविता के पक्ष में कुछ न कहा गया था। उससे 'मनोरमा' जैसी पत्रिकाओं को बल मिलता था जो सारी नई कविता को बँगला-अंग्रेज़ी की नकल कहकर बदनाम कर रही थीं। सत्य का आभास देनेवाला यह लेख निराला के प्रति भी अन्याय था। भावापहरण की बात सही थी पर इस सही बात से यह गलत नतीजा निकाला गया था कि निराला का समस्त कवि-कर्म बँगला की नकल है, युगप्रवर्तन का दावा ढोंग है, उनकी मौलिकता की चर्चा धोखा है।

निराला को एक तेज़ झटका लगा। उन्हें अपने मित्रों की निगाह बदली हुई दिखाई दी। शायद उनकी प्रतिभा के विकास के लिए यह झटका ज़रूरी था। वह हिन्दी-भाषियों में अपने को बँगला का अद्वितीय पंडित मानते थे। उनके मन में यह भ्रम पैदा हो गया था कि उनकी रूपान्तर-कला किसी की पकड़ में न आएगी। अब उन्हें मालूम हो गया कि बँगला जानने वाले और भी हिन्दी लेखक हैं। भले ही वह बँगला के अद्वितीय पंडित न हों किन्तु वे उनके रूपान्तर का मूल रूप ढूँढ़ सकते हैं, यह वह समझ गए। रूपान्तर द्वारा बंगाली बन्धुओं को हिन्दी की ओर आकर्षित करने का वह तरीका छोड़ना आवश्यक था। निराला के बँगला-पांडित्य का एक परिणाम यह हुआ था कि गद्य में तो वह महावीरप्रसाद द्विवेदी को अपना गुरु कहते थे पर पद्य में भी उन्हें दूसरों से कुछ सीखना है, यह वह न मानते थे। 'भावों की भिड़न्त' ने उन्हें हिन्दी कविता को अधिक आदर की दृष्टि से देखना सिखाया।

कुछ समय के लिए हर तरफ़ 'भावों की भिड़न्त' की ही चर्चा रही। छायावाद के विरोधी बहुत ही प्रसन्न थे। नई कविता के खोखलेपन का इससे बड़ा सबूत उनकी समझ में दूसरा न हो सकता था। अभी तक वह टेढ़े-मेढ़े छन्दों और दुरूह शब्दावली की शिकायत करते थे; अब उनके हाथ एक मंत्र और लगा--यह सब बंगालियों की नकल है। छायावाद और निराला पर व्यंग्य-कविताएँ रची जाने लगीं। रीतिवादियों की सरस्वती मुखर हो उठी।

निराला को यह सब घोर अन्याय मालूम होता था। दो-चार कविताओं में रवीन्द्रनाथ के भाव आ गए तो ऐसा क्या आसमान फट पड़ा! खुद रवीन्द्रनाथ ने कबीर, कालिदास और शेली का माल हजम नहीं किया? पर वह ठहरे प्रिंस द्वारकानाथ ठाकुर के नाती! उन्हें कोई कुछ थोड़े ही कहेगा। स्वयं तुलसीदास ने नानापुराण निगमागम सम्मतम् के साथ क्वचिदन्यतोपि कहकर सभी कवियों के लिए रास्ता साफ़ कर दिया है। बड़े-बड़े कवियों का तो यह हाल है, ये मौलिकता बघार रहे हैं! 'मतवाला' में पचीसों कविताएँ और छपी हैं; बताएँ ज़रा, उनमें भाव कहाँ से लिये गए हैं? विवेकानन्द का अनुवाद किया है; 'मतवाला' में प्रकाशित हुआ है। उसके साथ नोट छपा है कि वह

स्वामी विवेकानन्द की कविता का अनुवाद है। रवीन्द्रनाथ की 'विजयिनी' वगैरह के आधार पर जो कविताएँ लिखीं, वे अनुवाद नहीं, रूपान्तर हैं। उनके साथ यह नोट नहीं छपा कि वे रूपान्तर हैं लेकिन 'प्रभा' का अंक निकलने से पहले 'मतवाला' में स्पष्टीकरण छप तो गया। तब और क्या चाहिए?

महादेवप्रसाद सेठ इस तर्क-पद्धति से सन्तुष्ट न थे। निराला को लेकर कलकत्ते में न जाने कितनों से बैर मोल ले चुके थे। अभी तक चुनौती देकर कहते थे, जिसमें हिम्मत हो, दिखाये, निराला ने भाव कहाँ से लिये हैं! 'मतवाला' की हेकड़ी मशहूर थी। अब लोग निराला पर, 'मतवाला' पर, महादेवप्रसाद सेठ पर हँसते थे।

महिषादल के बाद निराला ने कलकत्ते में जो एक स्नेह की दुनिया बसाई थी, वह जैसे अचानक उजड़ गई। कल तक जो उन्हें महान् प्रतिभाशाली और युग-प्रवर्तक कवि मानते थे, अब उन्हें सन्देह की निगाह से देखने लगे। 'मतवाला' के लिए गद्य, पद्य, आलोचना, व्यंग्य, कहानी—क्या नहीं लिखा! कम्पोज़ीटर मैटर के लिए सामने खड़ा है, मशीन की घड़घड़ाहट के बीच निराला ने मुखपृष्ठ के लिए जल्दी से कविता पूरी करके दी। निराला ने अपनी मेहनत का सौदा नहीं किया। दोस्त की तरह काम किया। जितनी इज़्ज़त पाई, उससे ज़्यादा महादेवप्रसाद को दी। शिवपूजन सहाय इसी में मारे गए। अब निराला की बारी है।

'मतवाला' में काम करते निराला को लगा था, और सब हिन्दी लेखक उनके कन्धे तक हैं, उनका सर सबके ऊपर है। वह ऊँचा सर क्या इन मित्रों को अब नहीं दिखाई देता? कहते थे, निराला को पाकर 'मतवाला' अपने को धन्य समझता है। अब क्या हो गया? यह वही युग-प्रवर्तक निराला है या कोई दूसरा? कोई बात नहीं।

उत्पत्स्यते च मम कोऽपि समानधर्मा
कालोह्यं निरवधिर्विपुला च पृथ्वी।

बहुत-सा काम करना है। लेकिन अब 'मतवाला' के लिए कविताएँ न लिखेंगे। पर 'मतवाला' के लिए न लिखें तो लिखें किसके लिए?

निराला मुंशी नवजादिकलाल के पास आए। चालीस रुपये लिये और गढ़ाकोला के लिए रवाना हो गए।

नये संघर्ष

कलकत्ते से निराला गढ़ाकोला आए। 1924 में अवध में भूमि-सम्बन्धी नया बन्दोबस्त हुआ। निराला ने कचहरी में अपने बाग़ और खेतों के रेकार्ड दुरुस्त कराये। उसके बाद वह कानपुर आए। द्विवेदीजी उस समय जुही में थे। यद्यपि निराला पर उनका

पहले जैसा कृपाभाव न था, फिर भी निराला अपनी ओर से शील-विनय प्रकट करने में कमी न आने देते थे। द्विवेदीजी के दर्शन करने के बाद वह 'प्रभा' के दफ्तर पहुँचे और नवीनजी से भेंट की। इन दोनों कवियों की यह पहली भेंट थी। नवीनजी ने तुरन्त देख लिया कि उनमें और निराला में भाव-विचार-सम्बन्धी साम्य अधिक है, वैषम्य कम। नवीन उस कविता का स्वप्न देख रहे थे जिससे संसार में उथल-पुथल हो जाए। निराला बादल-राग में क्रान्ति के गीत गा चुके थे, अपनी बज्र हुंकार से 'आतंक' अंक पर धनी वर्ग को कँपा चुके थे, साहित्य-संसार में तो उनकी रचनाएँ उथल-पुथल मचा ही रही थीं। नवीन में क्रान्तिकारी उत्साह के साथ सौन्दर्य के प्रति प्रबल आकर्षण भी था। अपने और निराला के बीच उन्हें सामान्य भावभूमि काफी विस्तृत लगी। जब तक उन्होंने निराला को देखा न था, उनके बारे में अनेक तरह की कल्पनाएँ की थीं। पर यह कवि भेद खुल जाने से पराजित या पश्चात्ताप की भावना से पीड़ित दिखाई नहीं देता। साहित्यकारों से मुँह छिपाकर दूर-दूर रहने के बदले वह सर ऊँचा किये उनके बीच घूमता है। जिस 'प्रभा' में उसके विरुद्ध ऐसा घातक लेख छपा था, उसी के दफ्तर में वह सम्पादक से मिलने आया है। ऐसा तेजस्वी व्यक्तित्व उन्होंने कवियों में और किसी का न देखा था। नवीन प्रभावित हुए। निराला की कविताएँ सुनीं, अपनी सुनाईं। तै किया कि इस कवि के सम्बन्ध में भ्रम दूर करने के लिए 'प्रभा' में कुछ और लिखना चाहिए। उन्होंने निराला की प्रशंसा में एक सम्पादकीय टिप्पणी लिखी। पर निराला अपनी प्रशंसा में लेख छपाने न आए थे। बह बालकृष्ण शर्मा नवीन को अपने मौलिक कवि-व्यक्तित्व के दर्शन कराने आए थे। वह कार्य सम्पन्न हुआ। निराला को अपने साथ प्रेस ले जाकर नवीन ने अपना सम्पादकीय नोट दिखाया। निराला ने कहा—आपका नोट केवल प्रशंसात्मक है, इसके सिवा सम्पादकीय मैटर भी बढ़ रहा है, आप यह नोट निकाल दीजिए।

कानपुर से वह ससुराल आए। रामकृष्ण अब दस साल के हो गए थे। पढ़ने की कोई अच्छी व्यवस्था न थी। इस बार कलकत्ते जाकर वह रामकृष्ण को अपने पास बुला लेंगे, उनकी पढ़ाई की ठीक व्यवस्था करेंगे, यह आश्वासन उन्होंने अपने मन को और सास को दिया। इस बार भी वर की खोज करनेवाले उन्हें घेरते रहे। घेरने के अलावा वे इनकी सास पर भी दबाव डालते थे, कहते थे कि जब कवि महाशय गृहस्थी के खूँटे से बँध जाएँगे तब अपने पुत्र और पुत्री की ओर ज़्यादा ध्यान देंगे। मैं मंगली हूँ, मेरे साथ विवाह करना कन्या के लिए अशुभ होगा—इस तर्क से निराला उन्हें टालते रहे। एक सज्जन कुछ अधिक प्रगतिशील विचारों के थे। उन्होंने लड़की को एंट्रेंस तक पढ़ाया था और वह एंट्रेंस-परीक्षा में पास भी हो गई थी। उन्होंने निराला की सास से कहा, लड़की अठारह की, वर छब्बीस के, बड़ा अच्छा जोड़ा रहेगा। कुंडली मँगाकर देखी और दूसरे दिन आने का वचन देकर बिदा हुए। निराला कुंडली हाथ में लिये फाटक के बाहर मोढ़े पर बैठे थे। कुंडली में दो विवाह लिखे हैं, यह भाग्य का लेख है। भाग्य क्या है, भाग्य का निर्माता कौन है, निराला के दो विवाह

होंगे, यह निश्चय करनेवाला निराला के अलावा दूसरा कौन है—इन प्रश्नों पर विचार करते हुए उनकी दृष्टि रामकृष्ण, सरोज और अपने कवि-जीवन के भविष्य-चित्रों में कहीं खो गई। तभी सरोज वहाँ हँसती हुई आई और पिता के पास खेलने लगी। इसके लिए दूसरी माँ लाऊँगा? इस विचार के आते ही भविष्य-चित्रों में खोई हुई निराला की दृष्टि कठोर हो गई। यदि भाग्य में दो विवाह लिखे हैं तो निराला इस भाग्य-लेख को मिटा देगा। उन्होंने दुलार से सरोज को गोद में उठा लिया। कुंडली उसके हाथ में दे दी और कहा—लो, इससे खेलो। सरोज ने खेल-खेल में कुंडली फाड़कर उसके टुकड़े-टुकड़े कर दिये। दूसरे विवाह की समस्या हल हो गई।

निराला कलकत्ते लौट आए। पर वह 'मतवाला' आफिस न गए। बाज़ार में काम तलाश करना शुरू किया। बँगला पुस्तकों के अनुवाद की माँग थी। प्रकाशक ने कहा, अनुवाद आप कीजिए, चवन्नी पेज देंगे, पर अनुवादक की जगह नाम आपका न छपेगा। निराला ने कहा, मंज़ूर है। दिन-रात जुटकर काम पूरा करने लगे। भतीजों के खर्च के लिए गढ़ाकोला रुपये भेजे। किताब छपी, अनुवादक बनने की कीर्ति दूसरों को मिली। निराला की तात्कालिक आवश्यकता पूरी हुई। दवाइयों के विज्ञापन लिखने से लेकर विवाहादि के अवसर पर पद्य रचने तक निराला को जो काम मिला, उन्होंने समेट लिया। कुछ समय के लिए काव्य द्वारा युगप्रवर्तन का विचार उन्होंने छोड़ दिया।

शिवपूजन सहाय अब तक 'मतवाला' में लौट आए थे। दुलारेलाल ने बहुत पटाया, पुस्तकों की पांडुलिपि सुधारने के बदले 'माधुरी' का सारा काम उन्हें सौंप देने को कहा, बहाने से क्षमा माँगते हुए लिखा : "मैं आपसे नाराज़ नहीं हुई (हुआ) हूँ। हाँ, आपके कलकत्ते चले जाने पर मुझे बुरा अवश्य लगा।"[1] पर शिवपूजन सहाय ने लिख दिया, घर वाले नहीं मानते; इसलिए कलकत्ते जा रहा हूँ। तनख्वाह तै किये बिना पहले की ही तरह भाईचारे के आधार पर 'मतवाला' में वह काम करने लगे। महादेवप्रसाद सेठ ज़रा निश्चिन्त होकर मिर्ज़ापुर चले गए। यहाँ उन्हें समाचार मिला कि निराला कलकत्ते पहुँच गए हैं पर 'मतवाला' से रूठे हुए हैं। उनकी कविताओं के बिना 'मतवाला' सूना है, यह बात पाठकों की प्रतिक्रिया सुनकर महादेवप्रसाद अच्छी तरह समझ रहे थे। उन्होंने शिवपूजन सहाय को लिखा : "निरालाजी आ गए जानकर प्रसन्न हुआ। उनकी सेवा में सप्रेम प्रणाम निवेदन कीजिएगा।" फिर शिकायत के स्वर में लिखा : "उनके कलकत्ता में मौजूद रहते उनकी कविता 'मतवाला' में नहीं रहती, यह बड़ी ही लज्जा की बात है।"[2]

सन् '25 के वसन्त में महादेवप्रसाद सेठ कलकत्ता लौट आए पर निराला ने 'मतवाला' से सहयोग न किया। यह बात नहीं थी कि वे कविताएँ लिख ही न रहे हों; बहुत दिन तक कविता लिखे बिना वह रह न सकते थे। पर वह महादेव बाबू के व्यवहार से अभी रुष्ट थे। 'मतवाला'-मंडल के सम्मिलित प्रयत्न से वह मान गए; एक बार फिर उस पत्र को अपनी कविता देने लगे।

जुही की कली का वसन्त अब बीत चुका था। वह उल्लास, वह उमंग जो 'मतवाला' निकलने के समय थी, अब खत्म हो गई थी। यह एक दूसरा निराला था जिसकी रचनाएँ सन् '25 की वर्षा से 'मतवाला' में फिर छपना शुरू हुईं। इस कवि के जीवन में काफी तिक्तता आ गई थी, उसका मन विषादग्रस्त था, कविता में आवेग के बदले संयम अधिक था। वह मन की उन गहराइयों में पैठ रहा था जिनकी झलक बड़े-बड़े कवियों को ही मिलती है। निराला के जीवन में विषाद की कमी पहले भी न थी, पर उसे तपाकर काव्यरूप में ढालना निराला ने तब न सीखा था। 'जब कड़ी मारें पड़ीं दिल हिल उठा'—जहाँ-तहाँ उसकी झलक-भर दिखाई दी थी। 'मतवाला' के प्रथम वर्ष में मित्रों के स्नेह और प्रशंसा की तरंग में बहता हुआ निराला का मन कुछ समय के लिए विषाद की बात भूल गया था। सन् '24 की शरद में नई ठेस लगने से पुरानी पीड़ा उभर आई; जीवन के नये तिक्त अनुभव उसके साथ और जुड़ गए। निराला ने सन् '25 के वसन्त में पहला गीत लिखा :

मृत्यु-निर्वाण प्राण-नश्वर
कौन देता प्याला भर-भर?

मृत्यु का अर्थ पराजय नहीं। मृत्यु को देखकर ही मनुष्य विजयी हो सकता है, मरकर भी अमर हो सकता है।

मृत्यु की बाधाएँ बहु दन्द्ध
पारकर कर जाते स्वच्छन्द
तरंगों में भर अगणित रंग
जंग जीते, मर हुए अमर।

निराला में जीवन की आकांक्षा ज़रा भी कम न हुई थी। पर यह आकांक्षा वेदना से आँखें चुराकर सौन्दर्य के सपने देखने वाली आकांक्षा न थी। यह जंग जीतने, मरकर अमर होने, संसार की तरंगों में रंग भरने की आकांक्षा थी। ऐसा गीत हिन्दो में इससे पहले किसी ने न लिखा था। निराला के दुख में जितनी गहराई थी, शब्द और छन्द में उतना ही संयम था।

बहने दो,
रोक-टोक से कभी नहीं रुकती है,
यौवन-मद की बाढ़ नदी की
किसे देख झुकती है?

इस आवेग के बदले उनकी नई रचना में एक संयत भावगरिमा थी, जो शब्दों के साधारण अर्थ से परे मन को बहुत दूर खींच ले जाती थी।

नियमित छंद में बँधी हुई कविता लिखना निराला के लिए बहुत कष्टकर था। छोटी-सी कविता पर बेहद परिश्रम करना पड़ता था। उन्होंने अपनी नई जीवन-दृष्टि

के अनुरूप मात्रिक मुक्त छन्द में एक प्रयोग किया। हरे-भरे वसन्त का वह दिन याद किया जब लगा था कि ज्योति के सामने बढ़ते चले जा रहे हैं, आलोचनाओं से जटिल भविष्य का पथ भी याद आया। काफी झटके खाये, कितना काम आगे कर सकेंगे, कुछ निश्चित नहीं। निराला को परमपद लाभ की आकांक्षा वाले दिन याद आए। मृत्यु के बाद क्या होगा? एक अन्तहीन प्रवाह में बहते रहेंगे किन्तु कोई भय नहीं यदि 'नारायण मिलें हँस अन्त में।' पर यह मुक्त छन्द की रचना उन्हें शिथिल लगी। प्रयोग से असन्तुष्ट होकर उन्होंने फिर तुकान्त छन्द पकड़ा। पिछले साल बरसात में उन्होंने सानुप्रास छन्द में 'यमुना के प्रति' लम्बी कविता लिखी थी, वैसे ही इस बरसात में उन्होंने 'स्मृति' पर एक लम्बी कविता लिखी, छन्द के नियमों का पालन करते हुए, पर भावबोध में अधिक गहराई लिये हुए।

निराला ने अपने जीवन का कनक प्रभात याद किया, उसे निद्रित अतीत में बन्द पाया। जीवन का शतदल प्रकाश में खिलता-मुस्कराता नहीं, हवा के थपेड़े खाता दिखाई दिया। प्रकाश में जगमगाते पथ के बदले अन्धकार में यात्रा :

न हैं वे कुसुम, न वह परिमल,
न हैं वे अधर, न है वह लाज!
तिमिर-ही-तिमिर रहा कर पार
लक्ष-वक्षःस्थलार्गलित द्वार!

निराला के अनेक प्रशंसकों को लगा—न हैं वे अधर, न है वह लाज! कैसी सुन्दर शब्द-योजना है! उसके बाद यह कर्कश—लक्ष-वक्षःस्थलार्गलित द्वार! पूरी पंक्ति मुँह से निकालने में कितना श्रम करना पड़ता है! कोमल ही कोमल लिखते तो कितना अच्छा था! निराला जिस गहरी अनुभूति से प्रेरित होकर कविता लिख रहे थे, वह शब्दों के साधारण अर्थ से व्यंजित न होती थी। वह अब अधिकाधिक शब्दों की ध्वनि, ध्वनि की उदात्त-अनुदात्त भंगिमाओं से अपनी उस अव्यक्त अनुभूति को रूपायित करना सीख रहे थे।

'स्मृति' में उन्होंने जो कुछ विस्तार से कहा था, वह सब नौ पंक्तियों के एक गीत में फिर समेट लिया। निराला को सूर का पद याद आया :

जा दिन मन पंछी उड़ि जैहैं।
ता दिन तेरे तन तरुवर के सबै पात झरि जैहैं॥

गीत लिखा :

विकल डालियों से
झरने ही पर हैं पल्लव-प्राण—
हमारा डूब रहा दिनमान!

उधर कविवर सुमित्रानन्दन पन्त के पल्लव-बाल सुमनों के सौरभ-हार सजा रहे थे, और :

खिल उठी रोओं से तत्काल
पल्लवों की यह पुलकित डाल!

इधर निराला के पल्लव-प्राण विष-जर्जर हो रहे थे :

मास-मास दिन-दिन प्रतिपल
उगल रहे हो गरल-अनल
जलता यह जीवन असफल।

रहस्यवादी कवि के प्रकाश के बदले यहाँ यथार्थ जीवन का गहन अँधेरा था। जो प्रकाश मिला, वह जलते हुए असफल जीवन की ज्वाला का था।

निराला को दिखाई दे रहा था, जीवन में केवल श्रम है, केवल अन्धकार।

जीवन की गति कुटिल अन्धतम जाल,
जहाँ हाय, केवल श्रम, केवल श्रम
केवल श्रम, कर्म कठोर...
केवल अन्धकार, करना वन पार
जहाँ केवल श्रम घोर।

निराला की कविताएँ फिर 'मतवाला' में प्रकाशित होने लगीं। निराला फिर 'मतवाला'-मंडल में शामिल हुए। मन तात्कालिक अर्थ-चिन्ताओं से मुक्त हुआ। और निराला ने फिर सुना, रमणी का सौन्दर्य पुकार रहा है। कलियों में मधुर मद-उर यौवन-उभार आया, आकाश में चन्द्रमा की छवि देखकर यामिनीगन्धा ने सुगन्ध के भंडार खोल दिये। चकोर चन्द्रमा को निहारता रहा, डाल पर पपीहा गाता रहा, ओस से भीगे हुए फूल झुक गए, रमणी पुकारती रही :

शयन-शिथिल बाँहें
भर स्वप्निल आदेश में
आतुर उर वसन मुक्त कर दो।

पर कवि का पुरुषत्व सोता रहा। उसे लगा, दो-चार महीने नहीं :

ऐसे ही संसार के बीते दिन, पक्ष, मास,
वर्ष कितने ही हज़ार!

शृंगार-भावना मन को गुरुत्वाकर्षण में बाँधती रही, तिक्त वेदना उसका प्रतिरोध करती रही।

निराला की शृंगार-भावना ऐसी विषादग्रस्त कभी नहीं हुई थी। प्रिया के अधरों पर सुरा का स्वर लहराया, निराला को जुही के बदले पल्लव-पर्यंक पर शेफाली दिखाई दी। मलयानिल द्वारा झकझोरे जाने के बदले कली पर शिशिर से गगन के चुम्बन झरते रहे। प्रेमी के हृदय में यह साध बनी रही कि :

शोक-दुख-जर्जर इस नश्वर संसार की
क्षुद्र सीमा

वह किसी तरह पार कर जाए।

निराला एक ओर अपने मानसिक संघर्ष, शृंगार के आकर्षण और वेदना की तिक्तता को कविता में रच रहे थे, दूसरी ओर वह बाह्य संसार की सामाजिक-राजनीतिक गतिविधि को भी सतर्क दृष्टि से देख रहे थे।

गांधीजी के असहयोग-आन्दोलन और चरखा-अभियान से अनेक उदारपंथी विचारक चिन्तित हो गए थे। वे भारत और ब्रिटेन का सम्बन्ध तोड़ने के पक्ष में न थे। वे ब्रिटिश साम्राज्य के भीतर भारत को 'डोमीनियन' या अर्द्ध-उपनिवेश बनाने का स्वप्न देख रहे थे। रवीन्द्रनाथ राष्ट्रीय स्वाधीनता-आन्दोलन के नये उभार का समर्थन न करके पूर्व और पश्चिम को सांस्कृतिक धरातल पर मिलाने का प्रचार कर रहे थे। इसके लिए उनकी आलोचना बंगाल में भी होने लगी थी। खद्दर और चरखे की ओर से उदासीन होने के लिए आचार्य प्रफुल्लचन्द्र राय ने दो-चार खरी-खोटी रवीन्द्रनाथ को सुना दी थीं। इस पर रवीन्द्रनाथ ने 'सबुज पत्र' में 'चरखा' शीर्षक एक लेख लिखा, गांधीजी पर आरोप लगाया कि वह सभी भारतवासियों को एक ही ढर्रे पर चलाना चाहते हैं। इस पर 'श्रीकृष्ण सन्देश' में रवीन्द्रनाथ की आलोचना करते हुए निराला ने एक लम्बा लेख लिखा।

जैसे वह सहज भाव से बोलते थे, वैसे ही धाराप्रवाह उन्होंने यह लेख लिखा। 'मतवाला' में 'सरस्वती' और 'माधुरी' पर उनकी टिप्पणियों से इसका स्तर भिन्न था। उनकी इधर की कविताओं में जैसे एक नया स्वर सुन पड़ा था, वैसे ही उनके गद्य में एक नई परिपक्व मेधा के दर्शन हुए। विवाद यहाँ भी था, हास्य-व्यंग्य की फुलझड़ियाँ भी थीं पर यहाँ उनकी केन्द्रबद्ध दृष्टि विषय के मर्म तक पैठती चली गई थी। पाठक से हँसते-बोलते हुए उन्होंने धर्म, दर्शन, राजनीति की अनेक समस्याओं पर बड़ी सूझ-बूझ की बातें कहीं। निराला महिषादल में चरखा-आन्दोलन की झलक देख चुके थे। बेकारी की दशा में स्वयं सूत कातने और खादी बुनने की योजना बना चुके थे। रवीन्द्रनाथ ने चरखे का विरोध किया तो निराला को लगा, महाकवि स्वाधीनता-आन्दोलन का ही विरोध कर रहे हैं।

लेख लिखते समय निराला के मन में हिन्दी-बंगाली जातियों की नित बढ़ती हुई प्रतिद्वन्द्विता का भाव भी था। महिषादल में ही वह हिन्दी जातीयता के प्रति सजग हो चुके थे, अनेक बंगाली बुद्धिजीवियों की अहम्मन्यता उन्हें खलती थी। गांधी-रवीन्द्र-

नाथ का संघर्ष उनके लिए एक तरह से गुजरात-बंगाल का संघर्ष था। सरलादेवी चौधरानी ने 'बंगाल और गुजरात के संघर्ष में, रवीन्द्र-गांधी समर में' रवीन्द्रनाथ का, बंगाल का समर्थन किया। सरलादेवी के मत का खंडन करते हुए निराला ने प्रान्तीयता के प्रसंग मे लिखा : "मैं यह विरोध हरगिज न करता अगर यू.पी. में रहकर अपने दूसरे शिक्षित भाइयों की तरह मैं भी प्रान्तीयता-बू-विवर्जित हो गया होता; परन्तु नहीं, भाग्य में तो बंगाल का रहना बदा था, यू.पी. का सौभाग्य कहाँ से प्राप्त होता? बंगाल में रहने के कारण एक उन्नति मेरी ज़रूर हुई। बंगालियों के संसर्ग से प्रान्तीयता का ज़हर मेरी नसों में खूब फैल गया और नशे में बेहोश कर देने की जगह बेतरह मुझे सजग कर देने लगा—हर वक्त—बंगालियों की एक-एक चाल में। बंगालियों से फायदा मुझे यही हुआ। उनकी हर एक पेचीदा बात आसानी से सुलझा लेने लगा।"

रामकृष्ण मिशन और ब्राह्मसमाज का पुराना वैर-भाव भी निराला के मन को प्रेरित कर रहा था। शंकर, रामानुज और कबीर के साथ उन्होंने रामकृष्ण परमहंस को परमात्मस्वरूप कहा, ब्राह्मसमाज और रवीन्द्रनाथ के ब्रह्मज्ञान पर खूब फब्तियाँ कसीं।

अंग्रेज़ी शासन के विरुद्ध जनता का असन्तोष बढ़ रहा था। अंग्रेज़ देख रहे थे कि दूसरी बार आन्दोलन छिड़ सकता है, शायद पहले से भी अधिक शक्तिशाली। वे पुलिस और कचहरी में अल्पसंख्यक मुसलमानों को बढ़ावा देकर बहुसंख्यक हिन्दुओं के विरुद्ध उन्हें उकसा रहे थे। मस्जिद के सामने बाजा न बजे, आसपास कहीं शंख की आवाज़ न सुनाई दे, यह सब एक प्रमुख राजनीतिक समस्या वन गई था। कांग्रेसी नेता कुछ समय के लिए संघर्ष के रास्ते से हट गए थे। अनेक राजनीतिज्ञ हिन्दुओं के उचित अधिकारों की रक्षा के लिए कटिबद्ध हो गए थे। अंग्रेज़ पीछे छूट गया, उचित अधिकारों की लड़ाई सामने आ गई। जो लोग स्वदेशी-आन्दोलन में सक्रिय रूप से भाग ले चुके थे, जेल जा चुके थे, वे भी अधिकारों की इस नई लड़ाई में सिमट आए। अब कांग्रेस के अलावा एक नया राजनीतिक संगठन हिन्दुओं का विशेष प्रतिनिधि बनकर सामने आया। मुस्लिम लीग अपने को मुसलमानों का एकमात्र प्रतिनिधि कहती थी, हिन्दू महासभा अपने को हिन्दुओं का। इस नये संगठन की ओर जो अनेक राजनीतिक कार्यकर्ता और साहित्य-सेवी खिंचे, उनमें महादेवप्रसाद सेठ भी थे।

'मतवाला' ने मुखपृष्ठ पर लेख छापा : 'हिन्दू'! मोटे-मोटे अक्षरों में ऊपर स्वामी विवेकानन्द के ये शब्द छपे : "आप अपने को हिन्दू कहने के अधिकारी उसी अवस्था में हो सकते हैं जब 'हिन्दू' शब्द मात्र से आपकी नसों में बिजली दौड़ जाए।"[4] महादेवप्रसाद सेठ ने शिवपूजन सहाय को ताकीद की : "हिन्दू महासभा के विरोधियों का मुलाहज़ा करने की ज़रूरत नहीं।" मुंशी नवजादिकलाल विशेष रूप से हिन्दुओं के पक्ष में उग्र लेख लिखने लगे। इस सबके साथ 'मतवाला' साम्यवाद का प्रचार भी कर रहा था। उसने भारतीय कम्युनिस्ट पार्टी के संगठन, रूसी राज्यक्रान्ति और नई सोवियत व्यवस्था के पक्ष में अनेक लेख छापे। जैसे स्वामी विवेकानन्द

की रचनाओं में हिन्दू राष्ट्रवाद, वेदान्त और साम्यवाद के स्वर घुल-मिल गए थे, वैसे ही 'मतवाला' के लेखों में उस समय के अनेक राजनीतिज्ञों-साहित्यकारों की विचारधारा बहुरंगी रूप में प्रकट हो रही थी।

'मतवाला' के लेखकों में सबसे सजग, सबसे क्रान्तिकारी लेखक निराला थे। वह दो वर्ष पहले बादल-राग में हिन्दू-मुसलमान के बदले धनी-निर्धन के वर्ग-भेद को प्रमुख मान चुके थे। कलकत्ते में रहते हुए उनका परिचय कुछ साम्यवादी नेताओं से हुआ। इनमें भारतीय कम्युनिस्ट पार्टी के संस्थापक मुज़फ़्फ़र अहमद भी थे। मुज़फ़्फ़र अहमद से उनका परिचय कराया राधामोहन गोकुलजी ने। भारतीय साम्यवाद अभी छिटपुट औद्योगिक केन्द्रों में मज़दूर वर्ग तक सीमित था। निराला के राजनीतिक दृष्टिकोण की विशेषता यह थी कि वह भारत के स्वाधीनता-संग्राम में सन् '20 से ही किसानों की भूमिका का महत्त्व समझ रहे थे।

राधामोहन गोकुलजी तेजस्वी वक्ता और लेखक थे। कद में वह निराला की कमर से कुछ ही ऊपर पहुँचते थे पर निराला उन्हें मास्टर साहब कहकर उनसे बड़े ही आदर से पेश आते थे। राधामोहन गोकुलजी निराला के कविकर्म को खूब प्रोत्साहन देते थे। वह 'मतवाला-मंडल' में अक्सर आते थे, वहाँ की साहित्यिक-राजनीतिक चर्चा में भाग लेते थे। 'मतवाला' के अनेक लेखकों की तरह वह भारतेन्दु-युग के साहित्य से प्रभावित थे। कानपुर में वह प्रतापनारायण मिश्र से साहित्य-सेवा की दीक्षा ले चुके थे। बीस वर्ष की आयु में अंग्रेज़ अफ़सर से खटपट हो जाने पर उन्होंने नौकरी से इस्तीफा दे दिया था। हिन्दीभाषी क्षेत्रों में वह मज़दूरों के आदि संगठन-कर्ताओं में थे। मज़दूर संगठन का कार्य उन्होंने आगरे में किया था। इसके लिए सालभर की सज़ा काटी थी। उनका एक पैर जेल में और एक जेल के बाहर रहता था। छूटने पर अधिकारियों से कहते जाते—हमारा स्थान सुरक्षित रखना, हम फिर आएँगे। जब मुंशी नवजादिकलाल 'वीर भारत' के सम्पादक थे, तब राधामोहन गोकुलजी उसमें बड़े जोशीले लेख लिखा करते थे। वह विधवा-विवाह और अछूतोद्धार के साथ शुद्धि-आन्दोलन के भी समर्थक थे। वह साम्यवाद और हिन्दू-संगठन, दोनों का प्रचार करते थे।

निराला ने अब तक ऐसा कुछ न लिखा था जिसे हिन्दू-संगठन के समर्थक अपने पक्ष में इस्तेमाल करते। महादेवप्रसाद सेठ, राधामोहन गोकुलजी, नवजादिकलाल श्रीवास्तव—सभी का आग्रह था कि निराला ऐसा कुछ लिखें जो सोते हुए हिन्दुओं के खून में जोश पैदा कर दे। निराला ने घोखना शुरू किया। रवीन्द्रनाथ ने ऐसा क्या लिखा है जहाँ से 'आइडिया' लेकर आज की परिस्थिति के अनुकूल कुछ लिखा जा सके? रवीन्द्रनाथ की प्रसिद्ध कविता 'बन्दी वीर' याद आई :

पंचनदीर तीरे
बेनी पाकाइया शिरे

उन्होंने गुरु गोविन्दसिंह को लेकर एक कविता लिखी : 'जागो फिर एक बार'। इसे इच्छानुसार हिन्दू संगठन के लिए इस्तेमाल किया जा सकता था, अंग्रेज़ी राज के विरुद्ध क्रान्तिकारी संघर्ष के लिए भी।

पश्चिम की उक्ति नहीं
गीता है, गीता है—

आदि पंक्तियों में उन्होंने अहिंसावादी आन्दोलन से सन्तुष्ट न रहकर संघर्ष के अन्य तरीके अपनाने की ओर संकेत किया।

इसी समय 'श्रीकृष्ण सन्देश' नाम के पत्र में मिर्ज़ा राजा जयसिंह के नाम शिवाजी के पत्र का गद्य में अनुवाद छपा। रवीन्द्रनाथ शिवाजी पर एक कविता लिख चुके थे। निराला ने उस पत्र को पद्यबद्ध कर डाला, अपनी ओर से वेदान्त के भाव जोड़े, हिन्दू समाज में शूद्रों पर अत्याचार का उल्लेख किया। साम्राज्यवाद के विरुद्ध संघर्ष और भारत की स्वाधीनता का उल्लेख किया। 'पंचवटी' प्रसंग के बाद वर्णिक मुक्तछंद में लिखी हुई निराला की यह सबसे लम्बी कविता थी। 'मतवाला' के पाँच अंकों में वह छपी। निराला मित्रों के बीच बड़े ओजपूर्ण ढंग से इसका पाठ करते; ध्वनियों के आवर्त, वक्तृता का अजस्र प्रवाह श्रोताओं को मोह लेता :

जितने विचार आज
मारते तरंगें हैं
साम्राज्यवादियों की भोगवासनाओं में
नष्ट होंगे चिरकाल के लिए।
आयेगी भाल पर
भारत की गई ज्योति
हिन्दुस्तान मुक्त होगा घोर अपमान से,
दासता के पाश कट जायेंगे।

निराला ने जान-बूझकर दोनों कविताएँ औरंगज़ेब के समय को लेकर लिखीं। औरंगज़ेब की धार्मिक कट्टरता जग-जाहिर थी। उसका विरोध न्यायसंगत ही माना जाता। साथ ही कविताओं से ब्रिटिश साम्राज्य के विरुद्ध क्रान्तिकारी संघर्ष चलाने का निष्कर्ष भी निकलता था।

साम्प्रदायिकता की आग सुलगती रही। आख़िर सन् '26 में ज्वालाएँ फूट पड़ीं। इनकी लपेट में निराला भी आ गए। कलकत्ते में दंगे हुए। मछुआबाज़ार और आसपास के इलाके में मुसलमानों की घनी आबादी थी। दंगे की सरगर्मी यहाँ ज़्यादा थी। निराला यहाँ दंगाइयों के बीच घिर गए। उन पर ईंटों और पत्थरों की वर्षा होने लगी। निराला ऊपर आते हुए रोड़ों से बचते हुए, ईंटों के बड़े टुकड़े गेंद की तरह कभी लोकते हुए, महिषादल में गेंदबाज़ी के अभ्यास से लाभ उठाकर इन टुकड़ों को विरोधियों पर ज़ोर से फेंकते हुए कूद-फाँदकर बच निकले।

'मतवाला' में मुंशी नवजादिकलाल ने मुसलमानों के खिलाफ़ और भी उग्र लेख लिखे। उधर बँगला में 'सुल्तान' पत्र हिन्दुओं के विरुद्ध विष-वमन कर रहा था। साम्प्रदायिकता भड़काने और शान्ति भंग करने के अपराध में दोनों के सम्पादकों को सज़ा हुई। 'मतवाला' के सम्पादक-रूप में नाम महादेवप्रसाद का ही छपता था, इसीलिए मुंशीजी के बदले जेल उन्हीं को जाना पड़ा। जेल में उनकी मुलाकात 'सुल्लान' के सम्पादक से हुई। ये सज्जन मुस्लिम संस्कृति के बड़े समर्थक थे, लेकिन उर्दू शायरी से अपरिचित थे। महादेवप्रसाद सेठ ने उन्हें ग़ालिब के शेर सुनाये, बँगला में उनका अर्थ समझाया। दोनों में दोस्ती हो गई। जेल से छूटने पर 'मतवाला'-प्रेमियों ने महादेवप्रसाद का भव्य स्वागत किया। स्वागत करनेवालों में निराला भी थे।

जिस समय 'मतवाला' में हिन्दू-संगठन पर लेख निकल रहे थे, उसी समय निराला ने 'समन्वय' में एक लेख लिखा : 'साहित्य की समतल भूमि'। इसका उद्देश्य हिन्दुओं-मुसलमानों के बीच बढ़ते हुए तनाव को दूर करना था। एकदेशीय संकीर्णता का विरोध करते हुए अपना उद्देश्य उन्होंने इस प्रकार प्रकट किया : "इस लेख में हम यह दिखलाने की चेष्टा करेंगे कि साहित्य की समतल भूमि कैसी है और रीति-रिवाजों में हिन्दुओं से सम्पूर्णत: पृथक् मुसलमान जाति भी साहित्य और ज्ञान की भूमि में हिन्दुओं के समान ही है।" कबीर और तुलसी के साथ नज़ीर, ग़ालिब और मीर की रचनाओं से उद्धरण देकर निराला ने निष्कर्ष निकाला कि वेदान्त द्वेष की नहीं, विश्व-मैत्री की शिक्षा देता है।

निराला का यह लेख सन् '26 में 'समन्वय' की श्रावण संख्या में प्रकाशित हुआ। कलकत्ते के विषाक्त वातावरण में वैसा लेख लिखना बड़े साहस का काम था। इसके मुकाबले मछुआबाज़ार की पत्थरबाज़ी से बच निकलना आसान था। दंगों के समय निराला के वेदान्त की कठिन परीक्षा हुई, इस परीक्षा में वह खरे निकले।

'मतवाला' में फिर से काम करते निराला को एक वर्ष हो रहा था। पहले जैसा उत्साह और भाईचारे का वातावरण इस बार नहीं था। शिवपूजन सहाय फिर 'मतवाला' से अलग हो गए थे। 'मतवाला' की नीति और महादेवप्रसाद सेठ के व्यवहार से निराला सन्तुष्ट नहीं थे। 'मतवाला' से सबन्ध शिथिल होने पर वह 'समन्वय' और रामकृष्ण मिशन के संन्यासियों की ओर अधिक खिंच आए। उसमें स्वयं लेख लिखे, स्वामी विवेकानन्द की रचनाओं के अनुवाद प्रकाशित कराये। प्रयत्न करके उन्होंने 'समन्वय' के लिए प्रेमचन्द, सुमित्रानन्दन पन्त, शिवपूजन सहाय, नवजादिकलाल श्रीवास्तव, पांडेय बेचन शर्मा 'उग्र', मोहनलाल महतो, रामशंकर त्रिपाठी, श्यामसुन्दर खत्री आदि नये-पुराने लेखकों की रचनाएँ प्राप्त कीं। निराला के सहयोग से 'समन्वय' दार्शनिक से अधिक सुन्दर साहित्यिक पत्र बन गया। पर इससे निराला की आर्थिक समस्या सुलझने वाली नहीं थी।

अपने खर्च के लिए, खास तौर से भतीजों को पैसे भेजने के लिए उन्हें बाज़ार का काम करना पड़ता था। 'मतवाला' से निश्चित आय न थी। यह कमी महादेवप्रसाद

सेठ निराला की प्रशंसा करके, उनके प्रति आदर-भाव जताकर बहुत-कुछ पूरी कर देते थे। पर इस आदर-भाव में कमी होने लगी थी। इसका मुख्य कारण यह था कि निराला का आदर-स्थान अब पांडेय बेचन शर्मा 'उग्र' ने ले लिया था। महादेवप्रसाद सेठ की निगाह में वह निराला से भी अधिक प्रतिभाशाली लेखक थे।

'उग्र' नरक से ऊपर उठते हुए 'मतवाला' तक पहुँचे थे। बाप पुजारी थे। जजमानी से काम चलता था। भाई आवारा थे। रामलीला में अभिनय करने का शौक था। पिता का देहान्त होने पर बड़े भाई घर के मालिक हुए। गांजा-चरस, शराब और जुए में उन्होंने स्त्रियों के गहने, घर के पोथी-पत्रा तक बेच डाले। विरोध करने पर माँ और पत्नी को जूतों और लातों से मारते। आठ साल के 'उग्र' ने जुल्फों में फूल-चिड़ी बनाना, रामलीला में सीता का अभिनय करना सीखा। महन्त भागवतदास की रामलीला-मंडली के साथ उन्होंने लाहौर, अमृतसर और बन्नू-कोहाट तक की यात्रा की। यात्रा के दौरान महन्त-मंडली में अप्राकृतिक व्यभिचार की जानकारी प्राप्त की।

सन् '20 के आन्दोलन में उग्र ने गाँवों में जाकर किसानों के बीच भाषण किये। 'आज' में बाबूराव विष्णु पराड़कर की शागिर्दी करके वह पत्रकार बने। शचीन्द्रनाथ नाथ सान्याल के सम्पर्क में आने से उनका झुकाव क्रान्तिकारी आन्दोलन की ओर हुआ। गोरखपुर के 'स्वदेश' में अंग्रेज़ों के विरुद्ध तेज़ लेख लिखने के अपराध में उन्हें नौ महीने की सज़ा हुई। उग्र उर्दू न पढ़ पाते थे पर सुनकर ही उन्होंने बहुत-कुछ सीख ली थी। निराला के विपरीत उनकी भाषा बहुत सरल होती थी। वह भरसक बाज़ार में बोली जानेवाली भाषा को अपने गद्य में सँवारते थे। उर्दू शब्दों का बेधड़क प्रयोग करते हुए अनुप्रासों के सहारे वह अपनी शैली में शोख़ी और चुलबुलापन पैदा करते थे। रामलीला के मंच पर थिरकते हुए किशोर अभिनेता की तरह 'मतवाला' के पृष्ठों में ठुमकती-थिरकती हुई उग्र की शैली भी पाठकों का मन मोह लेती थी। निराला की तरह उग्र ने महादेवप्रसाद सेठ से ग़ालिब-प्रेम की दीक्षा ली। निराला की तरह वह भी तुलसीदास के भक्त थे। निराला की तरह खान-पान में वह भी मुसलमान-अछूत का भेदभाव न करते थे। निराला के विपरीत गाली देने की कला में कलकत्ते के समस्त हिन्दी-संसार में उग्र का सानी नहीं था।

महादेवप्रसाद सेठ पर उग्र का प्रभाव बढ़ता गया। उन्होंने उग्र की किताबें छापीं और वे खूब बिकीं। महादेवप्रसाद सेठ के घरवालों को मालूम हो गया कि किताबों का धन्धा पत्थरों के रोज़गार से बुरा नहीं है। सुन्दर भोजन, सुन्दर वस्त्र, सुन्दर इत्र-फुलेल, सुन्दर नाज़-नखरे—महादेवप्रसाद सेठ सबका भार वहन करते, उग्र की गालियाँ सुनते और उनकी खुशामद करते। निराला की ऐसी खातिर जब वह गवहीं लेने डलमऊ गए थे, तब भी न हुई थी। महादेवप्रसाद सेठ ने 'अनामिका' के बाद उनकी एक भी किताब न छापी थी। 'खूब बिकती हैं उग्रजी की पुस्तकें। 'दिल्ली का दलाल' डेढ़ महीने में 1100 बिक गया।'[5]—निराला यह व्यापार ध्यान से देख रहे थे। 'मतवाला' में निराला का फोटो न छपा था, उग्र का छपा। थियेटर-सैर-सपाटे से लेकर अंगूर

खाने तक हर जगह उग्र की ही आवभगत सबसे ज़्यादा होती थी। महादेवप्रसाद सेठ जुल्फों से लेकर कलम के जादू तक उग्र को सराहते अघाते न थे।

उग्र देख रहे थे कि निराला भीतर-भीतर कुढ़ रहे हैं। उन्हें जलाने में उग्र को मज़ा आता था। बड़े आए थे युगप्रवर्तक कवि बनकर! साहित्य वह, जिसे पढ़कर साधारण आदमी भी फड़क उठे। इनकी कविता—घोखा करो; बड़ी मेहनत के बाद दो-चार लाइनें समझ में आ जाएँ तो बड़े भाग्य! निराला को आश्चर्य होता, यह ढाई पसली का छोकरा, कमर तक भी नहीं आता, अपनी चटक-मटक से सबकी आँखों में धूल झोंक रहा है। महादेव बाबू बड़े साहित्य-पारखी बनते थे, उग्र की ऊपरी चमक-दमक पर लट्टू हो गए। साहित्य वही टिकाऊ होगा जिसमें भाव और विचार की गम्भीरता हो। पर अभी तो उग्र का साहित्य ही बिकता है। क्या वह उग्र की तरह लिखें? बाज़ार में वैसे ही माल की खपत है। उग्र निराला के सामने डींग हाँकते—मैं मिडिलफेल बाज़ार सम्राट् हूँ, हिन्दी-लेखकों में अकेला रेस खेलता हूँ, स्टेट्समैन पढ़ता हूँ, विलायती शराब पीता हूँ।

निराला ने एक दिन ह्विस्की की बोतल में ठर्रा भरकर उसमें केसरिया रंग मिलाया और उग्र को पिला दिया। उग्र के बनारसी मित्र विनोदशंकर व्यास उन दिनों तफरीह के लिए कलकत्ता आए थे। निराला ने उनसे कहा—देखा उग्र को, बहुत बढ़-बढ़कर बातें मारते थे, अभी ह्विस्की और ठर्रे का फर्क भी नहीं मालूम। विनोदशंकर ने उग्र से कहा। उग्र ने सफाई दी—मैं पीते ही समझ गया था; पर यह तो वैसा ही मज़ाक़ हुआ जैसे किसी को ज़हर मिलाकर दे दो और बाद में कहो, इन्हें तो ज़हर की पहचान भी नहीं है!

निराला और उग्र के बीच का फासला बढ़ता गया। अब महादेवप्रसाद सेठ उग्र के थे, 'मतवाला' उग्र का था। उग्र और निराला के बीच फासला बढ़ने का मतलब था, 'मतवाला' और निराला के बीच फासला बढ़ रहा था। उन्होंने 'मतवाला' के भरोसे न रहकर बाज़ार में काम ढूँढ़ना शुरू किया। इस कार्य में शिवपूजन सहाय ने उनकी मदद की। पुस्तक भंडार, लहेरियासराय से उनका सम्पर्क था ही। छात्रों के लिए निराला रस-अलंकार पर एक पुस्तक लिख डालें और वह पुस्तक भंडार से प्रकाशित हो, इसका प्रबन्ध उन्होंने किया। निराला ने अप्रैल में पुस्तक शुरू की। रसों, भावों, विभावों, अनुभावों के उदाहरण इकट्ठे किये। इस बात का ध्यान रखा कि उदाहरणों में शृंगार की ऐसी बातें न आ जाएँ जो छात्रों के पढ़ने लायक न हों। इसी विचार से उन्होंने नायिका-भेद पर कुछ न लिखा। वह संक्षेप में सारी बातें कहने का प्रयत्न कर रहे थे, फिर भी पुस्तक बढ़ती जा रही थी। उनके सामने लाला भगवानदीन की 'अलंकार मंजूषा' थी जिसमें अलंकारों का विवेचन था। विवेचन बहुत विस्तृत न था, फिर भी ढाई सौ पृष्ठों को घेरे हुए था। निराला सौ पृष्ठों में रस और अलंकार सब-कुछ कैसे समेट लें? उन्होंने शिवपूजन सहाय को लिखा : "आप समझिए कि 251 पृष्ठ रंग डाले हैं लालाजी ने सिर्फ अलंकार लिखकर, सो भी बहुत विस्तृत नहीं। यदि दो-एक फार्म बढ़ जाएँ तो क्या कोई हानि होगी? आज 101वाँ पृष्ठ लिख

रहा हूँ (मेरा एक पृष्ठ कुछ कम आपका एक पृष्ठ होगा)। रस तो 60 के कोठे में पूरे हो गए थे, परन्तु अलंकार अभी आधा भी नहीं हुआ। जनाब, एक-एक अलंकार के आठ-आठ बच्चे हैं। ऐसे 100 से भी ज़्यादा अलंकार हैं।... मुझे विश्वास नहीं कि पुस्तक के बढ़ने पर उन्हें कोई एतराज़ होगा जबकि ऐसी दशा है।"[6]

मई के अन्त तक निराला ने किताब पूरी कर डाली। शिवपूजन सहाय के पास पांडुलिपि भेज दी। लिखा कि गढ़ाकोला के पते पर उनके भतीजों के लिए पचीस रुपये भिजवा दें। साथ ही प्रकाशकों से और काम जुटाने को कहा। शिवपूजन सहाय की पत्नी अस्वस्थ थीं, फिर भी उन्होंने निराला के लिए काम ढूँढ़ने का वादा किया। निराला कोई बड़ी चीज़ लिखने, महाकाव्य जैसा कुछ रचने का विचार कर रहे थे। इसकी सूचना भी उन्होंने शिवपूजन सहाय को दी।

शिवपूजन सहाय ने उत्तर लिखा :

दंडपाणि भैरव (काशी)
मुहल्ला, काल भैरव
Benares City
19/5 [1926]

मान्यवर निरालाजी

सादर सप्रेम प्रणाम!

आपका कृपापत्र और 'रस-अलंकार' नामक ग्रंथ मिला। धन्यवाद। मेरी स्त्री जब से आई, सख्त बीमार है। बहुत परेशान हूँ। चित्त स्थिर नहीं है। चिन्ता और चंचलता के कारण समय पर आपको उत्तर न दे सका, क्षमा चाहता हूँ।

आपके घर 25) रुपये भेजने के लिये लहेरियासराय पत्र लिख दिया है। आप भूमिका आदि भेज दीजिये। पुस्तक शीघ्र ही प्रेस में जायगी। प्रूफ भेजूँगा। बेनीपुरीजी घर गये हैं—बीमार होकर। यहीं से ज्वरग्रस्त होकर गये थे। शान्तिप्रियजी सदा मिलते हैं। आपको प्राय: स्मरण करते हैं। मैं स्त्री की बीमारी से कहीं आ-जा नहीं सकता। बड़े संकट में जी पड़ा है। पत्रों में देर होने से आप कोई दूसरी बात न समझें। आपके लिये काम की कोशिश कर रहा हूँ। हाथ में आते ही भेजूँगा। आप प्रकाशकों और हिन्दी-संसार की हालत जानते ही हैं। अधिक क्या लिखूँ! मुंशीजी को एक पत्र लिखा था। उत्तर नहीं मिला। 'मतवाला' के केस का हाल सुना। वह एक निश्चित होनी थी। आखिर होकर ही रही। विश्वास है कि 'मतवाला' विचलित नहीं होगा। बनारसी लोग तो ऐसी ही चर्चा करते हैं। मैं जब से आया, 'मतवाला' के किसी अंक के दर्शन नहीं हुए। 'ॐ शान्ति:' वाला एक अंक भेजने को कह दीजियेगा। ज़रा स्वस्थ चित्त होकर कुछ लिखूँगा। रूपनारायणजी आये थे। आपको पूछते थे। बिहारी-सम्मेलन के समय (22 जून) तक स्त्री को कुछ आराम हुआ तो लहेरियासराय जाऊँगा और आपके महाकाव्यों के विषय में बातें करूँगा। मुझसे जहाँ तक हो सकेगा, कोई कसर न रखूँगा। आइन्दे हिन्दी का भविष्य!! यहाँ आने के बाद से तीमारदारी में इस क़दर

फँस जाना पड़ा है कि जिसका पैसा खाता हूँ, उसका कुछ काम नहीं हुआ। बड़े संकोच और संकट में जान पड़ गई है। शुरू में मुंशीजी के आने की प्रतीक्षा करता रहा। फिर मामले का हाल सुनकर समझ गया कि अभी देर है। ब्रजकिशोर और बबुनी का समाचार लिखियेगा। यहाँ के एक सज्जन रामचन्द्र कपूर पूछते थे कि रवीन्द्र-गाँधी संबन्धी निरालाजी का लेख 'श्रीकृष्ण सन्देश' में कब पूरा होगा। मैंने कह दिया कि निरालाजी अस्वस्थ हैं। क्षमा कीजियेगा।

आपका कृपाकांक्षी
शिवपूजन

'25 रुपये आपके घर चले जायेंगे उसी पते पर, जो आपने लिखा है। वहाँ से पत्र आने पर सूचना दूँगा। शिव.'

शिव सहाय ने तो यों ही 'श्रीकृष्ण सन्देश' के पाठकों को टालने के लिए कह दिया था, पर निराला सचमुच ही अस्वस्थ हो गए थे। लहेरियासराय से रस-अलंकार वाली पुस्तक के प्रूफ न आए। पाठ्य-पुस्तक ही न छपी, महाकाव्य छापने की बात तो दूर थी। निराला को पैसों की सख्त ज़रूरत थी। वह दो-एक मारवाड़ी सेठों के यहाँ गए, उनके लड़कों की ट्यूशन कर ली। शिक्षक बनने, दूसरों को पढ़ाने में निराला को मज़ा आता था, पर परीक्षा पास करने के लिए उतावले विद्यार्थी को निराला की बातें बहकी-बहकी लगतीं। उनका एक मारवाड़ी छात्र ऐसा भी था जिसे न परीक्षा की चिन्ता यी, न ज्ञान-प्राप्ति की। वह पिता के सन्तोष के लिए पढ़ता था। इतना जानता था कि निराला बहुत प्रसिद्ध लेखक हैं, उनसे मैत्रीभाव जताकर वह दुनियादारी की बातें किया करता था। निराला ने उसे अपने जीवन की ऐसी बातें भी बताईं जिन्हें अन्य जन गोपनीय समझते हैं।

निराला के छात्रों में ऐसे लड़के भी थे जो स्नेह के कारण उनके पास आते-जाते थे, उनसे जब-तब कुछ पढ़ते भी थे, पर सब अनियमित। पैसे देने का सवाल न था। इनमें बैसवाड़े के दो युवक प्रमुख थे—दयाशंकर वाजपेयी और शिवशेखर द्विवेदी। हिन्दी और बँगला के अच्छे जानकार ये दोनों युवक निराला को होनहार लेखक भी लगे। वे अपने लेख, कविताएँ आदि निराला को दिखाते, उनसे प्रोत्साहन पाते।

निराला पैसों का जोड़-तोड़ कर रहे थे तभी एक घटना घटी। मुंशी नवजादिकलाल ने उनसे कमरे का किराया माँगा। 'मतवाला'-कार्यालय 23 नम्बर से उठकर 36 नम्बर शंकरघोष लेन में चला आया था। जब तक निराला 'मतवाला' में लिखते रहे, तब तक भाड़े का सवाल न था। अब उन्होंने 'मतवाला' के लिए लिखना बन्द कर दिया था। उनके साथ पत्रकार रामशंकर त्रिपाठी भी रहते थे। दोनों मित्रों ने सलाह की कि भाड़ा न देंगे। नतीजा यह हुआ कि मुंशीजी ने अल्टीमेटम दे दिया, या तो भाड़ा दीजिए या कमरा खाली कीजिए। लाचार निराला ने अपर चितपुर रोड पर कमरा लिया और जुलाई के अन्त में मित्र के साथ वहाँ उठ आए।

निराला इधर-उधर काम ढूँढ़ने लगे। इस कार्य में सहायता के लिए उनके मन में एक विचार आया। क्यों न कुछ प्रसिद्ध विद्वानों और साहित्यकारों से अपनी योग्यता के प्रमाणपत्र ले लिये जाएँ। शायद इनके सहारे किसी पत्रिका के सम्पादन-विभाग में काम मिल जाए। वह सबसे पहले मराठी-भाषी हिन्दी पत्रकार लक्ष्मणनारायण गर्दे के पास गए। गर्देजी निराला के संन्यासीवाले भावों से परिचित थे। उन्होंने प्रमाणपत्र में लिखा : "श्री पं. सूर्यकान्त त्रिपाठीजी साधारण मनुष्यों की अपेक्षा कुछ ऊँचे पर रहते हैं। सृष्टि के बाह्य रूप में उसके अन्तरंग का विशेष अनुसंधान करते हैं। ऐसे मनुष्य संसार में थोड़े होते हैं। इन्हीं में प्रतिभा होती है और यदि परिस्थिति इन्हें प्रापंचिक चिन्ताओं के परे कर दे तो इनसे साहित्य का बड़ा उपकार हो सकता है।"

यद्यपि एक अनुभवी पत्रकार का दिया हुआ यह प्रमाण-पत्र एंट्रेंस के सर्टिफिकेट से अधिक मूल्यवान था, फिर भी कलकत्ते के मारवाड़ी सेठों के लिए उसका विशेष उपयोग न था।

पन्द्रह दिन बाद निराला जगन्नाथप्रसाद चतुर्वेदी के पास पहुँचे। यद्यपि चतुर्वेदीजी निराला के मुक्त छन्द का विरोध कर चुके थे, फिर भी प्रमाणपत्र में उन्होंने सहृदयता से लिखा : "आप हिन्दी साहित्य के मर्मज्ञ हैं। आपके निराले ढंग के पद्यों ने हिन्दी-संसार में युगान्तर-सा उपस्थित कर दिया है। आपकी गद्य-रचना भी प्रौढ़, पुष्ट और पाण्डित्यपूर्ण होती है।" सकलनारायण शर्मा ने भी निराला के गद्य की प्रशंसा की : "दार्शनिक गद्य ऐसे सरल होते हैं जिन्हें हिन्दी भाषा का थोड़ा भी ज्ञान है, वे उन्हें भली भाँति समझ सकते हैं।" निराला के संन्यासी वाले भाव को लक्ष्य करके उन्होंने एक व्यक्तिगत अनुभव का हवाला देते हुए लिखा : "मैंने एक बार इनसे वेदान्त-विषयक एक संस्कृत-ग्रंथ के सम्बन्ध में बातें की थीं तो मालूम हुआ कि आपके हार्दिक भाव विरक्त साधुओं के से हैं।" अगले महीने उन्होंने बालमुकुन्द डागा नाम के किन्हीं हिन्दी-प्रेमी व्यापारी से एक प्रमाणपत्र प्राप्त किया।

इन प्रमाणपत्रों से निराला को कोई तात्कालिक लाभ न हुआ, उन्हें किसी पत्रिका के सम्पादकीय विभाग में नौकरी न मिली। कलकत्ते की पौपुलर ट्रेडिंग कंपनी से बच्चों के लिए कुछ किताबें लिखने का आर्डर जरूर मिल गया। 'भक्त ध्रुव', 'भक्त प्रह्लाद' और 'भीष्म' पर उन्होंने तीन छोटी-छोटी पुस्तकें लिखीं। 'भक्त ध्रुव' लिखते समय उन्हें कलकत्ते के हिन्दू-मुस्लिम दंगे याद आए। बच्चों में साम्प्रदायिकता के भाव न पनपे, इस विचार से पुस्तक की भूमिका में उन्होंने लिखा : "साथ ही, ईश्वर-प्राप्ति-विषयक गूढ़ रहस्यों का उद्‌घाटन भी कर दिया गया है ताकि धर्म के मार्ग से घातक कट्टरता इस देश में लोप हो जाए, बच्चे हर प्रान्त और हर जाति के बालकों से सहानुभूति रखना सीखें।"

'भीष्म' लिखते समय उनका मन एक ओर जहाँ भीष्म की दृढ़ प्रतिज्ञा और वीरता पर मुग्ध हुआ, वहाँ दूसरी ओर यह सोचकर व्यथित भी हुआ कि उस भयानक जन-संहार में न जाने कितनी स्त्रियाँ विधवा और अनाथ हुई होंगी। प्रस्तावना में युद्ध

के बर्बर पक्ष का चित्र खींचते हुए उन्होंने लिखा : "महाभारत का परिणाम स्त्रियों के लिए बड़ा भयानक हो गया। करोड़ों की तादाद में असूर्यंपश्या कुलबालाएँ अकालहत कलियों की तरह वैधव्य की विकट ज्वाला से झुलसने लगीं। उनके आर्तनाद से भारत का आकाश विदीर्ण होने लगा।"

बच्चों के लिए इस तरह की किताबें लिखना निराला को खल रहा था। पुस्तकें जल्दी लिखनी थीं, पैसे के लिए। बच्चों के लिए कलात्मक साहित्य रचने का अवसर न था। इनमें भी जहाँ-तहाँ वह अपनी गम्भीर करुणा और मानवीय सहानुभूति की झलक दिखा देते थे। बाज़ारू काम होने पर भी इनमें उनका नाम जाता था। पर दूसरों की पांडुलिपियाँ शुद्ध करने के लिए उन्हें कोई श्रेय न मिलता था। पुस्तक के सम्पादक-रूप में उनका नाम न दिया जाता था। इससे घटिया बात यह कि पैसे के पीछे कभी-कभी वह दूसरों के लिए लिखते; किताब लिखते निराला, लेखक-रूप में उस पर नाम छपता दूसरे का। अन्य साहित्यकारों से वह होड़ में पिछड़े जा रहे हैं, यह सोचकर मन ग्लानि से भर जाता। सन् '26 खतम होने को आया। पाँच साल कलम घिसते हो गए। न अपने खाने-पीने का ठीक, न बच्चों को साथ रखने, उन्हें पढ़ाने-लिखाने की व्यवस्था हो पाई। 'दिल्ली का दलाल' जैसी पुस्तकों की खपत है, निराला की कविता के लिए बाज़ार नहीं।

सन् '26 में सुमित्रानन्दन पन्त का 'पल्लव' प्रकाशित हुआ। सुन्दर सज्जा, कवि का नयनाभिराम चित्र, अनेक रंगीन चित्र, प्रकाशक इंडियन प्रेस, प्रयाग। हर जगह नई कविता के प्रेमी पन्त की कोमलकान्त पदावली पर लट्टू हो रहे थे। पन्त अपने पत्रों में कैसी मीठी-मीठी बातें करते थे! क्या यह सब छल था? 'पल्लव' की एक प्रति भी अपनी ओर से निराला के पास न भेजी!

निराला पन्त के स्नेहपूर्ण पत्र फिर से उलटने लगे। इसी वर्ष वसन्त में पन्त का लिखा हुआ पत्र :

3, म्योर रोड
प्रयाग
31 मार्च, '26

प्रियवर निरालाजी

आप मुझे पत्र क्यों नहीं लिखते? मैंने एक बार श्रीयुत मतवाला-सम्पादकजी से आपका पता भी पूछा था, पर तब आप अपने गाँव में थे।

कल श्रीयुत शान्तिप्रिय द्विवेदीजी मुझे मिले (;) उन्होंने आपके विषय में चर्चा की। मैं बहुत चाहता हूँ कि आप मुझे अपने कृपापत्रों से बराबर आभारी करते रहें। आपके पुराने पत्र कल मैंने पढ़े, वे कैसे स्नेहपूर्ण हैं! क्या आप अब मुझसे नाराज़ हैं? मैंने ऐसा क्या अपराध किया, निरालाजी, क्या आप मुझे बतलायेंगे? यदि मुझसे अनजान में कुछ हो भी पड़ा तो क्या आप मुझे क्षमा न करेंगे?

पिछले वर्ष मेरा मानसिक स्वास्थ्य अच्छा नहीं रहा, अब भी अधिक अच्छा नहीं, इसीलिए मैं आपको न लिख सका—मैंने कोई नवीन कविता भी परिवर्तन के बाद नहीं लिखी।

श्रीयुत शान्तिप्रिय द्विवेदीजी कहते थे कि आपका स्वास्थ्य भी अच्छा नहीं रहता, आप बहुत दुबले हो गये हैं। आप क्यों अपने स्वास्थ्य को नहीं सुधारते? खूब तन्दुरुस्त तथा सुन्दर बन जाइये निरालाजी, अपना खूब यत्न कीजिये। आप कभी प्रयाग भी नहीं आते, आपके दर्शन कब होंगे?

मैं एप्रिल के अन्तिम सप्ताह तक यहाँ हूँ [,] फिर अल्मोड़ा चला जाऊँगा, अगस्त में फिर लौट आऊँगा। आजकल इण्डियन प्रेस में मेरी कविताओं का एक संग्रह छप रहा है, नाम 'पल्लव' है। एप्रिल के अन्त तक प्रकाशित हो जायगा।

आप आजकल क्या करते हैं? स्वास्थ्य आपका कैसा है? आप मेरे पत्र का उत्तर तो देंगे? मुझे अवश्य पत्र लिखा कीजिए निरालाजी [।] आप बड़े अच्छे पत्र लिखा करते थे, न जाने फिर क्यों नाराज़ हो गए?

आपका पत्र पाकर मैं बड़ा प्रसन्न रहूँगा, आप अवश्य लिखिए, शीघ्र ही लिखिए—आपकी कविताएँ कभी-कभी 'मतवाला' में पढ़ने को मिल जाती हैं—क्या आप ही के शब्दों में लिखना पड़ेगा—'जागो फिर एक बार!'

आप वैसे ही स्नेहपूर्ण, कृपापूर्ण पत्र मुझे लिखा कीजिए, मुझे उनकी बड़ी ज़रूरत है। मैं सदैव आपका कृतज्ञ रहूँगा।

अपना यत्न कीजिए—पत्र अवश्य दीजिए।

और आपको क्या लिखूँ—मुझे विश्वास है, आप मुझ पर अवश्य कृपा करेंगे—

मैं अच्छा हूँ।

आपका
सुमित्रानन्दन पन्त

पत्र पढ़ते हुए निराला के मन में फिर गुदगुदी हुई। पन्तजी उन्हें 'जागो फिर एक बार' की नायिका की याद दिला रहे हैं—'कब से मैं रही पुकार'! सचमुच प्रेम की भीख ही तो माँग रहे थे। निराला के स्वास्थ्य की उन्हें कितनी चिन्ता थी! 'खूब तन्दुरुस्त और सुन्दर बन जाइये निरालाजी।' कितनी आत्मीयता, कितना स्नेह! निराला को याद आया, वह मान किये बैठे रहे थे; पत्र का उत्तर न दिया था। पन्त ने फिर लिखा था :

3, म्योर रोड
प्रयाग
16-4-26

प्रियवर निरालाजी,

आपको एक पत्र लिखा था, उत्तर की प्रतीक्षा करते-करते हार गया—क्या आप मुझे शीघ्र पत्रोत्तर देकर आभारी नहीं कीजिएगा?

पत्र अवश्य दीजिएगा निरालाजी, मैं बड़ा उत्सुक हूँ। आजकल मुझे खूब लम्बे-चौड़े पत्र अच्छे लगते हैं [।] अभी खूब बड़ा सा पत्र लिखिएगा—आशा है, आप मुझे हताश न करेंगे।

सविनय—आपका
सुमित्रानन्दन पन्त

इस पत्र का उत्तर निराला ने दिया था। शिकायत की थी कि पन्त के यहाँ उनके पत्र गायब हो जाते हैं, वह उनका उत्तर नहीं देते। इसके साथ 'पल्लव' के प्रकाशन पर बधाई भी दी थी। पन्त ने निराला के आक्रोश का उत्तर स्नेह से दिया था :

प्रयाग
1-5-26

प्रियवर निरालाजी,

प्रिय-पत्र आपका मिला, जुकाम से बेचैन था [,] इसलिए विलम्ब से उत्तर दे रहा हूँ [1] क्षमा कीजिए—

आपने अपनी लेखनी की नोक पूरी ताक़त से मेरे हृदय में चुभा दी, क्या आपको यह अच्छा लगता है? भला बतलाइये तो कौन से वे पुराने नियम हैं जिनके दलदल में आपके पत्र ग़ायब हो गए?

केवल एक पत्र को छोड़कर—जो शायद आपका अन्तिम था—और जो मेरे बड़े भाई साहब की मेज़ की दराज में 3 महीने तक पड़ा रहा, वे मुझे देना भूल गए—और कौन-सा पत्र आपका कब ग़ायब हुआ? उस पत्र में आपने मेरी कविताओं की आलोचना की थी, जो अशुद्धियाँ बतलाई थीं, मैंने ठीक कर लीं [।] उन दिनों मेरा मानसिक स्वास्थ्य इतना ख़राब था कि मैं आपको यह सब न लिख सका—आप ही बतलाइये, क्या इसी बात को लेकर आपको रुष्ट हो जाना चाहिए था? ख़ैर, misunderstanding हो ही जाती है, मैं आपसे अपने जाने-अनजाने अपराध के लिए बार-बार क्षमा माँगता हूँ—मुझे आशा है, भविष्य में आप मुझ पर वैसा ही स्नेह रखेंगे—मुझे विश्वास भी है—

अब आप मुझ पर कभी अपने व्यंग्य-बाण न छोड़िएगा—'पल्लव' के लिए जो आपने बधाई दी, धन्यवाद। अभी प्रकाशित नहीं हुआ, शायद मई के अन्त तक हो जाय।

अपना यत्न कीजिए, पत्र अवश्य प्रदान कीजिए—

आपका
सुमित्रानन्दन पन्त

निराला को थोड़ा आश्चर्य हुआ। वही पत्र मेज में रह गया जिसमें पन्तजी की कविताओं की आलोचना थी। मानसिक स्वास्थ्य खराब था पर कविताओं में जो अशुद्धियाँ थीं, उन्हें ठीक कर लिया, केवल निराला को पत्र लिखने का समय न मिला। ख़ैर, क्षमा माँग ली, व्यंग्य-बाण अब न छोड़ेंगे। पर 'पल्लव' क्यों नहीं भेजा?

निराला ने बाज़ार में 'पल्लव' देखा था, छपाई देखी थी, चित्र देखे थे, पढ़ा नहीं था। जेब में पैसे न थे। किताब खरीदें कैसे? एक उदार मित्र उनकी परेशानी देखकर उन्हें 'पल्लव' की प्रति खरीदकर दे गए। निराला ने कविताओं पर एक निगाह डाली। फिर 'विज्ञापन' पढ़ा। इसके बाद मनोयोग से 'प्रवेश' पढ़ना शुरू किया। ब्रजभाषा, देव, बिहारी, केशव, सूरदास, खड़ीबोली की कविता, हिलोर-लहर, भ्रू-भौंह, शब्द-विचार, फिर हिन्दी-संगीत की चर्चा। हिन्दी का संगीत केवल मात्रिक छन्दों में व्यक्त हो सकता है। मालिनी, प्लवंगम, अरिल्ल, रूपमाला के संगीत की प्रशंसा। कबित्त छन्द हिन्दी का औरस जात नहीं, पोष्य-पुत्र है। निराला ने नोट किया, मुक्त छन्द का प्रवर्तक पन्त ने खुद अपने को माना है। सन् '21 में उनकी कृश लेखनी से 'उच्छ्वास' यक्ष के कनकवलय-सा निकल पड़ा था। सम्मेलन-पत्रिका में निगमजी ने उस बीसवीं सदी के महाकाव्य की प्रशंसा करते हुए उसके छन्द को स्वच्छन्द कहा था। पन्त के अनुसार उस वामन ने ऐसा टाँगें फैला दीं कि हिन्दी में सर्वत्र स्वच्छन्द-छन्द ही की छटा है। फिर आचार्य की तरह उपदेश : मुक्तकाव्य मात्रिक संगीत की लय पर ही सफल हो सकता है। गवैया जैसे तानपूरे से स्वर मिलाता है, वैसे ही मुक्तछन्द को मात्रिक संगीत से मिलना चाहिए। कबित्त के आधार पर लिखा छन्द तो बेसुरा हो जाएगा। इसके बाद निराला का नाम आना ही था। "उदाहरणार्थ मेरे मित्र हिन्दी के भावुक सहृदय कवि 'निरालाजी' को लीजिए।"

मात्रिक संगीत वाले छन्दों की तारीफ, पर निराला के 'कुछ छन्द बँगला की तरह अक्षर-मात्रिक राग पर' चलते हैं, वे हिन्दी के लिए अस्वाभाविक हैं। उदाहरण दिया रवीन्द्रनाथ की 'शाहजहाँ' कविता से :

हे सम्राट् कवि,
एइ तव हृदयेर छवि,
एइ तव नव मेघदूत
अपूर्व अद्‌भुत
छन्दे गाने
उठियाछे अलक्खेर पाने

पन्तजी की राय में बँगला उच्चारण से पढ़ने पर यह छन्द अच्छा लगता है, हिन्दी के ढंग से पढ़ो तो सूखी नदी में रोड़े बिछे हुए दिखाई देते हैं। पन्त ने उदाहरण दिया निराला की 'पंचवटी-प्रसंग' कविता से :

देख यह कपोत कंठ—
बाहु-बल्ली कर सरोज—
उन्नत उरोज पीन—क्षीण कटि—
नितम्बभार—चरण सुकुमार—

गति मन्द मन्द;
छूट जाता धैर्य ऋषि-मुनियों का,
देवों-भोगियों की तो बात ही निराली है।

पन्त ने वे पंक्तियाँ उद्धृत की थीं जिनमें छन्द का निर्वाह अत्यन्त सफल हुआ था। पर छन्द की असफलता दिखाने के लिए पन्त ने उन्हीं को चुना! 'अधिवास' के मात्रिक मुक्त छन्द की तारीफ भी की, पर मुख्य बात यह थी कि उन्होंने वर्णिक मुक्तछन्द का विरोध किया था, उसे बँगला की तर्ज पर लिखा हुआ बताया था। रवीन्द्रनाथ की कविता के कुछ अंश उद्धृत करके संकेत किया था कि निराला ने रवीन्द्रनाथ की नकल की है। कबित्त-मात्र को हिन्दी के लिए अस्वाभाविक कह दिया था।

बहुत दिनों से निराला के मित्रों की इच्छा थी कि उनकी कविताओं का एक अच्छा-सा संग्रह निकले। 'पल्लव' के प्रकाशन के बाद निराला के लिए यह और भी आवश्यक हो गया कि वह भी अपना कविता-संग्रह लेकर मैदान में आएँ। काशी से उनके मित्र शान्तिप्रिय द्विवेदी ने लिखा : "पन्तजी का 'पल्लव' निकलने के बाद मेरी और अन्य मित्रों की उत्कट अभिलाषा हो गई है कि आपकी सम्पूर्ण रचनाओं का भी एक सर्वांग-सुन्दर सचित्र संकलन निकले। एक दिन बातों-ही-बातों में मैंने अपनी यह धारणा भावमयी 'साधना' के आदरणीय लेखक श्रीमान राय कृष्णदासजी से प्रकट की। इतना कह देना चाहता हूँ कि रायसाहब ने आपकी कविताओं के गूढ़ाशय और आपके मर्मस्थल को जितना स्पन्दित किया है उतना शायद ही दूसरा कोई। ख़ैर।

"रायसाहब चाहते हैं कि यदि आप अपनी सुकृतमयी कृतियों को ग्रंथ-रूप में प्रकाशित करने का अधिकार उन्हें दे दें तो वे उसे अनेक भावमय मौलिक चित्रों द्वारा अलंकृत कर 'पल्लव' से भी कई गुने सजधज के साथ प्रकाशित करें। मैं भी इतना अवश्य कहूँगा कि वे आपकी रचनाओं का जितना सुन्दर संस्करण निकाल सकते हैं उतना शायद ही कोई हिन्दी-प्रकाशक। व्यवसायी प्रकाशक और भावुक लेखक का अन्तर आप स्वयं समझ सकते हैं। मैं आपके हृदय की जिस प्रकार पूजा कर रहा हूँ, चाहता हूँ कि उसके अनुरूप ही आपका काव्य-ग्रंथ देखूँ।

"समस्या यही है कि आप अपनी कृतियों को कम-से-कम कितने पुरस्कार पर दान दे सकते हैं? आपकी कृतियों के साथ ही उस उत्कृष्ट कवि-हृदय को कोई पुरस्कार तो क्या देगा, पर रायसाहब 'पत्रं-पुष्पं-फलं' से सेवा करने के लिए प्रस्तुत हैं। उनका प्रकाशन-कार्य अभी नया है अत: पुरस्कार के मामले में वे एकाएक कलकत्ता और बम्बई के प्रकाशकों का मुकाबिला नहीं कर सकते [,] फिर भी आप जो पुरस्कार उचित समझते हों, लिखें। अविलम्ब। किन शर्तों पर आपकी कृतियों का अधिकार मिल सकता है, अवश्य लिखिए।"[7]

निराला इस पर चुप रहे। कुछ दिन बाद शान्तिप्रिय द्विवेदी ने उन्हें फिर लिखा। पहले निराला को पन्त से श्रेष्ठ बताकर उन्हें प्रसन्न किया। "वेदनाओं ने आपको बहुत प्यार किया है और आपके हृदय ने करुण-रस को, विश्व के व्यथित मात्र को।

यही अदृश्य प्रभावोत्पादक प्रणय ही तो आपको अगली शताब्दियों के लिए अमर कर देगा—पन्त को नहीं। क्योंकि पन्त को आकांक्षाओं और सुख की मीठी दर्दभरी वासनाओं ने हिलमिल कर प्यार किया है—यही उनके गीतों की लय है—वह लय जो हृदय को स्पंज की तरह देर तक पकड़ नहीं सकती [,] आपकी चिरकाल तक। सृष्टि में वेदना का अंश अधिक और अनन्त है, अत: सम्पूर्ण सृष्टि की वेदनाओं के साथ सहानुभूति रखने वाले कवि ही अमर हैं। पन्तजी की कविताएँ अपने-आप तक परिमित हैं, आपकी निस्सीम। आप अपने जीवन को सराहिए जिसने 'विधवा', 'खँडहर', 'भिक्षुक', 'दीन' जैसे गीतों का प्रणयन किया। आपकी अस्वस्थता और वेदना से मेरा इतना ही निवेदन है कि वह अपना प्यार सीमा के बाहर न जाने दे।"

इसके आगे कविता-संग्रह की बात :

"यदि आपकी 'मतवाला' में छपी सभी कविताओं का अधिकार मिलना दुरूह हो तो सेठजी से इतना अनुरोध कर दीजिए कि वे उनमें से केवल 30 कविताएँ चुन लेने दें। इसके अतिरिक्त 60 कविताएँ आप अपनी अप्रकाशित कविताओं में से दीजिए। अच्छा होगा कि तत्काल आपकी 30 रचनाओं का एक सचित्र संस्करण निकल जाए। समयानुकूल इसकी बड़ी आवश्यकता भी है। इस प्रकार यदि एक बार रायसाहब से आपका प्रकाशन-सम्बन्ध स्थापित हो जाए तो वे यथासमय आपकी सभी प्रकाशित और अप्रकाशित रचनाओं का प्रकाशन-भार अपने ऊपर ले लेंगे।

"यदि आप अपनी 60 कविताओं का एक संकलन रायसाहब को देने की चेष्टा करें तो मैं उनसे आपको तत्काल पुरस्कार देने की बात करूँगा—सफलता के साथ।

"इस पत्र का उत्तर आने पर रायसाहव ने आपको पत्र लिखने का विचार किया है।"[8]

निराला ने अब भी कविता-संग्रह छपवाने की उत्सुकता न दिखाई। शान्तिप्रिय द्विवेदी ने उन्हें फिर याद दिलाया : "मैंने पिछले पत्र में लिखा था कि यदि आप अपनी अप्रकाणित तथा प्रकाशित रचनाओं में से चुनकर कुल 60 कविताओं का संग्रह प्रकाशित करने का अधिकार दें तो मैं रायसाहब से तत्काल पुरस्कार दे देने की बात कहूँ। उत्तर दीजिए। आपका पत्र आने पर रायसाहब स्वयं आपको लिखेंगे।"[9]

इस पर भी निराला ने न कविताओं का संग्रह तैयार किया, न उसे राय कृष्णदास के पास भेजा। जिन दिनों काशी में निराला के कविता-संग्रह को प्रकाशित करने के लिए शान्तिप्रिय द्विवेदी उद्योग कर रहे थे, उन्हीं दिनों प्रयाग में रामनरेश त्रिपाठी 'कविता-कौमुदी' के दूसरे भाग के लिए निराला की कविताएँ पाने का उद्योग कर रहे थे। उन्होंने निराला को लिखा : " 'कविता-कौमुदी' के दूसरे भाग में मैं आपकी जीवनी और चुनी हुई कविताओं का संग्रह देना चाहता हूँ। आशा है, इस काम में मुझे आपसे काफी सहायता मिलेगी। आपकी जो जो पुस्तकें प्रकाशित हो चुकी हों, कृपया उन्हें वी.पी.पी. से भेजवा दीजिए और कुछ कविताएँ जो अप्रकाशित हों, उन्हें भी कृपया नकल कराके भेजवा दीजिए। जीवनी किसी मासिक पत्र में प्रकाशित हो तो कृपया उसका वह अंक भी वी.पी.पी. से भेजवा दीजिए। न प्रकाशित हुई हो तो

कृपा करके किसी मित्र से लिखवाकर भेजवा दीजिए।...'कविता-कौमुदी' प्रेस में जा चुकी है। कृपया जीवनी जल्दी भेजवाइएगा।"[10]

काफी अच्छा प्रस्ताव था। 'कविता-कौमुदी' में जीवनी और कविताएँ छपने का मतलब था, हिन्दी-संसार की दृष्टि में उनका प्रतिनिधि-कवि-रूप में स्वीकार होना। पर निराला को कविताएँ या जीवनी भेजने की कोई जल्दी न थी। जल्दी में इस तरह का कोई काम उन्हें पसन्द न था। एक पत्र के आते ही सामग्री भेज देने का यह भी मतलब होता कि वह प्रशंसा के भूखे हैं। फिर कविता-कौमुदी में कविताएँ छपने से निराला को ख्याति के अलावा क्या मिलता? ख्याति उन्हें काफी मिल चुकी थी। उनके नाम से कविता-कौमुदी की शोभा होगी, कविता-कौमुदी से उनकी ख्याति न बढ़ेगी। पुस्तक से जो अर्थ प्राप्त होगा, वह रामनरेश त्रिपाठी के पास रहेगा। निराला की कोई जीवनी कहीं प्रकाशित न हुई थी। भिजवाएँ तो क्या? कौन झंझट में पड़े! कविता पुस्तक के नाम पर छोटी-सी 'अनामिका'। उसकी वी.पी. क्या भिजवाते! उन्होंने लिख दिया कि वह जीवनी और कविताएँ न भेज सकेंगे, अभी बहुत काम करने को बाकी है, स्वास्थ्य भी अच्छा नहीं रहता।

पर रामनरेश त्रिपाठी आसानी से छोड़ने वाले जीव न थे। उन्होंने इस बार निराला के क्षुब्ध हृदय पर प्रशंसा का चन्दन लगाते हुए लिखा : "आप हिन्दी कविता में एक नये युग के प्रवर्तक हैं। आपका यथेष्ट वर्णन हुए बिना वर्तमान कविता का इतिहास अधूरा ही रह जायगा। आपकी जीवनी और कविताएँ 'कविता-कौमुदी' में न जाएँगी तो सचमुच मुझे हार्दिक दुःख होगा।"[1] निराला प्रसन्न हुए पर कविताएँ और जीवनी फिर भी न भेजी। रामनरेश त्रिपाठी ने तार दिया, तार के बाद फिर पत्र लिखा। सितम्बर, सन् '26 से लगातार प्रयत्न करते रहने पर जनवरी, सन् '27 के पहले हफ्ते में वह निराला से उपयुक्त सामग्री पा सके।

निराला के लिए आवश्यक था कि वह कोई ऐसा काम करें जिससे तुरन्त द्रव्य की प्राप्ति हो। मुंशी नवजादिकलाल ने उनका परिचय प्रकाशक निहालचन्द वर्मा से कराया था। वह उनके पास गए और रवीन्द्रनाथ पर एक आलोचनात्मक पुस्तक लिखने की योजना उनके सामने रखी। इस तरह की पुस्तक हिन्दी में अभी थी नहीं। रवीन्द्रनाथ की चर्चा सब तरफ़ हो रही थी। प्रकाशक की समझ में आ गया, किताब बिकेगी। चवन्नी पेज की लिखाई तै हुई। निराला को रस-अलंकार वाली पुस्तक से कुछ न मिला था। वह इतना इन्तज़ार न कर सकते थे कि पुस्तक लिख जाए, छपे, बिके, तब रुपये मिलें। उन्होंने प्रस्ताव किया कि वह महीने-महीने मैटर देते जाएँगे और उसके लिए उन्हें तुरत पैसे मिलते जाएँगे। प्रकाशक ने स्वीकार किया।

निराला ने अपनी इस पहली आलोचना-पुस्तक के लिए काफी परिश्रम किया। बँगला पुस्तकों और पत्र-पत्रिकाओं में रवीन्द्रनाथ-सम्बन्धी जो सामग्री निकली थी, उसे पढ़ा। वह रवीन्द्रनाथ के जोड़ासाङ्कों वाले घर भी गए और वहाँ उनके जीवन के बारे में तथ्य संग्रह कियें। पुस्तक धीरे-धीरे लिखी जाने लगी। निराला को इस

तरह सामग्री बटोरकर पुस्तक लिखने का अभ्यास नहीं था। जो लिखाई मिलती थी, उससे उनका काम मुश्किल से चलता था। फिर भी जब वह बचा पाते, पन्द्रह-बीस रुपये भतीजों के पास गढ़ाकोला भेज देते।

रवीन्द्रनाथ पर पुस्तक पूरी हो गई। पूरी होने तक जो पैसा मिला, वह खर्च भी हो गया। शिवपूजन सहाय निराला के लिए काम की तलाश में थे। उन्होंने लिखा कि पूर्णिया में गढ़ बनेली के राजा बड़े साहित्य-प्रेमी हैं। उनके पास जाने से काम मिल सकता है। निराला ने एक बार वहाँ भी तकदीर आज़माने का विचार किया। भागलपुर होते हुए गंगा पार करके वह पूर्णिया पहुँचे और वहाँ से गढ़ बनेली आए। एक मारवाड़ी ब्राह्मण के यहाँ ठहरे। सबेरे नौ बजे साफ़ कपड़े पहनकर राजा से मिलने चले। होली नज़दीक थी। गढ़ के नौकरों ने उनके स्वच्छ कपड़ों से होली खेल डाली। वह उदासमन मारवाड़ी के यहाँ लौट आए। शाम को कपड़े बदलकर राजा से मिलने फिर गए। मुलाकात हुई लेकिन राजा साहब के पास इस समय उन जैसे योग्य साहित्यकार के उपयुक्त कोई काम न था। निराला कलकत्ते लौट आए।

बहार के दिन और मुफ़लिसी। 'उग्र' ने तफ़रीह में मदद करने का वचन दिया। निराला को सोनागाछी में एक घटिया जगह ले गए। निराला को बहुत जल्दी मालूम हो गया कि उन्हें भोग के पुरस्कार में रोग मिला है। उग्र ने ह्विस्की की बोतल में ठर्रा पिलाने का बदला ले लिया। बात कलकत्ते के मित्रों में इधर-उधर फैली। निराला के दुरूह काव्य के साथ उनके चरित्र की चर्चा होने लगी। निराला कोई बात छिपाते न थे। जो मारवाड़ी युवक परीक्षा-फल की चिन्ता किये बिना उनसे हिन्दी पढ़ता था, उसने अपना ज्ञान अनेक पत्रकारों तक पहुँचाया। स्वयं 'उग्र' बीभत्स मुद्राएँ प्रदर्शित करके अन्तरंग जनों में निराला की स्थिति का वर्णन करते। हर तरफ़ कानाफूसी, हर तरफ़ शक की निगाहें। निराला के लिए कलकत्ते का वातावरण विष की ज्वाला के समान असह्य हो उठा। उन्होंने तै किया, कुछ दिन के लिए कलकत्ता छोड़ देना उचित होगा। जब तक निरोग न हो जाएँ तब तक लौटकर न आएँगे। निराला कलकत्ते से काशी आए।

निराला काशी आए, अपने मित्रों के बीच आए। शिवपूजन सहाय के यहाँ ठहरे। विनोदशंकर व्यास को पता लगा तो वह निराला को जयशंकर प्रसाद के यहाँ ले आए। प्रसाद शैव थे। उनके यहाँ कापालिक अघोरी भी आते थे, पर निराला-जैसा अतिथि उनके यहाँ कोई न आया था! गर्मी के दिन, कमर में गमछा लपेटे, शेष शरीर दिगम्बर, रोग-पीड़ित, फिर भी साहित्यिकों के बीच सिर ऊँचा करके बैठने वाला, साहित्य-चर्चा में भाग लेने वाला, अपनी पीड़ा चुपचाप पीता हुआ, अधिकांश समय काव्य-चर्चा में बिताने वाला अद्भुत व्यक्तित्व था निराला का।

जयशंकर प्रसाद ने अपने यहाँ निराला के रहने की व्यवस्था की। उनके औषध-उपचार का प्रबन्ध किया।

एक दिन निराला बेनियाबाग से गोवर्धनसराय के पास की सड़क से जा रहे थे। अपने एक मित्र के साथ युवक लेखक लक्ष्मीनारायण मिश्र ने निराला को देखा और

देखते रह गए। 'मतवाला' में निराला की रचनाएँ पढ़कर वह भी मुक्तछन्द में कुछ लिख चुके थे। क्या यही वह निराला हैं? कमर में तेल से भीगा बनारसी अँगोछा, मेहनत से कमाया हुआ सुगठित शरीर। युवक-लेखक मिश्र की निगाह निराला की सुदृढ़ मांसपेशियों से फिसलती हुई एक क्षण के लिए उनकी आँखों पर ठहरी और फिर झिझककर सड़क पर आ गई। वे आँखें ऐसी थीं, जैसे चौंककर चारों ओर घूमती हुई सब-कुछ देख रही हों! उन्हें लगा कि निराला की आँखों में इतना तेज़ है कि उनसे निगाह मिलाना मुश्किल होगा। चेहरा ऐसा लगा कि जैसे अपनी निर्भय मुद्रा से यमराज को भी स्तम्भित कर देगा। मिश्र ने यह भी नोट किया कि निराला के चौड़े कन्धों पर कहीं यज्ञोपवीत का सूत्र नहीं है। निराला सड़क छोड़ गली में घुसे तो अपने मित्र के साथ लक्ष्मीनारायण मिश्र भी पीछे हो लिये। निराला ने एक बार मुड़कर पीछे देखा, दो युवक आ रहे हैं। आगे बढ़ते गए। दूसरी बार मुड़कर देखा। वे युवक अब भी पीछे चले आ रहे थे। कुछ दूर चलने पर निराला ने तीसरी बार मुड़कर देखा, वे दोनों अब भी पीछे-पीछे आ रहे थे। फिर निराला ने उधर ध्यान न दिया।

प्रसाद मसनद के सहारे बैठे थे। निराला के साथ लक्ष्मीनारायण मिश्र भी पहुँच गए। प्रसाद ने परिचय कराया। निराला दाहिने हाथ का सहारा लेकर नीचे पैर लटकाये बैठ गए। प्रसाद ने उनसे पालथी मारकर आराम से बैठने को कहा। निराला ने कहा—जी नहीं, बड़ा कष्ट है। सब फोड़े और घाव से भर गया है। दो दिन में ही फिर कलकत्ते चले जाना है। काशी आकर बिना आपसे मिले चले जाना भी न होता। प्रसाद ने पूछा—ऐसी दशा में आप आए क्यों? निराला ने कहा—कलकत्ते की भागीरथी वैसी पतितपावनी नहीं, जैसी काशी की गंगा। सोचा, वहीं चलकर गंगा की धार में इस पाप को धो दूँ।

विनोदशंकर व्यास प्रसाद के स्वभाव से परिचित थे। उन्होंने सोचा, प्रसाद कहेंगे कुछ नहीं, पर निराला के वहाँ रहने से उन्हें कष्ट होगा। हमारे यहाँ आपको ज़्यादा सुविधा होगी, यह कहकर निराला को अपने यहाँ ले आए। प्रसाद निराला से करीब दस साल बड़े थे, विनोदशंकर व्यास निराला से पाँच साल छोटे थे। निराला प्रसाद का अदब करते थे, विनोदशंकर के साथ बराबर की दोस्ती का व्यवहार था। तुलसीदास के समय से लेकर वर्तमान युग तक बनारस हिन्दी साहित्य का महत्त्वपूर्ण केन्द्र रहा है। इसी नगर में भारतेन्दु हरिश्चन्द्र ने आधुनिक हिन्दी का शिलान्यास किया था। बीसवीं सदी में यहाँ एक ओर पुरानी संस्कृति दम तोड़ रही थी, दूसरी ओर स्वाधीनता-आन्दोलन के साथ नया जीवन कसमसा रहा था : एक तरफ़ पंडे-पुरोहित, राजा-रईस, वेश्याएँ और भाँड़, दूसरी ओर ज्ञानमंडल, 'आज' और प्रेमचन्द। बनारस का अपना एक रंग है, रईसी ठाठ-बाट के साथ सादगी और मस्ती है। घाट पर गमछा पहने घूमना असभ्यता में शामिल नहीं है। यहाँ की लम्बी तंग गलियों में गरीब-अमीर बीच में ज़्यादा फासला रखकर चल ही नहीं सकते। शहर पर देहात का असर है। जगह-जगह भोजपुरी सुनाई देती है। लोग खड़ीबोली बोलते हैं तो उस

पर भी भोजपुरी का रंग रहता है। मेले-ठेले, सैर-सपाटा, सैलानियों के मनोरंजन के अनेक साधन हैं। बुढ़वा मंगल के मेले में रईसों के बजरों पर संगीत और सौन्दर्य की छटा गंगा की धारा पर उतराने लगती थी।

लार्ड हार्डिंग ने हिन्दू विश्वविद्यालय का शिलान्यास किया था, प्रिंस आफ वेल्स ने उद्घाटन किया था। प्रतापनारायण मिश्र के सहयोगी मदनमोहन मालवीय ने देश के चुने हुए विद्वानों से विश्वविद्यालय को सजा दिया था। शिक्षा का माध्यम अंग्रेज़ी थी। श्यामसुन्दर दास, अयोध्यासिंह उपाध्याय, भगवानदीन 'दीन', रामचन्द्र शुक्ल हिन्दी विभाग की शोभा बढ़ा रहे थे। ये सभी विद्वान् छायावादी कविता के विरोधी थे। नये साहित्यिक आन्दोलन के केन्द्र विश्वविद्यालय की प्रशस्त भूमि के बाहर थे। बनारस में छायावादी कविता के सूत्रधार थे जयशंकर प्रसाद और नये कथा-साहित्य के प्रमुख सर्जक थे प्रेमचन्द। यद्यपि प्रसाद और प्रेमचन्द के भावबोध में अन्तर था, फिर भी दोनों में मैत्री थी, दोनों ही रूढ़िवाद के विरोध में भाईचारा निबाहते थे।

बचपन में बुलाक और लड़कपन में शेरवानी और लाल-हरी चुँदरी की लट्टूदार पगड़ी पहननेवाले जयशंकर प्रसाद ने साहित्यिक और सामाजिक क्षेत्रों में लम्बा रास्ता तै किया था। उनका जन्म रईस परिवार में हुआ था। सुँघनी साव की दुकान अपनी तम्बाकू और सुँघनी के लिए दूर-दूर तक प्रसिद्ध थी। प्रसाद के एक चाचा अनार के रस में भाँग तैयार कराने के बाद उसमें अफीम घोलकर पिया करते थे। प्रसाद के बड़े भाई टमटम भगाते हुए दूसरे की सवारी से टकराकर उसे गिरा देने में अपनी शान समझते थे। कवि, गवैये, पहलवान, ज्योतिषी, साधु, व्यापारी—तरह-तरह के लोगों का जमघट उनकी दुकान पर रहता था। वारवनिताओं के झरोखे दूर नहीं थे। भाई के असमय निधन के बाद कर्ज़, मुकदमेबाज़ी, विरोधी दल के गुंडों से निपटते हुए कसरत-कुश्ती के शौकीन, राष्ट्रीय विचारधारा से प्रभावित युवक प्रसाद ने एक ओर घर का व्यापार सँभाला, दूसरी ओर नाटक, कहानियाँ और कविताएँ लिखीं। सन् '27 में उनकी प्रतिभा अपने चरम विकास पर थी। 'आँसू' निकल चुका था। 'कामायनी' लिखने का वह उपक्रम कर रहे थे। मैथिलीशरण गुप्त का 'साकेत' महाकाव्य के रूप में काफी विख्यात हो चुका था; प्रसाद की इच्छा थी कि वह छायावादी शैली में एक महाकाव्य लिखें।

'मतवाला' निकलने के समय से ही प्रसाद निराला की गतिविधि ध्यान से देखते रहे थे। काशी में उनके जितने मित्र थे, वे सब निराला के प्रति भी सहानुभूति रखते थे। राय कृष्णदास रईस, लेखक, प्रसाद के मित्र, निराला का काव्य-संग्रह छापने की उत्सुकता प्रकट कर चुके थे। शान्तिप्रिय द्विवेदी, रईसों के बीच निर्धन पर महत्त्वाकांक्षी युवक, मुच्छन नाम से विख्यात, हास्य-विनोद के सार्वजनिक आलम्बन, छायावादी आलोचकों में सबसे अच्छा गद्य लिखने वाले, निराला के परम प्रशंसक थे। कृष्णदेव प्रसाद गौड़ छायावाद के समर्थन में रूढ़िवादियों से मोर्चा ले रहे थे, रामनाथ लाल 'सुमन', अपने यूरोपियन साहित्य के ज्ञान से मित्रों पर रौब डालने का प्रयास करनेवाले, छायावादी काव्य की प्रगति के लिए उद्यमशील गद्य-लेखक थे।

छायावादी कहानी-लेखक के रूप में प्रसाद और निराला के बन्धु विनोदशंकर व्यास भी हिन्दी साहित्य में विख्यात हो रहे थे।

विनोदशंकर व्यास का जन्म एक प्रसिद्ध साहित्यिक परिवार में हुआ था। इनके दादा रामशंकर व्यास ने ही हरिश्चन्द्र को 'भारतेन्दु' की उपाधि देने का प्रस्ताव किया था। अपनी मंडली के साथ स्वयं भारतेन्दु हरिश्चन्द्र उनके यहाँ होली खेलने आते थे। रंग और अबीर से गली में कीच हो जाती थी। विनोदशंकर व्यास जब तीन-चार साल के थे, तभी उनके पिता का देहान्त हो गया था। दादा ने बड़े लाड़-प्यार से पाला, पर जब विनोदशंकर युवावस्था में प्रवेश कर रहे थे, तभी दादा का भी स्वर्गवास हो गया। पतंग और कबूतरों के प्रेमी विनोदशंकर का लालन-पालन बिगड़े रईस के लड़के की तरह हुआ। सन् '20 के असहयोग आन्दोलन में युवक विनोदशंकर ने दादा की कीमती कामदार टोपी जला दी, 'उग्र' के साथ गाँवों में किसानों के बीच भाषण दिये, गणेशशंकर विद्यार्थी के 'प्रताप' से राजनीति का पाठ पढ़ा। निराला कलकत्ते से आकर शिवपूजन सहाय के यहाँ ठहरे तो विनोदशंकर उनसे मिलने गए। शिवपूजन सहाय ने उन्हें पहली बार देखा और देखकर मुग्ध हो गए। गोरा रंग, स्वस्थ शरीर, बड़ी-बड़ी आँखें, लम्बे बाल, चुनी हुई धोती, पंप शू, हाथ में पतली छड़ी, अलबेली सूरत, खुलासा तबियत, बोलते कम, मुस्कराते ज़्यादा—ऐसे थे विनोदशंकर व्यास, जो निराला को प्रसाद के यहाँ से अपने गंगातट वाले आलीशान भवन में लिवा लाये।

मूँग की खिचड़ी खाकर निराला कुछ दिन परहेज से रहे। बनारसी साहित्यकारों के सखा उदीयमान कहानी-लेखक वाचस्पति पाठक प्रसाद के निर्देश से उनके लिए दवा का प्रबन्ध कर रहे थे। अनियमित रूप से निराला दवा भी लेते रहे। एक दिन विनोदशंकर उन्हें अकेला छोड़कर किसी काम से बाहर चले गए। लौटने पर देखा, निराला की आँखें नशे से लाल हैं। अपनी आँखों की ओर विनोदशंकर को सन्देह से निहारते देखकर निराला ने कहा—देखते क्या हैं? मैंने आपकी जिन वाली बोतल साफ़ कर दी है। विनोदशंकर ने कहा—यह आपने क्या किया? उसमें आधी बोतल से अधिक थी। निराला ने जवाब दिया—परहेज़ करते-करते जी घबड़ा उठा था। जो होगा, भोगूँगा, चिन्ता नहीं।

निराला अपनी असामान्य शक्ति से रोग की यंत्रणा के साथ वह सारा विष हजम क़र गए। वह विनोदशंकर से अपनी पीड़ा के बारे में कुछ न कहते। हँसी-मज़ाक़, गाने-बजाने, कविता-पाठ में समय कट जाता था। निराला और विनोदशंकर व्यास की प्रतिभा और साहित्यिक अभिरुचि में बड़ा अन्तर था, पर निराला दूसरों पर अपने बड़प्पन का बोझ न डालते थे। इसलिए स्वाभिमानी विनोदशंकर बड़ी सहृदयता से निराला के प्रति अपनी मैत्री निबाहते रहे।

निराला के लिए ये कठिन परीक्षा के दिन थे। जिस रोग से वह पीड़ित थे, उसके नाम से समाज के प्रतिष्ठित जन नाक-भौं सिकोड़ते थे। बनारस के मित्रों ने उन्हें समाज में लांछित व्यक्ति का अकेलापन महसूस न होने दिया। साथ ही वे निराला

को भरसक अधिक संयत जीवन बिताने के लिए प्रेरित भी करते रहे। पर स्वयं कुछ काम किये बिना निराला मित्रों पर भार बनकर रहना पसन्द न करते थे। कभी प्रसाद, कभी शिवपूजन, कभी विनोद के यहाँ—आख़िर इस तरह कितने दिन चलेगा? एक दिन मित्रों को सूचित किये बिना ही निराला काशी से गढ़ाकोला चले आए।

मित्रों को दुख हुआ, निराला औषध लिये बिना ही चल दिये थे। वाचस्पति पाठक ने उलाहना देते हुए लिखा : "कल यकायक आपके यहाँ जाने पर पता लगा कि आप चले गए, मुझे आपके यों जाने का अत्यन्त दुःख हुआ। इधर मैं आपकी दवा एक विशेषज्ञ से तैयार करवा रहा था, इसलिए आपसे न मिल सका, और इधर आप काशी ही से चले गए। इसे (इससे) आप स्वयं समझें, मुझे कितना दुःख हुआ। ख़ैर, यदि अभी आवश्यक हो तो लिखिए, मैं दवा भेज दूँ [।] मुझे पूर्ण विश्वास है कि 3-4 दिन में ही रोग समूल नष्ट हो जाएगा।"[12]

गाँव पहुँचने पर निराला की पीड़ा और बढ़ गई। प्रसाद को यह समाचार मिला तो उन्होंने कुछ सहानुभूति प्रकट करते हुए, कुछ आवश्यक उपदेश देते हुए लिखा : "यह जानकर दुख दुआ कि काशी से जाने पर आपकी बीमारी बढ़ गई। अपने स्वास्थ्य का विशेष ध्यान रखिए। संयम से रहिए। इस अवस्था में यदि अत्यन्त आवश्यक हो तभी और झमेलों में पड़ना चाहिए।"[13]

विनोदशंकर ने प्यार से डाँटते हुए लिखा : "आप भी विचित्र पुरुष हैं, परहेज तो करते नहीं, मनमानी करते हैं। वहाँ कोई कहने वाला भी नहीं है [,] इसलिए आपको समझकर काम करना चाहिए।"[14]

निराला पर इस समय जो बीत रही थी, वही जानते थे। गाँव में मित्र और परिचित उनकी पीड़ा से अनभिज्ञ थे। रामसहाय के बनवाये उस कच्चे घर में निराला अकेले रोग से लड़ते रहे। कभी-कभी उनका मन विषाद से भर जाता था। जीने में जब इतना कष्ट हो, तब आदमी जीकर क्या करे? इस ज़िन्दगी से मौत अच्छी।

निराला ने विनोदशंकर व्यास को लिखा : "यहाँ रोग-ग्रस्त जीवन दुःसह हो रहा है। आप लोगों के पत्रों से ही बचा हूँ।"[15]

इन्हीं दिनों उन्होंने पन्त के 'पल्लव' की आलोचना भी लिखी।

आलोचना-प्रत्यालोचना

सुमित्रानन्दन पन्त निराला से दो साल छोटे थे। कुमाऊँ क्षेत्र के कोसानी गाँव में उनका जन्म हुआ था। पिता चाय के बगीचों में मज़दूरों से काम लेनेवाले ठेकेदार प्रदेश के धनी व्यक्ति थे। विशेष त्योहारों पर मज़दूर युवक, युवतियों के साथ उनके पिता के सामने आकर, नाचते-गाते थे। कुमाऊँ के लोग साधारण बैसवाड़े के किसानों से भी

निर्धन और पीड़ित थे। पन्त जब गाँव छोड़कर अल्मोड़ा पढ़ने गए, तब वहाँ पिता के विशाल भवन में रहने लगे; इससे उन्हें विशेष गौरव का अनुभव हुआ। उन्होंने अपना घरेलू नाम गोसाईंदत्त बदलकर सुमित्रानन्दन रखा। वह अपने सुन्दर वस्त्रों और अंगों को प्यार करते थे; कोई उन्हें छूकर मैला न करे, इस बात का ध्यान रखते थे। सौन्दर्य-वृद्धि के लिए उन्होंने लम्बे बाल रखाये। लड़कपन में उन्होंने नाटकों में ज़्यादातर स्त्रियों का अभिनय किया। रौलट ऐक्ट और जलियाँवाला बाग़ के दिनों में बनारस रहते हुए उन्होंने देव, बिहारी, मतिराम आदि रीतिवादी कवियों की रचनाएँ खूब घोखीं, रवीन्द्रनाथ की कुछ कविताएँ अंग्रेज़ी अनुवाद में पढ़ीं, कुछ बंगाली मित्रों से सुनीं। प्रयाग आकर जब वह इंटर में पढ़ते थे, उन्होंने स्वयं बहुत-सी कविताएँ लिखीं; संग्रह पर अपना नाम लिखा : 'नन्दिनि'। सन् '21 में गांधीजी का भाषण सुनने के बाद भाई के संकेत पर उन्होंने कालिज छोड़ दिया; भाई ने राजनीति में सक्रिय भाग लिया, पन्त उससे दूर रहे। सन् '23-24 में उनकी कविताएँ 'सरस्वती' में छपीं। सन् '26 में उनका कविता-संग्रह 'पल्लव' प्रकाशित हुआ।

कुछ अंग्रेज़ी के रोमांटिक कवियों, कुछ रवीन्द्रनाथ, कुछ कालिदास और बहुत-कुछ ब्रजभाषा के रीतिवादी कवियों के प्रभाव से पन्त के कवि-संस्कारों का निर्माण हुआ। खड़ीबोली में भी मधुर कविता हो सकती है, पन्त ने यह चमत्कार प्रत्यक्ष दिखा दिया। ब्रजभाषा के बड़े-बड़े धनीधोरी पन्त की कोमलकान्त पदावली का लोहा मान गए। वह हिन्दी में सौन्दर्य के अप्रतिम कवि के रूप में सामने आए। उनकी सौन्दर्य-प्रेमी आँखें कुछ प्रकृति पर, कुछ शब्दों पर, कुछ अपने ऊपर मुग्ध थीं। 'पल्लव' की रचनाओं को पौरुष की परुषता से उन्होंने बचाया; असहयोग आन्दोलन के गर्द-गुबार-से उन्हें दूर रखा। अन्य साहित्य-प्रेमियों के साथ निराला भी पन्त-काव्य पर मुग्ध हुए, खड़ीबोली के पिछले कवियों की साधना उन्हें हेठी लगी।

'पल्लव' निकलने से पहले निराला के मित्र शान्तिप्रिय द्विवेदी पन्त से मिल चुके थे। उन्हें अपनी कविताएँ सुनाई थीं। पन्त से यह सुनकर उन्हें सुखद आश्चर्य भी हुआ था कि उन कविताओं पर शेली और बायरन का प्रभाव है क्योंकि शान्तिप्रिय द्विवेदी इतनी अंग्रेज़ी न जानते थे कि उन कवियों की रचनाएँ पढ़ सकते। पन्त से वह काफी घुल-मिल गए थे। पन्त ने जो रहस्य निराला को न बताया था, वह शान्तिप्रिय के सामने प्रकट कर दिया। उन्होंने 'पल्लव' के प्रवेश में निराला की आलोचना की है।

शान्तिप्रिय द्विवेदी ने तुरन्त निराला को लिखा : "परसों मैं इलाहाबाद गया था—पन्तजी के शुभ दर्शन हुए। दरअसल वे दर्शनीय हैं। उनकी कविताओं का वृहत् संकलन 'पल्लव' नाम से इंडियन प्रेस से अप्रैल तक निकल जायगा। इसकी भूमिका में पन्तजी ने आपकी शैली पर जो आलोचना की है—विचारणीय है।"[1]

निराला ने कलकत्ते से वापस आते समय बनारस में शान्तिप्रिय द्विवेदी को सूचित कर दिया था कि वह पन्त की आलोचना लिखेंगे। पर यह काम वह टालते

जा रहे थे। शान्तिप्रिय द्विवेदी ने जल्दी स्वास्थ्य लाभ करके पन्त की आलोचना में जुट जाने को कहा। "आपसे फिर-फिर अनुरोध है कि, आप व्यर्थ के झमेलों में न पड़कर, इस समय एक मात्र 'स्वास्थ्य' की सेवा करें, इस सेवा के फूल श्री नन्दिनीदेवी (पन्तजी) की शब्दावली को अर्पित करने के लिए। 'पल्लव' के इन्द्रजाल का पर्दाफाश अवश्य हो जाना चाहिए। इसके बिना बात का बतंगड़ हो रहा है।"[2] इस पर भी निराला ने आलोचना लिखने में कोई तत्परता न दिखाई तो शान्तिप्रिय द्विवेदी ने विचार किया कि वह स्वयं प्रयाग जाकर पन्त को उनकी साहित्यिक चोरी का ज्ञान कराएँ। अर्थात् उन्हें बताएँ कि निराला उनके बारे में क्या लिखने वाले हैं। इस कार्य में उन्होंने निराला की सहायता चाही। लिखा : "आप पन्तजी की हस्तलाघवता के नमूने तो अवश्य भेजिए, समालोचना यथासमय लिखिएगा। मैं पन्तजी से प्रयाग में मिलने का विचार कर रहा हूँ। यदि आप समालोचना न भी लिख सकें तो मैं उनकी हस्तलाघवता उनके सम्मुख उपस्थित करूँगा। बड़ी इच्छा है।"[3]

पन्त की आलोचना लिखने में निराला को दो कारणों से देर हो रही थी। पहला यह कि उनका स्वास्थ ठीक न था, दूसरा यह कि उन्हें आलोचना लिखने के औचित्य पर संशय था। पन्त उनके मित्र थे। पन्त ने मित्र की तरह व्यवहार नहीं किया। निराला ने उनकी कविताओं में जो अशुद्धियाँ बताई थीं, उन्हें पन्त ने ठीक कर लिया पर 'पल्लव' के प्रवेश में इसका ज़िक्र न किया। मुक्तछन्द की आलोचना लिखने से पहले निराला से सलाह-मशविरा कुछ न किया। इसके साथ ही यह बात भी सच थी कि पन्त की कविताएँ निराला को अच्छी लगती थीं। छायावादी कवियों पर चौतरफ़ा हमले हो रहे थे; ऐसी हालत में पन्त-निराला का विवाद विरोधियों के हित में होगा। पर यह प्रतिभा का द्वन्द्व है; मित्र का लिहाज़ करने से निराला मारे जाएँगे। भावों की भिड़न्त से निराला जितना बदनाम हुए, उतना ही पन्त को नेकनामी मिली। यह दिखाना अत्यन्त आवश्यक है कि पन्त ने भी चोरी के माल से अपनी दुकान सजाई है।

जो कार्य भावुक ने निराला के साथ किया, वही कार्य निराला ने पन्त के साथ किया। काफी विस्तार से पहले कैफ़ियत दी कि आलोचना उन्हें क्यों लिखनी पड़ी, फिर बँगला कवियों और पन्त की रचनाओं से भाव-साम्य और शब्द-साम्य के उदाहरण दिये। आलोचना की पहली किस्त जब 'माधुरी' में प्रकाशित हुई, तब निराला के अनेक मित्र अप्रसन्न हुए। विनोदशंकर व्यास ने लिखा : "मैं तो समझता हूँ कि आप अपना अमूल्य समय एक छोटे से विषय पर नष्ट कर रहे हैं। मेरी हार्दिक इच्छा है कि आप कोई काव्य की अथवा कोई भी मौलिक पुस्तक लिखें।"[4] शिवपूजन सहाय तक ने दबी ज़बान से कहा : "समालोचना में कुछ कटुता आ गई है। मैत्री का पुट देकर दोष-दर्शन कराते तो रंग जम जाता।"[5]

स्वयं पन्त ने अपनी आलोचना साहस और शालीनता से सहन की। यदि उन्हें क्षोभ हुआ तो उसे उन्होंने दबा दिया। निराला की आलोचना में कितनी सचाई है,

इस पर वह चुप रहे। पूर्ववत् स्नेहभाव प्रदर्शित करते हुए, साथ ही जहाँ-तहाँ व्यंग्य से निराला को कुरेदते हुए, उन्होंने पत्र लिखा :

29, Beli Road

Alld.

(U.P.)

11-X-'27

प्रियवर निरालाजी,

आपकी 'पन्तजी और पल्लव' शीर्षक आलोचना 'माधुरी' में पढ़ने को मिली। इसका समाचार श्रीयुत शान्तिप्रिय द्विवेदी से पहिले ही मिल चुका था, मैं उत्सुकता के साथ प्रतीक्षा कर रहा था—

अच्छा ही हुआ, बहुत दिनों से आप हज़रत नाराज़ थे, अब शायद जी की जलन निकल जाने पर कुछ शान्त हो जाएँगे। 'जलन' मैंने कुछ आपको चिढ़ाने के लिए भी लिख दिया। न जाने क्या आपको सूझी कि आपने चट से आलोचना, वह भी खूब कड़ी, छपवा ही तो दी। अच्छा साहब, यह सब कुछ तो हुआ—आप बनारस तक कई बार आते-जाते हैं—केवल प्रयाग ही पर इतने नाराज़ क्यों हैं? मैं कई बार शान्तिप्रियजी को लिख चुका हूँ, लेकिन सदैव आपके दर्शनों को तरसता रहता हूँ—जैसा कि कहा करते हैं।

आपने तो, जान पड़ता है, खूब दर्शनशास्त्रों का अध्ययन कर लिया है—आलोचना के सिवा वैसे भी मुझे दो-एक बार खबर मिली थी, और यह भी सुनता हूँ कि आपका स्वास्थ्य आपकी मानसिक उन्नति के साथ ही साथ अवनत होता जा रहा है। वाह भाई! अच्छा, अब अगर गुस्सा मिट गया हो, पन्त को उसके 1 से 100 तक और शायद इससे भी अधिक अपराधों का दंड बहुत-कुछ आप दे चुके हों तो एक बार प्रयाग आकर दर्शन दीजिए—आपसे किसी प्रकार लड़ाई-झगड़ा तो मुझे करना नहीं है, केवल मनोविनोद रहेगा। यदि आपको प्रयाग में ठौर-ठिकाना न मिलने का डर हो तो मेरी कुटी में आप सदैव अपनी ही समझ कर (जैसा कि शिष्टाचारवश लोग कहते हैं) आ सकते हैं।

और आपको क्या लिखूँ, आप 'तुंग-हिमालय शैल शृंग' जो ठहरे! कहीं, क्या जाने, कोई बात कलम से ठीक न निकली तो नाराज़ हो जाएँगे!

आना तो आपको एक बार यहाँ अवश्य चाहिए—यदि जल्दी हो तो और भी अच्छा। क्या आ सकेंगे? अब भी क्या नाराज़ ही हैं? आइए। मैं अब बहुत होशियार हो गया हूँ—चौर्य-कर्म में नहीं, जैसा आप लिखते हैं—और कई तरह, यहाँ आने पर मालूम होगा। सुनता हूँ, यहाँ लोग आपको Tit for tat उत्तर देने की ज़ोर-शोर से तैयारी कर रहे हैं—करने दीजिए—वे लोग क्या जानें कि आप 'तुंग-हिमालय शैल शृंग' हैं।

पत्रोत्तर अवश्य दीजिए। बड़ी प्रसन्नता मुझे होगी, और मेरी प्रसन्नता का मूल्य थोड़ा नहीं—सचमुच, अवश्य उत्तर दीजिए—चाहे नाराज़ होकर दीजिए चाहे प्रसन्न होकर, दीजिए ज़रूर—

मैं अच्छा हूँ—पत्रोत्तर की प्रतीक्षा करूँगा—नहीं देंगे तो दूसरा पत्र लिखूँगा—उसके बाद जैसा होगा—

सलाम—

आपका
सुमित्रानन्दन पन्त

निराला पर पन्त की शालीनता और मित्रों की सलाह का असर हुआ। आलोचना के शेष भाग को उन्होंने भरसक नर्म बनाया। प्रसंगवश उन्होंने छायावाद के विरोधियों पर भी कुछ लिखना आवश्यक समझा। कविता में विचारधारा और भावबोध को लेकर संघर्ष तेज़ हो रहा था। छायावाद का लगातार विरोध होने पर भी उसकी लोकप्रियता बराबर बढ़ रही थी। इसलिए जिन कवियों को 'सरस्वती' ने पाल-पोस कर बड़ा किया था, उनकी रक्षार्थ स्वयं भीष्म पितामह ने अस्त्र उठाया। उन्होंने 'सुकवि-किंकर' के नाम से 'सरस्वती' में 'आजकल के हिन्दी कवि और कविता' शीर्षक लेख लिखा।[6] यद्यपि 'पल्लव' इंडियन प्रेस से प्रकाशित हुआ था और द्विवेदीजी का सम्बन्ध इस संस्था से बड़ा घनिष्ठ था, फिर भी वह 'पल्लव' के प्रकाशन से नाराज़ थे। उनका विचार था कि छायावादी कविता साधारण पाठकों के लिए तो लिखी नहीं जाती क्योंकि उनकी समझ में नहीं आती; छायावादी कवि अपने लिए ही कविता करते हैं। यदि ऐसा है तो कविता का प्रकाशन क्यों करते हैं? प्रकाशन भी कैसा? "मनोहर टाइप में, बहुमूल्य काग़ज़ पर, अनोखे-अनोखे चित्रों से सुसज्जित, टेढ़ी-मेढ़ी ऊँची-नीची पंक्तियों में रंग-बिरंगे बेलबूटों से अलंकृत।" संकेत 'पल्लव' की ओर स्पष्ट था।

द्विवेदीजी उपनामधारी कवियों पर भी कुपित थे। "शुद्ध लिखना तक सीखने के पहले ही वे कवि बन जाते हैं और अनोखे-अनोखे उपनामों की लांगूल लगाकर अनाप-शनाप लिखने लगते हैं।"

'मनोरमा' ने 'अनोखे' उपनाम का प्रयोग करके निराला का मज़ाक़ उड़ाया था। द्विवेदीजी ने उसी 'अनोखे' शब्द का वैसे ही प्रसंग में प्रयोग किया।

निराला ने अपनी आलोचना के अगले अंश में द्विवेदीजी पर व्यंग्य करते हुए रूपक बाँधा। मैथिलीशरण जैसों की कविता हुई लंका। उसे छायावाद की मलिनता से बचाने का भार उठाया सुकवि-किंकर ने। छायावादी कवि उनकी सोने की लंका के कंगूरे ढहाते थे। अपने कर्णकटु शब्दों से उन्हें हैरान करते थे : "और सबसे बड़ा पाप, सोते समय उनकी नासिका के छिद्र में लांगूल करके उन्हें जगा देते थे।"

गुरु को चिढ़ाने में निराला को मज़ा आ रहा था। उनकी नासिका से लांगूल का सम्बन्ध स्थापित करने के बाद उन्होंने कबित्त को हिन्दी का सहज छन्द सिद्ध

किया, अपने मुक्तछन्द को उसके आधार पर रचा हुआ बताया। पन्त को कबित्त छन्द अच्छा नहीं लगता, इसका कारण उनके स्वभाव में स्त्रीत्व गुण की प्रधानता है। कबित्त में निराला ने एक विलक्षण विशेषता और ढूँढ़ निकाली, वह निर्गुण आत्मा की तरह 'पुरुष भी बनता है और स्त्री भी।'

निराला को यह भी सिद्ध करना था कि मुक्तछन्द के आदि-स्रष्टा पन्त नहीं, वह स्वयं हैं। पन्त ने लिखा था कि उनके 'उच्छ्वास' की रचना सन् '21 में हुई थी। निराला ने लिखा कि जब वह 16-17 साल के थे, तभी मुक्तछन्द की सृष्टि कर चुके थे। 'जुही की कली' मुक्तछन्द के कारण द्विवेदीजी ने वापस कर दी थी, वर्ना वह 'उच्छ्वास' से बहुत पहले छप गई होती।

निराला ने ब्रजभाषा और सूर आदि भक्त कवियों पर पन्त के आक्षेपों का विस्तार से उत्तर दिया और अन्त में पन्त की कविताओं की प्रशंसा भी की। पूरी आलोचना छप जाने पर छायावाद के अनेक समर्थक दुखी हुए। इनमें रामनाथ लाल 'सुमन' भी थे। इस तरह की आलोचनाओं से छायावाद की दीवारें ही कमज़ोर होती हैं। विरोधी कहते हैं, एक चोर तो पहले निकल गया था; दूसरे की यह हालत है! नये स्कूल के सभी कवियों को कन्धे-से-कन्धा भिड़ाकर खड़े होना चाहिए।

'सुमन' ने नेक सलाह दी थी पर अन्तर्विरोधों को दबाने से कोई आन्दोलन शक्तिशाली नहीं होता। पन्त को न कबित्त पसन्द था, न सवैया, न ब्रजभाषा शब्दों का माधुर्य पसन्द था, न सूर के पद। बौद्धिक स्तर पर वह इलाहाबाद यूनिवर्सिटी के अंग्रेज़ियत-पसन्द वातावरण से प्रभावित थे। पन्त और निराला का अन्तर्विरोध छायावाद का अपना आन्तरिक विरोध था। निराला और पन्त की टक्कर बैसवाड़े के किसान और इलाहाबादी इंटेलेक्चुअल की टक्कर थी।

'पन्तजी और पल्लव' हिन्दी आलोचना के विकास में एक युगान्तरकारी चरण था। सांस्कृतिक विकास, भाषाशास्त्र, दार्शनिक ऊहापोह, तुलनात्मक अध्ययन, कलात्मक गठन—ज्ञान के विभिन्न स्तरों पर निराला ने बड़ी गहराई से समस्याओं का विवेचन किया। लेख के पीछे आत्मगत भावनाएँ, कहीं-कहीं उलझी हुई भावग्रंथियाँ भी थीं पर इससे लेख का महत्त्व कम नहीं होता। निराला की आलोचना से पन्त रूठे नहीं; आपस का स्नेह-व्यवहार पहले जैसा बना रहा।

सन् '27 की बरसात खत्म होने तक निराला प्राय: रोगमुक्त हो गए। शरद के आरम्भ में काशी होते हुए वह फिर कलकत्ता पहुँचे। 'मतवाला' के दफ़्तर वह न गए, अपने महिषादल के साथी रामशंकर शुक्ल के यहाँ ठहरे। काम की तलाश में वह गंगा पुस्तकमाला, लखनऊ से पत्रव्यवहार कर रहे थे। उन लोगों ने निराला के 'क्वालिफिकेशन' पूछे थे। निराला ने पहले तो उनसे क्वालिफिकेशन शब्द की व्युत्पत्ति पूछी। फिर यह सोचकर कि इस तरह काम मिलना भी होगा तो न मिलेगा, वह पत्र फाड़ डाला। दूसरे पत्र में अपने संस्कृत, बँगला, अंग्रेज़ी, हिन्दी के ज्ञान का उल्लेख किया, 'समन्वय'-सम्पादन का हवाला दिया। वेतन सौ रुपये माँगा। सौ

रुपये वेतन कुछ ज़्यादा न था। इन्हीं दिनों रामनाथ लाल 'सुमन' सौ रुपये मासिक पर 'मारवाड़ी- अग्रवाल' के सम्पादक होकर बम्बई गए थे। शिवपूजन सहाय ने भी निराला की सिफारिश करते हुए गंगा पुस्तकमाला वालों को लिखा था पर इसका भी असर कुछ न हुआ। निराला को काम न मिला। शिवपूजन सहाय निराश न होकर उनके लिए 'आज' में कोशिश करने लगे।

महादेवप्रसाद सेठ को जब समाचार मिला कि निराला कलकत्ते में हैं, तब उग्र को साथ लेकर वह खुद उनसे मिलने आए। निराला के प्रति विनम्रता प्रदर्शित करते हुए उन्होंने कहा, कोई अपराध हुआ हो तो आप क्षमा करें। निराला ने मन में सोचा, इस क्षमा-याचना में भी ज़रूर कोई व्यापार वाला पेंच है। महादेवप्रसाद ने निराला को चुप देखकर छेड़ा—सुना, आप माधुरी जा रहे हैं? निराला ने कहा—'हैं' नहीं, 'था'। जगह भर गई।

निराला ने वास्तव में 'माधुरी' नहीं, 'सुधा' में काम पाने का प्रयत्न किया था। पर उन्होंने महादेव सेठ को टोका नहीं। 'माधुरी' हो या 'सुधा', क्या फर्क पड़ता है, जब काम मिला ही नहीं! महादेवप्रसाद सेठ ने उन्हें 'मतवाला' में फिर आ जाने का निमंत्रण दिया, यह भी स्पष्ट कर दिया कि वह उन्हें साठ रुपये मासिक से ज़्यादा न दे सकेंगे। निराला ने लखनऊ के प्रकाशक से सौ रुपये माँगे थे, यहाँ ये कलकत्ते में साठ रुपये दिखा रहे हैं। पर और कहीं काम न मिल रहा था। उन्होंने स्वीकार कर लिया।

उन्होंने एक कविता लिखी :

मेरा अन्तर वज्र कठोर,
देना जी भरसक झकझोर,
मेरे दुख की गहन अन्ध-
तम-निशि न कभी हो भोर,
क्या होगी इतनी उज्ज्वलता—
इतना वन्दन—अभिनन्दन?
जीवन चिरकालिक क्रन्दन।

निराला ने बाज़ार की लिखाई के दो आर्डर प्राप्त किये और शिवपूजन सहाय को लिखा कि जयशंकर प्रसाद से दवा लेकर उनके पास भेज दें। शिवपूजन सहाय ने निराला को 'मतवाला' में फिर से पैर जमाने की सलाह देते हुए लिखा : "अब कुछ दिन जमकर एक जगह रहिए। आसन जमाकर बैठिए। मन को स्थिर और शान्त कीजिए। चेष्टा कीजिए कि आपकी सभी कविताएँ सुन्दर सजीले ढंग से हिन्दी संसार के सामने आवें—पुस्तकाकार। 'अनामिका' उसी में अन्तर्भुक्त। इसका बड़ा प्रभाव और लाभ नज़र आएगा।"[7] शिवपूजन सहाय स्वयं 'मतवाला' में जम न पाए थे; उन्हें पत्र में आसन जमाने की सलाह देने के साथ ही उन्होंने इधर-उधर निगाह दौड़ाई; निराला को और कहीं काम मिल जाय, इस प्रयत्न में लगे रहे।

लहेरियासराय वालों के लिए काम करते हुए शिवपूजन सहाय का परिचय गुलाबराय से हो गया था। इनकी रससम्बन्धी पुस्तक वहीं से छपी थी। इस समय वह महाराज छतरपुर के प्राइवेट सेक्रेटरी थे। शिवपूजन सहाय ने निराला की योग्यता के बारे में उन्हें लिखा और उनके उपयुक्त कोई वहाँ काम हो, तो बताने को कहा।

छतरपुर रियासत के महाराज सर विश्वनाथसिंह जू देव ब्रजभाषा काव्य के प्रेमी थे। अनेक साहित्यकार उन्हें अपना अन्नदाता मानते थे। विख्यात आलोचक मिश्र-बन्धुओं में एक बन्धु शुकदेवबिहारी मिश्र वहाँ दीवान के पद पर आसीन थे। महाराज ने बंगाल के प्रसिद्ध वैष्णव कवि चंडिदास के पद सुने थे। 'ब्रजबुलि' से प्रभावित बँगला के वे पद महाराज को बहुत रुचे थे। वह स्वयं गौड़िया सम्प्रदाय में दीक्षित थे। उनकी इच्छा हुई कि उनका अनुवाद ब्रजभाषा में कराएँ। उन्होंने प्राइवेट सेक्रेटरी को आज्ञा दी कि वह ऐसा विद्वान् ढूँढ़ निकालें जो अच्छा कवि हो और जिसकी बँगला-ब्रजभाषा, दोनों में अच्छी गति हो।

बाबू गुलाबराय को शिवपूजन सहाय के पत्र का स्मरण हुआ। उन्होंने अपना सरकारी लेटरपैड निकाला जिस पर दो सारसों वाला राज्यचिह्न अंकित था और प्राइवेट सेक्रेटरीज आफिस, छतरपुर बुन्देलखंड अंग्रेज़ी में छपा था। उन्होंने निराला को पत्र लिखा :

7-10-27

श्रीमन्,

लाला शिवपूजन सहाय से ज्ञात हुआ कि आप बँगला भाषा और ब्रजभाषा के अच्छे ज्ञाता हैं और बजभाषा में कविता भी करते हैं। श्री महाराज साहिब को एक एसे [ऐसे] ही विद्वान की आवश्यकता है। वह श्री चंडिदासजी के ग्रंथों का पद्यानुवाद कराना चाहते हैं [।] कृपया तार दारा सूचित कीजिए कि आप यहाँ आ सकते हैं या नहीं और आ सकते हैं तो कब और कृपया यह भी लिखिए कि यहाँ आने के लिए आपके क्या terms होंगे। उत्तर बहुत शीघ्र देने की कृपा कीजिए।

भवदीय
गुलाबराय
प्राइवेट सेक्रेटरी

निराला ने तार से उत्तर दिया कि वह छतरपुर आ सकते हैं।

चंडिदास की कुछ रचनाएँ वह पढ़ चुके थे और वे उन्हें पसन्द आई थीं। गुलाबराय का पत्र पाने के बाद उन्होंने बसुमती साहित्य मन्दिर वाली सस्ते काग़ज़ पर डबल कालम में छपी चंडिदास तथा अन्य वैष्णव कवियों की ग्रंथावलियाँ खरीदीं। 'मतवाला' में मुश्किल से महीने-भर काम किया होगा कि फिर अलग हो गए। कलकत्ते से बाहर निकले पर सीधे छतरपुर न जाकर वह गढ़ाकोला आए।

उधर गुलाबराय का पत्र लेकर उनसे मिलने हरेकृष्ण मुखोपाध्याय नाम के सज्जन कलकत्ता पहुँचे। वह उसी वीरभूम ज़िले के निवासी थे जिसमें कई शताब्दियों पहले भक्तशिरोमणि चंडिदास का जन्म हुआ था। कलकत्ते के थियोसौफिकल हाल में उन्होंने चंडिदास पर कुछ व्याख्यान भी दिये थे। वैष्णव कविता-प्रेमियों की तलाश में वह छतरपुर पहुँच थे। गुलाबराय का पत्र लेकर वह निराला से मिलने इसलिए गए थे कि बँगला से अनुवाद करने में वह निराला की मदद करें। जब निराला न मिले तो मुखोपाध्याय ने उन्हें अंग्रेज़ी में पत्र लिखा और सूचित किया कि इस कार्य के लिए जो कवि सुलभ थे, उनमें आपको चुना गया है, आप नमूने के तौर पर कुछ पदों का अनुवाद हिज हाइनेस के पास भेजें। आगे चंडिदास के महत्त्व पर लिखा कि वह विश्व-प्रसिद्ध गीतकार हैं। निराला को ऐसे विश्वकवि के अनुवादक होने का गौरव प्राप्त करना चाहिए। कविता का मर्म समझने में उन्हें सहायता दरकार हो तो मुखोपाध्याय महाशय इसके लिए सहर्ष प्रस्तुत हैं।

निराला को यह सब बिलकुल अच्छा न लगा। वह जो अपने को रवीन्द्रनाथ का समकक्ष समझते थे, चंडिदास का अनुवादक बनने में गौरव का अनुभव क्या करते! वह जो रवीन्द्रनाथ की कलात्मक बारीकियाँ दिखाने में अपने को हर बंगाली विद्वान् से बीस समझते थे, चंडिदास का मर्म समझने के लिए वीरभूम के इन मुखोपाध्याय की सहायता क्या लेते! उन्होंने उनके अंग्रेज़ी पत्र का उत्तर बँगला में लिखा और इस ढंग से लिखा कि मुखोपाध्याय महाशय समझ जायँ कि निराला को उनकी सहायता की ज़रूरत नहीं है। पर मन में वह डाले रहे कि छतरपुर में काम मिल गया तो महाराज से मुखोपाध्याय की सहायता के लिए भी कहेंगे।

दिन बीतते जा रहे थे और निराला को जैसे छतरपुर जाने की जल्दी न थी। गुलाबराय ने उन्हें फिर याद दिलाया कि उन्हें छतरपुर आना है, महाराज की स्वीकृति के लिए वह अनुवाद का नमूना भेजें। निराला ने सोचा, एक बार लखनऊ जाकर तक़दीर आजमाएँ। लखनऊ में वह रूपनारायण पांडेय से मिले। पांडेयजी प्रसाद के मित्र थे, उनके साथ बनारस में रह चुके थे। उसी नाते वह निराला से बड़े स्नेह से मिले, 'मतवाला' में अपनी कटु आलोचना का ज़िक्र न आने दिया। दुलारेलाल भार्गव से भी बातचीत मैत्रीपूर्ण रही पर निराला को अपने यहाँ रखने में उन्होंने असमर्थता प्रकट की। निराला गढ़ाकोला लौट आए। हारकर उन्होंने चंडिदास ग्रंथावली उठाई। कुछ पदों का अनुवाद कर डाला। कलकत्ते में स्टार थियेटर का 'चंडिदास' नाटक उन्हें बहुत पसन्द आया था। कहानी याद थी। चंडिदास पर कुछ लेख 'प्रवासी' आदि बँगला पत्रों में पढ़े थे। उन्होंने लगे हाथ चंडिदास पर एक लेख भी लिख डाला।

इस वर्ष एक दुर्घटना यह हुई कि निराला के परम मित्र और हितैषी शिवपूजन सहाय छत से गिर पड़े और उनके पैर में बड़ी चोट आई। प्रसाद ने निराला को लिखा : "शिवपूजनजी ने स्थान बदलने जाकर अपना पैर तोड़ डाला था, अब धीरे-धीरे अच्छे

हो रहे हैं।"[8] निराला ने मित्र की कुशलक्षेम पूछते हुए उन्हें पत्र लिखा और छतरपुर वाले काम के बारे में उन्हें सूचित किया : "हाँ, सेक्रेटरी छतरपुर के पास ब्रजभाषा में चंडिदास के एक पद्य का अनुवाद करके भेज चुका हूँ उनकी आज्ञानुसार। भई, बहुत ठोक-बजा रहे हैं।" निराला को बहुत आशा न थी कि छतरपुर में पटरी बैठेगी। इसलिए उसी पत्र में यह भी लिखा : "आपका वहाँ क्या रंग है, पुस्तकें निकलती हैं या नहीं, रामायण की टीका कोई लिखवाना चाहते हैं या नहीं, और जो नई बातें हों, लिखिए।"[9] पत्र के अन्त में दो पंक्तियाँ प्रसाद के लिए लिखीं : "मेरी तबियत अच्छी है। बीमारी क्रमशः अच्छी हो रही है। पैर का घाव अभी तक वैसा ही है।"

छतरपुर जाने से पहले ही निराला रामायण की टीका लिखने की बात सोच रहे थे। शिवपूजन सहाय को लगा कि निराला या तो वहाँ जाएँगे नहीं या गए तो वहाँ टिकेंगे नहीं। उन्होंने फिर बड़े स्नेह से उन्हें समझाया : "वह राजदरबार है; मेरी राय है कि आप वहाँ कुछ दिन रहें, कोई गारंटी तो है नहीं, जब तक दाना-पानी साथ दे। मुझे विश्वास है कि आप वहाँ रहना चाहेंगे तो साहित्य का बड़ा उपकार होगा। मेरी आन्तरिक इच्छा यह है कि आप वहाँ पहले आसन जमावें, फिर पैर फैलावें, उसके बाद आराम से सोवें या चाहे जो करें। आप तो एक दरबार में लड़कपन से बहुत दिन तक रह चुके हैं; आपको मैं नहीं बता सकता कि राजदरबार में कैसे रहना चाहिए। इस विषय में आप ही भली भाँति सोच सकते हैं।"[10]

छतरपुर जाने से पहले निराला एक चक्कर डलमऊ का लगा आए। वहाँ से उन्होंने प्रसाद को लिखा कि गढ़ाकोला जाते ही छतरपुर के लिए रवाना हो जाएँगे पर स्पष्ट ही उन्हें जाने की कोई जल्दी न थी। उन्होंने सुना कि डलमऊ में अहीरों की अखिल भारतीय सभा होगी; उसे देखने के लिए तीन दिन और रुक गए! बनारस से किसी ने एक नई पत्रिका निकाली थी, एक अंक निराला के पास भेजा था, रचना माँगी थी, पत्रं-पुष्पं भेंट करने का वादा किया था। निराला ने एक लेख प्रसाद के पास भेज दिया, यह कहते हुए कि "यह लेख मुद्रा के लोभ से मुद्रण-यंत्र में जाना चाहता है।"[11] वह ऐसे विनोद कर रहे थे मानो संसार में उनसे अधिक निश्चिन्त व्यक्ति दूसरा न हो! बनारस वाली पत्रिका थोड़े से पृष्ठों की साधारण ही निकली थी। निराला ने उसका वर्णन किया : "मासिक के रूप से दरिद्र निकली हुई—भविष्य की अपनी स्थूलता का विश्वास दिलाती हुई।" पत्र के ऊपर डलमऊ, रायबरेली लिखने के बाद तारीख की जगह लिखा :

"मंगलवार तारीख याद नहीं
—27-28 होगी।"

निराला के मन में अब भी कहीं थोड़ी-बहुत मस्ती बची हुई थी। बच्चों को दुलराते, सलहज से मज़ाक़ करते, गंगा में तैरते, कुल्ली से ज्ञान-चर्चा करते निराला ने अपना दुख ठेलकर मन के एक कोने में डाल दिया था।

तीन महीने तक लगातार टालने के बाद आख़िर निराला जनवरी, सन् '28 के आरम्भ में छतरपुर पहुँचे। गुलाबराय ने उनके ठहरने की व्यवस्था की। छतरपुर में फूल के झोंपड़ों के बीच राजभवन सर ऊँचा किये वैसे ही खड़ा था, जैसे महिषादल में महाराज सतीप्रसाद गर्ग का राजमहल। निराला ने अपना मन समझाया—यह वीर छत्रसाल की कर्मभूमि है, जैसे वह पराक्रमी थे, वैसे ही उदार थे। भूषण ने उचित ही उनकी प्रशंसा की थी। जब वह चलने लगे थे तो छत्रसाल ने उनकी पालकी में कन्धा लगा दिया था।

छत्रसाल के उत्तराधिकारी, छतरपुर के महाराज अंग्रेज़ों के वैसे ही कृपापात्र थे, जैसे महिषादल के राजा। इसी साल उन्हें अंग्रेज़ सरकार की वफ़ादारी के उपलक्ष्य में के.सी.आई.ई. का खिताब मिला या। निराला जब छतरपुर पहुँचे तब यहाँ उत्सवों की धूम मची थी। सरस्वती-सदन पुस्तकालय में सभा होगी। निराला को भी उसमें कुछ कहना होगा—महाराज के सम्मान में। निराला ने सोचा—और लोग तो गद्य में भाषण देंगे, महाराज की प्रशंसा में एक पद्य रचा जाय तो धाक जमेगी। ब्रजभाषा में लिखा जाय तो और भी अच्छा, इससे महाराज को कवि के ब्रजभाषा-ज्ञान का परिचय भी मिल जायगा। राजाओं की प्रशंसा में कविता लिखना है तो अनुचित, पर उसमें छत्रसाल और विगत गौरव का उल्लेख कर दिया जाय तो चाटुकारिता का दोष मार्जित हो जायगा।

सभा में राज्य के प्रतिष्ठित गण्यमान्य जन एकत्र हुए। दीवान रायबहादुर शुकदेवबिहारी मिश्र ने अध्यक्षता की। निराला ने अपना पद्य गाकर सुनाया :

नयननि उमड़ि आयो सिन्धु।
गगन जस-थल विमल-किरननि
धनि लख्यों नव इन्दु॥
बहि चलीं रसधार नव मति
कुमुदिनी उघरी।
पाय कविता - दरस परसत
पग, परागन-भरी॥
दियो वर हँसि, वसि रही उर,
मधुर भो मो प्रान।
प्रात होइहि करहु भारत—
भजन - गुन - गन - गान॥
लख्यों नरपति - विश्वनाथहिं
द्वार स्मृति के खड़ो।
छत्रसाल-महीप-महिमा को
नवल रवि कढ़ो॥

श्रोता निराला की स्वर-माधुरी पर मुग्ध हुए, अर्थ बहुत साफ़ न समझने पर भी महाराज की प्रशंसा में गीत रचा गया है, यह सोचकर वाह-वाह की।

छतरपुर में निराला का मन लग गया। गुलाबराय और उनके साथी रामनारायण शर्मा उनके कविता-पाठ और व्यंग्य-विनोद पर निछावर हो गए। निराला अक्सर इन मित्रों के साथ मन्दिर के पास खेतों की सैर को निकल जाते। नाज की बालों और पत्तियों पर ओस की बूँदें देखकर—'श्रमकन झलकन बारि'—यह पंक्ति रामनारायण के मुँह से निकली। निराला से उन्होंने समस्यापूर्ति का आग्रह किया। निराला ने दोहा कहा :

लख्यों बिजन बन गहन में, श्रमकन झलकन बारि,
खरी मोतियन लर जरी, परी हरी बर नारि।

भाँग छानना, काव्य-चर्चा करना, रामनारायण शर्मा से लेकर पुस्तकें पढ़ना कुछ दिन यह कार्यक्रम चला। अपने स्वभाव के अनुसार निराला ने रामनारायण शर्मा को हिन्दी लिखने के लिए उत्साहित किया, उनकी रचनाएँ छापने की सिफारिश करते हुए शिवपूजन सहाय को लिखा : "हिन्दी लिखते हैं और अनुप्रासाशी खूब हैं। नौजवान, प्रसन्न, मधुरभाषी। आप बालक के लिए इनसे प्रबन्ध लेकर अपनी प्रचलित प्रथानुसार अपनाइए—छापिए।"[12]

दो दिन शुकदेवबिहारी मिश्र के यहाँ साहित्यिक गोष्ठी हुई। राज्य के बड़े आफिसर एकत्र हुए। निराला ने गाना गाया और कविता-पाठ किया। अवध का एक कान्यकुब्ज ब्राह्मण इतना सुन्दर गाना गा लेता है, यह सोचकर रायबहादुर शुकदेव बिहारी मिश्र ने प्रशंसा में कुछ कहा। निराला को लगा, कह रहे हैं—आप जीनियस हैं। निराला ने यह भी मालूम किया, दीवान का पद सुशोभित करने के लिए मिश्रजी को प्रति मास तेरह सौ मिलते हैं।

महाराज तक निराला की प्रशंसा पहुँचती रही। उन्होंने निराला को बुलाया। बातचीत अंग्रेज़ी में हुई। उन्हें निराला का छन्द पसन्द नहीं था। पूछा : "आप ललित-किशोरी के छन्दों में अनुवाद कर सकेंगे?" निराला ने कहा : "हाँ, मैं कर सकता हूँ।"..."तो उन्हीं में करके दिखाइए"—महाराज ने आज्ञा दी। निराला नमस्कार करके चले आए।

महाराज मितव्ययी थे; उनके निजी सचिव उनसे अधिक मितव्ययी। पारिश्रमिक की बातचीत गुलाबराय के मार्फत हुई। निराला ने अनुभव किया कि छत्रसाल के वंशज अपने पूर्वज की तुलना में काफी अनुदार हैं। सोने-चाँदी से कवि को लाद देने के बदले डबल कालम वाले पेज के अनुवाद का मेहनताना एक रुपया देना चाहते हैं। इससे तो गद्य की लिखाई अच्छी। निराला ने हिसाब लगाया। चंडिदास-ग्रंथावली 'माधुरी' से कुछ ही छोटी साइज की किताब होगी। हर पृष्ठ में दो कालम, कुल पृष्ठ संख्या 350। इसके लिए कुल चार सौ रुपये देने को कहते हैं यानी एक रुपया प्रति पेज, फी कालम अठन्नी! पद्यानुवाद का यह पुरस्कार? ढाई रुपये पेज तो 'सुधा'-'माधुरी' से गद्य की लिखाई मिलती है। निराला ने निश्चय किया कि कम-से-कम

पाँच रुपये पेज मिलना चाहिए। यह भी घाटे का सौदा था। एक बार अनुवाद कर देने से छुट्टी नहीं। इसे यों बदलो, त्यों बदलो। दिन-भर में एक पेज से ज़्यादा का अनुवाद न हो पाएगा। दूसरे कवि बला टालने के लिए कुछ भी लिखकर दे सकते थे, निराला जब तक अनुवाद से सन्तुष्ट न हों, उसे माँजते रहेंगे। जो ईमानदारी से कविता लिखता है, वही जानता है, कवि-कर्म कितना कठिन है।

निराला ने महाराज के प्राइवेट सेक्रेटरी द्वारा प्रस्तुत शर्तों पर अनुवाद करने से इनकार कर दिया। इसके बाद उन्हें बुखार आ गया।

मलेरिया के लिए विख्यात मिदनापुर ज़िले से कुछ कीटाणु वह अपने साथ ले आए थे जो छठे-छमाहे उन्हें खाट पर पड़े रहने को मजबूर कर देते थे। सत्रह दिन तक उपवास करते हुए निराला तीव्र ज्वर से जूझते रहे। एक समय उनकी हालत इतनी खराब हो गई कि उन्हें जीने की आशा न रही। उन्होंने प्रसाद को अपनी समझ में अपना अन्तिम पत्र लिखा। 'सब अपराधों और सब त्रुटियों के लिए क्षमा' माँगी और लिखा : "जीवन रहा तो दूसरा पत्र लिखूँगा।" गुलाबराय ने बड़ी सेवा की; उपचार की उचित व्यवस्था की। कहा : "कीमती जीवन है, रक्षा होनी चाहिए। इनसे हिन्दी को बड़ा लाभ होगा।" गुलाबराय के शब्द सुनकर बीमारी में भी निराला का मन पुलकित हो उठा।

मित्रों ने बीमारी का हाल सुना तो सहानुभूति प्रकट की। छतरपुर में काम न मिला, न सही, हिन्दी-संसार तो निराला की कद्र करता है। प्रेमचन्द ने बड़े स्नेह से लिखा : "मीयादी बुखार क्या इसीलिए आपकी ताक में बैठा था कि घर से निकलें तो धर दबाऊँ? किसमत ने वहाँ भी आपका साथ न छोड़ा। इस बीमारी ने तो आपको घुला डाला होगा। पहले ही ऐसे कहाँ के मोटे-ताजे थे! ईश्वर आपको चंगा कर दे।"

निराला सचमुच घुल गए थे। राज्य का एक सिपाही उन्हें कानपुर तक छोड़ने आया। चलते समम महाराज ने सौ में पच्चीस कम करके पचहत्तर रुपये बिदाई के दिये। निराला मन में छत्रसाल से वर्तमान नरेश की और भूषण से अपनी स्थिति की तुलना करते रहे। शिवपूजन सहाय ने बड़ा जतन करके छतरपुर में लासा लगाया था पर काम बना नहीं। न बैठने को जगह मिली, न पैर फैलाने को। रस-अलंकार वाली किताब के पैसे भी न मिले। शरीर कमज़ोर हो गया अलग से। मन की निराशा को बलपूर्वक दबाते हुए निराला ने शिवपूजन सहाय को लिखा : "मेरी तबियत अभी बहुत साफ़ नहीं हुई। कमजोरी बहुत है। अपने समाचार दीजिए। कोई काम हो तो कोशिश कीजिएगा।—order के लिए। नौकरी अभी नहीं कर सकूँगा। आपके वहाँ से मेरे जो रुपये मिलने थे, न मिले; न पुस्तक ही छपी। रामायण की टीका के बारे में कहते थे, अगर लहेरियासराय वाले करावें तो कोशिश कीजिए—शायद कोशिश करने पर कुछ कामयाबी हो। रामायण की अच्छी टीका हिन्दी में एक भी नहीं है। क्या कहें, कोई मालदार कराता टीका, तो उसके लिए भी हमेशा के फायदे की एक चीज़ तैयार हो जाती। और क्या लिखें—उत्थाय हृदि लीयन्ते दरिद्राणां मनोरथाः। ख़ैर। गोली मार दीजिए—हम लोग भी साहित्य के बादशाह हैं—अन्धे क्या जानें—अच्छा, सप्रेम। विवाह में ले चलिएगा कि नहीं?"[13]

ये दुर्दिन बीत जायँगे। केवल साहित्य रहेगा। तब इतिहास फैसला करेगा, बड़ा कौन है—तेरह सौ पाने वाले दीवान या वह, जिसे अनुवाद के लिए अठन्नी कालम दे रहे थे? तुम छतरपुर के महाराजा हो तो हम भी साहित्य के बादशाह हैं। पद्‌माकर ने कहा था :

आप जगदीश्वर ह्वै जग में विराजमान
हौं हूँ तो कबीस्वर ह्वै राजत रहत हों।

अन्धे इस रहस्य को क्या समझें?

शिवपूजन सहाय की दूसरी पत्नी का देहान्त हो गया था, अब तीसरे ब्याह की तैयारी थी। वह लड़की देख आए थे, ब्याह पक्का हो गया था, पैर की चोट से कुछ दिन के लिए टल गया था। निराला ने मित्र के सुख में अपना दुख घुला देने का प्रयत्न करते हुए उन्हें लिखा था—विवाह में ले चलिएगा या नहीं? शिवपूजन सहाय का पैर अभी तक ठीक न हुआ था। उन्होंने लिखा : "इधर हफ्तों वर्षा और सर्दी के कारण बड़ा कष्ट हुआ। शादी बैशाख में होने वाली है। अगर पैर दुरुस्त न हुआ, तो आषाढ़ में होगी। आपको सादर निमंत्रण भेजूँगा। आप अगर सम्मिलित होने की कृपा करें तो मेरा अहोभाग्य। बनारस की मंडली चलेगी। छतरपुर का सब हाल मालूम हुआ। आपके आर्डर के लिए ताक में हूँ, पर हिन्दी वालों की दशा आप जानते हैं। टीका के लिए अभी मालदार कोई नहीं सूझता। स्वस्थ होकर आप काशी में नौकरी कीजिए। कुछ दिन कहीं पैर जमे तो बड़ा लाभ हो। बहुत काम होगा। आपके रु. के लिए स्पष्ट उत्तर माँगा है। सूचना दूँगा।"[14]

इधर निराला के पैर में भी चोट आ गई थी। लड़कों को फुटबाल खेलते देखा, महिषादल के दिन याद आए, खुद भी लड़कों के साथ खेलने लगे। "छूटी आदत शौक चर्राया। फुटबाल हो रहा था, मैं भी back के लिए तैयार हो गया। फिसला एक शॉट, दाहिना foot पीड़ा हो गया। चारपाई से न उठ सकने वाली अवस्था 36 घंटे, लट्‌ठ [की] सहायता से चलने वाली 7 दिन—अब चल लेता हूँ खूब, पर कसक है। पहले से यानी छतरपुर से अब बहुत अच्छी हालत में हूँ। विवाह में अवश्य चलूँगा।"[15]

उसी दिन उन्होंने एक पत्र अपनी सास को लिखा :

गाँव—गढ़ाकोला
डाकखाना—मगरायर
ज़िला—उन्नाव
22/2/28

श्री अम्मा, चरणस्पर्श।

आपका कृपा-कार्ड मिला। अबकी आपके नुकसान से तबियत उदास हो गई। अब मेरा पैर अच्छा हो गया है। चल लेता हूँ। ज़रा-ज़रा कसकता है। शायद इधर मुझे लखनऊ से बनारस तक जाना पड़े। इस समय आपके वहाँ न जा सकूँगा। कर्वी के मेरे एक मित्र कलकत्ता से घर आनेवाले हैं, परसाल वे यहाँ मेरे घर हो गए हैं, इसलिए अबके मुझे उनके घर जाना पड़ेगा। लेकिन अन्त चैत तक जाऊँगा। तब

तक डलमऊ में ही आप होंगी। कालीचरण बाक्स से कुछ रुपये निकाल कर भग गया है। और सब कुशल है।

सविनय
—सूर्यकान्त

[पोस्ट कार्ड के एक ओर बगल में]

आप डलमऊ आएँ तो वहाँ से अपने आने की सूचना जरूर दें।

—सूर्यकान्त

[पोस्ट कार्ड के दूसरी ओर किनारे]

आपका पूरा पता भूल गया हूँ। अन्दाज़ देखूँ, कहाँ तक लड़ती है।

—सूर्यकान्त

[पता]

Shreejut
Ramdhani Dube
C/o Pdt. Bhairon Prasad Munim
Bazar Sarai } Atarra—P.O.
(Banda)

लखनऊ में निराला के मित्र 'माधुरी' के सम्पादकीय विभाग में उनके लिए कोशिश कर रहे थे। निराला के पास 'माधुरी' से पत्र आया : "यदि, आपको 'माधुरी' के सम्पादन विभाग में सहायक की भाँति कोई स्थान मिल सके तो क्या आप उन ज़िम्मेदारियों को निभा सकेंगे? आपकी हिन्दी-अंग्रेज़ी आदि किन-किन भाषाओं की योग्यता है? प्रूफ रीडिंग का कैसा अभ्यास है? विवरण सहित लिखिए। कम-से-कम क्या वेतन आप स्वीकार कर लेंगे? प्रत्येक बात का स्पष्टीकरण कर दीजिए। ताकि पत्रव्यौहार में व्यर्थ समय न जावे।"[16] निराला ज़हर का घूँट पीकर रह गए। हर जगह योग्यता के बारे में जाँच-पड़ताल। अभी इन्हें मालूम ही नहीं, निराला कौन है? प्रूफ रीडिंग का अभ्यास पूछ रहे हैं। मन की ग्लानि मन में दबाकर निराला ने अपनी योग्यता, वेतन आदि के बारे में एक पत्र लिख दिया—संयत भाषा में, जैसा उन्होंने गंगा पुस्तकमाला कार्यालय को लिखा था। यथासमय उसका उत्तर भी आ गया—वैसा ही, जैसा गंगा पुस्तकमाला से आया था : "इन शर्तों पर अभी आपको न बुला सकूँगा। आशा है, कष्ट के लिए क्षमा करेंगे।"[17]

निराला ने मन को एकाग्र करके कलमघिसाई शुरू की। कलकत्ते के उमादत्त शर्मा से एक किताब के लिए आर्डर प्राप्त हुआ था। उनकी पौपुलर ट्रेडिंग कंपनी के लिए निराला ने 'हिन्दी-बँगला-शिक्षा' पुस्तक लिखी। 'सुधा', 'माधुरी' आदि पत्रिकाओं के लिए लेख लिखना शुरू किया। कलमघिसाई से अर्थकष्ट कुछ दूर हुआ। इधर वह कविताएँ न लिख पा रहे थे, फिर भी पुरानी कविताओं के बल पर उनकी ख्याति

दिन-पर-दिन फैलती जा रही थी। छात्र और युवक निराला के सबसे बड़े प्रशंसक थे। डी.ए.वी. कालेज, कानपुर के छात्रों ने कवि-सम्मेलन किया। समस्यापूर्ति और कबित्त-सवैया विशेषज्ञों के गढ़ कानपुर में सम्मेलन की अध्यक्षता के लिए उन्होंने निराला को बुलाया। निराला ने 'जीवन के सम्मोहन मन के वन के', 'मुग्ध मनोहर लुब्ध क्षुब्ध उद्वेलित सक्रिय' आदि सानुप्रास पदरचना से श्रोताओं को मुग्ध कर लिया।

निराला प्रसन्न मन लौटे। उन्होंने एक गाय खरीदी। गाय का दूध पीने से स्वास्थ्य सुधरने लगा। जाड़ा बीत रहा था। खेतों में दाने पक रहे थे। निराला वैष्णव कवियों की श्रृंगारी कविता पढ़ रहे थे। उनका मन अपनी सहज प्रसन्नता की स्थिति में फिर लौटने लगा। उन्होंने अपने साले रामधनी दिवेदी को पत्र लिखा :

गढ़ाकोला, मगरायर, उन्नाव
27 फरवरी, 1928

चिरंजीव बड़े मियाँ,

जिस दिन हमने तुमको चिट्ठी लिखी, उसी दिन तुम्हारी भी चिट्ठी आई। अम्मा का हाल उनके पत्र से मालूम हो चुका था। कालीचरण लखनऊ भग गया था, वहाँ से घर आया तो हमने घर में नहीं रहने दिया, वह कुछ रुपये लेकर भगा था। दूसरे दिन फिर कहीं चला गया, सुनते हैं कि किसुनपुर जाने को कहता था। अब केशव को घर में अकेले बहुत काम करना पड़ता है। हमारी गाई बियानी है। दूध का अभाव अब नहीं रहा। और सब कुशल है। हम जल्द ही बाहर जाने वाले हैं। अम्मा का आना कब तक होगा सो लिखो। बिटिया को जगन्नाथ भैया पढ़ाते हैं या नहीं, यह भी ज़ाहिर करो। तुम्हारी शिवरात कैसी रही, इसका हाल तुमने नहीं लिखा। फागुन का महीना है, बबुआजी अब कैसे करी?

तुमको व रामकृष्ण को आसीस। दोनों बिटिया को स्नेह। जगन्नाथ भैया को नमस्कार। तुम्हारी बीबी को 27 फरवरी। अब तो जी भर गया होगा? क्या कबीर भी सुनिएगा [?]

—सूर्यकान्त

बंगाल के वैष्णव कवि भक्त थे, साथ ही श्रृंगार रस के परिपाक में अद्वितीय थे। उनके सौन्दर्य-वर्णन में अश्लीलता ज़रा भी नहीं आने पाई है।

कंचन कमल पवन उलटायल ऐछन बदन सँचारि।

नग्न युगल उरोज, जैसे हवा ने कंचन के कमल उलट दिये हों! नायिका अपनी इच्छा से नंगी नहीं होती; हवा के झोंके से उसका बदन नंगा हो जाता है :

छन छन आँचर कुचकन काचल झाँपइ घन घन हेरि।

बार-बार लाजभरी चितवन से हेर कर अपने स्वर्ण-शिखर जैसे स्तनों को आँचल से ढँकती है, मानो नीले बादल पर्वत-श्रृंग के चारों ओर घिर आए हों!

निराला का वेदान्ती मन शंका करता—परमपदलाभ के लिए यह श्रृंगार-चिन्तन बाधक न होगा? निराला का संसारी मन उत्तर देता—वीर रस को विरोधी श्रृंगार ही जगाये रखता है। वीर्य की आवश्यकता होती है भोग के लिए; भोग के बिना वीर्य नहीं बढ़ सकता। राम सीता के श्रृंगार पर मुग्ध न होते तो रावण से युद्ध करने क्यों जाते? पांडव द्रौपदी के सौन्दर्य पर मुग्ध न होते तो महाभारत का युद्ध क्यों होता? अमरसिंह ने घर पर छुट्टी से कुछ ज़्यादा दिन न गुज़ार दिये होते तो शाही दरबार में वीरत्व प्रदर्शन कैसे करते? जो वीर है, वह भोगी अवश्य होगा।

निराला ने वैष्णय कवियों की श्रृंगारवर्णना पर लम्बा लेख लिखा। यौनविज्ञान में अपने अनुसन्धान के कुछ निष्कर्ष भी उन्होंने प्रस्तुत कर दिये। पुरुष के लिंगमूल में सूक्ष्मरूप से योनि का अस्तित्व रहता है। यहाँ के कुछ साधक अपने भीतर नारीत्व की कल्पना करके ब्रह्म की साधना करते हैं। साधना के घनीभूत होने पर उनके शरीर में मासिक धर्म के लक्षम्ण ज़ाहिर होने लगते हैं।

वैष्णव कवियों के प्रसंग में रवीन्द्रनाथ के ज्ञान की चर्चा करना भी आवश्यक था। रवीन्द्रनाथ ने वैष्णव कवियों से इतना ऋण लिया है जिसका ठिकाना नहीं है। ब्याज में किसी को एक कौड़ी भी नहीं दी। उन पर एक कविता ज़रूर लिख दी। बँगला को मधुर बनाने का श्रेय वैष्णव कवियों को है और उन पर ब्रजभाषा का काफी प्रभाव है। रवीन्द्रनाथ ने यूरुप को खूब चराया है लेकिन हिन्दुस्तान को नहीं चरा सकते। नकली कविताओं का बाज़ार बहुत दिनों तक गर्म नहीं रहता। सिंहासन के ऊपर से ही त्याग की कुल क्रियाएँ सिद्ध होतीं तो न जाने कितने शंकराचार्य पैदा हो गए होते। बड़े-बड़े तत्त्व वर्षों की रगड़ के बाद निकलते हैं। किताबें पढ़ने से वेदान्त नहीं आता। यथार्थ अनुभव के बिना जहाँ बोलने लगे, वहीं तमाम शब्द वेदान्त हो गए—पोपले। 'मेरी-तेरी तेरी-मेरी ना बनेगी श्याम'—की तरह उनके फसादी वाक्य भी मेरा-तेरी करने लगते हैं। यहाँ मेरी-तेरी के फसाद में बड़े-बड़े सिर के बल खड़े कर दिये जाते हैं। है ही यहाँ की ऐसी कसौटी। तभी तो कहा है : 'मैं अरु मोरि तोरि मैं माया'। अब ये सब कविवर अगर मायामुक्त होने की कविता अलापें तो कसौटी क्या कहेगी? छोड़ देगी बिना कसे हुए? पन्त कहते हैं, तुम्हीं में निराकार साकार। साकार भले ही किसी में हो पर निराकार किसमें समाएगा? वैष्णव कवियों की साधना अच्छी थी। सौन्दर्य की ऐसी अविश्राम वर्षा ऐन मौसम में और कहीं नहीं है। हाय रे ज़माना! अब घोर हलाहल अमृत सिद्ध किया जा रहा है। एम.ए.-बी.ए. की पूँछ से बाँधकर पटकने की कोशिश कर रहे हैं। ज़रूर दुम टूट जाएगी क्योंकि इधर वज़न ज़्यादा है।

पद्‌माकर ने भी श्रृंगार का अच्छा वर्णन किया है। महाराज जगतसिंह की 'ओयलिंग' ज़रूर की पर अनेक छन्द अत्यन्त सरस बन पड़े हैं :

सुन्दर सुरंग नैन सोभित अनंग रंग
अंग अंग फैलत तरंग परिमल के।

अनुप्रासों की बहार और राजकुलांगना की नज़ाकत की तारीफ़ नहीं की जा सकती। शेली की बन्दिश याद आ जाती है :

Like a high-born maiden
In a palace-tower
Soothing her love-laden
Soul in secret hour
With music sweet as love, which overflows her bower.

'भोर उठि आई केलि मन्दिर दुवार पर'—यह छन्द भी अच्छा है। गोविन्ददास का 'कवरी भार मुक्त हारावलि', रवीन्द्रनाथ की देर से उठी नायिका—'जामिनी जेते जागाले ना केनो, बेला होलो मरी लाजे' और विद्या की छवि—'सुप्तोत्थितां मदन-विह्वलितालसांङ्गीम्' आदि सब एक साथ याद आ जाते हैं।

निराला ने पद्माकर पर लेख लिखा, चंडिदास के अलावा गोविन्ददास के पदों का अनुवाद किया, उन पर लेख लिखा, विद्यापति और चंडिदास का तुलनात्मक अध्ययन किया। मन श्रृंगार में डूबा हुआ था, रसनिष्पत्ति के लिए शिवपूजन सहाय का कार्ड मिला, सुन्दर काले अक्षरों पर हल्दी के छींटे, विवाह का निमंत्रण।

C/o Agrawala Press, Benares Cantt
13/5

मान्यवर पंडितजी, सादर सप्रेम प्रणाम!

एक कार्ड आपको भेज चुका हूँ। यह मेरे शुभ विवाह का सादर सप्रेम निमंत्रण है। कृपया सहर्ष स्वीकार करके सोत्साह पधारिए। ता. 20 मई को 12 बजे दिन की गाड़ी से बनारस छावनी स्टेशन पर काशी की मित्रमंडली प्रस्थान करेगी। उसी दिन शाम को 7-8 बजे छपरे पहुँचेगी और 10 बजे रात को मसरव स्टेशन पर पहुँचेगी, जहाँ रात भर विश्राम कर प्रात:काल ता. 21 को विलासपुर के लिए प्रस्थान करेगी। सवारी का इन्तज़ाम है। दो कोस की दूरी पर विलासपुर है। स्टेशन से आमदरफ्त की सवारी मिलेगी। आपसे सादर निवेदन है कि आप अवश्य आइए। पहले भी प्रार्थना कर चुका हूँ। सम्मेलन की तिथि बढ़ गई। मुहर्रम की छुट्टियों में होगा। विश्वास है, आप दर्शन देकर कृतार्थ करेंगे।

दर्शनाभिलाषी—भवदीय
शिवपूजन

एक पत्र गंगा पुस्तकमाला से आया। 'सुधा' की साहित्य-संख्या के लिए लेख और फोटो माँगा। गाँव में फोटो कहाँ खिंचाते? लखनऊ गए, मातादीन शुक्ल के यहाँ ठहरे, फोटो खिंचवाया। फोटो देखकर समझे, पहले से दुबले हो गए हैं। कलकत्ते में महादेवप्रसाद सेठ के साथ जो फोटो खिंचाया था, उसमें गर्दन तगड़ी थी। पर ये

बड़ी-बड़ी आँखें, किसी कवि की आँखें ही हो सकती हैं, छिपी हुई आग फोटो तक में झलकती है।

निराला शृंगारी कविता का आनन्द लेते, लेख लिखते, फोटो खिंचाते, आम खाते आनन्द से दिन बिताते रहते, यदि साहित्य-संसार का कोलाहल उन तक न पहुँचता। गढ़ाकोला में रहते हुए भी उन्हें शोर सुनाई देता था। जब लखनऊ आते थे तब स्वर कान फाड़ने लगता था, शोर करनेवालों की शक्लें भी दिखाई देने लगती थीं। कोलाहल में छायावाद और निराला—ये दो शब्द बार-बार सुनाई दे रहे थे। कोई कविता सुना रहा था :

है डटा छायावादी, लिये लेखनी न पूछो
ध्यान अज्ञात में, शरीर पृथ्वीतल पर।
बात कर रहा है खड़ा खड़ा अपने आप ही
ज्ञात नहीं होता है कि सिड़ी है कि औलिया।[18]

'पाखंड प्रतिषेध' के कबित्त लखनऊ के अनेक काव्य-प्रेमियों ने याद कर लिये थे और बड़ा रस लेकर मित्रमंडली में सुनाते थे :

काव्य में 'रहस्य' कोई 'वाद' है न ऐसा, जिसे
लेकर निराला कोई पंथ ही खड़ा करे।
यह तो परोक्ष रुचि-रंग ही की झाईं है, जो
पड़ती है व्यक्त में अव्यक्त बिम्बता धरे।
दृष्टि जो हमारी कर देती है लीन किसी
धुँधली सी माधुरी में लोक-काल से परे,
किन्तु जो उसी के सदा झूठे स्वाँग रचे, उसे
हाँक दो, न घूम - घूम खेती काव्य की चरे।

एक अन्य कबित्त में निराला और 'मतवाला' के सम्बन्ध को लक्ष्य करके कहा गया था :

भाषा है, न भाव है, न भूति भाँपने को आँख
शिक्षा की सुभिक्षा भी न पाई कभी एक कन;
गाँथते हैं गर्वभरी गुरु ज्ञान-गुदड़ी वे
चुने हुए चीथड़ों से, किये ब्रह्मलीन मन।
कहीं बंग-भंग-पद चकती चमक रही,
कहीं अँगरेज़ी अनुवाद का अनाड़ीपन,
ऐसे सिद्ध साइयों की माँग मतवालों में है,
काव्य में न झूठे स्वाँग खींचते कभी हैं जन।

छायावादी कविता में अध्यात्मवाद होता है? कहाँ का अध्यात्मवाद, विशुद्ध वासना का प्रदर्शन होता है!

कहाँ का अध्यात्म? अरे! कैसी ब्रह्मलिप्सा यह—
वासना का लम्बा-चौड़ा रूप विकराल अति;
देह के मलों का यह सागर अपार!
कायवृत्तियों का झंझावात, झूठ की प्रचंड गति!
'अये' 'अये' भंडता की कैसी है पुकार यह?
जड़ता से जड़ी हुई कैसी यह मोटी मति?
अंधाधुन्ध कैसी! यह भेड़ियाधसान कैसी!
नकल-नवीसी कैसी! कितनी अज्ञान-रति?[19]

'पाखंड-प्रतिषेध' के लेखक थे आलोचक रामचन्द्र शुक्ल। उन्हें कबित्तों में ही उत्तर मिला :

काव्य का अनन्त व्योम रोम रोम में है व्याप्त,
क्या है अब भी न प्राप्त, इसमें भी शंका है;
लेकर विवाद एक, कैसा है 'रहस्यवाद',
यह बकवास वाद का ही शेष डंका है।
किन्तु वह देखो ज़रा तुलसी 'शशी' की ओर,
'अलख', 'अनादि' में ही जिसका अतंका है;
यह क्या रहस्य, इसे जाने वह कैसे भला,
जानता जो इतना ही रावण की लंका है।
देखते शिला हो जिसे, सत्य ही नहीं है वह,
नवनीत-सुकुमार मार-रूप माला है;
खून का घड़ा है अरे, भागो न सभीत मीत,
धोके मुँह देखो यह शैशव उजाला है।
नग, अरधंग, भंग-गंगधारी शंकर के,
पद की विभूति बनी जैसे एक बाला है;
वैसे ही अकथ कवि का भी है रहस्यवाद,
अंग अंग चतुरंग यकता, निराला है।[20]

रामचन्द्र शुक्ल को कबित्तों में उत्तर दिया था मातादीन शुक्ल ने।

गद्य में भी आक्रमण हो रहे थे। हास्यरस के लेखक, नाटककार, लखनऊ विश्वविद्यालय में हिन्दी अध्यापक, विनोदशंकर व्यास के चाचा बदरीनाथ भट्ट ने लेख लिखा : 'हिन्दी लेखकों के बँगला-प्रेम का भयानक परिणाम'।[21] उन्होंने छायावादियों को स्वार्थी और धनलोलुप साहित्यद्रोही कहा। निराला की ओर संकेत करते हुए लिखा : 'एक बंगाली कवि के भावों की छाया को चुराकर' कवि-शिरोमणि

बन गए। "बँगला की कृपा से इन हिन्दी लेखकों का मस्तिष्क यहाँ तक बिगड़ गया कि इन्हें अपने तो पराये लगने लगे और पराये अपने।"

'सुधा' के व्यंग्य-विनोद स्तम्भ में 'मायावादी' नाम से कोई सज्जन निराला और छायावाद पर आये-दिन आक्षेप करते रहते थे। "निरालाजी ने अपनी एक अप्रकाशित काव्य-पुस्तक का नाम 'रेखा' इसलिए रखा है कि वह बेमेल, गतिहीन, 'स्वच्छन्द' छन्दों में हतभागिनी हिन्दी-कविता की भावी की रेखा खींचना चाहते हैं।"[22] 'सुधा' इस समय छायावाद पर आक्रमण करने में सबसे आगे थी। विख्यात और अज्ञात, सभी तरह के लेखक इसमें छायावाद और निराला पर चोट कर रहे थे। किन्हीं ललित-किशोर सिंह बी.ए. ने राय जाहिर की : "असम्बद्ध भावों अथवा प्रलापों को किसी प्रकार अस्तव्यस्त रूप में एकत्र कर डालने ही को लोग छायावाद कहते हैं।"[23]

छायावाद के समर्थन में भी लेख निकल रहे थे; अवध उपाध्याय, कृष्णदेव प्रसाद गौड़, शान्तिप्रिय द्विवेदी, रामनाथलाल 'सुमन' आदि लेखक मोर्चे पर डटे हुए थे पर इस समय ज़्यादा आवाज़ विरोधियों ही की सुनाई दे रही थी। साहित्य-सम्मेलन के कर्णधार, विश्वविद्यालयों के अध्यापक, राष्ट्रवादी और रीतिवादी कवि, पत्रकार और सम्पादक छायावाद के अभिमन्यु को अपने चक्रव्यूह में फँसाकर चारों ओर से उस पर टूट पड़े थे।

ग़दर मचा हुआ है। कहाँ? हिन्दी साहित्य में। जाने कहाँ-कहाँ के वाद ढूँढ़ निकाले हैं, छायावाद, कायावाद, मायावाद। जब से द्विवेदीजी की लेखनी ने विश्राम लिया, तब से साहित्य-क्षेत्र में और भी धाँधली मची हुई है। आवश्यकता है एक साहित्य-शासक, लिटरेरी डिक्टेटर की।

यह हाहाकार मचा रहे थे 'विशाल भारत' में उसके अराजकतावादी सम्पादक बनारसीदास चतुर्वेदी। छायावाद के क्लीव काव्य और उग्र के घासलेटी साहित्य के विरुद्ध उन्होंने एक साथ अभियान आरम्भ कर दिया था।

बिहारी सतसई के प्रशंसक और उसके टीकाकार पद्मसिंह शर्मा को 'पल्लव' की भाषा बेहद कर्णकटु लगती थी। उन्होंने इन नवयुवक कवियों को समझाया : " 'कविता-वल्लरी' को प्रतिभा के वारि से सींचकर 'पल्लव' निकालिए, खुशी से उसकी छाया में बैठकर 'वीणा' बजाइए, पर काव्य-कानन के कल्पवृक्षों की जड़ पर—चन्दन, चम्पक और सहकार आदि के मूल पर—कुमति कुठार न चलाइए। यह अत्याचार असह्य है। आपको इनकी गन्ध नहीं भाती, शिकायत नहीं, आपकी पसन्द, अपनी रुचि—'कीजै कहा करता से न चारो'। पर इनकी महक के मतवाले मधुप भी हैं, उन वृक्षों पर न सही, इन पर ही दया कीजिए—'पल्लव' के नोकीले और ज़हरीले काँटे इनके दिल में न चुभोइए, वीणा में सोहनी के स्वर छेड़िए, 'मारू राग' न बजाइए।"[24]

छायावादी कवियों में प्रसाद-विरोधी आलोचना सुनकर चुप रह जाते थे। उनका विचार था कि इस तरह की आलोचना का सबसे अच्छा उत्तर कृतित्व है। पन्त ने 'पल्लव' की भूमिका में रीतिवादियों की आलोचना की थी पर उनके आक्रमण की

लपेट में रीतिविरोधी कवि भी आ गए थे। 'वीणा' की भूमिका में उन्होंने रीतिवादियों के अलावा महावीरप्रसाद द्विवेदी की भी तीखी आलोचना की। भूमिका छपने से पहले पदुमलाल पुन्नालाल बख्शी ने उसके आपत्तिजनक अंशों में निशान लगा दिये। वे अंश भूमिका में छपे नहीं। कटे-छँटे रूप में छपने पर भी उसमें द्विवेदीजी को रुष्ट करनेवाली बातें काफी थीं। उन्होंने इंडियन प्रेस के स्वामी को लिखा : "आप मेरे अपयश से धन कमाना चाहते हैं, इसीलिए ऐसी भूमिका प्रकाशित की है।" इंडियन प्रेस वालों ने पुस्तक का वितरण बन्द करा दिया; जिनके पास वी.पी. से प्रतियाँ पहुँच गई थीं, उनसे वापस कर देने को कहा। भूमिका के शेष आपत्तिजनक अंश भी निकाल लिये गए; तब पुस्तक बाज़ार में वितरण के लिए भेजी गई।

यथासमय निराला को इस सम्बन्ध में शान्तिप्रिय द्विवेदीजी से सूचना मिल गई थी!

"पन्तजी की एक नई किताब 'वीणा' निकली है। उसमें उनकी 1918-19 की कविताओं का संग्रह है। मैंने खरीद ली है सिर्फ पन्तजी के चित्र के लिए। एक रहस्य की बात सुनिए। 'वीणा' जब पहले-पहल बाज़ार में बिकने आई, तो दो-एक रोज़ बाद इंडियन प्रेस वालों ने उसे वापस मँगा ली [लिया]। कारण, पन्तजी ने उसमें जो भूमिका लिखी थी, उसके द्वारा द्विवेदीजी (सुकवि किंकर) के 'सरस्वती' वाले लेख की अच्छी तरह चुटकी ली थी। इंडियन प्रेस वाले [वालों] ने उतने अंश को निकालकर अब फिर 'वीणा' को बाज़ार में भेजा है। शायद इसी रंज में पन्तजी ने 'सरस्वती' में लिखना बन्द कर दिया है। वे उदासीन हो गए हैं।"[25]

छायावाद के विरोधी दिग्गज आचार्यों की आलोचना करके हिन्दी साहित्य में पैर जमाये रहना आसान काम नहीं था। जब पन्त पद्मसिंह शर्मा से मिले तो उनसे बोले : "ब्रजभाषा का विरोध करने के लिए मुझसे खास तौर पर कहा गया था, इसी से वैसा लिखना पड़ा," और शर्माजी ने बनारसीदास चतुर्वेदी को अपने 8-4-30 के पत्र में यह भी सूचित किया कि " 'पल्लव' की भूमिका में जो पहले कवियों के विषयों में अंट-शंट, अनाप-शनाप, ऊल-जलूल लिख गए हैं, उसे वापस लेने को कहते थे।"

पुरानी पीढ़ी के लेखकों के अलावा कुछ नई पीढ़ी के लेखक भी, जो अंग्रेज़ी और बँगला के जानकार थे, छायावाद की तीव्र आलोचना कर रहे थे। इनमें हेमचन्द्र जोशी और इलाचन्द्र जोशी ने निराला का ध्यान विशेष रूप से आकर्षित किया। इन्होंने 'सुधा' में एक लेख लिखा : 'साहित्य-कला और विरह'। हेमचन्द्र प्रेमचन्द की भर्त्सना कर चुके थे, अब उन्होंने निराला पर दृष्टिपात किया। इलाचन्द्र कलकत्ते में निराला से भिड़ चुके थे। 'माडर्न रिव्यू' में लेख लिखकर छायावाद का विरोध कर चुके थे। 'साहित्य-कला और विरह' में जोशी-बन्धुओं ने विरहवाद की अद्भुत प्रतिष्ठा की। "जब आनन्द के कम्पन ने अव्यक्त को द्विधा करके व्यक्त प्रकृति को परिस्फुटित किया, तब सृष्टि के रोम-रोम में विरह का भाव व्याप्त था। इसलिए वृष्टि के आदि से अव्यक्त पुरुष और व्यक्त प्रकृति इस पारस्परिक विरह के द्वारा ही आनन्द का रस लूट रहे हैं।"[26]

बड़ी उमंग से अपनी व्यंग्यपूर्ण शैली में निराला ने लेख लिखा : 'कला के विरह में जोशी-बन्धु'। शुरुआत यों की : "कभी सोचा था, दलबन्दी के दलदल में न फँसूँगा, मार का जवाब प्यार से दूँगा, परन्तु 'आपन चेती होय नहिं, हरि-चेती तत्काल' की आफत का पहाड़ हरि की इच्छा से मुझी पर आ टूटा। जिस रोज़ मैंने साहित्य के खाते में नाम लिखाया, उसी रोज़ से हिन्दी-साहित्य के आचार्यों ने पाठ पढ़ाना शुरू कर दिया कि जब तक जियो, अपने हाथों अपनी नाक काटकर दूसरों का सगुन बिगाड़ते रहो, बस, साहित्य-सेवा के यही माने हैं।"

लेख की भूमिका में उन्होंने छायावाद के विरोधियों को अपने व्यंग्य-विनोद के बाणों से बेध डाला। उनके विरोधी जितना ही दाँत पीस रहे थे, निराला उन पर उतना ही हँस रहे थे, उन्हें और भी चिढ़ा रहे थे। जैसे कोई बड़ा पहलवान किसी नौसिखिये को खिला-खिलाकर अखाड़े में पटकता है, वैसे ही निराला ने जोशी-बन्धुओं को उछाला और फिर दे पटका। उनके अनर्गल शब्दजाल को अपनी तीक्ष्ण तार्किक दृष्टि से छिन्न-भिन्न कर दिया।

निराला ने एक लेख 'हिन्दी कविता-साहित्य की प्रगति' पर लिखा। उन्होंने भक्ति-काव्य और रीति-काव्य में सत्-असत् जैसा भेद दिखाया, खड़ीबोली के कर्कश कवियों को राष्ट्र के उष्ट्रमार्का कवि कहा : "जिनकी प्रतिभा के प्रखर प्रवाह से शब्दों के गले में 'त्राहिमाम्' करने की शक्ति भी न रही।" मैथिलीशरण, सनेही आदि कवियों की जहाँ-तहाँ प्रशंसा भी की पर निष्कर्ष यह निकाला कि हिन्दी कविता में कर्कशता ही अधिक है : "गरियार बैल से हल चलवाने की चेष्टा की तरह ही खड़ीबोली के शब्दों से कविता की ज़मीन पर संसरण का गुरुकार्य कराया गया है।" निराला ने इस लेख में उन राष्ट्रवादी कवियों पर हल्का-सा आघात किया जो रीतिवादियों के साथ मिलकर छायावाद पर आक्रमण कर रहे थे। इतना काफी नहीं था।

एक और लेख लिखा : 'साहित्य की नवीन प्रगति' पर। खड़ीबोली की पुरानी कविता है मरीज़। मर्ज़ लगा है छायावाद का। वैद्यराज सुकवि किंकर ने जवाब दे दिया। तब अन्य आचार्य मकरध्वज लेकर आए। मियादी बुखार अपने वक्त से ही उतरता है। छायावाद ने मकरध्वज देनेवाले वैद्यराज से कहा, मैं मियादी बुखार हूँ, अपना वक्त पूरा किये बिना उतरूँगा नहीं—चाहे आप मकरध्वज नहीं, मृतसंजीवनी पिला दें। 'विशाल भारत' के सम्पादक को भी कुछ मौलिकता पैदा करनी थी, घासलेट के खिलाफ़ आन्दोलन छेड़ दिया। अब छायावाद के पीछे पड़े हैं। "यदि चतुर्वेदीजी एक लेख महात्माजी से इसी सम्बन्ध में लिखा लें, विशेष रूप से खंडनात्मक, तो शायद उन्हें इतना हैरान न होना पड़े।"

इसी लेख में रामचन्द्र शुक्ल के दो छायावाद-विरोधी कबित्त उद्धृत करने के बाद लिखा : "साहित्य में इस तरह की आवाज़, प्रचार आदि यद्यपि इस समय असभ्यता और गँवरपन का परिचय देते हैं, परन्तु हमारे लिए इसको स्वीकार करने

के सिवा दूसरा उपाय ही क्या है? अतएव शुक्लजी गद्य में लिखें, हम उन्हें उत्तर देने के लिए तैयार हैं। अवश्य पद्य में इस तरह की बकवास करना हम नहीं जानते।"

काशी विश्वविद्यालय में आने से पहले शुक्लजी मिर्ज़ापुर में ड्राइंगमास्टर थे। निराला ने उनसे अपनी छिपाई हुई ज़बर्दस्त डिगरी जाहिर कर देने को कहा। उनके एक कबित्त में गतिभंग, यतिभंग का अक्षम्य अपराध भी दिखाया। ब्लेक पर शुक्लजी के आक्षेपों का उत्तर विस्तार से देते हुए निराला ने वेदान्त की भूमि पर उसे 'अपने समय का युगप्रवर्तक' कवि सिद्ध किया।

इसी लेख में उन्होंने पद्मसिंह शर्मा को भी स्मरण किया। नई कविता के समर्थन में जो लेख निकले हैं, उन पर शर्माजी ने ध्यान नहीं दिया : "यह शायद इसलिए कि ये लोग अंग्रेज़ी और हिन्दी आदि के विद्वान् हैं और शर्माजी संस्कृत, फ़ारसी, हिन्दी आदि के।" 'पल्लव' का समर्थन करते हुए निराला ने लिखा कि शर्माजी ने शायद उसकी भूमिका पढ़कर ही उस पर कटाक्ष किया है। पन्त की दो रचनाओं से उद्धरण दिये, चार पंक्तियाँ प्रसाद की उद्धृत कीं, अपनी रचनाओं से न कोई पंक्ति उद्धृत की, न उनकी चर्चा की। व्यक्तिगत रूप से पद्मसिंह शर्मा निराला को बहुत अच्छे लगते थे। यह लेख पढ़कर उनका हृदय दुखेगा, यह सोचकर निराला ने अपनी सफाई दी : "शर्माजी जैसे संस्कृत-साहित्य के पारदर्शी विद्वान्, सरल, मधुरभाषी, प्रसन्नमुख, स्नेहशील, सहृदय, यथार्थ काव्यमर्मज्ञ के प्रति मेरी यथेष्ट श्रद्धा है; देखकर जी चाहता है, उनकी सेवा करूँ, उन्हें प्रसन्न करूँ। उनकी तरह बिना किसी कारण के स्नेह करनेवाले आचार्य हिन्दी में दो ही चार मुश्किल से होंगे। उनके प्रतिकूल लिखकर मैं दुखी हुआ हूँ।"

धीरे-धीरे निराला ने लखनऊ के साहित्यकारों और वहाँ की पत्रिकाओं को छायावाद का समर्थक बना दिया। 'माधुरी' आरम्भ से ही प्रसाद और निराला की रचनाएँ छापती रही थी। उसके एक सम्पादक कृष्णबिहारी मिश्र से रूढ़िवादी काव्य-प्रेमी इसलिए नाराज़ थे कि वह छायावाद का विरोध न करके उसे प्रोत्साहन दे रहे थे। मिश्रजी देव की कविता के प्रशंसक, ब्रजभाषा के कवि थे पर वह राष्ट्रीय विचारों के आलोचक थे और कट्टर रूढ़िवादियों से दूर थे। बड़ी मनुहार से वह निराला से रचनाएँ मँगवाते :

करहु कृपा समरथ बड़े उचित भाव नहिं अन्य;
कविता दै अपनाइए होहि माधुरी धन्य।[27]

निराला जब-तब लखनऊ आकर उनके यहाँ ठहरते भी थे। 'पन्तजी और पल्लव' वाली लम्बी लेखमाला, 'बंगाल के वैष्णव कवियों की शृंगारवर्णना', गोविन्ददास के पदों के अनुवाद आदि 'माधुरी' में छपे। कृष्णबिहारी मिश्र 'माधुरी' के अलावा एक सुन्दर आलोचनात्मक पत्र 'साहित्य समालोचक' का सम्पादन-प्रकाशन भी करते थे। उस पत्र में 'साहित्य की नवीन प्रगति पर', पद्माकर पर लेख छपे।

'सुधा' के सम्पादकीय विभाग में कुछ दिनों तक नन्दकिशोर तिवारी रहे। वह निराला से बहुत असन्तुष्ट थे। उन्होंने अपने एक मित्र को निराला के बारे में कुछ

अशोभन बातें लिखीं जिनका इधर-उधर प्रचार हुआ। तिवारीजी के अनुसार निराला ने उनसे पूछा—आप हमारी कविताओं को कैसी समझते हैं? इन्होंने उत्तर दिया—Mr. Nirala, excuse me, you are no poet to me. (निरालाजी, क्षमा करें, मेरी समझ में आप कवि नहीं हैं।) इस पर निराला ने कहा, आप समझा कीजिए, मेरे प्रशंसकों का एक अलग समुदाय है—मेरे समर्थकों की एक अलग श्रेणी!

निराला ने 'सुधा' में भी अपने लिए जगह बना ली। 'हिन्दी कविता साहित्य की प्रगति', चंडिदास और विद्यापति पर लेख, 'कला के विरह में जोशीबन्धु' 'सुधा' में ही छपे। 'विशाल भारत', 'सरस्वती' जैसी पत्रिकाएँ विरोध में थीं पर निराला ने 'सुधा' और 'माधुरी' में अपने आलोचनात्मक लेखों द्वारा विरोधियों को समर्थ उत्तर दिया, अनेक लेखों में अपनी तर्कयोजना से उन्होंने यह सिद्ध कर दिया कि रीतिवादी आलोचना से छायावादी आलोचना बहुत ऊँचे स्तर पर है।

उनके प्रशंसकों का एक अलग समुदाय बनता रहा था। इनमें प्रमुख थे विश्वविद्यालय में शिक्षा पाने वाले हिन्दी-प्रेमी छात्र। इन्हीं में थे नन्ददुलारे वाजपेयी, गढ़ाकोला के पास ही मगड़ायर के निवासी, गौरवर्ण, तेजस्वी, कुलीन कान्यकुब्ज, काशी विश्वविद्यालय में शिक्षाक्रम पूरा कर रहे थे।

वीर वंश के वीर अंश हो।
विजयी बनना विघ्न-ध्वंस हो।
भूलो मत समुचित उत्साह।
मत विचलित हो आधी राह।

वाजपेयीजी उस समय इस तरह की उपदेशात्मक राष्ट्रीय कविताएँ भी लिखते थे। निराला पर उन्हें शेली का प्रभाव विशेष दिखाई देता था और वह पूछते थे—क्या आपने शेली का अपेक्षाकृत विशेष अध्ययन किया है?

काशी के मित्र निराला को बुला रहे थे। वहाँ आये-दिन साहित्य-समारोह होते रहते थे। मैथिलीशरण और अजमेरी आए, अच्छा जमघट रहा। प्रसाद और विनोदशंकर व्यास, दोनों की इच्छा थी कि निराला काशी आएँ। नन्ददुलारे वाजपेयी स्वागत की तैयारियाँ भी करने लगे। वह निराला को इसलिए भी बुलाने को उत्सुक थे कि उनके वहाँ पहुँचने से बैसवाड़े की धाक जमेगी। पर दीर्घसूत्री निराला टालते जा रहे थे। मित्र निराश होने लगे। नन्ददुलारे वाजपेयी ने चिन्तित होकर पूछा : "बताइए, आने का विचार कब तक का है—है भी या नहीं? यहाँ पर्चे बँट चुके, 'आज' में नोटिस निकल चुकी। क्या सबकी आशाओं पर पानी फिर जाएगा?"[28]

बरसात बीतने पर निराला काशी आए। आर्य भवन में नन्ददुलारे के साथ ठहरे। अमरूदों का बगीचा, हरे-भरे खेत, कुछ दूर पर महिला छात्रावास, निराला को जगह पसन्द आई। वह छात्रों में घुलमिल गए। उनके साथ बैठे वह घंटों ताश खेलते। विश्वविद्यालय में हिन्दी समिति की ओर से निराला के भाषण का आयोजन

किया गया। नन्ददुलारे वाजपेयी पहले हिन्दी विभाग के अध्यक्ष श्यामसुन्दर दास के पास गए, उन्होंने स्वयं किसी बात की ज़िम्मेदारी न लेकर कहा—उपाध्यायजी और शुक्लजी को राज़ी कर लो। शुक्लजी ने व्यस्तता का बहाना करके टाला। अन्त में वह अयोध्यासिंह उपाध्याय के पास गए। वह नन्ददुलारे पर विशेष कृपालु थे, उनके आग्रह पर सभा की अध्यक्षता करने को तैयार हुए।

प्रसाद ने कहलाया, भाषण के दिन सब लोग उन्हीं के यहाँ पहुँच जायँ, साथ ही चलेंगे। यथासमय निराला और नन्ददुलारे वाजपेयी प्रसाद के यहाँ पहुँचे। प्रसाद ने रायकृष्णदास की मोटर मँगवा ली। निराला को इत्र से खूब सुवासित किया। काफी तैयारी के बाद छायावादी दल विश्वविद्यालय पहुँचा।

निराला ने भाषण के लिए नोट्स तैयार किये थे पर बोलने खड़े हुए तो भावावेश में काग़ज़ पर जो लिखा था, वह ठीक-ठीक न तो दिखाई दिया, न समझ में आया। उन्होंने पहले हिन्दी कविता के विकासक्रम की चर्चा की। फिर उन्हें अचानक विश्वविद्यालय के वे आलोचक याद आए जो 'सुधा' में उन पर कबित्त लिख चुके थे। उन्होंने कहा—तीसरे दर्जे का विद्यार्थी एम.ए. का कोर्स क्या समझेगा? रहस्यवाद समझने के लिए अध्ययन और मनन आवश्यक है।

निराला ने एक लतीफा सुनाया : किसी गाँव में एक सधऊ काका थे। भतीजे से पूछा—अस्सी मन का लकड़ा, उस पर बैठा मकड़ा, रत्ती-रत्ती खाय तो कित्ते दिन में खाय? भतीजा सोम दर्जे में पढ़ता था। उसने हिसाब लगाकर बता दिया। सधऊ काका को विश्वास न हुआ, बोले—चल-चल, कल का जोगी चला पुजाने!

निराला ने निष्कर्ष निकालते हुए कहा—इसी तरह आजकल हिन्दी के सधऊ काका कम उम्रवाले लड़कों के रहस्यवाद से प्रसन्न नहीं होते, प्रसन्न हों तो उन्हें कौन पूछे? कबीर ने कहा—नैया-बिच नदिया डूबी जाय। मतलब न समझो तो यह भी रहस्य है। अध्यापकों का काम है, उल्टा-सीधा अर्थ करके लड़कों को समझा देना। इसी से उनकी जीविका चलती है। वे बड़ी चतुराई से बिच का सम्बन्ध नदिया से जोड़कर कहते हैं—नैया बिच नदिया डूबी जाय! नाव नदी के बीच डूब रही है!

साफ़ा बाँधे, दाढ़ी के बालों के कारण और भी गम्भीर दिखते हुए, नाटे कद के उपाध्यायजी कुर्सी पर बैठे हुए काफी देर से बेचैनी का अनुभव कर रहे थे। निराला भरी सभा में छात्रों के सामने अध्यापकों का मज़ाक़ उड़ा रहे हैं। श्यामसुन्दर दास सुनेंगे तो क्या कहेंगे ? उन्होंने नन्ददुलारे से कहा—मुझे आवश्यक कार्य से जाना है, सभा की अध्यक्षता तुम करो।

निराला समझा रहे थे—नाव है शरीर, नदी है ज्ञान : the stream of knowledge, truth and bliss, तब तक उपाध्यायजी सभा-भवन से बाहर हो गए।

अध्यापक दल निराला से पहले ही असन्तुष्ट था, अब और रुष्ट हो गया। पर निराला ने अपने भाषण, कविता-पाठ और सबसे अधिक अपने आत्मीय

व्यवहार से छात्रों को मोह लिया। यह कवि जो युगप्रवर्तक है, जिसका नाम लेते ही विद्वान् उत्तेजित हो जाते हैं, जो हिन्दी-साहित्य में वाद-विवाद का मुख्य विषय बना हुआ है, जिसकी वाणी एक साथ इतनी मधुर और ओजपूर्ण है, वह उनके साथ हँसता-बोलता है, उनके पढ़ने-लिखने से लेकर घरवालों तक के बारे में पूछता है, उनका सौभाग्य है कि वे उसे देखते हैं, उसके साथ घूमते हैं, बातें करते हैं। उनकी किशोर-आँखें भावुकता के रंगीन प्रकाश में निराला की छवि देखकर उस पर बलि-बलि जातीं।

"पूज्य निरालाजी! जब-जब मैं यह सोचता हूँ कि आप मुझे याद रखते हैं तो मेरा मन-मयूर नाच उठता है, और आपकी साँवली सूरत आँखों के सामने नाचने लगती है और न जाने तब मैं क्या-क्या सोचने लगता हूँ।

"एक बात और कहूँ? कहने दीजिए—आप मुझे भले ही भूल जाएँ, पर मैं आपको कब भूलने वाला हूँ? भूलना तो दूर रहे, मैं तो आपको प्यार करता हूँ। वह कैसा प्यार? यह भी सुन लीजिए—नहीं, इस बार रहने देता हूँ।"

यह गद्य-काव्य नन्ददुलारे वाजपेयी के एक सहपाठी बन्धु अवधविहारी श्रीवास्तव ने लिखा था। निराला को यह सब देख-सुनकर प्रसन्नता होती थी। विश्वविद्यालय के द्वार उनके लिए बन्द रहे, नाम के साथ एम.ए., डी.लिट् जैसी डिगरियाँ लगाने को न मिलीं, कोई बात नहीं। जो ये डिगरियाँ पा रहे हैं, वे निराला का सम्मान करते हैं, इतना ही नहीं, अपने अध्यापकों पर हँसते हैं, निराला को ज्ञान में उनसे श्रेष्ठ मानते हैं। क्या किया जाय? जीवन में डिगरियों का महत्त्व है। जब लोग क्वालिफिकेशन पूछते हैं तब निराला को डिगरियों का अभाव बहुत अखरता है। वह रामकृष्ण और सरोज के भरण-पोषण और शिक्षण की उचित व्यवस्था न कर पाए थे।

सरोज अब बारह साल की हो रही थी। इस उम्र तक उसकी माँ ब्याही जा चुकी थी। उसकी नानी उसके ब्याह के बारे में चिन्ता करने लगी थीं। उन्होंने रामकृष्ण का जनेऊ कर दिया था; अब सरोज के लिए वर देखना, ब्याह करना निराला का काम था। उन्होंने दामाद से कहा—भैया, पाल-पोस कर बड़ा कर दिया, अब आगे तुम जानो, तुम्हारा काम जाने! अपने साथ ले जाओ, घर में रखो, अच्छा-सा वर ढूँढ़ो। जब वह नीकी घड़ी-साइत आएगी तब जो बन पड़ेगा, हम भी करेंगे।

निराला से कोई उत्तर देते न बना। अपनी और भतीजों की ही चिन्ता थी, ससुराल का बड़ा सहारा था, अब बच्चों की देखभाल भी करनी होगी। आमदनी का कोई निश्चित साधन न था, पर सास की उस उक्ति के बाद बच्चों को वहाँ रखना सम्भव न था। वह पुत्र और पुत्री को गढ़ाकोला लिवा लाए।

विशेषांकों के लिए निराला की कविताएँ माँगी जा रही थीं। 'वर्तमान' और 'प्रताप' के सम्पादकों ने कविताएँ माँगी थीं। कानपुर में निराला का विरोध बुझ-सा गया था। गयाप्रसाद शुक्ल 'सनेही', ग्राम हड़हा, ज़िला उन्नाव 'सुकवि' पत्र निकालने जा रहे थे। उन्होंने भी कविता माँगी यद्यपि उनकी शिष्यमंडली छायावाद के विरोध में थी।

कानपुर में कान्यकुब्ज ब्राह्मणों का सम्मेलन होने जा रहा था; एक कवि-सम्मेलन भी होगा, उसमें आने के लिए 'सनेही' जी ने आमंत्रित किया। कानपुर में एक नये ढंग के कवि-सम्मेलन का भी आयोजन हो रहा था। समस्या और विषय कुछ भी निर्धारित न किया जाएगा, अपनी इच्छानुसार कवि अपनी रचनाएँ सुनाएँगे। कानपुर से एक सज्जन सुमित्रानन्दन पन्त को बुलाने गए। प्रसाद और निराला को भी बुलाने के प्रयत्न हो रहे थे। पन्त सोच रहे थे कि निराला जाएँ तो वे भी चलें। एक कवि-सम्मेलन काशी में हो रहा था; वहाँ के लोग भी निराला को बुला रहे थे। इन सब निमंत्रणों से गढ़ाकोला के गलियारों में धूलि-धूसर निराला का महत्त्व प्रकट होता था पर कविता लिखना प्रायः बन्द था, निरन्तर गद्य की लिखाई से खर्च चल पाता था, वह भी बड़ी कठिनाई से।

इस समय 73 वर्ष की अवस्था में पन्त के पिताजी का स्वर्गवास हो गया। निराला कानपुर कवि-सम्मेलन से प्रयाग पन्त को ढाढ़स बँधाने गए। मन की उद्विग्नता दूर करने के लिए निराला ने उन्हें एक उपाय बताया—जब मन दुखी हुआ करे तब मेरा ध्यान किया करो। पन्त ने वैसा ही किया और उनकी उद्विग्नता कुछ दूर हुई। इलाहाबाद से लौटने पर निराला गढ़ाकोला में खुद बीमार हो गए और इतने बीमार हुए कि एक बार फिर जीने की आशा छूट गई। 'नौबत गोदान कराने तक की पहुँची'—उन्होंने 17 नवम्बर, '28 के पत्र में प्रसाद को सूचित किया।

हालत सुधरने पर वह बनारस पहुँचे। वहाँ से सान्त्वना देते हुए पन्त को फिर पत्र लिखा। कृतज्ञ भाव मे पन्त ने उत्तर दिया : "हाँ, अब भगवान की कृपा से तथा आपकी कृपा से मेरा चित्त कुछ-कुछ शान्त हो गया है। मैं आपके जाने के बाद से बड़ा उद्विग्न रहा। आपका उपकार मैं कभी नहीं भूलूँगा।...आपके कहने के अनुसार मैं बार-बार आपको याद करता रहा जिससे मुझे विशेष लाभ हुआ। आशा है, आप सानन्द हैं तथा मेरा चित्त शीघ्र ही शान्त करने में सहायता करिएगा।"[29] पन्त ने यह भी आग्रह किया कि जब उनका चित्त स्वस्थ हो जाए, तब निराला कुछ दिन के लिए उन्हें अपने पास काशी बुला लें।

निराला के पास अपने लिए ही कोई निश्चित ठीहा न था, पन्त जैसे अभिजात कवि को कहाँ टिकाते? प्रसाद के यहाँ सुँघनी और तमाखू का व्यापार जमा हुआ है, आराम से नाटक-कविताएँ लिखते जा रहे हैं। विनोदशंकर के पास हवेली है, कुछ हिस्सा किराये पर उठा दिया है, जौनपुर में थोड़ी-सी ज़मींदारी भी है, ठाठ से छत पर सिद्धेश्वरीदेवी का गाना सुनते हैं। राय कृष्णदास की रईसी के क्या कहने हैं! चाँदी के बर्तनों में भोजन करते हैं। शिवपूजन जैसे यशस्वी गद्य-लेखक कभी इस प्रकाशक के यहाँ, कभी उस प्रकाशक के यहाँ मारे-मारे घूमते हैं। निराला का महत्त्व केवल शिवपूजन समझते हैं। कहते हैं—आप बहुत कुछ कर सकेंगे, आपमें जो कुछ है, उसे मुझसे अधिक बहुत कम लोग जानते होंगे। आप हिन्दी की धरोहर हैं।

हिन्दी की धरोहर हैं, यह तो ठीक, पर खाएँ क्या? उग्र की पुस्तक 'चन्द हसीनों के खतूत', 'चाकलेट', 'चिनगारी'—एक के बाद दूसरी निकलती जा रही हैं। निराला के कविता-संग्रह के गाहक नहीं हैं। यहाँ इतनी मेहनत से गद्य लिखने पर जो कुछ मिलता है, कलकत्ते में उतना ज़रा-सा अनुवाद करने या दो-चार विज्ञापन लिख देने से मिल जाता है। क्या करें? फिर कलकत्ते चलें?

निराला गढ़ाकोला आकर फिर गद्य-साधना में जुट गए। जिन दिनों अपने गद्य-लेखन से वह हिन्दी आलोचना में युगान्तर उपस्थित कर रहे थे, उन्हीं दिनों 'मतवाला'-मंडल में कुछ महत्त्वपूर्ण घटनाएँ हो रही थीं। उग्र महादेवप्रसाद सेठ के बटन-होल में गुलाब की तरह सुशोभित थे। शिवपूजन सहाय जब-तब कुछ भेज देते थे, वैसे थे अलग ही। महादेवप्रसाद सेठ को भी लग रहा था, 'मतवाला' में अब वह तेज नहीं रहा। शिवपूजन सहाय को उन्होंने लिखा : "ऐसे notes यदि आप प्रति सप्ताह एक पेज लिख दिया कीजिए तो बेचारे 'मतवाला' की चलायमान prestige को स्थिर होने का साधन मिल जाय। यथाशक्ति पत्रं-पुष्पं में आनाकानी न करूँगा।"[30]

मुंशी नवजादिकलाल समझते थे कि महादेवप्रसाद सेठ उन्हें बड़े भाई की तरह मानते हैं, बड़े भाई के नाते उग्र की किताबों के मुनाफे में वह भी हिस्सा बँटाएँगे। पर उग्र को प्रकाशन-व्यापार में मुंशीजी की दखलअंदाजी खलती थी। एक दिन दोनों में कहा-सुनी हो गई। उग्र ने महादेवप्रसाद सेठ से शिकायत की। कहा—जो मेरा अपमान करेगा, उसे मैं किताबों में हिस्सा न लेने दूँगा। अगर उन्हें हिस्सा देना है तो मेरा हिसाब कर दो।

महादेवप्रसाद सेठ ने उग्र का पक्ष लिया। उन्होंने कहा—अब तक उग्र की पुस्तकें सुलभ ग्रंथ प्रचारक मंडल से निकलती रही हैं, आगे से हम उनका प्रकाशन 'बीसवीं सदी पुस्तकमाला' से करेंगे। उनके हानि-लाभ में केवल उग्र और महादेवप्रसाद सेठ का हिस्सा होगा, और किसी का नहीं। मुंशी-महादेव विवाद का मज़ा लेते हुए उग्र ने शिवपूजन सहाय को लिखा : "यदि इन्हीं में मुंशीजी को हिस्सा न मिलेगा, तो क्या वह झख मारेंगे? उनकी और सेठजी की ऐसी-ऐसी बातें हुईं जिनका यहाँ न लिखना ही अच्छा है। मुंशीजी ने सेठजी को, बारह बरस की दोस्ती के बाद, बेईमान भी कहा।"[31]

उग्र 'मतवाला' को कलकत्ते से मिर्ज़ापुर उठा ले जाने की योजना बना रहे थे। उग्र मिर्ज़ापुर के, महादेवप्रसाद सेठ मिर्ज़ापुर के; 'मतवाला'-मंडल में जब यही दो रह गए थे तब उसे कलकत्ते से निकालते रहने में कौन-सा लाभ था? मुंशी नवजादिकलाल ने शिवपूजन सहाय को 'मतवाला' के सम्भावित स्थान-परिवर्तन के बारे में लिखा : "सेठजी अपना कारबार मिर्ज़ापुर ले जाते हैं। 'मतवाला' शायद चन्द रोज़ का मेहमान है। इसलिए मैंने भी इसके जीवनभर इसका साथ दे देने का विचार कर लिया है।"[32]

मुंशीजी साथ देने को तैयार थे पर सवाल यह था कि 'मतवाला' के वास्तविक स्वामी उन्हें साथ लेने को तैयार भी हैं या नहीं? स्पष्ट ही मुंशीजी 'मतवाला' के भरोसे न रह सकते थे। वह फिर भूतनाथवालों के यहाँ आए पर इस बार इत्र-साबुन का कारोबार सँभालने के बदले उन्होंने एक पत्र निकालने की योजना उनके सामने रखी। पत्र का नाम रखा : 'सरोज'। उनका विचार था, उसे कहानी-प्रधान मासिक का रूप देने से बिक्री ज़्यादा होगी। उसमें प्रतिमास किसी कलाकार का चित्र और चरित्र छापने का आयोजन भी किया। निराला से उन्होंने पत्र के लिए मोटो माँगा, रचनाएँ भेजने का आग्रह किया, उनकी यथासाध्य सेवा करने का वचन दिया, उनका चित्र और चरित्र छापने की इच्छा भी प्रकट की।

निराला ने 'सरोज' के लिए मोटो लिखा :

काव्यामोदी-मधुपमय, सरस-तरंगित-ओज।
साहित्यामृत भरित, यह, सुरभित, सुरुचि 'सरोज'।

'सरोज के प्रति' मुक्तछन्द में उन्होंने एक कविता लिखी। कमज़ोर नाल पर टिका रहने पर भी अपने विश्वास के सहारे कमल सारे प्रहार सह लेता है, दु:ख की रात बीत जाती है जब भगवान भुवन-भास्कर उसे जगाते हैं।

मुंशीजी ने निराला को सूचित किया, कनकाबाबू पुस्तकें भी प्रकाशित करना चाहते हैं। निराला नाटक लिखेंगे? क्या लिखाई लेंगे? अपना चित्र और चरित्र भेजने के लिए उन्होंने फिर याद दिलाई। निराला टालते रहे। चरित्र लिखना है तो प्रसाद का लिखें, अपना क्या लिखें? कितनी वीरता से आलोचकों के प्रहार सहते हुए मौन अपने साधना-मार्ग पर आगे बढ़ते जाते हैं! कितनी सहृदयता से पिछले दिनों उन्होंने निराला को अपनाया, उनके उपचार में सहायता की!

निराला ने प्रसाद, पन्त तथा अन्य हिन्दी कवियों की चर्चा करते हुए 'सरोज' के लिए लेख लिखा : 'सौन्दर्यदर्शन और कविकौशल'। इसमें उन्होंने प्रसाद के बारे में लिखा : "जब तक मैंने 'प्रसाद' जी का पूरा संग्रह नहीं देखा था, मैं कल्पना भी नहीं कर सका था कि दस-बारह वर्ष पहले भी हिन्दी के हृदय-पट पर इतनी मार्जित, इतनी कोमल रेखाएँ खींची जा चुकी हैं...सबसे बड़ा आश्चर्य तो यह है कि जिस समय खड़ीबोली के लिए विशेष साधन उपलब्ध न थे, उस समय 'प्रसाद' जी ने कैसे इतने मार्जित और मनोहर शब्दों के आभूषणों से अपनी कविता को अलंकृत किया।" निराला का विचार था कि पंक्ति के बीच में वाक्य समाप्त करके पूर्णविराम देने का रहस्य उन्हीं को मालूम है, 'परन्तु मेरे क्षुद्र अहंकार को' प्रसाद के रचना-कौशल ने नष्ट कर दिया। गढ़ाकोला में रहते निराला को साल-भर हो गया। इतने दिन एकसाथ वह गाँव में पहले कभी न रहे थे। मुंशीजी बुला रहे थे। जाड़ा बीत रहा था। निराला काशी आए। कुछ समय तफरीह में बिताया।

एक रात नशे की हालत में वह कलकत्ते के लिए रवाना हुए। उनके मित्र चिन्तित हुए कि रास्ते में किसी से मारपीट न हो जाय। किसी प्रकार वह सकुशल कलकत्ता पहुँच गए। इस बार वह 'मतवाला'-कार्यालय में ही ठहरे। बहुत जल्द कुछ रुपये गाँव भेजे; उनकी अनुपस्थिति में गृहस्थी की गाड़ी कैसे चलती रहे, इसके लिए निर्देश भी किया।

श्री

36, शंकरघोष लेन,
कलकत्ता
वसन्तपंचमी

चिरंजीव केशव, कालीचरण, रामकृष्ण व सरोज,

हम अच्छी तरह से हैं। अपने समाचार देना। इधर 15) खर्च भेजा, वह मिला होगा। रामधनी वगैर: चाँदपुर में हैं। सरोज को अभी न ले जाना। कालीचरण अकेले उसी तरह चले आवें, जैसा चिट्ठी में लिखा है। डलमऊ में किसी तरह घर में रात काट लें। रामकृष्ण को भी जल्द बुला लेंगे या हमीं चले जाएँगे। चैत तक किसी तरह मकान में पढ़ते रहें। गयाप्रसाद को आसीस।

तुम्हारा काका
सूर्यकान्त

बहुरिया को तकलीफ न हो। काम-धाम करती रहे।

जाड़ा बीत गया। वसन्त के दिन आए। निराला ने कालीचरण और रामकृष्ण को कलकत्ते बुला लिया। कालीचरण को उनके भाई रामगोपाल के पास भेज दिया। वह बंगाल में ही नौकर थे। रामकृष्ण को अपने पास रखा और उन्हें पढ़ाने लगे। उनकी पुत्री सरोज उनके ननिहाल चली गई थी। केशवलाल को उन्होंने लिखा कि उसे गढ़ाकोला बुला लें। पचपन रुपये उनके नाम भेजकर ताकीद की, उसमें से चालीस रुपये कर्ज़ की अदायगी में मन्नी पंडित को दे दें, हिसाब वह खुद आकर करेंगे।

विद्यासागर कालेज के हिन्दी छात्रों ने अपनी समिति का वार्षिकोत्सव मनाया। सभापतित्व के लिए महामना मदनमोहन मालवीय को आमंत्रित किया। समारोह में अंग्रेज़ी के अध्यापक जे.एल. बनर्जी ने बँगला-साहित्य की समृद्धि की प्रशंसा की, हिन्दी-साहित्य का मखौल उड़ाया। निराला श्रोताओं में पीछे खड़े थे। उन्होंने सभापति के पास काग़ज़ के टुकड़े पर अपना नाम लिखकर भेजा और भाषण की अनुमति माँगी। बुलाये जाने पर निराला ने कहा, राष्ट्रभाषा वही भाषा हो सकती है जिसका उच्चारण शुद्ध हो। बँगला में काठियावाड़ कैसे लिखेंगे? काठियाओयाड़? बँगला का उच्चारण विशुद्ध आर्य नहीं, बहुत-कुछ मंगोलियन है। बँगला के प्राचीन साहित्य

पर ब्रजभाषा का प्रभाव है। प्राचीन साहित्य में हिन्दी बँगला से आगे है, आधुनिक साहित्य में भी वह बँगला से बहुत पीछे नहीं है।

सभापति पद से भाषण करते हुए मालवीयजी ने निराला की बातों का बहुत-कुछ समर्थन किया।

'मतवाला' के लिए उन्होंने तुलसीदास और रवीन्द्रनाथ ठाकुर की तुलना करते हुए एक लम्बा लेख लिखा। शुद्ध साहित्य में रवीन्द्रनाथ का महत्त्व स्वीकार करते हुए उन्होंने दिव्य भावों के चित्रण में तुलसीदास को श्रेष्ठ ठहराया। तुलसीदास का तत्त्वज्ञान ही आज का रहस्यवाद या छायावाद है, यह कहकर उन्होंने काव्य की नई धारा से तुलसी का सम्बन्ध दृढ़ किया। तुलसीदास के त्याग के सामने रवीन्द्रनाथ के वैभव को क्षुद्र मानते हुए उन्होंने लिखा : मसनद भी न छूटेगी, तकलीफ भी सहनी नहीं, और मुक्ति भी हाथों-हाथ। एक हाथ में पूँजीवाद और दूसरे में अखंड तत्त्वज्ञान। एक आँख से बीवी-बच्चों को स्नेह और प्यार भी कर लेंगे और दूसरी से ब्रह्म भी देख लेंगे।

गेरुए वस्त्र न पहनने पर भी निराला मन में अपने को गृहत्यागी संन्यासी ही माने हुए थे।

इन दिनों नन्ददुलारे वाजपेयी कलकत्ते आने का विचार कर रहे थे। 'युवक' में नज़रुल इस्लाम की 'अग्निवीणा' पर प्रशंसात्मक लेख छपा था। उसे देखकर उनके मन में इच्छा हुई कि कलकत्ते जाकर निराला से बँगला सीखें। वह एम.ए. की परीक्षा दे चुके थे। प्रश्नपत्रों में जो कुछ पूछा गया था, उनकी समझ में उससे परीक्षकों का अज्ञान ही प्रकट होता था। वह रहस्यवाद पर लेख लिखना चाहते थे, निराला से सलाह करना चाहते थे। निराला ने उन्हें वर्तमान कविता पर लिखने की सलाह दी : "मैं स्वयं एक कवि के नाते समालोचना लिख नहीं सकता और लिखते समय अपना उल्लेख भी नहीं कर सकता, और न करना ठीक भी नहीं—इतिहास के विचार से।"

गाँव में नाच हुआ। नन्ददुलारे वाजपेयी के मित्र आनन्दमोहन वाजपेयी भी देखने गए। "नारी-समागम कवित्व से भरा है ही, फिर आनन्दमोहनजी कैसे अपने को कवित्व-रस-ग्राहिता-शून्य साबित करते? बीच में बैठे होंगे डटकर? कौन आई थी 'श्मशान'-वाली? सितलन-मुँहदाग', 'बित्ता भरे के बारन कै पातरि चोटी—जैसे खोपरी भरे मँ डियारो लाग होय'—नाटी नाटी—कारि भुजैल—वहै न?"[33]

नन्ददुलारे वाजपेयी रिसर्च करना चाहते थे, कविताएँ भी लिखते थे। निराला को लगा, रिसर्च स्कालर होकर कविता लिखना कुछ हास्यास्पद-सा है; प्रोफ़ेसरी ही ठीक है।

महादेवप्रसाद सेठ के एक चचेरे भाई का देहान्त हो गया था। अन्त्येष्टि क्रिया के लिए वह मिर्ज़ापुर गए थे। उग्र कलकत्ते से बाहर थे। अप्रैल (सन् '29) में वह कलकत्ता आए। विनोदशंकर व्यास भी संसार-सुख के लिए वहाँ पहुँच गए। इन सबके आने का समाचार सुनकर महादेवप्रसाद सेठ समय से कुछ पहले ही लौट आए। और निराला फिर गाँव लौटने की बात सोचने लगे।

निराला ने नन्ददुलारे वाजपेयी को पत्र लिखना शुरू किया :

36, Sankerghose Lane
Calcutta
10-4-29
11 P.M.

प्रिय वाजपेयीजी,

आपका पत्र मिला।

आपके

इतना लिखकर रख दिया। मन पुरानी समस्याओं से उलझ गया। निराला किसी का क्या बिगाड़ता है? लोग क्यों उसके पीछे पड़े हैं? क्यों उसे काम नहीं करने देते? उन्हें अंग्रेज़ी की एक पंक्ति याद आई। 'आपके' वाला वाक्य वैसा ही अधूरा छोड़कर उन्होंने वह अंग्रेज़ी का वाक्य लिखा :

From me no danger
be to ought that
lives to those that
dwell on high

अंग्रेज़ी लिखने-बोलनेवालों को ही सम्मान मिलता है। हिन्दी में लिखने का मतलब है, दर-दर ठोकरें खाना। आलोचक एक-से-एक उजबक; कौन कितने पानी में है, थाह लेना जानते ही नहीं। निराला ने पत्र में जो कुछ लिखा था, काट दिया। नये सिरे से पत्र अंग्रेज़ी में लिखना शुरू किया :

I receive your 2nd letter today by the evening mail. Just a few hours before I have posted an answer to the 1st letter. Perhaps you will receive both the letters by the same mail. [At] the present time I am awfully busy in writing a novel. Fancy. Sorry I cannot meet you within the time you expect. Past a few days, a vagabond indeed I had been here to look after the press works and the Matwala. The Editor went to Mirzapur to perform the funeral ceremonies of his dead cousin. He came back after the ceremony done but before the time fixed, by the cause of coming of Ugraje & Vinodje.

अंग्रेज़ी में पत्र लिखने से लाभ? हरेकृष्ण मुखोपाध्याय को बँगला में पत्र लिखा था, उन्हें यह समझाने के लिए कि बँगला आती है, चंडिदास के अनुवाद के लिए सहायता की ज़रूरत नहीं है। नन्ददुलारे वाजेपयी हिन्दी के एम.ए. हैं, अंग्रेज़ी आती है, उन्हें समझाने से लाभ? निराला ने यह पत्र भी उठाकर रख दिया और बिस्तर पर लेट गए।

दूसरे दिन वह काम की तलाश में निहालचन्द्र वर्मा के पास गए। पिछले साल इन्हीं के यहाँ से निराला की पहली आलोचना-पुस्तक 'रवीन्द्र कविता कानन' निकली थी। भूमिका में प्रकाशक ने लिखा था : "मुझे इस ग्रंथ की एक-एक लाइन

साहित्य-रस से भरी हुई प्रतीत हुई।" पुस्तक तो साहित्य-रस से भरी हुई थी लेकिन लिखाई मिली थी वही चार आने पेज। निहालचन्द्र वर्मा ने शकुन्तला पर एक नाटक लिखने को कहा। निराला ने तीन हफ्ते में नाटक लिख डाला और लिखाई वसूल करके काम चलाया। फिर निहालचन्द्र वर्मा ने प्रस्ताव किया कि वह बँगला में लिखी 'वात्स्यायन कामसूत्र' नामक पुस्तक का अनुवाद कर डालें। वह अनुवाद देते जाएँ, आधी लिखाई उन्हें तुरत दे दी जाएगी, शेष पुस्तक छपने के बाद मिलेगी। निराला ने अनुवाद करना शुरू कर दिया।

निहालचन्द वर्मा हिन्दी नाट्य समिति के मंत्री थे। उन दिनों रामेश्वर बिड़ला के विवाह को लेकर बड़ा विवाद चल रहा था। विवाह कोलवार बिरादरी में हुआ था जिससे माहेश्वरी बिरादरी वाले नाराज़ थे। अनेक लेखक भी इस विवाद में शामिल थे। निहालचन्द्र वर्मा ने निराला से इस विषय पर एक प्रहसन लिखने को कहा। निराला ने 'समाज' नामक एक छोटा-सा प्रहसन लिख डाला। वह मंच पर खेला गया और उसमें निराला ने रामेश्वर बिड़ला का अभिनय किया।

निराला एक अनुवाद की कापी लेकर निहालचन्द्र वर्मा के पास गए। कापी देकर उनसे रुपये माँगे। निहालचन्द्र ने कहा—मेरे पास इस समय रुपये नहीं हैं। निराला ने कहा—मेरा काम कैसे चलेगा? इस पर बात बढ़ी और निराला को उत्तेजित होते देखकर निहालचन्द्र अपनी दुकान के ऊपर हिन्दी नाट्य समिति के दफ्तर में पहुँच गए। वहाँ उनके भाई दयाराम बेरी भी थे। निराला उनके पीछे पहुँचे, वादे के अनुसार रुपया देने को कहा। भाई को अलग करके दयाराम बेरी उनसे उलझ गए। गर्मागर्मी बढ़ने पर कुछ और लोग वहाँ आ गए। दयाराम बेरी ने दीवाल पर टँगी हुई तलवार उतार ली। यह नाटक में काम आनेवाली काठ की तलवार थी। उसे म्यान से खींचकर उन्होंने पीछे से निराला की पीठ पर प्रहार किया। निराला ने देखा कि वह घिर गए हैं। धक्कम-धक्का करते हुए वह बाहर निकल आए और सीधे 'विश्वमित्र' कार्यालय पहुँच कर मूलचन्द्र अग्रवाल से सब हाल कहा। इसके बाद वह 'मतवाला'-कार्यालय आ गए और वहाँ उग्र, महादेवप्रसाद सेठ आदि से सब बातें बताईं।

लोग बीच-बचाव कराने की कोशिश कर रहे थे कि एक दिन दयाराम बेरी उग्र की पुस्तकों के लिए आर्डर देने 'मतवाला' कार्यालय आए। दयाराम बेरी ने महादेवप्रसाद सेठ से आर्डर के बारे में बातें कीं और वापस चले। जब वह कार्यालय से निकल रहे थे तब उग्र ने निराला को उकसाते हुए कहा—मार, गनीमी निकला जाता है; तुम भी ऐसे ही रहे। निराला ने उग्र की मेज से छुरी उठाई और दयाराम बेरी पर झपटे। उन्होंने दौड़कर दयाराम को पकड़ लिया और उठाकर पटक दिया। फिर चाकू निकालकर कहा—अभी नाक काटता हूँ। शोर सुनकर और लोग दौड़ते हुए आए। महादेवप्रसाद सेठ ने दोनों को अलग किया।

निराला ने एक कार्ड लिया जिस पर 'मतवाला' का पता छपा था। 'मतवाला'-कार्यालय से आख़िरी कार्ड उन्होंने केशवलाल को लिखा :

चिरंजीव केशव,

तुम्हारी सब चिट्ठियाँ मिली हैं। रामगोपाल ने हमको लिखा था कि हम 14) भेजा है। लेकिन तुम आठ ही रुपये लिखते हो। रामगोपाल को और रुपये भेज देने को हमने लिखा है। जल्द ही तुमको रुपये मिलेंगे। बाग़ बेच डालना। तकलीफ़ मत सहना। हम अच्छी तरह हैं। रामकृष्ण मज़े में हैं :

तुम्हारा काका

हमको इस पते पर चिट्ठी न लिखना। हम दूसरी जगह जाते हैं। तुमको फिर हाल देंगे। रामकृष्ण का प्रणाम। सरोज को स्नेह।

तुम्हारा काका
सूर्यकान्त[34]

गृहस्थी चलाने में रामगोपाल अब निराला का हाथ बटाने लगे थे पर इससे आर्थिक स्थिति सुधरी न थी। गाँव में अब सरोज भी थी और बाग़ बेचने की नौबत आ चुकी थी। निराला घर के बर्तन तक बेचने की सलाह दे चुके थे। दयाराम बेरी वाली घटना को लेकर महादेवप्रसाद सेठ और निराला में खूब कहा-सुनी हुई। सेठ ने कहा—मेरे यहाँ कोई बिजनेस करने आएगा तो आप उसे मारेंगे? यह मैं बर्दाश्त नहीं कर सकता।

यह महादेवप्रसाद सेठ हैं जो निराला के विरुद्ध दयाराम का पक्ष ले रहे हैं। दोनों बिजनेसमैन। निराला पर उसने प्रहार किया, उससे इन्हें ज़रा भी क्षोभ नहीं। निराला ने 'मतवाला' के लिए क्या नहीं किया? कविता से लेकर गद्य लेख तक सब-कुछ लिखा। 'मतवाला' हिन्दी पत्रों का सिरमौर बना निराला के बल पर। अब हैं तो उसमें उग्र। बड़े तीसमारखाँ बनते हैं। फिर 'मतवाला' की हालत डाँवाँडोल क्यों है? उग्र के पीछे महादेवप्रसाद सेठ ने मुंशीजी, शिवपूजन सहाय को धता बताई। इतने वर्षों की साधना का यह अन्त? साहित्यिक बन्धुओं को छोड़कर संसार में निराला का और कौन है? धैर्य की भी सीमा होती है। झगड़ा हुआ, सुलह हुई; फिर मिले। मगर कब तक कोई बर्दाश्त करे? यह दुनिया ही ऐसी है; मुँह में कुछ, मन में कुछ और। जब भाग्य में ही अपमानित होना लिखा है तब दूसरों को दोष क्या दें?

रामकृष्ण को लेकर निराला अपने युवक मित्र शिवशेखर द्विवेदी के यहाँ आए। उनके दो और युवक मित्र दयाशंकर वाजपेयी और परमानन्द शर्मा पहले से मौजूद थे। रामकृष्ण को उन युवक मित्रों के हवाले करते हुए निराला ने कहा, रामकृष्ण को अपने पास रखना, दो-चार रोज़ में इसे घर भेजने की व्यवस्था कर देना। 'मतवाला' वालों से मेरा झगड़ा हो गया है। अब मैं वहाँ नहीं रहूँगा। आज मैं संन्यास ले रहा हूँ। तुम लोग काली घाट तक मेरे साथ चल सकते हो।

रामकृष्ण को घर पर छोड़कर सब लोग कालीघाट गए। निराला ने सर मुँड़ाया, स्नान किया, कपड़े भिखारियों को दे दिये, जनेऊ उतारा और संन्यासियों के वस्त्र पहने। फिर मित्रों को बिदा करके एक ओर चल दिये।

कुछ घंटे निराला अपने ब्रह्म के साथ रहे। मानो भवसागर उन्होंने पार कर लिया हो, दुख और अविवेक की लहरें पीछे छूट गई हों, वह एक नये छायावन में आ गए हों जहाँ उनके सिवा और कोई न हो! पर इस वन में प्रकाश के बदले निराला को साँझ का झुटपुटा दिखाई दिया। पक्षियों का कलरव नहीं था, हर तरफ़ मौत का सन्नाटा बहुत स्पष्ट सुनाई दे रहा था।

वसन्त बीत चुका था। गर्मी आ गई थी, फिर भी दखिना पवन लगने से वसन्त का भान होने लगता था। कलकत्ते की लम्बी सड़कें, हर तरफ़ भीड़-भाड़, कोलाहल। फिर भी निराला उस निस्तब्ध वन में—जहाँ पक्षियों का कलरव नहीं था—अकेले चले जा रहे थे। वह भवसागर पीछे छोड़ आए थे पर वह जितना ही आगे बढ़ रहे थे, उतना ही भवसागर उनके पीछे बढ़ता चला आ रहा था।

सरोज, रामकृष्ण, केशवलाल—ये सब किसका मुँह देखकर जिएँगे? पिता के रहते ही अनाथ होकर दर-दर भटकेंगे? सास ने कहा था, सरोज का ब्याह करना है। डलमऊ वाले कहेंगे, जहाँ बेटा-बेटी का भार पड़ा, भाग खड़े हुए संन्यासी बनकर। किसने लिखा था—मेरा अन्तर वज्र-कठोर? एक ही झटके में डगमगा गए? साहित्य में युगान्तर स्थापित किया है निराला ने या महादेवप्रसाद सेठ ने? ये जो तमाम छोटे-छोटे दीये टिमटिमा रहे हैं, सब बुझ जाएँगे; युग का साहित्य एक सूर्यकान्त के प्रकाश में चिरदीप्त रहेगा।

रात को ताराचन्द दत्त स्ट्रीट वाले मकान की छत पर शिवशेखर द्विवेदी अपने मित्र दयाशंकर वाजपेयी और परमानन्द शर्मा से निराला के संन्यास के बारे में बातें कर रहे थे। पास ही रामकृष्ण लेटे थे। ग्यारह बजे होंगे कि दरबान ने शिवशेखर द्विवेदी को आवाज दी; कहा—नीचे कोई आपको पूछ रहे हैं। द्विवेदीजी नीचे गए। देखा, संन्यासी वेश में निराला खड़े हैं। साथ लेकर ऊपर आए। एक बिस्तर और बिछाया। निराला ने गेरुए वस्त्र उतार डाले। कल रामकृष्ण को लेकर गाँव जाएँगे—यह कहकर वह चुपचाप बिस्तर पर लेट गए।

'परिमल' और 'वर्तमान धर्म'

कलकत्ते से निराला रामकृष्ण को लेकर काशी आए। यहाँ से रामकृष्ण को गढ़ाकोला भेजा और खुद लखनऊ पहुँचे। वहाँ दुलारेलाल भार्गव से अपने कविता-संग्रह के प्रकाशन की बात पक्की की और फिर गाँव आए। यहाँ लोगों ने केशवलाल के व्यवहार की शिकायत की। काका से दंड पाकर केशवलाल उनके सन्दूक से कुछ रुपये निकालकर घर से भाग निकले। दूसरे भतीजे बिहारीलाल रंगून में थे, उनकी स्त्री गढ़ाकोला में थी। निराला ने उन्हें कई पत्र लिखे थे पर उनका कोई उत्तर न आया

था। अन्त में उन्होंने तै किया कि बिहारीलाल की स्त्री को उसके मायके छोड़ आना ठीक होगा। कानपुर वाली गाड़ी के जनाने डिब्बे में उन्होंने बहू को बिठाया। रास्ते में बिहारीलाल की साली का घर पड़ता था। ससुर से कुछ कहे-सुने बिना बहू उतरकर अपनी बहन से मिलने चली गई। निराला जब कानपुर में उतरे तो बहू का कहीं पता न था। बहुत दुहाई की, आख़िर परेशान होकर दूसरी गाड़ी से गाँव लौट आए।

इस मानसिक स्थिति में उन्होंने प्रेस के लिए कविताओं का संग्रह तैयार किया और जल्दी-जल्दी एक भूमिका लिखी। बक्से में रेल के भाड़े लायक रुपये न थे, पैदल ही करीब बीस मील का सफर तै करके लखनऊ आए। संग्रह दुलारेलाल को सौंपा और उनसे ढाई सौ प्राप्त करके वापस गढ़ाकोला आए। ये ढाई सौ उनकी दस साल की काव्य-साधना का फल थे।

सरोज अभी तेरह साल की न हुई थी। ब्याह के लिए ऐसी कोई जल्दी न थी पर उसकी माँ का ब्याह इस उम्र में हो गया था और उसकी नानी चाहती थीं कि उसका ब्याह जल्दी हो जाए। निराला ने कई जगह लड़के तलाश किये, पर कहीं बात पक्की होती न दिखाई दी। जो कुलीन और शिक्षित थे, वे दहेज में लम्बी रकम माँगते थे। निराला को अपने मित्र और शिष्य शिवशेखर द्विवेदी का ध्यान आया। उन्होंने दयाशंकर वाजपेयी को पत्र लिखा कि यह उनसे सरोज के ब्याह के बारे में बात करें। वाजपेयीजी ने तुरत अपनी ओर से निराला को लिख दिया कि वह तैयार हैं। बाद को शिवशेखर से कहा, सरोज से तुम्हारा ब्याह पक्का हो गया है। निराला ने तार देकर शिवशेखर को गढ़ाकोला बुलाया।

विवाह की तैयारी शुरू हो गई। निराला ने स्वयं घर में झाड़ू लगाई, पिंडोर घोलकर दीवालें पोतीं, गोबर से आँगन और खमसार लीपे। ब्याह सावन में हो रहा था। पंडित कहते थे, लगन नहीं है। गाँव-जवार के ब्राह्मणों ने विवाह का विरोध किया। एक तो दान-दहेज कुछ नहीं, फिर अनबनते का ब्याह। कहीं से बरात न आ रही थी। वर स्वयं श्वसुर के घर उपस्थित थे। निराला ने नाते-रिश्तेदारों को भी निमंत्रण न भेजा। केवल नन्ददुलारे वाजपेयी, आनन्दमोहन वाजपेयी आदि साहित्यिक मित्रों को बुलाया। गाँव के निम्न वर्ग ने गाजे-बाजे से पूरा सहयोग किया। वर-वधू को खादी के कपड़े पहनाये गए। घंटे-डेढ़ घंटे में विवाह संस्कार पूरा हो गया। निराला ने आगन्तुक बन्धुओं को पेड़े खिलाकर विदा किया।

और काम सब ठीक हुए पर ब्याह के दिन शिवशेखर द्विवेदी की कुछ चीज़ें गायब हो गईं। निराला के रूढ़ि-विरोधी व्यवहार से उनके कुछ प्रशंसक और मित्र भी रुष्ट हो गए। उन्होंने कुछ ऐसी बातें कहीं जिनके लिए उन्हें बाद में पश्चात्ताप हुआ।

मगड़ायर पहुँचकर नन्ददुलारे वाजपेयी ने निराला को लिखा : "प्रिय रामकृष्ण की बहन के विवाहोपलक्ष में मेरे सर्वथा अननुमोदनीय ढंग की मुझे सबसे अधिक ग्लानि है, शिवशेखरजी की कई चीज़ों के खो जाने तथा स्वयं आपके साथ अपव्यवहारों की तो उतनी चिन्ता नहीं। मैं उन बातों को क्या लिखूँ—लिखने से वे फिर तो आएँगी नहीं।

साधारण शिष्टता का भी परित्याग कर परिस्थितियों के चक्र में पड़ अपनी आत्मा को न जाने कैसे दबा, साधारण शिष्टता का भी पालन न कर सकना, सम्भवत: मुझसे ही हो सकता था। दुनिया तो बाह्य रूप ही देखेगी, हृदय की तह तक पहुँचने की वह आवश्यकता ही नहीं समझती। इस मामले में आपकी सहृदयता ही मेरा साथ दे तो दे, नहीं तो खो तो मैं सब कुछ चुका हूँ।"[1]

ब्याह के बाद बिटिया-दामाद को गाँव में छोड़कर निराला लखनऊ आए और यहाँ अपने कविता-संग्रह के प्रूफ देखने लगे। संग्रह का नाम रखा था : 'परिमल'।

सुन्दर सुरंग नैन सोभित अनंग रंग
अंग अंग फैलत तरंग परिमल के।

वही परिमल, निर्गन्ध पल्लवों से एकदम भिन्न। बहुत सँभालकर सँजोये हुए 'मतवाला' के पुराने अंकों से उन्होंने कविताएँ नकल की थीं। जो कविताएँ उनकी या मित्रों की निगाह में उत्कृष्ट न थीं, उन्हें संग्रह में न दिया था। 'मेरा अन्तर वज्रकठोर' वाला गीत नन्ददुलारे वाजपेयी को साधारण लगा था, उसे उन्होंने संग्रह में न दिया। रवीन्द्रनाथ की रचनाओं के आधार पर उन्होंने जो कविताएँ लिखी थीं, जिन पर भावों की भिड़न्तवाला अन्दोलन चला था, उन्हें भी अलग रखा। 'अनामिका' की कुछ कमज़ोर रचनाएँ, विवेकानन्द के अनुवाद भी संग्रह में न दिये। कविता की प्रतिद्वन्द्विता में इस संग्रह के बल पर ही उन्हें विजयी होना था। जितनी कविताएँ लिखी थीं, उनमें लगभग एक-तिहाई छोड़ दीं। इसमें उत्कुष्ट रचनाएँ ही संकलित कीं। मुक्तछन्द का विरोध हुआ था; संग्रह के आरम्भ में उन्होंने तुकान्त रचनाएँ दीं, मुक्तछन्द वाली कविताएँ अन्त में। पन्त ने अपने संग्रह की लम्बी भूमिका लिखी थी। निराला के मित्र चाहते थे, वैसी ही लम्बी भूमिका हो, पुस्तक भी पूरी सजधज से निकले।

मामूली काग़ज़, मामूली छपाई, कोई चित्र नहीं, न कवि का, न किसी सुन्दरी का, न प्राकृतिक दृश्य का। अगस्त, सन् '29 में निराला का कविता-संग्रह प्रकाशित हो गया। काशी के विद्वानों ने कहा—कवि ने शब्दाडम्बर में पड़कर भावों की अवहेलना की है, छन्दों का तिरस्कार करके कवि ने कविता के मूल पर कुठाराघात किया है।

निराला ने एक प्रति सुमित्रानन्दन पन्त के पास भेजी। यथासमय उन्होंने पुस्तक-प्राप्ति से अपनी प्रसन्नता सूचित की। निराला ने शालीनता को कवि मित्र का हार्दिक उल्लास समझकर प्रशंसा के प्रति अपने को वीतराग सिद्ध करते हुए लिखा :

"परिमल आपको पसन्द आया, यह उसका सबसे बड़ा पुरस्कार है। मैंने आपको कार्यारम्भ करने के समय ही बुलाया था, आपको स्मरण होगा। आपने सहयोग नहीं किया। आपने मेरी प्रशंसा नहीं की, इससे मुझे बिलकुल अन्यमना मत समझिए। बल्कि मुझे हर्ष होता था कि मुझे एक रत्न मिला और रहस्यजनक धोखे से।

"आपकी तुलना थोड़ी ही देर के लिए, सीजन फ्लावर के सौन्दर्य की तरह, अजान के सूँघने से पहले तक अच्छी लगी। इतनी बड़ी तुलना, इतनी शीघ्रता से, 70/80 मील की स्पीड से चलती हुई गाड़ी को एकाएक रोक देना है जिससे हानि की ही शंका है और गाड़ी के हमेशा के लिए रुक जाने की। प्रशंसा की बला जब-जब, जहाँ-जहाँ आई, मैंने आपके सिर टाल दिया। छिपकर रहने में कितनी शक्ति है, यह शायद मुझसे अधिक बहुत कम लोगों को मिली होगी। आप शक्तिभंग भी कर रहे हैं।

"मेरे मित्र पन्तजी के 'पल्लव' की परी दिन-रात मेरे पलंग पर रहती है, पर 'परिमल' तो कभी-कभी वसन्त ही में मिलता है। 'पल्लव' से कोई हानि नहीं, भय भी नहीं, बल्कि आनन्द ही है, पर 'परिमल' कभी-कभी, किसी-किसी वन्य झाड़ के जिस चटखारे से निकलता है, दिमाग ही फूँक जाता है, अस्वस्थ भी कर देता है...।

"'पल्लव' हिन्दी के भाल पर चन्द्रबिन्दु है। हताश होते हैं आप? —आपकी रचनाएँ अपराजित हैं...।

"एक बार, इच्छा होती है, आपके स्वरों में भी अपना सितार बाँधूँ। पर आपके फिर उतरने पर ही ऐसा करूँगा।"[2]

वर्षा समाप्त हो गई थी। निराला लखनऊ में पैर जमाने का प्रयत्न कर रहे थे। ऋतु-परिवर्तन के समय उन्हें ज्वर हो आया। शिवशेखर द्विवेदी गाँव में थे। दामाद की खातिर में किसी तरह की कोताही न हो, इसकी फिक्र बीमारी में भी बनी हुई थी। उन्होंने शिवशेखर को लिखा : "अगर वहाँ तकलीफ मिलती हो तो बरदाश्त करना [।] पानी की दिक्कत पड़ती होगी। नाऊ ने भरा लेना। हम आकर उसकी मिहनत दे देंगे।"[3]

घर-गृहस्थी के काम से छुट्टी पाकर निराला 'सुधा' के सम्पादकीय विभाग में काम करने लगे। वह कुछ दिन लखनऊ रहते; फिर गाँव चले आते। 'सुधा' से इतने पैसे न मिलते थे कि रामकृष्ण के साथ लखनऊ में रह सकें। पत्रिका के लिए वह घर पर सामग्री तैयार करते। महीने भर के परिश्रम के बाद बड़ी मुश्किल से चालीस रुपये मिल पाते। उन्होंने सौ रुपये माँगे थे, जब कहीं सहारा न रहा, तब जो मिल जाय, वही ठीक, यह सोचकर 'सुधा' में लिखना स्वीकार किया था।

निराला ने 'सुधा' को हिन्दी की श्रेष्ठ साहित्यिक-सामाजिक पत्रिका बना दिया। इन दिनों जैसी सम्पादकीय टिप्पणियाँ 'सुधा' में निकलीं, वैसी दूसरी पत्रिका में नहीं। वे सुन्दर अलंकृत गद्य के नमूने थीं, अपनी कलात्मक भंगिमा के कारण वे औसत सम्पादकीय लेखों से भिन्न थीं। 'सुधा' ने डटकर रीतिवाद का विरोध किया, विश्वविद्यालयों को ललकारा कि नये साहित्य के लिए वे अपने द्वार खोलें। 'सुधा' में निराला ने आमूल सामाजिक क्रान्ति की आवश्यकता पर ज़ोर दिया, प्रतिपादित किया कि पराधीन देश में केवल शूद्र रहते हैं, पुरानी वर्णव्यवस्था से चिपके रहना व्यर्थ है, विशेष रूप से ग्रामीण जनता की शिक्षा और संगठन अति आवश्यक हैं,

स्त्रियों की प्रगति के बिना राष्ट्र की उन्नति असम्भव है। 'सुधा' में निराला ने राष्ट्रीय आन्दोलन को शक्तिशाली बनाने, अंग्रेज़ी की जगह भारतीय भाषाओं का व्यवहार करने, बँगला-साहित्य के समानान्तर हिन्दी साहित्य के विकास के लिए अनवरत संघर्ष किया।

'समन्वय' और 'मतवाला' की तरह यहाँ भी सम्पादक रूप में निराला का नाम न छपता था।

'सुधा' के व्यंग्य-विनोद में निराला ने 'मतवाला' की झलक दिखाई। कभी-कभी वह अपने मित्रों को भी लेकर परिहास कर बैठते थे। छायावादियों में प्रसादजी का घोड़ा तेज़ जा रहा है। दिक्कत सिर्फ एक है, घोड़ा नाज़ुक है, प्रसादजी स्थूल। पन्त महादेवप्रसाद सेठ को लिखने वाले हैं, अपना पुराना मोटो बदल दीजिए, तुंग हिमालय शैल शृंग मुझे लिखिए, चंचल गति सुर सरिता निराला को। उग्र की प्रतिभा का गैस उड़ गया है, वह लाला भगवानदीन के पास गए हैं कि पंप करके फिर साहित्य-संसार में छोड़ दें। कृष्णदेवप्रसाद गौड़ ने बहुत सोचकर प्रसाद-प्रशंसा की सोल एजेंसी ली थी, पर अभी तक विशेष फायदा नहीं हुआ।

निराला ने रामचन्द्र शुक्ल पर कविता लिखी :

जब से एफ.ए. फेल हुआ,
हमारा कालेज का बचुआ।
नाक दाबकर सम्पुट साधै
महादेवजी को आराधै,
भंग छानकर रोज़ रात को
खाता मालपुआ।
वाल्मीकि को बाबा मानै
नाना व्यासदेव को जानै,
चाचा महिषासुर को, दुर्गा
जी को सगी बुआ।
हिन्दी का लिक्खाड़ बड़ा वह,
जब देखो तब अड़ा पड़ा वह,
छायावाद रहस्यवाद के
भावों का बटुआ।
धीरे-धीरे रगड़-रगड़ कर
श्री गणेश से झगड़-झगड़ कर,
नत्थाराम बन गया है अब
पहले का नथुआ।
हमारे कालेज का बचुआ।

निराला के जीवन में सब-कुछ व्यंग्य-विनोद नहीं था। कभी इस होटल में, कभी उस होटल में, कभी किसी मित्र के यहाँ, कभी गंगा फाइन आर्ट प्रेस में, कभी गाँव में, कहीं आसन जमाकर साहित्य-साधना का अवसर न मिल रहा था। इस पर उनके विरोधी बात समझने की कोशिश न करके उलटा-सीधा लिखे चले जा रहे थे। निराला ने राष्ट्रीय एकता दृढ़ करने के विचार से हिन्दू और मुसलमान कवियों के विचार-साम्य पर लेख लिखा। कानपुर के 'मनसुखा' पत्र में रमाशंकर अवस्थी ने उनके लेख की आलोचना की; कहा, निराला ग़ालिब के शेर का मतलब ही नहीं समझे। निराला ने पहले शेर का अर्थ समझाया, फिर विरोधी को चुप करने के विचार से तीखे शब्दों से उसे बेधते हुए लिखा : "अरे अवस्थीजी, आप और फिलासफी! आपको किसी बहाने मेरी तरफ़ भूँकना था, सो भूँक चुके। इस तरह आप दूसरों को प्रसन्न कर सकते हों, तो कीजिए, पर मैं कहूँगा, कुछ काटना भी सीखिए। आपने अपने चुभीले शब्दों का भंडार बिलकुल खाली कर दिया है, और कुसूर मेरा कुछ भी नहीं, पर ख़ैर, मैं मुर्ग़ियाँ नहीं हलाल करता फिरता। यहाँ इतना ही कहूँगा कि वह लेख आप जैसों के लिए नहीं लिखा गया। मैं भैंस के आगे बीन नहीं बजाता। आप पर मैंने कई सफे रँग डाले थे, पर आप बेचारे! मेरे अन्तर के आइने में जितनी आग है, आप में सहने की उतनी ताब है? मैं अगर हिन्दी के मैदान से खदेड़ा हुआ मनुष्य हूँ, तो राष्ट्रभाषा के स्वयंवर के समय प्रादेशिक महारथियों के मुकाबले में अक्षय शब्दास्त्र-विद्या के बल पर मत्स्य-लक्ष्य का बेध करनेवाला दूसरा है कौन?"

निराला ने अपने ऊपर, हिन्दी पर आक्षेपों का उत्तर दिया; वेदान्त, राजनीति, साहित्य पर लेख लिखे, पुस्तकों की समीक्षा की और उन्हें कलकत्ते के दिन याद आए जब लोग हाथोंहाथ लेते थे, प्रशंसा की दृष्टि से उन्हें देखते थे, जब निराला 'मतवाला'-मंडल के सम्राट् थे। यहाँ गंगा पुस्तकमाला के सम्राट् थे दुलारेलाल भार्गव जो हिन्दी में अपने को सर्वश्रेष्ठ सम्पादक और प्रकाशक मानते थे। ज़ो उनके यहाँ काम करे, उसके लिए उनकी हिन्दी-सेवा का महत्त्व स्वीकार करना अनिवार्य था। सन् '30 की वसन्तपंचमी को उन्होंने गंगा पुस्तकमाला का महोत्सव किया। उनका जन्म वसन्त-पंचमी को हुआ था; इसी दिन उन्होंने अपनी स्वर्गीया पत्नी गंगादेवी की स्मृति में 'गंगा पुस्तकमाला' का प्रकाशन आरम्भ किया था। अब तक इस पुस्तकमाला में 108 पुस्तकें प्रकाशित हो चुकी थीं, अन्तिम पुस्तक थी वृन्दावनलाल वर्मा का उपन्यास 'गढ़कुंडार'। महोत्सव में नगर के प्रमुख साहित्यिक बदरीनाथ भट्ट, रूपनारायण पांडेय, भगीरथप्रसाद दीक्षित, रमाशंकर मिश्र श्रीपति, उमाशंकर वाजपेयी 'उमेश' आदि सम्मिलित हुए।

निराला से कहा गया कि वह गंगादेवी, गंगा पुस्तकमाला और दुलारेलाल भार्गव का परिचय देते हुए निबन्ध पढ़ें। निराला ने मन के भाव दबाकर निबन्ध लिखा। दुलारेलाल की प्रशंसा में कहा कि उनके यश के प्रभातकाल का पद्म मध्याह्न की मरीचियों से प्रखर, पूर्ण-विकसित, हिन्दी की दसों दिशाओं को अपनी अमन्द सुगन्ध

से परिप्लावित कर रहा है। उन्होंने उन प्रमुख पुस्तकों के नाम गिनाये जिन्हें दुलारेलाल ने प्रकाशित किया था और निष्कर्ष रूप में कहा कि इतना बड़ा हिन्दी का प्रकाशन, इतने थोड़े समय में, आज तक किसी भी कार्यालय से नहीं हुआ। 'माधुरी' और 'सुधा' के योग्य सम्पादन की प्रशंसा करते हुए कहा कि दुलारेलाल ने नवीन लेखकों को बराबर प्रोत्साहन दिया और कितनी ही महिला-लेखिकाएँ तैयार कीं। इस तरह लखनऊ जैसे उर्दू के किले में उन्होंने हिन्दी का विशाल प्रासाद खड़ा कर दिया। इन तमाम कार्यों की प्रेरणा उन्हें अपनी स्वर्गीया पत्नी से मिली जो तिरोधान के पश्चात् पति की आभा में मिलित हो गईं।

इस अवसर पर महोत्सव में शामिल होने वालों का फोटो लिया गया। बीच में बैठे दुलारेलाल भार्गव, एक किनारे बदरीनाथ भट्ट और उमाशंकर वाजपेयी के बीच निराला। इस समय अपने लम्बे बाल कटाकर उन्होंने छोटे करा दिये थे। हल्की मूँछें, बड़ी-बड़ी आँखें, साधारण कुर्ता-धोती—वह सबसे अलग तेजस्वी कवि मालूम होते थे। उनके चौड़े सीने से बदरीनाथ भट्ट और उमाशंकर वाजपेयी ढक न जाएँ, इसलिए वह टेढ़े होकर बैठे।

ठंढ अभी काफी थी। सब लोग गर्म कपड़े पहने थे। केवल निराला पर एक साधारण खादी का कुर्ता था।

वसन्तपंचमी। यह प्रकाशक इस पर्व पर अपना जन्म-दिवस मनाता है। क्या निराला इसी तरह, इसी तिथि को, अपने जन्म-दिवस का उत्सव नहीं मना सकते? दुलारेलाल की साहित्य-सेवा? इसमें साहित्यकारों का कितना सहयोग है, इस सहयोग से दुलारेलाल को कितना आर्थिक लाभ हुआ है, इसका उल्लेख कोई नहीं करता।

सचमुच वे दिन सुन्दर थे जब महादेवप्रसाद सेठ निराला को हाथोंहाथ लेते थे, जब नवजादिकलाल, शिवपूजन सहाय आदि मित्रों की प्रशंसात्मक निगाहें निराला को घेरे रहती थीं। वह युग समाप्त हो गया, महादेवप्रसाद के अज्ञान के कारण। अब वह उग्र के हो गए। 'मतवाला' अब भी आता है, मानो निराला को पुरानी बातें याद दिलाकर चिढ़ाने के लिए। उन्होंने महादेवप्रसाद सेठ से कुछ रुपये उधार लिये थे। शायद उस ऋण की याद दिलाने के लिए भी वह 'मतवाला' भेजते हैं।

निराला ने महादेवप्रसाद सेठ को एक पत्र लिखा :

गढ़ाकोला, मगड़ायर, उन्नाव

25-2-30

प्रिय सेठजी,

आपका अमूल्य पत्र 'मतवाला' बराबर मेरे पास आ रहा है। इस कृपा के लिए आपका कृतज्ञ हूँ। पर कृपा इतनी ही मेरे लिए यथेष्ट हुई। अब आप मेरा नाम काट दीजिए। पत्र लौटाने की अशिष्टता करते हुए संकोच होता है। आशा है, आप मुझे ऐसा न करने देंगे।

आपके जो एक सौ पच्चीस रु. के लगभग प्राप्य हैं, उनके लिए प्रयत्न कर रहा हूँ। विश्वास है, शीघ्र ही आपके ऋण से मुक्ति मिलेगी। मैंने अन्दाज़ा लिखा है, सत्य जो हो, आप भेज दें तो और कृपा होगी। किताब प्रकाशक के पास भेज रहा हूँ, वहीं से उक्त रुपये आपको भेज देने के लिए लिख दूँगा।

सविनय—निराला

प्रकाशक के पास भेजने को उनके पास कोई किताब नहीं थी। महादेवप्रसाद सेठ का ऋण चुकाने के लिए वे नई पुस्तक लिखने का विचार कर रहे थे। कविताओं के संग्रह से जो मिलना था, मिल चुका था और अब तक उसे फूँक-तापकर वह बराबर कर चुके थे। निबन्ध काफी हो गए थे, पर इनकी माँग न थी। निराला ने उपन्यास लिखने का विचार किया। विनोदशंकर व्यास कई साल से कह रहे थे—निरालाजी, आप उपन्यास लिखिए। उनका विचार था, एक कविता-संग्रह में जितना समय लगता है, उतने में दस उपन्यास लिखे जा सकते हैं और जितना पैसा कविताओं से मिलता है, उससे बीस गुना पैसा उपन्यासों से मिलेगा। पैसे के अलावा निराला अपनी प्रतिभा का चमत्कार दिखाने के लिए भी उपन्यास लिखना चाहते थे। रवीन्द्रनाथ ने उपन्यास, कहानियाँ, कविताएँ, निबन्ध, नाटक—सब-कुछ लिखा था। तब निराला के लिए उपन्यास लिखना कौन-सी अनहोनी बात थी?

किस तरह का उपन्यास लिखें? किसको आदर्श मानकर चलें? शरतचन्द्र और प्रेमचन्द कवि नहीं थे। कवि-उपन्यासकार तो अकेले रवीन्द्रनाथ ठाकुर थे। क्या अलंकृत शैली, सौन्दर्य के कैसे भव्य चित्र! यहाँ यू.पी. का सामाजिक जीवन एकदम पिछड़ा हुआ, चित्र दें तो कहाँ के? निराला के सौन्दर्य-स्वप्न कलकत्ते से जुड़े हुए थे। उनकी कथाभूमि कलकत्ता ही होगी। अवश्य उनकी नायिका कोई रूढ़िवादी गृहलक्ष्मी न होगी, समाज में जो अस्वीकृत है, उसे स्वीकृत दिखाकर वह अपने उपन्यास से कथा-साहित्य में वैसा ही युगान्तर उपस्थित कर देंगे, जैसा काव्य-जगत् में कर चुके थे।

नायिका—वेश्यापुत्री, जो माँ का व्यवसाय नहीं करती, केवल गायिका है। अत्यन्त सुन्दर, साहित्य-प्रेमी है, विशेष रूप से छायावादी कविता उसे बहुत पसन्द है। उच्च शिक्षा प्राप्त है, अंग्रेज़ी बोलने का अच्छा अभ्यास है। माँ के पास लाखों की सम्पत्ति है—मोटर, नौकर, आलीशान कोठी, सोने के गहने, जवाहरात, हारमोनियम, बैंक में चार लाख रुपये। छोटा-सा, सुन्दर-सा नाम है—कनक।

नायक—कवि, कुश्ती-कला में प्रवीण, देशभक्त, अभिनेता, स्वयं निर्धन, कमरे में बीड़ियों का ढेर, पर धनी युवक उसके मित्र हैं। उच्च शिक्षा प्राप्त, अंग्रेज़ी फर्राटे से बोलता है। राजघराने में पैदा नहीं हुआ, पर गुण उसमें राजकुमारों के हैं, वैसा ही नाम—राजकुमार।

खलनायक—एक कुँवर साहब, दुबले-पतले, सूखी डाल की तरह हाथ-पैर, मुँह सीप जैसा। इनके महल के चारों तरफ़ खाई है, पीछे घना जंगल है, जैसा महिषादल के राजप्रासाद के पीछे था।

राजकुमार कथा के आरम्भ में ही एक गोरे सारजेंट को उठाकर दे मारता है। कुँवर साहब जैसों से निपटना उसके लिए कठिन नहीं है। पुलिस अफ़सरों को चकमा देने में कनक बड़ी चतुराई का परिचय देती है। 'सिंहासनबत्तीसी' की नायिकाओं की तरह वह हैमिल्टन को अपने यहाँ धोती पहनाकर नचाती है।

राजकुमार के लिए कनक को प्राप्त करना कठिन नहीं है। पर वह उसे पाकर भी जैसे परास्त हो जाता है। हारकर वह उससे आँखें नहीं मिलाता। प्रेम के नाटक में सूत्रधार नटी से परास्त हो जाता है। कनक भौंरे की तरह राजकुमार के चारों ओर मँडराया करती है, उसकी निगाह 'पूरी बेहयाई' से राजकुमार के हृदय में चुभ जाती है। वह उससे खेलती है, जैसे कोई शिकारी जानवर अपने शिकार से खेलता है। राजकुमार का मन कहता है, वह स्त्री से हार गया है।

हारे चाहे जीते, सवाल यह है कि राजकुमार कनक से प्रेम करे तो देश की सेवा कौन करेगा? सेवा के लिए राजकुमार का मित्र है, चन्दन। उसके व्यक्तित्व का ही जैसे दूसरा खंड, देखने में भी राजकुमार जैसा लगता है। चन्दन जेल जाता है, राजकुमार प्रेम करता है, साहित्य रचता है। स्वभावत: उसके मन में ग्लानि उत्पन्न होती है। उसे लगता है, जेल में चन्दन उस पर हँस रहा है, उस पर व्यंग्य करता है—साहित्य की सेवा करते हो न मित्र? मेरी माँ थी जन्मभूमि, तुम्हारी माँ भाषा। देखो, आज माता ने एकान्त में मुझे अपनी गोद में छिपा रखा है, तुम अपनी माता के स्नेह की गोद में प्रसन्न हो न?

राजकुमार का धैर्य छूटने लगता है। सैकड़ों आँखें उसी को देख रही हैं। कह रही हैं—यही है वह, यही है जिसने देश-सेवा का व्रत लिया था। देखा, इसके कुल अंग गल गए हैं। लोग इसे देखकर घृणा से मुँह फेर लेते हैं।

राजकुमार कनक को झटककर उससे दूर चला जाता है। घटना-क्रम दोनों को फिर मिला देता है। चन्दन जेल से छूटता है और फिर जेल चला जाता है। बड़ा सौभाग्यशाली है राजकुमार। रहने को सुन्दर भवन, प्रेम करने को सुन्दर स्त्री, संगीत के लिए हारमोनियम, अभिनय के लिए कोहनूर कम्पनी का स्टेज। अन्त में देश-सेवा के व्रत से मुक्ति देकर उसे साहित्य-साधना की ओर प्रेरित करनेवाला त्यागी मित्र चन्दन, मानो यह सब स्वर्ग जैसी सुखद कल्पना हो! निराला ने उपन्यास का नाम रखा : 'अप्सरा'।

बड़े परिश्रम से रच-रचकर निराला ने यह उपन्यास लिखा। कनक को विभिन्न मुद्राओं, विभिन्न वेशों में सजाकर प्रस्तुत किया। उसके और राजकुमार के मुख पर कहीं सुबह की किरणें, कहीं बिजली का प्रकाश डालकर दोनों को भर-आँखों निहारा। सौन्दर्य-स्वप्न अधूरा ही रहता यदि कनक में मनोहरादेवी की छवि न दिखाई देती। उन्होंने उसका कायाकल्प किया, उसे कुलवधू बनाया और उससे गवाया :

श्रीरामचन्द्र कृपालु भजु मन हरन भवभयदारुनम्।

"एक-एक शब्द से कनक अपने शुद्ध हृदय से भगवान श्रीरामचन्द्रजी को अर्घ्य दे रही थी। चन्दन गम्भीर हो रहा था, तारा और नन्दन रो रहे थे।"

निराला ने 'अप्सरा' में भीतरी मन के वे परत खोले जो अब तक उनकी किसी रचना में न खुले थे। वैसे ही भाषा को सँवार कर उन्होंने अलंकृत गद्य के अनोखे नमूने पेश किये। उन्हें विश्वास हो गया, हिन्दी कथा-साहित्य में उनका उपन्यास अद्वितीय है, विश्व-साहित्य में स्थान पाने योग्य हिन्दी का यह पहला और अकेला उपन्यास है। उन्होंने भूमिका में पूर्ण आत्मविश्वास से लिखा : "इन बड़ी-बड़ी तोंदवाले औपन्यासिक सेठों की महफिल में मेरी दंशिताधरा अप्सरा उतरते हुए बिलकुल संकुचित नहीं हो रही। उसे विश्वास है, वह एक ही दृष्टि से इन्हें अपना अनन्य भक्त बना लेगी।"

'अप्सरा' के प्रकाशन से हिन्दी साहित्य में ऐसा कोई परिवर्तन न हुआ। लोग अपनी राह चलते गए। निराला ने कोई उपन्यास लिखा है, उन्होंने सुन लिया। निराला को लगा, दो-एक समझदारों को छोड़कर हिन्दी पाठकों की साहित्यिक अभिरुचि बहुत गिरी हुई है।

'अप्सरा' के रंग में उन्होंने कुछ कहानियाँ लिखीं। नायिकाओं के चन्द्रमुख पर षोडश कला की शुभचन्द्रिका अम्लान खेलती दिखाई। ज़्यादातर ये सब एम.ए. पास, अंग्रेज़ी में, पति या प्रेमी भी उच्च शिक्षित, प्रतिष्ठित, एकाध विलायत से बैरिस्टर बनकर लौटे हुए, यहाँ आकर देश-सेवा का व्रत लेनेवाले। रूढ़ियों को तोड़कर प्रेम और विवाह। वैसे ही अनेक गीत उन्होंने लिखे। विरहवृन्त पर खिली हुई अपलक कुन्दकली, प्रणयश्वास से हिलती दृगों की कलियाँ, परिमल की मृदुल तरंग बहानेवाली कल्पना के कानन की रानी, मलय की गन्ध, मेघों की अलकावलि, किरणों के वसनवाली नायिका जिसने सीखा केवल हँसना, केवल हँसना—निराला विभिन्न नारी-चित्रों के सौन्दर्य से मन बहलाते रहे। एकाध गीत में उन्होंने शृंगार के अपने मांसल अनुभव मूर्त रूप में ढाल दिये। चौरपंचाशिका, वैष्णव कवियों, रवीन्द्रनाथ और पद्माकर के अलस सौन्दर्य को, गाढ़े रंगों में, एक ही जगह चित्रित करते हुए, ध्वनि की अपूर्व भंगिमा के साथ :

यामिनी जागी।
अलस पंकज-दृग अरुण-मुख-तरुण-अनुरागी।

शृंगार के अधिक यथार्थ स्तर पर वासना-दृप्त वारांगना का केलि-विलास :

मौन पान करती अधरासव
कंठ लगी उरगी।

ये नये ढंग के गीत थे। ऐसा उदात्त स्वर, शृंगार के ऐसे भव्य चित्र हिन्दी गीतों में इससे पहले देखे-सुने न गए थे। निराला मुखपृष्ठ के गीत से लेकर 'सुधा' के अन्तिम पृष्ठों में सम्पादकीय टिप्पणियों तक पत्रिका को अपने कृतित्व से रँग रहे थे, फिर भी अर्थ की ओर से मन निश्चिन्त नहीं था। उन्होंने दुलारेलाल भार्गव को सुझाया कि रामायण का वृहद् सचित्र संस्करण निकालें, टीका निराला लिखेंगे, स्थायी मूल्य की

चीज़ होगा, बड़ा लाभ होगा। भार्गवजी ने उनका प्रस्ताव मान लिया। पर टीका का काम बालकांड के प्रारम्भिक अंशों को छोड़कर आगे न बढ़ा।

निराला एक ओर 'अप्सरा' के कल्पना-लोक में विचर रहे थे, तो दूसरी ओर लखनऊ और गढ़ाकोला के चारों ओर लहराते हुए नये सामाजिक जीवन को भी ध्यान से देख रहे थे। कैसरबाग लखनऊ में अवध के ताल्लुकदार पुलिस के पहरे में साइमन कमीशन से मुलाकात करने आए हैं। लोगों ने कनकउए उड़ाये हैं जिन पर लिखा है : 'साइमन लौट जाओ'। कमीशन के न्योता खाते समय कनकउए कटकर टेबिल के नज़दीक ही उड़ते हुए गिरे हैं। पुलिस ने लखनऊ की निहत्थी जनता पर डंडे बरसाये हैं। निराला कहते हैं—स्त्रियों और बच्चों के अंगों पर डंडों की मार और घावों से बहते हुए रक्त को देखकर अंग्रेज़ सरकार के लिए हमारे कोश में उपयुक्त शब्द नहीं हैं; मुमकिन है, पीछे गढ़ लिये जाएँ।

राष्ट्रीय आन्दोलन के उभार के दिन। अठारह सौ सत्तावन के बाद बैसवाड़ा फिर जाग रहा है। उन्नाव, बिगहपुर, मगड़ायर, पुरवा, नेवन्ना, पड़री, गढ़ाकोला—हर तरफ़ नई चेतना, नया उत्साह दिखाई देता है। निराला उन्नाव जाते हैं, विश्वम्भर दयाल त्रिपाठी से मिलने। पुरवा में सभा होगी। त्रिपाठीजी को उसमें बोलना है। इसके बाद गढ़ाकोला में सभा होगी। निराला के हाथ में फोड़ा हो गया है, बुखार में पड़े हैं, पर कहाँ सभा होगी, कौन बोलेगा, वह सब किताब-हिसाब दुरुस्त कर रहे हैं।

27-7-30

प्रिय नारायणदीन को सूर्यकान्त त्रिपाठी का नमस्कार। आगे हाल यह है कि हम उन्नाव में सभापति त्रिपाठीजी से मिलकर लखनऊ आए और आते ही बीमार पड़ गए। हमें 3 दिन से बुखार आ रहा है और बाएँ हाथ में एक बहुत बड़ा फोड़ा निकला है। इससे हम परसों इतवार को शायद गाँव न जा सकें। यहाँ हम किसी से मिल भी नहीं सके। पुरवा में 2 अगस्त को रविवार के दिन सभा होगी। त्रिपाठीजी उसमें जाएँगे। इसके बाद वाले इतवार को गाँव में सभा की उनसे बातचीत हुई है। उन्होंने आने के लिए पूरा-पूरा वादा किया है। अब बिना अच्छे हुए कुछ ठीक नहीं कह सकते।

—सूर्यकान्त

श्रीयुत

नारायणदीन अवस्थी
मु. गढ़ाकोला
डाकखाना मगड़ायर
(उन्नाव) Unao

किसानों की सभाएँ होती हैं, बाहर से वक्ता आते हैं : अंग्रेज़ी राज क्या है, सुराज कैसे मिलेगा, किसानों को समझाते हैं। निराला स्वयं भी भाषण देते हैं। नन्ददुलारे

वाजपेयी उनके साथ होते हैं। निराला के भाषण उत्तेजक और ज़ोरदार हैं, अंग्रेज़ी राज में किसानों की दुर्दशा का सजीव चित्र खींच देते हैं, आर्थिक पक्ष पर बल देते हैं। नन्ददुलारे को लगता है, यह कोई छायावादी कवि नहीं, कट्टर वस्तुवादी बोल रहा है। उन्हें आश्चर्य होता है, उनके युवक मित्र तो मौखिक रूप से देशप्रेमी बने रहे, निराला गाँवों में किसानों का संगठन कर रहे हैं।

झूठे प्रदर्शन और लफ्फाज़ी से निराला को सख्त चिढ़ है। लखनऊ में युवकों का प्रान्तीय सम्मेलन होता है। वहाँ की कार्यवाही देखकर निराला को लगता है, इनके नेता बातूनी आदर्शवादी और बगुलाभगत हैं। वह युवकों को समझाते हैं—गाँव में आकर किसानों का संगठन करो। देखो, कितना कठमुल्लापन है। जहाँ किसी ब्राह्मण पुत्र ने जनेऊ छोड़ा, वहीं धर्म के ठेकेदारों के पेट में दर्द शुरू हुआ। जहाँ किसी मियाँ की दाढ़ी मुँडी, वहीं मुल्लों ने बावैला मचाया। अब की जो सामाजिक क्रान्ति हो, उसमें शास्त्रों की ठेकेदारी खत्म करनी होगी।

गढ़ाकोला छोटा-सा गाँव है। निराला को गर्व है कि छोटा होने पर भी राजनीतिक कार्य में वह पुरवा डिवीज़न में सबसे आगे है। निम्न जाति के किसानों के असहयोग से परेशान होकर ज़मींदार पुलिस बुलाता है। दरोगा तहकीकात के लिए आता है। महावीर स्वामी के मन्दिर के अहाते में तिरंगा झंडा लगा है। वर्षा में धुलकर अब साफ़ हो गया है। ज़मींदार दरोगा से झंडा उखाड़ने को कहता है। दरोगा किसानों के तेवर देखकर समझ जाता है कि झंडा उखाड़ने से उत्पात हो जाएगा। सर मुँड़ाये, लुंगी बाँधे, साधु की-सी मुद्रा में निराला आते हैं। अंग्रेजी बोलकर दरोगा को प्रभावित करते हैं। वह विश्व-सभा के सदस्य हैं, नोबेल प्राइज पानेवाले रवीन्द्रनाथ ठाकुर वगैरह बड़े-बड़े आदमी उस सभा के सदस्य हैं। दरोगा चला जाता है। ज़मींदार किसानों को मुकदमे में फँसाता है। निराला उन्नाव पैरवी करने जाते हैं। वह चतुरी चमार के लड़के अर्जुन को अपने घर पढ़ाते हैं। रामकृष्ण त्रिपाठी उसे चिढ़ाते हैं। निराला उन्हें डलमऊ भेज देते हैं। कालिका धोबी उनके लिए मियागंज से गोश्त लाता है। ब्राह्मणों ने उनके घड़े का पानी पीना छोड़ दिया है। सदियों से सताये हुए नीची जाति के लोगों के लिए निराला देवता हैं।

निराला के मन में नये छायाचित्र बनते-बिगड़ते रहे, नई अनुभूतियाँ सँजोये बिना ही बटुरती रहीं, गहरे उपचेतन में पकती-सँवरती रहीं, पुराने संस्कारों से टकराती-जूझती रहीं। निराला के साहित्य में ढलकर वे नये रूप ग्रहण करेंगी पर ज़रा विलम्ब से।

सरोज फिर नानी के यहाँ है। पति का पत्र आए तो उत्तर कैसे लिखे? रामकृष्ण से लिखना सीख ले। होली के दिन हैं। साले का आग्रह है, डलमऊ आएँ। नहीं, इस साल लखनऊ की होली देखेंगे। बरसात के दिन, मकान छवाना-छोपाना है। कहीं जल गिरा तो बैठ जाएगा, निराला कहीं जा नहीं सकते, काम बहुत ज़्यादा है। साँस लेने का वक्त नहीं। सरोज को गाँव ले जाएँगे, द्विवेदीजी को भी वहीं रखेंगे। एक किताब महीने भर में छपकर निकल जाएगी। दूसरी लिख रहे हैं। ऊपर से 'सुधा'

का कुल काम देखना पड़ता है। कतकी में गंगा नहाने, डलमऊ आने का विचार था, पर सीतापुर चले गए, कृष्णबिहारी मिश्र के यहाँ। डलमऊ नहीं जा सके। अम्मा वहाँ बीमार हैं। लखनऊ से दवा लेकर भेज रहे हैं। जाड़ा बीत गया है, जुकाम है थोड़ा-सा, बुखार भी आ गया है। दो-एक दिन में ठीक हो जाएगा।

पन्तजी का पत्र आया है, सुन्दर ब्रजभाषा पद्य में :

क्षमहु बन्धु! अपराध!
रूसन की कछु बान तुम्हें, पै-
हमें मनावन साध।
व्याध भयो तव रोष, मौनचिर
लागत शर सों ज्ञात
मो उर को कुरंग तुम समुझत,
पै यह कोमल गात।
दुर्बल मेरो मानव-मन
जग-जीवन, अगम, अगाध।
कौन स्नेह सों पार लगैहै
मो लगि साँच असाध।
क्षुद्र हृदय को नारो मेरो,
अहंकार भयो बाँध
कैसे मिलिहै प्रेमसिंधु में,
बहि-बहि मुक्त, अबाध!
तुम्हें मनावन बन्धु! पठाई
मृदु ब्रजबाला आज,
चतुर बतावत सब जग याको,
समुझत दूती काज!
पाती पाइ तुम्हारी देहों
याको आदर-दान
देखों, या जुग की राधा को
मिटा पाइहै मान।

निराला पन्त से कहते थे—तुम राधा, मैं कृष्ण। उसी भाव से पन्त ने—'या जुग की राधा' ने—कृष्ण का मान मिटाने के लिए ब्रजभाषा में रची कविता—दूती रूप में—भेजी।

निराला ने अपनी वियोग-व्यथा का चित्रण बँगला पद्य में किया :

भालोबासी, भालोबासिया छो,
नूतन किछुइ करो नाइ,
आमि मने-मने जपियाछि

द्वारे तुमि आसियाछो ताइ।
सहियाछि आमि जत व्यथा,
तोमाय बसिते गिया भालो,
तोमार हृदये उठिया छे
ततोइ होइया ताहा कालो।
आमि करि नाइ कृपणता—
तोमाय करिते सब दान
जानियाछि यदि ओ जीवने—
मोर चेये तुमिइ महान।
तोमार नयने राखि आँखी
जीवनेर सुधा करि पान
छाड़ाये सकल दिक-सीमा
तोमाते मिलाये जाके [जाबे?] प्राण।
पथ जाहा जानी आमि बोली,
अगुन द्विगुण मने जालो;
जतोइ जलिबे देह-मान,
ततोइ पाइबे तुमि आलो।
गाहिया उठिबे तव प्राण
प्रभातेर आलोकेर गान
सकलेर जीवनेर धारा
तोमाते लभिबे अवसान।

बन्धु,

आमि एइ भाषाय प्रथम कविता लिखियाछिलाम,
ताइ इहातेइ तोमार अभिनन्दन करिलाम।

तोमार—सूर्यकान्त

स्नेह की सरिता में दोनों मित्रों की नावें समगति से बहती जा रही थीं।

'सुधा' में काम करते निराला को साल-भर से ऊपर हो गया था। कलकत्ता फिर याद आ रहा था। साहित्य-सम्मेलन का बीसवाँ अधिवेशन था। ब्रजभाषा के कवि रत्नाकर सभापति निर्वाचित हुए थे। अधिवेशन की विशेषता यह थी कि इसमें अनेक बँगला-भाषी विद्वानों और सामाजिक कार्यकर्ताओं ने भी भाग लिया। साहित्य प्रदर्शनी का उद्घाटन प्रसिद्ध कलाकार अवनींद्रनाथ ठाकुर ने किया। उन्होंने अपना संक्षिप्त भाषण हिन्दी में दिया। 26 मई, सन् '31 को कलकत्ता विश्वविद्यालय के सेनेट हाल में जब सभापति पद के लिए रत्नाकर का नाम प्रस्तावित हुआ, तो उसका अनुमोदन जे.एम. सेनगुप्त ने किया। उनका भाषण भी हिन्दी में हुआ। मंच पर रामानन्द चटर्जी, डॉ. सुनीतिकुमार चाटुर्ज्या आदि विद्वान् विराजे।

रत्नाकर ने अपना लम्बा भाषण पढ़ा। हिन्दी के एक बीते युग की आवाज़ सेनेट हॉल में गूँजती रही। उन्होंने हिन्दी की उत्पत्ति की चर्चा की, इस बात पर खेद प्रकट किया कि पद्य-रचना में विप्लव हो रहा है। उर्दू में लोग स्थिर परिपाटी का विरोध नहीं करते। हिन्दी पद्य के चरण बराबर नहीं होते, प्रसाद गुण का अभाव है, कविगण ब्रजभाषा से उदासीन होते जा रहे हैं, लगता है, भविष्य में खड़ीबोली कविता का ही सौभाग्योदय होने वाला है।

यद्यपि रत्नाकर अपना भाषण खड़ीबोली में दे रहे थे, फिर भी पद्य में वह ब्रजभाषा के ही पक्षपाती थे। आधुनिक हिन्दी काव्य का सारा विकास उनकी समझ में न आता था, दुख की बात यह थी कि उस विकास को रोकने के सारे प्रयास विफल हो रहे थे। कलकत्ते का रूढ़िवादी दल रत्नाकर के भाषण से प्रसन्न हुआ, नई पीढ़ी वाले जगह-जगह उनकी नकल करते, उनके भाषण पर फब्तियाँ कसते। हिन्दी के लोकप्रिय पत्र 'विशाल भारत' के सम्पादक का कहना था, देश-भक्ति और भारतोद्धार की बेतुकी कविता पढ़ते-पढ़ते तबियत ऊब गई थी। अनन्त में लीन होने की सामर्थ्य अपने में है नहीं, न उसके लिए विशेष उत्सुकता है। धन्य भाग जो रत्नाकर जैसे ब्रजभाषा-प्रेमी कलकत्ता पधारे।

निराला बँगला साहित्यकारों के सम्मेलन से हिन्दी साहित्य सम्मेलन की तुलना करते रहे, मन में कुढ़ते रहे। दूसरी भाषा के साहित्यकारों के सामने सम्मेलन की हँसी होती है। लोग सम्मान, पदमर्यादा के लिए रोते हैं, दूसरों की उच्चता नहीं देखते। दूसरे प्रान्तों में बहुत काम करना है पर सम्मेलन के कर्णधारों की अज्ञता, हठधर्मी और अहम्मन्यता के कारण कुछ नहीं हो पाता। हिन्दी वाले पहले तो साफ़ हिन्दी बोल नहीं पाते, बोलते हैं तो देहाती संस्कार तुरत प्रकट हो जाते हैं। शिक्षित लोग अंग्रेज़ी बोलने में गर्व का अनुभव करते हैं। त्यागी कार्यकर्ताओं का अभाव है। राजे-महाराजे उदासीन हैं। स्वतंत्र देशों में लेखकों की आमदनी राजा के मुकाबले की होती है। उनकी प्रतिष्ठा बड़े-बड़े राजपुरुष करते हैं। विदेशों से निमंत्रण आते हैं, प्रतिष्ठित घरानों के मनुष्य स्वागत करते हैं। पर हमारे साहित्यकारों की दशा इतनी गिरी हुई है कि उसका वर्णन नहीं हो सकता। दूसरे देशों से इज़्ज़त प्राप्त करना तो दरकिनार, वे घर में भरपेट भोजन भी नहीं पाते। अपनी ही भाषा के बोलने वाले लोग उन्हें अवज्ञा की दृष्टि से देखते हैं। हिन्दी लेखकों का परिवार किसी किसान के परिवार से भी बदतर है। जाड़े में वस्त्र नहीं, धूप से बचने को छाता नहीं, वर्षा में छत टपकती है, लड़के अशिक्षित, शिक्षा के लिए अर्थ नहीं, कन्या बीस साल तक अविवाहिता, ब्याह करने को दहेज नहीं। कहाँ तक कहें, बीमारी में इलाज हो, इसके लिए भी पैसे नहीं। किसी तरह कलम की कमाई से परिवार का पेट चला रहे हैं। यह है राष्ट्रभाषा के सेवकों का हाल।

कालेज स्ट्रीट में निराला के साथ चलते हुए सहृदय युवक मित्र दयाशंकर वाजपेयी उनका धाराप्रवाह भाषण सुनते, रोष से उनका चेहरा तमतमा उठता। वह

अच्छी तरह समझते थे कि किसान परिवार से बदतर किस लेखक का परिवार है, कौन अपनी कन्या के इलाज की उचित व्यवस्था नहीं कर पाता।

सेनेट हाल में डॉ. सुनीतिकुमार चाटुर्ज्या ने ज़ोरदार शब्दों में राष्ट्रभाषा पद के लिए हिन्दी का समर्थन किया। उन्होंने कहा—हमारी बंगाली जाति के लिए यह बड़े अफसोस की बात है कि हिन्दी ऐसी भाषा से यथोचित शक्ति और आनन्द को प्राप्त नहीं कर सके। दुनिया के अव्वल दर्जे की अन्तर्जातीय भाषाओं में हिन्दी का स्थान है। संख्या के विचार से अंग्रेज़ी और उत्तरी चीनी के नीचे हिन्दी का स्थान है। कबीर के पद और तुलसीदास की रामायण हमारे नित्य के पाठ्य-ग्रंथ हैं।

सभा ने गद्गद होकर करतलध्वनि की।

कलकत्ते की हिन्दी नाट्य परिषद् ने उग्र के नाटक 'महात्मा ईसा' का प्रदर्शन किया।

बँगला साहित्यकारों ने प्रेमभाव से साहित्य सम्मेलन में भाग लेनेवाले लेखकों और कवियों को बंगीय साहित्य परिषद् में आमंत्रित किया। निराला ने वहाँ बँगला में भाषण दिया। रत्नाकार का नाम लिये बिना उनके भाषण की काट करते हुए उन्होंने बँगला-भाषियों के सामने हिन्दी में युग-परिवर्तन का संक्षिप्त विवरण प्रस्तुत किया। युग-प्रवर्तकों में उन्होंने मैथिलीशरण गुप्त, प्रेमचन्द, प्रसाद और पन्त का नाम लिया, अपना कहीं उल्लेख न किया।

डॉ. सुनीतिकुमार चाटुर्ज्या ने उनकी प्रशंसा में कहा कि इन्होंने हिन्दी में युग-प्रवर्तन किया है। धन्यवाद देनेवाले बंगाली सज्जन ने इस बात पर प्रसन्नता प्रकट की कि हिन्दी में युग-प्रवर्तन करनेवाली किरणें कलकत्ते से ही फुटकर निकली थीं।

निराला प्रसन्नमन गढ़ाकोला वापस आए।

उनकी प्रसन्नता थोड़े ही दिन रही क्योंकि जुलाई, सन् '31 की 'सरस्वती' में उन्होंने छायावाद के और अपने ऊपर चन्द्रबली पांडे का तीखा आक्रामक लेख देखा। 'सरस्वती' ने मानो छायावाद के विरोध का बीड़ा उठाया था। पन्त को वह बख्श देती थी, प्रसाद और निराला उसके विशेष कोपभाजन थे। जनवरी के अंक में किन्हीं देवशंकर त्रिवेदी ने छायावादी अनर्थ रोकने की अपील की। मार्च के अंक में श्रीनाथ सिंह ने प्रसाद के 'कानन कुसुम' की भाषा, भाव, शिल्प—सबको खोटा सिद्ध करते हुए कहा : राह चलते लोगों के मुँह से जैसी बातें निकलती रहती हैं, बस, वैसी ही सुनी-सुनाई बातें इस पुस्तक में स्थान-स्थान पर मिलती हैं। प्रसाद को सिर्फ इस बात से सन्तोष है कि उनके मित्र उन्हें हिन्दी का प्रकाशस्तम्भ कहते हैं।

चन्द्रबली पांडे संस्कृत-फारसी के विद्वान् तसव्वुफ़ के विशेषज्ञ थे पर छायावाद के प्रति उनके वही भाव थे जो पद्मसिंह शर्मा के। उन्होंने लिखा कि हिन्दी साहित्य में कुछ विश्वामित्रों का उदय हो गया है। गुत्थियाँ सुलझाने के बदले वे विलक्षण रचना करते हैं। छायावाद का विरोध न किया गया तो पाखंड की उपासना चल पड़ेगी। आजकल कुछ कविताएँ 'जूही की कली', 'संध्यासुन्दरी' आदि नामों पर चलती-फिरती दृष्टिगोचर होती हैं। उनमें प्रकृति-चित्रण के बदले 'उन्मत्त यौवन का

उद्धत विलास' गोचर होता है। जूही की कली की सारी देह झोंकों की झड़ियों से झकझोरी जाती है, संध्यासुन्दरी जीवों को अपने अंक पर सुलाती है। यह संध्या एक नायिका है और 'कवि एक कामातुर जीव' जिसको वह अपने अंक पर सुलाती है। ये कवि छन्द, अलंकार, सरस भाषा की जड़ काटते हैं। "अन्य साहित्यों के वमन से ये हिन्दी साहित्य को जीवन-मुक्त बनाना चाहते हैं।"

छायावाद का समर्थक और रूढ़िवाद का विरोधी एक महत्त्वपूर्ण पत्र था—अर्द्ध साप्ताहिक 'भारत'। उसी नगर से प्रकाशित होता था जहाँ से 'सरस्वती' निकलती थी। सम्पादक थे निराला के मित्र नन्ददुलारे वाजपेयी। जो लोग छायावाद का अनर्गल विरोध करते आए थे, वाजपेयीजी ने गिन-गिनकर उनकी धुनाई की। विशेष रूप से 'विशाल भारत' के सम्पादक बनारसीदास चतुर्वेदी को उन्होंने बारम्बार याद किया। कलाभवन का प्रसंग, 'हंस' के आत्मकथांक की आलोचना, भवानीदयाल संन्यासी लिखित गणेशशंकर विद्यार्थी के संस्मरणों की चर्चा, पद्मसिंह शर्मा, रामजी लाल, श्यामसुन्दर दास सम्बन्धी संस्मरण-विवाद—वाजपेयीजी ने अनेक सदर्भों में चतुर्वेदीजी को स्मरण किया। पाँच-छह लेख तो उन्होंने शिवशेखर द्विवेदी के ही छापे। रामनाथलाल 'सुमन' आदि अन्य लेखकों से भी चतुर्वेदीजी पर लिखाकर बहुत-कुछ छापा। 'विशाल भारत'-सम्पादक 'भारत' की शरारतों के नमूने इकट्ठे करते रहे।

छायावाद का समर्थक एक दूसरा महत्त्वपूर्ण पत्र निकला : 'जागरण'। पैसा लगाया विनोदशंकर व्यास ने, सम्पादन का भार लिया शिवपूजन सहाय ने। 'जागरण' में प्रसाद की कविताएँ, कहानियाँ, 'तितली' उपन्यास, निराला के गीत और लेख, पन्त की कविताएँ, उनका चित्र, शिवपूजन सहाय की टिप्पणियाँ छपीं। 'जागरण' ने विनोदशंकर व्यास, वाचस्पति पाठक, बेढब बनारसी आदि उन लेखकों की रचनाएँ तो छापीं ही, जो प्रसाद-मंडल के सदस्य थे, इसके अलावा प्रेमचन्द, राहुल सांकृत्यायन, बदरीनाथ भट्ट, गुलाबराय, बनारसीदास चतुर्वेदी आदि की रचनाएँ भी प्रकाशित कीं। सम्पादकीय नीति काफी उदार थी, फिर भी यह पत्र छायावाद के विरोधियों पर कभी-कभी तीव्र व्यंग्य कर बैठता था। एक लेख छपा : 'चतुर्वेदीजी का विवाह', लेखक बेढब बराती। चतुर्वेदीजी खद्दर का घाँघरेदार जामा पहने ऊँट पर बैठे। ऊँट की नकेल पकड़े आगे-आगे पैंतरा बदलते हुए चले 'विशाल भारत' में उनके सहयोगी ब्रजमोहन वर्मा। चतुर्वेदीजी की गोद में बैठे शान्तिप्रिय द्विवेदी। लखनऊ में बरात की अगवानी रत्नाकर और दुलारेलाल भार्गव ने की। रामनरेश त्रिपाठी ने सोहर गाये। जनवासे में निराला और पन्त ने गायन किया। इनके गायन के समय रामदास गौड़ पर सत्यनारायण कविरत्न की आत्मा उतर आई। पद्माकर ने पद्मसिंह शर्मा से कहा कि और खुलकर खड़ीबोली की कविता का विरोध किया करें। विनोदशंकर व्यास ने विवाहोपलक्ष्य में वर को भंग-घोटना भेंट किया।

बनारसीदास चतुर्वेदी ने इसका बदला लिया निराला से। 'विशाल भारत' में साहित्य-सेवियों के आदर्श पर उन्होंने एक नोट लिखा। निराला के युवक मित्र का हवाला देते हुए उन्होंने लिखा : "अभी कुछ दिन पहले एक मारवाड़ी कार्यकर्ता ने हमसे कहा—'हिन्दी के अमुक कवि को हम बड़े आदर की दृष्टि से देखते थे, पर हर एक दिन उन्होंने हमें अपनी चरित्रहीनता की बात सुनाई, और जब हमने पूछा कि ऐसा आपने क्यों किया तो वह बोले, 'कवियों के लिए सब प्रकार के अनुभव की आवश्यकता है, नहीं तो उनकी कविता सर्वांगपूर्ण नहीं बन सकती।' उनका यह तर्क हमारी समझ में नहीं आता और सच पूछो तो उस दिन से हमारे हृदय में उनके प्रति जो श्रद्धा थी, वह जाती रही।"

निराला इस समय बेकारी की दशा में थे। सरोज बीमार हो गई थी। इधर यह चरित्र को लेकर नया प्रसंग छिड़ गया। निराला ने 'जागरण' में 'चरित्र' पर लेख लिखा, बनारसीदास को जवाब दिया। चरित्र, नेता आदि शब्दों का अर्थ समझाने के बाद शालीनता के नाम पर नंगपन छिपाने की आलोचना की। चतुर्वेदीजी के संकेत को स्पष्ट करते हुए लिखा : "इस तरह की एक दुर्घटना मेरे साथ भी हुई थी...मित्रवर, जिसने अपने चरित्र की एक इतनी बड़ी बात अम्लान कह दी, मित्र समझकर बराबर आसन देने के लिए, उसे आप कितना बड़ा समझते हैं... एक बात अपनी चरित्रहीनता की सरेबाज़ार कह आइए और नेता बने रहिए। मेरा कवि सदा निरपराध है। मैं क्या कहूँ, वह क्या-क्या करता है।" भारतीय संस्कृति के कर्णधारों का जी दुखाने के लिए निराला ने प्रसंगवश यह भी लिख दिया : "एक दफ़ा लखनऊ में एक मुसलमान सज्जन के साथ मैं पुलाव, कबाब और रोगन जोश आदि खा रहा था।"

जितना लिखित विरोध था, उससे ज़्यादा मौखिक था। गढ़ाकोला से लखनऊ और लखनऊ से कलकत्ते तक छायावाद, नये साहित्य की चर्चा में निराला का नाम बारबार आता था। यही है वह जो चमारों, धोबियों, मुसलमानों के साथ खाता है, पीता भी है, जनेऊ उतारकर फेंक दिया है, और राम जाने क्या-क्या करता है, छुट्टा घूमता है, तमाम नौजवानों को बिगाड़ रहा है। निराला यह कानाफूसी सुनते-सुनते ऊबने लगे थे। सड़क पर चलते हुए उन्हें लगता था, लोग उन पर हँस रहे हें, आपस में उन्हीं के बारे में बातें कर रहे हैं।

सरोज रायबरेली के अस्पताल में भर्ती करा दी गई थी। निराला बेकार थे। हेमचन्द्र जोशी ने 'माधुरी' में निराला पर व्यंग्य करते हुए लिखा : "असल बात यह है कि इस धींगाधींगी तथा 'तुम हो कविकुल चूड़ामणि पर मैं हूँ कविकुल केसरिकन्त'...के समय में मुँह खोलते डर लगता है।" जोशीजी के अनुसार हिन्दी के छायावादी मंडूक कुएँ को सागर से बड़ा मानकर टर्रा रहे थे।

निराला ने हेमचन्द्र का मज़ाक़ किया। हेम क्या है? हेमा या गौरवर्ण गंगा यानी बड़े भाई साहिबा हेमचन्द्र। इला क्या है? श्यामा यमुना यानी छोटे भाई साहिबा

इलाचन्द्र। बीच में क्या है? ज्ञान-राशि सरस्वती, जो न थी, और अब होगी जैसी, ऐसी फिर न होगी। जैसे दिल्ली का भाड़ झोंकना, ज्ञान नहीं, ज्ञान है।

ये छायावादियों को ज्ञान समझाने आए हैं, उन्हें कूपमंडूक कहते हैं। निराला के लिए सत् और असत्, देवता और दैत्य, दोनों आवश्यक हैं। अब हे कपि, कहो असुर बड़ा है या सुर? माता कहती है, मेरे दोनों लड़के हैं, दोनों बराबर, दोनों बर्र-बर्र, टर्र-टर्र। कहो मेढक, कौन मेढक है, हम या तुम?

निराला को नींद नहीं आती थी। आधी रात को टहलते रहते। सर घुटा रखा था। हेमचन्द्र जोशी को ज्ञान का रहस्य समझाते हुए उन्होंने लेख लिखा : 'वर्तमान धर्म'। लेख 'भारत' में छपा। बनारसीदास ने उसे सँभाल कर रख लिया।

शिवपूजन सहाय 'हंस' के लिए निराला का फोटो माँग रहे थे। निराला ने लिखा : "मेरी लड़की सख्त बीमार है। चार महीने से रायबरेली अस्पताल में पड़ी है। बड़ी संकटमय अवस्था है। स्वस्थ समय का फोटो मैंने लिया नहीं। अब तो कृश हो रहा हूँ। बाल भी कटवा दिये। कविचित्र 8-10 महीने बाद मिल सकेगा। अभी मैं निकलवाना भी नहीं चाहता। कुछ लिख लूँ। तब शोभा भी देगा।"[4]

रामलाल गर्ग तथा निराला के कुछ अन्य मित्रों ने कलकत्ते से एक साप्ताहिक पत्र निकालने की योजना बनाई। उनका विचार था, निराला के सम्पादन में 'मतवाला' की तरह उनका पत्र 'रंगीला' भी लोकप्रिय हो जाएगा। निराला से पूछे बिना उसका डिक्लेरेशन दे दिया, सम्पादक रूप में उनका नाम विज्ञापित किया। इस समय निराला से हास्य-व्यंग्य लिखने के लिए कहना उन पर सरासर अत्याचार करना था। 'मतवाला' में लिखनेवाले जहाँ अनेक लेखक थे, वहाँ 'रंगीला' के सम्पादक-लेखक-प्रूफरीडर अकेले निराला थे। भिन्न-भिन्न नामों से एक ही लेखक की सामग्री पत्र में दी गई।

बैंगनी काग़ज़ पर राधाकृष्ण का चित्र छपा। बाँसुरी बजाते कृष्ण को देखकर 'मतवाला' के नटराज का भ्रम हो जाता था। निराला ने अपने वेदान्ती मन को स्थिर करके मोटो लिखा :

पुरुष प्रकृति तम-ज्योति दिवस-निशि कल्प-तल्प पर
एक 'रँगीला'-रूप, खिला सब विश्व चराचर।

पहला अंक 4 जून, 1932 को प्रकाशित हुआ। कीमत एक आना। मुखपृष्ठ पर प्रसाद का गीत : 'बीती विभावरी जाग री'।

निराला ने पत्र में प्रकाशनार्थ रचनाएँ भेजनेवालों से कहा कि जोंक का ज़रूर खयाल रहे जो बेमालूम बैठती और बहुत ज़्यादा चूसती है; नाग और बिच्छू लेख नहीं छपेंगे जिनमें जान को खतरा है।

'जागरण' में चतुर्वेदीजी का विवाह निकला था। निराला ने 'रंगीला' में 'कृष्णजी का विवाह' लिखा। जब से वर्तमान हिन्दी साहित्य का निर्माण हुआ तब से कृष्णजी रँडुवे हो गए। ब्रजभाषा ने रत्नाकर को गोद लिया, फिर सती हो गई। कृष्णजी कलकत्ते

में प्रकट हुए, उन्होंने मदनानन्द मोदक खाया और नागरियाँ त्राहिमाम करने लगी। ब्रजभाषा का अवतार ईरान में हुआ। उसकी खबर लेने रवीन्द्रनाथ पहुँचे। जब वह विश्वप्रेम का पाठ पढ़ाने जा रहे थे तब अस्मत जान ने मुँह फेर लिया। कृष्णजी की बरात चली। उमर खय्याम की कब्र की बगल में डेरा डाला। विवाह सम्पन्न हुआ। बरात भारत लौट आई। बरात में दुलारेलाल भार्गव से लेकर बनारसीदास चतुर्वेदी तक सभी गुटों के लेखक गए थे। अंग्रेज़ियत के समर्थक हिन्दी साहित्यकार, ब्रजभाषा दलवाले, हिन्दुस्तानी के समर्थक, हिन्दुस्तानी एकेडमीवाले, उर्दू द्वारा राष्ट्रभाषा की समस्या हल करनेवाले ईरानी परम्परा के भक्त, विश्वप्रेम के प्रचारक रवीन्द्रनाथ—इन सभी पर निराला ने गूढ़ व्यंग्य किया।

निराला ने दो गीत प्रकाशित किये : 'रे अपलक मन' और 'मेघ के घन केश'। पढ़कर विश्वास न हो, जिसने कृष्णजी का विवाह लिखा है, उसी ने ये गीत लिखे होंगे।

'मजलिस' स्तम्भ में बहुतों पर फब्तियाँ कसीं। 'दहाड़' स्तम्भ पर सिंह का चित्र छापा, औरों के साथ रवीन्द्रनाथ को याद किया, उन पर बेपर की उड़ाने का अभियोग लगाया, 'जैसे प्रलाप के समय' सभी समझदार उनके शब्दों के जाल में फँस गए हों! निराला ने अपनी कहानी 'श्यामा' भी प्रकाशित की।

साधारण पाठकों ने कहा—हमारे पल्ले कुछ नहीं पड़ा। निराला ने मित्रों से कहा—हाँ, पहला अंक बाज़ार की निगाह से ऊँचा गया है।

अगले अंकों में 'रंगीला' को अधिक सुबोध बनाने का प्रयास किया। लेख लिखा : 'हुमा को कब चुगद पहचानता है'। काव्य की स्थिति के बारे में कहा : "काव्य क्या है, कल्पना की दुम है। अपने-अपने मित्रों को देखकर पं. बनारसीदासजी जैसे सत् समालोचक खूब लटके, खूब बढ़ाई, पर वह निगाह में गधे की सींग ही रही।" 'परिचय' नाम की एक कहानी प्रकाशित की, लेखक का नाम दिया के.पी. श्रीवास्तव। नायक खेल-कूद में फर्स्ट रहता है, क्रमश: उन्नति करता हुआ मदन थियेटर में सफल अभिनेता बन जाता है। स्त्री-पुरुष, दोनों का पार्ट करता है। उसके नाज-नखरे देखकर लोग उस पर फिदा हो जाते हैं। बाल घुँघराले, बदन एकहरा, अँधेरे में खड़ा हो जाय तो दीपक की ज़रूरत न हो। रेशमी कोरवाली धोती, रेशमी कुरता और पंपशू पहनकर जिस गली-कूचे से निकलता था, उसी में आफत कर देता था। उसका नाम है दिवाकर, सूर्यकान्त का पर्याय।

निराला ने बड़ी मेहनत से तीन अंक निकाले, उसके बाद थककर बीमार हो गए। शिवपूजन सहाय को लिखा : "अकेला बड़ी परेशानी में हूँ। पहला अंक बाज़ार की समझ से ऊँचा कहा गया। दूसरा ठीक। पूरे कुल कालम भिन्न-भिन्न दूसरे [नामों] से मैंने ही भरे। पहला तो स्पष्ट ही है। तीसरे में अस्वस्थ होकर गिरा दिया। चौथा सँभालने का विचार है। क्या आपका वह खून बिलकुल पानी हो गया? हाथ बटाइए। चल गया तो ठीक है, नहीं तो 'मस्तराम के सोटे से'। कलकत्ता अब वह नहीं,

बहुत गिरा है, समय भी वैसा है आलोचना कर दीजिएगा। व्यक्तिगत राय भी भेजिए। शिकस्त हो गया हूँ। बहुत होता है एक आदमी के लिए।"[5]

बारह साल से अनवरत संघर्ष। चाहे जितना परिश्रम करो, पारिश्रमिक इतना नहीं कि भले आदमी की तरह कोई ज़िन्दगी बसर कर सके। गिरा हुआ स्वास्थ्य, घरेलू चिन्ताएँ। इतनी मुसीबतें न पड़नी चाहिए थीं। बहुत होता है एक आदमी के लिए।

उसी दिन इसी आशय का पत्र प्रसादजी को लिखा : "बीमार रहकर लिखा है—इसलिए तीसरे अंक को देखकर सम्मति न दें", यह प्रार्थना की। वह मित्रों से नाराज़ थे कि उन्होंने 'रँगीला' के झंझट में फँसा दिया। हाथ बँटानेवाला कोई नहीं।

"अकेला हूँ, सब विषय हर हफ़्ते अकेला कहाँ तक पूरे करूँ? छापे की गलतियाँ भी होती हैं, प्रेस अपना नहीं, प्रेस की अपनी मशीन नहीं...अपनी इच्छा की मैंने प्रतिकूलता की, मित्रों के अनुकूल होने के लिए।"[6]

निराला कलकत्ते से लौट आए। 'सुधा' के सम्पादकीय विभाग में उन्होंने फिर काम शुरू किया। उनके चरित्र को लेकर कानाफूसी-मुहीम चालू थी। उन्होंने 'सुधा' में चरित्र पर एक टिप्पणी लिखी, सोचा कि चरित्र के प्रश्न को ऊँचे दार्शनिक स्तर पर ले जाकर अपने विवेचन से विरोधियों को अवाक् कर दें। केवल उत्थान नहीं हो सकता, उसके साथ पतन लगा हुआ है। सूक्ष्म रूप से विचार किया जाय तो संसार देखना ही चरित्रहीनता है, चरित्रहीनता के बिना मनुष्य को संसार का बोध ही नहीं होता।

निराला अपने मन को बहलाते। लोग दुश्चरित्र कहते हैं, पर बेलूड़ मठ के संन्यासियों से ज़्यादा चरित्रवान तो ये लोग हैं नहीं। वे संन्यासी निराला को क्या समझते थे? स्वामी सारदानन्द संसार-प्रसिद्ध व्यक्ति थे। उनमें साक्षात् महावीर की विभूति थी। उन्होंने निराला को अपना ज्ञान दिया, उन्हें अपना यंत्र बनाया। वह निराला की आँखें मूँद लेते थे। अन्धकार में अपनी सरस्वती के दर्शन कराते थे। उनकी सरस्वती निराला में परिणत होकर कहती थीं : वही तुम्हारी विद्या हैं, इस चिड़िया को पढ़ो। चिड़िया चूँ-चूँ करती हुई उड़ जाती थी। निराला को छोड़कर उसका अर्थ कौन समझता था?

इस अर्थ को कोई नहीं देखता, लोग बाह्य अर्थ को देखते हैं, धन के पीछे दौड़ते हैं। निराला वैराग्य के भावों से अर्थ-कष्ट भूलने का प्रयास करते, स्वामी सारदानन्द से अपने सम्पर्क की कहानी लिखते, पर संसार इतनी आसानी से पिंड छोड़नेवाला न था। हिन्दी भारतीय भाषाओं की बड़ी बहन है, पर उसका साहित्य दरिद्र है, क्योंकि उसके सेवक अपनी गरीबी में मुरझाए हुए हैं। हिन्दी बोलनेवालों में जितने बड़े-बड़े राजे-महाराजे, ताल्लुकदार, सेठ और धनी जन विद्यमान हैं, उतने और किसी भाषा के बोलनेवालों में नहीं हैं, पर वे हिन्दी को अपना सहयोग देने को तैयार नहीं हैं। निराला को दूसरा उपन्यास लिखना चाहिए। 'सरस्वती' में सूर्यनारायण दीक्षित ने 'अप्सरा' की अच्छी प्रशंसात्मक समीक्षा की थी।

'सरस्वती' में चन्द्रबली पांडे ने फिर उनका विरोध किया, इस बार कविता का नहीं, कहानी-कला का। निराला ने 'भारत' में उसका प्रतिवाद प्रकाशित कराया। चन्द्रबली पांडे ने उस पर फिर लेख लिखा और निराला को कहानी-कला से नितान्त अनभिज्ञ सिद्ध किया। पर यह सब घमासान लड़ाई में तोपों की गड़गड़ाहट से पहले बन्दूकों की छिटपुट गोलियों की-सी आवाज़ थी।

बनारसीदास चतुर्वेदी का प्रतीक्षाकाल समाप्त हो गया। उन्होंने निश्चय किया, अब अवसर आ गया है, 'भारत'-सम्पादक नन्ददुलारे वाजपेयी और निराला से एक साथ निपटना चाहिए। उन्होंने अक्तूबर, 1932 के 'विशाल भारत' में लेख लिखा : 'साहित्यिक सन्निपात'। दिन-भर दफ्तर में काम करते-करते थक गए थे। तभी उनकी निगाह पत्र में एक लेख पर गई। पढ़ा, समझ में न आया। अपने सहसम्पादक को पढ़कर सुनाया। वह भी न समझे। फिर कई प्रतिष्ठित लेखकों को पढ़कर सुनाया। कोई भी अर्थ न लगा सका। तब उन्होंने तै किया कि उसे 'विशाल भारत' में छापे, लोगों से उसका अर्थ लगाने को कहें और जो अर्थ लगा दे, उसे पच्चीस रुपये का पुरस्कार दिया जाय। उन्होंने पत्र और लेखक का नाम दिये बिना 'वर्तमान धर्म' 'विशाल भारत' के उस अंक में छाप दिया। लेख की प्रतियाँ सम्मति के लिए अनेक लेखकों के पास भेजीं, महावीरप्रसाद द्विवेदी और निराला के पास भी एक-एक प्रति भेजी।

लोगों ने सम्मतियाँ भेजीं। चतुर्वेदीजी के अनुसार उनका सारांश यह था कि 'वर्तमान धर्म' 'विक्षिप्त का बर्राना', 'पागल का प्रलाप' या effusions of a diseased mind (विकृत मस्तिष्क का उद्गार) है। शिकार खेलने में मनुष्य की कोई आदिम हिंसक वृत्ति तुष्ट होती है। यह आदमी का शिकार था। लोगों ने खूब मजे ले-लेकर ढेले फेंके, सबका लक्ष्य एक ही था—जिसने ऐसा लेख लिखा है, उसे पागल करार देकर साहित्य के मैदान से बाहर कर दो। रामदास गौड़ ने राय दी : "'वर्तमान धर्म' नामक प्रलाप साहित्य-हत्या का उदाहरण है।" मोहनलाल महतो वियोगी ने लिखा : "किसी विकृत मस्तिष्क का परिणाम है।" नागरी प्रचारिणी सभा, आगरा के मंत्री, साहित्यरत्न भंडार के स्वामी महेन्द्र ने, यह याद करके कि आगरे में पागलों का इलाज होता है, सम्मति दी : "मेरी समझ में नहीं आता कि इस लेख के लेखक सोंठ की मंडी जाना चाहते हैं या वहाँ से भाग निकले हैं, नहीं तो ऐसा लेख, और कौन लिख सकता है?" उदीयमान कवि बालकृष्ण राव ने कहा : "लेख विकृत मस्तिष्क की उपज है।" सूर्यनाथ तकरू, चन्द्रदत्त गुप्त (साहित्यरत्न भंडार, आगरा), नरोत्तमदास (चिकित्सक, हैदराबाद) आदि की सम्मतियाँ भी चतुर्वेदीजी ने छापीं। यद्यपि ये लोग साहित्य-सेवा के लिए विशेष विख्यात न थे, फिर भी उनकी राय देने से सम्मतियों की संख्या प्रभावशाली हो गई।

बनारसीदास चतुर्वेदी ने समाचारपत्रों और मासिक पत्रों के सम्पादकों से अपील की कि "वे इस बीमारी (साहित्यिक सन्निपात) से जनता को सावधान कर दें। आख़िर प्लेग और हैजा फैलने पर वे ऐसा करते ही हैं। यदि कोई आदमी कुओं

में हानिकारक पदार्थ डालता फिरे और इस बात की खबर पत्र-सम्पादकों को लग जावे, तो उनका कर्तव्य होगा कि वे जनता को सूचना दें और सरकार का भी ध्यान इस बेजा हरकत की ओर आकर्षित करें।" उन्होंने इस प्रश्न को साहित्य-सम्मेलन के सामने पेश करने की धमकी दी।

विश्वम्भरनाथ जिज्जा ने लिखा कि "पच्चीस रुपये का पुरस्कार कम है, अर्थ करनेवाले को वह पाँच सौ रुपये का इनाम देंगे।" मुक्तछन्द की पैरोडी करनेवाले जगन्नाथप्रसाद चतुर्वेदी ने लिखा : "जिसे कलम पकड़ने का शऊर नहीं, वह भी साहित्य-शिरोमणि और कवि-सम्राट् बन बैठा है। इसका कारण आप सम्पादकों की अकर्मण्यता तथा सहनशीलता है।" और भी तीव्र आक्रमण करने के लिए बनारसीदास चतुर्वेदी को उकसाते हुए जगन्नाथप्रसाद चतुर्वेदी ने लिखा : "इन सबके दिमाग में खलल है। इनका इलाज जल्द होना चाहिए, नहीं तो रोग असाध्य हो जाएगा। फस्द खोलना ही बस इनका इलाज है। आज्ञा हो तो औज़ार ठीक करूँ!"

'विशाल भारत' के अलावा कलकत्ते के दैनिक 'लोकमान्य' में छायावादियों को ललकारते हुए बनारसीदास चतुर्वेदी ने लिखा : "अब वक्त आ गया है कि इस बीमारी का निदान और इलाज किया जाय। यार लोगों ने हिन्दी-साहित्य को विधवा खाला का घर समझ लिया है, जहाँ कोई धनी-धोरी ही नहीं। जो जिसके मन में आता है, ऊटपटाँग लिख मारता है। पब्लिक के समय और पैसे का मानो कोई मूल्य ही नहीं।"

लोगों ने 'वर्तमान धर्म' की नकल उतारी। 'विशाल भारत' में 'भावी धर्म', 'ऊटपटाँग धर्म' के रूप में 'वर्तमान धर्म' की पैरोडी छपी। चतुर्वेदीजी का विचार था कि जयशंकर प्रसाद की कहानी 'आकाशदीप' में भी 'कहीं-कही सन्निपात की लटक स्पष्टतया दीख पड़ती है।' उनकी राय में 'वर्तमान धर्म' की पैरोडी और प्रसाद के गद्य का स्तर एक ही था। "जब 'कंकाल' जैसा नावेल एम.ए. के कोर्स में मुकर्रर हो सकता है, तो 'ऊटपटाँग धर्म' ने ही किसी का क्या बिगाड़ा है?" पर 'आकाशदीप' या 'कंकाल' में तो सन्निपात की लटक कहीं-कहीं थी, निराला के 'वर्तमान धर्म' की हर पंक्ति सन्निपात का नमूना थी। एक बार निराला को धराशायी कर दिया जाय, फिर प्रसाद जैसों से निपटना मुश्किल न होगा।

नन्ददुलारे वाजपेयी ने 'भारत' में लिखा कि बनारसीदास चतुर्वेदी ने 'वर्तमान धर्म' छपने के आठ-दस महीने बाद यह आन्दोलन खड़ा किया। अर्थ जानने के लिए तीन पैसे का कार्ड न डालकर पच्चीस रुपये के पुरस्कार की घोषणा कर दी। 'वर्तमान धर्म' छापने के लिए वह ज़िम्मेदार थे; सबसे पहले उनसे लिखकर पूछना चाहिए था। 'माधुरी' में हेमचन्द्र जोशी ने हिन्दी साहित्य पर घृणित आक्षेप किये थे। निराला ने उन्हीं का उत्तर दिया था। बनारसीदास चतुर्वेदी ने नन्ददुलारे वाजपेयी की टिप्पणी 'भारत' से 'विशाल भारत' में उद्धृत कर दी।

4 अक्तूबर, '32 को निराला ने बनारसीदास चतुर्वेदी को लिखा : "आपका प्रूफ मिला। आपने अपने मनोभाव बहुत अच्छी तरह, आकर्षक ढंग से प्रकट किये

हैं। देखूँ, कैसी-कैसी सम्मतियाँ हिन्दी के हितैषी विद्वानों से आपको मिलती हैं। फिर न हो, कहीं कुछ लिखूँगा। आप तो बिना समझे कुछ छापेंगे नहीं। निबन्ध यदि नहीं समझ में आया, तो राय तो अवश्य ही समझ में आ जाएगी। इस तरह की चहल-पहल से मुझे भी काफी दिलचस्पी रहती है। समझने और सीखने लायक बहुत-सा मसाला मिलता है। आपने अपने आक्रमण का प्रूफ भेजा, यदि चाहते तो प्रबन्ध की टीका करने का निमंत्रण भी दे सकते थे, तब इतना आकर्षक कुछ जरूर न रहता, पर गुत्थी सुलझ जाती। मुमकिन है, अन्त तक आप ही बदनाम हों। सच बतलाइएगा, बिना कोश देखे, पूछे, सन्निपात की व्युत्पत्ति जानते हैं आप? यह पत्र भी छापिए।"

चतुर्वेदीजी ने 7 अक्तूबर को उत्तर दिया : "कृपापत्र मिला। आप प्रबन्ध की टीका लिख भेजिए। छाप दूँगा।" पर उन्होंने निराला का पत्र 'विशाल भारत' में न छापा। निराला ने 17 अक्तूबर को उन्हें फिर लिखा : "मैं आक्षेप हो चुकने के बाद, आपके पास साहित्यिकों की सम्मतियाँ आ चुकने के बाद अक्षर-अक्षर टीका लिखूँगा। देखना है, सन्निपातग्रस्त कौन है। न भेजा हो तो महात्माजी और रवीन्द्रनाथ के पास भी एक प्रूफ और अनुवाद भेजकर सम्मति अवश्य-अवश्य लीजिए।"

चतुर्वेदीजी ने अक्तूबर, नवम्बर, दिसम्बर, 'विशाल भारत' के किसी अंक में न तो निराला का कोई पत्र उद्धृत किया, न इस बात का कहीं उल्लेख ही किया कि निराला ने उन्हें पत्र लिखे हैं। रायकृष्णदास, शान्तिप्रिय द्विवेदी, मुंशी अजमेरी आदि अनेक साहित्यकार 'वर्तमान धर्म' सम्बन्धी विवाद बन्द करा देने के पक्ष में थे। मुंशी अजमेरी लखनऊ में निराला के बारे में जो कुछ सुनकर आए थे, उससे बहुत चिन्तित हो उठे थे। उन्होंने एक लम्बा पत्र निराला के समर्थन में चतुर्वेदीजी को लिखा। बनारस से 26 नवम्बर, '32 के पत्र में उन्होंने चतुर्वेदीजी को सूचित किया : "मुझे श्री दुलारेलालजी से मालूम हुआ कि निरालाजी आजकल बहुत दुखी हैं। हाथ बहुत तंग है और उनकी एकमात्र कन्या बहुत बीमार है, इत्यादि। यही बातें यहाँ शान्तिप्रियजी ने सुनाईं। ऐसे दुखी मनुष्य पर इस समय चारों ओर से साहित्यिक वार भी हो रहे हैं। तब उसका मस्तिष्क कैसे ठीक रह सकता है? इस समय वे बहुत घबरा गए हैं और इसीलिए बौखला भी गए हैं। ऐसे समय में उन्हें सहानुभूति की आवश्यकता है। नहीं तो ऐसा आदमी कि जिसके 'जोड़ू, न जाँता, खुदा से नाता'—है, ऐसे संकट के समय में सताया जाकर पर-घात और आत्म-घात जैसे कुकर्म भी कर सकता है—आरत काह न करहि कुकरमू। और, रहत न आरत के चित चेत। उनकी दशा देखकर मेरा हृदय द्रवित हो गया और शान्तिप्रियजी ने तथा श्रीमान् रायसाहब ने भी मुझसे कहा, इसलिए मैंने वह बड़ा पत्र आपको लिखा है जो इस पत्र के साथ है। अब कृपा करके इस झगड़े को समाप्त कर दीजिए। मेरी यह प्रार्थना है और श्रीमान् रायसाहब की भी यही राय है। मेरा वह पत्र अगले ही अंक में—'विशाल भारत' में—छाप देने की कृपा कीजिए। ऊपर लिख दीजिए—मुंशी अजमेरी का पत्र।"

चतुर्वेदीजी ने 'विशाल भारत' में मुंशी अजमेरी का पत्र तो न छापा किन्तु दिसम्बर के अंक में बड़ी उदारता से लिखा : "हमारी समझ में अब 'वर्तमान धर्म' और श्री निरालाजी का पिंड छोड़ देना चाहिए। जब निरालाजी उत्तर नहीं दे रहे हैं, तो सब लोगों का उन पर टूट पड़ना अन्याय है, अत्याचार है।"

उन्होंने विस्तार से कैफ़ियत दी कि "असह्य उत्तेजना मिलने पर ही हमने उत्तर देने का विचार किया था।" नन्ददुलारे वाजपेयी ने दस-बारह बार मौके-बेमौके उन पर आक्षेप किये थे जिससे उन्हें 'काफी मानसिक पीड़ा' हुई थी। निराला ने भी 'माधुरी', 'भारत' आदि में उनके विरुद्ध लिखा था। 'वर्तमान धर्म' उन्होंने दस महीने पहले कम्पोज़ कराके डिस्ट्रीब्यूट करा दिया था। पद्मसिंह शर्मा ने इस सहनशीलता के लिए उन्हें डाँटा था। उन्होंने बदला लेने की नीयत से यह आन्दोलन नहीं छेड़ा। "पर हम मनुष्यता को सम्पादन-कार्य से उच्चतर वस्तु समझते हैं। जब निरालाजी पर चारों ओर से आक्रमण होने लगे हैं, और वे चुपचाप सहन कर रहे हैं, हमारा कर्तव्य है कि अब उनके विषय में एक शब्द भी न लिखें।"

निराला पर चारों ओर से आक्रमण ज़रूर हो रहे थे, पर इन आक्रमणों के संचालक और संगठनकर्ता बनारसीदास चतुर्वेदी ही थे। बहुत-से पाठकों की सहानुभूति निराला के प्रति थी, इसलिए मनुष्यता को सम्पादन-कार्य से उच्चतर दिखाना आवश्यक हो गया था।

निराला लखनऊ में थे। सोते-जागते उनके मन में एक ही विषय घुमड़ता था—'वर्तमान धर्म' को लेकर मस्तिष्क-विकार का आक्षेप। कौन-कौन-सी युक्तियाँ देंगे, किन तर्कों से सम्मतिदाताओं का व्यूह भेद करेंगे, कहाँ-कहाँ से प्रमाण जुटा, अपने जवाबी हमले के दाँवपेंच सोचने में उनका सारा समय खर्च होता। लखनऊ में अपने परिचितों और मित्रों को वह पौराणिक गाथाओं का रहस्य समझाते, चूहे पर चढ़ने वाले गणेश के रूपक में ब्रह्म का दर्शन कराते। विशेष रूप से लखनऊ विश्वविद्यालय के संस्कृतज्ञ तरुणों—उमाशंकर वाजपेयी, वासुदेवशरण अग्रवाल आदि को पौराणिक गाथाओं में निहित अद्वैत तत्त्व का ज्ञान कराते। चतुर्वेदीजी ने 'विशाल भारत' में उनका पत्र न छापा तो उन्होंने 'सुधा' के दिसम्बर अंक में अपना वक्तव्य प्रकाशित कराया।

बनारसीदास चतुर्वेदी ने तीन पैसे का कार्ड न लिखकर पच्चीस रुपये का पुरस्कार घोषित कर दिया। उनका उद्देश्य अर्थ जानना नहीं, निराला की हँसी उड़ाना, उसके विरुद्ध आन्दोलन करना था। निराला के लिखने पर 4-5 महीने तक वह 'विशाल भारत' भेजते रहे, पर जब से 'रँगीला' का सम्पादन छोड़कर वह घर आए, उन्हें 'विशाल भारत' नहीं मिला। फलत: उनकी पुरस्कार-सूचना का पता न था। "पुन: 'भारत' में 'वर्तमान धर्म' के प्रकाशित होने के कई महीने बाद भी कलकत्ते में मैं चार- पाँच बार चतुर्वेदीजी से उनके आफिस तथा डेरे पर मिल चुका हूँ, पर उन्होंने मुझसे 'वर्तमान धर्म' का अर्थ कर देने के लिए नहीं कहा।" निराला चतुर्वेदीजी से

मिले, इसके लिए गवाहों के रूप में उन्होंने श्रीराम शर्मा, विष्णुदत्त शुक्ल और 'विशाल भारत' के सहायक सम्पादक के नाम लिये।

निराला ने शिकायत की, चतुर्वेदीजी ने न तो सन्निपात की व्युत्पत्ति बताई, न 'विशाल भारत' में उनका पत्र छापा। जो लोग 'वर्तमान धर्म' का अर्थ जानने को उत्सुक थे, उन्हें निराला ने आश्वासन दिया : "साहित्यिक जन धैर्य धारण करें, उत्तर मैं उन्हीं के पास छपने के लिए भेज रहा हूँ। मैं अब तक इसी विचार से चुपचाप था कि आक्षेप हो चुकने पर उत्तर लिखूँगा।" सम्मतिदाताओं का मज़ाक़ उड़ाते हुए निराला ने लिखा : "वे और चतुर्वेदीजी बताएँ कि गणेशजी हाथी के आकार के होकर चूहे पर कैसे चढ़ते थे, कृष्णजी का गेंद क्या मलाई का लड्डू था जो कालियानाग ने पकड़ लिया? नाग गेंद क्यों लेगा? क्या कृष्णजी गेंद खेलते समय सूजा भी साथ ले गए थे या सूजा कालियानाग के घर में मिला था? क्या साँप भी बैल की तरह नाथा जाता है? या तो इनका मतलब समझाइए या प्रपितामहों की अक्ल के खिलाफ़ प्रोपगैंडा शुरू कीजिए। तब मैं भी समझूँ, आप दमदार आदमी हैं। मैंने इन्हीं का मर्म समझाया है, जो आप लोगों के स्निग्ध मस्तिष्क में नहीं प्रवेश कर सका। अब आप भी समझाइए। राय क्या लेते-देते हैं?"

निराला के वक्तव्य के साथ दुलारेलाल भार्गव का सम्पादकीय नोट छपा। निराला ने अपना लेख हमारे पास छपने को भेजा था, हमने कहा : 'विशाल भारत' भेजें। उन्होंने स्वीकार कर लिया। इस विवाद पर ज़रूरत समझेंगे तो हम अपने विचार आगामी किसी संख्या में देंगे।

'सुधा' का सम्पादन निराला ही कर रहे थे पर सम्पादकीय नीति निर्धारित करनेवाले थे दुलारेलाल भार्गव। 'वर्तमान धर्म' के इस विवाद में वह पड़ना न चाहते थे, विशेष रूप से इसलिए भी कि निराला के लेख को वह उतना ही समझे थे जितना बनारसीदास चतुर्वेदी। 'सुधा'-सम्पादक अपना दूसरा विवाह करना चाहते हैं, इसके लिए उन्होंने टाई बाँधकर बढ़िया फोटो खिंचाया है, उसे आर्ट पेपर पर छापा है—इस तरह की चर्चा हिन्दी साहित्यकारों में जहाँ-तहाँ मनोविनोद का साधन बनी हुई थी। निराला के मित्र नन्ददुलारे ने दुलारेलाल के ब्याह को लेकर 'भारत' में विनोद किया। निराला ने उन्हें लिखा कि वह यह सब न किया करें। वाजपेयीजी ने कहा, विवाह अवश्य एक व्यक्तिगत बात है पर दुलारेलालजी का विवाह तो बहुत-कुछ public interest की वस्तु हो गई है। फिर भी अब मैं उनके सम्बन्ध में कुछ ऐसी बात नहीं छपने दूँगा जिससे उन्हें कष्ट हो।

दुलारेलाल भार्गव को इसकी खबर न थी कि निराला उनका पक्ष लेकर नन्ददुलारे वाजपेयी से कुछ कह चुके हैं। बहरहाल इस आड़े समय 'सुधा' ने निराला का साथ न दिया। निराला अपना प्रत्युत्तर 'विशाल भारत' भेजते, यह भी सम्भव न था। जैसा उन्होंने अपने लेख के आरम्भ में कहा : "जिस 'विशाल भारत' ने मेरा एक छोटा-सा पत्र लिखने पर भी नहीं छापा, वह अपने प्रोपेगेंडा का उचित उत्तर क्यों छापेगा?"

निराला को लग रहा था, उनके साथ सरासर बेईमानी की जा रही है। वाद-विवाद में कतराने की बात न थी, सवाल यह था कि उनकी बात पाठक तक पहुँचे कैसे? वह जमकर उत्तर देना चाहते थे। इतने लोगों की सम्मतियाँ बटोरी गई थीं; लेख को विकृत मस्तिष्क की उपज कहा गया था। वह लेख कितना सार्थक है, वर्तमान धर्म के सम्बन्ध में उनकी मान्यताएँ कितनी सटीक हैं, यह सिद्ध करने के लिए परिश्रम से उन्होंने 'साहित्यिक सन्निपात' या 'वर्तमान धर्म' लेख तैयार किया। इसमें वैदिक मंत्रों की व्याख्या, पौराणिक रूपकों की आन्तरिक सार्थकता, शब्दों के गूढ़ अर्थों की मौलिक उद्भावना, नियोजित तर्कशृंखला, सब कुछ ऐसे बौद्धिक स्तर पर था जो हिन्दी के लिए नया था। उनकी टीका सही है या नहीं, इसके निर्णय के लिए उन्होंने 'समन्वय'-सम्पादक स्वामी माधवानन्द, लखनऊ विश्वविद्यालय में संस्कृत अध्यापक आद्यादत्त ठाकुर तथा लखनऊ के चार अन्य विद्वानों के नाम—रामदत्त शुक्ल, वासुदेवशरण अग्रवाल, सत्याचरण वर्मा और उमाशंकर वाजपेयी 'उमेश'—प्रस्तावित किये।

निराला की लेखमाला 'माधुरी' में प्रकाशित हुई। बनारसीदास चतुर्वेदी और उनके सम्मतिदाता दल ने कोई प्रतिक्रिया व्यक्त न की। निराला यदि उन्हें अपने लेख का अर्थ समझाना चाहते थे तो यह उनका विफल प्रयास था। 'विशाल भारत' के लिए यह सब बकवास थी, उसकी चर्चा करना समय का अपव्यय था। फिर भी निराला की गम्भीरता से उत्तर देने की नीति सही थी। जो लोग तटस्थ रहकर उनकी बात समझना चाहते थे, उन्हें सोचने-समझने के लिए बहुत सामग्री मिली। विचारधारा के संघर्ष में बहुत कम लोगों ने इतने धैर्य से विरोधियों को अपनी बात समझाने का प्रयत्न किया होगा। जो लोग 'वर्तमान धर्म' की शैली से असहमत थे, उन्होंने भी स्वीकार किया कि पौराणिक गाथाओं के बारे में निराला के विचार अत्यन्त तर्कसंगत हैं। इन लोगों ने निराला से एक स्वाभाविक प्रश्न किया—आपने 'वर्तमान धर्म' इतने सीधे ढंग से क्यों न लिखा? निराला ने उत्तर दिया—उतने कम में उतना अधिक इस तरह नहीं लिखा जा सकता था। मैं नहीं समझता था, हिन्दी की कुल रास लवाब है; मैं समझता था, हिन्दी में समझ वाला युग आ गया है; पर अब मेरा भ्रम दूर हो गया।

अच्छा होता, निराला विरोधियों की बातों पर ध्यान न देते; 'जुही की कली' या ऐसा ही कुछ लिखकर हिन्दी काव्य-साहित्य को समृद्ध करते। पर उनके लिए यह सम्भव न था। मस्तिष्क-विकार से सम्बन्धित प्रचार उनकी रोज़ी पर हमला था। कौन रखेगा ऐसे आदमियों को अपने यहाँ जिनका दिमाग़ ठीक न हो? निराला हिन्दी पाठकों की अदालत में हलफ़ उठाकर कह रहे थे, मुझे मस्तिष्क-विकार नहीं है, मैं ज़रायमपेशा लेखक नहीं हूँ। " 'विशाल-भारत' में हिन्दी के कुछ अच्छे लेखकों ने भी मुझ पर मस्तिष्क-विकार का दोष लगाया है। विज्ञ पाठकगण देखें, इसमें कोई बात विशृंखल, मस्तिष्क-विकार की परिचायिका है भी, या वह

पं. बनारसीदास चतुर्वेदी तथा उनके विचक्षण सम्मतिदाताओं के ही अपार पाण्डित्य का प्रदर्शन करती है।"

निराला ने बहुत संयत होकर उत्तर लिखा, पर सन् '32 की शरद में जब से सन्निपात आन्दोलन शुरू हुआ था, तब से लगभग छह महीने तक उनके मन की जो दशा थी, उसे वही जानते थे। अगली बरसात में उन्होंने 'सुधा' में नोट लिखा, बनारसीदास चतुर्वेदी की प्रोपेगेंडा-वृत्ति का विश्लेषण किया। पहले उग्र के बारे में लिखा : "चुभती सरल साहित्यिक भाषा 'उग्र' जी से अच्छी लिखने वाला हिन्दी में दूसरा नहीं। जिस साहित्यिक में इतने गुण हैं, हम चतुर्वेदीजी से पूछते हैं, आपने उसके खिलाफ़ ज़्यादा लिखा या तारीफ़ में?"

इसके बाद अपने प्रसंग में लिखा : "आपने पं. सूर्यकान्तजी त्रिपाठी 'निराला' के खिलाफ़ भी आन्दोलन किया। कभी रहस्यवाद का रास्ता नहीं देखा, उस पर चलने वाले के विरुद्ध अकड़कर खड़े हो गए। उससे पूछा भी नहीं कि यह जो लिखा है, इसका मतलब क्या है। बस, अपना प्रोपेगेंडा शुरू कर दिया, और जो लोग रहस्यवाद का 'र' तक नहीं जानते, उनकी सम्मतियाँ छापने लगे, आबाल-वृद्ध-वनिता सबकी रायें छापने की घोषणा कर दी, और बात की बात में एक भले-चंगे मनुष्य को पागल बना डाला। जब उसने, कैफ़ियत तलब की, प्रमाण-प्रयोगों से उत्तर दिया, प्रश्न किये, विषय पर उतरकर विवेचन कर लेने के लिए बुलाया, तब आप बगलें झाँकने लगे। यह सब इसलिए हुआ कि 'विशाल भारत' हिन्दी का सर्वश्रेष्ठ पत्र है, और उसके सम्पादक हिन्दी में सब सम्पादकों से अधिक उत्तरदायी। हम पूछते हैं, चतुर्वेदीजी ने श्रीयुत श्रीनाथसिंह जी के अपूर्ण लेख का तो छूटते ही जवाब लिख दिया, और जनता के मस्तिष्क से भ्रम का भी निराकरण कर दिया, पर 'निराला' जी के सम्बन्ध में उन्हें अभी तक कुछ लिखने की फुर्सत क्यों नहीं हुई, जब कि उत्तर पूरा पा चुके? उन्होंने इसके उत्तर पर किसी पुरस्कार की भी तो घोषणा की थी।"

बनारसीदास चतुर्वेदी निराला को तो 'सुधा' से नहीं निकलवा पाए पर नन्ददुलारे वाजपेयी को, बालकृष्णराव के पिता सर सी.वाई. चिन्तामणि पर ज़ोर डलवाकर 'भारत' से अवश्य निकलवा दिया। वाजपेयीजी बेकार हुए, नई धारा के एक प्रबल समर्थक का मुँह बन्द कर दिया गया।

आर्थिक कठिनाइयों के कारण विनोदशंकर व्यास ने 'जागरण' प्रेमचन्द को सौंप दिया। शिवपूजन सहाय भी बेकार हुए। प्रसाद, निराला, पन्त की रचनाओं से मंडित हिन्दी का यह अनुपम पाक्षिक अपने पूर्व साहित्यिक रूप में अस्त हो गया। अपने भाग्य पर हँसते हुए 'जागरण' के अन्तिम अंक में शिवपूजन सहाय ने लिखा : "हमारे खुरारविन्द की ऐसी महिमा है कि जहाँ जाते हैं, चापड़ कर डालते हैं। पहले-पहल 'मारवाड़ी-सुधार' का बंटाढार किया। फिर 'आदर्श' और 'उपन्यास-तरंग' का छत्रभंग किया। यदि 'बालक' और 'गंगा' को न छोड़ते, तो उन्हें भी ले बीतते। और, यदि 'जागरण' को प्रेमचन्दजी अपना पोसपुत्तर न बना

लेते, तो शायद इसकी भी ख़ैर न थी। पर अब किसी की मिट्टी खराब नहीं करेंगे। हमने बहुत से पापड़ बेले हैं, अब एकतारा लेकर केवल यही भजन गाया करेंगे :

अब लौं नसानी अब ना नसैहौं।
रामकृपा भव-निसा सिरानी, 'जागे' फिर न डसैहौं।

निराला ने दो सुहृदों की दशा देखी। मन संयत किया और अपना दूसरा उपन्यास लिखना आरम्भ किया।

गंगा पुस्तकमाला और 'सुधा'

निराला ने दूसरा उपन्यास लिखा : 'अलका'। उनका एक पैर 'अप्सरा' के कल्पना-लोक में था तो दूसरा गढ़ाकोला में। उन्होंने अपनी कथा-भूमि के लिए ऐसा गाँव चुना जिसमें शूद्रों की संख्या अधिक है, गरीब ब्राह्मण बकरियाँ चराते हैं, बकरियों के बच्चे कसाइयों के हाथ बेच देते हैं। अन्य ब्राह्मण खेती करते हैं। अलका और उसके पति विजय, दोनों के परिवार महामारी में नष्ट हो चुके हैं। ससुराल से गाँव जाते विजय को खबर मिलती है कि उसके घरवाले नहीं रहे। पत्नी का देहान्त नहीं होता पर वह घर में नहीं है, कहीं चली गई है। उपन्यास के आरम्भ में निराला ने गंगा में बहती लाशों का भयानक चित्र खींचा।

विजय और उसका मित्र अजित किसानों का संगठन करते हैं। दोनों बी.ए. पास हैं, एंट्रेंस में फेल होता है खलनायक मुरलीधर। विजय का दूसरा नाम प्रभाकर है, दिवाकर की तरह सूर्यकान्त का पर्याय। वह स्पोर्ट्स चैम्पियन है, यूरोप-रिटर्न्ड जज-पुत्र तेजनारायण को टेनिस में हरा देता है। खेलने से पहले यह ज़रूर कहता है, बहुत दिनों से अभ्यास छूटा हुआ है। विजय और अजित कुछ समय के लिए संन्यासी वेश भी धारण करते हैं। अजित इन्द्रजाल के करतब भी जानता है, गाँव की मनिहारिन उससे काफी प्रभावित होती है। अजित के पिता क्रोधी स्वभाव के हैं; क्रोध में आकर पुत्र को घर से निकाल देते हैं। अजित प्रचलित धर्म, ईश्वर, सामाजिक रस्म-रिवाज को नहीं मानता। उसका विचार है : 'ईश्वर की बातचीत खाते-पीते हुए सुखी मनुष्यों का प्रलाप है।' हवन में घी जलाना व्यर्थ है, ब्याहता स्त्री के लिए सेंदुर-चूड़ी आवश्यक नहीं हैं।

गाँववाले संगठित होते हैं, मार खाते हैं, टूटते हैं, अपने नेता विजय के ही खिलाफ़ गवाही देने खड़े हो जाते हैं। विजय जेल से छूटने पर गाँव न जाकर शहर में कुलियों का संगठन करता है। उसकी पत्नी को डिप्टी-कमिश्नर स्नेहशंकर के यहाँ आश्रय मिला है। वह खाते-पीते ज़मींदार हैं। उन्होंने किसानों की कमेटियाँ बनाकर उन्हीं के हाथ में सारे अधिकार सौंप दिये हैं। वह साहित्यकार भी हैं। हिन्दी के अलावा अंग्रेज़ी में भी किताबें लिखते हैं। अलका उर्फ शोभा को वह अंग्रेज़ी-हिन्दी की पूरी शिक्षा देते

हैं। उनकी कृपा से गाँव की वह अनाथ लड़की मोटर पर चढ़ी घूमती है, समाज के उच्चतम वर्गों के लोगों से उसकी मैत्री है। अलका और विजय फिर मिलते हैं। नाटक भी देखने जाते हैं; कथावस्तु का गठन, सम्पादकों की रुचि उन्हें पसन्द नहीं आती।

बुधुवा ने मार खाई। "प्रहार से पीठ फट गई, मुख से फेन बह चला, वहीं पृथ्वी की गोद में वह बेहोश हो लुढ़क गया।"

इसके साथ अनावृत मुख, शुभ्र कुन्दकलिका-सी निष्कलंक, तुषारहतवाष्पाकुल-कमलनेत्र, ज्योत्स्ना रात की स्निग्ध शुभ्रवसना, सरोज-दृग, पद्म-दृष्टि, पुलकित प्रवालोज्ज्वल आँखें, गुच्छों में खुली अधखुली किरणों की कलियों-सी युवती।

वसन्त के दिन आए। नये बौरों की गन्ध से निराला की अमराई महक उठी। हर वर्ण, हर गन्ध मनोहरादेवी की स्मृति से मन झकझोरने लगी। उन्होंने भाव-विभोर होकर गीत लिखा :

रँग गई पग-पग धन्य धरा।
हुई जग जगमग मनोहरा।

निराला का मन उमंगों से भरा था। वह साहित्य और समाज में कोई बड़ा काम करने की योजना बना रहे थे। समाज में क्रान्ति होगी तो उसका बीजारोपण पहले साहित्य में होगा। साहित्य का सबसे लोकप्रिय रूप नाटक है। हिन्दी में रंगमंच की दुर्दशा है। पारसी कम्पनियों के नाटक निहायत घटिया हैं। प्रसाद के नाटक निकाल दिये जाएँ तो आँसू पोंछने को भी कुछ न रह जायगा। सुमित्रानन्दन पन्त ने 'ज्योत्स्ना' नाटिका लिखी है। यह कल्पना के विराट पट पर अंकित एक भव्यतम रेखाचित्र है। परन्तु नाटकों की चरम सिद्धि यही है कि वे अभिनीत हों। निराला ने निश्चय किया कि वह एक नाटिका लिखेंगे, नाम होगा : 'ऊषा'। कुँवर चन्द्रप्रकाशसिंह, मंत्री 'ऊषा'-समिति, भार्गव मैजेस्टिक होटल, हीवेट रोड, लखनऊ की ओर से 'सुधा' में विज्ञप्ति प्रकाशित कराई। विज्ञप्ति में कहा गया :

'निराला हिन्दी में रंगमंच के अन्यतम विशेषज्ञ हैं। बीसियों बार वह कलकत्ते में हिन्दी और बँगला के रंगमंच पर उतरे हैं और प्रशंसनीय सफलता पाई है। इस नाटिका में उनके मुक्तछन्द की साधना फलवती होगी। वे स्वयं अपने अनुकूल ही किसी भूमिका में सामने आएँगे। कविवर पन्तजी ऊषा की भूमिका में उतरेंगे, कविवर प्रसादजी प्रारम्भिक गायन का प्रणयन करेंगे। नाटिका पहले लखनऊ में अभिनीत होगी। तारीख की सूचना बाद में दी जायगी। जनता और विद्यार्थियों को ध्यान में रखकर नाटिका बनारस, इलाहाबाद, कानपुर आदि नगरों में भी खेली जायगी।'

अभिनय में भाग लेनेवालों के नाम भी प्रकाशित कर दिये गए। दुलारेलाल भार्गव, मातादीन शुक्ल, उमाशंकर वाजपेयी, बलभद्रप्रसाद दीक्षित, रामेश्वर शुक्ल अंचल, रामरतन भटनागर 'हसरत', भगीरथप्रसाद दीक्षित आदि सोलह नाम—निराला और पन्त के अलावा।

इस योजना की एक विशेषता यह थी कि इसमें छायावाद के तीनों महाकवि सहयोग करनेवाले थे। प्रसाद प्रारम्भिक गायन रचते, पन्त अपनी भूमिका का निर्माण स्वेच्छानुसार करते। शेष नाटिका निराला लिखते। यह स्पष्ट नहीं था कि नाटिका में कबित्त छन्दवाला मुक्तछन्द रहेगा या उसके साथ पन्त के 'उच्छ्वास' वाला मात्रिक वृत्त भी रहेगा।

प्रसाद से सहयोग की प्रार्थना करते हुए निराला ने उन्हें लिखा : "पन्तजी के साथ मैंने निश्चय किया है, एक ड्रामा अच्छा-सा लिखकर खेला जाए...पन्तजी ऊषा का पार्ट खेलेंगे, शायद मुझे अनिरुद्ध बनकर उतरना पड़े। आज एक ठाकुर साहब बी.एस-सी., एल-एल.बी. बाण की भूमिका पूरी करनेवाले तगड़े मिल गए हैं। खेलनेवाले सभी साहित्यिक, चार-पाँच एम.ए. भी हैं। ऊषा का अंश मेरा लिखा होने पर भी पन्तजी इच्छानुसार सुधार कर लेंगे, ऊषा के गीत उन्हीं से लिखवाऊँगा। कुछ पात्रों की भाषा मेरे ब्लैंक वर्स में रहेगी, जैसे—अनिरुद्ध, बाण आदि की। मैं आपकी सहायता चाहता हूँ। आप अभी, मई तक opening song दीजिए, फिर अपर सहायता लूँगा। ऐसा ही लिखवाकर आपके नाम के साथ मैंने विज्ञापन कर दिया है, अर्थात् हम तीनों की मदद से नाटक तैयार हो रहा है। गुप्तजी से भी एक song लूँगा।"[1]

होता यह एक दिलचस्प प्रयोग जिसमें तीनों प्रमुख छायावादी कवि अपनी प्रतिभा का चमत्कार दिखाते। तीनों का सहयोग सम्भव है—यह सूझ निराला की थी। उनके निकटतम सहयोगी इस समय सुमित्रानन्दन पन्त थे जो ऊषा की भूमिका में उतरने को तैयार हुए थे। सारी योजना के सूत्रधार निराला थे। राष्ट्रकवि मैथिलीशरण गुप्त से भी एक गीत लेकर वह ऊषा को हिन्दी कवियों की प्रतिनिधि रचना बना देना चाहते थे। बाण का पार्ट खेलनेवाले ठाकुर साहब गोपालसिंह थे। शिक्षित युवकों के सहयोग से निराला हिन्दी रंगमंच को प्रतिष्ठित करने का स्वप्न देख रहे थे।

दुर्भाग्य से योजना कार्य-रूप में परिणत न की जा सकी। लेकिन निराला के मन में वह बहुत दिनों तक बनी रही और कई बार उसे सफल बनाने का प्रयत्न उन्होंने किया।

निराला ने लखनऊ में आसन जमा लिया था। हीवेट रोड पर भार्गव मैजेस्टिक होटल का एक कमरा उनका निवास और लखनऊ के साहित्यकारों का अड्डा था। यहाँ अपनी सुन्दर वेशभूषा में कवि सुमित्रानन्दन पन्त, निराला के अस्तव्यस्त कमरे और उनके ध्वस्त वेश की चिन्ता न करके, उनसे सस्नेह काव्य-चर्चा करते। निराला की कमर में दर्द होता, वह पेट के बल लेट जाते। पन्त से कहते, ज़रा कमर पर खड़े होकर पैरों से चाप दो। पन्त अपने कोमल चरणों से निराला की कठोर कमर चापते। फिर निराला हाथों के बल थोड़ा उठते। पैरों के पंजों पर ज़ोर देते। फिर उनकी कमर उठती और उस पर खड़े सुमित्रानन्दन पन्त ऊपर उठते चले जाते। निराला डँड़ लगाते।

पन्त कूदकर नीचे आ जाते। देखते, उनका बोझ उठाकर डँड़ लगाने से निराला का चेहरा नीला पड़ गया है।

पन्त राधा; निराला कृष्ण। निराला नाटिका लिखेंगे। पन्त ऊषा; निराला अनिरुद्ध।

नाटिका-समिति के औपचारिक संयोजक कुँअर चन्द्रप्रकाशसिंह दुबले, छरहरे, भक्त, वैष्णव, छात्रजीवन बिता रहे थे। निराला को उनके नाम के साथ 'कुँअर' शब्द बहुत अच्छा लगता था। कम-से-कम एक कुँअर उनका भी समर्थक था, जैसे कालाकाँकर के कुँअर सुरेशसिंह पन्त के समर्थक थे। वह उनके नाम का उच्चारण संस्कृत नियमानुसार 'चन्द्रप्रकाशसिंह' करते थे। कुँअर चन्द्रप्रकाशसिंह के पिता सीतापुर ज़िले में धनी किसान की हैसियतवाले कुँअर थे। एक अन्य कुँअर थे : गोपालसिंह बी.एस-सी., एल-एल.बी. बड़ी-बड़ी मूँछें, कुश्ती के शौकीन, निराला को ताज़ी ताड़ी पिलाकर बड़े मगन होकर उनसे शिवाजी का पत्र सुनते थे। बलभद्रप्रसाद दीक्षित कसमंडा राज्य में राजा के सेक्रेटरी थे। रियासती ठाठ छोड़कर उन्होंने खद्दर का कुर्ता, धोती-टोपी धारण की थी। सुन्दर गद्य लिखते थे, लड़कों के शिक्षण में मौलिक प्रयोग करते थे, अवधी में 'पढ़ीस' नाम से कुछ गम्भीर, कुछ व्यंग्यपूर्ण कविताएँ लिखी थीं। निराला ने उनके संग्रह की भूमिका लिखी। गंगा फाइन आर्ट प्रेस में वह छपा। दीक्षितजी की मूँछें काफी बड़ी थीं। जब उन्होंने सुना कि पन्तजी ऊषा का पार्ट खेलने में आनाकानी कर रहे हैं, तब उन्होंने निराला को आश्वासन दिया कि वह स्वयं मूँछ मुड़ाकर ऊषा का पार्ट करेंगे। वह राजपरिवारों की अनेक घटनाएँ निराला को सुनाते; इनके आधार पर निराला ने एकाध कहानी भी लिखी।

भार्गव मैजेस्टिक होटल के सामने की कोठी में निराला के मित्र हर्षवर्धन नैथाणी रहते थे। वह लेखक न थे, पर निराला-साहित्य के परम प्रशंसक थे। रामेश्वर शुक्ल 'अंचल' यूनिवर्सिटी में पढ़ रहे थे। कविताएँ लिखने लगे थे। उनके पिता मातादीन शुक्ल निराला के अभिन्न मित्र थे ही। निराला और अंचल ऊपर से मित्र थे, पर भीतर से दोनों में कहीं तनाव भी था। निराला ने 'सुधा' में चंचलजी होनहार महाकवि का खाका खींचा, उन्हें एक कोरस, गधों के गीत का रचयिता दिखाया :

मा हम तेरे बाहन बिशाल—
तेरे मृदंग के चार ताल।

सुमित्रानन्दन पन्त के निकट सम्बन्धी गिरीशचन्द्र पन्त, सुन्दर तेजस्वी युवक 'अनंग' नाम से कविता करते थे। रामरतन भटनागर 'हसरत' निराला के मित्रों में सबसे छोटे आकार के, कुछ हिन्दी के कवि, कुछ उर्दू के, कुछ विज्ञान के छात्र, कुछ साहित्य के, निराला के परम स्नेहपात्र, कालिका भंडार के रसगुल्लों पर अपना विशेष अधिकार समझते थे। कवयित्री चकोरी के पति लक्ष्मीशंकर मिश्र 'अरुण', वर्तमान धर्म की सार्थकता में विश्वास करनेवाले ब्रजभाषा के कवि संस्कृतज्ञ उमाशंकर वाजपेयी 'उमेश' आदि अनेक युवकजन भार्गव मैजेस्टिक में जमते, निराला के साथ हीवेट रोड, लाटूश रोड या शहर के बाहर गोमती के किनारे घूमते दिखाई देते।

निराला के अधिकांश नये मित्र युवक थे पर सभी युवकों का व्यवहार उन्हें पसन्द न था। एक रात वह एलफिंस्टन पिक्चर पैलेस में दुलारेलाल भार्गव के साथ

'मिस 1933' देखने गए। सेकेंड शो था, फिर भी बड़ी भीड़ थी। महिलाएँ थीं, अनेक प्रतिष्ठित व्यक्ति थे, फिर भी लड़के आवाज़ाकशी, खिड़कियों पर धक्का-मुक्की कर रहे थे। एक रुपये और दो रुपये के टिकटवालों के लिए हाल में जाने का दरवाज़ा एक ही था। इस दरवाज़े पर बेहद भीड़ थी। दुलारेलाल के साथ निराला दूसरे बन्द दरवाज़े के पास पहुँचे और बोले—दूँ एक लात् जो दरवाज़ा फट जाय, फिर जो होगा, होगा। दुलारेलाल ने उन्हें रोका। दो रुपयेवाले टिकट वापस करके कन्सेशन में तीन रुपयेवाले टिकट लिये और तब ज़ीने से ऊपर जाकर तमाशा देखा।

निराला युवकों को बार-बार ललकार रहे थे कि वह सामाजिक रूढ़ियों को तोड़ें, किसानों में जाकर शिक्षा-प्रचार करें, डिगरियों के पीछे न पड़ें। उन्होंने धर्म की व्याख्या करते हुए लिखा : "वीरो, छोटों को अपने बराबर कर लेने से बड़ा धर्म और कौन-सा है? जो बड़ा है, वही दूसरों को विद्या देकर, धन देकर, सहानुभूति देकर अपने बराबर कर सकता है। जो स्वयं छोटा है, वह क्या करेगा ?...इसलिए तोड़कर फेंक दीजिए जनेऊ, जिसकी आज कोई उपयोगिता नहीं, जो बड़प्पन का भ्रम पैदा करता है, और समस्वर से कहिए कि आप उतनी ही मर्यादा रखते हैं, जितनी आपका नीच-से-नीच पड़ोसी, चमार या भंगी रखता है।" इस तरह की क्रान्तिकारी बातें उस समय केवल 'सुधा' में प्रकाशित होती थीं। निराला का मन रचनात्मक उत्साह से भरा था। उन्होंने स्वामी सारनदान्द से अपनी मुलाकात का वृत्तान्त लिखा, उनके प्रभाव से जो सपने देखे, उनका चित्रमय वर्णन किया। ज्योतिर्मय समुद्र, श्यामा की बाँह पर मस्तक, वह लहरों में हिल रहे हैं। रामायण के कुछ अंशों की टीका की, 'सुधा' में व्यंग्य-विनोद लिखा, कई कहानियाँ लिखीं।

इस वर्ष इलाहाबाद में महावीरप्रसाद द्ववेदी का भव्य अभिनन्दन हुआ। महामना मदनमोहन मालवीय और गंगानाथ झा ने द्विवेदीजी का सम्मान किया। द्विवेदीजी ने सम्मान के उत्तर में भाषण किया, भावुकतापूर्ण, विनोदपूर्ण। "आपने कहा होगा—बूढ़ा है, कूलद्रुम है, आधिव्याधियों से व्यथित है, नि:सहाय है, सुत-दारा और बन्धु-बान्धवों से रहित होने के कारण निराश्रय है। लाओ, इसे अपना आश्रित बना लें।" गुरु का अभिनन्दन देखने निराला भी पहुँचे। किसी ने उनसे भाषण देने को न कहा। यह उनका अपमान है, इसका उन्हें ध्यान न रहा। उनका कवि-हृदय वृद्ध आचार्य में हिन्दी-सेवा को मूर्तिमान देख रहा था। वह उस दिन कैसे भव्य लगते थे! कभी उनके मुखमंडल पर वृहस्पति का पांडित्य प्रतिबिम्बित हो उठता था, कभी स्वयं सरस्वती की प्रतिमा। सहस्रों साहित्य-सेवियों के बीच वह भोले-भाले, दम्भहीन, विनयनील महापुरुप हीरे की तरह चमक रहे थे। हिन्दी भाषा के सर्वश्रेष्ठ सम्पादक, समालोचक और लेखक हैं, आधुनिक हिन्दी के निर्माता हैं, विधाता हैं, राष्ट्रभाषा हिन्दी के मूर्तिमान स्वरूप हैं।

निराला ने 'सुधा' में द्विवेदीजी के अभिनन्दन पर एक अत्यन्त भावुकतापूर्ण नोट लिखा।

उधर काशी में कुछ साहित्यकारों ने जवाहरलाल नेहरू का सम्मान किया। निराला पर इसकी प्रतिक्रिया बिलकुल उलटी हुई। काशी की रत्नाकर-रसिक मंडल नाम की संस्था ने नेहरू को मानपत्र दिया। उत्तर में उन्होंने कहा : "हिन्दी में अभी तक दरबारी ढंग की कविता होती है, स्वराज्य होने पर सरकार का फर्ज होगा कि तीन-चार सौ अच्छी-अच्छी पुस्तकें दूसरी भाषाओं से हिन्दी में अनुवादित कराये।"

उस सभा में रामचन्द्र शुक्ल, जयशंकर प्रसाद, कृष्णदेवप्रसाद गौड़ आदि काशी के साहित्यकार मौजूद थे। जवाहरलाल नेहरू ने अपने साहित्य-सम्बन्धी अज्ञान पर खेद प्रकट करने के बदले हिन्दीवालों को उपदेश देना शुरू किया। निराला बारह साल से काव्य-साधना कर रहे थे, यह सुनने के लिए कि हिन्दी में दरबारी कविता का बोलबाला है!

निराला ने 'सुधा' में, संयत भाषा में, पर चोट करनेवाला, नोट लिखा : "पं. जवाहरलालजी उस जगह रहते हैं, जहाँ हिन्दी-साहित्य-सम्मेलन है, जहाँ की केवल 'सरस्वती' हिन्दी-साहित्य का बहुत-कुछ युगान्तर इतिहास कह सकती है। पर पंडितजी को राष्ट्र के निर्माणोद्देश में इतनी तल्लीनता रही कि राष्ट्रभाषा की कभी याद भी न हुई—उसकी शिक्षा राष्ट्र के लिए आवश्यक प्रतीत हुई ही नहीं। हमारे विचार से, राष्ट्र के लिए निकली हुई पंडितजी की जो प्रतिभा राष्ट्रभाषा के सेवकों को समझ में कम आई है, वही अगर राष्ट्रभाषा के रूप से कुछ पुस्तकों में निर्गत हो, तो साहित्यिक अच्छी तरह समझ जाएँगे, पुन: पंडितजी को भी मालूम हो जायगा, जिन्हें वह कुछ देना चाहते हैं, उन्हीं से प्राप्त करने की गुंजायश है, और राष्ट्र के मैदान में वह अपने को उनसे कितने आगे समझते हैं, राष्ट्रभाषा के मैदान में वे उनमें और दूर तक पहुँचे हुए हैं या नहीं।"

निराला ने हिन्दी-प्रेमियों को सावधान किया कि अपमान से बचना हो तो इस सत्य को याद रखो—जो दूसरों को बड़ा मानता है, वह दूसरे से छोटा समझा जाता है।

जवाहरलाल नेहरू के बारे में दो ही वर्ष पहले निराला ने 'सुधा' में लिखा था : "वह नम्र तथा स्फटिक की तरह स्वच्छ हैं, और उनकी सत्यवादिता सन्देह के परे है। उनके हाथों से जाति के स्वार्थ की किसी प्रकार हानि नहीं हो सकती।" अब वह हिन्दी-प्रेमियों की ओर से, हिन्दी की सम्मान-रक्षा के विचार से उन्हीं जवाहरलाल नेहरू को चुनौती दे रहे थे। नेहरू की तरफ़ निराला की निगाह केवल हिन्दी-साहित्य के प्रति उनके अज्ञान-प्रदर्शन के कारण न बदली थी। वह सारे कांग्रेसी नेतृत्व को संशय से देखने लगे थे। सन् '33 भारतीय राजनीति और हिन्दी-साहित्य में व्यापक परिवर्तन का वर्ष था। सन् '30 में स्वाधीनता-आन्दोलन के दूसरे उभार के समय जो उत्साह, जो उमंगें जनता के मन में उठी थीं, वे चूर हो गई थीं। कांग्रेसी नेतृत्व स्वाधीनता की लड़ाई चलाने के बदले साम्राज्यवाद से सुलह-समझौते की बातें कर रहा था। कांग्रेस के अन्दर ज़मींदार और पूँजीपति एक ओर जनता का शोषण करते थे, दूसरी ओर उसे सत्य और अहिंसा के मोहक उपदेश दे रहे थे। हिन्दी कथा-साहित्य

में एक नया यथार्थवाद जन्म ले रहा था जिसकी विशेषता यह थी कि वह पूँजीवादी नेतृत्व की ढुलमुल नीति की भी खरी आलोचना करने लगा था। प्रेमचन्द 'ग़बन' और 'गोदान' में इस आलोचना को बहुत स्पष्ट रूप दे रहे थे। कांग्रेस के अन्दर वामपक्ष संगठित हो रहा था, स्वाधीनता-आन्दोलन के साथ समाजवादी विचारधारा का सम्बन्ध दृढ़ होता जा रहा था। छायावाद के अग्रणी जयशंकर प्रसाद 'कंकाल' से भिन्न विचारभूमि पर 'तितली' लिख चुके थे। निराला सन् '29-30 से ही समाज में व्यापक क्रान्ति की आवश्यकता पर ज़ोर दे रहे थे। सन् '23-24 में वह समाजवादी विचारधारा से प्रभावित होकर विप्लव के बादल का आह्वान कर चुके थे। सन् '33 की परिस्थितियों में कांग्रेसी नेतृत्व को संशय से देखना उनके लिए बिलकुल स्वाभाविक था। उन्हें स्वाधीनता-आन्दोलन की कमज़ोरियों का ऐसा प्रत्यक्ष ज्ञान था, जैसा हिन्दी में बहुत कम लेखकों को था। उनकी तरह गाँव के निम्नतम जनों से दृढ़ भाईचारा न किसी लेखक ने कायम किया था, न राजनीतिज्ञ ने। इसीलिए वह जवाहरलाल नेहरू से कह सकते थे, जिन्हें आप कुछ देना चाहते हैं, ज़रा देखिए तो, उन्हीं से प्राप्त करने की कितनी गुंजाइश है!

हीवेट रोड पर भार्गव मैजेस्टिक होटल के सामने फुटपाथ पर एक पगली भिखारिन बैठी रहती थी। साँवला रंग, मैले-कुचैले वस्त्र, गोद में एक बच्चा, उम्र 25-26 से ज़्यादा न होगी, पर लगती थी चालीस की। पानी बरसने पर वह पीछे की कोठी के बरामदे में चली जाती थी जिसमें निराला के मित्र हर्षवर्धन नैथाणी रहते थे। निराला को पगली की बड़ी चिन्ता रहती थी। उनके कहने से होटल का नौकर संगमलाल बचा-खुचा अन्न उसे दे आता था। पर संगमलाल का कहना था, पहले यह हिन्दू थी, बाद को मुसलमान हो गई; उसका बच्चा भी किसी मुसलमान का है।

पगली गूँगी थी। लड़के उसे छेड़ा करते थे। निराला जब-तब आकर उन्हें भगा देते थे। वह उसे स्वयं पैसे देते थे, मित्रों से दिलाते थे। रात को बदमाश उसके पैसे छीन ले जाते थे। लोगों ने उड़ा रखा था, उसके पास बड़ा धन है जिसे उसने मिट्टी में गाड़ रखा है। एक सज्जन को मसखरी सूझी, उससे दो रुपये उधार माँगने पहुँचे। पगली ने कमर से तीन पैसे निकालकर उनकी ओर बढ़ा दिये।

एक दिन पानी बरस रहा था। पगली बरामदे में बच्चे को सुलाकर कहीं चली गई थी। निराला अपने मित्रों के साथ ताश खेल रहे थे। बच्चा बरामदे से लुढ़ककर नीचे आ गिरा। उसका रोना सुनकर साथी खिलाड़ी उठे नहीं। बोले—जान पड़ता है, पगली है नहीं, कहीं गई है। होटल में रहनेवाले एक धनी सज्जन ने संगमलाल को आवाज दी—देख रे, पगली कहीं हो तो बुला दे।

निराला को जैसे किसी ने गरम लोहे से दाग दिया हो। वह ताश फेंककर उठे और दौड़कर बच्चे को उठा लिया। एक मित्र ने चेतावनी दी—वह गन्दा है, गू में पड़ा रहता है। उसकी बात पर ध्यान न देकर निराला बच्चे को गोद में लेकर हिलाने लगे। बच्चा थोड़ी देर में चुप हुआ और सो गया।

एक रात जब जोर की ठंढ थी, निराला ने सड़क पर कूँ-कूँ की आवाज सुनी। होटल के बोर्डर, नौकर-चाकर सब सो गए थे, केवल निराला जग रहे थे। निकलकर बाहर आए। देखा, ज़मीन पर ओस से भीगी कथरी है, उस पर एक पतला कम्बल ओढ़े पगली लेटी है। हाथ छेदनेवाली हवा से ठिठुरकर कूँ-कूँ कर रही है। निराला ने सोचा—यह कम्बल इसे पड़ोस के बंगाली परिवार ने दिया होगा; उस घर की महिलाएँ बड़ी भली हैं, कभी-कभी पगली के बच्चे के लिए अंग्रेज़ी ढंग के फ्राक दे देती हैं। पतला कम्बल जाड़ा दूर करने को काफी न था। निराला के पास जो ओढ़ना था, वह उन्हीं के लिए कम था। उनका बड़ा कुर्ता ढीला होने पर भी मथुरा नाम का नौकर पहनकर सोता था। उनकी एक धोती अपनी धोती से मिलाकर संगमलाल ओढ़ता था। राखी बाँधकर किसी महाराज ने कम्बल माँगा था, निराला दे न पाए थे। ईश्वर ने मुझे केवल देखने के लिए पैदा किया है—यह सोचकर दुखी मन से वह लौट आए।

कुँअर चन्द्रप्रकाश सिंह के मामा निराला से पगली का हाल सुनकर एक सुन्दर-सा कम्बल ले आए। निराला ने कम्बल वापस करके एक मोटी रज़ाई ले आने को कहा। एक दिन वह पगली को रजाई उढ़ा आए।

होटल के मैनेजर के व्यवहार से विद्यार्थी असन्तुष्ट थे। होटल छोड़कर चले गए। होटल टूटने की नौबत आ गई। निराला ने नारियलवाली गली में किराये पर मकान लिया और वहाँ आकर रहने लगे। एक दिन हर्षवर्धन नैथाणी ने आकर निराला को बताया—पगली अस्पताल भेज दी गई। डाक्टर का कहना है, उसे डबल निमोनिया हो गया है। बचेगी नहीं। उसका बच्चा 'श्री दयानन्द अनाथालय' भेज दिया गया है। पगली बच्चे को छोड़ती न थी। पगली को ले जानेवाले एक्के की बगल से निकलती हुई मोटर के धक्के से एक स्वयंसेवक के पैर में सख्त चोट आ गई है, इसी ने सबसे पहले गन्दगी से न डरकर पगली को उठाया था।

निराला ने पगली भिखारिन पर एक कहानी लिखी : 'देवी'। यह बिलकुल नये ढंग की कहानी थी जिसमें अपने या किसी नायिका के भव्य चित्र बनाने के बदले उन्होंने पगली के दैन्य और उसके संघर्ष का चित्रण किया। उसके पार्श्वभाग में पहले स्वयं खड़े होकर अपने ऊपर व्यंग्य किया, फिर गोरी फौज से लेकर समाज के धर्मपतियों तक का सारा मुलम्मा उतार दिया। "बारह साल तक मकड़े की तरह शब्दों का जाल बुनता हुआ मैं मक्खियाँ मारता रहा"—यहाँ से शुरुआत की। फाकेमस्ती में वह परियों के ख्वाब देखते रहे। वह सोचते थे, साहित्य को नरक से स्वर्ग बना रहे हैं। फल उलटा हुआ। उनकी दुनिया उनसे दूर होती गई। अब उन्हें लगता है, वह दुनिया एक लाश है जिसे वह मौत के बाद दूसरे लोक से देख रहे हैं। मित्र निराला को देखकर हँसते हैं, उनकी कविता खुराफात है, उसे छोड़कर रति-शास्त्र और बनिता-विनोद पर किताबें लिखनी चाहिए। बगल में 'चौरासी आसन' दबाये बीवी के हाथ में 'सीता', 'सावित्री' देनेवाले कहते हैं, निराला ने भारतीय

संस्कृति को बिगाड़ा है। लोग बड़प्पन देखते हैं। बड़ा राज्य, बड़ा ऐश्वर्य, बड़े पोथे, तोप, तलवार, गोले-बारूद, बन्दूक-किर्च, रेल-तार, जंगी जहाज़, टारपीडो, माइन, सबमेरीन, गैस, पल्टन, पुलिस, अट्टालिका, उपवन—जिससे कि छोटे समझें, वे कितने छोटे हैं! चन्द्र-सूर्य से लेकर ब्रह्मा-विष्णु-महेश तक ईश्वर के यहाँ भी छोटे-बड़े का हिसाब लगा हुआ है।

बड़े होने के खयाल से ही निराला की नसें तन गईं, नाममात्र के अद्भुत प्रभाव से आरामकुर्सी पर रीढ़ सीधी करके वह बैठ गए। "सड़क की तरफ़ बड़े गर्व से देखा, जैसे कुछ कसर रहने पर भी बहुत-कुछ बड़ा आदमी बन गया होऊँ।" तभी उनकी निगाह सड़क पार फुटपाथ पर पगली की ओर गई। प्रकृति की मारों से लड़ती हुई यह मुरझा गई थी, फिर भी लड़ रही थी। "उसे देखते ही मेरे बड़प्पनवाले भाव उसी में समा गए, और फिर छुटपन सवार हो गया।"

निराला को कोई बड़ा आदमी परास्त न कर सकता था। दूसरों को बड़प्पन जताते देखकर उनका अहंकार सुरसा के सामने महावीर के समान विराट रूप धारण करता था। पर यहाँ अहंकार का नाम न था। वह बड़े भी हो जाएँ पर इस स्त्री के लिए कोई उम्मीद न थी। निराला सोचने लगे—इसकी किस्मत पलट नहीं सकती। सहते-सहते अब दुख का अस्तित्व इसके पास न होगा। पेड़ की छाँह या खाली बरामदे में, दोपहर की लू में, एकटक कभी-कभी आकाश को देख लेती होगी। उसके बच्चे की हँसी शायद उस समय उसे ठंढक पहुँचाती हो! आज तक कितने वर्षा-शीत-ग्रीष्म इसने झेले हैं, पता नहीं! लोग नेपोलियन की वीरता की प्रशंसा करते हैं; पर यह कितनी बड़ी शक्ति है, कौन सोचता है!

निराला का अहंकार चूर हो गया। "मेरी बड़प्पनवाली भावना को इस स्त्री के भाव ने पूरा-पूरा परास्त कर दिया।" परी की बात वह अब भी सोच रहे थे, लेकिन दूसरे ढंग से। "ऊपर के धुएँ के नीचे दीपक की शिखा की तरह पगली के भीतर की परी इस संसार को छोड़कर कहीं उड़ जाने की उड़ान भर रही थी।"

हीवेट रोड पर नेता का जुलूस निकला। हज़ारों आदमी इकट्ठे हुए, जय-जयकार से आकाश गूँज उठा। भीड़ में पगली का बच्चा कुचल गया और रो उठा। नेता दस हज़ार की थैली लेकर गरीबों का उपकार करने चले गए।

रामायणी समाज के भक्तगण पाठ सुनने के बाद पगली के पास से गुज़रते हुए कहते हैं : कर्म के दंड हैं; सकल पदारथ हैं जग माहीं, कर्महीन नर पावत नाहीं।

हीवेट रोड पर हिन्दू-मुसलमान, बड़े-बड़े पदाधिकारी, राजा, रईस पगली को देखते हुए निकल जाते। निराला समझ गए, इन्हें अपने को देखने-दिखाने की आदत पड़ गई है, ये दूसरों की तसवीर देखते हैं, भाव नहीं। "ज़िन्दा को मुर्दा और मुर्दा को ज़िन्दा समझना भ्रम भी है और ज्ञान भी।" ये नेता, ये भक्ति और देश-भक्ति का प्रदर्शन करनेवाले लोग मुर्दा हैं। इन्हें पगली में महाशक्ति नहीं दिखाई देती, उसके बच्चे में भारत का सच्चा रूप केवल निराला देखते हैं।

सड़क पर गोरी फौज का प्रदर्शन हुआ। सिपाही दर्प से पृथ्वी को दहलाते हुए चले। निराला के लम्बे बाल देखकर वे हँसते थे। पगली उन्हें देखकर हँसती थी। "मैंने सोचा, मेरा बदला इसने चुका लिया।" गोरों से ही नहीं, पगली के माध्यम से निराला ने भारतीय संस्कृति के उपासकों, नेताओं और प्रदर्शनकारियों से भी बदला चुका लिया।

निराला ने शब्दों के ऊपर से छायावादी रंगीनी धो दी थी। सीधे-सादे शब्द नये अर्थ से दमक उठे। 'वर्तमान धर्म' के गूढ़ व्यंग्य के बदले उन्होंने ऐसी वक्रोक्तियों का सहारा लिया कि दंडी-पाखंडी तिलमिला उठें। निराला ने यह सिद्ध करते हुए कि उनका व्यावहारिक वेदान्त क्रान्तिकारी है, कहानी का नाम रखा : 'देवी'। कहानी 1 फरवरी, सन् '34 की 'सुधा में प्रकाशित हुई। वे जो निराला की दुरुह कल्पना से परेशान थे, उनके मस्तिष्क-विकार का ढोल पीटकर उन्हें साहित्य के मैदान से खदेड़ने का भागीरथ प्रयास कर चुके थे, चुप रहे मानो 'देवी' जैसी कहानियाँ रोज़ पत्रिकाओं में छपती हों, अथवा यह भी निराला की नई बकवास हो जिस पर ध्यान देना समय का अपव्यय हो!

निराला ने इसी मनोदशा में दूसरी कहानी लिखी : 'चतुरी चमार'। न कोई कथानक, न कोई घटनाक्रम का ऊहापोह। गाँव के चतुरी और निराला—यही दो पात्र, पर इन्हीं दो को और उनके परिवेश को लेकर निराला ने सन् '30-33 के भारत की झलक दिखा दी—वह भारत, जो हज़ार साल के सामन्ती चौखटे को तोड़ने के लिए हाथ-पैर फेंकने लगा था। भाषा में वही वक्रता।

चतुरी का घर गढ़ाकोला में उस जगह था जहाँ निराला, रामसहाय और सिधारी पंडित के मकान के पिछवाड़े पनालों का, बरसात और दिन-रात का, शुद्धाशुद्ध जल बहा करता था। उम्र में वह निराला के चाचा से कुछ ही छोटा था पर चमार होने से वह निराला का भतीजा था! वह कबीर के पद गाता था, अर्थ करता था। निराला ने चरस मँगाकर अपने दरवाज़े बैठक लगवाई। निराला ने चतुरी-पुत्र अर्जुन को पढ़ाना शुरू किया, चतुरी उनके लिए बाज़ार से गोश्त ले आता था। "गोश्त आने लगा। समय-समय पर लोध, पासी, धोबी और चमारों का ब्रह्मभोज भी चलता रहा।" किसानों और ज़मींदार के संघर्ष की कहानी निराला ने इस रेखाचित्र में लिख डाली।

इसके भी प्रकाशित होने पर 'वर्तमान धर्म' के आलोचकों ने कोई प्रतिक्रिया व्यक्त न की। निराला ने उसी रंग में महिषादल में राजा के अत्याचार याद करके पुजारी ब्राह्मणवाली घटना पर कहानी लिखी—राजासाहब को ठेंगा दिखाया।

नेताओं का काम है दूसरों को उपदेश देना। दूसरे क्या कर रहे हैं, वे यह नहीं देखते। उनके भक्त सम्पादक और पत्रकार भी इसी नीति पर चलते हैं। 'देवी' के प्रकाशन के दो महीने बाद बनारसीदास चतुर्वेदी ने 'विशाल भारत' में हिन्दी लेखकों को उपदेश दिया कि उन्हें अपना साहित्य जनसाधारण के लिए लिखना चाहिए। निराला ने 'सुधा' में लिखा, कला का उत्कर्ष जनसाधारण के अहित के लिए नहीं

होता, उन्हें ऊपर उठाता है; फिर यदि श्रमिक जनता के पक्ष पर ही ज़ोर हो "तो क्या आप कह सकते हैं कि हिन्दी के आधुनिक कलाकारों का उधर ध्यान नहीं गया? आप जो इस भाव की धारा को हिन्दी में बहाना चाहते हैं, क्या आपको हिन्दी का आधुनिक साहित्य देखकर यह समझने का समय नहीं मिला कि यह धारा हिन्दी में नये युग के प्रारम्भ से बह रही है?"

दूसरों की सम्मतियाँ छापना आसान है; काव्य-साहित्य पढ़कर यह तै करना, इतना जनसाधारण के लिए है, इतना असाधारण के लिए, कष्टसाध्य है। 'विशाल भारत' चुप रहा।

साहित्य-सम्मेलन के प्रान्तीय, अखिल भारतीय अधिवेशनों में कांग्रेस के छोटे-बड़े नेताओं की माँग बढ़ रही थी। कुछ कर्णधार यह समझते थे कि कांग्रेस अखिल भारतीय संस्था है; सम्मेलन में इसके नेता आएँगे तो हिन्दी बहुत जल्दी राष्ट्रभाषा बन जायगी। नेता आकर सबसे पहले हिन्दी-साहित्य के दिवालियेपन का राग अलापते, पत्रकार सम्पादकीय स्तम्भ में ठेका देते। जौनपुर के ज़िला साहित्य-सम्मेलन में सभापति-पद से सम्पूर्णानन्द ने हिन्दी कविता की आलोचना करते हुए कहा—संस्कृत शब्दों के समूह और ऊट-पटांग छन्दों से भावों के अभाव को मिटाने का काम लिया जाता है, और जो लोग गम्भीर विचार नहीं कर सकते, उनसे पर्याप्त साधुवाद भी प्राप्त हो जाता है। अंग्रेज़ी और बँगला के मुकाबले हिन्दी की दरिद्रता के लिए लेखकों और कवियों को फटकारते हुए उन्होंने कहा : "महाकवि टेनिसन 'चार्ज आफ दि लाइट ब्रिग्रेड' भी लिख सकता था। रविबाबू ने बंगाल के पुराने आन्दोलन के समय स्वर्गीय शक्ति-युक्त कविता की रचना की है। उनके :

यदि तोर डाक सुने केओ ना आसे,
तबे एकला चलो, एकला चलो, एकला चलो रे—

ने लाखों हृदयों में जान फूँक दी है। उसके जोड़ की हिन्दी-रचना कहाँ है?"

'सरस्वती' ने ठेका दिया, हिन्दी कविता में दरअसल कुछ नहीं है। निराला ने 'सुधा' में जवाब दिया। ज़िला सम्मेलन के सभापति और 'सरस्वती'-सम्पादक पर फुलझड़ियाँ छोड़ते हुए कहा : "तब तक, हाय-हाय न करके, आप ही लोग कुछ कदम आगे क्यों न बढ़ें—ज़रा चाल तो देखी जाय कि नेताओं के पदों की ताल पर कैसी तुलती है, फिर न हो, गुप्तजी से वैसा ही कुछ करके दिखाने के लिए ज़ोर लगाया जायगा।"

निराला की कहानियाँ एक संग्रह-भर को हो गई थीं। दुलारेलाल भार्गव ने कहानी-संग्रह छापने का वादा किया। निराला ने नाम रखा : 'लिली' और उसे 'प्रिय श्री दुलारेलालजी के दक्षिण यशोवर्धन साहित्य-कर को' समर्पित किया। एक संग्रहभर को उनके निबन्ध हो गए थे। 'पन्तजी और पल्लव' तथा 'सुधा' में प्रकाशित अपनी कुछ टिप्पणियों को मिलाकर 'प्रबन्ध पद्म' तैयार किया। संग्रह लायक गीत भी हो

गए थे। दुलारेलाल ने 'गीतिका' छापने का भार लिया, निराला से गीतों का अर्थ भी लिख देने को कहा। साधारण पाठकों के लिए निराला ने गद्य में 'महाभारत' लिखने की योजना बनाई। 'ऊषा' नाटिका लिखनी थी, एक उपन्यास और लिखेंगे : 'उच्छृंखल'। इसमें नायक प्रचलित उपन्यासों के नायकों से सब काम उलटे करेगा। उन्होंने एक नये उपन्यास के कुछ अध्याय लिख भी डाले पर यह 'उच्छृंखल' न था। इसका नाम था : 'निरुपमा'। बंगाली लड़की, उसका प्रेमी हिन्दुस्तानी युत्रक, ज़िला उन्नाव का रहनेवाला, रूढ़ियों को तोड़नेवाला, बूट पालिश करके श्रन के महत्त्व का आदर्श प्रतिष्ठित करता है, डी.लिट्. है, इत्यादि।

सन् '33-34 में निराला गीत, कहानियाँ, उपन्यास, सम्पादकीय लेख—बड़े वेग से लिखते चले जा रहे थे। गंगा पुस्तकमाला में ज़रा-सा सहारा मिलते ही उनकी सरस्वती जैसे एकबारगी मुखर हो उठी थी। फिर भी उनकी प्रगति में बार-बार झटके लग रहे थे, समतल भूमि पर सरपट भागने जैसी बात न थी। इतना बड़ा आन्दोलन हुआ, फिर भी निराला का लिखना बन्द न हुआ; उलटा और तेज़ी से लिखता जा रहा है और इसे अपनी किताबें छापनेवाला भी मिल गया है—यह सोच-सोचकर उनके विरोधी कुढ़ रहे थे। पर निराला के दो-एक समर्थक भी खूब उदात्त स्वर में उनकी प्रशंसा करने लगे थे।

नलिन विलोचन शर्मा ने निराला की प्रशंसा में एक लेख लिखा, जैसा अब तक किसी ने न लिखा था। उन्होंने 'वर्तमान धर्म' और 'पन्तजी और पल्लव' की प्रशंसा की, इस बात पर खेद प्रकट किया कि 'अप्सरा' की आलोचना नहीं हुई। कविता में हरिऔध की तरह प्रेमचन्द आउट-आफ-डेट हो गए हैं। 'अप्सरा' नाम ही सुन्दर है; नाम का माहात्म्य कम नहीं होता। प्रसाद के 'कंकाल' में पात्रों की भाषा कृत्रिम है। निराला के पात्रों की भाषा स्वाभाविक है। हार्डी के पात्र आदर्श चरित्र नहीं हैं, इसलिए उसे नोबेल प्राइज नहीं मिला। 'उग्र' के 'चाकलेट' में यही कमी है; उसे पढ़कर लगता है, हम नरक में आ गए हैं। यह आदर्शवाद ही निराला को औपन्यासिकों में अग्रगण्य बनाने को काफी है। हिन्दी साहित्य भी अब विश्व-साहित्य के योग्य वस्तुएँ सृजन करने लगा है। निराला जानसन की तरह कर्मठ और अध्यवसायी, लार्ड बायरन से उद्भट प्रत्यालोचक, कीट्स और टैगोर की तरह सुकवि और टाल्स्टाय, ह्यूगो और शॉ की तरह निर्भीक, उत्क्रान्तिकारी औपन्यासिक हैं।

किसी ने इंग्लैंड और यूरुप के इतने नाम एक साथ जोड़कर अब तक निराला की प्रशंसा न की थी। निराला अपने बारे में जितना सोचते थे, यहाँ उससे कुछ अधिक ही कहा गया था। कई महीने तक उन्हें लेख का नशा रहा। निराला ने प्रेमचन्द के आदर्शवाद की आलोचना की थी, नलिन विलोचन शर्मा ने निराला के आदर्श पात्रों की प्रशंसा की थी। पर लेख के मादक प्रभाव में निराला ने इन छोटी-मोटी बातों पर ध्यान न दिया।

'अप्सरा' की एक कटु आलोचना प्रेमचन्द के 'हंस' में छपी। लेखक थे कोई जगमोहन गुप्त। कथानक अस्वाभाविक और अस्पष्ट, निराला को पुलिस की दफ़ाओं

का ज्ञान नहीं। बदमाशी की दफ़ा 110 है, इसके अन्तर्गत चालान करने के लिए ज़रूरी है कि दस भले आदमियों की रिपोर्ट पुलिस की डायरी में दर्ज हो। निराला ने यह सब नहीं दिखाया। सेकेंड क्लास का डिब्बा रिज़र्व करा दिया। रेलवे टाइमटेबल पढ़ें जिससे ऐसी भद्दी भूलें न हों। दरोगा ने थियेटर देखने के लिए टिकट खरीद लिया; पुलिसवाले कहीं टिकट खरीदते हैं? भाषा अशुद्ध, असम्बद्ध और शिथिल। पात्र मानो किसी प्रहसन के चरित्र हों! कनक की माँ का भाषण, मानो जान स्टुआर्ट मिल की तकरीर! निष्कर्ष "निरालाजी महाराज, उपन्यास लिखना, रबड़ छन्द लिखने के समान नहीं है कि नेत्र बन्द किये और कोष की पंसेरियाँ लुढ़काने लगे! उपन्यास लिखने के लिए चतुर्दिक ज्ञान (general knowledge) की आवश्यकता है।"

अन्त में आलोचक ने 'अप्सरा' के प्रकाशक दुलारेलाल भार्गव को सलाह दी : "मुझे आश्चर्य है कि उन्होंने ऐसी भद्दी तथा उपन्यास का नाम बदनाम करनेवाली पुस्तक कैसे प्रकाशित कर दी। गंगा पुस्तकमाला अच्छी तथा साहित्यिक पुस्तकें प्रकाशित करने के लिए प्रसिद्ध है। परन्तु यदि उसमें ऐसी निकम्मी पुस्तकें प्रकाशित होने लगीं और उनकी प्रशंसा में ऐसे लम्बे-चौड़े विज्ञापन और लेख निकलने लगे, जैसे कि 'अप्सरा' के सम्बन्ध में 'सुधा' में निकल रहे हैं, तो वह दिन दूर नहीं है, जब गंगा पुस्तकमाला की साख समझदार आदमियों की दृष्टि में गिर जायगी और उसका महत्त्व तोता-मैना का किस्सा प्रकाशित करनेवाले प्रकाशकों से अधिक नहीं रह जायगा।"

जगमोहन गुप्त की आलोचना स्पष्ट ही नलिन विलोचन शर्मा के लेख की प्रतिक्रिया में लिखी गई थी। शर्माजी ने प्रेमचन्द को आउट-आफ-डेट करार दे दिया था, 'हंस' में प्रकाशित आलोचना में सिद्ध किया ग़या कि निराला को उपन्यास लिखने का शऊर ही नहीं है। प्रकाशक से अपील की गई थी कि उनके उपन्यास आगे न छापे।

निराला के लिए यह सन्देह करना स्वाभाविक था कि उस लेख में प्रेमचन्द का हाथ है। कुँअर चन्द्रप्रकाश सिंह द्वारा लिखित 'सुधा' में प्रकाशित उत्तर में यह सन्देह व्यक्त हुआ। लेख की तर्कयोजना इस प्रकार थी :

प्रेमचन्द ने निराला को अपना प्रतिद्वन्द्वी समझकर उन्हें गिराने के लिए खुद ही जगमोहन गुप्त के नाम से लेख लिखा। प्रेमचन्द ने ही 'जागरण' में निराला के चरित्र पर आक्षेप छापा था। जहाँ किसी पत्रिका में निराला की तारीफ में कोई लेख छपा, उसकी विरोधी प्रतिक्रिया 'हंस' में तुरत दिखाई दी। प्रेमचन्द का युग समाप्त हो गया है। निराला के 400 पृष्ठ प्रेमचन्द के 1000 पृष्ठों से बढ़कर हैं। साहित्य की गति मूढ़ और गम्भीर है : "समझ लीजिए, निराला ऐसे समर्थ लेखक पर कलम चलाना आप ऐसे अबोधों का काम नहीं है।"

प्रेमचन्द के बारे में निराला का सन्देह दूर करने का प्रयत्न उस समय के प्रसिद्ध कहानी-लेखक और उपन्यासकार विश्वम्भर शर्मा कौशिक ने किया। जगमोहन गुप्त फर्ज़ी नाम नहीं है, 'विशाल भारत' और 'हंस' में उनकी कहानियाँ छपी हैं।

नलिन विलोचन शर्मा ने 'सुधा में 'अप्सरा' पर जो कुछ लिखा था, उससे बहुत पहले जगमोहन गुप्त अपना लेख लिख चुके थे। किसी पत्रिका में छपने भेजा था पर सम्पादक ने लेख छोटा कर देने को कहा था। इस पर उन्होंने उसे 'हंस' में भेजा था। प्रेमचन्द कई महीने तक टालते रहे, आख़िर बहुत दबाव पड़ने पर उन्होंने उसे छापा था। प्रेमचन्द पर घृणित आक्षेप करने से कोई बड़ा न होगा। जिसे प्रेमचन्द के बराबर बैठना हो या उनसे भी ऊँचा आसन पाना हो, वह कलम का ज़ोर दिखाये। जहाँ तक स्वयं कौशिकजी का प्रश्न है : "ईश्वर की दया से मुझे टाल्स्टाय, स्काट अथवा विक्टर ह्यूगो बनने का खब्त नहीं है।"

कौशिकजी ने यह न बताया कि जगमोहन गुप्त ने अपना लेख 'सुधा' की प्रतिक्रिया में न लिखा था तो उन्होंने उन लेखों का हवाला कैसे दिया जो " 'अप्सरा' के सम्बन्ध में 'सुधा' में निकल रहे हैं?" स्पष्ट ही कौशिकजी कुछ ज़रूरत से ज़्यादा सफाई दे गए थे। 'अप्सरा' पर उस निम्न स्तर का लेख 'हंस' में छापना अनुचित था, विशेषकर इसलिए कि निराला 'हंस' को बराबर सहयोग देते रहे थे। आलोचना छापना और बात है, गंगा पुस्तकमाला से निराला की किताबें न छापने की अपीलें प्रकाशित करना और बात।

कौशिकजी ने इस बात का भी उत्तर न दिया कि प्रेमचन्द ने 'जागरण' में निराला के चरित्र पर आक्षेपवाला लेख क्या सोचकर छापा था।

निराला के मन में गाँठ बनी रही। प्रेमचन्द ने 'हंस' में जब 'अलका' पर किन्हीं चन्द्रशेखर तिवारी बी.ए. का लेख छापा, तब वह गाँठ ज़रा ढीली हुई। लेखक ने निराला की प्रशंसा की कि वह विरोधी आलोचना से डरे नहीं, वरन् ज़्यादा सावधानी से दूसरा उपन्यास लिखा। 'अप्सरा' की जितनी अलोचनाएँ निकलीं, सबमें दोष ही दिखाये गए, नलिन विलोचन शर्मा का लेख आलोचना नहीं था। आलोचक पूछ रहे थे, निरालाजी कविता छोड़कर उपन्यास-क्षेत्र में क्यों आए? " 'अप्सरा' के अलोचकों की प्रबल इच्छा थी—निरालाजी को दबा देना।" और कोई साधारण लेखक होता तो उसे हिन्दी साहित्य से घृणा हो जाती पर निराला पर इन समालोचकों का रत्तीभर प्रभाव न पड़ा। 'अलका' के कथानक, चरित्र-चित्रण और उसकी भाषा में अनेक दोष हैं पर "हिन्दी साहित्य में ऐसे ही साहसी और अटल विश्वासवाले लेखकों की आवश्यकता भी है, जो साहित्य के सिर पर बराबर बिजली गिराते रहें।"

साहित्य के सिर पर नहीं तो साहित्यकारों के सिर पर वह ज़रूर बिजली गिरा रहे थे। समालोचकों का रत्तीभर प्रभाव न पड़ा हो, यह बात सही न थी। मन में हिन्दी से घृणा उमड़ रही थी पर निराला उसे दबा रहे थे। 'हंस' में प्रकाशित इस लेख का असर उन पर अच्छा पड़ा। प्रेमचन्द की नीति उन्हें गिराने की होती तो उन्हें उपन्यास लिखने का बढ़ावा देनेवाला ऐसा लेख कभी न छापते।

'सरस्वती' और 'हंस' में उनकी कविता और कथा-साहित्य पर जो आक्षेप हुए थे, उनमें बहुत ज़्यादा विष न था। निराला वह सब देखते-सुनते साहित्य-रचना

के मार्ग पर आगे बढ़ते जा रहे थे। सन् '34 में वह 'ऊषा' नाटिका, 'उच्छृंखल' उपन्यास, गीतों के अलावा कुछ लम्बी कविताएँ लिखने की योजना बना रहे थे।

'पन्तजी और पल्लव' का आघात झेलकर पन्त ने अपने मित्र से पहले-जैसा स्नेह-सम्बन्ध कायम कर लिया था। पन्त से मिलने निराला कभी-कभी कालाकाँकर राज्य में उनके 'नक्षत्र' लोक हो आते, अक्सर पन्त लखनऊ आते, निराला से मिलते, कभी उनके घर पर, कभी दुलारेलाल भार्गव के यहाँ। उनकी नाटिका 'ज्योत्स्ना' गंगा पुस्तकमाला से प्रकाशित हो रही थी। पन्त ने निराला से इसकी भूमिका लिखने को कहा। थोड़ी-सी आनाकानी के बाद निराला तैयार हुए।

उन्होंने छोटी-सी 'विज्ञापिका' लिखी, उसमें पन्त की तुलना गुलाब से करते हुए, गुलाब के साथ काँटे भी होते हैं, इस तथ्य का उल्लेख कर दिया। अपने मुक्तछन्द की आलोचना करनेवाले के बारे में निराला ने लिखा :

"काव्य के चारु चरणों से हिन्दी के दारुपथ को पार कर प्रांजल-श्री श्री सुमित्रानन्दन काव्योपवन के सांजलि खिले हुए प्रकाश-दृष्टि सुन्दर गुलाब हैं। आज उन्हीं की प्रतिभा के रूप-रंग, मधु-गंध और भावोच्छ्वास की प्रशंसा से प्रति मुख मुखर है। अब यह 'ज्योत्स्ना' में मनोहर नाट्यकार के शुचि-रूप हिन्दी संसार के सामने आ रहे हैं। मैं गुलाब को देखता हूँ, उसके काँटों को नहीं। 'ज्योत्स्ना' में उनका पहला प्रिय, भावमय, श्वेत वाणी का कोमल कवि-रूप ही दृष्टिगोचर होता है जिसकी सुख-स्पर्श रश्मियों की तीव्रगति हलकी थपकियाँ युग-जागृति का सर्वोत्तम साधन हैं।"

निराला बड़े हैं या पन्त—अनेक साहित्य-प्रेमी इस प्रश्न पर विवाद करते थे। निराला से प्रभावित लखनऊ के अनेक तरुण उनके काव्य का अनुकरण करते हुए उनकी प्रतिभा का जयघोष करते थे। उधर पन्त से प्रभावित इलाहाबाद का तरुणदल उनके काव्य का अनुकरण करता हुआ उनकी प्रतिभा का जयघोष करता था। पर यह विवाद अधिकतर मौखिक और शालीनता की सीमा में रहता था। इस विवाद से लाभ उठाकर प्रौढ़ पत्रकार ज्योतिप्रसाद 'निर्मल' ने 'अभ्युदय' में निराला पर बड़े घृणित आक्षेप किये। 'पन्त, प्रसाद और निराला' लेख में उन्होंने मानो यह सिद्ध करने का बीड़ा उठाया कि सम्मतियाँ बटोरने में वह बनारसीदास चतुर्वेदी से कम प्रवीण नहीं हैं, न उनकी लेखनी में ओज की मात्रा ही किसी से कम है। निराला पर व्यक्तिगत आक्षेप करने में उन्होंने वाद-विवाद-प्रतियोगिता में नया कीर्तिमान स्थापित किया।

पन्त छायावाद के सर्वश्रेष्ठ कवि हैं। उनका टेस्ट बहुत ऊँचा है। वे द्वेषभाव से बहुत परे हैं। निन्दा-अपमान चुपचाप सह लेते हैं। बनारसीदास चतुर्वेदी जैसे काव्य-मर्मज्ञ पन्त की कविताएँ समझ लेते हैं पर प्रसाद और निराला की नहीं समझ पाते। इससे साबित होता है, पन्त की रचनाएँ कितनी लोकप्रिय हैं। "सचमुच इनकी कविता भावपूर्ण होते हुए भी सार्थक होती है, सन्निपातिनी नहीं।"

'निर्मल' जी का लेख सन्निपात-शृंखला की अगली कड़ी था। नन्ददुलारे वाजपेयी ने प्रसाद, निराला और पन्त को छायावाद की वृहतत्रयी के रूप में प्रतिष्ठित किया

था। 'निर्मल' जी ने पन्त को निराला और प्रसाद से अलग किया, मुख्य लक्ष्य निराला को बनाया, चलते-फिरते दो हाथ प्रसाद पर भी झाड़ दिये।

प्रसाद कुशल व्यवसायी होते हुए भी 'विकट लिक्खाड़' हैं। सज्जन हैं, पर इनके प्रचारक इनके अमर कलाकार होने का ढिंढोरा पीटते हैं। उन पर किन कवियों का प्रभाव पड़ा है, यह बताने में उन्हें संकोच होता है। उनके नाटक द्विजेन्द्रलाल राय के नाटकों से कई जगह मिलान खा जाते हैं। इस बारे में वह चुप रहते हैं।

'निर्मल' ने ठाकुर श्रीनाथसिंह की सम्मति का हवाला दिया, उस सम्मति में किसी अन्य अज्ञात-नाम समीक्षक की सम्मति का हवाला दिया गया था।

"ठाकुर श्रीनाथसिंह जी का कहना है कि 'प्रसाद' जी की कृतियों की समालोचना करते हुए एक समीक्षक ने लिखा था कि वह प्राचीन हिन्दी-संस्कृति [हिन्दू संस्कृति] के पुनरुद्धार की कामना से नाटकों की रचना करते हैं। ऐसी दशा में यदि हम उन्हें 'कम्यूनलिस्ट', साम्प्रदायवादी [सम्प्रदायवादी] कहें तो अनुचित न होगा।"

फिर एक अन्य अज्ञात-नाम मित्र की सम्मति।

"हमारे एक मित्र ने एक बार लिखा कि 'जागरण' का श्री विनोदशंकर व्यास के समय में जन्म ही इसलिए हुआ था कि प्रसादजी की कृतियों का प्रोपेगेंडा उसके द्वारा किया जाए।" 'आँसू' अच्छी रचना है पर प्रसाद का प्रोपेगेंडा बहुत किया गया है, इसलिए अब उनकी "कृतियों की बखिया उधेड़ी जाती हुई दीख पड़ती है।"

एक और सम्मति प्रसाद के व्यक्तित्व पर।

प्रसाद ऊपर से बड़े गम्भीर रहते हैं : "परन्तु हमारे एक साहित्यिक मित्र का कहना है कि भीतर से उनकी यह इच्छा जो स्वाभाविक ही है, शायद ऐसी रहती है कि उनके लिए प्रोपेगेंडा किया जाए।"

यह सब उस समय लिखा जा रहा था जब 'कामायनी' के अनेक अंश 'सुधा' में प्रकाशित हो चुके थे। पर यह तो लेख की भूमिका थी।

सूर्यकान्त त्रिपाठी 'निराला' हिन्दी के अच्छे कवियों में हैं। जब से उन्होंने 'मतवाला' में बादल-राग अलापना आरम्भ किया था, तभी से इनकी ख्याति हुई।

अब मुंशी नवजादिकलाल की सम्मति।

"एक दिन मुंशीजी ने हमसे कहा—'मतवाला' में निरालाजी की रचना हमने खास तौर से छापी, यद्यपि सम्पादक श्री महादेवप्रसाद सेठ उसका विरोध करते थे। वे कहते थे कि ये कविता समझ में भी आती हैं या छपती ही हैं। परन्तु हमने कहा कि हाँ, मेरी समझ में आती हैं लेकिन यदि मैं आपको समझाऊँ तो आपकी समझ में न आएँगी। यद्यपि मैं स्वयं भी उन्हें नहीं समझता था परन्तु हमने यह खयाल किया कि वे एक नवयुवक साहित्यिक हैं, इन्हें प्रोत्साहन देना बहुत अच्छा है।"

दूसरों के कथन या सम्मतियाँ, जिनका 'निर्मल' ने हवाला दिया, अधिकतर अलिखित और अप्रकाशित थीं। किसी ने 'निर्मल' से कहा या उनके मित्र से कहा; लिखी-पढ़ी से कही-सुनी बातों का भरोसा उन्हें ज़्यादा था।

निराला के व्यक्तित्व की अनेक विशेषताएँ हैं। "वे एक उत्तेजक व्यक्ति हैं।" उत्तेजक शब्द का अर्थ है : "उनमें उत्तेजना बहुत जल्दी आती है।"

इसके अलावा निराला गुरुडम के पक्षपाती हैं। बँगला जानते हैं, दर्शनशास्त्र और संगीत पर भी थोड़ा दखल है, पर रचनाएँ क्लिष्ट होती हैं, गले के नीचे मुश्किल से उतरती हैं। पन्त इनके ताने सुनकर चुप रहते हैं। "सब तरह की अपने स्वभावानुसार फूहड़ बातें भी कह जाते हैं।" कठिन काव्य लिखने में उनका सानी नहीं है। "शायद वे स्वयं उसका अर्थ नहीं कर सकते।" यह सही है कि वे हिन्दी की हेठी नहीं सह सकते, हिन्दी के हित के लिए खरी-खोटी भी सुना डालते हैं : "परन्तु ऐसे अवसर पर जो कुछ वे लिखते हैं, वे 'वर्तमान धर्म' नामक लेख ही के कोटि के होते हैं।"

निराला ने पन्त पर रवीन्द्रनाथ का प्रभाव दिखाया था : "परन्तु 'भावों की भिड़न्त' लिखकर जिसने इनके 'बादल-राग' आदि कविताओं का रवीन्द्रबाबू की कविता से ज्यों-का-त्यों साम्य दिखलाया था, उसके प्रकाशित होने पर बड़ा सुखप्रद भंडाफोड़ हुआ। उसी समय पं. रूपनारायण पांडेय ने 'सुकवि' में और पं. जगदम्बाप्रसाद हितैषी ने 'बंग-कवियों की जूठी पत्तलें समेटा कर' लिखकर इनका मनोरंजन किया था।"

निरालाजी के विरुद्ध प्रकाशित लेख 'निर्मल' ने शायद पढ़े न थे, उनके बारे में सुना ही था, वर्ना 'भावों की भिड़न्त' में 'बादल-राग' की आलोचना का जिक्र न करते। इसके अलावा "स्वर्गीय पंडित पद्मसिंह शर्मा इन्हें 'अहम्मन्यता की मूर्ति' उपाधि से विभूषित करते थे।"

निराला यह लेख पढ़कर स्वभावत: उत्तेजित हुए। भगवतीचरण वर्मा उन दिनों लखनऊ में थे। निराला ने उनसे कहा—निर्मल से कह देना, तुम्हारे लिए चमरौधा भिगो रखा है। भगवतीचरण वर्मा ने यह सन्देश इलाहाबाद आकर 'निर्मल' तक पहुँचा दिया।

उत्तेजना कुछ शान्त होने पर निराला ने 'अभ्युदय' के लिए प्रत्युत्तर लिखा : 'समालोचना या प्रोपेगेंडा?' उन्होंने पहले समालोचना और मिथ्या प्रचार का भेद बताया। पन्त की प्रशंसा में 'निर्मल' ने कुछ लिखा था, उसका मखौल उड़ाते हुए कहा : "इस प्रशंसा से ब्रह्म की प्रशंसा भी घटकर ठहरती है।" प्रसाद के और अपने व्यक्तित्व की कालिमा के बारे में लिखा : "प्रसादजी का हिस्सा पन्द्रह आने स्याह है, और मेरा पन्द्रह आने ग्यारह सही निन्नानवे बटे सौ पाई।"

छायावादियों में पन्त ही की ज़्यादा तारीफ हुई है। पन्त-काव्य कोमल है, लोगों को अच्छा लगता है। उनकी लोकप्रियता का कारण उनके प्रशंसकों का काव्य-विषयक अज्ञान, सौदर्य-सम्बन्धी अदूरदर्शिता भी है। आलोचना के धक्के से पन्त को चोट लगेगी, हिन्दी साहित्य की क्षति होगी। "इसीलिए, इधर डेढ़-दो वर्षों के अन्दर कई प्रहार मिलने पर भी, मैंने चुपचाप अपमान बरदाश्त कर दिया [लिया]।"

निराला यह समझ रहे थे कि 'निर्मल' का लेख पन्त की प्रेरणा से लिखा गया है। उसका उद्देश्य पन्त को उठाना, निराला और प्रसाद को गिराना है। इसीलिए उन्होंने 'निर्मल' को एक तरफ हटाकर पन्त की आलोचना आरम्भ की।

"पन्तजी के सम्मान की कोई त्रुटि नहीं हुई, हम लोगों के जितने उल्लेख हुए हैं, उनमें वही ज़्यादा चमके हैं। इस पर मुझे प्रसन्नता ही है। मैंने अपने लेखों में भी उनके दागों की तरफ न देख कर सफाई ही की तरफ निगाह डाली है। 'ज्योत्स्ना' की 'विज्ञापिका' मैंने अपने अस्तित्व को भूलकर लिखी है। केवल 'पन्तजी और पल्लव' में उनकी उचित आलोचना मैंने की थी, पर तब, जब 'पल्लव' के 'प्रवेश' में वह मेरे सम्बन्ध में गलतियाँ कर चुके थे। मैं 'पन्तजी और पल्लव' को पुस्तक-रूप में प्रकाशित नहीं करवाना चाहता था, पर जब 'पल्लव' के दूसरे संस्करण में मेरा हिस्सा ज्यों-का-त्यों प्रकाशित हुआ, तब 'प्रबन्ध पद्म' में उस आलोचना को भी निकलवा देना मैंने उचित समझा। इस तरह मैं बराबर पन्तजी से बाजू बचाकर चला। हिन्दी साहित्य के ज्ञाता इस बात से परिचित होंगे कि पन्तजी की सर्वश्रेष्ठता को मैंने स्वयं कम सहायता नहीं पहुँचाई। मुझे अगर वह वास्तव में सर्वश्रेष्ठ जँचते तो मैं उनका पहला समर्थक होता, क्योंकि ऐसे सर्वश्रेष्ठत्व का भार मस्तिष्क को और हल्का करता है। दुख है, जिस कला को केवल कृतियों द्वारा विकसित करने का मैंने निश्चय किया था, उसका उपयोग पन्तजी की रचनाओं पर आलोचना द्वारा भी मुझे करना होगा, और यदि ईश्वर की निष्करुणता के कारण वह पन्तजी के प्रशंसकों की समझ में आ गई तो छायावाद-साहित्य के एक उज्ज्वल रत्न का प्रकाश मन्द पड़ जायगा। पहले जब-जब मुझे नीचा दिखाया गया, मैं यह सोच-सोचकर चुप रहा कि मेरी आलोचना की चोट भक्तों से पहले उनके भगवान् पर ही होती है। पर अब मेरी भी इच्छा तमाशा देखने की है; ज़रा देखूँ, पन्तजी के प्रशंसकों की कलाबाज़ी कितनी ऊँची उड़ान लेती है!"

निराला के लिए शब्दों की कोमलता ही सब-कुछ नहीं थी यद्यपि कोमल शब्दावली का प्रयोग वह भी जब चाहते थे, मज़े में कर लेते थे। वह शब्दों के पीछे भाव की गरिमा देखते थे, भाव के साथ विचार का तेज़ न हुआ तो कविता उनके मेधावी कलाकार को तुच्छ लगती थी। निराला शब्द-शिल्पी ही नहीं, काव्य-शिल्पी भी थे। वह कविता रचते थे, बहाते नहीं थे। आन्तरिक संगति, चित्र की पूर्णता और भाव का तर्कसम्मत विकास ही कला की दृष्टि से रचना को श्रेष्ठ बना सकता था। इन सबके अभाव में भी लोग पन्त को निराला से श्रेष्ठ कवि कहते थे तो यह उनका अज्ञान था।

निराला ने 'गुंजन' से कविता उद्धृत की :

झर गई कली, झर गई कली...
रे कूद सलिल में गई चली।

सवाल यह है कि वह कूदकर चली कैसे गई? "डंठल महाशय जब तक उसे मज़बूती से पकड़े हुए हैं तब तक उसका कूद जाना कदापि सम्भव नहीं, फिर अधखिली कली का, जिसकी पकड़ और मज़बूत है।" फिर लहरी चुम्बन करने

आई। "औरत को चूमने और औरत के अधरों पर अधर रखने में औरत को कौन-सा प्राकृतिक लाभ है, जिसके लिए कली कूद गई?" फिर मोतियों से उसका मुँह क्यों भरा गया? कहीं किसी स्त्री का मुँह मोतियों से भरा जाता है? तिस पर कविता में उपदेश और नैतिकता की भरमार! रवीन्द्रनाथ की 'निर्झरेर स्वप्न भंग' में कली का वर्णन कितना सार्थक है!

पन्त काव्य में शब्द-माधुर्य और बिम्ब-सौन्दर्य के पीछे वैचारिक शून्य का आभास देने के बाद निराला ने मुंशी-सेठ प्रसंग लिया। 'निर्मल' का कहना था, 'मतवाला' में उनकी कविताएँ स्वयं न समझते हुए, महादेवप्रसाद सेठ के विरोध करने पर भी, मुंशी नवजादिकलाल ने छापी थीं। निराला ने जवाब दिया : "यह सोलहों आने झूठ है। मुझे विश्वास नहीं, मुंशीजी ऐसा कहेंगे। 'मतवाला'-सम्पादक श्री महादेवप्रसाद सेठ ने मतवाला' के दूसरे साल के पहले अंक में मेरे सम्बन्ध में काफी प्रकाश डाला है। पुन: 'मतवाला' के निकलने के पहले से महादेवबाबू मेरे पद्य के प्रशंसक रहे हैं।" इसका प्रमाण यह कि उन्होंने शिवपूजन सहाय से लेकर 'अधिवास' कविता 'माधुरी' में भिजवाई थी। 'मतवाला' का मोटो निराला का लिखा हुआ था।

" 'मतवाला' द्वारा प्रोत्साहित होने की मुझे लालसा न थी। तब मैं 'समन्वय' का कार्यकारी सम्पादक था।" 'अनामिका' की महादेवप्रसाद सेठ-लिखित भूमिका से उद्धरण देकर उन्होंने इस बात की पुष्टि की कि 'मतवाला'-सम्पादक उनकी कविता के प्रशंसक थे।

'भावों की भिड़न्त' के सिलसिले में लिखा : "मालूम होना चाहिए कि 'बादल-राग' शीर्षक मेरी छ: रचनाओं में किसी का भाव बाहर से नहीं लिया गया। ये छहों कविताएँ 'परिमल' में हैं। 'भावों की भिड़न्त' से पहले 'मतवाला' में मेरा पत्र प्रकाशित हुआ था।" रवीन्द्रनाथ के भावों के आधार पर रचनाएँ यह दिखाने के लिए की थीं कि "वे कैसे चमकती हैं।" अपने पत्र में उन्होंने उन कई रचनाओं का नाम लिया था जो रवीन्द्रनाथ की कविताओं के आधार पर लिखी गई थीं। 'भावों की भिड़न्त' में केवल दो का उल्लेख था। भाव-साम्य कालिदास-रवीन्द्रनाथ तक की रचनाओं में है और यह न हो तो कला का विकास न हो। जो कविताएँ लिखी थीं, उनमें 95 फीसदी मौलिक थीं।

पद्मसिंह शर्मा और अपनी अहम्मन्यता के प्रसंग में उन्होंने लिखा : "श्री पद्मसिंह जी जब हिन्दुस्तानी एकेडमी में आए थे, तब उन्होंने मुझे बुलाया था। संवाद पाकर मैं श्री नन्ददुलारे वाजपेयी के साथ लूकरगंज से दारागंज उनसे मिलने के लिए गया था। तभी श्री लक्ष्मीधर वाजपेयी के उनके निवास-स्थान पर मैंने पहले-पहले दर्शन किये थे, उन्हें याद होगा, श्री पद्मसिंह शर्माजी अपने डेरे पर नहीं मिले। दोपहर हो जाने के कारण वहाँ से चलकर हम लोगों ने गंगास्नान किया। यह मामूली अहम्मन्यता न थी।"

अन्त में पन्त-काव्य का अर्थ समझाने का आग्रह करते हुए उन्होंने लिखा : "आलोचकजी से प्रश्न है, छायावाद के सर्वश्रेष्ठ कवि की कविता कैसी भावपूर्ण रही?—सन्निपातिनी हुई या नहीं?"

'निर्मल' ने जवाब में दूसरा लेख लिखा :

'निराला' जी की काव्य कहानी
कितना दूध है कितना पानी?

भगवतीचरण वर्मा से उन्हें सन्देसा मिल गया था कि निराला ने चमरौधा भिगो रखा है। 'निर्मल' जानते थे, निराला के पास कभी-कभी चप्पलें भी नहीं होतीं और वे नंगे पैर घूमा करते हैं। उन्होंने व्यंग्य किया : "यह जानकर मुझे अपार आनन्द हुआ कि अब निरालाजी जूता भी पहनने लगे हैं। कुछ दिन पहले तक आप नंगे पैरों ही रहा करते थे।"

पन्त शालीन हैं, निराला के विरुद्ध एक शब्द भी नहीं कहते, निराला उन्हें गिराने के लिए लेख लिखते हैं। 'झर गई कली' वाली कविता की व्याख्या 'वर्तमान धर्म' की व्याख्या की तरह बेबुनियाद है। निराला अपना किया हुआ भाष्य खुद ही न समझे थे। 'ज्योत्स्ना' की भूमिका अपने अस्तित्व को भूलकर लिखी थी? झूठ! भूमिका उन्होंने ज़बरदस्ती लिखी। पन्त से कहा—मेरी 'ऊषा' नाटिका की भूमिका लिखना, मैं 'ज्योत्स्ना' की लिखूँगा। 'ऊषा' रह गई बट्टे-खाते में : " 'ज्योत्स्ना' में ज़बरदस्ती आपने भूमिका लिख ही डाली।" पन्त जैसा शीलवान कवि विरोध कैसे करता? निराला-काव्य कर्कश और दुरूह है। "केवल दार्शनिकता की आड़ में वह अपने काव्य की नगड़िया बजाने का पूरा ज़ोर लगाते हैं, परन्तु सुनाई भी तो पड़े!" अब गीत लिखने लगे हैं, वे 'और भी ऊबड़-खाबड़' हैं। गा ज़रूर लेते हैं पर गाने में भी उस्ताद नहीं हैं। 'भावों की भिड़न्त' के बाद वे नकली छन्द 'परिमल' में नज़र न आए। निराला के गद्य पर रामचन्द्र शुक्ल ने निशान लगाकर दिखाये थे और कहा था, यह कहाँ का गद्य है?

निराला की कविता के प्रशंसक न महादेवप्रसाद सेठ थे, न मुंशी नवजादिकलाल। निराला ने मुंशीजी से "बार-बार अपने तथा अपनी कविताओं के सम्बन्ध में सम्पादकीय लेख लिखने के लिए 'मतवाला' में ज़िद की थी।" (शायद मुंशीजी पर इस ज़िद का कोई असर न हुआ, इसलिए) निराला ने स्वयं अपने ऊपर लेख लिखकर मुंशीजी के नाम से छपवाया।

'निर्मल' ने प्रश्न-शरों की वर्षा करते हुए निराला का अंग-प्रत्यंग बेध डाला। "क्या यह सत्य नहीं है कि श्री निरालाजी ने अपनी तथा अपनी कविताओं की तारीफ में स्वयं लेख लिखा था और मुंशीजी को दबाकर और परेशान करके उनके नाम से छपवाया था? क्या यह सत्य नहीं है कि जब 'प्रभा' में 'भावों की भिड़न्त' लेख प्रकाशित हुआ था, तब श्री बालकृष्ण शर्मा 'नवीन' ने मुंशीजी को उसके जवाब के लिए तार दिया था? क्या यह सत्य नहीं है कि निरालाजी ने 'प्रभा' में 'भावों की

भिड़न्त' लेख छपने की सूचना पाकर उसे रुकवाने के लिए कानपुर का धावा किया था? क्या यह सत्य नहीं है कि 'प्रभा' में उस फर्मे के छप जाने के कारण वहाँ से निरालाजी निराश होकर लौटे थे? यदि निरालाजी में हिम्मत हो तो वह उक्त बातों की सत्यता जाहिर करें!"

निराला मुंशीजी से पूछे बिना ही चुपचाप चल दिये थे। मुंशीजी ने 'निर्मल' से कहा—मालूम होता, यह जा रहे हैं तो मैं रोक लेता। शिवपूजन सहाय निराला की 90 फीसदी कविताएँ नहीं समझते। अगर समझते हों तो चुनौती है, 'परिमल' की तीन-चौथाई कविताओं की व्याख्या करें। शिवपूजन सहाय भले आदमी हैं पर असहाय हैं! निराला को अन्तिम चुनौती—इल्जाम का माकूल जवाब दो, जूते और गाली-गलौज से निराला के काव्य-साहित्य की परख बन्द न होगी।

आलोचना में दादागीरी की यह अनोखी मिसाल थी। निराला जब तक एक अस्त्र व्यर्थ करें, तब तक वह दस नये गढ़कर उन पर फेंक देते थे। शिवपूजन सहाय निराला के घनिष्ठ मित्र हैं, उनकी कविताएँ समझते हों तो व्याख्या करें! बहुत-सा समय और शक्ति खर्च करके यदि शिवपूजन सहाय 'निर्मल' का काव्यज्ञान बढ़ाने के लिए यह दु:साध्य कार्य कर भी डालें तो वह दो पंक्तियों में यह कहकर उसे ध्वस्त कर देंगे कि सारी व्याख्या स्वयं निराला की लिखी हुई है और वह स्वयं उसे नहीं समझते, 'वर्तमान धर्म' के भाष्य की तरह वह निरर्थक है!

मुंशी-सेठ-निराला के कैसे सम्बध थे, किसने किससे क्या कहा, निराला कानपुर कब किसलिए आए, कौन जाने? 'निर्मल' जब इतने ज़ोर से अपनी बात कह रहे हैं, तब उसमें कुछ-न-कुछ सचाई तो होगी ही! यह निराला के चरित्र पर दूसरी दिशा में आक्रमण था, उन्हें ज़रायमपेशा लेखक सिद्ध करने का नया प्रयास था। निराला के चुप रहने का लोग यही अर्थ लगाते कि आक्षेप सत्य हैं। उन्हें साहित्य-रचना छोड़कर अपनी शक्ति इस कीचड़ को धोने में खर्च करनी पड़ी। पर सारे विवाद में उन्होंने स्वयं 'निर्मल' के चरित्र पर एक शब्द भी नहीं लिखा।

मुंशी नवजादिकलाल ने किससे कब क्या कहा, यह वही बता सकते थे। निराला लखनऊ में थे, मुंशीजी इलाहाबाद में। निराला ने उनसे पत्र लिखकर पूछा। मुंशीजी ने उत्तर दिया : "'अभ्युदय' में छपा हुआ निर्मलजी का लेख पढ़ा। उन्होंने मेरा कहा हुआ जो कुछ उद्धृत किया है, यह आपादमस्तक मिथ्या है। लेख छपने से पूर्व मुझसे और निर्मलजी से आपके सम्बन्ध में कभी कोई बातचीत नहीं हुई।" 'निर्मल' और मुंशी नवजादिकलाल, दोनों इलाहाबाद में थे। 'निर्मल' चाहते तो अपनी बातों के समर्थन में मुंशीजी से वक्तव्य लेकर छाप सकते थे। पर यह सब करना उन्होंने उचित न समझा।

निराला ने व्यंग्य किया, आक्षेपों के उदात्त स्वर का क्या कहना है! 'निर्मल' कह सकते हैं, यह पत्र भी जाली है! जो भी चाहे निराला के पास आकर पत्र देख सकता है, मुंशीजी के हस्ताक्षरों का मिलान कर सकता है!

'निर्मल' ने इसका प्रमाण माँगा था कि मिश्रबन्धुओं के अनुसार पन्त 'गुंजन' में कुछ गिर गए हैं। निराला ने कहा—सब प्रमाण हमीं से लोगे, तुम्हारी बातें निष्प्रमाण भी सच हैं! लेकिन 'मिश्रबंधु-विनोद' के पृष्ठ 332 पर लिखा है : "सुमित्रानन्दन पन्त ने केवल 'पल्लव' में साहित्यिक गौरव का चमकता हुआ उदाहरण दिखलाया है।" इस 'केवल' का अर्थ क्या है? 'गुंजन' मिश्रबन्धुओं के पास मंगलाप्रसाद पारितोषिक के लिए आया था। 'निर्मल' लखनऊ आकर मिश्रबन्धुओं से स्वयं पूछ सकते हैं। "हम लोगों से उन्होंने ऐसा ही कहा है, प्रमाण भी दिया जा सकता है।"

निराला ने पन्त की कविता का जो अर्थ लिखा, वह 'निर्मल' के लिए बेबुनियाद है। अपना विशद अर्थ क्यों नहीं लिखा? 'ज्योत्स्ना' की भूमिका ज़बरदस्ती लिखी? निस्सन्देह, बहुत पुष्ट तर्क है। पर कहिए तो पन्तजी से ही इसका प्रमाण दिलाया जाय कि पहले मैंने विज्ञप्ति लिखने से इनकार किया था। पन्तजी से मैंने कहा था : "जब आप भी पाँच सवारों में एक हैं, मुझसे भूमिका के तौर पर कुछ न लिखाइए, इससे आपकी इज़्ज़त घटेगी। मैं होता तो न लिखाता। मैं समर्पण करना अच्छा समझता हूँ, भूमिका लिखना बुरा। पन्तजी इनकार इसलिए नहीं कर सकते कि उस समय श्री दुलारेलालजी भार्गव भी थे, वह गवाह हैं। यह ज़रूर है कि पन्तजी का मुझसे कुछ लिखाना उनकी सहृदयता का सूचक है। लोगों को मेरा 'टोन' अच्छा नहीं लगा, शायद इसलिए कि मैंने गुलाब के काँटों का ज़िक्र किया था। पर 'लीडर' और 'अभ्युदय' में जो आलोचनाएँ निकली हैं, उनमें तो काँटे ही ऊपर हो रहे हैं। केवड़ा के जैसे सूँघते ही नाक छिदती है। मैंने तो उन्हें गुलाब के नीचे रखा था।"

'ज्योत्स्ना'-प्रसंग के बाद उन्होंने 'प्रभा' के लेख और कानपुर जाने की घटना के बारे में लिखा : "भगवन्! मैं कलकत्ते से आक्षेपवाली 'प्रभा' के निकल जाने के बाद रवाना हुआ था। जब मैंने स्वयं अपनी कविताओं के सम्बन्ध में पत्र प्रकाशित करा दिया तब प्रभा में रुकवाने से मुझे लाभ क्या होता? कलकत्ते से चलने का कारण यह था कि उसी साल, 1924 ई. में, एक 'सेटलमेंट (settlement) अवध में हुआ था। मेरी भी थोड़ी-सी ज़मींदारी हक़वाली ज़मीन और बाग़ात हैं, इनका रेकार्ड दुरुस्त करवाना था। इनका मैं ही मालिक था और हूँ। हम लोग बीघापुर स्टेशन उतरने के लिए पहले कानपुर जाते हैं, फिर वहाँ से बीघापुर। प्रयाग से भी रास्ता है, पर तब ऊँचाहार और डलमऊ, दो जगह गाड़ी बदलनी पड़ती थी। (अब डलमऊ-ऊँचाहार वाली लाइन बन्द हो गई है) देर हो जाती थी, हैरानी ऊपर से होती थी। अस्तु, कानपुर से गाँव जाकर गाँव से मैं कानपुर गया था। विद्यार्थीजी के समय तक मैं बराबर नवीनजी से कानपुर जाने पर मिलता रहा हूँ। मुमकिन है, वह नवीनजी से मिलने का पहला मौका रहा हो! कानपुर मैं खास तौर पर इस उद्देश्य से गया था कि आचार्य द्विवेदीजी उस समय जुही में थे, उनके दर्शन करने थे। गाँव आने पर मैं दो-एक बार द्विवेदीजी के दर्शन करने जाया करता था। मुंशीजी को मेरे चलने की खबर नहीं हुई, यह बिलकुल गलत है। मैं चालीस रुपये मुंशीजी ही से खर्च लेकर चला था। यह

रकम अब भी 'मतवाला' के कैशबुक में दर्ज होगी। उस समय महादेवबाबू मिर्ज़ापुर थे। 'प्रभा' तब कमर्शियल प्रेस, जुही, में छपती थी। द्विवेदीजी बगल ही में रहते थे। नवीनजी के साथ एक ही एक्के में द्विवेदीजी के आवास को गया था। इसी यात्रा में इससे पहले भी मैं एक बार जा चुका था। नवीनजी ने बादवाली 'प्रभा' में मेरी तारीफ में एक नोट लिखा था जिसे प्रेस में से जाकर उन्होंने मुझे दिखाया था। नोट केवल प्रशंसात्मक था, इसलिए मैंने नवीनजी से निकाल देने का अनुरोध किया था। नवीनजी से यह मालूम कर कि सम्पादकीय मैटर भी बढ़ रहा है, मैंने उस नोट को निकाल देने पर और ज़ोर दिया था। इस प्रकार आक्षेप के बाद वाले अंक की तारीफ निकाली थी। ज़रा नवीनजी से भी पूछा जाय। इन दोनों बातों में किसे सच कहते हैं। इसके प्रमाण की कोई गुंजाइश रही नहीं, नवीनजी का कहना है। फिर भी मैं यह प्रमाण दे दूँगा कि आक्षेपवाली 'प्रभा' के निकलने के बाद मैं कलकत्ते से चला था।"

इस रक्षात्मक संग्राम में निराला तिल-तिल भूमि के लिए लड़ रहे थे। नाज़ुक मौकों पर धैर्य से काम लेते हुए वह शत्रु का प्रहार व्यर्थ कर रहे थे।

'निर्मल' ने आरोप किया था कि निराला ने अपने बारे में खुद लेख लिखकर मुंशी नवजादिकलाल के नाम से छपवाया। निराला ने कहा : "इसका उत्तर मुंशीजी से लिखाया जाना चाहिए।" और पूछा : "आप ऐसा किस आधार पर लिख रहे हैं?" इसके बाद कलकत्ते में अपने भाषण और सुनीतिकुमार चाटुर्ज्या द्वारा अपनी प्रशंसा का उल्लेख किया। गवाही में उन्होंने बनारसीदास चतुर्वेदी का नाम पेश किया। "श्री बनारसीदासजी ही से पूछा जाय, मैंने अपनी क्षुद्रता का ज्ञान वहाँ भी रक्खा था—मैंने अपने अधूरे भाषण में यह श्रेय नहीं लिया, बल्कि 'जाँरा जुग-परिवर्तन कोरेछेन' कहकर गुप्तजी, प्रेमचन्दजी, प्रसादजी, पन्तजी, आदि, जो-जो इसके लिए उम्मेदवार खड़े हो सकते हैं, उन्हें बाँट दिया था।" उन्होंने यह भी याद किया कि धन्यवाद देनेवाले बंगाली सज्जन ने यहाँ तक कह डाला कि युगप्रवर्तन करनेवाली किरणों का कलकत्ते ही से फूटकर निकलना सम्भव है। "सब लोग सुनकर कान फटकारते चले आए थे।" निराला ने चेतावनी दी कि अभी उनका एक बटा दस साहित्य समझा गया है, तब यह हालत है, जब पूरा समझ में आ जाएगा, तब बड़ी खराब हालत हिन्दी की हो जायगी, विशेषत: हिन्दी के कवि और लेखकों की। 'मेरी जन्म-भूमि बंगाल है'—युक्तप्रान्त की नाक की चिन्ता हो तो सचेष्ट हो जायँ।

निराला को इस समय लग रहा था, 'निर्मल' नहीं, समस्त हिन्दी-भाषी जनता, तमाम हिन्दी साहित्यकार उनके विरोध में उठ खड़े हुए हैं। उन्हें हिन्दी से, हिन्दी साहित्यकारों से घृणा हो रही थी। हिन्दी के लिए उन्होंने किस-किस से संघर्ष नहीं किया, उसके साहित्य का स्तर ऊँचा करने के लिए कितना श्रम नहीं किया! उसका यह फल? हिन्दी-भाषी जाति में जन्म लेना ही सबसे बड़ा अभिशाप है। मैथिलीशरण गुप्त और हरिऔध के सहारे करें विश्वसाहित्य का मुकाबला! निराला युक्तप्रान्त का नहीं, उसकी जन्मभूमि बंगाल है।

पन्त-प्रसंग छूटा जा रहा था। आलोचक ज़रा ये दो पंक्तियाँ समझा दें :

जलद-पट से दिखला मुख चन्द्र,
पलक पल-पल चपला के मार।

चपला कहाँ है? चन्द्र में? पलक कहाँ हैं? जलद-पट में! कैसी सूरत बनती है?

इस विवाद के अन्त में 'निर्मल' का उत्तर छापकर सम्पादक ने उसकी समाप्ति की घोषणा कर दी, साथ ही यह सुझाव भी दिया कि सहित्य-जगत् में यह फैसला करने के लिए वोट ले लिये जायँ कि पन्त-प्रसाद-निराला में सबसे लोकप्रिय कवि कौन है!

'निर्मल' ने लिखा कि निराला ने किसी आरोप का जवाब नहीं दिया, सिर्फ अपनी प्रशंसा की है। 'मिश्रबंधु-विनोद' का हवाला दिया पर जब तक मिश्रबंधु स्वयं नहीं लिखते, तब तक इन बातों पर विश्वास नहीं किया जा सकता। पन्त से प्रतिद्वन्द्विता है, फिर मित्रता का दावा क्यों? सुनीतिकुमार ने की होगी तारीफ, अपनी-अपनी राय है। निराला ने भावापहरण किया और कविता दुरूह होती है, यह अकाट्य तथ्य है। और मुंशीजी ने कहा और फिर कहा। अब वह बच निकलना चाहते हैं तो झूठ की ज़िम्मेदारी उनके सिर।

तीन महीने तक यह विवाद चलता रहा। जब तक विवाद समाप्त न हो जाय, तब तक और किसी काम में मन लगाना सम्भव न था। तीन महीने तक निराला का साहित्य-रचनाक्रम बन्द रहा। गरीब लेखक न लिखे तो खाये कहाँ से? निराला ने प्रत्युत्तर में दो लम्बे लेख लिखे थे; इनसे पारिश्रमिक मिलने का सवाल न था। सम्पादक ने उन्हें छाप दिया, यही क्या कम था? विवाद की शुरुआत 'निर्मल' ने की थी, समापन-वक्तव्य का अधिकार भी उन्हीं को मिला। विवाद से निराला और हिन्दी साहित्य को जो हानि-लाभ हुआ, उसके लिए जितना 'निर्मल' ज़िम्मेदार थे, उतना ही 'अभ्युदय'-सम्पादक। विवाद पर हिन्दी आलोचक चुप रहे। निराला को स्वयं ही आक्षेपों का उत्तर देना पड़ा।

उनके मन में कभी-कभी भयंकर ऊब उठती थी। साहित्य रचना व्यर्थ है। क्या रखा है इस हाय-हाय में? किसके लिए लिखें? साहित्य की वृद्धि व्यापक सहयोग चाहती है। साहित्य का निर्माण समष्टि के लिए होता है। जो सम्पन्न व्यक्ति हैं, वे अपने वैभव-विलास पर हज़ारों खर्च करते हैं, लेखकों के यहाँ फाके होते हैं। निराला ने 'सुधा' में अपने दिल के फफोले फोड़ते हुए लिखा : "हम नाम लेकर नहीं लिख रहे, पर हिन्दी के प्रतिभाशाली अनेक लेखकों और कवियों को जानते हैं, जो इसी कारण ऊबकर अब लिखना बन्द करनेवाले हैं, यों भी, उनसे जितनी आशा की जाती थी, उतनी नहीं पूरी हुई। कारण, उनकी रचना बिकी नहीं, इसलिए प्रकाशक को दूसरी कृति लेने की हिम्मत नहीं हुई। अच्छे दाम न मिलने के कारण, अच्छा निर्वाह न हो सकने की वजह उन्होंने कुछ लिखा।"

13 अगस्त, सन् '34 के 'अभ्युदय' में ज्योतिप्रसाद मिश्र 'निर्मल' का समापन-वक्तव्य छपा। इस मास के अन्त में निराला ने टिप्पणी लिखी : 'साहित्य

तथा हमारे लेखकों का संकट'। वह 'सुधा'-सम्पादक की ओर से तमाम लेखकों के प्रति सहानुभूति प्रकट कर रहे थे पर अगस्त, सन् '34 में हिन्दी से ऊबकर जो प्रतिभाशाली कवि लिखना बन्द करने की बात सोच रहा था, वह निराला को छोड़कर दूसरा और कोई नहीं था।

इस वर्ष एक दुर्घटना और हुई। निराला नारियलवाली गली में रहते थे; रामकृष्ण भी उनके साथ थे। एक दिन वह कोई तसवीर मढ़ने दे आए थे। तसवीर मढ़नेवाले से कहा-सुनी हो गई। तसवीरोंवाली गली में दोनों तरफ़ तसवीरें मढ़ने वालों की दुकानें थीं, पतली तंग गली अमीनाबाद की मुख्य सड़क की ओर खुलती थी। निराला तसवीरवाले के यहाँ गए। उसने इनका वेश देखकर अपमानजनक ढंग से बात की। निराला ने उसे डाँटा। इस पर वह उठकर खड़ा हो गया और गालियाँ देने लगा। निराला ने उसका हाथ पकड़कर नीचे घसीट लिया और ज़मीन पर दे पटका। इस पर गली के दूसरे दुकानदार कूदकर निराला पर झपटे। निराला घिर गए। आगे-पीछे से लोग प्रहार करने लगे। वह उन्हें धक्का देते, गिराते, घूँसों से पीछे ठेलते बाहर निकल आए।

58 नम्बर, नारियलवाली गली

गंगा पुस्तकमाला कार्यालय से ज़रा आगे श्रीराम रोड पर किताबों की एक छोटी-सी दुकान थी—सरस्वती पुस्तक भंडार। दुकान के मालिक रामविलास पांडेय के यहाँ निराला अक्सर घूमते हुए तमाखू खाने और कुछ देर बैठकर इधर-उधर की बातें करने आ जाते थे। सरस्वती पुस्तक भंडार ने स्वामी विवेकानन्द की कुछ पुस्तकों के हिन्दी अनुवाद छापे थे। उन्होंने वे अनुवाद निराला को दिखाये। जहाँ-तहाँ पृष्ठों पर निगाह दौड़ाने के बाद निराला ने कहा—पुष्ट गद्य है, कौन है अनुवादक? पांडेयजी ने कहा—मेरे नामराशि हैं, यहीं यूनिर्वसिटी में पढ़ते हैं।

एक दिन मैं सरस्वती पुस्तक भंडार में बैठा था कि निराला आए। रामविलास पांडेय ने परिचय कराया—इन्हींने विवेकानन्द का अनुवाद किया है। निराला ने सर हिलाया; कुछ इधर-उधर की बातें कीं, फिर चले गए। दो-एक बार इसी तरह और मुलाकात हुई। परिचय बढ़ाने या बात करने की न उन्होंने कोई उत्सुकता दिखाई, न मैंने। उन दिनों मैं बी.ए. ऑनर्स फाइनल का छात्र था। अगले साल एम.ए. की परीक्षा के बाद मैं 'परिमल' खरीदने के विचार से सरस्वती पुस्तक भंडार गया। पुस्तक लेकर मैं चलनेवाला था कि इतने में निराला आ गए। मैं बैठ गया। उन्होंने पूछा—यह किताब आप क्यों खरीद रहे हैं? मैंने कहा—इसलिए कि मैं इसे पढ़ चुका हूँ। उन्होंने आँखों में कुछ ताज्जुब भरकर कहा—तब? मैंने जवाब दिया—मैं बहुत

कम किताबें खरीदता हूँ; इसकी कविताएँ मुझे अच्छी लगती हैं। उन्हें जब इच्छा हो तब पढ़ सकूँ, इसलिए खरीद रहा हूँ।

मेरे हाथ से किताब लेकर पीछे के पन्ने पलटते हुए उन्होंने कहा—शायद ये बाद की [मुक्तछन्द की] रचनाएँ आपको पसन्द न हों। मैंने कहा—वही तो मुझे सबसे ज़्यादा पसन्द हैं। पता नहीं, आपने तुकान्त रचनाएँ क्यों कीं? इसके बाद वह मिल्टन, शेली, ब्राउनिंग आदि अंग्रेज़ कवियों के बारे में मुझसे खोद-खोदकर सवाल करते रहे। बातें ज़्यादा मैंने कीं, वह अधिकतर सुनते रहे। मेटाफिज़िकल कवियों का प्रसंग छिड़ा। मैंने कहा—उनकी कविता में विट (wit) होती है, कोरी भावुकता नहीं। आपकी रचनाओं में केवल भाव नहीं हैं, बौद्धिक शक्ति है।

यह बात उन्हें अच्छी लगी। रामविलास पांडेय से उन्होंने कहा—'विट', यह है असली चीज; 'विट' के बिना साहित्य क्या?

मुझसे उन्होंने पूछा—आपने 'अप्सरा' पढ़ी है? मैंने कहा—हाँ। उन्होंने प्रश्न किया—कैसी लगी? मैंने उत्तर दिया—अच्छी नहीं लगी; किसी नौसिखिए की-सी रचना लगती है।

उनके चेहरे से प्रसन्नता का भाव गायब हो गया, पर उन्होंने बड़ी नर्मी से कहा—आप उसे फिर पढ़िए।

मैंने स्वीकार किया। वह गंगा पुस्तकमाला गए और वहाँ से 'अप्सरा' की प्रति लाकर दी। मैंने तीन दिन बाद वहीं उसी समय मिलने का वादा किया। घर आकर मैंने 'अप्सरा' दोबारा पढ़ी; काग़ज़ पर अपनी आलोचना के मूल सूत्र लिख लिये। निश्चित दिन और समय पर वह आए। दुकान के भीतरी भाग में हम दोनों बैठे। करीब घंटे-भर तक मैं 'अप्सरा' की आलोचना करता रहा, कुछ बातें उन्होंने मानीं, पर अधिकतर वह मेरे तर्कों का खंडन करते रहे। मेरी आलोचना का मुख्य सूत्र यह था कि उपन्यास में परिवेश का चित्रण बहुत कमज़ोर है; कलकत्ते के प्रसंग में यह नहीं मालूम होता कि हम किसी बड़े शहर के भीतर घूम रहे हैं। लगता है, अपने सीमित व्यक्तिगत अनुभव को लेखक ने कथा का रूप दिया है।

निराला ने मेरा तर्क स्वीकार न किया, न मैंने 'अप्सरा' को सफल उपन्यास माना। उन्होंने कहा—आपने 'देवी' पढ़ी है? मैंने कहा—नहीं। उन्होंने दूसरे दिन 'सुधा' के दो अंक लाकर दिये जिनमें 'देवी' और 'चतुरी चमार' कहानियाँ प्रकाशित हुई थीं। अब हम दोनों रोज़ ही मिलते थे और अक्सर साथ घूमने निकल जाते थे। मैंने कहा—ये कहानियाँ तो बहुत ही अच्छी हैं; ऐसा गद्य हिन्दी में मैंने नहीं पढ़ा। गद्य की विशेषता बताने के लिए मैं शब्द ढूँढ़ रहा था कि उन्होंने प्रसंग बदल दिया मानो अपनी प्रशंसा सुनना उन्हें पसन्द न हो। 'चतुरी चमार' पढ़कर मुझे मालूम हुआ कि वह उन्नाव ज़िले के रहनेवाले हैं। पता नहीं, कब खड़ीबोली छोड़कर वह मुझसे बैसवाड़ी नें बातें करने लगे। अब चुपचाप सुनते रहने की मेरी बारी थी। सड़कों पर चलते हुए, रात को अमीनाबाद पार्क में बैठे हुए वह बातें करते थे और मैं सुनता था। कभी वह आधी दूर

मुझे घर तक छोड़ने आते, मैं कहता—आप अकेले क्या जायँगे, मैं उन्हें अमीनाबाद तक छोड़ने आता। कभी पार्क में बैठे उन्हें देर हो जाती, वहीं कुछ फल वगैरह लेकर मेरे साथ खा लेते और फिर काव्य-चर्चा में लग जाते। उनकी बातचीत से लगता था, बैसवाड़े का ठेठ किसान बोल रहा है जो पढ़-लिख गया है और जो कविता का असाधारण प्रेमी है। उनकी स्मरणशक्ति अद्‌भुत थी। उन्हें सैकड़ों कविताएँ पूरी-की-पूरी या आंशिक रूप में कंठस्थ थीं। वह वैष्णव कवियों के पद सुनाते, जहाँ-तहाँ हिन्दी में भाव समझा देते। मैं बँगला पढ़ लेता था, कुछ रवीन्द्रनाथ की रचनाएँ पढ़ी भी थीं। वह अधिकतर पाठ करते जाते, उनकी उँगलियों के इंगित से, मुख के भावों से कविता का आशय स्पष्ट हो जाता। अधिकतर वह रवीन्द्रनाथ की कविताएँ सुनाते, 'प्रभात संगीत', 'चित्रा', 'मानसी', 'कथा ओ काहिनी' संग्रहों की रचनाएँ जिनमें प्राकृतिक और मानवीय सौन्दर्य अधिक था, अध्यात्म और रहस्य का स्पर्श बहुत कम।

एक दिन दुखी मन से उन्होंने 'अभ्युदय' का वह अंक दिखाया जिसमें 'निर्मल' ने उनके काव्य को कर्कश और दुरूह कहकर निन्दा की थी। मैंने कहा—यह सरासर अन्याय है। क्या हिन्दी आलोचना का यही स्तर है? निराला चुप रहे।

मैंने 'परिमल' पर एक लेख लिखा। निराला की कविता में जीवन-सौन्दर्य के कैसे अनुपम चित्र हैं, यह सिद्ध करने के लिए मैंने उसे उद्धरणों से भर दिया। मुंशी नवजादिकलाल 'चाँद' के सम्पादक थे। उन्होंने मेरा लेख प्रकाशित किया। 'चाँद' की प्रति लिये हुए निराला दुलारेलाल भार्गव के यहाँ आए। वह चलते जा रहे थे और लेख पढ़ते जा रहे थे। उन्होंने लेख दुलारेलाल के सामने बढ़ा दिया। कहा : "देखिए, 'परिमल' की प्रशंसा में लेख छपा है; ही हैज़ टेकन दि एसेंस ऑफ परिमल!"

दुलारेलाल ने बड़ी उदासीनता से 'चाँद' का अंक निराला के हाथ से ले लिया। उन्हें शिकायत थी कि 'परिमल' बिकता नहीं है, इसलिए उन्हें विश्वास नहीं था कि कोई निष्पक्ष भाव से उसकी तारीफ करेगा। उन्होंने कहा—आपके किसी चेले का काम होगा। निराला ने कहा—यह लेख इनका है, ये अंग्रेज़ी के एम.ए. हैं, रिसर्च स्कालर हैं।

दुलारेलाल भार्गव ने एक निगाह मुझपर डालकर कहा—यह क्रिटिसिज्म तो है नहीं, तारीफ ही तारीफ है। निराला ने सहमत होते हुए कहा—हाँ, ऐप्रीसिएशन है; क्रिटिसिज्म होती तो धज्जियाँ उड़ा देते।

शायद वह 'अप्सरा' पर मेरी कही हुई बातें याद कर रहे थे। मैंने कहा—कविताओं में दोष न होंगे तो क्या ज़बरदस्ती दिखाये जाएँगे? कविताएँ सचमुच प्रशंसा के योग्य हैं। हिन्दी में कौन इतनी सुन्दर कविताएँ लिखता है?

निराला ने पूछा—आपको कौन-सी कविताएँ ज़्यादा अच्छी लगीं? किन-किन में निशान लगाये?

मैंने कहा—निशान लगाने बैठा तो देखा, सभी में लगाता चला जा रहा हूँ। इसलिए निशान लगाना छोड़ दिया। 'जागो फिर एक बार', 'शेफाली' वाली कविता और 'जड़े नयनों में स्वप्न निशा के उर की खिली कली' वाला गीत—ये सब बहुत पसन्द हैं।

निराला ने दुलारेलाल से कहा—सुनते हैं? इन्हें 'परिमल' की इतनी कविताएँ पसन्द हैं कि इन्होंने निशान लगाना छोड़ दिया।

दुलारेलाल ने द्रवित होने का भाव ज़रा भी न दिखाया। उनका यही भाव रहा, 'परिमल' बिकता नहीं है; कोई उसकी तारीफ करता है तो ज़रूर उसमें कोई षड्यंत्र है। निराला दुलारेलाल को यह समझाने गए थे कि 'परिमल' महान् कृति है और अंग्रेज़ी में उच्च शिक्षाप्राप्त युवक यह स्वीकार करते हैं। पर गंगा पुस्तकमाला के संचालक अन्यमनस्क बने रहे। वह अपनी मेज़ के सहारे बैठकर काग़ज़-पत्तर देखने लगे और हम दोनों उन्हें नमस्कार किये बिना बातें करते फाटक से बाहर आ गए।

निराला की कविताएँ मैंने पाँच साल पहले शान्तिप्रिय द्विवेदी द्वारा सम्पादित कविता-संग्रह 'परिचय' में देखी थीं। मैं तब झाँसी में पढ़ता था। अपने सहपाठी मित्र बालनारायण पेंढरकर की कृपा से शेली, कीट्स, बायरन की बहुत-सी रचनाओं, बँगला में रवीन्द्रनाथ की अनेक कविताओं और मराठी में गडकरी के गीतों से परिचित हो चुका था। मिल्टन का 'पैराडाइज लॉस्ट' एक दिन कालेज की लायब्रेरी में मिल गया। मैं उसके प्रारम्भिक अंश एक ही सपाटे में पढ़ गया। समझा बहुत कम, पर मिल्टन के स्वर की उदात्त गरिमा ने मुग्ध कर लिया। अन्य कवि हेठे मालूम हुए। तभी 'परिचय' देखने को मिला। मुझे लगा—मिल्टन की स्वर-शक्ति केवल निराला में है, हिन्दी के अन्य सभी कवि निराला से हेठे हैं। शहर के पुस्तकालय से ढूँढ़कर मैं पतली-सी 'अनामिका' लाया और उसे कई बार पढ़ गया।

लखनऊ विश्वविद्यालय में अपने हिन्दी अध्यापक बदरीनाथ भट्ट से मैंने पूछा—क्या आप निरालाजी को जानते हैं? उन्होंने हँसते हुए कहा—हाँ, जानता हूँ। क्या आप उनसे मिलना चाहते हैं? मैंने कहा—नहीं! मैं रामगोपाल विद्यान्त रोड पर एक कमरे में रहता था। कभी-कभी निराला को जाड़े में टोपा लगाए रुई के सलूके पर कुर्ता पहने सबदलबाग की खिड़की से निकलते देखता था। यहाँ अब सुन्दरबाग की कोठियाँ हैं। तब सबदलबाग के पुराने मकान थे; एक छोटा दरवाज़ा रामगोपाल विद्यान्त रोड की ओर खुलता था। साइकिल पर यूनिवर्सिटी आते-जाते हीवेट रोड या लाटूश रोड पर मैं अक्सर उन्हें देखता था। वह कभी दुलारेलाल भार्गव के यहाँ से हाथ में प्रूफ के काग़ज़ लिये हुए निकलते, कभी सुमित्रानन्दन पन्त के साथ हीवेट रोड पर चलते हुए दिखाई देते। पन्त अपने खास डिजाइनवाले कोट-पैंट पहने, निराला सादे कुर्ता-धोती में। दोनों के बड़े-बड़े बाल, पन्त के सँवारे हुए, माथे पर विशेष सावधानी से साधी हुई छल्लेदार लट, निराला के बाल घने, अस्तव्यस्त, तगड़ी गर्दन के आसपास कन्धों पर लहराते हुए। यूनिवर्सिटी में अध्ययन करते हुए 'परिमल' मैं पढ़ चुका था। निराला शेली, बायरन से घटकर नहीं, अंग्रेज़ी के श्रेष्ठ कवियों के समकक्ष हैं, यह धारणा दृढ़ हो गई थी।

भट्टजी ने जब पूछा—क्या आप उनसे मिलना चाहते हैं, तब मेरे मन में उनसे मिलने की ज़रूर इच्छा थी। पर अपनी ओर से किसी बड़े आदमी से जाकर मिलना मैंने आत्मसम्मान के विरुद्ध समझा। इसलिए भट्टजी से कहा—नहीं। उन्होंने समझा, इसे निराला के प्रति कोई आकर्षण नहीं है। उन्होंने निराला पर रामचन्द्र शुक्ल का एक कबित्त सुनाया—काव्य में रहस्य कोई वाद है न ऐसा जिसे लेकर निराला कोई पंथ ही खड़ा करे। कबित्त सुनाने के बाद वह उसका रस लेते हुए देर तक हँसते रहे।

इसके बाद अकस्मात् निराला से भेंट हो गई।

वह अपनी बात तूल देकर कहते मानो उन्हें कहीं जाने या काम करने की जल्दी न हो! विशेष रूप में तुलसीदास का महत्त्व समझाते। कभी खड़ीबोली, कभी बैसवाड़ी, कभी थोड़ी-सी अंग्रेज़ी मिलाकर वह विस्तार से अपनी बात समझाते। अंग्रेज़ी और बँगला के अनेक कवियों के नाम गिनाने के बाद एक दिन बोले—इन सब बड़ेन क पढ़ित है तो ज्यू ज़रूर प्रसन्न होत है पर जब तुलसीदास क पढ़ित है तो सबका अलग धरि देइत है। वी सेंट रहैं। हमार स्वप्न यहै सदा रहा कि गंगा के किनारे नहाय कै भीख माँगि कै रही औ तुलसीदास क पढ़ी। जद्यपि खुराफात बहुत कीन है औरु अबै अपनि फील्ड छाँड़ि कै भागा नहीं चहित पर जीवन क संस्कार ऐसै है।

इसके बाद आनन्द-विह्वल होकर 'वर दंत की पंगति कुन्द कली' वाला सवैया सुनाया। सात कांडों के रूपक की व्याख्या करके उन्होंने तुलसीदास के ज्ञानपक्ष का महत्त्व समझाया। उन्होंने एक बंगाली मित्र का किस्सा सुनाया। निराला ने कहा था—तुलसीदास भारत के सर्वश्रेष्ठ रहस्यवादी कवि हैं। मित्र ने कहा था—वह तो भक्त थे। निराला ने पूछा था—जब भक्त सब-कुछ भगवान को दे दे, तब उसके पास क्या बचेगा? यह अद्वैत नहीं है?

तुलसीदास और रवीन्द्रनाथ की तुलना करते हुए उन्होंने कहा—अभी मेरी छोटी आवाज़ है, नहीं तो रवीन्द्रनाथ की पोल खोलता। औरु जो पचास बर्स तक जियेन तो तुलसीदास औ रवीन्द्रनाथ पर याक तुलनात्मक स्टडी इनका चापर करै के बरे छाँड़ि जाब।

मैंने कहा—आप तुलसीदास पर एक किताब लिख डालिए। उन्होंने कुछ उत्तेजित होकर कहा—तुलसीदास पर किताब तो लिखी पर याको पढ़इया होई वहिका हिन्दी मां?

उनकी बातें सुनकर कभी-कभी लगता, वह सभी हिन्दीवालों को अपना शत्रु समझते हैं, मानो अकेले उनसे युद्ध कर रहे हैं। सरस काव्य-चर्चा के बीच अचानक उत्तेजना में कहे हुए वाक्य सुनकर मैं चकरा जाता। यह किससे लड़ रहे हैं, क्यों नाराज़ हैं, मेरी समझ में न आता। मुझे चुनौती-सी देते हुए बोले—मारु नहीं खाय सकित। फटीचर हन मुला जो हिन्दीवाले चहैं कि हम गदहा बनाय लेई, तौनु नहीं ह्वै सकत। हिन्दीवाले समुझतेहे नहिंन। ज्यू भरिकै लिखै नहीं पाइत।

एक हिन्दी-प्रेमी मित्र का किस्सा सुनाया। मित्र बोले—'रंगभूमि' और 'गढ़ कुंडार' में, समझ में नहीं आता, किसे बड़ा बताऊँ? निराला ने कहा—उत्तर सरल है। तेईस बटा

सौ 'गढ़ कुंडार' को, चौबीस बटा सौ 'रंगभूमि' को। मित्र ने पूछा—किसी को तेंतीस भी देते हो? निराला ने जवाब दिया—हाँ, तेंतीस 'अलका' को। मित्र ने कहा—किसी और को भी? निराला हँसकर बोले—पछत्तर 'अप्सरा' को, अस्सी 'लिली' को।

मैंने कई उपन्यासकारों के बारे में उनसे राय पूछी। कोई उन्हें पसन्द न था। वह बीस-बाईस से ज़्यादा नम्बर किसी को न दे रहे थे। मैंने पूछा—वृन्दावनलाल वर्मा के बारे में आपकी क्या राय है? उन्होंने कहा—वृन्दावनलाल वर्मा क जो उपन्यासकार कहै सो महाचूतिया।

उपन्यास-चर्चा छोड़कर कवियों में बड़े-छोटे का हिसाब लगाया जाने लगा। रवीन्द्रनाथ के बारे में बोले—टैगोर एक अच्छे घर में पैदा हुए थे। धन-दौलत थी। फरक उनमें-मुझमें इतना ही है।

शाम को घूमकर लौटे। मैं उनके साथ नारियलवाली गली में उनके घर तक आया। दरवाज़ा खोलकर भीतर गए। नीचे अँधेरा था। मैं आँगन में खड़ा रहा। ज़ीने में चढ़ते हुए उन्होंने आवाज़ लगाई—सरोज, घड़े में ठंढा पानी है? सरोज ने ऊपर से उत्तर दिया—हाँ, है। निराला ने फिर पूछा—केवड़ा पड़ा है उसमें? सरोज ने कुछ अधीरता से जवाब दिया—हाँ, हाँ, परा है। निराला ने ऊपर ले जाकर मुझे केवड़े से सुवासित ठंढा पानी पिलाया।

कुछ दिन बाद मैं यूनिवर्सिटी से दोपहर को साइकिल पर सीधा नारियलवाली गली पहुँचा। नीचे का दरवाजा भेड़ दिया गया था, कुंडी न लगी थी। मैंने आँगन में साइकिल रखी। ऊपर गया तो देखा, निराला खाट पर बुखार में पड़े हैं। सरोज चली गई थी। घर में कोई न था। दो दिन से उन्होंने कुछ खाया न था। मैंने दवा ला देने को कहा। उन्होंने मना किया। कहा—अपने-आप ठीक हो जाएगा। मैं कुछ देर चुपचाप बैठा रहा। वह आँखें बन्द किये लेटे रहे।

एक दिन फिर मिलने गया। दरवाज़े में धक्का दिया। भीतर से बन्द था। मैंने ज़ोर से आवाज़ दी—निरालाजी! वह नहा रहे थे। वैसे ही भीगे हुए गीली धोती पहने दरवाज़े तक आए। मुझे देखकर कहा—अच्छा, आप हैं, मैं कहूँ! कौन बड़ी डाँट से पुकार रहा है।

मैं ऊपर जाकर बैठ गया। वह नहाकर आए। भीगे बालों में कंघी किये बिना ही वह रवीन्द्रनाथ का 'गल्पगुच्छ' लेकर बैठ गए और गाँव के बारे में एक कहानी पढ़कर सुनाने लगे। कहानी लम्बी थी। आधी पढ़कर रख दी। बोले—बाकी कल सुनाएँगे। कल तक रुकने का मुझमें धैर्य न था। मैंने कहा—पुस्तक दे दीजिए, कल पढ़कर लौटा जाऊँगा। उन्होंने कहा—इसकी बँगला समझ न पाओगे। मैंने कहा—मेरे पास डिक्शनरी है; उसकी सहायता से समझ लूँगा। उन्होंने अपनी बात पर अड़ते हुए कहा—डिक्शनरी से यह बँगला न समझ पाओगे। चाहो तो मैं तुम्हें पढ़ा दिया करूँगा। मैंने कहा—नेकी फिर पूछ-पूछ! वह बोले—नेकी इसमें क्या है? तुम जैसे दो-चार स्टूडेंट मिल जाएँ तो, फिर क्या है!

उन्होंने 'चयनिका' तथा रवीन्द्रनाथ की युवाकालीन पुस्तकों के नाम बताये। मैंने वे सब मँगवा लीं और उन्हें पढ़ने लगा। जहाँ समझ में न आता था, उनसे अर्थ पूछ लेता था। मुझे उत्साहित करते हुए बोले—हम लोग तो जैक आफ आल, मास्टर आफ नन हैं। तुम एक भाषा जानते हो और एक डिग्री लिये हो। अभी से इधर झुके हो। चार-पाँच साल में अच्छा काम करने लगोगे।

लखनऊ में 'चंडिदास' फिल्म की धूम थी। चंडिदास की भूमिका में कुन्दनलाल सहगल और पार्वती की भूमिका में जमुना। 'प्रेमनगर में बनाऊँगी घर मैं तजके सब संसार'—गलियों में बच्चे ऊँची आवाज़ में यह गीत गाते घूमते थे। उदीयमान लेखक सर्वदानन्द वर्मा ने यह फिल्म सत्रह बार देखी थी। चार बार निराला भी देख चुके थे। पाँचवीं बार मेरे साथ देखने गए। आगे की कुर्सियों पर चवन्नी क्लास में बैठे। एक जगह कुछ हँसी की बात थी। निराला इतनी ज़ोर से हँसे कि हाल के दर्शक उन्हीं की तरफ देखने लगे। उन्होंने सर झुका लिया और मुँह पर हाथ रखकर हँसी रोकने की कोशिश करने लगे।

उन्होंने 'अलका', 'लिली', 'प्रबन्ध पद्म'—तब तक की अपनी सभी प्रकाशित पुस्तकें भेंट कीं। पत्रिकाएँ दीं जिनमें उनके लेख छपे थे। पाँच-छह महीनों में उन्होंने अपनी एक भी कविता न सुनाई थी; दूसरों की रचनाएँ ही जैसे उन्हें ज़्यादा पसन्द हों, वही सुनाते रहे थे। अब अपनी कविताएँ भी सुनाईं। मुझसे शेक्सपियर, मिल्टन आदि की ग्रंथावली लेकर अपने-आप घोखने लगे।

मैं कमरा बदलकर कहीं दूसरी जगह जमने का विचार कर रहा था। निराला को मालूम हुआ तो उन्होंने अपने यहाँ रहने का निमंत्रण दिया। मैं बड़ा प्रसन्न हुआ कि इनके साथ रहने का अवसर मिलेगा। पर उन्होंने सावधान किया। कोई उनके साथ रहना पसन्द नहीं करता; लोग बहुत जल्दी परेशान हो जाते हैं। मेरी समझ में कुछ न आया।

मैं अपनी किताबें और बिस्तर लेकर उनके यहाँ पहुँच गया।

चारबाग स्टेशन से अमीनाबाद को आनेवाली सड़क से बायें फुटकर तंग चक्करदार सड़क है, जिसका नाम है नारियलवाली गली। अमीनाबाद, ज़नाना पार्क, अमीनुद्दौला पार्क, रामकृष्ण मिशन—सब नज़दीक, जहाँ दस-पन्द्रह मिनट में पैदल पहुँचा जा सके। अट्ठावन नम्बर मकान ऊँची कुर्सी पर बना हुआ, बगल में मकान-मालिक का घर, पड़ोस में लेखक-साहित्यकार कोई नहीं, ज़्यादातर बनियों के घर। नीचे की मंज़िल में बैठक, आँगन, बरामदा, पीछे की ओर कमरा, बीच की मंज़िल में बड़ा कमरा, आँगन पर लोहे का टट्टर, पीछे की ओर कमरा और बरामदा; तीसरी मंज़िल पर एक कमरा, टीन की छत, लोहे का टट्टर, खुली अटारी। रहनेवाले अकेले निराला। बीच वाली मंज़िल में बाहर की तरफवाला कमरा कुछ साफ़ था, दूसरे कमरों में कई साल की गर्द जमा थी। सबसे ऊपरवाले कमरे में मैंने अपना सामान रखा। निराला के कमरे में ज़मीन पर दरी बिछी थी, कभी कोई

आता था तो खातिर के लिए उस पर रज़ाई बिछा देते थे। रज़ाई पर कभी चादर, कभी अपनी धोती। एक तरफ पुराना सन्दूक जिसमें एकाध कुर्ता, कनटोप, जाड़े का सलूका। एक फूटा कुल्हड़ जिसमें पिछले हफ्ते-भर की थूकी हुई तमाखू की पीक थी। कमरे में अखबारों और पत्रिकाओं के ढेर। मुझे नई बात मालूम हुई, निराला समाचारपत्र बराबर पढ़ते हैं। कमरे में उनकी अपनी लिखी किताब एक भी न थी। एक बहुत पुरानी मटकी जिसमें ताज़ा पानी वह तभी भरते थे जब वह खाली हो जाती थी। पीछे के बरामदे के एक कोने में दो-चार बर्तन। नीचे की मंज़िल में नल के पास चन्दन के साबुन की एक बट्टी।

मैंने सोचा कि घर में झाड़ू लगा दी जाय और इनका कमरा भी साफ़ कर दिया जाय। पर यह प्रस्ताव उन्हें बिलकुल पसन्द न आया। उन्होंने कहा—अपना कमरा साफ कर लो; हम अपना कमरा जब ज़रूरत समझेंगे, साफ कर लेंगे।

उन्होंने मुझे अपनी फिलासफी समझाई कि हर आदमी को अपना काम खुद करना चाहिए। हमें दूसरे से उतनी सेवा करानी चाहिए जितनी हम खुद उसकी कर सकें। वह मेरे कमरे में झाड़ू लगाएँ, तभी उनके कमरे में मेरा झाड़ू लगाना ठीक होगा। मनुष्य सब बराबर हैं। कोई बड़ा-छोटा नहीं है। राम, कृष्ण, ईसा, मुहम्मद में वही ब्रह्म है जो एक चमार में। बाप समझता है, वह बच्चे को पालता है, लेकिन बच्चा अपनी मुस्कान से उसे जो देता है, बाप क्या उसका बदला दे सकता है?

एक दिन वह कहीं गए थे। मैं बाज़ार से नई झाड़ू लाया। सारा घर साफ़ किया। दो गठरी कूड़ा पीछे की गली में फेंका। मेहतरानी ने निराला से शिकायत की : पता नहीं आपके यहाँ कौन आया है, जाने कहाँ का कूड़ा गली में भर दिया! निराला ने उसकी शिकायत मुझे सुनाई और कहा—तुम्हें यहाँ का हिसाब-किताब मालूम नहीं है।

घर की सफाई से वह प्रसन्न नहीं हुए, लेकिन अपने कमरे से उन्होंने तमाखू की पीकवाला कुल्हड़ हटा दिया।

सबेरे उठकर वह चाय पीने निकल जाते। मुझसे दो-तीन बार कहा, मैंने मना कर दिया। करीब मील-भर चलकर हीवेट रोड के ढाबेनुमा बंगाली रेस्तराँ में वह एक-दो कप चाय पीते। फिर लौटकर दातून आदि से निवृत्त होकर लिखने बैठ जाते। दोपहर तक उनसे बहुत-कम बातें होतीं। मैं चुपचाप ऊपरवाले कमरे में अपने शोध-कार्य में लगा रहता। दोपहर को नहाकर वह होटल में खाना खाने जाते; मैं अपना भोजन खुद बनाता था। भोजन करके लौटने के बाद वह सो जाते। घंटे-दो घंटे सोने के बाद वह कुछ पढ़ते, अक्सर बाहर से कोई आ जाता और गप होती या ऊपर से मुझे बुला लेते और कोई कविता सुनाते। शाम होते हम दोनों घूमने निकलते। वह एक कप चाय पीते, फिर कैसरबाग या गोमती की तरफ निकल जाते। दो घंटे बाद वह भोजन करने होटल में रुक जाते, मैं घर चला आता। होटल से लौटने पर वह कुछ देर बातें करते। रात को पढ़ते नहीं थे। कभी-कभी मेरी लालटेन के पास आ बैठते और अंग्रेज़ी की कोई कविता पढ़ने को कहते। यह उनका दैनिक कार्यक्रम था।

सफेद फुलस्केप काग़ज़, लकड़ी का मामूली कलम जिसमें वह रेड इंक निब लगाते थे, नीली स्याही की एक पुरानी दवात—ये उनके लिखने के उपकरण थे। न मेज़, न कुर्सी, ज़मीन पर बैठकर या लेटकर वह लिखते। पूरी कविता या लेख लिख लेने के बाद उसे सुधारने बैठें, ऐसा अभ्यास उन्हें न था। लिखते समय ही काटकर सुधारते जाते थे, फिर उसकी स्वच्छ प्रतिलिपि कर लेते थे। अक्सर आधा-चौथाई पृष्ठ लिख लेने के बाद उन्हें लगता, बात बनी नहीं और वह उसे उठाकर एक तरफ़ रख देते। कमरे में काग़ज़ के बड़े-छोटे टुकड़ों का ढेर लग जाता जिनमें किसी रचना के अंश, कुछ पंक्तियाँ लिखी होतीं। कुशल गृहस्थ की तरह वे इन्हें सँजोये रहते और काग़ज़ में बची हुई जगह फिर कुछ लिखने के लिए इस्तेमाल करते। कभी-कभी पोस्टकार्ड लिखते हुए उन्हें साधारण-सी बातें कहने में भी दुबारा प्रयास करना होता। अधूरा पोस्टकार्ड उठाकर एक तरफ डाल देते, दूसरा लिखने लग जाते।

स्वामी विवेकानन्द के 'सौंग आफ संन्यासिन' का अनुवाद करने बैठे। घंटे-भर परिश्रम किया लेकिन अनुवाद पसन्द न आया। बोले—हिन्दी में ऐसी रचनाओं का अनुवाद हो ही नहीं सकता।

काग़ज़-कलम रखकर वह चाय पीने चले गए। मैंने सोचा—यह सरासर हिन्दी का अपमान है जो कहते हैं, अनुवाद हो ही नहीं सकता। इन्हें अनुवाद करके दिखा देना चाहिए।

मैंने घंटे-भर में अनुवाद कर डाला। जब वह चाय पीकर लौटे तो मैंने अनुवाद दिखाया। वह उदारता से बोले—अच्छा किया है; अब मेरे अनुवाद की ज़रूरत नहीं। इसे 'माधुरी' में छपा देंगे।

वह मुझे लेकर 'माधुरी'-आफिस गए, रूपनारायण पांडेय को अनुवाद दिया। पांडेयजी ने छापने का वादा करके अनुवाद रख लिया, पर छापा नहीं। निराला ने दो-एक बार उन्हें स्मरण कराया पर वह टालते रहे। दरअसल अनुवाद अच्छा न था। पांडेयजी न निराला का आग्रह टालना चाहते थे, न पत्रिका में अनुवाद छापकर उसका स्तर गिराना चाहते थे। निराला कैसा अनुवाद चाहते थे, उस समय यह समझना मेरे लिए सम्भव न था।

मैंने 'माधुरी' के लिए लेख लिखा। एक ही बैठक में लेख पूरा हो गया। निराला ने आश्चर्य से पूछा—लेख पूरा हो गया? मैंने कुछ गर्व से कहा—हाँ।

उन्हें अपना परिश्रम याद आया। कविता दरकिनार, गद्य-लेख पूरा करने में भी कई दिन लग जाते थे। निराला भाषा से युद्ध कर रहे थे, उसे मोड़कर अपने साँचे में ढाल रहे थे। दूसरों के लिए ऐसी कोई समस्या नहीं है, यह देखकर उन्हें आश्चर्य होता। उन्हें इस समय याद न रहता कि उन्हें और दूसरों को भाषा के माध्यम से जो व्यक्त करना है, उसमें ज़मीन-आसमान का फर्क है।

रचना से पहले दिमाग के एक कोने में सारा कच्चा माल इकट्ठा कर लेते थे। नोट्स तैयार करने में उन्हें विश्वास न था। मुझे कभी किसी लेख के लिए नोट्स लिखते देखते तो हँसते।

किसी लेख या कविता के बारे में—जिसकी चर्चा वह करते रहे हों और लिखी न हो—मैं पूछता कि कब लिखेंगे, तो वह जवाब देते : "तिनू स्वाँगा प्वाँगा दुरुस्त कइ लेई।" अर्थ यह कि आवश्यक सामग्री सहेज लें, तब लिखना शुरू करें। मुझे लगता कि कतकी के मेले में जाने से पहले कोई किसान अपनी गाड़ी 'औंग' कर—पहियों की धुरी में तेल आदि लगाकर—तैयार हो रहा है।

'रँगामेज़ी' देखिए; अर्थात् शब्द-अर्थ-ध्वनि के विभिन्न स्तरों पर उन्होंने जो मूल विषय-वस्तु को रच-रचकर सँवारा है, उसका मुलाहज़ा कीजिए। उनके लिए 'रँगामेजी' मन को प्रसन्न करनेवाली क्रिया थी, पर रचना में मुख्य वस्तु थी 'आइडिया'। इसमें भाव, विचार, मूर्ति-विधान—सब-कुछ शामिल था। उनके लिए आइडिया कोई अमूर्त कल्पना न थी, वह रचना का अन्तस थी जिसे मानो वह बहुत स्पष्ट देखते थे। पन्त में आइडिया की कमज़ोरी उन्हें खलती थी। मूर्तिकार की तरह इस 'आइडिया' को वह गढ़ते, काटते, छाँटते, सँवारते थे।

कलाकार जिस कौशल से 'आइडिया' को मूर्त रूप देता हुआ पूर्णता के लक्ष्य की ओर बढ़ता है, वह उसका 'ड्रिबलिंग' है। ध्यानचन्द की स्टिक से लेकर रवीन्द्रनाथ की कलम तक के वह समान रूप से कायल थे—ड्रिबलिंग की दृष्टि से। रचना-कौशल उनके मन को कहीं बौद्धिक क्रीड़ा की तरह उल्लसित करता था।

वह धीरे-धीरे लिखते थे, खास तौर से प्रेस कापी तैयार करते हुए कम्पोज़ीटरों की सुविधा का बड़ा ध्यान रखते थे। अक्षरों की वक्र भंगिमाएँ उनकी अलंकरणप्रियता का परिचय देती थीं। कभी-कभी हिन्दी भाषा के साथ हिन्दी लिपि से भी वह असन्तोष व्यक्त करते। अंग्रेज़ी, बँगला तेज़ी से लिखी जा सकती है! हिन्दी लिखने में बड़ा समय लगता है। पर उन्हें लिखने की जल्दी है, ऐसा कभी देखने में नहीं आया। वह अपना हर काम धीरे-धीरे, फुर्सत से, सोच-विचार के साथ करते थे। खाना पकाने और सड़क पर चलने से लेकर लिखने तक उनकी हर क्रिया से यही प्रकट होता था कि इन्हें जल्दी नहीं है, गति धीमी, पर दृढ़ और निश्चित है। हँसते थे तो देर तक, पहले हँसी की झलक आँखों में दिखाई देती, फिर गले से तूफान उठता हुआ ओठों तक आता, कभी उसे रोकने की कोशिश करते और ओठों के बीच से बाँध तोड़कर हँसी फूट पड़ती।

कहीं सुशीलकुमार चौबे का गाना था। निराला भी सुनने बैठ गए। सुशीलकुमार फैयाज़ खाँ के शिष्य, गायन में उनका अनुसरण करते थे। निराला ने कुछ देर उनकी मुद्रा देखी, गले से निकलती झटकेदार औ-औ की आवाज़ सुनी और अचानक उठकर भागे। सड़क पर आकर देर तक हँसते रहे।

उनके पास एक सुन्दर जिल्दवाली बढ़िया छपी हुई कविता-पुस्तक आई। उसमें भौंरे पर एक कविता थी : 'भन भन भन भन भन भनन भनन'। वह कविता पढ़ते जाते और इस पंक्ति के आने पर बेतहाशा हँसते। उसी संग्रह में एक और कविता थी : 'विएना की सड़क, विएना की सड़क'। इस पंक्ति को दोहराकर उन्होंने काफी आनन्द प्राप्त किया।

भगवतीचरण वर्मा आए। मैंने पहली बार दर्शन किये। निराला ने रज़ाई बिछा रखी थी; उन्हें सामने बिठाया। कविता सुनाने को कहा। वर्माजी ने गाकर कविता सुनाई : 'हम दीवानों की क्या हस्ती है, हैं आज यहाँ, कल वहाँ चले'। उनके गोलाकार मुख से रुक-रुककर जब वर्णों के गोले निकलते तब श्रोता सचमुच विह्वल हो जाते। निराला पालथी मारे घुटने और तलवे पर हाथ मारकर ताल देने लगे। उनकी आँखों में शरारत भरी हुई थी पर बाकी चेहरा एकदम गम्भीर था। बदतमीज़ी न हो, इसलिए मैं उठकर चला गया।

श्यामबिहारी मिश्र से भूषण का कबित्त सुना था। भौंहें मटकाते हुए दीर्घ स्वरों को ह्रस्व की तरह पढ़ते हुए उन्होंने नकल की : 'इन्द्र जिमि जंभ पर, बाड़व सुअंभ पर' इत्यादि। राह चलते किसी बड़े आदमी ने हाथ उठाकर नमस्कार करने के बदले भौंहें सिकोड़कर अभिवादन किया। मुँह मटकाते हुए निराला ने उसी की तरह भौंहें सिकोड़कर उसका उत्तर दिया। वह कब क्या सोचकर हँसने लगेंगे, यह शायद वह भी नहीं बता सकते थे। उन्हें नौटंकी की एक लाइन याद आई : 'ऐ रावन, तू धमकी दिखाता किसे, मुझे मरने का खौफो-खतर ही नहीं।' नौटंकीवालों की तर्ज पर पंक्ति दोहराई और हँसते रहे। उन्हें पन्त की पंक्ति याद आई : 'हिलाते अधर-प्रवाल'।

ज़रा कल्पना कीजिए—पन्तजी अपने अधर-प्रवाल हिला रहे हैं। हँसी के मारे चेहरा लाल हो गया।

कलकत्ते से 'काव्य-कलाधर' कविता-पत्र निकला था। बड़ा सुन्दर छपा था। सम्मति माँगी गई थी। निराला ने लिखा—हिन्दी में अनेक सुन्दर पत्र निकले और काल-कवलित हो गए, अब काव्य कलाधर की बारी है।

यह सम्मति उन्होंने भेजी नहीं लेकिन प्रसन्नता के पहले झोंके में जो मन में आया, वह लिख ही डाला। 'सुधा' का कोई विशेषांक था। कवर पर पोचा के बीजों का विज्ञापनकला रंगीन चित्र था। निराला ने सम्मति लिखी—चित्रों में पोचा के बीज का चित्र सबसे सुन्दर है।

यह सम्मति भी उन्होंने भेजी नहीं।

किसी हिन्दी-प्रेमी ने निराला से प्रश्न किया—हिन्दी में सबसे बड़ा कवि कौन है? निराला ने कोई उत्तर न दिया, इधर-उधर की बातें करते रहे। जब वह सज्जन चले गए तो बोले—द्याखौ चूतिया क, हमहीं से पूछत है, हिन्दी का सबसे बड़ा कवि को है!

'ज्योत्स्ना' में दो पात्र हैं—उलूक और झींगुर। कौन लेखक किसका अभिनय करे तो नाटिका सफल हो, इस प्रसंग में निराला सुझाते—उल्लू का पार्ट प्रकाशक दुलारेलाल भार्गव करें, झींगुर का पार्ट सुमित्रानन्दन पन्त!

दुलारेलाल भार्गव को बड़े दुलार से—पीठ पीछे—वह कभी-कभी दुलार्गव कहते। नये शब्द गढ़कर, शब्दों को नया अर्थ देकर वह विनोद करते। वेंटराज की कविता कैसी लगी?—उन्होंने पूछा। मैं समझा नहीं; पूछा—कौन? भगवतीचरण वर्मा

के कविता-पाठ की नकल करते हुए बोले—अरे वही, जो ओक्-ओक् करके कविता पढ़ रहे थे! वर्माजी के नाटे कद को लक्ष्य करके उन्होंने 'बेंटराज' शब्द गढ़ा था।

निराला के भीतर का स्पोर्ट्समैन हाकी-कुश्ती से लेकर शब्दों की ध्वनि तक क्रीड़ा का आनन्द लेता था। वह ध्यानचन्द की हाकी के परम प्रशंसक थे। ध्यानचन्द की स्टिक और रवीन्द्रनाथ की कलम की तुलना करते हुए वह उनके कौशल की प्रशंसा करते। गामा की कुश्ती के बारे में कहते—वह पहले से सोचा हुआ दाँव नहीं लगाता, मौके पर नया दाँव गढ़कर तुरन्त लगा देता है। कला की दृष्टि से वह गामा, ध्यानचन्द और रवीन्द्रनाथ को एक स्तर का मानते थे।

नत्था चंगड़ और क्रैमर की कुश्ती हुई; निराला टिकट खरीदकर देखने पहुँचे। नत्था चंगड़ ने अखाड़े में आकर उछलना, गरजना शुरू किया। क्रैमर गाउन पहने कुर्सी पर बैठा रहा। कुश्ती शुरू होने के निश्चित समय क्रैमर अखाड़े में आया। नत्था चंगड़ लम्बा, दैत्याकार, क्रैमर उसे देखते नाटा, शरीर अत्यन्त बलिष्ठ। नत्था के शरीर में तेल लगा था। क्रैमर ने उससे कहा—शरीर पर अखाड़े की मिट्टी मलो। यह क्रिया सम्पन्न होने पर कुश्ती शुरू हुई और पन्द्रह सेकेंड में समाप्त। क्रैमर ने अपनी मज़बूत बाँहों से नत्था को गिरा दिया और आनन-फानन अखाड़े से बाहर आ गया। जब नत्था चंगड़ उठा तब क्रैमर अपनी कुर्सी पर बैठा सिगरेट पी रहा था।

निराला को मज़ा न आया। कुश्ती बहुत जल्दी खत्म हो गई। लखनऊ के सादिक, कानपुर के अद्धा जैसे पहलवानों की कुश्तियाँ देर तक चलतीं, उनके दाँव-पेंच देखने में उन्हें मज़ा आता।

कहीं फुटबाल का मैच हो तो निराला ज़रूर देखने जाते। लखनऊ में फुटबाल के मैच देखकर उन्हें कलकत्ते के दिन याद आते। कान्यकुब्ज कालेज के प्रिंसिपल बालकृष्ण पांडेय से मिलकर लौट रहे थे। लड़कों को फुटबाल खेलते देखकर खुद भी किक लगाने पहुँचे। किक तो ठीक लगी लेकिन पुराने पंप शू ने सामने से मुँह बा दिया।

मैंने एक छोटा-सा उपन्यास लिखा था—चार दिन। उसमें दंगल का वर्णन करना था। मैंने कहा—दो-चार दाँवों के नाम बता दीजिए तो अपने हीरो को जिता दूँ। वह खड़े होकर मेरे ऊपर अपने दाँव लगाने लगे। मैंने सोचा, इन्होंने पटक दिया तो पक्के फर्श पर हड्डी-पसली की ख़ैर नहीं। मैंने कहा—ऐसे मेरी समझ में न आएगा, आप लिखा दीजिए। ज़िद करने पर वे मान गए और एक पन्ना डिक्टेट करा दिया। अपनी कुश्ती-कला का प्रदर्शन न कर पाने पर उन्हें थोड़ा खेद अवश्य हुआ।

मैंने कहा—आप पंजा लड़ाने में मुझसे नहीं जीत सकते। उन्होंने अविश्वास से हँसकर मेरा चैलेंज स्वीकार किया। पंजा लड़ाने बैठे। मैं समझ गया, इन्हें पंजा लड़ाना नहीं आता। हाथ साधे रहा। ताकत उनमें बहुत थी पर उसका सही उपयोग न कर पा रहे थे। तीन-चार मिनट तक ज़ोर लगाते रहे। मैंने पंजा मोड़ा नहीं; बस, अपना बचाव करता रहा। बराबर की छूटी। मेरा पंजा न मोड़ पाने पर उन्हें काफी आश्चर्य हुआ।

थोड़ी-सी कसरत अब भी वह नित्य-प्रति करते थे। साधारणत: नहाने से पहले कुछ बैठकें करते, कमरे की चौखट पकड़कर डँड़ लगाते। बाँहें पहलवानों की-सी थी, उँगलियाँ कलाकारों की-सी। लगता था, इनकी लम्बी उँगलियों में दो मोड़ हैं—पहले पोर के बाद, फिर दूसरे पोर के बाद। दूसरा हाथ लगाये बिना ही एक हाथ की उँगलियाँ सीधी फैलाकर चटखा लेते थे।

सीने में बाल बहुत कम थे। भौंहें भी हल्की थीं। निखरे हुए गेहुँए रंग का शरीर संगमर्मर में गढ़ी हुई मूर्ति-जैसा लगता था। चौड़ा माथा काले बालों से थोड़ा ढक जाता था। लम्बी नाक—स्थिति: पृथिव्या इव मानदंड:—उनकी दृढ़ सकंल्प-शक्ति का प्रतीक थी। अपने चौड़े और मज़बूत सीने को देखकर ही उन्होंने चुनौती के स्वर में लिखा था : 'मेरा अन्तर वज्रकठोर, देना जी भरसक झकझोर'। उनके पतले ओठ मन में उठती व्यंग्य-विनोद की लहर की प्रथम सूचना देते थे। मद्यपान के बाद वे उन्हीं की पंक्ति चरितार्थ करते थे : 'सो गया सुरा स्वर प्रिया के मौन अधरों में'। हल्की-भूरी पुतलियोंवाली उनकी बड़ी-बड़ी आँखें चेहरे में सबसे पहले ध्यान आकर्षित करती थीं। घृणा, क्रोध, हर्ष-विषाद के भाव सबसे पहले इन्हीं में छलकते थे; कविता-पाठ के समय वह जो शब्दों में न कहते, उसे आँखों से व्यंजित कर देते।

निराला का स्वर, उनका मौन, उनकी आँखें, हाथों की मुद्राएँ—सब-कुछ अर्थ-व्यंजक था। मन चंचल होता, कुछ सोचते होते तो पैर हिलाते रहते—चाहे पालथी मारे बैठे हों, चाहे कुर्सी पर। लिखने बैठते तो मन के केन्द्रित होने के साथ उनका शरीर भी जैसे स्थिर हो जाता था। करुण रस की कविता पढ़ते हुए वह भाव-विह्वल हो उठते और उनका सारा शरीर काँप उठता था। ओजपूर्ण रचनाएँ पढ़ते हुए उनकी पुष्ट मांसपेशियाँ युद्ध के लिए मानो तन जातीं।

यद्यपि वह काफी तगड़े थे, फिर भी उन्हें अपने लड़कपन का स्वास्थ्य ही सबसे ज़्यादा पसन्द था—जब वह सोलह साल के थे, जाँघें बोतल जैसी सुती हुईं, कमर बालिश्त-भर और शरीर में सीना ही सीना था। उन्हें कलकत्ते के दिनों का सौन्दर्य याद आता। किसी पानवाले या मित्र के यहाँ बड़े आइने में चेहरा देखकर हाथ से कान के ऊपर बाल समेटते हुए वह कहते—अब वह 'ग्रेसेज़' नहीं हैं, खार बहुत हैं।

उनके उठने-बैठने, चलने-फिरने की हर मुद्रा से यह प्रकट होता था कि उन्हें अपनी शक्ति पर सहज विश्वास है; वेश सँवारना उनके लिए आवश्यक नहीं है।

दाढ़ी अक्सर बढ़ जाती थी। हफ्ते-दस दिन में नाई से हजामत बनवाते। घर में वह स्वयं शेव न करते थे। वेशभूषा में एकदम लापरवाह थे। धोती या तहमत, कुर्ता, पैर में चप्पल या पंप शू, कभी नंगे पैर, रूखे बड़े बाल—यह धज थी। धोती पर दवात लुढ़क गई। स्याही का धब्बा लगी धोती को तहमत की तरह बाँधे वह अमीनाबाद घूमकर आए। कहीं कवि-सम्मेलन होता या किसी संस्था में भाषण करना होता तो हजामत बनवाकर, चन्दन के साबुन से मुँह धोकर, बालों में इत्र डालकर, स्वच्छ

कपड़े पहनकर निकलते। उनका परिवर्तित वेश देखकर लगता था—कभी तो यह राजकुमार बन जाते हैं, कभी संन्यासी।

वह ऊपरवाले मेरे कमरे में बहुत कम आते थे। जब आते थे, मैं उनसे चटाई पर बैठने को कहता, पर वह हमेशा ज़मीन पर बैठते। मैंने उन्हें अपने स्वप्न की बात बताई। परीक्षा देने जा रहा हूँ, देर हो गई है, जूता पहनना भूल गया हूँ, नंगे पैर ही परीक्षा-भवन में पहुँच गया हूँ। निराला ने कहा—तुम पूर्व जन्म के संन्यासी हो, संन्यासी जूते नहीं पहनते।

उनकी निगाह में संन्यासी ही मनुष्यों में श्रेष्ठ था। कलकत्ते में संन्यासियों के, विशेष रूप से स्वामी सारदानन्द के साथ रहने की बात याद करके वह कहते—बहुत बड़े-बड़े आदमियों से मिले हैं, बहुत बड़े-बड़े आदमियों को देखा है।

संन्यासियों के ध्यान में डूबकर वह चुप हो जाते। उनके मुँह पर एक विनम्रता का भाव छा जाता। इस विनम्रता में कहीं गर्व का भाव भी छिपा था—मैं स्वामी सारदानन्द का यंत्र हूँ; ब्रह्म में लीन होकर वही मुझसे साहित्य लिखाते हैं; अन्य सभी साहित्यकार इस अनुभूति से वंचित हैं।

उन्हें विश्वास था कि रवीन्द्रनाथ की साहित्य-साधना का एक गुर योग है। कहते—वह घंटों मेरुदंड सीधा किये एक ही आसन से बैठे रहते हैं।

मैं दिनभर रिसर्च के काम में लगा रहता। रात को लेटते समय कविताएँ दिमाग में आतीं। मैं लेटे-लेटे कापी पर पेंसिल से दो-चार पंक्तियाँ लिख लेता। निराला उस समय कुछ न कहते पर सबेरे ज़रूर टोकते—तुम बैठकर लिखा करो तो और अच्छा लिखोगे।

स्वयं वह न पूजा-पाठ करते थे, न योगी की तरह आसन मारकर बैठते थे। शायद वह समझते थे, उनके लिए यह सब वैसे ही अनावश्यक हो गया है, जैसे परमहंस होने पर रामकृष्ण के लिए।

संन्यासियों के बारे में निराला की बातचीत कितनी प्रभावशाली होती थी, इसका अनुमान एक घटना से हो सकता है। उनकी बातों से प्रभावित होकर कुँअर चन्द्रप्रकाश सिंह, बी.ए. की परीक्षा देने के समय, साधु बनने के उद्देश्य से, चित्रकूट चले गए। वहाँ से वह कहाँ गए, कुछ दिन तक किसी को मालूम न था। उनके पिता निराला का परिचय-पत्र लेकर काशी गए कि शायद वहाँ निराला के किसी मित्र के पास हों। सौभाग्य से कुछ दिन बाद वह घर लौट आए। निराला ने इस घटना पर 'अर्थ' नाम की कहानी लिखी।

निराला अक्सर रामकृष्ण मिशन जाते। वहाँ बँगला, अंग्रेज़ी, हिन्दी की पत्र-पत्रिकाएँ देखते। उनके पुस्तकालय को अपने यहाँ आई हुई पुस्तकें, पत्रिकाएँ देते। संन्यासियों से बँगला में मिशन की कार्यवाही के बारे में बातें करते। उनसे दार्शनिक विषयों पर विवाद न करते। मिशन के एक कमरे में मेरे अध्यापक दयामय मित्र रहते थे। ब्रह्मचारी, शेली और रवीन्द्रनाथ के भक्त, अपने खर्च के लिए पचास

रुपये बचाकर सारी तनखाह मिशन को दे देते थे। यूनिवर्सिटी में अंग्रेज़ी विभाग के अध्यक्ष निर्मलकुमार सिद्धान्त ब्राह्मसमाजी थे। निराला उनसे जितनी दूर थे, उतना ही रामकृष्णभक्त दयामय मित्र के पास। शाम को जब-तब उनसे मिलने जाते, बँगला-अंग्रेज़ी काव्य की चर्चा करते।

रामकृष्ण मिशन का सालाना जलसा था। संन्यासियों ने अध्यक्षता के लिए सिद्धान्त को बुलाया। निराला नाराज़ हुए और जलसे में न गए। उन्होंने संन्यासियों से कहा—आप लोग बड़े आदमियों के पीछे क्यों घूमते हैं? सिद्धान्त के बदले कसिया मेहतर को अध्यक्ष बनाते तो मैं ज़रूर आता।

निराला के घर में पैसे रखने की कोई खास जगह न थी। बीस-पच्चीस रुपये से ज़्यादा रकम शायद ही उनके पास कभी रही हो। इसे जेब में डाल लेते या बक्से में रख देते, जिसमें ताला न था। नीचे का दरवाज़ा अक्सर खुला रहता; सोने के पहले ही कुंडी लगाते। किताबें, कपड़े, बर्तन, रुपये—निराला ने किसी भी वस्तु का संग्रह करना मानो सीखा ही न था। एक बार कहीं से सौ-सवा सौ रुपये वह लाये। मेरे पास जल्दी खर्च हो जाएँगे, तुम रख लो—कहकर उन्होंने मेरे पास जमा कर दिये। पहले दस निकाले, फिर बीस, फिर पच्चीस—दस-पन्द्रह दिन में सारी रकम साफ़ हो गई। होटलवाले, पंसारी, फलवाले, नाई, धोबी, मकान-मालिक आदि के रुपये चढ़ते रहते। एकमुश्त रकम मिली तो अदा कर दिये; जो थोड़े-से बचे, वह तफरीह में खर्च कर दिये।

उनके पास अपनी किताबें न रहती थीं पर उनकी ज़रूरत अक्सर पड़ती थी—पढ़ने के लिए नहीं, दूसरों को भेंट करने के लिए। बाहर से कोई आया है, उसे 'अप्सरा' या 'अलका' भेंट करनी है। गंगा पुस्तकमाला दूर है, इस समय वहाँ कौन जाए? मुझे आवाज़ देकर कहते—अपनी प्रति दे देना, तुम्हें दूसरी ला देंगे।

मेरा नाम काटकर किसी दूसरे प्रियश्री को भेंट कर देते। एकाध बार याद करके मेरे लिए दूसरी प्रति ले भी आए, पर धीरे-धीरे उनकी दी हुई प्राय: सभी पुस्तकें मेरे कमरे से बाहर निकल गईं।

उन्हें अपने शरीर से प्रेम था। चौड़े सीने, बलिष्ठ भुजाओं और लम्बे बल खाते केशों पर गर्व था। एक दिन सर गरमाया तो उस्तरे से सर घुटाकर बाल सड़क पर फिंकवा दिये। आत्ममोह का जैसे नाश कर दिया हो!

वेदान्त की अपनी व्याख्या में वह आत्मा को जितना महत्त्वपूर्ण समझते थे, उतना ही शरीर को। असुर का सम्बन्ध वह असु अर्थात् प्राणों से जोड़ते थे। सब खाओ, असुरों की तरह सब पचा जाओ—हिन्दू-मुस्लिम एकता के लिए इस नीति पर चलने की सलाह देते थे।

मित्रों का सत्कार करने में निराला राजसी वृत्ति का परिचय देते थे। सत्कार की पराकाष्ठा मांस पकाकर खिलाने में होती थी। जिस दिन वह मांस पकाते, उस दिन और कुछ न करते। सबेरे से ही वह कुछ चंचल, कुछ उत्सुक-से दिखाई देते मानो

रचनात्मक भावावेश में हों! बाज़ार से मिर्च, मसाला, घी, मांस आदि ले आते। जब हाँड़ी चढ़ती, तब वह प्रसन्न मुद्रा में बरामदे में टहलते, मित्रों से इधर-उधर की बातें करते, साहित्यिक चर्चा से दूर रहते, छेड़ने पर भी किसी बहस में न पड़ते। मांस धीरे-धीरे पकता और वह एकाध बोटी निकालकर चख लेते या दूसरों को चखाते, यह जानने या जताने के लिए कि मांस ठीक पक रहा है। चूल्हा बुझ जाता तो फूँकने बैठते, राख की फूही बालों पर छा जाती, धुएँ से आँखें लाल हो जातीं। मांस के साथ कभी चावल, कभी रोटी, कभी दोनों बनाते। चावल सबसे बढ़िया किस्म का ढूँढ़कर लाते, उसमें तेजपात, बड़ी इलायची डालकर उसे सुगन्धित करते। डेढ़-दो बजे नहा-धोकर खाने-खिलाने बैठते। बीच-बीच में पूछते जाते—कैसा बना है? अपनी कविता की भी प्रशंसा सुनने को वह इतना उत्सुक न होते जितना अपनी पाकशास्त्रीय कला की। काव्य-कला की तरह यहाँ भी वह अनेक प्रयोग करते—कभी दही डालकर बनाते, कभी कल्हारकर, कभी बिना कल्हारे, मिर्च-मसाला पीसे बिना ही, कभी घी में, कभी तेल में। यद्यपि वह होटल में जब चाहते, मांस खाते। अपनी रुचि के अनुसार रोस्ट या रोगनजोश का आर्डर दे आते, पर उन्हें सर्वाधिक आनन्द-प्राप्ति अपने पकाये मांस से ही होती थी। कभी-कभी वह मछली खाते, ज़्यादातर बाहर; घर में मांस ही पकाते। मछली उन्हें उतनी प्रिय न थी जितना मांस। मछली से अधिक सम्मान वह मुर्ग-मुसल्लम का करते थे।

कैसरबाग के पार्क में टहल रहे थे। पानी में रंगीन मछलियों को तैरते-कुलबुलाते देखकर खड़े हो गए। मैंने कहा—सुन्दर हैं न? उन्होंने आँखों में शरारत भरकर जवाब दिया—खाने में ज़ायकेदार न होंगी।

एक शाम वह पार्कों और सड़कों का चक्कर लगाते हुए बड़ी देर तक घूमे। जेब में पैसे कम थे। होटलवाले के यहाँ जाना न चाहते थे; काफी पैसे चढ़ गए थे। भूख ज़ोर से लगी थी। दस बजनेवाले थे। अमीनाबाद से गोलागंज की तरफ जानेवाली सड़क पर वह रुके और बोले—सामने उस मुसलमान की दुकान से एक कुल्हड़ में गोश्त और दो रोटी ले आओ।

मैंने कहा—आप क्यों नहीं ले आते?

उन्होंने उत्तर दिया—मुझे लोग पहचानते हैं।

मुझे कुछ आश्चर्य हुआ। वह मुसलमान के साथ गोश्त खाने का लिखित वर्णन कर चुके थे। फिर किससे क्या छिपा रहे थे? बात दरअसल दूसरी थी।

उस तरफ की दुकानों में बहुत गरीब आदमी ही खाने आते थे। किसान की तरह निराला को अपनी 'मरजाद' का खयाल था। लिखने में काफी आमदनी होती है, वह रईस की तरह रहते हैं या रह सकते हैं—वह चाहते थे कि लोगों में यह भरम बना रहे। चार-छह पैसे का सामान मैं ले आया। रोटी उन्होंने मोड़कर जेब में डाल ली। कुल्हड़ हाथ में लिया। अमीनुद्दौला पार्क के एक कोने में उन्होंने रोटी-गोश्त ठिकाने लगाया और घर आकर पानी पिया।

ऐसे ही एक रात सड़कों और गलियों में देर तक भटकने के बाद वह कलवरिया के पास रुके। मुझे पैसे देकर बोले—एक अद्धा ले आओ। मैंने फिर वही प्रश्न किया—आप क्यों नहीं ले आते? उन्होंने वही उत्तर दिया—मुझे लोग पहचानते हैं।

मैं हुज्जत न करके बोतल ले आया। उन्होंने उसे कुर्ते की जेब में डाल लिया। मैंने ललकारा—हाथ में लेकर चलिए न?

वह कुछ न बोले। गलियों में होते हुए घर आए। वही 'मरजाद' वाला सवाल था।

महीने में दो-एक बार मद्यपान की नौबत आती। जब पैसे होते तो ब्लैक एंड ह्वाइट की बोतल, नहीं तो ठर्रा। होटल में वह सोडे के साथ पीते, घर में नीट। बोतल में मुँह लगाया और दो-तीन घूँट उतारकर रख दी। वह ज़्यादा मात्रा में न पीते थे, न पीकर आँय-बाँय-शाँय बकते थे। दूसरों को जितनी पिलाते थे, खुद उससे कम पीते थे। केवल एक बार वह होटल में बीघापुर के ज़मींदार मित्र के साथ पी रहे थे, तब कुछ बहके। मैं उस शाम को उनके कहने से होटल में खाना खा रहा था। उन्होंने मुझसे कहा—तुम भी पियो। मैंने कहा—आपके कहने से न पियूँगा, वैसे चाहे पी लूँ। उन्होंने अपने मित्र ठाकुर साहब से कहा—यह शर्मा पीता नहीं है, अपने को बड़ा आदमी समझता है। आज इसे पिलाकर मानेंगे।

वह उठे और चौथाई बोतल मेरी थाली के चावलों में उँडेल दी। मैंने थाली खिसका दी, दूसरी थाली मँगाई। निराला का नशा उड़ गया। मैंने देखा, वह बहुत ही लज्जित हैं। खाना खाते समय और घर पहुँचने तक वह फिर न बोले, न उस दिन के बाद उन्होंने फिर कभी मुझसे शराब पीने को कहा।

वह उल्लास और उमंग में पीते थे, ग़म ग़लत करने को नहीं। पीकर लिखने का अभ्यास भी उन्हें नहीं था। तफरीह के लिए, गाना सुनने जाते समय वह मित्रों के साथ पीते। चौक चलोगे? उन्होंने पूछा। मैंने कहा—नहीं। उन्होंने कहा—गाना सुनकर चले आना, उसमें क्या है? मैंने कहा—चलिए।

युवती गायिका उनसे परिचित थी। बड़े अदब से उठकर उसने सलाम किया, पान पेश किये। निराला की फर्माइश पर उसने गाना शुरू किया। गाते समय वह भौंहों में लहर बनाती थी, स्वर के साथ उसकी भौंहें बल खाती थीं। निराला ने दो-तीन बार कहा—डाक्टर, वाच हर आइज। वह समझी, विशेष रूप से इस डाक्टर-मित्र को प्रसन्न करने के लिए ही निराला आए हैं। उसने हाव-भाव और सारा भ्रू-संचालन-कौशल मुझी पर केन्द्रित कर दिया। गाना सुनने के बाद रुपये देकर निराला मित्रों के साथ लौट आए।

यद्यपि मैं अभी रिसर्च ही कर रहा था पर निराला जब-तब मुझे 'डाक्टर' कहकर सम्बोधित करने लगे थे। वह अलारखी के यहाँ गए और वहाँ भी डाक्टर कहकर मेरा परिचय दिया। अलारखी बड़े स्नेह और आदर से निराला को दरकिनार

करके मुझसे बातें करने लगीं। गाना सुने बिना केवल बातें करके निराला लौट आए। एक दिन चौक से लौटकर उनके एक मित्र ने कहा—क्या बात है शर्माजी, आपको अलारखी बहुत पूछ रही थी?

इसके बाद मैं उनके साथ गाना सुनने चौक नहीं गया।

वसन्त के दिन आए। शाहनजफ में बड़े-बड़े गुलाब खिल उठे, कैसरबाग के पार्क में जुही खिली, ए.पी. सेन रोड पर अमलतास की डालें पीली हो गईं। लखनऊ में कौन-से फूल कहाँ खिलते हैं, निराला को इसकी पूरी जानकारी थी। शाहनजफ, कैसरबाग और ए.पी. सेन रोड का चक्कर लगाने के अलावा एक दिन बोटैनिकल गार्डन्स के आगे घूमते हुए दूर गोमती के किनारे निकल गए। मैंने कहा—बहुत दूर आ गए, अब लौट चलें। उन्होंने कहा—यहाँ चमेली खिली होगी, देख लें तो चलें। सचमुच थोड़ी दूर पर चमेली की लताएँ फैली हुई थीं, कुछ देर वह खड़े रहे, फूलों का सौन्दर्य देखते रहे। गन्ध से मन भर गया तब लौटे। मन्की ब्रिज के पास विक्टोरिया पार्क में एक बेले का झाड़ उनका प्रिय मित्र था। पार्क में जाते तो झाड़ के भी एक-दो चक्कर लगाते। फूलों के रंग से ज़्यादा उनकी गंध उन्हें पसन्द थी। अपरिचित स्थान में भी हवा के झोंके में ज़रा-सी गंध आने पर कुछ पहचान लेते थे। पेड़ या झाड़ के पास जाकर खड़े हो जाते मानो उसने उन्हें बुलाया हो!

महिषादल के राज-उद्यान में इतने फूल थे जितने रावण की अशोक वाटिका में। फूलों की अरधानों से चौबीस घंटे दिमाग तर रहता था। लखनऊ में निराला को पार्कों और ऊसरों में या सड़क के किनारे फूलों के पौधे और बेलें ढूँढ़नी होती थी। उनकी निगाह में बंगाल के मुकाबले लखनऊ हमेशा नीचे था। शहरियत के लिहाज़ से भी कलकत्ते के मुकाबले लखनऊ उन्हें देहात-जैसा लगता था। फिर भी 'देवी' और 'चतुरी चमार' की रचना उन्होंने लखनऊ में की थी।

लखनऊ विश्वविद्यालय में रवीन्द्रनाथ ठाकुर आए। सिद्धान्त के यहाँ ठहरे। उनका भाषण सुनने निराला गए; भीड़ में पीछे खड़े हुए। रवीन्द्रनाथ कत्थई रंग का गाउन और गहरी लाल मखमली टोपी पहने थे। कमर थोड़ा झुक गई थी पर आँखों में चमक थी और उनके गौरवर्ण की कान्ति आकर्षक थी। उन्होंने आध घंटे तक अपनी मधुर वाणी में भाषण किया।

उन्होंने कहा : मैं अपने गीत गा चुका, अपने स्वप्न देख चुका। अब उन्हें केवल दोहराता हूँ। मेरे विदा होने की बेला आ पहुँची है। आप जीवन-पथ पर खड़े हैं जहाँ सूर्योदय हो रहा है। मैं वहाँ हूँ, जहाँ सूर्य अस्त हो रहा है। आपकी आभा मुझे दिखाई देती है। मेरी याद बनाये रखिएगा—पब्लिक प्लेटफार्म पर नहीं, अपने हृदय में।

उनकी आवाज़, उनकी आयु को देखते निष्कम्प ज्योति की तरह, दृढ़ और समर्थ थी। उन्होंने भारत के आध्यात्मिक सन्देश की चर्चा की, जड़ भौतिकता से संसार को मुक्त करने की आवश्यकता पर ज़ोर दिया; दिव्य सौन्दर्य इस लोक में ही व्यक्त है, उसकी उपासना की शिक्षा दी।

भाषण अंग्रेज़ी में था।

निराला बहुत ही प्रसन्न थे। रवीन्द्रनाथ धूर्जटीप्रसाद मुख़र्जी के साथ कार में बैठकर चले गए। निराला नारियलवाली गली तक प्रसन्नमन रवीन्द्रनाथ की साधना और साहित्य की चर्चा करते आए। वह जैसे भूल गए कि इन्हें 'चापर' करने के लिए वह कई लेख लिख चुके हैं, पूरी पुस्तक लिखने की बात भी उनके मन में आई थी। इन्हीं की रचनाओं को अपना 'मॉडल' बनाकर उनसे अच्छी कविताएँ लिखने की स्पर्द्धा कर चुके थे। इन्हीं के ज्ञान पक्ष की दुर्बलता पर वह अनेक बंगाली मित्रों से भयंकर वाक्युद्ध में जूझे थे, पर इस समय उनका मन शरद के निरभ्र गगन के समान निष्कलुष था, उसमें केवल स्नेह की निर्मल ज्योत्स्ना फैली हुई थी।

वसन्त की नमी के बदले तेज़ धूप होने लगी। अमीनाबाद में दशहरी और सफेदे की ढेरियों के इर्द-गिर्द निराला चक्कर लगाते दिखाई दिये। कभी खरबूजे और ककड़ियाँ भी लाते पर सबसे अधिक प्रिय थे उन्हें आम।

मैं उनके आचरण की आलोचना कभी न करता था। उनकी तफरीह में शामिल न होता था, चुप रहता था। उन्हें इसमें विरोध का आभास मिलता। वह खुद ही अपनी सफाई देते हुए कहते—सेक्स क्या है? जैसे पाखाना और पेशाब। कोई कब तक रोके रहे?

बाल ब्रह्मचारी स्वामी सारदानन्द ने काम-वासना का दमन किया था या नहीं? निराला कहते—किया था, पर इससे उनका लिंग फट गया था और उससे रक्त बहने लगा था।

मैं हँसने लगता। वह मेरी हँसी का यह अर्थ लगाते कि मैं कह रहा हूँ, यह कहानी अपने आचरण के समर्थन के लिए आपने गढ़ी है।

बहस इस पर होने लगती कि साधारण मनुष्य स्त्री-संसर्ग से अलग कितने दिन तक रह सकता है। मैं कहता—साल-छह महीने तो कोई बात ही नहीं।

मेरी पत्नी गाँव में थी। इसलिए मैं यह बात साधिकार कहता था। निराला न मानते और कहते—महीने-दो महीने में स्वप्नदोष ज़रूर होता होगा। मैं इसे अपने मनोबल पर आक्षेप मानकर कहता—आप सबेरे उठकर परीक्षा कर लिया कीजिए।

उन्होंने परीक्षा करना अनावश्यक समझा। लोगों से मेरे व्यायाम करने, हाथ से खाना बनाने, बर्तन मलने की प्रशंसा ज़रूर करते।

निराला बैसवाड़ी बोलते हुए ठेठ किसान की तरह उन शब्दों का प्रयोग करते जो सभ्य समाज में अश्लील कहे जाते हैं। किसान की बोलचाल में जैसे ये शब्द सहज भाव से आते हैं, वैसे ही निराला की बातचीत में वे अश्लील न मालूम होते थे। एक विशेष बात यह थी कि वह स्त्रियों को लेकर या उनके गुप्त अंगों को लेकर कभी गाली न देते थे। इस तरह की गालियाँ बैसवाड़े में प्रचलित हैं लेकिन निराला इनका व्यवहार कभी न करते थे। उनकी गालियाँ पुरुषकेन्द्रित होती थीं। जब किसी से बहुत नाराज़ होते थे तो अंग विशेष के बालों का नाम लेकर कहते—सुनि कै...

टै सुलगि उठीं। कोई विरोधी उनकी दृष्टि में अत्यन्त क्षुद्र और तुच्छ दिखाई देता तो उपमा देते—तपसी कै अस...ट।

योगियों के सात चक्रों के लिए उनका रोज़मर्रा का शब्द था—कोठा। कौने कोठे ते ब्वालत है?—अर्थात् उसका मन किस स्तर पर है। जिसके बारे में समझते कि मन की अधोगति है, आवाज कमज़ोर है, कहते—ज्यू लेंडरहे कोठा मँ धरा है। अर्थात् उसका मन मलवाले कोठे से ऊपर नहीं उठता।

जिसे वह मूर्खता में बहुत बढ़ा-चढ़ा देखते, उसके लिए कहते—ऐस जपाट चूतिया है...। और फिर ऐसे हँसते मानो सृष्टि का महान् आश्चर्य देखा हो! किसी विरोधी से खफा होते तो कहते—अबहीं मुसरा ठढ़िहाओब। यानी सर के बल खड़ा करूँगा। उनकी निगाह में दंड की यह चरम सीमा थी। कोई कम उम्र का लेखक विरोध में बोलता तो एक मसल कहते—काल्हि के जोगी...ड़ि मँ जटा। कोई साधारण लेखक बड़प्पन की डींग हाँकता तो वह दूसरी मसल कहते—बड़े-बड़े बहे जायँ, गड़रिया थाह लेंय।

छायावाद, रहस्यवाद के विरोधियों के लिए एक लतीफा वह अक्सर दोहराते। किसी को अफीम खाने का शौक हुआ। बोला—दादा, फफीम खैबे। दादा ने कहा—बेटा, पहले अफीम कहना तो सीख लो।

एक लतीफा सिर्फ हँसाने के लिए सुनाते थे—उनके साहित्यिक संघर्ष की कथा में यह कहीं फिट न होता था! बूढ़े पंसारी ने अपने बेटे ने कहा—बचुआ, महिं का मलाई बड़ी नीकि लागति है। बेटे ने जवाब दिया—बैठ रहु, बैठ रहु, नहीं तो अबहीं टाँग पकरिकैं घुमइहौं तऊँ...ड़ि संखु असि बाज़ी।

शंख बजने की उस कल्पना से वह देर तक बच्चों की तरह हँसते रहते।

जब वह बहुत आत्मीयता से बातें करते तो उनका तकियाकलाम होता—तो भैया हो। तो भैया हो, सर नीचा किये अपनी राह चले जाओ; बहुत काम करने को पड़ा है। फासला देकर बातें करते तो कहते—सुनो मियाँ! सुनो मियाँ, चार बच्चों के बाप हो; दूसरों की लड़कियों के बारे में इस तरह बातें न किया करो। प्रसन्न मुद्रा में किसी समस्या का विवेचन करने के बाद पूछते—बुझलल बाड़े?

किसी के प्रणाम करने या पैर छूने पर वह धीमी आवाज में कहते—नमोनम: मानो प्रणाम-पैलगी से वह संकट में पड़ गए हों। अधिक उदासीन हुए तो एक उँगली उठाकर सलाम किया और आगे बढ़ गए।

अपने वेदान्त-ज्ञान के बावजूद निराला के मन पर अंग्रेज़ी भाषा और अंग्रेज़ी रहन-सहन का रौब काफी ग़ालिब था। वह हिन्दी वाक्य-रचना की छान-बीन अंग्रेज़ी व्याकरण के सहारे करते। इसका कारण यह था कि उन्हें व्याकरण के नाम पर अंग्रेज़ी की शिक्षा मिली थी, हिन्दी की नहीं। मैं जब हिन्दी के किसी संशयात्मक प्रयोग के बारे में उनसे पूछा तो वह कहते—जैसा अंग्रेज़ी व्याकरण में होता है, वैसा ही लिखो। इससे और आगे बढ़कर वह छुरी-काँटे-चम्मच से खाने के ढंग को आदर्श

मानते। उनकी निगाह में खाने से पहले शराब पीना अंग्रेज़ी सभ्यता का आकर्षक अंग था। वेशभूषा में वह टाई, वेस्टकोट और खुले कालर के कोट को अपने रुई के सलूके या बन्द गले के कोट से ज़्यादा वैज्ञानिक मानते थे। उनका विचार था कि टाई बाँधने और सीने पर चुस्त वेस्टकोट पहनने से जाड़ा बिलकुल नहीं लगता। वह रवीन्द्रनाथ की तरह संगीत में कुछ पाश्चात्य पुट देकर उसे आधुनिक बनाने के पक्ष में थे।

भर देते हो बार-बार प्रिय करुणा की किरणों से

—इस कविता को वह स्वरों के उतार-चढ़ाव के साथ एक विशेष ढंग से गाते थे जिसे यह अंग्रेज़ी ढंग समझते थे। उन्होंने बताया कि कलकत्ते में चर्च म्यूज़िक सुनकर उन्होंने इस कविता के संगीत का ठाठ बाँधा था।

कवि-सम्मेलन में शामिल होने का निमंत्रण आया। लिखा था कि सम्मेलन का सभापतित्व करेंगे : 'वर्तमान हिन्दी संसार के सर्वश्रेष्ठ कवि श्रीमान् पं. सुमित्रानन्दन जी पन्त'। निराला ने इसकी बगल में टिप्पणी लिखी : 'ऐसा लिखनेवाले सज्जन को मैं भी वर्तमान हिन्दी साहित्य के काव्य-ज्ञान का सप्रमाण सर्वश्रेष्ठ मानता हूँ।' अपनी यह टिप्पणी उन्होंने संयोजकों के पास भेजी नहीं।

'सर्वश्रेष्ठ' का अर्थ वह यह भी करते थे—सब श्रेष्ठ हों जिससे।

काग़ज़ के टुकड़ों पर एक अंग्रेज़ी कहावत वह अक्सर लिखते : No good comes when friends fall out and those who show spite are sure to suffer for it.

मैं कहता—क्या है पन्तजी की कविता में मधुर शब्दावली के अलावा? इस पर यह 'पल्लव' और 'गुंजन' की बहुत-सी कविताएँ सुनाते, उनकी प्रशंसा करते। निराला के सामने पन्त की आलोचना करने के बाद कोई भी उनसे जवाब पाए बिना बच न सकता था। पन्त मेरे, मैं उन्हें जो चाहूँ सो कहूँ, तुम कहनेवाले कौन?—यह उनका भाव होता था।

निराला का घर कवियों का अड्डा था। जो कवि बाहर से आता, निराला से मिलने ज़रूर आता। सुमित्रानन्दन पन्त 58 नम्बर, नारियलवाली गली पधारे। निराला ने बड़ी प्रसन्नता से उन्हें रज़ाई पर बिठाया। पन्तजी ने पानी माँगा। मैंने पानी का गिलास जैसे ही उनके हाथ में दिया, दुर्भाग्य से उस पर मक्खी बैठ गई। मैंने दूसरा गिलास लाकर दिया। हिमालय होटल में निराला ने उन्हें सामिष भोजन कराया। मेरे अनुरोध पर पन्तजी ने अपना गीत सुनाया :

जग के उर्वर आँगन में, बरसो ज्योतिर्मय जीवन!

उनका स्वर पैना था, जैसे नाज की बालें। मन पर गहरी रेखाएँ खींचता चला जाता था। पन्तजी घर आए और रज़ाई पर सो गए। निराला ने पहली बार सुना—सोते समय कोमलकान्त पदावली के कवि की नाक और गले से साधारण मनुष्यों की तरह

आवाजें निकलती हैं। उन्होंने विजय-गर्व से मेरी ओर देखते हुए कहा—तुमने सुना था? सोते समय पन्तजी घर्रा बजाते हैं। मैंने कहा—आप तो और भी ज़ोर से बजाते हैं। उन्होंने पूर्ण आत्मविश्वास से कहा—नहीं, मेरा घर्रा नहीं बजता। मैंने कहा—जब आप सोते हैं तब मैं जागता हूँ। सचमुच आप घर्रा बजाते हैं। कुछ देर तक आश्चर्य और अविश्वास से मुझे देखते रहने के बाद वह ज़ोर से हँसे।

उनके और मकान-मालिक के कमरों के बीच एक दरवाज़ा था। दोपहर को बन्द किवाड़ों के उस पार स्त्रियाँ ढोल-मंजीरे के साथ ऊँची आवाज़ में गा रही थीं। निराला इस पार खर्राटे ले रहे थे। उनके गले की ज़ोरदार खर्र-खों गाने-बजाने के कोलाहल के ऊपर सुनाई दे रही थी।

सिकन्दरबाग में घूम रहे थे। रास्ता तंग था। उधर से एक साइकिलवाला आ रहा था। जगह न पाकर निराला के पास उतर गया और बोला—सारा रास्ता घेर लिया है, अपनी साइड से क्यों नहीं चलते? निराला ने जवाब दिया—साइड से क्यों चलें, कोई गाय-बैल हैं?

उनका विचार था, गलती साइकिलवाले की है, साइड से चलना जानवरों का काम है।

उन्हें विश्वास था कि वह जो मानते हैं, जो सोचते हैं, बिलकुल सही है। यदि उनकी कोई बात गलत साबित होती तो उन्हें कुछ क्षोभ और बहुत ज़्यादा विस्मय होता। उन्हें विश्वास था कि 'कुमारसम्भव' में केवल आठ सर्ग हैं। मैंने कहा—नहीं, और बहुत ज़्यादा हैं। वह न माने। अपनी 'कुमारसम्भव' की प्रति दिखाई। उसमें आठ ही सर्ग थे। रवीन्द्रनाथ की एक कविता सुनाई जिसमें शिव-पार्वती के संभोग-शृंगार से पहले ही कुमारसम्भव-गान के थम जाने की बात थी। मैंने उन्हें 'कुमारसम्भव' की अपनी प्रति दिखाई, बड़ी कठिनाई से उन्हें विश्वास हुआ कि इस महाकाव्य की किसी प्रति में आठ से ज़्यादा सर्ग भी हैं।

मेरी दाढ़ी में एक मसा था जो हजामत बनाते कट जाता था। उन्होंने कहा—अमीनाबाद चलो, अभी दवा लगाते ही उड़ जाएगा। मुझे विश्वास न था, पर गया। उन्होंने एक होम्योपैथिक डाक्टर से लगाने की दवा 'थूजा' ली और पार्क में बैठकर कहा—मसे पर लगा लो। वैसा करने पर वह बोले—बस, अभी मसा उड़ता है। मैं हँसने लगा। वह गम्भीर बने बैठे रहे। उनके कहने से दो-तीन बार और लगाया। पंद्रह-बीस मिनट बीत गए पर मसा ज्यों-का-त्यों। वह 'थूजा' की शीशी लेकर डाक्टर के पास गए और बोले—इससे मसा गायब क्यों नहीं हुआ? डाक्टर ने कहा—'थूजा' खाने की भी दीजिए, लगाइए भी, कुछ दिन में साफ हो जाएगा। वैसा ही हुआ। पर निराला को इस बात पर भारी विस्मय हुआ कि 'थूजा' लगाते ही मसा गायब न हुआ।

बाज़ार से आम खरीदने में वह अपने को उस्ताद समझते थे। आम परखने में ही नहीं, भाव तै करने में भी अपने को माहिर समझते थे। उनका विचार था कि वह मद्दे भाव में सबसे अच्छे आम खरीदते हैं। ज़्यादातर फलवाले उन्हें पहचानते थे।

आम उन्हें अच्छे मिलते थे लेकिन दाम में उतनी किफायत न होती थी, जितनी वह समझते थे। जहाँ चार पैसे से काम चले, वहाँ छह पैसे खर्च करना उनके सिद्धान्त के प्रतिकूल था। अमीनाबाद में पन्तजी के साथ चाय पी। पन्तजी ने चाय के पैसे देने के साथ बैरे को बख्शीश भी दी। निराला को लगा, पन्त उनके सामने अपने वैभव का प्रदर्शन कर रहे हैं। उन्होंने कहा—क्या बाप जागीर छोड़ गए हैं जो इस तरह रुपया लुटाते हो?

वह ताँगे के बदले इक्के की सवारी पसन्द करते थे। दलील यह थी कि ताँगे में जुता हुआ घोड़ा पादता है तो दुर्गन्ध आती है। इक्के में बैठनेवालों का सर बहुत ऊपर रहता है, उन तक दुर्गन्ध पहुँचती नहीं है। इक्केवालों से मोल-भाव भी करते थे। चौक जाना था, अमृतलाल नागर से मिलने। एक मरियल घोड़े वाला इक्का तै किया। मैंने विरोध किया पर उन्होंने कहा—देखने में ही कमज़ोर है, मज़े में पहुँचा देगा।

गोलागंज में घोड़े का पैर फिसला और वह सड़क से चिपक गया। निराला आगे बैठे थे, गिरते-गिरते बचे। शर्माये हुए दूसरा इक्का करके फिर आगे बढ़े।

किफायत पर उनका ध्यान रहता था पर जो भी साथ हो, उसे पैसे देने न देते थे। दूसरा पैसे खर्च करे, इसे वह अपना अपमान समझते थे। आस-पास के पंसारी और दुकानदार निराला से प्रसन्न रहते थे। जानते थे, उधार चढ़ा करे, निराला उन्हीं का हिसाब सही मानकर एकमुश्त रुपये अदा करेंगे।

खाना पकाने से लेकर लड़कियों के जुएँ हेरने तक गृहस्थी के हर काम में वह अपने को दक्ष समझते थे। उनकी ससुराल से एक छोटी लड़की आई थी। नाम था—मनन्ना। वह उसके जुएँ हेरने बैठे। जुएँ हेरते जाते थे और सर गंदा रखने पर एक-दो टीप भी लगा देते थे।

गर्मी के दिन आए। ठंढाई-बादाम का प्रोग्राम बना। सिल पर मैं बादाम पीसने बैठा। उन्होंने कहा—पानी का छींटा मत देना, ऐसे ही पीसो। चिकने बादाम सिल से चिपक जाते। मैंने बट्टा उठाया तो सिल भी उठी चली आई। उन्होंने कहा—ठीक है, घोटे जाओ। किसी तरह बादामों से छुट्टी मिली, तो ठंढाई की बारी आई। इसमें पानी के छींटे देने की मनाही न थी। शक्कर घोलकर एक-एक गिलास पिया लेकिन इतने परिमाण से न उन्हें सन्तोष हुआ, न मुझे। शक्कर पर ज़्यादा पैसे खर्च करने की गुंजाइश न थी। एक प्रयोग शुरू किया कि शक्कर की मात्रा उतनी ही रखी जाय और प्रतिदिन पानी की मात्रा थोड़ी-थोड़ी बढ़ाई जाय। काफी फीकी ठंढाई पीने का अभ्यास हो गया। पानी की मात्रा इतनी बढ़ गई कि उन्होंने अपने घड़े का ऊपरी हिस्सा फोड़कर अलग रख दिया और बाकी में ठंडाई घोली जाने लगी।

दोपहर को वह सोकर उठ थे और चौखट पर बैठे गा रहे थे : 'नयनों के डोरे लाल गुलाल भरे खेली होली'। वह बड़ी मस्ती में गा रहे थे। मैं अपने कमरे से निकलकर ज़ीने में आकर बैठ गया और चुपचाप गाना सुनता रहा। जब समाप्त

हो गया तो मैंने पूछा—कवि किसकी होली गा रहे थे? उन्होंने कुछ नाराज़ होकर कहा—हमारी है और किसकी होगी?

वह मस्ती में गाते थे तब बहुत अच्छा गाते थे। स्वर अपने-आप सधे हुए लगते और शब्दों की ध्वनि के साथ वह स्वर का ऐसा योग देते कि भाव में और भी गहराई आ जाती। उनके स्वर में पिघले हुए सोने का-सा मार्दव था; आवाज़ तारसप्तक के लायक न तो महीन थी, न मन्द्र के लायक अति गम्भीर। गले में कहीं खराश न थी। जब धीमे गाते तब स्वर सहज ही रेशम के लच्छों जैसे निकलते। भैरवी उन्हें विशेष प्रिय थी। भैरवी पर रवीन्द्रनाथ की कविता भी उन्हें बहुत प्रिय थी। साधारणत: वह रवीन्द्रनाथ के या अपने गीत सुनाते। जब शास्त्रीय संगीत का परिचय देना होता तब महिषादल में सीखी हुई बन्दिश—'जाने दे मोको सुनो सजनवा'—रममग्न होकर बड़े लोच से गाते। सम पर आने पर चुटकी बजाते, हारमोनियम सामने हुआ तो उसी पर उँगली के आघात से अपने ताल-ज्ञान का परिचय देते। गाने से कुछ अधिक ही आनन्द उन्हें ताल देने में आता था। कान्यकुब्ज कालेज के संगीत-शिक्षक पथकीजी वीणा बजा रहे थे। निराला ने चुटकी बजाकर ताल देना शुरू किया। ताल देने के जोश में खिसकते-खिसकते बिलकुल वीणा के पास पहुँच गए, सम पर उनकी चुटकी ऐन पथकीजी की नाक के नीचे बजने लगी।

उनके स्वर का चमत्कार सबसे अधिक उनके अपने गीता में प्रकट होता था। 'यामिनी जागी; अलस पंकज दृग अरुण मुख तरुण अनुरागी'—गाते हुए स्वर सहज ही उदात्त हो जाता। 'नयनों के डोरे लाल'—में मानो शताब्दियों से गाई जाती होली की मस्ती वह ढाल देते।

कुछ दिन रामकृष्ण साथ रहे। पिता-पुत्र एक-दूसरे से बड़ा स्नेह करते थे, एक-दूसरे की आलोचना भी। एक दिन निराला ने कहा—रामकृष्ण, उजबक की तरह मुँह बाये आसमान देखा करता है। मैंने सहानुभूति से कहा—आपका ब्याह जल्दी हो गया था। सोलह साल की उम्र में जो लड़का होगा, वह ऐसा ही होगा। इस पर नाराज़ होकर उन्होंने कहा—सोलह साल में मैं पूरा तगड़ा जवान था। पाँच सौ बैठकें करता था, रानें सुती हुई बोतल जैसी थीं, कमर बालिश्त-भर, सीना इतना चौड़ा। रामकृष्ण बहुत अच्छा गद्य लिखता है, स्वर भी एकदम सधा हुआ लगता है। बहुत अच्छा गाने वाला निकलेगा।

संगीत को लेकर निराला और रामकृष्ण में बहस हो जाती। निराला कहते—भातखंडे स्कूल की तानें क्या हैं मानो पिल्ले के कान ऐंठ दिये हों और पें-पें कर रहा हो!

रामकृष्ण चुनौती देते—जरा षडज के बाद लगाइए कोमल निषाद। निराला इस तरह की चुनौती कभी स्वीकार न करते। उन्होंने जो भी शास्त्रीय संगीत-शिक्षा महिषादल में पाई थी, उसका प्रदर्शन मैरिस कालेज के छात्र—रामकृष्ण—के आगे न करते।

निराला नियमित रूप से पुत्र की फीस न दे पाते थे। उन्होंने अपने मन को समझाया कि रामकृष्ण के रियाज से लिखने में बाधा पड़ती है, इन्हें ननिहाल भेज

देना चाहिए। रामकृष्ण ननिहाल चले गए। कुछ दिन में लौट आए और अलग मकान लेकर रहने लगे। ट्यूशन करके खर्च चलाते। उनके साथ रामरतन भटनागर 'हसरत' भी रहते थे। दोनों मित्रों की साहित्य-संगीत-चर्चा में पढ़ीस, उनके संगीतज्ञ पुत्र बुद्धिभद्र दीक्षित—जो सरोद बहुत अच्छा बजाते थे—और मैं शामिल हो जाते थे।

निराला ने एक लेख लिखा : 'स्वकीया'। उसमें हिन्दी कविता और भातखंडे संगीत में करुण स्वर के प्रधान होने की शिकायत की। इसमें उन्होंने रामकृष्ण के बारे में लिखा : "मुलाकात होने पर मुँह फेर लेते थे। मुझसे सारी दुनिया इसी तरह पेश आई या आँख न मिलाती दिखी, यह मेरी प्रतिभा का परिचय था या और कुछ, भगवान जाने। जैसे रुपये पैदा करने में लाचारी थी, वैसे ही चिरंजीव से मिलने में।"

निराला के समान रामकृष्ण को भी स्कूल या कालेज की नियमित शिक्षा न मिली थी। दरअसल उन्हें उतनी शिक्षा भी न मिली थी जितनी रामसहाय के रहते निराला को मिली थी। निराला को मितव्ययिता और धन-संग्रह का थोड़ा भी अभ्यास होता तो वह रामकृष्ण की अधिक सहायता करते। पर स्वयं अपनी असफलता के कारण वह रामकृष्ण के असन्तोष को अतिरंजित रूप दे देते थे। पीठ पीछे पिता-पुत्र एक-दूसरे की प्रशंसा करते हैं—यह दोनों में किसी को मालूम न था।

निराला रामकृष्ण की स्वर-साधना की प्रशंसा करते पर उन्हें विश्वास था कि संगीत का उद्धार भातखंडे पद्धति से न होगा। यद्यपि ताल देने, सम आने पर सर हिलाने में वह किसी शास्त्रीय संगीत-प्रेमी से पीछे न थे, पर वह भातखंडे स्कूल की ताल-पद्धति पर कटाक्ष करते। कहते, सम आने पर ऐसा झटका देते हैं मानो सर से भारी बोझ ज़मीन पर दे मारा हो!

मैरिस कालेज के प्रधान आचार्य श्रीकृष्ण रत्नजंकर ने भाषण के लिए उन्हें आमंत्रित किया। निराला स्वच्छ धोती-कुर्ते पर चादर ओढ़े भाषण देने गए और शुरुआत यों की—आज दक्षिण का संगीत सत्य ही मुझे दक्षिण हुआ है। उस दिन उन्होंने भातखंडे स्कूल के विरोध में कुछ न कहा।

उनका विचार था कि उनके पास हारमोनियम होता तो वह संगीत में युग-परिवर्तन कर देते। जीवन के अन्य अभावों में उन्हें हारमोनियम का अभाव बहुत खलता था। उधर अनेक शास्त्रीय संगीतकारों की तरह रामकृष्ण कहते—हारमोनियम पर गाने से स्वर और खराब हो जाता है।

वर्षा का पहला दौंगरा गिर चुका था।

निराला गोमती किनारे घूमते हुए रेजीडेन्सी के पास आ पहुँचे थे। नदी पार काली घटाएँ उठीं। थोड़ी देर में सारा आसमान धूम-धुआँरे बादलों से भर गया।

निराला को घर आने की जल्दी न थी। बड़ी-बड़ी बूँदें आईं, फिर मूसलाधार वर्षा आरम्भ हुई। उन्होंने कुर्ता उतारकर काँधे पर डाल लिया, भीगते रहे और गाते रहे—आजि एसेछो भुवन भरिया गगने छड़ाये एलो चूल, चरने जड़ाये वन फूल...

निराला शब्दों को, उनकी ध्वनि को प्यार करते थे। कविता पढ़ते समय शब्दों का पूरा उच्चारण करते थे जिसमें नाद-सौन्दर्य का पूरा आनन्द मिल सके। रवीन्द्रनाथ की ऐसी पंक्तियाँ वह दोहराते जो शब्दानुप्रास के चमत्कार से श्रुति-मधुर हो गई थीं। हेथा बारबार, बादशाजादार, तन्द्रा जेते थे छूटे; अथवा—ऐलो रे आबार मोर मन बिलाबार बेला।

स्वर के उतार-बढ़ाव से वह कविता के भाव को मूर्त कर देते थे। वह पढ़ते :

डुबाए धरार रन-हुंकार
भेदि बनिकेर धन-झंकार
महाकाश तले उठे ओंकार,
कोनो बाधा नाहीं मानी।

उनका स्वर क्रमशः उदात्त होता जाता और लगता कि ओंकार की गगनभेदी ध्वनि में रन-हुंकार और धन-झंकार सचमुच डूब गई हैं।

वह तुलसीदास से भी उनकी शब्दानुप्रास वाली पंक्तियाँ छाँटकर दोहराते थे :

केहि हेतु रानि रिसानि परसत पानि पतिहिं निवारई।

इसे धीमी गति से पढ़ते मानो दशरथ धीरे-धीरे कैकेयी की ओर हाथ बढ़ा रहे हों।

मानहुँ सरोष भुअंग भामिनि विषम भाँति निहारई।

उनका स्वर बल खाता हुआ उठता मानो नागिन फुफकार रही हो!

दोउ वासना रसना दसन हित मर्म ठाहरु पेखई।

स्वर कुछ उतरता, समतल भूमि पर बढ़ता मानो कैकेयी का सौन्दर्य देखकर वह मोह में पड़ गए हों!

तुलसी नृपति भवितव्यतावश काम-कौतुक लेखई।

यहाँ उलका स्वर शान्त-स्निग्ध हो जाता मानो अब ट्रैजेडी का अन्त हो गया हो!

निराला के मन के भाव, कहे बिना ही, उनके मुँह पर, उनकी आँखों में झलक उठते थे।

कि झोंकी की झड़ियों से
सुन्दर सुकुमार देह सारी झकझोर डाली—

पढ़ते समय उनकी आँखों में जैसे वासना का नशा छा जाता था।

वज्र-घोष से ऐ प्रचंड!
आतंक जमानेवाले!
कम्पित जंगम-नीर-विहंगम,
ऐ न व्यथा पानेवाले।

'हे' के बदले 'ऐ' का प्रयोग, ओज की मात्रा बढ़ाने के लिए। जंगम और विहंगम के गम्भीर घोष से वह मानो भीरु श्रोताओं को आतंकित कर देते।

बार-बार गर्जन
वर्षण है मूसलधार
हृदय थाम लेता संसार,
सुन-सुन घोर वज्र हुंकार।
अशनि-पात से शायित उन्नत शत-शत वीर,
क्षत-विक्षत हत अचल शरीर,
गगन-स्पर्शी स्पर्द्धा धीर।

महाप्राण सघोष वर्णों को अप्रतिहत वेग से ठेलते हुए उनका स्वर मानो महाकाश तक उठ जाता, फिर अचानक धीमा और मुलायम होकर यह धरती पर लौट आता :

हँसते हैं छोटे पौधे लघु भार—
शस्य अपार,
हिल हिल
खिल खिल,
हाथ हिलाते
तुझे बुलाते,
विप्लव रव से, छोटे ही हैं शोभा पाते।

उनकी लम्बी कविताओं में भिन्न और परस्पर-विरोधी-से लगनेवाले भाव नाटकीय ढंग से एक सूत्र में गुँथे हुए हैं। इन्हें वह स्वर की भंगिमा से, गम्भीर या हल्की आवाज के उतार-चढ़ाव से अच्छी तरह व्यक्त करते थे।

उनकी कुछ लम्बी कविताओं में सालंकार वक्तृत्व-कला का चमत्कार है।

समर में अमर कर प्राण
गान गाये महासिन्धु से—

वह कविता-पाठ स्वर के साधारण स्तर पर आरम्भ करते, क्रमश: स्वर चढ़ता जाता और जब वह याद दिलाते :

पश्चिम की उक्ति नहीं—
गीता है गीता है—
स्मरण करो बार-बार—

तब उनके सरोष मुख और गरजती आवाज़ से लगता, वह अकेले सारे आततायियों के विरुद्ध देश की जनता का आह्वान कर रहे हैं।

बादल-राग में जब विप्लव के वीर से निर्धन, शोषित किसान की बात कहते, तो उनका कोमल स्वर करुणा-विह्वल होकर काँप उठता :

जीर्ण बाहु, है शीर्ण शरीर,
तुझे बुलाता कृषक अधीर
ऐ विप्लव के वीर!
चूस लिया है उसका सार,
हाड़ मात्र ही है आधार,
ऐ जीवन के पारावार।

उनके कविता-पाठ में कुशल अभिनेता का भाव-प्रदर्शन होता था। स्वर में कोमलता से लेकर गम्भीरता तक उतार-चढ़ाव की इतनी गुंजाइश थी कि वह चाहे तो थपकी देकर श्रोता के मन को सुला दें और चाहें तो गरजकर उसे झकझोर दें। वह एक ही साँस में, दम उखड़े बिना, देर तक धारा-प्रवाह कविता-पाठ कर सकते थे।

वीर! सर्दारों के सर्दार! —महाराज!—

यहाँ से शुरू करते। जयसिंह दक्षिण के प्राण औरंगजेब के पैरों के नीचे रखना चाहते हैं। उनके स्वर में जैसे घृणा का विष घोल दिया गया हो! हाय री यशोलिप्सा—कहते हुए स्वर करुण हो उठता। दगाबाज, लाज जो उतारता है मरजाद वालों की—क्रोध से चेहरा तमतमा उठता। भीरु पीनोरु नतनयना नव-यौवना का उल्लेख करते हुए स्वर में मार्दव आ जाता। और जब वह कहते :

जितने विचार आज
मारते तरंगें हैं
साम्राज्यवादियों की भोगवासनाओं में
नष्ट होंगे चिरकाल के लिए।—

तब लगता था, उनका आशादृप्त कंठ देश के लिए भविष्यवाणी कर रहा है।

अभिनय-कौशल अधिकतर वह रवीन्द्रनाथ की और अपनी कविताएँ पढ़ते हुए प्रदर्शित करते थे। रवीन्द्रनाथ की प्रारम्भिक रोमांटिक रचनाएँ ही उन्हें विशेष प्रिय थीं। 'चयनिका' के बाद के संस्करणों से रवीन्द्रनाथ ने अपनी बहुत-सी शृंगारी कविताएँ निकाल दी थीं। निराला के पास उसका एक पुराना संस्करण था जिसमें नग्न-सौन्दर्य की अनेक रचनाएँ थीं। इनके अलावा मैंने रवीन्द्रनाथ की जो पुस्तकें मँगाई थीं, उनसे वे कविताएँ पढ़ते। वैष्णव कवियों की रचनाओं में भी शृंगार के पद उन्हें ज़्यादा रुचते थे। गोविन्ददास की पंक्ति—ढल-ढल काँचा अंगेर लावनि अवनि बहिया जाय—में सौन्दर्य का अप्रतिम चित्र सराहते। रवीन्द्रनाथ की 'विजयिनी' में लावण्यपाश में बँधे उच्छृंखल यौवन से उसकी तुलना करते।

कविता में जहाँ करुणा या वैराग्य का प्रसंग आता, वह भाव-विभोर होकर शब्द-कौशल भूल जाते। रवीन्द्रनाथ की 'श्रेष्ठ भिक्षा' के आरम्भ में—अनाथ पिंडद कहिल अम्बुद निनादे, अथवा—श्रावस्ती पुरीर गगन लगन प्रासादे—पढ़ते हुए वह शब्दों को दुलराते। पर जब वह कविता के अन्त में पहुँचते जहाँ गरीब अर्द्धनग्न नारी अपनी फटी हुई धोती भगवान् बुद्ध के शिष्य को दे देती है और वह उसे माथे से लगाते हैं, उनका गला भर आता और शरीर पीपल के पत्ते-सा काँप उठता।

चंडिदास का एक पद पढ़ते-पढ़ते वह रुक गए। बोले—ऐसी कविता पढ़कर...

इससे आगे जैसे उन्हें कहने को शब्द न मिले। मैंने वाक्य पूरा किया—कवि होने का गर्व चूर हो जाता है। उन्होंने चुपचाप सिर हिलाकर मेरी बात का समर्थन किया।

जब वह हारमोनियम पर 'श्रीरामचन्द्र कृपालु भजुमन' गाते थे तब आपे से बाहर हो जाते थे। आवेश में माथे की नसें तन जाती थीं। कानों में तुलसीदास के शब्द, आँखों में मनोहरादेवी की छवि—उस समय न उन्हें आसपास की कोई चीज़ दिखाई देती थी, न और किसी का स्वर सुनाई देता था।

बड़े शान्तभाव से वे चौपाइयाँ सुनाते जो महिषादल में उन्होंने स्वामी प्रेमानन्द को सुनाई थीं। 'श्याम तामरस दाम शरीरम्, जटामुकुट परिधन मुनि चीरम्'। उनके स्वर में विनम्रता आ जाती मानो अब भी वह किसी संन्यासी के सामने रामायण का पाठ कर रहे हैं!

वह कविता की एक पंक्ति सुनकर अन्दाज़ लगा लेते थे कि कवि ने कितनी शब्द-साधना की है, अथवा वह किस कोठे से बोल रहा है। उनके स्वर का वह स्तर पसन्द न आया तो शेप कविता पढ़े बिना ही उठाकर एक तरफ रख देते थे। कविता में कितनी गहराई तक वह क्या देखते हैं, यह वही जानते थे। शब्द, चित्र, भाव—सब-कुछ छोड़ते हुए वह ऐसे मुकाम पर पहुँचते जहाँ काव्य का सूक्ष्म तत्त्व अपनी रंगीनी में प्रकट होता। कालिदास के लिए कहते थे—सब नीला-नीला दिखाई देता है। भवभूति में करुणा और भयानक के अगाध गाम्भीर्य को देखकर कहते—सब-कुछ काला-काला।

एक दिन देखा—निराला की रज़ाई पर संन्यासी-से लगनेवाले नाटे कद के एक वृद्ध सज्जन बड़ी बेतकल्लुफ़ी से लेटे हैं। निराला ने परिचय कराया—ये राधामोहन गोकुलजी हैं।

राधामोहन गोकुलजी, 'मतवाला'-काल के मित्र, निराला के मास्टर साहब, उन्हें अपना स्नेह उस समय देनेवाले, जब निराला साहित्य में अपनी राह बना रहे थे। निराला का व्यक्तित्व ही सहसा मानो बदल गया था। वह मेरे सामने अब तक जो कुछ थे, वह मानो अब नहीं थे। उनकी आँखों में ऐसी आर्द्र निर्मलता, वाणी में ऐसी विनम्रता, उनकी हर भंगिमा में ऐसा गम्भीर स्नेह का भाव मैंने पहले कभी—कहीं—किसी के लिए—देखा न था। नमोनमः कहते हुए वह संसार को तटस्थता की दृष्टि से देखते थे; आज उनके सारे तटबन्ध टूट गए थे। कभी-कभी इधर-उधर की

एकाध बात कर लेते थे; फिर चुप हो जाते थे। दोनों अमित स्नेह में डूबे हुए। 'मौन मधु हो जाय, भाषा मूकता की आड़ में, मन सरलता की बाढ़ में, जल-विन्दु-सा बह जाय' के प्रत्यक्ष रूप।

मुझे लगा—निराला जो दिखते हैं, वास्तव में वह हैं नहीं। कहीं अतलस्पर्शी गहराई है जो मैंने अभी देखी नहीं है।

'तुलसीदास' और उसके बाद

लखनऊ के लोगों को अपने शहर पर नाज था। लखनऊ हम पर फिदा और हम फिदा-ए-लखनऊ—शहर के प्रसंग में जवान और बूढ़े इस तरह की पंक्तियाँ उद्धृत करके अपने लखनऊ-प्रेम का परिचय देते। चौक और नख़ास में वाजिदअली शाह का लखनऊ अब भी जैसे दम तोड़ने के पहले आख़िरी साँसें ले रहा था। वहाँ वह ज़बान सुनी जा सकती थी जिसके आगे लखनऊवालों की निगाह में दिल्ली की उर्दू हेच थी। यहाँ का तहज़ीब, तकल्लुफ़, शोख़ी और अदाएँ देहात से आनेवालों के मनोरंजन का साधन थीं। साधारण लोग घरों में अवधी बोलते थे। जो यहाँ पुश्त-दर-पुश्त रहते आए थे—चाहे कुँजड़े हों, चाहे इक्केवाले, इलाहाबाद और बनारस के बहुत-से पढ़े-लिखों से साफ उर्दू बोलते थे। हिन्दी-उर्दू की बहस लखनऊ के विद्वानों में भी कम थी, आम जनता में उसका नाम न था।

पुराने शहर के साथ अमीनाबाद और हज़रतगंज के इलाकों में एक नया शहर बस गया था। नये करीने की दुकानें, नये ढंग का साज-सामान, होटल, सिनेमाघर मोटरें, बैंक। लखनऊ में अंग्रेज़ी ज़माने की बहुत-सी इमारतें नई सभ्यता का परिचय देती थीं पर ये सब मानो दबी हुई थीं, शहर के स्थापत्य पर अब भी नवाबी ज़माने की या पुराने ढंग की इमारतें हावी थीं। बहुत-से राजाओं और ताल्लुकदारों की कोठियाँ याद दिलाती थीं कि यह शहर अवध के अंग्रेज़भक्त रईसों का गढ़ है। लखनऊ विश्वविद्यालय पर इन ताल्लुकदारों, अंग्रेज़ सिविलियनों का आधिपत्य था जिसमें दो-एक कांग्रेसी नेता साझा करने लगे थे। बादशाहबाग में यूनिवर्सिटी की इमारतें नये-पुराने स्थापत्य का मिश्रण, वेनेट हॉल में अंग्रेज़ अधिकारियों, वाइस चांसलरों के आदमकद तैलचित्र, दीवारों पर वार्निश से चमकती कीमती लकड़ी की सजावट आर्ट्स और साइंस के अलग ब्लाक, हर तरफ़ हरी दूब-भरे मैदान, दूर-दूर तक फैले हुए दोमंज़िले होस्टल, बहुत-से नवाबों-राजाओं के लाड़ले, चार साल की पढ़ाई आठ साल में पूरी करनेवाले, होस्टल में आधी उम्र गुज़ारनेवाले छात्र—बीरबल साहनी जैसे अन्तर्राष्ट्रीय ख्याति के अध्यापक, अनेक विभागों के अध्यक्ष, अपने-अपने इलाके के छोटे-मोटे ताल्लुकदार। विश्वविद्यालय में हिन्दी की पढ़ाई सिर्फ बी.ए. तक होती

थी। आर्ट्स फैकल्टी के सामनेवाले मैदान में जवाहरलाल नेहरू की माँ स्वरूपरानी का भाषण हुआ था। छोटा कद, साधारण-सी आवाज़ लेकिन वह नौजवानों में आग फूँक गई थीं। सन् '30-32 के तूफानी दिनों में लड़कों ने आर्ट्स फैकल्टी के डीन और यूरोपियन हिस्ट्री विभाग के अध्यक्ष अंग्रेज़ प्रोफ़ेसर स्मिथ को लायब्रेरी में बन्द कर दिया था। अमीनुद्दौला पार्क झंडेवाला पार्क बन गया था; शहर की ज़्यादातर राजनीतिक सभाएँ यहीं होतीं। हुसेनगंज की चौड़ी सड़क पर सत्याग्रहियों के जत्थों पर पुलिस ने लाठी चार्ज किया था। प्रेमचन्द ने 'समर यात्रा' की कहानियों की सामग्री लखनऊ की इन्हीं सड़कों पर पाई थी।

प्रेमचन्द ने कृष्णबिहारी मिश्र के साथ 'माधुरी' का सम्पादन करके उसे हिन्दी की श्रेष्ठ पत्रिका बना दिया था। अब वह बनारस से 'हंस' निकाल रहे थे और 'माधुरी' के अनेक पुराने लेखक उनसे सहयोग कर रहे थे। कृष्णबिहारी मिश्र सीतापुर चले गए थे, कभी-कभी लखनऊ आते थे। ब्रजभाषा काव्य के प्रेमी थे पर छायावादी कविता का समर्थन करते थे। उन पर राष्ट्रीय आन्दोलन का गहरा असर था। उस रंग में उन्होंने कुछ दोहे भी लिखे थे। रूपनारायण पांडेय की स्वच्छ कविता बँगला नाटकों-उपन्यासों के अनुवाद के परिमाण के पीछे छिप गई थी। पांडेयजी 'माधुरी' की परम्परा निबाहते हुए नये लेखकों की रचनाएँ छापते, उन्हें प्रोत्साहन देते, छायावाद के समर्थन के लिए उनकी पत्रिका में सदा स्थान रहता था। मेज़ के पास बैठे अपनी अधखुली आँखों से वह साहित्य की सारी दुनिया देखते, इशारे से नये लेखकों को संस्कृत-गर्भित कठिन हिन्दी के मार्ग से हटाकर सीधी मुहावरेदार हिन्दी की राह चलाते। बुज़ुर्ग पीढ़ी में मिश्रबन्धु, राजाओं और अंग्रेज़ी राज के भक्त, कान्यकुब्जत्व के उपासक, हिन्दी नवरत्न के लेखक, महावीरप्रसाद द्विवेदी और शिवपूजन सहाय की तीक्ष्ण आलोचक दृष्टि से बँधे हुए, अनेक रीतिवादियों से फिर भी उदार, 'पल्लव' के प्रशंसक थे।

कुल मिलाकर लखनऊ का साहित्यिक वातावरण निराला के अनुकूल था। विश्वविद्यालय के कपाट उनके लिए बन्द थे पर और दूसरे छोटे कालेजों में उनका सम्मान-सहित प्रवेश हो चुका था। कान्यकुब्ज इंटर कालेज के प्रिंसिपल बालकृष्ण पांडेय अंग्रेज़ी के विद्वान्, हिन्दी के मधुर वक्ता, निराला के प्रशंसक थे। वह अपने कालेज में अक्सर साहित्यिक आयोजन करते और निराला को उनमें काव्यपाठ या भाषण के लिए बुलाते।

ब्रजमोहन तिवारी कान्यकुब्ज कालेज में अंग्रेज़ी के अध्यापक थे। निराला के समवयस्क, वैष्णव स्वभाव और परिष्कृत साहित्यिक अभिरुचि के विद्वान् अंग्रेज़ी में कविताएँ लिखते थे, सेंट जॉन्स कालेज आगरा में अपने अध्ययन के रूमानी दिन उमंग से याद करते थे। क्लास में लड़के उन्हें तंग करते थे। तिवारीजी बोर्ड पर कुछ लिख रहे हैं। पीछे से कोई लड़का आवाज़ लगा रहा है—सर, सर, सर, ज़रा सर तो हटा लीजिए। उनकी विद्वत्ता हाईस्कूल, इंटरमीडियेट कक्षाओं के अनुकूल न थी।

निराला कभी-कभी अंग्रेज़ी व्याकरण में उनकी परीक्षा लेते। यू आर ए फूल—बताइए तिवारीजी, फूल कौन केस है? तिवारीजी का मन कहीं और भटकता होता; गैरहाज़िरी में जवाब देते—आर का औब्जेक्ट है। निराला ठठाकर हँसते—औबजेक्ट नहीं, कौम्प्लीमेंट, यू आर ए फूल, फु फ् फ् फू...।

निराला शेक्सपियर का सॉनेट पढ़ते—माइन आई हैथ प्लेड द पेंटर ऐंड हैथ स्टेल्ड। तिवारीजी से उसका अर्थ बूझने को कहते। तिवारीजी आधे सॉनेट की व्याख्या तक आराम से पहुँच जाते, पर जब माइन आइज़ हैव ड्रॉन दाई शेप, ऐंड दाइन फॉर मी आर विन्डोज़ टु माई ब्रेस्ट—की बारी आती, तब वह मेरी-तेरी आँखों की खिड़कियों-झरोखों से उलझ जाते। और वह जितना ही उलझते, निराला उतना ही अंग्रेज़ी के एम.ए., एल.टी. को परास्त करने पर हँसते।

बलभद्र दीक्षित पढ़ीस, कृष्णबिहारी मिश्र के पड़ोसी, अवधी के लोकप्रिय कवि, यथार्थवादी गद्य के अत्यन्त समर्थ लेखक, निराला की उच्छृंखलता से बचते हुए उनका सारा क्रान्तिकारी तत्त्व अपने जीवन में समो चुके थे। कुलीन कान्यकुब्ज ब्राह्मण होने पर भी उन्होंने छुआछूत के बन्धन तोड़ दिये थे। अपने घर पर वह अन्त्यजों के बच्चों को पढ़ाते थे, सामन्ती वातावरण में रहकर उसकी बीभत्सता उन्होंने भीतर से देखी थी और उस पर अपनी अद्वितीय कहानी 'क्या से क्या' लिखी थी। निराला उनका बड़ा सम्मान करते थे। उनके सहज भाव-प्रदर्शन पर मुग्ध होकर कहते—यह डेढ़ पसली का आदमी न जाने कैसे इतना अच्छा लिखता है।

कभी-कभी चौक से उदीयमान कहानी-लेखक अमृतलाल नागर आते। विनोदशंकर व्यास के समान देखने में सुन्दर, बड़ी-बड़ी आँखें, गौरवपूर्ण, पुराने रईसी वातावरण में पले हुए लखनवी तहज़ीब की सजीव प्रतिमा, निराला से बहस में न उलझते, अदब से उनकी बातें सुनते, कविता कम समझते, निराला के गद्य के दायें-बायें निकलकर, कभी प्रसाद की अलंकृत शैली, कभी चौक में नित सुनी जानेवाली बोली के सहारे साहित्य में अपना रास्ता पहचान रहे थे।

केदारनाथ अग्रवाल कानपुर में वकालत पढ़ रहे थे, 'बालेन्दु' उपनाम के साथ 'माधुरी' में कविताएँ छपाने लगे थे। कविता में जो मुझे अच्छा लगता, वही केदार को, निराला के आगे न उन्हें हिन्दी का दूसरा कवि भाता, न मुझे। मेरे विपरीत वह बहुत जल्द अपने व्यक्तित्व के अनुरूप कविता में एक सहज शैली गढ़ते जा रहे थे।

निराला के स्नेह-पात्रों में कहानी-लेखक गंगाप्रसाद मिश्र थे। अभी पढ़ रहे थे, कालेज पत्रिकाओं में कहानियाँ छपाने लगे थे। निराला उनकी कहानियाँ पढ़कर उन्हें प्रोत्साहन देते। पढ़ीसजी के पुत्र बुद्धिभद्र दीक्षित निराला से मिलने आते। वह निराला-मंडली के युवकों में सबसे छोटे थे; निराला उनसे वैसे ही बातें करते, जैसे वयस्क लोगों से। उनके व्यवहार में बड़े-छोटे का भेद न था; वह दूसरे के व्यक्तित्व, उसके सम्मान और मर्यादा का बराबर ध्यान रखते थे। वह व्यंग्य करके कभी हँसते थे तो बराबरवालों पर, छोटों पर नहीं।

कुँअर चन्द्रप्रकाश सिंह, अंचल, रामरतन भटनागर 'हसरत', दयानन्द गुप्त (उस समय के उदीयमान कहानी-लेखक)—लखनऊ के प्राय: सभी तरुणों को साहित्य-रचना की प्रेरणा निराला से मिलती थी। जिसमें जैसी क्षमता थी, वैसे ही वह प्रभाव ग्रहण करता था। कुछ उनकी काव्य-शैली की नकल करके रह गए, कुछ नई राहें बनाकर चमके, कुछ पुरानी लीकों पर मेहनत से आगे बढ़ते रहे। पर लखनऊ के युवा साहित्यकारों में ऐसा कोई न था जो निराला से प्रभावित न हुआ हो।

निराला के मित्रों और परिचितों में छात्र, अध्यापक, प्रिंसिपल, शहर और देहात के नौजवान और बूढ़े, गायिकाएँ, नर्तकियाँ, अन्त्यज, मुसलमान, ज़मींदार, संगीतशास्त्री, राजनीतिज्ञ, गुंडे—सभी तरह के लोग थे। प्रकाशकों और नेताओं को छोड़कर सभी उनकी इज़्ज़त करते थे। एक सज्जन कुछ दिन तक 58 नम्बर में आकर रहे। साहित्य से कोई वास्ता न था; दिन-भर मूँछें ऐंठते या पड़े सोया करते। निराला के परम मित्र थे, पीने में बड़ों-बड़ों को मात देते थे। लखनऊ में खान नाम का मशहूर गुंडा था। सड़क पर बड़े अदब से निराला को सलाम करता था। ढाबे में भोजन बनाने वाले कामतापंडित निराला के बड़े भक्त थे; उन्हें इकन्नी में घी-छौंकी दाल और साग के साथ भरपेट भोजन कराते। यूसुफ नाम के शरीफ मुसलमान निराला को गोश्त खिलाते, सूफी काव्य की चर्चा करते। कभी गाँव से जवान-बूढ़े आ जाते। गढ़ेवा ज़िला उन्नाव के एक बूढ़े पंडित आए। निराला की बड़ी प्रशंसा की; गाँव-जवार का नाम उजागर किया है, कान्यकुब्जों में ऐसा विद्वान् आस-पास कोई नहीं है। फिर इस बात पर खेद प्रकट किया कि निराला ने शिखा-सूत्र त्याग दिया है। निराला ने पूछा—शिखा-सूत्र क्यों धारण करें? वृद्ध सज्जन ने उत्तर दिया—ऋषियों-मुनियों ने जो लीक बनाई है, उसी पर चलना चाहिए। निराला ने कहा—ऋषि-मुनि तो नंगे रहते थे; उनकी लीक पर चलना है तो कपड़े उतार डालिए।

हर तरह के व्यवहार के लिए उनके पास मानो अलग-अलग गुट थे। साहित्य-चर्चा के लिए भी उन्होंने अपने मित्रों और परिचितों को बाँट रखा था। ब्रजमोहन तिवारी और मुझसे वह अंग्रेज़ी काव्य-चर्चा करते। दयामय मित्र से रवीन्द्रनाथ को लेकर उलझते। वासुदेवशरण अग्रवाल और रामदत्त एडवोकेट के साथ वैदिक साहित्य का मंथन करते। जितने लोग उनके यहाँ आते थे, उनसे ज़्यादा लोगों से निराला स्वयं मिलने जाते। छोटों के घर जाकर मिलने में उन्हें संकोच न था।

जानकीवल्लभ शास्त्री से उनका पत्र-व्यवहार आरम्भ हो गया था। उन्होंने अपना संस्कृत कविता-संग्रह 'काकली' निराला को भेजा था। निराला उनके संस्कृत-ज्ञान को सराहते; इस बात से विशेष प्रसन्न थे कि संस्कृत का विद्वान् उनके काव्य का प्रशंसक है। लम्बे छरहरे बदन के घुँघराले बालोंवाले, दूर से ही कवि जैसे दिखनेवाले जानकीवल्लभ जब लखनऊ आए तब निराला उनसे कालिदास को लेकर भिड़े।

निराला काव्य-प्रतिभा को जितना महत्त्वपूर्ण मानते थे, उतना ही विद्वत्ता को। उन्हें जितनी चिन्ता इस बात की थी कि काव्य-क्षेत्र में अद्वितीय हों, उतनी ही इसकी कि बँगला-संस्कृत-अंग्रेज़ी साहित्य के ज्ञान में भी वह अप्रतिम हों। दर्शन पर तो वह अपना सहज एकाधिकार मानते ही थे।

एक पुस्तक जो हमेशा उनके पास रहती थी, जिसे सिरहाने तकिये की तरह रखकर वह सोते थे, आप्टे की संस्कृत डिक्शनरी थी। इसकी सहायता से धातु-प्रत्यय का हिसाब लगाकर वह शब्द सिद्ध करते थे। जो जल है, वह जड़ है। विनय न मानत जलधि जड़। जलधि इसीलिए जड़ है। उनके अपने गीत में :

अशिव उपलाकार मंगल
द्रवित जल नीहार।

जड़ उपल बदलकर जल बन जाता है। दूसरे गीत में—पृथु उर सुर पल्लव दल। सुर अर्थात् सुन्दर ढंग से रमण करनेवाला।

धातु-प्रत्यय के अनोखे सम्बन्ध जोड़कर वह शब्दों के नये अर्थ ही न निकालते थे, वह ऐसे अद्भुत ढंग से समास-रचना करते थे कि उनके संस्कृतज्ञ मित्र उमाशंकर वाजपेयी सिहर उठते थे। जैसे वह व्याकरण के नियमों को बलपूर्वक मोड़ लेते थे, वैसे ही वेदान्त की भट्ठी में रस और अलंकारों को तपाकर सभी रसों में एक रस और एक ही अलंकार से सभी अलंकार निकाल सकते थे।

संस्कत, अंग्रेज़ी, उर्दू शब्दों के उच्चारण पर वह विशेष ध्यान देते थे। महावीरप्रसाद द्विवेदी का अनुसरण करते हुए वह तअज्जुब और तअल्लुकेदार लिखते थे, कभी बोलते भी वैसा ही थे। केवल जब धाराप्रवाह बैसवाड़ी में व्याकरण-उच्चारण भूल जाते, तब तअज्जुब और तअल्लुकेदार की अकड़ निकालकर उन्हें ठेठ हिन्दी बना लेते थे।

उन्होंने मुझसे 'इंग्लिश पारनासस' की प्रति ले ली थी। उसमें उन्होंने बहुत-सी कविताएँ पढ़ डालीं, विशेष रूप से शेली और कीट्स की। जहाँ शब्द समझ में न आते थे, वह निशान लगा देते थे, मैं उनका अर्थ लिख देता था। शब्दों का अर्थ समझने में ही उन्हें थोड़ी कठिनाई होती थी; कविता का मर्म वह बहुत-से प्रोफ़ेसरों से ज़्यादा अच्छी तरह समझते थे। कीट्स की 'ओड टु ऑटम' की अन्तिम पंक्ति तक पहुँचे :

And gathering swallows twitter in the sky—

तो पूछा, मतलब समझे? फिर खुद ही समझाया—ऑटम बीत गया, स्वालोज उड़कर जा रही हैं, शीतकाल—मृत्यु का समय—आ पहुँचा।

हैमलेट की उक्ति दोहराते :

There are more things in heaven and earth Horatio,
Than are dreamt of in your philosophy.

इससे वह सिद्ध करते कि कवि की प्रत्यक्ष अनुभूति के आगे किताबी विद्या हेच है। आँखों में शरारत भरे वह होरैशिओ के प्रति मारसेलस की उक्ति उद्धृत करते :

Thou art a scholar : speak to it, Horatio.

मारसेलस हैमलेट के मृत पिता के प्रेत को देखकर होरैशिओ से कहता है—तुम स्कालर हो, उससे बातें करो।

निराला इस वाक्य से स्कालरों के ज्ञान पर व्यंग्य करते।

उन्हें शेक्सपियर के अनेक सॉनेट बहुत प्रिय थे, खास तौर से जहाँ कवि ने अपनी 'विट' का परिचय देते हुए मूर्तिविधान का चक्रव्यूह तैयार किया था :

Mine eyes have drawn thy shape, and thine for me
Are windows to my breast, where through the sun
Delights to peep, to gaze therein on thee.

यह पूरा सॉनेट उन्हें कंठस्थ था।

उन्हें शेली की व्यंग्य कविताएँ भी पसन्द थीं। वड्‌र्सवर्थ की पैरोडी करते हुए शेली ने 'पीटर बेल दि थर्ड' कविता लिखी थी। इसमें निराला यह बंद हँसते हुए सुनाते :

Hell is a city much like London—
    A populous and a smoky city;
There are all sorts of people undone;
And there is little or no fun done;
    Small justice shown, and still less pity.

शैली की गम्भीर कविताओं में उन्हें 'क्लाउड' पसन्द थी, उसके कई बंद याद थे, खास तौर से उसका आख़िरी बंद, जिसमें यह पंक्ति आती है :

I change, but I cannot die.

ब्लेक और वड्‌र्सवर्थ की अनेक कविताओं से भी वह परिचित थे।

रवीन्द्रनाथ की 'कथा ओ काहिनी' की रचनाएँ उन्हें बहुत पसन्द थीं। 'सूरदासेर प्रार्थना' कंठस्थ थी। इन्हें वह बैलेड कहते थे। वह स्वयं एक बैलेड लिखना चाहते थे, पूरी तैयारी के बाद। इसके लिए वह 'कुमारसम्भव' घोख रहे थे, उसके कई सर्ग कापी में नकल कर लिये थे। पर वह किसी पवित्र विषय पर, ज्ञान, भक्ति और संन्यास को छूते हुए किसी के व्यक्तित्व पर लिखना चाहते थे, इस तरह कि वे तमाम दिव्य भाव उभर आएँ, जिनसे तुलसीदास महान् थे और रवीन्द्रनाथ उनसे घटकर। उनके मन में पुनीत भावना की ये तरंगें उठतीं और कविता का पूर्ण रूप लिये बिना कहीं विलीन हो जातीं। स्वामी सारदानन्द का महावीर रूप, उनके साथ मन की स्वप्नाविष्ट दशा सन् '33-34 में उन्होंने कितनी बार याद की थी।

एक रात जैसे उन्होंने मनोहर सपना देखा हो। सबेरे प्रसन्नमन अपना रहस्य जैसा कुछ प्रकट करते हुए बोले—स्त्री के माथे पर जो सेंदुर है, वह महावीर का चिह्न है।

मैंने कुछ संशय, कुछ सहानुभूति से सर हिलाया। उनकी प्रसन्न मुद्रा ज्यों-की-त्यों बनी रही मानो स्वप्न की छवि उन्हें अब भी मोह रही हो! वह कहते गए—वीरवेश में हनुमान, गदा लिये, घुटना मुड़ा हुआ, भारत का चित्र बनता है या नहीं?

बहस से उनका मूड खराब न हो, यह सोचकर मैंने हामी भरी—बनता है।

उन्हें महिषादल के दिन याद आए जब पितारूपी वृक्ष पर संसार का ताप था, युवक सुर्जकुमार पर केवल छाँह। उन्हें गढ़ाकोला में कुएँ पर पानी भरती पनिहारिन याद आई जो दाँतों में घूँघट का छोर दबाये घड़ा खींचती हुई इन्हें देखकर मुस्कराई थी। गढ़ाकोला के वह बाबाजी याद आए जो गा रहे थे—पनिहारिन से थोड़ी दूर, पकरिये के पेड़ के नीचे—कौन पुरुष की नार झमाझम पानी भरे। चतुरी की मंडली का भजन कितना सुन्दर था—कहत कोउ परदेसी की बात। महिषादल में कमल के फूल, महावीर का शृंगार, मनोहरादेवी के माथे पर सिन्दूर, महावीर का प्रतीक, स्वामी प्रेमानन्द के सामने रामायण पाठ। निराला के मन में स्मृतियों की तरंग उठी। उन्होंने जो स्वप्न देखा था, उससे वह घुल-मिल गई। निराला के मुँह पर निर्मल कान्ति छा गई, जैसी मैंने पहले कभी न देखी थी। उनकी आँखें जैसे बाहर की दुनिया न देखकर बहुत गहरे अपने भीतर कुछ देख रही हों।

मनोहरादेवी का सौन्दर्य, उनका अमित स्नेह, निराला की साधना के पीछे उनकी अदृश्य प्रेरणा, महावीर का वीरत्व, संन्यासियों का त्याग, मर्म को छूनेवाला तुलसीदास का काव्य-स्वर—निराला ने कहानी लिखी : 'भक्त और भगवान्'। किन्तु कहानी काफी नहीं। निराला को बैलेड लिखनी थी—ऐसी गाथा, जैसी रवीन्द्रनाथ ने लिखी न थी। वह कोमल-कोमल मधुर-मधुर पंक्तियोंवाली 'सरस' कविता न होगी, उसमें मेधा का प्रखर तेज होगा, पंक्तियों में ऐसी ऊर्जा जो इन तमाम पिनपिन गुनगुन करनेवालों को भस्म कर दे। यह कविता स्वयं उनकी अपनी कविताओं से, उनके गीतों से भिन्न स्तर की होगी। क्या हिन्दी में ऐसी कविता लिखना सम्भव है? हिन्दी के शब्द कर्णकटु हैं। कवि की सारी शक्ति उन्हें काव्योपयोगी बनाने में खर्च हो जाती है। सनेही ने अच्छा लिखा है :

उदासी घोर निशि में छा रही थी,
पवन भी काँपती थर्रा रही थी।
विकल थी जाह्नवी की वारिधारा,
पटककर सिर गिराती थी कगारा।

प्रवाह सुन्दर है पर निराला को यह सरल प्रवाह न चाहिए। हर पंक्ति भुजा की मांसपेशी की तरह कसी हो। भवभूति का घनत्व—वैसा कुछ कविता में आना चाहिए। कालिदास की रँगामेजी अच्छी, है, लेकिन आइडिया में बहुत गहरे नहीं उतर पाते। तप रे मधुर मधुर मन। पन्त अच्छा लिखते हैं पर जो तपन मधुर न हो, जिसमें लोहे को गला देनेवाला दाह हो, उसे इस तरह की शब्दावली से कैसे प्रकट करें?

उन्होंने अपनी बैलेड के लिए विषय चुना तुलसीदास। रवीन्द्रनाथ ने सूरदास पर, कालिदास और वैष्णव कवियों पर अनेक कविताएँ लिखी थीं। निराला तुलसीदास पर लिखेंगे, ऐसी कविता जो भारत के, विश्व के महाकवि की महत्ता पूरी तरह व्यक्त करेगी। जिस पर तुलसीदास ने स्वयं बहुत कम लिखा था, उनका आन्तरिक संघर्ष, वह संघर्ष जिसे निराला अपने जीवन में अच्छी तरह देख चुके थे, तुलसी की आसक्ति, रत्नावली के प्रति मोह, साधना के प्रथम सोपान, फिर बाधाएँ, अन्त में पत्नी के उपदेश से ही ज्ञान-दृष्टि की प्राप्ति, वह ज्ञान जो भक्ति के नीचे छिपा है, जिसे केवल निराला ने देखा है, पिछले बारह वर्षों में जिसे बराबर घोखा है, निराला इस सबका चित्रण करेंगे। स्वप्नों और संस्कारों की दुनिया, मन के भीतर विरोधी भावों के अदृश्य संघर्ष, ज्ञान के लिए चेतना का अप्रतिहत ज्वार—यह सब किसी ने नहीं लिखा। निराला को लिखना है, और भाषा में वह क्षमता लानी है कि जो अव्यक्त है, उसे भी मूर्तिमान कर दे। लम्बी कविता होगी, सीधी, सपाट कहानी नहीं, एलोरा-अजन्ता की गुफाओं में गढ़े हुए मन्दिरों जैसी, हर छन्द नक्काशी किये हुए पत्थर के स्तम्भ की तरह सुदृढ़ और सुन्दर।

निराला ने कविता के लिए तुकान्त छन्द चुना : दो पंक्तियाँ छोटी, तीसरी बड़ी; फिर दो पंक्तियाँ छोटी और तीसरी बड़ी। तुलसीदास ने स्वयं छन्द-कौशल का अपूर्व परिचय दिया था। फिर जहाँ साधना है, वहाँ संयम है। जहाँ संयम है, वहाँ बन्धन है। तुलसीदास पर अन्त्यानुप्रासयुक्त छन्द में ही कविता लिखी जा सकती है। दो पंक्तियों की तुक मिलाना आसान था। तीसरी और छठी के बीच फासला था; इनकी तुकें मिलाना ज़रा कठिन था। संस्कृत में तुकों का झगड़ा नहीं; बँगला में एकारान्त, ओकारान्त शब्दों की भरमार, तुकों का टोटा नहीं। लेकिन यह हिन्दी!

भारत का अर्थ है : प्रकाशमान। उसी भारत की संस्कृति का सूर्य अस्त हो गया है। 'सांस्कृतिक सूर्य'—ये शब्द लाइन में बैठ जाएँगे। सूर्य की तुक? पूर्य? क्यों नहीं। प्रभापूर्ण लिखा जाता है, पर प्रभापूर्य सुनने में और भी अच्छा लगता है। छठी पंक्ति में 'शतदल' आना है। सूर्य अस्त हुआ तो जीवन का शतदल निर्जीव होगा ही। दिशाओं में अन्धकार छाया है। शतदल के साथ दिङ्मंडल की पटरी बैठ सकती है। अब एक ही पंक्ति में दिखाना है कि दिङ्मंडल तमसावृत है। ध्वनि का आवर्त रचते हुए नया शब्द गढ़ा—तमस्तूर्य। अन्धकार मानो तुरही बजा रहा हो। अच्छी कल्पना है। थोड़ा-सा प्रयास करने से पाठक समझ लेंगे। तीन-चार घंटे की मेहनत के बाद पहला बंद तैयार हुआ :

भारत के नभ का प्रभापूर्य
शीतलच्छाय सांस्कृतिक सूर्य
अस्तमित आज रे—तमस्तूर्य दिङ्मंडल;
उर के आसन पर शिरस्त्राण
शासन करते हैं मुसलमान,
है ऊर्मिल जल; निश्चलत्प्राण पर शतदल।

चेहरे पर थकान, मानो कठिन शारीरिक परिश्रम के बाद पस्त हो गए हों!

क्रमश: दो-दो, तीन-तीन बंद एक दिन में तैयार होने लगे; गाड़ी चल निकली। सांस्कृतिक पराभव का चित्र, आक्रामक तुर्क सेनाएँ, आकाश में काली घटाओं जैसी; रूपक का प्रसार—मुगल, पठान, नदी-नालों जैसे, प्रलय के मेघों की वर्षा से जातीय जीवन नष्ट हो गया। 'मुग़ल' से 'मोग़ल' शब्द ज़्यादा ज़ोरदार है।

मोगल-दल बल के जलद-यान,
दर्पित-पद उन्मद-नद पठान—

'द' की आवृत्ति आक्रामकों की शक्ति का अच्छा परिचय देती है। क्षत्रिय सामन्तों की शूरता? जो वीर थे, वे वीरगति को प्राप्त हुए; जो रहे शेष, वे नृपदेशसूतवन्दीगण थे। इस्लाम सागराभिमुखऽपार—इस तरह 'अ' का लोप हिन्दी की प्रकृति के विरुद्ध है पर चलेगा, कवि को थोड़ी-बहुत स्वच्छन्दता तो मिलनी ही चाहिए। रूपक का और आगे प्रसार—वर्षा के बाद शृंगार की शरद। रवीन्द्रनाथ और कालिदास के मोहक भाव, बहती समीर चिर आलिंगन ज्यों उन्मन, ज्योतिर्मय प्राणों के चुम्बन, कामिनी-कुमुद-कर-कलित ताल, नियमित पद, ललित छन्द—यह सब आसुरी संस्कृति से सम्बद्ध। इसी से तुलसीदास को युद्ध करना होगा।

कैसे थे तुलसीदास? रामायण, विनयपत्रिका—अपने बारे में कहीं कुछ विशेष नहीं लिखा। पर आदर्श कवि की मूर्ति वैसी ही रही होगी, जैसी युवक निराला की थी। आयतदृग, पुष्ट देह, गतभय; क्रीड़ितवय—खेल-कूद में भी तेज़ रहे होंगे। शिक्षा अधूरी नहीं—समधीतशास्त्रकाव्यालोचन। महिषादल के बाग़-बग़ीचे, नदी-नाले-सरोवर, फूलों की अरघानें। तुलसीदास प्रकृति की शोभा पर मुग्ध हुए। संस्कारों का सागर लहराया। पृथ्वी मुक्ति चाहती है, तुलसीदास ने सन्देश सुना। ज्ञान के स्पर्श से अहल्या का उद्धार करना है। 'वर्तमान धर्म' में ऐसे ही रूपकों का अर्थ समझाया था। शृंगारी भावों ने ज्ञान को ढक लिया है। 'कुमारसम्भव' के जो सर्ग घोखे थे, उनका सारतत्त्व खींचकर निराला ने तीन पंक्तियाँ लिखीं :

अब स्मर के शर केशर से झर
रँगती रज-रज पृथ्वी, अंबर;
छाया उससे प्रतिमानस-सर शोभाकर।

तुलसीदास का मन संस्कारों के इस आकाश से बहुत ऊपर उठ गया। वहाँ से उन्होंने भारत की छवि देखी, ज्यों राहुग्रस्त आभा रवि की।

स्वप्न में निराला ने महावीर से पूछा था, इन गरीबों का क्या होगा? तुलसीदास का मन संसार से दूर जब ज्ञान के ज्योतिपुंज की ओर बढ़ता जा रहा था, तब उन्हें भी नि:सहाय, दीन क्षीण कंकाल, शेषश्वास, पशु जैसे मूकभाष, द्विजगण के ग्रास, चतुरी चमार के पूर्वज दिखाई दिये। पार्थिव ऐश्वर्य ही अन्धकार है; दीनों की दुर्बल

पुकार इसे नहीं सुन पाती। केवल तुलसीदास वह स्वर सुनते हैं, केवल वह जानते हैं कि यहाँ जो राजा है, वास्तव में वह रंक है।

चाहिए उसे और भी और
फिर साधारण को कहाँ ठौर?

करुणा-विगलित तुलसीदास की चेतनाशक्ति संस्कारों के बज्रकपाट तोड़ने को उद्यत है। तुलसीदास के मन की सबसे सक्षम कार्यवाही, कविता का क्लाइमैक्स; विशेष परिश्रम के बिना ही साँचे में ढला हुआ-सा यह बन्द कहीं निराला के अन्तर से उठकर उनकी आँखों के सामने आ गया। अब भाषा से युद्ध करना आवश्यक न था; भावचित्र अन्तस्तल से उठते और शब्दों में स्वत: रूपायित हो जाते :

कल्मषोत्सार कवि के दुर्दम
चेतनोर्मियों के प्राण प्रथम
वह रुद्ध द्वार का छाया-तम तरने को—
करने को ज्ञानोद्धत प्रहार—
तोड़ने को विषम वज्रद्वार,
उमड़े, भारत का भ्रम अपार हरने को।

कैसा है? उन्होंने पूछा।

बहुत बढ़िया—मैंने ऊँची आवाज़ में कहा। निराला 'परिमल' से आगे बढ़ रहे हैं, अब मुझे विश्वास हो गया था। आरम्भ में वह पूछते—कैसा है? मैं धीमी आवाज़ में कहता—अच्छा है। जैसे कविता आगे बढ़ी, मेरी आवाज़ में उल्लास की मात्रा बढ़ती गई। वह तीन-चार बन्द जितना भी लिखते, उसी समय दिखाते। उनके चेहरे पर थकान के बदले अब आत्मतुष्टि का प्रकाश था।

परमपदलाभ की आकांक्षा, मनोहरादेवी से विवाह, आसक्ति, वैराग्य से दुराव, तुलसीदास के मन में पहले संन्यास की आकांक्षा, फिर रत्नावली का मोह। शृंगारी संस्कारों से ऊपर उठकर तुलसीदास जिस मानस ऊर्ध्व देश में पहुँचे थे, वहाँ अन्धकार में तारिका-सी प्रेयसी, प्राणसंगिनी रत्नावली की छवि दिखाई दी, और :

वामा, इस पथ पर हुई वाम सरितोपम।

रत्नावली की छवि से बँधकर तुलसीदास का मन नीचे—अर्थात् कालिदास और रवीन्द्रनाथ के संसार में—उतर आया। केशर रजकण हीरे-से चमक उठे; दिशाएँ सुरभित, प्रकृति जगमग,—हुई जग जगमग मनोहरा :

यह वही प्रकृति, पर रूप अन्य;
जगमग-जगमग सब वेश वन्य।

प्रकृति प्रेयसी बन गई, गिरिवर उरोज, चन्द्रमा मुख, चन्द्र का कलंक पलकें, नील व्योम अलकें, तुलसी का मुग्ध मन इस छवि से बँध गया। वैष्णव कवियों ने शृंगार

और ज्ञान, लोक और परलोक, दोनों साधे थे। निराला ने तर्क किया था, श्रृंगार के बिना वीररस की निष्पत्ति असम्भव है। तुलसीदास ने भी ऐसा ही तर्क किया :

बंध के बिना, कह, कहाँ प्रगति?
गति-हीन जीव को कहाँ सुरति?
रति-रहित कहाँ सुख? केवल क्षति—केवल क्षति।

रत्नावली का भाव दूसरा था। पति सोते थे, वह जागती थी। वासना की मुक्ति मुक्ता त्याग में तागी—निराला ने एक गीत में लिखा था; रत्नावली श्रृंगार में बँधकर भी मुक्त है, पुरुष के अधिकार में नहीं आती :

प्रेम के फाग में आग त्याग की तरुणा।

रत्नावली के भाई आए, उसे विदा करा ले गए। तुलसी बाज़ार से लौटे तो घर खाली देखा। ससुराल की ओर पैर बढ़ाये। डालों पर कोयलों की कुहू ध्वनि, ताल पर झूमती लताएँ, अज्ञात कहीं से आता वंशी का स्वर—तुलसीदास, कालिदास की अस्त्रों से, प्रकृति की छवि देखते रत्नावली के घर पहुँचे।

कविता की आख़िरी मंज़िल, सबसे मुश्किल मुकाम, रत्नावली का वह रूप दिखाना है जिससे तुलसी का सारा अज्ञान भस्म हो गया। वेदान्त, सारदानन्द, महावीर, तुलसी के पुनीत दिव्य भाव, निराला की अपनी अमोघ ऊर्जा, सब-कुछ इन अन्तिम छन्दों में घुल-मिलकर एक हो गया। रत्नावली ने क्या कहा, विस्तार में जाने से चित्र बिगड़ता था। निराला ने एक बंद में रत्नावली की उक्ति समेट ली। पर तुलसीदास ने जो देखा, निराला ने कई छन्दों में उसका भव्य चित्र आँका। कविता के आरम्भ में सांस्कृतिक सूर्यास्त, मोग़ल बल-दल के जलद और केशर के स्मरशर रत्नावली के सौन्दर्य के आगे फीके हो गए। पर्वत के पास जैसे घननीलालका दामिनी हो, रत्नावली दामिनी से भी प्रखर प्रकाशवाली। पर कवि का मोह, बादलों को देखकर मोर की तरह तुलसी का मन नाच उठा। ध्वनि की तरंग ऊपर उठती गई, जो चित्र में न दिखा पाए, उसे शब्दों की ध्वनि ने कह दिया। तुलसीदास के संस्कार जागे, पत्नी के रूप में नील-वसना शारदा दिखाई दी; संसार हंस है, उस पर उनकी वीणा से स्वरों के अमृत निर्झर बह रहे हैं। तुलसी का मन फिर ऊर्ध्वदेश में उठा; एक क्षण में श्रृंगारी संस्कारों का आकाश पार कर गया। इस बार वह लौटा नहीं। घर छोड़कर तुलसीदास साहित्य की साधना के मार्ग पर निकल पड़े।

दैत्यों से देवों का संग्राम होगा, सरस्वती स्वयं जड़ जीवन को परास्त करेंगी, वही तुलसी के कंठ में निवास करके काव्यधारा प्रवाहित करेंगी। तुलसीदास क्या उन दीन क्षीण कंकालकाय जनों को भूल जाएँगे, उनका ज्ञान उन्हें किसी अलक्ष्य स्वर्ग के गीत गाने की प्रेरणा देगा? नहीं, तुलसीदास अपने युग के कवि थे और सब युगों के थे :

देश-काल के शर से बिंधकर
यह जागा कवि अशेष छविधर
इसका स्वर भर भारती मुखर होएँगी।

जो खिन्न हैं, एक-दूसरे से टूट गए हैं, तुलसी का स्वर उन्हीं को जोड़ेगा? सांस्कृतिक सूर्यास्त की बेला समाप्त हुई, शरद चाँदनी का मधुर स्वप्न भंग हुआ। प्राची दिशा में तुलसी काव्य का अरुणोदय हुआ।

सौ बंदों में कविता समाप्त हुई। छन्दों का यह शतदल निराला ने अपने आराध्य कवि तुलसी के चरणों में अर्पित किया।

कई महीने का परिश्रम, निराला ने इतना श्रम अब तक किसी कविता पर न किया था। उपन्यास लिखने में समय लगता था पर इतनी मेहनत न पड़ती थी। स्थापत्य की ऐसी पूर्णता, इतने बड़े पैमाने पर ऐसा सुगठित काव्य-शिल्प उनकी किसी रचना में न आया था। वह थक गए थे पर प्रसन्न थे।

'सुधा' के कई अंकों में धारावाहिक रूप से कविता छपती रही। दुलारेलाल भार्गव ने शिकायत की—निराला की यह कविता छापने से 'सुधा' की ग्राहक-संख्या घट गई है।

उमाशंकर वाजपेयी का कहना था : निराला ने व्याकरण के नियमों को इच्छानुसार तोड़ा-मरोड़ा है; उनकी समास-रचना ग़लत है, उसका वह अर्थ होता ही नहीं जो वह लगाते हैं।

दुलारेलाल भार्गव को अपनी दोहावली पर देव-पुरस्कार मिला।

लखनऊ में कवि-सम्मेलन हुआ। श्रीनाथसिंह के शब्दों में : "उसमें हमारे एकमात्र कविता-प्रेमी नरेश ओरछा के महाराज सभापति के रूप में विराजमान थे।"

निराला ने सोचा, उपन्यास लिखे बिना निस्तार नहीं। कविता लिखने में इतना परिश्रम करो, अर्थ-प्राप्ति कुछ भी नहीं, बदनामी ऊपर से कि समझ में नहीं आती। 'दान' कविता तो सरल है : गोमती के पुल पर लोग बन्दरों को पुए खिलाते हैं, भूखे भिखारी चिल्लाते रह जाते हैं। यह धर्म है! निराला का व्यंग्य उन सबकी समझ में आ जायगा जो 'तुलसीदास' नहीं समझते। लेकिन पैसे? सरस्वती पुस्तक भंडार वालों से कुछ रुपये उधार लिये हैं। उन्हें एक कहानी-संग्रह देंगे। पर संग्रह छोटा होगा। एक बड़ा उपन्यास लिखना ही होगा।

नाम रखा 'प्रभावती'। 'तुलसीदास' में जैसे कुछ कमी रह गई थी, उसे यहाँ पूरा करना था। गृहत्याग से जीवन की समस्याएँ हल होनेवाली नहीं हैं। जनसाधारण का संगठन, अन्याय के विरुद्ध संघर्ष आवश्यक है; संसारी आदमी का मन अलक्ष्य ज्योति पर कब तक टिका रहेगा? उसे भोग चाहिए, सौन्दर्य चाहिए। नृत्य, संगीत, मांस, सुरापान—इनका भी अपना आनन्द है।

गढ़ाकोला के पास बहती हुई लोना नदी, बरसात में शोभा देखते ही बनती है। कथा है कि लोना चमारिन नंगे-नंगे खेत काट रही थी कि उसके पुत्र आ गए। लाज के मारे भागकर उसने गंगा के गर्भ में आश्रय लिया। निराला ने लिखा : इस कथा का भी महत्त्व है, जैसा भगीरथ द्वारा गंगा के खोदे जाने की कथा का।

बैसवाड़ा, पृथ्वीराज-जयचन्द के समय की पवित्र कान्यकुब्ज भूमि, कोसों तक फैले हुए आमों के विशालकाय उपवन, बैसवाड़े की भूमि शत योजनायत रम्य कानन

है। मुगलकाल में भी यहाँ के जनपद समृद्ध थे। दरिद्रता आई सिधारी पंडित और रामसहाय तेवारी के युग में। विशाल मन्दिर, खुली गोचर भूमि, अनिंद्य हिन्दी के मँजे कंठ से निकले ग्राम-गीत। पुरवा के पास लालडीह का स्तूप, गंगा के किनारे डलमऊ, गत गौरव की समाधि जैसा दो मील की दीवार से घिरा एक किला। लालडीह, ज़िला उन्नाव का नायक; डलमऊ, ज़िला रायबरेली की नायिका।

राजकुमारी प्रभावती किले की सीढ़ियों से उतरती हुई गंगा तट पर आई। रात का दूसरा पहर, प्रकृति स्तब्ध, ऐश्वर्यमयी लक्ष्मी स्वर्ग से मानो भक्त के पास आ रही हो, गौरी जैसे शंकर को समर्पित होने जा रही हों, अकूल ज्योत्स्ना के समुद्र में नूपुरों की ध्वनि-तरंगें गूँजने लगीं, सोपान-सोपान पर सुरंज़िता, शिंजितचरण उतरती हुई, चापल्य में लज्जित कमला-सी, भीगे उत्तरीय को उरोजों पर डाले प्रिय के लिए स्वर्ग-सी, उतरती अप्सरा।

'अप्सरा' के सौन्दर्य-स्वप्न, कलकत्ते के बदले सीधे डलमऊ में गंगा के किनारे। कालिदास-रवीन्द्रनाथ की जिस श्रृंगार-भावना को 'तुलसीदास' में उन्होंने भस्म किया था, वह अनंग बनकर मानो प्रतिशोध लेने लगी। पर यह सब मनोहरादेवी की ही छवि थी। प्रभावती की नाव श्मशान घाट के पास खड़ी हुई, प्रभा ने राजकुमार देव की आरती उतारी। दासियाँ, श्मशानभूमि, आकाश, चन्द्र, ज्योत्स्ना, तारे, गंगा—सब निष्पन्द! दासी वेश धारण करनेवाली वीर नारी यमुना ने सचेत किया—कुमार, यह देवी प्रभावती की सूझ है, उन्होंने श्मशान में आपको वररूप से वरण किया है। इस श्मशान में आपको शिव मानकर आपके गले में वरमाला डाली है।

निराला कल्पनालोक में प्रभावती की छवि देखते रहे; उनका मन घाट से बँधी नाव की तरह उस श्मशानभूमि से हटता न था जहाँ मनोहरा देवी का शरीर चिता में भस्म हुआ था।

कल्पनालोक के इस मिलन में मदिरा है, भुना मांस है, वीणा, मृदंग, नूपुरों-मंजीरों की झनकार है। नायक और नायिका—दोनों के हाथ में प्यालियाँ। यमुना ने अंग्रेज़ी ढंग से दोनों के हाथ पकड़कर प्यालियाँ मिला दीं। दोनों ने प्यालियाँ खाली कर दीं; दोनों एक-एक टुकड़ा मांस लेकर खाने लगे। यमुना दूसरे दौर की तैयारी करने लगी। आँखों की लाज दूर हो गई। गंगा की पवित्र धारा पर 'श्रीरामचन्द्र कृपालु भजु मन' नहीं : "राजकुमार और राजकुमारी की पहली रात, और इसे वे दोनों शराब की आबदार आँखों से देखें तो कितना सुन्दर होगा?" वीणा पर देश की मादक मीड़ें, रग-रग में राग का उन्माद : "प्राणों में सुरा का समर रंग"।

पर प्रभावती और कुमार देव का साथ एक रात का ही है। उनके बहुत-से शत्रु हैं, सुहाग-स्वप्न बड़ी जल्दी भंग हो जाता है।

प्रभावती, यमुना, अन्य देवियाँ गाँवों में साधारण जनों के बीच रहती हैं, उनका संगठन करती हैं। महिषादल के राजप्रासाद और गरीबों के झोंपड़े, छतरपुर में वैसा ही वैषम्य; पृथ्वीराज-जयचन्द के समय में भी : "एक ओर गाँव में गरीब किसान

छप्परों के नीचे, दूसरी ओर दुर्ग में महाराज धन-धान्य और हीरे-मोतियों से भरे प्रामादों में, फिर उन्हीं के पास फैलने के लिए—न्याय के लिए जाना और उन्हें भगवान् का रूप मानना पड़ता था।"

प्रभावती ने काकोरी केस के क्रान्तिकारियों की तरह खजाना लूटा; उन क्रान्तिकारियों से दो कदम आगे बढ़कर उसने जन-संगठन की ओर ध्यान दिया। पेड़ की छाँह में बैठी प्रभावती सोचती हैं : 'किस उपाय से ग्रामीणों में शिक्षा का प्रचार होगा?' कैसे शिक्षा से 'भिन्न वर्ण के प्रति इस प्रकार घृणा का भाव न रह जायगा?'

जन-संगठन की झलक के बाद नृत्य-संगीत के आयोजन। सृष्टि-रक्षा का भाव व्यक्त करनेवाला विष्णुताल पर विद्या का नृत्य, फिर रुद्रताल पर रुद्र का प्रलयंकर रूप, विनाश का निर्मम भाव व्यक्त हो चला : 'जैसे सत्य-सत्य नटराज नारी से बँधकर प्रकट हो गए।' फिर लास्य, सौन्दर्य की भावना में रँगकर वह स्वप्न की ज्योतिर्मयी प्रेयसी बन गई। कल्पना-लोक के स्वप्न, वैभव-विलास के चित्र, पर प्रभावती और राजकुमार देव एक साथ जीवन न बिता सके। संयोगिताहरण में सहायता करती हुई सैनिक वेश में प्रभावती काम आई। राजकुमार देव को दूसरी राजकुमारी मिली, नाम—रत्नावली। उपन्यास में आगे लिखने को कुछ न रह गया। कथा, प्रभावती के जीवन के साथ, समाप्त हो गई।

महिषादल के राजप्रासाद की स्मृतियाँ, सन् '30 में गढ़ाकोला के अनुभव, 'अप्सरा' काल के सौन्दर्य-स्वप्न—इन सबको मिलाकर निराला ने 'प्रभावती' की रचना की। तुलसीदास और स्वामी सारदानन्द के दिव्य लोक से दूर, कथा गढ़ने में पहले जैसी कमज़ोरियाँ। उपन्यास सरस्वती पुस्तक भंडार के हवाले किया। उपन्यास देकर उधार अदा किया, पाया कुछ नहीं।

दुलारेलाल से अब तक निभती आई थी, निराला के धैर्य और सहनशीलता के कारण। वह 'सुधा' के लिए 'नोट्स' लिखते-लिखते थक जाते। कभी मुझसे कहते—कुछ तुम लिखो। मैं पूछता—किस विषय पर? वह कहते—किसी भी विषय पर। अंग्रेज़ी कविता पर ही कुछ लिख डालो। मैं कुछ स्लिपें रँग डालता और वे उन्हें प्रेस में दे आते।

उन्हें गाँव जाना था, महाजन का कर्ज़ पटाना था। उन्होंने दुलारेलाल को पत्र लिखा :

प्रिय भार्गवजी,

कल घर जाना चाहता हूँ। किस्त समझना है। अभी अदालत की नकल नहीं ली। सम्भव हुआ—अगर आपसे 25) मिले तो किस्त दे दूँगा, नहीं तो घूम-फिरकर होली बाद चला आऊँगा। यदि 25) नहीं तो 10) दीजिएगा।

इति।

—निराला

गीत अभी लिखे
कोई नहीं : कल

सुबह एक लिखूँगा।

—नि.

इस पत्र पर दुलारेलाल ने उत्तर लिखा :

'किस्तें आप 25 एप्रिल से देना शुरू करें। 25 एप्रिल तक बड़ा अर्थ-कष्ट रहेगा। इधर मैंने काम भी कम किया।

दुला.

25-3'

दुलारेलाल भार्गव हिन्दी साहित्य के प्रसार के लिए नित-नई योजनाएँ बनाते, पर पुस्तकों की बिक्री में मनचाही वृद्धि न होती। वह प्रकाशक के अलावा साहित्यकार थे, साहित्यकारों के निर्माता थे। प्रेमचन्द को उपन्यास-सम्राट् उन्होंने बनाया था। निराला जब यहाँ आए थे तब ऐसे थे—वह एक उँगली हिलाकर दिखाते; मैंने उन्हें ऐसा कर दिया—सीने के दोनों तरफ बाँहें मोड़कर चौड़ाई का संकेत करते। वह भारतेन्दु और महावीरप्रसाद द्विवेदी के समान युग-निर्माता थे। चतुरसेन शास्त्री ने उनकी इच्छानुसार दुलारे-युग का नामकरण-संस्कार सम्पन्न कर दिया था।

जब उन्हें क्रोध आता तो कुर्सी के हत्थों पर बोझ डालकर पालथी मारे ऊपर उठ जाते मानो कोई आसन कर रहे हों। किसी नौकर पर बहुत नाराज़ होते तो एक पेटेंट गाली देते—तू अपने बाप का नहीं है। आवेश में उनका कंठ रुँध जाता। लगता कि इनकी आँखों से आँसू निकलने ही वाले हैं।

आचार्य महावीरप्रसाद द्विवेदी के समान वह भी भाषा-सुधारक थे। 'सुधा' में प्रकाशित होनेवाली रचनाओं, गंगा पुस्तकमाला में शामिल की जानेवाली पुस्तकों के भाषा-संस्कार के लिए उन्होंने कुछ नियम बना लिये थे। प्रेमचन्द, प्रसाद, निराला, स्वयं महावीरप्रसाद द्विवेदी की भाषा सुधारकर दुलारेलाल ने उनकी रचनाएँ छापी थीं। लङ्का, चञ्चल, कण्टक, दन्त, चम्पा जैसे शब्दों में उन्होंने सर्वत्र बिन्दी लगाने का नियम बना दिया था। ये शब्द लंका, चंचल, कंटक, दंत, चंपा—इन्हीं रूपों में छप सकते थे। गंगा पुस्तकमाला से प्रकाशित पुस्तकों पर सम्पादक रूप में उनका नाम छपता था। वैसे गंगा पुस्तकमाला और दुलारेलाल भार्गव का अधिकांश लेखन-कार्य निराला ही करते। लखनऊ में एक चुटकी-भंडार राष्ट्रीय पाठशाला थी। इसके प्रधान दुलारेलाल भार्गव थे। एक बार लखनऊ में गांधीजी की अवाती पर चुटकी-भंडार पाठशाला में उनके स्वागत-समारोह का आयोजन हुआ। निमंत्रण-कार्ड छपे : 'श्री... की सेवा में प्रार्थना है', इत्यादि। खाली जगह में आमंत्रितों के नाम लिखे निराला ने।

दुलारेलाल भार्गव पहले खड़ीबोली में कविताएँ लिखते थे। इन्हें विशेष लोकप्रियता न मिली तो ब्रजभाषा में लिखने लगे। 'सुधा' में प्रकाशित चित्रों के नीचे अपने दोहे छपाते थे। महत्त्वांकाक्षा बढ़ी तो सामयिक राजनीति से लेकर रहस्यवाद तक हर विषय पर उन्होंने दोहे लिखे। छेड़नेवाले कहते—दोहे आपके लिखे नहीं जान पड़ते। वह

जवाब देते—जिस विषय पर कहो, दोहा लिख दूँ; तुम समझते हो, दूसरों से पूछकर लिखता हूँ? मुझे पाखाने में बन्द कर दो, वहाँ बैठकर लिख दूँ।

उनमें इतनी उदारता आई कि जो भी आता, उसे दोहे सुनाते और यदि उसने मनपसन्द इस्लाह की तो वह उसे मान लेते थे। स्वभावत: निराला को उन्होंने अपने बहुत-से दोहे सुनाये थे और कई दोहों में निराला ने संशोधन-परिवर्तन किया था। सन् '31 में 'सुधा' के एक अंक पर सम्मति देते हुए निराला ने लिखा था : "और सम्पादकजी के दोहे तो बस परी के पर।" तीन साल बाद 'दुलारे-दोहावली' प्रकाशित हुई। इसकी भूमिका निराला ने लिखी। वह बिहारी को बहुत बड़ा कवि न मानते थे, अपने लेखों में उनकी आलोचना कर चुके थे। बिहारी के अनुकरण पर लिखे हुए दोहों के बारे में उनकी बहुत अच्छी राय न हो सकती थी। फिर भी 'दुलारे-दोहावली' की भूमिका में उन्होंने लिखा : कुछ लोगों का मत है कि बिहारी सर्वश्रेष्ठ कलाकार हैं। अचिर भविष्य में जब दुलारेलाल के कई सौ ऐसे ही दोहे प्रकाशित हो जाएँगे तब लोगों को उनकी श्रेष्ठता का लोहा मानना होगा। ब्रजभाषा में पहले-जैसी कविता नहीं होती, यह भ्रम है। कोमलतम मनोभावों की जैसी मंजुलतम कल्पनामूर्तियाँ, वीर रस की ओजस्वी सूक्तियाँ, देश-प्रेम का छलकता हुआ प्याला, शान्तरस की सुधाधारा, रसानुकूल अलंकृत भाषा का मुहावरेदार प्रयोग, संक्षेप में कहने का अद्‌भुत कौशल—सब कुछ उसमें है।

ओरछा के महाराज वीरसिंहजू देव परम साहित्य-प्रेमी हिन्दी-हितैषी थे। आचार्य द्विवेदी के सम्मान-समारोह में उन्होंने ब्रजभाषा के श्रेष्ठ काव्यग्रंथ पर दो हज़ार रुपये का देव-पुरस्कार देने की घोषणा की। दुलारेलाल भार्गव ने दुलारे-दोहावली के नये सजिल्द, सचित्र संस्करण निकाले, उस पर विद्वानों की इतनी सम्मतियाँ एकत्र कीं जितनी हिन्दी की किसी पुस्तक पर कभी एकत्र न की गई थीं। निराला ने अपना बौद्धिक चमत्कार दिखाने के लिए 'वीणा' में एक लेख लिखा। उनका विचार था कि समस्त रस-अलंकार एक ही भाव-भूमि में उत्पन्न होते हैं, इसलिए अनेक होते हुए भी एक हैं। इसी नियम से दोहे का एक अर्थ है और अनेक अर्थ भी हैं। उन्होंने एक दोहा लिखा :

सुमरहु वा बिघनेस कौ, तेज सदन मुख सोम।
जासु रदन-दुति किरन इक, हरत बिघन तमतोम॥

गणेश विघ्नों का नाश करनेवाले हैं; वह विघ्नों को अपने भीतर पचाकर, 'सारी ज्वाला को अपने भीतर डालकर' स्निग्ध-मन हैं। रदन-दुति दाँत की चमक है; रदन का अर्थ संघर्ष है। संघर्ष के ऊपर फैले हुए प्रकाश से वह अन्धकार दूर कर देते हैं। अन्ततोगत्वा जो प्रकाश है, वही अन्धकार है। इसलिए विघ्न और ईश, दोनों एक स्वरूप हैं। लोहार भी बिघनेस है। हथौड़ा चलाकर फाल पीटता है, तभी फसल होती है। लेकिन किसान को विघ्नों के देवता चूहों से सावधान रहना चाहिए, नहीं तो वे फसल खा जाएँगे।

निराला के लेख में यह बात काफी स्पष्ट थी कि ये अर्थ सोचकर दुलारेलाल ने दोहा न लिखा था; ये अर्थ वे अपनी ओर से कर रहे थे—यह दिखाने के लिए कि 'वह मन एक ही होगा, जो भिन्न रस और अलंकारों को, प्राचीन रीतियों के अनुसार एक ही दोहे में सिद्ध करेगा।' 'वीणा' में लेख छप गया, किसी ने विशेष ध्यान न दिया।

पत्रिकाओं में देव-पुरस्कार की चर्चा शुरू हुई। बनारसीदास चतुर्वेदी रत्नाकर और ब्रजभाषा काव्य-परम्परा के प्रशंसक थे। लेकिन देव-पुरस्कार के प्रसंग में उन्होंने यह विचार प्रकट किया कि ब्रजभाषा की पुरानी काव्य-परम्परा मर चुकी है। कविता की भाषा खड़ी बोली है। उसकी जगह ब्रजभाषा चलाने का प्रयत्न गंगासागर को गंगोत्री ले जाना है। पिछले दो माल में किसी भी जीवित कवि ने ब्रजभाषा में ऐसा ग्रंथ नहीं रचा जिसे काव्य का नाम दिया जा सके।

निराला के लेख की ओर संकेत करते हुए उन्होंने लिखा : "खींचतान करके ऐसे पद्यों के छै-छै अर्थ या अनर्थ भी किये जा सकते हैं, पर इस प्रकार के बौड़मपन को सन् 1934 में, जब हिन्दी कविता अपने प्राचीन शाब्दिक खिलवाड़ों को छोड़कर भाव-जगत में विचरण करने लगी है, हम हास्यास्पद ही समझेंगे।" अपने समर्थन में इमर्सन का उद्धरण देकर उन्होंने लेख पूरा किया।

दुलारेलाल भार्गव प्रभावशाली पुरुष थे। सम्मतियाँ संग्रह करने में वह बनारसीदास चतुर्वेदी से कहीं अधिक कुशल थे। चतुर्वेदीजी निराला के लेख का मज़ाक उड़ाकर चुप हो जाते तो विशेष प्रतिक्रिया न होती। पर उन्होंने दुलारेलाल भार्गव के एक दोहे का भी मखौल उड़ाया था :

सत इसटिक जग फील्ड लै, जीवन हाकी खेलु।
या अनन्त के गोल में, आतम बालहिं मेलु॥

बनारसीदासजी पर चारों ओर से वह बौछार हुई जिसकी उन्हें आशंका न थी। उमाशंकर वाजपेयी ने दुलारेलाल से उनकी नाराज़गी का मनोवैज्ञानिक कारण प्रकट कर दिया। 'माधुरी' में उन्होंने लिखा, चतुर्वेदीजी दुलारेलाल भार्गव से खार खाये बैठे हैं। इसका कारण यह है कि जिन्हें चतुर्वेदीजी ने अपने प्रोपेगेंडे का शिकार बनाया था, उन्हें अर्थात् निराला को 'सुधा' का समर्थन मिला। "इसीलिए तो जब उन्होंने यह सुना कि 'दुलारे-दोहावली' देव-पुरस्कार की प्रतियोगिता में रखी जायगी, तो उनके हृदय में खलबली मच गई। उनकी नस-नस में विद्वेष की आग भड़क उठी।"

चतुरसेन शास्त्री ने 'चित्रपट' में और भी तेज़ आक्रमण किया। खद्दर के नीचे काला हृदय छिपा है, चुन-चुनकर साहित्यिकों को धकेलकर गिराने का पेशा अख्तियार किया है, अपने मालिकों को खुश करने के लिए बँगला का प्रभुत्व हिन्दी पर कायम कर रहे हैं, 'दुलारे-दोहावली' देखी तो सींग-पूँछ फड़फड़ाकर मरखने बैल की भाँति टूट पड़े।

इस तरह का गद्य चतुर्वेदीजी की समझ में अच्छी तरह आता था। उन्होंने महसूस किया, उनका तीर गलत निशाने पर लगा। उन्होंने 'विशाल भारत' में नोट लिखा : 'हमारी भूल'। स्वीकार किया कि दो साल में काव्य कहलाने लायक कोई ग्रंथ ब्रजभाषा

में नहीं रचा गया, यह बात सही नहीं है। मुंशी अजमेरी और केदारनाथ भट्ट के पत्रों का हवाला देते हुए लिखा : "अब हमारी समझ में आता है कि उपर्युक्त वाक्य द्वारा हमने 'दुलारे-दोहावली' तथा 'रस-कलस' के लेखकों के प्रति कुछ अन्याय अवश्य किया है। इसके लिए हमें खेद है।" चतुरसेन शास्त्री, उमाशंकर वाजपेयी जैसे लेखकों की अशिष्टता पर खेद प्रकट करने के बाद उन्होंने इमर्सन के उद्धरण से अपने मत की पुष्टि की।

अब उन्होंने विशेष ध्यान केन्द्रित किया निराला पर। 'सन् 1934 का बौड़मपन'—इस शीर्षक के नीचे उन्होंने निराला का लेख उद्धृत किया। फिर सात्त्विक क्रोध से अभिभूत होकर पूछा : "क्या हम हिन्दी साहित्य के धनीधोरियों से पूछ सकते हैं कि ये अर्थ हैं या अनर्थ? इस दोहे में द्वैतवाद, अद्वैतवाद, विशिष्टाद्वैत, हथौड़ा, लुहार, किसान और चूहे कहाँ से निकल पड़े? क्या हिन्दी के किसी ज़िम्मेवार लेखक या सम्पादक ने इस बौड़मपन के विरुद्ध अपनी आवाज़ उठाई है?"

निराला ने बनारसीदास चतुर्वेदी को एक कार्ड लिखा : आप जैसे प्रमाणित पशु को यह समझाना व्यर्थ है...

मैंने कहा—पशु लिखना उचित नहीं है।

उन्होंने उत्तर दिया—पश्यतीति पशुः। जो देखता है, आँखवाला है, उसे समझाना व्यर्थ नहीं है?

मैं चुप हो गया। पर वह कार्ड उन्होंने भेजा नहीं।

चतुर्वेदीजी ने सम्मतिदाताओं को पत्र लिखा, उन्हें 'विशाल भारत' में निराला का उद्धृत किया हुआ लेख और अपनी टिप्पणी भेजी। सम्मतिदाता अधिकतर चुप रहे। एकाध ने ही साहस किया। इनमें लखनऊ के शालिग्राम शास्त्री थे जिन पर प्रेमचन्द ने मोटेराम शास्त्री कहानी लिखी थी। 'विशाल भारत' में उनका लेख छपा : 'सन् 1934 का बौड़मपन'। उन्होंने लिखा : चतुर्वेदीजी का पत्र तथा 'विशाल-भारत' का अंश—सन् 1934 का बौड़मपन—मिला। 'दुलारे-दोहावली' नहीं पढ़ी, कुछ दोहे देखे थे—दस साल पहले। हम न हिन्दी के धनी, न धोरी। "परन्तु आपने तो व्यक्तिगत रूप से सम्मति माँगकर सीधे हम पर चोट की है।" इसलिए लिखेंगे, 'दुलारे-दोहावली' पर नहीं, एक दोहे के छह अर्थ करनेवाले निराला पर।

'वर्तमान धर्म' के लेखक और टीकाकार, 'दुलारे-दोहावली' के विकट भाष्यकार निराला ने एक दोहे में हथौड़ा, लुहार, किसान, चूहे निकाले हैं, अभी इसमें से सियार, सुअर, गैंडा, बघेरा, मोती चमार, अब्दुल्ला आतिशबाज़, घोड़ा-सवार, कांग्रेस पार्टी, लिबरल लीग, पंसारी की दुकान, लुहार की भट्ठी, नगाड़े और न जाने क्या-क्या निकलेगा!

'सुमिरहु वा बिघनेस को'—इसे शास्त्रीजी ने 'सुमिर हुवा बिघनेस' पढ़कर दोहे में सियार का अर्थ निकाला। ऐसे ही और अर्थ किये। 'सुधा' में उत्तर देते हुए निराला ने पूछा : " 'हु' और 'वा' को आपने जोड़ कैसे दिया? ये दोनों उतना ही फासला रखते हैं जितना आप जैसे संस्कृत के पंडित से शिष्टाचार।" बनारसीदास चतुर्वेदी ने

इमर्सन के उद्धरण का जो अनुवाद किया था, उसमें निराला ने गलतियाँ दिखाईं। पूछा : "अंग्रेज़ी व्याकरण से भी कभी कुछ तअल्लुक रहा है? या जन्म से ही अहले-ज़बाँ हैं? Case in opposition का हवाला तो छठे-सातवें दर्जे के विद्यार्थी भी जानते हैं।"

दुलारेलाल भार्गव के यहाँ ओरछा-नरेश की पार्टी थी। राज्य के भूतपूर्व दीवान शुकदेवबिहारी मिश्र तथा नगर के अन्य गण्यमान्य साहित्यकार उपस्थित थे। जब ओरछा-नरेश आए तो सब लोग उठकर खड़े हो गए। निराला अपनी कुर्सी पर बैठे रहे। लोगों ने कानाफूसी की—कैसी हेकड़ी है निराला में!

रायबहादुर शुकदेवबिहारी मिश्र हर साहित्यकार से राजा का परिचय कराते हुए कहते—गरीबपरवर, ये फलाने हैं।

वृद्ध लेखक शुकदेवबिहारी युवक राजा को गरीबपरवर कहें, निराला को बुरा लगा। जब वह निराला का परिचय देने को हुए तो निराला उठ खड़े हुए। जैसे कोई विशालकाय देव बौने को देखे, वैसे ही राजा को देखते हुए निराला ने कहा—हम वह हैं, हम वह हैं, जिनके बाप-दादों के बाप-दादों की पालकी तुम्हारे बाप-दादों के बाप-दादा उठाया करते थे।

आशय यह कि छत्रसाल ने भूषण की पालकी उठाई थी; साहित्यकार राजा से बड़ा है।

पुरानी बातें याद करते हुए निराला ने एक दिन मुझसे कहा—महिषादल में अच्छी तनखाह मिलती थी, पर मैं गया नहीं। इम्पीरियल फिल्म कंपनी वालों ने फोटो देखकर मेरे बारे में पूछताछ की थी। मैं चाहता तो चला जाता, पर कोशिश नहीं की। पुस्तकों पर पुरस्कार मिल सकता है पर मैं प्रतियोगिता में अपनी किताबें भेजता नहीं।

एक रात कोई आवाज़ सुनकर मैं सोते से जग गया। देखा, निराला छत पर टहल रहे हैं, अपनी हँसी रोकने की बड़ी कोशिश कर रहे हैं पर रोक नहीं पा रहे। फुफ्-फुफ् करके हँसी फूट पड़ती है। वह समझ गए, मैं जग गया हूँ। ऊपर की छत से बीचवाली मंज़िल में आकर टट्टर के चारों तरफ टहलने लगे। ऊपर लोहे का टट्टर, नीचे लोहे का टट्टर, बीच में शेर की तरह कैद—निराला। आधी रात को तमाखू बनाते हुए हाथों की पटापट की आवाज़। उनके साथ रहना आसान नहीं है—पहले दी हुई इस चेतावनी का अर्थ कुछ-कुछ समझ में आया। कई रात अचानक नींद खुलने पर मैंने निराला को बेचैनी से ऊपर की छत पर या बीच की मंज़िल में वैसे ही चहलकदमी करते देखा।

दोपहर को खाना खाकर लौटे थे। चेहरा गम्भीर था। मुझसे बोले—छड़ी ले लो और मेरे साथ चलो। मैंने कहा—छड़ी की ज़रूरत न होगी, बात क्या है? उन्होंने कहा—कुछ नहीं, मेरे साथ आओ। मैं उनके साथ अमीनुद्दौला पार्क की तरफ चला। एक पकौड़ी-परांठा बनानेवाले की दुकान के सामने वह रुके। दुकानदार से बोले—अब हँसो। वह घबरा गया और बोला—पंडितजी, क्या बात है? आप क्यों नाराज़ हैं? निराला ने कहा—मैं इधर से जा रहा था, तब मुझे देखकर हँस नहीं

रहे थे? उसने कहा—मैं आपको देखकर बिलकुल नहीं हँसा। उसका सहमा हुआ चेहरा देखकर निराला को भी कुछ-कुछ विश्वास होने लगा, उन्हें भ्रम हुआ है। मैंने कहा—आइए, चलें निरालाजी, यह आप पर नहीं हँस रहा था।

एक शाम कुछ देर से वह घूमकर आए। मैं घर पर था। नाराज़ होकर बोले—नीचे का दरवाज़ा खुला क्यों था? मैंने कहा—वह तो रोज़ ही खुला रहता है। उन्होंने कहा—लालटेन लेकर चलो मेरे साथ। लालटेन लेकर मैं उनके साथ नीचे आया। उन्होंने गली, बरामदे, अलमारियाँ, आले देखे। मैंने पूछा—क्या ढूँढ़ रहे हैं? उन्होंने कहा—कोई पुलिस का आदमी हमें फँसाने के लिए यहाँ अँधेरे में बम रख जाय तो? दरवाज़ा बन्द रखा करो और सोने से पहले सारा घर देख लिया करो।

रात-भर सोये न थे। सबेरे बोले—तमाखू गरमी करती है, इसी से नींद नहीं आती।

चौबीस घंटे तक उन्होंने तमाखू न खाई। तलब के मारे बुरा हाल था। नींद फिर भी न आई थी। उन्होंने हाथ में तमाखू मलना शुरू किया और अपराध-सा स्वीकार करते हुए बोले—क्या करें, इसके बिना न लिख सकते हैं, न और कोई काम कर सकते हैं।

कभी वह विरोधियों को कल्पना में देखकर नाराज़ हो जाते और देर तक भाषण करते रहते। जो भी सामने होता, उससे इस तरह बातें करते मानो उसी ने उन पर आक्षेप किये हों! मैं भी हिन्दी का कोई हरचरनदास नहीं, बारह साल से घास नहीं खोदी है—इस तरह के वाक्यों से यह श्रोता को चुनौती देते। कुछ देर बाद उन्हें ध्यान आता कि जो व्यक्ति सामने बैठा है, उसने उनका कुछ नहीं बिगाड़ा है। क्षमा-सी माँगते हुए कहते—क्या करें, माथा गरम हो गया था। मतलब आपसे नहीं है। ये हिन्दीवाले काम नहीं करने देते।

'तुलसीदास' कविता दुरूह है, निराला को यह राय बार-बार सुनने को मिलती। उनके अनेक प्रशंसकों का भी कहना था : 'जुही की कली' कितनी सुन्दर है; अब शीतलच्छाय, निश्चलत्प्राण, जाने क्या-क्या लिखने लगे हैं!

उमाशंकर वाजपेयीजी ब्रजभाषा में कविताएँ लिखते थे; पुराने ढंग की चीज़ें उन्हें ज़्यादा पसन्द थीं। निराला ने उन्हें लक्ष्य करके कविता लिखी : 'मित्र के प्रति'। मित्र कहता है, तुम्हारी कविता नीरस है, अपना गान बन्द करो। निराला सफाई देते हैं—आपके प्राचीन काव्य-सरोवर में अर्र-बर्र टर्र-टर्र नहीं है (हेमचन्द्र जोशी का आक्षेप वह भूले न थे)। छायावादी कविता के मैदान में सूर्य तपा, लू चली, पेड़ झुलस गए, ताल सूख गए। गर्मी के दिनों में आम पके, डालों पर कोयल की आवाज़ सुनाई दी लेकिन मित्र पर कुछ असर न हुआ :

रहे बन्द कर्ण-कुहर,
मन पर प्राचीन मुहर,
हृदय पर शिला।

कविता के अन्त में उन्होंने संकेत किया, सरस्वती के गले में जो हार पड़ा है, उसे निराला ने ही पहनाया है।

ग़ालिब की पंक्ति—अपने महत्त्व के प्रसंग में—वह सुनाते :

हम सुखनफ़हम हैं ग़ालिब के तरफदार नहीं।

अर्थात् निराला अपनी प्रशंसा नहीं करते, बात न्याय की है। न्याय यह है कि निराला इस युग के सर्वश्रेष्ठ कवि हैं। लेकिन हिन्दी के समालोचक, एक-से-एक बढ़कर, कविता समझते नहीं। निराला दूर भविष्य में कुछ देखते हुए भवभूति की गर्वोक्ति दोहराते :

ये नाम किञ्चिदिह नो प्रथयन्त्यवज्ञा
जानन्ति ते किमपि तान्प्रति नैष यत्न:।
उत्पत्स्यते च मम कोऽपि समानधर्मा
कालो ह्यं निरवधिर्विपुला च पृथ्वी।

बहुत काम करना है, सर झुकाये अपनी राह चलते जाओ। निराला इस तरह के वाक्यों से अपना मन शान्त करते। कभी-कभी मुझे लगता—निराला मुझे देख अवश्य रहे हैं, पर वे बातें अपने से कर रहे हैं।

वह आलोचकों के लिए कहते—जिसे देखो, वही निराला को देखकर टिल-टिलाता है।

मानो वह अकेले अपनी राह जा रहे हों और पीछे विरोधियों का हुजूम हो जो उन्हें देखकर टिली-लिली बोल रहा हो!

दुलारेलाल भार्गव मुझसे शिकायत करते—निराला के प्रशंसकों ने उन्हें और बिगाड़ रखा है। पहले उनका दिमाग ठीक रहता था, अब वह अपने को न जाने क्या समझने लगे हैं!

'सरस्वती' ने लेख माँगा था। निराला ने सुमित्रानन्दन पन्त पर लम्बा संस्मरणात्मक लेख लिखा। कुछ दिन में सरस्वती-सम्पादक के दफ्तर से लेख वापस आ गया। निराला ने क्षुब्ध होकर लेख फाड़ डाला। मैंने फटे हुए पन्नों को बचाने की कोशिश की। उन्होंने कहा—नहीं। माचिस लाकर उन्होंने फटे हुए काग़ज़ के टुकड़ों में आग लगा दी।

निराला जीते हुए जैसे मृत्यु का अनुभव कर रहे थे। प्रसाद की पंक्तियाँ वह बड़े दर्द से पढ़ते मानो वह सब प्रत्यक्ष देख रहे हों जो प्रसाद ने देखा था, जो साधारण लोगों की आँखों से ओझल था :

चढ़कर मेरे जीवन-रथ पर
प्रलय चल रहा अपने पथ पर
मैंने निज दुर्बल पदबल पर
उससे हारी होड़ लगाई।
आह वेदना मिली विदाई।

निराला के मन में व्यथा के केन्द्र कौन-से थे, वे कब सक्रिय हो उठते हैं, यह सब रहस्य था। अपने दुख की बातें सुनाकर दूसरों को दुखी करना उनके स्वभाव में

न था। पर वह किस तरह की पंक्तियाँ गुनगुनाते हैं, उनके स्वर से, उनकी आँखों से मैं समझने लगा था कि इन्हें घोर मानसिक कष्ट है।

वह धीरे-धीरे दुखी आवाज़ में ग़ालिब के शेर गुनगुनाते :

रहिए अब ऐसी जगह चलकर जहाँ कोई न हो,
हमसुख़न कोई न हो और हम-ज़बाँ कोई न हो।
बेदरो दीवार-सा इक घर बनाया चाहिए,
कोई हमसाया न हो और पासबाँ कोई न हो।
पड़िये गर बीमार तो कोई न हो तीमारदार,
और अगर मर जाइए तो नौहख्वाँ कोई न हो।

कन्धों को दिखाकर कहते—शौक पर शौक लगे हैं, शरीर जर्जर हो गया है।

देखने में वह स्वस्थ मालूम होते थे। मैं पूछता—काहे के शौक लगे हैं?

निराला विश्वासपूर्वक उत्तर देते—लाइट के शौक लगे हैं।

सरोज बीमार थी। उसे साल-भर से ज्वर रहता आया था। एक वैद्य ने कहा—इसे तपेदिक है।

एक्स-रे कराया गया। पता चला, बायाँ फेफड़ा छलनी हो गया है। वैद्यों ने कहा—उसे गंगा की धारा में रखना चाहिए। गंगा किनारे एक मठ में सरोज को महीने भर रखा गया। निराला को पैसों की सख्त ज़रूरत थी। दुलारेलाल भार्गव अर्थकष्ट की बात कर रहे थे। निराला ने मुझसे कहा—तुम मेरे प्राइवेट सेक्रेटरी की हैसियत से अंग्रेज़ी में दुलारेलाल को पत्र लिखो कि शीघ्र रुपये दें, नहीं तो उचित कार्रवाई की जायगी।

मैंने वैसा ही किया और पत्र लेकर दुलारेलाल के यहाँ गया। उन्होंने पास बैठे लोगों से कहा—जरा देखिए निरालाजी को, उनकी हैसियत है, अंग्रेज़ी में एम.ए. पास आदमी को अपना प्राइवेट सेक्रेटरी रखें?

मैंने कहा—हैसियत की बात मत कीजिए, मुझे उनका प्राइवेट सेक्रेटरी बनने में गर्व है।

मेरे पत्र का कोई फल न हुआ। तब निराला ने स्वयं उन्हें पत्र लिखा कि चौबीस घंटे में वह रुपये दें, नहीं तो वह स्वतंत्र कार्य शुरू करेंगे।

चौबीस घंटे बीत गए। इसका भी कोई उत्तर न आया। निराला बहुत उत्तेजित थे। सोच रहे थे कि कोई ऐसा दुस्साहसिक कार्य करें कि रुपये तुरत मिल जाएँ। उन्होंने दुलारेलाल भार्गव को अन्तिम बार अल्टीमेटम दिया :

प्रिय भार्गवजी,

मेरे पत्र को 24 घंटे हो गए : अभी तक निरुत्तर हैं। क्या मैं अपना स्वतंत्र कार्य शुरू करूँ? यह अन्तिम सूचना है, अगर निश्चय मुझे न मिला। जिसने घर से रुपया लेकर एक बार चुकाया है, वह फिर चुकाएगा।

आपको उस बार शराफत में नहीं लिखा, इस बार साफ किये देता हूँ—'दुलारे-दोहावली' में मेरे जितने संशोधन हैं, हज़ार-हज़ार प्रत्येक के लिये लगाता हूँ। अभी मिलाया नहीं। फिर हिसाब पेश करता हूँ। सिलाकारीजी ने जिस 'भई भीरु भवभामिनी' की सबसे ज़्यादा तारीफ की है, वह पत्थर से बनाया हीरा मेरा कार्य है; और दूसरों को आपने धोखा दिया, यह कहकर कि आपका लिखा हुआ है।

—निराला
11-7-35

दुलारेलाल भार्गव टस-से-मस न हुए। वह जानते थे, निराला अपनी धमकी पर कभी अमल न करेंगे।

गर्मी बीत चुकी थी। वर्षा का आरम्भ था।

डाकिये ने आवाज दी—पंडितजी!

वह खुद ही नीचे गए।

लौटते हुए ज़ीने से ही बोले—डॉक्टर, सरोज इज नो मोर।

मैं हतबुद्धि-सा बैठा रहा। वह कार्ड लिये कमरे में आए। मैंने एक बार उनके चेहरे की तरफ़ देखा, दुख के मारे जैसे स्याह हो गया था।

उन्होंने एक भी आँसू न गिराया, एक भी शब्द न कहा। कुछ देर कमरे में चक्कर लगाते रहे। फिर कुर्ता पहना, छड़ी उठाई और घर से बाहर निकल गए।

जीवन की सार्थकता का प्रश्न

सरोज की मृत्यु ने निराला के सारे जीवन की सार्थकता और निरर्थकता का प्रश्न बड़े विकट रूप में उनके सामने प्रस्तुत कर दिया। जिएँ तो किसके लिए? अब तक जीकर जो कुछ झेलते रहे, उसका फल क्या मिला? महिषादल में नौकरी करते रहते तो बेटी की यह दुर्दशा न होती। सब-कुछ छोड़ा साहित्य के लिए लेकिन साहित्य-सेवा में हमेशा पेट के लाले रहे। आलोचना सुनने से मालूम होता है कि हिन्दी में लिखकर निराला ने भारी अपराध किया है। नेकनामी कम, बदनामी ज़्यादा मिली।

सरोज की मौत के लिए कौन ज़िम्मेदार है? निराला! वह उसे पढ़ा-लिखा नहीं पाए, बिना माँ की बेटी को अपना प्यार-दुलार न दे सके; किसी खाते-पीते घर में उसका ब्याह न कर सके; पहले फोड़ा, फिर यह हड्डियों को फूँक देनेवाली बीमारी; गंगा के किनारे मठ में अन्तिम घड़ियाँ गिनती हुई सरोज, निराला ने क्या मदद की? उनसे ज़्यादा निकम्मा बाप कौन हो सकता है? मनोहरादेवी की सजीव स्मृति मिट गई। मनोहरा की छवि सरोज में; मनोहरा का स्वर सरोज के कंठ में; निराला की

कविता का सारा सौन्दर्य, सारी सुकुमारता सरोज में। जीवन निरर्थक, अब मृत्यु शेष है। गंगा किनारे बालू पर खिलखिलाती सरोज निराला की उँगली पकड़कर चलती थी; अब मृत्यु के अन्धकार में पिता का हाथ पकड़कर वह उसे दूसरे लोक में ले जाएगी—दूर कहीं इस संसार से, जहाँ निराला का कोई नहीं है।

सब भाग्य का खेल है। कर्मफल इसी को कहते हैं। निराला की आँखों में आँसुओं से भीगी सरोज की मुख-छवि, निराला पर चारों ओर से प्रहार पर प्रहार, विरोधियों का चीत्कार कोलाहल। यदि साहित्य-सेवा का यही फल है तो इस कर्म पर वज्रपात हो। निराला हार गया? नहीं, हारा नहीं, हिन्दीवालों ने उसके गले में स्नेह का हार पहनाया है। निराला सरस्वती-पुत्र है। उसे कौन परास्त कर सकता है? वह लांछित है, अपमानित है, पर सरस्वती की स्नेहदृष्टि उस पर और केवल उस पर है।

निराला ने आँसू नहीं गिराये। उनका दुख उनके अन्तस में कहीं जम गया। अब वह पहलेवाले निराला नहीं रह गए, अब वह पहले जैसे कभी नहीं हो सकते। खून में किसी ने ज़हर घोल दिया है और वह जल रहे हैं। निराला ने मन की सारी ताकत बटोरकर अपने को दुख से अलग किया, खुद से अलग किया; खुद को देखा—दुखी, जर्जर, निराश। और अपना यह रूप देखकर उनका मन सजग हुआ। अन्तस में जमे हुए दुख को निराला ने सहेजना शुरू किया, उसे निहारते-समेटते निराला अनजाने ही उसे मूर्त रूप देने लगे। उन्होंने कविता लिखी : 'सरोज-स्मृति'।

सीधे-सादे छन्द में, बड़ी समर्थ भाषा में, निराला ने अपना आवेग दृढ़ सीमाओं में बाँध दिया। सरोज के वे अनेक चित्र, बचपन से लेकर विवाह और उसके बाद तक, जो समय-समय पर उन्होंने देखे थे, गढ़ाकोला और डलमऊ से सम्बद्ध अपने जीवन की स्मृतियाँ जो इस समय उभर आई थीं, वह सब निराला ने कविता में सहज तारतम्य से शब्दबद्ध कर दिया। मैं कवि हूँ, मैंने सरस्वती का प्रकाश देखा है—अपने मन को वह इस आस्था से बाँधे रहे; साथ ही इस आस्था पर व्यंग्य करता हुआ उनका शतशर जर्जर, लांछित रूप भी सामने आया। उन्हें जब याद आया कि एक दिन उन्होंने कुंडली में लिखे भाग्य-अंक मिटाने का फैसला किया था; दूसरा विवाह नहीं करेंगे, यह तै किया था, तब अपने पुरुषार्थ पर उन्हें गर्व हुआ और उन्होंने लिखा :

खंडित करने को भाग्य-अंक,
देखा भविष्य के प्रति अशंक।

पर जैसे-जैसे वह कविता के अन्तिम चरण की ओर पहुँचे, उनका धैर्य टूट गया, प्रकाश देखनेवाले कवि का सपना चूर हो गया :

मुझ भाग्यहीन की तू सम्बल,
युग वर्ष बाद जब हुई विकल।

पर उसके बाद क्या हुआ, निराला में कहने की सामर्थ्य न रही। वाक्य विश्रृंखल हो गया :

दुख ही जीवन की कथा रही,
क्या कहूँ आज जो, नहीं कही।

निराला ने हिन्दी को, हिन्दी-साहित्य-सेवा को, अपने को शाप दिया :

हो इसी कर्म पर वज्रपात
यदि धर्म, रहे नत सदा माथ
इस पथ पर, मेरे कार्य सकल
हों भ्रष्ट शीत के-से शतदल!
कन्ये, गत कर्मों का अर्पण
कर, करता मैं तेरा तर्पण!

कविता पढ़कर मैंने चुपचाप उसे एक तरफ रख दिया। उनकी तरफ देखने का साहस मुझमें न था। उन्होंने नहीं पूछा—कैसी है? मैंने नहीं कहा—सुन्दर है।

लेकिन कविता लिख लेने के बाद निराला जैसे कुछ प्रकृतिस्थ हुए। उनकी साहित्य-साधना का महत्त्व उनकी आँखों के सामने जैसे स्पष्ट हो गया। पीड़ित, जर्जर, शोकाकुल निराला 'सरोज-स्मृति' जैसी कविता लिख सकता है, जीवन की सार्थकता का यह सबसे बड़ा प्रमाण है। बंगाल से उनके मित्र मन्ना बाबू आ गए थे। होटल में ठहरे थे। निराला काफी समय उनके साथ बिताते, कभी-कभी सबेरे के गए शाम को ही घर आते। पर हर समय, हर कहीं उनके मन में एक ही प्रश्न घुमड़ता रहता था—सरोज नहीं रही; शेष जीवन में अब आगे क्या?

वर्षा के बादल छँट गए थे। शरद का नीला आसमान दमक उठा था। निराला ने धीरे-धीरे फिर काव्य-चर्चा शुरू की और उनका मन अपने को एक लक्ष्य-बिन्दु से, देश के भविष्य और हिन्दी भाषा के भविष्य से बाँधने लगा। देश, हिन्दी, निराला—ये तीनों उनकी चेतना में घुल-मिलकर मानो एक हो गए। उन्होंने गीत लिखना शुरू किया—प्राय: हर रोज़ एक गीत लिखते। उनका स्वर मन की उस गहराई से उठा, जहाँ पहले कभी कोई हलचल न हुई थी। चेतना का कोई स्तर न रह गया था जिसे वेदना का आघात न लगा हो।

उन्होंने मन को समझाया—अकर्मण्य होकर संसार-सागर की लहरें गिनना व्यर्थ है। बादल छँट गए हैं, पूर्व में उषा की लाली है, पवन अनुकूल है, संसार-सागर की लहरों पर जीवन की जय अवश्य होगी। उन्होंने अपने लिए उद्बोधन-गीत लिखा : 'जीवन की तरी खोल दे रे जग की उत्ताल तरंगों पर'।

उन्होंने विप्लव के प्रिय सन्देशवाहक बादल को याद किया। अब तक भौंरे कलियों का मधु पीकर गुंजारते रहे, अब वज्रस्वर से मेघ फिर गरजेंगे, भूधर थर्रा उठेंगे, पल्लव-पल्लव पर नया जीवन बरसेगा।

उन्होंने सरस्वती की वन्दना की—इस धरती पर बड़ा दुख है, स्पर्धा से मनुष्य जर्जर हो गया है, केवल जी रहा है, मुरझाये हुए निर्गन्ध फूल की तरह।

उन्होंने भारतमाता का भव्य चित्र खींचा, चरण पखारता हुआ सागर, कमल-रूप में लंका, गले में गंगा का हार, माथे पर हिमालय का शुभ्र किरीट, कंठ से निकलकर ओंकार की ध्वनि दिशाओं को गुँजाती हुई।

उन्होंने आशा व्यक्त की—कवि के रुँधे कंठ से सामगान फिर फूटेंगे, लोगों के मन से तृष्णा का अज्ञान दूर होगा।

उन्होंने संकल्प किया, कली के बन्धन टूटें, उसकी गन्ध चारों दिशाओं में छा जाय। जो धारा रुद्ध थी, वह निर्झर-सी शिखर के ऊपर से बहे, शून्य के सैकड़ों रन्ध्र मधुर कलरव से भर जायँ।

उन्होंने कल्पना-चित्र बनाया—पृथ्वी और गगन में ज्ञान और आनन्द की एक ही धारा बह रही है।

जन्मभूमि और भाषा की एक साथ स्तुति की। ज्योति-वसना देवी की छवि आकाश में; मानव-कंठों में स्वर की तरंगें।

पूर्व का रवि आकाश में उगा है, किसलयों पर किरणें हैं, दैन्यदल परास्त हुआ, विश्व में विजय-गीत गूँज उठा।

पुन: संकल्प तृष्णा का विष बुझे, भाषा से अमृत के निर्झर झरे।

पृथ्वी के स्वर ऊपर उठते हुए आकाश पर छा जायँ।

निराला ने अपनी समस्त आस्थाओं, मान्यताओं को समेटा, रामकृष्ण परमहंस और रवीन्द्रनाथ से प्राप्त विचारों को कसौटी पर चढ़ाया। अपनी कवि-प्रतिभा को जगाया; देश, भाषा, कविता—तीनों पर विश्वास केन्द्रित करके निराश मन को उठाने के लिए उद्बोधन-गीत गाये। पर उन्हें सन्तोष न हो रहा था। कहीं भीतर से एक अस्पष्ट-सा भाव उठता था—यह सब प्रवंचना है। कहाँ है ओंकार, संसारव्यापी ज्ञान और आनन्द का प्रकाश? देश का भविष्य? सम्भव है, उज्ज्वल हो। पर वर्तमान कैसा है? निराला का वर्तमान? चारों ओर निराशा, मृत्यु, वेदना का अन्धकार। ज्योति में सांसारिकता की धूल नहीं लगती—सही है, पर यह शरीर? 'निशिदिन तन धूलि में मलिन'। निराला का जीवन? :

व्यर्थ, हुआ जीवन यह भार;
देखा संसार, वस्तु
वस्तुत: असार।

ज्ञान का भरोसा है; उसी के सहारे रास्ता कटेगा। पर यह भी सही है कि शताब्दियाँ बीत गईं, फिर भी देश नवजीवन प्राप्त न कर सका।

शक्तिहीन तन निश्चल
रक्त से रहित रग-रग।

यदि प्रकाश सत्य है तो अन्धकार क्या है? सूर्य डूब रहा है, सन्ध्या की आँखों में आँसू हैं। सघन अन्धकार स्तब्ध है; गन्ध से भरी हवा जैसे रुक गई है, ध्यानमग्न आकाश ने अपने नीले कमल-नेत्र बन्द कर लिये हैं। मृत्यु ही सत्य है। मृत्यु ही निराला को मुक्ति दे सकती है :

यही नील-ज्योति-वसन
पहन, नील-नयन-हसन
आओ, छवि, मृत्यु-दशन
करो दंश जीवन-फल।

निराला के मन का संशय, उनकी असह्य वेदना, उनका यथार्थबोध बार-बार आस्था के सपनों को तोड़ देता; आनन्द और आशा के गीतों में दुख के विवादी स्वर आप ही फूट पड़ते। शरद का अन्त हो रहा था। निराला ने इस दौर का अन्तिम गीत लिखा :

दे, मैं करूँ वरण
जननि, दुखहरण पद रागरंजित मरण।

उन्होंने यथार्थ को स्वीकार किया। वही पद-रागरंजित-मरण निराला को त्राण देगा। यह मृत्यु एक दिन आकर उन्हें संसार से उठा ले, इसकी प्रार्थना उन्होंने नहीं की। मृत्यु का वरण करके वह जीना चाहते थे, अपनी समस्त लांछना, अपमान-भावना के साथ :

लांछना इन्धन, हृदयतल जले अनल;
भक्ति नत नयन मैं चलूँ अविरत सबल
पारकर जीवन प्रलोभन समुपकरण।

निराला का मन एक केन्द्रबिन्दु पर स्थिर हुआ। उन्हें जीना है, संघर्ष करना है और इस जीने में प्रतिदिन मृत्यु की पीड़ा सहनी है। जो शक्ति रहस्यवादियों के ज्ञान और प्रकाश से न मिली थी, वह उन्हें अपने मन में संचित अपमान से मिली। लांछना की अग्नि विकट प्रेरक शक्ति बनकर उन्हें आयु के शेष वर्षों के पार ले जायगी। आस्था-अनास्था के भीषण संघर्ष के बाद निराला ने अन्तर की समस्त शक्ति बटोरकर भ्रम और प्रवंचना से दूर अपने क्षुब्ध मन को शान्त किया।

मौरावाँ में साहित्य समारोह था। ब्रजमोहन तिवारी और युवक कवि प्रदीप के साथ निराला भी गए। कानपुर के एक अध्यापक-कवि ने निबन्ध पढ़ा : 'साहित्य में प्रकति-चित्रण'। उन्होंने पुराने कवियों की प्रशंसा करने के बाद कहा कि अधुनिक हिन्दी कविता में अच्छा प्रकृति-चित्रण नहीं है। निराला कविता-पाठ करने के लिए उठे और चुनौती देते हुए बोले—मैं उन महाशय का आह्वान करता हूँ कि जो कविताएँ मैं सुनाता हूँ, वैसे कलापूर्ण वर्णन वे संस्कृत या अन्य किसी साहित्य से पेश करें।

निराला की उस उक्ति पर कानपुर की कविमंडली देर तक और जोर से हँसती रही। निराला ने उनके परिहास की चिन्ता न करके 'जुही की कली' तथा कुछ वन्य कविताएँ सुनाईं। श्रोताओं ने मंत्र-मुग्ध होकर कविताएँ सुनीं और जोरों की करतल ध्वनि से अपनी प्रसन्नता व्यक्त की। इससे कानपुर के कवियों को लगा, निराला की धाक जम रही है और वे उखड़ रहे हैं। उन्होंने निराला को परास्त करने के लिए व्यंग्य का सहारा लिया। एक सज्जन ने आकर कविता पढ़ी :

चले कवीजी कविता करने कलम तोड़ दी।
कहीं इंच भर कहीं डेढ़ फुट सतर जोड़ दी।
गराण्डील शब्दों को लेकर पद में ठूँसा,
मानो पशु की मृतक खाल में भर दे भूसा।
छन्द खड़े स्वच्छन्द हैं और काफिया तंग है।
कविता का यह देखिए चला निराला ढंग है।

कवि-सम्मेलन का सभापतित्व सनेहीजी ने किया; कानपुर की मंडली के वह नेता थे। निराला से कुछ खिंचे-खिंचे रहे। प्रदीप ने हल्दीघाटी पर अपनी ओजपूर्ण रचना से श्रोताओं को मोह लिया। समस्यापूर्ति और कबित्त-सवैया वालों का रंग फीका हो गया। विजय निराला-दल के हाथ रही।

जानकीवल्लभ शास्त्री ने निराला पर एक कविता लिखी : ''तुलसीदास' का छन्द और संस्कृतगर्भित पदावली'। निराला पर यह पहली कविता थी। निराला प्रसन्न हुए। कविता को अपने 'तुलसीदास' के समकक्ष बताकर उन्होंने जानकीवल्लभ द्वारा किये हुए सम्मान का ऋण चुकाया। कविता को अभी प्रकाशित न करने की सलाह देते हुए उन्हें लिखा : "आपकी काव्य-प्रतिभा 'निराला' की तारीफ में उसके 'तुलसीदास' के मुकाबले, न्यून नहीं। पर अभी इसे तारीख डालकर रखे रहिए। मेरी राय में प्रसिद्ध होकर यदि इच्छा हुई तो कहीं भेजिएगा।"[1]

इस प्रोत्साहन के साथ संस्कृतज्ञ युवक साहित्यकार के विकास के लिए वह अंग्रेज़ी व्याकरण के सहारे उचित शिक्षा भी देते जाते थे—लाना, पाना क्रियाएँ 'औग्जिलियरी वर्ब' के साथ ने-वर्जित चलती हैं, प्रेजेंट परफेक्ट टेन्स में सकर्मक क्रिया के साथ हमेशा 'नहीं' का प्रयोग होगा। अंग्रेज़ी खूब पढ़ते जाइए। आप जब तक उर्दू न पढ़ें, उर्दू के किसी शब्द के नीचे बिन्दी न लगाएँ। आपने 'कवितात्व' लिखा है, कैसे सिद्ध होता है शब्द, लिखिएगा, इत्यादि।

सरोज की मृत्यु के बाद निराला के लिए गंगा पुस्तकमाला से सम्बन्ध बनाए रखना सम्भव न हुआ। उनकी समझ में उस भयावह घटना के लिए दुलारेलाल भार्गव कम जिम्मेदार न थे। यदि उन्होंने निराला की प्रतिभा को पहचाना होता, उनके परिश्रम का उचित मूल्य चुकाया होता तो यह स्थिति न आती। 'गीतिका' प्रेस में जा चुकी थी; उन्होंने उसे वापस ले लिया। उसमें इधर जो नये गीत लिखे थे, शामिल किये।

वाचस्पति पाठक के मार्फत लीडर प्रेस से सौदा पक्का किया और छपने के लिए पुस्तकें भेजीं। पर 'सरोज-स्मृति' कविता 'सुधा' में ही प्रकाशित हुई।

'तुलसीदास' लिखते समय निराला ने कालिदास का मंथन काफी किया था। तुलसीदास को उन्होंने कालिदास के शृंगार-संसार पर विजयी होते दिखाया था। पर उनके युवक मित्र जानकीवल्लभ शास्त्री को कालिदास ही अधिक प्रिय थे। इन दिनों हिन्दी में यह चर्चा जोर पकड़ती जा रही थी कि साहित्य जनता के लिए लिखा जाना चाहिए, भाषा सरल होनी चाहिए, हिन्दी और उर्दू को अपना अरबी-फारसीपन तथा संस्कृतवाली क्लिष्टता छोड़नी चाहिए। निराला यह सब देख-सुन रहे थे और उनके मन में यह प्रश्न उठ रहा था कि आख़िर कालिदास जातीय जीवन का प्रतिनिधित्व कहाँ तक करते हैं। उधर सुमित्रानन्दन पन्त की कीर्ति-कौमुदी दिन दूनी रात चौगुनी फैलती जा रही थी; 'पन्तजी और पल्लव' वाले लेख से उसमें कोई बट्टा न लगा था। लखनऊ में ही उनके किसी मित्र ने 'गुंजन' की एक कविता पर 'वेरी गुड' लिख रखा था। उन्हें अपने प्रति यह भारी अन्याय मालूम हुआ।

सन् '35-36 के जाड़ों में निराला अक्सर कालिदास और पन्त की चर्चा करते। आत्मविभोर होकर कविताएँ सुनाना उन्होंने बन्द-सा कर दिया था। कविता का अर्थ कितने प्रकार से हो सकता है, कौन-सा अर्थ सुन्दर है, कवि के बनाये चित्र में कहाँ पूर्णता है, कहाँ खामी है—इन प्रश्नों पर वह अधिक विचार करते। पन्त ने लिखा था :

झर-झर बिछते मृदु सुमन-शयन।
जिन पर छन कम्पित पत्रों से॥
लिखती कुछ ज्योत्स्ना जहाँ-तहाँ।

निराला पूछते—ज्योत्स्ना कंपित पत्रों से लिखती है तो उसकी दवात कहाँ है? पत्ते अगर निब हैं तो इतने निबों से एक साथ वह लिखेगी कैसे?

उमाशंकर वाजपेयी ने कहा—देखिए, कबीर ने कितना अच्छा कहा है :

लाली मेरे लाल की, जित देखौं तित लाल।
लाली देखन मैं गई, मैं भी हो गई लाल॥

ऐसी सुन्दर उक्ति आधुनिक हिन्दी में एक भी नहीं है।

निराला ने तर्क किया—जब चारों तरफ लाली ही लाली है तब चलने की गुंजाइश कहाँ रही? और उसे लाल से प्रेम है या लाली से? वह लाल देखने जायगी या लाली?

वह कालिदास की पंक्तियों में श, क्ष वर्णों का उच्चारण इस ढंग से करते मानो जीभ से अंगूर पिचका रहे हों और उनका मुँह मीठे रस से भर गया हो :

तन्वी श्यामा शिखरिदशना पक्व बिम्बाधरोष्ठी।
मध्ये क्षामा चकित हरिणी प्रेक्षणानिम्नाभि: ॥

अथवा

मन्दं-मन्दं नुदति पवनश्चानुकूलो यथा त्वां।
वामश्वायं नदति मधुरं चातकस्ते सगन्धः॥

मिठास से जैसे वह ऊब उठे हों, वह कहते—मारे शपाशप के बुरा हाल है।

कला की बारीकियाँ लोग समझते नहीं। हिन्दी आलोचक परले सिरे के उजबक। नन्ददुलारे वाजपेयी ने काव्य की वृहतत्रयी ज़रूर कायम कर दी पर कहाँ निराला, कहाँ पन्त! विवेक से दोनों की कला का विश्लेषण किसी ने नहीं किया। दुलारेलाल भार्गव के यहाँ जब 'गीतिका' छप रही थी, उन्होंने उसकी टीका लिख देने को कहा था। अब वह लीडर प्रेस से प्रकाशित हो रही थी, गीतों के अर्थ लिखने का मसला फिर दरपेश था। निराला को यह बात हास्यास्पद लगती थी कि कवि स्वयं अपनी रचनाओं का भाष्य लिखे। फिर भी लोगों को समझाना तो था ही कि उनके गीत सार्थक हैं, उनमें ऊँचे दर्जे की कला का निर्वाह है।

उन्होंने 'भारत' के लिए लेख लिखा : 'मेरे गीत'। उनकी रचनाएँ समझ में नहीं आतीं, इस प्रवाद का उल्लेख किया। अनेक मित्र चाहते हैं कि रचना के साथ टीका भी दे दी जाय। वह अपनी कला की कुछ भंगिमाएँ प्रदर्शित करेंगे। उन्होंने छह गीत लिये और उनका भावार्थ स्पष्ट करते हुए उनकी व्याख्या कर दी।

इससे उन्हें सन्तोष न हुआ। इस तरह की व्याख्या से पन्त-निराला के काव्य-कौशल का भेद स्पष्ट न होता था। उन्होंने 'माधुरी' में एक लेखमाला आरम्भ की : 'मेरे गीत और कला'। इसमें साहित्यिक ऊहापोह के पीछे एक दृढ़ स्वर यह सुनाई दिया : मैंने जो कुछ किया है—हिन्दी के लिए; जो कुछ सहा है—हिन्दी के लिए और मेरी साधना व्यर्थ नहीं है।

माता-पिता को गर्व से स्मरण करते हुए उन्होंने लिखा : "मेरी बैसवाड़ी, माता-पिता की दी वाग्विभूति, जिसमें सभी रसों के स्रोत मेरे जीवन में फूटकर निकले हैं, साहित्यिकों में प्रसिद्ध है।"

निराला ने केवल हिन्दी के हितचिन्तन से साहित्य रचा और इसीलिए उनका इतना विरोध हुआ। "मेरे प्रति बड़े-बड़े अधिकांश साहित्यिकों की विमुखता का यही कारण है—मैंने सदैव हिन्दी का मुख देखा है।"

लेख का आरम्भ उन्होंने 'कला के विरह में जोशीबन्धु' वाली व्यंग्यपूर्ण शैली में किया। अभी निराला की प्रतिभा अपने पूर्ण विकास पर नहीं पहुँची, इस विनम्र उक्ति के साथ उन्होंने जता दिया कि जितने विकास पर पहुँची है, उतने से ही काव्य-प्रेमियों के होश दुरुस्त हो सकते हैं।

उनकी कविता-पुस्तकें साधारण छपी हैं, उनमें निराला की भड़कीली तसवीरें नहीं दी गईं। पर लोग ऊपरी तड़क-भड़क ही देखते हैं। हिन्दी काव्य की वृहतत्रयी! नये आलोचकों ने महादेवी को जोड़कर वर्तमान काव्य के चारों पैर बराबर कर दिये। पं. बनारसीदास चतुर्वेदी कब पीछे रहनेवाले थे : "खोज-खाजकर एक पूँछ की कसर

पूरी कर दी, अब साबित कर रहे हैं कि काव्य के चतुष्पद-तत्त्वों में उनकी पूँछ का ही महत्त्व सबसे ज़्यादा है।"

इस तरह काव्य की वृहतत्रयी को व्यंग्य से बेधकर उन्होंने नन्ददुलारे वाजपेयी के काव्यालोचन की अपूर्णता की ओर संकेत किया।

कालिदास-काव्य में श-ण-व-ल वर्णों का प्राधान्य है, वही बात पन्त-काव्य में है। निराला का अपना काव्य हिन्दी के अनुकूल स, न, ब, ल पर ज़ोर देता है। उन्होंने अपने मुक्त छन्द और मुक्त संगीत वाली मात्रिक रचनाओं के समर्थन में कुछ बातें लिखीं, फिर दूसरों के काव्य में विचार-गठन की खामियाँ दिखाईं। अब तक उन्होंने तुलसीदास के काव्य में कहीं दोषदर्शन न कराया था। इस बार 'अंगद तुही बालिकर बालक' आदि चौपाइयाँ उद्धृत करके—रावण की उक्ति में अन्तर्विरोध दिखाकर—उन्होंने लिखा : "गोसाईंजी ने यहाँ का सारा भाव-सौन्दर्य नष्ट कर दिया है।"

तुलसीदास ज्ञान में श्रेष्ठ हैं पर कला में निराला उनसे आगे हैं—यह धारणा लेख में स्पष्ट हो गई। फिर कहाँ पन्त बापुरे! निराला ने उनकी अनेक रचनाओं में असंगतियाँ दिखाकर काव्यकौशल में उन्हें दिवालिया सिद्ध कर दिया।

यद्यपि लेख शुरू किया था गीतों के विवेचन के लिए पर 'जुही की कली' समेत अनेक कविताओं की व्याख्या भी उन्होंने कर डाली।

मुक्त संगीत वाली कविताओं के बारे में यह लिखना वह न भूले कि 'संगीत अंग्रेज़ी ढंग का है।'

इस लेख की अनेक मान्यताओं को लेकर उनसे मेरी बहस हुई। विजन वन वल्लरी पर—यहाँ 'व' बोलना है या नहीं? शत-शत शब्दों का सान्ध्यकाल—यहाँ शपाशप है या नहीं? इस तरह की पंक्तियाँ उद्धृत करने पर वह तीन तरह के उत्तर देते। श, ण, व—वर्ण आए हैं पर पंक्ति में ये बोलते नहीं हैं; मुख्य वर्ण दूसरे हैं। इस तरह की पंक्ति में ऐसे ही वर्ण आवश्यक थे। इधर-उधर श-ण-व-ल आ गए हैं, कालिदास के प्रभाव से।

निराला ने तुलसीदास को गिराया था; मैं इसका बदला लेता था, निराला की ही कसौटी पर उनके काव्य को परखते हुए उसमें दोष दिखाकर।

उन्होंने 'मेरे गीत और कला' के साथ 'माधुरी' में प्रकाशनार्थ एक फोटो खिंचाया, नंगे बदन, जिससे उनका चौड़ा सीना, मज़बूत बाँहें पाठकों को साफ दिख जाएँ। वह मानो अपना विजयी विराट् रूप प्रदर्शित कर रहे थे।

लेख की प्रतिक्रिया होना अनिवार्य थी।

रामकृष्ण त्रिपाठी और रामरतन भटनागर 'हसरत' ने मिलकर लेख लिखा : 'वर्तमान हिन्दी कविता में प्रकृति-चित्रण'। इसमें उन्होंने 'विजन वन वल्लरी पर', 'अब स्मर के शर केशर से झर' आदि पँक्तियाँ उद्धृत करके उनकी शणवल-सम्बन्धी स्थापना की आलोचना की, पर यह भी लिखा कि "वे हिन्दी के इस युग के सर्वश्रेष्ठ कवि हैं।" अपने चिरंजीव से वह सर्टिफिकेट पाकर निराला को प्रसन्नता ही हुई।

पन्त के समर्थन में शान्तिप्रिय द्विवेदी मैदान में आए। उन्होंने 'भारत' में लिखा कि निराला ने पन्त की जिन पंक्तियों की आलोचना की है, अन्य लेखों में उन्हीं की प्रशंसा की है। मनमौजी आदमी हैं; कहते हैं, पन्त के दोष दिखाते हुए पाँच सौ पृष्ठों की किताब लिख सकते हैं। वह चाहें तो उनकी प्रशंसा में हज़ार पृष्ठों का ग्रंथ भी लिख सकते हैं। निराला ने उत्तर दिया कि शान्तिप्रिय जैसों पर लिखना वक्त बरबाद करना है लेकिन हिन्दी के बहुत-से पाठक उन-जैसों की आलोचना से प्रभावित हो जाते हैं, इसलिए लिखना ज़रूरी है। "पहले मैं आदमी को समझदार आदमी ही समझता हूँ, पर जब वह साबित कर चुका होता है कि नादान है, और शेखी पर आकर भूल जाता है, तब समझाने लगता हूँ।...मैं पूछता हूँ—हिंडोर पर कैसे नाचा जाता है, यह प्रश्न पन्तजी की पंक्ति से उठता है [अंग भंगि में व्योम मरोर, तुम किरणों की बना हिंडोर, आदि] या मैं अपनी तरफ से कल्पना करता हूँ।...पन्त की रुई धुनकनेवाली धनुही लेकर तीरन्दाज बने फिरते थे शान्तिप्रिय द्विवेदी। कायदे का एक भी तीर है या सब तुक्के हैं, वे भी देखें और 'भारत' के पाठक भी।"

शान्तिप्रिय द्विवेदी ने पन्त को पत्र लिखा कि निराला की आलोचना पर सम्मति प्रकट करें। पन्त ने सीधे 'भारत' में न लिखकर शान्तिप्रिय को अपनी सम्मति भेजी; शान्तिप्रिय द्विवेदी ने अपने नोट के साथ पन्त का वह पत्र 'भारत' में उद्धृत कर दिया। पन्त ने लिखा कि इस तरह की विनाशात्मक आलोचना से उनके विकास में कोई सहायता नहीं मिलती। "मेरी पल्लव और वीणा की भूमिकाओं में भी यत्र-तत्र कुरुचि की कमी नहीं है।" निराला ने जब प्रशंसा की; तब शब्दार्थ स्पष्ट करके वाहवाही देकर पद्य के भाग्य जगा देने की चेष्टा की, जब निन्दा की तब शब्दार्थ को कठोर सत्य मानकर, भाव की ओर आँखें मूँदकर, पद्य को पददलित करने का प्रयत्न किया। "यदि मैं निरालाजी पर अन्याय नहीं कर रहा हूँ तो पहली बात जो मुझे उनकी आलोचनाओं में मिलती है, वह है उनका मेरे प्रति स्पर्द्धा का भाव (जिस स्पर्द्धा में विशदता की कमी है)।"

निराला ने उत्तर दिया—लहरी और कली में प्रेम कैसे हुआ? अगर यौन-संसर्ग दिखाना उद्देश्य नहीं तो कली छली कैसे गई? यह कौन-सा किशोरी-प्रेम है? रवीन्द्रनाथ की 'निर्झरेर स्वप्न भंग' में कली के रूपक का सुन्दर निर्वाह है; पन्त का 'पर्सोनिफिकेशन' दूषित है।

'लिखती कुछ ज्योत्स्ना जहाँ-तहाँ'—"मैं पूछता हूँ, शयन या बिस्तरे पर भी कुछ लिखा जाता है?—बिस्तरे पर काग़ज़ रखकर नहीं—बिलकुल बिस्तरे पर।"

मुक्त छन्द, हिन्दी का जीवन, जाति-भर का छन्द है। 'ऊषा'-नाटिका इसी में लिखी जाती पर ढाई साल तक कन्या की बीमारी से मृत्यु तक अटकाव हो जाने से प्रोग्राम बदलना पड़ा। पन्त का स्वच्छन्द छन्द लोकप्रिय न हो सका। उनकी रचनाओं में शणवल का सौन्दर्य है। कालिदास को पढ़ने का "प्रभाव भी मुझ पर पड़ा है। उन्हीं दिनों 'तुलसीदास' नाम की लम्बी कविता मैंने लिखी थी, उसमें कहीं-कहीं

इसके चिह्न स्पष्ट हैं।" रवीन्द्रनाथ पर भी कालिदास का प्रभाव है। "अब मेरा यह निश्चय है कि 'शणवल' प्रकाश की तरह है उज्ज्वल, और 'समबल' आकाश की तरह नील।" शणबल-उज्ज्वल-कालिदास, समबल-नील-निराला।

निराला को कालिदास-काव्य नीला दिखाई देता था पर यहाँ विवाद में उन्होंने सूर्य को आकाश से छोटा देखकर प्रकाश को रंगीनी से छोटा माना। लेकिन उनका सारा दर्शन प्रकाश को श्रेष्ठ और रंगों को उससे घटकर मानता आया था। इसलिए तर्कयोजना भूलकर उन्होंने आगे लिखा : मेरे गीत स-म-ब-ल-प्रधान हैं, रंग कम हैं, केवल ज्योति है। पन्त में शणबल की प्रधानता है, इसलिए रंग अधिक हैं। शणवल-प्रभाव से मुक्त होकर 'मित के प्रति' कविता लिखी, जो 'माधुरी' में छपी है।

बाल-युवतियाँ तान कान तक चल-चितवन के बन्दनवार।

मदन कोई वाइसराय नहीं है कि रास्ते से गुज़र रहे हैं और बहुत-सी युवतियाँ एक साथ मिलकर स्वागत कर रही हैं।

अंग भंगि में व्योम मरोर भौंहों में तारों के झौंर।

कोई औरत भौंहों में तारों के झौंर नचाये तो कैसी लगेगी, सोचने की बात है। मान लिया कि लहर अतिमानवी है पर अतिमानवी के भौंहें होती हैं, इसका प्रमाण? अतिमानवी है तो भौंहों की जगह सूँड़ क्यों नहीं? "लहर के साथ भौंहों की उतनी समता नहीं जितनी सूँड़ों की है, एक-एक सूँड़ फटकारी और तारे उस पर नाचते नजर आते और प्रेममुग्ध होकर देखते रहते।"

अन्त में स्पर्द्धा की बात। "आलोचना के समय उनके प्रति मेरे कवि का स्पर्धाभाव जग जाता है, सम्भव है, उनका यह विचार सत्य हो; पर मैं उन्हें आलोचना के योग्य समझता हूँ, स्पर्धा के योग्य नहीं।"

इस विवाद का अन्त पन्त के वक्तव्य : 'क्या कविता कोई वैज्ञानिक सत्य है?'—से हुआ। 'वर्तमान धर्म' का उल्लेख करना उन्होंने आवश्यक समझा। इस तरह के अनेक उत्पात निराला कर चुके हैं। 'तुलसीदास' उनके भगीरथ प्रयत्न की द्योतक है। उचित है कि वह स्थायी साहित्य रचने की ओर ध्यान दें।

निराला जिन दिनों पन्त से यह विवाद कर रहे थे, उन्हीं दिनों उनके सहयोग से 'ऊषा'-नाटिका की योजना को फलवती बनाने का विचार भी कर रहे थे। सन् '36 के वसन्त में उन्होंने प्रसाद को लिखा : "इधर आपको लिखनेवाला था। पर अभी उस उद्देश्य की पूर्ति कुछ समय लेगी, इसलिए नहीं लिखा। बात यह थी कि 'ऊषा'-नाटिका के लिए प्रथम गीत चाहता था; पर अभी उसके लिए कुछ देर होगी। बहुत देर हो गई, यह तो आप जानते ही हैं। इस समय मैं 'निरुपमा' उपन्यास तैयार कर रहा हूँ; फिर 'उच्छृंखल' की तैयारी में लगूँगा। इसके बाद कुछ समय के लिए उपन्यास लिखना स्थगित करूँगा। अभी ऐसा विचार है, पर यह ऐश्वर्यशाली भगवान

की इच्छा पर अवलम्बित है। कारण, ऐश्वर्य का असहयोग मुझे विचार बदलने को बाध्य कर सकता है। कामयाब हुआ तो तब नाटक लिखूँगा। इसके लिए 5-6 महीने की देर ज़्यादा से ज़्यादा होगी।"

कुछ तो मानसिक उलझनें, कुछ अर्थ-कष्ट—इन्हीं कारणों से निराला 'ऊषा'-नाटिका न लिख पाए थे। गद्य लिखने से पैसे मिलते थे, खर्च चलता था। 'ऊषा'-नाटिका लिखने में छह महीने लगाएँ तो उतने दिन खाएँ क्या?

निराला प्रसाद का बड़ा आदर करते थे पर जिन दिनों उन्होंने 'मेरे गीत और कला' लिखा, वह छायावादियों में अपना श्रेष्ठत्व सिद्ध करने की धुन में थे। उपर्युक्त पत्र में उन्होंने एक जगह उस शैली का प्रयोग किया, जिसका प्रयोग 'परिमल' छपने के बाद पन्त को लिखे पत्र में किया था। प्रसंग यह कि प्रसाद उन्हें अपनी पुस्तकें भेजते थे पर निराला उन्हें न भेज पाते थे। प्रकाशक से नियमित संख्या में जो प्रतियाँ मिलतीं; वे उस समय आने-मिलनेवालों में बँट जातीं। इनके अतिरिक्त दूसरों को देने के लिए उन्हें प्रतियाँ खरीदनी पड़तीं।

'सखी' और 'प्रभावती' के प्रकाशन की चर्चा करने के बाद उन्होंने लिखा : "मैंने अपना कुछ भी आपको नहीं दिया और आपका सब-कुछ ले लिया। मुझसे कुछ प्राप्ति की आशा आपको होनी भी नहीं चाहिए और मुझे उत्तरोत्तर पाते रहने की छोड़नी नहीं। शायद इसी आधार पर मैंने अपनी बहुत-सी किताबें यद्यपि मित्रों को खरीद-खरीदकर भेंट कीं, आपके पास एक भी नहीं भेज सका। पर मैंने सुना है, आप उपनिषदों से उतरना पसन्द नहीं करते। फिर भी मैं प्रयत्न करूँगा, यदि आपको नीचे उतार सकूँ। इसके लिए ऐश्वर्यवान या भगवान की कृपा आवश्यक है, क्योंकि किताबें खरीदनी होंगी।"

व्यंग्य है, उपनिषदों से उतरनेवाली बात में। प्रसाद की दृष्टि उपनिषदों पर है निराला-काव्य में उसी कोटि का दार्शनिक महत्त्व नहीं है। फिर भी वह उन्हें उतारने की कोशिश करेंगे यानी प्रसाद समझ सकेंगे कि निराला-साहित्य उपनिषदों से घटकर नहीं।

मैंने आपको कुछ नहीं दिया, आपसे सब-कुछ ले लिया—इसमें स्पर्धाहीन ममत्व का भाव है।

अन्त में लिखा : "मेरी इच्छा आपसे मिलने की थी, पर बहुत उलझा हुआ हूँ, न आ सकूँगा। आपको सादर अभिवादन भेजता हूँ। यदि 'ऊषा' और 'अनिरुद्ध' के अर्थ रूपों को देखकर एक गीत लिख सकते तो मेरे चाहने पर आपको जल्दी न करनी पड़ेगी।"

उलझन में तो थे ही। तभी उपनिषदों से उतरने-उतारने की बात लिखी थी। पर उपन्यास समाप्त करने के बाद 'ऊषा' लिखने की बात अब भी मज़बूती से पकड़े हुए थे।

निराला इलाहाबाद गए। दो सौ पन्ने का 'निरुपमा' उपन्यास लीडर प्रेस के हाथ ढाई सौ रुपये में बेचा। वहाँ एक दिन वह मुसलमान चायवाले की दुकान से अंडे

खाकर लौट रहे थे कि उनके सामने एक श्यामवर्ण दक्षिण भारतीय लँगोटी लगाये आकर खड़ा हो गया। वह मद्रास से कुम्भ नहाने आया था, चोर उसके कपड़े-लत्ते उठा ले गए थे। गठरी में रुपये-पैसे थे, अब पास कुछ न था। दिन में वह भीख माँगकर समय काट लेता था पर रात में जाड़े से परेशान होता था। निराला ने अपनी मोटी खद्दर की चादर उतारकर उसे दे दी। साथ में वाचस्पति पाठक थे। उन्होंने कहा : "यह अभी दोपहर को, गुदड़ी बाज़ार में, चार आने में, यह चादर बेचेगा।" निराला ने उत्तर दिया : "वह मद्रास से यह सोचकर चला नहीं होगा कि गुदड़ी बाज़ार में कपड़ा बेचेगा।"

भारत के स्वाधीनता-आन्दोलन का दमन करने के बाद अंग्रेजों ने सुधारवादियों और उदारपंथियों को अपनी ओर मिलाने के विचार से सन् '35 का काला कानून बना दिया था। कांग्रेसी नेताओं का एक दल अंग्रेज़ों के दिये हुए सुधार अमल में लाने—काले कानून के मातहत सूबों में मंत्रिमंडल बनाने—के पक्ष में था। दूसरे नेता जो समाजवादी होने का दावा करते थे, इसके विरुद्ध थे। साहित्य-सम्मेलन के दूरंदेश कर्णधार कांग्रेसी नेताओं को घेरते थे कि इनके सहयोग से हिन्दी शीघ्र ही राष्ट्रभाषा बन जाएगी। राजनीतिक क्षेत्र में काम करनेवाले नेता अपने स्वभाव के अनुसार हिन्दी लेखकों को उपदेश देते थे कि तुम्हारी भाषा दरिद्र है, उसे उन्नत और समृद्ध करके अंग्रेज़ी के बराबर ले आओ।

हिन्दी में जो साहित्यकार जागरूक थे, वे यह देखकर हैरान थे कि ये नेता स्वयं अंग्रेज़ी से बँधे हैं, कांग्रेस से अंग्रेज़ी निकाल नहीं पाए पर हिन्दी को राष्ट्रभाष बनाने के लिए साहित्यकारों को बर्नार्ड शॉ और एच.जी. वेल्स बन जाने का उपदेश दे रहे हैं।

जवाहरलाल नेहरू का एक लेख 'प्रताप' में प्रकाशित हुआ। हिन्दी का साहित्य दरिद्र है, संसार की उन्नत भाषाओं की तुलना में नगण्य है। साहित्यकारों की एक अखिल भारतीय संस्था बनानी चाहिए जिसमें सभी भाषाओं का प्रतिनिधित्व हो।

प्रेमचन्द इस तरह के साहित्यकार संघ के बारे में पहले ही लिख चुके थे। कन्हैयालाल माणिकलाल मुंशी को उन्होंने 'हंस' का सह-सम्पादक बनाया था और अब 'हंस' भारतीय साहित्य के मुख-पत्र के रूप में प्रकाशित होने लगा था। उसमें हिन्दी की मौलिक रचनाओं के साथ बँगला, मराठी, गुजराती, तमिल, तेलगू, कन्नड़ आदि अहिन्दी भाषाओं की रचनाओं के अनुवाद छपते। इलाहाबाद-निवासी जवाहरलाल नेहरू को प्रेमचन्द के 'हंस' की गतिविधि का पता न था।

प्रेमचन्द ने नेहरूजी की सदाशाओं को सराहते हुए टिप्पणी लिखी : "देश की सारी प्रतिभा अंग्रेज़ी का अभ्यास करने में खर्च होती रही, और जिनके कन्धों पर राष्ट्र को आगे बढ़ाने का भार था, वे अपनी भाषाओं को हेच समझकर उनकी ओर से उदासीन हो गए और आज भी अंग्रेज़ी के प्रति हमारा मोह अणुमात्र भी कम नहीं है।"

यह स्पष्ट ही जवाहरलाल नेहरू और उन-जैसे नेताओं की ओर संकेत था। सन् '34-35 में हिन्दी के अनेक लेखक कांग्रेसी नेताओं पर पूँजीपतियों का प्रभाव

देखकर, साम्राज्यवाद से लड़ने के बदले उन्हें समझौते की राह पर चलते देखकर, उनमें अनेक ज़मींदार हैं और किसानों का शोषण करते हैं, यह जानकर—उनके राष्ट्र-प्रेम की आलोचना करने लगे थे। इस आलोचना का एक कारण इन नेताओं की भाषा-नीति भी थी।

जवाहरलाल नेहरू ने 'प्रताप'-वाले उसी लेख में भारतीय भाषाओं के साहित्यकार-संघ में अंग्रेज़ी को शामिल करने के बारे में लिखा था : "मैं तो यह भी सिफारिश करूँगा कि अंग्रेज़ी को भी उसमें जगह हो। हमारी भाषा वह नहीं है, लेकिन फिर भी देश के जीवन में उसका बड़ा हिस्सा है। वह एक तरह की सौतेली भाषा हो गई है।"

इस पर प्रेमचन्द ने कुछ गुस्से में लिखा : "हमारा खयाल है कि अंग्रेज़ी भाषा वर्तमान परिस्थिति में इतनी लाडिली हो गई है कि उसे किसी संघ या संस्था की मदद की ज़रूरत नहीं रही। वह सौतेली भाषा नहीं, बल्कि पटरानी भाषा है, और भारत की अन्य सभी भाषाएँ उसकी दया की भिखारिणी बनी हुई हैं। दुख तो यह है कि जो हमारे नेता कहलाते हैं, उनमें से अधिकांश अपनी मातृभाषा से अनभिज्ञ हैं और जिस समाज के नेता जनता से इतनी दूर हट गए हों कि उनमें भाषा का सम्बन्ध भी न हो, उस समाज की दशा जो हो रही है, वह हम अपनी आँखों देख रहे हैं।"

जवाहरलाल नेहरू ने शायद ही यह नोट देखा हो। उन्होंने साहित्य और भाषा के बारे में आगे जो कुछ लिखा, उसमें अपनी बेटी को अंग्रेज़ी में पत्र लिखने पर कहीं खेद प्रकट नहीं किया। 'विशाल भारत' में 'हमारा साहित्य' शीर्षक से उनका एक नोट छपा। किसी की लिखी या कही बात उन्होंने—सुनी कि हिन्दी में शेक्सपियर और बर्नार्ड शॉ पैदा हो गए हैं। किताबें मँगाकर पढ़ीं; निराश हुए। शायद उन्हें ऊँचे दर्जे की पुस्तकें न भेजी गई हों, इसलिए उन्होंने माँग की कि हर विषय पर पिछले 30-35 साल में जो अच्छी पुस्तकें लिखी गई हों, उनकी सूची प्रकाशित की जाय जिससे हिन्दी की प्रगति जाँची जा सके।

प्रेमचन्द ने शिक्षित वर्ग और विशेष कर नेताओं पर चोट करते हुए लिखा : "जब हमारे नेता हिन्दी साहित्य से प्राय: बेखबर-से हैं, जब हम लोग थोड़ी-सी अंग्रेज़ी लिखने की सामर्थ्य होते ही हिन्दी को तुच्छ और ग्रामीणों की भाषा समझने लगते हैं तब यह कैसे आशा की जाती है कि हिन्दी में ऊँचे दर्जे के साहित्य का निर्माण हो?" ऊँचा साहित्य तभी आएगा : "जब किसी अच्छी पुस्तक की रचना राष्ट्र के लिए गौरव की बात समझी जायगी।"

भारत साहित्य में पिछड़ा है तो क्या राजनीति में बहुत आगे बढ़ गया है? प्रेमचन्द ने एक दिलचस्प वाक्य यह लिखा : "और जब जीवन के किसी क्षेत्र में हम यूरोप से मुकाबला करने का दावा नहीं कर सकते—हमारे लेनिन और ट्राट्स्की और नीत्शे और हिटलर अभी अवतरित नहीं हुए—तो साहित्य में वह तेजस्विता कहाँ से आ जाएगी?"

गांधीजी कांग्रेस के भीतर और बाहर हिन्दी के सबसे बड़े समर्थक थे। हिन्दी को राष्ट्रभाषा बनाने में उनके सामने कई अड़चनें थीं। पहली अड़चन यह थी कि कांग्रेसी

नेता खुद कांग्रेस के अन्दर अंग्रेज़ी छोड़ने को तैयार न थे। गांधीजी ने बहुत प्रयत्न किया कि कांग्रेस का अखिल भारतीय काम हिन्दी में हो, पर वह सफल न हुए। अन्त में उन्हें कांग्रेस के अन्दर से अंग्रेज़ी निकालने की लड़ाई बन्द करनी पड़ी। दूसरी अड़चन यह थी कि भारत के पूँजीपति अपना कारोबार अंग्रेज़ी में करते थे, वे हिन्दी प्रचार के लिए पैसा देते थे और अपने दैनिक पत्र भी अंग्रेज़ी में निकालते थे। ब्रिटिश पूँजी की छत्रच्छाया में, उसका विरोध करने पर भी, भारतीय पूँजीवाद अपने कारोबार के लिए अंग्रेज़ी को ही अपना रहा था। गांधीजी इस अड़चन के बारे में चुप थे। पर हिन्दी साहित्य पिछड़ा हुआ है, अंग्रेज़ी के मुकाबले ही नहीं, बँगला के मुकाबले में भी—तब हिन्दी राष्ट्रभाषा कैसे होगी? —इस बारे में तो वह अवश्य कुछ कह सकते थे। हिन्दी-साहित्य-सम्मेलन के कर्णधार गुट ने गांधीजी को इन्दौर अधिवेशन के लिए सभापति चुना। गांधीजी ने सभापति बनने के लिए एक लाख रुपये की फीस माँगी। बड़े प्यार और आत्मीयता से दक्षिण भारत में हिन्दी प्रचार के लिए उन्होंने सम्मेलन के अधिकारियों और उपस्थित जनसमूह से एक लाख की निधि एकत्र करने की अपील की। इसके बाद उन्होंने आधुनिक हिन्दी की दरिद्रता पर खेद प्रकट किया।

उन्होंने कहा : "इस मौके पर अपने दुख की भी कुछ कहानी कह दूँ। हिन्दी भाषा राष्ट्रभाषा बने या न बने, मैं उसे छोड़ नहीं सकता। तुलसीदास का पुजारी होने के कारण हिन्दी पर मेरा मोह रहेगा ही। लेकिन हिन्दी बोलनेवालों में रवीन्द्रनाथ कहाँ हैं? प्रफुल्लचन्द्र राय कहाँ हैं? जगदीश बोस कहाँ हैं? ऐसे और भी नाम मैं बता सकता हूँ। मैं जानता हूँ कि मेरी अथवा मेरे जैसे हज़ारों की इच्छा मात्र से ऐसे व्यक्ति थोड़े ही पैदा होने वाले हैं। लेकिन जिस भाषा को राष्ट्रभाषा बनना है, उसमें ऐसे महान् व्यक्तियों के होने की आशा रखी ही जायगी।"

गांधीजी ने जो कुछ कहा, उसका मूल समस्या से कोई सम्बन्ध न था। वे सब नाम जो गांधीजी ने गिनाये और न गिनाये, हिन्दी में होते तब भी वह राष्ट्रभाषा न होती। कारण यह कि बड़े पूँजीपतियों के अधिकांश कारोबार की भाषा अंग्रेज़ी है, बैंकों का सारा अर्थतंत्र अंग्रेज़ी में है और कांग्रेस के अखिल भारतीय राजनीतिक कार्यों में—जिनका साहित्य या विज्ञान से कोई सम्बन्ध नहीं—अंग्रेज़ी का व्यवहार होता है। बंगाल में रवीन्द्रनाथ, जगदीश बसु और प्रफुल्लचन्द्र राय जैसे सम्मान्य नामों के बावजूद वहाँ बँगला राज्यभाषा नहीं हो गई।

अंग्रेज़ी का महत्त्व स्वीकार करते हुए गांधीजी ने कहा : "इच्छा न रहते हुए हमको अंग्रेज़ी पढ़नी होगी।" यह बात बंगालियों के लिए भी कही गई थी, हिन्दीवालों के लिए भी। नेहरूजी ने यह बात बहुत ज़ोर से और बहुत बार कही।

निराला जगदीशचन्द्र बसु और प्रफुल्लचन्द्र राय के नाम तो जल्दी ही भूल गए। उनके मन में एक नाम अटका रहा—रवीन्द्रनाथ। गांधीजी पूछ रहे हैं—हिन्दी में रवीन्द्रनाथ कहाँ हैं? हिन्दीवाले इस पर चुप हैं। तब पन्द्रह साल से निराला जो साधना करते आए हैं, यह व्यर्थ हुई? गांधीजी का वह प्रश्न उनके मन को बार-बार कचोटता रहा।

लखनऊ में अखिल भारतीय प्रगतिशील लेखक संघ का अधिवेशन हुआ। प्रेमचन्द ने उसका सभापतित्व किया।

लखनऊ में कांग्रेस का अधिवेशन हुआ। सभापति बने जवाहरलाल नेहरू। काले कानून के मातहत मंत्रिमंडल बनाने का विरोध; मजदूर सभाओं को कांग्रेस में शामिल करने का अनुरोध। श्रोताओं में प्रेमचन्द और निराला।

बालकृष्ण शर्मा नवीन ने अपने भाषण में हिन्दीभाषी क्षेत्रों को मिलाकर एक प्रान्त बनाने की बात कही। नेहरूजी ने टोका—यह क्या बदतमीजी है!

नवीनजी उखड़ गए।

प्रदर्शनी में घूमते हुए निराला को प्रेमचन्द दिखाई दिये। निराला बढ़कर उनसे मिले। प्रेमचन्द हल्के कद के, खद्दर की शेरवानी-पाजामा, गांधी टोपी पहने निराला के आगे बच्चे-से खड़े हो गए। उनकी आवाज साफ़, आँखों में तेज, मूँछें घनी, कुछ ऊँची उठी हुई थीं। निराला से वह बड़े स्नेह से मिले, कुशल-समाचार, साहित्य-सेवा का हाल पूछा। निराला ने साथ के युवकों का परिचय कराया। प्रेमचन्द ने इन युवकों से कहा—प्रगतिशील लेखक संघ में आइएगा। ज़रा देर में दोनों साहित्यकारों के चारों ओर छोटी-सी भीड़ इकट्ठा हो गई। कहीं से श्रीनाथसिंह प्रकट हुए। सामने आकर बोले—प्रेमचन्दजी, आपने मेरे उपन्यास का प्लाट चुराया है। इस पर प्रेमचन्द इतने जोर से हँसे कि उस छोटी भीड़ से बाहर भी आसपास के लोग भौंचक्के होकर इधर देखने लगे। शायद हँसी सुनकर कन्हैयालाल माणिकलाल मुंशी उधर आए और निराला को नमस्कार करके प्रेमचन्द उनके साथ हो लिये।

निराला संध्या समय कांग्रेस पंडाल से बाहर निकल रहे थे कि एक स्वयंसेवक उनकी ओर दौड़ता हुआ आया। उन्हें लगा कि इसे पहले कहीं देखा है। उसने पास आकर कहा—मैं वही हूँ जिसे आपने चादरा दिया था।

निराला बोले—आप कांग्रेस में आ गए, अच्छा हुआ।

उसने कहा—फिर मैं यहाँ स्वयं-सेवकों में भरती हो गया।

निराला वाचस्पति पाठक की बात मन में सोचते घर आए कि वह दक्षिण भारतीय उनकी चादर गुदड़ी बाज़ार में बेचेगा।

निराला महात्मा गांधी का निवास-स्थान खोजने गोमती के पुल के पास घूम रहे थे कि उन्होंने देखा, एक आदमी ताँगे में बकरी बिठाये जा रहा है, लड़के पीछे- पीछे ठहाके लगा रहे हैं। उन लड़कों से मालूम हुआ कि वह बापू की बकरी है। निराला ढूँढ़ते-ढूँढ़ते उस बँगले तक पहुँचे जहाँ गांधीजी ठहरे थे। दरवाजे पर खड़े हुए स्वयं-सेवक से उन्होंने कहा—मैं बापू से मिलना चाहता हूँ। उसने कहा—मुलाकात नहीं होगी। निराला ने कहा—आप महात्माजी के सिकत्तर हैं या पर्सनल असिस्टेंट? इस पर वह भीतर जाने को राज़ी हुआ। निराला पहले से एक चिट्ठी लिख लाये थे; मिलने की इच्छा ज़ाहिर करते हुए वक्त पूछा था। स्वयंसेवक चिट्ठी लेकर भीतर गया और तुरन्त लौट आया, बोला—शाम को आइए, महात्माजी के सेक्रेटरी महादेवजी देसाई की आज्ञा है।

शाम को कुँअर चन्द्रप्रकाश सिंह और वाचस्पति पाठक के साथ निराला फिर उधर गए। लोग शाम को प्रार्थना-सभा में शरीक होने के लिए इकट्ठे हो रहे थे। निराला को हिन्दी लेखक सीतलासहाय दिखाई दिये। निराला के आने का कारण जानकर बोले—महात्माजी आजकल किसी से मिलते नहीं हैं।

निराला ने कहा—सुबह मैंने बहुतों से बातचीत करते देखा है।

वह सचमुच उन्हें राजेन्द्रप्रसाद और जवाहरलाल के साथ बातें करते देख गए थे।

सीतलासहाय ने कहा—वे बड़े-बड़े नेता हैं, उनसे सलाह लेने के लिए आते हैं। निराला ने जवाब दिया—ये जितने बड़े नेता हैं, मैं उनसे बड़ा साहित्यिक हूँ और हिन्दी-साहित्य-सम्मेलन के सभापति को मुझसे मिलने में किसी तरह का संकोच न होना चाहिए।

सीतलासहाय नर्म पड़े। बोले—अभी ज़रा देर बाद महात्माजी बाहर प्रार्थना के लिए निकलेंगे, उस वक्त आप आइएगा, देसाईजी से आपको मिला दूँगा।

निराला प्रार्थना-सभा में गए। एक बगल टाट के कोने पर बैठना ही चाहते थे कि एक सज्जन धक्का देते हुए वहाँ आकर जम गए। निराला ज़मीन पर बैठे। पाँच मिनट में प्रार्थना-सभा समाप्त हो गई। सीतलासहाय निराला को महादेव देसाई से मिलाने ले गए। ये हिन्दी के बड़े होनहार लेखक हैं—कहकर निराला का परिचय कराया। उसी समय उधर से कस्तूरबा निकलीं। निराला ने हाथ जोड़कर प्रणाम किया, साथ ही हिसाब लगाया कि वह उनकी कमर से थोड़ा ही ऊँची होंगी।

महादेव देसाई को यह सुनकर आश्चर्य हुआ कि निराला ने चिट्ठी भेजी थी और उनसे शाम को आने के लिए कहा गया था। उन्होंने कहा—न मुझे आपकी कोई चिट्ठी मिली है और न मैंने आपको आने को कहा है।

फिर उन्होंने पूछा—आप महात्माजी से क्यों मिलना चाहते हैं?

निराला ने जवाब दिया—मैं राजनीतिज्ञ महात्माजी से नहीं मिलना चाहता। मैं हिन्दी-साहित्य-सम्मेलन के सभापति गांधीजी से मिलना चाहता हूँ।

देसाई ने निराला को एक कमरे में बिठा दिया और प्रतीक्षा करने को कहा। साहित्य-सम्मेलन के इन्दौर अधिवेशन में गांधीजी सभापति थे। हिन्दी की दरिद्रता का उल्लेख करते हुए उन्होंने इस बात पर खेद प्रकट किया था कि हिन्दी में रवीन्द्रनाथ की-सी प्रतिभावाले साहित्यकार नहीं हैं। निराला इसी का जवाब देने आए थे।

महादेव देसाई आए और बोले—महात्माजी आपसे मिलेंगे, बीस मिनट वक्त आपको दिया है, जाइए।

निराला कुँअर चन्द्रप्रकाशसिंह और वाचस्पति पाठक को साथ लिये भीतर पहुँचे। गांधीजी के पास शिवप्रसाद गुप्त और उनके सेक्रेटरी अन्नपूर्णानन्द बैठे थे। इन्हीं शिवप्रसाद गुप्त के यहाँ नौकरी के लिए महावीरप्रसाद द्विवेदी ने निराला की सिफारिश की थी और वह न गए थे। निराला ने अपनी दृष्टि गांधीजी की आँखों पर केन्द्रित की; मन पर यह छाप पड़ी कि आँखों में जितनी दिव्यता है, उतनी ही

चालाकी है। निराला को बंगाली ढंग की धोती पहने देखकर गांधीजी ने पूछा—आप किस प्रान्त के रहनेवाले हैं?

निराला ने कहा—मैं यहीं उन्नाव ज़िले का रहनेवाला हूँ।

गांधीजी के मुँह पर आश्चर्य के भाव देखकर निराला ने कहा—मैं बंगाल में पैदा हुआ हूँ और बहुत दिन रह चुका हूँ।

गांधीजी चुप रहे। निराला ने अपने वेदान्त की कसौटी पर गांधीवाद को घिसते हुए पौराणिक गाथाओं का भीतरी तत्त्व समझाया; यह न समझने से उन-जैसों का विरोध होता है, स्पष्ट किया।

'वर्तमान धर्म' का विरोध किया बनारसीदास चतुर्वेदी ने। बनारसीदास चतुर्वेदी के सरपरस्त मोहनदास करमचन्द गांधी। इसलिए निराला ने उन्हें तत्त्वज्ञान समझाया :

आप जानते हैं, हिन्दीवाले अधिकांश में रूढ़िग्रस्त हैं। वे जड़रूप ही समझते हैं, तत्त्व नहीं। जो कथाएँ पुराणों में आई हैं, उनके स्थूल रूप में सूक्ष्मतम तत्त्व भी हैं। वास्तव में वेदों का सत्य पुराणों में कथाओं द्वारा विवृत हुआ है। यहाँ के लोग कथा को ही ऐतिहासिक सत्य की तरह मानते हैं। हिन्दी में इन तत्त्वों के परिष्करण की भी चेष्टा की गई है। साथ-साथ नये-नये रूप, नये-नये छन्द और नये-नये भाव भी दिये गए हैं। साधारणजन तो इनसे दूर हैं ही, सम्पादक और साहित्यिक भी, अधिक संख्या में, इनमें अज्ञ हैं। वे समझने की कोशिश भी नहीं करते, उल्टे मुखालिफत करते हैं। हम लोगों के भाव इसीलिए प्रचलित नहीं हो पाए। देश की स्वतंत्रता के लिए पहले समझ की स्वतंत्रता ज़रूरी है। मैं आपसे निवेदन करने आया हूँ कि आप हिन्दी की इन चीज़ों का कुछ हिस्सा सुनें।

गांधीजी : मैं गुजराती बोलता हूँ लेकिन गुजराती का साहित्य भी बहुत-कुछ मेरी समझ में नहीं आता।

निराला : मैंने गीता पर लिखी आपकी टीका देखी है। आप गहरे जाते हैं और दूर की पकड़ आपको मालूम है। आपने उसमें समझाने की कोशिश की है।

गांधीजी : मैं तो बहुत उथला आदमी हूँ।

निराला : हम लोग उथले में रहे हुए को गहरे में रहा हुआ साबित करने की ताकत रखते हैं।

गांधीजी चुप।

निराला : आपके सभापति के अभिभाषण में हिन्दी के साहित्य और साहित्यिकों के सम्बन्ध में जहाँ तक मुझे स्मरण है, आपने एकाधिक बार पं. बनारसीदास चतुर्वेदी का नाम सिर्फ लिया है। इसका हिन्दी के साहित्यिकों पर कैसा प्रभाव पड़ेगा, क्या आपने सोचा था?

गांधीजी : मैं तो हिन्दी कुछ भी नहीं जानता।

निराला : तो आपको क्या अधिकार है कि आप कहें कि हिन्दी में रवीन्द्रनाथ ठाकुर कौन है?

गांधीजी : मेरे कहने का मतलब कुछ और था।

निराला : यानी आप रवीन्द्रनाथ जैसा साहित्यिक हिन्दी में नहीं देखना चाहते, प्रिंस द्वारकानाथ ठाकुर का नाती या नोबेल-पुरस्कार-प्राप्त मनुष्य देखना चाहते हैं, यह?

सभी स्तब्ध। शिवप्रसाद गुप्त और अन्नपूर्णानन्द के चेहरों पर हैरानी का भाव। गांधीजी चुप।

निराला : बँगला मेरी वैसी ही मातृभाषा है, जैसी हिन्दी। रवीन्द्रनाथ का पूरा साहित्य मैंने पढ़ा है। मैं आपसे आधा घंटा समय चाहता हूँ। कुछ चीज़ें चुनी हुई रवीन्द्रनाथ की सुनाऊँगा, उनकी कला का विवेचन करूँगा, साथ कुछ हिन्दी की चीज़ें सुनाऊँगा।

गांधीजी : मेरे पास समय नहीं है।

निराला : (स्वत:) ये देश के नेताओं को रास्ता बतलाते हैं, बेमतलब पहरों तकली चलाते हैं, प्रार्थना में मुर्दे गाने सुनते हैं, हिन्दी-साहित्य-सम्मेलन के सभापति हैं लेकिन हिन्दी के कवि को आधा घंटा वक्त नहीं देते, अपरिणामदर्शी की तरह जो जी में आता है, खुली सभा में कह जाते हैं, सामने बगलें झाँकते हैं।

(प्रकट) महात्माजी, मेरी चीज़ों की आम जनता में कद्र नहीं हुई। इसकी वजह है। आप अगर कुछ सुन लेते तो मुमकिन, अच्छा होता।

गांधीजी : आप अपनी किताबें मेरे पास भेज दीजिएगा।

निराला : (स्वत:, जैसे किसी ने चाँटा मारा हो) अब किसी की आलोचना से, किसी की तारीफ से आगे आने की अपेक्षा मुझे नहीं रही। मैं खुद तमाम मुश्किलों को झेलता हुआ, अड़चनों को पार करता हुआ, सामने आ चुका हूँ।

(प्रकट) आप अपने यहाँ के हिन्दी के जानकारों के नाम बतलाइए जो मेरी किताबों पर राय देंगे? आपको हिन्दी अच्छी नहीं आती, आप कह ही चुके हैं।

निराला हँसे। गांधीजी भी खूब खुलकर हँसे।

निराला : एक हैं पं. बनारसीदास चतुर्वेदी, 'विशाल भारत' के सम्पादक, पत्र के साथ जिनका नाम शायद आपने दो बार लिया है। वह कुछ दिन रहे हैं आपके पास और कुछ दिन रवीन्द्रनाथ के यहाँ। 'विशाल भारत' के सम्पादन के लिए यही इनकी सबसे बड़ी योग्यता ठहरी!

गांधीजी : हाँ।

निराला : अगर मैं भूलता नहीं तो कवि श्री मैथिलीशरणजी गुप्त के 'साकेत' की भाषा को आपने मुश्किल कहा है।

गांधीजी : हाँ।

निराला : फिर मेरे 'तुलसीदास' की भाषा का क्या हाल होगा?

गांधीजी की समझ में न आया कि यह रामायण की भाषा के बारे में कह रहे हैं या अपनी किसी कविता की भाषा के बारे में। वह मौन हो गए।

निराला : महात्माजी, अगर वक्त हो गया हो तो मैं प्रणाम कर विदा होऊँ?

गांधीजी : हाँ, मैं तो पहले ही कह चुका हूँ।

निराला ने हाथ जोड़कर प्रणाम किया, शिवप्रसाद गुप्त से फिर मिलने की बात कहकर वह बाहर आए।

घर आकर उन्होंने गांधीजी को पत्र लिखने का मसौदा बनाया। पहले एक चुटकुला, फिर उस पर टिप्पणी।

एक महाजन अपने घोड़े की बड़ी देखभाल करता था। पड़ोसी को कहीं जाना था, घोड़ा माँगने आया। महाजन ने कहा—घोड़ा नहीं है। पड़ोसी खड़ा रहा। इतने में घोड़ा हिनहिनाया। उसने महाजन से कहा—आप कहते थे, घोड़ा नहीं है; है तो घोड़ा। महाजन ने जवाब दिया—तुमने हमारी आवाज़ नहीं पहचानी, घोड़े की आवाज पहचानी!

इस पर टिप्पणी : महात्माजी, मैं आप ही की आवाज पहचान गया। किताब भेजकर घोड़े की आवाज़ नहीं पहचानना चाहता।

सियारामशरण गुप्त को उन्होंने पत्र का मज़मून सुनाया। उन्होंने कहा—महात्माजी का स्वास्थ्य आजकल अच्छा नहीं है, आप ऐसा न लिखें। निराला ने पत्र न लिखा।

कहते हैं, एक बार गांधीजी मद्रास गए थे तब उनका नाम सुनकर महाकवि सुब्रह्मण्य भारती उनसे मिलने आए। गांधीजी ने पूछा—क्या चाहते हो? उन्होंने कहा—मैं चाहता हूँ कि समुद्रतट पर सभा हो, आप सभापति हों और मैं कविता-पाठ करूँ। गांधीजी ने कहा—मुझे समय नहीं है। सुब्रह्मण्य भारती ने कहा—तो मैं स्वयं सभापतित्व करूँगा और कविता-पाठ भी करूँगा। इतना कहकर वह चले आए।

निराला कैसरबाग से गुज़र रहे थे कि वही तमिल-भाषी दक्षिण भारतीय उन्हें फिर दिखाई दिया। पास आकर बोला—अब गर्मी बहुत पड़ने लगी है। देश जाना चाहता हूँ। रेल का किराया कहाँ मिलेगा! पैदल जाना चाहता हूँ।

निराला ने टोकते हुए कहा—क्या कांग्रेस के लोग आपकी इतनी-सी मदद नहीं कर सकते?

वह बोला—नहीं, कांग्रेस का यह नियम नहीं है। मैं मिला था। मुझे यह उत्तर मिला है। ख़ैर, मैं भीख माँगता-खाता पैदल चला जाऊँगा। पर गरमी बहुत पड़ती है, पैर जल जाते हैं, अगर एक जोड़ी चप्पल आप ले दें।

निराला इलाहाबाद से जो ढाई सौ रुपये लाये थे, वह मकान का पिछला किराया और होटल वगैरह का उधार चुकाने में खर्च हो चुके थे। उनकी जेब में केवल छह पैसे थे। उनकी अपनी चप्पलें भी फटी हुई थीं। उन्होंने दुखी और लज्जित होकर कहा—आप मुझे क्षमा करें, इस समय मेरे पास पैसे नहीं हैं।

उसने पैदल ही गर्मी में मद्रास जाने के निश्चय से वीर की तरह निराला को देखा, उन्हें आशीर्वाद दिया और अमीनाबाद की ओर चला गया।

निराला ने जानकीवल्लभ शास्त्री को लिखा : " 'सखी' और 'प्रभावती' मेरे पास रखी हैं, पर मैं भेज नहीं सकता। क्योंकि कांग्रेस-भर में मेरा अर्जित धन खर्च हो गया है। आप आठ आने के टिकट भेजिए या मुझे बैरंग भेजने के लिए लिखिए।"[3]

'मतवाला' के स्तम्भ एक-एक करके गिर रहे थे। निराला के 'मास्टर साहब' राधामोहन गोकुलजी नहीं रहे। उनके बाद महादेवप्रसाद सेठ का अन्त हुआ। 'मतवाला' से नाता टूट गया था, फिर भी निराला के मन में उस पत्र से सम्बद्ध मधुर स्मृतियाँ बनी हुई थीं। तीन साल से स्वास्थ्य गिरता चला जा रहा था; आख़िर 'मतवाला' के यशस्वी संस्थापक महादेवप्रसाद सेठ न रहे। निराला के मन में वह उनके उदार अभिभावक, उनकी प्रतिभा के सच्चे प्रशंसक, उनके काव्य के प्रकाशन के लिए ही 'मतवाला' निकालनेवाले साहित्य-प्रेमी रह गए। जो मनोमालिन्य था, वह उनके शरीर के साथ जैसे भस्म हो गया।

'गीतिका' और 'निरुपमा' की छपाई प्रेमचन्द के सरस्वती प्रेस में हो रही थी। निराला काशी गए और वहाँ वाचस्पति पाठक के यहाँ ठहरे। सुना कि प्रेमचन्द अस्वस्थ हैं। उनसे मिलने गए। जहाँ प्रेस था, वहीं ऊपर की मंजिल में प्रेमचन्द बैठे थे। लखनऊ में देखा था, तब से दुर्बल हो गए थे। निराला के ऐसा कहने पर बोले—नहीं, यह तो मेरी काठी है।

प्रेमचन्द एक्स-रे के लिए लखनऊ गए। वहाँ से लौटे तो प्रसाद उन्हें देखने आए। निराला फिर मिलने गए। प्रेमचन्द और दुर्बल हो गए थे, फिर भी निराला को लगा—वीर की तरह बैठे वार्तालाप कर रहे हैं, बड़ी ज़िन्दादिली, मानो सुननेवालों को स्वास्थ्य पहुँचा रहे हों! निराला ने उस हड्डियों के ढाँचे में, जिसका नाम प्रेमचन्द था, हिन्दी की महाशक्ति देखी। पूछा—आप लखनऊ गए थे, वहाँ क्या कहा डाक्टरों ने? प्रेमचन्द बोले—कुछ कहते नहीं, सन्तोषजनक उत्तर नहीं मिला। कहा कुछ नहीं, ठहरने के लिए कहा, पर कुछ डिसेन्ट्री की शिकायत मालूम दी; परदेश, देखभाल वाला कोई नहीं, लड़के को ले गया था, कौन तीमारदारी करे, लौट आया।

जुलाई के 'हंस' में निराला का गीत छपा : 'हुआ प्रात, प्रियतम, तुम जाओगे, चले'। इसके साथ प्रेमचन्द का लिखा यह नोट प्रकाशित हुआ : ' 'निरालाजी' नवीन हिन्दी कविता के सुप्रसिद्ध अग्रदूत हैं। आप नवीन भावनाओं के प्रतिनिधि कवि तथा नवीन जीवन के सच्चे उन्नायक हैं। आप कविता की ही नहीं, व्यक्तिगत संस्कृति की दृष्टि से भी एक अत्यन्त परिमार्जित रुचि और कोमल भावों के महानुभाव हैं। आपकी कविताओं का-सा दार्शनिक प्रकाश हिन्दी में बहुत ही कम दृष्टिगत होत है।'

'अप्सरा' को लेकर मन में जो मैल जमा था, वह अब साफ हो गया। प्रेमचन्द ने अपनी आँखों देखा, निराला के हृदय में कितनी करुणा है।

काशी में मैथिलीशरण गुप्त की स्वर्ण-जयन्ती मनाई गई। काशीनरेश महाराज आदित्यनारायण सिंह ने सभापति का आसन ग्रहण किया। निराला ने गुप्तजी के सम्मान में भाषण करते हुए कहा कि वह प्राचीन होते हुए भी नवीन हैं।

प्रेमचन्द की हालत गिरती जा रही थी। अब वह दूसरी जगह रहने लगे थे। श्रीपतराय से पता मालूम करके निराला उधर चले। रास्ते में पानी आ गया। वह

भीगते हुए प्रेमचन्द के घर तक पहुँचे। फाटक खोलने पर छोटा-सा मैदान दिखा। किनारे चमेली का झाड़। रात के खिले फूल बूँदों की थपेड़ों से व्याकुल हो रहे हैं, यह देखकर निराला झाड़ के पास खड़े हो गए। एक फूल छुआ, छूते ही वह लता से अलग हो गया। फूल लिये निराला आगे बढ़े। शिवरानीदेवीजी ने जहाँ चिक पड़ी थी, संकेत करते हुए कहा—सोये हैं, जाइए।

निराला ने देखा, प्रेमचन्द अत्यन्त दुर्बल हो गए हैं। पेट फूला हुआ है। आहट पाकर आँखें खोलीं। निराला ने हाथ जोड़कर प्रणाम किया। पूछा—आप कैसे हैं? दोनों बाँहों की ओर दृष्टि फेरकर प्रेमचन्द ने कहा—देखिए।

निराला को लगा—सिंह को गोली भरपूर लग गई है।

कैसे सँभलेगा? —प्रेमचन्द ने कहा।

निराला के हाथ से छूटकर चमेली का फूल ज़मीन पर गिर गया।

'गीतिका' छप गई थी। निराला लखनऊ आना चाहते थे। चलने से पहले प्रेमचन्द से मिलने फिर गए। साथ में वाचस्पति पाठक और पद्मनारायण आचार्य थे। इक्के पर बैठे हुए ये लोग गुप्तजी के अभिनन्दन की बातें कर रहे थे, निराला को प्रेमचन्द की याद आ रही थी। प्रेमचन्द को न तो मंगलाप्रसाद पारितोषिक मिला, न कोई अभिनन्दन। वे हिन्दी-साहित्य-सम्मेलन के सभापति भी नहीं चुने गए। निराला ने देखा, उनका भाग्य कहीं प्रेमचन्द के भाग्य से मिलता-जुलता है। उनके मन ने कहा—तुम्हारे लिए भी यही फैसला है; जिसने जैसा किया, वैसा पाया। निराला के दूसरे मन ने जवाब दिया—मैं इसी तरह गुज़रूँगा। अगर कुछ काम कर सका तो नाम-यश मुझे नहीं चाहिए।

प्रेमचन्द चारपाई पर लेटे थे। रस्सी बाँधकर पर्दा किया गया था। शिवरानीदेवी ने पर्दा हटाया। प्रेमचन्द ने हाथ जोड़कर कहा—अब तो अन्तिम विदा है।

निराला के सामने हिन्दी-भाषा, हिन्दी-साहित्य, हिन्दी-लेखक—इन सबकी स्थिति एकबारगी स्पष्ट हो गई। चालीस साल की अनवरत साहित्य-साधना का यही फल है। प्रेमचन्द अन्तिम साँसें गिन रहे हैं, पर देश में कोई हलचल नहीं है, अखबारों में कहीं समाचार भी नहीं छपा। राष्ट्रनिर्माता अपने काम में लगे हैं। प्रेमचन्द की तरफ आँख उठाने की उन्हें फुर्सत नहीं है। प्रेमचन्द-निराला, निराला-प्रेमचन्द—क्या अन्तर है दोनों में? जो आज प्रेमचन्द को हो रहा है, कल वही निराला को होगा।

शोक, ग्लानि, क्रोध, घृणा से भरे हुए निराला लौटे। उन्होंने लेख लिखा : 'हिन्दी के गर्व और गौरव प्रेमचन्दजी'। हृदय का आवेग गद्य में फूट पड़ा :

"हिन्दी के युगान्तर-साहित्य के सर्वश्रेष्ठ रत्न, अन्तर्प्रान्तीय ख्याति के प्रथम साहित्यिक, प्रतिकूल परिस्थितियों से निर्भीक वीर की तरह लड़नेवाले, उपन्यास-संसार के एकच्छत्र सम्राट्, रचना-प्रतियोगिता में विश्व के अधिक से अधिक लिखनेवाले मनीषियों के समकक्ष आदरणीय श्रीमान् प्रेमचन्दजी आज महाव्याधि से ग्रस्त होकर शय्याशायी हो रहे हैं।"

फिर उन्हें लखनऊ में कांग्रेसी नेताओं के चेहरे याद आए और उन्होंने लिखा :

"कितने दुख की बात है, हिन्दी के जिन पत्रों में हम राजनीतिक नेताओं के मामूली बुखार का तापमान प्रतिदिन पढ़ते रहते हैं, उनमें श्री प्रेमचन्दजी की—हिन्दी का महान् उपकार करनेवाले प्रेमचन्दजी की अवस्था की साप्ताहिक खबर भी हमें पढ़ने को नहीं मिलती। दुख नहीं, यह लज्जा की बात है। हिन्दीभाषियों के लिए मर जाने की बात है। उन्होंने अपने साहित्यिकों की ऐसी दशा नहीं होने दी कि ये हँसते हुए जीते और आशीर्वाद देते हुए मरते। इसी अभिशाप के कारण हिन्दी महारानी होकर अपनी प्रान्तीय सखियों की भी दासी है।"

राजेन्द्रप्रसाद और जवाहरलाल नेहरू के साथ प्रेमचन्द का नामोल्लेख करने के बाद निराला ने लिखा :

"मैं देखता हूँ, राजनीति के सामने साहित्य का सर नहीं झुका, बल्कि और ऊँचा है, केवल देखनेवाले नहीं हैं। हिन्दी-भाषी मुझे अच्छी तरह जानते हैं। वे यह भी जानते होंगे, मेरे कानों में डंके की आवाज़ कम जाती है। जिस साधना से आदमी आदमी है, जिसके कारण नेता सम्मान पाते हैं, मैं उसी की जाँच करता हूँ। वहाँ प्रेमचन्दजी, दरिद्र प्रेमचन्दजी, अपने अध्यवसाय से शिक्षा प्राप्त करनेवाले प्रेमचन्दजी, साहित्य की साधना में यहाँ-वहाँ भटकते फिरनेवाले प्रेमचन्दजी, फिर भी एकनिष्ठ होकर दिन-पर-दिन, महीने-पर-महीने, वर्ष-पर-वर्ष साधना करते रहनेवाले प्रेमचन्दजी, बड़े-बड़े, बहुत बड़े हैं। इतना बड़ा कोई नेता भी इस तरह संकट में पड़ा जिसके नाबालिग बच्चे उसी निगाह से पिता के पास बैठे हुए शून्य सोचते रहे और महाव्याधि में भी पिता को विश्राम न मिला—उनके अन्न की चिन्ता रही? इतने बड़े पिता को अन्न की चिन्ता—धन्य रे देश!"

'हे ईश्वर! केवल दस वर्ष!'—लेख के अन्त में निराला ने प्रार्थना की।

सन् '36 की गर्मियों और बरसात में निराला जब बनारस में रहे, प्रेमचन्द से मिलने बार-बार जाते रहे। मृत्यु धीरे-धीरे पर निश्चित गति से मनुष्य को कैसे ग्रस रही है, यह उन्होंने पहली बार अपनी आँखों देखा। रामसहाय, रामलाल, बदलूप्रसाद, मनोहरादेवी, सरोज—इन सबकी मृत्यु या तो निराला से दूर हुई या उसमें अधिक समय न लगा। फिर इनमें कोई साहित्यकार न था। प्रेमचन्द तिल-तिलकर मर रहे थे और वह हिन्दी के लेखक थे। उनकी मौत का यह लम्बा, जल्द खत्म न होनेवाला सिलसिला निराला की मौत का ही सिलसिला था।

रोगशय्या पर पड़े हुए निर्बल प्रेमचन्द ने निराला की चेतना के उन स्तरों को छुआ जो अब तक सोये-से थे, जिनसे अभी तक निराला के मन का तार न जुड़ा था। एक झटके से उन्हें अपने भूत, भविष्य, वर्तमान—तीनों काल का जैसे एक साथ साक्षात्कार हो गया। अन्धकार केवल अन्धकार, आगे पहाड़, पीछे समुद्र, मनुष्य कहाँ जाए, कहाँ से शक्ति पाए, चारों ओर विरोध-कोलाहल...आकाश भी जैसे पराजित मनुष्य पर अट्टहास कर रहा हो! धिक्कार है इस जीवन को जिसमें पराजय ही हाथ

लगी। पर निराला साहित्य लिखना छोड़ नहीं सकते; हिन्दीवाले घेरकर आक्रमण करें पर निराला हिन्दी से नाता तोड़ नहीं सकते, प्राण देकर साधना में लगे रहना है; मृत्यु का वरण करते हुए भी साध्य तक पहुँचना है।

प्रेमचन्द के घर से लौटते हुए, प्रसाद या विनोदशंकर के घर जाते हुए, बनारस की तंग गलियों में घूमते हुए, 'गीतिका' के प्रूफ सुधारते हुए, रात में अकेले घाट पर बैठे बरसात की भरी गंगा के किनारे दूर-दूर तक जलती चिताएँ देखते हुए निराला का मन नये भावचित्र बनाने लगा, वेदना से आन्दोलित उनकी स्मृतियाँ इन भावचित्रों में नये रूप ग्रहण करने लगीं।

तुलसीदास महाकवि थे। क्या उन्होंने पराजय और ग्लानि का अनुभव किया था? किया हो चाहे न किया हो, उनके इष्टदेव राम ने अवश्य किया था। राम ने युद्ध किया पर विजय प्राप्त न हुई। केवल युद्ध की गाथा अमर है; विजय-श्री किसे मिलती है? राक्षसों के पैरों के नीचे पृथ्वी काँप उठी, आकाश आनन्द से विह्वल होकर अन्धकार उगलने लगा। राम के चारों ओर अन्धकार, जटाएँ खुलकर पीठ, छाती, बाँहों पर फैल गईं मानो दुर्गम पर्वत पर अन्धकार उतर आया है, राम को अन्धकार चापे हुए है, पीछे अप्रतिहत समुद्र गरज रहा है, पर्वत मानो ध्यानमग्न है, अमावस्या के अन्धकार में केवल एक मशाल जल रही है। राम संशयग्रस्त हैं, मन में भय उत्पन्न हो गया है, रावण पर विजय प्राप्त न होगी। राम का मन जो आज तक नहीं थका, जो युद्ध में दुराक्रान्त रहा, वह अपने को असमर्थ मानकर हार गया है। मृत्यु की विराट् देवी सारे आकाश को आच्छादित किये है। राम के सारे ज्योतिर्मय अस्त उसमें जाकर बुझ जाते हैं। रावण का अट्टहास सुनकर राम की आँखों से दो आँसू ढुलक पड़ते हैं।

राम का मन पराजय की पीड़ा जानता है, वह सीता के लिए लड़ रहे हैं पर महावीर किसके लिए लड़ रहे हैं? जो अपने लिए नहीं लड़ता, वह हार भी नहीं सकता, मृत्यु में जो शक्ति है, वह रावण के पास है; महावीर जो राम की शक्ति है, वह राम के पास हैं। यह समुद्र, यह अन्धकार, यह रावण—अकेले महावीर इनको तहस-नहस कर सकते हैं। शक्ति का एक महासमुद्र महावीर में है। राम के आँसू देखते ही शक्ति का वह समुद्र उद्वेलित हो उठा। उन्चासों पवनों से प्रेरित महावीर पहाड़ों जैसी तरंगें उठाते, अतल में देशभाव डुबाते, महाकाश में पहुँचकर अट्टहास कर उठे। जिस आकाश में मृत्यु निवास करती है, उसे ग्रसने को महावीर बढ़े। महानाश का यह रूप देखकर अचल शिव भी क्षणभर को चंचल हो उठे। वह आकाश में श्यामा का आलिंगन किये थे :

अम्बर में हुए दिगम्बर आलिंगित शंकर।

लेकिन महावीर चिर ब्रह्मचर्यरत, राम की मूर्तिमान अर्चना, अक्षय शरीर हैं। उन्हें मृत्यु परास्त नहीं कर सकती। शिव महावीर से त्रस्त हो उठे।

राम शक्ति की साधना करेंगे। जो रावण के पास है, वह शक्ति उससे छीन लेंगे। महावीर से रावण को परास्त नहीं कराना है, स्वयं पराजय का भाव दूर करके नई शक्ति से उसे पराभूत करना है। पर कितना अन्याय है! राम के शर जिनमें मन का सूक्ष्मातिसूक्ष्म विवेक है, खंडित हो गए। महाशक्ति रावण को गोद में लिये हैं। राम जितना ही क्रुद्ध होकर रावण पर शर-प्रहार करते हैं, उतना ही उन मृत्यु की देवी की आँखों से आग की लपटें छूटने लगती हैं। राम की आँखों से जैसे ही उनकी निगाह मिली, वैसे ही हाथ मानो बँध गए, धनुष की डोरी फिर न खींचते बनी। भाग्य का खेल, अधर्मरत रावण के साथ महाशक्ति हैं, राम धर्मरत होकर भी अपने हैं।

राम ने जप करना शुरू किया। जप के स्वर से आकाश काँप उठा, मन एक चक्र से दूसरे चक्र तक ऊपर उठता चला गया। सहस्रार तक पहुँचनेवाला ही था कि दुर्गा छिपकर आईं और पूजा का अन्तिम कमल उठा ले गईं। सिद्धि के अन्तिम क्षण में विघ्न। सारा जीवन ही बाधाओं से भरा हुआ :

धिक् जीवन को जो पाता ही आया विरोध।

पर राम का एक मन और है जो थकता नहीं है, जो थके हुए मन को देखता, उसे संचालित करता है। राम का यह मन अपनी माता का स्मरण करता है। वह उन्हें राजीवनयन कहती थीं। राम अपना एक नेत्र देकर महाशक्ति की पूजा पूरी करेंगे। जैसे ही नेत्र निकालने के लिए राम ने महाफलक उठाया, ब्रह्मांड काँप उठा, देवी ने तुरत उदय होकर राम का हाथ पकड़ लिया। राम की विजय होगी—यह कहते हुए महाशक्ति उनके मुख में लीन हो गईं।

निराला ने 'राम की शक्तिपूजा' पूरी की। वर्षा के बादल उड़कर कहीं दूर चले गए थे। गंगा के थिराये हुए जल में शरद का नीला आकाश दमक उठा था। आठ अक्तूबर को प्रेमचन्द के प्राण उनके जर्जर अस्थिपंजर को छोड़कर दूर कहीं उड़ गए।

दस अक्तूबर के 'भारत' में 'राम की शक्तिपूजा' प्रकाशित हुई।

इसी अक्तूबर के महीने में काशी के साहित्य-प्रेमियों ने मैथिलीशरण गुप्त का मान-सप्ताह मनाया। उनका अभिनन्दन करने के लिए बड़ी अनुनय-विनय से वह गांधीजी को लाये।

गांधीजी ने कहा : "मेरे हाथों द्वारा जो यह भेंट दिलवाई गई, वह अच्छी नहीं मालूम हुई। न तो मैं कवि हूँ, न मैं हिन्दी-भाषा को ही अच्छी तरह जानता हूँ मुझे तो किसी छोटे या बड़े की जयन्ती मनाना भी पसन्द नहीं हैं—यदि किसी की जयन्ती मनाना भी हो तो तब मनाना चाहिए जबकि वह आदमी न हो...।

"मैंने तो जब पद्मनारायणजी सेगाँव गए थे, यह कह दिया था कि किसी अच्छे कवि के लिए सम्मतियों का लिखाना अच्छा नहीं। किसी सत्कवि की कृति कभी सम्मति की अपेक्षा नहीं करती। मैंने यदि कभी गुरुदेव के लिए, मालवीयजी के लिए अथवा द्विवेदीजी के लिए कुछ लिखकर दिया है तो दबाव से ही। सच पूछो तो मेरी

इच्छा कभी किसी महापुरुष के सम्बन्ध में लिखने की नहीं हुई। यदि उस समय मैंने गलती की थी तो क्या अब भी वही गलती करता रहूँ? यदि तुम भी कुछ दबाव डालो तो मैं तुम्हें भी कुछ लिखकर दे सकता हूँ, पर स्वेच्छावश नहीं।"

निराला ने 'सरस्वती' में गांधीजी का भाषण पढ़ा। उन्हें लगा, प्रेमचन्द तो मर गए हैं, अब लोग उनकी लाश को पैरों से ठुकरा रहे हैं।

राजनीति और साहित्य

कान्यकुब्ज कालेज से कविता-पाठ के लिए निमंत्रण आया था। दोपहर के बाद जाना था। निराला ने उस दिन घर पर स्वयं मांस पकाया। डेढ़ बजे कान्यकुब्ज कालेज पहुँचे। प्रिंसिपल बालकृष्ण पांडेय, कुछ अध्यापक तथा करीब सवा सौ विद्यार्थी हाल में एकत्र थे। निराला ने अपना भाषण आरम्भ करते हुए कहा—मैंने आज गोश्त पकाया था जिसमें चालीस मिर्चें डाले थे। जैसा उसका तीखा बढ़िया स्वाद था, वैसा ही मेरी कविता का है।

इसके बाद कुछ देर तक वह कला की—जड़, पेड़, पत्ती, फूल, खुशबूवाली—व्याख्या करते रहे। फिर कुछ गीत पढ़े और उनकी व्याख्या की। मेरे अनुरोध पर पाँच-छह गीतों की और व्याख्या की। गीतों का स्मरण दिलाने के लिए मुझे पास बुला लिया। लोग और सुनना चाहते थे; मुझे कुछ ही गीत याद थे। 'गीतिका' की प्रति मँगवाई गई। उससे उन्होंने बहुत-से गीत पढ़कर सुनाये। दो घंटे तक यह क्रम चलता रहा। फिर होस्टल में उन्हें चाय पिलाई गई। चाय पीने के बाद वह गोमती पार फुटबाल का मैच देखने गए।

केदारनाथ अग्रवाल इस समय कहीं अध्यापक की जगह खोज रहे थे। उन्हें एक प्रमाण-पत्र की आवश्यकता थी। निराला ने प्रमाण-पत्र मुझे डिक्टेट कराया और उस पर हस्ताक्षर कराने के लिए शुकदेवबिहारी मिश्र के पास ले गए। पहले ही वाक्य : 'श्री केदारनाथ अग्रवाल 'बालेन्दु' बी.ए. को मैं जानता हूँ'—पर मिश्रजी ने आपत्ति की। कहा—मैं तो उन्हें जानता नहीं। निराला ने कहा—मैं जानता हूँ, आप हस्ताक्षर कर दीजिए।

मिश्रजी ने हस्ताक्षर कर दिये। निराला ने प्रमाण-पत्र में लिखाया था : "आधुनिक गद्य और पद्य के लेखकों में वह सर्वोत्कृष्ट होनहारों में से हैं। बातीचीत में सरल, सहृदय और ओजस्वी प्रतीत होते हैं, जिससे उनके पुष्ट-पवित्र चरित्र और अध्ययन का पता चलता है। ऐसे नवयुवक हिन्दी-साहित्य का एक दिन मुखोज्ज्वल करेंगे।"

ब्रजमोहन तिवारी ने कान्यकुब्ज कालेज से अंग्रेज़ी में एक पत्रिका निकाली : 'टार्च बेयरर'। मैंने निराला की कुछ कविताओं का अंग्रेज़ी में अनुवाद किया। वह

इलाहाबाद में थे; पत्रिका में अनुवाद देखकर प्रसन्न हुए। लिखा : "कान्यकुब्ज पत्रिका में आपके पद्य एक-एक बार पढ़े। बड़े अच्छे मालूम दिये। फिर कई बार पढ़ूँगा, जैसा मैं पढ़ता हूँ, एक-एक शब्द अच्छी तरह समझ-समझ कर।" फिर सलाह दी : "आप अच्छी-अच्छी कुछ कविताएँ एक बार 'माडर्न रिव्यू' में भेज कर देखें, एक तमाशा सही।" तिवारीजी ने सम्पादकीय स्तम्भ में निराला की प्रशंसा की थी। उसके बारे में लिखा : "तिवारीजी के Editor's Call के लिए धन्यवाद तो बड़ी हल्की बात होगी, वैसी वज़नदार क्या दूँ—वही 'राम की शक्तिपूजा' एक बार सुना दीजिएगा।"

तिवारीजी ने निराला से 'टार्च बेयरर' में कुछ लिखने के लिए आग्रह किया। निराला को मज़ाक़ सूझा। तिवारीजी से पूछने को लिखा कि "यह 'मशालची' 'सूर्यकान्त' को कैसे सँभालेगा?—दोनों में तो दिन-रात का फर्क है।"[2]

'गीतिका' निकल गई थीं। मनोहरादेवी को समर्पण, लगभग तीन वर्ष पहले का लखनऊ में खिंचा हुआ चित्र, प्रसाद लिखित प्रशंसात्मक परिचय, निराला की भूमिका, नन्ददुलारे वाजपेयी की लिखी समीक्षा, जिल्द पर वीणावादिनी का चित्र, अन्त में शब्दार्थ—बड़ी तैयारी के बाद छपी हुई 'गीतिका' निराला की अब तक प्रकाशित पुस्तकों में सबसे सुन्दर थी।

निराला के मन का विषाद कुछ दूर हुआ।

निराला चाहते थे कि लोग उन पर अंग्रेज़ी में कुछ लिखें। वह स्वयं 'टार्च बेयरर' के लिए अंग्रेज़ी में कुछ लिखना चाहते थे। यूनिवर्सिटी में उन्हें भाषण और कविता-पाठ के लिए निमंत्रण मिला था। अंग्रेज़ी में लिखने की मश्क करते हुए उन्होंने ब्रजमोहन तिवारी को इस निमंत्रण की तथा यूनिवर्सिटी के साँड़ों की पूँछ मरोड़ने के अपने इरादे की सूचना दी :

C/o Sjt. Vachaspati Pathak Esq.
The Leader Press, Allahabad.
12-11-36

To
B.M. Tiwary M.A.L.T.

My dear Tiwary Ji,

I have read you. You bow down before my poetry like a flower on a slender stem, she may accept. A monotony to me all you praise; now what I see is 'trashy' of mine in you : I enjoy : what a fine expression indeed! But do not mind. This causes the chance to call me now and then to twist the tail of the University-bulls, and today is the twelfth, the date of my lecture in the Allahabad University.

I am told that editor, The Bharat, at a glimpse even, is taken aback, and goes (in a bounden duty as if) to take in your notes, Translated forms, not leaving even the trashy one.

I read Dr. Sharma's translations, and see no gap to point out Hugo's,—sound's bombardment, tremendous to me, a timid Indian.

Don't mind if I am rich of my poor English, and delay not writing me your address full. Geetika is published, and I, watching the moment to send it to you.

Yours Sincerely
Nirala

'टार्च बेयरर' के लिए मैंने ह्यूगो की कुछ कविताओं का अनुवाद किया था; निराला ने उसी पर व्यंग्य किया था।

यूनिवर्सिटी की हिन्दी सभा में गए। पता चला कि डॉ. धीरेन्द्र वर्मा काम से बाहर चले गए हैं। रामकुमार वर्मा आए; देवीप्रसाद शुक्ल तथा कुछ अन्य साहित्यप्रेमी सज्जन भी पधारे। श्रोताओं में 40-50 छात्र और 10-12 छात्राएँ थीं। निराला ने डेढ़ घंटे तक भाषण और कविता-पाठ किया। छात्र-छात्राओं की नोट-बुकों में कविता की कुछ पंक्तियाँ लिखकर हस्ताक्षर किये। चाय-नाश्ते के साथ प्रश्नोत्तरक्रम चलता रहा। उसी दिन प्रदर्शनी में कवि-सम्मेलन और मुशायरा था। निराला को लोग बुलाने आए थे। कह दिया था—आएँगे। पर कवि-सम्मेलन में न जाकर दूर से तमाशा देखने का विचार भी था। टिकट बेचे जा रहे थे। माइक्रोफोन पर ऐलान हो रहा था—निरालाजी कविता-पाठ करेंगे। एक विद्यार्थी ने चवन्नी में कवि-सम्मेलन का टिकट लेकर पूछा—क्या निरालाजी आए हैं? टिकट बेचनेवाले ने कहा—'हाँ, अभी उस तरफ़ गए हैं; उन्हें क्या—वे तो डायस वाले हैं, आप लोगों को फिर अच्छी जगह न मिलेगी।' लेकिन निराला वहाँ थे नहीं।

वह प्रदर्शनी में घूमते रहे, कवि-सम्मेलन में न गए। दूर से कवियों की आवाज़ तौलते रहे। अंग्रेज़ी पढ़े कवि भारतीय स्वर में रो रहे हैं। श्रोता ऊबकर कहते हैं—बैठ जाइए, बैठ जाइए।

निराला को दूसरे दिन मालूम हुआ—बिस्मिल इलाहाबादी कुछ जमे थे, कुछ रामकुमार वर्मा।

इलाहाबाद में सज्जाद ज़हीर हैं। इन्होंने प्रोग्रेसिव राइटर्स एसोसियेशन नाम की संस्था कायम की है। ये और इनके कुछ और साथी यूरोप हो आए हैं। उच्च शिक्षित हैं, शायद सोशलिस्ट भी। कुछ लिखते भी हैं, इसमें सन्देह है। जवाहरलाल नेहरू से अक्सर मिलते रहते हैं। सज्जाद ज़हीर चीफ़ जस्टिस वज़ीर हसन के पुत्र हैं। बैरिस्टर हैं पर बैरिस्टरी नहीं करते। प्रेमचन्द के निधन पर शोक-सभा हुई थी। उसमें सज्जाद ज़हीर आए थे, निराला भी मौजूद थे। सभापति बनाये गए निराला; बोलनेवालों में पहला नाम सज्जाद ज़हीर का। देखने में सभ्य और सुन्दर नौजवान।

निराला ने इलाहाबाद के साहित्यिक जीवन और उसमें सज्जाद ज़हीर जैसे विलायत से लौटे लोगों के बारे में जानकारी प्राप्त की। प्रदर्शनी में निराला ने कई बार

सज्जाद ज़हीर को देखा। एक मुसलमान महिला उन्हें अक्सर दिखाई दीं, खुलकर घूमती, सबसे मिलती हुई, नाम हाजरा बेगम। निराला ने सुना, इनकी शिक्षा जर्मनी में हुई है। वह प्रोग्रेसिव राइटर्स एसोसियेशन के उर्दू विभाग की सेक्रेटरी हैं। इस संस्था में उमा नेहरू, श्यामकुमारी नेहरू, चन्द्रावती त्रिपाठी आदि उच्च वर्गों की देवियाँ शामिल हैं।

प्रदर्शनी में एक तम्बू के अन्दर कुर्सियाँ पड़ी थीं। निराला कुछ दूर बैठे जहाँ साफ्ट कोक के विज्ञापनवाली फिल्म दिखाई जानेवाली थी। निराला ने सोचा, मुफ्त में बायस्कोप देखने को मिले तो बुरा क्या है। इधर वह प्रोग्रेसिव राइटर्स की मीटिंग का तमाशा भी देख रहे थे। भगवतीचरण वर्मा, रघुपतिसहाय फ़िराक़, सज्जाद ज़हीर आदि सभ्य जन शामिल हो रहे थे।

बायस्कोप शुरू हुआ। स्त्रियाँ लकड़ियों से खाना पकाती हैं, धुएँ से बेहद परेशान होती हैं, साफ्ट कोक उनकी सब परेशानियाँ दूर कर देता है। निराला आधा बायस्कोप देखकर उठे। उधर प्रोग्रेसिव राइटर्स की मीटिंग खत्म हुई। सज्जाद ज़हीर ने निराला के पास आकर कहा—आपके नाम लखनऊ निमंत्रण भेजा गया है, आप मीटिंग में ज़रूर तशरीफ लाएँ।

सभापति चुने गए थे मैथिलीशरण गुप्त और जोश मलीहाबादी। गुप्तजी ने इनकार कर दिया; जोश आए नहीं। पहले दिन की मीटिंग के सभापति बनाये गए रामवृक्ष शर्मा बेनीपुरी, दूसरे दिन की मीटिंग के सुदर्शन। प्रदर्शनी में घूमते हुए रामकुमार वर्मा मिले। उन्होंने पूछा—तुम गए नहीं? निराला ने कहा—मुझे निमंत्रण ही नहीं मिला।

तै किया कि भीतर चलकर देखा जाए, क्या हो रहा है। निराला एक किनारे जाकर बैठ गए। रामनरेश त्रिपाठी ग्रामगीतों की व्याख्या कर रहे थे। सज्जाद ज़हीर ने निराला के पास आकर कविता सुनाने का आग्रह किया। निराला के मन में तीन तरह की प्रतिक्रिया एक साथ हुई। तीनों का निष्कर्ष एक—कविता सुनाना ठीक नहीं।

उन्होंने तर्क किया—भाँग पी है; नशे में कविता पढ़ना उचित नहीं।

सज्जाद ज़हीर से बोले—मुझे निमंत्रण आपका तो मिला नहीं, ज़बानी आपने कहा था, इसलिए आ गया हूँ, पर इससे अधिक मैं उचित नहीं समझता और आप समझदार हैं, आपको अधिक कहना व्यर्थ है।

उनका अन्तर्मन कह रहा था—विलायत में शिक्षा पानेवाले इन नवाबज़ादों के एक बार कहने से कविता सुनाने मत चल देना।

निराला का उत्तर सुनकर सज्जाद ज़हीर चुप हो गए पर दो देवियों ने आकर उन्हें घेर लिया। श्यामकुमारी नेहरू ने चन्द्रावती त्रिपाठी का परिचय देते हुए कहा—आप हमारे प्रोग्रेसिव राइटर्स एसोसियेशन की सेक्रेटरी हैं। निराला अब उठकर खड़े हो गए। चन्द्रावती ने कहा : आपको इन्विटेशन लेटर तो मिला होगा।

निराला : नहीं मिला।

चन्द्रावती : लखनऊ से रिडायरेक्ट होकर नहीं आया?

निराला (उनकी अंग्रेज़ी सुधारते हुए) : लखनऊ में रिडायरेक्टेड होकर नहीं आया।

चन्द्रावती : रिडायरेक्टेड!

श्यामकुमारी नेहरू (बात सँभालते हुए निराला से) : हम लोग तो आपको सभापति चुन रहे थे, सबकी बड़ी इच्छा है कि आपकी कविता सुनें।

निराला (स्वत:) : श्यामकुमारी सुन्दर हैं। निराला-साहित्य अब तक देवियों का विरोधाचार नहीं कर सका। नशा काबू में है। (प्रकट) अच्छा।

श्यामकुमारी : आप डायस पर जाइए।

मंच पर जैनेन्द्रकुमार ने परिचय कराया—निरालाजी, ये काका साहब हैं।

निराला ने उन्हें प्रणाम किया। नशे में लगा, निराला पर उनकी काकदृष्टि जमी हुई है।

शान्तिनिकेतन के उर्दू-फारसी अध्यापक एक मुसलमान सज्जन ने अपने भाषण में कहा—हिन्दी में क्या है? जो कुछ है, मुसलमानों का लिखा हुआ है। कालेजों में जो किताबें पढ़ाई जाती हैं, मुसलमानों की लिखी हुई हैं। दुनियाभर के मुसलमानों की बनाई हुई ज़बान उर्दू है। फिर भी हम फारसी लिपि को अच्छा नहीं समझते। पर नागरी लिपि भी ठीक नहीं। रोमन में लिखना ठीक है।

उमा नेहरू ने उनका विरोध किया, सज्जाद ज़हीर ने समर्थन किया। सुदर्शन गाड़ी पकड़ने की जल्दी में थे, चले गए। सभापति के आसन पर रामवृक्ष बैठे। निराला ऊब रहे थे। रामवृक्ष शर्मा से बोले—मेरा नाम कह दीजिए। रामवृक्ष शर्मा ने खड़े होकर श्रोताओं से कहा—निरालाजी चाहते हैं कि अपनी कविता सुनाएँ।

निराला ने डाँटा—क्या कह रहे हैं आप?

सज्जाद ज़हीर और श्यामकुमारी ने कहा—नहीं, हमने आपसे रिक्वेस्ट किया था।

निराला ने शुरू किया—हिन्दी साहित्य उस जगह है अब, जहाँ संसार के बड़े-बड़े साहित्यिक एक-दूसरे से भावों में मिलते हैं।

एक मुस्लिम सज्जन ने टोका—यह साहित्य-सम्मेलन नहीं है।

निराला ने फिर डाँटा—बैठ जाइए, पूरा सुन लीजिए। आगे कहा—अक्षर और थोड़े शब्दों से हिन्दी का कुछ नहीं बनता-बिगड़ता; आप लोग जनता की राय से जैसा चाहें, करें, हिन्दी साहित्य सदा आपसे हाथ मिलाने को तैयार है।

निराला ने गीत पढ़ा—टूटें सकल बन्ध, कलि के, दिशाज्ञानगत हो बहे गन्ध।

श्रोताओं में आवाज़ आई—कुछ गाकर सुनाइए।

निराला ने सुनाया, स्वर से भिक्षुक की दीनता का चित्र खींचते हुए—वह आता, दो टूक कलेजे के करता पछताता पथ पर आता। लोग मंत्र-मुग्ध होकर सुनते रहे। उनकी प्रसन्न करतलध्वनि के बीच निराला तम्बू से बाहर आए।

प्रगतिशील लेखकों से निराला का यह प्रथम परिचय था। प्रेमचन्द इन सबका साथ दे चुके थे पर बहुत थोड़े दिन तक। निराला के मन में प्रेमचन्द की तसवीर एक हिन्दी लेखक की तसवीर थी, निराला की अपनी तसवीर से मिलती-झुलती, अभावों की दुनिया

में जूझते हुए ऐसे लेखक की तसवीर जिसका ज़्यादा समय साहित्य-चर्चा और साहित्य लिखने में बीता था। पर ये प्रोग्रेसिव राइटर्स समृद्ध घरानों के लोग थे, लेखक से ज़्यादा नेता थे, विशेष रूप से हिन्दी साहित्य से अपरिचित थे, लेकिन दूसरों को रास्ता बताने को उत्सुक थे। फिर भी निराला कतराये नहीं, बहुत आदर से बुलाये न जाने पर भी गए, अपनी रचनाएँ सुनाकर इन नई तरह के लोगों को एक हद तक प्रभावित किया।

प्रेमचन्द, फ़िराक और सज्जाद ज़हीर के इर्द-गिर्द चक्कर काटनेवालों नें एक नौजवान लेखक थे भुवनेश्वर। कद में वह प्रेमचन्द से भी छोटे थे। अंग्रेज़ी और उर्दू अच्छी जानते थे, अपनी 'विट' से यूनिवर्सिटी के छात्रों और बहुत-से अध्यापकों को प्रभावित करने में वह अद्वितीय थे। उन्होंने कुछ दिन तक लोगों पर यह रौब ग़ालिब किया था कि वह आई.सी.एस. परीक्षा में उत्तीर्ण हो चुके हैं, पर साहित्य-सेवा के लिए नौकरी नहीं की। दोस्तों से किताबें माँगकर ले जाते, किसी सेकेंडहैंड किताबों की दुकान में या कबाड़ी के यहाँ बेच आते। जान-पहचानवालों से अठन्नी, चवन्नी, रुपया जो मिल जाए, माँगने में उन्हें शर्म न थी। उन्हें कुछ अश्लील लोकगीत याद थे, फुर्सत में कभी-कभी मेरे कमरे में चटाई पर लेटे हुए पैर में घुँघरू बाँधकर ताल देते हुए ये गीत मुझे और नरोत्तम नागर को सुनाते थे। मैं उनसे कहता—तुम न्यूरोटिक हो, प्रोग्रेसिव राइटर्स से तुम्हारा क्या सम्बन्ध? भुवनेश्वर जवाब देते—ए प्रोग्रेसिव इज ए न्यूरौटिक शौट थ्रू विद होप।

'माधुरी' में निराला का निबन्ध निकला : 'मेरे गीत और कला'। पहली किस्त के अन्त में छपा था—शेष अगले अंक में।

भुवनेश्वर कैसरबाग वाली लायब्रेरी में 'माधुरी' के पन्ने उलट-पलटकर देख रहे थे। निराला के चित्र पर निगाह अटक गई, कमर से ऊपर तक नग्न शरीर, चौड़ा सीना, विशाल बाँहें। भुवनेश्वर ने चित्र के नीचे लिखा : 'शेष अगले अंक में!'

रुपये की हमेशा ज़रूरत रहती थी। भुवनेश्वर 'माधुरी' आफिस गए। वहीं बैठकर निराला पर एक छोटा-सा लेख लिखा, लेख सम्पादक के हवाले किया, दस-पाँच जो मिले, जेब में डालकर बिदा हुए।

जिन दिनों निराला इलाहाबाद में प्रगतिशीलों का परिचय प्राप्त कर रहे थे, उन्हीं दिनों नवम्बर, सन् '36 की 'माधुरी' में प्रोग्रेसिव राइटर्स एसोसियेशन के सदस्य भुवनेश्वर का लेख छपा : 'श्री सूर्यकान्त त्रिपाठी निराला'।

भुवनेश्वर ने निराला से अपनी पहली मुलाकात का जिक्र इस तरह किया :

निराला : आपने मेरा 'परिमल' पढ़ा?

भुवनेश्वर : जी हाँ।

निराला : और 'अप्सरा' भी?

भुवनेश्वर : जी हाँ।

निराला : कोई कविता आपको पसन्द है?

भुवनेश्वर : जी हाँ, 'तुम और मैं'। (मुझे उस समय केवल यही याद थी।)

निराला : वह तो मैंने वैसे ही लिख दी थी, उसमें क्या है? अच्छा, आपने तो अंग्रेज़ी कविता देखी-सुनी है, मुझे आप किस अंग्रेज़ी कवि से अधिक निकट समझते हैं?

भुवनेश्वर : बर्न्स से। (मैंने केवल यह समझकर यह नाम ले दिया कि शायद निराला के लिए यह नया हो।)

निराला : बर्न्स क्या मेरा मुकाबला करेगा, हाँ, ब्राउनिंग, आप कहें तो ठीक है। वह भी आज ब्राउनिंग मेरे सामने टिकता है, भविष्य अनिश्चित है। पर ब्राउनिंग को तो भारतवर्ष में केवल दो आदमी समझते हैं : टैगोर और दयामय मित्र। मुझे समझनेवाला तो अभी पैदा ही नहीं हुआ।

निराला से अपने संवाद की यह झाँकी देकर भुवनेश्वर ने निराला-साहित्य पर अपनी सम्मति जाहिर की। निराला का विचार है कि हिन्दी कविता के पाठक पन्त के फरेब में हैं। निराला कलम लेकर सोचता है, चमत्कार के लिए भाषा का सहारा खोजता है; पन्द्रह वर्ष से वह कविता, उपन्यास, कहानी, समालोचना, सब-कुछ लिख रहा है, पर प्रथम श्रेणी तक वह किसी भी हैसियत से नहीं पहुँचता।

निराला बंगाली संस्कृति का कवि है। वह संस्कृति जो 'टैगोर की द्रुत मैनरिज़्म' से पैदा हुई है, जिसके अति विश्लेषण में कबीर, ब्लेक—सभी आते हैं। पन्त को उसने बार-बार टैगोर का प्रोटेजे बताया है, पर सत्य यह है कि निराला टैगोर को पचा न सका। वह मैनरिज़्म का कवि है। वह उपमाओं और उत्प्रेक्षाओं का कवि है। वह अपने सर्वोत्तम रूप में भी एक चतुर शिल्पी है। शायद महान् भी, पर महान् कवि नहीं। निराला में टैगोर की शक्ति नहीं; 'जुही की कली', 'तुम और मैं' वगैरह में अर्थ की स्थूलता है।

भुवनेश्वर ने निराला के व्यक्तित्व की तारीफ की। मेहनती है, आत्माभिमानी है, विशाल हृदय है, उसकी कविता में साधना है, अध्यवसाय है, कारीगरी है, कोमलता है, पर वही नहीं है जिसके बगैर वह न ब्राउनिंग है, न बर्न्स, केवल निराला है। वह बना सकता है, पर निर्माण नहीं कर सकता। वह जीवन को पचा नहीं सकता। कथाकार की हैसियत से निराला गम्भीर विवेचन का पात्र नहीं है।

लेख के अन्त में 'माधुरी'-सम्पादक ने नोट दिया—हम कई बातों में लेखक से सहमत नहीं हैं।

भुवनेश्वर को हिन्दी बहुत कम आती थी। निराला की कविताएँ बहुत कम पढ़ी थीं। जो कुछ सुना था, उसे अपनी 'विट' के सहारे सजाकर पेश किया था। बँगला भी न आती थी। फिर भी उस समय अनेक हिन्दी के पाठक 'टैगोर की द्रुत मैनरिज्म' से उत्पन्न होनेवाली बँगला-संस्कृति का विवेचन सुनकर चकित दृष्टि से उसकी दाद देते थे।

गायक सुशीलकुमार चौबे से भुवनेश्वर ने कहा—गाना सुनाओ। चौबे ने पूछा—कौन-सा राग पसन्द है? भुवनेश्वर ने कहा—झपताल!

वैसे ही टैगोर की द्रुत मैनरिज़्म से उत्पन्न संस्कृति।

मैंने भुवनेश्वर से कहा—जब तुमने निराला की कविताएँ पढ़ी नहीं, तब यह सब क्यों लिखा?

भुवनेश्वर ने जवाब दिया—पैसों की सख्त ज़रूरत थी। 'माधुरी' आफिस गया। वहीं बैठकर लेख लिखा। हिन्दी के सम्पादक इतने बेवकूफ हैं कि लेख छापने को तैयार हो गए तो मैं क्या करूँ?

लखनऊ-इलाहाबाद में लेख की काफी चर्चा हुई। निराला पर उसका गहरा असर हुआ। अभी तक उनके विरुद्ध जो लोग लिखते रहे थे, वे हिन्दी के आदमी थे, बहुत-से बहुत-कुछ अंग्रेज़ी, बँगला और संस्कृत जाननेवाले। पर यह लेख उस आदमी का लिखा था जो हिन्दी से ज़्यादा अंग्रेज़ी जानता था, जिसकी हिन्दी एक अजीब अंग्रेज़ियत के साँचे में ढली थी, जिसने टैगोर और निराला के बारे में कुछ ऐसी बातें कही थीं जो मन में संशय उत्पन्न करनेवाली थीं। क्या सचमुच निराला महान् कवि नहीं, केवल चतुर शिल्पी हैं?

निराला ने भुवनेश्वर के लेख का उत्तर लिखा, दो व्यक्तियों से उनका परिचय लिखाकर लेख के साथ 'माधुरी' में छपने भेजा। "श्री भुवनेश्वरप्रसाद को उत्तर भेज चुका हूँ। मैंने भूमिका भर लिखी है, मुझे ही लिखना था, क्योंकि बातचीत उन्होंने मेरी लिखी है; उनका परिचय मेरे मित्र पं. वाचस्पति पाठक और पं. बलभद्रप्रसाद मिश्र एम.ए. (आपकी तरह प्रयाग विश्वविद्यालय के रिसर्च स्कालर) ने लिखा है; दोनों पत्र भेज दिये हैं जो बड़े चुभते हुए हैं। वहाँ छपते-छपते पढ़ लीजिएगा। उनके लिए बड़े तिक्त साबित होंगे। पांडुलिपियाँ इन्हीं सज्जनों की भेजी हैं।" इस सूचना के बाद उन्होंने सलाह दी : "आप साहित्यिक तरीके से एक लेख लिखकर भुवनेश्वरप्रसाद से अंग्रेज़ी और फ्रेंच का ज्ञान थोड़ा-बहुत प्राप्त करने की कोशिश करें तो क्या बुरा है : morbidity वे आपको बहुत दिनों तक बताएँगे, यह मैं दावे के साथ कह सकता हूँ।"[3]

'माधुरी' के लिए लेख में निराला ने लिखा कि काशी से लखनऊ आकर जब वह 'माधुरी' कार्यालय 'माधुरी' के कुछ पुराने अंक खरीदने गए थे, तब रूपनारायण पांडेय ने उन्हें बताया था कि उन पर भुवनेश्वर का लेख छपने के लिए आया है। "मैंने सुन लिया। भुवनेश्वर का स्वरूप-निर्णय इसलिए नहीं किया कि इससे उनके हित में अहित होने की सम्भावना थी।"

'कला की रूपरेखा' भेजते समय उन्होंने पांडेयजी को सावधान किया कि निराला पर लिखने की योग्यता भुवनेश्वर में नहीं है। "मैंने पांडेयजी को विस्तार के साथ लिख दिया कि मुझे विश्वास नहीं, श्री भुवनेश्वर मेरे सम्बन्ध में सही-सही लिखेंगे (अगर वह व्यक्तिगत है, आलोचना नहीं) और भुवनेश्वरप्रसाद की मेरी तब तक कोई बातचीत नहीं हो सकती, जब तक वे अट्‌ठारह साल की उम्र में एम.ए. पास करके आई.सी. एस. की परीक्षा में चुने जाने की पूरी योग्यता रखते हुए भी उसे छोड़कर, हिन्दी की सेवा के विचार से आए हुए नहीं। मैंने यह भी लिख दिया कि मैं आपकी स्वाधीन

वृत्ति पर दबाव नहीं छोड़ता, आप चाहें तो छाप सकते हैं, परन्तु इसका भविष्य आप ही के हाथों (मेरा उत्तर 'माधुरी' में छपने पर) श्री भुवनेश्वर, प्रसाद के लिए अत्यन्त अहितकर प्रमाणित होगा, वे साहित्य में दासी होकर शायद ही फिर उभर सकें। पर पांडेयजी ने सम्पादकीय ज़िम्मेदारी की ओर ही देखा।"

निराला चाहते थे कि लेख न छपे, फिर भी उनके मित्र पांडेयजी ने उसे छापा। निराला को दाग़ी करार देकर विरोधियों ने बड़ी कोशिश की थी कि उन्हें साहित्य में न उभरने दें। वही दाँव निराला भुवनेश्वर पर लगा रहे थे।

भुवनेश्वर के लेख में सप्रमाण या आलोचनात्मक कुछ नहीं है, यह बताने के बाद निराला ने लिखा :

"मैं जानना चाहता हूँ, मेरी बातचीत जिस ढंग से शुरू की गई है, क्या उस ढंग से मेरी भुवनेश्वर जैसे मनुष्य से बातचीत हो सकती है? ऐसी बातचीत के लिए कोई पूर्व परिचय, भूमिका आदि बिलकुल ज़रूरी नहीं?

"सच यह है कि वह बातचीत सब गलत है। बातचीत हुई, पर नासमझी के कारण उसका रुख (Direction) पूरा-पूरा बदल दिया गया है, जैसे उनके बर्न्स का नाम लेने पर मैंने कहा—'कौन, वह लोहा-लक्कड़वाला?' (मेरे मज़ाक़ में कलकत्ते की लोहेवाली बर्न एंड कम्पनी की ओर इशारा था) इस पर उन्होंने कैसी मुखाकृति बनाई, यह सोचने पर ही मालूम होगा।"

वाचस्पति पाठक ने भुवनेश्वरप्रसाद का परिचय लिखते हुए उनके फरेबी स्वभाव की ओर संकेत किया, पन्त के बारे में उनकी राय उद्धृत की : "हिन्दी में बहुत गर्म हो रहे पन्तजी ने केवल टीन चमकाई है।" निराला की एक कविता का अर्थ पूछा तो भुवनेश्वर चुप रहे। अन्त में उन्होंने सम्पादक की ज़िम्मेदारी के बारे में लिखा : " 'निराला' जी के सम्बन्ध में इस लेखक ने जिस स्वर का उपयोग किया है, वह हिन्दी के भीतर से उनको बहुत ही अपमानित करनेवाला है। फिर भी योग्य सम्पादक ने कुछ भी खयाल नहीं किया।"

बलभद्रप्रसाद मिश्र ने भुवनेश्वर के लेख के बारे में निराला से अपनी बातचीत का जिक्र किया : "निरालाजी की इस इच्छा के अनुसार मैं भुवनेश्वरजी के संस्मरण अत्यन्त संक्षेप में लिख रहा हूँ।" भुवनेश्वर ने उन्हें अपने बारे में जो अनेक दिलचस्प बातें बताई थीं, उनमें एक जवाहरलाल नेहरू से सम्बन्धित थी। "नेहरूजी ने उनसे अपनी पुस्तक Glimpses of World History पर सम्मति माँगी थी और उनके यह उत्तर देने पर कि वह H.G. Wells की इसी विषय की पुस्तक का संक्षिप्त रूपान्तर है, नेहरू जी हतप्रभ हुए और दूसरे विषय पर बातचीत करने लगे।"

भुवनेश्वर ने निराला और उनके दोनों सहायकों को एक साथ उत्तर दिया। निराला के लेख पर राय जाहिर की : "अगर निरालाजी का Vindication है तो कुरुचिपूर्ण, अगर Revenge तो बहुत सख्त।" निराला के अहंकार का जिक्र करने के बाद उन्होंने उनसे अपनी बातचीत के बारे में लिखा : "मैं फिर कहता हूँ कि इस

प्रसंग में कमोबेश मैंने उनके शब्द ही दोहराये हैं और कलकत्ते की बर्न्स वाली बात उस वक्त मुतलक नहीं हुई थी।" अपने एम.ए. और आई.सी.एस. होने की कहानी के बारे में लिखा : "रहा एम.ए. और आई.सी.एस. का फरेब, मैं अपराधी प्लीड करता हूँ, कर चुका हूँ कई बार। परिस्थितियाँ बलवती मनुष्य से इससे भी जघन्य काम करवाती हैं, मुझसे करवा चुकी हैं। इन्हें एक संग्राम करते हुए एक कलाकार पर दाग़ लगाने के लिए प्रयोग करना हलकापन है। ख़ैर! अगर इस बात से जन्म भर के लिए मैं Taboo किया जा सकता हूँ तो मेरी बला इसकी परवा करे।"

निराला अपने उद्देश्य में सफल हुए। भुवनेश्वर हमला करने के बदले बचाव की लड़ाई लड़ने लगे। पहले लेख में ओज की मात्रा जितनी थी, इस दूसरे लेख में उतनी न रही। वाचस्पति पाठक और बलभद्रप्रसाद मिश्र की 'चार्जशीट' का उत्तर देते हुए भुवनेश्वर ने कुछ बातें स्वीकार कीं, कुछ अस्वीकार। पन्त के बारे में जो कहा था, वह यह "मैंने निरालाजी का 'परिमल' श्रम से पढ़ा और जहाँ तक भाषा का सवाल है, सिर्फ भाषा का, निराला के यहाँ पिघला हुआ सोना है, पन्तजी ने टीन झलझला दी है।"

अन्त में उन्होंने लिखा कि निराला ने पहले ही बता दिया था किस तरह का जवाब छपकर आ रहा है। "मैं इसके लिए तैयार था और अब अपनी ओर से इसे समाप्त ही करता हूँ। अगर मैं वाकई मर गया हूँ तो ग़ालिब का एक शेर निरालाजी, मिश्रजी, पाठकजी और पसेपर्दा और सज्जन सुन लें :

गर नहीं है मेरे मरने से तसल्ली न सही।
इन्तहा और भी बाकी हों तो यह भी न सही॥

भुवनेश्वर कलाकार थे। घिर जाने पर साफगोई से काम लेते थे। अपनी पूँजी बहुत कम थी। दूसरों से उधार लिये हुए माल पर अपनी विट से पालिश ही कर सकते थे। पर बहुत-से आई.सी.एस. अफ़सरों, एम.ए. पास होनहारों और प्रोफ़ेसरों से वह ज़्यादा काबिल थे। यही सबब है कि इस वर्ग के लोगों को इतने दिन तक यह चकमा देते रहे। भेद खुल जाने पर भी उनकी प्रतिभा की दाद देनेवाले उसमें दस-पाँच फिर भी बच रहे। निराला विचलित हुए, अपने साथ दो अन्य व्यक्तियों के लेख लेकर उत्तर देने आए, यह भुवनेश्वर की सफलता थी। अपना जवाब छप जाने के बाद भी निराला काफी दिन तक भुवनेश्वर की बातें बिसूरते रहे। एक दिन हीवेट रोड (लखनऊ) पर पैरागन रेस्तराँ में चाय का इन्तज़ार करते हुए अचानक हँसे, फिर बोले—गधे के उसके बराबर हैं नहीं, लेख लिखने चले हैं। मैंने पूछा—कौन? बोले—यही भुवनेश्वर, और कौन?

निराला पर हमला करनेवालों में भुवनेश्वर जैसे कलाकार कम थे, ज्योतिप्रसाद मिश्र निर्मल के स्तर पर व्यक्तिगत या साहित्य पर निराधार आक्षेप करनेवाले ज़्यादा थे। मार्च, सन् '37 के 'विशाल भारत' में इलाहाबाद यूनिवर्सिटी के तरुण ग्रेजुएट

शिवदानसिंह चौहान का लेख छपा : 'भारत में प्रगतिशील साहित्य की आवश्यकता'। इसमें इन्होंने हिन्दी ही नहीं, समस्त भारतीय भाषाओं के साहित्य पर यह राय जाहिर की कि उसने कभी भी किसी तत्कालीन प्रचलित सामाजिक यथार्थवादी विचारधारा का दामन नहीं पकड़ा। उन्होंने भारत से बाहर विश्व की भाषाओं और उनके साहित्य पर विहंगम दृष्टि डालते हुए बताया कि साहित्यकारों में दो श्रेणियाँ हो गई हैं। प्रगतिशीलों में 'हेनरी बारबूज', 'एन्ड्री जीड', 'मेलराक्स' वगैरह हैं। भारतीय लेखकों में केवल एक लेखक इनकी श्रेणी में आता है—मुल्कराज आनन्द। हिन्दी लेखक सुदर्शन और कौशिक का दृष्टिकोण प्रेमचन्द से भी ज़्यादा सुधारवादी है। 'भारत-भारती' लिखने के बाद, मैथिलीशरण गुप्त की विचारधारा पतनोन्मुख होकर रामायण तथा महाभारत के कुछ प्राचीन युगों तक सीमित रह गई। हिन्दी-साहित्यकार हिटलर पर गर्व करते हैं, साम्यवादी रूस से घृणा करते हैं। इन्हें फटकारते हुए चौहान ने लिखा : "वे अभी इतने नादान हैं कि प्रगतिशील और प्रगतिविरोधी शक्तियों में भेद नहीं कर सकते, हालाँकि विश्व-साहित्य के कर्णधार बनने का ताव वे मूँछों पर रोज़ दिया करते हैं। एक छोटा-सा ज़रा रोचक उपन्यास लिख लिया, तो उसे वे टॉल्स्टॉय की कब्र पर और रोमाँरोलाँ के सर पर पटक देते हैं, और कहते हैं—लो, देख लो, तुमसे अच्छा है।"

जवाहरलाल नेहरू जिस ऊँचाई से हिन्दी साहित्य को देखते थे, शिवदानसिंह चौहान उससे कुछ और ऊँचे उठकर हिन्दी के पिद्दी लेखकों पर दृष्टिपात कर रहे थे। रहस्यवाद के बारे में विशेष रूप से उन्होंने लिखा कि साहित्य में इसका जन्म पूँजीवादी समाज की गिरती पतितावस्था का द्योतक है। रवीन्द्रनाथ ठाकुर के बाद यह धारा प्रसाद, निराला, पन्त, महादेवी, तथा अनेक छोटे-मोटे कवियों के मुख से निःसृत हो उठी। और आज इसका कोई ठिकाना नहीं।

इसके बाद चौहान ने रहस्यवादियों पर एक अनमोल वाक्य लिखा : "इनमें से कुछ स्वभावतः प्रगतिशील भी हैं, लेकिन उनकी कविताएँ प्रगतिशील न होकर प्रतिक्रियावादी होती हैं।"

निष्कर्ष यह : "इस छायावाद की धारा ने हिन्दी के साहित्य को जितना धक्का पहुँचाया, उतना शायद ही हिन्दू-महासभा या मुस्लिम लीग ने भारत को पहुँचाया हो।"

ब्रिटिश उपनिवेश भारत के साहित्यकारों से साम्यवादी यथार्थवाद की राह पर चलने का आग्रह करते हुए चौहान ने लिखा कि यह एक युद्धात्मक, असहनशील क्रान्तिकारी धारा है।

आरम्भ में उन्होंने लेनिन के कुछ वाक्य उद्धृत किये थे जिनका सारांश यह है कि मनुष्य ने अपने सम्पूर्ण विकास में जो संस्कृति अर्जित की है, उसका पूर्ण ज्ञान प्राप्त किये बिना सर्वहारा संस्कृति की समस्या हल नहीं की जा सकती; पूँजीवादी समाज में मनुष्य ने जो ज्ञान संचित किया है, उसका तर्कसंगत विकास ही सर्वहारा संस्कृति है।

चौहान भारतीय साहित्य के समस्त विकास को अस्वीकार करके नये साम्यवादी यथार्थवाद की स्थापना का स्वप्न देख रहे थे और समझ रहे थे कि साहित्य में लेनिनवादी विचारधारा को लागू करने का यही तरीका है।

एक दिन सबेरे आकर किसी भूमिका के बिना निराला ने कहा—इसे ठीक करना है। मैंने पूछा—किसे? उन्होंने कहा—वही, तुम्हारा मित्र मुखव्यादानसिंह। इस पर भी मैं कुछ न समझकर उनका मुँह देखता रहा तो यह बोले—वही जिसने 'विशाल भारत' में प्रगतिशील साहित्य पर लेख लिखा है।

निराला ने हिसाब लगाया कि भुवनेश्वर, शिवदानसिंह चौहान वगैरह का प्रगतिशील दल उनके पुराने हितैषी बनारसीदास चतुर्वेदी के साथ मिलकर उन पर हमला कर रहा है। इसी वर्ष 'विश्वभारती क्वार्टरली' में 'मॉडर्न (पोस्टवार) हिन्दी पोएट्री' पर लेख छपा। लेखक एस.एल. वात्स्यायन। इस लेख में वात्स्यायन ने सौन्दर्यवादियों के आत्मकेन्द्रित व्यक्तित्व पर तीव्र आक्रमण किया। इस तरह के लोग नार्किसिस्ट होते हैं, अपनी ही छवि पर मुग्ध रहते हैं। पन्त की 'वीणा' में इसके अनेक प्रमाण हैं। सौन्दर्यवादियों की मनोदशा के बारे में जो बातें कही गई हैं, वे सब सूर्यकान्त त्रिपाठी निराला पर भी लागू होती हैं। सौन्दर्यवादी में जो खामियाँ होती हैं, वे निराला में और भी उभरकर दिखाई देती हैं। अहंकार की अतिशयता से उनकी कलात्मक क्षमता पथ-भ्रष्ट हो गई है। जानबूझ कर मौलिक बनने के प्रयत्न में उन्होंने कविता की बलि दे दी है। उनकी प्रारम्भिक रचनाएँ अक्सर अच्छी होती थीं लेकिन बाद को उन्हें ज़िद हो गई कि मुख्य काव्य-परम्परा जड़ हो गई है। उन्होंने रूढ़ियाँ तोड़ीं, यह श्रेय देने के बाद और कुछ कहना आवश्यक नहीं। "निल निसी बोनम—एंड एज़ ए लिटररी फोर्स, एट एनी रेट, निराला इज़ आलरेडी डेड।"

लेख अंग्रेज़ी में छपा था। इसका मतलब था, अखिल भारतीय स्तर पर निराला को बदनाम किया जा रहा है। भूसामंडी (लखनऊ) वाले घर में लेख पढ़ने के बाद निराला ने कई बार दोहराया—निराला इज़ आलरेडी डेड।

ठूँठ है यह आज। गई इसकी कला, गया है सकल साज। जला है जीवन यह आतप में दीर्घ काल; सूखी भूमि, सूखे तरु, सूखे सिक्त आलवाल। कुछ न हुआ, न हो। मेरे नभ के बादल यदि न कटे। बहुरस साहित्य विपुल यदि न पढ़ा। मैं जीर्ण साज बहुछिद्र आज। मैं हूँ केवल पदतल आसन। ब्राह्मण समाज में ज्यों अछूत।

निराला ने कविता में अपने विरोधियों को उत्तर दिया, उन्हें दिखा दिया, उनके आत्मकेन्द्रित व्यक्तित्व से अब भी किस स्तर की कविता फूट निकलती है। उन्हें किसी ओर, किसी विचारधारा, किसी स्कूल का ऐसा आलोचक दिखाई न देता था, जो उनके विरुद्ध न हो। पर निराला जहाँ आत्मकेन्द्रित थे, यहाँ पैनी दृष्टि से वह बाहर की दुनिया भी देख रहे थे। इंग्लैंड के सम्राट् एडवर्ड अष्टम ने प्रेम के लिए सिंहासन त्याग दिया। निराला ने 'राम की शक्तिपूजा' से जो ओज बचा था, उसे सम्राट् एडवर्ड अष्टम पर कविता में लगा दिया। छोटी-बड़ी लहरों-सी झूमती हुई पंक्तियाँ, हिन्दी में

नये ढंग की 'ओड', भाव और भाषा में अपूर्व ढंग से उदात्त। लक्ष्मीनारायण मिश्र ने पढ़कर 'सरस्वती' में लिखा : "सार्थक तथा सत्य सफल कल्पनाओं, सम्राट् के महात्याग में अपने व्यक्तित्व की प्रतिफलित उदात्त अभिव्यक्ति तथा काव्य-कला के विभिन्न अवयवों का एकत्र सामंजस्य देखकर चकित हो गया। बहुत कम इतनी प्रौढ़ सुगठित कविता हिन्दी में देखने में आती है।"

ऐसी विवेकपूर्ण प्रशंसा निराला को कम ही सुनने को मिलती थी। पर इस प्रशंसा के साथ साहित्यरत्न शिवनारायण भारद्वाज 'नरेन्द्र' नाम के सज्जन की शंकाएँ भी प्रकाशित हुईं : इस कविता में कौन-सा छन्द है? इससे क्या सर्वसाधारण का ज्ञानवर्धन होगा? इसको समझने के लिए कोश की आवश्यकता है। (यहाँ शंका की जगह उन्होंने अपना विश्वास प्रकट किया था।) काव्य-दृष्टि से प्रसाद तथा माधुर्य का इसमें कहाँ तक स्थान है?

कान्यकुब्ज कालेज लखनऊ में विज्ञान के अध्यापक मदनगोपाल मिश्र बड़े हिन्दीप्रेमी थे। उन्होंने कालेज से हिन्दी पत्रिका 'ज्योति' का प्रकाशन आरम्भ किया। उसमें निराला का 'वर दे वीणावादिनि वर दे' गीत छपा।

लखनऊ में प्रदर्शनी हो रही थी। निराला इलाहाबाद में थे, लखनऊ आने का विचार कर रहे थे। पूछा : "नन्ददुलारेजी इस वक्त प्रदर्शनी में, गीता प्रेस की दुकान में हैं, मिले या नहीं—प्रदर्शनी कैसी है?"

निराला लखनऊ आए। प्रदर्शनी में गीता प्रेस की दुकान थी, इसी में खद्दर के स्वच्छ वस्त्र पहने नन्ददुलारे वाजपेयी थे। निराला इधर-उधर की बातें कर रहे थे कि एक सज्जन कुर्ता-धोती पहने गांधी टोपी लगाए दुकान में आए। वहाँ फालतू कुर्सी न थी। वह नन्ददुलारे वाजपेयी के साथ उन्हीं की कुर्सी पर बैठ रहे थे कि मैंने अपनी कुर्सी बढ़ा दी। निराला ने परिचय कराया—ये प्रसादजी हैं।

थोड़ी देर में प्रसादजी ने अपनी टोपी उतारकर रख दी। उस समय उनके चेहरे में माथा ही माथा दिखाई दिया, उनका कवि-व्यक्तित्व जैसे सिमटकर उनके प्रशस्त ललाट में दीप्त हो उठा हो! दूसरों को अपनी बात सुनाने की उन्हें जल्दी न थी, वह दूसरों की सुन रहे थे, बीच में जब-तब एकाध बात अपनी कह देते थे। मैं निराला की आँखें देख रहा था। उनमें वही आर्द्र स्नेह का भाव था जो मैंने राधामोहन गोकुलजी के आने पर देखा था। बड़े भाई के आने पर जैसे नटखट बालक अपनी सारी शरारत भूल गया हो। वहीं ज़्यादा शब्दों का प्रयोग किये बिना एक ही भाव-सरिता में डूबे हुए दो मन।

कान्यकुब्ज कालेज में प्रसाद का कविता-पाठ हुआ। लखनऊ विश्वविद्यालय के द्वार बन्द रहे—निराला, प्रसाद, दोनों के लिए। बालकृष्ण पांडेय ने आयोजन किया। प्रसाद ने अपनी धीमी, शान्त आवाज में 'कामायनी' के अंश पढ़कर सुनाये। स्वर में बड़ा मार्दव था, आवाज के उतार-चढ़ाव से श्रोताओं को प्रभावित करने का ज़रा भी प्रयास न था। निराला प्रसन्न थे, स्फुरद् बालकदम्ब पुष्पैः-जैसे। बार-बार पूछते थे—कैसा लगा कविता-पाठ? मैंने कहा—मन पर बड़ा कोमल, दुलराता हुआ प्रभाव

पड़ता है। वह प्रसन्न हुए। कुछ दूर चलने पर फिर पूछा—बहुत अच्छा पढ़ते हैं न प्रसादजी? मैंने कहा—बहुत अच्छा; स्वर में बड़ी सुकुमारता है। कुछ दूर चलने पर उन्होंने फिर पूछा—कैसा लगा 'कामायनी' का पाठ? मैंने कहा—जैसे कोई प्रशान्त गम्भीर नदी एक ही गति से बहती जा रही हो!

निराला के मुख पर ऐसा ईर्ष्याहीन, निष्कलुष आनन्द मैंने कम ही देखा था।

वह रास्ते-भर प्रसाद की ही बातें करते आए, जैसे कुछ समय पहले लखनऊ विश्वविद्यालय से घर तक रवीन्द्रनाथ ठाकुर की बातें करते आए थे।

प्रसाद अपने मित्र रूपनारायण पांडेय से मिलने 'माधुरी' आफिस गए। कई लोग थे। यह पीछे धीरे-धीरे चल रहे थे। भाषा-शास्त्र, तंत्रग्रंथों में शब्द-विचार; भारतीय वैयाकरणों की चिन्तन-पद्धति समझाते जाते थे। पांडेयजी के निकट पहुँचने पर उनका प्रतिभाशाली विद्वान् वाला रूप सहसा अन्तर्धान हो गया और केवल स्नेहशील मित्र वाला रूप रह गया।

लखनऊ की प्रदर्शनी में कवि-सम्मेलन हुआ। झालावाड़-नरेश को सभापति बनाया गया था। उन्होंने आने में असमर्थता प्रकट की; सम्मेलन की सफलता के लिए सौ रुपये की रकम भेज दी थी। ओरछा-नरेश से सभापतित्व करने के लिए कहा गया। वह अभी दो साल पहले लखनऊ में एक कवि-सम्मेलन का सभापतित्व कर चुके थे, इसलिए मना कर दिया। महाराज सैलाना सभापति के आसन पर बिठाये गए। उनके दोनों पैर बेकाम थे, कुर्सी पर बिठाकर लाये गए थे। लखनऊ में हिन्दुस्तानी ऐकेडमी का अधिवेशन था। उसी में भाग लेने प्रसाद आए थे, वह कवि-सम्मेलन में न आए। मैथिलीशरण गुप्त भी ऐकेडमी के सिलसिले में आए थे, कवि-सम्मेलन में शामिल न हुए।

निराला ने पहले दिन कविता-पाठ न किया। दूसरे दिन एक कविता पढ़ी, एक गीत गाया। कुछ समय बाद जगन्नाथप्रसाद चतुर्वेदी ने मंच पर आकर मुक्तछन्द की नकल प्रस्तुत की। निराला प्रदर्शनी देखने के लालच से आए थे। नन्ददुलारे वाजपेयी ने बुलाया भी था। निराला ने कवि-सम्मेलन वालों से एक सौ एक रुपये पेशगी माँगे थे। वे लोग तैयार न हुए। जब निराला आ गए तब दस मिनट कविता पढ़ने के लिए उन्हें पच्चीस रुपये दिये।

मिश्र-बन्धुओं ने कुछ राजाओं, ताल्लुकदारों और दुलारेलाल आदि गिने-चुने साहित्यकारों को प्रीतिभोज में आमंत्रित किया था। दुलारेलाल कवि-सम्मेलन का संचालन कर रहे थे। उनके चले जाने पर विद्यार्थियों ने शोर मचाया। श्रीनाथसिंह ने संचालन का भार सँभाला। छात्रों ने कहा—हट जाओ, नहीं सुनेंगे। श्रीनाथसिंह माइक थामे काफी देर तक डटे रहे। अन्त में अपने हितैषियों के कहने से यथास्थान बैठ गए।

एक तम्बू में सीधे-सादे अयोध्यासिंह उपाध्याय बैठे थे। सिर पर साफा, दाढ़ी में काफी सफेद बाल, संक्षिप्त-सी काया, निराला को भावशून्य आँखों से देखते रहे। निराला ने चुटकुला सुनाया—एक नशेबाज गोमती के इस पार चिलम लिये ज़ोर से

कश खींचने में लगा था। रात-भर ज़ोर लगाता रहा लेकिन धुआँ न निकला। सबेरे किसी ने पूछा—यह क्या कर रहे हो? उसने कहा—देखो, चिलम पर कोयला दहक रहा है लेकिन अभी तक धुआँ नहीं निकला। आनेवाले ने कहा—अरे भाई, तुम्हारी चिलम से आग बहुत दूर है; वह गोमती के उस पार दीया जल रहा है।

अन्त में उन्होंने जोड़ा—उपाध्यायजी की आँखें उसी नशेबाज़ की-सी हैं।

उपाध्यायजी हँसे नहीं। वैसी ही भावशून्य आँखों से निराला को देखते रहे। मैंने कहा—आपको यह सब उनके सामने न कहना चाहिए था। उन्होंने हँसते हुए कहा—वह मेरी बात का बुरा नहीं मानते।

कवि-सम्मेलन में भाग लेनेवाले गण्यमान्य सज्जनों के चित्र 'सुधा' में छपे। सैलाना-नरेश सर दिलीपसिंह के.सी.आई.ई., शिवगढ़-नरेश, ओरछा-नरेश, ओयल-नरेश, बिजावर-नरेश, कांकरौली-नरेश आदि। शुकदेवबिहारी मिश्र, श्रीनारायण चतुर्वेदी आदि के चित्र। डबल ब्रेस्ट कोट पर टाई बाँधे पूरे पृष्ठ पर दुलारेलाल भार्गव का चित्र; कविता-पाठ करते हुए कुमारी सावित्री श्रीवास्तव का चित्र; स्त्री-विभाग की मंत्रिणी की हैसियत से उनका दूसरा चित्र। सुन्दर बाग़ में कान्यकुब्ज कालेज के अध्यापक छंगालाल मालवीय के यहाँ दुलारेलाल भार्गव और सावित्री श्रीवास्तव जब-तब मिलते थे और मालवीयजी के मित्रों का कहना था कि शीघ्र ही दोनों का पाणिग्रहण संस्कार विधिवत् सम्पन्न होनेवाला है।

मंच पर कविता पढ़ते हुए निराला का भी एक धुँधला चित्र 'सुधा' में छपा।

वह फिर इलाहाबाद चले गए। 'सरस्वती'-सम्पादक से अब अच्छी मैत्री हो गई थी। उनकी अनेक रचनाएँ उस पत्रिका में छपीं।

'सखी', 'निरुपमा' और 'गीतिका'—'सरस्वती' में निराला की इन तीन पुस्तकों की समीक्षा ज्योतिप्रसाद मिश्र 'निर्मल' ने की। निर्मलजी का स्वर अब तक काफी बदल गया था। आरम्भ में ही लिखा : "पं. सूर्यकान्त त्रिपाठी 'निराला' हिन्दी के श्रेष्ठ कवि और सुलेखक हैं।" 'निरुपमा' में पाठक "समाजवाद की चोटी के सुधारों का दिग्दर्शन करेंगे।" 'गीतिका' में कल्पना की उड़ान उतनी ऊँची नहीं है जितनी अन्य कविताओं में, इससे गीत बहुत आकर्षक और बोधगम्य बन गए हैं।

प्रगतिशील साहित्यिक आन्दोलन के नेताओं के न चाहने पर भी आलोचक समाजवादी विचारधारा से निराला का सम्बन्ध जोड़ने लगे थे। निराला 'देवी', 'चतुरी चमार' और 'भिक्षुक' वाली कला को और निखार-सँवार रहे थे। इलाहाबाद में पत्थर तोड़नेवाली मजदूर स्त्री को गर्मी में मेहनत करते देखकर उन्होंने कविता लिखी :

वह तोड़ती पत्थर।
देखा उसे मैंने इलाहाबाद के पथ पर।

उनकी कविताओं में धूप और लू का वर्णन अब अक्सर होता था। 'गई निशा वह हँसी दिशाएँ' की दुनिया कहीं पीछे छूट गई थी।

सन् '37 की गर्मियों में उन्होंने 'वनबेला' लिखी। संध्या का समय, आकाश में प्रलय का दृश्य, गोमती के तट पर टहलता हुआ, धूप में चलते-चलते थका हुआ कवि सोचता है :

हो गया व्यर्थ जीवन,
मैं रण में गया हार।

'सुधा' में राजपुत्रों के बड़े-बड़े चित्र प्रकाशित हुए थे। कवि-सम्मेलन में राजाओं की पूछ है। जहाँ निराला मौजूद थे, वहाँ महाराजाओं को सभापति बनाया गया था। निराला ने लिखा :

मैं भी होता यदि राजपुत्र—

तब ये विद्वान् :

सम्मिलित कंठ से गाते मेरी कीर्ति अमर,
जीवन-चरित्र
लिख अग्रलेख अथवा, छापते विशाल चित्र।

राजा का बेटा न सही, किसी लखपति का पुत्र ही होता तो भी विलायत में शिक्षा पाता, पिता धन के स्वामी होने के अलावा साम्यवाद का प्रचार करते, जनता उन्हें राष्ट्रपति चुनती, कवि उन पर राष्ट्रीय गीत रचते, हिन्दी-साहित्य-सम्मेलन उनका सम्मान करता। दरिद्र निराला तब लार्ड घराने के युवकों के साथ दावतें खाने के बाद भारत लौटते, कैमरा लेकर लोग फोटो खींचते, वह साम्यवाद की उदारता का बखान करते।

निराला ने पिछले छह साल में हिन्दी साहित्य के प्रति कांग्रेसी नेताओं का जो रवैया देखा था, लखनऊ कांग्रेस से लेकर इलाहाबाद के प्रोग्रेसिव राइटर्स तक समृद्ध घरानों के नवाबज़ादों के साम्यवाद का जो रूप देखा था, उससे मन बहुत कड़वा हो गया।

प्रेमा होटल में निराला, ब्रजमोहन तिवारी और दुलारेलाल भार्गव, जवाहरलाल नेहरू के एक लेख पर बहस कर रहे थे। यह लेख 'हरिजन सेवक' से 8 जून, '37 के 'भारत' में उद्धृत किया गया था। निराला का विचार था कि नेहरू साहित्यकारों के सामने बहुत हेकड़ी से बोलते हैं। इसलिए वह उन पर बहुत नाराज़ थे। तिवारीजी ने कहा—इन्हें जवाहरलाल-मेनिआ हो गया है; जब देखो तब उन पर गर्म हो जाया करते हैं। दुलारेलाल भार्गव ने हामी भरी। मैंने कहा—जवाहरलाल राजनीति पर हिन्दी में क्यों नहीं लिखते? निराला ने कहा—मैं लखपति का बेटा होता तो लोग मेरा भी बहुत आदर-सम्मान करते। मैंने कहा—कम-से-कम मैं तो न करता।

वह 'वनबेला' कविता लिख रहे थे। मन की सारी कड़वाहट कलात्मक ढंग से उन्होंने 'वनबेला' में व्यक्त कर दी। पर वेदान्त की सीख यह थी कि ईर्ष्या और

अहंकार का भाव क्षुद्र है; मनुष्य को चुपचाप काम करते जाना चाहिए। तपे हुए नभ के रक्ताभ फलक के नीचे मस्तक पर अतल की अतुल साँस लेकर वनबेला उनके सामने आई। मादक गंध के प्रभाव से वह बेला के और पास आए। वह लाज से नम्र हो उठे, वैसे ही जैसे हीवेट रोड की उस पगली को देखकर उनका अहंकार तिरोहित हो गया था। वनबेला में कितनी सुगंध है, निराला के जीवन में, काव्य में कितना अहंकार!

केवल आपा खोया, खेला
इस जीवन में,
कह सिहरी तन में वन-बेला।

कवि ने कहा :

यही सत्य, सुन्दर!
नाचतीं वृन्त पर तुम, ऊपर
होता जब उपल-प्रहार प्रखर!

निराला उपल-प्रहार होने पर विचलित क्यों होते हैं? उन्हें भी पत्थर फेंकनेवालों को सहृदयता की सुगंध ही देनी चाहिए।

अगस्त ('37) की 'सुधा' में 'वनबेला' छपी, उसके साथ निराला का यह नोट : "कान्यकुब्ज कालेज, लखनऊ के छात्रों को पुरस्कृत, जिन्होंने—दोने में बेले की कलियाँ मुझे दी थीं।"

निराला को फूल—विशेषकर सुगंध पुष्प—बहुत प्रिय थे। देश के युवक उन्हें दोने में फूल दें, यह उनकी दृष्टि में उनका बहुत बड़ा सम्मान था। वह डलमऊ आए तो उनके प्राचीन मित्र कुल्ली और उनके छात्रों ने इसी तरह उनका सम्मान किया। निराला का मन उन अछूत बालकों को देखकर जितना आन्दोलित हुआ, उतना जीवन में बहुत कम लोगों को देखकर हुआ था।

एक गड़हे के किनारे ऊँची चौकोर जगह पर पेड़ों के नीचे टाट के टुकड़ों पर कुल्ली के शिष्य अछूत बालक बैठे थे। उनके कुछ अभिभावक दोनों में फूल लिये उन्हें भेंट करने आए पर निराला का शरीर उनके अपवित्र हाथ से छू न जाय, इसीलिए दूर बैठे रहे। निराला के मन में भावों का तूफान उठा।

"इनकी ओर कभी किसी ने नहीं देखा। ये पुश्त-दर-पुश्त से सम्मान देकर नतमस्तक हो संसार से चले गए हैं। संसार की सभ्यता के इतिहास में इनका स्थान नहीं। वे नहीं कह सकते, हमारे पूर्वज कश्यप, भरद्वाज, कपिल, कणाद थे; रामायण, महाभारत इनकी कृतियाँ हैं; अर्थशास्त्र, कामसूत्र इन्होंने लिखे हैं; अशोक, विक्रमादित्य, हर्षवर्धन, पृथ्वीराज इनके वंश के हैं। फिर भी ये थे और हैं।

"अधिक न सोच सका। मालूम दिया, जो कुछ पढ़ा है, कुछ नहीं; जो कुछ किया है, व्यर्थ है; जो कुछ सोचा है, स्वप्न। कुल्ली धन्य है। वह मनुष्य है, इतने

जंबुकों में वह सिंह है। वह अधिक पढ़ा-लिखा नहीं, लेकिन अधिक पढ़ा-लिखा कोई उससे बड़ा नहीं।

"...इसी समय बिना स्तव के, बिना मंत्र के, बिना वाद्य, बिना गीत के, बिना बनाव, बिना सिंगारवाले वे चमार, पासी, धोबी और कोरी दोनों में फूल लिये हुए मेरे सामने आ-आकर रखने लगे। मारे डर के हाथ पर नहीं दे रहे थे कि कहीं छू जाने पर मुझे नहाना होगा। इतने नत। इतना अधम बनाया है मेरे समाज ने इन्हें!

"कुल्ली ने उन्हें समझाया है, मैं उनका आदमी हूँ, उनकी भलाई चाहता हूँ, उन्हें उसी निगाह से देखता हूँ, जिससे दूसरे को। उन्हें इतना ही आनन्द विह्वल किये हुए है। बिना वाणी की वह वाणी, बिना शिक्षा की वह संस्कृति प्राण का पर्दा-पर्दा पार कर गई। लज्जा से मैं वहीं गड़ गया। वह दृष्टि इतनी साफ़ है कि सब-कुछ देखती-समझती है। वहाँ चालाकी नहीं चलती। ओफ, कितना मोह है! मैं ईश्वर, सौन्दर्य, वैभव और विलास का कवि हूँ!—फिर क्रान्तिकारी!"

निराला बाहर और अपने भीतर एक साथ देख रहे थे। सामने बैठे हुए अछूत बालकों ने अकस्मात् आत्म-साक्षात्कार के लिए उन्हें विवश कर दिया था। उस क्षण जीवन के तमाम अन्तर्विरोध एक साथ निराला की दृष्टि के सामने एक साथ कौंध गए। साहस से उन्होंने उन्हें देखा। उनके हृदय की अगाध भावक्षमता आन्दोलित हुई, उनकी तीक्ष्ण मेधा ने अन्तर्विरोधों का भेद और वैषम्य पहचाना। निराला ने निश्चय किया, वह कुल्ली पर, उनके छात्रों पर, अपनी मनोदशा पर लिखेंगे, ऐसा कुछ जैसा प्रेमचन्द ने या गोर्की ने लिखा था, या उनसे कुछ बढ़कर।

शोधकार्य के सिलसिले में मुझे कलकत्ते जाना था। निराला ने दयाशंकर वाजपेयी के नाम परिचय-पत्र दिया, मछुआ बाज़ार की सड़कों और गलियों का नक्शा बना दिया जिससे मकान ढूँढ़ने में दिक्कत न हो। कलकत्ते में किन-किन साहित्यकारों से मिलना चाहिए, उन्होंने समझा दिया। इस बात की खास तौर से ताकीद की कि मैं बनारसीदास चतुर्वेदी से मिलूँ। मैंने कहा—मैं ऐसे आदमी से मिलना नहीं चाहता। उन्होंने कहा—ऐसे नहीं। उन्होंने हिन्दी में काम किया है। तुम्हें सबसे मिलना चाहिए।

वह अमीनाबाद होटल में श्रीराम शर्मा और ब्रजमोहन तिवारी के साथ चाय पी रहे थे। मैं मिलने गया तो बहुत प्रसन्न हुए, जैसे खुद ही कलकत्ते की यात्रा से लौटे हों! कैसा लगा कलकत्ता? —उन्होंने प्रश्न किया। मैंने कहा—न आधुनिक, न प्राचीन, हरीसन रोड पर साँड़ घूमते हैं। बड़ी-बड़ी इमारतों के बीच छप्परों के नीचे दुकानें। हुगली निहायत गन्दी नदी। शहर में खटमलों की भरमार। इम्पीरियल लायब्रेरी में बैठकर काम करना मुश्किल। सिद्धान्त के कहने से शाहिद सुहरावर्दी से मिलने गया। चित्रकला और फ्रांसीसी कविता के अच्छे जानकर, विशाल भवन, ड्राइंग रूम में सोफे और कुर्सियाँ। कुछ देर इन्तज़ार करना पड़ा। इतने में खटमलों ने जाँघें लाल कर दीं। आबहवा स्वास्थ्य के लिए खराब; देखिए, दुबला हो गया हूँ।

निराला कुछ सोचते हुए चुप रहे।

मैंने कहा—आपको न जाने कलकत्ता क्यों इतना अच्छा लगता है!

उन्होंने उत्तर दिया—नीम के कीड़े को नीम ही अच्छी लगती है।

बंगाल की प्रकृति, नदियों, जलाशयों, बाग़ों और फूलों की चर्चा हुई। ब्रजमोहन तिवारी कश्मीर हो आए थे। वहाँ के सौन्दर्य का वर्णन करते रहे। निराला ने कश्मीर देखा न था पर वह बंगाल से सुन्दर होगा, यह स्वीकार करने को तैयार न थे। तिवारीजी कश्मीर की सुन्दरियों का वर्णन करने लगे—रूप, लावण्य, यौवन, बोट-हाउसेज में तफरीह। निराला कुछ देर सुनते रहे, फिर अचानक रूखे स्वर में बोले—सुनो मियाँ, तुम शादीशुदा हो, चार बच्चों के बाप हो; दूसरों की औरतों और लड़कियों के बारे में इस तरह बातें न करनी चाहिए।

तिवारीजी को बुरा लगा। फिर वह चुप ही बैठे रहे।

बनारसीदास चतुर्वेदी का प्रसंग आया। मैंने कहा—विचित्र आदमी हैं। उनसे पूछा—निराला की कौन-सी कविता समझ में नहीं आती, तो बोले—मैं कविता नहीं समझता; जो दूसरों से सुना था, लिख दिया। 'वर्तमान धर्म' के ऊटपटाँगपन का ज़िक्र किया; मैंने कहा—'देवी' और 'चतुरी चमार' की भाषा बहुत सरल है; उन पर आपने कुछ क्यों नहीं लिखा? उन्होंने कहा—मैंने उन्हें पढ़ा नहीं। अन्त में उन्होंने चेतावनी दी—निराला का पक्षसमर्थन करोगे तो बदनाम हो जाओगे। मैंने कहा—आपके साथ नेकनामी हासिल करने से निराला का समर्थन करके बदनाम होना ज़्यादा अच्छा है।

'छवि के नव बंधन बाँधो'—पन्त की एक कविता ब्रजमोहन तिवारी को बहुत पसन्द थी। लाटूश रोड पर अपने घर से उन्होंने उसकी प्रशंसा आरम्भ की और वहीं से निराला ने उसका विरोध भी शुरू किया। गंगा पुस्तकमाला के सामने से होकर अमीनाबाद पार करके दोनों मित्र गोलागंज की सड़क पर आ गए पर बहस खत्म न हुई। तिवारीजी जितना ही उस गीत की तारीफ कर रहे थे, निराला उतना ही नाराज़ हो रहे थे। अन्त में कामता पंडित के ढाबे के पास दोनों रुके। निराला ने कहा—छवि के नव बन्धन बाँधो, छवि के नव बन्धन बाँधो; कहाँ बाँधें? तुम्हरी—ड़ि मँ बाँधें?

बहस खत्म हो गई। निराला ढाबे में भोजन करने बैठ गए।

इलाहाबाद से आकर निराला कुछ दिन 112, मकबूलगंज, लखनऊ में रहे। ऊपर की मंज़िल में दो कमरे, रसोई, बरामदा, नल, ज़ीना तंग और सीधा, ज़ीने के ऊपर कमरे में प्रवेश करने से पहले तंग कोठरी में पाखाना। मैं पहले इन्हीं कमरों में रहता था। अब मैं यूनिवर्सिटी में पढ़ाने लगा था, पत्नी और छोटे भाइयों के साथ एक बड़े मकान में रहने लगा था। 112, मकबूलगंज के मकान-मालिक रामप्रसाद उर्फ लल्लू, मेरे परम मित्र थे। ब्रजमोहन तिवारी से इन्होंने ही कहा था—सर, सर, सर, ज़रा सर तो हटा लीजिए। हाई स्कूल वह पास न कर पाए, हाई स्कूल तक पहुँचने में उनको औरों से तिगुना समय लगा। जब निराला 112, मकबूलगंज में रहने आए, तब तक लल्लू की मूँछें काफी हरिआ गई थीं और वह ताव देकर उन्हें और रौबदार

बनाने लगे थे। लल्लू खाने-पीने के शौकीन थे, इसलिए निराला से उनकी अच्छी पटरी बैठती थी।

निराला को पैसों की तंगी रहती ही थी। उन्होंने तुरत द्रव्य-प्राप्ति का नया उपाय सोचा। 'सरस्वती' में 'क्रॉस वर्ड पज़ल' छपते थे। निराला ने सोचा—एक पहेली हल करके भेज दें; हज़ार-पाँच सौ की रकम एकमुश्त मिल जायगी। उन्होंने पहेली हल की। हिन्दी की पहेली; उनसे ज़्यादा अच्छी तरह उसे और कौन हल कर सकता था? उन्होंने बड़े आत्मविश्वास से कहा—देखना, पुरस्कार अवश्य मिलेगा। दुर्भाग्य से उनकी यह आशा पूरी न हुई।

112, मकबूलगंज वाले मकान में निराला को ज़ीना चढ़ने में बड़ा कष्ट होता था। सायटिका के दर्द के मारे धीरे-धीरे चढ़ते थे। सबसे खतरनाक काम कमरे के दरवाज़े से पाखाने तक पहुँचना था। ज़रा पैर चूके तो ज़ीने की सीढ़ियों पर हड्डी-पसली टूट जाएँ। निराला ने कुछ दिन काटे। फिर अपने पुराने मुहल्ले नारियलवाली गली से कुछ आगे जाकर उन्होंने चरस की मंडी में मकान लिया। उसे कुछ दिन में छोड़कर उन्होंने पास ही भूसामंडी, हाथीखाना में घर लिया। नीचे बैठक, आँगन, ज़ीना, ऊपर दो-तीन कमरे। निराला अधिकतर ऊपरवाले कमरों में रहते।

एक दिन मुंशी नवजादिकलाल श्रीवास्तव आए। निराला के मुख पर वही भाव था जो राधामोहन गोकुलजी, प्रसादजी के साथ उनके मन पर छा गया था। वह 'मुंशीजी' इस लहजे में कहते थे मानो बड़े भाई को सम्बोधन कर रहे हों! उनके साथ वह कान्यकुब्ज कालेज की तरफ निकल गए। ज़िन्दगी में बीसों अखबारों के दफ्तरों के दरवाज़े खटखटानेवाले 'चलती चक्की' के लेखक, मतवाला-मंडल के स्तम्भ नवजादिकलाल में अब भी ज़िन्दादिली काफी बाकी थी। रास्ते-भर वह चुटकुलों से निराला को हँसाते रहे।

जयशंकर प्रसाद बीमार थे। गर्मियों में निराला उन्हें देखने गए थे। शरीर दुर्बल हो गया था, उपचार से कोई लाभ न हो रहा था। निराला ने कितनी बार उनकी पंक्तियाँ दुहराईं :

चढ़कर मेरे जीवन रथ पर
प्रलय चल रहा अपने पथ पर
मैंने निज दुर्बल पद बल पर
उससे हारी होड़ लगाई।

प्रलय जीत रहा था, प्रसाद का भौतिक शरीर हार रहा था। साल-भर पहले वह प्रेमचन्द की अरथी के साथ श्मशान गए थे। वर्षा बीत रही थी। लगभग वही शरद के दिन। बनारस के दुखी साहित्यकार प्रसाद के जर्जर शरीर को गंगातट पर ले गए।

निराला ने समाचार सुना और कुछ न कहा।

आलोचना के कोलाहल से अस्थिरचित्त न होनेवाले, धैर्य और साहस से जीवन का हर क्षण हिन्दी-सेवा को उत्सर्ग करनेवाले, परम मनीषी, कवि, कथाकार, नाटककार

निराला के अन्यतम मित्र जयशंकर प्रसाद नहीं रहे। निराला के मन में जैसे शून्य समा गया, उनका भाव-स्रोत मानो जड़ हो गया।

सन् '35 के अंग्रेज़ी कानून के मातहत चुनाव हुए। नरमदली कांग्रेसियों ने कहा—हम मंत्रिमंडल बनाएँगे और सरकार के भीतर से काला कानून तोड़ेंगे। गोविन्दवल्लभ पन्त संयुक्त प्रान्त के मुख्य मंत्री बने। 'सरस्वती' में उनका भाषण, उनके चित्र, उन पर श्रीनाथसिंह का लेख प्रकाशित हुए। 'सरस्वती' में जार्ज दि सिक्स्थ का चित्र भी छापा, पूरे पृष्ठ पर। श्रीनारायण चतुर्वेदी एम.एम., एल.टी. इंस्पेक्टर आफ स्कूल्स लिखित सम्राट पंचम जार्ज पर पुस्तक इंडियन प्रेस से प्रकाशित हुई। भूमिका लिखी संयुक्त प्रान्त के भूतपूर्व शिक्षामंत्री सर ज्वालाप्रसाद श्रीवास्तव ने। 'सरस्वती' में पुस्तक की समीक्षा करते हुए समालोचक ने सम्राट् जार्ज की कर्मनिष्ठा, दूरदर्शिता, साम्राज्य की उत्तरोत्तर उन्नति करने में सफलता आदि का उल्लेख किया।

श्रीनारायण चतुर्वेदी कांग्रेसी मंत्रिमंडल बनने पर शिक्षा प्रसार अफ़सर नियुक्त हुए।

सम्पूर्णानन्द मंत्रिमंडल बनाने का विरोध कर चुके थे। उनकी गिनती उग्रदल वाले समाजवादियों में होती थी। बाद में वह भी मंत्रिमंडल में शामिल हो गए। साधारण जन इन कांग्रेसी नेताओं को शक की निगाह से देखने लगे। सम्पूर्णानन्द हरदुआगंज गए थे। वहाँ उन्होंने एक किसान को यह कहते सुना—जब तैं पन्तजी मिनिस्टर है गए हैं, तब तैं द्वय-द्वय इंच रोज मोटे होत जात हैं।[5]

यह घटना सन् '37-38 के जाड़ों की है।

निराला ने कहा—चलो, पन्तजी से मिल आएँ। मैंने विरोध किया : इन मंत्रियों के यहाँ आपका जाना उचित नहीं। उन्होंने कहा—मिलने में क्या हर्ज़ है? ज़रा देखें, कितने पानी में हैं।

असेम्बली भवन के निकट एक बड़े बँगले में गोविन्दवल्लभ पन्त का निवास था। उनके सेक्रेटरी ने निराला के आने की सूचना दी। पन्त ने उन्हें तुरत बुला लिया। एक सोफे पर मुख्यमंत्री कुछ थके-से बैठे थे; कुछ अन्य सोफों और कुर्सियों पर दूसरे लोग बैठे थे। निराला के प्रवेश करते ही सबकी आँखें उनकी ओर घूम गईं। कुशल-समाचार की संक्षिप्त वार्ता के बाद निराला ने कहा कि इस प्रदेश के राजनीतिज्ञों को अपनी भाषा के साहित्य से भी परिचित होना चाहिए। पन्त ने समयाभाव की शिकायत की। निराला ने कहा—आख़िर अंग्रेज़ी पढ़ते हैं, हिन्दी के लिए ही समय नहीं है? हिन्दी-साहित्य अब वहाँ है जहाँ वह विश्व के बड़े-से-बड़े साहित्य से मुकाबला कर सकता है।

पन्त के मुँह पर थकान का भाव और गहरा हो गया। उन्होंने ऊबकर कहा—अच्छा पढ़ूँगा।

निराला ने किंचित् उत्तेजित होकर कहा—आप लोग जिस तरह की हिन्दी बोलते हैं, उसे सुनकर शर्म से हमारा सर नीचे झुक जाता है।

पन्त ने निराला पर दृष्टि केन्द्रित करते हुए आँखों ही आँखों पूछा—क्यों?

निराला ने कहा—आप कहते हैं देश यानी मुल्क, भाषा यानी ज़बान, राजनीतिक यानी सियासी। एक शब्द कहिए। क्या लोग भाषा और देश समझते नहीं?

उन दिनों हिन्दुस्तानी का आन्दोलन चल रहा था। कांग्रेसी नेताओं के भाषण में पर्यायवाची शब्दों की भरमार होती थी जिससे हिन्दीप्रेमी-उर्दूप्रेमी दोनों खुश रहें। निराला ने उसी प्रवृत्ति की ओर संकेत किया था।

निराला उठ खड़े हुए। नमस्कार किया। गोविन्दवल्लभ पन्त बैठे रहे। हम दोनों बाहर आए। रास्ते में वह खामोश रहे। एक बार भी पन्त का नाम न लिया।

निराला ने सीधे सरल शब्दों में, देवी और चतुरी चमार की कला को और निखारते हुए, सज्जाद ज़हीर, भुवनेश्वर, शिवदानसिंह चौहान को चुनौती के रूप में, कांग्रेसी देशोद्धारकों के सामने सच्ची देशसेवा का आदर्श रखने के लिए 'कुल्ली भाट' लिखा। कुल्ली ने मुसलमान महिला से विवाह किया, समाज का विरोध सहा, अछूत बालकों की पाठशाला खोली। कुल्ली में निराला ने अनेक चरित्रगत कमज़ोरियाँ दिखाईं। उनके रोग का उल्लेख करके उन्होंने अपने मन को सांत्वना दी। 'तुलसीदास' में उन्होंने अपने कथानायक से एकात्मभाव स्थापित किया था, संस्कारों के किसी ऊर्ध्व आकाश में। 'कुल्ली भाट' लिखते समय उन्होंने तुलसीदास का साधारणीकरण किया; भगवतीचरण वर्मा और रामनरेश त्रिपाठी का हवाला देते हुए उनमें रोग की कल्पना की, निष्कर्ष निकाला कि 'तुलसीदासजी पुरुष थे, महापुरुष नहीं।' कुल्ली भाट, निराला, तुलसीदास—तीनों को एकभूत करके उन्होंने नये चरित्र का निर्माण किया।

यह नये ढंग की कृति थी : न उपन्यास, न कहानी, न रेखाचित्र। कथा में जितनी जगह कुल्ली को मिली, उससे अधिक निराला को। हास-परिहास का वातावरण। निराला श्रीनारायण चतुर्वेदी के यहाँ एकत्र साहित्य-प्रेमियों को अभिनय करके, भौंहें ऊँची करके आँखों में हँसते हुए बतलाते—कुल्ली ने कैसे उन्हें देखा, उन्होंने कैसे उलटकर नज़र मिलाई, कुल्ली ने पान खाने की तारीफ कैसे की, निराला की सास उन पर कैसे नाराज़ हुईं। मित्र समझते थे कि निराला हास्यरस की अनुपम रचना प्रस्तुत कर रहे हैं। पर निराला मित्रों को जो नहीं बताते थे पर किताब में जो लिख रहे थे—मनोहरादेवी का गीत, श्रीरामचन्द्र कृपालु भजु मन हरण भवभय दारुणम्, फेफड़ों पर कफ़ जमने से उनकी मृत्यु, गंगा के जल में लाशों के ढेर, गढ़ाकोला में चाचा, भाभी आदि का अन्त, महिषादल की नौकरी छोड़ना, कुल्ली के यहाँ अछूत बालक—यह सब भी उनके मन में था। इसके अलावा और भी बहुत-सा विष था जिसे वह पुस्तक में न लिख रहे थे। कहीं मन में गहरे, भय की सिहरन फैल रही थी जिसमें पुराने स्मृतिचित्र रंग-रूप बदलकर सामने आ रहे थे।

"साधु ने कहा—'होश में आ।' और चिमटा ज़ोर से ज़मीन में गाड़ दिया।

मुझे मालूम हुआ, वह चिमटा मेरे सिर में समा गया। गर्दन झुक गई।"

फैजाबाद में प्रान्तीय साहित्य-सम्मेलन हुआ। निराला श्रीनारायण चतुर्वेदी के यहाँ ठहरे थे। सभापति किसे बनाया जाय, इस चर्चा में निराला ने रामचन्द्र शुक्ल का

नाम सुझाया। शुक्लजी केवल साहित्य-शाखा के सभापति बनाये गए, पूर्ण सम्मेलन के सभापति बनाये गए पुरुषोत्तमदास टंडन।

सम्पूर्णानन्द कला प्रदर्शनी का उद्घाटन करते हुए बोले—कवियों को राजनीतिज्ञों का साथ देना है।

निराला ने बीच में टोका—हिन्दी के कवि राजनीतिज्ञों से आगे हैं।

टंडनजी के आने पर आचार्य नरेन्द्रदेव ने जनता को सम्बोधन करते हुए कहा—आपके यहाँ दो-दो महापुरुप पधारे हुए हैं : एक हैं पूज्य माननीय बाबू पुरुषोत्तमदास जी टंडन; दूसरे, माननीय सम्पूर्णानन्दजी। निराला को बुरा लगा; वहाँ रामचन्द्र शुक्ल भी बैठे थे, महापुरुषों में केवल राजनीतिज्ञों के नाम गिनाये जा रहे थे।

टंडनजी ने हिन्दी साहित्यकारों को सलाह दी कि वह प्रान्त के दायरे में न रहें।

निराला ने टोका—आप साहित्य से क्या मतलब रखते हैं?

टंडनजी ने साहित्य, राजनीति और धर्मशास्त्र का सम्बन्ध समझाते हुए कहा—जो चरित्रवान नहीं, मैं उसका साहित्य नहीं छूता। निराला कुछ कहने को उठे तो लोगों ने शोर मचाया—चुप रहिए, बैठ जाइए, निकल जाइए।

निराला ने निष्कर्ष निकाला—ये कांग्रेसी नेताओं के पिछलगुए आवाज़ लगा रहे हैं, साहित्य के मंच से निराला को खदेड़ने की हाँक लगा रहे हैं। ऐसी अंडबंड बातें सुनने का मैं आदी नहीं—यह कहकर वह चले आए। बाहर आने पर स्वयंसेवक छोकरे उन पर हँसने लगे।

दूसरे दिन शुक्लजी के सभापतित्व में निराला जब बोलने खड़े हुए तब एक त्रिशूलधारी सज्जन ने कहा—पहले निरालाजी अपने कल के कार्यक्रम के लिए प्रायश्चित्त करें, तब बोलें। श्रीनारायण चतुर्वेदी ने बीच में उठकर निराला का परिचय देते हुए परिस्थिति सँभाली। निराला ने समझाया, साहित्य दायरे से छूटकर ही साहित्य है। साहित्य मनुष्य मात्र का साहित्य है। केवल भाषा का देशगत आवरण उस पर रहता है।

निराला की यह व्याख्या कुछ लोग समझे, कुछ न समझे। उन्होंने फिर गीत सुनाया—टूटें सकल बन्ध।

शुक्ल और निराला, दोनों एक-दूसरे के विरोधी थे, पर कांग्रेसी नेताओं की रीति-नीति से न शुक्ल प्रसन्न थे, न निराला। इस समय दोनों एक-दूसरे को सहानुभूति से देखते हुए कांग्रेसी राजनीतिज्ञों के मुकाबले साहित्य का मोर्चा जमाये थे।

सम्पूर्णानन्द का भाषण याद करते हुए निराला ने कहा—हिन्दी में अठारह साल पहले ऐसी रचनाएँ आ चुकी हैं :

तिरती है समीर सागर पर
अस्थिर सुख पर दुख की छाया—
जग के दग्ध हृदय पर
निर्दय विप्लव की प्लावित माया।

निराला के मेघमन्द्र स्वर पर श्रोता मुग्ध हो गए। जनता और कवि एक-दूसरे के निकट आए। निराला और कांग्रेसी नेताओं के बीच का फासला और बढ़ा।

टंडनजी साहित्य को प्रान्त के दायरे से निकालने की बात कह चुके थे। इलाहाबादी गुट के साथ वह तै करके आए थे कि संयुक्त प्रान्त का नाम बदलकर सूबा हिन्द रखा जाय। निराला ने सोचा—इसका नाम हिन्द होगा तो शेष हिन्दीभाषी प्रान्त कहाँ जाएँगे? उन्होंने प्रस्ताव को स्थगित रखने की राय दी। हाथ उठाने पर टंडनजी और उनके साथी हार गए। इस पर श्रीनाथसिंह ने कहा—जो लोग रुपया देकर डेलीगेट होने की रसीद ले चुके हैं, वही वोट दे सकते हैं। यद्यपि पहले वाले प्रस्ताव वहाँ सभी उपस्थित जनों के वोट से पास हुए थे, पर सूबा हिन्द के मामले में श्रीनाथसिंह की शर्त टंडनजी ने मान ली। निराला ने उठकर कहा—ऐसे मनुष्य के लिए आप क्या आज्ञा देते हैं जिसने रुपया दे दिया है, लेकिन डेलीगेट होने की रसीद जिसे नहीं मिली है? टंडनजी कुछ न समझे। निराला के खड़े होते ही विघ्न की आशंका से वह कुछ उत्तेजित हो गए। पूछा—क्या कह रहे हैं आप? निराला ने फिर कहा—रुपया मैं दे चुका हूँ लेकिन डेलीगेट होने की रसीद मुझे नहीं मिली। टंडनजी बात समझ गए लेकिन बात पर विश्वास न हुआ। उन्होंने पूछा—क्या आप सचमुच रुपया दे चुके हैं? श्रीनारायण चतुर्वेदी ने फिर स्थिति सँभालते हुए निराला से कहा—हाँ, हाँ, महाराज, आपका रुपया जमा कर लिया गया है।

निराला को वोट देने का अधिकार मिला लेकिन नाम बदलना स्थगित रखने का प्रस्ताव गिर गया। निराला ने हिसाब लगाया—नाम बदलने के पक्ष में कुल वोट इलाहाबाद के थे। उन्होंने टंडनजी से कहा—हिन्दी-साहित्य-सम्मेलन का एक ही वोट गिना जाना चाहिए।

शाम को आचार्य नरेन्द्रदेव के मकान पर साहित्यकारों की दावत हुई। दुलारेलाल भार्गव ने निराला से कहा—आपने टंडनजी से जो अन्तिम बात कही कि सम्मेलन का एक वोट होना चाहिए, बड़े पते की बात थी। निराला ने जवाब दिया—(टंडनजी पास ही बैठे थे) बात मैंने बराबर पते की कही है, लेकिन अफसोस यह है कि हिन्दीवालों के एक अदृश्य दुम लगी हुई है।

भोजन में कटहल था। आचार्य नरेन्द्रदेव ने निराला से कहा—बगैर गोश्त के आपको खाने में क्या मज़ा आएगा? निराला ने कहा—जी हाँ, ज़रा गोश्त खाने का आदी हूँ। नरेन्द्रदेव ने छेड़ा—बस, ज़रा गोश्त खाने के आदी हैं? निराला ने कहा—यह वाक्यालंकार है; 'ज़रा' वाक्य की खूबसूरती बढ़ाने के लिए है। अगर राजनीतिज्ञों ने हिन्दुओं में मुर्गी खाने का प्रचार किया होता तो हिन्दू-मुस्लिम यूनिटी अब तक बहुत मज़बूत हो चुकी होती।

पास ही डॉ. रामप्रसाद त्रिपाठी बैठे थे। आचार्य नरेन्द्रदेव ने पूछा—यह—यह—यह कौन हैं? निराला को पूछने के ढंग में राजनीतिज्ञ की अकड़ का भान हुआ। उन्होंने जवाब दिया—यह—यह—यह वह हैं जो चाँद से सियाही मिटाना चाहते हैं। (त्रिपाठीजी की चाँद में बहुत थोड़ी सियाही रह गई थी।)

रात को कवि-सम्मेलन हुआ। निराला न गए। सबेरे सुना कि समस्या-पूर्ति वाले कवि खूब जमे।

निराला के मन में सम्मेलन की गहरी प्रतिक्रिया हुई। हिन्दी-साहित्य-सम्मेलन के अधिवेशन में इनसे कहा गया था—बैठ जाइए, निकल जाइए; यह बात मन में गड़कर रह गई। सम्मेलन राजनीतिज्ञों के हाथ की कठपुतली है; उसमें साहित्यकारों का अपमान होता है। निराला के विरुद्ध जवाहरलाल नेहरू से लेकर नरेन्द्रदेव, सम्पूर्णानन्द, पुरुषोत्तमदास टंडन तक—सब एक षड्यंत्र में शामिल हैं।

'चकल्लस' के लिए जब उन्होंने फैजाबाद सम्मेलन का विवरण लिखाया, तब भी उनका मन शान्त न हुआ था, वरन् उन बातों को याद करके वह फिर उत्तेजित हो उठे थे। उन्होंने कहा : सम्मेलन एक प्रहसन था। उसे प्रहसन बनाया राजनीतिक सभापतियों ने। जनता में ज़्यादातर स्कूल मास्टर्स थे जो कांग्रेस सरकार के मातहत हैं। वे साहित्य-सम्मेलन में आए थे या टंडन-सम्पूर्णानन्द-नरेन्द्र सम्मेलन में, उन्हें साहित्य से सरोकार था या राजनीतिक महापुरुषों को खुश करने से—आप खुद सोच लीजिए। टंडनजी और सम्पूर्णानन्दजी, दोनों ने महात्माजी से मिलने का उल्लेख किया। टंडनजी ऐसे बोले, जैसे सरस्वती राजनीति की दासी हो। साहित्यिकों के सामने राजनीति के महत्त्व की घोषणा उस आसन का अपमान है। मैं दावे के साथ कहता हूँ, इस प्रान्त में राजनीति ने जो काम किया है, उससे अधिक काम साहित्य ने किया है। इस प्रान्त में राजनीतिज्ञ जितने बड़े-बड़े व्यक्ति हैं, साहित्यिक उनसे बड़े हैं। यह है कि यहाँ के साहित्यिक आठ मर्तबा एटलांटिक या सोलह मर्तबा पैसिफिक क्रास नहीं कर चुके, न एयरोप्लेन पर चढ़कर अभी पृथ्वी का आकाश पार किया है। उनमें शायद ही किसी ने यूरोप में पूर्ण शिक्षा पाई हो, लेकिन यथार्थ ज्ञान, अध्ययन, कार्य और तपस्या से जहाँ तक ताल्लुक है, यहाँ के साहित्यकार राजनीतिज्ञों से आगे हैं—विशेषत: इसलिए कि वह फौलोअर नहीं, ओरिजिनल हैं। राजनीति भले ही किसी दायरे में रहे क्योंकि उसे स्वार्थ साधना है। साहित्य के सामने मनुष्य मात्र के कल्याण का लक्ष्य है। आधुनिक हिन्दी-साहित्य में ऐसी-ऐसी क्रियाएँ हो चुकी हैं जिनकी तुलना मिल्टन, शेक्सपियर, भवभूति, श्रीहर्ष, वाल्ट ह्विटमैन, कीट्स और शेली जैसे प्रतिभाशालियों से की गई और की जा रही है। वहाँ जो लोग थे, वे साहित्य चाहते थे, या अपनी रोटी—बहुत साफ है। मेरे खिलाफ़ आवाज़ें उठाने लगे—चुप रहिए, बैठ जाइए, निकल जाइए। जहाँ साहित्य-पुरुष प्रतिष्ठित है, वहाँ निराला एक तरफ़ और दूसरी तरफ टंडन, सम्पूर्णानन्द और नरेन्द्रदेव—दिल पर हाथ रखकर कहिए कि उस साहित्य-पुरुष के सामने निराला के लिए ऐसी ही आवाज़ें उठ सकती हैं? टंडनजी राजनीति और धर्मशास्त्र से साहित्य का सम्बन्ध समझा रहे थे मानो सर हो राजनीति, हृदय धर्मशास्त्र और उपस्थ साहित्य। चरित्र शब्द का मोटा अर्थ लेकर भरी सभा में ऐसी बात कह गए, जैसे वहाँ सब ढपोरशंख ही हों! कौन चरित्रवान है जिसके साथ दूसरों की तरह ईश्वर के यहाँ से पाखाना

और पेशाबखाना लगा नहीं आया? अभी होली के दिन वेश्या शब्द की व्युत्पत्ति पर टंडनजी के मकान पर ही उनसे काफी बहस-मुबाहसा हो चुका है। एक साल और पहले राय कृष्णदासजी मेरे स्वर का रेकार्ड रखने के विचार से रेकार्डवालों के यहाँ गए थे! वहाँ पन्द्रह साल की एक किशोरी को देखकर घबरा गए थे। लौटकर अपने मित्र बाबू मैथिलीशरण से वहाँ के जन्तुविशेष का वर्णन किया था। गुप्तजी ने मुझे देखकर कहा था—आपको इन्हें साथ ले जाना था। घबराहट की कोई बात न रहती। ऐसी स्वनामधन्य कर देनेवाली मेरी तारीफें बहुत हैं।

इस तरह निराला जब-तब देर तक बोलते रहते। आवेश में उनकी आँखें लाल हो जातीं और माथा गर्म हो जाता। वह टंडनजी से खास तौर से नाराज़ थे कि ये हिन्दी के होकर नेताओं के साथ हैं। उनके लिए उन्होंने एक व्यंग्यपूर्ण वाक्य कहा था—टंडनजी सोलह आने में अठन्नी से अधिक भले आदमी तो हैं ही। उनका आक्रोश गांधीजी पर भी था; वह इस वाक्य से प्रकट हुआ : जब बात मेरी होगी, तब तीन कौड़ी की होगी, भले उसमें तीन हीरे से ज़्यादा कीमती शब्द हों; जब महात्माजी जैसों की होगी, तब वह अनमोल होगी, चाहे कौड़ी कीमत की न हो।

'सरस्वती' में फैजाबाद सम्मेलन का जो विवरण छपा, उसमें निराला के नाम का कहीं उल्लेख न था।

सन् '38 के वसन्त में अमृतलाल नागर ने 'चकल्लस' साप्ताहिक निकाला। बलभद्र दीक्षित पढ़ीस के कविता-संग्रह का नाम 'चकल्लस' था। उनके प्रति आदर प्रकट करने के लिए पत्र का भी वही नाम रखा था। इसका सम्पादन-भार सँभाला नरोत्तम नागर ने। वह 'संघर्ष' निकाल चुके थे और उसे आचार्य नरेन्द्रदेव के दल को सौंपकर मुक्त हो गए थे। 'संघर्ष' अपना पुराना साहित्यिक रूप बदलकर साप्ताहिक होकर निकलने लगा। नरोत्तम नागर ने निश्चय किया कि वह हास्यरस का साप्ताहिक निकालेंगे। अमृतलाल नागर के यहाँ बलभद्र दीक्षित पढ़ीस, उनके पुत्र बुद्धिभद्र, निराला, नरोत्तम नागर, मैं एकत्र होते; पत्र के भावी अंकों की योजनाएँ बनाते। महिषादल में छछूँदर-सिद्धि वाले प्रयोग की कहानी निराला ने नरोत्तम को लिखाई और वह 'चकल्लस' के भाभी अंक में छपी। कांग्रेसी नेताओं से लेकर बनारसीदास चतुर्वेदी तक निराला के विरोधियों, हिन्दी भाषा और साहित्य की नुक्ताचीनी करनेवालों पर अनेक व्यंग्य रचनाएँ 'चकल्लस' में प्रकाशित हुईं।

साल-भर के अन्दर ही पत्र-संचालन में अनुभवहीनता और एजेंटों के पास पैसा फँस जाने के कारण 'चकल्लस' का प्रकाशन बन्द करना पड़ा।

नरोत्तम नागर इलाहाबाद चले गए और वहाँ उन्होंने नये साहित्यिक पत्र की योजना बनाई। निराला के अलिखित उपन्यास 'उच्छृंखल' का नाम इस पत्र को दिया गया। निराला की कुछ हास्यरसपूर्ण रचनाएँ 'उच्छृंखल' में निकलीं।

सन् '38 में सुमित्रानन्दन पन्त और नरेन्द्र शर्मा ने कालाकाँकर से 'रूपाभ' पत्र निकाला। सज्जाद ज़हीर और इलाहाबाद के दूसरे मार्क्सवादी नेता पन्त को प्रगतिशील

आन्दोलन के नजदीक खींच लाए थे। पन्त उन दिनों अपनी कविताओं में सिद्ध कर रहे थे कि रूप ही भाव का मूल है। इसी दर्शन के अनुरूप उन्होंने पत्र का नाम 'रूपाभ' रखा। 'रूपाभ'-सम्बन्धी विज्ञप्ति में जवाहरलाल नेहरू, गोविन्दवल्लभ पन्त, ज़ैनुल आब्दीन अहमद, कुँअर मुहम्मद अशरफ आदि अनेक राजनीतिज्ञों का नाम था जिन्हें हिन्दी साहित्य से कोई सरोकार न था। निराला को यह सब बहुत बुरा लगा। पन्त का प्रगतिशील आन्दोलन के साथ आना भी उन्हें पसन्द न था। उनका विचार था कि वेदान्त की भूमि से जनता की जैसी सेवा की जा सकती है, जैसा क्रान्तिकारी साहित्य रचा जा सकता है, वैसा अन्य किसी दर्शन की भूमि से नहीं। वेदान्त की भूमि छोड़ने का मतलब उनकी दृष्टि में यह था कि अब तक उन्होंने या पन्त ने जो कुछ लिखा था, वह प्रगतिशील नहीं था।

उन्होंने प्रगतिशील कविता का मज़ाक़ उड़ाते हुए चार पंक्तियाँ सुनाईं जिन्हें 'खास़ रूपाभ के लिए प्रस्तुत' सिरनामा देकर अमृतलाल नागर ने 'चकल्लस' में छापा :

तुम चुरौ दालि महरानी।
हरदी परे ते जरदी आई,
निमक परे मुसक्यानी।
भात-भतार ते भेंट भई तब
प्रेम सहित लिपट्यानी।

'रूपाभ' के पहले अंक में पाँच कविताएँ पन्त की, पाँच मेरी प्रकाशित हुईं। निराला को मेरी कविताएँ अच्छी न लगीं। 'कलियुग' कविता की नीरसता को लक्ष्य करके बोले—ठक, ठक, ठक, अच्छा तो लगता है? दूसरे अंक में मेरी चार कविताएँ और छपीं। पढ़े-लिखे लोगों में 'रूपाभ' लोकप्रिय हो रहा था। प्रगतिशीलों को उन्हीं की भूमि पर परास्त करने के विचार से निराला ने 'रूपाभ' को दो गीत भेजे, अत्यन्त सरल भाषा, धरती के पुत्रों से कवि के एकात्मभाव की सूचना : 'सहज-सहज पग धर, आओ उतर' तथा 'और—और छवि रे यह।'

पन्त ने उदारतापूर्वक मुझसे निराला पर लेख लिखने को कहा। चौथे अंक में निराला पर मेरा लेख छपा। भुवनेश्वर ने आकर सूचना दी—पन्त को तुम्हारा लेख बहुत पसन्द आया। फिर अपनी शरारत की बात बतलाई। पन्त से कहा—ऐसा ही लेख आप पर लिखवा दूँ?

पाँचवें अंक में भुवनेश्वर का एकाकी 'आमदखोर' छपा। मैं उसे तंग करता—क्योंजी, एक बड़ी चिमनी स्टेज के ऊपर लम्बी छाया डाल रही है, इससे तुम्हारा कौन-सा काम्प्लेक्स साबित होता है?

भुवनेश्वर अपना वाक्य दुहाराते—ए प्रोग्रेसिव इज़ ए न्यूरौटिक शौट थ्रू विद होप।

आठवें अंक में निराला का अधूरा उपन्यास 'चमेली' छपा। वह साधारण जनता के चित्रण के अलावा सरल भाषा लिखने में भी प्रगतिशीलों को परास्त करने पर

तुले हुए थे। यह हिन्दुस्तानी के विरुद्ध थे, फिर भी उनका विचार था, जितनी सरल, साफ-सुथरी भाषा वह लिख सकते हैं, उतनी दूसरा नहीं। इसे कभी-कभी वह गुलाबी उर्दू कहते थे। 'चमेली' के अन्त में उनका नोट छपा : " 'चमेली' नामक अप्रकाशित उपन्यास से, जिसकी एक विशेषता ठेठ हिन्दुस्तानी भाषा है।"

वह गाँव पर उपन्यास लिखने बैठे थे, ज़मींदार और बेज़मीन मज़दूर की टक्कर उनकी कथा का मूल सूत्र थी। 'कफ़न' और 'पूस की रात' से काफी आगे और पन्त के अभिजात रूपाभवाद से एकदम विरोधी दिशा में निराला की प्रगतिशीलता कुछ इस प्रकार विकसित हो रही थी।

ठाकुर लाठी लिये तैयार थे ही। महादेव के हाथ में सिर्फ औगी। लेकिन वह पट्ठा था और लड़ता था। ठाकुर की देह में सिर्फ दाढ़ी और मूँछों के बाल थे और हाथ में एक तेलवाई लाठी। महादेव के जाते ही ठाकुर ने वार किया। महादेव वार के साथ भीतर घुसा और कमर पकड़कर उठाकर ठाकुर को दे मारा। इसके बाद ठाकुर की बुरी हालत की।...गर्द झाड़कर लोग अँगोछे से हवा करने लगे। ठाकुर कुछ होश में आए, होश आने पर जोश आया; बोले—हम बचाते थे, सोचते थे कि कौन हाथ छोड़े—कौन हाथ छोड़े, लेकिन साले सूद ने अपमान कर ही तो दिया! अच्छा, देख लिया जायगा, ठकुराइन ने दूध पिलाया है, तो... ।

छायावादी काव्यभूमि पर निराला और पन्त का अन्तर्विरोध प्रगतिशील साहित्य की भूमि पर भी बना रहा, उसने वाद-विवाद का रूप न लिया पर रचनाओं में वह अन्तर्विरोध छिपा न था। ऐसा अन्तर्विरोध निराला-पन्त में ही नहीं, अन्य प्रगतिशील लेखकों में भी था।

'रूपाभ' निराला और पन्त को, उनके साथी लेखकों-सहयोगियों को एक-दूसरे के निकट लाया। छायावाद के अवसानकाल में साहित्य को उसने नई दिशा की ओर प्रेरित किया और इस दिशा-निर्देश में सहयोगी थे पन्त और निराला।

निराला ने वाचस्पति पाठक को लिखा : रुपया 400) 'चमेली' पर लेकर भेजिए जल्द। रुपया मिलने पर काम में जी लगेगा।[6]

रुपया न मिला। काम में जी न लगा। वाचस्पति पाठक को निराला के नये गीत नापसन्द थे। 'भारती भंडार' को निराला की नई साहित्य-सर्जना से सहानुभूति न थी। 'चमेली' उपन्यास अधूरा ही रहा। निराला ने 'कुल्ली भाट' दुलारेलाल भार्गव को दिया। उसके लिए विशेष रूप से दाढ़ी बढ़ाकर अपना फोटो खिंचाया।

चित्रकार कमलाशंकर सिंह ने 'कला' पत्रिका निकाली थी। निराला ने उसके लिए कुछ नोट लिखाये। वह कलकत्ते गए और वहाँ से अपने मित्र रामशंकर शुक्ल और उनकी भतीजी को लिवा लाये। तै किया कि रामकृष्ण का विवाह इस लड़की से करेंगे। वह श्वसुर बनने जा रहे थे और अत्यन्त व्यस्त थे। मैं मसूरी में था, सिद्धान्त को अपना थीसिस दिखा रहा था। निराला ने लखनऊ से पत्र लिखा :

प्रिय शर्माजी,

बहुत व्यस्त हूँ। कल बहू के भाई का जनेऊ है। 1 जुलाई को रामकृष्ण की शादी। मैं कलकत्ता गया था, सात रोज़ में वापस आया, कन्यापक्ष के साथ। आपकी माँ को ले आना चाहता था, लेकिन इन लोगों को सेटल करने-कराने से फुर्सत नहीं मिली, फिर आपकी माँ चली गई, दो रोज़ उनके दर्शन हुए थे। आपका लेख देखा, 'माधुरी' में। 'चकल्लस' में मेरा इंटरव्यू पूरा शायद ही आपने देखा होगा। आपको 'कला' का विशेषांक तो मिला होगा। बहुत साधारण निकला। मैंने तीन नोट डिक्टेट करा दिये थे। बहुत व्यस्त हूँ। जनेऊ के बाद कल ही रामकृष्ण के फलदान हैं। आप कब तक आएँगे? और प्रसन्नता है। इति।

विवाह का निमंत्रण भेजता हूँ।

आपका
निराला

112, मकबूलगंज,
लखनऊ
8-6-38

विवाह का एक निमंत्रण 'चकल्लस' में छपा :

जानते हैं आप सब—
गार्हस्थिक-संन्यासी हूँ
साहित्यिक हूँ, कवि हूँ।
हमेशा मैं घूमता रहा,
कल्पना के पुल पर।
और आज
आई है शुभ घड़ी
मेरे प्रिय पुत्र का,
विवाह है जुलाई में।
ज़िन्दगी भर आपको
मैंने औब्लाइज किया
सुन्दर निज कविता से।
और चाहता हूँ आज,
मुझको प्रसन्न करें;
मेरे यहाँ दावत खा
तथा शुभाशीष दें—
पुत्र और पतोहू को।
आशा है, आप सब
पधारेंगे अवश्य ही
तथा चमकाएँगे चार चाँद
चरस की मंडी में।

निराला ने विवाह के लिए अपने मित्र गोपालसिंह का एक बँगला लिया। विवाह-समारोह में लखनऊ और बाहर के अनेक साहित्यकार शामिल हुए। नन्ददुलारे वाजपेयी, वाचस्पति पाठक, श्रीनारायण चतुर्वेदी, छबीलेलाल गोस्वामी, दुलारेलाल भार्गव, नरोत्तम नागर, अमृतलाल नागर, कुँअर चन्द्रप्रकाशसिंह आदि। कहीं से बरात न आनी थी, कोई टीमटाम न था। निराला वरपक्ष-कन्यापक्ष, दोनों को सँभाले थे। समधी शुक्लजी उन्हीं के यहाँ ठहरे थे।

छबीलेलालजी सुप्रसिद्ध साहित्यकार किशोरीलाल गोस्वामी के पुत्र ब्रजभाषा-काव्य के परम प्रेमी थे। साहित्यकारों में ब्रजभाषा-खड़ीबोली को लेकर विवाद चल पड़ा। विवाद में श्रीनारायण चतुर्वेदी आगे आए। ब्रजभाषा-खड़ीबोली से हटकर विवाद इंडियन प्रेस और गंगा पुस्तकमाला की सेवाओं से उलझ गया। फिर भारती भंडार की चर्चा हुई और वाचस्पति पाठक सामने आए। पाठकजी और दुलारेलाल भार्गव में कुछ तेज़ बातें हुईं। दुलारेलाल ने कहा—तुम प्रकाशन की बात क्या जानो, प्रकाशकों की दलाली करके पेट भरते हो। इस पर पाठकजी ने कोई चुभती हुई बात कही जो श्रोताओं ने स्पष्ट न सुनी लेकिन दुलारेलाल ने अच्छी तरह सुन ली। हरी घास पर बड़ी दरी बिछी थी। उसी पर यह वार्तालाप हो रहा था। काली शेरवानी और चूड़ीदार पाज़ामा पहने अचानक दुलारेलाल भार्गव उठ खड़े हुए। क्रोध से दाँत पीसते हुए उन्होंने अस्फुट स्वर में कहा—निकालो इस—को, किसने इसे यहाँ बुलाया है?

अब पाठकजी उठे। वह दरी के पास अपना जूता ढूँढ़ रहे थे कि नन्ददुलारे वाजपेयी ने पीछे से दुलारेलाल भार्गव की गर्दन में एक चपत लगाई। दूसरी चपत में करस्पर्श भर हुआ, भार्गवजी आगे बढ़ गए थे। निराला बँगले में थे। शोर सुनकर बाहर आए। एक क्षण वह सीढ़ियों पर खड़े हुए। फिर भीड़ में आकर दोनों हाथों से लहरें-सी ठेलते हुए उन्होंने 'बैठिए आप लोग' के उदात्त स्वर से सबको यथास्थान बिठा दिया। दो बातें एक तरफ भार्गवजी से कीं, दो बातें श्रीनारायण चतुर्वेदी, वाचस्पति पाठक आदि से। फिर झगड़ा न हो, इसलिए वह सेनापति की तरह इधर-उधर टहलते रहे। इसके बाद पूड़ी-साग का प्रबन्ध करने भीतर चले गए।

दुलारेलाल भार्गव ने अपने मित्र वकील चन्द्रप्रकाश से कहा—चलो, मैं यहाँ न बैठूँगा। वकील साहब ने अलग उन्हें एक बेंच पर बिठाया था, बाकी सब लोग उसी दरी पर बैठे थे। उन्होंने दुलारेलाल से कहा—तुरत उठकर चलना अच्छा नहीं मालूम होता।

दरी पर बैठे लोग धीरे-धीरे फुस-फुस करते रहे। हँसी, ठहाके, पहले की चहल-पहल खत्म हो चुकी थी। लगभग डेढ़ घंटे बाद वकील चन्द्रप्रकाश ने दुलारेलाल भार्गव से कहा—आइए, अब चलें। इस पर भार्गवजी ने सत्याग्रह किया। बोले—मैं यहाँ से उठूँगा ही नहीं।

कई लोगों के समझाने से वह उठे और अपने घर गए।

निराला ने आकर लोगों को खाने के लिए आमंत्रित किया। रात हो चुकी थी। खानेवाले बहुत थे; भोजन की मात्रा कम थी। सबको दो-दो पूड़ियाँ परोस दी गईं।

इनके समाप्त होने पर निराला भोजन-कक्ष में बैठे हुए लोगों के बीच आए और हाथ जोड़कर बोले—अब आप लोग हाथ धो डालिए।

किसी ने कुछ न कहा। सब लोग चुपचाप हाथ धोकर इधर-उधर की बातें करते विदा हुए। कुछ दिन तक भूसामंडी में रामकृष्ण त्रिपाठी और उनकी पत्नी निराला के साथ रहे, फिर वे भी विदा हुए।

'माधुरी' में 'गीतिका' पर जानकीवल्लभ शास्त्री का लेख निकला। बनारसीदास चतुर्वेदी और हज़ारीप्रसाद द्विवेदी जैसे विद्वानों को निराला के गीत नापसन्द थे पर निराला की प्रशस्ति लिखनेवाले जानकीवल्लभ शास्त्री को भी वे नापसन्द होंगे, यह बात आश्चर्य में डालनेवाली थी। बनारसीदास चतुर्वेदी ने 'विशाल भारत' में लेख लिखा : 'हमारे गुमराह भाई'। गुमराह भाई अर्थात् कवि निराला और पन्त। इन छायावादियों की ज़िद से हार न मानकर पूर्ण मिशनरी उत्साह से 'विशाल भारत'-सम्पादक उन्हें अब भी राह पर लाने का प्रयत्न कर रहे थे। उन्होंने छायावादियों का काव्य-बोध परिष्कृत करने के लिए उनसे ये पंक्तियाँ घोखने को कहा :

जहाँ जहाँ पड़ चुका है पानी, भरी हुई हैं वहाँ की झीलें।
और उसमें जाकर सुहागनें सबकी सब झपाझप नहा रही हैं।

जानकीवल्लभ शास्त्री को ऐसी ही एक पंक्ति बहुत प्रिय थी : गली मैंने कही थी, तुम तो दुनिया छोड़े जाते हो। कुछ लोग इसे 'गली मैंने कहा था'—इस रूप में पढ़ते हैं, शास्त्रीजी ने 'कही थी' वाले रूप में उसे और मुलायम कर लिया था। इस पंक्ति की तारीफ करते हुए उन्होंने लिखा : "महज इतनी-सी एक पंक्ति में साहित्य और संगीत का जो पीयूषप्रवाह एक साधारण कवि की दुर्लभ भावुकता प्रकट करता है, वह आधुनिक युगान्तरकारी हिन्दी के गीतों के लिए असम्भव है।"

'गीतिका' की भाषा? "अधिकांश स्थल का सजल सौन्दर्य कृत्रिमता के प्रहार से चूर्ण-चूर्ण हो रहा है। निरालाजी के अतिरिक्त किसी भी महान् कवि की भाषा सौन्दर्य की इतनी पिपासा नहीं रखती।"

जयदेव और विद्यापति का माधुर्य 'गीतिका' में नहीं है। शेली और टैगोर की स्वच्छता 'गीतिका' में दुष्प्राप्य है। छोटे-छोटे छन्दों में बड़े-बड़े भावों के समावेश तथा श्रुति-सुख के लिए शब्द-ध्वनि के आवर्त-प्रयास के साथ मनमाने शब्दों का मनमाने ढंग से प्रयोग, प्रौढ़ि दरसाने की व्यग्रता और कटु तथा अप्रसिद्ध शब्दों की भरमार है। "उन्हें ब्रह्म सूत्र का गौरव भले ही प्राप्त हो जाय, पर मधुरतर गीतिकाव्य का कदापि नहीं हो सकता।"

निराला की कृत्रिमता प्रकट है, पन्त की अलक्षित। निराला के गीतों में प्रसाद का संयम नहीं है। महादेवी के गीतों में अधिक सुकुमारता है।

अन्त में रवीन्द्रनाथ की तुलना में निराला : "कोई भी निराला को रवीन्द्र नहीं कह सकता, पर असफल निराला की तुलना सर्वाधिक सफल रवीन्द्र ही से होती;

यदि ये गीत एक भी उद्देश्य की पूर्ति में सहायक होते—जो हिन्दी के साहित्य के लिए सत्य और शिव से अधिक सुन्दर बनकर ग्राह्य नहीं।"

निराला ने लेख पढ़ा और कुछ न कहा।

'माधुरी' में निराला की काव्यकला पर जानकीवल्लभ शास्त्री का एक और लेख निकला। निराला-काव्य की यथेष्ट प्रशंसा भी इसमें थी, पर दोष-दर्शन वाला अंश काफी तीखा था। निराला के मन पर इसी का प्रभाव अधिक पड़ा। "'जागो फिर एक बार' (1) की परिसमाप्ति मुझे दो कौड़ी की मालूम पड़ती है, जैसे क़लम को रुलाकर ज़बर्दस्ती उतनी लाइनें उगलवाई गई हों! 'जागो फिर एक बार' (2) में "पर क्या है, सब माया है—माया है" आदि "एकदम नीरस, बल्कि 'रामनाम सत्य है' की तरह असत्य प्रतीत होता है।" 'कौन तुम शुभ्र किरणवसना', रवीन्द्रनाथ की "अचल आलोके रए छ दाँड़ाए" के "Parallel। तैयार की गई मालूम पड़ती है। पश्चिमी भावों के मिश्रण का पाप दोनों के सिर पर लदा है, इसलिए भारतीय दृष्टि से दोनों ही चित्र दूषित हैं।" वैसे निराला ने दर्शन का जो रूप कविता में दरसाया है : "वह उनकी प्रौढ़ि का प्रत्यायक है।" उन्होंने "गद्य में तो 'सटायर्स', 'ह्यूमर्स' आदि की झड़ियाँ लगा दी हैं, पर उनकी यह विनोदप्रियता पद्यों में भी कहीं-कहीं देखने को मिलती है।"

"दिमागी खयालातों..."

'मतवाला' के अंकों से निराला अपनी पुरानी कविताएँ नकल कर रहे थे। पहले उनका विचार था कि 'तुलसीदास' और इस तरह की अन्य बैलेड एक संग्रह में देंगे जिसका नाम उन्होंने सोचा था : 'गाथा'। पर उस तरह की बैलेड लिखने के लिए जितनी शक्ति की ज़रूरत थी, वह जैसे चुक गई थी। अब वह पैर में सायटिका के दर्द की शिकायत अक्सर करते थे, धीरे-धीरे चलते थे और छड़ी साथ रखते थे। उन्होंने 'तुलसीदास' अलग प्रकाशन के लिए दी; नई और पुरानी कविताएँ जोड़कर एक कविता-संग्रह तैयार किया : 'अनामिका'। नई और पुरानी कहानियाँ बटोरकर भारती भंडार के लिए उन्होंने एक कहानी-संग्रह तैयार किया : 'सुकुल की बीवी'।

निराला हर साल भारती भंडार को दो किताबें दें और इस तरह साल का उनका खर्च चले, यह स्थिति बहुत सन्तोषजनक न थी। 'गीतिका' के अधिकांश गीत, 'निरुपमा' का प्रारम्भिक अंश, 'सुकुल की बीवी' की कुछ कहानियाँ और 'तुलसीदास' उन्होंने तब लिखी थीं जब दुलारेलाल भार्गव से सम्बन्ध-विच्छेद न हुआ था। एक निबन्ध-संग्रह और दे सकते थे और इसके भी प्राय: सभी निबन्ध पहले के लिखे थे। रोज़ कुआँ खोदो और पानी पियो—कब तक?

जब 'सरस्वती' प्रेस में 'गीतिका' छप रही थी, तभी—सितम्बर, सन् '36 में—उन्होंने शिवपूजन सहाय को लिखा था : "अगर आपके वहाँ वाले कोई उपन्यास या काव्य मेरा निकालने की इच्छा करें, तो बातचीत करके लिखिएगा।"[7]

उनकी इच्छा थी कि मूल 'अनामिका' में महादेवप्रसाद सेठ ने जो भूमिका लिखी थी, वह इस 'अनामिका' में भी रहे, सेठजी पर शिवपूजन सहाय का लेख हो, पुस्तक सेठजी को समर्पित हो : "सारांश, किताब सेठजी की स्मृति में निकलेगी। आप सेठजी के जीवन की बातें लिखिए, संक्षेप में। 'मतवाला' वाली कुछ विस्तार से, कुल 10-12 पृष्ठों में। कवि निराला को सेठजी ने ही हिन्दी में रखा है। 'मतवाला' निकालने का एक उद्देश्य उनकी कविता निकालना भी था, उसके प्रति सेठजी के भाव-विचार आदि थोड़े में लिखिए।"[8]

अन्त में न सेठजी की भूमिका गई, न शिवपूजन सहाय का लेख। वाचस्पति पाठक ने भूमिका माँगी, निराला ने लिखा : महादेवप्रसाद सेठ वाली भूमिका जायगी और वह आपके पास है।

लेकिन उस पुस्तक के साथ भूमिका न छपी। निराला का विचार महादेवप्रसाद सेठ और प्रसाद पर कविताएँ लिखने का था, पर उदात्त भावना के स्तर पर मन जैसे पहुँच न पा रहा था। डलमऊ से लौटने पर उन्होंने उस उदात्त स्तर पर केवल एक कविता लिखी थी : 'नर्गिस'। चाँदनी रात, गंगा के कगार, नदी की शान्त स्निग्ध धारा, स्वर्ग की चाँदनी से अधिक सुन्दर धरती की गन्ध लिये नर्गिस। एक नया प्रगतिशील दर्शन।

उन्होंने ग्रामीण जीवन पर सरल हिन्दी में कुछ गीत लिखे थे जो वाचस्पति पाठक को पसन्द न थे। निराला ने नाराज़ होकर लिखा : "गीत अगर आपको पसन्द नहीं तो उसके ये माने नहीं कि हिन्दी में सुलभ हैं।" दोनों मित्रों में तनाव बढ़ रहा था। निराला ने आगे बिज़नेस की बातें कीं : "इस समय तो आपका सीज़न भी है, और आप मुझसे बिज़नेस भी नहीं करते। रुपया 400) 'चमेली' पर लेकर भेजिए जल्द। रुपया मिलने पर काम में जी लगेगा। जब तक किताबें छपती हैं, उपन्यास भेज दूँगा। मुझे आदमी भी रखना है, लिखने के लिए। अब ड्रामा लिखनेवाला हूँ।

"राधाकृष्णजी आए थे कहानी-लेखक। मेरे सब उपन्यास पढ़े हैं। 'निरुपमा' को सर्वश्रेष्ठ कहते थे।

"अगर चार सौ नहीं तो दो ही सौ भेजिए अभी। पत्र जल्द दीजिए। क्योंकि मुझे रुपयों का प्रबन्ध पहले करना है। 'निरुपमा' और 'तुलसीदास' पूरे-पूरे हैं ही। 'प्रबन्ध' भी आपके वहाँ है—चुन लीजिए। कहानी-संग्रह मैं भेज दूँगा।

"रुपयों की बातचीत पक्की कर लीजिए। साल में कितने सौ रुपये आप मुझे देंगे—किताब लेकर? रुपया वसूल हो जाने पर मेरी रायल्टी 20 परसेंट चलेगी या नहीं?"[9]

वाचस्पति पाठक की अपनी कुछ कठिनाइयाँ थीं। वह भारती भंडार के कर्मचारी थे, उसके स्वामी नहीं। उस संस्था के अपने व्यापार-सम्बन्ध नियम थे जिनके अन्तर्गत ही निराला को रुपये दिये जा सकते थे। निराला ने 'चमेली' उपन्यास अभी लिखा न था, लिखने का विचार था। सोचते थे, जब तक और किताबें निकलेंगी, इसे लिख डालेंगे।

पाठकजी के पत्र से निराला को सन्तोष न हुआ। उन्होंने गांधीजी और व्यापारी वर्ग की नीति का स्मरण करते हुए उन्हें लिखा : "मेरा पत्र महत्त्वपूर्ण है, इससे मालूम देता है, आप बदलकर बोल रहे हैं। महत्त्वपूर्ण तो है, पर आपकी समझ में वेदान्त कैसे आए? बनिया-कुल-मुकुट-मणि महात्मा गांधी ने जब मुझसे कहा था—मैं तो उथला आदमी हूँ, आपको याद होगा, मैंने जवाब दिया था, हम लोग उथले को गहरा और गहरे को उथला कर सकते हैं।—अब मेरा पत्र इस दृष्टि से देखते हुए फिर समझिए; तब आपको मालूम होगा, तुलसीदास ने क्यों कहा था—सबसे अच्छे मूढ़ जिन्हें न व्यापी जगत् गति!?" [10]

शिमला में हिन्दी-साहित्य-सम्मेलन के अधिवेशन के साथ कवि-सम्मेलन हुआ। निराला गए। स्वागताध्यक्ष डॉ. सत्यनारायण सिंह ने स्वतंत्रता की लड़ाई का उल्लेख करते हुए कहा कि प्रियतम और प्रेयसी को सम्बोधन करके आजकल के कवि जो कुछ लिख रहे हैं, वह समय की चीज नहीं है। स्वागताध्यक्ष के बैठते ही निराला ने माइक्रोफोन पर घोषित किया—इस सम्मेलन में कोई भी कविता न पढ़ेगा। स्वागताध्यक्ष ने कवियों का अपमान किया है। इसलिए जब तक वे माफ़ी नहीं माँग लेते, कोई भी कवि कविता न पढ़ेगा।

स्वागताध्यक्ष परेशान हुए तो किशोरीदास वाजपेयी ने उन्हें ललकारा—आप घबराते क्यों हैं? आपने खराब बात क्या कही है? अच्छी बात कहने से भी कोई अपना अपमान समझे, तो इसका उपाय क्या? माफ़ी आप किस बात की माँगेंगे? कोई पाप किया है क्या?

हिन्दी कवियों ने कविता न पढ़ी तो संयोजकों ने कुछ उर्दू के साधारण कवियों से रचनाएँ पढ़वाना शुरू किया। बच्चन आदि हिन्दी-प्रेमी कवियों को लज्जा आई कि हिन्दी के नाम पर इस तरह की तुकबन्दी प्रसारित की जा रही है। कहानीकार यशपाल ने बच्चन के कान में कहा कि माइक पर जाकर सारी स्थिति कह दो, लोग समझेंगे, तुम कविता पढ़ने जा रहे हो।

बच्चन ने ऐसा ही किया। किसी ने बच्चन को ढकेला और हाथापाई की नौबत आ गई।[11]

अन्त में शन्नोदेवी ने कवियों से क्षमा-याचना की। निराला ने बच्चन से कहा—अब तुम जाकर कविता पढ़ो। बच्चन के पढ़ते समय निराला ने कई बार दाद दी—यह कविता है! बच्चन को जैसे 'उस दिन अपने कवि होने की सनद मिली'; साथ ही उनके मन में 'यह बात भी दृढ़ हो गई कि हिन्दी, हिन्दी कविता और हिन्दी साहित्यकार के निराला कितने प्रबल हिमायती हैं।'[12]

निराला ने अपनी ओजपूर्ण संक्षिप्त वार्ता में रहस्यवाद को प्रकाशवाद सिद्ध करने के बाद 'जागो फिर एक बार' (2) कविता सुनाई। मुक्त छन्द का प्रवाह, निराला का कंठ, श्रोता विस्मित होकर जितना सुनते रहे, उतना देखते रहे। 'गोविन्द सिंह निज नाम तब कहाऊँगा', श्रोता समझे, लड़ने और मारने की बात हो रही है।

'सिंही की गोद से छीनता रे शिशु कौन'—अहिंसावादियों को कवि फटकार रहा है। शब्दों की उठती हुई लहर की समाप्ति पर एक ज़ोरदार—'जागो फिर एक बार'। यह कवि सारे देश को ललकार रहा है। सिंहों की माँद में आया है आज स्यार—इसे सब बखूबी समझे।

आचार्य किशोरीदास वाजपेयी को लगा—तालियों की गड़गड़ाहट पन्द्रह मिनट तक होती रही।[13]

शिमला से लौटने पर निराला को ज़ुकाम और बुखार हो आया। कलकत्ते से विद्यासागर कालेज के छात्रों ने आमंत्रित किया। निराला की ग्लानि जैसे अचानक कहीं उड़ गई। कलकत्ता; बहुत दिनों के बाद फिर कलकत्ता। इस विद्यासागर कालेज का गेट उसी शंकर घोष लेन में है जहाँ से 'मतवाला' निकलता था। निराला के लिए विद्यासागर का यह गेट बन्द था। वह कालेज के इर्द-गिर्द चक्कर काटते रहे थे; सम्मानपूर्वक प्रवेश की गुंजाइश न थी। कवि निराला को विद्यासागर कालेज के हिन्दी छात्रों से समर्थन मिला, वह अलग बात है। उस समय के विद्यार्थी अब बुढ़ाने लगे होंगे; नये विद्यार्थी, निराला के प्रारम्भिक जीवन-संघर्ष से अपरिचित, उन्हें नई निगाह से देखेंगे।

साल खत्म हो रहा था। उन्होंने पूरी बाँहवाला रुई का सलूका पहना; उस पर अपना ढीला कुर्ता डाला। सर पर ऊनी कनटोप जमाया। इंटर का टिकट लिया। स्टेशन पर कुछ कांग्रेसी एम.एल.ए. दिखाई दिये। निराला एक खाली डिब्बे में बैठ गए। बाराबंकी के बाद उन्होंने देखा, स्टेशनों पर भीड़ें हैं। लोग महात्मा गांधी की जय, जवाहरलाल नेहरू की जय बोलते, फूलमालाएँ लिये एक डिब्बे की तरफ़ लपकते हैं। फैजाबाद में उतरकर देखा—एक ड्योढ़े दरजे के डिब्बे के दरवाज़े में जवाहरलाल नेहरू खड़े हैं। निराला बढ़ते हुए उस डिब्बे तक पहुँचे। नेहरूजी एक ओर हो गए। निराला भीतर गए।

रावी के तट पर पूर्ण स्वाधीनता की प्रतिज्ञा, लखनऊ की सड़कों पर जुलूसों का नेतृत्व, विलायत में शिक्षा, बनारस के साहित्यकारों को उपदेश कि हिन्दी में अभी दरबारी परम्परा का बोलबाला है—वही जवाहरलाल नेहरू निराला के सामने।

जनता से बिदा होने और गाड़ी के चलने पर जब नेहरूजी भीतर आकर बैठे तब निराला ने शुरू किया—आपसे कुछ बातें करने की गरज से अपनी जगह से यहाँ आया हुआ हूँ।

नेहरू ने कुछ न कहा। निराला ने अपना परिचय दिया। फिर हिन्दुस्तानी का प्रसंग छेड़ा, सूक्ष्म भाव प्रकट करने में हिन्दुस्तानी की असमर्थता जाहिर की। फिर एक चुनौती दी : मैं हिन्दी के कुछ वाक्य आपको दूँगा जिनका अनुवाद आप हिन्दुस्तानी ज़बान में कर देंगे, मैं आपसे प्रार्थना करता हूँ। इस वक्त आपको समय नहीं। अगर इलाहाबाद में आप मुझे आज्ञा करें तो किसी वक्त मिलकर मैं आपसे उन पंक्तियों के अनुवाद के लिए निवेदन करूँ।

जवारहरलाल नेहरू ने चुनौती स्वीकार न की, समय देने में असमर्थता प्रकट की। निराला ने दूसरा प्रसंग छेड़ा। समाज के पिछड़ेपन की बात की; ज्ञान से सुधार करने का सूत्र पेश किया। हिन्दू-मुस्लिम समस्या का हल हिन्दी के नये साहित्य में जितना सही पाया जाएगा, राजनीतिक साहित्य में नहीं—निराला ने अपने व्यावहारिक वेदान्त का गुर समझाया।

जवाहरलाल नेहरू डिब्बे में आई बला को देखते रहे, उसे टालने की कोई कारगर तरकीब सामने न थी। डिब्बे में आर.एस. पंडित भी थे। दोनों में किसी ने बहस में पड़ना उचित न समझा। लेकिन निराला सुनने नहीं, सुनाने आए थे। बनारस की गोष्ठी में जवाहरलाल के भाषण पर वह 'सुधा' में लिख चुके थे; अब वह व्यक्ति सामने था जो अपने हिन्दी-साहित्य-सम्बन्धी ज्ञान पर लज्जित न था, जो स्वयं अंग्रेज़ी में लिखता था, जो हिन्दीवालों को क्या करना चाहिए, उपदेश देता था।

निराला ने कहा : पंडितजी, यह मामूली अफसोस की बात नहीं कि आप जैसे सुप्रसिद्ध व्यक्ति इस प्रान्त में होते हुए भी इस प्रांत की मुख्य भाषा हिन्दी से प्राय: अनभिज्ञ हैं। किसी दूसरे प्रांत का राजनीतिक व्यक्ति ऐसा नहीं। सन् 1930 के लगभग श्री सुभाष बोस ने लाहौर के विद्यार्थियों के बीच भाषण करते हुए कहा था कि बंगाल के कवि पंजाब के वीरों के चरित्र गाते हैं। उन्हें अपनी भाषा का ज्ञान और गर्व है। महात्मा गांधी के लिए कहा जाता है कि गुजराती को उन्होंने नया जीवन दिया है। बनारस के जिन साहित्यिकों की मंडली में आपने दरबारी कवियों का उल्लेख किया था, उनमें से तीन को मैं जानता हूँ। तीनों अपने-अपने विषय के हिन्दी के प्रवर्तक हैं। प्रसादजी काव्य और नाटक-साहित्य के, प्रेमचन्दजी कथा-साहित्य के और रामचन्द्रजी शुक्ल आलोचना-साहित्य के। आप ही समझिए कि इनके बीच आपका दरबारी कवियों का उल्लेख कितना हास्यास्पद हो सकता है। एक तो हिन्दी के साहित्यिक साधारण श्रेणी के लोग हैं; एक हाथ से वार झेलते, दूसरे से लिखते हुए; दूसरे आप जैसे बड़े-बड़े व्यक्तियों को मैदान में वे मुखालिफत करते देखते हैं। हमने जब काम शुरू किया था, हमारी मुखालिफत हुई थी। आज जब हम कुछ प्रतिष्ठित हुए, अपने विरोधियों से लड़ते, साहित्य की सृष्टि करते हुए, तब किन्हीं मानी में हम आपको मुखालिफत करते देखते हैं। यह कम दुर्भाग्य की बात नहीं, साहित्य और साहित्यिक के लिए। हम वार झेलते हुए सामने आए ही थे कि आपका वार हुआ। हम जानते हैं, हिन्दी लिखने के लिए कलम हाथ में लेने पर, बिना हमारे कहे फैसला हो जायगा कि बड़े-से-बड़ा प्रसिद्ध राजनीतिज्ञ एक जानकार साहित्यिक के मुकाबले कितने पानी में ठहरता है। लेकिन यह तो बताइए, जहाँ सुभाष बाबू, अगर मैं भूलता नहीं, अपने सभापति के अभिभाषण में शरतचन्द्र के निधन का ज़िक्र करते हैं, वहाँ क्या वजह है जो आपकी ज़ुबान पर प्रसाद का नाम नहीं आता? मैं समझता हूँ, आपसे छोटे नेता भी सुभाष बाबू के जोड़ के शब्दों में कांग्रेस में प्रसादजी पर शोक-प्रस्ताव पास नहीं कराते। क्या आप जानते हैं कि हिन्दी के महत्त्व की दृष्टि से प्रसाद कितने महान् हैं?

जवाहरलाल एकटक निराला को देखते रहे। ऐसा धाराप्रवाह भाषण सुनाने वाले जीवन में ये उन्हें पहले व्यक्ति मिले थे। अगला स्टेशन अभी आया न था, सुनते जाने के सिवा चारा न था।

निराला को प्रेमचन्द याद आए। बोले—प्रेमचन्दजी पर भी वैसा प्रस्ताव पास नहीं हुआ, जैसा शरतचन्द्र पर।

नेहरू ने टोका—नहीं, जहाँ तक याद है, प्रेमचन्दजी पर तो एक शोक-प्रस्ताव पास किया गया था।

निराला ने अपनी बात स्पष्ट की : जी हाँ, यह मैं जानता हूँ, लेकिन उसकी वैसी महत्ता नहीं, जैसी शरतचन्द्र वाले की है।

आखिर अयोध्या स्टेशन आ गया। निराला ने आखिरी बात कही—अगर मौका मिला तो आपसे मिलकर फिर साहित्यिक प्रश्न निवेदित करूँगा।

नेहरू ने इसका कोई उत्तर न दिया।

नमस्कार करके निराला उतरे और अपने डिब्बे में आ गए। प्लेटफार्म महात्मा गांधी की जय, पं. जवाहरलाल नेहरू की जय से गूँजता रहा।

यथार्थ दर्शन

निराला कलकत्ता पहुँचे। पहला अवसर था जब स्टेशन पर फूलमालाएँ लेकर उनका भी स्वागत करने लोग आए थे। विद्यासागर कालेज के छात्र और प्रोफ़ेसर, दयाशंकर वाजपेयी, परमानन्द शर्मा तथा अन्य मित्र, बहुत-से युवक साहित्य-प्रेमी। निराला ने कविता-पाठ किया, भाषण दिये, अनेक स्थानों पर उनका सम्मान किया गया। कलकत्ते के हिन्दी-प्रेमी प्रसन्न थे कि जिस व्यक्ति ने उनके बीच, इसी कलकत्ता शहर में अपनी साहित्य-साधना आरम्भ की थी, वह इतना विख्यात हो चुका है। बड़ा बाज़ार लायब्रेरी के अध्यक्ष दयाशंकर वाजपेयी ने निराला को अभिनन्दन-पत्र देने की योजना बनाई। अवध प्रेस के मित्रों ने अपने यहाँ अभिनन्दन-पत्र छपाया। दयाशंकर वाजपेयी का स्वास्थ्य अच्छा न था। चेहरा पीला पड़ रहा था। शरीर में जैसे कोई घुन लग गया हो, जो उनका रक्त पीता जा रहा था। कलकत्ते के न जाने कितने साहित्यकारों और साहित्यप्रेमियों से दयाशंकर वाजपेयी ने निराला का पक्ष लेकर युद्ध किया था। आज निराला की जो इतनी ख्याति थी, उसमें एक कण कहीं दयाशंकर का दिया हुआ भी था। निराला अपने इस अन्तरंग मित्र को बहुत प्यार करते थे। उसी कलकत्ते में जहाँ से एकाधिक बार अपमानित होकर निराला को चले आना पड़ा था, उनका सार्वजनिक अभिनन्दन हो रहा था। दयाशंकर वाजपेयी की भावविह्वल वाणी उनके कानों में गूँज रही थी :

महाकवि,

एक दिन आपकी कविता का अमिय गरल शशि सीकर रविकर राग विराग भरा प्याला इसी कलकत्ता महानगरी में छलका था और हम कलकत्तावासियों ने ही सर्वप्रथम नवयुग के महाकवि की वाणी सुनी थी। आप हमारे हैं। हमारी अकिंचनता पर ध्यान न देकर इसे स्वीकार करें।

महान् कलाकार,

हिन्दी वाङ्मय में आपने नवीन क्रान्ति पैदा की है। फलत: विरोधों का सामना आपको सर्वाधिक करना पड़ा और एक क्रान्तिकारी कलाकार के लिए यह सर्वथा स्वाभाविक था; किन्तु आपने कभी इसकी परवाह नहीं की और साहित्य को अपनी प्रतिभा का दान निरन्तर देते गए, देते जा रहे हैं।

अधिक क्या कहें? हम तो आज आनन्द-भावाकुल हैं। हम मुग्ध हैं। समस्त हिन्दी संसार आपकी प्रतिभा पर मुग्ध है। आपने हिन्दी साहित्य को अक्षय कृतिगौरव प्रदान किया है।

इसी तरह की और बातें। उस समय निराला के लिए इस तरह की शब्दावली का प्रयोग करनेवाले साहित्यकार कम ही थे। निराला कलकते में अपने अभिनन्दन-सम्मान से प्रसन्न थे। उन्होंने खास तौर से नोट किया कि स्टेशन पर उनका स्वागत करनेवालों में एक अंग्रेज़ी के प्रोफ़ेसर भी थे और उनके आने का समाचार अंग्रेज़ी दैनिक 'एडवान्स' में छपा था।

बड़ा बाज़ार लाइब्रेरी
10/1/1 सैयद साली लेन, कलकत्ता
3-1-39

प्रिय शर्माजी,

यहाँ अच्छा रहा। (Advance) में खबरें छपी देखी थीं, अच्छा लिखा था। साधारण अच्छी अदायगी रही। विद्यासागर कालेज में प्रिंसिपल और कुछ प्रोफ़ेसर और लड़कों के साथ ग्रुप लिया गया था, अच्छा आया है। मुझे एक कापी भेंट की गई है। मैं लखनऊ ला रहा हूँ। देखिएगा। जब देहरा से उतरा, विद्यार्थी अंग्रेज़ी के एक प्रोफ़ेसर को लेकर हवड़ा रिसीव करने आए थे मालाएँ लेकर। बड़ा बाज़ार लाइब्रेरी ने मानपत्र दिया, एक प्रति भेजता हूँ। तिवारीजी को नमस्कार। लल्लू और चौबे[1] को स्नेह।

आज शाम कालका मेल से इलाहाबाद जा रहा हूँ।

आपका
निराला

माननीय सम्पूर्णानन्द ए.पी. सेन रोड पर एक कोठी में रहते थे। निराला कभी-कभी उनसे मिलने जाते, उनसे ज़्यादा उनके पुत्र सर्वदानन्द वर्मा से मिलते। सर्वदानन्द,

अमृतलाल नागर, चित्रकार कमलाशंकर सिंह के बड़े भाई उमाशंकर सिंह आदि मित्रों ने एक नाट्यपरिषद् की स्थापना की। कुछ लोगों ने सभापतित्व के लिए सम्पूर्णानन्द का नाम पेश किया। निराला ने उमाशंकर सिंह से यह समाचार सुना तो बहुत नाराज़ हुए। उन्होंने नाट्यपरिषद् के संयोजकों के नाम एक पत्र लिखा :

भूसामंडी, हाथीखाना
लखनऊ
19-1-39

अमृतलाल, सर्वदानन्द, उमाशंकर वगैर:।

दोस्तो,

उस रोज़ नाटक की मीटिंग के सम्बन्ध में सर्वदानन्दजी के कहने के अनुसार निश्चय हुआ था, उनकी जगह यानी माननीय शिक्षामंत्री के वासभवन में रविवार के दिन मीटिंग होगी। मैं अपना उद्देश्य जाहिर कर चुका हूँ कि साधारण व्यक्ति सभापति चुना जाय। रामविलास साधारण और योग्य, दोनों हैं। लेकिन उमाशंकरजी से सुना, आप लोगों में कुछ की राय है, मान. शिक्षामंत्री सभापति हों। व्यक्तिगत रूप से उनके प्रति मेरी श्रद्धा है। पर इस सभापति चुनने की वृत्ति को मैं अच्छी निगाह से नहीं देख पा रहा। निश्चय हुआ था, काम करके हुक्कामों की सहानुभूति ली जायगी। अगर आप लोग मेरी तरह पर सहयोग देंगे, तो और तभी, मैं काम कर सकूँगा, अन्यथा नहीं। क्योंकि ड्रामा लिखने से खेलने तक का भार मेरा ही कुछ अधिक भारी होगा। कृपया सूचित करें, आप लोगों की क्या राय है। मैंने सर्वदानन्दजी के कारण वहाँ जाने में संकोच नहीं किया, यों मुझे यहाँ मीटिंग करते भी संकोच है। अगर आप लोग बुरा न मानें तो स्थान बदल दें, मेरे यहाँ या अन्यत्र जहाँ कहें, मीटिंग की जगह निश्चित हो। यह ज़रूर है कि आदर्श साधारण रूप से ही आदर्श बनाया जायगा। आप जहाँ अड़चन देखते हैं, मुमकिन, वहाँ सुगमता हो; क्योंकि कुछ विचारशक्ति मेरे अन्दर भी है। आप दूसरा प्रेसिडेंट भी चुन सकते हैं, लेकिन व्यक्ति साधारण हो, साथ ही योग्य। इस तरह, निश्चय करके चिट्ठी लिखें। मैंने वहाँ कहा था, अगर शिक्षामंत्री के लड़के न होते तो सर्वदानन्द को सभापति चुन लेने में मुझे एतराज़ न होता। सभापति और मीटिंग की बात सूचित करें कि किसे चाहते हैं और कहाँ चाहते हैं। इति।

आप लोगों का
निराला

जौनपुर के सम्मेलन में सम्पूर्णानन्द ने क्या कहा था, फैजाबाद में क्या कहा था, गांधी और नेहरू ने क्या कहा था, वह सब निराला को याद था। कांग्रेसी नेताओं के प्रति उनकी स्मृति में जमा हुआ आक्रोश थोड़ा-सा पिघलकर इस पत्र में बह चला था।

अमृतलाल नागर और उनके समाजवादी मित्रों ने एक संस्था कायम की थी : 'कौस्मिक सोशलिस्ट्स'। कलकत्ते में निराला का अभिनन्दन हो चुका था। कलकत्ते

के बाद निराला की कर्मभूमि मुख्यत: लखनऊ रही थी। यह उचित था कि इस नगर में उनका सार्वजनिक अभिनन्दन हो। अमृतलाल नागर ने इसके लिए बड़ी लगन से काम लिया, लखनऊ के साहित्यकारों को बटोरा।

निराला ध्यान से अभिनन्दन की बातें सुनते रहे : वर्षों तक आपने साहित्य और समाज के प्रतिक्रियावादियों का सामना किया है। हिन्दी की नवीन शक्ति को आपने पहचाना था, उसने आपका साथ नहीं छोड़ा। इसीलिए हमारा विश्वास है, युग की नवीन प्रगतिशील शक्तियों को आप अपनी ओर खींच सके हैं। धीरे-धीरे अब एक विद्रोहीमात्र न रहकर साहित्य में एक नये युग के निर्माता और उसके नायक हुए हैं।

आपको अपने बीच पाकर हमें आप पर अभिमान होता है और हिन्दी-भाषी होने के नाते हमें अपने ऊपर अभिमान होता है। अनेक विषम परिस्थितियों में रहते हुए भी आपने एक योद्धा की भाँति साहित्य की सेवा की है, साहित्य के उद्यान को आपने अपने रक्त से सींचा है।

आपकी सेवा अति महान् है। उसके आगे जनता का सम्मान कितना भी बड़ा हो, तुच्छ ही होगा। आप चिरकाल तक हिन्दी और हिन्दुस्तान की इसी भाँति सेवा करते रहें, यही हमारी आन्तरिक कामना है।

हिन्दी की नवीन युवाचेतना निराला का अभिनन्दन कर रही थी। सज्जाद ज़हीर आदि के सम्पर्क से समाजवाद का जो चित्र उन्होंने मन में बनाया था, उससे ये युवक कुछ भिन्न थे। ये हिन्दी-प्रेमी थे, निराला पर हिन्दी के नाते गर्व करते थे।

निराला इलाहाबाद गए। अमरनाथ झा, बच्चन, नरेन्द्र शर्मा के सरपरस्त, विश्वविद्यालय के एकच्छत्र सम्राट्, सिविलियन अफ़सर गढ़नेवाली फैक्टरी के संचालक निराला की कविता सुनने को उत्सुक हुए। उन्हें अपने यहाँ कविता-पाठ के लिए निमंत्रित किया।

निराला ने निमंत्रण स्वीकार किया, पर यह इच्छा भी व्यक्त की कि झा साहब अपने काल्पनिक बड़प्पन की दीवार लाँघकर स्वयं आ जाते तो और अच्छा था। उन्होंने अंग्रेज़ी में उत्तर लिखा :

The Leader Press
Allahabad
8-3-39

Dear Sir,

Your invitation in English received. I shall be glad to join your company and entertain you all by my recital. But more I shall be if you won't hesitate to cross the barrier of imaginary greatness, when called, to come to my place.

Pranam.

Sincerely yours
Nirala

कविता-पाठ के अलावा और बहुत-कुछ करना आवश्यक था। बाज़ार का काम किये बिना दैनिक जीवन की साधारण आवश्यकताएँ पूरी न हो सकती थीं। निराला ने दुलारेलाल भार्गव से एक किताब लिखने का सौदा किया, सरल भाषा में, जो सबकी समझ में आ जाय। उन्होंने स्त्रियों और बच्चों के लिए महाभारत लिखी। भूमिका में उन्होंने स्पष्ट कर दिया : "यह संक्षिप्त महाभारत साधारण जनों, गृहदेवियों और बालकों के लिए लिखी गई है। इसमें उन्हें महाभारत की कथाओं का सारांश मालूम हो जायगा। भाषा सरल है। भाव के ग्रहण में अड़चन न होगी।" पुस्तक उनहोंने 'कलकत्ते की प्रिय स्मृति में' अपने बालसखा रामशंकर शुक्ल को समर्पित की।

निराला ने शिवपूजन सहाय से 'अनामिका' में देने के लिए महादेवप्रसाद सेठ पर लेख माँगा था। लेख उन्होंने भेजा था, पर निराला को मिला नहीं। इस बीच उन्होंने सुना, मुंशी नवजादिकलाल श्रीवास्तव नहीं रहे। 'मतवाला' का एक स्तम्भ और धराशायी हुआ। इसके बाद किसकी बारी आएगी?

'विश्वमित्र' में नवजादिकलाल पर शिवपूजन सहाय का लेख निकला। उसमें निराला का भी अच्छा चित्रण किया गया था। वह शिवपूजन सहाय पर मन-ही-मन नाराज़ हो रहे थे कि 'विश्वमित्र' के लिए लिखा, 'अनामिका' के लिए न लिखा। तभी उन्हें जानकीवल्लभ शास्त्री से समाचार मिला कि शिवपूजनजी ने निराला को लेख भेजा था। उन्होंने तुरन्त मित्र को लिखा :

भूसामंडी, हाथीखाना, लखनऊ
27-9-39

प्रिय शिवपूजनजी,

आज जानकीवल्लभजी साहित्याचार्य के पत्र से मालूम हुआ, वे आपसे मिले थे और आपने 'अनामिका' के लिए सेठजी पर आग्रह और अनुरोध के अनुसार कुछ लिखकर भेजा था। मुझे आपका लेख नहीं मिला। मैं बल्कि आपसे नाराज़ था।

सुना, आपका बच्चा अस्वस्थ था। अवश्य अब तक तन्दुरुस्त हो गया होगा।

मुंशीजी भी गए। अब मेरी बारी है।

आपका उन पर 'विश्वमित्र' में लेख पढ़ा। मेरा हिस्सा मेरे मित्रों को बहुत पसन्द आया। यों आपके लेख की क्या क्षुद्र प्रशंसा।

छँटकर साहित्य-परिषद् का सभापतित्व मेरे पास पहुँचा है। एक दफ़ा अस्वीकृत कर दिया था। तार से फिर अनुरोध आया है। स्वीकार कर लूँगा। टंडनजी की आज्ञा है। क्या आप सम्मेलन में आएँगे? आइए, दर्शन हो जाएँगे।

आपका
निराला

बनारस में साहित्य-सम्मेलन का अधिवेशन होनेवाला था। निराला के पास पत्र आया कि वह साहित्य-परिषद् का सभापतित्व स्वीकार करें। प्रबन्धमंत्री ने निराला को यह स्पष्ट बता दिया था कि अनेक व्यक्तियों से उन्होंने सभापति बनने की प्रार्थना की थी। किसी ने स्वीकार न की; तब वह निराला की शरण आए हैं।

इस तरह का सभापतित्व कोई बहुत बड़े सम्मान की बात न थी। पहले तो सभापति बनाना था तो उन्हें पूरे सम्मेलन का सभापति बनाते, फिर साहित्य-परिषद् का सभापति बनाया तो वह भी अछता-पछता कर, जब और कोई न मिला। निराला ने असमर्थता प्रकट करते हुए उन्हें पत्र लिख दिया। प्रबन्धमंत्री ने तार देकर फिर आग्रह किया। निराला टंडनजी के बँगले पर सलाह करने गए। टंडनजी ने कहा—पराड़करजी ने इसी तरह सम्मेलन का सभापतित्व स्वीकार किया था। उनका नाम बाद में आया जब औरों ने अस्वीकार कर दिया। दूसरों के छोड़े हुए पद को स्वीकार करने में जो अपने को अमर्यादित नहीं समझता, उसकी इज़्ज़त मेरी निगाह में और बढ़ जाती है।

निराला ने बनारस जाने की स्वीकृति दे दी। अमृतलाल नागर और मुझसे उन्होंने चलने को कहा। एक भाषण तैयार कर लेने का आग्रह किया। मैंने पूछा—विषय? उन्होंने कहा—चाहे जिस विषय पर लिखो।

मैंने भाषण लिखा। उन्हें न बताया कि क्या लिखा है, न उन्होंने पूछा। अंग्रेज़ी भाषा के सम्पर्क में आने पर जो बंगाली साहित्यकार गर्व करते थे, हिन्दी को राष्ट्रभाषा बनाने का जो विरोध करते थे, उनके विरुद्ध मैंने उग्र लेख लिखा।

सम्मेलन के सभापति अम्बिकाप्रसाद वाजपेयी ने हिन्दुस्तानी आन्दोलन का तीव्र विरोध किया। मदनमोहन मालवीय ने अपनी ललित गम्भीर वाणी में आगत जनों का स्वागत करते हुए हिन्दी का समर्थन किया। डॉ. राजेन्द्रप्रसाद ने हिन्दुस्तानी के प्रसार पर बल दिया। उनकी अपनी भाषा विशुद्ध हिन्दी थी। लोगों ने कहा—यदि इसे आप हिन्दुस्तानी कहें तो हमारा कोई विरोध नहीं।

राष्ट्रभाषा परिषद् के सभापति राजेन्द्रप्रसाद थे। काका कालेलकर ने रोमन लिपि का विरोध किया और नागरी लिपि को सुधारना आवश्यक बताया। निराला ने हिन्दी के पक्ष में ज़ोरदार भाषण किया। कुछ बातें ब्रह्म, महादेश और सौर मंडल के सम्बन्ध में कहीं जो बहुत स्पष्ट न थीं। फिर उन्होंने कहा—कलकत्ते के बंगाली विद्वान् हिन्दुस्तानी नहीं समझते, निराला की हिन्दी समझ लेते हैं। भाषा का दायरा छोटा नहीं। हिन्दी अपनी प्राचीन गरिमा के साथ विश्व की नवीन विभूतियों को अपने भीतर ढाल रही है। हिन्दी वाले उर्दू के छन्द ले रहे हैं; उर्दू वाले मन्दाक्रान्ता अपनाएँगे? गांधीजी को हिन्दीभाषियों के वोट चाहिए। जिनके लिए वह हिन्दी की जगह हिन्दुस्तानी चलाना चाहते हैं, उनके मुँह से 'राष्ट्रभाषा' निकलेगी भी? उनकी शिक्षा दूसरे ढंग से हुई है। वे प्रकरण को 'परकरन' कहेंगे। रामकृष्ण परमहंस ने इस्लाम की साधना की थी; मुसलमान हिन्दू-दर्शन ग्रहण कर सकते हैं? हिन्दी

विश्व-दर्शन अपनाने को तैयार है। देश को माता कहो, चाहे पिता, असली चीज़ भाव है। भाषा का जो रूप आज है, उससे पराधीनता का आभास मिलता है। देश में महान् पुरुष पैदा करने की शक्ति होनी चाहिए। हमें देश के विज्ञ चाहिए, देश के दीवाने नहीं। दोस्तो, सौ-पचास साल तो और डटे रहो। मैं छायावाद नहीं, प्रकाशवाद ही लिखता रहा हूँ।

बीच में माइक्रोफोन फेल हो गया। किसी प्रकार का शोरगुल न हुआ। निराला आवेश में बोलते गए; जनता एकदम शान्ति से भाषण सुनती रही।

बालकृष्ण शर्मा 'नवीन' हिन्दुस्तानी का समर्थन और निराला का विरोध करने उठे। उन्होंने कहा—निराला की बहुत-सी बातें समझ से बाहर हैं। वह गांधी से ब्रह्म तक न जाने क्या-क्या कह गए। इस तरह नवीनजी ने निराला के प्रति लोगों में फैली हुई भावना को उकसाकर उनकी बातों का खंडन करना चाहा, पर वहाँ श्रोता हिन्दुस्तानी के विरोधी थे। उन्हें सफलता न मिली। यह स्पष्ट हो गया कि कांग्रेस के कुछ राजनीतिज्ञ सम्मेलन पर अपनी भाषा-नीति लादना चाहते हैं; वहाँ एकत्र प्राय: सभी हिन्दी साहित्यकार इस नीति के विरुद्ध हैं।

नवयुवक-साहित्यकार-सम्मेलन भगवतीचरण वर्मा के सभापतित्व में हुआ।

निराला ने इसमें दो कविताएँ सुनाईं। बच्चन के 'मधुशाला' सुनाने के बाद लोगों के आग्रह से प्रिंसिपल मनोरंजन ने 'मधुशाला' की पैरोडी सुनाई। श्रोताओं ने मूल कविता और पैरोडी, दोनों को बराबर दाद दी।

साहित्य-परिषद् में रामचन्द्र शुक्ल और निराला एक मंच से बोले। शुक्लजी ने छायावाद-सम्बन्धी अपनी स्थापनाएँ काफी बदल दी थीं; निराला ने उनके प्रति पूर्ण सम्मान प्रदर्शित किया। निराला ने मुझसे भाषण पढ़ने को कहा। जनता ने अनेक बार करतलध्वनि की। कुछ लोगों को डॉ. सुनीतिकुमार चाटुर्ज्या आदि पर मेरे आक्षेप बुरे भी लगे। उन्होंने निराला से शिकायत की कि ऐसा भाषण पढ़ने की अनुमति न देनी चाहिए थी। निराला ने कहा—भाषण की स्पिरिट देखनी चाहिए; वह स्पिरिट अच्छी थी।

बनारस में निराला गांधीजी के पुत्र हीरालाल गांधी से मिले। वह खान-पान में परम अवैष्णव निराला के समानधर्मा थे। विनोदशंकर व्यास ने नाव का प्रबन्ध किया। रूपनारायण पांडेय, निराला, अमृतलाल नागर, नरोत्तम नागर, ज्ञानचन्द जैन, हीरालाल गांधी, विनोदशंकर व्यास आदि गंगा पार रेती पर बैठे और एक छोटा-मोटा, बड़ा सजीव साहित्य-सम्मेलन वहाँ भी हो गया जिसमें सबसे आकर्षक बात थी—निराला का गायन और कविता-पाठ।

फैजाबाद के सम्मेलन से निराला को जितना क्षोभ हुआ था, बनारस के अधिवेशन से उतनी ही प्रसन्नता। फैजाबाद के सम्मेलन पर सम्पूर्णानन्द, नरेन्द्रदेव हावी थे। बनारस में मदनमोहन मालवीय और अंबिकाप्रसाद वाजपेयी ने राजेन्द्रप्रसाद आदि को दबी ज़बान से बोलने पर मजबूर किया था। निराला ने

जो हिन्दुस्तानी का विरोध किया, वह उनके कांग्रेसी नेताओं के खिलाफ़ मुहिम की एक मंज़िल थी। वैसे वह 'रूपाभ' में 'चमेली' लिखकर ठेठ हिन्दुस्तानी का नमूना प्रस्तुत कर चुके थे।

राजनीतिज्ञों से खटकी थी, पर साहित्यकारों में निराला का सम्मान बढ़ रहा था। उनका क्रान्तिकारी व्यक्तित्व, उनकी लगन, उनकी सहृदयता लोगों के मन में उभरकर द्वेष-ईर्ष्या के भावों को दबा रही थी। सार्वजनिक रूप से, मुक्त कंठ से निराला का अभिनन्दन करनेवाले सुप्रसिद्ध साहित्यकारों में अग्रणी थे—सुमित्रानन्दन पन्त। निराला को मालूम था कि पन्त उन पर कविता लिखनेवाले हैं। स्वभाव के अनुसार निराला ने उन्हें कविता लिखने से मना किया। जब कविता आ गई तब वह प्रसन्न हुए; पन्त इतने ज़ोरदार ढंग से उनका स्तवन करेंगे, निराला ने इसकी कल्पना न की थी।

'अनामिका' के कवि
श्री सूर्यकान्त त्रिपाठी के प्रति

छन्द बंध ध्रुव तोड़, फोड़कर पर्वत कारा
अचल रूढ़ियों की, कवि, तेरी कविता धारा
मुक्त, अबाध, अमंद, रजत निर्झर सी निःसृत.—
गलित, ललित आलोक राशि, चिर अकलुष अविजित
शिलीभूत सौन्दर्य, ज्ञान, आनन्द अनश्वर
शब्द-शब्द में तेरे उज्ज्वल जड़ित हिम-शिखर।
शुभ्र कल्पना की उड़ान, भव-भास्वर कलरव,
हंस, अंश वाणी के, तेरी प्रतिभा नित नव;
जीवन के कर्दम से अमलिन मानस सरसिज
शोभित तेरा, वरद शारदा का आसन निज।
अमृत पुत्र कवि, यशःकाय तव जरामरणजित,
स्वयं भारती से तेरी हृत्तंत्री! झंकृत।

निराला के दग्ध हृदय पर जैसे किसी ने शीतल चन्दन का लेप कर दिया हो। उन पर दूसरों ने अब तक जो लिखा था, अपने ऊपर स्वयं उन्होंने जो कुछ लिखा था, किसी से उनके मन को ऐसी शान्ति न मिली थी, जैसी पन्त की इस कविता से—जिसकी सैकड़ों पंक्तियाँ उन्हें कंठस्थ थीं, जिसकी लोकप्रियता से विवश होकर अनेक बार उन्होंने आलोचना का अस्त्र उठाया था। वह प्रिय कवि, जिसका विकास निराला की साहित्य-साधना के प्रति चरण से जुड़ा हुआ था, वह कवि कह रहा था—स्वयं भारती से तेरी हृत्तंत्री झंकृत। निराला की साधना सार्थक है। उनके जीवन की सार्थकता का इससे बड़ा प्रमाणपत्र दूसरा हो नहीं सकता।

निराला ने कल्पना में स्वयं अपना जो चित्र बनाया था, पन्त की गढ़ी हुई मूर्ति उससे बहुत मिलती-जुलती थी। उनके पुलकित मन को दूसरे तटस्थ मन ने सावधान किया : यह सब कल्पना का खेल है; यथार्थ कुछ और है!

निराला ने पन्त को पत्र लिखा :

भूसामंडी, हाथीखाना, लखनऊ
4-4-39

प्रिय श्री पन्तजी,

आपकी रचना की दोनों चिट्ठियाँ मिलीं। आज अभी-अभी। मुझ पर आप कविता न लिखें, इस आशय का पत्र आपको लिख चुका हूँ। मुझे भय था कि आपका कवि इस तरह गिर न जाये। मेरा-आपका हिन्दी-साहित्य के इतिहास में अभिन्न सम्बन्ध है। मुझे सबसे बड़ी सफलता यही हुई, मैं समझता हूँ। लेकिन आपकी रचना देखकर मैं हैरान रह गया। यह तो कवि और वही कवि जिसे मैं प्यार करता हूँ, लिख रहा है।

अधिक क्या लिखूँ! एक बात कहता हूँ, हिन्दी में अपनी कल्पना-शक्ति के लिए ही आप बेजोड़ समझे जाते हैं। और अपनी अपराजित भाषा के लिए; इसी मौलिक सागर की ओर हिन्दी के नवयुवकों के हृदय के नदी-नद बह रहे हैं; वे आपसे कुछ हताश हो गये हैं, उन्हें इसी ओजस्विनी वाणी का कल्पनामृत पिलाइए। हिन्दी बड़ी गरीब है—कवि, कल्पना से बड़ा धन साहित्य में और नहीं। इति।

आपका
निराला

पुन:

यह पत्र उस कविता के नीचे छापने के लिए भेज दीजिए। मैं अनुचित नहीं समझता। मतलब खुला है। छापना ज़रूरी मालूम देता है। नरेन्द्रजी चाहें तो अपने नाम से और खुलासा कर दे सकते हैं। इस समय आन्दोलन वाले प्रसंग पर कुछ नहीं लिख सकूँगा।

आपका
निराला

'रूपाभ' में कविता छपी। उसके साथ निराला का पत्र या उस पर नरेन्द्र शर्मा का भाष्य न छपा। यह सब आवश्यक भी न था। आर्थिक कठिनाइयों से 'रूपाभ' बन्द होने जा रहा था। चलते-चलते निराला की यह सेवा भी वह करता गया।

केदारनाथ अग्रवाल और उनके मित्रों ने निराला को बाँदा बुलाया। निराला का बड़ा स्वागत-सम्मान हुआ। किसी ने उनसे कह दिया कि मजिस्ट्रेट साहब आपकी कविताएँ सुनना चाहते हैं। निराला इस पर नाराज़ हो गए। जहाँ कविता-

पाठ का आयोजन किया गया था, निराला ने वहाँ जाने से इनकार कर दिया। लोगों ने केदारनाथ अग्रवाल से आग्रह किया कि वह निराला को मनाएँ। केदार बाबू ने निराला के पास जाकर कहा—वहाँ दो हज़ार आदमी आपकी कविता सुनने को बैठे हैं और आप यहाँ रूठे हुए हैं! मजिस्ट्रेट किस खेत की मूली है? आप चलकर जनता को कविता सुनाइए।

निराला तुरन्त मान गए और मजिस्ट्रेट-समेत बाँदा के श्रोताओं को मुग्ध करते रहे।

होमवती देवी ने मेरठ में साहित्य-समारोह किया। निराला को सादर आमंत्रित किया। जैनेन्द्र, नगेन्द्र, अज्ञेय के साथ अधिकतर नवयुवक एकत्र हुए थे। निराला ने अपने कविता-पाठ से मेरठ के साहित्य-प्रेमियों को मोह लिया।

बरेली कालेज से ज्ञानप्रकाश जौहरी तथा अन्य साहित्य-प्रेमियों ने आमंत्रित किया। ज्ञानप्रकाश ने लखनऊ यूनिवर्सिटी से अंग्रेज़ी में एम.ए. किया था—फर्स्ट डिवीजन में। उनकी पत्नी प्रेमा खन्ना ने भी लखनऊ यूनिवर्सिटी से प्रथम श्रेणी में एम.ए. किया था। निराला खन्ना-परिवार से अच्छी तरह परिचित थे और गोलागंज में खन्नाजी के घर कभी-कभी जाते थे। अपने छात्र-जीवन में ही प्रेमा खन्ना ने लखनऊ विश्वविद्यालय के सांस्कृतिक जीवन में काफी प्रसिद्धि पाई थी। अब वह विलायत से और भी शिक्षा प्राप्त करके लौटी थीं। ऐसे परिवार ने निराला को आमंत्रित किया था, इससे वह और भी प्रसन्न थे। पर अब विद्यार्थियों के सामने कविता-पाठ करते हुए कभी शोरगुल होने लगता या कवि-सम्मेलनों में आवाज़ाकशी के आदी छात्र वैसा ही अभद्र व्यवहार निराला के सामने करते और निराला क्रुद्ध हो जाते। बरेली कालेज के लड़कों के व्यवहार से वह उत्तेजित हो गए। ज्ञानप्रकाश जौहरी ने किसी तरह उन्हें शान्त किया। बिदा होते समय एक अप्रिय घटना और हो गई। निराला ने जौहरी के नौकरों को चार रुपये दिये। लेने से इनकार करने पर वह समझे कि मुझे गरीब समझकर नहीं ले रहे। निराला ने रुपये वहीं फेंक दिये और चलने को हुए। जौहरी ने नाराज़ होकर कहा—आपने मेरी इन्सल्ट की है।

नौकर की इन्सल्ट मालिक की इन्सल्ट है—निराला की समझ में आया। वह जौहरी को मनाने बैठे।

बरेली से लौटे तो वह प्रेमा जौहरी के व्यवहार की भूरि-भूरि प्रशंसा करते रहे। मेरठ कालेज के छात्रों ने उनके कविता-पाठ के समय कुछ गड़बड़ की। निराला नाराज़ हुए और कहा—कविता न सुनाएँगे। लोगों के बहुत मनाने पर राज़ी हुए और 'गर्म पकौड़ी' सुनाई : तेरे लिए छोड़ी मैंने बम्मन की पकाई, घी की कचौड़ी, ऐ गर्म पकौड़ी।

लोगों को सन्तोष न हुआ। किसी ने कहा—'राम की शक्तिपूजा' सुनाइए, किसी ने 'जुही की कली'।

निराला ने कहा—तुम इसी गर्म पकौड़ी के काबिल हो। और कुछ न सुनाएँगे। और वे हाल से बाहर चले आए।

कभी-कभी उन्हें लगता, कुछ नौजवान कवि जो ऊट-पटाँग नये ढंग की कविताएँ लिखने लगे हैं, यह उनकी जड़ काटने के लिए। नन्ददुलारे वाजपेयी के यहाँ उत्तमा परीक्षा की कापियों में प्रभाकर माचवे का निबन्ध देखकर प्रसन्न हुए थे। एक लेख में उनकी तारीफ की थी कि हिन्दी छात्रों के मुकाबले मराठी-भाषी छात्र को अपनी भाषा से अधिक शक्ति मिलती है। पर अब प्रभाकर माचवे कविताएँ भी लिखने लगे थे और निराला को वे पसन्द न थीं। बोले—इम्प्रेशनिस्ट कविताएँ लिखते हैं। आदमी को देखा, नाक न दिखाई दी। बिना नाक के तसवीर बना दी। लिखने में कोई तुक नहीं! पहले लोग उस बन्दूक से निशाना लगाते थे जो पाँच मिनट में भरी जाती थी; अब मशीनगन दागते हैं—आँख मूँदकर। निशाना ही नहीं लगता। पहले शेर ज़मीन पर पैदल तलवार से मारते थे, तब बहादुरी थी।

फिर अपने बारे में कहने लगे—आजकल तबियत ठीक नहीं रहती, रिएक्शनरी हो गया हूँ।

लखनऊ की एक पत्रिका में कविता निकली :

खाता कबाब, पीता शराब,
मैं बड़ा आदमी हूँ जनाब।

कविता के ऊपर एक वनमानुस की तसवीर। निराला और उनके अन्य कई मित्रों का विचार था, यह शरारत ब्रजमोहन तिवारी की है। निराला कविता पढ़कर हँसते रहे, लेकिन मन उनका भारी था।

पैसे की तंगी थी। लीडर प्रेस से रुपये मिलने की गुंजाइश न थी। दुलारेलाल भार्गव 'कुल्ली भाट' छाप रहे थे, पर पहले की तरह निराला उनके लिए काम न कर रहे थे जिससे हर माह कुछ-न-कुछ मिलता रहे। दूसरा महायुद्ध शुरू हो गया था। जनता की आर्थिक कठिनाइयाँ बढ़ रही थीं। कांग्रेस युद्ध की परिस्थिति से लाभ उठाकर ब्रिटिश सरकार पर सीमित दबाव डाल रही थी।

श्रीनारायण चतुर्वेदी ने इंडियन प्रेस से यह व्यवस्था करा दी कि निराला बंकिमचन्द्र के उपन्यासों का अनुवाद करें और अनुवाद के लिए उन्हें उचित पारिश्रमिक दे दिया जाए। इतना-इतना गद्य-पद्य लिखने के बाद निराला को अपना पेट भरने के लिए अनुवाद का काम लेना पड़ा। उनकी प्रतिभा ज़रा भी कुंठित नहीं हुई, यह उन्होंने 'बिल्लेसुर बकरिहा' नाम का लघु उपन्यास लिखकर सिद्ध कर दिया। हास्य, व्यंग्य, 'देवी', 'चतुरी चमार' की गद्य-शैली, ग्रामीण जीवन में भूमिहीन किसान का चित्र, हिन्दी कथा-साहित्य में नया कदम, पुस्तक के लिए पाजामा, कोट, गांधी टोपी पहनकर अमृतलाल नागर के साथ उन्होंने तसवीर खिंचाई। पुस्तक युग-मन्दिर उन्नाव को दी, पर वहाँ से खर्च लायक रुपये न मिल रहे थे। निराला को—'विषवृक्ष', 'कपाल-कुंडला' आदि के अनुवाद में अपना समय लगाना पड़ा। इससे अच्छा, बँगला ही में लिखें, या बँगला में अपनी हिन्दी रचनाओं का अनुवाद करें। इस कार्य के लिए उनके

सामने दो कारण और थे। जब वह विद्यासागर कालेज गए थे तब वहाँ के अध्यापकों ने निराला से कहा था कि वह अपनी कुछ चीजों का अनुवाद बँगला में करें। इसके सिवा साहित्य-सम्मेलन के प्रचार-मंत्री पद्मकान्त मालवीय ने उन्हें प्रचार-कार्य में सहयोग देने को लिखा था। निराला ने बनारसीदास को लिखा : "प्रचार-कार्य दस-पाँच प्रभावशाली अनुभवी व्यक्तियों के सहयोग से ही हो सकता है। मेरे विचार से आप जैसे योग्य जनों का सहयोग ही प्रचार में सफलता ला सकता है। अवश्य उन्होंने आपको भी लिखा होगा। मेरे कार्य में आपकी सहायता बहुत ही आवश्यक है।" बँगला में हिन्दी रचनाएँ अनुवादित करने के प्रसंग में लिखा : "मैं अभी इसी तरह का कुछ काम करना चाहता हूँ। दूसरे कामों के लिए आपसे बाद को पूछूँगा। क्या उस अनुवाद के छपने के सम्बन्ध में आप 'प्रवासी' के अधिकारियों से मेरा थोड़ा-सा परिचय करा देने की कृपा करेंगे?"[2] चतुर्वेदीजी ने लिखा कि रामानन्द चट्टोपाध्याय से सीधे पत्र-व्यवहार करना ही उचित होगा। "यदि आपकी रचना अच्छी होगी तो वे उसे अवश्य स्थान देंगे।"[3] यह सलाह भी दी कि अनुवाद-कार्य के लिए एक समिति बना लेना ठीक होगा। निराला ने लिखा : "आपके विचारों से मैं सहमत हूँ। मैं बँगला में केवल हिन्दी-साहित्य ही रखना चाहता हूँ। दूसरे साहित्यिकों को भी लूँगा। समिति वाली बात बड़ी अच्छी है। समिति फिलहाल तीन आदमियों की रहे : आप, हज़ारीप्रसाद और मैं। हज़ारीप्रसादजी को मैं सूचित कर चुका हूँ, अनुवाद वाली बात। काम अभी मैं करता हूँ। चोटी की बँगला होगी, सरल, आधुनिक; इधर से निश्चिन्त रहिए। आप सभापति हो जाइए वर्षों का काम है। साथ मेम्बर बढ़ाते जाएँगे। जल्द जवाब दीजिए।"[4]

चतुर्वेदीजी ने असमर्थता प्रकट करते हुए लिखा : "वैसे ही मैं काफी भारग्रस्त हूँ नई ज़िम्मेवारी न लूँगा। हाँ, बिना बंधन में बँधे कुछ सेवा अपने ढंग पर कर सकता हूँ, यह करता रहूँगा।" इसके बाद उन्होंने सम्मेलन की भाषा-सम्बन्धी असहिष्णुता की आलोचना करते हुए, धैर्य और नम्रता से प्रचार-कार्य चलाने की आवश्यकता पर बल दिया। अन्त में उन्होंने साहित्य से अपने सम्बन्ध पर कुछ मार्मिक वाक्य लिखे : "आपके सामने यह बात स्वीकार करने में मुझे कुछ संकोच नहीं कि मेरी खुद की साहित्यिक साधना करीब-करीब खत्म हो गई है। वैसे भी मैं इस क्षेत्र का आदमी नहीं था। 20 वर्ष प्रवासी भारतीयों की सेवा में व्यय किये थे, पर किसी से मिलकर काम करने की प्रवृत्ति न होने के कारण वह कार्य भी असमाप्त ही रहा। जीवन का मुख्य भाग यों ही नष्ट हो गया। साहित्य तो मेरे लिए रपट पड़ने की हर गंगा ही रहा है। न तो वर्कर ही बन सका, और न साहित्यिक; न खुदा ही मिला, न विसाले सनम वाला मामला है। पर अब अड़तालीसवें वर्ष में साहित्यिक बनने के प्रयत्न में हूँ। ख़ैर, यह सब प्राइवेट बात है। आपने साहित्य-सेवा में कष्ट सहे हैं। उस साधना के बलबूते पर आप बँगला का काम हाथ में लीजिए।"[5]

बनारसीदास चतुर्वेदी ने निराला पर काफी सम्मतियाँ प्रकाशित की थीं। निराला चाहते तो बनारसीदास चतुर्वेदी पर उन्हीं की यह सम्मति उनके विरुद्ध इस्तेमाल कर

सकते थे। पर इस तरह का कोई विचार उनके मन में नहीं आया। बँगला में अनुवाद करने की बात जहाँ की तहाँ रह गई। लेकिन निराला ने बँगला में अपने जीवन से सम्बन्धित एक लेख लिखा।

लखनऊ के कुछ उत्साही बंगाली युवक बँगला में पत्रिकाएँ निकाल रहे थे। उनका प्रयत्न था कि वह ऐसे लोगों की रचनाएँ छापें जिनकी मातृभाषा बँगला न थी, पर जो बँगला जानते थे और बँगला-साहित्य से प्रेम करते थे। इस सिलसिले में उन्होंने निराला से लेख की प्रार्थना की। 'बन्दना' में निराला का लेख छपा : 'हिन्दी और बँगला'। सम्पादकीय नोट में उनकी 'वर्तमान हिन्दी काव्ये ख्याति' के अलावा यह उल्लेख भी किया गया कि 'तिनि अखिल भारतवर्षीय हिन्दी साहित्य परिषदेर सभापति।' निराला ने लेख शुरू किया : "आमार जन्म बांगलादेशे, हाते खड़ि बांगलाय,—अ-आ आगे शिखि। भाल बांगला पड़ा बांगाली छेलेरे मत आमाय शब्देर उपसर्ग धातु प्रत्यय बलते हत। चुयाल्लिश बछर बयसेर बत्रिश बछर एकादिक्रमे बांगला देशे काटाइ। केबल पैते बिये वा जल हाओया बदल करते हले देशे आसा होत, से मास कयेकेर जन्य।"

सम्पादकों का विचार था कि भाषा में त्रुटियाँ हैं जिन्हें सुधारना आवश्यक है। निराला का विचार था कि उन्होंने एकदम आधुनिक 'कलकेशियन बँगला' लिखी है। उन्होंने सम्पादकों को ताकीद कर दी कि लेख ज्यों-का-त्यों छपे, कहीं कोई परिवर्तन न किया जाय। हिन्दी में सताये जाकर वह बँगला से सम्बन्ध जोड़ने को उत्सुक थे, पर यह कार्य बहुत आसान न था।

कभी-कभी वह सोचते—किसी मित्र के यहाँ जाकर रहें, वहाँ चुपचाप लिखने का काम करें। सीतापुर में अपने एक मित्र राजबख्शसिंह को उन्होंने लिखा : "अगर वहाँ रहेंगे तो दूसरों से मिलने का समय नियत रहेगा सिर्फ दो घंटे—एक घंटा सुबह, एक घंटा शाम। बाकी वक्त काम करेंगे। आपके बैठक में बहुत गर्मी तो नहीं लगती? किसी सभा-सम्मेलन में नहीं जाएँगे?"[6]

निराला से मिलने-जुलनेवालों का समय हमेशा अनिश्चित रहा था। सबेरे सात बजे से लेकर रात के दस बजे तक जब जिसकी इच्छा होती, चला आता। निराला ने किसी से नहीं कहा—अभी हम लिख रहे हैं, आप फिर आइएगा। वह सीतापुर गए, लेकिन वहाँ लिखने के कार्यक्रम पर अमल न हो सका।

निराला के मित्र दयाशंकर वाजपेयी कलकत्ते से अस्वस्थ होकर गाँव आ गए थे। निराला ने समझा, पानी बदलने से तबियत खराब हो गई है। ठीक होने पर लखनऊ आने को कहा।

"आने के बाद से तुम्हारी बीमारी बढ़ने का कारण मैं जहाँ तक समझता हूँ, एकाएक पानी का बदलना है। अब तक तुम्हारी हालत सुधर गई होगी। अब कैसी तबियत है, किसी से लिखा देना। जी लगा रहेगा। खुद न लिखना। मस्तिष्क को जोर पहुँचने पर क्षति हो सकती है। चिन्ता न करना। कुछ अच्छे होने पर यहाँ चले आना।"[7]

दयाशंकर वाजपेयी को घातक रोग था। वास्तविक स्थिति जानकर निराला ने लिखा : "समाचार मालूम हुए। दुख की बात है। मैं 16-17 को इलाहाबाद जा रहा हूँ। लौट कर तुम्हें लिखूँगा। टी.बी. के इलाज के लिए कहाँ तक क्या सम्भव है, समझूँगा।"[8]

निराला समझ रहे थे, सब उपाय व्यर्थ हैं। उनके अनन्य युवा मित्र कुछ ही दिनों के मेहमान हैं। वह अब ईश्वर और उसके न्याय के बारे में अक्सर सोचा करते। उन्होंने 'बिल्लेसुर बकरिहा' में अपने नायक के बारे में लिखा था : "अपनी ज़िन्दगी की किताब पढ़ते गए, किसी भी वैज्ञानिक से बढ़कर नास्तिक।" दयाशंकर वाजपेयी को ऊपर उद्धृत पत्र में उन्होंने ऐसा ही एक वाक्य लिखा : "ईश्वर की दुनिया में आदमी के लिए बहुत थोड़ी जगह है।" निराला की आस्थाएँ भीतर ही भीतर टूट रही थीं।

इलाहाबाद से वह गढ़ाकोला गए। वहाँ से अपने पुराने बक्स में पड़ी हुई कुछ पुरानी चिट्ठियाँ वगैरह लाए। सरोज को गंगा के किनारे रखा गया था। उन्होंने दयाशंकर वाजपेयी को लिखा : "कई आदमियों से पूछने पर मालूम हुआ, गंगा की हवा से फायदा पहुँच सकता है। कैसा हाल है, जल्द लिखो।"[9]

दयाशंकर वाजपेयी को पहाड़ भेजा जाय तो शायद लाभ हो। इंडियन प्रेस वाले कुआँ खोदने पर जितनी मिट्टी निकले, उसी हिसाब से पारिश्रमिक देते थे। निराला का मन अस्थिर हो रहा था और उनका दूसरा मन यह अस्थिरता देखकर उन्हें सावधान कर रहा था।

भूसामंडी, हाथीखाना, लखनऊ
14-40

प्रिय श्री दयाशंकर,

3-4 दिन हुए, तुम्हारा पत्र मिला था। इलाहाबाद से अब तक मेरी तबियत भीतरी सूरत से बहुत खराब थी। इंडियन प्रेस के मालिक की लड़की की शादी थी, वे लोग कलकत्ता गए थे : कहते हैं, शादी के बाद से उनके यहाँ रुपये का बड़ा टोटा है। हम लोगों की राय थी कि तुम्हें पहाड़ भेजें। लेकिन वह नहीं हो सका। तुम्हारी दवा की चीज़ें पोस्ट से नहीं जा सकतीं। देर हो गई। इस समय रिक्त हूँ। इरादा है कि 3-4 दिन में खुद लेकर, बैसवाड़ा या तकिया से बैलगाड़ी किराये करके जाऊँगा। तुम्हारी दवा का अवश्य अब तक इन्तज़ाम हो गया होगा। पर कुछ फल के साथ तुम्हें देखना हो जायगा। रामकृष्ण की स्त्री गोरखपुर में सख्त बीमार है, प्रसूतिका ज्वर तीन महीने से है।

अधिक क्या लिखूँ, मेरे पैर की हालत—उत्तरोत्तर खराब होती जा रही है। इति।

तुम्हारा
निराला

23 अप्रैल की रात को साढ़े नौ बजे निराला मेरे यहाँ आए। "बड़ा दुखद समाचार है, रामबिलास"—उन्होंने कहा। वह बहुत उदास थे। आँखों के नीचे काली

रेखाएँ थीं, मुँह सूख गया था। वह नगर नाम के गाँव तक पहुँच पाए थे। वहाँ उन्हें दयाशंकर वाजपेयी की मृत्यु का समाचार मिला। फिर वह आगे न बढ़े, उन्नाव लौट आए। उन्नाव में चौधरी राजेन्द्रशंकर—सुमित्राकुमारी सिन्हा के पति—के यहाँ दो दिन ठहरकर लखनऊ आए। निराला ने कहा—दयाशंकर बहुत दुर्बल हो गए थे। हमारी लड़की भी बीमारी में 15-16 सेर की रह गई थी और ब्याह के पहले वह ऐसी स्वस्थ थी कि क्या बताएँ। शिवशेखर के मार दे झापड़ तो उधर गिरें जाकर।

फिर रामकृष्ण के विवाह की कुछ बातें याद करके वह उग्र स्वर में बोलने लगे—हम रामकृष्ण का जानित है, रामकृष्ण की महतरिहू का। कोहू से कहित नहिंन। यत्ता कष्ट होत है, यत्ता कष्ट होत है कि का बताई। बिआहे मँ हमरी सासुजी यहु देखावै आई रहैं कि हम यतरा खर्च कै सकित हैं। हम सब बर्दाश्त करत रहेन। गाँव मँ दुइ एकु बातै हम ऐसी कहा, तुम हमरी मेहरिया का गहनु बेचि लेय वाली को होती रहौ।

भूसामंडी वाले घर में एक दिन कोई भूमिका बाँधे बिना वह अचानक बोले—इस ज़िन्दगी से मौत अच्छी; पिस्तौल हो तो गोली मार लूँ।

कुछ दिन बाद वह ज़ीने से उतर रहे थे, सहमी हुई आवाज में—मानो किसी की मृत्यु की सूचना दे रहे हों! उन्होंने कहा—निराला अब नहीं है।

श्रीनारायण चतुर्वेदी कुछ दिन के लिए उन्हें नैनीताल ले गए।

भगवतीचरण वर्मा कलकत्ते से 'विचार' नाम का पत्र निकाल रहे थे। उसमें उन्होंने निराला की एक कविता छापी : 'बापू के प्रति'। उसके साथ उन्होंने एक सम्पादकीय नोट दिया, इस प्रकार :

"एक अरसे से कुछ लोगों द्वारा यह शक किया जाता था कि हिन्दी के सुविख्यात कवि, उपन्यासकार, कहानी-लेखक पंडित सूर्यकान्त त्रिपाठी निराला की ख्याति की तह में उनकी कला की श्रेष्ठता इतनी अधिक नहीं है जितनी उनकी विचित्रता से भरी प्रतिभा है।

"इधर हाल में उनकी विचित्रता से भरी प्रतिभा सीमा तोड़ने पर आमादा हो गई है। अगर ऊल-जलूल बातें लिखना और उनकी घोषणा करना, अगर लोगों की सुरुचि पर प्रहार करना, अगर जनमत अथवा लोकमत की भद्दे तौर से हँसी उड़ाना ही उत्कृष्ट कला है, तो हम स्वीकार करते हैं कि निरालाजी का इस युग का सर्वश्रेष्ठ कवि अथवा कलाकार होने का वह दावा जो वह अक्सर मौके-बेमौके उचित-अनुचित ढंग से किया करते हैं, सोलह आना ठीक है।

"पर हमारा खयाल कुछ दूसरा ही है। हम समझते हैं कि निरालाजी का मस्तिष्क उनके प्रकांड पाण्डित्य तथा विशद कला के गुरुतर भार को सहन नहीं कर सका! और परिणाम यह हुआ कि उनकी भारती भयंकर रूप में असंयत होकर दुनिया की निर्धारित रूढ़ियों को तोड़ने पर कटिबद्ध हो गई।

"अपनी इस भूमिका के साथ हम निरालाजी की इस युग की सबसे महान कविता 'बापू के प्रति' अपने पाठकों के सामने पेश कर रहे हैं। इस कविता में बापू और मुर्गी

तथा निरालाजी और अलारक्खी के सम्बन्ध पर पाठकों का ध्यान आकर्षित करते हुए उनसे एक बार हिन्दी के सर्वश्रेष्ठ कवि 'निराला की जय' बोलने का अनुरोध करेंगे।"

फैजाबाद सम्मेलन में निराला ने कहा था—अगर राजनीतिकों ने हिन्दुओं में मुर्गी खाने का प्रचार किया होता तो हिन्दू-मुस्लिम यूनिटी बहुत मजबूत हो चुकी होती।

लोगों ने इसका शुद्ध अभिधेयार्थ ही लिया। ("लोगों ने सुन लिया। लेकिन मतलब वैसा ही समझे, जैसा टंडनजी के विरोध में समझे थे।") वैसे ही वर्माजी ने कविता का अर्थ लगाया।

भगवतीचरण वर्मा ने निराला से यह कविता सुनी थी। 'विचार' के लिए उसे भेजने को कहा था। न भेजने पर उन्हें फिर ताकीद की थी। कविता मिल गई तो कविता और अपने नोट की एक प्रूफ-कापी उन्हें भेजी। साथ ही पत्र में लिखा कि "हमारा—यानी आपका और मेरा साहित्य के मसले पर मतभेद बड़ा स्पष्ट रहा है; पर व्यक्तिगत मैत्री का भाव भी बहुत ऊँचा रहा है। यह नोट साहित्य-क्षेत्र का है, इससे व्यक्तिगत मनोमालिन्य न आने पावे, उसकी मैं आशा करूँगा। पर यदि आप समझते हैं कि व्यक्तिगत मनोमालिन्य आ सकता है तो आप मुझे स्पष्ट लिख दीजिएगा। ऐसी हालत में मैं यह कविता न छापूँगा, क्योंकि कविता इस नोट के साथ ही छापने को तैयार हूँ।"[10]

निराला ने उत्तर लिखा :

प्रिय भगवती बाबू,

आपका पत्र, नोट और मेरी छपी कविता मिली। अवश्य छापिए। इसमें बुरी बात मुझे कोई नहीं नज़र आती—दार्शनिक रूप स्पष्ट है, आँखें चाहिए। हाँ, नोट में आप इतना लिखना भूल गए हैं कि यह रचना आपने छापने के लिए खुद माँगी थी और न भेजने पर फिर याद भी दिलाई थी। आपने जैसे और अनेक का जो मेरी कला के सम्मतिदाताओं में उल्लेख किया है, यह उनके प्रति आपकी उदारता है; उनके नाम भी आप लिख देते तो पाठकों को भ्रम में न पड़ना पड़ता। रही बात आपके कलाज्ञान के सम्बन्ध में मेरी, यह आप जानते हैं—मैं आपका कितना कायल हूँ।

मेरे कुछ मित्रों को आपका नोट बहुत पसन्द आया है, छपते ही वे आपके कला-ज्ञान की, सौजन्य-शिष्टता की तारीफ करेंगे, कहते हैं। आप अपनी प्रसिद्धि से घबराइएगा नहीं, यद्यपि आप जैसे उदारचेता से घबराहट की ही आशा बँधती है। विश्वविद्यालय की कृपा से ये लोग मेरी तरह अज्ञातकुलशील नहीं। सुना, श्रीनारायणजी चतुर्वेदी आपको व्यंग्य में सम्मति देनेवाले हैं। भगवती बाबू, ईश्वर जाने, बहुत दिनों से अच्छी कलापूर्ण बातें नहीं पढ़ीं। न छाप कर इनकी जड़ न मारिएगा।

आपका
निराला

निराला ने जब कविता भेजी थी तब यह समझकर भेजी थी कि 'विचार' में छपेगी। लेकिन उन्होंने यह कल्पना न की थी कि उनके विरुद्ध प्रचार के लिए भगवतीचरण वर्मा इस तरह के नोट के साथ उसे छापेंगे। अब उनसे न छापने को कहना अपने

को कायर सिद्ध करना होगा। इसलिए उन्हें प्रत्युत्तर के लिए सावधान रहने को कह कर छापने की अनुमति दी।

भगवतीचरण वर्मा ने अपने पत्र में लिखा था कि निराला से उनकी व्यक्तिगत मैत्री का भाव बहुत ऊँचा रहा है। ऐसी स्थिति में उन्होंने कविता तभी छापी होगी जब उसे निराला की प्रतिनिधि-रचना माना होगा, निराला के सम्बन्ध में फैले हुए भ्रमों को दूर करने के लिए उस तरह के नोट के साथ उसे छापना आवश्यक समझा होगा। नोट में यह क्यों नहीं लिखा कि स्वयं उन्होंने निराला से आग्रहपूर्वक कविता मँगाई थी—यह स्पष्ट नहीं है।

निराला की वह कविता इस प्रकार है :

बापू, तुम मुर्गी खाते यदि
तो क्या भजते होते तुमको
ऐरे-गैरे नत्थू ख़ैरे—?—
सर के बल खड़े हुए होते
हिन्दी के इतने लेखक कवि?

बापू, तुम मुर्गी खाते यदि
तो लोकमान्य से क्या तुमने
लोहा भी कभी लिया होता?—
दक्खिन में हिन्दी चलवा कर
लखते हिन्दुस्तानी की छवि,
बापू, तुम मुर्गी खाते यदि?

बापू, तुम मुर्गी खाते यदि
तो क्या अवतार हुए होते
कुल-के-कुल कायथ बनियों के?
दुनिया के सबसे बड़े पुरुष
आदम-भेड़ों के होते भी!
बापू, तुम मुर्गी खाते यदि!

बापू, तुम मुर्गी खाते यदि
तो क्या पटेल, राजन, टंडन,
गोपालाचारी भी भजते?—
भजता होता तुमको मैं औ'
मेरी प्यारी अल्लारक्खी,
बापू, तुम मुर्गी खाते यदि।

यह निराला की प्रतिनिधि कविता नहीं थी, पर सन् '40 के निराला की प्रतिनिधि रचना अवश्य थी। यह उस कवि की रचना थी जिसकी पुरानी आस्थाएँ टूट चुकी थीं और उनकी जगह नये विश्वास पनपे न थे। यह लोगों की सुरुचि पर नहीं, कांग्रेसी राजनीति की कुटिलता पर प्रहार था। निर्धारित रूढ़ियों को तो निराला बहुत दिनों से तोड़ते आ रहे थे। अब कुछ ऐसी रूढ़ियाँ तोड़ रहे थे जो निर्धारित नहीं थीं, जिनमें प्रवंचना और आत्म-प्रवंचना का मायाजाल रूढ़ि न कहलाकर देशभक्ति, भारतीय संस्कृति आदि सुन्दर नामों से याद किया जाता था। उस समय इस मायाजाल में कहीं भगवतीचरण वर्मा भी फँसे हुए थे। निराला पर अब तक जो पत्थर फेंकते आए थे, वे इस बात से नाराज़ हुए थे कि निराला ने उलटकर एक ढेला उन पर भी फेंक दिया।

निराला हँस रहे थे वेदान्त पर, समाजवाद पर, कांग्रेसी नेताओं पर, छायावाद पर, अपनी समस्त पुरानी मान्यताओं पर। नाम से ही हास्यास्पद 'कुकुरमुत्ता' को अपना अस्त्र बनाकर उन्होंने उसे ब्रह्म के समान विश्वव्यापी बना दिया, उसके सहारे उन्होंने सबसे बदला लिया। वे जो अपने को सभ्य, शालीन और सुसंस्कृत समझते थे, कुकुरमुत्ता से ओछे साबित हुए। बेला, गुलशब्बो, चमेली, कामिनी, जुही, नरगिस, रातरानी, कमलिनी की दुनिया पर हँसता हुआ :

वहीं गन्दे में उगा देता हुआ बुत्ता
पहाड़ी से उठा सर ऐंठ कर बोला कुकुरमुत्ता।

कालिदास के सौन्दर्य, गुलाब की खुशबू, मैदानेजंग छोड़ औरत की जानिब भागनेवाले काव्य-प्रेमी, छायावादी संसार के स्वप्नदर्शी कवि पर हँसता हुआ कुकुरमुत्ता :

ख्वाब में, डूबा चमकता हो सितारा,
पेट में डंड पेलते चूहे, ज़बां पर लफ्ज़ प्यारा।

भारत का छत्र, यूरोपियनों का पैराशूट, विष्णु का सुदर्शन चक्र, यशोदा की मथानी, राम का धनुष, रुपया-पैसा, डमरू, वीणा—ये सभी कुकुरमुत्ता-ब्रह्म के हो अनेक रूप हैं। उसमें व्यास और वाल्मीकि ने गोते लगाये; उसके भीतर से भास-कालिदास ने पोथे निकाले, हाफिज़ और रवीन्द्रनाथ टुकुर-टुकुर उसकी करामात देखा किये। कहीं का ईंट, कहीं का पत्थर, टी.एस. इलियट ने जैसे दे मारा—आधुनिकतावादियों के आचार्य कुकुरमुत्ता से बड़े नहीं। डिक्टेटर, भुक्खड़ फालोअर, दुम हिलाते टेरियर जैसा आधुनिक पोएट—सब निराला के व्यंग्य के शिकार। लेकिन कुकुरमुत्ता सिर्फ एक ढेला था जो उन्होंने हल्ला मचाती हुई भीड़ पर फेंक दिया था।

कुकुरमुत्ता सब पर हँसता है पर वह स्वयं हास्यास्पद है। निराला उस पर हँसते हैं। लेखकों में लंठ जैसे खुशनसीब—कहकर उसे चिढ़ाते हैं। कविता के अन्त में उसका कलिया-कबाब बनाकर उन्होंने उसकी अन्त्येष्टि भी कर दी। कविता की 'गुलाबी

उर्दू', 'कुल्ली भाट' और 'बिल्लेसुर बकरिहा' की भाषा की तरह, 'तुलसीदास' और 'राम की शक्तिपूजा' की उदात्त शब्दावली पर मानो हँस रही थी। हीरोइक, उदात्त, सब्लाइम—क्या ये सब प्रवंचना नहीं हैं? दुख से सताये हुए को इस प्रवंचना से मतलब? मोह से मुक्ति ही ज्ञान है; भ्रमों का विनाश रहस्यवादी के प्रकाश से कम महत्त्वपूर्ण नहीं है। कोई आश्चर्य नहीं, निराला की दृष्टि में 'कुकुरमुत्ता' उतनी ही महत्त्वपूर्ण रचना थी जितनी 'तुलसीदास'।

शृंगार के रूमानी सपने—किसी समय कितने अच्छे लगते थे? रवीन्द्रनाथ की विजयिनी—सरोवर से नहाकर निकलती हुई, नग्न शरीर पर प्रकाश और छाया का खेल, सीढ़ियों पर गीले चरणों के चिह्न! निराला को उस सब पर हँसी आ रही थी। उन्होंने रवीन्द्रनाथ के शृंगार स्वप्न पर व्यंग्य करते हुए कविता लिखी : 'खजोहरा'। महिषादल की स्मृतियों का सहारा लेकर उन्होंने एक प्रौढ़ा नायिका—बुआ—को सरोवर में उतारा :

उतरीं ज्यों टैगोर की विजयिनी हों!

विजयिनी के सुकुमार अंगों की जगह उनके पैर नींव के खम्भों-जैसे थे, वह ताल में हथिनी-जैसी पैठीं। उन्होंने विजयमद में अपने भुजदंड देखे। रवीन्द्रनाथ की कविता में कामदेव विजयिनी का सौन्दर्य देख रहा था। निराला की कविता में उसकी जगह ली खजोहरा ने! बुआ ताल से भागीं; सारे बदन में खुजली। अँधेरा हो गया था, सौभाग्य से किसी ने देखा नहीं।

निराला 'विजयिनी' के साथ खुद अपनी जवानी के रंगीन सपनों पर हँस रहे थे।

निराला कुशल अभिनेता थे। श्रीनारायण चतुर्वेदी की बैठक—सिविल लिबर्टी लॉज—में किसी की ज़बान पर कोई प्रतिबन्ध न था। साहित्य-प्रेमियों का जमघट होता। निराला जगदम्बाप्रसाद मिश्र हितैषी की तरफ उँगली उठाकर 'कुकुरमुत्ता' की पंक्तियाँ सुनाते :

रोज़ पड़ता रहा पानी
तू हरामी खानदानी।

ज़ोर के ठहाके। हँसी के उस वातावरण में यह दिखाई न देता था कि निराला के व्यंग्य के नीचे कहीं करुणा का स्रोत प्रवाहित है। वह हँसते थे उन पर, जो शालीन, सभ्य, सुसंस्कृत बनते थे। जो निर्धन, असभ्य, असंस्कृत थे, निराला उनसे एकात्मभाव स्थापित कर रहे थे :

धूल में तुम मुझे भर दो।
धूलि धूसर जो हुए पर
उन्हीं के वर वरण कर दो।

वह अपने को देखते थे—शिथिल होता शरीर, सर में जहाँ-तहाँ सफेद बाल, बिछुड़ते हुए मित्र, संसार में अकेला कवि, सामने केवल मृत्यु—निराला का मन अपने ही प्रति करुणा से विगलित हो उठता था :

मैं अकेला;
देखता हूँ, आ रही
मेरे दिवस की सान्ध्य वेला।
पके आधे बाल मेरे,
हुए निष्प्रभ गाल मेरे,
चाल मेरी मन्द होती आ रही,
हट रहा मेला।
जानता हूँ, नदी झरने,
जो मुझे थे पार करने
कर चुका हूँ, हँस रहा यह देख,
कोई नहीं भेला।

पार जाने को नाव नहीं है। विश्वास की नाव डूब चुकी थी और निराला हँस रहे थे। करुणा और हास्य का अद्‌भुत मिश्रण, मानो वह जीवन में प्रत्यक्ष सिद्ध कर रहे थे कि सब रस मूलत: एक हैं।

निराला एक कविता लिखने का विचार कर रहे थे—प्रसाद पर। वह 'कामायनी' पढ़ रहे थे और 'सुधा' के लिए उन्होंने एक छोटी-सी समीक्षा लिखी। डारविन के विकासवाद का खंडन करते हुए, 'वर्तमान धर्म' के कश्यप, दिति, अदिति के उल्लेख के साथ, ज्ञान से सृष्टि और मानव-समाज की रचना का रहस्य समझाया। माया की व्याख्या 'हज़ारों वर्षों से आज तक बहुत कम लोगों की समझ में' आई है, यह भी वताना वह न भूले। प्रसाद ने 'कामायनी' के आरम्भ में जड़-चेतन का भेद मिटा दिया था :

एक तत्त्व की ही प्रधानता,
कहो उसे जड़ या चेतन।

निराला ने सृष्टि-तत्त्व की जो भूमिका बाँधी थी, उससे ये पंक्तियाँ मेल न खाती थीं। उन्होंने दो बार लिखा—उसे जड़ कहो या चेतन। बात गले से न उतर रही थी, पर उसके विरोध में कुछ न लिखा। इसके विपरीत उन्होंने लिखा : हिन्दी के युगान्तर साहित्य के तीन प्रजापति हैं—प्रेमचन्द, मैथिलीशरण, प्रसाद। प्रसाद-साहित्य में जिस भावना का स्रोत है, उसी का कलरव हिन्दी के विशाल क्षेत्र में सुनाई दे रहा है। 'कामायनी' रहस्यवाद का प्रथम महाकाव्य है। "वर्तमान युग के प्रवर्तक कविश्रेष्ठ" प्रसाद की "ऐसी किताब, मनुष्य-मन का इतना अच्छा चित्र, जिस समझदारी के साथ चित्रित हुआ, मैंने हिन्दी और बँगला के नवीन साहित्य में नहीं देखा।"

अपने को हिन्दी के प्रजापतियों, युगान्तरकारी साहित्यस्त्रष्टाओं की पंक्ति से उन्होंने नम्रतापूर्वक अलग रखा। 'कामायनी' उस युग का श्रेष्ठ भारतीय महाकाव्य है, सन् '40 में यह कहनेवाले निराला ही थे। उनका विचार था कि वह अन्य लेख में विस्तार से 'कामायनी' पर लिखेंगे पर उसकी नौबत न आई।

निराला ने प्रसाद पर कविता लिखी; प्रसाद के साथ उन्होंने हिन्दी के समूचे नवीन साहित्यिक विकास पर यह कविता लिखी। ऋतुओं के रूपक में प्रसाद के जीवन को बाँधा, पर जिस उदात्त स्तर पर वह कविता रचना चाहते थे, उस तक उनका स्वर अब चढ़ न पा रहा था। बहुत जगह सपाट पंक्तियाँ आ रही थीं, जैसी अब तक उनकी रचनाओं में कम आई थीं। पर जहाँ उनका मन सध गया था, वहाँ स्वर में एक नई शान्त स्निग्धता आई, जैसी 'प्रलय चल रहा अपने पथ पर' अथवा 'श्याम तामरस दाम शरीरम्' में थी।

प्रसाद की मृत्यु :

अन्धकार कारा यह, बन्दी हुए मुक्तिधन

प्रसाद का जीवन :

जीना सिखलाने को कर्मनिरत जीवन से
मरना निर्भय मन्दहासमय महामरण से।

प्रसाद और जातीय साहित्य का सम्बन्ध :

पिया गरल पर किया जाति-साहित्य को अमर।

प्रसाद का संघर्ष :

धारा झरझर झरी, घटा फिर फिर घिर आई
सौ सौ छन्दों में फूटी रागिनी सुहाई।

प्रसाद की विजय :

तुम वसन्त-से मृदु, सरसी के सुप्त सलिल पर
मन्द अनिल से उठा गये हो कम्प मनोहर।

प्रसाद के साथ एक नया युग :

हे चतुरंग, तुम्हारी विजय ध्वजा धारण कर
खड़े सुमित्रानन्दन, देवी, मोहन, दिनकर।

प्रसाद के साथ निराला :

रहा साथ मैं नत मस्तक, सेवा को; अग्रज,
चले गये तुम धरा छोड़ गौरव-विजय ध्वज!

काशी से प्रसाद-परिषद ने निराला को आमंत्रित किया। 30 सितम्बर को उनके सभापतित्व में परिषद का अधिवेशन हुआ। कुछ कवियों ने कविताएँ पढ़ीं। निराला को मानपत्र दिया गया। निराला भावावेश में थे। बनारस के साथ, प्रसाद के साथ उनके जीवन की कितनी स्मृतियाँ जुड़ी थीं। प्रसाद का निधन उन्हें नये सिरे से दुख दे रहा था, मानो पहले उसकी दारुणता उन्होंने अच्छी तरह पहचानी न हो! वह प्रसाद का व्यक्तित्व देख रहे थे जो निराला की तरह विचलित न होकर, धैर्य से एक क्षण नष्ट किये बिना, अपनी साधना में लगा रहा। वह प्रसाद में अपना प्रतिबिम्ब देख रहे थे जो गरल पीकर साहित्य को अमृत दे रहा था। वह कविता पढ़ने उठे; जितना शब्दों में व्यक्त कर पाए थे, उससे बहुत ज़्यादा मन में था। कई जगह कंठावरोध हुआ, सँभले; आगे बढ़े। अन्त में :

रहा साथ मैं नत मस्तक, सेवा को—

कहते-कहते वह फूट पड़े। 'अग्रज' गले में अटककर रह गया। वह सिसकते हुए हाथों से मुँह दाबे अपनी जगह बैठ गए।

नरक-यात्रा

दुलारेलाल भार्गव से सम्बन्ध तोड़ने के बाद कुछ दिन तक लीडर प्रेस से निबह गई, लेकिन यह निबाह चार दिन की चाँदनी-जैसा अस्थायी साबित हुआ। इंडियन प्रेस के लिए अनुवाद किये; उनसे भी मन-मुटाव हुआ। फिर दुलारेलाल भार्गव का दरवाज़ा खटखटाया; वह एकाध किताब छापने को तैयार हो गए। अब उनकी पत्नी सावित्री भार्गव संचालन-सम्पादन कार्य में सहायता करती थीं। उन्हें निराला-जैसे सहायक की आवश्यकता न थी। निराला इस प्रकाशक से उस प्रकाशक के यहाँ भटक रहे थे। स्थायी रूप से अब वह कहीं एक जगह रह भी न रहे थे। कभी लखनऊ, कभी इलाहाबाद, कभी सीतापुर, कभी काशी। इस तरह वह जमकर काम न कर पा रहे थे।

उन्नाव में चौधरी राजेन्द्रशंकर ने प्रकाशन-कार्य आरम्भ किया था। निराला उनके यहाँ से कुछ किताबें निकलवा रहे थे। उनकी पत्नी सुमित्राकुमारी सिन्हा कविताएँ और कहानियाँ लिखती थीं। निराला ने उनके कहानी-संग्रह 'अचल सुहाग' पर एक समीक्षा लिखी जो 'माधुरी' में प्रकाशित हुई। "कहानियाँ मौलिक और बिलकुल नया रुख लिये हुए हैं।...प्रेम के सम्बन्ध में बदलती हुई धारणा में महिलाओं की प्रतिनिधि की हैसियत से, कवयित्री सुमित्राकुमारी ने बड़ी निर्भीकता दिखाई है।"

'हंस' में निराला की कुछ कविताएँ छपी थीं। श्रीपत राय चाहें तो अच्छे दाम देकर उनकी किताबें छाप सकते हैं। वाचस्पति पाठक के यहाँ से उन्होंने इस सम्बन्ध में शिवदानसिंह चौहान को पत्र लिखा :

C/o The Leader
Alld.
1-7-41

प्रिय शिवदानसिंहजी,

आपके पत्र का देर से जवाब लिख रहा हूँ। मैं आपको 'खजोहरा'—एक लम्बी कविता पहले छापने के लिए भेजूँगा। फिर लेख, कहानी। अभी तक बुरी तरह उलझा रहा अपने-आप में। काम बहुत अच्छा नहीं कर सका, कुछ किया है। श्रीपतिजी से भी बात पूरी नहीं कर सका। मुझे रुपये भी चाहिए। Education Expansion Officer एक किताब की 300 प्रतियाँ ले लेंगे। 'बिल्लेसुर' तैयार कर रहा हूँ। 'कुकुरमुत्ता' संग्रह भी तैयार है। श्रीपतिजी हों तो जल्द मुझे लिखें। यहाँ दूसरे लेने वाले हैं पहला संस्करण।

आप अच्छी तरह होंगे। आपकी भाषा मुझे पसन्द है। जल्दी में हूँ। नमोनम:।

आपका—
निराला

काफी मजबूरी में उन्होंने ऐसा पत्र लिखा था।

अबोहर में साहित्य-सम्मेलन का वार्षिक अधिवेशन होने जा रहा था। सभापति चुने गए अमरनाथ झा। कवि-सम्मेलन के संयोजक थे—उदयशंकर भट्ट। उन्होंने निराला को पत्र लिखा कि वह कवि-सम्मेलन का सभापतित्व करें। निराला ने 500) की माँग की। स्वागताध्यक्ष स्वामी केशवानन्द के विशेष आग्रह करने पर भट्टजी ने निराला को लिखा कि वह 500) की माँग छोड़ दें और जो कुछ भी सम्मेलन दे, स्वीकार कर लें। निराला मान गए। सम्मेलन वालों की योजना थी कि कवि-सम्मेलन के सभापति को आने-जाने का किराया-भर दिया जाय। निराला गेस्ट हाउस में ठहराये गए। उनके साथ उसी कमरे में सर्वदानन्द वर्मा भी ठहरे। अन्य लोग स्कूल या तम्बुओं में ठहराये गए। यहाँ उनका परिचय कवयित्री चन्द्रमुखी ओझा 'सुधा' से हुआ। उनके जेठ चन्द्रशेखर शास्त्री निराला की प्रथम 'अनामिका' के सम्मतिदाताओं में, 'मतवाला'-मंडल के परम हितैषी थे। चन्द्रमुखीजी, उनकी बहन, उनके परिवार के लोग दारागंज इलाहाबाद में रहते थे। क्रमश: इन सबसे निराला का घनिष्ठ परिवार-जैसा नाता हो गया।

अबोहर के सम्मेलन में ज्योतिप्रसाद मिश्र 'निर्मल' भी गए थे। उन्होंने निराला से पूछा—आप सम्मेलन में दिखाई नहीं पड़े? निराला अमरनाथ झा के सभापतित्व में होनेवाले अधिवेशन में न गए थे। उनका विचार था कि बड़े बाप के बेटे होने

और यूनिवर्सिटी के प्रोफ़ेसर होने से अमरनाथ झा सभापति चुने गए हैं, हिन्दी-सेवा के कारण नहीं।[1] झा जी ने कहा भी था, हिन्दी उनकी मातृभाषा नहीं, राष्ट्रभाषा है; मातृभाषा मैथिली है।

सम्मेलन के कर्णधार हिन्दी का सम्बन्ध हिन्दू संस्कृति से जोड़ते थे और हिन्दू संस्कृति का निरामिष भोजन से। निराला के परम हितैषी पुरुषोत्तमदास टंडन और सम्पूर्णानन्द भी विद्यमान थे। निराला ने दिखा-दिखाकर खाया-खिलाया, पी और पिलाई; जो पहले खीझे हुए थे, उन्हें और खिझाया। निराला के चरित्र को लेकर रोमांचक कहानियाँ सुनाई गईं और कविता से अधिक उनकी चर्चा—वर्षों तक हरिद्वार से काशी तक—होती रही।

निराला के कमरे में उपेन्द्रनाथ 'अश्क' आए। 'तुम तुंग हिमालय शृंग' की उन्होंने पैरोडी लिखी थी। निराला को सुनाने लगे :

तुम पामदाम के ढलम ढाम
मैं पाल पलीपल पील
तुम हरम शरम के तुलम ताम
मैं तरर तामली तील।
तुम द्रुम्म और मैं द्रान्ति
तुम झुरामान जुम जुंझमार
मैं चीम जीम जुम जान्ति।

रात को जब कवि-सम्मेलन हुआ तब निराला ने वही पैरोडी सुनाने को कहा। 'अश्क' ने निराला के हाथ झटकने की नकल करते हुए पैरोडी पढ़ी। निराला ने उनकी पीठ ठोंकी।

किन्हीं पंजाबी कविता-प्रेमी सज्जन ने किसी कवि के कविता-पाठ से प्रसन्न होकर दो रुपये का पुरस्कार दिया। इसके बाद जो कवि पढ़ने आए और निराला को पसन्द आए, उन्हें अपनी जेब से उन्होंने पुरस्कार दिये। जेब खाली होने पर हाथ से लिखकर प्रमाणपत्र दिये। जो गा लेते थे, वे जमे; जो यों ही पढ़ते थे, वे उखड़े। शोरगुल होने पर निराला ने अपने कविता-पाठ से लोगों को शान्त किया।

विद्वानों की राय में निराला के व्यवहार से साहित्य-सम्मेलन की प्रतिष्ठा को धक्का लगा। स्वागताध्यक्ष स्वामी केशवानन्द तिलमिला उठे। साहित्यिक दुनिया से उन्हें विरक्ति हो गई। अबोहर का साहित्य-सदन छोड़कर वह देहातियों की सेवा करने लगे। सम्पूर्णानन्द और पुरुषोत्तमदास टंडन बहुत दुखी हुए और तेगराम की सम्मति-पंजिका में सम्पूर्णानन्द ने लिखा : "सम्मेलन के अधिवेशन पर कवि-सम्मेलन का आयोजन करना बन्द हो जाना चाहिए।"[2]

कुछ वर्ष बाद सम्मेलन-भवन में सरकारी ताला पड़ गया। किनके चरित्र से ऐसा हुआ—इसकी विशेष चर्चा हिन्दी में न हुई।

गेस्ट हाउस में निराला के खाने-खिलाने, पीने-पिलाने में लगभग पचास रुपये का बिल आया। उदयशंकर भट्ट ने कहा—बिल के रुपये स्वागत समिति दे। स्वागत समिति ने इनकार किया। भट्टजी ने उस समय अपनी जेब से सौ रुपये दिये; फिर काफी परिश्रम के बाद स्वागत समिति से वसूल पाए।

अबोहर से अनेक साहित्यकार और निराला लाहौर गए। वहाँ एक बीमा कंपनी के मैनेजर के यहाँ निराला को ठहराया गया। यहाँ भी निराला ने अपने खाद्य और पेय की माँग की। उदयशंकर भट्ट बुलाए गए। निराला ने परिस्थिति समझकर कहा कि वह मिस्टर जैन के ही यहाँ रहेंगे और न गोश्त खाएँगे, न शराब पिएँगे। मिस्टर जैन प्रसन्न हुए। निराला की शान में बड़ी पार्टी दी। लाहौर के प्रतिष्ठित जन एकत्र हुए। कवि-सम्मेलन का सभापतित्व निराला ने किया। सबको सुन लेने के बाद अन्त में कविता पढ़ने के लिए काफी धैर्य चाहिए। निराला का धैर्य चुकने लगा तो सभापति के अधिकार का पूरा उपयोग करते हुए वह बीच में ही कई बार कविता सुनाने खड़े हुए, विशेष कर जब कोई कवि जमता और जनता वाह-वाह करती तो वह अपने कला-प्रदर्शन के लिए सचेष्ट हो जाते।

हाईकोर्ट के एक जज, गवर्नमेंट कालेज के अंग्रेज़ी के एक प्रोफ़ेसर, अनेक उर्दू शायर निराला से मिलने आए। दो महिलाएँ दर्शनों को आईं तो निराला उनसे अंग्रेज़ी में बोले। जब निराला लाहौर से चले तब उन्हें विदा करने स्टेशन पर दो-ढाई सौ आदमी एकत्र थे।[3]

बिहार में निराला के मित्र और प्रशंसक बुला रहे थे। मुज़फ़्फ़रपुर के साहित्यप्रेमियों ने सुहृद-संघ के वार्षिकोत्सव में उन्हें आमंत्रित किया। वहाँ भाषण और कविता-पाठ के बाद निराला अपने प्रिय मित्र शिवपूजन सहाय से मिलने छपरा गए। वह राजेन्द्र कालेज में अध्यापक थे। वहाँ भी निराला का बड़ा सम्मान हुआ और उनके कविता-पाठ की धूम रही।

आचार्य रामचन्द्र शुक्ल का स्वर्गवास हुआ। बहुत आत्मीयता का सम्बन्ध न था, फिर भी निराला ने उन पर एक कविता लिखी। पिछले दिनों फैजाबाद और बनारस में सम्पर्क होने से दोनों परस्पर आकृष्ट हुए। देहावसान से कुछ दिन पूर्व शुक्लजी लखनऊ भी आए थे। निराला ने सारा विरोध-भाव भूलकर उन्हें श्रेष्ठ आलोचक के रूप में स्मरण करते हुए लिखा :

अमा निशा थी समालोचना के अम्बर पर
उदित हुए जब तुम हिन्दी के दिव्य कलाधर।

इसके बाद भाव-स्रोत जैसे सूख गया। उन्होंने तिथियों का हिसाब लगाकर उन्हें पूर्ण कलाधर सिद्ध किया।

देश में उथल-पुथल मची थी। युद्धजनित कठिनाइयों से जनता त्राहि-त्राहि कर रही थी। गांधीजी ने 'भारत-छोड़ो' का नारा दिया था। जगह-जगह पुलिस अथवा

फौज से जनता की टक्कर हो रही थी। निराला कुछ दिन कर्वी में रामलाल गर्ग के यहाँ रहे। वहाँ चोरों ने सेंध लगाकर गहनों के बक्स चुरा लिये। पुलिस ने पूछताछ के लिए निराला को भी घेरा।

स्फटिक शिला पर उन्होंने एक लम्बी कविता लिखी, प्रकाशक से रुपये मँगाये थे, उसने भेजे नहीं। ये सब समाचार उन्होंने केदारनाथ अग्रवाल को लिखे :

मारफ़त पं. रामलाल गर्ग, कर्वी, बाँदा

23-6-42

प्रिय केदार बाबू,

आपका प्रिय पत्र मिला। मैं भरकोरा (पहाड़ी) रहता हूँ। पत्र की सुविधा के लिए यह पता रखा है। पहले कुछ दिन वहाँ भी ठहरा था। वहाँ से फिर इस बार चित्रकूट गया और 'स्फटिक शिला'—एक लम्बी कविता लिखी। नागरजी का पत्र मुझे भी मिला है। आपका उत्तर देखने की प्रतीक्षा है। इस समय राजापुर में पं. रामबहोरीजी शुक्ल से मिलने का विचार है। आपसे मिलने की भी उत्कंठा है। अपने प्रकाशक से रुपये मँगाये थे, अभी तक उनका उत्तर नहीं मिला। 'बिल्लेसुर बकरिहा' निकल गया है। मेरे पास 5 प्रतियाँ भेजी गई थीं। आपको एक देना चाहता हूँ।

यहाँ गर्गजी के मकान में चोरी हो गई। उनकी और उनके मित्र की अमानत में रखी बक्से सेंध से निकाल ली गईं।

आपका—निराला

रामप्रसादजी अग्रवाल से मेरी मुलाकात नहीं हुई।

—नि.

केदारनाथ अग्रवाल ने निराला को बाँदा आने का निमंत्रण दिया। निराला ने लिखा, बाँदा न आ सकेंगे, केदार कर्वी आ जाएँ तो स्टेशन पर मिलेंगे, 'बिल्लेसुर' की प्रति दे देंगे, किसी मित्र के यहाँ या धर्मशाला में रात-भर रहकर बातचीत करेंगे। निराला निश्चित दिन पर कर्वी गए। केदार आए नहीं। इसके बाद निराला बीमार हो गए। इस बार मलेरिया ने करीब तीन महीने उन्हें सताया। श्रीनारायण चतुर्वेदी ने उनकी बीमारी का समाचार सुना तो उन्हें इलाहाबाद अपने पास बुला लिया। उनका वज़न लगभग साठ पाउंड घट गया था। मैं उन्हें देखने गया। रात हो गई थी। नीचे के कमरे में बैठे कुल्हड़ से वह कुछ खा रहे थे। सर पर टोपा लगाये थे। हल्की रोशनी थी। वह इतने दुबले हो गए थे कि मैं पहचान न पाया। पूछा—यहाँ कहीं निरालाजी रहते हैं? कहीं दूर से जैसे धीमी आवाज आई—आओ।

कर्वी से आए काफी समय हो गया था। जब वह बीमारी से उठे होंगे तो हड्डियों का ढाँचा रह गए होंगे। उनकी बातचीत से लगा, इनका मन थकता जा रहा है। वहाँ जिस तरह के लोगों से वह मिलते-जुलते थे, उनमें निराला के प्रति सहानुभूति की कमी मालूम हुई।

निराला इस बात का हिसाब लगाये थे, बीमारी के बाद कौन उनसे मिलने आया, कौन नहीं आया। पन्त इलाहाबाद आए और बच्चन के यहाँ ठहरे। वह श्रीनारायण चतुर्वेदी के यहाँ भी गए; उनके साथ 'लोकायतन' के लिए झूँसी में जगह देखने गए, पर निराला से न मिल सके। निराला ने महादेवी वर्मा से—जो स्वयं अस्वस्थ थीं—शिकायत करते हुए कहा : "आपके साहित्यिकों में एक भी मुलाकात करने नहीं गए। इसमें कोई हर्ज़ नहीं, पर मुझे अच्छा नहीं लगा। बीमारी में मिलने-जुलने की इच्छा भी बहुत प्रबल हो उठती है, यों शिकायत की ज़रूरत नहीं, सब चलता है।"[4]

तरुण लेखकों में गंगाप्रसाद पांडेय उनके यहाँ अक्सर आते थे। उन्होंने इलाहाबाद के लेखकों के बारे में शिकायत की थी : "प्रयाग निवासी साहित्यिक साथियों का निराला के पास उस मरणासन्न स्थिति में भी न जाना मेरे लिए आज भी रहस्यवाद का विषय है।"[5]

आगरे से पद्मसिंह शर्मा 'कमलेश' अपनी पुस्तक 'मैं इनसे मिला' के सिलसिले में जब निराला से मिले तब उनका अनुभव भी कुछ ऐसा ही था : "इन चार दिनों में मैं इलाहाबाद के दर्जनों साहित्यकारों से मिला। परन्तु सबने एक ही प्रश्न पूछा कि निरालाजी कैसे हैं।" जिस इलाहाबाद में बालकृष्ण भट्ट ने अपने को हिन्दी-सेवा में होम दिया था, वहाँ अब पंडागीरी का बोलबाला था और पंडों के लिए अभी निराला देवता न बने थे, इसलिए निराला का नाम सुनकर वे हँसते थे।

वयस्क साहित्यकारों में भगवतीप्रसाद वाजपेयी निराला के साथ इन दिनों बराबर रहे। निराला को मांस खाने की इच्छा हुई, चतुर्वेदीजी के यहाँ यह सम्भव न था; वाजपेयीजी उन्हें अपने यहाँ ले आए।

जिन दिनों निराला कर्वी में ज्वरग्रस्त उपवास कर रहे थे, उन्हीं दिनों लखनऊ में उनके परम प्रिय मित्र बलभद्र दीक्षित का देहावसान हुआ। उन्होंने रेडियो की सरकारी नौकरी छोड़ दी थी, कसमंडा राज्य की गैर-सरकारी नौकरी वह पहले ही छोड़ चुके थे। अपने आदर्शों के अनुसार उन्होंने जनता के बीच रहकर उसे शिक्षित करने, उसी की तरह खेतों में काम करने और गाँव में रहते हुए साहित्य लिखने का निश्चय किया। उनके बड़े लड़के बुद्धिभद्र दीक्षित ने भी रेडियो में काम करना बन्द कर दिया। पढ़ीस जी ने कुलीन ब्राह्मणों की रूढ़ियाँ तोड़कर हल की मुठिया पकड़ी। अछूत बालकों को घर पर पढ़ाने लगे। उनके दुबले-पतले मुख पर परिश्रम की थकान दिखाई देने लगी, पर आँखों में नई चमक आई, वाणी में नया ओज आया।

एक दिन हल जोतते हुए उनके पैर में फाल लग गया। तुरत उपचार न होने से घाव विषाक्त हो गया। उन्हें बलरामपुर अस्पताल में भर्ती कराया गया। वहीं उनके शरीर का अन्त हुआ। उनसे जितने लोग परिचित थे, उन्हें हृदय से प्यार करते थे। उन सबके लिए उनकी मृत्यु पारिवारिक दुर्घटना के समान थी। उनके बड़े पुत्र बुद्धिभद्र पिता के समान प्रतिभाशाली, कुशल संगीतकार और लेखक, वैसे ही कर्मठ थे। पढ़ीस-बुद्धिभद्र में पिता-पुत्र का ही नहीं, मित्रों-जैसा सम्बन्ध भी था। बुद्धिभद्र पिता

की प्रतिभा से परिचित थे, उनकी रचनाओं का महत्त्व पहचानते थे, उन्हें बेहद चाहते थे। उनकी मृत्यु का उन्हें भारी आघात लगा। जाड़े के दिनों में वह खेत में पानी लगा रहे थे। सर्दी लगी, निमोनिया हुआ और उनकी जीवन-लीला भी समाप्त हो गई। छह महीने के अन्दर पिता-पुत्र दोनों न रहे।

निराला कर्वी में थे। वहाँ पढ़ीसजी की मृत्यु का समाचार मिला, इलाहाबाद में बुद्धिभद्र की मृत्यु का। उनका मन शोक से संज्ञाशून्य-सा हो गया।

उन्होंने लिखा : "दीक्षित के लिए बहुत सोचता हूँ, मगर वह नस मेरी कट चुकी है जिसमें स्नेह सार्थक है : अपने-आप दिन-रात जलन होती है। किसी से अपनी तरफ से प्राय: नहीं मिलता। मिल नहीं सकता। कोई आता है तो थोड़ी-सी बातचीत। आनेवाला ऊब जाता है। मुझे भी बातचीत अच्छी नहीं लगती। कभी रात भर नींद नहीं आती। तम्बाकू छूटती नहीं। खोपड़ी भन्नाई रहती है। चित्रकूट में एक दफ़ा बीमारी के समय छोड़ दिया था खाना, फिर आदत पड़ गई। चतुर्वेदीजी की दया है। रहता हूँ, बहुत अच्छी तरह।"[6]

अमृतलाल नागर के साथ मैंने पढ़ीसजी की स्मृति में 'माधुरी' का विशेषांक निकालने की योजना बनाई। निराला अभी बहुत कमज़ोर थे, एकाध चिट्ठी छोड़कर और कुछ न लिखते थे। फिर भी उन्होंने नरोत्तम नागर को एक लेख बोलकर लिखा दिया :

"आज बलभद्रप्रसादजी दीक्षित स्वर्गीय। वह मुझसे उम्र में कुछ छोटे थे, बात को समझने में वैसे ही तेज़। साहित्य में जिन बन्धुओं से मेरी अभिन्नता है, उनमें वह प्रमुख थे...।

"बाद को सुना, देहात में उन्होंने अछूतों की शिक्षा का कोई प्रबन्ध किया है—अपनी तरफ से पाठशाला चला रहे हैं। ब्राह्मण हो या ब्राह्मणेतर, वह उसे हाथ जोड़ते संकुचित नहीं होते थे। एक ठिंगने कद के साधारण से आदमी का इतना विशाल हृदय होता है, यह मुझे इस तरह से मालूम हुआ कि लखनऊ के प्राय: सभी विद्वान् साहित्यिक तरुण उनसे प्रभावित थे।

"इधर मैं चित्रकूट में था कि नरोत्तम नागर के पत्र से मालूम हुआ, प्रियवर पं. बलभद्रप्रसाद दीक्षित का बलरामपुर अस्पताल में देहावसान हो गया और अपने अन्तिम शब्द वह डाक्टर रामविलास को सुना गए।"

लेख भेजने के लगभग दो महीने बाद उन्होंने लिखा : "मै स्वस्थ हूँ। इधर कुछ पढ़ रहा था। थोड़ा-थोड़ा फिर लिखना शुरू करूँगा।"

इन्हीं दिनों इलाहाबाद की पत्रिका 'तरुण' में उर्दू के प्रसिद्ध कवि रघुपतिसहाय फ़िराक़ की लेखमाला—हिन्दी कवियों से बातचीत—प्रकाशित हुई। बी.ए. पास करने के बाद फ़िराक़ ने हिन्दी में कहानियाँ, आलोचनात्मक लेख लिखना शुरू किया था। उन्हें न कहानी-लेखक के रूप में ख्याति मिली, न आलोचक के रूप में। वह उर्दू में शायरी करने लगे। बड़ा नाम कमाया।

उनके लिए ज्ञान और संस्कृति के आदर्श जवाहरलाल नेहरू, अमरनाथ झा जैसे लोग थे। हिन्दी के लेखक इनके सामने गँवार मालूम होते थे। प्रेमचन्द ज़रूर अच्छे लेखक थे लेकिन वह सबसे पहले उर्दू के लेखक थे। रघुपतिसहाय फ़िराक ने उर्दू की बड़ी सेवा की थी, लेकिन अब यूनिवर्सिटियों में एम.ए. तक हिन्दी पढ़ाई जाती थी, लोग हिन्दी विषयों पर पी-एच.डी., डी.लिट् के लिए थीसिस लिखने लगे थे। जिस हिन्दी को वह गँवारों की बोली कहकर मुँह चिढ़ाते थे, वह अब उर्दू को एक तरफ़ ठेलती हुई प्रदेश के सामाजिक-सांस्कृतिक जीवन में उभरती आ रही थी। फ़िराक को लगता था, यह हिन्दीवालों का सरासर अन्याय है। इसकी जड़ में 'मूर्खतापूर्ण ब्राह्मणत्व' है जिसने अब तक देश को डुबोया है और अब हिन्दी साहित्य को डुबो रहा है।

"हिन्दी के आचार्यों, पंडितों और समालोचकों में अब तक तो गलत और घातक किस्म का ब्राह्मणत्व रहा है। इस छूतछात से काम नहीं चलेगा। हिन्दी के बहुत से विद्वान् हमारे विश्वविद्यालयों के होनहार लड़कों के सामने छोटे आदमी मालूम होते हैं। इनके अध्ययन और इनकी समालोचना की सीमा सूर और तुलसीदास पर मोटी-मोटी पोथियाँ लिखने तक है, जिनसे अधिक तत्त्वपूर्ण और चमत्कारपूर्ण निबन्ध हमारे होनहार लड़के क्लास में लिखते हैं। ग्रियर्सन ने तुलसीदास पर जो कुछ लिख दिया है, वैसा लिखना तो दरकिनार, उसका समझना भी इन आचार्यों के बस की बात नहीं। इनकी मोटी-मोटी पोथियाँ देखकर तो यही कहना पड़ता है कि मियाँ की दौड़ मस्जिद तक। इस नीच कोटि के काम का कारण एक तो यह है कि प्रतिष्ठा और साहित्यशास्त्र की पदवी पर बहुत छोटे आदमी विद्यमान हैं। दूसरा कारण यह है कि अंग्रेज़ी के, विश्व-साहित्य के और विश्व-संस्कृति के स्पर्श से हिन्दीवाले छुई-मुई की तरह डरते हैं।"

प्रसाद, निराला, पन्त की कविताओं के प्रसंग में उन्होंने लिखा : "ऐसी कविताएँ पढ़ा-पढ़ाकर हम अपने कई करोड़ बच्चों को झूठ की शिक्षा देते हैं, उनकी कल्पनाओं को पागलों की कल्पना बनाते हैं, उनकी विचार-शक्ति को चौपट करते हैं और उनकी बोली को पागलों की बड़बड़ाहट बनाते हैं।" खास तौर से 'कामायनी' से उद्धरण देकर उन्होंने यह समझाने की कोशिश की कि "हिन्दी कविता में आजकल अधिकतर कैसी हानिकारक, कैसी गुमराह करनेवाली, कैसी फूहड़ और गँवार बना देनेवाली बातों की भरमार रहती है।"

फ़िराक के मन में एक प्रच्छन्न अपराध-भावना काम कर रही थी। उनका आदर्श एक ऐसा रघुपति सहाय था जो संस्कृत का विद्वान, उपनिषदों का पंडित, हिन्दू संस्कृति का उपासक था। व्यवहार में वह महज फ़िराक थे, संस्कृत और हिन्दू संस्कृति के बारे में सुनी-सुनाई बातें कहनेवाले, उर्दू के सेवक, सभ्यता में हिन्दुओं से ज़्यादा मुसलमानों के नज़दीक। भाषा और साहित्य की समस्याओं पर वह साम्प्रदायिक छोड़कर और किसी दृष्टिकोण से सोच ही न पाते थे। उन्हें संस्कृत

शब्दों को तत्सम रूप में इस्तेमाल करके अपनी विद्वत्ता-प्रदर्शन करने का बेहद शौक था। वह 'कृतियों' को 'किर्तियों', 'पुनरुक्ति' को 'पुनरोक्ति', 'अध्यात्मवाद' को 'आध्यात्मवाद' लिखकर अपना वह शौक पूरा करते थे। कभी-कभी 'छाँदोपनिषद' पर राय देते थे। 'कामायनी' की आलोचना करके प्रसाद को दर्शनशास्त्र की शिक्षा दें, यह उनकी तमन्ना थी। जिस भाषा के बारे में वह सबसे कम जानते थे—यानी संस्कृत—उसी का प्रमाण सबसे ज़्यादा देते थे। उन्होंने लिखा था : "मेरी ज़िन्दगी में एक ऐसा समय भी गुज़रा है कि यह सोचकर कि जब मैं संस्कृत नहीं जानता तो जीना व्यर्थ है, मैं आत्महत्या क्यों न कर लूँ।"

उन्होंने आत्महत्या न की, यह अच्छा किया, पर इससे उनके मन में एक पाप-भावना घर कर गई। जिस उर्दू की मैंने सेवा की है, उसका संस्कृत से कितना सम्बन्ध है? उर्दू में जिस संस्कृति की तसवीर है, उसका भारतीय संस्कृति से कितना सम्बन्ध है? उर्दू लिखकर मैंने पाप किया है। जितना ही पाप का भय उन्हें सताता, उतना ही वह हिन्दी भाषा, हिन्दी साहित्य, हिन्दी लेखकों को गाली देते, उतना ही संस्कृत के ज्ञान की दुहाई देते, संस्कृत के साथ बँगला और ब्रजभाषा साहित्य पर भी अपने अधिकार की घोषणा करते। इस प्रदेश के ब्राह्मणों ने कायस्थों को शूद्र कहकर अक्सर उन्हें अपमानित किया था। फ़िराक हिन्दी के 'ब्राह्मणत्व' को गालियाँ देकर उस अपमान का भी बदला चुका रहे थे।

निराला जिस मन:स्थिति में थे, उसमें उन पर फ़िराक की लेखमाला का बहुत बुरा प्रभाव पड़ना अनिवार्य था। भुवनेश्वर जैसे लेखक जगह-जगह फ़िराक के लेखों का हवाला देते हुए हिन्दीवालों की खिल्ली उड़ाते थे। निराला देख रहे थे कि फ़िराक के साथ सम्भ्रान्त 'प्रोग्रेसिव राइटर्स' हैं, सज्जाद ज़हीर, अब्दुल अलीम वगैरह फ़िराक का बड़ा सम्मान करते हैं। कुछ प्रगतिशील उर्दू लेखक हिन्दी जानते थे। उन्होंने फ़िराक की लेखमाला पढ़ी थी; उन्होंने उसका विरोध करना आवश्यक न समझा, उल्टा वह मन-ही-मन खुश थे। वे हिन्दी-उर्दू को मिलाकर हिन्दुस्तानी चलाने की बात अब भूल रहे थे। ये दिन मुसलमानों को आत्म-निर्णय का अधिकार देने के, हक्के खुद-इरादियत के प्रचार के दिन थे। मुस्लिम लीग कांग्रेस को हिन्दू जमात कहती है तो गलत क्या है? फ़िराक हिन्दी को गँवारों की बोली कहते हैं तो इसमें भी गलत क्या है?

कई हिन्दी लेखक जो हिन्दी में लिखकर प्रसिद्ध न हो पाए थे, अंग्रेज़ी में कुछ लिखकर नाम कमाने को उत्सुक थे, फ़िराक के लेखों की प्रशंसा करते थे : बातें सख्त जरूर हैं लेकिन सही हैं, हिन्दी में है क्या? ज़बान लिखना तो बस उर्दूवाले जानते हैं।

निराला ने पूछा : "आप फ़िराक साहब को उत्तर लिखेंगे या नहीं, सूचित कीजिएगा।"[7]

'माधुरी' में मेरा उत्तर देखने पर उन्होंने लिखा : "आपका पत्र समय पर मिला था। आपका 'माधुरी' में निकला लेख भी कल देखा। बहुत पसन्द आया।"[8]

मैं अब संयुक्त प्रान्त के प्रगतिशील लेखक संघ का एक मंत्री था। इलाहाबाद में स्थानीय शाखा की बैठक प्रकाशचन्द्र गुप्त के यहाँ हुई। करीने से सजी हुई पुस्तकें, ड्राइंग रूप में कालीनें, तसवीरें, कुर्सियाँ, सभापति निराला, सदस्यों में अन्य लेखकों के अलावा रघुपतिसहाय फ़िराक। मैंने हिन्दी-साहित्य की प्रगतिशील परम्परा समझाई, फिर फ़िराक के आक्षेपों का उल्लेख किया, कुछ बातें फ़िराक का नाम लेकर मैंने उनके चरित्र के बारे में कहीं और पूछा—प्रगतिशीलता से ऐसे लोगों का क्या सम्बन्ध हो सकता है?

प्रकाशचन्द्र गुप्त कुछ 'नर्वस' थे—जैसाकि बाद में उन्होंने बताया—कि उनके घर में मारपीट न हो जाय।

निराला ने कहा—बस, दो मिनट समय और।

मैं आधे मिनट में बात पूरी करके बैठ गया।

फ़िराक ने आमने-सामने बहस करना नामुनासिब समझा। वह अपने शेर सुनाने लगे।

निराला और फ़िराक में दोस्ती हो गई। निराला फ़िराक के यहाँ जाते, कभी बहस करते, धमकाते—इस तरह लिखोगे तो अभी सर के बल खड़ा करेंगे। कभी फ़िराक के साथ पीते और निराला के अलावा हिन्दी में है क्या, इस पर दोनों में समझौता हो जाता।

निराला ने देखा, जिनको फ़िराक गाली देते हैं, वे भी उनकी इज़्ज़त करते हैं। मान-प्रतिष्ठा या तो अंग्रेज़ी लिखने में है या उर्दू लिखने में। हिन्दी लिखने से सिर्फ अपमान मिलता है : हिन्दीवालों से, उर्दूवालों से, अंग्रेज़ीवालों से।

फ़िराक ने निराला के गद्य-पद्य में 'मुस्किराते', 'नव्वाब' आदि शब्दों के प्रयोग का मज़ाक़ उड़ाया था। निराला ने तै किया कि उर्दू लिखकर फ़िराक को पछाड़ना है।

उन्होंने 20-22 साल पहले नारायणप्रसाद बेताब, सनेही, नाथूराम शंकर शर्मा की रचनाएँ पढ़ी थीं जो उर्दू से प्रभावित थीं। उन्होंने महादेवप्रसाद सेठ के साथ ग़ालिब के शेर घोखे थे। लखनऊ में वह 'गई निशा वह हँसी दिशाएँ' जैसे दो-एक प्रयोग कर चुके थे। पर अब उर्दू में महारत हासिल करने की तरफ उन्होंने ज़्यादा ध्यान दिया।

"उर्दू की, हिन्दी में छपी, ग़ज़लें पढ़ा करता हूँ।"[9]

"चौधरी साहब को पूरी रचनाएँ नहीं भेज सका। क्योंकि इधर उर्दू शायरी के रसास्वादन में पड़ा था। कुछ चीज़ें इस हिसाब-किताब की तैयार करनी हैं।"[10]

"कुछ ग़ज़लें लिखी हैं मैंने...

दोनों लताएँ आपके बाज़ू-बाज़ू खिलीं;
खुशबू की सैकड़ों बाँहों गले-गले मिलीं...
संकोच को विस्तार दिये जा रहा हूँ मैं;
क्या छन्द को निस्तार दिये जा रहा हूँ मैं... "[11]

"जिगर लिखते हैं; मैं भी लिखूँगा।"[12]

निराला थक गए थे। पुराने तेवर याद करके नई चुनौती स्वीकार कर ली थी। जिगर और फ़िराक से होड़ करने में काफी समय और शक्ति नष्ट की। उनके मन

में कोई ऐसा रीतापन था जिसे कोई चीज़ भर न सकती थी। मन के गुह्यतम स्तर चंचल हो उठे, भावना के प्रच्छन्नतम स्रोत प्रवाहित हों, रचना में सम्पूर्ण व्यक्तित्व ढल जाये, यह जैसे अब उनके लिए सम्भव न था।

"जिगर लिखते हैं, ठीक; मैं भी लिखूँगा। अभी आकाश ताका करता हूँ। बरसात में चौधरी के यहाँ सुमित्रा के गाने सुना करता था और एक उपन्यास लिखा करता था। 21 परिच्छेद लिखकर छोड़ दिया, मस्तिष्क और हृदय दुर्बल-सा हो गया।"[13]

कुछ दिन उन्नाव, कुछ दिन काशी, फिर इलाहाबाद। आगरे आने का प्रोग्राम भी बना रहे थे। चित्रकूट, कालिंजर, वसन्त के दिनों में और सुन्दर होंगे!

"कालिंजर और चित्रकूट के लिए होली तक, चैत के पहले पक्ष तक, बड़ा अच्छा समय है। अगर चलने का विचार हो तो लिखें। लल्लूजी और चौबेजी से भी पूछ लें। केदारजी आए थे, उनसे मैंने बातचीत कर ली है। हमारे एक ज़मींदार मित्र हैं, वे नारायणी से कालिंजर तक बैलगाड़ी देंगे। अच्छी जगह है ऐतिहासिक; चित्रकूट के स्थलों का कहना ही क्या? लिखिएगा।"[14]

निराला के मन में रीतापन था, सही है। साथ ही उन्हें कालिंजर और चित्रकूट अब भी आकर्षित करते थे। वर्षा में स्त्रीकंठ से निकले हुए गीत, गंगा पर नाव की सैर, खेतों की हरियाली, यह सब भी उन्हें अच्छा लगता था।

"रोज़ गंगा नहाते हैं। नाव पर सैर करते हैं। स्वास्थ्य अच्छा है। खेतों की हरियाली, गंगा के रेत की सफेदी—और पानी की नीलाई पर नज़र दौड़ाते रहते हैं।..."बड़े दिनों में कहीं निकलने का विचार नहीं। आजकल इलाहाबाद के अमरूदों की बहार है।"[15]

शहर में कौन बड़ा आदमी आया, कौन गया, मौसम की तब्दीली के साथ इसका ध्यान भी वह रखते थे।

"यहाँ भी बड़ी गरमी है। 15-10 दिन पहले एक दौंगरा गिरा था। अब फिर बदली है। पं. जवाहरलालजी के स्वागत की बड़ी तैयारियाँ हैं। आज आनेवाले हैं, इसी समय। आठ बजने को हैं शाम के।"[16]

इस सब सांसारिक मोह के साथ वह पैसे के मामले में अधिक सतर्क से गए थे। लोग पैसे दिये बिना, या कम पैसे देकर उनकी प्रतिभा का शोषण न करें, इसका बहुत ध्यान रखते थे। रेडियोवाले कविता-पाठ और वार्ता के लिए बुलाते। लखनऊ में ही काफी लड़-भिड़कर उन्होंने पारिश्रमिक की दर बढ़वाई थी।

ग्वालियर जाने का विचार था यदि सुमन वहाँ कविता-पाठ के लिए उचित प्रबन्ध कर सकें। "सुमनजी को लिख दिया है। मेरी कम-से-कम माँग उनके लिए अधिक हो सकती है।"[17]

साहित्य-सम्मेलनवाले कवि-सम्मेलन कर रहे थे।

"100) देने को लिखा था जवाबी तार में उन्होंने, मैंने जवाब में लिखा 500) फीस है, 350) छोड़ता हूँ सम्मेलन के नाम पर। 150) देने का तार आया है। मंज़ूर कर लिया।"[18]

छह दिन बाद उनका पत्र आया : "आप हरिद्वार नहीं चले, अच्छा हुआ। मैं भी नहीं गया। वाजपेयीजी भी नहीं जा सके। वहाँ सब रंग बिगड़ा है।"[19]

कवि-गोष्ठी या निबन्ध-पाठ जैसी चीज़ बाँदा में भी हो सकती है। उन्होंने केदारनाथ अग्रवाल को लिखा : "अच्छा हो कि आप सम्मेलन का समय बढ़ा दें। गुलाबी जाड़े का वक्त अच्छा होगा। तब तक कुछ रुपया भी एकत्र हो जाएगा। मेरे लिए कुछ करने की क्या आवश्यकता है? मैं तो परिषद् में हूँ ही, अवश्य आऊँगा। आपको गाड़ी के खर्च की व्यवस्था करनी होगी। आजकल बहुत भीड़ होती है, दूसरे दरजे से कम में कवियों को कष्ट होगा। कविता-पाठ तो करूँगा नहीं, फिर भी गोष्ठी में मनोरंजन का कोई उपाय कर लूँगा। सम्मेलन में प्रबन्ध पढ़ूँगा। सभापति किसी दूसरे को बनाइए। आपके विषय विशद हैं, उन पर वाद-विवाद होना, निबन्ध आदि पढ़ना आवश्यक है। मेरे सभी मित्र हैं। आपको सबका परिचय मालूम है। प्रगतिशीलों की संख्या अच्छी होनी चाहिए। जनता उनकी आवाज़ सुन सके, ऐसा प्रबन्ध अवश्य किया जाना चाहिए।...अपने किसी नौजवान साहित्यिक को क्यों न सभापति बनाएँ।"[20]

गंगाप्रसाद मिश्र हरदोई के सरकारी स्कूल में अध्यापक थे। कवि-सम्मेलन का आयोजन कर रहे थे, निराला को बुलाना चाहते थे। 101) देने को तैयार थे। निराला ने लिखा : "मैं स्कूल के लड़कों को क्या सुनाऊँगा? आप लोगों का स्नेह खींचता है। परन्तु सिद्धान्त से विवश हूँ। काम कर रहा हूँ। इसमें सन्देह नहीं कि स्कूल 101) भी प्राय: नहीं दे सकता। कभी आपके उधर जाना हुआ तो नि:शुल्क सुनाऊँगा। आप प्रसन्न होंगे। अगर मेरे आने से आपका व्यक्तिगत श्रेष्ठत्व बढ़ता हो तो रुपये भेज दीजिए।"[21]

व्यक्तिगत श्रेष्ठत्व के नाम पर कौन रुपये भेजता? लेकिन गंगाप्रसाद मिश्र ने रुपये भेजे। निराला भूल गए, कितने बजे किस दिन कवि-सम्मेलन होगा। जवाबी तार देकर तिथि और समय पूछा। गंगाप्रसादजी को विश्वास हो गया कि निराला आएँगे। पर वह न आए। कुछ दिन बाद मिश्रजी इलाहाबाद आए। निराला ने उन्हें रुपये वापस दिये, पर उन्होंने न लिये, कहा—मैं रुपये नहीं चाहता, आपको हरदोई में चाहता हूँ। निराला ने आने का वादा किया लेकिन पहुँचे नहीं। एक अन्य कवि-सम्मेलन में भाग लेने सुभद्राकुमारी चौहान प्रयाग होती हुई हरदोई जा रही थीं। निराला को अब भी रुपयों का ध्यान था। उन्होंने 101) सुभद्राजी के हाथ गंगाप्रसाद मिश्र के पास भेज दिये।

अमृतलाल नागर फिल्म-संसार में थे। निराला उनसे भी कुछ 'बिजनेस' की बातें कर रहे थे।

"हाँ, अमृत नागर का पत्र आया है। मैंने पूछा था, सिनेमा में आवृत्ति की रील निकालेंगे तो क्या देंगे। लिखा है, हो सकता है, स्थिर करके लिखेंगे।"[22]

यह प्रयास भी विफल हुआ। चौधरी राजेन्द्रशंकर के यहाँ से निराला का कविता-संग्रह 'अणिमा' प्रकाशित हुआ।

विक्रम 'सहस्राब्दी' पर उन्होंने फिर उदात्त स्वर साधा, पर 'राम की शक्तिपूजा', 'सरोज-स्मृति', 'सम्राट् एडवर्ड अष्टम के प्रति' वाला दौर समाप्त हो गया था। निराला की कविता में उस पुराने स्वर की प्रतिध्वनि ही कहीं-कहीं सुनाई दी। संग्रह में प्रसाद, शुक्ल आदि पर कविताएँ भी शामिल कीं। स्वामी प्रेमानन्द पर अपनी लम्बी कविता में उन्होंने महिषादल की स्मृतियों को सँजोया, उनके बिना जाने यथार्थ के साथ उनके दिवास्वप्न भी घुल-मिल गए।

एक कविता माननीया श्रीमती विजयलक्ष्मी पंडित के प्रति बँगला में लिखी, हिन्दी में उसका अर्थ दे दिया :

...तुम अपने रूप की तरंगों पर तैरती हुई जैसे आईं। लेकिन, तुम्हारी चितवन से, पीते वक्त जैसे पानी लगा। दिल धड़का, मेरे उपन्यास का एक चरित चुनकर तुमने पूछा, जूतासाज़, पालिश कर सकते हो? एक पैर उठाकर जूता दिखाया। कर सकता हूँ—ज्योंही मैंने कहा कि तुमने जवाब दिया, तब मैं तुम्हारी कलमसाज़ी करूँगी। साथ ही कलमसाज़ी की भंगिमा दिखाई। खुशबू उड़ी—तुम्हारी आँखों और मुख पर गुलाब खिले।

वह कल्पनालोक से कब यथार्थ जगत् में आते हैं, कब उसी लोक में लौट जाते हैं, यह मानो वह भूलने लगे थे।

श्रीनारायण चतुर्वेदी का घर छोड़कर कुछ दिन वह भगवतीप्रसाद वाजपेयी के यहाँ रहे। फिर अलग किराये के मकान में मसुरिया दीन पंडा के यहाँ रहने लगे। स्वयं भोजन पकाते, बर्तन मलते, लिखते, बातें करते—कभी दूसरों से, कभी खुद से।

गंगाप्रसाद पांडेय ने निराला की सेवा करने के विचार से उनके साथ रहने की इच्छा प्रकट की। निराला ने मना किया। कहा—अभी तुम विद्यार्थी हो। डिग्री के पश्चात् तुम्हारी पोज़ीशन दूसरी हो जायगी। इस समय जिस प्रकार मैं रहता हूँ, उस स्थिति में तुम्हारा मेरे साथ रहना ठीक नहीं है। मेरे पीछे पुलिस लगी हुई है, तुमको परेशानी क्यों उठानी पड़े? और भी बहुत-सी बातें हैं जिनका राज बाद में खुलेगा!

बंगाल में अंग्रेज़ी राज के न्याय और जनतंत्र-प्रेम के फलस्वरूप लोग भूखों मर रहे थे। महादेवीजी ने 'बंगदर्शन' कविता-संग्रह निकाला। एक कविता निराला ने दी। एक ज़ोरदार कविता बच्चन ने लिखी लेकिन संग्रह में पूरी कविता देने से इनकार किया। "उन्होंने बताया कि उनके परम शुभेच्छु डॉ. झा वगैरा की राय है कि अभी यह कविता प्रकाशित न की जाय अन्यथा बच्चन का यूनिवर्सिटी में रहना कठिन होगा।"[23]

मेरे छोटे भाई रामस्वरूप का विवाह था। रामस्वरूप को घर में लोग चौबे कहते थे, निराला भी उन्हें इसी नाम से पुकारते थे। चौबे कसरत करते, कुश्ती लड़ते, यूनिवर्सिटी में सबसे सुगठित शरीर के प्रदर्शन में चैम्पियन रह चुके थे। निराला जब मिलते तब चौबे की बाँहों की मांसपेशियाँ टटोलकर उनकी कसरत-कुश्ती का हिसाब पूछते। मैं सुन्दर बाग़ के पास के.सी. डे लेन में रहता था; निराला सौ कदम पर 112, मकबूल गंज में थे। मैं उनसे कहने गया कि बरात इतने बजे चलेगी, आपको मैं बुला लूँगा।

वह अकस्मात् नाराज़ होकर बोले—तुम मेरा राज लेने आए हो; तुम्हें सिद्धान्त ने मेरे पीछे लगा रखा है।

इतने दिन साथ रहने के बाद निराला ने पहली बार मुझ पर इस तरह सन्देह प्रकट किया था। मुझे क्रोध आया, उनकी मन:स्थिति मैं बिलकुल न समझा। मैंने कहा—अच्छा, आप बरात में न चलिएगा; मैं अब आपको बुलाने न आऊँगा।

नियत समय पर बरात के लोग गली से निकलकर जब रामगोपाल विद्यान्त रोड पर पहुँचे, तब देखा, निराला बगल में अपने कपड़ों की पोटली दबाये सड़क पर खड़े पहले से इन्तज़ार कर रहे हैं। उन्हें ताँगे पर बिठाया और सब लोग स्टेशन पहुँचे। गाड़ी चलने में देर थी। ताश निकाले गए। ब्लैक क्वीन, ट्वेन्टी नाइन, और कई खेल यह सिखाते रहे। जो उनका पार्टनर बनता, उसकी शामत आ जाती। उसकी हर चाल पर निराला टोकते, बिगड़ते; कहीं हार जाते तो सारा दोष उसी के सर मढ़ते।

बरात बनारस पहुँची। निराला अमृतराय से मिलने गए। इधर-उधर की बातें होती रहीं। अचानक वह बोले—अगर तुम्हारे साथ 'पी' है, तो हमारे साथ भी एक ऑनर है।

'पी' का मतलब प्रेमचन्द। तुम्हें प्रेमचन्द के पुत्र होने का अभिमान है तो एक मर्यादा का भाव हमारे साथ भी है।

इसके बाद वह अमृतराय के परिवार आदि के बारे में सहज भाव से बातें करते रहे।

बीच-बीच में 'वर्तमान धर्म' वाली कूट शैली में वह दो-चार वाक्य अक्सर बोल जाते।

बनारस से वापस रात को चले। गाड़ी में बत्ती नहीं थी। तीसरे दर्जे के डिब्बे में कुछ बराती लेट गए, कुछ बैठे रहे। एक बेंच पर निराला सो गए। आधी रात को किसी स्टेशन पर बहुत-से मुसाफिर डिब्बे में घुस आए। लेटे हुए लोग उठ बैठे। मुसाफिर इधर-उधर बैठ गए। निराला गहरी नींद में थे। सोते रहे। एक सज्जन उन्हें उठाने के विचार से शराफ़त, दूसरों का भी खयाल रखने आदि पर भाषण करते रहे। इस पर भी उनकी नींद न टूटी तो वह महाशय निराला को जगाने लगे। बरातियों ने मना किया, उन्हें अलग जगह देने की बात कही, पर वे न माने। और सब बैठे रहें, एक सोता रहे—यह कैसे हो सकता है? उन्होंने निराला को हिलाया। इस पर भी वह जागे नहीं, चूक क्षमा माँगी नहीं, तब उन्होंने आवेश में वह चद्दर खींची जो निराला ओढ़े थे। अब उनकी नींद टूटी। उठकर बैठ गए, तेज़ आवाज में पूछा—क्या चाहता है?

एक बराती ने दियासलाई जलाकर डिब्बे में ज़रा देर को रोशनी कर दी। निराला के बिखरे हुए बड़े-बड़े बाल, अचानक नींद टूटने से लाल आँखें, उनका विशाल डील-डौल जो उन सज्जन ने देखा तो दियासलाई बुझने के साथ वह भी डिब्बे से बाहर हो गए।

बरात से लौटने के कुछ दिन बाद निराला बीमार हुए। मेरी नियुक्ति राजपूत कालेज में हो गई थी और मैं आगरे चला आया था। मेरे बड़े भाई (भगवानदीन शर्मा) और चौबे दफ्तर चले जाते थे, दो छोटे भाई रामशरण और रामशंकर (घर के नाम

मुंशी और अवस्थी) कालेज जाते थे। निराला के उपचार की ठीक व्यवस्था न थी। कभी-कभी चौधरी राजेन्द्रशंकर उनके पास आकर बैठते थे। निराला ठीक होने पर उनके यहाँ (उन्नाव) जाने की सोच रहे थे। मलेरिया उन्हें फिर परेशान कर रहा था।

डाक्टर टी. बहादुर उन्हें देखने के लिए बुलाये गए। कार से उतरकर गली में घर के दरवाज़े तक पैदल आए, पीछे उनका बैग लिये संक्षिप्त आकारवाले—मुंशी।

मरीज से बातचीत का सिलसिला शुरू करते हुए डाक्टर टी. बहादुर ने पूछा : आप क्या करते हैं?

निराला : मैं कवि हूँ।

डाक्टर : आपकी कविताएँ छपती हैं?

निराला : जी, मेरी कविताएँ प्राय: हर पत्र में छपती हैं।

डाक्टर : क्या 'सरस्वती', 'माधुरी' में?

निराला : मुझे सरकार ने इम्पीरियल आनर दिया है। रेडियो पर पाँच मिनट कविता पढ़ने के लिए ऊँची से ऊँची रकम मिलती है, किन्तु कुछ विरोध के कारण इसे मैं ग्रहण नहीं करता, रेडियो नहीं जाता।

डाक्टर टी. बहादुर के इलाज से निराला ठीक हो गए।

के.सी. डे लेन वाले मेरे घर के बरामदे में वह कुर्सी डाले बैठे थे। सिगरेट पी रहे थे, डेढ़ अंगुल बची होगी कि उन्होंने उसे गली में फेंक दिया। कुछ देर बाद देखा, धुआँ उठ रहा है। वह गए और सिगरेट का टुकड़ा उठा लाये। दो कश और खींचे।

बोले—लोग पैसे का पूरा उपयोग करना नहीं जानते।

बची हुई सिगरेट फेंककर उन्होंने कुर्सी घुमाकर उधर पीठ कर ली। थोड़ी देर में गर्दन मोड़कर देखा—सिगरेट बुझी नहीं है। फिर उठे। एक कश और खींचा। फिर जूते के नीचे दबाकर उसे कुचल दिया और इत्मीनान से कुर्सी पर बैठे और बातें करने लगे।

के.सी. डे लेन में बच्चों की एक पल्टन थी। नाटक से लेकर कबड्डी तक तरह-तरह के खेलकूद और मनोविनोद के कार्यक्रम यहाँ हुआ करते थे। नाटक स्वाँग के नेता थे मेरे भाई रामशरण ('मुंशी') और कबड्डी में प्रमुख भाग लेनेवालों में थे, उनसे छोटे रामशंकर ('अवस्थी')। निराला कबड्डी खेलने उतरे। एक ओर अवस्थी, दूसरी ओर निराला। अवस्थी निराला को छूकर भाग आए; पाला जीत गए। दूसरी बार जब अवस्थी गए तब निराला अपने दल में अकेले रह गए थे। अवस्थी छूकर भागे, निराला ने पकड़ लिया। अवस्थी गिरफ्त से निकले, भागे, फिर पकड़े गए। साँस टूटने से पहले अपने पाले में आ तो गए पर निराला के नाखूनों ने सीने में दो घाव कर दिये। उनके निशान बाद को भी बने रहे।[24]

जबलपुर की हितकारिणी संस्था ने निराला को आमंत्रित किया। सुभद्राकुमारी चौहान ने उन्हें देने के लिए तीन सौ रुपये की निधि एकत्र की। निराला ने विद्यार्थियों से कुछ भी लेने से इनकार किया। लोगों के आग्रह करने पर राह-खर्च के लिए सौ रुपये रख लिये। दो सौ कांग्रेस को देने को कहा। जब उन्हें बताया गया कि कांग्रेस

की रकम सरकार जब्त कर लेती है, तब उन्होंने दो सौ रुपये जबलपुर के साहित्य संघ को दे दिये।[25]

निराला के एक परम भक्त उन्हें कवि-सम्मेलन में बुलाने आए। सब बातें तै हो गईं। भक्त लेखक भी थे, निराला उन्हें मित्र रूप में मानते थे। संकोचवश पेशगी रुपया न माँग सके। जाड़े के दिन थे। निराला के पास गरम कपड़ों, रजाई-बिस्तर वगैरह की कोई उचित व्यवस्था न थी। भक्त के चले जाने पर वह बोले—द्याखौ सारे का, कहत है हुआँ यहु द्याब, वहु द्याब। हुआँ तक जाई कैसे? न गद्दा, न रजाई, न जूता, न जड़ावर।

जड़ावर अर्थात् जाड़े में पहनने के कपड़े। वास्तव में रुई का सलूका ही उनकी जाड़े की विशेष पोशाक थी या सर पर कनटोप। बाकी कुर्ता-धोती और ऋतुओं की तरह उनके साधारण वस्त्र थे। लेकिन इस समय यह सामान भी न था।

अपनी समस्याओं से उलझने के अलावा निराला नई पीढ़ी की साहित्यिक गतिविधि पर भी निगाह रखते थे। केदारनाथ अग्रवाल की किताबें छपाने के लिए 'किताब महल' से बात चला रहे थे, साथ ही केदारनाथ को चेतावनी देते जाते थे : "अदालती दुनिया में बिरले ही लेखक लिखने का समय निकाल पाते हैं।"[26]

'तार सप्तक' संग्रह उन तक पहुँचा। स्वागत किया : "इन रचनाओं का रूप मेरी दृष्टि में निखर रहा है," फिर मुझ पर और मेरे मित्रों पर व्यंग्य किया : "मैं तो दरकिनार हूँ। आप लोग मौज में होंगे।"[27]

कांग्रेसी नेता जेल में थे। अन्न-कष्ट से जनता त्राहि-त्राहि कर रही थी। निराला ने 'कजली' लिखी :

काले काले बादल छाये, न आये वीर जवाहरलाल।
कैसे कैसे नाग मँडलाये न आये वीर जवाहरलाल।
महँगाई की बाढ़ बढ़ आई, गाँठ की छूटी गाढ़ी कमाई।
भूखे नंगे खड़े शरमाये, न आये वीर जवाहरलाल।

पन्त दिल्ली में टायफायड से बहुत कमज़ोर हो गए थे। इतने दुबले हो गए थे कि पहचाने न जाते थे, सारा सौन्दर्य जैसे उड़ गया था। मुख कान्तिहीन, धूप में तपकर मानो साँवला हो गया हो! किसी ने खबर छाप दी कि पन्त नहीं रहे। निराला ने यह समाचार सुना तो क्षुब्ध मन से महादेवीजी के यहाँ गए और उनसे सही स्थिति का पता लगाने को कहा। उन्होंने दिल्ली को तार दिया। महिला विद्यापीठ का फाटक बन्द होने तक निराला वहाँ बैठे रहे। उसके बाद वह बाकी रात पार्क में टहलते रहे। सवेरे चार बजे आकर उन्होंने फाटक खटखटाया और पूछा कि तार का जवाब आया या नहीं। जवाब अभी तक न आया था। निराला को विश्वास हो गया कि समाचार सत्य है। उन्होंने कहा—अब हम भी गिरते हैं।[28]

उन्होंने पत्र में लिखा : "पन्तजी के गुज़रने की गलत खबर ने गज़ब ढा दिया; फिर दूसरे रोज़ निराकरण हुआ। ईश्वर की इच्छा से अच्छे हो रहे हैं।"[29]

वह दिल्ली आकर पन्त को देखना चाहते थे, पर इस समय तंगी में थे। शायद मैंने जाकर देखा हो, यह सोचकर लिखा : "आप तो पन्तजी को देखने गए होंगे? बड़ी बीमारी पाई।" फिर सोचा, रेडियो के सिलसिले में दिल्ली जाता था; ये रेडियो बहिकार के दिन हैं, न गया होगा। लिखा : "आजकल रेडियो जाना छोड़ दिया होगा, इसलिए दिल्ली न गए होंगे।"[30]

पन्त को जैसा देखा था, मैंने उन्हें लिख दिया।

गंगा के किनारे झाऊ के पेड़ों के बीच से निकलते हुए वह आसमान में उड़ते हुए हवाई जहाज़ देखते। सामने रेल का पुल, गंगा के निर्जल भाग में खेती, तट पर फूस की कुटियों में साधु-संन्यासी—निराला यह सब देखते और उन्हें लगता कि जनता त्रस्त है, भय के कारण कुछ करने में असमर्थ है। वह इस समय यथार्थवाद के स्तर पर अपनी कला सँवार रहे थे; उसी के अनुरूप कविता में गंगातट के दृश्य आँकते।[31]

मैं उन्हें आगरा आने के लिए बार-बार लिख रहा था। मेरी इच्छा थी, वे यहीं आकर रहें, अधिक-से-अधिक जितने दिन रह सकें। उन्होंने लिखा : "शीघ्र न होने पर भी काम में अब मैं मन्द नहीं। खर्च चल जाता है। आगरा माघ के अन्त या फागुन के मध्य में आएँगे।"[31]

वह मेरे या अन्य किसी के यहाँ भार बनकर रहना अनुचित समझते थे। वह अपने परिश्रम से अपनी जीविका अर्जित कर रहे थे और उन्हें इसका गर्व था। पर उनके परिश्रम का फल खा रहे थे प्रकाशक। फल के छिलके मिले थे निराला को। एक बार पुस्तक के लिए सौ-दो सौ दे दिये, कभी दोस्ती में ही लिखा ली; निराला को हिन्दी संसार के सामने लाने का श्रेय अलग से; रायल्टी, पारिश्रमिक का हिसाब—इन सब बातों से प्रकाशकों को कोई वास्ता न था। मैंने 'हंस' में निराला की स्थिति की ओर हिन्दीभाषियों का ध्यान आकर्षित करते हुए लिखा : "यह आवश्यक है कि हम प्रकाशकों पर सम्पूर्ण हिन्दी संसार का दबाव डालें कि वे उनके कापीराइट छोड़ें, उन्हें नये संस्करणों का और पैसा दें, उनकी रायल्टी का हिसाब-किताब ठीक करें। उन्हें अपनी पुस्तकों से जो मिलना चाहिए, वह उन्हें उनके जीवन-काल में मिले। बाद में तो उनकी मेहनत से पैसा कमाने वाले उनके स्मारक के लिए दान देंगे ही।"[32]

इस तरह के दो-चार लेखों का कोई असर प्रकाशकों पर होनेवाला न था।

मैंने निराला से प्रस्ताव किया कि वे जन प्रकाशनगृह के लिए कोई पुस्तक लिखें।

उन्होंने जवाब दिया : "जन प्रकाशनगृह को कोई या कई अच्छी किताबें दे सकूँगा। उनकी खत-किताबत भेजिए। क्या समझौते होंगे? कितने सौ तक पेशगी दे पाएँगे? कितनी जल्दी एडीशन खत्म कर सकते हैं हज़ार का? बाज़ार हाथ होगा या आ जाएगा।...किताबों में हमारी जीवन-स्मृतियाँ भी हैं जो बड़ा महत्त्व रख सकती हैं।"[33]

निराला के प्रमुख समर्थक नलिन विलोचन शर्मा आरा में प्रोफ़ेसर थे। उन्होंने निराला को आमंत्रित किया। सन् '45 के वसन्त में निराला ने उन्हें लिखा : "कवि सम्मेलन में इसलिए नहीं जाता कि उसकी फीस हज़ारों कर रखी है मैंने, ताकि लोग

न आएँ, मगर दो-तीन सौ से पाँच सौ तक देनेवाले आ जाते हैं। मैं प्राय: नहीं जाता। खास बात हुई तो गया। आपका कालिज साधारण है, शहर भी साधारण। मेरी माँग पूरी करके ले जाने में असमर्थता होगी। आपकी मैत्री अमूल्य है, इस नाते रुपयों वाला हिसाब छोड़ना बाधक नहीं, फिर भी एक काफी लम्बे खर्च का हिसाब होगा। यह रुपया मनीआर्डर द्वारा, तारीख लिखकर भेज दीजिए।"

निराला आरा गए और नलिन जी के यहाँ कई दिन रहे। उनके लिए मछली पकाई गई। दुर्भाग्य से मछली जल गई। निराला ने शिकायत किये बिना चुपचाप मछली खा ली—यह देखकर गृहिणी कुमुद शर्मा विस्मित हुईं। निराला उनके बच्चे को गोद में लेकर खिलाते और गीत गाते।

अपनी फीस और ऑनर अथवा चेयर का स्तर वह क्रमश: बढ़ाते जा रहे थे। उनके हितैषी इससे असमंजस में पड़ जाते थे।

केदारनाथ अग्रवाल को उन्होंने लिखा : "अब मेरी फीस खुल चुकी है। सब को मालूम हो चुका है। आगे-पीछे आपका शहर मेरा अधिवेशन फीस देकर करा सकता है। आपके मित्र अवश्य बाधक नहीं होंगे। चेयर मैं रखता ही हूँ। चीज़ें जो अच्छी हैं, वे फीस मिलने पर ही सुनाई जा सकती हैं।[34]

पाँच दिन बाद निबन्ध-पाठ को लेकर भाव-तोल करते हुए केदारनाथ के पत्र के उत्तर में उन्होंने लिखा : "निबन्ध कहाँ पढ़े जाएँगे? आप अधिक से अधिक कितना रुपया पाँच निबन्धों के लिए दिला सकते हैं अग्रिम? आख़िर तक कितना? यानी कुल कितना होगा?

"आजकल विज्ञापित कवि-सम्मेलन रेडियो-विरोधी कवियों के किये जा रहे हैं। आप एक कराइए और जल्द सूचना दीजिए। इस तरह जनता में जागृति फैलेगी। मेरी फीस वहाँ जो मेरी उसकी कई गुनी अधिक है। पूरी नहीं दे पाइएगा तो चौथाई तो दे ही सकते हैं।[35]

बाँदा वालों से बहुत-सा रुपया इलाहाबाद यूनिवर्सिटी के लिए अमरनाथ झा सरकारी अधिकारियों की सहायता से बटोर ले गए थे। उन दिनों बालकृष्ण राय आई.सी.एस. बाँदा में ही प्रतिष्ठित थे। इलाहाबाद से उनका घनिष्ठ सम्बन्ध था। केदार ने अपना क्षोभ मुझे लिखे हुए पत्र में प्रकट किया : "बाँदा से 20,000) प्रयाग गए हैं। झा साहब ले गए हैं। इसका चिट्ठा मिलने पर बताऊँगा। यह अन्याय हुआ है बाँदा की जनता और उसके बच्चों के साथ। यहाँ का डी.ए.वी. स्कूल मोहताज है। एक Govt. High School है। बच्चे कुत्ते-से पूँछ हिलाते फिरते हैं। पढ़ाई का प्रबन्ध नहीं है। विश्वविद्यालय में Guest House बना है। राम! राम! यह हैं राव साहब।"[36]

निराला ने केदार को याद दिलाया : "आपके कवि-सम्मेलन या निबन्ध पाठन का क्या हुआ? जल्द फिर साहित्य और राजनीति की चलने वाली है।"[37]

उत्तर न पाकर किंचित् रोष से लिखा : "आपका पत्र नहीं मिला। आपके साहित्य समारोह के उपलक्ष्य में शरत् पूनो ही है क्या? आपका नगर जिन हाथों में है, उनका

दाक्षिण्य यहाँ नहीं हो पाता, वाम्य ही रहता है, फलतः वाम्य ही होगा। रहीम वाला भाड़ किस जगह है? सम्भवतः आगरा जाऊँगा।"[38]

आगरे में आयोजन के बारे में उन्होंने मुझे लिखा : "आगरे में मेरी आवृत्ति का प्रबन्ध करा सकते हों तो कराइए। पुरस्कार अच्छा होना चाहिए। लेक्चर सुनना चाहें लड़के तो वही सही, इस युग के काव्य साहित्य पर हो जायगा।"[39]

दो दिन बाद : "आगरे के लोगों को प्रदर्शन दे सकता हूँ। दर्शन मैं नहीं देता। मगर इन लोगों की भेंट बहुत कम होती है। ख़ैर! हो सका तो जल्द मिलूँगा।"[40]

इस पत्र में एक विशेष समाचार : "मैथिलीशरण हीरक जयन्ती का निमंत्रण आया है। लिखा था, 1000) लूँगा कवि-गोष्ठी के लिए। सिर्फ निमंत्रण आता है। नागर को लिखा था, स्क्रीन में आवृत्ति करा सकते हो? 'हाँ' करके मौका देख रहे हैं। ख़ैर।"

वह कल्पना कर रहे थे कि बम्बई से लोग दो हज़ार रुपये मासिक पर उन्हें बुला रहे हैं, पर अभी साहित्य-सेवा छोड़ना अच्छा नहीं। बाँदा न बुला पाने पर केदार से शिकायत की, फिर बम्बई वाली बात कही : "आपके लेक्चर भी न हुए, कवि-सम्मेलन भी रह गया। श्रीयुत राव जैसे साहित्यिक से भी आप लोग कुछ कर न गुज़रे।...कुछ मित्र बम्बई बुला रहे हैं। दो हज़ार मासिक के कई आए, मगर अभी साहित्य में रहना अच्छा लगता है।"[41]

दो हज़ार रुपये मासिक के 'ऑफर' आने चाहिए। ऐसे ऑफर मेरे पास आए हैं, मैं स्वीकार नहीं करता, साहित्य के लिए छोड़ता हूँ—निराला सोचते और कल्पना-जगत् उन्हें यथार्थ सत्य-जैसा लगता, वह उसकी चर्चा पत्रों में करते। धन के बिना मान-सम्मान नहीं। पुस्तकों से हो, कवि-सम्मेलन से हो, निबन्ध-पाठ से हो, रुपया मिलना चाहिए—दस-पाँच, बीस-पचास नहीं, सैकड़ों, हज़ारों।

जन प्रकाशनगृह, बम्बई को मैंने लिखा कि निरालाजी की पुस्तक छापें और उन्हें पेशगी रुपया भेजें। उन्होंने दो सौ रुपये का चेक भेज दिया। निराला को ये दो सौ रुपयों का चेक बिलकुल पसन्द न आया। वह दो-तीन हज़ार रुपये पेशगी की कल्पना कर रहे थे। उन्होंने मुझे सारा हिसाब समझाया : "संस्मरण वाली किताब बारह सौ-डेढ़ हज़ार सफहों की होगी, दो वालूमों में। कीमत आज को देखते 15) से 18) तक होगी। अगर पहला एडीशन दो हज़ार का भी मानें तो बीस सैकड़े के हिसाब से सात हजार रुपये से ज़्यादा की रायल्टी होती है। चाहिए कि हिन्दी एडीशन पहला पाँच हज़ार का हो। पार्टी के पास बेचने के साधन हैं। किताब संसार के साहित्य में एक होगी, क्योंकि उसका मसाला वैसा है—संसार के प्रायः सभी बड़े आदमी आते हैं। हम इसका अंग्रेज़ी संस्करण भी करेंगे, बँगला भी, उर्दू भी। प्रकाशन को बड़ा काम मिलेगा, नामवरी भी होगी। अंग्रेज़ीवाले में आपका सहयोग रहेगा अगर आपकी इच्छा हुई। अंग्रेज़ी की खपत का अन्दाज़ा लगा सकते हैं। ऐसी हालत में, ये दो सौ रुपये कौन हींग हैं, मेरी समझ में नहीं आता। और हिन्दी संस्करण के लिए 3000) कम-से-कम अग्रिम मिलना चाहिए। इस समय 1))

से अधिक नहीं पहले को देखते। ख़ैर, आपको इतना इशारा काफी है। आप उनसे बातचीत कीजिए। इस बड़े काम के लिए वे खुद भी यहाँ आ सकते हैं, आप भी रहें, दो-एक और। समझौता हो जाय, रुपये दें, हम काम देने लगें। आगरा रहकर भी काम किया जा सकता है।

"यों 200) में एक किताब कोई देंगे। जल्द जवाब दीजिए। उनसे भी मालूम कीजिए।"[42]

मैं जानता था कि निराला अपने संस्मरणों के ये दो खंड कभी नहीं लिखेंगे। फिर भी यदि जन प्रकाशनगृह या कम्युनिस्ट पार्टी निराला को दो-तीन हज़ार रुपये भेंट ही कर दे तो क्या बुरा है? यदि पूरनचन्द जोशी के मित्र कविवर सुमित्रानन्दन पन्त की बात होती अथवा सज्जाद ज़हीर के मित्र शायरे इनकलाब जोश मलीहाबादी की बात होती तो दो-तीन हज़ार का प्रबन्ध आसानी से हो जाता। मैंने निराला की स्थिति बम्बई के मित्रों को लिख दी। यथासमय उनका उत्तर निराला के पास पहुँच गया। निराला ने सूचना दी : "आपके जन प्रकाशनगृह को लिखे पत्र का उत्तर आया। उन्होंने छोटी स्मृति पुस्तिका माँगी है।"[43]

निराला 'चोटी की पकड़' उपन्यास लिख रहे थे। महिषादल की स्मृतियाँ उभरकर उन्हें एक साथ आकर्षित और व्यथित कर रही थीं। प्रासाद, दो मील घेरकर चारदीवार, कई ड्योढ़ियाँ, हर ड्योढ़ी पर पहरेदार, उद्यान, मैदान, तालाब, प्राचीर, कचहरी, निकासों पर पहरे, बड़े-बड़े सन्दूकों में राजकोष, रघुनाथजी का मन्दिर, युक्त प्रान्तीयता की रक्षा करता हुआ जागीरदार परिवार। यहीं 'कुकुरमुत्ता' की गुलाबबाड़ी, 'खजोहरा' की बुआ। किसी हद तक चरित्रहीनता का वातावरण, लोगों के बारे में तरह-तरह के किस्से।

"बुआ विधवा हैं...बुआ की उम्र पच्चीस होगी। लम्बी सुतारवाली बँधी पुष्ट देह। सुढर गला, भरा उर। कुछ लम्बे मांसल चेहरे पर छोटी-छोटी आँखें; पैनी निगाह। छोटी नाक के बीचोबीच कटा दाग़। एक गाल पर कई दाँत बैठे हुए। चढ़ती जवानी में किसी बलात्कारी ने बात न मानने पर यह सूरत बनाई, फिर गाँव छोड़कर भग खड़ा हुआ।"

'कुकरमुत्ता' की बाँदी :

"मुन्ना की उतनी ही उम्र है जितनी बुआ की। उतनी ऊँची नहीं, पर नाटी भी नहीं। चालाकी की पुतली। चपल, शोख। श्याम रंग। बड़ी-बड़ी आँखें। बंगाल के लम्बे-लम्बे बाल। विधवा, बदचलन, सहृदय। प्राय: हर प्रधान सिपाही की प्रेमिका।"

आकर्षण के उपकरण : दो मंज़िला स्टीमर, एक डज़न पेग, कीमती हारमोनियम, गानेवाली ऐजाज़ : "लोगों की आँखें जम गईं। रूप से हृदय भर गया। आज का पहनावा मोरपंखी है। साड़ी का वही रंग, वही बूटे, फरमाइश से तैयार की हुई। ज़मीन सुनहरे तारों की। सर के कुछ बाल मोर की चोटी की तरह उठे हुए; हर डाँड़ी पर हीरे की कनियों के साथ नीलम बँधा हुआ। पैरों में कामदार मोती-जड़ी-जूतियाँ।"

ऐजाज़ गाती है, राजा सुनते हैं :

हर एक बात प' कहते हो तुम कि तू क्या है,
तुम्हीं कहो कि यह अन्दाज़े-गुफ़्तगू क्या है।

इसके बाद :

जाने दे मो को सुनो सजनवा
काहे करत तुम नित नित मो सन रार,
नहीं, नहीं मानूँगी तिहार।
छेड़ करत, नहीं मानत देखो री सखि,
मेरी सुनै ना,
बिन्दा कहत अब नित नित मो सन रार,
नहीं, नहीं मानूँगी तिहार। जाने दे मो को...

फिर रवीन्द्रनाथ का गीत—जामिनी ना जेते जागाले ना केन। ऐजाज़ ने वे सब गाने गाये जो निराला को प्रिय थे। एक 'श्रीरामचन्द्र कृपालु भजुमन' उसने न गाया। वह अंग्रेज़ी जानती है, अखबार पढ़ती है, सम्पादक की टिप्पणी पर टिप्पणी लगा सकती है।

दारागंज की गली में मसुरियादीन पंडा के घर में खुद हाथ से खाना पकाते, बर्तन मलते, नीची छत वाले कमरे में कठघरे के भीतर शेर की तरह टहलते निराला महिषादल की स्मृतियों को रँग-चुनकर उनसे मन बहलाते। इस उपन्यास के पात्र स्वप्न के छाया-चित्रों की तरह सामने आते, फिर अचानक गायब हो जाते। ये पात्र कभी कूट भाषा में बातें करते, जैसी भाषा का व्यवहार निराला स्वयं इन दिनों करते थे। जैसे राज लेने-देने की बात। कोचवान अली पुलिस के मुसलमान दरोगा को राज देने लगा, ऐजाज़ का राज किसी बड़े मुसलमान के यहाँ रहता होगा; यूसुफ़ को कोई राज सरकार के खिलाफ़ नहीं मालूम हुआ।

इसी तरह ऑनर की बात।

नाम पूछने पर यूसुफ़ कहता है : "हाँ, एक है मगर इस वक्त तो यही कि हम सरकारी।" यूसुफ़ से राजा का सेक्रेटरी कहता है : "एक प्रोविंशल मेरे साथ भी है।" मुन्ना बाँदी ने जमादार जटाशंकर से कहा : "मेरे साथ रानीजी का मान है, उन्होंने दिया है, इसको अंग्रेज़ी में ऑनर कहते हैं। राजा ने तुमको मान नहीं दिया, तुम अपनी तरफ़ से राजा का मान लेते हो। रानी का मान पहले तुमसे लिया जायगा। हम जब आएँगे, तुम उठकर खड़े हो जाओगे और हाथ जोड़कर रानीजी की जय कहोगे। तभी हम रानीजी का ऑनर यहाँ चढ़ा सकेंगे।"

ऑनर का मतलब रानी की बाँदी दूसरों के लिए रानी के बराबर। हर व्यक्ति के अन्दर से मानो दूसरों का व्यक्तित्व बोलता है और व्यक्तित्व का बड़प्पन राजघराने तथा सरकार से उसके सम्बन्ध पर निर्भर है। अमृतराय के साथ 'पी' देखकर इसीलिए

निराला ने कहा था—हमारे साथ भी एक ऑनर है। और डाक्टर टी. बहादुर जब उनके बड़प्पन की थाह लेने लगे थे, तब निराला ने उन्हें समझा दिया था—मुझे सरकार ने (यानी सीधे दिल्ली के बड़े लाट ने) इम्पीरियल ऑनर दिया है।

राजा और सरकार से ऑनर पाने की आकांक्षा, उतनी ही दोनों से घृणा। 'चोटी की पकड़' के सपने जिस मानस पर छा जाते हैं, उसमें भय की सिहरन है। पुलिस, जासूस, राज लेने-देने की बातें, लोगों में परस्पर अविश्वास, ऊपरी बातें कुछ और, भीतरी मंसूबे दूसरे। निराला का मन नरक में घूम रहा था, उस नरक में फँसे हुए लोगों की यंत्रणा देख रहा था; यह नरक काल्पनिक न था, इसमें प्रेत नहीं, हाड़-मांस के जीवित नर-नारी रहते थे। "नसों से जैसे देह, वह दुनिया के जाल से बँधा हुआ और सिर्फ दस रुपये महीने के लिए। जान की बाज़ी लगाये फिर रहा है। कहीं से छुटकारा नहीं। जहाँ तक निगाह जाती है, यही जाल बिछा हुआ है। लुभाने वाली जितनी चीज़ें हैं, सभी खून से रँगी हुईं...यह इमारत, ज़मींदारी, हीरे-मोती, जवाहरात, चमक-दमक, रूपरंग—कुल बनावटी। इनकी असली सूरत कुछ और है। यह स्वर्ग दिखता हुआ दृश्य नरक है। ये राजे-महाराजे राक्षस, ये देवी-देवता पत्थर के, काठ के, मिट्टी के।"

निराला के सपनों में अब राजाओं-महाराजाओं और राक्षसों के साथ हिंस्र पशुओं के चित्र आने लगे थे। विशेष रूप से बाघ आते, उनसे लड़ते। निराला कहते—मैंने वह झाँपड़ दिया कि हिज़ हाइनेस की तबियत झक्क हो गई। कभी-कभी बाघिनें निराला की तरफ पूँछ उठाये उन्हें अपनी ओर आकर्षित करने का प्रयास करतीं। वह शेरों से अपने सम्पर्क का इतना सजीव वर्णन करते कि सुननेवाला भ्रम में पड़ जाता, यह सब सच तो नहीं कह रहे हैं। झाँसी से घूमते हुए रामस्वरूप शर्मा उर्फ चौबे इलाहाबाद पहुँचे। दारागंजवाले घर में पहुँचकर निराला के पैर हुए। निराला ने कहा—कसरत करते हो? चौबे के हामी भरने पर मेरे बारे में सवाल किये। फिर पूछा—यहाँ से कहाँ जाओगे? चौबे ने कहा—कर्वी बिदा कराने जा रहे हैं।

निराला ने कहा—कर्वी के उधर बड़ा जंगल है। हम भी वहाँ कई बरस रहे हैं। रात को झुटपुटा होने के बाद कभी घर से बाहर न निकलना। वहाँ से मैंने चार-चार शेर पकड़वाकर लखनऊ भिजवाए हैं। लखनऊ के अजायबघर का शाहजहाँ हमारा ही पकड़वाया हुआ है। पहले किंग कमीशन आता था। मुझे बहुत परेशानी रही। ट्रेन तक में इन्होंने पीछा नहीं छोड़ा। एक दफे एक शेरनी हमारी छत पर आ गई। तुम जानते हो कि लियोपर्ड कितनी छलाँग मार सकता है? अच्छा, तुम्हारा कभी साबिका पड़ा है?

चौबे चुप रहे। निराला फिर शेरों के जंगल में पहुँच गए।

वह आगरा आनेवाले थे। उनकी इच्छा सूरदास पर एक बैलेड लिखने की थी। आगरे के पास रुनकता जाकर निराला वह स्थान देखना चाहते थे जहाँ सूरदास रहा करते थे। मैंने कवि शिवमंगल सिंह सुमन को लिखा कि निराला को इलाहाबाद से हटाकर आगरे या ग्वालियर रखा जाए। सुमन उन्नाव ज़िले के निवासी, उदीयमान

कवि, निराला के भक्त, सहमत हुए। उन्होंने योजना बनाई कि निराला को ग्वालियर ले आएँ और वहाँ उन्हें बताये बिना मानसिक रोगों के चिकित्सक डॉ. महावीरसिंह से उनकी परीक्षा कराई जाए। जैसा वे कहें, उसी के अनुसार काम करें।

दिल्ली में ब्रज साहित्य मंडल का अधिवेशन था। अधिवेशन के साथ कवि-सम्मेलन हुआ, उसके सभापति निराला थे। आगरा से पद्मसिंह शर्मा 'कमलेश' भी समारोह में भाग लेने गए थे। मुझे जब पता चला कि निराला दिल्ली में हैं तो मैंने कमलेश को तार दिया कि उन्हें अपने साथ लेते आओ। निराला ने उन्हें दस रुपये का नोट दिया, दो इंटर के टिकट खरीदने के लिए। भीड़ बहुत थी। निराला खिड़की से कूदकर भीतर घुस पाए। कोसी में कमलेश ने केले, समोसे खिलाये और चाय पिलाई। राजामंडी स्टेशन पर उतरते समय उनका पुराना कम्बल गाड़ी में ही छूट गया।

आख़िर निराला स्वदेशी बीमा नगर में मेरे घर पहुँचे। सुमन आ चुके थे। निराला बाज़ार से गोश्त लाये। ढेर-सा घी डालकर पकाने बैठे। सदा की भाँति गोश्त पकने में देर लगी। वह नहा-धोकर तैयार हुए, उसके बाद सुमन ने गुसलखाने में प्रवेश किया। कुछ देर हुई। निराला अधीर हो रहे थे। आख़िर सुमन को जल्दी न निकलते देखकर उन्होंने डाँट लगाई—का जनाना अस हुआँ घुसुरु-घुसुरु करत है!

सुमन जल्दी से बदन पोंछते बाहर निकले। निराला ने भोजन किया, फिर सोये। नाथूराम शंकर शर्मा के पुत्र हरिशंकर शर्मा से मिलने गए। शंकरजी से, 'समन्वय' के दिनों से, उनका सम्बन्ध था। बड़े स्नेह से वह हरिशंकरजी से मिले। फाइन आर्ट स्टूडियो में फोटो खिंचाया। मैं उन्हें इधर-उधर घुमाने ले गया, उन्हें प्रलोभन दे रहा था कि आगरे में स्थायी रूप से रहें। वह कह रहे थे कि यहाँ सब ड्राई-ड्राई-सा लगता है।

बंगाल को देखते अवध में हरियाली की कमी, अवध को देखते ब्रजभूमि—विशेष रूप से आगरा—शुष्क। उनकी बात सही थी। ताजमहल से लौटते हुए वह जमुना में कितना पानी है, देखने के लिए रेती पर चलने लगे। शेरों की बातें सुना रहे थे। झुटपुटा हो आया था। वह बताने लगे कि शेर को देखकर गीदड़ कैसे बोलता है। फिर चिल्लाये : हिऊ, हिऊ, हू, हू, हुआ, हुआ!

उस सुनसान में जमुना के जल पर और उस पार दूर तक निराला की वह अमानवीय-सी लगनेवाली आवाज गूँज उठी।

ग्वालियर पहुँचकर उनका परिचय डॉ. महावीर सिंह से हुआ। एक साहित्यप्रेमी के नाते उनकी मुलाकात निराला से कराई; वह किस तरह के डाक्टर हैं, हम लोगों ने उन्हें यह कुछ न बताया। मैंने अलग से निराला का जितना इतिहास मालूम था, सुना दिया। वह निराला से मिलते, घंटों बैठे बातें करते, निराला की बातें सुनते। निराला बहुत प्रसन्न थे। एक बार भी उन्होंने शेरों का प्रसंग न आने दिया। उन्होंने बँगला गीत गाया—बारन करो तबे गाहिबो ना।

उनका स्वर इतना सधा हुआ था, गीत इतना मधुर लगा कि मैंने कहा : "निरालाजी, ऐसे गाएँगे तो हम नौकरी छोड़कर इलाहाबाद में फिर साथ रहेंगे।"

वह खूब ज़ोर से हँसे। फिर बोले—हम लोग तो अमैच्योर हैं। आप लोगों को खुश किया है।

मैंने कहा—यहाँ तो प्रिमैच्योर हैं।

निराला ने आधी बात खड़ी बोली में कही, आधी बैसवाड़ी में : "आपके पास तो सब कुछ है। ईश्वर ने सुन्दर बीवी दी है, प्रोफेसरी है, रहने को कमरा है। बस, इसी तरह चले जाओ। तुम हमका मानति हौ, यही ते तुमते बताइत है। बाघ हमेशा ऐरोगैंट का झपड़िआओत है। हिज़ हाईनेस वगैरह का झपड़िआओब द्याखै लायक रहै। गोली से तो मरता नहीं है—ढेलों को वह क्या गिनता है? जैसे तुम खबावति-पियावति हौ, वैसे वहु एकु कू कुरु खायेसि, एकु मनई खायेसि। फि कमरा मँ आय कै बैठिगा। यहु तो सहर क हाल है। जंगल कै बात को कहै?"

सुमन के दरवाजे पर किसी ने दस्तक दी। एक व्यक्ति ग्वालियर-महाराज का पत्र लेकर आया था। निराला ने सुमन को व्यस्त-सा देखकर अंग्रेज़ी में पूछा : "हैज़ हिज़ हाइनेस कम?" सुमन ने निराला की तरफ न देखकर चिट्ठी पढ़ते हुए कहा : "नहीं, उनकी चिट्ठी है।" निराला ने फिर पूछा : "लेटर प्राइवेट है क्या?" सुमन ने कुछ न कहा।

बात राजाओं, ज़मींदारों और ठाकुरों के बारे में होने लगी—रियासतों में किसानों पर अत्याचार, टाँगें फैलाकर बीच में पत्थर रख देना, पीछे हाथ बाँधना, जूतों से मारना। फिर बोले : "ठाकुर और शैतान बराबर होता है।" बैसवाड़े के लोगों की चर्चा करते हुए उन्होंने कहा : "बैसवाड़े का आदमी बदमाश होता है।" फिर ए.आई. सी.सी., पी.सी.सी. की बातें हुईं। "दिल्ली में हमने अपनी स्पीच में कहा था..." कांग्रेसी नेताओं पर नाराज़ होते हुए बोले : "हाई कमांड लिये फिरते हैं। प्रौपर्टी का मामला आने दो, देखें, तब कितना देते हैं। बैंकिंग की व्यवस्था बहुत खराब है। यह खत्म होनी चाहिए। ज़मींदारी भी। और हम चाहते क्या हैं? रुपया बाँटकर लोग सुख से रहे, सच्चे मेल से रहें। कम्युनिज्म और क्या है? हमने क्या पाया? पैसा पाया या जस पाया? तुम लोगों का रास्ता तैयार किया है। नष्टत्व का प्रमाण हम लोग खुद हैं।"

चाय पीने के बाद प्रसन्न मुद्रा में उन्होंने रवीन्द्रनाथ का दूसरा गीत गाया—जामिनी जेते जागाले ना केनो, बेला होलो मरी लाजे। जब वह इस पंक्ति तक आए—नीबिया बाँचिलो निशार प्रदीप ऊषार बातास लागी—तब सुमन की पुत्री उषा के रोने की आवाज आई। निराला ने रुककर कहा—यह गीत पहलेवाले से अच्छा है। फिर उन्होंने गीत पूरा किया। शेली की स्काइलार्क वाली कविता से यह बंद दो बार पढ़ा :

Like a high born maiden
In some palace tower,
Soothing her love-laden
Soul in secret hour
With music sweet as love which
Overflows her bower.

रवीन्द्रनाथ की एक कविता याद आई। बोले : "टैगोर ने लिखा था—प्रासाद शिखरे कबरी एलाये...लेकिन :

विजन वन वल्लरी पर
सोती थी सुहाग भरी
स्नेह स्वप्न मग्न
अमल कोमल तनु तरुणी जुही की कली
दृग बन्द किये शिथिल पत्रांक में।

यहाँ प्रासाद नहीं, जंगल है।"

रवीन्द्रनाथ के साथ कालिदास को हीन ठहराते हुए उन्होंने वाल्मीकि को श्रेष्ठ कवि कहा। एक पंक्ति दोहराई—सुवर्णेन हिरण्येन किं करिष्यावहे वने। फिर अपनी कविता का कुछ अंश पढ़ा :

दिवसावसान का समय
मेघमय आसमान से उतर रही है
वह संध्या सुन्दरी परी-सी धीरे धीरे धीरे।

फिर बड़े भावावेश में उन्होंने 'दलित हृदय की रुद्ध अर्गला खोल' आदि पंक्तियाँ सुनाईं और कहा कि यह प्रोग्रेसिविज़्म की शुरुआत थी।

'कुकुरमुत्ता' के बीच से कुछ अंश सुनाने के बाद उन्होंने कहा : "जोश ने इधर सात-आठ साल में अच्छा काम किया है। मैंने जोश को कविता सुनाई :

मुहोंमुँह रहे
एक पेड़ पर दो डालों के काँटे जैसे
अपनी अपनी कली तोलते हुए।

जोश ने कहा—मीनिंगलेस। मैंने कहा—रिन्दों ने कायनात को मैखाना कर दिया; कैसे कर दिया ?"

शृंगार रस की चर्चा होने पर उन्होंने सुमन को लक्ष्य करके कहा : "नैतिकता का ध्यान रखो; नेचर इसके लिए छोड़ न देगी।"

सुमन के पुत्र अरुण आ गए। निराला को कुश्ती लड़ने की सूझी। अरुण से बोले—आओ, तुम्हें कलाजंग सिखाएँ। तीन साल के अरुण निराला से कुश्ती लड़ने लगे, एक हाथ गर्दन में दिया, दो हाथ पीठ पर जमाये। निराला इस दंगल में कई बार उठे-बैठे। नंगे बदन पर केवल तहमत थी। तहमत खुल न जाय, इसलिए उठते-बैठते हर बार उसे सँभालते जाते थे।

संध्या समय लक्ष्मीबाई की समाधि देखने गए। चारों तरफ अँधेरा फैल रहा था। समाधि के सामने उस नीरव एकान्त में निराला हाथ जोड़कर खड़े हो गए; हमें लगा कि वह बहुत देर तक खड़े रहे। उन्होंने सिर न झुकाया, बस, हाथ जोड़े रहे। फिर एक भी शब्द कहे बिना वापस लौटे।

सुमन के प्रयत्न से मुरार में निराला का सम्मान किया गया और 151) की थैली भेंट की गई। इसे उन्होंने वहाँ की साहित्य-सभा को दे दिया, पर कवि मिलिन्द तथा अन्य सज्जनों के बहुत मनाने पर उन्होंने उसे ग्रहण किया। एक गोष्ठी डॉ. महावीरसिंह के यहाँ भी हुई।

डॉ. महावीरसिंह से वह इतने प्रसन्न हुए कि बोले—अगली बार जब आऊँगा तो आपके यहाँ ठहरूँगा।

डाक्टर साहब ने उनके रक्तचाप की जाँच की। फिर उन्होंने कहा—मैं आपके पूरे शरीर का एक्स-रे लेना चाहता हूँ। खून, पाखाना, पेशाब की परीक्षा करना चाहता हूँ। निराला ने कहा—इस बार मुझे समय नहीं, दूसरी बार आऊँगा तो आप फुर्सत से मेरे शरीर की जाँच कर सकते हैं।

सुमन ने बहुत कोशिश की कि एक दिन रुक जाएँ और रक्त-परीक्षा करा लें, पर निराला ने चलने की ठान ली थी और वह चल दिये। सुमन झाँसी तक उन्हें छोड़ने आए। वहाँ से वह इलाहाबाद जाने के बदले रामकृष्ण से मिलने लखनऊ गए।

लखनऊ में वह रामकृष्ण के यहाँ पहुँचे और उनका गाना सुना। तारीफ की और कहा—पहले से अब अच्छा है। खूब मेहनत करने, पिस्ते खाने और दूध पीने का आदेश दिया। वहाँ से इलाहाबाद आए।

सुमन और मैंने काफी प्रयत्न किया कि वह ग्वालियर या आगरे आकर रहें पर वे टालते रहे। जून के अन्त में सुमन इलाहाबाद गए। निराला के यहाँ पहुँचे तो देखा, अँधेरा है। ऊपरवाले कमरे के एक कोने में मिट्टी का दीया जल रहा है। निराला चौका लगा रहे थे। केश, दाढ़ी, मूँछ बढ़े हुए, अस्त-व्यस्त, जैसे अभी रोगशय्या से उठे हों! थोड़ी देर पहले रोटी बनाई थी। बोले—आज खाना ज़्यादा बना लिया था। सोच ही रहा था कि इतना कौन खाएगा। तुम अच्छे आ गए। अब खाना खाकर ही जाना। आज बहुत ही बढ़िया घी लाया हूँ। ऐसा तो बैसवाड़े में भी न मिलेगा आजकल।

सुमन नाहीं-नाहीं करते रहे। निराला ने जबरदस्ती बिठाकर खिलाया, दूध में रोटी मीसकर रख दी। खुद आधे पेट खाकर उठ गए। सुमन ने विरोध किया तो बिगड़कर बोले—तुम आदमी हो कि क्या हो? मैं बेवकूफ हूँ जो तुम्हारे लिए भूखा रह जाऊँगा?

चारपाई पर गद्दा बिछाकर सुमन को सुलाया। खुद तख्त पर कुछ बिछाये बिना लेट रहे। सुमन आकर पैर दबाने लगे। निराला ने मना किया, पर इस बार सुमन ने ज़िद की। उन्हें सुख मिला, बहुत दिनों बाद ऐसा सुख मिला था और वह घंटे-भर तक पैर-कमर-हाथ दबवाते रहे। सुमन ने कहा—ग्वालियर कब चलेंगे? निराला ने कहा—अभी नहीं।

सुमन के सोकर उठने से पहले ही वह जलेबी ले आए। नाश्ता कराने के बाद बाज़ार से गोश्त लाये। एक पोटली में बँधा हुआ आटा मटकी में भरने लगे। सुमन ने कहा—लाइए, मैं भर दूँ; आप नहाने जाइए। उन्होंने डाँटा। खुद ही आटा भरा। नहाने चले तो वही आटे वाला कपड़ा झाड़कर पहन लिया। भोजन के बाद सुमन ने फिर ग्वालियर चलने का अनुरोध किया। निराला ने साफ़ नाहीं कर दी।

एक कवि-सम्मेलन के सिलसिले में सुमन इलाहाबाद फिर आए और लगभग महीने-भर रहे। इस बार निराला ने उन्हें घर में न घुसने दिया। मैले कपड़े पहने, धूलि धूसर, हाँफते-से निराला सुमन को घर में घुसने से रोकते हुए बोले : "हुआँ मेहरिया बैठी हैं, हुआँ जइहौं तो मारि कै चोकरा कइ डरिहैं।" सुमन ने मेरी याद दिलाकर उन्हें यथार्थबोध के स्तर पर लाने का प्रयत्न किया। निराला ने कहा—रामबिलास आपके मित्र होंगे, मेरा तो उनसे कोई विशेष सम्बन्ध नहीं। सुमन ने इसके बाद उन्हें ग्वालियर ले जाने का फिर प्रयत्न न किया।

निराला की स्थिति को लेकर उनके सभी हितैषी चिन्तित थे। प्रश्न था, क्या किया जाए जिससे वह प्रसन्न रहें और पहले की तरह सामान्य ढंग से फिर काम करने लगें? कुँअर चन्द्रप्रकाशसिंह की योजना थी कि निराला का सार्वजनिक अभिनन्दन किया जाए—एक अभिनन्दन-ग्रंथ भेंट करें। युद्ध समाप्ति पर था। छह साल में अंग्रेज़ों ने युद्ध का बोझ लादकर देश की कमर तोड़ दी थी। लाखों आदमी भूख से तड़पकर मर गए। करोड़ों आदमी एक जून मोटा-झोटा जो मिला, आधे पेट खाकर शरीर जिआए थे। जो लोग अंग्रेज़ों के साथ मिलकर लड़ाई का माल सप्लाई कर रहे थे, वे करोड़पति हो गए।

निराला ने अभिनन्दन की बात सुनी तो लिखा : "कुँअर चन्द्रप्रकाश की योजना (अभिनन्दन वाली) ज्ञात हुई। देश और विश्व की स्थिति बुरी है। अभिनन्दन शोभा नहीं देता। अभी पन्द्रह-बीस साल तक यह अवधि बढ़ाई जा सकती है। यदि मेरा अन्त हो गया तो साहित्य में अभिनन्दनीय व्यक्ति का टोटा न रहेगा।"[44]

बात जहाँ-की-तहाँ रह गई। निराला की स्थिति के बारे में कई जगह लेख प्रकाशित हुए। 'लोकयुद्ध' में उनकी स्थिति का समाचार पढ़कर कई गुजराती पत्रों ने हिन्दी लेखकों की हीन दशा बतलाते हुए निराला के लिए भीख की अपील प्रकाशित की। यह समाचार देते हुए अमृतलाल नागर ने मुझे सावधान किया—चन्दा संसद के लिए इकट्ठा किया जा सकता है, किसी भी लेखक के नाम पर भीख नहीं माँगी जा सकती, यह उसके स्वाभिमान को चोट पहुँचाना है।

नन्ददुलारे वाजपेयी, केदारनाथ अग्रवाल, अमृतलाल नागर आदि मित्रों के सहयोग से मैं निराला परिषद् की स्थापना का प्रयत्न कर रहा था। इस परिषद् का उद्देश्य निराला के 'प्रशंसकों और उनके साहित्य से सहानुभूति रखनेवालों का एक स्थायी संगठन' बनाना था जिससे "उनके साहित्य के अध्ययन में और तत्सम्बन्धी सामग्री के चयन में एक सुसंगठित प्रयास हो सके।...निराला परिषद् का उद्देश्य होगा कि वह निरालाजी और उनके साहित्य के प्रति अपने उत्तरदायित्व को संगठित रूप से निबाहे।...निरालाजी के साहित्य के प्रकाशन, उसके कापीराइट, रायल्टी आदि तथा लेखों, कविताओं के पारिश्रमिक आदि के प्रश्नों पर परिषद् विचार करेगा और यह प्रयत्न करेगा कि उनके साहित्य का जहाँ रसात्मक मूल्य आँका जाय, वहाँ उसकी आर्थिक आय का एक समुचित भाग उसके रचयिता को भी मिले।"

इस विज्ञप्ति में कहीं भी निराला के लिए चन्दा करके उनकी आर्थिक सहायता करने की बात न थी। परिषद्-योजना कार्य-रूप में परिणत न की जा सकी। मेरी व्यक्तिगत अक्षमता के अलावा प्रकाशकों, उनके दलालों और उनके खुशामदी लेखकों को स्पष्ट दिख रहा था कि इस योजना से निराला की पुस्तकें चन्द पूँजीपतियों के हाथ से निकल जाएँगी। मैंने 'हंस' में नोट लिखा कि जिन प्रकाशकों ने उनकी पुस्तकें कापीराइट पर ली हैं, वे अपना अधिकार छोड़ें जिससे कि निराला को रायल्टी देने की उचित व्यवस्था की जा सके। प्रकाशकों और उनके दलालों को शिकायत थी कि हिन्दी की किताबें आम तौर से और निराला की किताबें खास तौर से बिकती नहीं हैं लेकिन कापीराइट छोड़ने के मामले में सब सोंठ थे।

निराला के प्रशंसक साहित्यिकों को इस बात से बहुत कम दिलचस्पी थी कि निराला के जीवन और साहित्य से सम्बन्धित सामग्री इकट्ठी की जाय, उसके लिए संगठित प्रयास हो, उनकी रचनाओं का विधिवत् अध्ययन किया जाय। निराला के प्रति श्रद्धा-प्रदर्शन अधिक सुखद कार्य था।

महादेवी वर्मा ने साहित्यकार संसद स्थापित की। इसकी अन्तरंग समिति की बैठक मैथिलीशरण गुप्त की अध्यक्षता में हुई। उसमें निश्चय हुआ कि निराला की चुनी हुई कविताओं का एक संकलन—पन्त की 'पल्लविनी' जैसा—संसद से प्रकाशित किया जाय। कापीराइट छुड़ाने के बारे में भी विचार हुआ। महादेवीजी ने इस बारे में बताया : "उनकी रचनाओं के कापीराइट के सम्बन्ध में हम लोगों ने श्री बिड़लाजी को लिखा है। आवश्यकता होने पर सियारामजी उनसे मिलने चले जाएँगे। यदि सम्पूर्ण रचनाओं का कापीराइट लीडर प्रेस से न मिल सके तो संकलन की अनुमति हमें मिल ही जानी चाहिए।"[45]

वह अनुमति उन्हें मिल गई। कापीराइट बिड़लाजी के पास रहा। महादेवीजी ने यह सूचना भी दी कि 'आगामी 5 मास तक संसद निरालाजी को 100) प्रतिमास देने का निश्चय कर चुकी है। 2 महीनों का दिया भी जा चुका।' उनका विचार था कि निराला की तीन-चार पुस्तकें भी संसद प्रकाशित कर सके तो उन्हें 200) प्रतिमास मिलना सहज हो जाएगा। दिल्ली, बम्बई, कलकत्ता से धन-संग्रह करने के बाद उन्हें आशा थी कि संसद पन्त की लोकायतन योजना—सांस्कृतिक केन्द्र स्थापित करने की योजना—को मूर्त रूप दे सकेगा। अर्थ-संग्रह में सहायता करने के लिए उन्होंने मुझे भी लिखा। इसमें मुझे सफलता न मिली, विशेष उत्साह भी न था। इससे पहले महादेवीजी ने गुलाबराय को तीन पत्र लिखे थे जिनमें से एक का भी उत्तर उन्होंने न दिया था।

निराला ने धन-संग्रह में सहायता के लिए केदारनाथ अग्रवाल को लिखा : " 'साहित्यकार संसद' नाम से अपनी व्याख्या करती है। साहित्यिकों की एक ही संस्था है। साहित्यिक और धनिक मदद कर रहे हैं। आप भी कुछ कीजिए। महादेवीजी Secretary हैं, मैथिलीशरणजी सभापति, बहुत से गण्य लेखक सभासद

हैं, रायकृष्णदास कोषाध्यक्ष, मैं साहित्यकार हूँ, प्रकाशन मेरे संग्रह का हो रहा है, रुपये 500) अग्रिम मिले। नरेन्द्र ने 100) भेजे हैं, कुछ-कुछ आप लोग भी भेजिए।"[46]

निराला व्यक्तिगत सहायता के लिए अपील नहीं कर रहे हैं, पत्र में इसका संकेत उन्होंने कर दिया। आरम्भ में ही लिखा : "मेरे लिए विशेष, उद्विग्न न हूजिए; क्योंकि लेखनी मेरे पास है और वह आपकी सभा परिषद् से कम शक्तिशालिनी नहीं।"

अपनी शक्तिशालिनी लेखनी का भरोसा करके उन्होंने मई-जून की गर्मी में 'विषवृक्ष' का अनुवाद पूरा किया। अपने कविता-संग्रहों से कुछ कविताएँ 'अपरा' के लिए उन्होंने खुद नकल कीं, कुछ में निशान लगा दिये कि महादेवीजी की छात्राएँ नकल कर लें। निराला महादेवी वर्मा को बहन करके मानते थे; वह उनके राखी बाँधती थीं, निराला मिठाई खिलाते थे। 'अपरा' के सम्पादन का जितना अधिकार निराला को था, उतना ही महादेवीजी को। निराला की बड़ी इच्छा थी कि संग्रह में 'कुकुरमुत्ता' भी रहे। महादेवीजी ने अपने भाई का जो छायावादी चित्र बनाया था, उसमें 'कुकुरमुत्ता' की कहीं गुंजाइश न थी। निराला ने उन्हें समझाया कि 'कुकुरमुत्ता' आज की सबसे सुन्दर कविता है; जीवन के यथार्थ से घबड़ाना नहीं चाहिए।

"देवीजी ने कोई प्रतिवाद नहीं किया, पर निरालाजी निश्चय ही कुछ खिन्न हुए।"[47]

जुलाई के आरम्भ में उन्होंने लिखा : " 'अपरा' छप रही है सा. संसद वाली मेरी संग्रहणी। महादेवीजी अभी पहाड़ से नहीं आईं। आजकल में आनेवाली हैं।"[48]

कार्तिकी पूर्णिमा तक की प्रगति : " 'अपरा' छप गई। निकलने को है। 'चोटी की पकड़' भी प्राय: समाप्त है। 'काले कारनाने' उपन्यास आधा पूरा हुआ।"[49]

जिन दिनों साहित्यकार-संसद 'अपरा' छाप रही थी, उन्हें प्रतिमास निश्चित आर्थिक सहायता देने का प्रबन्ध कर रही थी, उन्हीं दिनों निराला कवि-सम्मेलनों में अपनी फीस बढ़ा रहे थे, निबन्ध-पाठ के आयोजन के लिए मित्रों को ललकार रहे थे, जन प्रकाशनगृह के लिए विराट् संस्मरण-ग्रंथ की योजना बना रहे थे। उनके दो नये कविता-संग्रह 'नये पत्ते' और 'बेला' तैयार थे। 'काले कारनामे' उपन्यास तैयार हो रहा था लेकिन साहित्यकार संसद को इनमें से एक भी पुस्तक उन्होंने न दी।

यदि साहित्यकार संसद हिन्दी-लेखकों की जातीय संस्था के रूप में विकसित होती, निराला की पुस्तकों का कापीराइट छुड़ाकर उन्हें प्रकाशित करती तो निराला की आर्थिक स्थिति में आमूल परिवर्तन होता, अन्य हिन्दी-लेखकों के जीवन और उनकी साहित्य-रचना पर भी संसद का गहरा असर पड़ता। पर यह सब न हुआ।

कर्वी की लम्बी बीमारी के बाद अब तक निराला ने शारीरिक स्वास्थ्य सुधार लिया था। सन् '45 में उनकी देह काफी पुष्ट हो गई थी। आगरे में जो फोटो खिंचा था, वह उन्हें बहुत पसन्द आया और उसकी कई प्रतियाँ उन्होंने मँगाईं। उनका मन यथार्थ और स्वप्न, दोनों से जूझ रहा था : वह एक ओर शेरों से युद्ध करते, दूसरी ओर कविताएँ लिखते, अनुवाद करते, उपन्यास रचते। उनका जीवन औसत निम्न-मध्यवर्गीय नौकरीपेशा आदमी से गया-बीता था। न घर में बिजली,

न पंखा। कभी लालटेन, कभी दीया, कभी वह भी तेल से रीता। मैले-कुचैले वस्त्र, फटी चप्पलें, कभी नंगे पैर, हाथ से भोजन पकाते, खुद ही बर्तन मलते, चौका लगाते। यह कल्पनातीत है कि यदि वह किसी ऐसे शहर में रहते जिसमें नन्ददुलारे वाजपेयी, कुँअर चन्द्रप्रकाश- सिंह, शिवमंगलसिंह सुमन या जानकीवल्लभ शास्त्री होते तो उन्हें इस दशा में रहने दिया जाता? पर निराला किसी पर भार बनकर रहना न जानते थे। इलाहाबाद में कोई ऐसा न था जो उन्हें अपने साथ रहने को बाध्य करता। शारीरिक और मानसिक रूप से निराला नरक-वास भोगते हुए भी, गंगा की रेत और आकाश देखते हुए, न भीतर से पूरी तरह टूटे थे, न जीवन से निराश हुए थे। उन्होंने एक ग़ज़ल लिखी थी :

लू के झोंकों झुलसे हुए थे जो हरा दौंगरा उन्हीं पर गिरा;
उन्हीं बीजों के नये पर लगे उन्हीं पौधों से नया रस झिरा।

ऐसी लक्कड़तोड़ भाषा का प्रयोग किसी ग़ज़लख्वां ने अब तक न किया था, लू के झोंकों से झुलसकर किसी ने हरे दौंगरे का आनन्द भी निराला की तरह न लिया था। खूबसूरती में वे सब निराला से आगे थे, जीवट में निराला से पीछे।

निराला अपने ऊपर कुछ अधिक खर्च कर सकते थे, सुन्दर वस्त्रों में इत्र-फुलेल लगाकर सैर-सपाटे के लिए जा सकते थे, पर इस समय उनपर गृहस्थ धर्म सवार था। सरोज गई। रामकृष्ण का क्या होगा? संगीत-शिक्षा पूरी हो रही है। उसके बाद? कर्वी की बीमारी से उन्हें एक झटका और लगा था। इस ज़िन्दगी का क्या भरोसा? जो कुछ लिखना हो, लिख जाओ, अशक्त होने से पहले पुत्र के लिए सुखी जीवन की व्यवस्था कर जाओ। रामकृष्ण के अलावा परिवार में और लोग भी हैं। उनकी सहायता, किसी का ब्याह, किसी के लिए गहने, बाग़ों का मुकदमा—निराला पूर्ण संज्ञाप्राप्त मनुष्य की तरह इन सब बातों का भी ध्यान रखते थे।

पुत्र से गृहस्थ निराला का वार्तालाप :

31 जनवरी 1945 : "कल 30) रुपये तुम्हारे खर्च के लिए भेजे, आज 15) रुपये और भेजते हैं। ट्यूशनें कर लीं, अच्छा है। जो उद्वृत्त रुपया हो, डाकखाने या बैंक में जमा करते रहो।"

8 फर्वरी : "कल 125) रुपये और भेजते हैं। महीने भर बाद ढाई तीन सौ और देंगे। 25) के करीब बिहारीलाल को भी भेजेंगे।"

2 अप्रैल : "आज तुम्हारे खर्च के लिए 25) भेजे।"

9 अप्रैल : "25) रु. भेजे थे। उसकी रसीद मिल गई कि रुपये तुमको प्राप्त हो गए। आज 75) रु. भेजते हैं। एक तोले का टीका बनवा लो। 400) का चैक आ गया है। भुनाकर 300) भेज देंगे एक हफ्ते के अन्दर या लेकर आएँगे। कान की कोई चीज, गले की और हाथ की बनवा लेनी है। माल खोटा न हो। सोने की परख करा लेना। हाथ का ज़ंजीरदार एक जेवर होता है, तीन-चार तोले तक बन जाएगा।

टीका के बाद उसको बनाना है। फिर कानों वाला। तुम्हारी मामी के लिए ज़ंजीर गले की अभी अगर न बन सके तो रहने देना, फिर रुपये भेजेंगे।"

8 जुलाई : "ट्यूशन करने की आवश्यकता नहीं। रुपये एक हफ़्ते के अन्दर भेज देंगे। मास के अन्त में यहाँ हिसाब चुकाने में हाथ का रुपया खर्च हो गया। अगर महीने दो महीने रुपये न अटें तो बैंक से खर्च निकाल लेना गोकि इसकी नौबत न आएगी। जी लगाकर निश्चिन्त होकर तैयारी करो। कुल काम छोड़ दो जिससे अड़चन हो।"

25 जुलाई : "लड़की हुई, अच्छा हुआ। करेंट एकौंट्स में इसीलिए रुपये हैं कि खर्च की दिक्कत न हो। इतने से पास कर जाओगे। तब तक और देखते हैं!"

29 जुलाई : " 100) कल भेजे। जमा कर देना। 30) तुम्हारे मामा को भेजे। अम्मा और अंजनी कल आए। आज अतर्रा जा रहे हैं। महीने भर बाद 250) भेजेंगे। 125) सवा-सवा सौ के दो इयरिंग बनवा लेना। एक गोपा के लिए और एक बहू के लिए।"

31 जुलाई : "एक अच्छा सस्ता मकान देखते रहो और मिल जाने पर बहू को ले आओ, रहो। परीक्षाभर तुमको चिन्ता नहीं। उससे भोजन-पान की सहूलत होगी। खर्च इतना ही होगा। मकान ठीक करके राशनिंग कार्ड तीन आदमियों का ले लो।"

3 अगस्त : "ठीक है। अभी घर और किताबों का फेर छोड़ दो। तैयारी किये जाओ। जी काम में लगा रहे। फिर देखा जाएगा।"

"अम्मा सकुशल गईं। उनके पीछे भी 30) खर्च हुए। 5) और एक्के के किराए में लगे। 30) रामधनी के नाम भेजे गये, वह अलग।"

"रामशंकरजी का खत यहाँ नहीं आता। इन लोगों को आगे-पीछे रुपये भेजने हैं।"

23 अगस्त : "कल 25) शिवानन्दजी को जन्मपत्री के लिये भेज दिये... तुम्हारी सुविधा में कोई कमी है तो लिखना। खर्च फिलहाल कुछ निकाल लेना, मगर सूचना देकर।"

3 सितम्बर : "रुपये के सम्बन्ध में कह चुके हैं कि 100) तक खर्च समझ से करो, दे देंगे।"

24 सितम्बर : "तुम्हारी बीमारी फोड़े आदि के कारण चिन्ता है। द्विवेदीजी [शिव शेखर] इस समय यहीं हैं। खर्च 15-20 दिन बाद सब जगह भेज दिया जाएगा, ऐसी आशा है। खर्च की अड़चन भी हो सकती है।"

10 अक्तूबर : "द्विवेदी बीस दिन रहकर कल गए। तुम्हारे फोड़े अच्छे हो रहे हैं, खुशी की बात है। गोपा, तुम्हारी स्त्री और भाभी को दो-दो साड़ियाँ जल्द भेजनी हैं। रुपया खर्च न हो, वक्त पर आ जाएगा।"

12 नवम्बर : "रुपये 150) आज तुम्हारे नाम लखनऊ, 5, भूसामंडी, भेज दिये।"

20 नवम्बर : "75) रुपये आज और भेजे। जमा कर देना। गोपा की बिदाई की तैयारी कर रहे हैं।"

27 नवम्बर : "यहाँ गोपा की बिदाई के लिए ईरिंग, साड़ी, स्वेटर, चप्पल, चद्दर, किताबें, मेवा आदि 136) रुपये की खरीद ली हैं।"

20 दिसम्बर : "तुम पास हो गए, प्रसन्नता है। आशा है, छठे साल में भरती हो रहे हो। अभी रुपया आया नहीं। आने पर भेज देंगे।"

30 दिसम्बर : "इस महीने दो मनीआर्डर भेजे।...तुम्हारे मामा की बीमारी से चिन्ता है। हमारी लाचारी मालूम है। रुपया हाथ आया तो भेजेंगे।"

"तुम्हारे दूसरे मनीआर्डर के साथ बिहारीलाल को भी 25) भेजे थे। जाड़े से कुछ पहले कोट, रज़ाई, चदरें, धोतियाँ आदि 100) से अधिक की लागत के कपड़े दिये थे, जब वह आए थे।"

वर्ष समाप्त हुआ। कोई मास, कोई सप्ताह ऐसा न बीता, जब निराला को अपने पुत्र से लेकर परिवार के दूरस्थ सदस्यों तक का ध्यान न रहा हो। पुराने युगों में जैसे कुलपति होते थे, वैसे ही वह कुल के नज़दीकी और दूर वाले सभी सदस्यों की खोज-खबर रखते थे। लोग उनके यहाँ आते-जाते थे, सम्भव होने पर निराला उनके यहाँ पहुँचते थे। गाँव में घर के 'पुरिखा'—बड़े-बूढ़े गृहपति—की तरह वह संयुक्त परिवार के टूटते हुए ढाँचे को यथासम्भव अपने व्यक्तित्व से बाँधे हुए थे। उनके परिवार में पिता-पुत्र ही न थे, भतीजे, साले, समधी, दामाद—बहुत-से लोग थे। वह इन सबका भरण-पोषण न करते थे, फिर भी उन सबको किसी-न-किसी रूप में निराला का सहारा था। वह जब-तब रामशंकर शुक्ल की भी आर्थिक सहायता करते थे। अवश्य ही इस कुनबे में प्रमुख स्थान रामकृष्ण का था। पुस्तकों की रायल्टी से लेकर बाग़ों की डिकरी तक की चिन्ता उन्हें रामकृष्ण के कारण थी।

"मैं घरेलू कामों से लखनऊ और डलमऊ रहा। मेरे बाग़ की प्राथमिक डिकरी मेरे खिलाफ़ हो चुकी है। इस समय वह पूरा बाग़ चार-पाँच हज़ार रुपये कीमत का होगा। रुपया मैंने एकत्र कर लिया है। श्री रामकृष्ण के नाम बैंक में जमा कर दिया है। कर्जवाली डिकरी का रुपया चुका दिया जायगा। मुकदमे में मैं हाज़िर नहीं हुआ। पैतृक सम्पत्ति रामकृष्ण के नाम कर देना चाहता हूँ, जो कुछ है। मेरी आथरशिप (authorship) वाली किताबें भी उनकी होंगी। पारिवारिक हिसाब। फिर जैसा होगा। आपको सूचित किया।"[50]

इसी प्रसंग के कुछ समाचार और : "डलमऊ मैं रामकृष्ण आदि को देखने, बाग़ के रुपयों की हुई डिकरी पर बातचीत करने और रुपये देने के लिए गया था। लखनऊ और उन्नाव होता हुआ। रामकृष्ण की दूसरी स्त्री को पहली बार तीन साल बाद देखा। उसके लड़का होनेवाला है।

"पुरवा (रंजीत) में रामकृष्ण की उस स्त्री से हुई लड़की को देखा।

"अभी साले की लड़की की शादी नहीं हुई।"[51]

जाड़ा खत्म हो रहा था, तब एक दिन रामकृष्ण आए। उन्होंने पिता की हालत देखी तो बड़े दुखी हुए। "निहायत गन्दे कपड़े, कई दिनों में खाना पकाते हैं, राशन

वगैरह के झंझट से सिर्फ साग ही उबालकर खा लेते हैं। सारा जाड़ा खत्म हो गया, एक चादर तक न ओढ़ी, यूँ ही काट दिया। रास्ते में चाय ली, कुल्हड़ हाथ में लिये पीते हुए चले जा रहे हैं। लोग हँस रहे थे। उनकी बातें बहुतांश में न समझ सकने वाली होती हैं। रात-भर जगते हैं, सोचते हैं, हँसते हैं।"[52]

इन्हीं दिनों केदारनाथ अग्रवाल उनसे मिलने आए। निराला सहज भाव से बातें करते रहे। फिर अचानक चिन्तित होकर बोले : "तुम्हारा यहाँ रहना खतरे से खाली नहीं है। तुम चले जाओ। बाकी बातें पत्र द्वारा होंगी।"

निराला के साले रामधनी द्विवेदी बीमार थे। रामकृष्ण भी डलमऊ में थे। निराला कुछ महीने डलमऊ रहे। मुंशी और अवस्थी—अपने दो भाइयों—के साथ मैं उन्हें देखने गया। वहाँ मैंने उस तेजस्वी महिला के दर्शन किये जो मनोहरादेवी की माँ थीं, जिन्हें निराला बड़े स्नेह और विनम्रता से अम्मा कहते थे, जिनके सामने आते-जाते बातें करते देखकर मुझे लगा, इस घर में निराला उतने विराट् नहीं हैं जितने बाहर की दुनिया में। उन्होंने वह श्मशान-भूमि दिखाई जहाँ अट्ठाईस वर्ष पहले वह रात में घंटों घूमा किये थे। उन्हें वह स्थल अब भी याद था जहाँ उनके डलमऊ पहुँचने से पहले ही मनोहरादेवी की चिता जली थी। मैं उनकी आकृति देख रहा था, कहीं सिहरन, भय का कम्पन नहीं था, चट्टान में कटी हुई मूर्ति पर मानो केवल श्याम घटाओं की छाया पड़ रही हो!

उन्होंने किला दिखाया, एक ऊँचे स्थान से नीचे की ओर सीढ़ियों के अवशेषों की ओर संकेत किया और कहा—यहीं से प्रभावती उतरकर नाव में बैठी थी।

गंगातट पर मन्दिर के प्रांगण में हारमोनियम-तबले आदि के साथ बैठक हुई। पुत्र ने पिता के रचे हुए गीत गाये :

टूटें सकल बन्ध,
कलि के दिशाज्ञानगत हो बहे गन्ध।

निराला ने हारमोनियम सँभाला। कुछ गीत गाये, रामकृष्ण तबले पर संगत करते रहे। फिर दूर अँधेरे में श्मशान की ओर देखते हुए निराला गाने लगे :

श्रीरामचन्द्र कृपालु भजु मन हरण भव भय दारुणम्।

गाते-गाते वह आपे से बाहर हो गए। इसी डलमऊ में यह गीत उन्होंने सबसे पहले सुना था। जिसने यह गीत सुनाया था, यहीं उसकी चिता जली थी। यही डलमऊ सरोज की क्रीड़ाभूमि था; माता के समान पुत्री की चिता भी यहीं जली थी। निराला उन क्षणों में अतीत के अनेक वर्ष एक साथ जी रहे थे। गंगा के किनारे रात के अँधेरे में मन्दिर के प्रांगण से उठता हुआ उनका व्यथा-विह्वल स्वर डमलऊ के खँडहरों में देर तक मँडराता रहा।

दो महीने बाद रामकृष्ण ने लिखा : "निरालाजी अभी तक यहीं हैं। मामा की हालत बहुत खराब हो गई है...चार महीने में अभी 100) निरालाजी के आए हैं, वह

भी कहीं से अग्रिम लिया है। और एक करोड़ का हिसाब कहते हैं हुआ अब तक। चौमंज़िला मकान है उनका, उसमें 24 परी संगमरमर की हैं।"[53]

दो हफ्ते बाद निराला का संक्षिप्त कार्ड आया :

C/o Pdt. Ram
Krishna Tripathi S.V.
Dalmau
Rae Bareli
भाद्र शु. 11

प्रियवर,

हमारे साले साहब का चार मास की कड़ी बीमारी के बाद देहान्त हो गया। अब तक इन्हीं कारणों से खत नहीं जा सका। इति।

आपका
—नि.

एक दिन किसी से कुछ कहे बिना निराला घर से निकलकर कहीं चल दिये। संवादपत्रों में समाचार छपा : "निरालाजी, हिन्दी के प्रसिद्ध कवि, अपने घर से विवेकानन्द के राजयोग को लेकर अचानक एक दिन गायब हो गए। इधर कुछ दिनों से उनका दिमाग कुछ खराब था।"

स्वाधीन भारत में

'46 का साल भारतीय जनता के नये इतिहास में बहुत ही महत्त्वपूर्ण था। सारे संसार में नाजियों की हार के बाद साम्राज्यविरोधी लहर उठान पर थी। भारत में बड़े पैमाने पर हर वर्ग के लोग संघर्षों में भाग लेते हुए आगे आए। केवल पूँजीपति इन संघर्षों से अलग थे। उन्हें भय था कि अंग्रेज़ों के विरुद्ध क्रान्ति हुई तो उनका भविष्य भी खतरे में पड़ जायगा। कांग्रेस और लीग के नेता, जो और किसी बात पर सहमत न थे, इस बात पर जोर दे रहे थे कि अंग्रेज़ों से सत्ता शान्तिपूर्ण वैधानिक उपायों से प्राप्त की जाय। कांग्रेसी नेता सन् '42 की क्रान्ति के गौरवगीत गाकर जनमत अपने पक्ष में करते थे, कम्युनिस्टों को गद्दार कहकर वामपक्ष-विरोधी अभियान चला रहे थे, लेकिन सन् '46 में अंग्रेज़ी राज के खिलाफ जो संघर्ष उग्र रूप धारण कर रहे थे, उनसे कतरा रहे थे। कम्युनिस्ट पार्टी के नेताओं ने कुछ समय के लिए अपनी ग़लत नीति छोड़कर एक सुसंगत साम्राज्य-विरोधी नीति अपनाई थी।

निराला इन दिनों कम्युनिस्ट पार्टी के बहुत नज़दीक थे। उनका विचार था कि अंग्रेज़ों से समझौता न करके भारतीय जनता को क्रान्ति की राह पर आगे बढ़ना चाहिए। दिल्ली में अन्तर्कालीन सरकार बनाने की बात सुनकर उन्होंने गंगाप्रसाद पांडेय से कहा था : "आज जनता की चिन्ताधारा और कांग्रेस की कार्यप्रणाली में कोई तारतम्य नहीं रहा। भारतीय राजनीति में आज एक ही रास्ता साफ है : क्रान्ति-पथ, संघर्ष का पथ और अन्त में समाजवाद का पथ। इसके अलावा कोई दूसरा पथ नहीं।"[1]

कम्युनिस्ट पार्टी के सहयोग से अमृतलाल नागर, नरेन्द्र शर्मा आदि के सम्पादन में 'नया साहित्य' निकला। इसमें निराला की कविताएँ छपीं जिनमें जनता का उभार और कांग्रेसी नेतृत्व से उसका असन्तोष झलकता था। निराला के दो कविता-संग्रह 'बेला' और 'नये पत्ते' निकले। पहले उनका विचार था कि 'नर्गिस' नाम से ग़ज़लों का अलग संग्रह निकालेंगे, पर पूरे संग्रह-भर को ग़ज़लें थीं नहीं। इसलिए 'बेला' में ग़ज़लों के साथ गीत भी दिये। ये गीत नये ढंग के थे; ग़ज़लें स्वीकृत परम्परा से इतना भिन्न थीं कि वे ग़ज़लें नाममात्र को थीं। निराला की राजनीतिक भावधारा इनमें भी व्यक्त हुई :

वेश-रूखे, अधर-सूखे, पेट-भूखे आज आये।

और :

तू कभी न ले दूसरी आड़,
शत्रु को समर जीते पछाड़।

'नये पत्ते' की रचनाओं में उन्होंने व्यंग्य और भी पैनाया। वकील, नेता, राजा, पुरोहित, फौज के जनरल, नीम समाजवादी लेखक, न्याय, धर्म—निराला ने विभिन्न रूपों में इन्हें अपने व्यंग्य का लक्ष्य बनाया, उनका चमकीला मुलम्मा उतार दिया। स्पष्ट ही इस तरह की रचनाओं की ज़रूरत न भारती भंडार को थी, न साहित्यकार-संसद को। निराला ने एक नया प्रकाशक ढूँढ़ा। दोनों पुस्तकें गयाप्रसाद तिवारी के हिन्दुस्तानी पब्लिकेशंस से निकलीं।

निराला का मन एक ओर भय के सपने बुनता था, कल्पनालोक में चौमंज़िले महल खड़ा करता था, दूसरी ओर वह उन्नाव, डलमऊ के किसानों, लखनऊ-इलाहाबाद के नेताओं और बुद्धिजीवियों को देखता था। उनका कवि-मन, प्राय: अकुंठित, यथार्थ को पहचानने में पूर्ण सक्षम, कविता में नये-नये प्रयोग करता जा रहा था। वह अब भी सोच रहे थे कि आगरा आकर 'सूरदास' पर अपना बैलेड लिखेंगे। पर वह 'राम की शक्तिपूजा' का भाव-स्थान छोड़ चुके थे; वहाँ लौटकर जाना सम्भव न था। हिन्दी कविता को जिस नई दिशा में प्रगति करनी थी, निराला उसी ओर दूसरों की चिन्ता किये बिना, अकेले आगे बढ़ रहे थे।

मैं जब डलमऊ उन्हें देखने गया था, तब अचानक आगरे में मेरी पत्नी अस्वस्थ हो गई थीं, दोनों भाइयों को निराला के पास छोड़कर मैं आगरे वापस आ गया। मेरी

पत्नी की अस्वस्थता को सोचकर वह उद्विग्न थे, रामधनी के लिए यंत्र-मंत्र पूजापाठ से लेकर औषध-उपचार तक जो-कुछ हो रहा था, देखते जा रहे थे, साथ ही इलाहाबाद जाकर बाकी पड़ा काम पूरा करें, यह योजना भी बना रहे थे।

रामधनी द्विवेदी के निधन के बाद वह आगरे आए। सामान कुछ न था; कुर्ता, धोती, चप्पल, जो चीज़ें पहने थे, उतनी ही; पास में दूसरी धोती भी न थी। स्टेशन से उतरकर मेरे घर आते समय—मैं उन दिनों वज़ीरपुरे में रहता था और नज़दीक कई चिकवों की दुकानें थीं—थोड़ा-सा मांस खरीदकर जेब में डाल लाये थे। दो दिन बाद वह चले गए, कहाँ—यह उन्होंने न बताया; मैंने पूछा भी नहीं। उनके घर से गायब होने का समाचार पढ़कर अनेक साहित्यकार स्वभावतः उद्विग्न हुए। उस दिन इलाहाबाद रेडियो स्टेशन से कवि-सम्मेलन ब्राडकास्ट होनेवाला था। गंगाप्रसाद पांडेय ने सोचा—निराला के साथियों में आज तो कोई इस कवि-सम्मेलन में शरीक होगा नहीं। उनके मित्र डॉ. ब्रजमोहन गुप्त ने कहा—अमाँ किस चक्कर में पड़े हो; सभी भड़ुए जाएँगे, गावें-नाचेंगे, चाहो तो जाकर देख लेना।

गंगाप्रसाद पांडेय गए तो देखा, सचमुच हाल कवियों, कवयित्रियों और श्रोताओं से भरा है। उन्होंने दो-एक कवियों से पूछा—आपने निरालावाला समाचार पढ़ा होगा? उन्होंने कहा—हाँ-हाँ, बहुत ही सैड है। पांडेयजी ने तिखारा—और आप आज कवि-सम्मेलन कर रहे हैं? उत्तर मिला—रेडियो-प्रोग्राम तो किसी की डेथ से भी नहीं बन्द होते, विवशता है। रसाल, बच्चन, रामकुमार वर्मा, कोकिल, सुधा, शिवमंगलसिंह 'सुमन' आदि अनेक देवियाँ और सज्जन उपस्थित थे।[2]

लखनऊ से निराला उन्नाव आए और वहाँ चौधरी राजेन्द्रशंकर के युग-मन्दिर में रहने लगे। वह उन्नाव में हैं, स्वस्थ हैं, यह समाचार भी संवादपत्रों में छपा। जनवरी (1947) में जब गंगाप्रसाद पांडेय उनसे मिलने गए तो देखा, निराला ने सर घुटा दिया है, लुंगी और रुई की बंडी पहने तख्त पर बैठे हैं। उन्होंने स्वयं पूछा—मेरा स्वास्थ्य कैसा है? पांडेयजी ने कहा—आजकल तो आप बहुत स्वस्थ हैं—प्रसन्न हैं। निराला ने छाती पर हाथ फेरते हुए कहा—मातृभूमि का यही महत्त्व है, यहाँ मैं ठीक हो जाता हूँ।[3]

सुमित्राकुमारी सिन्हा लखनऊ गई थीं। निराला ने चौधरीसाहब के नौकर को बुलाकर कहा—सामान ठीक करो, खाना हम पकाएँगे। चौधरी, निराला, पांडेय, नौकर—इन सबके अलावा एक मेहमान और—भुवनेश्वर! वही भुवनेश्वर जिन्होंने 'माधुरी' में निराला पर अपना निद्रानाशक लेख लिखा था, जिसकी तारीफ में निराला ने अपने लेख के साथ दो प्रमाणपत्र पेश किये थे। भुवनेश्वर विपन्न थे, इसलिए कई दिन से निराला के मेहमान थे। निराला उनके लिए भी भोजन बना रहे थे।

उधर नन्ददुलारे वाजपेयी और राष्ट्रभाषा विद्यालय, गायघाट काशी के गंगाधर शास्त्री निराला की स्वर्ण-जयन्ती मनाने का विशद आयोजन कर रहे थे। जयन्ती-सम्बन्धी आरम्भिक वक्तव्य पर राहुल सांकृत्यायन, सम्पूर्णानन्द, कन्हैयालाल

माणिकलाल मुंशी, मैथिलीशरण गुप्त आदि के अलावा कुछ अर्थपतियों के नाम भी रहेंगे। कलकत्ते की एक ही गोष्ठी में दस हज़ार का वचन मिल गया; पूरी अपील बीस हज़ार की है। पाँच हज़ार बम्बई से मिलेंगे। एक अभिनन्दन-ग्रंथ भेंट किया जाएगा। हज़ारीप्रसाद द्विवेदी बँगला-सम्बन्धी सारा काम सँभालेंगे—चित्र-संग्रह, बँगला-साहित्य के वर्तमान विकास पर लेख, चीनी साहित्य पर लेख आदि। शिवपूजन सहाय अभिनन्दन-ग्रंथ के लिए बिहारी लेखकों से लेख संग्रह करेंगे। राहुलजी विदेशी सामग्री देंगे। शान्तिनिकेतन से चित्र, लेख आदि मिलेंगे। एशियाई साहित्य पर लेख वहीं से प्राप्त होंगे। विलायत से दो-एक लेख आधुनिक पश्चिमी साहित्यिक प्रगति पर होने चाहिए। एक छोटा-सा प्रेस होगा, प्रेस-मशीन दिल्ली से चल चुकी है, टाइप वगैरह आ रहे हैं, एक मासिक पत्र निकाला जाएगा। उत्सव के दिन हस्तलिखित अभिनन्दन ग्रंथ समर्पित किया जाएगा। और उसी दिन छापने दे दिया जाएगा। 'नया साहित्य' ने निराला अंक निकाला था, वह रहेगा; अन्य कई पत्र निराला अंक निकालेंगे। निराला पर रामविलास शर्मा की अप्रकाशित पुस्तक रहेगी। वाजपेयीजी का एक छात्र उन पर एम.ए. का थीसिस लिख रहा था, वह होगा। प्रसाद का नाटक 'कामना' खेला जाएगा; कवि-सम्मेलन होगा। बड़े-बड़े नेताओं से सम्पर्क करना भी आवश्यक है।

बनारस से वाजपेयीजी ने लिखा : "यहाँ इस बार convocation address श्री राजेन्द्रप्रसाद देंगे। जवाहरलालजी भी आएँगे। नवम्बर के मध्य में कोई तिथि रहेगी। यदि आप उस अवसर पर यहाँ आएँ तो ठीक रहे।"[4]

यह भी सुनने में आया कि वसंत पंचमी को श्री राजेन्द्रप्रसाद साहित्यकार-संसद का उद्‌घाटन करेंगे।

अभिनन्दन-ग्रंथ के सम्पादकों में नन्ददुलारे वाजपेयी, गंगाधर शास्त्री, राहुल सांकृत्यायन, अंचल, हज़ारीप्रसाद द्विवेदी और प्रभाकर माचवे के साथ मेरा नाम भी था। इस सम्पादक-मंडल की कोई बैठक नहीं हुई। मुख्य योजनाकार वाजपेयीजी थे। स्वर्ण-जयन्ती के अवसर पर जो वक्तव्य प्रकाशित हुआ, उसमें कहा गया कि अभिनन्दन-ग्रंथ में हिन्दी साहित्य और भारतीय संस्कृति के विभिन्न अंगों के गत 25-30 वर्षों के विकास का विवेचनात्मक विवरण दिया जाएगा, विदेशों की साहित्यिक और सांस्कृतिक प्रगति पर लेख होंगे, संस्मरण-खंड, निराला-साहित्य खंड के बाद समसामयिक हिन्दी काव्य का विवरण होगा, वर्तमान भारतीय साहित्य की रूपरेखा, विश्व साहित्य की नवीन प्रगति, पिछले पचीस वर्षों की भारतीय राजनीति और सामाजिक प्रगति का परिचय, भारतीय अनुशासन, कला-विकास तथा अन्य क्षेत्रों में किये गए कार्य का विवरण, विश्व संस्कृति के साथ भारतीय संस्कृति का सम्बन्ध, स्वतंत्र निबन्ध तथा स्फुट रचनाएँ—यह सब होगा। जनवरी में स्वर्णजयन्ती मनाने का अवसर आया, तब अभिनन्दन-ग्रंथ के लिए लेख-संग्रह का कार्य प्रारम्भिक अवस्था में चालू था।

निराला गंगातट पर राष्ट्रभाषा विद्यालय में ठहरे। गंगाधर शास्त्री और उनके छात्र निराला की सेवा, आवभगत में हृदय से लगे हुए थे। शाम को वह बोटिंग के लिए चले। गंगा किनारे एक ऊँची हवेली दिखाकर उन्होंने मुझसे कहा—अपनी रायल्टी से तुम्हारे लिए कोठी बनवा दी है। साथ के लोगों ने कहा कि हवेली बिड़लाजी की है। नाव पर बैठकर उस पार चले। मँझधार में मल्लाह से बोले—डाँड़ हमें दो। निराला नाव खेने बैठे और नाव चक्कर खाने लगी। उन्होंने नाव की नुक्ताचीनी की, डाँड़ की आलोचना की, नाव खेने के अपने कौशल की प्रशंसा की, लेकिन नाव जब आगे न बढ़ी और चक्कर ही खाती रही तब साथ के सभी लोगों के आग्रह करने पर डाँड़ उन्होंने मल्लाह को थमा दिया।

लौटने पर उन्होंने पूछा—आजकल मेरा कितना वज़न होगा?

मैंने मज़ाक़ किया—ग़ालिब और रवीन्द्र को एक तरफ़, आपको दूसरी तरफ़ रखकर तौला जाय तो पलड़ा आपका भारी रहेगा।

निराला ने आँखों में शरारत भरे हुए जवाब दिया—और तुलसीदास को क्यों छोड़ दिया?

उन दिनों वह खड़ी बोली में 'रामचरितमानस' का उल्था कर रहे थे। सौभाग्य से प्रारम्भिक अंश ही अनुवाद करने के बाद उन्होंने यह कार्य बन्द कर दिया। राष्ट्रभाषा विद्यालय के अहिन्दी-भाषी छात्र इसे आसानी से पढ़ लेंगे, यह प्रयोजन बताया।

इन दिनों वह विवेकानन्दी 'मूड' में थे। सर पर रेशमी साफ़ा बाँधकर वह आइने में छवि देखते और विवेकानन्द के चित्र से मिलान करते। कामदार जूते पहनकर जब वह नागरी प्रचारिणी सभा को चले तब एक जगह कीचड़ में उनका कामदार जूता फच्च से हुआ। इसका उन्हें बड़ा अफसोस हुआ; आगे रिक्शा मिलने तक वह जूते हाथ में लिये चले।

केले के खम्भों और आम के पत्तों के बन्दनवारवाले मंच पर रेशमी कुर्ते और साफे में जँचते हुए निराला सभा में विराजे। वेदमंत्रों का पाठ, एक महिला द्वारा तिलक, जानकीवल्लभ शास्त्री द्वारा 'वर दे वीणा वादिनि' का गायन। स्वागताध्यक्ष द्वारिकाप्रसाद मिश्र के न आ सकने पर आचार्य नरेन्द्रदेव ने समारोह का उद्घाटन किया। उपस्थिति कम थी; कार्यक्रम में बहुत-से बड़े-बड़े आदमियों के नाम दिये गए थे; उनमें एक भी न था। नरेन्द्रदेव ने संकेत किया कि इस तरह के आयोजन में राजनीतिज्ञों की अपेक्षा साहित्यकारों का प्राधान्य होना चाहिए।

बाबूराव विष्णु पराड़कर ने हिन्दी साहित्य की प्रगति और निराला की साहित्य-सेवा पर भाषण किया।

अभिनन्दन-ग्रंथ के लिए जो लेख आए थे, वे केशवप्रसाद मिश्र ने निराला को भेंट किये। ग्यारह हज़ार की निधि निरालाजी को भेंट की जाती है, यह घोषणा भी हुई।

पुराने लोग जिस तरह के गोल चोंगलों में जन्मकुंडली रखते थे, वैसा ही एक गोल चोंगला निराला को भेंट किया गया। कहा गया कि इसी में ग्यारह हज़ार की

निधि है। निराला ने हाथ में लेकर उसे खोला और अन्दर झाँककर देखा। इस पर एकत्र जन खूब हँसे। उन्होंने वह धन साहित्यिक संस्थाओं को दान कर दिया।

निराला को कितने रुपये मिले, इस सम्बन्ध में गंगाप्रसाद पांडेय का कहना था : "अन्त में पता चला, उस डिब्बे में कुछ नहीं था। निरालाजी को एक पैसा भी नहीं मिला। साहित्य के इतिहास में इससे बड़ी धूर्तता और ठगी का कोई दूसरा उदाहरण नहीं है।"[5]

साहित्य-परिषद् और समीक्षा-परिषद में उपस्थिति बहुत कम थी। कवि- सम्मेलन खूब जमा। सुमन ने निराला पर अपनी लम्बी कविता सुनाई। दिनकर, सुभद्राकुमारी चौहान आदि की कविताएँ प्रशंसित हुईं।

निराला ने गंगाप्रसाद पांडेय से कहा : "प्रयाग से और कोई नहीं आया? महादेवीजी भी नहीं आईं। कैसा रहा? मुझे तो बार-बार पन्त-महादेवी का स्मरण हो रहा था।"

उन्होंने महादेवी वर्मा को पत्र लिखा : "पांडे आए हैं। खुश हैं। आप न आ सकीं। वापस जाते समय, हो सका तो प्रयाग आऊँगा। 2000 रुपये साहित्यकार-संसद के लिए भी मैंने दिये हैं। दो-तीन दिन बाद आपको मिल जाएँगे। मैं प्रसन्न हूँ।"[6]

महादेवी वर्मा ने शिवचन्द्र नागर को बताया : "उन्होंने किसी को बुलाया ही नहीं। चतुर्वेदीजी [माखनलाल] को तो कोई खबर ही नहीं। मैं तो सोच रही थी कि दीक्षान्त-समारोह समाप्त हो जाने के बाद बनारस चले चलेंगे, सुमनजी भी आए थे, पर चतुर्वेदीजी के लिए कोई निमंत्रण न था। फिर यह कैसे हो सकता था कि मैं घर पर आए अतिथि को छोड़कर चली जाती? एक छपी हुई सूची भेज दी थी, उसमें मेरा नाम था, इस सम्बन्ध में कि मुझे निरालाजी का संस्मरण लिखना है, पर उसके बाद फिर उनका कोई पत्र नहीं आया। कवि-सम्मेलन के सभापतित्व में मेरा नाम मुझसे बिना पूछे ही छाप दिया गया था। पन्तजी को तार दिया था, पर उन्हें लेने कोई नहीं आया।"

गंगाप्रसाद पांडेय के सम्बन्ध में उन्होंने कहा : "उस बेचारे को भी कोई निमंत्रण न था। पता नहीं, इन्होंने क्या किया! जो निरालाजी को जितना अधिक पास से जानते थे, उनकी उतनी ही बात न पूछी।"[7]

पांडेयजी की प्रतिक्रिया इस प्रकार थी : "मुझे भी मैथिलीशरण गुप्त, माखनलाल चतुर्वेदी, पन्तजी, जोशीजी आदि की अनुपस्थिति बहुत ही ज़्यादा खटक रही थी।... इस कार्य के संगठन और सम्पादन में चाहे कर्ता-धर्ता महोदयों की जो भी अक्षमता रही हो, पर यह भी घोर सत्य है कि हिन्दी-सेवी-संसार ने उत्साह के साथ सामूहिक रूप से, इसमें सहयोग नहीं दिया।"[8]

जयन्ती के बाद युवक कार्यकर्ता बलदेवप्रसाद मेहरोत्रा ने मुझे लिखा : "पूज्य गंगाधर शास्त्री, मैं और वाजपेयीजी के अथक परिश्रम का परिणाम ही जयन्ती की सफलता है। हम लोगों ने वाजपेयीजी को अगुआ बनाया था, लेकिन उन्होंने हम लोगों के साथ न्याय नहीं किया है [।] इस बात का बहुत खेद भी है।"[9] इस तरह जयन्ती-कार्य समाप्त हुआ।

प्रगतिशील साहित्यिक आन्दोलन इस समय हिन्दी का समर्थ आन्दोलन था। शिवदानसिंह चौहान ने 'विशाल भारत' में जो मान्यताएँ कभी प्रस्तुत की थीं, वे अब तक ध्वस्त और खंडित हो चुकी थीं। प्रगतिशील युवा-पीढ़ी के प्रतिनिधि पत्र 'हंस' ने स्वर्णजयन्ती के अवसर पर निराला के रूढ़िवादी विरोधियों की कठोर आलोचना करते हुए लिखा : "हमारे कुछ साहित्यिक महारथी अगर निराला की हत्या नहीं कर पाए तो इसका कारण यह नहीं है कि उस दिशा में प्रयत्न कम हुए; उसका कारण है निराला का सबल व्यक्तित्व। आज भी यदि हम पुरानी पत्र-पत्रिकाओं की फाइलें उलटें और हिन्दी-साहित्य के पुराने इतिहासों पर नजर डालें तो हमें उस अँधेरे का कुछ अन्दाजा मिल सकेगा जिसे चीरकर यह सूर्य अपनी समस्त दीप्ति में हमारे सामने जगमगा रहा है। हम उसको नमस्कार करते हैं।"[10]

भारतीय इतिहास में '47 का साल भी महत्त्वपूर्ण है। कांग्रेसी नेता अंग्रेज़ों की कूटनीति, मुस्लिम लीग की कूटनीति और कम्युनिस्टों की रूस-भक्ति की तीखी आलोचना करते थे, भीतर-भीतर उन्होंने डोमीनियन स्टेटस से सन्तोष कर लेने की सूचना माउंटबेटन को दे दी थी। साम्राज्यवादी विभाजन की योजना उन्होंने स्वीकार की। कम्युनिस्ट पार्टी ने सन् '46 की नीति को तिलांजलि देकर कांग्रेस-मुस्लिम लीग और अंग्रेज़ सरकार के समझौते का समर्थन किया। भारत आज़ाद हुआ। पाकिस्तान, जो पहले नहीं था, अब हुआ।

निराला युग-मन्दिर उन्नाव में थे। काशी की जयन्ती में जिसने उन्हें देखा, वही कहता था, इनके व्यवहार में विक्षिप्त होने की कोई बात नहीं दिखाई देती। उन्नाव में 15 अगस्त के बाद उनकी मानसिक स्थिति बिलकुल बदल गई। वह बहुत ही विक्षुब्ध और उद्दंड हो गए। सुमित्राकुमारी सिन्हा कहती थीं, वह लोगों को खरखेटने, पत्थर उठाकर मारने लगे हैं। जवाहरलाल नेहरू को सामने आया जानकर वह उन्हें धकियाते हुए बाहर ले गए और फाटक बन्द कर आए। चौधरी राजेन्द्रशंकर ने उन्हें एक कमरे में बन्द कर दिया। चार दिन उन्हें कमरे में बन्द रखा, बाहर से खाना पहुँचा दिया जाता था। एक दिन मौका पाकर निराला निकल भागे। जेब में पैसा न था, वह उन्नाव से कानपुर पैदल गए और वहाँ उन्होंने रामकृष्ण मिशन में आश्रय ग्रहण किया।

कुछ दिन बाद वह फिर युग-मन्दिर आ गए। कुछ लोगों का कहना था—चौधरी राजेन्द्रशंकर उनकी तीन किताबों का ठीक हिसाब न कर रहे थे, इसीलिए निराला ने उन्हें मारा था, इसीलिए निराला कमरे में बन्द किये गए थे, हिसाब साफ़ किये बिना वह युग-मन्दिर छोड़ना न चाहते थे। निराला लोगों को मारते-पीटते हैं, यह समाचार महादेवीजी तक पहुँचा। वह उन्हें देखने गईं। उन्हें निराला में विक्षिप्त होने के कोई लक्षण न मिले। "सुमित्राकुमारीजी के पति महोदय का स्वभाव कुछ ऐसा ही है। निरालाजी से कुछ कह दिया होगा, फिर उनके लिए मारने दौड़ बैठना कोई आश्चर्य की बात तो नहीं।"[11] निराला आख़िर वहाँ रहते क्यों हैं, इस प्रश्न के उत्तर में महादेवीजी ने कहा : "निरालाजी कहते हैं कि अन्न का सब जगह बड़ा कष्ट है।

अब किसके यहाँ रहा जाय? ये तो ज़मींदार हैं। गाँव से अन्न आता है। आठ-दस आदमी और खाते हैं। उसी में मैं भी खा लेता हूँ। उनके यहाँ मेरा खाना कुछ मालूम नहीं होता। और कहीं ऐसा नहीं हो सकता था।"[12]

साहित्यकार संसद की स्थापना हो जाने के तीन वर्ष बाद तक निराला भोजन-चिन्ता से मुक्त न हुए थे, कारण जो भी हो।

निराला को कांग्रेस और सरकार के नाम से चिढ़ हो गई थी। गंगाप्रसाद पांडेय ने पूछा—निरालाजी, आप कुछ लिखते-पढ़ते नहीं? उन्होंने कहा : "आज जागरण के गीत गाना राष्ट्रद्रोह समझा जाता है। फिर मेरे पीछे पुलिस भी तो लगी रहती है।"[13]

निराला का मन कहता—इन कांग्रेसियों को मैंने ही बनाया है, अब ये सब मुझसे दग़ा कर रहे हैं।

उनके वार्तालाप में क्वीन विक्टोरिया, ए.आई.सी.सी. में उनके दिये हुए भाषण, डी.लिट् की डिग्री की भी चर्चा होने लगी। कांग्रेसी और अंग्रेज़ी राज में आटे-दाल के भाव का फर्क समझाते हुए पांडेयजी से कहा—सन् '42 की ए.आई.सी.सी. में तुमने मेरी स्पीच सुनी थी या नहीं! मैंने विक्टोरिया से भी कह दिया था। पांडे, एक बात बताओ। मैं इस देश का पहला डी.लिट्. हूँ। तुम जानते होगे।

इस समय निराला के अनेक हितैषी प्रयत्न कर रहे थे कि निराला की विपन्नता दूर करने के लिए संयुक्त प्रान्त की कांग्रेसी सरकार उनकी आर्थिक सहायता करे। आगरे के श्री कृष्णदत्त पालीवाल अर्थमंत्री थे। उन्होंने कहा—निराला कम्युनिस्ट हैं, सरकार उनकी मदद न करेगी। उनकी इस बात का विरोध हुआ तो उन्होंने स्पष्टीकरण प्रस्तुत किया—सरकार उनकी मदद करेगी तो लोग कहेंगे, कम्युनिस्ट की मदद की।

सन् '48 की गर्मियों में 'हंस' ने दमन-विरोधी अंक निकाला। कम्युनिस्ट पार्टी ने कांग्रेस से सहयोग की नीति छोड़कर संघर्षों की नीति अपनाई थी, लेकिन तीखे वामपंथी रुझान के सथ। कांग्रेसी सरकारें अच्छी तैयारी के बिना छेड़े हुए संघर्षों को निर्ममता से दबा रही थीं। इसी दमन-नीति के विरोध में 'हंस' का विशेषांक निकला था। आवरण-पृष्ठ पर निराला का साफ़ा बाँधे स्वर्णजयन्ती वाला चित्र और उसके साथ उनकी दो पंक्तियाँ :

खुला भेद विजयी कहाये हुए जो
लहू दूसरों का पिये जा रहे हैं।

इस अंक में पांडेय बेचन शर्मा 'उग्र' ने एक लेख लिखा। कम्युनिस्ट करार देकर निराला की सहायता न करने के लिए उन्होंने कांग्रेस सरकार और श्री कृष्णदत्त पालीवाल की तीखी आलोचना की।

उग्र ने लिखा कि निराला पाँच-छह महीने से काशी में हैं, पर काशीवालों को मानो इसका पता नहीं है। साहित्यिक गोष्ठियाँ और जलसे होते हैं, पर इनमें निराला दिखाई नहीं देते। शिक्षामंत्री सम्पूर्णानन्द जो "साहित्यिकों की मजलिस में भी अपनी

टोपी में सुर्खाब का पर खोंसा करते हैं", निराला की उपेक्षा करने के लिए सबसे अधिक दोषी हैं। वह काशी आते हैं, पर निराला की तरफ़ निगाह उठाये बिना चले जाते हैं। वित्तमंत्री श्री कृष्णदत्त पालीवाल से निराला की सहायतार्थ कुछ युवक मिलने गए। पालीवालजी ने कहा कि निराला तो कम्युनिस्ट हैं। उग्र ने पालीवालजी को पत्र लिखा कि निराला ने कम्युनिस्ट-समर्थक साहित्य कम रचा है; उनकी 'तुलसीदास', 'राम की शक्तिपूजा' आदि कविताएँ आर्य साहित्य के अन्तर्गत हैं। उन्होंने रामकृष्ण परमहंस से सम्बन्धित साहित्य का अनुवाद किया है। "वैसे निरालाजी मुझसे प्रसन्न नहीं रहते अगर आप मानें। फिर निराला हुआ करें कम्युनिस्ट; 'झंडा ऊँचा रहे हमारा' के लेखक श्यामलाल पार्षद के लिए ही सरकार ने क्या किया?"

पालीवालजी ने उत्तर में लिखा : "मैंने यह हर्गिज नहीं कहा कि निरालाजी कम्युनिस्ट हैं। केवल इतना कहा कि मुझे कोई कारण नहीं दिखाई देता कि निरालाजी की सेवा-सहायता में किसी को क्या आपत्ति होनी चाहिए सिवाय इसके कि अगर वह कम्युनिस्ट पार्टी के सदस्य हों तो कुछ लोगों को एतराज हो सकता है। आप लोग जो तबीयत चाहे, सोच-समझ लें और जैसा समझ में आए, दूसरे पर लाद दें क्योंकि आप लोगों का तो यह जन्मसिद्ध अधिकार है ही। निरालाजी के बारे में पता लगाऊँगा कि क्या किया जाय।"

इस पर उग्र ने टिप्पणी की : "सना सत्तू सामने देख भूखे बुलबुल की तरह बोलता हुआ है, आदरणीय पालीवालजी का यह पत्र। सहायता की माँग आए बिना जब अम्माजी बच्चे को दूध नहीं पिलातीं तब राष्ट्रीय सरकार किसी कलाकार की फिक्र क्यों करे? उधर स्वाभिमानी कलाकार उस्ताद ग़ालिब की तरह सोचनेवाले कि 'बिना कहे ही उन्हें सब खबर है, क्या कहिए'।"[14]

इस सबका असर हुआ। महादेवी वर्मा ने पुरस्कार-प्रतियोगिता में 'अपरा' संग्रह भेजा। उस पर प्रादेशिक सरकार ने इक्कीस सौ रुपये का पुरस्कार दिया। घुटनों तक लुंगी पहने अर्द्धनग्न, अर्द्ध-विक्षिप्त निराला का नाम भुनाया जा सकता है, अनेक साहित्य-प्रेमियों की दृष्टि में यह बात स्पष्ट हो गई। निराला ने स्वयं आज तक किसी प्रतियोगिता में अपनी एक भी पुस्तक न भेजी थी। अपने स्नेह-अधिकार से महादेवी वर्मा ने यह काम किया। पुरस्कार की बात सुनकर निराला ने कहा : "निराला दान नहीं लेता। क्या होगा 2100 रुपया? मेरा लाखों का हिसाब-किताब है, सब साथ ही लूँगा। यह रुपया मुंशी नवजादिकलाल श्रीवास्तव की विधवा धर्मपत्नी को देना है। संसद के माध्यम से 50) महीना जाता रहेगा। उनके कई बच्चे हैं। शादी के लायक लड़कियाँ भी हैं। आफत है। उनकी सहायता करनी है। देवीजी से कह देना। चिलकहर, बलिया उनका पता है, नोट कर लो। मेरी पुस्तकें हैं, लीडर प्रेस और इंडियन प्रेस भी अपना है। आप क्या बात करते हैं? मैंने कभी लिया नहीं, दिया ही है।"[15]

पुरस्कार-घोषणा से पहले ही निराला नवजादिकलाल-परिवार के लिए कुछ-न-कुछ करते रहे थे। उन्होंने 15 फरवरी, '48 को बनारस से महादेवी वर्मा को लिखा

था : "अभी कुछ दिन हुए, हमको एक कवि-सम्मेलन से आमंत्रण मिला था। उसके रुपये हमने स्व. मुंशी नवजादिकलाल श्रीवास्तव की धर्मपत्नी को भेज दिये, प्राप्ति का कार्ड इस पत्र के साथ भेजते हैं। बाकी हिसाब यह है कि मुंशीजी की पत्नी को हमने सालाना या छमाही मदद भिजवाने के लिए लिखा है, साहित्यकार संसद से आपकी मार्फत। यह रुपया हमारी किताब या किताबों की लेखक-वृत्ति से जायगा।"[16]

बनारस में गंगाधर शास्त्री के साथ रहते हुए निराला ने रामायण के प्रारम्भिक अंश को खड़ी बोली रूप में प्रकाशित कराया। 'निवेदन' में उन्होंने उद्देश्य बताया : "जिन प्रान्तों के विद्यार्थी अवधी नहीं जानते, उनके लिए सुविधा हुई है।" राष्ट्रभाषा विद्यालय को उन्होंने 'देवी' नाम से कहानी-संग्रह दिया। इसमें 'देवी', 'भक्त और भगवान्', 'चतुरी चमार' आदि कहानियाँ और रेखाचित्र थे। रामायणवाली पुस्तक उन्होंने स्वर्गीय सुभद्राकुमारी चौहान—'कवि साहित्यिक श्रेष्ठा'—की स्मृति को भेंट की। एक मोटर-दुर्घटना में उनकी दुखद मृत्यु हुई थी। इधर वह निराला से कई बार मिली थीं, उनकी स्वर्णजयन्ती में आई थीं। उनके प्रति अपना पहले का विरोध-भाव भूलकर निराला ने उनकी स्मृति को पुस्तक समर्पित की। 'देवी' संग्रह उन्होंने महादेवी वर्मा को समर्पित किया; उन पर वह एक कविता भी लिख चुके थे, जिसे 'अणिमा' में उन्होंने शामिल किया था।

निराला इलाहाबाद आए। गंगाप्रसाद पांडेय साहित्यकार संसद-भवन से कार में बैठे महादेवीजी के यहाँ पहुँचे तो देखा, फाटक के पास दाढ़ी बढ़ाये, लुंगी बाँधे, नंगे पैर निराला खड़े हैं। पांडेयजी को कार रोकते देखकर निराला ने कहा—बढ़ाओ, बढ़ाओ, चढ़ा दो, नई कार खरीदी है। कितना रुपया लगा?[17]

पांडेयजी के साथ वह संसद गए। गंगाजल पिया और सो गए। रात में इतने ज़ोर से हँसे कि पांडेयजी जग गए और बोले—निरालाजी, अब तो आपसे भय लगता है, मैं नीचे जा रहा हूँ। निराला ने 'बहुत ही सहमे शब्दों में' जवाब दिया—नहीं, नहीं, सोओ; अब मैं कुछ न बोलूँगा। स्वामी विवेकानन्द ने एक ऐसी बात कह दी कि मैं हँस पड़ा।[18]

संसद में हज़ारीप्रसाद द्विवेदी पधारे। स्नान के प्रस्ताव पर निराला ने कहा—जो ओढ़े हैं, उसे पहन लेंगे; जो पहने हैं, उसे ओढ़ लेंगे।

द्विवेदीजी चलने लगे तो निराला ने कहा—आपको मालूम होगा, यह संसद-भवन मेरा है। न मेरे पुरुषार्थ से सही, मेरे लिए सही।"[19]

सन् '49 की वर्षा और शरद् में निराला साहित्यकार संसद में रहे। एक दिन शिवचन्द्र नागर के साथ युगोस्लाव महिला मिस केम्प—लन्दन में पढ़ते समय कुँअर मुहम्मद अशरफ़ की परिचिता, बाद में पहली पत्नी को तलाक देनेवाले अशरफ़ की पत्नी—संसद-भवन पधारीं। शिवचन्द्र नागर ने देखा, अन्दर सुन्दर पर्शियन कारपेट और कश्मीरी कालीन बिछे हैं। उसी में एक ओर निराला का पलंग बिछा है। कुर्सी नहीं है। मिस केम्प और उनके मित्र फर्श पर बैठे। निराला एक अँगोछा भर पहने उनके सामने बिराजे। मिस केम्प इलाहाबाद यूनिवर्सिटी में रूसी पढ़ाती हैं, यह सुनकर

निराला ने कहा—मैं भी एक बार रूस गया था। मॉस्को में वहाँ के विद्वानों के बीच कविता पढ़ी थी। चार बार इंग्लैंड जा चुका हूँ। 'गीतांजलि' आपने पढ़ी होगी। वह मैंने ही लिखी थी। वह मेरी प्रिमैच्योर अटेम्प्ट थी। पर रवीन्द्रनाथ के नाम के नीचे छपी। हमारे हज़ारों अंग्रेज़ी में, बँगला में वर्क्स हैं। उन सब पर नाम और फोटो जाता था रवीन्द्रनाथ टैगोर का, पर वे हैं मेरे ही। शेली और कीट्स में शेली का नाम भी आपने सुना होगा। शेली भारतीय नाम है। वे हमारी कविताएँ हैं जब मैं दो वर्ष का बच्चा था। हमारी लाखों-करोड़ों रुपये की सम्पत्ति है और करोड़ों रुपये का व्यापार है और इसका अधिकांश भाग विदेशों में है। इस इलाहाबाद में ही हमारे आठ-दस बँगले हैं। यह बँगला हमारा ही है। जहाँ महादेवीजी रहती हैं : वह भी हमारा ही बँगला है।

कुछ बातें उन्होंने अंग्रेज़ी में कहीं :

There is no difference between man and man. What makes him superior or inferior is the manifestation of his genius. I have read Aristotle, Plato, Kant and Hegel and I have the spirit of Vivekanand in me. English is foreign language. I cannot speak in English. I do not speak in English. I fail to speak in English.

मिस केम्प को उन्होंने विस्तार से समझाया कि वह किस प्रकार दर्रे दानियाल से होते हुए मॉस्को पहुँचे। इस चर्चा के बाद उन्होंने अपनी कविताएँ सुनाईं, फिर 'श्रीरामचन्द्र कृपालु भजुमन' सुनाया। हल्की बूँदें पड़ रही थीं, गंगा का किनारा और अन्धकार। टार्च के बिना ही निराला मिस केम्प और शिवचन्द्र नागर को ताँगे तक छोड़ने आए।[20]

निराला संसद में रहने लगे, पर उनका मन कहता था, ज़्यादा दिन निभेगी नहीं। उनके साथ गंगाप्रसाद पांडेय भी रहते थे। निराला ने कहा—हम आजकल ज़्यादा बातचीत नहीं करते, मौन रहते हैं या अपने-आप बोलते रहते हैं। अपना एक अलग हिसाब-किताब रखते हैं। न किसी का राज लेते, न अपना देते हैं। हमने वस्त्रों से तो नहीं, पर मन से वैराग्य ग्रहण कर लिया है। विजयादशमी से वस्त्रों में भी रंग चढ़ेगा। महादेवीजी का आग्रह है कि हम संसद में रहें। हमने स्वीकार कर लिया है। देखना है कि इसकी सांस्थिक मर्यादा में यहाँ रहकर हम कुछ सहयोग दे सकते हैं या नहीं।[21]

निराला के व्यवहार से कभी-कभी गंगाप्रसाद पांडेय तक को कष्ट होता था, औरों की तो बात ही क्या! संसद के बाग़ में कद्दू खूब आए थे। एक कद्दू महादेवीजी ने हज़ारीप्रसाद द्विवेदी को भेंट किया था। निराला ने मज़ाक़ किया, बढ़िया उपहार है; पूड़ियों के साथ मजा देगा। पर जब कद्दू पककर, रस की यथेष्ट मात्रा के साथ, उनके सामने आया तो उन्होंने उसे उठाकर फेंक दिया। इस पर पांडेयजी ने महादेवी वर्मा से निराला की शिकायत की। महादेवीजी ने समझाया : "उनकी शिकायत क्या करते हो? अपने परिवार का एक व्यक्ति जिस मानसिक स्थिति में है, उसको परिवार वाले न समझेंगे तो क्या कोई दूसरा समझेगा?"[22]

बरसात बाद वह गाँव की तरफ़ चले। गढ़ाकोला गए हों, या डलमऊ या दोनों जगह, एक दुर्घटना हुई; निराला को पकड़कर कुछ लोगों ने मारा। चोटें ऐसी आईं, जैसे कई लोगों ने मिलकर प्रहार किया हो, कुछ ने हाथ-पैर पकड़े हों, या गिरा दिया हो, औरों ने लाठी या ईंट उनके सर पर मारी हो, हाथ की उँगलियाँ कुचली हों! निराला के बलिष्ठ शरीर को देखते हुए यह कल्पनातीत है कि इक्का-दुक्का आदमी उन पर हमला करता और बचकर निकल जाता।

ये कौन लोग थे? क्यों उन्होंने निराला को इस बेरहमी से मारा? क्या चाहते थे वे उनसे? —इन सब प्रश्नों का उत्तर रहस्य के गर्भ में है। स्वयं निराला ने उसे गोपनीय बनाकर रखा। वह नहीं चाहते थे कि जिन्होंने उनके साथ यह राक्षसी व्यवहार किया है, उन पर ज़रा भी आँच आए।

वह कुछ दिन रायबरेली के अस्पताल में रहे। वहाँ से इलाहाबाद आए।

3 सितम्बर, '49 को संसद भवन, रसूलाबाद से उन्होंने अपने भतीजे केशवलाल को लिखा : "हम घायल हो गए थे। रायबरेली के अस्पताल में थे। अब यहाँ हैं।"

घायल अवस्था में उन्हें ओंकार शरद् ने देखा था। "कहीं से चोट खाकर आए थे (जिसका राज आज तक नहीं खुल पाया)। सिर में गहरे घाव थे। मैंने उनकी ओर इशारा किया तो फौरन विशाल माथा झुकाकर दिखा दिया—दो-दो इंच के दो भयानक चोट के घाव। फिर शीघ्र ही टूटी अँगुलियाँ दिखाईं और कहा : "अब तो ये उँगलियाँ सीधी हो रही हैं वर्ना बिलकुल मुर्दा हो गई थीं।" मैंने बरबस ही पूछा : "चोट कैसे लगी?" तो केवल एक वाक्य कहा : "बस, नाक ऊँची रही।"[23]

निराला की बातों से किसी को कुछ पता न चला कि चोट उन्हें कैसे लगी। उन्होंने अगले महीने (4-10-49) केशवलाल को इतना ही लिखा : "घायल होने का कारण और कुछ नहीं। दूसरे का सूत उलझा होगा।"

स्वस्थ होने पर उन्होंने संसद भवन के कालीन-गलीचों पर दृष्टिपात किया। वह जो महलों का ख़्वाब देखते थे, यहाँ आंशिक रूप से अपनी साध पूरी कर सकते थे। पर उनका लाखों का हिसाब दूसरों के लिए था, अपने लिए नहीं। संसद की माया में वह फँस न जाएँ, इसलिए वह संन्यास लेने का विचार करने लगे। उन्होंने सुना, जानकीवल्लभ शास्त्री अस्वस्थ हैं। उन्होंने महादेवीजी से कहा कि उन्हें अभी 50) भेजिए; उनकी पुस्तक छापने का प्रबन्ध कीजिए।

इसके बाद गेरू से उन्होंने अपने कपड़े रँगे। महादेवीजी से कहा : "अब ठीक है। जहाँ पहुँचे, किसी नीम, पीपल के नीचे बैठ गए। दो रोटियाँ माँगकर खा लीं और गीत लिखने लगे।"[24] उन्हें इस पर गर्व भी था कि बँगले में संन्यास लिया है। भतीजे केशवलाल को लिखा : "हमने संन्यास ले लिया है क्वारसुदी एकादशी को। तुम लोगों की कुशल चाहते हैं। इसी अपने बँगले में संन्यास लिया है।"[25] इस पर भी गर्व था कि लाखों का हिसाब छोड़ा है। दूसरे भतीजे रामगोपाल को लिखा : "हमने संन्यास लिया है। कुछ दिन में घर छोड़ देंगे। हिसाब लाखों का छोड़ा है। वह तुम लोग लेना।"[26]

वैराग्य लेने का एक मतलब यह था कि वह लिखना छोड़ रहे हैं। वह लखनऊ में भी एक बार यह निश्चय कर चुके थे, पर लिखना छोड़ना उनके बस में न था। प्रभाकर माचवे ने सुझाया कि वह तुलसीदास की तरह कालिदास पर भी काव्य लिखें। निराला ने कहा—हम तो लिखना-पढ़ना छोड़ चुके हैं। आर्डर (वैराग्य) ले लिया है। लेखनी को लेकर जो हाथ उठा था, अब वह माला की सुमिरनी पकड़ना चाहता है। यों लिख भी सकते हैं, पर कब, यह नहीं कहा जा सकता।[27]

संसद में मांस पकाने-खाने की मनाही थी। राहुल सांकृत्यायन ने पूछा—आपने तो वैराग्य ले लिया है। अब आप खानपान में हमारे कुल से बाहर हो गए।

निराला ने उत्तर दिया—नहीं तो, ऐसा कुछ नहीं। यहाँ संसद में तो नहीं, पर बाहर हम अब भी आपके सहभोजी हैं।[28]

निराला के मित्र मन में सुन्दर चित्र बना रहे थे। कौशेय वसन, स्वस्थ शरीर, प्रसन्न चित्त निराला इस आश्रम के एकान्त अधिवासी हैं। उन जैसे साहित्यिक संन्यासी के लिए संसद-जैसा आश्रम सोने में सुगन्ध का सहयोग है।

वास्तविकता इससे बिलकुल भिन्न थी।

एक दिन वह संसद-भवन छोड़कर दारागंज में कमलाशंकर सिंह के यहाँ आ गए।

मैंने पूछा—संसद में आराम था, आप यहाँ क्यों चले आए?

उन्होंने सीधे उत्तर न देकर एक घटना सुनाई। जाड़े के दिन थे। भवन साफ करने एक गरीब लड़की आती थी। उसे ठंढ से काँपते देखकर निराला ने झट से खिड़की का पर्दा खींच लिया और उसे देकर कहा—लो, इसे ओढ़ लो।

उनका यह व्यवहार संसद के अधिकारियों को पसन्द न आया।

वह जो दूसरों को अपना कोट, कम्बल, रज़ाई जो पास हुआ, दुखी और त्रस्त देखकर दे देते थे, नियंत्रण न लगाया जाता तो कमरे के पर्दे, दरी, कालीन सब उठाकर किसी-न-किसी को दे देते। नियंत्रण ही उन्हें बर्दाश्त न था। महादेवीजी को निराला से आन्तरिक सहानुभूति थी, इसमें सन्देह नहीं, पर उनके और निराला के संस्कारों में कहीं मौलिक अन्तर था, इसमें भी सन्देह नहीं।

कमलाशंकर सिंह के यहाँ पहुँच जाने पर एक दिन रामकृष्ण मिशन के साधु से उन्होंने कहा—दो साल तो मैं विलायत में रहा। आजकल हिन्दोस्तान में रहता हूँ।

फिर विलायत की व्याख्या करते हुए कहा—पहले जहाँ मैं रहा था, वहाँ रहने को आलीशान कोठी, चढ़ने को मोटर, बिजली का पंखा, बिजली की रोशनी, सबकुछ ही तो विलायत है और आजकल जहाँ मैं हूँ, वहाँ मामूली-सा मकान, सोने के लिए तख्त, ताड़ का पंखा, जलाने को लालटेन, यही तो हिन्दोस्तान है।[29]

रईस राय रामचरण अग्रवाल ने सुना कि निराला कमलाशंकर के यहाँ नीचे के कमरे में रहते हैं तो उन्होंने कमलाशंकर सिंह के बड़े भाई उमाशंकर सिंह से कहा—उनसे कह देते आप कि हमारे यहाँ रहते तो उनके लिए एक अच्छा-खासा

फ्लैट हम खाली करवा देते। बिजली का पंखा और लाइट वगैरह सब है उसमें, और अच्छे-से-अच्छा जो भोजन चाहते, उन्हें मिलता जाता।

निराला ने यह सन्देश सुनकर कहा—वे अपनी कोठी मुझे दिखाते हैं। कह देना, मेरी जायदाद उनसे बहुत बड़ी है। चाहूँ तो वैसी कई कोठियाँ खरीद लूँ। मगर मुझे कोठी से क्या देना-लेना है!

अपनी जायदाद पर नाज करनेवाले निराला ने उसी वर्ष प्रयाग में भारतेन्दु जन्मशती समारोह में कहा—बाबू हरिश्चन्द्र वास्तव में भारतेन्दु नहीं बल्कि संसारेन्दु थे। मैं तो उनके दरबार का दरबान-मात्र हूँ।[30]

निराला किसी के आश्रित होकर रहना न जानते थे। उन्होंने उमाशंकर सिंह को अपनी एक पुस्तक 'चाबुक' दी थी जिसमें कुछ 'मतवाला' काल के, कुछ बाद के लेख थे। वह जो नये गीत लिख रहे थे, उनका संग्रह भी उन्होंने प्रकाशन के लिए उमाशंकर सिंह को दिया। काशी के गंगाधर शास्त्री की तरह उमाशंकर सिंह भी निराला की पुस्तकें छापने की योजना बना रहे थे यद्यपि दोनों में व्यावसायिक प्रकाशक एक भी न था। निराला के संसर्ग से बहुतों में प्रकाशक बनने की इच्छा स्वत: जाग्रत होती थी।

उमाशंकर सिंह बहुत दिलचस्प आदमी हैं। ज़रा ऊँचा सुनते हैं, पर दूसरे के मुख पर एकाग्र ज्ञानदृष्टि डालकर शब्द सुने बिना मन का भाव समझ लेते हैं। उन्हें लेखन-सम्पादन का भी शौक है। छोटे भाई कमलाशंकर सिंह, श्रीनारायण चतुर्वेदी के कृपापात्र, हास्य-व्यंग्य में निपुण, उन्हें प्रकाशन, पत्रकार-कला आदि से भी दिलचस्पी थी। दोनों भाई दारागंज में साथ ही रहते थे। यद्यपि ये और निराला इलाहाबाद लगभग साथ ही आए थे, पर निराला इनके यहाँ रहने आए जनवरी, सन् '50 में—लखनऊ छोड़ने के करीब दस वर्ष बाद।

उमाशंकर सिंह ने पता लगाना शुरू किया कि निराला को जो इक्कीस सौ रुपये का पुरस्कार मिला था, उसका क्या हुआ; नवजादिकलाल के परिवार तक वह रकम पहुँची या नहीं। वह मुंशी नवजादिकलाल के गाँव चिलकहर गए। उन्हें मालूम हुआ कि मुंशीजी की पत्नी को निराला के भेजे हुए केवल सौ रुपये मिले हैं। उनके बड़े लड़के को प्रयाग आने का निमंत्रण देकर वह महादेवीजी से मिले। महादेवीजी ने कहा कि निरालाजी की आज्ञानुसार 50) महीना उन्हें भेजा जाता है। उमाशंकरसिंह ने कहा—लेकिन उनकी बीवी को एक पैसा नहीं मिला। महादेवीजी ने कहा—मेरे यहाँ मनीआर्डर की रसीदें हैं।

नवजादिकलाल श्रीवास्तव का लड़का प्रयाग आया। उमाशंकरसिंह ने उसे महादेवीजी के पास भेजा कि देखे, किसने रसीदों पर दस्तखत करके उसकी माँ के नाम भेजा रुपया लिया है। उमाशंकर सिंह का कहना था कि "वह लड़का कई दिन दौड़-दौड़कर देवीजी के दरेदौलत पर गया। मगर कभी तो उनसे भेंट ही नहीं हुई और जब कभी भेंट भी हुई तो उससे कहा गया कि रसीदें साहित्यकार संसद में हैं।

उसने बाकी कुछ रुपया माँगा भी, लेकिन उसे खाली हाथ ही लौटना पड़ा। मनीआर्डर की रसीदें साहित्यकार संसद की तिजोरी में ही रखी रहीं लेकिन श्रीवास्तवजी का लड़का उन्हें न देख सका।"

निराला पर अब तक तीन पुस्तकें निकल चुकी थीं—बच्चनसिंह की 'क्रान्तिकारी कवि निराला'; गंगाप्रसाद पांडेय की 'महाप्राण निराला', और एक मेरी पुस्तक 'निराला'। पांडेयजी की पुस्तक साहित्यकार संसद से प्रकाशित हुई। निराला ने भूमिका में लिखा कि इस प्रशंसात्मक पुस्तक को सरसरी निगाह पढ़कर "मैं समझा, मेरी पानी की बूँद मोती बनी है। किसी प्रतिमा की चट्टी या जूती पर जोड़े के साथ खिलेंगी।"

इलाहाबाद के साप्ताहिक पत्र 'संगम' ने वसन्त-पंचमी (23 जनवरी, 1950) को अपना विशेषांक निकाला। निराला पर माखनलाल चतुर्वेदी, सुमित्रानन्दन पन्त और रामकुमार वर्मा की कविताएँ छपीं। पन्त ने 'पल्लव'-काल के पहले से चली आती निराला की मैत्री को याद करते हुए अपने गद्य-लेख में लिखा : "शायद मुझ पर प्रथम प्रशंसात्मक लेख 'मतवाला' में उन्हीं का प्रकाशित हुआ था जिससे मुझे पर्याप्त प्रोत्साहन तब मिला था। तब से सदैव ही उनका मेरे प्रति मुक्त-सौहार्द का भाव रहा है। वह प्रारम्भ से ही हिन्दी-साहित्यिकों के लिए युद्ध करते हुए आगे बढ़े हैं।"[31]

स.ही. वात्स्यायन बहुत पहले घोषित कर चुके थे कि रचनाकार के रूप में निराला का अस्तित्व नहीं रहा। पिछली मान्यताओं में संशोधन करते हुए उन्होंने लिखा कि निराला तब नहीं, अब विघटित हुए हैं, अब से पहले वह सदा प्रयोगशील रहे हैं। "निराला बराबर ही अन्वेषक और आविष्कारक रहे, जब तक कि उनके दीर्घ और निरवधि एकाकीपन ने उनके व्यक्तित्व को विघटित करना आरम्भ नहीं कर दिया।"[32]

पर क्या निराला का व्यक्तित्व सचमुच विघटित हो गया था?

निराला का मन अपेक्षाकृत शान्त था। वह उस वातावरण में आ गए थे जिसमें रहने के आदी थे। साहित्यकार संसद में जो सरस्वती मौन थी, वह सहसा मुखर हो उठी। जिस नरक में उनका मन घूमता रहा था, वह बाहर था, उनके भीतर भी। गह्वर में पड़ा हुआ मनुष्य, कृमि से भी पतित उसका जन्म, दुर्गन्ध से विकल रोता हुआ शिशु, शिशिर की रात, चारों ओर हिंस्र पशु, हृदय में त्रास, सामने नग्न काली के समान नाचती हुई निराशा दिगंबरी, कवि के सामने उसके अपने प्राणों की जर्जर परछाईं, शरीर और मन में जैसे बीसों विष व्याप्त हुए, माथे है नील का टीका, दाग-दाग, कुल अंग स्याह हैं, सबकुछ नीला-नीला, नील जलधि, नील गगन, नील मृत्यु—निराला जैसे मृत्यु की विभीषिका प्रत्यक्ष देख रहे थे, मृत्यु के विष से दग्ध हो रहे थे, भय और त्रास के आलम्बन प्रेतों की तरह उन्हें घेरे हुए थे। 'राम की शक्तिपूजा' का अन्धकार अकेला न होकर सैकड़ों भयावनी छायाओं में बँटकर मानो

उनसे युद्ध कर रहा था। जिस नीलिमा को वह बार-बार देख रहे थे, वह कालिदास के शृंगार काव्य की—शारदीय गगन जैसी—निरभ्र नीलिमा न थी; यह शिवकंठ की नीलिमा थी, सिन्धुमन्थन से अमृत के साथ निकली हुई, वैसी ही कालजयी, वैसी ही आकर्षक।

निराला का मन आत्मकरुणा से भर गया। राह चलते चोट खाई, ऐसी चोट खाई कि होश के भी होश छूट गए। साथ में जो पाथेय था, उसे ठग-ठाकुरों ने लूट लिया। सारे संसार में ज़हर भर गया है। काल आ रहा है, कंठ रुकता जा रहा है। ये दुख के दिन, काटे हैं पल-छिन गिनकर, आँसू की लड़ के हार पिरोये, हार गया जीवन रण, छोड़ गए साथी। निराला ने प्रार्थना की :

माँ अपने आलोक निखारो,
नर को नरकत्रास से वारो।

निराला का मन पहली बार तुलसीदास की 'विनय पत्रिका' की ओर गया। ज्ञानोद्धत प्रहार करना वह भूल गए। पहली बार उन्होंने विनती की :

भजन कर हरि के चरण, मन!
पार कर मायावरण, मन!

पर आत्मसमर्पण करके जो सन्तुष्ट हो जाते, वे कवि कोई और होंगे, निराला नहीं। उन्होंने ब्रह्म से लड़ना शुरू किया। पूछा—कैसे हुई हार तेरी निराकार? निराकार कहीं हो तो जवाब दे। निराला ने डाँटा, व्यंग्य किया, उलाहना दिया, फिर अपने मन को ललकारा—यों पथ पर बेमौत न मर। ऐसे मर कि दूसरे तुझसे जीवन पाएँ। निराला का मन 'राम की शक्तिपूजा' के महावीर की तरह पछाड़ खाते हुए जल के पहाड़ों से लड़ता रहा, अपनी अद्भुत क्रियाएँ देखकर गीतों में उनके चित्र बनाता रहा।

निराला के थके, पराजित मन में अब भी रूप-रस-गन्ध-स्पर्श के संसार के प्रति विकट आकर्षण बना हुआ था। यह संसार एक क्षण के लिए भी उनकी आँखों से ओझल न हुआ था; नरक की यातना इसीलिए इतनी दुःसह थी। नव-रस के उठे हुए कलश, गाढ़े रेशम की चोली, केशर की पिचकारी, फागुन की आभा :

आँख हटाता हूँ तो
हट नहीं रही है।

और वह प्रार्थना करते जाते थे—दूर रहे अनंग!

आधे मन से संन्यासी, आधे मन से भोगी। फागुन में जब आमों में बौर आए, गन्ध से उनका मन भीग गया, तब वह स्वर जो बहुत साल पहले 'नयनों के डोरे लाल गुलाल भरे खेली होली' में लहराया था, वह अवध की धरती का अजेय स्वर,

वैराग्य की निषेध-सीमाएँ तोड़कर लोकगीतों के सहज वशीकरण भाव से मृत्यु और नरक की कालिमा के ऊपर छा गया :

फूटे हैं आमों में बौर
भौंर बन-बन टूटे हैं।
होली मची ठौर-ठौर
सभी बन्धन छूटे हैं।
फागुन के रंग राग
बाग-बन फाग मचा है,
भर गये मोती के झाग,
जनों के मन लूटे हैं।
माथे अबीर से लाल
गाल सेंदुर के देखे
आँखें हुई हैं गुलाल
गेरू के ढेले कूटे हैं।

गेरू के ढेले कूटकर निराला ने संन्यासीवाले कपड़े रँगे थे, गेरू का वह रंग होली के अबीर में घुल-मिलकर एक हो गया।

निराला की रचनाओं में 'अर्चना' एक अद्‌भुत संग्रह है। हर संग्रह की तरह इसमें भी बहुत-कुछ अटपटा है। कहीं-कहीं लगता है, शब्दों को ज़बर्दस्ती उन्होंने पंक्तियों में ठूँसा है, पर यह उस कवि की रचना है जो नरक में घूमकर लौटा था, जिसके मन से धरती का मोह छूटा न था। अपनी मौत किसने देखी है? मौत के बाद अपना अनुभव लिखने कौन आता है? अपनी मौत निराला ने देखी; मौत का अनुभव निराला ने लिखा। हार-हारकर भी जो जीता—ऐसा था निराला का अपराजेय मन जिसने सन् '50 में 'अर्चना' के गीत लिखे थे।

भूमिका में उन्होंने शणवल सिद्धान्त याद किया। इन गीतों में बहुत जगह 'न' के बदले 'ण' है, इसे उचित बताया, फिर अंग्रेज़ी से अपने सम्बन्ध के बारे में लिखा : "हमारा अंग्रेज़ी से घनिष्ठ सम्बन्ध था, जिसका परिचय, पढ़ाई की कोताही से जितना छिपाया गया था, कविता के प्रकारण-प्रकाशन से उतना ही बताया गया। हम यहाँ केवल उच्चारण-विज्ञान की एक बात पर कह रहे हैं। हमारे अंग्रेज़ी के प्रशंसक कलकत्ता, मद्रास, बम्बई, लखनऊ आदि के विद्वान् मित्र अन्तर्जातीय अंग्रेज़ी के सम्बन्ध में पूर्ववत् हिमायती समझने की कृपा करें, साथ ही इतना जोड़े रहें कि हमारा हिन्दी के साथ, संस्कृत आदि उसकी बहनों, माँओं और मातामहियों से भी परिचय और श्रद्धाभाव है।"

यह लिखकर मानो निराला ने पाठकों को सचेत कर दिया कि वे समझें, गीत लिखते समय निराला ने कितने विकट प्रयास से अपने मन को साधा था। दारागंज

की गली में घूमते हुए वह स्वगत-कथन के गद्य-संसार में कहाँ-कहाँ भटकते थे; उससे दूर कहीं गीत लिखते समय अपने मन को बहुत ऊपर खींच ले जाते थे। अपनी पीढ़ी के कवियों में वही अकेले थे जो अब भी अपने को अनासक्त मन से देख लेते थे, जो तटस्थ होकर अपना और अपने परिवेश का चित्रण कर सकते थे, जिनकी रचनाएँ उनके पुराने काव्य की प्रतिध्वनि-मात्र न थीं, जो अब भी हिन्दी के ऊसर में अपने लिए नई राहें बना रहे थे।

निराला विक्षिप्त हैं या नहीं, हैं तो कितने; नहीं विक्षिप्त हैं तो ऋषि हैं—इस तरह के विवाद मौखिक, कभी-कभी लिखित रूप में सुनने को मिलते थे। निराला के दो मन थे—एक थका हुआ, ए.आई.सी.सी., क्वीन विक्टोरिया, रूस, इंग्लैंड, बड़ी- बड़ी कोठियों से सम्बन्ध जोड़नेवाला; दूसरा मन अपराजेय, सतर्क, विवेकपूर्ण, जो पहलेवाले मन की कार्यवाही देखता था, उस पर हँसता था। 'वह रहा एक मन और राम का जो न थका'—इस अक्षय ऊर्जावाले मन से निराला की जान-पहचान बहुत साल पहले हो गई थी।

निराला अपने कल्पनालोक में देश-विदेश की यात्रा करते थे, घोड़े पर चढ़ते थे; वहाँ स्वामी विवेकानन्द के भक्तों की तरह लोग उनकी वन्दना करते थे। इलाहाबाद यूनिवर्सिटी में डॉ. ऐजाज़ हुसेन उर्दू के अध्यापक थे। निराला कभी-कभी उनसे मिलने उनके घर जाते थे। ऐसे ही एक अवसर पर उनसे बोले : "वे दिन याद हैं या नहीं, जब हम लोग ईरान में घोड़े दौड़ाते थे और लोग हमारी ज़ियारत को आते थे।" ऐजाज़ हुसेन ने धीरे से कहा—कुछ न समझे खुदा करे कोई।

निराला ने सुन लिया। फौरन बोले—पहला मिसरा क्यों नहीं पढ़ते?—बक रहा हूँ जुनूँ में क्या-क्या कुछ?[33]

उन पर जुनून चढ़ा है, दूसरे लोग यह देख रहे हैं—निराला अपने को, जुनून को, देखनेवालों को देख रहे थे।

निराला का मन हारकर भी न हारा था। थके हुए मन में हास्य और व्यंग्य का स्रोत सूख न पाया था। परिवेश में जो कुछ देखते-सुनते थे, उससे विवेकवाला तार जोड़कर वह अब भी हँसते थे। बिहार की मासिक पत्रिका 'नई धारा' को उन्होंने सम्मति भेजी। हँसमुख, विद्वान्, वक्ता, सुलेखक कहकर रामवृक्ष शर्मा बेनीपुरी की प्रशंसा की; उन्हें अपने पुराने जानकार और गहरे दोस्त के रूप में याद किया। बिहार के अनेक-साहित्यकारों के सहयोग से 'नई धारा' सफल होगी, यह संकेत करने के बाद लिखा : " 'नई धारा' के बह जाने का भी खौफ नहीं। यह इस गर्मी के मौसम के बाद के दिनों में और भरेगी—स्वाभाविक है। और अगर बिहार हिन्दी की दीवार है और पहले राष्ट्रपति का मुकाम तो उसकी पायेदारी की ओर इशारा ही काफी है।"[34]

निराला दारागंज की गली में घुटनों तक लुंगी बाँधे टहलते हुए, अक्सर अपने से बातें करते हुए देखे जाते थे। अब वह आवेश में ज़ोर से बातें कम करते थे,

धीरे-धीरे बुदबुदाते ज़्यादा थे। वह लोगों से अक्सर अंग्रेज़ी में बातें करते थे। दक्षिण से राममूर्ति 'रेणु' उनसे मिलने आए। निराला ने कहा—You people of Madras are very intelligent and adventurous. You can master any language and gain efficiency in it. I always have a special liking for you.

'रेणुजी' ने पूछा—आप हिन्दी में क्यों नहीं बोलते? इस पर क्रुद्ध होकर उन्होंने कहा—No, I hate the language like hell.

'रेणुजी' ने उनकी 'तुलसीदास' कविता की प्रशंसा की। निराला ने कहा—No, it is nothing but trash.

'रेणुजी' और उनके साथियों को उन्होंने मठा पिलाया; स्वयं पानी पीकर रह गए।[35] उनसे मिलने आनेवालों की संख्या बढ़ती जा रही थी और वह भरसक उनके आतिथ्य का भार कमलाशंकर सिंह के ऊपर न डालते थे।

वह हिन्दी को, कवि निराला के व्यक्तित्व को अस्वीकार कर रहे थे, अपने लिए नये-नये नाम चुनते थे, कलम से अपना नाम लिखने पर आपत्ति करते थे। इस सिलसिले में वह अपने जन्म के बारे में कथाएँ गढ़ रहे थे, उनकी माता की मृत्यु रहस्यजनक कारणों से हुई, वह वास्तव में राजकुमार हैं। उनकी बहुत-सी जायदाद है। वह फ्रांस में हवाईजहाज से उतरे तो क्वीन विक्टोरिया ने उनका स्वागत किया, उनका अंग्रेज़ी उच्चारण सुनकर वह दंग हो गई।

इसी तरह के ध्यान में एक दिन वह बच्चन के यहाँ पहुँच गए थे। वहाँ सुमित्रानन्दन पन्त को देखकर उन्होंने कहा था : "मैं निराला नहीं हूँ। मैं हूँ तुत्तनखाँ का बेटा मुत्तनखाँ। मैंने गामा, जेविस्को और टैगोर—सबको चित किया है। आओ।"[36]

सुमित्राकुमारी सिन्हा से उन्होंने कहा था कि वह उन्हें निरालाजी न कहा करें। कभी-कभी लोग दर्शन करने की इच्छा से दारागंज की गली में उनका निवास-स्थान ढूँढ़ते हुए पहुँचते। निराला कहते—निराला यहाँ नहीं रहते। जिन निराला को ढूँढ़ते हो, वह कब के मर गए।[37]

निराला का एक मन हिन्दीभाषियों से विद्रोह करता था, अपनी हिन्दी जातीयता, अपना कवि का व्यक्तित्व अमान्य करता था; उनका दूसरा मन उतना ही हिन्दी से प्रेम करता था, हिन्दी लिखने-पढ़ने-बोलनेवालों को अपना परम आत्मीय मानता था। वह अब भी गीत लिखे जा रहे थे। अनेक पत्रों के सम्पादक गीतों को निरर्थक समझते हुए भी निराला नाम के आकर्षण से उन्हें छापते थे। उन्होंने अपना नया संग्रह 'आराधना' साहित्यकार संसद को दिया। वह संसद छोड़कर चले आए थे पर महादेवीजी से वैसा ही स्नेहभाव बना हुआ था।

'आराधना' में एक कविता अतुकान्त थी, शेष गीत थे। शब्द और अटपटे हो गए थे। विनय का स्वर पहले से अधिक बार सुनाई दिया। संसार के सुख का, प्रकृति और मानव के सौन्दर्य का अब भी आकर्षण था, दुख की अनुभूति अब भी तीव्र थी। वह मृत्यु की छाया, जो दो साल पहले बहुत निकट आई जान पड़ती थी, अब

कुछ दूर चली गई थी। जीवन-अरण्य से हिंस्र-पशु कहीं चले गए थे। मन्द पीड़ा की एक सतत अनुभुति :

दुखता रहता है अब जीवन,
पतझड़ का जैसा वन-उपवन—

इस मर्मव्यथा के साथ निराला अब भी सरस्वती से कह रहे थे—उनके गीत गगन में गूँजें।

वह राम से प्रार्थना करते थे—कामरूप, हरो काम; और—चोली हमजोली की मसकी—ऐसी पदरचना भी करते जाते थे।

सिर के काफी बाल सफेद हो गए थे। एक पैर पर दूसरा पैर चढ़ाये जब आदत के अनुसार वह टाँग हिलाते तो उनकी छाती की शिथिल त्वचा झूलने लगती थी। नीली नसें उभर आई थीं, पेट बढ़ चला था, पर दाढ़ी के बाल अभी काले थे, चेहरे से शक्ति और दृढ़ता का आभास होता था। मैंने पूछा—पंडित पन्त सुमित्रानन्दन यहाँ कभी आते हैं क्या? कमलाशंकर सिंह ने कहा—कभी नहीं। निराला बोले—Don't drean even. फिर एक क्षण रुककर कहा—We are friends in opposition. I am the sentinel of my own self. That man is not a man.

हिन्दीवालों को लक्ष्य करके उन्होंने एक वाक्य कहा—They will be fed up. Myself will fade.

किसी बिल पर उन्हें हस्ताक्षर करने थे। कमलाशंकर की ओर संकेत करके उन्होंने कहा—ये काम हैं, मैं दाम हूँ।

सन् '53 में बरुआ नामक अभिनन्दन-विशेषज्ञ सज्जन ने कलकत्ते के हिन्दी-प्रेमी मारवाड़ियों से धन संग्रह करके बड़ी आनबान से निराला का अभिनन्दन किया। हॉल में दर्शकों की भीड़ समा न पाई, तब लोगों ने दरवाजों के शीशे तोड़े। निराला ने अपने मन पर पूर्ण नियंत्रण रखते हुए भीड़ को शान्त किया। दूसरे दिन खुले पार्क में उनका स्वागत किया गया। निराला ने भाषण किया। बंगाली विद्वानों की ओर से आचार्य क्षितिमोहन सेन ने स्वागत-समारोह में प्रमुख भाग लिया।

किसी ने निराला से पूछा—हिन्दी और बँगला में किसका काव्य श्रेष्ठ है? निराला ने कहा—लिखने को बहुतों ने लिखा है पर जैसा कुछ राह चलते फकीर कह गए हैं, वैसा न रवीन्द्रनाथ ने लिखा है, न मैंने।

सेठ झुनझुनवाला के यहाँ अभिनन्दकों को त्रस्त करते हुए उन्होंने खुलेआम शराब पी। अभिनन्दकों ने उन्हें एक हारमोनियम भेंट करके उनकी एक पुरानी मनोकामना पूरी की।[38]

बरुआ ने काफी परिश्रम से निराला-सम्बन्धी संस्मरण, चित्र आदि संग्रह करके एक अभिनन्दन-ग्रंथ प्रकाशित किया।

खबर उड़ी कि अभिनन्दन समिति ने ढाई हज़ार की थैली भेंट की जो महादेवी वर्मा के पास है।

दिसम्बर, 1953 में अखिल भारतीय ब्रज-साहित्यमंडल के नवें अधिवेशन की तैयारी हो रही थी। सभापति चुने गए डॉ. धीरेन्द्र वर्मा, उद्घाटनकर्ता राज्यपाल कन्हैयालाल माणिकलाल मुंशी, स्वागताध्यक्ष राजा गोविन्दसिंह। हर चीज़ बड़े पैमाने पर आयोजित की गई। संयोजकों ने कवि-सम्मेलन के सभापतित्व के लिए माखनलाल चतुर्वेदी को निश्चित किया। पर उनका तार आ गया कि अस्वस्थ होने से वह न आ सकेंगे। कवि हरिश्चन्द्रदेव वर्मा 'चातक' को यह काम सौंपा गया कि इलाहाबाद में जितने महाकवि मिलें, उन्हें लिवा लाएँ। चातकजी दूध और बर्फी के प्रेमी, ब्रजक्षेत्र के चिर युवा कवि हैं। तुरन्त तैयार हो गए। सुमित्रानन्दन पन्त के पास गए तो मालूम हुआ कि वह अभी दिल्ली से लौटे हैं, छाती में दर्द है, न जा सकेंगे। तब उन्होंने जयगोपाल-शिवगोपाल बन्धुओं को साधा और उनके द्वारा निराला को मैनपुरी आने के लिए राज़ी किया। महादेवीजी ने भी स्वीकृति दे दी साथ चलने की।

कवि-सम्मेलन में निराला को मालूम हुआ कि रेडियो द्वारा कविता-पाठ प्रसारित किया जायगा तो कविता पढ़ने से इनकार किया। जब उन्हें आश्वासन दिया गया कि उनकी कविताएँ प्रसारित न होंगी, तब उन्होंने 'शिवाजी का पत्र' और 'जुही की कली' सुनाई। अंग्रेज़ी और 'गुलाबी उर्दू' में भाषण भी किया। लोकप्रिय कवि बलवीर सिंह 'रंग' ने 'तुम तुंग हिमालय शृंग' वाली कविता का सस्वर पाठ किया जिससे निराला बहुत प्रसन्न हुए। अपनी उस अनुभूति को 'रंग' ने पद्यबद्ध किया :

मैनपुरी के राजभवन में सुधी जनों के संग
कवि शिवमंगलसिंह मंच पर जमा रहे थे रंग;
तुंग हिमालय शृंग गीत जब मैंने सस्वर गाया,
साक्षी जनसमुदाय आपका रुद्ध कंठ भर आया।

मैनपुरी के किले में राज्यपाल के दरबार में ज़िलाधीश ने कहा—निरालाजी यहीं ठहरे हुए हैं, आज्ञा हो तो उन्हें भी बुला लिया जाय।

मुंशीजी राज्यपाल होने के अलावा—और उससे पहले—साहित्यकार थे। उन्होंने कहा—मैं स्वयं चलकर मिल लूँगा।

निराला किले में ही ठहराये गए थे। खाट पर नंगे बदन लेटे थे। यह सुनकर कि राज्यपाल मुंशी उनसे मिलने आ रहे हैं, वह उठकर बैठ गए और सर पर टोपी लगा ली। कुर्ता पहनना ज़रूरी न समझा। मैनपुरी अच्छा शहर है या इलाहाबाद, इलाहाबाद अच्छा है या लखनऊ—इस पर बातचीत हुई। मुंशीजी से लखनऊ की तारीफ सुनने के बाद निराला ने कहा—Why so unpopular in such a good place? इस पर दोनों साहित्यकार खूब ज़ोर से हँसे।

कुछ ही दिन पहले लखनऊ में पुलिस ने विद्यार्थियों के जुलूस पर डंडे बरसाये थे और शहर में चन्द्रभानु गुप्त के साथ मुंशी के विरुद्ध नारे लगाए गए थे। निराला ने उसी ओर संकेत किया था।

मैनपुरी के राजा शाकाहारी थे। साथ में महादेवीजी भी। निराला ने मांस-मदिरा किसी भी चीज़ की माँग न की।

समारोह समाप्त होने पर निराला और महादेवी कार से इटावा आए, वहाँ से इलाहाबाद। चातकजी जितने सम्मान से निराला को ले आए थे, उतने सम्मान में उन्हें विदा न कर सके। उनका कहना था कि संयोजक सियाराम चतुर्वेदी और ज़िला स्कूल-निरीक्षक हरिशंकर शर्मा ने निश्चय किया था कि एक हज़ार रुपये निराला को भेंट किये जाएँगे। यह सन्देश उन्होंने महाकवि को सुना दिया। चातकजी के अनुसार निराला के वस्त्रादि क्रय करने में चार सौ रुपये खर्च हुए, सौ रुपये और दिये। पर मैनपुरी से विदा होते समय उन्हें कुछ न दिया। इलाहाबाद पहुँचकर जयगोपाल-शिवगोपाल मिश्र ने चातकजी को शिकायती चिट्ठी लिखी :

चातक भैया चंचरीक बन हमें बुलाने आए।
स्नेहिल कवि के स्नेहपात्र हो धरा हिलाने आए।
कवि में सहृदयता जागी थी सीधे पाँव सिधाए।
मैनपुरी की रीति अनोखी अपमानित हो आए।

"प्रिय चातकजी, हमें भेजने तुम इटावा तक क्यों नहीं आए, जबकि लेने आए थे? हमें रात में महाकवि-जैसी साहित्यिक निधि के साथ दुर्गम एवं बाधापूर्ण निहायत दुखी रास्ते से इटावा तक की कार-यात्रा क्यों कराई गई? राज्यपाल को भेजने दिन में जो कि अपनी सत्ता से सुरक्षित हैं, आठ कारें गईं। महाकवि और महादेवी को रात में उपेक्षित छोड़कर साहित्यिकों ने विशेषतया आपने क्या कमाल नहीं किया? आपने हमारे टिकट का दाम क्यों नहीं दिया? चूतियों को दो-दो सौ मिले, महाकवि को बेवकूफ बनाया।"

इस पर चातकजी की टिप्पणी यह थी : "सच में मैनपुरी के उन कार्यकर्ताओं पर यह कलंक सदा अमिट रहेगा। मैंने बार-बार याद भी दिलाई पर कौन सुनता है? काज परे कछु और है, काज सरे कछु और।"

जयगोपाल और शिवगोपाल से अनेक साहित्य-प्रेमी नाराज़ थे। वे समझते थे, ये लोग निराला को घेरे रहते हैं, जहाँ निराला जाते हैं, वहाँ ये जाते हैं, निराला पर इन्होंने अपना एकाधिकार जमा रखा है। वे निराला के पैर में तेल की मालिश करते हैं, उनका बदन चापते हैं, उनके गीतों की नकल करते हैं, उनके लिए चिट्ठियाँ लिखते हैं, इन बातों की ओर साहित्यिकों का ध्यान न था। निराला इन दोनों भाइयों से, विशेष कर शिवगोपाल से बड़ा स्नेह करते थे। शिवगोपाल, रसायनशास्त्र के कुशाग्रबुद्धि छात्र, एम.एस-सी. करने के बाद डाक्टरेट की तैयारी में, निराला के भी साहित्य-छात्र थे। निराला उन्हें शेक्सपियर पढ़ाते थे और इसने उन्हें—प्रोफ़ेसर की भूमिका में अपने को देखकर—सन्तोष होता था। वह स्वयं पत्र कम लिखते थे, सेक्रेटरी का काम शिवगोपाल से लेते थे।

अंग्रेज़ी वाले 'मूड' में उन्होंने मुझे एक कार्ड इस प्रकार लिखा था :

Daraganj
Allahabad
3-4-53

Dear doctor,

I received your letter but due to restiction, I did not write you. Now, that I forget the principal points in the letter, I have shoot in the void. Kindly do not feel otherwise rather note down a second one if necessary, I shall guide Shiva Gopal to take down and drop it, I am teaching him Shakespeare.

Yours
Nirala

यहाँ तक निराला के हाथ का लिखा; पोस्टकार्ड के दूसरी ओर शिवगोपाल का नोट :

Venerable Sharmaji,

Recd. your card. Happy to learn that you will be with us in summers.

Nirala is quite hale and hearty. We will arrange for the oil you suggested.

If anything fresh, kindly convey to us by a card

Your sincerely,
Sheo Gopal Misra.

पता भी शिवगोपाल का लिखा हुआ।

निराला अस्वस्थ हैं या नहीं, अस्वस्थ हैं तो कितने अस्वस्थ हैं, इस पर बहस चली। निराला स्वस्थ हैं, इसका प्रतिवाद करते हुए 5 अप्रैल, 1954 को कमलाशंकर सिंह ने पत्रों को वक्तव्य भेजा। निराला का शरीर दिन-पर-दिन टूट रहा है। वे मन में दुखी रहते हैं, पर अपना दुख प्रकट नहीं करते। उनका दाहिना हाथ बिलकुल नहीं उठता। कुर्ता, लुंगी भी पहनने में असुविधा होती है। दाहिने पैर की गाँठों में दर्द रहता है। 3 फरवरी से 15 मार्च तक पैर में दर्द के कारण पाखाना-पेशाब में भी कठिनाई हुई। जयगोपाल मिश्र उनके पैर में महानारायण तेल की मालिश करते हैं। निराला ने एक दिन कष्ट में कहा—अब मेरी जीभ ही ऐंठने को बाकी हैं।

"इस वर्ष पं. गंगाप्रसाद पांडेय निरालाजी से दो-तीन बार मिलने अवश्य आए किन्तु वह केवल पंडितजी से उन ड्राफ्टों पर हस्ताक्षर कराने आए थे जिसे यू.पी. सरकार ने निरालाजी को उनकी पुस्तक 'अर्चना' पर 1000 रुपये पुरस्कार और 1200 रुपये उनके वार्षिक खर्च के लिये दिया था। यह रुपया साहित्यकार संसद द्वारा

निरालाजी की सेवा-सुश्रूषा के लिए सरकार ने दिया था किन्तु इस 2200 रुपये में से पंडितजी की सेवा-सुश्रूषा तथा उनके खाने-पीने में एक पैसा भी नहीं खर्च हुआ।... साहित्यकार संसद की ओर से पांडेयजी निरालाजी को एक छड़ी दे गए हैं जिसके सहारे पंडितजी चलते-टहलते रहें। इससे उनकी सेवा-भावना भी प्रकट होती है। किन्तु पत्रों द्वारा निरालाजी की अस्वस्थता पर पर्दा डालने की यह मनोवृत्ति यदि इस कारण से है कि निरालाजी का रुपया संसद में जमा रहे और उनके स्वास्थ्य पर खर्च न किया जाए तो वास्तव में यह दशा संसद के अधिकारियों के लिए अशोभनीय है।"

प्रादेशिक और केन्द्रीय सरकारें निराला के लिए कुछ रकम बाँट रही थीं, पुस्तकों पर पुरस्कार मिल रहे थे, इधर-उधर अभिनन्दन हो रहे थे और निराला फिर भी वही घुटनों तक लुंगी बाँधे दारागंज घूम रहे थे। रुपये-पैसे को लेकर तरह-तरह के विवाद फैले। इनमें महादेवीजी का नाम बार-बार लिया जा रहा था। 23 अप्रैल, 1954 के 'भारत' में अपना वक्तव्य प्रकाशित करके महादेवी वर्मा ने स्थिति स्पष्ट की :

'अपरा' से जो 2100) का पुरस्कार मिला, उससे मुंशी नवजादिकलाल श्रीवास्तव के पुत्र प्रकाशचन्द्र को—जो क्षयरोग से पीड़ित हैं—1900) भेजे जा चुके हैं। रसीदें सुरक्षित हैं।

1952-53 में उत्तरप्रदेश सरकार ने निराला की चिकित्सा के लिए 500), और खर्च के लिए 100) प्रतिमास के हिसाब से, 1208) का अनुदान स्वीकार किया। यह 1700) की निधि निराला की रसीद देकर कमलाशंकर सिंह ले गए थे।

'अर्चना' पर उत्तरप्रदेश सरकार ने 1000) का पुरस्कार दिया। पहले यह रकम मँगाई न गई क्योंकि निराला ने कमलाशंकर सिंह को रसीद देना स्वीकार न किया। अन्त में निराला के आग्रह पर महादेवीजी ने रुपये मँगाने की व्यवस्था की और उनके पुत्र तथा अन्य दो सज्जनों की जानकारी में उन्हें दे दिये।

1953-54 में उत्तरप्रदेश सरकार ने 100) प्रतिमास के हिसाब से 1200) का अनुदान स्वीकार किया। निराला किसी अन्य को रसीद न देते थे; इसलिए यह रकम भी पड़ी रही। अन्त में निराला ने शिक्षामंत्री को लिखा। महादेवीजी ने वह निधि भी मँगवाकर उन्हें उनके पुत्र की जानकारी में दे दी।

"कलकत्ते में निराला अभिनन्दन समिति ने साहित्यकार संसद को या मुझे 2500 रुपये की निधि भेंट नहीं की है, न अब तक इस प्रकार की कोई रकम प्राप्त हुई है, अत: इस प्रकार का भ्रामक प्रचार लज्जास्पद है।"

'अपरा' के प्रथम संस्करण की रायल्टी का 1010) 11-9-47 तक—निराला को मिला है। सहायक निधि से 1300) उन्हें समय-समय पर दिये गए हैं, इसमें कुछ रुपये गाँव और रायबरेली के पते पर भेजे गए। सभी रकमों की रसीदें आदि आडिटर द्वारा परीक्षित हैं।

'अपरा' का दूसरा संस्करण कुछ महीने पहले हुआ है, 'आराधना' इसी महीने छपी है। अपने सोल एजेंट लीडर प्रेस से जब इनका हिसाब मिलेगा तब वह भी

उन्हें दिया जाएगा। इस वर्ष साहित्यकार संसद से रामकृष्ण त्रिपाठी को 400) और कमलाशंकर सिंह को 400) प्राप्त हो चुके हैं।

भारत सरकार से 1952-53 में उत्तम पुस्तकों के प्रकाशन के लिए दस हज़ार रुपये मिले हैं, लेखकों की सहायता के लिए नहीं। वह धन पुस्तक प्रकाशन पर ही व्यय किया जाएगा।

निराला की चिकित्सा के लिए उत्तरप्रदेश सरकार से 100) प्रतिमास मिलने का आश्वासन मिला है; भारत सरकार से 100) प्रतिमास मिलने की आशा है। प्रकाशकों से भी निराला की पुस्तकों की रायल्टी समय-समय पर प्राप्त होती रहेगी।

यहाँ तक महादेवीजी का वक्तव्य।

निराला के विक्षिप्त होने का प्रचार करनेवालों और महादेवी वर्मा की ईमानदारी पर शक करनेवालों को इलाचन्द्र जोशी ने अपने वक्तव्य में उत्तर दिया : "आज निराला जी की जितनी भी पार्थिव व्यवस्था जुट पाई है, वह एकमात्र महादेवीजी के ही उद्योगों द्वारा सम्भव हुई है। निरालाजी के स्वयंसिद्ध संरक्षकों और ठीकेदारों में से एक भी कभी उस व्यवस्था की वृद्धि के लिए प्रयत्नशील नहीं हुआ, उलटे व्यवस्था की कमी पर छींटे उड़ाने और निराधार आरोप लगाने में ही इन कायरों ने अपने संगठित पुरुषार्थ का प्रदर्शन किया। उनमें से कुछ के आक्रोश का कारण ही यह रहा कि वे निरालाजी को प्राप्य रकम का अधिकांश भाग स्वयं हड़प जाना चाहते थे, पर महादेवीजी की सुचारु व्यवस्था के कारण ऐसा उस हद तक सम्भव न हो पाया जिस हद तक वे चाहते थे। महादेवीजी ने अपने माध्यम से निरालाजी के लिए जो भी रकमें पाईं, उनकी व्यवस्था पाई-पाई करके निरालाजी की इच्छा और आदेश के अनुसार की। और उस पाई-पाई का हिसाब और रसीदें उनके पास मौजूद हैं। अब तो उनका वक्तव्य भी निराला-सम्बन्धी सारे हिसाब-किताब के बारे में पत्रों में छप चुका है, जिससे किसी अज्ञात व्यक्ति के लिए भी भ्रम की गुंजाइश नहीं रह सकती। पर यह युग के कितने बड़े पतन की सूचना है कि आज महादेवीजी को निराला के सम्बन्ध में अपना वक्तव्य देना पड़ा!"[39]

निराला को जाड़ों में अधिक कष्ट था। जाड़ा बीतने पर उनकी हालत सुधरी। वह अब अपने को स्वस्थ समझते थे, स्वस्थ होने का उल्लेख अपने पत्रों में करते थे। पर उनके हाथ-पैर में कष्ट था, भले ही उतना कष्ट वह गिनते न हों। सन् '54 की गर्मियों में मैं जब मिलने गया तब उन्होंने हाथ उठाकर दिखाया। यह दाहिना हाथ था, उठाने में उन्हें कुछ कष्ट अवश्य हुआ। पैर में भी दर्द था, पर छड़ी लेकर वह मज़े में घूमते फिरते थे। उन्हें दूसरों के स्वास्थ्य की चिन्ता अधिक थी। मेरी बाँह की मांसपेशियाँ टटोलने के बाद बोले—Not so stout. परिवार में विवाह; मदद करनी है। रायल्टी का रुपया प्रकाशक दें तो सब काम आसानी से हो जायँ। उनके लिए लोग चन्दा कर रहे हैं या करने की सोच रहे हैं, यह सुनकर वह नाराज़ हुए और बोले : "It is all absurd. Write in both English and Hindi papers. I have ample income if realized and can live on it without government help."

घर-गृहस्थी के सम्बन्ध में एक पत्र उन्होंने रामशंकर शुक्ल—बच्चाबाबू—को लिखा, बँगला में :

19-5-54

बच्चाबाबू,

तोमार पत्र पेये खुसि हलाम। एखन आमार शरीर सुस्थ। तीन मास परे पा भाल हल। किछु-किछु कसरत करि। 1000) टाका रामकृष्ण के बियेर जन्ये दिलाम। बिहारीलालेर मेयेर बिये देबार कि व्यवस्था?

S.

पता अंग्रेज़ी में।

थोड़ी-थोड़ी कसरत अब भी करते हैं!

कमलाशंकर सिंह ने कुछ दिन बाद पत्रों में प्रकाशनार्थ एक और वक्तव्य भेजा। उसमें उत्तरप्रदेश सरकार से प्राप्त पुरस्कारों की चर्चा करते हुए कहा : "महादेवीजी ने इन रुपयों को चाहे जैसे भी खर्च किया हो, निरालाजी की परिचर्या में 400 रुपया से अधिक खर्च नहीं किया। कई हज़ार रुपये ऊपर-ही-ऊपर न जाने क्या हो गए और निरालाजी अपने मित्र के सहारे चलते आए।...प्रदेशीय सरकार को इस बात की जब जानकारी हुई कि सरकारी सहायता निरालाजी की परिचर्या में खर्च नहीं हो रही है तो गत अप्रैल, '54 से 150 रुपया मासिक रूप में निरालाजी को महादेवीजी द्वारा न देकर उसे अब ज़िलाधीश द्वारा देने की व्यवस्था सरकार ने की है।...भारत सरकार ने भी इस मास से उत्तरप्रदेशीय सरकार का अनुकरण किया है। 100 रुपया मासिक निरालाजी के लिए जो अभी तक महादेवीजी के यहाँ से मिलते रहे हैं, वह भी निधि ज़िलाधीश के ही द्वारा निरालाजी पर खर्च करने का आदेश मिला है।"

निराला पर खर्च के लिए उन्हें सरकार से पैसा मिलता है, कमलाशंकर सिंह ने यह स्वीकार किया : "ज़िलाधीश द्वारा 120 रुपये पंडितजी के खाने-पीने तथा फलादि के प्रबन्ध के लिए मुझे नियमित रूप से मिलता है। विशेष आवश्यक वस्तुओं के लिए लिखते ही ज़िलाधीश महोदय उनकी तत्काल ही व्यवस्था कर देते हैं।"

उत्तरप्रदेश की सरकार के आदेश से सिविलसर्जन निराला को देखने आया, पर निराला ने रक्तचाप आदि लेने में बाधा दी। फिर भी उन्हें कुछ इंजेक्शन दिये गए। कमलाशंकर सिंह ने डाक्टरों की समिति बनाने और इलाज के लिए निराला को विदेश भेजने का सुझाव रखा। इस सम्बन्ध में कुछ लोग प्रदेश के मुख्यमंत्री से मिले। पुस्तकों की रायल्टी के सम्बन्ध में कमलाशंकर सिंह ने कहा : "निरालाजी अपने निजी खर्च के लिए अपना ही पैसा अधिकारपूर्वक चाहते हैं। निश्चय ही उनकी रायल्टी पर उनका ही अधिकार है। उसे वह अपनी रुचि से खर्च करने के लिए स्वतंत्र हैं, पर प्रकाशक उनका हिसाब नहीं भेजते हैं, जिससे बड़े कष्ट का अनुभव वह करते हैं। महादेवी जी द्वारा यह अभी प्रकाशित हुआ है कि निरालाजी

के रायल्टी के दस हज़ार रुपये जमा हैं। इस निधि का अधिकांश भाग महादेवीजी के ही हाथ में है, यह मैं जानता हूँ। फिर भी आर्थिक दृष्टि से निरालाजी उपेक्षित हैं। कुछ प्रकाशक उनके रुपये देना ही भूल गए हैं। कुछ जानकर भी नहीं देते और कुछ ऐसे भी हैं जो उनके धन को अपनी मुट्ठी में रखे हुए हैं। आश्चर्य तो यह जानकर हुआ कि एक कथित साहित्यकार ने, जिसे महादेवीजी ने साहित्यकार संसद में पाल रखा है, निरालाजी से हस्ताक्षर बनवाकर स्थानीय एक प्रकाशक संस्था से, पंडितजी का रायल्टी से 800 रुपया यह कहकर ले लिया कि निरालाजी को उधार स्वरूप ये रुपये उसने दिये थे। साहित्यकारों के लिए ऐसे चरित्र को लेकर चुल्लू भर पानी में डूब मरने की बात है।"

उधर निराला हिसाब लगा रहे थे कि गंगा में कितना पानी है, उस पानी में कितने घड़ियाल हैं। उन्होंने गंगाप्रसाद पांडेय को राष्ट्रीय और अन्तरराष्ट्रीय परिस्थिति समझाने के बाद कहा—देश की हालत खराब है। अभी तक भुखमरी चल रही है। गंगाजी सूख गईं। हमने तो गंगा भी छोड़ दी पर भूख नहीं छूटती। बाप रे बाप! जानते हो, गंगा में बहुत बड़े घड़ियाल हैं। जल भ्रष्ट कर रहे हैं और आदमियों को पकड़ते हैं। एक पेट पकड़ता है, एक सिर। दोनों बड़े भयानक हैं। मैंने तो साफ़ कहा है—Mister One, you cannot make us wooden headed. Mister Second, you cannot catch us with gold.[40]

मृत्यु से संघर्ष

इलाहाबाद बहुत खूबसूरत शहर है। इतनी लम्बी सड़कें, सड़कों के किनारे इतने ज़्यादा बँगले उत्तर भारत के किसी शहर में न मिलेंगे। वैसे तो अंग्रेज़ी राज में हर शहर के अन्दर दो शहर थे, एक वह शहर जिसमें क्लर्क, छोटे-मोटे व्यापारी, मज़दूर, कुली-कबाड़ी रहते थे, दूसरा वह शहर जिसमें अफ़सर, बड़े-बड़े प्रोफ़ेसर और उच्चवर्ग के अन्य लोग रहते थे, किन्तु इलाहाबाद में उच्च वर्ग वाला यह दूसरा शहर जितना बड़ा था, उतना बड़ा और किसी शहर का ऐसा ही भाग न था। इलाहाबाद में कोई विशेष उद्योग-धन्धे न थे पर यहाँ हाई कोर्ट था जिसके इर्द-गिर्द सारे प्रदेश की कानूनी ज़िन्दगी चक्कर खाती थी। यहाँ विश्वविद्यालय था जिसकी तुलना प्रदेश के और सभी विद्यालय मिलकर न कर सकते थे—जहाँ तक प्रशासन के लिए अफ़सर पैदा करने का सवाल था। यहीं से सर सी.वाई. चिन्तामणि का पत्र 'लीडर' निकलता था जिसकी अंग्रेज़ी की धाक किसी समय दफ़्तर के बड़े बाबू से लेकर यूनिवर्सिटी के प्रोफ़ेसर तक थी। भारतीय राजनीति में महात्मा गांधी और जवाहरलाल नेहरू के आगे आने पर सप्रू-जयकर की नीति पीछे पड़ गई थी, फिर भी जब बड़े लाट और गांधीजी में

सुलह-समझौते की बात चलानी होती तब सप्रू-जयकर ही फिर आगे आते थे। उनके खस्ताहाल उदारपंथी दल की आन-बान अब 'लीडर' अखबार में ही कायम थी।

इलाहाबाद में आनन्द भवन था, मोतीलाल नेहरू थे, जवाहरलाल नेहरू थे। सप्रू, चिन्तामणि, नेहरू परिवार अपनी एक निराली दुनिया में रहते थे जिसे शहर की गंदी बस्तियों से कोई सरोकार न था। यह दुनिया आई.सी.एस. अफ़सरों, जजों, बड़े वकीलों और प्रोफ़ेसरों की दुनिया के ज़्यादा नज़दीक थी, दारागंज या लूकरगंज की गलियों से दूर थी। वैसे बनारस से ज़्यादा इलाहाबाद पर देहात का रंग है। अमरूद के बाग़ों के लिए मशहूर इलाहाबाद भारत के स्वाधीन होने के समय आधा देहात था, फिर भी इस देहात से या आस-पास के गाँवों से उस सिविलियन-संस्कृति का कोई सम्बन्ध न था। यूनिवर्सिटी में गाँव या शहर के जो गरीब विद्यार्थी पढ़ने आते थे, उनमें यह तमन्ना बहुत जल्द और बहुत आसानी से पैदा हो जाती थी कि वे अपने वर्ग से कटकर इस बँगला-कारवाले दल में जा मिलें।

इलाहाबाद के पढ़े-लिखे लोगों ने न केवल प्रदेश के, वरन् सारे देश के, राजनीतिक-सांस्कृतिक जीवन पर गहरा असर डाला। कम्युनिस्ट पार्टी के अन्दर पूरनचन्द जोशी, रमेश सिन्हा, ओमप्रकाश संगल आदि एक खास किस्म के बुद्धिजीवी आए जो इलाहाबाद की देन थे। इनकी विशेषता यह थी कि वे कहीं-न-कहीं जवाहरलाल नेहरू के गुरुत्वाकर्षण से बँधे थे। कुछ सोशलिस्ट बुद्धिजीवी इस गुरुत्वाकर्षण से जब अलग हुए तब उनकी दशा उन जिद्दी बच्चों की-सी हो गई जो अपनी हर कमज़ोरी के लिए बाप को दोषी ठहराते हैं।

इलाहाबाद में तीन नदियाँ मिलती हैं—गंगा, जमुना और सरस्वती। इनमें सरस्वती अदृश्य है। प्रयाग हिन्दुओं के लिए तीर्थराज है, स्वभावत: गंगा के आस-पास की बस्तियों में काफी बड़ी आबादी पंडों की है। कुम्भ के मेले-जैसे विशेष अवसर पर सारे भारत का हिन्दू धर्म सिमटकर तीर्थराज पहुँच जाता है। अंग्रेज़ी राज के संचालन में जो महत्त्व हाईकोर्ट के वकीलों और यूनिवर्सिटी के प्रोफ़ेसरों को प्राप्त था, वही महत्त्व हिन्दू धर्म के संचालन में इलाहाबाद के पंडों को प्राप्त है। जैसे सिविलियन संसार का गहरा असर इलाहाबाद के विशिष्ट बुद्धिजीवियों पर था, वैसे ही इलाहाबाद के पंडों का गहरा असर हिन्दी साहित्य-सम्मेलन पर था। सम्मेलन अब हिन्दी साहित्यकारों का सम्मेलन न रह गया था; उसमें पंडागीरी होती थी और इस कर्म-कौशल में एक खास मुहल्ले—दारागंज—के पंडे प्रमुख थे। फैजाबाद में निराला ने ठीक कहा था कि हिन्दी साहित्य-सम्मेलन का एक ही वोट गिना जाना चाहिए।

पुरुषोत्तमदास टंडन ने हिन्दी को राष्ट्रभाषा बनाने के लिए बड़ा उद्योग किया था। दक्षिण भारत की हिन्दी प्रचार सभाएँ साहित्य-सम्मेलन से स्वतंत्र रहकर कार्य कर रही थीं, दक्षिण भारत में हिन्दी का जैसा और जितना भी प्रचार हुआ, उसका श्रेय महात्मा गांधी और दक्षिण भारत की हिन्दी प्रचार सभाओं को था। साहित्य-सम्मेलन की स्थायी समिति में टंडनजी को इलाहाबाद के साहित्यिक पंडे घेर लेते थे : जो

चाहते थे, उनसे कराते थे। जब पंडों के दो दल आपस में लड़ते थे, तब टंडनजी की स्थिति बड़ी दयनीय हो जाती थी। एक विचित्र स्वत:चालित ढंग से उनके कन्धे ऊपर-नीचे होने लगते, वह लोगों को शान्त करने का प्रयत्न करते परन्तु उस तुमुल कोलाहल-कलह में उनका स्वर किसी को सुनाई न देता।

लोग आदर से कहते थे—टंडनजी हिन्दी-साहित्य-सम्मेलन के प्राण हैं।

पंडागीरी सम्मेलन के बाहर भी थी। जितनी साहित्यिक संस्थाएँ अकेले दारागंज में थीं, उतनी शेष उत्तरप्रदेश में न रही होंगी और इन संस्थाओं के पंडे अलग-अलग थे। कई संस्थाएँ निराला नाम से भी सम्बद्ध थीं।

छायावाद के चार प्रमुख कवियों—पन्त, प्रसाद, निराला, महादेवी वर्मा—में तीन इलाहाबाद में रहते थे। इनमें महादेवी वर्मा से—साहित्यकार संसद छोड़ने पर भी—निराला का सम्पर्क बना हुआ था, पन्त असम्पृक्त थे। वैसे रामकुमार वर्मा भी किसी समय छायावादी कवि रूप में प्रसिद्ध हुए थे। इलाहाबाद विश्वविद्यालय ने तीन कवि हिन्दी को दिये—नरेन्द्र, बच्चन और शमशेर। नरेन्द्र ने पन्त की शैली का अनुसरण करते हुए पहले छायावादी कविताएँ लिखीं, फिर 'रूपाभ' में वह पन्त के प्रमुख सहयोगी हुए, भारत के स्वाधीन होने पर पन्त के साथ ही वह प्रगतिशीलता के मैदान से नव्य रहस्यवाद की ओर लौट आए। बच्चन ने अपने हालावाद से छायावाद के विरोध में क्रान्ति की, फिर यूनिवर्सिटी में अध्यापन करने के बाद नेहरू के विदेश विभाग में काम करने लगे। 'रूपाभ' में नरेन्द्र के सहयोगी थे शमशेर, मौलिक कवि, समर्थ गद्य लेखक, सिविलियन-संसार में न खप सकनेवाले किसी 'आउटसाइडर' की तरह जीवन बिताते हुए। इलाहाबाद में रघुपति सहाय फ़िराक थे, यूनिवर्सिटी में अंग्रेज़ी के अध्यापक, अपनी 'विट' और शायरी के लिए मशहूर, हिन्दी के उस गढ़ में अकेले हिन्दीवालों को गाली देते थे और किसी में ताब न थी कि उनका सामना करे।

इलाहाबाद से सच्चिदानन्द हीरानन्द वात्स्यायन ने 'प्रतीक' निकाला जिसमें सुमित्रानन्दन पन्त से लेकर नेमिचन्द्र जैन तक का सहयोग उन्हें मिला। इस पत्र से ही दरअसल हिन्दी कविता में प्रयोगवाद की शुरुआत हुई, 'तारसप्तक' की कविताओं का रंग दूसरा था। 'आलोचना' से शिवदानसिंह को जब अलग किया गया, तब उसका सम्पादन धर्मवीर भारती, विजयदेव नारायण साही आदि के हाथ में आया और इनके सम्पादन-काल में 'आलोचना' ने जमकर साम्यवाद और प्रगतिवाद का विरोध किया। इलाहाबाद से जगदीश गुप्त ने 'नई कविता' निकाली। आरम्भ में प्रयोगवाद के सहारे, फिर उससे कटकर नई कविता की यह धारा सारे भारत में इलाहाबाद से प्रवाहित हुई।

भारत के स्वाधीन होने पर अनेक बड़े पूँजीपति साहित्य का कारोबार सँभाल रहे थे। वे साप्ताहिक और मासिक पत्र निकाल रहे थे, नये प्रकाशन-केन्द्र खोल रहे थे। इन पत्र-पत्रिकाओं और प्रकाशन-केन्द्रों से जितने लेखक सम्बद्ध हुए, उनमें आधे इलाहाबाद के थे और प्रमुख पदों पर थे।

नई कविता के सिद्धान्तकारों ने निराला से नई कविता का सम्बन्ध अभी न जोड़ा था। वे छायावाद और प्रगतिवाद, दोनों का एक साथ विरोध कर रहे थे। उन्हें पन्त का नव्य रहस्यवाद पसन्द था, 'अर्चना' के गीत दुर्बोध और अत्यन्त व्यक्तिवादी लगते थे। लक्ष्मीकान्त वर्मा ने 'आलोचना' (अप्रैल, '53) में 'परिमल', 'अनामिका' और 'तुलसीदास' के निराला को आस्थावादी पाया किन्तु 'बेला', 'नये पत्ते' और 'कुकुरमुत्ता' में उन्हें 'असाधारण संस्कारच्युत अतिवादिता का प्रत्यक्ष विस्फोट-सा' दिखाई दिया। ('अपरा' में 'कुकुरमुत्ता' को शामिल न करने के लिए महादेवी वर्मा यही तर्क दे सकती थीं।) लक्ष्मीकान्त वर्मा के अनुसार जो प्रवृत्ति 'नये पत्ते' और 'बेला' में बाह्यरूप में मिलती है, वही "'अर्चना' में अन्तर्मुखी रूप धारण कर लेती है और यह अन्तर्मुखी भावना घोर व्यक्तिवादी सीमाओं में फँसकर एज़रा पाउंड की कृतियों की भाँति व्यक्तिगत बिम्बों और भावनाओं में बँधकर गूढ़ और अस्पष्ट बन जाती है।"

निराला पर अब इस तरह की आलोचनाओं का असर न होता था किन्तु लोग उनके बारे में क्या कहते और सोचते हैं, इसके प्रति वह सजग अवश्य रहते थे। इलाहाबाद के हिन्दी वातावरण से निराला दूर थे—पन्त के छायावाद से, प्रकाशचन्द्र गुप्त के प्रगतिवाद से, अज्ञेय के प्रयोगवाद से, लक्ष्मीकान्त वर्मा की नई कविता से, फ़िराक की शायरी से। फ़िराक निराला से ज़्यादा आत्ममुग्ध कवि थे। लेखों में जितने शेर दूसरों के उद्धृत करते थे, उतने ही अपने। कुछ दिन तक निराला ने उर्दू शायरी घोखी लेकिन यह शायरी फ़िराक की न थी। 'अर्चना' के गीत लिखने तक वह दौर खत्म हो चुका था। इसलिए अब वह फ़िराक से भी दूर थे।

निराला ने इलाहाबाद की किसी सड़क के किनारे एक स्त्री को पत्थर तोड़ते देखा, उस पर उन्होंने कविता लिखी। इलाहाबाद में अंग्रेज़ों ने विद्यार्थियों पर गोली चलाई, निराला ने उन पर कविता लिखी। रणजीत पंडित की शव-यात्रा में उन्होंने मज़दूरों को देखा, कविता में उनका उल्लेख किया :

निकले हैं मज़दूर
काम से छुटे किले के;
सुनकर नेहरूजी के बहनोई की अरथी,
हाथ मले, आह की
और टकटकी बाँध दी।

गंगा का पुल, झाऊ के पेड़, आसमान में उड़ते हुए वायुयान, महँगाई और गरीबी—निराला ने इलाहाबाद में यह सब देखा और उसे अपनी कविता में लिखा लेकिन ये सब सिविलियन-संसार से दूर की बातें थीं और ज़्यादातर साहित्यकार—पंडे और प्रोफ़ेसर, दोनों—इन बातों की चर्चा साहित्य में अशोभन मानते थे। 'देवी' में जैसे लखनऊ है, 'चतुरी चमार' में जैसे बैसवाड़ा है, वैसे 'अर्चना' और उसके बाद की रचनाओं में इलाहाबाद नहीं है।

पुराने मित्रों से निराला का मिलना-जुलना कम हो गया। राखी का त्योहार आता और निकल जाता और वह महादेवी वर्मा के यहाँ न जा पाते। गंगाप्रसाद पांडेय जब-तब दारागंज जाते थे किन्तु वहाँ निराला और उनके साथियों का खानपान उन्हें पसन्द न था। पांडेयजी का विचार था कि उन लोगों को भी उनका आना अच्छा न लगता था। क्रमशः वह 'तटस्थ' होते गए।

निराला के पुराने मित्रों में वाचस्पति पाठक इलाहाबाद में थे किन्तु 'स्वभाव-वैपरीत्य के कारण वह पुराना मैत्रीभाव और सान्निध्य समाप्त हो चुका था।

बाहर से जो लेखक निराला से मिलने आते थे, उनसे इलाहाबाद के साहित्यकार अक्सर पूछते थे—निरालाजी का स्वास्थ्य कैसा है?

निराला अब घूमते हुए अधिकाधिक अपने से बातें करते रहते।

सन् '54 की गर्मियों में निराला से मिलकर लौटने के बाद मैंने 'जनयुग' में लिखा :

"निरालाजी श्री कमलाशंकर सिंह के यहाँ जिस कमरे में रहते हैं, उसमें तीन खाटें मुश्किल से पड़ सकती हैं। कमरे में एक छोटा तख्त पड़ा है, उसी पर वे प्रायः लेटे रहते हैं। कमरे के बाहर ढाई हाथ चौड़ा बरामदा है जिसमें फर्श पर ही बिस्तर बिछाकर वह रात में सोते हैं। गर्मियों में आसपास के पाखाने से दुर्गन्ध उड़ा करती है। सामने की तंग गली से इक्का नहीं गुज़र सकता। इसी में निरालाजी इधर-से-उधर घूमते रहते हैं। मकान के सामने एक तिमंज़िला इमारत है जिससे यह गली सजीव अन्धकूप मालूम होती है। निरालाजी के कमरे में बिजली के पंखे-जैसी कोई व्यवस्था नहीं है। दो ताड़ के पंखे ज़रूर थे जिन्हें कभी वह झलते थे, कभी कोई दूसरा...।

"अब पहले से शरीर की दशा अच्छी है। काफी चल-फिर लेते हैं। दाहिने पैर पर दाहिने हाथ से ताल देते हुए धम्मार की एक कड़ी उन्होंने गाकर सुनाई। फिर भी उनका शरीर अभी पूर्ण रूप से स्वस्थ नहीं है। साथ ही उनकी मानसिक अस्वस्थता पहले से बढ़ गई है। अब वे पिछले साल की अपेक्षा अपने-आप से बहुत ज़्यादा बातें करते हैं। समय-समय पर हँसना और किसी पर क्रुद्ध होना—यह क्रिया भी बढ़ गई है। इसलिए निरालाजी अच्छे हो रहे हैं या अच्छे हो गए हैं, इस तरह के सन्तोष का कोई कारण नहीं है।"

कमलाशंकर सिंह ने एक वक्तव्य और दिया। निराला अपने एक मित्र के यहाँ दारागंज की एक तंग गली के एक छोटे कमरे में पड़े हुए हैं। राज्य सरकार से प्रार्थना की है कि अलोपीबाग में, जहाँ शरणार्थी शिविर हैं, सरकार थोड़ी ज़मीन निराला को देने की कृपा करे। उनका रुपया जो प्रकाशकों के यहाँ पड़ा है, वह एक ट्रस्ट के अधीन कर दे। उससे उनके लिए एक सुन्दर भवन बनवाया जाय। इस भवन में निराला-सम्बन्धी साहित्यिक सामग्री एकत्र की जाय, साहित्यकारों की गोष्ठी होगी, सरस्वती की एक विशाल मूर्ति होगी...।

सरकार ने इस प्रार्थना पर कोई ध्यान न दिया। यदि उनके रहने के लिए किसी अच्छी जगह व्यवस्था हो जाती तो अवश्य उनका स्वास्थ्य कुछ सुधरता, आयु के

कुछ दिन बढ़ जाते। साहित्यकार संसद में वह वैष्णव निषेधों तथा यहाँ के टीमटाम से असन्तुष्ट थे। पर वह किसी खुली जगह साधारण-से घर में कमलाशंकर सिंह और उनके परिवार के साथ मज़े में रह सकते थे। शरणार्थियों के बीच निराला का घर बनाने की सूझ बुरी न थी, पर वह कहीं से भागकर तो आए न थे; उन्हें किस कानून से ज़मीन मिलती?

दारागंज में निराला का मन लगता था। पंडे, पुजारी, साग-सब्जी, फलवाले, साहित्यकार, छात्र—निराला के सैकड़ों परिचित और मित्र थे। गली में एक वैद्यजी रहते थे। वहाँ संगीत के अलावा शराब पीने की सुविधा थी। निराला वहाँ अक्सर जाते थे। गंगातट पर राष्ट्रभाषा विद्यालय में भी उन्हें यह सुविधा थी। प्रयाग से जब-तब वह गंगाधर शास्त्री के यहाँ चले जाते थे। उनकी कई पुस्तकों पर निराला ने सम्मति दी। शास्त्रीजी 'युगाराध्य निराला'—एक वृहद् ग्रंथ लिख रहे थे, इस पर भी उन्होंने सम्मति दी। सम्मति कभी अंग्रेज़ी में लिखते, कभी हिन्दी में, कभी अपने नाम से, कभी दूसरे के। शास्त्रीजी की एक कविता-पुस्तक पर सम्मति देते हुए उन्होंने यूनिवर्सिटियों के निर्माण और विकास में अपनी धनराशि द्वारा योगदान का उल्लेख किया : "हम लोगों की अर्जित धनराशि, जिस पर सरकार और मक्कार सभी प्रतिष्ठित हैं, उनका और वैसों का पथ सुगम करने के लिए थी और है; नहीं तो न हिन्दू विश्वविद्यालय है, न प्रयाग और लखनऊ आदि की यूनिवर्सिटियाँ। वे दिन भूले न होंगे। आज भी हम विज्ञानशास्त्र लिये विरोधियों से लड़ने को बैठे हैं, काशी का पता जिसका बड़ा प्रमाण है।"

यह सम्मति उन्होंने इलाहाबाद में 13-11-57 को दी। विज्ञानशास्त्र का हवाला शिवगोपाल मिश्र के कारण। अब वह उन्हें शेक्सपियर पढ़ाकर ही सन्तुष्ट न थे, महान् वैज्ञानिक के रूप में भी विरोधियों से लड़ रहे थे।

तुलसीदास पर गंगाधर शास्त्री की पुस्तक को सराहते हुए उन्होंने शास्त्रीजी को पोस्ट ग्रेजुएट क्लासेज का अध्यापक कहा, स्वयं लन्दन से अंग्रेज़ी में डी.लिट्. हुए, नाम रखा सैयद हुसेन। निराला के हाथ की लिखी वह सम्मति इस प्रकार है :

I read a criticism on the work of the great saint poet Tulasidas, by pandit Gangadhar Mishra of Benares, after print. The book give evidence of deep study and knowledge of the learned scholar writer. I heard him lecturing in the post graduation classes for hours in continuation and admit the book for graduate classes, to succeed in higher studies of Hindi literature. The authorities and admires from all centres must benefit the students by sanctioning the work as a compulsory course, and uplift the cause of Hindi.

Syed Hussain
(D.Litt. Lond. English)
9-7-59

सैयद हुसेन नाम के साथ एक महिला से उनके प्रेम-सम्बन्ध की कथा जुड़ी हुई थी। उन महिला के प्रति निराला के मन में कहीं 'प्लैटौनिक' आकर्षण था, इसीलिए इस समय उन्होंने उनके प्रेमीवाला व्यक्तित्व ओढ़ लिया था। जब उन्होंने सम्मति लिखी तब वह साठ पार कर गए थे, पर उनका मन संसार की छवि पर अब भी मुग्ध था।

इन्हीं दिनों वह पूर्ण तटस्थता से अपने को देख रहे थे, कविता लिख रहे थे :

चढ़ी थी जो आँख मेरी
बज रही थी जहाँ भेरी
वहाँ सिकुड़न पड़ चुकी है,
जीर्ण है वह आज तीली।
आग सारी फुक चुकी है,
रागिनी वह रुक चुकी है,
स्मरण में है आज जीवन
मृत्यु की है रेख नीली।

यह कविता उन्होंने सन् '58 की शरद् में लिखी थी। वह जब चाहते थे, मन को साध कर उसे अपने कल्पना-चित्रों से ऊपर उठा ले जाते। तब यह कवि-दृष्टि से यथार्थ को अच्छी तरह देखते थे—वह यथार्थ, जो बाहर ही नहीं, भीतर भी है; जिसमें जीवन ही नहीं, मृत्यु भी है। किन्तु इन अन्तिम वर्षों के गीतों में सर्वत्र उनके भाव और भाषा व्यवस्थित नहीं हैं।

निराला से मिलने रूसी विद्वान् प्योत्र अलेक्सियेविच बरान्निकोव आए। सोवियत संघ में आधुनिक प्राच्यविद्या के प्रतिष्ठाता उनके पिता ने दूसरे महायुद्ध की कठिन परिस्थितियों में रामचरितमानस का रूसी भाषा में अनुवाद किया था। प्योत्र अलेक्सियेविच बहुत अच्छी हिन्दी बोलते हैं, सहृदय और मिलनसार हैं। वह पहले सोवियत नागरिक थे जो निराला से मिलने आए। यह बात अगस्त, '56 की है। साथ में उनकी पत्नी भी थीं। सहृदय, विद्वान्, भारत-प्रेमी बरान्निकोव से मिलकर निराला बहुत प्रसन्न हुए। उन्हें स्नेह से अपनी चारपाई पर बिठाया, उनसे रूसी लोकगीत गाने को कहा। बरान्निकोव ने पहली बार श्रोताओं के सामने गीत गाया। रूसी में उनकी रचनाओं के अनुवाद की बात चली तो निराला ने इच्छा प्रगट की कि उनके साथ उनके समकालीन लेखकों की रचनाएँ भी अनुवादित हों। रामचरितमानस के रूसी अनुवाद की बात सुनकर निराला ने कहा कि उनके शिष्य डॉ. शिवगोपाल मिश्र ने रूसी भाषा में डिप्लोमा प्राप्त किया है, उनकी सहायता से वे रूसी अनुवाद पढ़ेंगे। निराला ने बरान्निकोव दम्पती के साथ चित्र खिंचाया। उस वर्ष पहली बार रूस में निराला की कविताओं का अनुवाद प्रकाशित हुआ।

पृथ्वीराज कपूर शहर में नाटक कम्पनी लेकर आए थे। वह निराला के भक्तों को मुफ्त नाटक दिखा रहे थे; निराला ने उनकी पूरी कलाकारमंडली के साथ उन्हें

पार्टी दी। सामने की कोठी में प्रबन्ध हुआ। पार्टी में कितना खर्च हुआ, इस पर बाद में कुछ विवाद भी हुआ।

गयाप्रसाद शुक्ल सनेही, शिवपूजन सहाय, केदारनाथ अग्रवाल, अमृतलाल नागर, गिरजाकुमार माथुर—हिन्दी के नये-पुराने लेखकों में कोई-न-कोई निराला से आये-दिन मिलने आता ही रहता था। अब घर में बिजली लग गई थी, आगन्तुकों को गर्मी में वैसा कष्ट भी न होता था।

शिक्षा-प्रसार विभाग के अधिकारी निराला की एक छोटी फिल्म बना रहे थे। इस सम्बन्ध में अमृतलाल नागर के साथ मैं इलाहाबाद गया। निराला रेडियो या किसी भी सरकारी संस्था के लिए अपना कविता-पाठ या गायन रेकार्ड कराने को तैयार न थे। नागरजी को और मुझे विश्वास था कि हम लोगों के आग्रह से निराला कविता-पाठ करेंगे, गीत भी गाएँगे। हम लोगों ने अधिकारियों से रेकॉर्डिंग का सामान साथ लेकर चलने को कहा। निराला बहुत प्रसन्न थे। पहले से स्वस्थ नज़र आए। एक बार उन्होंने रेकार्डिंग करनेवालों और उनके सामान पर नज़र डाली और पूछा—यह सब क्या है? मैंने कुछ बहाना किया, पर वह बिगड़े नहीं। उनका कविता पाठ और गायन सुनकर मुझे लगा कि सन् '34 का निराला फिर लौट आया है।

मैंने प्रसन्न-मन से केदारनाथ अग्रवाल को पत्र लिखा : "कवि खाट पर बैठे थे। बाल काफी सफेद हो गए हैं, लेकिन कितने घने हैं अब भी। और दाढ़ी भी कुछ respectable हो गई है, पहले की एकदम हुमायूँ-जैसी नहीं है। आँखों की ज्योति भी अधिक स्पष्ट है। अब बुदबुदाते नहीं हैं; न उँगलियाँ चलाया करते हैं, न उठकर घूमने लगते हैं। अपने श्वेत वर्ण, अंग्रेज़ी ज्ञान, सम्पत्ति आदि की फैंटेसी रचने के बाद बोले कि लम्बे भाषण से तुम्हें परेशान किया! महा शुभ चिन्ह! विक्षिप्त होने की पहली मंज़िल में यही लक्षण थे। हमारा प्यारा कवि नरक-यात्रा करके फिर स्वर्ग की ओर उठ रहा है। कितनी बार Lear पढ़ते-पढ़ाते हुए मैंने उन्हें नहीं याद किया! लियर ने विक्षिप्त अवस्था के बाद जब पहली बार ज्ञान-नयन खोले और सामने angel जैसी अपनी निर्दोष कन्या Cordelia को देखा तो कहा :

You do me wrong to take me out o' the grave.
Thou art a soul in bliss; but I am bound
Upon a wheel of fire, that mine own tears
Do scald like molten lead.

उस अग्निचक्र से निरालाजी भी बँधे रह चुके हैं। अब मानो grave में एक पैर रहते हुए भी वे दुनिया को झाँककर देख रहे हैं; उसे फिर पहचान रहे हैं।

"हाँ, तो उन्होंने अमृत को और मुझे खाट पर बिठाया। पैरों पर रज़ाई डालने को कहा। जलेबियाँ आईं। अमृत ने चारपाई पर ही खाना शुरू किया। निरालाजी ने कई बार कहा—तुम टपका दोगे लेकिन अमृत आश्वासन देते रहे कि रज़ाई खराब न होगी। और निरालाजी ने पैरों पर से रज़ाई खींचकर एक ओर रख दी। फिर मिल्टन पढ़ने को कहा। कुछ समय बाद उन्हें खयाल आया कि उसमें फारसी की पहली किताब

रखी थी। खोज शुरू हुई। पुस्तक (Milton) में तो थी ही नहीं। खाट छोड़कर उठे। रज़ाई उठाकर देखी। फिर इधर-उधर की बात हुई। लेकिन ध्यान उसी किताब पर। जेबें देखने को कहा। हम लोगों ने अपनी जेबों की खुद तलाशी ली। कमलाशंकर ने कहा कि दूसरी मँगा देंगे। फिर इधर-उधर की बातें हुईं। और बीच-बीच में तब भी उसी किताब का जिक्र। किसी बूढ़े बाबा को जैसे अपने नातियों से प्यार होता है, वैसे ही महाकवि को अपनी पुस्तकों का मोह है। उस अलमारी में—जिसमें किवाड़ें नहीं हैं—उनकी सारी सम्पदा है। वैसे सामने की कोठी उन्होंने अपने भक्तों के लिए अपनी रायल्टी से बनवा दी है।

"किस तन्मयता से उन्होंने 'श्रीरामचन्द्र कृपालु भजु मन' हारमोनियम लेकर गाया। एक बार '34-36 का निराला फिर उदय हुआ। भारति जय विजय करे! टूटे सकल बन्ध! नयनों के डोरे लाल! बँगला के कई गीत, विवेकानन्द की एक कविता! लगभग दो-ढाई घंटे तक गाते रहे।

"शाम को शिक्षाप्रसार विभाग के Studio आए। लेकिन वहाँ उन्होंने किसी को इंच-भर भी lift न दिया। काली टोपी, काला बन्द कालर का कोट, धोती, मोज़े जूते—खासे भलेमानुस लगते थे। काश! ये इलाहाबादी—उन्हें उस गली से निकालकर किसी बँगले में बसा पाते। दो महीने में निराला दूसरा हो जाता।"[1]

निराला का मन महिषादल की शस्यश्यामला भूमि, वहाँ के जलाशय, हरी दूब के पार्क, लड़कपन में पढ़े 'चौरपंचाशिका' के श्लोक याद करता था। जीवन के कुछ अत्यन्त मनोरम क्षण उन्होंने मनोहरादेवी के साथ वहाँ बिताये थे। 'श्रीरामचन्द्र कृपालु भजु मन' के साथ जीवन में असंख्य बार 'अद्यापि तां कनकचम्पकदामगौरीम्' का पाठ किया था, कल्पना-लोक में न जाने कितनी बार उनके आसक्त मन ने 'सुप्तोत्थिता मदनविह्वलितालसांगी' अपनी विद्या की छवि निहारी थी। उन्होंने कहानी लिखी : 'विद्या'।

विद्यासुन्दर की कहानी से नायिका का नाम ज्यों-का-त्यों लेकर उसे विद्या बनाया, पर नायक का नाम रखा श्यामनाथ। नाम है श्याम, लेकिन रंग है पीला। कुछ अर्द्धनारीश्वर-सा है। अपने रंग के लिए गौरांगी स्त्रियों का हवाला देता है : श्यामा तप्तकांचनगौरांगी; और—तन्वी श्यामा शिखरिदशना। जब श्यामा गौरांगी है तब श्यामनाथ गौरांगी क्यों न हो?

श्याम रामकृष्ण परमहंस का अनुयायी न होकर ब्रह्मवादी अर्थात् ब्राह्मसमाजी है : "कलकत्ते के ठाकुर-परिवार से उसका रिश्ता पहुँचता था।" निराला ने विद्या और श्याम को अपना व्यक्तित्व आधा-आधा बाँट दिया। विद्या अंग्रेज़ी पढ़ती है, श्याम संस्कृत। विद्या कहती है :

I offered Sanskrit upto B.A. standard, but because of love, may be other unknown reason, I pick up English for M.A. and Doctorate. Perhaps I cannot satisfy you in Sanskrit conversation if you equally do not lack English to manage.

एक ही व्यक्तित्व के दो भाग होने से श्याम और विद्या, दोनों एक ही भाषा का अध्ययन नहीं कर सकते। एक को संस्कृत, दूसरे को अंग्रेज़ी पढ़ना ही चाहिए। विद्या कहती है—संस्कृत मधुर भाषा है; सम्भव है, श्याम उस पर अधिकार कर ले। पर श्याम के सामने एक बड़ी बाधा हैं कालिदास। उनके रहते कौन संस्कृत पर अधिकार जमा सकता है? इसलिए सबसे अच्छी हिन्दी!

श्याम का रिश्ता कलकत्ते के ठाकुर-परिवार से है, लेकिन है वह हिन्दी-भाषी। विद्या अंग्रेज़ी बोलती है, श्याम संस्कृत; बँगला दोनों में कोई नहीं बोलता। विद्या हिन्दी जानती है। यही नहीं, वह तुलसीदास को संसार का सर्वश्रेष्ठ कवि मानती है। यदि दोनों का विवाह हुआ तो वे न संस्कृत बोलेंगे, न अंग्रेज़ी। दोनों के प्रेम की भाषा होगी हिन्दी!

विद्या कहती है :

But what may be the language between if I like to stay perpetually with you in matrimonial knot? Do you admit that Tulsidas in Hindi is in the van of world poets and his Ramcharitmanasa is the best product?

श्याम ने कहा : वयं संस्कृतोपचारिणी हिन्दी समभावेन वदामः। यदि न बाधते, उच्यते तदा।

इसके बाद दोनों का वार्तालाप हिन्दी में शुरू हुआ। कुछ देर हिन्दी, उसके बाद फिर संस्कृत और अंग्रेज़ी। विद्या विलायत जायगी, अंग्रेज़ी की शिक्षा पूरी करने के बाद लैटिन या ग्रीक पढ़ेगी। अच्छा है, श्याम अंग्रेज़ी साहित्य की गंगा में नहाने के बदले—without bathing into the Ganges of English literature—अन्य शाखाओं में अपने बड़ों पर श्रद्धा रखे।

दूब-जमे पार्क, पानी से भरा तालाब, झुंड-की-झुंड मछलियाँ, सामने गुलाब, सीज़न फ्लावर्ज़ के बेड्ज़, पक्का रास्ता, गेट से आते-जाते हाथी, निकास की ड्योढ़ी, पक्का घाट, सड़क के किनारे नारियल-आम वगैरह के पेड़, मन्दिर में घड़ी-घंटे की आवाज़, फिर शहनाई का मधुर स्वर, चित्रशाला से वीणा की झनकार, एक ड्योढ़ी से दूसरी ड्योढ़ी के सन्तरी को फर्माइश की चीज़ें भेजने के लिए कहता हुआ सन्तरी, ड्योढ़ी के पास मालखाना, गारद के बरामदे में लँगोट बाँधे कसरत करते हुए पाँच-सात सिपाही—सारा परिवेश महिषादल का। और श्याम के पास मोटर भी है। "श्याम को लेकर मोटर धीरे-धीरे विद्या की नज़र से ओझल हो गई।" निराला का मन युवाकालीन स्मृतियों से खेल रहा था। स्मृतियों पर अपने दिवा-स्वप्नों का सुनहला रंग पोत रहा था।

सन् '60 की वसन्तपंचमी आ रही थी। इलाहाबाद के निराला-प्रेमी उनके जन्म-दिवस समारोह की तैयारी कर रहे थे। गंगाधर शास्त्री इधर कई बार निराला को काशी ले जाने का विफल प्रयत्न कर चुके थे। इस बार छात्रों से चन्दा करके और कुछ रुपये और जोड़कर उन्होंने टैक्सी का प्रबन्ध किया, रामभंडार से मिठाई ली, अपने

युगाराध्य निराला की पांडुलिपि उठाई और निराला को लेने चले। दारागंज पहुँचकर गले में माला पहनाई, मिठाई भेंट की और निवेदन किया—इस वर्ष का वसन्तपंचमी समारोह काशी नगरी में होना चाहिए।

अपने ग्रंथ की ओर संकेत करते हुए शास्त्रीजी ने कहा—1947 की स्वर्णजयन्ती के बाद से काशी में अविरत 13 वर्षों तक मेरी साधना चलती रही, उसी श्रम का सुफल यह ग्रंथ है।

निराला काशी आए। राष्ट्रभाषा विद्यालय में सभा हुई। विद्वानों ने प्रशंसा में भाषण किये। निराला ने स्वस्थ मन से उत्तर देते हुए कहा—साहित्य की आराधना में मेरे जीवन का अधिकांश समाप्त हुआ है। मैंने हिन्दी साहित्य की जो कुछ सेवा की है, उसका उचित समादर नहीं हुआ। लोग मुझसे साहित्य की श्रीवृद्धि करने की आशा करते हैं, लेकिन मुझसे अब अधिक आशा करना व्यर्थ है। वैसे मेरा यह प्रयत्न रहेगा कि मैं माता सरस्वती के चरणों में दो-चार पुष्प और चढ़ा दूँ। मैं जो कुछ हूँ, माता सरस्वती का पुत्र हूँ।[2]

एक जन्मदिवस-समारोह दिल्ली में मनाया गया। संयोजक दिल्ली साहित्य-सम्मेलन। मुख्य वक्ता के रूप में मुझे बुलाया। मैंने शर्त रखी कि बनारसीदास चतुर्वेदो अध्यक्षता करेंगे तभी मैं आऊँगा। चतुर्वेदीजी दिल्ली में ही थे। तैयार हो गए।

अपने भाषण के एक अंश से चतुर्वेदीजी को अध्यक्ष बनाने का उद्देश्य मैंने पूरा किया। साहित्य की जानकारी उन्हें नहीं है, यह मानते हुए भी उन्होंने निराला का विरोध करके हिन्दी की प्रगति में बाधा दी—इस तरह की बातें कहकर मैंने उनकी आलोचना की। चतुर्वेदीजी ने धैर्य से सब सुना, सब सहा, फिर भरी सभा में निराला का साहित्यिक महत्त्व स्वीकार किया, अपना अपराध स्वीकार किया।

इलाहाबाद रेडियो-स्टेशन में हास्य-गोष्ठी थी। इसमें भाग लेने भगवतीचरण वर्मा और अमृतलाल नागर गए। लीडर प्रेस में उनकी मुलाकात रामकृष्ण त्रिपाठी से हुई। वह अपनी पुत्री छाया के विवाह की तैयारी कर रहे थे। निराला रायल्टी की रसीद पर दस्तखत न करते थे। अमृतलाल नागर ने इस सिलसिले में मुझे यह सूचना और दी : "निरालाजी लीडर प्रेस से अपनी रायल्टी का पैसा उठाने से सदा इनकार करते हैं। अनेक वर्ष पूर्व तीन आदमियों की जमानत पर पाठकजी ने रामकृष्ण को ढाई हज़ार रुपया दिलवाया था, निरालाजी ने तब रसीद पर हस्ताक्षर करने से इनकार कर दिया था।"[3]

कभी-कभी निराला किसी भी तरह के काग़ज़ पर दस्तखत करने, अपना नाम लिखने अथवा हाथ में कलम लेने से भी इनकार करते थे। मैंने अपनी पुस्तक 'भाषा और समाज' उन्हें समर्पित की, प्रकाशक से एक प्रति उनके पास भेजने को कहा। जब पार्सल निराला के पास पहुँची तब उन्होंने रसीद पर हस्ताक्षर करने से इनकार किया; पार्सल वापस प्रकाशक के पास पहुँच गई।

अस्तु, तै हुआ कि भगवतीचरण वर्मा, पाठकजी और नागरजी निराला के यहाँ जाएँगे। पन्तजी के यहाँ भोजन करने के बाद वर्माजी ने कहा : "भइ, हम नहीं जाएँगे;

हम चार बजे की गाड़ी से लखनऊ जाएँगे।" इस पर पाठकजी नाराज़ हुए। वर्माजी ने कहा : "मैं कहता हूँ कि निरालाजी जब इस बात पर सरासर पागलपना बरत रहे हैं—और पागल तो वे हैं ही—तब उनके पास जाने से लाभ ही क्या? मैं तो कहता हूँ कि लाइए काग़ज़, मैं ड्राफ्ट बनाये देता हूँ, निराला का पैसा उनके पागलपन की हालत में उनके एकमात्र उत्तराधिकारी पुत्र को दे दिया जाय। उस पर पन्तजी, मैं और नागरजी दस्तखत कर देंगे, फिर आप रामकृष्ण को पैसा दे दीजिएगा।" पन्तजी ने समझाया : "खैर, वह तो अन्तिम अस्त्र है मगर मैं समझता हूँ कि आप लोगों को निरालाजी के पास एक बार अवश्य जाना चाहिए। वे किसी कारणवश रामकृष्ण की बात नहीं मानते होंगे मगर आप लोगों की बात अवश्य मान जाएँगे। वे तो औढरदानी हैं, औरों की सहायता करते हैं, फिर यह तो पौत्री के विवाह का प्रश्न है।" भगवतीचरण वर्मा ने अल्टीमेटम दिया : "अब तो हम चार बजे की ट्रेन से जाएँगे।" नागरजी ने कहा : "तब मैं आपके साथ न लौट सकूँगा, रात को आऊँगा।" इस पर वर्माजी निराला के यहाँ चलने को राज़ी हुए।

ढाई बजे दोपहर को ये लोग दारागंज पहुँचे। निराला सो रहे थे। अमृतलाल नागर ने उमाशंकरसिंह को अलग ले जाकर पूछा : "गुरु कैसी मौज में हैं?" उमाशंकरसिंह ने मुँह का भाव पढ़कर जवाब दिया : "तुम्हार काम न बनी। अबकी जब से बनारस से आए हैं, बहुत चिड़चिड़ाते हैं। ऊ सब लोग हुआँ पैसा-वैसा दिहिन—रोज सराब कलिया का सत्कार-ओत्कार पाए हैं न निरालाजी। ओही से दिमाग इस बखत चढ़ा भया है।"

निराला जगे। नागरजी ने जाकर दर्शन किये। रोग-शोक से दूर एक स्वस्थ निराला की छाप उनके मन पर पड़ी। उन्होंने लिखा : "निरालाजी का स्वास्थ्य देखकर चित्त प्रसन्न हुआ। देह खूब भरी हुई है। दाढ़ी और सिर के बाल कुछ छँटे हुए थे और अच्छे लग रहे थे।"

भगवतीचरण वर्मा ने रसीद पर हस्ताक्षर करने की बात शुरू की। निराला ने कहा—कोई और बात करो। अमृतलाल नागर ने घुमा-फ़िराकर उन्हें मुख्य विषय पर लाना चाहा। इस पर निराला ने कहा : "क्वाइट—क्यू, यू, आई, ई, टी—अंडरस्टैंड?" नागरजी चुप हो गए। उमाशंकरसिंह ने ज़ोर लगाया। इस पर निराला बहुत नाराज़ हुए और बैसवाड़ी में देर तक बकते रहे।

अन्त में एक पंचनामा बना जिसमें निराला को मानसिक रोगी और रामकृष्ण को उनका एकमात्र वारिस बताया गया; निराला की पौत्री के विवाह-कार्य के लिए रामकृष्ण को रुपया देने की सिफारिश की गई। पंचनामे पर सुमित्रानन्दन पन्त, भगवतीचरण वर्मा, महादेवी वर्मा, अमृतलाल नागर और गंगाप्रसाद पांडेय के हस्ताक्षर हुए।

गर्मियों के बाद सुनने में आया कि निराला का स्वास्थ्य ठीक नहीं है और उनके बदन पर सूजन है। कमलाशंकर सिंह के अनुसार, अगस्त, सन् '60 में उनकी दशा बिगड़ी। कुछ दिन तक वह कोठरी के दरवाज़े भेड़कर नंगे पड़े रहते थे। "निरालाजी शोथ और जलोदर रोग से ग्रस्त हो गए थे और उनके सारे शरीर में सूजन आ गई

थी। इस रोग का मुख्य कारण यकृत-विकार तथा हृदय के पास रक्तसंचार में अवरोध का होना था। उनका उदर और यकृत बहुत विकृत हो गए थे और खाँसी बढ़ गई थी। श्वास लेने में उन्हें कष्ट हो रहा था जिससे वह थोड़ी देर तक भी आराम से न सो पाते थे। वह हार्निया के भी पुराने मरीज़ थे। कैप्टन बी.बी. दास, डॉ. जी. घोष और डॉ. ब्रजबिहारीलाल उनका इलाज कर रहे थे।"[4]

सुमित्रानन्दन पन्त उन्हें देखने आए। निराला ने प्रसन्न होकर कहा :

हम रहें न रहें,
तुम सलामत रहो हज़ार बरस।

सम्पूर्णानन्द, राममनोहर लोहिया, कमलापति त्रिपाठी निराला को देखने आए। राष्ट्रपति प्रयाग आए, दारागंज की ओर रुख किये बिना वापस चले गए।

अगले वर्ष केदारनाथ अग्रवाल ने निराला को देखकर जो रिपोर्ट दी, उससे सभी निरालाप्रेमियों को बड़ी प्रसन्नता हुई।

"कवि फिर अपने रंग-रूप पर आ रहा है। मुझे स्वास्थ्य अच्छा लगा। खटका निकल गया। न सूजन है, न झाँई। चेहरे पर दीप्ति है। बोल वैसा ही गम्भीर। ठसक है आवाज़ में। कवि पास में कहीं गए थे। वहीं से आते देखा। चाल वही गजराज की है। गली में रहते हैं। उन्हें सामने की कोठी नहीं दबा सकी। अब तो ऐसा लगता है कि कदम्ब पर चढ़े बादल-राग गा रहे हैं। मैंने कविता सुनाने को कहा, पर 'ना' कर गए। बाँदा का ज़िक्र आया। कहा : जमना पार न जाएँगे, न गंगा पार जाएँगे। तबीयत ठीक नहीं रहती।

"बहुत पहले की, कई वर्ष पूर्व की, हमसे एक बात कही। कभी किसी के लिए एक सराय में आए थे। दाम-दुकरनी 'कलुवा' को दिये थे। छतहर के राजा का आदमी दाम देकर लिवाने आया था। इनकार कर दिया था। अपने दामों साड़ी खरीद दी थी। इशारा गोपनीय बात की ओर था। न गए थे।

"बहुत बोलते रहे : अंग्रेज़ी में, हिन्दी में, जमनापारी भाषा में, अपने उन्नाव की बोली में।...बंगाली में बोले अपने डाक्टर दास से। विश्वविद्यालय में बंगाली की कक्षा की बात करने लगे। कहने लगे कि उनके रहते कौन पढ़ा सकता है।

"डाक्टर से रिब्स में दर्द की बात कह रहे थे। 'बाउल्स वेरी वेरी क्लीन' कह रहे थे। नींद भी खूब आती है। ज्वर नहीं था। खाँसी थोड़ी थी।

"दस वर्ष पहले की याद साकार हो गई। तब भी वही निराला था। अब भी वही निराला है। मुझे कोई अन्तर नहीं लगा। पलकें सजीव हैं। आँखें जागरूक हैं। सिर के बाल चावल-चावल के बराबर हैं। दाढ़ी में लम्बे बाल नहीं हैं। वह सिर के बाल के बराबर हैं।

"हिन्दी का अपराजेय कवि अच्छा हो रहा है, पुन: पाताल से सूर्य की तरह उभर रहा है।

"मैं बड़ा खुश हुआ। जब तक बैठा रहा, टक-टक अपने कवि को आँखों और हृदय में देखता ही रहा। वे छोर खोजता रहा जो हमारे कवि को रुग्ण बनाते हैं।"

लेकिन अब फिर उदय हो रहा है अपने निराला का। मैंने ही क्या, मेरे साथ के दोनों मित्रों ने भी यही समझा। बलदेवप्रसाद ने तो कहा, 'वर्षों से निराला को हमने ऐसा प्रसन्न और स्वस्थ नहीं देखा। पहले पास आते डर लगता था, अब व्यक्तित्व बोल रहा है।'

"मैं फिर कहता हूँ कि हमारा कवि आलोक पाकर फिर अच्छा हो रहा है। वह आलोक दे रहा है, छाया नहीं फेंक रहा है। यही शुभ लक्षण है उसकी अच्छी तबीयत का। परन्तु जब मैं यह लिख रहा हूँ, तब मुझे डर लग रहा है कि कहीं मेरी राय को पढ़कर सरकार उसकी हिफाज़त करना न छोड़ दे। और कहीं उसे फिर उपेक्षा न मिलने लगे। परन्तु विश्वास है कि वह निराला फिर चलेगा, हँसेगा, गाएगा, और नये गान प्रस्तुत करेगा।"[5]

निराला मृत्यु से लड़ रहे थे। वह जानते थे, जीतेगी मृत्यु, पर उनके रोग-जर्जर शरीर को परास्त करना आसान न था। अनेक बार मलेरिया से पीड़ित हफ्तों उपवास करनेवाला वह शरीर, लाठी, ईंट, घूँसों के आघात सह चुकनेवाला, रामसहाय तिवारी का दिया हुआ बैसवाड़े के किसान का वह मज़बूत ढाँचा जल्दी टूटनेवाला न था। जब मैं उन्हें देखने गया, अमृतलाल नागर गए, केदार गए—हमेशा यही लगा कि सूर्य पाताल से उठकर ऊपर आ रहा है। मृत्यु से जूझती हुई उनकी अदम्य प्राणशक्ति दूसरे के मन पर यही प्रभाव डालती थी कि विजय की मंज़िल पास है।

निराला मृत्यु से लड़ रहे थे और ऊपर से टूट रहे थे। राम का वह दूसरा मन जो कभी थका न था, जो कभी हारा न था, मृत्यु को देख रहा था। अब इस तन-तरुवर में नये पत्र न फूटेंगे। ग्रीष्म, वर्षा, शरद, वसन्त—सब ऋतुएँ बीत गईं। निराला की साहित्य-साधना समाप्त हो रही है। ध्वनि, अलंकार, रस, छन्द के चमत्कार सबको विदा। चालीस वर्षों के युद्ध अब समाप्त। भीष्म शरशैय्या पर हैं। ढाल-सी तनी हुई सीने की खाल झूल रही है। फिर भी निराला के हृदय में कहीं आशा का दीप जलता है; यह अन्त नहीं है; एक सवेरा और होगा।

मृत्यु के निकट निराला की यह अनुभूति सममात्रिक छन्द की पंक्तियों में सहज भाव से ढल गई। कलम लेकर धीरे-धीरे लिखना शुरू किया। अक्षरों की वक्र भंगिमाएँ समाप्त हो गई थीं, सीधी-सादी लिखावट जैसी समन्वयकाल में थी, पर अधिक प्रौढ़, धीर और मंथर :

पत्रोत्कंठित जीवन का विष बुझा हुआ है,
आशा का प्रदीप जलता है हृदय कुञ्ज में,
अन्धकार पथ एक रश्मि से सुझा हुआ है
दिङ्निर्णय ध्रुव से जैसे नक्षत्र-पुंज में।
लीला का सँवरण-समय फूलों का जैसे

फलों फले या झरे अफल पातों के ऊपर
सिद्ध योगियों जैसे या साधारण मानव,
ताक रहा है भीष्म शरों की कठिन सेज पर।
स्निग्ध हो चुका है निदाघ? वर्षा भी कर्षित,
कल शारद कल्यकी, हैम लोमों आच्छादित,
शिशिरभिद्य, बौरा वसन्त आमों आमोदित;
बीत चुका है दिक्‌चुम्बित चतुरंग काव्य, गति,
यति वाला, ध्वनि, अलंकार, रस, राग बन्ध के
वाद्य छन्द के। रणित गणित छुट चुके हाथ से,
क्रीड़ाएँ व्रीड़ा में परिणत। मल्ल मल्ल की
मारें मूर्च्छित हुईं। निशाने चूक गये हैं
झूल चुकी है खाल—ढाल की तरह तनी थी।
पुन: सबेरा एक और फेरा है जी का।

निराला का कलाप्रेमी मन ध्वनि के आवर्तों से अब भी खेल रहा था, ऋतुओं का रूपक बाँधकर वह कविता की आन्तरिक संगति पर मुग्ध था; निराला की सजग, अथक अन्तर्दृष्टि शरीर की शिथिलता से लेकर मन की क्रीड़ाओं और उसकी बीड़ा तक को निष्पलक देख रही थी। जब मृत्युलीला समाप्त हो जाएगी, तब भी यह कविता रहेगी। मृत्यु पर यही निराला की विजय थी।

बरसात में पैर फिर सूजे। कानपुर के डॉ. के.एन. गौड़, इलाहाबाद के सिविलसर्जन प्रतापबहादुर आदि कई लोगों ने जाँच-पड़ताल की। निराला के खून की जाँच भी हुई। शोथ कुछ घटा। शरद में सिर घुटाया, दाढ़ी रहने दी। उनके मांसाहार पर प्रतिबन्ध लगा था। 13 अक्तूबर को उन्होंने चूल्हे के सामने कुर्सी डालकर चार घंटे तक मांस पकाया। जो केदार ने देखा था, वही कमलाशंकर ने देखा—निराला जीत रहे हैं, मृत्यु हार रही है : "हम लोग प्रसन्न थे कि वह अब अच्छे और स्वस्थ हो रहे हैं।" लेकिन जब वह चूल्हे में लकड़ी सरकाते तब "उनका हार्निया पेट से नीचे की ओर बार-बार लटक आता था।" निराला ने दूसरों को खिलाया और खुद भी खाया। उनके लिए वह मांस-भोजन प्राण-घातक सिद्ध हुआ।

शाम को उन्हें बहुत-से दस्त आए। रात के दस बजे कमलाशंकर के आने पर उन्होंने कहा : "शाम को मैंने एक सेब का टुकड़ा खा लिया था, उसमें ज़हर था। उसी कारण मेरे सिर में गर्मी महसूस हो रही है और गला सूख रहा है।"

इधर उनकी मानसिक अस्वस्थता का नया लक्षण दिखाई दिया। वह आसपास के लोगों पर सन्देह करते कि वे उन्हें गंदी चीज़ें खिलाते हैं। घी के लिए कहते कि उसमें जूते भिगोकर मुलायम किये गए हैं। वही बचा हुआ घी उन्हें खिलाया जाता है। डेरी के मक्खन पर भी शक था। दूध जमाकर दही से मक्खन निकाला गया। निराला

ने कहा—गायें मैला खाती हैं, उनके घी में मैले की दुर्गन्ध आती है। घी छोड़ दिया और तेल में चीज़ें पकवाने लगे।[6]

उसी सिलसिले, में उन्हें उस दिन सेब के टुकड़े में ज़हर का सन्देह हुआ।

रात को कष्ट बढ़ा। वर्षा के कारण डाक्टर को न बुलाया जा सका। सवेरे मार्फिया का इंजेक्शन देकर जब लोग उन्हें अस्पताल ले जाने का उपक्रम कर रहे थे, तब निराला तंद्रा का दबाव बलात् हटाकर स्ट्रेचर पर उठ बैठे। उन्होंने चारपाई की पाटी पकड़ ली और अस्पताल जाने से इनकार कर दिया। उनकी अन्तिम इच्छा थी कि लोग शान्ति से उनके प्राण निकल जाने दें।

अस्पताल ले जानेवाले लोग मन मारकर बैठ गए। निराला फिर तंद्रा में हो गए। शाम को जब डाक्टर ने देखा तो उसने कहा, पंडितजी की हालत अच्छी लग रही है; इस समय वह खतरे से बाहर हैं।

रामप्रताप त्रिपाठी और ज्योतिप्रसाद मिश्र 'निर्मल' मिलने आए। निराला खाट पर उठकर बैठ गए। मना करने पर भी वह बैठे रहे। 'निर्मल' के हाथ में तमाखू दी। उन्होंने तमाखू बनाई, निराला को खिलाई और खुद खाई। फिर उठकर ब्रुश और मंजन से दाँत साफ किये। मांस पकाने की घटना का प्रसंग आने पर मुस्कराये भी; बोले—पूरे चार घंटे लगे थे कल!

उन्हें दूध का प्याला दिया गया तो उन्होंने दोनों आगन्तुकों को चाय पिलाने को कहा। दूध पीने के बाद मार्फ़िया के प्रभाव से उनकी आँखें झपक गईं। दोनों सज्जन चुपचाप उठकर जाने लगे तो निराला ने सजग होकर आँखें खोल दीं और फिर चाय लाने को कहा। चाय पीने के बाद ही ये लोग जा सके। उनका यह अन्तिम अतिथि-सत्कार था।

निराला को अपने मन और शरीर पर पूरा नियंत्रण रखते देखकर रामप्रताप त्रिपाठी को लगा : "महाकवि का स्वास्थ्य अभी इतना गड़बड़ नहीं है, जितना डाक्टरों ने घोषित कर दिया है", और : "मैंने पिछले दो-तीन वर्षों में उन्हें इतना प्रकृतिस्थ कभी नहीं देखा था।"

दूसरे दिन फिर कष्ट। "अँतड़ियों की फाँस से कड़े पड़े हार्निया पर वह बार-बार हाथ फेरते थे। नेत्रों की ज्योति भी जाती रही। किन्तु उनके मुख में से न कराह निकल रही थी, न हाय, न चीख, न रुदन और न आँखों में आँसू।"

फिर अस्पताल ले चलने की बात हुई। डाक्टर ने कहा : "अब बेकार है। किडनी फंक्शन नहीं कर रही है।" ग्लूकोज़ चढ़ाने के लिए पाँच आदमियों ने विरोध में चिल्लाते हुए निराला को ज़बर्दस्ती दबाया, उनको इंजेक्शन लगाकर बेहोश किया गया। नाक में आक्सीजन की नली लगाई गई।

सवेरे उन्हें ज़मीन पर लिटाया गया। पास कमलाशंकर सिंह, उनकी पत्नी आदि के अलावा रामकृष्ण थे। इलाहाबाद के छोटे-बड़े साहित्यकार एकत्र थे। बाहर जन-साधारण की भीड़ थी। वेद-मंत्र, गीता-पाठ, गोदान, भूमिदान, स्वर्ण-दान—सब

कुछ शास्त्रानुसार हुआ। कंठ में तुलसी-गंगाजल डाला। जयगोपाल मिश्र ने 'राम की शक्तिपूजा' पढ़ना शुरू किया :

रवि हुआ अस्त, ज्योति के पत्र में लिखा अमर
रह गया राम रावण का अपराजेय समर।

तेरह अक्तूबर की शाम से पन्द्रह अक्तूबर के सबेरे तक—अड़तालीस घंटे जलोदर और हार्निया से पीड़ित शरीर में मृत्यु-यंत्रणा झेलने, और अनेक बार मित्रों और डाक्टरों को स्वास्थ्य के आभास से प्रसन्न करने के बाद निराला ने अपनी जीवन-लीला समाप्त की।

"मुख पर कष्ट या विकारों की भंगिमा नहीं थी और न कोई अंग ही टेढ़ा हुआ था। ऐसा लगता था, जैसे जीवन-भर संघर्षों और कठिनाइयों से जूझनेवाले उस महान् साहसी एवं अदम्य योद्धा ने मृत्यु का स्वयं ही वरण करके चिरशान्ति की गोद में अखंड निद्रा ले ली हो!"[7]

हिन्दी प्रदेश के पढ़े-लिखे लोग निराला की अस्वस्थता के समाचार आये-दिन पढ़ा करते थे, काफी दिन से पढ़ते आ रहे थे। बीच-बीच में निराला स्वस्थ हैं, यह समाचार भी सुनते थे। निराला में अदम्य शक्ति है, अभी हारे नहीं हैं, गीत अब भी लिखते जाते हैं, अभी बहुत दिन जिएँगे—मन के परतों के नीचे इस तरह की आशाएँ छिपी हुई थीं। इसलिए निराला की मृत्यु उनके लिए आकस्मिक थी। सारे हिन्दी संसार को एक ज़ोरदार झटका लगा। एक अव्यक्त वेदना लाखों हृदयों में घुमड़ उठी। पढ़े, बेपढ़े, जिन्होंने निराला को पढ़ा-सुना था या दूर से देखा-सुना था, सभी को लगा, उनका कोई आत्मीय स्वजन उनसे बिछुड़ गया है। निराला ने जितना प्यार हिन्दीभाषियों को दिया था, सहसा उसका ज्ञान जैसे उनके न रहने पर उन्हें हुआ। वह प्यार सौगुना बढ़कर निराला की ओर उमड़ चला। उन दिनों निराला के बारे में बातें करते हुए बहुत कम ऐसे लोग थे जो आवेश में न आ जाते हों। किसी साहित्यकार की मृत्यु ने हिन्दीभाषियों को इतने बड़े पैमाने पर इतनी गहराई से आन्दोलित न किया था। ऐसा अपनापा, ऐसा स्नेह जनता उसी को देती है जिसे अपनी सहज प्रज्ञा से पहचान लेती है कि इसका अपना कुछ नहीं है, वह स्वयं दूसरों के लिए है, वह सबका है।

उनकी मृत्यु के कुछ ही दिन बाद 'सरस्वती' के सम्पादकीय स्तम्भ में श्रीनारायण चतुर्वेदी ने लिखा : "हम इसे अपने पूर्व-जन्मों के किसी बहुत बड़े सुकृत का ही फल समझते हैं कि उन्होंने अपनी सर्वोत्तम कृति 'तुलसीदास' हमें समर्पित की और (समर्पण में) हमें अपना 'अग्रज' घोषित किया। घोषित ही नहीं किया, अन्त तक उस सम्बन्ध का निर्वाह भी किया। इसलिए उनके सम्बन्ध में हमारे लिए तटस्थ भाव से कुछ कहना यदि असम्भव नहीं, तो अत्यन्त कठिन तो अवश्य है। इस समय हमारी मनोदशा भी ऐसी नहीं है कि हम उनके बारे में कुछ अधिक कह सकें।"

अग्रज, अनुज, पुत्र, बहू, नाती, नातिनें—हर कोई निराला से कहीं-न-कहीं कोई पारिवारिक सम्बन्ध मानता था। निराला से जो मिलने आया, वह उनका हो गया। उसे

लगा—निराला उसके हैं। निराला के साथ अधिक रहने और बातें करने का जिन्हें सौभाग्य मिला था, उनमें हर एक समझता था, निराला सबसे ज़्यादा उसी को प्यार करते हैं। हिन्दीभाषी जनता ने पहचाना—निराला का अर्थ है हिन्दी, हिन्दी साहित्य की परम्परा। जिसने परम्परा की कड़ियाँ सबसे ज़्यादा तोड़ी थीं, वही उस परम्परा का सबसे समर्थ प्रतिनिधि था। एक अज्ञात सूत्र से निराला भारतेन्दु, सूरदास और तुलसीदास से जुड़े हुए थे। निराला की मृत्यु से वह सारी परम्परा सजीव होकर मानो आँखों के सामने कौंध गई।

"निरालाजी अब नहीं हैं। भारतेन्दु ने अपने बारे में कहा था, प्यारे हरिचन्द की कहानी रह जाएगी। सो अब निरालाजी की कहानी-भर रह गई है। अवश्य ही उनका भौतिक शरीर नहीं रहा, किन्तु जब तक हिन्दी भाषा है, जब तक संसार में शुद्ध काव्य के पारखी हैं, जब तक दलित, पतित और पीड़ित मानव हैं, और जब तक उनके कष्टों को वाणी देने की या वकील की आवश्यकता है, तब तक निरालाजी का यश:शरीर अमर है, तब तक उनकी वाणी जीवित है। हिन्दी के तो वे गौरव थे। उनके समान तेजस्वी, मेधावी, मौलिक और ऊँची उड़ान लेनेवाला कवि तथा 'शब्दों का बादशाह' यदा-कदा ही जन्म लेता है। तुलसीदास और सूरदास की तरह उन्होंने हिन्दी का मस्तक सदा के लिए गौरवान्वित किया है। वे चोटी के कवि, उपन्यासकार, कहानीकार और निबन्ध-लेखक ही नहीं थे, वे हिन्दी की नई काव्यधारा के प्रवर्तक और क्रान्तिकारी विचारों के प्रचारक ही नहीं थे, वे हिन्दी भाषा के उन्नायक और प्रचारक भी थे। जो आधुनिक हिन्दी उनसे पुत्रवती हुई थी, वह उनके वियोग में आज शोक-संतप्त है। इस क्षति की पूर्ति होने में न मालूम कितने युग लग जाएँगे। हिन्दी के इस शोक-संताप के सामने हमारा व्यक्तिगत शोक नगण्य है। हिन्दी-संसार को भगवान् इस वज्रपात को सहन करने की शक्ति दे। निरालाजी अमर हैं। जो जीवन-भर मन से 'आज़ाद परिन्दे' रहे, वे आज शरीर से भी मुक्त हो गए।"[8]

अधिकांश हिन्दीभाषियों के मन में ऐसे भाव थे जिन्हें 'सरस्वती'-सम्पादक ने शब्दों में व्यक्त किया था। बड़ा बाज़ार लाइब्रेरी कलकत्ता के एक समारोह में कवि दिनकर ने कहा : भाई, निराला तो मरकर हिन्दी संसार पर छा गए।

निराला के निधन की प्रतिक्रिया अप्रत्याशित थी। पत्रिकाओं में विशेषांक निकालने और लेखकों में संस्मरण लिखने की होड़ लग गई। भारतेन्दु से लेकर अब तक हिन्दी के जितने लेखक दिवंगत हुए, उन सब पर मिलाकर इतने संस्मरण और लेख न लिखे गए होंगे जितने निराला पर। कविताएँ उन पर उनके जीवनकाल में ही लिखी गई थीं, अब उनकी संख्या में विराट् वृद्धि हुई। एक हल्ले में निराला की रचनाएँ विश्वविद्यालयों के सींखचे तोड़कर पाठ्यक्रमों में दाखिल हो गईं। उत्तर भारत का शायद ही कोई विश्वविद्यालय हो जिसमें दो-एक शोध छात्र निराला पर शोधग्रंथ लिखने में प्रवृत्त न हुए हों! काग़ज़ पर जितना लिखा गया, जितना छपा, वह निराला के प्रति हिन्दी जनता के अगाध प्रेम का साक्षी नहीं है। जो अगाध है, वह अव्यक्त ही रहता है; केवल निराला की मृत्यु के पश्चात् कुछ दिन तक हिन्दी जनता ने जैसे

एक ही हृदय की धड़कन सुनी, शोक-सागर में डूबकर उसने अपने अस्तित्व को, निराला से अपने लगाव को पहचाना।

फिर कुछ दिन बाद सारे काम वैसे ही होने लगे, जैसे होते आए थे। हिन्दी की एक परम्परा यह भी है कि हर बड़े लेखक के मरने के बाद उसके स्मारक की योजना बनाई जाय। यह योजना उमाशंकर सिंह ने बनाई। 'साप्ताहिक हिन्दुस्तान' के सम्पादक बाँकेबिहारी भटनागर जब इलाहाबाद आए, तब उनसे सलाह-मशविरा किया। दिल्ली में राष्ट्रपति-भवन के अन्दर निराला-जयन्ती मनाने का विचार पक्का हुआ। "निराला स्मारक माँ भारती का मन्दिर बन सके और हिन्दी साहित्य-सेवा का एक आवश्यक अंग हो, इस उद्‌देश्य से अखिल भारतीय स्तर पर हमने निराला समिति का संगठन किया है। समिति का अध्यक्ष होना डॉ. सम्पूर्णानन्दजी ने सहर्ष स्वीकार कर लिया है।...इस पुण्य अवसर पर दिल्ली के नागरिकों, साहित्यानुरागियों तथा निराला-स्नेहियों से हमारी अपील है कि निराला-स्मारक के लिए एक लाख रुपये प्रदान करें। साहित्य-गंगा के प्रवाह को अक्षुण्ण रखने में अपने परिश्रम और प्रतिभा का दान करें।"

यह अपील एक मासिक पत्र में निकली जिसके प्रकाशक उमाशंकर सिंह थे और जिसका नाम उन्होंने रखा था : 'निराला'। इसका पहला अंक राष्ट्रपति को भेंट किया जाय, निराला-स्मारक का अनुष्ठान एक राष्ट्रीय महोत्सव का रूप ले, इस आशा के साथ पहले ही घोषित कर दिया कि "महामहिम राष्ट्रपति डॉ. राजेन्द्रप्रसादजी तथा उपराष्ट्रपति डॉ. सर्वपल्ली राधाकृष्णन्, दोनों इस महान् साहित्यिक सदनुष्ठान के लिए अभिनन्दनीय हैं। पत्रिका में निराला के अलावा राजेन्द्रप्रसाद, राधाकृष्णन् और सम्पूर्णानन्द के चित्र छपे।

पत्रिका के सम्पादक-मंडल में अपना नाम देखकर मैंने उमाशंकर सिंह को लिखा कि वे दूसरे अंक में मेरा नाम न दें। दूसरे अंक के छपने की नौबत ही न आई।

'साप्ताहिक हिन्दुस्तान' ने एक सुझाव यह दिया कि निराला की : "यशः-पताका को उत्तुंग रखने के लिए हमें एक वृहद् 'निराला विद्यापीठ' या 'निराला अध्ययन-केन्द्र' की स्थापना करनी चाहिए—एक ऐसा विद्यापीठ या एक ऐसा केन्द्र, जहाँ समस्त विश्व के काव्य-साहित्य का संकलन हो और जहाँ काव्य के सम्बन्ध में मनन, अध्ययन तथा अनुसंधान किया जा सके।"

एक अधिक व्यावहारिक सुझाव यह था : "उत्तर प्रदेश की सरकार को चाहिए कि दारागंज के जिस भवन में निरालाजी ने अपनी अन्तिम साँसें लीं, उसे वह फौरन अपने अधिकार में ले ले और उसे निराला-मन्दिर का रूप दे दे।"

यदि मकान गिरा दिया गया तो लोगों को अन्दाज न होगा, किस कठघरे में निराला ने बारह साल काटे थे। वैसे साहित्यकार-संसद को भी सरकार ले ले तो बुरा नहीं, क्योंकि उसमें कुछ दिन गंगाप्रसाद पांडेय रहे, कुछ दिन उपेन्द्रनाथ 'अश्क' रहे और अब उसमें ताला पड़ा है, कोई नहीं रहता।

कमलाशंकर सिंह ने श्राद्ध का आयोजन किया। इसके लिए सोलह सौ रुपये उन्हें दिये गए।

रामकृष्ण त्रिपाठी ने श्राद्ध-कर्म किया। बिल-वाउचर पेश करने पर बारह सौ इकतालीस रुपये दो आने उन्हें मिले।

निराला के नाम जो सरकारी पैसा जमा था, उसी से दोनों को ये रकमें दी गईं।[9]

चित्रकला-संगम नाम की संस्था—जिसके बाँकेबिहारी भटनागर संयोजक थे—की ओर से राष्ट्रपति-भवन में निराला-जयन्ती समारोह का संगठन हुआ। कार्यसमिति के दो संरक्षक—लालबहादुर शास्त्री और घनश्यामदास बिड़ला। अध्यक्ष—श्रीमन्नारायण। दिनकर, जैनेन्द्र आदि उपाध्यक्ष। कार्यक्रम में छपा—राष्ट्रपति की ओर से पुष्पांजलि; उपराष्ट्रपतिजी द्वारा श्रद्धांजलि। कांस्टीट्यूशन क्लब में कुमारी सविता का 'भाव नृत्य (कुंज कुंज कोयल बोली है)', महाकवि की वाणी का टेप रिकार्ड, निराला पर निर्मित फिल्म का प्रदर्शन, निराला-साहित्य की प्रदर्शनी। अपने स्नेह के अधिकार से बाँकेबिहारी भटनागर ने निराला पर कविता-पाठ करनेवालों में मेरा नाम भी दे दिया था। उन्होंने व्यक्तिगत रूप से पत्र लिखकर बड़े आग्रह से मुझे आमंत्रित किया। मैंने उन्हें उत्तर दिया : "मैं सोचता हूँ कि यदि निरालाजी जीवित होते तो राष्ट्रपति भवन और कांस्टीट्यूशन क्लब के समारोह के बारे में क्या कहते। जो कुछ कहते, यह सोचकर आने का साहस नहीं हुआ। क्षमा करें।"

डॉ. राधाकृष्णन्—भारत के उपराष्ट्रपति, सर्वमान्य विद्वान्—हर विषय पर साधिकार बोलते थे। वह निराला के महत्त्व पर भी बोले—अंग्रेज़ी में। उन्होंने निराला के चित्र का अनावरण किया और कहा : "निराना 'भारत के ऋषि-मुनियों की ही परम्परा में एक सच्चे ऋषि और विद्रोही, क्रान्तिकारी तथा युग-प्रवर्तक कवि थे। उनके काव्य में ऐसी मानवता के दर्शन होते हैं जो जाति या राष्ट्र की सीमाओं मे बँधी नहीं है। वह सत्य के पुजारी और धुन के पक्के थे। उन्होंने साहित्य की परम्पराओं में नई शैलियों का समावेश किया, तथा प्रजातंत्र, मानवता एवं प्रगति के लिए अपना सारा जीवन लगा दिया।"

नरेन्द्र शर्मा ने 'जुही की कली', बच्चन ने 'मैं अकेला', और 'स्नेह निर्झर बह गया है' की आवृत्ति की। सुमन ने निराला पर एक नई कविता लिखी थी, वह सुनाई। कुछ अंश उन पर अपनी पुरानी कविता के सुनाये। नन्ददुलारे वाजपेयी और दिनकर ने निराला पर भाषण किये। अशोक हाल में एक घंटे का यह कार्यक्रम समाप्त हुआ। संध्या-समय कांस्टीट्यूशन क्लब में उत्सव हुआ। सुमन ने निराला के संस्मरण सुनाये; और लोगों ने भी निराला के व्यक्तित्व और साहित्य पर भाषण किये।

दूसरे दिन कमलारत्नम् के यहाँ भद्र साहित्यिकों की गोष्ठी हुई। यहाँ जनता के सामने श्रद्धा-प्रदर्शन का सवाल न था। "सबने निरालाजी के विरुद्ध अपना दबा बुखार निकाला। सुनकर सन्न रह गया।" सन्न रह जाने की प्रतिक्रिया सुमन की थी।[10]

कई हिन्दी पत्रकारों ने गद्गद होकर दिल्ली के निराला-सम्बन्धी आयोजनों की प्रशंसा की। वे इस बात से विशेष रूप से पुलकित थे कि निराला का सम्मान राष्ट्रपति-भवन में हुआ, उनके सम्मान में उपराष्ट्रपति ने भाषण किया।

समारोह की समाप्ति के बाद निराला का चित्र राष्ट्रपति-भवन से हटा दिया गया।

निराला-साहित्य की प्रदर्शनी में भाग लेने, कविता-पाठ से समारोह को सफल बनाने रामकृष्ण त्रिपाठी भटनागरजी के निमंत्रण पर गए थे। उन्हें आने-जाने का किराया न मिला।

बिगड़े दिल लेखक अमृतलाल नागर ने राष्ट्रपति-भवन के आयोजन पर टिप्पणी की : "हमारा मिडिल क्लास बाबू निराला को राष्ट्रपति-भवन में प्रतिष्ठा दिलाने के लिए मचल रहा है। वह चाहता है कि निराला का सम्मान हो। राष्ट्रीय महापुरुषों में उन्हें समुचित स्थान मिले। राष्ट्रपति, मंत्री, प्रधानमंत्री, अमुकजी, तमुकजी आदि उनके यश गाएँ। मैं सोचने लगा कि ये कैसी उल्टी अभिलाषा है लोगों की! कैसा निकम्मा उद्योग है उनका! निराला के ठाठ भला यों बन सकते हैं।"[11]

अमृतलाल नागर नई दिल्ली में राष्ट्रपति-भवन न जाकर निराला के गाँव गढ़ाकोला गए। उन्होंने देखा—मिट्टी के कच्चे घर, अधिकांश खँडहर, गलियाँ बीच में धँसी और गड्ढों से भरी हुईं। मच्छरों के झुंड जिन पर छाये हों, ऐसे नाब-दान, गाय, बैल, कुत्ते। एक पुराने खस्ताहाल घर के दरवाज़े पर काग़ज़ चिपका था। उस पर लिखा था : 'महाप्राण निराला स्मारक भवन'। दरवाज़े से घुसते ही दहलीज़ में पुआल पड़ा था। निराला के भतीजे बिहारीलाल ने कहा—काका हिंयै बैठिकै लिखत रहैं। तकिया छाती के तरे दबाय लेंय और पौढ़े-पौढ़े लिखा करें!

आँगन के चारों ओर की कच्ची दीवार कई जगह से टूट गई थी। पिछवाड़े की तरफ़ चतुरी चमार के घर की दीवाल दिखाई देती थी। घर से कुछ दूर खुली जगह में एक तख्त डाला गया, तख्त पर लोहे की कुर्सी रखी गई। कुर्सी पर चादर बिछाकर बच्चों के लिखने की पाटी रखी गई। 'धर्मयुग' से निराला का चित्र फाड़कर नागरजी ने पाटी में चिपकाया। फिर चित्र के चारों ओर सरसों, गेंदे और सूरजमुखी के फूल सजाए। पीले फूलों के बीच निराला—अपने गाँव गढ़ाकोला में।

किसी ने आवाज़ लगाई—बोल दे निराला बाबा की जय! एकत्र भीड़ ने कहा—जय। ढोल, ताशे, झाँझ की झैंयम-झैंयम, घंटा-शंख, घड़ियाल की ध्वनि, चिमटा, करताल-मंजीरे बजाते हुए चतुरी के भैयाचारों की मंडली। एक युवक ने कुर्सी सर पर उठाई, निराला का चित्र लिये वह आगे-आगे चला, पीछे गाँववालों का जुलूस। फूली हुई सरसों के बीच से कच्ची सड़क पर भीड़ चली। ब्लाक डेवेलपमेंट आफिसर ने नागरजी से कहा : "ये सड़क जिस पर आप चल रहे हैं, इसका नाम निराला मार्ग है। गाँववाले इसे श्रमदान से तैयार कर रहे हैं। छह मील की यह सड़क पुरवा में जाकर मिलेगी। फिर वहाँ से उन्नाव तक यही निराला-मार्ग बना दिया जायगा।"

एक खेत दिखाते हुए बिहारीलाल ने कहा : "यह खेत रामसहाय बाबा ने निराला काका के नाम से लिया था। काग़ज़ पर सुर्जकुमार नाम चढ़ा है।"

एक मड़ैया के सामने खड़ा हुआ बूढ़ा पासी बार-बार अपनी आँखें पोंछ रहा था। वह निराला के पास बहुत आया करता था।

नागरजी ने पूछा : "यहाँ के ऊँची जात वालों में कितने लोग निरालाजी के भक्त हैं?" जवाब मिला : "अरे बहुत कम; ई सब तो महाकवि का यादौ नाहीं करति।"

नागरजी ने नोट किया : "छोटी कौम कहलानेवाले दबे-पिसे लोग ही निरालाजी के नाम पर रोनेवालों में यहाँ अधिक हैं।"

आमों का बाग़ आया, निराला के पुरखों का बाग़। यहीं से भदैला, लँबुई, गोलवा के आम चुनकर निराला सर पर खरिया लादे महावीरप्रसाद द्विवेदी के पास ले जाते थे। शामियाना तना था, उसके आगे लइया, चने, रामदाने के लड्डू लिये खोंचेवाले बैठे थे।

चतुरी के भैयाचारों की मंडली, शामियाने से बाहर, ज़मीन पर बैठी। नागरजी ने कहा : "इन्हें आदरपूर्वक दरी पर बिठाओ।" दरी बिछाई गई और बहुत कहने पर भगत मंडली उस पर बैठी, फिर भी बैठी शामियाने के बाहर ही। झाँझ, मंजीरे, ढोलक, करताल एक साथ बज उठे। सिर पर गांधी टोपी लगाए, काँधे पर अंगोछा डाले, पंचम भगत ने हाथ उठाकर गाना शुरू किया :

वहु घर हमका कोउ न बतावा
जेहि घर ते जिया आवा हो।[12]

बाजों की झनक-झनक के साथ लोगों ने दोहराया—जेहि घर ते जिया आवा हो।

जीवन और मृत्यु, कहाँ से जीव आया है, कहाँ जाएगा, एक रहस्य—जिसके प्रति निराला के मन में वैसे ही जिज्ञासा थी, जैसे इस गीत के अज्ञातनाम रचयिता में, गीत गानेवाले गाँव के इन अपढ़ दरिद्र भगतों में।

एक और फेरा है जी का
वही बात—जेहि घर ते जिया आवा हो।

भारतीय जनता के हृदय में हज़ारों साल से लोक-संस्कृति की यह अजस्र धारा प्रवाहित रही है। उसी में निराला के मानस की आधुनिक सरस्वती भी घुल-मिलकर एक हो गई। उनकी सुदीर्घ साहित्य-साधना की यही सफलता भी है।

व्यक्तित्व और परिवेश

निराला की जीवन-कथा समाप्त हुई किन्तु कुछ प्रश्नों का उत्तर देना शेष है। निराला स्वयं को जिस रूप में देखते थे, उससे उनका वास्तविक रूप कितना मिलता था? अपनी सामाजिक-सांस्कृतिक परिस्थितियों की जो तसवीर उन्होंने अपने मन में बनाई थी, वह वास्तविकता में कहाँ तक मिलती थी? जो स्वयं को, परिस्थितियों को

सही-सही पहचानता है, उसके मन के असन्तुलित होने की सम्भावना बहुत कम है। निराला का मन असन्तुलित हुआ, इसका अर्थ है : स्वयं को और परिस्थितियों को पहचानने में कहीं कोई खामी थी।

निराला ने सन् '20 में जान-बूझकर, पूर्ण विवेक से साहित्य-साधना का मार्ग चुना था। जीवन के अन्तिम वर्ष तक वह अनवरत इस साधना में लगे रहे और उनकी उपलब्धि नगण्य नहीं है, इसे सभी मानते हैं। उनके भीतर कौन-सी शक्ति थी जो इतने दिन तक उन्हें साहित्य-रचना में प्रवृत्त किये रही? कैसा था वह विवेक जो साहित्य-साधना और पूँजीपति-उपासना में सन्तुलन कायम किये बिना, मार्ग के समस्त अवरोधों को पार करता हुआ स्वेच्छा से वरण किये हुए लक्ष्य के प्रति जीवन को पूर्णत: चरितार्थ कर सका? मनुष्य परिस्थितियों का दास न होकर, उनसे संघर्ष करता हुआ अपने लक्ष्य तक पहुँचे, यही उसके लिए मुक्ति है, आत्म-साक्षात्कार और वस्तु-साक्षात्कार है। निराला के व्यक्तित्व और उनकी परिस्थितियों में तनाव ही था या कहीं गहरा सन्तुलन भी था जिससे उनकी सुदीर्घ साधना सम्भव हुई, सफल हुई?

निराला की जीवन-कथा समाप्त हुई; उनके व्यक्तित्व और उनके जीवन की परिस्थितियों पर कुछ देर ठहरकर विचार करना आवश्यक है।

निराला जितने कल्पनाशील थे, उतने ही मेधावी। उनकी कल्पना और मेधा को प्रेरित करनेवाली थी उनकी अपूर्व ऊर्जा। कल्पना, मेधा और ऊर्जा उनमें सहज, जन्मजात, उनके व्यक्तित्व का मूलाधार थीं।

पारिवारिक परिवेश में व्यक्तित्व के मूल तत्त्व विकसित हुए, निराला के मानस में तरह-तरह की वृत्तियाँ संवर्द्धित और पुष्ट हुईं। उनकी माँ का देहान्त उनके शैशवकाल में हुआ, पर उन्हें प्यार-दुलार कम मिला हो, सो बात नहीं। मातृहीन, दुखी, एकान्त-सेवी बालक का जीवन उन्होंने न बिताया था। महिषादल में बैसवाड़े की बहुत-सी स्त्रियाँ थीं; वे—और विशेषकर रामशंकर की माँ—निराला को बड़े स्नेह से रखती थीं। वह कुछ हैं, औरों से भिन्न हैं—यह बोध उन्हें इन स्त्रियों से हुआ जो जमादार के लड़के का दुलार विशेष रूप से करती थीं। वह समझने लगे कि दूसरे उन्हें प्यार करें, यह उनका धर्म है।

निराला को सबसे ज़्यादा प्यार मिला अपने पिता से। उन्हें स्वच्छन्द, नटखट, खेलकूद में मस्त, मनमौजी, ज़िद्दी लड़का बनाने का श्रेय रामसहाय तेवारी को है। घर में और कोई डाँटने-डपटनेवाला था नहीं; रामसहाय का अधिक समय नौकरी में जाता। उनके लाड़-प्यार से निराला का यह भाव और दृढ़ हुआ कि हर आदमी का काम है कि उनकी इच्छा पूरी करे। वह जो कुछ करते हैं, ठीक है, किसी को उनकी इच्छापूर्ति में बाधा देने का अधिकार नहीं है।

रामसहाय जब-तब निराला को ठोंकते भी थे। निराला के मन ने कभी न स्वीकार किया कि एक बार भी उन्होंने झुकने लायक काम किया है। उन्हें हमेशा लगता कि

पिता उनके साथ अन्याय करते रहे हैं। वह पिता को बहुत प्यार करते थे, इसलिए उनका अन्याय उन्हें उतना ही दुखी करता था।

रामसहाय ने कम उम्र में उनका ब्याह कर दिया। पत्नी आकर महिषादल में साथ रहने लगीं। एंट्रेंस की परीक्षा पास न कर पाने से इस विवाहित जीवन का सीधा सम्बन्ध था। एक हीनता का भाव, मैं कुछ नहीं कर सकता, चाहे जो करूँ, सफलता न मिलेगी, भाग्य ही मेरे विरुद्ध है—यह सब तभी से निराला के मन में बैठ गया। इसके साथ कहीं अपराध-भावना भी थी : जी लगाकर पढ़ा नहीं, आवारगी में वक्त काटा, पास होनेवालों में नाम कहाँ से होगा—यह ग्लानि भी उन्हें सताती थी।

उनमें अपने बड़प्पन के भाव के साथ हीनता की भावना, आत्म-ग्लानि का भाव भी जुड़ा हुआ था।

परीक्षा में फेल होने पर रामसहाय ने निराला को घर से निकाल दिया। यह उनका बहुत बड़ा अन्याय था पर निराला अपनी असफलता के लिए खुद को दोषी ठहराते थे। फिर पिता ने ससुराल आकर उन्हें मना लिया, न्याय-अन्याय बराबर हो गए।

जब रामसहाय न रहे, तब निराला को उनका अभाव बुरी तरह खला। जितना ही जीते रहने के लिए मरना-खपना पड़ा, उतना ही रामसहाय याद आए, उतना ही निराला के अपराधी मन ने कहा कि तुमने बाप के जीते-जी उनकी कद्र न की।

पं. रामसहाय और बैसवाड़े के सिपाहियों से निराला को अपने धार्मिक संस्कार प्राप्त हुए। 'रामचरितमानस' से प्रेम, महावीर की पूजा, हनुमान चालीसा का पाठ—ये सब उन सिपाहियों की साधारण विशेषताएँ थीं। महिषादल की प्रासाद-भूमि में कृष्णजी का मन्दिर था, पर कृष्णजी ने निराला के मन को कभी आकर्षित नहीं किया। वह मन्दिर राजपरिवार और उच्च लोगों के लिए था, बालक सुर्जकुमार उसे दूर से देख सकते थे। राम, महावीर, तुलसीदास—ये उनके गूढ़तम धार्मिक संस्कारों से आबद्ध हो गए। गढ़ाकोला, डलमऊ, बैसवाड़े में हर कहीं गदा हाथ में लिये महावीर की मूर्ति—निराला के मन में यह मूर्ति बस गई। संस्कारों की यह ज़मीन तैयार हो जाने के बाद उन्हें मिले स्वामी प्रेमानन्द। वीतराग संन्यासी, दिव्यरूप, छोटे-बड़े का भेदभाव नहीं। निराला को लगा कि उनके सामने साक्षात् महावीर अवतरित हुए हैं। निराला ने रामकृष्ण परमहंस के जीवन के बारे में पढ़ा। उन्होंने बड़े-बड़े चमत्कार किये थे, योगबल से जान लिया था कि उनका विवाह पूर्वजन्म की किसी जीवन-संगिनी से होगा, स्वामी विवेकानन्द को ज़रा-सा छू दिया तो उन्हें ब्रह्म का विराट् रूप नज़र आया। निराला ने 'रामचरितमानस' पढ़ने के साथ इन्द्रजाल की पोथियाँ भी घोखी थीं। मारण, उच्चाटन, वशीकरण के प्रयोगों के बारे में पढ़ा था। बंगाल में तंत्र-मंत्र का वैसे ही ज़ोर है, निराला के धार्मिक संस्कारों में—तुलसीदास की दी हुई भक्तिभावना के विरोधी—तांत्रिक विश्वास भी शामिल हो गए।

इन सब बातों के साथ महिषादल का विलास-वैभव का वातावरण भी उन्हें अपनी ओर खींच रहा था। सुन्दर युवतियाँ, कलात्मक प्रसाधन, आकर्षक हाव-भाव,

खास तौर से सिपाहियों की प्रेमिकाएँ, बदचलन दासियाँ—ये सब भी निराला को अच्छी लगती थीं। रामचरितमानस के साथ वह पद्माकर के कबित्त भी घोखते थे। संस्कृत में श्रृंगाररस के अनेक सुन्दर पद्य उन्हें कंठस्थ थे। फिर हरी दूब के पार्क, कमल के फूलों से भरे तालाब, रात की रानी की मदभरी अरघानें, गुलाब के फूलों से दमकते-महकते उद्यान—मन्दिर में देवीमूर्ति के चारों ओर उड़ते हुए अगरु के धुएँ की तरह रूप और गन्ध के संसार ने निराला के धार्मिक मन को आवेष्टित कर लिया। निराला आधे मन से भोगी हुए, आधे मन से संन्यासी।

परमपद लाभ की इच्छा जब प्रबल होती तब गृहस्थ-जीवन भार मालूम होता। मनोहरादेवी न आतीं तो वे निश्चिन्त मन से भगवद्भजन करते, संसार त्याग कर जनता की सेवा करते, हर जगह संन्यासी के रूप में प्रतिष्ठा पाते। भारत में संन्यासी से अधिक पूज्य दूसरा कोई नहीं। कलाकार के लिए भी गृहस्थ जीवन भार है। मनोहरादेवी सुन्दर थीं, पर कलाकार के मन को प्रसन्न करनेवाले हावभाव, श्रृंगार, प्रसाधन, सरस वार्तालाप—यह सब उनके पास कुछ न था। इसके अलावा मनोहरादेवी भी अपने माँ-बाप की इकलौती बेटी थीं। आत्म-सम्मान की भावना उनमें काफी थी। महिषादल में बैसवाड़े के परिवार मानते थे कि निराला कुछ हैं; यह बड़प्पन मनोहरादेवी ने स्वीकार न किया। निराला को अपनी छवि पर गर्व था, मनोहरादेवी ने अपने संगीत से उनका यह गर्व चूर कर दिया। पुरुष हारा, स्त्री जीती; पुरुष उससे आँखें नहीं मिला पाता, लजाता है, अपने को कमज़ोर पाता है। फिर वही हीन भावना सवार हुई। मांस खाकर, घर में मांस पकाकर, उन्हें मायके जाने पर विवश करके निराला ने प्रतिशोध लिया। उनके न रहने पर निराला को उतना ही पछतावा हुआ। उन्हें सताया, जी-भर उन्हें प्यार न किया, उनके सतीभाव का निरादर किया—इस तरह के भाव उन्हें कचोटते रहे।

प्यार और विरोध की जैसी द्वैतभावना पिता के लिए थी, वैसी ही मनोहरादेवी के लिए हुई।

निराला को जैसे-जैसे अपनी प्रतिभा का बोध हुआ, खेलकूद से लेकर बहस-मुबाहसे तक में जैसे-जैसे वे अन्य लड़कों से तेज़ साबित हुए, वैसे-वैसे उन्हें अपनी सामाजिक हीनता खलने लगी। राजा के चरणों में लोग सिर टेकते हैं, हुज़ूर कहे बिना बात नहीं करते, राजकुमारों के लिए घोड़े की सवारी, उच्चशिक्षा का प्रबन्ध, संगीत सिखाने वाले बड़े-बड़े उस्ताद, भोजन-पान, राग-रंग—इधर महलों की ज़मीन से बाहर कच्चे घर में जमादार का बेटा। संन्यासीवाले मन से निराला राजमहलों की उपेक्षा करते, भोगी मन से राजसी जीवन की ओर प्रबल रूप से आकर्षित होते। जब वह नौकर हुए तब उन्हें अपनी सामाजिक हीनता का ज्ञान और अच्छी तरह हो गया। ये राजा हैं, हम चाकर : प्रतिभा हमारे पास है पर पुजते हैं ये। परिस्थिति के इस अन्तर्विरोध ने उनके मन में कुछ कर डालने, कुछ बनने, हीनता की स्थिति से उबरकर सामाजिक प्रतिष्ठा पाने की प्रेरणा जगाई। निराला की ऊर्जा को निकास के लिए एक राह मिली।

पिता की मृत्यु, पत्नी के वियोग, इन्फ्लुएंजा के प्रकोप में चाचा, भाई, भाभी आदि के विनाश से निराला के मन को ज़बर्दस्त झटका लगा। लाड़-प्यार में पले लड़के के लिए इस तरह का आघात और भी भयानक था। पर निराला यह झटका सह गए। बड़ी जीवट से परिस्थिति का सामना किया। उपर्युक्त प्रेरणा उन्हें बराबर आगे ठेलती रही। निराला को अपनी शक्ति का ज्ञान हुआ। उन्होंने नौकरी करते हुए जमकर पढ़ना शुरू किया।

निराला के बाप बैसवाड़े के, उनके बेटे का जन्म हुआ बंगाल में। निराला के घर का वातावरण बैसवाड़े का; स्कूल और नगर का वातावरण बंगाल का। इधर का आदमी चाहे जितना समूचे भारत राष्ट्र की बात सोचे, बंगाल जाते ही उसे बंगाली-हिन्दुस्तानी भेद का ज्ञान हो जाता है। निराला को अपनी हिन्दी-जातीयता का ज्ञान बहुत जल्दी, स्कूल में दाखिल होते ही, हो गया। निराला ने बँगला पढ़ी, अच्छी लगी, साथियों से बँगला में बातें करना सीखा, बँगला-साहित्य की प्रशंसा की, पर अपने साथियों में हिन्दी के प्रति वैसा ही भाव न देखा। इसके विपरीत उन्हें ऐसे लोग मिले जो हिन्दी को हीन समझते थे, मौके-बेमौके हिन्दी के सर पर बँगला का श्रेष्ठत्व लादते थे, हिन्दुस्तानी सुर्जकुमार के बँगला बोलने पर भी वे उसे अपने समाज का अंग न मानते थे। बंगाल का प्रदेश, बंगाल की जनता, बंगाल की भाषा—इनके लिए निराला के मन में प्रीति और विरोध का वैसा ही द्वैतभाव दृढ़ हुआ, जैसा रामसहाय और मनोहरादेवी के लिए।

निराला की व्यक्तिगत सामाजिक स्थिति बंगाल में हिन्दी की सांस्कृतिक स्थिति से मेल खा गई। निराला और हिन्दी—दोनों महान् हैं, दोनों उपेक्षित हैं; निराला को अपनी महत्ता सिद्ध करनी है, हिन्दी को समृद्ध बनाकर, अपनी साधना से उसे बँगला के समकक्ष, सम्भव हो तो उससे श्रेष्ठ बनाकर। हिन्दी-जातीयता की भावना निराला के जीवन में शक्तिशाली प्रेरणा बनकर आई।

साहित्य-संसार में सबसे बड़े साहित्यकार रवीन्द्रनाथ ठाकुर; बंगाल, भारत और सारी दुनिया में उनका नाम। साहित्य में सफलता प्राप्त करने का अर्थ है—रवीन्द्रनाथ की तरह कीर्ति-लाभ करना। पर वह बंगाली हैं। कितना ही अच्छा लिखें, बँगला-भाषा की कमजोरियों का क्या करेंगे? फिर वह ज़मींदार हैं, ब्राह्मसमाजी हैं, रामकृष्ण या तुलसीदास की तरह गृहत्यागी संन्यासी नहीं हैं। इसलिए वह न तुलसीदास की बराबरी कर सकते हैं, न रामकृष्ण परमहंस की। निराला ने जितना ही उन्हें घोखा, उतना ही उनके शृंगार की दुनिया पर मुग्ध हुए। पद्माकर का शृंगार-संसार फीका लगा। और जितना ही वह तुलसीदास और रामकृष्ण मिशन की ओर खिंचे, उतना ही रवीन्द्रनाथ का काव्यजगत् उन्हें काल्पनिक और फीका लगा। रवीन्द्रनाथ टाकुर के प्रति भी वही वशीकरण-उच्चाटन का द्वैतभाव।

रवीन्द्रनाथ ठाकुर, स्वामी प्रेमानन्द और महिषादल के राजा बारी-बारी से और कभी एक साथ उनके मन को विरोधी दिशाओं में खींचते रहे। रवीन्द्रनाथ के शृंगार-

जगत् से राजसी वैभव का कोई विरोध न था। ये दोनों मिल जाते थे, राजसी-परिवेश में शृंगार और भी अच्छा लगता था। स्वामी प्रेमानन्द और तुलसीदास एक तरफ़, महिषादल का राजसी ठाठ-बाट और रवीन्द्र-पद्माकर-कालिदास दूसरी तरफ—निराला के मन का अन्तर्विरोध इन दो पक्षों को लेकर था।

दूसरे महायुद्ध के दौरान और उसके बाद बंगाल में स्वाधीनता-आन्दोलन ने ज़ोर पकड़ा। अक्सर उसने उग्र रूप अपनाये। समाजवादी विचारधारा का प्रभाव भी बढ़ रहा था। निराला दरिद्रनारायण की सेवा के लिए गए, बंगाल के गाँवों में किसानों की हालत देखी, राजनीतिक आन्दोलन के सम्पर्क में आए। संन्यास काफी नहीं है, सक्रिय राजनीतिक संघर्ष के बिना देश का उद्धार असम्भव है। अब संन्यास और राजनीति—इन दोनों ने उनके चंचल मन को दो विरोधी दिशाओं में ज़ोर से खींचा। साहित्य कभी संन्यास का साथ देता, कभी राजनीति का, कभी दोनों का मेल कराता, कभी दोनों से तटस्थ हो जाता। निराला का मन इस प्रश्न से उलझता रहा कि अंग्रेज़ों के विरुद्ध लड़नेवाले क्रान्तिकारी आदर्श पुरुष हैं या संन्यासी या कवि? क्या इन तीनों का एक ही व्यक्तित्व में समाहार सम्भव है?

11 जनवरी, सन् '21 को जब निराला ने महावीरप्रसाद द्विवेदी को अपना परिचय देते हुए पत्र लिखा, तब उनका व्यक्तित्व पूर्ण विकसित हो चुका था। परमपद-लाभ एक लक्ष्य है, साहित्य-सेवा दूसरा। कुछ दिन पहले 'सरस्वती' के लिए जो लेख उन्होंने भेजा था, उसका परमपद-लाभ से कोई सम्बन्ध न था। वह हिन्दी-जातीयता की भावना से ओत-प्रोत था। उससे कुछ और पहले जन्मभूमि पर जो कविता लिखी थी, उसका भी परमपद-लाभ से कोई सम्बन्ध न था। राजनीति, साहित्य, संन्यास—तीनों का आकर्षण उनके पत्र और उस समय की रचनाओं से स्पष्ट है। साथ ही छह बच्चों को पालना है—गृहस्थी के प्रति यह दायित्वबोध भी उनमें था। यह दायित्व साहित्य, राजनीति, संन्यास—इन तीनों की ही साधना में बाधक था। निराला के मार्ग में वह भाग्य की अगम दीवार बनकर खड़ा था। कतराकर निकल जाने का रास्ता न था।

निराला ने अपनी दयनीय चाकरवाली स्थिति की कमी पूरी की, रियासत की आमदनी और रेवेन्यू का हवाला देकर। अपने पिता-चाचा की साधारण स्थिति को रँगचुन कर पेश किया—मेरे पिता-पितृव्य इस स्टेट के फौजी अफ़सर थे। गण्यमान्य थे। शिक्षा की कमी उन्होंने वेदान्तज्ञान से पूरी की—अक्षर हूँ, न साक्षर और न निरक्षर। अपने अक्षरत्व, गुणातीत निराकारत्व के साथ पंचतत्त्ववाले पाँच फीट साढ़े ग्यारह इंच लम्बे शरीर, उन्तालीस इंच चौड़ी छाती पर उन्हें गर्व था। बातचीत में अतिशय नम्रता के साथ हेकड़ी का भाव भी था; द्विवेदीजी ने उनके पूर्व प्रेरित पत्र की व्याख्या विज्ञ दृष्टि से नहीं की।

आत्मकेन्द्रित, विनम्र, अभिमानी; अपने जीवन के अभावों से परिचित, अभावों को अपनी कल्पनाशीलता अथवा ज्ञान-गरिमा से छिपाने में प्रयत्नशील, उदीयमान कवि, समर्थ गद्य-लेखक, सन् '20-21 के सूर्यकान्त त्रिपाठी। पिता की सामाजिक

स्थिति, उनके दिये हुए नाम से वह असन्तुष्ट थे। उन्होंने सुर्जकुमार तेवारी—इस देहाती नाम को बदलकर उसे सुसंस्कृत, कवित्वपूर्ण, रवीन्द्रनाथ जैसे बंगाली नामों के समकक्ष, सूर्यकान्त त्रिपाठी रूप दिया। पहले नाम से पूरी तरह सम्बन्ध न टूटा, दूसरा नाम भी मिल गया। पिता और परिवार से पाए हुए व्यक्तित्व को अस्वीकार किये बिना वह उसे भरसक अपने कल्पनाचित्र के अनुरूप ढालने लगे।

महिषादल छोड़कर निराला ने जब समन्वय आफिस में काम करना शुरू किया तब उनके व्यक्तित्व में विरोधी भावों, प्रेरणाओं और विचारों का संघर्ष और तेज़ हुआ। स्वामी सारदानन्द और भी उच्चस्तर के—स्वामी प्रेमानन्द से भी बड़े—साधक जान पड़े। निराला पर जैसे उन्होंने जादू कर दिया! उन्हें लगा, मेरा मन इनका यंत्र है, उससे जो चाहते हैं, करा सकते हैं। उनके प्रति आत्म-समर्पण की भावना जितनी प्रबल थी, उतना ही तीव्र संशय का भाव था। ईश्वर, संन्यास, परमपदलाभ—इनके प्रति निराला का मन आकृष्ट था, विद्रोह भी करता था।

निराला अर्द्धनारीश्वर थे। देखने में सुन्दर, बड़ी-बड़ी आँखें, लहरियादार बाल, कलकतिया धोती—कुल्ली भाट उन पर मुग्ध हुए हैं, वह जानते थे। वह स्वयं अपने रूप पर मुग्ध थे, इसलिए दूसरा मुग्ध हो तो उन्हें प्रसन्नता ही होती थी। 'मतवाला'-मंडल में महादेवप्रसाद सेठ उनके रूप के प्रशंसक थे, मुंशी नवजादिकलाल उनकी भौंहों की तुलना बिहारी की नायिकाओं की भौंहों से करते थे। हर पुरुष में स्त्रीत्व है, इसे वह कामशास्त्र और आधुनिक विज्ञान की विशेष खोज मानते थे। बहुत दिन बाद 'तुलसीदास' में छपने के लिए जब उन्होंने फोटो खिंचाया, तब उसमें अपनी 'फेमिनिन ग्रेसेज' पर खुद ही मुग्ध हुए। अपने को स्त्री मानकर उन्होंने कुछ कविताएँ लिखी थीं, जैसे पहली 'अनामिका' में : 'प्रात क्यों नहीं जगाया नाथ'। नारीत्व की भावना, आत्मरति, समर्पण का भाव—इनके साथ पुरुषत्व, आसक्ति, आक्रामक व्यवहार, यह सब भी उनमें था। 'कुल्ली भाट' लिखते समय वह पाठक को यह बताना न भूले कि झोंपड़े में प्रथम मिलन के बाद 'हम पूरे जवान हैं, हम दोनों, समझे।' कुल्ली के इक्के पर बैठकर शेरअन्दाज़पुर पहुँचने के बाद पहले सास ने उन्हें शंका की दृष्टि से देखा। फिर निराला को भीतर पत्नी के हँसने की आवाज़ सुनाई दी। उस हँसी का उन्होंने अर्थ किया : 'तुम मेरे हो, तुम पर मेरा पूरा विश्वास है, तुम्हें पाकर मैं और कुछ नहीं चाहती, दूसरे तुम्हें नहीं समझते तो न समझें, मैं किसी को समझाना नहीं चाहती।' सास भीतर शरबत लेने गईं तो मानो उनकी पुत्री ने अपनी हँसी का अर्थ उन्हें समझा दिया। लौटकर आईं तो निराला ने उनके चेहरे की प्रसन्नता का अर्थ किया : 'उनकी आत्मजा जैसे उनकी आत्मा में प्रविष्ट हो क्षणमात्र में उनकी शंका निवृत्त कर चुकी है।'

निराला का अन्तर्मन अपने पुरुषत्व के प्रमाण देने के लिए उत्सुक रहता था। कलकत्ते के रोमांस इस प्रदर्शन का एक रूप थे। प्रदर्शन अक्सर उच्छृंखलता का रूप ले लेता था। संन्यासियों के प्रति विद्रोह, धर्म के प्रति संशय इस उच्छृंखल प्रदर्शन

से मिल जाता था। संन्यासियों के कमरे में सिगरेट पीने से लेकर मद्यपान तक वह अनेक रूपों में अपना विरोध आक्रामक ढंग से प्रदर्शित करते। बातचीत में उग्रता, तेज़ आवाज से दूसरे को दबा देने का प्रयत्न, 'मतवाला' में 'माधुरी' आदि पत्रिकाओं पर 'चाबुक' फटकारना, सड़क पर कुर्ता उतारकर अपना बलिष्ठ शरीर प्रदर्शित करते हुए चलना—यह सब उनके आक्रामक पुरुषत्व प्रदर्शन के अन्तर्गत था। लाड़-प्यार में बिगड़े हुए निराला अपने को सहज ही औरों से श्रेष्ठ मानते थे। पहले महिषादल के लड़कों में, फिर बँगला और हिन्दी साहित्य में, अन्त में विश्व-भर में और हर क्षेत्र में। अनियंत्रित महत्त्वाकांक्षा उन्हें कुश्ती, दर्शन, साहित्य, राजनीति—सभी में आगे बढ़कर बाज़ी मारने को प्रेरित करती यह आकांक्षा उनके विवेक को ढक लेती; क्या उनके लिए सम्भव है, क्या असम्भव—इसका उन्हें ध्यान न रहता। उनमें प्रतिद्वन्द्विता का भाव इतना तीव्र था कि संन्यासी भी उससे न बचे थे। रवीन्द्रनाथ के लिए तो सन् '22 में ही वह कहने लगे थे—बड़े बाप के बेटे होने से बड़े हो गए, वर्ना वैसी प्रतिभा मुझमें भी है। उनका अहंभाव उनसे दो मिनट बात करनेवाले की निगाह में स्पष्ट हो जाता। यह अहंभाव परिवेश से टकराता, मन की चाहें पूरी न होतीं, निराला विरोध से उत्तेजित होते। उनका मन अधीर हो उठता। जो ख्याति मिलनी है, अभी मिले, भविष्य के लिए कौन उसका हिसाब छोड़े? फिर जिन्हें ख्याति मिली है, वे प्रतिभा में निराला से बड़े नहीं हैं। मार्ग की कठिनाइयाँ जितना ही बढ़तीं, निराला का विक्षुब्ध मन उतना ही अधीर हो उठता। वह बराबर अपने परिवार, अपनी सामाजिक स्थिति को दोष देते जिसने उन्हें उनकी प्रतिभा के उचित फल से वंचित रखा। वह अपने को छिपाते, वेश बदलते, नया नाम रखा, बड़े-बड़े बाल रखाये, फिर भी रामसहाय का दिया हुआ हीन व्यक्तित्व प्रेत की तरह उनका पीछा करता था।

पं. सूर्यकान्त त्रिपाठी 'निराला' के अन्त:करण में रामसहाय तेवारी, तुलसीदास, महावीर और रामकृष्ण परमहंस विराजमान थे। यह अन्त:करण उनके हर उच्छृंखल व्यवहार पर उन्हें फटकारता था। पिता और पत्नी के प्रति कृतघ्नता के लिए उन्हें प्रताड़ित करता था। वह अन्त:करण उनसे कहता था : यह अहंभाव गलत है, मनुष्य को नम्र होना चाहिए। जो प्रशंसा सुनकर मत्त हो जाते हैं, वे संसार में कुछ नहीं कर सकते। दूसरे से होड़ या ईर्ष्या करने में अपना ही पतन है। ख्याति और प्रशंसा की चाह किये बिना अपना काम करते जाना चाहिए। महावीर इतने पराक्रमी इसलिए थे कि उन्होंने निष्काम भाव से राम की सेवा की थी। यही सेवाभाव लक्ष्मण में था। संन्यासी का मन शान्त होता है; उत्तेजित होना गलत है। शक्ति साधना से मिलती है, कामिनी-कांचन के लोभ में पड़ने से नहीं। राजा बड़ा है, ऐश्वर्य है, वैभव है, पर इन सबका प्रभाव किन पर पड़ता है?—मूर्खों पर। ज्ञानी मनुष्य इन सबको मिथ्या मानता है।

निराला का अन्त:करण उनकी राजसी इच्छाओं को पीछे ठेल देता। यदि दोनों में कोई कमज़ोर होता तो एक की विजय होती। पर निराला के मन को विरोधी दिशाओं में खींचनेवाली प्रेरणाएँ अत्यन्त बलशाली थीं, इसलिए अन्तर्द्वन्द्व से छुटकारा न

था। वह जिस दुनिया में रहते थे, उसमें हर तरह की विषमता चरम-सीमा पर थी। राजमहल जिनमें बंगाल के लाट आते थे; सिपाहियों के फूस-छाये कच्ची मिट्टी के घर जानवरों के रहने लायक भी नहीं; मद्यपान, वारांगनाएँ, भोगविलास के अकूत साधन, और संसारत्यागी, बालब्रह्मचारी, दरिद्रनारायण के सेवक संन्यासी; विश्व-वंदित, नोबेल पुरस्कार-विजेता रवीन्द्रनाथ की असीम ख्याति, और एक पतली-सी 'अनामिका' लिये, विरोध से पीड़ित हर साधन से वंचित निराला; ज्ञान-विज्ञान में बड़ा नाम करनेवाले विद्यार्थियों के प्रोफ़ेसर, एंट्रेंस फेल, अव्यवस्थित, अधूरी शिक्षा पाया हुआ, विश्वविद्यालयों के फाटक से बाहर फटेहाल कवि। यह वैषम्य उनके अन्तर्द्वन्द्व को और तीव्र कर देता।

निराला एक झटके से—राहुल सांकृत्यायन की तरह—परिवार का बन्धन तोड़ देते तो वह आन्तरिक संघर्ष मन्द पड़ जाता। उनकी पत्नी का स्वर्गवास हो गया था, राहुल ने तो अपनी ज़िन्दा पत्नी को छोड़ दिया था। राहुल कलाकार न थे; निराला कलाकार थे और कलाकार के सात खून माफ़ हैं। पर निराला को एक संस्कार रामसहाय तेवारी से ही नहीं, जोधा, रामलाल, गयादीन, बदलू, भौजाई, काकी आदि के संयुक्त परिवार से मिला था। ये सब अपने हैं, इन्हें छोड़ना नहीं है। इसलिए निराला का मन चाहे जितना उड़े, लौटकर उसे गृहस्थी के अड्डे पर आना ही था। पत्नी भले न हो, परिवार तो था : एक गढ़ाकोला में, दूसरा डलमऊ में। निराला चाहे जितनी मार खाएँ, चाहे जितना अपमानित हों, वह परिवार से लगाव न तोड़ सकते थे।

समय-समय पर उन्होंने जो गलतियाँ कीं, उनसे उनकी कठिनाइयाँ और बढ़ गईं। 'मतवाला' में उन्होंने अपनी चाबुक से बहुतों की पीठ लाल कर दी। चुपचाप काम करते तो इतना अनर्थ न होता। वह मानो अखाड़े में दूसरों को ललकारने और उनसे जूझने पर तुले हुए थे। उन्होंने रवीन्द्रनाथ की आलोचना करके, उनके मुकाबले अपनी प्रतिभा की व्याख्या करके कुछ मित्रों को प्रभावित कर लिया। फिर रवीन्द्रनाथ की नकल करने बैठे। जब नकल का पता चला तब वही मित्र विमुख हो गए। निराला के संगठित विरोध और उनकी मानसिक पीड़ा की शुरुआत होती है—'भावों की भिड़न्त' से। पीड़ा उन्होंने बहुत तरह की सही थी, पर जो उन्हें हाथों-हाथ लेते थे, वे मुँह फेर लें, राह चलते लोग उनकी खिल्ली उड़ाएँ, यह अनुभव निराला के लिए नया था। आदमी को परखने में वह चूक जाते थे। तारीफ और निन्दा—दोनों को अतिरंजित रूप में देखते थे। महादेवप्रसाद सेठ काव्यरसिक, देशभक्त, पत्रकार और दुनियादार आदमी थे। निराला की प्रतिभा पर जितनी जल्दी विश्वास किया था, उतनी जल्दी वह विश्वास उठ गया। निराला की जगह उन्होंने 'उग्र' को उछाला। निराला मन-ही-मन जल-भुन गए।

निराला के साहित्यिक मित्रों और परिचितों में प्राय: सभी रईस थे—कुछ साधारण, कुछ असाधारण, कुछ बिगड़े हुए रईस—महादेवप्रसाद सेठ, जयशंकर प्रसाद, राय कृष्णदास, विनोदशंकर व्यास। उनकी मित्रमंडली में ऐसे लोगों की कमी न थी जो

रईस न होते हुए भी रईसों की नकल करते थे, कुछ रईसों के मुसाहब होने में गर्व का अनुभव करते थे। निराला इन सबमें वज्र देहाती थे। शिवपूजन सहाय, नवजादिकलाल, 'उग्र', राधामोहन गोकुलजी तक—निराला को देखते भद्र नागरिक मालूम होते थे। ये सब बिना प्रयास घंटों खड़ीबोली बोल सकते थे। निराला दो-चार वाक्यों के बाद बैसवाड़ी पर उतर आते। जिनसे बहुत औपचारिकता निबाहते, उन्हीं से खड़ीबोली बोलते। जिनसे आत्मीया का सम्बन्ध था, वे चाहे बैसवाड़े के हों, चाहे कहीं और के—निराला बैसवाड़ी में बोलते। उनकी आधी बातचीत स्वगत-कथन जैसी होती थी और स्वगत-कथन बैसवाड़ी में ही सम्भव था। निराला को जितना गर्व हिन्दी पर था, उससे ज़्यादा बैसवाड़ी पर। "मेरी बैसवाड़ी, माता-पिता की दी वाग्विभूति जिससे सभी रसों के स्रोत मेरे जीवन में फूटकर निकले हैं, साहित्यिकों में प्रसिद्ध है"—उन्होंने 'मेरे गीत और कला' में लिखा था। इस बोली से उन्होंने कभी झगड़ा नहीं किया, बलभद्र दीक्षित 'पढ़ीस' को अवधी में लिखते देखकर उन्हें ईर्ष्या ज़रूर हुई। काश, बैसवाड़ी ही हिन्दी की तरह इस प्रदेश की जातीय भाषा होती! उनके व्यक्तित्व के अन्तरतम में इस बोली के स्वर गूँजते थे। उससे पृथक् उनका कोई व्यक्तित्व ही न था। जिन साहित्यिकों में उनकी बैसवाड़ी प्रसिद्ध थी, वे अधिकतर बैसवाड़े के बाहर के थे, अक्सर अवध के भी बाहर के। निराला इन्हें अपना रईसी ठाठ दिखाते, कुछ देर खड़ीबोली बोलते, फिर वह कसरत छोड़कर वाणी के अपने सहज स्तर पर आ जाते।

बैसवाड़ी से देहातीपन का कोई घनिष्ठ सम्बन्ध नहीं है। मिश्रबन्धु घर में अवधी बोलते थे, पर उनका रहन-सहन उच्चवर्गीय नगरवासियों का था। निराला बैसवाड़ी के अलावा, अपने व्यवहार में भी थोड़ी-बहुत देर में जता देते थे कि गाँव से उनका बड़ा गहरा सम्बन्ध है। बैसवाड़े के किसान की उद्दंडता अक्खड़पन, दोटूक बात करने की आदत उन्हें भी थी। इसके अलावा बैसवाड़ी वह रईस मिश्रबन्धुओं की तरह नहीं, ठेठ देहाती लटके से, उसके सजीव आलंकारिक रूप में सभ्य समाज में वर्जित शब्दों के प्रयोग के साथ बोलते थे।

अपना यह रूप छोड़कर कविता में वह सभ्य वेश धारण करते। संस्कृत के तत्सम शब्दों से पदावली सजाते, रूपक बाँधते, अलंकारों की जड़ाई से पद्य को जगमगाते, 'आइडिया' में आकाश-पाताल के कुलाबे मिलाते। जितना ही वैभव-विलास के सपने कविता में आँकते, उतना ही उनकी अलंकरण-प्रवृत्ति ज़ोर मारती। रवीन्द्रनाथ या जयशंकर प्रसाद से संस्कृतज्ञान में वह पीछे न रहें, रचना पढ़कर कोई यह न कहे कि निराला की शिक्षा अधूरी है। रईसों के बीच रईसी ठाठ, उसी के अनुरूप अभिजात-वर्ग के उपयुक्त, जनसाधारण से दूर कविता की अलंकृत पदावली। साथ ही एक यथार्थवादी रुझान, अपनी और दूसरों की सही हालत बयान करने की इच्छा, उर्दू का प्रभाव, ग़ालिब-प्रेमी, महादेवप्रसाद सेठ का साथ—यह सब तत्समबहुला शैली से उन्हें दूर ठेलता था। मन के रचनात्मक क्षमतावाले कोठे में यह एक और द्वन्द्व था—भदेस और संस्कृत, अभिजात और साधारण का संघर्ष।

'मतवाला' में निराला ने जब पन्त की प्रशंसा में लेख लिखा, तब वह अपने व्यक्तित्व के एक भाग को सुसभ्य, अभिजात और परिष्कृत देखकर प्रसन्न हुए थे। वह उसके अभिभावक, मार्गदर्शक, आचार्य बनकर आगे आए। उस व्यक्तित्व के टुकड़े ने निराला पर ही आघात किया, अपने स्वच्छन्द छन्द की मौलिकता घोषित की, निराला के मुक्तछन्द को बंगालियों की नकल कहा। निराला को बड़ा सदमा पहुँचा। 'पन्तजी और पल्लव' में उन्होंने दुखी-मन से पन्त पर छुरी चलाई, फिर भी पन्त की लोकप्रियता खत्म होने के बदले और बढ़ती गई—कुछ समय के लिए। निराला इसे हिन्दी संसार का अन्याय समझकर बहुत नाराज़ हुए। उनके मन में एक पन्त-ग्रंथि का निर्माण हुआ।

वह जवाहरलाल की भी बहुत इज़्ज़त करते थे। युवकों के हृदय-सम्राट्, साम्राज्य-विरोधी योद्धा, विलायत में लार्ड खानदान के लाडलों के साथ पढ़े हुए, एकदम अभिजातवर्गीय। फिर जवाहरलाल ने हिन्दीवालों की दीनता-हीनता बयान की, उन्हें 'यह करने, वह करने' का उपदेश दिया। निराला को यह सरासर अपना अपमान जान पड़ा। उनके मन में एक जवाहर-ग्रंथि का भी निर्माण हुआ। साथ में गांधी, सम्पूर्णानन्द, नरेन्द्रदेव आदि को लेकर दो-चार छोटी-मोटी गाँठें और पड़ीं।

रवीन्द्रनाथ ठाकुर भी अभिजातवर्गीय, विश्वप्रसिद्ध, बँगला के साथ अंग्रेज़ी में भी बोलने-लिखनेवाले। जितना ही अपने मोहक चित्रों से वह निराला का मन खींचते, उतना ही तुलसीदास के ज्ञान की लाठी से वह उन पर—अपने मुग्ध मन पर—प्रहार करते। यह हुई रवीन्द्र-ग्रंथि।

निराला के मन में बहुत-सी ग्रंथियाँ, बहुत-से तनाव, अनेक अन्तर्विरोध, अनेक निषेध-भावनाएँ और दमित कामनाएँ, एक-दूसरे से उलझी हुई, सतत क्रियाशील, उन्हें बेचैन करती रहती थीं। मुंशी नवजादिकलाल, आदमी के पारखी, चतुर और अनुभवी व्यक्ति थे। सूर्यकान्त के लिए जब उन्होंने 'निराला' उपनाम चुना, तब उन्होंने उनके आचरण-व्यवहार में कुछ असाधारणता पहचान ली थी। ऐसा गूढ़ार्थव्यंजक उपनाम शायद ही किसी कवि को मिला हो।

'भावों की भिड़न्त' के प्रकाशन से निराला को अपने साहित्यिक जीवन का पहला झटका लगा। स्वर्ण-किरण कल्लोलों पर बहता हुआ उनका मन विरोध की आँधी में एक बार सहम गया। आक्रामक रुख छोड़कर उन्हें रक्षात्मक युद्धनीति अपनानी पड़ी। उन्हें अपनी रचनात्मक प्रतिभा—शिक्षा, संस्कृति आदि की कैफ़ियत देनी पड़ी और उनका मन जीवन के अभावों को कल्पना के रंगों से ढकने लगा। साथ ही उनकी रचनाओं में वेदना का स्वर और गाढ़ा हुआ।

सन् '26 में 'पल्लव' के प्रकाशन से उन्हें दूसरा झटका लगा। 'जुही की कली', मुक्तछन्द, महावीरप्रसाद द्विवेदी के विरोध आदि को लेकर उन्होंने विस्तार से एक हिसाब तैयार किया।

सरोज की बीमारी, 'वर्तमान धर्म' की रचना, 'रँगीला' के सम्पादन के समय उनका मन बहुत अव्यवस्थित हुआ। आर्थिक कष्ट, साहित्य में विरोध, कन्या के

लिए चिन्ता—इन सबने उनका मन झकझोरा। उन्निद्र रोग की शिकायत हुई। लोगों ने उन पर विक्षिप्त होने का आरोप लगाया। सरोज की मृत्यु से उनके मन को सबसे बड़ा धक्का लगा। सारे जीवन की सार्थकता और निरर्थकता का प्रश्न सामने आ गया। मानसिक रोग के कुछ लक्षण प्रकट हुए।

'रूपाभ' निकलने, प्रगतिशील साहित्यिक आन्दोलन के बढ़ने से उनकी मान्यताओं में किसी हद तक परिवर्तन हुए। उनका यथार्थवादी स्वर और तेज़ हुआ। युद्धकाल में उन्हें तरह-तरह की कठिनाइयाँ सहनी पड़ीं। कर्वी में बीमार होने के बाद उनका मानसिक सन्तुलन काफी बिगड़ा। साहित्यकार संसद छोड़ने तक उनकी यह स्थिति रही। सन् '50 के बाद मानसिक असन्तुलन की उग्रता कम हुई। त्रास की भावना काफी हद तक दूर हुई; सम्पत्ति, शिक्षा से सम्बन्धित सपने उनके मन पर छाये रहे। कल्पना-लोक में रहते हुए भी यथार्थ से उनका नाता कभी न टूटा। उनकी रचनात्मक-प्रतिभा नई अनुभूतियों को अब भी कविता में व्यक्त करती रही।

उनके व्यक्तित्व के विकास की ये विभिन्न मंज़िलें थीं। बीजरूप में यह व्यक्तित्व जैसा सन् '21 में था, वैसा ही सन् '61 तक रहा। गुण और मात्रा में भेद के अनुसार, बदलती हुई जीवन-परिस्थितियों में उसका प्रतिफलन भिन्न रूपों में हुआ। निराला की दृष्टि बाह्य संसार के साथ अपने को देखती-परखती रही, वह अपनी रचनाओं में, अपने वार्तालाप में अपने व्यक्तित्व की छवि आँकते रहे; जब जैसी ज़रूरत हुई, उसमें हल्के-गाढ़े रंग भरते रहे। पौराणिक गाथाएँ उन्हें बहुत प्रिय थीं, एक गाथा वह अपने बारे में रचते रहे, समय-समय पर उसमें संशोधन-परिवर्द्धन करते रहे।

महावीरप्रसाद द्विवेदी को अपना परिचय देते समय निराला ने रियासत की वार्षिक आमदनी बारह लाख रुपये बताई। कुमारबहादुर देवप्रसाद गर्ग का कहना था कि उनके पिता के समय—अर्थात् उस समय जब निराला महिषादल में नौकर थे—राज्य की वार्षिक आमदनी सात लाख बीस हज़ार रुपये थी। सम्भव है, निराला ने द्विवेदीजी पर रौब डालने के लिए आमदनी बहुत बढ़ा-चढ़ाकर बताई हो! पिता-चाचा को उन्होंने फौजी अफ़सर, गण्यमान्य व्यक्ति बताया। जब निराला की सास ने उनके पिता की तनखाह पूछी तब निराला ने सीधा उत्तर न देकर उनकी आमदनी की कई सूरतें समझाईं। सास के प्रश्न के बारे में उन्होंने लिखा : "इसका उत्तर बड़ा अपमानजनक था, पिताजी की तनखाह बहुत थोड़ी थी, किसी भली जगह कहने लायक नहीं।" निराला का यथार्थ-द्रष्टा मन उनसे यह लिखा रहा था। तनखाह के विचार से पिता जी की सामाजिक स्थिति अपमानजनक थी; किसी भली जगह—अर्थात् उनके बीच जहाँ निराला को आदर पाना था, वे चाहे गरीब हों, चाहे अमीर—कहने लायक न थी। निराला ने 'कुल्ली भाट' उस समय लिखा था, जब निम्नतम जनों से वह एकात्मभाव स्थापित कर रहे थे। पर इस कृति में भी तनखाह बहुत थोड़ी थी, इतना लिखकर उन्होंने सन्तोष किया,

ठीक-ठीक कितनी थी, वह यहाँ भी न लिखा। जितनी भी रही हो, मुख्य बात यह कि सास को तनखाह बताना उन्हें अपमानजनक लगा था। फिर भी पिता-चाचा फौजी अफ़सर, गण्यमान्य व्यक्ति थे।

जब वह स्वयं नौकर हुए, तब उन्हें क्या मिलता था, इसका उल्लेख भी उन्होंने नहीं किया। 'कुल्ली भाट' में इतना ही लिखा : "तब मैं उसी स्टेट में एक मामूली नौकर हुआ।" गैरमामूली नौकरों में रियासत के मैनेजर आदि थे, मामूली नौकरों में निराला।

निराला ने द्विवेदीजी को लिखा था : "महाराज महिषादल मुझ पर अत्यन्त कृपा करते हैं।" अत्यन्त कृपा करनेवाले राजा ने उन्हें मामूली नौकरी दी, यह आश्चर्य की बात मानी जाएगी। राजा ने मन्दिर में कसम खाने को कहा—इससे कृपा के बदले अविश्वास सूचित होता है। घटना का रूप जो भी रहा हो, निराला ने अपने को अपमानित महसूस किया और वह नौकरी छोड़कर चले आए।

सन् '26 में उन्होंने जब 'कविता-कौमुदी' के लिए रामनरेश त्रिपाठी को अपना परिचय भेजा, तब राजपरिवार से अपना घनिष्ठ सम्बन्ध दिखाया। उस परिचय के आधार पर रामनरेश त्रिपाठी ने लिखा कि स्कूल के अध्यापकों और राजासाहब के ये बड़े स्नेहपात्र थे। यहाँ तक पुरानी बात। नई बात यह कि महिषादल के राजा इनकी आर्थिक सहायता करते थे और दरबार में इनका बड़ा सम्मान था। "यदि समय-समय पर महिषादल के कृपालु राजा श्रीमान् गोपालप्रसाद गर्ग बहादुर [राजा सतीप्रसाद गर्ग के छोटे भाई] इनकी आर्थिक सहायता न करते रहते तो इनको गृहस्थी में बड़े कष्टों का सामना करना पड़ता। इन्होंने दरबार में नौकरी कर ली। दरबार में इनका सम्मान बहुत था। संगीत की शिक्षा इनको दरबार में ही मिली। राजाबहादुर इन्हें बहुत चाहते हैं।"

'मिश्रबन्धु-विनोद' के लिए सन् '33 में उन्होंने जो परिचय दिया, उसके आधार पर मिश्रबन्धुओं ने लिखा : "आपकी शिक्षा राजा सतीप्रसाद गर्ग बहादुर द्वारा बंगाल ही में हुई।"

वास्तव में यदि राजदरबार से उन्हें शिक्षा-सम्बन्धी सहायता मिली होती तो वह एंट्रेंस परीक्षा में फेल न होते, उनका अंग्रेज़ी-बँगला-संस्कृत का ज्ञान भी अधिक सुव्यवस्थित होता।

सन् '33 में उन्होंने 'स्वामी सारदानन्दजी महाराज और मैं' नाम के लेख में महिषादल की नौकरी छोड़ने और फिर वहाँ जाने की चर्चा की। इस सिलसिले में उन्होंने लिखा कि "राजा, जोगी, अगिन, जल की उल्टी रीतिवाली बात याद न रही।" यह बात उनकी वास्तविक स्थिति के अधिक अनुरूप थी। सन् '34 में उन्होंने कहानी लिखी : 'राजा साहब को ठेंगा दिखाया'। इसमें महिषादल को पद्मदल बनाकर उन्होंने राजा का अत्याचारी रूप प्रकट किया।

'कुल्ली भाट' में उन्होंने राजा के थियेटर खोलने की बात लिखी : "मुझे उसमें एक बहुत मामूली संस्कृत का गाना दिया गया।" राजा पर श्लोक-पाठ का "बहुत

प्रभाव पड़ा। उन्होंने मेरे लिए गाना सीखने का प्रबन्ध कर दिया।" यह घटना रामसहाय तेवारी के गुज़रने के बाद की है, जब निराला नौकर हो गए थे। यदि बचपन से उनकी शिक्षा का प्रबन्ध राजा की ओर से होता तो अब तक वह एंट्रेंस पास करने के अलावा कुशल गायक भी हो जाते, उन्हें एक बहुत मामूली संस्कृत का गाना न दिया जाता। उन्हें उस्तादों से शिक्षा न मिली थी; प्रबोधचन्द्र दत्त नाम के एक राजकर्मचारी ने उन्हें संगीत की साधारण शिक्षा दी थी। निराला ने थोड़े ही दिन बाद नौकरी छोड़ दी; इससे पहले महामारी में उनके परिवार के लोग न रहे। ऐसी स्थिति में उनकी संगीत की शिक्षा साल-छह महीने से अधिक न चली होगी।

राहुल सांकृत्यायन 'नये भारत के नेता' पुस्तक लिख रहे थे। पूरनचन्द जोशी, हाजरा बेगम आदि के साथ नये नेताओं में उन्होंने निराला को शामिल करने का विचार किया। सन् '43 में इलाहाबाद गए। निराला कर्वी की बीमारी के बाद धीरे-धीरे स्वस्थ हो रहे थे। राजपरिवार से अपने सम्बन्ध की कहानी में उन्होंने इज़ाफा किया। "निराला महिषादल के राजकुमारों के साथ बढ़े और पढ़े थे।" संगीत की शिक्षा में ऐसी निपुणता प्राप्त की कि पियानो बजाने में भी सिद्धहस्त हो गए! पढ़ने में तो वह ऐसे तेज़ थे कि एक साल में तीन-तीन क्लासें पास कीं। पिता के मरने पर एकाउंट-विभाग में नौकरी की, फिर प्रबन्ध-विभाग में। महायुद्ध के दौरान जेल गए। महिषादल में नज़रबन्द रहे।

उन्होंने अपनी माँ की मृत्यु के बारे में एक रोमांचक कहानी गढ़ी। किसी 'शोचनीय घटना' के कारण उनकी मृत्यु हुई। उसके लिए निराला के पिता ज़िम्मेदार थे। उनका असली नाम रामसहाय उपाध्याय था। किसी बड़ी मुसीबत में फँसनेवाले थे; राजा ने बचा लिया : "और वह उपाध्याय से त्रिपाठी बनकर निर्लेप बच गए।"

गढ़ाकोला या महिषादल जाकर राहुलजी पता लगाते तो उपाध्याय से त्रिपाठी बननेवाली कहानी का तिलस्म बहुत जल्दी उनकी समझ में आ जाता। पर निराला अपने बारे में जब कहानी गढ़ते थे, तब इतने विश्वास से उसे सुनाते थे कि सुननेवाला बहुत सतर्क न हुआ तो चकमे में आ जाता था। राहुलजी के साथ यही हुआ। निराला ने जो कुछ कहा, वह उसे सत्य समझते रहे। निराला ने यह भी जोड़ा कि राजा के भाई गोपालप्रसाद गर्ग उन्हें गोद लेना चाहते थे!

निराला की 'स्पष्टवादिता' से राहुलजी के अलावा उदयनारायण तिवारी भी बहुत प्रभावित हुए। उन्होंने निराला-राहुल संवाद के बारे में लिखा : "अपने पिता, अपनी विमाता तथा अपने वंशादि के सम्बन्ध में श्री निरालाजी निस्संकोच भाव से कहते जा रहे थे और श्री राहुलजी उसे लिख लेते थे। अपने सम्बन्ध में जिन बातों को गोपनीय रखना ही लोग श्रेयस्कर मानते हैं, उन्हें सहज भाव से श्री निरालाजी के मुख से सुनकर मैं आश्चर्यचकित था।"[1] विमाता की सूझ तिवारीजी की है, निराला ने विमाता के बारे में कुछ न कहा था। राहुलजी ने मनोविज्ञान लड़ाया। निराला के दुख, त्रास को उन्होंने उस शोचनीय घटना से जोड़ा। लिखा : "बालक निराला के

दिल पर माता की शोचनीय मृत्यु की छाप सदा के लिए अमिट हो गई। इसमें कोई सन्देह नहीं कि हमारे निराला में जो एक तरह की उन्मनस्कता देखी जाती है, उसका सबसे बड़ा कारण वही घटना है। मुश्किल तो यह है कि निराला आज भी तीन वर्ष के सूर्यकान्त को उस दुर्घटना का भारी ज़िम्मेवार मानते हैं।"

पाँच-छह साल बाद जब गंगाप्रसाद पांडेय 'महाप्राण निराला' के लिए सामग्री बटोर रहे थे, तब निराला ने उन्हें भी 'किसी रहस्यात्मक घटना के फलस्वरूप' माँ के स्वर्गवास होने की बात सुनाई। राहुलजी की तरह पांडेयजी ने भी मनोविज्ञान लड़ाया : "अब तक उनके मुख में विषादमयी कोमल-करुणा की अमिट छाप इसी आघात की सूचना देती है।"

माता के अभाव में दूध पिलाने के लिए धाय चाहिए। निराला ने पांडेयजी को बताया कि पिता 'सम्पन्न' थे, पर उन्होंने बेटे को 'किसी धाय के पास अथवा स्कूल में छोड़ना उचित न समझा।' राजा के छोटे भाई 'उन्हें गोद भी लेना चाहते थे' पर निराला के बालिग होने से पहले ही उनका देहान्त हो गया। उन्होंने निराला को 'कलकत्ते के किसी कांवेंट में रखने की राय दी थी, पर उनके पिता ने इसे नहीं माना।' दसवीं कक्षा तक राजपुस्तकालय से अंग्रेज़ी-बँगला-संस्कृत के बहुत-से काव्य पढ़ डाले, गीता और दर्शन का भी अध्ययन किया। फलत: क्लास का काम पिछड़ने लगा!

सन् '49 तक निराला ने तै न किया था कि राजकुमारों की धाय ने उन्हें दूध पिलाया या नहीं। क्रमश: वह राजपरिवार से अपना सम्बन्ध और घनिष्ठ करते गए। उन्होंने पुत्र को बताया कि राजकुमारों की धाय ने ही उन्हें दूध पिलाया था। पिता से सुनी हुई बात रामकृष्ण त्रिपाठी ने लिखी : "शिशु सूर्यकुमार को उस धाय के सुपुर्द किया गया, जो राजा के दो राजपुत्रों का पालन कर रही थी।"

निराला के मन में बड़ी साध थी कि उनका लालन-पालन, शिक्षा आदि का प्रबन्ध राजकुमारों-जैसा हो। बचपन की यह साध उनके मन से कभी मिटी नहीं। शुरू में वह इतना ही कहते थे कि राजा और उनके भाई उन पर कृपा करते थे। फिर उन्होंने जोड़ा कि उनकी शिक्षा का प्रबन्ध राजपरिवार की ओर से हुआ। क्रमश: राजा के भाई उन्हें गोद लेना चाहते थे, राजकुमारों की धाय ने उन्हें दूध पिलाया, वह वास्तव में राजकुमार थे, किसी शोचनीय घटना में उनकी माँ की मृत्यु हुई—इस तरह वह कहानी में नित नया परिवर्द्धन-परिष्कार करते रहे। जिन दिनों उनका अंग्रेज़ी-प्रेम ज़ोरों पर था, उन्होंने यह भी जोड़ा कि राजा के छोटे भाई किसी कांवेंट में उनकी शिक्षा का प्रबन्ध करनेवाले थे; पिता ने रोक दिया वर्ना वह भी जवाहरलाल नेहरू की तरह फर्राटे से अंग्रेज़ी बोलते।

राजकुमारों के खेलकूद में घुड़दौड़ का विशेष महत्त्व था। निराला ने पांडेयजी को बताया कि पटा-बनैठी, बन्दूक से निशानेबाज़ी, घुड़दौड़, कुश्ती में वह सबसे आगे थे, राजकुमार तक उनका लोहा मानते थे। निराला कुश्ती-कसरत के प्रेमी थे।

साहित्य में नोबेल प्राइज पानेवाले रवीन्द्रनाथ की तरह कुश्ती में उनका प्रतिद्वन्द्वी था विश्वजयी गामा! उन्होंने गंगाप्रसाद पांडेय से कहा कि गामा को उन्होंने "लखनऊ नुमायश में दो मिनट में पटका था।"

बनारस में जब निराला की स्वर्ण-जयन्ती हो रही थी, तब किसी ने निराला से मज़ाक़ किया—आपसे किंगकांग कुश्ती लड़ना चाहता है। निराला ने पूछा—मुझसे क्यों लड़ना चाहता है? उस व्यक्ति ने उत्तर दिया—इसलिए कि उसने सुना है कि आप भारत के बहुत बड़े पहलवान हैं।

निराला बोले—उससे कहो, पहले गामा से लड़े, गामा को हरा देगा, तब हम उससे लड़ेंगे।

यह बात सन् '47 की है। इसके दो साल बाद उन्होंने गंगाप्रसाद पांडेय को अपनी गामा-विजय की कहानी सुनाई। कुश्ती के साथ पटा-बनैठी, बन्दूक से निशानेबाज़ी और घुड़दौड़ की बातें जोड़ीं।

'चकल्लस' के भाभी-अंक में उन्होंने लिखा था कि माँ की मृत्यु के समय उनकी आयु ढाई वर्ष की थी। राहुलजी से उन्होंने कहा कि उनके जन्म लेते ही माँ शोचनीय घटना में मरीं। यह बात मुझे राहुलजी से ही मालूम हुई थी। निराला के जन्मते ही उनकी माँ मरी, तब उन्हें दूध किसने पिलाया? कहानी के प्लाट की यह कमी उन्होंने बाद को पूरी की; उन्हें दूध राजकुमारों की धाय ने पिलाया!

सन् '36 में 'वनबेला' में उन्होंने लिखा :

फिर लगा सोचने यथासूत्र—'मैं भी होता
यदि राजपुत्र—मैं क्यों न सदा कलंक ढोता,
ये होते जितने विद्याधर—मेरे अनुचर,
मेरे प्रसाद के लिए विनत-सिर उद्यत-कर,
मैं देता कुछ, रख अधिक, किन्तु जितने पेपर,
सम्मिलित कंठ से गाते मेरी कीर्ति अमर,
जीवन चरित्र,
लिख अग्रलेख अथवा, छापते विशाल चित्र।
इतना भी नहीं, लक्षपति का भी यदि कुमार
होता मैं, शिक्षा पाता, अरब समुद्र पार...।

अभी एक विकल्प था। राजपुत्र न हुए तो लक्षपति के कुमार ही होते। सन् '49 में विकल्प हटाकर उन्होंने राजपुत्र होने का फैसला किया। राजा के भाई उन्हें गोद लेना चाहते थे, यह तै किया। बच्चन के यहाँ जब उन्होंने सुमित्रानन्दन पन्त से कुश्ती लड़ने को कहा तब वह तूत्तनखाँ के बेटे मुत्तनखाँ बने। अन्तिम वर्षों में जब 'विद्या' कहानी लिखी तब श्यामनाथ का सम्बन्ध ठाकुर खानदान से जोड़ा। उनके सपनों में एकसूत्रता न थी; इच्छानुसार नाम, वंश आदि बदल लेते थे। गंगाधर शास्त्री को

डॉ. सैयद हुसेन बनकर सम्मति दी। इन सब सपनों में जो बात सामान्य थी, वह यह कि पिता की हीन सामाजिक स्थिति से वह अपने को मुक्त कर रहे थे।

अपने सम्बन्ध में उनकी रची हुई गाथा का यह एक अध्याय हुआ।

गाथा का दूसरा अध्याय बँगला-संस्कृत ज्ञान के बारे में है।

सन् '20 में जब उन्होंने बंगभाषा के उच्चारण पर लेख लिखा, तब उनका विचार था कि बँगला भाषा गम्भीर भावों के प्रकाशन के अनुपयुक्त है। बँगला की छन्द-रचना, ह्रस्व-दीर्घ का भेद न होने से अथवा दीर्घस्वर को भी ह्रस्व की तरह पढ़ने से दूषित है : "किसी पद्य में यदि मात्राओं का मेल न रहे तो वह पद्य पद्य ही नहीं गिना जाता।" जिसके लिए बँगला मातृभाषा के समान हो, वह इस तरह का लेख कभी न लिखेगा। 'भावों की भिड़न्त' के प्रकाशन के बाद अपनी मौलिकता के प्रमाण में उन्होंने नवजादिकलाल को बताया कि वह पन्द्रह साल की उम्र में संस्कृत में कविता करते थे। शुरू में बँगला में लिखते थे, बाद को बँगला से हिन्दी में आए, यह बात उन्हें अभी न सूझी थी। यामिनीमोहन घोष के विवाह के अवसर पर बँगला में कविता लिखी, जब वह कलकत्ते में थे। मुंशी नवजादिकलाल को उन्होंने समझाया कि "तब से यामिनी बाबू जैसे बंगभाषा के आचार्य जब कोई कविता लिखते हैं तो निरालाजी को अवश्य दिखाते हैं।" निराला जब हिन्दी में मार खाते थे, तब बँगला से सम्बन्ध दृढ़ करते थे। इस क्रम की शुरुआत 'भावों की भिड़न्त' के समय हुई। द्विवेदीजी को उनकी बँगला कविता अधिक पसन्द थी, पर उन्होंने हिन्दी में लिखते रहने की आज्ञा दी—यह सब उन्होंने मुंशीजी को समझाया। रामनरेश त्रिपाठी ने उनके परिचय में लिखा कि "पहले ये सभाओं में संस्कृत और बँगला में ही कविता पढ़ा करते थे।" सन् '31 में उन्होंने पन्तजी को अपने पद्य-पत्र में लिखा :

आमी एइ भाषाय प्रथम कविता लिखिया छिलाम।

बँगला में दो-चार पद्य ज़रूर लिखे होंगे, किन्तु उन्होंने पन्तजी को सूचित किया कि पहले वह बँगला में ही कविता करते थे।

सन् '34 में जब ज्योतिप्रसाद मिश्र निर्मल से विवाद हुआ, तब उन्होंने अपनी हिन्दी जातीयता को तिलांजलि देने की धमकी दी। मेरी जन्मभूमि बंगाल है, संयुक्तप्रान्त की नाक की चिन्ता हो तो सचेष्ट हो जाइए।

'कुल्ली भाट' में सात-आठ साल की उम्र से, बँगला में कविता रचने की बात लिखी। सालभर बाद 'वन्दना' के बँगला लेख में उन्होंने जताया कि चवालीस साल की उम्र के बत्तीस साल उन्होंने बंगाल में बिताए हैं, बचपन में उन्होंने अ-आ इ-ई बँगला में सीखी।

पर जब एंट्रेंस में गणित का पर्चा करने बैठे, तब कापी में उन्होंने पद्माकर के कबित्त लिखे। जब स्वामी प्रेमानन्द महिषादल आए, तब बँगला कविता से रिझाने के बदले उन्हें रामायण पढ़कर सुनाई। बँगला की अपेक्षा हिन्दी पढ़ने, लिखने और बोलने में उन्हें ज़्यादा सुविधा होती थी।

पिता की सामाजिक स्थिति प्रतिभाशाली पुत्र के लिए अपमानजनक थी; वैसे ही हिन्दी-भाषी होना, बंगालियों के बीच उनकी हिन्दी-जातीयता भी अपमान का कारण थी। जैसे वह पिता पर गर्व करते और उन्हें अस्वीकार भी करते, वैसे ही वह हिन्दी का पक्ष लेकर बंगालियों से जूझते और अपनी हिन्दी-जातीयता को अस्वीकार करते। इसीलिए उन्होंने कहानी गढ़ी कि आरम्भ में संस्कृत या बँगला में कविता करते थे।

सन् '34 में वह तुलसीदास और रत्नावली की कहानी घोख रहे थे। उस वर्ष 'भक्त और भगवान्' कहानी लिखी; भक्त की पत्नी का नाम रखा सरस्वती। 'तुलसीदास' में रत्नावली को शारदा बनाकर अपने चरितनायक के सामने उतारा।

सन् '36 में जब उन्होंने 'गीतिका' का समर्पण लिखा, तब तक मनोहरादेवी पूरी तरह रत्नावली बन चुकी थीं। उन्हें अपनी हिन्दी काव्य-साधना की मूल प्रेरणा मानकर निराला ने लिखा : "जिसकी हिन्दी के प्रकाश से, प्रथम परिचय के समय, मैं आँखें नहीं मिला सका—लजाकर हिन्दी की शिक्षा के संकल्प से, कुछ काल बाद देश से विदेश, पिता के पास चला गया था और उस हीन हिन्दी प्रान्त में, बिना शिक्षक के, 'सरस्वती' की प्रतियाँ लेकर, पद-साधना की और हिन्दी सीखी थी", इत्यादि।

इस कथा-सूत्र को 'कुल्ली भाट' में उन्होंने और पल्लवित किया। मनोहरादेवी की समझ में वह हिन्दी के पूरे गँवार थे, 'बिलकुल ठोस मूर्ख'। हिन्दी को लेकर पति-पत्नी की बातचीत इस प्रकार हुई :

पति : तुम हिन्दी-हिन्दी करती हो, हिन्दी में क्या है?

पत्नी : जब तुम्हें आती ही नहीं, तब कुछ नहीं है।

पति : हिन्दी मुझे नहीं आती?

पत्नी : वह तो तुम्हारी ज़बान बतलाती है। बैसवाड़ी बोल लेते हो, तुलसीकृत रामायण पढ़ी है, बस! तुम खड़ीबोली का क्या जानते हो?

संवाद के बाद बात पूरी करते हुए निराला ने लिखा कि उनकी पत्नी ने खड़ीबोली के बहुत-से महारथियों के नाम गिना दिये। पर जब मनोहरादेवी ने भजन गाया तो तुलसीदास का। कहानी में निराला खड़ीबोली का ज्ञान पत्नी पर आरोपित कर रहे थे। तब प्रथम महायुद्ध शुरू न हुआ था। खड़ीबोली के बहुत कम कवि प्रसिद्ध हुए थे, गाँवों में प्रसिद्ध होकर पहुँचनेवाले आधुनिक कवि और भी कम थे। मनोहरादेवी डलमऊ की साधारण शिक्षा-प्राप्त 13-14 साल की बालिका थीं। उन्होंने नई-पुरानी हिन्दी का भेद समझकर खड़ीबोली काव्य का समर्थन किया होगा, या सोलह साल के निराला ने, 'हिन्दी में क्या है'—ऐसा प्रश्न किया होगा—इसकी सम्भावना कम है। निराला के अनुसार मनोहरादेवी ने खड़ीबोली के दो गीत गाये :

पहला : अगर है चाह मिलने की तो हरदम लौ लगाता जा।

दूसरा : सासुजी का छोकड़ा, मेरी ठोढ़ी पे रख दिया हाथ।
बहुत गम खा गई नहीं चाँटे लगाती दो-चार।

यदि सच ही मनोहरादेवी ने ये गीत गाये तो इनसे भी उनके आधुनिक हिन्दी-काव्य-ज्ञान का परिचय नहीं मिलता।

निराला को जिस बात ने प्रभावित किया, वह था मनोहरादेवी का मधुर कंठ-स्वर। 'श्रीरामचन्द्र कृपालु भजु मन' सुनकर पहली बार निराला के ज्ञान-नेत्र खुले; उन्हें संगीत के साथ काव्य के अमित प्रभाव का ज्ञान हुआ। यह भजन निराला जीवनभर गाते रहे; इससे अधिक उनके हृदय को प्रभावित करनेवाला दूसरा गीत संसार में न था। मनोहरादेवी गढ़ाकोला में भी रामायण पढ़ा करती थीं। निराला के चाचा दरवाज़े पर बैठे सुनते थे। मनोहरादेवी ने निराला का परिचय खड़ीबोली से नहीं, तुलसीदास से कराया। तुलसीदास को ज्ञान मिला, पत्नी के उपदेश से; निराला को हिन्दीसेवा के लिए प्रवृत्त किया मनोहरादेवी ने!

गवहीं के बाद वह मनोहरादेवी को लेकर महिषादल गए थे। 'कुल्ली भाट' में उन्होंने लिखा कि वह पत्नी को छोड़कर ज्ञान-प्राप्ति के लिए पिता के पास अकेले बंगाल पहुँचे। तुलसीदास अपनी पत्नी को छोड़कर घर से निकले थे, तब निराला मनोहरादेवी को अपने साथ महिषादल कैसे ले जाते? फेल होने पर पिता ने उन्हें घर से निकाल दिया। यह घटना कथा का रस भंग करती थी; निराला ने उसका उल्लेख अनावश्यक समझा। 'सुकुल की बीवी' में उसकी ज़रा-सी झलक दी—फेल होने के समय ज़मींदारों के यहाँ ब्याह में शामिल होने का बहाना करके स्वेच्छा से घर छोड़कर निकल पड़े।

मनोहरादेवी द्वारा पराजित होने पर, कहानी के अनुसार, वह बंगाल में खड़ीबोली की साधना करने लगे। 'सरस्वती', 'मर्यादा' आदि पत्रिकाएँ मँगाकर पढ़ने लगे। रात दो-दो, तीन-तीन बजे तक 'सरस्वती' लेकर एक-एक वाक्य संस्कृत, अंग्रेज़ी और बँगला व्याकरण के अनुसार सिद्ध करने लगे।

हिन्दी का व्याकरण संस्कृत और बँगला से भिन्न है। निराला ने कमाल किया कि उसकी वाक्य-रचना अंग्रेज़ी व्याकरण से भी सिद्ध कर ली। हिन्दी से असन्तुष्ट निराला यह दिखा रहे थे कि संस्कृत-बँगला-अंग्रेज़ी व्याकरण से अधिक परिचित थे; इनकी तुलना में हिन्दी उनके लिए विदेशी भाषा के समान थी! इससे यदि कोई यह समझे कि खड़ीबोली का व्याकरण सीखने के बाद ही उन्होंने हिन्दी लिखना शुरू किया, तो इस भ्रम का खंडन भी उन्होंने कर दिया। 'कुल्ली भाट' में लिखा : "व्याकरण की शिक्षा पूरी करने से पहले 'जुही की कली' लिखी थी, जो व्याकरण की दृष्टि से बाद को पूरी उतरी।"

सोलह साल की उम्र में गवहीं हुई। इसके बाद उन्होंने व्याकरण सीखी। पर सोलह साल की उम्र में उन्होंने 'जूही की कली' भी लिखी थी; इसलिए 'जुही की कली' की रचना पहले, व्याकरण की साधना बाद को।

अपनी गाथा में एक विशेष अध्याय उन्होंने 'जुही की कली' और मुक्तछन्द पर रचा।

'पल्लव' में अपनी कविताओं का रचना-काल देकर पन्त ने सिद्ध किया था कि वह किशोरवय से ही सुन्दर कविताएँ लिखने लगे थे। उन्होंने भूमिका में विशेष रूप से 'उच्छ्वास' के मुक्तछन्द की चर्चा की जिसकी रचना 1921 में हुई थी। सन् '21 तक निराला की जो दो-एक रचनाएँ प्रकाशित हुई थीं, उनमें मुक्तछन्द में एक भी न थी। पर यह कैसे हो सकता था कि मुक्तछन्द का आविष्कार पन्त करें या निराला से पहले छायावादी कविताएँ लिखकर युगप्रवर्तक बन जायँ?

'पन्तजी और पल्लव' में उन्होंने हिन्दी-संसार को सूचित किया कि जब वह 16-17 साल के थे, तभी उन्होंने मुक्तछन्द की सृष्टि कर डाली थी। मुक्तछन्द की सृष्टि करने का कारण यह बताया कि कलकत्ते में पारसी रंगमंच पर हिन्दी नाटकों का भ्रष्ट उच्चारण देखकर उन्हें कष्ट होता था। पर 'जूही की कली' का रंगमंच से कोई सम्बन्ध नहीं है, 'पंचवटी प्रसंग' की तरह उसमें पात्रों का संवाद नहीं है। इसके अलावा जब वह सोलह साल के थे, तब कलकत्ते से उनका सम्पर्क नहीं के बराबर था। अभी तो पत्नी ने उन्हें खड़ीबोली सीखने का उपदेश दिया था, कलकत्ते जाकर पारसी थियेटर देखने का समय उन्हें कब मिल गया?

सन् '20 में जब उन्होंने बंगभाषा के उच्चारण पर लेख लिखा, तब वह मात्रिक छन्दों के पूर्ण भक्त थे। वह बँगला के मुक्त-अमुक्त, सभी तरह के छन्दों को कविता के अयोग्य समझते थे। सन् '22 में वह कलकत्ते आकर जमे, तब उन्होंने हिन्दी-बँगला नाटक देखे। गिरीशचन्द्र घोष के मुक्तछन्द से वह विशेष प्रभावित हुए। तब उन्होंने एक छोटी-सी नाटिका 'पंचवटी प्रसंग' लिखी। 'जुही की कली' जब 'आदर्श' में छपी, तब उसके शीर्षक के नीचे उन्होंने लिखा :

'बँगला छन्द'।

'समन्वय' में जिसने भी 'अनामिका' की समालोचना की, वह निराला से ज़रूर परिचित था। उसने निराला के मुक्तछन्द के प्रेरणा-स्रोत की ओर सही संकेत किया : "बंगाल के नाट्य सम्राट् महाकवि गिरीशचन्द्र ने बड़ी खूबी से ऐसे छन्दों को अपनाया है, जिनमें भाव के अनुसार पंक्तियाँ तो छोटी-बड़ी होती हैं, पर पढ़ने में सभी सुन्दर होती हैं और इसी से छन्दों में एक अनोखी स्वाभाविकता आ जाती है।"

पन्त को गिरीशचन्द्र घोष के मुक्तछन्द की जानकारी न थी। उन्होंने निराला के मुक्तछन्द का सम्बन्ध रवीन्द्रनाथ की तुकान्त रचनाओं से जोड़ा और अक्षर-प्रधान सभी छन्दों को—मात्रिक वृत्तों की तुलना में हेय ठहराते हुए—कबित्त को भी हिन्दी के लिए विजातीय घोषित कर दिया। निराला ने सिद्ध किया कि उनका वर्णिक मुक्तछन्द कबित्तछन्द के आधार पर ही चलता है। कबित्त हिन्दीभाषियों को अत्यन्त प्रिय है, यह सिद्ध करना बहुत सरल था। स्वयं मैथिलीशरण गुप्त ने 'वीरांगना' काव्य का अनुवाद कबित्त की आधी पंक्ति को आधार मानकर किया था। निराला ने स्मरण किया कि कलकत्ते में मिलने पर गुप्तजी ने उनसे कहा था—मेरा भी यही विश्वास है कि मुक्तकाव्य हिन्दी में कबित्तछन्द के आधार पर ही सफल हो सकता है।

गुप्तजी का छन्द अतुकान्त था; पंक्तियों में अक्षरों की संख्या एक-सी थी, इसलिए वह मुक्तछन्द न था। पर कबित्त के आधार पर वह रचा गया था, यह तो स्पष्ट था ही। निराला का मुक्तछन्द उसी कबित्त के आधार पर चलता है और कबित्त की गति हिन्दी के स्वभाव के अनुकूल है—यह सिद्ध करने के लिए उन्होंने मैथिलीशरण गुप्त की राय का हवाला दिया।

पर क्या यह सम्भव था कि अतुकान्त या मुक्तछन्द रचने के लिए निराला से पहले मैथिलीशरण गुप्त ने कबित्त का महत्त्व पहचाना हो? नहीं, यह बिलकुल सम्भव न था। निराला ने लिखा : "गुप्तजी द्वारा किया गया वीरांगना-काव्य का अनुवाद जिन दिनों 'सरस्वती' में निकल रहा था, उन दिनों इस अमित्र छन्द की सृष्टि मैं कर चुका था—मैं कर क्यों चुका था, भाव के आवेश में 'जुही की कली' उन दिनों मेरी कापी में खिल चुकी थी।"

तब वह सन् '22 तक प्रकाशित क्यों न हुई? इसलिए कि महावीरप्रसाद द्विवेदी ने उसे वापस कर दिया था। निराला का प्रवेश हिन्दी-संसार में और पहले न हुआ तो इसके लिए पितृतुल्य आचार्य द्विवेदी ही उत्तरदायी हो सकते थे। 'जुही की कली' वापस करते हुए उन्होंने लिखा : "आपके भाव अच्छे हैं, पर छन्द अच्छा नहीं। इस छन्द को बदल सकें तो बदल दीजिए।"

कल्पना कीजिए कि 'मसल दिये गोरे कपोल गोल' आदि पंक्तियों के भाव द्विवेदीजी को पसन्द थे, केवल छन्द पर आपत्ति थी। पर 'पंचवटी प्रसंग' पर द्विवेदीजी ने सम्मति भेजी थी कि "90 फीसदी हिन्दीवाले इस छन्द को अच्छी तरह पढ़ न सकेंगे, पर चीज़ नई है। अगर इसका आदर हो तो आगे भी इसी छन्द में कुछ लिखिएगा। मुझे तो रचना ललित और भावपूर्ण जान पड़ती है।" यदि द्विवेदीजी मुक्तछन्द के विरोधी होते तो निराला को यह सलाह न देते कि इस छन्द का आदर हो तो आगे भी उसमें लिखिएगा।

'पन्तजी और पल्लव' में कुछ दूर आगे चलकर स्वयं निराला ने द्विवेदीजी को मुक्तछन्द सुनकर प्रसन्न होते दिखाया। लिखा : "पूज्यपाद द्विवेदीजी महाराज ने भी इसे मेरे मुख से सुना है और उस समय की उनकी प्रसन्नता ने मुझे सफलता का ही विश्वास दिलाया।" इससे भी स्पष्ट है कि द्विवेदीजी ने मुक्तछन्द का विरोध—कम-से-कम '22-23 तक—न किया था।

पर निराला ने 'जुही की कली' उन्हें भेजी कब? अवश्य ही सन् '20 से पहले, क्योंकि निराला को यह याद था कि सन् '20 में उन्होंने साहित्य-सेवा से अवकाश ग्रहण किया था। सन् '21 में वह उनसे दौलतपुर में मिलने गए ही थे। पर सन् '20 में जब बंगभाषा के उच्चारण पर उन्होंने अपना लेख द्विवेदीजी के पास भेजा, तभी उन्होंने उन्हें अपना पहला पत्र भी लिखा। आशा प्रकट की कि "बंगप्रवासी एक अपरिचित सन्तान के परिश्रम को आप सफल करेंगे।" 26 अगस्त, सन् '20 से पहले वह द्विवेदीजी के लिए अपरिचित सन्तान थे। स्पष्ट है कि इससे पहले उन्होंने 'जुही की

कली' उनके पास भेजी न थी। यदि सोलह साल की उम्र में वह कवि हो गए थे तो छह साल तक हिन्दी संसार में उनका प्रवेश रोकनेवाले महावीरप्रसाद द्विवेदी नहीं थे।

निराला जिस समय 'पन्तजी और पल्लव' में द्विवेदीजी द्वारा 'जुही की कली' के वापस किये जाने की कहानी लिख रहे थे, उस समय द्विवेदीजी जीवित थे। निराला को ज्ञान होता कि यह झूठी कहानी है तो अवश्य उसे न लिखते। पर वह अपनी कल्पना को सत्य मान रहे थे, इसलिए पूर्ण आत्मविश्वास से उन्होंने कहानी लिख डाली थी।

निराला ने गाथा का चौथा अध्याय रचा 'मतवाला'-मंडल के बारे में। महादेवप्रसाद सेठ, मुंशी नवजादिकलाल से शिवपूजन सहाय की अनबन, साल के भीतर ही उनका 'मतवाला' छोड़ना, 'भावों की भिड़न्त' के बाद निराला से महादेवप्रसाद सेठ का मनमुटाव साल-भर तक उसमें उनकी रचनाओं का न छपना, 'मतवाला' में फिर शामिल होना, फिर छोड़ना, मुंशीजी द्वारा कमरे का किराया माँगा जाना, निराला का निकलना, महादेवप्रसाद सेठ का उग्र के वश होना, नवजादिकलाल श्रीवास्तव से महादेवप्रसाद सेठ की लड़ाई—निराला ने इन सब बातों पर कभी न लिखा, न किसी से कुछ कहा। अपने साथ दुर्व्यवहार की जितनी भी घटनाएँ हुईं, उन सब पर उन्होंने पर्दा डाला। 'मतवाला'-मंडल से कुछ समय तक उन्हें अपूर्व स्नेह मिला। 'मतवाला' द्वारा उन्हें ख्याति का आनन्द मिला। 'मतवाला'-काल कलकत्ते में उनका रोमांसकाल भी था। इन सब कारणों से वह 'मतवाला' से अपना सम्पर्क रँग-चुनकर पेश करते थे; उनकी स्वप्नशील आँखों में वह समय उनके जीवन का स्वर्ण-युग था।

'पन्तजी और पल्लव' में उन्होंने लिखा कि उन्हें हिन्दी-संसार के सामने लाने का सबसे अधिक श्रेय महादेवप्रसाद सेठ को है। वह उनकी कविता के हृदय से प्रशंसक हुए। निराला जब यह लिख रहे थे, तब 'मतवाला' से अलग थे, काम की तलाश में दर-दर भटक रहे थे, महादेवप्रसाद सेठ 'उग्र' की किताबें छापे जा रहे थे, निराला की गद्य-पद्य की कोई पुस्तक 'अनामिका' के बाद उन्होंने न छापी थी। निराला ने यह सब 'पन्तजी और पल्लव' में न लिखा।

जब महादेवप्रसाद सेठ न रहे, तब निराला के कल्पनालोक में उनकी मूर्ति और भी भव्य हो उठी। उन्होंने उन पर कविता लिखने का विचार किया, पर सरस्वती देवी ने कृपा न की। तब उन्होंने अपना कविता-संग्रह उनकी स्मृति को समर्पित करने का विचार किया। शिवपूजन सहाय से उन्होंने परिवर्द्धित 'अनामिका' के लिए महादेवप्रसाद सेठ पर नोट लिखने को कहा। 'मतवाला' और निराला के सम्बन्ध पर वह क्या लिखें, यह भी अपनी तरफ से उन्होंने उन्हें बता दिया। "कवि निराला को सेठजी ने ही हिन्दी में रखा है, 'मतवाला' निकालने का एक उद्‌देश्य उनकी कविता निकालना भी था, उसके प्रति सेठजी के भाव-विचार आदि थोड़े में लिखिए।"[2]

शिवपूजन सहाय ने 'मतवाला' और निराला के बारे में बहुत-कुछ लिखा, पर उन्होंने यह कहीं न लिखा कि महादेवप्रसाद सेठ ने 'मतवाला' इसलिए निकाला कि

उसका एक उद्देश्य निराला की कविताएँ प्रकाशित करना था। यह उद्देश्य निराला ने महादेवप्रसाद सेठ पर आरोपित किया था। परिवर्द्धित 'अनामिका' के प्राक्कथन में उन्होंने लिखा : "वे न होते तो 'निराला' भी न आया होता।"

'मतवाला' के साथ कलकत्ते का अभिन्न सम्बन्ध था। निराला के मन में 'मतवाला' जितना भव्य था, उतना ही कलकत्ता। कलकत्ते की गरिमा से अवध के दरिद्र हिन्दीभाषियों में वह अपने को काफी गौरवान्वित करते थे। वास्तविकता यह है कि कलकत्ते में बार-बार उन्हें अपमानित होना पड़ा। उनके श्रम का सबसे भयंकर शोषण कलकत्ते में हुआ। वहाँ से कई बार भागकर उन्हें काशी, लखनऊ, गढ़ाकोला या डलमऊ आना पड़ा। उनके चरित्र की अनेक कमज़ोरियाँ भी सबसे ज़्यादा उभरकर कलकत्ते में सामने आईं।

निराला ने कलकत्ते से बहुत-कुछ पाया, महादेवप्रसाद सेठ उनकी ख्याति में सहायक हुए—यह बात अलग है। यहाँ प्रश्न है महादेवप्रसाद सेठ, 'मतवाला' और कलकत्ते के बारे में एक भव्य गाथा रचने का। इस गाथा में निराला ने जो चित्र आँका, वह अतिरंजित था।

निराला की इस गाथा के अन्तिम अध्याय का सम्बन्ध है उनके जन्म संवत् से।

किस सन्-संवत् में निराला का जन्म हुआ?

11 जनवरी, सन् '21 को उन्होंने महावीरप्रसाद द्विवेदी के नाम अपने पत्र में उम्र लिखी थी—22 साल। इस हिसाब से उनका जन्म हुआ 1899 में।

सन् '26 के अन्त में रामनरेश त्रिपाठी को अपने परिचय में उन्होंने जन्मतिथि बताई माघ सुदी 11, संवत् 1955। उस दिन मंगल था, अंग्रेज़ी की 21 फरवरी, सन् 1899।

सन् '33 में उन्होंने मिश्रबन्धुओं को जन्म संवत् बताया 1955।

ये तीनों उल्लेख उस समय के हैं, जब उनका मन अपेक्षाकृत सन्तुलित था। इन तीनों उल्लेखों में परस्पर कहीं विरोध नहीं है। इसलिए उनके जन्म का संवत् 1955, सन् 1899 ही सही है। जन्मतिथि—माघ सुदी 11, मंगलवार, 21 फरवरी।

महिषादल स्कूल के रजिस्टर में उनके भर्ती होने की तारीख है 13 सितम्बर, 1907। उस दिन उम्र—10 साल 8 महीने। इस हिसाब से उनका जन्म होना चाहिए सन् 1896 या 1897 में।

उपर्युक्त तीन उल्लेखों के मुकाबले स्कूल-रजिस्टर में लिखी आयु प्रामाणिक नहीं मानी जा सकती। रजिस्टर में उनके जन्म का साल, महीना या तारीख नहीं लिखी गई। जो भर्ती कराने गया था, उसने हिसाब लगाकर उम्र बता दी। या तो हिसाब लगाने में गलती हुई या रामसहाय तेवारी ने उम्र दो साल बढ़ाकर बताई। एक बात निश्चित है कि जनवरी, सन् '21 में, जब उन्होंने शरीर की ऊँचाई के आधे इंच का भी हिसाब रखा था, उनकी उम्र का खाता दुरुस्त था; और सन् '26, सन् '33 में वह अपना जन्म संवत् 1955 का ही मानते आए थे।

सन् '27-28 में वह अपना रचना-काल पीछे ठेलने लगे थे। 'जुही की कली' का सृजन-काल सन् '21 से पहले निश्चित किया था। यह सब वह कितने निर्दोष भाव से कर रहे थे, इसका एक प्रमाण यह है कि सन् '33 में इन्होंने जब 'स्वामी सारदानन्दनजी महाराज और मैं' लिखा, तब 'सरस्वती' में प्रकाशित अपने गद्य-लेख का रचनाकाल भी एक साल पीछे ठेल दिया : "जब 1919 में हिन्दी और बँगला के व्याकरण पर लिखा हुआ मेरा लेख शुद्ध कर, 'सरस्वती' में छापकर 1920 में उन्होंने साहित्य-सेवा से अवसर ग्रहण किया।"

वास्तविकता यह कि लेख उन्होंने भेजा अगस्त, 1920 में। कोई भी 'सरस्वती' की फाइलें पलटकर देख सकता था कि लेख 1919 में नहीं, 1920 में छपा है। निराला जान-बूझकर कहानी गढ़ते तो झूठ के ज़ाहिर होने से डरते और कम-से-कम इस तरह आसानी से पकड़ में आनेवाला झूठ न बोलते। पर उन्हें विश्वास हो गया था कि गद्य-रचना 1919 की थी; इसलिए वैसा लिख भी दिया।

रामशंकर शुक्ल निराला से 3-4 साल बड़े थे। उम्र की बात चलने पर निराला कहते : 'बसि, सालु खांडू बड़े हौ।' दूसरों की उम्र कम करके उन्हें बराबरी के स्तर पर खींच लाना, अपनी उम्र बढ़ाकर दूसरों में बड़े बनना—यह रुझान उनमें था। 3 मई, 1924 के 'मतवाला' में सुमित्रानन्दन पन्त पर उनका लेख निकला। इसमें उन्होंने लिखा था : "पन्तजी की उम्र इस समय बाईस साल की है। आपका जन्म अल्मोड़ा प्रान्त में, 1902 में हुआ था।"

पन्तजी का जन्म हुआ था 20 मई, 1900 को।

निराला के हिसाब में उन्हें दो साल छोटा कर दिया गया था।

'सुकुल की बीवी' कहानी-संग्रह की अन्तिम कहानी 'क्या देखा' के नीचे एक नोट है : 'यह मेरी पहली कहानी है। 1922 ई. में 'मतवाला' के कई अंकों में निकली थी।'

पर 'मतवाला' का प्रकाशन शुरू हुआ था अगस्त, सन् '23 में। यहाँ भी उन्होंने कहानी का रचनाकाल साल-भर पहले कर लिया था।

'कला की रूपरेखा' में—1936 के प्रारम्भ में—उन्होंने अपनी उम्र चालीस बताई, वाचस्पति पाठक की अट्ठाईस। यहाँ उन्होंने अपनी उम्र दो-तीन साल बढ़ाकर बताई।

'कुल्ली भाट' लिखते समय—1938 में—उन्होंने अपनी 42 साल की उम्र का उल्लेख किया। सन् '40 में 'वन्दना' वाले लेख में अपने को 44 का बताया।

सन् '36 में चालीस के, '38 में बयालीस के, '40 में चवालीस के। सन् '47 में स्वर्णजयन्ती के लिए पचास के!

उम्र बढ़ाने की सब कार्रवाई बाद के वर्षों की है; शुरू में वह जितने साल के थे, उतने का ही उल्लेख करते थे। पर गाथा के इस अध्याय का सबसे दिलचस्प अंश सन्-संवत् से नहीं, तिथि से सम्बन्धित है। उन्होंने देखा कि दुलारेलाल भार्गव

वसन्तपंचमी को अपना जन्मदिवस मनाते हैं। उन्होंने निश्चय किया कि वह भी वसन्तपंचमी को ही पैदा हुए थे। वसन्तपंचमी सरस्वती-पूजा का दिन, निराला सरस्वती के वरद पुत्र; वसन्तपंचमी को न पैदा होते तो कब पैदा होते?

नामकरण-संस्कार से लेकर जन्मदिवस तक निराला ने अपना जन्मपत्र नये सिरे से लिख डाला।

बाद को उनके मन में जो असन्तुलन पैदा हुआ, उससे इस गाथा-रचना-प्रकिया का सहज सम्बन्ध है।

विक्षेप-अर्द्धविक्षेप?

प्रारम्भ में निराला के व्यवहार में जो असाधारणता थी, उस पर बहुत कम लोगों ने ध्यान दिया था। बातचीत में वह कभी-कभी उत्तेजित हो जाते थे; 'मतवाला'-कार्यालय में मुंशी नवजादिकलाल उन्हें छेड़ते थे और महादेवप्रसाद सेठ उत्तेजित निराला की बातचीत का आनन्द लेते थे। इसके अलावा अपनी महत्ता के बारे में अपने विचार वे छिपाते न थे, वरन् रवीन्द्रनाथ से स्पर्धा का भाव वह सबके सामने प्रकट कर देते थे। आचरण में थोड़ी-सी उच्छृंखलता थी जो कलकत्ते में विशेष ध्यान देने की बात न थी। निराला के लिखने-बोलने में एक विशेषता यह थी कि वह बीच-बीच में कूट शैली का प्रयोग करने लगते थे जो लोगों की समझ में न आती थी। सन् '21 में महावीरप्रसाद द्विवेदी को—अक्षर हूँ, न साक्षर और न निरक्षर—लिखकर वह इस कूट शैली का परिचय दे चुके थे। भाग्य ने उनके साथ अन्याय किया है, यह भाव उस समय भी उनके मन में था। कल्पित या वास्तविक अन्याय के प्रति रोष के क्षणों में वह इस कूट शैली का प्रयोग करते थे। उस रोष के साथ शोक, भय, हास्य आदि अनेक भावों का मिश्रण होता था।

'मतवाला' में नवजादिकलाल श्रीवास्तव के नाम से निराला की प्रशंसा नें जो लेख निकला, उसमें निराला के युगान्तरकारी रूप, उनके अखिल भारतीय महत्त्व का चित्र उनके संकेत पर ही मुंशीजी ने खींचा था। 'भावों की भिड़न्त' के जवाब में मुंशीजी के नाम से जो दूसरा लेख 'मतवाला' में प्रकाशित हुआ, उसमें निराला ने बालकृष्ण शर्मा 'नवीन' पर आवेश में आने का आरोप लगाया; 'तुम' न लिखना चाहिए, 'आप' लिखना चाहिए, इस बात का उन्हें ध्यान न रहा। लेख मुंशीजी का लिखा होगा, पर उसमें दिये तर्क निराला के हैं और नवीन पर आवेश में आने का आरोप निश्चय ही उनका है। इस लेख की तैयारी के समय निराला का मन विचलित था। वह स्वयं आवेश में थे। 'प्रभा' का लेख उन्हें घोर अन्यायपूर्ण लग रहा था! मुंशीजी के लिखे उत्तर में भी उनके मन की झलक साफ़ है।

'मेरे गीत और कला' में भिक्षुक के प्रति अपनी कविता से कुछ पंक्तियाँ उद्धृत करने के बाद उन्होंने उसके श-ण-व-ल-हीन सौन्दर्य पर प्रकाश डाला, फिर लिखा : "मुहावरा, अनुप्रास और चित्र देखिए, पर यह भी कला नहीं, पर देखिए। मुझे आवेश नहीं। यह मेरा सीधा ढंग है।"

आवेश में आने पर उस स्थिति को अस्वीकार करना उनके लिए बहुत स्वाभाविक था। यह क्रिया 'मतवाला' के लेख में भी सम्पन्न हुई थी।

आवेश में आने के अलावा विरोधियों के बारे में अद्भुत कल्पनाएँ करके वह मन-ही-मन—अथवा प्रकट—हँसते थे, यह 'पन्तजी और पल्लव' में महावीरप्रसाद द्विवेदी वाले प्रसंग से मालूम होता है। आचार्य के सोते समय छायावादी कवि 'उनकी नासिका के रन्ध्र में लांगूल करके उन्हें जगा देते थे,—इस तरह की कल्पनाओं से वह अन्याय का प्रतिशोध लेते थे।

जब वह काशी विश्वविद्यालय की हिन्दी सभा में भाषण कर रहे थे, तब वह सहसा उत्तेजित हो उठे थे और अयोध्यासिंह उपाध्याय सभा से चले गए थे। नन्ददुलारे वाजपेयी ने उनका अचानक उत्तेजित हो उठना देखा था।

हेमचन्द्र जोशी ने अपने लेखों में उनकी उत्तेजना के लिए काफी सामग्री प्रस्तुत की। निराला ने पहले 'कला के विरह में जोशीबन्धु' लिखा। इसमें एक अद्भुत कल्पना उन्हें विशेष रूप से हँसानेवाली थी—महमूद बकरे की पूँछ की तरफ से छुरा भोंकने लगे; लोगों के रोकने पर बोले—बकरा मेरा है, मैं इसे पूँछ की तरफ से जिबह करूँगा।

1931 में हेमचन्द्र जोशी ने जब छायावादी कवियों और विशेष रूप से निराला पर आक्रमण करते हुए 'माधुरी' में—कूप-मंडूकों के फुदकने-टर्राने के रूपक वाला—लेख लिखा तब उससे निराला बहुत उत्तेजित हुए। इसका उत्तर उन्होंने 'वर्तमान धर्म' द्वारा दिया और इस लेख में उन्होंने अपनी कूट शैली का भरपूर प्रयोग किया : हेमा क्या है? हेम या गौरवर्ण गंगा यानी बड़े भाई साहिबा हेमचन्द्र। इला क्या है? श्यामा यमुना यानी छोटे भाई साहिबा इलाचन्द्र। बीच में क्या है? ज्ञान-राशि सरस्वती, जो न थी और होगी न होगी ऐसी। जैसे दिल्ली का भाड़ झोंकना, ज्ञान नहीं ज्ञान है। है-है और नहीं-नहीं। कहिए जनाब, हम लोग न छायावाद जानते हैं, न वमनवाद जानते हैं। एक दूसरा रूप कहता है, ऐसा नहीं भैंसा जैसे। उसकी दो साँसें हों, एक निःश्वास और दूसरा प्रश्वास, दोनों के बीच में न 'धड़ास' और न 'फड़ास' अर्थात् न कविन्यास और न 'उपिन्यास'; बस, गतश्वास—गतश्वास, मौत! वह मौत गधा भी जानता है, इसीलिए काँपता है यानी मानता है। और सुनिएगा?

निराला सुना रहे थे; कूट भाषा में अपना उग्र रोष प्रकट कर रहे थे। रोष के साथ हास्य उन्हें गुदगुदा रहा था, और वह मौत की बात भी सोच रहे थे, तमाम हास्य-रोष के नीचे कहीं गूढ़ वेदना उनके मन को मथ रही थी। बनारसीदास

चतुर्वेदी ने आन्दोलन चलाया और इस बात का खूब प्रचार किया कि निराला को मस्तिष्क-विकार है।

इस समय उनकी पुत्री बहुत बीमार थी। कई महीने से रायबरेली के अस्पताल में थी। निराला को नींद न आती थी, बाल कटवा दिये थे। बहुत परेशान थे। ऐसे में 'रँगीला' साप्ताहिक का सम्पादन करना पड़ा। उसमें उनकी अनियंत्रित शब्द-क्रीड़ा व्यक्त हुई—लेखक के लिए हिदायत की कि शिष्ट पोषक मिष्ट-इष्ट-दिष्ट होकर हास्य-सृष्ट साहित्य भेजें। 'कृष्णजी का विवाह' कहानी में गूढ़ हास्य और कूट भाषा का प्रयोग किया।

सन् '34 में ज्योतिप्रसाद मिश्र 'निर्मल' का लेख पढ़ने पर उन्होंने उत्तेजित होकर उन्हें चमरौधे से पीटने की धमकी दी थी। बातचीत में वह हिन्दीवालों के अन्याय की कल्पना से क्रुद्ध हो जाते थे। उन्होंने हिन्दी-जातीयता को त्यागने की धमकी भी दी थी। रात को टहलना, हँसी दबाना, फिर फू-फू करके हँसना, दूसरे उन पर हँस रहे है, यह सोचकर अकारण किसी पर शक करना, एक गुप्त त्रास की भावना, पुलिस उन्हें फँसाने को घर में बम न रख गई हो, यह सोचकर सहमना—यह सब '34-35 के निराला के व्यवहार में दिखाई देता था।

सन् '35 में सरोज की मृत्यु से उनके मन को जीवन का सबसे बड़ा धक्का लगा। वह शरीर के जर्जर होने की बातें कहते। उन्होंने शिवपूजन सहाय को लिखा था : "बिजली के धक्के लगते हैं।" मन के आघातों को वह शरीर पर झेले हुए बिजली के धक्के-जैसा महसूस करते थे।

उसके बाद 'कुल्ली भाट' और 'कुकुरमुत्ता' के दिन आए, जब उनके हास्य के नीचे उनकी वेदना, उनका रोष छिपा होता था। युद्धकालीन परिस्थितियों में उनका जीवन बहुत अस्त-व्यस्त रहा। वह राज लेने-देने की बातें करने लगे। कर्वी की बीमारी के बाद इम्पीरियल आनर, शेरों से लड़ाई, विदेश-यात्रा—यह सब शुरू हो गया।

जीवन के अभावों की पूर्ति निराला कल्पना से करते थे। सबसे बड़ा अभाव सम्पत्ति का। इसी से वह विश्वविद्यालय में पढ़ न सके, विदेश-यात्रा के लिए न जा सके, विश्व-कवि के रूप में विख्यात न हुए। सब अभावों की जड़—सम्पत्ति का अभाव। सम्पत्ति का सबसे स्थूल रूप इमारतें और रुपया। इसलिए लाखों का हिसाब, करोड़ों की इमारतें। दिलचस्प बात है, किसी से उन्होंने यह नहीं कहा कि महिषादल के राजभवन उन्हीं के हैं। उनकी निगाह लक्षपतियों की हवेलियों पर थी।

दूसरा अभाव ख्याति का। विख्यात लोगों में सबसे बड़े नाम—जवाहरलाल नेहरू और रवीन्द्रनाथ ठाकुर। इन्होंने जितने काम किये, वे सब निराला को भी करने चाहिए।

तीसरा अभाव विद्या का। इसलिए डॉ. सैयद हुसेन डी.लिट्. । विद्या में अंग्रेज़ी का महत्त्व सर्वोपरि—इसलिए वह डी.लिट्. अंग्रेज़ी के, लन्दन से। निराला अधिकतर अंग्रेज़ी बोलते, उसी अभाव की पूर्ति के लिए। प्रोफ़ेसरों का सम्मान था। निराला

विज्ञान में अपने अनुसंधान से विरोधियों का सामना कर रहे थे, विज्ञान के एक छात्र को शेक्सपियर पढ़ा रहे थे।

चौथा अभाव प्रतिष्ठित परिवार में जन्म लेने का। निराला उस हीन-स्थिति से निकलने के लिए अपना नाम बदलते, अपने जन्म और पिता के बारे में नई-नई कल्पनाएँ करते।

पाँचवाँ अभाव—वह गृहत्यासी संन्यासी न बन पाए। निराला संन्यासी वेश में, अथवा अपनी लुंगी लपेटे अपनी कल्पनाओं या आचरण से उस अभाव को भी पूरा करते।

इन सब सपनों के साथ त्रास की भावना जुड़ी हुई थी। त्रास से बचने के लिए वह अपनी महिमा के भव्य स्वप्न रचते थे और महिमा के भव्य स्वप्न पूरे न होने पर त्रास के दुःस्वप्न रचते थे। दोनों का परस्पर गहरा सम्बन्ध था। लोग उनका पीछा कर रहे हैं, उन्हें अपमानित करते हैं, उन पर हँस रहे हैं, अपना बड़प्पन दिखाते हैं, उनका राज लेकर उन्हें षड्यंत्र में फँसाना चाहते हैं, इस तरह का भय उन्हें सताता था।

साधारणत: निराला अपने दिवास्वप्नों की बातें अपने साहित्य में न आने देते थे, पर सन् '38 से जहाँ-तहाँ साहित्य में भी उनकी झलक आने लगी।

सन् '41 में उन्होंने एक कहानी लिखी : 'जानकी'। इसमें उन्होंने अपने को अखिल भारतीय कम्युनिस्ट-नेता के रूप में कल्पित किया। अधिकतर वह अपने को कांग्रेस नेताओं के पथदर्शक के रूप में देखते थे, ए.आई.सी.सी. में अपने भाषणों की बात करते थे। यह अकेली कहानी है जिसमें उन्होंने अपने को कम्युनिस्ट-नेता के रूप में देखा है।

कहानी में उन्होंने साम्यवाद से अपना सम्बन्ध कलकत्ते के प्रारम्भिक जीवन से जोड़ा। वहाँ उनकी मुलाकात कम्युनिस्ट-नेता मुजफ़्फ़र अहमद से हुई थी, इसका उल्लेख पहले हो चुका है। कहानी में उन्होंने एक महिला मिस रोज़ को अवतरित किया। वह कालेज स्ट्रीट, कलकत्ता की एक सेकेंडहैंड किताबों की दुकान में अनुवादित रूसी पुस्तकों की खपत देख रही थीं। "उस रोज़ उनकी आँख पर चढ़नेवाला पहला आदमी मैं था। इतने से निश्चय बँध जायगा कि मैं इस साहित्य का प्राचीन सहोदर हूँ।" मतलब यह कि रूस और साम्यवाद का साथ वह कलकत्ते के दिनों से दे रहे हैं।

आगे लिखा कि साम्यवाद के लिए उन्होंने जो कुछ किया, उसे केवल सम्पूर्णानन्द समझ सकते थे—वह समाजवादी लेखक-प्रचारक के रूप में प्रसिद्ध हुए थे—पर निराला की कृति पर साहित्य का नकाब पड़ा था, इसलिए उन्होंने उसे देखा ही नहीं। कांग्रेस-सोशलिस्टों और कम्युनिस्टों में भेद करते हुए निराला ने अपने को सम्पूर्णानन्द का समसामयिक घोषित किया और लिखा : "अभी उस रोज़ फैसला हुआ कि मैं उनका समसामयिक हूँ।" (किसने फैसला किया, कहाँ

किया—इन प्रश्नों का उत्तर देना निराला ने अनावश्यक समझा। फैसला हुआ—इतना काफी है; और फैसला यह कि जब से सम्पूर्णानन्द ने राजनीति के क्षेत्र में काम शुरू किया, तभी से निराला ने।) "इधर, नौजवानों के साथ रहने के कारण, एक कदम और आगे बढ़ गया हूँ, यानी कम्युनिस्ट हूँ। कांग्रेस सोशलिस्ट के नाम से हमें झेंप आती है।" यह लड़ाई जनता की लड़ाई है, हमें हर हालत में रूस का साथ देना है, यह बताने के बाद उन्होंने लिखा : "भारत सरकार हमसे सहमत है, हमारे खिलाफ़ जब तक हम इस उसूल पर हैं, उसकी कोई कार्रवाई न होगी।" स्पष्ट ही यहाँ त्रास की भावना काम कर रही थी; उन्हें भय था कि सरकार उनके पिछले राजनीतिक जीवन के कारण उन्हें पकड़ लेगी। पर युद्ध का जनता की लड़ाई मानने और रूस का साथ देने से सरकार कुछ न करेगी।

देश में कम्युनिस्ट-कार्य-संगठन के बारे में लिखा : "बम्बई हमारे प्रचार का प्रधान केन्द्र है। हमारे कई अखबार भी निकलने लगे हैं। हिन्दुस्तान में हमने केन्द्र बनाये हैं। हर केन्द्र में आदमी रहेगा और उसकी परिधि में आनेवाले नगर और गाँवों में कम्युनिज्म के सिद्धान्तों का प्रचार करेगा। मुझे दक्षिण प्रान्त के कुछ ज़िले मिले हैं।"

इस राजनीतिक भूमिका के बाद कहानी में एक महिला फिर अवतरित हुई। जहाँ वह ठहरे थे, वहाँ एक अध्यापिका आई। जैसे एक युग बदल गया, जैसे निराला के मन की मूर्ति सामने आ गई हो, जैसे निराला का कुल स्वत्व उसने खींच लिया हो! क्या यह वही लड़की है जिसे आरम्भ में उन्होंने मिस रोज़ कहा था? "अब यह जवान नहीं, अधेड़ है; आधे बाल पक चुके हैं, चेहरे पर कुछ झुर्रियाँ भी पड़ रही हैं, पर कितनी दृढ़ता! उसमें ऐसी दृढ़ता नहीं थी, सिर्फ चेहरा मिलता है। बीस साल हो गए। तब इसकी मुश्किल से बीस की उम्र थी लेकिन वह मर चुकी है, और यह ज़िन्दा है।"

कलकत्ते की कोई स्त्री जिसकी ओर उनका मन कभी खिंचा था, संसार में नहीं थी। उससे मिलती-जुलती शक्ल की स्त्री को देखकर उन्हें लगा—यह वही स्त्री है, मरकर भी मानो ज़िन्दा है। उनकी कल्पना स्मृति-पट के धुँधले चित्र उभारकर उन्हें दूसरों पर आरोपित कर रही थी। काम-भावनाएँ कल्पना को उकसा रही थीं। इच्छापूर्ति के साथ शोक का भाव जुड़ा था कि वह मर चुकी है और इसके आधे बाल पक चुके हैं। इसके साथ राजनीतिक त्रास—सरकार उन्हें पकड़ न ले; इच्छापूर्ति—वह अब युद्ध के समर्थक, कम्युनिस्ट प्रचारक हैं।

सन् '43 में उन्होंने 'स्वामी प्रेमानन्दजी महाराज और मैं' कविता लिखी। इसमें और बातें तो 'भक्त और भगवान' कहानी-जैसी थीं, अपनी हीनता और प्रेमानन्द की दिव्यता की बातें उन्होंने नई जोड़ीं।

प्रेमानन्द जब मैनेजर के यहाँ भोजन करने बैठे, तब ब्राह्मणों ने आपत्ति की कि वह संन्यासी होने से पहले कायस्थ थे; वे कायस्थों के साथ बैठकर न खाएँगे।

इससे विकट बात यह हुई कि पश्चिमीय युवक की तरफ उँगली उठाकर एक ब्राह्मण ने कहा :

ऐसा भी आदमी पंक्ति में बैठाला गया
जिसके माँ-बाप का पता आज तक न लगा।

मामला शान्त होने पर स्वामीजी ने कहा कि पहले युवक को परोसा जाय, उसके बाद औरों को।

इसके बाद प्रेमानन्द कृष्ण-मन्दिर की ओर चले। उन्हें बताया गया कि :

पश्चिमीय के लिए सदा का निषेध रहा
मन्दिर-प्रवेश में।

इस पर स्वामीजी के शरीर से एक ज्वाला-सी निकली। जिस ब्राह्मण ने पश्चिमीय प्रेरक का अपमान किया था, उसने देखा : 'श्रीकृष्णजी स्वामीजी में आ गए।' ब्राह्मण को विश्वास न हुआ; बालों को रगड़कर फिर से देखा :

कृष्णजी की नीलकान्ति
ज्योतिर्मयी घनीभूत स्वामीजी की देह में।
आनन्द के परमाणुओं का फव्वारा छूटा।

इसके बाद दूसरा चमत्कार यह हुआ कि :

ज्योति की-सी रेखा से
स्वामीजी के साथ पश्चिमीय का शरीर बँधा।

निराला ने रामकृष्ण परमहंस की जीवनी में जिन चमत्कारों का वृत्तान्त पढ़ा था, उन-जैसे चमत्कारों की कल्पना वह अपने जीवन को लेकर कर रहे थे। इन चमत्कारों का सम्बन्थ उनके लांछित, अपमानित होने की भावना से था। उन्हें क्षुद्र जन समझकर मन्दिर में जाने से रोका गया; स्वामीजी ने दिखा दिया कि उनके शरीर में श्रीकृष्ण हैं और उस ज्योति से वह अपमानित पश्चिमीय युवक भी बँधा है।

जब स्वामीजी मन्दिर में गए, तब वह युवक बाहर खड़ा रहा। स्वामीजी ने चलते समय कहा कि "मैं वही हूँ बाहर खड़ा है जो।" इस तरह स्वामीजी के व्यक्तित्व से बँधकर निराला कल्पना के सहारे अपमान और तिरस्कार से ऊपर उठे।

'राम की शक्तिपूजा' में महाशक्ति राम के बदन में लीन हुई थी। वैसे ही यहाँ श्रीकृष्ण की ज्योति स्वामी प्रेमानन्द में लीन हुई। कविता के काल्पनिक चित्रों और असन्तुलित मन के दिवास्वप्न में थोड़ा ही फासला था। दोनों की प्रेरक-शक्ति एक थी—पराजित राम की ग्लानि, पश्चिमीय युवक के अपमानित होने की भावना। दोनों में रंग भरे निराला के चमत्कार-सम्बन्धी विश्वासों ने।

'राम की शक्तिपूजा' में कुछ वर्ष पहले 'स्वामी सारदानन्दजी महाराज और मैं' में उन्होंने लिखा था : "इसके बाद एक दिन स्वप्न देखा—ज्योतिर्मय समुद्र है, श्यामा की बाँह पर मेरा मस्तक है, मैं लहरों में हिल रहा हूँ।"

सन् '33 में इस तरह की चमत्कारी बातों को स्वप्न में देखी कहकर वह पाठक के मन का सन्देह मिटा देते थे। स्वप्न और यथार्थ का यह भेद क्रमश: कन होता गया। इससे साल-भर पहले 'सुधा' में प्रकाशित 'अर्थ' नाम के लेख में उन्हीं स्वामी सारदानन्द के लिए लिखा था : "उनका शरीर रामकृष्णमय हो गया है, मैं उनका यंत्र हूँ।

बात साधारण मालूम होती है, पर इसी का पल्लवित-रूप सन् '43 का वह दिवास्वप्न है जिसमें कृष्ण की ज्योति स्वामी प्रेमानन्द में मिल गई और उस ज्योति से पश्चिमीय युवक भी बँध गया। निराला एक ही घटना का वर्णन जब दूसरी-तीसरी बार करते तो उनमें उस समय की अपनी मानसिक स्थिति के अनुसार कुछ जोड़ देते। 1927 में उन्होंने 'समन्वय' में स्वामी सारदानन्द पर लेख लिखा था। उसमें एक घटना का जिक्र किया था। सर में दर्द था, स्वामीजी ने अंगूठे और उँगली के बीच माथा दबाकर आगे की ओर खींचा। दर्द चला गया। "उतनी प्रसन्नता मुझे जीवनभर कभी नहीं मिली।" सन् '32 में जब 'अर्थ' लिखा तब स्वामी सारदानन्द से अपना आध्यात्मिक सम्बन्ध और प्रकट किया—किताब पढ़ता था तो अक्षर दिखाई न देते थे : "वह आँखें मूँद लेते थे।" उनकी सरस्वती निराला में परिणत होकर कहतीं—इस चिड़िया को पढ़ो। "आँखें खोलते ही चूँ-चूँ करके एक चिड़िया उड़ती हुई देखता था, उससे तरह-तरह के अर्थ निकलते थे।" सन् '33 में—ज्योतिर्मय समुद्र, श्यामा की बाँह पर मेरा मस्तक आदि जोड़ दिया। इस तरह चमत्कारों में वृद्धि होती गई।

मिशन के संन्यासी निराला से बड़ा स्नेह करते थे। फिर भी निराला उनसे डरते थे। 'समन्यय' वाले लेख में उन्होंने लिखा था कि स्वामी सारदानन्द को देखकर डर लगता था। सन् '33 वाले लेख में उन्होंने और स्पष्ट किया : "स्वामी सारदानन्दजी इतने स्थूल थे कि उन्हें देखकर डर लगता था।" स्थूलता के अलावा भय का एक कारण यह था कि साधु योगी थे, चमत्कारों से दूसरे को अपना यंत्र बना सकते थे, उसे सता भी सकते थे। 'कुल्ली भाट' में जो साधु महिषादल आया था, उसने चिमटा जोर से ज़मीन पर गाड़ दिया : "मुझे मालूम हुआ, यह चिमटा मेरे सिर में समा गया।" फिर दोनों में मानसिक युद्ध हुआ। साधु यह समझकर प्रहार करने लगा कि यह नौकर होकर राजा बनता है, लेकिन निराला राजा न बन रहे थे : "मेरी पकड़ में नौकर नहीं था, साक्षात् महावीर थे।" साधु हारा और रोने लगा। "अब मैं भी समझा। मुझे ज्योति भी दिखी।" ज्ञान, चमत्कार, भय, श्रद्धा—सब एक साथ... निराला के कल्पना-लोक में।

निराला को त्रास देनेवालों में संन्यासियों, नेताओं के अलावा वन्य-पशु और हिंस्र जीव भी थे। इनमें प्रमुख था सिंह। निराला पशुराज से डरते थे, लड़ते थे; उन पर श्रद्धा करते थे, उनसे एकात्म-भाव स्थापित करते थे।

'जागो फिर एक बार' में सिंह वीरों का आदर्श है। भारतवासी अब गीदड़ हो गए हैं, पहले शेर थे। 'सिंहों की माँद में आया है आज स्यार'। और सिंहिनी की गोद से कोई उसका शिशु नहीं छीन सकता; गीता की उक्ति से सिंह की हिंसा-भावना का सीधा सम्बन्ध है। शिवाजी के पत्र में उन्होंने सिंह और स्यार वाला भाव फिर स्पष्ट किया :

सिंह भी क्या स्वाँग कभी
करता है स्यार का?

इसलिए शिवाजी ने ललकारा :

आये होते कहीं
तुर्क इस समर में
तो क्या शेर मर्दों के
वे शिकार आये होते?

'मतवाला' में 'चाबुक' स्तम्भ के लिए निराला ने अपना एक छद्मनाम रखा था : गरगजसिंह वर्मा, साहित्यशार्दूल। सिंह और शार्दूल दोनों, गरगज अलग से। अवधी बोलने वाले के लिए 'गरगज'—यौन आक्रामक क्रिया के संकेत में—विशेष अभिव्यंजक है।

फरवरी, 1930 की 'सुधा' में लाहौर कांग्रेस के सिलसिले में निराला ने लिखा : "बंगाल के जंगल में रहनेवाले एक ही शेर सुभाष बाबू सभा मंडप में फिर नहीं बैठ सके। आप अपने कुछ साथियों के साथ छलाँग मारते हुए मंडप के बाहर निकल गए। शेर में गर्मी कुछ ज़्यादा रहती ही है।" यही निराला शेर पर हँस रहे थे। नेता, राजा, सेनापति, लेखक—जो भी नया है, शेर है। वह अरक्षित न होकर आक्रामक है, पर दुम दबाकर भागता भी है। आदर के योग्य है, हास्यास्पद भी।

'वर्तमान धर्म' में कार्तिक के साथ सिंह को जोड़कर निराला ने उनका त्रासद रूप दिखाया। बड़े-बड़े असुर उनके तीरों से निष्प्राण हो जाते हैं। ये सब अपनी माँ के पास पहुँचे और बोले : "माता, आपका पुत्र—वह शेर या कार्तिक सिंहजी हम लोगों को बहुत सताते हैं, मारते हैं, बढ़ने नहीं देते।"

'कला के विरह में जोशीबन्धु' में वह शेर का शिकार करने चले। "दिल ने कहा, शिकार ही करना है तो किसी शेर का करो, जंगल से गीदड़ क्या उड़ाओगे?" फिर शेर के साथ यौन-भावना का संसर्ग :

यारो शेरे-बबर से न डरना कभी
पर विधवा से शादी न करना कभी।

मतलब यह कि विधवा शेर की ही तरह आक्रामक है; जोशी बन्धुओं में जो नारीरूप छिपा है, वह शेर से ज़्यादा भयावह है, इसलिए उनका शिकार करना चाहिए। यहाँ निराला सिंह की आक्रामक-वृत्ति पर—उसे विधवा के समतुल्य करके—हँसते हैं।

'रँगीला' में उन्होंने एक स्तम्भ का नाम रखा : 'दहाड़'। ऊपर सिंह का चित्र छपाया। 'रँगीला' के पहले अंक में 'दहाड़' के अन्तर्गत उन्होंने रवीन्द्रनाथ ठाकुर की आलोचना की। वह स्वयं सिंह बनकर अपनी दहाड़ से जंगल के और सभी प्राणियों को त्रस्त कर देना चाहते थे।

'रँगीला' का एक नियम यह बताया कि उसमें "नाग और बिच्छू लेख नहीं छपेंगे जिनमें जान का खतरा है।" इस तरह के विषैले जीव त्याज्य थे; निराला उनसे एकात्मभाव न स्थापित कर सकते थे, इसलिए वे उन्हें सताते भी न थे। अपनाने और लड़ने योग्य एक पशु है—सिंह।

'राम की शक्तिपूजा' की अमा निशा में—
अप्रतिहत गरज रहा पीछे अम्बुधि विशाल—

इस पंक्ति में समुद्र का गरजना सिंह की याद दिलाता है। स्वभावत: वह राम के पीछे गरज रहा है, आगे नहीं। रावण के साथ मिलकर, अमावस के अँधेरे में, वह भी राम को डरा रहा है। शक्तिपूजा के समय राम पर्वत से पार्वती का सम्बन्ध जोड़कर कहते हैं :

गरजता चरण-प्रान्त पर सिंह वह, नहीं सिन्धु।

यहाँ अम्बुधि के अप्रतिहत गर्जन की प्रच्छन्न प्रतीक-व्यंजना स्पष्ट हो गई।

'कुकुरमुत्ता' में उन्होंने जहाँ और सब पर व्यंग्य किया, वहाँ शेर को भी हास्यास्पद बनाया :

काम मुझसे ही सधा है,
शेर भी मुझसे गधा है।

खाता, पैराशूट, सुदर्शन चक्र आदि से कुकुरमुत्ता का रूप-साम्य हो सकता है और इसलिए कविता में उनकी चर्चा प्रासंगिक मानी जा सकती है। पर गधे और शेर से उसका कोई सीधा सम्बन्ध नहीं जान पड़ता। फिर भी सम्बन्ध है और वह समझ में आ जाता है यदि शेर का सम्बन्ध राजा से मान लें। शेर का नाम लेने से पहले कुकुरमुत्ता कहता है :

तूने दुनियाँ को बिगाड़ा,
मैंने दबते से उभाड़ा,
तूने रोटी छीन ली, जनखा बना,
एक की है तीन दी, मैंने, सुना?

कुकुरमुत्ता राजा के खिलाफ़ दबी हुई रिआया को उभाड़ता है, इसलिए शेर को भी गधा बना लेता है।

कर्वी जाकर बीमार हुए, उसके बाद शेरों ने खास तौर से उन्हें सताया। कर्वी के जंगल देखकर उन्हें बंगाल के वन याद आए। आगरे में जमुना-किनारे घेउ-घेउ करनेवाले स्यार की नकल करते हुए वे बंगाल के इशारों को याद कर रहे थे। मन में शेरों से राजा का सम्बन्ध जुड़ा हुआ था, इसलिए बातचीत में शेर को हिज़ हाइनेस भी कह जाते थे।

कर्वी के जंगलों की याद जब काफी पुरानी हो गई तब इलाहाबाद के परिवेश के अधिक अनुकूल उन्होंने घड़ियालों की कल्पना की। ये पानी में रहते थे, निराला को दूर से ही डरा सकते थे, इसलिए निराला इन पर और भी हँसते थे।

'अर्चना' के गीतों में हिंस्र-पशुओं की क्षीण स्मृति ही रह गई और उसे कलात्मक ढंग से उन्होंने कविता के मूर्ति-विधान में सजाया।

हिंस्र-पशुओं के चित्र जैसे-जैसे धुँधले हुए, वैसे-वैसे संन्यासियों और राजनीतिज्ञों के चित्र उभरकर सामने आए।

सन् '46 में उन्होंने कविता लिखी : 'कैलास में शरत्'। इसमें स्वामी विवेकानन्द के साथ घोड़ों पर उन्होंने विदेश-यात्रा की। अफगानिस्तान की सीमा पार करके घोड़ों को छोड़ दिया, बकरों पर सवार हुए। अपने साथ संन्यासियों को बकरों पर चढ़ाकर वह उनका रुतबा घटाकर उन्हें सामान्य स्तर पर ला रहे थे। कैलास की ओर मुड़ने पर तातारी दर्शक ने केवल 'कैला' कहा, मानो कूट शब्दों के प्रयोग से राज छिपा रहा हो! कश्मीर गए; फिर "सारे देशों की हम लोगों ने यात्रा की।" मान-सरोवर के कमलों की सुगन्ध से मन भर गया, नाव पर मेष-मांस खाया।

जनवरी, '47 में जब उनकी स्वर्णजयन्ती मनाई गई तब वह संन्यासीवाले भाव में थे। विवेकानन्द की तरह उन्होंने साफ़ा बाँधा था। उन्नाव में चौधरी राजेन्द्रशंकर से झगड़ा होने पर वह कानपुर में सीधे रामकृष्ण मिशन पहुँचे। सन् '49 में जब वह साहित्यकार संसद में थे, तब उन्होंने गेरू से कपड़े रँगकर संन्यासी-वेश धारण किया। दारागंज की गली में घुटनों तक धोती या लुंगी बाँधे वह उसी संन्यासी-वेश का निर्वाह करते थे। ऐजाज़ हुसेन से घोड़ों पर ईरान-यात्रा का वर्णन करते समय, लोग उनकी ज़ियारत के लिए आते थे, यह कहकर वह विवेकानन्द के कल्पना-चित्र से खेल रहे थे। उस समय उनका वही भाव था जो 'कैलाश में शरत्' लिखते समय था।

फिर विवेकानन्द भी पीछे छूट गए, उनके गुरु रामकृष्ण परमहंस की मूर्ति उनके मन पर छाई रही। लोगों ने उनके दाढ़ी रखाने से यह निष्कर्ष निकाला कि वह रवीन्द्रनाथ बन रहे थे। दाढ़ी रामकृष्ण परमहंस के भी थी। निराला की 'अर्चना'-'आराधना' वाली इस काल की रचनाओं में रवीन्द्रनाथ के काव्य-जगत् की परछाईं भी नहीं है, न उनके रहस्यवाद की, न उनके श्रृंगार की। उनमें परछाईं है रामकृष्ण और तुलसीदास की। निराला ने रामकृष्ण परमहंस-सम्बन्धी साहित्य पढ़ा ही न था, 'रामकृष्ण वचनामृत' नाम के विशाल ग्रंथ का अनुवाद भी किया था। एक बार पढ़ने से मन पर जितना प्रभाव होता, अनुवाद करने से बीस गुना अधिक हुआ। इस ग्रंथ

में रामकृष्ण हँसते, बोलते, गाते, समाधि में लीन होते, विचित्र आचरण करते अपने दैनिक जीवन में बड़े सजीव होकर पाठक को दिखाई देते हैं। निराला के मन पर उनके आचार-व्यवहार का गहरा असर पड़ा और उन्होंने शिखासूत्र त्याग दिया, ऊँच-नीच का भेद-भाव मिटा दिया, अपने लिए पूजापाठ, ऊपरी कर्मकांड अनावश्यक माना। यह सब रामकृष्ण परमहंस के आचरण के अनुकूल था।

'रामकृष्ण-वचनामृत' में उन्होंने पढ़ा था, रामकृष्ण "उत्तरवाले लम्बे बरामदे में आए हैं और एक छोर से दूसरे छोर तक जल्दी-जल्दी फेरी लगा रहे हैं। बीच-बीच में जगन्माता के साथ क्या बातचीत कर रहे हैं। एकाएक उन्मत्त की भाँति बोल उठे : 'तू मेरा क्या बिगाड़ेगी'?" निराला का व्यवहार उपर्युक्त आचरण से काफी मिलता-जुलता था।

निराला अन्तिम दिनों में कभी-कभी नंगे होकर कमरे में पड़े रहते थे। उन्हें यह बात मालूम थी कि रामकृष्ण भी नंगे हो जाते थे। उसी दशा में कमरे में टहलते रहते थे। निराला की स्मृति में रामकृष्ण का दिगंबर रूप गहराई से अंकित था, इसका प्रमाण यह है कि सन् '43 में लिखी 'स्वामी प्रेमानन्दजी महाराज' कविता में उन्होंने प्रेमानन्द से कहलाया था :

परमहंस देव भी नंगे हो जाते थे।

व्यवहार में अनेक बातों की समानता होने से यह मानना अनुचित न होगा कि जीवन के अन्तिम दशक में वह अपने को रामकृष्णमय समझ रहे थे। उनका पुराना कविनाम अनावश्यक हो गया था, इसलिए कहते थे—निराला नाम का कोई आदमी यहाँ नहीं रहता। संन्यासी को धन से कोई मतलब नहीं, इसलिए रसीद पर दस्तखत क्यों करें? संन्यासी के पास जूते, कम्बल, रज़ाई, कोट आदि का आडम्बर अनावश्यक है; इसलिए सब-कुछ दुखियों को दे दो। रामकृष्ण मिशन के साधु दरिद्रों की सेवा करने जाते थे, निराला अपने को दरिद्रों का सेवक और सहायक मानते थे। कोई आश्चर्य नहीं, निराला के अनेक प्रशंसक उन्हें ऋषि और सन्त मानने लगे।

निराला का मन यदि रामकृष्ण-तुलसीदास से ही बँधा होता तो मानसिक असन्तुलन की बात न होती। सम्पत्ति, रायल्टी, लाखों का हिसाब-किताब—इससे भी उनका मन बँधा हुआ था। वह विलायत गए, क्वीन विक्टोरिया से मिले, ऐसी अंग्रेज़ी बोले कि सुननेवाले दंग रह गए। साधारण जीवन में अंग्रेज़ी बोलना मानसिक असन्तुलन की निशानी है ही। यह असन्तुलन राष्ट्रीय पैमाने पर देश के बुद्धिजीवियों और विशेष रूप से राजनीतिज्ञों में फैला हुआ है। निराला अंग्रेज़ी बोलने में जवाहरलाल नेहरू का अभिनय करते थे। नेहरूजी जितना ही गरीब जनता की उन्नति, देशी भाषाओं के विकास और समाजवादी निर्माण की बातें करते, उतना ही राजभाषा के रूप में अंग्रेज़ी बनाये रखने पर ज़ोर देते। निराला में जितना ही संन्यासी-भाव प्रबल हुआ, उतना ही उन पर अंग्रेज़ी बोलने की धुन भी सवार हुई।

अंग्रेज़ी के माध्यम से उच्चशिक्षा न पाने से निराला को आये दिन अपमानित होना पड़ा। लोग क्वालिफिकेशन पूछते थे, एंट्रेंस फेल आदमी क्या क्वालिफिकेशन बताये? मान-अपमान के अलावा यह सीधा रोटी-रोज़ी का सवाल था और यह समस्या रामसहाय के मरने के बाद से निराला के मरने तक हल न हुई। सरकारी सहायता समस्या का हल न थी। वह अपने उपन्यासों और कहानियों में नायक-नायिकाओं को एम.ए. का छात्र बनाकर, एम.ए. पास कराके, डाक्टर बनाकर मन समझाते रहे। छतरपुर के राजा से मिलने गए तो प्रतिष्ठा के विचार से अंग्रेज़ी में वार्तालाप किया। सविनय अवज्ञा आन्दोलन के दिनों में जब थानेदार गढ़ाकोला आया तब उन्होंने अंग्रेज़ी में बातें करके उस पर रौब डाला। अमरनाथ झा से लेकर रामविलास शर्मा तक को उन्होंने जब-तब अंग्रेज़ी में पत्र लिखे। ब्रजमोहन तिवारी ने 'टार्च बेयरर' निकाला तो निराला के मन में इच्छा हुई कि उसके लिए वह भी अंग्रेज़ी में कुछ लिखें। अंग्रेज़ी का उच्चारण एकदम सही हो, इसके लिए डिक्शनरी की सहायता से, अपने ढंग से शब्द का सही उच्चारण जानकर औरों से बहस करते। फिर कल्पना में विलायत-यात्रा की, इसी अंग्रेज़ी के माध्यम से मान-प्रतिष्ठा पाने के लिए। दारागंज की गली में अंग्रेज़ी बोलने के अलावा वे कभी-कभी सार्वजनिक सभाओं में भी अंग्रेज़ी बोलने लगे।

अंग्रेज़ी के बाद सामाजिक प्रतिष्ठा के लिए संस्कृत का ज्ञान आवश्यक है या उर्दू का। आप्टे के शब्दकोश से काफी सहायता ली थी, जानकीवल्लभ शास्त्री को एक पत्र संस्कृत में लिखा था, 'विद्या' कहानी में—'विद्या' की अंग्रेज़ी के समानान्तर—श्यामनाथ से संस्कृत बुलवाई। उर्दू शब्दों के 'सही उच्चारण' पर उनका ध्यान रहता—हम सखुन फहम हैं, हम सुखन फहम हैं, वह दो तरह से पढ़ते सखुन, सुखन—कौन-सा रूप ठीक है, विचारते। मुस्किराते, नव्वाब, तअज्जुब, तअल्लुकेदार आदि रूप उनके सही उच्चारण की दिशा में प्रयास थे। 'कुकुरमुत्ता' में उन्होंने गुलाबी उर्दू लिखी। काफी ग़ज़लें लिखीं। अबोहर सम्मेलन में बोलने खड़े हुए तो उनकी उर्दू सुनकर लोगों ने शोर मचाया। उदयशंकर भट्ट के अनुसार लोगों का विरोध देखकर वह हिन्दी बोलने को राज़ी हुए।

अंग्रेज़ी, संस्कृत, उर्दू, हवेलियाँ, लाखों की सम्पत्ति—ये सब निराला की प्रतिष्ठा-कामना की प्रतीक थीं। इनके साथ संन्यास का शान्तिपूर्ण सहअस्तित्व सम्भव न था; इसीलिए मानसिक असन्तुलन की अवस्था उत्पन्न हुई। असन्तुलित मन के सपनों में यथार्थ का अतिरंजित चित्र दिखाई देता था, किन्तु वह चित्र यथार्थ से पूरी तरह विच्छिन्न नहीं था। निराला को उनके श्रम का उचित मूल्य मिला होता तो वह कोठी भी बनवा सकते थे और प्रकाशकों की तरह लखपति भी हो सकते थे। कोई लेखक जो लिखने की कमाई खाता हो, लेकिन जिसने अपनी किताबें खुद न छापी हों, आज तक—हिन्दी में—लखपति बना है? इन्हीं लेखकों की किताबें छापनेवाले—किताबें न बिकने की शिकायत करनेवाले—प्रकाशक लाखों कमा रहे हैं—ये समाज के

अभिजात-वर्गीय सदस्य हैं—यह हर कोई देख सकता है। निरालाजी कोठियों और लाखों के हिसाब की बात करते थे, उसमें इसी यथार्थ का चित्र था—उन्होंने लाखों का काम किया, लाभ उठाया औरों ने।

निराला का मानसिक सन्तुलन बिगाड़ने में उनके साहित्यिक विरोधियों का बहुत बड़ा हाथ था। निराला इस विरोध को बढ़ा-चढ़ाकर देखते थे, किन्तु वह विरोध था वास्तविक। यदि विरोध तर्कसंगत हो, तो तर्क से उसका उत्तर दिया जा सकता है या लेखक उससे लाभ उठा सकता है। यदि वह एक संगठित कुटिल अभियान का रूप ले ले तो उससे लेखक के मन को चोट लगेगी ही। निराला के कल्पना-चित्रों में इस विरोध का सीधा प्रतिबिम्ब दिखाई न देता था, पर उनसे था उसका गहरा सम्बन्ध। इस विरोध ने—उनकी दृष्टि में—उनकी साहित्यिक प्रतिष्ठा छीन ली थी; इसलिए अब वह दूसरों की पुस्तकों का लेखक अपने को समझने या कहने लगे थे। विशेष रूप से असन्तुलन की प्रारम्भिक अवस्था में उनके दुःस्वप्नों के प्रेरक उनके साहित्यिक विरोधी भी थे।

साहित्य में उनका विरोध किस-किसने किया, बनारसीदास चतुर्वेदी से उनकी मुलाकात कब हुई—मेरे इन प्रश्नों का जो उत्तर उन्होंने नरोत्तम नागर को लिखाया, उसमें और सब बातें सन्तुलित थीं। बनारसीदास का प्रसंग आने पर उनकी भावदशा बदल गई थी। सारी स्थिति को नाटकीय रूप देते हुए उन्होंने कहा : "बनारसीदास चतुर्वेदी अपने पत्र की प्रसिद्धि के लिए यद्यपि एक-एक आदमी और एक-एक विरोधी चुने रहते थे, फिर भी उन्होंने मेरे सम्बन्ध में कुछ देर की और बड़ी समझ से काम लिया। पं. बनारसीदास से मेरी पहली मुलाकात शायद सन् 1928 में हुई। उन्होंने मुझे बुलाया था। मैं उनसे मिलने उनके आफिस गया था। बड़ों का जैसा स्वभाव है, उन्होंने वैसा ही बरताव किया—एक, मैं आपका राज्य (राज़) लेना चाहता हूँ। दो, इन्हें आप क्या समझते हैं? मेरा उत्तर—किन्हें? बनारसीदासजी ने कहा—किसी का नाम लीजिए। मैंने कहा—किसका नाम लूँ? उन्होंने कहा—बस, आप हार गए! (हार के तर्क :)

1. मैंने आपको बुला लिया, मैं नहीं गया।
2. मैंने आपसे बातचीत करा ली।
3. और अब मैं आगे-आगे चलता हूँ, आप मेरे पीछे-पीछे आइए।

मैं उनके पीछे-पीछे चला। बस, यही मेरी-उनकी पहली मुलाकात और बातचीत है। मछुआ स्ट्रीट के पास मैंने कहा—मैं अब इधर जाऊँगा। उन्होंने कहा :

'God coward! Don't you know that I am always with the great men like Mahatma Gandhi and Rabindra Nath Tagore? I can show you the way if you follow me and I am in the position to give you a superior place to which you are situated.'

मैं हक्के-बक्के उल्लू के पट्ठे की तरह उनका मुँह देखता हुआ मछुआ बाज़ार स्ट्रीट से 'मतवाला' आफिस के लिए मुड़ा।"

इसके बाद 'विशाल भारत' द्वारा 'वर्तमान धर्म' के विरोध की कहानी वह शान्त-मन से कह गए। बनारसीदास-निराला संवाद उन्होंने गढ़ा; यथार्थ को अतिरंजित रूप दिया। पर उनके दुखद स्वप्नों से बनारसीदास चतुर्वेदी का गहरा सम्बन्ध था, यह स्पष्ट है।

यहाँ यह लिखना अप्रासंगिक न होगा कि जिस लेखक का विरोध करना होता था, उसके साहित्य के बारे में चतुर्वेदीजी राय खुद कायम न करते थे। निराला का विरोध करना है, यह उनकी अपनी सूझ थी किन्तु उनके साहित्य के बारे में वह कहते थे—मैं तो कविता समझता नहीं, दूसरे लोग, जो साहित्य-मर्मज्ञ हैं, वे यह कहते हैं।

इन साहित्य-मर्मज्ञों के अग्रणी थे पद्मसिंह शर्मा। छायावाद के विरोधी थे, चतुर्वेदीजी उनकी राय की कद्र करते थे। पर एक बार पद्मसिंहजी ने किसी कवि की रचना अपनी सिफारिश के साथ 'विशाल भारत' में प्रकाशनार्थ भेजी। चतुर्वेदीजी ने शर्माजी की राय को अमान्य ठहराकर कविता छापने से इनकार किया। शर्माजी ने उन्हें नाराज़ होकर लिखा : "मालूम होता है, अब आप पूरे सम्पादक बन गए हैं, तभी तो हमारी पसन्द की हुई कविता को नापसन्द करके छापने से इनकार कर दिया! यह सम्पादकीय मद प्राय: आ ही जाता है—आप भले ही उसे न छापें, इसके लिए हमें आग्रह नहीं, पर यह ज़रूर कहेंगे, वह कविता अच्छी है। कविता-मर्मज्ञों ने उसे बहुत पसन्द किया है।"

स्वतंत्रचेता सम्पादक के रूप में चतुर्वेदीजी का कार्य अपने दायित्वबोध के अनुकूल था, उचित था। निराला के काव्य को न समझकर भी दूसरों की सम्मतियों के सहारे उसका विरोध करना अनुचित था।

अस्तु, इस बात को लेकर विवाद हुआ कि निराला पागल हैं या नहीं? यदि उनमें मानसिक असन्तुलन है तो किस तरह का? कुछ लोग कहते थे, पागल हैं; दूसरे कहते थे, पागलपन का कोई भी लक्षण नहीं है, वह संत हैं।

निराला का विक्षेप उस कोटि का नहीं था जिसमें यथार्थ से नाता पूरी तरह टूट जाता है, जिसमें मनुष्य अपनी और परिवेश की स्थिति को एकदम उलटकर देखता है। निराला न कपड़े फाड़ते, न गाली देते थे, न चिल्लाते थे, न लोगों को मारने दौड़ते थे। मार-पीट की केवल एक घटना हुई, उन्नाव में। इसका कारण प्रकाशक के प्रति उनका रोष था—वैसा ही रोष, जैसा कलकत्ते के प्रकाशक के व्यवहार से उनके मन में उत्पन्न हुआ था। सन् '49 में मार खाकर जब वह रायबरेली के अस्पताल गए, उसका कारण भी उनका विक्षेप न था। साधारण अर्थ में जिसे पागल कहते हैं, निराला वह न थे।

निराला के असन्तुलन की यह विशेषता थी कि यथार्थ जगत् के प्रति अन्त तक वह असाधारण रूप से जागरूक रहे। सन् '45 में उनका विक्षेप चरम सीमा पर था और उसी साल वह गृहस्थी की छोटी-से-छोटी बातों पर ध्यान दे रहे थे। वह अपने पत्रों में मन को साध लेते थे, बहुत कम अपने असन्तुलन की झलक आने देते थे। सन् '45 में उन्होंने मुझे जितने पत्र लिखे थे, उनमें उनके असन्तुलन का चिह्न कठिनाई से मिलेगा।

असन्तुलन जब भी और जितना रहा, वह उनकी सामान्य अहम् वाली चेतना के स्तर पर रहा। उनका दूसरा अथक मन इस असन्तुलन के चक्कर में कभी नहीं आया। ऐजाज़ हुसेन से पहला मिसरा कहने की बात—कह रहा हूँ जुनूँ में क्या-क्या कुछ—इसी मन की प्रेरणा थी। उनका यह मन अन्तिम दिनों तक उनकी रचनात्मक क्षमता को अकुंठित बनाये रहा। ऊर्जा में कमी हुई—बुढ़ापा आने से, शरीर पर साधारण प्राकृतिक नियमों के लागू होने से। पर उनकी सोचने, विचारने, गढ़ने- सँवारने की क्षमता आख़िर तक बनी रही। यह भी देखने में आया कि आसपास मन को उत्तेजित करनेवाले उपकरण दिख जाते थे, तब उनका मन क्षुब्ध हो उठता था; जैसे रेडियो और सरकार के नाम से वह चिढ़ जाते थे। उत्तेजनावाली बात सामने न आए तो वह शान्त रहते थे। प्रियजनों के निकट होने पर वह काफी देर के लिए सामान्य मानसिक स्थिति में हो जाते थे।

उनके सपने व्यवस्थित न थे। उन्हें त्रास देनेवाले प्राणी बदलते रहते थे वैसे ही आत्मगरिमा के प्रतीक भी परिवर्तनशील थे। जिसे 'पैरानोइया' कहते हैं, उस रोग से पीड़ित मानस के सुखस्वप्न और दुःस्वप्न अधिक व्यवस्थित होते हैं। सौभाग्य से निराला पहलवान, संन्यासी, महाकवि, राजनीतिज्ञ, राजा—सब-कुछ एक साथ बनना चाहते थे, इसलिए उनकी ऊर्जा विभिन्न कल्पना-चित्रों में बिखर गई थी। उनके सपनों के अव्यवस्थित होने, उनके विक्षेप के उग्र रूप धारण न करने का एक कारण यह बिखराव था। पर निराला की ऊर्जा का अधिकांश इन कल्पना-चित्रों में न सिमटकर उनके दूसरे, न थकनेवाले मन के साथ जुड़ा रहा। उनकी विवेक-शक्ति शिथिल हुई, पर क्षीण होकर नष्ट नहीं हुई।

मनुष्य के मन में विक्षेप एक दिन में पैदा नहीं होता। जिनके शारीरिक विकास—या मस्तिष्क के भौतिक गठन—में कोई कमी है, यहाँ उनकी बात नहीं है। बात मानसिक असन्तुलन की है। जैसे शरीर से बेहद काम लिया जाय, उसे उचित खुराक और आराम न मिले, तो वह टूट जाएगा, वैसे ही जब मन तनाव की हालत में होगा और यह हालत काफी दिन तक बनी रहेगी, तो एक दिन उसका सन्तुलन बिगाड़ जायगा।

गिरिधर कविराय ने लिखा था :

चिन्ता ज्वाल शरीर वन, दावा लगि लगि जाय।
प्रगट धुआँ नहिं संचरै, उर अन्तर धुँधुआय॥

सभ्यता के विकास के साथ मनुष्य की चिन्ताएँ बढ़ती गईं। पूँजीवादी तंत्र में फँसा हुआ वह चिन्तनशील कम, चिन्ताशील अधिक हो गया है। इन चिन्ताओं—एंग्ज़ाइटीज़—को प्रकट करना सभ्यता के खिलाफ़ है। मनुष्य भीतर-भीतर घुटता है, फिर टूटता है। वर्तमान समाज-व्यवस्था में ऐसे बहुत कम लोग मिलेंगे जो कह सकें कि वे निश्चिन्त हैं। जीवन की यह चिरन्तन चिन्ताशीलता न्यूरोसिस की जननी है। इस पर यदि मनुष्य के मर्मस्थलों पर बार-बार प्रहार हों तो असन्तुलित होने की क्रिया और जल्दी सम्पन्न होगी।

निराला स्वभावत: प्रसन्नचित्त, खेलकूद के प्रेमी, रूप-रस-गन्ध-स्पर्श, शब्द के माधुर्य के पारखी, मित्रों के साथ हँसने-बोलने में समय बितानेवाले अपनी असाधारण ऊर्जा के बल पर बहुत-से मार्मिक आघात झेल गए। सौभाग्य से वह कवि थे, इसलिए बहुत-सी बातें जो मित्रों से न कहते थे, उन्हें कविता में अपने अज्ञातनाम पाठकों से कह देते थे। इससे मन का भार बहुत-कुछ हल्का हो जाता था। सन् '17 में पिता का स्वर्गवास वह सह गए। पत्नी के देहांत के बाद डलमऊ से जब गढ़ाकोला जाते, उन्हें अपने भाई बदलू का शव मिला तब वह पछाड़ खाकर रास्ते में गिर गए। बीस वर्ष का युवक इस तरह गिरे, इसका अर्थ है—आघात असह्य था। निराला व्यथा का प्रदर्शन कम करते थे। 'कुल्ली भाट' के हास्य-विनोद की सतह के नीचे उनकी घोर वेदना छिपी है; जितना लिखा है, उससे बहुत ज़्यादा सहा था। फिर सरोज की मृत्यु, प्रकाशकों का अमानुषिक व्यवहार, विद्वानों द्वारा पग-पग पर विरोध और अपमान—निराला का मन सन् '17 के बाद सोते-जागते बराबर तनाव की हालत में रहा। जिसका जीवन सुरक्षित हो, जिसे आये दिन अपनी या अपने बच्चों की चिन्ता न करनी पड़ती हो, वह इस तनाव की हालत को नहीं समझ सकता। निराला का जीवन असुरक्षित था। कल क्या होगा, पता न था। उनकी मस्ती देखकर लोग समझते थे कि इन्हें साहित्य के अलावा दीन-दुनिया की चिन्ता नहीं है, पर उन्हें चिन्ता थी। इतनी चिन्ता थी कि एक बार महिषादल की नौकरी छोड़ने के बाद फिर उसी नौकरी पर आए थे। इतनी चिन्ता थी कि वह जो इतने अभिमानी थे, उन्होंने छतरपुर महाराज की प्रशंसा में पद्य रचा था। शिवपूजन सहाय के नाम लिखे पत्र में बार-बार तकाज़े हैं। कहीं काम तलाश कीजिए, कहीं से आर्डर दिलाइए। निराला को काम न मिले, इसके लिए उकसावा पैदा करनेवाले लेख छपे कि अमुक प्रकाशक निराला के उपन्यास निकालेंगे तो बदनाम हो जायँगे। निराला का लिखना बन्द कराने के लिए, साहित्य-संसार से खदेड़कर उन्हें बाहर कर देने के लिए जितने दिनों तक, जिस तीखेपन से, जितने संगठित तरीके से आन्दोलन चला, वह साहित्य के इतिहास में अनुपम और अद्वितीय है। आश्चर्य यह नहीं कि उनका मानसिक सन्तुलन बिगड़ा, आश्चर्य यह कि वह इतने दिनों तक यह सब झेल कैसे गए, उस सबके बावजूद इतना लिख कैसे गए।

निराला यह सब झेल गए। उस सबके बावजूद इतना लिख गए अपनी प्रबल इच्छाशक्ति के कारण। उन पर प्रहार हुए, जिसे वह वज्रकठोर अन्तर कहते थे, उसमें दरारें पड़ गईं लेकिन वह टूटकर बिखरा नहीं। जिनमें प्रबल इच्छा-शक्ति होती है, उदात्त की सृष्टि वही करते हैं। जिनकी वज्र-कठोर इच्छा-शक्ति पर बार-बार आघात होते हैं, ट्रेजडी के नायकों की गरिमा उन्हीं के चरित्र में होती है। निराला में जैसी दृढ़ इच्छाशक्ति थी, वैसी ही रचनात्मक प्रतिभा, मनुष्य और प्रकृति के सौन्दर्य को पहचानने, उसमें गहरे डूबने की शक्ति थी। 'पल्लव' से 'परिमल' का भेद बतलाते हुए उन्होंने पन्त को लिखा था : " 'परिमल', कभी-कभी किसी वन्य झाड़ू से जिस चटखारे से निकलता है, दिमाग ही फूँक देता है, अस्वस्थ भी कर देता है।" जैसे

भवभूति के नाटक मालती-माधव में मालती का सौन्दर्य माधव को आनन्द से विह्वल कर देता है, साथ ही उसके विवेक का नाश करके उसके अन्तर को जलाने लगता है, वैसा ही अपनी तीव्रता से विवेक को भस्म करनेवाला सौन्दर्यबोध निराला में था। अपनी प्रबल इच्छाशक्ति से वह स्वयं को भस्म होने से बचाये रहे और सघन ऐन्द्रियता के सुख की एक झलक आख़िरी दौर की रचनाओं में भी दे गए।

निराला के मन में अथाह भावात्मक गहराई थी। उन्होंने जिनसे प्रेम किया, उनके सौ कसूर माफ़ करके उन्हें अपना मानते रहे, उनकी मृत्यु के बाद भी उनके नाम की माला जपते रहे। उन्होंने विरोध भी बहुतों का किया किन्तु विरोध अस्थायी था, स्नेह का ही भाव स्थायी था। उनके भावात्मक सम्बन्ध गम्भीर और दीर्घकालीन थे। मानसिक सन्तुलन खोनेवालों में जो भावात्मक चंचलता दिखाई देती है, वह उनमें नहीं थी। शेक्सपियर के नाटकों में लियर और ओथेलो जैसे क्रोध और घृणा से बावले हो जाते हैं, भावों का भूचाल उनकी मनोभूमि को हिलाकर रख देता है, वैसा भावात्मक विस्फोट निराला में नहीं होता। वह 'उत्तेजित' होते थे पर उनकी उत्तेजना विस्फोट न होकर क्रमश: तेज़ होती हुई लपट-जैसी होती थी, जो देर तक उन्हें और दूसरों को झुलसाती थी।

निराला आरम्भ से ही स्वप्नशील थे। निद्रित अवस्था के अलावा जाग्रत अवस्था में भी सपने देखते थे। उनकी कल्पना दिवा-स्वप्नों द्वारा उनकी इच्छा-पूर्ति करती थी और कल्पना का यह खेल देखकर वह कभी खुश होते थे, कभी उस पर हँसते थे। "फाकेमस्ती में भी मैं परियों के ख्वाब देखता रहा"—'देवी' कहानी में निराला ने कल्पना के खेल को तटस्थ दृष्टि से देखा। वह कल्पना के सहारे संघर्ष और वेदना का रूपान्तर करके उदात्त चित्रण भी करते थे। उनमें भवभूति की तरह परोक्ष को प्रत्यक्षवत् देखने की अद्भुत क्षमता थी। अन्तर्मन से उठती हुई भावधाराएँ उन्हें नये-नये कल्पना-चित्र रचने पर विवश करती थीं।

निराला मेधावी चिन्तक और प्रतिभाशाली विचारक थे। वह व्यंग्य के उस्ताद, हाज़िर-जवाब, वाक्पटु, तर्क-युद्ध में नये-नये दाँव रवाँ करनेवाले खिलाड़ी थे। वह समझते थे कि वह इच्छानुसार उथले को गहरा और गहरे को उथला कर सकते हैं। डॉ. जानसन की तरह उनमें प्रतिकूलता-वृत्ति भी थी : तुम जो कहोगे, हम उसका विरोध करेंगे, इसलिए तर्क कहीं-न-कहीं से ढूँढ़ ही लाएँगे। किन्तु निराला ने अपने विवेक से सामयिक राजनीति, धार्मिक रूढ़ियों और साहित्यिक परम्पराओं की सीमाएँ पहचानीं, उनकी सहज मानवीय सहानुभूति ने उनके विवेक को पुष्ट करके उनके चिन्तन को क्रान्ति की दिशा में मोड़ा। निराला अनर्गल भाव-प्रवाह में बह जानेवाले कवि नहीं हैं, वह अनुभव को प्रतिमा का रूप देनेवाले शिल्पकार हैं। मेधा के बल पर उन्होंने अपने काव्य और गद्य में अनूठा रचना-सौन्दर्य उत्पन्न किया। विचार मूर्त इकाई की तरह उनके मन को आन्दोलित करते हैं, उनका भावबोध उनकी चिन्तन-प्रक्रिया से जुड़ा हुआ है। उनकी सामान्य चेतना के नीचे उनका उपचेतन—'राम की शक्तिपूजा' के

आकाश की तरह—अत्यन्त सक्रिय है। अपने श्रेष्ठ रचनात्मक क्षणों में निराला की मेधा तटस्थ दर्शक मात्र रह जाती है। वह न केवल उपचेतन के रचे हुए स्वप्नों को अन्तस्तल से ऊपर उठते हुए देखती है, वरन् वे ध्वनि-तरंगें भी सुनती है, छन्द की लय के साथ जहाँ से शब्द ऊपर उठते चले आते हैं और काव्य में मन के गूढ़ स्वप्नों को मूर्त रूप देते हैं। विवेक का काम, जो देखा और सुना, उसे लिपिबद्ध करना मात्र रह जाता है। निराला के उपचेतन की सक्रियता निरन्तर बढ़ती गई, उपचेतन से अपने चेतन मन का तार जोड़ने की क्षमता उनमें निरन्तर विकसित होती गई।

निराला का उपचेतन प्रशान्त महासागर न था कि समाधि लगाकर वह आनन्द से उसका अनहद नाद सुना करते। उसमें भावों की परस्पर-विरोधी दिशाओं में बहनेवाली अन्तर्धाराएँ थीं, कहीं गहराई में बड़वानल था जिसकी आँच से उनकी चेतना के ऊपरी स्तर तप उठते थे। निराला का विवेक जिन आकांक्षाओं-भावनाओं को नैतिक दृष्टि से अनुचित समझता था, उन्हें सामान्य चेतना की सतह से नीचे ठेल देता था। वहाँ वे पुष्ट और संवर्द्धित होती रहतीं और मौका मिलते ही ऊपर उभरकर विवेक को झकझोर डालती थीं। निराला के उपचेतन में बहुत बड़ी रचनात्मक क्षमता थी, उसी परिमाण में उन्हें विचलित करने, उन्हें त्रास देने की अद्‌भुत क्षमता भी उसमें थी।

अपमान, आत्मग्लानि, अहंकार के भावों को उनका विवेक नीचे ठेल देता था, ऊपर से वह प्रयत्न करते थे कि वनबेला की तरह चुपचाप उपल-प्रहार सहते रहें, दूसरों को सुगन्ध ही दें किन्तु भीतर-ही-भीतर उनका मन आघात-पर-आघात सहता रहा, उनके वज्र-कठोर अन्तर में दरारें पड़ती गईं।

जो व्यक्ति निम्न सामाजिक स्थिति में उत्पन्न होकर चुपचाप उसे स्वीकार कर लेता है, वह उच्च वर्गों द्वारा स्वयं को अपमानित अनुभव नहीं करता। निराला अपनी स्थिति से ऐसा कोई समझौता करने को तैयार न थे, वह औरों की अपेक्षा अपमान के प्रति अत्यधिक सजग थे। चालीस वर्ष तक उनके अन्तर में वास्तविक और कल्पित अपमान की आग सुलगती रही और जितना ही उन्होंने उसे नियंत्रित किया, उतने ही वेग से पृथ्वीतल फोड़ती हुई वह ऊपर उठी।

उनकी विवेक-भूमि के नीचे ग्लानि के गहरे स्रोत छिपे हुए थे। पत्नी और पिता के प्रति अपने व्यवहार पर पश्चात्ताप, कन्या के लिए उपचार के समुचित साधन न जुटा पाने की वेदना, जीवन में अनुकूल परिस्थितियों का अभाव, साहित्य में लोकप्रियता की जगह अनवरत विरोध—आत्मग्लानि के अनेक कारण निराला के जीवन में विद्यमान थे। निराला यह सब देखते थे और साहित्य में उसकी उदात्त अभिव्यंजना द्वारा आत्मग्लानि की असह्य पीड़ा से मन को किसी हद तक मुक्त भी करते थे।

हीनभावना, आत्मग्लानि, अपमानित होने की पीड़ा—इन सबमें प्रबल था निराला का अहंकार। स्पर्द्धा का भाव उनके लिए सहज था। अपनी भाषा और उसके बाहर की भाषाओं के कवियों के प्रति यह स्पर्द्धाभाव था। जीवित कवियों के प्रति था। मरकर अमर होनेवालों के प्रति भी था। केवल संन्यासियों अथवा गृहत्यागी कवियों के प्रति

यह भाव नहीं था, या बहुत कम था। जिसे कवि होने का दावा न था, शुद्ध संन्यासी था, उसके प्रति श्रद्धाभाव था। संन्यासियों से ही उन्होंने सीखा था कि अहंकार को दबाकर रखना चाहिए और अपमान की ज्वाला की तरह अहंकार के दाह को भी उन्होंने भक्ति से बार-बार दबाकर रखा। वह चाहते थे कि इतना आत्मविश्वास हो कि अहंकार के विस्फोट की नौबत न आए किन्तु साहित्य रचकर उन्हें अमर ही न होना था, जीते-जी उससे रोटी-कपड़े भी जुटाने थे। उनके विरोधी उन्हें साहित्य के मैदान से ही खदेड़ देने पर तुले हुए थे, अपने साहित्य-सर्जन की सार्थकता सिद्ध करते हुए उन्हें उसी मैदान में जूझना था। इसीलिए संन्यासीवाली नैतिकता का धरातल तोड़कर उनके अहंकार की लपटें आकाश की ओर उठती हुई लोगों को दिखाई देती थीं।

भवभूति ने लिखा था कि यह उत्तर रामचरित नाटक उस कवि का रचा हुआ है जिसके पीछे सरस्वती दासी के समान चलती है। अहंकार में निराला भवभूति के शिष्य थे, गुरु नहीं। वह सरस्वती को दासी नहीं, अपनी माँ समझते थे।

अकेलापन, समानधर्मा की तलाश, भवभूति की तरह निराला को थी। एक युग आएगा जब लोग भवभूति का महत्त्व समझेंगे, निराला का महत्त्व समझेंगे—कालोह्यं निरवधिर्विपुला च पृथ्वी। लेकिन जब तक वह समय नहीं आता, समानधर्मा नहीं मिलता, तब तक कवि अकेला है, अकेले अपने दुख का भार ढोता है, अकेले मृत्यु का सामना करता है :

मैं अकेला,
आ रही मेरे गमन की सान्ध्यबेला।

अकेलापन, थकान, मृत्यु की प्रतीक्षा, नरक-यात्रा के दुःस्वप्न—निराला का सधा हुआ मन अपने भीतर यह सब नाटक देखता है, उसे लिपिबद्ध करता है। निराला का व्यक्तित्व जितना आत्मकेन्द्रित है, उतना ही वस्तु-केन्द्रित। रूप-रस-गन्ध के संसार को सर्वांशतः ग्रहण करनेवाली जैसी उनके पास दृष्टि है, वैसी ही मनोजगत् की लीला देखनेवाली उनकी तीक्ष्ण अन्तर्दृष्टि है। निराला का नैतिक मन कहता था—जीवनद्रष्टा बनो, शाश्वत आनन्द के गीत गाओ। निराला का रचनाकारवाला मन कहता था—विष पियो, मृत्यु को देखो, अन्धकार के गीत गाओ।

धीरे-धीरे हँसकर आईं
प्राणों की जर्जर परछाईं।

अन्तर्दृष्टि मिलने पर प्रकाश तो बहुतों ने देखा है, आनन्द-विह्वल होकर ज्योतिर्मय जीवन के गीत अनेक रहस्यवादियों ने गाये हैं; आत्मग्लानि, अपमान, पश्चात्ताप, थकान, अकेलेपन, त्रास, दुःस्वप्नों और मृत्यु के साक्षात्कार से वज्र-कठोर अन्तर का टूटना, व्यक्तित्व का विघटन, अन्धकार का असीम प्रसार भवभूति ने देखा, शेक्सपियर ने देखा, इस युग में निराला ने देखा।

शेक्सपियर अपने महानाटकों के लिए ऐसे चरित-नायक चुनता है जो कर्मठ है और जिनकी इच्छाशक्ति अत्यन्त प्रबल है। मैकबेथ समर्थ सेनापति, विद्रोहियों का दमन करनेवाला वीर योद्धा है। ओथेलो भी सेनापति है जिसका स्वर सुनकर शान्ति भंग करनेवाले काँप उठते हैं। लियर बूढ़ा है किन्तु जवानी में उसने वीरता के अनेक कार्य किये थे, और बुढ़ापे में भी वह अपनी कन्या को फाँसी देनेवाले का वध करता है। हैमलेट अध्ययन-प्रेमी है, कलाकार है, तलवार चलाने में सिद्धहस्त भी है। ये सब जानते हैं कि धैर्य न खोना चाहिए, विवेक से मन को साधना चाहिए, फिर भी बाह्य प्रहारों से मन टूटता है, आत्मग्लानि की ज्वाला से भीतर-भीतर झुलसता है, विरोधी भावों के संघर्ष से विवेक कुंठित हो जाता है। मनुष्य जीते-जी शोक और निराशा का असीम प्रसार देखता है, उसकी चेतना मूर्च्छित हो जाती है, केवल वेदना उसे सजग किये रहती है। जब मृत्यु आती है तब वह मनुष्य को जीवन के त्रास से मुक्ति देनेवाली जान पड़ती है :

मुक्ति हूँ मैं, मृत्यु में
आई हुई, न डरो।

शेक्सपियर ने अपने नाटकों में जो कुछ लिखा था, वह सब निराला के जीवन में घटित हुआ। शेक्सपियर ने मनोविज्ञान की पोथी पढ़कर विक्षेप का चित्रण न किया था, बाह्य-आन्तरिक आघातों से मन को टूटने, दुःस्वप्नों की दुनिया में स्वयं को भटकते उसने भी देखा होगा, इसीलिए मनुष्य के अन्तर्जगत् को चित्रित करनेवाला वह अद्वितीय नाटककार है।

राजा और संन्यासी वाला द्वन्द्व कहीं शेक्सपियर के मन को भीतर से झटके देता है। हैमलेट राज्य पर अपने अधिकारों के प्रति सचेत है, अपने 'प्रिंस' होने का भाव उससे सजग है, साथ ही उसमें वैराग्य-भावना भी प्रबल है। मनुष्य क्या है? मुट्ठीभर धूल है! हैमलेट कब्रिस्तान में नर-कपाल उठाकर सांसारिक मोह की निःसारता पर भाषण करता है। लियर की आकांक्षा है कि राजपाट पुत्रियों को सौंपकर शान्ति से जीवन के अन्तिम दिन बिताये। किन्तु राजा के अधिकार, राजा की गरिमा वह बनाये रखना चाहता है, अपनी विक्षिप्त अवस्था में भी उसका मन राजस्व का मोह नहीं छोड़ सकता :

I am a king,
My masters, know you that.

यही लियर भिखारी एडगर के प्रति अत्यन्त सहृदयता का परिचय देता है, बेघरबार गरीबों में एकात्मभाव स्थापित करने के लिए अपने राजसी वस्त्र उतार देता है। निर्धन और पीड़ित जनों के प्रति उसे गहरी सहानुभूति है क्योंकि न्याय-अन्याय की भावना उसमें प्रखर है। ये विशेषताएँ निराला के चरित्र में हैं।

लियर और हैमलेट, दोनों ही अपने मन को विक्षेप से ग्रस्त होते देखते हैं, उससे बचने का प्रयास करते हैं।

लियर कहता है :

O, let me not be mad, not mad, sweet heaven,
Keep me in temper : I would not be mad.

यह विक्षेप की पहली मंज़िल है जब निराला कहते थे—माथा गरम हो गया था, क्षमा कीजिए, मेरा मतलब आपसे नहीं था। इसी तरह हैमलेट अपनी विक्षिप्त दशा को देखता है, लाएर्टीज से उत्तेजना में किये हुए व्यवहार के लिए क्षमा-याचना करते हुए कहता है :

Was't Hamlet wrong'd Laertes? Never Hamlet :
If Hamlet from himself be ta'en away,
And when he's not himself does wrong Laertes,
Then Hamlet does it not; Hamlet denies it.
Who does it then? His madness.

हैमलेट और लियर के विक्षेप की विशेषता यह है कि उनका मन कल्पना-लोक से यथार्थ जगत् में बेरोकटोक आता-जाता रहता है। यथार्थ जगत् की पहचान कहीं धुँधली हो जाती है, पर मिटती नहीं है। उस धुँधले रूप में उसकी विशेषताएँ ऐसी उभरकर दिखाई देती हैं, जैसी चेतना की सामान्य अवस्था में दिखाई नहीं देतीं। हैमलेट, लियर, निराला—अपनी अर्द्ध-विक्षिप्त अवस्था में न केवल अन्तर्जगत् की लीला देखते हैं, बाह्य जगत् के प्रति भी उनकी दृष्टि पारदर्शी हो जाती है।

'किंग लियर' के विदूषक और हैमलेट में प्रबल हास्यवृत्ति और व्यंग्य-कौशल है। आक्रोश को सीधे प्रकट न कर पाने पर ये दोनों कूट भाषा का प्रयोग करते हैं जो उनके लिए सार्थक होती है, दूसरों के लिए निरर्थक—निराला के 'वर्तमान धर्म' की भाषा की तरह।

मृत पुत्री कौर्डीलिया का शव लिये हुए, देवता और मनुष्य, दोनों को कोसनेवाले लियर और 'सरोज-स्मृति' में अपने गत कर्मों से कन्या का तर्पण करनेवाले, 'हो इसी कर्म पर वज्रपात' कहकर स्वयं को कोसनेवाले निराला में अद्‌भुत साम्य है।

लियर और निराला में एक अन्तर है। लियर अपने क्षोभ में सारी मानवता को कोसता है। मनुष्य में निराला की आस्था कभी खंडित नहीं हुई।

इटली के नवजागरण-काल के अप्रतिम चित्रकार और शिल्पकार थे माइकेल एंजेलो। रैफेल के चित्रों का मार्दव उन्हें पसन्द न था। वह सुदृढ़ मांसपेशियोंवाले सुगठित शरीर का चित्रण करते हैं। उनके चित्रों में रंग से अधिक गठन का महत्त्व है, चित्रकला में प्रस्तर-शिल्प का सौन्दर्य है। माइकेल एंजेलो स्थापत्यकार ,शिल्पकार, चित्रकार, सैन्यकला-विशारद, अनेक संघर्षों में जूझनेवाले अभिशप्त प्रतिभा के धनी कलाकार थे। लिओनार्दो दा विन्ची की अभिजातवर्गीय सजधज, सुन्दर पोशाक, उनके प्रशंसकों का काफिला देखकर वह उद्दंडता से व्यवहार कर बैठते थे। राजकुमार तुल्य लिओनार्दो की बगल में—पत्थर पर छेनी चलाते हुए, हल्के सफेद बुरादे से हाथ-मुँह साने हुए,

पसीने में लथपथ गन्दे कपड़ों में माइकेल एंजेलो, वैसे ही कोट, पैंट और सँवारे हुए केश लिये अपनी भद्रता में पन्त, उनके साथ अपनी फटेहाल अभद्रता में निराला।

माइकेल एंजेलो की सनक, उनकी झक, उनके मानसिक असन्तुलन की बानगी देखिए :

"वह अपने से बातें करते हुए देहात में घूमते रहे। अपने खिलाफ़ नियति की दुरभिसंधि, हर तरह के षड्यंत्रों और दाँवघात की कल्पनाएँ उछालते रहे। अक्सर उन्हें ज्ञान न रहता कि वह कहाँ हैं।...वह अपने सतानेवालों को कोसते, उन्हें मारने के ख्वाब देखते। बेहद दुखी मन की असन्तुलित कल्पनाएँ उन्हें झकझोरतीं। वह रात को सो न पाते, भोजन न कर पाते...अन्याय और अपमान बर्दाश्त कर पाने में असमर्थ उनका मन झगड़ता, दूसरों के अपराध गिनाता, चीखता और प्रहार करता...। माइकेल एंजेलो ने चिल्लाकर कहा—हे ईश्वर, मैंने कौन-सा पाप किया है? तूने मुझे क्यों त्याग दिया है? मैं अगर मरा नहीं हूँ तो दांते के इस नरक की यात्रा क्यों कर रहा हूँ?"[1]

यही नरक-यात्रा निराला ने की थी।

नगर पर शत्रु का आक्रमण हुआ। माइकेल एंजेलो कुछ दिन तक एक पुरानी मीनार में छिपे रहे। जब पोप ने घोषणा कर दी कि उन्हें प्राणदंड न दिया जायगा, तब वह निकले। उनके एक मित्र ने मीनार की हालत देखकर पूछा—इस ठंढ में कौन-सी चीज़ आपको जिलाये थी? माइकेल एंजेलो ने उत्तर दिया—अपमान की ज्वाला।

लाञ्छना इंधन हृदय-तल जले अनल!

शेक्सपियर और माइकेल एंजेलो वाली परम्परा की एक कड़ी थे—अर्नेस्ट हेमिंगवे।

छह फीट से ऊँचा उनका बलिष्ठ शरीर, साधारण शिक्षा, साहित्यिक जीवन के आरम्भ में कठिन संघर्ष, सम्पादकों के यहाँ से वापस आती हुई रचनाएँ देखकर उनका धैर्य टूटना, युद्ध में घायल होना, निरन्तर परिश्रम से कला को सँवारने में विश्वास, स्पेन के गृह-युद्ध में हेमिंगवे का फासिस्ट-विरोधी मोर्चे की ओर से लड़ना, फिर सम्पत्ति, कीर्ति, नोबेल पुरस्कार और अन्त में विक्षेप। हेमिंगवे और अमरीकी व्यवस्था के बीच कहीं गहरी टक्कर थी। उनके प्रसिद्ध उपन्यासों की कथाभूमि अमरीका से बाहर की है। उन्हें सबसे प्रिय स्पेन है जहाँ के नर-वृषभ-युद्ध उन्हें बेहद पसन्द थे, जहाँ उनके उस उपन्यास का अनुवाद प्रकाशित न हुआ जिसका सम्बन्ध स्पेन के गृहयुद्ध से था। अन्तिम दौर में उनके मित्र उनकी कूटभाषा समझ न पाते थे। जब लोग उन्हें मानसिक चिकित्सालय ले जा रहे थे, तब उन्होंने हवाई जहाज से कूद पड़ने का प्रयत्न किया। जब हवाई जहाज से उतरे तब दौड़कर उसके पंखे से कट जाने की कोशिश की। अमरीका के बड़े-बड़े विशेषज्ञ हेमिंगवे को पुन: मानसिक स्वास्थ्य-लाभ न करा सके। जो लोग विलायत भेजकर निराला के उपचार की योजनाएँ बना रहे थे, उन्हें इस तथ्य पर ध्यान देना चाहिए।

हेमिंगवे के मित्र हौचनर ने पूछा—तुम क्यों मरना चाहते हो?

हेमिंगवे ने उत्तर दिया—अब मैं लिख नहीं पाता। मेज़ के पास घंटों खड़ा रहता हूँ। लिखने की शक्ति भीतर से नष्ट हो गई है। लिख न पाने के बाद जीना बेकार है।...

निराला के जीवन में वह क्षण कभी न आया जब वह कहते—जी तो रहा हूँ लेकिन लिखने की शक्ति भीतर से नष्ट हो गई है।

हौचनर हेमिंगवे को अस्पताल से दूर शहर से बाहर ले गए। उन्होंने सोचा कि हेमिंगवे को वसंत बहुत प्रिय है, प्रकृति के संसर्ग से उनकी खोई हुई संज्ञा वापस आ जाएगी, लेकिन हेमिंगवे का मन इनकम-टैक्सवालों, पुलिस के जासूसों, अपने सतानेवालों की दुनिया में कहाँ-कहाँ भटकता रहा! हौचनर ने खीजकर हेमिंगवे का रास्ता रोकते हुए कहा—पापा, इट्स स्प्रिंग!

हेमिंगवे ने चश्मे के पीछे अपनी मिचमिचाती आँखों से इधर-उधर देखा और फिर अपनी दुनिया में लौट गए। वसन्त की छवि उनकी संज्ञा को बाँध न सकी।

अपने अन्तिम दौर में निराला वसन्त की छवि देख रहे थे और लिख रहे थे :

अट नहीं रही है,
आभा फागुन की तन
सट नहीं रही है।

अस्पताल से छूटने के बाद हेमिंगवे ने आत्महत्या कर ली।

निराला ने आत्महत्या नहीं की।

निराला ने स्वयं को और परिस्थितियों को कहाँ तक ठीक-ठीक पहचाना? उन्होंने अपने अन्तर को जितना वज्र-कठोर समझा था, उतना वह था नहीं। बाहरी आघातों से उसमें दरारें पड़ीं और गहरी हुईं। इस अन्तर के नीचे अपमान, ग्लानि और अहंकार के जिन भावों को वह ठेलते गए थे, वे इतने कमज़ोर साबित न हुए जितना वह उन्हें समझते थे। गुहा के द्वार पर संन्यासीवाली नैतिकता की जो शिला उन्होंने जमा कर रखी थी, वह भीतर से पोली और भुरभुरी निकली। संन्यासीवाली नैतिकता के साथ रवीन्द्रनाथ का जो भव्य चित्र—अपनी रवीन्द्र-विरोधी आलोचना के बावजूद—उन्होंने अपने मन में बनाया था, वह ज़रूरत से ज़्यादा भव्य था। इसी तरह राजनीति में जो लोग बहुत प्रभावशाली दीखते थे, वे ऐतिहासिक दृष्टि से उतने प्रभावशाली थे नहीं। निराला का विवेक स्वयं को, सामाजिक-सांस्कृतिक परिस्थितियों को समझने में एक हद तक असमर्थ रहा।

किन्तु निराला एक मन से अर्द्ध-विक्षिप्त थे तो दूसरे से पूर्ण संज्ञावान्। उनका वह दूसरा अथक अडिग मन धैर्य से मान-अपमान, ग्लानि और मृत्यु की लीला देखता रहा। विष की अग्नि से उनका शरीर दीर्घकाल तक जलता रहा और साक्षी-रूप आत्मा के समान निराला का यह दूसरा मन वह धीमी, कभी खत्म न होनेवाली ज्वाला देखता रहा, उसके चित्र आँकता रहा।

ज्वलयति तनूं अन्तर्दाह: करोति न भस्मसात्—भवभूति की यह उक्ति उन पर पूर्णत: चरितार्थ होती है; अन्तर्दाह से और सब जल गया, केवल उनका यह द्रष्टा मन भस्म न हुआ। न एक विष था, न एक ज्वाला; अनेक विष, अनेक ज्वालाएँ अन्तरतम से उठती हुई निरन्तर उनके मन को घेर लेती थीं और निराला बरबस इनसे मन हटाकर वसन्त या वर्षा की झाँकी देख लेते थे। उनका यह अथक मन विक्षेप के अभिनय देखता था, दूसरे मन को दिवास्वप्नों में खो जाते देखकर उस पर हँसता था, उसके दु:स्वप्नों को सहानुभूति से देखकर उन्हें कविता में चिंतित भी करता था। निराला अपने इस मन की शक्ति को अच्छी तरह पहचानते थे और उनकी वह पहचान बिलकुल सही थी।

निराला को विरोध बहुत सहना पड़ा किन्तु उन्हें समर्थन भी मिला। उन्होंने हिन्दीभाषी जनता को जितना स्नेह दिया, उससे ज़्यादा स्नेह पाया। निराला कभी रीते नहीं, कभी चुके नहीं, स्नेह-निर्झर के बह जाने के बाद भी उन्हें अपने भीतर और बाहर स्नेह के नये स्रोत मिले। हिन्दीभाषी जनता की अजेय अप्रकट शक्ति से, उसके अगाध अव्यक्त स्नेह से कहीं निराला के मन का तार बराबर जुड़ा हुआ था।

यदि निराला के उपचेतन में बहुत बड़ी शक्ति थी तो एक उपचेतन जनता के पास भी था और उसमें निराला के लिए असीम प्यार था। इन दो उपचेतनों का सम्बन्ध बहुत स्पष्ट नहीं था : न जनता के सामने, न निराला के सामने। उनके मरने पर जनता ने पहचाना, उसके हृदय में निराला के लिए कितना प्यार था। निराला कवि थे। उन्होंने अपने जीवनकाल में इस स्नेह की शक्ति का अनुभव किया था। तभी उन्होंने गर्व से इलाहाबाद की एक सभा में कहा था : 'हम ढह-ढह गए हैं, टूट-टूट चुके हैं पर झुके नहीं हैं।'

निराला की यह अपराजेय शक्ति हिन्दीभाषी जनता की शक्ति भी थी। हेमिंग्वे अपने उपन्यासों में अमरीकी जनता से कटे हुए हैं; निराला तुलसीदास और हिन्दीभाषी जनता से सदा सम्बद्ध हैं : कहीं व्यक्त रूप से, कहीं अव्यक्त रूप से। निराला और हेमिंग्वे—विक्षिप्त दोनों हुए पर, नोबेल पुरस्कार-विजेता अर्नेस्ट हेमिंग्वे ने आत्महत्या की, दारागंज की गलियों में लुंगी बाँधे घूमनेवाले स्वत: संभाषण में लीन सूर्यकान्त त्रिपाठी निराला ने आत्महत्या नहीं की।

निराला ने अपने और परिवेश के बीच सन्तुलन यों कायम किया।

मूल्यांकन

हिन्दीभाषी प्रदेश में ओरछा के वीरसिंह जू देव बड़े प्रतापी नरेश हुए हैं। हिन्दी साहित्यकार उनकी ओर ऐसे खिंचते थे, जैसे चुम्बक की तरफ़ लोहा। जो लोग समझते थे कि अपने चरित्र और दुरूह लेखन से निराला हिन्दी का नाश कर रहे हैं,

वे ओरछा-महाराज के हिन्दी-प्रेम के घोर प्रशंसक थे। उन्होंने देव-पुरस्कार देकर 'दुलारे दोहावली' आदि पुस्तकों को गौरवान्वित किया। वह कवि-सम्मेलनों के सहज अध्यक्ष थे; उनके रहते उस आसन पर किसी कवि का बैठना हिन्दी के हित में न होता। नागरी प्रचारिणी सभा ने वृद्ध आचार्य महावीरप्रसाद द्विवेदी को अभिनन्दन-ग्रंथ भेंट करने का कार्य ओरछेश के कर-कमलों से सम्पन्न कराया। द्विवेदीजी ने कृतज्ञतापूर्वक ग्रंथ स्वीकार करते हुए कहा : "यह मेरा परम सौभाग्य है जो पंडितों के प्रेमी, विद्वानों के आश्रयस्थल और कवियों के कल्पवृक्ष ओरछा-नरेश ने मेरी सम्मान-वृद्धि की।"[1]

पाँच साल बाद उन्होंने बनारसीदास चतुर्वेदी को पत्र में लिखा : "महाराजा साहब ने बहुत यश, बहुत कीर्ति कमाई। उनका हिन्दी-प्रेम सर्वथा प्रशंसनीय है। अनेक ग्रंथकारों, कवियों और हिन्दी-हितैषियों के विषय में वे द्वितीय कर्ण हो रहे हैं।...मैं अब बहुत वृद्ध हो गया। कमज़ोरी बेहद बढ़ रही है..."[2]

मिश्रबन्धु अपने समय के यशस्वी आलोचक थे। बड़े परिश्रम से उन्होंने कवियों के सम्बन्ध में सामग्री एकत्र की थी। 'मिश्रबन्धु विनोद' का चतुर्थ भाग उन्होंने ओरछेश को समर्पित किया था :

"हिन्दी भाषा एवं कविता के अनन्य प्रेमी और सहायक, काव्य-मर्मज्ञ, सौजन्यमूर्ति, सरल-स्वभाव, निरहंकार, रसिक-शिरोमणि, हिन्दी के सुलेखक, स्वदेश एवं स्वजाति के अद्वितीय भक्त, प्रजापालक, नरपाल-चूड़ामणि, हिज़ हाइनेस सवाई महेन्द्र महाराजा श्री वीरसिंह देव बहादुर ओरछा-नरेश सरामद राजाहाय बुन्देलखंड के कर-कमलों में यह तुच्छ भेंट उनकी उदार स्वीकृति से, अत्यन्त श्रद्धा और प्रेमपूर्वक, मिश्र-बन्धुओं द्वारा, सादर समर्पित है।"

मिश्रबन्धुओं ने ऐसी प्रशंसा देव और बिहारी की भी न की थी। तब क्या आश्चर्य कि निराला के मन में बार-बार प्रश्न उठता था—मैं भी होता यदि राजपुत्र?

ओरछा-नरेश का महत्त्व इस बात से भी प्रकट होता है कि बनारसीदास चतुर्वेदी—प्रिंस क्रोपाटकिन के शिष्य, कैसी भी राज्यसत्ता में विश्वास न करनेवाले पत्रकार—राजा वीरसिंह देव के प्रशंसक थे। जिन महापुरुषों के सत्संग का उन्हें लाभ हुआ, उनमें महात्मा गांधी, गुरुदेव रवीन्द्रनाथ ठाकुर, दीनबन्धु एंड्रूज के साथ ओरछा-नरेश भी थे। चतुर्वेदीजी के अनुसार "सहृदयता, दानशीलता और सुसंस्कृति में वह अग्रगण्य थे। इस विषय में उनकी श्रेणी या वर्ग का कोई व्यक्ति उनका मुकाबला शायद ही कर सकता हो बल्कि यहाँ तक कहा जा सकता है कि साधन-सम्पन्न तथा सुशिक्षित समाज में भी अपने गुणों के कारण उनकी पोज़ीशन काफी ऊँची थी।"[3]

ओरछा-नरेश वसन्तपंचमी को मदनोत्सव करते थे। इसमें वेश्याओं के नृत्य-गीत का आयोजन होता था। राष्ट्रकवि मैथिलीशरण गुप्त-जैसे नैतिकता-प्रेमी भी पधारते थे। चतुर्वेदीजी को निराला का चरित्र नापसन्द था, पर ओरछेश के यहाँ वेश्याओं के जमघट पर उन्हें आपत्ति न थी। वह उत्सव देखने जाते और एक बार 'बही होगी

कविता अनजान' की स्थिति में आ गए। उन्होंने घनाक्षरी के तीन चरण रच डाले; चौथा चरण पूरा किया मुंशी अजमेरी ने[4] :

साँची ही कहौंगो चाहे चुगल चवाव करैं,
हौंगो जग जाहिर नरेश! सदा सच्चा मैं।
ऋषि मुनि चूके और चूके चतुरानन हू,
अचरज कहा जो सिद्ध भयो कछु कच्चा मैं।
चार छन माहिं अभिमान भयौ चूर-चूर,
चन्द्रमुखी नैन सैन खायौ एक दच्चा मैं।
प्रबल अनंग भयौ ब्रह्मचर्य भंग भयौ
डूबि गयौ चौबे रसरंग के चबच्चा में।

राजा—जो दूसरों की मेहनत का फल खाता है—समाज में आदर पाता है। बड़े-बड़े कवि और पत्रकार उसके दरबार की शोभा बढ़ाते हैं। उसके आयोजित मदनोत्सवों में—नैतिकता की पोटली बगल में दबाये—शरीक होते हैं। लेखक जो अपनी मेहनत की रोटी खाता है, यदि लेखन-कार्य ही जीविका का साधन हुआ तो, समाज में अनादर पाता है। जो प्रकाशक उसका भयंकर शोषण करते हैं, उनके कृत्यों पर नैतिकता के कर्णधार चुप रहते हैं।

शिकार-साहित्य के विशेषज्ञ, व्यायाम-प्रेमी, सहृदय पत्रकार श्रीराम शर्मा ने निराला से उनकी आमदनी के बारे में पूछा था, निराला ने उत्तर दिया : "आप मेरी आमदनी के सम्बन्ध में पूछते हैं। सच तो यह है कि मैंने कभी आमदनी के विचार से काम नहीं किया। अनुवाद और सम्पादकों के लिए जो कुछ बैठा-बिठाया लिखता था, वह किसी तरह खर्च चला लेने के लिए। फिर भी पूरा नहीं पड़ता था। लेख के लिए 15) से 20) तक अधिक-से-अधिक एक अंक में मुझे मिला है। ऐसे दो लेखों की आमदनी ज़्यादा-से-ज़्यादा महीनों में हुई। खर्च मौलिक पुस्तकों का कापीराइट बेचने पर किसी तरह चला। 200)-250) में कापीराइट बेचा।"

यह पत्र उन्होंने 6 फरवरी, '37 को लिखा था। तब तक वह 'राम की शक्तिपूजा', 'तुलसीदास', 'सरोजस्मृति', 'गीतिका', अप्सरा', 'अलका', 'प्रभावती' आदि अपना अधिकांश साहित्य रच चुके थे। एक लेख से पन्द्रह-बीस रुपये मिल जाते थे, वह भी हर महीने नहीं क्योंकि कोई भी पत्रिका निराला के—या अन्य किसी के—लेख प्रतिमास न छाप सकती थी। हिन्दी की अधिकांश पत्रिकाएँ—सन् '37 तक—उनके लेख छापने को तैयार न थीं।

सम्पादकीय नीति साधारणत: यह रहती है कि लेखकों को कुछ दिये बिना ही, हिन्दी-सेवा के नाम पर, उनसे लेख प्राप्त किये जायँ। यदि मजबूरी में पारिश्रमिक देना स्वीकार किया तो भरसक उसे टालते रहते हैं। जब किसी तरह पीछा नहीं छूटता तभी मनीआर्डर करते हैं। 'सरस्वती' और 'माधुरी' हिन्दी की श्रेष्ठ पत्रिकाएँ थीं और

पद्मसिंह शर्मा हिन्दी के अत्यन्त सम्मानित लेखक थे। उन्होंने इन पत्रिकाओं के बारे में यह राय जाहिर की थी : " 'सरस्वती' और 'माधुरी' पूँजीपतियों की पत्रिकाएँ हैं, पर उनके सम्पादक अपनी कारगुज़ारी दिखाने के लिए लेखकों को कोरा टरका देते हैं। फिर भी लेख लेना अपना हक समझते हैं।" यह तो हुई पत्रिकाओं में लेख लिखने की बात; पुस्तकें लिखने के पारिश्रमिक की दर बहुत अच्छी न थी, न वादे के अनुसार प्रकाशक रुपया दे देता था। पद्मसिंह शर्मा ने प्रकाशकों को अर्थपिशाच कहा था। अपने एक अनुभव के बारे में वियोगी हरि को लिखा था : "एक प्रकाशक मेरे लेख-संग्रह के लिए बहुत लालायित थे, जब पुरस्कार की बात चली तो पहले 11) पेज कहा, फिर 1) पेज पर आकर ठहर गए और वह भी बाद को पुस्तक बिकने पर।"[5]

सन् '28 में हिन्दी-संसार के सर्व-सम्मानित आचार्य महावीरप्रसाद द्विवेदी को 'विशाल भारत' में उनके संस्मरण प्रकाशित करने के लिए बनारसीदास चतुर्वेदी पाँच रुपये प्रति पृष्ठ देने को तैयार थे। द्विवेदीजी ने लिखा कि इतना तो 'सरस्वती', 'माधुरी' और 'सुधा' वाले उनके साधारण नोटों के लिए देते हैं।

इससे अनुमान किया जा सकता है कि 'सुधा' में नोट लिखने के लिए निराला को पारिश्रमिक किस हिसाब से मिलता होगा। द्विवेदीजी चाहते थे कि उन्हें कोई पाँच रुपये कालम दे और पाँच हज़ार में कापीराइट खरीद ले। हिन्दी प्रकाशकों की स्वार्थलिप्सा के कारण द्विवेदीजी के संस्मरण अलिखित ही रह गए। पाँच हज़ार रुपये वह अपने लिए नहीं, ख़ैरात के लिए माँगते थे।

अठारह साल तक 'सरस्वती' का सम्पादन करने के बाद उसे छोड़ने के समय उनकी तनखाह डेढ़ सौ थी। तब क्या आश्चर्य कि दुलारेलाल भार्गव बदनाम निराला को अपने यहाँ सौ रुपये माहवार पर सम्पादक रखने को तैयार न थे!

निराला ने अपनी किताबों का कापीराइट दो सौ, ढाई सौ में बेचा, तो इसका मतलब है, उन्हें रुपये बारह आने पेज के हिसाब से पारिश्रमिक दिया गया। यह प्रकाशक की उदारता थी कि उसने क़िताब बिकने का इन्तज़ार न करके पांडुलिपि मिलते ही पैसे दे दिये। आठ आने, रुपये प्रति पृष्ठ की बात उन लेखकों के साथ होती थी जो प्रसिद्ध और प्रतिष्ठित थे। तंगी में भटकनेवालों के लिए चार आने पेज बहुत थे।

दयाराम बेरी ने लिखा है कि निराला को वह 4) फार्म देते थे और "उन दिनों के प्रसिद्ध साहित्यकार श्री ईश्वरीप्रसाद शर्मा भी इसी तरह 4) फार्म पर साहित्य लिखा करते थे।"[6] इससे भिन्न निहालचन्द वर्मा ने पारिश्रमिक की जो दर छह रुपये फार्म लिखी है, वह सही नहीं है।[7] कलकत्ते में निराला चवन्नी पेज पर साहित्य लिखते थे और वह पारिश्रमिक भी उन्हें वक्त पर न मिलता था। तब उत्तेजित न होते?

श्रीराम रोड पर रामविलास पांडेय ने किताबों की दुकान खोली थी। नाम था—सरस्वती पुस्तक भंडार। जब सरोज बीमार थी, तब निराला ने पांडेयजी के अनुसार, सौ रुपये उधार लिये। उसके बाद उन्हें 'प्रभावती' उपन्यास और 'सखी' कहानी-संग्रह दिये। इन्हें देते वक्त उन्हें कुछ न मिला, न इनके छपने और बिक जाने के बाद उन्हें

कुछ मिला। पुस्तकें उन्होंने दीं उधार लिये हुए रुपये चुकाने के लिए। पांडेयजी ने निराला से अपनी मैत्री और अभिन्नता का उल्लेख करते हुए लिखा था : "मुझसे उनकी अभिन्नता लगभग दो वर्ष तक रही। वह अपने उपकारी के उपकारों को कभी भूलते न थे। एक बार जब उनकी लड़की को टी.बी. हो गई थी और रायबरेली से पत्र आने पर वह पत्र लेकर मेरे पास आए थे, रायबरेली जाकर उसे देखने की इच्छा प्रकट की। मैंने कहा था कि आप फौरन चले जाइए, खर्च के लिए मैं एक सौ रुपये दिये देता हूँ। अत: मुझसे एक सौ रुपये पाकर वह रायबरेली चले गए थे और वापसी पर यही कहा था कि अब लड़की मृत्यु की घड़ियाँ गिन रही है, बचने की कोई आशा नहीं है। कुछ समय बाद लड़की स्वर्ग सिधार गई, यह सूचना भी उन्होंने दी थी।"[8]

अपने उपकारी के उपकारों को न भूलनेवाले निराला ने ऋणशोध में दो पुस्तकें दीं। उपकारी ने यह यथेष्ट समझा कि उधार चुकाने में किताबें ले ली जाएँ, और पैसा न दिया जाय—अभिन्नता का दावा ऊपर से।

"उन्होंने जो कुछ मुझसे नकद रुपये लिये थे, उसके लिए उन्होंने 'प्रभावती' मुझे लिखकर दी थी और प्रेमस्वरूप 'सखी' (कहानियाँ) छापने का पूर्ण अधिकार दिया था। मैंने दोनों पुस्तकें छापी थीं। बाद में निरालाजी ने एक बार मुझे प्रयाग से पत्र लिखा था कि मेरी आर्थिक दशा खराब हो गई थी। अत: मैंने आपकी दोनों पुस्तकें प्रयाग के पब्लिशरों को बेच दी हैं। यह मैंने अनुचित कार्य किया है। मित्र के नाते आप क्षमा करेंगे। मैंने उन्हें प्रयाग लिख दिया था कि आपने जो कुछ किया, सब ठीक है।"

रामविलास पांडेय धन्यवाद के पात्र हैं जो इतना विवरण लिख भेजा। अन्य प्रकाशक निराला को दिये हुए पैसों के बारे में चुप रहते हैं। एक पुस्तक उधार चुकाने में, दूसरी प्रेम-स्वरूप भेंट। जब निराला ने पुस्तकें दूसरे प्रकाशकों को दीं तो क्षमा-याचना की, और अभिन्न मित्र ने उदारता से लिखा, आपने जो कुछ किया, सब ठीक है।

निराला कापीराइट देने के बाद यदि पुस्तकें दूसरों को बेचते तो गंगा पुस्तकमाला और लीडर प्रेस को दी हुई किताबें भी दूसरों को बेच देते। ऐसा उन्होंने नहीं किया। उन्होंने इस तरह के व्यवहार के लिए अपने अभिन्न मित्र को ही चुना, इस पर विश्वास नहीं होता। मेरा अनुमान है कि निराला ने 'सखी' और 'प्रभावती' का कापीराइट रामविलास पांडेय को न दिया था। निराला ने वे पुस्तकें दूसरे प्रकाशक को देते समय रामविलास पांडेय से क्षमा-याचना की, यह बात भी विश्वसनीय नहीं है।

प्रकाशकों के और बहुत-से हथकंडे हैं। पुस्तक के बारे में लेखक से कहेंगे—देखिए, पाँच साल में पहला ही संस्करण खत्म नहीं हुआ; हिन्दीवाले किताबें खरीदते नहीं; और आपकी किताबें तो विद्यार्थियों के काम की नहीं, इसलिए और भी नहीं बिकतीं। फिर भी इधर आपने नया कुछ लिखा हो तो दीजिए, हम छाप देंगे।

लेखक फटेहाल, सड़क पर; प्रकाशक हवेलियों में मौज उड़ाते हुए। किताबें नहीं बिकतीं—इसका असर लेखक पर ज़्यादा होता है—प्रकाशक की तिजोरी भरती जाती है।

निराला की दस वर्ष की काव्य-साधना का फल—'परिमल'। प्रकाशक ने कहा, पाँच साल में अभी पहला एडीशन खत्म नहीं हुआ। निराला के मन को चोट लगी। वह समझे, यह हिन्दी वालों का अन्याय है जो उनकी किताबें खरीदते नहीं हैं। उन्होंने 'माधुरी' में प्रकाशित 'स्वकीया' शीर्षक लेख में अपने दिल का दर्द एक वाक्य में प्रकट किया : "एक दिन देखा, 'परिमल' पाँच साल में केवल आठ सौ खपा है और उसके प्रकाशक किसी व्यक्ति या संस्था को पुरस्कार देते हैं, तो किताबों में 'परिमल' अवश्य होता है।"

यह भी देखने में आया है कि पहला संस्करण खत्म हो जाने पर प्रकाशक दूसरे संस्करण में ढिलाई करते हैं, कभी-कभी तो जान-बूझकर दूसरा संस्करण नहीं निकालते। सोचते हैं, काग़ज़ और छपाई में दाम उतने ही लगेंगे, नई किताब निकालें जिससे ज़्यादा मुनाफ़ा हो।

'प्रबन्ध प्रतिमा' निराला का श्रेष्ठ निबन्ध-संग्रह है। 1940 में भारती भंडार, लीडर प्रेस से प्रकाशित हुआ। सन् '61 में निराला के मरने तक—बीस साल में—इसका दूसरा संस्करण न हुआ!

कलकत्ता, लखनऊ, इलाहाबाद, काशी से भिन्न-भिन्न प्रकाशकों के यहाँ अपनी पुस्तकें छपाने से निराला को क्या लाभ था? ज़िन्दगी-भर वह एक प्रकाशक के यहाँ से दूसरे प्रकाशक के यहाँ भटकते रहे, जैसे किरायेदार एक मकान-मालिक से झगड़ा होने पर दूसरा मकान ढूँढ़ता है। सोचता है, यह मकान-मालिक अच्छा होगा। निराला इससे कर्ज़ लेते, पुस्तक देते, फिर कर्ज़ माँगते, न मिलता तो किसी और का दरवाज़ा खटखटाते। प्रकाशक लेखक को पैसा देते समय उसे कितना खिझाता है, कितना अपमानित करता है, इसे भुक्तभोगी ही जानता है। निराला ने कम-से-कम दो प्रकाशकों से हाथापाई की, मनमुटाव सबसे हुआ।

श्रीनारायण चतुर्वेदी ने उनका अर्थ-कष्ट देखकर इंडियन प्रेस से उनके लिए अनुवाद-कार्य पर मासिक पेमेंट का प्रबन्ध करा दिया था। पर वह भी ज़्यादा दिन न चला, इसके लिए दोषी जो भी हो। इस सम्बन्ध में चतुर्वेदीजी ने मुझे जो बातें लिखी थीं, वे इस प्रकार हैं : "इंडियन प्रेस से अनुवाद का प्रबन्ध मैंने ही किया था। निरालाजी की कोई बँधी आमदनी न थी और वे कभी-कभी बड़े आर्थिक-कष्ट में पड़ जाते थे। मैंने उनसे कहा कि आप कविता, उपन्यास आदि मौलिक चीज़ें अपनी रुचि और 'मूड' से लिखें, किन्तु कुछ लेखन-कार्य नियमित रूप से किया करें जिससे नियमित आय हो। मैंने ही बँगला उपन्यासों के अनुवादों का सुझाव दिया, क्योंकि मैं समझता था कि इस कार्य में उन्हें अधिक श्रम या कठिनाई न होगी। पटेल बाबू से मैंने उन्हें 100) मासिक देने को कहा और स्पष्ट कर दिया था कि मैं क्यों यह प्रस्ताव कर रहा हूँ। मैंने कह दिया था कि तीन-चार महीनों में एक अनुवाद मिलेगा। यह क्रम डेढ़ या दो वर्ष चला। इसके बाद जब उनमें persecution mania उत्पन्न हुआ और बढ़ा, तब उनका अनुवाद-कार्य एकदम बन्द हो गया। पटेल बाबू ने जब

देखा कि काम बिलकुल बन्द है और कई महीनों से अनुवाद नहीं मिला तो मासिक रुपया देना बन्द कर दिया।"

निराला के देहान्त के बाद उनके उत्तराधिकारी रामकृष्ण त्रिपाठी ने प्रकाशकों की धाँधली के खिलाफ़ कानूनी कार्यवाही शुरू की। उन्होंने एक नोटिस दुलारेलाल भार्गव को दिया। 4 जुलाई, '63 को पेशी के दिन दोनों पक्षों में सुलहनामा हुआ। सुलहनामे के अनुसार अदालत से रामकृष्ण त्रिपाठी को पचास हज़ार रुपये की डिक्री प्राप्त होगी, जिसका भुगतान वह एक हज़ार रुपये प्रतिवर्ष करते रहेंगे। रुपया निश्चित अवधि में प्राप्त न होने पर वह कुर्की इजराय करा सकेंगे।

स्पष्ट ही यह पचास हज़ार रुपये की रकम भविष्य में निराला की पुस्तकों की बिक्री से प्राप्त होनेवाली रायल्टी न थी। जो बिक्री हो चुकी थी, उसका हिसाब साफ़ करने के लिए प्रकाशक ने समझौते के तौर पर यह रकम स्वीकार की थी।

इससे अनुमान किया जा सकता है कि प्रकाशकों ने निराला का कैसा भयानक शोषण किया था। निराला जो कहते थे कि लाखों का हिसाब छोड़ा है, वह बात एकदम गलत नहीं थी।

निराला में जितना अहंकार था, उससे ज़्यादा स्वाभिमान था। वह न किसी मित्र के आसरे रह सकते थे, न सरकार के। कमलाशंकर सिंह ने लिखा है कि "मासिक-वृत्ति के लिए जो सरकारी आज्ञा-पत्र उनके पास आया था, उसे फाड़कर उन्होंने फेंक दिया।"[9]

वह जब कमलाशंकर सिंह के यहाँ रहने आए तब उन्होंने उमाशंकर सिंह से पूछा था—किताब छापोगे? उमाशंकर सिंह ने कविताएँ छापना स्वीकार किया, वह इससे पहले 'चाबुक' छाप चुके थे। तब निराला उनके यहाँ रहने लगे। उन्हें इस बात का बराबर ध्यान रहता था कि वह कमलाशंकर सिंह पर भारस्वरूप न हों। कोई मेहमान आ जाए तो अपना भोजन वह उसे दे देते थे और स्वयं भूखे सो जाते थे। कमलाशंकर सिंह की पत्नी कलावती 'बच्ची' ने लिखा है : "भोजन करते समय जब कोई मित्र या अतिथि आ जाता तो अपने सामने की परसी थाली वह उनकी ओर बढ़ा देते और स्वयं जल पीकर रह जाते। बहुत कहने पर भी दूसरी परसी थाली वह स्वीकार नहीं करते थे।"[10]

'निरालाजी की वास्तविक स्थिति'—शीर्षक से जो वक्तव्य सन् '54 के अन्त में कमलाशंकर सिंह ने पत्रों में प्रकाशनार्थ भेजा था, उसमें उन्होंने कहा था : "ज़िलाधीश द्वारा 120 रुपये पंडितजी के खाने-पीने तथा फलादि के प्रबन्ध के लिए मुझे नियमित रूप से मिलता है। विशेष आवश्यक वस्तुओं के लिए लिखते ही ज़िलाधीश महोदय उनकी तत्काल व्यवस्था कर देते हैं।"

रुपये-पैसे का अहसान लेना तो दूर की बात, कोई उनके समर्थन में कुछ कह दे या लिख दे, तो भी वह उस अहसान को न भूलते थे। कहीं-न-कहीं उसकी तारीफ ज़रूर करते थे, उस पर लेख लिखते थे या अपनी पुस्तक की भूमिका लिखाकर उसे सम्मानित करते या उसे पुस्तक ही समर्पित कर देते थे।

महादेवप्रसाद सेठ को 'अनामिका' उन्होंने इसी भाव से समर्पित की। श्रीनारायण चतुर्वेदी को अपनी श्रेष्ठ कृति 'तुलसीदास' अर्पित की। प्रसाद के निधन पर कविता लिखी। महादेवी वर्मा पर कविता लिखी। नन्ददुलारे वाजपेयी पर लेख लिखा, 'गीतिका' की भूमिका उनसे लिखाई, 'अलका' उन्हें समर्पित की। दयाशंकर वाजपेयी को 'निरुपमा', जानकीवल्लभ शास्त्री को 'बेला', गंगाप्रसाद पांडेय को 'नये पत्ते', पुरुषोत्तमदास टंडन को 'प्रबन्ध प्रतिमा', दुलारेलाल भार्गव को 'लिली', पन्त को 'अप्सरा', अमृतलाल नागर को 'कुल्ली भाट' पुस्तकें समर्पित कीं। इनमें दो-एक को छोड़कर सभी साहित्यकार उनसे उम्र में छोटे थे। पुस्तक समर्पण करके लोग किसी तरह का लाभ उठाने की बातें सोचते हैं। निराला यह कार्य केवल स्नेह-प्रदर्शन के लिए करते थे। साथ ही किसी का रंच-मात्र अहसान उन पर न रह जाए, इसलिए भी। महादेवप्रसाद सेठ न रहे, पर निराला के मन में उनकी स्मृति बनी रही। 'अनामिका' समर्पित करके उन्होंने मन की कृतज्ञता प्रकट की। मुंशी नवजादिकलाल श्रीवास्तव न रहे, निराला ने उनकी पुण्यस्मृति को 'चाबुक' भेंट की। अपने बालसखा रामशंकर शुक्ल को भी वह न भूले, उन्हें 'महाभारत' समर्पित की।

इन समर्पणों से यह भी पता चलता है कि निराला के समर्थकों की संख्या कम नहीं रही। उनका विरोध बहुत हुआ, इसमें सन्देह नहीं पर अन्य कवियों की अपेक्षा उन्हें समर्थन अधिक ही मिला, कम नहीं। आरम्भ में 'पंचवटी प्रसंग' पर अनुकूल सम्मति देकर महावीरप्रसाद द्विवेदी ने उनका उत्साह बढ़ाया।

आचार्य द्विवेदी और निराला में अनेक चरित्रगत समानताएँ थीं। दोनों में बैसवाड़े का अक्खड़पन, दोनों महास्वाभिमानी, दोनों एक-दूसरे से बढ़कर हठी, दोनों कुलीन कान्यकुब्जों की रूढ़िवादिता के कट्टर विरोधी, दोनों अपने आगे हिन्दी में और सबको नगण्य समझनेवाले। द्विवेदीजी में अंहकार की मात्रा निराला से कुछ कम न थी। ऐसा कौन-सा लेखक है जिसकी रचना 'सरस्वती' में छपने आई हो और उसे चाहे उन्होंने ही मँगवाया हो—पर जिसे उन्होंने सुधारा न हो? बालमुकुन्द गुप्त से लेकर मिश्रबन्धुओं तक किसी समसामयिक आचार्य से उनकी नहीं पटी। वह हिन्दी के एकमात्र चक्रवर्ती आचार्य थे, जैसे निराला हिन्दी के एकमात्र महाकवि!

यह दुर्भाग्य की बात है कि वह निराला के बाह्य आचरण और 'वर्तमान धर्म' की शैली से रुष्ट हो गए। बनारसीदास चतुर्वेदी ने अपने पत्र के साथ 'वर्तमान धर्म' भेजकर जब उनकी सम्मति माँगी, तो उन्होंने लिखा : "विक्षिप्त का बर्राना, पागल का प्रलाप या अंग्रेज़ी में Effusion of diseased mind जो चाहे, कहिए; जो दवा मुनासिब जान पड़े, कीजिए; मगर दवा कारगर होने की नहीं; क्योंकि 'मूर्खस्य नास्त्यौषधम्' अथवा 'ज्ञानलवविदग्धं ब्रह्मापि तं नरं न रंजयति'।

मूर्ख के चिह्न हैं :

मूर्खस्य पंच चिह्नानि गर्वी दुर्वचनी तथा।
हठी चाप्रियवादी च परोक्तं नैव मन्यते॥

जिन महाशय का नाम आपने लिखा, उनकी तारीफ मैं कहाँ तक करूँ! बंगाल में जहाँ थे, बेचारे दुर्गतिपूर्वक निकाले गए। 'समन्वय' के एक ब्रह्मचारीजी से कहकर मैंने उन्हें वहाँ करा दिया। नहीं ठहरे। जहाँ-जहाँ गए, निकले। मुझे बाबा कहकर बाप बनाते थे। दस कोस पैदल चलकर मेरे घर आते थे। 'सरस्वती' छोड़ने के पहले मैंने ठाकुर गोपालशरणसिंह की कविता को अच्छी बता दिया। जुही पहुँचे। मेरी बेहद खबर ली। मैं तो मैं, दूसरा कवि बनने का मुस्तहक कौन? व्यंग्यपूर्ण कविताएँ भी मुझ पर लिखीं। छन्दशास्त्र-विषयक मेरी एक गलती भी ढूँढ़ निकाली—थी वह भूतों की। क्या पूछते हैं आप? सज्जन मनुष्य की हरकत तो ऐसी होती नहीं : 'यद्रोचते तत्कुरु'।"[11]

द्विवेदीजी ने अपना पत्र उद्धृत करने की मनाही कर दी थी। चतुर्वेदीजी के हाथ में ब्रह्मास्त्र था और निराला पर वह उसका प्रयोग न कर सके! बड़ा आत्मसंयम करना पड़ा होगा। निराला के लिए अच्छा हुआ कि 'विशाल भारत' में वह पत्र उद्धृत न हुआ। 'वर्तमान धर्म' के तमाम आलोचकों की सम्मतियों से उन्हें उतनी पीड़ा न होती जितनी द्विवेदीजी के इस एक पत्र से।

निराला की मृत्यु के बाद वह पत्र उद्धृत करते हुए चतुर्वेदीजी ने लिखा : "द्विवेदीजी के इस पत्र पर टीका-टिप्पणी करने की ज़रूरत नहीं।"

मेरी समझ में थोड़ी ज़रूरत है। द्विवेदीजी की राय में निराला के मुकाबले गोपालशरण सिंह बड़े कवि थे। आज इस राय से कितने लोग सहमत होंगे? द्विवेदीजी ने यह राय सन् '32 में दी थी। तब तक 'परिमल' प्रकाशित हो चुका था। द्विवेदीजी के काव्य-बोध से छायावादी, प्रगतिवादी, प्रयोगवादी—किसी धारा के कवि सहमत नहीं हैं। यदि द्विवेदीजी की राय सही होती तो हिन्दी कविता में न 'कामायनी' का महत्त्व होता, न 'राम की शक्तिपूजा' का। द्विवेदीजी की प्रसिद्धि भाषा-संस्कार के लिए रह गई है, काव्य-समालोचना के लिए नहीं। उन्होंने रीतिवाद का विरोध करते हुए खड़ीबोली काव्य की प्रतिष्ठा बढ़ाई, यह उनका महत्त्वपूर्ण कार्य है। पर उनके काव्यबोध की सीमाएँ न समझकर निराला के विरुद्ध उनका पत्र वेद-वाक्य की तरह उद्धृत करना अपनी ही कमज़ोरी प्रकट करना है।

चतुर्वेदीजी ने निराला और छायावाद का विरोध वर्षों तक किया। वह विरोध उनके जीवन-काल में व्यर्थ सिद्ध हो गया। किसी भी साहित्यकार के लिए यह स्वीकार करना आसान नहीं कि उसकी साहित्य-साधना व्यर्थ हुई। निराला का विरोध चतुर्वेदीजी की साहित्य-साधना का श्रेष्ठ अंश था, इसलिए महावीरप्रसाद द्विवेदी के नाम को ढाल बनाकर 'वर्तमान धर्म' के विरोध को सार्थक सिद्ध करने का प्रयास—निराला के मरने के बाद भी—उनके लिए बहुत स्वाभाविक है।

निराला ने 'वर्तमान धर्म' न लिखा होता तो भी द्विवेदीजी उन्हें गोपालशरण सिंह से बड़ा कवि न मानते, यह निश्चित है। निराला ने 'सरस्वती' के सम्पादकीय नोटों की भाषा की आलोचना की। द्विवेदीजी 'सरस्वती' के सम्पादक न थे, फिर भी उन्होंने बुरा माना, 'मतवाला' में भाषा की भूलें दिखाते हुए एक अंक सुधार कर

भेजा। उनकी राय में पदुमलाल पुन्नालाल बख्शी या देवीदत्त शुक्ल निराला की तुलना में समर्थ गद्य-लेखक थे।

द्विवेदीजी को निराला बाबा कहते थे। बाबा बनने के बाद वह निराला को अपने बराबर जगह न दे सकते थे। पर निराला ने सन् '21 में ही उन्हें सूचित कर दिया था कि सेवक-सेव्य सम्बन्ध में दोनों को लाभ होता है—एकतरफ़ा व्यापार नहीं है—सेवक की आत्मा पर शुद्धि की छाप लगती है, सेव्य की आत्मा तृप्त हो जाती है। द्विवेदोजी समझते थे, वह निराला की सहायता करके सेवक की आत्मा शुद्ध कर रहे हैं, स्वयं उन्हें उससे कोई लाभ नहीं है।

निराला तो हठी, दुर्वचनी थे ही, पर मैथिलीशरण गुप्त तो सात्त्विक वैष्णव संस्कृति के प्रतीक थे। द्विवेदीजी उनसे भी रुष्ट हो गए थे, इसलिए कि वह 'साकेत' पर द्विवेदीजी की राय से असहमत थे। "जो राय मैंने दी थी, उनका सर्वांश में खंडन कर डाला। इसकी क्या ज़रूरत थी?"—द्विवेदीजी ने राष्ट्र-कवि को लिखा था।[12] 'साकेत' में दोषदर्शन की शुरुआत बनारसीदास चतुर्वेदी ने की थी। सहारे के लिए एक आचार्य की ज़रूरत थी। वह सहारा द्विवेदीजी से मिला। "गुप्तजी ने मुझे पिता बनाया और आप पुत्र बने"—आचार्य ने 'विशाल भारत'-सम्पादक को सूचित किया। इसी तरह निराला ने भी उन्हें पिता बनाया था। पर जो राय मैंने दी थी, उसका सर्वांश में खंडन कर डाला; इसकी क्या ज़रूरत थी? फसाद की जड़ यह थी कि जो पुत्र बना, वह पिता की राय का खंडन करने लगा। नतीजा यह कि पिता-पुत्र में "पत्र-व्यवहार खत्म हो गया।" द्विवेदीजी ने निष्कर्ष निकाला : "समझाने से जो न समझे, उसे कौन समझा सकता है?"

मूर्ख के लक्षणों में एक बात यह भी थी—परोक्तं नैव मन्यते! समझाने से समझे नहीं—न निराला, न मैथिलीशरण गुप्त! वैसे बालमुकुन्द गुप्त के समझाने से द्विवेदीजी भी न समझे थे। उल्टा उन पर व्यंग्य-कविता लिखी थी। निराला ने द्विवेदीजी पर व्यंग्य-कविता लिखी हो तो आश्चर्य नहीं! द्विवेदीजी जानते थे कि 'अनस्थिरता' शब्द का प्रयोग असावधानी से हो गया था, पर इज़्ज़त का सवाल था, वह अपनी गलती मानने को तैयार न थे। उन्होंने किशोरीदास वाजपेयी से कहा था : "भैया, गलती से वह 'अनस्थिरता' शब्द निकल गया था। मैं उस समय भी उसे गलत समझता था और आज भी गलत समझ रहा हूँ। गलत न सही, प्रवाह-प्राप्त तो वह है ही नहीं। प्रवाह ही भाषा में बड़ी चीज़ है। मैं तुरन्त स्वीकार कर लेता, यदि उस तरह कोई पूछता-कहता। बात कुछ दूसरे ढंग से कही गई।...और भैया, मुझे भी अपनी शक्ति के अनुसार हिन्दी का कुछ काम करना था। वैसा काम करने के लिए साख की भी ज़रूरत है। प्रभाव उखड़ गया, तो सब गया। जिस ढंग से और जिस रूप में वह विवाद उठाया गया था, उसे मैंने उचित न समझा। उस समय मैं दब जाता, तो लोग मेरी खिल्ली उड़ाते और फिर उस रूप में कुछ कर न पाता।"[13]

यह भी सम्भव है कि द्विवेदीजी अपनी गलती मान लेते तो लोग उन पर और भी श्रद्धा करते। पर पुराने संयुक्त परिवारों के पुरिखा मरजाद कायम रखने में विश्वास करते थे। बाहर भरम बना रहे, भीतर चाहे जो कुछ हो। ऐसा ही भरम द्विवेदीजी बना रहे थे, ऐसे ही कुछ भरम निराला ने बनाये थे।

द्विवेदीजी में जितना अहंकार था, उतनी ही विनम्रता थी। वह दूसरों को आशीर्वाद न देकर साधारणतः 'नमोनमः' कहते थे। यह कला निराला ने उन्हीं से सीखी थी, पैर छूनेवाले या हाथ जोड़कर प्रणाम करनेवाले से नमोनमः। भाव यह कि आशीर्वाद देनेवाला मैं कौन! द्विवेदीजी नन्ददुलारे वाजपेयी के प्रणाम करने पर 'नमोनमः' कहते थे। एक बार जब आशीष दी तब वाजपेयीजी ने जाना—आचार्य उन पर प्रसन्न हैं।

द्विवेदीजी से मिलने लक्ष्मीधर वाजपेयी आए। द्विवेदीजी हाथ में उनके जूते उठाकर भीतर ले आए थे। जानकीवल्लभ शास्त्री निराला से मिलने भूसामंडी वाले घर में आए थे। निराला ज़ीने पर चढ़ते हुए उनके जूते हाथ में लिये चले आए थे।

निराला का अहंकार अधिकतर अभिजातवर्गीय लोगों, अपनी सम्पत्ति पर अभिमान करनेवालों के सामने प्रकट होता था। यही हाल द्विवेदीजी का था। उन्होंने बनारसीदास चतुर्वेदी को लिखा था : "लोकोक्तिकोश वाले श्री खत्रीजी को यह चिट्ठी दिखाइए और उनसे कहिए कि मैं उनसे, मुर्शिदाबाद वाले नवाबी जगत्सेठों से तथा कारनेगी और राकफ़ेलर से भी अधिक अमीर हूँ। अमीर किसे कहते हैं, यह शायद वह नहीं जानते। शंकराचार्य जानते थे।...मैं तो दुनियाभर के अमीरों को, लक्षाधीशों ही को नहीं, कोट्याधीशों को भी अपने सामने तृणवत् समझता हूँ।"

तृणवत्—या बैसवाड़ी मुहावरे के अनुसार किसी और वत्—निराला भी समझते थे। अपने व्यवहार से इसे वह प्रकट भी कर देते थे। ओरछा-नरेश को द्वितीय कर्ण कहने की ताब उनमें न थी।

अपना सुदीर्घ जीवन हिन्दी-सेवा में अर्पित करने के बाद द्विवेदीजी हिन्दीवालों से कुछ ऊब-से गए थे। आत्मचरित न लिखने का एक कारण यह ऊब भी थी। उनके जीवन के तमाम तिक्त अनुभवों का निचोड़ चतुर्वेदीजी को लिखे हुए इन वाक्यों में सिमट आया है : "हिन्दी लेखकों की दशा अच्छी नहीं। प्रकाशक उनसे भी बदतर हैं। रद्दी कहानियाँ ये लोग दौड़-दौड़ छापते हैं। मेरे फुटकर लेखों की कोई 32 पुस्तकें हुई हैं। बाबू शिवप्रसादजी गुप्त ने सबकी नकल करा दी। उनमें से कोई 10 पुस्तकें पड़ी हुई हैं। कोई पूछता ही नहीं। ऐसे लोगों के लिए आत्मचरित लिखकर बेचने की इच्छा नहीं होती। हो भी तो लिखने की शक्ति नहीं।"

'कविवचन-सुधा' में प्रकाशित भारतेन्दु के लेख असंकलित रह गए। 'सरस्वती' में महावीरप्रसाद दिवेदी के लिखे नोट संकलित होने पर भी छापे न गए। तब 'सुधा' में निराला ने क्या लिखा, इसकी फिक्र किसे हो सकती है? पर इसमें दोष हिन्दी पाठकों और लेखकों का नहीं है, दोष है प्रकाशकों का; भारत में शिक्षा और संस्कृति के सूत्रधारों का।

कांग्रेसी मंत्रिमंडल बनने पर द्विवेदीजी की बन्दूक का लाइसेंस छीन लिया गया, मानो बुढ़ापे में उनकी बन्दूक से कांग्रेसी पुलिस को खतरा हो! चतुर्वेदीजी ने इस पर खेद प्रकट करते हुए लिखा है : "उत्तर प्रदेश में कांग्रेसी मंत्रिमंडल के शासनकाल में हिन्दी के युग-निर्माता आचार्य द्विवेदीजी के साथ जो अनाचार हुआ, उसका वृत्तान्त पढ़कर हमारा सिर लज्जा से झुक जाता है।"

सोचने की बात है, कांग्रेसी सरकार की ओर से राज्य-सभा के मनोनीत सदस्य अराजकतावादी पत्रकार बनारसीदास चतुर्वेदी का सिर जब लज्जा से झुक जाता है, तब जवाहरलाल का नाम सुनते ही निराला का माथा गर्म हो जाता था तो इसमें आश्चर्य की कौन-सी बात है?

चतुर्वेदीजी ने महावीरप्रसाद द्विवेदी में जहाँ निराला का विरोध देखा, उससे लाभ उठाया; जहाँ उन्होंने निराला का समर्थन किया था, वह उसके बारे में चुप रहे। पर द्विवेदीजी ने निराला के अभ्युदय-काल में उन्हें सहारा दिया—अपने चरित्र से उन्हें प्रभावित किया, यह एक महत्त्वपूर्ण तथ्य है।

महादेवप्रसाद सेठ, नवजादिकलाल, शिवपूजन सहाय, सकलनारायण शर्मा, चन्द्रशेखर शास्त्री, राधामोहन गोकुलजी आदि का समर्थन उन्हें कलकत्ते में मिला।

प्रसाद ने 'गीतिका' का प्राक्कथन लिखकर उनका समर्थन किया। विनोदशंकर व्यास, शान्तिप्रिय द्विवेदी, रायकृष्ण दास आदि बनारस के अनेक साहित्यकार निराला के समर्थक थे। निराला की सबसे बड़ी सहायता वे करते थे जो पत्रिकाओं में उनके लेख छापते थे, उन्हें पारिश्रमिक देते थे। कृष्णबिहारी मिश्र और रूपनारायण पांडेय ने इस प्रकार निराला की बड़ी सहायता की। इनके साथ प्रेमचन्द का नाम भी लेना चाहिए। 'माधुरी' में निराला के लेखादि प्रकाशित करने में उनका हाथ भी था। इसके सिवा 'हंस' में उन्होंने निराला के लेख और कविताएँ छापीं। 'अप्सरा' लिखने के बाद निराला उन्हें अपना विरोधी समझने लगे थे। 'हंस' में अपने विरुद्ध लेख और 'जागरण' में चरित्र पर टिप्पणी छापने से वह प्रेमचन्द पर सन्देह करने लगे थे। सौभाग्य से उनके सम्बन्ध फिर अच्छे हो गए। 'उग्र' से भी निराला की न पटती थी। 'उग्र' के मन में निराला के प्रति किंचित् ईर्ष्याभाव था, पर वह पीठ-पीछे निराला का बराबर समर्थन करते थे। कोई 'मतवाला'-मंडल के किसी सदस्य की आलोचना करे और 'उग्र' की गाली खाये बिना चला जाए, यह सम्भव न था। 'उग्र' से कई बार निराला को लेकर मेरी तेज़ बहस हुई, पर वह मुझसे बहुत स्नेह करते थे, इसलिए कि मैं निराला का समर्थक था। उग्र ने '48-49 में निराला के व्यक्तित्व की गरिमा पर लेख लिखे।

मातादीन शुक्ल, नन्ददुलारे वाजपेयी, नलिन विलोचन शर्मा, जानकीवल्लभ शास्त्री, गंगाप्रसाद पांडेय आदि ने अनेक प्रकार से निराला का समर्थन किया। निराला पर अनेक लेख और कविताएँ लिखी गईं; इनके अलावा उनके जीवनकाल में उनपर बच्चनसिंह, गंगाप्रसाद पांडेय की और मेरी पुस्तकें प्रकाशित हुईं। उनके सहधर्मियों में

सुमित्रानन्दन पन्त और महादेवी वर्मा ने उनका उल्लेखनीय समर्थन किया। श्रीनारायण चतुर्वेदी के व्यक्तिगत समर्थन के अलावा उनके प्रभाव से बीसियों साहित्यकार और लेखक उनके समर्थक हुए। भगवतीप्रसाद वाजपेयी, वाचस्पति पाठक, अमृतलाल नागर, सर्वदानन्द वर्मा, सुमित्राकुमारी सिन्हा, चन्द्रमुखी ओझा 'सुधा', शिवगोपाल मिश्र, कमलाशंकर सिंह, गिरिजाकुमार माथुर, केदारनाथ अग्रवाल, गंगाप्रसाद मिश्र, दयानन्द गुप्त (भूतपूर्व कहानी-लेखक, अब वकील), ब्रजमोहन तिवारी, उमाशंकर शुक्ल 'उमेश', देवीदत्त शुक्ल ('सरस्वती'-सम्पादक), रामरतन भटनागर हसरत, कुँअर चन्द्रप्रकाशसिंह, दिनकर, आदि—उनके सभी समर्थकों के नाम लिखे जायँ तो बहुत लम्बी सूची हो जायगी। उनका ज़्यादा विरोध सन् '24 से '34 के बीच में हुआ। इस बीच अपनी अप्रतिहत शक्ति से वह निरन्तर साहित्य-रचना में लगे रहे। सन् '40 के बाद विरोध नगण्य हो गया। वह साहित्य-सम्मेलन में साहित्य परिषद् के सभापति बनाये गए। सन् '47 में उनकी स्वर्णजयन्ती मनाई गई; कई पत्रों ने सन् '47 में और बाद को उनके जन्म-दिवस पर विशेषांक निकाले। सन् '47 के बाद उनकी ख्याति उत्तरोत्तर बढ़ती गई। किसी भी दौर में निराला अकेले नहीं रहे, भले ही वह कल्पना में खुद को सैकड़ों महारथियों के बीच अकेले घिरा हुआ देखते हों। उनके विरोधियों में बड़े-बड़े आचार्य थे, पर उनके समर्थन में वह समस्त उदीयमान शक्ति थी जो हिन्दी-साहित्य को नई दिशाओं में विकसित कर रही थी।

निराला का विरोध साहित्य-क्षेत्र तक सीमित नहीं था। जातिप्रथा के समर्थक, रूढ़ियों के दास, घर में दारू बाहर विष्णु सहस्रनाम, भारतीय संस्कृति के नाम पर निराला नाम ने घृणा करनेवाने—इन सबने मौखिक रूप से निराला के विरुद्ध प्रबल वातावरण बना रखा था। निराला के मन पर इस विरोध का घातक प्रभाव पड़ा, पर इस सामाजिक क्षेत्र में भी रूढ़िवादियों से लड़नेवालों और निराला का साथ देनेवालों की संख्या काफी बड़ी थी। इनमें कालेज-यूनिवर्सिटियों में पढ़नेवाले नई रोशनी के युवक ही न थे, इनमें अकुलीन, अब्राह्मण जन ही न थे, इनमें उच्च कुलीन ब्राह्मण, बलभद्र दीक्षित जैसे लोग भी थे, जिन्होंने अपने लड़के बुद्धिभद्र को गायत्री मंत्र देने के लिए निराला को अपने गाँव बुलाया था। जो लोग निराला के खान-पान, रहन-सहन से असहमत होते हुए भी उनसे स्नेह करते थे, उनकी संख्या कम नहीं थी।

प्रसन्नता उनकी सहज वृत्ति थी। उनके लिए मैत्री-भाव ही सहज था, वैर-भाव नहीं। पद्मसिंह शर्मा की आलोचना करने के बाद क्षमा माँगी; सुमित्रानन्दन पन्त पर लिखने के बाद पश्चात्ताप किया। "जोशी बन्धुओं के अज्ञान का इतना बड़ा आडम्बर मेरी प्रसन्न प्रकृति को असह्य हो रहा था"—इसलिए लेख लिखा। फिर इलाचन्द्र जोशी से सहज मैत्री-भाव कायम किया।

"अभी तक मैं खूब प्रसन्न रहा। स्वास्थ्य भी बहुत कुछ सुधर चला था, इधर चार रोज़ से कुछ अस्वस्थ हूँ।"—उन्होंने सन् '28 के वसन्त में गुलाबराय को लिखा था। जीवन में साधारण सुविधाएँ हों, स्वास्थ्य ठीक हो, निराला प्रसन्न रह सकते थे।

वह बड़े परिश्रमी थे और बड़े आलसी भी थे। प्रसन्न-मन जब न कहता, तब वे कविताएँ न लिखते, और काम चाहे जो करें।

वह कविता लिखने में ही नहीं, पत्रों का उत्तर देने में भी प्रसन्न-मन के आदेश की राह देखते थे।

प्रसाद को पत्र लिखने बैठे : "मंगलवार, तारीख याद नहीं—27-28 होगी।" कौन पूछने में समय नष्ट करे! जानकीवल्लभ शास्त्री के पत्रों का उत्तर देना था। लिखा : "आपके पत्र और सब विषय भूल गए हैं; पत्र हैं तो, पर उठकर उन्हें खोज कर पढ़ना मेरे लिए बड़ी मिहनत का काम है : ऐसा कष्ट मैंने कभी नहीं उटाया।"[14]

मन मारकर जब उन्हें अनुवाद का कार्य या बाज़ार का काम करना होता था, तब उन्हें कितना कष्ट होता था, इसकी कल्पना की जा सकती है। गुलाबराय को वह 'ऐट दि फीट आफ गौड' पुस्तक का संस्कृत अनुवाद भेजनेवाले थे। न भेज पाने के दो कारण बताये थे : "अभी तक विशेष अवसर नहीं मिला, प्राणों की सम्पूर्ण स्वीकृति भी नहीं हुई थी।" यह दूसरा कारण बहुत महत्त्वपूर्ण है। प्राणों की सम्पूर्ण स्वीकृति नहीं हुई, इसलिए महादेवप्रसाद सेठ पर वह कविता न लिख पाए। कई बार नाटक लिखने का विचार किया पर स्वीकृति का शुभ मुहूर्त न आया। 'उषा'-नाटिका विज्ञापित होकर भी अलिखित रही। यही हाल 'उच्छृंखल' उपन्यास का हुआ। 'नये पत्ते' के प्रकाशन के साथ 'हाथों लिया' उपन्यास का ज्ञापन हुआ; उसके लिखने की नौबत न आई। स्वदेशी आन्दोलन पर वह चार उपन्यास लिखनेवाले थे; 'चोटी की पकड़' उनमें पहला था। शेष तीन लिखने का विचार उन्होंने छोड़ दिया। सूरदास पर कविता लिखने के विचार से दो बार आगरा आए, पर प्राणों की स्वीकृति के अभाव में वह कविता अरचित रही।

हिन्दी लेखकों में निराला को समाज के विविध वर्गों के जीवन का ज्ञान सबसे ज़्यादा था। उन्होंने राजाओं और राजकुमारों के जीवन को नज़दीक से देखा था। युवाकाल से प्रौढ़ावस्था तक वह गाँवों की दरिद्र जनता के निकट सम्पर्क में रहे। महिषादल में रहते हुए वह दरिद्रों की सेवा के लिए गाँव जाने लगे थे। वह स्वदेशी आन्दोलन के प्रभाव में आए और सन् '30-31 में उन्होंने अपने गाँव-ज़िले के राजनीतिक आन्दोलन में सक्रिय भाग लिया। वह विचार-क्षेत्र में मार्क्सवाद को पूरी तरह न स्वीकार करके भी व्यवहार में हिन्दी के हर मार्क्सवादी लेखक से आगे थे। देश की दरिद्रता की जानकारी, जनता के संगठन और उसकी कठिनाइयों का ज्ञान उनके साहित्य के लिए लाभदायी सिद्ध हुआ।

उनका जीवन-सम्बन्धी अनुभव विशद था; उन्होंने रचनाकार की दृष्टि से साहित्य का अध्ययन किया और उनका साहित्य-ज्ञान भी विशद था। तुलसीदास, पद्माकर, कालिदास, भवभूति, शेक्सपियर, रवीन्द्रनाथ, बंगाल के वैष्णव कवि, गोर्की—अनेक प्रकार के साहित्यकारों से उन्होंने बहुत-कुछ सीखा था। पर अनेक प्रभाव ग्रहण करने पर भी उनका साहित्यिक व्यक्तित्व मौलिक बना रहा, इसका कारण यह है

कि हिन्दी-परम्परा का विरोध करने पर भी वह बहुत मज़बूती से उससे जुड़े हुए थे। वसन्त और शरद्, ये ऋतुएँ उन्हें सबसे अधिक प्रिय थीं। वह पक्षियों के संगीत और फूलों की सुगन्ध के बीच रहने को पैदा हुए थे। जो लोग उनके कलकत्ते के दिनों की याद करते थे, वे उन्हें ओठों, आँखों, भौंहों में हँसते हुए देखते थे। इस हँसी के पीछे मृत्यु का कैसा दारुण अनुभव उन्हें है, इसकी कल्पना करना आसान न था। सरोज की मृत्यु के बाद 'कुल्ली भाट' और 'कुकुरमुत्ता' में उनकी हँसी कायम रही पर यह पहलेवाला मुक्त हास्य न था, उसके पीछे मर्मवेदना छिपी थी। अपने विक्षेप की विकट घड़ियों में भी हास्य-विनोद की वृत्ति उभर आती थी। वह जीवन में हँसने, प्रकृति और नारी के सौन्दर्य और यौवन के उल्लास के गीत गाने को पैदा हुए थे; परिस्थितियों ने उन्हें सामाजिक वैषम्य का विरोधी, क्रान्तिकारी योद्धा और मानवीय करुणा का मर्मी कवि बना दिया। परिस्थितियाँ अनुकूल होतीं तो वह अधिक ज़रूर लिखते पर अच्छा भी लिखते, यह आवश्यक नहीं। प्रतिकूलता ने उनके स्वरों में ऐसा पराक्रम भर दिया, जैसा अन्य कवियों की पहुँच से बाहर था।

साहित्यिक-सामाजिक विरोध से अधिक निराला के मन पर आर्थिक कष्टों की छाप थी। पिता की मृत्यु के बाद से उनका जीवन सदा असुरक्षित रहा। जहाँ कुछ दिन पैर टिकाने का मौका मिला, वहीं उनकी प्रतिभा अपनी सहज सर्जनशीलता सिद्ध कर देती थी। सन् '23-24 में उन्हें 'मतवाला'-मंडल में अनुकूल वातावरण मिला; उन्होंने ढेरों कविताएँ लिख डालीं। 'भावों की भिड़न्त' के बाद साल-भर तक 'मतवाला' से अनबन रही, उनका कविताएँ लिखना बन्द रहा। '29-30 में दुलारेलाल से पटरी बैठी, उन्होंने बहुत-से गीत और 'अप्सरा' लिखी। फिर कुछ दिन मनमुटाव रहा। '33 से '37 तक दुलारेलाल भार्गव के यहाँ या लीडर प्रेस के कारण—सरोज की मृत्यु के बावजूद—उनके जीवन में बहुत-कुछ सुरक्षा का भाव रहा। यही अवधि उनके श्रेष्ठ कृतित्व का काल भी है। 'अनामिका' के प्रकाशन के बाद उनका जीवन फिर असुरक्षित हो गया। कभी इस प्रकाशक के यहाँ, कभी उस प्रकाशक के यहाँ, वह निरन्तर भटकते रहे। युद्ध-काल की कठिनाइयाँ ऊपर से। यही उनके मानसिक असन्तुलन का भी सबसे विकट काल है। सन् '49-50 के बाद जब वह आर्थिक चिन्ताओं से मुक्त हो गए, तब '45 की अपेक्षा उनका मन अधिक सन्तुलित हो गया और अन्त तक वह कुछ-न-कुछ लिखते रहे। निराला की रचना-प्रक्रिया उनके जीवन में सुरक्षा के भाव से सम्बद्ध है, इसमें भ्रम की गुंजाइश नहीं है। इसी कारण निराला के मानसिक विक्षेप के लिए वे प्रकाशक सबसे अधिक जिम्मेदार हैं जिन्होंने उनके श्रम का शोषण किया और उसका समुचित पारिश्रमिक उन्हें न दिया।

कुछ लोगों ने निराला को संत, पहुँचा हुआ फकीर, देवता बनाकर पूजा। उनके मानसिक असन्तुलन को अस्वीकार करके उन्होंने उनके स्वगत कथन को उनकी सिद्धि का लक्षण माना। यदि निराला संत और देवता होते तो पूज्य भले होते, इतने स्नेह और सहानुभूति के अधिकारी न होते। वह इस युग के प्रतिनिधि साहित्यकार

थे, इसलिए कि हिन्दी लेखकों की वेदना उनमें घनीभूत थी, परिस्थितियों की मार खाकर विरोधी भावों के निरन्तर तनाव से वह मानसिक सन्तुलन खो बैठे थे। उनमें महामानव के गुण थे तो मनुष्य की साधारण कमज़ोरियाँ भी थीं। मानसिक सन्तुलन खोने पर भी वह 'अर्चना' के गीत और 'पत्रोत्कंठित जीवन का विष बुझा हुआ है' लिख सके, यह उनकी दृढ़ इच्छा-शक्ति की बहुत बड़ी विजय थी।

जिनके लिए वह देवता और संत न थे, उनके लिए वह एक कवि थे जिनमें ज़रूरत से ज़्यादा अहंकार था, जो शराब और गोश्त के शौकीन थे और जो बाद को पागल हो गए। निराला की देवमूर्ति से घबड़ाकर कुछ लोगों ने अपने लेखों, संस्मरणों में उनके अहंकार और मद्यपान की चर्चा बार-बार की है। मद्यपान और मांसाहार अब बहुत सामान्य हो गए हैं; निराला के यौवनकाल में वे राजसी अथवा ठेठ निम्नवर्गीय संस्कृति के अंग थे। कान्यकुब्जों में बहुत-से लोग, विशेष कर लखनऊ में, गोश्त खाते थे, शराब पीते थे। उनका सामाजिक विरोध समाप्त हो गया था क्योंकि वे धनी थे। निराला के चरित्र की बड़ी चर्चा थी, इसलिए कि निराला निर्धन थे और पुरानी समाज-व्यवस्था की नींव हिलानेवाले क्रान्तिकारी भी थे।

निराला सौन्दर्य-प्रेमी थे। अनेक स्त्रियों से उनका सम्पर्क हुआ। वह इन्द्रियजित महात्मा नहीं थे। पर उन्होंने जीवन में एक ही स्त्री को प्यार किया—वह थीं मनोहरादेवी। अपने काव्य के तुलसीदास और राम यदि वह स्वयं हैं तो रत्नावली और सीता मनोहरादेवी हैं। उन्हीं की छवि का स्मरण करके अनेक रूपों और भंगिमाओं में उन्होंने अपने भव्यतम नारी-पात्रों का चित्रण किया है।

निराला इतने बड़े हैं कि उन्हें देवता और सन्त कहकर और बड़ा नहीं बनाया जा सकता। उन्हें शराबी-कबाबी और पागल कहकर उनके बड़प्पन को खत्म भी नहीं किया जा सकता।

निराला को देखकर बहुत-से लोग यह समझते थे कि इन्हें दीन-दुनिया की चिन्ता नहीं, यह फक्कड़ हैं। जो मिला, खाया-पिया-लुटाया, पैसों का हिसाब रखना वह जानते नहीं। पर निराला जितने फक्कड़ थे, उतने ही गृहस्थ थे। उनके फक्कड़पन से उनके घरवालों को कष्ट हुआ, गृहस्थ धर्म निबाहने से निराला को भी बहुत कष्ट सहने पड़े। वह औघर दानी थे पर उन्हें ठगना आसान नहीं था। वह कब ठगे जाते हैं, इसका उन्हें ज्ञान रहता था। कानून के सामने मजबूरी थी। प्रचलित नियम यह था कि जिसे किताब का कापीराइट दे दिया, उसे हमेशा को दे दिया। लेकिन प्रकाशकों ने उनकी किताबों से खूब धन कमाया है, उनका मेहनताना उन्हें नहीं मिला—यह बात वह बहुत अच्छी तरह जानते थे।

निराला की वास्तविकता उनके बारे में गढ़ी हुई कहानियों से बड़ी थी, फिर ये कहानियाँ चाहे उन्होंने गढ़ी हों, चाहे दूसरों ने।

निराला समझते थे कि 'अप्सरा' उनका युगान्तरकारी उपन्यास है। पर हिन्दी-कथा-साहित्य—मुख्यत: प्रेमचन्द के प्रभाव से—यथार्थवाद की दिशा में आगे बढ़ रहा

था। निराला ने 'देवी', 'चतुरी चमार', 'कुल्ली भाट', बिल्लेसुर बकरिहा' लिखकर हिन्दी कथा-साहित्य के विकास में योग दिया।

निराला कल्पना करते थे कि वह बहुत बड़े अद्वैतवादी हैं। ज्ञान में शंकराचार्य से बढ़कर दूसरा नहीं। स्वामी विवेकानन्द भी अद्वैत मत के प्रचारक। इसलिए निराला को भी अद्वैतवादी होना चाहिए। पर उनके मूल संस्कार एक भक्त के थे। वे रामचरितमानस पढ़नेवाले महावीर के भक्त थे। जीवन में उन-जैसा द्वैतवाद-पीड़ित व्यक्ति दूसरा नहीं था। योग और भोग—दोनों की अतिशयता भारतीय संस्कृति का ही एक आन्तरिक द्वन्द्व है। वह द्वन्द्व अपने प्रखर रूप में निराला के व्यक्तित्व और रचनाओं में प्रकट हुआ। इस कारण भी वह देश की सांस्कृतिक अन्तर्धारा से बहुत गहरे बँधे हुए हैं।

निराला समझते थे कि वह बहुत बड़े दार्शनिक कवि हैं। पन्त ने यह बात दोहराई है। निराला रवीन्द्रनाथ की तरह संसार को प्रकाश और आनन्द से भरा देखने का प्रयत्न करते थे किन्तु जीवन की परिस्थितियों ने भर दिया था चारों ओर अँधेरा। वह ज़रूर उच्चकोटि के दार्शनिक कवि थे पर तब नहीं, जब प्रचलित रहस्यवादी मान्यताओं को वह दोहराते थे वरन् तब, जब अपने अनुभव के बल पर उन्हें खंडित करते थे, जब नये-नये अनुभवों को काव्य में चित्रमय रूप देते थे। परिस्थितियों ने उनके बहुत-से दार्शनिक-धार्मिक भ्रम तोड़ दिये और निराला का मन जिस स्तर पर काव्य रचता था, उस स्तर पर यह भ्रम-ध्वंस-लीला भी वह साहस से देखता था।

निराला कल्पना करते थे कि उन्होंने सोलह साल की उम्र में 'जुही की कली' लिखी। यदि ऐसा होता तो सचमुच दुख की बात होती क्योंकि तब यह सिद्ध होता कि ऐसी सुन्दर रचना के बाद उन्होंने कई बहुत घटिया कविताएँ लिखीं मानो कोई नौसिखिया कवि रास्ता पहचान रहा हो! भावावेश में उन्होंने एक पूर्ण, सर्वांग-सुन्दर, सुगठित कविता रच डाली—यह उनकी एक रूमानी कल्पना थी जिसका सत्य से कोई सम्बन्ध न था। उनके अनेक महान् कार्य सोलह साल की उम्र में हुए थे—जैसे मनोहरादेवी से प्रथम सम्पर्क; तब 'जुही की कली' जैसी अद्वितीय कविता ही वह सोलह साल की उम्र में क्यों न लिखते?

वह कल्पना करते थे कि छायावाद के प्रवर्तक वह हैं। प्रसाद अग्रज हैं पर युग-प्रवर्तक निराला हैं। पर उनकी महत्ता इस बात में न थी कि छायावाद के मैदान में वह प्रसाद और पन्त से पहले आए। वह इनसे बाद में आए और सबसे आगे निकल गए—महत्ता इस बात में थी। सोलह-अठारह साल की उम्र में कविताएँ लिखनेवाले साधारणत: जिस किशोर-कल्पना से प्रभावित होते हैं, वह निराला में न थी। वह अपने साथ जीवन के बड़े तिक्त-सुखद अनुभव लेकर काव्य-क्षेत्र में आए थे। उनकी बहुविध शक्ति-सम्पन्न कविता छायावाद की सीमाएँ तोड़नेवाली थी, सीमाओं में बँधनेवाली नहीं।

निराला कल्पना करते थे कि मुक्तछन्द हिन्दी-काव्य को उनकी बहुत बड़ी देन है। उन्होंने एक सिद्धान्त ईजाद किया था कि मुक्त भावों और विचारों की सहज

अभिव्यक्ति मुक्तछन्द में ही हो सकती है। पर 'तुलसीदास', 'राम की शक्तिपूजा' और 'सरोज-स्मृति' मुक्तछन्द में नहीं हैं; यद्यपि ये उनकी सबसे समर्थ रचनाएँ हैं। मुक्तछन्द भी छन्द है, इसलिए मुक्त होते हुए बन्धन में है। निराला की यह महत्ता है कि मुक्तछन्द हो चाहे तुकान्त छन्द, वह चतुर शिल्पी की तरह भावप्रकाशन के लिए उसका पूर्ण उपयोग करते थे।

प्रतिकूल परिस्थितियों से परेशान होकर वह सोचने लगते थे कि यदि वह राजपुत्र होते या किसी लक्षपति के कुमार होते तो उन्हें अधिक कीर्ति मिलती, उनका जीवन अधिक सुखी होता। सम्भव है, उनका जीवन अधिक सुखी होता पर यह निश्चित है कि तब वह तुलसीदास के बाद हिन्दी के सर्वश्रेष्ठ कवि न होते।

हिन्दी में रवीन्द्रनाथ कौन है—इस प्रश्न से वह विचलित हो उठे थे। मैं हिन्दी का रवीन्द्रनाथ हूँ—यह भावना युवाकाल से उनके मन में थी। वह रवीन्द्रनाथ से भिन्न कोटि के कवि हैं और बीस साल बाद रवीन्द्रनाथ का वही महत्त्व न रहेगा जो उनके समय में था—यह सत्य वह न देख पाते थे। हिन्दी में अपने विरोध से परेशान होकर उन्होंने यह कहानी गढ़ी थी कि वह पहले बँगला में लिखते थे, किसी कारणवश वह हिन्दी में लिखने लगे।

निराला-स्वर्ण-जयन्ती के प्रसंग में शिवपूजन सहाय ने लिखा था : "यदि वह अपनी आरम्भिक प्रवृत्तियों और परिस्थितियों के वश होकर बँगला-साहित्य की सेवा में प्रवृत्त हो गए होते, तो अब बंगीय साहित्य-सेवी हमसे कहीं अधिक उनका सम्मान करते।"[15] निराला ने अपनी साहित्य-साधना की शुरुआत बँगला भाषा की आलोचना से की थी। बंगाल में रहने के कारण उनमें हिन्दी-जातीयता का भाव असाधारण प्रखरता से जाग्रत हुआ। उनके साहित्य की एक मूल प्रेरणा यह जातीयता की भावना थी। इसलिए परिस्थितियों के वश होकर बँगला साहित्य की सेवा में प्रवृत्त होने का कोई खतरा न था।

कलकत्ते में निराला-अभिनन्दन के अवसर पर महादेवी वर्मा ने कहा था : "यह हम लोगों का सौभाग्य ही था कि निरालाजी ने हिन्दी में लिखना आरम्भ किया, नहीं तो वह बँगला में लिखना आरम्भ कर सकते थे।"[16] हम लोगों का सौभाग्य तो था ही जो वह हिन्दी में लिखते रहे, थोड़ा सौभाग्य उनका भी था कि उन्होंने बँगला में कवि बनने का प्रयास न किया। बँगला में रवीन्द्रनाथ ऐसे विशाल वटवृक्ष थे कि उनके नीचे या आसपास किसी दूसरे महाकवि के पनपने की सम्भावना न थी। निराला ने जो कुछ बँगला से लिया, उसे बँगला में लिखकर वह अपनी मौलिकता सिद्ध न कर सकते थे। उनमें जो कुछ सबसे समर्थ, सबसे मौलिक है, उसका सम्बन्ध हिन्दीभाषी प्रदेश और उसकी सांस्कृतिक परम्परा से है।

बंगाल में अपने विरोध से परेशान होकर—ईश्वरचन्द्र विद्यासागर के जीवन-प्रसंग में—रवीन्द्रनाथ ने लिखा था : "माझे-माझे विधातार नियमेर ए रूप आश्चर्य व्यतिक्रम हय केन, विश्वकर्मा जेखाने चार कोटि बांगालि निर्माण करिते छिलेन, सेखाने हठात् दुइ-एक जन मानुष गड़िया बलेन केन, ताहा बला कठिन।" पर बंगाल

के आदमी चाहे जैसे हों, ईश्वरचन्द्र विद्यासागर उन्हीं की देन थे। रवीन्द्रनाथ चाहे जितने बड़े विश्वकवि हों, बंगाल की साहित्यिक परम्परा से अलग करके उनकी कल्पना नहीं की जा सकती। हिन्दीभाषी प्रदेश, यहाँ का समाज, यहाँ की साहित्यिक परम्परा—अच्छी-बुरी जैसी भी हैं, निराला उन्हीं की देन थे। हिन्दीभाषी प्रदेश में निराला को विरोध मिला तो जीने, लड़ने, लिखने की बहुत बड़ी शक्ति भी मिली। और यह शक्ति उन्हें हिन्दीभाषी प्रदेश से ही मिल सकती थी।

अठारह सौ सत्तावन का जैसे कोई वीर सेनानी युद्ध छोड़कर साहित्य के मैदान में चला आया हो, ऐसे थे सूर्यकान्त त्रिपाठी निराला। बैसवाड़े के जिन लोगों के बीच वह पैदा हुए, पले और बढ़े थे, जिनमें रहकर उन्होंने जीवन के सबसे संघर्षमय दिन बिताये थे, जिनसे उनका सम्पर्क जन्म से लेकर मृत्युपर्यन्त रहा, उनके साम्राज्य-विरोधी प्रतिरोध, उनकी वीरता पर निराला को अतिशय गर्व था। अंग्रेज़ी राज के खिलाफ़ इस प्रतिरोध ने अठारह सौ सत्तावन के विकट संग्राम का रूप लिया। निराला के लिए इससे बड़ा स्वाधीनता-संग्राम दूसरा न था। 'कला के विरह में जोशी-बन्धु' में उन्होंने यहाँ की साधारण जनता और उसकी प्रतिरोध-भावना का मूल्यांकन करते हुए लिखा था : "यहीं के लोग, जो आठ-आठ रुपये की मासिक वृत्ति पर गुलामी करते हैं, जूता उठाने की आज्ञा देनेवाले साहब के, अपने पैरों से पँचसेरी चमरौधा उतारकर, भयबाधा रहित हो दनादन-दनादन जड़ सकते हैं। चमड़े के कारतूस को दाँतों से काटने से इनकार करनेवाले धर्म-जीवन यहीं के लोग सन् '57 की ऐसी संगठन-शक्ति की करामात दिखाने का हौसला रख सकते हैं—वह संगठन कर सकते हैं, जितना बड़ा आज तक राजनीति के अन्धकार में उड़नेवालों से नहीं हो सका।"

निराला जब पैदा हुए थे तब बैसवाड़े में ऐसे सैकड़ों आदमी जीवित थे जिन्होंने अठारह सौ सत्तावन की लड़ाई में हिस्सा लिया था, या उसे अपनी आँखों देखा था। जिस जवार में निराला का घर था, उसके गाँव-गाँव में राना बेनीमाधव से लेकर साधारण स्थानीय वीरों तक के बारे में अनगिनत किस्से, कहानियाँ और लोकगीत प्रचलित थे। निराला इस लोक-संस्कृति में दीक्षित हुए थे; जोशी-बन्धुओं से युद्ध करते हुए उन्हें बैसवाड़े के सूरमा याद आ रहे थे। वही जीवट, वही उत्साह, वही अपराजेय वीरता निराला में थी।

बीसवीं शताब्दी के आरम्भ में मगड़ायर-बीघापुर के आस-पास लम्बे तगड़े छह-फुटे पलटनिया जवानों और बूढ़ों की कमी न थी। जब फौज में खपत कम हुई, तब ये पुलिस में भरती होने लगे। पुलिस में जगह न मिलती तो कलकत्ते की कोठियों में दरबानगीरी करते। अपनी लाठी, कुश्ती-कसरत के लिए ये हर जगह विख्यात थे। जब तक मालिक से पटी, तब तक ठीक, नहीं तो चमरौधा उतारकर दे दनादन, दे दनादन! निराला ने जब ज्योतिप्रसाद मिश्र 'निर्मल' को चमरौधे से पीटने की धमकी दी थी तब उनके अन्दर वही बैसवाड़े का किसान बोल रहा था। लम्बे बाल कटा लेने पर मेंड़ पर बैठे सुर्ती फाँकते हुए, वह बैसवाड़े के किसानों में बिलकुल खप जाते थे।

पिता की मृत्यु के बाद उनके जीवट की पहली परीक्षा हुई। उन्होंने गृहस्थी का भार सँभाला, नौकरी की, अपनी शिक्षा की ओर ध्यान दिया। अगले साल उनकी पत्नी और परिवार के दूसरे लोग न रहे। निराला के मन को गहरी चोट लगी, पर इस आघात को भी झेलकर सन् '19-20 के दो वर्षों में भारी परिश्रम करके अपना शिक्षा-क्रम पूरा किया। यदि राज-परिवार की ओर से स्कूल में उनकी शिक्षा की समुचित व्यवस्था होती तो प्रशंसा करने की ऐसी बड़ी बात न थी। पर वहाँ से नौकरी का सहारा था, इतना ही काफी था। निराला ने सुनकर, लोगों से मिलकर महिषादल-जैसी पिछड़ी जगह से जो कुछ मिला, उससे पूरा लाभ उठाया। भाषा-साहित्य आदि के बारे में उनकी मूल धारणाएँ सन् '20 तक बहुत-कुछ बन चुकी थीं। इनमें काफी मौलिकता थी। बैसवाड़े के लोग एक कहावत कहते हैं : 'घोखन ते विद्या, खोदन ते पानी'। निराला जितना पढ़ते थे, उससे ज़्यादा घोखते थे। इसीलिए इस कम उम्र में ही अपनी तीक्ष्ण मेधा के कारण उन्होंने अनेक मौलिक धारणाएँ बना ली थीं।

यदि बँगला उनके लिए मातृभाषा के समान होती तो बँगला का जो ज्ञान उन्होंने प्राप्त किया, उसके लिए उनकी प्रशंसा करना अनावश्यक होता। मातृभाषा उनकी एक ही थी—बैसवाड़ी—उनके माता-पिता की दी हुई वाग्विभूति, जिससे सभी रसों के स्रोत उनके जीवन में फूटकर बह निकले थे। बैसवाड़ी के साथ वह खड़ीबोली बोलते थे, अपनी जातीय भाषा के रूप में। अपनी साहित्य-साधना के आरम्भ में ही उन्होंने हिन्दी का पक्ष लेकर बँगला के समर्थकों से युद्ध शुरू किया। उन्होंने सन् '20 तक बँगला का जितना ज्ञान प्राप्त किया, वह प्रशंसनीय होने पर भी सीमित था। रवीन्द्रनाथ के काव्य-साहित्य से पूर्ण परिचय उन्हें कलकत्ता आने पर हुआ। तभी उन्होंने गिरीशचन्द्र घोष के नाटक पढ़े और देखे। मात्रिक छन्द से ही श्रेष्ठ कविता हो सकती है, यह मान्यता उन्होंने छोड़ी।

निराला को राजदरबार के उस्तादों ने शिक्षा दी होती तो उनका संगीतज्ञान प्रशंसनीय न होकर कुछ निन्दनीय ही होता। उन्होंने कुछ दिनों तक एक राजकर्मचारी से संगीत सीखा, उससे अधिक लोगों को गाते सुनकर सीखा। जितना वह गा सकते थे, उससे कहीं अधिक वह संगीत का मर्म पहचानते थे। वह अपनी अनेक कविताएँ—'भर देते हो बार-बार प्रिय करुणा की किरणों से' इत्यादि—और अपने प्राय: सभी गीत इस ढंग से गाते थे कि संगीत काव्य के भावोत्कर्ष को सहज ही निखार देता था। इस कला में वह अद्वितीय थे। कोई भी शास्त्रज्ञ संगीतकार अपने स्वरों से निराला के गीतों का मर्म वैसे उद्घाटित नहीं का सकता, जैसे वह करते थे। वह निसर्ग-सिद्ध गायक थे। और 'श्रीरामचन्द्र कृपालु भजु मन' तो वह इतने भाव-विह्वल होकर गाते थे कि जिसने एक बार सुना, वह कभी उनका स्वर भूल न सका।

महिषादल में अपने कच्चे घर से लेकर दारागंज की गली में पक्के मकान तक हर परिस्थिति में, जीवन की हर मंज़िल में निराला पढ़ते रहे। उनमें ज्ञान की पिपासा असीम थी और वह साहित्य तक सीमित न थी। वह राजनीति, इतिहास, अर्थशास्त्र,

गणित के बारे में भी बहुत-कुछ जानते थे। जितना खुद पढ़कर सीखते थे, उससे ज़्यादा दूसरों से सुनकर सीखते थे।

'मतवाला' में आकर उनके शिक्षण का दूसरा क्रम पूरा हुआ। यहाँ महादेवप्रसाद सेठ की कृपा से उनका परिचय ग़ालिब से हुआ और वह अन्त तक ग़ालिब के प्रेमी बने रहे। तुलसीदास के बाद—रवीन्द्रनाथ से भी अधिक—जो कवि उनके मन के सबसे ज़्यादा नज़दीक था, वह ग़ालिब था। उनके काव्य पर ग़ालिब की अपेक्षा रवीन्द्रनाथ का प्रभाव अधिक है किन्तु जब उनका मन बहुत दुखी होता था, जब अपने विरोध को देखते हुए वह अपनी महत्ता पर विचार करते, तब वह रवीन्द्रनाथ की नहीं, ग़ालिब की ही पंक्तियाँ दोहराते थे।

'मतवाला'-मंडल में 1857 के संग्राम के प्रति श्रद्धा, राजनीति में वामपंथी झुकाव, तुलसीदास और ग़ालिब से प्रेम, गरीबों को पैसों से लेकर कपड़े-लत्ते बाँटना, थियेटर और फुटबाल के मैच देखने का शौक, खाने-खिलाने, सत्कार करने की वृत्ति आम बातें थीं। 'मतवाला'-मंडल में निराला के व्यक्तित्व का संस्कार हुआ। सन् '33-34 के निराला, बहुत-कुछ '23-24 के निराला थे और उन्हें अपना यह रूप कलकत्ते में मिला था। उग्र, तुलसीदास और ग़ालिब के प्रेमी, निराला से बहुत-सी बातों में मिलते थे; इसका कारण यह था कि 'मतवाला'-मंडल में उनके व्यक्तित्व का भी संस्कार हुआ था।

निराला के सबसे अन्तरंग मित्र, वे जिन्हें निराला सबसे ज़्यादा चाहते थे, 'मतवाला'-मंडल से सम्बद्ध थे। निराला अपने व्यक्तित्व में वैर-भाव भी उत्पन्न करते थे पर उन्होंने अपने प्रति लोगों के हृदय में जो स्नेह उत्पन्न किया, वह अद्भुत है। शिवपूजन सहाय उनसे उम्र में बड़े थे पर निराला का उस समय आदर करने लगे थे जब उन्हें बहुत कम लोग जानते थे। महादेवप्रसाद सेठ से अधिक इन सीधे-सादे, कर्मठ पत्रकार ने आड़े समय निराला का मनोबल दृढ़ किया, उनकी जीविका के लिए सदा प्रयत्नशील रहे। निराला को जब शिवपूजन सहाय या राधामोहन गोकुलजी मिलते तब उनकी निगाह, उनका स्वर, उनका चेहरा सब-कुछ बदल जाता। निराला का सबसे विनम्र, सबसे स्नेहशील, सबसे मधुर रूप तभी प्रकट होता था।

'मतवाला'-मंडल के बाद काशी के मित्र उन्हें सबसे अधिक प्रिय थे। प्रसाद के मन में निराला के प्रति कहीं ईर्ष्या या प्रतिद्वन्द्विता के भाव की छाया भी न थी। छायावादी कवियों में यह अविचलचित्त मनीषी निन्दा और विरोध की चिन्ता किये बिना धैर्य से साहित्य-साधना में लगे रहे। उनका चरित्र निराला के मनोबल को परोक्ष रूप से दृढ़ करनेवाला था। जब निराला कलकत्ते से बीमार होकर काशी आए, उस समय प्रसाद ने अपने व्यवहार से उनके गन को कुंठाग्रस्त होने से बचाया, औषध-उपचार का प्रबन्ध करके उनकी सहायता की। प्रसाद के प्रभाव से रूपनारायण पांडेय आदि का समर्थन निराला को मिला, वरना उन्हें शत्रु बनाने में निराला ने कुछ उठा न रखा था। काशी और बैसवाड़े से सम्बद्ध यहाँ नन्ददुलारे वाजपेयी का नाम उल्लेखनीय है

जिन्होंने अपने छात्र-जीवन से ही निराला का आदर करना सीखा था, जो निराला के लिए बहुत बार लड़े और जिन्हें निराला-समर्थन के कारण 'भारत' से नौकरी छोड़नी पड़ी। जो साहित्य में बहुत विख्यात न हो पाए, पर जो वर्षों तक हाटबाट में निराला के समर्थन में, विरोधियों से मोर्चा लेते रहे, उनमें दयाशंकर वाजपेयी और परमानन्द शर्मा सदा स्मरणीय हैं।

पुराने लोगों का स्नेह पाने में निराला को विशेष सफलता मिली। भारतेन्दु-युग के लेखक नाथूराम शंकर शर्मा से उन्होंने ऐसा ही स्नेह-सम्बन्ध कायम किया था। कलकत्ते में संस्कृत के अध्यापक और हिन्दी लेखक सकलनारायण शर्मा निराला के प्रोत्साहनदाता थे। महावीरप्रसाद द्विवेदी, जगन्नाथप्रसाद चतुर्वेदी जैसे मतभेद रखनेवाले लोग भी कुछ समय के लिए निराला को अपना स्नेह दे सके। मैथिलीशरण गुप्त से उन्होंने कलकत्ते में भेंट होने पर मैत्री-सम्बन्ध कायम किया, सियारामशरण से भी इसी प्रकार का सम्बन्ध था। ये कवि उस दल के थे जो छायावाद का विरोधी था। फिर भी निराला इन्हें शत्रु न समझकर उनसे मैत्री निबाहते थे।

निराला विरोध से उत्तेजित होते थे तो उनमें मतभेद बर्दाश्त करने की अपूर्व क्षमता थी। पद्मसिंह शर्मा ने छायावादियों को खरी-खोटी सुनाई। निराला अपनी ओर से उनसे मिलने गए। नाथूराम शंकर शर्मा के पुत्र हरिशंकरजी बताया करते थे कि पद्मसिंह शर्मा निराला की प्रतिभा की बड़ी प्रशंसा करते थे। बालकृष्ण शर्मा 'नवीन' ने 'प्रभा' में 'भावों की भिड़न्त' लेख छापा, निराला कानपुर जाकर उनसे मिले और उन्हें अपना मित्र बना लिया। बनारसीदास चतुर्वेदी ने उनका घोर विरोध किया, फिर भी निराला उनसे मिलते, पत्र लिखते। उन्होंने मुझे भी कलकत्ते में उनसे मिलने की ताकीद की थी। ज्योतिप्रसाद मिश्र निर्मल से घोर संग्राम के बाद लखनऊ में मिलने पर उन्हें घर लाये, फलों से उनका सत्कार किया और वह सदा को उनके मित्र हो गए। भुवनेश्वर ने अपने लेख से उनकी नींद हराम की, पर उन्नाव में उन्होंने उन्हें मेहमान बनाकर रखा। सनेही से निराला का तीव्र मतभेद था पर निराला ने उन्हें भी स्नेह से जीत लिया। अज्ञेय ने लिखा था कि साहित्य-शक्ति के रूप में निराला अब नहीं हैं, वह भी निराला के प्रशंसक हो गए। बच्चन, काव्य-रुचि में निराला से भिन्न, निराला से दाद पाकर समझे कि कविता लिखना सार्थक हुआ। उपेन्द्रनाथ अश्क निराला के मुँह पर उनकी नकल सुनाते रहे, निराला ने उनकी पीठ भी ठोंकी। निराला ने नन्ददुलारे वाजपेयी, अंचल, प्रदीप, सुमित्राकुमारी सिन्हा आदि पर अनेक छोटे-बड़े लेख लिखे। उनकी पीढ़ी में अपनों से छोटों पर किसी ने इतने लेख नहीं लिखे, जितने निराला ने। जिनको इनसे मौखिक प्रोत्साहन मिला, उनकी संख्या की गिनती नहीं।

श्रीनारायण चतुर्वेदी—वैष्णव संस्कारों के व्यक्ति, ब्रजभाषा के प्रेमी, सामाजिक संस्कारों में यथेष्ट परम्परावादी—निराला से एकदम विरोधी स्वभाव और रुचि रखते हुए उन्हें अपने भाई की तरह प्यार करते थे। यह मात्र न हिन्दी के नाते प्यार था, न काव्य के नाते। निराला से उन्हें सहज स्नेह था। निराला उन्हें बड़े भाई की तरह

मानते थे। निराला दूसरों का स्नेह पाने के लिए न अपने खान-पान और न रहन-सहन में कोई परिवर्तन करते थे, न अपने सिद्धान्तों को लेकर समझौता करते थे। फिर भी लोग उन्हें प्यार करते थे—उनके समस्त अहंकार, उनकी समस्त जुगुप्साकारी वृत्तियों के बावजूद। निःसन्देह निराला के न रहने पर जिन व्यक्तियों को सबसे ज़्यादा सदमा पहुँचा था, उनमें पंडित श्रीनारायण चतुर्वेदी भी थे।

न जाने कितने लोगों ने निराला के संघर्ष को अपना संघर्ष समझा, साहित्य में उनकी प्रतिष्ठा बढ़ते देखकर निश्छल हृदय से प्रसन्न हुए। निराला ने इलाचन्द्र जोशी और उनके भाई के विरुद्ध उत्तेजित होकर उग्र लेख लिखे थे। इन लोगों ने भी निराला की कटु आलोचना की थी। फिर भी कलकत्ते में निराला के अभिनन्दन के समय इलाचन्द्र जोशी भी उत्साह से लोगों के साथ महाप्राण निराला की जय बोल रहे थे और बच्चों की तरह, आनन्द में आपे से बाहर होकर, फूट-फूटकर रो रहे थे। अपने प्रति ऐसा स्नेह निराला ने लोगों के हृदय में उत्पन्न किया था। भारतेन्दु के बाद हिन्दी-भाषियों ने ऐसा अगाध स्नेह केवल निराला को दिया।

निराला ने जो कविताएँ लिखीं, वे परिमाण में उनके लिखित साहित्य का शतांश हैं। रामकृष्ण वचनामृत से लेकर बंकिमचन्द्र के उपन्यासों तक हज़ारों पृष्ठ उन्होंने अनुवाद किये। उनके बहुत-से लेख अब भी असंकलित पड़े हैं। 'मतवाला', 'सुधा' आदि में नाम दिये बिना सैकड़ों पृष्ठ उन्होंने लिखे। उनकी लिखी हुई कुछ किताबें विस्मृति के गर्भ में चली गईं, उनके प्रकाशित होने का मुहूर्त न आया। औरों के लिए, दूसरों के नाम से छपनेवाली किताबें जो उन्होंने लिखीं, उनका हिसाब नहीं है। विरोधियों को उत्तर देने में उनका यथेष्ट समय और काफी शक्ति खर्च हुई। जो नाटक, उपन्यास और कविताएँ वे लिखना चाहते थे, वे सब लिख न पाए। यदि जीवन में परिस्थितियाँ अनुकूल होतीं, तो परिमाण में उनका साहित्य और भी विशाल होता। सन् '22 से सन् '46 तक लगभग पच्चीस वर्ष उन्होंने अनवरत परिश्रम किया। इतने वर्षों में कुल मिलाकर उन्होंने जितना लिखा, उतना बहुत कम साहित्यकारों ने उतने समय में लिखा होगा। जीवन के अन्तिम चरण में जब वह काफी थक गए थे, तब भी उनकी साहित्य-साधना जारी रही और मृत्यु से ही वह समाप्त हुई।

प्रतिकूल परिस्थितियों में अनेक कष्ट सहते हुए निराला ने अपने मन को साधना-केन्द्र से कभी हटने नहीं दिया। उनकी ऊर्ध्वगामी चेतना अपने साथ हिन्दी-साहित्य को रूढ़ियों और जर्जर परम्पराओं से ऊपर उठा ले गई। निराला की साधना से हिन्दी साहित्य ने नया जीवन, नई प्राण-शक्ति पाई।

उन्हें शिकायत थी कि उनके अभ्युदय-काल में 'सरस्वती' ने उनकी कविताएँ प्रकाशित न कीं। उनकी मृत्यु के बाद 'सरस्वती' ने लिखा :

"हमारा मत है कि तुलसीदासजी के बाद से अब तक हिन्दी काव्य-जगत् में निरालाजी की काव्य-प्रतिभा का कोई कवि नहीं हुआ।"

उनकी साहित्य-साधना का यह बहुत सही मूल्यांकन है।

तुलसीदास के बाद निराला की-सी काव्य-प्रतिभा का दूसरा कवि हिन्दी में नहीं हुआ, यह भी सही है कि तुलसीदास के बाद हिन्दी में ऐसी रचनात्मक क्षमता का दूसरा युग नहीं आया। निराला अपने युग के साथ महान् थे। भारतेन्दु ने जो आंशिक क्रान्ति की थी, उसे बहुत-कुछ पूरा किया निराला और उनके सहयोगियों ने। जब उन्होंने लिखना आरम्भ किया था, तब भारतेन्दु-युग का प्रकाश मन्द न हुआ था। शिवपूजन सहाय, महादेवप्रसाद सेठ, नवजादिकलाल आदि लेखक भारतेन्दु और उनके समकालीनों की कहानियाँ सुनते हुए बढ़े थे। 'मतवाला' भारतेन्दु-युग की पत्रकार-कला का मानो एक नया और बहुत ही लोकप्रिय संस्करण था। महावीरप्रसाद द्विवेदी ने रीतिवादी रूढ़ियों का उच्छेद करने, नई सामाजिक, सांस्कृतिक आवश्यकताओं के अनुरूप नया साहित्य रचने, ब्रजभाषा की जगह काव्य में खड़ीबोली को प्रतिष्ठित करने में अभूतपूर्व योग दिया था। प्रेमचन्द ने देवकीनन्दन खत्री की तिलस्मी परम्परा छोड़कर भारतीय साहित्य में किसान को प्रतिष्ठित किया था। किसान-जीवन के चित्रण में वह विश्व-साहित्य में अप्रतिम हैं, उनकी कला में और चाहे जितनी खामियाँ हों। वह रूढ़िविरोधी साहित्यिक मोर्चे में प्रसाद और निराला के साथ थे। 'माधुरी' और 'हंस' में छायावादियों से उनका सहयोग उल्लेखनीय है। छायावादियों में प्रसाद सबसे बड़े चिन्तक और सुसंगत विचारक थे। उन्होंने सामन्ती दुखवाद-मायावाद आदि का पर्याप्त विरोध किया, उसकी जगह संसार की ओर उन्मुख अपना आनन्दवादी दर्शन प्रतिष्ठित किया। उन्होंने 'कामायनी' के रूप में छायावाद का ही नहीं, हिन्दी के इस नवयुग का श्रेष्ठ काव्य प्रस्तुत किया। नाटक, उपन्यास, कहानियाँ लिखकर उन्होंने अपनी बहुमुखी प्रतिभा से हिन्दी साहित्य को समृद्ध किया। सुमित्रानन्दन पन्त ने खड़ीबोली को वह काव्योचित रूप दिया जो उनसे पहले कोई कवि न दे पाया था। निराला ने सन् '24 में ही उनकी इस युगान्तरकारी भूमिका का सही मूल्यांकन किया था : "हिन्दी में जब से खड़ीबोली की कविता का प्रचार हुआ तब से आज तक उसमें स्वाभाविक कवि का अभाव ही था...उसका स्वाभाविक कवि अब इतने दिनों बाद आया है...खड़ीबोली में प्रथम सफल कविता आप ही कर सके हैं।" कोई भी कवि केवल भाषा का साधक होकर उसमें माधुर्य उत्पन्न नहीं कर सकता। पन्त का भाषा-सम्बन्धी चमत्कार उनकी नई छायावादी जीवनदृष्टि की देन था।

रामचन्द्र शुक्ल उस युग के प्रमुख आलोचक थे। उन्होंने रीतिवादी रूढ़ियों का नाश करके काव्यालोचन में नये प्रतिमान स्थापित किये। उन्होंने छायावादियों का विरोध किया, पर प्रसाद के और उनके दार्शनिक दृष्टिकोण में साम्य अधिक था, वैषम्य कम। उन्होंने छायावाद के सम्बन्ध में अपनी धारणाएँ बदलीं, हिन्दी साहित्य-सम्मेलन के मंच पर निराला के साथ बोले।

'सरस्वती', 'माधुरी', 'सुधा', 'हंस'—उस युग की श्रेष्ठ पत्रिकाएँ थीं। आज की हिन्दी पत्रिकाओं से उनकी तुलना करने पर उस युग की सम्पादन-कला को सराहना पड़ता है।

प्रगाढ़ मैत्री, अदम्य साहित्य-साधना और विकट आन्तरिक संघर्षों का वह युग था। एक ओर छायावाद की टक्कर रीतिवादियों से थी जिनके—रत्नाकर और पद्मसिंह शर्मा जैसे—प्रतिनिधि साहित्य-सम्मेलन की बागड़ोर सँभाले थे। दूसरी ओर खड़ीबोली के सनेही, मैथिलीशरण गुप्त परम्परावाले कवि थे जिनका भावबोध नये कवियों से भिन्न स्तर का था, जो यह मानने को तैयार न थे कि छायावादियों ने काव्य में कोई महत्त्वपूर्ण परिवर्तन किया है। इनके अतिरिक्त छायावादी कवियों की अपनी असंगतियाँ, अपने अन्तर्विरोध थे। निराला और पन्त की मैत्री तथा परस्पर विरोध इस युग की एक रोचक कथा है। इन सब तरह की टक्करों और अन्तर्विरोधों का केन्द्र थे निराला। यह देखकर आश्चर्य होता है कि उन्होंने अपनी विचारभूमि छोड़े बिना इतने अधिक भिन्न रुचि और संस्कारों के साहित्यप्रेमियों का समर्थन प्राप्त किया। हिन्दी-जातीयता की कड़ी उन्हें इन विभिन्न रुचि के लोगों से जोड़ती थी।

वह ज़बर्दस्त साम्राज्यविरोधी उभार का युग था। विशाल हिन्दी-भाषी जाति सबसे आगे बढ़कर राष्ट्रीय आन्दोलन में भाग ले रही थी, वह नई शक्ति से अपनी एकता पहचानती हुई सांस्कृतिक क्षेत्र में आगे बढ़ रही थी। निराला इस सांस्कृतिक जागरण के अग्रदूत थे। बंगाल ने देश के सांस्कृतिक जागरण में पहल की। निराला ने उससे प्रेरणा पाई; उसकी शक्ति पहचानी और उसकी कमज़ोरियाँ भी देखीं। दूसरी ओर वह अपने जनपद के लोकजीवन से बहुत गहराई से सम्बद्ध थे; महावीरप्रसाद द्विवेदी और प्रेमचन्द की तरह वह किसानों में घुल-मिलकर रहे थे। उनके जीवन और साहित्य के बहुत-से क्रान्तिकारी स्रोत इस लोक-जीवन में फूटे थे।

तुलसीदास ने अकेले इस देश के लिए जो कुछ किया, वह संसार में किसी कवि ने किसी देश के लिए नहीं किया। फारसी और संस्कृत के दबाव से उन्होंने जन-जीवन को मुक्त किया, अपने कृतित्व से भाषा को नई प्रतिष्ठा दी। हिन्दी-भाषी जनता के पास धर्म, नीति, साहित्य के नाम पर जो कुछ है, वह अस्सी प्रतिशत तुलसीदास की देन है। पर यह सही है कि वाल्मीकि और व्यास का उदात्त स्वर भक्तिकाल की विनम्र वाणी में खो गया था। वह स्वर भारतीय जनता ने फिर से इस युग में सुना—निराला के काव्य में।

निराला के साथ उनका युग महान् है।

स्वाधीनता-प्राप्ति के बीस-इक्कीस वर्ष बाद आज देश दिग्भ्रान्त, पस्त और असहाय-सा लगता है। राष्ट्रीय स्वाधीनता का आदर्श सबकी समझ में आता था, सभी देशभक्त उससे प्रेरणा पाते थे। आज समाजवाद का लक्ष्य उतना स्पष्ट नहीं है। राष्ट्रीय आन्दोलन में जितना मतभेद था, उससे कहीं ज़्यादा विघटन समाजवादी दलों में है। पर इतिहास की गति रुक नहीं सकती और इस देश में चिन्तन, संगठन और

कर्म की बहुत बड़ी सामर्थ्य है। निराला का जीवन और साहित्य भारतीय जनता के लिए बहुत बड़ा प्रेरणास्रोत है। एक नया युग आएगा जब भारतीय जनता आर्थिक शोषण और रूढ़ियों-अन्धविश्वासों से मुक्त होगी। आशा है, उस युग के साहित्यकार अर्द्धविक्षेप से मुक्त होंगे, किसी मायकोव्स्की या फादएव के आत्महत्या करने की नौबत न आएगी। सम्भव है, वह युग निराला के युग-जैसा समृद्ध हो, उससे भी अधिक गौरवशाली हो। पर हिन्दी साहित्य के इतिहास में निराला के युग का अपना स्थान है। उसके प्रति हमारा स्नेह, हमारी सहानुभूति कभी नष्ट नहीं हो सकती। हर महान साहित्यकार अपने में अप्रतिम होता है। हिन्दीभाषी जाति की अतुल शक्ति और उसके अन्तर्विरोधों के प्रतीक निराला थे। उन-जैसा साहित्यकार इस प्रदेश में न पहले कभी हुआ था, न सम्भवत: आगे कभी होगा।

पन्त और निराला

पन्त और निराला—ये दो व्यक्तित्व एक-दूसरे से कितने भिन्न मालूम होते हैं! और कोई दो साहित्यकार आसानी से कल्पना में न आएँगे, जिनके बीच का फासला उतना ज़्यादा हो जितना निराला और पन्त के बीच में है। पन्त—कोमल, सुकुमार, शालीनता की मूर्ति; निराला—क्षुब्ध, आक्रामक, ओज और पुरुषत्व के अवतार। फिर भी दोनों छायावादी कवि थे, मित्र थे। सूक्ष्म तन्तुओं से परस्पर यों बँधे हुए थे, जैसे हिन्दी साहित्य में दूसरे दो साहित्यकार बँधे हुए दिखाई नहीं देते। इनमें एक को जाने बिना दूसरे का ज्ञान असम्भव है—यह ज्ञान चाहे उनके साहित्य का हो, चाहे उनके व्यक्तित्व का। बात केवल तुलनात्मक अध्ययन की नहीं है; मुख्य प्रश्न है, उनके परस्पर सम्बन्ध का, वशीकरण और उच्चाटन की विरोधी लहरों के संघर्ष का।

निराला ने सन् '24 में जब पन्त पर 'मतवाला' में लेख लिखा था, तब दोनों ने एक-दूसरे को देखा न था। निराला ने 'सरस्वती' में पन्त की कविताएँ पढ़ी थीं और इतने से ही वह उनकी ओर खिंचे थे। सन् '25 में निराला पहली बार पन्त से इलाहाबाद में मिले। सिर घुटाये हुए थे। पन्त को उन्होंने अपना संन्यासी वाला रूप दिखाया। अपने माथे पर हाथ फेरते हुए उन्होंने कहा कि अधिक चिन्तन, मनन तथा ध्यान-धारणा से उन्हें अब सर्वत्र केवल शून्य ब्रह्म ही शून्य ब्रह्म दिखाई देता है। पन्त की कविताएँ सुनकर बड़प्पन से उन्होंने उनकी पीठ थपथपाई। पन्त कटरे के चौराहे तक उन्हें छोड़ने आए। निराला नमोनारायण कहकर विदा हुए। (शान्ति जोशी कृत 'सुमित्रानन्दन पन्त : जीवन और साहित्य' में पन्त-वक्तव्य)। दोनों में पत्रव्यवहार शुरू हुआ, फोटो की माँग हुई निराला की ओर से। निराला को लिखे पत्रों में पन्त ने यथेष्ट स्नेह प्रदर्शित किया। अवश्य ही पन्त ने निराला की काफी

रचनाएँ पढ़ी होंगी, वरना केवल सौजन्य के कारण वह वैसे पत्र उन्हें न लिखते। दोनों की पहली भेंट हुई तब 'भावों की भिड़न्त' से निराला को एक झटका लग चुका था। दूसरी भेंट हुई तब 'पल्लव' की भूमिका से दूसरा और कलकत्ते की बीमारी से तीसरा झटका वह खा चुके थे। इधर 'पल्लव' की आलोचना से पन्त भी निराला का आक्रामक रूप देख चुके थे। दो युवा कवियों की भावुकतापूर्ण रूमानी दोस्ती खत्म हो चुकी थी। दोनों ही एक-दूसरे को अब काफी अच्छी तरह जानने-पहचानने लगे थे।

पन्त के पिताजी अस्वस्थ थे और पन्त का मन बहुत उद्विग्न था। निराला उनसे मिलने प्रयाग आए, उन्हें सान्त्वना दी। कलकत्ते से पाई हुई बीमारी का हाल बताया। इससे पन्त ने जुगुप्सा के कारण मुँह नहीं फेर लिया, वह निराला के और निकट आए। रवीन्द्रनाथ से किसने कितनी चोरी की, इसके बारे में खुलकर बातें हुईं। पन्त ने कहा, मैंने तो जहाँ-तहाँ कुछ भाव ही लिये हैं, आपने तो पूरी-की-पूरी कविताएँ उतार ली हैं। निराला ने कहा—परिस्थितियोंवश वैसा करना पड़ा।

फिर पन्त के पिताजी का देहान्त हुआ। पन्त के मन में उनके लिए अमित स्नेह और आदर था। वह उनके आदर्श पुरुष, ईश्वरतुल्य पूज्य थे। जीवन में यह उनके मन पर सबसे कठिन आघात हुआ था। निराला उन्हें ढाढ़स बँधाने आए। पन्त ने काशी में निराला के साथ रहने की इच्छा प्रकट की। पन्त का स्वास्थ्य अच्छा न था। एक फेफड़े में रोग का प्रभाव था; तपेदिक का भय था। चिकित्सा से मालूम हुआ कि प्लूरिसी है; पन्त अच्छे हुए। ये सब दुख-सुख की बातें वे निराला से करते रहे, पत्रों में उन्हें बहुत-सी आन्तरिक व्यथा की बातें लिखते रहे। लखनऊ में इतनी आत्मीयता बढ़ी कि सायटिका दर्द से छटपटाने पर निराला पन्त से कमर चापने को कहते। पन्त अपनी सुन्दर वेशभूषा में, कोमल चरण, लघुभार, लेटे हुए निराला की कमर चापते। निराला कहते—तुम राधा हो, मैं कृष्ण हूँ। पन्त को लगता—निराला का चेहरा कृष्ण-जैसा नीला है।

निराला ने पन्त को 'अप्सरा' समर्पित की। यह उनका पहला उपन्यास था। इसमें अपने व्यक्तित्व के ऊपर से उन्होंने बहुत-से पर्दे उठाये थे। उनकी दृष्टि में हिन्दी कथा-साहित्य के सारे अभाव इस उपन्यास से दूर होनेवाले थे। समर्पण की भाषा असाधारण थी :

"अप्सरा को साहित्य में सबसे पहले मंद गति से सुन्दर-सुकुमार कवि मित्र श्री सुमित्रानन्दन पन्त की ओर बढ़ते हुए देख मैंने रोका नहीं। मैंने देखा, पन्तजी की तरफ एक स्नेह कटाक्ष कर, सहज फिरकर उसने मुझसे कहा, इन्हीं के पास बैठकर इन्हीं से मैं अपना जीवन-रहस्य कहूँगी, फिर चली गई।"

निराला के लिए जो अनुभव सबसे अधिक आत्मीयतापूर्ण और मर्मस्पर्शी थे, जो कल्पनाएँ उनके लिए सबसे सुखद थीं, उनमें वह अपने प्रिय सखा पन्त को साझीदार बना रहे थे।

पन्त ने निराला को ब्रजभाषा में कविता लिखी। निराला ने बँगला पद्य में पन्त को उत्तर दिया। इस कवित्वपूर्ण पत्र-व्यवहार में पहल पन्त ने की।

पन्त कालाकाँकर गए। निराला वहाँ उनसे मिलने आए। होली में निराला लहँगा पहनकर नाचे। पन्त ने साड़ी या उसी तरह की कोई दूसरी चीज पहनी।

पन्त ने 'ज्योत्स्ना' लिखी, निराला ने भूमिका-रूप में दो शब्द लिखे। फिर सरोज बीमार हुई और रायबरेली के अस्पताल में पन्त—निराला के साथ—उसे देखने गए। निराला के मन पर ज़िन्दगी की सबसे भयानक चोट पड़नेवाली थी, उस समय सुमित्रानन्दन पन्त उनके साथ थे।

पन्त ने 'रूपाभ' निकाला, निराला ने 'चमेली', 'बिल्लेसुर बकरिहा' आदि रचनाएँ दीं। पन्त ने आग्रह करके निराला पर मुझसे लेख लिखाया और 'रूपाभ' में प्रकाशित किया। जिन दिनों निराला की मानसिक खिन्नता बढ़ने लगी थी, पन्त ने उन पर कविता लिखी। उसे 'रूपाभ' में पढ़कर निराला को लोकोत्तर आनन्द की प्राप्ति हुई।

पन्त को टायफायड हुआ, निराला उन्हें देखने दिल्ली गए। उनके सम्बन्ध में अशुभ समाचार सुनकर निराला रात-भर पार्क में, महादेवी के दिये हुए तार के जवाब की प्रतीक्षा करते रहे।

ईर्ष्या, द्वेष, स्पर्धा, विवाद—इन सबके साथ पन्त-निराला सम्बन्धी ऊपर कही हुई बातें सच हैं। दोनों मित्रों के हृदय स्नेह के गूढ़ बन्धनों से जुड़े थे। वे एक-दूसरे की कमज़ोरियाँ जानते थे, एक-दूसरे के गुणों और प्रतिभा से परिचित थे। उनकी आँखों पर रूमानियत का पर्दा न था जो एक-दूसरे के बारे में मायावी संसार रच डालते। वे सतर्क होकर एक-दूसरे को जानने की कोशिश कर रहे थे। यह परिचय—'लव ऐट फर्स्ट साइट' की लपट न होकर—एक लम्बा सिलसिला था, देर तक सुलगने और दहकती रहनेवाली आग।

सन् '31 में कवितामय पत्राचार के बाद पन्त ने निराला को लिखा था : "अवश्य ही आपसे मिलने को मेरा जी लालायित है, फरवरी 15 तक लखनऊ पहुँच सकूँगा—आपसे अनेक प्रकार की बातें पूछनी भी मुझे हैं—एक प्रकार से मैं आपके जीवन से बिलकुल ही अनभिज्ञ हूँ, केवल अनुमान ही अनुमान आपके बारे में मेरे पास है—आपने भी कभी खुलकर नहीं लिखा—मैंने भी अनेक बातें अपने जीवन की आपको नहीं बतलाईं, अब मिलने पर कह सकूँगा—आज तक प्रयत्न करने पर भी नहीं कह सकता था..."

यह लिखने से पहले पन्त निराला के जीवन की गुह्यतम बात जान चुके थे—जो उनके और बहुत-से मित्रों को न मालूम थी—कलकत्तेवाली बीमारी की बात। आत्मीयता और परस्पर विश्वास का भाव पैदा करने के लिए निराला यही सबसे बड़ा रहस्य पन्त को बता सकते थे। फिर भी पन्त जो यह कह रहे थे कि मैं आपके जीवन से बिलकुल ही अनभिज्ञ हूँ, वह बहुत-कुछ सही था। महत्त्वपूर्ण बात यह कि वह निराला को और अधिक जानना चाहते थे। अपने बारे में जो कहने में झिझक रहे थे, यह सब बताना चाहते थे।

दो व्यक्तियों के स्वभाव और चरित्र में समानता हो, तभी उनमें प्रेम हो, यह आवश्यक नहीं है। कभी-कभी समानता से विरोध भी उत्पन्न हो सकता है। मोह न नारि नारि के रूपा; दोनों में अहंकार हो, दोनों का व्यक्ति आत्मकेन्द्रित हो, दोनों में आत्मरति का भाव प्रबल हो तो इस तरह की समानता से विरोध ही अधिक उत्पन्न होगा, प्रेम नहीं।

पन्त के लिए संसार में—स्त्रियों और पुरुषों दोनों में—सबसे आकर्षक आलम्बन वह स्वयं हैं। सर की लच्छेदार लटों से लेकर उँगलियों पर हीरे की अँगूठियों तक वह अपने वेश, विन्यास, परिधान आदि का बड़ा ध्यान रखते हैं। उनकी अनेक रचनाओं में स्वयं अपनी छवि पर मुग्ध होने के प्रमाण मिल जाएँगे। इस आत्मरति की विशेषता है, अपने ऊपर नारीत्व का आरोप अथवा अपने प्रच्छन्न नारीभाव का साक्षात्कार। निराला की तरह पन्त भी अर्द्धनारीश्वर हैं, इसलिए :

धरा है शिर पर मैंने देवि
तुम्हारा यह स्वर्गिक शृंगार।

नारी-सुलभ शृंगार के अलावा पन्त में एक ओर आत्मसमर्पण की भावना है—गांधी, अरविन्द, या अन्य किसी के आगे कुछ समय के लिए समर्पण; दूसरी ओर अपनी स्वतंत्रता, व्यक्तित्व की मौलिकता, अपने कार्यों की सार्थकता सिद्ध करने का प्रयास भी है। निराला का परुष, उद्धत आक्रामक रूप आसानी से पहचान में आ जाता था; पन्त का यह रूप शालीनता से ढका रहता आया है। निराला समझते थे कि नई-पुरानी हिन्दी में एकाध कहीं तुलसीदास-जैसा कवि छोड़कर उन-जैसी युगान्तकारी प्रतिभा का धनी दूसरा नहीं है। 'पल्लव' की भूमिका में पन्त की ऐसी ही भावना बड़े आक्रामक ढंग से प्रकट हुई। उन्होंने रीतिवादियों को ही धूल नहीं चटाई, सूरदास-जैसे भक्तों को भी मैदान से हटा दिया। निराला ने किसी भी लेख में समस्त हिन्दी कविता के प्रति ऐसा हेकड़ी का भाव नहीं दिखाया, जैसा पन्त ने 'पल्लव' की भूमिका में। 'वीणा' की भूमिका में वह सिलसिला बना रहा। भूमिका का जितना अंश छपा है, उतने में भी शब्दावली का तीखापन साफ झलकता है। 'उत्तरा' की भूमिका में—मेरी आलोचना से उत्तेजित होने के कारण—पन्त ने मार्क्स और एंगेल्स के विचारों की तुलना झिल्ली-झींगुरों की झनकार से की।

इस आक्रामक रूप की विशेषता यह थी कि पन्त जिन पर हमला करते थे, उनसे कहीं प्रभावित भी होते थे; उनका लोहा मानते थे, उनसे खिंचते भी थे। उन्होंने रीतिवाद की आलोचना की और 'पल्लव' की रचनाओं में रीतिकाव्य पर रीझने के बहुत से प्रमाण भी दिये—रतिश्रान्ता ब्रजबनिता-सी; मदनराज के बीर बहादुर इत्यादि। उन्होंने महावीरप्रसाद द्विवेदी की आलोचना की; आगे चलकर उनकी प्रशस्ति में कविता लिखी। उन्होंने मार्क्स पर प्रशंसात्मक कविता लिखी और उसे झिल्ली-झींगुर बनाया। उन्होंने निराला के मुक्तछन्द को खोटा कहा और फिर उनकी प्रशंसा में

कविता लिखते समय सबसे पहले उनके इस मुक्तछन्द को ही सराहा : 'छन्दबन्द ध्रुव तोड़-फोड़कर पर्वत कारा' इत्यादि।

आक्रमण और समर्पण, स्नेह और दुराव, सम्मोहन और उच्चाटन—पन्त के भाव-जगत् में बहुत-कुछ वैसी ही द्विविध क्रियाएँ होती हैं, जैसी निराला के भावजगत् में।

सभ्य आदमी मन का अहंकार मन में रखता है। निराला ने अपने कवि-जीवन के प्रारम्भ में ही घोषित कर दिया था कि वह रवीन्द्रनाथ के समकक्ष है। पन्त में यह भाव कहीं—अजाने, अनचाहे ढंग से—छलक पड़ा है। 'वीणा' की भूमिका में उन्होंने लिखा कि उनका गीत—'मम जीवन की प्रमुदित प्रात'—रवीन्द्रनाथ के गीत—'अन्तर मम विकसित कर हे'—से मिलता-जुलता है। बनारस में उनके मित्र वह बँगला गीत गुनगुनाते थे। "और मेरा यह गीत रविबाबू की उस तुकबन्दी से शायद अच्छा बन पड़ा है, कम-से-कम मुझे तो यही सोचना चाहिए।"

पन्त और निराला—दोनों ही अपने को युग का सर्वश्रेष्ठ कवि मानते थे। यह भी जानते थे कि सर्वश्रेष्ठता की होड़ में उन्हें जयशंकर प्रसाद का मोर्चा सर नहीं करना, मोर्चा सर करना है खुद एक-दूसरे का। इसलिए व्यक्तित्व की समानताएँ उन्हें नज़दीक न लाकर एक-दूसरे से दूर ठेल रही थीं।

पन्त और निराला—दोनों के मन पर बचपन से ही धार्मिक भावों ने गहरा असर किया था। पन्त के पिताजी का घर बद्रीनाथ के रास्ते में पड़ता था। साधु-संन्यासी आते-जाते रहते थे, उनके यहाँ ठहरते भी थे। पिता की धार्मिक वृत्ति का प्रभाव पन्त के मन पर हुआ। आठ साल की उम्र में उन्होंने एक साधु से कहा—मैं भी साधु बनूँगा। वह साधु देखने में बहुत सुन्दर भी था। प्रकृति के सौन्दर्य पर स्वयं मुग्ध था। पेड़ की पत्तियाँ हिलते देखकर विह्वल हो जाता था और कहता था—ईश्वर का कैसा चमत्कार है!

साधु बनने के लिए पन्त ने जीवन में पहली और अन्तिम बार धोती पहनना शुरू किया। घरवालों को हवा लगी; उन्होंने साधु से अन्यत्र जाने को कहा। पन्त साधु न हुए, पर रामकृष्ण मिशन के साधुओं से लेकर योगी अरविन्द तक वह अनेक योगियों, संन्यासियों से सम्पर्क बनाये रहे।

निराला और पन्त के धार्मिक संस्कार काफी मिलते-जुलते थे। यह समानता उन्हें एक-दूसरे से दूर न ठेलकर उन्हें पास लाती थी। इसी तरह रवीन्द्रनाथ के काव्य के प्रति उनका मोह था। दोनों ही हिन्दी में कुछ वैसा करना चाहते थे, जैसा रवीन्द्रनाथ ने बँगला में किया था। दोनों ही रवीन्द्रनाथ की कला के प्रशंसक थे पर आध्यात्मिक स्तर पर उन्हें बहुत बड़ा साधक या सिद्ध पुरुष न मानते थे। दोनों ही सामयिक खड़ीबोली की काव्य-स्थिति से असन्तुष्ट थे, उसे उन्नत और विकसित करने के लिए सचेष्ट थे, ब्रजभाषा-प्रेमी रूढ़िवादियों का घेरा तोड़ने को सन्नद्ध थे। उनका उद्देश्य एक था; सांस्कृतिक प्रभाव समान थे; उनके विरोध में खड़ी हुई दीवाल एक थी।

एक बहुत बड़ा फर्क था। निराला राजकुमार होना चाहते थे, पन्त निराला की दृष्टि में राजकुमार थे। पन्त के पिता ने पैंसठ कमरोंवाला महल बनवाया था। पन्त

के भाई रघुवरदत्त प्रिंस कहलाते थे। रहन-सहन, ठाठ-बाट सब राजसी था। निराला ने इस तरह का जीवन ललचाई आँखों दूर से देखा था; पन्त उसी में पले और बढ़े थे। पन्त कालाकाँकर में रहे—राजपरिवार के साथ। उनका सम्पर्क अमरनाथ झा जैसे आई.सी.एस. निर्माता प्रोफ़ेसरों, युक्तप्रान्त के मंत्री होनेवाले गोविन्दवल्लभ पन्त जैसे नेताओं और उदयशंकर जैसे विश्वविख्यात कलाकारों से था। वह अल्मोड़े में कुछ हफ्ते रवीन्द्रनाथ के भी निकट सम्पर्क में आए। निराला के लिए वह प्रत्यक्ष अभिजात थे; इसीलिए वह उन पर मुग्ध थे और उन्हें देखकर भड़कते भी थे। अमरनाथ झा वाले जिस इलाहाबादी समाज में पन्त सहज भाव से खप जाते थे, उसके सम्पर्क से निराला के मन में बहुत-से विरोधी भावस्रोत एक साथ फूट पड़ते थे।

इसका एक परिणाम यह होता था कि निराला कविरूप में ही पन्त से अपनी श्रेष्ठता घोषित करके सन्तुष्ट न हो सकते थे। उनके लिए आवश्यक था कि वह इस अभिजातवर्गीय व्यक्ति पर हर तरह से हावी रहें, उसे अपना शिष्य बनाकर उसे अपनी बनाई राह पर चलाएँ। सन् '24 में जब उन्होंने पन्त को देखे बिना उन पर लेख लिखा, तब भी यह गुरुत्व-भावना उनमें विद्यमान थी। इसके बाद उन्होंने पन्त की कविताओं में दोष दिखाये और पन्त ने उन्हें स्वीकार किया। सन् '40 के आस-पास पन्त निराला के नाम चिट्ठियों में उन्हें आचार्य लिखने लगे थे। इससे निराला को सन्तोष होता था और पन्त इस बात को जानते थे।

पन्त एक हद तक आत्मसमर्पण करते थे, उस हद तक पहुँचने के बाद वह बग़ावत करते थे। उन्हें लगता था, निराला उन्हें दबा रहे हैं। वह घुटते, छटपटाते और फिर सामने मैदान में आ खड़े होते। 'पल्लव' की भूमिका में निराला के मुक्तछन्द की आलोचना उस दबाव को उतारने का प्रयास थी। निराला पन्त से ज़्यादा अच्छी बँगला जानते थे, बंगाल के सामाजिक-सांस्कृतिक जीवन से अधिक परिचित थे। बँगला काव्य-चर्चा में—विशेष कर रवीन्द्रनाथ के प्रसंग में—निराला सहज ही गुरु का आसन ग्रहण कर लेते थे। इसके अलावा वह साधुओं के साथ रह चुके थे—रामकृष्ण परमहंस, विवेकानन्द, सारदानन्द के जीवन की पच्चीसों कहानियाँ वह सुना सकते थे। ज्ञान के कुरुक्षेत्र में निराला बड़ों-बड़ों को धराशायी कर चुके थे, इसलिए यहाँ भी वह पन्त के सहज आचार्य थे। कौन-से फूल किस ऋतु में खिलते हैं, इसकी ठीक जानकारी न होने से पन्त बहुत जगह गलती कर चुके हैं, यह वे उन्हें समझा चुके थे। पन्त को निःसन्देह काफी मानसिक दबाव सहना पड़ा था।

पन्त जब कालाकाँकर में रहने लगे, तब निराला ने कहा—तुम राजाओं के यहाँ क्यों रहते हो?

उन्हें पन्त का राजाओं के यहाँ रहना पसन्द न था। साथ ही वह चाहते थे कि कुँअर सुरेशसिंह उन्हें कालाकाँकर में रहने का निमंत्रण देते। पन्त ने पूछा—मैं उनसे आपको बुलाने के लिए कहूँ? निराला ने कहा—मुझे बुलाना हो तो वे खुद मुझसे कहें, तुम कहनेवाले कौन होते हो?

पन्त लखनऊ के होटल या रेस्तराँ में बैरे को बख्शीश देते; निराला को लगता, यह अपना आभिजात्य प्रदर्शित कर रहे हैं। और वह पन्त को डाँटते, अपमानित करते।

पन्त शान्तिनिकेतन गए। निराला ने कहा—बंगालियों के सामने हिन्दी का प्रतिनिधित्व करनेवाले तुम कौन?

पन्त इन्दौर जाना चाहते थे, उसी अधिवेशन के अवसर पर जिसमें गांधीजी सभापति थे। निराला ने मना किया और पन्त ने असहाय की तरह उनकी बात मान ली।

पन्त के मन में निराला की आक्रामक मूर्ति अपनी रूपरेखा में स्पष्ट होती गई। वाद-विवाद के प्रसंग में पुस्तकों और पत्रिकाओं में जो कुछ लिखा गया, उससे अधिक बातचीत और प्रत्यक्ष व्यवहार में निराला आक्रामक और उत्पीड़क प्रतीत हुए। पन्त के मन में एक निराला-ग्रंथि का निर्माण हुआ; उनको त्रास देनेवाले निराला प्रमुख उत्तेजक बने।

पन्त लखनऊ में अपने भाई हरदत्त पन्त के यहाँ ठहरे। निराला मुझे साथ लेकर मौडेल हाउसेज़ में उनके यहाँ पन्त से मिलने गए। निराला ने हाथ मिलाया; उन्होंने हल्की उँगलियों से हाथ छू-भर लिया। पर मैंने—पन्त के अनुसार—उनका हाथ पूरी तरह अपने हाथ में ले लिया। और उन्हें लगा, निराला मेरे द्वारा उन पर पूरी तरह हावी हो गए हैं।

मैंने उस समय तक पन्त के विरुद्ध कहीं कुछ लिखकर प्रकाशित न कराया था। केवल उनकी 'ज्योत्स्ना' पर शेली के प्रोमीथ्यूस अनबाउंड का प्रभाव दिखाते हुए एक लम्बी आलोचना लिखी थी। निराला ने आलोचना देखकर उसे 'सुधा' में प्रकाशनार्थ दुलारेलाल भार्गव को देने की सलाह दी। मैंने लेख दुलारेलाल भार्गव को दिया; उन्होंने उसे पन्त के पास भेज दिया। दो-एक बार पूछने पर उन्होंने कहा—लेख वापस नहीं आया। उस लेख में ऐसा विशेष आक्रामक कुछ न था। बात सन् '34-35 की है। उस समय तक मेरी ध्वंसवादी शैली का विकास न हुआ था। उस समय के मेरे किसी लेख में उसकी झलक भी नहीं है।

सन् '38 में 'रूपाभ' निकाला। पन्त से मेरा सम्बन्ध मधुरतर हुआ। 'रूपाभ' में मेरे लेखों के अलावा उन्होंने मेरी बहुत-सी कविताएँ छापीं। जब वह लखनऊ आते तब मैं उनसे बहुत-सी समस्याओं पर बहस करता था। बहस काफी लम्बी हो जाती और पन्त अपनी तर्कभूमि न छोड़ते, न मैं हार मानता। पन्त समाजवादी व्यवस्था का समर्थन करते और मैं उसमें बहुत-से दोष दिखाता। विशेष रूप से पन्त सोवियत संघ का समर्थन करते, उसकी सीमाओं को सहानुभूति से देखने की सलाह देते। मैं वहाँ लेखकों की आत्महत्या से लेकर भाषण-लेखन की स्वतंत्रता तक के प्रश्न उनके सामने रखता।

पन्त ने मुझे रूसी साहित्य और हिन्दी के प्रगतिशील साहित्य पर लिखने को कहा। मैंने उन्हें सूचित किया कि मैं इनके विरोध में भी कुछ बातें कहूँगा। पन्त ने उत्तर दिया : "रूसी साहित्य-निर्माण तथा हिन्दी में प्रगतिशील साहित्य, दोनों विषयों पर लिखिए। अपने दृष्टिकोण से लिखकर विरोध पैदा न कीजिए। Impersonally—

Scientific st. point से लिखिए—तब विरोध के लिए स्थान ही नहीं रहता। ये केवल प्रयोग-भर हैं—सम्भव है, सफल हों—सम्भव है, असफल।—लिखिए अवश्य।"[1]

एक बार विवाह-प्रथा को लेकर बहस हुई। मैं कहता था—विवाह-प्रथा अप्राकृतिक है, इसे खत्म कर देना चाहिए; पन्त कहते थे—मनुष्य के विकास के लिए वह आवश्यक है। मैं विवाहित था, पन्त अविवाहित। बहुत देर तक बहस चली। अन्त में मैंने अकाट्य तर्क प्रस्तुत किया—विवाह-प्रथा इतनी सुन्दर है तो आप स्वयं अविवाहित क्यों हैं?

इलाहाबाद से एक मित्र ने—जो पन्त से परिचित थे—मुझे लिखा, तुम बहस करते हो या दूसरे की खोपड़ी चाट जाते हो? पन्तजी के सर में अभी तक दर्द है।

पन्त बम्बई में नरेन्द्र शर्मा के यहाँ थे। उन्होंने वे कुछ कविताएँ सुनाईं जो 'स्वर्णकिरण', 'स्वर्णधूलि' नाम के संग्रहों में प्रकाशित हो रही थीं। मैंने कहा कि 'ग्राम्या' में आप जहाँ तक आए थे, उससे पीछे लौट रहे हैं।

पन्त ने मेरी कविताओं के बारे में कहा कि नरेन्द्र की रचनाओं से वे उन्हें ज़्यादा अच्छी लगती हैं। मैंने कहा—आप इतना लिखकर दे दें तो मैं अपना कविता-संग्रह छपवा दूँ। पन्त ने कहा—इतना ही नहीं, मैं एक अच्छी-सी भूमिका लिख दूँगा।

आगरा आकर मैंने उन्हें कविता-संग्रह भेज दिया। फिर इलाहाबाद में एक गोष्ठी हुई। उसमें इलाचन्द्र जोशी, स.ही. वात्स्यायन और पन्त भी थे। मैंने तीनों की कटु आलोचना की। पन्त ने प्रत्युत्तर दिया। वह बहुत उत्तेजित हो गए थे। भौतिकवाद और अध्यात्मवाद को लेकर बहस हो रही थी। पन्त ने अपनी मूँछों पर ताव देते हुए कहा—तुम मैटर की बात करते हो; मैटर—मैटर, मैटर तुम मटर बराबर भी नहीं समझते।

एक दूसरी बात उन्होंने कही—यह सब तुम्हारे ईगो (अहं) का प्रदर्शन है।

ये सन् '48 के उग्रवामपंथी रुझानवाले दिन थे। मित्रों ने कहा—पन्त को जवाब दो। मैंने कहा—जितना कह चुका हूँ, काफी है। उन्होंने कोई तर्क नहीं दिया, जवाब काहे का दूँ?

गोष्ठी की समाप्ति पर पन्त ने मेरे गले में बाँहें डालकर बड़े प्यार से कहा—आप मेरी बात से नाराज़ तो नहीं हुए?

मैंने कहा—जब आप मेरी बातों से नाराज़ नहीं हुए तब आपकी बातों से मैं क्या नाराज़ होता?

इसके बाद 'हंस' में 'स्वर्णकिरण' और 'स्वर्णधूलि' पर मेरा लेख निकाला।

मेरे कविता-संग्रह की भूमिका खटाई में पड़ गई। काफी प्रयत्न करने के बाद कुछ मित्रों ने उसे बरामद किया और मुझे वह सात-आठ साल बाद मिल गया। लेकिन पन्त ने कहा—वह भूमिका लिखने को तैयार हैं।

मैंने वह संग्रह उनके अनन्य भक्त नरेन्द्र शर्मा को समर्पित किया।

पन्त ने 'उत्तरा' की भूमिका में मेरी आलोचना का जवाब दिया। मुझे बता भी दिया कि मेरी बातों का जवाब उसमें दिया है।

इसके बाद जब-तब मुलाकात होती रही; कभी-कभी पत्र-व्यवहार।

इलाहाबाद की 'विवेचना' गोष्ठी में पन्त, अमृतराय, बालकृष्ण राव आदि सम्मिलित थे। विजयदेव नारायण साही ने 'लोकायतन' के बारे में कहा : "मैंने 'लोकायतन' पढ़ा नहीं है, और न पढ़ूँगा।" इस पर कुछ मनमुटाव हुआ, पत्रों में चिट्ठियाँ छपीं। पन्त, अमृतराय विवेचना-गोष्ठी से अलग हो गए। बालकृष्ण राव ने 'विवेचना' में भाग लेने के लिए मुझे आमंत्रित किया। मैंने कहा—आपसी झगड़े निपटा लीजिए, तब आऊँगा। साल-भर बाद बालकृष्ण राव ने कहा कि अब कोई झगड़ा नहीं है; आप आइए।

मैं इलाहाबाद गया, 'विवेचना' के वार्षिक अधिवेशन में अध्यक्षता करने। वहाँ पन्त, अमृतराय, इलाचन्द्र जोशी आदि कोई न थे। वास्तव में जो लोग अलग हुए थे, वे फिर शामिल न हुए। दूसरे दिन एक चाय पार्टी में इलाचन्द्र जोशी और प्रकाशचन्द्र गुप्त से भेंट हुई। गुप्तजी ने बताया कि पन्तजी अस्वस्थ हैं।

मेरे मित्र गंगाप्रसाद मिश्र का आपरेशन हुआ था। उन्हें देखने के बाद मैं 'विवेचना' गोष्ठी में कुछ देर रहा। फिर बीच में ही उसे छोड़कर मैं उमाशंकर शुक्ल के घर आया जहाँ ठहरा था। सामान लेकर स्टेशन पहुँचा। पन्त से मिलने का समय न मिला।

पन्त ने लिखा : "वैसे प्रकाशचन्द्रजी ने कहा था कि आप 'विवेचना' के लिए जब आए थे तब मुझसे मिलने आएँगे, पर व्यस्तता के कारण वैसा सम्भव न हो सका हो। संकोच भी रहा हो। पर ऐसी कोई बात नहीं है।"[2]

पन्त ने महादेवी 'अभिनन्दन-ग्रंथ' का सम्पादन किया। मुझसे लेख माँगा और मैंने भेजा।

इस वर्ष (1968) अप्रैल में एक शोध छात्र की परीक्षा लेने इलाहाबाद गया। संध्या समय पन्त के यहाँ गया। वह थोड़ी देर में किसी सभा में जानेवाले थे। निराला के बारे में कुछ देर बातें करते रहे। दुबारा मिलने के लिए कहा और विस्तार से निराला के बारे में बातें करने का वचन दिया।

मई में एक अन्य परीक्षा-कार्य से मैं फिर इलाहाबाद गया। 20 मई को पहुँचा; उस दिन पन्त ने 68 वर्ष पूरे किये थे। परीक्षा-कार्य रात के साढ़े आठ बजे समाप्त हुआ। मैं नौ बजे पहुँचा जब बधाई देनेवाले जा चुके थे, केवल अमृतराय अभी बैठे थे। मेरे आने से पन्त प्रसन्न हुए। मैं उनके लिए आगरे का पेठा ले गया था। नियति का व्यंग्य, पन्त 'डायबिटीज' के कारण मिठाई चखते भी न थे।

दूसरे दिन सबेरे लगभग तीन घंटे तक वह अपने और निराला के बारे में बातें करते रहे। दूसरे दिन कुछ और बातें हुईं। उन्हें अधिक बोलने से थकान न हो, इस उद्देश्य से मैं कुछ देर तक निराला का व्यक्तित्व-विश्लेषण करता रहा। फिर भाषा-विज्ञान की चर्चा की। तीसरे दिन मैंने उन्हें और कम बोलने दिया। सौभाग्य से कुछ और लोग भी आ गए थे, इसलिए उनको बातें करने से कुछ अवकाश मिला। मैंने किसी बात पर बहस न छेड़ी, यह सोचकर कि वह थक जाएँगे। एक बात और,

'डायबिटीज' के कारण पन्त प्रतिदिन मांस खाते हैं। 23 तारीख को उन्होंने मेरा साथ देने के लिए शाकाहार किया, मांस न खाया।

पन्त निराला को क्या समझते हैं? उनसे अपने सम्बन्धों के बारे में क्या सोचते हैं? स्वयं अपने विषय में उनकी धारणा क्या है? जो लोग निराला के जीवन—उनके व्यक्तित्व—का अध्ययन करना चाहते हों, उनके लिए इन प्रश्नों का उत्तर निरर्थक न होगा।

पन्त को निराला सता रहे थे। उनके व्यक्तित्व का आक्रामक रूप अब भी उनके मन पर हावी था।

सन् '28-29 के निराला को याद करते हुए पन्त ने उनके व्यक्तित्व के लिए 'दबंग' शब्द का प्रयोग किया और कहा : "आई वाज़ माइटी अफ्रेड आफ हिम।"

निराला कालाकाँकर आए। पन्त ने कहा : "वह बाथरूम से निकले; तौलिया लपेटे थे, वह नंगे हो गए। मुझसे पूछा, यहाँ क्यों रहते हो? मुझे उन लोगों ने क्यों नहीं 'इनवाइट' किया? वह तीन दिन रहे और मुझे खा गए ('ही एट मी अप')। सन् '34 से '37 तक मैं पूरी तरह उनकी 'ग्रिप' में था। मैं उनके लिए बिलकुल 'ओपन' हो गया था। जब चाहते थे, बुला लेते। मैं मिलना न चाहता था। उन्होंने जैसे सम्मोहन कर दिया था। वह कहते थे, 'मेरे गुरु ने मुझे दो लड्डू खिलाये हैं : एक नाश का, दूसरा निर्माण का। दूसरे को खाकर ही आदमी बड़ा होता है। मैं खप्पर में तुम्हारा खून पी जाऊँगा।' "

निराला ने पन्त से हाथ मिलाया, फिर मैंने (रामविलास ने) उनका हाथ फुल ग्रिप में ले लिया। निराला की पर्सनैलटी रामविलास के द्वारा आपरेट करने लगी। पन्त भीतर से टूट गए। उनका मन बहुत दुखी था, बहुत मानसिक पीड़ा के दिन थे वे। तब अल्मोड़ा में रामकृष्ण मिशन के साधु चिन्मयानन्द मिले। पन्त को देखकर बोले—आपको क्या हो गया है? आप हमारे यहाँ आइए।

पन्त साधु से मिलने गए। बाहर के फाटक से ही लगा : 'कोई मुझे समेट रहा है।' पन्त को लगा, वह स्वामी चिन्मयानन्द में 'मर्ज' करते जा रहे हैं। स्वामीजी ने कहा : "यू आर ओपन टु ऑल फोर्सेज, बी केयरफुल।"

इसके बाद मन स्वस्थ हो गया। सन् '24 से '37 तक जो पन्त के मानसिक उत्पीड़न के दिन थे, वही निराला की श्रेष्ठ रचनाओं के दिन भी थे। "उन्हें मेरी चेतना का आधार मिल गया।" इसका यह अर्थ नहीं कि पन्त के कारण उन्होंने अच्छी रचनाएँ कीं। उनके भीतर जो कुछ 'ईविल' था, वह सब उन्होंने पन्त पर लाद दिया। सन् '37 में पन्त अन्धकार से निकलकर फिर प्रकाश में आए, तब निराला को पन्त की चेतना का जो आधार मिला था, वह छूट गया और उसके बाद वे अच्छी कविताएँ न लिख पाए।

पन्त की ये सब बातें मैं ध्यान से सुनता रहा। उन पर मेरी टिप्पणी इस प्रकार है : पन्त के बड़े भाई हरदत्त अंग्रेज़ी और संस्कृत के प्रेमी, अजमेर के मेयो कालेज में राजकुमारों के अध्यापक, हिन्दी और पहाड़ी में कविताएँ लिखते थे। इनके बाद

रघुवरदत्त घर का कामकाज देखते थे, बड़े 'दबंग' आदमी थे, पन्त उनसे डरते थे। तीसरे देवीदत्त बड़े ही कुशाग्रबुद्धि, वाक्पटु और देशभक्त थे। उनके लिए अमरीकी चित्रकार ब्रूस्टर ने कहा था कि उन-जैसा इंटलेक्चुअल उन्हें जीवन में दूसरा नहीं मिला। पन्त सबसे अधिक स्नेह इनसे करते थे। भाइयों में वह स्वयं सबसे छोटे थे। देवीदत्त छोटे भाई को प्यार करते थे, उनका छायावादी रूप देखकर उन्हें बनाते भी थे। उन्हीं के कहने से पन्त ने कालेज की पढ़ाई छोड़ दी थी। पैंसठ कमरोंवाले घर में—पुराने ढंग के विशाल पितृसत्ताक संयुक्त परिवार में—गोसाईंदत्त का अस्तित्व नगण्य था। विद्या में देवीदत्त और धन-सम्पदा के स्वामित्व में रघुवरदत्त उनसे बड़े थे। गोसाईंदत्त इन दबंग भाइयों से पीड़ित थे; सुमित्रानन्दन बनकर वह अपने स्वतंत्र व्यक्तित्व की सार्थकता सिद्ध करने लगे। निराला उनसे उम्र में दो साल बड़े थे; यह फासला बढ़ाकर उन्होंने छह साल कर लिया था। पन्त के मन में उन्होंने बड़े भाइयों की जगह ली। वह रघुवरदत्त की तरह 'दबंग' थे; देवीदत्त की तरह अपने बुद्धिबल से, बँगला और वेदान्तज्ञान से—उन पर हावी हो गए थे। हरदत्त की तरह कवि और विद्वान् थे।

जैसे निराला पन्त को प्यार करते थे और उनकी लोकप्रियता से कष्ट पाते थे, वैसे ही पन्त निराला को प्यार करते थे और उनके बौद्धिक दबाव से त्रस्त होते थे। त्रास की भावना 'पन्तजी और पल्लव', 'मेरे गीत और कला' आदि की मंज़िलें पार करती हुई क्रमश: दृढ़ होती गई। मई, सन् '68 में पन्त पुराने दृश्य फिर देख रहे थे, तब उन पर त्रास-भावना का गहरा रंग चढ़ा हुआ था।

सन् '28-29 में वह निराला से बिलकुल न डरते थे। अपने पत्रों में वह निराला के सामीप्य की माँग कर रहे थे। उन्हें दबंग निराला से सताये जाने में आनन्द आता था, इसलिए डरने के साथ उनका सामीप्य चाहते थे—यह सोचना ठीक न होगा। पिता की बीमारी और बाद को उनकी मृत्यु से उनका मन बहुत उद्विग्न था और निराला से वह सान्त्वना चाहते थे, जो उन्हें मिली। दोनों ने जीवन में काफी दुख सहा था, उनकी मैत्री का एक प्रच्छन्न और दृढ़ आधार यह भी था।

लखनऊ में पन्त स्वेच्छा से निराला के यहाँ आते। भार्गव मैजेस्टिक होटल में उनकी कमरचप्पी करने के अलावा वह नारियलवाली गली में भी आते थे। उस समय उनका व्यवहार अत्यन्त मैत्रीपूर्ण, किसी भी तरह के मानसिक दबाव के लक्षणों से मुक्त था। निराला से जब-जब उनकी बहस हुई—लिखित या मौखिक—पन्त ने डटकर अपने पक्ष का समर्थन किया। वह मन में घुटकर रह जानेवाले जीव न थे। लड़ाई-झगड़ा, फिर दोस्ती, जैसे दो-तीन साल के अन्तर से पैदा होनेवाले भाइयों में होता है। एकतरफ़ा असहनीय दबाव की बात न थी।

पन्त के अनुसार सन् '34-37 में निराला उन पर सबसे ज़्यादा हावी थे। पर इस दबाव से मुक्त होते ही मानो निराला को धन्यवाद देने के लिए उन्होंने 'रूपाभ' में उन पर कविता प्रकाशित की! यदि सन् '34-37 के निराला पन्त के लिए वैसे ही थे, जैसे

आज उन्हें दिखाई देते हैं, तो वे अवश्य ही उन पर वैसी सुन्दर कविता न लिख पाते।

सन् '47 के बाद निराला सरकार के नाम से चिढ़ने लगे, पन्त शासनतंत्र के बहुत निकट आए, आकाशवाणी के एक कर्मचारी हो गए। 'आकाशवाणी' की ओर से जब पन्त निराला से मिलने गए तब उन्होंने अंग्रेज़ी में डाँटते हुए कहा : "आई एम नॉट निराला; आई एम नॉट ए पोएट।" उन्होंने महादेवी वर्मा के साथ बैठकर फोटो खिंचाया, पन्त के साथ बैठने से इनकार किया। सरकार और जनता के बीच का फासला बढ़ता गया। 'पल्लव' और 'ग्राम्या' के पन्त ने जितनी कीर्ति अर्जित की थी, वह सब 'स्वर्णधूलि' में खो गई। पन्त अपने युग के साथ आगे बढ़े थे, उनकी लोकप्रियता का कारण यह था। छायावादी कवियों में भाषासौन्दर्य के वह अप्रतिम पारखी थे। ब्रजभाषा प्रेमियों से भी उन्होंने कबुलवा लिया था कि खड़ीबोली में मधुर कविता हो सकती है। 'रूपाभ' निकालकर बड़े साहस से उन्होंने छायावाद को विदाई दी थी और 'ग्राम्या' में नई काव्यभूमि पर अपनी प्रतिभा का चमत्कार दिखाया था। उसके बाद भारत स्वाधीन हुआ।

सन् '45-46 में कांग्रेसी नेताओं ने ज़बरदस्त कम्युनिस्ट-विरोधी अभियान चलाया। पन्त के ढुलमुल होने का यही समय था। नवीन, दिनकर आदि जो समाजवाद के साथ थे, अब राष्ट्रवाद के साथ हो गए। भारतीय बुद्धिजीवियों के समाजवाद की परख सन् '48 के बाद होनी थी, उसमें पहले मुख्य लड़ाई अंग्रेज़ से थी, भारतीय पूँजीपतियों से नहीं। पर हिन्दी के अनेक प्रगतिशील कवि और लेखक सन् '47 से पहले ही उग्र समाजवादी थे। सन् '47 के बाद जब समाजवाद के लिए संघर्ष करने का समय आया, तब वे सरकार या पूँजीपतियों के संस्थानों से चिपक गए। पन्त की लोकप्रियता दिन-पर-दिन क्षीण होती गई। सन् '48 में उनके विरुद्ध मेरा लेख बहुत कटु था, कटुता का कारण 'रूपाभ-ग्राम्या' के पन्त का बदला हुआ अवसरवादी चोला था। पन्त को लगा—रामविलास के द्वारा निराला उन्हें सता रहे हैं।

मेरे लेख का काफी विरोध हुआ। पन्त के समर्थन में बहुत-कुछ लिखा गया। पन्त नित नई काव्य-पुस्तकें भी प्रकाशित कराते रहे पर उन्हें वह खोई हुई लोकप्रियता न मिली। लोग उन्हें उपेक्षा की दृष्टि से देखने लगे। इसके विपरीत अर्द्ध-विक्षिप्त निराला का सम्मान दिन पर दिन बढ़ने लगा और मरने के बाद तो—दिनकर के शब्दों में—वह हिन्दी संसार पर छा गए। इसकी प्रतिक्रिया पन्त के मन पर हुई। आत्मपीड़न की भावना के साथ आत्मरति के भाव का विस्तार हुआ। पन्त ने कल्पना-चित्र बनाया—निराला उन पर हावी हो गए थे, रामविलास के द्वारा—हाथ मिलाने पर—अपनी आक्रामक क्रिया से उन्हें त्रस्त किया था, साधु ने उन्हें उस त्रास से मुक्त किया। दूसरा कल्पना-चित्र यह कि सन् '34-37 में जब निराला ने 'तुलसीदास', 'राम की शक्तिपूजा' आदि प्रसिद्ध कविताएँ लिखीं, तब उन्हें पन्त की चेतना का आधार मिल गया। पन्त को अन्धकार में ढकेलकर स्वयं उनके प्रकाश-स्थान पर वह बैठ गए। इस प्रकार प्रत्यक्ष या अप्रत्यक्ष रूप से निराला के श्रेष्ठ काव्य-सर्जन का श्रेय पन्त को है।

इसी मुकाम से एक कदम आगे बढ़कर निराला ने कहा था—शेली और रवीन्द्रनाथ की कविताएँ मेरी लिखी हुई हैं।

नियति का व्यंग्य कि ये मित्र जो जीवन में इतने दिन एक-दूसरे के साथ रहे, न्यूरौसिस की पहली मंज़िल में भी कुछ दूर साथ चले। कारण भिन्न थे। निराला का विरोध हुआ, पन्त का अपेक्षाकृत सम्मान। सन् '47 के बाद निराला की लोकप्रियता बढ़ी, पन्त की घटी। आत्मरति और आत्मपीड़न के दृश्य दोनों के कल्पनालोक में झलक उठे।

निराला ने कहा, खप्पर में तुम्हारा खून पिऊँगा—वास्तविक दबाव के ये अतिरंजित चित्र थे। निराला ने प्रेमानन्द वाली कविता में अपने को कृष्णमय स्वामी से बँधते कल्पित किया था; पन्त की कल्पना में स्वामी चिन्मयानन्द ने उन्हें इसी तरह अपने भीतर समेट लिया था। पन्त की यह 'आध्यात्मिक' अनुभूति स्वामी प्रेमानन्द और सारदानन्द के सम्पर्क से निराला को भी हुई थी।

पन्त ने दो बार मुझसे कहा कि निराला का चेहरा उन्हें कृष्ण के मुख जैसा नीला दिखाई दिया था। मैंने कहा—निराला को भी स्वामी प्रेमानन्द कृष्णमय दिखाई दिये थे।

दोनों कवियों के धार्मिक संस्कारों ने उनके स्वप्नों का रंग-रूप निश्चित किया।

पन्त का मन अब स्वीकार नहीं करता कि उन्हें निराला से स्नेह था। उन्होंने जो कुछ लिखा था, वह 'कर्टिसी' के कारण। लोग 'कर्टिसी' का अर्थ लगा लेते हैं—प्रेम। निराला जब पहली बार इलाहाबाद में पन्त से मिले, तब भी उनकी बातचीत अव्यवस्थित थी। जब वह भार्गव मैजेस्टिक होटल लखनऊ में मिले तब निराला ने थूक-थूककर सारा कमरा गंदा कर रखा था। पन्त ने फिनैल से कमरा धुलवाया।

ये दोनों बातें सच होंगी। निराला बातचीत में उत्तेजित हो जाते थे, घर की सफाई का ध्यान न रखते थे, यह मैंने देखा है। इसीलिए उन दिनों के पन्त के लिए मेरे मन में अपार श्रद्धा है। निराला में उन-जैसे व्यक्ति को दूर ठेलनेवाली बहुत-सी बातें थीं; फिर उन सबकी उपेक्षा करके वह निराला से मैत्री बनाये रहे, यह उनकी महत्ता का प्रमाण है।

अब पन्त को निराला अर्द्ध-विक्षिप्त से अधिक कुछ नहीं लगते; जो कुछ अच्छा लिखा, वह सन् '34-37 में—पन्त की चेतना का आधार मिलने के कारण।

पन्त के अन्दर एक बलवती इच्छा अपने व्यक्तित्व की मौलिकता सिद्ध करने की है। लोग उन पर अरविन्द के प्रभाव की बातें करते हैं, यह उन्हें अच्छा नहीं लगता। उनका कहना है कि अरविन्द ने केवल भारतीय दर्शन को व्यवस्थित किया है। जिसे अरविन्द का प्रभाव कहा जाता है, वह बीजरूप में, अरविन्द से मिलने से पहले ही, उनकी रचनाओं में था।

यही वृत्ति उनसे निराला का प्रभाव अस्वीकार कराती है। पर यह भाव उनमें हमेशा नहीं रहता। मैंने उनसे कहा—निराला की प्रतिभा को चाहे कोई जो कहे, उनसे जितना प्यार लोगों को मिला, उतना दूसरे कवियों से नहीं।

पन्त गम्भीर होकर अपने भीतर कहीं डूब गए। उन्होंने दो-तीन बार मानो अपने से कहा—हाँ, ज़रूर उनमें कोई बात थी, तभी तो आप, धर्मवीर भारती, इतने लोग...।

मैंने कहा—लोग समझते हैं कि आपका हृदय भावशून्य है पर ऐसा है नहीं; सीमित ही सही, आपमें स्नेह-सम्बन्ध की क्षमता है—ऐसे स्नेह की, जो बहुत दिन बना रहे।

पन्त फिर ध्यान में डूब गए; उन्होंने मेरी बात का विरोध न किया।

मुझे विश्वास है कि पन्त के हृदय में निराला के लिए अब भी बहुत स्नेह है। आत्मपीड़न की कहानियाँ उस स्नेह को छिपाने का एक साधन हैं, अपने व्यक्तित्व की सार्थकता सिद्ध करने के लिए। मैं इस आत्मप्रवंचना के लिए भी पन्त का आदर करता हूँ।

न्यूरौसिस की पहली मंज़िल में कुछ दूर तक पन्त-निराला साथ आए, फिर साथ छूट गया। इसका कारण क्या है?

पन्त और निराला के व्यक्तित्व में मौलिक अन्तर यह है कि पन्त की भावधाराएँ उतनी ऊर्जस्वित नहीं हैं जितनी निराला की। वसन्त बयार और साइक्लोन का-सा अन्तर है दोनों में। निराला के मन में विरोधी भाव प्रबल वेग से टकराते थे, पन्त के मन पर वे शरद के बादल जैसे उड़ जाते थे। पन्त सौन्दर्यप्रेमी कारीगर अधिक रहे हैं, निराला जलते हुए मंत्र देखनेवाले, भावावेश में स्वयं भस्म होनेवाले द्रष्टा। मान, अपमान, घृणा, ग्लानि, अवसाद—सब-कुछ निराला में उदात्त था; पन्त में सब-कुछ वातानुकूलित। निराला ने अपनी काव्य-गरिमा की कीमत चुकाई मानसिक सन्तुलन देकर; पन्त अपना मानसिक सन्तुलन बनाये रहे, काव्य-गरिमा खोकर।

मानसिक सन्तुलन खोनेवाले बहुत हैं; काव्य-गरिमा तक उन सबकी पहुँच नहीं होती। न जिनकी पहुँच होती है, वे सब मानसिक सन्तुलन खो देते हैं। यहाँ बात है एक विशेष प्रकार के भावप्रवण आत्मकेन्द्रित व्यक्तित्व की। परिस्थितियों के थपेड़े खाकर यह व्यक्तित्व सन्तुलन खोता है। निराला के मन में राजकुमार बनने की चाह; जीवन में अभाव ही अभाव, उस पर अनर्गल विरोध। पन्त के जीवन में राजकुमारों का-सा सुख—कम-से-कम प्रारम्भिक जीवन में—फिर लोकप्रियता, ख्याति, धारा के विरोध में न चलकर उसके साथ चलने की प्रवृत्ति।

निराला जितने आत्मकेन्द्रित, उतने ही वस्तुकेन्द्रित; जितने अन्तर्मुख, उतने ही बहिर्मुख; जितने कल्पनाशील, उतने ही यथार्थदर्शी। पन्त में इन विरोधी वृत्तियों का अनुपात एकदम भिन्न था। वह आत्मकेन्द्रित अधिक, वस्तुकेन्द्रित कम। 'देवी', 'चतुरी चमार', 'कुल्ली भाट', 'बिल्लेसुर बकरिहा' उनकी परिधि से बाहर हैं। निराला जितने धार्मिक थे, उतने ही संशयवादी। पन्त के मन में धार्मिक विश्वासों की जड़ खोदनेवाली वृत्तियाँ निर्जीव थीं। निराला मूलत: रूढ़ियों के ध्वंसक, जीवन में क्रान्तिकारी थे; पन्त मूलत: मध्यमार्गी, समझौता-प्रेमी, जीवन में उच्च वर्गों के सहयोगी थे। निराला में कल्पनाशीलता, मेधा, ऐन्द्रिय विलासप्रियता, वैराग्यभावना—इन सबको प्रेरित करनेवाली दुर्धर्ष ऊर्जा थी। पन्त में कोमलता, माधुर्य, सुकुमारता—सब-कुछ

था; ऊर्जा की ही कमी थी जिसके बिना उदात्त की सृष्टि नहीं होती। पन्त केवल मधुर, सुकुमार, कोमल नहीं हैं; उनमें—बौद्धिक स्तर पर—कठोरता भी है। मैं निराला की तुलना में केवल परिमाण-भेद की बात कर रहा हूँ। दोनों अर्द्धनारीश्वर; निराला में शिव अधिक, पन्त में पार्वती।

पन्त के सम्बन्ध में ऊपर जो कुछ मैंने कहा है, उसकी पुष्टि उनके महाकाव्य 'लोकायतन' से होती है। इसका रचनाकाल अक्तूबर, सन् '59 से लेकर अक्तूबर, सन् '63 तक है। निराला की मृत्यु से दो वर्ष पूर्व इसकी शुरुआत हुई और उनकी मृत्यु के दो वर्ष बाद उसकी समाप्ति हुई। यह समय ऐसा था जब महाकाव्यों में 'कामायनी' की सबसे ज़्यादा पूछ थी, कवियों में सबमें ज़्यादा चर्चा निराला की थी। पन्त ने अवश्य ही सन् '59 में शुरू करने से पहले 'लोकायतन' की विषयवस्तु पर काफी दिन चिन्तन किया होगा, पर इसमें सन्देह नहीं कि उसमें प्रतिबिम्बित मनोदशा उस काल की है जब 'कामायनी' की ख्याति में अभूतपूर्व वृद्धि हुई थी, जब निराला की कीर्ति के आगे पन्त की लोकप्रियता दब गई थी। इसके लिए जितना निराला उत्तरदायी थे, उतना ही श्रद्धालु जनता जो निराला और उनके शिष्यों के प्रचार को विवेकहीनता से मान लेती थी।

एक ही था तम का जड़ तत्त्व
इधर माधो में स्पर्धा वृत्ति,
उधर जन मन में पुंजीभूत
अहं कुंठित कटु ईर्ष्या-भित्ति!

जनों को करते गुरु संकेत
न वंशी को दें सूची-स्थान,
मुक्त बहुजन मुख चर्चित झूठ
स्वयं बन जाती सत्य प्रमाण! (पृ. 348)

माधो गुरु निराला हैं, वह कीर्ति छीन रहे हैं युगकवि वंशी की। माधो के भीतर स्पर्धा का अन्धकार, जनता के मन में अज्ञान का अन्धकार। माधो ने संकेत किया कि वंशी को साहित्य में सुई बराबर जगह न मिले। शिष्यों के निरन्तर प्रचार से माधो की महत्ता वाला झूठ सत्य बन गया।

यद्यपि निराला सरकार के नाम से चिढ़ते थे, फिर भी पन्त ने माधो गुरु को राजकवि बनाया। राजकवि होने पर भी माधो गुरु द्वेष और स्पर्धा से दग्ध रहते थे और :

देह प्राय: रहती अस्वस्थ! (पृ. 330)

अपनी अहंता से जूझकर अब वे जीवन से हार गए थे। उनका दंभ क्रुद्ध अहिफण-सा उन्हीं पर अत्याचार करता था। प्रथम बार जब अहं का विस्फोट हुआ तब वह

मूर्च्छित-से हो गए। उनकी जीभ पर जो मंत्र लिखा गया था, साधना के अभाव से वह व्यर्थ हो गया। अहं को आत्मा में तौलकर गुरु ने उसी को सर्व-समर्थ पाया। तीव्र यशलिप्सा से आक्रान्त होने के कारण वह कुंठाओं से टूट गए। स्वजनों और शिष्यों के लिए वह उदार थे :

लुटा निज जीवन धन सर्वस्व
निरीहों का करते उपकार! (पृ. 330)

सब-कुछ दान कर देने और अपने पास कुछ भी संचय न कर पाने से वह लोगों का सहज ही ध्यान आकर्षित करते। लोग व्यथा से आर्द्र होकर उन पर प्राण निछावर करते। साधारण जनों के लिए वह गूढ़ रहस्य बन गए। वे उनके बारे में नित नई कहानियाँ गढ़ने लगे।

माधो गुरु सखा वंशी के चुने हुए गीत भी सुनाते। लोगों में यह विश्वास फैल गया था कि माधो गुरु को वंशी से बड़ा स्नेह है। नये कवियों की अहंता को बलवान बनाकर, मर्मभूमि में शूल उगाकर वह उन्हें प्रेरणा देते थे। इस प्रकार जनसाधारण के अलावा नये कवियों की पीढ़ी भी माधो गुरु के साथ हो गई।

कूट आध्यात्मिकता से दीप्त
शिखर पर था तब गुरु का स्थान,
ओज रस शैली में उन्मुक्त
कलालंकृत स्वर-शिल्प विधान! (पृ. 331)

माधो गुरु को घेरे हुए गुह्य परिवेष्टन मोहविभोर दर्शकों को प्रभावित करता था। जब वह अपना उग्र रूप दिखाते, तब मंत्रविमुग्ध जन स्तब्ध रह जाते।

इस विवरण से स्पष्ट है कि 'लोकायतन' में माधो गुरु के चित्रण का आधार सन् '50-60 के निराला हैं। उनके दान की कथाएँ, नई पीढ़ी पर उनका प्रभाव, उनकी कीर्ति के आगे वंशी का हतप्रभ होना—ये सब निराला-जीवन के अन्तिम दशक की बातें हैं। पन्त ने इस मन:स्थिति में सन् '34-37 के निराला को देखना शुरू किया। जो त्रासभावना सन् '47 के बाद उनमें बड़ी थी, उसे उन्होंने '34-37 के पन्त पर आरोपित किया। इसी क्रम में उन्होंने '50-60 के निराला को '34-37 के निराला से मिला दिया।

माधो गुरु को लगता था :

छीन कर उनका कीर्ति-किरीट
घूमता वंशी बन सम्राट्। (पृ. 332)

यह स्थिति '34-37 की है। '50-60 में तो 'शिखर पर था तब गुरु का स्थान'; उस समय यह कहना आवश्यक न था कि वंशी ने उनका कीर्ति-किरीट छीन लिया है।

पन्त के मन ने '34-37 के निराला को लेकर कहानियाँ गढ़ना शुरू किया। माधो की प्रकृति में द्वेष था। योगियों के सहवास से उन्होंने अन्तर्दृष्टि पाई थी, पर उनके दंभ से सन्मति हार जाती थी। वह छल से वंशी को मोहने लगे :

मोहते गुरु रख शत छल वेश
असत् का होता गूढ़ स्वभाव,
सरल था वंशी, सहृदय प्राण
न मन में था भय द्वेष दुराव!
आत्मतन्मयता कवि की शक्ति,
ध्यान छल कौशल से कर भंग
पिलाते उसे अचित् तम घूँट
कपट कर गुरु वंशी के संग! (पृ. 334)

निराला ने पन्त को जो स्नेह दिया, वह 'लोकायतन' लिखते समय उन्हें छल-कपट लग रहा था। उनका अवसादग्रस्त मन अपने सबसे स्नेही कवि-बन्धु को छली और कपटी कहने में सन्तोष-लाभ करता था।

माधो गुरु सम्मोहन के नाना रूप रचकर वंशी की चेतना में रन्ध्र कर देते (वंशी में छेद तो पहले से ही थे)। अचेतन तम का आह्वान करके कवि—अर्थात् वंशी—के दृग बन्द कर देते। वंशी का भाव-शरीर बँट गया, प्रकाश और अन्धकार के संघर्ष से उसका चित्त क्षुब्ध और हताश हो जाता। कल्पना का सौन्दर्य बुझ जाता, भाव कुरूप आकार धारण करते, रस के प्यासे प्राण झुलस जाते, मन में हाहाकार गूँज उठता। वंशी को अन्धकार में ढकेलकर उसके प्रकाश से लाभ उठाया माधो गुरु ने :

खींच सौन्दर्य-बोध, रस तत्त्व
सृजन करते माधो नव काव्य,
दग्ध निज मानस मरु को सींच
सँजोते हरीतिमा संभाव्य। (पृ. 335)

इस प्रकार 'तुलसीदास' और 'राम की शक्तिपूजा' की रचना हुई। जैसे परजीवी नभबेल वृक्ष पर छा जाती है और उसके रसप्राण हर लेती है, वैसे ही :

छीन वंशी की अन्तस् ज्योति
छेड़ते गुरु नवयुग के गान! (उप.)

लोगों के सामने वह वंशी का सम्मान करते, अप ना स्नेह दिखाते पर लोगों को सन्देह न होता था कि छल से वह वंशी का नाश कर रहे हैं :

तमक, सिर के ऊपर से बोल
शिराएँ कर देते सब ध्वस्त

दर्प के अट्टहास से चूर्ण
प्राण मन हो उठते संत्रस्त! (उप.)

पन्त जब यह लिख रहे थे, तब साठ पार कर चुके थे। डायबिटीज़ से पीड़ित हुए दस वर्ष हो चुके थे। मन और शरीर, दोनों शिथिल थे। निराला की बातचीत और हँसी—सन् '34-37 के निराला की मैत्री और स्नेह—अब उनके त्रास का कारण बन गई थी। '34-37 में पन्त की पुरानी आस्थाएँ टूट रही थीं, वह उनकी मानसिक व्यग्रता का समय था। पर वह ऐसे पराभूत न थे, जैसा अब सोच रहे थे। वह साहस के साथ छायावाद की कल्पना-भूमि छोड़कर नये जीवन-दर्शन की ओर बढ़ रहे थे। पर अब अपने दुःस्वप्न में वह निःसहाय आक्रान्त थे, निराला केवल दुर्धर्ष आक्रामक। माधो गुरु :

चूस लेते वंशी का सत्त्व
प्राण सीत्कार वेग से खींच
प्रकृति तुम, मैं वृष-पुरुष अदम्य,—
ओठ लेते वह कस कर भींच! (पृ. 335)

वह बुदबुदाते—तुम सबके शिखर पर न होते यदि मेरे हाथ पड़ जाते; अब मैं तुम्हारा साथ छोड़ नहीं सकता। विजय शक्ति-पूजा से मिलती है, इस पूजा का अर्थ है—विनाश। जो घोर पंक-गर्त में गिर चुका है, उसे सद्भावों से क्या काम? इसलिए माधो गुरु कहते कि तुम्हें भी निर्मूल करके छोड़ूँगा, तभी माधो गुरु नाम सार्थक होगा। फिर खप्पर में खून भरने की बात :

भरूँगा माँ का खप्पर रिक्त
तुम्हारा कर बलिदान घमंड
स्वगत बकते, करने भयभीत
क्रूर, दांभिक माधो दद्दंड!

वंशी के स्वभाव में करुणा थी, माधो गुरु निर्मम स्वार्थान्ध थे। वह वंशी पर अपनी तीक्ष्ण दृप्त दृष्टि डालकर उसका ज्ञान हर लेते थे। उनकी आँखों की क्रूर चमक वंशी के हृदय में शूल-सी चुभ जाती। वंशी की दशा दयनीय हो गई। वह बधिक के सामने असहाय पशु-जैसा था।

माधो गुरु वंशी से मिलने गए। बिदा होने का शिष्टाचार दिखाते हुए उन्होंने वंशी का हाथ थाम लिया। फिर :

किया प्रेरित गुरु ने कवि चित्त
शिष्य को भेंटे इसी प्रकार! (पृ. 356)

हाथ शिष्य ने अपनी ओर से न मिलाया था, हाथ वंशी ने बढ़ाया, माधो गुरु की प्रेरणा से :

आत्म-विस्मृत कवि ने विधि मूढ़
मिलाया वाग्विलास से हाथ,
न्याय पर करता था जो शोध
जिसे लाए थे गुरु निज साथ!
साध गुरु ने कुत्सित अभिचार
किया उर में गोपन आघात
लगा कवि को उसका चैतन्य
ऋक्ष सा टूट, हुआ भू-सात्! (पृ. 356)

शिष्य रिसर्च स्कालर भी था, साहित्य का नहीं तो न्याय का। जब आत्मविस्मृत कवि वंशी उससे हाथ मिला रहे थे, तभी किसी तांत्रिक की तरह गुरु ने कुत्सित अभिचार किया, गोपन आघात के द्वारा वंशी के चैतन्य को नष्ट कर दिया।

निराला को जैसे प्रेमानन्द कृष्णमय दिखाई दिये थे, वैसे ही पन्त को मैं निरालामय दिखाई दिया। उन्होंने मुझे बताया कि मेरे (रामविलास के अन्दर जो आक्रामक भाव था, वह निराला के कारण। मैंने उत्तर दिया—पचास फीसदी निराला के कारण, पचास फीसदी ज़्दानोव के कारण! (ज़्दानोव '48-49 में उग्र वामपंथी रुझान के विशिष्ट प्रतिनिधि थे।)

पन्त ने '48-49 वाले मेरे आक्रामक रूप को '34-35 के रामविलास पर आरोपित किया। उसके लिए उत्तरदायी ठहराया निराला को! उनके दुःस्वप्नों में निराला के साथ मैं भी जुड़ा हुआ हूँ, इसलिए ऊपर उनसे अपने सम्बन्ध का विवरण मैंने कुछ विस्तार से दिया है। माधव गुरु-वंशी की कथा में उन्होंने पन्त-निराला के सम्बन्धों का चित्रण किया है, यह मुझे उन्हीं से मालूम हुआ—तब तक मैंने 'लोकायतन' पढ़ा न था—यद्यपि भूमिका में उन्होंने लिखा था : "गांधीजी के अतिरिक्त इसके शेष पात्र कल्पित होने पर भी उनके द्वारा मेरे कवि जीवन की अनुभूति एवं सत्य को वाणी मिली है।"

माधव गुरु ने शिष्य को निमित्त बनाकर कवि वंशी का चैतन्य ध्वस्त कर दिया :

शिष्य को बना जघन्य निमित्त
किया गुरु ने कवि चेतन ध्वस्त
तमस से आवृत हो तत्काल
हुआ प्रतिभा रविमंडल अस्त! (पृ. 357)

लक्ष्मण को मानो शक्ति लगी हो, मंत्र ने जैसे मर्म बेध दिया हो, कवि को लगा कि उसकी ज्योति नष्ट हो गई है। कवि के विरुद्ध शिष्य को गुरु ने विमोहा; जिसे करने में उन्हें जग की लाज थी, उसे शिष्य से पूर्ण कराया।

मुखर कर स्वर विरोध का तीव्र
उगलता नाभिकीट अहमूर्ण! (उप.)

विजय से दीप्त अग्निमय नेत्र लिये गुरु-शिष्य लौट गए। वंशी की कल्पना का सारा सौन्दर्य नष्ट हो गया; मन अन्धे कुएँ-जैसा हो गया। उसमें तरह-तरह के जीव-जन्तु घूमने लगे :

केंचुए, अजगर, भैंस, बराह
घूमते मन में उठ अपरूप! (पृ. 350)

रात में नींद खुल जाती; लगता कि अन्धकार के सर्प तन से लिपट गए हैं। चील-कौआ के बादल कवि पर मँडराते हुए उस पर टूट पड़ते। स्वप्न में कंकाल खीसें काढ़कर डराते, वंशी को अपनी देह छिपकली-सी लगती। वंशी की इस सारी यातना से लाभ उठाया माधो गुरु ने; उसकी काव्य-प्रतिभा के बल पर वह महाकवि बन बैठे :

पटक कवि वंशी को पाताल
शिखर पर पहुँचे गुरु सोत्कर्ष
श्रेष्ठतम कृतियों को दे जन्म
बिताए कुछ हेमन्त सहर्ष! (पृ. 358)

गुरु ने कविताएँ ही न लिखीं, फोटो भी खिंचवाया। फोटो अच्छा आया क्योंकि :

चुरा वंशी की मानस कान्ति
खिंचाए गुरु ने युगप्रिय चित्र।

पन्त निराला के उस रूप पर मुग्ध थे, '34-37 के कृतित्व पर मुग्ध थे। उस रूप और कृतित्व के सामने वह केंचुए, अजगर के साथी, अन्धकूप में पड़े हुए क्षुद्र प्राणी-जैसे लगते थे। वह स्वयं पर मुग्ध रह चुके थे, इसलिए मन ने समझाया कि निराला का यह सारा कृतित्व, उनका समस्त सौन्दर्य पन्त की ही कान्ति से दीप्त है :

दीर्घ नासिका, नयन, भुज वक्ष,—
मिटा कुण्ठित हिम-दैन्य तुरन्त
खिली सूखी पतझर की डाल
हँस उठा मांसल रंग वसन्त! (पृ. 358)

निराला के इस विराट् आकार को देखकर पन्त का मन हीन-भावना से त्रस्त हो उठता। उन्हें अपनी देह छिपकली-जैसी लगती। इसका बदला उन्होंने जनता से लिया। जनता सुकवि उन्हें मानती है जो 'चिद् निधि चोर' हैं, दूसरों का मानसधन चुरा लेते हैं। इस संसार में गिद्ध गरुड़वत् पूजे जाते हैं। बेचारे वंशी के मन में आठ पहर पीड़ा रहती। उसकी ज्योति का सूर्य अस्त हो गया; हृदय अवसाद का अथाह समुद्र बन गया।

युग-कवि वंशी को खंडित-स्वप्न देखकर चिन्मयानन्द द्रवित हुए। उन्होंने वंशी के हृदय का अन्धकार खींच लिया, अन्तर में सोया हुआ छन्द फिर जाग उठा।

दुनिया के सताये हुए निराला अनजान में इस तरह पन्त को सता रहे थे। आत्मकेन्द्रित पन्त निराला की व्यथा न देख पा रहे थे, न समझ पा रहे थे। निराला की मृत्यु से उनके मन पर कहीं आघात हुआ हो, इसका चिह्न भी 'लोकायतन' में नहीं है। फिर भी दोनों की व्यथा में चमत्कारी समानता थी। दोनों ही अपने अतिरंजित दुःस्वप्नों में नरक-यातना भोग रहे थे। निराला हिंस्र पशुओं से युद्ध कर रहे थे तो पन्त अजगरों, बराहों, भैंसों से घिरे हुए थे। निराला बहुत-सी सम्पत्ति के स्वामी बनने के साथ शेली और रवीन्द्रनाथ की पुस्तकों के रचयिता बन गए थे तो पन्त 'तुलसीदास' और 'राम की शक्तिपूजा' के रचयिता को अपनी प्रतिभा का दान देनेवाले बन गए थे। निराला स्वामी सारदानन्द के यंत्र थे तो पन्त निराला के। अन्तर यह था कि सारदानन्द ने निराला को प्रकाश दिया, निराला ने पन्त को अन्धकार दिया। तंत्र-मंत्र और योग से सम्बन्धित विश्वास दोनों के कल्पनाचित्र बनाने में योग दे रहे थे। अन्त में रामकृष्ण मिशन के ही एक साधु ने चमत्कार दिखाया और पन्त के मन से अन्धकार खींच लिया। दोनों की 'आध्यात्मिक अनुभूति' से साधुओं—विशेष कर रामकृष्ण मिशन के संन्यासियों—का घनिष्ठ सम्बन्ध था। समान धार्मिक संस्कारों वाले दो आत्मकेन्द्रित व्यक्तित्व परिस्थितियों की ठेस लगने पर कैसे मिलते-जुलते स्वप्न बुनते हैं, यह 'लोकायतन' में पन्त के दुःस्वप्नों के वर्णन से स्पष्ट हो जाता है।

पन्त ने निराला के व्यक्तित्व के सम्बन्ध में दो-एक महत्त्वपूर्ण बातें और कही हैं। माधो गुरु पूर्व-कवियों—संस्कृत के कवियों—के आख्यान सुनाकर अपनी पुस्तक का 'अनामिका' नाम सार्थक बताते।

न वैसा मिला महाकवि अन्य
पड़ा तब से अनामिका नाम! (पृ. 338)

'पुरा कवीनां गणनाप्रसंगे' आदि पद निराला ने सन् '23 में प्रकाशित अपने कविता-संग्रह के आरम्भ में उद्धृत किया था। पन्त से तब उनकी भेंट न हुई थी। भेंट होने पर उन्होंने अपना वह प्रिय पद पन्त को अवश्य सुनाया होगा। इससे निष्कर्ष यह निकलता है कि उनकी स्पर्धा पन्त से ही नहीं, संस्कृत के महाकवियों से भी थी। उनका अहंकार-प्रदर्शन केवल पन्त के प्रति नहीं, सभी महाकवियों के प्रति था—तुलसीदास-जैसे गृहत्यागियों को छोड़कर—राजाओं द्वारा सम्मानित कवियों के प्रति था। पन्त ने 'लोकायतन' में उन आख्यानों का जिक्र किया है जो निराला ने उन्हें सुनाये थे, जिनके अनुसार वन्दनीय सरस्वती-पुत्र कवि है, लक्ष्मी का प्रिय पात्र राजा नहीं। मन्दिर में जब राजा की बनाई 'गीतगोविन्द' की नकली प्रति के साथ मूल प्रति रखी गई, तब मूर्ति ने झुककर मूल प्रति उठा ली, राजा की बनाई प्रति छोड़ दी। राजा को ज्ञान हुआ :

झुका कवि के चरणों पर भूप
भूल द्रुत कर अपनी स्वीकार। (पृ. 345)

निराला के मन में यही प्रबल आकांक्षा थी कि राजा उनके सामने झुकें। महिषादल के राजा और राजकुमारों का सम्मान था, उदीयमान कवि सूर्यकांत को कोई न पूछता था। इसीलिए ओरछा के राजा को उन्होंने याद दिलाई थी कि भूषण की पालकी छत्रसाल ने उठाई थी। पन्त राजकुमार-से लगते थे, कालाकाँकर में राजकुमारों के साथ रहते थे। निराला के क्षोभ का यह भी एक कारण था। पन्त ने राजाओं और कवियों से सम्बन्धित निराला के सुनाये आख्यान लिखकर महत्त्वपूर्ण तथ्य दिये हैं पर वे स्वयं निराला से इतना पीड़ित अनुभव कर रहे थे कि राजाओं ने निराला को सताया है, इस ओर उनका ध्यान न गया।

'लोकायतन' के लगभग डेढ़ साल बाद पन्त ने 'छायावाद : पुनर्मूल्यांकन' वाले निबंध लिखे। 'लोकायतन' को देखते इन निबंधों में उनकी भावदशा अधिक स्वस्थ है। इनमें उन्होंने उन बाह्य परिस्थितियों का उल्लेख किया है जिनसे छायावादी कवियों के मन में द्वन्द्व उत्पन्न हुए। उन्होंने लिखा है : "प्राय: सभी छायावादी कवि सम्पन्न घरों में पैदा हुए थे, किन्तु महादेवीजी को छोड़कर, शेष तीनों कवियों को विभिन्न कारणों से गृह-व्यवस्था का सन्तुलन खो जाने के कारण, प्राय: अपनी मध्य वय तक आर्थिक संकटों से जूझना पड़ा।" (पृ. 39) 'शेष तीनों कवियों' में निराला सम्पन्न घर में पैदा न हुए थे, पन्त को उन्होंने अपनी सम्पन्नता की जो भी कहानियाँ सुनाई हों। उन्होंने न केवल अपने और राजा के परिवारों का वैषम्य अच्छी तरह देखा था, वरन् महादेवप्रसाद सेठ, विनोदशंकर व्यास जैसे रईसों—या बिगड़े रईसों—की सोहबत भी की थी। छायावादी काव्यक्षेत्र से जो सहयोगी मिले, वे भी रईस घरानों के। निराला के आत्मसम्मान के लिए ज़रूरी हो गया कि वह रईसी ठाठ में हमेशा नहीं तो कभी-कभी उनकी बराबरी करें। इस पर आर्थिक संकट से जूझने का लम्बा सिलसिला। पन्त भी आर्थिक संकट से जूझे पर निराला को देखते उनका जूझना नगण्य था। इस तरह निराला के मानसिक द्वन्द्व अन्य कवियों से अधिक तीव्र थे।

पन्त ने आगे लिखा कि मनोनुकूल परिस्थितियों के अभाव में "उनको अपनी शिक्षा-दीक्षा तथा आत्मसंस्कार के पथ में भी दुर्लंघ्य बाधाओं का सामना करना पड़ा और बाहरी बौनी परिस्थितियों से समझौता करने की विवशता के कारण उनके व्यक्तित्व के यथोचित विकास में भी पर्याप्त विलम्ब हुआ।" (पृ. 39) पन्त-प्रसाद-निराला में स्कूली शिक्षा सबसे ज़्यादा पन्त को ही मिली थी—इंटर तक। बाद में उन्हें शिवाधार पांडेय घर बुलाकर अंग्रेज़ी पढ़ाते रहे। तीनों में अंग्रेज़ी के सबसे अच्छे जानकार पन्त थे। उचित शिक्षा का अभाव सबसे ज़्यादा खला निराला को क्योंकि इसका सीधा सम्बन्ध उनकी रोज़ी से था। जहाँ तक बौनी परिस्थितियों का सम्बन्ध है, निराला ने सबसे कम समझौता किया, सबसे ज़्यादा कष्ट सहा। शायद पन्त ने सबसे ज़्यादा समझौता किया।

छायावादियों को बाह्य परिस्थितियों के अलावा अपने मनोवेगों से लोहा लेना पड़ा : "उनमें से कुछ का अन्त:करण समय-समय पर निर्मम राग-द्वेष, स्पर्धा तथा

महत्त्वाकांक्षा के आवेगों से भी मंथित रहा और आत्मबोध के क्षण में उनकी आत्मा को ग्लानि ने भी दंशित किया है।" (उप.) इन कुछ में निराला सबसे आगे हैं, राग-द्वेष, स्पर्धा, महत्त्वाकांक्षा, ग्लानि के प्रतीक। पर दूसरे अछूते नहीं हैं, विशेष कर पन्त। निराला विनम्रता, स्पर्धाहीन मैत्री, करुणा और अपराजेय शौर्य के भी प्रतीक थे। अन्य कवियों में इन गुणों का अभाव न था, पर निराला दुर्गुणों में उनसे आगे थे तो गुणों में भी।

पन्त ने हिन्दी लेखक की विशेष स्थिति पर बड़ी मार्मिक दृष्टि से लिखा है। जब छायावादियों ने लिखना शुरू किया था, तब समाज में हिन्दी के प्रति आदर-भाव नहीं था; जब वे संसार से उठने लगे तब भी यह आदर-भाव उत्पन्न नहीं हुआ। किसी भी मध्यवर्गीय परिवार का पिता या संरक्षक इस बात पर प्रसन्नता प्रकट न कर सकता था कि उसका पुत्र पैसा कमाना छोड़कर साहित्य-सेवा में लग जाय, वह भी हिन्दी की सेवा में! खास कर पिता या संरक्षक ने अंग्रेज़ी राज की छत्रच्छाया में यदि लाखों कमाये हों और पैंसठ कमरोंवाला महल बनवाया हो तो वह पुत्र को काव्य-साधना के लिए क्षमा न कर सकता था। पन्त अपने पिता का अतिशय आदर करते थे और उतना ही उनसे डरते भी थे। उनकी मृत्यु के बाद उनके भव्य तैलचित्र पर वह तीन साल तक पर्दा डाले रहे; उसे निरावरण करके सीधे देखने का उन्हें साहस न होता था। एंट्रेंस परीक्षा में फेल होने पर रामसहाय तेवारी ने बेटे को बहू के साथ घर से निकाल ही दिया था।

नियमित उच्चशिक्षा न मिलने, धन कमाने में पिछड़ने, हिन्दी में लिखने—वह भी छायावादी कविता—से सामाजिक प्रतिष्ठा न मिली। पन्त ने लिखा : "इस प्रकार सामाजिक परिवेश का समर्थन न मिल सकने के कारण उन्हें हीन-भावना का दंश भी झेलना पड़ा, तथा यथार्थ की दृष्टि से एक प्रभावहीन सामाजिक प्राणी का जीवन व्यतीत करने के कारण, पग-पग पर पैदा होनेवाली कुंठाओं में भी, प्रारम्भ में, अपनी रक्षा करनी पड़ी एवं बौद्धिक मानसिक बल के अभाव में कभी-कभी अतिरंजित भावुकता की छाया में अपने ध्येय को पोषित करना पड़ा।" (पृ. 40) सामाजिक परिवेश का समर्थन न मिला; इसलिए हीन-भावना उत्पन्न हुई। मन में कुंठाएँ उत्पन्न हुईं; मानसिक बल के अभाव में अतिरंजित भावुकता उत्पन्न हुई। पन्त ने यह केवल निराला के लिए नहीं लिखा, सभी छायावादी कवियों के लिए लिखा है, अपने लिए भी। निराला ने जो भोगा, वह सबने भोगा; उनका जीवन-चरित छायावादी कवियों, सभी ईमानदार हिन्दी कवियों और लेखकों के जीवन का आख्यान है। अन्तर है, भोगी हुई वेदना की तीव्रता में। निराला एक युग की कुंठा और संघर्ष के पुंजीभूत प्रतीक थे।

निराला के व्यक्तित्व के बारे में पन्त ने लिखा है कि वे अत्यन्त हठी, अहम्मन्य और उद्धत थे; उनमें अहम्मन्यता, स्पर्धा और प्रचंडता थी, साथ ही वे अत्यन्त भावप्रवण और संवेदनशील थे। 'लोकायतन' में पन्त ने निराला के तत्कालीन स्नेह

को छल माना था; यहाँ उन्हें वास्तव में संवेदनशील माना है। यह उनकी बदली हुई भावदशा का प्रमाण है।

यदि किसी में अहम्मन्यता हो, साथ ही प्रतिभा भी हो तो यह स्वाभाविक है कि हम प्रतिभा की प्रशंसा करें, अहम्मन्यता की निन्दा करें। पन्त का निराला-सम्बन्धी विश्लेषण इस कोटि का नहीं है। निराला में जो महान् है, वह उन्हें आकर्षित करता है, वही उन्हें त्रस्त भी करता है। पन्त की शब्दावली इसका प्रमाण है :

(1) निराला का दीर्घ, सशक्त, उन्मुक्त व्यक्तित्व; वैविध्यपूर्ण उन्नत कृतित्व। (पृ. 60)

(2) उनका आविर्भाव एक तेजोमय धूमकेतु के समान, एक प्रखर धूमकेतु, जिसके पीछे ज्योतिवाष्पों की लम्बी धूमिल पूँछ। (उप.)

(3) उन्होंने कविता-कानन में अपने समस्त प्रवेग के साथ सिंह की तरह प्रवेश किया। (उप.)

(4) उनकी सबल बौद्धिक रचनाओं में उनकी अद्वैत दृष्टि का अखंड तेज, असीम सौन्दर्य तथा निगूढ़ सांकेतिक कला-वैभव है। (पृ. 61)

(5) वह अदम्य शक्ति दुर्ग थे। उन्होंने जो कुछ भी साहित्य को दिया, उसे हिन्दी ने छायावादी युग की श्रेष्ठ उपलब्धि माना—यह उनके व्यक्तित्व के प्रति दुर्निवार आकर्षण का प्रमाण है। (पृ. 62)

(6) 'गीतिका' के कुछ गीत हिन्दी की अमूल्य सम्पत्ति हैं; भावमूल्य तथा ज्योतिस्पर्श की दृष्टि से अधिकांश गीत अपूर्व हैं। (पृ. 62-63)

(7) गीतों की दृष्टि से प्रतीक और बिम्बयोजना सुबोध नहीं है, पर हम इन्हें महार्घ चैतन्य मणियों की तरह अपने काव्य रत्नागार में संचित करना चाहेंगे। ये सूर्य के प्रकाश के रंग-बिरंगे टुकड़े हैं। (पृ. 64)

(8) राम की शक्तिपूजा—अपनी अबाध शिल्पशक्ति के अदम्य वेग तथा पौरुष-सौन्दर्य-क्षमता के कारण—हिन्दी में अभूतपूर्व लम्बी कविता है। (पृ. 65)

(9) वे अत्यंत प्रचंड, अत्यन्त सुन्दर, अत्यन्त निर्मम, अत्यन्त कोमल, अत्यन्त निर्भीक तथा साहसी और अत्यन्त आत्मभीरु तथा अत्यन्त विनम्र, उग्र तथा सौम्य—अपने ही से परिचालित एक निसर्ग जगत् थे—जिसे अंग्रेज़ी में फेनोमिना कहते हैं। (पृ. 68)

(10) निराला को हम दुख-दैन्यग्रस्त, पराजित व्यक्ति के रूप में नहीं, युगजीवन के अजेय सेनानी, शर-शय्या पर लेटे युग-भीष्म के रूप में सम्मान करते हैं। (पृ. 69)

(11) निरालाजी के मैं मित्र तथा सहकर्मी के नाते घनिष्ठ सम्पर्क में आया हूँ। अपने युग के कवि की दृष्टि से मैं उनके कृतित्व को बहुत अंशों में उस युग का अत्यन्त श्रेष्ठ कृतित्व मानता हूँ। (पृ. 70)

(12) भारतीय सांस्कृतिक परम्परा में कालिदास-से महाकवि हुए हैं, पर भारतीय दार्शनिक परम्परा में ऐसा सौन्दर्य-मंडित, ज्योति-संवृत हिन्दी कवि अभी तक एकमात्र निराला ही मिले हैं—यह उनके कृतित्व की पर्याप्त विजय है। (पृ. 70)

किसी कवि, आलोचक, निराला के शिष्य या प्रशंसक ने ऐसे उदात्त स्वरों में उनका जयघोष नहीं किया, जैसे यहाँ पन्त ने। इसका कारण यह है कि किसी की आँखों ने निराला की प्रतिभा के प्रकाशपुंज को इतने निकट से नहीं देखा जितने पन्त ने। उन्होंने अपनी घनिष्ठता का उल्लेख उचित ही किया है। उसके स्मरण से उनके गद्य में अपूर्व ओज आ गया है, 'लोकायतन' के पद्य में जिसका एकदम अभाव है। जब उनका मन अवसादग्रस्त अहंकारभूमि से ऊपर उठता है तब वह निराला के योग्य मित्र की तरह अपनी सजग स्थिर दृष्टि और भावाविष्ट वाणी का चमत्कार ऐसे ही दिखाता है। निराला में पन्त के लिए सब-कुछ आत्यन्तिक है : विनम्रता से लेकर उद्दंडता तक। जो बात बार-बार उनके मन में उभरकर आती है, वह है निराला की शक्ति, उनका दुर्धर्ष अपराजेय व्यक्तित्व। पन्त ने सही देखा कि निराला का व्यक्तित्व और कृतित्व उनकी ऊर्जा से दीप्त है। यह ऊर्जा अपने प्रकाश से आकर्षित करती है तो देखनेवाले की आँखों में चकाचौंध भी पैदा कर देती है। पन्त का मन निराला के विराट् कृतित्व और व्यक्तित्व पर मुग्ध है तो उससे आतंकित भी है। इसलिए आश्चर्य नहीं कि पन्त को किसी समय लगा कि निराला ने उन्हें अन्धकार में ढकेल दिया है, उनकी सारी शक्ति उनसे छीन ली है।

पन्त ने 'छायावाद : पुनर्मूल्यांकन' में संकेत किया है कि निराला को—अपने श्रेष्ठ रचनाकाल में—एक नई आधारभूमि मिल गई थी। यह आधारभूमि उन्हें पन्त से मिली, इसका स्पष्ट उल्लेख उन्होंने यहाँ नहीं किया। उन्होंने लिखा कि अनेक कारणों से निराला के मन में ज्योति-अन्धकार का ऐसा दुर्धर्ष उद्वेलन रहता था कि "अत्यन्त सशक्त सृजन-क्षमता होने पर भी उनके पास अपने भीतर अन्तःस्थिर होने का कोई ध्यानबिन्दु या प्रत्यय-प्रबोध की भूमि स्थिर नहीं रह पाती थी।...निरालाजी अन्तःकेन्द्रित होकर केवल सन् '36 से '38 तक ही रह सके।

यदि निराला को पन्त की चेतना का आधार मिला होता तो कुछ समय के लिए उन्हें 'भाव-उर्वर शान्ति' मिल जाती; उनका 'आवेगशील स्वभाव' शान्त हो जाता। पर निराला का मन 'तुलसीदास' और 'राम की शक्तिपूजा' के रचनाकाल में काफी क्षुब्ध था। गांधीजी से उनकी बातचीत, प्रेमचन्द की बीमारी के समय उन पर लेख, सरोज की मृत्यु, 'हो इसी कर्म पर वज्रपात' वाला भाव, उनके तत्कालीन पत्रों में उनकी मानसिक व्यथा का उल्लेख, बिजली के 'शॉक' लगने की बातें—ये सब उनके मन में ज्योति-अन्धकार के दुर्धर्ष उद्वेलन के प्रमाण हैं। निराला किसी ध्यानबिन्दु पर स्थित होकर शान्तिलाभ करने के बदले अपनी कविताओं में उग्र उद्वेलन को ही चित्रित कर रहे थे। 'तुलसीदास' के चरित-नायक अपने आदर्श, कल्पित रूप में वह

स्वयं हैं। 'सरोज-स्मृति' में हिन्दी-सेवा से क्षुब्ध, असन्तुष्ट वह अपने यथार्थ रूप में विद्यमान हैं। 'राम की शक्तिपूजा' में अपने को धिक्कारते हुए पराजित राम वह स्वयं हैं, शक्तिपूजा द्वारा रावण को परास्त करने की आशा भी उनके हृदय में है। 'गीतिका' में 'लांछना' 'ईंधन हृदय तले जले अनल' आदि में मानसिक क्षोभ और उसे नियंत्रित रखने का वही प्रयास दिखाई देता है। तब वह ध्यानबिन्दु कौन-सा था जिस पर स्थिर होने से उनका मानसिक उद्वेलन शान्त हो गया?

निराला पन्त से किसी हद तक प्रभावित रहे हैं, '26 से '32 तक। 'पल्लव' की लोकप्रियता से उनका आसन हिल गया था। 'परिमल' छपने के बाद उन्होंने संकेत किया था : "एक बार, इच्छा होती है, आपके स्वरों में भी अपना सितार बाँधूँ। पर आपके फिर उतरने पर ही ऐसा करूँगा।" इस समय वह अपनी लिखावट में भी जब-तब पन्त का अनुकरण करते थे—टेढ़े, झुके हुए अक्षरों के बदले सीधे, खड़े, गोल अक्षर बनाते थे। पर सन् '26 से पहले और बाद को जब भी उनका मन विषादग्रस्त होता था, वह पन्त और कालिदास से उल्टी दिशा में चलते थे, माधुर्य के बदले परुषता की साधना करते थे। यह स्थिति सरोज की मृत्यु के बाद सन् '35 से '37 तक विशेष रूप से रही। पन्त जिस काल के लिए समझते हैं कि निराला को उनकी चेतना का आधार मिला था, उसी काल में निराला उनकी काव्यभूमि से सर्वाधिक दूर थे।

पन्त ने ठीक लिखा है कि "निराला का कृतित्व उनके व्यक्तित्व का दर्पण-सा रहा है।" क्या यह व्यक्तित्व पन्त के व्यक्तित्व-जैसा था? दीर्घ, सशक्त, उन्मुक्त व्यक्तित्व, प्रखर धूमकेतु, अदम्य शक्ति-दुर्ग—इन शब्दों से क्या पन्त के व्यक्तित्व का वर्णन सम्भव है? यदि निराला का कृतित्व उनके व्यक्तित्व का दर्पण-सा है, और पन्त से उनका व्यक्तित्व—अत्यन्त प्रचंड, अत्यन्त सुन्दर, अत्यन्त निर्मम, अत्यन्त कोमल होने से—भिन्न है, तो यह सिद्ध हुआ कि 'तुलसीदास' और 'राम की शक्तिपूजा' में निराला की काव्यचेतना पन्त की काव्यचेतना से बहुत काफी भिन्न है। सन् '47 के बाद पन्त की लोकप्रियता में जो ह्रास हुआ, उसके वस्तुगत कारण खोजने के बदले उन्होंने इस स्थिति के लिए सन् '47 से पहले के निराला को दोषी ठहराया।

'छायावाद : पुनर्मूल्यांकन' में पन्त ने '36 से '38 तक निराला का श्रेष्ठ रचनाकाल मानकर यह कल्पना की है कि 'गीतिका' के सुन्दर गीत उसी समय लिखे गए थे। वास्तव में 'गीतिका' के अधिकांश गीत सन् '29 से '36 के बीच लिखे गए थे। सन् '36 में तो पुस्तक प्रकाशित होकर बाज़ार में आ गई थी। निराला की 'ज्योति द्रवित दृष्टि का सौन्दर्य' पन्त ने जिन गीतों में देखा है, उनमें 'दृगों की कलियाँ नवल खुलीं' और 'स्पर्श से लाज लगी' फरवरी और जुलाई, सन् '30 की 'सुधा' के अंकों में छपे थे। 'मेघ से घन केश' जून, '32 की 'सुधा' में; 'पावन करो नयन' जनवरी, '34 की 'सुधा' में प्रकाशित हुए थे। 'बहती निराधार' और 'जागा दिशाज्ञान' उन्होंने सरोज की मृत्यु के बाद सितम्बर, '35 में लिखे थे।

'तुलसीदास' कविता भी सन् '35 में प्रकाशित हुई थी, सन् '36-38 के बीच नहीं।

पन्त ने बिखराव की बात की है। सन् '38 के बाद आर्थिक परिस्थितियों की कठिनाइयों, स्वजनों के वियोग और मुख्यत: अपने "अत्यन्त स्वाभिमानी, महत्त्वाकांक्षी स्वभाव के कारण, उनके मन में बिखराव के चिन्ह दृष्टिगोचर होने लगे।"

सन् '38 में पन्त ने 'रूपाभ' निकाला था। इस समय उन्होंने 'पल्लव'-'गुंजन' की भाव-भूमि छोड़कर कविता के लिए जो नई विचारभूमि चुनी थी, उसे देखकर बहुतों को लगा था कि पन्त के मन में बिखराव आ गया है। निराला के काव्य में सन् '37 के बाद जो परिवर्तन आया, उसके मूल कारण वही हैं जिनसे पन्त के काव्य में परिवर्तन आया था। स्वामी चिन्मयानन्द ने पन्त को निराला के चंगुल से छुड़ा लिया, इसलिए पन्त-चेतना का आधार खोने से निराला फिर बिखराव की दशा में आ गए, वस्तुस्थिति से इस कल्पना का कोई सम्बन्ध नहीं है।

पन्त ने प्रगतिवादियों से निराला के सम्बन्ध के बारे में लिखा है : "चूँकि प्रगतिवाद के चरण उसी के आलोचकों के संकीर्ण दृष्टिकोण के कारण डगमगाने लगे थे। उन्होंने गिरने से बचने के लिए उस समय निराला की बाँह पकड़ी जब वह प्राय: संघर्ष से टूटकर अपनी असन्तुलित मन:स्थिति में युग के आन्दोलनों के प्रति विरक्त तथा तटस्थ हो चुके थे।"

पन्त अवश्य स्वीकार करेंगे कि प्रगतिवादियों में सबसे संकीर्ण दृष्टिकोण मेरा रहा है। प्रगतिवादियों में—निराला के समर्थन में—सबसे ज़्यादा लिखा भी मैंने है। सन् '34 में उन पर मेरा पहला लेख छपा था, तब मैं प्रगतिवादी नहीं था। सन् '38 में, जब 'रूपाभ' में, निराला पर मेरा लेख छपा, तब पन्त मुझसे अधिक प्रगतिवादी थे। मैं उस समय प्रगतिवाद के समर्थन में लेख लिखने को तैयार न था। सन् '46 में जब निराला पर मैंने पुस्तक लिखी, तब सन् '48 का संकीर्णतावादी दौर शुरू न हुआ था। तब वे प्रगतिवादी आलोचक कौन हैं जिनके पैर संकीर्णतावाद के कारण डगमगाने लगे थे और जिन्होंने गिरने से बचने के लिए निराला की बाँह पकड़ी थी? अवश्य ही वस्तुस्थिति का वर्णन न करके पन्त ने प्रगतिवाद-निराला के बारे में कहानी गढ़ी है।

उन्होंने प्रकाशचन्द्र गुप्त और शिवदानसिंह चौहान के साथ अन्याय भी किया है। इन लोगों ने अनेक लेखों में पन्त को प्रगतिवादी सिद्ध किया, उनकी भावशून्य विचारभूमि को श्रेष्ठ प्रगतिवादी काव्य कहकर सराहा। ये लोग तो संकीर्णतावादी थे नहीं जो पैर डगमगाते। तब प्रगतिवाद के समर्थन के लिए इन्होंने पन्त की बाँह क्यों पकड़ी थी?

इन सब बातों पर विचार करने से पन्त के रचे हुए भ्रम दूर हो जाते हैं। ये भ्रम बहुत-कुछ उन्होंने वैसे ही रचे हैं, जैसे निराला ने अपने बारे में रचे थे। पन्त का मन एक जगह अपनी अन्त:प्रेरणाओं से विवश हो जाता है और विवेक कुंठित हो जाता है। उनके संत्रस्त मन ने निराला को लेकर दु:स्वप्न रचे किन्तु वह मन निराला की प्रतिभा का प्रशंसक भी है। प्रशंसक होने के अतिरिक्त वह निराला को प्यार करता रहा है, अब भी प्यार से रीता नहीं है। पन्त और निराला : छायावादी युग के दो प्रमुख

कवि, व्यक्तित्व में समानता और बहुत बड़ा वैषम्य; दोनों में परस्पर आकर्षण और दुराव; दोनों के दुःस्वप्नों की प्रक्रिया काफी मिलती-जुलती-सी; एक की जानकारी के लिए दूसरे का अध्ययन आवश्यक।

उपसंहार

निराला का जीवन-चरित लिखनेवाले के सामने अनेक कठिनाइयाँ हैं। सबसे बड़ी कठिनाई है—सही तथ्यों के पता लगाने की। निराला ने अपने बारे में बहुत-कुछ लिखा है और दूसरों को बताया है। वह सब अत्यन्त महत्त्वपूर्ण है, पर सदा सत्य नहीं है। जो दूसरों ने लिखा है, वह भी काफी महत्त्वपूर्ण है, पर उसमें सभी तथ्य प्रकाशित नहीं किये गए, कुछ बातें गढ़कर जोड़ी भी गई हैं।

सन् '43 में मैंने शिवपूजन सहाय से निराला के संस्मरण लिखने की प्रार्थना की थी। उन्होंने उत्तर दिया : "श्री निरालाजी के विषय में मैं यदि लिखूँगा तो हिन्दी-संसार उसे पसन्द न करेगा। लोकरुचि के लिए वह रोचक न होगा, सह्य भी न होगा। मेरी धारणा उनके विषय में अलौकिक ही है। दुर्भाग्य इतना ही मानता हूँ कि वे हिन्दी-जगत् में पैदा हो गए। कहीं और होते तो कुछ और ही हो गए होते।...'उनके विरुद्ध प्रचार' और उनके 'जीवन-संघर्ष' आदि पर आप जो उचित समझें, लिखें, पर उसमें मेरी सहायता न लें तो अच्छा होगा। कारण, कितने ही कठोरतम और कटुतम सत्य प्रकट करने पड़ेंगे जिनसे बहुतों का आत्महनन होगा और कुछ लोगों की आत्मा मुझे शाप देगी तथा कई जीवित सज्जन मानहानि के लिए मुझे उजाड़ डालेंगे। मैं दुनिया में बसने न पाऊँगा। 'कलकत्ता वाले साहित्यिक और असाहित्यिक जीवन' के विषय में लिखते समय ज्वलंत समय को छिपाना कष्टकर प्रतीत होगा, पर उसे व्यक्त करना भी मौत बुलाना होगा।"[1]

मैंने उन्हें लिखा : "आपसे सविनय निवेदन है कि आप उनके बारे में अपने संस्मरण अवश्य लिख भेजें—बिना किसी बात को छिपाए हुए। जो बातें अभी प्रकाशन योग्य न होंगी, वे आगे प्रकाशित होंगी। उनका लेखबद्ध हो जाना अत्यन्त आवश्यक है। हिन्दी के लिए निरालाजी का जो महत्त्व है, उसे ध्यान में रखते हुए उनके सम्बन्ध की छोटी-छोटी बातों का भी महत्त्व बढ़ जाता है। फिर यदि वे कटु और कठोर सत्य हैं, तो उनका महत्त्व कम न होगा; उन्हें आप कभी न छिपाएँ। जहाँ तक उन बातों से दूसरों का सम्बन्ध है, मैं आपकी इच्छानुसार उन्हें प्रकाशित करूँगा।"[2]

मैंने यह प्रस्ताव भी किया कि मैं छपरा आ जाऊँ—उस समय यह राजेन्द्र कालेज, छपरा में अध्यापक थे—और वे जो बताएँ, उसे लिख लूँ। पर उन्होंने लिखा : "आप इधर आने का कष्ट क्यों करेंगे! मैं ही सोच रहा हूँ। पूज्य निरालाजी से भी भेंट हो

जाएगी।" फिर संस्मरणों के बाबत लिखा : "बहुत-सी स्मृतियाँ धुँधली पड़ गईं। कितने ही नाम भूल गए। घटनाओं का क्रम भी अस्त-व्यस्त होकर दिमाग में पड़ा है। सबकी कड़ियाँ जोड़ने का उपक्रम कर रहा हूँ। मैं आपकी सेवा में लिख-लिखकर भेजता जाऊँगा। जब जो याद पड़ जाय, लिखता जाऊँगा। आपकी पुस्तक के स्वरूप का परिचय मिल गया। आपकी सहृदयता पर पूर्ण विश्वास है। भला-बुरा जो कुछ सूझ पड़ेगा, आपको अर्पित करता जाऊँगा। नीर-क्षीर-विवेक आपसे अधिक किस साहित्यसेवी में है जो मैं अविश्वास करूँ! आप छिपाने योग्य बात काट देंगे, प्रकाशित करने योग्य रहने देंगे। फालतू बात भरसक लिखूँगा भी नहीं। कठिनता यही है कि कुछ स्वर्गीय मित्रों की आत्मा को भी कष्ट पहुँचाना पड़ेगा, तभी कटु सत्य प्रकट हो सकेगा। जीवितों से अधिक उन्हीं की चिन्ता है। अच्छा, अब जो भी हो।"[3]

सन् '43 बीत गया। मैं समय-समय पर उन्हें याद दिलाता रहा। सन् '44 के आरम्भ में उन्होंने सूचित किया : "मैंने पूज्य निरालाजी के संस्मरण लिखना शुरू कर दिया था, पर अभी तक वह पूरा नहीं हुआ, अधूरा ही पड़ा है। कुछ तो अवकाश के अभाव से ऐसा हुआ और कुछ कठिनाई यह पड़ी कि कितने ही नाम और स्थान ध्यान में नहीं आते, जिससे जहाँ की तहाँ गाड़ी रुकी पड़ी है। किन्तु अब जैसा कुछ बन पड़ेगा, आपको लिखकर भेज ही देने का निश्चय किया है।"[4]

जयपुर में साहित्य-सम्मेलन का अधिवेशन हुआ। उसमें उनसे भेंट हुई। मैंने छपरा आकर उनके संस्मरण लिख लेने और निराला के पत्रों की नकल करने का प्रस्ताव किया। उन्होंने बड़े स्नेह से कहा कि इतने-से काम के लिए इतनी दूर छपरा आने का कष्ट क्यों करेंगे। पत्रों की प्रतिलिपि करा देंगे, संस्मरण भी लिख डालेंगे। मैं उन्हें याद दिलाता रहा। 25 फरवरी, '45 को उन्होंने लिखा कि कुछ घरेलू झंझट है और वह कालेज में एक साल की छुट्टी ले रहे हैं।

"घर जाकर आपको संस्मरण भी भेज दूँगा, यहाँ तो अधूरे अंश को पूरा न कर सका और न कर ही सकूँगा। मैं अपनी घरेलू स्थिति में इतना विवश हो गया हूँ कि मन की बात मन ही में रह जाती है। संस्मरण के लिए जयपुर में वादा कर आया था, पर वह पूरा न हो सका, क्षमा कीजिएगा। मेरे संस्मरणों में व्यक्तिगत बातें और 'मतवाला'-मंडल में निरालाजी की प्रतिष्ठा और कलकत्ता तथा काशी के प्रवास की कुछ कठिनाइयों के वर्णन ही मिलेंगे, समालोचना नहीं; घर ही से मैं उसे भेज सकूँगा।"

उनके सामने घरेलू झंझट थे, बाद में वह बहुत अस्वस्थ हो गए। उनको व्यक्तियों और स्थानों के नाम याद करने में कठिनाई भी हुई होगी। पर मुख्य बात यह थी कि वह कटु और कठोर सत्य प्रकट करने में हिचक रहे थे। दुनिया में उन्होंने बड़ी ठोकरें खाई थीं, दर-दर भटके थे, मन के अलावा तन से भी बहुत कष्ट सहा था। अब उन्होंने अपना तिक्तता पर सौजन्य की स्वच्छ चादर डाल दी थी। सबके भले बनकर अजातशत्रु की तरह रहना चाहते थे। इसलिए वह निराला से सम्बन्धित व्यक्तियों के बारे में कटु सत्य प्रकट न करना चाहते थे।

सन् '45 के बाद—अगले दस-बारह साल में—जब भी उनके दर्शन हुए और उनसे पत्रव्यवहार हुआ, मैं निराला-सम्बन्धी संस्मरण लिखने के लिए उनसे प्रार्थना करता रहा। सन् '53 में उन्होंने बरुआ-सम्पादित निराला-अभिनन्दन ग्रंथ के लिए संस्मरणात्मक लेख लिखा, दो वर्ष बाद—गणतंत्र दिवस के अवसर पर—एक और लेख लिखा। पर इन लेखों में कटु सत्य की छाया तक न थी। आगरे से 'समालोचक' पत्र निकला। इसके 'यथार्थवाद' विशेषांक को उन्होंने बहुत पसन्द किया। मैंने प्रस्ताव किया कि एक 'छायावाद' विशेषांक निकाला जाय और उसमें वह अपने संस्मरण लिखें। उन्होंने फिर वादा किया : "मैं निरालाजी पर 'मतवाला' के आरम्भिक युग के संस्मरण मात्र लिख दूँगा, मैं उन पर आलोचनात्मक कुछ नहीं लिख सकता; क्योंकि मैं उनका श्रद्धालु पुजारी हूँ। वह मेरा लेख आपकी पसन्द का और 'समालोचक' की प्रतिष्ठा के योग्य नहीं होगा।"

यह पत्र उन्होंने 29 मार्च, '59 को लिखा था। इस तरह सोलह-सत्रह साल तक मैं निरन्तर प्रयत्न करता रहा कि शिवपूजन सहाय 'मतवाला'-काल के निराला सम्बन्धी सही तथ्य लिख डालें पर वे बराबर टालते रहे। सन् '61 में निराला के देहान्त के बाद उन्होंने अनेक संस्मरणात्मक लेख लिखे; इनमें बहुत-सी बातें दोहराई गईं। जो बातें वे छिपाना चाहते थे, उन पर पर्दा डाले रहे। सन् '62 में कलकत्ते से लौटते हुए मैं पटना रुक गया। उस समय उन्होंने बड़े संकोच से कुछ बातें बताईं जिनका उपयोग मैं इस पुस्तक में यथास्थान कर चुका हूँ।

सबसे अधिक सहायता उन्होंने यह की कि अपना पत्र-संग्रह देखने की अनुमति दी। ईश्वरीप्रसाद शर्मा, उग्र, नवजादिकलाल श्रीवास्तव आदि के पत्रों से मुझे 'मतवाला'-मंडल के भीतरी तनाव और अन्तर्विरोधों की जानकारी हुई।

'मतवाला'-मंडल के लोगों में विचित्र भाईचारा था। वे आपस में लड़ते थे लेकिन बाहरवालों के सामने एक-दूसरे के गले में बाँहें डालकर मुस्कराते थे। अपनी कमज़ोरियों का बखान भले कर दें पर जिनके साथ काम किया था, उनकी या तो तारीफें करते या चुप रहते। उग्र में इस तरह की निषेध भावना का अभाव होना चाहिए था, पर 'अपनी खबर' में उन्होंने शिवपूजन सहाय-उग्र की 'डायलौग' इस प्रकार दी है :

शिवपूजन सहाय : उग्र, अब तुम अपने संस्मरण लिख डालो।

उग्र : लिख तो डालूँ, लेकिन जीवित महाशयों की बिरादरी—अन्ध-भक्त बिरादरी—का बड़ा भय है। बहुतों के बारे में सत्य प्रकट हो जाए तो उनके यश और जीवन का चिराग ही लुप-लुप करने लगे। कुछ तो मरने-मारने पर भी आमदा हो सकते हैं।

यह बिलकुल वही तर्क है—उग्र की भाषा में—जो शिवपूजन सहाय ने अपने पहले पत्र में मुझे लिखा था। उग्र निराला के बारे में बहुत-सी बातें कहते थे पर उन्हें लिखते न थे। सन् '48 में उन्होंने जब निराला पर कुछ लिखा तब वह निराला के समर्थन में। 'अपनी खबर' में निराला और कलकत्ते के प्रकाशक से झगड़े का उल्लेख मात्र किया। कलकत्ते की बाकी बातें गोल कर गए।

निराला के बारे में सत्य कहना आसान था, महादेवप्रसाद सेठ के बारे में सत्य कहना बहुत कठिन था। उग्र, निराला, नवजादिकलाल, शिवपूजन सहाय—सभी का साहित्यिक उत्कर्ष 'मतवाला' से सम्बद्ध था। अपना 'अभुदय'-काल सभी को अच्छा लगता है। 'मतवाला'-काल के चित्र सुनहले-सुहावने रंगों में रँगे हुए दिखाई देते थे। 'मतवाला'-मंडल के सूत्रधार थे, महादेवप्रसाद सेठ। उनसे अपने सम्बन्धों के चित्र सही-सही पेश किये जाएँ तो उस युग के इतिहास का मोहक आकर्षण खत्म हो जाय या काफी कम हो जाय। महादेवप्रसाद सेठ देशभक्त, ओजस्वी पत्रकार और साहित्यकारों के प्रेमी थे। उन्होंने 'मतवाला' निकालकर हिन्दी की बड़ी सेवा की। वे अवश्य गुणियों का आदर करना जानते थे; तभी शिवपूजन सहाय, निराला, नवजादिकलाल, उग्र जैसे लोगों को बटोर सके थे। पर महादेवप्रसाद सेठ व्यापारी भी थे। उन्होंने 'मतवाला' निकालने से पहले 'अनामिका' छापी; उसके बाद उन्होंने निराला की एक भी पुस्तक नहीं छापी; उग्र की किताबें खूब बिकती थीं, उन्हें वे बराबर छापते रहे। उनकी व्यापारी वृत्ति के कारण 'मतवाला'-मंडल से—साल पूरा किये बिना—शिवपूजन सहाय सबसे पहले अलग हुए। बाद को मुंशी नवजादिकलाल से उनका झगड़ा हुआ। वह दूसरों से दोस्ती और भाईचारे में काम लेते थे। खर्च को रुपये देते थे लेकिन अनियमित, बाज़ार की दर से कम, जिससे सहयोगियों में असन्तोष था—सबसे ज़्यादा शिवपूजन सहाय में। इसमें दोष उन्हीं का नहीं था। उन्होंने शिवपूजन सहाय से जब-जब नियमित वेतन या पारिश्रमिक की शर्तों के बारे में पूछा, वह टालते रहे। 3 दिसम्बर, '29 को महादेवप्रसाद सेठ ने उन्हें लिखा था : "शर्तें यदि आप एक बार बतला देते तो बड़ी सहूलियत होती। आख़िर हर्ज़ ही क्या है?"

सन् '23 से '29 तक 'मतवाला' से निराला और शिवपूजन सहाय का सम्बन्ध बार-बार टूटा और जुड़ा। इसका मूल कारण महादेवप्रसाद सेठ की व्यापारी वृत्ति थी। इस व्यापार में नवजादिकलाल श्रीवास्तव भी शामिल थे, इसलिए 'मतवाला से निराला-शिवपूजन-सम्बन्धों की अस्थिरता के लिए अंशत: वह भी जिम्मेदार थे। वफादार मुनीम की तरह वह मालिक का सारा काम ईमानदारी से करने में आसामियों को कसते थे। शिवपूजन सहाय जब सन् '24 में कलकत्ते से चले तो महादेवप्रसाद सेठ के अलावा उन्होंने मुंशी नवजादिकलाल के व्यवहार की शिकायत भी की।

महादेवप्रसाद और नवजादिकलाल—दोनों का ही काव्य-ज्ञान बहुत सीमित था। वह निराला के व्यक्तित्व और प्रदर्शन-कौशल से अधिक प्रभावित थे, अपनी ओर से उनके साहित्य का मूल्यांकन कम कर पाए थे। 'भावों की भिड़न्त' के बाद उन्होंने स्थिति को भरसक सँभाला—'मतवाला' की इज़्ज़त का सवाल था—पर उस लेख के बाद निराला के प्रति दोनों का व्यवहार बदल गया। फल यह हुआ कि निराला ने 'मतवाला' में लिखना बन्द कर दिया। बाद में टूटे सम्बन्ध फिर जुड़े, पर दरार बनी रही। अन्त में मुंशी नवजादिकलाल को भी 'मतवाला' से अलग होना पड़ा। उनके जीवन के अन्तिम वर्ष बड़े कष्ट में बीते। इस सारे विघटन में उग्र की भूमिका

बहुत महत्त्वपूर्ण थी। पर उसके बारे में उग्र मौन रहे। उन्होंने महादेवप्रसाद सेठ को रँग-चुनकर पेश किया। उनकी मुख्य लत बताई : 'गुणियों पर आशिक होना'। इस कारण उग्र, निराला, शिवपूजन सहाय, नवजादिकलाल, ईश्वरीप्रसाद शर्मा आदि को 'खूब ही प्रेम से पूजा महादेव सेठ ने।' ईश्वरीप्रसाद शर्मा इस प्रेमपूजा को ठग-विद्या समझते थे और अपने शिष्य तथा सहयोगी शिवपूजन सहाय को उन्होंने इस बारे में अनेक बार सचेत किया था। स्वयं उग्र ने प्रेमपूजा से सन्तुष्ट न होकर—शिवपूजन सहाय के विपरीत—अपनी शर्तें स्पष्ट कर दी थीं : "मेरी पहली शर्त यह थी, कहिए अनुबन्ध कि वह पच्चीस रुपये माहवारी मेरे घर भेजेंगे और स्वयं जो खाएँगे, मुझे भी वही खिलाएँगे।"

दूसरों ने ऐसी कोई शर्त न रखी थी। पक्की बात है कि ये दूसरे लोग पच्चीस रुपये महीने घर न भेज सकते थे, न यह आवश्यक था कि महादेवप्रसाद सेठ जो खाएँ, वही वे भी खाएँ। सेठजी आध पाव अंगूर खाते थे। आधे उग्र को दिये। "इस पर माशूकाना अदा से मैंने कहा, 'यह गलत है...मेरी-आपकी यह शर्त नहीं थी कि मैं आपकी खूराक आधी कर दूँ। शर्त है कि जो आप खाएँ, वही मैं भी खाऊँ। आप रोज़ आधा पाव अंगूर खाते हैं, तो आधा ही पाव मेरे लिए भी मँगाया करें।' मेरे इस उत्तर पर महादेवप्रसाद थे सौ जान से कुरबान!"

यह माशूकाना अदा—भौंहों में हँसने के बावजूद—निराला के लिए सम्भव न थी; वह इस तरह झगड़कर अंगूर खानेवाले जीव न थे। विनोदशंकर व्यास जब पहली बार 'मतवाला'-आफिस गए और वहाँ उग्र के कमरे में ठहरे तब उन्होंने देखा, दूसरे कमरे में निराला "एक फटी दरी पर लेटे हैं। उन्होंने तकिये की गिलाफ में काग़ज़ की कतरन भरकर उसे तकिया बनाकर अपने सिरहाने रखा था। सामने एक काँच का टूटा गिलास सुर्ती थूकने के लिए पीकदान का काम दे रहा था।"[5] निराला ने निहालचन्द्र वर्मा, उमादत्त शर्मा आदि के लिए जब कलमघिसाई की थी, तब कलकत्ते से 'मतवाला' निकल रहा था। मई, सन् '29 में उन्होंने केशवलाल को जो कार्ड लिखा था—'बाग बेच डाला सो अच्छा किया। खर्च की तकलीफ हो तो बरतन बेच डालना।'—उस पर 'मतवाला' का ही पता छपा था, बोतल और पेग सामने रखे शराबी की तसवीर के साथ।

महादेवप्रसाद सेठ के निधन के बाद मुंशी नवजादिकलाल ने 'विशाल भारत' के लिए उन पर बहुत ही सुन्दर संस्मरणात्मक लेख लिखा। इसमें उन्होंने 'मतवाला'-मंडल के भीतरी तनाव के बारे में कुछ न लिखा। सन् '28 में उन्होंने अपने मित्रों को जो चिट्ठियाँ लिखी थीं, उनमें उग्र और महादेवप्रसाद के व्यवहार के प्रति तीव्र असन्तोष था।

मई-जून, सन् '50 की 'नई धारा' में 'कलकत्ता प्रवास के संस्मरण' प्रकाशित करते हुए शिवपूजन सहाय ने इतना ही संकेत किया कि मुंशीजी और सेठजी का भाईचारा अन्त तक न निभ सका, और वह रहस्य अन्त तक न खुले तो अच्छा।

मुंशी नवजादिकलाल के निधन के बाद उन्होंने सितम्बर, '39 के 'विश्वमित्र' में उन पर लेख लिखा। उनके संस्मरणों में यह लेख अत्यन्त सजीव और कलापूर्ण है। मुंशी के कष्टों को याद करके वह दुखी हुए और उस दुख में उन्होंने रहस्य का पर्दा थोड़ा-सा हटा दिया। उन्होंने लिखा : "हाँ, 'मतवाला' जब मिर्ज़ापुर चला गया, मुंशी जी की आँखों के सामने स्वार्थमय संसार का असली रूप खुल गया। सेठजी ने मुंशी जी के घोर विरोध की कुछ भी परवाह न की। इसकी कसक मुंशीजी के दिल से कभी न गई। उस समय की उनकी चिट्ठियाँ करुणा की अजस्र निर्झरिणी हैं। क्या साहित्य-सेवियों की ऐसी चिट्ठियों के प्रकाशन का भी कोई युग आएगा?"

जिन चिट्ठियों में करुणा की अजस्र निर्झरिगी बही थी, वे शिवपूजन सहाय के पास थीं। वह 'हिमालय', 'साहित्य' आदि पत्रों के सम्पादक थे। इनमें या अन्यत्र वह उन्हें छपा सकते थे। मुंशीजी ने 'मतवाला' को मिर्ज़ापुर ले जाने के प्रस्ताव का घोर विरोध किया, इतना लिखने के बाद वह सँभल गए। स्वर्गीय मित्र की आत्मा को कष्ट न हो, इसलिए चुप रहे। जनवरी, सन् '48 में जब वह 'हिमालय' से अलग हो रहे थे, तब 'मतवाला'-काल के कटु अनुभव याद करते हुए उन्होंने अपनी डायरी में लिखा था : "मन में 'हिमालय' के लिए बहुत वेदना है, काफी दर्द है, सहानुभूति भी है, मगर ग्लानि एवं चिन्ता यही है कि मेरी ममता का मूल्य आँकनेवाला कोई नहीं है। 'मतवाला' में भी यही हुआ। जान लड़ाकर दिन और रात लगातार घोर परिश्रम किया और अन्त में पेट की चोट खाकर हताश होना पड़ा। मगर पैसे वाले की समझ में बात आ गई कि पैसे से प्रतिभा या कोई गुण नहीं खरीदा जा सकता।"[6]

शिवपूजन सहाय की इस वेदना के लिए अंशत: महादेवप्रसाद सेठ ज़िम्मेदार थे। पर निराला-सम्बन्धी संस्मरणों में जहाँ उनका ज़िक्र आया, शिवपूजन सहाय ने उनके प्रति यह भाव प्रकट न होने दिया जिसके विपरीत उन्होंने दिखाया यह कि वह निराला पर रुपये लुटा रहे थे। "उन्हें उमंग में देखकर सेठजी उनकी जेब में प्राय: दस-पाँच का नोट डाल दिया करते थे।" उन्होंने 'मतवाला'-सम्पादक के अविरल स्नेह के प्रसादस्वरूप अच्छे-से-अच्छे कपड़े और तेल-फुलेल तथा खान-पान का सुख अच्छी तरह भोग लिया।" यह सब पढ़कर जब दूसरों ने निराला पर लिखा तो स्वभावत: शिवपूजन सहाय की मूलगाथा की पुष्पित और पल्लवित किया। "सेठ महादेवप्रसाद निराला के जूतों पर अपने हाथ से पालिश किया करते थे। कलकत्ते के बाज़ार में कोई भी ऐसी वस्तु नहीं थी जो निरालाजी के लिए अनधिगम्य रही हो।"[7]

महादेवप्रसाद सेठ सितम्बर, '27 में निराला से कह रहे थे, 60 रुपये से अधिक पत्र में गुंजाइश नहीं है महाराज। किसी अखबार बेचनेवाले लड़के के लिए साइकेल खरीदने और डबल सूट सिलवाने के लिए निराला प्रकाशकों के यहाँ आर्डर तलाशते न घूम रहे थे; उनकी अपनी और परिवार की आवश्यकताएँ थीं जो वे इधर-उधर का काम करने को मजबूर थे। निराला ने एक कहानी गढ़ी थी महिषादल के बारे में कि वहाँ के राजा की ओर से उनका लालन-पालन हुआ था, संगीत आदि की शिक्षा का

प्रबन्ध किया गया था; राजा के भाई उन्हें गोद लेना चहाते थे, इत्यादि। दूसरी कहानी गढ़ी उन्होंने महादेवप्रसाद सेठ के बारे में कि उन्होंने निराला के लिए ही 'मतवाला' निकाला, उन्हें राजकुमार की तरह रखा। जितना ही वह हिन्दी में अपने विरोध से—सन् '29 के बाद—परेशान हुए, उतना ही उन्हें महादेवप्रसाद सेठ राजकुमारों के संरक्षक—महिषादल राजा के भाई—जैसे नज़र आए। नागार्जुन ने एकदम जीनियस का काम किया है जो महिषादल राजा और महादेवप्रसाद सेठ का एक साथ उल्लेख किया है। "क्या अब भी किसी सूर्यकान्त को महिषादल का राजघराना मिलेगा? क्या अब भी किसी युवक को सेठ महादेवप्रसाद मिलेंगे?"

दोनों में सामान्य सूत्र है—निराला का राजकुमारवाला भाव। उन्होंने दूसरों को जो सुझाया, उसे और रँग-चुनकर उन मित्रों ने पेश किया। महिषादल का राजघराना उन्हें न मिला होता—महल की चारदीवारी से बाहर पोखर के किनारे कच्चे घर में उन्हें रहना न पड़ा होता—तो उनका मन अधिक स्वस्थ रहता, इसमें सन्देह नहीं। उन्होंने और उनसे अधिक दूसरों ने महादेवप्रसाद और 'मतवाला'-मंडल के बारे में मोहक स्वप्नजाल न बुना होता तो निराला के विकट संघर्ष का ज़्यादा सही चित्र लोगों के सामने आता। सन् '23 से '29 तक, जो 'मतवाला' का प्रकाशन-काल है, निराला के मन में अनेक ग्रंथियों का निर्माण हुआ जिनसे बाद को अर्द्ध-विक्षेप की स्थिति उत्पन्न हुई।

निराला के मन में स्पर्धा की भावना थी ही। वह महादेवप्रसाद सेठ पर अपना एकाधिकार मानते थे। उन्हें अपदस्थ किया उग्र ने। निराला के मर्म पर आघात करनेवाली यह साधारण बात न थी। उग्र निराला की कमज़ोरी खूब समझते थे और उन्हें छेड़ने-सताने में उन्हें मज़ा आता था। "महादेव बाबू 'निरालाजी' पर ऐसे मुग्ध थे कि उन्हें गुलाब के फूल की तरह हृदय के निकट बटनहोल में सजाकर रखते थे।...महादेवप्रसाद सेठ के सहृदय बटनहोल में 'निराला' मुझे ऐसे आकर्षक लगे कि देखते-ही-देखते उसमें मैं-ही-मैं दिखाई पड़ने लगा।"[8] उग्र के इन दो वाक्यों में निराला के जीवन की ट्रैजेडी छिपी हुई है।

लेकिन उग्र बहुत अच्छी तरह जानते थे कि 'मतवाला' को हिन्दी का सबसे लोकप्रिय पत्र बनाने का श्रेय निराला को था। निराला और उनके साथ शिवपूजन सहाय तथा मुंशी नवजादिकलाल ने पहले साल उस पत्र को रचने-सँवारने में अपनी ओर से कुछ उठा न रखा। उग्र ने सन् '28 के जिस पत्र में शिवपूजन सहाय को मुंशी-सेठ विवाद की सूचना दी थी, उसी में एक सुन्दर वाक्य लिखा था : "अब मंडल में मुंशीजी वह मुंशीजी नहीं रह गए जो तुम्हारे ज़माने में या निराला-युग में थे।" निराला-युग! पर महादेवप्रसाद सेठ के बटनहोल में उग्र!

सन् '48 में—महादेवप्रसाद के निधन के अनेक वर्ष बाद—जब उग्र ने फिर 'मतवाला' निकालने का विचार किया, तब शिवपूजन सहाय को लिखा : " 'मतवाला' असिल में महादेव बाबू, मुंशी नवजादिकलाल, निरालाजी, शिवपूजन और अन्त में

उग्र का है।" इस क्रम में उग्र ने अपना नाम सबके अन्त में बहुत सही रखा है। औरों के साथ उसे चमकाने का श्रेय उग्र को भी है, उसे डुबाने का मुख्य दायित्व महादेवप्रसाद सेठ और उग्र का है।

महादेवप्रसाद सेठ की भूमिका को अतिरंजित करके दिखाने से 'मतवाला' का वह इतिहास समझ में नहीं आता जिसे उग्र ने 'निराला-युग' की संज्ञा दी थी।

शिवपूजन सहाय, उग्र, नवजादिकलाल श्रीवास्तव आदि निराला के सहयोगियों और मित्रों ने उनके बारे में महत्त्वपूर्ण सामग्री दी है। सावधानी के साथ उसका अध्ययन करने से निराला का जीवन-चरित लिखनेवाले को उपयोगी सहायता मिल सकती है। निराला के सम्बन्ध में इलाचन्द्र जोशी, श्रीनारायण चतुर्वेदी, परमानन्द शर्मा, नन्ददुलारे वाजपेयी, रामकृष्ण त्रिपाठी, कमलाशंकरसिंह, उनकी पत्नी कलावती, गंगाप्रसाद पांडेय, महादेवी वर्मा, जानकीवल्लभ शास्त्री, गुलाबराय, शिवचन्द्र नागर, अमृतलाल नागर, शिवगोपाल मिश्र, रामप्रताप त्रिपाठी, पद्मसिंह शर्मा कमलेश, रामेश्वर शुक्ल अंचल, सुमित्राकुमारी सिन्हा, ब्रजकिशोर मिश्र, गंगाप्रसाद मिश्र, राहुल सांकृत्यायन आदि ने अपनी पुस्तकों और लेखों में काफी विश्वसनीय और उपयोगी सामग्री दी है। इस सामग्री को भी सर्वत्र प्रामाणिक न मानकर उसकी उचित परीक्षा के बाद ही उसका उपयोग करना चाहिए।

उपर्युक्त सामग्री के अतिरिक्त विराट् परिमाण में निराला-सम्बन्धी संस्मरण-साहित्य है जो काफी अविश्वसनीय है। हमारा सांस्कृतिक स्तर, हमारे जातीय चरित्र की विशेषताएँ जानने के लिए इस सामग्री का अध्ययन भी उपयोगी है। हम इतिहास के प्रति उदासीन, इतिहास के बदले पौराणिक गाथाओं, किंवदन्तियों और दंतकथाओं में विश्वास करने के आदी हैं। यही दृष्टिकोण किसी व्यक्ति के जीवनचरित के प्रति रहता है। तथ्य-संग्रह के बदले मनगढ़न्त में विश्वास करने की प्रवृत्ति अधिक बलवती होती है।

निराला-सम्बन्धी संस्मरण लिखने के लिए भिन्न प्रकार की प्रेरणाएँ लेखकों के मन में उठती रही हैं। बहुतों ने विशुद्ध साहित्य-सेवा के भाव से संस्मरण लिखे हैं जिससे निराला का वास्तविक रूप जनता के सामने आ जाए। कुछ लोगों ने इसलिए लिखे हैं कि निराला के सम्पर्क में आना गौरव की बात थी; संस्मरण-लेखन आत्म-विज्ञापन का साधन था। कुछ ने श्रद्धा और भक्ति से प्रेरित होकर लिखे। प्रेरणा जो भी हो, बहुतों के साथ उनकी स्मृति ने छल किया है। उनके न चाहते हुए बात बदलकर कुछ-से-कुछ हो गई है। कुछ ने जान-बूझकर अपनी मनगढ़न्त यों पेश की है मानो आँखों-देखी, कानोंसुनी कह रहे हों! इस तरह की भ्रान्तियों के कुछ नमूने यहाँ दे रहा हूँ।

मेरे आदरणीय मित्र कल्याणमल लोढ़ा, कलकत्ता विश्वविद्यालय में हिन्दी के प्राध्यापक, मेरे और शिवनारायण शर्मा के साथ महिषादल गए थे। उनसे बातचीत के आधार पर प्रोफ़ेसर निर्मल तलवार (अब श्रीमती निर्मल) ने 'जनभारती' के निराला-अंक (भाग 2) में एक लेख प्रकाशित किया। इसमें कहा गया है कि निराला जब

1908 में स्कूल की आठवीं कक्षा में भर्ती कराये गए, तब रजिस्टर में उनका नाम सर्जुकुमार तिवारी लिखाया गया। उनकी अवस्था बारह वर्ष लिखाई गई थी। विद्यालय में वे आठवीं कक्षा में सर्वप्रथम आए। "प्रचलित परम्परा के अनुसार निरालाजी का मूल नाम सर्जु या सरजू था, और इसी तरह से नामकरण उस समय प्राय: गाँवों में किया जाता था। महिषादल के वर्तमान राजकुमार श्री देवप्रसाद गर्ग, उनके कामदार और निराला के गाँव की महिषादल में रहनेवाली एक वृद्धा से प्राप्त समाचारों के अनुसार उनके पिता उनको 'सरजुआ' कहते थे, और विद्यालय में भर्ती करवाते समय सर्जु के साथ कुमार जोड़ दिया गया, जो स्वाभाविक ही था।"

निराला 1908 में नहीं, 1907 में भर्ती किये गए थे। सम्भवत: आठवीं कक्षा के संसर्ग से लोढ़ाजी की स्मृति में सात का आठ हो गया।

भर्ती कराने के समय उनकी आयु बारह साल नहीं, दस साल आठ महीने लिखाई गई थी। लोढ़ाजी ने हिसाब लगाया, 1896 में जन्म; 1908 में भर्ती हुए। भर्ती होते समय उम्र बारह साल!

रजिस्टर में उनका नाम बहुत स्पष्ट अक्षरों में Surya Kumar Tiwari लिखा था। भाषाशास्त्र के मुख-सुख वाले नियम के अनुसार 'उ' और 'अ' में स्थान-परिवर्तन हो गया, Surja हो गए Sarju! किसी मनोवैज्ञानिक कारण से सर्जु या सरजू नाम लोढ़ाजी को इतना पसन्द आया कि उन्होंने तीन गवाह भी पेश कर दिये। 'उनके पिता उन्हें सरजुआ कहते थे'—यह सूचना उन्होंने प्रोफ़ेसर निर्मल तलवार को दी। ऐसी कोई सूचना उन्हें वहाँ किसी व्यक्ति से न मिली थी।

'निराला के गाँव की महिषादल में रहनेवाली एक वृद्धा' के उल्लेख से बात में और भी वज़न आ जाता है। यह वृद्धा निराला के गाँव की नहीं, सलेथू ज़िला उन्नाव की थीं। वह मुझसे पहले बँगला में बोलीं, फिर बैसवाड़ी में मेरा उत्तर सुनकर बैसवाड़ी में बोलने लगीं। सम्भव है, बैसवाड़ी में उनके बोलने से लोढ़ाजी उनकी बात समझ न पाए हों।

विद्यालय में वे आठवीं कक्षा में सर्वप्रथम आए—यह बात लोढ़ाजी ने निराला के प्रति विशुद्ध भक्ति-भाव के कारण कही है।

श्रीनाथसिंह ने 'सरस्वती' में कविता छापने के लिए माँगी। निराला ने कहा : "सोच लो, मेरी कविता छापोगे तो नौकरी से निकाल दिये जाओगे। साले सब हिन्दीवाले मेरे खिलाफ़ हैं। मेरा तो कुछ बिगाड़ न सकेंगे पर तुमको चोंथ डालेंगे।"

ठाकुर साहब ने कहा : "कोई बात नहीं। आप दीजिए।"

"और उन्होंने देनी शुरू की। 'सरस्वती' में उनकी कविताएँ छपनी शुरू हुईं। 'तुलसीदास' नामक उनकी कविता 'सरस्वती' में ही पहले-पहल छपी। आज इस कविता के गुण गाते जो लोग अघाते नहीं हैं, वे उन दिनों इस कविता को लेकर 'सरस्वती'-सम्पादकों को इस तरह दबाने दौड़ थे, जैसे इसको छापकर, उन बेचारों ने कोई भारी पाप कर डाला हो!"[10]

'तुलसीदास' सन् '35 में 'सुधा' के कई अंकों में प्रकाशित हुई थी। अवश्य ही यह कविता श्रीनाथसिंह को बहुत अच्छी लगी होगी जिससे उनके अन्तर्मन ने कहा—इसे प्रकाशित करने का श्रेय तो तुम्हीं को मिलना चाहिए।

लोग उस कविता को लेकर 'सरस्वती'-सम्पादकों को दबाने दौड़े—यह कथा गढ़ी मन की स्वतःस्फूर्त इच्छा की पुष्टि के लिए।

जिस वर्ष 'सुधा' में निराला की 'तुलसीदास' कविता छपी, उसी वर्ष उन्होंने 'सरस्वती' में प्रकाशनार्थ 'सुमित्रानन्दन पन्त' पर एक लम्बा लेख भेजा था। 'सरस्वती'-सम्पादकों ने वह लेख—उसे प्रकाशित करने में असमर्थता दिखाते हुए—वापस कर दिया। निराला ने क्षुब्ध होकर उसे फाड़कर नष्ट कर दिया।

अबोहर में हिन्दी साहित्य-सम्मेलन हुआ। वहाँ निराला अपने परम मित्र बनारसीदास चतुर्वेदी से मिले। निराला ने प्रसन्नमन से कविताएँ सुनाईं। फरवरी, 1966 के 'आजकल' में प्रकाशित अपने एक लेख में चतुर्वेदीजी ने लिखा : "महाकवि निरालाजी के श्रीमुख से गुरुदेव की एक कविता 'जुही की कली' सुनी और एक बँगला कविता भी उन्होंने सुनाई।"

चतुर्वेदीजी को 'जुही की कली' ज़रूर अच्छी लगी होगी। इतनी अच्छी कविता गुरुदेव के अलावा और कौन लिख सकता था! सम्भवतः उनके मन ने उस कविता का श्रेय रवीन्द्रनाथ को ही देना उचित समझा। फिर निराला ने बँगला की एक कविता सुनाई। संसर्ग-दोष से हिन्दी कविता भी उन्हें बँगला की लगी हो तो क्या आश्चर्य!

मुद्राराक्षस ने लिखा है कि निराला अमृतलाल नागर और रामविलास शर्मा को कुश्ती लड़ना सिखाते थे, वह भी अखाड़े में नहीं, कमरे में।[11]

इस कहानी की जड़ यह है। सन् '34 में मैं एक उपन्यास लिख रहा था : 'चार दिन'। उसमें एक जगह दंगल का वर्णन आता है। मैंने निराला से दो-चार दाँवों के नाम बता देने को कहा। वे कमरे में मुझे दाँव सिखाने लगे। मैंने उन्हें रोक दिया और कहा—इस तरह समझ में न आएगा, आप कुश्ती का वर्णन लिखा दीजिए। निराला ने यही किया।

यह बात मुद्राराक्षस ने कहीं पढ़ी या सुनी होगी। उसे पल्लवित करके उन्होंने निराला को कुश्ती-शिक्षक बना दिया। अखाड़े से मुद्राराक्षस का कोई सम्पर्क नहीं रहा, इसलिए कुश्ती-कला सिखाने के लिए कमरा उन्हें ठीक लगा। नागरजी मेरे अभिन्न मित्र हैं। इसलिए मेरे साथ उन्हें भी निराला का शिष्य होना ही था !

कान्तिचन्द्र सौनरिक्सा ने लिखा है : "स्वस्थ निद्रा में उनके नेत्र तीन-चौथाई खुले रहते थे।"[12]

सम्भव है, एक-चौथाई का तीन-चौथाई हो गया हो!

जहूरबख्श निराला से मिलने आए। जून, '35 की बात है। उन्होंने देखा, निराला के बाल कटि-प्रदेश पर झूलते हैं। उन्होंने सर पर जवाकुसुम तेल की शीशी लुढ़का ली तो

"तमाम तेल सिर पर बह निकला और केशों को तर करता हुआ कुरते तथा तहमद में जा समाया।" फिर निराला ने सर पर दोनों हाथ घुमाते-फिराते कहा : "वाह, वाह! यह कहलाता है सिर में तेल डालना। बताइए, अब हम किस तरह लाट साहब से कम हैं! देखनेवाले भी क्या कहेंगे कि निरालाजी तेल केशों में ही नहीं, कपड़ों में भी डालते हैं!"

निराला को रुपयों की ज़रूरत थी। वह दुकान के भीतर जाकर चेकबुक उठा लाये, उस पर सवा सौ अपने हाथ से लिख दिये, फिर चेक पर दुलारेलाल भार्गव से हस्ताक्षर भी करा लिये! 'आप बड़े ज़बर्दस्त हैं निरालाजी'—यह कहकर 'मुसकराते हुए' भार्गवजी ने चेक पर दस्तख्त कर दिये।[13]

जहूरबख्श कहानी-लेखक थे। कमर तक झूलते बाल उन्हें ज़रूर पसन्द होंगे। तेल की शीशी लुढ़काने से कपड़े खराब होंगे—यह सहज बुद्धि से हिसाब लगाया। वह चाहते थे, प्रकाशक लेखकों को खूब रुपये दें, न दें तो लेखक उनसे ज़बर्दस्ती लें। निराला से ज़बर्दस्त और कौन? इसलिए चेक पर खुद अपनी लिखी रकम पर उन्होंने दुलारेलाल भार्गव से हस्ताक्षर करा लिये!

उमाशंकर सिंह ने लिखा है कि "दुलारेलाल भार्गव निराला का नाम 'सुधा' के प्रधान सम्पादक के रूप में देना चाहते थे पर निराला ने स्वीकार न किया।"[14]

रामकमलाशंकर सिंह ने लिखा है कि " 'सुधा' के सम्पादन के लिए 300 रुपया मासिक लेना निरालाजी ने अस्वीकार कर दिया और 'कला' का सम्पादन अवैतनिक रूप से करते रहे।"[15]

'कला' का प्रकाशन कमलाशंकर सिंह करते थे। इसलिए निराला द्वारा उसके अवैतनिक सम्पादन की बात सही है। पर दुलारेलाल भार्गव उन्हें सौ रुपये देने को तैयार न थे, तीन सौ तो बहुत होते हैं। प्रधान सम्पादक का स्थान दुलारेलाल भार्गव के लिए सुरक्षित था, निराला के लिए वह उसे खाली करने को क्यों तैयार होते? —विशेष कर देव-पुरस्कार जीतने के बाद! वास्तव में जब कमलाशंकर सिंह ने 'कला' निकाली, तब दुलारेलाल भार्गव से निराला का तनाव बढ़ा हुआ था।

खाने-पीने और रुपये-पैसे की चर्चा में लेखकों की भावुकता जाग उठती है। इसलिए वर्णन का अतिरंजित होना समझ में आता है।

निराला भूसामंडी, लखनऊ में रहते थे। "प्रारम्भ में चाय का विज्ञापन हो रहा था।" चाय के प्रचारक निराला के लोटे में ढाई सेर चाय डाल आते थे और "उसी चाय को पीकर निरालाजी पूरा दिन बिता देते थे और उनके घर में भोजन कभी दो दिन बाद और कभी तीन दिन बाद बनता था।"[16]

चाय का प्रचार इससे बहुत पहले हो चुका था। निराला ढाई सेर चाय न पीते थे। उन दिनों उनकी आर्थिक स्थिति इतनी कठिन न थी कि दो-दो, तीन-तीन दिन भोजन की नौबत न आए।

निराला आठ बजे दारागंज में घूमने निकलते थे। हलवाई से सिर्फ "आध सेर रसगुल्ला लेकर खा लिया करते थे।"[17]

निराला ने आध सेर मलाई अपने लिये ली, आध सेर संस्मरण-लेखक को दी। दोनों खाने लगे। इतने में एक कुत्ता आया। निराला "अपने हिस्से की बाकी मलाई उस बे-सहारे कुत्ते को बड़े प्रेम से अपने हाथ में ले-लेकर खिलाने लगे।"[13]

निराला को जब भारती भंडार से रायल्टी मिलती : "एक बड़े से लिफाफे में नोट भरे रहते। एक-एक के, दो-दो के, छोटे-बड़े—सभी तरह के। निराला दारागंज के एक छोर से चलते, और दूसरे छोर पर जाकर खाली लिफाफा गंगा में फेंक देते।"[19]

निराला सवारी के लिए मामूली-सा इक्का ढूँढ़ते : "फिर इक्केवाले को पीछे बैठाकर खुद आगे बैठकर इक्का चलाते।" इस सुख के लिए वह इक्केवाले को इतने रुपये देते कि "किसी के घोड़े का नया साज आ गया। किसी के पहियों पर नया रबड़ चढ़ गया। दो-एक इक्केवालों के तन पर नया कपड़ा भी नज़र आने लगा।"[20]

उनकी गली के सामने से कोई गरीब विद्यार्थी निकलता तो निराला उसे रोक लेते : "फिर तकिये के नीचे, या सामने कार्निस पर रखे दो-चार नोट विद्यार्थी की जेब में ठूँस देते।"[21]

उन्होंने किसी को जूते दिये, किसी को रेशमी रज़ाई, किसी को ऊनी कोट, न जाने कितने रुपये का कपड़ा फकीरों में बाँट दिया, सैकड़ों रुपये बुढ़ियों, भिखारियों को दिये, उन सबका हिसाब लगाया जाय तो निराला के लाखों कमाने की बात सार्थक हो जाय। वैसे "द्वितीय महायुद्ध के दिनों अंग्रेज़ी सरकार ने उन्हें एक लाख रुपये देकर नगर-नगर में रेडक्रास के लिए कवि-सम्मेलन करने को आमंत्रित किया... उन्होंने उस एक लाख रुपये की धनराशि का मोह न करके इस कार्य में भाग लेने से साफ़ इनकार कर दिया।"[22]

निराला-सम्बन्धी अधिकाश संस्मरण उनके जीवन के अन्तिम दस-बारह साल के बारे में हैं। इन दिनों निराला ने मानसिक असन्तुलन की दशा में जो कुछ दूसरों से कहा, उसे उन्होंने सत्य मानकर उद्धृत कर दिया। सरकार उन्हें एक लाख रुपये दे रही थी—यह बात उन्होंने किसी श्रद्धालु श्रोता को सुना दी होगी। उसे सच मानकर कई लेखकों ने दोहराया। पर वह दक्षिणेश्वर के मन्दिर में स्वामी विवेकानन्द से मिले,[23] इसकी जाँच आसानी से हो सकती थी। स्वामी विवेकानन्द का देहान्त हुआ, तब निराला बहुत छोटे थे; स्वामी विवेकानन्द से मिलने की कोई संभावना न थी।"

" 'परिमल' की प्रथम कविता जुही की कली है।"[24] 'परिमल' के पन्ने उलटने से यह भ्रम आसानी से दूर हो सकता था।

अबोहर साहित्य-सम्मेलन में "निरालाजी स्वयं खड़े हुए और विश्वास मानिए, 'राम की शक्तिपूजा' जैसी कविता उन्होंने सुनाई जिसमें संगीत नहीं, कंठ का कौशल नहीं। लोग मंत्रमुग्ध-से वह लम्बी अतुकान्त कविता सुनते रहे।"[25] 'अनामिका' के पन्ने उलटने से 'अतुकान्त' वाली भ्रान्ति दूर हो सकती थी।

अंग्रेज़ी के एक प्रोफ़ेसर ने—वह हिन्दीप्रेमी भी हैं—लिखा कि निराला का जन्म बंगाल के महिषादल राज्य के मेदिनीपुर गाँव में हुआ।[26] मेदिनीपुर ज़िला गाँव हो गया।

"निरालाजी के सुपुत्र उन दिनों लखनऊ विश्वविद्यालय में संगीतकला के आचार्य थे।[27] रामकृष्ण से पूछने पर यह भ्रम दूर हो जाता।

कृष्णाचार्य ने 'जनभारती' के निराला अंक (2) में निराला के अप्रकाशित नाटक का नाम लिखा : 'उषा-अनिरुद्ध'। सम्मेलन पत्रिका के श्रद्धांजलि अंक में भी अप्रकाशित साहित्य के अन्तर्गत छपा : 'उषा-अनिरुद्ध नाटक'।

निराला की 'उषा'-नाटिका 'सुधा' में विज्ञापित हुई थी, लिखी न गई थी। किसी अन्य नाटक में उषा के साथ अनिरुद्ध नाम देखकर लेखकों ने यहाँ भी उसे जोड़ दिया।

कृष्णाचार्य की सूची में छपा :

'और गीत—गोविन्ददास की बँगला कृति (अनुवाद)
उच्छृंखल (ब्रजभाषा में)।'

'सम्मेलन पत्रिका' में यह सूचना इस प्रकार छपी :

'गीत गोविन्ददास—की बँगला कृति (अनुवाद)
उच्छृंखल—(ब्रजभाषा में) अनुवाद।'

कृष्णाचार्य ने लिखा था : 'और गीत', अर्थात् उपन्यासों के अलावा गीत। 'सम्मेलन पत्रिका' के लेखक को 'और' खटका। 'गीत गोविन्द' नाम परिचित लगा। उसने मिलाकर किया : 'गीत गोविन्ददास'! कृष्णाचार्य ने 'उच्छृंखल' के आगे लिखा : 'ब्रजभाषा में'; 'सम्मेलन पत्रिका' के लेखक ने 'अनुवाद' अपनी ओर से जोड़ दिया!

निराला ने गोविन्ददास के कुछ पदों का अनुवाद किया था। इस तरह की कोई अप्रकाशित पुस्तक नहीं है। निराला 'उच्छृंखल' नाम का उपन्यास खड़ी बोली में लिखना चाहते थे। ब्रजभाषा में इस नाम की मौलिक या अनुवादित उनकी कोई कृति नहीं है।

कृष्णाचार्य ने 'प्रभावती' के समर्पण में 'प्रिय बीबी' देखकर निष्कर्ष निकाला कि 'लेखक ने अपनी दिवंगता पत्नी को श्रद्धा समर्पित किया।' यदि समर्पण 'दिवंगता' पत्नी के प्रति था, तो निराला ने उसके अन्त में यह कैसे लिखा : "तुम तब से आज तक शिशु-कर-कृत-कपोल-कज्जला हो?"

निराला ने 'प्रभावती' अपनी सलहज को समर्पित की थी। समर्पण 1 मार्च, 1936 को लिखा था। इससे अठारह साल पहले मनोहरादेवी का स्वर्गवास हुआ था। उनके दो बच्चों को नवविवाहिता वधू ने आकर सँभाला था। तब से 'आज तक' वह शिशु-कर-कृत-कपोल-कज्जला हैं। निराला ने ऐसा स्नेहपूर्ण समर्पण या तो 'गीतिका' का लिखा या 'प्रभावती' का। दोनों से उनके गृहस्थ-हृदय की कोमलता का पता चलता है।

"बहुत दिन हुए—अठारह वर्ष—पन्द्रह वर्ष की तुम नववधू होकर घर आई हुई थीं, जहाँ बिना माँ के दो शिशुओं की सेवा में तुम्हें शृंगार की साधना का समय नहीं मिला, तुम्हारे ऐसे हस्त संसार के किसी भी चमत्कार से पुरस्कृत नहीं किये जा सकते; मैं केवल अपनी प्रीति के लिए यहाँ यह पुस्तक न्यस्त करता हूँ; जानता हूँ, कालिदास भी तुम्हें वीणा-पुस्तक-रंजित-हस्ते नहीं कर सकते, क्योंकि तुम तब से आज तक शिशु-कर-कृत-कपोल-कज्जला हो।"

'प्रभावती' लिखते समय निराला का मन डलमऊ में बँधा था। कथाभूमि डलमऊ, मनोहरादेवी और 'प्रिय बीबी', दोनों का सम्बन्ध डलमऊ से। घर की कामकाजी स्त्री के लिए निराला के मन में अगाध ममता—कालिदास भी तुम्हें वीणा-पुस्तक-रंजित-हस्ते नहीं कर सकते!

डॉ. रामरतन भटनागर—लखनऊ में अपने अध्ययन-काल के सबके प्रिय 'हसरत'—निराला के स्नेहपात्र, उनके निकट सम्पर्क में आनेवाले लोगों में हैं। उन्होंने 'निराला' नाम की एक सुन्दर कविता-पुस्तक लिखी है। इसकी भूमिका में उनकी स्मृति ने कई जगह उन्हें धोखा दिया है; कई जगह उनकी कल्पना ने अद्भुत चित्र गढ़े हैं।

उमाशंकर वाजपेयी 'उमेश' का नाम परिवर्तित होकर उमेश शुक्ल हो गया है, लखनऊ विश्वविद्यालय में अंग्रेज़ी के अध्यापक दयामय मित्र (या मैत्र) बदलकर दीनमय मैत्र हो गए हैं। 'स्वर्गेर विदाय' जैसे शीर्षकों में बँगला कविताओं के नाम बदल गए हैं। मनोहरादेवी का देहान्त 1918 के बदले 1922 में हुआ : "1922 में तरुण वय में पत्नी के विछोह की वेदना तो वेदान्तगर्भित होकर 'परिमल' की अनेक रचनाओं में आई।" निराला के नाम-स्मरण से ही मन में अद्भुत रस का संचार होने लगता है। प्रमाण : "प्रत्येक गीत रचना, कविता की कड़ी या गद्य के दो-चार पृष्ठों के बाद वह सीधे फर्श पर लम्बायमान होकर दंड पेलने लगते थे।" निराला का हर कार्य विस्मयकारी था। "निराला को बँगला का श्रेष्ठ पद्य ही नहीं, श्रेष्ठ गद्य भी कंठस्थ था!"..."वे श्रीरामकृष्ण परमहंस और स्वामी विवेकानन्द के सम्पूर्ण साहित्य का अनुवाद कर चुके थे।" अनुवाद में 'बंकिम का पूरा साहित्य' भी शामिल है!

डॉ. रामरतन भटनागर की तरह आचार्य जानकीवल्लभ शास्त्री निराला के स्नेह-पात्र, उनके निकट सम्पर्क में आनेवाले लोगों में हैं। उन्होंने 'महाकवि निराला' ग्रंथ में रामकृष्ण त्रिपाठी के प्रथम विवाह के बारे में लिखा है : "इस विवाह में निराला पितृहीन फूल के पिता बने थे।" ऐसी कोई आवश्यकता न थी क्योंकि फूलदुलारी के काका—निराला के मित्र—रामशंकर शुक्ल वहाँ विद्यमान थे।

निराला ने लिखा था : 'जुही की कली' उन्होंने सोलह साल की उम्र में लिखी। जानकीवल्लभ शास्त्री की स्मृति में उम्र के सोलह हो गए सन् 1916!

निराला के जीवन में आकर्षक नाटकीय घटनाओं की कमी नहीं। संस्मरण या जीवनी लिखनेवाले को बड़ा लोभ होता है कि वह सारी परिस्थिति को सजीव रूप में प्रस्तुत करे।

इन्दौर में हिन्दी साहित्य-सम्मेलन का अधिवेशन; मंच पर महात्मा गांधी आसीन; मंच के बाईं ओर साहित्यरत्नोत्तीर्ण स्नातकगण; रंगस्थल श्रोताओं तथा साहित्यिक विभूतियों से भरा हुआ। "आदित्य के समान दीप्तिवाले श्री सूर्यकान्त त्रिपाठी निराला भी गुरु द्रोणाचार्य के समान दाईं ओर साहित्यिकों के समूह में सुस्थिर विराजमान थे।"

जब निराला मंच पर आए, तब गांधीजी ने पूछा : "ये कौन निराला हैं? इनका परिचय बतलाइए।"

हिन्दी साहित्य-सम्मेलन का अध्यक्ष निराला का नाम न जाने, इस पर वह कब मौन रहनेवाले थे? निराला ने गम्भीर ध्वनि में कहा : "यदि आप निराला से परिचित नहीं तो हिन्दी साहित्य-सम्मेलन के इस वरिष्ठ सिंहासन पर कैसे आसीन हो गए?"[28]

इस रोचक वर्णन में एक ही कमी है, उसका वास्तविकता से कोई सम्बन्ध नहीं है। निराला न इन्दौर के साहित्य-सम्मेलन में स्वयं गए थे, न अपने मित्रों के वहाँ जाने के पक्ष में थे। लेखक ने निराला-गांधी-वार्तालाप के बारे में जो पढ़ा या सुना था, उसे बदलकर—लखनऊ की जगह इन्दौर को कथाभूमि बनाकर—उसने एक नया गांधी-निराला-संवाद रच डाला।

निराला के सम्बन्ध में जो गाथाएँ रची गई हैं, उनमें लेखकों का यह भाव है कि निराला को महामानव के रूप में चित्रित किया जाय। महामानव की मूर्ति गढ़ते हुए लेखक अपने धार्मिक संस्कारों से प्रेरित होकर ऋषियों-सन्तों-सम्बन्धी कल्पना से उस मूर्ति को मिलाते हैं। कुछ दूसरे लोग इस सन्त-निर्माण प्रक्रिया से परेशान होकर उन्हें शराबी, अहंकारी और विक्षिप्त रूप में ही देखते हैं। कुछ लोगों ने केवल आत्म-विज्ञापन की प्रेरणा से उनके बारे में गप्पें मारी हैं। कुछ ने केवल असावधानी के कारण उनके बारे में गलत बातें लिखी हैं।

निराला के जीवन और व्यक्तित्व का अध्ययन करनेवाले के लिए आवश्यक है कि वह मनगढ़न्त कहानियों में व्यक्त की हुई महामानव-कल्पना से निराला को मुक्त करे, उन्हें श्रद्धा और रागद्वेष के दलदल में धँस जाने से बचाये। निराला को मस्तमौला अवढरदानी बनाकर बहुत-से लेखक जान या अनजान में उनके संघर्ष और व्यथा को ढँक देते हैं। सन्तों और फकीरों को रुपये-पैसे की क्या चिन्ता? प्रकाशकों ने उनका शोषण किया—इस निरर्थक वाक्य से उनके व्यक्तित्व का क्या सम्बन्ध? निराला को अपने अन्तर्द्वन्द्व से जो कष्ट हुआ, इस अन्तर्द्वन्द्व का सामाजिक परिवेश से जो सम्बन्ध है, उस सब पर पर्दा गिर जाता है। निराला के प्रति बहुतों के मन में द्वेष उनके जीवन-काल में था, उनके निधन के बाद भी है। इसलिए निराला के मद्यपान-अहंकार-विक्षेपवाले रूप को वे अतिरंजित करके प्रस्तुत करते हैं। अन्धश्रद्धा की प्रतिक्रिया में कुछ विद्वानों का 'आधुनिकता-बोध' जाग्रत होने लगा है। सम्भावना यह है कि निराला को महामानव से मानव बनाने में वे अपनी ही मूर्तियाँ गढ़कर प्रस्तुत करेंगे। यह राग-द्वेष की ही अभिव्यक्ति होगी।

रागद्वेष और श्रद्धा दरकिनार, निराला के जीवन के बारे में सही तथ्य-संग्रह बहुत कठिन कार्य है। पग-पग पर जीवनी-लेखक को कठिनाइयों का सामना करना होता है। कब पैदा हुए थे, उनका नाम क्या था—यहाँ से लेकर दारागंज की गली में उन्होंने जो दानलीला की—वहाँ तक तथ्य-संग्रहकर्ता के लिए समस्याएँ ही समस्याएँ हैं।

निराला का जीवन-वृत्तान्त लिखने का विचार मेरे मन में बहुत दिन से था। सन् '43 से इस दिशा में मैंने प्रयास आरम्भ कर दिया था। मेरी समझ में निराला के पत्रों का संग्रह करना सबसे पहले आवश्यक था। शिवपूजन सहाय के पास उनके

बहुत-से पत्र थे। उनके पास आकर उन पत्रों की नकल करने के प्रस्ताव पर वह यही कहते रहे कि वह उनकी प्रतिलिपि करके भेज देंगे। अन्त में 28 फरवरी, '62 को उन्होंने लिखा : "आपको शायद पता नहीं कि मेरे गाँव के घर में कई साल पहले चोरी हो गई थी, जिसमें चिट्ठियों से भरा एक बक्स गुम हो गया था। उसे चोरों ने कुएँ में डाल दिया था। सुबह निकाला गया तो सब चिट्ठियाँ नष्ट हो चुकी थीं। चोरी गई हुई चिट्ठियों में अनेक प्रमुख साहित्यकारों के महत्त्वपूर्ण पत्र छाँटकर रखे गए थे जिनमें उनसे साहित्यिक समस्याओं पर लिखा-पढ़ी हुई थी। उनमें निरालाजी के कई अच्छे पत्र थे। उस चोरी का प्रभाव मेरे स्वास्थ्य पर पड़ा था। यह 1951-52 ई. की बात है।"

इस तरह निराला-सम्बन्धी बहुत-सी सामग्री सदा के लिए नष्ट हो गई। नन्ददुलारे वाजपेयी से निराला का पत्र-व्यवहार कई साल तक चला था। निराला-स्वर्ण-जयन्ती के अवसर पर उन्होंने लिखा था : "निरालाजी के पत्र मेरे पास काफी संख्या में हैं, जब आप मिलेंगे, देखेंगे।"[29] मैं उनसे मिला, एक बार, अनेक बार पर उन पत्रों को देखने का सौभाग्य न मिला। 21 नवम्बर, '61 को उन्होंने लिखा : "इधर अनेक वर्षों से निरालाजी से पत्र-व्यवहार नहीं हुआ। प्राय: मिलकर ही बातें होती थीं। जब मैं काशी और प्रयाग में था, तब उनके पत्र अवश्य आते थे, पर अनेक बार अपनी गृहस्थी को स्थानान्तरित करने में वे पत्र सुरक्षित नहीं रह सके। यदि कुछ थोड़े पत्र होंगे तो उन्हें ढूँढ़ निकालना भी परिश्रमसाध्य है। फिर भी प्रयत्न करूँगा।" वाजपेयीजी को इस प्रयत्न में सफलता न मिली।

निराला ने बहुत-से पत्र दयाशंकर वाजपेयी को लिखे थे। उनके बारे में खोज करने पर उनके भाई उमाशंकर वाजपेयी से मालूम हुआ : "भाईजी के पास निरालाजी के करीब 50-60 पत्र थे, उनका निजी साहित्य था और थीं पुस्तकें। यह सारा सामान मैं बड़ा बाज़ार लाइब्रेरी की एक अलमारी में रखकर और चार्ज सधऊ सुकुल को देकर घर चला आया। लौटने में काफी विलम्ब हुआ। परिणाम यह हुआ कि सधऊ ने सारा सामान उसका महत्त्व न जानकर रद्दी काग़ज़ों में बेच दिया। जाने पर देखा तो क्रोध और दुख, दोनों हुए, पर बेकार।"[30]

दुलारेलाल भार्गव बड़े पत्रसंग्रही रहे हैं। उनके घर में ऊपर के एक छोटे-से कमरे में बीसियों बस्ते देखने को मिले। पन्त, प्रसाद, मिश्रबन्धु, आदि से लेकर रामविलास शर्मा तक के पत्र फाइलों में अलग-अलग रखे थे। मैंने बस्तों की धूल बहुत झाड़ी, फाइलों को कई बार पलटा, निराला के पत्रों की फाइल वहाँ नहीं थी। मुझे विश्वास है कि वह पत्रों की फाइल कहीं है अवश्य, उस कमरे से बाहर किसी के पास है। उसे जो प्रकाशित करेगा, वह हिन्दी साहित्य-प्रेमियों का बड़ा उपकार करेगा।

पन्त और महादेवी वर्मा से मालूम हुआ कि उनके पास निराला के पत्र नहीं हैं।

जानकीवल्लभ शास्त्री से मालूम हुआ कि उनके पास निराला के सौ से ऊपर पत्र हैं। वह भी इनकी प्रतिलिपि करा रहे हैं—कई साल से।

विनोदशंकर व्यास के पास निराला के कुछ पत्र थे। शायद वे सभी उन्होंने छपा दिये थे—उनके कुछ महत्त्वपूर्ण अंश निकालकर। यद्यपि वह स्वयं निराला की बीमारी का खुले ढंग से वर्णन करते थे, पर पत्रों में निराला ने जहाँ इसके बारे में लिखा था, वह दूसरों को दिखाना न चाहते थे। सम्भव है, पत्रों में उनके अपने जीवन के बारे में भी कुछ गोपनीय बातें रही हों यद्यपि वे स्वयं अपने बारे में बहुत-सी बातें साफ-साफ लिख गए हैं। अन्तिम बार जब मैं उनसे मिला—सन् '62 की गर्मियों में—तब उन्होंने कहा कि जीवनी पूरी कर लो, उसके बाद चिट्ठियाँ भेज देंगे। मैंने जीवनी समाप्त किये बिना ही उन्हें सूचना दी कि कार्य समाप्त हो गया। चिट्ठियाँ भेजिए या मैं आऊँ?

एक दिन अचानक उनकी जीवनलीला समाप्त हो गई।

इस प्रकार निराला के सैकड़ों पत्र नष्ट हो गए या मुझे अप्राप्य रहे; जो सामग्री है पर अप्राप्य है, उसकी तुलना में नष्ट हो जानेवाली सामग्री बहुत अधिक है। यह सामग्री अधिकतर सन् '23 से '33 तक की है; 'मतवाला'-काल, निराला के इधर-उधर भटकने के दिन, दुलारेलाल भार्गव के यहाँ पैर जमाने के प्रयत्न—यह सारा इतिहास उन पत्रों में था। निराला के जीवन की पूरी जानकारी, जीवनी के लिए पूर्ण तथ्य-संग्रह की आशा करना व्यर्थ है। उसकी कोई सम्भावना नहीं है। पूरी जानकारी किसी के बारे में सुलभ नहीं होती किन्तु हिन्दी साहित्यकारों ने पत्रों की रक्षा करने के बारे में बनारसीदास चतुर्वेदी से कुछ भी सीखा होता तो निराला-सम्बन्धी जानकारी आज की अपेक्षा बहुत ज़्यादा होती। जीवनी के अतिरिक्त पत्रों का स्वतंत्र महत्त्व है, वह अलग बात है।

फिर भी जो सामग्री बच रही और मुझे देखने को मिली, वह सम्पूर्ण न होते हुए भी पर्याप्त है। सबसे बड़े पत्रसंग्रही स्वयं निराला थे। लखनऊ छोड़ने से पहले वह मुझे अपना पत्र-संग्रह दे गए थे। इसमें स्वभावतः निराला के पत्र तो दो-चार ही थे, शेष पत्र वे थे, जो दूसरों ने उन्हें लिखे थे। नन्ददुलारे वाजपेयी निराला के पत्रों की रक्षा न कर सके, पर निराला उनके बहुत-से पत्रों को बचाये रहे थे। ये पत्र अधिकतर सन् '26 से '30 तक के हैं। सन् '36 से '46 तक बहुत-से पत्र उन्होंने मुझे लिखे थे, जो मेरे पास हैं। केदारनाथ अग्रवाल, गंगाप्रसाद मिश्र आदि के पास जो पत्र थे, वे उन्होंने मुझे भेज दिये थे।

मैं समय-समय पर निराला की स्थिति के बारे में मित्रों को लिखा करता था। केदारनाथ अग्रवाल और अमृतलाल नागर के पास मेरे जितने पत्र थे, उन्होंने मुझे देखने को दिये। शिवमंगलसिंह 'सुमन' के पास मेरे बहुत-से पत्र हैं। वे पत्र बहुत प्रयत्न करने पर—अनेक बार उज्जैन की यात्रा करने के बाद भी—मुझे देखने को न मिले। 'सुमन' ने बताया कि वह 'लस्ट फॉर लाइफ' जैसा उपन्यास निराला के जीवन पर लिखना चाहते हैं। शुभाः सन्तु से पन्थानः।

सन् '34-35 में अपने बड़े भाई भगवानदीन शर्मा को लिखे पत्रों में मैंने निराला से मिलने, उनके व्यवहार, वार्तालाप आदि का वर्णन किया था। वे अंश उन्होंने

मुझे नकल करके भेज दिये थे। मेरे मित्रों ने जो पत्र मुझे लिखे, उनमें बहुत जगह निराला- सम्बन्धी महत्त्वपूर्ण बातें हैं। इन्हीं में 'सुमन' का वह पत्र है जिसके अनुसार निराला ने उन्हें घर में न घुसने दिया था। मेरे छोटे भाई रामस्वरूप शर्मा ('चौबे') के कई पत्रों में निराला के अर्द्ध-विक्षेप के दिनों की दशा का बड़ा सजीव वर्णन है।

इस तरह निराला-सम्बन्धी काफी पत्र-सामग्री मुझे सुलभ हुई है और उसका उपयोग मैंने इस जीवनी में किया है। निराला के अधिकांश मित्र और परिचित मुझ पर कृपालु रहे हैं। उनसे मुझे बहुत-सी बातें मालूम हुई हैं। जब-तब मैं किसी कापी-किताब या सामने जो काग़ज़ आया, उस पर निराला के व्यवहार, बातचीत वगैरह के बारे में लिख लेता था। यह कार्य मैंने बहुत ही अव्यवस्थित ढंग से किया, फिर भी जो किया और सुरक्षित रहा, वह मूल्यवान सिद्ध हुआ।

गढ़ाकोला मेरे गाँव—ऊँचगाँव सानी—से कोस डेढ़-कोस पर है। गढ़ाकोला में मैं चतुरी से मिला हूँ; सन् '35 के मेरे एक निबन्ध में इस मुलाकात का उल्लेख है। बैसवाड़े में निराला के परिवेश से काफी परिचित हूँ। लखनऊ में उनके साथ रहा हूँ, डेढ़-दो महीने कलकत्ते में दयाशंकर वाजपेयी के साथ रहा था। कलकत्ता अनेक बार गया और वहाँ निराला के साहित्यिक-सांस्कृतिक परिवेश से परिचित हुआ। सौभाग्य से सन् '37 की गर्मियों में जब पहली बार कलकत्ता गया था, तब दयाशंकर वाजपेयी ने उग्र से मेरा परिचय कराया और प्राय: नित्य शाम को वह मेरे साथ घूमने जाते थे। उनके उस सम्पर्क से मैं 'मतवाला'-मंडल की संस्कृति को बहुत-कुछ जान सका। सन् '37 के बाद उग्र काफी दिन लखनऊ रहे। कुछ दिन उसी 112 मकबूलगंजवाले घर में रहे जिसमें पहले निराला रहे थे, मैं रहा था। मैं पड़ोस में था और नित्य उनसे मिलता था। इलाहाबाद में प्राय: प्रतिवर्ष, कभी वर्ष में एक से अधिक बार, निराला से मिलता रहा था।

निराला के परिवेश, उनके परिवार के लोगों और मित्रों से परिचित होने के कारण मुझे तथ्य-संग्रह में ही सहूलियत नहीं हुई; तथ्यों में क्या सही है, क्या गलत—यह जानने की सुविधा भी मिली।

निराला के बारे में सबसे अधिक जानकारी मुझे उन्हीं से हुई। उन्होंने जो बताया, जो सामग्री दी—एक जानकारी वह। जो बातें उनके साथ रहते हुए मैंने देखीं, सुनीं, समझीं—दूसरी जानकारी वह।

जीवनी को आधार बनाकर उपन्यास लिखने में कुछ साहित्यकारों ने बड़ी सफलता प्राप्त की है। वे जीवनी लिखने का दावा नहीं करते, रोचक कथा गढ़ते हैं, परिवेश और व्यक्तित्व का सजीव चित्र खींचते हैं। मैं उनके इस साहित्यिक कृतित्व का आदर करता हूँ। पर अनेक जीवनी-लेखक जो उपन्यास लिखने का दावा नहीं करते, फिर भी उपन्यास लिखने लगते हैं, उनके कार्य की प्रशंसा नहीं की जा सकती। मुझे उन लेखकों से ईर्ष्या होती है जो संस्मरण या जीवनी में नायक के वार्तालाप से पन्ने के पन्ने रँगते चले जाते हैं। जिस चरितनायक से उनका प्रत्यक्ष परिचय नहीं, जिसकी

मृत्यु से पहले उनका जन्म न हुआ था, जो उनके देश का नहीं, युग का नहीं, उसकी बातचीत जब वे—उपन्यास में नहीं—जीवनी में धाराप्रवाह लिखते चले जाते हैं, तब उनके साहस पर बुद्धि चकित रह जाती है। जिनसे प्रत्यक्ष परिचय है, जो अपने देश और युग के हैं, उनकी बातचीत भी तुरत न लिख ली जाय, तो स्मृति के सहारे उसे ज्यों-का-त्यों उद्धृत नहीं किया जा सकता।

चरितनायक की बातचीत उद्धृत करने में बौसवेल विश्वसाहित्य में लासानी है। जानसन से एक बार बहस हुई कि आदमी बोलता जाय तो उसकी बातचीत दूसरा ज्यों-की-त्यों लिख सकता है या नहीं? बौसवेल कहता था : लिख सकता है। जानसन कहते थे : नहीं लिख सकता। परीक्षा हुई। जानसन ने एक किताब से कुछ अंश पढ़ा, बौसवेल ने लिखा। जब मिलाया तो अपूर्ण, अधूरा!

जानसन से मुलाकात होने के बाद कुछ समय तक बौसवेल की समझ में न आया कि उनके वार्तालाप को घर जाकर हूबहू कैसे लिखे। जानसन के बातचीत करते समय उसे लिखने का सवाल न था। फिर उसने एक तरीका निकाला। तरीका था : बातचीत के खास नुक्ते याद रखना और फिर जानसन की शैली में उन्हें विस्तार से रच लेना। बौसवेल ने लिखा है :

"Let me here apologize for the imperfect manner in which I am obliged to exhibit Johnson's conversation at this period. In the early part of my acquaintance with him, I was so wrapt in admiration of his extraordinary colloquial talents, and so little accustomed to his peculiar mode of expression that I found it extremely difficult to recollect and record his conversation with its genuine vigour and vivacity. In progress of time, when my mind was, as it were, 'strongly impregnated with the Johnsonian Oether', I could with much more facility and exactness, carry in my memory and commit to paper the exuberant variety of his wisdom and wit."[31]

[इन दिनों के जानसन के वार्तालाप मैंने मजबूरन अधूरे ढंग से प्रस्तुत किये हैं। इसके लिए मैं क्षमा चाहता हूँ। जान-पहचान के आरम्भिक काल में मैं उनकी वार्तालापवाली असाधारण प्रतिभा से ऐसा चमत्कृत हो जाता था और उनके बातचीत ने विचित्र ढंग से इतना कम परिचित था कि मुझे उनका वार्तालाप स्मरण करने और उसे यों लिखने में बेहद कठिनाई होती थी कि उसका वास्तविक ओज और सजीवता बनी रहे। कुछ समय बीतने पर, कहना चाहिए, जब मुझमें जानसन की रूह उतर आई, तब मैं ज़्यादा आसानी से और सही-सही उनकी बातें याद रखने लगा और उनकी वाक्पटुता और बुद्धिमत्ता का बहुविध चमत्कार काग़ज़ पर उतारने लगा।]

बौसवेल की स्मरण-शक्ति पहले से अच्छी न हो गई थी जो बाद को वार्तालाप लिख लेने में उसे अधिक सफलता मिली। असली बात यह थी कि वह जानसन के दाँव-पेच अच्छी तरह जान गया, मुख्य बात याद रहने पर वह उनकी शैली की

नकल करता हुआ उसे शब्दों का जामा पहना सकता था। उसमें जानसन की रूह उतर आती थी, ठीक वैसे ही जैसे सेठ बाँकेमल की रूह अमृतलाल नागर में उतर आई थी। बौसवेल कलाकार था, मूल बातें जानसन से ही पाता था, उन्हें सजीव नाटकीय शैली में ढालता था स्वयं।

एक बार उसने गलती की और जानसन से डींग हाँकी कि दूसरा बोले तो उसकी बात वह ज्यों-की-त्यों लिख सकता है। जानसन ने तुरन्त उसकी परीक्षा ली और वह फेल हो गया। उसने लिखा है :

"I this evening boasted that although I did not write what is called stenography or short-hand, in appropriated characters devised for the purpose, I had a method of my own of writing half words, and leaving out some altogether, so as yet to keep the substance and language of any discourse which I had heard so much in view, that I could give it very completely soon after I had taken it down. He defined me, as he had once defined an actual short-hand writer; and he made the experiment by reading slowly and distinctly a part of Robertson's 'History of America', while I endeavoured to write it in way of taking notes. It was found that I had it very imperfectly; the conclusion from which was, that its excellence was principally owing to a studied arrangement of words, which could not be varied or abridged without an essential injury."[32]

[आज शाम मैं शेखी बघारने लगा कि मैं स्टनोग्राफी या शार्ट-हैंड की लिपि का व्यवहार नहीं करता, फिर भी मैंने अपना एक तरीका ईजाद कर लिया है—कुछ शब्द आधे लिखता हूँ, कुछ एकदम छोड़ जाता हूँ—और इससे सुनी हुई बातचीत की भाषा और भाव मेरे मन के सामने यों उपस्थित हो जाते हैं कि नोट लेने के बाद उसे मैं ज्यों-का-त्यों लिख सकता हूँ। जानसन ने एक बार शार्ट-हैंड लिखनेवाले को ही चुनौती दी थी; इस बार मुझे दी। वह रौबर्टसन की पुस्तक 'अमरीका का इतिहास' का एक अंश धीरे-धीरे और स्पष्ट आवाज में पढ़ने लगे और मैं अपने तरीके से इसके भी नोट लेने लगा। परीक्षा से पता यह चला कि मैं उसे बहुत अधूरे रूप में दोहरा सका। निष्कर्ष यह निकला कि उस गद्य के सौष्ठव का कारण यह था कि उसमें शब्द बड़ी सावधानी से यथास्थान जड़े गए थे और भारी हानि पहुँचाये बिना उस गद्य को न बदला जा सकता था, न संक्षिप्त किया जा सकता था।]

बौसवेल तो घर जाकर जो याद रहा, लिख लेता था। हफ्तों, महीनों, अक्सर वर्षों बाद जो लोग निराला के वार्तालाप से पन्ने भर देते हैं, वे सत्य का कितना अंश प्रस्तुत कर रहे हैं, इसकी कल्पना की जा सकती है।

मैंने निराला के वार्तालाप गढ़े नहीं हैं। डायरी के पृष्ठों और चिट्ठियों के आधार पर—उन्हीं से ज्यों-के-त्यों उठाकर—मैंने जहाँ-तहाँ ज्यों-के-त्यों दे दिये हैं। एक-

आध जगह दूसरों की रचनाओं से दो-चार बातें—जो मुझे प्रामाणिक लगी—मैंने उद्धृत की है। जहाँ निराला को सोचते-विचारते दिखाया है, वहाँ अधिकतर उन्हीं की रचनाओं का सहारा लिया है। मेरा उद्‌देश्य निराला को हीरो बनाकर कल्पित वार्तालाप से यथार्थ का भ्रम उत्पन्न करना नहीं रहा। मैंने भरसक उनका वस्तुपरक जीवनचित्र दिया है जिसका उद्‌देश्य पाठक को मुग्ध करना नहीं, विवेक से निराला के व्यक्तित्व को समझने में सहायक होना है। अधिकांश जीवनचरित हीरो की मृत्यु से समाप्त हो जाते हैं। इस पुस्तक में कई अध्याय व्यक्तित्व-विश्लेषण पर हैं। मूल उद्‌देश्य निराला के व्यक्तित्व को समझना ही है।

साहित्यकार का व्यक्तित्व उसके कृतित्व से अलग नहीं किया जा मकता। उसका कृतित्व उसके व्यक्तित्व की सबसे महत्त्वपूर्ण उपलब्धि है। उसका आन्तरिक मानसिक जीवन और बहुत हद तक उसका बाह्य सामाजिक जीवन उसके रचनाकारत्व से सम्बद्ध रहता है। इस दृष्टि से यह पुस्तक अपूर्ण है। यहाँ निराला के कृतित्व की झलक-भर है, उसका विशद चित्र नहीं, न उसका विश्लेषण। यह कार्य 'निराला की साहित्य-साधना' के दूसरे खंड में करने की योजना है। जिन्हें यहाँ कृतित्व के विवरण का अभाव खले, वे धैर्य धारण करें।

कृतज्ञता-ज्ञापन

हावड़ा-खड़गपुर, मेछेदा, तामलुक, फिर महिषादल। उर्वर धरती, वृक्ष, लताएँ, घास, फूल और काँटे, नदी-नाले, असंख्य छोटे-बड़े ताल। धान के खेतों को बीच से चीरती हुई काली सड़क। रूपनारायण नद, महिषादल के किनारे नहर। कस्बे में क्षेत्रीय विकास का दफ्तर, स्कूल, अस्पताल, एक सिनेमाघर, ऊँघता हुआ-सा बाज़ार, गरीबों के फूस छाये कच्चे घर। सन् '42 के आन्दोलन के सिलसिले में महिषादल के कुमारबहादुर को राज्य से बाहर रहने की आज्ञा मिली थी।

प्रासाद के जिस भाग में कल्याणमल लोढ़ा, शिवनारायण शर्मा और मैं ठहराये गए थे, वह विधानराय सूट कहलाता है। विधानचन्द्र राय राजा सतीप्रसाद गर्ग के घनिष्ठ मित्र थे। हमारे कमरे की खिड़की के नीचे एक खेत में गुलाब ही गुलाब लगे थे। मैदान में स्वर्गीय राजा सतीप्रसाद गर्ग की तलवार बाँधे मूर्ति खड़ी थी।

कुमारबहादुर देवप्रसाद गर्ग गौरवर्ण के हैं, आँखें भूरी, कद निराला से काफी छोटा, शरीर का ढाँचा इकहरा, स्कन्धभाग को देखते कटि प्रदेश अधिक विस्तृत। उन्होंने बताया कि वह अपनी माँ को पड़े हैं; उनके पिता का क़द साधारण और रंग साँवला था। कुमारबहादुर सुलेखक, संगीत में प्रवीण, शिकारप्रेमी, अत्यन्त शालीन और सुसंस्कृत रुचि के व्यक्ति लगे। उन्होंने बड़े यत्न से वह फोटो ढूँढ़ निकाला

जिसमें गवर्नर और राजासाहब के पीछे रामसहाय खड़े हैं। उन्होंने रामसहाय तेवारी की हार्निया के आपरेशन, मन्दिर में गहनों की चोरी और निराला के पकड़े जाने आदि के बारे में अनेक बातें बताईं, मेरे प्रश्नों का उत्तर दिया। हम लोग जो देखना चाहते थे, वह सब देखने की व्यवस्था कर दी। मैंने कहा कि निराला एक ठुमरी गाते थे—जाने दे मोको सुनो सजनवा। कुमारबहादुर ने तुरत गाना शुरू कर दिया। निराला के कंठ में बसा हुआ वह गीत, जिसे उन्होंने महिषादल में सीखा था, जिसे 58 नम्बर नारियल वाली गली में मैंने बीसियों बार सुना था, महिषादल में फिर सुनने को मिला। वही बन्दिश, वही अलंकरण, केवल स्वर और भी मधुर, गायकी पर उच्च शास्त्रीयता की छाप।

कुमारबहादुर देवप्रसाद गर्ग ने इस पुस्तक के सन्दर्भ में मेरी जो सहायता की, उसके अतिरिक्त अपने परिचय और सहृदय सम्पर्क से मुझे जो सुख दिया, उसके लिए मैं हृदय से उनके प्रति आभारी हूँ।

राजा के बाद संन्यासी।

बेलूड़ मठ के अनेक वृद्ध संन्यासी सूर्यकान्त त्रिपाठी को स्नेह से याद करते हैं। उनका सादा जीवन, स्नेहशील वाणी, आगन्तुकों से मधुर व्यवहार मन पर गहरी छाप छोड़ते हैं। एक साथ पत्तलों में भोजन, फिर स्वयं जूठी पत्तलें उठाकर फेंकना जातिवर्ण से परे उनकी साम्यभावना का परिचायक है। स्वामी माधवानन्द अपनी वास्तविक अवस्था से प्राय: बीस वर्ष कम लगते थे चेहरे पर कहीं झुर्रियाँ न थीं। दीप्तिमान मुख और वैसे ही ललाट के साथ दीप्तिमान खल्वाट कपालभाग। अन्य संन्यासियों की अपेक्षा वह अधिक आधुनिक। आँखों पर चश्मा; मेज़ पर 'टाइम' मैगज़ीन। वह महावीरप्रसाद द्विवेदी के लेखन-कार्य और 'सरस्वती' से परिचित थे। उनसे कानपुर में मिले थे, वहीं 'समन्वय' के लिए द्विवेदीजी ने सूर्यकान्त का नाम सुझाया था। उन्हें कितने वेतन पर बुलाया था, कुछ आश्चर्य की मुद्रा में उन्होंने कहा : "We treated him as one of us—a brother." (हम उन्हें अपने लोगों में, एक भाई-जैसा, समझते थे।) हाँ, निराला उस समय कविता करते थे।

"He used to say, if I were the son of Prince Dwarka Nath Tagore and rich, people would have thought me great."

[वह कहा करते थे, मैं प्रिंस द्वारकानाथ टैगोर का नाती होता और अमीर होता तो लोग मुझे भी महान् समझते।]

स्वामीजी ने 'नाती' के अर्थ में 'सन' शब्द का ही प्रयोग किया था। तब स्वामी माधवानन्द रवीन्द्रनाथ से अपनी तुलना करने के कारण सूर्यकान्त पर हँसते थे। उन दिनों की याद करके वह फिर हँसने लगे—सरल, मुक्त हास्य, बालकों जैसा। फिर गम्भीर होकर उन्होंने कहा : "But he has proved that he was right." (लेकिन उन्होंने साबित कर दिया कि उनकी बात सही थी।)

बेलूड़ के संन्यासियों ने 'समन्वय' के पुराने अंक देखने की व्यवस्था कर दी। वहाँ जो देखना चाहता था, जिनसे मिलने की इच्छा की, उन्होंने सहायता की। इन संन्यासियों ने निराला पर क्या जादू किया होगा, मैं कुछ-कुछ समझ सका। जो निराला से परिचित थे, वे अब भी बड़ी आत्मीयता से उन्हें याद करते थे। मैं उनके प्रति कृतज्ञता प्रकट करता हूँ।

पटना में तख्त पर लेटे जर्जर-शरीर शिवपूजन सहाय संन्यासी-जैसे लगते थे। नंगे बदन, ताड़ के पंखे से हवा करते हुए, 'चूस लिया है उसका सार'—की प्रतिमूर्ति थे। आँखों की ज्योति क्षीण हो रही थी। वह अब भी साहित्य-सम्मेलन के भवन में किसी पुस्तक का सम्पादन करने या प्रूफ पढ़ने जाते थे। उनकी वाणी में अब भी ओज था। गद्दी के लिए कशमकश करनेवाले राजनीतिज्ञों से उन्हें घृणा हो गई थी। हिन्दी के बारे में वह सरकारी नीति की तीखी आलोचना कर रहे थे। साहित्य-सम्मेलन का पुराना वैभव समाप्त हो गया था। साहित्यिक संस्थाओं में जनता के प्रतिनिधि नहीं हैं, इस सब पर उन्हें क्षोभ था।

निराला के बारे में उन्होंने कहा : "महादेव बाबू से उन्हें नियमित आय न होती थी। जब 'मतवाला' प्रतिष्ठित हो गया और उसे प्रतिष्ठित करने में सबसे ज़्यादा हाथ निरालाजी का था, तब महादेव बाबू बदल गए। मुंशीजी के प्रति, हमारे प्रति—सभी के प्रति उनका व्यवहार बदल गया।"

मैंने कहा—निरालाजी की जीवनी मैं आपको समर्पित करूँगा।

उन्होंने क्षीण मुस्कान और सलज्ज आँखों से अपनी विनम्रता प्रकट की।

पुरानी स्मृतियों में डूबे हुए, निराला के सहृदय मित्र, क्षीणदृष्टि, जर्जरतन शिवपूजन सहाय : "आँखों ने ज्ञान के द्वार बन्द कर दिये। किसी तरह स्मरणशक्ति के सहारे 'साहित्य' की टिप्पणियाँ लिख लेता हूँ, नहीं तो सारा काम मेरे आदरणीय मित्र नलिनजी ही करते हैं। अन्धी आँखों से कभी-कभी आवश्यकतावश कुछ लिखना भी पड़ता है तो सन्तोष नहीं होता। आँखों को उत्पीड़ित करके अन्दाज पर पत्र लिख जाता हूँ, पर पता नहीं, क्या-क्या लिख गया...!

"आपने उनके द्वारा 'श्रीरामचन्द्र कृपालु भजु मन' के गाये जाने की याद करा दी। वही पद उन्होंने काशीतलवाहिनी गंगा में बजड़े पर गाकर सुनाया था। महाकवि प्रसादजी भी थे। हारमोनियम पर अजन्ता-गुफा की-सी अंगुलियाँ थिरकने लगीं और अजन्ता के चित्रों-जैसे मन्दिर नेत्र मँडलाने लगे। प्रसादजी साश्रु नेत्रों से उन्हें निहारते ही रहे। वे उन्मुक्त कंठ से उन्हें हिन्दी की विभूति कहते थे। खेद है कि उस विभूति का कण-कण-संचय हम न कर सके।"[1]

और निराला के सहयोगी, परिस्थितियों से असन्तुष्ट, विद्रोही शिवपूजन सहाय : "मेरा स्वास्थ्य ठीक नहीं रहता। दिन-दिन उसमें ह्रास ही होता जा रहा है। आप लोगों के आशीर्वाद से किसी तरह दिन गिनता हुआ समय बिता रहा हूँ। भगवत्कृपा का भरोसा है।

"साहित्य-सम्मेलन में राजनीतिक प्रपंच का अखाड़ा खुल गया है। 'साहित्य' छपकर प्रकाशित हो गया है, पर डाक-टिकट के अभाव से बाहर नहीं भेजा जा रहा है।

"हिन्दी की साहित्यिक संस्थाओं में चुनाव और अधिकार-लिप्सा के कारण अकर्मण्यता व्याप्त हो रही है। यह बड़ी चिन्ता और ग्लानि का विषय है। मैं तो त्यागपत्र देकर उस प्रपंच से अलग हो गया हूँ, केवल 'साहित्य' का काम हाथ में रह गया है। बारहवाँ वर्ष पूरा करके उसे भी छोड़ने का विचार है। अब शक्ति ही नहीं है।"[2]

शिवपूजन सहाय अब नहीं हैं। हिन्दी पत्रकारिता की देहरी पर शहीद हो गए। नई पीढ़ी के लेखक—जिन्हें परम्परा का ज्ञान है—आदर से उन्हें आचार्य शिवपूजन सहाय कहकर याद करते हैं।

उग्र! चौरंगी के पास पार्क में टहलते हुए जा रहे थे। कुछ लोगों में झगड़ा हुआ। भीड़ इकट्ठी हुई। एक क्षण को मैं भी खड़ा हो गया। दूसरे क्षण घूमकर देखा, दोनों हाथों से लुंगी थामे उग्र एक ओर भागे जा रहे हैं। मैं पास पहुँचकर हँसने लगा तो वह नाराज़ होकर बोले—आप निराला के साथ रहकर अपने को बड़ा जोधा समझते होंगे, मैं लड़ाई-झगड़े से दूर रहता हूँ।

उग्र बनारस में। निराला के आर्थिक कष्ट के दिन। मैंने 'हंस' में लिखने का आग्रह किया। उन्होंने 'हंस' के दमन-विरोधी अंक के लिए लेख दिया। श्रीकृष्णदत्त पालीवाल की आलोचना की।

अन्तिम बार दिल्ली में मिलने पर उन्होंने पहला वाक्य कहा : "देखिए शर्माजी, मैं अभी मरा नहीं हूँ।"

वह मृत्यु से जूझ रहे थे—वीर की तरह। हृदय में वैसा ही स्नेह, वही ज़िन्दादिली, बनारसी छाप लिये हिन्दी की वही लाजवाब शैली।

अब उग्र नहीं हैं।

'मतवाला'-मंडल के प्राय: सभी सदस्य एक-एक करके उठ गए। वह युग महान् था : साहस, संघर्ष, वेदना, विजय का युग। पर बाद को जो युग आया, वह भी ऐसा बुरा नहीं। अमृतलाल नागर ने अपनी श्रेष्ठ कृति 'बूँद और समुद्र' निराला को समर्पित की। ज्ञानचन्द्र जैन से पुस्तक मिलने पर निराला ने प्रसन्न होकर कहा : "काम करना तो बस हमारे साथ के लोग जानते हैं।"

कॉस्मिक सोशलिस्ट्स की ओर से निराला का अभिनन्दन करनेवाले, 'चकल्लस' संचालक अमृतलाल नागर ने निराला पर मेरी पहली पुस्तक आदि से अन्त तक नापास कर दी थी। "मेरा खयाल है, जल्द-से-जल्द एक किताब खतम करने के जोश में तुमने अपने ईमान के विरुद्ध बेगार टाली है। पत्रों का जाल सारी किताब में इस बुरी तरह से फैलाया गया है कि वे अपना charm खोकर सस्ती टेकनीक के शिकार बन गए हैं। कहीं-कहीं तो गाली देने को जी चाहता है। हाँ, कुछेक स्थान ऐसे भी हैं जहाँ पत्र कमाल कर जाते हैं। मैं जल्द ही किसी दिन किताब पढ़कर हर चैप्टर पर अपनी राय लिखूँगा।"[3] वह पूरी किताब मैंने फिर से लिखी।

उन्हें इस नई किताब से बहुत उम्मीदें थीं। इलाहाबाद में पन्तजी से कहने लगे : "रामविलास निरालाजी और उनके काल की फिल्म बना रहे हैं।" पन्तजी चौंके। नागरजी ने कहा : "काग़ज़ और किताब के रूप में!"

किताब का एक अध्याय सुना। फिर से लिखने को कहा। मैंने लगभग 200 पृष्ठ लिख डाले थे। उतना भाग नये सिरे से लिखा। उन्होंने सावधान किया : " 'अमृत और विष' में जो कमज़ोरियाँ हैं, वे तुम्हारी किताब में न हों।"

वैसे पत्रों का जाल यहाँ भी है।

'चकल्लस' में अमृतलाल नागर के सहयोगी नरोत्तम नागर यह पुस्तक देखकर प्रसन्न होते। 'चकल्लस' के लिए निराला से उन्होंने कई इंटरव्यू प्राप्त किये थे। मेरी सहायता के लिए इलाहाबाद में निराला के पास मेरे प्रश्न लेकर गए, वह उत्तर बोलते गए, नरोत्तम नागर लिखते गए। वह निराला के लिए हर मंच पर संघर्ष करनेवाले पत्रकार थे।

"सोवियत दूतावास के कल्चरल विभाग में निराला के बारे में सभा थी। दिनकरजी सभापति थे। वक्ताओं में तुम्हारा नाम भी था, लेकिन तुम गैरहाज़िर थे। बनारसीदासजी चतुर्वेदी भी गैरहाज़िर थे। हाँ, मधुबाला के कवि बच्चन ने 'राम की शक्तिपूजा' के कवि निराला पर ऊँचे सिंहासन से प्रवचन झाड़ा, मानो निराला की स्मृति और अमरता उनकी मोहताज हो! प्रभाकर माचवे, चौहान (शिवदानसिंह) और दिनकर—सभी ने बच्चन को जवाब दिया। लगता था, जैसे बच्चन ने मधुबाला की चोली में नहीं, भिड़ के छत्ते में हाथ डाल दिया हो!"[4]

मृत्यु से पहले अपने अन्तिम पत्र में उन्होंने लिखा : "पहली जनवरी को, नये साल के तोहफे के रूप में हार्ट अटैक हुआ—अटैक माइल्ड था, लेकिन उसी ने चलना-फिरना बन्द करा दिया है। वैसे अब तबियत काफी ठीक है। दस-पन्द्रह रोज़ बाद चलना-फिरना शुरू करूँगा...।

"मेरे जीवन में अगर कोई चीज़ निश्चित रही है तो वह अनिश्चितता। निश्चित होकर कायदे से कैसे काम लिया जाता है, यह मैं नहीं जानता। मेरे लिखने-पढ़ने को भी यही अनिश्चितता निश्चित करती है। जिस तरह जीवन में यह पता नहीं रहता कि कल क्या होगा, वैसे ही मुझे पहले से पता नहीं होता कि एक पैरा के बाद दूसरे पैरा में क्या होगा और अन्त में किस जगह जा पहुँचूँगा। यह लेखन-यात्रा खुद मेरे लिए एक चमत्कार होती है।"[5]

पूँजीवादी समाज में स्वाधीनचेता पत्रकारिता के प्रतीक नरोत्तम नागर।

"अब मौत हम लोगों की तरफ बढ़ रही है। जुझारू दोस्त को अचानक ले गई। वह शायद बेकार होते ही दिल तोड़ बैठे थे। वैसे दमदार आदमी थे और अभी जीने की इच्छा रखते थे।...वह बड़ा अक्खड़ और फक्कड़ था। पुरानी यादें ताज़ा हो गई हैं। एक-एक बात याद कर रहा हूँ और उनका चलचित्र देख रहा हूँ। अन्त में वह टिटिहरी शरीर टूट ही तो गया। कोई भी दिल्ली में उस टूट रहे शरीर को टूटने

से न बचा सका।"—केदारनाथ अग्रवाल ने नरोत्तम नागर की मृत्यु का समाचार सुनकर लिखा था।

जुझारू दोस्त, अक्खड़ और फक्कड़—ऐसे ही लोग निराला के लिए लड़े थे। निराला के बालसखा, उनके समधी रामशंकर शुक्ल : "72 की उमर है, निराला जी से तीन साल बड़े हैं और महिषादल में दोनों का जन्म हुआ और लड़कपन साथ ही खेला-कूदा और साथी रहै और हमारे खास कोई नहीं है, अब बुढ़ापा है और शरीर से काफी तकलीफ रहती है। ईस गरज से आप सरकार से पैसे का मासीक प्रबन्ध कुछ करा देते तो ठीक है।"[6]

"अब ईधर या लखनऊ कब तक आना होगा, आपसे मीलने की इच्छा है आगे निरालाजी का कुछ किताब और कोई चिज आप निकाली है की नही, मेरा स्वस्थ खराब ही रहता है।"[7]

भतीजे बिहारीलाल : "निरालाजी हम लोगों को चक्कि पिसकर खिलाया है जब बरसात के समय जब नदि कि बाड़ होति तब चक्कि चलायकर जिलाया है जनेव विवाह किया है आभि तक करते आये हैं।"[8]

भतीजे केशवलाल : "इधर आसा ही आसा में महाकवि निरालाजी हम लोगों को दुखियों को दुख बटानेवाले महाप्राण मेरे काका दुखियों का दुख सहते-सहते दुखी परिवार को छोड़ के चले गए। आज परिवार उस दशा में है। वह तोड़ती पत्थर, देखा उसे मैंने इलाहाबाद के पथ पर। आपका लेख हिन्दुस्तान निराला अंक में पढ़ा था। और भी बहुत-से लेख पढ़े। हम लोगों को काका मूर्ख ही रख गये। भला हम लोग क्या कर सकते हैं! आज महाकवि निरालाजी के नाम से तमाम तने के हिसाब बनाते रहते हैं। लेखकों का काम बहुत अद्‌भुत है। निरालाजी को कोई कुछ लिखते हैं व कोई कुछ लिखते हैं। इधर सोचा है निराला वंशावली पत्र-संग्रह निकाला जाय। आपकी क्या राय है?"[9]

भतीजों के बाद की पीढ़ी। बिहारीलाल के पुत्र लक्ष्मीनारायण : "आप लोग निरालाजी के परिवार व भवन के बारे में सहारा दे सकते हो भवन सुदामाजी की झोंपड़ी के सँमान परा है परिवार दु:ख में है की पेट को न दाना है न वत्र ही है। मेरा जीवन के पालनहार मेरे बाबा देवलोक चले गये बाबा के न रहने से मेरा दिल बड़ा दुखी है...

"मैंने सुना है एक लाख रु. निकला है सो सही है या झूठ है कीसको मिलेगा सो आप लिखना।"[10]

निराला का पारिवारिक परिवेश। पुस्तक के अन्त में उसे याद कर लेना आवश्यक है।

उससे बड़ा निराला का साहित्यिक परिवार। जिससे जो सहायता बन पड़ी, उसने की। उदयशंकर शास्त्री का घर दूसरा 'कलाभवन' है। बहुत-सी पत्र-पत्रिकाएँ, पुराने लेखों की कतरनें उन्होंने सँजो रखी थीं। मैंने इनसे लाभ उठाया। मौखिक रूप से भी अपनी विस्तृत जानकारी से उन्होंने मेरी बड़ी सहायता की। परमानन्द शर्मा ने 'रँगीला' के दो अंक देखने को दिये, कलकत्ते के पत्रों में प्रकाशित निराला की कुछ

रचनाओं की प्रतिलिपि करके भेजी। स्वर्गीय उदयशंकर भट्ट ने अबोहर सम्बन्धी संस्मरण लिख भेजा। प्रबोधचन्द्र मजुमदार ने 'वन्दना' में प्रकाशित निराला का लेख ढूँढ़ निकाला। दयाशंकर वाजपेयी के पुत्र शान्तिस्वरूप वाजपेयी, कुमुद शर्मा (श्रीमती नलिन विलोचन शर्मा), रामप्रसाद यादव (लल्लू), रत्नशंकरप्रसाद, गंगाप्रसाद मिश्र, चन्द्रप्रकाश सिंह, बनारसीदास चतुर्वेदी, केदारनाथ अग्रवाल, उग्र आदि साहित्य-प्रेमियों ने निराला के अनेक पत्र मेरे लिए सुलभ किये। भगवानदास माहौर ने सन्-संवत्, तिथि-तारीख के मसले हल किये। शिवनारायण शर्मा कलकत्ते और महिषादल में मेरे अनुसन्धान कार्य में बराबर सहायक रहे। वह मुझे बहुत-से लोगों से मिलाने ले गए। 'मतवाला' के लेखक सम्मान्य पत्रकार रामशंकर त्रिपाठी ने निराला के जीवन से सम्बन्धित कई महत्त्वपूर्ण बातें बताईं। निराला के दामाद—शिवशेखर द्विवेदी—ने मेरे लिए अपने विवाह तथा सरोज की बीमारी का विवरण लिख भेजा। रामकृष्ण त्रिपाठी से अनेक आवश्यक बातों की जानकारी हुई। गंगाप्रसाद पांडेय, शिवचन्द्र नागर, इलाचन्द्र जोशी, लक्ष्मीनारायण मिश्र आदि अनेक लेखकों के प्रकाशित लेखों और पुस्तकों से मुझे सहायता मिली है। श्रीनारायण चतुर्वेदीजी से पुस्तक लिखने के लिए विशेष प्रोत्साहन मिला।

इन सबके प्रति मैं आभार प्रकट करता हूँ।

इस पुस्तक का एक अध्याय वस्तुत: पन्तजी की देन है। सामग्री उनकी है; विश्लेषण और निष्कर्ष मेरे हैं। मैं उनके प्रति कृतज्ञ हूँ।

घनश्याम अस्थाना, नामवर सिंह, गंगाधर शास्त्री, चन्द्रबली सिंह, त्रिलोचन शास्त्री, निर्मल तलवार (शर्मा), कल्याणमल लोढ़ा, रमेशचन्द्र द्विवेदी आदि मित्रों ने अनेक प्रकार से मेरी सहायता की है। इन्हें तथा उन सबको, जिनके नाम याद नहीं आ रहे हैं, मैं धन्यवाद देता हूँ।

नागरी प्रचारिणी सभा, काशी के अधिकारियों ने महावीरप्रसाद द्विवेदी का पत्र-संग्रह देखने और उसका उपयोग करने की अनुमति दी, इसके लिए मैं उनका विशेष आभारी हूँ।

टिप्पणी

सुर्जकुमार तेवारी

1. 'कविता-कौमुदी' में प्रकाशनार्थ अपने परिचय में निराला ने यह जन्मतिथि रामनरेश त्रिपाठी को लिखकर भेजी थी।
2. महावीरप्रसाद द्विवेदी को सूर्यकान्त त्रिपाठी, 11-1-21

साधना-प्रारम्भ

1. महावीरप्रसाद द्विवेदी को शिवप्रसाद गुप्त, मिती 9-8-1978
2. शिवप्रसाद गुप्त के उपर्युक्त पत्र पर महावीरप्रसाद द्विवेदी का नोट, 28-11-21
3. सूर्यकान्त त्रिपाठी को महावीरप्रसाद द्विवेदी, 17-12-21
4. महावीरप्रसाद द्विवेदी को सूर्यकान्त, 27-10-23
5. उप.
6. महावीरप्रसाद द्विवेदी को सूर्यकान्त, 6-11-23
7. महावीरप्रसाद द्विवेदी को सूर्यकान्त, 1 0-11-23

'मतवाला'-मंडल

1. शिवपूजन सहाय को रूपनारायण पांडेय, 4-10-24
2. शिवपूजन सहाय को ईश्वरीप्रसाद शर्मा, 25-11-24
3. 'मतवाला', 10 मई, '24
4. 'मनोरमा', जून, '24
5. 'मनोरमा', अगस्त, '24
6. 'मतवाला', 9 अगस्त, '24
7. 'मतवाला', 30 अगस्त, '24
8. 'मतवाला', 13 सितम्बर, '24
9. 'मनोरमा', अक्तूबर, '24
10. शिवपूजन सहाय को महादेवप्रसाद सेठ, 24 सितम्बर, '24

नये संघर्ष

1. शिवपूजन सहाय को दुलारेलाल भार्गव, 5-2-25
2. शिवपूजन सहाय को महादेवप्रसाद सेठ, 23-3-25
3. मतवाला, 17 जनवरी, '25
4. शिवपूजन सहाय को महादेवप्रसाद सेठ, 14-8-25
5. शिवपूजन सहाय को निराला, 1-10-27
6. शिवपूजन सहाय को निराला, 21-5-1926
7. निराला को शान्तिप्रिय द्विवेदी, 30-11-26
8. उप., 10-12-26
9. उप., 1-1-27
10. निराला को रामनरेश त्रिपाठी, 28-9-26
11. उप. अक्तूबर या नवम्बर, सन् '26 में लिखा हुआ; पत्र में तारीख नहीं है।
12. निराला को वाचस्पति पाठक, 10-5-27
13. निराला को जयशंकर प्रसाद, 19-5-27
14. निराला को विनोदशंकर व्यास, 15-7-27
15. विनोदशंकर व्यास को निराला—आषाढ़ सुदी 10मी (सन् 1927)

आलोचना-प्रत्यालोचना

1. निराला को शान्तिप्रिय द्विवेदी, 1-4-26
2. उप., 19-5-27
3. उप., सम्भवत: जून, '27 में लिखा हुआ पत्र
4. निराला को विनोदशंकर व्यास, 14-10-27
5. निराला को शिवपूजन सहाय, 15-10-27
6. 'सरस्वती', मई, 1927
7. निराला को शिवपूजन सहाय, 20-9-27
8. निराला को प्रसाद, 3-12-27
9. शिवपूजन सहाय को निराला, 15-12-27
10. निराला को शिवपूजन सहाय, 18-12-27
11. प्रसाद को निराला, दिसम्बर, '27 का अन्तिम सप्ताह
12. शिवपूजन सहाय को निराला, जनवरी, '28
13. उप., 29-1-28
14. निराला को शिवपूजन सहाय, 16-2-28
15. शिवपूजन सहाय को निराला, 22-2-28
16. निराला को रामसेवक त्रिपाठी, 3-1-28
17. उप., 1-2-28
18. सुधा, अगस्त, '27
19. उप., फरवरी, '28
20. उप., मार्च, '28
21. उप., जुलाई, '28
22. उप., दिसम्बर, '27
23. उप., फरवरी, '28
24. पद्मसिंह शर्मा, माधुरी, अगस्त-सितम्बर, '28
25. निराला को शान्तिप्रिय द्विवेदी, 25-3-28
26. सुधा, अप्रैल, '28
27. निराला को कृष्णबिहारी मिश्र, 24-3-27
28. निराला को नन्ददुलारे वाजपेयी, 24-8-28
29. निराला को सुमित्रानन्दन पन्त, 16-12-28
30. शिवपूजन सहाय को महादेवप्रसाद सेठ, 20-10-28
31. शिवपूजन सहाय को उग्र, 9-4-28
32. शिवपूजन सहाय को नवजादिकलाल श्रीवास्तव, 4-7-28
33. नन्ददुलारे वाजपेयी को निराला, 10-4-29
34. 7 मई, 1929 के आसपास का पत्र

'परिमल' और 'वर्तमान धर्म'

1. निराला को नन्ददुलारे वाजपेयी, 25-8-29
2. सुमित्रानन्दन पन्त को निराला, सितम्बर, '29

3. शिवशेखर द्विवेदी को निराला, 30-9-28
4. शिवपूजन सहाय को निराला, 10-4-33
5. उप., 19-6-32
6. जयशंकर प्रसाद को निराला, 19-6-32

गंगा पुस्तकमाला और 'सुधा'

1. जयशंकर प्रसाद को निराला, 24-4-33

जीवन की सार्थकता का प्रश्न

1. जानकीवल्लभ शास्त्री को निराला, 29-10-35
2. जयशंकर प्रसाद को निराला, 18-2-36
3. जानकीवल्लभ शास्त्री को निराला, 17-4-36

राजनीति और साहित्य

1. रामविलास शर्मा को निराला, 9-11-36
2. उप., 20-11-36
3. उप., 9-11-36
4. उप., 23-12-36
5. सरस्वती, फरवरी, '38; सामयिक साहित्य स्तम्भ से
6. वाचस्पति पाठक को निराला, 10-10-38
7. शिवपूजन सहाय को निराला, 12-9-36
8. उप., 15-3-38
9. वाचस्पति पाठक को निराला, 10-10-38
10. उप., 18-12-38
11. बच्चन : नये-पुराने झरोखे, पृ. 158
12. बच्चन : निराला की वर्षगाँठ पर, संगम, इलाहाबाद, 23 जनवरी, 1950
13. सम्मेलन-पत्रिका, श्रद्धांजलि विशेषांक, पृ. 333

यथार्थ-दर्शन

1. चौबे—मेरे छोटे भाई रामस्वरूप का घर का नाम
2. बनारसीदास चतुर्वेदी को निराला, 17-12-39
3. निराला को बनारसीदास चतुर्वेदी, 23-1-40
4. बनारसीदास चतुर्वेदी को निराला, 24-1-40
5. निराला को बनारसीदास चतुर्वेदी, 27-1-40
6. राजाबख्श सिंह को निराला, 3-5-39
7. दयाशंकर वाजपेयी को निराला, 8-2-40
8. उप., 14-2-40
9. उप., 14-3-40
10. निराला को भगवतीचरण वर्मा, 24-6-40

नरक-यात्रा

1. चन्द्रमुखी ओझा 'सुधा' : निरालाजी : निकट से; निराला-अभिनन्दन-ग्रंथ, कलकत्ता, पृ. 30-31
2. किशोरीदास वाजपेयी : कवि-सम्मेलन और उसकी अध्यक्षता; साप्ताहिक हिन्दुस्तान, 5-7-64
3. उदयशंकर भट्ट द्वारा भेजे हुए संस्मरण
4. गंगाप्रसाद पांडेय : महाप्राण निराला, पृ. 221
5. उप., पृ. 210
6. रामविलास शर्मा को निराला, 2-2-43
7. उप., 22-2-43
8. उप., 15-3-43
9. उप., 2-2-43
10. उप., 22-2-43
11. उप., 18-6-43
12. उप., 2-12-43
13. उप., 2-12-43
14. उप., 15-3-43
15. रामप्रसाद यादव (लल्लू) को निराला, 27-12-43
16. रामविलास शर्मा को निराला, 18-6-43
17. उप., 11-12-43
18. उप., 11-5-43
19. उप., 17-5-43
20. केदारनाथ अग्रवाल को निराला, 2-9-43
21. गंगाप्रसाद मिश्र को निराला, 2-12-43
22. रामविलास शर्मा को निराला, 18-6-43
23. गंगाप्रसाद पांडेय : महाप्राण निराला, पृ. 2, 38
24. 'अवस्थी' : स्मृतिचिह्न; जनभारती, निराला अंक-2
25. रामानुजलाल श्रीवास्तव : महाकवि निराला और जबलपुर, रसवंती, फरवरी, '62
26. केदारनाथ अग्रवाल को निराला, 13-2-41
27. रामविलास शर्मा को निराला, 14-6-44
28. गंगाप्रसाद पांडेय : महाप्राण निराला; महादेवी वर्मा की भूमिका
29. रामविलास शर्मा को निराला, 19-11-44
30. उप., 8-12-44
31. उप., 30-12-44
32. हंस, नवम्बर, '44
33. रामविलास शर्मा को निराला, 30-12-44
34. केदारनाथ अग्रवाल को निराला, 2-4-45
35. उप., 7-4-45

36. रामविलास शर्मा को केदारनाथ अग्रवाल, 8-3-45
37. केदारनाथ अग्रवाल को निराला, 8-7-45
38. उप., 10-7-45
39. रामविलास शर्मा को निराला, 6-7-45
40. उप., 8-7-45
41. केदारनाथ अग्रवाल को निराला, 20-8-45
42. रामविलास शर्मा को निराला, 4-7-45
43. उप., 25-7-45
44. उप., 16-2-45
45. रामविलास शर्मा को महादेवी वर्मा, 12-2-45
46. केदारनाथ अग्रवाल को निराला, 15-5-45
47. गंगाप्रसाद पांडेय : महाप्राण निराला, पृ. 251
48. रामविलास शर्मा को निराला, 6-7-45
49. उप., कार्तिकी पूर्णिमा, 1945
50. उप., 5-5-45
51. उप., 26-5-45
52. रामविलास शर्मा को रामकृष्ण त्रिपाठी, 16-2-46
53. उप., 22-8-46

स्वाधीन भारत में

1. गंगाप्रसाद पांडेय : महाप्राण निराला, पृ. 101
2. उप., पृ. 266
3. उप., पृ. 272
4. रामविलास शर्मा को नन्ददुलारे वाजपेयी, 21-10-46
5. गंगाप्रसाद पांडेय : निराला-समाचार; रक्ताभ, लखनऊ, मार्च, '48
6. गंगाप्रसाद पांडेय : महाप्राण निराला, पृ. 272
7. शिवचन्द्र नागर : महादेवी, विचार और व्यक्तित्व; इलाहाबाद, पृ. 51
8. महाप्राण निराला, पृ. 276-78
9. रसविलास शर्मा को गंगाधर शास्त्री, 9-2-27; इसी में बलदेवप्रसाद मेहरोत्रा का नोट
10. हंस, जनवरी-फरवरी, '47
11. शिवचन्द्र नागर : महादेवी, पृ. 218
12. उप.
13. महाप्राण निराला, पृ. 360
14. हंस, जून, '48
15. महाप्राण निराला, पृ. 368-9
16. गंगाप्रसाद पांडेय : निराला-समाचार, रक्ताभ, मार्च, '48
17. महाप्राण निराला, पृ. 367
18. उप., पृ. 369

19. महाप्राण निराला, पृ. 370-71
20. शिवचन्द्र नागर : महादेवी, पृ. 329
21. गंगाप्रसाद पांडेय : निरालाजी आजकल; संगम, 13 जनवरी, '50
22. उप.
23. ओंकार शरद : नरनाहर निराला, सम्मेलन पत्रिका, श्रद्धांजलि विशेषांक
24. महाप्राण निराला, भूमिका
25. केशवलाल त्रिपाठी को निराला, 4-1 0-49
26. रामगोपाल त्रिपाठी को निराला, 4-10-49
27. गंगाप्रसाद पांडेय : निरालाजी आजकल; संगम, 23-1-50
28. उप.
29. उमाशंकर सिंह : निराला का निरालापन, पृ. 65
30. भारत, 18-9-50
31. सुमित्रानन्दन पन्त : निरालाजी के जन्मदिवस पर; संगम, 23-1-50
32. स.ही. वात्स्यायन : मानवीय प्रतिभा के सामर्थ्य-गौरव, उप.
33. डॉ. एजाज़ हुसेन : ऐसे हैं निरालाजी; संगम, 23-1-50
34. नई धारा, मई, '50
35. उप., अगस्त, '50
36. बच्चन : नये-पुराने झरोखे, पृ. 61
37. त्रिपथगा, निराला अंक-2, पृ. 28
38. शिवगोपाल मिश्र; उप., पृ. 27
39. इलाचन्द्र जोशी : निराला के स्वयंसिद्ध संरक्षक; नई धारा, जून, '54
40. गंगाप्रसाद पांडेय : निरालाजी आजकल; 'नये पत्ते', इलाहाबाद, जनवरी-फरवरी, '53

मृत्यु से संघर्ष

1. केदारनाथ अग्रवाल को रामविलास शर्मा, जनवरी (सम्भवत: 16), 1959
2. 'आज', 4 फरवरी, '60
3. रामविलास शर्मा को अमृतलाल नागर, 13-2-60
4. कमलाशंकर सिंह : निराला की विदा के क्षण; साप्ताहिक हिन्दुस्तान, 11-2-62
5. केदारनाथ अग्रवाल : निरालाजी; 'कृति', दिल्ली, फरवरी, '61
6. कलावतीदेवी 'बच्ची' : जब वह देवपुरुष मेरे आँगन में आया; साप्ताहिक हिन्दुस्तान, 18-2-62
7. रामप्रताप त्रिपाठी : महाकवि निराला के अन्तिम दर्शन; साप्ताहिक हिन्दुस्तान, 19-11-61
8. सरस्वती, नवम्बर, '61
9. रामविलास शर्मा को रामकृष्ण त्रिपाठी, 3-12-61
10. रामविलास शर्मा को शिवमंगलसिंह सुमन, 20-2-62
11. हिन्दी टाइम्स, दिल्ली, 21-7-62
12. उप.

व्यक्तित्व और परिवेश

1. सम्मेलन पत्रिका, प्रयाग, श्रद्धांजलि विशेषांक, पृ. 362
2. शिवपूजन सहाय को निराला, 15-3-38

विक्षेप—अर्द्ध-विक्षेप

1. अरविंग स्टोन : दि ऐगनी एंड दि एक्सटैसी; कौलिन्स, लन्दन, पृ. 570

मूल्यांकन

1. सरस्वती, मई, 1633
2. साप्ताहिक हिन्दुस्तान, 17 मई, '64
3. उप., 7-1-62
4. बनारसीदास चतुर्वेदी : वह चरित्र-विघातक तुकबन्दी, धर्मयुग, 8-11-64
5. पद्मसिंह शर्मा के पत्र, आत्माराम एंड सन्स, दिल्ली, पृ. 26
6. निराला अभिनन्दन-ग्रंथ, पृ. 57
7. अन्तरदेव, वसन्त पंचमी, 1962, फतेहपुर, पृ. 26
8. रामविलास शर्मा को रामविलास पांडेय, 29-9-64
9. सम्मेलन पत्रिका, श्रद्धांजलि विशेषांक, पृ. 448
10. साप्ताहिक हिन्दुस्तान, 18-2-62
11. उप., 15-5-64
12. उप.
13. बालमुकुन्द गुप्त स्मारक-ग्रंथ, कलकत्ता, पृ. 450
14. जानकीवल्लभ शास्त्री को निराला, 11-2-36
15. हिमालय, अगस्त, 1946
16. इलाचन्द्र जोशी : विद्रोही सन्तों की परम्परा में निराला, धर्मयुग, 21-10-62

पन्त और निराला

1. रामविलास शर्मा को सुमित्रानन्दन पन्त, 27-5-38
2. उप., 26-11-66

उपसंहार

1. रामविलास शर्मा को शिवपूजन सहाय, महाशिवरात्रि, 1999
2. शिवपूजन सहाय को रामविलास शर्मा, 5-3-43
3. रामविलास शर्मा को शिवपूजन सहाय, रंगभरी एकादशी, 1999
4. उप., 27-1-44
5. विनोदशंकर व्यास : दिन-रात; पुस्तक मन्दिर, काशी, पृ. 94
6. साहित्य, पटना, जनवरी, 1964
7. नागार्जुन : एक व्यक्ति, एक युग; परिमल प्रकाशन, इलाहाबाद, पृ. 20
8. उग्र : अपनी खबर; राजकमल प्रकाशन, दिल्ली, पृ. 13
9. शिवपूजन सहाय को उग्र, 11-4-48

10. रसवन्ती, लखनऊ, फरवरी, '62, पृ. 43
11. आज, 29-10-61
12. नवजीवन, लखनऊ, 29-10-61
13. साप्ताहिक हिन्दुस्तान, 21 अक्तूबर, 1962
14. उमाशंकर सिंह : महाकवि निराला का निरालापन, पृ. 13
15. सम्मेलन-पत्रिका, प्रयाग, श्रद्धांजलि विशेषांक, पृ. 439
16. त्रिपथगा, लखनऊ, निराला संस्मरण अंक, खंड 2, पृ. 96
17. रसवन्ती, फरवरी, '62, पृ. 100
18. त्रिपथगा, निराला संस्मरण अंक, खंड 2, पृ. 71
19. लहर, अजमेर, फरवरी, '65, पृ. 42
20. उप.
21. उप.
22. विविधा, लखनऊ, नवम्बर, '61, पृ. 42
23. उप., पृ. 43
24. सम्मेलन-पत्रिका, श्रद्धांजलि विशेषांक, पृ. 477
25. आज, 29-10-61
26. उप.
27. रसवन्ती, फरवरी, '62, पृ. 81
28. आज, 29-10-68
29. रामविलास शर्मा को नन्ददुलारे वाजपेयी, 28-12-46
30. रामविलास शर्मा को उमाशंकर वाजपेयी, 12-4-62
31. बौसवेल दि लाइफ ऑफ जानसन; दि मॉडर्न लाइब्रेरी, न्यूयॉर्क, पृ. 255
32. उप. पृ. 792

कृतज्ञता-ज्ञापन

1. रामविलास शर्मा को शिवपूजन सहाय, 29-3-59
2. उप., 1-5-62
3. रामविलास शर्मा को अमृतलाल नागर, 15-6-45
4. रामविलास शर्मा को नरोत्तम नागर, 21-11-61
5. उप., 18-1-68
6. रामविलास शर्मा को जयशंकर शुक्ल, 21-2-64
7. उप., 25-3-64
8. रामविलास शर्मा को बिहारीलाल त्रिपाठी, 24-2-62
9. रामविलास शर्मा को केशवलाल त्रिपाठी, 5-3-62
10. रामविलास शर्मा को लक्ष्मीनारायण त्रिपाठी, 4-4-62

निराला की साहित्य-साधना

द्वितीय खंड

विचारधारा और कला का विवेचन

निराला की साहित्य-साधना

द्वितीय खंड

विचारधारा और कला का विवेचन

रामविलास शर्मा

राजकमल प्रकाशन

ISBN : 978-81-267-0435-4

मूल्य : ₹4950
(सम्पूर्ण सेट तीन खंड में)

पहला संस्करण : 1972
ग्यारहवाँ संस्करण : 2022

प्रकाशक : राजकमल प्रकाशन प्रा.लि.
1-बी, नेताजी सुभाष मार्ग, दरियागंज
नई दिल्ली-110 002

शाखाएँ : अशोक राजपथ, साइंस कॉलेज के सामने, पटना-800 006
पहली मंजिल, दरबारी बिल्डिंग, महात्मा गांधी मार्ग, प्रयागराज-211 001
36 ए, शेक्सपियर सरणी, कोलकाता-700 017

वेबसाइट : www.rajkamalprakashan.com
ई-मेल : info@rajkamalprakashan.com

मुद्रक : बी.के. ऑफसेट
नवीन शाहदरा, दिल्ली-110 032

NIRALA KI SAHITYA SADHANA (Vol. 2)
A Critical Study of Nirala by Dr. Ram Bilas Sharma

तीसरे संस्करण की भूमिका

निराला का प्रसिद्ध गीत है : कौन तम के पार—रे कह! सम्भव है, इसकी मूल धारणा उन्होंने **ऋग्वेद** से प्राप्त की हो। जब न सत् था, न असत् था, न लोक था, न परम व्योम था, **किमावरीवः**—तब सबको कौन ढँके था? आगे मानो इसी प्रश्न का उत्तर दिया गया है : **तम आसीत् तमसा गूळ् हमग्रेऽप्रकेतं सलिलं सर्वथा इदम्**—पहले अन्धकार था, अन्धकार से सब कुछ ढँका था, वह सब केवल अव्यक्त जल था। (10.129.1,3) निराला के गीत में तम है और जल है, इसके साथ प्रश्न है : कौन तम के पार? अर्थात् आरम्भ में केवल अन्धकार था।

यदि निराला ने **ऋग्वेद** के सूक्त के आधार पर गीत रचा था तो उन्हें इस बात का श्रेय है कि ब्रह्मसम्बन्धी प्रचलित विचारधारा से अलग हटकर उन्होंने सृष्टि के बारे में प्राचीन विकासवादी मान्यता को पुनर्जीवित किया था। यदि उन्होंने अपनी कल्पना से वह सब लिखा था तो मानना चाहिए, उनका सृष्टिसम्बन्धी चिन्तन उतना ही उदात्त और गम्भीर था जितना ऋग्वैदिक कवियों का **परिमल** की भूमिका में **तत्सवितुर्वरेण्यम** की व्याख्या करते हुए उन्होंने लिखा था : " 'तत्' न स्त्री है, न पुरुष। जिस तरह ब्रह्म मुक्त-स्वभाव है, वैसे ही यह छन्द भी। पर आज इस तरह कोई दृक्पाल भी नहीं करना चाहता। इतनी बड़ी दासता—रूढ़ियों की पाबंदी इस मंच के जानने वालों पर भी सवार है। वेदों में काव्य की मुक्ति के ऐसे हज़ारों उदाहरण हैं। बल्कि 95 फीसदी क्षेत्र इसी प्रकार मुक्त हृदय के परिचायक हो रहे हैं। इन मंत्रों को ईश्वरकृत समझकर अनुयायीगण विचार करने के लिए भी तैयार नहीं, न पराधीन काल की अपनी बेड़ियाँ किसी तरह छोड़ेंगे, जैसे उन बेड़ियों के साथ उनके जीवन और मृत्यु का सम्बन्ध हो गया हो!"

निराला यहाँ सामन्ती रूढ़िवाद से संघर्ष करते हुए सीधे **ऋग्वेद** के दार्शनिक चिन्तन को पुनर्जीवित कर रहे हैं। नवजागरण का यह

पक्ष न रवीन्द्रनाथ ठाकुर में है, न विवेकानन्द में। राष्ट्रीय स्तर पर और जातीय स्तर पर हमारा नवजागरण अधूरा है। सामान्य शिक्षित जन और विशेष प्रबुद्ध जन भी भारतीय दर्शन की यथार्थवादी धारा से प्राय: अपरिचित हैं। इसीलिए वे रूढ़ियों की पाबंदी तोड़ नहीं पाते, सामन्ती रूढ़ियों को ऐसे अपनाये हैं, जैसे उनसे उनके जीवन और मरण का सम्बन्ध हो!

अपने साहित्यिक जीवन के आरम्भ में निराला ने धर्म का महत्त्व स्वीकारते हुए लिखा था : "परन्तु, धर्म को मानते हुए हमें अधर्म को भी मान लेना चाहिए। क्योंकि सृष्टि में ऐसी कोई वस्तु नहीं, ऐसा कोई शब्द नहीं, जिसका विरोधी गुण न हो...अमृत का गुणगान कीजिए तो विष को भी अपनी तान छेड़ते हुए देखिए।" (धर्म-अधर्म की यह चर्चा पुस्तक के 'वेदान्त और विकासवाद' अध्याय में है।) **ईशावास्योपनिषद्** में मंत्र है :

विद्यां चा विद्यां च यस्तद्वेदोभयं सह।
अविद्यया मृत्युं तीर्त्वा विद्ययाऽमृतमश्नुते॥ 11॥

जो विद्या और अविद्या, दोनों को एक साथ जानता है, वह अविद्या से मृत्यु को पार करता है और विद्या से अमृत को भोगता है। उपनिषदों की प्रचलित व्याख्याओं में विद्या के साथ अविद्या का यह महत्त्व अस्वीकृत है। इन व्याख्याओं के विरुद्ध चलते हुए निराला कहते हैं : सृष्टि में ऐसी कोई वस्तु नहीं जिसका विरोधी गुण न हो। शंकराचार्य से अलग हटकर निराला का चिन्तन औपनिषदिक परम्परा के अनुरूप है। समूची-परम्परा ऐसी नहीं है परन्तु उसकी एक धारा ऐसी अवश्य है।

उपनिषदों का पुनर्मूल्यांकन आवश्यक है, नये सिरे से **ऋग्वेद** का अध्ययन और विवेचन आवश्यक हैं। निराला साहित्य में ऐसे सूत्र हैं जो इस कार्य में हमारा मार्गदर्शन कर सकते हैं।

—रामविलास शर्मा

नई दिल्ली,
23 अप्रैल, 1993

भूमिका

निराला की साहित्य-साधना के पहले खंड में निराला का जीवन-चरित है, व्यक्तित्व का विश्लेषण है। साहित्यकार के व्यक्तित्व का श्रेष्ठ निदर्शन उसका कृतित्व है। इस कृतित्व का विवेचन पुस्तक के दूसरे खंड में है। पहला खंड उसकी भूमिका मात्र है।

निराला जब तक जीवित रहे, उनका विवेक-शून्य विरोध ही अधिक हुआ। उनकी मृत्यु के बाद उनका व्यक्तित्व श्रद्धा की फूलमालाओं के नीचे छिप गया। निराला के जीवन-काल में और उनकी मृत्यु के बाद जो लोग उनके साहित्य के सही मूल्यांकन में लगे रहे हैं, उनके कार्य की एक कड़ी यह पुस्तक है।

काव्य, कथा-साहित्य, आलोचनात्मक निबन्धों के अलावा निराला ने देश की राजनीतिक, सामाजिक समस्याओं पर बहुत-कुछ लिखा है। ऐसी काफी सामग्री 'सुधा' की सम्पादकीय टिप्पणियों में बिखरी हुई है। इसका अध्ययन निराला के कलात्मक साहित्य के भरे-पूरे विवेचन के लिए आवश्यक है। उस युग की राजनीति के अन्तर्विरोधों को समझने के लिए आवश्यक है। सबसे अधिक आज की राजनीतिक परिस्थिति को समझने के लिए आवश्यक है। आज देश में जो कुछ हो रहा है, उसका गहरा सम्बन्ध स्वाधीनतापूर्व के भारत से है। प्रेमचन्द और निराला अपने युग के दो अत्यन्त जागरूक साहित्यकार थे। इनकी राजनीतिक विचारधारा का अपना—उनके साहित्य से स्वतंत्र—महत्त्व है। उसके अध्ययन से हम उस समय के राजनीतिज्ञों, उनकी विचारधारा, उनकी कार्यवाही को नये सिरे से परखना सीखेंगे।

निराला साम्राज्यवाद के आर्थिक रूप का विश्लेषण करते हैं, उसके राजनीतिक दाँव-पेंच की छानबीन करते हैं, साम्राज्यवाद से भारतीय सामन्तों के गठबन्धन को जाँचते हैं। इस चौखटे में जाति-प्रथा, हिन्दू-मुस्लिम एकता, राष्ट्रीय एकता और राष्ट्रभाषा आदि समस्याओं पर विचार करते हैं। उसी सन्दर्भ में वह साहित्य और

दर्शन के क्षेत्रों में नये चिन्तन, नये विचारों के प्रसार पर बल देते हैं। दर्शन, साहित्य, राजनीति, समाज—सभी क्षेत्रों में उनके विचार परस्पर सम्बद्ध हैं। इनकी परस्पर सम्बद्धता को ध्यान में रखते हुए ही निराला के चिन्तनशील व्यक्तित्व की सही तसवीर खींची जा सकती है। इस पुस्तक का 'विचारधारा' वाला अंश इसी दिशा में एक प्रयास है।

निराला की रचना-प्रक्रिया का स्रोत है उनका भावबोध। यह भावबोध उनकी विचारधारा से सम्बद्ध है किन्तु उसका प्रतिबिम्ब नहीं है। निराला का स्वाधीनता-प्रेम उनके साहित्य में अप्रत्याशित नये-नये रूपों में व्यक्त होता है। उनकी आस्था के प्रतीक अनेक हैं, उनका अधिष्ठान एक है। उनकी दार्शनिक मान्यताएँ अनेक अन्तर्विरोधों को पार करती हुई नारी और प्रकृति के मोहक चित्रों के साथ साहित्य में व्यक्त होती हैं। नये मानवतावाद के प्रतिष्ठापक निराला के साहित्य में मनुष्य वीर, क्रान्तिकारी, योद्धा, कवि, निरन्तर संघर्षशील, साथ ही अन्तर्द्वन्द्व, ग्लानि और पराजय से पीड़ित साधारण मनुष्य भी है। निराला सौन्दर्य और उल्लास के कवि हैं, दु:ख और मृत्यु के भी। इन बातों का विवेचन पुस्तक के दूसरे अंश 'भावबोध' में है।

किसी भी साहित्यकार की कला का विवेचन कठिन कार्य है। बहुत-सी सैद्धान्तिक समस्याएँ विवेचन आरम्भ होने से पहले अपना समाधान चाहती हैं। साहित्यकार भी स्थापत्यकार की तरह अपना निर्माण-कौशल प्रदर्शित करता है। इस कौशल को हम कैसे परखें? निर्माण-कौशल के लिए उसकी रचना-सामग्री क्या है? भाषा, शब्दों का अर्थ, उनकी ध्वनि, छन्द-प्रवाह, मूर्ति विधान—इनका परस्पर सम्बन्ध क्या है? काव्य की संरचना से इनका सम्बन्ध क्या है?—इस तरह के प्रश्नों से उलझते हुए पुस्तक के तीसरे अंश में निराला की कला—मुख्यत: उनकी काव्य-कला—का विवेचन किया गया है।

निराला ने बहुत-सा गद्य लिखा है जिसमें कुछ बहुत महत्त्वपूर्ण है, कुछ उनकी इच्छापूर्ति वाले स्वप्नों से कमज़ोर हो गया है। काव्य के साथ इसका अध्ययन करने से निराला की भावदशा, प्रेरणा-स्रोतों को समझने में सहायता मिलती है। किसान-जीवन का चित्रण करने में उन्होंने कथा-साहित्य का नवीन कलात्मक विकास किया है; उसका स्वतंत्र महत्त्व है। निराला ने बहुत तरह का गद्य लिखा है, बहुत तरह के प्रयोग किये हैं। उनकी गद्य-लेखन-कला का विवेचन पुस्तक के चौथे अंश में है।

निराला ने हिन्दी, बँगला, संस्कृत, अंग्रेज़ी में बहुत-कुछ पढ़ा था, जो पढ़ा था, उसे खूब घोखा था। उन पर शंकराचार्य और विवेकानन्द

की विचारधारा का ही नहीं, उनके काव्य का, उनकी भावधारा का भी प्रभाव है। कहीं लगता है कि विचारधारा से भी अधिक यह भावधारा का प्रभाव महत्त्वपूर्ण है। निराला में वाल्मीकि, भवभूति और कालिदास की प्रतिध्वनियाँ हैं। वह जो कुछ पढ़ते हैं, रचना के लिए कलाकार की दृष्टि से उसका उपयोग करने के लिए। शेक्सपियर और रवीन्द्रनाथ से ग्रहण किये हुए चित्रों का उपयोग जहाँ-तहाँ अनपेक्षित सन्दर्भों में विचित्र ढंग से करते हैं। उन पर तुलसीदास के दर्शन का, दर्शन से अधिक उनकी कला का, कला में सर्वाधिक नाद-सौन्दर्य का प्रभाव है। उन्होंने आधुनिक हिन्दी कवियों की भाषा का अध्ययन भी बारीकी से किया था। रचनाकार का मन कहाँ-कहाँ भटकता है, कैसी-कैसी उधेड़बुन में फँसता है, रचना के लिए कहाँ से उपकरण सँजोता है, इसकी थोड़ी-सी झलक पुस्तक के पाँचवें अंश में है।

इस भूमिका का उद्देश्य विषय-विवेचन का पूरा परिचय देना, या उसका सारांश प्रस्तुत करना नहीं है। पुस्तक पढ़ने से पहले मन में जो कुतूहल होता है, उसे आंशिक रूप में शान्त करना ही उद्देश्य है। जो कलाकार अपनी कृतियों से हिन्दी साहित्य को समृद्ध कर रहे हैं, उन्हें निराला की कलात्मक सफलता-असफलता का इतिहास दिलचस्प मालूम होगा, ऐसी आशा है। कलाकार और गैर-कलाकार, हिन्दी-भाषी और अहिन्दी-भाषी—वे तमाम साहित्य-प्रेमी, जिन्हें निराला की साहित्य-साधना प्रिय है, इस पुस्तक को पढ़कर गर्व का अनुभव करेंगे, भारतीय साहित्यकारों के कृतित्व में उनकी आस्था दृढ़ होगी—यह विश्वास भी मुझे है।

निराला की जिन पुस्तकों से अंश उद्धृत किये हैं, उनकी सूची—प्रकाशन-काल के उल्लेख सहित—परिशिष्ट में दे दी है।

25 जुलाई, 1971

—रामविलास शर्मा

क्रम

विचारधारा

भावबोध

कला

गद्य-साहित्य

परम्परा

विचारधारा

अंग्रेज़ी राज और भारतीय जनता

हिन्दी साहित्य में निराला अपने ओजगुण के लिए प्रसिद्ध हैं। उदात्त उनके काव्य का सहज स्वर है। दार्शनिक चिन्तन में, साहित्यिक वाद-विवाद में, व्यंग्य और माधुर्य में, करुणा और शोक में भी उनकी वाणी सामान्यत: ऊर्जा से प्रेरित रहती है। उनके साहित्य की यह विशेषता उनके व्यक्तित्व की ही देन नहीं है; उसका गहरा सम्बन्ध उनके युग से है।

अंग्रेज़ी में मिल्टन अपने उदात्त काव्य के लिए प्रसिद्ध हैं। वह उस युग के प्रतिनिधि कवि हैं जिसमें ब्रिटिश जनता ने यूरोप के इतिहास में पहली बार बादशाही खत्म करके प्रजातंत्र स्थापित किया। मिल्टन यूरोप की इस पहली सामन्त-विरोधी क्रान्ति के प्रबल समर्थक थे। ब्रिटिश जनता के क्रान्तिकारी उभार ने उनके मन में प्रजातंत्रवाद के प्रति जो गहरी आस्था उत्पन्न कर दी थी, वह बादशाही क़ायम हो जाने पर मिटी नहीं। मिल्टन के गद्य और पद्य में जो ओजपूर्ण प्रवाह दिखाई देता है, उसका अटूट सम्बन्ध उस युग की क्रान्तिकारी चेतना से है।

भारतीय साहित्य में तमिल कवि सुब्रह्मण्य भारती राष्ट्रीय स्वाधीनता-आन्दोलन के प्रतिनिधि कवि हैं। वह भारत में स्वाधीनता-आन्दोलन का उभार देखते हैं, भारत से बाहर विश्व-साम्राज्यवाद का घेरा टूटते हुए देखते हैं; स्वाधीनता-आन्दोलन जिस सीमा-रेखा तक बढ़ता है, उससे और आगे बढ़ने के लिए वह कवि-योद्धा की तरह जनता का आह्वान करते हैं। प्राचीन संस्कृति पर गर्व, तमिल भाषा से प्रेम, निर्धन जनता से हार्दिक सहानुभूति, सामाजिक व्यवस्था को बदलने की उत्कट आकांक्षा उनके काव्य में उदात्त तत्त्व की सृष्टि करती है और यह उदात्त अभिन्न रूप से भारत के स्वाधीनता-आन्दोलन से जुड़ा हुआ है।

निराला के समकालीन कवियों में माखनलाल चतुर्वेदी और बालकृष्ण शर्मा 'नवीन' अपनी अनेक रचनाओं में जहाँ युग की क्रान्तिकारी चेतना से मन का तार जोड़ते हैं, सुब्रह्मण्य भारती और निराला की तरह उदात्त स्वर का परिचय भी वे देते हैं। वे स्वाधीनता-आन्दोलन के सक्रिय कार्यकर्ता थे, यह तथ्य सब लोग जानते ही हैं।

निराला ने लड़कपन में बंगभंग-विरोधी स्वदेशी आन्दोलन देखा। उन्होंने उन वीर युवकों की कहानियाँ पढ़ीं और सुनीं जिन्होंने सशस्त्र क्रान्ति के द्वारा भारत को मुक्त करने के प्रयास में अपने प्राण दिये। उन्होंने सन् '20 और '30 में स्वाधीनता-

आन्दोलन के नये उभार देखे जिनमें भारतीय जनता ने व्यापक रूप से भाग लिया। उन्होंने स्वयं अपने ज़िले के किसानों को संगठित करने में योग दिया और उनके संघर्षों का नेतृत्व किया। निराला भारतीय और विश्व राजनीति के बारे में जो सामग्री मिलती थी, उसे ध्यान से पढ़ते थे। जो देखते-सुनते थे, उससे पढ़ी हुई सामग्री की तुलना करते थे, फिर अंग्रेज़ी राज और भारत के बारे में अपने निष्कर्ष निकालते थे। तब स्वाधीनता-प्रेम उनके साहित्य की प्रेरणा हो तो इसमें आश्चर्य नहीं।

निराला कवि होने के अलावा तार्किक, पत्रकार, वाद-विवाद में भाग लेनेवाले तीक्ष्णबुद्धि आलोचक भी थे। अनेक निबन्धों में सामाजिक, सांस्कृतिक, राजनीतिक समस्याओं पर उन्होंने अपने विचार विस्तार से प्रकट किये हैं। सन् '25 में गांधी-रवीन्द्र की चरखा-सम्बन्धी बहस पर 'श्रीकृष्ण संदेश' में धारावाहिक निबन्ध लिखकर उन्होंने अपनी राजनीतिक अभिरुचि का परिचय दिया। सन् '29 में 'सुधा' के सम्पादकीय विभाग में आ जाने के बाद उन्होंने राजनीतिक-सांस्कृतिक विषयों पर अपने विचार अनेक बार—पहले की अपेक्षा अधिक बार—व्यक्त किये।

निराला के चिन्तन की विशेषता यह थी कि उन्होंने ब्रिटिश साम्राज्यवाद की आर्थिक नीति, उसके राजनीतिक दाँव-पेंच, सांस्कृतिक मामलों में उसके हस्तक्षेप को पहचाना, गहराई से उसका विश्लेषण किया, देश की राजनीतिक और सांस्कृतिक प्रगति के लिए एक मार्ग निश्चित किया।

भारत के अनेक पूँजीपति—उनके प्रतिनिधि उदारपंथी (लिबरल) राजनीतिज्ञ—सोचते थे कि अंग्रेज़ों के सहयोग से भारत का उद्योगीकरण सम्भव है। इनके विपरीत निराला का विचार था कि अंग्रेज़ों ने भारत को ग़ुलाम बनाया ही इसलिए है कि यहाँ से कच्चा माल खरीदकर विलायत ले जाएँ, वहाँ से तैयार माल लाकर यहाँ बेचें। उनकी नीति भारत को खेतिहर उपनिवेश बनाकर रखने की है, यहाँ के उद्योगधंधों को विकसित करने की नहीं। निराला ने लिखा :

"महात्माजी के आन्दोलन के बाद से इंग्लैंड के व्यवसायी भारत से खूब सजग रहते हैं। और, ये पूँजीपति ही चूँकि प्रकारान्तर से इंग्लैंड के विधाता हैं, इसलिए ये इतने उदार होंगे कि अपनी भलाई भूलकर भारत की भलाई का खयाल करेंगे, यह बिलकुल भ्रान्त धारणा है। भारत अंग्रेज़ी माल के खपाने के लिए अंग्रेज़ों का सबसे बड़ा केन्द्र है। यहाँ से कच्चे माल की जितनी पैदावार होती है, उसका अधिकांश वहीं के व्यापारियों के हाथ लगता है, जिससे एक-एक के सैकड़ों वसूल होते हैं।" ('सुधा', फरवरी, '30; सम्पादकीय टिप्पणी—7)

साम्राज्यवाद मूलत: आर्थिक शोषण की व्यवस्था है। इस व्यवस्था के अन्तर्गत ब्रिटिश पूँजीपति भारत को ग़ुलाम बनाकर इसलिए रखते थे कि यहाँ का कच्चा माल सस्ते दामों खरीदकर विलायत ले जाएँ और वहाँ का तैयार माल यहाँ महँगे दामों बेचकर मुनाफ़ा कमाएँ। ब्रिटिश पूँजीपति एक दूसरा काम भी कर रहे थे, वे भारत जैसे देशों में पूँजी लगा रहे थे, छोटे-मोटे कारखाने स्थापित कर रहे थे, भारतीय

पूँजीपतियों को छोटे साझेदार बनाकर यहाँ के सीमित औद्योगिक विकास की बागडोर अपने हाथ में रखे हुए थे। किन्तु शोषण की मुख्य पद्धति यह नहीं थी कि ब्रिटिश पूँजीपति बड़े पैमाने पर भारत में पूँजी लगा रहे हों या यहाँ के पूँजीपतियों को कर्ज़ दे रहे हों। शोषण की मुख्य पद्धति वही पुरानी थी—कच्चा माल सस्ता खरीदना, तैयार माल महँगा बेचना। इस दृष्टि से साम्राज्यवाद की आर्थिक नीति का विश्लेषण, जो निराला ने किया था, सही था।

साम्राज्यवाद का अर्थ है पूँजी की सार्वभौम सत्ता; यह सत्ता हृदयहीन है, भारत को वह ब्रिटिश पूँजीपतियों के हित में ग़ुलाम बनाये हुए है। निराला ने लिखा : "साम्राज्यवाद इंग्लैंड की राजनीति का मूल है। पूँजी के द्वारा वणिक् शक्ति की वृद्धि के इतिहास के साथ-साथ साम्राज्यवाद का इतिहास इंग्लैंड के साथ गुँथा हुआ है। पूँजी की ही तरह यह हृदयहीन है। अंग्रेज़ों की शक्ति का समस्त संसार पर प्रभाव है। साथ-साथ अपनी वृत्ति या जातीय साम्राज्यवाद-जीवन के कारण इंग्लैंड संसार भर में बदनाम है। इतिहास के जानकार जानते हैं कि इंग्लैंड की सरकार पूँजीपतियों की सरकार है और साम्राज्यवाद उसकी जीवनी-शक्ति, मूल आधार।" ('सुधा', अक्तूबर, '32; सम्पा. टि.—9)

भारत का आर्थिक शोषण बहाल रखने के लिए साम्राज्यवाद ने जो राजनीतिक दाँव-पेंच अपनाये, उनकी विशेषता यह थी कि एक ओर वह उच्च वर्गों को शासन में भाग लेने का लालच देता था, नये-नये सुधारों की घोषणा करता था, दूसरी ओर जनता के बढ़ते हुए असन्तोष को दबाने के लिए वह अधिकाधिक दमन का सहारा लेता था। निराला ने अपनी व्यंग्यपूर्ण शैली में ब्रिटिश घोषणाओं का मखौल उड़ाते हुए लिखा :

"दीवाली के भोर, जब जलते हुए आशा-प्रदीपों का अनुमान-तैल समाप्तप्राय हो रहा था, जब भाग्य का पाँसा कोर के बल लुढ़क चला था और निराशा निशा का उषाकालीन अन्धकार घनीभूत हो रहा था, देहली के राजप्रासाद से प्रात:कालीन मधुर तूर्य-निनाद के समान वायसराय महोदय की घोषणा ने भारत के राजनीतिक जीवन के एक नये ब्राह्ममुहूर्त की सूचना दी। देश के बंदी और मागध दौड़-दौड़कर तार यंत्र की लय के साथ प्रभु-गुणगान करने लगे। मांडलिकों की विलासमयी निद्रा की खुमारी बहुत कुछ उतर गई। सद्गृहस्थों ने भविष्य का प्रोग्राम बनाया और साम्प्रदायिक दुकानदारों ने नये फैशन की चीज़ों से दुकान की श्रीवृद्धि की। किन्तु दीवाने, भक्त, संन्यासियों ने भभूत रमायी, लँगोट कसा, चीर पहना और शंखध्वनि के साथ अपने इष्ट साधन में तत्पर हो गए।" ('सुधा', दिसम्बर, '29; सम्पा. टि.—1)

निराला ने ब्रिटिश सुधारों का विरोध किया, पूर्ण स्वाधीनता की माँग का समर्थन किया, दमन की बर्बरता का चित्र खींचकर जनता को संघर्ष के लिए प्रेरित किया। अंग्रेज़ों ने अहिंसक सत्याग्रहियों पर डंडे बरसाए, क्रान्तिकारियों को फाँसी दी, किसानों और मज़दूरों का संगठन करनेवाले कम्युनिस्ट नेताओं को कठिन कारावास की लम्बी सज़ाएँ दीं।

ब्रिटिश अन्याय के विरुद्ध यतीन्द्रनाथ दास ने अनशन करते हुए जब प्राण दिये, तब निराला ने लिखा : "भारतवर्ष ने जितना सहना था, सह लिया। वह समय निकल गया, जब खिलौना पाकर भारत बहल जाता था। देश समझ गया है कि हाथ पर हाथ धरकर बैठने से काम न चलेगा। भारत में एक नई लहर पैदा हो गई है। नवयुवकों ने रणभेरी बजा दी है।" ('सुधा', नवम्बर, '29; सम्पा. टि.—1)

लखनऊ में सत्याग्रहियों पर पुलिस को डंडे बरसाते देखकर निराला ने लिखा था : "स्त्रियों और बच्चों के अंगों पर डंडों की मार कर, घावों से बहती हुई रक्तधाराओं को देखकर, अपने शासन के सुदर्शन रूप पर इतराने वाली अंग्रेज़ सरकार के लिए उपयुक्त शब्द हमारे कोश में अभी नहीं, मुमकिन है, पीछे गढ़ लिया जाए।" ('सुधा', जून, '30; सम्पा. टि.—1)

दमन के साथ सुधार कैसे जुड़े हुए थे, निराला ने यह भी स्पष्ट करते हुए लिखा था : "यहाँ के आन्दोलन को दबा लेने के बाद सरकार की इच्छा है कि अपनी मर्ज़ी के अनुसार ही इस देश के नालायक आदमियों को कुछ हक़ वह दे दे, अन्यथा अगर यहाँ की माँग पूरी करनी पड़ी तो ब्रिटेन का बहुत बड़ा स्वार्थ बरबाद होगा।" (उप.)

सशस्त्र क्रान्ति से भारत को मुक्त करने के इच्छुक युवकों और अहिंसक सत्याग्रहियों से भिन्न वे लोग थे जो मज़दूर वर्ग को भारतीय समाज की मुख्य क्रान्तिकारी शक्ति मानकर उसका संगठन कर रहे थे। अंग्रेज़ों ने इन्हें मेरठ षड्यंत्र में अभियुक्त करार देकर उन पर मुक़दमा चलाया और उन्हें सज़ाएँ दीं। इसके साथ ही ब्रिटिश वायसराय भारत को नई रियायतें देने की घोषणा भी कर रहा था। दमन और सुधारों की इस नीति के बारे में निराला ने लिखा : "सुन्दर हवाई महलों के स्वप्न देखकर सन्तुष्ट और आह्लादित होनेवाले राजनीतिक नेताओं के दिन लद गए। अब तो क्रियात्मक और ठोस बातों की ज़रूरत है। उनके बिना युवक भारत की जाग्रत स्वातंत्र्य लिप्सा शान्त नहीं की जा सकती। यदि सरकार चाहती है कि एक ओर तो मेरठ षड्यंत्र, लाहौर हत्याकांड और अन्यान्य राजनीतिक अभियोगों द्वारा युवक हृदय को कुचल डाला जाए, और दूसरी ओर इस प्रकार के अनिश्चित और नीहारिकामय धुँधले प्रलोभन उपस्थित कर उसको वंशवद बना लिया जाए तो यह उसकी भारी भूल है।" ('सुधा', दिसम्बर, '29; सपा. टि.—3)

दमन और सुधारों की दोहरी नीति लागू करने के साथ-साथ अंग्रेज़ साम्प्रदायिक भेदभाव बढ़ाकर स्वाधीनता-आन्दोलन को कमज़ोर बनाने का प्रयत्न करते थे। हिन्दुओं और मुसलमानों में वैमनस्य पैदा करने के अलावा वे अछूतों के अलग संगठन को बढ़ावा देकर हिन्दुओं में भी फूट डाल रहे थे। निराला ने साम्राज्यवाद की इस भेद-नीति का विरोध किया और इस दिशा में न केवल कांग्रेस के प्रयत्नों का समर्थन किया वरन् उनसे आगे बढ़कर एक सामान्य मानवता के स्तर पर निम्न जनों को संगठित करने के उपाय भी सुझाए।

अंग्रेज़ों की नीति थी कि भारत के स्वाधीनता-आन्दोलन को यथासम्भव बाकी दुनिया के राजनीतिक आन्दोलनों से दूर रखें, विशेषकर सोवियत रूस की हवा उसे न लगने दें। सोवियत रूस ने अफगानिस्तान से सम्पर्क क़ायम किया तो अंग्रेज़ चौकन्ने हो उठे कि अफगानिस्तान के रास्ते भारत के क्रान्तिकारी रूस से सम्पर्क स्थापित न कर लें। निराला ने अंग्रेज़ों की परेशानी का खाका खींचते हुए लिखा :

"अमीर यदि रूसी दूत का स्वागत कर लेते हैं तो वायसराय महोदय के पेट में चूहे कूदने लगते हैं। वे उँगलियों के बल खड़े होकर और सारस के समान दूरातिदूर तक गर्दन ऊँची किये हुए छिपे-छिपे यह देखने का प्रयत्न करते हैं कि किवाड़ों के दूसरी ओर, दीवार के उस पार क्या स्नेहालाप हो रहा है। और, जब उन्हें निश्चय हो जाता है कि कुछ दाल में काला है, तो फौरन छींक उठते हैं। जब तक दोनों पक्ष घबराकर दूर भागने का प्रयत्न करते हैं, तब तक गवर्नमेंट ऑफ इंडिया लम्बे डग रखती हुई कमरे में आ दाखिल होती है। सारा मज़ा किरकिरा हो जाता है।" ('सुधा', नवम्बर, '29; सम्पा. टि.—5)

अंग्रेज़ों ने जितनी कोशिश की कि भारत के स्वाधीनता-प्रेमियों को सोवियत संघ से दूर रखें, उतना ही उसके प्रति भारतवासियों का आकर्षण बढ़ा। निराला ने अनेक लेखों में सोवियत जीवन से हिन्दी जनता का परिचय कराया और साहित्य के माध्यम से भारत के नये अन्तर्राष्ट्रीय सम्बन्धों की नींव रखी।

निराला न केवल आयरलैंड जैसे देशों के स्वाधीनता-संग्राम का अध्ययन कर चुके थे—नवम्बर, '29 की 'सुधा' में यतीन्द्रनाथ के बलिदान के साथ उन्होंने चीन और आयरलैंड के युवकों के संघर्ष का उल्लेख किया था—वरन् वह सन् '30 में यूरोपीय देशों में फौजी तानाशाही के बढ़ते हुए रुझान को भी ध्यान से देख रहे थे। जून, '30 की 'सुधा' में उन्होंने स्पेन के फौजी तानाशाह जनरल प्राइमो दी रिबेरा पर एक लेख लिखा। (यह लेख उनके नाम के साथ छपा है।)

युवकों द्वारा फौजी तानाशाही के विरोध पर निराला ने लिखा : "सच बात यह है कि स्पेन अब सामरिक दबाव सह नहीं सकता। उसके साधारण लोग शासन के गुरु भार से दबे जा रहे हैं। इसकी प्रतिक्रिया के फलस्वरूप वहाँ के नौजवानों को विद्रोह के लक्षण दिखाई देने लगे हैं। वे लोग वर्तमान राजा का भी उच्छेद कर देना चाहते हैं। इसके भीतर भी 'राजतंत्र का नाश हो', 'साधारण-तंत्र की विजय हो' के नारे बुलन्द हो रहे हैं।"

साम्राज्यवाद और युद्ध का गहरा नाता है। दुनिया में साम्राज्यवाद क़ायम है, इसीलिए प्रथम महायुद्ध खत्म हो जाने के नाद वास्तविक शान्ति स्थापित नहीं हुई, वरन् "शान्ति स्थापना करने का ढोंग रचा जा रहा है।" यह ढोंग पूरा होता नहीं दिखाई देता। "इसका प्रधान कारण था ब्रिटेन का साम्राज्यवाद और गौण थी अमरीका की प्रतियोगिता।" ('सुधा', नवम्बर, '29; सम्पा. टि.—7)

साम्राज्यवाद अपनी नीति से उपनिवेशों की जनता को ही दबाकर नहीं रखता, वह अपने देश के मज़दूरों को तरह-तरह से धोखा देकर अपने काबू में किये रहता

है। जब वह भारत को कुछ रियायतें देने की घोषणा करता है, तब अपने यहाँ के मज़दूरों को समझाता है, 'देखो, हम भारत को आज़ादी देना चाहते हैं, वहाँ के लोग आपस में लड़ें तो हम क्या करें?' वह मज़दूरों को राष्ट्रवाद का पाठ पढ़ाता है और उन्हें सिखाता है कि मज़दूरों और पूँजीपतियों के हित एक हैं।

'इंग्लैंड के गँवार' भारत की सम्पत्ति से पलते हैं और राष्ट्रीय गौरव का गीत गाते हैं, ब्रिटन्स नेवर शैल बी स्लेव्ज़। ब्रिटिश पूँजीपति भारत को रियायतें इसलिए देते हैं कि "मज़दूर दल को भी खुश करना है। काम मज़दूर ही करते हैं। उन पर सवारी किये बिना इंग्लैंड के लिए भी खतरे में पड़ने का डर है। कहीं उनके विचारों ने पलटा खाया—रूस पड़ोस ही में है—तो फिर पूँजीपति लोग अकेले राष्ट्रीयता का बोझ कैसे लादेंगे?" ('सुधा', फरवरी, '30; सम्पा. टि.—7)

इस तरह ब्रिटिश पूँजीपति नये-नये सुधारों की घोषणा करके न केवल भारत के क्रान्तिकारी आन्दोलनों को रोकते थे, वरन् ब्रिटिश मज़दूरों को भी पूँजीवाद-विरोधी रास्ते पर चलने से रोकते थे। साम्राज्यवादी नीति को छिपाने के लिए वे राष्ट्रीयता की दुहाई देते थे। उनके साथ मज़दूर भी इस राष्ट्रीयता का बोझ ढो रहे थे। निराला ने प्रश्न किया कि मज़दूरों के विचारों ने पलटा खाया अर्थात् उन्होंने समाजवाद के लिए लड़ाई शुरू कर दी तो पूँजीपति अकेले राष्ट्रीयता का बोझ कैसे लादेंगे?

निराला ने साम्राज्यवाद के आर्थिक रूप का जो विवेचन किया था, उसके राजनीतिक दाँव-पेंच का विश्लेषण उससे मेल खाता है। दोनों में आन्तरिक संगति है। वह भारत के शोषक विदेशी पूँजीपतियों को ब्रिटिश मज़दूरों से अलग करके देखते हैं; भारत के लिए सुधारों की घोषणाएँ ब्रिटिश मज़दूरों को कैसे प्रभावित करती हैं, यह भी वह स्पष्ट करते हैं। वह भारत के स्वाधीनता-आन्दोलन को विश्व-राजनीति से अलग करके नहीं देखते, वह साम्राज्यवाद के उन सूत्रों को सुलझाते हैं, जिनसे भारत, ब्रिटेन तथा अन्य देश बँधे हुए हैं।

साम्राज्यवाद के जैसे राजनीतिक दाँव-पेंच हैं, वैसी ही उसकी सांस्कृतिक नीति है। भारत में जैसे कुछ पूँजीपति और उनके प्रतिनिधि—उदारपंथी राजनीतिज्ञ—यह समझते थे कि अंग्रेज़ों के सम्पर्क से औद्योगिक विकास सम्भव है, उसी तरह यहाँ बुद्धिजीवियों का एक दल कहता रहा है कि इस देश का सांस्कृतिक नवजागरण अंग्रेज़ी राज से सम्पर्क का परिणाम है। इनमें पूँजीवादी बुद्धिजीवी ही नहीं, कुछ प्रगतिशील विद्वान् भी हैं जो इतिहास को वैज्ञानिक दृष्टि से देखने का दावा करते हैं। मार्क्स की विचारपद्धति को न समझकर, कुछ सूत्रों की आवृत्ति के बल पर वे सिद्ध करते हैं कि भारतीय समाज, संस्कृति शताब्दियों से स्थिर और गतिरुद्ध थी, अंग्रेज़ों के सम्पर्क से पहली बार वह सक्रिय और गतिशील हुई। चेतन ब्रह्म के स्पर्श से मानो जड़ प्रकृति में स्पन्दन हुआ हो!

इनके विपरीत निराला का मत यह था : "भारतवर्ष अंग्रेज़ों की साम्राज्य-लालसा का सर्वप्रधान ध्येय रहा है। यहाँ की सभ्यता और संस्कृति अंग्रेज़ों की

सभ्यता और संस्कृति से बहुत कम मेल खाती थी, पर सात समुद्र पार से आकर इतने विस्तृत और इतने सभ्य देश में राज्य करना जिन अंग्रेज़ों को अभीष्ट था, वे बिना अपनी कूटनीति का प्रयोग किये कैसे रह सकते थे? अंग्रेज़ों की नीति हुई—भारत के इतिहास को विकृत कर दो और हो सके तो उसकी भाषा को मिटा दो। चेष्टाएँ की जाने लगीं। भारतीय सभ्यता और संस्कृति तुलना में नीची दिखाई जाने लगी। हमारी भाषाएँ गँवारू, असाहित्यिक और अविकसित बताई जाने लगीं। हमारा प्राचीन इतिहास अन्धकार में डाल दिया गया। बाकायदा अंग्रेज़ी की पढ़ाई होने लगी। इस देश का शताब्दियों से अन्धकार में पड़ा हुआ जनसमाज समझने लगा कि जो कुछ है, अंग्रेज़ी सभ्यता है, अंग्रेज़ी साहित्य है, और अंग्रेज़ हैं।" ('सुधा', जून, '30; सम्पा. टि.—6)

निराला ने भारत में अंग्रेज़ों की सांस्कृतिक नीति को उनकी साम्राज्यवादी राजनीति से अलग करके नहीं देखा; उन्होंने इस तथ्य की ओर संकेत किया कि अंग्रेज़ों की साम्राज्य-लालसा को तुष्ट करने का साधन उनकी सांस्कृतिक नीति है। इतिहास को विकृत करना, भारतवासियों में अपनी सभ्यता के प्रति दीनभाव पैदा करना, भारतीय भाषाओं को गँवारू और अविकसित बताना—उनकी सांस्कृतिक नीति के मूल सूत्र थे। किसका दृष्टिकोण सही है—अंग्रेज़ों की प्रगतिशीलता को सराहने वाले बुद्धिजीवियों का या निराला जैसे साहित्यकारों का?

साम्राज्यवाद से जहाँ बन पड़ा, उसने न केवल भाषाओं का, वरन् उन्हें बोलने वाली जातियों का भी नाश किया। अमरीकी महाद्वीपों में उज़्तेक और इंका जनों की सभ्यताएँ अत्यन्त विकसित थीं। अब वहाँ उनके ध्वंसावशेष ही रह गए हैं। रेड इंडियन जनों से उनकी भूमि छीन ली गई; अमरीकी विश्वविद्यालयों में उनकी भाषाएँ शिक्षा का माध्यम नही हैं। अमरीकी नीग्रो अंग्रेज़ी बोलते हैं, उनके पुरखे कौन-सी भाषा बोलते थे, वे यह भी नहीं जानते। दक्षिणी अफ्रीका, रोडेशिया, आस्ट्रेलिया, न्यूज़ीलैंड—जहाँ भी साम्राज्यवादियों से बन पड़ा, उन्होंने गुलाम बनाये हुए देशों के मूल निवासियों का नाश किया, उनकी भाषाओं और संस्कृतियों का दमन किया।

निराला का दृष्टिकोण सही था; अंग्रेज़ों की प्रगतिशीलता को सराहने वाले बुद्धिजीवियों का दृष्टिकोण गलत है।

भारत की भाषाएँ बची रहीं, उनमें नया साहित्य रचा गया, इसका कारण यह है कि भारतवासी अपनी स्वाधीनता के लिए लड़े। सन् '20 में यह लड़ाई शुरू नहीं होती; सन् '20 में केवल उसका एक नया दौर शुरू होता है। यह लड़ाई पूरी नहीं हो सकती जब तक कि साम्राज्यवाद की राजनीति और आर्थिक नीति के साथ उसकी सांस्कृतिक नीति का भी पूरी तरह विरोध न किया जाए। निराला ने बड़े सचेत ढंग से यह कार्य पूरा करने का प्रयत्न किया।

राष्ट्रीय स्वाधीनता पर बहुत साहित्यकारों ने लिखा है। निराला की विशेषता यह है कि उन्होंने साम्राज्यवाद के आर्थिक शोषण, राजनीतिक दाँव-पेंच और

सांस्कृतिक नीति का गहराई से विश्लेषण किया। ये सब एक-दूसरे से कैसे जुड़े हैं, यह दिखाया। उन्होंने उन उदारपंथी बुद्धिजीवियों का विरोध किया, जो अंग्रेज़ों के सहारे भारत का औद्योगिक और सांस्कृतिक विकास करना चाहते थे। हमारी भाषा को कोई गँवारू न कहे, उसे अविकसित न बताए, हमारा साहित्य अंग्रेज़ी से हेठा साबित न हो—यह साम्राज्य-विरोधी चेतना स्वभावत: निराला के अपने कृतित्व की समर्थ प्रेरणा भी थी।

राजा, ज़मींदार, किसान

1857 में भारतीय जनता के संघर्ष को दबाने में अंग्रेज़ों को कश्मीर, पंजाब, हैदराबाद, बंगाल आदि प्रदेशों के राजाओं और ज़मींदारों से बड़ी सहायता मिली। 1858 के बाद अंग्रेज़ों ने अपनी नीति में यह परवर्तन किया कि देशी रियासतों को ब्रिटिश भारत में मिलाने के बदले वे उनके मालिकों को अपने सहायक के रूप में पालने लगे। साधारणत: इन रियासतों में उद्योग-धन्धों का विकास ब्रिटिश भारत की तुलना में भी कम हुआ, यहाँ निरक्षरता और निर्धनता का प्रसार ब्रिटिश भारत से भी अधिक था, यहाँ निरंकुश अत्याचार, सामाजिक उत्पीड़न, धार्मिक अन्धविश्वास ब्रिटिश भारत से भी अधिक थे। लड़ाई के दिनों में ये राजा अंग्रेज़ी फौज में रंगरूट भर्ती कराते थे, शान्ति के समय गोलमेज़ सम्मेलनों में अपने प्रतिनिधि भेजकर स्वाधीनता-आन्दोलन का विरोध करते थे। भारत में अंग्रेज़ी राज के प्रमुख सहायक थे यहाँ के राजा और नवाब। साम्राज्यवाद के इस देशी आधार को ढहाये बिना भारतीय स्वाधीनता की लड़ाई पूरी न हो सकती थी।

निराला महिषादल में रहते हुए स्वयं अंग्रेज़ों द्रारा संरक्षित सामन्ती व्यवस्था का निर्दय शोषक रूप देख चुके थे। लाठी के गूले से गरीब पुजारी की उँगलियाँ कुचलने की घटना, 'राजा साहब को ठेंगा दिखाया' कहानी के लिए वहीं से उन्हें प्राप्त हुई थी। वहीं के विलास-वैभव का स्मरण करते हुए उन्होंने 'चोटी की पकड़' उपन्यास में लिखा था : "यह स्वर्ग दिखता हुआ दृश्य नरक है। ये राजे-महाराजे राक्षस। ये देवी-देवता पत्थर के, काठ के, मिट्टी के।" (पृ. 58)

इन देशी राज्यों को अंग्रेज़ी राज से अलग करके वह न देखते थे। इनके अत्याचारी शासन के लिए मूलत: अंग्रेज़ ही ज़िम्मेदार थे। पटियाला राज्य में प्रजा पर बर्बर अत्याचारों का विवरण पढ़कर निराला ने क्रोध से लिखा था : "सभ्यता और न्याय का ढोंग रचनेवाली ब्रिटिश सरकार यदि अपने हिमायती, दुष्ट, व्यभिचारी देशी नरेशों की विलासिता और अत्याचारों को इस प्रकार छिपाने का प्रयत्न करेगी, यदि वह उनकी इच्छाओं को पूर्ण करने के लिए निरीह और निर्बल प्रजा का इस प्रकार

बलिदान करेगी, न्याय का गला इस प्रकार घोटेगी तो शीघ्र ही उसे सभ्य जातियों के सामने मुँह काला करना पड़ेगा। उसे इन पापों का शीघ्र ही दंड मिलेगा।" ('सुधा', नवम्बर, '29; सम्पा. टि.—6)

अंग्रेज़ों के आने से पहले भी राजा अत्याचार करते थे, किन्तु तब उन्हें डर रहता था कि बहुत ज़्यादा अत्याचार करने पर प्रजा विद्रोह कर देगी, उन्हें लूट लेगी। अब देशी राजाओं के रक्षक हो गए अंग्रेज़। इसलिए वह भय जाता रहा। निराला ने लिखा कि अब वे लन्दन-पेरिस की सैर करते हैं, प्रजा को जी भरकर सताते हैं : "केवल एक दृष्टि रहती है कि सरकार प्रसन्न रहे। दूसरों की महिलाएँ छीन ली गईं, अत्याचार पर अत्याचार हुए, लगान पर लगान बढ़ा, प्रजा ने ज़रा-सी आवाज़ कृपा के लिए उठाई, तो गाँव का गाँव फूँक दिया गया।" ('सुधा', नवम्बर, '32; सम्पा. टि.—2)

इन राजाओं की स्थिति से मिलती-जुलती हालत अवध के उन ताल्लुकेदारों की थी जो 1857 में अंग्रेज़ों के प्रति वफ़ादारी निबाहकर उनके खास विश्वासपात्र बन गए थे। 1857 की लड़ाई का केन्द्र था अवध। दिल्ली को जीतने के लिए अंग्रेज़ों ने दस हज़ार फौज इकट्ठी की थी तो अवध की लड़ाई के लिए करीब एक लाख। इस अवध में जो राजा और ज़मींदार अंग्रेज़ों से लड़े, उनकी रियासतें ज़ब्त कर ली गईं; जो वफ़ादार रहे, उनकी रियासतें सुरक्षित रहीं, उन्हें नई रियासतें भी दी गईं। जिनके पास पहले अवध में कोई रियासत न थी, किन्तु जिन्होंने अंग्रेज़ों की मदद की, उन्हें भी अंग्रेज़ों ने ताल्लुकेदार बना दिया। भारत में हिन्दी-भाषी प्रदेश किसान-आन्दोलन का केन्द्र रहा है, उसे दबाने में यहाँ के ज़मींदार और ताल्लुकेदार अंग्रेज़ों के सबसे बड़े सहायक रहे हैं।

1857 से 1930 और उसके बाद तक देशी सामन्तों के साथ अंग्रेज़ों के गठबन्धन का जो सिलसिला चला, उसका सजीव चित्रण निराला ने 'अलका' के दूसरे अध्याय में किया है। उससे यह तथ्य स्पष्ट हो जाता है कि अंग्रेज़ों द्वारा भारतीय किसानों के शोषण में मुख्य भूमिका इन ताल्लुकेदारों की थी। अवध में प्रचलित लोककथाओं के आधार पर निराला ने वहाँ के एक प्रतिनिधि ताल्लुकेदार का चित्रण इस प्रकार किया :

"बाबू मुरलीधर अवध के आकाश के एक सबसे चमकीले तारे हैं। जहाँ तक ऐश्वर्य की रोशनी से ताल्लुक है, यानी सबसे नामी ताल्लुकेदार। कहते हैं, कभी उनके दीपक में इतना तेल न था कि रात को उजाले में भोजन करते, बात उनके पूर्वजों पर है। उनके यहाँ शाम से पहले भोजन-पान समाप्त हो जाता था। यह विशाल सम्पत्ति उनके पितामह ने अंग्रेज़ सरकार की तरफदारी कर प्राप्त की। गदर के समय बकरियों के बच्चे ढकनेवाले बड़े-बड़े झाबों के अन्दर बंद कर कई मेम और साहबों को बागियों से उन्होंने बचाया था। फिर जब राय विजयबहादुर को फाँसी के समय, उनके महान् भक्त होने के कारण, तीन बार फाँसी की रस्सी कट-कट गई, और गोरे बहुत घबराए, तब उनके गले में फाँसी लगने का उपाय

उन्होंने बतलाया कि यह विष्णु भगवान् के बड़े भक्त हैं। जब तक इनका धर्म नष्ट न होगा, इन्हें फाँसी नहीं लग सकती, इसलिए मुर्गी के अंडे का छिलका इनकी देह से छुआ दिया जाए। साहबों ने ऐसा ही किया, तब फाँसी लगी। मुरलीधर के पितामह भगवानदास को अंग्रेज़ सरकार ने इन कार्यों का पुरस्कार हज़ार गाँव साधारण लगान और दूसरे ताल्लुकेदारों से अनुकूल खास-खास शर्तों पर दिये, तब से इनका रात का दीया जला।"

इनके एक जोड़ीदार हैं, ज़मींदार कृपानाथ। इनके पिता होटल में रसोइये का काम करते थे, फिर संडीले के लड्डू बेचते रहे, कुछ दिन कपड़े की फेरी की, बाद में रूमालों का कारखाना खोला। कर्ज़ से तबाह किसी ताल्लुकेदार का गाँव नीलाम हुआ तो अफसरों की मुट्ठी गर्म करके "सत्तर हज़ार का मौज़ा तीस हज़ार में उन्हें ही मिला।" उनके पुत्र कृपानाथ के ज़माने में किसान लगानबंदी का आन्दोलन चलाते हैं। ज़मींदार का हिमायती लक्खू ग़रीब किसान बुधुवा पर यह आरोप लगाता है : "यह सुराज की खोज में नेता की तरह तत्पर है। सरकार और ज़मींदार के दो पाटों में रहकर पिसने से नहीं डरता। लोगों को अपनी लीक पर ले चलने को बछवे जैसे फेरता फिरता है। कहाँ से भगवान जाने, इसके पास खबर आती है! अब रियाया को लगान न देना होगा। दिन भर इसी काम में तत्पर रहता है।" ('अलका', पृ. 64-65)

सरकार और ज़मींदार—ये चक्की के दो पाट हुए। इनके बीच में पिसता है निर्धन किसान, जो समझता है कि स्वराज्य का अर्थ यह है कि ज़मींदार को लगान मत दो। निराला ने 'अलका' उपन्यास '32-'33 में लिखा था। अवध में इन दिनों किसान आन्दोलन की क्या स्थिति थी, किसानों के प्रति ब्रिटिश सरकार और कांग्रेस की नीतियाँ क्या थीं, इसका विलेषण जवाहरलाल नेहरू की आत्मकथा में मिलेगा। उसे देखने से निराला के विचारों का महत्त्व ज्ञात होगा।

हिन्दी कथा-साहित्य में बहुत बार क्रान्तिकारी वीरों का चित्रण किया गया है। निराला ने भी अपने काव्य और कथा-साहित्य में क्रान्तिकारियों का चित्रण किया है। दोनों में अन्तर यह है कि निराला के क्रान्तिकारियों का कार्यक्षेत्र हमेशा गाँव होता है। क्रान्ति की सार्थकता है किसानों की मुक्ति में। अंग्रेज़ी राज और ज़मींदारी शासन के दोहरे उत्पीड़न से जो किसान को मुक्त करे, वही सच्चा क्रान्तिकारी है। निराला ने 'बादलराग' (1924) में किसान और विप्लवी वीर के सम्बन्ध पर लिखा था :

जीर्ण बाहु, है शीर्ण शरीर,
तुझे बुलाता कृषक अधीर
ऐ विप्लव के वीर!

'अप्सरा' उपन्यास में चन्दन किसानों का संगठन करता है। उसकी गिरफ्तारी का समाचार सुनकर उपन्यास के नायक साहित्य-प्रेमी राजकुमार के मन में बड़ी ग्लानि उत्पन्न होती है। उसे लगता है कि बंदी बना हुआ चन्दन उस पर हँस रहा है और कह

रहा है : "साहित्य की सेवा करते हो न मित्र? मेरी माँ थी जन्मभूमि और तुम्हारी माँ भाषा—देखो, आज माता ने एकान्त में मुझे अपनी गोद में—अन्धकार की गोद में—छिपा रखा है, तुम अपनी माता के स्नेह की गोद में प्रसन्न हो न?" ('अप्सरा', पृ. 89)

'अलका' में विजय उर्फ प्रभाकर वही काम करता है जो 'अप्सरा' में चन्दन करता है।

निराला ने 'सुधा' में जो टिप्पणियाँ लिखीं, उनमें बार-बार उन्होंने युवकों का आह्वान किया कि वे गाँवों में जाकर किसानों का संगठन करें। शहरों में युवक-सम्मेलन आयोजित करके जो नेता अंग्रेज़ी में धुआँधार भाषण देते थे, उनके बारे में निराला ने लिखा कि वे बातूनी आदर्शवादी और बगुला भगत हैं। ('सुधा', अक्तूबर, '29; सम्पा. टि.—1)

सम्मेलनों पर रुपया बर्बाद करने के बदले गाँवों में जाकर काम करना आवश्यक है, इस पर उन्होंने लिखा : "गाँवों में अभी तक कोई स्वराज्य का नाम भी नहीं जानता, इसका हमें व्यक्तिगत अनुभव है। ग्राम-प्रचार और ग्राम-संगठन की इसीलिए सख्त ज़रूरत है।" (उप., सम्पा. टि.—2)

निराला का मत था कि राजनीतिक प्रचार का उद्‌देश्य यह होना चाहिए कि किसान शिक्षित हो। उनमें यह योग्यता उत्पन्न हो कि राजनीतिक समस्याओं पर स्वयं विचार कर सकें। उद्‌देश्य यह न होना चाहिए कि वे कुछ नेताओं के अनुयायी मात्र बनकर रह जाएँ। निराला ने जेल जानेवाले सत्याग्रहियों को लक्ष्य करके लिखा : "जितने आदमी जेल में साल-साल भर की सज़ा भुगत रहे हैं, अगर आन्दोलन से पहले कहा जाता कि भारत में तीस हज़ार केन्द्र बनाकर मूर्ख ग्रामवासियों को शिक्षा दीजिए, उन्हीं की मातृभाषा में, संसार की आवश्यक बड़ी-बड़ी बातें, उन्हीं से प्राप्त रोटियों से गुज़र करते हुए, किसी से लड़िये मत, वे परिश्रम करके अन्न पैदा करेंगे, आपके भोजनों की फिक्र करेंगे, आप उनकी विद्या तथा शिक्षा की फिक्र कीजिए, आपका और उनका इस तरह बराबर का व्यवहार रहेगा, तो इतनी बड़ी संख्या दीख पड़ती या नहीं, इसमें सन्देह है।" ('सुधा', सितम्बर, '30; सम्पा. टि.—8)

किसानों को शिक्षित किये बिना, उनके साथ रहकर, उन्हीं का-सा जीवन बिताकर, उनका संगठन किये बिना भारत स्वाधीन नहीं हो सकता, निराला का यह दृढ़ विश्वास था। ज़मींदारों के खिलाफ किसानों की लड़ाई केवल उनके वर्ग-स्वार्थ की लड़ाई नहीं थी, निराला की समझ में वह आज़ादी की लड़ाई का अभिन्न अंग थी क्योंकि अंग्रेज़ों के पास भारत की बहुसंख्यक जनता—किसानों—को दबाये रखने का मुख्य साधन थे ज़मींदार। सन् '29 की मन्दी से और भी स्पष्ट हो गया कि साम्राज्यवाद के शोषणचक्र में सबसे ज़्यादा पीसे जाते हैं किसान। जो भी कच्चा माल वे पैदा करते हैं, उसे कौड़ी मोल बेचते हैं। लेकिन लगान में कमी नहीं होती। लगान गल्ले के रूप में नहीं, मुद्रा के रूप में वसूल किया जाता था। इसलिए सस्ते दामों गल्ला बेचे बिना किसान लगान अदा न कर सकते थे। लगान अदा न कर पाने पर ज़मींदार

उन्हें बेदखल करते थे। ज़मींदारों की सहायता से अंग्रेज़ किसानों का शोषण किस तरह करते हैं, इस पर निराला ने लिखा था :

"पाट, सन, रूई, गल्ला आदि जितना कच्चा माल यहाँ पैदा होता है, मुँहमाँगे दामों पर ही दिया जाता है। किसान लोगों में माल रोक रखने की दृढ़ता नहीं, और उस दृढ़ता की जड़ भी काट दी गई है। कारण, लगान उन्हें रुपयों से देना पड़ता है, खेत की पैदावार का तिहाई-चौथाई हिस्सा नहीं। समय पर लगान देने का तकाज़ा उन्हें विवश कर देता है, वे मुँहमाँगे भाव पर माल बेच देते हैं। यह इतनी बड़ी दासता है, जिसका उल्लेख नहीं हो सकता। आजकल के किसान यह बात भूल गए हैं कि माल उनका है, इसलिए वे ही उसके दामों के निर्णायक हैं। वे बाज़ार की तरफ आँखें फाड़े हुए भाव का रास्ता देखते रहते हैं। अगर कुछ दिन के लिए भी माल वे रख छोड़ें, तो समय पर लगान न दे सकने के कारण उन पर ज़मींदारों की बेभाव की पड़ती है। इस तरह वे सोलहों आने विवश हैं।" (उप.)

यह इतनी बड़ी दासता है जिसका उल्लेख नहीं हो सकता! दासता के भी अनेक स्तर हैं। कुछ को दासता ज़्यादा खलती है, कुछ को कम, कुछ को बिलकुल नहीं खलती, उल्टा उससे लाभ होती है। निराला ने अपना ध्यान केन्द्रित किया समाज के उस वर्ग पर, जिसे दासता से सबसे अधिक कष्ट था। भारत के उन किसानों पर, जो सोलहों आने विवश थे। इनमें भी जो सबसे दलित, निर्धन, भूमिहीन, ज़मींदार की बेगार करनेवाले किसान थे, उनके प्रति निराला की सहानुभूति सबसे ज़्यादा थी।

'अलका' में एक गाँव है जहाँ निराला के युवक क्रान्तिकारी किसानों का संगठन करने जाते हैं। भारत के पिछड़े हुए गाँवों का मानो वह प्रतिनिधि है। "गाँव में शूद्रों की ही संख्या अधिक है। प्राय: सभी किसान। कुछ ब्राह्मण हैं, जो अत्यन्त दरिद्र, बकरियों का कारोबार करते हैं, अर्थात् बकरियाँ पालकर बच्चे बकर-कसाइयों को बेचते हैं। दो-चार घर ऐसे भी हैं जो काश्तकारी करते हैं।" (पृ. 70) निराला के लघु उपन्यास 'बिल्लेसुर बकरिहा' के नायक बिल्लेसुर ऐसे ही गाँव में बकरी चराते हैं। 'नये पत्ते' की अनेक कविताओं में ऐसे ही गाँव की घटनाओं का चित्रण है :

गाँव के अधिक जन कुली या किसान हैं,
कुछ पुराने परजे जैसे धोबी, तेली, बढ़ई,
नाई, लोहार, बारी, तरकिहार, चुड़िहार,
बेहना, कुम्हार, डोम, कोरी, पासी, चमार,
गंगापुत्र, पुरोहित, महाब्राह्मण, चौकीदार...
ज़मींदार के वाहन।
बाकी परदेश में कौड़ियों के नौकर हैं
महाजनों के दबैल
स्वत्व बेचकर विदेशी माल बेचनेवाले।

['महगू महगा रहा']

'अलका' में वह गाँव, जहाँ विजय किसानों का संगठन करता है, 'चतुरी चमार' का गाँव जहाँ निराला स्वयं किसानों की लड़ाई लड़ते हैं, 'नये पत्ते' की कविताओं का गाँव जहाँ नये संघर्ष फूट पड़ते हैं, सब अवध के एक पिछड़े हुए गाँव—गढ़ाकोला की प्रतिच्छवि हैं। स्वाधीनता की समस्या पर विचार करते हुए निराला की निगाह चारों तरफ घूमकर अन्त में इसी गाँव पर आकर ठहर जाती है। इसी गाँव को लक्ष्य करके निराला ने लिखा था : "गाँवों में अभी तक कोई स्वराज्य का नाम भी नहीं जानता, इसका हमें व्यक्तिगत अनुभव है।" यह उन्होंने लिखा था सन् '29 में (अक्तूबर, '29 की 'सुधा' में प्रकाशित टिप्पणी में)। सन् '30-'31 के आन्दोलन के दौरान इस गाँव के लोगों की चेतना में मौलिक परिवर्तन हुआ। उनमें नये आत्मसम्मान की भावना पैदा हुई। इस परिवर्तन को लक्ष्य करके निराला ने 'अलका' ('32-'33) में लिखा : "किसानों का सबसे बड़ा कसूर यह कि वे पहले की तरह नहीं डरते, लगान के अलावा वाजिब-उल-अर्ज़ से अधिक जो रकम और परिश्रम किसानों से लिया जाता था—हली, भूसा, रस, पुआल, सिंचाई का काम आदि, अब नहीं देते; और ऐसा देखते हैं, जैसे परम मित्र हों।" ('अलका', पृ. 128)

वह वाजिब-उल-अर्ज़ भी खूब है!

चतुरी ने निराला से पूछा : "काका, ज़मींदार के सिपाही को एक जोड़ा हर साल देना पड़ता है। एक जोड़ा भगतवा देता है, एक जोड़ा पंचमा। जब मेरा ही जोड़ा मज़े में दो साल चलता है, तब ज़्यादा लेकर कोई चमड़े की बरबादी क्यों करे?"

निराला ने उत्तर दिया : "चतुरी, इसका वाजिब-उल-अर्ज़ में पता लगाना होगा। अगर तुम्हारा जूता देना दर्ज होगा, तो इसी तरह पुश्त-दर-पुश्त तुम्हें जूते देते रहने पड़ेंगे।"

'अलका' के किसानों की तरह चतुरी भी अपने अधिकारों के प्रति सचेत हो गया है। वह मुक़दमा लड़ता है और अन्त में उन्नाव से लौटकर निराला से कहता है : "काका, जूता और पुर वाली बात अब्दुल-अर्ज़ में दर्ज नहीं है।"

यह हुई किसान-आन्दोलन में वाजिब-उल-अर्ज़ (चतुरी के अब्दुल-अर्ज़) की भूमिका।

यह बात '32-'33 की है। सन् '38 में जब सुमित्रानन्दन पन्त ने 'रूपाभ' निकाला, तब बाजिब-उल-अर्ज़ की बात पुरानी हो चुकी थी। निराला ने अपना लघु उपन्यास 'चमेली' लिखा, उसमें उन्होंने दिखाया कि चतुरी के भाई-बंधु ज़मींदार से सीधी टक्कर लेने लगे हैं। सन् '45-'46 में—'नये पत्ते' की कविताओं के गाँव में—यह संघर्ष और तेज़ होता है। गाँव में डिप्टी, दरोगा और अन्य कई अफसर आते हैं। ज़मींदार का गोड़इत दूध इकट्ठा करने निकलता है। बदलू अहीर से झगड़ा होता है। गोड़इत नाक पर घूँसा खाकर गिर पड़ता है, बदलू अहीर के तरफदार इकट्ठा हो जाते हैं :

मन्नी कुम्हार, कुल्ली तेली, भकुआ चमार,
लुच्छू नाई, बली कहार, कुल टूट पड़े,
कुछ नहीं हुआ, कुछ नहीं हुआ, होने लगा।

['डिप्टी साहब आए']

इस घटना का यह अर्थ नहीं कि किसान विजयी हुए और ज़मींदारी-प्रथा का खात्मा हो गया। वह घटना इस बात की ओर संकेत भर करती है कि किसानों की चेतना में परिवर्तन हुआ है, उनका संगठन किया जा सकता है और वे संघर्षों की नई मंज़िलें पार कर सकते हैं। ज़मींदार का आतंक अपनी जगह क़ायम है :

ज़मींदार के सिपाही की
लाठी का गूला, लोहा बँधा,
दरवाज़े गढ़ा कर जाता है।

['छलाँग मारता चला गया']

लाठी का यह लोहा बँधा गूला जो किसान के दरवाज़े गढ़ा कर जाता है, ज़मींदारी आतंक का प्रतीक है और वस्तुस्थिति का सही प्रतीक है।

'झींगुर डटकर बोला' कविता में ज़मींदार का सिपाही किसान-सभा के सदस्यों पर गोली चलाता है।

सन् '24 से '46 तक—'तुझे बुलाता कृषक अधीर' से लेकर 'झींगुर डटकर बोला' तक—निराला की कविताओं, कहानियों और उपन्यासों में चित्रित किसान भारत के स्वाधीनता-आन्दोलन के उतार-चढ़ाव का नक्शा प्रस्तुत करते हैं। विप्लवी वीर को पुकारने से शुरुआत करके वे डटकर बोलने की मंज़िल तक पहुँचते हैं। हिन्दी साहित्य में प्रेमचन्द और निराला दो ऐसे साहित्यकार हैं जो स्वाधीनता के आन्दोलन में किसानों की भूमिका पर ध्यान केन्द्रित करते हैं।

कांग्रेस की अपेक्षा निराला की सहानुभूति क्रान्तिकारियों के प्रति अधिक थी। निराला और क्रान्तिकारियों के दृष्टिकोण में अन्तर यह था कि निराला दो-चार अंग्रेज़ों या उनके देशी सहायकों को मारने के बदले किसानों को संगठित करके उन्हें स्वाधीनता-आन्दोलन में शामिल करना ज़्यादा आवश्यक समझते थे। निराला को कांग्रेस से सहानुभूति थी किन्तु जहाँ कांग्रेस ज़मींदारों से समझौता करती थी, वह उसकी आलोचना करते थे। निराला को कम्युनिस्ट पार्टी से सहानुभूति ही नहीं, आशा भी थी कि वह किसानों का संगठन करके ज़मींदारों और पुलिस का आतंक खत्म करेगी। उनकी यह आशा पूरी न हुई। मेरठ-षड्यंत्र से लेकर एक की दो कम्युनिस्ट पार्टियाँ बनने तक मज़दूरवर्ग के क्रान्तिकारी नेताओं ने असंख्य पृष्ठ इस बहस को लेकर रँगे हैं कि भारतीय पूँजीपतियों में कब और कितने साम्राज्यवाद से मिल गए। दो पार्टियाँ बनने पर इस तरह के दस्तावेज़ों की पृष्ठ-संख्या में और भी वृद्धि हुई। ब्रिटिश साम्राज्यवाद का मूल सामाजिक आधार भारत के राजा और ज़मींदार हैं। इस सामन्ती आधार को खत्म किये बिना साम्राज्यवाद के आर्थिक, राजनीतिक और सांस्कृतिक प्रभुत्व (अथवा प्रभाव) को खत्म नहीं किया जा सकता। सामन्ती अवशेष खत्म किये बिना न तो भारत का पूँजीवादी विकास सम्भव है, न समाजवादी—इस मूल प्रश्न पर क्रान्तिकारी दस्तावेज़ों में बहुत कम लिखा गया;

जितना लिखा गया है, उस पर आचरण और भी कम किया गया है। क्रान्तिकारी नेताओं से कौन कहे कि प्रेमचन्द और निराला भी कुछ ऐसा लिख गए हैं जिससे वे राजनीति में कुछ सीख सकते हैं।

राजनीति की तरह प्रगतिशील साहित्य के विकास के लिए भी निराला का किसान-सम्बन्धी दृष्टिकोण, उनकी विचारधारा महत्त्वपूर्ण है। देश की बहुसंख्यक जनता से कटे हुए अनेक साहित्यकार अहंकार की तलैया में डुबकी लगाकर बहुत-सा आक्रोश का कीचड़ बटोर लाए हैं किन्तु इससे देश में कोई बहुत बड़ा सांस्कृतिक परिवर्तन नहीं हो गया। इसीलिए निराला जैसे साहित्यकारों की विचारधारा का अध्ययन करना आज और भी आवश्यक है।

द्विज और शूद्र

भारतीय समाज में जाति-पाँति, ऊँच-नीच के भेदभाव, छुआछूत से कौन परेशान नहीं है? सबसे ज़्यादा परेशान वे हैं, जो इस भेदभाव से सबसे ज़्यादा फायदा उठाते हैं।

जाति-पाँति का भेदभाव भारतीय समाज पर आसमान से नहीं टपक पड़ा। वह सामन्ती व्यवस्था के साथ उत्पन्न होता है, उसके खात्मे से ही उसके खत्म होने की बारी आती है। भारत में सामन्ती व्यवस्था जहाँ जितनी मज़बूत रही है, वहाँ जाति-पाँति का भेदभाव भी उतना ही दृढ़ रहा है। ब्रज को देखते अवध में, भोजपुरी क्षेत्र को देखते मिथिला में इस तरह का भेदभाव अधिक मिलेगा। इसका कारण यह है कि ब्रज और भोजपुरी क्षेत्र की तुलना में अवध और मिथिला सामन्ती व्यवस्था के गढ़ रहे हैं।

जाति-पाँति भारतीय समाज ही नहीं, उस प्रत्येक समाज की विशेषता है, जिसका गठन सामन्ती व्यवस्था के अनुरूप हुआ हो।

सामन्ती व्यवस्था में खाने-पहनने की चीज़ें मशीनों से नहीं, हाथ से; बड़े पैमाने पर नहीं, छोटे पैमाने पर; कारखानों में नहीं, खेत, घर या दुकान पर तैयार की जाती हैं। हल-माची की खेती से लेकर चरखे-करघे की कताई-बुनाई तक हर उद्योग में पूरा कुटुम्ब शामिल होता है। जो पेशा बाप का, वही बेटे का। इस तरह पेशे के हिसाब से जातियाँ बनती हैं; पेशे का आधार होता है कुटुम्ब, इसलिए जो जाति बाप की होती है, वही उसके बेटे की होती है। समाज में जो हाथ से खाने-पहनने की चीज़ें पैदा नहीं करता, वह ऊँचा समझा जाता है। जो हल चलाता है, कपड़े बुनता है, जूते गाँठता है, वह नीच समझा जाता है।

जिस देश में सामन्ती व्यवस्था ज़्यादा दिन तक रही, उसमें जाति-प्रथा भी सबसे ज़्यादा टिकाऊ हुई। उसकी संकीर्णता भी अन्य देशों को देखते बहुत ही घृणित रूपों में प्रकट हुई, जैसे भारत में।

भारत में जितने पेशे हैं, उससे ज़्यादा जातियाँ हैं। इसका कारण यह है कि बहुत-से कबीले—जाट, गूजर, अहीर इत्यादि—जब वर्ण-व्यवस्था में शामिल हुए तब अपने पुराने नामों का व्यवहार पहले की तरह करते रहे। जिन जातियों के नाम पेशे पर पड़े हैं, उनमें भी अनेक उपभेद मिलते हैं और इन उपभेदों का भी वही कारण है : कहीं-न-कहीं उपभेदों में उन कबीलों की स्मृति सुरक्षित है, जिनसे इन जातियों का निर्माण हुआ है।

जातियाँ चाहे जितनी हों, सामन्ती समाज में मुख्य भेद होता है द्विज और शूद्र में। खाने-पहनने की चीज़ें जुटाते हैं शूद्र; शूद्रों के परिश्रम से लाभ उठाकर युद्ध करने, शास्त्र रचने और व्यापार करनेवाले होते हैं द्विज।

भारत में अंग्रेज़ों के आने से बहुत पहले यहाँ वर्ण-व्यवस्था टूटने लगी थी। पौराणिक गाथाओं में कलियुग के आने पर जो खेद प्रकट किया गया है, उसका रहस्य है वर्ण-व्यवस्था का विनाश। देशव्यापी भक्ति-आन्दोलन की प्रमुख विशेषता रही है—ऊँच-नीच के भेदभाव का विरोध, मनुष्य-मात्र की समानता की घोषणा। संस्कृत का माध्यम छोड़कर जब लोकभाषाओं में साहित्य रचा जाने लगा, तब संस्कृत पर द्विजों—विशेष कर ब्राह्मणों—का एकाधिकार भी समाप्त हो गया। संस्कृत में शूद्र कवियों की संख्या नगण्य है, तो हिन्दी, मराठी, तमिल आदि भाषाओं में ऐसे अनेक कवि अग्रगण्य हैं। वे संत कहलाए और उच्च वर्णों द्वारा पूजे गए। रैदास के कुटुम्ब में लोग मुर्दा जानवर ढोते थे किन्तु अपनी साधना के बल पर वह आचारवान विप्रों द्वारा पूजे गए :

जाके कुटुम्ब सब ढोर ढोवंत
फिरहिं अजहुँ बानारसी आसपासा।
आचार सहित विप्र करहिं दँडउति
तिन तनै रविदास दासानुदासा।

भारत में अंग्रेज़ी राज का क़ायम होना यदि वास्तव में कोई प्रगतिशील कार्य होता तो यहाँ के साहित्य में रैदास जैसे संतों की बाढ़ आ जाती। किन्तु इसके विपरीत हुआ यह कि उनकी संख्या में तेज़ी से कमी हुई और यह शोध का विषय है कि अंग्रेज़ी राज के डेढ़ सौ वर्षों में कितने साहित्यकार शूद्र वर्ण में जन्म लेकर भी पुराने सन्तों की तरह समाज में पूजे गए।

जाति-पाँति, ऊँच-नीच का भेदभाव सामन्ती व्यवस्था की देन है। अंग्रेज़ जब सामन्ती व्यवस्था को पाल रहे थे, उसे अपनी राजसत्ता का मुख्य सामाजिक आधार बना रहे थे, तब जाति-पाँति का भेदभाव मिटता कैसे? अंग्रेज़ी राज में उसे नया जीवन मिला, टूटती हुई सामाजिक रूढ़ियाँ एक बार फिर मज़बूत हुईं। शूद्रों की बेगार से लाभ उठाते थे ज़मींदार, ज़मींदारों के संरक्षक थे अंग्रेज़, इसलिए ऊँच-नीच के भेदभाव को दृढ़ करनेवाले हुए अंग्रेज़। उनके शासन में देशी सामन्त और विदेशी

पूँजीपति के दोहरे शोषण से भारत की निम्न जातियाँ भयानक रूप से त्रस्त हो उठीं। उनके इस त्रास ने निराला के मर्म को छू लिया था। उनके हृदय की समस्त करुणा इन दीन-जनों की ओर प्रवाहित हो गई थी।

करुणा तो औरों की भी प्रवाहित हुई थी, निराला की विशेषता थी उनसे तादात्म्य, उन्हें नीच कहने-समझनेवालों के प्रति आक्रोश, ऊँच-नीच के भेदभाव पर टिकी हुई व्यवस्था को ध्वस्त करने के लिए युवकों का आह्वान। चतुरी के लड़के अर्जुन चमार के लिए निराला ने 'मेरे मित्र' शब्दों का प्रयोग किया था (जुलाई, '30 की 'सुधा' में गिरिजादत्त शुक्ल गिरीश के उपन्यास 'अरुणोदय' की समीक्षा में)। गाँव की प्रथा के अनुसार चतुरी निराला के भतीजे थे। इस तरह अर्जुन उनके नाती हुए। उनके लिए निराला ने 'मित्र' शब्द का प्रयोग किया था।

डलमऊ में जब "चमार, पासी, धोबी और कोरी दोने में फूल लिये हुए" निराला के सामने रखने लगे, "डर के मारे हाथ पर नहीं दे रहे थे कि कहीं छू जाने पर मुझे नहाना होगा", तब निराला का मन ग्लानि से भर गया और वह स्वयं से पूछने लगे—तुम कितने बड़े क्रान्तिकारी हो, इनके लिए तुमने क्या किया है?

निराला ने उन चमार, पासी, धोबी और कोरी लड़कों से कहा : "आप लोग अपना-अपना दोना मेरे हाथ में दीजिए, और मुझे उसी तरह भेंटिए, जैसे मेरे भाई भेंटते हैं।"

निराला के चिन्तन की विशेषता यह थी कि उनके लिए सामाजिक क्रान्ति शुरू होती थी इन निम्न जातियों से और राजनीतिक आन्दोलन की सफलता के लिए वे इस सामाजिक क्रान्ति को अनिवार्य मानते थे। निराला के लिए अछूतोद्धार कोई 'रचनात्मक कार्यक्रम' न था जो राजनीतिक आन्दोलन से छुट्टी मिलने पर फुर्सत के वक्त अपना लिया जाता। निराला के लिए जाति-प्रथा का विनाश और समानता के आधार पर समाज का पुनर्गठन एक राजनीतिक कर्तव्य था। उसे पूरा किये बिना राष्ट्रीयता का विकास असम्भव था।

जो ब्राह्मण और क्षत्रिय अपनी उच्चता का दम्भ नहीं छोड़ते, जो अन्त्यजों को समान अधिकार नहीं दे सकते, वे नये भारत का निर्माण भी नहीं कर सकते। निराला ने लिखा : "हमारी राजनीतिक दुर्बलता यहीं पर है। यहीं से हमें समाज—जातीय समाज—भारतीय समाज की नींव डालनी है। उसी की मज़बूती हमारे राष्ट्र की दृढ़ता है।" ('सुधा', 16 अगस्त, '33; सम्पा. टि.—1)

सामाजिक क्रान्ति के बिना राजनीतिक आन्दोलन दुर्बल रहेगा। राष्ट्र की दृढ़ नींव तब पड़ेगी जब जाति-प्रथा मिटाकर नये सिरे से समाज का गठन होगा। निराला की यह धारणा कितनी सच थी, यह 1970 के स्वाधीन भारत को देखकर अच्छी तरह समझ में आ जाता है।

निराला ने कहा कि देश के नेता जिन आर्थिक और राजनीतिक लक्ष्यों को लेकर आगे बढ़ रहे हैं, उनसे इस सामाजिक क्रान्ति का सामंजस्य करना चाहिए। "जो

समाज पुराना है, हारा हुआ है, वह कितनी भी प्राचीन विभूतियों से युक्त हो, वह नवीन युग के लिए मृत है। उसी से पहले हमें लड़ना था। लड़कर परास्त करना था। परास्त कर नये समाज को सजीव और बहुजनों वाला बनाना था। तब हम राष्ट्र का पहला सोपान तय करते। इसी समाज से राष्ट्र को बल मिलता। यही समाज राष्ट्र का समाज है।" (उप.) निराला की इस सम्पादकीय टिप्पणी का शीर्षक है : 'राजनीति के लिए सामाजिक योग्यता'। इस शीर्षक के अनुरूप ही उन्होंने राष्ट्रीयता से समाज के पुनर्गठन का सम्बन्ध जोड़ा है। (इससे पहले 1 अगस्त, '33 की 'सुधा' में 'राजनीति और समाज' शीर्षक टिप्पणी में भी इसी सम्बन्ध पर ज़ोर है।)

राष्ट्रीय आन्दोलन में जैसे बहुत से ज़मींदार शामिल थे, जो वर्ग-स्वार्थ छोड़ने को तैयार न थे, वैसे ही उसमें बहुत से कुलीनता-प्रेमी सज्जन भी थे जो शूद्रों के मुकाबले अपनी द्विजत्व वाली प्रतिष्ठा में कोई कटौती करने को तैयार न थे। इनका तर्क था कि वर्णव्यवस्था मिट जाएगी तो समाज में भ्रष्टाचार फैल जाएगा क्योंकि प्रत्येक वर्ण और जाति के अपने संस्कार हैं, जो सदियों से चले आए हैं और एक दिन में मिट नहीं सकते। निराला ने इन लोगों के लिए लिखा :

"जो लोग यह तर्क उपस्थित करते हैं कि इस तरह भ्रष्टाचार पैदा होगा, वे मूर्ख हैं; फिर कहिए, हम फिर कहते हैं, वे मूर्ख हैं। अगर आप नहीं जानते, तो विश्वास कीजिए, वे मूर्ख हैं। जो मनुष्य देश के सभी मनुष्यों को अपने बराबर समझता है, वह अगर भ्रष्टाचार फैलाता है, तो मनुष्य की उच्चता का, सदाचार का कोई प्रमाण नहीं।" (उप.)

दम्भियों के प्रति निराला का यह आक्रोश-प्रदर्शन था। उनके लिए सबसे बड़ा धर्म था—अन्त्यजों को द्विजों के बराबर स्थान देना। इसी मार्ग से वे विभिन्न धर्मावलम्बियों को भी एक ही व्यवस्था के अन्तर्गत संगठित करने का स्वप्न देखते थे। कुछ वर्ष पूर्व सुनने में आया था कि कुछ समाजवादी युवक निम्न जातियों को ऊपर उठाने के लिए उन्हें जनेऊ पहना रहे हैं। निराला का तर्क था कि इससे बड़प्पन का मिथ्या भाव पैदा होता है। जो कल तक नीच समझा जाता था, वह जनेऊ पहनकर दूसरों को नीच समझने लगता है।

"इसलिए तोड़कर फेंक दीजिए जनेऊ, जिसकी आज कोई उपयोगिता नहीं, जो बड़प्पन का भ्रम पैदा करता है, और समस्वर से कहिए कि आप उतनी ही मर्यादा रखते हैं, जितनी आपका नीच-से-नीच पड़ोसी, चमार या भंगी रखता है। तभी आप महामनुष्य हैं...।

"मित्रवर, देश को ऐसे ही महापुरुषों, ऐसी ही महाशक्तियों की आवश्यकता है। यही लोग राजनीति की जड़ सुदृढ़ कर सकते हैं; त्याग, तपस्या तथा अध्यवसाय द्वारा देश के मूर्खों को शिक्षा दे सकते हैं, समाज को राजनीति के लिए उपयुक्त बना सकते हैं, और सब भ्रम है, सारी बहस मिथ्या है, सारी स्कीम इन्द्रजाल है, सारा व्यक्तित्व दूसरों को ग़ुलाम बनाने का बोझ है।" (उप.)

यह उस बीते हुए युग की आवाज़ है जिसमें निराला ने 'देवी' और 'चतुरी चमार', प्रेमचन्द ने 'गोदान' और 'कफन' की रचना की थी। यह उस साहित्य की आवाज़ है जो राष्ट्रीय स्वाधीनता-आन्दोलन से भारत की निम्नतम जातियों को अपने अन्दर समेट लेने का आग्रह कर रहा था लेकिन जिसकी वह आवाज़ राजनीतिज्ञों ने सुनी नहीं। निराला इस अर्थ में युगद्रष्टा थे कि तमाम राजनीतिज्ञों की अपेक्षा वह स्पष्ट देख रहे थे, और बार-बार घोषित कर रहे थे, कि व्यापक सामन्त-विरोधी क्रान्ति के बिना भारत का साम्राज्य-विरोधी आन्दोलन कभी पूरी तरह सफल नहीं हो सकता।

वैसे तो श्रेष्ठता का भाव सभी द्विजों में था, किन्तु उसकी मात्रा ब्राह्मणों में सबसे अधिक थी। निराला ने इस दम्भ और पाखंड की ज़ोरदार आलोचना की, और अनेक बार की। स्वामी दयानन्द सरस्वती के समाज-सुधारों का उल्लेख करते हुए लिखा : "ब्राह्मणों की ठग-विद्या के सम्बन्ध में भी स्वामीजी ने लिखा है। आज ब्राह्मणों की हठपूर्ण मूर्खता से अपरापर जातियों को क्षति पहुँच रही है। पहले पढ़े-लिखे होने के कारण ब्राह्मणों ने श्लोकों की रचना कर-करके अपने लिए बहुत काफी गुंजाइश कर ली। उसी के परिणामस्वरूप वे आज तक पुजाते चले आ रहे हैं।" ('सुधा', 16 अक्तूबर, '33; 'प्रबन्ध प्रतिमा', पृ. 57) इस सन्दर्भ में स्वामीजी ने एक श्लोक की चर्चा की थी, जिसका भाव यह था : संसार देवताओं के अधीन है, देवता मंत्रों के अधीन हैं, मंत्र ब्राह्मणों के अधीन हैं, इसलिए ब्राह्मण ही देवता हैं। इस पर निराला की टिप्पणी है : "लोगों से पुजाने का यह पाखंड बड़ी ही नीच मनोवृत्ति का परिचय है।" (उप.)

निराला वर्णव्यवस्था की उपयोगिता अथवा व्यर्थता इतिहास के सन्दर्भ में देखते थे। उनका विचार था, किसी समय यह वर्णव्यवस्था आवश्यक थी और इस व्यवस्था के अन्तर्गत ब्राहाणों ने सांस्कृतिक क्षेत्र में महत्त्वपूर्ण कार्य किया था। किन्तु यह व्यवस्था शताब्दियों से टूट रही थी और बीसवीं सदी में उसे पूरी तरह निर्मूल किये बिना सामाजिक प्रगति सम्भव न थी। "अब प्रकृति ने वर्णाश्रम-धर्म के सुविशाल स्तम्भों को तोड़ते-तोड़ते पूर्णरूप से चूर्ण कर दिया है।" ('सुधा', 1 दिसम्बर, 1933; 'प्रबन्ध प्रतिमा', पृ. 76)

वर्णव्यवस्था के विरुद्ध निराला का एक प्रिय तर्क यह था कि पराधीन देश के नागरिकों में न बाह्मण होते हैं, न क्षत्रिय, दास होने के कारण वे सब समान रूप से शूद्र हो जाते हैं। "म्लेच्छ-शासन में रहने का 'स्मृति' में निषेध है, क्योंकि इससे जाति में संस्पर्श दोष आ जाते हैं। आर्य-जाति अनार्य संस्कारों में पड़कर अनार्य हो जाती है। हमारे यहाँ ऐसा ही हुआ। चिरकाल से म्लेच्छ-संसर्ग ने जाति को पूर्व स्थान से च्युत कर दिया। रक्षा के लिए अनेक प्रकार की चेष्टाएँ होती रहने पर भी आचार-विचार, वेशभूषा और भाषा तक में म्लेच्छों के चिह्न आ गए। पर उच्च वर्ण वालों ने फिर भी अपनी धार्मिक अकड़ न छोड़ी। पराधीन जाति शूद्रत्व को प्राप्त करती है, यह विश्वास उसे न हुआ।" ('सुधा', नवम्बर, '32; सम्पा. टि.—'हिन्दुओं का जातीय संगठन')

म्लेच्छ-शासन में मुसलमानों की हुकूमत के अलावा निराला अंग्रेज़ी राज को भी गिनते थे। "कर्मानुसार यहाँ ब्राह्मण-क्षत्रिय आदि हुए। अब म्लेच्छ-शासन में संस्पर्श-दोष से वे जातियाँ भी नष्ट हो गई हैं।" ('सुधा', मार्च, '33; सम्पा. टि.—5)यह तब नहीं, अब की स्थिति है।

अंग्रेज़ी राज में भुखमरी और बेकारी बढ़ रही थी, पुराने पेशे टूट रहे थे और जीविका की तलाश में अवध के ब्राह्मण-ठाकुर दूर परदेश की खाक छान रहे थे। ब्राह्मणत्व और क्षत्रियत्व पर गर्व करने का कोई भी प्रत्यक्ष आधार न रह गया था, फिर भी पुराना वर्ण-दम्भ छूटता न था। इस दम्भ पर निराला को हँसी आती थी, क्रोध भी आता या। "उदाहरणार्थ कलकत्ता, बम्बई, कानपुर और दिल्ली को लीजिए। यहाँ भारत के सब वर्णों के लोग मिलेंगे, सब पराधीन। समाज में ब्राह्मण कहलाने वाले लोग जूते तक की दुकान करते हैं। बालकराम शुक्ल सुर्ती और जर्दा के ज़हर से देश को जर्जर करने का इरादा गाँठकर, कामयाब होने पर भी, शुक्ल नहीं रह सकते। शहरों में सब वर्णों के लोगों की एक ही पराधीन-वृत्ति गति है, जिसका दम्भ भी लोग आपस में बैठकर करते हैं।" ('प्रबन्ध प्रतिमा', पृ. 139-40)इस स्थिति से दो निष्कर्ष निकाले जा सकते हैं। एक यह कि भारत की प्रगति के लिए वही आदर्श वर्ण-व्यवस्था फिर स्थापित की जाए जिसके अन्तर्गत प्राचीनकाल में उसने प्रगति की थी। दूसरा यह कि वर्णव्यवस्था को निर्मूल करके सदियों के सताए हुए शूद्रों को ऊपर उठने का अवसर दिया जाय। निराला ने पहले निष्कर्ष को ठुकरा दिया, दूसरे को अपनाया और अनेक निबन्धों और टिप्पणियों में शूद्रों में छिपी हुई शक्ति के विकास पर ज़ोर दिया :

"अत: अब जिस जागरण की आशा से पूर्वाकाश अरुण हो रहा है, उसमें सबसे पहले तो वे ही जातियाँ जागेंगी, जो पहले की सोई हुई—शूद्र, अन्त्यज जातियाँ हैं। इस समय जो उनके जागने के लक्षण हैं, वही आशाप्रद हैं, और जो ब्राह्मण-क्षत्रियों में देख पड़ते हैं, वे जागने के लक्षण नहीं, वह पीनक है—स्वप्न के प्रलाप हैं। विरासत में पहले के गुण अब शूद्र और अन्त्यज ही अपनावेंगे। यहाँ की सभ्यता के ग्रहण का क्षेत्र वहीं तैयार है। ब्राह्मण और क्षत्रियों में उस पूर्व-सभ्यता का ध्वंसावशेष ही रह गया है। उनकी आँखों का वह पूर्व-स्वप्न अब शूद्रों तथा अन्त्यजों के शरीरों में भारतीयता की मूर्तियों की तरह प्रत्यक्ष होगा।" ('प्रबन्ध प्रतिमा', पृ. 239)

और भी : "जो शूद्र या अछूत इस देश में सदियों से उच्च वर्णवालों की सेवा करते आ रहे हैं, वे केवल सेवा करते रहें, यही विचार अधिकांश उच्चवर्ग वालों के मस्तिष्क में रहे। उन्हें भी उन्नत होकर ब्राह्मण और क्षत्रियों की तरह समाज में मान्य होना है।...जो लोग प्रतिभाशाली थे, वे जानते थे कि भविष्य में जाति की बागडोर ब्राह्मण-क्षत्रियों के हाथ में नहीं रह सकती। क्योंकि यह जातीय समीकरण का युग है। अब सब जातियाँ समान तथा मर्यादा में बराबर हैं। जो सदियों से सेवा करती आ

रही हैं, उन्हीं जातियों में यथार्थ मनोबल है। जब तक उनका उत्थान न होगा, भारत का उत्थान नहीं हो सकता। देश के लिए सच्चे सेवाभाव से ये ही जातियाँ काम कर सकती हैं।" ('सुधा', नवम्बर, '32; सम्पा. टि.—'हिन्दुओं का जातीय संगठन')

समाज में ऊँच-नीच का भेदभाव मिटाने के लिए अनेक आन्दोलन हुए और निराला ने उन सबका समर्थन किया किन्तु वह उनसे अलग और उन सबसे आगे भी थे, क्योंकि शिखासूत्र त्यागकर—आचार और विचार, दोनों दृष्टियों से—वह द्विज और शूद्र की समानता घोषित कर रहे थे, रूढ़िवादी द्विज-समाज की छाती पर पाँव रोपे हुए बार-बार ललकार रहे थे : 'तुमसे कुछ न होगा, भारत का उद्धार शूद्र जातियाँ ही करेंगी।'

निराला जिन दिनों वर्ण-व्यवस्था पर विचार कर रहे थे, उन दिनों शूद्रों में धनी-निर्धन का भेद स्पष्ट न हुआ था, विशेष कर बैसवाड़े में, जहाँ की समाज-व्यवस्था से वह सबसे अच्छी तरह परिचित थे। स्वाधीन भारत में यह भेद काफी स्पष्ट हो गया है और अब निम्न जातियों के मालदार चौधरी बिरादरी और भाईचारे के नाम पर अपने ग़रीब भाइयों को गोलबंद करके अपने आर्थिक और राजनीतिक प्रभुत्व को दृढ़ करते हैं। किन्तु सन् '30-'32 में भी यह प्रक्रिया तो स्पष्ट थी कि उच्च वर्णों में ग़रीबी फैल रही है और ज़मींदार का मुकाबला करने के लिए सभी ग़रीब किसानों की एकता ज़रूरी है—उनका जन्म चाहे उच्च वर्ण में हुआ हो, चाहे शूद्र वर्ग में।

अलका के गाँव में शूद्रों की संख्या अधिक है। कुछ ब्राह्मण हैं जो अत्यन्त दरिद्र होने के कारण बकरियाँ पालते हैं और उनके बच्चे कसाइयों के हाथ बेचते हैं। दो-तीन घर हल जोतने वाले ब्राह्मणों के भी हैं। ब्राह्मण होने के कारण ये पूज्य माने जाते हैं किन्तु "इधर पासियों का प्राधान्य होने पर उन्हीं की प्रभुता मानकर रहते हैं।" (पृ. 70) पासियों के प्राधान्य का यह अर्थ नहीं है कि गाँव में सामाजिक क्रान्ति हो गई है। बीरन पासी छः भाई हैं, सबके जवान लड़के हैं : "रात को सबकी निगरानी होती है। मशहूर बदमाश। गाँव में हाथी मारकर ले आएँ, हज्म हो जाय।" (पृ. 59) ऐसे लोगों के सहारे ग़रीब किसान ज़मींदारी शासन से मुक्त नहीं हो सकते; दरअसल "ज़मींदार भी इन्हें मानता है।" (पृ. 60) ज़मींदार का सिपाही जब ग़रीब किसान बुधुआ को पकड़कर ले चला, तब उसने बीरन को पुकारा, "पर बीरन ने सुनकर भी न सुना।" (पृ. 62)

इसी गाँव के दरिद्र ब्राह्मणों की तरह 'बिल्लेसुर बकरिहा' के नायक हैं। वह भी बकरियों का कारोबार करते हैं और इनके गाँव में भी पासियों का प्राधान्य है। एक लड़का उनकी बकरियाँ देखकर कहता है : "पासियों को खबर कर दी जाय तो नाले में मारकर निकोलेंगे।" गाँव में किसानों की एकता का आधार शूद्रत्व नहीं, उनकी निर्धनता है। 'महगू महगा रहा' कविता में जैसे बहेना, कुम्हार, डोम, कोरी, पासी, चमार 'ज़मींदार के वाहन' हैं, वैसे ही गंगापुत्र, पुरोहित, महाब्राह्मण इत्यादि, जो अपने को द्विज कहते हैं। 'अलका' में जैसे शहर के पढ़े-लिखे युवक गाँव में जाकर

किसानों का संगठन करते हैं, वैसे ही 'महगू महगा रहा' कविता के गाँव में—'हमारे अपने हैं यहाँ बहुत छिपे हुए लोग।'

निराला की रचनाओं से स्पष्ट है कि किसान आन्दोलन की सफलता के लिए शूद्र और द्विज—सभी वर्णों के निर्धन किसानों की एकता ज़रूरी है और इन किसानों से शहर के शिक्षित युवकों का सहयोग आवश्यक है। 'चतुरी चमार' में स्वयं निराला शिक्षित युवकों के प्रतिनिधि बनकर चतुरी तथा गाँव के निर्धन किसानों से सहयोग करते हैं। चतुरी की लड़ाई ज़मींदार से है; 'अलका' में बुधुआ लोध की लड़ाई ज़मींदार से है। निराला की रचनाओं से यह भी स्पष्ट होता है कि ज़मींदारों का प्रभुत्व खत्म किये बिना निर्धन किसान को शूद्रत्व से मुक्ति नहीं मिल सकती।

वर्णव्यवस्था सम्बन्धी लेखों में निराला ने इस व्यवस्था के खोखलेपन, वर्तमान युग में उसकी निःसारता, इस व्यवस्था के कारण निर्धन ब्राह्मणों में फैले हुए मिथ्या अहंकार और दम्भ का चित्रण किया और इस व्यवस्था की कड़ी आलोचना की। उन्होंने ऊँच-नीच के भेदभाव को मिटाने का काम राजनीतिक कर्तव्य के रूप में स्वीकार किया, राष्ट्रीय आन्दोलन की दृढ़ता के लिए उसे आवश्यक माना। दलितजनों के प्रति गहरी सहानुभूति प्रकट करते हुए उन्होंने मैत्री और भाईचारे के आधार पर उन्हें अपने बराबर आसन दिया। उनका उद्धार अन्य वर्णों के ग़रीब किसानों के सहयोग से होगा—इस सत्य की ओर संकेत किया।

राष्ट्रीय स्वाधीनता-आन्दोलन कुछ लोगों के लिए अंग्रेज़ों को हटाने भर का आन्दोलन था; अंग्रेज़ों को हटाने के लिए समाज-व्यवस्था को बदलना आवश्यक न था। निराला का विचार इनके मत से भिन्न था। उनकी समझ में एक व्यापक सामाजिक क्रान्ति न केवल इसलिए आवश्यक थी कि पुरानी व्यवस्था सदियों पहले जर्जर हो चुकी है, वरन् इसलिए भी कि उसके बिना देश का राजनीतिक आन्दोलन शक्तिशाली न हो सकता था। इस राजनीतिक आन्दोलन का लक्ष्य क्या हो, उसे शक्तिशाली कैसे बनाया जाय, शिक्षित युवकों को सामाजिक क्रान्ति के लिए कौन-से कदम उठाने चाहिए—इन सब समस्याओं को लेकर निराला ने जो कुछ लिखा था, वह राजनीतिज्ञों के दाँव-पेंच से बहुत आगे की बात थी।

नारी की स्वाधीनता

समाज में द्विज और शूद्र का भेद उत्पन्न हुआ, तब उसके साथ स्त्री-पुरुष में छोटे-बड़े का भेद भी पैदा हुआ। पुराने कबीले टूटने पर नये श्रम-विभाजन के आधार पर जैसे वर्णव्यवस्था उत्पन्न होती है, वैसे ही श्रम-विभाजन के आधार पर स्त्री-पुरुष में छोटे-बड़े का भेद उत्पन्न होता है। स्त्री घर का काम करती है, पुरुष बाहर का काम

करता है। सम्पत्ति का स्वामी पुरुष होता है, वह युद्ध करता है, शास्त्र रचता है, व्यापार करता है, स्वभावत: उसके काम के आगे स्त्री का घरेलू काम छोटा लगता है। शूद्रों में, जहाँ स्त्री पुरुष के साथ काम करती है, वह द्विज वर्ण की देवियों की तुलना में अधिक समर्थ होती है। जैसे वर्णव्यवस्था विश्वव्यापी है, वैसे ही नारी की पराधीनता। सामन्ती व्यवस्था जहाँ ज़्यादा पुरानी और मज़बूत होगी, वहाँ जाति-पाँति के भेदभाव की तरह स्त्री और पुरुष में छोटे-बड़े का भेद भी ज़्यादा होगा। अवध और मिथिला की अपेक्षा ब्रज और पंजाब की देवियाँ अधिक स्वाधीन हैं, इसका यही कारण है। वर्णव्यवस्था की तरह स्त्री-पुरुष की सामाजिक असमानता कभी ऐतिहासिक रूप से अनिवार्य थी, सभ्यता के विकास के लिए आवश्यक थी किन्तु उसकी वह भूमिका शताब्दियों पहले समाप्त हो चुकी। राष्ट्र के नये विकास के लिए आवश्यक था कि स्त्रियों को पुरुषों के समान अधिकार मिले,पुरुषों के समान ही वे देश के सामाजिक और सांस्कृतिक जीवन में भाग लें।

सामाजिक रूढ़ियाँ जैसे शूद्रों को दास बनाये हुए थीं, वैसे ही वे स्त्रियों की पराधीनता का कारण भी थीं। निराला ने लिखा : "प्राचीन शीर्णता ने नवीन भारत की शक्ति को मृत्यु की ही तरह घेर रखा है। घर की छोटी-सी सीमा में बँधी हुई स्त्रियाँ आज अपने अधिकार, अपना गौरव, देश तथा समाज के प्रति अपना कर्तव्य, सब कुछ भूली हुई हैं।" ('प्रबन्ध प्रतिमा', पृ. 131) प्राचीन शीर्णता अर्थात् प्राचीन समाज-व्यवस्था की रूढ़ियाँ—वही शूद्रों पर अत्याचार का कारण हैं, वही नारी की पराधीनता का।

समाज में ऊँच-नीच का भेद मिटाना निराला के लिए एक राजनीतिक कर्तव्य था, उसी तरह नारी के समान अधिकारों का संघर्ष स्वाधीनता-आन्दोलन का अभिन्न अंग था। पुरुष घर के बाहर अंग्रेज़ों का दास, घर में उस दास पुरुष की दासी—नारी। इस दोहरी परतंत्रता को खत्म किये बिना राष्ट्र कैसे स्वाधीन हो सकता है? निराला ने लिखा : "हम लोग स्वयं जिस तरह ग़ुलाम हैं, उसी तरह अपनी स्त्रियों को भी ग़ुलाम बना रखा है, बल्कि उन्हें दासों की दासियाँ कर रखा है। इस महादैन्य से उन्हें शीघ्र मुक्ति देनी चाहिए, तभी हमारी दासता की बेड़ियाँ कट सकती हैं।" ('प्रबन्ध प्रतिमा', पृ. 134-35)

न केवल भारत में वरन् आधुनिक यूरोप में भी रूढ़िवादियों का तर्क यह रहा है कि प्रकृति ने ही स्त्री और पुरुष को इस तरह बनाया है कि उनका कार्यक्षेत्र अलग-अलग रहे। स्त्री कोमल है, पुरुष कठोर है, इस भेद के अनुरूप उनके धर्म भी अलग-अलग हैं। निराला कहते हैं : वे दिन बीत गए जब स्त्री के लिए यह प्रशंसा की बात समझी जाती थी कि वह चित्रलिखे कपि को देखकर डर जाती है। "परन्तु अब आवश्यकता है, हर एक मनुष्य के पुतले में—चाहे वह पुरुष हो या स्त्री, कोमल और कठोर, दोनों भावों का विकास हो! अब दोनों के लिए एक ही धर्म होना चाहिए। पुरुष के अभाव में स्त्री हाथ समेटकर निश्चेष्ट बैठी न रहे। उपार्जन से लेकर संतानपालन,

गृहकार्य आदि वह सँभाल सके, ऐसा रूप, ऐसी शिक्षा उसे मिलनी चाहिए। पहले दोनों के भाव और कार्य अलग-अलग थे, अब दोनों के भाव और कार्यों का एक ही में साम्य होना आवश्यक है।" ('प्रबन्ध प्रतिमा', पृ. 133)

इस तरह निराला ने स्त्री-पुरुष के दो धर्मों, दो कार्यक्षेत्रों वाली बात की जड़ ही काट दी। स्त्री का कार्य सन्तान-पालन है, उपार्जन भी। उपार्जन का कार्य पुरुष के अभाव में ही नहीं, उसकी उपस्थिति में भी आवश्यक है। स्त्रियों को स्वावलम्बी बनना चाहिए क्योंकि "स्वावलम्ब कोई पाप नहीं, प्रत्युत पुण्य है। हमारे देश के लोग इस समय आधे हाथों से काम करते हैं। उनके आधे हाथ निष्क्रिय हैं। जब स्त्रियों के भी हाथ काम में लग जाएँगे, कार्य की सफलता हमें तभी प्राप्त होगी।" (उप., पृ. 134)

स्त्रियों की सामाजिक पराधीनता का मुख्य कारण उनकी आर्थिक पराधीनता है। पर-निर्भरता के कारण ही उन्हें घर की चहारदीवारी के भीतर बंद रहकर अनन्त अत्याचार सहने पड़ते हैं। "उनके साथ जो पाशविक अत्याचार किये जाते हैं, उनका कोई प्रतिकार नहीं होता। वे चुपचाप आँसुओं को पीकर रह जाती हैं। उनका जीवन एक अभिशप्त का जीवन बन रहा है।" (उप., पृ. 131)

निराला का कहना था कि इस घरेलू दासता का अन्त होना चाहिए। देश के राजनीतिक-सांस्कृतिक जीवन में पूरी शक्ति नहीं आ सकती जब तक समानता के आधार पर उसमें पुरुषों के साथ स्त्रियाँ भी भाग न लेंगी। उन्होंने लिखा : "अब घर के कोने में समाज तथा धर्म की साधना नहीं हो सकती। ज़माने ने रुख बदल दिया है। हमारे देश की लड़कियों पर बड़े-बड़े उत्तरदायित्व आ पड़े हैं। उन्हें वायु की तरह मुक्त रखने में ही हमारा कल्याण है। तभी वे जाति, धर्म तथा समाज के लिए कुछ कर सकेंगी।" (उप., 133)

रूढ़िवादियों का कहना था कि उच्च शिक्षा पुरुषों के लिए आवश्यक है, स्त्रियों को ज़्यादा पढ़ा-लिखाकर क्या करना है? क्या उन्हें नौकरी करनी है? निराला का विचार था कि शिक्षा अपने-आपमें वांछनीय है; शिक्षित होकर स्त्रियाँ स्वावलम्बी बनें तो यह और भी अच्छा है। राष्ट्र के नये नागरिकों को जन्म देनेवाली माताएँ अशिक्षित न रहनी चाहिए।

"महिलाओं की स्वतंत्रता ही उनके जीवन की सब दिशाओं का विकास करेगी। हमें सिर्फ उनकी स्वतंत्रता का स्वरूप बतलाना है, और यह भी सत्य है कि पुरुषों के निरादर करने पर भी स्त्री-शक्ति का विकास रुक नहीं सकता, न वह अब तक कहीं रुका है। चूँकि पुरुष निराधार स्त्रियों की अपेक्षा इस देश में अधिक समर्थ हैं, इसलिए हम स्त्री-स्वतंत्रता के कार्य में पुरुषों से मदद करने के लिए कहते हैं, क्योंकि नारी ही भावी राष्ट्र की माता है। मूर्ख, पीड़ित और पराधीन माता से तेजस्वी, स्वतंत्र और मेधावी बालक-बालिकाएँ नहीं पैदा हो सकते, जिससे राष्ट्र का सर्वांश जर्जर हो जाता है।" ('सुधा', सितम्बर, '32, सम्पा. टि.—6)

इस तरह स्त्रियों की स्वाधीनता का प्रश्न राष्ट्रीय स्वाधीनता के प्रश्न से सम्बद्ध था। किन्तु स्त्रियों की शिक्षा उन्हें योग्य माताएँ बनाने के लिए ही आवश्यक न थी; शिक्षित होकर उन्हें स्वावलम्बी भी बनना था और देश के आर्थिक जीवन में भाग लेना था। उन्होंने लिखा : "ज्ञान के बिना जीवन व्यर्थ है। निर्वाह होना कठिन है। स्वावलम्बन नहीं आता। स्वावलम्बन कोई पाप नहीं, प्रत्युत पुण्य है। हमारे देश के लोग इस समय आधे हाथों से काम करते हैं। उनके आधे हाथ निष्क्रिय हैं। जब स्त्रियों के भी हाथ काम में लग जाएँगे, कार्य की सफलता हमें तभी प्राप्त होगी।" ('प्रबन्ध प्रतिमा', पृ. 134)

आर्थिक पराधीनता के कारण ही समाज में दोहरी नैतिकता का जन्म होता है : स्त्रियों के लिए एक कानून है, पुरुषों के लिए दूसरा। पुरुष विधुर हो जाए तो दूसरा विवाह कर सकता था, विधुर हुए बिना भी एक से अधिक पत्नियाँ रख सकता था, धनी हुआ तो रखैलों और वेश्याओं की कमी न थी, किन्तु स्त्री के विधवा हो जाने पर वह चाहता था कि स्वर्गीय पति को याद करते हुए वह शेष जीवन यों ही बिता दे। इस दोहरी नैतिकता से क्षुब्ध होकर निराला ने लिखा था : "'सीता', 'सावित्री', 'दमयन्ती' आदि की पावन कथाएँ आँखें मूँदकर लिख सकता हूँ। तब बीवी के हाथ 'सीता' और 'सावित्री' आदि देकर बगल में 'चौरासी आसन' दबाने वाले दिल से नाराज न होंगे। उनकी इस भारतीय संस्कृति को बिगाड़ने की कोशिश करके ही बिगड़ा हूँ। अब ज़रूर सँभलूँगा।" ('सुधा', 1 फरवरी, '34—'देवी')

आर्थिक निर्भरता के कारण ही स्त्रियाँ घरों में बंद रहकर दब्बू और निस्सहाय बन गई थीं। वे गुंडों से अपनी रक्षा न कर पाती थीं, एक बार भ्रष्ट हो जाने पर वेश्यावृत्ति अपनाने को विवश होती थीं। इस बाहर के व्यभिचार के अलावा वे घर में अनेक प्रकार के व्यभिचार करने को विवश होती थीं। ये सब ऐसी गोपनीय बातें हैं जिनके बारे में कोई कुछ लिखना पसन्द नहीं करता। किन्तु निराला ने लिखा : "शहर और देहात, सब जगह, समाज की एक ही-सी पतित अवस्था है। भारतीयता, दिव्यता और सतीत्व आदि की जितनी बातें हैं, दिखलाऊ हैं। सती-प्रथा की तरह सतीत्व-प्रथा के उठ जाने का अगर कानून बन जाए, तो और-और देशों की महिलाओं की तरह यहाँ की सीता और पार्वती देवियों के भी चित्र देखिए। छिपे तौर पर कितना पाप होता है, यह किसी भी आँख-कान वाले से छिपा नहीं। मैं जहाँ रहता हूँ, उसके ही एक कोस के अन्दर सतियाँ ससुर, जेठ, भाई और पिता तक के साथ पति-सम्बन्ध स्थापित होने पर कम हिचकीं।" ('प्रबन्ध प्रतिमा', पृ. 140-41)

शिक्षा के अभाव में समाज के भीतर अनेक कुरीतियाँ प्रचलित थीं जिनसे सर्वाधिक हानि स्त्रियों की होती थी। पर्दा-प्रथा, बाल-विवाह आदि ऐसी ही कुरीतियाँ थीं। निराला ने अन्य हिन्दी साहित्यकारों की तरह इनका विरोध किया। उनसे आगे बढ़कर उन्होंने इस बात पर ज़ोर दिया कि स्त्रियों में बौद्धिक विकास की क्षमता वैसी ही है, जैसी पुरुषों में। कुरीतियाँ दूर करना ही काफी नहीं है। स्त्रियों में शिक्षा

प्रचार आवश्यक है, जिससे वे ज्ञान के क्षेत्र में पुरुषों के साथ काम कर सकें। निराला स्वामी दयानन्द और आर्य समाज के प्रशंसक थे क्योंकि इनके प्रयत्न से स्त्रियों में शिक्षा-प्रचार हुआ था। उन्हें इस बात से विशेष प्रसन्नता थी कि "स्त्रीसमाज को उठाने वाले पश्चिमी शिक्षाप्राप्त पुरुषों से वह (स्वामी दयानन्द) बहुत आगे बढ़े हुए हैं" और "वह संसार और मुक्ति, दोनों प्रसंगों में पुरुषों के ही बराबर नारियों को अधिकार देते हैं।" ('प्रबन्ध प्रतिमा', पृ. 62)

निराला स्वभावत: साहित्य में स्त्रियों के योगदान के प्रति बड़े सजग थे। वे हर प्रकार से उन्हें प्रोत्साहन देते थे और साहित्य के पूर्ण विकास के लिए इस योगदान को अत्यन्त आवश्यक मानते थे। सुभद्राकुमारी चौहान, महादेवी वर्मा आदि हिन्दी लेखिकाओं की चर्चा करते हुए उन्होंने लिखा था : "हिन्दी के नवीन युग-विकास को युवकों की तुलना में कम शक्ति इनसे नहीं प्राप्त हुई। कालिदास कला-विषय पर पति के मुकाबले उन्हें 'प्रिय शिष्या ललिते कलाविधौ'—इस उक्ति से शायद प्राधान्य देना नहीं चाहते, और यह उस समय की शायद अधिक रसिकता रही हो : पर मुझे दोनों सम, बल्कि ललित कलाविधि में देवियाँ समधिक कुशल दीख पड़ती हैं।" ('सुधा', नवम्बर, '34—'श्री चकोरी जी की कविता')

साहित्य में स्त्रियाँ पुरुषों के समकक्ष हैं, उनका योगदान युवक-कवियों से कम महत्त्वपूर्ण नहीं है, इसके सिवा साहित्य और कला में वे पुरुषों से और आगे बढ़ सकती हैं। जब सुमित्राकुमारी सिन्हा की पुस्तक 'अचल सुहाग' प्रकाशित हुई, तब निराला यह देखकर चकित हुए कि यह लेखिका पारिवारिक जीवन के सम्बन्ध में पुरानी घिसी-पिटी मान्यताओं को चुनौती दे रही है। उन्होंने पुस्तक की आलोचना करते हुए लिखा : "एक प्रतिष्ठित परिवार की महिला के कलम से ये जो मनोभाव इन कहानियों में निकले और परिपुष्ट हुए हैं, एकाएक एक पुराने पाठक को ताज्जुब में डाल देते हैं। प्रेम के सम्बन्ध में बदलती हुई धारणा में महिलाओं की प्रतिनिधि की हैसियत से, कवयित्री सुमित्राकुमारी ने बड़ी निर्भीकता दिखलाई है। स्त्री के सम्बन्ध में पुरुष के विचार शुद्ध हों—अशुद्ध, प्राचीन हों—नवीन, स्त्री के विचारों के सामने मान्य नहीं हो सकते। यद्यपि यूरोप में एक सदी पहले से क्रिश्चियन आदर्श की नारी का मज़ाक उड़ाना शुरू हो गया था—नारी-स्वतंत्रता की आवाज़ बुलन्द की गई थी, और वैज्ञानिक युग की प्रतिष्ठा के साथ-साथ स्त्रियों के स्वातंत्र्य का महत्त्व बढ़ा था, फिर भी कल तक हिन्दुस्तान में ऐसी बात न थी। साहित्य के पृष्ठों में नारी का जो रूप था, वह बहुत-कुछ प्राचीन सम्बन्ध लिये हुए ही था।"

सुमित्राकुमारी सिन्हा की पुस्तक निराला के लिए मात्र एक साहित्यिक कृति नहीं थी। उसमें उन्होंने एक सामाजिक परिवर्तन की झलक देखी, नारी का विद्रोही स्वर सुना, जो पुरानी मान्यताओं का बोझ लादे हुए परिवार में घुट-घुटकर मरने को तैयार न थी। उन्होंने चेतावनी दी : "मुझे आशा है, हिन्दीभाषी जनता इस पुस्तक से अपने घर की महिलाओं की मानसिक स्थिति समझेगी। और कर सके तो यथोचित

करेगी, नहीं तो देवियाँ तो कमर कसकर तैयार हैं ही।" इस चुनौती में निराला के आह्लाद का स्वर भी मिला हुआ है; यह सोचकर वह प्रसन्न थे कि रूढ़िवादियों से जहाँ अभी तक वह अकेले लोहा ले रहे थे, वहाँ अब लेखिकाएँ भी उनके काम में हाथ बँटाने आ गई हैं।

स्त्री-शिक्षा से निराला की दिलचस्पी का एक विशुद्ध साहित्यिक कारण भी था। लड़का जब तक माँ से खड़ी बोली न सुनेगा, तब तक वह सहजभाव से, खड़ी बोली को मातृभाषा के रूप में ग्रहण करके, हिन्दी का महान् लेखक नहीं बन सकता। विशेष रूप से अवध तथा अन्य पूर्वी क्षेत्रों में, जहाँ हिन्दी सांस्कृतिक भाषा बन चुकी थी, वह अभी घरों में प्रवेश न कर सकी थी, पुरुष खड़ी बोली बोलता था, तो घर से बाहर, पत्नी से वार्तालाप अवधी या भोजपुरी में होता था। यह स्थिति हिन्दू घरों की ही नहीं, मुस्लिम घरों की भी थी। बच्चे अपनी माँ से साफ-सुथरी खड़ी बोली सुनें, इसके लिए स्त्रियों में शिक्षा-प्रचार अत्यन्त आवश्यक था।

इस सम्बन्ध में निराला ने लिखा : "स्त्रियाँ यदि अपढ़ रह गईं, यदि उन्हीं की ज़बान न मँजी, तो बच्चा पढ़कर भी कुछ कर नहीं सकता। मौलिकता का मूल बच्चे की माता है। भाषा का सुधार, संशोधन स्त्रियाँ ही करती हैं। जब तक वर्तमान खड़ी बोली स्त्रियों के मुख से मँजकर नहीं निकलती, तब तक उसमें कोमलता का आना स्वप्न है। वही बच्चा भविष्य के हिन्दी-साहित्य का महाकवि है, जिसे अपनी माता के मुख से साफ-शुद्ध, मार्जित, सरल, श्रुति-मधुर तथा मनोहर खड़ी बोली के सुनने का सौभाग्य प्राप्त होगा।" ('प्रबन्ध प्रतिमा', पृ. 136)

यहाँ निराला के चिन्तन की एक विशेषता ध्यान देने योग्य है। वह प्रत्येक समस्या पर राष्ट्र के सर्वांगीण विकास की दृष्टि से विचार करते हैं। नारी की स्वाधीनता की समस्या देश के आर्थिक विकास, राजनीतिक आन्दोलन और नवीन साहित्य के अभ्युदय से जुड़ी हुई है। स्त्रियाँ स्वावलम्बी बनें, अभी देश अपने आधे हाथों से काम करता है। वे घर की सीमाएँ लाँघकर बाहर आएँ, देश के सामाजिक आन्दोलन में सम्मिलित होकर उसे समर्थ बनाएँ। वे शिक्षित हों जिससे उनके बच्चे समर्थ साहित्यकार बनें। निराला जहाँ किसी स्त्री को इस आदर्श के निकट पहुँचते देखते थे, वह भाव-विह्वल हो उठते थे, गद्य में विचार और तर्क का स्थान कविता ले लेती थी। लखनऊ के एक महिला-सम्मेलन में किसी नेता ने विदेशी वस्त्रों के बहिष्कार पर भाषण दिया। उसने कहा कि स्त्रियों के पास वह दृष्टि होनी चाहिए जिससे वे सच्चा रूप पहचान सकें। इस पर खद्दर की साड़ी पहने एक लड़की आगे बढ़ी। वहाँ विदेशी सूत की देशी साड़ी पहने हुए कोई राष्ट्रनेत्री भी बैठी हुई थीं। निराला को लगा कि उस लड़की को देखकर राष्ट्रनेत्री का चेहरा स्याह पड़ गया है। उन्होंने लिखा : "इतना सुनते ही (अर्थात् विदेशी वस्तुओं से सुन्दरता घटती है—नेता की यह बात सुनते ही) खद्दर की साड़ी से सजी हुई एक किशोरी, प्रभात की ज्योतिर्मयी तरंग की तरह, अपने अल्प-सज्जित रूप की तरुण लहरों से उमड़ पड़ी। वहीं संसार-प्रसिद्ध

भारत की आर्दश राष्ट्रनेत्री भी बैठी हुई थीं। उनके अधरों के पल्लव अन्धकार से ढँक गए। उनकी बेशकीमत विदेशी सूत की जरीदार देशी साड़ी भी अपनी रजतशुभ्र द्युति से उस अन्धकार को दूर नहीं कर सकी। उस तरुण बालिका की अगम्य द्युति राष्ट्र की आत्मा की ज्योति थी, वहाँ प्राणों का प्याला अपने अपार रूप के गर्व से उस समय के लिए ऊपर तक भरकर कुछ छलक गया था, जिसकी प्रभा से सभास्थल कुछ काल के लिए तड़ितहत, चकित, स्तम्भित रह गया था। उस अपराजित खिली हुई रूपराशि में थोड़ी देर के लिए राष्ट्र की नारी की अभावशून्य अपनी ही मौलिकता से दृप्त स्वर्गीय छवि आ गई थी।" ('सुधा', फरवरी, 30; सम्पा. टि.—13)

इस तरह का—या उससे कुछ घटकर—गद्य-काव्य लिखने वाले और लोग भी थे। उनके लिए स्त्रियों में शिक्षा-प्रसार की समस्या शहरी उच्च या मध्यवर्ग के महिला-समाज तक सीमित थी। किन्तु अधिकांश स्त्रियाँ गाँवों में रहती थीं। निराला के अनुसार इनमें शिक्षा-प्रसार के बिना भारतीय महिला-समाज शिक्षित न कहला सकता था।

"देहात में शिक्षा की बहुत कमी है, वहाँ लड़कों को ही मदरसा भेजना दुश्वार है। गाँवों से कोस-कोस की दूरी पर मदरसे हैं। हर एक तहसील में मुश्किल से दो मिडिल स्कूल हैं। आठ-आठ, दस-दस कोस के लड़के मिडिल स्कूल के बोर्डिंग-हाउस में ठहरकर पढ़ नहीं सकते। अधिकांश लोगों की आर्थिक स्थिति वैसी नहीं है। जो लोग सम्पन्न हैं, उनमें अकारण प्यार की मात्रा इतनी बढ़ी हुई है कि वे बच्चे को अपने से अलग नहीं कर सकते, वह मूर्ख भले ही रह जाए। जहाँ लड़कों का यह हाल है, वहाँ लड़कियों की बात ही क्या? हर एक गाँव से प्रतिदिन जितनी भीख निकलती है, यदि उतना अन्न रोज़ एकत्र कर लिया जाए, तो गाँव में ही एक छोटी-सी पाठशाला खोल दी जा सकती है। एक शिक्षक की गुज़र उससे हो जाएगी। अविद्या का जो यह प्रबल मोह फैला हुआ है, यह न रह जाएगा। बालिकाओं के लिखने-पढ़ने का गाँव ही में प्रबन्ध हो सकता है। इस तरह उनके प्रति सच्चा न्याय गाँव वाले कर सकते हैं। शहरों में तो लड़कियों को पढ़ाने के अनेक साधन हैं।" ('प्रबन्ध प्रतिमा', पृ.133)

जितना अन्न भीख में दिया जाता है, उसे इकट्ठा करके गाँव में लड़कियों के लिए पाठशाला खोली जा सकती है—कैसा उत्कट प्रेम, देश की प्रगति के लिए कैसी आतुरता! कल्पना के आकाश से उतरकर धरती पर दृढ़ता से पाँव रोपने की कैसी अद्भुत क्षमता थी निराला में! जिनके पास साधन थे, उनके हृदय में यह उत्कट देश-प्रेम न था, निराला के हृदय में देश की निरक्षर-दरिद्र जनता के लिए अपार स्नेह था, वैसा ही साधनों का नितान्त अभाव था। किन्तु वह क्रान्तिकारी साहित्यकार थे; नवयुवकों को एक स्वप्न दे गए—ग्रामीण स्त्रियों में शिक्षा-प्रचार के बिना सामाजिक क्रान्ति पूरी न होगी। शूद्रों के उद्धार के लिए सामाजिक क्रान्ति आवश्यक है, स्त्रियों की स्वाधीनता के लिए सामाजिक क्रान्ति आवश्यक है। निराला विभिन्न सन्दर्भों में क्रान्ति की चर्चा करते हैं। वास्तव में ये सब अनेक क्रान्तियाँ न होकर एक ही क्रान्ति

के विभिन्न स्तर हैं। यदि स्त्रियों में सामाजिक क्रान्ति पूरी नहीं हुई तो राजनीतिक क्रान्ति कहाँ पूरी हो गई है? आज भारत और पाकिस्तान की अधिकांश समस्याएँ—उनकी आन्तरिक समस्याएँ, परस्पर सम्बन्धों की समस्याएँ—हमारे गतिरुद्ध राष्ट्रीय आन्दोलन की समस्याएँ हैं। निराला की विचारधारा का महत्त्व यह है कि उन्होंने राष्ट्रीय आन्दोलन को व्यापक क्रान्ति के रूप में देखा, उस क्रान्ति के प्रत्येक स्तर को तीक्ष्ण विश्लेषक दृष्टि से देखा और इन स्तरों के परस्पर सम्बन्ध को पहचाना।

"महान् विप्लव ही हर एक सुधार का मूल है। स्त्रियाँ उन विप्लवों के साथ-साथ, अधिकार-सम्बन्धी जैसे-जैसे परिवर्तन समाज में होते गए, वैसे ही वैसे अपना पूर्व-रूप बदलती गईं।" ('सुधा', नवम्बर, '29; सम्पा. टि.—12)

भारतीय नारी की आदर्श मूर्ति गढ़कर स्त्रियों की समस्या हल नहीं की जा सकती। विप्लवों के साथ जो अधिकार-सम्बन्धी परिवर्तन हुए हैं, उनके सन्दर्भ में ही नारी की परिवर्तित स्थिति पर विचार हो सकता है। किसी समय स्त्री-पुरुष में मौलिक अधिकार-भेद माना जाता था, दोनों की शक्ति अलग, कार्यक्षेत्र अलग। निराला ने घर में बंद रहनेवाली स्त्री की घुटन, उसकी यंत्रणा से पर्दा उठा दिया। ज्ञान और कर्म में उसे पुरुष की सहधर्मिणी कहकर उन्होंने अपनी तर्कशक्ति से उन तमाम रूढ़ियों को काट डाला, जो उसे दासों का दास बनाये हुए थीं। यह सही है कि शिक्षित प्रगतिशील युवतियों को देखकर उन्हें बहुत जल्दी प्रभात की ज्योतिर्मयी तरंगें याद आने लगती थीं किन्तु यह भी सही है कि सड़क के किनारे बैठी हुई पागल भिखारिन में—"वह साँवली थी, दुनिया की आँखों को लुभाने वाला उसमें कुछ न था"—निराला को "वह रूप देख पड़ा, जिसे मैं कल्पना में लाकर साहित्य में लिखता हूँ।" ('देवी', 'सुधा', 1 जुलाई, '34)

यहाँ विचारधारा नहीं है, एक भाव-विह्वल मन:स्थिति है, वह भूमि है जिसमें कलात्मक साहित्य की सृष्टि होती है। निराला का मन एक भारतीय स्त्री की दुर्दशा देखकर तड़प उठा है। उनकी विचारधारा तर्कबद्ध, भावशून्य, विशुद्ध विश्लेषणात्मक स्थापनाओं का समूह नहीं है। भावमूलक रचना-प्रक्रिया से उनकी विचारधारा का गहरा सम्बन्ध है; 'देवी' कहानी में महाशक्ति वाली बात से इस सम्बन्ध की पुष्टि होती है।

शास्त्र और रूढ़िवाद

समाज में स्त्रियों और शूद्रों को पराधीन बनाये रखने के लिए प्राचीन रूढ़ियों के समर्थक बात-बात में वेद, पुराण, रामायण, महाभारत और शास्त्रों का हवाला देते थे। उनके तर्क सुनकर लगता था कि इस विशाल साहित्य की रचना स्त्रियों और शूद्रों को गुलाम बनाये रखने के लिए ही हुई है। द्विजों की तुलना में शूद्रों और पुरुषों

की तुलना में स्त्रियों को नीचा सिद्ध करने के लिए समाज में तरह-तरह के कर्मकांड प्रचलित थे। लोग इन्हीं को धर्म समझ बैठे थे। निराला ने कर्मकांड और धर्म में भेद किया। उन्होंने कहा कि कर्म वही श्रेष्ठ है, जो ज्ञानजन्य है, अज्ञानजन्य कर्म रूढ़ि का पालन मात्र है। यदि शास्त्र ज्ञानजन्य कर्म का आदेश करता है, तो वह ठीक है; यदि वह रूढ़ियों के पालन का आदेश करता है, तो उसका विरोध करना चाहिए। वर्तमान युग में मनुष्य को अपनी बुद्धि से काम लेकर अपना सामाजिक व्यवहार निश्चित करना चाहिए, निराला ने कहा कि बात-बात में शास्त्रों की दुहाई देना पराधीन मनोवृत्ति का सूचक है।

धर्म और रूढ़ियों में भेद करते हुए निराला ने लिखा : "सब प्रणालियाँ मनुष्यों ने ही सोचकर समय-समय पर अपनी भलाई के लिए समाज में चलाईं। यदि हम उन्हें पकड़कर उन्हें ही अपना धर्म मान बैठें, तो हम धोखा खाएँगे। कारण, हम एक जड़ तरीके को धर्म समझ लेंगे। धर्म कभी कोई कानून, कोई रीति नहीं हो सकता। इसलिए हमें अपने समाज को हर वक्त इस प्रकार तैयार रखना चाहिए कि फौज के सिपाहियों की तरह, इच्छानुसार, जब जैसी ज़रूरत पड़े, हम समाज को उसी तरह, उसी रूप में, उसी राह से निकाल लें।" ('सुधा', जून, '30; सम्पा. टि.—10)

इलाहाबाद में एक सरकारी अफसर के यहाँ जनेऊ था। अफसर ऊँचे कान्यकुब्ज ब्राह्मण थे। बँगले में शामियाना लगाया गया और उसके नीचे मंडप बनाया गया। निराला ने इस पर टिप्पणी की : "मंडप पहले ग़रीब ब्राह्मण छाया के लिए ही कुश आदि से आँगन में छाते थे। यहाँ विशाल मोटे शामियाने के नीचे तृण का मंडप! यह कौन-सा स्वाँग था? ऐसी ही भारतीयता की रक्षा की जाएगी?" ('प्रबन्ध प्रतिमा', पृ. 146)

रूढ़ियों की रक्षा के लिए पुराणपंथी हमेशा भारतीयता की दुहाई देते आए हैं। निराला ने इसलिए प्रश्न किया कि क्या भारतीयता की रक्षा करने का यही अर्थ है कि निरर्थक रूढ़ियों का पालन किया जाए? मनुष्य को रूढ़ियों का ग़ुलाम देखकर निराला की व्यंग्यवृत्ति जाग्रत होती थी। उन्हें लगता था कि ये रूढ़ियों के दास अपने को बड़ा धर्मात्मा समझते हैं; वास्तव में वे मनुष्यता के स्तर से भी गिरे हुए हैं। इलाहाबाद के उसी यज्ञोपवीत समारोह के सिलसिले में उन्होंने लिखा : "सब जगह मूजी-मेखलाधारी नया ब्राह्मण-बालक छत्र-दंड आदि लिये काशी पढ़ने के अर्थ रवाना होता है। तब उसे कोई पकड़कर रुपया, दो रुपया देकर समझाता है—यहीं रहो, यहीं पढ़ जाओगे। फिर अगर वह बड़े बाप का लड़का हुआ, तो देखिए, घड़ी-भर बाद कमीज, वेस्टकोट, टाई, कोट, रिस्टवाच, सोने की चेन, मोजे-जूते डाटे हुए, हैट लगाये, निमंत्रित जनों का विस्मय बना बैठा हुआ है। जनेऊ के समय के दंडधर बाह्मण-बालक का दंड कहाँ चला गया? नहीं रखने की इच्छा, तो वह स्वाँग क्यों? यह भारतीयता और शालीनता समाज के सर्वोच्च कृत्य का एक विकसित रूप है! इसी तरह की और-और बातें हैं, जहाँ स्वभावत: मन विद्रोह कर बैठता है, जिनके

निराकरण की ज़रूरत है। सुधार तो बहुत दूर की बात है। पहले आदमी बनिये, सुधार तब होगा।" ('प्रबन्ध प्रतिम', पृ. 146-47)

रूढ़ियों को इस तरह निबाहना निराला की दृष्टि में ज्ञान-शून्य कर्म था जिससे समाज की प्रगति रुकती थी। आग में घी जलाकर वायु शुद्ध करनेवाली बात इसी तरह की अन्य रूढ़ि थी। रूढ़िवाद से छुटकारा पाने की आवश्यकता पर ज़ोर देते हुए निराला ने लिखा : "यदि ज्ञान-रहित कर्मों की कवायद ही गृहस्थियों के हक़ में है, तो इससे उन्हें कोई फायदा नहीं पहुँच सकता। और, यह जानी हुई बात है कि 'भरत' के नाम के जप से किसी का भरण-पोषण नहीं हो सकता। इसके लिए काम करना चाहिए। उसी तरह केवल आग में घी जलाकर वायुशोधन करते रहना मूर्खता ही है; कारण, पहले के इतना अब यहाँ दूध-घी नहीं होता। जहाँ आदमियों को घी-दूध न मिलता हो, वहाँ वायु-शुद्धि से रक्त-शुद्धि अवश्य ही अधिक महत्त्व रखती है, और जब कि बगीचा लगा लेने से, धूप आदि के जलाने से भी वायु शुद्ध हो सकती है।" ('सुधा', जुलाई, '30; सम्पा. टि.—4)

अन्य समस्याओं की तरह रूढ़ियों से संघर्ष के लिए समस्या भी निराला के लिए राष्ट्रीय अभ्युत्थान की समस्या से जुड़ी हुई थी। भारत को प्रगतिशील आधुनिक राष्ट्र बनना है। भारतीयता के नाम पर प्राचीन रूढ़ियों से चिपके रहकर वह आधुनिक नहीं बन सकता। "सभी राष्ट्र अपनी पुरानी प्रथाओं में शीघ्रातिशीघ्र परिवर्तन करते जा रहे हैं।" ('सुधा', सितम्बर, '32; सम्पा. टि.—6) भारत को इन राष्ट्रों के साथ कदम मिलाकर आगे बढ़ना है। पुरानी प्रथाओं को छोड़ने का अर्थ यह नहीं है कि हमारा धर्म नष्ट हो गया। "यहाँ धर्म का कोई सवाल नहीं। कारण, धर्म तो मनुष्य की भीतरी प्राणों की भावना है। बाहरी कर्मों, वेशभूषा आदि में भाषा के परिवर्तन की तरह बराबर रद्दोबदल ज़रूरी है। पर हम इस सामाजिक कार्य में उन्नतिशील सभी देशों से पीछे हैं।" (उप.)

धर्मनिरपेक्षतावादियों की तरह निराला धर्म को मनुष्य की भीतरी प्राणों की भावना मानते थे। किन्तु धर्मनिरपेक्षतावादी जहाँ धार्मिक अन्धविश्वासों और सामाजिक रूढ़ियों के बारे में मौन साध लेते हैं, निराला वहाँ मुखर होकर उनका विरोध करते थे। अज्ञान के प्रति तटस्थ रहकर राष्ट्र प्रगति नहीं कर सकता। जो राष्ट्र प्रगति कर रहे हैं, वे धार्मिक रूढ़ियों के प्रति निरपेक्षता का व्यवहार करके नहीं, उनका प्रबल विरोध करके प्रगति कर रहे हैं। निराला ने प्रगतिशील राष्ट्रों के रूढ़ि-विरोधी अभियान को लक्ष्य करके लिखा : "इस धार्मिक पाश से छुटकारे की आवाज़ बुलन्द हो रही है। ईसाई गिरजे से नफरत करने लगे, मुसलमानों ने मस्जिदें ढहा दीं, चीनियों ने चोटियाँ काट डालीं। पर हमारे देश में शिखा (चोटी) का झंडा उसी तरह फहरा रहा है। इस झंडे के नीचे जितनी बुराइयाँ हुईं, सब उसी तरह जी रहे हैं।" ('सुधा', जुलाई, '30; सम्पा. टि.—4)

आधुनिक राष्ट्र बनने के लिए भारतवासियों के विचारों में आमूल परिवर्तन आवश्यक है। पराधीनता का कारण है अज्ञान। जब तक हमारे कर्म ज्ञानाश्रित नहीं,

तब तक राष्ट्र की चेतना भी स्वाधीन नहीं। जो मन से ग़ुलाम है, वह राजनीतिक रूप से भी बहुत जल्दी ग़ुलाम बन सकता है। पूर्ण स्वाधीनता के लिए ज्ञान के प्रकाश में आँखें खोलना अत्यन्त आवश्यक है। "विद्या ज्ञान है। ज्ञान का प्रकाश मार्जन। इससे मन और बुद्धि प्रखर होती है, चमकती है, जैस अस्त्र शान पर। हमारी पराधीनता का कारण अविद्या है।" ('सुधा', जुलाई, '30; सपा. टि.—5) "ज्ञान कभी भी पराधीन नहीं रह सकता। बल्कि यदि एक ही शब्द में स्वाधीनता की परिभाषा की जाए, तो वह ज्ञान ही होगा।" ('सुधा', फरवरी, '30; सम्पा. टि.—13)

यह निराला की सांस्कृतिक क्रान्ति थी। ज्ञान के आधार पर तमाम सामाजिक रूढ़ियों के बन्धन काट दो, ज्ञान के आधार पर समाज का नया संगठन करो जिसमें स्त्रियों को पुरुषों के समान और शूद्रों को द्विजों के समान उन्नति करने का अवसर मिले। शास्त्रों की कठोरता सबसे ज़्यादा स्त्रियों और शूद्रों को ही सहनी पड़ती थी। लड़कियों का ब्याह छोटी उम्र में कर देना चाहिए—इसके समर्थन में पंडितों की सभा हुई। निराला ने इनका परिहास करते हुए लिखा : "आठ वर्ष की बालिका के विवाह से वैकुंठ में अकुंठित गति प्राप्त करनेवाले पंडितों ने खूब खुलकर शास्त्रार्थ किया और सिद्ध भी कर डाला कि बिना आठ साल की लड़की का विवाह किये हिन्दू-धर्म की रक्षा हो नहीं सकती।...समाज के अंग से यह पंडित-पाप जब तक दूर न होगा, तब तक समाज की शिशुता से यौवन की ज्योति नहीं निकल सकती। लोग इसी तरह पुस्तकों के पन्नों में स्वतंत्रता और धर्म का तलाश करते फिरेंगे, मनुष्य के विचारों और प्रकृति में नहीं।" ('सुधा', मई, '30; सम्पा. टि.—7)

सारा सत्य पुस्तकों में नहीं है। पुस्तकों में जो सत्य है, उसे भी पहचानने के लिए मनुष्य को बाहर प्रकृति और समाज की ओर देखना चाहिए। प्रत्येक सामाजिक सुधार को न्यायसंगत ठहराने के लिए उसे शास्त्र-सम्मत सिद्ध करने का प्रयास मानसिक पराधीनता का लक्षण है। निराला ने लिखा : "बात-बात में शास्त्रों की राय लेने की जो आदत बड़े-बड़े विद्वानों तक में देख पड़ती है, वह शास्त्रीय पराधीनता है। मनुष्य शास्त्रों से अपने अनुकूल विधान ही निकालता है। शास्त्रों में हर कानून की प्रतिकूलता देख पड़ती है। सच बोलना चाहिए, पर झूठ कहने के भी अवसर हैं। इस तरह के सविरोध शास्त्रों से यही शिक्षा मिलती है कि मनुष्य को अपनी मेधा के अनुसार ही काम करना चाहिए। यह बात समाज में नहीं देख पड़ती।" ('प्रबन्ध प्रतिमा', पृ. 141)

यूरोप में अठारहवीं सदी के अनेक दार्शनिकों ने धार्मिक अन्धविश्वासों की तीव्र आलोचना की थी। भारत की तुलना में धार्मिक कट्टरता वहाँ कम न होकर कुछ अधिक ही थी। फिर भी सोलहवीं सदी से लेकर उन्नीसवीं सदी तक निरन्तर संघर्ष और विज्ञान की प्रगति के कारण बीसवीं सदी में स्थिति काफी बदल गई थी। भारत में सामन्ती व्यवस्था जितनी प्राचीन थी, शास्त्रीयता का ज़ोर भी यहाँ उतना ही ज़्यादा था। अनेक सांस्कृतिक आन्दोलनों के बावजूद रूढ़िवाद की जड़ें समाज में अब भी

बहुत गहरे जमी हुई थीं। शास्त्रों, पुराणों, काव्यों, ऐतिहासिक परम्पराओं का उपयोग पुरुष अपने ढंग से, पुरानी अधिकार-व्यवस्था की रक्षा के लिए करते थे। स्त्री भी उनका उपयोग अपने ढंग से, अधिकारों में समानता के लिए कर सकती है, यह प्राचीनता-प्रेमियों को पसन्द नहीं। निराला ने इस मिथ्या नैतिकता की आलोचना करते हुए लिखा : "महाराज दशरथ या वाजिदअली शाह की तरह यदि अनेक स्त्रियों का एक पति होना शास्त्र-संगत है, तो द्रौपदी की तरह एक स्त्री पच्चीस पतियों से भी रति कर सकती है, और उसका प्यार मर नहीं सकता। हाँ, किसी एक के प्रति अधिक भले ही हो। हमारे पुरुषों को यह सब बहुत बुरा लगेगा, क्योंकि वे चाहते हैं, हम सबकी स्त्रियों की तरफ देखें, हँसी-मज़ाक करें, पर हमारी स्त्री दिन-रात हमारे ही ध्यान में डूबी रहे। ठीक मनुष्य की तरह, इतनी ही ऊँचाई पर उड़कर विचार करने पर, चारित्रिक अकाश-कुसुम फिर पृथ्वी पर ही खुलेंगे, और आदर्श का आकाश आकाश ही-सा शून्य बनकर प्रकाश-लेश-रहित हो जाएगा।" (उप., पृ. 142)

जैसे स्त्री-पुरुष की असमानता को लोग धर्म का अंग समझने लगे, वैसे ही द्विज और शुद्र के जाति-पाँति और ऊँच-नीच के भेदभाव को वे धर्म का अंग समझते थे। यद्यपि प्रकृति ने सबको गुलाम बनाकर समानता की भूमि पर ला खड़ा किया है, फिर भी "न समझने वाले लोग कट्टरता की ही बुनियाद मज़बूत करते हैं, न कि बुद्धि की; और चूँकि इस तरह का प्रचलन हिन्दू-समाज में है, इसलिए हिन्दू-समाज किसी बुद्धि तथा विवेक के आश्रय पर नहीं खड़ा, किन्तु कट्टरता ही उसके इस विभिन्न अस्तित्व का एकमात्र आधार है।" ('सुधा', जून, '30; सम्पा. टि.—10)

यह व्यवस्था इतनी गल गई थी कि उसमें सुधार की गुंजाइश नहीं थी। हिन्दुओं के लिए आवश्यक था कि "अपने समाज का कुछ सुधार ही नहीं, किन्तु आमूल परिवर्तन करें।" (उप.)

समाज से यदि जातिप्रथा उठ गई, सब मनुष्य बराबर समझे जाने लगे, स्त्रियाँ पुरुषों के समान स्वच्छन्द हो गईं तो क्या धर्म का लोप न हो जाएगा? निराला का उत्तर था : समाज के पुनर्गठन से धर्म के नाश होने का भय नहीं है। "वीरो, छोटों को अपने बराबर कर लेने से बड़ा धर्म और कौन-सा है? जो बड़ा है, वही दूसरे को विद्या देकर, धन देकर, सहानुभूति देकर अपने बराबर कर सकता है। जो स्वयं छोटा है, वह क्या करेगा?" ('सुधा', 16 अगस्त, '33; सम्पा. टि.—1)

निराला की इस क्रान्तिकारी विचारधारा का स्रोत था वेदान्त। नवीं सदी के आरम्भ में महान् दार्शनिक शंकराचार्य ने भारतीय चिन्तन में भारी क्रान्ति की। यह संसार माया है; जैसा दिखाई देता है, वैसा नहीं है; ब्रह्म मनुष्य के भीतर है, स्वर्ग में बैठा हुआ जगत् का संचालन करनेवाला कोई परमपिता नहीं है। प्रसिद्ध है कि शंकराचार्य ने बौद्धों का प्रतिवाद किया किन्तु वास्तव में उतना ही विरोध उन्होंने ब्राह्मणों के कर्मकांड का भी किया। मनुष्य की चेतना से भिन्न जब कोई ईश्वर नहीं है, तब वे तैंतीस करोड़ देवी-देवता भी नहीं हैं जो मनुष्य के जन्म से लेकर उसकी मृत्यु—और

उसके बाद तक उसके शुभाशुभ कर्मों का फल देने के लिए तत्पर थे। संसार जब माया है तब समाज में ऊँच-नीच का भेदभाव, जाति-प्रथा, वर्ण-व्यवस्था भी प्रपंच है, भ्रम है। शंकराचार्य की इस अद्वैत विचारधारा का आश्रय लेकर, कबीर से निराला तक, भारतीय सन्तों, कवियों और साहित्यकारों ने समाज में प्रचलित भेदभाव और धार्मिक अन्धविश्वासों की तीव्र आलोचना की। स्वयं शंकराचार्य ने सांसारिक और पारमार्थिक सत्य में भेद किया, व्यवहार जगत् में वर्ण-व्यवस्था को स्वीकार किया। किन्तु यह ऐतिहासिक सत्य है कि वेदान्त का उपयोग भारतीय साहित्य में वर्ण-व्यवस्था के समर्थन के लिए नहीं, वरन् उसके विरोध के लिए किया गया।

ब्राह्मण-शूद्र सम्बन्धी शंकराचार्य की व्यवस्था के बारे में निराला ने लिखा : "शंकर की दृष्टि केवल चमक पर थी, वह धर्म की रक्षा अधिकारियों में ही समझते थे। इसलिए उनके नियम बड़े कठोर हुए। वैदिक ज्ञान की मर्यादा तथा महत्त्व को स्थिर रखने के लिए, शूद्रों के प्रति उनके अनुशासन बड़े कठोर हैं। यही कारण है कि शूद्र उन्हें अपना शत्रु समझते हैं। कुछ हो, शंकर का महान् मस्तिष्क-धर्म भी अधिक काल तक यहाँ स्थायी नहीं रह सका।" ('प्रबन्ध प्रतिमा', पृ. 232)

शंकर की विचारधारा को निराला ने मस्तिष्क-धर्म कहा, रामानुजाचार्य प्रवर्तित विचारधारा को हृदय-धर्म बताया। वास्तव में यह हृदय और मस्तिष्क का भेद न था। भक्ति-आन्दोलन का विरोध करनेवाली धार्मिक कट्टरता की आलोचना करते हुए निराला ने भक्त शंकर के बारे में लिखा था : "जिस गंगा की स्तुति करते हुए महाज्ञानी शंकर भी द्वैतवाद की भूमि में आकर कहते हैं :

इन्द्र-मुकुट-मणि-राजित-चरणे,
सुखदे, शुभदे, सेवक-शरणे,
रोगं, शोकं, पापं, तापं,
हर मे भगवति, कुमति-कलापम्।

"जिसके तटों पर अनादि काल से ऋषियों ने तपस्या की, जिसके दृश्यमात्र से हृदय पवित्र होता है, उसका बहिष्कार धर्म-भावना के मूल में ही कुठाराघात है।" ('सुधा', सितम्बर, '32; सम्पा. टि.—7)

उधर कबीर के बारे में निराला का मत था : "हिन्दी साहित्य का ज्ञानकांड यदि कबीर के साहित्य को कहें, तो अत्युक्ति न होगी।" ('सुधा', दिसम्बर, '32; सम्पा. टि.—1)

ज्ञानकांड कबीर के साहित्य में, शंकर के दर्शन में। भक्ति गंगा की स्तुति करनेवाले शंकर में और अनेक वैष्णव कवियों में। कबीर के ज्ञानकांड में शूद्रों का प्रवेश है, शंकर के ज्ञानकांड में उनका प्रवेश वर्जित है। वैष्णव कवियों की भक्ति में शूद्रों के प्रति अतिशय सहानुभूति और उदारता है, शंकर की भक्ति में इस उदारता और सहानुभूति का अभाव है। शंकराचार्य की अद्वैत विचारधारा और भक्त-सन्त-साहित्य का मौलिक अन्तर यह है।

"वैष्णव धर्म के अन्तर्गत भी जाति-पाँति का भेद नहीं रहा। अनेक उपाख्यान तथा कथा-कहानियाँ इस जाति-वैषम्य को धर्म से मिटाने के लिए रची तथा प्रचारित की गईं।...महाप्रभु श्री चैतन्य देव का वैष्णव धर्म उदारता का प्रशान्त महासागर है। कबीर के पास जातिभेद न था। रैदास की शिष्या रानी भी थी। सधन कसाई का नाम आज भी प्रात:काल उठकर बड़े-बड़े ब्राह्मण बड़े चाव से जपते हैं। अधिक क्या, प्रत्येक समाज से उतने ही बड़े महापुरुष निकले हैं, जितने बड़े ब्राह्मण समाज में हो सकते हैं। जो आत्मिक उत्कर्ष मंडन मिश्र ने वेदाध्ययन से प्राप्त किया था, वही उत्कर्ष व्याध मांस बेचकर प्राप्त करता है। पर यूरोप में किसी जूते गाँठने वाले अपढ़ की मर्यादा ऐसी नहीं कि वह लॉर्ड खानदान के साथ बराबरी का व्यवहार करे। यहाँ की सामाजिक प्रणाली दूसरी ही थी।" ('प्रबन्ध प्रतिमा', पृ. 233)

द्विज-शूद्र का भेद मिटाने वाली यह समस्त विचारधारा कहीं-न-कहीं शंकर के अद्वैत सिद्धान्त से प्रेरित थी। प्रेरित होकर वह शंकर की अनुवर्ती मात्र न बनी रही, व्यवहार-जगत् में वह शंकर-मत की सीमाओं को पार करके बहुत आगे बढ़ आई। यह समस्त साहित्य संस्कृत में नहीं, हिन्दी तथा अन्य लोकभाषाओं में रचा गया। यह साहित्य मानवमात्र की समानता की ऐसी उदात्त अभिव्यंजना करता है कि उसकी मिसाल तत्कालीन यूरोपीय साहित्य में नहीं है।

निराला ने जूते गाँठने वाले अपढ़ की मर्यादा से लॉर्ड खानदानवालों के रौबदाब का भेद बिलकुल सही दिखाया था। कुछ लोग समझते हैं कि जातिप्रथा केवल भारतीय समाज की विशेषता है। जातिप्रथा ब्रिटेन में भी थी। अठारहवीं सदी में ऊँच-नीच का भेदभाव मिटाने की बातें अनेक ब्रिटिश बुद्धिजीवी करने लगे थे। यह भेदभाव ग़रीब-अमीर का ही न था, भेदभाव कुलीनता और जाति-पाँति को लेकर था। यहाँ बौसवेल लिखित डाक्टर जॉनसन के जीवन-चरित से एक घटना का उल्लेख अप्रासंगिक न होगा।

बौसवेल ने जॉनसन से एक लेखक की शिकायत की कि वह लॉर्ड खानदान के लोगों का उचित सम्मान नहीं करता। जॉनसन ने कहा : "जैसे वह लॉर्ड की बराबरी का दावा करता है, वैसे ही कोई चमार उससे बराबरी का दावा करे तो? वह उसे खूब घूरेगा। तब चमार कहेगा, 'जनाब, घूरते क्या हो? मैं समाज की बड़ी सेवा करता हूँ। ठीक है कि इसके लिए मुझे पैसे मिलते हैं, सो पैसे आपको भी मिलते हैं। और खेद के साथ कहना पड़ता है कि आपको ज़्यादा पैसे मिलते हैं जबकि आपका काम उतना आवश्यक नहीं है, जितना मेरा। क्योंकि मनुष्य-जाति का काम आपकी किताबों के बिना बड़े मज़े से चल सकता है लेकिन मेरे जूतों के बिना नहीं चल सकता।' तो जनाब, समाज में ऊँच-नीच के भेद को लेकर ऐसे पक्के नियम न हों जिनमें कभी तब्दीली नहीं हो सकती तो कौन बड़ा है, कौन छोटा, इस बात को लेकर हमेशा आपस में फजीहत होती रहे। जब लोग मान लेते हैं कि यह भेद आकस्मिक है, तब उनमें ईर्ष्या नहीं होती।" ('दि लाइफ ऑफ सैमुअल जानसन', दि मॉडर्न लाइब्रेरी, न्यूयार्क, पृ. 271)

ऊँच-नीच का भेदभाव आकस्मिक है, कौन किस कुल में जन्म लेता है, यह उसके वश में नहीं, इसलिए उसके मन में उच्च कुलवालों के प्रति ईर्ष्या नहीं। इस सम्बन्ध में समाज के नियम अपरिवर्तनशील हैं अर्थात् मोची का बेटा जूते गाँठेगा और लॉर्ड का बेटा नवाबी करेगा। निराला को इस बात पर गर्व था कि भारतीय साहित्य में मानव-समानता की ऐसी प्रबल भावना व्यक्त हुई, जैसी यूरोप के साहित्य में दुर्लभ थी। भारतीय संस्कृति पर गर्व करने का सही तरीका यह नहीं है कि सामाजिक रूढ़ियों, धार्मिक अन्धविश्वासों में हम चिपके रहें; जो मृतप्राय हैं, उसे पूजते रहें; सही तरीका यह है कि हम उन पर गर्व करें जिन्होंने इन रूढ़ियों और अन्धविश्वासों का विरोध किया है, अपने कार्यों से हम उनकी क्रान्तिकारी परम्परा को आगे बढ़ाएँ।

शंकराचार्य ने अद्वैत मत का प्रचार किया। कबीर तथा परवर्ती भक्त कवियों ने द्विज-शूद्र का भेद मिटाने के लिए शंकर की विचारधारा को और आगे बढ़ाया। निराला ने इसी परम्परा को अपनाया और मानव-समानता के आधार पर समाज के पुनर्गठन के लिए अपनी शक्तिभर उद्योग किया। जॉनसन के जीवन-चरित से जो वार्ता उद्धृत की गई है, उससे अद्वैत विचारधारा की प्रगतिशील सामाजिक भूमिका स्पष्ट हो जाएगी। वर्णगत दम्भ के विरोध में भक्तों और सन्तों के पास जो अचूक अस्त्र था, वह था वेदान्त। वही अस्त्र स्वामी विवेकानन्द के पास था, वही निराला के पास।

जब ब्रह्म मनुष्य के भीतर है, तब पौराणिक गाथाओं के देवी-देवता प्रतीक मात्र हो सकते हैं, वास्तविक सत्ता नहीं। "दुनियाभर के पौराणिक खुराफात लोग मानते हैं, पर जीवन के सत्य को नहीं मानते। इसकी क्या दवा है?"—निराला ने लिखा। ('प्रबन्ध प्रतिमा', पृ. 143)

" 'साहित्यिक सन्निपात' या 'वर्तमान धर्म' नाम के लम्बे निबन्ध में उन्होंने पौराणिक प्रतीकों की व्याख्या की। दिसम्बर, '32 की 'सुधा' (सम्पा. टि.—1)में रूपक को सत्य मानने वाले विश्वास की आलोचना की। 16 अक्तूबर, '33 की 'सुधा' में उन्होंने लिखा कि लोकरुचि अरूप की तुलना में रूप की ओर ज़्यादा होती है। इसलिए प्रतीकों की रचना हुई, इससे प्रगति भी हुई, किन्तु देश ज्ञानभूमि से गिर गया। "मस्तिष्क से दुर्बल हुई जाति औद्धत्य के कारण छोटी-छोटी स्वतंत्र सत्ताओं में छँटकर एक दिन शताब्दियों के लिए पराधीन हो गई।"

निराला के चिन्तन में ज्ञान का ऐसा महत्त्व है। अज्ञान का अर्थ है दुर्बलता, पराधीनता। ज्ञान का अर्थ है शक्ति, स्वाधीनता। उसका स्रोत है वेदान्त। सामाजिक व्यवहार के लिए उसका सारतत्त्व है मनुष्य मात्र की समानता। हिन्दू समाज में द्विज और शूद्र की समानता, भारतीय समाज में हिन्दू और मुसलमान की समानता। राम, कृष्ण, ईसा, मुहम्मद—ये सब आदर्श व्यक्ति होंगे : "व्यक्ति के नियामक नहीं; उनकी तारीफ होगी, पर उनके पीछे जान देना मनुष्यता से दूर समझा जाएगा। कारण,

हर मनुष्य की वही कीमत है, जो राम-कृष्ण और ईसा-मुहम्मद की थी।" ('सुधा', सितम्बर, '34; सम्पा. टि.—1)

निराला का यह मानवतावाद प्राचीन रूढ़ियों और अन्धविश्वासों को निर्मूल करने, समाज के नये सिरे से गठित करने में सक्षम था। सांस्कृतिक क्षेत्र में वह जिस क्रान्ति के अग्रदूत थे, उसका आधार था : यह ज्ञानाश्रित व्यावहारिक वेदान्त। व्यापक मानवतावाद के आधार पर वह राष्ट्रीय एकता को दृढ़ करना चाहते थे।

राष्ट्रीय एकता और मुसलमान

पन्द्रहवीं सदी से लेकर अठारहवीं सदी तक आज की अपेक्षा मुसलमानों को यह ज़्यादा याद रहा होगा कि वे भारत के विजेता हैं; वे मुहम्मद बिन कासिम, मुहम्मद गोरी और महमूद गजनवी की सन्तान हैं; आज की अपेक्षा तब उन्हें ज़्यादा याद रहा होगा कि उनकी संस्कृति का स्रोत अरब और ईरान में है, उन्हें हिन्दुस्तान के काफिरों की भाषा और संस्कृति से कुछ लेना-देना नहीं है। आज की अपेक्षा तब मुसलमानों को एक मुश्तर्का ज़बान की ज़्यादा ज़रूरत रही होगी, जिससे यहाँ के लोगों पर उन्हें शासन करने में सुविधा हो।

पन्द्रहवीं सदी से लेकर अठारहवीं सदी तक क्या ब्रजभाषा और अवधी, क्या बँगला, कश्मीरी, पंजाबी और सिन्धी—इन सभी भाषाओं में मुसलमानों ने बड़े पैमाने पर साहित्य-रचना की। अवधी में मलिक मुहम्मद जायसी, ब्रजभाषा में रहीम और रसखान, बँगला में काजी काजन और आलाओल, कश्मीरी में हब्बा-खातून, पंजाबी में फरीदशाह और बारिसशाह, सिन्धी में शाह अब्दुल लतीफ और सचल सरमस्त—उत्तर भारत की प्राय: सभी भाषाओं में मुसलमानों ने ऊँचे दर्जे का साहित्य रचा। अवधी, ब्रज, बँगला, कश्मीरी, पंजाबी और सिन्धी भाषाओं के रूप में कोई मौलिक परिवर्तन न हुआ, कहीं इनसे भिन्न मुश्तर्का ज़बान की ज़रूरत न हुई। तुर्क, पठान, अरब—जिन देशों के भी मुसलमान यहाँ आए, यहाँ के प्रदेशों की भाषाएँ अपनाकर यहीं के हो गए। यहाँ की भाषाएँ अपनाकर वे कश्मीरी, सिन्धी या बंगाली हो गए; तुर्क, अरब और पठान न रहे। जो लोग यहीं के रहनेवाले थे, मुसलमान बने तो उनका धर्म बदल गया, उनकी भाषा बदलने का कोई सवाल न था।

मुसलमानों के रचे हुए इस साहित्य की एक विशेषता धार्मिक कट्टरता की आलोचना, हिन्दू धर्म के प्रति सहिष्णुता, हिन्दू देवताओं की महिमा का वर्णन है। दूसरी विशेषता यहाँ की लोक-संस्कृति, उत्सवों-त्योहारों आदि का वर्णन है, जिसमें जायसी अद्वितीय हैं। तीसरी विशेषता सूफी-मत का प्रभाव और वेदान्त से उनकी विचारधारा का सामीप्य है।

दिल्ली की राजभाषा फारसी थी। उपर्युक्त मुसलमान कवियों की भाषाएँ भारत की प्रादेशिक भाषाएँ थीं। अकबर से लेकर औरगंज़ेब के समय तक कट्टर मुल्लाओं ने सूफियों का बराबर विरोध किया, धार्मिक संकीर्णता उभारकर राज्यसत्ता पर अपना प्रभुत्व स्थापित करने का प्रयत्न किया। औरगंज़ेब के समय में उनका यह प्रयत्न सफल हुआ। साहित्य से सूफी ग़ायब होने लगे, फारसीयत का ज़ोर बढ़ा, मुश्तर्का ज़बान ईरान की रीतिवादी प्रतीक योजनाएँ लेकर साहित्य की भूमि पर पुष्पित और पल्लवित हुई।

अंग्रेज़ी राज क़ायम होने से पहले नवाबी ज़माने में भाषा और संस्कृति को लेकर हिन्दुओं और मुसलमानों में अलगाव के बीज बोए जा चुके थे। अंग्रेज़ों के ज़माने में फसल लहलहा उठी लेकिन उसके बीज उनसे पहले ही बोए गए थे।

आज की अपेक्षा 1857 में हिन्दुओं को ज़्यादा याद रहा होगा कि औरंगज़ेब ने उन पर क्या-क्या अत्याचार किये हैं, फिर भी अंग्रेज़ों के खिलाफ उस 'गदर' में हिन्दू-मुसलमान ऐसे मिलकर लड़े कि उनमें फूट डालने की सभी अंग्रेज़ी चालें व्यर्थ हुईं। 1947 में हिन्दुओं-मुसलमानों का अलगाव इतिहास की सबसे बड़ी सच्चाई बन गया और उसके आधार पर देश का विभाजन हुआ, यह अंग्रेज़ों की सबसे बड़ी सफलता थी।

हर राजनीतिज्ञ की तरह निराला भी जानते थे कि 'फूट डालो और राज करो'—यह अंग्रेज़ों की नीति है। किन्तु अधिकांश राजनीतिज्ञों की तरह निराला यह न मानते थे कि अंग्रेज़ों के आने से पहले यहाँ सब कुछ अच्छा ही अच्छा था और उनके चले जाने के बाद फिर सब कुछ पहले की तरह अच्छा हो जाएगा। उन्होंने साहस से इस तथ्य का सामना किया कि हिन्दुओं और मुसलमानों में परस्पर घृणा का भाव मौजूद है। इस घृणा की जड़ इतिहास में है। अधिकांश हिन्दू समझते हैं कि वे विजित हैं और अधिकांश मुसलमानों में यह भाव है कि वे विजेता रह चुके हैं। इस घृणा के अस्तित्व को स्वीकार करनेवाले राजनीतिज्ञों का अभाव नहीं था और अब तो उनकी संख्या में काफी वृद्धि हो गई है। इनसे निराला भिन्न इस बात में थे कि वह इस घृणा को अज्ञानजन्य और क्षणिक मानते थे; उससे भिन्न मैत्री के भाव को वह ज्ञान-जन्य और स्थायी मानते थे।

निराला ने अपने व्यावहारिक वेदान्त की कसौटी पर हिन्दू-मुस्लिम समस्या को परखते हुए यह निष्कर्ष निकाला कि जो दूसरों को ग़ुलाम बनाता है, वह मनुष्यता से गिरा हुआ है। जो ग़ुलाम बनकर रहता है, वह भी मनुष्यता से गिरता है। भारत के भेड़ियाधसान में अंग्रेज़ शेर बने हुए थे। निराला ने कहा कि "यदि ब्रिटेन के वीर सिंह हैं और भारत के दीन कृषक मेष, तो विचार की दृष्टि में, दार्शनिक की भाषा में, दोनों मनुष्यता से गिरे हुए हैं।" ('प्रबन्ध पद्म', पृ. 18)

हिन्दुओं और मुसलमानों में विजेता और विजित का भाव इसलिए दृढ़ है कि दोनों बाह्य आचार से बँधे हुए हैं। वास्तविक मनुष्यता को दोनों में कोई नहीं पहचानता।

"मतलब यह कि जिस विज्ञान के बल पर पश्चिम सिंह बन सकता है, वह जिस तरह मनुष्यता की हद से गिरा हुआ होता है, उसी तरह हिन्दुओं का ज्ञानमूल-रहित आचारवाद, जिसने सदियों से उन्हें ग़ुलाम बना रखा है, और मुसलमानों की ख़ुदापरस्ती भी, जो बुतों से घिरी हुई रहकर भी उनकी सत्ता से घृणा करें।" (उप.)

अपने साहित्यिक जीवन के आरम्भ से ही जैसे निराला ने अपना ध्यान राष्ट्रीय स्वाधीनता के प्रश्न पर केन्द्रित किया था, वैसे ही हिन्दू-मुस्लिम समस्या पर भी आरम्भ से वह गम्भीरता से विचार करते आए थे। राष्ट्रीय एकता के लिए हिन्दू-मुस्लिम एकता ज़रूरी है, इसके लिए परस्पर शत्रुभाव न रखकर दोनों को एक ही राष्ट्र का अभिन्न अंग बनना चाहिए—यह स्थापना 'समन्वय' में प्रकाशित उनके प्रथम लेख 'जातीय जीवन और श्री रामकृष्ण' में मौजूद है। उन्होंने इस लेख में प्रश्न किया था : "भारत में जितनी भिन्न-भिन्न जातियाँ बस गई हैं, जिन्हें हिन्दू शत्रु तुल्य समझते हैं और जो हिन्दुओं से जैसा का तैसा ही बदला लेती हैं, वे यदि जातीय जीवन का अंग न मानी जायँ—यदि वे जाति से अलग कर दी जायँ—तो जाति की सत्ता कब तक सही-सलामत टिकी रहेगी?" ('समन्वय', चैत्र 1980)

रामकृष्ण परमहंस और स्वामी विवेकानन्द से उन्होंने सीखा था कि प्रत्येक धर्म की साधना द्वारा मनुष्य उसी सत्य का साक्षात् करता है जिसका वर्णन वेदान्त में है। मुसलमानों में जो सूफ़ी थे अथवा जो सूफ़ीमत से प्रभावित थे, उनके विचारों में और वेदान्त में बहुत साम्य था। मलिक मुहम्मद जायसी ने तो वेदान्त की शब्दावली का ही प्रयोग करते हुए लिखा था :

सोऽहं सोऽहं बसि जो करई। जो बूझै सो धीरज धरई।

निराला इसी भूमि पर हिन्दुओं और मुसलमानों की मैत्री को दृढ़ करने के लिए प्रयत्नशील थे। 'समन्वय' (श्रावण, 1983) में उन्होंने एक लेख लिखा : 'साहित्य की समतल भूमि'। समतल भूमि का अर्थ है—वह विचारभूमि, जहाँ बड़े-छोटे का भेद नहीं है, धार्मिक संकीर्णता नहीं है। एकदेशीय संकीर्णता की आलोचना करते हुए उन्होंने लिखा : "इस लेख में हम यह दिखलाने की चेष्टा करेंगे कि साहित्य की समतल भूमि कैसी है और रीति-रिवाजों में हिन्दुओं से सम्पूर्णतः पृथक् मुसलमान जाति भी साहित्य और ज्ञान की भूमि में हिन्दुओं के समान ही है।" कबीर, तुलसी, नज़ीर, ग़ालिब, मीर आदि कवियों की रचनाओं से अनेक अंश उद्धृत करके वेदान्त की भूमि पर उन्होंने हिन्दू-मुस्लिम कवियों का भाव-साम्य प्रदर्शित किया।

'समन्वय' में प्रकाशित इस लेख के विचार-सूत्रों को परिवर्द्धित करके उन्होंने 'सुधा' में लेख लिखा : 'मुसलमान और हिन्दू कवियों में विचार साम्य'। इस लेख की मूल स्थापना यह थी : "हिन्दू और मुसलमान, दोनों जातियाँ ऊँची भूमि पर एक ही बात कहती हैं। इस लेख में हम यही दिखलाने की चेष्टा करेंगे। साथ ही हमारा यह भी विश्वास है कि जब तक हिन्दू और मुसलमान इस भूमि पर चढ़कर मैत्री की

आवाज़ नहीं लगावेंगे, तब तक वह स्वार्थ-जन्य मैत्री स्वार्थ में धक्का लगने तक की ही मैत्री रहेगी—वैसी ही मैत्री, जैसी ब्रिटिश-सिंह और भारत-गऊ की हो सकती है।" ('प्रबन्ध पद्म', पृ. 18-19)

खिलाफत आन्दोलन में हिन्दुओं और मुसलमानों की मैत्री ऐसी ही मैत्री थी जो बहुत जल्दी टूट गई। निराला जिस मैत्री की बात कह रहे थे, वह ज्ञान पर आधारित थी, वह एक-दूसरे के विचारों में एक ही सत्य की पहचान पर निर्भर थी। स्वभावत: यह ज्ञान, यह सत्य बाहरी आचार-भेद का विरोधी था। इस ज्ञान के आधार पर मैत्री तभी क़ायम हो सकती थी, जब हिन्दू और मुसलमान अपनी-अपनी धार्मिक रूढ़ियों की आलोचना करें। पिछले पचास वर्षों में हिन्दू-मुस्लिम एकता के जितने प्रयत्न हुए हैं, वे धार्मिक रूढ़ियों की रक्षा करते हुए, बाह्याचार भेद को क़ायम रखते हुए किये गए हैं। तुम भी ठीक, हम भी ठीक, अंग्रेज़ों से अधिकार ले लो, उनके जाने के बाद सब कुछ ठीक हो जाएगा—इस राजनीति का जो परिणाम निकलना चाहिए था, वह देश के सामने है।

पन्द्रहवीं सदी से लेकर अठारहवीं सदी तक सूफी कवियों ने भारतीय भाषाओं में जो काव्य रचा, उसमें कहीं प्रत्यक्ष, कहीं अप्रत्यक्ष रूप से धार्मिक कट्टरता की कटु आलोचना है। धर्मान्ध मुल्ला इन्हें इस्लाम का शत्रु समझते थे, इसीलिए उनका जमकर विरोध करते थे। अंग्रेज़ों की दोस्ती जैसे यहाँ के राजाओं और ज़मींदारों से थी, वैसे ही सकीर्ण दृष्टि वाले मुल्लाओं और पंडितों से। सांस्कृतिक क्षेत्र में अंग्रेज़ों ने यह 'क्रान्ति' की कि हिन्दुओं और मुसलमानों के मन से इस इतिहास को ही मिटा दिया कि मुसलमानों ने यहाँ की लोक-संस्कृति और लोक-भाषाओं को अपनाया और अपनी रचनाओं में धार्मिक उदारता का परिचय ही नहीं दिया वरन् अपने धर्म की आलोचना भी की। कांग्रेसी नेतृत्व में चलने वाले स्वाधीनता आन्दोलन ने हिन्दुओं और मुसलमानों को इस इतिहास से परिचित कराने का प्रयत्न नहीं किया। स्वाधीन भारत में चूँकि अखिल भारतीय साहित्य का अध्ययन किसी विश्वविद्यालय में नहीं होता, इसलिए विभिन्न भाषाओं के साहित्य में मुसलमानों की देन क्या है, भारतीय संस्कृति के कौन-से तत्त्व उनकी रचनाओं में विद्यमान हैं, धार्मिक रूढ़िवाद की आलोचना उन्होंने कहाँ, किन सन्दर्भों में की है, इसका ज्ञान भारतीयता-प्रेमियों को आखिर हो तो कैसे हो?

पन्द्रहवीं सदी से लेकर अठारहवीं सदी तक द्विज और शूद्र का भेद मिटाने वाली धार्मिक रूढ़ियों का निषेध करके हिन्दुओं और मुसलमानों की एकता को दृढ़ करनेवाली साहित्य की जो शक्तिशाली धारा प्रवाहित हुई थी, बीसवीं सदी में उसके सच्चे, समर्थ और सबसे बड़े प्रतिनिधि थे सूर्यकान्त त्रिपाठी निराला।

'अरे इन दोउन राह न पाई'—इस सूत्र का मानो भाष्य करते हुए निराला ने लिखा : "भारतवर्ष में जो सबसे बड़ी दुर्बलता है, वह शिक्षा की है। हिन्दुओं और मुसलमानों में विरोध के भाव दूर करने के लिए चाहिए कि दोनों को दोनों के

उत्कर्ष का पूर्ण रीति से ज्ञान कराया जाय। परस्पर के सामाजिक व्यवहारों में दोनों शरीक हों, दोनों एक-दूसरे की सभ्यता को पढ़ें और सीखें। फिर जिस तरह भाषा में मुसलमानों के चिह्न रह गए हैं और उन्हें अपना कहते हुए अब किसी हिन्दू को संकोच नहीं होता, उसी तरह मुसलमानों को भी आगे चलकर एक ही ज्ञान से प्रसूत समझकर अपने ही शरीर का एक अंग कहते हुए हिन्दुओं को संकोच न होगा। इसके बिना, दृढ़ बन्धुत्व के बिना, दोनों की ग़ुलामी के पाश कट नहीं सकते, ख़ास कर ऐसे समय, जबकि फूट डालना शासन का प्रधान सूत्र है।" ('प्रबन्ध पद्म', पृ. 40-41)

इन वाक्यों का एक-एक शब्द देश-प्रेम में डूबा हुआ है, देश को स्वाधीन करने की आकांक्षा से दीप्त है। राजनीतिक स्तर पर एकता दृढ़ करने के लिए सांस्कृतिक स्तर पर हिन्दुओं और मुसलमानों की एकता दृढ़ करना आवश्यक था। राजनीति में सौदेबाज़ी हो रही थी। अलग चुनाव-क्षेत्र होंगे; इस सूबे में उनका बहुमत है, इसमें अल्पमत, वहाँ जनसंख्या के अनुपात से इतने प्रतिनिधि ज़्यादा चुने जा सकेंगे, यहाँ कम; प्रान्तीय सरकारों में इतने अधिकार मिलेंगे, केन्द्र में इतने; मार्ले-मिंटो ने यह कहा, क्रिप्स और पेथिक लारेंस ने यह कहा—सौदेबाज़ी की इस राजनीति से दूर निराला हिन्दू-मुस्लिम एकता स्थापित करने के लिए ग़ालिब, नज़ीर, तुलसीदास और जयशंकर प्रसाद में विचार-साम्य की तलाश कर रहे थे।

नश्वरता और वैराग्य के भावों की चर्चा करते हुए उन्होंने लिखा : "जिस तरह हिन्दुओं में वैराग्य की यह शिक्षा मिलती है, उसी तरह मुसलमानों में भी। सूफ़ीवाद में तो ज्ञान, वैराग्य और मादकता—तीनों की प्रधानता है। मुसलमानों के दर्शन में तो नहीं; हाँ, कुरान के साथ अद्वैतवाद की सूक्तियाँ ज़रूर मिल जाती हैं। पर कविता में और सूफ़ियाने ढंग की कविता में यहाँ के बड़े-बड़े दर्शनशास्त्रों का तो बिलकुल निचोड़ मिल जाता है। खान-पान और रहन-सहन का भेद रहने पर भी जिस विकास की ओर मुसलमान सभ्यता गई है, वह यहाँ से कोई पृथक् सत्ता नहीं।" (उप., पृ. 30-31)

निराला का दृढ़ विश्वास था कि धार्मिक कट्टरता को दूर किये बिना राष्ट्रीय एकता दृढ़ नहीं हो सकती। यह कट्टरता बाहरी आचार से ज़्यादा सम्बद्ध थी, विचारों से उसका सम्बन्ध कम था। कट्टरता मनुष्य की सोचने-विचारने की शक्ति को नष्ट कर देती है, विचारों का महत्त्व पहचानने की शक्ति ही उसमें नहीं रहती। हिन्दू-मुस्लिम वैमनस्य को बढ़ावा देनेवाले साम्प्रदायिक प्रचार का विरोध करते हुए निराला ने लिखा : "सामाजिक और राजनीतिक जटिल प्रश्नों की तरह भारत को धार्मिक प्रश्न का भी सन्तोषजनक उत्तर देना है। हमारे यहाँ तमाम कमज़ोरियों और संकीर्णताओं की जड़ में विविध धर्म-भावनाएँ ही हैं, खास कर हिन्दू और मुसलमान धर्म में। आर्य समाज द्वारा विचारों की व्यापकता को बहुत कुछ सहायता प्राप्त हुई है। पर जिस ढंग से वैदिक धर्म का प्रचार किया गया है, उसमें कट्टरता प्रधान है। विचारवान धर्मों में सार भाग देखते हैं। सभी धर्मों के मूल तत्त्व मिलते-जुलते हैं। आचारों के साथ धर्म के ऊँचे अंश का कोई सम्बन्ध नहीं। वेद के ज्ञानकांड के साथ

मुसलमान, ईसाई, पारसी आदि अपने-अपने धर्म के भीतर से सहमत हैं। वेद के मानी भी किसी पुस्तक-विशेष के नहीं, वह ज्ञानरूप होकर सभी जातियों में सम्मिलित है। वेद को लेकर विवाद करने पर वेदज्ञों की ही मर्यादा नष्ट होती है, वेद अपने अर्थ में पूर्ण है।" ('सुधा', सितम्बर, '32; सम्पा. टि.—7)

ज्ञान की इस परिभाषा के सामने धर्म को लेकर जो सम्प्रदायगत भेदभाव पैदा होता है, वह अपने-आप नष्ट हो जाता है। निराला ने इस ज्ञान की तुलना विज्ञान के सत्य से की, जो सम्प्रदायों में बँटा हुआ नहीं होता। उनका तर्क यह था कि विज्ञान का सत्य एकदेशीय नहीं होता तो धर्म का सत्य ही एकदेशीय क्यों हो?

"जिस तरह जड़-विज्ञान में सत्य का सार्वभौम, चिराश्रय ऐक्य मिलता है और सभी देशों को समभाव से उन्नयन करने का अधिकार, उसी तरह धर्म-विज्ञान में भी। आजकल बड़े-बड़े विचारवान् ऐसे ही प्रयत्न में लगे हुए हैं। पर हमारे यहाँ धार्मिक कट्टरता ही प्रबल है। इसका परिणाम यह होता है कि कट्टरता का जड़त्व मस्तिष्क का विकास नहीं होने देता। अपने अनुकूल न होने पर धार्मिक तत्त्व झूठे जान पड़ते हैं। यह आत्मानुकूल तत्त्ववृत्ति बहुत बड़ी मानसिक दुर्बलता है। इसके कारण सभी रेखाओं से मन:शक्ति का विकास नहीं हो पाता। प्रहार करनेवाली पशुवृत्ति बनी रहती है। मनुष्य सब देशों के साहित्य, समाज, राजनीति और धर्म का महत्त्व नहीं समझ पाता। प्रगति एक हद तक बँधी रहती है।" (उप.)

आवश्यक यह है कि हम अन्य देशों के भी साहित्य, समाज, राजनीति और धर्म का महत्त्व समझें; अपने साहित्य, समाज, राजनीति और धर्म का महत्त्व समझें, यह तो आवश्यक है ही। किन्तु जो दृष्टि दूसरों का महत्त्व नहीं देख सकती, वह अपना महत्त्व भी नहीं पहचानती। धर्म का तत्त्व हो जाता है किसी विशेष रूढ़ि का पालन। मस्जिद के सामने जुलूस निकलने और बाजे बजने पर अंग्रेज़ी राज में आये-दिन दंगे होते थे और स्वाधीन भारत में भी होते हैं। निराला ने इन दंगों को लक्ष्य करके लिखा था : "कृष्णजी का जुलूस यदि न निकले, तो कोई क्षति नहीं होती; रामलीला में यदि मनुष्य बंदर बनकर न नाचें, तो मनुष्यता की रक्षा ही होती है, धन भी बचता है। उधर मुसलमानों के देश में, उस दिन तक छपता था, मस्जिदें तोड़ी गईं और मुसलमानों के ही हाथों।" ('सुधा', सितम्बर, '34; सम्पा. टि.—1)

धार्मिक रूढ़ियों से मुक्त होने पर हिन्दुओं और मुसलमानों में एकता ही स्थापित नहीं हो सकती, वरन् वे दोनों एक ही समाज के—सामाजिक संस्कारों की दृष्टि से भी—अभिन्न अंग बन सकते हैं। "हिन्दू और मुसलमानों की समस्या इस देश की पराधीनता की सबसे बड़ी समस्या है।"—निराला ने लिखा ('सुधा', जून, '30; सम्पा. टि.—10)

यह समस्या शुद्धि और तबलीग से हल न हो सकती थी। ऐसी शिक्षा की ज़रूरत थी जिसमें देश, काल को समझने की शक्ति हो। हिन्दू मुसलमानों में हज़म हो जाएँगे, यह भय संकीर्ण दृष्टिवालों को है : "किसी समझदार को नहीं, जो अपने

मुसलमान भाई के यहाँ भोजन करके भी अपने इष्ट, देश, जाति तथा धर्म की दृष्टि में पवित्र ही रहता है।" (उप.) हिन्दू मुसलमानों के हाथ का छुआ पानी पिएँ, पहले यह प्राथमिक साधारण व्यवहार जारी करना चाहिए। (उप.) इसके बाद एकीकरण के दूसरे प्रश्न हल होंगे। "देश में कितनी मुसलमानों की विदुषी कुमारियाँ हिन्दुओं के घर आईं और कितनी हिन्दुओं की मुसलमानों के घर गईं, यह सामाजिक प्रश्न हल होने को अभी पड़ा ही है; जैसे किसी हित की प्रेरणा से नहीं, केवल प्रेम के फंदे में पड़कर उन लोगों ने विवाह किया और अपने-अपने कुल को कलंक लगाया हो।" ('सुधा', जनवरी, '33; सम्पा. टि.—2)

जब हिन्दू अपने भीतर ऊँच-नीच का भेद मिटा देंगे, रूढ़िवाद से मुक्त होकर जब "वे वर्तमान वैज्ञानिकों की तरह विचारों की ऊँची भूमि पर अधिष्ठित रहने का प्रयत्न करेंगे"—तब मुसलमानों में भी व्यापक परिवर्तन होगा : "तब आज के मुसलमान भी आज के मुसलमान न रहेंगे। अगर रहे, तो इस उच्चता के मुकाबले रह नहीं सकते क्योंकि यह युग ही व्यक्तिवाद का नहीं रहा।" ('सुधा', सितम्बर, '34; सम्पा. टि.—1)

निराला एक बात अक्सर दोहराते हैं और वह यह कि हिन्दू-मुस्लिम वैमनस्य का सम्बन्ध हिन्दुओं की अपनी वर्णगत संकीर्णता से है। भारत की सम्पदा यूरोप गई, इस तरह वैश्यशक्ति का लोप हुआ; राज्यसत्ता अंग्रेज़ों के हाथ में आई, इस तरह क्षत्रियत्व नष्ट हुआ; ज्ञान-विज्ञान में यूरोप आगे बढ़ता गया, इससे बाह्मण-शक्ति भी लुप्त हुई। "हम इस बात को न समझकर, ब्राह्मण बनकर, भारतीय संस्कृति के एकच्छत्र सम्राट् होकर भाइयों पर खोखली भारतीयता का रौब गाँठते रहे। अब उस भारतीयता से कैसा फल पैदा हुआ, वह सामने है, चखिए।" ('सुधा', 16 अगस्त, '33; सम्पा. टि.—1)

इस भारतीयता अर्थात् पुरानी जीर्ण समाज-व्यवस्था के आधार पर शक्तिशाली राष्ट्रीयता का विकास नहीं हो सकता। आवश्यकता है नई व्यवस्था की, जिसमें कोई मनुष्य छोटा-बड़ा न हो। "हम बहुत पहले से कह रहे हैं, समाज का आमूल परिवर्तन ज़रूरी है।" (उप.) मानवमात्र की समानता के आधार पर पुनर्गठित समाज में ही सच्ची राष्ट्रीयता का विकास होगा। "भारत की विशाल राष्ट्रीयता यहीं है। यहाँ हिन्दू-मुसलमान वाला सवाल नहीं। ऐसे मनुष्य को कोई हिन्दू या मुसलमान, धर्म विशेष में कैद रहनेवाला मनुष्य नहीं हज़म कर सकता। आप ही सोचिए, ऐसे भाव को कोई 'पन' क्या अपने में मिला सकता है? आप समझें, सब 'पन' इसी भाव के आश्रय में हैं या नहीं।" (उप.)

निराला इसी दृष्टि से भारतीय इतिहास पर विचार करते हैं। जो अपने समाज के भीतर दूसरों को पराधीन बनाता है, वह समाज की स्वाधीनता की रक्षा भी नहीं कर सकता। विदेशी आक्रमणकारियों के सम्मुख यहाँ के शासकवर्ग की पराजय का मुख्य कारण हिन्दू समाज का आन्तरिक उत्पीड़न था।

अनेक ऐतिहासिक उपन्यासकारों की तरह सामन्तों के वैभव और शौर्य का महिमामंडित चित्रण करने के बदले निराला ने जनसाधारण की दशा की ओर ध्यान

आकर्षित किया और मुसलमानों से युद्ध में उनकी पराजय का कारण तलाश किया। 'प्रभावती' उपन्यास में यमुना कहती है : "वर्णाश्रम-धर्म की प्रतिष्ठा में बौद्धों पर विजय पानेवाले क्षत्रिय कदापि इस धर्म की रक्षा न कर सकेंगे, क्योंकि साधारण जातियाँ इनके तथा ब्राह्मणों के घृणाभावों से पीड़ित हैं।" (पृ. 48) इस घृणाभाव की व्याख्या करते हुए निराला ने—किसी पात्र को माध्यम न बनाकर अपनी ओर से भी—लिखा : "वह और ही युग था। एक ओर गाँव में ग़रीब किसान छप्परों के नीचे, दूसरी ओर दुर्ग में महाराज धन-धान्य और हीरे-मोतियों से भरे प्रासादों में, फिर भी उन्हीं के पास फैसले के लिए—न्याय के लिए जाना और उन्हें भगवान का रूप मानना पड़ता था।...उस समय भारत जिस भिन्नता में था, वह साधारण जनों की आत्मा को असह्य थी। जिस तरह वनों के प्राण शून्य में पुकार भरते हुए वारिवर्षण कराते हैं, उसी तरह भारत की जनता की मौन करुणा-ध्वनि ने दूसरी-दूसरी सत्ताओं को शासन के लिए बुलाया...चिरकाल से क्षत्रियों की युद्धज्वाला भारत को दग्ध कर रही थी। कृषि, जनपद तथा जीवन अकारण युद्ध के कारण नष्ट हो रहे थे। साधारण जनों के दृश्य बड़े करुणोत्पादक थे।" (पृ. 49-50)

जो लोग भारत पर मुसलमानों के आक्रमण और हिन्दुओं पर मुसलमानों के अत्याचार का वर्णन करके राष्ट्रीयता का भाव जगाने में विश्वास करते हैं, उनके लिए उचित है कि इस स्थिति के लिए वे जनसाधारण को अथाह पीड़ा पहुँचाने वाले शासकवर्ग के उत्तरदायित्व की चर्चा भी करें। एक ओर गाँव में ग़रीब किसान छप्परों के नीचे, दूसरी ओर दुर्ग में महाराज धन-धान्य और हीरे-मोतियों से भरे प्रासादों में। वह वर्ग-वैषम्य कुछ परिवर्तित रूप में आज भी है और किसी हद तक पहले से और तीव्र है। इस वैषम्य को क़ायम रखने के लिए ही राजनीतिज्ञ साम्प्रदायिक प्रचार का सहारा लेते हैं।

'वर्तमान हिन्दू समाज' नामक निबन्ध में शूद्रों के उत्पीड़न की चर्चा करते हुए निराला ने लिखा : "स्वामिजनों का सेवकों तथा शूद्रों पर अनुचित दबाव पड़ने लगा। यह भारतवर्ष की अशिक्षा का काल है, और एक प्रकार महाराज विक्रमादित्य के समय से शुरू होता है, जिस समय संस्कृत फूली-फली कही जाती है—दूसरे मनुष्य को मनुष्य न समझना, यह वृत्ति बहुत पीछे मुसलमानों के शासनकाल में भी भारतवर्ष के लोगों में थी, और अब तक फीसदी 98 लोगों की वही धारणा बनी हुई है।... दूसरी जातियों के प्रति यह नफरत ही भारत के पतन की धात्री है...इस औद्धत्य के ज़माने में यहाँ की शूद्रशक्ति किस तरह प्रपीड़ित थी, यह सहज ही अनुमान किया जा सकता है।...जो लोग हिन्दू-अंग से छूटकर मुसलमान हो गए, उनमें अधिकांश पीड़ित होने के कारण ही हुए।" ('प्रबन्ध प्रतिमा', पृ. 234-36)

जो लोग निराला की इस बात से असहमत हों, वे इस प्रश्न पर विचार करें कि स्वाधीन भारत में हिन्दू-अछूतों की एक बहुत बड़ी संख्या ने बौद्ध धर्म क्यों अपना लिया?

निम्न जनों का उद्धार न मुसलमान बनने से हुआ, न बौद्ध बनने से; उनका उद्धार समाज में उनकी भौतिक स्थिति बदलने से ही होगा, वह बात अलग है।

शूद्रों के उत्पीड़न के साथ नारी के साथ दुर्व्यवहार भी क्षत्रियों की पराजय का एक कारण था। 'वर्तमान हिन्दू समाज' निबन्ध में पृथ्वीराज के चरित्र पर टिप्पणी करते हुए उन्होंने लिखा : "हम देखते हैं, मुहम्मद गोरी पंजाब पार कर आया, पर कई बार के विजयी महाराज पृथ्वीराज संयुक्ता के साथ विलास-वाटिका में विहार कर रहे हैं। उन्हें ज़रा भी चिन्ता नहीं, कुछ भी खबर नहीं कि शत्रु-सैन्य की कितनी संख्या है। दूसरे देशों में गुप्तचर नहीं घूमते, वहाँ की राज-व्यवस्था की कोई खबर नहीं आती। म्लेच्छों से आर्यगण भला क्या सीखते?" ('प्रबन्ध प्रतिमा', पृ. 235-36)

'प्रभावती' उपन्यास में पृथ्वीराज से जामवन्ती, इच्छन कुमारी, शशिव्रता, इन्द्रावती, हंसावती और संयोगिता के विवाह का उल्लेख करने के बाद वीरसिंह कहते हैं : "तुम जानते हो, इन विवाहों के कारण किस प्रकार विरोध बढ़ा। इस बार दोनों शक्तियों के नष्ट होने की सम्भावना है।" (पृ. 65) इस पर यमुना टिप्पणी करती है : "आज वीरत्व की पहचान नहीं, दम्भ का परिचय है—केवल राजसत्ता का अभिमान, इसलिए प्रेम का मूल स्रोत खो गया है, ये वरे हुए वीर को वरकर कीर्ति को वरती हैं, जो स्त्री है।" (उप.)

निराला इतिहास को इस आलोचनात्मक दृष्टि से देखते थे, हिन्दू समाज की आन्तरिक कमज़ोरियाँ पहचानते थे, उन्हें दूर करने में प्रयत्नशील थे, इसलिए समानता की नई भूमि पर हिन्दू-मुस्लिम एकता को दृढ़ करने की बात वह सोचते थे। विशेष रूप से शूद्रों पर क्षत्रियों के अत्याचारों को वे मुसलमानों की विजय का मुख्य कारण मानते थे।

भारतीय साहित्य में जिन दिनों रैदास जैसे संतों का आविर्भाव हुआ, उन दिनों मुसलमानों में रहीम और रसखान जैसे कवि भी पैदा हुए। बीसवीं सदी में रैदासों को संत बनाने की ताकत हिन्दू समाज में मानो खत्म हो गई, उसी अनुपात में रहीम और रसखान जैसे कवियों की संख्या भी नगण्य हो गई। जो स्वयं भीतर से विघटित है, वह दूसरों को मिला भी नहीं सकता।

हिन्दू-मुस्लिम एकता के समर्थक अनेक उदारपंथी बुद्धिजीवियों का कहना था कि हिन्दू-मुस्लिम संघर्ष का पुराना इतिहास भुला देना चाहिए। निराला का मत इनसे भिन्न था। वह इतिहास को गहराई से देखते थे, समाज की आन्तरिक कमज़ोरी को पहचानने की कोशिश करते थे। इतिहास की इस सामग्री का उपयोग साहित्य में हो सकता है, होना चाहिए, यदि लिखनेवालों की चेतना रूढ़ियों के मोह से मुक्त हो। निराला की स्थापना यह थी : "हिन्दू-मुसलमानों के उस संघर्षकाल में बहुत कुछ मसाला आज की जातीयता की इमारत में लगने लायक है, यदि कुशल हाथों से प्राप्त हो। उन दिनों के धार्मिक पंथों में से किसी एक में रहनेवाला साहित्यिक यह उत्तरदायित्व नहीं ले सकता, क्योंकि वह पक्षपात-दोष से बच न सकेगा। जनता को

धार्मिक पक्षपात से मुक्त कर सत्य के सीधे मार्ग पर ले आना साधारण शक्ति का काम नहीं है।" ('सुधा,' 1 सितम्बर, '33; सम्पा. टि.—1)

'तुलसीदास' कविता में निराला ने इसी असाधारण शक्ति का परिचय दिया है। उसमें एक ओर 'मोगल-दलबल के जलदयान' हैं तो दूसरी ओर 'रक्षा से रहित' क्षत्रिय, 'द्विज चाटुकार' और 'क्षीण कंकालकाय' शूद्रगण।

क्या हिन्दू और मुसलमान मिलकर इस देश में सुदृढ़ राष्ट्रीयता स्थापित कर सकते हैं?

निराला का उत्तर है : " 'यूरोप के जर्मनी, फ्रांस, इटली आदि देशों में यदि एकता है, तो भारत में उससे एक इंच भी कम नहीं। यदि विभिन्न जातियों (races) के होते हुए भी वे देश एक राष्ट्र की दृढ़ता पा सकते हैं, तो हिन्दुओं, मुसलमानों (दोनों ही आर्य और अनार्य भी हैं) के इस देश में भी वही राष्ट्रीयता स्थापित हो सकती है, इसमें कुछ भी सन्देह नहीं है।" ('सुधा', जून, '30; सम्पा. टि.—6)

किन्तु मुसलमानों में तो इतनी कट्टरता है, वे कैसे भारत-राष्ट्र का अंग बनेंगे?

निराला कहते हैं : "हिन्दुओं की संकीर्णता के कारण ही मुसलमान इस देश में संकीर्ण हो रहे हैं। यदि फारस में वे बढ़े-चढ़े विचारों के हैं, रूस में उनका चोला बदल गया है, टर्की में उनका कुछ और ही रूप हो रहा है, तो कोई कारण नहीं कि यहाँ के मुसलमान भी हिन्दुओं के बढ़ते हुए विचारों और समाज-सुधारों को देखकर अपना सुधार न करें।" ('सुधा', जनवरी, '33, सम्पा. टि.—2)

समाज में ऊँच-नीच का भेद मिटाकर, अन्धविश्वास और रूढ़ियों से मुक्त होकर व्यापक मानवतावाद की भूमि पर हिन्दू और मुसलमान अपनी राष्ट्रीय एकता दृढ़ कर सकते हैं—निराला की शिक्षा का यह सारतत्त्व था।

भाषा और राष्ट्र

भारतीय जनता के राष्ट्रीय आत्म-सम्मान की भावना को कुचलकर उसे पराधीन बनाये रखने के लिए ब्रिटिश साम्राज्यवादियों ने निरन्तर इस धारणा का प्रचार किया कि भारत कभी एक राष्ट्र नहीं था। जो भी राष्ट्रीय भावना फैली है, वह अंग्रेज़ी राज की देन है। भारत के अधिकांश उदारपंथी बुद्धिजीवी भी इसी धारणा को दोहराते हैं।

स्वयं अंग्रेज़ ने अपने यहाँ राष्ट्रीय एकता कैसे स्थापित की? कई शताब्दियों तक वे वेल्स और स्कॉटलैंड पर अधिकार करने के लिए युद्ध करते रहे। इसे गृहयुद्ध भी नहीं कह सकते। यह वास्तव में स्कॉट और वेल्स दो स्वतंत्र जातियों को गुलाम बनाने का युद्ध था। इस युद्ध में विजयी होकर वेल्स और स्कॉटलैंड की भाषा और संस्कृति का दमन करके ही अंग्रेज़ ब्रिटेन को एक राष्ट्र बना सके।

अमरीकियों ने संयुक्त राज्य अमरीका को कैसे संयुक्त किया? पहले वे रेड-इंडियनों से लड़े; फिर जहाँ से आए थे, उस देश ब्रिटेन से लड़े, फिर आपस में लड़े, तब संयुक्त राज्य अमरीका में राष्ट्रीय एकता स्थापित हुई।

सोवियत संघ में राष्ट्रीयता का विकास कैसे हुआ? जारशाही रूस गैर-रूसी जातियों के लिए कठघरा था। समाजवादी क्रान्ति से यह कठघरा टूटा। फिनलैंड और पोलैंड ने रूस के साथ संघबद्ध होने से इनकार किया। बेलोरूसिया और उक्रैन—जहाँ की भाषा और संस्कृति रूसियों की भाषा और संस्कृति के निकटतम है—स्वतंत्र प्रजातंत्र बने। अन्य प्रदेशों में लम्बे गृहयुद्ध के बाद सोवियत सत्ता स्थापित हुई। बाद में सन्धि करके स्वतंत्र प्रजातंत्रों ने अपना संघ बनाया। 1940 में लातविया, एस्तोनिया और लिथुआनिया के प्रजातंत्र सोवियत संघ में शामिल हुए। इस तरह सोवियत संघ में राष्ट्रीय एकता क़ायम हुई।

भारत में राष्ट्रीयता का विकास दूसरे ढंग से हुआ है। इस विकास में उन प्रदेशों की प्रमुख भूमिका रही है, जिनमें अब हिन्दी भाषा बोली जाती है। कुरुक्षेत्र, आर्यावर्त, ब्रह्मावर्त, मध्य देश—सब इन्हीं प्रदेशों के अन्तर्गत हैं। यहीं से संस्कृति के वे तमाम सूत्र आरभ होते हैं जिनसे दूर-दूर के जनपद एक ही राष्ट्र में बँध गए। हिन्दीभाषी जाति—या उसके पूर्वपुरुषों—ने भारत को जातियों का कठघरा नहीं बनाया, उसने आन्ध्र, तमिलनाडु या बंगाल के लोगों को अपना दास बनाने के लिए शताब्दियों तक उनसे युद्ध नहीं किया। भारत में राष्ट्रीय एकता की भावना राजनीतिक समझौतों और सन्धियों के आधार पर क़ायम नहीं हुई। उसका मुख्य आधार है सांस्कृतिक।

निस्सन्देह राजनीतिक एकता अत्यन्त महत्त्वपूर्ण है। किन्तु वही सब कुछ नहीं है। प्राचीन यूनान छोटे-छोटे राज्यों में विभाजित था; फिर भी समूचा देश—हेलास—एक है, उसके निवासियों की सभ्यता एक है, यह चेतना यूनानियों में थी। यूरोप का कौन ऐसा राष्ट्र है, जिसके साहित्य और संस्कृति पर उस विभाजित हेलास का गहरा प्रभाव न पड़ा हो? राजनीतिक एकता के तार जहाँ टूट जाते हैं, वहाँ संस्कृति के सूत्र ही विभाजित जन-समुदायों को परस्पर बाँधे रहते हैं।

महाकवि दांते का देश—इटली—भी छोटे-छोटे राज्यों में बँटा हुआ था। किन्तु उनसे बड़ा इटली की भाषा और साहित्य का प्रतिनिधि कवि और कौन है?

यूरोप और अमरीका के देशों में राष्ट्रीय एकता गृहयुद्ध के बाद क़ायम हुई। भारत के इतिहास को देखते हुए वहाँ की राष्ट्रीयता बहुत ही कच्ची उम्र की है। हम इस देश के हैं, यह देश हमारा है—इस भाव के पैदा होने, सुदृढ़ होकर मनुष्य की आन्तरिक चेतना का अमिट अंश बन जाने में समय का बड़ा महत्त्व है। भारत की राष्ट्रीयता से वे देश स्पर्धा नहीं कर सकते जिनका इतिहास अभी कल शुरू होता है। राष्ट्रीयता देशकाल-सापेक्ष है। उत्तर-दक्षिण अमरीका के गोरे निवासियों ने दूसरों के प्रदेश को अपना देश बनाया। देश को अपना कहते हुए उन्हें थोड़ा ही समय बीता

है। इस देशकाल-सापेक्षता के सिद्धान्त को ध्यान में रखते हुए कोई भी पश्चिमी देश भारत को राष्ट्रीयता का पाठ पढ़ाने का दावा नहीं कर सकता।

महाभारत का युद्ध आरम्भ होने से पहले धृतराष्ट्र ने संजय से कहा—तुम इस भारतवर्ष का वर्णन करो, जिसके लिए कौरव और पांडव युद्ध करने को तत्पर हैं। संजय ने कहा—इस भारतवर्ष में गंगा, सिन्धु, सरस्वती, गोदावरी, नर्मदा, कावेरी आदि नदियाँ बहती हैं। इसमें कश्मीर, गंधार, आन्ध्र, केरल, कर्णाटक, द्रविड़, कोंकण, मालवा, उत्कल, अंग, बंग, कलिंग आदि जनपद हैं। इस भारतवर्ष में आर्य, म्लेच्छ और दोनों के मिश्रण से उत्पन्न होनेवाले लोग रहते हैं। अपने गुण और बल के अनुसार यहाँ की धरती की सेवा की जाय तो वह कामधेनु के समान सब कामनाओं की पूर्ति करे किन्तु "जैसे कुत्ते मांस के टुकड़े के लिए परस्पर लड़ते और एक-दूसरे को नोचते हैं, उसी प्रकार राजा लोग इस वसुधा को भोगने की इच्छा रखकर आपस में लड़ते और लूटपाट करते हैं।" ('महाभारत', गीता प्रेस, भीष्म पर्व, नवाँ अध्याय)

जिन्होंने भारत में राष्ट्रीय एकता का भाव जगाया, उन्होंने उसे अपने असीम मानवप्रेम से सम्बद्ध भी कर दिया। राजा इस धरती को भोगना चाहते हैं, उसकी सेवा नहीं करना चाहते, इसीलिए आपस में लड़ते और लूटपाट करते हैं।

इस देश में आर्य और म्लेच्छ, दोनों रहते हैं। उनके मिश्रण से जो तीसरी किस्म के लोग उत्पन्न हुए हैं, वे भी यहाँ रहते हैं। इस भारत में कश्मीर से लेकर केरल तक अनेक जनपद हैं। भारत के इस बहुजनपदीय राष्ट्र का रूप प्राचीन साहित्य में अनेक स्थलों पर मिलता है।

अंग्रेज़ कहते थे, भारत कभी एक राष्ट्र नहीं था। अंग्रेज़ी राज में राष्ट्रीय एकता क़ायम करनी है तो अंग्रेज़ी को राष्ट्रभाषा बनाओ। अंग्रेज़ी के बिना अनेक भाषाएँ बोलनेवाला यह देश अपनी एकता की रक्षा नहीं कर सकता। उदारपंथी बुद्धिजीवी कहते थे—अंग्रेज़ ठीक कहते हैं, अंग्रेज़ी के बिना राष्ट्रीय एकता की रक्षा नहीं हो सकती।

स्वाधीनता आन्दोलन में भाग लेनेवाले देशभक्तों की राय थी, हिन्दी सारे देश में सबसे ज़्यादा बोली और समझी जाती है, उसी को राष्ट्रभाषा बनना चाहिए। किन्तु राष्ट्रीयता के बारे में इनमें अधिकांश का यही मत था कि वह प्रत्यक्ष अथवा अप्रत्यक्ष रूप से अंग्रेज़ों की देन है। अंग्रेज़ों ने या तो हमें राष्ट्रीयता सिखाई अथवा उनका विरोध करते हुए हमने स्वयं उसे सीखा।

निराला यह नहीं मानते थे कि राष्ट्रीयता की भावना अंग्रेज़ी राज की देन है। उन्होंने इस धारणा का खंडन किया कि भारत एक देश नहीं, अनेक देशों का समुदाय है। उनका कहना था कि यह धारणा अंग्रेज़ों द्वारा फैलाई गई थी। निराला ने लिखा : "अंग्रेज़ कहते थे कि चूँकि भारतवर्ष कोई एक देश नहीं है, अनेक देशों का समुदाय है, यहाँ न एक भाषा है और न एक प्रकार का समाज, अनेक छोटी-बड़ी भाषाओं के रहते भारतवर्ष उन्नति नहीं कर सकता, इसलिए सबको अंग्रेज़ी पढ़नी चाहिए। अंग्रेज़ों के हिमायती अब तक कुछ ऐसी ही दलील पेश करते रहे हैं। आश्चर्य तो यह

है कि इनमें कुछ तो इसी देश के निवासी—भारतीय—हैं। हमें उनकी बात पर हँसी भी आती है, और कष्ट भी होता है। भारतवर्ष एक देश नहीं है, अनेक देशों का समुदाय है, यह वे ही कह सकते हैं जिन्हें यहाँ के इतिहास का कुछ पता नहीं और जिन्हें यहाँ की सभ्यता और संस्कृति की नींव का ज्ञान नहीं। परन्तु जो यह जानते हैं कि प्राचीन भारत ने एक सूत्र में गुँथकर अपना सर्वतोमुखी विकास किया है, जिन्हें यह मालूम है कि इस देश ने सुख और दुःख की परिस्थितियों में एक साथ रहकर काम किया है, विजय की है तो एक साथ, हारे हैं तो एक साथ; जिनको इसका पता है, राम, कृष्ण, बुद्ध, रामानुज, कबीर, तुलसी आदि सैकड़ों महापुरुप और वैष्णव, शैव, शाक्त आदि अनेक सम्प्रदाय प्रादेशिक सीमा से ऊपर समस्त देश में, वायु की भाँति, एकरस फैले हैं, वे ऐसे भ्रम में कदापि नहीं पड़ सकते।" ('सुधा', जून, '30; सम्पा. टि.—6)

सुख-दुःख की परिस्थितियों में एक साथ रहकर काम करना—राष्ट्रीय एकता की भावना के विकास का यह समर्थ कारण है। यहाँ जो सम्प्रदाय जन्मे, वे प्रदेश की सीमाएँ पार करके सारे देश में फैले। प्रदेश अनेक हैं, लेकिन हैं वे सब एक ही देश के भीतर।

यूरोप के राष्ट्रों में अनेक नसलों के लोग घुल-मिलकर एक हो गए; तब भारत में मुसलमान भी यहाँ की राष्ट्रीयता में घुल-मिलकर एक हो सकते हैं—यह तर्क प्रस्तुत करने के बाद निराला राष्ट्रभाषा की आवश्यकता सिद्ध करते हुए कहते हैं : "यदि इस देश को अपना पूर्व गौरव पहचानकर अपना अस्तित्व बनाये रखना है, यदि इसे अन्य सभ्यताओं के मुकाबले खड़े होकर अपना मस्तक नत नहीं करना है, और यदि राजनीतिक, आर्थिक आदि विषयों में इसे विदेशियों को गुलाम नहीं होना है, सारांश यह है कि यदि इसे संसार के इतिहास में कुछ अपना व्यक्तित्व बनाये रखना है, तो भारतवर्ष को राष्ट्रीयता के एक पाश में अवश्य बँधना पड़ेगा। बिना एक राष्ट्रभाषा के राष्ट्रीयता का विकास नहीं हो सकता। यह बात राजा राममोहन राय, दयानन्द आदि ने समझी थी, और इस युग की सब महान् आत्माएँ इसका समर्थन करती हैं।" (उप.)

राष्ट्रभाषा की स्वीकृति की माँग अपने इतिहास के प्रति भारतीय जनता की सजग दृष्टि से उत्पन्न हुई थी। यह उस साहित्य की देन थी जो पराधीनता की परिस्थितियों में जनता को एकताबद्ध होकर विदेशी शासकों से संघर्ष करने की प्रेरणा देता था, समाज को पुनर्गठित करके स्वाधीन राष्ट्रों के साथ कदम मिलाकर आगे बढ़ने की सहज आकांक्षा का वह प्रतिफलन थी। अंग्रेज़ों का विरोध करना है, केवल इसीलिए राष्ट्रभाषा चाहिए, इस तरह के नकारात्मक दृष्टिकोण का परिणाम वह न थी।

अंग्रेज़ी राज क़ायम होने से राष्ट्रीयता फैलती तो आधा अफ्रीका एक राष्ट्र बन गया होता, वहाँ भी राष्ट्रभाषा के व्यवहार की माँग सुनाई देती।

जर्मनी और आस्ट्रिया पड़ोसी देश हैं, दोनों में जर्मन भाषा बोली जाती है किन्तु वे दो राष्ट्र हैं, एक नहीं। दक्षिण अमरीका के अनेक राज्यों में स्पैनिश भाषा बोली जाती है किन्तु वे एक राष्ट्र नहीं हैं। स्विट्ज़रलैंड में जर्मन, इटालियन, फ्रेंच—तीन

भाषाएँ बोली जाती हैं किन्तु वह एक राष्ट्र है। मुख्य बात है—सुख और दु:ख की परिस्थितियों में एक साथ रहकर काम करना।

प्राचीन गौरव की बात से प्रसन्न होकर कुछ लोग सोचते हैं, यदि यहाँ संस्कृत फिर राष्ट्रभाषा हो जाय तो राष्ट्रीय एकता की रक्षा के साथ उस प्राचीन गौरव की पुन:प्राप्ति भी हो जाय। निराला ने इस प्राचीनता-प्रेम की आलोचना करते हुए संस्कृत को सारे भारत की भाषा बनाने के विचार को अव्यावहारिक बताया और लिखा : "इसका प्रयोग शिष्टजन ही करते थे। वह संस्कृत अब हमारे घरों में बोली जाय, इस बात में प्राचीन-प्रियता, स्वदेश-प्रेम आदि चाहे जितना हो, पर भाषाशास्त्र के व्यावहारिक नियमों के सामने यह ठहर नहीं सकती। संस्कृत हमारे पूज्य पूर्वजों की पवित्र वाणी रही है, इस दृष्टि से हमारे लिए वह शिरोधार्य है। वह देववाणी है, हम उसकी पूजा करेंगे, पर इससे अधिक हम शायद कुछ न कर सकेंगे।" (उप.; सम्पा. टि.—7) संस्कृत को राष्ट्रभाषा बनाने का सुझाव, अव्यावहारिक होने के कारण, वास्तव में हिन्दी की जगह अंग्रेज़ी को प्रतिष्ठित रखने में सहायक होता था। यूरोप में किसी समय लैटिन का प्राधान्य था किन्तु जब यूरोपीय देशों में राष्ट्रीय भावना का विकास हुआ, तब लैटिन का स्थान वहाँ बोलचाल की भाषाओं ने ले लिया, (उप.; सम्पा. टि.—6) वैसे ही यहाँ संस्कृत अपदस्थ हुई।

राष्ट्रभाषा के रूप में हिन्दी को अपनाने का संघर्ष वास्तव में अंग्रेज़ी के विरुद्ध समस्त भारतीय भाषाओं की अधिकार-प्राप्ति का संघर्ष था। निराला से पहले महावीरप्रसाद द्विवेदी ने 'सरस्वती' की अनेक टिप्पणियों में प्रान्तीय भाषाओं को शिक्षा का माध्यम बनाने का समर्थन किया, अंग्रेज़ी को शिक्षा का माध्यम बनाये रहने का विरोध किया। फरवरी, 1916 की 'सरस्वती' में द्विवेदीजी ने 'विविध विषय' स्तम्भ में लिखा था : "मद्रास प्रान्त में कई करोड़ आदमी तामील और तैलंगी भाषाएँ बोलते हैं। वही उनकी मातृभाषाएँ हैं। उन सबको कुछ थोड़ी-सी प्रारम्भिक शिक्षा छोड़कर अन्य सारी शिक्षा अंग्रेज़ी भाषा ही के द्वारा मिलती है। यह बात आश्चर्य में डालने वाली है...अंग्रेज़ी भाषा सीखने की आवश्यकता है ज़रूर...तथापि इससे मातृभाषा में शिक्षा प्राप्त करने की महत्ता कम नहीं हो सकती।"

राष्ट्रभाषा के प्रश्न पर हिन्दी के तमाम ज़िम्मेदार साहित्यकारों की वही राय रही है जो द्विवेदीजी की थी। हिन्दी को राष्ट्रभाषा बनाकर हिन्दीवाले अन्य भाषाओं को दबाना चाहते हैं, यह प्रचार पराधीन भारत में—गांधीजी के जीवनकाल में और गांधीजी के भेजे हुए हिन्दी-प्रचारकों के विरुद्ध—शुरू हो गया था, इसीलिए अहिन्दी भाषाओं को शिक्षा का माध्यम बनाने के लिए हिन्दीभाषियों ने जो आन्दोलन किया, उसे याद रखना आवश्यक है। निराला ने द्विवेदीजी का अनुसरण करते हुए शिक्षा का माध्यम बनाने के लिए प्रादेशिक भाषाओं का समर्थन किया।

"हमारी भाषाएँ गँवारू, असाहित्यिक और अविकसित बताई जाने लगीं...।" (उप. सम्पा. टि.—6) निराला ने साम्राज्यवाद की कुटिल नीति के बारे में जब यह

लिखा था, तब उनका ध्यान केवल हिन्दी की ओर नहीं था, वह समस्त भारतीय भाषाओं की बात कह रहे थे। राष्ट्रीय आन्दोलन की प्रगति के साथ प्रदेशों की जनता में जातीय चेतना भी फैल रही थी। भाषा के आधार पर प्रान्तों के पुनर्गठन की चर्चा आरम्भ हो गई थी। बंगाल का विभाजन न किया जाय, बंगाली जाति एक है—यह आन्दोलन बीसवीं सदी के प्रथम दशक में चल चुका था। निराला ने केवल भाषा के आधार पर प्रान्तों के विभाजन को अवांछनीय बताया किन्तु आगे लिखा : "यह ठीक है कि साहित्यिक विकास के लिए भाषाओं को प्रान्तबद्ध होने में कुछ सुविधा रहेगी। विभिन्न प्रान्तों के विश्वविद्यालय अपने यहाँ की भाषा की ओर ध्यान देंगे, वहाँ के साहित्यिक उसकी श्रीवृद्धि प्रतियोगिता की भावना के साथ करेंगे, पर यह बात दूसरी है। साहित्यिक उत्कर्ष के साथ ही भावों के सार्वदेशिक सुगम विनिमय का ध्यान भी रखना पड़ेगा, और यही राष्ट्र-भाषा का प्रश्न है।" (उप.; सम्पा. टि.—6)

निराला का यह विचार सही था कि भाषा के आधार पर ही प्रान्तों का पुनर्गठन न होना चाहिए। सोवियत संघ में भाषाओं की संख्या के अनुरूप सौ-दो सौ प्रजातंत्र नहीं बने। किन्तु यहाँ प्रश्न प्रादेशिक भाषाओं के विकास का है। निराला को विभिन्न भाषाक्षेत्रों के विश्वविद्यालयों से अपेक्षा है कि वे अपनी भाषाओं की ओर ध्यान देंगे और लेखक अपने साहित्य का विकास करेंगे। मातृभाषा को शिक्षा का माध्यम बनाने के लिए रवीन्द्रनाथ ठाकुर, महात्मा गांधी, प्रफुल्लचन्द्र रे आदि मनीषियों के प्रयत्नों की चर्चा—और उनका समर्थन—करते हुए निराला ने लिखा : "जब तक शिक्षा विद्यार्थी को उसकी मातृभाषा में नहीं दी जाती, तब तक उसकी पूरी तरह प्राप्ति असम्भव है।" ('सुधा', 1 जनवरी, '4; सम्पा. टि.—1) हिन्दी के राष्ट्रभाषा होने से बँगला या अन्य किसी प्रान्तीय भाषा की हानि न होगी, इस धारणा पर बल देते हुए निराला ने लिखा : "हिन्दी के रहते हुए भी वे अपनी भाषा का महत्तम विकास कर सकते हैं। सभी प्रान्तीय भाषाओं के सम्बन्ध में यह बात कही जा सकती है।" ('सुधा', 1 जुलाई, '34; सम्पा. टि.—5)

राष्ट्रभाषा के प्रश्न पर रवीन्द्रनाथ ठाकुर के विचारों की आलोचना करते हुए निराला ने प्रान्तीय भाषाओं के विकास और समृद्धि पर पुन: बल देते हुए लिखा : "प्रान्तीय भाषाओं के समुन्नत होने के विषय में दो सम्मतियाँ नहीं हो सकतीं—सभी ऐसा चाहते हैं। जो लोग भारत के लिए एक राष्ट्रभाषा बनाने का प्रयत्न कर रहे हैं, उन्होंने तो सदा स्पष्ट शब्दों में यही कहा है कि प्रान्तीय भाषाओं की उन्नति में बाधा न देकर, किसी प्रकार का रोड़ा न अटकाकर, एक राष्ट्रभाषा को विकसित करना चाहिए, क्योंकि हमारे जैसे विशाल देश में यदि कोई ऐसी देशी भाषा हो सके, जिसमें एक प्रान्त के निवासी दूसरे प्रान्त के निवासियों से विचार-विनिमय कर सकें, तो राष्ट्रीय उन्नति में बड़ी सहायता मिले।" ('सुधा', नवम्बर, '34; सम्पा. टि.—12)

निराला ने यहाँ बिलकुल स्पष्ट कर दिया कि हिन्दी को राष्ट्रभाषा बनाने का यह अर्थ कदापि नहीं है कि वह अहिन्दी भाषाओं का स्थान ले ले। उसका स्थान तो वास्तव में अंग्रेज़ी लिये हुए थी। हिन्दी को राष्ट्रभाषा बनाने का उद्देश्य यह था

कि एक प्रान्त के निवासी दूसरे प्रान्त के निवासियों से विचार-विनिमय कर सकें। विचार-विनिमय का यह कार्य जो लोग अंग्रेज़ी के माध्यम से करते थे, वे एक फीसदी से भी कम थे। एकता को व्यापक रूप से सुदृढ़ बनाने के लिए आवश्यक था कि विभिन्न प्रान्तों के साधारण लोग बड़े पैमाने पर सम्पर्क क़ायम करें। राष्ट्रभाषा के रूप में हिन्दी की आवश्यकता इन्हीं लोगों को थी।

फिर भी अंग्रेज़ी के समर्थक हिन्दीभाषियों पर यह आरोप लगाते ही रहे कि वे दूसरों पर हिन्दी लादना चाहते हैं, उनकी भाषाओं को दबाना चाहते हैं। इसलिए अंग्रेज़ी ही राजभाषा रहनी चाहिए जो किसी पर नहीं लादी गई!

हिन्दी के विरोध और अंग्रेज़ी के समर्थन में वे और भी कई तर्क ढूँढ़ लाए थे। एक तर्क यह था कि हिन्दी एक कृत्रिम भाषा है। उसके अन्तर्गत भोजपुरी, अवधी, ब्रज, बुन्देलखंडी आदि भाषाओं को गिन लिया जाता है। ये सब स्वतंत्र भाषाएँ हैं, हिन्दी की बोलियाँ नहीं। हिन्दी बोलनेवालों की संख्या वास्तव में बहुत कम है।

'विचित्रा' नाम की बँगला पत्रिका में श्री सुशीलकुमार बसु नाम के सज्जन ने हिन्दी को उसकी बोलियों से जुदा करके सिद्ध किया कि हिन्दी बोलनेवाले बँगलाभाषियों की तुलना में बहुत कम हैं। इस पर निराला ने लिखा : "मातृभाषा का प्रेम तो बहुत स्वाभाविक चीज़ है। परन्तु किसी दूसरी भाषा के सम्बन्ध में गलत धारणा बनाना और उसका प्रचार भी करना मन की अस्वाभाविकता का परिचायक है। बसु महोदय ने हिन्दी के टुकड़े-टुकड़े कर डाले हैं। और उनका कथन है कि वे सब अंग एकदूसरे से भिन्न हैं, जबकि वास्तव में वे परस्पर घुले-मिले हुए हैं। उनकी राय में पूर्वी हिन्दी पश्चिमी हिन्दी से भिन्न है। बिहारी हिन्दी के अन्तर्गत नहीं है, वरन् सम्पूर्ण स्वतंत्र भाषा है एवं हिन्दी की अपेक्षा बँगला के साथ ही उसका सम्पर्क अधिक है।" ('सुधा', 1 जुलाई, '34; सम्पा. टि.—5)

डॉ. ग्रियर्सन, डॉ. सुनीतिकुमार चाटुर्ज्या और उनके अनुवर्तियों द्वारा प्रचारित सिद्धान्तों को ही 'विचित्रा' में दोहराया गया था। डॉ. ग्रियर्सन और डॉ. चाटुर्ज्या ने सरल हिन्दी को देश में सबसे ज़्यादा समझी जानेवाली भाषा स्वीकार किया था; उनके अनुवर्ती यह भी मानने को तैयार न थे—यह अन्तर था। किन्तु अवधी, भोजपुरी, मैथिली हिन्दी से स्वतंत्र भाषाएँ हैं, यह मान्यता डॉ. ग्रियर्सन और डॉ. चाटुर्ज्या, दोनों की थी।

निराला ने सुशीलकुमार बसु के लिए लिखा कि या तो उन्हें प्रान्तीय भाषाओं का ज्ञान नहीं और यदि ज्ञान है तो उसे उन्होंने छिपाया है। वह भाषाशास्त्र के नियमों से भी अनभिज्ञ हैं। किसी भी प्रान्त में प्रत्येक सौ मील पर भाषा-भेद स्पष्ट हो जाता है। "परन्तु हम उनसे पूछते हैं कि स्वयं बँगाल में क्या इस प्रकार का भाषा-भेद दृष्टिगोचर नहीं होता?" पूर्वी बँगला पश्चिमी बँगला से भिन्न है। पूर्वी हिन्दी पश्चिमी हिन्दी से भिन्न है तो क्या असमिया, उड़िया और बिहारी 'बँगला की बिलकुल सगी बहनें' हैं? हिन्दी की तुलना में बँगला के बोलने-समझने वाले अधिक हो गए : "परन्तु हिन्दी तो न उत्तर के लोग समझते हैं, न पश्चिम के, न बुन्देलखंडी उसे समझ पाते

हैं, न मुसलमान, न अवधी, न बिहारी और बंगालियों के लिए तो वह बिलकुल ही ग्रीक है। इस तरह की यह हिन्दी है क्या चीज़, इसे बंगाली ही समझ सकते हैं।"

अनेक बंगाली बुद्धिजीवी असमिया और उड़िया को बँगला की बोली मानते थे। आगे चलकर असम और उड़ीसा अलग प्रान्त बन गए। बँगला का क्षेत्र संकुचित हो गया। ये बुद्धिजीवी सोचते थे, हिन्दी से उसकी बोलियाँ अलग हो जायँ तो उसका क्षेत्र भी ज़रा संकुचित हो जाएगा। लेकिन यहाँ अलग प्रान्त बनने पर भी बिहार, संयुक्त प्रान्त, मध्य प्रदेश आदि की भाषा हिन्दी ही रही!

श्री सुशीलकुमार बसु का एक तर्क यह था कि "हिन्दी के साथ उर्दू का पार्थक्य इतना अधिक है कि हिन्दी सीखकर कोई सहसा उर्दू समझने में समर्थ नहीं हो सकता।" (उप.) हिन्दी-उर्दू का भेद अंग्रेज़ों के ज़माने में बढ़ा। पन्द्रहवीं से अठारहवीं सदी तक उत्तर भारत की भाषाओं पर फारसीयत का प्रभाव बहुत ही कम है यद्यपि फारसी चार-पाँच सौ साल से राजभाषा बनी हुई थी। हिन्दीभाषी क्षेत्र में फारसीपन के प्रभाव से उर्दू-हिन्दी का भेद बढ़ा, किन्तु केवल अभिजातवर्ग में और साहित्य में। जनसाधारण की बोलचाल की भाषा में ऐसा कोई भेद न था। अंग्रेज़ी को भारत की राजभाषा बनाये रखने के लिए इस भेद को पहले इस्तेमाल किया गया और अब भी किया जाता है। इस सम्बन्ध में निराला की मान्यता यह थी : "हिन्दी-उर्दू का विवाद यद्यपि अब तक बंद नहीं हो गया है, पर समझदार लोग यह समझने लगे हैं कि इनमें कोई विशेष विभेद नहीं है—कम-से-कम बोलचाल की दृष्टि से हम दोनों को एक मान सकते हैं।" ('सुधा', जून, '30; सम्पा. टि.—6) जहाँ तक मुसलमानों का सम्बन्ध है : "अधिकांश मुसलमान थोड़े-से परिवर्तित रूप में हिन्दी ही बोलते हैं", इस प्रकार "हिन्दी बोलने वालों की संख्या सबसे अधिक है।" (उप.)

हिन्दी के विरोध में सबसे बड़ा तर्क यह था कि वह एक पिछड़ी हुई भाषा है, साहित्यिक समृद्धि में अन्य भाषाएँ उससे आगे बढ़ी हुई हैं, तब उसे राष्ट्रभाषा के पद पर क्यों बिठाया जाए? इस तर्क का आधार यह मिथ्या कल्पना थी कि राष्ट्रभाषा का व्यवहार मुख्यत: साहित्य के पठन-पाठन के लिए होगा। निराला का कहना था कि साहित्य का प्रश्न राष्ट्रभाषा से जुड़ा हुआ है, फिर भी दोनों एक नहीं हैं। "साहित्य और भाषा का प्रश्न बहुत कुछ एक होते हुए भी बहुत कुछ अलग भी है।" ('सुध', जून, '30; सम्पा. टि.—6) कसौटी यह होनी चाहिए कि राष्ट्रभाषा सरल, सुबोध हो : "सबसे अधिक बोली तथा समझी जाती हो।" ('सुधा' 1 जुलाई, '34; सम्पा. टि.—5)

भरतपुर हिन्दी साहित्य सम्मेलन में रवीन्द्रनाथ ठाकुर ने कहा कि हिन्दी को राष्ट्रभाषा बनाना हो तो साहित्य की श्रीवृद्धि करो। ('सुधा, जून, '30; सम्पा. टि.—6) हिन्दी प्रान्तों में ही अंग्रेज़ी पढ़े-लिखे लोग हिन्दी की उपेक्षा करते हुए पूछते थे—हिन्दी में है क्या? ('सुधा' जून, '35; सम्पा. टि.—2) उत्तर भारत में मद्रास में शिक्षित युवकों का एक दल यात्रा करने आया। उसमें एक युवक ने कहा कि हिन्दी में ऊँचे साहित्य का अभाव है। ('सुधा' 1 अगस्त, '34) इन्दौर साहित्य सम्मेलन में बँगला की

समृद्धि के मुकाबले हिन्दी की दरिद्रता का उल्लेख महात्मा गांधी ने किया। ('सुधा' जून, '35; सम्पा. टि.—3)

हिन्दी साहित्य की दरिद्रता के इस निरन्तर उल्लेख से निराला का क्षुब्ध होना स्वाभाविक था। यह उल्लेख अप्रासंगिक था क्योंकि राष्ट्रभाषा का उपयोग मूलत: विभिन्न प्रदेशों की जनता के बीच सम्पर्क भापा के रूप में होना था। अंग्रेज़ी को न हटा पाने पर अपनी असफलता पर पर्दा डालने के लिप्त यह एक अच्छा बहाना था। विश्वज्ञान प्राप्त करने के लिए अंग्रेज़ी को राजभाषा और शिक्षा का माध्यम बनाये रहना चाहिए—यह निष्कर्ष भी हिन्दी की दरिद्रता से अपने आप निकलता था। निराला ने बड़े धैर्य से और अनेक बार इस तर्क का उत्तर दिया।

'विचित्रा' वाले बँगला लेख के प्रसंग में उन्होंने लिखा : "भारतवर्ष के लिए एक साधारण और चलित भाषा का निर्वाचन करते समय यह देखने की आवश्यकता नहीं है कि भारत की प्रधान भाषाओं में साहित्यिक उत्कर्ष किसका बड़ा है। इस विषय में हिन्दी किसी प्रान्तीय भाषा से पीछे नहीं है। यद्यपि हम मानते हैं कि बँगला साहित्य कई दृष्टियों से औरों की अपेक्षा उत्कृष्ट है, परन्तु प्राचीन हिन्दी साहित्य का मुकाबला बँगला नहीं कर सकती। ब्रजभाषा का प्रभाव वैष्णव कवियों पर काफी पड़ा है। बँगला में एक रवीन्द्रनाथ हैं, हिन्दी में तुलसीदास, सूर, कबीर—तीन हैं।" ('सुधा', 16 जुलाई, '34; सम्पा. टि.—5)

संयत भाव से उन्होंने अपनी भाषा और साहित्य का पक्ष-समर्थन किया, बँगला के उत्कर्ष को स्वीकार करते हुए। मद्रास के युवक-यात्री की राय पर टिप्पणी करते हुए उन्होंने लिखा : "हमारी समझ में यह बात नहीं आती कि राष्ट्रभाषा के साथ ऊँचे साहित्य का कौन-सा सम्बन्ध है, जो कहें, इसके बिना उसकी सिद्धि असम्भव हो रही है...पर यह स्वीकार करने में हमें कोई आपत्ति नहीं कि आधुनिक बँगला साहित्य, हिन्दी साहित्य से ऊँचा है।" ('सुधा', 1 अगस्त, '24; सम्पा. टि.—2)

गांधीजी के इन्दौरवाले भाषण पर टिप्पणी करते हुए निराला ने लिखा कि हिन्दी का नया-पुराना साहित्य मिलाकर किसी भी भारतीय भाषा के साहित्य से घटकर सिद्ध नहीं होता। आधुनिक हिन्दी साहित्य ने जितनी तेज़ी से प्रगति की है, उतनी तेज़ी से अन्य किसी भाषा के साहित्य ने प्रगति नहीं की।

"यहाँ महात्माजी का विवेचन बहुत ही अधूरा जान पड़ता है। हिन्दी में रवीन्द्रनाथ ठाकुर, पी.सी. राय और जगदीशचन्द्र बोस नहीं, और ऐसे नाम और भी गिनाये जा सकते हैं, इसे हम महात्माजी की अधूरी जानकारी समझते हैं। यहाँ महात्माजी ने विज्ञापित मनुष्यों के विज्ञापन की ओर देखा है, प्रतिभा की ओर नहीं।"

हिन्दी में तुलसी, सूर, बिहारी, कबीर आदि का उल्लेख करते हुए उन्होंने कहा : "तुलसी के सामने किसी कवि को हिन्दीवाले मान जाएँगे, यह दुराशामात्र है।" आधुनिक साहित्यकारों के बारे में उन्होंने लिखा : "आज जो कवि आगे बढ़ते जा रहे हैं, महात्माजी ने उनके कार्यक्रम और रचनाओं को नहीं देखा। मुमकिन है,

कुछ साल बाद अपने साहित्य में उनमें से किसी का पूर्णरूप से विज्ञापित हो जाने के बाद वही स्थान हो, जो रवीन्द्रनाथ का है।" ('सुधा', जून, '35; सम्पा. टि.—3)

किसका साहित्य बड़ा है, किसका छोटा—यह बहस अब भी जारी है और निकट भविष्य में जारी रहेगी। मूल समस्या दूसरी ही थी। राष्ट्रीय आन्दोलन में कितनी गहराई है, निम्नतम जनता को किस हद तक उसने सक्रिय बनाया, साम्राज्यवाद के दृढ़ देशी आधार सामन्तवाद के विरुद्ध उसने कितने बड़े पैमाने पर किसानों का संघर्ष चलाया, उच्च और मध्यवर्ग—तथा ज़मींदारों—की शिक्षित संतान की जगह नेतृत्व पद पर कितने औद्योगिक मज़दूरों और ग़रीब किसानों को बिठाया—इन प्रश्नों के उत्तर से समझ में आ जाएगा कि हिन्दी राष्ट्रभाषा क्यों नहीं बनी। राष्ट्रभाषा की ज़रूरत अंग्रेज़ी पढ़े-लिखे लोगों को नहीं, साधारण लोगों को थी, जिनमें अधिकांश अपनी या परायी कोई भाषा लिख-पढ़ न सकते थे। ये साधारण लोग कितनी बड़ी संख्या में राष्ट्रीय आन्दोलन में भाग लेते हैं, इस पर निर्भर था कि हिन्दी राष्ट्रभाषा के पद से अंग्रेज़ी को हटा पाती है या नहीं। किन्तु कहाँ तो अर्द्धशिक्षित और अशिक्षित जनों को ज़रूरत थी हिन्दी के साधारण ज्ञान की, कहाँ नेताओं ने बहस छेड़ दी साहित्य किसका अधिक समृद्ध है—हिन्दी का या बँगला का?

इसी तरह बड़े सद्भाव से वे एक और तर्क यह दिया करते थे कि हिन्दी में तमाम भारतीय भाषाओं के शब्द आ जाएँ, तब वह अखिल भारतीय भाषा बन जाएगी। हिन्दी अपने वर्तमान रूप में प्रादेशिक है, जब वह अखिल भारतीय रूप ग्रहण करेगी, तब राष्ट्रभाषा भी बन जाएगी।

अपनी राजनीति, अपने नेतृत्व, अपने आन्दोलन की कमज़ोरियाँ छिपाने के लिए वकील-नेता कब कहाँ से कौन-सी दलीलें ढूँढ़ लाएँगे, कोई नहीं कह सकता। इन दलीलों का खंडन करने में निराला का प्रमुख स्थान था। उन्होंने राष्ट्रीयता के विकास को सही दृष्टि से देखा, अहिन्दी भाषाओं से राष्ट्रभाषा हिन्दी के सम्बन्ध की सही व्याख्या की। हिन्दी भाषा और साहित्य पर जो अनुचित आक्षेप किये गए, दूसरों की भाषा के सम्मान की उचित रक्षा करते हुए, उन्होंने उनका समुचित उत्तर दिया। साथ ही राष्ट्रभाषा-गौरव के अनुरूप हिन्दी साहित्य को समृद्ध करने की आकांक्षा उनमें और भी प्रबल हुई।

जातीयता और हिन्दी

भारत में अनेक भाषाएँ बोली जाती हैं। इन भाषाओं के अपने-अपने प्रदेश हैं। इन प्रदेशों में रहने वाले लोगों को 'जाति' की संज्ञा दी जाती है। वर्णव्यवस्था वाली जाति-पाँति से इस 'जाति' का अर्थ बिलकुल भिन्न है। किसी भाषा को बोलने

वाली, उस भाषाक्षेत्र में बसनेवाली इकाई का नाम जाति है। महाभारत में कश्मीर, केरल, उत्कल आदि जिन जनपदों का वर्णन है, वही अब विकसित होकर आधुनिक भारत के जातीय प्रदेश बन गए हैं। महाभारतकालीन भारत जैसे बहुजनपदीय राष्ट्र था, वैसे ही आधुनिक भारत बहुजातीय राष्ट्र है। भारत की अन्य भाषाओं की तरह हिन्दी का भी अपना एक प्रदेश है, अन्य भाषा-भाषियों की तरह हिन्दीभाषियों की भी एक जाति है।

भारतेन्दु ने जब 'लेवी प्राणलेवी' निबन्ध में लिखा था : "हाय—पश्चिमोत्तर देशवासी कब कायरपन छोड़ेंगे और कब इनकी उन्नति होगी और कब इनको परमेश्वर वह सभ्यता देगा, जो हिन्दुस्तान के और खंड के वासियों ने पाई है।"—तब उन्होंने भारत में अनेक भाषाएँ बोलनेवाली जातियों—और इन जातियों में हिन्दीभाषी जाति—का अस्तित्व स्वीकार किया था।

'हिन्दी राष्ट्र या सूबा हिन्दुस्तान' पुस्तक में डॉ. धीरेन्द्र वर्मा ने इसी हिन्दीभाषी जाति के एकीकरण की समस्या का विवेचन किया था।

इसी हिन्दीभाषी जाति को बंगाल के लोग हिन्दुस्तानी कहते हैं। डॉ. सुनीति कुमार चाटुर्ज्या ने इस सम्बन्ध में लिखा है : " 'हिन्दुस्तानी' शब्द का अर्थ होता है 'हिन्दुस्तान की (भाषा)' और 'हिन्दुस्तान'। यह शब्द, मुस्लिम-काल में अपने सीमित अर्थ में पंजाब तथा बंगाल के बीच के उत्तरभारतीय मैदान के लिए प्रयुक्त होता था। पूर्वी हिन्दी तथा बिहारी बोलनेवाला पूर्वी उत्तरप्रदेश तथा बिहार का भाग, जो पूरब कहलाता है, भी इसी 'हिन्दुस्तान या हिन्दुस्थान' का एक हिस्सा है। बंगाल में बँगला न बोलने वाले तथा बिहार या उत्तरप्रदेश के लोगों को 'हिन्दुस्थानी' अथवा 'पश्चिमी' कहा जाता है।" ('भारतीय आर्यभाषा और हिन्दी', पृ. 159)

'विचित्रा' वाले सुशीलकुमार बसु के प्रसंग में निराला ने लिखा था कि बंगालियों का अपना एक प्रान्त है, इसलिए उनमें प्रान्तीयता है : "परन्तु हिन्दी भाषाभाषी तो किसी एक प्रान्त में नहीं रहते। वे तो सर्वत्र हिन्दुस्थान में रहते हैं। अतएव राजनीतिक अथवा साहित्यिक क्षेत्र में हिन्दुस्तानी मनोवृत्ति यदि कोई वस्तु है, तो बंगाली मनोवृत्ति भी अपना एक अलग अस्तित्व रखती है और समय-समय पर उसका परिचय भी हमें मिलता है।" ('सुधा', 16 जुलाई, '34; सम्पा. टि.—5)

यहाँ निराला ने 'हिन्दुस्थान' शब्द का प्रयोग हिन्दीभाषी प्रदेश के लिए किया है या सारे देश के लिए? हिन्दी भाषाभाषी सर्वत्र हिन्दुस्थान में रहते हैं—इसका यह अर्थ किया जा सकता है कि वे सारे भारत में रहते हैं, यह भी कि वे अनेक हिन्दी-भाषी प्रान्तों में बँटे हुए हैं जिन्हें मिलाकर एक विशाल प्रान्त नहीं बनाया गया। धीरेन्द्र वर्मा ने इसी दूसरे अर्थ में 'सूबा हिन्दुस्तान' की बात की थी। बँगला में हिन्दी-भाषी प्रदेश के लिए हिन्दुस्तान शब्द का प्रयोग होता ही था।

'बंगालियों की प्रान्तीयता' शीर्षक एक अन्य टिप्पणी ('सुधा', जून, '35) में निराला ने अंग्रेज़ी के प्रभाव से बँगला साहित्य के समृद्ध होने की चर्चा करते हुए लिखा था

कि बंगाल के मुकाबले 'भारत विशेषत: हिन्दीभाषी प्रान्त' पीछे हैं। यहाँ हिन्दीभाषी प्रान्तों का अस्तित्व स्पष्ट स्वीकार किया गया है। बंगाल और 'हिन्दी-भाषी प्रान्तों' में फर्क यह है कि बंगाल एक संयुक्त भाषा-क्षेत्र है, हिन्दीभाषी प्रदेश अनेक प्रान्तों में विभाजित है।

'सुधा' के इसी अंक में 'इन्दौर का हिन्दी विश्वविद्यालय' शीर्षक अन्य टिप्पणी में निराला ने लिखा : "हिन्दीभाषी जिस विशाल भू-भाग के लोग एक दिन भारत के प्रति विषय के सूत्रधार रह चुके हैं, विरोधी शक्ति से लड़ते-लड़ते क्षीण होते हुए आज भिन्न भाषा-भाषी विद्वानों की दृष्टि में मनुष्य भी न रह जाएँ, यह सहन करने की बात नहीं, इसका बहुत शीघ्र हिन्दीभाषियों को उचित उत्तर देना होगा।"

इससे स्पष्ट है कि निराला हिन्दीभाषी जाति का अस्तित्व ही स्वीकार नहीं करते हैं वरन् उससे तादात्म्य भी स्थापित करते हैं।

निराला ने लिखा कि "रंगमंच पर अभिनेताओं का उच्चारण हिन्दी जातीयता के बिलकुल प्रतिकूल है।" ('सुधा', 1 सितम्बर, '33; सम्पा. टि.—1) उर्दू-फारसी के प्रभाव से "भाषा-साहित्य के भीतर हमारी जाति टूटी हुई विकलांग हो रही है।" ('सुधा', 1 अक्तूबर, '33; सम्पा. टि.—2) जहाँ उर्दू-फारसी का असर कम था, संस्कृत का प्रभाव अधिक था, वहाँ अंग्रेज़ी शिक्षा का प्रसार होने पर "भाषा मार्जित तथा जातीय विशेषत्व की ज्ञापिका हो गई।" (उप.) जब हिन्दी शिक्षा का माध्यम होगी, हिन्दी का अपना विश्वविद्यालय होगा, तब "हम लोगों में जातीयत्व के सच्चे बीज अंकुरित होंगे, शिक्षार्थी युवकों की नसों में दूसरा ही रक्त प्रवाहित होगा। एक दूसरी ही शोभा हिन्दीभाषी भूभाग में दृष्ट होगी।" ('सुधा', जून, '35; सम्पा. टि.—4) "कबित्त छन्द हिन्दी का चूँकि जातीय छन्द है, इसलिए जातीय मुक्त छन्द की सृष्टि भी कबित्त छन्द की गति के अनुकूल हुई है।" ('प्रबन्ध पद्म', पृ. 99) यहाँ वह जाति, जातीयता, जातित्व आदि शब्दों का प्रयोग किसी प्रदेश के निवासियों, उनकी भाषा और संस्कृति की विशेषताओं के लिए करते हैं।

हिन्दी-भाषाभाषी अनेक प्रान्तों में रहते हैं। ये सब प्रान्त एक विशाल भूभाग के अन्तर्गत हैं। इस भूभाग के निवासियों का गौरवपूर्ण इतिहास है। उनके पूर्वज भारत के प्रति विषय के सूत्रधार रह चुके हैं। अब यह जाति-विरोधी शक्ति से लड़ते-लड़ते क्षीण हो गई है। दूसरे प्रदेशों के विद्वानों द्वारा हिन्दीभाषियों का अपमान सहन करने की बात नहीं है। निराला के इन विचारों से प्रकट होता है कि उनके चिन्तन की एक प्रेरक शक्ति उनकी जातीय चेतना भी है।

'चरखा' निबन्ध में निराला ने लिखा है कि यू.पी. में रहकर यदि वह भी अपने दूसरे शिक्षित भाइयों की तरह 'प्रान्तीयता बू-विवर्जित' होते तो बंगालियों की प्रान्तीयता से बेखबर रहते किन्तु "बंगालियों के संसर्ग से प्रान्तीयता का ज़हर मेरी नसों में खूब फैल गया और नशे में बेहोश कर देने की जगह मुझे बेतरह सजग कर देने लगा।" ('प्रबन्ध प्रतिमा', पृ. 17)

जातीयता की भावना अमृत है और विष भी। 1905 में अंग्रेज़ों ने बंगाल का विभाजन किया। बंगालियों ने इसका विरोध किया, अंग्रेज़ी की जगह बँगला बोलने और लिखने पर ज़ोर दिया, स्वदेशी आन्दोलन चलाकर सारे देश को नई प्रेरणा दी। इस प्रबुद्ध जातीय चेतना ने बँगला साहित्य के विकास में बड़ी सहायता की। साथ ही यह चेतना कभी-कभी संकीर्ण प्रान्तीयता का रूप लेकर दूसरों की भाषा और साहित्य पर अनुचित आक्षेप करने की प्रेरणा भी देती थी। जातीयता के ये दोनों रूप बंगाल तक सीमित नहीं थे, वे अन्य प्रदेशों में भी साफ दिखाई देते थे। विशेष रूप से 1947 के बाद जातीय अहंकार की भावना बहुत बढ़ी है।

निराला ने लिखा था कि "अपनी भाषा और अपनी श्रेष्ठता का ज्ञान ही यथार्थ मनुष्यत्व है।" ('सुधा', जून, '35; सम्पा. टि.—2) इस तरह की श्रेष्ठता का प्रदर्शन पिछले दिनों खूब हुआ है। इस प्रसंग में निराला के चिन्तन की विशेषता यह है कि वह अपनी श्रेष्ठता के साथ दूसरों की श्रेष्ठता के प्रति भी सजग हैं और उन्होंने बँगला साहित्य की जितनी प्रशंसा की है, उतनी दूसरों ने अन्य भाषाओं के साहित्य की कम की होगी। इसके साथ ही वह हिन्दीभाषी प्रदेश की विशेष परिस्थितियों—भाषा और साहित्य के विकास की रुकावटों—के प्रति भी बहुत सचेत थे। निराला जातीयता के विष से मुक्त हैं; वे अपने और दूसरों के गुण-अवगुण, दोनों पहचानते हैं।

बंगाल के साहित्यिक अभ्युत्थान का मूल कारण निराला की दृष्टि में, वहाँ के समाज-सुधारकों और साहित्यकारों पर वेदान्त का प्रभाव था। "बंगालियों ने ज्ञान को ही अपने साहित्यिक उत्थान का मूल माना।" ('सुधा', दिसम्बर, '32; सम्पा. टि.—1) रवीन्द्रनाथ ठाकुर से पहले भी कवियों ने 'सत्य को ही साहित्य के मूल सूत्र की तरह पकड़ा'। माइकेल मधुसूदन दत्त कई पश्चिमी भाषाओं के जानकार थे, उन्होंने अमित्र छन्द चलाया। 'नाट्याचार्य गिरीशचन्द्र ने ऊँचे-ऊँचे वेदान्त तत्त्वों को अपने स्वच्छन्द छन्दवाले नाटकों में जगह दी।' निराला चाहते थे कि मुगल शासन के इतिहास से साहित्य के लिए जो सामग्री ली जाय, वह साम्प्रदायिक द्वेष से मुक्त हो। इस विचार से द्विजेन्द्रलाल राय के नाटक आदर्श साहित्य थे। "द्विजेन्द्रलाल राय ने अपने ऐतिहासिक नाटकों में मुसलमान पात्रों को द्वेषपूर्ण विजातीय दृष्टि से नहीं देखा। उन्हें जो जैसा समझ पड़ा, सत्य को दृढ़ पकड़े हुए उसका वैसा ही चित्रण किया।" बंगाल में राजा राममोहनराय ने ब्राह्मसमाज की प्रतिष्ठा की; महर्षि देवेन्द्रनाथ ठाकुर ने उसका संवर्द्धन किया। 'इस प्रवर्तन से बंगाल के साहित्य की सहस्रों गुणा शक्ति बढ़ गई।' बंगाल में स्त्रियों को स्वाधीनता में साँस लेने का अवसर मिला। 'ब्राह्मसमाज को स्त्रियों की स्वतंत्रता का सबसे अधिक श्रेय है।' आधुनिक युग में रवीन्द्रनाथ की साधना सर्वोपरि है।

"रवीन्द्रनाथ का तो कहना ही नहीं। ब्रह्म शब्द की विस्तृति की तरह उनका काव्य और उनकी कला देश और काल की परिधि को ही पार कर गई। भावना के भीतर से वह अनेकानेक चित्रणों को विराट् सत्य में पर्यवसित करने लगे। हिन्दू,

मुसलमान, ईसाई वाला सवाल ही न रहा। आज देश के सुधारक अन्यान्य प्रान्तों में जो कार्य कर रहे हैं, फिर भी जो कार्य देश की मुक्ति के लिए पड़े हुए हैं, रवीन्द्रनाथ उनका उल्लेख तथा उनका विकास चालीस वर्ष पहले कर चुके हैं।" (उप.)

यह सब जातीयता का अमृत है।

बँगला साहित्य का विकास बंगालियों के मातृभाषा-प्रेम के कारण सम्भव हुआ है। मातृभापा-प्रेम स्तुत्य है किन्तु उसे इतना संकुचित न होना चाहिए कि वह "दूसरे प्रान्त तथा दूसरी भाषा का उत्कर्ष देखकर बुद्धि को भ्रष्ट कर दे। जहाँ-जहाँ और जब-जब मौका मिला है, बंगालियों ने हिन्दी को नीचे ढकेलने की कोशिश की है।" ('सुधा', नवम्बर, '34; सम्पा. टि.—12) यह जातीयता का विष है और निराला ने उसकी आलोचना की। किन्तु इस टिप्पणी में भी उन्होंने रवीन्द्रनाथ के लिए लिखा था : "हमारे चित्त में उनके लिए बड़ा आदर है। उन्होंने संसार भर में भारत का मुख उज्ज्वल किया है, इसमें सन्देह नहीं।"

निराला आधुनिक हिन्दी साहित्य की तुलना में आधुनिक बँगला साहित्य की श्रेष्ठता मुक्त कंठ से स्वीकार करते थे। वह हिन्दी की श्रेष्ठता घोषित करते थे, उसके प्राचीन साहित्य के बल पर। इस श्रेष्ठता को माननेवाले बंगाली विद्वान् भी हैं, यह भी लिखना वह न भूलते थे। "स्वामी माधवानन्दजी जैसे बंगाली विद्वान् प्राचीन बँगला के मुकाबले प्राचीन हिन्दी को ही अधिक महत्त्व देते हैं।" ('सुधा', 1 अगस्त, '34; सम्पा. टि.—2) इसी टिप्पणी में उन्होंने यह भी लिखा : "यह स्वीकार करने में हमें कोई आपत्ति नहीं है कि आधुनिक बँगला-साहित्य हिन्दी-साहित्य से ऊँचा है।"

आधुनिक बँगला-साहित्य के ज्ञान ने निराला को आधुनिक हिन्दी-साहित्य की कमज़ोरियों के प्रति सचेत किया। बँगला-साहित्य का अभ्युत्थान ज्ञान से हुआ किन्तु "हमारे मस्तिष्क में नाम मात्र को ऊँचे विचार नहीं रह गए, हम इतने जड़ स्वभाव वाले हो गए हैं। यह हमारे पतन और साहित्यिक उत्कर्ष न होने का मुख्य कारण है।" ('सुधा', दिसम्बर, '32, सम्पा. टि.—1) ऊँचे विचारों अर्थात् वेदान्त-ज्ञान का अभाव है, मनुष्य-मात्र को समदृष्टि से देखने की क्षमता का अभाव है। हिन्दी राष्ट्रभाषा है। उसमें राष्ट्र का विराट् रूप प्रकट होना चाहिए; किन्तु यहाँ लोग लकीर के फकीर बन हुए हैं। "ज्ञान पानी की तरह है। पानी को जिस बर्तन में रखो, वह उसके आकार का बन जाता है। पर हमारे साहित्यिकों का ज्ञान किसी धातु के बने बर्तनों की तरह जड़ है, जो अपना गढ़ा हुआ स्वरूप बदल नहीं सकता।" (उप.) बँगला में माइकेल मधुसूदन दत्त ने अमित्र छन्द, गिरीशचन्द्र घोष ने स्वच्छन्द छन्द का प्रचलन किया किन्तु "हमारी हिन्दी में अभी छन्दों के ह्रस्व-दीर्घ की मात्राएँ गिनी जा रही हैं। भारतीयता, शालीनता और 'पन' के विचार से साहित्यिकों को फुरसत नहीं मिल रही है।" (उप.)

हिन्दीभाषी प्रदेश सामाजिक रूढ़िवाद का गढ़ है। वहाँ नये विचारों का प्रकाश फैलाना अत्यन्त दुष्कर है। हर कदम पर क्रान्तिकारी साहित्यकार को विरोध का

सामना करना पड़ता है। "हिन्दी का मौलिक साहित्य सब प्रकार तिरस्कृत होकर, ऐसे पीड़न के भीतर से भी बचता, बढ़ता जा रहा है।" ('सुधा', जून, '35; सम्पा. टि.—1) हिन्दी प्रदेश के शिक्षित जन हिन्दी का अनादर करते हैं, हिन्दी साहित्य के पाठकों की समस्या बहुत ही कम है। पुस्तकों की उचित बिक्री नहीं होती, चिन्तकों को उचित पारिश्रमिक नहीं मिलता। एक ओर आर्थिक कष्ट, दूसरी ओर साहित्य में विरोध। हिन्दी साहित्यकारों ने "हिन्दी के पीछे तो अपना सर्वस्व अर्पण कर दिया है, पर हिन्दीभाषियों ने उनकी तरफ वैसा ध्यान नहीं दिया—शतांश भी नहीं। वे साहित्यिक इस समय जिस कठिनता का सामना कर रहे हैं, उसे देखकर किसी भी सहृदय की आँखों में आँसू आ जाएँगे। चुपचाप वे आर्थिक कष्ट को सहन करते हुए साहित्य का निर्माण करते जा रहे हैं। बदले में उन्हें अनधिकारी साहित्यिकों से लांछन और असंस्कृत जनता से अनादर प्राप्त हो रहा है।" ('सुधा', जून, '35; सम्पा. टि.—2) अनादर करनेवालों में एक ओर अहिन्दी प्रदेशों के विद्वान्, दूसरी ओर हिन्दी के ही अनधिकारी साहित्यकार। साहित्य-साधना का अर्थ हुआ आत्मबलिदान। और : "अभी कितने ही सत्साहित्यिकों की बलि चढ़ेगी, तब कहीं लोग कुछ होश में आएँगे।" (उप.)

1857 के स्वाधीनता-संग्राम के बाद अंग्रेज़ों ने हर सम्भव उपाय से हिन्दीभाषी प्रदेश की सामाजिक-सांस्कृतिक प्रगति में बाधा डाली। औद्योगिक विकास में पीछे, निरक्षरता में आगे, छोटे-बड़े प्रान्तों में विभाजित, ताल्लुकेदारों-ज़मींदारों का गढ़, भारत का अकेला भाषा-क्षेत्र जिसकी बोलचाल की भाषा एक, लेकिन साहित्य की भाषाएँ दो, भारत का अकेला भाषा-क्षेत्र जिसमें एक मुस्लिम विश्वविद्यालय, एक हिन्दू विश्वविद्यालय, भारत का वह भाषा-क्षेत्र जिसमें सबसे ज़्यादा बोलियाँ हैं, जिसमें जातीय चेतना का सबसे ज़्यादा अभाव है, जिस पर अंग्रेज़ी का प्रभुत्व सबसे ज़्यादा है—ऐसा है हमारा हिन्दीभाषी प्रदेश। अंग्रेज़ों के जाने के बाद उसकी इस स्थिति में कोई मौलिक परिवर्तन नहीं हुआ।

कलकत्ता विश्वविद्यालय में बँगला साहित्य एम.ए. की पढ़ाई के योग्य न समझा जाय, इसकी कल्पना नहीं की जा सकती। किन्तु लखनऊ विश्वविद्यालप में हिन्दी साहित्य एम.ए. की पढ़ाई के योग्य न समझा गया था। इस स्थिति के लिए अंग्रेज़ और अवध के ताल्लुकेदार ज़िम्मेदार थे। 'लखनऊ विश्वविद्यालय और हिन्दी' टिप्पणी ('सुधा' 1 दिसम्बर, '33) में निराला ने लिखा था : "यह बड़े-बड़े ताल्लुकेदारों की यूनिवर्सिटी कहलाती है, जिसमें हिन्दुओं की ही बड़ी संख्या है। पर इन माई के लालों को अपने अन्यान्य आवश्यक कार्यों से इतनी फुरसत कहाँ कि इस ओर ध्यान दें! अवध की हिन्दी आदर्श हिन्दी समझी जाती है, किन्तु वहीं उसे विश्वविद्यालय में उचित स्थान प्राप्त नहीं है, क्या यह परिताप का विषय नहीं है?"

वैसे तो भारत के हर प्रदेश पर अंग्रेज़ी भाषा का रौब-दाब था, किन्तु अन्य प्रदेशों के अंग्रेज़ी पढ़े-लिखे लोग जहाँ अपने साहित्य से परिचित थे, उस पर गर्व

करते थे, वहाँ हिन्दी प्रदेश के अंग्रेज़ी पढ़े-लिखे लोग हिन्दी भाषा और साहित्य को उपेक्षा की दृष्टि से देखते थे, हिन्दी के प्रति अपने अज्ञान पर उनके मन में ज़रा भी ग्लानि न थी। बँगला, मराठी आदि भाषाओं के साहित्य को विद्वानों ने समृद्ध किया : "पर हमारे यहाँ के उच्च शिक्षा-प्राप्त विद्वान हिन्दी को देखकर नाक-भौं सिकोड़ते हैं। पिता-पुत्र में पत्र-लेखन का अंग्रेज़ी माध्यम है। यह साहित्यिक चरित्र के पतन की हद है। यहाँ विद्या नहीं, अविद्या का साम्राज्य है।" ('सुधा', दिसम्बर, '34; सम्पा टि.—1) यहाँ के अंग्रेज़ी-पढ़े लोग करते कुछ नहीं, सिर्फ लम्बी-चौड़ी बातें करते हैं। अन्य प्रान्तवालों की तरह वे भी कहते हैं, हिन्दी में है क्या। ('सुधा', जून, '35; सम्पा. टि.—2)

अंग्रेज़ी और बँगला से स्पर्धा के अलावा हिन्दी-उर्दू का एक अपना आन्तरिक संघर्ष था। भारत के जिन क्षेत्रों में मुसलमान बहुसंख्यक थे, उर्दू का विकास वहाँ नहीं हुआ। उर्दू का विकास हुआ हिन्दी प्रदेश में, जहाँ मुसलमान अल्पसंख्यक है। उर्दू के विकास के लिए "हिन्दी का मुख्य आधार लिया गया", उर्दू में जितने मुहावरे हैं, "वे ठेठ यहीं के हैं"..."फर्क केवल शब्दों में रहा। हिन्दी के विस्तार में सहायक संस्कृत के शब्द हुए, और उर्दू के विस्तार में फारसी-अरबी के।" ('सुधा', अगस्त, '32; सम्पा. टि.—4) जैसे आज अंग्रेज़ी जाननेवाला अधिक सभ्य समझा जाता है, वैसे ही पहले फारसी शब्दों का अधिक व्यवहार करनेवाला तहजीबयाफ़्ता माना जाता था। इस तरह के लोगों में हिन्दू और मुसलमान, दोनों थे किन्तु अंग्रेज़ी राज में उर्दू अधिकाधिक मुसलमानों की भाषा के रूप में प्रचारित की जाने लगी। अब उसकी रक्षा का प्रश्न अल्पसंख्यकों के अधिकारों की रक्षा का प्रश्न बन गया है। निराला मानते थे कि बोलचाल के स्तर पर हिन्दी-उर्दू में कोई भेद नहीं है किन्तु साहित्य में यह भेद है और जातीय साहित्य की प्रगति के लिए बाधक है।

निराला ने लिखा कि "फारसी और उर्दू का हमारी बाहरी प्रकृति पर जैसा अधिकार था, अन्त:प्रकृति पर भी बहुत कुछ वैसा ही पड़ा है—हमारा वाक्स्फुरण, प्रकाशन बहुत कुछ वैसा ही बन गया है।" ('सुधा', 1 अक्तूबर, '33; सम्पा. टि.—2) सभ्यजनों में ग़ज़लों को जो आदर प्राप्त है, वह पदों को नहीं। हिन्दी पत्रों में उर्दू के अशरार छपते हैं : "ध्रुवपद, धम्मार, रूपक और झप सोलह मात्रा की कव्वालियों तो आगे झेंप गए हैं। ये सब हमारी भाषा की पराधीनता के सूचक हैं।" इस कारण हिन्दी उर्दू को प्रभावित नहीं करती : "हिन्दी ही उर्दू से प्रभावित है।" परिणाम यह कि "भाषा-साहित्य के भीतर हमारी जाति टूटी हुई, विकलांग हो रही है।" (उप.)

हिन्दी की अपनी जातीय विशेषताएँ हैं। इन्हें पहचान कर भाषा का विकास करना चाहिए। फारसी रंगमंच की भाषा इन्हीं जातीय विशेषताओं के प्रतिकूल थी। फिल्म संसार में हिन्दी की उपेक्षा हो रही थी। अभिनेता और अभिनेत्रियाँ गलत ढंग से हिन्दी बोलते थे। "फिर जो थोड़ा-सा परिचय हिन्दी में लिखा हुआ कहीं-कहीं निकलता है, उसे पढ़कर उस काकुले-पुर पेचोख़म का पेचोख़म निकालकर

हिन्दीभाषी भाषाविद् दर्शक हिन्दी की क़ामत दराज़ी का भरम दूर कर लेते हैं। जैसी भाषा, उससे बढ़कर उच्चारण, और कला जगह-जगह चलती तलवार की चोटों से डरकर हमेशा चौखट के अंदर।" ('सुधा', नवम्बर, '34; सम्पा. टि.—11)

फिल्म संसार के एक प्रसिद्ध बंगाली निर्देशक सपत्नीक लखनऊ आए। एक फिल्म दिखाई गई जिसमें दोनों ने एक साथ अभिनय किया था। "पानी अंग्रेज़ी का पूरा चढ़ा, अरसे तक विलायत रहे हैं; न हिन्दी कोई ज़बान, न उसके बोलनेवाले कोई जानकार, लगे बोलने; मालूम हो रहा था कि हाँ, बेपर की उड़ाना इसे कहते हैं।" (उप.)

निराला की बड़ी इच्छा थी कि एक फिल्म निर्माण केन्द्र हिन्दी प्रदेश में भी हो। बम्बई और बंगाल को जो करोड़ों रुपया जाता था, वह बचता, इस प्रदेश की उन्नति में लगाया जाता। एक फिल्म कम्पनी चलाने की योजना बनी भी थी। निराला ने उस प्रसंग में लिखा था : "हिन्दी के नये कलाकार प्लाट और कथोपकथन द्वारा इस टाकी-साहित्य को चमका सकते हैं। हमें उनसे बातचीत कर ऐसा ही अनुभव हुआ है। उनमें अच्छे-अच्छे अभिनेता भी हैं; नाटक लिख और खेल भी चुके हैं। देखने में भी सुन्दर हैं।" लखनऊ संगीत का केन्द्र है। बनारस और बाँदा से भी संगीतज्ञ ले सकते हैं। "इनकी तानें विशुद्ध हिन्दी की होती हैं। ग़ज़लियात और ठुमरी वग़ैरह, लखनऊ की भैरवी और बाँदा का जँगला, ये दूसरी जगह इतनी सुन्दर अदायगी के साथ नहीं मिल सकते, विशेष कर हिन्दी के कानों के लिए।" फिल्मों में हिन्दी प्रदेश का अपना संगीत हो, अपने साहित्य की झलक हो। "नवीन स्वरों के लिए हमारे साथ नवीन और प्राचीन प्रतिष्ठित कवि है ही, जिन्होंने अनेक प्रकार की नवीनता पैदा की है, और स्वरों का ज्ञान भी रखते हैं।" ('सुधा', जून, '35; सम्पा. टि.—7)

हिन्दी में अपना रंगमंच स्थापित करने की आकांक्षा की तरह निराला की यह इच्छा भी अपूर्ण रही।

निराला की बड़ी इच्छा थी कि हिन्दी प्रदेश में एक विश्वविद्यालय हो, जिसमें शिक्षा का माध्यम हिन्दी हो, जिसमें साहित्य ही नहीं, विज्ञान और तकनीक की शिक्षा भी हिन्दी के माध्यम से दी जाय। अंग्रेज़ी सीखनी चाहिए किन्तु उसके संस्कारों को अपने ऊपर हावी न होने देना चाहिए। अंग्रेज़ी शिक्षा का माध्यम है; इससे 'हमारा आत्मिक भाव' नष्ट हो गया है। "हम हर विषय का विचार अपनी बुद्धि से कम, उस शिक्षा के संस्कारों से अधिक करते हैं।" इन्दौर के साहित्य-सम्मेलन में हिन्दी विश्वविद्यालय स्थापित करने का प्रस्ताव आया। निराला हिन्दी के भविष्य के सपने देखने लगे। उन्होंने लिखा, इस तरह राष्ट्रभाषा को बहुत बड़ा महत्त्व प्राप्त होगा, अपितु भाषा प्राणों के साथ मिलकर सृजन के नये क्षेत्रों में जिस वेग से प्रवाहित होगी, इसका अभी हम अनुमान नहीं कर सकते। जो हिन्दी अपने प्राचीन गौरव में प्रान्तीय भाषाओं की बड़ी बहन है और आधुनिक प्रगति में दूसरी भाषाओं की गति से अधिक

वेगवती है, वह अपर प्रान्तों के अहम्मन्य विद्वानों को इस प्रकार पूरा उतरता हुआ उत्तर देगी।" ('सुधा', जून, '35; सम्पा. टि.—4)

यद्यपि भारत के अधिकांश बड़े पूँजीपति हिन्दीभाषी प्रदेश के हैं, उनके माल की खपत के लिए सबसे बड़ा बाज़ार इस प्रदेश में ही है, फिर भी तकनीकी विश्वविद्यालयों में शिक्षा का माध्यम अंग्रेज़ी है, अन्य विश्वविद्यालयों में भी अंग्रेज़ी का प्रभुत्व बना हुआ है। हिन्दी प्रदेश भारत का सबसे बड़ा भाषाक्षेत्र है। यहाँ की जनता की सामाजिक-सांस्कृतिक उन्नति हुए बिना समूचे देश की उन्नति असम्भव है। हिन्दी के साहित्यकारों में निराला ही सबसे अधिक अपने जातीय प्रदेश की समस्याओं के प्रति सतर्क थे। फिल्म से लेकर साहित्य तक उन्होंने सारी समस्याओं को एक ही मूल समस्या के अन्तर्गत मानकर उन पर विचार किया था। यह मूल समस्या थी, हिन्दीभाषी जाति के विकास की समस्या। वे अन्य भाषाओं की तुलना में हिन्दी का समर्थन करते थे, उन भाषाओं की महत्ता भी स्वीकार करते थे। अपनी भाषा और साहित्य में जो अन्तर्विरोध थे, उनके प्रति भी सजग थे। उनके समय की अधिकांश समस्याएँ अभी हल नहीं हुईं। हिन्दी जाति के अभ्युत्थान के लिए जो भी प्रयत्नशील हों, उन्हें निराला के विचारों से प्रेरणा मिलेगी।

गांधीवाद-छायावाद

सन् '20 से '36 तक का समय हिन्दी साहित्य में छायावाद का उत्कर्षकाल है। 'जुही की कली' से लेकर 'राम की शक्तिपूजा' तक निराला की सबसे प्रसिद्ध छायावादी काव्य-कृतियाँ इसी अवधि की हैं। इस अवधि में जिस व्यक्ति ने भारतीय राजनीति और भारतीय जनता के सामाजिक चिन्तन पर सबसे गहरा असर डाला, वह महात्मा गांधी थे। कोई आश्चर्य नहीं कि कुछ आलोचक छायावाद को गांधीवाद का साहित्यिक प्रतिरूप मानते हैं। निराला की विचारधारा का अध्ययन करते हुए गांधीवाद से उसके सम्बन्ध पर विचार करना आवश्यक है।

गांधीवाद के आलोचकों में दो तरह के लोग प्रमुख थे। एक तो उग्र वामपंथी जो गांधीजी की स्वाधीनता आन्दोलन के रास्ते में सबसे बड़ी रुकावट मानते थे, जो उनमें और ब्रिटिश साम्राज्यवादियों में कोई भेद न करते थे, जो स्वाधीनता-आन्दोलन के संगठन और उसकी प्रगति में उनकी किसी देन को स्वीकार ही न करते थे। दूसरे थे दक्षिणपंथी प्रतिक्रियावादी, जो समझते थे कि गांधीजी हिन्दू संस्कृति का नाश कर रहे हैं, मुसलमानों के आगे घुटने टेकने की नीति पर चल रहे हैं, जो हिन्दी-संगठन और हिन्दू-राष्ट्र की स्थापना की राह में गांधीजी को सबसे बड़ी बाधा मानते थे। इन्हीं के साथी मुस्लिम लीग के नेता थे जो हिन्दुओं से अलग मुसलमानों की अपनी

सभ्यता और संस्कृति की बातें करते थे, जो भारत को जनतंत्र के लिए अनुपयुक्त मानते थे क्योंकि उनके अनुसार जनतंत्र का अर्थ होगा, अल्पसंख्यक मुसलमानों पर बहुसंख्यक हिन्दुओं का राज्य, जो विशेषाधिकारों की माँग करते हुए क्रमश: मुस्लिम राष्ट्र की स्थापना के लिए प्रयत्नशील थे। उग्र वामपंथियों और हिन्दू-मुस्लिम दक्षिणपंथियों के बीच वह विराट् जनसमूह था जो गांधीजी को महात्मा मानकर पूजता था, जो उनकी विचारधारा और कार्यवाही को आलोचनात्मक, विवेकपूर्ण दृष्टि से देखने में असमर्थ था।

निराला का दृष्टिकोण इन सब लोगों से भिन्न था। अपने लेखनकाल के आरम्भ से ही उन्होंने गांधीवाद के प्रति आलोचनात्मक दृष्टिकोण अपनाया था। वह उन बहुत थोड़े-से सतर्क बुद्धिजीवियों में थे, जो न गांधीजी के प्रति मोहाविष्ट थे, न उनके अन्ध-विरोधी थे। 'चरखा' निबन्ध में उन्होंने गांधी और रवीन्द्रनाथ के बारे में लिखा था : "मेरी दृष्टि में, ज़हर दोनों में है और अमृत भी दोनों में है। मुझे समय नहीं मिला कि समालोचना में गांधीजी का ज़हर भी निकालकर जनता के सामने रखता।" ('प्रबन्ध प्रतिमा', पृ. 18) इस कथन से उनके दृष्टिकोण की विवेकशीलता प्रमाणित होती है।

चरखा चलाने के विरोध में रवीन्द्रनाथ की युक्तियों का खंडन करते हुए उन्होंने गांधीजी के समर्थन में लिखा : "वे भारतीय समाज को चरखा चलाकर अपना कपड़ा आप बना लेने का उपदेश देते हैं। इससे करोड़ों रुपयों की बचत और फायदा देशवासियों को है। इससे वे परावलम्बी न रहेंगे। स्वावलम्बी हो जाना ही शक्ति का सूचक है। इस तरह शक्ति-वृद्धि के साथ-साथ देशवासी स्वराज्य की प्राप्ति नहीं कर सकेंगे, यह कौन कह सकता है?" (उप., पृ. 4)

सन् '20-'21 के आन्दोलन की असफलता के बाद सन् '29 में गांधीजी ने नये संघर्षों की तैयारी फिर शुरू की। कांग्रेस के लाहौर अधिवेशन में पूर्ण स्वाधीनता का प्रस्ताव पास हुआ। गांधीजी जब चाहें, आपने भाषण से जनता की साम्राज्य-विरोधी चेतना को वेग से प्रज्वलित कर सकते थे। लाहौर कांग्रेस में उन्होंने यही किया। निराला ने उनके इस कार्य को सराहते हुए लिखा : "कांग्रेस की वक्तृताओं में पहले महात्माजी अपनी अपार महिमा में मौन ही थे, जैसे वे किसी महान् प्रतिज्ञा को पूर्ण कर रहे हों! जब वह गत वर्ष समाप्ति पर आ गया और कांग्रेस द्वारा निश्चित किये हुए ध्येय का कोई फल सरकार की ओर से नहीं मिला, तब राष्ट्र के प्राण, संसार के सर्वश्रेष्ठ महापुरुप में वह कैसा ओज, कैसी अपार महाशक्ति प्रत्यक्ष हुई, इसका जड़ लेखनी द्वारा वर्णन नहीं हो सकता। उस दिन—उसी दिन महात्माजी की अजेय सरस्वती की ओजस्विनी मूर्ति के हमने दर्शन किये। वे निडर ज्योतिर्नयन, स्वतंत्रता का आलोक भरते चमकते हुए, राष्ट्र की प्रसुप्त प्रतिमा को जगा रहे थे। वह वाणी शब्द-बंधों के सहस्त्रों तरंगों से अबाध उद्वेलित अवरोध तट को बारम्बार छाप-छाप कर बह रही थी। श्वास के आवर्तोच्छ्वास के साथ भाषा के बहते हुए तूफान में उस दिन सहस्रों जीवन शरीर के संकीर्ण रेखा तट से महाशून्य में उड़ गए थे और स्वतंत्रता

का विशाल दृश्य देखा था। उसी दिन मालूम हुआ, इस पराधीन देश में महात्माजी स्वाधीन साँस ले रहे हैं।" ('सुधा', फरवरी, '30; सम्पा. टि.—3)

निराला-साहित्य में गांधीजी का सबसे भावुकतापूर्ण उल्लेख यही है।

गांधीजी गिरफ्तार किये गए। निराला ने आधी रात के बाद उन्हें पकड़ने की 'श्रृगाल-नीति' का विरोध करते हुए लिखा : "बम्बई सरकार ने महात्माजी पर जो लांछन लगाये हैं, अभी वे किसी मूल्य के नहीं ठहराए जा सकते। कारण, उनका विचार किसी खुली अदालत में नहीं किया गया।" ('सुधा', जून, '30; सम्पा. टि.—2)

गोलमेज़ सम्मेलन में अंग्रेज़ों ने मुसलमानों को तो हिन्दुओं से अलग किया ही, हिन्दुओं से भी अछूतों को अलग करने की योजना उन्होंने बनाई। इसके विरोध में गांधीजी ने आमरण अनशन व्रत आरम्भ किया। निराला के मन को भारी धक्का लगा। उन्हें शंका हुई कि शायद गांधीजी अब न रहेंगे। उन्होंने वर्तमान समाज में अछूतों की स्थिति की चर्चा करते हुए लिखा कि कांग्रेस ने अछूतों को कभी अछूत नहीं समझा, सभी भाषाओं का साहित्य अछूतों को अपनाने के मार्मिक चित्रों से भरा है, दुर्दशा से बचने के लिए सनातनी सँभलने लगे हैं : "पर फिर भी अक्ल का ज़ंग एक दिन में नहीं छूटता।" देश के नेताओं ने उनकी जीवन-रक्षा के लिए प्रार्थनाएँ कीं, रवीन्द्रनाथ ने तार दिया : "उनके तार में जो समवेदना है, वह गांधी-रवीन्द्र जैसे देश के महत्तम मनुष्यों के कार्यकलाप समझने वाले लोग ही समझेंगे।" ('सुधा', अक्तूबर, '32; सम्पा. टि.—5)

अब तक चरखा वाले विवाद की बात पुरानी हो चुकी थी।

गांधीजी के बारे में निराला ने लिखा : "अब वह अपने और पराये स्वार्थ से बाहर हैं। अब इस उपवास की मूर्ति में केवल महात्माजी हैं, जो सत्याग्रह के बल पर विश्व पर विजय प्राप्त कर सकते हैं; जो अमर जीवन के ज्ञाता, सदा मुक्त, सदा स्वतंत्र हैं। जिस मंत्र को लेकर वह भारत के स्वतंत्रता-संग्राम में अवतीर्ण हुए थे, अब उसी की सिद्धि में उत्तीर्ण हो रहे हैं।" (उप.) निराला ने वेदान्त की दृष्टि से उन्हें सदा मुक्त, सदा स्वतंत्र कहा था। उन्होंने यह विश्वास प्रकट किया कि उनकी मृत्यु हो गई, तो भी उससे देश की प्रगति होगी।

इस टिप्पणी में निराला ने फिर घोषित किया कि "महात्मा गांधी संसार के सर्वश्रेष्ठ पुरुष हैं।"

'सुधा' के इसी अंक में उन्होंने 'साम्राज्यवाद और सत्याग्रह' शीर्षक दूसरी टिप्पणी में सत्याग्रह-संग्राम और गांधीजी के आन्दोलन का समर्थन करते हुए लिखा : "सत्याग्रह मनुष्यों के सामने मनुष्यता का आदर्श रखता है। महात्माजी मनुष्यों में अग्रगण्य हैं। वह मनुष्यों के सामने मनुष्यों की आर्त पुकार को हमेशा पुरअसर समझते रहे हैं, और मनुष्यों से उन्हें बराबर मनुष्यता की ही आशा रही है। पर जवाब उन्हें साम्राज्यवाद का ही डंक मारकर बराबर दिया गया, जिसके विष से आज समस्त देश जर्जर है।"

सत्याग्रह की लड़ाई इतिहास में अपने ढंग की पहली लड़ाई है। कानून पूरी शक्ति से उसे पराजित करने के लिए सामने आता है। अंग्रेज़ों ने अवैध आर्डिनेंस जारी किये और ये आर्डिनेंस उनके स्थायी कानून बन गए! ज़रूरत पर और भी आर्डिनेंस जारी कर दिये जाते हैं। 'सत्याग्रह के शीर्ण शरीर को इतनी मज़बूत ज़ंजीरें बाँध रही हैं।' फूट डालने की ब्रिटिश कूटनीति गांधीजी की मनुष्य-नीति से विफल की जा सकती है, यह विश्वास प्रकट करते हुए निराला ने लिखा : "महात्मा गांधी इस मनुष्य-नीति के पूर्णावतार हैं। जिस दिन यह विग्रह अपनी प्रतिज्ञा के तप में विदेह होकर देश के प्राण-प्राण में परिव्याप्त हो जलने लगेगा, उसी दिन सरकार समझेगी, उसने कितनी बड़ी गलती की।" महामानव की आत्मा मुत्यु के पश्चात् और भी महान् हो जाती है। "यदि गांधीजी को भी यही प्रमाण देने का मौका दिया गया, तो गरीबों के तप्त प्राणों की ज्वाला फिर हरगिज़ सरकार शान्त न कर सकेगी।"

टिप्पणी के अन्त में उन्होंने लिखा : "आज 21 सितम्बर है, गांधीजी के मृत्यु साक्षात्कार का दूसरा दिन।" इस एक अर्थगर्भित वाक्य से गांधीजी के प्रति उनकी मार्मिक सहानुभूति प्रकट होती है।

24 सितम्बर को गांधीजी का व्रत समाप्त हुआ। निराला ने उस दैवी दृश्य का अभिनन्दन किया जिसमें रवीन्द्रनाथ ने व्रत की समाप्ति पर 'गीतांजलि' से गीत गाया और कमला नेहरू ने गांधीजी को मीठे नींबुओं का रस पिलाया। (उप.; सम्पा. टि.—11) इस व्रत के अवसर पर ही अछूतों के सम्बन्ध में 'पूना-पैक्ट' नाम का समझौता हुआ था।

अछूतोद्धार की चिरन्तन समस्या हल करने के लिए अगले साल गांधीजी ने फिर आमरण अनशन किया। निराला को फिर गहरी चिन्ता हुई कि व्रत में गांधीजी प्राण न दे दें। गांधीजी ने इक्कीस दिन का उपवास समाप्त किया, हरिजन समस्या पर सारे देश का ध्यान केन्द्रित हो गया। निराला ने प्राचीन काल के उपवासकर्ताओं—सेंटपाल, बुद्ध आदि—को स्मरण करते हुए लिखा : "महात्माजी ने अपने गले में फाँसी की रस्सी डाल ली थी, परन्तु हमारे देश के धन्य भाग्य कि प्रकृति ने उनकी रक्षा की। महात्माजी भारत के लिए एक दैवी प्रसाद हैं।" ('सुधा', 16 अगस्त, '33; सम्पा. टि.—4)

सत्याग्रह द्वारा अंग्रेज़ी राज का विरोध, अछूतोद्धार के लिए उपवास, अंग्रेज़ी के स्थान पर हिन्दी को राष्ट्रभाषा बनाने के लिए प्रचार—निराला की दृष्टि में गांधीजी को महापुरुष बनाने वाले ये तीन मुख्य कार्य थे। कांग्रेस के भीतर कौन नेता हिन्दी बोलता है, कौन अंग्रेज़ी, निराला इसका हिसाब रखते थे। पंजाब के विद्यार्थियों में सुभाषचन्द्र बोस ने व्याख्यान दिया; निराला ने टिप्पणी की—व्याख्यान में राष्ट्रभाषा पर एक शब्द भी नहीं था। "आप एक क्षण के लिए भी नहीं सोच सके कि आप पंजाब में भाषण दे रहे हैं जहाँ के प्राणों में हिन्दी का ही स्पन्दन हो रहा है।" ('सुधा', दिसम्बर, '29; सम्पा. टि.—11)

लाहौर कांग्रेस में जवाहरलाल नेहरू भाषण करने उठे। कुछ ने कहा, हिन्दी में बोलें; कुछ ने कहा, अंग्रेज़ी में बोलें। उन्होंने हिन्दी में भाषण किया। ('सुधा', फरवरी, '30; सम्पा. टि.—3)

गांधीजी भारत में अपने राजनीतिक जीवन के आरम्भ से ही राष्ट्रभाषा हिन्दी और अन्य भारतीय भाषाओं का पक्ष लेते रहे थे। कांग्रेस के भीतर अंग्रेज़ी की जड़ें बहुत गहरी जमी हुई थीं। कांग्रेस के भीतर, और कांग्रेसी नेतृत्व में चलने वाले स्वाधीनता आन्दोलन के भीतर हिन्दी को जो थोड़ी-सी जगह मिली थी, वह गांधीजी के कारण ही मिली थी। निराला ने लक्ष्य किया कि "महात्माजी न होते तो हिन्दी के लिए इतनी आवाज़ भी न उठ पाती।" ('सुधा', दिसम्बर, '29; सम्पा. टि.—11)

भाषा, स्वाधीनता और वर्णव्यवस्था—इन तीनों विषयों में निराला ने गांधीजी का समर्थन किया किन्तु यह समर्थन सम्पूर्ण न होकर आंशिक ही था। निराला हर क्षेत्र में आमूल परिवर्तन के पक्षपाती थे, गांधीजी सुधार और समझौते के।

हिन्दी में रवीन्द्रनाथ नहीं हैं—गांधीजी की इस उक्ति के विरोध में निराला ने जो कहा-सुना, उसकी इतनी—अधिकतर अतिरंजित चर्चा हुई है कि गांधी-निराला का भौतिक-राजनीतिक मतभेद लोगों की आँखों से ओझल हो गया है।

निराला जिन दिनों गांधीजी के उपवासों के समर्थन में टिप्पणियाँ लिख रहे थे, उन्हीं दिनों 'अलका' उपन्यास में वह गांधीवाद की आलोचना भी कर रहे थे। ग़रीब किसान बुधुआ को लकड़ी का व्यापारी महगू समझाता है कि सुराज का अर्थ है : किसानों का राज। महगू गाँव का नेता है : 'किसानों का, ज़मींदार से भी मिला हुआ, नेता' है। इस तरह के नेताओं की पौध कांग्रेस में बढ़ रही थी। ये नेता गांधीवाद का झंडा लेकर किसानों के ज़मींदार-विरोधी आन्दोलन को रोकने की चेष्टा कर रहे थे। इस नेताशाही की आलोचना प्रेमचन्द ने की, निराला ने की। महगू की समझ में नहीं आता कि "यह पुलिसवाली सरकार और ज़मींदार लोग लगानवाला हक़ छोड़कर ख़्वाब की तरह कैसे ग़ायब हो जाएँगे। पर दूसरों की तरह समझाना उसकी आदत पड़ गई थी।" (पृ. 58) इसलिए बड़े नेताओं की तरह महगू भी बुधुआ को समझाता है : "गंधी महारानी का प्रताप ऐसा है कि उनके हाथ बँध जाएँगे, और बोल बंद हो जाएगा। तब ये किसानों के तलवे चाटेंगे।" (उप.) ज़मींदारों को लगान देना बंद कर दिया जाएगा—महगू कानपुर में गणेशशंकर विद्यार्थी से सुनकर आया था।

बुधुआ पूछता है : "लगान किसको दिया जाएगा?"

महगू जवाब देता है : "किसी को नहीं। लगान दिया गया, तो सुराज कैसा? विद्यार्थीजी समझा रहे थे, अब के जब मैं कम्पू गया था।"

पुलिस और ज़मींदार का मुकाबला किसान कैसे करेंगे, इसका जवाब विद्यार्थीजी के पास नहीं था। प्रेमचन्द 'प्रेमाश्रम' में ही लिख चुके थे : 'सत्याग्रह में अन्याय का दमन करने की शक्ति है, यह सिद्धान्त भ्रान्तिपूर्ण सिद्ध हो गया।' सन् '30 के आन्दोलन के बाद प्रेमचन्द की उक्ति और भी पुष्ट हो गई।

इस प्रसंग में निराला द्वारा गणेशणंकर विद्यार्थी के नाम का उल्लेख ध्यान देने योग्य है। यह उल्लेख इस ढंग से किया गया है कि पाठक समझ ले कि लगान वाली समस्या का हल विद्यार्थीजी के पास नहीं था, फिर भी वह महगू जैसों को कुछ-न-कुछ समझा-बुझाकर शान्त कर देते थे। निराला गांधीवादी नेतृत्व, गांधीवादी नीति की आलोचना कर रहे थे, गांधीजी से कोई व्यक्तिगत रागद्वेष यहाँ नहीं था। विद्यार्थीजी के लिए उन्होंने लिखा था : "राष्ट्र को भाषा के भीतर से कैसी आवश्यकता है, यह विद्यार्थीजी से अच्छा दूसरा नहीं समझ सकता। कारण, विद्यार्थीजी राष्ट्रभाषा और राष्ट्र, दोनों के वीर सेवक हैं।" ('सुधा', दिसम्बर, '29; सम्पा. टि.—16) यह समर्थन आंशिक था, गांधीजी के समर्थन की तरह। पूर्ण समर्थन वह तब करते, जब इस समस्या का उत्तर मिलता कि किसान पुलिस और ज़मींदार के दमन का मुकाबला कैसे करें।

राजनीतिक पार्टियाँ जब किसी आन्दोलन की आन्तरिक समस्याएँ नहीं सुलझा पातीं, तब वे जनता में नेता के माहात्म्य का बखान करके उसके प्रति अन्धश्रद्धा जगाती हैं। महगू ने जो गंधी महारानी के प्रताप की बात कही थी, वह किसी अपढ़ गँवार के मन की अनोखी उपज नहीं थी। अन्धश्रद्धा जगाने के लिए संगठित प्रचार किया गया था जिसमें संवादपत्रों की भूमिका प्रमुख थी। स्नेहशंकर के माध्यम से निराला ने अन्ध-व्यक्तिपूजा की आलोचना करते हुए कहा : "स्वतंत्रता के नाम से देश घोर परतंत्र है। संवादपत्र एक दल-विशेष, व्यक्ति-विशेष की नीति के प्रचारक हैं।...जनता बड़ी असमर्थ होती है सावित्री! वह मनुष्य को बिना स्याह दास का ईश्वर भी समझ लेती है, जो कमज़ोर को और भी कमज़ोर, परावलम्बी कर देता है। संवादपत्रों में स्वतंत्रता का व्यवसाय होता है। सम्पादक ऐसी स्वाधीनता के ढोल हैं, जो केवल बजते हैं; बोल के अर्थ, ताल, गीत नहीं जानते, अर्थात् उनके भीतर वैसी ही पोल भी है। वे दूसरे के हाथों की थपकियों से मधुर बोलते हैं—जनता वाह-वाह करती है, और बजानेवाले देवता को पुष्प-माला लेकर यथाभ्यास, जैसा सुझाया गया, पूजने को दौड़ती है। यह स्वतंत्रता का परिणाम नहीं।" (पृ. 45)

राजनीतिक प्रचार का उद्देश्य होना चाहिए, जनता में स्वयं सोचने-विचारने की शक्ति उत्पन्न करना। इस शक्ति के उत्पन्न होने से ही मनुष्य स्वाधीन हो सकते हैं। किन्तु संवादपत्र स्वयं दूसरों की थपकियों से बजते हैं, वे जनता में नई चेतना का प्रसार नहीं कर सकते। मनुष्य में ईश्वरत्व का आरोप, उसके चमत्कारों में विश्वास, पुष्पमालाओं से उसकी पूजा—इस तरह आन्दोलन के अन्तर्विरोधों, उसकी कमज़ोरियों को छिपाना, यह स्वतंत्रता का परिणाम नहीं।

किसान ज़मींदारों के उत्पीड़न का मुकाबला कैसे करेंगे—मूल समस्या यह थी।

स्नेहशंकर कहते हैं : "हमारे यहाँ तो कानून के बल पर राजनीतिक स्वतंत्रता हासिल की जा रही है। संवादपत्रों में कानून के जानकारों का विज्ञापन होता है—वे

ही इस देश के सर्वोत्तम मनुष्य हैं। उन्हीं की आज्ञा शिरोधार्य है।" (पृ. 44) निराला कानून के बल पर राजनीतिक स्वतंत्रता हासिल करने में विश्वास न करते थे। उनकी मान्यता यह थी :

सिंही की गोद से
छीनता रे शिशु कौन?
मौन भी क्या रहती वह
रहते प्राण? रे अजान!
एक मेषमाता ही
रहती है निर्निमेष—
दुर्बल वह—
छिनती संतान जब
जन्म पर अपने अभिशप्त
तप्त आँसू बहाती है;—
किन्तु क्या,
योग्य जन जीता है
पश्चिम की उक्ति नहीं—
गीता है, गीता है
स्मरण करो बार-बार—
जागो फिर एक बार!

गांधीवाद और निराला के दृष्टिकोण में यह अन्तर था।

गांधीवाद से असन्तुष्ट होकर अनेक युवकों ने आतंकवाद का मार्ग अपनाया था। गांधीवाद से निराला के दृष्टिकोण का भेद लक्ष्य करते हुए यह स्पष्ट कर देना आवश्यक है कि निराला का दृष्टिकोण आतंकवाद से भिन्न, व्यापक और मौलिक रूप से क्रान्तिकारी है। निराला धार्मिक भेदभाव से लेकर वर्ग-भेद तक मिटाने के पक्षपाती हैं और उनकी इस बहुमुखी क्रान्ति की धुरी है किसान।

गांधीजी स्वाधीनता आन्दोलन के प्रमुख सूत्रधार थे किन्तु सामन्त-विरोधी किसान-संघर्ष चलाकर अंग्रेज़ी राज का सामाजिक आधार खत्म करने के पक्ष में वह नहीं थे। निराला और गांधी की राजनीति में यह मौलिक भेद था।

राजनीति के अलावा समाज-सुधार—जैसे अछूतोद्धार—की समस्या को लेकर भी गांधी और निराला के दृष्टिकोण भिन्न थे। अछूतोद्धार कैसे होगा, अछूतों के प्रति दया दिखाकर, मन्दिरों में प्रवेश करने की अनुमति देकर या द्विज और शूद्र के बीच खड़ी हुई पुरानी दीवारें ढहाकर, उच्च वर्णों के जीवन में ही मौलिक परिवर्तन करके? निराला का विश्वास था, ये पुरानी दीवारें ढहाये बिना, उच्च वर्णों में दम्भ पैदा करनेवाली रूढ़ियों का नाश किये बिना हिन्दू समाज में द्विज और शूद्र का एकीकरण

सम्भव नहीं है। गांधीवादी विचारधारा जैसे किसान के प्रति सहानुभूति प्रकट करते हुए किसान-ज़मींदार का भेद क़ायम रखती थी, वैसे ही अछूतों के प्रति गहरी सहानुभूति प्रकट करते हुए भी वह वर्ण-व्यवस्था—द्विज और शूद्र का भेद—क़ायम रखती थी। इसलिए किसी को आश्चर्य न होना चाहिए कि स्वाधीन भारत में जाति-बिरादरी का भेदभाव और भी बढ़ा।

इक्कीस दिन का उपवास समाप्त करने पर निराला ने 'सुधा' के जिस अंक में गांधीजी को भारत के लिए दैवी प्रसाद कहा था, उसी अंक में उन्होंने सवर्णों के पुनर्गठन का यह नुस्खा पेश किया था : "इसीलए तोड़कर फेंक दीजिए जनेऊ, जिसकी आज कोई उपयोगिता नहीं, जो बड़प्पन का भ्रम पैदा करता है, और समस्वर से कहिए कि आप उतनी ही मर्यादा रखते हैं, जितनी आपका नीच-से-नीच पड़ोसी चमार या भंगी रखता है। तभी आप महामनुष्य हैं।" ('सुधा', 16 अगस्त, '33; सम्पा. टि.—1)

गांधीजी और उनके अनुयायी ऐसा कोई आन्दोलन चलाने का विचार न कर रहे थे।

"महात्माजी लोकरुचि के बड़े ज़बर्दस्त परीक्षक हैं।" ('सुधा', नवम्बर, '32; सम्पा. टि.—'हिन्दुओं का जातीय संगठन')इस वाक्य में प्रशंसा के साथ प्रच्छन्न आलोचना भी है। लोकरुचि से टकराए बिना हिन्दुओं का पुनर्गठन सम्भव नहीं है। अभी रोटीवाले सवाल पर बल है, आगे चलकर बेटीवाला सवाल भी हल किया जाएगा। "सब वर्णों में एकता हो जाने पर विवाह वाला आदान-प्रदान देश की बहुत बड़ी रक्षा कर सकता है।" (उप.) कांग्रेस के भीतर, और कांग्रेस-विरोधी हिन्दू-संगठनों के भीतर, अधिकांश हिन्दुत्व-प्रेमी इस तरह के आदान-प्रदान से दूर रहे हैं।

हिन्दू और मुसलमान को मिलाने के लिए, द्विज और शूद्र का भेद मिटाने के लिए निराला जहाँ धार्मिक रूढ़ियों को नाश करने के पक्ष में थे, वहाँ गांधीजी उनसे समझौता करते थे। दोनों के सामाजिक दृष्टिकोण में यह अन्तर था।

इसी तरह राष्ट्रभाषा के प्रश्न पर।

राष्ट्रभाषा का सवाल राष्ट्रीय एकता के सवाल से जुड़ा हुआ था। जिस भाषा को सबसे ज़्यादा लोग बोलते-समझते हों, जिसे सबसे ज़्यादा आसानी से सीख सकते हों, वही भाषा राष्ट्रभाषा हो सकती है। गांधीजी इस बात को खूब अच्छी तरह समझते थे। फिर भी उन्होंने यह सवाल उठाया कि किस भाषा का साहित्य कम समृद्ध है, किसका अधिक। यह सवाल उन्होंने क्यों उठाया?

गांधीजी ने बड़ा प्रयत्न किया कि कांग्रेस के भीतर से अंग्रेज़ी निकल जाय, उसका सारा काम हिन्दी में हो, किन्तु इस कार्य में उन्हें सफलता न मिली। किसका साहित्य अधिक समृद्ध है, यह विवाद शुरू हो जाने पर लोगों का ध्यान इस बात से हट जाता था कि कांग्रेसी नेता स्वयं अपने संगठन में क्या कर रहे

हैं। गांधीजी की इच्छा कुछ भी रही हो, उनके कार्य का वस्तुगत परिणाम यही निकला कि कांग्रेस के भीतर से अंग्रेज़ी निकालने की उनकी अपनी असफलता पर पर्दा पड़ गया।

गांधीजी ने कहीं कहा, संयुक्त प्रान्त की हिन्दी ठीक नहीं होती। निराला ने रुष्ट न होकर इस आलोचना का स्वागत किया। वह खुद भी सोचते थे, हिन्दी में बहुत-सी कमज़ोरियाँ हैं, इन्हें दूर करना ज़रूरी है। उन्होंने लिखा : "एक बार महात्माजी ने स्वयं ऐसा भाव प्रकट किया था—युक्त प्रान्त की हिन्दी ठीक नहीं, अगर यहाँ कोई हिन्दी के अच्छे लेखक हैं, तो उनके साथ मेरा परिचय नहीं।" ('सुधा', 1 अक्तूबर, '33; सम्पा. टि.—2) निराला ने इस उक्ति के कारण की तलाश की। उन्होंने लिखा कि फारसी-उर्दू के प्रभाव से "भाषा-साहित्य के भीतर हमारी जाति टूटी हुई विकलांग हो रही है।" इसलिए गांधीजी की उक्ति सार्थक थी।

साहित्य-सम्मेलन के इन्दौर अधिवेशन में गांधीजी ने साहित्य की समृद्धि का सवाल फिर उठाया। निराला ने इसके लिए मूलत: गांधीजी के हिन्दी-भाषी सलाहकारों को दोषी ठहराया। गांधीजी ने रामानन्द चटर्जी की प्रशंसा की कि उन्होंने बनारसीदास चतुर्वेदी की सहायता से 'विशाल भारत' निकाला। निराला ने इस पर लिखा : "हमारा तो विचार है कि हिन्दी में बंगाली साहित्यिकों की धाक जमाने के विचार से रामानन्दवाद ने बड़े परिश्रम से सम्पादक पंडित बनारसीदासजी चतुर्वेदी को खोज निकाला है।" ('सुधा', जून, '35; सम्पा. टि.—3)

हिन्दी के अश्लील साहित्य से गांधीजी को परिचित कराने में चतुर्वेदीजी ने काफी परिश्रम किया था। अपने भाषण में गांधीजी ने अश्लील साहित्य की आलोचना भी की। निराला ने लिखा : "उन्हें यह तो लोगों ने सुझाव दिया, पर यह न सुझाया कि हिन्दी नई विशालता और नये रूपरंगों से कहाँ तक पहुँची।" निराला ने इस पर भी आपत्ति की कि गांधीजी ने बँगला-गुजराती के अश्लील साहित्य पर कुछ न कहा। साहित्यिक प्रगति में, अपना पुराना साहित्य लेने पर, हिन्दी बँगला से पीछे नहीं, आगे है—यह तर्क भी उन्होंने दिया जिसका उल्लेख पहले हो चुका है।

इन्दौर वाले भाषण में गांधीजी ने हिन्दी के साथ हिन्दुस्तानी शब्द जोड़कर एक नई समस्या खड़ी कर दी। निराला भाषा के मामले में शुद्धतावादी नहीं थे किन्तु गांधीजी के इस हिन्दुस्तानी-प्रेम में उन्हें राजनीतिक दाँव-पेंच की गंध आई। खिलाफत आन्दोलन में मुसलमानों का साथ देनेवाले गांधीजी "हिन्दी की सीधी खिचड़ी शैली ही के पक्षपाती थे" और "यह काम आचार्य महावीरप्रसाद द्विवेदी उनसे बहुत पहले कर चुके थे।" ('प्रबन्ध प्रतिमा', पृ. 31) निराला द्विवेदीजी को हिन्दी का आदर्श गद्य-लेखक मानते थे; इसलिए भाषा की शुद्धता के नाम पर वह गांधीजी का विरोध करें, यह सवाल न था। विरोध राजनीतिक दाँव-पेंच को

लेकर था : "मैं समझता हूँ, हिन्दुओं का नेता तो बन ही चुका है, मुसलमानों का भी बनना था। भूषण का आन्दोलन भी अर्थ रखता है।" (उप.)

गांधीजी हिन्दू-मुस्लिम एकता के लिए जो प्रयत्न कर रहे थे, उनका परिणाम था हिन्दी के साथ हिन्दुस्तानी शब्द को जोड़ना। समझौते की राजनीति जोड़-तोड़ में विश्वास करती थी; निराला की नीति थी—हिन्दू और मुसलमान, दोनों को धार्मिक रूढ़ियों के दलदल से निकालकर नये सिरे से मनुष्य बनाना। इस रूढ़िवाद के खिलाफ किसी पार्टी ने जमकर संघर्ष नहीं किया, इसलिए न जाति-पाँति का भेदभाव दूर हुआ, न हिन्दू-मुस्लिम एकता क़ायम हुई। हिन्दी-उर्दू के बीच जो दरार थी, वह भी इसी कारण न पाटी जा सकी।

लखनऊ में गांधीजी से अपनी मुलाकात का हाल लिखते हुए निराला ने अपने और गांधीजी के दृष्टिकोण का दार्शनिक अन्तर स्पष्ट किया। वेदान्त का ज्ञान निरपेक्ष है : "वहाँ हिन्दू और मुसलमान का सवाल नहीं, वहाँ भाषा भी बाह्य रूप छोड़ देती है, अर्थात् 'क' को चाहे 'क' लिखिए या 'के', कुछ नहीं आता-जाता। यही निरपेक्षता है। 'के' के पीछे लट्ठ लेकर पड़ने वाले पहली ही गति से साबित कर देते हैं कि वे पराधीन हैं, वे लड़ेंगे, समझौता नहीं करेंगे। मैं हिन्दी साहित्यिक की हैसियत से विनय के साथ कहता हूँ, देश के वर्तमान हिन्दू और वर्तमान मुसलमान, वर्तमान सिख और वर्तमान पारसी, सापेक्षता में ही, पुरानी रूढ़ियों के पाबंद रहने के कारण या अंग्रेज़ी पढ़कर यूरोप के नक्काल होने के कारण, निरपेक्षता से दूर हैं—वे अपने मन की चाहते हैं।" (उप., पृ. 30)

पुरानी रूढ़ियों के पाबंद रहते हुए न राजनीति की समस्या सुलझाई जा सकती है, न भाषा की। निराला के राजनीतिक और भाषा-सम्बन्धी विचारों में एक आन्तरिक संगति है, इसीलिए वह गांधीवादी राजनीति की आलोचना करते हैं, तो उसी के अनुरूप गांधीजी की भाषा-नीति की भी आलोचना करते हैं।

हिन्दी को राष्ट्रभाषा बनाया जाए—इस प्रचार से कांग्रेस के अखिल भारतीय नेताओं को क्या लाभ हुआ है?

गांधीजी और राष्ट्रभाषा के सम्बन्ध पर जो कुछ लिखा गया है, उसमें सामान्यतया इस प्रश्न का उत्तर देने का प्रयत्न नहीं किया गया। निराला उन थोड़े से लेखकों में हैं जिन्होंने इस प्रश्न का उत्तर दिया।

गांधीजी ने कहा—हिन्दी को राष्ट्रभाषा बनाओ। "उनके इस एक आवाज़ उठाने के साथ तमाम हिन्दीभाषी उनके साथ हो गए—नेता को यही चाहिए। तिलक हिन्दी नहीं जानते थे, लोगों को मालूम होगा।" (उप., पृ. 28) अर्थ यह हुआ कि हिन्दी-भाषियों के समर्थन से गांधीजी का अखिल भारतीय नेतृत्व स्थापित हुआ। गांधीजी हिन्दी को राष्ट्रभाषा बनाएँगे, इससे हिन्दीभाषियों को स्वभावत: प्रसन्नता हुई। किन्तु हिन्दीभाषी प्रदेश में हिन्दी का विकास कैसे हो, उसकी जातीय विशेषताओं की रक्षा कैसे की जाए, इस पर लोगों ने ध्यान देना जैसे बंद कर दिया। कुछ राष्ट्रभाषा-प्रेमी

कहने लगे कि पंजाब में फारसी-अरबी-बहुल हिन्दुस्तानी बोली जाए, युक्त प्रान्त में खिचड़ी शैली, बिहार में कुछ अधिक संस्कृत, बंगाल वगैरह में प्रतिशत संस्कृत शब्द : "मैं पूछता हूँ, उनकी निगाह के सामने नेतृत्व करने के सिवा ज़बान की सूरत सँवारने का भी कोई ध्यान है?" (उप., पृ. 29)

इस तरह राष्ट्रभाषा के नाम पर हिन्दी के अपने जातीय रूप को बिगाड़ने के प्रयत्न होने लगे। गांधीजी ने "हिन्दी के द्वारा हिन्दीभाषी पन्द्रह करोड़ जनता की भावनाजन्य स्वतंत्रता बात-की-बात में मार दी। लोग लट्ठ की तरह बजने लगे—हिन्दी राष्ट्रभाषा है, सम्पादक हों, लेखक। वस्तु और विषय की यही पराधीनता है। गांधीजी की यही स्वाधीनता।" (उप.)

हिन्दी के लेखकों और सम्पादकों की पराधीनता—गांधीजी की स्वाधीनता—इस गूढ़ वाक्य का आशय यह है कि राष्ट्रभाषा का लालच देकर कांग्रेसी नेताओं ने अपना स्वार्थ सिद्ध किया, हिन्दी के सहज विकास में बाधा डाली। अब लोग भूल गए हैं, किन्तु निराला जिन दिनों यह लिख रहे थे, उन दिनों कांग्रेसी नेता यह प्रचार ज़ोरों से करते थे कि राष्ट्रभाषा बनने के लिए हिन्दी अपना प्रादेशिक रूप छोड़े, सभी भाषाओं से शब्द लेकर अखिल भारतीय रूप धारण करे; कुछ का कहना था, लिंग-सम्बन्धी नियम खत्म किए जाएँ, 'ने' का प्रयोग बंद हो, इत्यादि। इस प्रचार का स्मरण करने से मालूम होगा, निराला की बात कितनी महत्त्वपूर्ण थी।

कांग्रेसी आन्दोलन ब्रिटिश सुधारों के खूँटे से बँधा रहा। मौंटेग्यू-चैम्सफोर्ड सुधार; इन्हें नाकाफी समझकर और रियायतें लेने के लिए सन् '20-'21 का आन्दोलन और रियायतें देने के लिए अंग्रेज़ों द्वारा साइमन कमीशन की नियुक्ति, कांग्रेस का सन् '30 वाला आन्दोलन। अंग्रेज़ों द्वारा गोलमेज़ सम्मेलन, कांग्रेस द्वारा बहिष्कार, फिर उसमें शिरकत। अंग्रेज़ों द्वारा और रियायतें देकर सन् '35 के कानून की घोषणा; कांग्रेस द्वारा विरोध, फिर मंत्रिपद-ग्रहण। मार्च, सन् '42 में क्रिप्स-प्रस्ताव—केन्द्र में नई रियायतें देते हुए; अगस्त, सन् '42 में भारत-छोड़ो आन्दोलन। सन् '47 में भारत-विभाजन की योजना, कांग्रेस द्वारा विरोध, फिर स्वीकृति। हर नई रियायत देते हुए अंग्रेज़ मुस्लिम लीग के सहारे अलगाव वाली प्रवृत्तियों को मज़बूत करते जाते थे। अलग चुनाव क्षेत्रों की माँग की परिणति हुई देश के विभाजन में।

जो स्वाधीनता-आन्दोलन ब्रिटिश सुधारों के खूँटे से बँधा रहा, उसकी यही परिणति हो सकती थी। भाषा के क्षेत्र में जोड़-तोड़ की नीति भी ब्रिटिश सुधारों के खूँटे से बँधे रहने का परिणाम थी।

निराला का रास्ता दूसरा था। द्विज और शूद्र का भेद मिटाओ, धार्मिक रूढ़ियों का विरोध करके हिन्दू-मुसलमान को मिलाओ। कानून के सहारे स्वाधीनता आन्दोलन न चलाओ, ज़मींदार के विरुद्ध किसानों का संघर्ष तेज़ करो। राष्ट्रीय एकता के लिए हिन्दी को राष्ट्रभाषा बनाओ; इस प्रसंग में किसका साहित्य अधिक

समृद्ध है, किसका कम, यह सवाल मत उठाओ। राष्ट्रभाषा के नाम पर हिन्दी का जातीय रूप न बिगाड़ो, नेतृत्व क़ायम रखने के लिए पन्द्रह करोड़ की भाषा के साथ खिलवाड़ मत करो, उसका सहज जातीय रूप ही राष्ट्रभाषा हो सकता है, उस रूप को विकसित होने दो।

निराला का रास्ता सही था। आज नहीं तो कल, उस पर चलने से ही देश की मूल समस्याएँ हल होंगी।

जवाहरलाल नेहरू और समाजवाद

भारतीय राजनीति में जवाहरलाल नेहरू की विशेष भूमिका यह थी कि सन् '20 के आन्दोलन की असफलता के बाद जब गांधीजी के नेतृत्व में बहुत से नौजवानों की आस्था खत्म हो गई, तब जवाहरलाल नेहरू ने अपनी समाजवादी उग्र शब्दावली के द्वारा इन असन्तुष्ट युवकों को कांग्रेसी नीति का अनुसरण करने के लिए बाध्य किया। गांधीजी की नीति से असन्तुष्ट युवकों में मेरठ षड्यंत्र के बंदी थे जो भारतीय क्रान्ति में मज़दूरों की भूमिका प्रमुख मानते थे। इनमें सरदार भगतसिंह और उनके साथी थे जो सशस्त्र क्रान्ति द्वारा अंग्रेज़ी राज को खत्म करना चाहते थे। इनमें सुभाषचन्द्र बोस थे जिनके द्वारा पट्टाभि सीतारमैया के हराए जाने को गांधीजी ने अपनी हार माना था। ये सब लोग मिलकर सन् '30 और '40 के बीच कांग्रेस को दक्षिणपंथी नेतृत्व से मुक्त नहीं कर सके तो इनकी अपनी कमज़ोरियों के अलावा इसका बहुत बड़ा श्रेय भारतीय राजनीति में जवाहरलाल नेहरू की भूमिका भी है।

फरवरी, 1930 की 'सुधा' में नेहरू से सम्बन्धित एक विज्ञापन छपा था : 'भारतीय कांग्रेस के प्रथम साम्यवादी प्रेसिडेंट तथा नवयुवकों के प्यारे सम्राट् पं. जवाहरलाल नेहरू की जीवनी तथा जोशीले लेख और भाषण पढ़िए।'

वामपंथी नेता के रूप में जवाहरलाल नेहरू के अभ्युदय से पहले 'प्रताप' के द्वारा गणेशशंकर विद्यार्थी ने, 'मर्यादा' के द्वारा रमाशंकर अवस्थी ने, अपने लेखों, भाषणों और पुस्तिकाओं द्वारा राधामोहन गोकुलजी ने हिन्दी के माध्यम से, हिन्दी-भाषी प्रदेश में, समाजवादी विचारधारा का यथेष्ट प्रचार किया था। इसीलिए जवाहरलाल नेहरू जब कांग्रेस के सभापति चुने गए, तब 'सुधा' ने उन्हें कांग्रेस का प्रथम 'साम्यवादी प्रेसिडेंट' कहकर विज्ञापित किया।

इन्हीं दिनों गणेशशंकर विद्यार्थी हिन्दी साहित्य सम्मेलन के सभापति चुने गए। निराला ने इन दोनों की विजय का अभिनन्दन करते हुए लिखा : "युवकों की ऐसी विजय प्राचीनता-भक्त भारत में इधर शताब्दियों से नहीं देखने को मिली।" ('सुधा,' दिसम्बर, '29; सम्पा. टि.—16)

शताब्दियों के बाद भारत नई करवट लेगा। इस महान् ऐतिहासिक परिवर्तन में युवाशक्ति का नेतृत्व करेंगे जवाहरलाल नेहरू। उस समय अधिकांश प्रगतिचेता साहित्यकारों और युवकों को नेहरू से ऐसी ही आशा थी। लाहौर-कांग्रेस में उनके भाषण से विस्तृत उद्धरण देते हुए निराला ने उनके व्यक्तित्व के बारे में लिखा : "वह नम्र तथा स्फटिक की तरह स्वच्छ हैं, और उनकी सत्यवादिता सन्देह के परे है। उनके हाथों से जाति के स्वार्थ की किसी प्रकार हानि नहीं हो सकती।" ('सुधा', फरवरी, '30; सम्पा. टि.—4)

सन् '30-'31 में आर्थिक संकट से पीड़ित भारतीय किसान ज़मींदारों से संघर्ष करने को उत्सुक थे। नेहरू ने अपनी आत्मकथा में लिखा है कि खुद कांग्रेस के अन्दर ज़मींदार भरे हुए थे, वे ज़मींदारों के विरुद्ध संघर्ष का नेतृत्व क्या करते? विशेष रूप से अवध में ताल्लुकेदारों के सताए हुए किसान नेहरू की ओर आशाभरी दृष्टि से देख रहे थे कि वह लगानबंदी आन्दोलन में उनका नेतृत्व करेंगे। किन्तु नेहरू ने न तो अभी, न आगे फिर कभी, महात्मा गांधी और सरदार पटेल से अलग संघर्ष का कोई कार्यक्रम जनता के आगे रखा। निराला इस समय अवध के किसान-आन्दोलन को सतर्क दृष्टि से देख रहे थे, अपने ज़िले में वह स्वयं इस आन्दोलन में भाग ले रहे थे। उन्होंने निष्कर्ष निकाला कि कांग्रेस के नेतृत्व में सशक्त ज़मींदार-विरोधी आन्दोलन चलाया नहीं जा सकता।

सन् '33 में प्रकाशित होनेवाले 'अलका' उपन्यास की पृष्ठभूमि में सन् '30-'32 की राजनीतिक गतिविधि है, उपन्यास में इस गतिविधि का मूल्यांकन भी है। कांग्रेस के नेता दोनों तरफ रेंगते हैं; वह किसानों के हिमायती हैं और ज़मींदारों का भी साथ देते हैं। क्रान्तिकारी युवक अजित रायबरेली के किसानों में काम करना चाहता है। यह वही ज़िला है जिसमें जवाहरलाल नेहरू ने भी किसान-आन्दोलन चलाया था। लेकिन अजित कहता है : "कांग्रेस से न होगा तो स्वतंत्र रहकर काम करेंगे।" (पृ. 55)

कांग्रेस से स्वतंत्र रहकर काम करने का अर्थ जवाहरलाल नेहरू के नेतृत्व से स्वतंत्र रहकर काम करना भी है।

अंग्रेज़ों ने एक ओर सन् '30-'32 के आन्दोलन का दमन किया, दूसरी ओर गोलमेज़ सम्मेलन बुलाकर भारत को कुछ रियायतें देने के लिए संवैधानिक योजना तैयार की। कांग्रेस ने पहले गोलमेज़ सम्मेलन का बहिष्कार किया, फिर उसमें भाग लिया; सन् '35 के संवैधानिक सुधार-कानून का विरोध किया, फिर उसी कानून के अन्तर्गत चुनाव लड़कर प्रान्तों में मंत्रिमंडल बनाए। जवाहरलाल नेहरू ने लखनऊ-कांग्रेस में—जहाँ उनका भाषण सुनने को निराला उपस्थित थे—मंत्रिमंडल बनाने का विरोध किया किन्तु मंत्रिपद-ग्रहण के समर्थकों—राजेन्द्रप्रसाद और सरदार पटेल—की नीति के मुकाबले कांग्रेस के भीतर या बाहर संघर्ष का कोई कार्यक्रम जनता के सामने नहीं रखा। निराला ने एक कविता लिखी : 'वन-बेला'। जनता से अलगाव, थोथी अन्तर्राष्ट्रीयता, धनी परिवार की संस्कृति, विलायती शिक्षा पर गर्व,

हिन्दीभाषियों के प्रति उपेक्षा का भाव, मंच पर अभिनय से साधारण जनों को मुग्ध करने की कला—'होता फिर खड़ा इधर को मुख कर कभी उधर'—राष्ट्रीयता के नाम पर साहित्यकारों द्वारा ऐसे नेताओं की वन्दना में सस्ते गीतों की रचना, पूँजीवादी अखबारों में इनका धुआँधार प्रचार—निराला ने इन सबको अपने व्यंग्य का लक्ष्य बनाकर न केवल नेहरू वरन् एक विशेष प्रकार के बुद्धिजीवी वर्ग की ढुलमुल प्रवंचनापूर्ण नीति के प्रति जनता को सावधान किया।

मार्च, सन् '42 में, ब्रह्मदेश में जापानी आक्रमण से अंग्रेज़ों की हालत नाज़ुक हो जाने पर, क्रिप्स भारत पधारे और उनकी सुधार योजना से असन्तुष्ट होकर कांग्रेस ने 'भारत छोड़ो' प्रस्ताव पास किया। अंग्रेज़ों द्वारा जन-आन्दोलन का बर्बरतापूर्वक दमन किया गया और कांग्रेसी नेता जेल भेज दिये गए। निराला ने इस समय एक कजली लिखी :

महँगाई की बाढ़ बढ़ आई, गाँठ की छूटी गाढ़ी कमाई।
भूखे-नंगे खड़े शरमाए, न आए वीर जवाहरलाल।

['बेला', पृ. 54]

अंग्रेज़ शासकों ने जब-जब राष्ट्रीय आन्दोलन को दबाया और कांग्रेसी नेताओं को जेल में डाला, निराला ने शासकों का विरोध किया और नेताओं का पक्ष लिया। सन् '43 में भारतीय जनता आशा कर रही थी कि जेल से छूटने पर नेता उसकी समस्याएँ हल करेंगे, उस आशा की सही झलक निराला के गीत में है। किन्तु गीत में जनता की यह आशा ही नहीं व्यक्त की गई, नेताओं को संकेत से यह बता भी दिया गया है कि समस्याओं को हल करने में कितनी कठिनाइयाँ हैं।

कैसे हम बच पाएँ निहत्थे, बहते गए हमारे जत्थे,
राह देखते हैं भरमाए, न आए वीर जवाहरलाल।

जनता निहत्थी है, अंग्रेज़ सशस्त्र है; राह देखते भरमाए हुए लोग 'वीर' जवाहरलाल को पुकार रहे हैं। एक तरह से ये पंक्तियाँ जनता के लिए चेतावनी भी हैं : रास्ता पहचानो, दूसरों की राह न देखो। 'वीर' शब्द में गूढ़ व्यंग्य हो सकता है। उपर्युक्त गीत की समकालीन रचना निराला की ग़ज़ल है :

भेद कुल खुल जाय वह सूरत हमारे दिल में है।
देश को मिल जाय जो पूँजी तुम्हारी मिल में है।

['बेला', पृ. 75]

वह कौन-सा भेद है जिसके खुल जाने की सूरत 'हमारे दिल में' है? भेद यही है कि कांग्रेसी नेता मिल मालिकों के हितों का प्रतिनिधित्व करते हैं। इनकी मिलों की पूँजी देश को मिल जाय—उद्योग-धन्धों का राष्ट्रीयकरण हो—तो कांग्रेसी नेतृत्व की

असलियत भी ज़ाहिर हो जाय। इस गज़ल की समकालीन—'बेला' में प्रकाशित—एक कविता में यह बात और भी साफ कही गई है :

आज अमीरों की हवेली
किसानों की होगी पाठशाला,
धोबी, पासी, चमार, तेली,
खोलेंगे अँधेरे का ताला। ['बेला', पृ. 78]

निराला बहुत अच्छी तरह जानते थे कि अमीरों की हवेली में किसानों की पाठशाला जवाहरलाल नेहरू न खुलवाएँ, फिर भी अंग्रेज़ शासकों के दमन के विरुद्ध उन्होंने जेल के भीतर बंद जवाहरलाल को लक्ष्य करके जनता की तरफ से आवाज़ लगाई : 'न आए वीर जवाहरलाल'। राष्ट्रीयता का यही तकाज़ा था; उस कजली का अर्थ यह नहीं था कि निराला की दृष्टि में जवाहरलाल नेहरू का नेतृत्व वास्तव में क्रान्तिकारी था।

जेल से छूटने पर जवाहरलाल नेहरू और भी लोकप्रिय हुए। सन् '42 का आन्दोलन, सुभाषचन्द्र बोस की मुहीम, आज़ाद हिन्द फौज के नेताओं के बंदी बनाये जाने पर जनता का विक्षोभ—इन सभी से थोड़ा-बहुत प्रकाश लेकर नेहरू का नाम और भी महिमामंडित हुआ। चोरबाज़ारियों को फाँसी देने की धमकी से, अंग्रेज़ों के जाते ही उद्योग-धन्धों के राष्ट्रीयकरण के वादे से उनकी लोकप्रियता बढ़ी। अंग्रेज़ जिस तरह की आज़ादी देने जा रहे थे और कांग्रेसी नेता जिस तरह की आज़ादी लेने जा रहे थे, क्रिप्स प्रस्तावों के नये संस्करण, सन् '47 के भारत-स्वाधीनता बिल को जवाहरलाल नेहरू ही समाजवाद के रस के साथ जनता के गले के नीचे उतार सकते थे।

सन् '56 में भारत में जनक्रान्ति का ज़बर्दस्त उभार आया। किसानों के संघर्ष, मज़दूरों की हड़तालें, पुलिस से छात्रों की टक्करें, कई जगह स्वयं पुलिस द्वारा विद्रोह; कराची, कलकत्ता, बम्बई, विशाखापत्तनम् में अंग्रेज़ों का नाविकों से सशस्त्र युद्ध—थोड़े से संगठित प्रयास की ज़रूरत थी और अंग्रेज़ों की तमाम कूटनीतिक योजनाएँ धूल में मिल जातीं। युग-परिवर्तन के इस ऐतिहासिक क्षण में नेहरू ने संयुक्त भारत की पूर्ण स्वाधीनता का कोई कार्यक्रम जनता के सामने न रखा; यही नहीं, उन्होंने अन्तरिम सरकार में शामिल होकर राज्यशक्ति के प्रयोग से तथा अहिंसा, गांधीभक्ति और समाजवाद के प्रचार से जन-संघर्षों को दबाया और जनता को मार्गभ्रष्ट किया।

सन् '46 में अंग्रेज़ों ने छात्रों पर गोली चलाईं, सड़कें खून से लाल हो गईं। निराला ने इन युवकों का अभिनन्दन करते हुए लिखा :

युवक जनों की है जान,
खून की होली जो खेली।
पाया है लोगों में मान,
खून की होली जो खेली।

निराला संघर्ष के पक्ष में थे। 'नये पत्ते' की अनेक कविताओं में उन्होंने किसानों के ज़मींदार-विरोधी संघर्ष का उल्लेख किया। 'महगू महगा रहा' में उन्होंने जवाहरलाल नेहरू और कांग्रेसी नेतृत्व की विस्तृत आलोचना की। इस आलोचना का आधार यह है कि नेहरू ज़मींदारों और पूँजीपतियों के भी दोस्त हैं और जनता जब इनसे टकराती है, तब वह जनता के बदले उसके शत्रुओं का ही साथ देते हैं :

लेडी ज़मींदारों को आँखों तले रखे हुए
मिलों के मुनाफे खाने वालों के अभिन्न मित्र;
देश के किसानों, मज़दूरों के भी अपने सगे
विलायती राष्ट्र से समझौते के लिए।

जनता के विरुद्ध ज़मींदारों और पूँजीपतियों के पक्ष-समर्थन का एक ही कारण हो सकता था—विलायती राष्ट्र से समझौता। सन् '43 से ही निराला अपनी रचनाओं में इस बात पर ज़ोर देने लगे थे कि कांग्रेसी नेता अंग्रेज़ों से समझौता करनेवाले हैं। 'पटली है बैठने को गोरे की साँवले से'—यह पंक्ति सन् '43 में प्रकाशित 'बेला' संग्रह की एक ग़ज़ल में है। 'महगू महगा रहा' कविता का राजनीतिक महत्त्व यह है कि इसमें उन्होंने सीधे 'पंडितजी' का नाम लेकर उन्हें विलायती राष्ट्र से समझौता करने के लिए, किसानों के विरुद्ध ज़मींदारों का साथ देने का दोषी ठहराया। यही नहीं, कानपुर में मज़दूरों पर गोली चली :

उसका कारण पंडितजी का शागिर्द है,
रामदास को कांग्रेसमैन बनानेवाला
जो मिल का मालिक है।

जवाहरलाल नेहरू के बहनोई रणजीत पंडित की अरथी को लोग जब श्मशान ले जा रहे थे, तब उसके साथ चलनेवालों में निराला भी थे। उन्होंने देखा कि दिन की पाली खत्म करके जो मज़दूर घर जा रहे थे, उन्होंने यह सुनकर कि यह जवाहरलाल नेहरू के बहनोई की अरथी है, उसके प्रति अपनी श्रद्धा प्रकट की :

निकले हैं मज़दूर
काम से छुटे किले के
सुनकर नेहरूजी के
बहनोई की अरथी,
हाथ मले, आह की
और टकटकी बाँध दी।

उन्हें नहीं मालूम था कि कानपुर में उनके भाइयों पर गोली चलानेवालों में पंडितजी के शागिर्द भी हो सकते हैं।

1947 के बाद जनता के मन से नेहरू के नाम का जादू धीरे-धीरे उतरता गया। निराला उन लोगों में सबसे पहले हैं जिन्होंने नेहरू के वादों के प्रति जनता को सावधान किया। सन् '46 में ऐसे अनेक साम्यवादी नेता थे जो नेहरू के नेतृत्व की आलोचना करते थे। किन्तु सन् '43 में जब वे कांग्रेस ही नहीं, मुस्लिम लीग के नेताओं की देशभक्ति को भी सराह रहे थे, और अन्य वामपंथी नेता नेहरू की आड़ लेकर साम्यवादियों को कोस रहे थे, तब एक निराला ही थे जिन्होंने भविष्यवाणी की थी : 'पटली है बैठने को गोरे की साँवले से'!

सन् '33 में हिन्दीभाषियों पर नेहरू के नाम का जादू पूरी तरह छाया हुआ था। वे अपनी साहित्यिक संस्थाओं में उन्हें आमंत्रित-सम्मानित करके कृतार्थ होते थे। दो-एक अपवादों को छोड़कर हिन्दीभाषी प्रदेश के राजनीतिज्ञ हिन्दी साहित्य की गतिविधि से अपरिचित, जातीय आत्म-सम्मान की भावना से वंचित थे। अन्य नेताओं की तरह वे भी साहित्यकारों को उपदेश देते थे—उन्हें कैसी भाषा लिखनी चाहिए, कैसा साहित्य रचना चाहिए। इनके मार्गदर्शक थे जवाहरलाल नेहरू और इनका विरोध करनेवालों में थे प्रेमचन्द और निराला; उन दिनों, जब नेहरू के नाम का जादू हिन्दीभाषियों पर पूरी तरह छाया हुआ था।

'पंडित जवाहरलाल नेहरू और हिन्दी'—इस महत्त्वपूर्ण टिप्पणी में, नाम के जादू की ज़रा भी चिन्ता न करते हुए, संयत शब्दों में, दृढ़ता और आत्मविश्वास से, निराला ने हिन्दीभाषी जाति और हिन्दी साहित्य की ओर से नेहरू को यह उत्तर दिया :

"पंडित जवाहरलाल नेहरू नवयुवकों के आदर्श कहे जाते हैं। बहुत लोगों का कहना है, महात्माजी के बाद राजनीति में उन्हीं का नेतृत्व आ रहा है। वह देश की जातीय संस्था के सभापति भी हो चुके हैं। उनके त्याग की सहस्रों कंठों से प्रशंसा होती है। राष्ट्र के इतने प्रसिद्ध पुरुष राष्ट्रभाषा का कितना ज्ञान रखते हैं, इसका संवादपत्रों से एक पुष्ट प्रमाण प्राप्त हुआ है। अभी कुछ दिन हुए काशी में, रत्नाकर-रसिक मंडल की ओर से, पंडितजी को एक मानपत्र दिया गया। उस सभा में समादर करनेवाले हिन्दी के कई प्रधान स्तम्भ मौजूद थे—पं. रामचन्द्र शुक्ल, बाबू जयशंकर 'प्रसाद', पं कृष्णदेव प्रसाद गौड़, एम.ए. आदि। पं. रामचन्द्र शुक्ल ने मानपत्र दिया। उत्तर में पं. जवाहरलाल नेहरू बोले, हिन्दी में अभी तक दरबारी ढंग की ही कविता हो रही है, स्वराज्य होने पर उस सरकार का फर्ज़ होगा कि तीन-चार सौ पुस्तकें दूसरी-दूसरी भाषाओं से अनूदित करावे। आपने प्रान्तीय भाषाओं का भी माहात्म्य-कीर्तन किया।

"पं. जवाहरलालजी उस जगह रहते हैं, जहाँ हिन्दी साहित्य सम्मेलन है, जहाँ की केवल 'सरस्वती' हिन्दी साहित्य का बहुत कुछ युगान्तर-इतिहास कह सकती है। पर पंडितजी को राष्ट्र के निर्माणोद्देश में इतनी तल्लीनता रही कि राष्ट्रभाषा की कभी याद भी न हुई—उसकी शिक्षा राष्ट्र के लिए आवश्यक प्रतीत हुई ही नहीं। हमारे विचार से, राष्ट्र के लिए निकली हुई पंडितजी की जो प्रतिभा राष्ट्रभाषा के सेवकों की समझ में कम आई है, वह अगर राष्ट्रभाषा के रूप से कुछ पुस्तकों में निर्गत हो,

तो साहित्यिक अच्छी तरह समझ जाएँगे; पुन: पंडितजी को भी मालूम हो जाएगा, जिन्हें वह कुछ देना चाहते हैं, उन्हीं से प्राप्त करने की कितनी गुंजाइश है, और राष्ट्र के मैदान में वह अपने को उनसे कितने आगे समझते हैं, राष्ट्रभाषा के मैदान में वे उनसे और दूर तक पहुँचे हुए हैं या नहीं।

"हिन्दीभाषियों को अच्छी तरह समझ लेना चाहिए कि पं. जवाहरलालजी हिन्दी काव्य-साहित्य की वर्तमान प्रगति से कहाँ तक परिचय रखते हैं। आज जिस काव्य-साहित्य का हिन्दी में प्राबल्य है, युग है, वह दरबारी कविता की धारा है!

"भाषण में पंडितजी ने यथेष्ट संयम रखा था, एक अनजान अज्ञात विषय पर जैसा रखता है...।

"जो लोग वहाँ पंडितजी का ऐसा अद्‌भुत भाषण सुनकर चुप रह गए, उन लोगों ने सभ्यता का विचार किया होगा। अन्यथा ऐसे विद्वत्तापूर्ण भाषण का उत्तर वे दे सकते थे! सम्मान देने के लिए बुलाकर विरोध करना उन्होंने अपनी साहित्यिक धारा के अनुसार उचित न समझा होगा। हम हिन्दी साहित्यिकों से ऐसे स्थलों के लिए निवेदन करते हैं—वे इस दार्शनिक सत्य की रक्षा करें, यदि अपमान से बचना चाहते हैं :

'जो दूसरे को बड़ा मानता है, वह दूसरे से छोटा समझा जाता है।' "

वैसे तो राष्ट्रभाषा के विरोध में जो कुछ कहा जाय, उससे सारे राष्ट्र का अपमान होता है किन्तु राष्ट्रभाषा के अतिरिक्त हिन्दी एक विशेष विराट् प्रदेश की जातीय भाषा भी है, इसलिए निराला ने जिस अपमान की बात लिखी, वह जातीय अपमान है, उससे बचने की सीख उन्होंने सारे राष्ट्र के साहित्यकारों को नहीं, 'हिन्दी साहित्यिकों' को दी।

गांधीजी अंग्रेज़ी के अलावा गुजराती के लेखक थे, चक्रवर्ती राजगोपालाचारी अंग्रेज़ी के अलावा तमिल के लेखक थे, जवाहरलाल नेहरू अंग्रेज़ी के अलावा और किसी भाषा के लेखक नहीं थे। गणेशशंकर विद्यार्थी हिन्दी के लेखक थे लेकिन वे अब इस संसार में नहीं थे।

हिन्दीभाषी प्रदेश में नेहरूवाद की दो विशेषताएँ थीं : हिन्दी भाषा और साहित्य की उपेक्षा, अंग्रेज़ी भाषा और साहित्य से प्रेम, समाजवाद के नाम पर पूँजीवाद का समर्थन, राष्ट्रीयता के नाम पर साम्राज्यवाद से समझौता। नेहरू आम जनता के सामने हिन्दी में ही भाषण करते थे; इस तरह वह तेज़बहादुर सप्रू और सी.वाई. चिन्तामणि जैसे उदारपंथी नेताओं से भिन्न थे। उन्होंने गांधीजी के साथ सविनय अवज्ञा आन्दोलन में भाग लिया, हिन्दू या मुस्लिम हितों की रक्षा के नाम पर वह साम्राज्य-विरोधी आन्दोलन में भाग लेने से कतराए नहीं। स्वाधीन भारत को उन्होंने पाकिस्तान या दक्षिण कोरिया की तरह अमरीकियों का अस्त्रागार नहीं बनने दिया, उन्होंने उद्योग-धंधों के क्षेत्र में सार्वजनिक उद्योग क़ायम करके भारतीय अर्थतंत्र को दृढ़ किया और पूँजीवादी लूट में थोड़ी-सी कमी की।

किन्तु सन् '33 में नेहरू युवकों के हृदय-सम्राट् इसलिए न बने थे कि वह उदारपंथी नेताओं से चार कदम आगे थे। वह युवक-सम्राट् इसलिए बने थे कि कांग्रेस

के दक्षिणपंथी नेताओं की ढुलमुल नीति के मुकाबले वह साम्राज्यवाद से निर्णायक संघर्ष करके पूर्ण स्वाधीनता-प्राप्ति का लक्ष्य लोगों के सामने रखते थे, स्वाधीन भारत समाजवादी भारत होगा जिसमें राजाओं, ज़मींदारों और पूँजीपतियों के लिए जगह न होगी, यह उद्देश्य घोषित करते थे। पूर्ण स्वाधीनता का अर्थ ब्रिटेन से आर्थिक-राजनीतिक समझौता करना होगा, समाजवाद का अर्थ सामन्ती अवशेषों को क़ायम रखना और पूँजीवाद को विकसित करना होगा, लोगों ने इसकी कल्पना न की थी।

निराला ने लिखा, नेहरू राष्ट्रभाषा में कुछ लिखें तो उन्हें मालूम हो जाएगा कि जिन्हें वह कुछ देना चाहते हैं, उन्हीं से प्राप्त करने की कितनी गुंजाइश है। निराला अपने वेदान्त के आगे न गांधीवाद को स्वीकार करते थे, न नेहरूवाद को। व्यावहारिक वेदान्त के आधार पर वह गांधी से आगे बढ़कर अछूतों को गले लगाते थे—किसी राजनीतिक उद्देश्य की पूर्ति के लिए नहीं, अपने मानवता-प्रेम के कारण। उसी वेदान्त के आधार पर वह हर तरह के सामन्ती और पूँजीवादी शोषण का विरोध करते थे, सामाजिक क्रान्ति के लिए युवकों का आह्वान करते थे। भारतीय समाज में जब से वर्ण-व्यवस्था के बन्धन कठोर हुए, धार्मिक विद्वेष बढ़ा, कबीर से लेकर निराला तक अनेक कवियों तथा दार्शनिकों ने किसी न किसी रूप में वेदान्ती विचारधारा का सहारा लेकर मनुष्यमात्र की महत्ता, समस्त मनुष्यों की समानता की घोषणा की। साम्य और भ्रातृत्व का यह स्वर विवेकानन्द की रचनाओं में स्पष्ट सुना जा सकता है। साम्य का वह स्वर उनके स्वाधीनता-प्रेम, उनकी साम्राज्य-विरोधी चेतना से घुल-मिल गया है।

सितम्बर, '32 की 'सुधा' में निराला ने 'रूस' शीर्षक टिप्पणी लिखी। इसमें रवीन्द्रनाथ के रूस-सम्बन्धी पत्रों का हवाला देते हुए उन्होंने साम्राज्यवादी देशों और सोवियत सरकार की नीति का भेद स्पष्ट किया। प्रबल साम्राज्यवादी शत्रुओं से घिरे रहने पर भी रूस दूसरों की तुलना में राष्ट्रीय आय का सबसे कम अंश सेना पर खर्च करता है, दूसरों की अपेक्षा जनसाधारण की शिक्षा पर वह राष्ट्रीय आय का अधिकांश खर्च करता है। अपनी पंचवर्षीय योजनाओं के द्वारा रूस ने अपने अर्थतंत्र को दृढ़ किया है। मज़दूरों के स्वास्थ्य, उनके विश्राम की उचित व्यवस्था है। इसलिए "रूस आज सभी दलित देशों का आदर्श है।" निराला अपने व्यावहारिक वेदान्त की भूमि पर मनुष्य मात्र की जिस समानता का स्वप्न देखते थे, वह उन्हें सोवियत समाज में साकार दिखाई दी : "वहाँ बड़प्पन के संस्कार ही अब नहीं रह गए।" मानव सम्बन्धों में इतना बड़ा परिवर्तन कि मेहनत करनेवालों में छुटपन का भाव खत्म हो जाय, रवीन्द्रनाथ को मुग्ध कर चुका था। निराला रवीन्द्रनाथ के रूस-सम्बन्धी वृत्तान्त से अत्यन्त प्रभावित हुए थे; उस प्रभाव की झलक इस टिप्पणी में है।

निराला अपने व्यावहारिक वेदान्त से प्रेरित होकर जहाँ शोषणमुक्त समाज व्यवस्था का स्वप्न देखते थे, वहाँ अन्तर्राष्ट्रीय सम्बन्धों में वह युद्ध का बहिष्कार और विश्वशान्ति क़ायम रखने का समर्थन करते थे। सामाजिक अन्याय को दूर करने और राष्ट्रीय स्वाधीनता प्राप्त करने के लिए वह हिंसा का प्रयोग उचित मानते थे

किन्तु साम्राज्यवादी युद्धों में जनसाधारण का रक्त बहे, यह उन्हें बहुत अनुचित कार्य लगता था। उनका विचार था कि एक ओर तो रूसी क्रान्ति के प्रभाव से एशिया और यूरोप के जन-आन्दोलन शक्तिशाली हुए हैं, दूसरी ओर उसकी विदेश-नीति विश्वशान्ति क़ायम रखने के उद्‌देश्य से प्रेरित है। सन् '34 में जब सोवियत रूस को राष्ट्रसंघ का सदस्य बनने की अनुमति मिली, तब निराला ने इस घटना का अभिनन्दन करते हुए अक्तूबर, '34 की 'सुधा' में टिप्पणी लिखी : 'रूस का राष्ट्र संघ में प्रवेश'। इस टिप्पणी में तीन बातें उल्लेखनीय हैं। पहली यह कि सोवियत राष्ट्र का उत्थान मूलत: वहाँ की किसान जनता का उत्थान है। जो लोग उत्थान के लिए सोवियत राष्ट्र के उदय की आकांक्षा रखते थे : "वे उद्‌दाम ऐश्वर्य के स्रोत पर तृण की तरह बहने वाले वैषयिक नहीं, वसुंधरा पर भी भूख से मरने वाले, चिन्ता से उन्निद्र किसान थे।" रूस ने पूँजीवादी राष्ट्रों के विरोध के सामने झुकने के बदले जनता की सामाजिक-सांस्कृतिक उन्नति के लिए जो प्रयत्न किया, उससे आज अधिकांश शिक्षित उसी के विचारों के पक्ष में जाति की उद्धार-कल्पना में लीन हो रहे हैं। टिप्पणी में दूसरी उल्लेखनीय बात अन्य देशों के जन-आन्दोलन पर रूसी क्रान्ति और समाजवादी व्यवस्था का प्रभाव है। पूँजीवादी सरकारों ने इसी प्रभाव से डरकर रूस को राष्ट्रसंघ से अलग रखा।

"इधर रूस के कृत्यों का बड़ी तेज़ी से यूरोप और एशिया के सुधारवादी, राष्ट्रीय भावना वाले देशों में प्रभाव फैलने लगा, और कई राष्ट्र उसी शक्ति से बहुत कुछ पुष्ट हो भी चले। यह देखकर पहले से शक्त दूसरे राष्ट्रों ने रूस को जाति-महत्ता से च्युत हिन्दू की तरह राष्ट्र की पंक्ति से अलग कर दिया। रूस ने भी झुककर सलाम करने का नाम न लिया।"

विश्व-राजनीति की गतिविधि से मजबूर होकर पूँजीवादी राष्ट्रों ने सोवियत रूस को मान्यता दी और उसे राष्ट्रसंघ का सदस्य बनाया। वहाँ उसने विश्व-शान्ति क़ायम रखने की नीति राष्ट्रों के सामने रखी। टिप्पणी की तीसरी उल्लेखनीय बात इस विश्व-शान्ति से सम्बन्धित है।

"अब रूस की इज़्ज़त में किसी को शक नहीं रहा। इज़्ज़त किस तरह हासिल की जाती है, रूस ने जैसी खूबी से साबित किया है, ईश्वर से हमारी करबद्ध प्रार्थना है कि दूसरे मित्र-राष्ट्र भी विश्व के कल्याण के लिए वही पथ और वैसी ही कला का पाथेय ग्रहण करें। हमें पूर्ण विश्वास है, इससे किसी प्रकार के उपद्रव की शंका न रह जाएगी और लोग शान्तिपूर्वक रह सकेंगे।"

निराला की रूस-सम्बन्धी टिप्पणियों से स्पष्ट है कि जैसे राष्ट्रीय स्तर पर, वैसे ही अन्तर्राष्ट्रीय सम्बन्धों में वह समाजवादी व्यवस्था और समाजवादी राजनीति को समस्त देशों की जनता के लिए कल्याणकारी समझते थे। वैश्य-युग अर्थात् पूँजीवाद का युग समाप्त हो रहा है, किसान-युग अर्थात् समाजवादी व्यवस्था का अभ्युदय हो रहा है। साहित्य को इसी अभ्युदयशील युग के अनुकूल चलना है। 'किसान और

उनका साहित्य' टिप्पणी ('सुधा', 16 जुलाई, '34) में उन्होंने लिखा : "अब वैश्य-युग भी मनुष्यों के मन से दूर हो गया है—अब किसान या मज़दूरों का युग है।"

वेदान्ती विचारधारा मनुष्य को क्रान्तिकारी बना सकती है, क्रान्ति-विरोधी भी। मार्क्सवाद के आधार पर विश्व-शान्ति क़ायम की जा सकती है और समाजवादी राष्ट्रों में ही आपसी टक्कर हो सकती है। आप बहस करते रहिए—सच्चे वेदान्त के अनुसार युग-विशेष में वर्णव्यवस्था का समर्थन उचित है या उसका खंडन। विचारधारा से अधिक महत्त्वपूर्ण एक तत्त्व और है—मनुष्य के संस्कार। निराला के किसान-संस्कार वेदान्ती विचारधारा के सम्पर्क से उन्हें स्वभावत: समाजवादी आदर्श की ओर खींच लाते थे; जवाहरलाल नेहरू के अभिजातवर्गीय संस्कार समाजवादी विचारधारा के सम्पर्क में आकर भी उन्हें पूँजीवाद के समर्थन की ओर प्रेरित करते थे।

संस्कारों के बन्धन अकाट्य नहीं हैं किन्तु किसी विचारधारा के ग्रहण मात्र से अपने-आप कट भी नहीं जाते। हिन्दी-उर्दू के सभी मार्क्सवादी लेखकों की तुलना में प्रेमचन्द और निराला का साहित्य अधिक प्राणवन्त है, अधिक क्रान्तिकारी है—इसका यही कारण है।

इसलिए जब काशी के साहित्यकारों से सम्मानित होकर जवाहरलाल नेहरू ने कहा, हिन्दी में अभी तक दरबारी ढंग की ही कविता हो रही है, तब निराला ने उत्तर दिया : पंडितजी, अपने विचार राष्ट्रभाषा में भी लिखें तो उन्हें मालूम हो जाएगा कि जिन्हें वह कुछ देना चाहते हैं, उन्हीं से प्राप्त करने की कितनी गुंजाइश है।

यह गर्वोक्ति सही थी। जवाहरलाल नेहरू की तुलना में प्रेमचन्द और निराला दलित जनता के सच्चे, ईमानदार और अडिग समर्थक थे। यहाँ साम्राज्यवाद और पूँजीवाद से किसी समझौते का प्रश्न न था। जहाँ तक भारतीय भाषाओं में लिखने-पढ़ने का सवाल था, निराला और प्रेमचन्द युग-निर्माता थे, जवाहरलाल नेहरू अंग्रेज़ी के प्रबल समर्थक, भारतीय भाषाओं के विकास में बहुत बड़ी बाधा थे।

वेदान्त और भारतीयता

निराला ने कहा : "ब्रह्म..."

जवाहरलाल नेहरू ने टोका : "ब्रह्म क्या?"

निराला ने व्याख्या की : "ब्रह्म का मतलब सिर्फ बड़ा है, जिससे बड़ा और नहीं। किसी को ब्रह्म देखने के अर्थ हैं, उसके भौतिक रूप में ही नहीं—सूक्ष्मतम आध्यात्मिक, दार्शनिक, बृहत्तर रूप में भी देखनेवाले की दृष्टि प्रसारित है। पंडितजी, मैं अगर आपको ब्रह्म देखूँ तो आप मेरी दृष्टि में बड़े होंगे या बहत्तर दफा नेशनल कांग्रेस प्रिजाइड करने पर?" ('प्रबन्ध प्रतिमा', पृ. 46-47)

निराला की क्रान्तिकारी विचारधारा का स्रोत वह वेदान्त है जिसे वह सामाजिक और राजनीतिक क्षेत्र में लागू करके हर तरह के रूढ़िवाद का विरोध करते हैं। अब प्रश्न है—ब्रह्म गोचर है, या अगोचर, या दोनों?

'मैं अगर आपको ब्रह्म देखूँ'—इन शब्दों से तो यही प्रकट होता है कि ब्रह्म गोचर है, वह कम-से-कम निराला को दिखाई देता है और प्रत्येक मनुष्य में दिखाई देता है। किन्तु जो गोचर हो, उसे देखना भारतवर्ष की विशेषता नहीं। उन्नीसवीं सदी में देश-प्रेम की भावना से एक विचार यह उत्पन्न हुआ कि यूरोप भौतिकवादी है, भारत अध्यात्मवादी है; अध्यात्मवाद जड़ विज्ञान से श्रेष्ठ है। इस धारणा के अनुसार सांसारिक कार्यों में व्यस्त रहना ब्रह्म की साधना से च्युत होना है। राजनीतिक आन्दोलन भी सांसारिक कार्यों के अन्तर्गत हैं; जो लोग राजनीतिक आन्दोलनों से समाज को सुधारना चाहते हैं, वे पश्चिम की नकल करते हैं। संसार में भौतिक उन्नति के लिए प्रयत्न करना, भौतिक जगत् का वैज्ञानिक अध्ययन करना, समाज के विकास को ऐतिहासिक दृष्टि से देखना—यह सब वेदान्त विरोधी कार्यवाही है। इस तरह की धारणाएँ उस समय तक राष्ट्रीय आत्मसम्मान जगाने में उपयोगी हो सकती हैं जिस समय तक जनता ने संघबद्ध होकर राजनीतिक आन्दोलन शुरू नहीं किया, जैसे स्वामी विवेकानन्द के युग में। किन्तु जब राजनीतिक आन्दोलन शुरू हो जाए, तब यही धारणाएँ प्रेरक होने के बदले विरोधी बन जाती हैं, सामाजिक-राजनीतिक समस्याओं के प्रति निराला के समान सजग लेखक में वे स्वभावत: अपने से विरोधी विचारों से टकराती हैं।

यूरोप की सभ्यता यूनान से आरम्भ हुई। यूनान की सभ्यता बहिर्मुख, देश-विजयकामिनी थी। तभी से "पाश्चात्य सभ्यता इतिहास के जड़ प्रमाण पर विश्वास रखकर निर्मित हो रही है"; रोमन सभ्यता और भी बहिर्मुखी थी, आधुनिक अंग्रेज़ी सभ्यता "उसी एक विजय-लक्ष्य से लक्ष्मी प्राप्त करने की ओर बढ़ रही है"; इसके विपरीत भारतीय साहित्य संसार से मुँह मोड़कर विकसित हुआ है : "उसका सर्वोत्तम विकास जैसे संसार को देखना ही नहीं चाहता।" ('सुधा', फरवरी, '33; सम्पा. टि.—1)

इसमें सन्देह नहीं कि यूनान, रोम और ब्रिटेन ने बहुतों को ग़ुलाम बनाया, युद्ध किये, निम्न स्तर पर सुख और ऐश्वर्य की साधना की। किन्तु इन देशों की संस्कृति के प्रतिनिधि होमर, वर्जिल और शेक्सपियर हैं—वहाँ के लुटेरे और दासों के व्यापारी नहीं। यूरोप के साहित्य और विज्ञान को साम्राज्यवादियों की बर्बरता से जोड़ देने पर वास्तव में हम उस संस्कृति को भी छोड़ देते हैं, जो साम्राज्यवाद की विरोधी थी। भारतीय साहित्य का सर्वोत्तम विकास जैसे संसार को देखना ही नहीं चाहता—इस धारणा का खंडन स्वयं निराला ने अनेक बार किया है, उस पर यहाँ टिप्पणी करना व्यर्थ है।

यूरोप में डारविन का विकासवाद धार्मिक अन्धविश्वासों के लिए बहुत बड़ी चुनौती बनकर आया। निराला स्वयं उस तरह के अन्धविश्वासों से लड़ रहे थे, डारविन की विचारधारा उनकी सहायक हो सकती थी। किन्तु उन्होंने डारविन का अध्ययन न किया था, सुनी-सुनाई बातों के आधार पर उन्होंने उसकी विचारधारा का

सार-तत्त्व यह समझा कि मनुष्य बंदर की औलाद है। ब्रिटेन के पादरियों और भारत के अकबर इलाहाबादी की तरह उन्होंने लिखा : "भारत में सृष्टितत्त्व ज्ञान से कहा गया है। डारविन के विकासवाद का क्रम परिणाम मनुष्य नहीं। मनुष्य ही मनुष्य का परिणाम है।" ('साहित्यिक सन्निपात' या 'वर्तमान धर्म'?—'प्रबन्ध प्रतिमा', पृ. 97)

बंदर और मनुष्य के सम्बन्ध से अधिक महत्त्वपूर्ण प्रश्न यह है कि मनुष्य जाति ने अपने इतिहास में कोई प्रगति की है, बर्बरता से सभ्यता की ओर उसका विकास हुआ है या सृष्टि के आरम्भ में सतयुग था और उसके बाद पतन होते-होते कलियुग आ गया। यहूदियों और ईसाइयों में यह धारणा प्रचलित थी कि आदिम मनुष्य एक सुरम्य उपवन में सुखी-सन्तुष्ट जीवन बिताता था, तब न मृत्यु थी, न रोग-शोक, न पाप, न परिश्रम। शैतान ने आदमी को ज्ञान का फल चखाकर उससे ईश्वर की आज्ञा का उल्लंघन कराया, नन्दन कानन का वह आनन्दमय जीवन समाप्त हो गया, सतयुग का अन्त हुआ। निराला का विचार था कि आरम्भ में मनुष्य ज्ञानी था; सृष्टि ज्ञान से हुई, अज्ञान से नहीं; बाद को भारतवासी इस पूर्ण ज्ञान की दशा से अवनत होते गए; इस तरह का ह्रास भारत की विशेषता थी। वास्तव में यह धारणा एशिया और यूरोप के अन्य धर्मों में भी बद्धमूल थी। अन्तर इतना है कि वहाँ पतन ज्ञान का फल चखने से हुआ, यहाँ अज्ञान से। यह अन्तर भी नगण्य है क्योंकि आदम ने जो फल चखा, वह सांसारिक ज्ञान का फल था। यहाँ जिस ज्ञान से सृष्टि हुई, वह सांसारिक ज्ञान नहीं, ब्रह्मज्ञान था। पतन हुआ अज्ञान—अर्थात् सांसारिक ज्ञान—के कारण, इसीलिए निराला ने कहा, भारतीय साहित्य का सर्वोत्तम विकास जैसे संसार को देखना ही नहीं चाहता।

हेमचन्द्र जोशी और इलाचन्द्र जोशी ने लिखा था कि अपनी प्राथमिक अवस्था में मनुष्य कला से अनभिज्ञ था। इस पर निराला ने टिप्पणी की : "आप लोगों का यह कथन सिद्ध करता है कि सृष्टि अज्ञान से हुई, यानी पहले लोग बेवकूफ पैदा हुए, अब तरक्की कर रहे हैं—कैसी अवैज्ञानिक बात है!" ('कला के विरह में जोशीबन्धु'—'प्रबन्ध प्रतिमा', पृ. 196)

सृष्टि ज्ञान से हुई, इसका प्रमाण वेद हैं। "वेद कहते हैं कि सृष्टि ज्ञान से हुई है और उस ज्ञान को ही ब्रह्म कहा है। उस ब्रह्म या ज्ञानात्मक सत्ता में अनादिभाव, अनादि सृष्टि-वैचित्र्य बतलाए गए। ऐसे ब्रह्म के जाननेवाले उस आदिम काल के मनुष्यों के सम्बन्ध में कहा गया कि संसार के रहस्यों के आप पूर्ण ज्ञाता हैं, आपकी मुट्ठी में संसार एक बेर की तरह दबा हुआ है : "आप विश्व-बदर-कर हैं, यह विश्व आमलक समान आपके करतलगत है'।" (उप.)

संसार के रहस्य का ज्ञान संसार की गतिविधि का अध्ययन करके, अध्ययन के परिणामों को व्यवहार द्वारा परखकर प्राप्त नहीं हो सकता। यह जड़ विज्ञान का तरीका है। ब्रह्मज्ञान साधना से प्राप्त होता है अथवा ब्रह्म की कृपा से। इसलिए निराला ने लिखा कि पाश्चात्य सभ्यता "इतिहास के जड़ प्रमाण पर विश्वास रखकर निर्मित

हो रही है।" इतिहास के प्रमाण को जड़ कहकर काट देने से इलहाम ही बच रहता है; श्रद्धा होने से ही उस पर विश्वास किया जा सकता है। प्राचीन भारतीय आर्य क्या विज्ञान से परिचित नहीं थे? वे उससे परिचित थे किन्तु उन्होंने उसे अपरा विद्या कहा था और 'यह अपरा, अविद्याजन्य, दु:खद है।' (उप., पृ. 203) जो आनन्ददायक विद्या है, वह परा है, वह ब्रह्मज्ञान है। प्राचीनकाल में जिन लोगों ने अपरा विद्या, विज्ञान अथवा माया में उन्नति की, उन्हें असुर संज्ञा दी गई। पुराणों में हिरण्यकशिपु, रावण, वाण, मधुकैटभ, रक्तबीज आदि असुरों के उत्कर्ष का वर्णन किया गया है। उनकी राज्य परिचालना-शक्ति, शासन-शृंखला सुदृढ़ और सुशृंखल थी। किन्तु विराट् शक्ति से साक्षात्कार होते ही असुर नष्ट हो जाते हैं। नृसिंह भगवान् को देखकर प्रह्लाद का कुछ नहीं बिगड़ता, हिरण्यकशिपु का नाश हो जाता है।

भारतवर्ष के पतन का कारण आसुर भावों की प्रधानता है। भारतवर्ष के आर्यों में जिस कला का प्रचार था : "वह दैव थी, इसीलिए देवताओं के सद्गुण-संयुक्त पात्रों के चित्र यहाँ अंकित किये गए। इनके दर्शन से हृदय में दिव्यता का विकास होता है।" (उप., पृ. 198) इसलिए यहाँ कला में दिव्य भावना का विकास किया गया और 'आसुर भावों से भरसक बचने की कोशिश की गई है।' (उप.) ज्ञानी मोह से मुक्त होता है। जो भाव मोह के आकर्षण से पतित कर देते हैं, वे आसुर भाव हैं। हिन्दू जाति 'आदिम काल से ही' अपने समाज की रक्षा के लिए सूक्ष्म विचार करती आई है : "उसका साहित्य इसका प्रमाण है। वह निर्मल आत्मा की प्राप्ति के लिए ही सचेष्ट रही है।" (उप.) निर्मल आत्मा को छोड़ा, भौतिक संसार में फँसे कि आसुर भाव मन पर छा गए और पतन आरम्भ हुआ।

भौतिक संसार को समझने की एक विद्या है जिसे विज्ञान कहते हैं। यह अपरा विद्या है, दु:खद है, माया है।

भौतिक संसार में मानव-समाज के विकास अथवा ह्रास को समझने की एक विद्या है जिसे इतिहास कहते हैं। यह इतिहास-विद्या जड़ प्रमाण को आधार मानकर चलती है। भौतिक विज्ञान की तरह समाजविज्ञान भी जड़ है।

मानव-समाज की गतिविधि का महत्त्वपूर्ण अंग है राजनीति। हिरण्यकशिपु, रावण, बाणासुर आदि की राज्य-परिचालना-शक्ति, शासन-शृंखला विशाल और सुदृढ़ थी। राजनीतिक संगठन को इस तरह महत्त्व देना भौतिकवाद को ही प्रश्रय देना है। 'सुधा' की जिस टिप्पणी में निराला ने ग्रीक सभ्यता के आधार पर विकसित होनेवाली यूरोप की जड़ सभ्यता की आलोचना की थी, उसमें भारतीय संस्कृति के प्रसंग में उन्हें चाणक्य का नाम याद आया था। चाणक्य निर्मल आत्मा की प्राप्ति के लिए सचेष्ट न होकर इस मायामय संसार में राजनीति के साधक थे। निराला ने लिखा कि चाणक्य भारतीय साहित्य का कोई विकसित रूप नहीं हैं।

जवाहरलाल नेहरू से निराला ने कहा : 'राजनीति प्रभावित है पश्चिम से', जबकि 'यहाँ सुधार ज्ञान से हुआ' अर्थात् निर्मल आत्मा की प्राप्ति से।

जोशीबन्धुओं को उन्होंने समझाया : "जब आजकल की तरह, आसुरी शक्ति का औद्धत्य अनन्त को ग्रहण करता है, तब ग्रहण तो कर सकता है, पर तत्काल वह आसुरी शरीर नष्ट-भ्रष्ट भी हो जाता है...जिस घड़ी नृसिंह भगवान् हिरण्यकशिपु का मुकाबला करते हैं, तब विराट् की शक्ति से उसका साक्षात्कार होता है—अनन्त का वह अनुभव करता है, वह शरीर से निष्प्राण होकर उनमें परिसमाप्त होता है; परन्तु वह महाशक्ति का विकास प्रह्लाद का कुछ नहीं कर सकता।" (उप., पृ. 203)

निराला का वेदान्त यहाँ राजनीति, इतिहास और भौतिकविज्ञान का विरोध करता हुआ दिखाई देता है। वास्तव में राजनीतिक कमज़ोरियों और वैज्ञानिक प्रगति में पिछड़े होने के कारण भारत परतंत्र हुआ किन्तु उन्नीसवीं सदी में अनेक देशभक्त अध्यात्मवाद को भारत की विशेषता बताकर जनता को राजनीति से विमुख होने का उपदेश देते थे। इस अध्यात्मवादी प्रचार से क्षुब्ध होकर रामचन्द्र शुक्ल ने लिखा था : "यूरोप ने कहा, 'भारतवासी बड़े आध्यात्मिक होते हैं, उन्हें भौतिक सुख-समृद्धि की परवाह नहीं होती।' बस, दिखा चले अपनी आध्यात्मिकता। देखिए, हमारे काव्य में भी आध्यात्मिकता है, यह देखिए हमारी चित्रविद्या की आध्यात्मिकता, यह देखिए हमारी मूर्तिकला की आध्यात्मिकता।" ('काव्य में रहस्यवाद')

निराला ने इन्हीं अध्यात्मवादियों की तरह अपने लेखों में जहाँ-तहाँ भारतीय कला और साहित्य में देवत्व के विकास को महत्त्वपूर्ण बताया। "बौद्ध युग से अधिक कला-कौशल का काल शायद ही संसार में आया हो। उस समय भी भारतवर्ष की कला का रुख किस तरफ था, देवत्व के विकास की ही ओर या नहीं, इसका सहज ही निर्णय हो जाता है।" ('प्रबन्ध प्रतिमा', पृ. 198)

दैव भाव, आसुर भाव, ब्रह्मज्ञान और भौतिकविज्ञान पाप और पुण्य की भावनाओं से जुड़ जाते हैं। दैव भाव धर्म है, पुण्य है, आसुर भाव अधर्म है, पाप है। बाइबल के शैतान की जगह यहाँ पुराणों के असुर आ जाते हैं। साहित्यकार के लिए उचित है कि वह पाप पर पुण्य की, शैतान पर खुदा की विजय दिखाए। डाक्टर जॉनसन ने मिल्टन के महाकाव्य 'पैराडाइज़ लॉस्ट' की महत्ता का एक कारण यह बताया कि उसमें पाप पर पुण्य की विजय दिखाई गई है। यूरोप के साहित्यकारों ने इस रूढ़ नैतिक दृष्टिकोण के विरुद्ध लम्बा संघर्ष करके साहित्य में यथार्थवादी धारा को पुष्ट किया। निराला ने देवासुर सिद्धान्त को साहित्य में लागू करते हुए मिथ्या आदर्शवाद के समर्थन में भारतीय साहित्य की यह व्याख्या प्रस्तुत की :

"भारतवर्ष की तमाम शिक्षाओं की बुनियाद दैवी विकास के अनुकूल, अन्त तक ब्रह्म को प्राप्त कराने में सहायक रही है। भारत के लोग बुरी भावनाओं को दबाते ही रहे हैं, समाज में उनका विकसित रूप नहीं रहने दिया, और अगर रखा भी तो व्यंग्य के तौर से, ताकि जनसाधारण पर उनका प्रभाव न पड़े, लोगों की भावनाएँ कलुषित न हों। यहाँ जितने भी चरित्र-चित्रण साहित्य में हुए, सब में अन्त तक धर्म की ही विजय दिखलाई गई। 'यतो धर्मस्ततो जय:' की कहावत आज भी पराधीन, पददलित

भारतवर्ष रट रहा है। दक्षिण के मन्दिरों में आज जितनी चित्रकारी दिखलाई पड़ती है, उसमें पाप और पुण्य के संग्राम में पुण्य की ही विजय प्रदर्शित की गई है। पाप और कलि के सैकड़ों व्यंग्य-चित्र हैं। इसी पुण्य की बदौलत दक्षिण के मुट्ठीभर ब्राह्मण करोड़ों अन्त्यजों पर शासन कर रहे हैं।" (उप., पृ. 199)

ब्रह्म और माया, परा और अपरा विद्या, ब्रह्मज्ञान और जड़ विज्ञान, दैव और असुरभाव, पाप और पुण्य—इन सबके अन्त में, सब भेदों की आधारशिला के रूप में ब्राह्मण और शूद्र का भेद। करोड़ों अन्त्यजों पर शासन करते हैं मुट्ठीभर ब्राह्मण—पुण्य की बदौलत!

शंकराचार्य महाज्ञानी, परम वेदान्ती थे। शूद्रों के प्रति उन्होंने कठोर नियम बनाये थे। ब्राह्मण ही ज्ञान के अधिकारी थे, इसलिए वे नियम आवश्यक थे। "शंकर की दृष्टि केवल चमक पर थी, और वह धर्म की रक्षा अधिकारियों में समझते थे।" (उप., पृ. 232) उस समय ब्राह्मण का उत्कर्ष और शूद्र का उत्कर्ष बराबर न था। इसलिए दोनों के लिए दंड भी अलग-अलग थे। इसके सिवा 'लघु दंड से शूद्रों की बुद्धि भी ठिकाने न आती।' ('वर्णाश्रम धर्म की वर्तमान स्थिति'; 'चाबुक', पृ. 73) शूद्रों ने समाज की सेवा अवश्य की किन्तु उनके "ज़रा से उपकार पर सहस्र-सहस्र अपकार होते थे।" अपकार यह था कि द्विजों के शुद्ध समाज को शूद्रों के शरीर से निकले हुए दूषित परमाणु प्रतिक्षण अस्वस्थ करते थे। शूद्रों द्वारा किये हुए इस उत्पीड़न को सहते हुए ब्राह्मणों ने समाज की रक्षा के लिए कुछ कठोर नियम बना दिये तो कौन-सा वज्रपात हो गया?

शूद्रों द्वारा द्विजों के उत्पीड़न का रहस्य उद्घाटित करते हुए निराला ने लिखा : "उनके दूषित बीजाणु तत्कालीन समाज के मंगलमय शरीर को अस्वस्थ करते थे—उनकी इतर वृत्तियों के प्रतिघात प्रतिदिन और प्रतिमुहूर्त समाज को सहना पड़ता था। निष्कलुष होकर मुक्तिपथ की ओर अग्रसर होनेवाले शुद्ध-परमाणुकाय समाज को शूद्रों से कितना बड़ा नुकसान पहुँचता था, यह 'मंडल' (सन्तराम के जाति-पाँति-तोड़क मंडल) के सदस्य समझते, यदि वे भोगवादी, अधिकारवादी, मानववादी—इस तरह जड़वादी न होकर, त्यागवादी या अध्यात्मवादी होते। इतने पीड़नों को सहते हुए अपने ज़रा से बचाव के लिए—आदर्श की रक्षा के लिए—समाज को पतन से बचाने के लिए अगर द्विज-समाज ने शूद्रों के प्रति कुछ कठोर अनुशासन कर भी दिये, तो हिसाब में शूद्रों द्वारा किये गए अत्याचार द्विज-समाज को अधिक सहने पड़े थे, या द्विज-समाज द्वारा किये गए शूद्रों को?" (उप., पृ. 73)

जाति-पाँति तोड़क मंडल के सन्तराम को शांकर वेदान्त, अध्यात्मवाद और वर्णव्यवस्था का रहस्य समझाते हुए ही निराला ने ये शब्द लिखे थे। शूद्रों द्वारा किया हुआ द्विजों का उत्पीड़न अत्यन्त सूक्ष्म था, उत्पीड़न होता था उनके शरीर से निकले हुए बीजाणुओं से। इसीलिए बाह्मण अपने विशुद्ध परमाणुओं की रक्षा के लिए शूद्रों के प्रति कठोर अनुशासन बरतते थे। वरना "शंकर को क्या पड़ी थी, जो शूद्रों को हीन और बाह्मणों को श्रेष्ठ बतलाते?" (उप.)

इस परमाणुवाद की चर्चा जोशीबन्धुओं वाले लेख में भी है। परमाणु दो तरह के होते हैं—दैव और आसुर। रूप, रस, गंध और स्पर्श द्वारा जिस प्रकार की भावना हृदय में प्रवेश करती है, मस्तिष्क में उसी प्रकार का नशा छा जाता है। "यदि पूर्वोक्त परमाणु दैवगुण-संयुक्त होते हैं, तो आत्मा में एक प्रकार के दिव्य आनन्द का स्फुरण होता है, और यदि वे तन्मात्राएँ (रूप, रस, शब्द, गंध या स्पर्श से आनेवाली) किसी विकृत भावना की, किसी आसुर प्रकृति की होती हैं, तो हृदय को उसी प्रकार का मोह, नशा या उन्माद आच्छन्न कर लेता है।" ('प्रबन्ध प्रतिमा', पृ. 198)

इसी धारणा के अनुसार शूद्रों के बीजाणु ब्राह्मणों के लिए घातक थे। द्विजों ने शूद्रों पर शासन किया दिव्यता की रक्षा के लिए। ब्राह्मण महाज्ञान के अधिकारी थे, इसलिए उन्हें विशेषाधिकार भी प्राप्त थे और ये विशेषाधिकार—शूद्रों की अधिकारहीनता के साथ—समाज की मर्यादा के अनुकूल थे। इस दृष्टि से विचार न करने पर "इधर दो हज़ार वर्षों के अन्दर के संसार के सर्वश्रेष्ठ विद्वान महामेधावी त्यागीश्वर शंकर शूद्रों के यथार्थ शत्रु सिद्ध हो सकते हैं।" किन्तु : "शूद्रों के प्रति उनके अनुशासन, कठोर से कठोर होने पर भी, अपने समय की मर्यादा से दृढ़ सम्बद्ध हैं।" ('चाबुक', पृ. 69)

द्विज और शूद्र के साथ आर्य और अनार्य का भेद जुड़ा हुआ है। ब्रह्मज्ञान प्राप्त किया आर्यों ने। उनके समाज को धक्का लगता था अनार्य भावों से। इसीलिए शूद्रों के लिए उन्होंने कठोर नियम बनाये। जिन दो-चार शूद्रों ने अपना कर्म छोड़ा : "उनके हृदय में श्रद्धा आई थी, वे अनार्य से आर्य हुए थे, और आर्यों ने उन्हें अपनाया था।" (उप., पृ. 74)

आर्य और अनार्य के मिलने से द्विज और शूद्र वाला समाज बना। एक कार्य और हुआ। मूल आर्य भाषा अनार्यों के सम्पर्क से विकृत हुई, उसके अपभ्रंश रूपों से संसार की तमाम भाषाएँ निकलीं। संस्कृत से अपभ्रंश की ओर भाषा में यह ह्रास वैसे ही हुआ, जैसे समाज में सतयुग से कलियुग की ओर!

जोशीबन्धुओं को वेदान्त का रहस्य समझाते हुए निराला ने लिखा, सबसे प्राचीन ग्रन्थ हैं वेद : "संसार की सब प्राचीन भाषाएँ जिनके शब्दों के अपभ्रष्ट रूप सिद्ध हो रही हैं—अनार्यत्व प्राप्त मनुष्यों के उच्चारण की अक्षमता से विकृत, पश्चात निष्क्रान्त हैं।" ('प्रबन्ध प्रतिमा', पृ. 197)

भारतीय भाषाओं का विकास कैसे हुआ? संस्कृत का ह्रास ही इनका विकास है। ज्ञान के साथ है शक्ति। विशुद्ध ज्ञान नष्ट हो गया, दैव भाव नहीं रहे, तब देववाणी भी न रही। "जब अन्य वर्ण-सम्प्रदाय प्रौढ़ हो चले, तब संस्कृत को प्रहार मिलने लगा। वह बालपन में बदल गई, सुख-लालसा प्रधान हो गई, ओज खलने लगा, लालित्य की प्यास बढ़ चली।" (उप., पृ. 48)

भक्ति आन्दोलन के साथ भारत की आधुनिक भाषाएँ साहित्यिक रूप में विकसित हुईं। इस भक्ति आन्दोलन में वे अन्य वर्ण-सम्प्रदाय शामिल थे जो प्रौढ़

हो चले थे; इन्हीं से संस्कृत को 'प्रहार' मिला। यह सारी प्रक्रिया ब्रह्मज्ञान के उच्च स्तर से डिगने के कारण सम्भव हुई। 'शंकर का महान् मस्तिष्क धर्म' यहाँ स्थायी न रह सका क्योंकि "उनका आदर्श इतना ऊँचा था कि उस समय की क्रमश: क्षीण होती हुई प्रतिभा उस उज्ज्वला को धारण नहीं कर सकी।" ('प्रबन्ध प्रतिमा', पृ. 232) वैष्णव धर्म के साथ 'भारतवर्ष में दुर्बलता खूब फैली'; लोग मस्तिष्क धर्म अर्थात् ज्ञान भूल गए : "हृदय-धर्म के कारण यहाँ के लोग सुखों की कलपना में भूल गए। चारित्रिक पतन हुआ।" शूद्र ब्राह्मणों की बराबरी करने लगे। "अपढ़ रैदास भी जब ईश्वर प्राप्त करने लगा, और नाम की महत्ता का प्रचार हुआ, तब बस फिर क्या, माला जपना मुख्य और अध्ययन गौण हो गया।" (उप., पृ 233)

चाहे जिस रास्ते से चलिए, पहुँचिएगा इसी नतीज़े पर कि शूद्रों पर द्विजों के शासन के बिना अध्यात्मवाद की रक्षा नहीं हो सकती! जो विचारधारा इस वर्ण-व्यवस्था और अन्य सामन्ती अवशेषों का विरोध करती है, वह पश्चिम से प्रभावित है, अभारतीय है। वेदान्त विप्लव का, ध्वंस का विरोधी है। जो व्यक्ति वेदान्त को नहीं मानता : "वह भारतीय कहलाने का दावा नहीं कर सकता।" ('चाबुक', पृ. 71) क्रान्ति का तरीका पश्चिमी है। "यूरोप से भारतवर्ष की महत्ता में इतना ही फर्क है। यूरोप में प्रजा-विप्लव से लेकर आज तक जितने भी परिवर्तन हुए हैं, सब-के-सब तोड़क ही रहे हैं। यानी 'इसे नष्ट करो, तो वह दुरुस्त होगा'—इस विचार के आधार पर हुए हैं। इस तोड़क भाव का प्राधान्य वहाँ इसलिए है कि वहाँ के लोग भोगवादी हैं।...यह देश त्यागवादी है।" (उप., पृ. 71-72)

वेदान्त की व्याख्या अनेक प्रकार से की जा सकती है, स्वयं निराला ने की है। यहाँ उस व्याख्या की चर्चा है जो शुद्ध अध्यात्मवादी है, जो ब्रह्म को अगोचर ज्ञानमय और संसार को मिथ्या और मायारूप मानती है। यह दृष्टिकोण भारत को अध्यात्मवादी और यूरोप को भौतिकवादी कहने के बाद भारतीयता के नाम पर उस राजनीतिक कार्यवाही का विरोध करता है जिसका उद्देश्य सामन्ती व्यवस्था को बदलना है। व्यवहार में यह अध्यात्मवाद वर्णव्यवस्था का समर्थक, उच्च वर्णों, विशेष कर ब्राह्मणों के प्रभुत्व का समर्थक सिद्ध होता है। राजनीति के साथ वह भौतिक विज्ञान और इतिहास का विरोध करता है। वैज्ञानिक इतिहास-लेखन को जड़ बताकर स्वयं पुराण-कथाओं को प्रमाण के रूप में प्रस्तुत करता है। वेदों के बाद का सारा इतिहास उसे पतन का इतिहास मालूम होता है, आधुनिक भारतीय भाषाएँ संस्कृत का विकृत रूप, भक्ति आन्दोलन ज्ञानच्युत जनता का भावुकतापूर्ण आन्दोलन लगता है। साहित्य में इस दृष्टिकोण की माँग है कि पाप पर पुण्य की विजय दिखाई जाए। मनुष्य की भावनाओं को दैव और आसुर भावों में बाँटकर वह प्राचीन साहित्य को भी इसी पाप-पुण्य की कसौटी पर परखता है। इस सारे चिन्तन का केन्द्र है शंकराचार्य जिन्होंने ब्रह्म को एकमात्र सत्य कहा और शूद्रों के प्रति कठोर नियम भी बनाए।

निराला के मन में ज्ञान के प्रति, शंकराचार्य के प्रति परम आस्था थी। उनका देश-प्रेम उन्हें वेदान्त-ज्ञान पर, शंकराचार्य पर गर्व करना सिखाता था। साथ ही अपने सामाजिक परिवेश, पारिवारिक किसान-संस्कारों और अपने जीवन-संघर्ष से उन्हें क्रान्तिकारी चिन्तन की प्रेरणा भी मिल रही थी। देश-प्रेम की भावना उन्हें सिखाती थी कि पुरानी जर्जर समाज-व्यवस्था को मिटा दिया जाय, इस देश को आधुनिक शक्ति-सम्पन्न राष्ट्र बनाया जाय जिसमें अन्य समुन्नत देशों की तरह साहित्य और विज्ञान का विकास हो। इस भावना से प्रेरित होकर उन्होंने वेदान्त की भिन्न प्रकार की व्याख्या भी प्रस्तुत की।

वेदान्त और विकासवाद

'भारत' में प्रकाशित विख्यात 'वर्तमान धर्म' लेख में निराला ने पहले वेदान्त की वह व्याख्या की जिसके अनुसार भारत अपने नाम से ही धर्मात्मा है अर्थात् प्रकाशमय, ज्ञानमय, आध्यात्मिक सत्ता है। दूसरी व्याख्या को 'विरोधी पक्ष' की संज्ञा देते हुए उन्होंने यों प्रस्तुत किया : "दूसरा विरोधी पक्ष जो सृष्टि को सिद्ध करता है, उसमें भले और बुरे का संस्थान देखता है, या प्रतिभा अथवा ज्ञान के साथ अज्ञान का संयोग करता है, जैसे पूरे एक रूप के लिए दिन और रात का जोड़ा, एक ही व्योम या शंकर में पृथ्वी के दो गोलार्द्ध जुड़कर एक, अलग-अलग दिन और रात में प्रसन्न।"

जहाँ विशुद्ध पूर्ण ज्ञान है, वहाँ सृष्टि सिद्ध नहीं की जा सकती। जो सृष्टि को सिद्ध करता है, वह विरोधी पक्ष है। वह ज्ञान के साथ अज्ञान, भले के साथ बुरे का अस्तित्व भी मानता है। सृष्टि विशुद्ध ज्ञान से हुई, वह इस मान्यता का खंडन करता है। 'साहित्यिक सन्निपात् या वर्तमान धर्म' लेख में ऊपर उद्धृत किये हुए वाक्यों की टीका करते हुए उन्होंने लिखा : "दूसरा विरोधी पक्ष भी एक है। वह केवल ज्ञान नहीं मानता। 'विरोध' शब्द के द्वारा—सा तु निर्वीजः—इस अज्ञान-रहित एक मात्र ज्ञान का विरोध-प्रदर्शन हुआ, एकमात्र ज्ञान से बहिर्मुख होना हुआ;—बिना इस विरोध के इस सृष्टि-तत्त्व में उतरा नहीं जा सकता, कुछ कहा नहीं जा सकता। सृष्टि तत्त्व तब है जब भला और बुरा, दोनों हैं। इसलिए दूसरा पक्ष एकमात्र ज्ञान का विरोधी हुआ, जो सृष्टि को सिद्ध करता है। इसका काम सृष्टि में भले और बुरे का प्रदर्शन, ज्ञान के साथ अज्ञान की जोड़ना है। यह पक्ष ज्ञान और अज्ञान, दोनों को मिलाकर पूरे एक की व्याख्या करता है...बात यह कि सृष्टि में भला और बुरा, दोनों होते हैं : 'जड़-चेतन गुण दोषमय विश्व कीन करतार'।" ('प्रबन्ध प्रतिमा', पृ. 93-94)

अगोचर ब्रह्म का प्रतिपादन ही वेदान्त नहीं है। गोचर सृष्टि का प्रतिपादन भी वेदान्त है। इस सृष्टि में ज्ञान के साथ अज्ञान, धर्म के साथ अधर्म, पाप के साथ पुण्य जुड़ा हुआ है। इन दोनों के संघर्ष से ही प्रगति सम्भव है। इस धारणा को विरोधी पक्ष

कहकर निराला ने 'वर्तमान धर्म' और उसकी टीका में विस्तार से प्रतिपादित किया किन्तु यह धारणा उनके लिए नई नहीं थी वरन् उनके साहित्यिक जीवन के आरम्भ से उनके साथ थी। 'समन्वय' के पाँचवें अंक में 'भारत में श्री रामकृष्णावतार' जो लेख छपा, उसमें भारत को नाम से ही धर्मप्राण विज्ञापित करने के बाद उन्होंने लिखा : "परन्तु, धर्म को मानते हुए हमें अधर्म को भी मान लेना चाहिए। क्योंकि सृष्टि में ऐसी कोई वस्तु नहीं, ऐसा कोई शब्द नहीं, जिसका विरोधी गुण न हो...अमृत का गुणगान कीजिए तो विष को भी अपनी तान छेड़ते हुए देखिए।" इस पक्ष के समर्थन में तुलसीदास की वही 'जड़ चेतन गुण दोषमय' उक्ति उद्धृत करके सृष्टि-तत्त्व के साथ प्रगति-सिद्धान्त की व्याख्या करते हुए, उन्होंने लिखा : "हर एक व्यक्ति—हर एक शब्द का विरोधी गुण उसकी प्रगति का निर्णय कर रहा है। संसार स्वयं अपने शब्दार्थ द्वारा अपनी गतिशीलता दर्शा रहा है। प्रगति भले और बुरे के संघर्ष से ही होती है... यदि विरोधी गुणों का त्याग व नाश कर दिया जाय तो संसार की प्रगति रुक जाएगी।"

संघर्ष के बिना प्रगति नहीं, संघर्ष होता है विरोधी गुणों में। जहाँ सृष्टि है, वहाँ ज्ञान के साथ अज्ञान है, वहीं प्रगति है। यह निराला का विरोधजन्य गतिवाद है—द्वन्द्व सिद्धान्त—जिसे वह दर्शन, साहित्य और राजनीति में लागू करते हैं। 'समन्वय' का लेख उन्होंने 1922 में लिखा, वहाँ दार्शनिक स्तर पर उन्होंने वह सिद्धान्त प्रतिपादित किया। सन् '23 में 'मतवाला' प्रकाशित होने पर नटराज के चित्र के नीचे आवरण पृष्ठ पर उनकी ये पंक्तियाँ छपीं :

अमिय गरल शशि सीकर रविकर राग-विराग भरा प्याला,
पीते हैं जो साधक उनका प्यारा है यह मतवाला।

इस तरह अमृत-विष का द्वन्द्व उन्होंने साहित्य में घटित किया। दो वर्ष बाद रवीन्द्रनाथ ठाकुर की युक्तियों का खंडन करते हुए जनता की संघबद्ध राजनीतिक कार्यवाही के समर्थन में उन्होंने 'चरखा' निबन्ध लिखा। पाप और पुण्य के बिना केवल पुण्य या ज्ञान से सृष्टि नहीं होती, इस सिद्धान्त को पुष्ट करते हुए उन्होंने लिखा : "सृष्टि पाप और पुण्य, जड़ और चेतन, दोनों के योग से होती है, केवल पुण्य या केवल चेतन से कभी सृष्टि का कारखाना चल नहीं सकता। और यदि पुण्य की किसी अच्छी चीज़ की सृष्टि के लिए कविवर विधाता के इतने कृतज्ञ हैं, तो पाप की सृष्टि करने के लिए, उन्हें चाहिए कि वे उतने ही उनके अकृतज्ञ भी हों और यहाँ जो यह सोच रखा है कि बुरे की सृष्टि करते हैं लोग और भले की खास विधाता, यह बिलकुल कमज़ोर ख़याल है।" ('प्रबन्ध प्रतिमा', पृ. 10-11)

अपने समर्थन में वह तुलसीदास का सहारा फिर लेते हैं किन्तु इस बार उनका यह दोहा उद्धृत करते हैं :

बंदौं विधिपद रेणु, भवसागर जिन कीन यह,
सन्त सुधा शशि धेनु, प्रकटे खल विष बारुनी।

इस तरह द्वन्द्व सिद्धान्त उन्होंने राजनीति में लागू किया। चरखा चलाना बुरा है तो इसके लिए विधाता ज़िम्मेदार क्यों नहीं है? बुराई के लिए मनुष्य ज़िम्मेदार, भलाई के लिए विधाता—यह सिद्धान्त गलत है। 'बुरे की सृष्टि करते हैं लोग और भले की खास विधाता'—इस वाक्यांश में निराला सतयुग से पतित होकर कलियुग तक पहुँचने की धारणा का खंडन करते हैं। इस सतयुग-कलियुग धारणा के अनुरूप यह मत है कि ईश्वर का अंश, मनुष्य की आत्मा निर्विकार है; माया में फँसकर अपना मूल-स्वरूप मनुष्य भूल जाता है। मोह में फँसने के लिए ज़िम्मेदार है मनुष्य; आत्मा के शुद्ध चिन्मय रूप के लिए ज़िम्मेदार है ईश्वर! मानना चाहिए कि यह भी बिलकुल कमज़ोर ख़याल है।

वर्तमान धर्म की टीका में निराला ने दार्शनिक स्तर पर उसी द्वन्द्व सिद्धान्त की विस्तार से व्याख्या की। यह सिद्धान्त जड़ विज्ञान में है, वेदान्त में भी। एक जगह जड़ विज्ञान और वेदान्त का भेद मिट जाता है जब वे संसार की सत्ता स्वीकार करके उसकी गति और परिवर्तन का अध्ययन करते हैं। द्वन्द्व सिद्धान्त के सहारे पौराणिक प्रतीकों की व्याख्या करते हुए उन्होंने लिखा कि गणेश विघ्नों का नाश करते हैं और विघ्नेश—विघ्नों के स्वामी—भी हैं। शिव रुद्र हैं, भयंकर हैं, कल्याणकारी भी हैं। "यहाँ भी एक पूरे रूप के लिए वे विरोधी गुण मौजूद हैं। Negative (प्रतिकूल) और Positive (अनुकूल), दोनों एक पूरे आवर्त के लिए ज़रूरी हैं। यह जड़ विज्ञान से भी सिद्ध हो चुका है।" ('प्रबन्ध प्रतिमा', पृ. 98)

इस दृष्टिकोण से विचार करने पर ब्रह्म की पूर्णता तभी सम्भव है जब वह चेतन होने के साथ जड़ भी हो, अभौतिक होने के साथ भौतिक भी हो। हिमालय "शिव और पार्वती का सम्मिलित रूप है...वहाँ जल है और जड़ भी...गति है और स्थिति भी—चेतन है और जड़ भी—इसलिए शिव हैं और पार्वती भी।" (उप., पृ. 95) इससे आगे बढ़कर सत्य यह है कि जो जड़ है, वह सदा जड़ नहीं रहता; परिवर्तित होकर वह चेतन बन सकता है और इसी प्रकार जो चेतन है, वह परिवर्तित होकर जड़रूप हो सकता है। लिखा है : "शिव जड़ भी हैं और चेतन भी, और ऐसी ही पार्वती भी। जब वह जड़ रूप धारण करते हैं तब वह चेतन, जब वह जड़ होती हैं तब वह चेतन। हम देखते हैं, जब महेश्वर कर्म करते हैं तब पार्वती जड़ हैं—पर्वत से पैदा होने में पार्वती का जड़त्व ही सूचित है, और जब पार्वती पार्वत्य हरी-भरी चेतन प्रकृति हैं, तब शिव शवमात्र उस प्रकृति के आधार। अपने ही भीतर हमें यह तत्त्व मिल जाता है, शरीर की जड़ता न हो तो बुद्धि की चेतनता सिद्ध नहीं होती; पुन: लिंग-शरीर, जो जड़ है, कारण-महाकारण तक गतिशील है, अतएव चेतन।"

शिव जो चेतन-स्वरूप हैं, वह प्रकृति के आधार बनकर शवमात्र रह जाते हैं और प्रकृति जो जड़ कहलाती है, वह 'हरी भरी चेतन प्रकृति' हो जाती है। इसी तरह मनुष्य का शरीर जड़ है, बुद्धि चेतन। किन्तु यह बुद्धि भौतिक मस्तिष्क से बाहर कहीं नहीं रहती। इसलिए अन्त में शरीर भी चेतन ही सिद्ध होता है।

संसार में जो वस्तुएँ जैसी दिखाई देती हैं, वे सब मूलरूप में वैसी नहीं हैं। जिन तत्त्वों से कोई वस्तु बनी है, उनमें परिवर्तन-परिवर्द्धन होने से, तत्त्वों का अनुपात बदलने से, उस वस्तु का रूप बदल जाता है। ब्रह्म के भीतर यह सारी भौतिकता विद्यमान है, यही उसका ऐश्वर्य है जो जड़ को चेतन और चेतन को जड़ में परिवर्तित कर देता है। "सत्य यह है कि जो जगतसेठ विश्वेश हैं, उनका वैभव कण-कण में व्याप्त है, जबकि सोना-चाँदी, हीरे-मोती आदि विशेष-विशेष उपादानों से बनते हैं, और कोई भी वस्तु भिन्न रूप में, भिन्न उपादान में बदल सकती है, तब किसी भी स्थान की विभूति को हम उन सब ऐश्वर्य-गुणों से युक्त कह सकते हैं : 'जो चेतन को जड़ करै, जड़हिं करै चैतन्य। अस समर्थ रघुनायकहिं, भजहिं जीवते धन्य'।" (उप., पृ. 112)

जड़ और चेतन के बीच की दुर्लंघ्य खाई जब मिट जाती है तब आस्तिक-नास्तिक का भेद मिट जाता है। "आस्तिकवाद और नास्तिकवाद का चरम परिणाम एक ही है। यही ज्ञान-कांड है, जिसमें आस्तिक और नास्तिक दोनों हैं।" (उप., पृ. 103) आस्तिकवाद और नास्तिकवाद एक ही ज्ञान के दो पक्ष हैं तो सुर और असुर भी एक ही सत्ता के दो रूप हैं। जो सुर को बड़ा मानकर साहित्य में देवत्व की स्थापना के पक्षपाती हैं, उनका उपहास करते हुए निराला कहते हैं : "अब हे कपि, कहो, असुर और सुर में कौन बड़ा है? दोनों की वह एक ही माता कहती हैं, दोनों मेरे लड़के हैं, दोनों बराबर हैं, फिर भी अपने-अपने बड़प्पन के लिए दोनों लड़ते-झगड़ते रहते हैं—दोनों बर्र-बर्र, टर्र-टर्र किया करते हैं। मेढक, अब कहो, मेढक कौन है—हम या तुम?" (उप., पृ 116)

जहाँ विरोधी गुणों का संघर्ष है, वहाँ संसार है, प्रगति है। आरम्भ में ज्ञान ही ज्ञान होता तो इतिहास का अर्थ होता केवल ह्रास किन्तु जब ज्ञान के साथ अज्ञान जुड़ा हुआ है तब इतिहास में ह्रास के साथ प्रगति भी होनी चाहिए। पहले लोग नंगे रहते थे; फिर उन्होंने वस्त्र बनाना और उनसे शरीर को ढकना सीखा। यह असभ्यता से सभ्यता की ओर विकास हुआ। बनारस में उनके एक गुजराती मित्र ने पीताम्बर धारण करके भोजन करने की बात चलाकर प्राचीन संस्कृति और आचार-व्यवहार की पवित्रता पर गर्व प्रकट किया, तब निराला के मन में यह प्रतिक्रिया हुई : "पहले के आदमी पीताम्बर पहनकर भोजन करते थे या दिगम्बर होकर, यह सब बतलाना बहुत कठिन है। पर ज़रा अक्ल का सहारा लिया जाय, तो दिगम्बर रहना ही विशेष रूप से सनातन धर्म जान पड़ता है। कारण, सनातन पुरुष के बहुत बाद ही कपड़े का आविष्कार हुआ होगा और इस प्रथा को माननेवाले सिद्ध नागे महाराजों की इस समय भी कमी नहीं।" ('काव्य साहित्य', 'माधुरी', नवम्बर, '30; 'चाबुक', पृ. 47)

सनातन पुरुष के दिगम्बरत्व के बाद कपड़े का आविष्कार—यह हुई वन्य जीवन से सभ्यता की ओर प्रगति, सामाजिक विकास के सिद्धान्त की स्वीकृति।

वेद संसार के आदिग्रंथ हैं, ज्ञानमय हैं, दिव्य भावों से पूर्ण हैं। किन्तु आसुर-भावों का नितान्त अभाव हो, तो जीवन और साहित्य की पूर्णता असम्भव है। वैदिककाल में, महाभारतकाल में देवत्व के साथ आसुर भाव भी रहे हैं। उपर्युक्त निबन्ध में उन्होंने लिखा था : "वेदों में मादक सोमरस की जैसी महिमा है, प्राय: सभी लोग जानते हैं; और मद्य के प्रचार का कहना क्या? जिस गुजरात में अब ताड़ी के पेड़ कट रहे हैं, वहाँ द्वापर में अवतारश्रेष्ठ श्रीकृष्णजी के वंशज यादवों ने शराब पीकर एक ही दिन में अपना संहार कर लिया।"

निराला भारतीय इतिहास पर जब विकासवादी दृष्टि से विचार करते हैं तब ह्रास या प्रगति के लिए उनकी कसौटी होती है शूद्रों के प्रति द्विजों का व्यवहार। श्रीकृष्ण ने सबसे बड़ा काम यह किया कि 'दृप्त क्षत्रियों की शक्ति का नाश करा दिया।' ('वर्तमान हिन्दू समाज', 'सुधा', जनवरी, 30; 'प्रबन्ध प्रतिमा', पृ. 231) इस शक्ति का नाश करके ही वह धर्मराज्य स्थापित कर सके। इसके बाद "ब्राह्मणों के मस्तिष्क में स्पर्द्धा ने प्रचंड रूप धारण किया", तब "भगवान् बुद्ध आए। अबकी ब्राह्मणों के शस्त्र-शास्त्र भी उड़ा दिये गए। वैदिक सभ्यता ही न रह गई।" (उप.) स्त्री-पुरुषों और सभी वर्णों के लोगों के एक साथ रहने के कारण बौद्धों का पतन हुआ। शंकराचार्य ने बौद्धों को परास्त करके वेदों का उद्धार किया। वर्णव्यवस्था की फिर प्रतिष्ठा हुई। बाह्मणों में आचारनिष्ठा थी किन्तु वे 'हृदयहीन थे।' (उप.) इसलिए शंकर का महान् मस्तिष्क धर्म स्थायी न रहा; रामानुज ने हृदय धर्म चलाया। 'महाप्रभु श्री चैतन्य देव का वैष्णव-धर्म उदारता का प्रशान्त महासागर है।' (उप., पृ. 233) 'वैष्णव-धर्म के अन्तर्गत भी जाति-पाँति का भेद नहीं रहा।' (उप., पृ. 232) निराला व्यवस्थित रूप से भारत का सांस्कृतिक इतिहास लिखने न बैठे थे। उनकी व्याख्या में बहुत-सी खामियाँ हैं, विशेष कर यह कि विचारधारा में जो परिवर्तन होते हैं, उनकी सामाजिक भूमि अस्पष्ट रहती है। बुद्ध, शंकर और रामानुज की विचारधाराओं का महत्त्व अन्य प्रकार से भी समझा-समझाया जा सकता है। किन्तु यहाँ इस बात पर ध्यान देना है कि भारतीय इतिहास उनके लिए ह्रास की गाथा नहीं है, उसमें प्रगति भी है, विचारधारात्मक संघर्ष है और इस संघर्ष का सम्बन्ध वर्णव्यवस्था की रक्षा या विनाश से है।

बौद्धों का विरोध शंकर ने ज्ञान से किया, कवियों ने अपनी सहृदयता से। "बौद्धों की सहृदयता को छापकर हृदय के उभय कूलों को प्लावित कर जाने के लिए संस्कृत के महाकविगण इस समय कितने प्रयत्न पर हैं।" ('नाटक', 'सृधा', 1 सितम्बर, '33; सम्पा. टि.—1) महाज्ञान शंकर के बाद रामानुज के विशिष्टाद्वैत ने 'दार्शनिक मधु-वर्षण कर भगवद्भावना से हृदय को सिक्त' कर दिया। (उप.)

वेदों में ज्ञान है, हिन्दी कविता में भी ज्ञान है। कबीर का जोड़ 'संसार में दुर्लभ' है; वह 'हिन्दी साहित्य का ज्ञान कांड' हैं, 'ऐसी अच्छी-अच्छी उक्तियाँ वेदों को छोड़कर अन्यत्र नहीं मिलतीं।' ('सुधा', दिसम्बर, '32; सम्पा. दि—1) विशुद्ध ज्ञान की

दृष्टि से देखा जाय तो : "भारत के सिद्धान्त से यथार्थ विश्व-कवि यही हैं—कबीर, सूर और तुलसी जैसे महाशक्ति के आधारस्तम्भ।" ('पन्तजी और पल्लव', 'प्रबन्ध पद्म', पृ. 111)

आधुनिक साहित्य, जिसमें अन्य लेखकों के साथ निराला भी हैं, स्वभावत: बहुत से प्राचीन साहित्य की तुलना में प्रगतिशील होगा ही।

वैदिक भाषा के बाद आधुनिक भाषाओं के प्रसार तक ह्रास ही ह्रास है या कहीं प्रगति भी है?

वेदमंत्र उद्धृत करने के बाद उन्होंने लिखा : "मैंने दिखलाया है, उद्धृत वेदमंत्र में व्याकरण तथा भावों की कैसी खिचड़ी है—कोई नियम नहीं। संस्कृत वालों ने इस भाव को दुरुस्त रखकर व्याकरण तैयार किया, कहने का ढंग और मार्जित किया।" ('प्रबन्ध प्रतिमा', पृ. 87) वैदिक भाषा में मार्जन की गुंजाइश थी, संस्कृत का प्रसार विकास का सूचक हुआ।

बुद्ध ने जब अपनी तपस्या से ज्ञान की ज्योति फैलाई, तब "शिक्षा का माध्यम रहा उस समय की प्रचलित भाषा। साधारण जनों को यह बात बहुत पसन्द आई। कुछ काल के लिए भारत में सुख-शान्ति का साम्राज्य हुआ।" (उप., पृ. 231)

जब धर्म से धम्म अथवा धरम रूप बना, तब भाषा का पतन हुआ या उत्थान? संस्कृत के बाद भाषाओं के क्षेत्र में ह्रास होता गया है, इस धारणा का खंडन करते हुए निराला ने लिखा : "कुछ लोगों का कहना है कि समाज ज्यों-ज्यों मूर्ख होता गया, अपभ्रष्ट शब्दों की संख्या भी त्यों-त्यों दिन दूनी और रात चौगुनी की कहावत के अनुसार बढ़ती चली गई। मैं यहाँ इस मीमांसा से प्राणों की सहृदयता की मीमांसा अधिक पसन्द करता हूँ। मेरे विचार से अचिरता की गोद में प्रचलित शब्दों की भी समाधि होती है—कुछ ही काल तक किसी प्रचलित शब्द को मनुष्य-समाज के अधर धारण करते हैं। फिर उसके परिवर्तित रूप से ही उनका स्नेह अधिक हो जाता है। अथवा उस शब्द का अपर रूप धारण प्रेम के कारण ही हुआ करता है।" ('पन्तजी और पल्लव', 'प्रबन्ध पद्म', पृ. 171) इसलिए " 'धर्म' की अपेक्षा 'धम्म' में ही लोगों को अधिक आनन्द मिलता था", तो इससे भाषागत ह्रास सिद्ध नहीं होता।

ब्रजभाषा में बहुत-सा साहित्य रचा गया; खड़ी बोली का विकास बहुत कुछ ब्रजभाषा के विरोध की दिशा में हुआ। यह ब्रजभाषा जातीय जीवन के अनुकूल कहाँ तक थी? निराला उसी निबन्ध में कहते हैं : "कारीगरी के विचार से ब्रजभाषा-काल में शब्दों की जो छानबीन हुई है, जिस-जिस प्रकार के परिवर्तन हुए हैं, भाषा-विज्ञान उन्हें बहुत ही ऊँचे आसन पर स्थापित करता है। सहृदयता उनकी व्याख्या में अपने हृदय का रस नि:शेष कर देती है।" (उप.)

यही नहीं, जातीय जीवन जैसा ब्रजभाषा में व्यक्त हुआ, वैसा संस्कृत में भी नहीं। "यहाँ, जातीय साहित्य के प्राणों की चर्चा करते हुए, यह कहना पड़ता है कि

ब्रजभाषा में भाषाजन्य जातीय जीवन था, जो बुद्ध के बाद के संस्कृत कवि और दार्शनिकों में नहीं।" ('मेरे गीत और कला', 'प्रबन्ध प्रतिमा', पृ. 271) यदि यह प्रगति नहीं तो प्रगति फिर किसे कहेंगे?

ब्रजभाषा के जीवन-चिन्ह खड़ी बोली में रहने चाहिए। क्या संस्कृत के तत्सम रूप भरने से हिन्दी की जातीय विशेषता पुष्ट होगी? "आज भी खड़ी बोली का शुद्ध रूप बहुतों को खटकता है।" (उप.) उसे ब्रजभाषा के अनुकूल ढलना चाहिए। श, ण, व की ध्वनियाँ ब्रजभाषा की प्रकृति के अनुरूप नहीं हैं। ये वर्ण 'खड़ी बोली के प्राणों को खटकते हैं।' कालिदास संस्कृत के श्रेष्ठ कवि कहे जाते हैं। वह सौन्दर्य के महान् कवि हैं किन्तु भाषा के माधुर्य को पहचानने पर ही सौन्दर्य की श्रेष्ठ अभिव्यंजना सम्भव है। कालिदास की भाषा श-ण-व-ल ग्रस्त है, वह जातीय जीवन के आन्तरिक भाषागत माधुर्य से अपरिचित है। "जहाँ भावज़न्य सौन्दर्य है, जो और मधुर—हृदय के और पास तक पहुँचा हुआ है, वहाँ कालिदास उठ नहीं पाते।" (उप., पृ. 277)

चाहे भाषा पर विचार कीजिए, चाहे साहित्य पर—निराला की अनेक स्थापनाओं से यह धारणा पूरी तरह खंडित हो जाती है कि भारत का सांस्कृतिक इतिहास केवल ह्रास की गाथा है।

इतिहास की गति पर इस ढंग से विचार करने पर यूरोप और भारत के बीच की खाई दुर्लंघ्य नहीं रह जाती। निराला का एक तर्क यह है कि यूरोप के विजातीय भाव भारतीय साहित्य की प्रगति के लिए आवश्यक हैं, वैसे ही जैसे संसार की प्रगति के लिए दैव भावों के साथ असुर भाव आवश्यक हैं। यूरोप के लोग शराब पीते हैं, फारसी साहित्य में शराब का वर्णन है। शराब पीना आसुर भाव का परिचायक है किन्तु हिन्दी कविता की प्रगति के लिए सात्त्विक गुण का विरोधी यह भाव भी आवश्यक है। "नशे की नींद के बाद ही जागरण का आनन्द मिलता है और जागरण की ज़रूरत के साथ नींद की भी आवश्यकता सिद्ध होती है। इसी तरह इन दिव्य भारतीयों को कुछ प्रसन्न करने के लिए आसुर शराबी भाव भी आवश्यक है।" ('काव्य साहित्य', 'चाबुक', पृ. 49)

उनका दूसरा तर्क यह है कि यूरोप ने जो भौतिक प्रगति की, वह वांछनीय है; भारत को वैसी प्रगति करनी चाहिए थी, उसे न कर सकने से उसका पतन हुआ। 'वर्तमान हिन्दू समाज' में उन्होंने लिखा कि महाराज विक्रमादित्य के युग में जब 'संस्कृत फूली-फली कही जाती है', 'अशिक्षा का काल' शुरू हो गया था। "अगर यह बात न होती, तो ग्रीक तथा रोमन सभ्यता के साथ-साथ भारतवर्ष की आधिभौतिक सभ्यता का विकास ही देख पड़ता।" फिर प्राचीन भारतवासियों पर व्यंग्य करते हुए तर्क करते हैं कि यूनान में सौन्दर्य की देवी वीनस की पूजा होती थी, सम्भव है, 'इसलिए भारत को इसमें आसुरी भाव मिले हों।' शायद यूनान से चन्द्रगुप्त को हेलेन के अतिरिक्त कुछ न मिला हो या उसने और उसकी तरह के

दो-चार और लोगों ने 'सेना-निवेश या व्यूह-रचना आदि सामरिक नियम-कायदे सीखे हों!' फिर भी भारत को जितना सीखना चाहिए था, उसने नहीं सीखा। "भारत ने रोम की राजनीति, दृढ़ व्यवस्था, मार्गों की सरलता—बड़ी-बड़ी प्रशस्त सड़कें बनवाना भी नहीं सीखा।"

यहाँ इस बात पर बहस नहीं है कि निराला ने रोमन और भारतीय सभ्यता में जो वैषम्य दिखाया है, वह सही है या गलत, बहस इस बात पर है कि भौतिक सभ्यता अपने में महत्त्वपूर्ण है या नहीं। अध्यात्मवाद, दिव्यता, आर्यत्व आदि के नाम पर जो लोग देश की भौतिक प्रगति में बाधा देते हैं और दूसरों की सभ्यता से कुछ भी ग्रहण करना राष्ट्रीय आत्म-सम्मान के विरुद्ध समझते हैं, उन्हें लक्ष्य करके निराला कहते हैं : "किसी प्रकार का भौतिक सम्बन्ध, जिससे एक जाति अपर जाति से आदान-प्रदान करती है, राज्य की व्यवस्था बदलती तथा अनेक प्रकार के उत्कर्ष करती है, नहीं स्थापित किया। यह सब अज्ञान, पारस्परिक विरोध तथा व्यर्थ का स्वाभिमान जान पड़ता है। दूसरे मनुष्य को मनुष्य न समझना, यह वृत्ति बहुत पीछे मुसलमानों के शासनकाल में भी भारतवर्ष के लोगों की थी, और अब तक फीसदी ९८ लोगों की यही धारणा बनी हुई है।"

भारत पर तुर्क-आक्रमणों के युग की चर्चा करते हुए इसी प्रसंग में निराला कहते हैं : "दूसरे देशों में गुप्तचर नहीं घूमते, वहाँ की राज्य-व्यवस्था की कोई खबर नहीं आती। म्लेच्छों से आर्यगण भला क्या सीखते? उनके पास सीखने लायक था ही क्या? भारत के सामाजिक पतन का इससे बड़ा उदाहरण और क्या होगा? जब शत्रु घर में घेर लेता था, तब यहाँ के वीर तलवार उठाते थे। रहते संसार में थे पर उससे लापरवाह रहकर ही जीना चाहते थे। ये कुल बातें अशिक्षा तथा अव्यवस्था की सूचक हैं। इस औद्धत्य के ज़माने में यहाँ की शूद्रशक्ति किस तरह प्रपीड़ित थी, यह सहज ही अनुमान किया जा सकता है।" ('प्रबन्ध प्रतिमा', पृ. 236)

ज्ञान संसार के प्रति उदासीन रहने में नहीं है। ज्ञान है संसार को, संसार में अपनी स्थिति को ठीक-ठीक समझने में, उस समझ के अनुसार कर्म करने से ही देश स्वतंत्र रहकर अपनी संस्कृति का विकास कर सकता है। इतिहास और भौतिक जगत् के प्रति यह दृष्टिकोण अपनाने पर शूद्रों के प्रति द्विजों का व्यवहार न्यायपूर्ण नहीं लगता, वरन् विदेशी आक्रमणकारियों की सफलता का वह मुख्य कारण जान पड़ता है।

निराला का भारत-यूरोप सम्बन्धी तीसरा तर्क यह है कि संसार के सभी देश एक-दूसरे से सम्बद्ध हैं, हवा की तरह विचार भी देशों की सीमाएँ लाँघकर एक स्थान से दूसरे स्थान तक पहुँचते हैं, इसीलिए मनुष्य को राष्ट्रीय संकीर्णता से ऊपर उठकर उस स्तर पर विचार करना चाहिए—जिस पर अनेक सांस्कृतिक धाराएँ मिलकर एक मानव संस्कृति का निर्माण करती हैं। निराला के चिन्तन में जैसे विरोधी गुणों के संघर्ष वाले सिद्धान्त का महत्त्व है, वैसे ही विभिन्न देशों की परस्पर सम्बद्धता

के इस सिद्धान्त का। वास्तव में यह द्वन्द्व सिद्धान्त का ही दूसरा पक्ष है जो संसार की तमाम वस्तुओं-प्रक्रियाओं को एक ही भौतिक यथार्थ का परस्पर सम्बद्ध अंग मानकर उन्हें देखता-परखता है।

ज्ञान होने पर भारतीय जन राष्ट्रीय संकीर्णता से मुक्त होकर विश्वनागरिक बनते हैं। "भारत देश के लिए भी यही बात है। वह मिट्टी और जल के द्वारा तमाम देशों से जुड़ा हुआ है। ज्ञान इन जड़ और चेतन उभय प्रकारों के संयोग को देखकर सबके साथ सहयोग प्राप्त करता है। देश के लोग ज्ञान से ही उभय प्रकारों का संयोग देखकर, मिलकर आर्थिक और पारमार्थिक उन्नति कर सकेंगे।" ('प्रबन्ध प्रतिमा', पृ. 93)

'वर्तमान धर्म' की टीका में निराला ने भारत के ज्ञानमय रूप की व्याख्या करते हुए लिखा कि वह मिट्टी और जल के द्वारा दूसरे देशों से जुड़ा हुआ है; यह भौतिक सम्बद्धता आर्थिक और पारमार्थिक, दोनों क्षेत्रों में भारत-यूरोप के सहयोग का आधार है।

रावण के दस सिर क्यों हैं? इसीलिए कि दसों दिशाओं से रावण सम्बद्ध है। मेघनाद मेघों से सम्बद्ध है। मेघनाद ही नहीं; "बादलों से भी हम युक्त हैं, अन्यथा उनकी गर्जना हम सुन नहीं सकते।" (उप., पृ. 117) यहाँ भी विभिन्न देश-स्थित वस्तुओं की भौतिक सम्बद्धता की चर्चा है।

अन्य प्रसंग में तद्भव शब्दों की व्याख्या करते हुए निराला कहते हैं : "प्रत्येक गति के साथ, प्रत्येक विवर्तन के साथ तमाम संसार संयुक्त है...यों भी एक जगह के साथ दूसरी जगह का अविच्छेद सम्बन्ध बना हुआ है।" ('एक बात', 'सुधा', नवम्बर, '32; 'प्रबन्ध पद्म', पृ. 48)

इन उदाहरणों से प्रमाणित है कि निराला के तर्कशास्त्र में विभिन्न देशों की परस्पर सम्बद्धता का सिद्धान्त एक दृढ़ आधारभूत स्थापना के रूप में विद्यमान है। यह स्थापना संसार के भौतिक अस्तित्व की स्वीकृति पर ही निर्भर है।

भारत-यूरोप सम्बन्धी निराला का चौथा तर्क यह है कि विदेशी साहित्य के सभी भाव भारत के लिए विजातीय नहीं हैं, अंग्रेज़ी में अनेक लेखक ऐसे हो चुके हैं जो भारत-प्रेमी थे, या जिनका सौन्दर्यबोध भारतीय अभिरुचि के अनुकूल था। उनका अन्तर्राष्ट्रीय दृष्टिकोण स्वागत-योग्य है, हिन्दी लेखकों के लिए अनुकरणीय है।

"हमारे काव्य-साहित्य की दृष्टि बहुत व्यापक होनी चाहिए, तभी उसका कल्याण हो सकता है। पश्चिमी कवियों के हृदय में पूर्व के लिए अपार सहानुभूति उमड़ चली थी। उनका यही साहित्यिक पौरुष तथा प्रेम आज संसार भर में फैला हुआ है। वड्र्सवर्थ और उनके मित्र कोलरिज ने पूर्व का वर्णन किया है।...इंग्लैंड के कवियों में पूर्व के साथ शेली का प्रगाढ़ प्रेम देख पड़ता है। पूर्व के रहस्यवादियों तथा सन्तों को वह चाव से याद करता है...कीट्स भी पूर्व की छवि से मुग्ध है। भारत का उल्लेख उसने भी किया है। भारत के अमर स्नेह में डूबा हुआ है। पूर्व

देशों का इनमें सबसे ज़्यादा ज्ञान बायरन को था...यह सब पूर्व के लिए इंग्लैंड का पद्य-प्रवाह है। पर हमारे साहित्य में क्या हो रहा है—यह भारतीय है, यह अभारतीय, असंस्कृत। नस-नस में शरारत भरी, हज़ार वर्ष से सलाम ठोंकते-ठोंकते नाक में दम हो गया, अभी संस्कृति लिये फिरते हैं।" ('काव्य-साहित्य'; 'माधुरी', नवम्बर' 30; 'चाबुक', पृ. 54-55)

यहाँ विजातीय असुरभावों को मिलाने या उनसे संघर्ष करने का सवाल नहीं है। यह मानव-संस्कृति की वह सामान्य भूमि है जहाँ पूर्व और पश्चिम की विचारधारा एक होती है।

दो वर्ष बाद उन्होंने 'सुधा' (दिसम्बर, 1932) में 'साहित्य का विकास' शीर्षक टिप्पणी लिखी जिसमें उन्होंने अंग्रेज़ी साहित्य के उत्कर्ष का एक कारण यह बताया कि उसके रचयिता विदेशी सभ्यता से परिचित थे। शेली की क्रान्तिकारी विचारधारा, उसके स्वतंत्रता-प्रेम की प्रशंसा करते हुए निराला उस जगह पहुँचते हैं जहाँ साहित्य क्रान्ति की प्रेरक शक्ति बन जाता है और स्वयं क्रान्तिकारी आन्दोलन से प्रेरणा ग्रहण करता है।

"शेली तो भारत को बहुत ही प्यार करता था। अंग्रेज़ी राजधर्म के खिलाफ उसने कितनी ही पंक्तियाँ लिखी हैं : 'Hell is a city much like London'—इस तरह की पंक्तियों से उसने जो विचार-स्वातंत्र्य दिखलाया, आज वैसी विशेषता और स्वतंत्रता का सभ्य यूरोप पक्षपाती है...बात यह है कि यही साहित्यिक विशालता, उदारता, स्वातंत्र्य जाति के भीतर पैठकर लोगों को तेजस्वी करते हैं। रूस की स्वतंत्रता से पहले उसका साहित्य है। उन महावीर साहित्यिकों के एक-एक रक्त-कण से सहस्र-सहस्र वीर साहित्यिक समझदार पैदा हुए।

"हमारी हिन्दी को ऐसी ही भावना से युक्त साहित्यिकों की आवश्यकता है। सत्य की रक्षा के लिए साहित्यिक अपने प्राणों का बलिदान कर दे। सत्य वही है, जो मनुष्य मात्र में है। ज्ञान में हिन्दू, मुसलमान नहीं। विस्तार ही जीवन है। फैलकर अपनी प्रतिभा, कर्म, अध्ययन, उदारता से समस्त ब्रह्माण्ड को अपनाना चाहिए। साहित्यिक उत्कर्ष और मुक्ति का यही मार्ग है। हिन्दी में बहुत करना है, बहुत पड़ा है, बहुत पीछे हैं हम।

विजातीय भावों से संघर्ष करने का सवाल नहीं। अपने देश में क्रान्तिकारी चिन्तन को विकसित करना, यूरोप की क्रान्तिकारी विचारधारा से उसका सम्बन्ध जोड़ना है। यह विचारधारा, यहाँ और वहाँ सामाजिक आन्दोलनों से जुड़ी हुई है। जिस सत्य को लेकर ये आन्दोलन हो रहे हैं, वह मनुष्य मात्र में है। निराला इस सच्ची अन्तर्राष्ट्रीयता में ही हिन्दी जातीयता का सम्बन्ध जोड़ते हैं; 'बहुत करना है, बहुत पड़ा है, बहुत पीछे हैं'—उनके मन में यह भाव पैदा होता है। सच्ची अन्तर्राष्ट्रीयता जातीय भावना का तिरस्कार न करके उसे मार्जित और पुष्ट करती है। निराला सन् '32 में यह टिप्पणी लिखते हुए जहाँ पहुँचे थे, वहाँ उस समय के नये और पुराने

लेखकों को पहुँचने में अभी देर थी। निराला की यह टिप्पणी हिन्दी के तत्कालीन प्रगतिशील चिन्तन का निचोड़ है।

भारतीय साहित्य में निराला की यह युग-प्रवर्तक विचारधारा उनकी सूक्ष्म दार्शनिक दृष्टि, उनकी अचूक तर्क-पद्धति का परिणाम है जो संसार को गतिशील, विरोधी गुणों के संघर्ष को गति का कारण, विभिन्न देशों की परस्पर सम्बद्धता, मनुष्य की महत्ता, उसकी इहलौकिक सत्ता को स्वीकार करती है।

ब्रह्म और प्रकृति

वेदान्त दर्शन की प्रमुख समस्या है माया की व्याख्या।

'कामायनी' की आलोचना करते हुए निराला ने लिखा : "वास्तव में सृष्टि-तत्त्व समझने के लिए माया की व्याख्या सबसे उत्तम है, यद्यपि हज़ारों वर्षों से आज तक बहुत कम लोगों की समझ में यह आई है।" ('सुधा', अक्तूबर, 1937)

बहुत कम लोगों की समझ में आई है, इसका कारण यह है कि माया प्रवंचना मात्र नहीं है। वह ब्रह्म से अभिन्न है, शक्ति है, यह सारा संसार उसी का खेल है। वह उतना ही व्यापक है जितना बह्म। ब्रह्म को सच्चिदानन्द कहते हैं; सच्चिदानन्द की व्यापकता से माया को अलग नहीं किया जा सकता। ब्रह्म यदि सूर्य है तो माया उसकी किरणें है। कठिनाई तब पैदा होती है जब दार्शनिक सूर्य को उसकी किरणों से अलग करके देखना चाहता है; जब वह सच्चिदानन्द से ब्रह्म के समान व्यापक-शक्ति को निकालकर, केवल ब्रह्म को पाना चाहता है। एक व्यापकता से वह दूसरी व्यापकता को कैसे अलग करे? निरपेक्ष, अनादि, अनन्त सत्ता एक ही हो सकती है—वह चाहे ब्रह्म हो, चाहे शक्ति। यदि दोनों अभिन्न हैं तो उन्हें एक ही नाम से पुकारना चाहिए—माया और ब्रह्म, इन दो शब्दों की आवश्यकता क्या है?

शक्ति की व्यापकता के बारे में निराला कहते हैं : "ब्रह्म की व्यापकता के साथ शक्ति की भी व्यापकता सिद्ध होती है। ब्रह्म और उसकी शक्ति, दोनों अभिन्न हैं। सूर्य से उसकी किरणों को अलग नहीं किया जा सकता। ब्रह्म का जो स्वरूप सच्चिदानन्द है, उसमें शक्ति की भी सत्ता विराजमान है। सत्, चित् और आनन्द विचार में भिन्न होते हुए भी वास्तव में एक हैं, सर्वव्यापी हैं, अतएव ब्रह्म के लक्षण हैं। किन्तु साथ ही, जिन अर्थों द्वारा वे सर्वव्यापी हैं, वे अर्थ सर्वव्यापिनी शक्ति की ही सूचना देते हैं।" ('संग्रह', पृ. 11)

समस्या यह है कि जिस सूर्य को उसकी किरणों से अलग नहीं किया जा सकता, उसे किरणों से अलग करके ही देखना है। स्वाभाविक है कि हज़ारों साल से माया की व्याख्या बहुत कम लोगों की समझ में आई है।

इस समस्या का एक समाधान यह हो सकता है कि ब्रह्म को मायातीत कहने के बदले उसे मायामय कहा जाए। 'सिया राम मय सब जग जानी। करौं प्रनाम जोरि जुग पानी'। विश्व में अकेले राम नहीं व्यापे; उनके साथ सीता भी हैं। किन्तु निराला की व्याख्या में महापुरुष वे हैं जो 'शक्ति के अहाते के बाहर भी चले गए हैं'; उन्होंने 'शक्ति की सीमा को पार करने के लिए' अनेक उपाय भी बताए हैं। ('चयन', पृ. 153) इस स्थापना से मालूम होता है कि शक्ति उतनी व्यापक नहीं, जितना ब्रह्म। यदि ब्रह्म के समान व्यापक हो तो शक्ति की सीमा पार करने की बात न कही जाय। तुलसीदास ने लिखा : 'भव भव विभव पराभव कारिणि। विश्व विमोहिनि स्ववश विहारिणि'। इस तरह वह शक्ति का अस्तित्व स्वीकार करते हैं किन्तु निराला कहते हैं, उनका (तुलसीदास का) महत्त्व इस बात में है कि "उससे भी बढ़कर पूर्ण अवस्था में ब्रह्म में लीन होकर पूर्णत्व की प्राप्ति करते हैं, जहाँ न संसार है, न मैं, और न तुम; है बस सच्चिदानन्द रूप।" ('संग्रह', पृ. 29)

निराला के चिन्तन में जो अन्तर्विरोध है, वह यह कि एक ओर वह शक्ति को ब्रह्म से अभिन्न मानकर उसे ब्रह्म के बराबर दर्जा देते हैं, दूसरी ओर वह उसकी सीमा पार करके ब्रह्म में लीन होने की कल्पना द्वारा उसे ब्रह्म से भिन्न, सीमित और घटकर मानते हैं।

'वर्तमान धर्म' की व्याख्या करते हुए ज्ञान और शक्ति को समकक्ष बतलाते हुए निराला कहते हैं : "ज्ञान और शक्ति, दोनों का परिणाम अनादि है, दोनों बराबर हैं, रूपकों में आकर अपना-अपना अर्थ प्रकट कर ब्रह्म की तरह निर्लिप्त।" ('प्रबन्ध प्रतिमा', पृ. 203)

यहाँ अभिन्नता की जगह भिन्नता है, अद्वैत की जगह द्वैत है, एक अनादि की जगह अनादि है। इस अन्तर्विरोध से निकलने का एक अन्य मार्ग है—प्रकृति अद्वैत। सत्ता एक है—प्रकृति। वही अनादि, अनन्त और निरन्तर परिवर्तनशील है। ब्रह्म वगैरह कुछ नहीं।

कवि गुरुभक्तसिंह भक्त के प्रकृति निरीक्षण की प्रशंसा करते हुए निराला ने लिखा कि जो लौकिक और गोचर है, वही प्रकृति नहीं है; जो अव्यक्त, लोकोत्तर, अगोचर है, वह भी प्रकृति है। "जहाँ प्रकृति का स्वर सूक्ष्मतम, अश्रव्य, मौन, चिर समाप्ति में पारवाली आख्या प्राप्त करता है—जिसे लोकोत्तरानन्द कहते हैं, वह भी, प्रकृति की क्षीणतम अव्यक्त अवस्था है। स्वर, काव्य, रूप आदि में बँधी प्रकृति की प्रत्येक संज्ञा इसी अप्रकट अनादि स्थिति से संसार में गोचर होती है और फिर अपने सुख-दु:ख का संसरण पूरा कर पूर्व स्थिति में विलीन हो जाती है।" ('सुधा', जुलाई, '33)

जो अप्रकट और अनादि है, वह भी प्रकृति है। जो प्रकट और बाह्य है, वह भी प्रकृति है। साहित्य में मनुष्य के मन से लेकर पशु-पक्षी, नदी-पर्वत तक जितनी

वस्तुओं और व्यापारों का वर्णन किया जाता है, वे सब प्रकृति के अन्तर्गत हैं। निराला का यह प्रकृति-अद्वैत अपने भीतर जड़ और चेतन, दोनों को समेट लेता है।

'नाटक-समस्या' नाम के निबन्ध में निराला शक्ति का तादात्म्य ब्रह्म से नहीं, अन्धकार से स्थापित करते हैं। संसार के रंगमंच पर अनेक मोहक दृश्य दिखाने के बाद शक्ति 'अज्ञात तम में अन्तर्धान होकर तादात्म्य प्राप्त करती है।' ('प्रबन्ध प्रतिमा', पृ. 63) सहज ही निराला का गीत याद आता है : 'कौन तम के पार रे कह'। यह तम साधारण अन्धकार नहीं है। यह मूल तत्त्व है जो शक्ति रूप में परिवर्तित होकर प्रवाहित होता है। वेदान्ती कहते हैं, शक्ति ब्रह्म में—अनन्त प्रकाशमय ब्रह्म में—लीन होती है; निराला कहते हैं कि वह अनन्त, अनादि अन्धकार में लीन होती है।

इस अन्धकार का दूसरा नाम है आकाश। आकाश के भीतर जड़ और चेतन, स्थूल और सूक्ष्म, पदार्थ और अर्थ सबकी स्थिति है। इसी आकाश में अन्धकार है, इसी में प्रकाश। 'एक बात' नाम के निबन्ध में लिखा है : "आकाश सभी पदार्थों या केवल अर्थों को रूपरेखा, शब्द और अर्थ देता है, क्योंकि अवकाश के भीतर ही सान्त सन्निविष्ट मिलता है। आकाश नभ है, और प्रभा भी। गोद में सूर्य को लेकर प्रभा अपने नभपति की प्रतिष्ठा की परिचायिका।" ('प्रबन्ध प्रतिमा', पृ. 45-56)

निराला जिसे तम कहते हैं, आकाश कहते हैं, उसी को शून्य भी कहते हैं। "उद्‌भव, स्थिति और प्रलय का शून्य ही मूल रहस्य है।" ('प्रबन्ध पद्म', पृ. 1) 'एक बात' नाम के निबन्ध में जो भूमिका आकाश की है, वही भूमिका 'शून्य और शक्ति' में शून्य की है। सभी अर्थ और पदार्थ आकाश में हैं, वैसे ही संसार के समस्त व्यापारों, वस्तुओं का उद्‌भव, उनकी स्थिति और प्रलय शून्य में ही सम्भव है।

किसी भी वस्तु के उद्‌भव से पहले शून्य है, उसकी प्रलय के बाद फिर शून्य है। "गणित की संख्या की तरह संसार के जीव और तमाम भावनाएँ दोनों तरफ से शून्यों से दबे हुए हैं।" (उप.) उद्‌भव से पहले शून्य, प्रलय के बाद शून्य। दोनों के बीच में है वस्तु की स्थिति। दो 'नहीं' के बीच में एक 'है' दबा हुआ है। इसलिए कहा कि संसार के तमाम जीव, समस्त भावनाएँ—मूर्त और अमूर्त समस्त व्यापार—दो तरफ से शून्यों से दबे हुए हैं।

इन दो शून्यों के बीच में प्रकृति है। प्रकृति अपने चिरन्तन गतिशील रूप में दृष्टिगोचर न हो तो यह संसार न हो, केवल शून्य हो। निराला कहते हैं : "केवल शक्ति संसार को शून्य से अलग किये हुए है, दूसरे तरीके से, शून्य की ही व्याख्या करने में तत्पर।" (उप.)

जो शक्ति संसार को शून्य से अलग किये है, वही संसार के माध्यम से उसकी व्याख्या भी करती है। मूल तत्त्व है, एक—शून्य अथवा आकाश। शून्य पहले शक्ति

बनता है, शक्ति फिर पदार्थ रूप में प्रत्यक्ष होती है। पदार्थ और शून्य के बीच में एक व्यवधान है—शक्ति। इस तरह शून्य संसार से अलग है, शमित के कारण। साथ ही संसार शक्ति का ही प्रत्यक्ष रूप है, इसलिए वह शक्ति द्वारा शून्य से जुड़ा हुआ भी है।

कौन तम के पार—रे कह।
अखिल पल के स्रोत, जल-जग
गगन घन-घन धार—रे कह।

तम के परे कुछ नहीं है। अखिल विश्व की प्रवहमानता का स्रोत यही तम है। गगन की घनधारा बनकर प्रवाहित होता है। आधुनिक विज्ञान में जिसे फील्ड कहते हैं, वह निराला का तम, शून्य अथवा आकाश है। जिसे एनर्जी कहते हैं, वह निराला की शक्ति है। जिसे मास कहते हैं, वह निराला का पदार्थ या संसार है। आइंस्टाइन ने सिद्ध किया कि मास एनर्जी का ही परिवर्तित रूप है। अनेक वैज्ञानिक यह मानते हैं कि एनर्जी के प्रवाह के लिए फील्ड चाहिए और यह फील्ड ही परिवर्तित होकर एनर्जी बनता है। कुछ वैसा ही सम्बन्ध निराला के शून्य, शक्ति और संसार का है।

शक्ति विश्वरूप में यों प्रत्यक्ष होती है। "क्षण-क्षण विश्व पर अपार ऐन्द्रजालिक शक्ति परियों से पंख खोलकर कलियों में खिलती, केशर-पराग से युक्त प्रकाश में उड़ती, रँगे कपड़े बदलती, दिशाओं के आयत दृगों में हँसती, झरनों में गाती पुन: अज्ञात तम में अन्तर्धान होकर तादात्म्य प्राप्त करती है।" ('प्रबन्ध प्रतिमा', पृ. 63) शक्ति तम का परिवर्तित रूप है। स्वभावत: संसार-रूप में प्रत्यक्ष होने के बाद वह फिर उसी तम में लीन हो जाती है।

यह शक्ति संचालित कैसे होती है? चेतन ब्रह्म के स्पर्श के बिना वह गतिशील कैसे होगी? निराला कहते हैं, जैसे यंत्र का आविष्कार बाहर से पहले वैज्ञानिक के मन में होता है, वैसे ही शक्ति का संचालक भीतर है।

लगता है, घूम-फिरकर वह फिर उसी चेतन ब्रह्म के ठौर पर लौट आए। किन्तु 'शून्य और शक्ति' निबन्ध में चेतन 'हम' की बड़ी विचित्र व्याख्या है।

यंत्र का आविष्कार मनुष्य करता है। मनुष्य का मन यंत्र की उपज नहीं है। यंत्र जड़ है; मनुष्य का मन चेतन है। इन दोनों का परस्पर सम्बन्ध क्या है?

निराला कहते हैं : "यंत्रकार के जिस 'हम' में तैयार करने की शक्ति है, उसके उसी 'हम' की भौतिक शक्ति यंत्र शक्ति में काम कर रही है, क्योंकि 'हम' के पंचतत्त्वों से अलग कोई छठा तत्त्व यंत्र में नहीं लगा।" ('प्रबन्ध पद्म', पृ. 3) मनुष्य का मन अभौतिक नहीं है, वह भूत का सूक्ष्म रूप है किन्तु है भौतिकता के अन्तर्गत। यंत्र और मनुष्य के मन का परस्पर सम्बन्ध यह है कि 'हम' की भौतिक शक्ति यंत्र शक्ति में काम करती है। जो पंचतत्त्व यंत्र में हैं, वही 'हम' में। भेद है शक्ति के स्थूल और सूक्ष्म रूपों में। गुरुभक्तसिंह भक्त के काव्य पर निराला की टिप्पणी में प्रकृति के जिस सूक्ष्मतम रूप का उल्लेख है, वह इस सन्दर्भ में ध्यान देने योग्य है।

प्रकृति का वह स्वर जो अश्रव्य है, मौन है, जो चिर समाप्ति में पारवाली आख्या प्राप्त करता है, जिसे लोकोत्तरानन्द कहते हैं : 'वह भी प्रकृति की क्षीणतम अव्यक्त अवस्था है।' भेद व्यक्त और अव्यक्त, शक्ति के स्थूल और सूक्ष्म रूपों में है किन्तु चेतना और पदार्थ हैं एक ही शक्ति सूत्र से बँधे हुए।

छायावादी लेखकों में केवल निराला ऐसे हैं जिन्होंने 'हम' की 'भौतिक' शक्ति का उल्लेख किया है। अधिकांश विचारक जड़ और चेतन का द्वैत भाव छोड़ नहीं पाते। मार्क्सवादी लेखक मैटर और स्पिरिट में भेद करते हैं। उनके मैटीरियलिज़्म और उनके विरोधियों के आइडियलिज़्म में इस भेद को लेकर कोई अन्तर नहीं है। अन्तर है मैटर और स्पिरिट को प्राथमिक और गौण मानने में। मैटीरियलिस्ट के लिए मैटर पहले है, स्पिरिट बाद को; आइडियलिस्ट के लिए स्पिरिट—आइडिया, चेतना—पहले है, मैटर—वस्तु, भूत, पदार्थ—बाद को है। किन्तु मैटर और स्पिरिट दो अलग चीज़ें हैं, इस बारे में मतभेद नहीं है।

'शून्य और शक्ति' में निराला यह द्वैत भाव मिटा देते हैं। यंत्रकार के 'हम' की शक्ति भौतिक है, यंत्र की शक्ति भी भौतिक है। जड़ और चेतन, दोनों एक ही भौतिक शक्ति के विभिन्न रूप हैं जो पंचतत्त्व मनुष्य में हैं, वही यंत्र में। 'हम' के पंचतत्त्वों से अलग कोई छठा तत्त्व यंत्र में नहीं लगा। आगे कहते हैं : "इस 'हम' का आविष्कार और वैज्ञानिक प्रगतियों की नाड़ी बंद एक बात है। 'हम' मरे हुए मन में शून्य के सिवा कुछ नहीं; तब विज्ञान का आधार भी शून्य ही हुआ।"

सबसे पहले ध्यान जाता है इस बात पर कि विज्ञान का आधार शून्य है और वैज्ञानिक का मन भी शून्य है। एक ही आकाशतत्त्व वैज्ञानिक के मन से लेकर उसके समस्त आविष्कारों तक में संचालित है। शून्य अथवा आकाश के परे कुछ नहीं है।

मनुष्य का मन यंत्रों का आविष्कार करता है, यंत्र मन का आविष्कार नहीं करते। प्रकृति के दो रूपों का यह सम्बन्ध है : एक है संचालक, दूसरा है संचालित। यदि मन का भी आविष्कार हो जाय तो वैज्ञानिक आविष्कारों का क्रम भी बंद हो जाय। मन और पदार्थ—चेतन और अचेतन—के द्वन्द्व के बिना प्रगति नहीं है। इसलिए निराला ने कहा : 'हम' का आविष्कार और वैज्ञानिक प्रगतियों की नाड़ी बंद एक बात है। चेतन और अचेतन का द्वन्द्व एक ही प्रकृति अद्वैत के अन्तर्गत है।

'हम' से शून्य का सम्बन्ध जोड़ते हुए निराला एक अद्‌भुत बात कहते हैं : 'हम' मरे हुए मन में शून्य के सिवा कुछ नहीं। मन मरा हुआ क्यों है? जो मन यंत्र का आविष्कार कर रहा है वह अगर मुर्दा है तो क्या फिर यंत्र ज़िन्दा है?

संसार में जहाँ भी सक्रियता है, वहाँ शक्ति है। इस शक्ति की एक निष्क्रिय पृष्ठभूमि है—आकाश, शून्य। हम जिस सक्रियता से परिचित होते हैं, वह शक्ति—प्रकृति—की है, उसकी निष्क्रिय पृष्ठभूमि शून्य—आकाश—की नहीं। शक्ति की जीवन सक्रियता के मुकाबले निष्क्रिय शून्य—आकाश—मुर्दा है। आकाश सर्वत्र है, उसके बिना शक्ति की गतिशीलता असम्भव है। मनुष्य की चेतना यदि शक्ति है,

तो उसके लिए भी आकाशरूपी पृष्ठभूमि अनिवार्य है। मन का एक मरा हुआ रूप है—वह है आकाश। मन का एक जीवन्त रूप है—वह है सक्रिय चेतना। जीवन्त चेतना का आधार है मुर्दा आकाश। इसलिए कहा : 'हम' मरे हुए मन में शून्य के सिवा कुछ नहीं। शिव और पार्वती के रूपक में निराला यही सत्य देखते हैं। "जब पार्वती पार्वत्य हरी भरी चेतन प्रकृति हैं, तब शिव शवमात्र, उस प्रकृति के आधार।" ('प्रबन्ध प्रतिमा', पृ. 96) चेतन प्रकृति—पार्वती—के आधार हैं शिव, जो शवमात्र हैं।

एक गीत में लिखा :

ज्ञान-तन्तु, तुम, जग अजान मन—
शव-शिव-शक्ति महान। ['गीतिका', पृ. 47]

जो ज्ञानमय शक्ति है, उसका आधार है अजान-मन, शिव, जो शवरूप है। इसी अर्थ में निराला ने कहा : 'हम' मरे हुए मन में शून्य के सिवा कुछ नहीं।

इसलिए : "पृथ्वी शून्य, सूर्य शून्य, चन्द्र शून्य, तारे शून्य, जलकण शून्य, चिनगारी शून्य, हवा का आवर्त शून्य, अणु-परमाणु शून्य, स्वेद अंड-पिंड शून्य, प्रकृति का प्रत्येक बीज शून्य।" ('प्रबन्ध पद्म', पृ. 4) इस शून्य से परे कुछ नहीं है। 'कौन तम के पार—रे कह'। तम के पार कुछ नहीं है। यह निराला का प्रकृति अद्वैत है। कहना न होगा कि शून्य सापेक्ष अर्थ में ही शून्य है, वह सत्ता का पूर्ण अभाव नहीं है। वह शक्ति का आधार है; सत्ता का पूर्ण अभाव किसी चीज़ का आधार नहीं बन सकता। शून्य को शक्ति का आधार मानकर निराला उससे अपनी कला का सम्बन्ध जोड़ते हैं।

"इस शून्य के आधार पर सृष्टि अपनी सृज में ही बाँकपन या कला पैदा कर रही है। इसलिए सृष्टि सब रूपों में टेढ़ी है। युग, वर्ष, अयन, ऋतु, मास, दिन भिन्न-भिन्न अपना विशिष्ट सौन्दर्य रखते हैं। प्रत्येक व्यक्ति की तिर्यक् दशा। यही कला और सौन्दर्य है।" ('प्रबन्ध पद्म', पृ. 4)

निराला के प्रकृति-अद्वैत से कला की सार्थकता सिद्ध होती है; उसी से मनुष्य के इतिहास, उसके समस्त विकास की सार्थकता भी सिद्ध होती है। जहाँ केवल शून्य है, वहाँ विकास नहीं है। जहाँ पूर्ण सच्चिदानन्द ब्रह्म है, वहाँ भी विकास नहीं है। विकास वहाँ है जहाँ शून्य शक्ति बनता है, फिर शक्ति संसार के समस्त पदार्थों, व्यापारों में अपना चमत्कार दिखाती है। सांख्य दर्शन से अपने प्रकृति-अद्वैत का सम्बन्ध जोड़ते हुए निराला ने लिखा : "विकास को देखने या करने के अस्तित्व में शक्ति का ही अस्तित्व है। शास्त्रानुसार शून्य और शक्ति अभेद हैं। फर्क इतना ही है कि जब शून्य में स्थिति है, तब शक्ति का ज्ञान नहीं, क्योंकि 'वह नहीं काँपता' सिद्ध है, और जब शक्ति का परिचय है, तब शून्य का ज्ञान नहीं, क्योंकि 'वह काँपता है', सिद्ध है।" (उप., पृ. 4)

जहाँ कम्पन है, गति है, वहाँ शक्ति है। जहाँ कम्पनहीनता, गतिहीनता है, वहाँ शून्य है। जहाँ शक्ति का अस्तित्व है, वहाँ विकास है। जहाँ शून्य है, वहाँ विकास का भी अभाव है।

द्वन्द्व के बिना विकास नहीं। यह द्वन्द्व छिड़ा है प्रकृति के दो रूपों में। एक प्रकृति है मनुष्य के भीतर, दूसरी प्रकृति है मनुष्य के बाहर। इन दोनों के चिरन्तन संघर्ष का परिणाम है मानव जीवन का विकास।

मनुष्य का शरीर प्रकृति है, उसका मन, उसका गुण, उसका चरित्र—वह भी प्रकृति है। मनुष्य अपने गुण से दूसरों को वश में कर लेता है। "जहाँ मन को वश में करने की शक्ति होती है, वहाँ रूप की अदृश्य महाशक्ति का प्रकाश है, ऐसा समझना चाहिए।" ('सुधा', दिसम्बर, '33; सम्पा. टि.—1) जहाँ प्रकृति है, वहाँ रूप है; रूप चाहे मन का हो, चाहे शरीर का, है वह रूप ही।

मनुष्य के इस प्रकृति रूप में बाह्य प्रकृति का संघर्ष ठना हुआ है। हीवेट रोड, लखनऊ की पगली भिखारिन 'प्रकृति की मारों से लड़ती हुई' मुरझा गई है। ('चतुरी चमार', पृ. 40) 'गरमी की तेज़ लू और बरसात की तीव्र धार पगली और उसके बच्चे के ऊपर से पार हो गई।' (उप., पृ. 46) यह बाह्य प्रकृति है, निर्दय, कठोर, मनुष्य के दुःख-सुख का विचार जिसे छू नहीं गया। इससे लड़ रही है दूसरी प्रकृति जो मनुष्य रूप में प्रत्यक्ष होती है। "लोग नेपोलियन की वीरता की प्रशंसा करते हैं। पर यह कितनी बड़ी शक्ति है, कोई नहीं सोचता।" (उप., पृ. 41) निराला के लिए पगली भिखारिन 'महाशक्ति का प्रत्यक्ष रूप।' (उप., पृ. 42) है। लाहौर कांग्रेस में गांधीजी के रूप में 'अपार महाशक्ति' प्रत्यक्ष हुई। ('सुधा', फरवरी, '30; सम्पा. टि.—3) प्रकृति मारती है, प्रकृति जिलाती है। प्रकृति की मारों से पगली मुरझा गई। राणा प्रताप ने जब अकबर को पत्र लिखा, तब 'प्रकृति के विरोध-संघर्षों से' उनका मन पराजित हो गया था। ('सुधा', 1 अक्तूबर, '33; सम्पा. टि.—1) किन्तु गांधीजी ने आमरण अनशन किया : "प्रकृति ने उनकी रक्षा की।" ('सुधा', 16 अगस्त, '33; सम्पा. टि.—4)

प्रकृति मारती है, प्रकृति जिलाती है; इसलिए मनुष्य को चाहिए कि उसके नियमों को पहचाने, उनके अनुसार काम करे। अन्तर्राष्ट्रीय रंगमंच पर साम्राज्यवाद और समाजवाद का संघर्ष हो रहा है। साम्राज्यवाद प्रकृति के नियमों को न मानकर समाजवाद के अस्तित्व का बराबर विरोध करता है। राष्ट्रसंघ में राजनीति का ऐसा चक्र चला कि "रूस की तरफ से सब-के-सब वक्र रहे। परन्तु प्रकृति किसी राजनीतिज्ञ या राष्ट्रसंघ की ब्याही हुई हिन्दू बीवी नहीं—वह—क्या कहते हैं नायिका-भेद में उसे—वह नायिका है, जो स्वतंत्र रहती है।" ('सुधा', अक्तूबर, '34; सम्पा. टि.—4)

प्रकृति मनुष्य की इच्छाओं से स्वतंत्र है। सामाजिक विकास के नियम, मनुष्य की इच्छाओं से स्वतंत्र, अपना कार्य करते रहते हैं। इसलिए साम्राज्यवादियों को मजबूर होकर समाजवादी शक्ति—सोवियत संघ—को मान्यता देनी पड़ी।

हिन्दू समाज में उच्च वर्णों ने निम्न जनों पर अत्याचार किये। परिणाम यह हुआ कि "प्रकृति ने दृप्त हिन्दू समाज को जैसी मार, उसके दर्प की प्रतिक्रिया के रूप से,

दी है, उससे अब सब लोग बराबर ज़मीन पर आ गए हैं।" ('सुधा', जून, '30; सम्पा. टि.—10) इस स्थिति को मनुष्य अपनी इच्छाशक्ति से बदल नहीं सकता। विवेक का तकाज़ा है कि भारतवासी बदली हुई परिस्थिति के अनुसार कार्य करें। परिवर्तन के नियमों को न समझकर जो पुरानी व्यवस्था से चिपके हुए हैं, वे विवेकहीन, प्राकृतिक नियमों के विरुद्ध, निराधार, इतिहास की दृष्टि से मृत समाज-व्यवस्था की रक्षा कर रहे हैं। "इस प्राकृतिक स्थिति को कि उसने (प्रकृति ने) तमाम भारतवासियों को लाकर एक ही ज़मीन पर खड़ा कर दिया है, उसके भेद-भाव को दूर कर दिया है, न समझने वाले लोग कट्टरता की ही बुनियाद मज़बूत करते हैं, न कि बुद्धि की; और चूँकि इस तरह का प्रचलन हिन्दू समाज में है, इसलिए हिन्दू समाज किसी बुद्धि तथा विवेक के आश्रय पर नहीं खड़ा, किन्तु कट्टरता ही उसके इस विभिन्न अस्तित्व का एकमात्र आधार है। यदि वे लोग समाज को विवेक के अनुसार क़ायम रखें, तो कुल उलझनें सुधर जाएँ, और बराबर ज़मीन पर रहकर अपने-अपने गुणों तथा कर्मों के अनुसार एक बार सब लोगों को तरक्की करने के समान अधिकार प्राप्त हों, समाज का आमूल संस्कार हो जाए।" (उप.)

इतिहास की माँग है समाज का आमूल संस्कार। इस माँग को स्वीकार करना, उसके अनुसार आचरण करना विवेकशीलता का परिचय देना है। जो समाज विवेक की जगह कट्टरता के आधार पर क़ायम है, उसका समर्थन करनेवाले कट्टरता की बुनियाद मज़बूत करते हैं। परिणाम यह होता है कि कट्टर रूढ़िवादियों और आमूल संस्कार—सामाजिक क्रान्ति के पक्षपातियों के बीच संघर्ष छिड़ जाता है। निराला का प्रकृति-अद्वैत सामाजिक संघर्ष से उदासीन न होकर दार्शनिक स्तर पर उसकी अनिवार्यता सिद्ध करता है।

इस संघर्ष में एक समुदाय की शक्ति क्षीण होती है, दूसरे की शक्ति बढ़ती है। किसकी शक्ति बढ़ेगी, किसकी घटेगी—इसका फैसला इतिहास करता है। हिन्दू समाज में ऊँचे और नीचे वर्णों के बीच बहुत फासला था। इस पर ध्यान देने से मालूम होगा कि "जो प्रकृति एक मौलिक शक्ति देना चाहती है, जब अनेकानेक विवर्तनों से वह जीर्णता को धूलिसात् करती रहती है, तब वह चिरकाल से उस जाति को सविशेष उपकरणों के भीतर से तैयार करती रहती है।" ('प्रबन्ध प्रतिमा', पृ. 76) इस नियम के अनुसार एक ओर "प्रकृति ने वर्णाश्रम धर्म के सुविशाल स्तम्भों को तोड़ते-तोड़ते पूर्ण रूप से चूर्ण कर दिया है।" (उप.), दूसरी ओर "प्रकृति ने स्वयं ही शूद्रों के लिए क्षेत्र तैयार कर दिया।" (उप., पृ. 236) "प्रकृति ने ही साम्य की स्थापना कर दी, सब जातियों के एक ही कार्य तथा एक ही अधिकार कर दिये।" (उप., पृ. 237)

प्रकृति-अद्वैत की सीख है कि समाज में जिस साम्य स्थापना के लिए परिस्थिति तैयार हो चुकी है, उसे विवेकशील जन स्वीकार करें। न करेंगे तो पुरानी व्यवस्था के साथ खुद भी मिट जाएँगे।

माया की व्याख्या करना मुश्किल है। हज़ार साल से यह व्याख्या बहुत कम लोगों की समझ में आई है।

यदि माया प्रवंचना है तो संसार प्रवंचना है, जीवन और साहित्य प्रवंचना है। यदि माया ब्रह्म के आश्रित नहीं है तो सूर्य को उसकी किरणों से अलग करके देखना आवश्यक नहीं है। प्रकृति अद्वैत के अनुसार मूल तत्त्व एक है—शून्य। वह परिवर्तित होकर शक्ति बनता है, शक्ति परिवर्तित होकर संसार बनती है। यह संसार गतिशील है, उसकी गतिशीलता के—सामाजिक विकास के—वस्तुगत नियम हैं। मनुष्य विवेक से इन नियमों को पहचानता है। जो कट्टरपंथी हैं, वे इन नियमों को न पहचानकर विवेकशील जनों का विरोध करते हैं।

निराला का यह प्रकृति-अद्वैत उनके ब्रह्म वाले अद्वैत से ज़्यादा भरा-पूरा, अधिक विज्ञानसम्मत, सामाजिक और साहित्यिक प्रगति को समझने के लिए अधिक उपयोगी है। माया और ब्रह्म के चिरन्तन अन्तर्विरोध से वह मुक्त है। समाज और साहित्य के प्रति निराला के क्रान्तिकारी दृष्टिकोण को वह तर्कसंगत ढंग से सार्थक सिद्ध करता है।

सामाजिक परिवर्तन और साहित्य

राष्ट्रीय स्वाधीनता आन्दोलन की प्रगति के साथ साहित्य में भी व्यापक परिवर्तन हुए। हमारा प्राचीन साहित्य महान् था किन्तु आधुनिक साहित्य, अंग्रेज़ी तथा अन्य यूरोपीय भाषाओं के साहित्य से पिछड़ा हुआ हो, यह बात राष्ट्रीय आत्मसम्मान के प्रतिकूल है। आधुनिक साहित्य को न केवल अंग्रेज़ी साहित्य के वरन् भारत के प्राचीन साहित्य के भी समकक्ष होना है। सामाजिक क्षेत्र में धार्मिक भेदभाव, वर्णव्यवस्था का उत्पीड़न आदि सामन्ती अवशेष खत्म करके जैसे प्रगतिशील विचारक एक नये भारत का निर्माण करना चाहते थे, वैसे ही साहित्यिक क्षेत्र में दरबारी काव्य-परम्परा की सीमाएँ तोड़कर लेखक आधुनिक साहित्य को नये युग की विचारधारा के अनुसार समृद्ध और समर्थ बना देना चाहते थे। रवीन्द्रनाथ ठाकुर को नोबेल पुरस्कार मिला, इससे लेखकों में नया आत्मविश्वास पैदा हुआ। पुराना साहित्य ही श्रेष्ठ नहीं है, नये साहित्य को विश्व-मान्यता प्राप्त हुई है। जो कार्य बँगला में हुआ है, वह अन्य भाषाओं में भी हो सकता है, इस भावना से प्रेरित होकर प्रथम महायुद्ध के बाद वाले युग में भारतीय लेखक साहित्य-रचना में प्रवृत्त हुए।

रवीन्द्रनाथ रहस्यवादी कवि के रूप में प्रसिद्ध हुए। हिन्दी के छायावादी कवि भी अपने को रहस्यवादी कहते थे। नये साहित्य के विरोधी कहते थे : ये सब संसार के माया-मोह में फँसे हुए हैं, शृंगार की कविताएँ लिखते हैं, इनमें कुछ दुश्चरित्र भी

हैं, फिर भी ब्रह्मज्ञान छाँटते हैं; वास्तव में ये सब भारतीयता के विरोधी हैं। कविता में ये जो भाव और विचार व्यक्त कर रहे हैं, वे यूरोप से उधार लिये हुए हैं या फिर बँगला की नकल हैं और चूँकि बँगलावालों ने खुद अंग्रेज़ी से बहुत-सा माल उधार लिया है, इसलिए हिन्दी की छायावादी कविता नकल की नकल है।

निराला ने इस विरोध का जवाब दिया। जिन मान्यताओं के आधार पर उन्होंने यह जवाब दिया, उनका गहरा सम्बन्ध उनके दार्शनिक चिन्तन से है।

रूप-रस-गंध वाला संसार सुन्दर है। कवि उसके सौन्दर्य का चित्रण करे या उसे माया समझकर उसकी तरफ से अपना ध्यान हटा ले?

निराला ने साहित्य में शृंगार-वर्णन का औचित्य सिद्ध करने के लिए वैष्णव कवियों का सहारा लिया। हिन्दी और बँगला के ये कवि भक्त थे, फिर भी उन्होंने नारी के सौन्दर्य की पूजा करके सिद्धि प्राप्त की। निराला मानते हैं कि उनकी यह शृंगार-साधना संन्यासी की साधना से भिन्न है, फिर भी "किसी अंश में भी इस शृंगार के साहित्य को वेदान्त साहित्य के उपलब्ध ज्ञान के मुकाबले में न्यून नहीं रखा।" ('सुधा', नवम्बर, '29; सम्पा. टि.—1)

यह तर्क उनके लिए था जो भक्तों की नैतिकता के कायल थे किन्तु निराला उस शृंगार के समर्थक न थे जो भोगमुक्त हो। भक्त कवि राधा-कृष्ण के शृंगार का वर्णन करते थे किन्तु प्रत्यक्ष रूप में स्वयं भोगी होने का दावा न करते थे। निराला की स्थिति इन भक्तों से भिन्न थी। वह स्वयं भोगी थे और भोग को उचित ठहराने के लिए उनके पास दार्शनिक युक्ति भी थी। संसार में विजय प्राप्त करने के लिए वीरता आवश्यक होती है। शृंगार भाव वीरता का विरोधी है। किन्तु संसार में विरोधी गुण के अस्तित्व के बिना प्रगति असम्भव है। इस तरह जो भाव वीरता का विरोधी जान पड़ता है, वह उसका प्रेरक और समर्थक भी बन सकता है।

निराला ने उन लोगों का मज़ाक उड़ाया जो शृंगार-रस के विरोधी थे, जो कवि-सम्मेलनों में शृंगार-रस की कविता सुनकर 'अपने रासभ-रव द्वारा, चिरकाल के प्रतिष्ठित ब्रह्मचर्य की घोषणा करने लगते हैं', जो समझते हैं कि इस तरह की कविता सुनने भर से 'देवियों के पाक दामन में सियाह धब्बे' लग जाएँगे, इसलिए "धीर, शान्त, उज्ज्वल, नम्र ब्रह्मचारिणी कुमारियों और एक पति-व्रताचरण-परायणा सुधा-श्राविणी साक्षात् लक्ष्मी-सरस्वतियों को, उनके धैर्य-स्खलन का विचार कर स्थान ही स्खलित कर देने का महामंत्र दे डालते हैं।" निराला ब्रह्मचर्य सम्बन्धी परम्परागत धारणाओं का मखौल उड़ाते हैं, स्पष्ट ही यह वेदान्त की परिचित भूमि नहीं है।

फिर वह तर्क करते हैं कि "वीर-रस का विरोधी शृंगार-रस ही प्रतिक्रिया के रूप में अपने शत्रु को सजग किये रहता है।" इस धारणा को पुष्ट करने के लिए वह उदाहरण प्रकृति से देते हैं : "जिस तरह दिन को सिद्ध करने के लिए रात्रि की आवश्यकता है और रात्रि को सिद्ध करने के लिए दिन की, उसी तरह वीर के लिए

शृंगार की और शृंगार के लिए वीर की आवश्यकता है। यदि इनमें से एक न रहा तो दूसरा रह ही नहीं सकता। यही रहस्य है और यही सत्य है।"

यह सत्य वेदान्त के सत्य से भिन्न है, यह रहस्य रहस्यवाद के रहस्य (अथवा प्रकाश) से भिन्न है।

एक तर्क और है। गृहस्थों का धर्म त्यागियों के धर्म से भिन्न है किन्तु ज्ञान पर दोनों का समान अधिकार है। गृहस्थ संत-साहित्य से प्रभावित हुए किन्तु मुग्ध सर्प की तरह उन्होंने स्वतंत्रता खो दी। इसका कारण यह है कि लोग ज्ञान-रहित कर्मों को गृहस्थ धर्म समझने लगे, जैसे 'आग में घी जलाकर वायु-शोधन' करना। नवीन साहित्य 'जीवनोपाय को सरल तथा सुगम' करता है, वह 'संसार के लोगों को एक ही पदार्थ तथा ज्ञान के सूत्र से बाँध सकता है।' स्वभावत: वह संत-साहित्य से भिन्न होगा। "संतों के जितने परित्यक्त विषय रहे हैं, उनमें भी सत्य तथा शिव को प्रत्यक्ष कर उनका चित्र अंकित कर सकता है।" ('सुधा', जुलाई, '30; सम्पा. टि.—4)

यहाँ निराला संत-साहित्य से—और इसलिए वेदान्त से—नये साहित्य की भिन्नता सूचित करते हैं। जो संतों के परित्यक्त विषय थे, वे सब नया साहित्य में सत्य और शिव की प्रतिष्ठा के लिए अंकित हैं। वेदान्त और नये साहित्य में यह अन्तर है।

प्रकृति सुन्दर है, उसका सौन्दर्य साहित्य में चित्रण करने योग्य है। मनुष्य-जीवन है तो भोग भी है। जो कहते हैं कि कवि भोगी होकर ज्ञानी नहीं हो सकता, वे सिद्ध करें कि वे संसार में भोग के बिना जीवित हैं। रूप-रस-गंध-स्पर्श के संसार में रहना भी भोगी बनना है। यदि सच्चरित्रता का यह अर्थ किया जाय कि मनुष्य संसार से मुक्त होकर ब्रह्म में लीन हो गया, तो जो भी संसार में रहते हैं, वे दुश्चरित्र साबित हुए। "अनेक रस-रूपों को भोग करना, पाँच ज्ञानेन्द्रियों की भूमि में उतरकर पंच कर्मेन्द्रियों का सहारा लेना, अर्थात् चरित्रहीन होना है।" ('सुधा', अगस्त, '32; सम्पा. टि.—2) तर्क यह है कि वेदान्त की शुद्ध भूमि पर रहते हुए साहित्य-रचना सम्भव ही नहीं।

प्रश्न रूप-रस-गंध के संसार के चित्रण का ही नहीं था, न शृंगार के सामान्य चित्रण का ही प्रश्न था। आदर्शवादी विचारक आपत्ति इस बात पर करते थे कि जो भोगी हैं, वे अपने को ज्ञानी कहते हैं; साहित्य में पुण्य का, नैतिक आदर्शों का चित्रण होना चाहिए, ये कवि पाप का चित्रण करते हैं जो मनुष्य को पतन की ओर ले जाता है। इस सम्बन्ध में निराला ने लिखा कि केवल ब्रह्म उत्थान और पतन से परे है : "वह जीव-कोटि में नहीं आ सकता"; जहाँ तक जीव का सम्बन्ध है : "केवल उत्थान नहीं हो सकता, उसके साथ पतन लगा हुआ है।" (उप.) यहाँ वेदान्त के ब्रह्म को स्वीकार करते हुए भी निराला साहित्य को संसार से सम्बद्ध और वेदान्त की शुद्ध भूमि से दूर मानते हैं।

साहित्य में यथार्थ जीवन, यथार्थ मनुष्य का चित्रण होना चाहिए। जो लोग मनुष्य को खुदा या शैतान के रूप में देखते हैं, वे अज्ञानी हैं। ये सब धर्म की रूढ़ भावनाएँ हैं। जब मनुष्यों ने 'और भी बृहत् सत्य के लिए' प्रयत्न किये, तब ये रूढ़ भावनाएँ मिट गईं। यदि मनुष्य के मुँह को पाप की स्याही रँग दे तो उसका यथार्थ रूप न दिखाई देगा : "उसी तरह धर्म की सफेदी भी रँग देती है।" ('सुधा', नवम्बर, '32; सम्पा. टि.—1) जहाँ कला है, वहाँ संसार अवश्य होगा। जहाँ संसार है, वहाँ पुण्य के साथ पाप, उत्थान के साथ पतन, सत् के साथ असत् अवश्य होगा। "केवल सत्साहित्य का समर्थन हो नहीं सकता। केवल सत्-सत् लिखने से सृष्टि अधूरी रह जाएगी, दूसरों को वह कभी जँच नहीं सकती, उसमें कला का अभाव रहेगा।" (उप.)

उन दिनों गांधीवाद से प्रभावित अनेक लेखक साहित्य में सदाचार की प्रतिष्ठा पर ज़ोर दे रहे थे। दिल्ली में प्रान्तीय साहित्य सम्मेलन के मंच से प्रेमचन्द ने सदाचार की आवश्यकता पर भाषण दिया। 'विशाल भारत' ने—निराला के अनुसार 'आत्मपक्ष की पुष्टि' के लिए—भाषण के अंश उद्धृत किये। इस आदर्शवाद का खंडन करते हुए निराला ने लिखा : "ऐसा आदर्शवाद किसी भी सुबोध विचारक को मान्य न होगा, क्योंकि वह इस तरह का है—केवल खाओ, प्रकोष्ठ साफ न करो।" जो लोग प्राचीन भारतीय साहित्य को अपने आदर्शवादी चौखटे में जड़कर उसकी व्याख्या करते थे, उनसे असहमति व्यक्त करते हुए निराला ने लिखा : "भारत के साहित्यिक ऐसे आदर्शवादी नहीं थे। सीता, सती, राम, शिव आदि उच्च से उच्च चरित्रों में इसीलिए उन्होंने दाग दिखलाए हैं।" जो लोग वेदों और पुराणों का हवाला देकर आदर्श नैतिकता का चित्रण आवश्यक सिद्ध करते थे, निराला ने उनका भी विरोध किया। ऐसे लोगों में सनातनी और आर्यसमाजी, दोनों थे। निराला ने वेदों और पुराणों की आदर्शवादी व्याख्या करनेवालों के बारे में लिखा : "सनातनी और आर्यसमाजी, दोनों पुराणों और वेदों के यथार्थ साहित्य से दूर हैं। क्योंकि दोनों के शब्द अपने-अपने साहित्य के विज्ञापन के शब्द हैं, जिनमें प्रतिकूल कुछ भी नहीं रहता, केवल अनुकूल, केवल फायदे की बातें।" (उप.)

यहीं साहित्य में आस्तिक और नास्तिक वाला सवाल भी उठता है। आदर्शवादियों के अनुसार सारी नैतिकता का स्रोत है ईश्वर; जो नास्तिक है, वह अनैतिक भी होगा। जिसे सत्साहित्य की सृष्टि करनी है, उसे नैतिक और आस्तिक होना चाहिए। निराला ने इस तर्क का उत्तर यह कहकर दिया कि "कलाकार के लिए नास्तिक और आस्तिक वाला सवाल नहीं...जो कलाकार है, वह आस्तिकता और भक्ति की कलाएँ जानता है। वह नास्तिकता की भी कलाएँ खींचता है।" (उप.)

जहाँ कला है, वहाँ सत् और असत् से मिश्रित जीवन की समग्रता है। जो साहित्यकार जीवन को उसकी समग्रता में न स्वीकार करेगा, उसकी कला भी अधूरी रहेगी। वास्तविक सत्साहित्य वही है जिसमें असत् भी है। निष्कर्ष यह कि "सत्साहित्य

की सृष्टि के लिए जीवन की सभी दिशाएँ आवश्यक हैं, क्योंकि कोई गिर जाता है, तो उसके गिरने के कारण हैं। वे साहित्य के लिए उतने ही ज़रूरी हैं, जितने उठने वाले कारण।" (उप.)

यहाँ तक निराला ने भोग और त्याग, सत् और असत्, उत्थान और पतन में भेद किया किन्तु इससे आगे बढ़ते हुए वह ऐसी तर्कभूमि पर पहुँचते हैं जहाँ सत् और असत् भिन्न होते हुए भी अभिन्न हो जाते हैं। यथार्थ को गहरी निगाह से देखने पर जो असुन्दर है, असत् है, पाप है, वह भी सुन्दर, ग्राह्य और जीवनदायी बन जाता है। लिखा है : "आत्मा से जब कि भले और बुरे का निराकरण नहीं हो सकता, एक ही आत्मा समुद्र में दोनों अमृत और विष की तरह मिले हुए हैं—तब उस विष की परिव्यक्त सघन नीलिमा भी राम की श्याम शोभा बनती है।" ('सुधा', 1 अक्तूबर, '33; सम्पा. टि.—1)

यूरोप में धार्मिक-नैतिक रूढ़ियों के विरुद्ध, शेक्सपियर से मैक्सिम गोर्की तक, साहित्य में जिस मानवतावाद का विकास हुआ, उसकी यह बहुत अच्छी, संक्षिप्त और तर्कसंगत व्याख्या है। प्रथम महायुद्ध के बाद प्रबुद्ध भारतीय साहित्यकार जिस लक्ष्य की ओर बढ़ रहे थे, उसका यहाँ स्पष्ट निर्देश है।

विरोधी गुणों के संघर्ष का द्वन्द्व सिद्धान्त अपनाकर निराला ने साहित्य के सम्बन्ध में जो मान्यताएँ स्थिर की थीं, वे आदर्शवाद की विरोधी और साहित्य में यथार्थवाद की पोषक थीं। संसार को माया मानकर भी ये मान्यताएँ स्थिर की जा सकती थीं, किन्तु उस स्थिति में निराला को स्वीकार करना पड़ता कि साहित्य में समाज और मनुष्य के मन का जो चित्रण किया जाता है, वह माया है। इस माया-चित्रण को सार्थक करने के लिए उनके पास एक तर्क भी है कि यदि सांसारिक सौन्दर्य के चित्रण के साथ ब्रह्म-चर्चा भी कर दी जाय तो साहित्यकार को माया और राम, दोनों प्राप्त हो जाएँगे। 'मेरे गीत और कला' में उन्होंने 'जुही की कली' की जो व्याख्या की है, उसमें उनकी ब्रह्म और माया को मिलाने वाली यह तर्क-पद्धति देखी जा सकती है। "कली सोने से जगी हुई, प्रिय से मिली हुई, खिली हुई पूर्ण मुक्ति के रूप में, सर्वोच्च दार्शनिक व्याख्या-सी सामने आती है या नहीं, देखें...'तमसो मा ज्योतिर्गमय' की काव्य में उतरी हुई यह तसवीर है या नहीं, परीक्षा करें।"

किन्तु निराला यह अच्छी तरह जानते थे कि 'जुही की कली' जैसी रचनाओं में 'सर्वोच्च दार्शनिक व्याख्या' गौण है, मुख्य है शृंगार-वर्णन।

द्वन्द्व-सिद्धान्त को अपनाकर उन्होंने जो साहित्य-सम्बन्धी मान्यताएँ स्थिर कीं, वे उनके प्रकृति-अद्वैत के अनुकूल हैं। प्रकृति ही विभिन्न अवस्थाओं और रूपों में एकमात्र सत्य है, उसके सत्य होने से ही मनुष्य की समस्त सामाजिक-सांस्कृतिक कार्यवाही सार्थक होती है। उनके इस प्रकृति-अद्वैत से साहित्य-सम्बन्धी दो मान्यताएँ फूटती हैं। एक यह कि भाषा, साहित्य और सामाजिक जीवन में मनुष्य को ऐश्वर्य चाहिए, उसे पाने के लिए प्रयत्न करना चाहिए; दूसरी यह कि साहित्य और सामाजिक

जीवन का लक्ष्य है मनुष्य के दुःख दूर करना, सुखी मानव समाज की स्थापना करना। ये दोनों मान्यताएँ परस्पर-विरोधी हों, यह आवश्यक नहीं। मनुष्य के दुःख दूर किये जाएँगे तो समाज भौतिक रूप से समृद्ध होगा ही। किन्तु निराला के चिन्तन में ये दोनों मान्यताएँ परस्पर विरोधी होकर ही सामने आती हैं। कारण यह कि वह जानते हैं कि वह जिस ऐश्वर्य की बात कर रहे हैं, वह भावी समाज में प्राप्त होनेवाला लक्ष्य नहीं, वर्तमान समाज-व्यवस्था में सुलभ होनेवाला ऐश्वर्य है। यह ऐश्वर्य बड़े-बड़े राजाओं और ज़मींदारों को प्राप्त है। वर्तमान समाज में ऐश्वर्य प्राप्त करना है तो उन मानव-सम्बन्धों का औचित्य स्वीकार करना होगा जिनके रहते हुए ही यह ऐश्वर्य कुछ व्यक्तियों को सुलभ होता है। निराला का मन यह स्वीकार नहीं कर पाता, इसीलिए दोनों मान्यताएँ परस्पर टकराती हैं।

'बंगाल के वैष्णव कवियों की श्रृंगार-वर्णना' लेख में उन्होंने सोलह सहस्त्र ब्रजबालाओं के साथ एक ही कृष्ण की एक ही समय 'सम्भोग, श्रृंगार क्रीड़ा' को—"प्रकृति के राज्य में संसार के नेत्रों ने आज तक जितने आश्चर्यकर विषय प्रत्यक्ष किये हैं", उनमें—सबसे अधिक विस्मयकर माना। इसे पुरुष और प्रकृति का विहार कहकर उचित सिद्ध किया जा सकता है किन्तु निराला भोग की सार्थकता या व्यर्थता पर विचार करते हैं; "अत्यन्त सांसारिक धरातल पर, पुरुष और प्रकृति का ज्ञानमय विहार जहाँ छूट जाता है। श्रृंगार-रस प्रतिक्रिया रूप से वीर-रस को सजग किये रहता है, इस तर्क को विस्तार देते हुए आगे वह कहते हैं : "वीर्य की आवश्यकता क्यों है—भोग के लिए—चाहे राज्य-भोग हो या अन्य भोग, इसी तरह भोग या भंजन के बिना वीर्य भी नहीं बढ़ सकता...जो वीर है, वह भोगी अवश्य होगा।"

'वर्तमान धर्म' और उसकी टीका में देवताओं के सेनापति कार्तिक में वीर और श्रृंगार रसों का यही सहअस्तित्व दिखाया गया है। वह "बड़े ऐयाश होने पर भी कर्म द्वारा ऐयाश नहीं, क्योंकि आदर्श गृही वीर हैं। उनमें भोग की अतिशयता नहीं, गृही वीर वाला भोग है यद्यपि कल्पना में उसकी अतिशयता भी है।

'वर्तमान धर्म' की टीका में निराला ने प्रकृति को 'ऐश्वर्य शक्ति' भी कहा है। ('प्रबन्ध प्रतिमा', पृ. 109) जो ऐश्वर्यशक्ति है, उससे मनुष्य को ऐश्वर्य प्राप्त होना ही चाहिए। इस ऐश्वर्य में राज्यभोग प्रमुख है। वैष्णव कवियों वाले लेख में उन्होंने भोग की चर्चा करते हुए राज्यभोग का नाम लिया, वह इसी ऐश्वर्य शक्ति की ओर संकेत करता है। निराला की कल्पना में श्रृंगार-रस प्रतिक्रिया रूप से जिन नायकों में वीर रस को सजग किये रहता है, वे सब राजा हैं : 'दो-एक आदर्श पुरुष महावीर और भीष्म की बातें और हैं।'

हिन्दी साहित्य को शक्ति चाहिए, यह ऐश्वर्यवाली शक्ति। किन्तु लेखक दरिद्र, जनता दरिद्र, भाषा भी दरिद्र! कहते हैं : "हिन्दी में एक जो सबसे बड़ी कमी है, वह है कथा-साहित्य में ऐश्वर्य-प्रदर्शन का अभाव। जिस तरह भाषा वैभव-विहीन

है, उसी तरह भाव-प्रकाशन और चरित्र भी हैं। वे शक्ति के सौन्दर्य से किरणों के निर्झर की तरह नहीं चमकते।" ('सुधा', 16 नवम्बर, '33; सम्पा. टि.—1)

एक थे कालिदास जिन्होंने उपवन-वासिनी शकुंतला में सभ्यता के चरम विकास का ऐश्वर्य प्रदर्शित किया; दूसरे हैं हिन्दी लेखक, जो ग्राम्य जीवन के चित्रण से संतोष कर लेते हैं। कालिदास की शकुंतला सभ्य से सभ्य मनुष्य के हृदय पर अधिकार कर लेती है, इसकी वजह क्या है?

"वजह वही, कालिदास सभ्यता के अन्तिम सोपान तक पहुँचकर वहाँ अपनी सत्ता को मिलाना जानते थे। आज हिन्दोस्तान के वे गौरव के दिन नहीं रहे, इसलिए सर उठाते वक्त सर पर रखा हुआ सदियों की दासता का बोझ नीचे दबा देता है, और दुर्बल मनुष्य, शक्ति के अभाव के कारण, शक्तिवालों की बराबरी नहीं कर पाता—सर झुका लेता है—वे कमज़ोरियाँ फिर उस समुदाय पर सवार हो जाती हैं।" ('सुधा', अगस्त, '30; सम्पा. टि.—7)

कालिदास जिस सभ्यता के अन्तिम सोपान तक पहुँचे हैं, वह समृद्ध नगर-सभ्यता है। कालिदास से अधिक रसराज का सिद्ध कवि और कौन है? बँगला साहित्य में उच्च वर्गों के वैभव का चित्रण किया गया है। निराला कल्पना से वह सब साहित्य में लिखते हैं, उसी के अनुरूप भाषा में जगमगाहट पैदा करते हैं लेकिन हिन्दीवाले कहते हैं, साहित्य जनता के लिए होना चाहिए, भाषा ऐसी होनी चाहिए कि सबकी समझ में आए। निराला तर्क करते हैं कि बड़े आदमियों के घर के साज-सानान, विलास के उपकरण ग़रीबों को सुलभ नहीं, फिर भी साहित्य में उनका वर्णन किया जाता है। ये सब "देश को उन्नत साबित करने के लिए सबसे जरूरी हो रहे हैं।" ('सुधा', अक्तूबर, '32; सम्पा. टि.—1) साहित्य ग़रीब जनता का चित्रण करके समृद्ध नहीं हो सकता।

निराला कहते हैं : "इतिहास में सम्राट और राजे-महराजे ही रहते हैं, सर्वसाधारण नहीं। फिर भाषा-साहित्य के लिए सर्वसाधारण वाला कारण कहाँ तक सर्वमान्य कहा जा सकता है?" (उप.)

ऐश्वर्यशक्ति वाले अद्वैत से जो भोग-सम्बन्धी मान्यता फूटती है, उसकी यह चरम परिणति है। यह मान्यता इतिहास के सम्बन्ध में भ्रान्तियाँ पैदा करनेवाली, साहित्य में यथार्थवाद का विरोध करनेवाली है।

इसके विपरीत दूसरी मान्यता है जो प्रकृति अथवा माया का सम्बन्ध मानव-करुणा से जोड़ती है, जिसके अनुसार इतिहास में राजाओं का ऐश्वर्य तो है किन्तु उसका आधार जनसाधारण का उत्पीड़न है, इस मान्यता के अनुसार प्रगतिशील विचारक का लक्ष्य होना चाहिए सामाजिक क्रान्ति और उसी के अनुरूप साहित्य का विकास।

'अधिवास' (1923) कविता में निराला गति का सम्बन्ध संसार से जोड़ते हैं। जहाँ ब्रह्म है, वहाँ गति नहीं है। जहाँ गति है, वहाँ संसार है, दैन्य है, मानव-करुणा

है, माया है। निराला इस 'माया' को छोड़ नहीं सकते, भले ही ब्रह्म छूट जाय। अधिवास वहाँ है जहाँ गति रुक जाती है किन्तु जब तक कवि में करुणा विद्यमान है, तब तक यह गति कैसे रुक सकती है? कवि ने 'मैं' शैली अपनायी है, दुखी को देखकर उसके हृदय पर दुःख की छाया पड़ती है, वह उसे गले लगाता है और अपने को माया में फँसा हुआ पाता है :

फँसा माया में हूँ निरुपाय,
कहो, फिर कैसे गति रुक जाय?

दुखी के प्रति करुणा का भाव उसकी 'प्रगति' को अनन्त कर देता है—गतिहीन ब्रह्म के बदले अनन्त गतिशीलता वाली प्रकृति से वह तादात्म्य स्थापित करता है, ब्रह्म छूट जाता है किन्तु उसे इसका खेद नहीं :

छूटता है यद्यपि अधिवास,
किन्तु फिर भी न मुझे कुछ त्रास।

'माया' में फँसे हुए निराला की यह अक्षय मानव-करुणा उनकी क्रान्तिकारी विचारधारा का स्रोत है।

भक्त ने स्वप्न में दर्शन देनेवाले महावीर से पूछा : "ये ग़रीब मरे जा रहे हैं—इसके लिए क्या होगा?" महावीर ने उत्तर दिया : "ये मर नहीं सकते। इनके लिए वही है, जो वहाँ के राजा के लिए है। इन्हें वही उभारेगा, जो वहाँ के राजा को उभारता है, तुम अपने में रहो, दूर मत जाओ।" ('भक्त और भगवान', 'सुधा', दिसम्बर, '24)

निराला को इस ब्रह्म से संतोष न होता था जो राजा को उभारता था और उसकी दीन प्रजा को भी उभारता था या उभार सकता था। 'तुम अपने में रहो'—यह ज्ञान उनके विद्रोही मन को शान्त न कर पाता था।

भारतीय जनता और साहित्यकारों में जो क्रान्तिकारी विचारधारा फैल रही थी, उसका कारण राष्ट्रीय स्वाधीनता आन्दोलन की प्रगति ही नहीं, उसकी असफलता भी थी। सन् '30 के बाद जैसे-जैसे गांधीवादी नीति से यह आन्दोलन साम्राज्यवाद से सत्ता छीनने में असफल हुआ, वैसे-वैसे गांधीवाद को हटाकर उसकी जगह वामपंथी विचारधारा का प्रसार भी हुआ। हिन्दी साहित्य में प्रश्न उठा : साहित्य किसके लिए लिखा जाए? अप्रैल, 1934 के 'विशाल भारत' में बनारसीदास चतुर्वेदी का लेख 'कस्मै देवाय' प्रकाशित हुआ।

निराला ने अब तक के अपने रचे हुए साहित्य पर निगाह डाली। उन्होंने देखा कि 'जुही की कली' में कला की पूर्णता है, वह श्रमिक जनता को ग्राह्य होनी चाहिए। मज़दूर को निरक्षर, दरिद्र मज़दूर ही नहीं बने रहना है। वह भी सौन्दर्य चाहता है,

साहित्य का आनन्द चाहता है। जहाँ जीवन की पूर्णता है, वहाँ निराला का साहित्य उसे अवश्य पसन्द आएगा। श्रमिक जनता और साहित्य के सम्बन्ध पर विचार करते हुए निराला ने लिखा :

"मज़दूर और साधारण लोगों का पक्ष क्यों लिया जाय, जब हम यह विचार करेंगे, तब इसी से उच्चता साबित हो जाएगी। मज़दूरों का पक्ष इसीलिए तो लिया जाएगा कि मज़दूरों के साथ न्याय हो, उन्हें पेट भर खाने को मिले, कष्ट के दिनों के लिए कुछ रखने को भी बच जाए, वे शिक्षित हों; समाज, देश, जाति तथा संसार के साथ मिलें, उससे सौहार्द करें। यहाँ इतने से ही देखिए, कला चढ़ती जा रही है—विकसित होती जा रही है, और बड़ी-से-बड़ी विशालता में परिणत। फिर यदि आज का कोई कवि या साहित्यिक प्रकृति की किसी साधारण वस्तु या विषय को इसी प्रकार परिपुष्ट करता हुआ कला का विकास दिखलाए, तो क्या आप ऐसा कह सकते हैं कि इस कार्य से आपके उस कार्य का साम्य न हुआ?" ('सुधा', 16 जून, '34; सम्पा. टि.—1)

मज़दूर आन्दोलन का लक्ष्य है मज़दूर को उसकी वर्तमान अवस्था से उत्कर्ष की ओर ले जाना। यही उत्कर्ष कला में है या होना चाहिए। इसलिए दोनों में कोई विरोध नहीं। यहाँ तक तो विरोध न होने की बात हुई। किन्तु इसके आगे एक प्रश्न है : छायावादी कवियों ने श्रमिक जनता और क्रान्ति के सम्बन्ध में जो कुछ लिखा है, उसे लोग क्यों भूल जाते हैं?

निराला ने प्रश्न किया : "फिर अगर आप विशेष (बल) मज़दूर-पक्ष के ही विषय पर देते हों, तो क्या आप कह सकते हैं कि हिन्दी के आधुनिक कलाकारों का उधर ध्यान नहीं गया? आप जो इस भाव की धारा को हिन्दी में बहाना चाहते हैं, क्या आपको हिन्दी का आधुनिक साहित्य देखकर यह समझने का समय नहीं मिला कि यह धारा हिन्दी में नये युग के प्रारम्भ से वह रही है?"

निराला की टिप्पणी साहित्य को क्रान्ति से अलग नहीं रखती, न वह साहित्य को मज़दूर-आन्दोलन की तात्कालिक आवश्यकताओं तक सीमित करती है। वह साहित्य में प्रकृति-वर्णन, कला के उत्कर्ष, साथ ही श्रमिक जनता की आशा-आकांक्षाओं और संघर्षों के चित्रण का समर्थन करती है। यहाँ प्रश्न उठता है, साहित्य और राजनीति का परस्पर क्या सम्बन्ध है? निराला राजनीति को साहित्य से निकालते नहीं हैं किन्तु साहित्य को अधिक व्यापक मानते हैं। लिखा है : "साहित्य का राजनीति के साथ उतना ही सम्बन्ध है, जितना साहित्य का उसके शाखा-साहित्य से। इससे अधिक महत्त्व एक साहित्यिक कार्यकर्ता उसे देगा तो साहित्य के सार्वभौमिक विचार से वह लक्ष्य से च्युत कहा जायगा। एक साहित्यिक की दृष्टि में किसी भी समय राजनीतिक की महत्ता साहित्य की महत्ता से ज़्यादा नहीं रही।" ('सुधा', अक्तूबर, '30; सम्पा. टि.—4) इसी दृष्टि से वह समाज में राजनीतिज्ञ और साहित्यकार के महत्त्व को तौलते हैं।

निराला जिस राजनीति का अक्सर ज़िक्र करते हैं, वह क्रान्तिकारी राजनीति नहीं, सुधारवादी राजनीति है। इस सुधारवादी राजनीति को पूँजीपतियों का समर्थन प्राप्त है। बड़े-बड़े अखबार इस नीति का प्रचार करते हैं। उस नीति पर चलने वाले लोग नेताओं का गुणगान करते हैं। जो साहित्यकार इनके पिछलगुए हैं, वे धन और प्रतिष्ठा प्राप्त करते हैं। जो स्वतंत्र विचार के हैं, साहित्य और समाज में धूल फाँकते हैं।

निराला ने संन्यासी की व्याख्या की कि जो सत्य को जनता तक पहुँचाए, वह संन्यासी है। किन्तु 'सत्य' को जनता तक पहुँचाने का ठेका पूँजीपतियों के पास है। "संवाद-पत्रों के सहारे पूँजीपति ही ज्ञान देनेवाले, 'सत्' से न्यास करनेवाले, सत्य-संवाद प्रकाशित करनेवाले बन गए। फलत: जो दल उनके साथ आया, उनके अधीन रहा, वह उन्हीं का प्रचार सत्य के तौर पर उद्देश्य सिद्धि के लिए करने लगा। इस तरह घात-प्रतिघातों से स्वार्थ का प्राधान्य लेकर दुनिया ही बदल गई। भारत दुनिया से बाहर नहीं, बल्कि विशेषता खोकर यूरोप के और भी अधीन है। अतएव अयोग्य के पीछे ही ज़ोर से डंका बजानेवाला क्रम भी जारी हुआ।" ('सुधा', 1 नवम्बर, '33; सम्पा. टि.—1) यह हुआ पूँजीवाद और राजनीति का सम्बन्ध। इस सम्बन्ध के कारण अयोग्य पुजता है, साहित्य में दलबंदी पनपती है। जो नया लेखक है, वह अपने पैरों खड़ा नहीं हो सकता जब तक किसी गुट में शामिल न हो। निराला के अनुसार, हिन्दी के 80 फीसदी साहित्यकार अपनी साहित्यकारिता का प्रमाण देने के लिए किसी बड़े साहित्यिक का डंका बाँधते हैं।

दूसरी ओर "यथार्थ साहित्य-निर्माता आज भी उसी प्रकार अपमान का भार रखे झुके हुए जाति, भाषा तथा साहित्य की ओर देखते-देखते चुपचाप सरस्वती के इंगित पर चले जा रहे हैं; कोई साथ नहीं; अक्षम, अज्ञान, रीतिवादग्रस्त असाहित्यिकों के विष-बुझे व्यंग्य-बाण सहते जा रहे हैं।" (उप.)

ऐसे साहित्यकारों के सामने दो ही रास्ते हैं, स्वयं झोंपड़ियों में रहते हुए वे दूसरों के विलास-वैभव के सपने देखें या फिर उनसे नाता जोड़ें जो उन्हीं की तरह अभावग्रस्त और अपमानित हैं। निराला इन दोनों रास्तों पर चले थे और उनकी जागरूकता का यह प्रमाण है कि वे इन दोनों रास्तों के बीच में जो फासला है, उसे पहचानते थे।

डलमऊ में कुल्लीभाट की पाठशाला में अछूत बालकों को देखकर निराला के बड़प्पन के भाव वैसे ही ग़ायब हुए, जैसे लखनऊ में हीवेट रोड के फुटपाथ पर पगली भिखारिन को देखकर हुए थे।

अन्तर्विरोध तो बहुत साहित्यकारों में होते हैं किन्तु उन्हें देखनेवाली निराला की-सी साफ दृष्टि कम ही में होती है।

उचित है कि भारत के अभावग्रस्त, स्वाधीनचेता साहित्यकार क्रान्तिकारी सामाजिक आन्दोलनों का साथ दें। क्रान्ति और साहित्य के सम्बन्ध में निराला कहते हैं :

"क्रान्ति साहित्य की जननी है। नवीनता तभी पैदा होती है, और साहित्य का रथ कुछ कदम आगे बढ़ता है। इसे ही जीवन भी कहते हैं। ऋतु के बदलने पर जिस तरह पृथ्वी एक नये रूप से सजती है, उसी तरह क्रान्ति-जन्य नवीनता से साहित्य।" ('सुधा', फरवरी, '35; सम्पा. टि.—17) यह सही है कि समाज में ऐश्वर्य नहीं है, कम-से-कम उनके पास नहीं है जो दैनिक जीवन की साधारण आवश्यकताएँ भी पूरी नहीं कर सकते। किन्तु इसका यह अर्थ नहीं कि लेखक कल्पना जगत् में घूमे और वहाँ विलास-वैभव के महल खड़े करे क्योंकि "उपन्यास वास्तविक जीवन के चित्र रखता है।" (टिप्पणी 'उपन्यास साहित्य और समाज' पर है।) समाज की स्थिति यह है : "जो दशा हमारे सामाजिक जीवन की है, उसमें दृश्यमान ऐसी कोई भी बात नहीं, जो सभ्य-समाज के मुकाबले के चरित्र उपन्यास-लेखकों को दे सके।" किन्तु इस समाज में क्रान्तिकारी विस्फोट के लिए पर्याप्त सामग्री है। साहित्यकार चाहें तो आदर्शवादी रचनाएँ करें, विलास-वैभव के सपने देखें, साहित्य को काल्पनिक ऐश्वर्य से समृद्ध करें...।

"या क्रान्ति की लहर उठाएँ, और खूबी से उसे बहाते चलें, जब तक समाज का नवीन रूप उसके अनुकूल न हो जाए। वर्तमान पीड़ितों का जो मसाला समाज में है, वह भी उसे उड़ाने के लिए काफी है। ऐसी सक्षम रचनाएँ इस साहित्य को नया जीवन दे सकेंगी।" (उप.)

क्रान्ति की ओर उन्मुख प्रकृति-अद्वैत से जो दूसरी साहित्य-सम्बन्धी मान्यता फूटती है, वह यह है।

हिन्दी साहित्य : आन्तरिक संघर्ष

निराला के दार्शनिक विचार इस संसार से दूर किसी कल्पनालोक की उपज नहीं हैं, भारतीय समाज और हिन्दी साहित्य की यथार्थ समस्याओं से उनका बहुत गहरा सम्बन्ध है। उन्होंने धार्मिक रूढ़ियों, पौराणिक देवी-देवताओं के प्रति अन्धश्रद्धा, मूर्तिपूजा, साम्प्रदायिक भेदभाव, शूद्रों पर द्विजों के अत्याचार का विरोध किया, मनुष्यमात्र की समानता की घोषणा की और इस सारी कार्यवाही को उचित ठहराने के लिए दार्शनिक तर्क प्रस्तुत किये। अपनी क्रान्तिकारी दृष्टि से साहित्य की परिधि उन्होंने विस्तृत की, पुरानी संकीर्ण रूढ़ियाँ तोड़कर उन्होंने नये भावों और विचारों के आयात के लिए मार्ग प्रशस्त किया। यह सारी कार्यवाही किसी शान्तिपूर्ण संघर्षहीन कल्पना जगत् में नहीं, हिन्दी संसार की ठोस, गतिशील, संघर्षमय परिस्थितियों में सम्पन्न हुई। अक्सर सामाजिक, दार्शनिक, राजनीतिक और साहित्यिक स्तरों पर निराला के विरोधी एक ही तरह के लोग थे। ऐसा होना स्वाभाविक था क्योंकि

निराला सामन्ती समाज-व्यवस्था और उसकी तमाम सांस्कृतिक रूढ़ियों के विरोध में उठ खड़े हुए थे।

निराला से पहले साहित्य और समाज की पुरानी रूढ़ियाँ तोड़ने का काम भारतेन्दु हरिश्चन्द्र, बालकृष्ण भट्ट और उनके समसामयिक लेखकों ने किया था। इन्होंने नये विषयों पर साहित्य-रचना आरम्भ की, विशेष रूप से गद्य का विकास किया किन्तु रीतिवादी परम्परा उनके युग में काफी दृढ़ बनी रही जिसका एक परिणाम यह हुआ कि कविता की भाषा ब्रज थी, गद्य की खड़ी बोली। बीसवीं सदी के प्रारम्भिक दो दशकों में महावीरप्रसाद द्विवेदी, मैथिलीशरण गुप्त आदि के प्रयत्न से रीतिवादी धारा और कमज़ोर हुई, कविता में खड़ी बोली प्रतिष्ठित हुई, गद्य का और अधिक विकास हुआ। इस समय के अधिकांश लेखकों की सामाजिक चेतना—गांधी युग से पहले के—पूँजीवादी उदारपंथ की सीमाओं के भीतर काम करती है। यह उदारपंथ एक ओर देश की वन्दना करता है, दूसरी ओर जार्ज पंचम की स्तुति करता है, पौराणिक देवी-देवताओं के प्रति आस्थावान् है। वह जाति-पाँति का विरोधी है किन्तु आदर्श रूप में वर्णव्यवस्था का समर्थक भी है। वह राष्ट्रीय एकता में विश्वास करता है किन्तु हिन्दू सभ्यता, मुस्लिम संस्कृति उसके लिए दो अलग इकाइयाँ हैं। भाव-बोध की दृष्टि से वह उपयोगितावाद का कायल है। साहित्य से स्पष्ट शिक्षा मिले, उसमें आदर्श चरित्र हों, नैतिक उपदेश हो, भाषा सरल और सुबोध हो, यह उसकी माँग है।

सन् '20 के बाद राष्ट्रीय आन्दोलन के प्रसार के साथ छायावादी साहित्य का विकास होता है। गांधीवादी राजनीति पर पुराने उदारपंथ का काफी गहरा असर है यद्यपि वह उस असर को कम भी करती है, राष्ट्रीय आन्दोलन को पहले से अधिक व्यापक बनाकर समाज की रूढ़ियों को तोड़ने और नये साहित्य को रचने की प्रेरणा भी देती है। किन्तु भाव-बोध की दृष्टि से सरल सुबोध भाषा में उपयोगी साहित्य ही उसके लिए उच्चकोटि का साहित्य है।

राष्ट्रीय आन्दोलन गांधीवादी राजनीति तक सीमित नहीं है। वह जनता के नये स्तरों को आन्दोलित करता है, संघर्ष के नये तरीके अपनाता है, गांधीवाद से हटकर, नई विचारधाराओं से प्रेरित होकर वह समाज में आमूल परिवर्तनों की माँग करता है। विशेष रूप से सन् '30 के बाद उसमें यह परिवर्तन लक्षित होता है।

गांधीवादी स्वाधीनता आन्दोलन के प्रतिनिधि कवि हैं मैथिलीशरण गुप्त। सन् '20 से पहले की पूँजीवादी उदारपंथी मान्यताएँ ओढ़े हुए वह सन् '20 के बाद वाले युग में पदार्पण करते हैं और अपने नये-पुराने कृतित्व के बल पर राष्ट्र-कवि की प्रतिष्ठा पाते हैं।

निराला एक सीमा तक गांधीवाद के साथ हैं, उस सीमा तक, जहाँ गांधीवाद वर्णव्यवस्था, हिन्दू-मुस्लिम भेदभाव, अंग्रेज़ों की दासता का विरोधी है। किन्तु निराला समाज में जिस आमूल परिवर्तन के पक्षपाती हैं, वह गांधीवाद की सीमाएँ नहीं स्वीकार

करता। वह चोटी और दाढ़ी को मिलाकर नहीं, दोनों का सफाया करके—हिन्दू धर्म और इस्लाम, दोनों की साम्प्रदायिक रूढ़ियों को मिटाकर—सामान्य मानवता की भूमि पर हिन्दू-मुस्लिम एकता के समर्थक हैं। हरिजनों का मन्दिर-प्रवेश उनके लिए काफी नहीं है; वह मूर्तिपूजा के ही विरोधी हैं—उन सन्तों की तरह, जिन्होंने मन्दिर में मूर्तिपूजन के अधिकार के लिए न लड़कर देवता और मूर्ति, दोनों का बहिष्कार करके निर्गुण ब्रह्म की साधना की। निराला के लिए पूँजीपति जनता के धन के संरक्षक नहीं हैं, वे जनता के शोषक हैं जो राजनीतिज्ञों और साहित्यकारों, दोनों को अपनी धुन पर नचाते हैं। अंग्रेज़ी राज से मुक्ति पाने के लिए निराला ज़मींदार-विरोधी किसान-संघर्षों को अनिवार्य समझते हैं; गांधीवाद इस तरह के वर्ग-संघर्ष को भारतीय संस्कृति का विरोधी मानता है।

कोई आश्चर्य नहीं कि रीतिवादी आचार्यों से लेकर गांधीवादी अथवा अराजकतावादी पत्रकारों तक हिन्दी लेखकों का बहुत बड़ा दल, निराला के विरोध में संगठित हो गया। छायावादी लेखकों में निराला का विरोध सबसे अधिक हुआ। इसका कारण यह था कि स्वाधीनता आन्दोलन की वे तमाम प्रवृत्तियाँ जो गांधीवाद की सीमाएँ तोड़कर आगे बढ़ रही थीं, निराला में केन्द्रित हो गई थीं। इसके साथ ही उनकी साहित्यिक अभिरुचि में वह सब कुछ था जो सरल सुबोध भाषा में लिखे हुए राष्ट्रीय उद्‌बोधनों और नैतिक उपदेशों की सीमाएँ पार कर जाता है।

पद्मसिंह शर्मा बिहारी सतसई के टीकाकार, रीतिवादी धारा के प्रतिनिधि आलोचक, हाली और अकबर के प्रशंसक, हाली के अनुकरण पर मैथिलीशरण गुप्त को 'भारत-भारती' की रचना के लिए प्रेरित करनेवाले, हिन्दी-साहित्य-सम्मेलन के सभापति, छायावाद के परम विरोधी आर्यसमाजी विद्वान् थे। उनका चिन्तन, रसग्रहण एक ऐसे तर्कसम्मत, बौद्धिक नहीं, बुद्धिमानी के स्तर पर होता था कि शास्त्र की रेखा लाँघकर कोई नया विचार वहाँ घुस न पाता था। काव्य में उदात्त क्या है, इसकी पहचान न हो सकती थी। पद्मसिंह शर्मा हाली के प्रेमी थे, निराला ग़ालिब के। हाली स्पष्ट कथन की भूमि पर विचरण करनेवाले कवि हैं, ग़ालिब गहरे गोता लगाने वाले। पद्मसिंह शर्मा को न रवीन्द्रनाथ पसन्द थे, न निराला, पन्त भी नहीं।

महावीरप्रसाद द्विवेदी मैथिलीशरण गुप्त की भाषा सँवारते थे, गोपालशरण सिंह को हिन्दी का श्रेष्ठ कवि मानते थे, रवीन्द्रनाथ की कविता उनके पल्ले न पड़ती थी, छायावादी कविता के वह विरोधी थे क्योंकि निराला-पन्त-प्रसाद अपने विरोध से नहीं, अपने कृतित्व से वह साफ-सुथरा महल ढहा रहे थे जिसे इतनी लम्बी साधना के बाद उन्होंने खड़ा किया था।

रामचन्द्र शुक्ल भौतिकवादी विचारक हैकेल की पुस्तक 'विश्व प्रपंच' के अनुवादक, उसके भूमिका लेखक, भौतिकवादी दार्शनिक लॉक से प्रभावित होनेवाले, एडीसन के आलोचना-सिद्धान्तों को आत्मसात् करनेवाले, तुलसी और जायसी के

प्रेमी, लोक-संग्रह पर बल देनेवाले, रहस्यवाद के विरोधी होने पर भी विचारधारा में बहुत जगह महावीरप्रसाद द्विवेदी और पद्मसिंह शर्मा से दूर और निराला तथा प्रसाद के निकट थे। अनेक दृष्टियों से विचारधारा में प्रगतिशील होने पर भी, शुक्लजी भावबोध की उसी दुनिया में रहते थे जिसके सम्राट् महावीरप्रसाद द्विवेदी थे।

बनारसीदास चतुर्वेदी अराजकतावादी थे, गांधीजी के भी परम भक्त थे। पद्मसिंह शर्मा और महावीरप्रसाद द्विवेदी उनके लिए साहित्य में उच्चतम शिखर थे, जैसे राजनीति में महात्मा गांधी। वह रवीन्द्रनाथ के प्रति अत्यन्त श्रद्धालु थे किन्तु गुरुदेव के काव्य में उन्हें रस न मिलता था। वह ब्रज भाषा काव्य के प्रेमी थे और आधुनिकों में श्यामसुन्दर खत्री की रचनाएँ उन्हें बहुत प्रिय थीं। निराला का विरोध संगठित करने में उनकी भूमिका अद्वितीय थी।

इन थोड़े से नामों की चर्चा से निराला के विरोध की दिशा, संघर्ष में टकराने वाली विचारधाराओं, इन विचारधाराओं की पोषक सामाजिक शक्तियों, साहित्यिक अभिरुचियों की भिन्नता का पता लग जाएगा। संक्षेप में निराला न केवल सामन्ती व्यवस्था, उसकी विचारधारा और उसकी साहित्यिक अभिरुचि से टकराए थे वरन् भारतीय पूँजीवाद, उसकी ढुलमुलयकीन सामाजिक विचारधारा और उसकी कुंठित साहित्यिक अभिरुचि से भी टकराए थे।

अनेक गांधीवादी विचारक रीतिवाद के विरोधी इसलिए थे कि उसमें श्रृंगार की अतिशयता थी, समाज के लिए उपयोगी विचारों की कमी थी। निराला रीतिवाद का विरोध इसलिए नहीं करते कि उसमें श्रृंगार अधिक है; उनके विरोध का कारण यह है कि उसमें श्रृंगार का उत्कर्ष नहीं है। कालिदास, रवीन्द्रनाथ, वड्र्सवर्थ और पन्त की रचनाओं से नारी-सौन्दर्य के चित्र देकर वह रीतिवादी सौन्दर्यबोध की तुलना में श्रृंगार के वास्तविक उत्कर्ष का समर्थन करते हैं ('सुधा', नवम्बर, 1929; सम्पा. टि.—11) बंगाल के वैष्णव कवियों में श्रृंगार का जैसा उदात्त चित्रण है, वैसा देव, बिहारी, मतिराम के यहाँ नहीं मिलता। (बंगाल के वैष्णव कवियों की श्रृंगार वर्णना, 'माधुरी', अगस्त-सितम्बर, 1928) रीतिवादी श्रृंगार-वर्णन में चमत्कार-प्रेम अधिक, सौन्दर्य-प्रेम कम है। रवीन्द्रनाथ रस में डूबते हैं, बिहारी तटस्थ रहते हैं; "बिहारी चित्रण कुशलता दिखाने की फिक्र में रहते हैं, परन्तु रवीन्द्रनाथ अपने विषय में मिल जाते हैं।" ('कविवर बिहारी और रवीन्द्र'; 'चाबुक', पृ. 17) हिन्दी आलोचना की सीमाएँ वास्तव में रीतिवाद की सीमाएँ हैं, इसलिए "केवल रस अलंकार और नायिकाभेद की सीढ़ियों से चढ़ना-उतरना काव्य-ज्ञान का प्रकृष्ट परिचय नहीं।" ('सुधा', जुलाई, '33; सम्पा. टि.—1)

महावीरप्रसाद द्विवेदी और रामचन्द्र शुक्ल भी रीतिवाद के विरोधी हैं किन्तु उनके और निराला के रीतिवाद-विरोध में अन्तर है। वे उस उदात्त श्रृंगार के कायल नहीं जो निराला को प्रिय है। 'नग्न सौन्दर्य की ज्योति में अश्लीलता की ज़रा भी सियाही नहीं लग पाई', बंगाल के वैष्णव कवियों में श्रृंगार का यह उत्कर्ष द्विवेदीजी

या शुक्लजी का आदर्श नहीं। द्विवेदीजी शृंगार रस के प्रेमी थे किन्तु साहित्यालोचन में अपनी वह अभिरुचि नियंत्रित किये रहते थे। शुक्लजी प्रकृति के सौन्दर्य पर तो मुग्ध हो लेते थे, नारी के सौन्दर्य को साधारणत: लोकमंगल की भावना का विरोधी समझते थे। इस तरह रीतिवाद का विरोध करते हुए भी दिवेदी-शुक्ल और निराला में अपना अन्तर्विरोध था। पद्मसिंह शर्मा से ऐसा द्विधा-सम्बन्ध न था। उनसे खुली टक्कर थी; "कुछ बिहारी की कल्पना है, उस पर पद्मसिंह जी भी कल्पना लड़ाते हैं। बहुत जगह चमत्कार पैदा करने में बिहारी से जो कुछ कोर-कसर रह जाती है, उसे पद्मसिंह जी पूरा कर देते हैं।" ('चाबुक', पृ. 17)

निराला के लिए शृंगार मनोरंजन का साधनमात्र नहीं है। वह काव्य में शृंगार की ऐसी अभिव्यंजना चाहते हैं कि कुछ समय के लिए पाठक की चेतना मूर्च्छित हो जाए। यह स्वच्छन्दतावादी कवियों के प्रबल भावोद्गार की आकांक्षा नहीं है, यह सघन ऐन्द्रिय अनुभूति की चाह है जो कुछ विशिष्ट स्वभाव के कवियों में मिलती है। निराला ने विद्यापति के लिए लिखा था : "भावुकता की मादक शक्ति विद्यापति में भी है, बड़ी ही तीव्र, जैसे नागिन का ज़हर।" ('माधुरी', अगस्त-सितम्बर, '28) नागिन के ज़हर का ऐसा आकर्षण न रीतिवादी कवियों में है, न निराला के समकालीन दूसरे छायावादी कवियों में। इससे तुलनीय है 'परिमल' के सम्बन्ध में निराला का वह वाक्य, जो उन्होंने पन्त को लिखा था : 'पल्लव' से कोई हानि नहीं, भय भी नहीं, बल्कि आनन्द ही है; पर 'परिमल' कभी-कभी, किसी-किसी वन्य झाड़ के जिस चटखारे से निकलता है, दिमाग ही फूँक जाता है, अस्वस्थ भी कर देता है।"

रीतिवाद में ऐन्द्रियता यथेष्ट है किन्तु उसमें वह तीव्रता नहीं जिसका उल्लेख निराला ने विद्यापति की चर्चा में किया है। रीतिवाद में रस है किन्तु उसमें वह गहराई नहीं जो कबीर, तुलसी, मीर और ग़ालिब में है ('सुधा', नवम्बर, '29; सम्पा. टि.—10) रीतिवाद में चित्र हैं, भाव हैं, पर दोनों में उच्च स्तर पर सामंजस्य नहीं है। निराला के लिए रूप-रस-गंध अभिन्न रूप से मनुष्य के भावी से जुड़े हुए हैं। सुन्दर वस्तु देखकर मन में जो भावात्मक प्रतिक्रिया होती है, वह एक तरह का नशा है। "रूप, रस, शब्द, गंध और स्पर्श द्वारा जिस प्रकार की भावना हृदय में प्रवेश करती है, उस समय मनुष्य के मस्तिष्क में उसी प्रकार का नशा छा जाता है।" ('कला के विरह में जोशी बन्धु', 'प्रबन्ध प्रतिमा', पृ. 198) निराला रस, ध्वनि, अलंकार के विरोधी नहीं; उनके लिए कविता में इनका उपयोग चमत्कार, प्रदर्शन के लिए नहीं, भाव और चित्र के उत्कर्ष के लिए होता है। कला की पूर्णता में इनका उचित सामंजस्य होना चाहिए। 'जुही की कली' में "केवल अलंकार, रस या ध्वनि नहीं, उनका समन्वय है। इस तरह एक कला पूर्ण हुई है।" ('प्रबन्ध प्रतिमा', पृ. 290)

स्वभावत: निराला का यह दृष्टिकोण न केवल रीतिवादी सौन्दर्यबोध का विरोधी है वरन् पूँजीवादी नैतिकता और उपयोगितावाद का भी विरोधी है। प्रत्येक साहित्य में ऐसे लोग मिलेंगे जो "स्थूल उपयोगितावाद से साहित्य के उत्कर्ष का अन्दाज़ा

लगाते हैं। वे कहते हैं, जिस साहित्य में जनता के हित की जितनी शक्ति है, कसौटी में वह उतना ही खरा, उतना ही उपयोगी और उतना ही मूल्यवान है। ('सुधा', जून, '33; सम्पा. टि.—1) निराला को यह कसौटी स्वीकार नहीं, स्थूल उपयोगितावाद के बदले वह साहित्य की सूक्ष्म उपयोगिता स्वीकार करते हैं। वह साहित्य में क्रान्तिकारी विचारधारा के समर्थक हैं, क्रान्तिकारी विचारधारा के साथ उत्कृष्ट सौन्दर्यबोध भी उन्हें प्रिय है।

अनेक स्थलों पर वह इस रोमांटिक दृष्टिकोण का समर्थन करते हैं कि कवि को तल्लीन होकर विषय का चित्रण करना चाहिए। रवीन्द्रनाथ महान् हैं क्योंकि "बिहारी को सदा अपने कवि होने का ज्ञान बना रहता है—बिहारी खुद नायिका नहीं बन जाते", जबकि रवीन्द्रनाथ "अपने विषय में मिल जाते हैं।" ('चाबुक', पृ. 16-17) उपन्यासकार तब तक अपनी कला में सफल नहीं हो सकता जब तक वह उस सभ्यता की "श्री तथा शोभा में स्वयं आत्मविस्मृत नहीं हो जाता" जिसका वह चित्रण कर रहा है; "केवल दर्शक की तरह दूर रहकर एक दूसरे वायुमंडल में साँस लेकर, तटस्थ रहकर उसके चित्रों को सफलता से खींचना चाहता है, तब तक प्राय: वह असफल ही होता है।" ('प्रबन्ध प्रतिमा', पृ. 223) निराला तटस्थता का विरोध करते हैं, आत्मविस्मृत होकर चित्रण करने की सलाह देते हैं। रचना गद्य की हो चाहे पद्य की, आत्मविस्मृत होकर लिखना सफलता के लिए आवश्यक है। स्वच्छन्दतावादी लेखकों में साधारणत: जैसा दृष्टिकोण मिलता है, वैसा ही यहाँ निराला का है।

जैसे ब्रह्म और शक्ति को लेकर निराला में दो तरह की धारणाएँ हैं, वैसे ही साहित्य में इस आत्मविस्मृत होकर लिखने के आदर्श को लेकर भी दो धारणाएँ हैं। यह आत्मविस्मरण भाव-विह्वलता की विशेषता है; जो आत्मविस्मरण का समर्थक है, वह साहित्य को भावोच्छ्वास भी मानता है। निराला की मेधा इतनी समर्थ है, उनका विवेक इतना जाग्रत् है कि वह काव्य को भावोच्छ्वास मानने को तैयार नहीं। साहित्य में आलोचना के महत्त्व की चर्चा करते हुए निराला ने भावोच्छ्वासमात्र वाली कविता का विरोध करते हुए लिखा : "हृदय का महत्त्व लेकर निकलने वाली कविता भी यदि विचार और श्रृंखला से सम्बद्ध नहीं तो शैशव-संलाप की तरह भावोच्छ्वासमात्र है, उससे साहित्य को कोई बड़ी प्राप्ति नहीं हो सकती।" ('सुधा', जुलाई, '33; सम्पा. टि.—1)

इस वाक्य में 'शैशव-संलाप' शब्द ध्यान देने योग्य है। टी.एस. इलियट ने शेली की रचनाओं से 'ऐडोलेसेंट' मन का सम्बन्ध सन् '33 में जोड़ा था। निराला ने भी शैशव-संलाप की बात सन् '33 में लिखी थी। इलियट की बात प्रसिद्ध हुई; निराला की बात दबी रह गई। सिद्ध यह हुआ कि निराला भावोच्छ्वास वाली छायावादी काव्यधारा की कमज़ोरी पहचानते थे। काव्योत्कर्ष के लिए भावगरिमा के साथ विचार और श्रृंखला के महत्त्व पर बल देते थे। आत्मविस्मृति की जगह यह तटस्थता की

स्वीकृति है। यहाँ देश-विदेश के अनेक रोमांटिक कवियों से उनका दृष्टिकोण भिन्न था। छायावादी कवियों के आपसी मतभेद का विचारधारा-सम्बन्धी कारण यहाँ स्पष्ट देखा जा सकता है।

निराला काव्य में भावों का अस्तित्व स्वीकार करते थे किन्तु रीतिवादी और सामान्य छायावादी धरातल से भिन्न स्तर पर। उनके लिए विशुद्ध भाव की सत्ता न थी। रामचन्द्र शुक्ल की तरह वह भाव से इन्द्रिय-बोध—मनुष्य के रूप-रस-गंध-स्पर्श-शब्द-सम्बन्धी अनुभव—को सम्बद्ध मानते थे। इन्द्रियबोध की सघनता के साथ वह भावों की तीव्रता आवश्यक समझते थे। यहाँ तक कि देश के नहीं तो विदेश के कई रोमांटिक कवि उनका साथ देते। किन्तु इससे आगे बढ़कर वह साहित्य में परस्पर-विरोधी भावों की सत्ता स्वीकार करते थे। "वीररस का विरोधी शृंगार-रस ही प्रतिक्रिया के रूप से अपने शत्रु को सजग किये रहता है।" ('माधुरी', अगस्त-सितम्बर, '28) संसार के रंगमंच पर जीव-जन्तु 'मधुर और भीषण कलरवोद्‌गारों से' अभिनय करते हैं। ('प्रबन्ध प्रतिमा', पृ. 63) स्वामी विवेकानन्द की कविता का अनुवाद 'नाचे उस पर श्यामा' प्रकाशित करते हुए निराला ने उस पर टिप्पणी लिखी : "इस कविता में यथाक्रम कोमल और कठोर भावों के चित्र दिखलाए गए हैं। कोमलता सभी चाहते हैं, परन्तु कठोर भाव कोई नहीं चाहते, सब उससे दूर रहना चाहते हैं। परन्तु यदि कोमलप्राणता दारिद्र्य, दुःख, रोग, व्याधि आदि देखकर भयविह्वल होती हो तो वह कोमलता वास्तव में दुर्बलता और कापुरुषता है। उसे दूर कर सदा मृत्यु को भरबाँह भेंटने के लिए तैयार रहना ही वीरत्व और मनुष्यत्व है।" ('समन्वय', आषाढ़, संवत् 1981)

रोमांटिक कविता में—कविता से अधिक रोमांटिक काव्य-सिद्धान्त में एक तरह के भाव व्यक्त करने पर ज़ोर दिया जाता है। आई.ए. रिचाड्‌र्स ने अपनी प्रसिद्ध पुस्तक 'प्रिंसिपिल्स ऑफ लिटरेरी क्रिटिसिज़्म' में इस धारणा का खंडन करते हुए अनेक भावों के, परस्पर-विरोधी भावों के भी, संगठन का महत्त्व प्रतिपादित किया। रिचाड्‌र्स की यह पुस्तक सन् '24 में प्रकाशित हुई थी; संयोग की बात, निराला ने ऊपर की टिप्पणी सन् '24 में लिखी थी।

आई.ए. रिचाड्‌र्स ने अरस्तू के कथार्सिस से विरोधी भावों के सन्तुलन का सिद्धान्त जोड़ा। आदर्श है मन की शान्ति, भावों के विरोध का शमन। निराला का उद्‌देश्य है गति; विरोधी भावों के सह-अस्तित्व से क्रान्तिकारी प्रेरणा का जन्म।

हिन्दी में जिस समय कोमलकान्त पदावली की धूम थी, उस समय निराला ने कोमलता के साथ परुषता की आवश्यकता पर बल दिया। छायावादी कवियों के आपसी मतभेद का यह दूसरा वैचारिक कारण था।

समस्त रीतिवादी और स्वच्छन्दतावादी कवियों की लीक छोड़कर निराला ने एक नया सिद्धान्त प्रतिपादित किया कि जहाँ कविता में भाव न हों, सुन्दर चित्रण न हो, केवल ऊँचे दर्जे की चिन्तन-प्रक्रिया हो, केवल विचार हों, वहाँ भी श्रेष्ठ काव्य,

सरस काव्य सम्भव है। आधुनिक साहित्य समस्या-मूलक है, उसमें अनेक समस्याओं का विवेचन होता है। मानना होगा कि यह विवेचन बहुत लोगों को अच्छा लगता है, सरस मालूम होता है, इसलिए साहित्य में 'विवेचना-रूपी रस' भी है। ('सुधा', 1 अगस्त, '34; सम्पा. टि.—3) काव्य में विचारों के महत्त्व पर किसी छायावादी कवि ने इतना ज़ोर नहीं दिया, जितना निराला ने।

जो व्यक्ति चिन्तन का महत्त्व स्वीकार करता है, वह गद्य और आलोचना का महत्त्व भी स्वीकार करेगा। काव्य को गद्य से श्रेष्ठ मानना अनेक देशों की सामान्य साहित्यिक परम्परा है। पुराने ज़माने में जो लोग गद्य लिखते थे—बाण-भट्ट से लेकर वाल्टर पेटर तक—उनका प्रयत्न यह रहता था कि उसमें वैसा ही चमत्कार पैदा करें, जैसा काव्य में सुलभ था। अनेक आधुनिक हिन्दी लेखक अंग्रेज़ी शब्दावली का अनुसरण करते हुए कविता और कहानी को तो रचनात्मक (क्रिएटिव) साहित्य मानते हैं, आलोचना को अरचनात्मक! निराला का दृष्टिकोण यहाँ भिन्न है।

आलोचना के महत्त्व के बारे में निराला कहते हैं : "आलोचना साहित्य का मस्तिष्क है। अत: साहित्य के विकास का श्रेय अनेक अंशों में उसे ही प्राप्त है।" ('सुधा', जुलाई, '33; सम्पा. टि.—1) आलोचना का महत्त्व अस्वीकार करने के बदले निराला ने समकालीन हिन्दी आलोचना की सीमाएँ बतलाईं; उसे रस, अलंकार, नायिकाभेद की गलियाँ छोड़कर यथार्थ जीवनदर्शन की विस्तृत भूमि पर आने को कहा। उपर्युक्त वाक्यों के बाद उन्होंने भावोच्छ्‌वास वाली कविता का जो विरोध किया है, उससे यह स्पष्ट हो जाता है कि आलोचना-कार्य कवि-कर्म का ही अभिन्न अंग है। 'आलोचना साहित्य का मस्तिष्क है'—इसलिए कविता को शैशव-संलाप की स्थिति से बचाने के लिए 'विचार और शृंखला' आवश्यक हैं। 'हृदय का महत्त्व लेकर निकलने वाली कविता' काफी नहीं है; मस्तिष्क का महत्त्व लेकर निकलने वाली आलोचना आवश्यक है। आलोचना और भाव-प्रकाशन एक ही साहित्यिक कर्म—रचना—के अन्तर्गत हैं।

निराला की दृष्टि में मेधा, विवेक, चिन्तन का ऐसा महत्त्व है कि वह चाहते हैं कि आदर्श आलोचक आदर्श कवि से अधिक समर्थ हो। कहते हैं : "काव्य की बारीकियाँ समझने के लिए आलोचक को कवि से अधिक समर्थ होना चाहिए।" ('सुधा', अगस्त, '32. सम्पा. टि.—1) इसी के अनुरूप गद्य का महत्त्व है। कविता में प्रचलित और लोकप्रिय कोमलकान्त पदावली से गद्य की भाषा का भेद करते हुए निराला ने लिखा था : "कविता की भाषा से मनोरंजन तो होता है परन्तु वह जीवन-संग्राम के काम की नहीं होती। दूसरे कविता-प्रिय मनुष्य कल्पना-प्रिय हो जाता है। उससे काम नहीं होता।" ('भाषा की गति और हिन्दी की शैली', 'समन्वय', आश्विन, 1980) निराला ने कविता की विशेष शब्दावली का सम्बन्ध कल्पना से जोड़ा है। कोमलकान्त पदावली की सजावट कल्पनाशीलता से जुड़ी हुई है। कल्पना के गुन गाते रोमांटिक कवि अघाते नहीं। निराला सन्, '23 में कह रहे हैं कि कल्पना अपने में काफी नहीं

है; काम करना है, इसलिए उस भाषा का व्यवहार करना चाहिए जो जीवन-संग्राम में काम की हो। कल्पना और यथार्थ में इसी तरह भेद करते हुए उन्होंने सन् '30 में लिखा कि हिन्दी में कल्पना प्रबल है, वास्तविकता कम है; अंग्रेज़ी में यथार्थवादी साहित्य का विकास हुआ : "यह समय भाषा-साहित्य में तब आता है, जब जाति अत्यन्त कर्मठ होती है; जब स्वप्नों के प्रभात का सब स्वर्ण दुपहर की धूप में गल जाता है।" ('सुधा', जनवरी, '30; सम्पा. टि.—9)

आलोचना, गद्य, कर्मठता, जीवन-संग्राम—ये सब निराला के चिन्तन में परस्पर सम्बद्ध हैं। कल्पना की अतिशयता, कोमलकान्त पदावली, आत्मविस्मृति—ये सब भी परस्पर सम्बद्ध हैं। एक छायावाद का सबल पक्ष है, दूसरा निर्बल। निराला के चिन्तन में दोनों पक्ष हैं, दोनों में द्वन्द्व है किन्तु अनेक स्थलों पर निर्बल पक्ष की भर्त्सना करते हुए वह सबल पक्ष को ही स्वीकार करते हैं।

निराला के लिए आलोचना और कविता की भाषा में मौलिक अन्तर नहीं है। कविता जब कल्पनालोक छोड़कर जीवन-संग्राम के निकट आएगी, तब वह कोमलकान्त पदावली की भूमि छोड़कर गद्य की भाषा के निकट आएगी। जब गद्य जीवन-संग्राम की भूमि छोड़कर कल्पना-लोक की ओर उड़ेगा, तब उसकी भाषा भी कोमलकान्त पदावली के निकट होगी। यहाँ प्रश्न सरलता और क्लिष्टता का नहीं है, प्रश्न है जीवन-संग्राम के अनुकूल अथवा प्रतिकूल भाषा का। जो शब्द-चयन कल्पना की अतिशयता से जुड़ा हुआ है, वह क्लिष्ट भी हो सकता है, सरल भी। रीतिवादियों का आदर्श है प्रसाद-गुण-युक्त सरल भाषा। किन्तु यह भाषा निराला के लिए जीवन-संग्राम की भाषा नहीं है। सन् '33 में उन्होंने फिर लिखा था : "गद्य जीवन-संग्राम की भी भाषा है।" ('सुधा', 1 अक्तूबर, '33; सम्पा. टि.—2) इससे विदित होगा कि निराला के चिन्तन में गद्य और जीवन-संग्राम कैसे परस्पर सम्बद्ध हैं। गद्य की सी भाषा का प्रयोग वह कविता में करना चाहते हैं, वह सरल होगी या क्लिष्ट—यह सन्दर्भ पर निर्भर है।

कविता, उपन्यास, नाटक—निराला के लिए इनकी चित्रण-कलाएँ अलग- अलग हैं। भाषा के अनेक भेद हैं क्योंकि लक्ष्य अनेक प्रकार के हैं। छायावादी कल्पनाशील कविता के लिए निराला कहते हैं : "कविता लिखने के समय जब चित्र के चन्द्र को अधिक प्रकाशमान करना पड़ता है, तब भाषा के शब्दों को यथाशक्ति प्रांजल कर देने की आवश्यकता है। शब्दों के सूर्य की किरणें चित्र को और द्युतिमान कर देती हैं। प्राचीन गौरव के प्रति लोगों की श्रद्धा आकर्षित करने का विचार हो, तो कविता की भाषा खुले हुए पुष्प की तरह पूर्ण विकच होनी चाहिए।" ('सुधा', जनवरी, '30; सम्पा. टि.—10)

शब्दों को अधिक प्रांजल करना, शब्दों के सूर्य की किरणों से चित्र को और द्युतिमान करना, प्राचीन गौरव के प्रति श्रद्धा आकर्षित करना—ये सब उस कल्पना-लोक की बातें हैं जो जीवन-संग्राम से दूर है। इस कल्पना-लोक की कविता के दो

भेद हैं—एक वह, जिसमें बाहरी प्रकृति का चित्रण है; दूसरी वह, जिसमें भीतरी प्रकृति का चित्रण है। बाहरी प्रकृति के चित्रण में, निराला के अनुसार, नामवाचक संज्ञाओं का विशेष उपयोग होना चाहिए, भीतरी प्रकृति के चित्रण में भाववाचक शब्द आने चाहिए। नामवाचक संज्ञाओं के प्रयोग से सौन्दर्य का चित्रण होता है, भाववाचक संज्ञाओं के प्रयोग से भावों का।

वास्तव में यह भेद कृत्रिम है। चाहे बाहरी प्रकृति का चित्रण हो, चाहे भीतरी का, दोनों तरह की संज्ञाओं का प्रयोग सम्भव है। मूल बात यह है कि जीवन-संग्राम वाली भाषा में इन्हीं संज्ञाओं का प्रयोग एक ढंग से होता है, कल्पनालोक वाली भाषा में दूसरे ढंग से। उपर्युक्त टिप्पणी में निराला यथार्थवादी चित्रण के बारे में कहते हैं : "परन्तु ग्राम्य-चित्रों या अशिक्षित जनों के मनोभावों का चित्रण करने के समय भाषा बहावदार, स्वच्छ, सरल लिखनी चाहिए।" यही बात उन्होंने 'सुधा' की उस टिप्पणी में कही है जिसमें गद्य को जीवन-संग्राम की भाषा बताया है। जब भाषा बहती हुई, प्रकाशनशील हो, तभी उत्तम साहित्य की सृष्टि होती है। "भाषा-विज्ञान की बड़ी बात यह है कि जल्द से जल्द, अधिक से अधिक भाव लिखे और बोले जा सकें।" इसलिए सरल भाषा लिखना बहुत कठिन है; कठिन भाषा लिखना भी सरल नहीं है।

कठिन भाषा, जो सन्दर्भ के अनुसार उचित हो, अभी लिखी नहीं जाती; "अभी मुश्किल और ठीक-ठीक मुश्किल लिखने की दो-एक को छोड़कर किसी भी साहित्यिक को तमीज़ नहीं।" ('सुधा', अक्तूबर, '32; सम्पा. टि.—1)

मुश्किल लिखना आसान है; 'ठीक-ठीक मुश्किल' लिखना आसान नहीं है। मुसीबत की जड़ है 'ठीक-ठीक'।

लोग कहते हैं, भाषा सीधी-सादी होनी चाहिए। लेकिन मुख्य बात है, भाव कैसा हो? निराला कहते हैं : "मुमकिन है, एक दिन लोग यह भी कहने लगें कि भाव सीधे होने चाहिए।" (उप.) निराला भाव-वक्रता के प्रेमी हैं, सीधी भाषा में भाव-वक्रता का प्रकाशन और भी कठिन है।

भाषा क्लिष्ट हो चाहे सरल, कोमल हो चाहे परुष, है वह मनुष्य के चिन्तन और भावजगत् से सम्बद्ध। इसी कारण कल्पना-जगत् और जीवन-संग्राम की भाषा में अन्तर है। किन्तु जैसे आलोचना कवि-कर्म का अभिन्न अंग है, वैसे ही भाषा साहित्यकार की रचना-प्रक्रिया का अभिन्न अंग है। "भाषा बहुभावात्मिका रचना की इच्छा मात्र से बदलने वाली देह है।" ('सुधा', 1 अक्तूबर, '33; सम्पा. टि.—2) भाव और भाषा का सम्बन्ध प्राण और देह का सम्बन्ध है।

निराला भाषा शब्द का व्यवहार लोक-प्रचलित अर्थ में कर रहे हैं। पन्त की भाषा प्रसाद की भाषा से भिन्न है, इसका यह अर्थ नहीं है कि पन्त हिन्दी लिखते थे और प्रसाद बँगला। रचना के अनुरूप भाषा बदलती है—निराला के इस कथन का आशय है—शब्द-चयन, मुहावरों का प्रयोग आदि रचना की भाव-प्रकृति के अनुसार

बदलते हैं। जैसे युद्ध-भूमि में कुशल सेनापति चक्रव्यूह रचता है, शत्रुदल को परास्त करने के लिए उचित अस्त्रों का उपयोग करते हुए सैन्य-संचालन करता है, वैसे ही कुशल रचनाकार भाव-विचार-चित्र संगठित करके अभिव्यंजना के क्षेत्र में शब्दों के अस्त्र-शस्त्र द्वारा अव्यक्त को परास्त करके व्यक्त कला की विजय-ध्वजा फहराता है। निराला कहते हैं : "रचना युद्ध-कौशल है और भाषा तदनुकूल अरूप। इस शास्त्र का पारंगत वीर साहित्यिक ही यथासमय समुचित प्रयोग कर सकता है।" (उप.) कला का प्रदर्शन भी तभी होता है।

कला भावोच्छ्वास में नहीं है, दार्शनिक विचारों का अम्बार लगा देने में नहीं है, शब्द-चयन में नहीं है, रस-ध्वनि अलंकार में नहीं है, कला है रचना में जिसके अन्तर्गत ये सब हैं। मौलिकता भावोद्गार में नहीं, रचना-कौशल में देखी जाती है। " 'रचना' शब्द में ही बनाना अर्थात् नवीनता लगी हुई है।" ('सुधा', नवम्बर, '34; सम्पा. टि.—15) निरपेक्ष रूप में न कोई भाव पूर्णतः मौलिक होता है, न विचार। प्रतिभाशाली कवि वह है जिसमें रचना-कौशल है। यह कौशल सुनार की कारीगरी नहीं है जिसे प्रयत्न करने से साधारण बुद्धि का आदमी भी प्राप्त कर ले। वह दस्तकारी का हुनर नहीं है; वह श्रेष्ठ प्रतिभा की उपज है। निराला शास्त्र का हवाला देते हैं : 'प्रज्ञा नवनवोन्मेषशालिनी प्रतिभा मता'। प्रतिभा पांडित्यमात्र नहीं है किन्तु पांडित्य उसका विरोधी नहीं, सहायक होता है : "सहसा प्रतिभा में यदि पांडित्य मिल जाय, तो सोने में सुगंध का काम देता है। उसकी कृतियाँ बहुत ठोस होने लगती हैं।" यदि पांडित्य और प्रतिभा का संयोग हो जाय : "जैसा गोस्वामी तुलसीदास में हो गया था", तो यह भाषा और साहित्य के लिए परम सौभाग्य की बात होगी। (उप.) निराला तुलसीदास के इसी आदर्श को आधुनिक हिन्दी साहित्य में चरितार्थ करना चाहते थे।

रस, ध्वनि, अलंकार से सम्बन्धित निराला की स्थापनाएँ रीतिवाद से भिन्न हैं। सौन्दर्यबोध और साहित्य के क्रान्तिकारी उद्देश्य में निराला उपयोगितावादी नैतिक उपदेश-प्रेमी साहित्यकारों से दूर हैं। भावोच्छ्वास, कल्पना, विवेक, आलोचना, पद्य आदि के बारे में उनकी धारणाएँ समकालीन छायावादी चिन्तन से भिन्न हैं। छायावादोत्तर नये कविता-सम्बन्धी चिन्तन में रचना-कौशल और भाषा की व्याख्या पर काफी बल दिया गया है किन्तु इस चिन्तन में भाषा और रचना-कौशल को विशुद्ध रूप मानने की प्रवृत्ति है। यह चिन्तन एक तरह का रूपवाद है जो साहित्य की समग्रता को छोड़कर उसके बाह्य रूप पर ध्यान केन्द्रित करता है। निराला के चिन्तन की विशेषता है—भीतरी तत्त्व और बाहरी रूप की परस्पर सम्बद्धता को देखना। 'गिरा अरथ जल बीचि सम कहियत भिन्न न भिन्न'—तुलसीदास की यह मान्यता निराला की भी है। भाषा और रचना-कौशल पर ध्यान केन्द्रित करके कोई चाहे कि साहित्यकार के सामाजिक अनुभव, उसके वैचारिक दृष्टिकोण, भावात्मक स्तर के विवेचन से बचे तो यह सम्भव नहीं है।

राजनीति और दर्शन की तरह निराला ने साहित्य-सम्बन्धी विचारधारा के क्षेत्र में जो संघर्ष किया, उसका महत्त्व न केवल उनके युग के लिए था, वरन् आज के लिए भी है। उससे न केवल रीतिवादी, गांधीवादी और समकालीन छायावादी साहित्यिक प्रवृत्तियों की सीमाओं का ज्ञान होता है, वरन् वर्तमान काल में जो रूपवादी प्रवृत्तियाँ चित्र-विचित्र वेश धारण करके साहित्य में वैज्ञानिक चिन्तन का दावा करती हैं, उनकी सीमाओं का भी पता चलता है। निराला की साहित्य-सम्बन्धी विचारधारा अन्तर्विरोधों से मुक्त नहीं है किन्तु उसके प्रवाह की मूल दिशा का पता लगाना कठिन नहीं है। यह प्रवाह घनिष्ठ रूप से उनके काव्य-सृजन और कथा-लेखन से सम्बद्ध है।

भावबोध

स्वाधीनता-प्रेम

प्रथम महायुद्ध की समाप्ति के बाद राष्ट्रीय स्वाधीनता आन्दोलन के उभार का समय हिन्दी साहित्य में कवि निराला का अभ्युदयकाल भी है। सन् '20 से सन् '47 तक स्वाधीनता-प्राप्ति की आकांक्षा उनके साहित्य की मौलिक प्रेरणा है। हिन्दी में उनकी पहली प्रकाशित कविता जन्मभूमि पर है : 'जन्मभूमि मेरी है जगन्महारानी'। दूसरे महायुद्ध के दौरान 'चोटी की पकड़' उपन्यास की भूमिका में उन्होंने लिखा : "स्वदेशी आन्दोलन की कथा है...इसकी चार पुस्तकें निकालने का विचार है।" दूसरे महायुद्ध के बाद राष्ट्रीय स्वाधीनता आन्दोलन के नये क्रान्तिकारी उभार के दिनों में इलाहाबाद के विद्यार्थियों ने वीरता से जब साम्राज्यवादी दमन का मुकाबला किया, तब उनका अभिनन्दन करते हुए निराला ने नये उल्लास से लिखा :

निकले क्या कोंपल लाल
फाग की आग लगी है,
फागुन की टेढ़ी तान,
खून की होली जो खेली। ['नये पत्ते', पृ. 104-5]

भारत स्वाधीन हुआ किन्तु जिस स्वाधीन भारत का स्वप्न निराला देख रहे थे, वह साकार न हुआ। साहित्य में अवसरवादिता, चाटुकारिता की बाढ़-सी आ गई, उच्चवर्ग समृद्ध हुए, निम्नवर्ग को दैन्य से मुक्ति न मिली। निराला ने इस स्थिति का भावचित्र खींचा :

मन्दिर में बंदी हैं चारण,
चिघर रहे हैं वन में वारण,
रोता है बालक निष्कारण,
बिना-सरण सारण भरणी है। ['अर्चना', पृ. 51]

साहित्यिक जीवन के आरम्भ से लेकर आखिरी दौर तक साहित्य के विभिन्न रूपों में और उसके विभिन्न स्तरों पर देश को सुखी, स्वाधीन और समृद्ध देखने की आकांक्षा उन्हें प्रेरित करती है।

भावबोध और कला की दृष्टि से निराला-साहित्य के अनेक स्तर हैं। इनमें एक स्तर विशुद्ध प्रचारात्मक है जहाँ उनकी निगाह हिन्दी के उन पाठकों पर है जो बहुत

कम पढ़े-लिखे हैं किन्तु जिनकी राजनीतिक चेतना को निखारना यह अपना कर्तव्य समझते हैं। 'मतवाला' में 'निराला' नाम के साथ जो पहली कविता छपी है, वह इसी प्रचारात्मक स्तर पर लिखी गई है :

बढ़ गई शोभा सखी सावनी सलोनी हुई
बड़े भाग्य भारत के गए दिन आए फिर!
'रक्षा' से बँधे हैं भारतीयों के कोमल कर,
मंगल मनाती क्यों न, रहा क्यों कलेजा चिर?
तारों इन सुनहलों के आगे सितारे मात
अथवा प्रकाश रहा बादल दलों से घिर?
देख करतूत ऐसी वीरवर सपूतों की
भारत का गर्व से उठेगा या झुकेगा सिर?

कगाला का कत्ल अहो इस 'राखी' के रँग में छिपा,
भूत, भविष्यत्, वर्तमान है दीनों का तीनों लिपा!

('मतवाला', 26 अगस्त, 1923; यह 'मतवाला' का पहला अंक भी है।) उस समय जिस तरह की भाषा और शैली में राजनीतिक कविताएँ लिखी जाती थीं, राखी पर निराला की रचना उन्हीं के अनुरूप है। त्योहारों, पौराणिक वीरों के बहाने राष्ट्रीय आत्मसम्मान का भाव जगाने और अंग्रेज़ों का विरोध करने की प्रवृत्ति भी उस समय की कविताओं में देखी जाती है। यही प्रवृत्ति राखी पर, 'मतवाला' के दूसरे अंक में 'कृष्ण-महातम' पर कविताओं में है। 'कृष्ण-महातम' ब्रजभाषा में है; कवि का नाम छपा है : 'पुराने महारथी'। कृष्ण काले, राधा और अन्य गोपियाँ गोरी, दोनों में प्रेम, लेकिन अब?

पै अब ऐसो हाल कि 'काले' हाथ पसारे।
धेला भर भी प्रेम लेत 'गोरन' सों हारे।

'मतवाला' के तीसरे अंक में पुराने ढंग की सानुप्रास शब्दावली का सहारा लेते हुए निराला चेतावनी देते हैं :

चूम चरण मत चोरों के तू,
गले लिपट मत गोरों के तू,
झटक पटक झंझट को झटपट झोंक भाड़ में मान।

यह कविता भी 'निराला' नाम के साथ छपी है। स्पष्ट है कि यह छद्‌मनाम मूलत: रहस्यवादी अथवा छायावादी कविता रचने वाले के लिए प्रयुक्त न हुआ था। निराला

के प्रचारमूलक काव्य की यह शैली बराबर निखरती गई; जवाहरलाल नेहरू को जेल से छुटकारा न मिलने पर, विजयलक्ष्मी पंडित के पतिदेव के निधन पर उनकी कविताओं में इस शैली का स्वच्छ कलात्मक रूप मिलेगा।

देशवासियों की पराधीनता देखकर निराला के मन में अनेक भाव उदय होते हैं : कभी वह आत्मग्लानि से पीड़ित होते हैं, कभी मन अवसादग्रस्त हो जाता है, कभी अतीत का स्मरण करके जनता में राष्ट्रीय आत्मसम्मान का भाव जगाते हैं, पराधीनता से समझौता करनेवालों पर क्रुद्ध होते हैं। उन्होंने 'मतवाला' के दो अंकों (23, 30 अगस्त, '24) में एक कविता लिखी थी : 'स्वाधीनता पर'। पराधीन देशवासियों की मोहनिद्रा से क्षुब्ध होकर वह कहते हैं :

मेरे साथ मेरे विचार—
मेरी जाति—
मेरे पददलित—
मौन हैं—निद्रित हैं—
स्वप्न में भी पराधीन!

जनता का दैन्य देखकर भारत माता की एक उदास मूर्ति उनकी आँखों के सामने आ जाती है :

जागे मेरे उर में तेरी
मूर्ति अश्रुजल-धौत विमल। ['गीतिका', पृ. 20]

पुरानी इमारतों के खँडहर देखकर उन्हें भारत का गौरवमय अतीत याद आता है। वे खँडहर वर्तमान भारत से कहते हैं—जैमिनि, पतंजलि, व्यास जैसे ऋषि, राम, कृष्ण, भीम, अर्जुन और भीष्म जैसे वीर यहीं खेले और बड़े हुए थे। ('अनामिका', पृ. 30) मुगलों के शासनकाल में भारत ने नये वैभव के चित्र देखे किन्तु वह वैभव भी खत्म हो गया; आज मीनार स्तब्ध हैं, मकबरे मौन हैं। (उप., पृ. 63) शिवाजी, गुरु गोविन्दसिंह जैसे वीरों ने स्वाधीनता के लिए युद्ध किया किन्तु उनकी विरासत को लोग भूल गए हैं :

शेरों की माँद में
आया है आज स्यार—
जागो फिर एक बार! ['परिमल', पृ. 175]

निराला-काव्य में अनेक भावों का स्रोत है, उनका देश-प्रेम।

भारतीय चिन्तन-पद्धति में ज्ञान, भक्ति और कर्म—ये तीन योग प्रसिद्ध हैं। विद्वानों के अनुसार इनमें किसी एक के सहारे मनुष्य को ईश्वर-प्राप्ति हो सकती है। निराला

के लिए पूर्ण ज्ञान का अधिष्ठान है भारत, हृदय की सम्पूर्ण श्रद्धा और भक्ति का आधार है भारत, जीवन के समस्त कर्मों का लक्ष्य है भारत। निराला की एक प्रिय कल्पना थी, भारत अपने शब्दार्थ से ही ज्ञानमय है। भा अर्थात् प्रकाश; भारत अर्थात् प्रकाशवान्। 'वर्तमान धर्म' में उन्होंने इसी अर्थ-विचार से भारत के बारे में लिखा था : "भारत अपने नाम से ही धर्मात्मा है। इसलिए भारत की सीमा जैसी भी लकीरों से निश्चित की जाए, वह असिद्ध है, ज्ञान के द्वारा।" इस पर उनकी टिप्पणी है : "संस्कृत में 'भारत' भरत से बना है (भरं तनोति, तन + उ), पर भारत का अर्थ मैंने किया है—भा: + रत (भासि रत:), जो ज्ञान में रमा हुआ है।" ('प्रबन्ध प्रतिमा', पृ. 92) स्वाधीनता की प्रेरणा यहाँ व्याकरण-ज्ञान से टकराती है। निराला व्याकरण की चिन्ता न करके 'भारत' में, नये अर्थ-विचार से, निराकार वेदान्त-ज्ञान को साकार देखते हैं। 'तुलसीदास' में इसी ज्ञानमय भारत का सूर्यास्त होता है; तुलसीदास की काव्य-साधना इसी भारत का अपार भ्रम हरने के लिए है। शिवाजी का संघर्ष ज्ञानमय भारत की प्रतिष्ठा के लिए है :

आएगी भाल पर
भारत की नई ज्योति। [परिमल, पृ. 207]

गुरु गोविन्दसिंह ने इसी भारत की साधना करके मरणलोक के उस पार मन को पहुँचा दिया था : 'जहाँ आसन है सहस्रार'। बीसवीं सदी में भारतवासी जब अपना ज्ञान-रूप भूल गए : 'पराधीन भारत की प्रज्ञा क्षीण हुई जब'—तब उनके उद्धार के लिए रामकृष्ण परमहंस का अवतार हुआ। ('नये पत्ते', पृ. 86)

वेदान्त-ज्ञान का अधिष्ठान है भारत। वह सनातन है। उसे संतों, कवियों, योद्धाओं ने देखा, उसकी सृष्टि उन्होंने नहीं की। मनुष्य की आत्मा के समान यह मोहाच्छन्न हो जाता है, फिर अपना मुक्त, असीम, ब्रह्म-रूप पहचानता है। कौन किसके कारण महान् है—भारत ज्ञानमय होने से अथवा ज्ञान भारतीय होने से? निश्चित है कि वेदान्त का सम्बन्ध यूनान से होता तो निराला के लिए वह उतना महत्त्वपूर्ण न होता। वेदान्त उनके लिए विश्व का सर्वश्रेष्ठ ज्ञान है क्योंकि वह भारतीय हैं। जो ज्ञान असीम है, वह प्रत्यक्ष होता है राष्ट्रीय सीमाओं वाले भारत में। सन् '42 में उन्होंने गीत लिखा था :

भारत ही जीवन धन,
ज्योतिर्मय परम-रमण,
सर-सरिता वन-उपवन। ['अणिमा', पृ. 67]

यह साकार भारत—सरसरिता-वन-उपवन वाला भारत—निराकार ज्ञान का अधिष्ठान, ज्योतिर्मय परम-रमण है। कौन किसका प्रेरक है—वेदान्त देशप्रेम का या देशप्रेम वेदान्त का? निराला ने ज्ञान को भारत से, निर्गुण को सगुण से जिस तरह बाँधा है,

उससे सिद्ध है कि मूल प्रेरणा देशभक्ति की है, निराला के मन में वेदान्त का रूप उसी ने स्थिर किया है। यह हुआ ज्ञानयोग।

निराला की धार्मिक आस्था, उनकी भक्ति का आधार भारत है। उनकी रचनाओं में देवी सरस्वती, काली, महावीर आदि देवताओं की प्रतिष्ठा है। शिक्षा, संस्कार, परिवेश—अनेक कारणों से उनके मन में भक्तिभाव का उदय होना स्वाभाविक है। देवी-पूजा अवध में भी होती है, बंगाल में विशेष; परम वेदान्ती रामकृष्ण परमहंस और उनके शिष्य स्वामी विवेकानन्द में दुर्गा या काली के प्रति यह भक्तिभाव अनेक स्थलों पर झलकता है। निराला की कविता में जब राम परास्त होते हैं, स्वयं को धिक्कारते हैं, सीता का उद्धार, विभीषण का राजतिलक असम्भव स्वप्न-सा लगता है, तब वह विजय-प्राप्ति के लिए दुर्गा की ही पूजा करते हैं। किन्तु निराला की दुर्गा कृतिवास की पारम्परिक दुर्गा नहीं है। जाम्बवान की सलाह है : 'शक्ति की करो मौलिक कल्पना'। यह मौलिक कल्पना रावण के पास नहीं है; राम अपनी मौलिक कल्पना से उसकी पारम्परिक साधना को व्यर्थ कर देंगे। कल्पना की मौलिकता किस बात में है? राम कहते हैं :

देखो, बन्धुवर, सामने स्थित जो यह भूधर
शोभित शत-हरित-गुल्म-तृण से श्यामल सुन्दर,
पार्वती कल्पना हैं इसकी, मकरन्द-विन्दु,
गरजता चरण प्रान्त पर सिंह वह, नहीं सिन्धु;
दशदिक्-समस्त हैं हस्त, और देखो ऊपर,
अम्बर में हुए दिगम्बर अर्चित शशि-शेखर;
लख महाभाव-मंगल पदतल धँस रहा गर्व—
मानव के मन का असुर मन्द, हो रहा खर्व।

जो सामने प्रत्यक्ष भूधर है, पार्वती उसी की 'कल्पना' हैं। यथार्थ है भारत का एक पर्वत; कल्पना हैं पार्वती। दसों दिशाएँ उनके हाथ हैं, आकाश रूप में शिव उनके मस्तक पर हैं, गरजता हुआ सिन्धु ही सिंह है और जिस असुर को दुर्गा ने मारा है, वह मानव के मन में है। शक्ति की कल्पना में मौलिकता यह है।

अन्य कविता में इस कल्पना की आवृत्ति है। स्वामी विवेकानन्द कैलास की यात्रा करते हैं। हिमालय का दिव्य सौन्दर्य देखकर लगता है, मानो :

दुर्गा की रूपरेखा यहीं से ली गई हो...
पदतल राक्षस ताल,
महिषासुर का प्रतीक। ['नये पत्ते', पृ. 100]

किसी को भी असुर बना दो, क्या फर्क पड़ता है? मानव का मन असुर हो चाहे हिमालय का कोई ताल; मुख्य बात यह कि भारत के किसी पर्वत को ही देखकर

पार्वती की कल्पना की गई है। एक कविता में वह पर्वत दक्षिण भारत का है, दूसरी में उत्तर भारत का।

दुर्गा की मौलिक कल्पना का आधार है भारत।
दुर्गा से भी एक शक्ति और बड़ी है—महावीर।

रावण और दुर्गा से राम त्रस्त हुए हैं, महावीर नहीं। वह 'अर्चना राम की मूर्तिमान अक्षय शरीर' हैं। सिंह के समान गरजने वाले सिन्धु को मथते हुए वह सघन अन्धकार उगलने वाले आकाश को अपने अट्टहास से कँपा देते हैं। शिव बहुत स्पष्ट शब्दों में दुर्गा को सावधान करते हैं :

इन पर प्रहार
करने पर होगी देवि, तुम्हारी विषम हार।

स्वयं राम जिस शक्ति को पूजते हैं, वह महावीर को परास्त नहीं कर सकती। यह अपराजेय योद्धा भी—निराला की कल्पना में—भारत रूप है।

'भक्त और भगवान्' कहानी में भक्त को स्वप्न में महावीर दिखाई देते हैं। उसका मन ऊपर आकाश में है, नीचे समस्त भारत : "पर यह भारत न था—साक्षात् महावीर थे; पंजाब की ओर मुँह, दाहिने हाथ में गदा—मौन शब्द-शास्त्र, बंगाल के दाएँ-बाएँ पर हिमालय पर्वत की श्रेणी, बगल के नीचे बंगोपसागर; एक घुटना वीरवेश-सूचक—टूटकर गुजरात की ओर बढ़ा हुआ एक पैर प्रलम्ब—अँगूठा कुमारी अन्तरीप, नीचे राक्षस-रूप लंका-कमल—समुद्र पर खिला हुआ।" ('चतुरी चमार', पृ. 79)

यह महावीर की 'मौलिक कल्पना' हुई; इसका भी आधार है भारत।

महावीर किसी के सामने श्रद्धा-विनत हैं तो अपनी माता अंजना के सामने। 'राम की शक्तिपूजा' में वही उन्हें समझा-बुझाकर आकाश से धरती पर उतारती हैं। 'भक्त और भगवान्' कहानी में महावीर भक्त को अपनी माता के दर्शन कराते हैं : "वत्स, यह मेरी माता देवी अंजना हैं।" भक्त देखता है कि महावीर का चिह्न—सिन्दूर—सिर पर धारण किये उसकी स्वर्गीया पत्नी खड़ी है। पत्नी का नाम है—सरस्वती। परम शक्तिशाली महावीर श्रद्धा-विनत हैं अंजना अथवा सरस्वती के सामने। और यह सरस्वती भारत-रूपा है।

भारति, जय, विजय-करे
कनक-शस्य कमल धरे। ['गीतिका', पृ. 71]

भारत-रूपा होने से वह कनक-शस्य धरा हैं। उनके चरणों के नीचे शतदल के समान लंका है, सिर पर हिमतुषार का शुभ्र मुकुट है, गले में गंगा का ज्योतिर्मय हार है। भारतभूमि ही निराला की भारती हैं।

भारती का सबसे भव्य और विराट् चित्र 'नये पत्ते' संग्रह की रचना 'देवी सरस्वती' में है। भारत का देशगत और कालगत रूप, वैदिक और लौकिक संस्कृत का वाङ्मय, सूर, तुलसी, कबीर, मीरा का काव्य, भारतीय भाषाओं में 'प्रान्तीय सभ्यता का आलेखन', डफ और मंजीरों के साथ गाए हुए किसानों के लोकगीत—सब कुछ इन सरस्वती में है। भारत की प्रत्यक्ष धरती—वही सरस्वती है :

हरी भरी खेतों की सरस्वती लहराई,
मग्न किसानों के घर उन्मद बीज बधाई।

तुलसीदास के लिए गिरा अनयन थीं, निराला के लिए वह सनयन हैं :

छवि की विश्वमोहिनी, कवि की सनयन कविता।

भारतरूपा सरस्वती दूसरों को देखती हैं, स्वयं भी दिखाई देती हैं।

सरस्वती की इस मौलिक कल्पना का आधार है भारत।

यह हुआ निराला का भक्तियोग।

निराला के समस्त कर्मफल, उनकी समस्त साधना मातृभूमि को अर्पित हैं।

नर जीवन के स्वार्थ सकल
बलि हों तेरे चरणों पर, माँ
मेरे श्रम-संचित सब फल। ['गीतिका', पृ. 20]

इस मातृ-मूर्ति का ध्यान करते हुए वह मृत्यु-पथ पर बढ़ने का प्रण करते हैं; पराधीन देश को मुक्त करने के लिए प्राण भी देने पड़ें तो स्वीकार है :

क्लेदयुक्त अपना तन दूँगा,
मुक्त करूँगा तुझे अटल। [उप.]

भक्तियोग और कर्मयोग यहाँ मिल गए हैं। जिस देवी के लिए वह अपना शरीर तक देने को उद्यत हैं, वह दुर्गा, महावीर, सरस्वती न होकर साक्षात् भारतमाता है। निराला के श्रम-संचित फल इन्हीं के चरणों पर अर्पित हैं।

कर्म अनेक प्रकार के हैं, इनमें सैनिक-कर्म और कवि-कर्म मुख्य हैं। शिवाजी और गुरु गोविन्दसिंह के सैनिक-कर्म भारत की मुक्ति के लिए, उसके ज्ञानमय रूप की प्रतिष्ठा के लिए हैं। तुलसीदास कवि हैं; उनके कवि-कर्म का उद्देश्य भी वही है।

देवी-देवता अनेक—उनका आधार एक, भारत।

कर्म भी अनेक—उन सबका लक्ष्य एक, भारत।

निराला में ज्ञान, भक्ति और कर्म—तीनों योगों के समन्वय का आधार है, उनका देशप्रेम।

महात्मा गांधी द्वारा संचालित राष्ट्रीय स्वाधीनता आन्दोलन से लोगों में जैसी देशभक्ति उत्पन्न हुई, निराला का देशप्रेम उससे भिन्न है। गांधीजी सत्य और अहिंसा के प्रयोग कर रहे थे, उनमें एक प्रयोग भारत को स्वाधीन करना था। निराला की आस्था का आधार, उनके समस्त कर्मों का लक्ष्य है भारत। गांधीवादी आन्दोलन द्वारा प्रभावित राष्ट्रीय कविता के रचयिता हैं मैथिलीशरण गुप्त। यह कविता मनुष्य के गूढ़ भाव-स्रोतों को नहीं छूती। निराला की कविता एक ओर प्रचारात्मक है, और उसका यह रूप निखरता हुआ कलात्मक बनता जाता है; दूसरी ओर उनकी कविता में आस्था का गहरा स्पर्श, परोक्ष को प्रत्यक्षवत् देखने की शक्ति, द्रष्टा की सी तन्मयता का भाव है जो हिन्दी कविता में अन्यत्र दुर्लभ है। 'नरजीवन के स्वार्थ सकल'—इस गीत में कवि और उसकी इष्टदेवी में दृष्टि का विलक्षण आदान-प्रदान है। एक ओर वह चाहते हैं कि उनके हृदय में मातृभूमि की अश्रुजल धौत मूर्ति जागे और वह उसे मन भर देखते रहें, दूसरी ओर वह चाहते हैं कि भारतमाता भी उन्हें अपनी सजल दृष्टि से देखें :

मुझे देख तू सजल दृगों से
अपलक, उर के शतदल पर।

रहस्यवादी रचनाओं में तो ऐसी तन्मयता और भाव-विह्वलता के दर्शन होते हैं किन्तु देशप्रेम पर लिखी हुई कविताओं में भाषण अधिक, मार्मिकता कम होती है। निराला के चिन्तन में भारत और भारती एक-दूसरे से अलग नहीं हैं, इसीलिए उनमें द्रष्टा का आलोक और भक्त की विह्वलता है।

कांग्रेसी स्वाधीनता आन्दोलन और निराला की राजनीतिक चेतना में यह अन्तर भी है कि निराला के लिए स्वाधीनता आन्दोलन अभिन्न रूप से सामाजिक क्रान्ति से जुड़ा हुआ है। देश के नाम पर वह देश की जनता को भूलते नहीं, देश को स्वाधीन होना है, इसी जनता के सुखी समृद्ध जीवन के लिए। इसी कारण स्वाधीनता आन्दोलन और सामाजिक क्रान्ति परस्पर सम्बद्ध हैं।

क्रान्ति की आकांक्षा

निराला क्रान्ति के कवि हैं—उस क्रान्ति के, जिसका लक्ष्य भारत को विदेशी पराधीनता से मुक्त करना ही नहीं, जनता के सामाजिक जीवन में मौलिक परिवर्तन करना भी है। क्रान्तिकारी परिवर्तन की यह आकांक्षा 29 दिसम्बर, सन् '23 के 'मतवाला' में प्रकाशित उनकी कविता 'धारा' से लेकर 'सान्ध्यकाकली' में प्रकाशित अन्तिम दौर की 'शिवतांडव' वाली कविता तक अनेक रूपों में, भाव-बोध के अनेक स्तरों पर व्यक्त हुई है।

कहीं धारा, कहीं बादल, कहीं शिव और काली, कहीं पुराने पत्तों का झरना और नये पत्तों का आना—निराला ने क्रान्ति के चित्रण के लिए अनेक प्रतीकों का उपयोग किया है। क्रान्ति का जो रूप सबसे पहले पहचान में आता है, वह विनाशात्मक है। विभिन्न प्रतीकों का उपयोग करनेवाली रचनाओं में यह विनाशात्मक रूप खूब उभरकर आया है। किन्तु इस विनाश से पहले शताब्दियों की घुटन, लाखों मनुष्यों का दारुण हाहाकार है जो क्रान्ति से ही शान्त होता है, वही क्रान्ति को अनिवार्य बनाता है। क्रान्ति वे करते हैं जो दुखी हैं, दूसरों के दुःख को पहचानते हैं। क्रान्ति की मूल प्रेरणा मानव-करुणा है जो मनुष्य का दुःख दूर करना चाहती है। क्रान्ति का विनाशात्मक उद्‌देश्य तात्कालिक और अस्थायी है; उसका मूल उद्‌देश्य रचनात्मक और स्थायी है। 'धारा' कविता में निराला कहते हैं :

आज हो गए ढीले सारे बन्धन,
मुक्त हो गए प्राण,
रुका है सारा करुणा-क्रन्दन।

करुणा-क्रन्दन को रोकना, बन्धनों को ढीला करना सामाजिक क्रान्ति का उद्‌देश्य है। इसी प्रकार 'उद्‌बोधन' ('अनामिका', पृ. 67) कविता में जब वह निष्ठुर झंकार द्वारा वीणा से भैरव निर्जर राग उठाने की बात कहते हैं, तब उन्हें शताब्दियों तक चलनेवाला जनता का करुणा-क्रन्दन याद आता है। कहते हैं :

बहा उसी स्वर में सदियों का दारुण हाहाकार
संचरित कर नूतन अनुराग।

दारुण हाहाकार को समाप्त करना, यही क्रान्ति का लक्ष्य है। इस लक्ष्य की पूर्ति के लिए ही क्रान्ति का अस्थायी विनाशात्मक रूप आवश्यक होता है।

आकाश से स्पर्धा करनेवाले पर्वतों का गर्व धारा के प्रखर वेग से ध्वस्त हो जाता है। उसका जल-प्रवाह देखकर लगता है कि शिव का तांडव हो रहा है। पर्वतों के उपलखंड बहाती हुई वह ऐसे आगे बढ़ती है मानो नरमुंडमालिनी कालिका हो! किन्तु इस धारा के श्याम वक्ष पर स्वर्ण-किरण-रेखाएँ भी खेल रही हैं और उस प्रलय-लीला के बीच किरणों का स्पर्श पाकर एक कली खिल गई है :

एक पर दृष्टि ज़रा अटकी है,
देखा एक कली चटकी है। ['परिमल', पृ. 125]

यह क्रान्ति का रचनात्मक पक्ष है।

श्यामा का नृत्य होगा, असुरों की मुंडमालाओं से वह सज्जित होगी, झंझा उसकी भेरी है, वीणा के तार टूट जाएँगे, कोमल छन्द बंद होंगे किन्तु इसके साथ निर्जन वन के वृक्ष अपने कर-पल्लवों से ताल देंगे। विनाश के साथ निर्माण-क्रान्ति से दोनों कार्य सम्पन्न होंगे। ('आवाहन', 'परिमल', पृ. 127)

आँधी आएगी, आकाश मचल उठेगा, पीले पत्ते उड़ जाएँगे; साथ ही नये पत्तों के लिए रास्ता खुलेगा, धरती और आकाश नई सुगंध से भर जाएँगे। ('उद्बोधन', 'अनामिका', पृ. 67) यहाँ भी क्रान्ति के दोनों पक्ष हैं।

बादल की वज्र हुंकार सुनकर संसार काँप उठता है, वज्रपात से बड़े-बड़े पर्वत क्षत-विक्षत हो जाते हैं; समाज के धनी जन आतंक-अंक पर अपनी अंगनाओं से लिपटे रहने पर भी काँप उठते हैं किन्तु बादल का गर्जन सुनकर पृथ्वी के हृदय से सोते हुए अंकुर फूट पड़ते हैं। नये जीवन की आशा से वे आकाश की ओर देखते हैं। छोटे पौधे वर्षा-जल पाकर लहलहा उठते हैं, वे बादल को संकेत से बुलाते हैं। बादल का जल अट्टालिका पर नहीं ठहरता, वह कीचड़ में पहुँचकर वहाँ कमल खिलाता है। 'परिमल' की बादल-राग (6) कविता में क्रान्ति के दोनों पक्षों का चित्रण हुआ है।

'घन गर्जन से भर दो वन'—इस गीत में भूधर थर्राते हैं; तरु-पल्लवों पर नया जीवन बरसता है। ('गीतिका', पृ. 57) 'बादल गरजो'—('अनामिका', पृ. 82)। धरती निदाघ के ताप से जल उठी है; उसके हृदय को शीतल कर दो, धरती को नया जीवन, नई कविता दो।

निराला ने ग़ज़ल लिखी :

लू के झोंके झुलसे हुए थे जो, भरा दौंगरा उन्हीं पर गिरा।
उन्हीं बीजों के नये पर लगे, उन्हीं पौधों से नया रस झिरा।

['बेला', पृ. 89]

लू से जो झुलसे हुए हैं, क्रान्ति का भरा दौंगरा उन्हीं को नया जीवन देता है। शिव का तांडव :

डमड डम डमड डम
डमरू निनाद है।
तांडव नीचे शिव
प्रवाद उन्माद है।

['सान्ध्यकाकली', पृ. 84]

क्रान्ति का विनाशकारी रूप—तांडव के अतिरिक्त—इन दो पंक्तियों से स्पष्ट हुआ है :

संहारिणी बड़ी
उठती अबाध है।

इस रचना में समुद्र के बड़े-बड़े जलचरों की व्याकुलता चित्रित करने के साथ निराला छोटी-सी सीपी को नहीं भूले। 'सीप के सुभग क्षण'—यह लिखकर क्रान्ति के दूसरे रचनात्मक पक्ष की ओर उन्होंने संकेत कर दिया है।

निराला कुछ प्रतीकों को दोहराते हैं। किसी कविता में ये प्रतीक विस्तृत रूप में आते हैं, कहीं संक्षिप्त और सांकेतिक रूप में। उनकी क्रान्ति-सम्बन्धी रचनाओं को एक साथ पढ़ने से उनकी प्रतीक-योजना स्पष्ट होती है। धारा उपलखंडों को

बहाती हुई नरमुंडमालिनी कालिका जैसी लगती है। 'आवाहन' में इस नरमुंडमालिनी श्यामा का वर्णन है। धारा की प्रलय-लीला देखकर शिव का तांडव याद आता है। शिवतांडव वाले गीत में उसी को निराला फिर स्मरण करते हैं। सत्ताधारी वर्ग के प्रतीक हैं पर्वत, धारा इन्हीं का गर्व चूर करती है। बादल के वज्रपात से यही क्षत-विक्षत होते हैं। धारा का वेग क्रान्ति के अदम्य वेग का परिचायक है; 'आवाहन' के 'उत्ताल तरंग भंग' में धारा के उसी वेग की प्रतिध्वनि है। 'शिवतांडव' वाले गीत में समुद्र की विक्षुब्ध जलराशि का चित्रण है किन्तु निराला ने जिस संहारिणी को अबाध उठते हुए दिखाया है, वह समुद्र से अधिक धारा—अथवा समुद्र के अन्दर उसकी एक धारा—है। 'बहती कैसी पागल उसकी धारा'—'धारा' का यह पागलपन निराला फिर याद करते हैं, शिवतांडव के 'प्रवाद उन्माद' है—इन शब्दों में। धारा पृथ्वी पर बहती है, आकाश से भी गिरती है।

बार-बार गर्जन
वर्षण है मूसलधार—

बादल-राग (6) के मूसलधार वर्षण में धारा प्रच्छन्न रूप में विद्यमान है। अन्य वर्षा गीत में उसका रूप अधिक स्पष्ट है :

झर झर झर झर धारा झर
पल्लव-पल्लव पर जीवन— ['गीतिका', पृ. 57]

यह वही गीत है जिसमें घन का गर्जन सुनकर भूधर थर्राते हैं। आकाश से झरने वाली धारा विनाश न करके तरु-पल्लवों को नया जीवन देती है। कली के हृदय की गंध भी एक धारा है जो अवरोध पार करके धरती-आकाश में नया सौन्दर्य भर देती है। गंध की धारा जल-प्रवाह के ही समान है :

रुद्ध जो धार रे
शिखर निर्झर झरे—। [उप., पृ. 73]

क्रान्ति का केन्द्रीय प्रतीक है बादल। भयानक गर्मी के बाद उसके दर्शन होते हैं। ग्रीष्म का त्रास सामाजिक उत्पीड़न का प्रतीक बन जाता है। 'बादल-राग' का विप्लवी वीर जग के दग्ध हृदय पर अपनी छाया लेकर आता है। इसी तरह तप्त धरा के उर को वह शीतल करता है। ('अनामिका', पृ. 82) लू के झोंकों से झुलसे हुए जनों को वह नया जीवन देता है। ('बेला', पृ. 89) वर्षा के साथ ग्रीष्म का अभिन्न सम्बन्ध है; ग्रीष्म के ताप से ही बादल का जन्म होता है। वर्षा के साथ नये पत्तों का आना, किसानों का खेत में हल चलाना, सारी पृथ्वी का हरियाली से ढँक जाना अन्य क्रियाएँ हैं जो बादल को क्रान्ति का सार्थक प्रतीक बनाती हैं। किन्तु निराला सारी बात प्रतीकों के माध्यम से ही नहीं कहते, 'बादल-राग' में धनी वर्ग के साथ खेत में खड़ा हुआ

दुर्बल किसान भी मौदूद है। अनेक रचनाओं में प्रतीक-योजना छोड़कर निराला सीधे जनता की बात करते हैं।

निराला की क्रान्तिकारी भावधारा का स्रोत उनकी गम्भीर मानवीय करुणा है। जो दलित और उपेक्षित हैं, वे निराला के स्नेह-भाजन हैं। दीन जनों के लिए भी निराला ने अनेक प्रतीक अपनाए हैं। रजकण सदियों से दूसरों के पद-प्रहार सहता आया है, लोग उसे नीच कहते हैं, वह अपना अपमान चुपचाप सह लेता है। ('परिमल', पृ. 145) दूसरा प्रतीक है—प्रपात। पर्वत से बहता, पत्थरों से टकराता, अन्धकार में भटकता है, फिर भी शान्त मन से अपने लक्ष्य की ओर बढ़ता जाता है। (उप., पृ. 142) प्रतीक-योजना छोड़कर निराला दीन जनों का प्रत्यक्ष वर्णन करते हैं। एक भिशुक है जो चुपचाप आँसुओं के घूँट पीकर रह जाता है; (उप., पृ. 115) विधवा, जिसे कोई धीरज नहीं बँधा सकता, कोई जिसके दु:ख का भार हल्का नहीं कर सकता; (उप., पृ. 111) बेज़मीन किसान बुधुवा, मार खाने से जिसके मुँह से खून बहने लगता है; ('अलका', पृ. 66) निम्न जातियों का प्रतिनिधि चतुरी : "मेरे ही नहीं, मेरे पिताजी के, बल्कि उनके भी पूर्वजों के मकान के पिछवाड़े, कुछ फासले पर, जहाँ से होकर कई और मकानों के नीचे और ऊपर वाले पनालों का, बरसात और दिन-रात का शुद्धाशुद्ध जल बहता है, ढाल से कुछ ऊँचे एक बगल चतुरी चमार का पुश्तैनी मकान है।"—वह चतुरी, लखनऊ में हीवेट रोड पर ठंढ में बच्चे के साथ भूखी, सिकुड़ती पगली भिखारिन, पद्मदल (अर्थात् महिषादल) राज्य का विश्वम्भर जिसने पेट मल कर राजा को समझाया था : "भूखों मर रहा हूँ—खाने को कुछ नहीं है।" ('चतुरी चमार', पृ. 37); 'तुलसीदास' के पीड़ित शूद्रजन :

चलते-फिरते, पर नि:सहाय,
वे दीन, क्षीण कंकालकाय—

'दान' कविता का भिखारी—'कंकाल शेष पर मृत्युप्राय'—('अनामिका', पृ. 24); 'सेवा-प्रारम्भ' के अकाल-पीड़ित नर-नारी :

दुबले पतले जितने लोग
लगा देश भर को ज्यों रोग,
दौड़ते हुए दिन में स्यार
बस्ती में—बैठे भी गीध महाकार [उप., पृ. 176]

महायुद्ध के दौरान गहरे आर्थिक संकट के दिनों में महँगाई और भुखमरी के शिकार :

वेश-रूखे, अधर-सूखे,
पेट-भूखे, आज आये
हीन-जीवन, दीन-चितवन,
क्षीण आलम्बन बनाये। ['बेला', पृ. 62]

ये सब साम्राज्यवाद से पीड़ित जन थे। फिर पंचवर्षीय योजनाओं और अकूत विदेशी ऋण से समृद्ध नौकरशाही के स्वाधीन भारत में निर्धन किसान :

सूख गया किसान एकाकी
रोया, रही न लेखा बाकी,
कर्म धर्म को करके साखी
दुहरी डगर भरी, शीत की।
गहरी विभावरी शीत की,
काँपी पाले से अरहर की।
डाली गुनागरी (शीत की)। ['सान्ध्यकाकली', पृ. 56]

अभ्युदय काल से अन्तिम दौर तक निराला के मन पर ये दीन जन छाए रहे; उनके प्रति अगाध करुणा ही क्रान्ति की ओर उन्हें प्रेरित करती है। विप्लवी बादल से नया जीवन पाकर जो छोटे पौधे खेतों में लहलहा उठते हैं, वे यही दीन जन हैं, निराला जिनके भविष्य के सपने देखते हैं।

निराला के चिन्तन में क्रान्तिकारी वीर और जनता का गहरा सम्बन्ध है। दोनों एक-दूसरे को परखते, एक-दूसरे की बात समझते हैं। विप्लवी वीर आतंकवादी नहीं, किसानों का पक्ष लेकर लड़नेवाला क्रान्तिकारी है। फिर भी उसमें और किसान जनता में थोड़ा फासला है; वह जनता का ही अभिन्न अंग नहीं है। सन् '30 के बाद की रचनाओं में यह फासला प्राय: खत्म हो जाता है। क्रान्ति करना क्रान्तिकारियों का ही काम नहीं है; क्रान्ति जनता करती है, तभी यह सफल होती है। यद्यपि निराला की प्रतीक-योजना में विशेष अन्तर नहीं आया, फिर भी यह उल्लेखनीय है कि उनकी क्रान्ति सम्बन्धी चेतना में परिवर्तन हुआ है और परिवर्तन यह हुआ है कि उनकी कविताओं में जनता की क्रान्ति-सम्बन्धी भूमिका और स्पष्ट हुई है, क्रान्ति का उद्‌देश्य और स्पष्ट हुआ है। यह पुराने ढंग की सामन्त-विरोधी क्रान्ति नहीं, जैसी फ्रांस में हुई थी, न यह अंग्रेज़ों को निकालकर पूँजीवाद के विकास की क्रान्ति है, जैसी दूसरे महायुद्ध के बाद अनेक उपनिवेशों में हुई, यह नये ढंग की जन-क्रान्ति है जिसमें न केवल गाँव के किसान वरन् शहर के शोषित जन भी सत्ता पर अधिकार करने के लिए आगे बढ़ते हैं। भारत के ऐतिहासिक विकास के पूर्णत: उपयुक्त यह समाजवाद की ओर उन्मुख सामन्त-विरोधी क्रान्ति है। समाजवाद की ओर उन्मुख इसलिए कि न केवल ज़मींदारी-जागीरदारी खत्म की जाएगी, वरन् आंशिक रूप से पूँजीपतियों के अधिकार भी नियंत्रित किये जाएँगे।

'जल्द-जल्द पैर बढ़ाओ'—'बेला' की इस कविता में पहली पंक्ति से ही संकेत मिलता है कि जनता स्वयं क्रान्तिकारी आन्दोलन में शामिल हो रही है।

आज अमीरों की हथेली
किसानों की होगी पाठशाला—

इन पंक्तियों में क्रान्ति का सामन्त-विरोधी रूप देखा जा सकता है :

सारी सम्पत्ति देश की हो,
सारी आपत्ति देश की बने—

यहाँ क्रान्ति का वह रूप है जो समाजवाद की ओर उन्मुख है। यह गांधीवादी सत्ता-परिवर्तन नहीं है, यह तथ्य निराला ने कविता की अन्तिम पंक्ति से स्पष्ट कर दिया है :

काँटा काँटे से कढ़ाओ।

यह स्वाभाविक था कि कांग्रेसी नेता जिस ढंग से स्वाधीनता आन्दोलन का संचालन कर रहे थे, और जिस तरह की सौदेबाज़ी करके अंग्रेज़ों से स्वाधीनता लेने जा रहे थे, उससे निराला को सन्तोष न हो। अनेक रचनाओं में उन्होंने इस समझौते की नीति का विरोध किया। 'पटली है बैठने को गोरे की साँवले से'—बेला में इस तरह की अनेक पंक्तियाँ हैं जिनसे समझौतावादी नीति के प्रति निराला की भावना व्यक्त होती है। निराला ने इससे भी बड़ा काम यह किया कि दूसरे महायुद्ध के बाद भारत में जो क्रान्तिकारी उभार आया, उसका अनुपम चित्रण किया। उन सभी क्रान्तिप्रेमी कवियों के पास प्रत्यक्ष क्रान्तिकारी उभार देखने की निगाह नहीं होती जो एक अव्यक्त, अगोचर इष्टदेवी के रूप में क्रान्ति का स्तवन करते हैं। निराला सच्चे क्रान्तिकारी कवि थे, इसका प्रमाण 'नये पत्ते' में 'झींगुर डटकर बोला', 'छलाँग मारता चला गया', 'डिप्टी साहब आए', 'महगू महगा रहा' जैसी कविताएँ हैं जिनमें अपने अधिकारों के लिए संघबद्ध होते हुए किसानों के संघर्ष और उस संघर्ष की कठिनाइयों का चित्रण किया गया है। इनमें विप्लवी बादल का गर्जन-तर्जन नहीं, कोई प्रतीक-व्यंजना नहीं, यथार्थवाद की भूमि पर—भावबोध के नये स्तर पर—इनकी रचना हुई है और इन्हीं में क्रान्तिकारी उभार का वह ठोस चित्रण है जो क्रान्ति सम्बन्धी कवि-कल्पना से अधिक महत्त्वपूर्ण है।

निराला और अन्य वेदान्ती क्रान्तिकारियों में अन्तर यह है कि निराला भौतिक समृद्धि को वांछनीय समझते हैं। व्यापार, उद्योगीकरण, अन्य देशों से आर्थिक सम्बन्ध—ये सब निराला के चिन्तन में सफल क्रान्ति के अन्तर्गत हैं। उनका एक गीत है :

जागो,   जीवन- धनिके!
विश्व-पण्य-प्रिय वणिके!   ['गीतिका', पृ. 15]

धनिका, वणिका, विश्व-पण्य—गीत के ये शब्द सार्थक हैं। समृद्धि की इस देवी से निराला की प्रार्थना है कि वह जनता के लिए 'बहु जीवनोपाय' प्रस्तुत करे। जीवनोपाय जुटाने के लिए विश्व-पण्य की ओर ध्यान देना आवश्यक है। लोग कहते हैं कि सरस्वती और लक्ष्मी में वैर है किन्तु निराला इस वैर-भाव की धारणा को स्वीकार नहीं करते। सच्चा ज्ञान जनता की भौतिक उन्नति का विरोधी नहीं, भौतिक उन्नति के

नये मार्ग दिखाने वाला है। जिसे वह वणिके और धनिके कहकर सम्बोधित करते हैं, उसी को भारती, ज्ञान की देवी भी मानते हैं :

भारति, भारत को फिर दो वर
ज्ञान-विपणि-खनिके।

जो लक्ष्मी है, वही सरस्वती है; जो ज्ञान है, वह भौतिक समृद्धि के लिए भी है। 'भक्त और भगवान' कहानी में इस प्रतीक-योजना की पुष्टि हुई है। भक्त की पत्नी का नाम सरस्वती था, स्वप्न में वह पति से कहती है : "मेरा नाम सरस्वती है, पर मैं सजकर जैसे लक्ष्मी बन गई हूँ।" ('चतुरी चमार', पृ. 76) इस पर निराला की टिप्पणी है कि यह छल भक्त को हँसाने के लिए था। अवश्य छल था किन्तु यह छल उसकी आकांक्षा की पूर्ति है कि जो उसके लिए सरस्वती है, वह लक्ष्मी भी हो। 'राम की शक्तिपूजा' में शक्ति की जो मौलिक कल्पना प्रत्यक्ष होती है, उसमें लक्ष्मी और सरस्वती दोनों साथ-साथ हैं :

हैं दक्षिण में लक्ष्मी, सरस्वती वाम भाग।

'गीतिका' के 'जागो जीवन-धनिके' कोई तर्कसंगत परिणति 'राम की शक्तिपूजा' में है।

क्रान्ति की सार्थकता जनता की भौतिक समृद्धि में है—यह उसकी एकमात्र सार्थकता नहीं, वेदान्ती क्रान्तिकारियों से निराला के चिन्तन की यह भिन्नता है।

गांधीवाद से निराला के चिन्तन की भिन्नता हिंसा-अहिंसा के प्रश्न को ही लेकर नहीं है, क्रान्ति के भीतरी सामाजिक तत्त्व को लेकर भी है। निराला आधुनिक वैज्ञानिक साधनों के, देश के नवीन औद्योगिक विकास के पक्षपाती हैं। उनका भारत कुटीर-उद्योगों के स्वायत्त ग्राम-समाजों का भारत नहीं है। 'गीत गुंज' में आधुनिक भारत के नव-निर्माण की रूपरेखा यह है :

बदला जीवन जग का; गदला
बहा, देख, देखते कहाँ गया!
विद्या की आँखों नूतन कला,
नये गीत, नये वाद विच्छुर,
नये यान, यात्री नये नये,
नये प्राण, नई रेल-पेल के;
वैज्ञानिक साधन सबके लिए। [पृ. 53]

जग का जीवन बदला; व्यापक सामाजिक परिवर्तन हुआ। जो कुछ गँदला था, सामन्ती अवशेष, पुरानी रूढ़ियाँ, अन्धविश्वास, वह सब बह गया। नये वाद, नये गीत, नई कला, इनके साथ नये यान, नये यात्री, वैज्ञानिक साधनों का उपयोग आरम्भ हुआ।

आधुनिक विज्ञान से पूर्ण लाभ उठाते हुए भारत का विकास हो, निराला की यह धारणा विश्व-पण्य वाली कल्पना के अनुरूप है : औद्योगिक विकास न होगा तो दुनिया से व्यापार सम्बन्ध कैसे क़ायम होंगे?

गांधीवाद से निराला का मतभेद वैज्ञानिक साधनों के उपयोग को लेकर है। साथ ही वह वैज्ञानिक साधनों का उपयोग 'सब के लिए' चाहते हैं, मुट्ठीभर पूँजीपतियों के लिए नहीं। उनका यह विचार कि 'सारी सम्पत्ति देश की हो'—इस धारणा के अनुरूप है। निराला पूँजीपतियों को जनता की सम्पत्ति का संरक्षक नहीं मानते। वह सम्पत्ति के—बड़े उद्योग-धन्धों में—राष्ट्रीयकरण के पक्ष में हैं : 'देश को मिल जाय वह पूँजी तुम्हारी मिल में है।' ('बेला', पृ. 75)

जवाहरलाल नेहरू वैज्ञानिक साधनों के उपयोग, देश के उद्योगीकरण, बड़े उद्योग-धन्धों के राष्ट्रीयकरण के पक्ष में थे। किन्तु उनकी कथनी और करनी में बड़ा अन्तर था। उनके नेतृत्व में देश के उद्योगीकरण से मुट्ठी भर आदमियों ने लाभ उठाया, पूँजीवाद का तेज़ी से विकास हुआ, सम्पत्ति के एकाधिकारी रूप आँखों के सामने आए, विदेशी ऋण पर निर्भरता, नौकरशाही की समृद्धि भी देखने को मिली।

अर्थ के गर्त में सर्प जैसे पड़े
धनिक जन सजग होकर हुए हैं खड़े—

'बेला' के इस गीत (पृ. 77) तथा अन्य रचनाओं में निराला जनता को देशी पूँजीवाद के प्रति बार-बार सावधान करते हैं। सन् '45-'46 में महात्मा गांधी और पं. जवाहरलाल नेहरू के भाषणों से, उनकी नीति से, 'नये पत्ते' की रचनाओं में निराला ने जो कुछ कहा है, उसकी तुलना की जाय, तो यह सत्य प्रकट होगा कि क्रान्तिकारी जन-उभार के समय गांधी-नेहरू की राजनीति एक छोर पर थी, तो निराला की राजनीति दूसरे छोर पर।

निराला का क्रान्तिकारी दृष्टिकोण उन संकीर्ण राष्ट्रवादियों से भिन्न है जो भारत की उपासना करते हुए भारतीय जनता का दु:ख-दर्द भूल जाते हैं, जिन्हें सामन्ती पूँजीवादी उत्पीड़न दिखाई नहीं देता, जो देश के विकास के लिए समाजवाद को अनावश्यक समझते हैं। निराला जिस क्रान्ति का स्वप्न देखते हैं, उसकी परिणति वर्ग-उत्पीड़न को समाप्त करके समाजवादी व्यवस्था की रचना में है। स्वभावत: संकीर्ण राष्ट्रवादी न होकर निराला रंग, जाति, भाषा से परे मनुष्यमात्र के बन्धुत्व की घोषणा करते हैं :

मानव मानव से नहीं भिन्न,
निश्चय, हो श्वेत, कृष्ण अथवा,
वह नहीं क्लिन्न;
भेद कर पंक
निकलता कमल जो मानव का
वह निष्कलंक,
हो कोई सर।

['अनामिका', पृ. 19]

किसी भी सरोवर में कमल खिले, है वह कमल ही। काला हो या गोरा, यूरोपीय हो चाहे अमरीकी, है वह मनुष्य। सम्राट् एडवर्ड अष्टम् ने राजसिंहासन छोड़कर—निराला की दृष्टि में—बीसवीं सदी की नई अन्तर्राष्ट्रीय सभ्यता का परिचय दिया था।

जन-जन के जीवन में सहास,
है नहीं जहाँ वैशिष्ट्य धर्म का
भ्रूविलास—

वहाँ सिंहासन त्यागने पर एडवर्ड का स्थान है। वैशिष्ट्य-धर्मों से परे जहाँ जनता का जीवन है, वहीं सच्ची अन्तर्राष्ट्रीयता है। इस कारण एडवर्ड अष्टम यूरोप और अमरीका को मिलाने वाले हैं।

तुमसे हैं मिले हुए नव
योरप-अमरीका।

जो वास्तव में क्रान्तिकारी है, वह निराला की तरह संकीर्ण राष्ट्रवादी धारणाओं से मुक्त होगा।

निराला की क्रान्ति-सम्बन्धी कविताएँ औसत प्रगतिवादी रचनाओं से भिन्न हैं। प्रगतिवादी कवियों ने पूँजीवाद के खिलाफ तो बहुत लिखा लेकिन साम्राज्यवाद और उसके मुख्य सहायक सामन्तवाद के बारे में वे सामान्यत: चुप रहे। निराला-साहित्य में भारतीय क्रान्ति का सामन्त-विरोधी पक्ष जैसा उभरकर आया है, वैसा प्रेमचन्द के अलावा किसी हिन्दी लेखक की रचनाओं में उभरकर नहीं आया। औसत प्रगतिवादियों और निराला में यह अन्तर है कि अंग्रेज़ी राज में पूँजीवाद को कोसनेवाले कविगण भारत के स्वाधीन होने पर समाजवाद की बातें भूल गए। अनेक लेखकों ने समाजवाद को तानाशाही का पर्यायवाची मानकर तरह-तरह से पूँजीवाद का समर्थन किया। निराला की क्रान्ति-सम्बन्धी भावधारा सन् '47 के बाद भी प्रवाहित रहती है।

अपने युग की विचारधाराओं के बीच निराला की दृष्टि उन्नत है। वह परिवेश को देखती है, भविष्य को भी। प्रभामंडलों से आतंकित न होकर वह सामाजिक सम्बन्धों के आन्तरिक सूत्रों तक पहुँचती है। इसीलिए क्रान्तिकारी कवियों में निराला का स्थान अन्यतम है।

नया मानवतावाद

निराला हिन्दी साहित्य में नये मानवतावाद के प्रतिष्ठापक हैं। संसार की आलोचना करके वैराग्य की शरण लेनेवाला मनुष्य उनके साहित्य का केन्द्रबिन्दु नहीं है। उनका

मानव साधारण मनुष्य की तरह जीता है, सांसारिकता से बँधा हुआ कर्म करता है, संघर्ष में भाग लेता है और उसके कर्म और संघर्ष का लक्ष्य इसी संसार में अपना या दूसरों का कल्याण है। निराला-साहित्य में मर्यादा पुरुषोत्तम राम हैं, अन्य मनुष्यों की तरह पराजय की पीड़ा और हानि का अनुभव उन्हें भी होता है। यह पीड़ा और हानि नर रूप में ब्रह्म की लीला नहीं है; वह नर का सहज मानवोचित व्यवहार है। निराला के लिए वेदान्त का अर्थ राजनीतिक संघर्ष से कतराना नहीं, उसमें भाग लेना है। उनके साहित्य के केन्द्र में वह मनुष्य है जो श्रम करता है, सम्पत्ति और सुख के साधनों से वंचित है, विषम परिस्थितियों से जूझता है, गिरता है, फिर आगे बढ़ता है। निराला हिन्दी साहित्य में मनुष्य की कर्मठता, वीरता, धैर्य, आन्तरिक द्वन्द्व, उसकी अपार जिजीविषा के चित्रकार हैं।

निराला का मानवतावाद हिन्दी साहित्य में उनके अभ्युदयकाल से आरम्भ होता है और अन्तिम दौर तक निरन्तर गहरा होता जाता है। साहित्य में उन्होंने जिस मानव की प्रतिष्ठा की है, वह रीतिवादी काव्य के अतिरंजित वर्णनों का नायक नहीं है; वह अनेक क्रान्तिकारी कवियों का अतिमानव नहीं है जिसका चिर-उन्नत शिर देखकर हिमालय का शिखर नतशिर हो जाता हो। निराला ने जिस वीरता का चित्रण किया है, वह जीवन-संग्राम की वीरता है। वह उस मनुष्य की वीरता है जो दुःख और पराजय, संघर्ष की कठिनाइयों और मार्ग के अवरोधों से भली भाँति परिचित है।

'बादल-राग' का विप्लवी बादल अतिमानव के सबसे निकट है। उसके वज्र-प्रहार से भूधर क्षत-विक्षत होते हैं, समाज के आतंकवादी शोषक उसकी वज्र-हुंकार से ही काँप उठते हैं। किन्तु यह विप्लवी वीर दुःख से परिचित है, दूसरों के दुःख से ही नहीं, स्वयं भी दुःख का अनुभव कर चुका है। निराला की कविता यों शुरू होती है :

तिरती है समीर-सागर पर
अस्थिर सुख पर दुःख की छाया—
जग के दग्ध हृदय पर
निर्दय विप्लव की प्लावित माया।

एक तरफ जग का दग्ध हृदय है, दूसरी तरफ बादल स्वयं दुःख की छाया है। नीचे अस्थिर सुख, ऊपर दुःख की छाया—यह है निराला का क्रान्तिकारी वीर। दुःख की इस अनुभूति के कारण वह अतिमानव बनने से बच जाता है।

प्रलय का-सा तांडव करती हुई धारा जब बहती है, तब सारे बन्धन ढीले हो जाते हैं। ये किसके बन्धन हैं? बड़े दम्भ से जो भूधर खड़े हुए थे, वे उस धारा के ही मार्ग के अवरोध थे। वे उसे बालिका समझे थे; अब उनके उपलखंड बहाती हुई वह क्षुद्र धारा कालिका बन गई है। कवि ने जिस करुणा-क्रन्दन के रुकने की बात कही है, वह क्या इसी बालिका का करुणा-क्रन्दन नहीं है? धारा क्रान्ति की अतिमानवी देवी नहीं है; दुःख से परिचित, सतत विकासमान बालिका से कालिका बनने वाली नारी है।

'आवाहन' की श्यामा साक्षात् देवी है, असुर उसके मार्ग के अवरोध हैं किन्तु वे नगण्य हैं। उसके मार्ग में एक अन्य अपराजेय शत्रु है—मृत्यु। श्यामा का नृत्य अमरता और मृत्यु का कभी न खत्म होनेवाला संघर्ष है :

भैरवी भेरी तेरी झंझा
तभी बजेगी मृत्यु लड़ाएगी जब तुझसे पंजा।

जैसे राम और रावण का युद्ध हो, वैसा कुछ श्यामा से मृत्यु का यह पंजा लड़ाना है। मृत्यु परास्त हो जाएगी, केवल अमर जीवन रहेगा, ऐसा कोई संकेत कविता में नहीं है। विप्लवी बादल यदि दु:ख की छाया है तो 'आवाहन' की श्यामा मृत्यु का साक्षात्कार करनेवाली मानव-शक्ति है। मानव-शक्ति इसलिए कि जो मानवेतर है, उसके लिए मृत्यु नहीं। संसार के शरीरधारी जीव ही मर्त्य हैं; मृत्यु उन्हीं के लिए है। मृत्यु से उन्हीं का संघर्ष है।

'जागो फिर एक बार' (2) के गुरु गोविन्दसिंह इसी मृत्यु के भय पर विजयी होते हैं, दूसरों को विजयी होना सिखाते हैं :

अभय हो गए थे तुम
मृत्युंजय व्योमकेश के समान,
अमृत सन्तान!

मृत्यु से श्यामा के पंजा लड़ाने वाली बात यहाँ और स्पष्ट हो गई है। मृत्यु से संघर्ष है मानव-शक्ति का। गुरु गोविन्दसिंह का मार्ग अवरोधों से भरा हुआ है और इन अवरोधों का सारतत्त्व है एक महाअवरोध—मृत्यु-भय। इस अवरोध पर विजय पाने के बाद :

सवा सवा लाख पर
एक को चढ़ाऊँगा
गोविन्दसिंह निज
नाम जब कहाऊँगा—

यह अतिमानव वीर की अतिशयोक्ति नहीं रह जाती।

'जागो फिर एक बार' (2) में मनुष्य की वीरता के साथ उसकी कायरता की अनुभूति, इस अनुभूति के साथ ग्लानि और आक्रोश के भाव छिपे हुए हैं। 'सिंहों की माँद में आया है आज स्यार'—इस पक्ति में ये सब भाव ध्वनित हैं। इस पंक्ति और उसमें ध्वनित भावों की आवृत्ति 'महाराज शिवाजी का पत्र' में है :

सिंह भी क्या स्वाँग कभी
करता है स्यार का?

'जागो फिर एक बार' (2) से अधिक शिवाजी के इस पत्र में देशवासियों की निष्क्रियता, पराधीनता से समझौता, आत्मसम्मान के अभाव के प्रति रोष और ग्लानि के भाव सजग हैं :

किन्तु हाय! वीर राजपूतों की
गौरव-प्रलम्ब ग्रीवा
अवनत हो रही है आज तुमसे महाराज...
हाय री यशोलिप्सा!
अन्धे की दिवस तू—
अन्धकार रात्रि सी।

औरगंज़ेब को विजयी बनाने में राजपूत सामन्तों के योगदान से यहाँ ऐसी आत्मग्लानि का भाव उदय हुआ है, जो व्यक्तिगत न होकर, राष्ट्रीय है। शिवाजी का प्रयत्न इस आत्मग्लानि के भाव को दूर करने के लिए है। यह प्रयत्न सरल नहीं, अतिमानव का लोकोत्तर चमत्कार नहीं। 'राम की शक्तिपूजा' के राम जिस संशय से ग्रस्त होकर कुछ समय के लिए किंकर्तव्यविमूढ़ हो जाएँगे, उसका पूर्वाभास 'महाराज शिवाजी का पत्र' में है

सोचता हूँ अपना कर्तव्य अब—
देश का उद्‌देश,
पर, क्या करूँ मैं,
निश्चय कुछ होता नहीं—
द्विधा में पड़े हैं प्राण।

द्विधा में अतिमानव वीरों के प्राण नहीं पड़ते, उनके लिए इच्छा करना भर काफी है, विजय सुलभ होने में देर नहीं लगती। निराला के शिवाजी मानव हैं, अतिमानव नहीं। द्विधा का कारण यह है कि यदि वह राजा जयसिंह से मिल जाएँ तो उनके शत्रु कहेंगे कि डरकर मिल गया है। यदि युद्ध करें तो दोनों ओर हिन्दुओं का खून बहेगा। इस द्विधा की स्थिति पर विचार करते हुए हृदय से आह निकल पड़ती है :

हाय री दासता!
पेट के लिए ही
लड़ते हैं भाई-भाई!

देश की परिस्थितियों से उत्पन्न हुई वेदना शिवाजी का हृदय बेध डालती है। साथ ही 'बादल-राग' के विप्लवी वीर की तरह यहाँ भी शिवाजी को दूसरों के दु:ख की मार्मिक अनुभूति हुई है। जिस योद्धा को जनता के दु:ख की अनुभूति नहीं, उसकी वीरता क्रूरता है, वीरता का प्रदर्शन मात्र है। रीतिवादी कवियों के वीर-रस में इस

दु:खात्मक अनुभूति का अभाव है; निराला के उदात्त, करुणामिश्रित, ओजपूर्ण काव्य और उस शास्त्रानुमोदित परम्परागत वीर काव्य में यही अन्तर है।

शिवाजी राजपूत वीर जयसिंह को सीख देते हैं :

तपा तलवार
सन्ताप से निज जन्म भू के
दु:खियों के आँसुओं से
उस पर तुम पानी दो।

क्रान्तिकारी वीर की तलवार पर जो पानी चढ़ाया जाता है, वह दु:खियों की आँखों में है। जिसने वे आँखें नहीं देखीं, वह वृथा ही जन्मभूमि का नाम लेता है, वह जन्मभूमि के सन्ताप से परिचित नहीं।

'धारा', 'आवाहन', 'बादल-राग' (6), 'जागो फिर एक बार' (2) और 'महाराज शिवाजी का पत्र'—इन कविताओं को इस क्रम से पढ़ा जाय तो निराला के मानवतावाद के विकास की दिशा समझ में आ जाएगी। अतिमानव की जो झलक प्रारम्भिक रचनाओं में है, वह क्रमश: क्षीण होती जाती है, सामान्य मानवता का बोध और गहरा होता जाता है। जैसे-जैसे आन्तरिक ग्लानि और पीड़ा का बोध तीव्र होता है, वैसे ही जिन परिस्थितियों से संघर्ष करना है, उनकी रूपरेखा और साफ दिखाई देती है। उसी अनुपात में मनुष्य की दृढ़ता, संघर्ष में पैर जमाए रहने की क्षमता भी मानो बढ़ती जाती है।

निराला के नायक योद्धा हैं, कवि हैं, साधारण श्रमिक और सम्पत्तिहीन भिखारी है। तुलसीदास कवि हैं; उनका कवि-कर्म किसी भी शस्त्रधारी योद्धा के कर्म से कम वीरतापूर्ण नहीं है। तुलसीदास ने अपना कवि-कर्म तब आरम्भ किया जब देश के समस्त योद्धाओं के अस्त्र-शस्त्र व्यर्थ हो गए थे। निराला की 'तुलसीदास' रचना कवि-कर्म की उदात्त विजयगाथा है। सब कुछ व्यर्थ हो जाय, काव्य-साधना कभी व्यर्थ नहीं होती। जो वीर थे, उन्होंने वीरगति प्राप्त की। जो कायर थे, वे नई सत्ता के स्तम्भ बने। देश के उद्धार का बीड़ा उठाया कवि ने। आसक्ति, कुतर्क और विरोधी संस्कारों से जूझते हुए, रत्नावली की सहायता से, तुलसीदास अपने लक्ष्य की ओर बढ़ते हैं।

राम योद्धा हैं, ज्ञानी हैं, राजा हैं। पराजय के क्षणों में सीता की छवि राम के मन में कौंध जाती है। तुलसीदास की मुक्ति रत्नावली को छोड़ने में थी, राम की सिद्धि सीता को पुन: प्राप्त करने में है। राम का लक्ष्य पापियों का उद्धार करना अथवा पुण्यात्माओं के लिए स्वर्ग रचना नहीं; राक्षसों का पराभव, लंका में विभीषण का राजतिलक, सीता के साथ अयोध्या लौटकर राज्य सँभालना, यही लौकिक उद्देश्य है।

राम अकेले नहीं हैं, उनके साथ विशाल सेना है, लक्ष्मण हैं, सौ शक्तियों में महाशक्ति महावीर हैं। चतुरी चमार भी अकेला नहीं है, उसके साथ गाँव के और किसान हैं, स्वयं कवि निराला हैं। चतुरी श्रमिक है। उस संसार को बहुत कम पहचानता

है जिससे उसे संघर्ष करना है। लेकिन वह जीवन-संग्राम में परास्त होकर भागता नहीं है। उसकी आँखों में आँसू नहीं, होंठों पर मुसकान है। सत्तू बाँधकर, रेल छोड़कर, पैदल दस कोस उन्नाव चलकर, दूसरी पेशी के बाद पैदल ही लौटकर हँसता हुआ चतुरी बोला : "काका, जूता और पुरवाली बात अब्दुल-अर्ज़ में दर्ज नहीं है।"

'गोदान' में धनिया जहाँ पछाड़ खाकर गिरती है, मानवतावाद में उसके बाद की कड़ी है निराला का 'चतुरी चमार'।

चतुरी एक पूरे आन्दोलन के बहाव के साथ आगे बढ़ता है किन्तु 'देवी' कहानी की पगली भिखारिन अकेली है। सड़क है, जुलूस है, नेता हैं, फिर भी पगली अपने बच्चे के साथ अकेली है। सामने होटल में कवि हैं, उनके मित्र हैं किन्तु इनकी सहायता सीमित है। वे जीवन-संग्राम में पगली की रक्षा नहीं कर पाते। एक शक्ति की पूजा 'राम की शक्तिपूजा' में है, एक शक्ति का प्रत्यक्ष दर्शन 'देवी' कहानी में है। निराला की यह शक्ति भी खूब है। अप्रत्याशित अवसरों पर अद्‌भुत रूपों में प्रकट होती है। उनकी शक्तिपूजा का राष्ट्रीयता से, जनतंत्र से, मानवतावाद से क्या सम्बन्ध है, इन पंक्तियों में देखा जा सकता है :

"महाशक्ति का प्रत्यक्ष रूप संसार को इसमें बढ़कर ज्ञान देनेवाला और कौन-सा होगा? राम, श्याम और संसार के बड़े-बड़े लोगों का स्वप्न सब इस प्रभात की किरणों में दूर हो गया। बड़ी-बड़ी सभ्यता, बड़े-बड़े शिक्षालय चूर्ण हो गए। मस्तिष्क को घेरकर केवल यही महाशक्ति अपनी महत्ता में स्थित हो गई। उसके बच्चे में भारत का सच्चा रूप देखा, और उसमें—क्या कहूँ, क्या देखा!"

भारत का एक रूप गदाधारी महावीर हैं, दूसरा रूप पगली का यह बच्चा है। एक महाशक्ति वह हैं जो राम के मुख में लीन हो जाती हैं; दूसरी महाशक्ति यह हैं जो पगली के रूप में प्रत्यक्ष हैं। महाशक्ति प्रत्यक्ष होती हैं पगली के जीवन-संघर्ष में, उसके अटूट धैर्य, उसकी अपराजेय वीरता में। यह वीरता साहित्य में स्वीकृत नहीं। यह उस महाशक्ति की वीरता है जिसके आगे सभ्यता और शिक्षालय चूर्ण हो जाते हैं। जो साहित्य इस सभ्यता और इन शिक्षालयों से बँधा हुआ है, उसमें वह वीरता स्वीकृत नहीं है। निराला का मानवतावाद उसी वीरता का प्रतिष्ठापक है, यही उसकी विशेषता है।

वीरता के साथ दुःख की अनुभूति। पगली की वीरता अपने लिए, अपने बच्चे के लिए है; उसे अपने दुःख का बोध है, अपने बच्चे के दुःख का भी। वह पगली है, गूँगी है, फिर भी अत्यन्त सहृदय है। सहृदयता के बिना दुःख का बोध नहीं होता।

"पेड़ की छाँह या किसी खाली बरामदे में दोपहरी की लू में ऐसे ही एकटक कभी-कभी आकाश को बैठी हुई देख लेती होगी। मुमकिन है, इसके बच्चे की हँसी उस समय उसे ठंडक पहुँचाती हो! आज तक कितने वर्षा-शीत-ग्रीष्म इसने झेले हैं, पता नहीं। लोग नैपोलियन की वीरता की प्रशंसा करते हैं। पर यह कितनी बड़ी शक्ति है, कोई नहीं सोचता।"—यह उसकी वीरता और दुःख की अनुभूति का रूप है।

"डेढ़-दो साल के कमज़ोर बच्चे को माँ एक मूक भाषा सिखा रही थी— आप जानते हैं, वह गूँगी थी। बच्चा माँ को कुछ कहकर न पुकारता था, केवल एक नज़र देखता था, जिसके भाव में वह माँ को क्या कहता था, आप समझिए; उसकी माँ समझती थी..." यह उसकी सहृदयता का रूप है।

पगली का संघर्ष जितना मानव-समाज से है, उतना ही प्रकृति से। जो महाशक्ति पगली में प्रत्यक्ष होती है, वह मानवशक्ति ही है क्योंकि प्रकृति के आगे उसकी एक नहीं चलती। डबल निमोनिया में उसकी मृत्यु होती है।

'चतुरी चमार', 'देवी', 'तुलसीदास', 'राम की शक्तिपूजा'—ये सब तीन-चार साल के भीतर की रचनाएँ हैं जो बाहर से भिन्न दिखने पर भी आन्तरिक रूप से परस्पर सम्बद्ध हैं। इन सभी में विभिन्न स्तरों पर मनुष्य के संघर्ष और उसकी वीरता की कहानी है। इस संघर्ष से जूझते हुए मनुष्य मृत्यु के निकट पहुँचता है, शरीर क्षीण और ध्वस्त हो जाता है, फिर भी भीतर की दमक कम नहीं होती। दुर्बल, संघर्षरत, मृत्युग्रस्त मनुष्य भी कितना सुन्दर हो सकता है!

"मैं देख रहा था, ऊपर के धुएँ के नीचे दीपक की शिखा की तरह पगली के भीतर की परी इस संसार को छोड़कर कहीं उड़ जाने की उड़ान भर रही थी...मेरी आँखों को उसमें वह रूप देख पड़ा, जिसे मैं कल्पना में लाकर साहित्य में लिखता हूँ; केवल वह रूप नहीं, भाव भी।" यह उस पगली भिखारिन का सौन्दर्य है।

मृत्यु से पहले जीवन की यही दिव्य आभा निराला ने कुल्ली के दुर्बल क्षीण शरीर में देखी।

"देखा, चेहरा एक दिव्य आभा से पूर्ण है, लेकिन देह पहले से दुबली, जैसे कुल्ली समझ गए हैं, जीवन की संध्या हो गई है, अब घर लौटना है। कविता का दिव्य रूप और भाव सामने जड़ शरीर में देखकर पुलकित हो उठा।"

'राम की शक्तिपूजा' में युद्ध का जैसा रोमांचकारी वर्णन है, वैसा यहाँ कुछ नहीं है। फिर भी कुल्ली योद्धा हैं। रूढ़िवादियों का विरोध सहते हुए मुसलमान स्त्री से विवाह करते हैं, अछूत बालकों को पढ़ाते हैं, राष्ट्रीय आन्दोलन के नेताओं की उपेक्षा की चिन्ता न करके अकेले ही अपने मार्ग में आगे बढ़ते हैं। कुल्ली ने शक्तिपूजा नहीं की, कोई शक्ति उनके मुख में विलीन नहीं हुई; उनमें महाशक्ति प्रत्यक्ष नहीं हुई; निराला को उनमें 'कविता का दिव्य रूप' दिखाई देता है—उस कविता का दिव्य रूप, जिसकी साधना तुलसीदास ने की थी, जिसका स्रोत निराला के लिए मनुष्य के दुःख और संघर्ष में था।

कुल्ली को देखकर निराला ने लिखा : "मनुष्यत्व रह-रहकर विकास पा रहा है। देखकर मैंने सिर झुका दिया।"

'राम की शक्तिपूजा' के बाद यों निराला का मानवतावाद निरन्तर विकसित हो रहा था। जिस शक्ति के आगे उनका सिर झुका था, वह मनुष्य की शक्ति थी। वही अब उनकी कविता, उनकी सरस्वती थी।

कुल्ली के सगे-भाई-जैसे बिल्लेसुर हैं। उनके मन का ढाँचा पगली भिखारिन के दिमाग से कहीं मिलता-जुलता है—कुछ सनकी, कुछ बेवकूफ—पर जीवट में वह कुल्ली जैसे हैं। ब्राह्मण वाली प्रतिष्ठा की चिन्ता न करके बकरियाँ पालते हैं, सारे गाँव का मुकाबला करते हैं। जीवन-संघर्ष का उद्देश्य, बहुत सीधा-सा, अपने अस्तित्व को क़ायम रखना है। निराला बिल्लेसुर की दु:खानुभूति और वीरता के बारे में कहते हैं : "बिल्लेसुर, जैसा लिख चुके हैं, दु:ख का मुँह देखते-देखते उसकी डरावनी सूरत को बार-बार चुनौती दे चुके थे। कभी हार नहीं खाई।" कथा के अनेक पृष्ठों में जो चित्रित किया गया है, भाव रूप में यही उसका सारांश है।

'अप्सरा' का चन्दन, 'अलका' का प्रभाकर, 'चोटी की पकड़' का दूसरा प्रभाकर, 'प्रभावती' की जमुना, 'काले कारनामे' का मनोहर विभिन्न रूपों में जनता के उसी वर्ग की सेवा करते हैं जिसके प्रतिनिधि चतुरी, कुल्ली और बिल्लेसुर हैं। अधूरे उपन्यास 'चमेली' में, 'नये पत्ते' की कविताओं में निराला इसी वर्ग के उत्थान, संघर्ष और कठिनाइयों का चित्रण करते हैं। निर्धन, निम्नतम भारतीय जनता का जीवन-संघर्ष—यही निराला के मानवतावाद की अन्तर्धारा है।

निराला ने साहित्य में जिस मानवतावाद की प्रतिष्ठा की, उसके विकास का इतिहास भारतीय जन-आन्दोलन के उतार-बढ़ाव का इतिहास है। पहले दौर में निराला उस विप्लवी वीर के गीत गाते हैं जिसमें अतिमानव की झलक है। सन् '30 के बाद की रचनाओं में यह झलक खत्म हो गई है, मनुष्य अपने आन्तरिक और बाह्य संघर्षों की पूर्णता में चित्रित किया जाता है। सन् '30-'40 के दशक की रचनाओं में निराला की मानवीय सहानुभूति और गहरी होती है, मृत्यु की पूर्व-वेला में जीवन की आखिरी दमक का सौन्दर्य वह मनुष्य में देखते हैं। दिव्य शक्ति वाला भाव पीछे छूट जाता है, मानव शक्ति का रूप ही आँखों के सामने रह जाता है। दूसरे महायुद्ध के दौरान और उसके बाद एक नई क्रान्तिकारी भावना निराला के मानवतावाद में घुल-मिल जाती है। करुणा से अधिक इसमें आक्रोश है; दु:ख की अनुभूति से अधिक इसमें सामूहिक संघर्ष की ललक है। स्वाधीन भारत में जनता के क्रान्तिकारी उभार समाप्त हो गए; निराला के साहित्य में वह ललक भी न रही किन्तु एक थिराई हुई करुणा, जिन मनुष्यों की मुक्ति के सपने उन्होंने सन् '46 तक देखे थे, उनके प्रति गहरी सहानुभूति 'अर्चना' से 'सान्ध्यकाकली' तक देखने को मिलती है।

'आराधना' में कहीं गाँव के साधारण श्रमिकों का चित्र है ('बान कूटता है'), कहीं हल जोतकर घर लौटने वाले किसान-परिवार का दृश्य है ('खेत जोतकर घर आए हैं'), कहीं 'नये पत्ते' के व्यंग्य बोल फिर सुनाई देते हैं ('मानव जहाँ बैल घोड़ा है')—कहीं खिन्नता ('मानवदेव हाथ मलता है'), कहीं निराशा ('बंद हुई जब उर की आशा, समर विजय की तब क्या आशा'), कहीं विजय में विश्वास ('मानव के तन केतन फहरे'), निराला की मानवीय करुणा निमित्त-भेद से अनेक रूपों में व्यक्त हुई है।

दु:ख और पराजय का ज्ञान, संघर्ष की कठिनाइयों और मार्ग के अवरोधों का चित्रण, मनुष्य के धैर्य और उसकी वीरता की अभिव्यंजना—निराला के मानवतावाद की विशेषताएँ हैं। उनके देशप्रेम से, उनकी क्रान्तिकारी भावना से, उनका मानवतावाद पूर्णत: सम्बद्ध है। इन तीनों को एक साथ देखने से ज्ञात होगा कि आधुनिक भारत की छवि कितनी गहराई से उनके साहित्य में आँकी गई है। उस छवि के अनुरूप ही निराला-साहित्य की गरिमा का मूल्यांकन होगा।

नवनिर्माण और विनाश

निराला के साहित्य में कविता और क्रान्ति का गहरा सम्बन्ध है। उनके क्रान्तिकारी वीर या तो स्वयं कवि हैं, या कविता और संगीत के प्रेमी हैं। विप्लवी बादल के पास एक भेरी है जो अपने गर्जन से धनी वर्ग को कँपाती है, साथ ही उससे कोमल स्वर भी फूटते हैं, जिन्हें सुनकर पृथ्वी के हृदय से नये अंकुर फूटते हैं। बादल-सम्बन्धी अन्य कविता में इस मधुर कोमल संगीत का विस्तार से वर्णन है :

स्वरारोह, अवरोह, विघात,
मधुर मन्द्र, उठ पुन: पुन: ध्वनि
छा लेती है गगन, श्याम कानन,
सुरभित उद्यान। ['परिमल', पृ. 155]

क्रान्ति के रचनात्मक और ध्वंसात्मक पक्षों की तरह कविता या संगीत भी दो तरह का है। 'उद्‌बोधन' कविता में एक गर्जन-तर्जन वाला स्वर है :

गरज-गरज घन अन्धकार में गा अपने संगीत,
बंधु, वे बाधा-बन्ध-विहीन ['अनामिका', पृ. 67]

इस स्वर के साथ पुराने बन्धनों का नाश, प्राचीन रूढ़ियों का ध्वंस, पीले पत्तों का झरना आदि क्रियाएँ सम्बद्ध हैं। दूसरा स्वर कोमल और रचनात्मक है :

पुनर्वार गाएँ नूतन स्वर, नव कर से दे ताल,
चतुर्दिक् छा जाए विश्वास।

'अनामिका' के 'बादल गरजो' गीत में यही दोनों प्रकार का संगीत है। गरजने वाला स्वर पहली पंक्ति से ही स्पष्ट है। आगे बिजली और वज्र रखनेवाला बादल ललित कल्पना का प्रेमी भी है :

ललित ललित काले घुँघराले,
बाल कल्पना के-से काले।

ललित कल्पना और क्रान्तिकारी कविता में कोई आन्तरिक विरोध नहीं है। जो क्रान्तिकारी है, वह क्रान्ति के अलावा जीवन के अन्य कार्य भी करता है। वैसे ही कवि; क्रान्ति के गीत गाने के अलावा वह सौन्दर्य और शृंगार की रचनाएँ भी करता है। 'परिमल' में उन्होंने बादल को लक्ष्य करके जो लिखा था : 'आज मिटेगी व्याकुल श्यामा के अधरों की प्यास', वही भाव 'अनामिका' वाले गीत में है। जीवन में ध्वंस है, रचना है, दुःख है, सौन्दर्य और शृंगार है। निराला अपने साहित्य में जिस कवि को प्रतिष्ठित करते हैं, वह समग्र जीवन को व्यापक दृष्टि से देखता है, एक ही पक्ष लेकर नहीं चलता।

'अनामिका' वाले गीत में निराला ने कवि और क्रान्तिकारी में तादात्म्य स्थापित किया है :

विद्युत-छवि उर में, कवि, नव जीवन वाले!

सामाजिक क्रान्ति में साहित्य की महत्त्वपूर्ण भूमिका है; यह भी सत्य है कि सामाजिक क्रान्ति सार्थक तब है जब उससे भाषा और साहित्य का विकास हो। इसीलिए निराला-साहित्य में कवि और क्रान्तिकारी का यह तादात्म्य है। स्वभावत: उनकी अनेक रचनाएँ ऐसी हैं जो समाज और साहित्य, दोनों के सन्दर्भ में सटीक बैठती हैं। 'जला दे जीर्ण शीर्ण प्राचीन'—'गीतिका' के इस गीत में सामाजिक रूढ़ियों का विरोध है, साहित्यिक रूढ़ियों का भी। 'उद्बोधन' कविता में नये-पुराने पत्ते साहित्य और समाज, दोनों के लिए सार्थक प्रतीक हैं। साहित्य और समाज की रूढ़ियाँ परस्पर सम्बद्ध हैं; स्वभावत: जो परिवर्तन एक क्षेत्र में होगा, वह दूसरे क्षेत्र को प्रभावित करेगा। फिर भी साहित्य की अपनी सत्ता है। यह सत्ता सापेक्ष रूप में स्वतंत्र है, साहित्य के परिवर्तन और विकास की अपनी समस्याएँ हैं। निराला साहित्य-जगत् की अपनी विशिष्ट क्रान्ति के कवि भी हैं।

साहित्य-जगत् की यह क्रान्ति एक ओर प्राचीन रूढ़ियों का नाश करनेवाली है, दूसरी ओर वह जीवन्त साहित्यिक परम्परा की रक्षक भी है। समाज की अपेक्षा साहित्य में परम्परा की रक्षा के प्रति निराला का आग्रह अधिक है।

विश्व की ही वाणी प्राचीन
आज रानी बन गई नवीन— ['गीतिका', पृ. 78]

यहाँ पतझर के बाद वसन्त में जैसे प्रकृति नया जीवन पाती है, वैसे ही प्राचीन साहित्यिक परम्परा नये युग में परिवर्तित होती हुई संवर्द्धित और विकसित होती है।

फूटो फिर, फिर से तुम,
रुद्ध कंठ सामगान! [उप., पृ. 68]

यहाँ ज्ञान और साहित्य की प्राचीन परम्परा ही पुनरुज्जीवित होकर पश्चिम के हिंसक साम्राज्यवाद को चुनौती देती है।

अन्य परम्परावादियों और निराला में यह अन्तर है कि जहाँ बहुत-से संस्कृत-प्रेमियों के लिए आधुनिक भाषाओं के उत्थान के साथ भारतीय साहित्य की गरिमा लुप्त हो गई, वहाँ निराला के लिए नवीन भाषाओं का उत्थान नये विकास का सूचक भी है। संस्कृत और हिन्दी, प्राचीन परम्परा और आधुनिक साहित्य परस्पर कैसे सम्बद्ध हैं, इसका विशद चित्रण 'नये पत्ते' की 'देवी सरस्वती' कविता में है :

राग रंग की रामायण दुःख की गाथा से
पूरी हुई! सँभाले जैसे स्वर भाषा के
अधिक मनोहर—

संस्कृत और हिन्दी का यह सम्बन्ध है। निराला इस कविता में कालिदास, हर्ष आदि के साथ हिन्दी कवियों को बराबरी वाला स्थान देते हैं। उनके आदर्श कवि तुलसीदास संस्कृत के नहीं, हिन्दी के कवि हैं। वास्तव में निराला तुलसीदास को जिस संस्कृति से संघर्ष करते हुए, प्रथमत: उससे प्रभावित होते, दिखाते हैं :

अब स्मर के शर-केशर से झर
रँगती रज-रज पृथ्वी, अम्बर;

वह वाल्मीकि-व्यास से भिन्न, संस्कृत की श्रृंगार-परम्परा है जिससे कालिदास का सीधा सम्बन्ध है।

हिन्दी के आधुनिक साहित्य का विकास रीतिवादी रूढ़ियों का तीव्र विरोध करते हुए ही सम्भव हुआ है। निराला में एक ओर तुलसी-कबीर-दादू-मीरा-रैदास के रिक्थ के प्रति सम्मान की भावना है, दूसरी ओर रीतिवादी रूढ़ियों का तीव्र विरोध है। 'मित्र के प्रति' कविता ('अनामिका', पृ. 10) में हिन्दी साहित्य के इस आन्तरिक संघर्ष का चित्रण हुआ है। प्राचीनपंथी साहित्यप्रेमी नई कविता को नीरस मानकर उसकी रचना बंद करने को कहते हैं। निराला इस साहित्यिक द्वन्द्व के चित्रण के लिए लू और बादल के क्रान्ति-सम्बन्धी परिचित प्रतीकों का उपयोग करते हैं। ग्रीष्म के त्रास से जो जल सूखकर बादल बना था, वही अब नये साहित्य के रूप में धरती पर बरस रहा है। 'मित्र के प्रति' कविता में जो बात विस्तार से कही गई है, वही अत्यन्त सारगर्भित, संक्षिप्त और प्रभावशाली ढंग से, उन्हीं प्रतीकों की सहायता से इस कविता में कही गई है :

जला है जीवन यह आतप में दीर्घकाल;
सूखी भूमि, सूखे तरु, सूखे सिक्त आलवाल;
बन्द हुआ गुंज, धूलि धूसर हो गए कुंज,
किन्तु पड़ी व्योम-उर बन्धु, नील-मेघ-माल।

['अनामिका', पृ. 190]

इस साहित्यिक संघर्ष का केन्द्र निराला स्वयं थे; इसलिए ये कविताएँ जितनी सामान्य साहित्यिक संघर्ष पर घटित होती हैं, उतनी ही निराला के अपने विशिष्ट जीवन पर। 'जला है जीवन यह'—निराला का जीवन जला है, हिन्दी का जीवन जला है। निराला के मन की आशाएँ, उल्लास, विषाद, निराशा, वीरतापूर्ण कर्म, त्रास, दुःस्वप्न—यह सब कुछ कहीं-न-कहीं हिन्दी के इस आन्तरिक संघर्ष से जुड़ा हुआ है। निराला के बिना हिन्दी का यह संघर्ष नहीं समझा जा सकता, इस संघर्ष के बिना निराला नहीं समझे जा सकते—न व्यक्तित्व, न कृतित्व!

निराला का जीवन हिन्दीमय है; हिन्दी उनके लिए साहित्य-साधना का माध्यम है; अपने में स्वयं एक साध्य है। भारत देश और इस देश की जनता की तरह निराला की आस्था, श्रद्धा, सर्वाधिक प्रेम का अधिष्ठान है भाषा। असह्य पीड़ा के क्षणों में वह सारा दुःख 'यह हिन्दी का प्रेमोपहार' कहकर स्वीकार करते हैं, संघर्ष के विकट क्षणों में अप्रतिहत विश्वास से वह भाषा का गौरव-गीत गाते हैं :

बुझे तृष्णाशा-विषानल झरे भाषा अमृत-निर्झर,
उमड़ प्राणों से गहनतर छा गगन लें अवनि के स्वर।

['गीतिका', पृ. 94]

ये जो धरती से उठकर आकाश पर छा जानेवाले प्राणों के स्वर हैं, वे हिन्दी भाषा के स्वर हैं। छन्द की गति से, उदात्त शब्द-सौन्दर्य से, भाव-चित्र की गरिमा से निराला जिसका भविष्य चित्रित कर रहे हैं, वह आधुनिक हिन्दी है। प्रशस्त परम्परा वाली, नवयुग में नवजीवन से दीप्त यह हिन्दी भाषा निराला के लिए किसी भी देवी-देवता से अधिक पूज्य है :

वन्दूँ पद सुन्दर तव;
छन्द नवल स्वर-गौरव!
जननि, जनक-जननि-जननि-
जन्मभूमि भाषे! [उप., पृ. 81]

वह जननी है, माता और पिता की जननी है, अपनी और सब पूर्वजों की जन्मभूमि की वह भाषा है। निराला उस मातृभाषा की वन्दना कर रहे हैं। इसी भाषा के वर्ण चमत्कार पर, उसके शब्दों के ध्वनि-सौन्दर्य पर वह रीझते हैं। आधुनिक हिन्दी कविता में यह भाषा अपना नया रूप पाती है :

वर्ण-चमत्कार;
एक-एक शब्द बँधा ध्वनिमय साकार। [उप., पृ. 92]

जिसके पद-पद में नई भावधारा प्रवाहित है, उसी भाषा के अगणित गीत आकाश में गूँजते हैं। इसी भाषा के द्वार पर आकर निराला संघर्ष का सारा कष्ट भूल जाते हैं, वहीं उन्हें वह वर मिलता है जिससे अवसन्न अवस्था में भी मन प्रसन्न हो उठता है।

रहस्यवादी को जो आनन्द ब्रह्मदर्शन से मिलता है, निराला को तीव्र दु:खानुभूति के बाद, वैसा ही आनन्द भाषा की साधना के बाद, साहित्य में सिद्धि प्राप्त करने पर मिलता है। ऐसा धीर विजयोल्लास का स्वर निराला में भी अन्यत्र दुर्लभ है :

समझ क्या वे सकेंगे भीरु मलिन-मन,
निशाचर तेजहत रहे जो वन्य जन,
धन्य जीवन कहाँ,—मात:, प्रभात-धन,
प्राप्ति को बढ़ें जो गहें तव पद अमर—
प्रात तव द्वार पर
आया, जननि, नैश अन्ध पथ पार कर। ['गीतिका', पृ. 100]

निराला ने यह आत्मविश्वास सुदीर्घ संघर्ष के बाद प्राप्त किया है। आरम्भ में कंठ रुद्ध है, राग अधूरा है, जिस मन्दिर में अनेक राग-रागिनियाँ गूँज रही हैं, वहाँ अपना गीत सुनाने का साहस नहीं होता। ('अनामिका', पृ. 40) मन का संकोच, कवि रूप में स्वीकृत होने की आशा, दुलार पाने की आकांक्षा—निराला सब कुछ उसी जननी से कहते हैं :

पहनो यह माला माँ, उर में मेरे ये संगीत,
खेलें उज्ज्वल, जिनसे प्रतिपल थी जनता भयभीत।

['परिमल', पृ. 95]

जनता की अवज्ञा, फिर भी कवि रूप में अपनाए जाने की लालसा, अपनी सीमित प्रतिभा का विचार, फिर भी आत्म-समर्पण का बल—निराला की स्वत:स्फूर्त गेयता का अमोघ स्रोत है उनका भाषा-प्रेम।

'धन्य कर दे माँ, वन्य प्रसून ('गीतिका', पृ. 34)—इस गीत का वन्य प्रसून कवि स्वयं है। हृदय में गंध है किन्तु दल बंद होने से बाहर नहीं निकली; निराला मलय स्पर्श की बाट जोहते हैं कि गंध बह निकले और वह प्रसून :

वन्दना करे छन्द में झूम।

भाषा की वन्दना के प्रसंग में फूल वाले प्रतीक का उपयोग वह अक्सर करते हैं।

अनगिनित आ गए शरण में जन, जननि,—
सुरभि-सुमनावली खुली, मधुऋतु अवनि!

['गीतिका', पृ. 18]

इस गीत में सुरभि-सुमनावली द्वारा वह कवियों की ओर संकेत कर रहे हैं या सामान्य जनों की ओर? जिस जननी का स्मरण करते हैं, वह सरस्वती है या आदिशक्ति? जैसे निराला की अनेक रचनाएँ साहित्य और समाज, दोनों पर लागू होती हैं, वैसे ही उनके अनेक गीत सरस्वती और आदिशक्ति—भाषा और प्रकृति—दोनों पर लागू होते

हैं। शक्ति और सरस्वती में निराला के लिए विशेष अन्तर नहीं। शक्ति एक है, भाषा के रूप में भी वह प्रत्यक्ष होती है। 'राम की शक्तिपूजा' में श्यामा के साथ सरस्वती हैं ही। जिस जननी की शरण में अनगिनत जन आए हैं, वह उस देवी से भिन्न नहीं जिसके लिए नतशिर होकर वह कहते हैं :

वन्दूँ पद सुन्दर तव;
छन्द नवल स्वर-गौरव!

उसकी कृपा से जो सुरभि-सुमनावली खुलती है, उसमें वह वन्य प्रसून भी है जो छन्द में झूमकर वन्दना करना चाहता है।

छन्द में झूमता हुआ स्वर, स्वर में वन्दना का भाव कुछ इस प्रकार होगा :

तव भक्त भ्रमरों को हृदय में लिये वह शतदल विमल
आनन्द-पुलकित लोटता नव चूम कोमल चरण तल।

['अनामिका', पृ. 33]

ये कोमल चरणतल वीणावादिनी के हैं; उनके पास जो कमल झूम रहा है, उसी में वे भ्रमर हैं जो उसकी वन्दना करते हैं। जैसे मातृभूमि की सजल मूर्ति के लिए निराला ने लिखा था कि वह उसे देखें और वह भी उन्हें देखती रहे, वैसे ही वह सरस्वती को अपना वन्दना-गीत सुनाते हैं, उसकी वीणा का मधुर स्वर सुनते भी हैं :

बह रही है सरस तान-तरंगिनी,
बज रही वीणा तुम्हारी संगिनी। [उप.]

भाषा की देवी से निराला वैसे ही आत्मीयतापूर्ण भावों का आदान-प्रदान करते हैं, जैसे मातृभूमि से।

'अनामिका' की 'वीणावादिनी' का छन्द जैसे झूमता हुआ चलता है, वैसा ही लहराता हुआ स्वर 'बेला' के इस गीत का है :

बीन की झंकार कैसी बस गई मन में हमारे।
धुल गई आँखें जगत की, खुल गए रवि चन्द्र तारे।

भाव-बोध के अनेक स्तर हैं जहाँ से निराला का यह वन्दना वाला स्वर फूटता है। 'अनगिनित आ गए शरण में जन जननि, बीन की झंकार कैसी बस गई मन में हमारे, तव भक्त भ्रमरों को हृदय में लिये वह शतदल विमल'—इन तीनों रचनाओं के छन्द की गति में जो समानता है, उससे यह निष्कर्ष निकाला जा सकता है कि इनके भावबोध का स्तर एक ही है जो सरस्वती की कल्पना से स्पन्दित हुआ है।

स्वर हिलोरें ले रहा आकाश में
काँपती है वायु स्वर-उच्छ्वास में—

['अनामिका', पृ. 33]

आकाश में स्वर की हिलोरें, भादों से आन्दोलित निराला के मन से फूटता हुआ छन्द। प्रेरक शक्ति—सरस्वती।

'गीत गुंज' में मानो आत्मीयता और गहरी हो गई हो, सरस्वती अब शारदा जी हो गई हैं, वसन्त की माला भी पहने हैं :

वरद हुईं शारदा जी हमारी,
पहनी वसन्त की माला सँवारी।

'सान्ध्यकाकली' में—अन्त समय तक—वह भाषा और साहित्य की इस देवी का स्मरण करते हैं। अब शरण में जाना आवश्यक नहीं, किसी भी तरह का वन्दन-स्तवन आवश्यक नहीं; दर्शन ही यथेष्ट है। वीणा के स्वर बादलों से घिरे गगन-मंडल में गूँज रहे हैं और कवि की दृष्टि चरणों से ऊपर उठती हुई नाक और आँखों तक पहुँच गई है :

दीप्ति नयनों की सुहावन,
नाक का हिल रहा मीना।

चरणों से नयनों तक पहुँचने में जैसे एक युग बीत गया हो, मानो निराला का सारा जीवन इसी यात्रा में खप गया हो! लेकिन वहाँ नज़र ठहरती नहीं; टकटकी बँधी है मीना पर।

अनेक रूपों में निराला ने सरस्वती को याद किया है। वह संघर्ष से अलग, संघर्ष के फलस्वरूप प्राप्त होनेवाली सिद्धि हैं, वह दुखी संघर्षरत कवि को प्यार-दुलार से ढाढ़स बँधाने वाली माँ हैं, वह संघर्ष में सक्रिय प्रेरणा देनेवाली शक्ति भी हैं। तुलसीदास की रत्नावली ऐसी ही सरस्वती में परिवर्तित हो जाती हैं :

देखा, शारदा नील-वसना
हैं, सम्मुख स्वयं सृष्टि-रशना।

निराला के भाव-बोध की एक विशेषता यह है कि देवियों और प्रतीकों से बँधे रहने पर भी वह ठोस यथार्थ की धरती को भूलते नहीं हैं। सरस्वती की उपासना का अर्थ है कठिन जीवन-संघर्ष; साहित्यिक संघर्ष और जीवन-संघर्ष परस्पर सम्बद्ध हैं।

हिन्दी साहित्य का आन्तरिक संघर्ष एक ओर रीतिवाद से मुक्ति पाने के लिए है, दूसरी ओर वह हिन्दी भाषा और साहित्य की जातीय प्रतिष्ठा के लिए भी है। हिन्दी में क्या है, हिन्दी भी कोई भाषा है, आधुनिक हिन्दी कविता पागलों का प्रलाप है—इस तरह की सूक्तियों का उत्तर निराला ने 'आदरणीय प्रसाद जी के प्रति' कविता में दिया है। प्रसाद का साहित्य हिन्दी भाषा और हिन्दी-भाषी जनता

की श्रेष्ठ उपलब्धि है। जो हमसे आगे बढ़े हुए हैं, वे प्रसाद का साहित्य देखें, वह अन्य भाषाओं के उन्नत साहित्य के समकक्ष है।

बढ़े हुए जो, उनकी आँखों पर आँखें रख
बातचीत कर सकते हैं हम, अब कोई पख
लगा नहीं सकता, दीनता हमारी पहली
नहीं रही वह। ['अणिमा', पृ. 31]

आधुनिक साहित्य के लिए जितने लोग प्रयत्नशील हैं, उनके संचालक हैं जयशंकर प्रसाद। भाषा की भूमि युद्ध-भूमि है, जयशंकर प्रसाद प्रधान सेनापति हैं। एक चतुरंग सेना 'जागो फिर एक बार' (2) के गुरु गोविन्दसिंह के पास थी, एक चतुरंग सेना साहित्यकार जयशंकर 'प्रसाद' के पास है :

हे चतुरंग, तुम्हारी विजय-ध्वजा धारण कर
खड़े सुमित्रानन्दन, देवी, मोहन, दिनकर।

प्रसाद विदा हुए, अपनी गौरव-ध्वजा दूसरों को दे गए कि भाषा की मान-प्रतिष्ठा के लिए संघर्ष में आगे बढ़ें।

यह युद्ध निराला के जीवन में है, अनेक महारथियों के प्रहारों का वह लक्ष्य हैं। 'सरोज-स्मृति' में वह उस साहित्य-समर को याद करते हैं जिसमें :

एक साथ जब शत घात घूर्ण
आते थे मुझ पर तुले तूर्ण
देखता रहा मैं खड़ा अपल
वह शर-क्षेप, वह रण-कौशल।

आखिरी दौर में वह सरस्वती की नाक में हिलती हुई मीना देखते हैं और पुराने शर-क्षेप और रणकौशल को याद भी करते हैं।

ताक रहा है भीष्म शरों की कठिन सेज पर—

अपनी अन्तिम कविता के भीष्म स्वयं सेनापति निराला हैं। प्रसाद के बाद उनकी चतुरंग सेना का संचालन उन्हीं ने किया; अब वह संचालन-काल समाप्त हुआ :

बीत चुका है दिक् चुम्बित चतुरंग, काव्य, गति-
यति वाला।

शरीर शिथिल है, मृत्यु निकट है। निराला पुराने युद्ध के दिन याद करते हैं :

मल्ल मल्ल की
मारें मूर्च्छित हुईं, निशाने चूक गए हैं,
झूल चुकी है खाल ढाल की तरह तनी थी।

निशाना चूका नहीं है। मृत्यु परास्त है, कविता जीवित है।

ऐसा था भाषा और साहित्य को लेकर निराला का संघर्ष। एक क्रान्ति समाज में, उससे मिलती-जुलती, फिर भी भिन्न स्तर की दूसरी क्रान्ति साहित्य में। जीवन्त परम्परा का उद्धार, जर्जर रूढ़ियों का बहिष्कार। एक संघर्ष तुलसीदास का, दूसरा प्रसाद का, तीसरा निराला का, इनके साथ अन्य साहित्यकारों का। हिन्दी-भाषी जनता का ध्यान, सरस्वती के विभिन्न रूपों में, दुःख, ग्लानि, आशा, विजयोल्लास के क्षणों में निराला के साथ रहता है। ज्योति के पत्र पर लिखे हुए राम-रावण के अपराजेय समर की तरह जीवन के अन्तिम क्षणों तक उस युद्ध की स्मृति निराला के साथ रहती है।

प्रकृति-पूजा

निराला ने जितनी कविताएँ ब्रह्म पर लिखी हैं, उनसे अधिक माया, प्रकृति अथवा शक्ति पर लिखी हैं।

वेदान्ती कवि के लिए उचित था कि वह अगोचर मायातीत ब्रह्म के गीत गाता; माया की चर्चा करता तो सन्तों और वैरागियों की तरह स्वयं और दूसरों को उससे सावधान करने के लिए। किन्तु निराला-साहित्य में माया का इतना अधिक बखान है कि लगता है, ब्रह्म से अधिक उनकी साधना का लक्ष्य माया है।

'अधिवास' उनकी प्रारम्भिक रचनाओं में है। इसमें उन्होंने अधिवास अर्थात् ब्रह्म को छोड़ने और माया में फँसने की बात लिखी थी।

'गीतिका' में किसी का माया-रथ सुन्दर कानन में रुक जाता है, (पृ. 67) किसी के हृदय में बाँसुरी बजती है और :

हुई ज्योत्स्नामयी अखिल मायापुरी [पृ. 104]

'बेला' में वह देह की माया की जोत का ध्यान करते हैं (पृ. 26), 'अर्चना' में :

पैर उठे, हवा चली।
उर उर की खिली कली...
खुले सर्ग, दिव्य वेद
माया हो गई भली। [पृ. 28]

अभ्युदय-काल में आखिरी दौर तक निराला विभिन्न अवसरों पर अनेक सन्दर्भों में माया का स्मरण करते हैं।

निराला-साहित्य में माया की भूमिका अनेक प्रकार की है। वह मानवीय करुणा है जो कवि को प्रेरित करती है कि वह अपने दुखी भाई को गले लगाए।

('परिमल', पृ. 109) वह किसी दुखी की आह है या विधवा की चिन्तारूपी चिता, ('परिमल', पृ. 85) वह क्रान्तिकारी शक्ति है जो जीर्ण-शीर्ण प्राचीन को जला देती है, वह जनता को स्वाधीनता की ओर बढ़ने की प्रेरणा दे सकती है :

माँ, तू भारत की पृथ्वी पर
उतर रूपमय माया तन धर,
देवव्रत नरवर पैदा कर,
फैला शक्ति नवीन। ['गीतिका', पृ. 37]

युद्ध में जब मनुष्य परास्त होता है, तब इसी शक्ति की साधना करता है। रावण से परास्त होने पर राम ब्रह्म की नहीं, शक्ति की पूजा करते हैं। युद्ध, क्रान्ति, संघर्ष, स्वाधीनता-आन्दोलन से इस प्रकृति, शक्ति अथवा माया का गहरा सम्बन्ध है।

वह कवि की साधना का लक्ष्य है, उसके हृदय की प्रेरणा भी है। तुलसीदास को राम नहीं दिखाई देते, ब्रह्म प्रत्यक्ष होकर उन्हें आनन्द-विह्वल नहीं करता, उनकी पत्नी—अरूप-लग्न योगिनी के समान, साहित्य की देवी सरस्वती के समान—प्रेरित करती है। इस शक्ति का एक काम निराला की सुख-दुःख की बातें सुनना, कठिन समय में उन्हें ढाढ़स बँधाना है :

रहेंगे अधर हँसते, पथ पर, तुम
हाथ यदि गहो। ['अनामिका', पृ. 116]

जब-तब निराला प्रकृति को ब्रह्म के साथ याद करते हैं, 'तुम और मैं' कविता में सच्चिदानन्द ब्रह्म के साथ प्रकृति का गुण-कीर्तन है। अन्यत्र जो प्रकृति जगत् की पलकों पर आसीन है, वह प्रिय के ध्यान में लीन है :

प्रकृति बैठी पालने, अतंद्र
जगत् के पलकों पर आसीन...
खुला जीवन में प्रणय-सुहाग,
कला प्रिय-अकल-ध्यान में लीन। ['गीतिका', पृ. 78]

जो कला है, परिवर्तनशील प्रकृति है, वह अकल ब्रह्म का ध्यान करती है। 'तुलसीदास' में जिस अरूप-लग्न योगिनी का उल्लेख है, वह इस गीत की प्रकृति की तरह अकल अथवा अरूप ब्रह्म का ध्यान करती है।

अधिकतर यह शक्ति अपने में पूर्ण, अनादि और अनन्त दिखाई देती है, उसे किसी आधार की आवश्यकता नहीं :

बहती निराधार
पृथ्वी गगन में, अतनु में सुतनु-हार [उप., पृ. 66]

वह स्वयं ज्ञानमय है, इसलिए अपने से परे किसी अन्य ज्ञानमय सत्ता का ध्यान उसके लिए आवश्यक नहीं है :

तिमिर तर, प्रभा-दृगों में ज्ञान
उतर आईं, तुम ले उपहार। ['गीतिका', पृ. 64]

यह ज्ञान निराकार नहीं, शक्ति की विशेषता यह है कि वह रूप-रस-गंध-शब्द-स्पर्श के द्वारा मनुष्य को अपना परिचय देती है। वह जो पृथ्वी-गगन में निराधार बहती है, शब्द और वर्ण से संसार को भर देती है :

शब्द-स्वर के भरे
रागिनी के हरे—
नाचती ऋतु, चपल
पुष्प-लोचन नवल। [उप., पृ. 66]

'कौन तम के पार?'—इस गीत में गगन से जो घनधारा बहती है, वह गंधमय, स्पर्शमय है :

गंध-व्याकुल-कूल उर सर...
हर्ष-अलि हर स्पर्श-शर, सर। [उप., पृ. 12]

शक्ति का प्रवाह रूप-रस-गंधमय है। ऐसा होना स्वाभाविक है क्योंकि शक्ति पृथ्वी, अप, तेज, वायु, आकाश—इन पाँच तत्त्वों में प्रत्यक्ष होती है और इन पाँच तत्त्वों के गुण हैं रूप, रस, स्पर्श, शब्द, गंध।

भारतीय दर्शन में जो पाँच तत्त्व प्रसिद्ध हैं, वे सब शक्ति के प्रतीक हैं, शक्ति के विभिन्न रूप हैं। शक्ति एक है, अद्वितीय है, इसलिए ये पाँच तत्त्व देखने में पाँच हैं, वास्तव में तत्त्व एक है। जो आकाश है, वही बदलकर पृथ्वी बनता है; जो पृथ्वी है, वह जल बनती है; जो जल है, वह हवा अथवा आकाश बन जाता है। यह निराला का प्रकृति-अद्वैत दर्शन है जो अनेक कविताओं में तरह-तरह से चित्रित हुआ है।

'सरोज-स्मृति' में निराला ने पुत्री में उसकी माता की छवि देखकर—अथवा अपनी पहली श्रृंगार-भावना को परिवर्तित रूप में साकार देखकर—लिखा : 'आकाश बदलकर बना मही'। उपमा देने के लिए उन्होंने ऐसा लिख दिया हो, यह बात नहीं है। यह उनकी दर्शन-सम्मत अत्यन्त सारगर्भित उक्ति है। आकाश बदलकर पृथ्वी बनता है, पृथ्वी भी बदलकर आकाश बनती है।

जान लेने को ज़मीं से आसमाँ जैसे बना।

['बेला', पृ. 74]

यह उक्ति भी दर्शन-सम्मत है; केवल चमत्कार-प्रदर्शन के लिए निराला ने वैसा नहीं लिखा। 'सरोज-स्मृति' में जहाँ निराला ने दृष्टि का वर्णन किया है, वहाँ शक्ति से पंच-तत्त्वों का सम्बन्ध उपर्युक्त दार्शनिक धारणाओं के अनुकूल है।

क्या दृष्टि! अतल की सिक्त धार
ज्यों भोगावती उठी अपार,
उमड़ता ऊर्ध्व को कल सलील
जल टलमल करता नील-नील,
पर बँधा देह के दिव्य बाँध,
छलकता दृगों में साध-साध।

जो दृष्टि है, आँखों में ज्योति है, वह पृथ्वी के अन्तस से उठी हुई धारा—गंध अथवा जल की धारा—भी है। जो रूप देह की पृथ्वी में बँधा है, वह प्रकाश बनकर आँखों में छलकता भी रहा है। जो गंध है, वह अग्नि भी है। 'वन-बेला' में :

वह शिखा नवल
आलोक स्निग्ध भर दिखा गई पथ जो उज्ज्वल,
मैंने स्तुति की—'हे वन्य वह्नि की तन्वि नवल।'

वनबेला अग्नि की शिखा है, वह वह्नि की नवल तन्वी है। 'सरोज-स्मृति' में निराला सरोज को पहले रागिनी कहते हैं, फिर उसे अग्नि से जोड़ते हैं। जैसे गंध अग्नि है, वैसे ही शब्द अग्नि है।

मेरे स्वर की रागिनी वह्नि
साकार हुई दृष्टि में सुघर।

'कौन तम के पार' गीत में आकाश ही जल, पृथ्वी, वायु, अग्नि के रूप में प्रत्यक्ष होता है। निराला-काव्य में पाँच तत्त्वों का शान्तिपूर्ण सहअस्तित्व है। ये तत्त्व आपस में नहीं लड़ते। संघर्ष है तो मनुष्य और प्रकृति में, पंच-तत्त्वों के एक रूप मनुष्य और अन्य रूप बाह्य प्रकृति में। 'राम की शक्तिपूजा' इस नियम का अपवाद है।

राम का संघर्ष रावण से है, उस शक्ति से है जो रावण का साथ दे रही है। यह शक्ति विभाजित है, श्यामा रावण के साथ है, महावीर राम के। अद्‌भुत व्यापार यह है कि शक्ति-विभाजन के साथ पाँचों तत्त्व भी विभाजित हैं। आकाश रावण के साथ है; राम के चारों ओर अन्धकार उगलता है। उसी के माध्यम से राम को रावण का अट्टहास सुनाई देता है। आकाश का साथी समुद्र है जो राम को अप्रतिहत गर्जन से डराता है। पृथ्वी रावण से त्रस्त है। 'राक्षस पदतल पृथ्वी टलमल'; इसी पृथ्वी की पुत्री सीता को रावण बंदी बनाये है। राम पराजय से दुखी होकर पृथ्वी-तनया

की कुमारिका-छवि का स्मरण करते हैं। किन्तु पर्वत अचल है, शक्ति की मौलिक कल्पना का आधार है। रावण की विजय के समय आकाश और जल सक्रिय हैं, पृथ्वी त्रस्त है, वायु स्तब्ध है, अग्नि क्षीण है, पर्वत पर केवल एक मशाल जल रही है।

महावीर की ओर से जब विरोधी क्रिया आरम्भ होती है तब उन्चासों पवन समुद्र को मथ डालते हैं। जिस आकाश में रावण का अट्टहास सुनाई दिया था, उसे महावीर अपने अट्टहास से कँपा देते हैं। अग्नि के रूप में जहाँ छोटी-सी मशाल जलती थी, वहाँ स्वयं महावीर वज्रांग तेजघन हैं। पृथ्वी राक्षसपदों से टलमल होने के बदले दुर्गा रूप में शान्त, सुन्दर और शक्तिमयी है। शक्ति जब राम के मुख में लीन हुईं तब महावीर और दुर्गा, दोनों राम की ओर हो गए। शक्ति का विभाजन खत्म हुआ; पंच-तत्त्वों का आन्तरिक संघर्ष भी समाप्त हुआ। जो समुद्र सिंह के समान अप्रतिहत गरजता था, वह दुर्गा के चरणप्रान्त पर पड़ा है। गरजता अब भी है किन्तु अप्रतिहत रूप में नहीं। राम उसे देखकर धन्य कहते हैं : 'धन्य सिंह गर्जित'। उसे अपना प्रतीक भी मानते हैं।

शक्ति का विभाजन, पंचतत्त्वों का आन्तरिक संघर्ष 'राम की शक्तिपूजा' की विशेषता है। अन्य कविताओं में प्रकृति एक और अविभाज्य है। पंचतत्त्व प्रकृति के ही अनेक रूप हैं। वे सब मूलत: एक हैं, शक्ति हैं। विभिन्न ऋतुओं में पृथ्वी का परिवर्तित सौन्दर्य उसी शक्ति का सौन्दर्य है :

चकित चपला के नयन नव,
देखती हो भूशयन तव,
मन्द लहरा पट पवन, रव
छा रहा सब देश। ['गीतिका', पृ. 48]

चपला के रूप में तेज, भूशयन के उल्लेख में पृथ्वी, पट जैसा लहराता पवन, सर्वत्र छा जानेवाले शब्द के माध्यम से, आकाश और वर्षा के रूप में, जल—पाँचों तत्त्व मेघ के घन केश वाली प्रकृति प्रिया के रूप में लक्षित हैं।

'सखि, वसन्त आया'—(उप., पृ. 3)। वसन्त में प्रकृति अपने पाँचों तत्त्वों से सज गई है। आकाश में कोयल का स्वर गूँज रहा है, हवा में फूलों की गंध है, जल में कमल खिले हैं, पृथ्वी पर स्वर्णशस्य का अंचल लहराया है और चारों ओर फैले प्रकाश में वन-यौवन की माया है। पाँच तत्त्व, उनका सम्मिलित सुन्दर रूप—प्रकृति।

'सोचती अपलक आप खड़ी'—(उप., पृ. 4)। उसके नेत्र नील गगन में हैं, समीरण उसका वसन हिला जाती है, हृदय के हीरक हार की चमक में प्रकाश है, वह स्नेह-भरी लौटी—इसमें जल-तत्त्व की ओर संकेत है। वह विरह वृन्त की कुन्दकली है—पृथ्वी की ओर संकेत है। पाँचों तत्त्व से सम्बद्ध नारी रूपा प्रकृति।

'बादल में आए जीवन-धन'—('गीतिका', पृ. 13)। पहले आकाश जहाँ बादल आया है, फिर हवा जिससे शरीर पुलकित है, लक्ष्य पार करनेवाली तेजरूप चितवन, फिर वर्षा, अन्त में धरती पर नये अंकुर। बादल आए और :

मुक्त हुए आ स्नेह के क्षितिज
रूप-स्पर्श-रस-गंध-शब्द धन।

पहले पाँचों तत्त्वों की ओर संकेत; अन्त में उनके गुणों का स्पष्ट उल्लेख। यह स्पष्ट उल्लेख सिद्ध करता है कि निराला जान-बूझकर गीतों में पंचतत्त्व वाली गोचर प्रकृति का चित्रण करते हैं।

'रूखी री यह डाल, वसन वासन्ती लेगी'—(उप., पृ. 14)। तप करने में तेज, समीर-माला जपने में वायु, शैलसुता होने में पृथ्वी, उर-सर के स्नेह से भरे जाने में जल, आकाश रूप शिव को वरण करने में आकाश।

'दृगों की कलियाँ नवल खुलीं'—(उप., पृ. 17)। प्रणय-श्वास हवा, ज्योति-तप्त मुख में तेज, स्नेह के सरोवर में जल, अलख-सखा के रूप में आकाश, जहाँ दृगों की कलियाँ खिली हैं, वहाँ सन्दर्भ से ज्ञात पृथ्वी।

'अनगिनित आ गए शरण में जन, जननि'—(उप., पृ. 18)। मधु ऋतु अवनि में पृथ्वी, कमल जिससे खिले हैं, वह स्नेह, आनन्द की ध्वनि जहाँ तरंगित है, वह आकाश, ऊर्ध्व गगन में मुक्तिमणि अर्थात् सूर्य, सुरभि सुमनावली से गंध पर विशेष बल। शक्ति के रूप-रस-गंधमय प्रवाह में निराला को सबसे पहले और सबसे अधिक गंध का परिचय मिलता है। जो प्रकृति-प्रिया दिशाओं के सहस्र-दश दलों के बीच बैठी है, वह सौरभ द्वारा अपना परिचय देती है : 'बह रहा प्रतिपल सौरभ ज्ञान।' (उप., पृ. 74) जो विश्व की सुघर छवि है, निराला उसे 'सुरभि, मुकुलशयन' कहते हैं। ('अनामिका', पृष्ठ 194) कली के मर्म से फूटने वाली गंध दिगन्त में व्याप जाती है। गंध की धारा से शून्य के शत-शत रंध्र भर जाएँगे। ('गीतिका', पृ. 72)

'जग का एक देखा तार'—(उप., पृ. 22)। यह तार शक्ति का है जो वर्ण और गंध में, अनेक रूपों में व्यक्त होता है। शक्ति वायुरूप में फूलों की सुगंध चारों ओर बिखेर देती है।

गंध शत अरविन्द नन्दन विश्व वन्दन सार,
अखिल-उर रंजन निरंजन एक अनिल उदार।

शक्ति प्रकाश है जिससे फूल खिलते हैं, फूलों के रंग दिखाई देते हैं, रंग-बिरंगे फूलों की गंध से मन प्रसन्न होता है। निराला-काव्य में प्रकाश दो तरह का है; एक प्रकाश रहस्यवादियों का जो लोकोत्तर है, जिससे फूलों की वर्ण-गंध का कोई

सम्बन्ध नहीं है, दूसरा प्रकाश लौकिक है, हवा की तरह, जिसके बिना वर्ण और गंध का अस्तित्व नहीं।

रश्मि ऋजु खींच दे
चित्र शत रंग के
वर्ण - जीवन फले
जागे तिमिर अन्ध। ['गीतिका', पृ. 73]

निराला की रचनाओं में प्रकाश और किरण का उल्लेख बार-बार किया गया है। किरण या प्रकाश व्यापक शक्ति का प्रतीक है, प्रतीक का आधार भी, क्योंकि जिन अनेक रूपों में मनुष्य को शक्ति का बोध होता है, उनमें एक प्रकाश भी है। जहाँ प्रकाश होगा, वहाँ उसके आसपास अक्सर वर्ण-गंध वाले फूल भी होंगे। ऊपर जो चार पंक्तियाँ उद्धृत की गई हैं, वे उस गीत में हैं जिसमें बन्धन तोड़कर, दिशा-ज्ञान भूलकर, गंध के बहने का वर्णन है। इसी प्रकार अन्य गीत में :

रश्मि, नभ-नील पर,
सतत शत रूप धर,
विश्व-छवि में उतर,
लघु-कर करो चयन! [उप., पृ. 9]

विश्व-छवि में उतरकर रश्मि जो चयन करती है, उसका अर्थ अनेक रंगोंवाले फूलों का खिलना है।

प्रकृति पंचतत्त्वमय है और एकतत्त्वमय भी। पाँचों तत्त्व मूलतः एक हैं, तब प्रकृति को पाँचों में देखा जा सकता है, किसी एक में भी। शक्ति अग्निरूपा है, 'अरणियों की अग्नि तू दिक् दृगों की पहचान।' (उप., पृ. 62) वह आकाश है जो नक्षत्रों के सुमन खिलाती है : 'गगन घन विटपी सुमन नक्षत्र-ग्रह, नव ज्ञान।' (उप., पृ. 62)

पंचतत्त्वमयी, रूप-रस-गंध-स्पर्श-शब्द से कवि का मन प्रसन्न करनेवाली प्रकृति से निराला की शृंगार-भावना सम्बद्ध है। अनेक रचनाओं में वह उसे प्रिया कहते हैं। 'माया' कविता में पूछते हैं कि माया किसी के चित्त की कालिमा है या किसी की कमनीयता है। अधिकतर माया अथवा प्रकृति का सम्बन्ध कमनीयता से है, कालिमा से नहीं। माया कालिदास के विरही यक्ष की व्यथा है, दुष्यन्त की शकुन्तला है, कौशिक-मोह की मेनका है, चित्त-चकोर की विधुकला है, तरु की वनिता-लता है, वसन्त-विभावरी की रम्यता है, सावन की घन-घटा है।

या कहीं सुन्दर प्रकृति बन सँवर कर
नृत्य करती नायिका तू चंचला
या कहीं लज्जावती क्षिति के लिए
हो रही सरिता मनोहर मेखला?

'गीतिका' के अनेक गीतों में 'माया' कविता के इन्हीं प्रतिमानों का विस्तार किया गया है।

'कौन तुम शुभ्र-किरण-वसना?' ('गीतिका', पृ. 32)—यह प्रकृति की देवी है जो कवि के मन में, उसके चारों ओर उल्लास भरती और बिखेरती है। मलय पवन में उसके तन की गंध है, बादल उसकी अलकावली है, चन्द्र उसका मुख है, तारे हार हैं, प्रकृति का समस्त गोचर सौन्दर्य प्रत्यक्ष है। 'तुम्हें ही चाहा सौ-सौ बार'—(उप., पृ. 64)—वन में खिले हुए फूल, भ्रमर की लालसा, नेत्रों में ज्ञान। 'विश्व-नभ-पलकों का आलोक'—(उप., पृ. 80)—उसके सौन्दर्य की तरंगें संसार में चारों ओर उमड़ती दिखाई देती हैं। 'रही आज मन में, वह शोभा जो देखी थी वन में'—(उप., पृ. 101), आकाश में बादल, हरियाली का लहराता हुआ सागर, अप्सराओं के समान नाचती हुई कलियाँ।

'मेरे जीवन में हँस दीं हर'—('अनामिका', पृ. 194)—वर्षा में प्रकृति का उल्लास, उसकी हँसी कवि के मन में और बाहर संसार में चारों ओर। सम्राट् एडवर्ड अष्टम ने जब राजसिंहासन छोड़ा, तब उसी प्रकृति-प्रिया के स्पर्श से प्रणय की प्रियङ्गु-शाखा खिल उठी थी। (उप., पृ. 18) वसन्त में फूलों का सौन्दर्य देखकर निराला को अन्तिम दौर में भी प्रकृति प्रिया के रूप में याद आती है :

तूलि के रँग खुली कलियाँ, गूँजती षट् पदावलियाँ,
महकती गलियाँ, सुरभि का गान तेरा ही वहाँ है।

['आराधना', पृ. 35]

'कूची तुम्हारी फिरी कानन में'—('गीत गुंज', पृ. 26) वही माया वन को विभिन्न रंगों में रँग रही है।

तुम आओ, सुहाओ, हमारी गली;
उजली कर दो तरु-तरु की कली।

['सान्ध्यकाकली', पृ. 66]

टेक पुरानी है; स्वर की भंगिमा बदली हुई है। आत्मीयता पहले से मानो ज़्यादा बढ़ गई हो।

प्रकृति में सभी तत्त्व हैं, भाव और रस हैं। शृंगार के साथ उसमें करुण और बीभत्स की स्थिति भी है। वह कवि की प्रिया है, माता भी। 'सकल गुणों की खान, प्राण तुम'—('गीतिका', पृ. 77)। गीत की प्रथम पंक्ति से लगता है, प्रिया को सम्बोधित कर रहे हैं। किन्तु जो देवी सकल गुणों की खान हैं, वह वीणा भी बजाती हैं :

अमलासन पर बैठ, प्रभा-तन
वीणा-कर करती स्वर-साधन।

'भक्त और भगवान' कहानी में भक्त की पत्नी का नाम सरस्वती है। रत्नावली तुलसीदास के सामने शारदा रूप में परिवर्तित हो जाती हैं। वसन्त के दिन देवी सरस्वती की पूजा होती है और उसी दिन कुंठाएँ भी टूटती ही हैं, वसन्त की हवा लगने से धरती का धैर्य छूटने लगता है :

कूजित पिक-उर-मधुर-कंठ, कुंठा सब टूटी;
मुक्त समीरण से धीरता धरा की छूटी।

['नये पत्ते', पृ. 74]

प्रकृति में मातृत्व है, प्रेयसीत्व है; उसमें जीवन है, मृत्यु भी है; प्रकाश के साथ अन्धकार है।

खोलो दृगों के द्वय द्वार
मृत्यु-जीवन ज्ञान-तम के
करण, कारण-पार। ['गीतिका', पृ. 46]

उसके नेत्रों में मृत्यु है, जीवन है, ज्ञान है, अन्धकार है। यह रहस्यवादियों का प्रकाश नहीं है जिसमें मृत्यु और अन्धकार तिरोहित हो जाते हैं; यह निरन्तर परिवर्तनशील प्रकृति है जिसमें मृत्यु के बिना जीवन की कल्पना नहीं की जा सकती, जिसमें अन्धकार की सत्ता से ही प्रकाश का बोध सार्थक होता है।

तुम्हारे सुन्दरि, कर सुन्दर
मिलाए हुए वर अमर-मर! [उप., पृ. 69]

अमर और मर, जीवन और मृत्यु, दोनों के वर उसके हाथों में हैं। सच्चिदानन्द ब्रह्म की कल्पना से जीवन-मृत्यु वाली प्रकृति की धारणा भिन्न है। निराला-साहित्य में जिसका बारम्बार स्तवन है, वह मायातीत नहीं, मायामय है, स्वयं माया है। वह पंचतत्त्वों से परे नहीं, पंचतत्त्वमय है, स्वयं उन पाँचों तत्त्वों का मूल तत्त्व है। वह विशुद्ध ज्ञानमय नहीं, अज्ञानमय भी है; उसमें प्रकाश के साथ अन्धकार, जीवन के साथ मृत्यु, शृंगार के साथ बीभत्स भी हैं। निराला-काव्य में प्रकृति-अद्वैत-दर्शन इस तरह चरितार्थ होता है।

माया और ब्रह्म

'पंचवटी-प्रसंग' निराला की प्रारम्भिक रचनाओं में है। माया-विरोधी ब्रह्म के दर्शन सबसे पहले यही होते हैं। 'परिमल' की कुछ रचनाओं में पुरुष देवता का स्मरण है, 'गीतिका' में प्राय: उसका अभाव है। 'अनामिका' में जहाँ-तहाँ फिर उसकी झलक

मिलती है। 'अणिमा' और 'बेला' की युद्धकालीन रचनाओं में वह काफी उभरता है, फिर स्वाधीनता-प्राप्ति के बाद 'अर्चना' में उसकी गरिमा कुछ कम हो गई है, 'आराधना' में और कम, 'गीत गुंज' और 'सान्ध्यकाकली' में यह गरिमा शून्यवत् है। निराला-साहित्य में ब्रह्म के वैभव का यह इतिहास काफी दिलचस्प है।

माया और ब्रह्म का परस्पर सम्बन्ध भी दिलचस्प है। कहीं तो दोनों का शान्तिपूर्ण ही नहीं, प्रेमपूर्ण-सहअस्तित्व है, कहीं माया का नाश करके ही सच्चिदानन्द अपना वास्तविक वैभव प्रकाशित करते हैं। 'पंचवटी प्रसंग' के राम लक्ष्मण को वेदांत-ज्ञान समझाते हैं। व्यष्टि और समष्टि में जहाँ भेद दिखाई देता है, उसका कारण भ्रम है। इस भ्रम का ही नाम माया है। व्यष्टि और समष्टि में जो चिद्घन आनन्द रूप समाया हुआ है, वह मायातीत है। मनुष्य मुक्त तब होता है जब वह सच्चिदानन्द रूप में मिल जाता है। 'पंचवटी प्रसंग' में, 'हमें जाना है जग के पार'—'परिमल' के इस गीत में, 'परिमल' की अन्तिम रचना 'जागरण' में माया की निन्दा की गई है और यह दिखाया गया है कि माया अथवा भ्रम का नाश करके ही ब्रह्म-ज्ञान की प्राप्ति सम्भव है।

'अर्चना' में बहुत स्पष्ट प्रार्थना की गई है : 'माया का संहार करो हे!' (पृ. 7)—अन्य गीत में उनकी कामना है कि मन काम, क्रोध, मद, लोभ, दम्भ से मुक्त हो और : 'फूट-फूटकर माया रोए।' (उप., पृ. 48) 'परिमल' की 'जागरण' कविता के आरम्भ में उन्होंने लिखा था :

प्रथम विजय थी वह—
भेदकर मायावरण...

'अर्चना' के एक गीत में यही भाव, प्राय: उन्हीं शब्दों में दोहराते हैं :

भजन कर हरि के चरण, मन!
पार कर मायावरण, मन! [पृ. 78]

'आराधना' में कहते हैं :

ज्ञान की तेरी तुरी है,
आसुरी माया दुरी है। [पृ. 87]

माया के साथ 'आसुरी' विशेषण जोड़कर उन्होंने किसी दूसरी माया की ओर संकेत कर दिया है जो आसुरी नहीं है। उस माया के साथ ब्रह्म का पवित्र स्नेह-सम्बन्ध है :

किरण की राखी प्रकृति ने
हरित कर बाँधी विभव के।

राखी बाँधने वाली बहन है प्रकृति; विभव ब्रह्म जिसके राखी बाँधी गई है।

'राम की शक्तिपूजा' में राम का मन मायावरण पार कर जाता है, फिर भी वह शक्ति की पूजा करते हैं और अन्त में शक्ति उनमें समा जाती है। यदि माया शक्ति है तो उसका आवरण पार करना, फिर भी उसकी पूजा करना, अन्त में उसे आत्मसात् करना परस्पर विरोधी क्रियाएँ हैं। यहाँ दैवी और आसुरी माया का भेद भी नहीं है क्योंकि जो शक्ति रावण की सहायक है, उसी की पूजा करना राम का उद्देश्य है।

माया की भूमिका अनेक प्रकार की है; वैसे ही ब्रह्म की। 'तुम और मैं' कविता में ब्रह्म प्रेममयी का कंठहार है, गंध और पराग है, वसन्त है, कामदेव है, कृष्ण है, सुरापान है। यदि सांसारिक आनन्द के लिए प्रतीक चुनना हो तो इस ब्रह्म से बखूबी काम चल सकता है। 'अर्चना' का गीत है :

तुम जो सुथरे पथ उतरे हो,
सुमन खिले, पराग बिखरे ओ! [पृ. 17]

फूलों और पराग के बीच यह पुरुष देवता वैसे ही है, जैसे 'गीतिका' में प्रकृति देवी। किन्तु वह अकेला नहीं है, उसके साथ 'अधर-उरोज-सरोज-वनाली' के रूप में प्रकृति-प्रिया भी है। निराला की शृंगार-भावना एकमेवाद्वितीयम् से टकराती है; बाल ब्रह्मचारी जैसे सच्चिदानन्द उन्हें पसन्द नहीं। शिव के साथ पार्वती, विष्णु के साथ लक्ष्मी, कृष्ण के साथ राधा भी होनी चाहिए। निराला-साहित्य में एक ब्रह्म वैष्णव कवियों की परम्परा के अनुरूप सगुण और लीलाप्रेमी है, दूसरा शांकर अद्वैत परम्परा के अनुरूप निर्गुण और मायातीत है। तीसरा ब्रह्म और है जो न लीलाप्रेमी है, न मायातीत है, वरन् इसी संसार के सौन्दर्य में प्रत्यक्ष होता है। कालिदास और जयशंकर प्रसाद की आनन्दवादी परम्परा के अनुरूप यहाँ माया और ब्रह्म का द्वैत-भाव मिट जाता है; ब्रह्म संसार से परे न होकर उसमें अन्तर्निहित है।

आँख आँख पर भाव बदल कर,
चमके हो रंग-छवि के पल भर,
पुन: खोलकर हृदय-कमल कर,
गंध बने अभिधान तुम्हारा। ['अर्चना', पृ. 5]

यह रंग-छवि वाला ब्रह्म है जो आँख-आँख पर चमकता है, हृदय-कमल खिलाता है, गंध द्वारा अपना परिचय देता है। यहाँ माया और ब्रह्म में विशेष अन्तर नहीं; दूसरी पंक्ति में 'चमके हो' की जगह 'चमकी हो' लिख दिया जाय तो कोई अन्तर न आएगा। मूल बात है प्रकृति का सौन्दर्य।

चौथा ब्रह्म—भक्तों की परम्परा के अनुरूप—दीनबन्धु और करुणामय है। 'अधिवास' कविता में निराला ने ब्रह्म को करुणा-ममता से परे मानकर उसे छोड़ने की बात लिखी थी; 'भर देते हो' ('परिमल', पृ. 103) कविता में वही ब्रह्म कुसुम-

कपोलों से अश्रुकण पोंछ लेता है। मूल बात है करुणा; यदि ब्रह्म करुणामय है तो ठीक, नहीं है तो हमें उससे सरोकार नहीं।

तुम्हें चाहता वह भी सुन्दर
जो द्वार-द्वार फिर-फिर
भीख माँगता कर फैलाकर। ['अणिमा', पृ. 17]

वह करुणामय है तो उसे दीनजनों की ओर ध्यान देना चाहिए। इससे थोड़ा आगे बढ़ने पर ब्रह्म स्वाधीनता-आन्दोलन और सामाजिक क्रान्ति से सम्बद्ध हो जाता है। जो यौवन जीर्ण हुआ है, उसमें वह नया जीवन भरे, प्रतिजन को सफल करे :

छल का छुट जाय जाल
देश मनाए मंगल। ['बेला', पृ. 81]

जो ब्रह्म का उपासक है, वह स्वाधीनता का उपासक है। वह देश को, देश के प्रत्येक नागरिक को स्वाधीन देखना चाहता है। ग़रीबों और दलितों को गले लगाना भ्रम कैसे हो सकता है?

और लगाना गले उन्हें—
जो धूलि-धूसरित खड़े हुए हैं—
कब से प्रियतम, है भ्रम? ['अनामिका', पृ. 185]

न संसार माया है, न संसार में रहनेवाले माया हैं, न उनकी स्वाधीनता और पराधीनता का प्रश्न माया है। सिद्धान्त यह है :

है चेतन का आभास
जिसे, देखा भी उसने कभी किसी को दास? [उप.]

ब्रह्म को सामाजिक क्रान्ति से जोड़ना निराला की अपनी विशेषता है। ब्रह्मवादी किसी व्यक्ति को दासरूप में नहीं देख सकता।

पाँचवाँ ब्रह्म रवीन्द्रनाथ ठाकुर की रहस्यवादी परम्परा के अनुरूप है। चारों तरफ प्रकाश और आनन्द, अन्धकार का नाम नहीं :

गई निशा वह, हँसी दिशाएँ,
खुले सरोरुह जगे अचेतन। ['गीतिका', पृ. 59]

निराला की पुस्तकों में जहाँ भी इस ब्रह्म की झलक मिलती है, उसके आगे-पीछे अन्धकार और दुःख से भरी हुई कविताएँ भी हैं। इनके बीच मृगमरीचिका के समान यह अन्धकारनाशक ब्रह्म कवि का मन मोहित करके उसकी काल्पनिक इच्छापूर्ति का साधन बनता है। माया शब्द अपने लोक-प्रचलित अर्थ में किसी के लिए सटीक प्रयुक्त हो सकता है तो इस ब्रह्म के लिए। करुणा-ममता से परे दुःख और अन्धकार को अस्वीकार करनेवाला यह ब्रह्म छलना मात्र है।

इस प्रकार निराला-काव्य में अनेक ब्रह्म हैं अथवा ब्रह्म की भूमिका अनेक प्रकार की है। माया और ब्रह्म में अनेक समानताएँ हैं, कुछ महत्त्वपूर्ण भेद भी। प्रकृति के सौन्दर्य से, मानव करुणा से, राष्ट्रीय स्वाधीनता और सामाजिक क्रान्ति से ब्रह्म का सम्बन्ध वैसे ही है, जैसे माया का। किन्तु माया का एक रूप वह है जो सुख के साथ दु:ख, जीवन के साथ मृत्यु लिये हुए है, जिसकी व्यंजना 'मतवाला' के 'अमिय गरल शशि सीकर रविकर' छन्द में हुई है। ब्रह्म दु:ख दूर कर सकता है किन्तु स्वयं दु:खरूप नहीं है। मृत्यु और शक्ति से गहरा सम्बन्ध प्रकृति का है, ब्रह्म का नहीं। संसार को प्रकाश और आनन्द से भरने का काम मुख्यत: ब्रह्म का है, प्रकृति का नहीं। प्रकृति जिस आनन्द का स्रोत है, वह अधिकतर रूप-रस-शब्द-गंध-स्पर्श वाला आनन्द है, अगोचर आध्यात्मिक आनन्द नहीं। निराला ने अपनी भक्तिपरक रचनाओं में जहाँ प्रकृति की वन्दना की है, वहाँ आत्मीयता अधिक है, स्नेह है, मृत्यु का वरण करने की चुनौती भी है। जहाँ प्रभु और दास वाला सम्बन्ध है, वहाँ प्रकृति से अधिक ब्रह्म ही इष्टदेव बनकर सामने आते हैं। काम, क्रोध, मद, लोभ से छुटकारा पाने की प्रार्थना भी वह प्रभु से ही ज़्यादा करते हैं।

निराला की भक्तिपरक सगुणोपासना और निर्गुणपंथी रहस्यवादी भावना में आत्म प्रवंचना का एक सामान्य तत्त्व है : कल्पना में सिद्धि-प्राप्ति का सुख वास्तविकता से बच निकलने का प्रयास। किन्तु उनकी भक्ति का सम्बन्ध अपने और जनता के दैन्य से, मानवीय करुणा से भी है। जहाँ उन्होंने भक्त बनकर ब्रह्म अथवा माया से विनय की है, वहाँ उन्हें जितना ध्यान अपना है, उतना ही दूसरों का। निराला के भक्ति-काव्य की यह विशेषता है कि उसमें जितनी उनकी दृष्टि करुणामय पर लगी है, उतनी ही करुणा के पात्रों पर।

दलित जन पर करो करुणा— ['अणिमा', पृ. 14]

यह दलित जन निराला हैं, अन्य दलित जन भी; भक्ति-भावना के स्तर पर निराला और दलित जनों का तादात्म्य। 'भज भिखारी, विश्व-भरणा'—('अर्चना', पृ. 3)। भिखारी निराला हैं, अन्य जन भी; वैसा ही दीन जनों से तादात्म्य।

माँ अपने आलोक निखारो
नर को नरक-त्रास से वारो। [उप., पृ. 108]

जिनमें नरक-त्रास से उबरने की आकांक्षा है, वह निराला स्वयं हैं, भारतीय जन भी हैं। निराला जिससे विनय करते हैं, उसके पास अकेले पहुँचते हैं, भक्तों की भारी भीड़ के साथ भी।

आए नत वदन शरण
जग के उद्धत जनगण। ['बेला', पृ. 86]

जो उद्धत थे, वे अब नतवदन हैं। निराला स्वयं किसी से कम उद्धत नहीं, उनके साथ गीत में भूतपूर्व उद्धतों का पूरा एक समाज है। 'सान्ध्यकाकली' में उनकी कामना है कि :

बंसी फिर वही बजा ये गति
जन-जन की बढ़े जानकी-रति। ['बेला', 68]

जो काम हो, सबके साथ मिलकर हो, सबके लिए हो।

भक्तों की कोई इष्ट देवी होती है, कोई इष्ट देवता होता है जिसकी वन्दना वे विशेष रूप से करते हैं। तुलसीदास शंकर भवानी आदि की वन्दना कर लेते हैं, मुख्य रूप से आराध्य हैं राम। निराला के लिए भक्ति का ऐसा कोई अच्युत आधार नहीं। कहीं राम, कहीं शिव, कहीं ब्रह्म, कहीं माया, भक्ति के अधिष्ठान परिवर्तनशील हैं, अपरिवर्तनशील है केवल दीनजनों के प्रति करुणा का भाव। इसमें आत्मकरुणा का बोध भी शामिल है। किन्तु यह भी अपरिवर्तनशील है, सापेक्ष रूप में। निराला का मन ज्ञान छोड़कर भक्ति-मार्ग पर चलने को आसानी से राज़ी नहीं होता। वह ज्ञान और भक्ति के समन्वय की ओर बढ़ते हैं :

विपुल दिशावधि शून्य वर्गजन,
व्याधि-शयन जर्जर मानव-मन,
ज्ञान-गगन से निर्जर जीवन
करुणा-करों उतारो, तारो। ['अर्चना', पृ. 108]

ज्ञान आकाश में है, वह करुणा द्वारा धरती पर उतारा जाएगा, तब व्याधिग्रस्त मानव-मन नरक-त्रास से मुक्त होगा। किन्तु जहाँ ज्ञान है, वहाँ शक्ति है; जहाँ शक्ति है वहाँ विजय है, फिर प्रभु या अन्य किसी की करुणा की आवश्यकता क्यों हो?

निराला के मन में भक्ति की सार्थकता को लेकर सन्देह है। 'पंचवटी प्रसंग' की सीता के लिए ज्ञान-चर्चा जटिल है, वह भक्ति-कथा सुनना चाहती हैं। राम का विचार है कि भक्ति, कर्म और ज्ञान, तीनों योग एक ही हैं, किन्तु लक्ष्मण का विचार है कि ब्रह्म में लीन होकर आनन्द बन जाना हेय है, भक्त रूप में ब्रह्म से अलग रहते हुए आनन्द पाना श्रेयस्कर है। क्या प्रभु का स्नेह भक्त को सुलभ होगा? निराला का मन दग्ध मरुस्थल के समान है; आशा है, किन्तु पूर्ण विश्वास नहीं है कि प्रभु का स्नेह उसे हरा-भरा कर देगा। ('गीतिका', पृ. 45) ब्रह्म करुणामय है तो लोग गलियों में भीख माँगते हुए क्यों घूमते हैं? ('बेला', पृ. 108) ज़रूरत पड़ने पर आँख बचाकर प्रभु निकल जाते हैं, उनकी दया-ममता से हमें लाभ? (उप., पृ. 43) अनेक गीतों में निराला अपने मन के संशय से मुक्त होने की घोषणा करते हैं। विषम बन्धन छूट गए, विषमय वासना दूर हुई और 'संशय की गई गंध'। ('अर्चना', पृ. 10) यह संशयपीड़ित मन की काल्पनिक इच्छापूर्ति है। जब वह प्रार्थना करते हैं : 'शंका की पंकिलता

खोओ', ('सान्ध्यकाकली', पृ. 59) तब वह उस शंका के प्रति सजग होने का परिचय देते हैं जो उनके मन से मिटी नहीं है।

भक्ति के प्रति शंका है, ज्ञान के प्रति भी शंका है। निराला के तुलसीदास तर्क करते हैं, संसार में विरोध के बिना प्रगति नहीं है; संन्यास का विरोधी भाव है शृंगार; तब शृंगार-भाव छोड़ने और संन्यास लेने से क्या प्रगति रुक न जाएगी? वैष्णव कवियों की शृंगार-वर्णना वाले निबन्ध में शृंगार रस का औचित्य सिद्ध करने के लिए निराला ने जिस तर्क का आश्रय लिया था, उसी की आवृत्ति 'तुलसीदास' में है। अन्त में रत्नावली ही उनका शृंगार-भाव नष्ट करके उन्हें संन्यास लेने को बाध्य करती है; शंका पर ज्ञान की विजय होती है। 'सरोज-स्मृति' के आरम्भ में निराला इसी ज्ञान का भरोसा करके गर्व से कहते हैं :

मैं कवि हूँ, पाया है प्रकाश
मैंने कुछ, अहरह रह निर्भर
ज्योतिस्तरणा के चरणों पर।

किन्तु कविता जैसे-जैसे आगे बढ़ती है, यह प्रकाश पीछे छूटता जाता है। अन्त में निराला एक तरह के घोर अन्धकारमय नियतिवाद के निकट पहुँचते हैं जहाँ जीवन की सारी साधना व्यर्थ है, जहाँ जीवन के समस्त कर्म शीत के शतदल के समान भ्रष्ट हो जाते हैं।

'राम की शक्तिपूजा' में शक्ति की पूजा है, ज्ञान की नहीं। 'तुलसीदास' वाला ज्ञान व्यर्थ हो चुका है; शक्ति की साधना द्वारा 'सरोज-स्मृति' के अन्ध-नियतिवाद से निकलने का यहाँ विकट प्रयास है। कविता के आरम्भ में ही राम के संशय का उल्लेख है :

स्थिर राघवेन्द्र को हिला रहा फिर फिर संशय।

यह संशय ज्ञान के प्रति है, दैवी विधान के प्रति है। 'सरोज-स्मृति' में जैसे निराला के समस्त कवि-कर्म व्यर्थ हो गए, वैसे ही यहाँ राम के ज्योतिर्मय अस्त्र बुझ जाते हैं। दिव्यास्त्रों का बुझना ज्ञान की अव्यर्थता के प्रति शंका उत्पन्न करता है। अन्याय के सामने ज्ञान की पराजय देखकर : 'शंकाकुल हो गए अतुल बल शेष शयन'। यदि संसार में मनुष्य के परे कोई नैतिक शक्ति है तो वह राम का साथ क्यों नहीं देती? 'अन्याय जिधर, है उधर शक्ति'—यह दैवी विधान राम की समझ में नहीं आता। रावण अधर्मरत; राम धर्मरत, राम पराये, रावण उनका अपना सगा। यह कहाँ का न्याय है? मनुष्य को ही न्याय-व्यवस्था क़ायम करनी है, इसी के लिए शक्ति-साधना आवश्यक है। अन्ध-नियतिवाद से निकलने का यह रास्ता है।

शक्ति-साधना के लिए क्या योग आवश्यक है? जो ज्ञानी होता है, क्या वह योगी भी होता है? भक्त भी क्या योगी हो सकता है? निराला के गद्य-लेखों में इन

प्रश्नों का स्पष्ट उत्तर नहीं है किन्तु उनके चिन्तन पर योग-सम्बन्धी विचारधारा का गहरा प्रभाव बहुत जगह देखा जा सकता है। रामचरितमानस के सात कांड, उनकी व्याख्या के अनुसार, योगियों के सात चक्र हैं। 'जागो फिर एक बार' (2) में सप्तावरण-मरण-लोक भेदकर सहस्रार तक पहुँचने का उल्लेख है। ये सात लोक वही सात चक्र हैं। 'राम की शक्तिपूजा' में राम का मन—समाराधन गहन होने पर—एक चक्र से दूसरे चक्र तक चढ़ता हुआ आज्ञा-चक्र तक आ पहुँचता है। जैसे वह सहस्रार पार करने को होता है, दुर्गा आकर आखिरी कमल उठा ले जाती हैं।

'तुलसीदास' कविता में जहाँ तुलसी का मन आकाश में उठता चला जाता है, वहाँ इसी चक्र को पार करने की क्रिया का सांकेतिक वर्णन है। 'राम की शक्तिपूजा' में महावीर की आकाश-यात्रा भी इसी प्रकार की है। विचित्र बात है कि महावीर इतनी लम्बी यात्रा कर आए और किसी ने पूछा भी नहीं कि कहाँ गए थे! पूछना आवश्यक न था क्योंकि वह अपनी जगह से हिले तक नहीं, सारी क्रियाएँ मानसिक थीं। इसका अन्य प्रमाण भी है। राम के लिए लिखा है कि उनका मन ब्रह्मा-हरि-शंकर का स्तर पार कर गया। राम आसन मारे जप कर रहे थे, तब भी मन इन देवताओं का स्तर पार कर गया। वैसे ही महावीर बैठे रहे, फिर भी वहाँ पहुँच गए जहाँ शिव का निवास है। जब दुर्गा आखिरी कमल उठा ले जाती हैं तब राम का मन विद्युत् गति से बुद्धि के दुर्ग तक पहुँच जाता है। इसी गति से महावीर शंकर के निवास तक पहुँचते हैं।

मन का चक्रों पर बढ़ना और कुंडलिनी का जाग्रत होना एक ही बात है। राम के मन की विद्युत् गति इस कुंडलिनी की ही शक्ति है। 'तुलसीदास' में चेतनोर्मियों के प्राण विषम वज्र-द्वार तोड़ने के लिए जो ज्ञानोद्धत प्रहार करते हैं, वह इस कुंडलिनी की चक्रभेदन क्रिया ही है।

सोई घेर गगन का मन, फन
कुण्डली-नगन-लीन विश्व-जन
देखी मणि जागे, परिवर्तन,
गया मोह-अज्ञान, यान तुम। ['गीतिका', पृ. 77]

जो गगन का मन घेर कर सोई है, वह कुंडलिनी है। 'राम की शक्तिपूजा' में श्यामा समग्र नभ को आच्छादित किये हुए है। दोनों जगह आकाश मन का प्रतीक है और जो उसे घेरे हुए है, वह शक्ति है।

निराला के योग-सम्बन्धी चिन्तन की कुछ अपनी विशेषताएँ हैं। योग से जो सिद्धि प्राप्त होती है, उससे मनुष्य को कहीं भी ब्रह्म के दर्शन नहीं होते, ऋतंभरा, विशोका, ज्योतिष्मती जैसी कोई चीज़ दिखाई नहीं देती। सिद्धि प्राप्त होने पर योगी ब्रह्म में लीन हो जाय, ऐसा कोई चमत्कार नहीं होता। निराला का ध्यान शक्ति प्राप्त करने की ओर है, ब्रह्म में लीन होने की ओर नहीं। तुलसीदास जो

ज्ञान प्राप्त करते हैं, वह भी एक प्रकार की शक्ति है; 'जागी योगिनी अरूप लग्न' कहकर रत्नावली के सन्दर्भ में उन्होंने शक्ति-साधना की ओर संकेत किया है। राम का पूजा-कार्य जब समाप्त होता है तब मायावरण भेद जाने पर ब्रह्म के नहीं, शक्ति के दर्शन होते हैं। चमत्कार यह है कि राम शक्ति में लीन नहीं होते, शक्ति लीन होती हैं राम में। सहस्रार तक पहुँचना, फिर नीचे उतरकर संसार में काम करना—यह प्रक्रिया 'तुलसीदास' में है, 'राम की शक्तिपूजा' में है। निराला के लिए योग का उद्‌देश्य संसार से मुक्त होना नहीं, शक्ति संचय करके फिर इसी संसार में संघर्ष करना है।

योग का मौलिक सम्बन्ध है शक्ति से। योग ज्ञानी के लिए है, भक्त के लिए भी। 'अर्चना राम की मूर्तिमान अक्षय शरीर'—महावीर राम-भक्ति साकार हैं, वैसे ही योगी हैं जैसे राम शक्ति के अगाध भंडार। भक्त भी ज्ञानी जैसा शक्तिशाली हो सकता है यदि वह नि:स्वार्थ सेवा करे। राम और महावीर में अन्तर यह है कि महावीर जब आकाश से उतरे तब प्रभुपद गहकर फिर दीन हो गए। यह दैन्य-भाव पराजय के सबसे दु:खद क्षणों में भी राम के मन पर हावी नहीं होता। राम के पास एक अपराजेय मन है :

जो नहीं जानता दैन्य, नहीं जानता विनय।

वह शक्ति की पूजा करते हैं लेकिन दीनभाव से मुक्त रहकर। महावीर आकाश में माता की छवि देखकर विनम्र हुए और नीचे उतर आए, राम ने दुर्गा को आत्मसात् कर लिया।

निराला का सहज भाव दैन्य और कातरता के विरुद्ध है। अनेक भक्तिपरक रचनाओं में दैन्य-प्रदर्शन के बदले दृढ़ संकल्प की सूचना है। 'बुझे तृष्णाशा-विषानल झरे भाषा अमृत निर्झर; फूटो फिर, फिर से तुम, रुद्ध कंठ सामगान'—ऐसे गीतों में संकल्प द्वारा सिद्धि प्राप्त करने में विश्वास है, दैन्य प्रदर्शन नहीं।

'सान्ध्यकाकली' के गीत में निराला ने लिखा था, विकृत भाव की भक्ति भगा दो। (पृ. 48) यह विकृत भाव वाली भक्ति कौन-सी है? जहाँ शक्तिहीनता है, केवल दैन्य-प्रदर्शन है, जीवन की अस्वीकृति है, वहाँ विकृत भक्ति है।

नई शक्ति, अनुरक्ति जगा दो,
विकृत भाव की भक्ति भगा दो।

जहाँ शक्ति होगी, अनुरक्ति होगी, वहाँ सहजभाव की भक्ति होगी, विकृत भाव वाली नहीं। 'सान्ध्यकाकली' का यह गीत क्रान्ति के प्रतीक बादल पर है। जल बरसता है, धरती काँप उठती है, आम के पत्तों में नया जीवन, तरुणी के अधरों में नया रंग दिखाई देता है, युवक जनों के हृदय में नया उल्लास भर जाता है। यह सब जीवन की स्वीकृति है जो भक्ति को विकृत होने से बचाती है। इस दृष्टि से

विज्ञान और साहित्य की जो साधना की जाएगी, वह बोझ उठाने वालों को भार-मुक्त करेगी।

निराला-काव्य में यदि कहीं ज्ञान, भक्ति और कर्म का उचित समन्वय है तो यहाँ। देश और जनता के प्रति भक्ति, वैज्ञानिक उपायों का आलम्बन, कर्म द्वारा मुक्ति के लक्ष्य की सिद्धि।

यह गीत उन्होंने मृत्यु से दो वर्ष पूर्व लिखा था।

आकाश और धरती

विख्यात है कि रूमानी कवि कल्पना के आकाश में विचरण करते हैं। छायावादी कवियों के बारे में यह धारणा विशेष रूप से प्रचलित है कि वे संसार से नाता तोड़कर अनन्त की ओर पलायन करते हैं। किन्तु जिस दर्शन में आकाश भी एक तत्त्व है, उसमें मनुष्य भागकर जाएगा कहाँ? धरती से उड़ा तो आकाश में पहुँचा; पाँच तत्त्वों के संसार से बाहर फिर भी न गया। जहाँ अगोचर सत्य की बात है, वहाँ पृथ्वी और आकाश में विशेष अन्तर नहीं। चाहे धरती पर चलो, चाहे आकाश में उड़ो, रहोगे इसी पंचतत्त्वों वाले भौतिक जगत् में। इसलिए मुक्ति तब मिलेगी जब पृथ्वी और आकाश, दोनों के मिथ्या होने का बोध हो जाएगा। ज्ञान तब मिलेगा, जब भौतिक संसार से हर तरह का सम्बन्ध मिट जाएगा। निराला जब निर्गुण निराकार ब्रह्म की चर्चा करते हैं, तब वह इसी प्रकार माया से नाता तोड़ लेते हैं। यह निराला-काव्य का एक पक्ष है।

निराला-काव्य में सामान्यत: जिस संसार का चित्र मिलता है, उसमें धरती और आकाश परस्पर सम्बद्ध हैं। धरती छोड़कर आकाश में विचरने से मुक्ति पाने का सवाल नहीं, धरती और आकाश दोनों की अलग-अलग भूमिका है। तुलसीदास, राम, महावीर आकाश में ऊँचे चढ़कर फिर धरती पर लौट आते हैं। आकाश मन है, कल्पना है। जैसे योगियों का पहला और सबसे नीचे वाला चक्र मूलाधार आखिरी और सबसे ऊपर वाले चक्र सहस्रार से जुड़ा हुआ है, वैसे ही निराला के लिए धरती आकाश से जुड़ी हुई है।

आकाश को देखने वाले इसी धरती पर हैं। कुन्दकली की आँखें नील गगन की ओर हैं, वह खिली है धरती पर। ('गीतिका', पृ. 4) आकाश में अरुण को देखने वाली नील कमल कलिकाएँ धरती पर बहने वाली शिशिर समीर से काँप उठती हैं। (उप., पृ. 8) जो पंक-उर स्नेह पाने से पंकज बन गए हैं, वे ऊर्ध्व दृग होकर गगन में मुक्तिमणि देखते हैं; सुरभि-सुमनावली धरती पर है, मुक्तिमणि गगन में। (उप., पृ. 18) आकाश के तारे जिसका हार हैं, मेघ जिसके केश हैं, चन्द्रमा जिसका मुख है, वह प्रकृति देवी

फूलों के सौरभ से घिरी हुई है। गंध पृथ्वी का गुण है, इसलिए उसका शीश भले आकाश में हो, चरण उसके पृथ्वी पर हैं।

चाँदनी रात में गंगा-तट के दृश्य का वर्णन करते हुए निराला ने लिखा : 'बैठा देखता हूँ तारतम्य विश्व का सघन'। ('नर्गिस', 'अनामिका', पृ. 186) जहाँ विश्व के सघन तारतम्य का बोध है, वहाँ धरती और आकाश एक ही यथार्थ के दो अभिन्न अंग हैं यद्यपि दोनों की भूमिका अलग-अलग है। यदि आकाश कल्पना है तो पृथ्वी देह है। पृथ्वी स्थूल है, इसलिए हेय है; आकाश सूक्ष्म है, इसलिए महान् है. निराला के अनुसार यह तर्क-पद्धति गलत है।

सूक्ष्मतम होता हुआ जैसे तत्त्व ऊपर को
गया श्रेष्ठ मान लिया लोगों ने महाम्बर को
स्वर्ग त्यों धरा से श्रेष्ठ, बड़ी देह से कल्पना।

विश्व के तारतम्य में जैसे पृथ्वी और आकाश, दोनों आवश्यक हैं, वैसे ही मानव-जीवन में देह और कल्पना आवश्यक हैं। कल्पना को बड़ा मानकर देह को अस्वीकार करना ग़लत है।

आकाश से धरती पर अप्सरा के समान उतरती हुई ज्योत्स्ना उतनी सुन्दर नहीं है जितनी अन्धकार पार करके आकाश पर चढ़ती हुई नर्गिस की सुगंध। निराला काव्य में धरती से रूप-रस-गंध-शब्द का ऊर्ध्व-संचरण अनेक स्थलों पर देखा जा सकता है। मानव-चेतना की आधारभूमि है मानव-संवेदन। इस संवेदन-भूमि से कटकर भाव और विचार की कोई सत्ता नहीं। नवम्बर, सन् '21 की 'प्रभा' में प्रकाशित अपनी कविता 'अध्यात्म-फल' में निराला ने लिखा था :

खेत में पड़ भाव की जड़ गड़ गई,
धीर ने दु:खनीर से सींचा सदा।

निराला के भावों की जड़ें खेतों में हैं, सुख के भावों की, दु:ख के भावों की भी। यहीं से कल्पना की लताएँ आकाश की ओर लहराती हुई पल्लवित और विकसित होती हैं।

बुझे तृष्णाशा विषानल झरे भाषा अमृत निर्झर
उमड़ प्राणों से गहनतर छा गगन लें अवनि के स्वर।

['गीतिका', पृ. 94]

जो स्वर आकाश में छा जाते हैं, वे धरती के स्वर हैं, वही प्राणों से उमड़ने वाले स्वर हैं। यह धरती की शक्ति का ऊर्ध्व-संचरण है।

धरती के भीतर अन्धकार के अनेक स्तर पार करती हुई वनबेला की सुगंध ऊपर आती है, लगता है कि वह मस्तक पर अतल की अतुल बास लेकर ऊपर उठी है। ('अनामिका', पृ. 87) ऐसे ही अन्धकार का पथ पार कर नर्गिस की सुगंध आकाश की

ओर बढ़ती है। रूप-रस-स्पर्श-शब्द के संसार में गंध की भूमिका मानव-जीवन में काम-चेतना की भूमिका है। धरती से सुरभि का फूटना और मानव-मन में प्रणयभाव का उदय होना—दोनों क्रियाएँ एक साथ सम्पन्न होती हैं।

आज वह याद है वसन्त,
जब प्रथम दिगन्त-श्री
सुरभि धरा के आकांक्षित हृदय की
दान प्रथम हृदय को
था ग्रहण किया हृदय ने।

['रेखा', 'अनामिका', पृ. 77]

धरती और देह—दोनों का आन्तरिक स्पन्दन निराला एक साथ सुनते हैं। उन्होंने अपने कविता-संग्रह का नाम रखा—'परिमल'। यह नाम धरती की गंध, देह के संगीत का प्रतीक है। 'परिमल मधु लुब्ध मधुप करता गुंजार'—('परिमल', पृ. 65)। परिमल का लोभी यह भ्रमर निराला का आनन्दकामी मन है। धरती को पुलकित करती हुई परिमल के शीतल पलक मारकर जो हवा चलती है, ('पारस', उप., पृ. 64) वह प्रणय का सन्देश लेकर आती है। पृथ्वी की गंध लिये वसन्ती हवा का स्पर्श-सुख मिलने पर निराला को सहज ही रमणी के अंगराग का स्मरण हो आता है : 'सुरभि सुमन्द में हो जैसे अंगराग गंध'। ('रेखा', 'अनामिका', पृ. 71) 'गीत गुंज' में : 'खिली चमेली देह-गंध मृदु'; (पृ. 41) 'रेखा' की अंगराग-गंध को निराला फिर याद कर रहे हैं।

अंगराग-गंध में विशेष रूप से अलक-गंध उन्हें प्रिय है। 'वनबेला' की सुगंध से प्रसन्न होकर उनका मन सीधा प्रेयसी की अलकों के पास पहुँचता है :

खोलीं आँखें आतुरता से, देखा अमन्द
प्रेयसी के अलक से आती ज्यों स्निग्ध गंध।

चाँदनी रात में निशा का शीतल स्पर्श और :

वायु व्याकुल कर रही है चयन
पलक-उपवन-गंध अन्ध-चपल।

['अणिमा', पृ. 101]

एक-दो फूल नहीं, अलकों का पूरा उपवन है। निराला-काव्य में देह, पृथ्वी, गंध, सृजन, तृप्ति का पूरा दर्शन है। यह दर्शन वेदान्त से घटकर नहीं; उसका ज्ञान भी मुक्ति के लिए आवश्यक है। 'पंचवटी-प्रसंग' में लक्ष्मण पूछते हैं : 'प्रलय किसे कहते हैं'? राम उत्तर देते हैं : 'मन, बुद्धि और अहंकार का लय प्रलय है'। प्रलय की यह व्याख्या वेदान्त के अनुकूल है। एक प्रलय और है—प्रणय का। इसका उल्लेख 'प्रेयसी' में है : 'प्रणय के प्रलय में सीमा सब खो गई'! ('अनामिका', पृ. 4) सीमाएँ खो

जाने पर मन और बुद्धि का नाश नहीं होता; दो प्रेमियों के मन और बुद्धि मिलकर एक हो जाते हैं। निराला प्रणय की अनुभूति का वर्णन करने के लिए सुरभि के उसी परिचित प्रतिमान का उपयोग करते हैं :

मृदु सुरभि सी समीर में
बुद्धि बुद्धि में हो लीन,
मन में मन जी जी में।

['जागो फिर एक बार' (1), 'परिमल', पृ. 172]

वेदान्त की प्रलय के समानांतर यह प्रणय की प्रलय है। वेदान्ती के लिए मूर्त सौन्दर्य छलना है, निराला के लिए उसका ज्ञान ही वास्तविक ज्ञान है। ज्ञानी को चिढ़ाते हुए कहते हैं :

देख तुम्हारी मूर्ति मनोहर
रहें ताकते ज्ञानी ['गीतिका', पृ. 24]

जिसे सम्बोधित किया है, वह कल्पना के कानन की रानी है। रातभर जिस युवती ने प्रणय-केलि की है, वह सवेरे तृप्ति और मुक्ति की छवि जैसी लगती है :

वासना की मुक्ति, मुक्ता त्याग में तागी। [उप., पृ. 2]

इसी भाव की आवृत्ति 'प्रेयसी' में है। वृन्त पर नग्न-तनु कली के समान जो युवती उपवन में विहार करती है, वह छिन्नहार होकर भी मुक्ता-सी निःसंग रहती है। ('अनामिका', पृ. 3) उसका यह निःसंग भाव ही उसकी मुक्ति है। मुक्ता वाला उपमान दोनों जगह एक ही अर्थ की ओर संकेत करता है।

दो प्रेमियों की दृष्टि मिली; प्रणय से दोनों के शरीर काँप उठे। उनके मिलन की परिणति है ज्ञान और मुक्ति।

समझे युग रागानुग मुक्ति रे—
ज्ञान परम, मिले चरम युक्ति से। ['गीतिका', पृ. 99]

स्नेह की सरिता के तट पर जो युवती दो कमल-घट भरे हुए चल रही है, उसकी आँखों में अंकपित ज्ञान है; उसका यह ज्ञानमय सौन्दर्य देखकर सभी 'श्रुतिधर'— तथाकथित ज्ञानी और पंडित—चकित रह जाते हैं। (उप., पृ. 42) मनुष्य के लिए मृत्यु और अन्धकार का त्रास तब उत्पन्न होता है जब वह अपने हृदय में 'सौरभ के सरण द्वार' बंद कर लेता है। परिमल की तरह मन को बहने दो, नया जीवन अवश्य मिलेगा। (उप., पृ. 51) जब जीवन सुलभ है, तब 'मृत्यु के विवर' में क्यों रहा जाय? संसार की गुहा, सामाजिक जीवन के प्राचीन गर्त से निराला को शिकायत यह है कि यहाँ 'मधुगंध लुब्ध' वायु नहीं है। (उप., पृ. 93) स्वभावत: इस ज्ञान की परिणति है

सृजन। धरती में बीज, बीज से विटप, विटप से लिपटी हुई यौवन-लता, फिर जीवन का कलरव, यह है ज्योति और ज्ञान का मिलन :

सिक्त बीज, भर उगा विटप नव,
लिपटी यौवन-लता, पराभव
भान, उभयसुख-जीवनकलरव
मिले ज्योति और ज्ञान! ['गीतिका', पृ. 91]

यदि एक ज्ञान ब्रह्म का है तो दूसरा ज्ञान संसार का है; एक मुक्ति संसार छोड़ने में है तो दूसरी मुक्ति संसार में रहने, मानव का सहज धर्म निबाहने में है। जहाँ भी ज्ञान शब्द का व्यवहार हो, उसे वेदान्त-ज्ञान का समानार्थी न मान लेना चाहिए।

तरु और लता—यौवन और प्रणय के चित्रण के लिए सनातन काल से कवि इन प्रतिमानों का उपयोग करते आए हैं। निराला के प्रकृति-अद्वैत दर्शन में धरती की जो भूमिका है, उसे देखते हुए वे पुराने प्रतिमान नये अर्थ से दीप्त हुए हैं। जो मन संवेदन-भूमि से बँधा हुआ है, अपनी जड़ों से धरती का रस खींचता है, वही तृप्ति-सुख का अनुभव करता है, उसी की सृजन शक्ति जीवन में प्रतिफलित होती है। ऊपर उद्धृत किये हुए गीत में जैसे विटप के साथ यौवन लता है, वैसे ही 'प्रेयसी' में जब तारुण्य की लहर उठी तब अपने ही तरु-तन को घेरकर युवती ज्योतिर्मय लता-सी बन गई। ('अनामिका', पृ. 1) पृथ्वी के सौन्दर्य और सृजन शक्ति के चित्रण के लिए प्रतीक रूप में उमा निराला को प्रिय हैं क्योंकि वह शैलजा हैं, धरती से उनका अविच्छिन्न सम्बन्ध है। जो रूखी डाल वासन्ती वसन धारण करेगी, वह शैल-सुता है, शिव-सम्पर्क से वह संसार को स्वाद-तोष-दल वाला मधुर फल देगी। ('गीतिका', पृ. 14)

धरती के सौन्दर्य, वैभव और सृजनशीलता की ऋतु है वसन्त। देश और काल परस्पर सम्बद्ध हैं। धरती हँसती है, वर्ष हँसता है।

फिर वर्ष सहस्र पथों से
आया हँसता मुख आया। ['वासन्ती', परिमल, पृ. 69]

वसन्त ऋतु निरन्तर प्रवहमान काल की उल्लास-व्यंजना है। वन में कोयल का स्वर गूँज उठा। शब्द, गंध, रस और वर्णों की छवि सर्वत्र दिखाई दी। यह देश का सौन्दर्य है, काल का सौन्दर्य है :

प्रथम वर्ष की पाँख खुली है। ['अर्चना', पृ. 32]

वर्ष का यह उल्लास शीत का विरोधी है; सूर्य की किरणों से वह उसे बेध डालता है; सूर्य की किरणें पृथ्वी और आकाश का हर्ष भी प्रकट करती हैं :

वर्ष के कर हर्ष के शर
बिंध गया है शीत, कोयल! [उप., पृ. 77]

काल, विश्व के सघन तारतम्य में देश से सम्बद्ध है, जैसे आकाश पृथ्वी से। यदि पृथ्वी आनन्द से पुलकित है तो आकाश जड़, स्थिर अथवा केवल शून्य नहीं है। चुम्बन का स्पर्श-सुख देती हुई वसन्त-समीर धरती के अलावा आकाश को आनन्द से चंचल कर देती है :

प्रथम चकित चुम्बन सी सिहर समीर
कँपा त्रस्त अम्बर का छोर।

['प्रथम प्रभात', परिमल, पृ. 83]

यहाँ अम्बर त्रस्त होकर काँपता है किन्तु यह त्रास वास्तविक भय का सूचक नहीं, सुख की अतिशयता से भी त्रस्त होना सम्भव है। वसन्त में जब रंग-बिरंगे फूलों से पग-पग भूमि रँग जाती है, तब सुख के भय से वन-श्री वैसे ही काँप उठती है, जैसे वसन्ती हवा चलने से आकाश :

सुख के भय काँपती प्रणय-क्लम
वन-श्री चारुतरा। ['गीतिका', पृ. 49]

यह वन-श्री प्रकृति की रचना शक्ति से दीप्त है। वृक्ष के भीतर की लाली और भी गहरी लाल हो गई है, वसन्त के आने पर वह कलियों के रूप-वैभव में फूट पड़ी है :

तरु-उर की अरुणिमा तरुणतर
खुली रूप-कलियों में पर भर— [उप.]

पृथ्वी के पग-पग रँग जाने, जागने, जगमगाने और धन्य होने में उसकी सृजनशीलता के प्रतिफलन की ओर संकेत है। इस गीत में जिसे वन-श्री कहा गया है, वह पशु-पक्षी-वनस्पति समेत समस्त प्रकृति की छवि है। रूप-रस-शब्द-गंध-स्पर्श के अलग-अलग बोध जहाँ एक ही उल्लास की धारा में घुल-मिल जाते हैं, वहाँ इस व्यापक वन-श्री का बोध होता है। इसी को अन्य गीत में निराला ने वन-यौवन की माया कहा है। (उप., पृ. 3)

रूप-रस-शब्द-गंध-स्पर्श-बोध की एक विशेषता यह है कि रूप, गंध आदि परिवर्तित होकर शब्द बन जाते हैं। उल्लास की अतिशयता मानो रूप-रस-बोध की सीमाएँ मिटाकर उन्हें अन्य सूक्ष्म स्तर पर पुनर्गठित करती है। यह स्तर सूक्ष्म है, किन्तु अतीन्द्रिय नहीं, सूक्ष्मता है रूप या रस के बोध में, शब्द या गंध की छाया पहचानने में। यदि धरती और आकाश, देश और काल परस्पर सम्बद्ध हैं तो मनुष्य के विभिन्न इन्द्रियबोध ही परस्पर सम्बद्ध क्यों न होंगे? वसन्त में जो पत्रों की हरियाली है, वह दिखाई ही नहीं देती, सूक्ष्म स्वरों में सुनाई भी देती है :

फूट हरित पत्रों के उर से
स्वर सप्तक छाये। ['गीत', 'परिमल', पृ. 40]

इसी का भाव-विस्तार एक अन्य प्रसिद्ध गीत में है :

अमरण भर वरण-गान
वन-वन उपवन-उपवन
जागी छवि, खुले प्राण। ['गीतिका', पृ. 7]

जो रूप वन-उपवन की छवि है, वही प्रकृति का अमर संगीत बनकर भी सुनाई देता है।

वसन्त कवि के इन्द्रिय-बोध की शक्ति को एक साथ जगाता है। रूप-रस-गंध का सारा संसार उत्तेजक बनकर चेतना को चंचल कर देता है। कहीं रंग-रूप की अतिशयता है, लगता है, प्रकृति ने सारे जंगल पर बहुत से रंगों में डुबोकर कूची फेर दी है : 'कूची तुम्हारी फिरी कानन में'। ('गीत गुंज', पृ. 4) कहीं बौरों की गंध पर भौंरे टूट रहे हैं, (पृ. 4) कहीं सौरभ के फौवारे छूटे, ('आराधना', पृ. 63) बहार के दिन सुगंध भार के दिन भी हैं, ('बेला', पृ. 31) कलियों के अधरों से गंध फूटी और उनका राज खुल गया। (उप., पृ. 32) कहीं फूलों के रूप में पीली ज्वाला के पुंज दिखाई देते हैं, ('अर्चना', पृ. 31) भौंरों और कोयल का शब्द बागों में बार-बार गूँज उठता है, सारा सौन्दर्य रूप-रस-गंध की कामना पूरी कर देता है।

होली का उत्सव वसन्त के चरम उत्कर्ष का उत्सव है। निराला ने प्रारम्भिक रचनाओं से लेकर आखिरी दौर तक होली पर बहुत कुछ लिखा है। आरम्भ में जहाँ होली का विवरण मात्र है, वहाँ आगे चलकर रसबोध और सूक्ष्म होता गया है, कहाँ धरती का सौन्दर्य है, कहाँ रमणी का, यह कहना कठिन हो जाता है। विशेष बात यह कि किसी भी दौर में उनके मन में प्रसन्नता का भाव बुझता नहीं। कभी-कभी तो लगता है कि अन्तिम दशक में यह भाव और भी थिराया हुआ, शान्त किन्तु भीतर से ऊर्जस्वित हो गया है। 'परिमल' की 'वासन्ती' कविता में होली का विवरण प्रस्तुत करते हुए उन्होंने लिखा था :

फागुन का फाग मचे फिर
गावें अलिगुंजन होली,
हँसती नव हास रहें घिर,
बालाएँ डालें रोरी। [पृ. 68]

फागुन का यही फाग 'अर्चना' में परिवर्तित होकर कितना सूक्ष्म हो गया है :

फागुन के रंगराग बाग बन फाग मचा है,
भर गये मोती के झाग, जनों के मन लूटे हैं। [पृ. 33]

मोती के झाग में रूप-रस-गंध की छवि का ज्वार प्रत्यक्ष हो गया है।

वसन्त और होली के उल्लास से भारतीय जनजीवन के उल्लास का सम्बन्ध है। निराला प्रकृति के सौन्दर्य में डूबते हैं, लोक-संस्कृति और लोक-संगीत में भी

डूबते हैं। होली की धुन में मिलकर, प्रकृति और नारी के शृंगार-चित्र और भी निखर उठते हैं; वसन्त की छवि मानो चित्रों में ही नहीं, सरस भदेस शब्दों में, लोक-गीत की धुन में व्याप गई हो। 'नयनों के डोरे लाल गुलाल भरे खेली होली'—वसन्त और शृंगार का वातावरण प्रस्तुत करनेवाला यह गीत, 'गीतिका' की अन्य रचनाओं से अपनी शैली में भिन्न, निराला के भावी विकास का सूचक है। गीत में शृंगार-चित्र शयन-कक्ष के भीतर का है किन्तु शब्दों में, गीत की धुन में, 'गुलाल भरे, खेली होली' जैसी पदयोजना में शयन-कक्ष के बाहर का वातावरण समाया हुआ है। इससे मिलता-जुलता 'गीतिका' का दूसरा गीत है :

मार दी तुझे पिचकारी,
कौन री, रँगी छवि वारी?

'फूल-सी देह' कहकर निराला ने प्रकृति के वैभव का स्मरण-भर करा दिया है। 'बेला' में ग़ज़लों का अंबार है; लोकधुनें दब गई हैं लेकिन कुछ पंक्तियों की धुन वही है जो नयनों के डोरे लाल की है :

देह की माया की जोत, जीभ के सीप के मोती,
छन-छन और उदोत, वसन्त-बहार बने तुम। [पृ. 26]

ग़ज़लों में निराला ने बहार पर बहुत कुछ कहा है किन्तु उसमें कारीगरी ज़्यादा है। मन का सहज उल्लास वहीं प्रकट होता है जहाँ वसन्त-वर्णन के साथ लोक धुनें घुल-मिल जाती हैं। 'अर्चना' में ऐसे गीत अनेक हैं :

फूटे हैं आमों में बौर भौंर बन-बन टूटे हैं।
होली मची ठौर-ठौर सभी बन्धन छूटे हैं। [पृ. 33]

यह लोकोत्सव में शास्त्रीय मर्यादाओं का उल्लंघन करनेवाले आनन्द की सहज अभिव्यक्ति है। 'आराधना' में होली के आनन्द के साथ अवसाद की एक झलक है, मानो वसन्त अब विदा हो रहा हो :

गोरे अधर मुसकाई हमारी वसन्त बिदाई।
अंग अंग बलखाई हमारी वसन्त बिदाई। [पृ. 94]

निराला काव्य में प्रकृति-सौन्दर्य का अनुपम चित्रण है, उसका अपना एक दर्शन है। यह दर्शन उनके गद्य-लेखों में वैसा ही निरूपित नहीं हुआ, जैसा काव्य में दिखाई देता है। इस दर्शन में पृथ्वी और आकाश, देश और काल परस्पर सम्बद्ध हैं। धरती या देह समस्त सौन्दर्य की आधारभूमि है। भाव और कल्पना की जड़ें मानव-संवेदनों में हैं। सघन इन्द्रियबोध से ही भाव और विचार कल्पना के आकाश की ओर उठते हैं, इसलिए आनन्द केवल मन का आनन्द नहीं, तन का आनन्द

भी है, वसन्त की छवि केवल प्रकृति में नहीं, मानव-जीवन में भी है। आनन्द की अतिशयता में रूप-रस-गंध आदि का बोध तरल होकर परिवर्तित हो जाता है, वसन्त की श्री सूक्ष्म संगीत बन जाती है। प्रकृति और मानव-जीवन के इस सुख-सौरव का ज्ञान भी वेदान्त ज्ञान के समकक्ष ज्ञान कहलाने का अधिकारी है। इस ज्ञान से जो तृप्ति मिलती है, वह भी एक तरह की मुक्ति है, भक्तों और ज्ञानियों की मुक्ति से भिन्न, फिर भी मुक्ति।

कामचेतना

निराला नारी के सौन्दर्य, पुरुष और नारी की कामचेतना और उस चेतना की स्वाभाविक परिणति के कवि हैं। पुरुष के सौन्दर्य का वर्णन उनके गद्य में तो जहाँ-तहाँ है, किन्तु काव्य में उनके ध्यान का केन्द्र है नारी का सौन्दर्य। उनकी कहानियों में जिन युवतियों का चित्रण किया गया है, उनमें काफी समानता है, कविता में जिनकी रमणीयता का उल्लेख है, उनमें काफी विविधता है। अनेक स्वच्छन्दतावादी कवियों की रचनाओं में जिस अतृप्ति अथवा काल्पनिक कामेच्छापूर्ति की झलक मिलती है, निराला-काव्य में उसका प्राय: अभाव है। रूप और यौवन के वर्णन में ऐसे भावावेश की झलक मिलती है जो रीतिवादी काव्य में दुर्लभ है। यह भावावेश परम्परागत नैतिकता और सामाजिक रूढ़ियों की सीमाएँ पार कर जाता है। सीमाएँ पार करने पर भी रीतिवादी कवियों की तरह निराला कामोत्तेजना का सामान नहीं जुटाते; उत्तेजना नियंत्रित रहती है जिससे उनके श्रृंगार-काव्य में एक प्रकार की उदात्त भंगिमा के दर्शन होते हैं। रमणीयता के इस भाव से वह कभी वेदान्त का सामंजस्य स्थापित करते हैं, कभी उसे वेदान्त का समकक्ष अथवा उससे मुक्त मानते हैं।

मानव-शरीर में यौवन का प्रवेश निराला के लिए विस्मय और कुतूहल का विषय है। धरती के हृदय से जैसे वसन्त में स्वर-सप्तक फूट पड़ते हैं, वैद ही युवती के प्रणय-दोलित शरीर में भावसुमन खिल जाते हैं। ('गीत', परिमल, पृ. 40) कुछ समय के लिए मुग्धा की लज्जित पलकों पर यौवन की छवि अतीत शिशुता के साथ आँख-मिचौनी खेलती जान पड़ती है। ('यमुना के प्रति', उप., पृ. 44) यौवन की तरंग अपने प्रकाश से युवती को ज्योति की लता बना देती है किन्तु यह प्रकाश गंधमय है, उसके शरीर में फूलों के गुच्छे खिले हुए हैं। 'प्रेयसी' में निराला इस रूप का वर्णन रहस्यवादियों के अनेक रूढ़-उपादानों द्वारा करते हैं। ('अनामिका', पृ. 1) 'प्रेयसी' में यौवन एक तरंग है, 'रेखा' में यौवन तट है जहाँ तक बहता हुआ सौन्दर्य का स्रोत आ पहुँचा है। (उप., पृ. 69)

जहाँ रूप है, वहाँ यौवन है; जहाँ यौवन है, वहाँ रूप है। कहीं रूप जल है, यौवन प्रकाश है; कहीं यौवन प्रकाश है, रूप जल है। 'रूप की सजल प्रभा' ('भ्रमर गीत', परिमल, पृ. 62) में जल और प्रकाश, दोनों तत्त्वों का मिश्रण है। यौवन को पवन से कम्पित होते देखकर, गंध से प्रणय का आह्वान पाकर निराला सौन्दर्य के प्रति अपनी तात्त्विक दृष्टि—पंच-तत्त्वों से बँधी हुई दृष्टि—का परिचय देते हैं।

निराला-काव्य में जो रूपसी है, युवती है, वह प्रणय-लालसा से परिचित है। जो अपने को अनजान मुग्धा कहती है, वह मुग्धा हो सकती है, अनजान नहीं।

तुम मदन पंचशर हस्त
और मैं हूँ मुग्धा अनजान। ['तुम और मैं', परिमल, पृ. 78]

यह मुग्धा पंचशर मदन का प्रभाव जानती है, अनजान शब्द का व्यवहार उस प्रभाव को प्रत्यक्ष देखने के लिए करती है। 'परिमल' की 'शेफालिका' में निराला ने ऐसी ही मुग्धा का चित्रण किया है। यौवन-उभार ने कंचुकी के बंद खोल दिये हैं, वह पल्लव पर्यंक पर सो रही है किन्तु उसके लालसी कपोलों में मूक आह्वान है।

अत्यन्त प्रिय है निराला को युवती का वह चित्र जहाँ वह तपस्विनी-सी अपने प्रिय के ध्यान में मग्न दिखाई देती है। 'गीतिका' के चौदहवें गीत में शैलसुता अपलक तप करती हुई दिखाई देती हैं, सातवें गीत की 'निश्चल कर रही ध्यान में' उन्हीं ध्यानमग्न देवी की ओर संकेत है। यह ध्यान ब्रह्म की प्राप्ति के लिए नहीं, पुरुष के सम्पर्क से अपना नारी-जीवन सार्थक करने के लिए है। 'बहू' कविता ('परिमल', पृ. 136) एक तरह से अपवाद है जहाँ युवती नव वसन्त की किसलय कोमलता है किन्तु :

विषय-वासना तुच्छ, उसे कोई परवाह नहीं है।

अनेक रचनाओं में निराला पुरुष को सोता हुआ—शरीर की आँखें भले खुली हों, कामचेतना वाली आँखें बंद किये हुए—दिखाते हैं। 'जागो फिर एक बार' (1) में जो प्रकृति वर्षों तक पुरुष को जगाने में असफल होकर कहती है : 'कब से मैं रही पुकार', वह मानो अनेक युवतियों की सम्मिलित आकांक्षा का चित्र है। 'पंचवटी प्रसंग' की रूपगर्विता शूर्पणखा इसी तरह अपने काम्य पुरुष के मन में प्रणय-भावना जगाने में असफल रहती है। पुरुष नारी को पुकारे—निराला-काव्य में ऐसा कम होता है। जिसे वासना का श्रुति-मधुर शब्द पहले सुनाई देता है, वह नारी है। ('प्रभाती', परिमल, पृ. 36) वह पुरुष से कहती है :

बंद तुम्हारा द्वार!
मेरे सुहाग - शृंगार!
द्वार यह खोलो—।
सुनी भी मेरी करुण पुकार?
ज़रा कुछ बोलो? ['अंजलि', उप., पृ. 120]

ऐसी ही लालसा-विह्वल 'गीतिका' की वह युवती है जो अपने मर्म पर मनोज्ञ भ्रमर के उतरने का आह्वान करती है। (पृ. 40) आह्वान कहीं मूक है, कहीं मुखर, पुरुष को वह किसी न किसी रूप में सुनाई अवश्य देता है। 'तुम और मैं' की उपमान-शृंखलाओं में 'तुम' नहीं, 'मैं' के स्वर की झंकार है और यह 'मैं' पुरुष नहीं, नारी है।

स्वभावत: उससे आँखें मिलाना पुरुष के लिए आसान काम नहीं। 'गीतिका' के समर्पण में निराला ने स्वर्गीया पत्नी को स्मरण करते हुए लिखा था : "जिसकी हिन्दी के प्रकाश से, प्रथम परिचय के समय, मैं आँखें नहीं मिला सका", किन्तु आँखें न मिला पाने का कारण हिन्दी का प्रकाश ही नहीं है :

हारी नहीं, देख, आँखें—
परी नागरी की— ['अपराजिता', अनामिका, पृ. 143]

यह नागरी अपनी ओर देखने वाले को हिन्दी के प्रकाश से परास्त नहीं कर रही, उसकी अस्त्रों में एक चुनौती है जिससे देखने वाले का मन सिहर उठता है। किसान की नई बहू नयनों का नागरिक व्यापार नहीं जानती। उसकी आँखें सम्राज्ञी हैं, भले ही वे अपनी शक्ति से अपरिचित हों, किन्तु उनमें है शासन का भाव अवश्य। (उप., पृ. 146) सुन्दर आँखों की उपमा नर्गिस से दी जाती है। निराला की कविता में नर्गिस प्रणय के नयन जैसी, टकटकी बाँधकर, कवि को देखती रहती है, किन्तु कवि उसकी सुगंध से तृप्त होकर आँखें बंद कर लेता है। यह क्रिया आकस्मिक नहीं है। 'गीत गुंज' में कमरख की जो आँखें बन का सौदा कर आई हैं, वे कुछ हरकर लाई हैं, या हरी गई हैं, कवि निश्चित रूप से कुछ नहीं कह सकता। (पृ. 7) अन्य गीत में खेल सीख चुकी आँखों में बिजली की कौंधन है; उनमें वही अपराजिता वाला भाव है। ('गीत गुंज', पृ. 24) उपवन में जो चमेली खिली है, वह 'अनामिका' की परी नागरी अथवा नर्गिस की तरह अपराजिता है : 'अपराजिता नयन की सुनियत।' (उप., पृ. 25) नारी के रूप-वर्णन में निराला के लिए नेत्रों का अन्यतम स्थान है और इन नेत्रों के सौन्दर्य के प्रति उनकी भावदृष्टि उनकी सामान्य काम-चेतना से प्रभावित है। काम-व्यापार में प्रेरक शक्ति है नारी; इस भूमिका के अनुरूप उसकी आँखें हैं अपराजिता।

पुरुष को पराजित करने की शक्ति जैसे आँखों में है, वैसे ही उसे विह्वल और मदान्ध करने की शक्ति अलकों में है। पृथ्वी की सुरभि के उल्लेख के साथ निराला को अलक-गंध याद आती है। 'यमुना के प्रति' में पहले निष्पलक चितवन का एक चित्र, फिर 'अलक-सुगंध मदिर सरि शीतल' का प्रवाह; यह क्रम स्वाभाविक है। आँखों में बिजली तो अक्सर चमकती है, निराला अलकों में भी बिजली चमकते देखते हैं :

'कौंधी चपला अलक-बंध की'। ('गीत गुंज', पृ. 23) रूपगर्विता नारी यदि कहे कि 'मैं वेणी कालनागिनी' हूँ तो इसमें आश्चर्य न होना चाहिए।

नेत्रों और अलकों की बिजलियाँ कुछ समय के लिए रात के अँधेरे में छिप जाती हैं, तब प्रकृति-प्रेमी पुरुष सक्रिय होता है। रहस्यवादी कवि प्रकाश और सूर्य के गीत गाते हैं, निराला का मन अन्धकार में रमता है। न केवल दुःख और संघर्ष का चित्रण करनेवाली कविताओं में अन्धकार है, सुख-सौन्दर्य वाली रचनाओं में भी प्रकाश से अधिक अन्धकार है। प्रकाश है तो चाँदनी का, जिसमें प्रखरता नहीं, शीतलता है। 'जुही की कली' में चाँदनी रात, 'शेफालिका' में नक्षत्र दीप्त कक्ष, प्रिय की सेज की ओर जाती हुई निशा के रूप में अभिसारिका, ('गीत', परिमल, पृ. 95) किंकिणी और नूपुर बजने से 'गीतिका' की द्विधाग्रस्त रमणी, (पृ. 6) 'अणिमा के अलक-उपवन-गंध' वाले गीत में—'निशा का यह स्पर्श शीतल'—निराला के अन्धकार प्रेम का परिचय उनके अनेक गीतों में मिलता है। निशा का स्पर्श शीतल है; अन्धकार समस्त इन्द्रियों के लिए सुखद है। अपराजित आँखों का सामना करना आवश्यक नहीं। निराला के क्रीड़ाजगत् का वातावरण अन्धकारमय है, अथवा ज्योत्स्नामय, उसमें पुरुष के लिए सुखद स्थिति वह है जब प्रिया सो रही हो, या सोने का अभिनय कर रही हो। जूही की कली सोती रहती है; निद्रा-लस वंकिम विशाल नेत्रों में बिजली छिपाये रहती है। निर्दय नायक उसकी सुन्दर सुकुमार देह झकझोर डालता है, फिर भी वह जागकर क्षमा नहीं माँगती। सोने का अभिनय किये पड़ी रहती है। शेफालिका पहले सोती रहती है, फिर गगन से चुम्बन झरने पर जाग पड़ती है। प्रभातकालीन प्रकाश कवि को पसन्द नहीं है। एक कविता का शीर्षक है : 'जागृति में सुप्ति थी'। जो और लोगों के जगाने का समय है, वह उसके सोने का है। जब और लोग सोते थे, तब वह जागता था। 'जुही की कली' और 'शेफालिका' रचनाओं का शीर्षक हो सकता था : 'सुप्ति में जागृति थी'। प्रभातकालीन जागरण में उसे शान्ति का नहीं, क्लान्ति का अनुभव होता है।

'जागृति में सुप्ति थी'—('परिमल', पृ. 166)—कविता की नायिका सवेरे उठकर शराब पीती है। सभी नायिकाएँ गृहवधुओं की तरह पति की प्रतीक्षा करती हुई सो नहीं जातीं। उनमें अनेक यथेष्ट निर्लज्ज हैं, कामकलाओं में प्रवीण और आक्रामक हैं। 'जागृति में सुप्ति थी' कविता की सुराप्रेमी नायिका कोई वारवनिता है। 'यमुना के प्रति' कविता में गोपियों के कटाक्ष और उनके नृत्य का वर्णन करते हुए निराला नर्तकियों की कला का भाव-चित्र प्रस्तुत करते हैं :

वह विलोल हिल्लोल चरण, कटि
भुज, ग्रीवा का वह उत्साह।

इससे तुलनीय है 'प्रभावती' में विद्या का नृत्य। विद्या शुभ्र वस्त्रधारिणी सरस्वती जैसी लगती है, इससे उसके रमणीत्व का विरोध नहीं। जब वह तांडव-नृत्य में विनाश का निर्भय भाव व्यक्त करती है, तब उसके साथ एक श्रृंगार-चित्र भी आँखों के सामने आता है : 'जैसे सत्य-सत्य नटराज नारी से बँधकर प्रगट

हो गए'। ('प्रभावती', पृ. 159) फिर जब वह 'सौन्दर्य की भावना में रँगकर स्वप्न की ज्योतिर्मयी प्रेयसी बनी हुई' (पृ. 160) नाचती है, तब उसके प्रत्येक अंग की गति देखकर लगता है कि 'साकार सुरभि समीर पर चल रही है'; (उप.) साकार सुरभि अर्थात् रतिभाव प्रत्यक्ष।

'गीतिका' (पृ. 103) में मंजु गुंजर धर नूपुर शिंजित चरणों की गति में, कंकण की कण-कण, किंकिणी की किण-किण, नूपुरों की रणन-रणन ध्वनि (उप. पृ. 6) में उन्हीं नर्तकियों के घुँघरुओं की ध्वनि है जिनके चरण-कटि के उत्साह का वर्णन निराला ने 'यमुना के प्रति' कविता में किया था। जीवन के अन्तिम चरण में किसी मेटिनी वाली का नाच देखकर उन्हें कल्पना-जगत् की अप्सराएँ फीकी लगीं और यथार्थवादी स्तर पर उन्होंने अपने कला-प्रेम की अभिव्यक्ति इस प्रकार की :

नाची क्या अप्सरा कोई जैसा कि तू,
भाव के हाथ-पाँवों के चाले तलू,
चली गरदन कमर कैसी, कैसी भी रन,
कोई रह न गया न हुआ जो सना।
मेटिनी वाली वारी दे वारी धना। ['सान्ध्यकाकली', पृ. 80]

निराला-साहित्य की अन्य नायिकाएँ कल्पना-लोक में पहुँचकर जहाँ अपना वेश बदलकर कला का प्रदर्शन करती हैं, वहाँ यह मेटिनी वाली नर्तकी अपने वास्तविक रूप में स्टेज पर सहज भाव से नाचती है। इससे निराला की कल्पना और उनके यथार्थ अनुभव का सम्बन्ध समझने में मदद मिलती है।

'यमुना के प्रति' कविता में हास्य-मधुर निर्लज्ज उक्ति वाली गोपी, ('परिमल', पृ. 53) 'गीतिका' में नागिन की तरह प्रिय के कंठ से लगकर अधरासव पान करनेवाली नायिका, (पृ. 31) प्रकृति-रूप में वह शुभ्रकिरण वसना जिसे न लाज है, न भय ('गीतिका', पृ. 32) 'परिमल' की सन्ध्यासुन्दरी जो मदिरा की नदी बहाती आती है और थके हुए जीवों को अपने अंक पर सुलाती है—ये सब जुही की कली से भिन्न, काम-केलि में नारी की पहल, पुरुष की तुलना में नारी के आक्रामक-रूप का परिचय देती हैं।

निराला के लिए सौन्दर्य और प्रेम का वर्णन पूरा नहीं होता जब तक पुरुष और नारी के शारीरिक मिलन की ओर किसी न किसी रूप में संकेत न किया जाए। जुही की कली भी आखिर आँखें खोल ही देती है, चकित चितवन चारों ओर फेरकर प्रिय के संग रंग खेलकर हँसती और खिल उठती है। जुही का प्रेमी पवन है; शेफालिका का प्रेमी आकाश है। अन्य कविताओं में मनुष्य का मन आकाश पार करना चाहता है, यहाँ आकाश सुरभिमय समीरलोक पार करना चाहता है। सुरभि की व्यंजना वही है जो अन्य कविताओं में। प्रवृत्ति मार्ग से नायक योगियों की सिद्धि चाहता है।

लक्ष्य है सातवीं सीढ़ी—सहस्रार; मार्ग है चित्तवृत्तियों के निरोध के बदले सुरभिमय समीरलोक को पार करने की वृत्ति।

पहुँच कर प्रणय-छाए
अमर विराम के
सप्तम सोपान पर।

यह सिद्धि प्रेमी और प्रेमिका, आकाश और सुरभि की अधिष्ठात्री शेफाली, दोनों की है। यद्यपि एक रात खिलकर शेफाली ज़मीन पर गिर पड़ती है, किन्तु सौन्दर्य और स्नेह की यह क्षणिक परिणति ही अमरता है :

पाती अमर प्रेम धाम,
आशा की प्यास एक रात में भर जाती है,
सुबह को आली, शेफाली झर जाती है।

भक्त और ज्ञानी भावसागर से पार उतरने के बड़े-बड़े जतन करते हैं; एक रास्ता आदि रस की निष्पत्ति का है। 'यमुना के प्रति' में इस मार्ग की चर्चा करते हुए निराला पुनः शृंगार-साधना को ज्ञान और वैराग्य के समकक्ष ठहराते हैं :

वह स्वरूप-मध्याह्न-तृषा का
प्रचुर आदिरस, वह विस्तार
सफल प्रेम का, जीवन के वह
दुस्तर सर-सागर का पार। ['परिमल', पृ. 53]

जीवन का सर हो चाहे सागर, है वह दुस्तर; उसे पार करने का रास्ता सफल प्रेम का विस्तार है। 'तुम और मैं' कविता में जो देवी ब्रह्म को दुस्तर भवसागर कहती हैं और स्वयं उसके पार जाने की अभिलाषी हैं, वह उसी आदिरस के विस्तार वाले पथ की अनुगामिनी हैं। भवसागर पार करके लोग ब्रह्म तक पहुँचना चाहते हैं, यहाँ शुद्ध सच्चिदानन्द ब्रह्म स्वयं दुस्तर भवसागर हैं! तब आदिरस के विस्तार के अलावा चारा क्या है? 'गीतिका' में जो रमणी अपने प्रिय को 'तृप्ति-प्रेम-सर' कहती है, ('नयनों में हेर प्रिये' इत्यादि, पृ. 5) वह 'यमुना के प्रति', 'तुम और मैं' आदि रचनाओं में तृप्ति चाहने वाली महिलाओं की तरह प्रेममार्गी है।

इस तृप्ति का वर्णन निराला अनेक गीतों में अनेक प्रतीकों द्वारा करते हैं। 'स्पर्श से लाज लगी'—('गीतिका', पृ. 31) की नायिका जो उरगी के समान अधरासव पान करती है, रस की वैसी ही परिणति चाहती है, जैसी शिव के लिए तप करनेवाली शैलसुता। रस के निर्झर झरे, स्नेह का मेह बरसा, भव-बाधा दूर हुई :

उगा अमर-अंकुर उर भीतर,
संसृति भीति भगी।

भयप्रद संसृति में प्रेम के अंकुर की अमरता, क्षण-भंगुर संसार में पुरुष और नारी के प्रेम की विजय है। मेघ के घन केश वाली निरुपमा सुन्दरी ('गीतिका', पृ. 48) रस-वर्षण के बाद—शेफाली की तरह—अपने को निःशेष कर देती है। यही उसके जीवन की पूर्णता है। रचना का सोमरस पीकर वह प्रणय के यज्ञ में होम देती है; सिद्धि-रूप में अमरत्व वाला तीसरा नेत्र खुल जाता है :

पी प्रचुर रचनामृत शुचि सोम,
सुरति की मूर्ति, प्राण मख होम;
लख लिया निज केशों में व्योम—
तीसरा नयन प्रकाश अमर।

केशों में व्योम देखने की क्रिया द्वारा छवि के प्रसार और युवती में उस रूप के ज्ञान की ओर संकेत है। इस 'ज्ञान' की चर्चा 'यमुना के प्रति' में कुछ विस्तार से की गई है :

वह सहसा सजीव कम्पन द्रुत
सुरभि-समीर, अधीर वितान,
वह सहसा स्तम्भित वक्षःस्थल,
टलमल पद, प्रदीप निर्वाण;
गुप्त-रहस्य-सृजन-अतिशय श्रम,
वह क्रम-क्रम से संचित ज्ञान,
स्खलित-वसन-तनु-सा तनु अमरण,
नग्न, उदास, व्यथित अभिमान।

रीतिवादी कवियों ने काम-केलि का वर्णन करने में कलम तोड़ दी है, इस बात की ओर उनका ध्यान कम गया है कि यह केलि मानव की सृजन-लीला है। इस लीला की अनेक अवस्थाओं का मार्मिक चित्रण ऊपर की पंक्तियों में है। यहाँ निराला इन अवस्थाओं को जीवन का सामान्य व्यवहार समझकर चित्रित करते हैं। उनमें न तो नैतिकतावादी की निषेध भावना है, न रीतिवादी का कामोद्दीपन लक्ष्य, न स्वच्छन्दतावादी का कल्पना-विलास।

नारी के लिए पुरुष का रति-व्यापार अक्सर निर्दय, पीड़ादायक, फिर भी सुखद होता है। जुही की कली का प्रेमी निर्दय है, झोंकों की झड़ियों से सुकुमार देह के अलावा गोरे कपोल भी मसल देता है। 'बादल-राग' (2) में बादल विप्लव का प्लावन है, अपार कामनाओं का प्राण भी है।

'श्री बिखेर, मुख-फेर कली के निष्ठुर पीड़न'—इस पंक्ति से उसके आक्रामक उच्छृंखल व्यवहार का पता चलता है। कहीं नारी आक्रामक है, कहीं पुरुष। अधिकतर आक्रामक नारी ही होती है। पुरुष और नारी, दोनों की समान सक्रियता का चित्रण निराला ने प्राकृतिक प्रतीकों के सहारे 'वनबेला' में किया है। ऊपर

है सूर्य, नीचे है पृथ्वी। पृथ्वी के किसलयों बँधे पर्वत-उरोज, पिक-भ्रमर गुंज में प्रणयगान; उस गान से प्रिया का आह्वान सुनकर तपन-यौवन प्रखर से प्रखरतर हुआ। तत्पश्चात् :

ऊर्जित, भास्वर
पुलकित शत शत व्याकुल कर भर
चूमता रसा को बार-बार चुम्बित दिनकर
क्षोभ से, लोभ से, ममता से
उत्कंठा से, प्रणय के नयन की समता से,
सर्वस्व दान
देकर, लेकर, सर्वस्व प्रिया का सुकृत मान।
दाब में ग्रीष्म
भीष्म से भीष्म बढ़ रहा ताप,
प्रस्वेद, कम्प,
ज्यों-ज्यों सुख उर में और चाप—
और सुख-झम्प;
नि:श्वास सघन
पृथ्वी की—बहती लू : निर्जीवन
जड़-चेतन!

छन्द की गति और शब्दों की ध्वनि से निराला ने असम्भव को सम्भव कर दिया है। कविता का उदात्त स्वर उनकी अन्य प्रसिद्ध रचनाओं के समकक्ष है। दिनकर रसा को बारबार चूमता है, उससे चुम्बित भी होता है। प्रणय के नयन की समता द्वारा परस्पर सहयोग के भाव की पुष्टि की गई है। क्षोभ, लोभ, ममता, उत्कंठा के भाव एक साथ उठकर प्रेमी के आन्तरिक भाव-मंथन का परिचय देते हैं। प्रेमी सर्वस्व लेता है, देता भी है। प्रस्वेद कम्प दोनों ओर है; जो चाप है, वह युग-उर में है। और अन्त में लू-सी बहती सघन नि:श्वास, जड़ और चेतन, दोनों मूर्च्छित।

'गीत गुंज' के 'मालती खिली' गीत में पृथ्वी कर-पीड़न से और सुन्दर दिखाई देती है : 'कर-पीड़न से मधुरतरा'; 'वनबेला' में जिस व्यापार का वर्णन विस्तार से किया था, उसकी ओर यहाँ संक्षेप में संकेत है। अनेक गीतों में निराला तृप्ति से निखरते हुए नारी-सौन्दर्य का चित्रण करते हैं। सुख के क्षण ही नहीं, उन क्षणों की स्मृति भी सुखदायक है :

मधु-ऋतु-रात, मधुर अधरों की पी मधु सुधबुध खोली,
खुले अलक मुँद गए पलक दल, श्रम-सुख की हद होली,
बनी रति की छवि भोली।

['गीतिका', पृ. 44]

निराला का मन इस छवि पर मुग्ध है। लोक-संस्कृति में, वेदान्त और संन्यास की निषेध भावनाओं से मुक्त, जीवन के सुख और सौन्दर्य की जो अगाध चाह है, वह इस गीत में चारों ओर से सिमटकर मानो एकाग्र हो गई है। निराला ने बहुत से होली-गीत लिखे हैं और इनमें लोक-सुलभ रस की धारा निर्बाध प्रवाहित है।

मनुष्य का जीवन सीमित है, रस निःसीम है। विद्यापति ने जन्म भर किसी का रूप देखा; फिर भी उनके नेत्र तृप्त न हुए, उसी प्रकार निराला का मन बार- बार तृप्त होता है, फिर भी अतृप्त बना रहता है। निराला ने इस अतृप्ति पर भी एक गीत लिखा है :

वह कौन प्यास बुझकर न रही,
वह कौन साँस जो चली सही,
वह किस फँसने की रही कली—
खुलकर न रही, मधु ने टेरा।
यह जी न भरा तुमसे मेरा। ['सान्ध्यकाकली', पृ. 42]

तृप्ति और अतृप्ति का द्वन्द्व—ऐसा ही मानव-जीवन जिसका चित्रण अनेक छन्दों-रूपों में निराला ने अपने काव्य-साहित्य में किया है।

ऋतुचक्र

वसन्त का सखा है कामदेव। निराला का श्रृंगार-लोक फूलों से महकता है, उसमें साँझ-सवेरे और रात को वसन्ती हवा चलती है। दोपहर उसमें नहीं होती। ऋतुओं की गतिविधि के साथ मानो निराला की कामचेतना के उतार-चढ़ाव नियमित होते हों। 'ऋतु संहार' की परम्परा में प्रत्येक ऋतु कामोद्दीपन के अनुकूल है; निराला के लिए उस दिशा में वसन्त ऋतु का महत्त्व अन्यतम है। उससे जो रस बच रहता है, वह वर्षा के लिए है।

वसन्त संयोग की ऋतु है। इस ऋतु में प्रेमी एक-दूसरे से बिछुड़े हुए वियोग के गीत गाते हों, निराला-काव्य में ऐसा अवसर कम आता है। संयोग और वियोग—दोनों से जिसका सम्बन्ध है, वह वर्षा ऋतु है। 'परिमल' में अलि घिर आए घन पावस के—यह गीत एक वियोगिनी का है जो प्रियतम को रोककर अपने पास न रख पाने पर अपनी अक्षमता से दुखी है। 'घन आए घनश्याम न आए'—'अर्चना' के इस गीत में वही वियोग का भाव है। 'गीत गुंज' के 'बादल रे, जो तड़पे', में प्राणों के घन श्यामगगन से न बरसे, वियोगिनी नायिका का वही दुःख है। इन गीतों में जहाँ-जहाँ वियोग की चर्चा है, साधारणतः वह दुःख नारी का है, पुरुष का नहीं। कालिदास के यक्ष की तरह निराला-काव्य में पुरुष अपनी प्रिया के लिए वर्षा में अधीर नहीं

होता। वर्षा के वियोग-संगीत में निराला अधिकतर नारी-हृदय की भावना व्यंजित करते हैं (अथवा पुरुष का वह भाव, जो नारी को अपनी प्रतीक्षा में व्याकुल देखना चाहता है)। पुरुष वाली भाव-दृष्टि में वर्षा आनन्द की ऋतु है। यदि नारी दुखी है तो पुरुप उसके दुःख दूर करने का अभिलाषी है। 'ग्राम वधू सुख से दुःख भूले', ('गीत गुंज', पृ. 36) वर्षा में कवि की यह प्रार्थना है। एक आँसू दुःख के हैं, दूसरे सुख के हैं। वर्षा की बूँदें देखकर आँसुओं की याद बरबस हो आती है। निराला उन आँसुओं को भी देखते हैं जो सुख की अतिशयता से ढुलक पड़े हैं।

बूँदों सुख के आँसू ढलकर
पृथ्वी के उर आए। [पृ. 45]

वन, पर्वत और आकाश पर बादलों के छा जाने पर पुरवाई के झोंके खाती हुई जो युवती घर से निकली है, यह मन में संयोग की चाह लिये है। (उप., पृ. 32) रंग-बिरंगे कपड़े पहने झूला झूलती, दुकूल उड़ाती हुई युवतियाँ मन का उल्लास प्रकट करती हैं। (उप., पृ. 33) प्रकृति का सौन्दर्य, नारी और पुरुष का उल्लास, गंध के सुपरिचित प्रतीक के साथ, एक गीत में अनूठे ढंग से यों व्यक्त हुआ है :

मडलाई सुगंध से नभ—
रम्भा के रँग उठे [उप., पृ. 38]

तृप्ति का यह भाव पुरुष में ही नहीं, नारी में भी है। 'पारस, मदन हिलोर न दे तन'— (उप., पृ. 30)। यह उक्ति नारी की है। वह मदन-हिलोर से डरती है, साथ ही मधु की गलियों में नूपुर बजते हुए भी सुनती है। तृप्ति का भाव गीत की अन्तिम पंक्ति में है : 'घर बिछड़े आए मनभावन'। ('सान्ध्यकाकली', पृ. 58) के उस गीत में जहाँ बाँहों के घट उलटे होकर छलक रहे हैं, पुरुष की तृप्ति का भाव इस पंक्ति में है :

पारस गात, मधुर रस बरसे।

पारस शब्द और वर्षा का कोई रहस्यात्मक सम्बन्ध मन में है। सारी रात बातें होती रहीं, सवेरे आँख न खुली। पुरवाई के झोंके लगे और :

पारस पास की राग रँगे है,
काँपी सुकोमल, गात तुम्हारी। ['बेला', पृ. 25]

आकाश से बादल ही नहीं बरसते, जवानी भी बरसती है :

जगी सुरति चोटी चढ़ने की,
यौवन की बरसात तुम्हारी।

'अनामिका' में निराला का एक वर्षा-गीत है : 'पथ पर मेरा जीवन भर दो'। (पृ. 81) जलरूप में धरती से मिलने, नदियों और तालों में भर जाने की आकांक्षा इस गीत में

है। यह लोक-संस्कृति और जनजीवन से तादात्म्य स्थापित करने की आकांक्षा भी है। इससे श्रृंगार भाव का सम्बन्ध यह है कि नारी वस्त्र उतारकर जब स्नान करेगी तब जलरूप से कविहृदय उसकी छवि को अपने भीतर समा लेगा।

दूर ग्राम की कोई वामा
आए मन्द चरण अभिरामा,
उतरे जल में अवसन श्यामा,
अंकित उर-छवि सुन्दरतर हो!

लोकगीतों की परम्परा से भिन्न स्तर पर, फिर भी लोक-संस्कृति के मूल तत्त्व सँजोए हुए, निराला की श्रृंगार-भावना व्यक्त करनेवाला यह भी एक वर्षागीत है।

स्त्री-पुरुष के प्रेम, उनके संयोग-वियोग के जो अनेक चित्र निराला ने दिये हैं, उनमें प्रकृति से मनुष्य के भावों का सम्बन्ध जोड़ना उनके लिए अनिवार्य नहीं है। न उन्होंने यांत्रिक ढंग से कुछ विशेष ऋतुओं के साथ मनुष्य के कुछ विशेष भावों का सम्बन्ध जोड़ लिया है। विरह की भावना वह वर्षा के सन्दर्भ में व्यक्त करते हैं, शिशिर के सन्दर्भ में भी : 'विरह परी-सी खड़ी कामिनी' इत्यादि। ('गीतिका', पृ. 8) उन्होंने कामचेतना की अभिव्यक्ति के लिए भावों की कोई निश्चित रूढ़ियाँ नहीं बनाईं। मानव-जीवन में संयोग-वियोग-जन्य भावों की जो विविधता है, निराला उसे चित्रित करते हैं।

'सुमन भर न लिये, सखि वसन्त गया'—('परिमल', पृ. 37)। इस कविता में एक नारी की वेदना है जो वसन्त में भी वियोगिनी अथवा एकाकिनी बनी रही है। 'विफल वासना' में नारी के उस असन्तोष का चित्रण है जो प्रेमी का हृदय जीतने में असफलता से उत्पन्न हुआ है। (उप., पृ. 138) किसी गीत में नारी रात सुख से बिताती है, प्रेम अवैध है, प्रेमी रात में ही आता है, वह उससे सामाजिक व्यवधान पार करने को कहती है। ('गीतिका', पृ. 96) अन्यत्र मर्यादा का भय नारी को है, और पुरुष दुखी मन से उलाहना देते हुए कहता है :

लाज लगे तो
जाओ, तुम जाओ! [उप., पृ. 103]

ऐसे समाज में जहाँ जाति और धर्म की रूढ़ियाँ प्रबल हों, उनसे मनुष्य के प्रेम की टक्कर होना स्वाभाविक है। सामाजिक क्रान्ति के समर्थक निराला इस टक्कर का चित्रण भी करते हैं। 'प्रेयसी' कविता में नारी की उक्ति है :

दोनों हम भिन्न-वर्ण,
भिन्न-जाति, भिन्न-रूप
भिन्न-धर्म-भाव पर
केवल अपनाव-से प्राणों में एक थे। ['अनामिका', पृ. 8]

यहाँ प्रेम जाति-धर्म की विभाजन रेखाएँ ही नहीं मिटा देता, रूप की भिन्नता को भी प्रेम की राह में आड़े आने नहीं देता। निराला जिस अपनाव का चित्रण करते हैं, वह शारीरिक मिलन का विरोधी न होने पर भी, कुछ और गहरे उतरकर प्राणों का मिलन भी है। 'प्रेयसी' कविता की युवती सामाजिक मर्यादाएँ लाँघकर प्रेमी के साथ चल देती है। वह सजग है, अधिक व्यवहारकुशल है। पुरुष जब मोह में सुधबुध खो देता है, वह अनुरक्ति में भी निःसंग बनी हुई उसे सँभालती है। एक डूब रहा है, दूसरा उसे सँभाले हुए है, बह रहे हैं दोनों प्रेम की धारा में—निराला ने प्रेमियों की इन सूक्ष्म मनोदशाओं का चित्रण एक से अधिक बार किया है :

रूप के द्वार पर
मोह की माधुरी
कितने ही बार पी मूर्च्छित हुए हो प्रिय,
जागती मैं रही,
गह बाँह बाँह में भर कर सँभाला तुम्हें। [उप., पृ. 9]

'तुलसीदास' में निराला ने 'रत्नावली' के लिए जहाँ लिखा है : 'सोते पति से वह रही जाग'—वहाँ यही भाव है।

'परिमल' में एक कविता है : 'रास्ते के फूल से'। इसमें प्रेम के दो साधकों का उल्लेख है जिन्होंने विवाह-प्रथा तोड़कर एक-दूसरे को अपनाया है; पुरोहित, मंत्र-पाठ, तरह-तरह के कर्मकांड की चिन्ता न करके एक-दूसरे को स्नेह से अपनाकर उन्होंने वास्तव में पाणिग्रहण-प्रथा सार्थक की है। फूल कहता है :

जब दो साधक प्रीति-साधना-तत्पर,
प्रीति-अर्चना की रचना मुझसे ही की थी सुन्दर
रस्में अदा हुई थीं मुझसे—
मैं ही था उनका आचार्य—
कोमल कर था मिला कमल-कर से जब
सिद्ध हुआ मुझसे ही उनका कार्य। [पृ. 113]

हमारे समाज में जितनी रुकावटें प्रेम करनेवाली नारी की राह में हैं, उतनी पुरुष के मार्ग में नहीं हैं। निराला-साहित्य में नारी बार-बार प्रेम करने के अपने अधिकार के लिए लड़ती, प्रेमी को प्रोत्साहन देती, अपने संघर्ष की विजय पर उल्लसित होती है :

मैं लिखती, सब कहते
तुम सहते, प्रिय, सहते। ['गीतिका', पृ. 21]

सामाजिक दृष्टि से जो प्रेम अवैध है, उसी के कारण पुरुष को बहुत कुछ सहना पड़ता है। पुरुष की पीड़ा की चर्चा करके वह एक तरह से उसे ढाढ़स बँधाती है।

उसे समझाती है—तुम न होते तो मैं किसे क्या लिखती? इसलिए लोगों को जो रुचे, कहने दो; जब मन में चाह है, तब मैं तुम्हें चाहती हूँ। इस तरह लोकापवाद का सामना करने के लिए वह उसे अपने स्नेह का सम्बल देती है।

प्यार करती हूँ अलि, इसलिए मुझे भी वे करते हैं प्यार।
बह गई हूँ अजान की ओर, तभी यह बह जाता संसार।

'गीतिका' (पृ. 36) के इस गीत में भी प्रेम के लिए संघर्ष करती हुई नारी का चित्र है। अजान की ओर बहने में प्रेम के लिए सब कुछ त्यागने का भाव है; संसार के बह जाने का अर्थ है—समाज से अलग होना, पुरानी रूढ़ियों से मुक्त होना। आगे जब कहती है :

टूट गए सब आट-ठाट, घर,
छूट गया परिवार।

तब सामाजिक बन्धन तोड़ने का भाव और पुष्ट होता है।

बाँधो न नाव इस ठाँव, बन्धु!
पूछेगा सारा गाँव, बन्धु!

'अर्चना' (पृ. 37) के इस गीत में अवैध प्रेम करनेवाली नारी पुरुष को सावधान करती है, लोक-लाज का भय दिखाती है, किन्तु इस बहाने उसी ठाँव अपनी नाव बाँधने के लिए पुरुष को आमंत्रित भी करती है।

नारी अपने संघर्ष में पुरुष को साथ लेती है, उसे उत्साहित करती है, जब-तब स्वयं भी हारती, उदास होती, पुरुष का सहारा चाहती है। विश्व के समर में—सामाजिक रूढ़ियों के विरुद्ध संघर्ष में—वह जब हारती है, ('आराधना', पृ. 89) तब वह शान्ति के लिए पुरुष के गले का हार बनकर उसका सहारा लेती है। इस सहारे के लिए वह उसे सर्वस्व—अपना अस्तित्व—अर्पित कर चुकी है। संसार में इससे अधिक सुन्दर और आनन्दमय दूसरा तत्त्व नहीं है।

वेदान्ती निराला पक्के प्रेममार्गी कवि हैं।

मृत्यु मनुष्य के प्रेम को और भी सुन्दर, और भी वांछनीय बना देती है। 'आराधना' की उपर्युक्त कविता में नारी कहती है कि विश्व में जब दूसरा प्रभात फैलेगा, तब मुझमें देने को कुछ न रह जाएगा। काल ने प्रणय के प्रसार की सीमाएँ बाँध दी हैं; न जीवन निरवधि है, न प्रेम। इसलिए समय के प्रसार पर रोक लगते देखकर मनुष्य उस कमी को प्रेम की गहराई से पूरा करता है। प्रेम निरवधि न हो, अगाध तो हो सकता है। इसी अगाध तत्त्व की ओर संकेत 'आराधना' की उस कविता में है।

जहाँ मृत्यु भविष्य की आशंका न होकर इस जीवन में घटित हो चुकी है, वहाँ एक हद तक प्रसार की सीमा टूट गई है। जो साथी बच रहा है, वह यदि मृत्यु के

साथ अपने पूर्व-प्रेम को भुला नहीं देता तो काल की सीमा तोड़कर स्मृति में उस प्रेम को सँजोए रखता है, मृत्यु पर विजय पाता है।

एक बार फिर भी यदि अजान के अन्तर से उठ आ जातीं तुम,
एक बार भी प्राणों की तम-छाया में आ कह जातीं तुम...
मैं न कभी कुछ कहता,
बस, तुम्हें देखता रहता! ['परिमल', पृ. 60]

जब तक शरीर है, तब तक उसका आकर्षण है। शरीर के न रहने पर तन और मन का ऐसा आकर्षण बना रहे, जीवन में यह स्थिति कम देखने को मिलती है। जैसे दांते गैबियल रोसेटी ने पत्नी एलिज़ाबेथ सिडेल की मृत्यु के बाद बलपूर्वक उसका ध्यान करके कल्पना से 'बेआता बेआत्रिक्स' में उसकी अनुपम छवि आँकी थी, वैसे ही परोक्ष को प्रत्यक्षवत् देखने की शक्ति का परिचय निराला की इस कृति से मिलता है जो उनकी प्रेम-सम्बन्धी रचनाओं का सिरमौर है। पूर्व सुख को याद करके जितना आनन्द मिलता है, उतना ही मृत्यु के स्मरण से दु:ख। हर्ष, ग्लानि, मिलन की आकांक्षा, निराशा के भाव एक साथ ऐसे उद्वेलित हुए हैं कि प्रेम मन का एक भाव न होकर चेतना की समस्त कार्यवाही बन गया है। मृत्यु के बाद कल्पना में जहाँ मिलन है, वहाँ प्रकाश नहीं, प्राणों की तम छाया है। अतीत से वर्तमान की तुलना करनेवाली कवि की चितवन चकित और थकी-सी रह जाती है। आनन्द और वेदना का यह मंथन शब्दों द्वारा अभिव्यक्त नहीं हो सकता, चकित और थकी हुई चितवन ही उस ओर संकेत कर सकती है। वियोग यहाँ क्षणिक न होकर जीवन पर्यन्त, मृत्यु से उत्पन्न होनेवाला वियोग है : इस वियोग में तपकर प्रणय और भी उज्ज्वल हो गया है। ऐसे मृत्युंजयी उज्ज्वल प्रेम का चित्रण निराला ने 'प्रिया के प्रति' कविता में किया है।

मानव जीवन में सुख है, दु:ख है, प्रकृति में वसन्त है, वर्षा है, ग्रीष्म और शिशिर भी हैं। कुछ रूमानी कवि प्रकृति को दिव्य, सुखद, आदर्श रूप में चित्रित करते हैं। निराला उनसे भिन्न उसके दु:खद, उग्र, अप्रिय रूप का चित्रण भी करते हैं। गर्मी की लू और धूल का अत्यन्त प्रभावशाली चित्रण 'वनबेला' में है :

यह सान्ध्य समय,
प्रलय का दृश्य भरता अम्बर,
पीताभ, अग्निमय, ज्यों दुर्जय,
निर्धूम, निरभ्र, दिगन्त प्रसर,
कर भस्मीभूत समस्त विश्व को एक शेष,
उड़ रही धूल, नीचे अदृश्य हो रहा देश।

चारों तरफ जैसे आग लगी हो लेकिन धुएँ का नाम नहीं, आकाश में रंग हैं लेकिन ये साँझ के अम्बर-डंबर नहीं, आकाश निरभ्र है, धूल उड़ने से निर्धूम प्रकाश पीला

पड़ गया है। इस प्रलय की व्यापकता ऐसी है कि धूल के नीचे सारा देश अदृश्य हो गया है। ग्रीष्म का यह ताप क्षणिक न होकर दीर्घकालीन है, इसका उल्लेख आगे की दो पंक्तियों में है :

तप तप मस्तक
हो गया सान्ध्य नभ का रक्ताभ दिगन्त-फलक।

मस्तक आकाश का ही नहीं, कवि का भी तपा है, कविता में उसके भावोद्गारों से स्पष्ट है। केवल वनबेला इस तापत्रास को सहती हुई अपने मस्तक पर धरती की गंध लेकर ऊपर उठती है, आकाश और कवि के मस्तक को शीतल करती है।

निराला का मन जहाँ धरती की गंध से खेलता, वसन्त समीर में पैंगे भरता है, वहाँ वह धूलि से, धूलि में लिपटे हुए जनसाधारण से तादात्म्य भी स्थापित करता है :

धूलि में तुम मुझे भर दो।
धूलि धूसर जो हुए पर
उन्हीं के वर वरण कर दो।

['अणिमा', पृ. 16]

दर्शन और विचारधारा की सीमाओं के उस पार मन की गहराई से उमड़ा हुआ निराला का यह सहज भाव है—किसान-बालक का भाव, जो धूल में खेला है, जिसके संस्कार धूल में मरने-खपने वाले किसानों के संस्कार हैं।

निराला-साहित्य में जिस धरती का बार-बार उल्लेख किया गया है, वह दो तरह की है। एक धरती वह, जो पाँच तत्त्वों में एक तत्त्व है, जिसका गुण गंध है, जो वसन्त में युवती-सी सज उठती है, वर्षा में जिसके हृदय में नवजीवन के अंकुर फूटते हैं; दूसरी धरती वह, जो निराला के जनपद की परिचित धरती है, जिसमें नदियाँ, तालाब, खेत, खलिहान हैं, जहाँ धूल उड़ती है, वर्षा होती है, किसान हल जोतते हैं। वास्तव में धरती एक है—वस्तुगत रूप से ही नहीं, निराला के मन में, आत्मगत रूप से भी। उसे देखने और चित्रित करने के दृष्टिकोण में भिन्नता है। वैसे तो विश्व की, सारे भारत की धरती एक है, फिर भी इस धरती का रंग-रूप, उसकी उर्वरा-शक्ति, उसमें उगने वाली शस्य-सम्पदा और वनस्पति का सौन्दर्य अलग-अलग तरह का है। निराला धरती की अमूर्त कल्पना के कवि नहीं, अवध की धरती के गायक हैं। उनके वर्षागीतों में जिस आनन्द की अभिव्यक्ति हुई है, उसका गहरा सम्बन्ध जेठ-वैशाख की लू के अनुभव से है। वह जग के 'दग्ध' हृदय पर विप्लव के बादल को बरसते हुए देखते हैं, वह 'तप्त' धरा के उर को शीतल करने के लिए बादल को बुलवा देते हैं, वह लू के झोंकों से झुलसे हुए किसानों पर भरा दौंगरा गिरते देखकर प्रसन्न होते हैं। 'दौंगरा' जैसे ठेठ जनपदीय शब्द का व्यवहार करके वह जता देते हैं कि लू कहाँ चली थी और पानी किस धरती पर बरसा था।

निराला ने 'परिमल'-काल की रचनाओं से लेकर 'सान्ध्यकाकली' के गीतों तक वर्षा पर बहुत-सी कविताएँ लिखीं। पहले दौर की रचनाओं में ही लोकगीतों वाली

कला का स्पर्श है : 'अलि घिर आए घन पावस के'—जैसे इस गीत में। बाद की रचनाओं में यह स्पर्श और भी दृढ़ होता गया है। 'अनामिका' में 'बहुत दिनों बाद खुला आसमान', अखाड़े में जोड़ करने जाते हुए तगड़े-तगड़े नौजवान, पनघट पर लड़कियों की भीड़—वैसा ही दृश्य 'बेला' में :

किसान खेतों में, लड़के अखाड़ों में आए,
बारहमासी गाती हुई लड़कियों के दल देखे। [पृ. 38]

लड़कियाँ ही नहीं, उनके साथ निराला भी बारहमासी गाते हैं, कजली गाते हैं :

फिर लगा सावन सुमन भावन, झूलने घर-घर पड़े;
सखि, चीर सारी की सँवारी झूलती, झोंके बढ़े।
वन मोर चारों ओर बोले, पपीहे पी-पी रटे,
ये बोल सुनकर प्राण डोले, ज्ञान भी मेरे हटे।

['आराधना', पृ. 96]

यह बारहमासी।

पुरवाई की हैं फुफकारें, छन-छन ये बिस की बौछारें;
हम हैं जैसे गुफा में समाए, न आये वीर जवाहरलाल।

['बेला', पृ. 54]

यह कजली।

लोक-संगीत के आधार पर यहाँ कभी रागों के ठाठ बाँधे गए थे। सावन में बादलों को उमड़ते-घुमड़ते देखकर निराला का मन पुरानी बंदिशों के राग में लहराता है :

धिक मद, गरजे बदरवा,
चमकि बिजुली डर पावे,
सुहावे सघन झर, नरवा
कगरवा-कगरवा। ['सान्ध्यकाकली', पृ. 43]

जैसे ऊपर उद्धृत हुई एक पंक्ति में 'दौंगरा' शब्द है, वैसे ही यहाँ 'नरवा'। ये बादल कहाँ की धरती के ऊपर गरज रहे हैं, उसकी सूचना देता है जनपदीय शब्द—'नरवा'।

'देवी सरस्वती' कविता ('नये पत्ते', पृ. 65-80) में भारत और सरस्वती का जो विराट् चित्र उन्होंने खींचा है, वह उनकी जनपदीय धरती का प्रसार है। लू और तपन की वैसी ही तीव्र अनुभूति यहाँ है, जैसी अन्यत्र। इस तपन की अनुभूति के कारण सरस्वती अपना भारतव्यापी प्रसार खोकर एक कुएँ में समा जाती हैं :

तुम हो शीतल कूप-सलिल जामुन छाया-तल,
लदे आम के बागों से जीवन का सम्बल।

आम और जामुन के पेड़ों की घनी छाँह में लू से परेशान आदमी के लिए कुएँ का ठंडा पानी—सरस्वती का अद्‌भुत किन्तु अत्यन्त सार्थक रूप यह है।

ग्रीष्म के ताप के बाद वर्षा और भी सुहावनी लगती है। निराला झूलों में झूलती हुई लड़कियाँ देखते, उनका गीत सुनते हैं, साथ ही वह खेती करते हुए किसानों को भी देखते हैं। खेती-सम्बन्धी जिस विविध कार्यवाही का वह वर्णन करते हैं, उसकी पारिभाषिक शब्दावली उनके जनपद की है; खेतों में जो अन्न पैदा होते दिखाते हैं, वह उनके जनपद का है। रवीन्द्रनाथ के काव्य में धान की जैसी प्रचुरता है, निराला-काव्य में उसका वैसा ही अभाव है। यह बात नहीं कि अवध में धान पैदा न होता हो, किन्तु निराला जिस क्षेत्र की धरती का स्मरण करते हैं, वह धान की उपज के लिए विख्यात नहीं है।

खेत 'पाँसे' गए, उनमें पाँस अर्थात् खाद डाली गई। किसान हल जोतते हुए बैलों से 'बाह-बाह' कहता है, निराला उसके शब्दों में सरस्वती की वीणा का स्वर सुनते हैं :

ऐसे बाह-बाह की वीणा बजी सुहाई।

फसल कटने के बाद, खलिहान में 'मड़ कर'—मड़नी माड़ने के बाद—घर लाई जाती है। खेतों में जो बीज डाले जाते हैं, वे चने, जौ और मटर के हैं; गेहूँ, अलसी, राई, सरसों के हैं। सरस्वती मटर के पुष्पों के सौरभ से घिरी हैं, सरसों के पीले फूलों की साड़ी पहने हैं, जिसमें अलसी के नीले फूलों की किनारी भी है। खलिहान में जो फसल कटकर आती है, वह चने, मटर, जौ, गेहूँ, सरसों की है। किसान जिस पर्व पर गंगा नहाने जाते हैं, वह कतकी है। वे जो गीत गाते हैं, वे फाग और होली हैं।

'मिट्टी के सबब दूध-ऐसा था पानी'—'खजोहरा' में यह मार्मिक पंक्ति अवध की धरती के लिए ही सार्थक है। निराला इस अवध की धरती के गायक हैं, उस पर रहनेवाले लोगों के जीवन के चितेरे हैं। उनके गद्य-साहित्य में इस धरती और जनजीवन का और भी स्पष्ट उल्लेख है; यह उनके काव्य का मूलाधार भी है।

आत्मप्रवंचना

निराला काल्पनिक इच्छापूर्ति, आत्मप्रवंचना और रहस्यवादी रूढ़ियों के कवि भी हैं। उनके साहित्य में इस तरह की प्रवृत्तियाँ उनकी साम्राज्यविरोधी क्रान्तिकारी चेतना, उनके यथार्थोन्मुख मानवतावाद के आड़े आती हैं, उसे कमज़ोर करती हैं। ये प्रवृत्तियाँ उनके साहित्य में आरम्भ से लेकर अन्त तक रहती हैं और अनेक स्तरों पर उस साहित्य को प्रभावित करती हैं।

एक स्तर वेदान्त ज्ञान का है जहाँ संसार को माया कहकर आनन्दमय ब्रह्म की प्राप्ति का, माया से मुक्त होने का दावा किया जाता है। इससे मिलती-जुलती रहस्यवादी

काव्य की वह रूढ़ि है जिसके अनुसार जड़-जंगम, समस्त संसार आनन्दमय प्रकाश में डूबा हुआ दिखाई देता है। एक स्तर भक्ति का है जहाँ प्रभु से या शक्ति की देवी से ऐसी प्रार्थना की गई है जिसका विफल होना अनिवार्य है। निराला के विनय-गीत दो तरह के हैं : एक गीत ऐसे, जहाँ उनके दु:ख और संघर्ष की तीव्र अभिव्यक्ति है; दूसरे वे, जहाँ उनके आराध्य प्रभु या देवी, संसार के दु:ख-सुख से दूर, अपना चिन्मय प्रकाश फैलाए रहते हैं अथवा कवि की प्रार्थना मानकर बहुत आसानी से उसके जीवन को आनन्द और प्रकाश से भर देते हैं।

'परिमल' के आरम्भ में प्रार्थना है : 'जग को ज्योतिर्मय कर दो'। यह देवी संसार से ऊपर कहीं दिव्य लोक में रहती हैं, इसलिए पृथ्वी पर अपने कोमल पद रखती हुई ऊपर से धीरे-धीरे उतरेंगी, हँसती हुई अपना पथ आलोकित करेंगी, संसार में नया जीवन भर देंगी।

पृथ्वी का महत्त्व यहाँ क्षीण हो गया है। आकाश और पृथ्वी एक ही सघन तारतम्य में बँधे रहने के बजाय एक-दूसरे से अलग हो गए हैं। जो कोमल पदगामिनी है, उसे पृथ्वी पर बिखरे हुए पत्थरों और काँटों का ज्ञान नहीं है। जग को ज्योतिर्मय करना, नूतन जीवन भरना रहस्यवादी रूढ़ियों के अन्तर्गत है; गीत में न वेदना की गहराई है, न आनन्द का उत्कर्ष।

जैसे इस गीत में आकाश की देवी को धरती पर उतरना है, वैसे ही एक और 'प्रार्थना' ('परिमल', पृ. 34) में किरणमयी देवी को निराला के गगन-मन में उतरना है। यद्यपि इनका सम्बन्ध छवि-मधु-सुरभि से काफी गहरा है, फिर भी कवि की इच्छा है कि वह उसे अर्थात् कवि को 'ईश्वर-मज्जित' कर दें, 'शुचि चन्दन-वन्दन-सुन्दर' बना दें। प्रार्थना में जिस फल-प्राप्ति की आशा है, वह प्रवंचना है। इस किरणमयी के समान करुणा की किरणों वाले देव हैं, ('भर देते हो', परिमल, पृ. 103) जो कवि के अन्तर में एकाध बार नहीं, निरन्तर आते हैं। अपने करकमल बढ़ाकर उसका व्यथाभार हल्का कर जाते हैं। किरणों से कवि के अश्रु पोंछकर जीवन में नव प्रभात भर देते हैं। इस कविता में दु:ख की अभिव्यंजना वास्तविक है, प्रभु को द्रवित करने के लिए वेदना का अभिनय नहीं किया गया, किन्तु प्रभु ने दु:ख दूर कर दिया और जीवन में नव प्रभात भर दिया। यह रहस्यवादी रूढ़ि के अनुरूप काल्पनिक इच्छापूर्ति है।

'गीतिका' में निराला जहाँ अज्ञान की रात बीत जाने और चारों ओर आनन्द और ज्ञान के प्रकाश के भर जाने की बात करते हैं, (पृ. 59) वहाँ रहस्यवादी काव्य की रूढ़ि का निर्वाह मात्र है। 'सरोज-स्मृति' में यह दावा कि ज्योतिस्तरणा के चरणों पर रहकर कवि ने प्रकाश पाया है, कविता के अगले भाग में दु:ख की अनुभूति से कट जाता है। 'राम की शक्तिपूजा' में यह धारणा कि राम के अपने मनोबल, सैन्यबल और रणनीति के अलावा कोई शक्ति बाहर से आकर उन्हें जिता देगी, छलना है। यही कारण है कि कविता का अन्तिम अंश उतना प्रभावशाली नहीं है जितना पहला। आकाश में पहुँचकर दुर्गा को परास्त कर सकने वाले महावीर का भाव जैसा उदात्त

है, वैसा फूल चुराने वाली देवी के सामने आँख निकालकर रखने को उद्यत होनेवाले राम का नहीं। राम का वह मन जो कभी हारता नहीं, थकता नहीं, स्वयं पीड़ित होकर देवी को प्रसन्न करने के बदले और बड़े-बड़े काम कर सकता है।

'अणिमा' में आधुनिक सभ्यता के 'वैज्ञानिक जड़ विकास' पर गौतम बुद्ध की विचारधारा की विजय का चित्रण करके, उन्हें मानव के मन में—'भर दे तो हो के देव की तरह'—बार-बार उतरते दिखाकर निराला ज्ञान-सम्बन्धी मायाजाल रचते हैं। वैज्ञानिक जड़ विकास की आलोचना, साम्राज्यवाद के प्रति उनका आक्रोश, बुद्ध की करुणा और ज्ञान का बखान उनकी देशभक्ति सूचित करता है, वह अलग बात है।

'अर्चना' में 'ज्योति के पंख' लगाकर आकाश में उड़नेवाले देवता का अन्तस्तल अभियान, (पृ. 5) उसकी छवि में आँखों के नहा लेने पर मिथ्या के सभी भास का छूटना, (पृ. 23) कनक-किरण फूटने पर भय बाधा (भव-बाधा?) से मुक्त होना, (पृ. 50) 'आराधना' में राम-राम कृष्ण-कृष्ण जपने पर दिव्य लोक दिखाई देना, (पृ. 12) सेवा-ग्रहण करनेवाले प्रभु से शरीर को 'शुद्ध सत्त्व' से भरने की प्रार्थना, (पृ. 24) हरि-भजन करके भवसागर पार करने का उपदेश; (पृ. 51) दिन में, रात में, शरीर में, अस्त्रों में केवल ज्योति ही ज्योति देखना :

ज्योति प्रात, ज्योति रात,
ज्योति नयन, ज्योति गात।
ज्योति चरण, ज्योति चाल,
ज्योति विटप, आलबाल— [पृ. 54]

ये सब क्रियाएँ छायावादी काव्य की रूढ़ियाँ बन गई हैं।

छायावादी काव्य की पलायन वृत्ति निराला-साहित्य में मुख्यत: उपर्युक्त ज्योतिवाद में प्रकट होती है। उन्होंने इस संसार से भागकर सुख-सन्तोष के कल्पना-लोक में आश्रय लेने का भाव प्रकट किया है। 'हमें जाना है जग के पार' ('परिमल', पृ. 93)—निराला की एक ऐसी ही कविता है जिसमें यह भाव बहुत स्पष्ट व्यक्त हुआ है। निश्छल प्यार, मोहमुक्त ज्ञान, ज्योति के खिले हुए सहस्रों रूपोंवाले आदर्श कल्पना-लोक में सदा शीतल मन्द समीर बहती है, होंठों पर हँसी और आँखों में प्रभातकालीन प्रकाश ही दिखाई देता है।

निराला के लिए अधिक स्वाभाविक वह कल्पना है जिसमें सांसारिक सुख हो और वेदान्त-ज्ञान का प्रकाश भी। दुविधा में दोनों गए, माया मिली न राम—ऐसी दुविधा न रहे। राम और माया का शान्तिपूर्ण सह-अस्तित्व बना रहे। जुही की कली सो रही है। उसका प्रेमी पवन दूर देश से आकर उसके साथ क्रीड़ा करता है, उसकी सुन्दर सुकुमार देह को झकझोर डालता है, उसके कपोल मसल देता है। यह सब माया का सुख है। फिर जुही की कली जागी, वह अन्धकार से प्रकाश की ओर, सर्वोच्च दार्शनिक व्याख्या-सी, तमसो मा ज्योतिर्गमय की तसवीर-सी सामने आई,

यह वेदान्त-ज्ञान का प्रकाश हुआ। ('मेरे गीत और कला', प्रबन्ध-प्रतिमा, पृ. 290) वास्तव में माया और राम का यह समन्वय कविता में है नहीं, निराला ने अपनी व्याख्या में उस पर आरोपित किया है। उनकी व्याख्या सही हो तो कहना होगा कि शेफालिका समय से पहले जग गई। जब उसका प्रेमी आकाश सुरभिमय समीर-लोक को पार करना चाहता है, तब वह न तो सो रही है, न सोने का अभिनय कर रही है। 'जागृति में सुप्ति थी'—इस कविता में अन्धकार से प्रकाश की ओर गति नहीं है; गति उल्टी है, प्रकाश से अन्धकार की ओर। इसका यह अर्थ नहीं कि निराला ने यहाँ मनोभावों का कुशल चित्रण नहीं किया। उनका महत्त्व इस बात में नहीं है कि शृंगार-चित्रण में दार्शनिक व्याख्याएँ प्रस्तुत करते हैं, वरन् इस बात में है कि विभिन्न परिस्थितियों में मनुष्य के विभिन्न सूक्ष्म मनोभावों की सही तसवीर खींचते हैं। फिर भी यह सही है कि वे रस-विदग्धा युवतियों को ज्ञान की आभा से मंडित करके प्रसन्न होते हैं। यथा :

अलख सखा के ध्यान-लक्ष्य पर
डूबी, अमल धुलीं। ['गीतिका', पृ. 17]

'जागो फिर एक बार' (1) में आतुर उर वसन मुक्त कराके प्रेयसी सुप्ति को सुखोन्माद में परिवर्तित करने को उत्सुक है, किन्तु वह एक-दो दिन से नहीं, कई हजार वर्षों से, प्रियतम को जगा रही है। पुरुष और नारी के स्वाभाविक मानवीय सम्बन्ध को, दिव्यता की उपलब्धि के लिए, निराला ब्रह्म और प्रकृति का सम्बन्ध बना देते हैं।

'देवी' कहानी में निराला ने लिखा था : 'फाकेमस्ती में भी मैं परियों के ख्वाब देखता रहा', उद्देश्य यह था कि साहित्य के नरक को स्वर्ग बना दें। नरक पर भी ज़बर्दस्त कविता लिखकर साहित्य को समृद्ध किया जा सकता है; साहित्य स्वर्ग बनता है यथार्थ को गहराई से पहचानने और उसका चित्रण करने से। फाकेमस्ती छिपाकर परियों के ख्वाबों से कवि जहाँ अपना मन बहलाता है, वहाँ उसकी कल्पना मनुष्य के मन को उठाने के बदले उसे गिराती है।

नाम है 'ज्योतिर्मयी'। विधवा है, दुखी है किन्तु वह "कमल की पंखड़ियों-सी उज्ज्वल बड़ी-बड़ी आँखों से देखती हुई, एक सत्रह साल की, रूप की चन्द्रिका" है, मुस्कराई तो "सुकुमार गुलाब के दलों-से लाल-लाल होंठ ज़रा बढ़े, मर्मरोज्ज्वल मुख पर प्रसन्न-कौतुक-पूर्ण एक ज्योतिश्चक्र खोलकर यथास्थान आ गए।" ('लिली', पृ. 23)

दूसरी युवती पद्मा : "चन्द्रमुख पर षोडश कला की शुभ्र चन्द्रिका अम्लान खिल रही है। एकान्त कुंज की कली-सी प्रणय के वासन्ती मलय-स्पर्श से हिल उठती विकास के लिए व्याकुल हो रही है।" (उप., पृ. 9) निराला कविता के भावों को उल्टा करके गद्य को सजाते हैं। जो भाव कविता के वातावरण में खप जाते हैं, वे कहानी के अधिक यथार्थपरक वातावरण में भावुकतापूर्ण और निरर्थक जान पड़ते हैं।

प्रणयश्वास के मलय-स्पर्श से
हिल-हिल हँसतीं चपल हर्ष से— ['गीतिका', पृ. 17]

'गीतिका' में प्रणय के मलय-स्पर्श से आँखें हिलती और हँसती हैं, कहानी में युवती की समस्त काया हिल उठती है। शेफाली के लालसी कपोलों में व्याकुल विकास था, यहाँ पूरी युवती विकास के लिए व्याकुल हो रही है।

अन्य युवती कमला : "सोलहवें साल की अधखुली धुली कलिका है। हृदय का रस अमृत-स्नेह से भरा हुआ, खिली नावों-सी आँखें चपल लहरों पर अदृश्य प्रिय की ओर परा और अपरा की तरह बही जा रही हैं।" ('लिली', पृ. 37)

युवती के सौन्दर्य का वर्णन हो और कली, उसकी गंध की चर्चा न हो, ऐसा हो नहीं सकता। 'अप्सरा' में कनक—नाट्यशाला में शकुन्तला का अभिनय करती हुई : "आश्रम के उपवन की वह खिली हुई कली अपने अंगों की सुरभि से कम्पित दर्शकों के हृदय को संगीत की एक मधुर मीड़ की तरह काँप कर उठती हुई देह की दिव्य द्युति से, प्रसन्न-पुलकित कर रही थी।" (पृ. 23) इससे यदि उस कंठ-लगी उरगी की तुलना की जाय जो मौन अधरासव पान करती है, या उस नायिका से की जाय जिसके नयनों के डोरे लाल हैं, जो रात-भर जागने के बाद सवेरे कहती है : 'रही यह एक ठिठोली', तो यह तथ्य प्रकट होगा कि निराला की काम-चेतना, उनके नारी-सम्बन्धी अनुभव गद्य की अपेक्षा पद्य में अधिक व्यंजित हुए हैं। कथा-साहित्य की नायिकाओं की अपेक्षा काव्य-साहित्य की नायिकाओं में अधिक सजीवता और विविधता है। वह गद्य में अपने स्वप्नदर्शी मन को जितनी छूट देते हैं, उतनी पद्य में नहीं। गद्य के दिवास्वप्नों में नारी कल्पना के परिधान में बैठी हुई आती है; कविता में निराला का मन एकाग्र होकर, जो अनुभव किया है, उसी को बिसूरता हुआ चित्रित करता है। कविता में उनकी काम-चेतना अधिक यथार्थवादी ढंग से अभिव्यंजित हुई है, इसका एक कारण यह भी है कि कहानियों का गद्य ज़्यादा लोगों की समझ में आता था, कविता थोड़े ही समझते थे। कविता के संसार में निराला खुल सकते थे, कथा-संसार में लोक-मर्यादा का ध्यान था। और बहुत-सी बातों में वह लोक-मर्यादा का उल्लंघन करते थे, काम-सम्बन्धी कार्यवाही के चित्रण में सावधान रहते थे। प्रस्वेद, कम्प, ज्यों-ज्यों युग-उर में और चाप—यह सब कविता में है, गद्य में नहीं।

'अप्सरा' का वातावरण रूमानी है। उसमें कनक-सम्बन्धी कल्पनाएँ उतना खटकती नहीं, किन्तु 'अलका' में किसान-ज़मींदार-संघर्ष की सीधी यथार्थ भूमि है, उसमें शिशिर की सात ज्योत्स्ना-रात-सी स्निग्ध, शुभ्रवसना, दूरतर लक्ष्य की ओर क्षिप्त दृष्टि, सघन केशों के अन्धकार में दिन और रात का दिव्यार्थ रूपक (पृ. 39)—यह सब कथा के यथार्थवादी रंग से मेल नहीं खाता, उसे फीका भी करता है।

एक स्वप्न यौवन और सौन्दर्य का, दूसरा सम्पत्ति और वैभव का। यह वैभव नर के लिए है, नारी के लिए भी। अप्सरा में कनक : "वह भी महाराज कुमारी है।" (पृ. 155) उसकी पेशवाज़ जलाई जाती है, तो उसमें दो सेर सोना निकलता है। (पृ. 227) प्रभावती राजकुमारी है ही। सजती है तो प्रति अंग नीलमों, हीरों और मोतियों से जगमगा उठता है। वसंती रंग की, सच्चे कामवाली, रत्नजटित साड़ी पहनती है तो साड़ी

और आभरणों की झुलसती स्निग्ध द्युति से आकाश की शशिकला को परास्त कर देती है। "मस्तक पर अर्द्ध चन्द्राकृति, सोने के लता-भूजों से आयत, ललित चूड़ामणि—ऊपर श्वेत कोमल पक्ष, मध्य में नीलम, दोनों ओर कन्नियों पन्नों के फूलों में, बड़े से छोटे, क्रमानुसार हीरे; नाक में एक और मणिबिन्दु, पद्मराग की कंठी, ऊँचे पुष्ट वक्ष पर शुभ्र मुक्ताओं की हारावलि; हाथों में मणि-युक्त विविध भुज-बंध, कंकणादि, कटि में रिणिन्-कारिका, सप्तावृत्ति, श्लथ किंकिणी; पदों में नूपुर, पायल आदि; मुक्त केश, वासित; अधरों में ताम्बूल रस-राग; आयत सलज्ज आँखों में क्षीण प्रलम्ब कज्जल-रेखाएँ। पुतलियों में चपल रहस्य-हास्य; प्राणों में मृदु-मृदु प्रणय स्पन्द।" (पृ. 27)

सौभाग्य से कविता में किसी नायिका को निराला ने इतने गहने नहीं पहनाए जितने उपन्यास की नायिका प्रभावती को। गहनों से उसका शरीर ढकते मानो वह अघाते नहीं और गहने भी क्या! हीरे, पन्ने, नीलम, पद्मराग, मुक्ता—पूरे एक म्यूजियम का सामान! जिससे विवाह होता है, वह भी राजकुमार है। अप्सरा का नायक कम-से-कम नाम से राजकुमार है। कनक का प्रेमी बनकर वह उसकी सम्पत्ति, मकान, मोटर, नौकर-चाकर—सबका स्वामी बन जाता है।

'परिवर्तन' कहानी का नायक है सूरज। वह राजा की ड्योढ़ी के जमादार का लड़का है। कहानी के अन्त में पता चलता है कि जो ड्योढ़ी के जमादार बने हुए थे, वह वास्तव में राजा थे। इस तरह सूरज राजपुत्र सिद्ध हुआ। 'निरुपमा' की नायिका ज़मींदार है; उसका प्रेमी लन्दन का डी.लिट्.। विवाह होने पर ज़मींदारी का मालिक वह भी हो गया।

यह सब स्वप्न है, मन की कमज़ोरी है, निराला जानते हैं। उपन्यासों में इसका प्रमाण देते हैं कि उनके नायक आत्मप्रवंचना के शिकार हैं। फिर भी काल्पनिक इच्छापूर्ति का आकर्षण इतना प्रबल है कि उससे अपने को बचा नहीं पाते। कनक के साथ मोटर में बैठकर राजकुमार चलता है तो उसे "एक अज्ञात मनोहर प्रदेश में राजकन्या की तलाश में विचरण करते हुए पूर्वश्रुत राजपुत्र की कथा याद आई। राजकुमार निर्लिप्त द्रष्टा की तरह यह सोने का स्वप्न देखता रहा।" (पृ. 63) इच्छापूर्ति के सपने परियों की कहानियों जैसे हैं जिनमें राजकुमार अन्त में सफल होगा, परी से उसका ब्याह होगा। परियों की कहानियों-जैसे सपने निराला की अनेक कहानियों और उपन्यासों में हैं। उनका मन इनसे खेलता है, निर्लिप्त द्रष्टा की तरह उन्हें पहचानता है कि ये सब छलना है, फिर भी एक कहानी खत्म होने पर उससे मिलती-जुलती कहानी फिर शुरू करता है।

निराला 'अप्सरा' के राजकुमार की बेहोशी का वर्णन करते हुए कहते हैं : "बेहोशी के वक्त कल्पना के लोक में तमाम सृष्टि उसके अनुकूल हो जाती, कनक उसकी, छायालोक उसके, बाग़-इमारत, आकाश-पृथ्वी सब उसके।" (पृ. 125) एक वाक्य में निराला के कल्पना-विहारी मन की इससे अच्छी व्याख्या नहीं हो सकती। वह एक तरह की बेहोशी है जो यथार्थ पर रंगीन सपनों का पर्दा डाल देती है। सब कुछ

जो प्रतिकूल है, यह बेहोशी की हालत में अनुकूल जान पड़ता है। सुन्दर, धनाढ्य प्रेयसी, बाग़, इमारत—सब कुछ मिल जाता है।

इच्छापूर्ति एक तरह की नहीं है। जैसी इच्छाएँ हैं, वैसी उनकी पूर्ति है। उच्च शिक्षा प्राप्त करने की चाह है, नायक किसी भारतीय यूनिवर्सिटी का ग्रेजुएट अथवा लन्दन का डी. लिट्. होगा। अभिनेता बनना चाहता है, लेखक बनकर बहुत-सा धन कमाना चाहता है, यह भी होगा। 'अप्सरा' का नायक अभिनय-कौशल में दक्ष है! 'सफलता' कहानी का नरेन्द्र लेखक है, नाटककार है, खूब धन कमाता है। उसका ब्याह आभा से होता है जो नृत्य-संगीत की शिक्षा पाकर श्रेष्ठ अभिनेत्री बन जाती है, नर्तकी-अभिनेत्री कनक की तरह।

एक इच्छा संन्यासी बनने की भी है। जो सिद्धि रामकृष्ण मिशन के साधुओं को मिली, वह निराला को भी मिलनी चाहिए। सिद्धि से भी महत्त्वपूर्ण बात यह कि समाज में जो अपमान मिलता रहा है, वह सिद्धि-प्राप्ति की ख्याति से दूर हो जाएगा। सिद्धि से अधिक महत्त्वपूर्ण है, सिद्धि-प्राप्ति की ख्याति। 'स्वामी प्रेमानन्द जी महाराज' कविता ('अणिमा', पृ. 68) में पछाँही युवक को मन्दिर में घुसने की आज्ञा नहीं है। उसके बारे में एक ब्राह्मण कहता है :

ऐसा भी आदमी पंक्ति में बैठाला गया
जिसके माँ-बाप का पता आज तक न लगा! [पृ. 80]

इस अतिरंजित अपमान की भावना को दूर करने का काल्पनिक साधन भी उतना ही अतिरंजित है। स्वामी प्रेमानन्द के शरीर से एक ज्वाला निकली, ब्राह्मण यह देखकर स्तम्भित रह गया, श्रीकृष्णजी स्वामीजी में आ गए। ब्राह्मण को विश्वास न हुआ, आँखें रगड़कर फिर देखा। दिखाई दिया : 'कृष्णजी की नील कान्ति, ज्योतिर्मयी घनीभूत स्वामीजी की देह में। आनन्द के परमाणुओं का फौवारा छुटा'। इस चमत्कार से अपमानित पछाँही युवक का सम्बन्ध यह है कि :

ज्योति की-सी रेखा से
स्वामी जी के साथ पश्चिमीय का शरीर बँधा। [पृ. 96]

स्वामीजी बँध गए कृष्ण से, युवक बँध गया स्वामीजी से। अपमानित करनेवाला ब्राह्मण खड़ा देखता ही रहा।

सामाजिक अपमान से मुक्त होने के दो मार्ग हैं : कनक जैसी श्रीसम्पन्न महिला से विवाह अथवा प्रेमानन्द जैसे संन्यासी से ज्योतिवाला बन्धन। इच्छाओं को प्रेरित करनेवाली सामाजिक स्थिति एक-सी है, इच्छापूर्ति के तरीके अलग-अलग हैं।

स्वामी प्रेमानन्द वाली 'अनुभूति' का वर्णन 'स्वामी सारदानन्द जी महाराज और मैं' निबन्ध में भी है। स्वामी सारदानन्द ने गले पर मंत्र लिख दिया; इसके कुछ दिन बाद निराला को लगा : "राम कृष्ण मिशन के साधु मुझे खींच रहे हैं।" आगे चलकर

दर्शनशास्त्र के एम.ए. एक साधु स्वयं निराला की तरफ खिंचने लगे। "इसके बाद एक दिन स्वप्न देखा—ज्योतिर्मय समुद्र है, श्यामा की बाँह पर मेरा मस्तक, मैं लहरों में हिल रहा हूँ।" ('चतुरी चमार', पृ. 58)

ये साधुओं की ओर खिंचे, एक साधु इनकी ओर खिंचा—यह एक दिवास्वप्न हुआ। इस दिवास्वप्न में दूसरा स्वप्न—ज्योतिर्मय समुद्र में श्यामा की बाँह पर मस्तक रखे लहरों पर हिल रहे हैं।

'अप्सरा' के राजकुमार को बेहोशी में पृथ्वी आकाश—सब अनुकूल जान पड़ते हैं। वैसी ही बेहोशी वाली अनुकूलता यहाँ है। 'देवी' में उन्होंने लिखा कि फाकेमस्ती में भी परियों के ख्वाब देखते रहे, एक ख्वाब अप्सरा का, दूसरा ख्वाब श्यामा का। 'राम की शक्तिपूजा' में जैसे शक्ति राम के बदन में लीन होती है, वैसे ही कृष्णजी से शक्ति निकलकर स्वामी प्रेमानन्द में लीन होती है। उस ज्योति से बँध जाते हैं निराला।

निराला अपनी बेहोशी पहचानते हैं। जब सपने मिटाना शुरू करते हैं तब न अप्सरा को बख्शते हैं, न वेदान्त और देवताओं को, न अपने को। मोहभंग की प्रक्रिया अतिरंजित और विकृत भी हो जाती है।

मोहभंग : विकृति

निराला बेहोशी में काल्पनिक इच्छापूर्ति के सपने देखते हैं, होश आने पर उन्हें मिटा देते हैं। इच्छापूर्ति के सपने देखने में मन की कमज़ोरी प्रकट होती है, सपने मिटाने में हमेशा मन की ताक़त ज़ाहिर नहीं होती। उनके जीवन में कोई ऐसा समय होता जब वह सिर्फ बेहोशी की हालत में सपने देखते और मोहभंग होने पर नये दौर में अपनी स्वप्नशीलता से लड़ते हुए यथार्थवाद की ओर बढ़ते, तो शायद उनके साहित्य को दो हिस्सों में बाँट देना सम्भव होता, एक : मोह का साहित्य; दूसरा, मोहभंग का साहित्य। और एक को पलायनवादी, दूसरे को यथार्थवादी कहकर हम उनके विकास की सीधी रेखा निश्चित कर लेते। किन्तु ऐसी स्थिति है नहीं। जिन दिनों उन्होंने इच्छापूर्ति के सपने देखे, उन्हीं दिनों साहित्य में साहस से यथार्थ जीवन का चित्रण भी किया। जिसे छायावादी कविता कहते हैं, उसे केवल काल्पनिक इच्छापूर्ति का साहित्य मानना भ्रम है। यदि उस कविता की समस्त आधारभूत मान्यताओं का उपहास किया जाय, तो उस उपहास में कहीं न कहीं विकृति अवश्य होगी।

निराला ने अपनी जिन रचनाओं में काल्पनिक इच्छापूर्ति के सपनों को मिटाया है, वे सन् '42 में प्रकाशित उनके कविता-संग्रह 'कुकुरमुत्ता' में हैं। मोहभंग के साथ भावबोध में कहीं-कहीं विकृति उत्पन्न हुई है तो वह मुख्यत: इन्हीं रचनाओं में। इनमें केवल विकृति नहीं है, यथार्थवाद के नये तत्त्व हैं, यह भी असन्दिग्ध है। 'कुकुरमुत्ता'

संग्रह के अलावा 'देवी', 'कुल्ली भाट' जैसी रचनाओं में जहाँ-तहाँ वह उपर्युक्त कोटि के मोहभंग का परिचय देते हैं।

'देवी' कहानी के आरम्भ में उन्होंने लिखा : "बारह साल तक मकड़े की तरह शब्दों का जाल बुनता हुआ मैं मक्खियाँ मारता रहा।" शब्दों के जाल में मक्खियाँ मारने की क्रिया की व्याख्या उनके इस वाक्य से होती है : "पर फाकेमस्ती में भी मैं परियों के ख्वाब देखता रहा।" सन् '20 से '33 तक निराला ने परियों के ख्वाब ही न देखे थे, दु:ख की सूरत भी देखी थी, बहुत तरह के संघर्षों से गुज़रे थे, वह सब अनुभव साहित्य को दिया था। बारह साल तक शब्दों का जाल बुनने और परियों का ख्वाब देखने की बात मान ली जाय तो मोहभंग के साथ उनके भावबोध में विकृति की शुरुआत भी हो जाती है। किन्तु 'देवी' कहानी में निराला अपनी कविता के लिए लड़ते हैं। जो लिखा है, उसे खुराफात मानने को तैयार नहीं हैं। पुरानी रूढ़ियों का विरोध करने के कारण उनके खिलाफ जो मोर्चाबंदी हुई, उसकी सीधी आलोचना करते हैं। इसका अर्थ है, वह परियों के ख्वाब देखने को आंशिक रूप से ही सत्य मानते हैं।

निराला ने वैभव के स्वप्न देखे। इन वैभव के सपनों को विवेक के प्रहार से चूर-चूर करते हुए उन्होंने 'देवी' में लिखा : "बड़ा राज्य, बड़ा ऐश्वर्य, बड़े पोथे, तोप, तलवार, गोले-बारूद, बंदूक-किर्च...अट्टालिका, उपवन आदि-आदि सब बड़े-बड़े—इतने कि वहाँ तक आँख नहीं फैलती, इसलिए कि छोटे समझें, वे कितने छोटे हैं।" ('चतुरी चमार', पृ. 39)

यह मोहभंग और आत्मालोचना का सही रूप है।

निराला ने पृथ्वी और आकाश के बीच शुभ्र किरणवसना के दिव्य रूप का कीर्तन अनेक बार किया था। 'देवी' में प्रकृति और नारी उस दिव्य रूप के बदले पार्थिव रूप में, अधिक यथार्थ रूप में दिखाई देती हैं : "उम्र पच्चीस साल से कम। दोनों स्तन खुले हुए। प्रकृति की मारों से लड़ती हुई, मुरझा कर, मुमकिन है, किसी को पच्चीस साल से कुछ ज़्यादा जँचे; पास एक लड़का डेढ़ साल का खेलता हुआ। संसार की स्त्रियों की एक भी भावना नहीं।" (पृ. 40)

निराला-साहित्य में अलका-निरुपमा-अप्सराओं की जो लम्बी कतार है, उसमें पुत्रवती नायिका एक भी नहीं है। जो विधवाएँ हैं, वे भी सन्तानहीन नवोढ़ाओं जैसी हैं। गीतों में युवती के पुत्रवती होने की शुभकामना सांकेतिक रूप से जहाँ-तहाँ व्यक्त हुई है किन्तु पुत्रवती नायिका यह अकेली पगली है जिसमें संसार की स्त्रियों की एक भी भावना नहीं। पुष्ट स्तनों के स्वप्न के बदले यहाँ खुले हुए स्तन हैं जो पृथ्वी के उठे उरोज मंजु पर्वत निरुपम का उपहास करते हैं। परियों के ख्वाब के बदले यहाँ "पगली के भीतर की परी इस संसार को छोड़कर कहीं उड़ जाने की उड़ान भर रही थी।" (पृ. 41) निराला ने यह सब देखा और लिखा—यह उनके साहस और मानवीय सहानुभूति का परिचायक है।

निराला के मन में गंध के प्रति प्रबल आकर्षण है। उसे प्रतीक बनाकर अनेक कविताओं में उन्होंने उसका उत्कृष्ट कलात्मक उपयोग किया है। गुलाब फूलों में रूप-रस-गंध के लिए प्रसिद्ध है। शूर्पणखा के मन में राम का सौन्दर्य गुलाब जैसा है किन्तु अपने प्रति आदिरस का संचार न होते देखकर राम निर्गंध कुसुम जैसे लगते हैं :

सोचा था गुलाब जिसे
निकला छिः जंगली निर्गंध कुसुम। ['परिमल', पृ. 230]

यहाँ कवि के मन में गुलाब के प्रति कोई ऐसा मोह नहीं है जिसे भंग करना आवश्यक हो। एक प्रसिद्ध महिला पर बँगला में कविता लिखी; उसके अन्तिम अंश का भावार्थ उन्हीं के शब्दों में : "खुशबू उड़ी—तुम्हारी आँखों और मुख पर गुलाब खिले।" ('अणिमा', पृ. 52) यहाँ गुलाब का अपना कोई दोष नहीं यद्यपि वह सौन्दर्य के दिवास्वप्न से अवश्य जुड़ा हुआ है। फाकेमस्ती में परियों के ख्वाब देखने की तरह निराला ने अक्सर—हमेशा नहीं—गन्दगी में रहते हुए सुगंध के सपने देखे। इन सपनों से जी उचाट हुआ तो गन्दगी के सपने देखे। सचाई दोनों सपनों में है किन्तु दोनों में सुगंध और दुर्गंध का चित्रण—पूरे वातावरण को देखते हुए—कुछ अतिरंजित है। नवाब के बाग में बेला, चमेली, जुही, नर्गिस—सुर्ख, धानी, चंपई, भाँति-भाँति के रंगों के फूल—खिले हुए हैं :

एक सपना जग रहा था
साँस ले तहज़ीब की
गोद में तरतीब की।

निराला ने तहज़ीब का यह सपना बहुत देखा है—कहीं हीरे-जवाहरात में जगमगाता हुआ, कहीं फूलों में रंग-रूप और गंध से दमकता-महकता हुआ। इस सपने की प्रतिक्रिया :

जगह गन्दी; रुका सड़ता हुआ पानी
मोरियों में; ज़िन्दगी की लन्तरानी...
बिलबिलाते कीड़े; बिखरी हड्डियाँ;
सेल्हरों की, परों की, थीं गड्डियाँ;
कहीं मुर्गी, कहीं अंडे,
धूप खाते हुए कंडे।
हवा बदबू से मिली,
हर तरह की वसीलीई पड़ रहीं।

प्रणय श्वास के मलय-स्पर्श के बाद यह 'हवा बदबू से मिली।' जीवन में गन्दगी और सफाई, सुगंध और दुर्गंध, दोनों हैं। साहित्य में दोनों का चित्रण होना चाहिए—जिनके साहित्य-शास्त्र में बीभत्स भी एक रस है, उन्हें इस स्थापना पर आपत्ति विशेष रूप से न होनी चाहिए। शास्त्र में बीभत्स और भयानक को रस मानने पर भी काव्य-रचना

में जिन्होंने आदिरस को प्रधानता दी, उनके भावबोध की सीमाएँ तोड़कर निराला ने सड़ते हुए पानी और सेल्हरों की गड्डियों का चित्रण किया, बहुत अच्छा किया। किन्तु इससे यह सिद्ध नहीं होता कि सुगंध से दुर्गंध अच्छी है और शृंगार से बीभत्स श्रेष्ठ है। गुलाब को वैभव और रूप-गंध का प्रतीक मानकर कुकुरमुत्ता जब उसे गाली देना शुरू करता है, तब वह वास्तव में कुतर्क करता है कि सफाई से गन्दगी श्रेष्ठ है।

कुकुरमुत्ता ने गुलाब को कैपिटलिस्ट कहा, उसे अमीरों का प्यारा बताया, उस पर साधारणों से अलग रहने का दोष लगाया। इससे कुछ प्रगति-प्रेमी आलोचकों ने उसे सर्वहारा वर्ग का प्रतीक मानकर उसका काफी वन्दन-अभिनन्दन किया है। कुकुरमुत्ता की तर्क-योजना जिस वर्ग-दृष्टि का परिचय देती है, वह प्रोलीटेरियट की नहीं; लुम्पेन प्रोलीटेरियट की वर्ग-दृष्टि है, शहर के आवारा टटपुँजियों का दृष्टिकोण जो क्रान्तिकारी संगठन और संघर्ष का रास्ता छोड़कर अराजकतावादी नीति अपनाता है। सर्वहारा वर्ग के बारे में उसकी राय क्या है, वह इन पंक्तियों से ज़ाहिर होती है :

मैंने बदले पैंतरे
जहाँ भी शासक लड़े।
पर हैं प्रोलेटेरियन झगड़े जहाँ
मियाँ-बीवी के, क्या कहना है वहाँ।

शासकों की लड़ाई और मियाँ-बीवी की लड़ाई—दोनों में उसे समान रस मिलता है। मियाँ-बीवी की लड़ाई को वह खास तौर से प्रोलीटेरियन विशेषण से विभूषित करता है। जहाँ इस तरह के झगड़े हों, वहाँ मानो सर्वहारा संस्कृति का परिचय विशेष रूप से मिलता है!

अपनी इस अराजकतावादी भूमिका के अनुरूप कुकुरमुत्ता देश की सांस्कृतिक विरासत की ओर ग़लत रुख अपनाता है। प्रकृति में एक ही शक्ति व्याप्त है, वह इस दर्शन का मखौल करता है। कुकुरमुत्ता सुबह का सूरज है, शाम का चाँद है। ब्रह्म के समान उसकी व्याप्ति का चित्रण वेदान्त का उपहास है, उसका सही मूल्यांकन नहीं।

मैं कुकुरमुत्ता हूँ
पर बेन्ज़ोइन वैसे,
बने दर्शनशास्त्र जैसे।

बेन्ज़ोइन दर्शनशास्त्र का जो भी सम्बन्ध हो, कुकुरमुत्ता ने दर्शनशास्त्र से अपना नाता जोड़कर उसे—भारतीय दर्शन को—उपहासास्पद ही बनाया है। भारतीय दर्शन में वेदान्त निराला के मन में सर्वोपरि है, इसलिए यह निष्कर्ष निकालना गलत न होगा कि यहाँ कुकुरमुत्ता के माध्यम से उन्होंने वेदान्त का उपहास किया है।

यह उपहास-क्रिया भारतीय कवियों के प्रसंग में और भी स्पष्ट हो जाती है। दुनिया के सभी कवियों ने रस चुराया है कुकुरमुत्ता से, उसमें गोते लगाए हैं वाल्मीकि-व्यास

ने! कुकुरमुत्ता से 'पोथे' निकाले हैं भास-कालिदास ने। रवीन्द्रनाथ जैसे विश्वकवि उसके किनारे—मानो वह प्रकाश और आनन्द का सागर हो—खड़े हुए टुकुर-टुकुर ताकते रहे। लेकिन स्वयं कुकुरमुत्ता क्या है? 'लेखकों में लंठ जैसे खुशनसीब!' लंठ लेखक के मुकाबले व्यास-वाल्मीकि-कालिदास को नीचा दिखाना कुकुरमुत्ता की तर्क-योजना के अनुकूल है। सुगंध से यदि दुर्गंध श्रेष्ठ है तो व्यास-वाल्मीकि से लंठ लेखक श्रेष्ठ क्यों न होगा?

निराला ने गोरी, नवयौवना, मुग्धा नायिकाओं का चित्रण बहुत जगह किया था, अब उन्होंने काली, नकचिपटी, चेचक मुँह दाग, कानी लड़कियों पर ध्यान केन्द्रित किया। आँखों-आँखों में प्रेम-व्यापार, नयनों के नयनों से गोपन संभाषण के उपरान्त उन्होंने प्रेम-व्यंजना की यह शैली अपनाई :

बाह्मन का लड़का
मैं प्यार उसे करता हूँ।
जात की कहारिन वह,
मेरे घर की है पनिहारिन वह,
आती है होते तड़का
उसके पीछे मैं मरता हूँ। ['कुकुरमुत्ता', पृ. 33]

कुकुरमुता ने मियाँ-बीवी के झगड़ों के साथ जिस तरह सर्वहारा-संस्कृति को जोड़ा था, उसी के अनुरूप यह प्रेम-निवेदन की 'सर्वहारा' पद्धति है। यह यथार्थवाद का विकास नहीं, उसकी विकृति है।

स्नेह की सरिता के तट पर युगल घट भरे हुए जो नायिका चलती है, ('गीतिका', पृ. 42) उसके घड़ों को तुच्छ सिद्ध करते हुए उपर्युक्त कहारिन बड़ा मटका लेकर आती है। वह कोयल की तरह काली है, ब्याह नहीं हुआ : 'तभी भड़का दिल मेरा, मैं आहें भरता हूँ'। रानी नाम की लड़की और भी कुरूप है, उसका भी ब्याह नहीं हुआ। वह चेचक मुँह दाग, काली, नकचिपटी, गंजा सर, एक आँख कानी है। जैसे कुकुरमुत्ता में उन्होंने सारी गन्दगी बटोरकर एक ही जगह उसका ढेर लगाने का प्रयत्न किया है, वैसे ही यहाँ कुरूपता दर्शाने के लिए जितने तत्त्व हो सकते थे, उन्होंने एक ही जगह सजा दिये हैं। यह भी रोज़ घड़ों पानी भरती है लेकिन सौभाग्य से इसे कोई बड़ा मटका नहीं उठाना पड़ता। उसका ब्याह न होगा, यह सोचकर उसकी माँ दुखी होती है। माँ का दुःख देखकर रानी रोने लगती है लेकिन आँसू एक आँख में आते हैं। जो आँख कानी है, वह 'ज्यों-की-त्यों रह गई करती निगरानी'। निराला ने सहानुभूति के हल्के स्पर्श से कविता को विकृत होने से बचा लिया है, फिर भी कुरूपता का चित्रण अतिरंजित है, यह प्रभाव मन पर पड़ता ही है।

'खजोहरा' में अधेड़ उम्र की स्त्री ताल में नहाती है। नहाती हुई, नहाने के बाद नदी या ताल से बाहर खड़ी हुई नंगी-अधनंगी स्त्रियों का चित्रण रवीन्द्रनाथ ठाकुर ने

बहुत जगह किया है। उनकी ऐसी ही कविता है : 'विजयिनी', जो निराला को बहुत प्रिय थी। उस रूमानी भावुकता का उपहास करते हुए उन्होंने लिखा : 'उतरीं ज्यों टैगोर की विजयिनी हों!' यहाँ तक ठीक। किन्तु आगे इस अधेड़ स्त्री का जैसा चित्रण किया गया है, वह नारी जाति के प्रति निराला की सहज उदार भावनाओं के प्रतिकूल है :

पैठीं बुआ ताल में जैसे हथनी,
मारे डर के काँपने लगा पानी।
लहरें भगीं चढ़ने को किनारे पर,
रेला पानी बुआ ने बाँहों में भर।
नींव के खंभों से पैर कीच में थे,
जाँघ से छाती तक अंग बीच में थे।

रवीन्द्रनाथ की कविता में कामदेव विजयिनी नायिका से क्षमा माँगता है, यहाँ पर क्षमा माँगने को मदन जैसा डाल पर बड़ा-सा खजोहरा बैठा था। खजोहरा शरीर पर गिरा, खुजली मची और वह स्त्री धोती बदले बिना घर को यों भागी, मानो नीलगाय को मात दे रही हो! माँ ने जब पूछा—खुजली कहाँ हो रही है तो स्त्री ने कहा—कोई जगह नहीं बची! एक अधेड़ स्त्री की परेशानी यहाँ परिहास का विषय है। यह वही लुम्पेन प्रोलीटेरियट वाला दृष्टिकोण है; इसे यथार्थवाद का विकास मानना गलत है। पहले स्नान करती हुई नग्न युवतियों को सपनों में देखने का मोह, फिर उन सपनों को मिटाने में मोहभंग की विकृति।

'स्फटिक-शिला' में निराला ने फिर एक सद्यःस्नाता युवती का चित्रण किया है। काली, नकचिपटी कुरूपता यहाँ ग़ायब हो गई है। थोड़े-से परिवर्तन से रवीन्द्रनाथ की विजयिनी यहाँ फिर अवतरित हो गई है। वसन्त—या खजोहरा—की जगह स्वयं कवि उसके सौन्दर्य का प्रत्यक्षदर्शी है। वर्णन इस प्रकार है :

आँख पड़ी युवती पर
आई थी जो नहा कर,
गीली धोती सटी हुई भरी-देह में, सुघर
उठे पुष्ट स्तन, दुष्ट मन को मरोड़कर,
आयत दृगों का मुख खुला हुआ, लेता हर
जो कुछ अपना-पर।
कहीं से नहीं बदन काँपता,
कुछ भी, संकोच, नहीं ढाँपता।
वर्तुल उठे हुए स्तनों पर पड़ी थी निगाह
चोंच-सी जयन्त की, नहीं है जैसे कोई चाह
देखने की मुझे और
कितने वे दिव्य स्तन, होंगे कितने कठोर।

काँप उठा मेरा मन
याद आईं जानकी;
कहा, तुम राम की—
कैसे दिये दर्शन!

मोह और मोहभंग के बीच निराला का मन कैसे झूलता था, यह कविता उसका प्रमाण है। रवीन्द्रनाथ की विजयिनी का सपना आँखों से मिटता नहीं, 'खजोहरा' में उसका रंग-रूप, रेखाएँ, सब-कुछ बलपूर्वक मिटा दिया; 'स्फटिक शिला' में वे रेखाएँ फिर उभर आईं, उनमें रंग-रूप भर गया, सपना फिर साकार हुआ। जयन्त की चोंच-जैसी कवि-दृष्टि स्तनों से हटती नहीं। निराला ने दुष्ट मन को मरोड़ने की बात लिखी है। यह दुष्ट मन किसका है? अवश्य ही कवि का। युवती के आयत दृगों वाला खुला हुआ मुख, दुष्ट मन को मरोड़कर, जो कुछ अपना-पराया है, हर लेता है—वाक्य-रचना इस प्रकार की है। 'पंचवटी-प्रसंग' में निराला सीता को लक्ष्मण की निगाह से देखते हैं। 'राम की शक्तिपूजा' में अस्त्रों पर ध्यान केन्द्रित है; सब-कुछ सांकेतिक, मर्यादित। 'कुकुरमुत्ता' में जैसे राम का धनुष अपनी दिव्यता खोकर कुकुरमुत्ता के समतुल्य हो जाता है, वैसे ही जानकी के प्रति निराला का मन दिव्यभाव-दृष्टि खोकर जयन्त की दृष्टि बन जाता है। फिर वह अपने को सँभालते हैं। उनके मन का काँपना ही उसका सँभलना है। वह युवती राम की है, जानकी के समान दिव्य है, कवि उसके दर्शन पाकर धन्य होता है। 'सौन्दर्य लहरी' के शंकराचार्य की तरह सौन्दर्य पूजा के साथ भक्तिभाव जोड़कर निराला अपने मन की उच्छृंखलता को नियंत्रित करते हैं। अन्यत्र जैसे वेदान्त के स्पर्श से निराला श्रृंगार को दिव्यता प्रदान करते हैं, वैसे ही यहाँ भक्तिभाव उभारकर सौन्दर्य पूजा को उच्छृंखल होने से बचाते हैं। ऐसा है मोह और मोहभंग का द्वन्द्व 'कुकुरमुत्ता' के लेखक के मन में।

निराला ने तुलसीदास पर कविता लिखी, उन्हें भारत का अन्धकार हरनेवाले महापुरुष के रूप में चित्रित किया। 'राम की शक्तिपूजा' में राम और महावीर का उदात्त चित्रण किया। फिर महापुरुषत्व का उपहास करना शुरू किया। 'कुल्ली भाट' की शुरुआत इसी उपहास वृत्ति से होती है। तुलसीदास ने 'अपने अनुभव सब कहऊँ' आदि लिखकर, निराला के विचार से, यह सिद्ध किया कि वह पुरुष थे, महापुरुष नहीं। हिन्दी में 'गुरुघंटाल' की तरह 'महापुरुष' में भी उपहास की व्यंजना है। निराला का यह आशय होता कि तुलसीदास महापुरुष नहीं, पुरुष ही हैं, तो आपत्ति की कोई बात न थी। किन्तु उनका यह आशय नहीं है। जवानी में होश आने से लेकर बुढ़ापे में होश जाने तक 'उनमें पुरुषत्व ही प्रधान रहा।' पुरुषत्व के प्रधान रहने की व्याख्या वह आगे करते हैं।

"मुझसे कवि भगवतीचरण कहते थे—कविवर रामनरेश त्रिपाठी जानते हैं, बहुत आधुनिक रिसर्च है—तुलसीदास गर्मी से मरे थे। यह पता नहीं चला—गर्मी रत्नावली से मिली—कहाँ से; बाहुक की रचना के वक्त बाँह का दर्द गर्मी के कारण हुआ।

कुछ हो, मैं ऐतिहासिक नहीं, समझा कि तुलसीदास जी पुरुष थे, महापुरुष नहीं; महापुरुष अकबर था—दीन-ए-इलाही चलाया, हर कौम की बेटी ब्याही, चेले बनाए।"

पहले कविता में रत्नावली को अरूपलग्न योगिनी बनाया, फिर यह शंका प्रकट की कि तुलसीदास को गर्मी शायद रत्नावली से मिली हो। कविवर रामनरेश त्रिपाठी जानते हैं—यह प्रमाण उन्होंने ऐसे प्रस्तुत किया मानो त्रिपाठी जी उग्र हों और उन्होंने देखा हो कि सोनागाछी में निराला क्या कर रहे थे। 'कुल्ली भाट' में निराला का मोहभंग ही नहीं, एक नये मोह-स्वप्न की रचना भी है। रत्नावली को योगिनी के बदले सामान्य नारी रूप में, तुलसीदास को परमज्ञानी सिद्ध कवि के बदले संघर्षशील, मानव सुलभ भावनाओं के कवि के रूप में देखें, यह बात तो स्वागत योग्य होगी। किन्तु भगवतीचरण वर्मा और रामनरेश त्रिपाठी की आड़ लेकर 'अपने अवगुन' और 'बाहु-पीड़ा' का जो सम्बन्ध उन्होंने गर्मी से जोड़ा है, वह अक्षम्य और निराधार तो है ही, वह इस मुग्ध भाव का सूचक भी है कि मुझे बीमारी हुई तो क्या हुआ, तुलसीदास को भी तो हुई थी।

मोहभंग के साथ मोह के एक नये सपने की शुरुआत!

कुल्ली बीमार हुए। निराला ने पूछा—क्या हुआ है? साले ने कहा : "गर्मी... नीचे का पेट तक सड़ गया है—सेरों पस निकलता है, इतनी बदबू आती है कि कोई छन भर नहीं ठहर सकता।"

निराला देखने गए। "प्रवेश करते ही ऐसी बदबू आई कि जान पड़ा, एक क्षण नहीं ठहर सकूँगा। हिम्मत करके खड़ा रहा।"

'कुल्ली भाट' निराला की अत्यन्त सशक्त और महत्त्वपूर्ण रचना है, फिर भी यह सत्य है कि उसमें दूसरे के वास्तविक अथवा कल्पित यौन रोग से सन्तुष्ट होने की प्रवृत्ति विद्यमान है। इस पुस्तक में निराला ने अपने बारे में बहुत कुछ लिखा है किन्तु अपने यौन रोग का उल्लेख कहीं नहीं किया। मोहभंग और यथार्थ-दर्शन की प्रक्रिया इतनी कठिन है। पुस्तक में कुल्ली पुरुष हैं, निराला महापुरुष।

'कुकुरमुत्ता', 'कुल्ली भाट', 'बिल्लेसुर बकरिहा', 'चतुरी चमार' ऐसे पात्र हैं जिनसे निराला को अपने बड़प्पन का बोध होता है (केवल 'देवी' की पगली भिखारिन में उनके बड़प्पन के भाव समा जाते हैं)। इनके द्वारा वे उन सब बड़े आदमियों को नीचा दिखाते हैं जो अपने बड़प्पन से उन्हें छोटे होने का एहसास कराते थे। जो बड़े हैं, वे इन सब पात्रों की तुलना में छोटे हैं, निराला स्वयं इनसे बड़े हैं। इसीलिए कुकुरमुत्ता से निराला का तादात्म्य नहीं, वह उसके सहारे दूसरों का परिहास करते हैं, फिर स्वयं उस पर हँसते हैं। लेखकों में लंठ जैसे खुशनसीब कुकुरमुत्ता है, निराला नहीं। निराला उससे श्रेष्ठ हैं। कुल्ली, चतुरी, बिल्लेसुर—इन सबके सहारे निराला दूसरों पर हँसते हैं, इन पर भी हँसते हैं। उनके साथ खड़े होकर कहीं आत्मगरिमा के प्रच्छन्न बोध से उन्हें संतोष होता है। मोहभंग को कमज़ोर करनेवाला यह भी मोह का एक रूप है।

इस मुग्ध भाव के बावजूद निराला ने ऐसी कृतियों में गहरी मानवीय सहानुभूति का परिचय दिया है और नये यथार्थवाद का विकास किया है, यह भी सत्य है।

हास्य और करुणा

मोह के सपने टूटते हैं तो निराला हँसते हैं। उनकी इस हँसी में कहीं अपने बड़प्पन का भाव छिपा है, कहीं दूसरों को नीचा दिखाकर तुष्ट होने का भाव है, साथ ही इस हँसी में द्रष्टा की तटस्थता, अपने ऊपर हँसने की ताकत भी है। बड़प्पन के सपनों में खोए हुए मन को आसमान से धरती पर उतारकर निराला खुद पर हँसते हुए कहते हैं : "बड़े होने के ख़याल से ही मेरी नसें तन गईं, और नाममात्र के अद्भुत प्रभाव से मैं उठकर रीढ़ सीधी कर बैठ गया। सड़क की तरफ बड़े गर्व से देखा, जैसे कुछ कसर रहने पर भी बहुत कुछ बड़ा आदमी बन गया होऊँ।" ('चतुरी चमार', पृ. 41) यहाँ निराला होश में आने पर अपनी बेहोशी पर हँसते हैं। बड़प्पन के भाव बेहोशी के कारण हैं; दूसरों का दु:ख देखकर यह बेहोशी दूर हो जाती है और दिवा-स्वप्नों के मोह के प्रति वह सचेत होते हैं।

'कुकुरमुत्ता' में जहाँ उन्होंने लिखा है :

ख़्वाब में डूबा चमकता हो सितारा
पेट में डंड पेलते चूहे, ज़बाँ पर लफ़्ज़ प्यारा

वहाँ वह 'देवी' कहानी में कही हुई फाकेमस्ती में परियों के ख़्वाब देखने वाली बात दोहराते हैं। यह बात आंशिक रूप में छायावादी कविता और निराला-साहित्य पर लागू होती है, उस हद तक उनका व्यंग्य अपने ऊपर है और सार्थक है। 'देवी' में उन्होंने बारह साल तक मकड़े की तरह शब्दों का जाल बुनने की बात लिखी थी; 'कुकुरमुत्ता' के ज़बाँ पर लफ़्ज़ प्यारा में उसी शब्दों के जाल बुनने की ओर संकेत है। मोह दिवा-स्वप्नों का ही नहीं, उन स्वप्नों को रूपायित करनेवाले शब्द-शिल्प का भी है। निराला इस मोह को तोड़ते हैं। 'देवी' और 'कुकुरमुत्ता' की भाषा में कहीं आन्तरिक समानता है।

'कुकुरमुत्ता' में प्रच्छन्न व्यंग्य उसकी बड़प्पन की भावना पर भी है। कुकुरमुत्ता सबको तुच्छ सिद्ध करके स्वयं बड़ा बनता है, यह प्रयत्न अपने में हास्यास्पद है। कुकुरमुत्ता पहाड़ी से सिर उठाकर, 'ऐंठ कर' बोलता है। बोलने की इस अदा से साबित होता है कि जितना बड़ा वह बन रहा है, उतना बड़ा है नहीं। बालिश्तों से अपनी ऊँचाई नाप कर जब कहता है :

डेढ़ बालिश्त और ऊँचा हूँ चढ़ा

तब 'देवी' कहानी में निराला का अपना नख-शिख-वर्णन याद आ जाता है : "मेरे ग्रीक कट, पाँच फुट साढ़े ग्यारह इंच लम्बे, ज़रूरत से ज़्यादा चौड़े और चढ़े मोढ़ों के कसरती बदन को देखकर किसी को आतंक न हुआ।" निराला 'कुकुरमुत्ता' में इसी बड़प्पन के भाव पर हँसते हैं।

ब्रह्म की उपमा ऊर्णनाभि से दी गई है। ऊर्णनाभि अपने भीतर से सृजन करता है, फिर उस सृष्टि को मिटा भी देता है। यही ऊर्णनाभि—लोक-प्रचलित शब्द मकड़े के रूप में—'देवी' में विराजमान है। दुनिया से अलग हटकर, ज्ञान का सारा भंडार अपने भीतर मानकर, जो रूमानी लेखक अपने उद्‌गारों और अनुभूतियों से साहित्य को सजाने में विश्वास करते हैं, उन पर व्यंग्य है। ब्रह्म की-सी निरपेक्ष सृजनशीलता कुकुरमुत्ता में भी है :

और अपने से उगा मैं
बिना दाने का चुगा मैं
कलम मेरा नहीं लगता
मेरा जीवन आप जगता।

यहाँ निराला ने भाववादी दर्शन और 'छायावादी' धारणाओं पर व्यंग्य किया है। आगे जब कुकुरमुत्ता गुलाब से कहता है—'पानी मैं, तू बुलबुला'—तब स्वयं को ब्रह्म और गुलाब को माया बताकर वह माया-ब्रह्म सम्बन्धी धारणाओं के प्रति वेदान्त-प्रेमियों को सचेत करता है। 'तुम और मैं' कविता के ब्रह्म-माया सम्बन्ध की अच्छी पैरोडी है यह—'पानी मैं, तू बुलबुला'।

छायावादी काव्य और हास्य-व्यंग्य-प्रेम परस्पर विरोधी माने जाते हैं। निराला ने 'मतवाला' की टिप्पणियों से लेकर 'सुधा' और 'माधुरी' में अपने आलोचनात्मक लेखों तक निरन्तर हास्य-व्यंग्य-प्रेम का परिचय दिया है। उनकी यह चितवृत्ति 'देवी', 'चतुरी चमार', 'कुल्ली भाट' आदि कलात्मक गद्य-रचनाओं में और विकसित होती है। 'कुकुरमुता' जैसी पद्य-रचनाओं में तो है ही, 'परिमल', 'अनामिका', 'गीतिका' और बाद की अन्य कविता पुस्तकों में भी 'गम्भीर' भाव-प्रकाशन के साथ यह वृत्ति जहाँ-तहाँ अपना चमत्कार दिखा जाती है। निराला के भाव-बोध की यह विशेषता है; हिन्दी के छायावादी काव्य में वह अन्यत्र दुर्लभ है।

ढके हृदय में स्वार्थ लगाए ऊपर चन्दन,
करते समय नदीश-नन्दिनी का अभिनन्दन—

यें पंक्तियाँ 'परिमल' की 'रास्ते के फूल से' कविता में हैं; 'अनामिका' की 'दान' कविता में उन्होंने पूजा-पाठ का पाखंड रचने वालों के बारे में जो कुछ कहा है, उससे वे तुलनीय हैं।

'परिमल' में एक कविता है 'बदला'। फूल के मधु पर मुग्ध भौंरा उससे बातें करता है :

सुनो, अहा फूल
जबकि यहाँ दम है,
फिर क्या रंजोग़म है

पड़ेगी न धूल,
मैं हिला-झुला झाड़-पोंछ दूँगा,
बदले में ज़्यादा कभी न लूँगा,
बस, मेरा हक़ मुझको दे देना,
अपना जो हो, अपना ले लेना।

कुकुरमुत्ता के लहज़े की यह पेशगी है। न केवल शैली में भौंरे की उक्ति कुकुरमुत्ता के भाषण के समान है, वरन् यथार्थबोध का स्तर भी उस कविता की याद दिलाता है। प्रेम के सप्तम सोपान पर पहुँचने के बदले फूल की धूल झाड़ने में वह अपनी सारी कमाई खो देता है, रूप और यौवन-बल खोता है, थककर सो जाता है। यौवन और सुख को कल्पना से अधिक भव्य बनाने के बदले निराला उसका अधिक परिचित, यथार्थ रूप चित्रित करते हैं।

'जलद के प्रति' कविता में निराला भौंरे वाले लहजे में जलद से बातें करते हैं :

ऐ निर्बन्ध!—
अन्ध-तम-अगम-अनर्गल-बादल!—

की मोहक मन्द्र ध्वनि के बदले वह जलद से साधारण बोलचाल की शब्दावली का प्रयोग करते हुए कहते हैं :

भौंएँ तान दिवाकर ने जब भू का भूषण जला दिया,
माँ की दशा देखकर तुमने तब विदेश प्रस्थान किया।
वहाँ होशियारों ने तुमको खूब पढ़ाया, बहकाया;
'द' जोड़ ग्रेड बढ़ाया, तुम पर जाल फूट का फैलाया।
'जल' से 'जलद' कहा, समझाया भेद तुम्हें ऊँचे बैठाल,
दाएँ-बाएँ लगे रहे जिससे तुम भूलो जाती ख़याल।

यहाँ भी भाव-बोध के स्तर की भिन्नता केवल शैली तक सीमित नहीं है, बादल के प्रति कवि के दृष्टिकोण में भिन्नता है। बादल सर्वजयी क्रान्तिकारी योद्धा न होकर परदेस जानेवाला साधारण माँ का बेटा है। परदेस में बड़े बनने, घरवालों को भूल जाने के पर्याप्त अवसर हैं। निराला उन होशियारों पर हँसते हैं जो उसे बहकाते हैं, जल से जलद बनाकर आसमान में उड़ने और धरती को भूल जाने की बात कहते हैं। वह बादल से प्रसन्न होते हैं कि वह आसमान में उड़ने के बाद फिर धरती पर बरसता है, अपना अस्तित्व मिटाकर 'प्रीति बेलि' बोता है, जीवन सार्थक करता है।

जो वृत्तियाँ हास्य-व्यंग्य-प्रेम की विरोधी समझी जाती हैं, निराला उनसे हास्य और व्यंग्य का सामंजस्य स्थापित कर लेते हैं, यह उनके भाव-बोध की अन्य विशेषता है। 'जलद के प्रति' कविता में पृथ्वी और बादल के प्रति अपनी करुणा और सहानुभूति से वह हास्य-व्यंग्य को मिला देते हैं, कारण यह कि जिससे सहानुभूति है, उसके विरोधियों

के प्रति वैसा ही घृणा, उपेक्षा अथवा क्रोध का भाव है। इस तरह करुणा और सहानुभूति से—एक ही कविता में—वह हास्य और व्यंग्य का सामंजस्य स्थापित करते हैं। शिवाजी के पत्र में वीर भावना के साथ जयसिंह के प्रति तीव्र व्यंग्य का सामंजस्य स्थापित किया गया है। 'अनामिका' को 'दान' कविता में भिखारी के प्रति करुणा और पाखंडी भक्त के प्रति व्यंग्य का सामंजस्य है। 'सरोज-स्मृति' में एक ओर दुःख की करुण अभिव्यंजना है, दूसरी ओर कविता वापस करनेवाले सम्पादकों और 'कान्यकुब्ज-कुल-कुलाङ्कार', समाज के ठेकेदारों के प्रति आक्रोश और व्यंग्य है। दोनों में सामंजस्य इसलिए है कि जो आक्रोश के पात्र हैं, वही अंशतः दुःख के कारण भी हैं।

जब आदमी बहुत दुखी होता है, तो कम बोलता है, चुप हो जाता है, कभी-कभी हँसने भी लगता है। ज़्यादा क्रोध में वह कभी बात सीधी न कहकर व्यंग्य का सहारा लेता है। निराला-साहित्य में हास्य-व्यंग्य के ये सब रूप मौजूद हैं। 'अनामिका' में एक कविता है : 'सच है'। विरोधियों की निन्दा सुनते-सुनते निराला परेशान हो गए हैं, हृदय में जितना क्रोध है, उतना ही दुःख है। खुलकर नहीं हँसते; क्रोध और शोक को दबाते हैं और यह दबाव अन्तर्मुखी व्यंग्य के रूप में प्रकट होता है। अन्तर्मुखी इसलिए कि वह आक्रामक होकर व्यंग्य का प्रयोग नहीं करते, रक्षात्मक उद्देश्य से विरोधियों की कही हुई बात, नई भंगिमा से दोहराते हुए, उसकी व्यर्थता सिद्ध करते हैं :

यह सच है—
तुमने जो दिया दान दान वह,
हिन्दी के हित का अभिमान वह,
जनता का जन-ताका ज्ञान वह,
सच्चा कल्याण वह अथच है—
यह सच है। [पृ. 44]

यहाँ निराला काल्पनिक इच्छापूर्ति का सहारा न लेकर, साहित्य के लिए, अपमान के अनुभव का कलात्मक उपयोग करते हैं। 'वनबेला' में अपमान का यही भाव आक्रामक रूप में व्यक्त होता है, बहिर्मुख व्यंग्य राजनीतिक और साहित्यिक मंच पर तरह-तरह के अभिनय करनेवालों को बेध डालता है। प्रयत्न अब भी यही है कि किसी से कुछ न कहें, चुपचाप प्रहार सहते हुए अपने रास्ते आगे बढ़ते जायँ। वनबेला उनके आक्रोश प्रकट करने के ढंग से प्रसन्न नहीं है। वह उनके स्पर्श को अपवित्र कहती है क्योंकि उन्होंने अपनी स्थिति की अवहेलना की है।

निराला जितना ही अपने मन का भाव दबाते हैं, उतना ही वह कूट शैली के नज़दीक पहुँचते हैं। 'गीतिका' में 'नूपुर चरण रणन' वाली शैली छोड़कर कहते हैं :

चलता तू, थकता तू
रुक-रुक फिर बकता तू,
कमज़ोरी दुनिया हो, तो

कह क्या सकता तू?
जो धुला उसे धो क्यों?
रे, कुछ न हुआ, तो क्या?
जग धोका, तो रो क्या? ['गीतिका', पृ. 52]

देखने में लगता है, निराला संसार के मिथ्या और सत्य होने की बात कह रहे हैं लेकिन चलने, थकने और रुक-रुककर बकने में एक संघर्षरत, थके हुए मनुष्य—स्वयं निराला—का चित्र है, यह आवागमन की सुपरिचित पीड़ा नहीं है। दुनिया ही ऐसी है, मनुष्य का मूल्य नहीं समझती, तब उससे लड़कर आदमी क्या फल पाएगा? थकान, उदासी, बेबसी; इनके साथ संसार के प्रति एक व्यंग्यपूर्ण उपेक्षा का भाव। यह कूट शैली नहीं है लेकिन उसके बहुत पास—निराला के स्वत: संभाषण की—शैली है।

'अणिमा' में कई कविताएँ ऐसी हैं जिनमें निराला ने अपने कूट शैली वाले व्यंग्य का उपयोग किया है। प्रभात और ज्ञान एक ही पाठशाला में पढ़े हुए दो साथी हैं। प्रभात नाम से ही प्रकाश की सूचना मिलती है किन्तु जीवन का अनुभव ऐसा है कि प्रकाश के बदले अँधेरा ज़्यादा दिखाई देता है। प्रभात के लिए निराला कहते हैं :

राह बचाता चला, गठी फिर भी
चड्ढी, हो गई उछाह से अनबन।

अनेक उपन्यासों और कहानियों में जो प्रभाकर, दिवाकर आदि नाम धारण किये हुए युवक अवतरित होते हैं, वही निराला यहाँ प्रभात हैं। ज्ञान से कहते हैं, तेरा साथ मिलने पर और कुछ न चाहिए। वह ज्ञान वेदान्त ज्ञान है।

कहा ज्ञान ने, 'फिर तू कैसा प्रभात,
अगर हटाई न हटी वैसी रात?'

निराला का दु:ख उनके वेदान्त ज्ञान के लिए चुनौती है। वह कभी ज्ञान को देखते हैं, कभी दु:ख को, कभी खुद अपने को। आदमी राह बचाता चले, फिर भी कोई आकर चड्ढी गाँठ ले, यह परिस्थिति की विडंबना है। 'कला के विरह में जोशी-बन्धु' लेख में निराला ने इस परिस्थिति का चित्रण यों किया था : "कभी सोचा था, दलबंदी के दलदल में न फँसूँगा, मार का जवाब प्यार से दूँगा; परन्तु 'आपन चेती होय नहिं, हरि-चेती तत्काल' की आफत का पहाड़ हरि की इच्छा से मुझी पर टूटा।"

दलबंदी के दलदल से दूर रहने का भाव—'अणिमा' के 'राह बचाता चला' में; आफत का पहाड़ मुझी पर टूटा—यह भाव नई प्रतीक योजना के साथ यों व्यक्त हुआ : 'गठी फिर भी चड्ढी'। निबन्ध के पैराग्राफ में आगे जो कुछ लिखा है, उसका सारांश यहाँ दे दिया है : 'हो गई उछाह से अनबन'। निबन्ध में निराला दूसरों पर ज़्यादा हँस रहे हैं; अपनी मुसीबत पर हँसते हैं तो उसमें करुणा का भाव कम है। कविता में करुणा का भाव सघन है; ज्ञान और प्रभात की बातचीत में अपनी दशा

पर व्यंग्यपूर्ण मुसकान है। निबन्ध में प्रसार है, व्यंग्य बहिर्मुख है। कविता में प्रसार की जगह संकोच, बहिर्मुख की जगह व्यंग्य अन्तर्मुखी है। इस तरह निराला की कूट शैली का विकास होता है जिसमें करुणा और हास्य का सामंजस्य है। 'अगर हटाई न हटी वैसी रात' में एक चुनौती, संघर्ष के लिए आह्वान भी है।

'अणिमा' की उपर्युक्त कविता में जैसे ज्ञान और प्रभात हैं, वैसे ही 'यह है बाज़ार' कविता में दु:खिया और सुखिया हैं। दु:खिया पति है, सुखिया उसकी ब्याहता नहीं, बैठाई हुई स्त्री है। सुखिया की बहुत-सी फर्माइशें हैं; वह उन्हें पूरी नहीं करना चाहता, फिर भी बेबस होकर बाज़ार चलने को तैयार होता है :

चलने को हुआ जैसे बड़ा समझदार।

सुखिया के दंद-फंद में फँसकर दु:खिया कैसे अपना नाम सार्थक करता है, इस पर व्यंग्यपूर्ण हँसी, साथ ही दु:खिया के प्रति सहानुभूति।

दुनिया में दीन, ईमान, कविता, कला, नाते, रिश्ते—सब कहीं-न-कहीं अर्थ की डोर से बँधे हैं। मनुष्य अपने को विशुद्ध धर्मात्मा समझता है, अपने कलाकार होने का दम्भ करता है, निराला इस परिस्थिति पर हँसते हैं किन्तु हँसी बहुत संयत है क्योंकि मनुष्य की विवशता—उसके ज्ञान की सीमाएँ देखकर—उनके मन में कहीं अवसाद का भाव भी उत्पन्न होता है :

चूँकि यहाँ दाना है
इसीलिए दीन है, दीवाना है।
लोग हैं, महफिल है
नग़मे हैं, साज़ है, दिलदार है और दिल है,
शम्मा है, परवाना है,
चूँकि यहाँ दाना है। ['अणिमा', पृ. 103]

शैली 'कुकुरमुत्ता' की याद दिलाती है।

दुनिया से लड़ाई, बचकर निकल जाने के दाँव-पेंच, फिर भी सिद्धान्तों के मामले में समझौता न करने का संकल्प; 'सरोज-स्मृति' में जिस शरक्षेप और रण-कौशल का चित्रण उन्होंने स्पष्ट विवरणात्मक शैली में किया था, 'बेला' में उसी का चित्रण अब आत्म-संभाषण वाली कूट शैली में करते हैं :

हाथ बचा जा, कटने से माथ बचा जा,
अपने को सदा लचा जा;
सोच न कर मिला अगर कोना। साथ न होना। [पृ. 28]

भय, सतर्कता, संकल्प, व्यंग्यपूर्ण परिस्थिति का बोध—सब बहुत ही संक्षिप्त रूप में—एक साथ। करुणा का भाव प्रबल हो रहा है, हास्य की ध्वनि उसमें डूब-सी गई है।

'आने जाने से पहले, कैसे तुम दहले?' ('बेला', पृ. 52); 'सारे दाँवपेंच खुले पेचीदगी आने पर'; (उप., पृ. 99) 'मुहोमुह रहे, एक पेड़ पर दो डालों के काँटे जैसे'; ('नये पत्ते', पृ. 27) 'तबला दोनों हाथ आया हथियार'; (उप., पृ. 33) 'दीठ बँधो, अँधेरा उजाला हुआ, सेंधों का ढेला, शकरपाला हुआ।' (उप., पृ. 39) आदि कविताओं में हँसी कहीं ज़्यादा खुली हुई, कहीं करुणा में डूबी हुई, बात करने का ढंग वही कूट शैली का, चित्रण का विषय निराला और बाहर की दुनिया का सम्बन्ध।

'अर्चना' में एक गीत है :

बन जाय भले शुक की उक से,
सुख की दु:ख से अवनी न बनी। [पृ. 9]

वही सुखिया और दु:खिया की आपसी अनबन की तसवीर है। इस अनबन पर निराला की हँसी शब्दार्थ से नहीं, शब्दों की ध्वनि से व्यक्त होती है, यथा :

कटती पटती पट जाय तही,
तन की मन से तनती न तनी।

करुणा और हास्य का मिश्रण 'अर्चना' की कुछ अन्य कविताओं में है : 'छोड़ दो, न छोड़ो टेढ़े'; (पृ. 67) 'गवना न करा, खाली पैरों रस्ता न चला'; (पृ. 84) 'चंग चढ़ी थी हमारी, तुम्हारी डोर न टूटी' (पृ. 22) इत्यादि।

इन कविताओं में स्वत: संभाषण की शैली है। निराला कभी-कभी ब्रह्म या माया से इसी शैली में बातें करते हैं मानो उन्हें इसकी चिन्ता न हो कि ब्रह्म उनकी बात समझता है या नहीं अथवा ब्रह्म को साधारण पाठक से ज़्यादा समझदार मानते हों! जो बात दूसरे नहीं समझते, उसे वह समझ लेगा, ऐसा सोचते हों! ज्ञान की गरिमा अथवा भक्ति के आवेश के बदले यहाँ विडंबनापूर्ण परिस्थिति का बोध है। 'गीत गुंज' में :

बुझी दिल की लगी न मेरी
तो क्या तेरी बात बनी?
चली कोई न चलाई चाल
तो क्या तेरी घात बनी? [पृ. 28]

'आराधना' के गम्भीर गीतों के बीच कहीं कबीर की-सी उलटबाँसी :

ऊँट बैल का साथ हुआ है।
कुत्ता पकड़े हुए जुआ है। [पृ. 72]
मानव जहाँ बैल घोड़ा है,
कैसा तन मन का जोड़ा है? [पृ. 73]

कहीं शब्दों के साथ खिलवाड़, जो परिस्थिति पर उनकी व्यंग्यपूर्ण हँसी का सूचक है :

हलके-हलके हल के न हुए,
दलके-दलके दल के न हुए,
उफले-उफले फल के न हुए,
बेदाने थे तो दाने क्या? ['आराधना', पृ. 30]

कभी-कभी शब्दों के साथ यह खिलवाड़ मन का उल्लास प्रकट करता है, जैसे 'सान्ध्यकाकली' की 'ताक कम सिनवारि' अथवा 'वारि वन वनवारि' रचनाओं में किन्तु 'अणिमा' से 'आराधना' तक की कविताओं में इस तरह की शब्द-कीड़ा सामान्यत: व्यंग्यपूर्ण हँसी की सूचना देती है और यह हँसी न्यूनाधिक मात्रा में करुणा-मिश्रित होती है।

'देवी' कहानी में निराला खुद पर, समाज पर हँसते हैं, साथ ही पगली भिखारिन और उसके बच्चे के प्रति मन में गहरी ममता और करुणा का भाव है। 'चतुरी चमार' में निराला दुनिया पर, दो-चार जगह चतुरी पर हँसते हैं, साथ ही चतुरी और उसके परिवार के प्रति उनके मन में गहरा प्यार है। चतुरी के संघर्ष के प्रति आदर और प्रशंसा का भाव है। 'राजा साहब को ठेंगा दिखाया' में वैभव के वे सब उपकरण हैं जिन्हें देखकर निराला अपने दिवास्वप्नों का जाल बुनते थे; किन्तु यहाँ उन्हें ठुकराकर वह भूखे विश्वंभर पर ध्यान केन्द्रित करते हैं। ठेंगा दिखाने में जितनी हँसी है, उससे ज़्यादा विश्वंभर के प्रति करुणा और राजा के प्रति आक्रोश है।

'कुल्लीभाट' और 'बिल्लेसुर बकरिहा' में हँसी के फव्वारे छूटते हैं किन्तु हँसी की चकाचौंध के नीचे वेदना का काला अँधेरा है। 'कुल्लीभाट' में ही निराला ने ससुराल- यात्रा के रोचक प्रसंगों के साथ जीवन के सबसे दु:खद अनुभवों का वर्णन किया है। दर्शनशास्त्र, वेदान्त, ब्रह्मज्ञान की कसौटी है दु:ख। रहस्यवादी कवि संसार को ज्ञान और प्रकाश से जगमगाता देखते हैं। निराला का विचार है कि उन्हें भी ज्योति दिखाई दी थी। महिषादल में साधु के मिलने की चर्चा करते हुए उन्होंने लिखा : "मुझे ज्योति भी दिखी। पहले 'जुही की कली' लिखते वक्त दिखी थी, तब नहीं समझा था। अबके एक साधु ने पहचान करा दी।" (पृ. 77-78)

यह ज्योति-दर्शन सत्य है या प्रवंचना?

रवीन्द्रनाथ ठाकुर ने यह ज्योति देखी थी; निराला उसे देखे बिना कैसे रह सकते थे? 'कुल्ली भाट' लिखते समय निराला के मन में इस ज्योति-दर्शन के प्रति अब भी मोह है, साथ ही रवीन्द्रनाथ की और अपनी परिस्थितियों के भेद पर ध्यान देते हुए वह ज्योति-दर्शन पर हँसते भी हैं। गर्मी की लू झेलते हुए ससुराल-यात्रा के पहले दौर में वह गाँव से स्टेशन जा रहे हैं।

"बाहर खाई पार करते ही लू का ऐसा झोंका आया कि एक साथ कुंडलिनी जैसे जग गई, जैसे वर-पुत्र पर पड़ी सरस्वती की कृपा-दृष्टि की तारीफ में रवि बाबू

ने लिखा है : 'एके बारे सकल पर्दे घुचिए दाओ तारे' (एक साथ ही उसके कुल पर्दे हटा देती हो)। वह प्रकाश दिखा कि मोह दूर हो गया। लेकिन व्यक्ति-भेद है; रवि बाबू को आराम-कुर्सी पर दिखा, हज़रत मूसा को पहाड़ पर, मुझे गलियारे में, लू विरोध करती हुई कह रही थी : 'अब ज्ञान हो गया है, घर लौट जाओ'। (पृ. 28)

कुंडलिनी, योग, सहस्रार, वर-पुत्र पर सरस्वती की दृष्टि, चारों ओर ज्ञान और आनन्द का प्रकाश, रहस्यवादी कवियों की 'एक्सटैंसी', आनन्द में विह्वल होकर उन्मत्त की-सी दशा—निराला सब पर हँसते हैं। सामने है लू; पत्नी और परिवार के अन्य जनों की मृत्यु की स्मृति। वह प्रकाश दिखा कि मोह दूर हो गया। काहे का मोह दूर हुआ? संसार का मोह या ज्योतिदर्शन का मोह?

पत्नी की मृत्यु के बाद निराला गंगा किनारे बैठे थे। कुल्ली ने आकर कहा : "मैं जानता हूँ, आप मनोहरा को बहुत चाहते थे। ईश्वर चाह की ही जगह मार देता है, होश कराने के लिए।" (उप., पृ. 72)

होश आने पर आदमी क्या देखता है? दु:ख या आनन्द का प्रकाश? बेहोशी किस बात में है : दु:ख को भूलने में या उसके प्रति सजग रहने में? यदि दु:ख को भूलना होश की निशानी है तो ईश्वर चाह की जगह मार क्यों देता है? मार से आदमी दु:ख पाता है, दु:ख की चेतना उसे अपने और संसार के प्रति सजग करती है, आनन्द के सागर में डूबने-उतराने के सपने चूर-चूर हो जाते हैं। 'कुल्ली भाट' में निराला अपना दु:ख देखते हैं, कुल्ली और अछूत बालकों का दु:ख देखते हैं, यही सच्चा ज्ञान है।

बिल्लेसुर के लिए निराला ने लिखा : "दु:ख का मुँह देखते-देखते उसकी डरावनी सूरत को बार-बार चुनौती दे चुके थे। कभी हार नहीं खाई।" ('बिल्लेसुर बकरिहा', पृ. 47)

अपने जीवन में यह काम निराला ने भी किया। आत्म-प्रवंचना का रूप कोई हो—चाहे आदमी बड़प्पन के सपने देखे, चाहे ज्ञान और प्रकाश के सागर में डूबे—उससे मुक्त होने पर ही मन में यह ताकत पैदा होती है कि दु:ख की डरावनी सूरत को वह साहस से देखे, उसे चुनौती दे, उससे हारे नहीं। निराला ने इस तरह के अनुभव अपनी कविता में बयान किये हैं। उनकी यह दु:खानुभूति उनके ज्योतिदर्शन से अधिक महत्त्वपूर्ण है।

संघर्ष

निराला दु:ख, संघर्ष और मृत्यु के कवि हैं। 'जब कड़ी मारें पड़ीं, दिल हिल उठा'—सन् '21 में इस कविता से लेकर सन् '61 में 'पत्रोत्कंठित जीवन का विष बुझा हुआ है' तक निराला-काव्य में दु:ख, संघर्ष और मृत्यु का यह क्रम बराबर चलता रहा है।

मनुष्य और उसके परिवेश का अन्तर्विरोध दु:ख का मूल कारण है। इस अन्तर्विरोध का जो स्तर होगा, उससे मिलता-झुलता दु:ख का स्तर होगा। अन्तर्विरोध सह्य और सामान्य है तो दु:ख भी सह्य और सामान्य होना चाहिए। किन्तु क्या सह्य है, क्या असह्य; यह सहने वाले मन पर भी निर्भर है। मनुष्य और परिवेश का अन्तर्विरोध कितना तीव्र है, यह परिवेश की वस्तुगत विशेषताओं के अलावा तीव्रता अनुभव करनेवाले मन की आत्मगत विशेषताओं पर निर्भर है। निराला का मन साधारण शक्ति वाला औसत मन नहीं है; उसमें सृजनशीलता की अपार क्षमता और कष्ट सहने में अद्‌भुत दृढ़ता है। जिस परिवेश से वह टकराते हैं, वह भी अपनी जगह से टस से मस होनेवाला नहीं, विराट् और व्यापक होने के साथ वह आक्रामक भी है।

'देवी' कहानी में निराला ने अपने और परिवेश के अन्तर्विरोध का बहुत स्पष्ट चित्रण किया है। जो निराला के लिए जीवन है, वह औरों के लिए मृत्यु है। "इसीलिए मेरी कद्र नहीं हुई। मुझे बराबर पेट के लाले रहे।" इन दो छोटे-से वाक्यों में निराला ने अपने दु:ख के दो मुख्य कारणों का उल्लेख कर दिया है। कद्र न होना, साहित्य का तिरस्कार, समाज और साहित्य में उनका विरोध—यह एक कारण है। इस विरोध का एक भौतिक परिणाम यह निकलता है कि कवि के जीवन में साधारण सुख-सुविधाओं का अभाव रहा। अन्तर्विरोध का एक पहलू आर्थिक है। साहित्य की दुनिया में रहनेवाले कलाकार को रोटी-कपड़े जैसी क्षुद्र वस्तुओं की चिन्ता न हो, ऐसी बात नहीं है। 'सरोज-स्मृति' में उसी अन्तर्विरोध का चित्रण करते हुए निराला ने पुन: आर्थिक पक्ष पर बल दिया है :

धन्ये, मैं पिता निरर्थक था,
कुछ भी तेरे हित न कर सका।
जाना तो अर्थागमोपाय,
पर रहा सदा संकुचित काय
लख कर अनर्थ आर्थिक पथ पर
हारता रहा मैं स्वार्थ समर।
शुचिते, पहना कर चीनांशुक
रख सका न तुझे अत: दधिमुख
क्षीण का न छीना कभी अन्न,
मैं लख न सका वे दृग विपन्न:
अपने आँसुओं अत: बिम्बित
देखे हैं अपने ही मुख-चित।
सोचा है नत हो बार-बार—
यह हिन्दी का स्नेहोपहार... ['अनामिका', पृ. 119]

यहाँ निराला ने अन्तर्विरोध के आर्थिक पक्ष पर बल देते हुए उसे हिन्दी में अपने साहित्य के विरोध से जोड़ दिया है। पक्ष दो हैं—आर्थिक और सांस्कृतिक; उनसे निर्मित इकाई है—निराला का परिवेश।

'देवी' कहानी में निराला ने परिवेश से अपने सम्बन्धों के बारे में लिखा है कि वह अपनी समझ में साहित्य को नरक से स्वर्ग बना रहे थे : "इसलिए मेरी दुनिया भी मुझसे दूर होती गई, अब मौत से जैसे दूसरी दुनिया में जाकर मैं उसे लाश की तरह देखता होऊँ।" निराला से जो दुनिया दूर होती गई, वह उनका परिवेश है; वह दुनिया दूर होने के अलावा निराला के लिए मर भी चुकी है। पूँजीवादी-सामन्ती समाज-व्यवस्था में कलाकार के मन में आत्मनिर्वासन और अकेलेपन की भावना इस तरह व्यक्ति और व्यवस्था की टक्कर से, जर्जर रूढ़ियों और नये मूल्यों के संघर्ष से उत्पन्न होती है।

निराला ने लिखा : 'अब मौत से जैसे दूसरी दुनिया में जाकर'। परिवेश की अपनी दुनिया है, निराला की अपनी दुनिया। निराला के लिए परिवेश मृत है तो परिवेश के लिए निराला मृत हैं। निराला और उन जैसों को मृत मानकर उनका मांस नोंच-नोंच कर जिन्होंने खाया है और अपनी दुनिया आबाद की है, वे परिवेश के संरक्षक और कर्णधार हैं। निराला इनके बारे में कहते हैं : " 'दूबर होत नहीं कबहूँ पकवान के विप्र, मसान के कूकर' की सार्थकता मैंने दूसरे मित्रों में देखी, जिनकी निगाह दूसरों की दुनिया की लाश पर थी। वे पहले फटीचर थे, पर अब अमीर बन गए हैं, दो-मंज़िला मकान खड़ा कर लिया है, मोटर पर सैर करते हैं। मुझे देखते हैं, जैसे मेरा-उनका नौकर-मालिक का रिश्ता हो! नक्की स्वरों में कहते हैं, 'हाँ, अच्छा आदमी है; ज़रा सनकी है।' फिर बड़े गहरे पैठकर मित्र के साथ हँसते हैं।"

'देवी' में, 'राम की शक्तिपूजा' में निराला यह हँसी बराबर सुनते हैं; कहीं गहरे पैठकर मित्र हँसते हैं, कहीं अन्धकार में रावण का अट्टहास गूँज उठता है। 'देवी' और 'सरोज-स्मृति' में निराला ने जिस तरह विस्तार से परिवेश का चित्रण किया है, उस तरह अन्यत्र नहीं किया किन्तु कहीं सूक्ष्म, कहीं कुछ अधिक विस्तृत रूप में, वह परिवेश मौजूद अवश्य है। इस परिवेश से निराला की टक्कर उनके दु:ख का मूल कारण है।

'परिमल' में ऐसी रचनाएँ काफी हैं जिनमें वसन्त और यौवन की विदाई पर, अपने अथवा देश के सुखद अतीत के बीत जाने पर, जीवन में प्रेम की विफलता अथवा अस्थिरता पर खेद प्रकट किया गया है। यह खेद शोक नहीं बन पाया क्योंकि जिस अन्तर्विरोध से वह उत्पन्न हुआ है, उसका स्तर साधारण है। दीन और भिक्षुक के प्रति निराला की करुणा का स्तर जैसे भावुकता का है, वैसे ही प्रणय-सौन्दर्य की अस्थिरता-विफलता को लेकर उनके खेद का स्तर भी भावुकता का है।

जैसे खेद और शोक—इन दो शब्दों के अर्थ में भेद है, वैसे ही अंग्रेज़ी के ट्रैजिक और पैथेटिक—इन दो शब्दों के अर्थ में भेद है। दु:ख से सम्बन्ध दोनों का

है किन्तु जो पैथेटिक है, वह ट्रैजिक नहीं। काव्य की श्रेष्ठता उसके ट्रैजिक होने में है, पैथेटिक होने में नहीं। जहाँ संघर्ष है, परिवेश का विरोध सशक्त है, उससे टक्कर लेनेवाले व्यक्ति का मनोबल दृढ़ है, वहाँ उदात्त स्तर पर मानव-करुणा व्यक्त होती है। वही ट्रैजेडी है। शेष सब पैथेटिक हैं।

'यमुना के प्रति' कविता में आकाश-वीणा को झंकारने वाले देवदूतों के गीत सुनकर निराला यमुना से पूछते हैं :

बता, बता, अपने अतीत के
क्या तू भी गाती है गान?

यह स्तर भावुकता का है। 'परिमल' की 'आदान-प्रदान' कविता में अपने अतीत का स्मरण करते हुए निराला गीत गाते हैं और पूछते हैं :

कठिन शृंखला बजा-बजाकर
गाता हूँ अतीत के गान,
मुझ भूले पर उस अतीत का
क्या ऐसा ही होगा ध्यान? [पृ. 92]

यह स्तर ट्रैजेडी का है। शृंखला के बजने से कवि के प्रतिरोध, असामान्य विरोधी परिस्थिति में भी उसके गीत गाते रहने की क्षमता का ज्ञान होता है। वर्तमान उसके लिए कारागार के समान है; उस स्थिति में वह सुखद अतीत का स्मरण करता है। दृढ़ मनोबल और धैर्य से परिवेश का सक्रिय विरोध करने पर ट्रैजेडी के स्वर फूटते हैं। इस विरोध में दुःख सहते हुए मनुष्य यदि विजयी होता है तो, यूनानी नाट्य परम्परा के अनुसार, वह भी ट्रैजेडी है; यदि वह परास्त होता है, भीतर से टूटता है, तो वह भी ट्रैजेडी है। प्रश्न यह है कि टूटने वाला मन कितना समर्थ था; जिन परिस्थितियों के दबाव से टूटा है, उनमें कितनी ताकत थी।

'जब कड़ी मारें पड़ीं, दिल हिल उठा'—दिल हिल उठता है, कड़ी मारों से। निराला का आदर्श है वह वीर, जो चारों ओर से प्रहार सहता हुआ चुपचाप अपने मार्ग पर चला जाता है। उन्हें दृढ़ विश्वास है कि उसे सिद्धि प्राप्त होगी; अपने बारे में भी सोचते हैं कि उन्हें इसी प्रकार सिद्धि मिलेगी अथवा मिल चुकी है। 'अध्यात्म फल' में कड़ी मारें पड़ीं पर चूँ भी न कर पाए। तो भी मुक्ति की युक्ति से मिलकर भाव खिल गया। 'विफल वासना' ('परिमल', पृ. 139) में जो पुष्प 'प्रकृति के निर्दय आघातों से' छिन्न हो जाते हैं, वे कुछ कहते नहीं, रोकर रह जाते हैं। कवि (उप., पृ. 179) 'निर्मम' संसार के सहस्रों वार झेलता है, अपने सुख से मुँह मोड़कर दूसरों को जीवन देता है।

हे महान्! सोचते हो दुःख-मुक्ति,
शक्ति नवजीवन की।

शक्ति-साधना और दुःख से मुक्ति के संघर्ष का यह सम्बन्ध है।

कवि और क्रान्तिकारी योद्धा का एक प्रतीक है निर्झर। इसमें और बादल वाले प्रतीक में अन्तर यह है कि विरोधी शक्तियाँ निर्झर के लिए बहुत प्रबल हैं, सफलता के लिए उसे विकट संघर्ष करना पड़ता है। 'स्वागत' कविता (पृ. 104) में निराला कहते हैं :

कितने ही विघ्नों का जाल
जटिल, अगम्, विस्तृत पथ पर विकराल;
कंटक, कर्दम, भय-श्रम निर्मम कितने शूल...

सांकेतिक ढंग से यहाँ परिवेश का बोध कराया गया है; काँटों और कीचड़ से भरी हुई राह भयप्रद है। रास्ते में वन्य पशु और हिंस्र निशाचर हैं, ऊपर से उपल-वृष्टि होती है, ग्रीष्म का ताप और जाड़े की ठिठुरन सहनी होती है। किन्तु निर्झर अपनी प्रतिज्ञा पर अटल रहता है; मेहनत से घबराता नहीं है, मेहनत करता है और उसे सफलता मिलती है। कवि की तरह यह निर्झर भी दूसरों को नवजीवन देता है। परिवेश की कटुता और संघर्ष की तीव्रता का चित्रण यहाँ भावबोध के जिस स्तर का परिचय देता है, वह ट्रैजेडी का उदात्त स्तर है। वनबेला पर इसी तरह जब ऊपर से प्रखर उपल-प्रहार होता है, तब वह अपने वृन्त पर नाचती है। वृन्त पर खिलने से पहले संसार का ताप-वास ढोती हुई 'कर्म जीवन के दुस्तर क्लेश' भेद कर ऊपर उठती है। नर्गिस—वनबेला की तरह—वन्दनीय है क्योंकि वह धरती के भीतर का अन्धकार पार करती हुई आकाश की ओर उठी है।

निराला अपनी सिद्धि का चित्र खींचते हैं :

प्रात तव द्वार पर,
आया, जननि, नैश अन्ध पथ पार कर। ['गीतिका', पृ. 100]

निर्झर के रास्ते में जो काँटे थे, वे यहाँ भी हैं। उनसे लाभ यह हुआ कि कवि सोया नहीं, जागता रहा। विपत्ति के प्रति सजग होने का भाव। जो दु:ख मिला, उससे नया आत्मबोध, संसार के प्रति जागरूकता। उपल यहाँ भी है किन्तु ऊपर से नहीं गिरे, वे पैरों में लगते हैं। धैर्यवान् आत्मविश्वासी कवि को वे उत्पल जैसे लगते हैं। 'स्वागत' कविता में निर्झर को हिंस्र निशाचर परेशान करते थे; 'गीतिका' में उनकी उपेक्षा करते हुए निराला ने लिखा :

समझ क्या वे सकेंगे भीरु मलिन-मन,
निशाचर तेजहत रहे जो वन्य जन। [पृ. 100]

ये सब उसी परिवेश के प्रतिनिधि हैं जिससे निराला जूझ रहे हैं। यह जूझना भी दो तरह का है। एक जूझना वह, जिसमें कवि चुपचाप मार खा लेता है, प्रहारों को अपनी सहनशीलता से व्यर्थ कर देता है, शत्रु को उत्तर अपनी कलात्मक सृजनशीलता से देता है। दूसरा जूझना वह, जिसमें उलटकर वह शत्रु-दल पर आक्रमण करता है।

उच्च नैतिक आदर्श निराला को प्रेरित करते हैं कि वह पहले ढंग से ही जूझें। 'वनबेला' में वह परिवेश की तीखी आलोचना करते हैं, फिर अपने भाव-विस्फोट पर स्वयं लज्जित होते हैं। निराला अपने भावों को दबाने में सफल नहीं हो रहे हैं, नियंत्रण की सीमा तोड़कर भावोद्‌गार उन्हें व्यथित करते हैं—यह स्थिति 'वनबेला' की वर्जना से स्पष्ट होती है।

भावों को दबाना कितना कठिन है! जाग्रत अवस्था में आदमी उन्हें दबाये भी रहे, स्वप्न में दमन का बाँध टूटने पर आँसू उमड़ ही आएँगे, निराला इस सारी प्रक्रिया से भली भाँति परिचित हैं। 'परिमल' में एक कविता है 'स्वप्न-स्मृति', जो यों शुरू होती है :

आँख लगी थी पल-भर,
देखा, नेत्र छलछलाए दो। [पृ. 134]

लता से टूटे हुए फूलों की तरह, कवि की नैतिक भावना को ठुकराकर सोते समय जब उसका मन बेबस है, तब आँखों में आँसू छलछला आते हैं। तुरन्त जागकर कवि अपना मन टटोलता है, जानना चाहता है, उसकी इच्छा के विपरीत आँखों में आँसू आ कैसे गए। मन के भीतर उसे जो दिखाई देता है, उससे बाहर—नैतिक मन के संकल्प—की तुलना करते हुए लिखा है :

भीतर नग्न रूप था घोर दमन का,
बाहर अचल धैर्य था उनके उस दु:खमय जीवन का;
भीतर ज्वाला धधक रही थी सिन्धु-अनल की
बाहर थीं दो बूँदें—पर थीं शान्त भाव में निश्चल—
विकल जलधि के जर्जर मर्मस्थल की।

भीतर दमन, बाहर धैर्य, भीतर अग्नि, बाहर जल; भीतर जलधि की विकलता, बाहर निश्चल शान्त भाव। निराला आँसुओं के धैर्य और शान्त भाव के बारे में जो कुछ कहते हैं, वह उनके मन की नैतिक भावना व्यक्त करता है। जिसे वह दबा रहे हैं, वह मन की विकलता है जो मर्यादा लाँघकर आँखों में आँसू बन गई है।

भावों को दबाये रहने के विकट प्रयत्न के बाद आँखों में जो आँसू आए हैं, वे भावुकता के प्रमाण नहीं, वे घनीभूत शोक की व्यंजना हैं। 'राम की शक्तिपूजा' में राम धैर्य के अवतार हैं। आकाश और सागर सब-कुछ चंचल और क्षुब्ध है, केवल राम पर्वत की तरह उस अन्धकार में अपनी जगह स्थिर हैं। उन राम के पराजित मन से उमड़ते हुए दो आँसू आँखों से नीचे गिर पड़ते हैं। राम की आँखों में आँसू आना कैसी असाधारण घटना है, इसकी ओर हनुमान की प्रतिक्रिया से कवि ने संकेत किया है :

ये अश्रु राम के आते ही मन में विचार,
उद्वेल हो उठा शक्ति-खेल-सागर अपार।

जो मन भीतर से टूट रहा है, वह कितना धैर्यशाली था, यह शक्ति सागर के उद्वेल होने से प्रकट हुआ। इससे तुलनीय है 'सरोज-स्मृति' में निराला के अपने आँसुओं की ओर संकेत :

अपने आँसुओं अन्त:बिम्बित
देखे हैं अपने ही मुख-चित।

ये उस व्यक्ति के आँसू हैं जिसने लिखा था :

खंडित करने को भाग्य अंक
देखा भविष्य के प्रति अशंक—

जिसकी कामना है कि वह अपनी सारी पराजय हिन्दी का स्नेहोपहार मानकर चुपचाप स्वीकार कर ले। इलाहाबाद के रास्ते पर पत्थर तोड़ती हुई मज़दूर स्त्री की आँखों में उन्होंने वह मनोबल देखा जो स्वयं उनके पास न था :

देखा मुझे उस दृष्टि से
जो मार खा रोई नहीं। ['अनामिका', पृ. 80]

मार खाए और रोए नहीं—निराला का आदर्श यह है।

नत नयनों में स्थिर दो बल
अविचल उर— ['परिमल', पृ. 24]

यह आदर्श।

'गीतिका' में जहाँ कहते हैं, 'भक्ति-नत-नयन मैं चलूँ अविरत सबल', (पृ. 97) वहाँ उसी आत्म-नियंत्रण के आदर्श के प्रति उनकी श्रद्धा व्यक्त हुई है। 'दे मैं करूँ वरण'—'गीतिका' का यह गीत, 'वनबेला', 'तुलसीदास', 'सरोज-स्मृति', 'राम की शक्तिपूजा'—इन सभी रचनाओं में एक तत्त्व सामान्य है, मन को नियंत्रित करने का प्रयास। किन्तु मन को नियंत्रित रखने का अर्थ हमेशा चुपचाप मार खाना नहीं होता। राम की शक्ति-साधना रावण को परास्त करने के लिए है।

'सरोज-स्मृति', 'तुलसीदास' और 'राम की शक्तिपूजा'—इन तीनों कविताओं में युद्ध का वर्णन है। 'सरोज-स्मृति' में एक 'स्वार्थ समर' है जिसमें कवि हारता है, जिसमें विजयी होना वह बहुत सम्मानप्रद नहीं समझता। दूसरा युद्ध साहित्यिक है जिसमें चारों ओर से प्रहार होते हैं और निराला अपने को महारथी के समान घिरा हुआ पाते हैं। इस युद्ध में वह दूसरों का शरक्षेप और रणकौशल देखते भर हैं, स्वयं प्रहार नहीं करते। किन्तु 'राम की शक्तिपूजा' में राम बार-बार प्रहार करते हैं और उनका प्रयास व्यर्थ जाता है। फिर प्रहार की तैयारी के लिए वह दुर्गा की पूजा करते हैं।

प्रत्येक कविता में निराला कल्पना करते हैं कि युद्ध बंद हो गया है, अब शायद शान्ति का समय आएगा। किन्तु वह समय आता नहीं है। 'तुलसीदास' में बाहरी आक्रमणकारियों द्वारा ठाना हुआ युद्ध समाप्त हो गया, धरती स्वच्छ हुई, आकाश

खिल गया लेकिन तुलसीदास अब दूसरे युद्ध की तैयारी में हैं। वह अपने संस्कारों पर विजयी होकर मन साधते हैं और मन को साधने का अर्थ है विचार-भूमि पर देवताओं और असुरों का युद्ध। 'गीतिका' में निराला ने जिन तेजहत निशाचरों की उपेक्षा की थी, वे 'तुलसीदास' में उपेक्षा के नहीं, दंड के पात्र हैं।

होगा फिर से दुर्धर्ष समर
जड़ से चेतन का निशिवासर...
जय, इधर ईश, हैं उधर सबल मायाकर।

ईश—राम—एक ओर; मायाकर—निशाचर—दूसरी ओर। कविता के आरम्भ में एक युद्ध समाप्त हुआ, उसके अन्त में दूसरा युद्ध आरम्भ हुआ।

'सरोज-स्मृति' में उन्होंने कल्पना की, युद्ध का चीत्कार समाप्त हुआ; उनकी साधना सफल हुई यद्यपि धन-सम्मान की दृष्टि से वह परास्त हुए। कविता में प्रहार सहने के अलावा कविता वापस करनेवाले सम्पादकों से लेकर कान्यकुब्ज कुलांकारों तक शत्रुदल पर उन्होंने अनेक वार किये। ये वार व्यर्थ हुए, ऐसा भाव कविता में नहीं है। 'राम की शक्तिपूजा' के आरम्भ में युद्ध समाप्त हुआ; राम सारी स्थिति का विहंगावलोकन करते हुए शक्तिपूजा द्वारा दूसरे युद्ध के लिए तैयार होते हैं। 'तुलसीदास' के अन्त में असुरों पर देवताओं की विजय का मधुर स्वप्न है। काफी विश्वास से, आत्मविश्वास और प्रसन्नता के साथ निराला यह स्वप्न चित्रित करते हैं किन्तु 'राम की शक्तिपूजा' में ऐसा उल्लास या आत्मविश्वास कहीं चित्रित नहीं है। शक्ति राम के वदन में लीन हुई और कथा समाप्त।

राम के विरोधी निशाचर परास्त हो जाएँगे, यह आत्मविश्वास डिगने-सा लगा था। इस विश्वास का स्थान एक नियतिवाद लेता जाता है जिससे मनुष्य टकराता है, घेरा तोड़ नहीं पाता, सिर थामकर बैठ जाता है। 'सरोज-स्मृति' में एक ओर भाग्य के अंक खंडित करने का इरादा है, भविष्य के प्रति अशंक दृष्टि है, दूसरी ओर कविता के अन्त में, भाग्य द्वारा स्वयं खंडित होने, अपनी अशंक दृष्टि की तुलना में अदृष्ट के अधिक शक्तिशाली होने का चित्र है :

हो इसी कर्म पर वज्रपात
यदि धर्म, रहे नत सदा माथ
इस पथ पर, मेरे कार्य सकल
हों भ्रष्ट शीत के से शतदल!

कर्मशील मनुष्य और नियति का कभी न समाप्त होनेवाला संघर्ष। मनुष्य कर्म द्वारा इस नियति को बलपूर्वक मोड़कर उसे अपने अनुकूल बनाना चाहता है किन्तु मुड़ने के बदले नियति खुद उसे भीतर से तोड़ देती है। कवि-कर्म पर वज्रपात हो, यह रास्ते में माथा पकड़कर बैठ जाने की स्थिति है। शीत के शतदल की तरह कर्मों का भ्रष्ट होना मनुष्य की पराजय, नियति की विजय है।

'सरोज-स्मृति' को पढ़ने से लगेगा कि यह पराजय का भाव विशेष परिस्थितियों में कन्या की मृत्यु से उत्पन्न हुआ है। कन्या की मृत्यु एक ऐसी घटना है जिसने निराला को परिवेश से अपने सम्बन्धों के बारे में लिखने को विवश किया किन्तु जैसे परिवेश से टक्कर पुरानी है, वैसे ही नियति के सामने पराजित होने का भाव भी पुराना है। 'सरोज-स्मृति' से लगभग नौ वर्ष पहले 'जीवन चिरकालिक क्रन्दन'—इस गीत में निराला ने कर्म पर वज्रपात वाला वही भाव व्यक्त किया था :

हो मेरी प्रार्थना विफल,
हृदय कमल के जितने दल
मुरझाएँ, जीवन हो म्लान... ['अनामिका', पृ. 92]

नियति के सामने पराजित होने का यही भाव 'वनबेला' की इन पंक्तियों में है :

हो गया व्यर्थ जीवन
मैं रण में गया हार!

'राम की शक्तिपूजा' में दुर्गा की मूर्ति समग्र नभ को आच्छादित किये हुए है। वह नियति का विराट् प्रतीक है। उसी शक्ति के कारण आकाश अन्धकार उगलता है, रावण पराजित नहीं होता, राम के सारे अस्त्र-शस्त्र व्यर्थ सिद्ध होते हैं। राम इस नियति से—नियति द्वारा रक्षित रावण से—युद्ध करना चाहते हैं किन्तु मन कहता है, विजय प्राप्त न होगी, विरोधी शक्ति अत्यन्त प्रबल है। युद्ध करने का उत्साह और पराजित होने का भय राम के मन को दो विरोधी दिशाओं में खींच रहे हैं।

कल लड़ने को हो रहा विकल वह बार-बार,
असमर्थ मानता मन उद्यत हो हार-हार।

राम विभीषण से अपने इसी भय की बात कहते हैं : 'मित्रवर, विजय होगी न समर'। दुर्गा जब कमल का फूल उठा ले जाती हैं तब निरन्तर विरोध के सामने पराजित होने के विचार से राम के मन में आत्मग्लानि का भाव पैदा होता है। वह स्वयं को धिक्कारते हैं, वैसे ही जैसे 'सरोज-स्मृति' और 'वनबेला' में निराला अपने जीवन की व्यर्थता पर दुखी होते हैं।

नियति से परास्त होने पर मनुष्य के लिए मृत्यु ही शेष रहती है, नियति पर विजय पाने का अर्थ है : मृत्यु पर विजय पाना। 'जीवन चिरकालिक क्रन्दन' गीत में नियति से परास्त होने पर निराला ने मृत्यु को वरण करने की इच्छा प्रकट की है :

शून्य सृष्टि में मेरे प्राण
प्राप्त करें शून्यता सृष्टि की,
मेरा जग हो अन्तर्धान।

किन्तु मृत्यु यहाँ जीवन का अन्त नहीं है। निराला को आशा है कि मृत्यु के बाद एक नया जीवन शुरू होगा जिसमें इस जीवन के अन्धकार का अभाव होगा। गीत के अन्त में प्रश्न है :

तब भी क्या ऐसे ही तम में
अटकेगा जर्जर स्पन्दन?

इस गीत में निराला की मृत्यु-कामना जीवन-संघर्ष में विजयी होने के लिए नहीं, उस संघर्ष से बच निकलने के लिए है। जिस रचना में उन्होंने अपने वज्र कठोर अन्तर् को झकझोरने की चुनौती दी है, उसी में यह पराजय का भाव भी है जिसकी चरम परिणति है मृत्यु-कामना।

मृत्यु को वरण करने का एक अर्थ और है : जीवित रहना, जीवन-संघर्ष में मृत्यु-जय होना। जो दुर्गा विराट् नियति के रूप में समग्र नभ को आच्छादित किये हुए हैं, वह मृत्यु-रूपा भी हैं। स्वामी विवेकानन्द ने लिखा था : 'केहु नाहि चाय मृत्यु-रूपा एलोकेशी' और 'सत्य तुमि मृत्यु-रूपा काली'। निराला ने इसी का अनुवाद किया था :

मृत्यु रूपिणी मुक्त कुन्तला
माँ की नहीं किसी को चाह...
मृत्यु-स्वरूपे माँ, है तू ही
सत्य-स्वरूपा, सत्याधार। ['अनामिका', पृ. 110]

'राम की शक्तिपूजा' में राम इन्हीं मृत्यु-स्वरूपा की शक्ति को आत्मसात् करते हैं। यह नियति के सामने पराजय स्वीकार करना नहीं, उसे पराजित करने के लिए उससे उसकी शक्ति छीन लेना है।

निराला इस मृत्युरूपा शक्ति की वन्दना करते हैं, उससे दुःख दूर करनेवाला पदराग रंजित मरण माँगते हैं :

दे, मैं करूँ वरण
जननि, दुःखहरण पदराग रंजित मरण। ['गीतिका', पृ. 97]

यह मृत्यु जीवन का अन्त करने के लिए नहीं, संघर्ष में नई शक्ति-प्राप्ति के लिए है। इसलिए यह प्रार्थना है कि भीरुता के पाश छिन्न हों, मार्ग के अवरोध दूर हों, कवि जीवन के प्रलोभन समुपकरण पार करे। संकल्प यह है कि सामने जो शक्ति का अकूल सागर है, उसे कवि पवन के समान धैर्य से पार करेगा।

'अणिमा' में एक गीत है :

उन चरणों में मुझे दो शरण।
इस जीवन को करो हे मरण। [पृ. 12]

जीवन को मरण में परिवर्तित करने का अर्थ उसे समाप्त करना नहीं, मृत्यु से शक्ति पाकर सफलतापूर्वक जीवित रहना है। इसलिए गीत में आगे कहते हैं :

बोलूँ अल्प, न करूँ जल्पना,
सत्य रहे, मिट जाय कल्पना।

मृत्यु का अर्थ यदि जीवन की समाप्ति है तो कम या अधिक बोलने का प्रश्न ही सामने कैसे आया? कम या अधिक बोलना तब तक है जब तक जीवन है। अन्तिम पंक्तियों में जहाँ सृष्टि से दृष्टि उठने, लोक-आलोक-सन्तरण करने की बात है, वहाँ जीवन को समाप्त करने की आकांक्षा नहीं है वरन् विरोधी—गर्हित मूल्यों वाले—परिवेश से निगाह उठाकर नया लोक-आलोक-सन्तरण करने का भाव है : 'धीर मैं ज्यों समीरण करूँगा तरण' में जैसे तरण है, वैसे ही यहाँ सन्तरण।

शक्ति मृत्युरूपा है, वह मृत्यु की शत्रु भी है। यदि मृत्यु को वरण करने का अर्थ जीवन-संघर्ष में अधिक समर्थ होकर भाग लेना है तो मृत्युरूपा शक्ति मृत्यु की शत्रु भी हुई। स्वामी विवेकानन्द की पंक्तियों का अनुवाद करते हुए निराला ने काली को मृत्यु-स्वरूपा कहा। 'आवाह्न' कविता में उन्होंने काली को मृत्यु से पंजा लड़ाने वाली—मृत्यु का पंजा मरोड़ देनेवाली—शक्ति कहा :

भैरवी भेरी तेरी झंझा
तभी बजेगी मृत्यु लड़ाएगी जब तुझसे पंजा। ['परिमल', पृ. 127)

मृत्यु से लड़ने, उसे पास न फटकने देने का भाव निराला-काव्य में अनेक बार व्यक्त हुआ है।

पैर उखाड़े रह कज़ा के, हाथ जब तक चलता है,
बैठने मत दे किसी को, याद तू जब तक न कर। ['बेला', पृ. 76]

कज़ा के पैर उखाड़ दे—जीवन-संघर्ष में विजयी होने के लिए निराला की यह ललकार है। मौत के सामने घुटने टेकने के बदले वह खुद को और दूसरों को लड़ने और मेहनत करने की सलाह देते हैं :

पथ पर बेमौत न मर
श्रम कर तू विश्रम-कर। [उप., पृ. 92]

मृत्यु का वरण करते हुए श्रम करने का ऐसा उत्साह कम ही कवियों में देखा जाता है। श्रम से थककर 'परिमल' की कविता 'विस्मृत भोर' में निराला ने लिखा था :

जहाँ हाय, केवल श्रम, केवल श्रम,
केवल श्रम, कर्म कठोर...
केवल अन्धकार, करना वन पार
जहाँ केवल श्रम घोर। [पृ. 140]

माथे का पसीना पोंछते हुए मौत से निगाह मिलाकर 'बेला' में निराला फिर हिम्मत से कहते हैं :

बिना अमर हुए यहाँ काम न होगा,
बिना पसीना आए नाम न होगा। [पृ. 96]

अमर होने का अर्थ जीवन में मृत्यु को वरण करना है अथवा उससे लड़ना है। अमर होकर किसी अमरावती में निवास करने के बदले उसी संसार में रहकर पसीना बहाना होगा।

निराला चुपचाप प्रहार सहते हैं, आगे बढ़कर वार भी करते हैं, माथा पकड़कर ज़मीन पर बैठ जाते हैं लेकिन फिर उठकर खड़े होते हैं, नियति से टकराते हैं, मौत की तरफ देखते हैं, फिर अपने काम में लग जाते हैं। दु:ख से मुक्ति पाने के लिए अपने सामाजिक-सांस्कृतिक परिवेश से ऐसा ही निराला का दीर्घकालीन संघर्ष है।

तू कभी न ले दूसरी आड़,
शत्रु को समर जीते पछाड़— ['बेला', पृ. 63]

उनका यह दृप्त विजयाकांक्षी स्वर—परिवेश के कोलाहल के ऊपर—उनकी रचनाओं में अन्त तक सुनाई देता है।

अन्तर्द्वन्द्व

कवि का एक संघर्ष परिवेश से, दूसरा अपने मन के भीतर। मन जितना संयत, सधा हुआ होगा, बाहर के संघर्ष में उतना ही समर्थ होगा। निराला अपने मन में जो दु:ख, क्षोभ और ग्लानि के भाव दबाते हैं, उनमें सबसे विकट है अपमान का भाव। यदि आत्मा अमर है, कवि ने ज्ञान का प्रकाश देखा है, तो अपमान का भाव भी मिथ्या है। किन्तु फँसा माया में हूँ निरुपाय, निराला का मन करुणा और सहानुभूति के कारण ही माया में नहीं फँसा, वह मान-अपमान की भावना के कारण भी माया में फँसा है। इस भावना को वह नियंत्रित रखना चाहते हैं। किन्तु वह बार-बार नैतिक मर्यादा तोड़ देती है। निराला व्यथित होते हैं, फिर उस अपमान की ज्वाला को अपने जीवन की प्रेरणा बना लेते हैं। मृत्यु यदि शक्ति है तो ज्वाला, विष, अपमान भी शक्ति हैं।

कण को प्रतीक बनाकर निराला उसके ठुकराए जाने में अपने अपमानित होने का भाव व्यक्त करते हैं। जो ठुकराते हैं, उनके पैरों को कण और कोमल बना देता है।

किन्तु हाय, वे तुम्हें नीच ही हैं कह जाते। ['परिमल', पृ. 146]

यहाँ कण सब-कुछ चुपचाप सह लेता है क्योंकि उसका लक्ष्य विरज अथवा ब्रह्म को पाना है। 'देवी' कहानी में जिन लोगों की निगाह निराला को पसन्द नहीं,

वे उन्हें ऐसे देखते हैं : "जैसे मेरा-उनका नौकर-मालिक का रिश्ता हो!" यह निगाह निराला को अपमानित करती है। उन्हें सनकी समझकर वे लोग "गहरे पैठकर मित्र के साथ हँसते हैं।" यह हँसी निराला को अपमानित करती है। अपमान की बातें याद करते हुए निराला इन हँसनेवालों को बहुत कुछ सुना देते हैं, उन्हें सुझाते हैं कि भाव के साथ बे-भाव की पड़ी हो तो सँभाल लीजिएगा। अपमान की भावना तैयारी के बिना ही भाषण देने को मजबूर करती है; नैतिक आदर्श कहता है, ऐसा भाषण देना अनुचित है। 'वनबेला' में साहित्यकारों और राजनीतिज्ञों के मायाजाल पर भाषण है, मन स्वीकार नहीं करता कि भाषण उचित है। महात्मा गांधी और पंडित जवाहरलाल नेहरू के साथ बातचीत में जगह-जगह यह अपमानित होने का भाव फूट पड़ता है। 'मित्र के प्रति' कविता ('अनामिका', पृ. 10) में उन रूढ़िवादियों को उत्तर देते हैं जो आधुनिक कविता को नीरस मानते हुए उसे बन्द करने को कहते हैं। 'हिन्दी के सुमनों के प्रति' कविता (उप., पृ. 114) में निराला लोक-प्रसिद्धि पाने वाले कवियों द्वारा स्वयं को अपमानित महसूस करते हुए 'ब्राह्मण समाज में ज्यों अश्रुत' लिखकर अपनी स्थिति की व्याख्या करते हैं। अन्य कविता—'उक्ति'—में उनके अपमानित होने का रूप अधिक स्पष्ट होता है :

बहु-रस साहित्य विपुल यदि न पढ़ा—
मन्द सबों ने कहा,
मेरा काव्यानुमान यदि न बढ़ा—
ज्ञान, जहाँ का रहा... [उप., पृ. 116]

ज़्यादा पढ़े-लिखे नहीं हैं। काव्यशास्त्र नहीं जानते। जो लिखते हैं, वह नीरस है—साहित्यकारों के समाज से बहिष्कृत होने का भाव निराला के मन में अपमान के कारण है। वह बहिष्कृत रहे हों चाहे न रहे हों, बहिष्कृत होने का भाव उनमें ज़रूर है और इस भाव के पैदा होने से मन में अपमान की आग सुलग उठती है। 'सरोज-स्मृति' में वह सोचते हैं कि भले ही आज अपमानित हों, कल तो उनका सही मूल्यांकन होगा, तब सरस्वती की कला का रंग सबसे ज़्यादा उन्हीं के रूप में निखरेगा :

वांछित उस किस लांछित छवि पर
फेरती स्नेह की कूची भर।

जो छवि वांछित है, वह लांछित भी है। इसी लांछित होने के भाव के बारे में निराला ने 'गीतिका' में लिखा :

लांछना ईंधन, हृदय तल जले अनल। [पृ. 97]

वातावरण में विषाक्त गंध है, विषबेलि की गंध। एक गंध वनबेला की है जो सुगंध की सुरा पिलाती है; एक गंध उस विषबेलि की है जो उन्मत्त जनों के वातावरण

में लहलहाती है। यह गंध निराला का अपमान कर जाती है, कहना चाहिए, सारा वातावरण कवि को अपमानित करनेवाला है। 'अणिमा' में गीत है :

मत्त हैं जो प्राण
जानते हैं कब किसी का मान?
बेलि विष की फैलकर जो खिल गई,
गंध जिसकी हवा के उर मिल गई,
वह बिना समझे हृदय में हिल गई,
कर गई अपमान। [पृ. 57]

निराला ने माया के बारे में विकल्प प्रस्तुत किया था :

तू किसी वन की विषम विष-वल्लरी
या कि मन्द समीर गंध-विनोद की? ['परिमल', पृ. 85]

मन्द समीर जो गंध ले आती है, उसके बदले 'अणिमा' में विषवल्लरी की गंध है और उसका सम्बन्ध अपमान से है। जयशंकर प्रसाद ने भी बहुत अपमान सहा था; अपमान का विष पीकर उन्होंने जातीय साहित्य को अमर कर दिया :

पिया गरल, पर किया जाति-साहित्य को अमर। ['अणिमा', पृ. 27]

गरल पीकर ही वह जातीय साहित्य को अमर कर सकते थे। जो शक्ति गरल में है, वह अमृत में नहीं। जिसने जाति को अपमानित होते देखा है, अपनी भाषा और साहित्य की हीन दशा से दुखी हुआ है, इस दु:ख और अपमान का विष पीकर जो साधना में तत्पर हुआ है, वही जातीय साहित्य को अमर कर सकता है।

दु:ख के सुख जियो, पियो ज्वाला,
शंकर की स्मर-शर की हाला। ['आराधना', पृ. 2]

सुखी होने पर सभी जीते रह सकते हैं, प्रशंसा उसकी करनी चाहिए जो दु:ख को जीवनीशक्ति में बदल दे। दु:ख की ज्वाला पीकर मनुष्य मरने के बदले नया जीवन, नई शक्ति पा सकता है। यह शंकर की हाला है जो मनुष्य की क्षुद्र वासनाओं का नाश करती है। वह स्मर-शर की हाला है क्योंकि दु:ख और अपमान का विष वासनाओं को जिलाता नहीं, मारता है।

दुर्गा मृत्युरूपा हैं; शिव गरलपायी हैं। जैसे मृत्यु शक्ति देती है, वैसे ही विष। 'गीतिका' में लिखा :

दे मैं करूँ वरण
जननि दु:खहरण पदराग रंजित मरण।

यह मरण शक्ति देनेवाला है, वैसे ही अपमान की ज्वाला भी।

लांछना ईंधन, हृदय तल जले अनल,
भक्ति-नत-नयन मैं चलूँ अविरत सबल।

लांछना का ईंधन हृदयतल में अनल को निरन्तर प्रज्वलित किये रहता है। भक्ति से आँखें नत करके कवि इस ज्वाला को जीवनीशक्ति बना लेता है। यह भक्ति साधारण वैष्णव भक्ति नहीं, शक्ति के उपासक की भक्ति है जो प्राण-संघात के सिन्धु को पार कर जाना चाहता है। एक ओर प्राणशक्ति का सागर, दूसरी ओर उसे पार कर जाने को इच्छुक कवि। एक ओर आकाश को आच्छादित किये हुए दुर्गा, दूसरी ओर उन्हें आत्मसात् करनेवाले राम। दोनों जगह शक्ति का काट शक्ति से होता है। भक्ति-नत नयनों की भक्ति इस तरह की है। शक्ति पूजा का एक रूप है, दुःख और अपमान का विष पीकर साहित्य को अमर कर देने की साधना। जयशंकर प्रसाद ने यह विष पिया, निराला ने पिया। 'गीतिका' में जो आग लांछना के ईंधन से जलती है, वही 'आराधना' में है। 'दुःख के सुख जियो, पियो ज्वाला'—यह ज्वाला वही अपमान की ज्वाला है, गीत की अगली पंक्तियों से स्पष्ट हो जाता है :

शशि के लांछन हो सुन्दरतर,
अभिशाप समुत्कल जीवन वर
वाणी कल्याणी अविनश्वर...

निराला यहाँ भी लांछन का स्मरण कर रहे हैं। जो लांछित है, उसे और भी सुन्दर बनना है। सुन्दर बनने के लिए ही ज्वाला को पीना आवश्यक है। 'सरोज- स्मृति' में उन्होंने लिखा था कि जो लांछित है, वह सरस्वती का कृपा-पात्र है किन्तु कविता के अन्त में कवि-कर्म पर वज्रपात करके निराला ने लांछित कवि को सुन्दर बनाने की प्रक्रिया समाप्त कर दी थी। सत्रह साल बाद लांछित को सुन्दर ही नहीं, सुन्दरतर बनाने के लिए उन्होंने फिर प्रक्रिया आरम्भ की :

दुःख के सुख जियो, पियो ज्वाला,
शंकर की स्मर-शर की हाला।

ज्वाला पीकर जीवित रहना आसान काम नहीं। विष जब हज़म नहीं होता तब शरीर को भस्म करने लगता है।

मास-मास दिन-दिन प्रतिपल
उगल रहे हो गरल-अनल,
जलता यह जीवन असफल। ['पतनोन्मुख', परिमल, पृ. 39]

यहाँ असफल जीवन जल रहा है, जलन से नई शक्ति नहीं मिल रही। यह जलन प्रतिपल है, बहुत दिनों तक है। लगता है, विष से दग्ध शरीर-विटप की डालों से पल्लव-प्राण झरने ही वाले हैं। विष पीकर अमर बनना निराला के लिए सुखद कल्पना नहीं है; उस विष की जलन का अनुभव उन्होंने किया है, उससे शक्ति पाकर उन्होंने साहित्य रचा है। यह संघर्ष बड़ा विकट है और उसके दौरान अनेक बार उन्होंने मृगमरीचिका से जलन को शान्त करने का प्रयास किया है।

'परिमल' की 'स्मृति-चुम्बन' रचना में यौवन-वन की कोई शकुन्तला अपने चुम्बन से उनके जीवन का प्याला भर जाती है। कवि का मन है दग्ध मरुस्थल; युवती है शरद की चाँदनी के समान : 'शारदीय चन्द्रिका-सी दग्ध मरु के लिए'। जलन से शक्ति पाने के बदले निराला उसे कल्पना की चाँदनी से ढँक देते हैं। 'मित्र के प्रति' कविता ('अनामिका', पृ. 10) में नई कविता के प्रतीक के रूप में लू और धूप से झुलसी हुई भूमि का चित्रण करते हैं। आठ पहर हहर-हहर गरम हवा चलती है, सूर्य के ताप से ताल सूख जाते हैं, हरे-भरे वृक्ष झुलसकर रूखे हो जाते हैं। यह सब ताप-त्रास व्यर्थ नहीं है क्योंकि :

इसी ज्वाल में लहरे
हरे ठौर ठौर।

किन्तु यह हरियाली वर्षा की है, जलन यहाँ शक्ति नहीं बनी। ग्रीष्म की सार्थकता यह है कि उससे वर्षा होती है किन्तु ग्रीष्म अपने में सार्थक नहीं, शक्ति का कारण नहीं। 'अनामिका' की अन्य रचना 'उक्ति' में ताप का भाव वैसा ही प्रबल है, वैसे ही ताप की सार्थकता आकाश पर बादलों के छा जाने में है। किन्तु यहाँ जलन प्रतीक की सीमाएँ लाँघकर सीधे कवि-जीवन में दिखाई देती है :

जला है जीवन यह आतप में दीर्घकाल;
सूखी भूमि, सूखे तरु, सूखे सिक्त आलबाल। [पृ. 90]

'अर्चना' में निराला सावन के बादलों को याद करते हुए, शक्ति की देवी से मृत्यु और ताप का वरदान न माँगकर उससे ताप शीतल करने को कहते हैं :

दाव-दहन की श्रावण, वरुणा। [पृ. 10]

सावन में वरुणा जैसे जल से भर जाती है, वैसे ही शक्ति की देवी अपनी करुणा से निराला का अन्तर्दाह शीतल कर देगी। जल से भरी हुई वरुणा 'सान्ध्यकाकली' में कलकल करता हुआ सरोवर बन जाती है; नीचे है वही दग्ध मरुस्थल : 'विकच मनोमरु पर सर कलकल'। (पृ. 60) निराला कल्पना करते हैं कि भक्ति का सरोवर उनके मन-मरुस्थल पर लहरा रहा है। मरुस्थल है सत्य, उस पर लहराता हुआ सरोवर है मरीचिका।

ज्वाला को शक्ति बनाने का आत्म-संघर्ष एक दिन में समाप्त नहीं होता। जीवन चिरकालिक क्रन्दन की तरह वह भी अभ्युदय से अवसान तक चलता रहता है। निराला अनेक कल्पनाओं से मन बहलाते हैं, फिर होश आने पर कहते हैं :

दु:ख के सुख जियो पियो ज्वाला!

'परिमल' की 'स्मृति-चुम्बन' कविता में यौवन-वन की शकुन्तला शरद की चाँदनी की तरह दग्ध मरुस्थल को शीतल करती है; 'परिमल' की 'कवि' शीर्षक रचना में निराला दग्ध मरुस्थल से ही दाह लेकर उससे शक्ति पाने और उस शक्ति को काव्य में ढालने का दर्शन प्रस्तुत करते हैं :

हे महान्! सोचते हो दु:ख मुक्ति,
शक्ति नव जीवन की।
सूख जाता हृदय तब,
ज्वालाएँ नित्य नव उमड़तीं—
उस अनल कुण्ड की
बाह्य रस-रूप राग
आहुति ही होते हैं,
मूर्त नव जीवन के रूप तब निकलते
प्राणों के प्राण—
अभिधान शत वर्षों के—
हार्दिक आह्वान जहाँ आता है अखिल लोक
शोकातुर, पाता जीवन-विधान। [पृ. 130]

हृदय से ज्वालाएँ उमड़ती हैं तब बाह्य रस-रूप-राग उनमें भस्म हो जाते हैं। यही स्मर-शर की हाला है, वह हृदय में स्मर के शर के समान नहीं लगती, वह स्मर के लिए शर के समान है, उसका नाश करनेवाली है। 'आराधना' में निराला ने दु:ख के सुख जीने, ज्वाला पीने की जो बात लिखी, उसे बीज रूप में नहीं, काफी विस्तार से वह वर्षों पहले 'परिमल' में कह चुके थे! जिस अनल-कुंड में रस-रूप-राग की आहुति पड़ती है, उसी से नये जीवन के रूप निकलते हैं, यही रूप देखकर शोकातुर जनों को जीवन का नया विधान मिलता है। दु:ख से मुक्ति तब नहीं मिलती जब मरुस्थल पर शरद की चाँदनी छा जाती है, मुक्ति तब मिलती है जब दु:ख की ज्वाला ही रूप-रस-राग को भस्म करके नया शक्ति-तत्त्व बन जाती है। 'अनामिका' में एक गीत है 'मरण-दृश्य'। मृत्यु की देवी कहती है :

मुक्ति हूँ मैं, मृत्यु में
आई हुई न डरो! [पृ. 136]

यह उसी तरह की मुक्ति है जिस तरह की 'कवि' में है। 'मरण-दृश्य' में शक्ति ने जो स्नेह-चुम्बन दिये थे, वे गरल के प्याले बन गए हैं, वह कवि से उन्हीं को पीने का आग्रह करती है। ये गरल के प्याले दु:ख के प्याले हैं, यह सन्दर्भ से स्पष्ट हो जाता है। शक्ति ने कवि को जो नई निधि ला दी है, वह 'दु:ख की विधि' है। कल्पना के आकाश में उड़ने के बदले अब वह जलधि-जीवन में तैरता है। यह जलधि जीवन दु:ख का जलधि भी है। दु:ख-मुक्ति का मार्ग शक्ति-साधना का मार्ग है।

'बेला' में एक गीत है :

फूलों के कुल काँटे, दल, बल।
कवलित जीवन की कला अकल। [पृ. 29]

यहाँ विष, असगुन और सोच है, काँटे हैं, कलाकार की रचनात्मक क्षमता का विनाश है किन्तु जिस ताप ने सबको झुलस दिया है, वह अपने में शक्ति है। जो कला ताप से कवलित हो गई है, वह इस शक्ति से फिर विकसित होती है।

पल्लव-ज्वाला उर की पाली,
सुर की वाणी फूटी उत्कल।

वाणी फूटने का कारण वह ज्वाला है जो उर में पाली गई थी। 'अर्चना' में गीत है :

दीप जलता रहा, हवा चलती रही...
काल खलता रहा, कला फलती रही। [पृ. 19]

दीप के जलने और काल के खलने में वही ज्वाला पीने का भाव है; यही साधना है जिससे कला सफल होती है।

एक संघर्ष बाहर संसार में, एक संघर्ष मन के भीतर। दोनों संघर्ष एक-दूसरे से जुड़े हुए हैं। निराला की जलन का सम्बन्ध उस परिवेश से है जो उनके साहित्य का तिरस्कार करता है, उनकी सामाजिक स्थिति पर हँसता है। दु:ख और अपमान की ज्वालाएँ इसी से फूटकर निराला के मन-मरुस्थल को दग्ध करती हैं। उन ज्वालाओं को पीकर उसी परिवेश से जूझने के लिए वह शक्ति संचय करते हैं। अक्सर वह इस परिवेश को कारागार के रूप में चित्रित करते हैं :

गहन है यह अन्ध कारा,
स्वार्थ के अवगुंठनों से हुआ है लुंठन हमारा। ['अणिमा', पृ. 65]

अध्यात्मवादियों के लिए यह संसार कारागार है, मनुष्य की देह कारागार है जिसमें आत्मा बंदी है। निराला इस आशय से संसार को कारागार नहीं कह रहे हैं। संसार कारागार इसलिए है कि यहाँ मनुष्य आपस में मिलकर मनुष्य की तरह नहीं रहते, स्वार्थ के कारण सब एक-दूसरे से जुदा हैं।

बोलते हैं लोग ज्यों मुँह फेरकर—

स्वार्थों में बँधे हुए मनुष्य निराला को गैर समझते हैं, वही 'देवी' कहानी वाला भाव—गहरे पैठकर मित्र के साथ हँसते हैं। संसार कारागार लोगों के इस व्यवहार के कारण है।

प्रसाद के सम्बन्ध में इसी कारागार को याद करते हुए निराला ने लिखा : 'अन्धकार कारा यह, बंदी हुए मुक्ति धन'। इन्हीं प्रसाद ने गरल पिया और जातीय साहित्य को अमर किया। संसार के कारागार होने, कवि के गरल पीकर साहित्य को अमर करने में यह सम्बन्ध है। जिस संसार में रहते हुए कवि को लगता है कि वह कारागार में है, उसी के उत्पीड़न से उसे लगता है कि वह विष पी रहा है।

'बेला' और 'अर्चना' के अनेक गीतों में वह इस कारागार के अन्धकार को दूर करने के लिए देवता से प्रकाश देने की प्रार्थना करते हैं। कहीं प्रकाश की आशा है, कहीं केवल दुर्भेद्य अन्धकार का चित्रण है। प्रत्येक स्थिति में एक बात स्पष्ट होती है कि निराला अपने परिवेश में स्वयं को अकेला पाते हैं। वह बंदीगृह में हैं तो अकेले हैं, उससे बाहर हैं तो अकेले हैं।

बाहर मैं कर दिया गया हूँ।
भीतर पर, भर दिया गया हूँ। ['बेला', पृ. 51]

समाज से निकाले जाने का भाव है : 'ब्राह्मण समाज में ज्यों अछूत की तरह'। आत्म-निर्वासन से जो कष्ट होता है, उसे दूर करने का उपाय है, अध्यात्मज्ञान की प्राप्ति। अन्य परिस्थितियों में जैसे यह ज्ञान साथ नहीं देता, वैसे ही आत्म-निर्वासन और अकेलेपन का कष्ट अध्यात्मज्ञान की कल्पना से दूर नहीं होता।

मैं अकेला;
देखता हूँ, आ रही
मेरे दिवस की सान्ध्य बेला। ['अणिमा', पृ. 20]

यह अकेलापन बुढ़ापा आने के कारण ही नहीं पैदा हुआ। एक मेला है जो निराला से दूर हटता जा रहा है, वैसे ही जैसे लोग मुँह फेरकर बोलते हैं। अकेलापन तब और बढ़ जाता है जब अध्यात्मज्ञान वाला सहारा भी छूट जाता है। जीवन के बहुत-से नदी-नाले पार करने के बाद 'हँस रहा यह देख, कोई नहीं भेला'। भेला का अर्थ स्वयं निराला ने लिखा : 'पुराने ढंग की नाव'। यह पुराने ढंग की नाव अध्यात्मज्ञान की है। उस ज्ञान की कल्पना से वह बहुत खेले थे, इसीलिए उसे ग़ायब होते देखकर उन्हें हँसी आती है। यह सान्ध्य बेला है, जब रवि अस्त हुआ और ज्योति के पत्र पर राम-रावण का अपराजेय समर लिखा हुआ रह गया।

सान्ध्य बेला के बाद रात आती है। कारागार में अन्धकार और सघन हो जाता है।

इस गगन में नहीं दिनकर,
नहीं शशधर, नहीं तारा। ['अणिमा', पृ. 65]

यह आकाश उस संसार के ऊपर छाया हुआ है जिसमें लोग मुँह फेरकर बोलते हैं। चन्द्र-ताराहीन अमानिशा का यह आकाश सघन अन्धकार उगलने ही वाला है। आस-पास कहीं गरजता हुआ समुद्र भी होगा :

कल्पना का ही अपार समुद्र यह,
गरजता है घेरकर तनु, रुद्र यह,
कुछ नहीं आता समझ में,
कहाँ है श्यामल किनारा।

पर्वत के नीचे राम अकेले हैं। आस-पास वानर और मित्रगण नहीं हैं, न लक्ष्मण हैं, न आकाश में छलाँग मारने वाले महावीर। षट्चक्रों को पार करके सहस्रार तक पहुँचने वाला राम का मन नहीं है। ज्योतिहीन प्रगाढ़ अन्धकार, रुद्र के समान गरजने वाला सागर और कवि का यह विनीत, सरल भाव : 'कुछ नहीं आता समझ में, कहाँ है श्यामल किनारा'। यह लिखने के लिए काफी साहस चाहिए।

'राम की शक्तिपूजा' में अन्धकार उगलते हुए आकाश और गरजते हुए सागर के बीच अपने में खोए हुए राम के माध्यम से निराला आत्म-निर्वासन की भावदशा का चित्रण करते हैं। यहाँ परिवेश विभाजित है। एक भाग में आकाश, समुद्र, शिव, काली, रावण और राक्षस-सेना हैं, दूसरे भाग में लक्ष्मण, महावीर, जाम्बवान, सुग्रीव और वानर-सेना हैं। पहला भाग राम के त्रास का कारण है; दूसरा भाग राम का सहायक है किन्तु उससे घिरे होने पर भी राम अपने में खोए हुए हैं, सीता से प्रथम मिलन और जीवन की अनेक पराजयों की स्मृति में डूबे हुए हैं। कल्पना की आँखों से निराला जितना साफ पहले भाग को—विरोधी परिवेश को—देखते हैं, उतना साफ दूसरे भाग—अनुकूल परिवेश—को नहीं। परिवेश से टकराकर बार-बार हारने से जो भय मन में पैदा हुआ है, वह निर्वासित मन का त्रास है। इस त्रास को दूर करने के लिए शक्तिपूजा है जिसमें मुख्य अध्यवसाय राम का है और आन्तरिक है। 'अणिमा' के अनेक गीतों में परिवेश का वह दूसरा—अनुकूल—भाग ग़ायब हो गया है, केवल पहला प्रतिकूल भाग बचा है। इस भाग में चन्द्र-तारा-हीन आकाश है, गरजता सागर है और मनुष्य हैं जो मुँह फेरकर बोलते हैं।

'अर्चना' में यह त्रास का भाव और भी स्पष्ट रूप में अंकित हुआ है :

*शिशिर की शर्वरी**
हिंस्र पशुओं भरी।
ऐसी दशा विश्व की विमल लोचनों
देखी, जगा त्रास, हृदय संकोचनों
काँपा कि नाची निराशा दिगम्बरी। [पृ. 11]

* 'अर्चना' में पाठ है : 'शिविर की शर्वरी'। मेरी समझ में 'शिशिर' की जगह 'शिविर' छप गया है।

विश्व की दशा देखकर निराशा नाच उठती है : 'नाचे उस पर श्यामा' की कल्पना पर व्यंग्य-सा करते हुए। 'राम की शक्तिपूजा' में दुर्गा आकाश को आच्छादित किये हैं, यहाँ आकाशव्यापी निराशा है, दिगम्बरी बनकर शिव और काली का स्थान मानो उसने पा लिया हो! किन्तु निराला कल्पना करते हैं कि माता ने किरण-हाथ बढ़ाकर उन्हें भय से मुक्त कर दिया। फिर कल्पना की चाँदनी को बलपूर्वक मिटाकर निराला उस वन पर ध्यान केन्द्रित करते हैं जिसमें शिशिर की शर्वरी वाले वन्य पशु भरे हुए हैं।

निविड़ विपिन, पथ अराल;
भरे हिंस्र जन्तु व्याल। [उप., पृ. 40]

यहाँ प्रकाश देनेवाली किरण का पता नहीं है। दुर्निवार रूप से अन्धकार बढ़ता आता है। जलाशय का नाम नहीं, कहीं कोई देवालय भी नहीं। जनशून्य इस अरण्य में :

जगता है केवल भय
केवल छाया विशाल।

समुद्र के किनारे राम के पास पर्वत पर जो एक मशाल जल रही थी, वह भी यहाँ बुझ गई है।

अन्धकार के दृढ़ कर
बँधा जा रहा जर्जर
तन उन्मीलन निःस्वर,
मन्द्र चरण मरण-ताल।

यह निराला का मृत्यु-दर्शन है, आत्म-निर्वासन और त्रास की चरम परिणति।

समुद्र का गर्जन छूटा जा रहा था। 'घन तम से आवृत धरणी है'—('अर्चना', पृ. 51)। इस गीत में अन्धकार है, वन में चिंघरते हुए हाथी हैं और गरजता हुआ समुद्र है : 'राम की शक्तिपूजा' की शब्द-योजना की याद दिलाता हुआ :

शत संहत आवर्त-विवर्तों
जल पछाड़ खाता है पर्तों,
उठते हैं पहाड़, फिर गर्तों
धँसते हैं, मारण-रजनी है।

त्रास के प्रतीक अनेक हैं। कहीं आकाश और समुद्र, कहीं वन और हिंस्र पशु, कहीं ये सब मिले हुए। जो एक है और नहीं बदलता, वह है त्रास का भाव, जो परिवेश से टकराने और बार-बार पराजित होने से पैदा हुआ है।

निराला ने ज्वाला पीकर जो शक्ति अर्जित की थी, वह नष्ट नहीं हुई। जीवन और मृत्यु की सन्धि-रेखा पर खड़े हुए वह जो कुछ देखते-सुनते हैं, उसे गीत में

लिखते जाते हैं। यह नि:संग दृष्टि उन्हें उस शक्ति से ही मिली है। निराला जंगल में हाथियों की चिंघाड़ के साथ रात में किसी बालक का रोना सुनकर दुखी होते हैं :

रोता है बालक निष्कारण। ['अर्चना', पृ. 51]

हृदय में करुणा का स्रोत सूखा नहीं है।

मृत्यु

निराला ने मृत्यु पर बहुत लिखा है और आरम्भ से ही लिखा है। कहीं मृत्यु का भय है, यह भय कि दुनिया में कुछ किये बिना ही चल देना पड़े। उस भय के साथ यह आशा है कि अभी मृत्यु न आएगी, यह तो जीवन का आरम्भ ही है।

मेरे जीवन का यह है जब प्रथम चरण,
इसमें कहाँ मृत्यु
है जीवन ही जीवन ['ध्वनि', परिमल, पृ. 105]

वह आशा करते हैं कि मृत्यु के बाद नया जीवन आरम्भ होगा, ब्रह्म अथवा शक्ति के दर्शन से सारा त्रास दूर हो जाएगा। ('परलोक', उप., पृ. 59) कभी शक्ति की देवी को जीवन और मृत्यु, दोनों से समन्वित मानकर उसकी वन्दना करते हैं, कभी देवी को मृत्यु-रूपा मानकर उसके सौन्दर्य का बखान करते हैं। कहीं मृत्यु से जीवन को भस्म होता हुआ देखते हैं, कहीं मृत्यु को वरण करके नई शक्ति प्राप्त करने की बात सोचते हैं। मृत्यु एक लम्बी रात है जिसमें शक्ति या ब्रह्म का प्रकाश सहारा देगा। दु:ख की रात प्रकाश में न बदल जायगी, केवल दु:ख सहने लायक हो जायगा। 'पावन करो नयन' ('गीतिका', पृ. 9)—इस गीत में जो किरण दिन में सारे संसार को प्रकाशित करती है, दु:खनिशा में वह कवि के स्वप्न की सुघर जागृति बनकर उसे सान्त्वना देगी।

प्रतिद्वन्द्वी रूप में मृत्यु अटल है, उससे निपटने के पैंतरे अलग-अलग हैं।

वेदना बनी ;
मेरी अवनी। ['अर्चना', पृ. 42]

जो धरती अपने अन्तर में फूलों की गंध छिपाये थी, चेतना का मूलाधार थी, वह अब काँटों से भर गई है। निराला का दुखी मन पुकारता है—करुणामयी, आकर उबारो।

समय की गति बहुत धीमी है, उतना ही गहरा पीड़ा का बोध है :

ये दु:ख के दिन
काटे हैं जिसने

गिन-गिन कर
पल-छिन, तिन तिन ['अर्चना', पृ. 62]

आँसुओं का हार पिरोया है। आशा है, दु:खनिशा में प्रियतम को हार पहनाकर उसका मुँह देखेंगे।

'बेला' में ग़ज़ल है :

मुसीबत में कटे हैं दिन, मुसीबत में कटी रातें...
जो हस्ती से हुए हैं पस्त समझे हैं वही क्या है,
गुज़रती ज़िन्दगी के साथ हरकत से भरी बातें। [पृ. 69]

जीवन की समाप्ति का नाम ही मृत्यु नहीं है; जो दु:ख मनुष्य प्रतिदिन, प्रतिक्षण सहता है, वह भी मृत्यु है। यह दु:ख मनुष्य को पस्त और बेबस कर देता है, संसार को देखने-पहचानने की शक्ति शिथिल हो जाती है, सामने के दृश्य दु:स्वप्न की तरह मन पर छा जाते हैं।

'राम की शक्तिपूजा' में परास्त सेना शिविर की ओर लौटती है। मान लीजिए, यह सेना परास्त होने के साथ अपने सेनापति का शव लिये वापस आ रही है। निराला के मन में ज्योति के पत्र पर राम-रावण के अपराजेय समर का जो चित्र लिखा हुआ था, वह एक शव-यात्रा देखकर इस तरह दु:स्वप्न में परिवर्तित होता है :

धूसर सान्ध्य समय विषमय भरता है क्रन्दन;
अन्तरिक्ष से झरता है निस्तल अभिनन्दन
नैसर्गिक आत्माओं का; प्रशमित नारी-नर
चले आ रहे हैं अरथी के साथ मार्ग पर
चरण मन्द; भाषा के जैसे अश्रुभार रथ,
स्रस्त वेश, दिग्देश-ज्ञान-गत, शिरश्चरण-श्लथ
मुक्तिवर्ग नागरिक, सर्ग देश के भाव के,
मुँदे हुए आश्वासन, श्वसन विसर्ग स्राव के,
हृदयोच्छ्वसित वाष्प से होकर प्रहत निरन्तर
ऊर्ध्व और अधप्रशमन और क्षोभ के हैं स्वर।

'राम की शक्तिपूजा' की शब्द-योजना की प्रतिध्वनि यहाँ स्पष्ट सुनी जा सकती है : 'प्रशमित है वातावरण—प्रशमित नारी-नर; श्लथ धनु गुण—शिरश्चरण श्लथ; कटिबन्ध स्रस्त—स्रस्त वेश; खो रहा दिशा का ज्ञान—दिग्देश-ज्ञानगत; स्वर रुधिर स्राव—विसर्गस्राव', इत्यादि। शब्द-योजना की प्रतिध्वनि इस बात का प्रमाण है कि इलाहाबाद में आर. एस. पंडित की शव-यात्रा देखकर निराला जब उस दृश्य का वर्णन कर रहे थे, तब उनके मन में 'राम की शक्तिपूजा' की पदयोजना घुमड़ रही

थी। वह उस शब्द-योजना की प्रतिध्वनि सुन रहे थे; संध्या समय शव-यात्रा का दृश्य 'राम की शक्तिपूजा' के दृश्य से घुल-मिल गया। पराजित सेना की यात्रा शव-यात्रा बन गई। राम ने जो शक्ति-साधना की, वह मानो व्यर्थ हो गई।

घने बरगदों की कतार, पर फड़काते खग,
आँख मूँद लेने के लिए विकल सारा जग। ['नये पत्ते', पृ. 82]

सारा संसार ही मृत्यु का ग्रास बना हुआ मालूम होता है। निराला संज्ञाशून्य-से, स्वप्न में चलते हुए मनुष्य की तरह सारा दृश्य देखते हैं। फिर जुलूस के साथ चलने वाली जनता के ज़ोरदार नारे उनके स्वप्नस्थ मन को झकझोरकर जगा देते हैं। लोग उतने त्रस्त-ध्वस्त नहीं हैं जितने वे निराला को दिखाई देते हैं। होश में आने पर सारा दृश्य यथार्थ रूप में दिखाई देने लगता है। दूर-दूर से यात्री गंगा-स्नान को आए हैं, यह किला है। काम खत्म करके वहाँ से मज़दूर निकले हैं। पुल के पार बाईं तरफ से स्टेशन से लगा हुआ रास्ता गंगा के बाँध को गया है। रास्ता छोड़कर अब जुलूस रेत पर चल रहा है। चिता सजाई गई, सारे कृत्य पूरे हुए, चिता जल उठी। यह एक वीर की चिता है जो देश के लिए लड़ा था। निराला पूरे होश में चिता को देखते हैं :

लहक रही है अपराजेय वीर को लेकर।

अर्द्ध-संज्ञाशून्य होकर अरथी के साथ चलना, फिर पूर्ण संज्ञा प्राप्त करके शेष कृत्य देखना—होश और बेहोशी का यह नाटक निराला की अनेक कविताओं में, उनके जीवन में बहुत दिनों तक हुआ। मानो बहुत दिनों तक मृत्यु उनके साथ आँख-मिचौनी खेलती रही हो!

एक गीत में लिखा था : 'निशितम डाल मौन मेरा खग'। ('गीतिका', पृ. 45) अन्धकार की डाल पर निराला का मन-पंछी चुपचाप बैठा हुआ है। यह संज्ञाहीनता की दशा है। फिर वह उड़ता है और अपने संगीत से संसार की रगों को रँग देता है। यह संज्ञा प्राप्त करने की दशा है। संज्ञाहीनता में कवि स्वयं को ही अशक्त और निस्तेज नहीं देखता, सारा संसार उसे मृत्यु-ग्रस्त जान पड़ता है। जिस संसार की रगों को उसका संगीत रँग देता है, वह प्रसुप्त है; जिस निशितम डाल पर खग बैठा है, वह प्रसुप्त संसार की प्रतीक है। शव-यात्रा वाली कविता में घने बरगदों के भीतर कहीं पक्षी पर फड़काकर रह जाते हैं; लगता है, सारा जग आँखें मूँद लेने को है।

एक गीत में देश के लिए लिखा :

शक्तिहीन तन निश्चल,
रहित रक्त से रग-रग। ['गीतिका', पृ. 89]

निराला को अपनी रगें रक्तहीन मालूम होती हैं, अपना शरीर शक्तिहीन जान पड़ता है। यह अर्द्ध-संज्ञा-शून्यता की दशा वह देश पर आरोपित करते हैं।

एक पत्र में उन्होंने लिखा था : "जिगर लिखते हैं, ठीक; मैं भी लिखूँगा। अभी आकाश ताका करता हूँ।" ('निराला की साहित्य-साधना', प्रथम खंड, पृ. 397)

दु:ख में बेसुध होकर मनुष्य कैसे आकाश देखता है, निराला अपने साहित्यिक जीवन के आरम्भ में पहचान चुके थे। 'परिमल' की एक कविता में कण के बहाने लिखा था :

ताक रहे आकाश,
बीत गए कितने दिन—कितने मास! [पृ. 146]

'देवी' कहानी की पगली भिखारिन धूप और लू में किसी पेड़ की छाँह या खाली बरामदे में बैठी हुई 'एकटक कभी-कभी आकाश को' देख लेती है। 'सरोज-स्मृति' में स्वयं निराला :

लौटी रचना लेकर उदास
ताकता हुआ मैं दिशाकाश।

दु:ख की चोट से आदमी कुछ देर के लिए सुध-बुध खो बैठे, वैसी यह दशा है।

भवभूति ने लिखा था :

दहति हृदयं गाढ़ो द्वेगं द्विधा तु न भिद्यते।
वहति विकल: कायो मोहं न मुंचति चेतसाम्।
ज्वलयति तनूमन्तदहि: करोति न भस्मसात्।
प्रहरति विधिर्मर्मच्छेदी न कृन्तति जीवितम्।

प्रगाढ़ उद्वेग हृदय को कचोटता है लेकिन उसे तोड़ नहीं देता। विकल काया मूर्च्छित हो जाती है किन्तु चेतना का साथ नहीं छूटता। भीतर जलन होती है पर शरीर भस्म नहीं होता। विधाता मर्मच्छेदी प्रहार करता है किन्तु जीवन का नाश नहीं करता।

अर्द्ध-संज्ञाशून्यता की दशा में केवल इतना ज्ञान रहता है कि जलन हो रही है, शेष बोध नष्ट हो जाता है।

बलभद्र दीक्षित पढ़ीस की मृत्यु पर निराला ने लिखा : "वह नस मेरी कट चुकी है जिसमें स्नेह सार्थक है; अपने-आप दिन-रात जलन होती है।" ('निराला की साहित्य-साधना', प्रथम खंड, पृ. 393)

यह वही अर्द्ध-संज्ञाशून्यता की स्थिति है जिसमें केवल पीड़ा का बोध है—दिन-रात जलन होती रहती है; शेष बोध नष्ट हो गया है—वह नस कट चुकी है जिसमें स्नेह सार्थक है।

स्नेह निर्झर बह गया है।
रेत ज्यों तन रह गया है। ['अणिमा', पृ. 55]

स्नेह का निर्झर बह गया है; और सब बोध नष्ट हो गए हैं—स्नेह की नस कट चुकी है। शरीर रेत-जैसा—रक्तहीन, अशक्त, संज्ञाशून्य—रह गया है। निराला ने जब भारत के शक्तिहीन, निश्चल-तन होने, रग-रग के रक्तरहित होने की बात लिखी थी, ('गीतिका', पृ. 79) तब उनकी आँखों के सामने अपनी यही संज्ञाशून्यता की दशा थी।

इस दशा की परिणति है—रचना-क्षमता का विनाश। निराला को लगता है कि अब कविता न लिख पाएँगे।

आम की यह डाल जो सूखी दिखी,
कह रही है—'अब यहाँ पिक या शिखी
नहीं आते, पंक्ति मैं वह हूँ लिखी
नहीं जिसका अर्थ—
जीवन दह गया है।' ['अणिमा', पृ. 55]

निशितम डाल सूख गई है। उस पर कोई पंछी चुपचाप बैठा हो, वह स्थिति नहीं है, अब वहाँ गाने वाला कोई पंछी आता ही नहीं। निराला को लगता है, कविता लिखने की शक्ति क्षीण हो गई है; अन्य जो लिखेंगे, वह अर्थहीन होगा। 'जीवन दह गया है'—इतना ही बोध शेष है। शक्तिक्षीणता पर ऐसा सशक्त गीत रचते हैं, यह निराला के आन्तरिक संघर्ष का प्रमाण है। कविता के अवसाद के नीचे प्रच्छन्न वीरभाव है : संज्ञाशून्य को देखने की शक्ति बनी हुई है; उस दशा पर कविता रचने की शक्ति बनी हुई है।

निराला ने कामना की थी कि पथ पर उनका जीवन वर्षा के जल की तरह भर जाय, उसमें कोई अवसन श्यामा स्नान करने को उतरे। स्नेह-निर्झर के बह जाने पर अब किसी श्यामा के आने की सम्भावना नहीं।

अब नहीं आती पुलिन पर प्रियतमा
श्याम तृण पर बैठने को, निरुपमा।
बह रही है हृदय पर केवल अमा;
मैं अलक्षित हूँ, यही
कवि कह गया है।

एक अमानिशा 'राम की शक्तिपूजा' में थी, एक यहाँ है। वहाँ राम दिखाई देते थे, सिर पर मशाल जल रही थी, शक्ति-साधना की सम्भावना थी, यहाँ कवि अलक्षित है, यह अपना अलक्षित होना कह गया है, अपनी रचना-क्षमता के विनाश की सूचना दूसरों को दे गया है।

नूपुर के सुर मन्द रहे
जब न चरण स्वच्छन्द रहे। ['अणिमा', पृ. 9]

नूपुरों के सुर मन्द हो गए, छन्द रचने की शक्ति नष्ट हो गई। चरण स्वच्छन्द नहीं हैं, संसार का बोध मानो जड़ हो गया है। पहले आकाश से निर्मल राका उतरी थी,

लगा था, इष्टदेव ने हँसकर कवि की ओर देखा है। प्राणों को झंकृत करके नये छन्द बज उठे थे। जब वह प्रकाश उसी आसमान में लौट गया, कवि ने बहुत चाहा कि उस प्रकाश को, उन छन्दों को अपने पास रोके रहे किन्तु वह सफल न हुआ :

नयनों के ही साथ फिरे वे
मेरे घेरे नहीं घिरे वे,
तुमसे चल तुममें ही पहुँचे
जितने रस आनन्द रहे।

जीते हुए मनुष्य को दु:ख की तीक्ष्ण पीड़ा में जो मृत्यु का अनुभव होता है, उसमें सबसे तीक्ष्ण अनुभव इस भय की प्रतीति है कि उसकी रचना-क्षमता नष्ट हो गई है।

दु:खता रहता है अब जीवन,
पतझड़ का जैसा वन-उपवन। ['आराधना', पृ. 22]

भीतर का रस सूखता जाता है, एक रग दु:खती है जिससे पता चलता है कि शरीर जीवित है। चेतनाभूमि के जितने हिस्से में रस सूख गया, उतने में संज्ञा लौटकर न आई। वृक्ष सूखकर बीज बनता जा रहा है।

डालियाँ बहुत-सी सूख गईं
उनकी न पत्रता हुई नई,
आधे से ज़्यादा घटा विटप
बीज को चला है ज्यों क्षण-क्षण।

वृक्ष फिर से बीज बनता जा रहा है; जो डालें सूख गईं, वे सदा को सूख गईं; जिनमें थोड़ी जान है, वे भी सूखती जा रही हैं। यह जीवन में मृत्यु का साक्षात्कार है। वृक्ष जब बीज बनने को होता है, तब उसकी जर्जर छाया मानो बीज के सामने आकर खड़ी हो जाती है।

धीरे-धीरे हँसकर आईं
प्राणों की जर्जर परछाईं। ['अर्चना', पृ. 39]

छाया-पथ पहले से और घना हो गया है, रास्ते में पंक-कर्दम की भरमार है, अन्धकार आँखों से सूर्य का प्रकाश ओझल किये है। ऐसे में मृत्यु का प्रकाश दिखाई देता है : 'मृत्यु की प्रथम आभा आई'। मृत्यु प्रसन्न मुद्रा में है, कवि की वीरता पर बलि-बलि जाती है। 'अवसन्न भी हूँ प्रसन्न मैं प्राप्तवर' का दूसरा रूप यह है :

पिछले कुछ खेल समाप्त हुए,
जो नहीं मिले वर प्राप्त हुए,
बीसों विष जैसे व्याप्त हुए,
फिर भी न कहीं तुम घबराईं।

जो वर सरस्वती से न मिले थे, वे मृत्यु से मिल गए। जीवन में मृत्यु का दर्शन—इससे बड़ा वर और क्या होगा? विष निराला के शरीर में व्याप्त हैं; किन्तु उन्हें लगता है, वह उनकी परछाईं है जो इन विषों से पीड़ित है, वह उसे शाबाशी देते हैं कि बीसों विष व्याप्त होने पर भी वह घबराई नहीं।

निराला जीवन में मृत्यु को इतने निस्संग भाव से देख रहे हैं कि अपना शरीर परछाईं जैसा लगता है; परछाईं शरीर से सम्बद्ध, फिर भी स्वतंत्र है। मृत्यु की प्रक्रिया शरीर से मुक्त होकर स्वतंत्र वस्तुगत प्रक्रिया बन जाती है। यह 'दु:खता रहता है अब जीवन' के बाद की स्थिति है, 'दहति हृदयं गाढो द्वेगं' के बाद की दशा, जब जलन का एहसास भी नहीं रहता। पीड़ा पहले अर्द्ध-संज्ञाशून्यता की दशा में पहुँचाती है, फिर अर्द्ध-संज्ञाशून्यता नई पीड़ाहीन संज्ञा में परिवर्तित हो जाती है। अब मन के सामने केवल एक दृश्य, है, मृत्यु का दृश्य, उसका रंग, रूप, आकार, वह सब जो पहले आत्मगत था, अब मानो वस्तुगत बन गया हो।

डूबा रवि अस्ताचल,
सन्ध्या के दृग छल छल। ['गीतिका', पृ. 76]

सघन स्तब्ध अन्धकार, मन्द गंधभार पवन, आकाश ध्यानमग्न, कमल दल मुँदे हुए, नील ज्योति के वसन, नील नयनों में हँसी, मृत्यु की देवी की छवि पर निराला का मन मुग्ध हो उठता है।

अस्ताचल रवि, जल छल छल छवि,
स्तब्ध विश्वकवि, जीवन उन्मन। [उप., पृ. 98]

वही संध्या का समय, संध्या के छल-छल दृगों की जगह विशाल छल-छल जलराशि। आकाश की जगह विश्वकवि स्तब्ध है। नदी पर नाव है, उसमें एक स्त्री बैठी है। ऊपर नीले मेघ हैं, नीचे अमित नील जल दोलित है, रवि ने अन्तिम किरण नौका पर बैठी हुई उस देवी को अर्पित कर दी।

नील जलधि जल
नील गगन तल
नील कमल दल
नील नयन द्वय...
नील कुसुम-मग
नील नग्न-नग,
नील शील-जग
नील कराभय। ['अर्चना', पृ. 76]

जल, आकाश, हवा, फूल, पक्षी, पर्वत—सब पर एक ही नीलिमा छाई हुई है। यह मृत्यु की नीलिमा है, एक विराट् वर्ण-संगीत—'अमरण भर वरण गान' का विरोधी संगीत—जिसे

देखकर डर नहीं लगता। निराला अपने स्वप्न पर मुग्ध होकर उसे 'नील कराभय' की संज्ञा देते हैं। (कर, किरण, प्रकाश, नीली किरणों का प्रकाश जो अभय करनेवाला है।)।

फिर सारा दृश्य सिमटकर एक ही केन्द्रीय मूर्ति में घनीभूत हो जाता है; निराला संकेत से मूर्ति और उसकी पार्श्वभूमि, दोनों का वर्णन करते हैं :

नील नयन, नील पलक;
नील वदन, नील झलक।
नील-कमल-अमल-हास,
केवल रवि-रजत-भास,
नील-नील आस-पास,
वारिद नव नील छलक।

नयन, पलक, वदन, झलक—सब केन्द्रीय मूर्ति के हैं। कमलहास मूर्ति का है, दृश्य में भी कमल हैं। कमल खिलने के लिए प्रकाश चाहिए; प्रकाश नहीं है, 'केवल रवि-रजत भास' है। आकाश में नीले बादल हैं, आस-पास सब तरफ वही नीलिमा का संगीत है।

नील नीर पान निरत
जगती के जन अविरत,
नील नाल से अवनत,
तिर्यक्-अति-नील अलक।

नील नीर पीने वाला कवि अकेला नहीं; जीवन में मृत्यु दृश्य देखने वाले और भी हैं। नील नाल से एक तिर्यक् नील अलक लटकी हुई है। यह नील अलक मृत्यु की देवी की है, नाल जैसी उसकी गर्दन है जिस पर से होती हुई तिरछी लट नीचे को आती है। उस तिर्यक् नील अलक के सौन्दर्य पर निराला रीझे हैं; मृत्यु के भय का चिह्न नहीं है।

फिर यह नीलिमा भी तिरोहित हो जाती है। विश्व अपनी पूर्णता में साकार हो उठता है, शून्य के रन्ध्र भर जाते हैं क्योंकि मृत्यु जीवन की पूर्णता है।

ऊर्ध्व चन्द्र, अधर चन्द्र,
माझ मान मेघ मन्द्र।
क्षण-क्षण विद्युत् प्रकाश,
गुरु गर्जन मधुर भास,
कुज्झटिका अट्टहास
अन्तर्दृग विनिस्तन्द्र।
विश्व अखिल मुकुलबन्ध,
जैसे यतिहीन छन्द,
सुख की गति और मन्द,
भरे एक-एक रन्ध्र।

['आराधना', पृ. 13]

सूर्य नहीं है, चन्द्र है। चन्द्रमा ऊर्ध्व स्तर पर है; अधर में उसका प्रकाश फैला है। धरती तक उसका प्रकाश नहीं आता, बीच में घने बादल हैं। बिजली चमकती है, बादल गरजते हैं, कुज्झटिका का अट्टहास सुनाई देता है। भीतर की वे आँखें जिनमें तन्द्रा नहीं है, यह सब देखती और सुनती हैं। अखिल विश्व मुकुलबन्ध के समान है, फूल खिलने के बाद फिर जैसे अपने दल समेट ले। विश्व का यह रूप ध्वनि की पूर्णता का रूप है, उस छन्द के समान है, जिसमें यति नहीं है। सुख की गति और मन्द हो गई है, जीवन के सारे बोध सिमटकर समाप्त होनेवाले हैं। यह समाप्ति जीवन की पूर्णता भी है। कली की रुद्ध गंधधारा ने ध्वनि बनकर शून्य के रन्ध्र भर दिये थे :

मधुर कलरव भरे
शून्य शत-शत रन्ध्र— ['गीतिका']

वैसी ही रन्ध्र भरने की बात यहाँ है।

निराला ने मृत्यु पर बहुत लिखा है और आरम्भ से ही लिखा है। कहीं मृत्यु का भय है, कहीं मृत्यु का वरण करके नई शक्ति प्राप्त करने की बात है। प्रतिद्वन्द्वी रूप में मृत्यु अटल है। उससे निपटने के पैंतरे अलग-अलग हैं। जीवन और मृत्यु की द्वाभा में वह अपनी अर्द्ध-संज्ञाशून्यता के, रचनाशक्ति के विनाशभय के गीत गाते हैं। एक स्थिति ऐसी है जिसमें मृत्यु प्रतिद्वन्द्वी नहीं, उत्पीड़क नहीं; निराला के विनिस्तन्द्र अन्तर्दृग उसकी छवि देखते, रीझते, उसे जीवन की सहज परिणति के रूप में स्वीकार करते हैं।

कला

वक्तृत्व-कला

किसी कवि की निन्दा करना हो तो लोग कहते हैं—कविता क्या लिखता है, भाषण करता है। कविता और भाषण दो अलग विधाएँ मान ली गई हैं। वे एक-दूसरे से भिन्न ही नहीं, विरोधी भी हैं। कविता में भाषण हो, यह अत्याचार कविता-प्रेमी पाठक सहने को तैयार नहीं है। रामायण और महाभारत में भाषणों की भरमार है जिनमें कुछ अत्यन्त प्रमादपूर्ण हैं और कुछ कविता रूप में असफल हैं क्योंकि भाषण रूप में वे असफल हैं। सिसरो और लौंजाइनस जैसे प्राचीन यूरोपीय लेखकों ने भाषण-कला को काव्य-कला के समकक्ष माना है, कभी-कभी दोनों में भेद नहीं किया। लौंजाइनस ने काव्य में उदात्त तत्त्व की चर्चा करते हुए कवि होमर के साथ प्रसिद्ध भाषणकर्ता देमस्थनीज़ से उद्धरण दिये हैं। शेक्सपियर के नाटकों और बायरन की अनेक कविताओं में उस पुरानी वक्तृत्व-कला के दर्शन होते हैं। वर्तमान काल में यूरोप और भारत—दोनों जगह इस साहित्यिक कला का ह्रास होता गया है। आधुनिक हिन्दी में इस कला का प्राय: अभाव है; केवल निराला-काव्य में उसका पूर्ण विकास हुआ है।

'पंचवटी प्रसंग' में राम वेदान्त पर और लक्ष्मण सेवा के महत्त्व पर भाषण करते हैं और ये भाषण असफल हैं। इसका कारण यह है कि निराला वक्तृत्व-कला को रामकृष्ण परमहंस के वेदान्त से और तुलसीदास की भक्ति से दब जाने देते हैं। यहाँ वक्तृत्व-कला से किसी के तर्कों का खंडन नहीं करना, किसी को प्रभावित नहीं करना, किसी तनाव और घुमाव-फिराव के बिना अपनी बात कह देना है। प्रलय किसे कहते हैं? मन, बुद्धि और अहंकार का लय प्रलय है। इस तरह।

किन्तु 'पंचवटी प्रसंग' के तीसरे अंश में जहाँ शूर्पणखा आती है, वक्तृत्व-कला का वैभव सहसा प्रकट हो जाता है। वह रूप-गर्विता नारी है जो अपनी विजयगाथा का स्मरण करके मन को आश्वस्त कर रही है। उसे उन अप्सराओं से ईर्ष्या है जिन्हें देवों और दानवों ने समुद्र को मथकर निकाला था। वह विधाता को बूढ़ा कहकर उस पर हँसती है, स्वयं अपने नख-शिख का वर्णन करती है, ऋषियों-मुनियों के धैर्य छूट जाने पर प्रसन्न होती है। वह सौन्दर्य से पराजित होनेवाले पुरुषों पर व्यंग्य करती है किन्तु अपनी विजय पर बहुत अधिक विश्वास प्रकट करने से स्वयं प्रच्छन्न व्यंग्य का शिकार होती है। यह रूप-गर्विता नारी अब राम से परास्त होगी—यह भाव पाठक या श्रोता के मन में उत्पन्न होता है। शूर्पणखा के भाषण के समय उसके

साथ राक्षस नहीं हैं, न उसके सामने ऋषि-मुनि हैं। किन्तु अप्रत्यक्ष रूप से ये सब परिवेश में इधर-उधर कहीं विद्यमान हैं, शूर्पणखा किसी संघर्ष के केन्द्र में है, यह बात पाठक उसके भाषण से समझ जाता है। भाषण में इस तरह एक नाटकीयता है जो वक्तृत्व-कला को निखारती है। राम और लक्ष्मण के भाषणों में इसी नाटकीयता का अभाव है।

'परिमल' की भूमिका में निराला ने कबित्त के बारे में लिखा था : "नाटक आदि के समय इसे काफी प्रवाह के साथ पढ़ भी सकते हैं। आज भी हम रामलीलाओं में, लक्ष्मण-परशुराम-संवाद के समय, वार्तालाप में इस छन्द का चमत्कार प्रत्यक्ष कर लेते हैं...नाटकों में सबसे अधिक रोचकता इसी कबित्त-छन्द की बुनियाद पर लिखे गए स्वच्छन्द छन्द द्वारा आ सकती है।" कबित्त और मुक्तछन्द की चर्चा करते समय निराला के सामने आत्मविस्मृति की दशा में भाव-प्रकाशन की समस्या नहीं है; उनके सामने नाटक हैं, नाटकीयता है। उनका विचार था कि मुक्तछन्द नाट्यकला के लिए विशेष उपयुक्त है किन्तु उसी छन्द का उपयोग राम, लक्ष्मण और सीता ने भी किया है, वहाँ नाट्यकला के लिए उसकी विशेष उपयोगिता मानो खत्म हो जाती है। मुख्य बात छन्द की नहीं, नाट्यकला की है।

महाराज शिवाजी का पत्र एक लम्बी वक्तृता है। इसमें पत्र-लेखन-कला नहीं, भाषणकला है। कविता मानो लिखी इस उद्देश्य से गई है कि मंच पर कुशल अभिनेता उचित भावभंगी के साथ उसे पढ़कर दर्शकों को प्रभावित करेगा। वक्ता एक है किन्तु पृष्ठभूमि में औरंगज़ेब, जयसिंह, देशव्यापी घटनाचक्र है। एक संघर्ष समाप्त हो चुका है, दूसरे की तैयारी है। शिवाजी जयसिंह का आत्मसम्मान जगाते हैं, उत्साहित करते हैं, पीठ थपथपाते हैं, फिर उसकी भर्त्सना भी करते हैं। भर्त्सना का प्रमुख लक्ष्य औरंगज़ेब है, गौण रूप से जयसिंह। भाषण के ओजस्वी प्रवाह से वह श्रोता को झकझोर देते हैं, उसे सोचने का मौका नहीं देते। तर्क प्रस्तुत करने के साथ शिवाजी जयसिंह को भावात्मक स्तर पर उत्तेजित करते हैं। भाषण-कला की सफलता का यह रहस्य है। किन्तु भाषण लम्बा है और कुछ स्थल ऐसे हैं जहाँ शिथिलता है।

'जागो फिर एक बार' (2) में प्रवाह अधिक संयत, नाटकीयता का रंग और गहरा है। सेना है, युद्ध है, पराजय है, पराजय स्वीकार करनेवालों की भर्त्सना है। वेदान्त है किन्तु नाटकीयता पर हावी होने के बदले वह उसके आश्रित है। मूल ध्येय वेदान्त का प्रतिपादन नहीं, युद्ध में विजय-प्राप्ति है। पूरी कविता किसी एक व्यक्ति का भाषण है किन्तु बीच में वह सीधे एक श्रोता से कहता है :

पशु नहीं, वीर तुम
समर-शूर, क्रूर नहीं
कालचक्र में हो दबे
आज तुम राजकुँवर!—समर सरताज!

शिवाजी की जगह गुरु गोविन्दसिंह हैं; जयसिंह की जगह यह राजकुँवर। वेदान्त के सहारे वीरता का भाव जगाने के साथ आत्म-समर्पण करनेवालों पर व्यंग्य भी किया गया है। शिवाजी के पत्र की विशेषताएँ यहाँ सिमटकर और भी तीव्र रूप से उभरकर सामने आती हैं।

कविता में 'जागो फिर एक बार' की कड़ी कई बार दोहराई जाती है। वक्तृता की एक लहर समाप्त होने पर इस कड़ी की आवृत्ति होती है; हर बार उसकी सार्थकता मानो बढ़ती जाती है। इस तरह की आवृत्ति—यद्यपि ठीक इसी ढंग से नहीं—अनेक वक्तृताओं में मिलेगी। निराला ने जो नया काम किया है, वह यह कि प्रत्येक लहर को दूसरी से, सामान्य तर्कभूमि पर, जोड़ा नहीं है। हर मंज़िल पर नया दृश्य, नई तर्क-योजना, भावोत्तेजन की नई सामग्री। शेरों की माँद में स्यार के आने के बाद 'सत श्री अकाल, भाल अनल धक-धक कर जला'। सिंहनी और मेषमाता के व्यवहारों का वैषम्य दिखाने के बाद अचानक राजकुँवर का सम्बोधन। ऊपर से प्रवाह विच्छिन्न है, भीतर से अविच्छिन्न। गति की प्रत्येक भंगिमा के साथ नया विस्मय, नया भावोत्कर्ष। अपने नाट्य-कौशल से निराला ने वक्तृत्व-कला को इस तरह निखारा है।

शृंगार और सौन्दर्य के स्तर पर इससे मिलती-जुलती कला का प्रदर्शन 'जागो फिर एक बार' (1) में है। वक्तृता नारी की है, उद्देश्य है सोते हुए पुरुष को प्रभावित करना। बीती रातों की स्मृति, प्रकृति के भावोद्दीपक आलम्बन, हृदय में तृप्त होने की आकांक्षा, प्रेमी की वैसी ही प्रगाढ़ निद्रा, भावों का ऊहापोह, 'जागो फिर एक बार' की आवृत्ति से व्यंग्यपूर्ण निराशा का बोध, समस्त वक्तृत्व-कौशल मानो एक बार नहीं, बार-बार परास्त होता हो। वेदान्त यहाँ भी है किन्तु शृंगार भाव से दबा हुआ है; सोते हुए पुरुष पर क्रोध आता है, हज़ारों वर्ष हो गए और वह प्रकृति-प्रिया की पुकार नहीं सुनता!

अन्य वक्तृताओं से अन्तर यहाँ यह है कि अनेक श्रोताओं की जगह एक ही श्रोता को प्रभावित करना उद्देश्य है किन्तु वह एक भी सो रहा है।

'बादल-राग' (4) का श्रोता सो तो नहीं रहा लेकिन बहरा ज़रूर है। 'जागो फिर एक बार' की नारी की तरह कोमल कंठ से वह विनती नहीं करता। उसकी मधुर मन्द्र ध्वनि वन-उपवन पर छा जाती है। परिणाम :

बधिर विश्व के कानों में
भरते हो अपना राग।

निराला इस बादल के स्वागत में भाषण करते हैं, आकाश और पृथ्वी के बीच उसके संगीत की प्रशंसा करके उसे फिर गाने के लिए उत्साहित करते हैं किन्तु है वह उनके सामने शिशु ही (यद्यपि अनन्त का शिशु है)।

मुक्त शिशु! पुनः पुनः एक ही राग अनुराग।

'बादल-राग' (2) में स्वागत भाषण का उद्देश्य और भी स्पष्ट है। स्वागत भाषण क्या है, क्रान्ति के लिए ललकार है। 'सावन घोर गगन का सम्राट्' कहकर निराला उसका आत्म-सम्मान जगाते हैं। आत्म-सम्मान के जगाने पर यह विप्लव का जलधर भय के मायामय आँगन पर बरसेगा। वह बरसे, बिना बरसे भाग न आए, इसलिए वक्तृत्व-कला आवश्यक हुई। शिवाजी के पत्र और 'जागो फिर एक बार' (2) से 'बादल-राग' (2) की समानता इस बात में है कि तीनों कविताओं में उद्देश्य श्रोता को उत्तेजित करके उसे कर्ममय जीवन की ओर उन्मुख करना है।

'बादल-राग' (6) में निराला का दूसरा स्वागत भाषण है और यह पहले वाले से और भी ज़ोरदार है। इसकी विशेषता यह है कि निराला कविता के आदि, मध्य और अन्त में करुणा का भाव जगाकर बादल को वीर कर्म के लिए ललकारते हैं। आरम्भ में ही अस्थिर सुख पर दुःख की छाया तैरती है किन्तु यह दुःख ऊपर उड़कर नहीं चला जाता। धरती में जहाँ कीचड़ है, वहाँ भी दुःख है; कमल से नीर छलकता है। रोग-शोक से पीड़ित शैशव का सुकुमार शरीर है, भले ही वह यह सब दुःख हँसकर सह लेता हो। अन्त में जीर्ण-बाहु, शीर्ण-शरीर अधीर कृषक है जिसका सार चूस लिया गया है और जो हाड़ों के बल ही जी रहा है। शिवाजी के पत्र में जहाँ-तहाँ करुणा का पुट है किन्तु वीर भावना के साथ करुणा का ऐसा गहरा मिश्रण यहीं है। बादल की शक्ति, उद्धत पर्वतों को ध्वस्त करने की क्षमता से जर्जर कृषक की दशा का वैषम्य प्रकट करके निराला बादल को उत्तेजित करते हैं, साथ ही यह कहकर उसे प्रोत्साहित भी करते हैं कि सजग सुप्त अंकुर उसे आशा से देख रहे हैं, अपना सिर भी ऊँचा कर रहे हैं, छोटे पौधे हर्ष से हँस भी रहे हैं। जिसे परास्त करना है, उसकी कमज़ोरी पर व्यंग्य करके बादल को आश्वस्त करते हैं। ये जो अंगना अंग से लिपट करके भी बादल का गर्जन सुनकर आतंक अंक पर काँप रहे हैं, उन्हें परास्त करना कौन बड़ी बात है!

इस वक्तृता की एक विशेषता यह भी है कि निराला बादल से सीधे अपील नहीं करते कि वह भय के मायामय आँगन पर बरसे। उसे जो कुछ करना है, वह सब उसे संकेत से बताते हैं। व्यंजना की इस वक्तृता से भाषण का प्रभाव कम न होकर और बढ़ गया है। साथ ही तर्क-योजना अमूर्त स्तर पर न होकर बादल, पौधे, कृषक, धनी वर्ग—इन सबकी स्थिति के मूर्त चित्रण द्वारा सम्पन्न हुई है। केवल बीच-बीच में कहीं टिप्पणियों के तौर पर निराला इस मूर्त चित्रण का मर्म स्पष्ट करते जाते हैं, जैसे : 'विप्लव-रव से छोटे ही हैं शोभा पाते'।

'सम्राट् एडवर्ड अष्टम के प्रति' उदात्त शैली में निराला का अन्यतम भाषण है। यहाँ सम्राट् को प्रभावित या उत्तेजित करना नहीं है, प्रभावित करना है मंच के सामने बैठे हुए श्रोताओं को। सम्बोधित हैं एडवर्ड किन्तु वह निराला के सामने नहीं, कहीं पार्श्वभूमि में छिपे हुए हैं। उनकी प्रशस्ति से पुरानी रूढ़ियों को तोड़ने के लिए श्रोताओं को उत्तेजित करना है। कविता में दो तरह की भव्यता और गरिमा

का चित्रण है और दोनों में परस्पर वैषम्य है। एक ओर सात समुद्रों को पार करता हुआ साम्राज्य है, लक्ष्मी का मणि-लाल-जटित महासद्म, देवेश्वर के उपयुक्त सिंहासन है, दूसरी ओर वह महाशक्ति है जिसके दीपक सूर्य-चन्द्र हैं, जिसके स्पर्श में प्रणय की प्रियंगु-शाखा खिली हुई है। निराला संकेत करते हैं कि आँखों में चकाचौंध पैदा करनेवाले साम्राज्य के वैभव का आधार काले-गोरे का भेद, जनसाधारण का उत्पीड़न है। इस कलुषित वैभव के मुकाबले बीसवीं सदी में ज्ञान के महाम्बुधि का गर्जन है। इस गर्जन से धन-वैभव वैसे ही परास्त होता है, जैसे बादल के गर्जन से धनी अपने आतंक अंक पर काँप उठते हैं। यह ज्ञान का स्वर साहित्यिक स्वर भी है जो धन और मान के बाँध को जर्जर कर देता है। एडवर्ड अष्टम ने इस मानवतावादी संस्कृति को अपनाया है, सिंहासन छोड़कर जनसाधारण की पृथ्वी पर पैर रखा है, एक नये सांस्कृतिक आधार पर यूरोप और अमेरिका को मिलाया है। साम्राज्य का सप्त समुद्रव्यापी प्रसार भव्य है। यूरोप और अमेरिका को मिलाने वाली नई संस्कृति का प्रसार और भी भव्य है। इन दोनों भव्यताओं के वैषम्य का चित्रण करके निराला कविता में नाटकीय द्वन्द्व की सृष्टि करते हैं। ज्ञान की भव्यता साम्राज्य की महिमा पर—कवि के कुछ स्पष्ट कहे बिना ही—व्यंग्य बन जाती है। निराला की वक्तृत्व-कला का उद्देश्य श्रोताओं को इस संस्कृति के पक्ष में प्रभावित करना है।

'बादल-राग' (6) की तरह यहाँ भी कविता के प्रत्येक चरण में तर्क-योजना की एक कड़ी समाप्त होती है। तर्क-योजना अमूर्त कथन के द्वारा नहीं, मूर्त चित्रण के साथ अग्रसर होती है। जो भव्यता इस चित्रण में है, वही छन्द की उदात्त गति में है। भाषा की वन्दना करते हुए निराला ने जिन स्वरोर्मियों का ध्यान किया था, ('गीतिका', पृ. 81) वे यहाँ हैं। शब्दों की ध्वनि और छन्द के विषम प्रवाह से निराला यहाँ श्रोता को जितना आन्दोलित करते हैं, उससे अधिक चकित और स्तब्ध कर देते हैं। इस कविता का ध्वनि-प्रवाह अपने में—सापेक्ष रूप से स्वतंत्र—वक्तृत्व-कला है।

निराला की अनेक रचनाओं में, जिनका उद्देश्य ही उद्बोधन है, इसी भाषण-कला का चमत्कार है। अनामिका में कविता है : 'उद्बोधन'। शुरू यों होती है :

गरज-गरज घन अन्धकार में गा अपने संगीत,
बंधु, वे बाधा बन्ध विहीन।

जिसे धारा-प्रवाह भाषण कहते हैं, वह शब्दों के ध्वनि-प्रवाह से यहाँ व्यंजित होता है। एक ओर सदियों का दारुण हाहाकार, दूसरी ओर नूतन अनुराग संचरित करने की क्षमता; एक ओर पीले निर्जीव पत्र, दूसरी ओर पृथ्वी से आकाश तक नये जीवन का उल्लास। इन दोनों के वैषम्य से नाटकीयता की सृष्टि। निष्ठुर झंकार से नये सुकोमल जीवन को लाने का प्रयास—यह विस्मयजनक विरोधाभास।

तर्क-योजना के साथ मूर्त चित्रण, एक ही बात कई तरह से दोहराकर श्रोता को प्रभावित करने का प्रयास। एक ललकार, एक चुनौती जिससे श्रोता-'बन्धु' को उठकर खड़े हो जाना पड़े।

निराला इस वक्तृत्व-कला का उपयोग लम्बी कविताओं में ही नहीं, गीतों में भी करते हैं :

जीवन की तरी खोल दे रे
जग की उत्ताल तरंगों पर। ['गीतिका', पृ. 55]

—यह स्वयं को उद्बुद्ध करने का प्रयास है। सामने समुद्र का प्रसार दिखाने के बाद अकर्मण्यता पर स्वयं—अथवा श्रोता—को धिक्कारते हुए अनुकूल परिस्थितियों की ओर संकेत करके उत्साह का भाव जगाते हैं। इसी तरह 'बेला' में :

तू कभी न ले दूसरी आड़,
शत्रु को समर जीते पछाड़। [पृ. 63]

भविष्य की सम्भावनाओं के प्रति विश्वास जगाकर मन को आश्वस्त करना, संघर्ष में नये साहस से फिर एक बार आगे बढ़ने के लिए प्रेरित करना कवि का उद्देश्य है। जिन गीतों में उद्देश्य देश के मनोबल को दृढ़ करना, जनता को संघर्ष के लिए प्रेरित करना है, उनमें भी धीर, संयत, ओजपूर्ण ध्वनि-प्रवाह के साथ वक्तृत्व-कला का ही उपयोग किया गया है।

फूटो फिर, फिर से तुम
रुद्ध-कंठ सामगान! ['गीतिका', पृ. 68]

अथवा :

जागा दिशा-ज्ञान;
उगा रवि पूर्व को गगन में, नव-यान! [उप., पृ. 85]

इस तरह के गीतों में वक्तृत्व-कला गेयता में घुल-मिल गई है किन्तु इन गीतों को पढ़ा जाय, ज़ोर से पढ़कर सुनाया जाय, तो उनकी शब्द-योजना का उद्देश्य प्रकट हो जाएगा कि वक्तृत्व-कला की भंगिमाओं से श्रोता को प्रभावित करना है, उसे भाव में डूबा हुआ न छोड़कर कर्म में प्रवृत्त करना है।

'राम की शक्तिपूजा' का प्रारम्भिक अंश—'रवि हुआ अस्त' से लेकर 'रावण सम्वर तक'—एक वक्तृता है।

कविता शुरू होती है 'लौट युग दल से' अथवा कहें कि नाटक शुरू होता है सेनाओं की वापसी के वर्णन से। राम रंगमंच पर आ जाते हैं और अन्त तक दर्शक के सामने से हटते नहीं। किन्तु मंच पर उनके आने से पहले कथावाचक पूर्व घटनाओं

की सूचना देता है, श्रोताओं को नाटक की मूल घटनाओं के प्रति सचेत करता है। लोकमंच की परम्परा से कथावाचक भी बोलता है, नाटक के पात्र भी। 'राम की शक्तिपूजा' का प्रारम्भिक अंश उसी कथावाचक का अत्यन्त ओजस्वी भाषण है। यह कथावाचक अभिनेता भी है। कुशल अभिनय-कला के बिना उसका भाषण पढ़ा ही नहीं जा सकता। संघर्ष में जितने विरोधी तत्त्व हैं, उन्हें उसने एक ही जगह समेटकर, युद्ध की भीषणता, वीरता का प्रदर्शन, पराजय, निरन्तर प्रयास—इन सब का घटाटोप-चित्रण करके श्रोता को चकित और क्षुब्ध, विस्मित और विमुग्ध कर दिया है। कविता के अगले अंशों में निराला का ध्यान राम और उनके परिवेश पर केन्द्रित रहता है। यहाँ उनकी निगाह दर्शकों की ओर भी है, देखना चाहते हैं अठारह पंक्तियों में फैले हुए उनके काव्य के सबसे लम्बे वाक्य के अजस्र ध्वनि-प्रवाह का प्रभाव उन पर कैसा पड़ता है। इस भाषण में ओज की जितनी मात्रा है, उतनी राम के किसी भाषण में नहीं। उसकी तुलना केवल महावीर की उड़ान के वर्णन से की जा सकती है।

महावीर के आकाश में पहुँचने पर शिव दुर्गा को सचेत करते हैं कि इनसे युद्ध करने पर हार होगी। उनका कथन भाषण नहीं, पर नाटक का संवाद अवश्य है। किन्तु इसके बाद अंजना जब हनुमान की भर्त्सना करती हैं तब वह एक भाषण ही दे डालती हैं और उसमें उनके दाँव-पेंच कुछ निराले ही दिखाई देते हैं। उद्देश्य अन्य भाषणों की तरह श्रोता को उत्तेजित करना नहीं वरन् व्यंग्य और भर्त्सना द्वारा उसके उत्तेजित मन को शान्त करना है। लड़कपन के उद्धत व्यवहारों से माँ को कष्ट हुआ है, अपने दु:ख की ओर संकेत करके अंजना महावीर को चुप कर देती हैं, बोलने का अवसर ही नहीं देतीं। तुम सेवक हो, सेवक की तरह रहो; स्वामी की आज्ञा बिना यहाँ शिव और दुर्गा से लड़ने-भिड़ने कैसे आ गए? अंजना से यह फटकार सुनकर हनुमान चुपचाप, नम्र होकर नीचे उतर आते हैं।

अंजना के भाषण में कोई ज़ोरदार तर्क नहीं है किन्तु उन्होंने उस अस्त्र का प्रयोग किया है जिसका प्रयोग स्त्रियाँ अक्सर करती हैं, अपने दु:ख की ओर संकेत करके विरोधी को निरस्त्र कर देती हैं। फिर जब स्त्री माता हो, तब पुत्र महावीर ही क्यों न हो, हारना तो उसे पड़ेगा ही। इसके बाद विभीषण का लम्बा भाषण है, अत्यन्त कलापूर्ण—निराला की वक्तृताओं में बड़ी चतुराई और कौशल से रचा हुआ भाषण। यह नाटक का साधारण संवाद नहीं है, साधारण स्वर में राम से विभीषण की बातचीत नहीं है। सामने पूरी सभा है, विभीषण सम्बोधित करते हैं राम को, लक्ष्य है सभा को प्रभावित करना, सभा के बीच राम को लज्जित करना, लज्जित करके युद्ध के लिए फिर उत्तेजित करना। लक्ष्मण-महावीर आदि की वीरता का वर्णन करके वह सभा को अपने पक्ष में करना चाहते हैं, फिर कूटनीतिक ढंग से राम पर यह आरोप लगाते हैं कि वह युद्ध से पीठ फेर रहे हैं। यह भी कैसी कायरता कि जब सीता से मिलने का समय आया तब राम 'निर्दय' होकर अपना हाथ खींच रहे

हैं। विभीषण राम पर व्यंग्य करते हैं, उनकी भर्त्सना करते हैं, फिर स्वयं प्रच्छन्न व्यंग्य और भर्त्सना के शिकार होते हैं। उन्हें याद आता है, रावण ने उनके लात मारी थी। इससे स्वयं उत्तेजित होकर लड़ने के बदले वह खेद प्रकट करते हैं कि उन्हें लात मारने वाला रावण सीता को कष्ट देगा, अपनी सभा में बैठकर जीत की डींग मारेगा। विभीषण के कूटनीतिक भाषण का स्वार्थपूर्ण उद्देश्य अन्तिम पंक्ति से उद्घाटित हो जाता है :

मैं बना किन्तु लंकापति, धिक, राघव, धिक धिक!

विभीषण अपने उद्देश्य में सफल हुए क्योंकि उनका भाषण सुनकर : 'सब सभा रही निस्तब्ध'। राम चुपचाप भाषण सुन लेते हैं, जैसे 'ओजस्वी शब्दों' के प्रभाव से उन्हें कोई वास्ता न हो! विभीषण ने ओजस्वी भाषण दिया पर उसकी ओजस्विता ही उसकी सबसे बड़ी कमज़ोरी है क्योंकि मूल उद्देश्य दूसरे के सहारे लंका का राज पाना है। फिर भी राम की आँखों में आँसू आ जाते हैं; उनके मन में वैसे ही पराजय की भारी वेदना है, विभीषण उत्तेजक का काम करते हैं। तटस्थ भाव से भाषण सुनने पर भी वेदना द्रवित हो उठती है। ऐसी है विभीषण की भाषण-कला।

उसके बाद राम संयत होकर स्वयं लम्बा भाषण देते हैं किन्तु यह भाषण जितना दूसरों के लिए है, उतना ही स्वयं के लिए। वह एक तरह का स्वगत-कथन है जिसमें दूसरों को प्रभावित करने के बदले अपनी मनोदशाओं को देखने, उनका विलेषण करने का प्रयास अधिक है। इस स्वगत-कथन की कला वक्तृत्व-कला से भिन्न है और उस पर अलग से विचार करना आवश्यक है।

निराला की वक्तृत्व-कला उनके भावबोध से सम्बद्ध है। यह उस कवि की कला है जो अन्तर्मुखी होकर एकान्त में जीवन नहीं बिताता वरन् दूसरों का सामना करता है, उन्हें प्रभावित करना जानता है। इस कला का सम्बन्ध एक हद तक राष्ट्रीय स्वाधीनता आन्दोलन से है, उस आन्दोलन में सुने हुए भाषणों से है। 'बादल-राग' (6), 'जागो फिर एक बार' (2) और 'महाराज शिवाजी का पत्र' जैसी कविताओं में आन्तरिक साम्य है। कवि करुणा और वीरता के भाव जगाकर श्रोता को संघर्ष के लिए उत्साहित करता है। यह आन्तरिक साम्य स्वाधीनता आन्दोलन के प्रभाव के कारण है। काव्य का ओजपूर्ण प्रवाह इस वक्तृत्व-कला की विशेषता है। निराला अमूर्त तर्क-योजना छोड़कर, या उसके साथ, जितना ही मूर्त चित्रण का सहारा लेते हैं, उतना ही यह कला सफल होती है। इस वक्तृत्व-कला में यथेष्ट विविधता है। उसका उपयोग वीरता के अलावा श्रृंगार की भूमि पर भी होता है। उद्देश्य की भिन्नता के साथ वक्तृता के दाँव-पेंच भी बदलते हैं। भावों और स्थितियों का वैषम्य प्रदर्शन, कहीं खुलकर, कहीं प्रच्छन्न रूप से व्यंग्य, इस कला की नाटकीयता का प्रमाण है। गीतों से लेकर लम्बी कविताओं तक इस कला का व्यापक प्रभाव देखा जा सकता है।

स्वगत

राम कहते हैं : यह दैवी विधान समझ में नहीं आता कि शक्ति ने अधर्मरत रावण को अपनाया, धर्मरत राम को पराया माना। यह सब शक्ति का खेल है, न्याय-अन्याय के विवेक से उसका कोई सम्बन्ध नहीं है। राम युद्ध की बात सोचते हुए पुराने दृश्यों में खो जाते हैं। लक्ष्य पर बार-बार उन्होंने वार किये किन्तु वे सब विफल हुए। अपने सहयोगियों को विचलित होते देखकर वह युद्ध के लिए जितना ही उद्यत होते, उतना ही शक्ति की आँखों से आग की चिनगारियाँ छूटने लगतीं। अन्त में उन्होंने राम से आँखें मिलाईं; पुरुष परास्त हुआ, राम के हाथ से धनुष की डोरी खिंची ही नहीं।

पराजय के क्षण में वीर की मनोदशा का चित्रण—यह है राम का स्वगत-कथन। एक हद तक राम विभीषण को उत्तर भी दे रहे हैं, कारण बता रहे हैं कि युद्ध में विजय क्यों नहीं मिल रही। साथ ही वह आत्म-विश्लेषण कर रहे हैं, जानना चाहते हैं, कमज़ोरी कहाँ है। अस्त्रों में कोई दोष नहीं, उनमें सम्पूर्ण संसार को जीतने की सामर्थ्य है। फिर भी वे व्यर्थ हो गए। सामने एक दैवी विधान है जिससे पार पाना राम के वश में नहीं। इस नियति से टकराने पर जो गहरी वेदना राम के मन में उत्पन्न होती है, न्याय और नैतिकता से शून्य संसार में अपने से बड़ी शक्ति द्वारा पराजित होने पर वीर योद्धा की मर्म-वेदना राम के स्वगत-कथन में है। ट्रैजेडी के जिस स्तर पर निराला कविता रच रहे हैं, उसका सबसे मार्मिक अंश यह स्वगत-कथन है। एक द्वन्द्व राम और रावण के बीच है, दूसरा द्वन्द्व राम के मन में है। बाह्य द्वन्द्व से यह राम का अन्तर्द्वन्द्व जुड़ा हुआ है। दोनों के वैषम्य और सामंजस्य से नाटक में पूर्णता आती है। राम के मन में कहीं ईर्ष्या का भाव भी है। राम को अपने अंक में लेने के बदले शक्ति रावण को अपने अंक में लिये हैं और एकदम निर्लज्ज भाव से लिये हैं, मानो चन्द्रमा सारे संसार को अपना लांछन दिखा रहा हो! ईर्ष्या, गर्व, पराजय की ग्लानि, अपने पक्ष के न्यायपूर्ण होने का विश्वास, नियति से पार न पाने पर घोर निराशा—राम के मन में जो भाव-मंथन हो रहा है, उसका चित्रण है उनके स्वगत-कथन में।

निराला ने 'वनबेला' में लिखा :

हो गया व्यर्थ जीवन
मैं रण में गया हार!

राम-रावण के युद्ध की संध्या की तरह यहाँ भी 'प्रलय का दृश्य' उपस्थित है। आकाश पीताभ, अग्निमय है मानो 'दुर्जय' हो! 'मर्माहत स्वर' भरकर निराला एकान्त में बैठते हैं, फिर उनका स्वगत-कथन आरम्भ होता है : मैं भी राजपुत्र होता तो क्यों अपमानित होकर जीवन बिताता? विदेश में शिक्षा मिलती, लार्ड घराने के युवकों के साथ दावतें उड़ाता, देश में लौटने पर नेता बन जाता, लोगों के सामने समाजवाद की बातें करता, 'राष्ट्रीय' कवि वन्दना के गीत रचते।

निराला आँखें बन्द करके यह सब सोचते हैं, नियति के अन्याय का विश्लेषण करते हैं। वनबेला की सुगंध उन्हें जगा देती है, तभी 'खोली आँखें आतुरता से', उससे पहले आँखें बन्द किये हुए वह मंच पर विलायत से लौटे हुए नेता का अभिनय देख रहे थे, उस अभिनय की नकल उतार रहे थे। पत्रों के प्रतिनिधि दल में हलचल मच गई है, हाथों में कैमरा लिये वे नेता के पास उसका सन्देश पाने को दौड़ते हैं। नेताजी सभ्य बनकर इधर-उधर मुँह घुमाते हुए खड़े हो जाते हैं, सिर झुकाते हैं, देश को समानता और साम्यवाद का सन्देश देते हैं। स्वर में बड़ी दृढ़ता है, भीतरी खोखलापन छिपाने के लिए। निराला इस दृढ़ता पर हँसते हैं, नेता के समूचे अभिनय पर हँसते हैं, उसकी नकल उतारते हुए हँसते हैं। नाटक के भीतर जैसे दूसरा नाटक हो—छाया-नाटक, जिसमें पात्र मूक अभिनय करते हैं, उनके होंठ हिलते हैं। लगता है, बोल रहे हैं, किन्तु सुनाई कुछ नहीं देता। आशय समझ में आता है कि देश को साम्यवाद का उपदेश देकर अपना खोखलापन छिपा रहे हैं। स्वर में दृढ़ता है, वह शायद मुख-मुद्रा से जानी जाती है। निराला मन की व्यथा को इस तरह नाटकीय रूप देते हैं। मन में व्यथा है, ग्लानि है, अपनी उच्चता और दूसरों की तुच्छता की प्रतीति है। दु:ख के साथ तीव्र व्यंग्य भाव, हास्य और विनोद भी है। ऐसा भाव-मंथन निराला के स्वगत-कथन में है। यह स्वगत-कथन एक बड़े नाटक का अंश है जिसमें निराला आत्म-ग्लानि का भाव दबाकर उसे नई शक्ति में परिवर्तित करना चाहते हैं। शक्ति बाहर से आकर राम के बदन में लीन न होंगी, निराला को शक्ति अपने मन के भीतर से ही पाना है।

'सरोज-स्मृति' में निराला का स्वगत-कथन। कल्पना-नेत्रों के सामने दिवंगता पुत्री है, स्मृति में जीवन का सुदीर्घ समर, उसमें कवि की पराजय है :

लखकर अनर्थ आर्थिक पथ पर
हारता रहा मैं स्वार्थ समर।

वही पराजय की वेदना, दूसरों के सामने हीन ठहराए जाने की ग्लानि। नई बात यह कि इस पराजय से निराला ही नहीं, परिवार के अन्य जन भी पीड़ित होते हैं। विशेष रूप से कन्या की पीड़ा मन को उद्विग्न करती है। अपनी आँखों के आँसुओं में परिवार के दुखी जनों के प्रतिबिम्ब उन्होंने देखे हैं। नियति से वश नहीं है; वह उसकी दुत्कार को हिन्दी का स्नेहोपहार कहकर स्वीकार करते हैं। कटु व्यंग्य से वह मन का भार हल्का करते हैं। गर्व है, आत्मविश्वास है कि जहाँ साहित्य की सच्ची परख है, वहाँ अपनी प्रतिभा के प्रमाण निराला दे चुके हैं। उन्हें वह युद्ध याद आता है :

एक साथ जब शत घात घूर्ण
आते थे मुझ पर तुले तूर्ण
देखता रहा मैं खड़ा अपल
वह शरक्षेप, वह रण-कौशल।

व्यक्त हो चुका चीत्कारोत्कल
क्रुद्ध युद्ध का रुद्ध कंठ-फल।

युद्ध समाप्त हुआ, उसे याद करते हुए निराला का स्वगत-कथन, राम-रावण का युद्ध समाप्त होने पर इसी प्रकार राम का स्वगत-कथन। दोनों जगह अतीत-स्मरण, अन्तर्मुखी विश्लेषण। निराला का विश्वास कि लांछित छवि ही वांछित सिद्ध होगी। कन्या की अकाल मृत्यु से उत्पन्न शोक, कोलाहल करनेवाले विरोधियों पर व्यंग्य, विरोधी भावों का संघर्ष, मन की अशान्ति का चित्रण : यह है उनका स्वगत-कथन। इसके बाद नाटक के भीतर नाटक : सरोज जब सवा साल की थी, तब से उसकी मृत्यु तक के दृश्य निराला कल्पना के नेत्रों से देख जाते हैं। नितान्त मूक अभिनय नहीं है। बीच में दूसरों के स्वर भी सुनाई देते हैं, फिर भी निराला देखते ही ज़्यादा हैं। तेल में भीगे चमरौधे जूतों से बाहर निकाले हुए विप्र-चरणों के स्मरण से उनकी घ्राणशक्ति जाग्रत होती है और उस दुःख में भी उन्हें ज़ोर से हँसी आ जाती है।

"बारह साल तक मकड़े की तरह शब्दों का जाल बुनता हुआ मैं मक्खियाँ मारता रहा"—एकदम यथार्थवाद के धरातल पर 'देवी' कहानी में निराला का स्वगत-कथन। पुरानी बातों को याद करते हैं : एक दिन का युद्ध नहीं, बारह साल का युद्ध है। चक्रव्यूह रचा था, यह सोचकर कि उससे साहित्य-शक्ति का संचालन ठीक होगा किन्तु जो सोचा था—नियति का व्यंग्य-फल उल्टा हुआ। अजब विरोधाभास कि दिन काटे फाकेमस्ती में, ख्वाब देखे परियों के। उस पर भी विडंबना यह कि परियों के ख्वाब देखकर साहित्य-शक्ति का संचालन करना चाहा। इस स्वगत-कथन में निराला दूसरों पर व्यंग्य करते हैं, स्वयं भी उस व्यंग्य के शिकार हैं। बीवी के हाथ में सीता-सावित्री पुस्तकें देकर जो स्वयं बगल में चौरासी आसन दबाये घूमते हैं, निराला उन पर हँसते हैं। बड़े आदमियों के बड़प्पन पर व्यंग्य करते हैं। अपनी कद्र न होने से अपमानित, दूसरों की हँसी से क्षुब्ध, मुझे बराबर पेट के लाले रहे—यह सोचकर दुखी होते हैं। अतीत-दर्शन, आत्म-विश्लेषण, विरोधी भावों का संघर्ष यहाँ भी है।

'सरोज-स्मृति', 'राम की शक्तिपूजा' और 'वनबेला' से पहले निराला ने 'देवी' कहानी लिखी थी। उन लम्बी कविताओं में स्वगत-कथन का जैसा उपयोग उन्होंने किया है, उसका अभ्यास उन्होंने पहले 'देवी' में किया। इन रचनाओं के स्वगत-कथनों में आन्तरिक साम्य है : पराजय और अपमान का भाव, परिवेश के अन्यायपूर्ण व्यवहार से क्षोभ, बीती बातों का ध्यान, आत्मविश्लेषण। इन विशेषताओं को पहचान लेने पर ज्ञात होगा कि वे कहीं इक्का-दुक्का, कहीं सम्मिलित रूप से निराला-काव्य में आरम्भ से विद्यमान हैं।

'जब कड़ी मारें पड़ीं, दिल हिल उठा'—'अध्यात्म-फल' नाम की इस प्रारम्भिक कविता में निराला भाव देखते हैं, भाव की जड़ देखते हैं, अतीत में झेले हुए दुःख

याद करते हुए मुक्ति की बात सोचते हैं। 'दीन का तो हीन ही यह वक्त है'—इस उक्ति में आत्मग्लानि के साथ एक तरह के नियतिवाद की झलक मिलती है। जब समय ही विरुद्ध है, तब मनुष्य का प्रयत्न क्या करेगा?

परिमल की 'ध्वनि' कविता में मृत्यु का भय है, साथ ही यह आशा और उत्कंठा है कि यह जीवन बहुत दिनों तक बना रहे। इस स्वगत-कथन में विश्लेषण कम है, वसन्त के स्वप्न से मन को आश्वस्त करने का भाव अधिक है।

'अधिवास' कविता में वह विवाद करते हैं : अगोचर मायातीत ब्रह्म श्रेष्ठ है या गोचर संसार की माया? किसे अपनाना श्रेयस्कर है? जो ब्रह्म है, वह अधिवास है, वहाँ गति नहीं, चिरन्तन शान्ति और आनन्द है। किन्तु वहाँ करुणा नहीं है, मानवीयता भी नहीं है। कवि इस मानवीयता के संसार को कैसे छोड़े? निराला वेदान्त के पक्ष में तर्क कम उपस्थित करते हैं, मान लेते हैं कि लोग उन तर्कों से परिचित होंगे। विरोध में ही तर्क अधिक देते हैं। दुखी भाई को कैसे गले लगाया—यह दिखाकर करुणा को मूर्त नाटकीय रूप देते हैं। वेदान्त की व्याख्या करते हुए नेपथ्य से एक स्वर सुनाई देता है : अधिवास वहाँ है, जहाँ गति रुकती है। इसी के विरुद्ध निराला तर्क करते हैं कि जब तक दु:ख है तब तक करुणा है; जब तक करुणा है तब तक गति है। इसलिए निर्णय यह है कि अधिवास छूटता है लेकिन इसमें दुखी होने की कोई बात नहीं है।

'वृत्ति' ('परिमल', पृ. 63) जैसी कविता में निराला दु:खपूर्ण स्थिति का विश्लेषण करते हैं, मन को समझाते हैं, कि तुम्हीं नहीं, सभी लोग इस संसार में ठगे गए हैं। इसलिए चिन्ताएँ और बाधाएँ आती हैं तो आएँ, मनुष्य को उन्हें सहने के लिए तैयार रहना चाहिए। यहाँ किसी तरह के उद्‌बोधन का प्रयास नहीं है; संसार की दु:खपूर्ण परिथितियों में मनुष्य का जैसा बन्धनपूर्ण अस्तित्व है, उसे स्वीकार करना है। यद्यपि ऊपर से लगता है, कविता में तर्क नहीं किया गया, केवल एक भावदशा का चित्रण किया गया है किन्तु चिन्ताओं और बाधाओं की स्वीकृति के पक्ष में जो तर्क दिये गए हैं, वे अप्रत्यक्ष रूप में इस स्वीकृति के विरोधी तर्कों का खंडन करते हैं। कविता वास्तव में निराला के अन्तर्द्वन्द्व का चित्रण करती है। जहाँ अन्तर्द्वन्द्व है, वहाँ किसी न-किसी रूप में स्वगत-कथन है और यह स्वगत-कथन निराला के मन की उस व्यथा को प्रकट करता है जो वेदान्त की भूमि छोड़ने पर उनके मन में उत्पन्न होती है।

चिन्ताएँ, बाधाएँ
आती ही हैं, आएँ;
अन्ध हृदय है, बन्धन निर्दय लाएँ।

विडंबना यह है कि संसार में मनुष्य स्वतंत्र नहीं, बन्धन निर्दय हैं और इन बन्धनों में रहते हुए ही उसे जीवन सार्थक करना है; जो भी स्वतंत्रता प्राप्त हो सके, प्राप्त करनी

है। कठिनाई यह है कि मनुष्य अपने सीमित ज्ञान के कारण परिवेश पर पूरी तरह हावी नहीं हो पाता—अन्ध हृदय है, इसलिए बन्धन और भी निर्दय हैं। 'मैं ही क्या, सब ही तो ऐसे छले गए'—यह कहकर निराला बन्धनों की—नियति की—निर्दयता को विश्वव्यापी मानते हुए उसे स्वीकार करते हैं।

'युक्ति' और 'परलोक' कविताओं ('परिमल', पृ. 58-59) में निराला विवाद करते हैं : जीवन कब समाप्त होगा, समाप्त होने के बाद दूसरा जीवन शुरू होगा या नहीं, आँखें मूँदने पर अनन्त ब्रह्म के दर्शन होंगे या नहीं। दोनों कविताओं में निराला प्रश्न करते हैं, उनका निश्चित उत्तर नहीं देते। यह स्थिति उनके मन की दुविधा सूचित करती है। वही अन्तर्द्वन्द्व की स्थिति, जिसका सम्बन्ध स्वगत-कथन से है।

शिवाजी जयसिंह के नाम अपने पत्र में एक जगह कहते हैं :

सोचता हूँ अपना कर्तव्य अब—
देश का उद्देश,
पर, क्या करूँ मैं,
निश्चय कुछ होता नहीं—
द्विधा में पड़े हैं प्राण।

यह द्विधा की स्थिति शिवाजी के पत्र में, उससे अधिक निराला की अन्य अनेक रचनाओं में व्यक्त हुई है। निराला अपने स्वगत-कथनों में इस द्विधा की स्थिति से निकलने का बार-बार प्रयास करते हैं।

पास हीरे, हीरे की खान,
खोजता कहाँ और नादान। ['गीतिका', पृ. 25]

संसार अन्धकूप है, स्पर्शमणि तू स्वयं है। निराला वेदान्त के सहारे द्विधा की स्थिति से निकलने का प्रयास करते हैं। गीत लम्बा है, तर्क शृंखला में पुनरावृत्ति है; कारण यह कि वेदान्त-विरोधी तर्क मन में बार-बार उभरते हैं और निराला उन्हें तरह-तरह से शान्त करते हैं।

मनुष्य की चेतना रूपवान है या रूपहीन? वेदान्त कहता है—रूपहीन; विरोधी कहते हैं—रूपवान। निराला कहते हैं—जो रूपहीन है, उसे रूपवान बनना है। मन को संसार के बिम्ब वैसे ही ग्रहण करने हैं, जैसे निर्मल जल तट-छाया ग्रहण करता है। निराला मन को समझाते हैं कि ब्रह्म के दर्शन न हुए—अधिवास छूट गया—तो कोई अफसोस नहीं, आग्रह है कि अपनी अरूप दृष्टि से संसार का रूप समेट लें :

दृष्टि अरूप, रूप लोचन-युग
बाँध, बाँध, कवि, बाँध पलक-भुज। ['गीतिका', पृ. 69]

रूप को बाँधने का अर्थ स्वयं बन्धन में फँसना है किन्तु बन्धन में फँसे बिना मुक्ति नहीं। जीवन का विरोधाभास ऐसा ही है।

एक अन्य गीत में इसी से मिलते-जुलते विरोधाभास की पुष्टि है :

वह कितना सुख जब मैं-केवल,
जीवन-जीवन से बँधा सुफल! ['गीतिका', पृ. 95]

जो मैं-केवल है, एक और अद्वितीय है, वह सुफल होता है जीवन-जीवन से बँधकर! जो जीवन से भिन्न है, वह विफल है; जो मिला है, वह सुफल है।

फिर कहते हैं :

रे, कुछ न हुआ, तो क्या?
जग धोका, तो रो क्या? [उप., पृ. 52]

धुली हुई आत्मा को याद करके संसार के व्यवहार को भुला देना चाहते हैं। दुनिया धोखा इसी अर्थ में नहीं है कि वह माया है, लगता है कि है, किन्तु वास्तव में नहीं है। एक-दूसरे अर्थ में भी वह धोखा है; उसके मूल्य, मानक, मूल्यांकन की कसौटियाँ सब मिथ्या हैं। कहते हैं :

कमज़ोरी दुनिया हो, तो
कह क्या सकता तू?

जो है नहीं, उसके कमज़ोर शहज़ोर होने का सवाल नहीं। दुनिया की कमज़ोरी यह है कि वह दूसरों का मूल्य नहीं समझती। इसलिए :

चलता तू, थकता तू
रुक रुक फिर बकता तू।

निराला के स्वगत-कथन में भाव-मंथन, आत्मविश्लेषण, द्विधा की स्थिति, विवाद के अलावा यहाँ एक नई चीज़ दिखाई देती है : निराला स्वयं को देखते हैं, स्वयं से बातें करते हैं। स्वयं को जब देखते हैं तब थकान, अकेलेपन और मृत्यु के समीप होने के भाव प्रबल होते हैं। 'अणिमा' और 'अर्चना' के अनेक गीतों में इस तरह का स्वगत-कथन विशेष है।

'तुलसीदास' में निराला कहते हैं :

बंध के बिना, कह, कहाँ प्रगति?
गतिहीन ज्योति को कहाँ सुरति?
रति-रहित कहाँ सुख? केवल क्षति—केवल क्षति।

यह उसी तरह का तर्क है, जैसा 'गीतिका' के कुछ गीतों में है। बन्धन के बिना गति नहीं है। जहाँ बन्धन नहीं है, वहाँ—उस अधिवास में—गति रुक जाती है। जहाँ

गतिहीनता है, वहाँ सुख नहीं है। 'तुलसीदास' में निराला वेदान्त के पक्ष और विपक्ष में कई तर्क देकर उस अन्तर्द्वन्द्व का चित्रण करते हैं जो उनकी रचनाओं में 'अधिवास' लिखने के समय से मिलता है। स्वभावत: इस अन्तर्द्वन्द्व का चित्रण करने के लिए निराला स्वगत-कथन की कला का उपयोग करते हैं। इतने बड़े पैमाने पर उन्होंने इस कला का उपयोग अन्यत्र नहीं किया। कविता के सौ बंदों में लगभग चालीस बंद इस स्वगत-कथन ने घेरे हैं।

चौदहवें बंद में तुलसीदास अपने मित्रों के साथ चित्रकूट पहुँचते हैं, फिर आँखें बन्द करके ध्यान में डूब जाते हैं। तैंतालीसवें बंद में आँखें खोलते हैं :

आया मन निज पहली स्थिति पर;
खोले दृग।

अगले तीन बंदों में यात्रा पूरी करने के बाद सब लोग घर लौटते हैं। तैंतालीसवें बंद से निराला उस सौन्दर्य का वर्णन करते हैं जो तुलसीदास को चारों ओर दिखाई देता है। इसे देखने वाली आँखें तुलसीदास की हैं, इसलिए उसके वर्णन को स्वगत-कथन के अन्तर्गत मानना चाहिए। इक्यावनवें बंद से बाकायदा सोचने की प्रक्रिया आरम्भ होती है और चौवनवें बंद में समाप्त होती है। इस तरह चौदहवें बंद से लेकर चौवनवें बंद तक थोड़े से व्यवधान के साथ तुलसीदास का स्वगत-कथन ही चलता है।

तुलसीदास के चिन्तन का ढंग लगभग वैसा ही है, जैसा 'राम की शक्तिपूजा', 'वनबेला' और 'सरोज-स्मृति' में राम और निराला का है। तुलसीदास आँखें बन्द करके छाया-नाटक देखते हैं। प्रकृति जो कुछ कहती है, वह चित्रों में; मन में जो भाव उत्पन्न होते हैं, वे भी दिखाई देते हैं।

वह भाषा—छिपती छवि सुन्दर
कुछ खुलती आभा में रँग कर,
वह भाव कुरल-कुहरे से भरकर भाया।

भाषा आभा के समान है—ऐसी आभा जो कुछ छिपती है, कुछ खुलती है। भाव कुहरे जैसा है। दूसरा दृश्य; धुँधली तट-रेखा, बीच में तरंगाकुल सागर, जल में अस्फुट छाया। प्रकृति का स्वर सुनाई देता है। प्रकृति जड़ है। अहल्या की तरह ज्ञान से उसका उद्धार करना है। इसके बाद फिर छाया-नाटक। आकाश, वहाँ अनेक रंगों की तरंगें, उन्हें पार करता हुआ तुलसीदास का मन। वहाँ से भारत दिखाई देता है, भारत का दैन्य, पराजय, पीड़ा—सब दिखाई देता है। मानसिक दासता की तरंग के उस पार जो ज्ञान है, उसकी सहायता से भारत को मुक्त करना है। फिर तुलसीदास की चेतना ज्ञानोद्धत प्रहार करके संस्कारों के विषम वज्रद्वार तोड़ना शुरू करती है। उसी समय मन के आकाश में तारिका जैसी रत्नावली की छवि दिखाई देती है। 'राम की शक्तिपूजा' में महावीर को मन के आकाश की ऊँचाइयों से नीचे उतारने का

काम अंजना करती हैं; यहाँ वह काम रत्नावली का है। तुलसीदास उस आकर्षण से बँध जाते हैं और फिर अशक्त होकर नीचे उतर आते हैं। नीचे प्रकृति के सौन्दर्य का नाटक दिखाई देने लगता है। पत्नी की छवि से मिलती-जुलती प्रकृति की छवि है, 'गिरि-वर उरोज, सरि पयोधार' (पयोधार मातृत्व-सूचक है यद्यपि वर्णन प्रिया-प्रकृति के सौन्दर्य का है)। लेकिन यह सौन्दर्य वह आँखें बन्द किये ही देख रहे हैं। आँखें खोलने पर आसपास का दृश्य, बैठे हुए मित्र—सबकुछ जैसा था, वैसा दिखाई दिया। घर लौटने पर प्रिया-प्रकृति के उसी सौन्दर्य का विस्तार, फिर तर्क कि बन्धन से ही प्रगति और सुख सम्भव है।

इस स्वगत-कथन की विशेषताएँ : तुलसीदास तर्क करते हैं, अमूर्त तर्क-योजना के साथ छाया-नाटक देखते हैं। वेदान्त और शृंगार को लेकर मन में द्वन्द्व है; तर्कों का तूफान ही नहीं, भावों का संघर्ष है, उसका चित्रण स्वगत-कथन में है। शृंगार के विरोध में करुणा है जो संसार त्यागने के लिए उत्तेजित करती है—वह करुणा, जो शूद्रों, पददलितों की दशा के ध्यान से उत्पन्न हुई है। एक अव्यक्त विरोधाभास कि संसार त्यागना है, संसार में ही लौट आने के लिए। नारी बाधा है संसार की सेवा करने के मार्ग में। दूसरा विरोधाभास : वह नारी ही तुलसीदास को मुक्त करती है, सेवा-मार्ग पर चलने की प्रेरणा देती है। आत्मग्लानि और पराजय की वेदना यहाँ भी है किन्तु उसका सम्बन्ध तुलसीदास के व्यक्तिगत जीवन से नहीं, देश के जीवन से है। 'वनबेला' और 'सरोज-स्मृति' में निराला अपनी ग्लानि और पराजय का चित्रण करते हैं; तुलसीदास की अपेक्षा उस चित्रण में भाव-सघनता अधिक है। उसी तरह 'राम की शक्तिपूजा' में राम की ग्लानि और पराजय की पीड़ा अधिक मार्मिक है। 'तुलसीदास' में मुख्य द्वन्द्व विजय और पराजय के भावों में नहीं है; द्वन्द्व है शृंगार और संन्यास के भावों में। यह द्वन्द्व स्वगत-कथन की नाटकीय पद्धति से चित्रित हुआ है और वह कविता का मेरुदंड है। कविता के आरम्भ में युद्ध और पराजय का वर्णन और अन्त में तुलसीदास के गृह-त्याग का वर्णन सार्थक है इसी अन्तर्द्वन्द्व के सन्दर्भ में।

'राम की शक्तिपूजा' में शृंगार और संन्यास के द्वन्द्व का पूरी तरह अभाव हो, ऐसा नहीं है। राम का एक स्वगत-कथन 'आया न समझ में यह दैवी विधान' से शुरू होता है, उससे पहले उनका एक स्वगत-चिन्तन और है जिसमें सीता दिखाई देती हैं—लगभग वैसे ही, जैसे 'तुलसीदास' में रत्नावली दिखाई देती हैं। 'तुलसीदास' में रत्नावली नभतम की-सी तारिका सुघर हैं, 'राम की शक्तिपूजा' में सीता अन्धकार-घन में जैसे विद्युत् हैं। राम को दिखाई देता है : विदेह का उपवन, लताओं की ओट से प्रथम दर्शन, नयनों का नयनों से गोपन संभाषण, पलकों का उत्थान-पतन; प्रकृति का वैसा ही सौन्दर्य जैसा तुलसीदास देखते हैं, काँपते हुए किसलय, झरते पराग समुदाय, जीवन-परिचय गाते हुए खग, स्वर्गीय ज्योति-प्रपात। पराजय की पीड़ा भूलकर काफी देर तक राम शृंगार-भाव में डूबे रहते हैं। यह शृंगार युद्ध के लिए प्रोत्साहित करता है। एक बार शिवधनुष तोड़ने को हाथ फिर उठ जाता है। किन्तु यहाँ शिव नहीं,

उनके भक्त रावण के अस्त्र-शस्त्र व्यर्थ करते हैं। राम को अपने दिव्यास्त्र बुझते हुए दिखाई देते हैं, आकाश में महाशक्ति है जो राम का रण-कौशल व्यर्थ कर देती है। राम फिर श्रृंगार-भाव में लौट आते हैं :

खिंच गए दृगों में सीता के राममय नयन।

इस श्रृंगार-भाव पर, पराजय में राम के मोह पर, रावण हँसता है और राम की आँखों में आँसू आ जाते हैं।

यह स्वगत-चिन्तन अमूर्त कथन का सहारा छोड़कर मूर्त चित्रण के सहारे आगे बढ़ता है। निराला इस चित्रण में राम के मुग्ध मन की कमज़ोरी से आकाशव्यापी शक्ति का वैषम्य दिखाते हैं। इस शक्ति को परास्त करना राम के वश में नहीं; उसे चिरब्रह्मचर्यरत महावीर ही परास्त कर सकते हैं क्योंकि राम की तरह वह 'श्रृंगार-युग्मगत' नहीं हुए। श्रृंगार और संन्यास का द्वन्द्व यहाँ भी है किन्तु संन्यास के प्रतीक महावीर हैं, राम नहीं। फिर भी राम को विजय तभी मिलेगी जब महावीर की तरह वह भी मन का आकाश पार कर जाएँगे। महावीर अंजना की बात मानकर उतर आए थे, राम उतरेंगे नहीं। सहस्रार तक पहुँचने से पहले स्वयं दुर्गा कमल-पुष्प उठा ले जाती हैं। रत्नावली से मिलती-जुलती भूमिका दुर्गा की है : 'वामा वह पथ में हुई वाम सरितोपम'। रत्नावली ने तुलसीदास को ज्ञान दिया, दुर्गा स्वयं राम के वदन में लीन हो गईं। श्रृंगार और संन्यास का द्वन्द्व 'राम की शक्तिपूजा' में है किन्तु गौण रूप में वैसे ही, जैसे ग्लानि और पराजय की पीड़ा 'तुलसीदास' में है किन्तु गौण रूप में। पर गौण हो चाहे मुख्य, उसे व्यक्त करने की कला है वही स्वगत-कथन अथवा स्वगत-चिन्तन की।

'पत्रोत्कंठित जीवन का विष बुझा हुआ है'—निराला का अन्तिम स्वगत-कथन है। जिस विष की ज्वाला पीकर उन्होंने बार-बार नई जीवन-शक्ति पाई थी, वह विष भी बुझा हुआ है किन्तु हृदयकुंज में अभी आशा का प्रदीप जलता है, वैसे ही, जैसे उस भयावनी काली रात में समुद्र के किनारे राम के निकट पर्वत पर मशाल जल रही थी। जीवन के सारे युद्ध समाप्त हो चुके हैं, अब भीष्म शरों की कठिन सेज पर लेटे हैं। राम के वार विफल हुए थे, यहाँ भी : 'मारे मूर्च्छित हुईं, निशाने चूक गए हैं'। मृत्यु समीप है, फिर भी आशा है :

पुनः सबेरा, एक और फेरा हो जी का।

श्रृंगार और संन्यास का द्वन्द्व नहीं, न आत्मग्लानि और पराजय की पीड़ा, यह जीवन और मृत्यु का चिरन्तन द्वन्द्व है, अमिट जिजीविषा और अपरिहार्य विनाश का द्वन्द्व। बीते हुए जीवन की सफलता पर गर्व है—ऐसा गर्व, जैसा निराला की अन्य किसी कविता में नहीं है; साथ ही लम्बे संघर्ष की समाप्ति पर दुःख है, वह शरक्षेप, वह रण-कौशल देखने, उसमें भाग लेने का समय समाप्त हो गया है। सफलता के आनन्द और मृत्यु के विषाद में अद्भुत सन्तुलन है इस कविता में। परिस्थिति को और स्वयं को देखने,

जो देखते हैं, उसका विश्लेषण करने की क्षमता यहाँ भी वैसी ही है, जैसी 'वनबेला' में या 'राम की शक्तिपूजा' में। केवल दृष्टि और भी सधी हुई, दृष्टि का नियन्तामन और भी धैर्यवान है; तार्किक विश्लेषण और भावगाम्भीर्य में सामंजस्य और भी कलापूर्ण है।

स्वगत-कथन चाहे निराला का हो, चाहे किसी पात्र का, वह मन की स्थिति को नाटकीय रूप देने की क्षमता का परिचय देता है। उसमें विश्लेषण है, भाव-गाम्भीर्य है, चित्रमयता है। अमूर्त विवेचन के साथ—कहीं-कहीं उसे एकदम हटाकर—निराला मूर्त चित्रण की कला प्रदर्शित करते हैं। इस कला द्वारा वह दार्शनिक स्तर पर विरोधी विचारों का संघर्ष, भावात्मक स्तर पर मन के संशय और द्विधा की स्थिति का चित्रण करते हैं। स्वगत-कथन उनके मुक्तकों में है, गीतों में है, लम्बी कविताओं में उसे महत्त्वपूर्ण स्थान दिया जाता है। 'जब कड़ी मारें पड़ीं दिल हिल उठा' से लेकर 'पत्रोत्कंठित जीवन का विष बुझा हुआ है' तक निराला भिन्न प्रकार की रचनाओं में भिन्न स्तर पर, नये-नये रूपों में इस कला का उपयोग करते हैं। उनके साहित्य में यह कला निरन्तर निखरती जाती है।

संवाद

निराला स्वगत-कथन की शैली में खुद से बातें करते हैं, नाटकीय-संवाद की शैली में दूसरों से भी बातें करते हैं। वह विवेक से जैसे अपनी स्थिति का विश्लेषण करते हैं, वैसे ही अपनी स्थिति समझाने के लिए दूसरों से तर्क करते हैं। वह स्वगत-कथन में अपने मन की द्विधापूर्ण स्थिति, संशय, ग्लानि आदि व्यक्त करते हैं, वैसे ही संवाद शैली में, दूसरों से तर्क करते हुए, वह मन का आक्रोश, क्षोभ अथवा विश्वास प्रकट करते हैं। सूरदास के गीतों में कृष्ण, राधा, गोपियाँ, ऊधो, यशोदा कोई-न-कोई किसी से बोलता ही रहता है। सूरदास अपनी ओर से कम बोलते हैं। जब बोलते हैं तब श्रोता रूप में आसपास कहीं कृष्ण भी होते हैं। निराला उन कवियों की तरह नहीं हैं जो भाव में डूबकर गाने लगते हैं—सुननेवाला सामने हो चाहे नहीं। उनकी वक्तृत्व-कला से मिलती-जुलती उनकी संवाद-कला है जिसमें कभी वह, कभी अन्य व्यक्ति दूसरे से बातें करता है।

'बैठ लें कुछ देर'—'परिमल' की पहली कविता, एक व्यक्ति दूसरे से बातें कर रहा है; 'तम गहन जीवन घेर' में परिवेश की ओर, रंगमंच पर वक्ता के पीछे फैले हुए अन्धकार की ओर संकेत है। नाटकीय संवाद है, उसी के अनुरूप जीवन के विरोधाभास, व्यंग्यपूर्ण वैषम्य चित्रित हैं। ये दोनों—वक्ता और श्रोता—पथिक हैं अन्त और अनन्त के—दो विरोधी तत्त्वों का सन्तुलन। भाषा अपना काम करती है मूकता की आड़ में। जीवन चुप, निर्द्वन्द्व रह जायगा—स्थिरता प्राप्त करेगा—उत्थान-

पतनाघात से। कविता में नाटकीयता केवल इसलिए नहीं है कि एक व्यक्ति दूसरे से कुछ कह रहा है, वरन इसलिए कि प्रति पद पर उसके कथन में वक्रता है; वस्तुओं, विचारों और भावों में वैषम्य प्रदर्शन और सन्तुलन है।

'एक दिन थम जाएगा रोदन'। ('निवेदन', परिमल, पृ. 32) वियोग की सम्भावना, पुनर्मिलन की आकांक्षा, दूसरी बार न मिलने पर न पहचाने जाने का भय, एक व्यक्ति से दूसरे की उक्ति, भाषा—मुखर नहीं, मौन; 'गगन-तम' और 'प्रभापल' के परस्पर विरोधी बिम्बों की योजना।

'शेष।' (उप., पृ. 37) : एक स्त्री अपनी सखी से बातें कर रही है। प्रकृति से जो सन्देश मिला, वह संवाद के रूप में यहाँ लिखा गया, पुरुष ने नारी का हाथ पकड़कर जो कुछ कहा, वह भी संवाद रूप में लिखा गया। उक्ति के भीतर उक्ति, जैसे नाटक के भीतर नाटक। सखी से नारी की उक्ति, उस उक्ति में पुरुष की उक्ति। पृष्ठभूमि में डूबता हुआ सूरज, कमल पर दुःख-किरण, वन अवसन्न। वियोग-व्यथा अथवा यौवन में अतृप्ति के चित्रण के लिए एक छोटा नाटकीय आयोजन।

इसके विपरीत संयोग का सुख, फिर थकान; दूसरा नाटक, भौंरे और फूल की बातचीत। भौंरा फूल को अपनी तर्क-योजना से फुसलाता है :

सुनो, अहा फूल
जब कि यहाँ दम है,
फिर, क्या रंजोग़म है— ['परिमल', पृ. 65]

निराला को पारसी रंगमंच की संवाद-शैली पसन्द नहीं थी लेकिन यहाँ भौंरे के बोलने के ढंग से लगता है, उसने पारसी रंगमंच पर काफी नाटक देखे हैं।

'गीतिका' में ऐसे अनेक गीत हैं जिनमें पुरुष या स्त्री एक-दूसरे से बातें करते हैं :

नयनों में हेर प्रिये
मुझे तुमने ये वचन दिये— [पृ. 5]

शुरुआत पुरुष की उक्ति से—फिर उसमें नारी की उक्ति। पुरुष मरण और जीवन दो परस्पर विरोधी प्रक्रियाओं के कारण जाम पिये हैं। झंकार जो तार से निकलकर हवा में विलीन हो जाती है, उससे पुरुष बँधा हुआ है। जो हीरे हैं, वे जड़ हैं, सीमित हैं, पर उनके हीरे हैं इसलिए अपार ज्योति लिये हैं। एक ओर नारी की तृष्णा है। तृष्णा शान्त नहीं होती—चाहे नारी की हो, चाहे पुरुष की। दूसरी ओर उस तृष्णा के लिए पुरुष है तृप्ति का सरोवर। कविता के संवाद में यह विरोधी वस्तुओं और भावों का सामंजस्य और सन्तुलन।

मैं लिखती, सब कहते;
तुम सहते, प्रिय, सहते। [उप., पृ. 21]

लिखती है स्त्री, सहता है पुरुष। अजब विरोधाभास है। 'जग धोका तो रो क्या' की तरह स्त्री तर्क करती है :

होते यदि तुम नहीं,
लिखती मैं क्या, कहो?

इस होने ने मिटाया नहीं, बनाया है। अवश्य वह ग़ालिब के विपरीत अपने नहीं, दूसरे के होने की बात कर रही है। लिखने के साथ एक भिन्न क्रिया बहने की है लेकिन बहने के साथ स्थिर रहने का चमत्कार भी है :

मैं लिखती या बहती
स्रोत पर तुम्हारे ही रहती।

यह स्थिति पुरुष को ही नहीं, स्त्री को भी प्रिय है क्योंकि वह उसकी आवृत्ति चाहती है :

इसी तरह उर पर रख, मधुर,
कहो, तुम कहो :
(जब) चाह, तुम्हें चहते,
तब कहते, सब कहते।

इस तरह के तर्क-योजना वाले संवादों में साधारणत: शृंगार के संचारी व्यभिचारी भाव सतह के नीचे रहते हैं; यहाँ वे नीचे से उठकर सतह के ऊपर आ गए हैं। अन्तिम पंक्तियों में पारसी रंगमंच वाली संवाद-शैली की हल्की झलक है।

'अनामिका' में कविता है 'मित्र के प्रति'। कविता यदि किसी के प्रति हो तो साधारणत: उसमें वक्ता एक ही होता है—कवि। यहाँ भी वक्ता एक है किन्तु उसकी उक्ति के भीतर दूसरों की उक्ति है। नेपथ्य की ओर देखकर निराला कहते हैं :

कहते हो, 'नीरस यह
बन्द करो गान'। [पृ. 10]

मित्रों की उक्ति अमूर्त कथन से शुरू होती है, फिर सरोवर, हंस, कमल, जल-तरंग की ध्वनि, पवन के मल्लार के प्रतिमानों से जगमगा उठती है। इन सुन्दर, दर्शनप्रिय, श्रुति-सुखद-प्रतिमानों पर निराला व्यंग्य करते हैं : जहाँ जल होगा, वहाँ मेढक होंगे, उनकी टर्र-टर्र भी होगी। फिर लू, ताप और ग्रीष्म के द्वारा नई कविता की स्थिति का चित्रण करते हुए वह वर्षा तक पहुँचते हैं। वर्षा के बाद—उपमानों की ज़मीन छोड़कर, 'सोचो तो' कहते हुए—निराला नई कविता में मित्र छन्द से अमित्र छन्द के बँधने के चमत्कार की ओर ध्यान दिलाते हैं। मित्र-अमित्र का सह-अस्तित्व मोर और साँप की पूँछों के जुड़ने के समान ही आश्चर्यजनक है। निराला मित्र शब्द का दूसरा सामान्य अर्थ लेते हुए अपनी कविता के आलोचकों से कहते हैं : तुम्हीं ने प्रिय मित्र को छोड़कर, मुँह मोड़ लिया है।

अचानक अमूर्त तर्क-योजना के आगे एक विराट् बिम्ब आ जाता है : 'अपार तिमिर सागर'। अमूर्त कथन की ज़मीन छोड़कर इस तरह बिम्ब को उपस्थित करने में नाटकीयता है। अपार तिमिर सागर की सार्थकता इस जगह यह है कि तर्क-योजना की एक कड़ी यहाँ समाप्त होती है, निराला मित्र और अमित्र को मिलाने वाली उदारता से मित्र की उपेक्षा करनेवाली संकीर्णता की तुलना करते हैं। फिर तर्क-योजना के क्लाइमैक्स के तौर पर कविता के उस चरण को समाप्त करते हुए पूछते हैं :

इसी रूप में रह स्थिर
इसी भाव में घिर घिर
करोगे अपार तिमिर—
सागर को पार?

जो स्थिर है, वह सागर क्या पार करेगा? इस विरोधाभास से निराला अपने आलोचकों की विवेकहीनता सिद्ध करते हैं, संघर्ष की कठोरता की ओर संकेत करते हुए आलोचकों की जड़ता पर हँसते हैं।

जो जीर्ण-शीर्ण पत्र डालों से गिरे हुए जहाँ-तहाँ पड़े थे, उन्हीं से प्राचीनता-पंथियों को प्यार था। इसीलिए उन्हें नई कविता—अर्थात् छायावादी कविता—से कष्ट हुआ। प्राचीनता-पंथी जब कमरे में आराम कर रहे थे, तब बाहर उन्हें अप्रसन्न करनेवाली नई कविता की गर्म हवा शोक-चिह्न जलाकर अशोक विटप को रँग रही थी, साहित्य और समाज में क्रान्तिकारी परिवर्तन कर रही थी। तिमिर सागर को पार करने की क्षमता संकीर्ण भावों में स्थिर रहनेवालों में नहीं थी किन्तु यह हवा समुद्र में जाकर तूफान बरपा कर देती है, विषम विघ्नों की नाव उलट देती है, कविता की भाषा के सारे अर्थ ही बदल जाते हैं :

उलट दिया अर्थागम
बनकर तूफान।

अब वह तूफान शान्त हो गया है। त्रास नहीं है, इसलिए रक्षा करो—यह पुकार भी नहीं है। ग्रीष्म के ताप से जल सूखकर ऊपर उड़ा, सीप में गिरकर मोती बना, उन्हीं मोतियों की माला अब सरस्वती के कंठ की शोभा बढ़ा रही है। तर्क-योजना पूरी हुई।

पुरानी रीतिवादी कविता निर्जीव हो गई है, नई कविता ने कठिन संघर्ष से गुज़रते हुए उसका स्थान ने लिया है—निराला का मूल कथ्य यह है। इसे सीधे न कहकर मित्र के और अपने संवाद द्वारा नाटकीय ढंग से कहते हैं। तर्क-योजना में विषम भावों, विचारों और वस्तुओं के संगठन द्वारा वह श्रोता को विस्मित करते हैं, अपने पक्ष का औचित्य और विरोधी पक्ष की जड़ता सिद्ध करते हैं। उद्देश्य वैसा ही है, जैसा वक्तृत्व-कला में किन्तु वहाँ वक्तृत्व-कला में नाटकीयता है, यहाँ नाटकीयता में वक्तृत्व-कला है। दो विरोधी पक्षों की सीधी टक्कर है, दोनों अपनी-अपनी बात कहते हैं—यह नाटक है। नाटक का उद्देश्य श्रोता को एक ही पक्ष, कवि के पक्ष में प्रभावित

करना है—यह वक्तृत्व-कला है। कविता में तर्क-योजना मात्र नहीं है। संघर्ष की आँच में झुलसने की याद बार-बार लू और ताप के बिम्बों से ताज़ा कर दी जाती है। कविता में क्षोभ की जगह दृढ़ आत्मविश्वास है—तर्क-योजना के नीचे सुदृढ़ भाव-भूमि है।

'हिन्दी के सुमनों के प्रति पत्र'—('अनामिका', पृ. 114) में संवाद की जगह निराला की उक्ति है। बोलने वाले हैं अकेले निराला, सामने सम्बोधित हैं रीतिवादी मित्रों की जगह समकालीन छायावादी कवि। रीतिवादी परास्त हुए—'मित्र के प्रति' में यह विश्वास है। छायावादी कवियों में वह श्रेष्ठ नहीं माने जाते—यह क्षोभ 'हिन्दी के सुमनों के प्रति पत्र' में है। गर्व है कि 'मैं ही वसन्त का अग्रदूत'; अपमान की पीड़ा है कि जो अग्रदूत है, वह इस समय 'ब्राह्मण समाज में ज्यों अछूत' है। फूल रंगीन हैं; निराला पढ़कर फेंके हुए पत्र के समान हैं। महत्त्वपूर्ण वस्तु फल है, न कि रँगा धागा बाँधे हुए फूल। उस फल के भीतर जो कड़वा, त्यागा हुआ बीज है, वही आलोचक निराला हैं। निराला की अनेक रचनाओं में जीर्ण-शीर्ण पत्रों को उड़ाने की बात है; यहाँ कविता के आरम्भ में वह स्वयं जीर्ण पत्र बनते हैं, फिर रंगरूप पर गर्व करनेवाले सुमनों को निष्फल, दिखाऊ सौन्दर्य वाला, प्रतिभाहीन सिद्ध करते हुए स्वयं कविता के अन्त में फल के बीज बन जाते हैं। तर्क-योजना रूपक में बँधी है, पत्रों और सुमनों का वैषम्य प्रदर्शन है। निराला आरम्भ से लेकर कविता के मध्य तक पत्र हैं, फिर सुमन के अन्तर को पार कर जानेवाला फल—फल का बीज बनते हैं। सुमन अपनी जगह स्थिर रहते हैं। पत्र और फल की दो भूमिकाएँ निबाहने के कारण तर्क-योजना में थोड़ी शिथिलता आ गई है। कारण यह हो सकता है कि क्षोभ का भाव दब नहीं रहा है। जब वह कहते हैं : 'ईर्ष्या कुछ नहीं मुझे', तब पाठक को लगता है, थोड़ी-बहुत तो है और वह ईर्ष्या विवेक को डिगा देती है।

'वनबेला' में निराला के स्वगत-कथन के अलावा कवि और वनबेला का संवाद है। स्वगत-कथन में ऐसी भावात्मक तीव्रता है कि उसके आगे संवाद फीका लगता है। वनबेला उपदेश देना शुरू करती है : जीवन के मेले में बाहरी वस्तुओं की चमक-दमक है, इसलिए बड़े-छोटे का भेदभाव है; जहाँ ज्ञान है, वहाँ बड़प्पन और छुटपन की कसौटी दूसरी है। कवि उस उपदेश को सत्य और सुन्दर मानते हुए स्वीकार करता है। बेला की उक्तियों में कहीं उस संघर्ष, क्लेश और पीड़ा का आभास नहीं है जो निराला के स्वगत-कथन में विष बनकर प्राण-प्रतिष्ठा करता है। इसीलिए स्वगत-कथन की तुलना में शेष संवाद फीका है।

एक उपदेश रत्नावली का है 'तुलसीदास' में—नाटकीय, अत्यन्त प्रभावशाली। वास्तव में उपदेश प्रच्छन्न है; प्रकट है धिक्कार, प्रताड़ना। वह शुरुआत ही धिक्कार से करती है : 'धिक्! धाये तुम यों अनाहूत'। रत्नावली पिता के घर में अपमानित हुई है, उसकी वाणी में रोष है; 'राम के नहीं काम के सूत कहलाए'—इस उक्ति से पति की भर्त्सना करती है, उस भर्त्सना में ही उपदेश निहित है। तुलसी के स्वगत-कथन के मुकाबले रत्नावली की उक्ति फीकी नहीं पड़ती।

एक उपदेश जाम्बवान का है, 'राम की शक्तिपूजा' में। यह एक कुशल सेनापति द्वारा नीति-निर्धारण है। कवि पाठक को वहाँ ले आया है जहाँ विभीषण की वक्तृता के बाद सभा निस्तब्ध हो गई है; फिर राम गतिरोध की स्थिति का वर्णन करके चुप हो जाते हैं। युद्धभूमि में दुर्गा से आँखें मिलाने पर राम के हाथ बँधे रह गए हैं। आगे क्या हो? कोई मार्ग नहीं सूझता। उस स्थिति में जाम्बवान नई नीति निर्धारित करते हैं : शक्ति की मौलिक कल्पना करो, आराधन का उत्तर दृढ़ आराधन से दो। एक स्थिति से दूसरी की ओर नाटकीय संक्रमण सम्भव हुआ; जाम्बवान के उपदेश की यह सार्थकता है। जाम्बवान की उक्ति विभीषण के सुरचित भाषण का उत्तर है। एक में कृत्रिम ओजस्विता, आन्तरिक कायरता, राम पर व्यंग्य, क्षुद्र स्वार्थपरता है; दूसरी में राम के प्रति गहरी सहानुभूति है, उनके सोये हुए आत्मविश्वास को जगाने का प्रयास है, सहज दृढ़ता है; राम पर ही नहीं, पूरी सेना पर विश्वास है। राम के स्वगत-कथन में सेना गौण है :

विचलित लख कपिदल, क्रुद्ध युद्ध को मैं ज्यों-ज्यों,
झक-झक झलकती वह्नि वामा के दृग त्यों-त्यों।

कपिदल विचलित है; उसे सँभालने वाले केवल राम हैं। जाम्बवान की उक्ति में सेना को वैसा ही महत्त्व दिया गया है, जैसा कथावाचक के प्रारम्भिक भाषण में। राम एकान्त में शक्ति-साधना करें, उनकी अनुपस्थिति में सेना मोर्चा सँभाले रहेगी। जाम्बवान विश्वास से, वृद्ध सेनापति के अधिकार से कहते हैं :

छोड़ दो समर जब तक न सिद्धि हो, रघुनन्दन!

इस एक पंक्ति से जाम्बवान के चरित्र की गरिमा, राम के प्रति उनका अमित स्नेह व्यक्त होता है। वही राम से कह सकते हैं, कुछ दिन न लड़ो, कुछ न बिगड़ेगा। फिर वह युद्धभूमि के लिए सैन्य-संचालन की रूपरेखा तैयार कर देते हैं। कौन नायक होगा, कौन दक्षिण भाग में होगा, कौन वाम भाग में, कौन मौका पड़ने पर दूसरों की मदद के लिए पहुँचेगा—जाम्बवान अपने नैतिक-सैनिक नेतृत्व से नाटक के घटना-प्रवाह की दिशा बदल देते हैं। नाटकीय संवाद की दृष्टि से, इस कारण, निराला को सबसे अधिक सफलता 'राम की शक्तिपूजा' में मिली है।

निराला की एक तर्क-पद्धति यह है कि वह प्रश्नों की झड़ी लगा देते हैं, जिससे प्रश्न करते हैं, उसे बोलने का मौका नहीं देते।

लीक छोड़कर कहाँ चलूँ?
दाने के बिन क्या तलूँ?
फूला जब नहीं क्या फलूँ?
क्या हाथ बटाते हो?—
आँख बचाते हो।— ['अर्चना', पृ. 43]

जब मदद की ज़रूरत थी, तब दी नहीं; उस पर हाथ बँटाने का दावा! कैसा विरोधाभास है, फूल तो आया नहीं, फल की माँग हो रही है! प्रत्येक प्रश्न में एक तर्क है, प्रत्येक तर्क में मन का आक्रोश है। निराला तर्क कर रहे हैं विधाता से। सिद्ध यह कर रहे हैं कि उसने जो दुनिया बनाई है, वह अन्तर्विरोधों से भरी है। उन अन्तर्विरोधों से पीड़ित होनेवाले मनुष्य से सफल जीवन बिताने की आशा करना व्यर्थ है। इस व्यर्थता के लिए मनुष्य उत्तरदायी नहीं है।

'दाने के बिना क्या तलूँ?'—ऐसा ही प्रश्न निराला 'सान्ध्यकाकली' की एक कविता में करते हैं :

नहीं जो बीज तो खेत में बो क्या?

ब्रह्म और माया वाला द्वन्द्व निराला यहाँ भी निपटा रहे हैं। शंकर हों चाहे न हों, अन्नपूर्णा का होना आवश्यक है। इनके बिना क्या किससे लोगे, क्या किसको दोगे? धर्म, कर्म, रूप, गुण, शरीर तभी हैं जब माया है।

विश्व-संसार है तभी है माया,
धर्म-कर्मादि हैं गुण, रूप, काया;
नहीं तो किसी को दो क्या व लो क्या?

निराला अपने प्रश्नों से उस दर्शन की व्यर्थता सिद्ध कर रहे हैं जो संसार को अस्वीकार करता है। अन्तिम पंक्ति अन्नपूर्णा में सम्बन्धित आरम्भिक पंक्ति की प्रतिध्वनि है : 'अन्नपूर्णा बिना लो क्या व दो क्या?' यह प्रतिध्वनि अपने में नाटकीय है; इसके सिवा वह अन्नपूर्णा से सांसारिक व्यवहारों का सम्बन्ध स्पष्ट करती है। निराला ये प्रश्न किससे कर रहे हैं, शिव या ब्रह्म से, अन्नपूर्णा अथवा माया से, स्वयं से अथवा श्रोता से? जिससे भी प्रश्न करें, उनके प्रश्न करने में कला है, प्रश्नों की शृंखला से सुनिशिचत तर्क-योजना है, द्विधा की स्थिति में निकलने का प्रयास है। कथ्य यह है कि संसार की सार्थकता है शक्ति की वास्तविकता के कारण; उसे नाटकीय रूप देते हैं निराला अपनी प्रश्नावली द्वारा। प्रत्येक प्रश्न में व्यंग्य है जो विरोध-पक्ष की विवेकहीनता प्रमाणित करता है।

कौन तम के पार? —(रे, कह) ['गीतिका', पृ. 12]

इस गीत में निराला का कथ्य वही है जो 'सान्ध्यकाकली' के उपर्युक्त गीत में है। उसे वह नाटकीय रूप देते हैं प्रतीक-योजना द्वारा। पृथ्वी, अप, तेज, वायु, आकाश—भिन्न प्रकार से विश्व में ये सब तत्त्व सक्रिय हैं, परस्पर परिवर्तनशील हैं, अन्त में एक ही तत्त्व के आश्रित हैं—वह है शून्य, आकाश अथवा अन्धकार। इन पाँच तत्त्वों की गतिशीलता से ही गंध, स्पर्श, शब्द आदि का बोध होता है; निराला पूछते हैं, यह रूप-रस का बोध वास्तविक है या छलना :

निशा-प्रिय-उर शयन सुखधन
सार या कि असार? —(रे कह)।

निराला के सामने वेदान्ती है जो संसार को मिथ्या कहता है। इसलिए प्रश्न करने के बाद वह चुप नहीं रहते, हर बंद के बाद 'रे कह' की आवृत्ति से उत्तर देने के लिए उसे ललकारते हैं। वह उत्तर नहीं देता, उत्तर देने का अवसर ही नहीं पाता। पृथ्वी से आकाश तक और आकाश से पृथ्वी तक उसे सघन अन्धकार में हिला-झुलाकर निराला उसकी शास्त्रार्थकला व्यर्थ कर देते हैं। संसार माया है, मिथ्या है, ब्रह्म ही सत्य है—इस धारणा के विरुद्ध जो कुछ कहना है, उसे मूर्त चित्रण के साथ, प्रश्नों द्वारा श्रोता पर व्यंग्य करते हुए, संयत आवेश के साथ निराला इसी ढंग से कह सकते थे।

भावबोध के अनेक स्तरों पर निराला इस नाटकीय संवाद-शैली का उपयोग करते हैं। जो बात सीधे कही जा सकती है, उसे वह वक्रता से कहते हैं, वक्ता और श्रोता को आमने-सामने खड़ा करके संवाद-शैली में कहते हैं। सीधे भावोद्गार की तुलना में इस वक्र-कथन द्वारा भावाभिव्यक्ति सघन हो उठती है। भाव सीधे प्रवाहित न होकर प्रच्छन्न या प्रकट रूप में विरोधी भाव से टकराता है। कविता इस भीतरी तनाव से, आन्तरिक स्पन्दन से गतिशील होती है। विवेक इस सारी गतिशीलता को नियंत्रित रखता है। दार्शनिक स्तर पर विचार मंथन, भावात्मक स्तर पर मन के उद्वेग, क्या गीत और क्या लम्बी कविता—दोनों में सफलता से चित्रित होते हैं। लम्बी कविता में संवाद कथा के प्रसार, कथा-प्रवाह को मोड़ने, वक्ताओं के चरित्र-वैषम्य को प्रदर्शित करने में सहायक होते हैं। व्यंग्य इन संवादों की प्राण-शक्ति है। न्यूनाधिक मात्रा में मूर्त चित्रण, भाव-प्रवणता और तर्क-योजना का सन्तुलन इनकी विशेषता है।

कविता का नक्शा

आदमी जैसे नक्शा बनाता है, फिर नक्शे के अनुसार मकान बनाता है, वैसे निराला पहले नक्शा बनाते हैं, फिर कविता रचते हैं। कोई काम वह हमेशा एक ही ढंग से नहीं करते, यह रचना-पद्धति भी वह छोड़ देते हैं। फिर भी उनकी बहुत-सी कविताओं में उनका नक्शा पहचाना जा सकता है। 'मेरे गीत और कला' में 'जुही की कली' की व्याख्या करते हुए उन्होंने अपना नक्शा समझाया है : कली कविता के आरम्भ में सोती है, फिर सोते से जागती है, प्रिय से मिलती है; मन के अन्धकार के बाद है जागरण : 'मैं इसे ही परिणति कहता हूँ और उत्कृष्ट कला का एक उदाहरण'। ('प्रबन्ध प्रतिमा', पृ. 290) 'बादल-राग' (2), 'मौन रही हार', आदि अन्य रचनाओं की जो व्याख्या निराला ने की है, उसमें उन्होंने अपनी तर्क-योजना की रूपरेखा समझाई है। प्रत्येक रचना में गति है, विकास है, तर्क की रेखाओं के अनुरूप भाव और मूर्ति विधान की इमारत खड़ी की जाती है। कविता जिस स्थिति से शुरू होती

है, उसी में खत्म नहीं होती; खत्म होने तक स्थिति बदलती है और उसका बदलना तर्कसंगत होता है। प्रथम स्थिति यदि कारण है तो अन्तिम स्थिति उसका परिणाम है। यह बात अलग है कि जुही की कली सोने के बाद जागती है, 'जागृति में सुप्ति थी' का नायक जागने के बाद फिर सो जाता है या सो जाना चाहता है, 'जागो फिर एक बार' (1) का नायक अन्त तक सोता ही रहता है।

'निशा के उर की खुली कली' ('परिमल', पृ. 94)—निशा के बहाने अभिसारिका का चित्रण है। चलना चाहती है, नूपुर बज उठते हैं, लाज से रुक जाती है। भय के साथ प्रीति भी है : 'प्रीति-भीति काँपे पग उर मन'। भीति के कारण रुकती है; प्रीति उसे आगे ठेलती है। भय को दूर करके हँसती हुई आगे बढ़ती है। प्रिय की शैया के पास पहुँचकर आँखें खोलने के बदले उन्हें बन्द कर लेती है। यह प्रीति-भीति की तर्कसंगत परिणति है, भले ही आँखें मूँदने के कारण वह सर्वोच्च दार्शनिक व्याख्या न बन पाई हो! हवा के एकाएक चलने और वन की मर्मर ध्वनि सुनने के साथ निराला कविता को समाप्त कर देते हैं, यह सोचकर कि अक्लमन्द को इशारा काफी है। किन्तु 'स्पर्श से लाज लगी'—('गीतिका', पृ. 31) में पहले स्पर्श, तत्पश्चात् चुम्बन, पुन: उस क्रिया का विस्तार : 'मौन पान करती अधरासव', अन्त में परिणति :

मधुर स्नेह के मेह प्रखरतर
बरस गये रस-निर्झर झरझर।

रस-निर्झर के बरसने के बाद उर भीतर अमर अंकुर भी उगा। यह अंकुर विशुद्ध भावात्मक हो सकता है, सन्तति के बीजरूप में दैहिक और भौतिक भी हो सकता है। 'रूखी री यह डाल, वसन वासन्ती लेगी।' (उप., पृ. 14)—इस गीत में शुरुआत पार्वती की तपस्या से होती है, खात्मा होता है कुमार-जन्म की भविष्यवाणी से :

मधुव्रत में रत वधू मधुर फल
देगी जन को स्वाद-तोष-दल।
ऐसे ही मेघ के घन केश— [उप., पृ. 48]

में पहले पवन पट लहराया, फिर वह आकाश से उतरकर शिखर पर बैठी, फिर रस-वर्षा :

निर्निमेष खड़ी सुघर अयि,
लख रही निज शेष।

साधारणत: मेघ की याद आते ही ग्रीष्म की तपन में जलकणों के ऊपर उठने से लेकर प्यासी सूखी धरती पर जल के बरसने तक सारी प्रक्रिया निराला की आँखों के सामने घूम जाती है। इसका विस्तार से वर्णन 'जलद के प्रति' कविता ('परिमल', पृ. 74) में है। 'बादल-राग' (3) में उसी ओर संकेत है। 'धरा के खिन्न दिवस के दाह!' दाह

के बाद सूर्य से चयन को सफल करता हुआ बादल आकाश में चढ़ जाता है, वहाँ गरजता और गाता है, अन्त में फिर धरती पर लौटने की सम्भावना : 'आज मिटेगी व्याकुल श्यामा के अधरों की प्यास'।

'उक्ति' ('अनामिका', पृ. 190) में पहले जीवन जला, फिर आकाश में मेघमाला दिखाई दी। ऐसी ही परिणति रूपक द्वारा 'मित्र के प्रति' में। 'बादल गरजो।' (उप., पृ. 82) में शुरुआत गरजने से, खात्मा धरती को शीतल करने से। 'प्रसाद के प्रति' ('अणिमा', पृ. 27) में बारहमासा का ताना-बाना लेकर निराला उनका जीवन चित्रित करते हैं। पहले वसन्त के समान प्रसाद सरसी के हृदय पर लहर उठा गए, फिर :

पके खेत लहरे, सोना ही सोना चमका,
सुखी हुए सब लोग, देश में जीवन दमका।

शरत् हेमन्त पार करके खेत कटने की नौबत भी आई :

खेती ज्वार बाजरे की आई कट-कट कर,
सुखी हुए सब जन अपने-अपने सुन्दर घर।

प्रसाद ने जीवन के आरम्भ में नये साहित्य की शुरुआत की थी, प्रमाण के समय वह उसे समृद्ध दशा में छोड़ रहे थे। बारहमासे का यही ताना-बाना 'देवी सरस्वती' कविता में नक्शे का काम देता है। आचार्य शुक्ल के प्रति 'श्रद्धांजलि' ('अणिमा', पृ. 26) में निराला शुरुआत अमानिशा से करते हैं, फिर द्वितीया, तृतीया पार करते हुए खात्मा चतुर्दशी से करते हैं। यहाँ नक्शा उन्होंने ज्योतिष के आधार पर बनाया है।

एक गीत है : 'पावन करो नयन!' ('गीतिका', पृ. 9) पहले किरण आकाश से उतरकर धरती को रूप-रंग से जगमगा देती है। फिर सूर्यास्त, अपने दल मूँदे हुए कमल, उस पर जल की बूँद। उस बूँद पर दु:ख की लम्बी रात में स्वप्न की जागृति की तरह वह किरण, जो अब सीधे सूर्य से नहीं, चन्द्रमा के माध्यम से धरती पर आती है। प्रवाह यहाँ प्रकाश से अन्धकार की ओर है; चन्द्रमा की किरण स्वप्न की जागृति है। रात दु:ख की है; उसमें सहारा देनेवाला सपना बनती है वह किरण। निराला के तर्क का ढाँचा यहाँ उनकी मार्मिक वेदना को अभिव्यक्त करने में सहायक होता है।

'तुलसीदास' के आरम्भ में भारत के प्रभापूर्य सूर्यास्त का वर्णन है, अन्तिम पंक्ति में स्वभावत: सूर्योदय का उल्लेख है। मुगल शासन से सूर्य का अस्त हुआ, तुलसी की साधना से उदय होगा; सारी घटनाएँ निराला इस ढाँचे के अन्दर सजाते हैं। जब उन्होंने सूर्यास्त की बात लिखी, तब वह पूर्व में सूर्योदय की आभा भी देख रहे थे। 'राम की शक्तिपूजा' में सूर्य अस्त हुआ, राम-रावण के युद्ध की स्मृति, फिर घोर अन्धकारमयी निशा, उस अन्धकार में सारे द्वन्द्व, अन्त में राम के वदन में लीन होती हुई महाशक्ति। 'वनबेला' में प्रलय-संध्या का दृश्य, अन्त में प्रात:काल पूजा के लिए वनबेला का चयन।

ढाँचा बनाने की यह पद्धति कहीं तो कला के उत्कर्ष में सहायक होती है, कहीं नहीं : 'पावन करो नयन' में प्रकाश के बाद अन्धकार का आना, उस अन्धकार में भी जागते रहने—नींद में स्वप्न देखने—की प्रबल आकांक्षा उस तर्क-योजना से सम्बद्ध होकर सफलतापूर्वक व्यक्त होती है। 'देवी सरस्वती' और 'प्रसाद के प्रति' रचनाओं में इसी तरह देश की सांस्कृतिक विरासत और आधुनिक साहित्य का विकास चित्रित करने के लिए बारहमासे वाला साँचा बड़े काम का साबित होता है। किन्तु 'तुलसीदास' में यह साँचा कमज़ोर-सा है। कविता के ज़ोरदार अंश युद्ध और तुलसीदास के अन्तर्द्वन्द्व से सम्बद्ध हैं, अन्त में रत्नावली के योगिनी रूप के वर्णन से। इनकी तुलना में सूर्योदय कमज़ोर लगता है, मात्र एक रूढ़ि का पालन। वास्तव में जिस उदात्त स्तर पर सूर्यास्त का चित्रण हुआ है, उसी पर सूर्योदय का नहीं हुआ। इसी तरह 'राम की शक्तिपूजा' में इतना अन्धकार है और इतना गहरा है कि जिस ज्योति के पत्र पर राम-रावण का अपराजेय समर लिखा गया है, वह अन्धकार के नीचे कहीं छिप गया है। कविता के अन्त में महाशक्ति राम के वदन में लीन हुईं, यह सही है, किन्तु उनके लीन होने के समय रात बीत चुकी थी, सवेरा हो गया था, कहीं स्पष्ट उल्लेख नहीं है। जब राम का मन सहस्रार पार करने को होता है, तब रात का दूसरा पहर है। दुर्गा कमल का आखिरी फूल उठा ले जाती हैं। राम नेत्रकमल चढ़ाने को होते हैं तब एक स्वप्न साकार हो उठता है : सामने दुर्गा हैं, दाएँ लक्ष्मी, बाएँ सरस्वती हैं। यह एक सपना है जो प्रभात की किरणों से मेल नहीं खाता। कविता के आरम्भ में पराजय का दु:स्वप्न है, कविता के अन्त में वर-प्राप्ति का सुख-स्वप्न। इन दो स्वप्नों में वैषम्य है किन्तु सन्तुलन नहीं। पहला स्वप्न प्रबलरूप से उद्वेगपूर्ण है, यथार्थ को समर्थरूप से अभिव्यक्त करता है; दूसरा स्वप्न यथार्थ से विमुख, सुखद कल्पना है जिसमें अन्तर्निहित भावशक्ति क्षीण है। यह सुख-स्वप्न चाहे राम ने रात्रि में देखा हो, चाहे प्रात:काल, है वह कमज़ोर। 'राम की शक्तिपूजा' के तर्कसंगत गठन में यह कमज़ोरी है। गठन की इस कमज़ोरी का सम्बन्ध निराला के भावबोध और उनकी विचारधारा से है। जीवन में संघर्ष और पीड़ा को चमत्कार से दूर करने का प्रयास कविता के ढाँचे को कमज़ोर बनाएगा ही। ऐसी ही कमज़ोरी 'वनबेला' के ढाँचे में है। निराला अपने अन्तर्द्वन्द्व को शान्त करना चाहते हैं वनबेला के आत्मसमर्पण वाले आदर्श से। अन्तर्द्वन्द्व की तीव्रता के मुकाबले वह आत्मसमर्पण का आदर्श निर्जीव लगता है। जीवन में जो ट्रैजेडी है, उसे उसी रूप में स्वीकार करने से यह कमज़ोरी दूर हो सकती है या फिर :

दु:ख के सिख जियो पियो ज्वाला,
शंकर की स्मरशर की हाला।

'सरोज-स्मृति' में निराला का परिचित संरचना-क्रम टूट जाता है। आरम्भ में उन्होंने लिखा कि पिता से पहले कन्या सम्भवत: स्वर्ग इसलिए गई कि पिता अक्षम हैं, दुस्तर

अन्धकार में उनका हाथ पकड़कर वह उन्हें पार ले जाएगी। कन्या स्वयं शुक्ला प्रथमा है जो श्रावण नभ का अन्धकार पार कर जाती है। अन्धकार को पार करने के चित्र निराला के मन में हैं; वे संकेत करते हैं—कविता की परिणति के बारे में वह किस तरह की रूपरेखा तैयार कर रहे थे। किन्तु कविता के अन्त तक पहुँचते-पहुँचते यह रूपरेखा मिट जाती है। अन्धकार को पार करके प्रकाश तक पहुँचने के मोहक सपने चूर हो जाते हैं। सरोज नानी की गोद में खेली और पली थी, उसी में उसने महामरण को वरा। महामरण को याद करते हुए निराला अन्धकार को पार करके प्रकाश तक पहुँचने की बात भूल जाते हैं या कह नहीं पाते। अपने कवि-कर्म से कन्या का तर्पण करते हुए वह कविता समाप्त करते हैं। इस कविता का अन्त—उसकी परिणति—जितना प्रभावशाली है, उतना अन्य किसी लम्बी कविता का नहीं। न 'तुलसीदास', न 'वनबेला', न 'राम की शक्तिपूजा'—कोई भी, कविता के प्रभावशाली अन्त की दृष्टि से, 'सरोज-स्मृति' का मुकाबला नहीं कर सकती। यहाँ कविता के पूर्व-निश्चित तर्कसंगत ढाँचे का टूटना ही उसकी सबसे बड़ी सफलता है।

निराला की कुछ कविताएँ ऐसी हैं जिनमें भावोद्‌गारों की लड़ियाँ हैं, इनमें कोई आन्तरिक तर्क-योजना नहीं है। ये लड़ियाँ स्वेच्छानुसार बढ़ाई-घटाई जा सकती हैं। भावोद्‌गारों के समान वे जो चित्र खींचते हैं, वे बिखरे हुए हैं। इनमें छायावादी कविता के भावुकता-जन्य दोष सबसे ज़्यादा हैं। भाव में गहराई नहीं है, वैसे ही चिन्तन-क्रिया में शिथिलता है। चित्र हल्के और अस्पष्ट रेखाओं वाले हैं। जटिल जीवन-नद में तिरने और डूबने वाली स्मृति कवि से प्रेमालाप करती है, अतीत के गान सुनाती है। शैशव की याद, चुम्बन की प्रथम हिलोर, सुखवृन्तों से गिरती हुई कलियाँ, प्रणयपीड़ित अस्फुट बोल...यह क्रम मनचाहे ढंग से बढ़ाया जा सकता है। 'स्मृति', ('परिमल', पृ. 96) 'वासन्ती', (उप., पृ. 67) 'वसन्त समीर', (उप., पृ. 80) 'यमुना के प्रति' (उप., पृ. 80) जैसी रचनाओं में निर्माण के बदले भावोद्‌गारों की लड़ियाँ हैं। इनके अनेक अंश सशक्त हैं किन्तु कुल मिलाकर रचनाएँ कमज़ोर हैं। इसके विपरीत 'नयन', 'माया' जैसी कविताओं में उपमानों की शृंखला है, फिर भी रचना में आन्तरिक संगति है। तर्क-योजना नहीं है, फिर भी भावबोध के स्तर पर उपमानों में परस्पर-सम्बद्धता है और उससे यह संगति उत्पन्न होती है। नयन अल्पजल में विकल मीन हैं, किसी की प्रतीक्षा में रात बीत जाने पर दीन-से दिखाई देते हैं, फिर पथिक से उनकी बातचीत शुरू हो जाती है। ('नयन', परिमल, पृ. 71) केन्द्र में नेत्र हैं, उपमान उनकी करुण दशा पर ध्यान केन्द्रित करने के लिए हैं। माया के उपमान परस्पर-विरोधी विकल्प उपस्थित करके निराला के संशयग्रस्त मन का चित्र खींचते हैं। माया किसी के चित्र की कालिमा है या किसी कमनीय की कमनीयता है; वह किसी दीन की आह है या किसी तरु की वनिता-लता है। 'तुम और मैं' कविता में तुंग हिमालय शृंग से लेकर कुन्द इन्दु अरविन्द शुभ्र और निर्मल व्याप्ति तक निराला उपमानों से सौन्दर्य, सुख और ऐश्वर्य का वातावरण निर्मित करते हैं जिसमें

ब्रह्म का ज्ञानमय प्रकाश खो जाता है। फिर भी यह सत्य है कि उपमान शृंखला को कहाँ तक बढ़ाया जाय, कहाँ उसे तोड़ा जाय, यह कवि की इच्छा पर है। कविता के परिमाण को निश्चित करनेवाला उसी में अन्तर्निहित कोई नियम नहीं है। निराला ने आगे चलकर न केवल 'वासन्ती' और 'यमुना के प्रति' वाली रचना-पद्धति छोड़ दी वरन् 'तुम और मैं' की पद्धति भी त्याग दी।

अनेक रचनाओं में निराला तर्क-योजना की कड़ियाँ बीच-बीच में छोड़ते जाते हैं। इसका यह अर्थ नहीं है कि उनके सामने रचना की रूपरेखा नहीं है; अर्थ केवल यह है कि योजना की सभी रेखाओं को वह समान रूप से उभारना नहीं चाहते। एक स्थिति से दूसरी स्थिति तक संक्रमण को आकस्मिक बनाकर वह नाटकीयता से श्रोता को विस्मित कर देना चाहते हैं, इसलिए तर्क की कुछ कड़ियाँ छोड़ जाते हैं। एक साधारण-सी मिसाल इस कला की है : 'आदान-प्रदान'। ('परिमल', पृ. 92) कविता की पहली चार पंक्तियों में कवि कठिन शृंखला बजाकर अतीत के गान गाता है; अगली चार पंक्तियाँ असम्बद्ध लग सकती हैं : शिशु माता के वक्षस्थल पर भूला गान पाते हैं; माताएँ भी शिशु के अधरों पर अपनी मुसकान पाती हैं। कविता के पहले अंश को दूसरे अंश से जोड़ने वाली कड़ी ग़ायब है :

कठिन शृंखला बजा-बजाकर
गाता हूँ अतीत के गान,
मुझ भूले पर उस अतीत का
क्या ऐसा ही होगा ध्यान?
शिशु पाते हैं माताओं के
वक्षःस्थल पर भूला गान,
माताएँ भी पातीं शिशु के
अधरों पर अपनी मुसकान।

तर्क की कड़ी छोड़ दी गई है किन्तु पूरी तर्क-योजना समझ में आती है। अतीत माँ के समान है। कवि जब उसे याद करता है, तब अतीत के लिए भी उचित है कि वह कवि का ध्यान रखे। कविता के पहले अंश में जो प्रश्न किया गया है, दूसरे अंश में उसी का उत्तर है। 'जागो फिर एक बार' (1) में इसी तरह तर्क की कड़ियाँ छोड़ी गई हैं, फिर भी वक्ता और श्रोता पर आदि से अन्त तक ध्यान केन्द्रित रहता है, इसलिए पाठक ज़्यादा झटके नहीं खाता। किन्तु 'जागो फिर एक बार' (2) में ये कड़ियाँ और बेरहमी से तोड़ी गई हैं; ध्यान एक ही वक्ता-श्रोता के जोड़े पर केन्द्रित नहीं रहता। इस कविता में 'जागो फिर एक बार' (1) से नाटकीयता अधिक है, एक बंद से दूसरे बंद तक पहुँचने में पाठक को और तगड़े झटके लगते हैं। विस्मय का भाव उतना ही बढ़ता है। यह सब कविता के सुनियोजित रचना-विधान के अन्तर्गत सम्पन्न होता है।

'कौन तम के पार'—इस गीत में प्रत्येक बंद दूसरे से असम्बद्ध, प्रत्येक पंक्ति दूसरी पंक्ति से अलग-थलग जान पड़ती है। बहुत-से पाठकों को सारे शब्द उखड़े हुए, वाक्य-विन्यास निरर्थक लगें तो आश्चर्य नहीं। किन्तु इस गीत की असम्बद्ध-सी दिखनेवाली पंक्तियों के नीचे बहुत मज़बूत ढाँचा है जो निराला की पंचतत्त्व वाली प्रतीक-योजना पर ध्यान देने से समझ में आ जाता है। निराला ने तर्क की कड़ियाँ जान-बूझकर छोड़ दी हैं—गीत को अधिक प्रभावोत्पादक बनाने के लिए।

निराला इस कला का उपयोग तत्सम-प्रधान शब्द-योजना वाली छायावादी-सी रचनाओं में करते हैं। उसका उपयोग बोलचाल के शब्दों वाली यथार्थवादी-सी रचनाओं में भी करते हैं। एक की मिसाल है : 'कौन तम के पार', जिसकी शब्द-योजना इस तरह की है :

गंध - व्याकुल - कूल - उर - सर,
लहर-कच कर कमल-मुख पर,
हर्ष अलि हर स्पर्श-शर, सर,
गूँज बारम्बार!

इससे भिन्न शैली में 'नये पत्ते' की रचना है 'दग़ा की' :

चेहरा पीला पड़ा।
रीढ़ झुकी। हाथ जोड़े।
आँख का अँधेरा बढ़ा।
सैकड़ों सदियाँ गुज़रीं।
बड़े-बड़े ऋषि आए, मुनि आए, कवि आए,
तरह-तरह की वाणी जनता को दे गए।
किसी ने कहा कि एक तीन हैं
किसी ने कहा कि तीन तीन हैं।
किसी ने नसें टोईं, किसी ने अँगूठे चूमे।
लोगों ने कहा कि धन्य हो गए।

कविता का एक चरण पूरा हुआ। कविता के वाक्य असम्बद्ध लगते हैं क्योंकि जो सन्दर्भ वाक्यों में निहित है, उसे अलग से नहीं बताया गया। पुरानी समाज-व्यवस्था में जनता पिसती रही, काव्य और धर्मशास्त्र रचे जाते रहे, ईश्वर एक है या ब्रह्मा, विष्णु, महेश तीनों अलग-अलग देवता हैं, बड़ी बहसें हुईं, जनता ने बहकावे में आकर सम्पत्तिशाली वर्गों की पूजा की। पूरे चरण में आन्तरिक संगति है। निराला अमूर्त तर्क-योजना के बदले चित्र प्रस्तुत करते हैं और इन चित्रों में आन्तरिक क्रमबद्धता है। दूसरा चरण शुरू होता है तब तर्क-योजना की कड़ी फिर टूटी हुई लगती है;

सामान्य कविता-पाठक को दो चरणों के बीच की यह खाली जगह विशेष कष्ट देती है। लगता है, उसी में गिर पड़ेगा, दूसरी तरफ के कगार पर न चढ़ पाएगा। दूसरा चरण यों शुरू होता है :

मगर खँजड़ी न गई।
मृदंग तबला हुआ,
वीणा सुरबहार हुई।
आज पियानो के गीत सुनते हैं।
पौ फटी।
किरनों का जाल फैला।
दिशाओं के होंठ रँगे।
दिन में वेश्याएँ, जैसे रात में।
दग़ा की इस सभ्यता ने दग़ा की।

लोग के धन्य-धन्य कहने के बाद अचानक खँजड़ी और मृदंग की चर्चा होने लगी। दोनों चरणों का परस्पर सम्बन्ध समझ में नहीं आता। निराला तर्क करते हैं कि जो लोग सम्पत्तिशाली वर्गों के बहकावे में आकर स्वयं को धन्य मानते रहे हैं, उनकी संस्कृति में कोई मौलिक परिवर्तन नहीं हुआ। आदिकाल से अब तक खँजड़ी बजाते रहे। वीणा से सुरबहार, मृदंग से तबला, नये वाद्य पियानो का चलन—ये सब सांस्कृतिक परिवर्तन होते रहे हैं किन्तु दिशाओं के होंठ रँगने और वेश्याओं के सजने से सभ्यता की जो नई चमक-दमक दिखाई देती है, वह धोखा है। इस सभ्यता ने लोगों को भरमाकर उनसे दग़ा की है। अन्तिम पंक्ति में तर्क-योजना की परिणति स्पष्ट हो जाती है।

निराला इस तरह जहाँ तर्क की लड़ियाँ छोड़ते हैं, वहाँ किसी-न-किसी रूप में व्यंग्य रहता है। जिन कविताओं में दूसरों की आलोचना करते हैं, जो मूलत: व्यंग्य-प्रधान हैं : जैसे 'दग़ा की', वहाँ यह रचना-कौशल विशेष सहायक होता है। व्यंग्य जहाँ-तहाँ अलग वाक्यों में नहीं, कविता की संरचना में अन्तर्निहित होता है। 'नये पत्ते' में 'दग़ा की' के बाद कविता है : 'चर्खा चला'। इस दूसरी कविता में तर्क-योजना की कड़ियाँ छोड़ी नहीं गईं; सभ्यता के विकास की जानी-पहचानी मंज़िलें गिनाई गई हैं। सांस्कृतिक विरासत में क्या सुरक्षित रखना है, इस पर ज़ोर है। कविता में व्यंग्य और नाटकीयता का अभाव है। तर्क की कड़ियाँ छोड़ने से निराला किस तरह के प्रभाव उत्पन्न करते हैं, यह दोनों कविताओं की तुलना करने से ज्ञात होगा। 'अणिमा' में 'चूँकि यहाँ दाना है', 'आराधना' में 'ऊँट बैल का साथ हुआ है', 'मानव जहाँ बैल-घोड़ा है' आदि रचनाओं में निराला उसी तर्क-शृंखला को तोड़ने वाली कला का प्रयोग करते हैं। इस कला का सबसे प्रसिद्ध प्रयोग उनकी गद्य-रचना 'वर्तमान धर्म' है।

स्थापत्य

स्थापत्यकार अपनी रचना-सामग्री से खाली जगह भरता है। जहाँ शून्य है, वहाँ लम्बाई, चौड़ाई, ऊँचाई, गहराई वाली इमारत वह खड़ी करता है। उसके विभिन्न अंगों में सन्तुलन स्थापित करके सौन्दर्य की सृष्टि करता है। कविता जिस शून्य को भरती है, वह कल्पना में है। जिस क्षण कविता आरम्भ होती है, उस क्षण से लेकर अन्त होने तक वह एक निश्चित काल-खंड घेरती है, इस काल में वह गतिशील रहती है। साथ ही उस निश्चित अवधि में बढ़ते हुए वह शून्य को भी घेरती है, उसकी गति उस रेखा के समान नहीं है जिसमें लम्बाई तो है, चौड़ाई नहीं है।

स्थापत्यकार ईंट, पत्थर, गारा, चूना आदि रचना-सामग्री का उपयोग करके आकाश का कोई पूर्व-निश्चित भाग घेरता है। कवि की रचना-सामग्री है भाषा। शब्दों का प्रयोग करता है वह उनके अर्थ के लिए, सांकेतिक व्यंजना के लिए, कल्पना में चित्र उपस्थित करने के लिए, ध्वनि-प्रवाह के लिए। इस प्रयोग पर निर्भर है कि वह अपनी रचना-सामग्री से कितना आकाश किस तरह भरता है। काग़ज़ पर छपी हुई कविता की लम्बाई देखकर यह अनुमान नहीं किया जा सकता कि वह वास्तव में कितना आकाश घेर रही है। 'अणिमा' में कविता है : 'स्वामी प्रेमानन्द जी महाराज' जो पुस्तक के तीस पृष्ठ घेरती है। सीधी रेखा पकड़े कविता बढ़ती चली जाती है; इस गति को रोककर दाएँ-बाएँ घूमती हुई वह खाली जगह नहीं घेरती। इस कविता को हम फूलों की माला या वृक्षों की लम्बी पाँति कह सकते हैं, वह इमारत नहीं है। 'अनामिका' में 'सेवा प्रारम्भ' बारह-तेरह पृष्ठ घेरती है, इतने ही पृष्ठों की 'नये पत्ते' में 'स्फटिक-शिला' है। इन लम्बी कविताओं में वह गहराई नहीं है जो 'तुलसीदास' या 'राम की शक्तिपूजा' में है। 'स्वामी प्रेमानन्द जी महाराज' की कुल शब्द-संख्या, सम्भव है, 'राम की शक्तिपूजा' के बराबर हो या कुछ अधिक हो किन्तु दोनों के रचना-कौशल में जो भेद है, वह शब्द-संख्या की समानता-असमानता से प्रकट नहीं होता। उस भेद का कारण है : माध्यम का भिन्न पद्धति से उपयोग।

माध्यम है भाषा। भाषा के साथ अर्थ, मूर्तिविधान, ध्वनिप्रवाह—यह सब-कुछ है। यह कवि की रचना-सामग्री है; उसको वह कैसे तैयार करता है, गारा पतला है या गाढ़ा, लखौरी ईंट है या संगमूसा के बड़े-बड़े टुकड़े, उस सामग्री का उपयोग कैसे करता है, इस पर निर्भर है कि कविता की इमारत कैसी बनती है। 'तुलसीदास' में निराला एक शानदार इमारत बनाना चाहते हैं, ऐसी कि उसे देखकर मन उसकी गरिमा से प्रभावित हो। इसलिए वह छन्द-प्रवाह, मूर्तिविधान, शब्द-ध्वनि, सांकेतिक अथवा स्पष्ट व्यंजना इन सबको नियंत्रित रखते हैं। निराला की कला की विशेषता यह है कि सामान्यत: इन तत्त्वों में एक नियंत्रित है, तो सब नियंत्रित है, एक में अनवरुद्ध प्रवाह है तो औरों में भी है। इस नियंत्रण द्वारा वह

अपने माध्यम में घनत्व पैदा करते हैं, कविता को सीधी रेखा में बढ़ने से रोककर दाएँ-बाएँ जगह घेरते चलते हैं।

भारत के नभ का प्रभा पूर्य
शीतलच्छाय सांस्कृतिक सूर्य
अस्तमित आज रे—तमस्तूर्य दिङ्मंडल;
उर के आसन पर शिरस्त्राण
शासन करते हैं मुसलमान;
है ऊर्मिल जल; निश्चलत्प्राण पर शतदल।

भाषा की गति अनवरुद्ध प्रवाह के समान नहीं है। निराला शब्दों की रास खींचे हुए हैं। विशेषणों से पूरे वाक्यों का काम ले रहे हैं। मूर्तिविधान के एक-एक अंश में युग का पूरा इतिहास है। शब्दों की ध्वनि में हल्कापन नहीं, गहराई है। निराला ने छह पंक्तियों के लिए जितना समय निर्धारित किया है, उससे बहुत अधिक आकाश घेरा है। इसके विपरीत, भिन्न ढंग से वह रचना-सामग्री का उपयोग करते हैं 'स्वामी प्रेमानन्द जी महाराज' में :

आमों की मंजरी पर
उतर चुका है वसन्त,
मंजु गुंज भौंरों की
बौरों से आती हुई,
शीतवायु ढो रही है
मन्द गंध रह-रह कर।
नारियल फले हुए,
पुष्करिणी के किनारे
दोहरी कतारों में
श्रेणीबद्ध लगे हुए।
भरा हुआ है तालाब,
खेलती हैं मछलियाँ,
पानी की सतह पर
पूँछ पलटती हुई।

दोनों कविताओं की शैली का अन्तर साफ पहचाना जा सकता है किन्तु यह अन्तर मूलत: कविता के ढाँचे से, कलाकार द्वारा उस ढाँचे के अनुकूल अपनी रचना-सामग्री के उपयोग से सम्बन्धित है। 'स्वामी प्रेमानन्द जी महाराज' या वैसी ही अन्य कविताओं में उद्देश्य कविता की रचना-भव्यता से प्रभावित करना नहीं है, जैसे 'तुलसीदास' या 'राम की शक्तिपूजा' में।

इस तरह का भेद लम्बी कविताओं में ही नहीं, छोटी मुक्तक रचनाओं में भी है। 'जुही की कली' का प्रवाह अनवरुद्ध है। उपवन सर सरित गहन गिरी कानन को जल्दी-जल्दी पार करता हुआ पवन मानो इस प्रवाह का प्रतीक है। जुही की कली के सोने से लेकर प्यारे के संग रंग खेलने तक निराला निरन्तर, प्राय: एक गति से, दाएँ-बाएँ देखे बिना आगे बढ़ते जाते हैं। शब्द की ध्वनि या अर्थ में—प्रवाह को रोककर—वक्रता पैदा नहीं की गई, जैसे इससे मिलती-जुलती कविता 'शेफालिका' में की गई है :

बन्द कंचुकी के सब खोल दिये प्यार से
यौवन-उभार ने
पल्लव-पर्यंक पर सोती शेफालिके।
मूक आह्वान भरे लालसी कपोलों के
व्याकुल विकास पर
झरते हैं शिशिर से चुम्बन गगन के।

मूक आह्वान भरे लालसी कपोलों का व्याकुल विकास—एक व्यंजना-पद्धति यह है जो पाठक को आगे बढ़ने से रोकती है, जो कविता की रचना में घनत्व पैदा करती है। दूसरी पद्धति है :

निर्दय उस नायक ने
निपट निठुराई की
कि झोंकों की झाड़ियों से
सुन्दर सुकुमार देह सारी झकझोर डाली।

'जुही की कली' निराला की लोकप्रिय रचना है। लोकप्रियता का एक कारण सीधी रेखा में आगे बढ़ना है। रीतिवादी कविता पढ़कर पाठक जो संचारी-व्यभिचारी जगाता रहा है, उन्हीं को एक हद तक यह कविता पढ़कर भी वह जगा लेता है। 'शेफालिका' में कवि ने भाषा का जैसा प्रयोग किया है, उससे वह अपरिचित है। किन्तु रचना में घनत्व वहीं ज़्यादा है। ऐसी ही भिन्नता गीतों में है।

'वर दे, वीणावादिनि वर दे!'—यह भी लोकप्रिय गीत है। ध्वनि में गाम्भीर्य है, वक्रता है, प्रवाह की तरलता नहीं है किन्तु शब्दों की ध्वनि के साथ मूर्तिविधान और व्यंजना में वैसी वक्रता, वैसा कसाव नहीं है। अन्ध-उर के बन्धन काटकर ज्योतिर्मय निर्झर बहाने की बात सुपरिचित है, मन पर असर करती है। किन्तु 'कौन तम के पार' में निराला ने रूप, रस, गंध, स्पर्श के हिसाब से बिम्बों के शिलाखंड जमाए हैं और उनके सहारे गीत में एक छोटा किन्तु बहुत मज़बूत, भीतर से गहरा स्तूप रच डाला है। इन सबसे भिन्न रचना-सामग्री का उपयोग होता है उन गीतों में, जो लोकगीतों की परम्परा के निकट हैं : 'नयनों के डोरे लाल गुलाल भरे खेले

होली'। यहाँ निराला रचना का मध्य मार्ग अपनाते हैं। 'स्वामी प्रेमानन्द जी महाराज' की तरह यहाँ सीधी रेखा वाली गति नहीं है, न 'तुलसीदास' की तरह आकाश भरने का स्थापत्य है। संयत प्रवाह के साथ निराला एक चित्रावली उद्‍घाटित करते हैं जिसमें आन्तरिक संगति है।

गीतों और मुक्तकों में निराला शुरू से अन्त तक प्राय: एक तरह की रचना-सामग्री का उपयोग करते हैं अर्थात् शब्दों की ध्वनि, सांकेतिक व्यंजना, मूर्तिविधान आदि का स्तर एक ही रहता है। 'वर दे, वीणावादिनी वर दे'—से गीत आरम्भ हुआ :

नव नभ के नव विहग वृंद को
नव पर, नव स्वर दे!

उसी शैली में, उसी स्तर पर समाप्त हुआ। 'किन्तु पावन करो नयन'—यह गीत उस स्तर पर आरम्भ होता है जिसे अनुदात्त कह सकते हैं। 'घन गर्जन से भर दो वन' या 'दे मैं करूँ वरण' जैसे गीतों का मन्द्र घोष आरम्भ में नहीं है। 'पावन करो नयन' में लोकगीत की-सी मधुर ध्वनि और वैसी ही सरल व्यंजना है। किन्तु दूसरी ही पंक्ति 'रश्मि नभ नील पर'—से ध्वनि और व्यंजना की वक्रता आरम्भ होती है; शैली बदल जाती है। दूसरे छन्द में :

प्रतनु, शरन्दिन्दुवर,
पद्‍मदल विन्दु पर—

के साथ स्वर और भी साफ बदला हुआ नज़र आता है। मूर्तिविधान की सादगी खत्म हो गई है। संध्या के समय कमल के दल बन्द हो गए हैं, उन पर ठहरी हुई ओस की बूँद पर चन्द्रमा की किरण पड़ती है। दु:खनिशा में कवि की स्वप्न-जागृति यह किरण है। इस तरह निराला एक ही गीत में शब्दों की ध्वनि और मूर्तिविधान का प्रयोग दो तरह से करके नाटकीयता उत्पन्न करते हैं।

'बादल-राग' (6) उदात्त स्तर पर शुरू होता है :

तिरती है समीर सागर पर
अस्थिर सुख पर दु:ख की छाया।

लम्बे डग भरता हुआ छन्द; वैसा ही विराट् चित्र। फिर उदात्त से भिन्न सामान्य स्तर पर :

हँसते हैं छोटे पौधे लघुभार—
शस्य अपार,
हिल हिल
खिल खिल,
हाथ हिलाते

तुझे बुलाते,
विप्लव-रव से छोटे ही हैं शोभा पाते।

पौधों का वर्णन शुरू होने से पहले बादल गगनस्पर्शी स्पर्द्धाधीर पर्वतों को क्षत-विक्षत कर चुका है। इन पर्वतों और छोटे पौधों में जैसा भेद है, वैसा ही भेद दोनों के वर्णन की शैली में है।

चूस लिया है उसका सार
हाड़ मात्र ही हैं आधार—

यहाँ निराला ने आरम्भ में जो उदात्त स्तर पकड़ा था, उसे छोड़ दिया है। इस तरह कई गीतों और मुक्तकों में निराला अपनी रचना-सामग्री का उपयोग एक ही ढंग के बदले कई ढंग से करते हैं। स्वभावत: इस तरह की विविधता लम्बी कविताओं में अधिक है। एक ओर :

शतशेल सम्वरण शील नील नभ गर्जित स्वर—

दूसरी ओर :

कहती थीं माता मुझे सदा राजीवनयन।

निराला इस तरह की भिन्नता एक ही स्थल के वर्णन में, एक ही व्यक्ति के भाषण में प्रदर्शित करते हैं; पूरी कविता को कई हिस्सों में बाँटकर उनके बीच भी इस तरह का शैली-भेद दिखाते हैं। शैली-भेद—रचना-सामग्री का भिन्न स्तरों पर उपयोग—उनकी निर्माणकला का अभिन्न अंग है।

'तुलसीदास' का आरम्भ वह उदात्त स्तर पर करते हैं। पहले बंद में जो एक दिन की संध्या लगती है, वह दूसरे बंद में शत-शत शब्दों का सांध्यकाल बन जाती है। भोगल दल-बल के जलदयान के साथ स्वर और चढ़ता जाता है; घन अन्धकार में वज्र टूटने और प्रलय धार के बहने तक कविता के प्रारम्भिक अंश की उठान सबसे ऊँचे बिन्दु पर पहुँच जाती है। फिर इस्लाम के सागर की ओर बहती हुई नदियों के उल्लेख के साथ यह अंश—स्वर के कुछ निम्न स्तर पर उतरता हुआ समाप्त होता है। 'अब धौत धरा खिल गया गगन'—से शैली-परिवर्तन साफ दिखाई देता है। युद्ध के बाद शान्ति; संघर्ष के बाद शृंगार-साधना। इन दोनों की भिन्नता के अनुरूप निराला का शैली-परिवर्तन है।

निराला आरम्भ में जिस उदात्त स्तर पर कविता आरम्भ करते हैं, उसे क्रमश: छोड़ देते हैं। तुलसीदास के अन्तर्द्धन्द्ध का चित्रण करते हुए वह फिर ऊपर उठते हैं। जहाँ वह तुलसीदास की चेतनोर्मियों का वर्णन करते हैं, उन्हें संस्कारों के वज्रद्वार पर प्रहार करते दिखाते हैं, वहाँ उदात्त ध्वनि-प्रवाह की रेखा उच्चतम बिंदु पर होती

है। उसके बाद वह उस प्रवाह को वैसे ही नीचे उतारते हैं, जैसे भोगल दल-बल के जलदयान के बाद 'अब धौत धरा खिल गया गगन' में उन्होंने उसे उतारा था। यहाँ ध्वनिप्रवाह का उच्चतम बिंदु यह है :

करने को ज्ञानोद्धत प्रहार
तोड़ने को विषम वज्रद्वार,
उमड़े भारत का भ्रम अपार हरने को।

ज्ञान की इस उदात्त प्रक्रिया के बाद निराला रत्नावली के प्रति तुलसीदास के शृंगार-भाव की ओर संकेत करते हुए स्वर को नीचे उतारते हैं :

प्रेयसी, प्राणसंगिनी, नाम
शुभ रत्नावली—सरोज-दाम
वामा, इस पथ पर हुई वाम सरितोपम।

यह वही स्तर है जिस पर निराला ने 'अब धौत धरा खिल गया गगन' आदि की रचना की थी। दो स्थितियों के भेद के अनुसार निराला अपनी शैली में परिवर्तन करते हैं।

तुलसीदास को रत्नावली के दो रूप दिखाई देते हैं—एक शृंगारवाला, दूसरा शक्ति और ज्ञान वाला। शृंगारवाले रूप के वर्णन में उनका स्तर वही है जो 'अब धौत धरा खिल गया गगन' में है, 'प्रेयसी प्राणसंगिनी नाम' में है। आठवें बंद में अब 'धौत धरा खिल गया गगन'; सैंतीसवें बंद में 'प्रेयसी प्राणसंगिनी नाम'; सैंतालीसवें बंद में फिर :

प्रेयसी के अलक नील, व्योम;
दृग-पल, कलंक; मुख मंजु, सोम।

इस तरह निराला एक ही स्तर पर कविता के कई अंश रचते हैं, फिर इन अंशों को एक-दूसरे से फासले पर पूरी कविता के नक्शे के अनुसार सजाते हैं।

कविता के पहले बंद में उन्होंने उदात्त स्तर पकड़ा : 'भारत के नभ का प्रभापूर्ण' इत्यादि। सात बंदों के बाद यह स्तर छोड़ देते हैं; फिर क्रमश: उठते हुए छत्तीसवें बंद में ज्ञानोद्धत प्रहार वाले उदात्त स्तर तक पहुँचते हैं। इस स्तर को कविता के अन्त में फिर पकड़ते हैं जब वह रत्नावली का तेजस्वी रूप प्रकट करते हैं :

जल गए व्यंग्य से सकल अंग,
चमकी चल दृग ज्वाला तरंग
पर रही मौन धर अप्रसंग वह बाला।

निराला का प्रयत्न यह नहीं है कि एक ही उदात्त स्तर पर पूरी कविता रचें। उदात्त में वह भेद करते हैं; इस भेद के अनुसार कविता के अलग-अलग खंडों को सजाते हैं। एक उदात्त है ज्ञान और युद्ध के वर्णन में; उससे कुछ नीचे स्तर पर उदात्त है

शृंगार के वर्णन में। इन दोनों से भिन्न है अनुदात्त का स्तर जहाँ निराला राजापुर का या चित्रकूट में तुलसीदास के भ्रमण का वर्णन करते हैं :

यह एक उन्हीं में राजापुर,
है पूर्ण, कुशल, व्यवसाय-प्रचुर; अथवा
फिर पंचतीर्थ को चढ़े सकल
गिरिमाला पर, हैं प्राण चपल
संदर्शन को, आतुर पद चलकर पहुँचे।

मोटे तौर पर कह सकते हैं कि निराला तीन स्तरों पर कविता रचते हैं : एक उदात्त, दूसरा उससे कुछ उतरा हुआ किन्तु निम्न नहीं, तीसरा अनुदात्त। उदात्त और अनुदात्त से भिन्न जो दूसरा स्तर है, वह उदात्त के ज़्यादा निकट है, अनुदात्त से दूर है। उसे हम स्वरित नाम दे सकते हैं। इन स्तरों के विचार से कविता का विभाजन इस प्रकार होगा :

उदात्त : 1-7; 23-36; 77-78; 82-90; 93-97 (कुल 37 बंद)।

स्वरित : 8-10; 14-22; 37-42; 47-59; 66-67; 71-76; 79-81; 91-92; 98-100 (कुल 47 बंद)।

अनुदात : 11-13; 43-46; 60-65; 68-70 (कुल 16 बंद)।

इस विभाजन के बारे में मेरा आग्रह यह नहीं है कि प्रत्येक बंद जिस विभाग में रखा गया है, वह एकदम सही रखा गया है। हो सकता है कि वह आपको अधिक या कम उदात्त लगे, या जिसे मैंने अनुदात्त समझा है, उसे आप उस श्रेणी में न रखें। यह भी सही है कि एक ही स्तर पर रचे हुए बंदों में पूरी समानता नहीं है तथा कभी-कभी एक ही बंद में दो स्तर मिल जाते हैं। यह सब होते हुए यदि आप स्वीकार करें कि निराला की रचना का स्तर एक नहीं, कम-से-कम तीन स्तर हैं। इन तीनों स्तरों पर जिस तरह की शैलियाँ देखने को मिलती हैं, उनकी अपनी सार्थकता है और इन शैलियों के हिसाब से रचे हुए अंशों को निराला कविता में निर्माणकला का ध्यान रखते हुए सजाते हैं, तो मेरे उपर्युक्त विवेचन का उद्देश्य सिद्ध हो जायगा।

किसी कविता में ऊँचे-नीचे स्तरों पर भिन्न शैलियों का परिचय देना कोई नई बात नहीं, कोई बड़ी बात नहीं। 'तुलसीदास' में निराला ने विभिन्न अंशों में सन्तुलन क़ायम रखा है, उस सन्तुलन से पूरी कविता का स्थापत्य पाठक को कैसे प्रभावित करेगा—इस बात का ध्यान रखा है, महत्त्वपूर्ण बात यह है। अनुदात्त अंश बहुत थोड़े हैं; वे इमारत के अलग-अलग हिस्सों को जोड़नेवाले टुकड़ों की तरह हैं। पूरी कविता का प्रभाव उन पर निर्भर नहीं है। प्रभाव निर्भर है पहले दो अंशों के वैषम्य और सन्तुलन पर। निराला कविता का आरम्भ नियंत्रित किन्तु गम्भीर ध्वनि-प्रवाह, सघन मूर्तिविधान और वक्र अर्थ-व्यंजना से करते हैं। रचना-सामग्री के इस घनत्व से वह काफी आकाश घेरकर कविता के सिंहद्वार का निर्माण करते हैं। उन्हें इस बात का ध्यान है कि कविता का आरम्भ जिस गरिमा का प्रभाव डालता है, वह अन्त

तक पहुँचते-पहुँचते खत्म न हो जाय। अन्त:पुर की शोभा दिखाते हुए वह दर्शक का ध्यान प्रासाद के ऊँचे-ऊँचे शिखरों, अट्टालिकाओं की ओर आकर्षित करते हैं। उदात्त अंशों को कविता के आदि, मध्य और अन्त में सजाकर वह पूरी कविता द्वारा मन पर भव्य स्थापत्य की छाप डालते हैं। इसमें वैषम्य प्रदर्शित करते हैं स्वरित स्तर पर रचे हुए अंशों का। कविता में जैसे दो तरह की संस्कृतियों के द्वन्द्व से तनाव पैदा किया गया है, वैसे ही रचना में दो शैलियाँ निर्माण-कला में भीतरी तनाव पैदा करती हैं, पूरे स्थापत्य को जड़त्व से बचाकर गतिशील बनाती हैं।

'तुलसीदास' और 'राम की शक्तिपूजा' के निर्माण-सौन्दर्य में काफी समानता है, काफी भिन्नता भी। 'राम की शक्तिपूजा' में उदात्त, अनुदात्त और स्वरित स्तरों पर रचना के अंश वैसे ही पहचाने जाते हैं, जैसे 'तुलसीदास' में; भिन्न स्तरों पर रचे हुए अंशों की क्रमबद्धता, उनका सन्तुलन लगभग वैसा है, जैसा 'तुलसीदास' में। किन्तु 'तुलसीदास' का ध्वनि-प्रवाह जहाँ सबसे गहरा है, 'राम की शक्तिपूजा' में अनेक स्थलों पर वह उससे और भी गहरा है। 'तुलसीदास' के विभिन्न अंशों में इस प्रवाह की गति प्राय: एक-सी रहती है; 'राम की शक्तिपूजा' के विभिन्न अंशों में इस गति में बड़ा भेद है। कहीं उद्धत उद्दाम प्रवाह है, कहीं स्थिर-सा निर्मल जल। अर्थ की वक्रता, मूर्तिविधान का घनत्व 'राम की शक्तिपूजा' में तुलसीदास से अधिक है। कविता के स्थापत्य का उद्देश्य पाठक के मन को गरिमा से प्रभावित करना है किन्तु यह गरिमा एक ट्रैजेडी की गरिमा है जिसमें आत्मग्लानि और पराजय की पीड़ा 'तुलसीदास' की अपेक्षा बहुत अधिक है। 'तुलसीदास' के स्थापत्य की गरिमा जगमगाती है, 'राम की शक्तिपूजा' के स्थापत्य की गरिमा कान्तिहीन दृढ़ता का परिचय देती है।

'तुलसीदास' की तरह इस कविता का विभाजन करें तो वह सब-कुछ इस प्रकार होगा :

उदात्त : 1-18; 45-54; 65-80; 95-112; 137-158; 171-176; 181-190; 257-270; 277-296; (कुल पंक्तियाँ—144)।

स्वरित : 19-30; 55-64; 81-94; 123-136; 159-170; 177-180; 191-206; 213-232; 243-256; 297-306 (कुल पंक्तियाँ—126)।

अनुदात्त : 31-44; 207-212; 233-242; 271-276 (कुल पंक्तियाँ—36)।

इस विभाजन में, सम्भव है, थोड़ा-बहुत हेर-फेर करके उसे अधिक वैज्ञानिक रूप दिया जा सके। आशा यह है कि दोनों रचनाओं की तुलना करने पर यह तथ्य स्पष्ट होगा कि उदात्त स्तर पर रचा हुआ अंश 'तुलसीदास' की अपेक्षा यहाँ अनुपात में अधिक है। 'राम की शक्तिपूजा' अपनी गरिमा से पाठकों को 'तुलसीदास' से अधिक प्रभावित करती है, उसका यह एक कारण है। पूरी कविता में अनुदात्त का अंश भी अपेक्षाकृत कम है। आरम्भिक पंक्तियों में सिंहद्वार यहाँ भी है किन्तु ऊँचाई, चौड़ाई और गहराई में 'तुलसीदास' के सिंहद्वार से यह अधिक विशाल, भव्य और

सुदृढ़ है। 'तुलसीदास' के अन्तिम अंश में निराला उन शिखरों का निर्माण करते हैं जो सिंहद्वार से कम भव्य नहीं हैं। 'राम की शक्तिपूजा' के अन्तिम अंश में वैसे शिखर नहीं हैं। किन्तु उससे पहले—विशेष कर कविता के पूर्वार्द्ध में—निराला ने शिला काटकर ऐसे स्तम्भ और कक्ष निर्मित किये हैं जिनके घनत्व के आगे शिखरों की भव्यता फीकी लगती है। इसका एक कारण यह है कि शिखरों की रचना में निराला ने जिस भाव-सामग्री का उपयोग किया है, उसका आधार उनकी ज्ञान-सम्बन्धी कल्पना है; स्तम्भों और कक्षों की रचना में उन्होंने जो शिलाएँ काटी हैं, वे आत्मग्लानि और पराजय की पीड़ा की हैं।

दिलचस्प बात यह है कि 'तुलसीदास' में निराला ने रीतिवादी शृंगार भाव के लिए जैसे स्वरित स्तर अपनाया है, वैसे ही 'राम की शक्तिपूजा' में राम जब सीता से पुष्पवाटिका में प्रथम मिलन का स्मरण करते हैं, तब निराला—संघर्ष और पराजय के उदात्त स्तर से वैषम्य प्रदर्शित करते हुए—स्वरित स्तर पर कविता का यह अंश रचते हैं। मुग़लों-राजपूतों के युद्ध की तुलना में निराला जैसे रत्नावली की शक्ति को समान उदात्त स्तर पर—या उससे कुछ और ऊँचे स्तर पर—चित्रित करते हैं, वैसे ही यहाँ सहचारी हनुमान की आकाश-यात्रा और उनचास पवनों द्वारा समुद्र-मंथन को युद्ध-वर्णन के स्तर पर—या कुछ और ऊँचे स्तर पर—रचते हैं। राजापुर के वर्णन की तरह युद्ध से लौटने पर संध्यावन्दन आदि के कार्य यहाँ भी अनुदात्त स्तर पर वर्णित हैं।

'राम की शक्तिपूजा' में उदात्त स्तर पर रची हुई उदात्त की पैरोडी भी है। यह पैरोडी है विभीषण के भाषण में। इसकी ओजस्विता कृत्रिम है, उस पर हँसी आती है, विभीषण राम पर किये हुए व्यंग्य का शिकार बनता है। किन्तु विभीषण की ओर उन्मुख व्यंग्य में बड़ी तीक्ष्णता है; उसके भाषण में जो कृत्रिमता है, वह अपने में ओजस्वी है। वीरता और धैर्य की तरह छल-कपट का भी उदात्त स्तर होता है। वह स्तर विभीषण के भाषण का है, इसलिए वह कविता के उदात्त अंशों में गिना जाना चाहिए।

निराला 'राम की शक्तिपूजा' के विभिन्न अंशों में जो शैली-भेद प्रदर्शित करते हैं, वह कभी-कभी एक ही अंश में, एक ही व्यक्ति के भाषण में दिखाई देता है। कविता की आरम्भिक दो पंक्तियाँ—'रवि हुआ अस्त' आदि—उसी स्तर पर नहीं हैं जिस पर अगली सोलह पंक्तियाँ। दो पंक्तियों के बाद रचना-सामग्री का घनत्व अचानक बढ़ गया है। इसी तरह राम का स्वगत-कथन धीर संयत स्वर में आरम्भ होता है :

बोले—आया न समझ में यह दैवी विधान।

उसके बाद वह सघन होता हुआ यहाँ पहुँचता है :

झक झक झलकती वह्नि वामा के दृग त्यों-त्यों।

भाषण में इस तरह के शैली-भेद से निराला भावों का उतार-चढ़ाव चित्रित करते हैं; पात्र के कथन को सहज और नाटकीय बनाते हैं। 'राम की शक्तिपूजा' में एक अंश

की समाप्ति पर निराला स्वर को थोड़ा नीचे उतार लाते हैं जिससे दूसरा अंश उसी की अगली कड़ी मालूम हो। पहले उदात्त अंश की आखिरी पंक्ति है : 'जानकी-भीरु-उर—आशा भर—रावण सँवर'। संयुक्ताक्षरों की भँवरों वाले घुमड़ते प्रवाह के बदले यहाँ गति अधिक सरल है और अगले अंश की पंक्ति से मेल खाती है :

लौटे युगदल। राक्षस-पदतल पृथ्वी टलमल।

किन्तु हनुमान जब कल्पना में डूबे हुए राम के चरणों को श्यामा के चरण, राम के आँसुओं को मुक्ता या कौस्तुभ समझ रहे हैं, तब प्रवाह धीर मंथर, स्वरित के स्तर पर है। फिर :

ये अश्रु राम के आते ही मन में विचार,
उद्वेल हो उठा शक्ति खेल सागर अपार—

यहाँ निराला आकस्मिक, नाटकीय ढंग से रचना का स्तर बदलते हैं। स्वर-भंगिमा जान-बूझकर वैषम्य प्रदर्शन करने के लिए है। कविता के निर्माण में निराला का यह नाट्य-कौशल 'तुलसीदास' की अपेक्षा यहाँ अधिक सूक्ष्म, अधिक प्रभावशाली है। स्वर को उतारते हुए एक अंश को निराला जहाँ दूसरे से मिलाते हैं, वहाँ स्वर को अचानक बदलकर एक अंश को दूसरे से स्पष्ट विलग भी करते हैं।

भिन्न-भिन्न ढंग से रचना-सामग्री का उपयोग करके निराला गीतों, मुक्तकों और लम्बी कविताओं में इस तरह नाटकीय वैचित्र्य और स्थापत्य-सौन्दर्य उत्पन्न करते हैं।

स्वप्न-दृष्टि

कविता के स्थापत्य-सौन्दर्य की नियामक—निराला के विवेक के अलावा—एक और शक्ति है, वह है उनकी स्वप्न-दृष्टि। आँखें खोले या मूँदे हुए आदमी सपने कई तरह के देखता है। कुछ सपने हल्के-फुल्के होते हैं, अस्थिर समीर-सागर पर सुख या दुःख की छाया की तरह आए और उड़ते हुए निकल गए। इन सपनों को जो भावशक्ति संचालित करती है, वह मात्रा में कम होती है। उनका स्तर भावुकतापूर्ण होता है। इस तरह के सपनों से साधारण जन परिचित होते हैं, इसीलिए जो सपने बहुत देखता है, उसके बारे में लोग सोचते हैं कि उसका मनोबल क्षीण है। किन्तु जो ऊर्जा विवेक को तीक्ष्ण करती है, वह स्वप्नों को प्रत्यक्ष अनुभव की तरह सजीव भी बना सकती है। निराला में परोक्ष को प्रत्यक्षवत् देखने की अद्भुत प्रतिभा है। यह प्रतिभा यथार्थ-बोध की विरोधी हो, यह आवश्यक नहीं। निराला के स्वप्न में जहाँ बिखराव नहीं है, दृष्टि केन्द्रबद्ध है, केन्द्र पार्श्वभूमि से संलग्न है, पार्श्वभूमि से हटकर केन्द्र इधर-उधर घूमता

नहीं है, वहाँ उनकी निर्माणकला अनुपम है। 'तुलसीदास' और 'राम की शक्तिपूजा' के स्थापत्य-सौन्दर्य में जो अन्तर है, वह निराला की स्वप्न-दृष्टि का अन्तर भी है।

'राम की शक्तिपूजा' के केन्द्र में हैं राम; पार्श्वभूमि में है युद्ध। ये दोनों एक-दूसरे से जैसे सम्बद्ध हैं, वैसे तुलसीदास और मुगल-राजपूत युद्ध नहीं। केन्द्र में हैं तुलसीदास किन्तु कविता के एक महत्त्वपूर्ण अंश में रत्नावली उन्हें केन्द्रच्युत कर देती है। 'राम की शक्तिपूजा' में निराला सीता को राम की स्मृति में रखते हैं, उन्हें सामने लाकर राम को केन्द्र-भूमि से हटाते नहीं हैं। महावीर की आकाश-यात्रा पार्श्वभूमि का चित्र है, केन्द्र से पूर्णत: सम्बद्ध। उसकी प्रतीक-व्यंजना पर ध्यान दें तो वह वास्तव में राम के मन की वैसी ही आकाश-यात्रा है, जैसी तुलसीदास की। 'राम की शक्तिपूजा' में निराला जो सपना देखते हैं, उसमें उनकी निगाह राम से अलग हटने नहीं पाती। प्रारम्भिक अंश के बाद राम जहाँ बैठ जाते हैं, वहाँ से उठने का नाम नहीं लेते। अद्‌भुत स्थिरता है राम की इस अचल मूर्ति में। फिर भी 'राम की शक्तिपूजा' की-सी सक्रियता निराला की अन्य किसी कविता में नहीं है। इस सक्रियता का चित्रण वह वातावरण को गतिशील दिखाकर—समुद्र की लहरों, आकाश के अन्धकार, उनचासों पवन की चंचलता के द्वारा करते हैं; जो युद्ध हो चुका है, उसके स्मरण से, महावीर की आकाश-यात्रा से, राम के अन्तर्द्वन्द्व से और षट्‌-चक्रों पर कुंडलिनी के चढ़ने से करते हैं। सक्रियता चाहे राम के भीतर हो चाहे बाहर, राम कवि की दृष्टि के सामने से ओझल नहीं होने पाते।

'सरोज-स्मृति' में निराला ने लिखा था :

देखता रहा मैं खड़ा अपल
वह शर-क्षेप, वह रण-कौशल।

शरक्षेप और रणकौशल के बीच निराला को खड़े रहने दीजिए, समय बीतता जाय, वह स्थान न छोड़ें—आप 'राम की शक्तिपूजा' की स्वप्नभूमि में पहुँच जाएँगे। स्थिरता और प्रवाह के सन्तुलन का रहस्य यह है कि स्थिरता देशगत है, प्रवाह है कालगत। 'राम की शक्तिपूजा' में देशखंड अविचल है, वही समुद्रतट, पर्वत के निकट राम का शिविर; गतिशील है काल। निराला वर्तमान से अधिक अतीत में काल की गतिशीलता चित्रित करते हैं; भविष्य की ओर भी संकेत करते हैं। समुद्र-मंथन और आकाश-यात्रा के व्यापार मूल स्वप्न-भूमि को छोड़ते नहीं हैं; वे राम के मन के आकर्षण-केन्द्र से बँधे हुए हैं; देशखंड अविभाजित रहता है। इसके विपरीत 'तुलसीदास' में देशखंड परिवर्तनशील है। जिस युद्ध का वर्णन आरम्भ में किया गया है, वह राजापुर के पास नहीं हुआ, दूर-दूर तक बड़े पैमाने पर हुआ है। 'राम की शक्तिपूजा' का युद्ध उसी शिविर के निकट हुआ है जहाँ राम बैठे हुए शक्ति-साधना करते हैं। तुलसीदास यात्रा करते हैं, चित्रकूट जाते हैं, अनेक स्थान देखते हैं, घर आते हैं, ससुराल जाते हैं। किसी एक स्थान विशेष में उन्हें प्रतिष्ठित करके

कवि उन पर ध्यान केन्द्रित नहीं करता। काल के समान देशखंड में अस्थिरता है। एक का प्रवाह दूसरे की स्थिरता से सन्तुलित नहीं है। निराला के स्वप्न में बिखराव है। एक सपना युद्ध का, दूसरा सपना तुलसीदास के अन्तर्द्वन्द्व का, तीसरा सपना रत्नावली के शक्ति प्रदर्शन का। ये तीनों सपने एक ही भाव-शक्ति से प्रेरित होकर परस्पर सामंजस्य स्थापित नहीं कर पाए, इस तरह के सामंजस्य द्वारा एक ही अविभाज्य संश्लिष्ट स्वप्न का रूप नहीं ले पाए। इसके विपरीत 'राम की शक्तिपूजा' में एक सपना युद्ध का, इसी के अन्तर्गत दूसरा सपना राम के अन्तर्द्वन्द्व का, उस अन्तर्द्वन्द्व से निकलने का मार्ग, तीसरा सपना शक्ति-साधना का। यहाँ तीनों सपनों में सामंजस्य है, तीनों को मिलाकर निराला की ऊर्जा एक संश्लिष्ट स्वप्न रच लेती है। 'तुलसीदास' से 'राम की शक्तिपूजा' तक निराला की कला ने यह प्रगति की है, यह प्रगति उतना विवेक के स्तर पर नहीं है जितना निराला के अर्द्धचेतन, स्वप्नशील भावबोध के स्तर पर।

'सरोज-स्मृति' में सपनों का बिखराव और भी ज़्यादा है। एक सपना साहित्य-संग्राम का, दूसरा सपना सरोज के शैशवकाल का, तीसरा सपना वापस आई हुई रचनाओं को लेकर घास नोंचने का, चौथा सपना सरोज द्वारा कुंडली के फाड़े जाने का, पाँचवाँ सपना कान्यकुब्ज कुलांकारों का, छठा सपना सरोज के विवाह का, सातवाँ सपना कविकर्म द्वारा स्वर्गीया कन्या के तर्पण का। ये सभी अंश समर्थ हैं किन्तु एक ही सपने में गूँथे नहीं गए। इन सभी से निराला सम्बद्ध हैं, फिर भी वह केन्द्र में स्थिर नहीं है। कवि, कन्या, पार्श्वभूमि—इन सब पर रचनाकार की दृष्टि भटकती है, कहीं देर तक ठहरती नहीं है। परिणाम यह है कि 'सरोज-स्मृति' में आन्तरिक गठन की वैसी दृढ़ता नहीं, जैसी 'तुलसीदास' में है।

'सरोज-स्मृति' में निराला कथा कहने बैठे हैं। यद्यपि कथा की शुरुआत उन्होंने सरोज के जन्म से—अथवा अपने साहित्यिक अभ्युदयकाल से—नहीं की, वरन् सार रूप में सारा दुःखद प्रसंग कविता के प्रारम्भिक अंश में कह दिया है, फिर भी कथा कहने का परम्परागत ढंग कविता के आदि में नहीं तो मध्य में आता है। कथा कहने का यह ढंग निराला की स्वप्नशीलता का विरोधी है। स्वप्नशीलता चाहती है, एक दृश्य पर निगाह जमाये रहो; कथा-प्रवाह की माँग है, आगे बढ़ते चलो, किसी दृश्य से अटककर खड़े मत हो जाओ। निराला की आन्तरिक वृत्ति है किसी दृश्य को देखना, उससे अटकना, खड़े रह जाना। 'राम की शक्तिपूजा' में उन्होंने कथा कहने का दूसरा ढंग अपनाया है; वह दृश्य से अटके रहते हैं, साथ ही कौशल से काल-प्रवाह के साथ पाठक को आगे-पीछे घुमाते रहते हैं।

'सरोज-स्मृति' से तुलनीय है 'वनबेला'। दृश्य के केन्द्र में हैं निराला। नेता और पत्रकार राजनीति के मंच पर जो नाटक करते हैं, वह सब निराला के मन में होता है। वनबेला रत्नावली की तरह कवि को चित्र के केन्द्र भाग से हटा नहीं पाती। महावीर की आकाश-यात्रा के समान बेला धरती के गर्भ से कर्मजीवन के दुस्तर क्लेश भेदकर

ऊपर उठती है। निराला दूसरे दिन फिर बेला के पास पहुँचते हैं। समय बदला है, संध्या की जगह उषाकाल है किन्तु दृश्य वही है। निराला रात होने पर कहाँ गए, कहाँ से चलते हुए सवेरे बेला के पास पहुँचे, इसका विवरण नहीं है। समय का व्यवधान लाँघकर कवि फिर उसी देशखंड में आ पहुँचा है। परिणाम यह है कि 'सरोज-स्मृति' की तुलना में 'वनबेला' का आन्तरिक गठन सुदृढ़ है। कारण है निराला की स्वप्न दृष्टि, जो स्वयं पर आदि से अन्त तक जमी रहती है, इस स्वयं को पार्श्वभूमि के उपदानों से सम्बद्ध कर देती है।

'स्वामी प्रेमानन्द जी महाराज' में निराला वसंतकाल में राजप्रासाद के उद्यान का वर्णन विस्तार से करते हैं। फिर यह दृश्य बदलता है, स्वामी प्रेमानन्द मंच पर विराजते हैं, घर में भोजन करने जाते हैं, मन्दिर पहुँचते हैं। इसके विपरीत 'कुकुरमुत्ता' के आरम्भ में राजप्रासाद के उद्यान का भव्य वर्णन है; उस भव्यता के बीच गन्दगी में जहाँ कुकुरमुत्ता उगा है, वहाँ निराला अपनी निगाह साधते हैं। उस पार्श्वभूमि से कुकुरमुत्ता बँधा हुआ है; वहाँ से हट नहीं सकता। खूबसूरती के बीच जैसे गन्दगी है, वैसे ही गुलाब से कुकुरमुत्ता का सम्बन्ध है, अटूट ईर्ष्या का सम्बन्ध। तहज़ीब के सपने पर व्यंग्य बना हुआ कुकुरमुत्ता एक जगह स्थिर रहकर भूगोल, खगोल, इतिहास, दर्शन, साहित्य—न जाने कहाँ-कहाँ की यात्रा कर आता है, श्रोता को अपने साथ घुमा लाता है। कविता का यह अंश उत्तरार्द्ध से अधिक समर्थ है। कारण यह है कि यहाँ दृश्य बदलता नहीं, कुकुरमुत्ता दृश्य के केन्द्र से हटता नहीं; स्थिरता और गतिशीलता का सन्तुलन है। स्थिरता है दृश्य में, दृश्य की केन्द्रीय वस्तु में, गतिशीलता है कुकुरमुत्ता की वक्तृता में, उसके चिन्तन और मूर्तिविधान में। दूसरे अंश में निराला बाग के बाहर झोपड़ों से शुरू करते हैं, फिर बाग में आते हैं, बाग से फिर झोंपड़ी में, झोंपड़ी से नवाब के महल में। दृश्य अस्थिर हैं, केन्द्र में कोई स्थिर मूर्ति नहीं है। फलत: उत्तरार्द्ध बहुत कमज़ोर है।

'जुही की कली' भी एक सपना है। जुही की कली एक जगह स्थिर है, पवन दूर-दूर की यात्रा करता है। यह इस रचना की सफलता है। फिर भी यह कमज़ोर सपना है, कवि की दृष्टि दृढ़ता से केन्द्रबद्ध नहीं होती। वह पवन के साथ स्वयं यात्रा करता है। इसी तरह 'जागो फिर एक बार' (1) में दृश्यावली बदलती रहती है यद्यपि केन्द्र में सोता हुआ पुरुष और उसे जगाती हुई नारी अपनी जगह से हटते नहीं। यहाँ निराला को नारी की झलक भर दिखाई देती है; पुरुष अदृश्य ही रहता है। निगाह के सामने रहती है परिवर्तित पार्श्वभूमि। इसके विपरीत है 'शेफालिका'। एक ही दृश्य, जो परिवर्तित नहीं होता; शेफालिका और उसका प्रेमी आकाश-दृश्य के केन्द्र में। ऐसा ही शिल्प है 'जागृति में सुप्ति थी' कविता का। आलसी प्रेमी और उसकी जागती हुई प्रिया। दृश्य स्थिर-सा है, किन्तु जड़ नहीं। प्रिया ने सुरापान किया है। विहग ने बहुरंगी पंख खोले हैं : स्वर सरोवर में एक कम्पन-सा पैदा करने के बाद सो गया है। प्रिय ने प्रणय-निवेदन किया है, जागरण का संसार

सजाया गया है, उसके बाद लाजमयी चेतना थककर सोई है। इस तरह उनींदेपन का यह दृश्य सक्रियता से भरा है।

सोचती अपलक आप खड़ी— ['गीतिका', पृ. 4]

पृथ्वी-आकाश के बीच प्रिय का ध्यान करती हुई नारी; वह स्थिर है, चंचल है वातावरण। वह हवा, जो उसका वस्त्र उड़ाकर चली जाती है। दृश्य के केन्द्र में नारी; उस केन्द्र पर ठहरी हुई कवि की निगाह। नारी स्थिर-सी लगती है किन्तु प्रणय का प्रसाद पाती है, कम-से-कम मन में गतिशील है।

'मौन रही हार' (उप., पृ. 6)—दृश्य के केन्द्र में प्रेमी के पास जाती हुई नारी; वह चलती है किन्तु निगाह से ओझल नहीं होती। आभूषणों की झंकार में गति है, वैसे ही मन के भाव चंचल हैं।

रूखी री यह डाल, वसन वासन्ती लेगी— [उप., पृ. 14]

यहाँ भी खड़ी हुई नारी का चित्र है। शैलसुता अभी अपर्ण अशना है, वह पल्लव-वसना बनेगी। गति—भविष्यकाल में। वह तप कर रही है, माला जप रही है। गति—वर्तमान काल में। दृश्य के बीच स्थिर नारी; साथ ही स्थिरता से गतिशीलता का सन्तुलन।

'(प्रिय) यामिनी जागी' (उप., पृ. 2) गीत के प्रथम अंश में नारी स्थिर है; दूसरे अंश में चलती है किन्तु घर के भीतर ही रहती है, आँखों की ओट नहीं होती। निराला उसका सौन्दर्य देखते हैं, उस स्थिर-से सौन्दर्य में छिपी हुई तरंगें देखते हैं। उसके अलस पंकज दृग अरुण-मुख को देखकर अनुरागे हैं, आनन्द से खुल गए हैं। उसके केश पृष्ठ-ग्रीवा-बाहु-उर पर चुपचाप नहीं बिछे हुए हैं, वे उन पर 'तर रहे' हैं, उस ज्योति की तन्वी से तड़ितद्युति ने क्षमा माँगी है, वह वासना की मुक्ति है अर्थात् प्रिय को वासना से मुक्त करने का कार्य सम्पन्न कर चुकी है।

'अनामिका' में एक कविता है : 'अपराजिता'। (पृ. 143) निराला एक विराट् चित्र खींचते हैं—ऊपर आकाश, नीचे धरती, धरती पर आकाश से उतरती ज्योति। इनके बीच वह परी नागरी जिसकी आँखें हारती नहीं हैं। यह नागरी बहुत स्थिर जान पड़ती है, विशेष रूप से उसकी आँखें निष्पलक निष्क्रिय लगती हैं। किन्तु अचानक संगीतकार के कंठ से उठती हुई तानों की तरह वृक्ष की डालें हरी हो उठती हैं; स्थिर-सा लगने वाला दृश्य आन्तरिक ऊर्जा से तरंगित हो उठता है :

रंग से भरी हैं, हरी हो उठीं हर
तरु की तरुण-तान शाखें :
परी नागरी की—
हारी नहीं, देख, आँखें।

'अनामिका' में कविता है : 'नर्गिस'। गंगा-तट का दृश्य, उसके बीच में स्थिर कवि। चारों ओर शान्ति है। इस स्थिर-से दिखने वाले दृश्य में बड़ी सक्रियता है। गंगा बह रही हैं, उनका स्वर सुनाई देता है, अतीत काल का प्रवाह भी कल्पना में सुनाई देता है। आकाश में चाँदनी फैली है, स्थिर नहीं है, चाँदनी की अप्सरा रात्रि में गंगा-स्नान करने आई है। धरती का अन्धकार पार करती हुई नर्गिस वनबेला की तरह ऊपर उठ आई है। उसकी गंध आकाश पर विजय प्राप्त कर रही है।

'परिमल' में कविता है : 'पतनोन्मुख'। नौ (अथवा साढ़े आठ) पंक्तियों की कविता है। निराला एक दृश्य पर ध्यान केन्द्रित करके कैसे उसकी प्रत्येक रेखा को गतिशील बना देते हैं, उस कला की यह बहुत अच्छी मिसाल है। आसन्न मृत्यु का चित्रण है :

हमारा डूब रहा दिनमान!
मास-मास दिन-दिन प्रतिपल
उगल रहे हो गरल-अनल,
जलता यह जीवन असफल,
हिम-हत-पातों-सा असमय ही
झुलसा हुआ शुष्क निश्चल!
विकल डालियों से
झरने ही पर हैं पल्लव-प्राण—
हमारा डूब रहा दिनमान!

एक क्षण में जो दिखाई दे रहा है, उसे चित्रित कर रहे हैं। क्षणबद्ध दृश्य में काल की सुदीर्घ प्रवहमानता समेट ली है। विष की ज्वाला उगलने का काम एक क्षण का नहीं है। मास-मास, दिन-दिन, प्रतिपल, दीर्घकाल से यही क्रम चला आ रहा है। उसके फलस्वरूप जीवन जलता रहा है; अब झुलसकर शुष्क और निश्चल हो गया है। एक ही क्रिया शेष है, विकल डालियों से पल्लव-प्राण झर पड़ें।

दृश्य प्रतीकात्मक है; दृश्य के केन्द्र में पुरुष या नारी की कोई आकृति नहीं है। निराला चिन्तन में लीन हैं, पूरी तरह स्वप्न नहीं देख रहे हैं। यही दृश्य उन्हें वास्तविक लगे—परोक्ष प्रत्यक्षवत् हो जाय—उस दृश्य के केन्द्र में वह स्वयं हों या उनकी इष्ट देवी हो, कला निखर उठेगी। 'गीतिका' के अनेक सशक्त गीतों में इसी कला का निखार है :

दे, मैं करूँ वरण
जननि, दुःखहरण पदराग रंजित मरण।

दृश्य में शक्ति सागर है, तरंगें हैं, मार्ग के अवरोध हैं। नेपथ्य में अपने पद-राग से मृत्यु को रंजित करनेवाली जननी है। गीत के मध्य में कवि का चित्र है, हृदय में जलता हुआ लांछना का ईंधन, भक्ति से नत उसके नेत्र, जीवन प्रलोभन समुपकरण पार करता हुआ मृत्यु को वरण करनेवाला यह कवि।

इस गीत में समुद्र—शक्ति का समुद्र है। उसे पार करनेवाला है पवन। समुद्र के किनारे खड़ा है लांछना से दग्ध कवि। 'राम की शक्तिपूजा' बीजरूप में यहाँ विद्यमान है। इस समुद्र के किनारे राम लांछन—पराजय—की पीड़ा से जलेंगे; उनचास पवन समुद्र को मथ डालेंगे, राम शक्ति की साधना करेंगे, उसी शक्ति की जिससे निराला मृत्यु का वरदान माँग रहे हैं। यह मात्र विषयगत साम्य नहीं है। साम्य कला में भी है। एक अपरिवर्तित दृश्य, दृश्य के केन्द्र में कवि, उसके स्थिर रहते हुए भी उसके परिवेश में और उसके मन में सक्रियता की अद्भुत प्रतीति।

अन्य गीत है :

प्रात तव द्वार पर
आया, जननि, नैश अन्ध पथ पार कर। ['गीतिका', पृ. 100]

पहले वाले गीत में निराला मृत्यु का वर माँगते हैं, वर मिलने की स्थिति का वर्णन नहीं करते। यहाँ उस दूसरी स्थिति का वर्णन है। 'राम की शक्तिपूजा' में जैसे राम को वरदान मिला, लक्ष्मी-सरस्वती-दुर्गा सब एक साथ प्रकट हो गईं, वैसे ही यहाँ निराला शक्ति के द्वार पर पहुँच गए हैं, वर प्राप्त हो गया है, अवसन्न होने पर भी इसलिए प्रसन्न हैं। दृश्य स्थिर है, द्वार है, उसके सामने कवि है। फिर काल-प्रवाह की दिशा बदल जाती है। वर्तमान के एक क्षण में स्थिर रहते हुए निराला जननी को अतीत की यात्रा करा लाते हैं। रातभर रास्ता चले हैं, पैरों में काँटे और पत्थर चुभे हैं, निशाचरों ने भी परेशान किया था, अपने लक्ष्य पर दृष्टि जमाए अब वह जननी के चरणों तक आ पहुँचे हैं।

'राम की शक्तिपूजा' में निशाचर राम के शिविर से दूर हैं, केवल उनके युद्ध करने की याद ताज़ा है। यहाँ भी जिन द्वार के सामने निराला खड़े हैं, उसके आसपास निशाचर नहीं हैं। अब केवल वर-प्राप्ति का उल्लास है। 'राम की शक्तिपूजा' और इस गीत में विषय-साम्य ही नहीं, दोनों की कला में भी साम्य है। निराला ने अन्धकार में अपनी यात्रा का, शरीर की अवसन्न दशा का ऐसा वर्णन किया है, मानो उन्होंने स्वप्न में यह सब देखा हो, उनका अनुभव किया हो, परोक्ष उनके लिए प्रत्यक्ष हो गया हो!

'राम की शक्तिपूजा' ले लेकर छोटे गीतों तक इस तरह निराला की स्वप्नदृष्टि काव्य के स्थापत्य-सौन्दर्य की नियामक है।

रूप-रस-गंध

निराला की काव्य-कला की नियामक हैं उनकी वृत्तियाँ, रूप-रस-गंध-स्पर्श-शब्द के संसार को ग्रहण करने की विधि, इस संसार के प्रति उसके भावबोध की प्रक्रिया। कविता की 'विषयवस्तु' और कला यहाँ मिल जाती हैं; यह वह भूमि है जहाँ यह

कहना कठिन होगा, यह तो निराला का प्राथमिक काव्येतर 'अनुभव' है, और यहाँ उस अनुभव को काव्यरूप देनेवाली कला आरम्भ होती है। कला में मूर्तिविधान है, शब्दों का ध्वनिप्रवाह है, गठन और संरचना है। निराला-काव्य में मूर्तिविधान किस प्रकार का है, यह उसी गोचर संसार की ग्रहण-प्रक्रिया पर निर्भर है। शब्दों का ध्वनि-प्रवाह अपने में गोचर अनुभव है; उसका नियंत्रण, उसकी गति, उसकी गहराई उन्हीं वृत्तियों के आश्रित हैं जिनसे निराला का संसार-बोध नियमित है। ये वृत्तियाँ निराला की कविताओं में इन्द्रियबोध का ऐसा सूक्ष्म ताना-बाना रचती हैं कि उससे अलग करके उनके गठन और रचना-कौशल को समझा नहीं जा सकता। इसलिए यह कहना उचित होगा कि यहाँ कला और भावबोध की सीमाएँ बहुत कुछ मिट जाती हैं।

इस बात का उल्लेख पहले हो चुका है कि निराला के काव्य-जगत् में जितना अन्धकार है, उतना प्रकाश नहीं। जो कवि स्वप्नदर्शी है, उसे प्रकाश की अपेक्षा अन्धकार प्रिय होना ही चाहिए। प्रकाश आँखों में चकाचौंध पैदा करके सपने मिटा देता है। 'माया' में निराला कहते हैं :

या सताती कुमुदिनी को तू अरी
है निरी पैनी छुरी रवि की छटा,
तू मयूरों के लिए उन्मादिनी
या कि है सावन-गगन की घन-घटा?

रवि की छटा निराला के लिए पैनी छुरी-सी है। वह उनकी चाँदनी में खिलने वाली कुमुदिनी-जैसी स्वप्न दृष्टि को सताती है। उनके काव्य-गगन में जो बहुत-सी सावन की घटाएँ छाई हैं, उसका कारण वह अन्तर्वृत्ति है जो सूर्य का तीव्र प्रकाश सहन नहीं करती। लू और ग्रीष्म का ताप सहज ही कठिन कर्म और दु:ख के प्रतीक बन जाते हैं।

'आराधना' में गीत है :

आज मन पावन हुआ है,
जेठ में सावन हुआ है। [पृ. 10]

निराला जेठ में सावन का अप्रत्याशित आगमन दिखाकर गीत में जो चमत्कार उत्पन्न करते हैं, उसका कारण वही वृत्ति है जिसने 'माया' में रवि-छटा की पैनी छुरी के विकल्प रूप में सावन की घनघटा प्रस्तुत की थी। निराला जब सपने नहीं देखते, सावन-भादों की घटाएँ उन्हें काफी भिगो चुकती हैं, तब सूर्य का प्रकाश भी कुछ समय के लिए अच्छा लगता है। अखाड़े में नौजवानों को, पनघट पर लड़कियों को देखकर कहते हैं :

बहुत दिनों बाद खुला आसमान।
निकली है धूप हुआ खुश जहान। ['अनामिका', पृ. 138]

इससे मिलती-जुलती वह धूप है जिसका उल्लेख 'सरोज-स्मृति' में है :

याद है, दिवस की प्रथम धूप
थी पड़ी हुई तुझ पर सुरूप— ['अनामिका', पृ. 122]

स्पष्ट ही इस धूप में प्रखरता नहीं है। निराला ने अपने काव्य में परम्परागत प्रतीक कमल का उपयोग बहुत किया है किन्तु उसमें जितने कमल खिले हुए हैं, उतने ही मुँदे हुए हैं। 'शेष' कविता ('परिमल', पृ. 38) में पद्म-मन पर दु:ख-किरन पड़ती है; यह पद्म संध्या के समय अपने दल मूँद चुका है। 'पायन करो नयन' में जब रश्मि आसमान से उतरती है, तब कमल के खिलने का ज़िक्र नहीं है, अगला बंद पढ़कर उसकी कल्पना अवश्य की जा सकती है, किन्तु जब रात हुई, चाँद निकल आया; तब मुँदे हुए कमल का स्पष्ट उल्लेख है। 'तुलसीदास' के आरम्भ में सांस्कृतिक सूर्य के अस्त होने के साथ राष्ट्रीय जीवन का विशाल शतदल निष्प्राण हो जाता है; कविता के अन्त में जो श्वेत पटल खुलता है, वह वैसा विशाल और भव्य नहीं, जैसा आरम्भ का निश्चलत्प्राण शतदल। इस शतदल को घेरे हुए तमस्तूर्य दिङ्मंडल है; उसकी तुलना में पुष्कल रवि-रेखा बहुत क्षीण है।

जीवन में जहाँ पीड़ित हुए बिना सुख नहीं मिलता या दूसरे को पीड़ित किये बिना उसे सुख दिया नहीं जा सकता, वहाँ निराला को सूर्य की प्रखरता याद आती है। 'तुम और मैं' कविता में ब्रह्म दिनकर के खर किरणजाल हैं और माया सरसिज की मुसकान है। दिनकर की प्रखरता के बिना सरसिज खिल नहीं सकता। इसलिए उत्पीड़क होने पर भी वह प्रिय है। ब्रह्म मदन पंचशरहस्त हैं; माया मुग्धा अनजान है। जैसे उनके पंचशर उसे पीड़ित करके सुखी बनाने के लिए हैं, वैसे ही दिनकर का प्रखर किरणजाल है। 'वनबेला' में जहाँ :

प्रखर से प्रखरतर हुआ तपन यौवन सहसा—

वहाँ सूर्य की वैसी ही भूमिका है, जैसी 'तुम और मैं' से उद्धृत की हुई पंक्ति में।

निराला के काव्य-संसार में फूलों की गंध का वर्णन बहुत है, उनके रंग का बहुत कम। फूलों की गंध का अनुभव अँधेरे में भी हो सकता है, रंगों का नहीं। शेफाली जैसे उनके प्रिय फूल खिलते भी रात में हैं। 'यामिनी गंधा जगी' ('परिमल', पृ. 171)—रात में रंग नहीं दिखाई देता, उसकी सुगंध आ रही है। सवेरे के मद्धिम प्रकाश में फूलों के रंग दिखाई देते हैं किन्तु उन पर उनकी निगाह ठहरती नहीं है, मन में जगमगाहट की छाप लेकर वह गंध और स्पर्श की दुनिया में खो जाते हैं।

रँग गई पग-पग धन्य धरा—
हुई जग जगमग मनोहरा। ['गीतिका', पृ. 49]

वसन्त में धरती का यह जगमगाता वैभव देखकर वह गंध और मधु की ओर बढ़ जाते हैं। 'टूटें सकल बंध' में प्रधानता गंध की है; रश्मि द्वारा शतरंग चित्रों का खींचा

जाना गौण क्रिया है। 'अर्चना' में—'पीली ज्वाल पुंज की पुंजों' (पृ. 31)—यह पंक्ति चटक रंग के निदर्शन में अपवाद-सी है। 'अट नहीं रही है' (उप., पृ. 64)—इस गीत में पत्तों से लदी डाल कहीं लाल है, कहीं हरी है; उसके बाद गंध का उल्लेख है। रूप-रस-गंध का सारा सौन्दर्य आभा बनकर फैल गया है :

आभा फागुन की तन
सट नहीं रही है।

यह आभा वैसी ही है, जैसी पग-पग धन्य धरा में धरती की जगमगाहट। सुख और दु:ख, दोनों की व्यंजना के लिए उन्हें एक रंग बहुत प्रिय है—नीला।

यही नील-ज्योति-वसन
पहन नील नयन हसन— ['गीतिका', पृ. 76]
नील नयन, नील पलक;
नील वदन, नील झलक। ['आराधना', पृ. 45]
माथे है नील का टीका। ['अर्चना', पृ. 66]
श्याम कुंज, वन, यमुना श्यामा,
श्याम गगन, घन वारिद राजे। ['गीत गुंज', पृ. 34]
नीली रेखा मुख पर छाई ['सान्ध्यकाकली', पृ. 56]
नील का बँधा वहीं धागा [उप., पृ. 57]
मृत्यु की है रेख नीली [उप., पृ. 82]

नीले रंग का जितनी बार उल्लेख है, उतनी बार पीले रंग का नहीं। यह रंग अन्धकार की याद दिलाता है, उससे मिलता-जुलता है। निराला की चेतना में वह सुख और दु:ख दोनों से सबद्ध है।

ऐसे ही सुख और दु:ख दोनों से सम्बद्ध है अन्धकार। 'बादल-राग' (4) में निराला बादल को 'क्रीड़ारत बालक' कहते हैं, फिर उसकी क्रीड़ाभूमि का उल्लेख करते हैं :

अन्धकार—घन अन्धकार ही
क्रीड़ा का आगार।

यह बादल प्रकाश से अपरिचित नहीं, सम्भवत: इन्द्रधनुष के रंग उसे पसन्द हैं किन्तु जहाँ वह मन भर कीड़ा करता है, अपने बाल्यकाल का सुख भोगता है, वह अन्धकार है। बाल्यकाल में जो वृत्तियाँ निश्चित हो चुकी हैं, वे आगे जवानी और बुढ़ापे में कैसे बदलेंगी? निराला की वृत्तियाँ इस बादल की वृत्तियों से मिलती-जुलती हैं।

'जुही की कली' में चाँदनी रात है जिसमें जुही का प्रेमी मलयानिल क्रीड़ा करता है। 'शेफालिका' में प्रकाश चन्द्रमा का नहीं, नक्षत्रों का है; उसी प्रकाश में शेफाली

का प्रेमी आकाश सुरभिमय समीर लोक को पार करना चाहता है। उसे सुरभि का बोध है, रंग का नहीं। 'निशा के उर की खुली कली' ('परिमल', पृ. 95) में अभिसारिका निशा का गोरा तन दिखाई देता है। हल्की चाँदनी या नक्षत्रों के मद्धिम प्रकाश से गोरे तन का आभास होता है। जहाँ आनन्द की अतिशयता है, वहाँ सुरापान का 'घन अन्धकार' है, चाँदनी का प्रकाश भी वहाँ आँखों को दु:खदायी है। इसी तरह जिस रात में निराला कविता की साधना करते रहे हैं, अकेले पथ के पत्थर-काँटे रौंदते हुए सरस्वती के द्वार तक पहुँचे हैं, उसमें घना अँधेरा है।

प्रात तव द्वार पर
आया जननि नैश अन्ध-पथ पार कर। ['गीतिका', पृ. 100]

'नैश' शब्द की ध्वनि में ही काफी गहरा अँधेरा है; उसके आगे अन्ध-पथ लिखकर निराला ने अन्धकार की सघनता के बारे में दुविधा की गुंजाइश नहीं रखी। पैरों में जो कुछ चुभता है, उसका बोध है; निशाचरों की जो आवाज़ सुनाई देती है, उसका ज्ञान है। शब्द और स्पर्श के अलावा अन्य प्रकार के बोध का अभाव है।

निराला ने स्त्रियों के सौन्दर्य का वर्णन बहुत जगह किया है। उनकी आँखों के आकर्षण पर विशेष रूप से लिखा है। जब वे नारी का रूप देखते हैं, आँखों की छवि निहारते हैं, तब पता चल जाता है कि दोनों के बीच फासला है। समीप होने पर उनके मस्तिष्क में रूप दर्शन के केन्द्र निष्क्रिय हो जाते हैं, सक्रिय होते हैं शब्द, स्पर्श और गंध के केन्द्र, इनमें भी प्रमुखता है स्पर्श की। एक गीत आरम्भ होता है स्पर्श से : 'स्पर्श से लाज लगी'। ('गीतिका', पृ. 31) हँसने, तेज़ी से साँस लेने की आवाज़ सुनाई देती है, कंठ से लगी हुई नागिन अधरों को चूस रही है, स्पर्श-बोध की अतिशयता है। नेत्रों का उल्लेख है, विधु-चितवन की प्रशंसा है किन्तु सारे गीत में प्रधानता है स्पर्श-बोध की।

'मौन रही हार' (उप., पृ. 6) निराला कंकण की कण-कण ध्वनि, किंकिणी का किण-किण स्वर, नूपुरों का रणन-रणन शब्द सुनते हैं, नारी के हृदय के जो तार बज रहे हैं, उन्हें भी सुनते हैं, देखते कुछ नहीं हैं।

'जुही की कली' में एक जगह निद्रालस बंकिम विशाल नेत्र देखते हैं, शेष रचना में स्पर्शबोध ही सक्रिय है। तरुणी जुही 'कोमल' तन वाली है, मलयानिल उसके रूप को नहीं, 'कम्पित कमनीय गात' को स्मरण करता है। उसके चुम्बन से वल्लरी की लड़ी हिंडोल की तरह डोल उठती है, कमनीय गात फिर काँप उठता है। यह कमनीय गात सुन्दर और 'सुकुमार' है, कपोल गोरे हैं, गोल भी हैं। 'जुही की कली' में रूप-दर्शन की जगह स्पर्श-बोध ही प्रधान है। इसी तरह 'शेफालिका' में गंध और स्पर्श की प्रधानता है; जो दिखाई देता है, वह गौण है।

शूर्पणखा जहाँ अपना रूप देखती-दिखाती है, वहाँ निराला उसे देख अवश्य रहे हैं किन्तु मूर्तिकार की दृष्टि से, चित्रकार की दृष्टि से नहीं। अंगों की बनक

कैसी है, हड्डियों का ढाँचा कैसा है, मांस कहाँ कम, कहाँ ज़्यादा है—निराला यह सब परखते हैं।

देख यह कपोतकंठ
बाहुबल्ली कर सरोज
उन्नत उरोज पीन—क्षीण कटि—
नितम्बभार—चरण सुकुमार—
गति मन्द मन्द,
छूट जाता धैर्य ऋषि-मुनियों का;
देवों-भोगियों की तो बात ही निराली है। ['परिमल', पृ. 220]

निराला का अन्धकार-प्रेम उनकी उस वृत्ति का नियामक है जो रंग-रूप से अधिक अंगों के गठन पर उनका ध्यान केन्द्रित करती है। यह दृष्टि मूर्तिकार की है, नृत्यकार की है। उनकी नायिकाएँ किस रंग की साड़ी पहने हैं, इसे बताना वह आवश्यक नहीं समझते। 'कौन तुम शुभ्र किरण वसना' ('गीतिका', पृ. 32) में वसन नाममात्र को है; किरणों का वस्त्र पहनने वाली वास्तव में नग्न है। निराला आभूषणों के बजने की आवाज़ सुनते हैं, उनकी चमक-दमक की ओर उनका ध्यान कम जाता है।

अनेक गीतों में निराला नारी को खड़ी हुई या थोड़ा-सा चलती हुई चित्रित करते हैं। 'सोचती अपलक आप खड़ी' ('गीतिका', पृ. 4)—नारी स्थिर है। '(प्रिय) यामिनी जागी' (उप., पृ. 2) पहले बंद में वह खड़ी है, दूसरे में चलती है। 'मौन रही हार' (उप., पृ. 6) खड़ी होती है, थोड़ा चलती है, फिर खड़ी हो जाती है। 'निशा के उर की खिली कली' ('परिमल', पृ. 95) में भी यही स्थिति है। 'लाज लगे तो' ('गीतिका', पृ. 103) में मुख मोड़कर थोड़ा आगे बढ़ती हुई नर्तकी की भंगिमा है :

फेर लो नयन,
चलो मंजु गुंजर, धर
नूपुर-शिञ्जित-चरण।

गीतों में जहाँ इस तरह नृत्य की भंगिमाएँ हैं, वहाँ गति से अधिक स्थिरता है। 'सान्ध्यकाकली' में जो मैटिनीवाली है, वह काफी तेज़ चाल से नाची होगी : 'चली गरदन कमर कैसी, कैसी भी रन!' किन्तु आगे एक पंक्ति है : 'बंसी बाजी, विराजी जो तू स्टेज पर'। उसके विराजने में स्थिरता का भाव है। मूर्तिकार की दृष्टि से वह स्थिर मुद्राएँ देखते हैं, गति की चपलता देखना मुख्य उद्देश्य नहीं है। मैटिनीवाली गाती भी है, यह भी एक अपवाद है। गीतों में जिन रमणियों का सौन्दर्य चित्रित है, वे गाती नहीं हैं। संगीत के नाम पर आभूषण बजाती हैं या फिर निराला उनके मन

की बात सुन लेते हैं। नृत्य की मुद्राओं पर ध्यान देना उसी वृत्ति का परिणाम है जो रंग-रूप से अधिक शारीरिक गठन से आकर्षित होती है।

मानव शरीर के गठन पर ध्यान देनेवाला मन कविता के गठन पर भी वैसे ही ध्यान देता है। निराला-काव्य में मूर्तिविधान केवल चित्रकार का बिम्बविधान नहीं है; बिम्बों के आकार-प्रकार, उनके गुरुत्व का बोध मूर्तिकार की दृष्टि का परिणाम है। उसे 'मूर्ति'-विधान कहना सार्थक है।

श्याम तन, भर बँधा यौवन,
नत नयन, प्रिय कर्मरत मन,
गुरु हथौड़ा हाथ,
करती बार-बार प्रहार। ['अनामिका', पृ. 79]

पत्थर तोड़नेवाली नारी की मूर्ति गढ़ते हैं निराला। जिस पत्थर से मूर्ति गढ़ रहे हैं, वह काला है।

'आयत दृग, पुष्ट देह, गत-भय'—एक पंक्ति में तुलसीदास के शारीरिक गठन का उल्लेख। अन्तर्द्वन्द्व के चित्रण से पहले—तुलसीदास के मन में पैठने से पहले—एक नज़र उनके शारीरिक सौन्दर्य को देख लेना ज़रूरी है। राम युद्धभूमि से लौट रहे हैं। धनुष की डोरी ढीली है, वैसे ही कटिबंध स्त्रस्त है, जटामुकुट की दृढ़ता की जगह लटें खुलकर पृष्ठ पर, बाहुओं पर, वक्ष पर फैल गई हैं। गर्दन के ऊपर अँधेरा-ही-अँधेरा है किन्तु जिन अंगों पर अँधेरा फैल रहा है, वे स्पष्ट दिखाई दे रहे हैं। निराला चित्र खींच रहे हैं किन्तु उनकी यह कला मूर्तिकार की चित्रकला है—रैफेल की नहीं, माइकेल एंजेलो की चित्रकला।

निराला स्वयं को इसी निगाह से देखते हैं। 'मेरे ग्रीक कट, पाँच फुट साढ़े ग्यारह इंच लम्बे, ज़रूरत से ज़्यादा चौड़े और चढ़े मोड़ों के कसरती बदन को देखकर' इत्यादि ('दैवी', चतुरी चमार, पृ. 44-45) में ग्रीक कट की सार्थकता यह है कि उन्हें यूनानी कलाकारों की गढ़ी हुई मूर्तियाँ याद आ रही हैं और उनसे वह अपने शारीरिक गठन की तुलना करते हैं। इस तुलना में स्वभावत: लम्बाई-चौड़ाई अधिक महत्त्वपूर्ण है, रंग-रूप कम। उन्होंने अपने गौरवर्ण का उल्लेख नहीं किया।

'राम की शक्तिपूजा' में निराला इसी से मिलती-जुलती मूर्ति बनाते हैं। जिस पृष्ठ और वक्ष पर लटें यों फैली हैं मानो पर्वत पर अन्धकार फैला हो, उस पृष्ठ और वक्ष की लम्बाई-चौड़ाई असाधारण होगी। कविता में राम की मूर्ति हिलती बहुत कम है। एक बार जम कर बैठे तो अन्त तक बैठे रहे। कारण यह कि निराला उन्हें मूर्तिकार की निगाह से देखते हैं।

यह मूर्ति गढ़ने की कला उसी अन्धकार-प्रेमी वृत्ति का परिणाम है जिसमें रूप की अपेक्षा स्पर्श के बोध पर सारी चेतना सिमटकर केन्द्रित हो जाती है। किन्तु निराला के लिए धीमे प्रकाश या अन्धकार में वस्तुएँ स्पृश्य ही नहीं, श्रव्य भी हैं। इसके सिवा

अँधेरे में और कुछ न दिखाई दे, अँधेरा तो दिखाई देगा ही। अन्धकार प्रकाश का अभाव मात्र नहीं है, वह एक गोचर तत्त्व है, स्थिर या सक्रिय रूप में बोधगम्य है, जितना स्पृश्य है, उतना ही दृश्य भी।

किस दुर्गम गिरि के कन्दर में
डूब गया जग का निःश्वास?
उतर रहा अब किस अरण्य पर
दिन मणिहीन अस्त आकाश?

भावुकता के स्तर पर रची हुई 'यमुना के प्रति' कविता में ये पंक्तियाँ अचानक अपनी सुदृढ़ता से चकित कर देती हैं। यहाँ बीज रूप में निराला की वह कला है जिसका पूर्ण विकास 'राम की शक्तिपूजा' में है। यहाँ अरण्य पर अँधेरा उतरता है, वहाँ पर्वत पर :

उतरा ज्यों दुर्गम पर्वत पर नैशान्धकार

'यमुना के प्रति' कविता में निराला आकाश को उतरता हुआ देखते हैं। यह आकाश दिखाई देता है; उतर रहा है, इसलिए उनकी निविड़ता स्पृश्य है। वह अन्धकार का पर्याय है। 'कौन तम के पार' में निराला जिस अन्धकार को गलते, बहते, विभिन्न रूप धारण करते देखते हैं, वह यही आकाश है। 'परिमल' की रचना 'प्रथम प्रभात' में यही आकाश काँप उठता है : 'कँपा त्रस्त अम्बर के छोर'। (पृ. 83) 'उद्‌बोधन' में आकाश चंचल होता है : 'मचल कर दे चंचल आकाश'। ('अनामिका', पृ. 67) 'राम की शक्तिपूजा' में आकाश उल्लास से विकल हो उठता है, अमानिशा में सघन अन्धकार उगलता है। उल्लसित तब होता है जब राक्षसों के पैरों की चाप से पृथ्वी को टलमल होते देखता है। सघन अन्धकार तब उगलता है जब राम को पराजय की पीड़ा से त्रस्त होते देखता है।

यह अन्धकार सुख से सम्बद्ध है, दुःख से भी। किन्तु निराला-काव्य में कहीं भी सुख की अतिशयता में वह घनत्व नहीं है जो दुःख की अतिशयता में है। अन्धकार की सक्रियता दुःख के सन्दर्भ में ही सबसे अधिक देखने को मिलती है। नियति के समान वह निराला की अनेक रचनाओं में फैला हुआ है। वह वातावरण मात्र नहीं है, ऐसी शक्ति है जिससे निराला बार-बार टकराते हैं।

नियति संध्या में मुँदे सकल
वही दिनमणि के अगणित साज,
न हैं वे कुसुम, न वह परिमल,
न हैं वे अधर, न है वह लाज।
तिमिर ही तिमिर रहा कर पार
लक्ष वक्षःस्थलार्गलित द्वार।

'स्मृति' ('परिमल', पृ. 96) में भावुकता का स्तर लगभग वैसा ही है, जैसा 'यमुना के प्रति' में, और ये पंक्तियाँ अन्धकार की सघनता सामने लाकर वैसे ही चौंका देती हैं, जैसे 'यमुना के प्रति' वाली पंक्तियाँ। दोनों जगह आकाश दिनमणिहीन है, 'यमुना के

प्रति' में जग का नि:श्वास ही किसी कन्दरा में डूब गया है, 'स्मृति' में अपार बाधाओं से भरा हुआ तिमिर का विराट् प्रसार है। त्रास का भाव जगाने के लिए निराला किसी डाकिनी-पिशाचिनी का आह्वान नहीं करते; दिन का डूबना और अन्धकार का फैलना अपने में अत्यन्त भयावनी क्रियाएँ हैं। निराला उन्हीं का भयावनापन उद्घाटित करते हैं। 'गीतिका' में त्रास से भरे हुए जिस नैश पथ को पार करके वह इष्टदेवी के द्वार तक पहुँचे हैं, वह यहाँ भी है। यहाँ द्वार बहुत मज़बूती से बन्द है, 'गीतिका' में खुल गया है या खुलने ही वाला है।

घोर शिशिर, डूबा जग अस्थिर,
तिमिर-तिमिर हो गए दिशा-पल। ['गीतिका', पृ. 87]

वृक्षों में पत्ते नहीं, हवा और पानी में किसी ने मानो विष घोल दिया हो, कहीं किसी पक्षी का शब्द भी नहीं सुनाई देता। लगता है, सारा प्रदेश तुषार की लपटों से झुलस गया है। दूसरे बंद की तीसरी पंक्ति में जहाँ 'निराधार भवभार' है, वहाँ निराला ने पहले 'निस्स्व विश्व भवभार' लिखा था। ('सरस्वती', अप्रैल, '36) इस पाठ में 'निस्स्व' शब्द द्वारा निरारा वही भाव व्यंजित कर रहे हैं जिसे जग का नि:श्वास डूबने के उल्लेख से 'यमुना के प्रति' में किया था।

'अर्चना' में :

शिशिर की शर्वरी
हिंस्र पशुओं भरी। [पृ. 11]

यह वही शिशिर की शर्वरी है जिसमें अस्थिर जग डूब चुका था, जिसमें और सब कुछ निर्जीव है, जीवित है केवल त्रास। 'घोर शिशिर डूबा ज़रा अस्थिर' में, 'शिशिर की शर्वरी' में निराला प्रभात-स्वप्न देखते हैं किन्तु 'निविड़ विपिन पथ अराल' में केवल अन्धकार गतिशील है। सुदृढ़ अन्धकार वाला यह अन्धकार नियति के समान कवि के अस्थिपंजर को दबोच लेता है।

इस अन्धकार की सघनता के अनेक स्तर हैं। कहीं अमानिशा का दुर्भेद्य अन्धकार है, कहीं अन्धकारमयी श्यामा की दीप्ति—'विभावरी' के अन्धकार के समान।

रावण-महिमा श्याम विभावरी अन्धकार ['अनामिका', पृ. 154]

महिमा का प्रकाश है, इसलिए अमानिशा की जगह विभावरी का अन्धकार है। निराला जब मृत्यु की 'आभा' का वर्णन करते हैं, तब मृत्यु रूपा दुर्गा के उसी विभावरी वाले अन्धकार का स्मरण करते हैं।

छाया-पथ घनतर से घनतम,
होता जो गया पंक-कर्दम,
ढकता रवि आँखों से सत्तम,
मृत्यु की प्रथम आभा भाई।

धीरे-धीरे हँसकर आईं
प्राणों की जर्जर परछाईं। ['अर्चना', पृ. 39]

वही पुराने परिचित छायापथ हैं, वैसा ही सूर्यास्त है, सूर्यास्त के बाद का घना अन्धकार है, उसमें निराला अपने प्राणों की जर्जर परछाईं देखते हैं, उस सघन अन्धकार में नये जीवन का रंगीन प्रभात नहीं, मृत्यु की ही आभा उन्हें दिखाई देती है। 'जुही की कली' में चाँदनी रात के स्वप्न, तिमिर ही तिमिर पार करने के दृश्य, अमानिशा में आकाश द्वारा उगला जाता हुआ अन्धकार, फिर मृत्यु की प्रथम आभा—अन्धकार के अनेक रूप निराला-काव्य में हैं, उतने जितने प्रकाश के नहीं हैं, न कलात्मक दृष्टि से वैसे सार्थक।

इस अन्धकार से निराला वातावरण रचते हैं। 'कहीं तम गहन जीवन घेर' ('परिमल', पृ. 29)—एक पंक्ति में संकेत करके, कहीं अनेक बार उसका उल्लेख करके जैसे 'राम की शक्तिपूजा' में। महोल्लास से बिंध कर विकल होनेवाला आकाश—वह भी अन्धकार है। राम की लटें खुलकर फैल जाती हैं, वहाँ उपमान के रूप में—दुर्गम पर्वत पर उतरता अन्धकार उसी वातावरण के अन्धकार पर फिर ध्यान केन्द्रित करता है। अमानिशा में जिस अन्धकार को आकाश उगलता है, वह रणभूमि और लंका में व्याप्त न होकर राम के चारों ओर सिमट आया है। यही अन्धकार भीमा मूर्ति बनकर आकाश को छा लेता है जहाँ राम के सारे ज्योतिर्मय अस्त्र बुझ जाते हैं। रावण का खलखल अट्टहास इसी अन्धकार की ध्वनि है।

अन्य प्रसंग में निराला ने लिखा था :

ध्वनिमय ज्यों अन्धकार
दूरगत सुकुमार
प्रणयियों की प्रिय कथा
व्याप्त करती थी जहाँ
अम्बर का अन्तराल? ['दिल्ली', अनामिका, पृ. 60]

अन्धकार की ध्वनि यहाँ सुकुमार है, उसका सम्बन्ध प्रणयियों की कथा से है। 'राम की शक्तिपूजा' में—प्रणयियों की कथा की जगह—अम्बर के अन्तराल में रावण का अट्टहास व्याप्त है। 'तुलसीदास' में तमस्तूर्य दिङ्मंडल लिखकर निराला सीधे अन्धकार की उदात्त तूर्यध्वनि सुनते हैं। 'बादल-राग' शीर्षक रचनाओं में कभी मधुर, कभी दूसरों को आतंकित करनेवाला जो स्वर निराला सुनते हैं, वह उसी अन्धकार अथवा आकाश का स्वर है। 'बादल-राग' में यह बात अस्पष्ट है, 'तुलसीदास' में स्पष्ट। 'तमस्तुर्य' दिङ्मंडल के अतिरिक्त :

छाया ऊपर घन-अन्धकार—
टूटता वज्र दह दुर्निवार,
नीचे प्लावन की प्रलयधार, ध्वनि हर हर।

यहाँ अन्धकार वज्र और प्रलयध्वनि का वैसा ही सम्बन्ध है, जैसा बादल-राग में।
अन्धकार दृश्य है, स्पृश्य है, श्रव्य भी।

प्रतीक-योजना

निराला-काव्य में अनेक रूप-रस-गंध-सम्बन्धी बिम्ब परम्परागत हैं, पूर्ववर्ती साहित्य से लिये गए हैं। इनका उपयोग अधिकतर प्रतीक रूप में किया गया है। रवीन्द्रनाथ के साहित्य में कुछ प्रतीक रूढ़ हो गए हैं, जैसे अज्ञान का प्रतीक अन्धकार, ज्ञान का प्रतीक प्रकाश। निराला-काव्य में भी इन रूढ़ प्रतीकों का प्रयोग हुआ है, जैसे इस गीत में :

गई निशा वह, हँसी दिशाएँ
खुले सरोरुह, जगे अचेतन। ['गीतिका', पृ. 59]

ऐसी रचनाओं में बिम्ब किसी नये अनुभव की व्यंजना का साधन नहीं हैं, उनके द्वारा प्रकृति या मनुष्य के मन की छानबीन करके निराला ने कोई नई सामग्री नहीं दी। किन्तु अब वह इन पुराने प्रतीकों को नई दृष्टि से देखते हैं, उनसे कोई नया अनुभव सम्बद्ध करते हैं, तब उनका प्रयोग मौलिक और चमत्कारी होता है।

'जागो फिर एक बार' (1) में किरण रहस्यवादी कवियों का परिचित प्रतीक है किन्तु निराला उसे ब्रह्म का प्रतीक न मानकर माया का प्रतीक बना देते हैं। 'अरुण पंख तरुण किरण खड़ी खोल रही द्वार'। सोने वाला पुरुष है, जगाने वाली प्रकृति है। किरण में रंगीनी है, ब्रह्म का वर्णहीन प्रकाश नहीं है। इसी तरह 'पावन करो नयन' में किरण उसी प्रकृति, शक्ति अथवा माया का प्रतीक है। उसे दिन के बाद रात में चन्द्र-किरण से जोड़कर, उसे दुःखनिशा में अपने स्वप्न की सुघर जागृति बनाकर निराला ने चमत्कार उत्पन्न किया है। प्रतीक एक होते हुए भी प्रतीक-योजना रहस्यवादी रूढ़ि से उल्टी दिशा में चल रही है।

ऐसे ही कमल एक प्रतीक है। 'तुम और मैं' रचना में सरसिज की मुसकान को माया से जोड़कर, रवि की प्रखर किरणों से उसे पीड़ित और प्रसन्न होते दिखाकर निराला ने उस घिसे-पिटे प्रतीक का मौलिक उपयोग किया है। उनकी रचनाओं में जहाँ मुँदे हुए कमलों का उल्लेख है, वहाँ भी वे रहस्यवादी रूढ़ि की विरोधी दिशा में चलते दिखाई देते हैं। इनमें 'तुलसीदास' का निश्चलत्प्राण शतद विशाल और अत्यन्त प्रभावशाली है। 'सरोज-स्मृति' में कमल का मुँदना काफी नहीं है, निराला ने उसकी सारी पंखुड़ियाँ नोच कर फेंक दी हैं : 'हों भ्रष्ट शीतल के से शतदल'। भाव-सघनता के साथ बिम्ब के प्रयोग में भी परिवर्तन हुआ है। दुःख और आवेग

की पराकाष्ठा मुँदे हुए कमल से व्यक्त नहीं हो सकती। इसी तरह सूर्यास्त का बिम्ब है। 'तुलसीदास' में शताब्दियों का सान्ध्यकाल है, युद्ध और प्रलय के दृश्यों ने उसे भयावना बना दिया है। 'राम की शक्तिपूजा' में भी सूर्यास्त है, रक्त और कालिमा में लथपथ, युद्धभूमि की विचित्र, निरर्थक-सी भीषण ध्वनियों से भरा हुआ। निराला की भाव-शक्ति परिचित प्रतीक को बदलकर सजीव चित्र बना देती है।

इसी तरह अन्धकार। रहस्यवादी कवि उसे रात खत्म होने के समय देखते हैं; उससे उनका गहरा परिचय, सुदीर्घ सम्पर्क सिद्ध नहीं होता। निराला जहाँ इसी पद्धति से अन्धकार को विदा होते देखते हैं, वहाँ उनकी कविता कमज़ोर होती है। किन्तु जहाँ अन्धकार के प्रति उनका इन्द्रियबोध जाग्रत होता है, जहाँ भावशक्ति उनके बिम्बों को प्रेरित करती है, वहाँ अन्धकार एक अत्यन्त आकर्षक और सजीव तत्त्व बन जाता है। निराला उसके हल्के रूप से लेकर बहुत घने रूप तक, दृश्य और स्पृश्य होने के साथ उसके ध्वनित होने तक उसे निरन्तर परिवर्तनशील इकाई जैसा चित्रित करते हैं।

वज्र और प्रलय साहित्य के परिचित परम्परागत प्रतीक हैं। निराला काव्य में क्रान्ति, हिंसा, त्रास के भाव जगाने में इनका बड़ा सार्थक उपयोग किया गया है। कविता में ये अकेले नहीं आते, बादल या वर्षा के वर्णन में आने से उनका परम्परागत रूप छिप जाता है।

छाया ऊपर घन-अन्धकार—
टूटता वज्र दह दुर्निवार,
नीचे प्लावन की प्रलयधार, ध्वनि हर-हर।

यहाँ वज्र और प्रलय का उल्लेख भरेपूरे चित्र के अन्य उपकरणों के साथ है। वे साहित्य से ली हुई अमूर्त धारणाएँ प्रकट नहीं करते वरन् युद्ध और वर्षा के मूर्त रूप को और सजीव करते हैं।

एक ही प्रतीक का उपयोग निराला विभिन्न सन्दर्भों में अलग-अलग ढंग से करते हैं। 'बादलराग' (2) में :

वज्र घोष से ऐ प्रचंड!
आतंक जमाने वाले!

यहाँ वज्र के साथ केवल ध्वनि सम्बद्ध है। यह वज्रघोष दूसरों का नाश किये बिना केवल विनाश की आशंका से उन्हें त्रस्त कर देता है। बादल जब उग्र क्रान्तिकारी भूमिका सम्पन्न करता है, तब उसकी वज्र हुंकार सुनकर संसार हृदय थाम लेता है। किन्तु इसके आगे वह आकाश से स्पर्द्धा करनेवाले पर्वतों को 'अशनिपात' से क्षत-विक्षत भी कर देता है। कविता के अन्तिम अंश में निराला धनी वर्ग को वज्र-गर्जन से काँपते हुए दिखाते हैं। 'तुलसीदास' में वज्र-गर्जन काफी नहीं है, वह अग्निमय है—दह दुर्निवार है—ऊपर से टूटकर धरती पर जीवों का नाश करता है।

गरजो, हे मन्द्र वज्रस्वर— ['गीतिका', पृ. 57]

यहाँ 'बादलराग' (2) की तरह वज्र केवल ध्वनि की तीव्रता व्यंजित करने के लिए है। जहाँ बादल का सम्बन्ध ललित कल्पना से है, वहाँ वज्र छिपा रहता है, केवल नवजीवन ही उसमें दिखाई देता है :

वज्र छिपा, नूतन कविता
फिर भर दो। ['अनामिका', पृ. 82]

निराला के चिन्तन की एक विशेषता यह है कि एक ही प्रतीक भिन्न सन्दर्भों में विरोधी भावों से जुड़ जाता है। वर्षा सृजन की ऋतु है, ध्वंस की भी। 'तुलसीदास' में उसके ध्वंसवाले रूप का उपयोग किया गया है। 'बादल-राग' (6) में ध्वंस और सृजन, दोनों वर्षा से सम्बद्ध हैं। इस तरह की विरोधी क्रियाएँ प्रकृति में देखी जाती हैं; निराला कहीं परस्पर विरोधी—फिर भी आपस में सम्बद्ध—प्राकृतिक क्रियाओं को कविता में प्रतिबिम्बित करते हैं। जो विष मनुष्य का जीवन लेता है, वह उसे जीवन दे भी सकता है। विष-बिम्ब का ऐसा ही उपयोग निराला-काव्य में है। ज्वाला भस्म करती है, वही परिवर्तित होकर विरोधी गुण का परिचय देती हुई मनुष्य को नई शक्ति देती है। मृत्यु बिम्ब हो, चाहे अमूर्त कल्पना, कविता में उसकी चर्चा आदिकाल से होती आई है। मृत्यु को क्षणभंगुर जीवन की सीमा-रेखा मानकर उसे पार करते ही उस पार नया अमर जीवन पाने के सपने भी लोगों ने देखे हैं। मृत्यु और जीवन एक-दूसरे के विरोधी, एक-दूसरे से एकदम कटे हुए चित्रित किये गए हैं। निराला जीवन में मृत्यु, मृत्यु में जीवन, दोनों की भिन्नता और अभिन्नता वाला सम्बन्ध देखते हुए उन्हें चित्रित करते हैं। निराला के मूर्तिविधान की पेचीदगी—एक ही प्रतीक का विरोधी भावों से संसर्ग—यथार्थ जीवन की ही प्रतिच्छवि है।

पर्वत भय का सूचक है, आदर का भी। 'तुम तुंग हिमालय श्रृंग'—ब्रह्म के लिए निराला को जो पहला उपमान सूझता है, वह पर्वत का है। विप्लवी बादल जिन उद्धत वीरों को वज्र से ध्वस्त कर देता है, वे पर्वत हैं। पिता की मूर्ति के समतुल्य होकर पर्वत उत्पीड़क बन जाता है, आदर का पात्र भी। 'राम की शक्तिपूजा' में विशाल भूधर है जिसके नीचे राम बैठे हैं। किन्तु राम स्वयं दुर्गम पर्वत के समान हैं जिस पर उनकी जटाओं के रूप में नैश अन्धकार उतरता है। राम शक्ति की जो मौलिक कल्पना करते हैं, उसमें यह पर्वत मुख्य है। वह श्यामल, सुन्दर, पार्वती रूप हो जाता है, राम उसे पूजते हैं। समुद्र बार-बार गरजकर राम को डराता है; वही समुद्र दुर्गा के चरणों में सिंह के समान गरजता हुआ भी उतना भयावह नहीं लगता। राम स्वयं सिंह बनकर देवी की पूजा करना चाहते हैं : 'मैं सिंह, इसी भाव से करूँगा अभिनन्दित'। विजय और पराजय की भावनाओं का द्वंद्व समुद्र और सिंह के दो रूपों में गरजने से व्यंजित होता है।

सिंह भी क्या स्वाँग कभी
करता है स्यार का?

शिवाजी के पत्र में निराला को यह परिस्थिति बड़ी हास्यास्पद लगती है कि जो सदा विजयी है, वह पराजय भी स्वीकार करे।

शेरों की माँद में
आया है आज स्यार। ['परिमल', पृ. 175]

शेर की जगह स्यार आ जाय, वैसी ही विडंबना 'जागो फिर एक बार' (2) में भी है। 'तुलसीदास' में सिंह पराजय की पीड़ा जानने लगा है :

वीरों का गढ़, वह कालिंजर,
सिंहों के लिए आज पिंजर।

शेर पिंजड़े में बन्द हो गया है। 'कुकुरमुत्ता' में शेर की हेकड़ी से उसकी पिटी हुई सूरत का मिलान करने पर निराला अपनी हँसी रोक नहीं पाते :

काम मुझसे ही सधा है,
शेर भी मुझसे गधा है।

इस तरह एक ही प्रतीक विरोधी भावों से सम्बद्ध होता है।

निराला अक्सर एक से अधिक प्रतीकों का उपयोग एक ही स्थान पर करते हैं। बादल, वर्षा, सूर्यास्त, अन्धकार, वज्र, प्रलय, समुद्र, पशु, निशाचर—इनमें कितने एक ही जगह सिमट आते हैं, यह इस पर निर्भर है कि वे किस भाव से प्रेरित हैं, उस भाव में कितनी शक्ति है। 'जुही की कली' में पवन गहन गिरि कानन पार करता है किन्तु उसके रास्ते में इनके अलावा कुंज-लतापुंज भी हैं। निराला गहन गिरि कानन पर ध्यान केन्द्रित न करके आगे बढ़ जाते हैं। 'यमुना के प्रति' में वह जहाँ प्रकाश को उतरते देखते हैं, वहाँ 'दुर्गम गिरि' है, अरण्य है, अन्धकार है। दृश्य अधिक भयावह है। 'बादल-राग' (4) में अन्धकार है, गम्भीर गर्जन है किन्तु आकाश भी है। दृश्य भयावह नहीं, सुखद है। 'बादल-राग' (6) में वज्रपात और जलप्लावन है किन्तु हँसते हुए कमल भी हैं। अन्धकार का अभाव है। 'तुलसीदास' में सूर्यास्त है, अन्धकार है, प्रलय का जलप्लावन है, वज्रपात है, पिंजरबद्ध सिंह हैं, अप्रत्यक्ष रूप से असुर भी हैं किन्तु बिखरे हुए। दृश्य में केवल भय नहीं है, पराजित होने का पछतावा है, भविष्य में विजयी होने की आशा है : 'प्रात तव द्वार पर'—इस गीत में अन्धकार है, काँटों और पत्थरों से भरा हुआ वन है, तेजहत निशाचर और वन्य जन भी हैं। त्रास है किन्तु वर-प्राप्ति का विश्वास उसे नियंत्रित किये है। 'सरोज-स्मृति' में अन्धकार है, युद्ध है, निशाचरों की जगह सम्पादक, विरोधी आलोचक और कान्यकुब्ज-कुल-कुलाङ्गार हैं। एक जगह जल-प्रवाह भी है किन्तु अत्यन्त संयत; नियंत्रित होने से भय की जगह सौन्दर्य की अभिव्यक्ति

में सहायक होता है। 'सरोज-स्मृति' में विकट उद्वेग के बावजूद दु:ख नियंत्रित है, व्यथा है, संघर्ष है, त्रास नहीं है।

'राम की शक्तिपूजा' की विशेषता यह है कि निराला-काव्य में तमाम प्रतीक जो इधर-उधर बिखरे पड़े हैं, वे सब यहाँ सिमटकर एकत्र हो गए हैं। यहाँ त्रास है, पराजय है, 'सरोज-स्मृति' से अधिक विजय के लिए प्रयास है। सूर्यास्त, अन्धकार, निशाचर, पर्वत, सिंह, गरजता हुआ समुद्र, रावण के सहायक, उस समुद्र को चुनौती देनेवाला दूसरा समुद्र :

उद्वेल हो उठा शक्ति खेल सागर अपार;

वज्र गर्जन के समान आकाश में एकादश रुद्र का अट्टहास, वही सब परिचित उपादान यहाँ संवर्द्धित रूप में एक साथ संघटित होकर अद्‌भुत प्रभाव उत्पन्न करते हैं। कविता के पूर्वार्द्ध में इन उपादानों का जैसा घनत्व है, वैसा उत्तरार्द्ध में नहीं। वह पूर्वार्द्ध, फलत:, काव्य दृष्टि से अधिक समृद्ध है। निराला की भाव-शक्ति का प्रखर ज्वार पूर्वार्द्ध में है, उत्तरार्द्ध में उसका उतार है।

'राम की शक्तिपूजा' में पशु नहीं हैं। पशुओं के नाम पर केवल सिंह है। पर्वत है किन्तु विशाल अरण्य नहीं है। राम अकेले नहीं हैं, साथ में पूरी सेना है। आखिरी कमल के चुरा लिये जाने पर स्वयं दुर्गा वर देने आ पहुँचती हैं। 'राम की शक्तिपूजा' के बाद निराला अधिकाधिक हिंस्र पशुओं से भरे हुए निविड़ वन में अकेले यात्रा करते हैं। यह प्रतीक-योजना दूसरे ढंग की है।

एक प्रतीक-योजना जैसे 'बादल-राग' (6) में। निराला जानते हैं कि बादल क्रान्तिकारी मनुष्य नहीं, बादल है। वह बादल को देखते हैं, क्रान्ति की बात सोचते हैं। क्रान्तिकारी भावधारा निराला को ऐसा आन्दोलित करे कि उन्हें सिर्फ आसमान में बादल दिखाई दें, ऐसा नहीं होता। अनेक कविताओं में जहाँ निराला वर्षा, ग्रीष्म आदि के रूपक बाँधते हैं, वहाँ इसी तरह एक ओर वह प्राकृतिक दृश्य देखते हैं, दूसरी ओर उसे किसी भावसूत्र से जोड़ते हैं। 'सरोज-स्मृति' में जहाँ वह ऊपर उठते हुए नील जल को देखते हैं, वहाँ एक क्षण को वह यथार्थ की भूमि छोड़कर स्वप्न-लोक में पहुँच जाते हैं। यद्यपि उन्होंने शुरुआत 'ज्यों भोगावती उठी अपार' से की, यह सूचित किया कि वह केवल उपमान जुटा रहे हैं किन्तु यह उपमान असाधारण है। फैंटेसी में कुछ देखा है, उसे वह उपमान के रूप में इस्तेमाल कर रहे हैं।

'राम की शक्तिपूजा' का पूर्वार्द्ध एक सशक्त फैंटेसी है। इसके उपादान राम-रावण के युद्ध तक सीमित नहीं। भावशक्ति से प्रेरित होकर ये उपादान कवि के उपचेतन से उठते हुए रचनाकार वाले मन पर छा जाते हैं। बादल अलग, क्रान्ति अलग—ऐसा यहाँ नहीं है। निराला का अन्तर्द्वन्द्व तीव्र होकर उन्हें राम-रावण का युद्ध दिखा रहा है; निराला की भावशक्ति ही परिवर्तित होकर स्वप्न चित्र बन रही

है। कविता के पूर्वार्द्ध में उनका विवेक प्राय: सो रहा है; उत्तरार्द्ध में जाग्रत है। जहाँ विवेक जाग्रत होगा, वहाँ स्वप्नशक्ति भी क्षीण होगी।

शिशिर की शर्वरी
हिंस्र पशुओं भरी।

इतना निराला ने देखा। फिर विवेक थोड़ा-सा जागा; निराला ने जो देखा, उसकी व्याख्या आरम्भ की। किन्तु निविड़ विपिन पथ अराल में निराला आदि से अन्त तक स्वप्न ही देखते हैं, केवल उसका विवरण प्रस्तुत करते हैं, उसकी व्याख्या करने की योजना नहीं बनाते। यदि इससे उन गीतों की तुलना करें जिनमें दु:ख की सीधी व्यंजना है तो दोनों स्तरों पर कला की भिन्नता प्रकट हो जाएगी।

स्वप्न-चित्रों के उपकरण निराला के उपचेतन में कहीं गहरे डुबकी लगाये चुपचाप पड़े रहते हैं। बाहर से किसी तरह की उत्तेजना मिलने पर वह चेतना की सतह पर उठ आते हैं : कभी एक आता है, कभी अनेक। उपचेतन में डूबे हुए वे पुष्ट होते रहते हैं; दूसरी बार जब उभर कर आएँगे तब पहले से अधिक समर्थ होकर। किन्तु यह अनिवार्य नहीं है। उपकरण कितना समर्थ है, वह उस क्षण वेदना की तीव्रता पर निर्भर है। किन्तु निराला की प्रतीक-योजना चाहे सचेत रूप से संयोजित की गई हो, चाहे अचेत रूप से, वह यथार्थ की विरोधी नहीं है। एक यथार्थ मन के बाहर है, दूसरा मन के भीतर। दोनों एक ही अविभाजित यथार्थ के दो छोर हैं। निराला उन्हें एक से अधिक स्तरों पर भिन्न दृष्टि से देखते हैं। जब वह बादल को क्रान्तिकारी रूप में चित्रित करते हैं, तब उसकी सारी यथार्थ क्रिया—गरजने से बरसने तक—उनकी आँखों के सामने होती है। जब वह राम-रावण के संघर्ष द्वारा अपना अन्तर्द्वंद्व चित्रित करते हैं, तब राम, महावीर आदि का व्यक्तित्व अस्त्रों से ओझल नहीं हो जाता। युद्ध का वर्णन प्रतीक मात्र न होकर सजीव चित्र के रूप में सामने आता है। जब निविड़ विपिन की यात्रा करते हैं, तब उस विपिन का अपना अस्तित्व समाप्त नहीं होता; उसमें फैले हुए द्रुम वितान और जटिल जाल को वह सावधानी से देखते हैं।

निराला ने अपना मूर्तिविधान साहित्य से लिया है, स्वयं गढ़ा है, लोकगीतों से भी सामग्री चुनी है। परम्परागत लोकतत्त्व निराला की कला से परिवर्तित होकर श्रेष्ठ काव्य के स्तर तक पहुँच जाते हैं।

फागुन के रंग राग
बाग-बन फाग मचा है,
भर गए मोती के झाग
जनों के मन लूटे हैं।

['अर्चना', पृ. 33]

मोती के झाग भरना निराला के मूर्तिविधान की कलात्मक विशेषता है। मोती सख्त, झाग में तरलता, निराला दो विरोधी गुणों में सन्तुलन स्थापित करते हैं।

जो सूक्ष्म और अमूर्त है, उसे चित्रित करने के लिए मूर्तिविधान का आश्रय लेना निराला के लिए अनिवार्य नहीं। जो अमूर्त है, उसे भी मूर्तवत् देखने की क्षमता निराला में है, विशेष रूप से भाषा, भाव और छन्द के बारे में जब लिखते हैं, तब लगता है, वह उन्हें सुनते और गुनते ही नहीं, देखते भी हैं। 'वासंती' ('परिमल', पृ. 69) में उन्होंने लिखा था :

अति गहन विपिन में जैसे
गिरि के तट काट रही हैं
नव जलधाराएँ, वैसे
भाषाएँ सतत बही हैं।

वन है, पर्वत भी है, बादल की जगह नदी उसके तट काट रही है, यही काम भाषा करती है। यहाँ भाषा को मूर्त रूप देते हैं जलधाराओं के उपमान द्वारा। किन्तु :

वर्ण चमत्कार;
एक एक शब्द बँधा ध्वनिमय साकार ['गीतिका', पृ. 92]

यहाँ शब्द ध्वनिमय होने के साथ साकार भी है। वह भाषा को मूर्त रूप में देख रहे हैं। अन्य गीत में लिखा है :

छन्द की बाढ़, वृष्टि अनुराग,
भर गए रे भावों के झाग। [उप., पृ. 83]

यहाँ वर्षा वाला रूपक है, भावों के झाग का तत्त्वबोध भी। 'अर्चना' में यही भावों का झाग मोतियों का झाग बन गया है। 'अर्चना' में शब्द, ध्वनि, रस—इन सबको वृक्ष के फूलों की तरह खिलते और विकसित होते देखते हैं :

सुर तरुवर शाखा
खिली पुष्प भाषा...
भावों के दल, ध्वनि, रस
भरे अधर अधर सुयश
उघरे, उर-मधुर परस
हँसी केशपाशा। [पृ. 41]

मनुष्य और प्रकृति का जीवन मूलत: एक है तो स्वभावत: भाषा भी प्रकृति की किसी-न-किसी क्रिया के समान होगी। निराला रूपक बाँध रहे हैं, भाषा को सीधे नहीं देख रहे हैं, किन्तु जो बात उल्लेखनीय है, वह यह कि फूलों और पत्तों की तरह—या उनकी गंध और रस की तरह—भाषा, भाव, ध्वनि, रस भी स्पृश्य हैं, 'उर मधुर परस' हैं, इन्द्रियबोध के अन्तर्गत हैं।

निराला के मूर्तिविधान में कहीं कल्पना के सहारे अमूर्त परोक्ष वस्तुओं—जैसे दिशाओं—का वर्णन किया गया है, कहीं जीवन के अत्यन्त साधारण व्यापारों से

उपकरण जुटाये गए हैं, जैसे 'हिन्दी के सुमनों के प्रति' में धागा : 'या तुम बाँध कर रँगा धागा'। ('अनामिका', पृ. 115) कहीं ऐसे सामान्य उपकरणों का प्रयोग व्यंग्य और हास्य के लिए है, कहीं किसी अन्य भाव की पुष्टि के लिए। 'देवी सरस्वती' में उन्होंने एक जगह अपनी इष्ट देवी को कुएँ का ठंडा पानी कहा है :

तुम हो शीतल कूप-सलिल,
जामुन-छाया-तल
लदे आम के बागों से
जीवन का सम्बल।

आसपास आमों के बाग, थका हुआ पथिक, जामुन के नीचे कुएँ का ठंडा पानी—यह हैं देवी सरस्वती। उपकरण बहुत सामान्य है किन्तु निराला ने मानो बड़े जतन से उसे इसी कविता के लिए जुगो रखा था। जो वस्तु सबसे आत्मीय, साहित्य की अर्जित विद्या के नीचे सूक्ष्म संस्कारों को छूने वाली है, उसे वह सरस्वती का प्रतीक बनाते हैं। निराला की प्रतीक-योजना यथार्थवादी मूर्तिविधान की विरोधी नहीं, उसी के आश्रित होकर सार्थक होती है।

संश्लिष्ट बिम्ब

निराला-काव्य में जितने फूल हैं, उतने पक्षी नहीं। जुही की कली जिस वन में सो रही है, उसमें एक भी पक्षी नहीं बोलता, पूर्ण शान्ति है। शेफाली के नक्षत्र दीपकक्ष में सुरभि है, पक्षियों का शब्द नहीं। 'निशा के उर की खुली कली' में पत्रों का मर्मर सुनाई देता है, पक्षी नहीं बोलते। 'जागो फिर एक बार' (1) में जो पपीहे बोल रहे हैं, उनकी आवाज़ वन-उपवन से नहीं, ब्रजभाषा काव्य के पृष्ठों से आ रही है। इसी तरह तुलसीदास जब ससुराल जाते हैं तब रास्ते में कोयल की आवाज़ सुनाई देती है; यहाँ एक साहित्यिक रूढ़ि का पालन मात्र किया गया है। जब तुलसीदास चित्रकूट में वन की शोभा देखते हैं, तब वहाँ एक भी पक्षी का स्वर सुनाई नहीं देता यद्यपि सुगंध का उल्लेख अनेक बार अनेक प्रकार से किया गया है। जिस बाग में कुकुरमुत्ता उगा है, उसमें फूल बहुत से हैं, उनके नाम कई पंक्तियों में गिनाये गए हैं, किन्तु चिड़ियों में सिर्फ बुलबुल का नाम लिया गया है, इसलिए कि बाग नवाब का है, बाकी सब 'चिड़ियाँ' हैं :

चहकते बुलबुल, मचलती टहनियाँ,
बाग चिड़ियों का बना था आशियाँ।

अनेक गीतों में इसी तरह निराला या तो पक्षियों का 'कलरव' सुनते हैं, या भौंरे और कोयल के स्वरों का उल्लेख—प्राय: एक-सी शब्दावली में करके—साहित्य की परम्परा निबाहते हैं।

मधुप वृंद बन्दी
पिक-स्वर नभ सरसाया। ['गीतिका', पृ. 3]
मधुप-निकर कलरव भर,
गीति-मुखर पिक-प्रिय-स्वर। [उप,. पृ. 7]
गूँज उठा पिक-पावन-पंचम,
खग-कुल-कलरव मृदुल मनोरम। [उप., पृ. 46]

कोयल का स्वर जहाँ पावन है, पक्षियों का कलरव जहाँ मृदुल और मनोरम है, वहाँ यथार्थबोध की जगह रूढ़िवादी कल्पना अधिक है। केवल बाद के गीतों में रूढ़ि से हटकर निराला बागों में गूँजता हुआ कोयल का वास्तविक स्वर सुनते हैं :

कुंज-कुंज कोयल बोली है,
स्वर की मादकता घोली है। ['अर्चना', पृ.65]

एकाध अन्य गीत में सवन, महोख आदि पक्षियों का उल्लेख है। कुल मिलाकर, गीत चाहे सन् '36 के पहले के हों, चाहे बाद के, निराला फूलों की गंध पर जितना रीझते हैं, उतना पक्षियों के स्वर पर नहीं। शेली और कीट्स जैसे रोमांटिक कवियों ने पक्षियों के संगीत पर जितना ध्यान दिया है, उतना निराला ने नहीं। उनकी कविता में जितनी रंगीनी है, विशेष रूप से सुनहले रंग का जितना प्रसार है, उतना निराला में नहीं। पक्षियों का संगीत सुनने में, चित्रफलक पर चटख रंग बिखेरने में रवीन्द्रनाथ अंग्रेज़ कवियों के अधिक निकट हैं; निराला का काव्य-जगत शेली-कीट्स तथा रवीन्द्रनाथ के काव्य-जगत से भिन्न, दूसरे ढंग का है।

निराला और अंग्रेज़ कवियों के इन्द्रियबोध में समानता यह है कि रूप, रस, गंध के बोध परस्पर परिवर्तनशील हैं। अन्धकार दिखाई देता है तो ध्वनिमय होने से सुनाई भी देता है। पेड़ों में नये पत्ते आए, निराला को लगा कि डालियों से नये स्वर फूट रहे हैं :

फूट हरित पत्रों के उर से
स्वर सप्तक छाए। ['परिमल', पृ. 40]

आकाश में इन्द्रधनुष के रंग दिखाई देते हैं, वे भी स्वर हैं :

रंग अपार
किरण-तूलिकाओं से अंकित
इन्द्रधनुष के सप्तक, तार।

कह सकते हैं, यहाँ निराला वास्तव में सुनते कुछ नहीं हैं, कल्पना से चित्र को सजा रहे हैं, विशेषता देखने-सुनने में नहीं, कल्पना की गिरह लगाने में है। किन्तु जहाँ लिखते हैं :

रंग से भरी हैं, हरी हो उठीं हर
तरु की तरुण-तान शाखें
परी-नागरी की। ['अनामिका', पृ. 143]

वहाँ आप सोचने पर विवश होंगे कि तरु की शाखों के प्रसार में शायद निराला सचमुच संगीत सुनते हों। वनबेला को वह 'वन्यगान' कहते हैं, 'अपने सुख-स्वप्न से खिली' ('गीतिका', पृ. 38)—इस गीत में 'परिमल का कलरव' सुनते हैं, 'देवी सरस्वती' में 'पौधों की रागिनी' का उल्लेख करते हैं, 'पारस मदन हिलोर न दे तन' ('गीत गुंज', पृ. 30)—इस गीत में गंध के बोध को शब्द बोध में परिवर्तित करते हुए लिखते हैं :

अलियों, जूही की कलियों की
मधु की गलियों नूपुर बाजे।

यह सब कल्पना नहीं है। जैसे तत्त्व मूलत: एक है, वैसे ही रूप, रस, गंध का बोध भी मूलत: एक है। आकाश ही रूप बदलकर धरती, जल, प्रकाश आदि बनता है; आकाश का गुण शब्द भी उसी प्रकार रूप, रस, गंध बन सकता है अथवा रूप, रस, गंध में शब्द सुना जा सकता है। निराला के लिए जैसे अन्धकार ध्वनिमय है, वैसे ही गंध और वर्ण भी ध्वनिमय हैं।

उनके काव्य-जगत् में जैसे प्रकाश से अधिक अन्धकार है, वैसे ही रस की अपेक्षा गंध और शब्द अधिक हैं। निराला ने समुद्र का बहुत जगह उल्लेख किया है किन्तु समुद्र दूर से देखा जा सकता है, उसकी लहरों का गर्जन सुना जा सकता है, उसका जल पिया नहीं जा सकता। जो पेय है, वह है सुरा। इस रसपान की परिणति है—अन्धकार का बोध। 'जुही की कली' लिखते समय निराला मदिरा के उन्मादकारी प्रभाव से परिचित हो चुके हैं :

किंवा मतवाली थी यौवन की मदिरा पिये,
कौन कहे?

'जागृति में सुप्ति थी' रचना में नायिका सोकर उठते ही—अथवा जागते हुए रात बिताने पर—शराब पीती है :

सो गया सुरा-स्वर प्रिया के मौन अधरों में।

'तुम और मैं' के ब्रह्म सुरापान घन अन्धकार हैं ही। इस पेय से तृप्ति नहीं होती, प्यास और बढ़ जाती है, अंग-अंग में ताप का अनुभव होता है। निराला के काव्य-जगत् में रस-तृप्ति का अभाव होने पर जैसे बिम्बों की आशा की जा सकती है, वैसे ही है।

निर्मम कठोर प्रकृति त्रस्त किया करती प्राण,
मरु-भूमि सी थी जगह
उड़ती उत्तप्त धूलि—झुलसाती थी शरीर
पथिकों को देती थी कठोर दंड
चंड मार्तंड की सहायता से।

यह उक्ति 'पंचवटी प्रसंग' में शूर्पणखा की है। राम के आने से प्रकृति सरस हुई है, वरना पहले वह त्रास का कारण मात्र थी। निराला के काव्य-जगत् में प्रकृति के ये दो रूप निरन्तर विद्यमान हैं। हरी-भरी प्रकृति अवास्तविक नहीं है किन्तु निराला इस सरस वास्तविकता से दूसरी नीरस वास्तविकता को ढकने का प्रयास भी करते हैं, इसके लिए कल्पना की सहायता लेते हैं। जहाँ वसन्त का वर्णन करेंगे, वहाँ संकेत से बता देंगे : 'रूखी री यह डाल वसन वासन्त लेगी'; डाल का रूखा होना आँखों से ओझल नहीं होता। रूखी डाल में हरे पत्ते आएँगे, यह प्रकृति की सहज यथार्थ क्रिया है। किन्तु शूर्पणखा को प्रकृति पहले त्रस्त करती थी, अब सुखद हो गई है; यहाँ प्रकृति में उतना परिवर्तन नहीं हुआ, जितना शूर्पणखा के मन में।

'तुलसीदास' में इसी तरह ज्ञान द्वारा—मनुष्य के मानसिक प्रयत्न द्वारा—प्रकृति को सुखद बनाने का प्रयास है। एक ओर तरु-तृण मसृण-मसृण हँसते हैं, दूसरी ओर :

हनती आँखों की ज्वाला चल,
पाषाण खंड रहता जल-जल।

इस तरह विरोधी बिम्बों का संयोग निराला की नाट्यकला की विशेषता है। जहाँ हँसी-खुशी है, वहाँ दु:खद ताप हो सकता है; ऋतुएँ बदलती हैं, इसमें अवास्तविक कुछ नहीं। किन्तु आगे प्रकृति का सन्देश है कि अहल्या के उद्धारवाला स्पर्श देकर पाषाण खंडों को हार बना लो, वरना यहाँ निर्जन नीरस अरण्य के अलावा कुछ नहीं है :

अन्यथा यहाँ क्या? अन्धकार,
बंधुर पथ, पंकिल सरि, कगार,
झरने, झाड़ी, कंटक, विहार पशु-खग का।

निराला स्पष्ट रूप से तर्क करते हैं कि कल्पना द्वारा प्रकृति को परिवर्तित करके देखना—जलते हुए पाषाणखंडों को हार बना लेना—आवश्यक है। यही कल्पना यथार्थ विरोधी होकर छायावादी कविता को कमज़ोर करती है।

शिवाजी के पत्र में निराला दोनों तरह की प्रकृति का उल्लेख करते हैं :

मिला है तुम्हें
गंध-व्याकुल-समीर-मन्द-स्पर्श सरस,
साथ मरुभूमि में
सेना के संग तुम
झुलस भी चुके हो खूब
लू के तप्त झोंकों में।

कविता के सन्दर्भ से स्पष्ट है कि शिवाजी झुलसी हुई प्रकृति को गंधव्याकुल समीर के स्पर्श से सरस बनाने का आग्रह नहीं करते, आग्रह है औरंगज़ेब का साथ छोड़ने, उसका विरोध करने का जिसका अर्थ है : मरुभूमि में और झुलसना होगा।

मरुभूमि से मिलते-जुलते जिस अरण्य में निराला भटकते हैं, वह नीरस, ताप-पीड़ित अथवा अन्धकारमय है। उनके काव्य-जगत् में दो प्रकार के वन हैं : एक वह विजन वन, जिसमें जुही की कली सोती है; दूसरा वह गहन कानन, जिसे पार करता हुआ मलयानिल उस तक पहुँचता है।

वन-वन उपवन-उपवन
जागी छवि खुले प्राण। ['गीतिका', पृ. 7]

यह वही वन है, जिसमें जुही की कली सो रही थी। दूसरा वन वह है, जिस पर दिनमणि-हीन आकाश उतरता है :

उतर रहा अब किस अरण्य पर
दिनमणि-हीन अस्त आकाश। ['परिमल', पृ. 48]

'स्वागत।' (उप., पृ. 104) में निर्झर जिस वन को पार करता है, उसमें कंटक, कर्दम, भूधर, कन्दर, हिंस्र निशाचर हैं, अन्धकार तो है ही। इस वन में कभी कोयल भी गाती है लेकिन वह ऐसी कोयल है जो दैन्य डाल पर बैठी है, दुःख-अरण्य के किसलयों की ज्वाला से जलकर काली पड़ चुकी है।

मेरा दुःख अरण्य, किसलय-दल
ज्वाल, जली काली तुम कोयल,
दैन्य-डाल पर बैठी प्रतिपल
सुना रही हो तान।

इस तरह कोयल निराला के किसी दूसरे गीत में नहीं गाती। दु:ख का अरण्य पूरी तरह सूखा नहीं है; ज्वाला सूर्य की नहीं, किसलय-दलों की है, किन्तु :

भग्न तन, रुग्ण मन
जीवन विषण्ण वन। ['आराधना', पृ. 62]

इस वन में किसलय-दल नहीं हैं। देह क्षीण है, गेह जीर्ण है, कवि अकेला है। 'दो शरण, दो शरण' की करुण पुकार है; जल है किन्तु प्रलय की वृष्टि का जल है, नया जीवन देनेवाला जल नहीं। 'अर्चना' के 'निविड़ विपिन, पथ अराल' गीत में झाड़-संसार बहुत हैं, जल नहीं है :

नहीं कहीं सुजलाशय।

यह अरण्य निराला-काव्य में अनेक बार प्रतीक रूप में चित्रित होता है किन्तु वह कल्पना से गढ़ा हुआ प्रतीक नहीं है, निराला के इन्द्रियबोध से उसका गहरा सम्बन्ध है। मरु और निर्जल अरण्य के उपमान उस मन के लिए स्वाभाविक है जो जलन का अनुभव अधिक करता है, रस-तृप्ति का कम। इसी से मिलता-जुलता विष का प्रतीक अथवा विषपान का बोध है।

वन के साथ विष का सम्बन्ध 'माया' में है :

तू किसी वन की विषम विष-वल्लरी
या कि मन्द समीर गंध विनोद की?

प्रकृति के वही दो रूप हैं : एक गंध मन्द समीर; दूसरा, वन की विषलता। 'माया' में आमने-सामने दो परस्पर विरोधी विकल्प प्रस्तुत किये गए हैं। 'पतनोन्मुख' ('परिमल', पृ. 39) में विष की लता नहीं है, विष है चारों ओर फैली हुई ज्वाला में। यह ज्वाला जीवन-तरु के पल्लवों को झुलस रही है।

विष मृत्यु का कारण है; सुख की अतिशयता में भी एक तरह की मृत्यु है, अत: उसमें विषपान की अनुभूति है। 'स्पर्श से लाज लगी'—इस गीत में कंठ से लगी हुई नागिन अधरासव पान करती है, स्वयं अधरासव पान करने के अलावा प्रेमी को जो सुख दे रही है, वह सर्पदंश की मूर्च्छा के समान है। 'देवी सरस्वती' में जहाँ पुरवाई गंध से डस जाती है, वहाँ उसी तरह की अनुभूति का उल्लेख है।

विष मृत्यु है, विष जीवन है। दु:ख की ज्वाला भस्म कर सकती है, नई जीवनीशक्ति भी दे सकती है।

दु:ख के सुख जियो पियो हाला
शंकर की स्मरशर की हाला!

शंकर की यह हाला विष ही है। विष जैसे जीवनीशक्ति बन सकता है, सुख की अतिशयता में जैसे विषपान का अनुभव हो सकता है, वैसे ही रूप-रस-गंध में

ज्वाला है। ज्वाला में रूप, रस और गंध है। वनबेला 'वन्य बह्नि की तन्वि नवल' है; 'सरोज-स्मृति' में सरोज स्वर की वह्नि है। एक जगह गंध अग्निरूप है, दूसरी जगह स्वर अग्निरूप है। 'गीतिका' में जो शक्ति गगन घन विटपी के रूप में नक्षत्र सुमन खिलाती है, वह 'अरणियों की अग्नि' है। (पृ. 62) यह पुस्तकों में पढ़ी हुई आग है? निराला उसकी कल्पना मात्र कर रहे हैं? जब कहते हैं : 'कवि के अग्नि-प्राण उकताए' ('आराधना', पृ. 37) या जब भीतर ही नहीं, बाहर सारे संसार को एक ही अग्निशक्ति के पाश में बँधा हुआ देखते हैं : 'पावक पाश दिगंत बँधा है' (उप., पृ. 40) तब वह कल्पना से खेलते हैं या कुछ ऐसा देखा, स्पर्श किया हुआ लिखते हैं जो सामान्य अनुभव के बाहर है?

निराला का इन्द्रियबोध साधारण नहीं, उसकी अनेक विशेषताएँ ध्यान देने योग्य हैं। साधारणत: जिस तरह आलोचना में घ्राणबोध, रूपबोध, शब्दबोध आदि तरह-तरह के बोध मूर्तिविधान के विश्लेषण में गिनाये जाते हैं, वह गिनती बहुत सीमित रूप में उपयोगी है; निराला-काव्य से उस तरह अलग-अलग इन्द्रियबोध गिनाना भ्रामक भी हो सकता है। कारीगरों से भिन्न प्रतिभाशाली कवियों की विशेषता यह है कि उनकी चेतना इन्द्रियबोध के स्तर पर संश्लिष्ट रूप में कार्य करती है, एक प्रकार का बोध नहीं, अनेक प्रकार के बोध सक्रिय हो उठते हैं। परस्पर विरोधी बिम्ब भी एक ही अनुभव में सन्तुलित और सम्बद्ध होते हैं। जहाँ चित्त स्थिर न होकर गतिशील हैं, वहाँ इस तरह के विरोधी बिम्बों का आना स्वाभाविक है। जो बिम्ब विरोधी लगते हैं, वे हमेशा विरोधी होते नहीं हैं। आग और हिम एक-दूसरे के विरोधी हैं किन्तु हिम की ठंडक जब सीमा पार कर जाती है तब लगता है, हाथ जल उठेगा। 'पतनोन्मुख' में जहाँ लिखा है :

हिमहत पातों सा असमय ही
झुलसा हुआ शुष्क निश्चल—

वहाँ पढ़ने वाले को लग सकता है कि जो झुलसा हुआ है, उसकी तुलना हिमहत पातों से न करनी चाहिए। किन्तु हिम की अतिशयता पत्तों को झुलसाती हुई जान पड़े तो उसमें अस्वाभाविक कुछ नहीं है।

निराला की चेतना इन्द्रियबोध के अनेक स्तरों पर सक्रिय होती है, अनेक प्रकार के बोध एक ही सम्पूर्ण अनुभव में समेट लेती है, उनमें तीव्रता पैदा करके उनके अलगाव की सीमाएँ मिटा देती है।

सुख के भय काँपती प्रणय-क्लम
वन-श्री चारुतरा। ['गीतिका', पृ. 49]

'वनश्री' में भिन्न प्रकार के रूप-रस-बोध अपनी विशिष्ट सीमाएँ त्याग कर एक हो गए हैं। निराला की बोधशक्ति जब बाह्य संसार की ओर तरंगित होती है, तब वह

प्रकृति और मनुष्य का आन्तरिक सम्बन्ध देखती है। तन-तरुवर वाला रूपक सूरदास को भी प्रिय था। वह कल्पना-जन्य रूपक नहीं, प्रकृति और मनुष्य में एक ही जीवन के स्पन्दन की पहचान है। निराला जब कहते हैं :

विकल डालियों से झरने पर ही हैं पल्लव-प्राण—

तब वे सूरदास की पंक्ति ही दोहराते हैं : 'जा दिन तेरे तन-तरुवर के सबै पात झरि जैहैं'। निराला जब कहते हैं :

आधे से ज़्यादा घटा विटप
बीज को चला है ज्यों क्षण क्षण— ['आराधना', पृ. 22]

तब मानव और प्रकृति में व्याप्त उसी जीवन-मरण की सामान्य क्रिया की पहचान कराते हैं। जब लिखते हैं :

भग्न तन रुग्ण मन
जीवन विषण्ण वन—

तब मनुष्य और प्रकृति का अटूट आन्तरिक सम्बन्ध देखते हुए दोनों में जीवनीशक्ति का ह्रास देखते हैं। 'आराधना' की इन पंक्तियों से बहुत पहले 'शेष' ('परिमल', पृ. 38) में इन्हीं से मिलती-जुलती पंक्तियाँ लिखी थीं :

ढल रहे थे मलिन मुख रवि, दुःख-किरण
पद्ममन पर थी, रहा अवसन्न वन। ('परिमल', पृ. 38)

वन अवसन्न है, वैसे ही शरीर है। जीवनीशक्ति का ह्रास दोनों में है। इसके विपरीत वसन्त में जब धरती को गंध से कसकते देखते हैं : 'सौरभ-सौरभ धरती कसकी' ('आराधना', पृ. 25)—तब मनुष्य और प्रकृति में एक ही जीवनीशक्ति का उभार चित्रित करते हैं। 'सान्ध्यकाकली' में सिहरे रोओं के लतापुंज (पृ. 54) लिखते हुए सिहरन की प्रगाढ़ता के अलावा प्रकृति और मानव के सम्बन्ध की ओर भी संकेत करते हैं।

यह सब तब होता है जब निराला की बोधशक्ति बाह्य संसार की ओर तरंगित होती है। जब वह भीतर की दुनिया देखते हैं, तब जिसे लोग अमूर्त और सूक्ष्म कहते हैं, उसे भी मूर्तिमान कर देते हैं। 'तुलसीदास' में वह चेतनाशक्ति की लहरों को उठते हुए, संस्कारों के विषम वज्र-द्वार पर बार-बार आघात करते हुए चित्रित करते हैं। निराला के लिए चेतना एक शक्ति है, उसकी तरंगें उठती हैं, वह दिखाई न दे किन्तु उसकी गतिशीलता अनुभव की जा सकती है।

निराला का रूप-रस-गंध-बोध पेचीदा है। वर्ण गंध बन जाता है, गंध स्वर, स्वर अग्नि। वह प्रकृति और मनुष्य में एक ही जीवन-मृत्यु की प्रक्रिया का अनुभव करते

हैं। वह चेतना में तरंगें उठते दिखाकर उसे रूप-स्पर्श-बोध के स्तर पर उतार लाते हैं। उनका मूर्तिविधान खंड-सत्य प्रस्तुत न करके मानव-प्रकृति का संश्लिष्ट यथार्थ गहराई से चित्रित करता है।

अनुप्रास-प्रेम

'विजन वन वल्लरी पर' : तीन बार 'व' की आवृत्ति। 'सोती थी सुहागभरी स्नेह स्वप्न-मग्न' : चार बार 'स' की आवृत्ति। 'अमल-कोमल-तनु-तरुणी—जुही की कली' : 'मग्न' समेत तीन बार 'म' की आवृत्ति। विजन से तनु तक छह बार 'न' की आवृत्ति। निराला के अनुप्रास-प्रेम का यह एक स्तर है।

अमरण भर वरण गान— ['गीतिका', पृ. 7]
भज भिखारी, विश्वभरणा
सदा अशरण-शरण-शरणा। ['अर्चना', पृ. 3]

निराला का रणत्कार प्रेम सहज ही पहचाना जा सकता है।

अनुप्रास-प्रेम का दूसरा स्तर वह है जहाँ निराला थोड़े-थोड़े फासले पर एक-सी तुक वाले शब्द बिठाते चलते हैं :

खेत में पड़ भाव की जड़ गड़ गई,
धीर ने दु:ख नीर से सींचा सदा...
मिष्ट है पर इष्ट उनका है नहीं
शिष्ट पर न अभीष्ट जिनका नेक है।

['अध्यात्म-फल', परिमल, पृ. 89]

यहाँ निराला ध्वनि से खेल रहे हैं, यद्यपि कविता में दु:ख-चर्चा है और वह एक हद तक पड़, जड़, गड़ के ड़कारों से पुष्ट भी होती है किन्तु मिष्ट, शिष्ट, अभीष्ट तक आते-आते उनकी क्रीड़ावृत्ति उनके दु:ख पर हावी हो गई है, ध्वनि से जो मनोरंजन होता है, वह अर्थ से स्वतंत्र है। यदि निराला मैथिलीशरण गुप्त की पैरोडी करते हुए ये पंक्तियाँ लिखते, तब उनका अनुप्रास-प्रेम अवश्य अर्थोत्कर्ष में सहायक होता। कड़ी-पड़ी, दिल-हिल, मुक्ति-युक्ति, दीन-हीन, रंग-भंग-संघ, भेद-छेद, राज-साज, काल-चाल, फूल-शूल-मूल, फल-बल, प्राण-त्राण, स्वाद-अपवाद, सरस-रस—शब्दों के इतने जोड़े, कहीं-कहीं एक ही पंक्ति में तीन-तीन शब्द एक

ही ध्वनिवाले उस पाठशाला का नाम बता रहे हैं जहाँ निराला ने कविता लिखना सीखा था। 'अध्यात्म-फल' उनकी प्रारम्भिक रचनाओं में है; नवम्बर, सन् '21 की 'प्रभा' में प्रकाशित हुई थी।

इससे भिन्न स्तर का अनुप्रास-प्रेम 'जागो फिर एक बार' (2) में है। यहाँ निराला ध्वनि की कड़ियों से छन्द के एक चरण को दूसरे से बाँधते चलते हैं :

समर में अमर कर प्राण
गान गाए महासिन्धु से
सिन्धु नद तीरवासी!—
सैन्धव तुरंगों पर
चतुरंग चमू संग;
सवा-सवा लाख पर
एक को चढ़ाऊँगा,
गोविन्द सिंह निज
नाम जब कहाऊँगा।
किसने सुनाया यह
वीर जन मोहन अति
दुर्जय संग्राम राग
फाग का खेला रण
बारहों महीने में?
शेरों की माँद में
आया है आज स्यार—
जागो फिर एक बार!

प्राण एक पंक्ति के अन्त में तो दूसरी के आरम्भ में गान। एक के अन्त में राग तो दूसरी के आरम्भ में फाग। निराला इस तरह ध्वनि की कड़ियों से पंक्तियों को जोड़ते ही नहीं हैं। एक ही पंक्ति में समर के साथ अमर, रंग के साथ संग, जन के साथ मोहन की तुक भुलाने वाले शब्द भी हैं। इसके अलावा 'गान', 'गाए', 'संग्राम', 'राग' में 'ग' की आवृत्ति, पूरे शब्द में ध्वनि साम्य न होने पर भी, निराला का उत्कट अनुप्रास-प्रेम प्रकट करती है। एक और चमत्कार यह है कि निराला अतुकान्त छन्द में तुकान्त पंक्तियाँ मिला देते हैं :

सवा सवा लाख पर
एक को चढ़ाऊँगा
गोविन्द सिंह निज
नाम जब कहाऊँगा।

'महाराज शिवाजी का पत्र' में निराला ध्वनि की कड़ियों से पंक्तियों को जोड़ते हैं, बीच-बीच में दो-दो, कभी-कभी तीन तुकान्त पंक्तियाँ भी मुक्त छन्द के मुक्त प्रवाह में डालते जाते हैं। ध्वनि की कड़ियों से पंक्तियाँ यों जोड़ते हैं :

वीरता की गोद पर
मोद भरने वाले शूर तुम...
माता क्षत्राणी की दिव्य मूर्ति
स्फूर्ति यदि अंग-अंग की है उकसा रही...
और तुम वीर हो?
रहते तूणीर में तीर अहो...
सुना नहीं तुमने क्या वीरों का इतिहास?
पास ही तो—देखो
क्या कहता चित्तौर-गढ़?
मढ़ गए ऐसे तुम तुकों में?

पंक्तियों को जोड़ने वाली ध्वनि की कड़ियों के अलावा एक ही पंक्ति में इस तरह की सानुप्रास पदावली है :

मेधा के महान्...
लपट में झपट...
देश का उद्देश...
कारण क्या रण का
पल्लवित विषवल्लरी...
विद्युद्-द्युति बार-बार...

इसके अलावा तुकान्त पंक्तियाँ :

अमृत नहीं, गरल है—
अति कटु हलाहल है...
इतना यह अत्याचार
करो, कुछ विचार...
उठता नहीं है हाथ
मेरा कभी नर-नाथ...
कितना अनुराग देशवासियों का पाओगे!—
निर्जर हो जाओगे—
अमर कहलाओगे!

निराला का मुक्त छन्द उतना मुक्त नहीं है जितना वह उसे सिद्धान्त रूप में मानते थे। साथ ही वह कवित्त छन्द की गति ही नहीं अपनाता, उसकी सानुप्रास शब्द-योजना भी

अपनाता है। बहुत जगह यह अनुप्रास-प्रेम मात्र क्रीड़ावृत्ति का परिचायक है। किन्तु कहीं भी प्रदर्शन का वैसा घटाटोप नहीं है जैसा रीतिवादी काव्य में। निराला-काव्य के अन्य तत्त्वों से, यथा ध्वनि-प्रवाह से, अनुप्रास-प्रेम को सन्तुलित किये रहते हैं। निराला के श्रेष्ठ काव्य में शब्दों की ध्वनि उनकी रचना-सामग्री का अनिवार्य अंग है, वह छन्द की गति से मिलकर कविता के आन्तरिक गठन को पुष्ट करती है।

इस तरह का अनुप्रास-प्रेम निराला के गीतों में है, 'राम की शक्तिपूजा' जैसी लम्बी कविताओं में है। 'वर दे वीणावादिनि वर दे!'—'विजन वन वल्लरी' की तरह 'व' की आवृत्ति।

'प्रिय स्वतंत्र-रव अमृत मंत्र नव'—स्वतंत्र के साथ मंत्र, रव के साथ नव—एक ही पंक्ति में दो-दो ध्वनिखंडों की आवृत्ति। 'स्पर्श से लाज लगी'—इस गीत में अलक-पलक के साथ छलक; हेर के साथ फेर, हास के साथ त्रास और साँस, चयन के साथ नयन, स्नेह के साथ मेह, चुम्बन-चकित-चतुर्दिक चंचल में चकार से आरम्भ होनेवाले चार शब्द।

'तुलसीदास' अन्त्यानुप्रास-युक्त मात्रिक छन्द में रची हुई कविता है किन्तु निराला को उतने अनुप्रासों से संतोष नहीं होता।

मोगल-दल बल के जलद यान
दर्पित-पद उन्मद नद पठान।

दल बल जल के ध्वनि खंडों की आवृत्ति। दर्पित पद के सम पर—उतने ही मात्रा काल के बाद—उन्मद नद।

वह ऐसी जो अनुकूल युक्ति,
जीव के भाव की नहीं मुक्ति,
वह एक भुक्ति, ज्यों मिली शुक्ति से मुक्ता।

यहाँ युक्ति और मुक्ति के साथ भुक्ति की तुक मिलाना छन्द-रचना के लिए आवश्यक नहीं था किन्तु निराला मिलाते हैं। फिर उसी पंक्ति में शुक्ति को ले आते हैं। उसका आना छन्द-रचना के लिए आवश्यक था किन्तु उसके बाद अन्त्यानुप्रास के लिए उन्होंने जो शब्द चुना है, मुक्ता—उसमें भी भुक्ति-मुक्ति-युक्ति-शुक्ति से ध्वनि-साम्य है। निराला ने छन्द में अन्त्यानुप्रासों का जो क्रम अनिवार्य रखा है, उसमें तीसरी पंक्ति का अन्त होने से पहले ऊपर का अन्त्यानुप्रास दोहराया जाता है। इसी तरह छठी पंक्ति का अन्त होने से पहले चौथी-पाँचवीं पंक्तियों का अन्त्यानुप्रास दोहराया जाता है। तीसरी और छठी पंक्तियों के अन्त्यानुप्रास अलग। पूर्य, सूर्य और तूर्य छन्द के पहले हिस्से में; त्राण, मान, प्राण दूसरे हिस्से में; दोनों हिस्सों को जोड़ने वाले मंडल-शतदल अलग। इसके अलावा भारत, नभ, प्रभा में एक वर्ण की आवृत्ति; आसन के साथ शासन में पूरी शब्द-ध्वनि की आवृत्ति। यह निराला की क्रीड़ावृत्ति

है, उनकी अलंकरण प्रवृत्ति है जिसे दबा पाना उनके लिए बहुत कठिन होता है। 'सरोज-स्मृति' तक में इस तरह का चमत्कार है यद्यपि आशा यह की जा सकती थी कि यहाँ वह अपनी ध्वनि-क्रीड़ा भूल जाएँगे।

चढ़ मृत्यु-तरणि पर तूर्ण चरण
कह्-पित:, पूर्ण आलोक वरण
करती हूँ मैं, यह नहीं मरण,
सरोज का ज्योति: शरण-तरण।

पहली दो पक्तियों के अन्त में चरण और वरण के तुकान्त शब्द स्वाभाविक हैं; किन्तु उन्हीं दो पक्तियों के भीतर तरणि और पूर्ण का रणत्कार आवश्यक नहीं था। अगली दो पंक्तियों में मरण-तरण की जगह कोई और तुक रख सकते थे किन्तु रणत्कार प्रेम उन्हें उसी तरह के तुकान्त-शब्दों की ओर ठेलता है। तरण के पहले शरण—घाते में।

लख कर अनर्थ आर्थिक पथ पर...
यह, अक्षम अति, तब मैं सक्षम...
क्रुद्ध युद्ध का रुद्ध कंठ फल...
वांछित उस किस लांछित छवि पर।

यहाँ तक कि कविता के अन्त में :

हो इसी कर्म पर वज्रपात
यदि धर्म, रहे नत सदा माथ...

कर्म के बाद दूसरी पंक्ति के आरम्भ में धर्म आकस्मिक रूप से नहीं आ गया। अन्तिम पक्तियों में :

कन्ये, गत कर्मों का अर्पण
कर, करता मैं तेरा तर्पण—

कर, अर, कर, कर, तर—पाँच बार एक ही ध्वनि खंड की आवृत्ति हुई है।

'राम की शक्तिपूजा' में अन्धकार जहाँ इतना सघन है, यह शब्दक्रीड़ा अपने चरम उत्कर्ष पर है। एक ही पंक्ति में इस तरह के सम ध्वनि वाले शब्द मिलेंगे : शील-नील; व्यूह-समूह; प्रत्यूह-तूह; लोचन-मोचन; लाघव-माधव, रावण-वारण; प्रहार-दुर्वार; भर-सँवर; दल-टलमल; महोल्लास-आकाश; खिन्न-चिह्न; शिविर-स्थविर; प्रशमित-नमित; चिन्ता पल-सकल; अवनी-नवनी (त), इत्यादि। 'राम की शक्तिपूजा' के पाठकों पर कविता का जो तात्कालिक प्रभाव पड़ता है, उसका कारण प्रत्येक पंक्ति में समध्वनि खंडों की जड़ाई है। कविता के उत्तरार्द्ध में यह क्रिया क्षीण हो गई है; निराला जड़ाई का काम आवेश में करते हैं—सदा नहीं किन्तु 'राम की शक्तिपूजा' जैसी रचनाओं में अवश्य—जब यह आवेश कम होता है तब ध्वनि-क्रीड़ा भी कम हो जाती है। निराला

की कला में बिहारी के दोहों की काट-छाँट नहीं है; तथाकथित क्लासिकल कवियों की तरह वह तराशी हुई कला के हिमायती नहीं हैं। जितनी ध्वनि अर्थ की व्यंजना के लिए आवश्यक हो, उतनी ही कविता में सुनाई दे, यह मत उनका नहीं है। ध्वनि अर्थ के उत्कर्ष में सहायक होती है किन्तु इतनी ही उसकी उपयोगिता नहीं है। वह अपने में आनन्ददायक है—अर्थ से स्वतंत्र, अलंकार की तरह।

निराला ने हास्यरस की जो कविताएँ लिखी हैं, उनमें छोटी-छोटी तुकान्त कड़ियाँ पाठक का मनोविनोद करती हैं। 'कुकुरमुत्ता' की कुछ छोटी-छोटी पंक्तियों को मिलाकर लिखा जाय तो लगेगा कि 'राम की शक्तिपूजा' की तरह एक ही पंक्ति में निराला ने तुकान्त शब्द सजाए हैं।

सामने ला, कर मुझे बेंड़ा, देख कैंड़ा—तीर से खींचा धनुष मैं राम का,
काम का—पड़ा कन्धे पर हूँ हल बलराम का,
सुबह का सूरज हूँ मैं ही, चाँद मैं ही शाम का।

'स्फटिक शिला' में यह क्रीड़ा कम है, फिर भी जहाँ-तहाँ आरम्भ में पैर, फिर खैर, पुन: पैर, उसके बाद गैर; एक-सी तुकों की पास-पास आवृत्ति। आगे 'अध्यात्म-फल' वाली कला का प्रदर्शन :

उठे पुष्ट स्तन, दुष्ट मन को मरोड़ कर।

'नये पत्ते' की किसान-जीवन से सम्बन्धित रचनाओं में यह ध्वनि-प्रेम सबसे कम है। इनमें निराला साधारण बोलचाल के गद्य की राह पर चलते हैं; जैसी सादगी चित्रण में है, वैसी ही सादगी शब्दों की ध्वनि में। 'नये पत्ते' में भी जहाँ-तहाँ ऐसे टुकड़े मिल जाएँगे :

माल के दलाल ये वैश्य हुए देश के, [पृ. 41]
अहिर के मूसर, ये दई के दूसर हैं। [पृ. 94]

'बेला' के गीतों और ग़ज़लों में सानुप्रास पदावली जगह-जगह जगमगाती है। पहले ही गीत में :

श्वेत शतदल कमल के अमल खुल गये...
चरण की ध्वनि सुनी, सहज शंका गुनी
बालुका की चुनी पुर लगी सुरधुनी...
किरण की मालिका पड़ी तनु पालिका...
कंठ रत पाठ में, हाट में, बाट में।

गीत की पहली पंक्ति में उन्हें मध्य-तुक जोड़ने का विचार नहीं आया। तीसरी पंक्ति में दल, कमल, अमल में मध्य तुक नहीं किन्तु एक बार सानुप्रास पदावली की झनकार

सुनकर निराला का मन बरबस मध्यतुकान्त पदावली की ओर भागता है। गीत के दूसरे बंद में सुनी-गुनी-चुनी-धुनी की एक ही तुक चार बार जमाते हैं। आखिरी बंद में मालिका-पालिका एक बार; फिर पाठ-हाट-बाट, तीन समतुकान्त शब्द एक ही पंक्ति में—दल-कमल-अमल के वज़न पर।

अधिक सहज प्रवाह वाले गीतों में भी वह हिन्दी के साधारण शब्दों की ध्वनि दोहराते हैं, जैसे इन दो पंक्तियों में नाथ, हाथ, साथ की ध्वनि :

नाथ, तुमने गहा हाथ, वीणा बजी;
विश्व यह हो गया साथ, द्विविधा लजी। ['बेला', पृ. 23]

ग़ज़लों में इस तरह की लपेट अक्सर मिलेगी :

हँसी के तार के होते हैं ये बहार के दिन।
हृदय के हार के होते हैं ये बहार के दिन।

इस बात की छानबीन दिलचस्प होगी कि जीवन के अन्तिम चरण में निराला जब दु:ख में डूबे हुए मृत्यु-दर्शन पर कविताएँ लिख रहे थे तब उन्हें हिन्दी शब्दों का पूर्व परिचित ध्वनि-प्रवाह सुनाई दे रहा था या नहीं। उनकी क्रीड़ावृत्ति मर गई थी या मन के किसी कोने में बैठी हुई मृत्यु पर हँस रही थी। शिशिर की जिस शर्वरी में उन्हें हिंस्र पशु सता रहे थे, उसमें मात: को सम्बोधित करते हुए वह उसके साथ प्रात: की तुक मिलाना नहीं भूले :

मात:, किरण हाथ प्रात: बढ़ाया।

मध्यतुक की जगह उन्होंने आदि तुक की आवृत्ति की, जैसे अनेक पंक्तियों के आदिवर्ण पर बलाघात करते हैं। अन्तिम पंक्ति में यह आदितुक वाली योजना दोहराते हैं :

चपल-ता पर मिली अपल थल की तरी।

'निविड़ विपिन, पथ अराल'—इस गीत में जहाँ अन्धकार बहुत सघन है, निराला जटिल ध्वनि-संयोजन से अपनी कठिनता व्यक्त करते हैं, आगे 'केवल' शब्द को अलग-अलग पंक्तियों में दोहराकर भय और छाया को और भी विशाल बना देते हैं :

जगता है केवल भय
केवल छाया विशाल।

अन्तिम पंक्ति तक पहुँचते-पहुँचते मृत्यु की पद-ध्वनि और गम्भीर हो जाती है, स्पष्ट सुनाई भी देती है :

मन्द्र-चरण मरण ताल।

निराला के दु:खगीतों में उनका ध्वनि-प्रेम अन्तर्मन की अलग ही कथा कहता है : 'वह रहा एक मन और राम का जो न थका'। उनके ध्वनि-प्रेम पर दु:ख हावी नहीं हो पाता।

'सान्ध्यकाकली' की उस रचना में, जहाँ मृत्यु की नीली रेखा का उल्लेख है, निराला की पूर्व परिचित शब्द-योजना इस प्रकार है :

वृद्धि हूँ मैं, ऋद्धि की क्या,
साधना की सिद्धि की क्या।

अन्तिम रचना 'पत्रोत्कंठित जीवन का विष बुझा हुआ है' में बुझते हुए दीये की लौ की तरह निराला का वह ध्वनि-प्रेम पूरी तरह उद्भासित हो उठा है। आठ पंक्तियों तक क्रीड़ावृत्ति बुझी-सी रहती है, निराला का सारा ध्यान हृदय-कुंज में जलने वाले आशा के प्रदीप पर लगा है। फिर शायद यह प्रदीप बुझ जाता है या निराला का ध्यान अपने बीते हुए साहित्यिक जीवन की ओर जाता है और अचानक मृदंग बज उठता है। स्निग्ध, निदाघ; वर्षा, वर्षित; हैम लोमों, आमों आमोदित; चुम्बित, चतुरंग, गति, यति, बंध, छन्द; रणित, गणित, मल्ल, मल्ल; खाल, ढाल; सबेरा, फेरा।

निराला की क्रीड़ावृत्ति मरी नहीं थी; वह मन के एक कोने में बैठी हुई मृत्यु पर हँस रही थी।

ध्वनि-प्रवाह

निराला-काव्य में मूर्तिविधान का सहायक तत्त्व है ध्वनि-प्रवाह। इन दोनों का सामंजस्य उनकी कला की विशेषता है। किन्तु जब एक मूर्तिविधान कमज़ोर होता है, ध्वनि-प्रवाह उस कमज़ोरी को दूर करके स्वयं उसका स्थान ले लेता है। शब्दों की ध्वनि प्रतीक-योजना में सहायक होती है, स्वयं भी जहाँ-तहाँ प्रतीक बन जाती है। छन्द की गति से नियंत्रित ध्वनि-प्रवाह ये सारे कार्य सम्पन्न करता है।

'जुही की कली' में ध्वनि-प्रवाह मूर्तिविधान का सहायक है। जुही सो रही है, पवन जाग रहा है, चल रहा है। छन्द की गति सोती हुई जुही की स्थिरता का नहीं, पवन की गतिशीलता का अनुसरण करती है। यह पवन समुद्र में लहरों के पहाड़ नहीं खड़े करता, न वह सुस्त शीतल मन्द समीर है।

शत-वायु-वेग-बल, डुबा अतल में देशभाव,
जलराशि विपुल मथ मिला अनिल में महाराव—

'राम की शक्तिपूजा' में लहरों के पहाड़ खड़े करनेवाले पवन की गति इस तरह की है। 'शेफालिका' में आकाश :

पार करना चाहता
सुरभिमय समीर लोक,
शोक-दु:ख जर्जर इस नश्वर संसार की
क्षुद्र सीमा। ['शेफालिका', परिमल, पृ. 168]

यहाँ सुरभि के समीर लोक में स्थिरता है; वैसे ही छन्द की गति भी मन्द है। इन दोनों के बीच की स्थिति है जुही की कली के पवन की। ध्वनि-प्रवाह में उग्रवेग नहीं है, न अत्यधिक मंथरता है। छन्द की गति जिस तरह की शब्द-ध्वनि को नियंत्रित करती है, वह भीतर से ठोस नहीं, द्रवणशील है। ध्वनि जो भीतर से ठोस हो, कुछ इस तरह की होगी :

कम्पित जंगम,—नीड़ विहंगम,
ऐ न व्यथा पाने वाले!

द्रवणशील ध्वनि, जैसे 'जुही की कली' में :

विजन वन वल्लरी पर
सोती थी सुहाग भरी—स्नेह-स्वप्न-मग्न—
अमल कोमल तनु तरुणी—जुही की कली,
दृग बन्द किये शिथिल पत्रांक में।

शब्दों के चयन में निराला का ध्यान सबसे पहले उनकी ध्वनि पर है; उनसे मन में कौन-सा चित्र बनेगा, इस पर ध्यान बाद में जाता है। वास्तव में शब्दों के अर्थ से जो चित्र बनते हैं, उनसे मिलते-जुलते चित्र निराला ध्वनि से बनाते हैं। 'विजन वन' की सम गति के बाद 'वल्लरी' में ध्वनि की उठान दिखाकर निराला जुही को काफी ऊँचाई पर पहुँचा देते हैं। वह जिस पत्रांक में सो रही है, वह लता के निचले भाग में नहीं, वल्लरी के ऊपर वाले भाग में है। आगे जब पवन द्वारा चूमे जाने पर :

डोल उठी वल्लरी की लड़ी जैसे हिंडोल—

तब वल्लरी के ध्वनि-चित्र की सार्थकता हिंडोल द्वारा और भी स्पष्ट हो जाती है।

निद्रालस बंकिम विशाल नेत्र मूँदे रही—

इस पंक्ति में ध्वनि की भंगिमा से निराला भौंहों की वक्रता की ओर संकेत करते हैं।

आई याद चाँदनी की धुली हुई आधी रात—

यहाँ ध्वनि से मार्दव का बोध उत्पन्न करते हैं।

कि झोंकों की झड़ियों से
सुन्दर सुकुमार देह सारी झकझोर डाली—

यहाँ द्रवणशील की जगह ठोस कर्कश ध्वनियों से काम लेकर निराला नायक की सुखद निष्ठुरता का चित्रण करते हैं। इस तरह कविता के मूर्तिविधान के साथ निराला ध्वनिप्रवाह का सामंजस्य स्थापित करते हैं। ध्वनिप्रवाह मूर्तिविधान की व्यंजना को निखारने में सहायक होता है।

'वर दे वीणावादिनि वर दे'—इस गीत में मूर्तिविधान रूढ़िगत है, कमज़ोर है। 'वीणावादिनि' पर निराला की निगाह ठहरती नहीं है। रूप-रस-गंध-स्पर्श-शब्द में पहले चार गुणों का अभाव है, केवल शब्द सुनाई देता है। किन्तु निराला सरस्वती की वीणा से निकलनेवाला शब्द नहीं सुन रहे, वह अपना संगीत सुन रहे हैं।

प्रिय स्वतंत्र रव अमृत मंत्र नव
भारत में भर दे।

मूर्तिविधान निमित्त मात्र है; मूल वस्तु है निराला का अपना—मूर्तिविधान से स्वतंत्र—शब्द-संगीत। यहाँ ध्वनिप्रवाह मूर्ति-विधान की कमज़ोरी दूर करके स्वयं उसका स्थान ले लेता है।

'तुम और मैं' कविता के मूर्तिविधान पर विचार कीजिए। कहाँ तुंग हिमालय शृंग जैसा ठोस बिम्ब, कहाँ विमल हृदय उच्छ्वास जैसा तरल, प्राय: अमूर्त, बिम्ब! एक ओर ब्रह्म नन्दनवन का विपट, प्रेममयी का कंठहार, सितार, कृष्ण, पथिक, भव-सागर, आकाश आदि हैं, दूसरी ओर वह प्रेम, वियोग, योग, तप, भाव, प्राण आदि—अदृश्य और अस्पृश्य—हैं। इसी तरह माया के लिए निराला ने जो प्रतिमान चुने हैं, वे कहीं मूर्त हैं, कहीं मूर्त न होकर कविता, भ्रान्ति, सिद्धि, समृद्धि जैसी अमूर्त धारणाएँ हैं। इस कविता में ध्यान स्वयं प्रतीक बन गई है। जिस उदात्त स्तर पर शब्द-ध्वनि प्रवाहित है, वह कवि के आवेश और शृंगार की गरिमा को व्यक्त करता है। 'तुम और मैं' के बिम्ब बिखरे हुए हैं, उन्हें एक ही ढाँचे में संयोजित करता है ध्वनि-प्रवाह।

इस ध्वनि-प्रवाह के अनेक स्तर हैं। कहीं 'राम की शक्तिपूजा' की तरह उदात्त स्तर पर निराला का आर्केस्ट्रा बजता है, कहीं उनके गीतों में मीठी लोकधुन सुनाई देती है। कहीं इस प्रवाह में बड़ी गहराई है, धारा चट्टानों से टकराती, घुमड़ती हुई आगे बढ़ती है; कहीं निर्बाध, शान्त, समगति, तरल प्रवाह है। कहीं ध्यान की छोटी-छोटी इकाइयाँ हैं, कहीं अठारह-बीस पंक्तियों में ध्वनि का प्रसार है। पूरे प्रसार को देखने से ही उनके ध्वनि-सम्बन्धी रचना-कौशल को समझा जा सकता है। ध्वनि-प्रवाह छन्द की गति से नियंत्रित होता है, छन्द पर निर्भर नहीं होता। एक ही छन्द में निराला ध्वनि की अनेक भंगिमाएँ प्रदर्शित करते हैं। शब्दों की ध्वनि से छन्द का ढाँचा अलग करके देखें तो उससे उनकी कला के बारे में कोई भी विशेष जानकारी प्राप्त न होगी।

कबित्त छन्द के आधार पर चलने वाले वर्णिक मुक्त छन्द को लें। विभिन्न रचनाओं में इस छन्द की गति भिन्न प्रकार की है, उस गति के अनुरूप शब्द-ध्वनि

के संयोजन में भी अन्तर आया है। 'महाराज शिवाजी का पत्र' में निराला वक्तृता दे रहे हैं। छन्द में ओजपूर्ण प्रवाह है। निराला का उद्देश्य गति को जहाँ-तहाँ रोककर श्रोता को किसी ध्वनि खंड पर बिलगाना नहीं, उसे निरन्तर आगे बढ़ाते जाना है। फलतः ध्वनि-प्रवाह में गहराई और अन्तर्मुखी वक्रता का अभाव है। 'पंचवटी प्रसंग' में शूर्पणखा की उक्ति छोड़कर मुक्त छन्द लँगड़ाता हुआ चलता है, उसी गति के अनुरूप शब्दों की ध्वनि में कहीं कोई चमत्कार नहीं है। 'जागो फिर एक बार' (2) में ध्वनि-प्रवाह अवरुद्ध होता हुआ आगे बढ़ता है, छन्द की गति ओजपूर्ण है, वैसे ही वीर भाव को व्यक्त करनेवाली शब्दों की ध्वनि है। 'जागो फिर एक बार' (1) में यही छन्द बहुत धीमी चाल से आगे बढ़ता है। उसकी मन्द गति के अनुरूप निराला कोमल शब्द ध्वनि संयोजित करते हैं।

मात्रिक मुक्त छन्द में रची हुई कुछ कविताएँ देखकर लग सकता है कि कबित्त छन्द से पौरुष का विशेष सम्बन्ध है। 'भर देते हो'—('परिमल', पृ. 103) कविता में मात्रिक मुक्त छन्द की गति निस्तेज-सी है, 'जागो फिर एक बार' (2) में वर्णिक छन्द की गति बड़ी सतेज है। किन्तु इसी मात्रिक मुक्त छन्द में निराला ने अपनी क्रान्तिकारी कविता 'बादल-राग' (6) भी लिखी। उसका छन्द ओजपूर्ण है, वैसे ही गम्भीर और सशक्त शब्दों की ध्वनि-योजना है।

कुछ छन्द निराला के स्वभाव के विपरीत जान पड़ते हैं। विपरीत इसलिए नहीं कि उनमें ओज की मात्रा कम है वरन् इसलिए कि उनके द्वारा निराला माधुर्य की सृष्टि भी नहीं कर पाते।

स्वप्नों-सी उन किन आँखों की
पल्लव-छाया में अम्लान,
यौवन सी माया सा आया
मोहन का सम्मोहन ध्यान?

छायावादी कविता में इस छन्द का प्रयोग खूब हुआ है। लगता है, निराला किसी का अनुसरण कर रहे हैं; छन्द की ध्वनि किसी दूसरे कंठ से निकल रही है, उसके माधुर्य पर रीझ कर निराला उसकी अनुकृति तैयार करते हैं। अनुकृति में जान नहीं, न ध्वनि-प्रवाह में कोई विशेषता है। किन्तु इसी छन्द में निराला जहाँ दूसरे का कंठ-स्वर सुनना भूल जाते हैं, जहाँ वेदना के स्पर्श से हठात् उनके अपने बिम्ब उभर आते हैं, वहाँ उस छन्द का ढाँचा ही मानो बदल जाता है, शब्दों की ध्वनि नया चमत्कार दिखाती है :

किस दुर्गम गिरि के कंदर में
डूब गया जग का निःश्वास?
उतर रहा अब किस अरण्य पर
दिनमणिहीन अस्त आकाश?

ऐसे ही 'वासंती' का छन्द—छायावादी कविता में बार-बार प्रयुक्त किया हुआ—निराला के स्वभाव के विपरीत लगता है।

अति ही मृदु गति ऋतुपति की
प्रिय डालों पर, प्रिय आओ,
पिक के पावन पंचम में
गाओ, वन्दन-ध्वनि गाओ। ['परिमल', पृ. 37]

बहुत धीमी, सुस्त-सी चाल है, भावुकता में भूला हुआ कवि जैसे कुछ गुनगुना रहा हो! किन्तु इसी छन्द में जहाँ गिरितट को काट कर बहने वाली जलधाराओं जैसी भाषाओं का स्मरण करते हैं, मूर्तिविधान बदलता है, उसके साथ छन्द में जान आ जाती है :

अति गहन विपिन में जैसे
गिरि के तट काट रही हैं,
नव जलधाराएँ, वैसे
भाषाएँ सतत बही हैं।

'राम की शक्तिपूजा' का छन्द अत्यन्त ओजपूर्ण लगता है। कुछ पंक्तियों को अलग से पढ़ा जाय तो लगेगा कि वे कमज़ोर हैं और छन्द उन्हें उदात्त स्तर तक ले जाने में असमर्थ है।

अन्य वीर सर के गए तीर संध्या-विधान...
क्या नहीं कर रहे तुम अनर्थ सोचो मन में...
फिर मधुर दृष्टि से प्रिय कपि को खींचते हुए
बोले प्रियतर स्वर से अन्तर सींचते हुए।

कविता के समग्र ध्वनि-प्रवाह में इन पंक्तियों की कमज़ोरी छिप जाती है किन्तु अलग से पढ़ने या सुनने पर वह प्रकट होती है और सिद्ध करती है कि ध्वनि-प्रवाह में शक्ति न होने पर 'राम की शक्तिपूजा' का छन्द भी निर्जीव हो जाएगा। निराला यहाँ मूर्तिविधान की कमज़ोरी को ध्वनि-प्रवाह की शक्ति से ढँक नहीं पाते।

ध्वनि-प्रवाह कहाँ सशक्त है, कहाँ कमज़ोर—इसे पहचाना तो जा सकता है, पहचानकर उसके कारण बताना बहुत कठिन है। ऐसे कोई नपे-तुले सूत्र नहीं हैं जिनके अनुसार जान या अनजान में निराला ने सफल या असफल ध्वनि-प्रवाह वाली कविताएँ रची हों। फिर भी कुछ बातों की ओर ध्यान आकर्षित करना अनुचित न होगा।

निराला की शब्द-योजना में स्वरपात का स्थान अत्यन्त महत्त्वपूर्ण है।

रवि हुआ अस्त, ज्योति के पत्र में लिखा अमर
रह गया राम रावण का अपराजेय समर।

किस शब्द पर कितना बल दिया गया है, इस बारे में मतभेद हो सकता है किन्तु शायद इस बारे में मतभेद न होगा कि स्वरपात हल्का है, निराला किन्हीं वर्णों पर विशेष बल नहीं दे रहे। इस बात से सम्भवत: सभी सहमत होंगे कि प्रवाह में कहीं अस्वाभाविकता नहीं है। प्रवाह की स्वाभाविकता का कारण यह है कि स्वरपात स्वाभाविक है, कहीं छन्द की गति से टकराता नहीं है। इससे तुलना कीजिए उस पंक्ति की जिसे कमज़ोर मानकर ऊपर उद्धृत किया गया है :

अन्य वीर सर के गए तीर संध्या-विधान।

वीर और तीर के ध्वनि-साम्य का सौन्दर्य तब प्रकट होगा जब दोनों शब्दों के उच्चारण पर बल दिया जाएगा। यह बलाघात अस्वाभाविक है, अर्थ के उत्कर्ष में किसी प्रकार सहायक नहीं होता। इसके विपरीत उचित बलाघात वाली यह पंक्ति देखिए :

वारित सौमित्र भल्लपति अगणित मल्लरोध।

यहाँ भल्ल और मल्ल के ध्वनि-साम्य को प्रकट करने के लिए दोनों के प्रथम वर्ण पर बल दीजिए, अखरेगा नहीं। ध्वनि का दो बार उठना और गिरना छन्द की गति में नई भंगिमा पैदा करता हुआ अर्थोत्कर्ष में सहायक होता है।

बिंध महोल्लास से बार-बार आकाश विकल।

महोल्लास में दूसरे वर्ण पर बल दीजिए, उल्लास की विशदता सूचित होगी। इससे कुछ कम बल आकाश पर दीजिए, महोल्लास और आकाश के ध्वनि-साम्य का सौन्दर्य प्रकट होगा, यह अर्थ भी पुष्ट होगा कि उल्लास से आकाश ही विकल हो रहा है।

जग के दग्ध हृदय पर
निर्दय विप्लव की प्लावित माया।

दग्ध और विप्लव पर ज़ोर देकर पढ़िए। हृदय दग्ध है, इसीलिए विप्लव आवश्यक है; जो दग्ध है, उसके दाह को विप्लव ही शान्त कर सकता है। अर्थ की व्यंजना के लिए दग्ध और विप्लव, दोनों शब्द महत्त्वपूर्ण हैं। उसी व्यंजना के अनुरूप दोनों पर बलाघात है।

पशु नहीं, वीर तुम
समर-शूर, क्रूर नहीं
काल चक्र में हो दबे
आज तुम राजकुँवर! —समर-सरताज!

पशु और वीर, दोनों पर बलाघात; दोनों को साथ रखकर उनके वैषम्य पर ज़ोर। इसी तरह शूर और क्रूर का वैषम्य। कल और आज पर स्वरपात एक-सी ध्वनि की आवृत्ति के साथ वक्तृता में तर्क को प्रभावशाली बनाता है।

मैं बना किन्तु लंकापति, धिक्, राघव, धिक्, धिक्!

लंकापति पर ज़ोर, फिर धिक् पर। पहले धिक् पर ज़्यादा, दूसरे दोनों पर कम। विभीषण अपनी वक्तृता समाप्त कर रहे हैं। स्वर की अन्तिम भंगिमा से श्रोताओं को पूरी तरह अपने प्रभाव में कर लेना चाहते हैं। किन्तु धिक् पर जो तीन बार बलाघात है, वह आत्मग्लानि को अतिरंजित करके स्वयं विभीषण को व्यंग्य का पात्र बना देता है।

दग़ाबाज़, लाज जो उतारता है।
मरजाद वालों की
खूब बहकाया तुम्हें!

मरजादवालों में प्रथम वर्ण पर स्वरपात अस्वाभाविक है किन्तु छन्द के प्रवाह में खप जाता है। 'दग़ाबाज', 'लाज', 'खूब' पर जो बल दिया गया है, बोलचाल की भाषा के अनुकूल है। ध्वनि-प्रवाह को सशक्त बनाता है।

राम जब स्वगत-कथन आरम्भ करते हैं तब आवाज़ पस्त-सी है : 'आया न समझ में यह दैवी विधान'। छन्द की गति धीमी है; किसी शब्द पर विशेष बल नहीं है। आवेश में आने पर स्वर बदल जाता है।

लांछन को ले जैसे शशांक नभ में अशंक।

लांछन शशांक और अशंक पर बल, पंक्ति में ध्वनि की तीन भंगिमाएँ। दुर्गा ने कितना बड़ा अन्याय किया है, राम को उस पर कितना आश्चर्य हुआ—यह ध्वनि की भंगिमाओं से प्रकट होता है।

निराला-काव्य में जो नाट्य-कौशल है, उससे बलाघात का महत्त्व अनिवार्य हो जाता है। चाहे गीत हो, चाहे लम्बी कविता, वह मंच पर खड़े हुए श्रोताओं को कुछ सुना रहे हैं या मृत्युरूपा दुर्गा से कुछ कह रहे हैं, उस समय प्रभाव उत्पन्न करने के लिए कुछ शब्दों पर बल अवश्य देंगे।

दे, मैं करूँ वरण
जननि, दुःख हरण पदराग रंजित मरण।

'दे' पर बल, 'जननि' पर बल, फिर 'राग' पर।

लांछना ईंधन, हृदय-तल जले अनल,
भक्ति-नत-नयन मैं चलूँ अविरत सबल
पार कर जीवन-प्रलोभन समुपकरण।

तीनों पंक्तियों के पहले वर्ण पर विशेष बल है; वास्तव में पूरे गीत की हर पंक्ति के वर्ण पर बल है और यह बलाघात इतना महत्त्वपूर्ण है कि उसके आगे अन्त्यानुप्रास फीका लगता है।

कविता चाहे मात्रिक मुक्तछन्द में हो, चाहे वर्णिक मुक्तछन्द में, पंक्ति में ध्वनि की आन्तरिक भंगिमा पैदा करके, छन्द की गति में हेर-फेर करके निराला ध्वनि-प्रवाह से कविता के अर्थ को निखारते और पुष्ट करते हैं।

शेरों की माँद में
आया है आज स्यार—
जागो फिर एक बार!

यहाँ मुक्त छन्द कबित्त की गति का अनुसरण करता हुआ बढ़ता है।

किन्तु इसके बाद कविता के दूसरे चरण में निराला छन्द की गतिभंग करते हैं, बड़ी सफलता से।

सत श्री अकाल,
भाल-अनल धक-धक कर जला।

विभीषण की धिक्-धिक् से इस धक-धक की तुलना कीजिए। सत् और भाल के साथ धक-धक पर ज़ोर किन्तु सत् और भाल की तुलना में कम। जला के साथ गति भंग, अप्रत्याशित विराम। थोड़ी देर रुककर भाल-अनल का जलवा देखिए, फिर आगे बढ़िए।

'बादल-राग' (6) की प्रारम्भिक चार पंक्तियाँ अन्त्यानुप्रासयुक्त मात्रिक छन्द की समगति से चलनेवाली पंक्तियाँ हैं :

तिरती है समीर सागर पर
अस्थिर सुख पर दुःख की छाया—
जग के दग्ध हृदय पर
निर्दय विप्लव की प्लावित माया।

चारों पक्तियों की गति समान है यद्यपि पहली दो पंक्तियों में सोलह-सोलह मात्राएँ हैं, तीसरी पंक्ति के साथ 'निर्दय' को मिलाकर पढ़ने से सोलह मात्राएँ पूरी हो जाती हैं, चौथी पंक्ति में दो मात्राएँ कम रह जाती हैं। निराला 'हृदय पर' के बाद रुकते हैं; 'निर्दय' को विप्लव के साथ जोड़ना है, इसलिए 'पर' के बाद रुकना ज़रूरी है। इन चार पंक्तियों के बाद छन्द की गति बदलती है :

यह तेरी रण-तरी
भरी आकांक्षाओं से,
घन, भेरी-गर्जन से सजग सुप्त अंकुर
उर में पृथ्वी के, आशाओं से

नवजीवन की, ऊँचा कर सिर,
ताक रहे हैं, ऐ विप्लव के बादल।

भेरी-गर्जन के बाद ध्वनि-तरंग उठती है तो कई बल खाती हुई ऊपर उठती ही चली जाती है, विप्लव के बादल तक पहुँचने के पहले रुकने का नाम नहीं लेती। निराला यहाँ अंकुरों के उठने, आशा से बादल की ओर उनके ताकते रहने की क्रिया ध्वनि द्वारा अंकित कर रहे हैं। यह आवश्यक नहीं कि इस तरह ध्वनि की भंगिमा कोई-न-कोई चित्र प्रस्तुत करे अथवा सामान्य अर्थ के उत्कर्ष में सहायक हो। ध्वनि-प्रवाह का ओज अथवा माधुर्य, उसकी मन्द या तीव्र गति कविता में वर्णित भाव-दशा व्यंजित करती है। अपनी सहज क्रीड़ावृत्ति के कारण निराला ध्वनि-भंगिमाओं से खेलते भी हैं, एक हद तक उन्हें काव्य के अर्थ से स्वतंत्र कर देते हैं।

'वनबेला' में छन्द की सामान्य गति इस तरह की है :

मस्तक पर लेकर उठी अतल की अतुल साँस।

किन्तु आगे निराला गति-भंग करते हैं :

जैसे पार कर क्षार सागर
अप्सरा सुघर
सिक्त-तन-केश, शत लहरों पर
काँपती विश्व के चकित दृश्य के दर्शन शर।

क्षीर सागर को पार करने, लहरों पर सिक्त-तन केश उठने की कष्टप्रद क्रिया छन्द की विषम गति द्वारा चित्रित की गई है।

अनिमेष-राम—विश्वजित् दिव्य शर भंग भाव—
विद्धांग—बद्ध कोदंड-मुष्टि—खर रुधिर-स्राव।

यहाँ संयुक्ताक्षरों की सहायता से निराला स्वर को जो बार-बार झटके दे रहे हैं, उसमें ध्वनि-कीड़ा के आनन्द के अलावा युद्ध में दोनों दलों के घात-प्रतिघात भी चित्रित किये गए हैं।

झुकझुक, तन-तन फिर झूम-झूम हँस-हँस झकोर,
चिर-परिचित चितवन डाल, सहज मुखड़ा मरोर।

यहाँ ध्वनि-प्रवाह की भंगिमाओं से निराला बेला के झुकने-झूमने आदि की क्रियाएँ चित्रित करते हैं। युद्ध के घात-प्रतिघात के बदले बेला की चपलता का चित्रण करना उद्देश्य है।

कविता में कहाँ खुले ऐसे दुग्ध-धवल दल।

यहाँ पंक्ति के दूसरे चरण में गतिभंग की कोई सार्थकता नहीं है। दुग्ध-धवल की पदयोजना अस्वाभाविक भी है।

'सम्राट् एडवर्ड अष्टम के प्रति' में ध्वनि का उदात्त प्रवाह—अर्थ से स्वतंत्र—अपने में एक उपलब्धि है। सम्राट् ने जो त्याग किया, उसकी तुलना में ध्वनि-तरंगों का यह संयोजन अधिक गरिमामय है। किन्तु निराला ने जब भाषा की शक्ति का वर्णन किया तब ध्वनि की तरंगें मूर्तिविधान को डुबाती, मन को ऊपर उठाती, अपने साथ बहा ले जाती हैं :

बुझे तृष्णाशा-विषानल झरे भाषा अमृत-निर्झर,
उमड़ प्राणों से गहनतर छा गगन में अवनि के स्वर।

ध्वनि यहाँ प्रतीक बन गई है। इस ध्वनि-प्रवाह के अतिरिक्त भाषा की शक्ति को और किसी तरह का मूर्तिविधान चित्रित नहीं कर सकता।

इस उदात्त स्वर-साधना के अलावा निराला में एक लोकगीतों की धुनवाला स्तर है जहाँ शब्द-संगीत और छन्द की गति मूर्तिविधान को गँवारने में सहायक होते हैं। यदि निराला के होली-सम्बन्धी गीत एक जगह इकट्ठे कर दिये जाएँ तो ध्वनि-प्रवाह के इस स्तर की विशेषता स्पष्ट हो जायगी :

नयनों के डोरे लाल गुलाल भरे, खेली होली। ['गीतिका', पृ. 44]
फूटे हैं आमों में बौर, भौंर बन-बन टूटे हैं।
होली मची ठौर-ठौर, सभी बन्धन छूटे हैं। ['अर्चना', पृ. 33]
गोरे अधर मुसकाई हमारी वसन्त बिदाई।
अंग-अंग बलखाई हमारी वसन्त बिदाई। ['आराधना', पृ. 94]

शब्दों पर विशेष बल देकर श्रोता को प्रभावित करने का प्रयत्न नहीं है। बलाघात जहाँ है, वहाँ हल्का है। शब्द-योजना में कोमलता और मार्दव का विशेष ध्यान रखा गया है। प्रवाह में गहराई और उग्र वेग के बदले सहज तरलता है।

लोकगीतों से भिन्न बोलचाल की भाषा वाला लहजा है। इसका अनुसरण करते हुए निराला कहीं तो छन्द में ध्वनि के उतार-चढ़ाव का विचार ही छोड़ देते हैं, साधारण गद्य की गति से संतोष कर लेते हैं। 'नये पत्ते' में 'डिप्टी साहब आए', 'महगू महगा रहा'—इस तरह की रचनाएँ हैं। किन्तु जब इसी स्तर की रचनाओं में व्यंग्य करते हैं, नाटकीयता उत्पन्न करते हैं, तब बलाघात, छन्द की भंगिमाएँ, ध्वनि-प्रवाह को नियंत्रित करने का कौशल, सब-कुछ भिन्न स्तर पर प्रकट हो जाता है।

गर्म पकौड़ी—
ऐ गर्म पकौड़ी!
तेल की भुनी,
नमक-मिर्च की मिली,
ऐ गर्म पकौड़ी!

यहाँ निराला की बलाघात-प्रक्रिया 'बादल-राग' (6) के कौशल से मिलती-जुलती है यद्यपि स्तर भिन्न है, उद्देश्य भिन्न है।

वही गन्दे में उगा देता हुआ बुत्ता
पहाड़ी से उठा सर ऐंठकर बोला कुकुरमुत्ता।

'बादल-राग' (6) में अंकुरों के उठने, बादल की ओर ताकने को निराला ने जिस ध्वनि-कौशल से व्यंजित किया है, उससे कुकुरमुत्ता के उठने, सर उठाने और ऐंठने के ध्वनि-चित्र की तुलना की जा सकती है। भावोत्कर्ष के लिए निराला अक्सर पंक्ति के प्रथम वर्ण पर विशेष बल देते हैं :

चूस लिया है उसका सार,
हाड़ मात्र ही हैं आधार,
ऐ विप्लव के पारावार!

'बादल-राग' (6) की इन पंक्तियों से तुलनीय हैं, 'कुकुरमुत्ता' की ये पंक्तियाँ :

भूल मत गर पाई खुशबू, रंगो आन,
खून चूसा खाद का तूने अशिष्ट,
डाल पर इतरा रहा कैपिटलिस्ट।

जहाँ हास्य-विनोद नहीं है, वहाँ बलाघात अन्त्यानुप्रास को फीका कर देता है किन्तु कुकुरमुत्ता जैसी रचनाओं में व्यंग्य और हास्य का आधा आनन्द अन्त्यानुप्रास में है। ग़ज़लों और गीतों में—व्यंग्य-हास्य के अलावा—अन्त्यानुप्रास माधुर्य उत्पन्न करता है, संगीत की आवश्यकता की पूर्ति करता है। किन्तु निराला को अनुप्रास अत्यन्त प्रिय है, अतुकान्त रचनाओं में भी वह उसका उपयोग करते हैं। वह उनकी कीड़ा-वृत्ति का परिचायक है; साथ ही वह उनकी संगीत-रचना का अभिन्न अंग है।

सघोष अल्पप्राण

निराला में क्रीड़ावृत्ति है, अलंकरणवृत्ति है, इसमें सन्देह नहीं। जहाँ शब्दों में ध्वनि-साम्य है, ध्वनिखंडों को दोहराया गया है, वहाँ भाषा की मांसपेशियों को टटोलते हुए वह उसके स्थूल सौन्दर्य पर रीझते हैं। किन्तु इससे सूक्ष्म स्तर पर वह ऐसा ध्वनि-संगठन करते हैं जो भावोत्कर्ष में सहायक होता है, जो उनकी रचना-सामग्री का अभिन्न अंग है। यहाँ वह भाषा की प्राणशक्ति का परिचय देते हैं।

कम्पित जंगम—नीड़-विहंगम
ऐ न व्यथा पाने वाले!

यहाँ महत्त्वपूर्ण बात यह नहीं कि गम की ध्वनि दोहराई गई है वरन् यह कि इस ध्वनि में 'ग' वर्ण मौजूद है। उससे मन पर भय और शक्ति की छाप पड़ती है।

गान गाए महासिंधु से...
सैंधव तुरंगों पर
चतुरंग चमू संग
गोविन्द सिंह निज
नाम जब कहाऊँगा...
दुर्जय संग्राम राग,
फाग का खेला रण।

इन पंक्तियों में बार-बार 'ग' वर्ण आया है। उसकी आवृत्ति एक विशेष प्रभाव उत्पन्न करने के लिए है, वैसा ही प्रभाव जैसा जंगम-विहंगम का 'ग' उत्पन्न करता है। संगीतकार जो काम व्यंजनहीन स्वरों से लेता है, वह काम निराला स्वर-युक्त—अथवा स्वरहीन—व्यंजनों से लेते हैं।

अनगिनित आ गए शरण में जन, जननि।

गीत में विनय है; विनय में उदात्त ध्वनि है 'ग' की आवृत्ति के कारण।

रँग गई पग-पग धन्य धरा।

गीत में श्रृंगार भाव है; श्रृंगार में उदात्त ध्वनि है चार बार 'ग' को दोहराने के कारण :

पके बाग आमों के गमके ['सान्ध्यकाकली', पृ. 55]

गंध और रस के मूर्तिविधान को उदात्त स्तर पर चढ़ा दिया है 'गमके' ने; उससे पहले 'बाग' उसकी सहायता के लिए है।

पड़ी चमेली की माला कल।
गमक उठा निशि का नभमंडल।

पहली पंक्ति हल्की है; दूसरी में गंध की तीव्रता से नभमंडल गमक उठा है। गंध की तीव्रता का बोध 'गमक' से ही होता है।

'परिमल' में एक कविता है 'प्रार्थना'। आरम्भ की बारह पंक्तियों की ध्वनि स्वरित स्तर की है। उसके बाद निराला 'ग' की आवृत्ति से हठात् स्वर को उदात्त स्तर पर पहुँचा देते हैं, स्वर के ऊँचे उठने के साथ उसमें नाद-गाम्भीर्य भी बढ़ जाता है :

मेरे गगन-मगन मन में अयि
किरणमयी, विचरो।

'यमुना के प्रति' में एक पंक्ति है :

श्याम गगन का घन उन्माद।

इससे 'कौन तम के पार' गीत की पंक्ति 'गगन घन घन धार' की तुलना करें, 'राम की शक्तिपूजा' में 'उगलता गगन घन अन्धकार' की तुलना करें तो निराला की पद-रचना में 'श' वर्ण का महत्त्व स्पष्ट हो जाएगा।

जागा-दिशा-ज्ञान;
उगा रवि पूर्व का गगन में, नव यान! ['गीतिका', पृ. 85]

गगन निराला का प्रिय शब्द है और उनकी कविता में उसका प्रयोग अक्सर वैसे ही होता है, जैसे रवीन्द्रनाथ के गीतों में।

गगन गगन है गान तुम्हारा
घन घन जीवनयान तुम्हारा ['अर्चना', पृ. 103]

निराला की विशेष कला 'ग' की आवृत्ति अथवा गगन जैसे शब्दों के व्यवहार में नहीं है। विशेषता है अन्य ध्वनियों के साथ उसका वैषम्य दिखाने अथवा सामंजस्य स्थापित करने में। ऊपर 'प्रार्थना' से जो उदाहरण दिया गया है, उसमें पहले की पंक्तियों की ध्वनि-योजना दूसरे स्तर की है। गगन-मगन के साथ निराला ध्वनि-प्रवाह में नई भंगिमा उत्पन्न करते हैं। 'कौन तम के पार'—इस पंक्ति की ध्वनि हल्की है; दूसरी पंक्ति : 'अखिल पल के स्रोत जल जग गगन घन घन धार'—में ध्वनि भारी होती है। दोनों पंक्तियों के ध्वनि-स्तर में भेद किया गया है। 'पड़ी चमेली की माया कल'—इस पंक्ति में ध्वनि हल्की; 'गमक उठा निशि का नभ-मंडल'—यहाँ ध्वनि में भारीपन। 'यमुना के प्रति' में :

किस अजान में छिपा आज वह
श्याम गगन का घन उन्माद—

पहली पंक्ति में ध्वनि की लघुता; दूसरी में गुरुत्व।

'ग' का संयोग किन वर्णों से होता है, उसके आगे-पीछे कौन से वर्ण आते हैं, इस पर उसका और उन अन्य वर्णों का प्रभाव निर्भर होता है। 'अजान' और 'आज' में 'ज' निर्जीव है किन्तु 'जागो फिर एक बार', 'यामिनी जागी', 'हुई जग जगमग मनोहरा' में 'ग' के साथ मिलकर वह सजीव हो उठता है। 'उन्माद' के 'द' में विशेष घनत्व नहीं, किन्तु 'गगन' और 'घन' की कुछ ऊर्जा आगे आनेवाले 'उन्माद' में भी व्याप जाती है। 'दर्पित पद उन्मद नद पठान'—('तुलसीदास', तीसरा बंद) आवृत्ति के बल पर ही 'द' ने पंक्ति को नाद-गाम्भीर्य से भर दिया है। 'तुम कुन्द इन्दु अरविन्द शुभ्र'—'तुम और मैं' की इस पंक्ति में अनुनासिक वर्ण से मिलकर 'द' आनन्द की सृष्टि करता है। इसी तरह 'पावन करो नयन'—इस गीत में यद्यपि निराला दु:ख-निशा की बात सोच रहे हैं किन्तु उनका मन शब्दों की ध्वनि पर रीझ रहा है :

प्रतनु शरदिन्दु वर
पद्म जल विन्दु पर।

इसी तरह :

रूप इन्दु से सुधा विन्दु लह ['गीतिका', पृ. 17]
गंध शत अरविन्द नन्दन विश्ववन्दन सार [उप., पृ. 22]
रूप अतन्द्र, चन्द्रमुख, श्रमरुचि [उप., पृ. 41]
गंध-मुख मकरंद-उर सानन्द पुर-पुर लोग घूमे। [उप., पृ. 94]
एक सन्दीपन का हिन्दोल ['आराधना', पृ. 27]
कुन्दहास में अमन्द श्वेत गंध छाई। ['बेला', पृ. 27]

इन सब उदाहरणों में 'न' या 'म' के साथ मिलकर 'द' सुखद भाव का व्यंजक बनता है। यही 'द'—'र' और 'ह' से मिलकर—माधुर्य के बदले उग्रभाव की व्यंजना करता है, जैसे 'तुलसीदास' की इस पंक्ति में :

टूटता वज्र दह दुर्निवार।

घ, ध, श जैसी ध्वनियाँ 'द' और 'ग' से सहयोग करके काव्य के ध्वनि-प्रवाह को ऊर्जस्वित और गम्भीर बनाती हैं। 'श्याम गगन का घन उन्माद'—इस पंक्ति के सौन्दर्य का कारण श-ग-घ-द—इन चारों वर्णों का संयोग है।

व्योम और जगती के राग उदार
मध्यदेश में, गुड़ाकेश!
गाते हो वारंवार! ['परिमल', पृ. 155]

निराला बादल के वज्र गर्जन का नहीं, उसके राग की मधुरता का बखान कर रहे हैं, इसके लिए पदयोजना में ग-द-घ की ध्वनियाँ मुखर हैं।

क्षत विक्षत हत अचल शरीर,
गगनस्पर्शी स्पर्द्धाधीर [उप., पृ. 158-9]

यहाँ बादल के उग्र रूप का वर्णन है। घ और क की मिश्र ध्वनि 'क्ष' में कर्कशता है; उसके साथ ग, ज्ञ, ध की आवृत्ति बादल के शक्तिशाली रूप को उभारती है :

गरजो, हे मन्द्र वज्र स्वर,
थर्राए भूधर-भूधर ['गीतिका', पृ. 57]

'मन्द्र' की मधुरता 'गरजो' और 'वज्र' के बीच में होने से परिवर्तित हो गई है। 'ध' और 'र' की आवृत्ति उग्रता का प्रभाव बढ़ाने के लिए है।

उद्धत-लंकापति-मर्दित-कपिदल-बल-विस्तार।
विद्धांग-बद्ध कोदंड-मुष्टि—खर रुधिर स्राव।

इन पंक्तियों में 'द' और 'ध' के संयोग से निराला संघर्ष की विभीषिका चित्रित करते हैं।

'मेरे गीत और कला' में श-ण-व वर्णों के लिए लिखा था कि वे "खड़ी बोली के प्राणों को खटकते हैं।" आगे इनमें 'ल' की वृद्धि करके निराला ने कालिदास को शणवल स्कूल का आदिगुरु और पन्त को उनका अनुयायी सिद्ध किया। श-ण-व के बदले स-न-ब की ध्वनियों को उन्होंने ब्रजभाषा और बोलचाल की हिन्दी की ध्वनि-प्रकृति के अनुकूल बताया। निराला की ये धारणाएँ उनके काव्य-सौन्दर्य से सत्य सिद्ध नहीं होतीं। ब्रजभाषा में 'ण' का अभाव है—तो खड़ी बोली के मूल जनपद में—पंजाबी और राजस्थानी की तरह—'ण' की बहुलता है। ब्रजभाषा में यदि 'व' के बहिष्कार की प्रवृत्ति है तो अवधी में उसके ग्रहण की; 'अवध' शब्द स्वयं इसका प्रमाण है। पूर्वी जनपदों में 'र' की बहुलता है तो पश्चिमी जनपदों में 'ल' की और यह 'र'-'ल' का भेद इन जनपदों में बहुत पुराना है। आधुनिक हिन्दी की विशेषता यह है कि वह विभिन्न जनपदों की ध्वनि प्रकृति से यथेच्छ विशेषताएँ अपनाते हुए संस्कृत की ध्वनि-प्रकृति से भी अपना सम्बन्ध क़ायम रखती है। उर्दू और ब्रजभाषा—दोनों से इस कारण एक हद तक आधुनिक हिन्दी की ध्वनि प्रकृति भिन्न है। इस ध्वनि प्रकृति का जैसा सहज ज्ञान निराला को है, वैसा दूसरे कवि को नहीं। इस सहज ज्ञान से उनकी कला कैसे निखरती है, यह पहचानने में उनकी घोषित धारणाएँ बाधक न होनी चाहिए।

निशा-रात—यामिनी—विभावरी—अनेक समानार्थी शब्दों में निराला जहाँ 'निशा' को प्रयोग के लिए चुनते हैं, वहाँ विशेष कारण होता है। निशा में 'श' की गहरी तालव्य ध्वनि से वह अलंकार की सघनता की ओर संकेत करते हैं।

गत स्वप्न निशा का तिमिर-जाल
नव किरणों से धो लो। ['परिमल', पृ. 36]

अँधेरा कितना गहरा था, इसका पता तिमिरजाल से नहीं लगता, निशा से लगता है। किरणों की रंगीनी से अन्धकार की सघनता का वैषम्य निराला दिखाते हैं—निशा और किरण शब्द के ध्वनि-वैषम्य से। 'यामिनि जागी'—यहाँ प्रभात का प्रकाश है। 'निशा-प्रिय-उर-शयन सुख घन' ('गीतिका', पृ. 12)—यहाँ रात का अँधेरा है; शयन सुख की अतिशयता का भाव भी। 'आया जननि नैश अन्ध पथ पार कर'—यहाँ अन्ध पथ काफी नहीं—ऊपर तिमिरजाल की तरह; नैश आवश्यक है अन्ध पथ की विकरालता सूचित करने के लिए। 'है अमा निशा; उगलता गगन घन अन्धकार'—यहाँ अन्धकार काफी नहीं है। उससे पहले निशा का आना ज़रूरी है। तब ग-घ-ध की ध्वनियाँ अधिक सार्थक होती हैं। 'उतरा ज्यों दुर्गम पर्वत पर नैशान्धकार'—यहाँ निराला ने नैश को अन्धकार से जोड़कर दसों दिशाओं में स्याही पोत दी है। 'जुही

की कली' में मलयानिल को जो रात याद आ रही है, वह शुक्ल पक्ष की है : 'आई याद चाँदनी की धुली हुई आधी रात'। किन्तु जिस रात में वह फिर जुही के पास आया है, उसमें अँधेरा ज़्यादा है। प्रमाण है 'निशा' का प्रयोग :

वासन्ती निशा थी।

'शेफालिका' जिस रात में अपने प्रेमी आकाश को पाकर तृप्त हो रही है, उसमें सघन अँधेरा है। चन्द्रमा की जगह नक्षत्र जगमगा रहे हैं। श-क्ष की आवृत्ति सुख की अतिशयता, अन्धकार की सघनता, दोनों को व्यंजित करती है :

जागती प्रिया के नक्षत्रदीप कक्ष में
वक्ष पर सन्तरण आशी आकाश है। ['परिमल', पृ. 169]

सुखद अनुभव व्यक्त करने के लिए 'श' की ध्वनि ही काम आ सकती है।

निशा का यह स्पर्श शीतल। ['अणिमा', पृ. 101]

शीतलता अधिक हो तो निशा कहना काफी नहीं। 'र' और 'व' के संयोग से 'श' के घनत्व को और बढ़ा देना चाहिए। निशा का पर्यायवाची शब्द है—शर्वरी।

शिशिर की शर्वरी
हिंस्र पशुओं भरी।

दो छोटी पंक्तियों में चार बार 'श', पाँच बार 'र' का प्रयोग उस कालरात्रि की क्रूरता को भी उद्‌घाटित करता है। 'भ' की सघोष महाप्राण ध्वनि सहायक है, हिंस्र में दन्त्य 'स' भीषणता को विपरीत ध्वनि से साधे हुए है।

जहाँ घना अँधेरा नहीं है, वहाँ निराला दन्त्य 'स' के प्रयोग से कोमल प्रभाव उत्पन्न करते हैं :

दिवसावसान का समय
मेघमय आसमान से उतर रही है
वह सन्ध्या-सुन्दरी परी सी
धीरे धीरे धीरे। ['परिमल', पृ. 116]

यहाँ 'स' की आवृत्ति आकस्मिक नहीं है। 'तुलसीदास' के आरम्भ में सन्ध्या का वर्णन है, इसमें 'परिमल' वाली संध्या का सुकुमार सौन्दर्य नहीं, युद्ध की भीषणता है। साथ ही 'राम की शक्तिपूजा' वाली संध्या का भीषण अन्धकार भी नहीं है। निराला 'श' और 'स' ध्वनियों का सन्तुलन क़ायम रखते हैं :

शीतलच्छाय सांस्कृतिक सूर्य
अस्तमित आज रे—तमस्तूर्य दिङ्मंडल।
उर के आसन पर शिरस्त्राण
शासन करते हैं मुसलमान।

'श' की ध्वनि को 'स' की आवृत्ति साधे हुए है।

निराला जब लिखते हैं : 'मृदु सुरभि सी समीर में'—तब कोमलता का भाव उत्पन्न करते हैं। उसी कविता में जब सुख की अतिशयता दिखानी होती है, तब की आवृत्ति से काम लेते हैं :

शयन-शिथिल-बाँहें
भर स्वप्निल आवेश में। ['परिमल', पृ. 172]

सारा सौन्दर्य, भाव की सारी सघनता 'श' पर निर्भर है।

टूटें सकल बन्ध। ['गीतिका', पृ. 72]

बन्धन टूटने पर भिन्न ध्वनि-योजना द्वारा गंध के प्रभाव का वर्णन :

कलिके, दिशा ज्ञान गत हो बहे गंध।

निराला ने अभी केवल एक जगह 'श' का व्यवहार किया है। किन्तु गंध जैसे-जैसे फैलती जाती है :

रुद्ध जो धार रे
शिखर-निर्झर झरे
मधुर कलरव भरे
शून्य शत शत रन्ध्र।

ध-झ-र के साथ 'श' की आवृत्ति। जो गंध शून्य के रन्ध्र भर दे, वह साधारण नहीं; पंक्ति में तीन बार 'श' आना ही चाहिए।

'वनबेला' में : 'पुलकित शत-शत व्याकुल कर भर'। यहाँ पुलकित के साथ आकर शत-शत सुख की अतिशयता व्यंजित करता है। 'तुलसीदास' में :

शत-शत अब्दों का सान्ध्यकाल
यह आकुंचित-भ्रू कुटिल भाल;

भ्रू और भाल के साथ शत-शत उस सान्ध्यकाल की भीषणता प्रकट करता है। 'सरोज-स्मृति' में :

शुचिते पहनाकर चीनांशुक—

'क' और 'च' के माधुर्य को 'श' द्विगुणित करता है।

जीवित कविते, शत शर जर्जर।

यहाँ तीन बार 'र' की आवृत्ति के साथ 'श' का प्रयोग दु:ख की अतिशयता प्रकट करता है।

'राम की शक्तिपूजा' में निराला जहाँ महावीर की आकाश-यात्रा का वर्णन करते हैं, वहाँ प्रत्येक पंक्ति में कहीं-न-कहीं मौके से 'श' को बिठा देते हैं; कहीं केवल 'र' या 'श' है, कहीं 'क' से संयुक्त होकर 'प' या 'श-क्ष' रूप में—ध्वनि में थोड़ी-सी कर्कशता भी उत्पन्न कर देता है। 'बैठे मारुति' से शुरू कीजिए और 'चिर प्रफुल्ल मुख निश्चेतन' तक चले आइए। इन चौदह पंक्तियों में 'श' ध्वनि केवल सात बार आई है। इसके बाद 'ये अश्रु राम' के से लेकर 'अट्टहास' तक बारह पंक्तियों में 'श' की ध्वनि सोलह बार आई है। महावीर जहाँ ध्यान में डूबे हुए शान्त बैठे हैं, वहाँ ध्वनि का ढाँचा और है, जहाँ वह आकाश-यात्रा करते हैं, उनचासों पवन समुद्र को मथ डालते हैं, वह ढाँचा दूसरा है। इस दूसरे ढाँचे में मूल भूमिका 'श' की है।

'श' की तुलना में निराला 'क्ष' का व्यवहार कम करते हैं। उसकी भूमिका वही है जो 'श' की है। 'शेफालिका' में नक्षत्र, कक्ष, वक्ष एक साथ आकर अन्धकार की सघनता और सुख की अतिशयता बढ़ाते हैं, 'स्मृति' में :

तिमिर ही तिमिर रहा कर पार
लक्ष-वक्ष:स्थलार्गलित द्वार—

अन्धकार पार करने की सारी कठिनाइयाँ क्ष-युक्त कर्कश ध्वनि-संयोजन से साकार हो उठी हैं।

निराला-काव्य में णकार-बहुला शब्दावली का प्रयोग कहीं तो केवल अनुप्रास-प्रेम के कारण हुआ है, कहीं—और बहुत जगह—वह प्रयोग बहुत सार्थक है। 'मौन रही हार' में आभूषणों का रणत्कार नायिका के तन और मन, दोनों की तसवीर खींच देता है। जैसे भारी आवाज़ करनेवाले उसके आभूषण हैं, वैसी ही प्रिय से मिलने की अभिलाषा भी बलवती है। 'राम की शक्तिपूजा' की आरम्भिक अठारह पंक्तियों में 'ण' का प्रयोग बारह बार हुआ है। राम पर्वत के नीचे बैठे हुए जहाँ पुष्पवाटिका में सीता की छवि देखते हैं, वहाँ बीस पंक्तियों में—'है अमानिशा' से लेकर 'कम्पन तुरीय' तक—'ण' की ध्वनि केवल तीन बार आई है। युद्ध की विभीषिका चित्रित करने के लिए निराला के ध्वनि-प्रपंच में 'ण' जितना आवश्यक है, उतना शृंगार-स्वप्न को चित्रित करने के लिए नहीं।

'राम की शक्तिपूजा' में 'व' की आवृत्ति भी ध्यान देने योग्य है। पहली अठारह पंक्तियों में कोई ऐसी पंक्ति नहीं है जिसमें 'व' ध्वनि न आई हो। कुल मिलाकर पैंतीस बार इस ध्वनि का प्रयोग हुआ है; उसकी तुलना में 'ब' का प्रयोग कुल पाँच बार हुआ है! 'वर दे वीणावादिनि वर दे' जैसे गीतों में, 'नव गति, नव लय, ताल छन्द नव' जैसी पदयोजना में 'व' का सौन्दर्य निर्विवाद है। किन्तु 'राम की शक्तिपूजा' में यही 'व' अन्य वर्णों के साथ मिलकर जहाँ युद्ध का ध्वनि-चित्र प्रस्तुत करता है, वहाँ 'वीणावादिनि' वाले गीत में वह कोमलता और माधुर्य की भावना पुष्ट करता

है। 'महाराज शिवाजी का पत्र' में निराला भाषण कर रहे हैं। गीत की 'रची हुई' भाषा के बदले यहाँ उसके सहज रूप की अपेक्षा की जा सकती है। कविता की पहली बारह पंक्तियों में 'व' दस बार आया है, 'ब' केवल चार बार। निराला की जिन रचनाओं में भाषा को जान-बूझकर बोलचाल के बहुत नज़दीक लाया गया है, उनमें भी ध्वनि-युक्त बहुत से शब्द मिलेंगे, जैसे : वहाँ, वह, मतवाला, सावन, मनभावन, पुरवाई, गाँव, ज्वार, लिवारा, काल, कवि, रखवाला, बढ़ावा, जीवन, सँवारी, द्वार, क्वार, देवी इत्यादि। हिन्दी में विभावरी जैसे कुछ वज़नी शब्द हैं जो कविता में ही अधिकतर प्रयुक्त होते हैं; कुछ वन, जीवन, भाव, पवन जैसे संस्कृत-हिन्दी के सामान्य शब्द हैं जो गद्य में भी काम आते हैं। इनके अलावा वह, वहाँ, वाला, वास्ते, वकील, वक्त, सावन, वार जैसे बहुत-से शब्द हैं जिनके बिना बोलचाल की भाषा आगे बढ़ ही नहीं सकती। इसलिए श-ण-व-ल स्कूल की कल्पना करते हुए 'व' को हिन्दी प्रकृति का विरोधी मानना सही नहीं है। किन्तु यह बात सही है कि 'राम की शक्तिपूजा' के आरम्भिक अंश में जो महत्त्व 'व' का है, वही 'कुकुरमुत्ता' के आरम्भिक अंश में 'ब' का है :

अबे, सुन बे, गुलाब,
भूल मत जो पाई खुशबू, रंगो-आब।

दो पंक्तियों में 'ब' पाँच बार! 'व' का नितान्त अभाव! निराला का मन भावबोध की सूक्ष्मता की ओर नहीं, स्थूलता की ओर है। 'ब' और 'व' का भेद ध्वनि के ठाठ में कुछ ऐसा ही भेद उत्पन्न करता है।

'ल' की ध्वनि लालित्य से सम्बद्ध मानी जाती है। लट, लाल, चाल, लोभ, लीला, लेना, लाना जैसे बोलचाल के शब्दों में 'ल' की भरमार है। उसे श-ण-व के साथ जोड़ना व्यर्थ है। होली, चोली, हमजोली, अनबोली शब्दों के व्यवहार से निराला उसका लोक-महत्त्व स्वीकार करते हैं। 'नयनों के डोरे लाल गुलाल भरे खेली होली'—पंक्ति का सारा सौन्दर्य 'ल' पर निर्मर है।

खेलूँगी कभी न होली
उससे जो नहीं हमजोली। ['अर्चना', पृ. 34]

निराला होली की धुन गुनगुनाएँ और 'ल' का लालित्य फूट न पड़े, यह असम्भव है। अधिक उदात्त स्तर पर 'तुलसीदास' में :

घन नीलालका दामिनी जित ललना वह।

सौन्दर्य है किन्तु योगिनी का।

सबसे दिलचस्प है 'र' की ध्वनि। 'राम की शक्तिपूजा' की आरम्भिक अठारह पक्तियों में इसका प्रयोग अट्ठावन बार हुआ है। उसका महत्त्व सिद्ध करने के लिए

इतना कहना ही काफी है। अमर, समर, रवि, राम आदि शब्दों में 'र' की ध्वनि विशेष भाव की द्योतक नहीं किन्तु निराला पूरे काव्यांश में राम-रावण, राक्षस-वानर का भेद न करते हुए 'र' के सहारे युद्ध का विकट रोर उत्पन्न करते हैं। उनका उद्देश्य भी यही है कि दोनों ओर की वीरता और क्षति का चित्रण करके मन पर युद्ध की भीषणता का प्रभाव डालें। किन्तु 'र' का यह प्रभाव अन्य वर्णों के संसर्ग के कारण पड़ता है। दूसरी पंक्ति में 'र' पाँच बार आया है, यह तुमुल रोर की तैयारी भर है।

रह गया राम रावण का अपराजेय समर।

तीसरी पंक्ति में भी 'र' पाँच बार आया है किन्तु यहाँ तुमुल रोर आरम्भ हो गया है :

आज का तीक्ष्ण-शर-विधृत-क्षिप्रकर वेग-प्रखर।

'जागो फिर एक बार' (1) में इसी 'र' की आवृत्ति भिन्न वर्ण-योजना के साथ कोमल प्रभाव उत्पन्न करती है :

प्यारे जगाते हुए हारे सब तारे तुम्हें
अरुण पंख तरुण किरण
खड़ी खोल रही द्वार।

अजय-दुर्जय, अभय-निर्भय, अनिवार-दुर्निवार—इन शब्द-युग्मों में एक शब्द का 'अर्थ' वही है जो दूसरे का, फिर भी ध्वनि में बड़ा भेद है। कोशगत अर्थ वही रहता है, किन्तु जिस मात्रा में ध्वनि के कारण अर्थ बदला हुआ होता है, वह मात्रा कवि के लिए अत्यन्त महत्त्वपूर्ण है, उसके लिए मूल अर्थ वही है।

ऐ निर्बन्ध!—
अन्ध-तम-अगम-अनर्गल-बादल!

निर्बन्ध की जगत् स्वच्छन्द रखने से ओज की मात्रा कम हो जायगी। वैसे ही अनर्गल; उसका जोड़ीदार कोई रकारहीन शब्द रखा जाय तो निराला का लक्ष्य सिद्ध न होगा।

टूटता वज्र दह दुर्निवार।

तुलसीदास की इस पंक्ति में 'दुर्निवार' अनिवार्य है। इसी तरह 'दुर्जय संग्राम राग', ('परिमल', पृ. 175) 'घनी वज्र गर्जन से बादल', (उप., पृ. 159) 'दुर्मद ज्यों सिन्धु नद'। (उप. पृ. 188) निराला ग-ज-द जैसे सघोष अल्पप्राण वर्णों के साथ 'र' के संयोग से उदात्त स्तर पर ध्वनिखंडों की रचना करते हैं। 'भरा हर्ष वन के मन, नवोत्कर्ष छाया'—यहाँ 'र' 'ष' की प्रगाढ़ ध्वनि को और गाढ़ा करता है। जीर्ण-शीर्ण में 'ण' के साथ यही वर्ण कर्कशता उत्पन्न करता है। 'जला दे जीर्ण-शीर्ण

प्राचीन'—('गीतिका', पृ. 37) जो वस्तु जीर्ण-शीर्ण है, उसमें अभी शक्ति है, इसीलिए उसे जलाना आवश्यक है।

वर्ण और वरण—दोनों शब्दों में 'र' है, दोनों की ध्वनि में अन्तर है। 'वर्ण चमत्कार'—('गीतिका', पृ. 92) प्रथम वर्ण पर बलाघात है, निराला 'वर्ण' की शक्ति का परिचय दे रहे हैं। 'दे मैं करूँ वरण'—(उप., पृ. 97)—निराला विनत हैं, जननी से मृत्यु का वरदान माँग रहे हैं। विनय में भी गरिमा का भाव है, वह वरण—आगे दु:खहरण और मरण से—व्यंजित है। 'अभरण भर वरण गान।' (उप., पृ. 7)—प्रकृति के सौन्दर्य का वर्णन है, उस सौन्दर्य का स्तर उदात्त है, यह बोध अभरण और वरण से होता है।

हिन्दी में श-ण-व-ल की ध्वनियाँ हैं, स-न-ब-र की ध्वनियाँ भी। 'श' और 'स' विरोधी न होकर शासन, विश्वास जैसे शब्दों में शान्तिपूर्ण सह-अस्तित्व द्वारा भाषा की शक्ति संवर्द्धित करते हैं। हिन्दीभाषी जन 'श' और 'ष' की ध्वनियों में भेद नहीं करते। यदि करें तो निराला की कुछ पंक्तियों का ध्वनि-सौन्दर्य और भी खुले :

बुझे तृष्णाशा विषानल झरे भाषा अमृत निर्झर।

मूर्धन्य और तालव्य ध्वनियों का भेद करते हुए पढ़ने से पंक्ति का सौन्दर्य निखरेगा।

हिन्दी में 'ण' है, 'न' भी। निराला 'ण' और 'न' वर्णों वाले शब्दों को चतुराई से सजाकर वह प्रभाव उत्पन्न करते हैं जो केवल 'न' या 'ण' की आवृत्ति से उत्पन्न नहीं हो सकता।

अभरण भर वरण गान
वन वन उपवन उपवन जागी छवि खुले प्राण।

पहली पंक्ति में 'ण' प्रधान है, 'न' गौण है, दूसरी में 'न' प्रधान है, 'ण' गौण है। निराला पहली पंक्ति की गुरुता से दूसरी की लघुता का सन्तुलन स्थापित करते हैं। शुरुआत अभरण से होती है; उसकी झंकार सुनाई देती है दूसरी पंक्ति के अन्तिम शब्द प्राण में।

हिन्दी में 'र' है, 'ल' भी। 'नयनों के डोरे लाल गुलाल भरे खेली होली' का माधुर्य 'ल' की आवृत्ति से 'र' के संयोग पर निर्भर है। 'हर धनुर्भंग को पुनर्वार ज्यों उठा हस्त'—यहाँ ऊर्जा की भंगिमा हर, धनुर, पुनर् की आवृत्ति द्वारा चित्रित है (हर का उच्चारण हर्-वत् ही होगा)। ऊर्जा की यह भंगिमा राम की आकस्मिक चेष्टा के अनुरूप है। ललाट, ज्वाला, प्रलय—इस तरह के शब्दों में 'ल' की कोमलता ट-ज-र के संयोग से परुषता बन जाती है।

हिन्दी में 'ब' है, 'व' भी। 'राम की शक्तिपूजा' के प्रारम्भिक अंश में निराला 'व' की आवृत्ति से पाठक को जब काफी देर तक विचलित कर लेते हैं, तब एक

ही पंक्ति में छह बार मुँह बन्द करके ध्वनि के अनर्गल प्रवाह को रोकते, पाठक को आश्वस्त करते हैं :

गर्जित प्रलयाब्धि क्षुब्ध हनुमत् केवल प्रबोध।

प्र-ब्धि-ब्ध-मत्-प्र-बो—इस तरह। हनुमान विचलित नहीं है—यह भाव ध्वनि की अवरुद्ध गति से व्यंजित है।

श-ष की तरह ङ्, ञ्, न्, म् ध्वनियों में भेद करने से निराला का काव्य-सौन्दर्य निखरेगा। हिन्दीभाषी कहीं इन ध्वनियों में भेद करते हैं, कहीं नहीं। सन्त और जगदम्बा में अनुनासिक ध्वनियों का उच्चारण-भेद स्पष्ट है।

गहन है यह अन्ध कारा;
स्वार्थ के अवगुण्ठनों से
हुआ है लुण्ठन हमारा। ['अणिमा', पृ. 65]

'ठ' के घनत्व की पुष्टि 'ण्' में होगी, 'न्' से नहीं।

निरञ्जन बने नयन अञ्जन— ['परिमल', पृ. 156]
दृग दृग को रंजित कर
अंजन भर दो भर— ['गीतिका', पृ. 81]

'ञ्ज' की आवृत्ति—त-न के संसर्ग से—मधुर है। झंझा और पंजा में कर्कशता का भाव है :

भैरवी भेरी तेरी झंझा
तभी बजेगी मृत्यु लड़ाएगी जब तुझसे पंजा।

['परिमल', पृ. 127]

लांछन, लांछित शब्दों का अर्थ दु:खद है, ध्वनि सुखद। 'वांछित उस किस लांछित छवि पर'—जैसी सुखद ध्वनि वांछित की है, वैसी ही लांछित की। 'लांछन को ले जैसे शशांक नभ में अंशक'—लांछन में ऊर्जा कम, शशांक में अधिक, अशंक में सर्वाधिक। 'लांछना ईंधन हृदय तल जले अनल'—यहाँ लांछना के प्रथम वर्ण पर बलाघात उसे काफी शक्ति देता है, पूर्ण शक्ति मिलती है ईंधन से! लांछना जले और लांछना ईंधन जले—दोनों में बड़ा अन्तर है। तल जले अनल में लकार लांछना के अर्थ को संवर्द्धित करता है। हृदय में 'द' का भारीपन ईंधन के 'ध' के साथ मिलकर पूरी पंक्ति की गति को धीर-गम्भीर बनाता है।

निराला ने हिन्दी ध्वनियों के साथ यांत्रिक ढंग से कोमल या परुष भाव नहीं जोड़े। अनेक शब्द-रूपों में उन्हें सजाकर पूरे ध्वनि-सन्दर्भ के अनुसार उनसे भाव- व्यंजना में सहायता लेते हैं। उनके ध्वनि-सौन्दर्य को परखने के लिए पूरी काव्य-संरचना पर ध्यान देना आवश्यक है।

स्वर-साधना

प्रत्येक भाषा का अपना ध्वनि-सौन्दर्य होता है, उस सौन्दर्य को पहचानने के अपने तौर-तरीके होते हैं। एक परिवार की भाषाओं में यह ध्वनि-सौन्दर्य, उसे पहचानने के तौर-तरीके बहुत कुछ सामान्य होते हैं किन्तु एक-से नहीं होते। पशु-पक्षियों की अथवा समुद्र-निर्झर आदि की ध्वनि का अनुकरण विभिन्न भाषाओं में एक-सा होगा—यह कल्पना की जा सकती है किन्तु वह यथार्थ अनुभव के प्रतिकूल सिद्ध होती है।

बादल गरजते हैं, हम उनका गर्जन सुनते हैं। अंग्रेज़ को गर्जन नहीं सुनाई देता, वह 'थंडर' सुनता है। निर्झर की ध्वनि पानी के झरने का ध्वनि-चित्र उपस्थित कर देती है। अंग्रेज़ के मुँह से 'झ' की आवाज़ निकलती नहीं, 'झरने' की आवाज़ कहाँ से सुने?

झर झर झर निर्झर गिरि सर में
घर, मरु, तरु-मर्मर, सागर में— ['परिमल', पृ. 148]

यह सौन्दर्य भारतीय भाषाओं में ही सम्भव है। भारतीय कवियों ने कोयल की कुहू-ध्वनि सुनी; अंग्रेज़ के लिए जैसी महाप्राण ध्वनि वर्जित है। वह कु-ऊ तो सुन सकता है, कुहू नहीं। महाप्राण ध्वनियों वाले जो शब्द उसने उधार लिये हैं, उनका उच्चारण भी अधिकतर महाप्राणत्व का लोप करके ही उसके लिए सम्भव होता है।

अंग्रेज़ी में—और तथाकथित भारत यूरोपीय परिवार की प्राचीन और नवीन भाषाओं में—घ, झ, ढ, ध, भ—इन सघोष महाप्राण ध्वनियों का प्राय: या नितान्त अभाव है। संस्कृत-परिवार की भाषाओं और इन यूरोपीय भाषाओं में यह मौलिक भेद है। ग्रीक, लैटिन और अंग्रेज़ी में घ, झ, ढ, ध, भ का पूर्ण अभाव है, इसलिए उनकी ध्वनि का ठाठ भी न्यारा है। 'रथ का घर्घर नाद' ('परिमल', पृ. 153)—इस तरह की ध्वनि-योजना अंग्रेज़ कवि के लिए असम्भव है। 'नयन जल ढल गए' (उप., पृ. 171) में ढलने की कोमलता पहचानना उसके लिए दुष्कर है। 'भेरी गर्जन, दग्ध हृदय, स्पर्द्धाधीर' की ध्वनि-गरिमा उसकी पहुँच से परे है। संस्कृत-परिवार की भाषाओं का ध्वनि-सौन्दर्य सघोष-अघोष-अल्पप्राण-महाप्राण ध्वनियों को सैकड़ों शब्द-रूपों में नये-नये ढंग से मिलाकर रचा गया है। ध्वनियों की विविधता से इस तरह की रचना-विविधता सम्भव होती है। जहाँ ध्वनियों की विविधता सीमित है, वहाँ उन्हें नये-नये रूपों में मिलाकर नई-नई तरह का ध्वनि-सौन्दर्य उत्पन्न करना भी असम्भव है।

अंग्रेज़ी में 'ट' की ध्वनि है तो 'त' की नहीं; यूरोप की अनेक भाषाओं में 'त' की ध्वनि है, 'ट' की नहीं। अंग्रेज़ी में 'थ' और 'द' की ध्वनियाँ अपवाद रूप हैं; थिंक वाला 'थ' सिंक के 'स' के अधिक निकट है। 'ण' की ध्वनि का नितान्त अभाव है। यह सब भाषा की ध्वनि-सम्पदा को सीमित करता है।

हृदय और हार्ट का कुल-गोत्र एक है किन्तु दोनों की धड़कन जुदा-जुदा है। अंग्रेज़ दिल की 'धड़कन' नहीं सुन सकता, उसके लिए 'ध' और 'ड़' की ध्वनियाँ

वर्जित हैं। जो ध्वनियाँ अवर्जित हैं, उनको मिलाकर श्रुति मधुर रूप गढ़ने के तरीके अलग-अलग हैं। अंग्रेज़ सुख से ड्रीम करता है, हम सपने देखते हैं; वह ड्रिंक करता है, हम पीते हैं। मिल्टन का शैतान मूर्च्छित सहयोगियों को 'अवेक' शब्द से जगाता है; निराला कहते हैं : 'जागो फिर एक बार'। निराला-काव्य का ध्वनि-सौन्दर्य परखने के लिए अंग्रेज़ी-हिन्दी के ठाठ का भेद याद रखना आवश्यक है।

संस्कृत में संयुक्ताक्षरों, मूर्धन्य तालव्य ध्वनियों, लक्षण, दक्षिण, रक्षण जैसे शब्दों की भरमार है। निराला इनका उपयोग सीमित मात्रा में करते हैं। 'कुमारसम्भव' में सर्ग के सर्ग पढ़ते चले जाइए, बड़ी मुश्किल से सौ में कहीं एक पंक्ति मिलेगी जिसमें संयुक्ताक्षर न हों। किन्तु निराला में ऐसी सैकड़ों पंक्तियाँ बिखरी हुई मिलेंगी :

आई याद बिछुड़न से मिलन की वह मधुर बात,
आई याद चाँदनी की धुली हुई आधी रात।

कोमल भाव ही नहीं, कठोरता व्यंजित करने के लिए भी निराला संयुक्ताक्षरों से काम लें, यह अनिवार्य नहीं। 'मोगल दल बल के जलद यान'—संयुक्ताक्षरों के बिना भी यह पंक्ति परुषता का भाव ध्वनित करती है। सस्कृत में 'झ' से शुरू होनेवाले शब्द इने-गिने हैं, हिन्दी में इनके भरे-पूरे झुरमुट हैं। निराला ने कोमल कठोर ध्वनियों के लिप 'झ' वर्ण वाले शब्दों का प्रयोग जिस तरह किया है, वह किसी संस्कृत कवि के लिए सम्भव नहीं।

झुक झुक, तन तन, फिर झूम झूम, हँस हँस झकोर।

['वनबेला']

झक झक झलकती वह्नि वामा के दृग त्यों त्यों।

['राम की शक्तिपूजा']

इस तरह का ध्वनिभेद हिन्दी कविता—अथवा संस्कृत से भिन्न आधुनिक भारतीय भाषाओं में—ही सम्भव है। संस्कृत में 'ढ' की ध्वनि का अभाव है। शिवाजी के पत्र में वाक्यांश है : 'काढ़ हिन्दुओं का हृदय'। यहाँ दो बार 'ह' आया है, उसके साथ है 'ढ़'। कोई दूसरा शब्द काढ़ने का ध्वनि-चित्र प्रस्तुत कर ही नहीं सकता।

बँगला से हिन्दी का ध्वनि-तंत्र मिलता-जुलता है, फिर भी महत्त्वपूर्ण भेद है। निराला-काव्य में 'व' की जो महत्त्वपूर्ण भूमिका है, वह बँगला की ध्वनि-प्रकृति के एकदम प्रतिकूल है। बँगला और हिन्दी में जो शब्द सामान्य हैं, उनमें 'व-ब' का भेद हिन्दी-बँगला का मौलिक भेद है, वह निराला और रवीन्द्रनाथ के ध्वनि-सौन्दर्य का मौलिक भेद है। 'जुही की कली' में विजन, वन, वल्लरी, स्वप्न, वासन्ती, विरह, विधुर, पवन आदि शब्दों में 'व' का खुला हुआ स्पष्ट उच्चारण दरकार है। ऐसे ही निराला-काव्य में हिन्दी की प्रकृति के अनुकूल दन्त्य 'स' की ध्वनि अत्यन्त महत्त्वपूर्ण है। जो 'स' को 'श' कहने का आदी है, वह उसकी भूमिका से अपरिचित रहेगा। निराला वन्य, धन्य जैसे शब्दों में 'य' का भरा-पूरा उच्चारण चाहते हैं। वन्न,

धन्न के समान उच्चारण करने से उनका ध्वनि-सौन्दर्य—कम-से-कम निराला के लिए—नष्ट हो जायगा।

धन्य कर दे माँ वन्य प्रसून। ['गीतिका', पृ. 34]
वन्य लावण्य लुब्ध संसार। ['परिमल', पृ. 62]
खिली हो बनकर वन्य गान। ['अनामिका', पृ. 88]

इसी तरह के और भेद हैं।

हिन्दीभाषी क्षेत्र के उत्तर में जहाँ 'घर' को लोग 'कर'-वत्, 'भ्राता' के 'भ्रा' को 'प्रा'-वत् कर देते हैं, वहाँ के ध्वनि-तंत्र से हिन्दी का ठाठ भिन्न है। हिन्दीभाषी क्षेत्र के दक्षिण में जहाँ 'भारत' का उच्चारण 'बारत' जैसा सुनाई देता है, वहाँ का ध्वनि-तंत्र भी हिन्दी के ठाठ से भिन्न है। संस्कृत के घ, ध, भ ध्वनियों वाले शब्द सबसे साफ आज भी उसी क्षेत्र में सुने जाते हैं जहाँ उन ध्वनियों का विकास हुआ था। यह विकास यूरोप में नहीं है, यह विकास हिन्दी-भाषी क्षेत्र के उत्तर और दक्षिण में नहीं है। पूर्व और पश्चिम में उसका प्रसार हुआ है। बँगला और मराठी की अपनी विशेषताएँ हैं जो कहीं हिन्दी से उन्हें जोड़ती हैं, कहीं संस्कृत से उन्हें अलग करती हैं। बँगला में 'य' को 'ज' कहने की प्रवृत्ति हिन्दी में यमुना को जमुना बनाने वाली प्रवृत्ति से मिलती है किन्तु हिन्दी में बँगला की अपेक्षा 'य' की बहुलता और उच्चारण की स्पष्टता है। बँगला में दन्त्य 'स' का अभाव उसे हिन्दी और संस्कृत, दोनों से अलग करता है। मराठी में 'ड़' से मिलती-जुलती ध्वनि—'ल—ळ' और 'च' के दो रूप, 'ज' और 'ज़' के भेद की तरह, उसे हिन्दी से अलग करते हैं, साथ ही उसकी णकार-बहुला प्रवृत्ति उसे संस्कृत से मिलाती है।

विभिन्न भाषाओं के ध्वनितंत्र को समझने से पता चलेगा, निराला ने हिन्दी के ध्वनि-सौन्दर्य को कितनी गहराई से परखा है, कितने भिन्न रूपों में उसे अपने काव्य में उद्‌घाटित किया है। यह ध्वनि-सौन्दर्य अंग्रेज़ी और संस्कृत के, अरबी और फारसी के, पंजाबी और तेलगू के, मराठी और बँगला के ध्वनि-सौन्दर्य से भिन्न है।

निराला-काव्य व्यंजन-प्रधान है। स्वर की लहरों में व्यंजन तिनके की तरह बहे-बहे नहीं फिरते, पंक्ति में अंगद की तरह पैर जमाकर अपने अस्तित्व का पूर्ण बोध करा देते हैं। निराला की वक्तृत्व-कला, उनका नाट्‌य-कौशल उन्हें व्यंजनों पर पूरा ज़ोर देने को बाध्य करता है। वह संस्कृत-हिन्दी के रीतिवादी कवियों की तरह परुषता उत्पन्न करने के लिए एक ही तरह की कठोर समझी जानेवाली ध्वनियों की झड़ी नहीं लगा देते। दग्ध 'हृदय' या 'स्पर्द्धा' धीर में 'ध' परुष प्रभाव उत्पन्न करता है तो 'सेज पर विरहविदग्धा वधू' में वही 'ध' कोमलता का भाव ले आता है। निराला का रचना-कौशल इस बात में है कि आसपास के वर्णों के संसर्ग से वह ध्वनि-विशेष का भाव-मूल्य निरन्तर परिवर्तित करते रहते हैं। अवश्य

क-च-त-प की ध्वनियाँ निराला-काव्य में वैसे ही कोमल हैं, जैसे संस्कृत में या अनेक भारतीय भाषाओं में।

आई याद कान्ता की कम्पित कमनीय गात...
चकित चितवन निज चारों ओर फेर...
चुम्बन चकित चतुर्दिक चंचल...
पिउ रव पपीहे प्रिय बोल रहे।

इस तरह की पद-रचना संस्कृत-हिन्दी के पुराने कवियों में मिल जायगी। निराला की ध्वनि-संरचना के मूल तन्तु ग-ज-द हैं; इनमें सबसे शक्तिशाली 'ग' है जो कोमलता और माधुर्य को भी ऊर्जस्वित करता है।

कभी-कभी कवि बहुत स्थूल और स्पष्ट रूप से वर्णित वस्तु की ध्वनि का अनुकरण करते हैं। मान लीजिए, डमरू की ध्वनि का वर्णन करना है। निराला ने लिखा :

डम ड डम डम ड डम
डमरू निनाद है। ['सान्ध्यकाकली', पृ. 64]

आभूषणों की ध्वनि का वर्णन करना है। निराला ने लिखा :

कण कण कर कंकण, प्रिय,
किण-किण रव किंकिणी, ['गीतिका', पृ. 6]

इस तरह के उदाहरणों को निराला में अपवाद मानना चाहिए। जिस वस्तु का वर्णन कर रहे हैं, उसकी ध्वनि का अनुकरण इन उदाहरणों में बहुत स्पष्ट है। इतनी स्पष्टता वांछनीय नहीं।

उद्वेल हो उठा शक्ति खेल सागर अपार।

यहाँ निराला समुद्र के गर्जन अनुकरण नहीं करते, फिर भी सागर के उमड़ने का ध्वनिचित्र प्रस्तुत कर देते हैं।

वज्रांक तेजघन बना पवन को, महाकाश
पहुँचा, एकादश रुद्र क्षुब्ध कर अट्टहास।

यहाँ महावीर की उड़ान का वर्णन है। दिखाना यह है कि महावीर अपनी शक्ति से जड़ पदार्थ जैसे आकाश को चीरते हुए उठते चले जाते हैं; विरोध है किन्तु उसे पराभूत करनेवाली शक्ति और भी समर्थ है। व्यंजनों की सघनता के बीच स्वर की तरंग को निरन्तर उठाते हुए निराला अट्टहास पर आकर थमते हैं। इस तरह वह अवरोधों को पार करती हुई ऊर्जा का अनुपम ध्वनि-चित्र प्रस्तुत करते हैं।

निराला-काव्य व्यंजन-प्रधान है। इसका यह अर्थ नहीं कि उसमें स्वरों का महत्त्व नहीं है। स्वरों का ढाँचा बहुत कुछ अदृश्य रहता है; उस अदृश्य ढाँचे में व्यंजन

मज़बूती से जड़े होते हैं। इन स्वरों में जो दीर्घ हैं, वे ढाँचे की सबसे मज़बूत छड़ें हैं। पंक्तियों को यही स्वर साधे रहते हैं। अनेक लघु वर्णों के बाद दीर्घ स्वर वाला वर्ण रखकर छन्द की गति में भंगिमा पैदा करना, दो तरह की पद-रचना में वैषम्य दिखाकर नाटकीय प्रभाव उत्पन्न करना निराला का प्रिय कौशल है। 'विजन वन वल्लरी पर'—'वल' और 'री' के दो दीर्घ वर्ण आठ लघुवर्णों के बीच में। 'उपवन-सर-सरित-गहन-गिरि-कानन'—सोलह लघुवर्णों के साथ अकेला एक गुरुवर्ण!

नव गति नव लय, ताल छन्द नव,
नवल कंठ, नव जलद-मन्द्र रव,
नव नभ के नव विहग वृन्द को
नव पर, नव स्वर दे।

इन पंक्तियों में लघु-स्वरान्त वर्णों की अधिकता है : 'वर दे वीणावादिनि वर दे' में लम्बे स्वरों की खींच से वैषम्य प्रदर्शित करने के लिए। 'वनबेला' की एक पंक्ति में दीर्घ स्वरों का ताना-बाना :

सहसा बह चली सान्ध्य बेला की सुवातास;

उसके बाद लघु वर्णों की प्रधानता वाली पंक्ति :

झुक झुक, तन तन, फिर झूम झूम हँस-हँस झकोर।

कभी इस तरह का वैषम्य एक ही पंक्ति में दिखाते हैं। (छापे की दो पंक्तियाँ पढ़ने में एक हैं।)।

अलस पंकज दृग अरुण मुख तरुण अनुरागी।

निराला अपनी कविता में दीर्घ स्वरों का जाल किस तरह बिछाते हैं, यह उनकी तात्कालिक मनोदशा पर निर्भर है। कुछ स्वर उन्हें कम प्रिय हैं, कुछ अधिक; इनके द्वारा वह कोई विशेष भावदशा चित्रित करते हैं। उन्हें दीर्घ आ-स्वर अत्यन्त प्रिय है; ग-वर्ण की तरह इस स्वर को साधे बिना वह उदात्त स्तर तक पहुँच नहीं सकते। दु:ख, ग्लानि, वीरता आदि भावों के उदात्त चित्रण में इस स्वर की आवृत्ति अनिवार्य है। शृंगार आदि के कोमल भावों के चित्रण में यह अन्य स्वरों का सहायक सिद्ध होता है, उन्हें उदात्त के निकट ले आता है। 'आ' के बाद 'ए' की ध्वनि उन्हें प्रिय है, उसके बाद 'ई' की। 'ऊ' और 'ऐ' उससे कम, 'औ' का प्राय: अभाव है।

'यामिनी जागी' : इस गीत में 'आ' सत्रह बार आया है, 'ए' पन्द्रह बार, 'ई' ग्यारह बार। ऊ-जौ-ऐ एक बार भी नहीं आए। शृंगार-भाव का द्योतक यह गीत उदात्त स्तर पर रचा गया है। 'आ' के साथ 'ए' और 'ई' का सन्तुलन है।

'मेघ के घन केश' : शृंगार-भावपूर्ण वर्षागीत है। इसका स्तर 'यामिनी जागी' के उदात्त स्तर से नीचे है। ए-स्वर की प्रधानता है; चौदह बार आया है, 'आ' केवल आठ बार। 'ई' पाँच बार, 'ओ' तीन बार, 'इ' दो बार, 'ऐ' एक बार; 'औ' एक बार भी नहीं।

'नयनों के डोरे लाल' : शृंगार रस का होली गीत। स्वरों के प्रवाह में व्यंजनों का गुरुत्व घुल गया है। इसमें ई-स्वर प्रधान है, चौंतीस बार आया है, 'ओ' अठारह बार, 'आ' तेरह बार। 'ए' ग्यारह बार। यह अनुपात स्वाभाविक है; गीत में ऊर्जा की उठान नहीं, भावबोध का स्तर मधुर और कोमल है, ओजपूर्ण और परुष नहीं।

'फूटे हैं आमों में बौर' : लोकगीतों की धुन पर चलने वाला 'अर्चना' का गीत है। सौन्दर्य का चित्रण है, मन पर कोमलता और मादकता का प्रभाव डालता है।

इसमें ए-स्वर प्रधान है, इक्कीस बार आया है, 'आ' बारह बार। 'ऐ' सात बार, 'ई' छह बार, 'ऊ' छह बार, 'ओ' चार बार। इसमें 'औ' भी है—चार बार आया है।

'वर दे वीणावादिनि वर दे' : विनय गीत है। शृंगार भाव के कुछ गीतों से स्तर ऊँचा है अर्थात् उदात्त के अधिक निकट है। मुख्य स्वर 'ए' नौ बार, 'आ' सात बार, 'ओ' दो बार, 'ई' एक बार।

'दे मैं करूँ वरण' : यह भी विनयगीत है किन्तु इसमें संघर्ष का भाव प्रबल है, उदात्त स्तर पर रचे हुए गीतों में है। मुख्य स्वर 'आ' पन्द्रह बार, 'ए' नौ बार, 'ई', 'ऊ', 'ओ', 'ऐ'—प्रत्येक पाँच-पाँच बार। अन्य स्वरों के अनुपात में 'आ' की आवृत्ति बढ़ गई है।

'प्रात तव द्वार पर' : ऊपर वाले गीत से मिलता-जुलता है। नैश-यात्रा का संघर्ष, विरोध के प्रति सजगता, वर-प्राप्ति का आश्वासन-स्तर उदात्त। 'आ' बीस बार, 'ए' बारह बार, 'ओ' चार बार, 'ई' तीन बार। अन्य स्वर नगण्य से। गीत में जैसी भाव-सघनता है, वैसा ही ऊर्जा का प्रवाह है। ऊर्जा की तरंग को आगे बढ़ाता है आ-स्वर।

निराला ने अपने अन्तिम चरण में जो दु:ख और मृत्यु पर गीत लिखे, उनमें आ-स्वर का अनुपात बहुत कुछ पहले की तरह क़ायम रहता है। आ-स्वर की प्रधानता भाव गाम्भीर्य के साथ चलती है। 'शिशिर की शर्वरी' : 'आ' सोलह बार, 'ई' ग्यारह बार, 'ओ' पाँच बार, 'ए' तीन बार, 'ऐ' एक बार।

'निविड़ विपिन पथ अराल' : 'आ' इक्कीस बार, अन्य स्वर बहुत दबे हुए हैं। 'ए' छह बार, 'ई-ऐ' चार-चार बार। यह वह गीत है जिसमें निराला को अँधेरे वन में न जलाशय दिखाई देता है, न कोई विश्रामस्थल। निराशा की गहराई के अनुरूप है 'आ' का निरन्तर प्रसार।

'सुख का दिन डूबे डूब जाय' : 'आराधना' के इस गीत में भी दु:ख की अभिव्यक्ति है, किन्तु यहाँ वेदना की तीव्रता से भाव परिवर्तित होकर दु:स्वप्न के चित्र नहीं बन गए। दु:ख का घनत्व कम है; वैसे ही 'आ' की आवृत्ति पहले वाले गीत से—अन्य स्वरों के अनुपात में—कम है। 'आ' उन्नीस बार, 'ई' दस बार, 'ए' आठ बार, 'इ' छह बार, 'ओ' दो बार।

इससे मिलता-जुलता 'अणिमा' का गीत है : 'मैं अकेला'। इसमें भावुकता का अंश काफी है; ऊर्जा और दु:ख संवेग की मात्रा वैसी नहीं जैसी 'निविड़ विपिन पथ अराल' अथवा 'सुख का दिन डूबे डूब जाय' में। मुख्य स्वर 'ए' है—बीस बार

आया है, उसके निकट है 'आ' अठारह बार, 'ई' आठ बार, 'ऊ-ओ' तीन-तीन बार, 'ऐ' एक बार।

देखना चाहिए, 'राम की शक्तिपूजा' के अत्यन्त ओजपूर्ण प्रारम्भिक अंश में स्वरों का अनुपात कैसा है। 'ई' ग्यारह बार, 'ए' आठ बार, 'ओ' सात बार, 'ऊ' पाँच बार, 'औ' दो बार। किन्तु ये सब स्वर मिलाकर जितने होते हैं, उनसे संख्या में अधिक है अकेला 'आ'। 'राम की शक्तिपूजा' की प्रारम्भिक अठारह पंक्तियों में इस दीर्घ स्वर की आवृत्ति पैंतीस बार हुई है। निराला के ध्वनि-ठाठ में 'आ' के अन्यतम महत्त्व का यह अत्यन्त पुष्ट प्रमाण है।

यह भी देखना चाहिए कि अपनी अन्तिम कविता लिखते समय निराला में कितना उदात्त तत्त्व बचा था। 'पत्रोत्कंठित जीवन का विष बुझा हुआ है'—में युद्ध का वर्णन नहीं है, युद्ध की स्मृति शेष है। शक्ति-साधना के फलस्वरूप दुर्गा राम के वदन में लीन हो जाएँगी—ऐसा कोई विश्वास नहीं है। निराला स्थिर त्रासहीन दृष्टि से अपना अन्त देख रहे हैं। यहाँ व्यंजनों का घनघोर रोर नहीं है किन्तु स्वरों की शक्ति देखते ही बनती है। इस कविता में अठारह पंक्तियाँ हैं, उतनी ही जितनी 'राम की शक्तिपूजा' के प्रारम्भिक अंश में। उस अंश में 'आ' पैंतीस बार आया है; इस अन्तिम कविता में सैंतालीस बार। किन्तु अनुपात भिन्न है। 'राम की शक्तिपूजा' के अंश में जितनी बार अन्य दीर्घ स्वर आए हैं, उतनी बार—या उससे कुछ अधिक बार—'आ' आया है। किन्तु पत्रोत्कंठित आदि पंक्तियों में यदि 'आ' सैंतालीस बार आया है तो अन्य दीर्घ स्वर कुल मिलाकर साठ बार ('ए' चौबीस बार, 'ई' सत्रह, 'ऐ' बारह, 'ऊ' पाँच, 'औ' दो)। अनुपात बदला हुआ है। फिर भी कोई एक स्वर 'आ' के महत्त्व का मुकाबला नहीं कर रहा, निकटतम प्रतिद्वन्द्वी 'ए' से 'आ' की आवृत्ति लगभग दुगुनी है। राम के स्वगत-कथन अथवा भाषण की अठारह पंक्तियाँ ली जायँ ('रावण अधर्मरत' से लेकर 'हुआ त्रस्त' तक) तो इनमें 'आ' तथा अन्य दीर्घ स्वरों का अनुपात लगभग वैसा ही मिलेगा, जैसा पत्रोत्कंठित में है। 'आ' पैंतीस बार, 'ए' तेईस बार, 'ओ' सोलह बार, 'ऐ' आठ बार, 'ई' सात बार, 'ऊ' पाँच बार। 'राम की शक्तिपूजा' के इस अंश में 'आ' तथा अन्य दीर्घ स्वरों का अनुपात 35 और 59 का है, पत्रोत्कंठित में यही अनुपात सैंतालीस और साठ का है। पत्रोत्कंठित के भावबोध का स्तर राम के स्वगत-कथन के स्तर से मिलता-जुलता है; वैसी ही समानता स्वरों के अनुपात में है।

यह कहना आवश्यक है कि स्वरों की आवृत्ति मात्र से उदात्त स्तर पर काव्य-रचना सम्भव नहीं होती। कोई बीस-पचीस बार का-का-का लिख दे तो उससे 'राम की शक्तिपूजा' की समकक्ष कविता न रच जायगी। स्वरों का एक ढाँचा है; उसमें विभिन्न ह्रस्व-दीर्घ स्वरों का वैषम्य और सन्तुलन, दोनों आवश्यक हैं। इस ढाँचे में व्यंजन कैसे जड़े गए हैं, इस पर शब्द-ध्वनि का प्रभाव निर्भर है। ये स्वर-व्यंजनों से स्वतंत्र नहीं, वे व्यंजनों से प्रभावित होते हैं, उन्हें प्रभावित करते हैं। ऊर्जा की

एक ही तरंग में स्वर और व्यंजन बँधे होते हैं। किन्तु यह स्पष्ट है कि निराला स्वरों की आवृत्ति और वैषम्य से कुछ-कुछ वैसा ही प्रभाव उत्पन्न करते हैं, जैसा अन्य व्यंजन-प्रधान ध्वनिखंडों की आवृत्ति या वैषम्य से।

मेष के घन केश
निरुपमे नव वेश—

यहाँ 'ए' की आवृत्ति आकस्मिक नहीं।

बुझे तृष्णाशा विषानल झरे भाषा अमृत निर्झर—

यहाँ 'आ' का प्रसार निशेष प्रभाव उत्पन्न करने के लिए है।

घन भेरी गर्जन से सजग सुप्त अंकुर
उर में पृथ्वी के, आशाओं से
नव जीवन की, ऊँचा कर सिर
ताक रहे हैं, ऐ विप्लव के बादल!

पहली पंक्ति के बाद ह्रस्व वर्गों के बीच दीर्घ स्वरों का निरन्तर बढ़ता हुआ क्रम विशेष उद्‌देश्य की सिद्धि करता है। वह अंकुरों के निरन्तर उगने और बढ़ने की क्रिया का ध्वनि-चित्र प्रस्तुत करता है।

पार कर जीवन प्रलोभन समुपकरण...
धीर मैं ज्यों समीरण करूँगा तरण— ['गीतिका', पृ. 97]

इन पंक्तियों में पार करने की क्रिया दीर्घ स्वरों के विस्तार से ध्वनित है।

पुरानी हिन्दी के ध्वनितंत्र और आधुनिक हिन्दी के ध्वनितंत्र में—जहाँ तक काव्य का सम्बन्ध है—एक महत्त्वपूर्ण भेद 'औ' के व्यवहार को लेकर है। 'शिशिर की शर्वरी', 'निविड़ विपिन पथ अराल', 'सुख का दिन डूबे डूब जाय', 'यामिनी जागी', 'वर दे वीणावादिनि', 'मेघ के घन केश', 'दे, मैं करूँ वरण', 'प्रात तव द्वार पर', 'नयनों के डोरे लाल' में 'औ' का सफाया है। अन्यत्र जहाँ आया है, वह अन्य दीर्घ स्वरों की तुलना में नगण्य ठहरता है। सूरदास में—अन्य ब्रजभाषा कवियों में—'औ' की भरमार है। रामचरितमानस में 'औ' का प्रयोग वैसे ही कम है, जैसे निराला-काव्य में। यही नहीं, 'कवितावली', 'विनयपत्रिका', 'गीतावली' आदि में भी 'सूरदास' तथा अन्य ब्रजभाषा कवियों की तुलना में 'औ' की आवृत्ति बहुत कम है। तुलसीदास के भाषा-संस्कार उस व्यक्ति के नहीं हैं जिसने बचपन से ब्रजभाषा में बोलना-सोचना सीखा हो। इसीलिए उनकी ब्रजभाषा में 'औ' की आवृत्ति अस्वाभाविक रूप से कम है जब कि सूरदास में वह स्वाभाविक रूप से, तुलसी की अपेक्षा, अधिक है। कम-से-कम 'औ' के अवमूल्यन में तुलसीदास और निराला के संस्कार एक-से हैं और छायावादी काव्य के अनुकूल हैं। 'कामायनी' के प्रारम्भिक आठ पृष्ठों में 'औ' केवल दो बार आया है!

तत्सम-तद्भव

अनेक भारतीय भाषाओं में कुछ शब्द सामान्य समझे जाते हैं, कुछ साधारण, कुछ अछूत। जो शब्द तत्सम कहे जाते हैं, उन्हें अधिक प्रतिष्ठा प्राप्त है। इनमें कुछ लघु आकार वाले हैं, हज़ारों साल से भारतीय भाषाओं में बोले जाते रहे हैं। लघु आकार और अत्यधिक व्यवहार के कारण उनका गौरव कम हो गया है। देश, धरती, पर्वत, नदी, नर, नारी, मित्र, शत्रु, वैर, प्रीति, माता, पिता, देवी, बन्धु, समय, वन, जन, धन, मन, दीप, ताप, ज्वर, नीति, कुल, धर्म, आकाश, दिशा आदि ऐसे ही तत्सम हैं जिनके व्यवहार से काव्य विशेष गौरवशाली नहीं होता।

विशेष प्रतिष्ठा प्राप्त है उन शब्दों को जिनमें तीन से अधिक वर्ण हैं, संयुक्ताक्षर हैं, ऐसी ध्वनियाँ हैं जिनके उच्चारण में साधारण लोगों को कठिनाई होती है। इनके बाद तद्भव हैं, तत्समों के 'बिगड़े हुए' रूप, बहुत प्रतिष्ठित नहीं तो अस्पृश्य भी नहीं। सबसे गये-बीते हैं देशज, जो भारत-यूरोपीय परिवार से अपना सम्बन्ध स्थापित नहीं कर सकते, जो लोक-व्यवहार में अनिवार्य हैं किन्तु सहृदय काव्य-मर्मज्ञ जिन्हें भरसक अपने से दूर रखते हैं। इनके अलावा अरबी-फारसी के लोकप्रचलित शब्द हैं जिन्हें हिन्दी कविता में रखना रस-विरोधी कार्य माना जाता है। संस्कृत, ब्रजभाषा, आधुनिक हिन्दी और उर्दू कविता में शब्दों का व्यवहार कहाँ उचित है, कहाँ अनुचित, इसके अपने नियम हैं। कहीं ये नियम लिखे गए हैं, कहीं बेलिखे रह गए हैं किन्तु नियम हैं अवश्य। निराला इन नियमों का बराबर उल्लंघन करते हैं। कला के क्षेत्र में यह उनका क्रान्तिकारी कार्य है।

साहित्य में सबसे पहले खड़ी बोली उर्दू के रूप में प्रतिष्ठित हुई। हिन्दी कवि उन्नीसवीं सदी में गद्य के लिए खड़ी बोली, पद्य के लिए ब्रजभाषा का व्यवहार करते थे। बीसवीं सदी में खड़ी बोली ने ब्रजभाषा को काव्य-क्षेत्र से निकालना शुरू किया। छायावादी कविता के अभ्युदयकाल में ब्रजभाषा-खड़ी बोली विवाद ज़ोरों पर था। इस परिस्थिति में कुछ कवि उर्दू की तरफ झुकते थे, कुछ शुद्ध हिन्दी की ओर, कुछ ब्रजभाषा-खड़ी बोली की खिचड़ी पकाते थे। कविता में भाषा का कोई साफ-सुथरा स्थिर रूप नहीं था। निराला के समकालीन और पूर्ववर्ती कवियों के बारे में यह तो कहा जा सकता है कि उन्होंने एक शैली छोड़कर दूसरी अपनाई—जैसे हरिऔध ने क्रीड़ा-कला-पुत्तली-पद्धति त्यागकर चोखे चौपदे लिखे, किन्तु उनके बारे में यह नहीं कहा जा सकता है कि एक ही शैली में उन्होंने विरोधी स्वभाव के शब्दों का प्रयोग किया हो अथवा एक ही कविता में भिन्न शब्दावली के व्यवहार से नाटकीय वैषम्य उत्पन्न किया हो। उर्दू में सागर निज़ामी और फ़िराक ने बहुत से उन हिन्दी शब्दों का व्यवहार किया है जो औसत उर्दू कविता के लिए मतरूक हैं। किन्तु सागर और फ़िराक का प्रयत्न यह है कि उर्दू पद-रचना में हिन्दी के वही शब्द डाले जायँ तो

उसमें खप जायँ, जिनसे शैली की एकरसता भंग न हो। निराला जहाँ विरोधी स्वभाव के शब्दों को मिलाते हैं, वहाँ उनकी कला भिन्न स्तर की है।

चमत्कृत और अलंकृत, चाह और आह—ये विरोधी स्वभाव के शब्द हैं। निराला इनका व्यवहार एक ही कविता में शैली-भेद के लिए करते हैं।

'रश्मि-चमत्कृत स्वर्णालंकृत नवल प्रभात' ('विस्मृत भोर', परिमल, पृ. 140)—यह शैली मन की वह स्थिति प्रकट करती है जिसमें संसार बहुत सुहावना मालूम होता है। इससे भिन्न स्थिति वह है जिसमें यथार्थ जगत् बहुत ही कष्टप्रद है। इसके अनुकूल दूसरी शैली है :

मेरी चाहें बदल रहीं नित आहों में
क्या चाहूँ और?

दु:ख में कराहती हुई आवाज़ स्वर्णालंकृत प्रभात की झुकी भव्यता से तीव्र वैषम्य प्रकट करती है। निराला का शैली-भेद यहाँ आदर्श और यथार्थ में तीव्र भेद करने के लिए है।

'शरत्पूर्णिमा की विदाई' में इसी तरह के शैली-भेद से निराला कहीं तो शरत् के प्रति आत्मीयता, बोलचाल की स्वाभाविकता प्रकट करते हैं, कहीं प्राकृतिक सौन्दर्य के प्रति आकर्षण की तीव्रता। कविता शुरू होती है बोलचाल के सामान्य स्तर से : 'बदी बिदाई में भी अच्छी होड़'। बीच-बीच में ऋतुओं की रानी और विजयमुकुट जैसी 'हिन्दी' शब्दावली के साथ निराला 'उर्दू' के शब्दों का व्यवहार करते हैं : 'देख लूँ भर नज़र, क्या एक रोज़ के लिए तुझे आना था? और कहा, बस बहन, तुम्हारी सूरत कैसी भोली!' इसके बाद :

मन्द तरंगों की यमुना का काला-काला रग...
तेरे मुख-विकसित-सरोज का प्रेमी एक दिगन्त—

इस तरह की मन्द्रघोष की पदावली ले आते हैं।

शिवाजी के पत्र में निराला ने बड़ी चतुराई से कहीं 'हिन्दी', कहीं 'उर्दू' पदावली का ठाठ बाँधा है। शैली का यह भेद पत्र-लेखक शिवाजी के मन की बदलती हुई दशाओं से जुड़ा हुआ है। खून में रँगे हुए कपड़ों का ध्यान करने से दु:ख का भाव :

लालिमा क्या है कहीं कुछ?
भ्रम है वह,
सत्य कालिमा ही है।

इसके बाद अचानक क्रोध का भाव :

दोनों लोक कहेंगे
होता तू जानदार
हिन्दुओं पर हरगिज़ तू
कर न सकता प्रहार।

इसी तरह आगे। पहले जयसिंह की पीठ सहलाते हुए :

सागराम्बरा भूमि
क्षत्रियों को जीतकर
विजय सिंहासन-श्री
सौंपता ला तुम्हें मैं—
स्मृति-सी निज प्रेम की।

उसके बाद फिर क्रोध में फटकारते हुए :

धोखा दिया है यह
उसने तुम्हें क्या ही!—
दग़ाबाज़, लाज जो उतारता है
मरजाद वालों की,
खूब बहकाया तुम्हें!

इस तरह भिन्न स्वभाव की पदावली से निराला एक ही कविता में शैली-भेद उत्पन्न करते हैं। इसके अलावा वह शैली-भेद उत्पन्न किये बिना, एक ही शैली में विरोधी स्वभाव के शब्द रखकर—संगीत में विवादी स्वर की तरह—ध्वनि या भाव को उभारते हैं। 'संध्या सुन्दरी' में एक जगह उन्होंने बड़े साहस से 'सिर्फ़' शब्द का प्रयोग किया है। कहाँ छायावादी 'उत्ताल तरंगाघात', कहाँ ज़रा-सा 'सिर्फ़'!

उत्ताल-तरंगाघात-प्रलय-घन-गर्जन-जलधि-प्रबल में—
क्षिति में—जल में—नभ में—अनिल-अनल में—
सिर्फ़ एक अव्यक्त शब्द-सा चुप चुप चुप
है गूँज रहा सब कहीं—
और क्या है? कुछ नहीं।

'सिर्फ़' के बाद शैली बदलती है, दो शैलियों में भेद है, किन्तु जिस पंक्ति में 'सिर्फ़' आया है, उसमें वह 'अव्यक्त' और 'शब्द' के साथ है, विरोधी स्वभाव का है। कला इस बात में है कि निराला ने उसके विरोधी स्वभाव से पूरा फायदा उठाकर चारों ओर फैली हुई शान्ति का प्रसार—नदी और समुद्र की ध्वनियों के विपरीत—'सिर्फ़' के साथ 'चुप' के संयोग से पूरी तरह व्यक्त कर दिया है।

'निवेदन' ('परिमल', पृ. 32) में निराला ने लिखा :

दाग़ जब मिट जाएगा
स्वप्न ही तो राग वह कहलाएगा?

यहाँ दाग़ का स्वभाव वही नहीं है जो स्वप्न और राग का है। निराला ने विरोधी स्वभाव का शब्द रखकर राग के साथ जुड़े हुए विराग की ओर संकेत किया है। दाग़

के सम्पर्क से राग की माधुरी थोड़ा विषाक्त हो गई। विवाह की परिधि से मुक्त जिस तरह के प्रेम का चित्रण वह कर रहे हैं, उसका थोड़ा विषाक्त होना स्वाभाविक भी है।

'सरोज-स्मृति' में निराला ने लिखा है :

यह लोक-रीति
कर दूँ पूरी, गो नहीं भीति
कुछ मुझे तोड़ते गत विचार।

पंक्तियों में जैसी शब्दावली है, 'गो' का स्वभाव उससे उल्टा है। निराला जिस विद्रोह-भावना का चित्रण कर रहे हैं, 'गो' का अप्रत्याशित काव्य-रीति-विरोधी व्यवहार उसके उत्कर्ष में सहायक होता है।

स्वभाव की भिन्नता हिन्दी-उर्दू शब्दों में ही नहीं है, तत्सम-तद्भव अथवा हिन्दी के शब्दों में भी है। 'विजन वन-वल्लरी'—यह एक तरह की पदावली, 'स्नेह-स्वप्न-मग्न'—यह भी उसी तरह की दूसरी पदावली। इनके बीच में 'सुहागभरी'। सुहाग वैसी प्रतिष्ठा वाला शब्द नहीं है, जैसी प्रतिष्ठा 'वल्लरी' और 'स्वप्न' को प्राप्त है। फिर भी ठेठ हिन्दी है, बड़ा मधुर है। निराला 'विजन-वन' की सुसंस्कृत पदावली के बीच 'सुहाग' के प्रयोग द्वारा जुही के साथ बड़ा आत्मीय भाव स्थापित कर लेते हैं। 'जागृति में सुप्ति थी' कविता में 'सुहाग' का ऐसा ही प्रयोग फिर हुआ है :

लाज से सुहाग का—
मान से प्रगल्भ प्रिय प्रणय निवेदन का
मन्द हास-मृदु वह
सजा जागरण जग।

शेष शब्दावली में सौन्दर्य की उदात्त भंगिमाएँ हैं, उनके बीच में लाज और सुहाग उस सौन्दर्य के सरस आत्मीय पक्ष की ओर संकेत करते हैं।

निराला ने गीत लिखा : 'रूखी री यह डाल वसन वासन्ती लेगी'। 'रूखी' निहायत रूखा शब्द है; 'वासन्ती' वैसा ही सरस, कवित्वपूर्ण शब्द। निराला दो विरोधी स्वभाव के शब्द एक ही पंक्ति में रखकर उस परिवर्तन का चित्र खींच रहे हैं जो वसन्त के आने पर प्रकृति में सम्भव होता है।

आधुनिक भारतीय भाषाओं के अनेक कवि तत्सम शब्दावली का सहारा लेते हैं कोमलकान्त पदावली रचने के लिए या फिर उदात्त, गम्भीर शैली के लिए। निराला भी इन दोनों उद्देश्यों की पूर्ति के लिए तत्सम शब्दों का व्यवहार करते हैं किन्तु इनमें दूसरा उद्देश्य ही प्रधान है, पहला गौण है; सन् '20 से '30 तक की रचनाओं में कोमलकान्त पदावली का आग्रह कुछ अधिक है; आगे यह आग्रह क्षीण होता गया है। जो कोमल और मधुर है, उसे भी उदात्त की ओर ले जाने का प्रयत्न अधिक है। सन् '30 से पहले भी निराला जहाँ-तहाँ तत्सम शब्दों का व्यवहार कर्कश और परुष भाव-व्यंजना के लिए करते हैं, जैसे 'लक्ष-वक्षःस्थलार्गलित द्वार'। तत्सम शब्दों से

निराला कई तरह की शैली रचते हैं। 'वासन्ती' में कोमलकान्त, 'तुम और मैं' में उदात्त-गम्भीर, 'विस्मृत भोर' में कोमल-गम्भीर और कर्कश का नाटकीय वैषम्य।

पुलकाकुल अलि-मुकुल-विपुल हिलते तरु-पात—

यह कोमलकान्त पदावली है।

जहाँ नहीं कोई भय बाधा, कोई वाद-विवाद—

यह मन्द्र-गम्भीर शैली है।

जहाँ हाय, केवल श्रम, केवल श्रम,
केवल श्रम, कर्म कठोर।

यह परुष और कर्कश शैली। 'मेरी चाहें बदल रहीं नित आहों में'—यह परुषताहीन दु:ख का सहज-भाव, इसकी शैली अलग। 'विस्मृत भोर' में निराला इस तरह के शैलीभेद से प्रकृति की छलना, मन की आकांक्षाएँ, वास्तविकता का कटु अनुभव—इन विरोधी भावों की व्यंजना करते हैं।

निराला और अन्य छायावादी कवियों में अन्तर यह है कि निराला छायावादी कविता के अभ्युदयकाल में ही कोमलकान्त पदावली को संशय की दृष्टि से देखने लगे थे। 'विस्मृत भोर' में इस पदावली पर प्रच्छन्न व्यंग्य है। क्या कहने हैं उस 'स्वर्णालंकृत नवल प्रभात' के जहाँ वास्तविक जीवन में अन्धकार और कठोर परिश्रम है।

निराला-काव्य में तत्सम शब्दावली का प्रयोग अधिकाधिक ध्वनि और भाव के उदात्तीकरण के लिए होता है। जहाँ कोमल और मधुर भाव हैं, वहाँ भी प्रवृत्ति उदात्तीकरण की है :

अलस पंकज दृग अरुण-मुख
तरुण-अनुरागी—

इस तरह की पंक्तियों में। उल्लेखनीय है कि निराला ऐसी रचनाओं में गौरवपूर्ण तत्सम शब्दावली के साथ साधारण शब्दों का बड़ा ही असाधारण प्रयोग करते हैं। 'तागना' हिन्दी की सामान्य नीरस क्रिया है। निराला तरुण-अनुरागी के साथ उसे भी जमा देते हैं :

वासना की मुक्ति मुक्ता त्याग में तागी।

नेग, नेगी शब्द बड़े सामान्य हैं। 'वसन वासंती लेगी'—इस गीत में निराला ने 'नेगी' शब्द का व्यवहार उदात्त स्तर पर किया है :

गरलामृत शिव आशुतोष-फल
विश्व सकल नेगी।

निराला ने गम्भीर भाव व्यक्त करनेवाला गीत लिखा :

शत शत वर्षों का मग
हुआ पार देश का, न
हुए प्राण सार्थक जग। ['गीतिक', पृ. 79]

'जग' और 'मग' से बिलकुल विरोधी स्वभाव का शब्द है : 'रग'। छायावादी कविता में ऐसे शब्दों की खपत बहुत कम है। निराला ने लिखा :

शक्तिहीन तन निश्चल,
रहित रक्त से रग-रग।

'रग' में जो शक्ति नहीं है, वह उसे निराला ने सन्दर्भ से दी है। 'रग' का ऐसा ही प्रयोग अन्य गीत में है :

रँग देता प्रसुप्त जग के रग
गीत-जागरण मंजुल अमरण। ['गीतिका', पृ. 45]

रथ के रँगने का एक नया मुहावरा ही निराला ने गढ़ लिया। अत्यन्त अप्रत्याशित प्रसंगों में वह इस मुहावरे का प्रयोग करते हैं। 'तुलसीदास' में : 'रग-रग से रँग रे रहे जाग स्वप्नोत्पल' (बंद 80) पुन :

प्राणों के पथ पावन
रँगो रेणु के रँग रग। ['अर्चना', पृ. 14]
हरिण-नयन हरि ने छीने हैं।
पावन रँग रग-रग भीने हैं। [उप., पृ. 90]

'रग' की तरह 'नस' शब्द का प्रयोग भी उन्होंने किया है किन्तु उतनी सफलता से नहीं : 'नस ने रसवशता तोली है।' (उप., पृ. 65)

निराला का एक प्रिय शब्द 'मोगल' है। 'मुगल' को वह 'मोगल' बनाकर उसकी ध्वनि को उदात्त कर देते हैं। शिवाजी के पत्र में इस 'मोगल' रूप का प्रयोग अनेक बार हुआ है :

मोगल दल विगलित बल
हो रहे हैं राजपूत...
मोगल-सिंहासन के—
औरंग के पैरों के
नीचे तुम रक्खोगे
काढ़ देना चाहते हो दक्षिण के प्राण—
मोगलों को तुम जीवदान।

मोगल की ध्वनि के बल पर निराला ने उसे सर्वत्र तत्सम पदावली के समकक्ष रखा है। 'तुलसीदास' में उसका प्रयोग सबसे प्रभावशाली है :

मोगल दल बल के जलद यान,
दर्पित-पद उन्मद-नद पठान।

यहाँ मोगल-पठान जैसे विरोधी स्वभाव के शब्दों को निराला ध्वनि की एक ही तरंग में बाँधे हुए ऊपर उठा लेते हैं।

मुगल या मोगल से भी तत्सम-स्वभाव का अधिक विरोधी शब्द है : 'मशाल'। कहाँ 'अम्बुधि', 'भूधर', 'अप्रतिहत', कहाँ 'मशाल' निराला ने इस शब्द के साथ जुड़ा हुआ निम्न भावबोध तराश कर अलग रख दिया है; 'मशाल' में नया प्रकाश भर दिया है :

अप्रतिहत गरज रहा पीछे अम्बुधि विशाल;
भूधर ज्यों ध्यानमग्न, केवल जलती मशाल।

तत्सम शब्दावली में विरोधी स्वभाव, विरोधी कुलगोत्र वाले शब्द का ऐसा सफल प्रयोग निराला में भी अन्यत्र नहीं है। इससे मिलता-जुलता प्रयोग 'परिमल' की 'बहू' कविता में है। यहाँ भी संयोग से चित्र अन्धकार में जलती हुई वस्तु का है :

जलती अन्धकारमय जीवन की वह एक शमा है।

कितना अन्तर है इस अन्धकारमय जीवन और 'राम की शक्तिपूजा' की अमानिशा के अन्धकार में! उतना ही अन्तर है 'शमा' और 'मशाल' में, 'बहू' से लेकर 'राम की शक्तिपूजा' तक निराला की कला के विकास में।

विरोधी स्वभाव 'मशाल' और 'अम्बुधि' का ही नहीं है, 'उगलता' और 'अमानिशा' का भी है :

है अमानिशा उगलता गगन घन अन्धकार।

यहाँ 'उगलता', 'निशा' और 'अन्धकार' के संसर्ग से शक्तिशाली हो गया हो, ऐसी बात नहीं है। पूरी पंक्ति में उसकी भूमिका प्रमुख है। अन्धकार की सारी सक्रियता 'उगलता' के अर्थ-प्रसार पर निर्भर है : निराला यहाँ हिन्दी क्रिया से संस्कृत-शब्दों को नई शक्ति दे रहे हैं। 'तुलसीदास' में जो सबसे ज़ोरदार बंद है, उसमें हिन्दी क्रियाओं का यही महत्त्व है।

कल्मषोत्सार कवि के दुर्दम
चेतनोर्मियों के प्राण प्रथम
वह रुद्ध द्वार का छाया-तम तरने को—
करने को ज्ञानोद्धत प्रहार—
तोड़ने को विषम वज्र-द्वार,
उमड़े, भारत का भ्रम अपार हरने को।

चेतना में कल्मष का नाश करने की जितनी शक्ति है, वह 'उमड़े' क्रिया ही से सार्थक होती है। बंद के पहले हिस्से में छाया-तम तरने का प्रयास, दूसरे हिस्से में 'भारत का भ्रम' हरने का परिणाम—दोनों मध्यस्थित क्रिया 'उमड़े' से सम्बद्ध हैं। यहाँ भी निराला हिन्दी क्रिया द्वारा तत्सम-शब्दों को नई भावशक्ति देते हैं।

'राम की शक्तिपूजा' के प्रारम्भिक अंश में निराला ने क्रियापद हटा दिये हैं, मूर्तिविधान की सघनता के लिए कार्यों का चित्रण किया है। 'तुलसीदास' की प्रारम्भिक तीन पंक्तियों में भी क्रियापद हटा दिये गए हैं। इसे अपवाद मानना चाहिए। साधारणत: निराला हिन्दी क्रियाओं द्वारा तत्सम शब्दों के परम्परागत प्रयोग को निरन्तर बदलते रहते हैं। जो लोग संस्कृत शब्दावली के प्रेमी हैं, उसका अर्थ प्राचीन पद्धति से करते हैं, उन्हें निराला-काव्य में संस्कृत शब्दों का प्रयोग बहुत जगह असंस्कृत लगेगा। असंस्कृत लगने का एक कारण हिन्दी क्रियाओं द्वारा तत्सम शब्दों की अर्थवत्ता में परिवर्तन है।

राम-रावण का सगर अपराजेय माना जा सकता है किन्तु वह ज्योति के पत्र में (अथवा ज्योति के पत्र पर) लिखा कैसे रह गया? कौन लिखने आया था, काहे से लिखा था? निराला को यह ज्योति का पत्र पढ़ने को कहाँ मिला?

महोल्लास, आकाश सुन्दर शब्द हैं। उल्लास के मारे आकाश का विकल होना भी मान लिया। किन्तु उल्लास से आकाश बिंधता कैसे है? बिंधना बड़ा सामान्य शब्द है। आकाश को बिंधते दिखाकर कवि ने जैसे महोल्लास और आकाश का गौरव ही मिटा दिया है!

उगलता शब्द बीभत्स है। 'अमानिशा' और 'गगन' के साथ उसका प्रयोग अनुचित माना जायगा। दिशा का ज्ञान खो रहा है। कौन इस ज्ञान को खो रहा है? अस्पष्ट! राम को संशय हिला रहा है; क्रिया का प्रयोग सही है किन्तु हिलाना—'हिलाते अधर प्रवाल' की तरह—कुछ हास्य-व्यंजक क्रिया है। सन्दर्भ के अनुपयुक्त है। रावण-जय-भय रह-रह जग उठता है। भय कैसे जगता है? रह-रहकर उसका जगना क्या होता है? क्या बीच में सो जाता है?

हार मानना, सिहरना, लहराना, याद आना, पछाड़ खाना, टूटना, फड़कना, बुझना, लखना, हँसना आदि क्रियाएँ तत्सम शब्दों के गौरव से कहाँ तक मेल खाती हैं?

यदि कोई इस तरह की आपत्ति करे तो उससे यह निष्कर्ष तुरन्त निकाला जा सकता है कि निराला ने संस्कृत शब्दों का प्रयोग जिस कलात्मक स्तर पर किया है, वह संस्कृत कवियों के स्तर से भिन्न है। निराला अपनी कविता के लिए नई भाषा गढ़ते हैं। इसके लिए वह संस्कृत की शब्द-सम्पदा का सहारा लेते हैं किन्तु न तो उस पर पूरी तरह निर्भर रहते हैं, न ही उसका उपयोग करने में संस्कृत कवियों की अभिरुचि का अनुसरण करते हैं।

निराला की समास-रचना अद्भुत है। एक-एक समास से वह पूरे वाक्य का काम लेते हैं। 'राम की शक्तिपूजा' में 'तीक्ष्ण-शर-विधृत-क्षिप्र-कर, वेग-प्रखर' आदि पहले समर के विशेषण रूप में आते हैं, फिर समर पीछे छूट जाता है। प्रत्येक समास अपने

में पूर्ण वाक्य की तरह युद्ध का खंड-चित्र प्रस्तुत करता है। 'भेद-कौशल-समूह' में कौशल-समूह के बाद भेद को रखना अधिक व्याकरण-सम्मत होता। 'तुलसीदास' में दिङ्मंडल के साथ 'तमस्तूर्य' कष्टकर समास है।

निराला जहाँ केवल तत्सम शब्दों को जोड़ते हैं, वहाँ एक तरह का उपद्रव है; जहाँ वह किसी हिन्दी क्रिया से तत्सम का गठबन्धन कर देते हैं, वहाँ उपद्रव दूसरे ढंग का है। 'वासन्ती' कविता ('परिमल', पृ. 69) में उन्होंने वर्ष के लिए लिखा है : 'आया, हँसता मुख आया'। 'हँसता' के साथ 'मुख' जोड़कर समास बनाया। 'यामिनी जागी' में 'अनुरागी' क्रिया से तरुण को बाँधा है : 'तरुण-अनुरागी। कौन तुम शुभ्र-किरण-वसना'। —इस गीत में एक पंक्ति है :

अनायास ही ज्योतिर्मय-मुख
स्नेह-पाश-कसना।

स्नेह-पाश के साथ 'कसना' क्रिया जोड़कर नये ढंग की समास-रचना। 'बुझे तृष्णाशा विषानल'—इस गीत में : 'ओस के धोये अनामिल पुष्प ज्यों खिल किरण चूमे'। ऊपर के उदाहरणों के अनुरूप ही 'चूमे' क्रिया के साथ किरण को जोड़कर समास रचा गया है।

सारांश यह कि निराला-काव्य में तत्सम शब्दों का व्यवहार निरन्तर औचित्य के नियमों का उल्लंघन करता है और इस उल्लंघन से सामान्यत: किसी-न-किसी कलात्मक लक्ष्य की सिद्धि होती है।

कवित्वपूर्ण शब्दावली

हिन्दी में एक शब्द है : 'मृदु'। पुरानी ब्रज और अवधी कविता में इसका व्यवहार हुआ है, आधुनिक बँगला में भी। यद्यपि यह छोटा-सा शब्द है किन्तु छायावादी कवि उसके माधुर्य पर मुग्ध थे। कविता की भाषा को बोलचाल की भाषा से अलग करने के लिए वे इसका प्रचुर व्यवहार करते हैं। भाषा को कवित्वपूर्ण बनाने का यह प्रयास निराला में भी है, विशेष रूप से उन कविताओं में, जो भावुकता के स्तर पर रची गई हैं। 'परिमल' में 'मृदु' शब्द का व्यवहार बहुत हुआ है। संज्ञा के पहले तो वह उसे रखते ही हैं, संज्ञा के बाद भी उसे रख देते हैं और समास बनाते हैं। 'मृदु छन्द', 'मृदु कम्पन', 'मृदु उद्‌गार', 'मृदु-मर्मर', 'मृदु मुखड़ा' के अलावा 'शयन-मृदु' जैसे पद भी हैं। वह उसे विशेषण के साथ भी जोड़ते हैं : 'मृदु-मन्द', 'मृदु मधुर', 'मृदु-चंचल' आदि। 'झूम झूम मृदु गरज गरज घन घोर' में मृदु से वह क्रिया को प्रभावित करते हैं। बहुत जगह यह भरती का शब्द है। जहाँ छन्द के निर्वाह के लिए

दो मात्राओं या दो वर्णों वाले शब्द की ज़रूरत हुई, निराला ने 'मृदु' रख दिया। किन्तु कहीं-कहीं उसका बड़ा सार्थक प्रयोग भी हुआ है। 'तुलसीदास' में उन्होंने कोमल, दु:खद किन्तु ह्रासमान संस्कृति का चित्रण करते हुए लिखा है :

प्राणों की छवि मृदु-मन्द-स्पन्द,
लघु गति, नियमित-पद, ललित-छन्द।

ऐसा लगता है कि कोमलकान्त पदावली के धनी छायावादी कवियों को ध्यान में रखकर उन्होंने ये पंक्तियाँ लिखी हैं। 'मृदु' शब्द यहाँ कोमलकान्त पदावली की लघु गति और लालित्य का प्रतीक है; उसके प्रयोग में प्रच्छन्न व्यंग्य है।

'मृदु' से मिलते हुए 'मृदुल' और 'मंजुल' हैं जिनका व्यवहार निराला तथा अन्य छायावादी कवि भाषा को कवित्वपूर्ण बनाने के लिए करते हैं। यह कोई विशुद्ध शब्द-चयन की समस्या नहीं है; इसका सम्बन्ध छायावादी कवियों के भावबोध से है। जहाँ वे यथार्थ से कतराते हैं, कल्पना में ऐसी दुनिया रचते हैं जो झूठे सपनों से उनका मन बहलाती है, वहाँ ऐसी शब्दावली का प्रयोग भी अधिक है। 'प्रथम चुम्बन', 'प्रथम वसन्त', 'प्रथम प्रकाश' की प्राथमिकता बँगला-हिन्दी के स्वच्छन्दतावादी कवियों को बहुत आकर्षित करती रही है, निराला ने भी इस प्रथम का व्यवहार बहुत किया है। 'मसृण', 'सजल', 'चकित', 'प्रिय', 'अलि', 'सखि', 'मर्मर', 'मन्द', 'गंध', 'अन्ध', 'टलमल', 'कली', 'किसलय', 'पल्लव', 'नव', 'तव', 'विमल', 'नवल', 'मंजु', 'कुंज', 'शुचि', 'उन्मन', 'श्लथ', 'अतीत', 'कनक', 'प्रभात', 'स्मृति', 'वीणा', 'मुग्ध', 'लुब्ध', 'अधर', 'नूपुर', 'किरण', 'ज्योत्स्ना', 'वेदना', 'कम्पन', 'तरंग', 'प्राण', 'ज्योति', 'गात', 'स्वप्न', 'रश्मि', 'छवि', 'उर', 'मलय', 'पथ', 'शतदल' आदि छायावादी कविता में बार-बार सुनाई देनेवाले ऐसे शब्दों की लम्बी सूची बनाई जा सकती है। 'मन्द-गंध-अन्ध' की आवृति 'शीतल-मन्द सुगंध' की रूढ़ि जैसी है। 'अलि' और 'सखि' शब्दों का व्यवहार स्त्रैण भावों का द्योतक है। अन्य शब्द कोमलता से अत्यधिक मोह, दिवा-स्वप्नों में डूबे रहने की प्रवृत्ति की ओर संकेत करते हैं। कलियों का 'खुलना', नर या नारी के शरीर का 'श्लथ' होना, कलियों का थर-थर काँपना, 'रश्मि' द्वारा शरीर का 'चूमा जाना', समीर का 'बहना', छवि का 'जागना', परिचय 'खोलना', जीवन 'भरना', जीवन को 'बाँधना' आदि ऐसे व्यापार हैं जिनसे भाषा के व्यावहारिक स्तर पर सामान्य जन अपरिचित हैं। इन क्रियाओं के व्यवहार का उद्देश्य भी भाषा को कवित्वपूर्ण बनाना है।

छायावादी कविता की शब्दावली अपने में खराब नहीं है किन्तु यदि बार-बार एक ही तरह की भावना जगाने के लिए एक-से सन्दर्भों में उसका प्रयोग होगा तो वह अवश्य रूढ़ और अशक्त हो जायगी। निराला ने इस शब्दावली का प्रयोग 'परिमल' और 'गीतिका' में अधिक किया है, बाद को कम। प्रसंग बदलकर वह निर्जीव-से लगने वाले शब्दों को नई शक्ति दे सकते हैं, यह उनकी कला की विशेषता है।

पुरानी कविता में 'पल्लव' शब्द का प्रयोग कम हुआ है किन्तु तुलसीदास ने लिखा था :

वर दन्त की पंगति कुन्दकली अधराधर पल्लव खोलन की।

निराला की ध्वनि-संरचना इस पंक्ति के मन्द्रघोष से मिलती-जुलती है। 'अधर-प्रवाल' से 'अधर पल्लव' अधिक सार्थक है। निराला ने 'पल्लव' की कोमलता मिटाकर उसे झुलसे हुए पत्र का समानार्थी भी बना दिया है :

विकल डालियों से
झरने पर ही हैं पल्लव-प्राण। ['परिमल', पृ. 39]

अन्यत्र 'पल्लव-दृग', 'पल्लव-पर्यंक' आदि में उन्होंने पल्लव की कोमलता का ध्यान रखा है।

एक निरर्थक-सा शब्द है—'टलमल'।

वृत्त पर टलमल उज्ज्वल प्राण— ['परिमल', पृ. 62]
रूप राशि में टलमल टलमल— ['गीतिका', पृ. 32]

यह ठेठ छायावादी ढंग का प्रयोग है। किन्तु 'सरोज-स्मृति' में निराला ने इसका प्रयोग उदात्त स्तर पर किया है।

उमड़ता ऊर्ध्व को कल सलील
जल टलमल करता नील नील।

यहाँ फिर भी टलमल का सम्बन्ध सौन्दर्य से है। 'राम की शक्तिपूजा' में निराला ने उसका प्रयोग भयप्रद परिस्थिति के चित्रण में किया है :

लौटे युगदल। राक्षस पदतल पृथ्वी टलमल

अद्‌भुत प्रयोग है!

'प्राण' और 'तरंग' निराला के प्रिय शब्द हैं। उदात्त स्तर पर इनका प्रयोग 'दे, मैं करूँ वरण'—गीत में है :

प्राण-संघात के सिन्धु के तीर मैं
गिनता रहूँगा न कितने तरंग हैं।

इसी तरह शतदल का बड़ा समर्थ प्रयोग 'तुलसीदास' के आरम्भ में है; और 'सरोज-स्मृति' में :

हों भ्रष्ट शीत के से शतदल

यहाँ भी शतदल का प्रयोग मार्मिक है।

निराला के अनेक प्रिय शब्द हैं जिनका प्रयोग वह एक से अधिक बार करते हैं। देखना यह चाहिए कि इनका प्रयोग सबसे कलापूर्ण कहाँ हुआ है। ऐसा एक

प्रिय शब्द है : 'गहन'। 'जुही की कली' में मलयानिल 'उपवन-सर-सरित' के साथ 'गहन-गिरि-कानन' भी पार करता है। 'गहन' शब्द से रास्ते की कठिनाइयों की ओर हल्का-सा इशारा है। 'वासन्ती' में जिन धाराओं से निराला ने भाषाओं की तुलना की है, वे 'गहन विपिन' में गिरितट काटती हैं। 'परिमल' की पहली कविता में 'गहन' अन्धकार से सम्बद्ध है : 'तम-गहन-जीवन घेर'। 'गीतिका' में एक जगह नारी और कली के लिए लिखा है :

यह जैसी वैसी ही निर्जन
नभ में गहन गड़ी। [पृ. 4]

निर्जन वन और शून्य आकाश से 'गहन' का संसर्ग यहाँ भी है। 'राम की शक्तिपूजा' में निराला ने 'गहन भाव' की चर्चा की है। 'अणिमा' के गीत में इसका सबसे सफल प्रयोग है : 'गहन है यह अन्ध कारा'। अन्धकार से गहन का सम्बन्ध छूटा नहीं है किन्तु यह अँधेरा वन और आकाश का नहीं, समाज का है।

ऐसे ही 'राग' शब्द उन्हें प्रिय है।

दाग़ जब मिट जाएगा
स्वप्न ही तो राग वह कहलाएगा? ['परिमल', पृ. 32]

प्रेम का राग सपना हो जायगा। 'राग' शब्द की ध्वनि खुली हुई है, अर्थ मुँदा हुआ है।

राग-अमर! अम्बर में भर निज रोर। [उप., पृ. 148]

राग पर बलाघात; ध्वनि और अर्थ, दोनों मुखर हैं :

व्योम और जगती के राग उदार! [उप., पृ. 155]

'राग-अमर' की तुलना में बलाघात हल्का है। यह 'राग' अधिक कोमल है :

जननि, दुःख-हरण पद-राग-रंजित मरण।

यह दूसरा 'राग' है किन्तु जैसी गहराई इस 'राग' में है, वैसी 'बादल-राग' में भी नहीं।

कमल के पर्यायवाची शतदल, उत्पल, पंकज आदि अनेक शब्दों का प्रयोग निराला ने किया है। 'बादल-राग' (6) में पंक पर विप्लव का जल बरसाने के बाद निराला ने कमल के लिए 'जलज' शब्द का प्रयोग किया है। उनका ध्यान पंक से अधिक जल पर है। किन्तु 'गीतिका' में उन्हें पंक से पंकज का सम्बन्ध चमत्कारी लगा :

स्नेह से पंक-उर
हुए पंकज मधुर [पृ. 18]

स्नेह की शक्ति का प्रदर्शन 'पंक-उर' के 'पंकज' बनने में है। इसी तरह 'प्रात तव द्वार पर'—इस गीत में उत्पल का प्रयोग सार्थक है : 'लगे जो उपल पद, हुए उत्पल ज्ञात'। जो 'उपल' थे, वही खिलकर मानो 'उत्पल' बन गए। 'उत्पल' और 'उपल' की समानता निराला के मन में यह गीत लिखने से बहुत पहले से थी। सन् '24 की 'उद्बोधन' कविता में उन्होंने इस समानता को लक्ष्य करके लिखा था :

देख सामने, बना अचल उपलों को उत्पल, धीर!

['अनामिका', पृ. 68]

यहाँ पदयोजना में 'उत्पल-उपल' का प्रयोग बहुत कलात्मक नहीं है। निराला इन दो शब्दों की समानता को भूलते नहीं हैं, वह समानता मन के किसी कोने में पड़ी हुई क्रमश: संवर्द्धित होती रहती है। 'प्रात तव द्वार पर' के नवीन सन्दर्भ में वह पूरी शक्ति से उभर आती है।

निराला का एक प्रिय शब्द है : 'अराल'। 'सम्राट् एडवर्ड अष्टम के प्रति' के आरम्भ में सौन्दर्य की उदात्त भंगिमा के चित्रण में इसका प्रयोग हुआ है :

वीक्षण अराल—
बज रहे जहाँ
जीवन का स्वर भर छन्द ताल।

भय का व्यापक प्रभाव दिखाने के लिए 'अर्चना' में इसका बड़ा सफल प्रयोग हुआ है : 'निविड़ विपिन पथ अराल'।

एक बड़ा साधारण-सा शब्द है : 'दिन'। तत्सम होने पर भी अत्यधिक व्यवहार के कारण अप्रतिष्ठित हो गया है :

ये दु:ख के दिन
काटे हैं जिसने— ['अर्चना', पृ. 62]

बड़ी सादगी और ताकत है 'दिन' में। वैसे ही—'सुख का दिन डूबे डूब जाय'—समर्थ प्रयोग है।

भारत प्रकाशमय है। इस अर्थ को ध्यान में रखते हुए निराला ने 'भारत के नभ का प्रभापूर्य' पंक्ति लिखी थी। प्राण अभौतिक, अगोचर नहीं, भौतिक शक्ति है। इसलिए लिखा :

प्राण-संघात के सिन्धु के तीर मैं
गिनता रहूँगा न कितने तरंग हैं।

निराला ने संसार सागर को शक्ति का सागर मानकर 'प्राण' शब्द का प्रयोग किया है। 'तुलसीदास' में चेतना को वह शक्ति मानते हैं, उसकी ऊर्मियाँ देखते हैं, उन्हीं

ऊर्मियों के प्राण पर लिखा है : 'चेतनोर्मियों के प्राण प्रथम'। इस तरह निराला-काव्य, में कुछ विशेष शब्दों के व्यवदार का कारण उनका दार्शनिक चिन्तन है। 'राम की शक्तिपूजा' में :

उद्वेल हो उठा शक्ति खेल सागर अपार।

यह वैसा ही शक्ति का सागर है, जैसा 'गीतिका' में प्राण संघात का सिन्धु।

दलित जन पर करो करुणा।
दीनता पर उतर आए
प्रभु, तुम्हारी शक्ति अरुणा। ['अणिमा', पृ. 14]

लगता है, करुणा के साथ तुक मिलाने के लिए निराला ने अरुणा लिख दिया है किन्तु 'अरुणा' शक्ति के कल्याणमय रूप की द्योतक है, इसलिए सार्थक है। 'अर्चना' के आरम्भ में जो देवी नयनों से करुणा बरसाती हैं, वह भी अरुणा हैं : 'उसकी सहज साधिका अरुणा'। यहाँ भी अरुणा का प्रयोग सार्थक है।

निराला ने जिस तरह की काव्यभाषा गढ़ी है, उसके अपने नियम हैं। कई जगह शब्द-चयन इन नियमों को तोड़ता-सा लगता है। 'सरोज-स्मृति' में 'ऊनविंश अस्वाभाविक लगता है, कविता के आरम्भ की काफी पंक्तियाँ प्रयास से गढ़ी हुई जान पड़ती हैं।' 'दृक्पात', 'तूर्ण-चरण', जैसी शब्द-योजना खटकती है। 'वनबेला' में—'विश्व के प्रणय-प्रणयिनियों कर'—पंक्ति में ध्वनि या अर्थ का निर्वाह निराला के सौन्दर्य-बोध के अनुरूप नहीं है। 'अर्चना' (पृ. 63) में वणिक की 'पणिकता' का उल्लेख अर्थ की दृष्टि से सही है, ध्वनि-विचार से नहीं।

'तुलसीदास' में निराला ने वंशवद का प्रयोग किया है। (बंद 7) 'अर्चना' (पृ. 99) के एक गीत में इसी शब्द का फिर प्रयोग किया है, अन्य गीत (उप., पृ. 91) में 'अवशंवद' का। एक जगह 'आराधना' (पृ. 82) में भी इसका प्रयोग है। ध्वनि या अर्थ की दृष्टि से यह कोई बहुत सफल प्रयोग नहीं मालूम होता। 'आराधना' में अक्षत-पश्चय, मरणि-पाशि, समाश्वासि, 'अर्चना' में तमस्तरिता, तपश्चरिता, ईरण आदि निराला-काव्य के शब्द संसार में अजनबी-से लगते हैं।

निराला ने 'दृग' शब्द का बहुत प्रयोग किया है। 'अलस-पंकज दृग' में सफल प्रयोग है। 'राम की शक्तिपूजा' में—'झक-झक झलकती वह्नि वामा के दृग त्यों-त्यों'—'दृग' लोक-व्यवहार में असामान्य होने से देवी के सन्दर्भ में सार्थक है। 'खिंच गए दृगों में सीता के राममय नयन'—'दृग' राम के हैं, 'नयन' सीता के। शक्ति और कोमलता का वैषम्य है। किन्तु 'दृगों की कलियाँ नवल खुलीं', यहाँ दृग अशक्त है। 'दृग-दृग को रंजित कर'—('गीतिका', पृ. 81) प्रयोग रूढ़ है, भाषा को कवित्वपूर्ण बनाने के लिए है। अन्तिम पंक्ति में उसकी आवृत्ति—'दृग-दृग की बँधी सुछवि'—

अनपेक्षित है। इसी गीत में 'दिक्कुमारिका-पिक-रव' ध्वनि-विचार से सार्थक नहीं है। निराला 'पिक' शब्द का प्रयोग भी अक्सर करते हैं। 'पिक-ध्वनि' उन्होंने पुस्तकों में पढ़ी है, कोयल के बोल बागों में सुने हैं। 'मधुप' और 'भौंरे' में भी ऐसा ही अन्तर है।

मधुप-निकर कलरव भर,
गीति-मुखर पिक-प्रिय-स्वर— ['गीतिका', पृ. 7]

इससे तुलनीय है :

कुंज कुंज कोयल बोली है। ['अर्चना', पृ. 65]

और :

फूटे हैं आमों में बौर,
भौंर बन बन टूटे हैं। [उप., पृ. 33]

जहाँ यथार्थ बोध में गहराई है, वहाँ 'पिक' और 'मधुप' छूट जाते हैं।

निराला कई जगह चित्रण में कमज़ोरी आने पर संस्कृत पदावली से भाषा के स्तर को उठाकर उस कमज़ोरी को छिपा लेना चाहते हैं। 'तुलसीदास' में राजापुर का वर्णन करना है; उसमें कोई ऐसी भव्यता नहीं जिससे वर्णन को शेष कविता के उदात्त स्तर तक ला सकें। उन्होंने पहले यमुनातट के अन्य श्रेष्ठ नगरों का उल्लेख किया—उन्हें 'समृद्धि की दूर प्रसर माया में' स्थित बताया। इनमें राजापुर को गिनाकर उसे पूर्ण कुशल, व्यवसाय प्रचुर कहा, लेकिन इतना काफी नहीं था। उन्होंने अन्तिम पंक्ति जोड़ी :

ज्योतिश्चुम्बिनी कलश-मधु-उर छाया में।

यहाँ 'श' में ज़रूरत से ज़्यादा मिठास है। दोष तत्सम पदावली में ही नहीं है, निराला कष्टकल्पना से अर्थ-गाम्भीर्य की कमी पूरी कर रहे हैं।

तुलसीदास के युवाकालीन जीवन का वर्णन करना है। निराला ने कमल से उपमा दी; भाषा को खूब रँगा।

जल की शोभा का-सा उत्पल
सौरभोत्कलित अम्बर तल, स्थल-स्थल, दिक-दिक।

सौरभोत्कलित में कोई गरिमा नहीं है। जो 'उपल' 'उत्पल' बने थे, उनके आगे यह 'उत्पल' तुच्छ है। 'दिक-दिक, दिक्कुमारि का पिकरव' की तरह, परेशान करनेवाला है।

तुलसीदास ने जब रत्नावली के चले जाने पर सूना घर देखा, तब निराला के लिए फिर कठिनाई पैदा हुई। उन्होंने कमल वाली उपमा याद की :

अपहृत श्री, सुख-स्नेह का सद्म,
निःसुरभि, हंत, हेमन्त-पदम्!
नैतिक-नीरस, निष्प्रीति छद्म ज्यों, पाते।

शब्दों की ध्वनि से घर की स्थिति व्यंजित नहीं होती। सद्म को पद्म कहने से यथार्थ बोध का कोई विशेष परिचय नहीं मिलता। उसके साथ छद्म वाला वाक्यांश जोड़कर निराला शब्दों की मितव्ययिता के बदले उनकी अतिव्ययता का परिचय देते हैं। जहाँ तत्सम शब्दों का प्रयोग ध्वनि और अर्थ की दृष्टि से वांछनीय है, जहाँ निराला थोड़े-से शब्दों में विराट् चित्र प्रस्तुत करते हैं, वहाँ उनके काव्य का कलात्मक स्तर ऊँचा है।

शत शत अब्दों का सान्ध्यकाल
यह आकुंचित्-भ्रू कुटिल भाल
छाया अम्बर पर जलद जाल ज्यों दुस्तर।

यहाँ भावशक्ति है, सजीव मूर्तिविधान है, वैसा ही उदात्त ध्वनि-सौन्दर्य है, शब्द-योजना सार्थक है। भारत पर शताब्दियों से जो सांस्कृतिक संकट छाया हुआ था, उसकी व्यंजना थोड़े से शब्दों में विराट् चित्र खींचकर निराला ने की है।

तत्सम शब्दों को पहचानना काफी नहीं है। देखना यह चाहिए, कहाँ उनका प्रयोग सफल हुआ है, कहाँ असफल। इसके लिए शब्द-योजना के साथ निराला की भावशक्ति, यथार्थ बोध, चित्रण क्षमता आदि पर भी ध्यान देना चाहिए।

मौलिक शब्द-योजना

निराला का एक प्रिय शब्द है : 'हेर'। ठेठ हिन्दी की क्रिया है, तत्सम-प्रधान शब्दावली के स्वभाव के विपरीत है। 'जुही की कली' में 'हेर प्यारे को सेज पास'। 'यामिनी जागी' में : 'हेर उर-पट, फेर मुख के बाल'।

नयनों में हेर प्रिये
मुझे तुमने ये वचन दिये। ['गीतिका', पृ. 5]

ब्रजभाषा काव्य में 'हेर' के साथ जो अनेक मधुर स्मृतियाँ जुड़ी हुई हैं, निराला आधुनिक कविता में उस क्रिया के प्रयोग द्वारा उन्हें जगाते हैं। शब्द की ध्वनि, उसके कोशगत अर्थ के अलावा निराला इस बात पर ध्यान देते हैं कि वह किस वातावरण

से जुड़ा हुआ है, इसके व्यवहार से किस तरह के भाव पाठक के मन में जगेंगे। ब्रजभाषा काव्य में, जनपदीय लोकगीतों में अनेक शब्दों का अपना संसर्ग-बोध है। निराला शब्द-चयन में इस संसर्ग-बोध का ध्यान रखते हैं। ऐसा ही शब्द है 'सेज', शय्या के संसर्ग-बोध से भिन्न। 'हेर प्यारे को सेज पास'—यहाँ 'सेज' में ऐसा भाव-सौन्दर्य है, जैसा 'मृदु-शयन' से उत्पन्न करना असम्भव है। 'निशा के उर की खुली कली'—इस गीत में निराला ने 'शय्या' शब्द का प्रयोग किया है : 'मूँद पलक प्रिय की शय्या पर'। निशा को नायिका बनाकर आत्मीयता का वह भाव पैदा नहीं किया जो 'जुही की कली' में है। 'नयनों के डोरे लाल' में गीत की धुन, सारी शब्द-योजना जैसा वातावरण पैदा करती है, उसमें 'सेज' का प्रयोग और भी सार्थक है : 'जागी रात सेज प्रिय पति सँग रति सनेह-रँग घोली'।

'हेर' और 'सेज' के साथ 'पट'। 'हेर उर-पट, फेर मुख के बाल'। 'पट'—ब्रजभाषा काव्य का परिचित शब्द, संसर्ग-बोध से शृंगार के कोमल भाव जगाने वाला। होली-गीत में 'सेज' की तरह इसका भी सार्थक प्रयोग : 'उठी सँभाल बाल, मुख लट, पट, दीप बुझा हँस बोली'।

छायावादी कविता में 'प्रिय' का व्यवहार अधिक है, 'प्यारे' का कम। 'प्रिय' छोटा-सा शब्द है, 'मृदु' और 'उर' की तरह जगह भरने के काम आता है, कवित्वपूर्ण भी है। 'प्यारे' बोलचाल का घिसा हुआ, अतिपरिचित शब्द है जिसमें स्नेह से अधिक हास्य का भाव निहित है। किन्तु 'जुही की कली' में निराला ने लिखा : 'हेर प्यारे को सेज पास'। ऐसे ही 'जागो फिर एक बार' (1) में 'प्यारे जगाते हुए हारे सब तारे तुम्हें'। निराला का प्रिय शब्द है—'मग'। वह मार्ग का प्रयोग भी करते हैं : 'मार्ग के रोध विश्वास से भिन्न हों' ('गीतिका', पृ. 97) उदात्त स्तर पर रास्ते की कठिनाइयाँ दिखाने के लिए मार्ग का व्यवहार हुआ है। कोमल भावों की व्यंजना के लिए निराला 'मग' का प्रयोग करते हैं।

अलस पग, मग में ठगी-सी रह गई— ['परिमल', पृ. 37]

पूरी पंक्ति की शब्द-योजना ब्रजभाषा की प्रकृति के अनुकूल है। तुलसीदास रत्नावली के ध्यान में डूबे हुए ससुराल जा रहे हैं। निराला ने कोमल भाव-सन्दर्भ में 'मग' का प्रयोग किया है : 'मग में प्रिय कुहरित डाल डाल'।

आधुनिक हिन्दी कविता में 'स्नेह' ने 'सनेह' को खदेड़ दिया है। निराला ने होली वाले गीत में 'रति सनेह रँग घोली' लिखकर 'सनेह' का चमत्कारी प्रयोग किया है। 'मेघ' और 'मेह' में 'मेघ' को अधिक कवित्वपूर्ण माना जाता है। निराला ने 'मेघ' का प्रयोग किया है, 'मेह' का भी : 'मधुर स्नेह के मेह प्रखरतर'। ('गीतिका', पृ. 31) बोलचाल के शब्दों में जहाँ दूसरे कवि को भावशक्ति का अभाव दिखाई देता है, वहाँ निराला उनका व्यवहार सन्दर्भ-विशेष में इस ढंग से करते हैं कि उनका बोल-चाल वाला हल्कापन दूर हो जाता है और मूर्तिविधान या भाव को उभार देते हैं। 'बाल'

कवित्वहीन है, कविता का शब्द है 'केश' जैसे 'मेघ' के 'घनकेश'। किन्तु निराला शृंगार की कोमल या उदात्त अभिव्यंजना में इस घटिया शब्द का बढ़िया प्रयोग करते हैं।

उठी सँभाल बाल, मुख-लट, पट, दीप बुझा हँस बोली।

यह शृंगार भाव की कोमल व्यंजना हुई।

हेर उर-पट, फेर मुख के बाल—

यह शृंगार की उदात्त अभिव्यंजना है।

'मग' की तरह 'पग' हिन्दी कविता का परिचित कोमल शब्द है। किन्तु निराला उसका प्रयोग सौन्दर्य के उदात्त चित्रण के लिए करते हैं : 'रँग गई पग-पग धन्य धरा। साधो मग डगमग पग' ('अर्चना', पृ. 14)—यहाँ पग और मग, दोनों शब्दों का व्यवहार उदात्त स्तर पर हुआ है। ठौर हिन्दी का ठेठ शब्द है। 'तुलसीदास' में निराला ने इसका प्रयोग उदात्त भाव-सन्दर्भ में किया है :

वह रंक; यहाँ जो हुआ भूप, निश्चय रे!
चाहिए उसे और भी और
फिर साधारण को कहाँ ठौर? [बंद 34]

अपने ठेठ कोमल ठाठ में इसका प्रयोग होली-गीत में है :

होली मची ठौर-ठौर
सभी बन्धन छूटे हैं।

निराला अपनी कविता में ऐसे बहुत-से शब्दों का प्रयोग करते हैं जो उनकी कविता से अलग करके देखे जायँ तो अनुपयोगी लगेंगे, छायावादी कवियों का ध्यान उनकी तरफ कम जाता है, किन्तु निराला साहस और चतुराई से उनका कलात्मक प्रयोग करते हैं। 'मरजाद' का व्यवहार जनपदीय बोलियों में खूब होता है, परिष्कृत हिन्दी में बहुत कम। निराला ने शिवाजी के पत्र में लिखा :

लाज जो उतारता है
मरजाद वालों की।

'गिनती' और 'गणना' में दूसरा शब्द कवित्वपूर्ण माना जायगा। निराला ने 'गिनती' के आधार पर शब्द गढ़ा—'अनगिनित'। गीत में उसका बड़ा समर्थ प्रयोग किया : 'अनगिनित आ गए शरण में जन जननि'। अवधी की मिठास है 'अनगिनित' में जो 'अगणित' या 'परिगणित' में नहीं आ सकती। 'हिंडोर' निराला का प्रिय शब्द है, लोकजीवन की सरस स्मृतियाँ जगाने वाला। 'नील डोर का हिंडोर चढ़ी-पैग रहता'। ('गीतिका', पृ. 101) 'जुही की कली' में जहाँ ध्वनि बल खाती हुई ऊपर उठती है,

निराला ने 'हिंडोर' का 'हिंडोल' रूप लिया है : 'डोल उठी वल्लरी की लड़ी जैसे हिंडोल'। 'डोलना' क्रिया का प्रयोग निराला ने वल्लरी के अलावा हवा के लिए भी किया है : 'प्रात पवन प्रिय डोली'। ('गीतिका', पृ. 44) 'लड़ी के डोलने' में कोमलता है; 'डाल' में निरा रूखापन। निराला उसके साथ 'रूखी' विशेषण जोड़कर उसके ध्वनि-अर्थ को और पुष्ट कर देते हैं : 'रूखी री यह डाल वसन वासन्ती लेगी'।

छायावादी कविता के लिए अनचीन्हा-सा शब्द है 'गली'। भिन्न सन्दर्भों में अनेक प्रकार के मूर्तिविधान के लिए निराला इस शब्द का प्रयोग करते हैं।

आँखें अलियों-सी
किस मधु की गलियों में फँसी। ['परिमल', पृ. 170]

लोकगीतों में जिन कुंजगलियों का स्मरण किया जाता है, उनसे मिलती-जुलती हैं ये मधु की गलियाँ।

एक गीत में 'कुंज' और 'गली' बहुत पास-पास हैं यद्यपि उपर्युक्त मधु की गलियों की सरसता यहाँ नहीं है :

मन्द-पद आ बंद कुंज उर की गला। ['गीतिका', पृ. 104]

मधु की गलियों वाला चमत्कार अन्तिम चरण के एक गीत में है :

पारस, मदन हिलोर न दे तन...
अलियों, जूही की कलियों की
मधु की गलियों नूपुर बाजे। ['गीत गुंज', पृ. 30]

'परिमल' की प्रतिध्वनि ही नहीं है, मूलध्वनि और सँवर गई है। गंध शब्दमय है, मधु की गलियों में नूपुर बज उठे हैं। अद्भुत सांकेतिक व्यंजना है।

गलियों का भदेसपन लिये हुए किन्तु मधु की जगह वेदना में डूबा हुआ शब्द है : 'ठग'।

साधो मग डगमग पग...
हुए चपल छल कर ठग। ['अर्चना', पृ. 14]

यह गीत उन्होंने इलाहाबाद में लिखा था। ठगों के सामने आत्म-समर्पण के भाव से लिखा : 'ठग को जग-जीवन दान करो।' (उप., पृ. 44) फिर अकेले 'ठग' को काफी न समझकर 'ठाकुर' जोड़ा :

हाथ जो पाथेय थे, ठग ठाकुरों ने रात लूटे। [उप., पृ. 59]

पुनश्च:

ठग ठगकर मन को, लूट गए धन को। [उप., पृ. 60]

'बेरोक' शब्द व्यवहार में आता है; निराला ने नया शब्द गढ़ा 'अरोक'। 'आलोक' और 'शोक' से तुक मिलाते हुए लिखा : 'देखता मैं अरोक मन रोक'। ('गीतिका', पृ. 83) 'अरोक' से अधिक स्वाभाविक है 'अनबोली', 'अनगिनित' की तरह 'अन' जोड़कर निराला ने 'अनबोली' बनाया : 'अधर-दशन अनबोली।' (उप., पृ. 44) इसी गीत में 'ठठोली' शब्द से निराला ने शृंगार रस की निष्पत्ति की है, शृंगार और हास्य का आन्तरिक सम्बन्ध भी दिखा दिया।

निराला सम्बोधन-चिह्न के रूप में 'हे', 'रे' का प्रयोग करते हैं। 'हे' का प्रयोग परम्परागत है, 'रे' का प्रयोग छायावादी कविता की नई रूढ़ि बन गया। निराला का मौलिक प्रयोग है 'ऐ' का। 'ऐ निर्बन्ध अन्धतम अगम अनर्गल बादल'—यहाँ वक्तृता को प्रभावशाली बनाने के लिए। किन्तु एक गीत में उन्होंने इसका अनोखा प्रयोग किया है :

ज्ञान गया रे हमारा,
तुम्हारा मान गया था। ['अर्चना', पृ. 22]

आश्चर्य का भाव दिखाने के लिए जैसे किसान बातचीत में 'ऐ' का प्रयोग करते हैं, कुछ वैसा ही 'ऐ' का प्रयोग यहाँ है।

'सकेलना' अवधी-ब्रजभाषा की सामान्य क्रिया है, पुरानी हिन्दी में इसका व्यवहार काफी हुआ है, आधुनिक हिन्दी में वह 'मतरूक' है। निराला ने 'सरोज-स्मृति' में कुलीन जनों के गँवरपन पर व्यंग्य करते हुए लिखा :

चमरौधे जूते से सकेल
निकले।

चमरौधों को तेल पिलाया गया है, उनसे निकाले हुए पैरों की गंध का वर्णन है। 'उनये' किया आधुनिक हिन्दी में अदृश्य हो गई है। निराला ने इसका उद्धार किया : 'किरण-मुखर मुख उनये'। ('अर्चना', पृ. 69) यहाँ प्रयोग बहुत सफल नहीं है। पहले तीन शब्द 'उनये' की प्रकृति के विरोधी हैं। किन्तु 'उनयी आँखों में श्याम घटा'। ('गीत गुंज', पृ. 51) यहाँ 'उनयी' का टकसाली प्रयोग हुआ है, ब्रजभाषा काव्य-परम्परा के एकदम अनुकूल। 'अनियारे' का प्रयोग भी आधुनिक हिन्दी में दुर्लभ है। 'अनियारे दृग चपल उपान्तों', (उप., पृ. 44) बाद के तीनों शब्द 'अनियारे' से मेल नहीं खाते, न उनके व्यवहार में किसी तरह का नाटकीय वैषम्य है। 'अर्चना' के एक अन्य गीत में 'अनियारे दृग' इसी के सम पर है। (पृ. 102) इससे 'रतनारे' का प्रयोग अधिक सफल है :

उद्दीपन, सन्दीपन
सुनयन रतनारे हैं। ['अर्चना', पृ. 46]
चरण गहे थे मौन रहे थे [उप., पृ. 97]

यहाँ 'गहे' में भक्ति-काव्य की सारी परम्परा ध्वनित है।

दुरित दूर करो नाथ
अशरण हूँ गहो हाथ। [उप., पृ. 6]

यहाँ 'नाथ' और 'अशरण' के संसर्ग से 'गहो' का भाव और भी खुल गया है। 'कौन गुमान करो ज़िन्दगी का।' (उप., पृ. 66)—यह पंक्ति उस ज़माने की याद दिलाती है जब सूफ़ियों और सन्तों के काव्य में 'देशी'-'विदेशी' शब्दों का भेद न था। कविता में वही शब्द आते थे जो लोकभाषा में घुल-मिल गए थे।

'खेल सिखी अँखियाँ'—('गीत गुंज', पृ. 46); 'अँखियाँ हरि दरसन की प्यासी'—उस परम्परा का निर्वाह करते हुए 'अँखियाँ'। और भी :

सोई अँखियाँ
तुम्हें खोज कर बाहर,
हारीं सखियाँ। ['अर्चना', पृ. 15]

निराला के अन्तिम दौर की रचनाओं में ब्रजभाषा की शब्दावली का प्रभाव अधिक है किन्तु इस तरह के प्रयोग उनके लिए नये नहीं हैं। 'परिमल' की 'स्मृति' कविता में उन्होंने लिखा था : 'विजन-मन-मुदित सहेलरियाँ'। निराला 'सगाई' शब्द का विचित्र प्रयोग करते हैं, कबीर की तरह जीव और ब्रह्म के सम्बन्ध को लेकर :

रहे तुम्हारी एक सगाई
इसीलिए कुल ताप सहे थे। ['अर्चना', पृ. 97]

तुमसे सम्बन्ध बना रहे, इसलिए सारे दुःख सहे थे। 'सगाई' शब्द में ज़्यादा जान नहीं है।

ऐसी तलवार चली कुनबा जूझा,
बन आई वह कि दूर हुई सगाई। [उप., पृ. 20]

पहली पंक्ति ज़ोरदार है किन्तु सगाई के दूर होने में व्यंजना कमज़ोर है।

पारस, मदन हिलोर न दे तन,
बरसे झूम-झूम कर सावन ['गीत गुंज', पृ. 30]

पारस का प्रयोग भी यहाँ विचित्र है किन्तु सगाई की अपेक्षा अधिक सफल। पारस को छूने से लोहा भी सोना हो जाता है, ऐसा लोगों का विश्वास रहा है। सावन की हवा लगने से शरीर को जो सुख मिला है अथवा मदन-हिलोर उठने से जो सुख की आकांक्षा जगी है, उसे निराला 'पारस' के द्वारा प्रकट करते हैं। 'पारस गात, मधुर

रस बरसे' ('सान्ध्यकाकली', पृ. 58) में 'पारस' को गात से जोड़कर उन्होंने उसके प्रच्छन्न भाव को स्पष्ट कर दिया है। 'पारसगात' के सम्पर्क से रस की वर्षा होती है, इस सन्दर्भ में 'पारस' का व्यवहार देखने से समझ में आएगा, 'पारस' से 'मदन-हिलोर' का क्या सम्बन्ध है।

'अरघान की फैल' ('आराधना', पृ. 7)—गंध की तीव्रता दिखाने के लिए निराला ने जनपदीय शब्द 'अरघान' का सुन्दर प्रयोग किया है।

'सगाई', 'पारस', 'अरघान' जैसे शब्द कविता में खप जाते हैं। वे तद्भव या देशज होने से भले ही उतने प्रतिष्ठित न हों जितने कुछ तत्सम हैं, फिर भी ज़्यादा पाठक सरस रचनाओं में जैसी शब्दावली चाहते हैं, उसमें वे खप जाते हैं। इनके विपरीत ऐसे बहुत-से शब्द हैं जो व्यवहार में तो आते हैं किन्तु जिन्हें कविता में खपाना बहुत मुश्किल है। मधुर पदावली में तो वे खपते ही नहीं, जहाँ कर्कश प्रभाव उत्पन्न करना हो, वहाँ भी उन्हें जमाने में कठिनाई होगी।

'कष्टक, कर्दम, भयश्रम-निर्मम कितने-शूल' ('स्वागत', परिमल, पृ. 104)—यह पंक्ति कर्कशता का भाव उत्पन्न करने के लिए लिखी गई है और लोग मान भी लेंगे कि कवि अपने उद्‌देश्य में सफल हुआ है। किन्तु 'कंटक-कर्दम' की जगह यदि कवि 'कँकरीली राह' लिखे तो शायद इसमें कुछ पाठकों को केवल नीरसता दिखाई दे। निराला ने लिखा : 'कँकरीली राहें न कटेंगी'। ('अर्चना', पृ. 85) वह 'पथ अराल' लिखते हैं, 'कँकरीली राहें' भी। दोनों जगह भाषा की शक्ति अलग-अलग तरह से प्रकट होती है।

एक गीत वह बड़े गम्भीर भाव से शुरू करते हैं :

जननि, मोह की रजनी
पार कर गई अवनी ['अर्चना', पृ. 81]

तीन पंक्तियों में 'तोरण', 'मंगल', 'जनगण' के बाद वह महिलाओं की चर्चा करते हैं। ये महिलाएँ 'बनी-ठनी' हैं, स्वभावत: वे साड़ी पहने हैं :

साड़ी के खिले मोर
रेशम के हिले छोर।

'साड़ी' का प्रयोग इस तरह के गीत में अप्रत्याशित है किन्तु सार्थक है। मोह की रजनी कितनी काली है, यह बनी-ठनी महिलाओं की साड़ी में खिले हुए मोर देखकर मालूम होता है। जब साड़ी की चमक-दमक खत्म हुई, बेल-बूटे मिट गए, तब मोह-रजनी भी बीत गई।

ऐसे निष्काम हुई काया,
जैसे कोई साड़ी झीनी। ['आराधना', पृ. 83]

यह आदर्श है जो जीवन में प्राप्त नहीं होता। मन अधिकतर उस साड़ी के ध्यान में रहता है जो चमकती ही नहीं, महकती भी है।

महकी साड़ी
जैसी फुलवाड़ी। ['आराधना', पृ. 75]

फुलवाड़ी साड़ी-जैसी महकी। महकना साड़ी के लिए मानो अधिक स्वाभाविक हो, इसलिए निराला फुलवाड़ी की तुलना साड़ी से कर रहे हैं। उन्हें मुख्यत: फुलवाड़ी का वर्णन करना है, साड़ी का नहीं, यह आगे स्पष्ट हो जाता है :

कद्दू, कुहँड़े फैले
खरबूज़े मटमैले—

ये सब फुलवाड़ी में हैं, साड़ी से ढके हुए शरीर में नहीं। निराला ने 'खेड़े', 'पेड़े', 'मसका', 'धसका', 'आटे', 'घाटे', 'भाटे', 'पटा', 'सटा', 'बटा', 'जोड़ा', 'कोड़ा', 'फोड़ा', 'बदला', 'गन्दला' जैसे शब्दों का प्रयोग 'अर्चना'-'आराधना' के गीतों में किया है। प्रयोग कहीं सफल है, कहीं असफल किन्तु उससे यह अवश्य सिद्ध होता है कि मधुर पदावली से निराला का मन कभी-कभी ऊब उठता था।

आरम्भ से ही उनमें यह प्रवृत्ति रही है कि जो शब्द परिष्कृत हिन्दी के लिए निषिद्ध हैं, उनका व्यवहार भी करें। इनमें बहुत से शब्द उर्दू के हैं जिन्हें लोग बोलते तो हैं किन्तु लिखते कम हैं, विशेष रूप से कविता में। 'तब से यह नौबत आई है', ('परिमल', पृ. 132) 'उसकी फुलवाड़ी का फूल जो माला भर में आला है', (उप., पृ. 119) 'अगर तुझे जाना था', (उप., पृ. 118) 'दग़ा दिया तूने क्यों' (उप., पृ. 230) इस तरह के प्रयोग निराला की पहले दौर की रचनाओं में हैं। 'सिर्फ़', 'रग', 'नस' जैसे शब्दों के प्रयोग का उल्लेख पहले हो चुका है। 'तुलसीदास' में एक जगह उन्होंने 'और-ठौर' के साथ 'तौर' की तुक मिलाई है।

फिर साधारण को कहाँ ठौर?
जीवन के, जग के, यही तौर हैं जग के। [बंद, 34]

निराला बोलचाल की स्वाभाविकता दिखाने के लिए, कहीं विवादी स्वर से मिठास में तुर्शी लाने के लिए, कहीं उदात्त स्तर पर ध्वनि-सौन्दर्य को बढ़ाने के लिए उर्दू शब्दों का व्यवहार करते हैं। उन्होंने मधुर भाववाली ग़ज़लों के लिए और 'कुकुरमुत्ता' जैसी व्यंग्य-रचनाओं के लिए उर्दू शब्दों का व्यवहार किया है। 'असंस्कृत' जनों का चित्रण करते हुए केवल हास्य-विनोद के लिए उन्होंने उर्दू शब्दों का व्यवहार किया हो, ऐसी बात नहीं है। उर्दू में शब्दों के व्यवहार-सम्बन्धी औचित्य के नियम हिन्दी से बहुत बड़े हैं। निराला इनका निबाह कम कर पाते हैं, उन्हें तोड़ते ज़्यादा हैं—कभी जानकर, कभी अनजान में।

क्या छोरों पर कला की साड़ी के, लगाये हंस,
हस्ती को गुल हज़ार दिये जा रहा हूँ मैं। ['बेला', पृ. 93]

दूसरी पंक्ति उर्दू के रंग में है, मान लीजिए, लेकिन कला की साड़ी के छोरों पर हंस देखना निराला की खास कारीगरी है। क्या भाव, क्या भाषा—ग़ज़ल-सम्बन्धी औचित्य के सारे नियम यहाँ टूट गए हैं। जहाँ वह हँसते हैं, व्यंग्य करते हैं, वहाँ भी उनका अपना अन्दाज़ है और वह उर्दू का अन्दाज़ नहीं है।

मैंने कला की पाटी ली है शेर के लिए
दुनियाँ के गोलन्दाज़ों को देखा दहल गया। ['बेला', पृ. 91]

शायद ही किसी उर्दू कवि ने ग़ज़ल में गोलन्दाज़ जैसा वज़नी शब्द इस्तेमाल किया हो।

'कुकुरमुत्ता' में 'मृदुल गंध', 'हवा चलती मन्द मन्द', 'साधारणों से रहा न्यारा', 'दिशा', 'सुदर्शन चक्र', 'वक्र', 'बेड़ा', 'कैंड़ा', 'लल्लू-लल्ला', 'अधन्ना-न्यवन्ना', 'दर्शनशास्त्र', 'ब्रह्मावर्त', 'सरसता', 'लेखकों', 'मन्द', 'ध्वनि क्षीणा', 'जीवन', 'शासक' आदि शब्द उर्दू के औचित्य-नियमों को बार-बार तोड़ते हैं, मुहावरों में जहाँ उर्दू-प्रेमी गलतियाँ निकालेंगे, वह अलग। उर्दू-प्रेमी इस बात से सन्तोष कर सकते हैं कि निराला ने उर्दू के ही नहीं, भाषा-सम्बन्धी औचित्य के प्रायः सभी नियमों को तोड़ा है। निराला में तत्सम वर्ग से भिन्न शब्दावली के व्यवहार के ये कुछ नमूने हैं।

नियम-भंग

अनेक पंक्तियों में संस्कृत की उच्चारण-पद्धति से निराला हिन्दी की प्रकृति का उल्लंघन करते हैं। जैसे लिखा : 'पद-प्रहार'; पढ़ा—'पद्प-प्रहार'।

'पद-पद पर सदियों के पद-प्रहार'; ('कण', परिमल, पृ. 146) यह प्रवृत्ति उनमें आरम्भ से है। 'अधिवास' में उन्होंने लिखा था : 'करुण स्वर का जब तक मुझमें रहता है आवेश?' यहाँ 'करुण स्वर' को पढ़ेंगे : 'करुणस् स्वर'। 'प्रगल्भ प्रेम' में उन्होंने 'विरह' के आगे 'व्यथित' आने पर विरह के 'ह' को दो मात्राकाल में पढा : 'मौन छोड़ता हुआ हृदय पर विरह (व) व्यथित प्रभाव'। ('अनामिका', पृ. 36) 'गीतिका' में एक जगह 'नयन' के साथ 'च्युत' जोड़कर निराला ने 'नयन' के अन्तिम वर्ण को दीर्घ कर दिया है : 'चुम्बित मधुर-ज्योति-नयन-च्युत'। (पृ. 45) 'नयनच-च्युत' हिन्दी उच्चारण के सर्वथा विपरीत है। 'नयन' की तरह 'ताप' के साथ 'क्षर' जोड़कर पढ़ा : 'तापक्क्षर'। 'तुलसीदास' में : 'उर की उर में ज्यों तापक्षर'। (बंद 77)

इस उच्चारण-वैचित्र्य का कारण पांडित्य-प्रदर्शन उतना नहीं जितना छन्द-निर्वाह के लिए कुछ मात्राकाल बढ़ाना है। पंक्ति में खाली जगह भरने के लिए जैसे निराला 'मृदु' का उपयोग करते हैं, वैसे ही संयुक्ताक्षर सामने होने पर उससे पहले के वर्ण को दीर्घ पढ़ने की इस पद्धति का। सौभाग्य से वह हर जगह इस पद्धति का अनुसरण

नहीं करते। जैसे उन्होंने लिखा : 'नव जीवन का अमृत-मंत्र स्वर'। ('वसन्त समीर', परिमल, पृ. 81) यहाँ 'मंत्रस्' स्वर न पढ़ेंगे क्योंकि खाली जगह भरना आवश्यक नहीं है। 'तुलसीदास' में निराला ने लिखा : 'संध्या ज्योति: ज्यों सुविस्तार अम्बर तर'। (बंद 23) वह साधारणत: 'ज्योति' ही लिखते हैं किन्तु यहाँ एक मात्रा कम पड़ रही थी, इसलिए उन्होंने 'ज्योति' के आगे विसर्ग लगाकर वह कमी पूरी की। वैसे वह 'प्रकाश' भी लिख सकते थे किन्तु उसकी तुलना में उन्हें ज्योति का प्रयोग अधिक प्रिय है, इसके सिवा आगे 'ज्यों' है और उससे 'ज्योति' के 'ज्यों' का अनुप्रास मिलता था।

'प्रात तव द्वार पर' गीत में उन्होंने माता को सम्बोधन-रूप में 'मात:' लिखा है : 'धन्य जीवन कहाँ, मात:, प्रभात धन'। यहाँ ध-भ-ज की ध्वनियों के बीच 'मात:' रूप फबता है। स्वभावत: इस तरह के प्रयोग सबसे ज़्यादा 'राम की शक्तिपूजा' में हैं। 'चतु: प्रहर: उद्गीरित-वह्नि-भीम-पर्वत-कपि-चतु: प्रहर'। विसर्गों का उपयोग वैसे ही सार्थक है, जैसे उपर्युक्त गीत में। 'ज्योति : प्रपात स्वर्गीय—ज्ञात छवि प्रथम स्वीय'। यहाँ भी 'ज्योति' के साथ विसर्ग सार्थक है, 'प्रपात' का ध्वनि-चित्र प्रस्तुत करने में सहायक होते हैं। 'करुणस्-स्वर' की तरह निराला ने 'मन्द्रस्-स्वर' रचा : 'श्यामा के पदतल भारधरण हर मन्द्र स्वर'। इससे तुलनीय है : 'घन, गर्जन से भर दो वन'—गीत में 'वज्रस्-स्वर: गरजा, हे मन्द्र, वज्र स्वर'। ('गीतिका', पृ. 57) निराला 'वज्र-स्वर' को मन्द्र कहते हैं, मन्द्र ध्वनि मधुर है, वज्र ध्वनि कठोर। 'वज्रस्-स्वर' सार्थक है, 'मद्रस् स्वर' निराला के शब्द-संसार की ध्वनि-प्रकृति के प्रतिकूल। 'रुक गया कंठ, चमका लक्ष्मण-तेज: प्रचंड'। तेज काफी था, 'तुलसीदास' में 'ज्योति: ' की तरह, किन्तु उससे अधिक सार्थक, तेज़ के साथ विसर्गों का प्रयोग है। आगे फिर लिखा है : 'जो तेज: पुञ्ज, सृष्टि की रक्षा का विचार'। 'ज्योति: प्रपात' की तरह सार्थक नहीं है, फिर भी प्रयोग खप जाता है। ऐसे ही : 'मात:, दश भुजा, विश्वज्योति:, मैं हूँ आश्रित'। 'द्विप्रहर: ' रात्रि के साथ 'द्विप्रहर' ठीक है किन्तु 'नयन' के साथ 'द्वय' जोड़कर 'नयनद् द्वय' पढ़ना 'नयनच् च्युत' के समान अस्वाभाविक है। 'पूरा करता हूँ मात: देकर एक नयन'। सारी पंक्ति हल्की है, उसमें 'मात: ' का प्रयोग जमता नहीं। इससे तुलना करने पर आसानी से समझ में आएगा : 'धन्य जीवन कहाँ मात: प्रभात धन'—इस पंक्ति में वैसा ही प्रयोग ध्वनि-सदर्भ के कारण क्यों सार्थक है, 'सरोज-स्मृति' में निराला ने लिखा : 'सासुजी रहस्य-स्मित सुवेश'। सासुजी के साथ शेष पदरचना मेल नहीं खाती, 'रहस्यस्-स्मित' की ध्वनि-भंगिमा से प्रवाह और भी अस्वाभाविक हो जाता है।

सासुजी रहस्य-स्मित सुवेश
आईं करने को बातचीत।

दूसरी पंक्ति और भी हल्की है, इस सन्दर्भ में 'रहस्य-स्मित' अस्वाभाविक है।

'कुकुरमुत्ता' में निराला ने 'वीणा' से 'ध्वनि क्षीणा' की तुक मिलाई है। हिन्दी में क्षीण ध्वनि लिखना उचित है किन्तु निराला ने 'क्षीण' को 'क्षीणा' किया, 'वीणा'

से तुक मिल गई किन्तु एक मात्रा कम पड़ रही थी, उसे उन्होंने 'ध्वनिक क्षीणा' से पूरा किया। यह प्रवृत्ति बाद की रचनाओं में कम होती गई है किन्तु पूरी तरह खत्म वहाँ भी नहीं हुई। 'राम की शक्तिपूजा' के 'मन्द्र स्वर' की तरह 'अर्चना' में : 'गिरि के उर से मृदु-मन्द्र स्वर'। (पृ. 45) 'मन्द्र' के साथ 'मृदु' है। इसलिए 'मन्द्रस् स्वर' और भी अनावश्यक है। 'आँखों से बरसे ज्योतिः कण' (उप., पृ. 32) शेष पदावली की जैसी कोमल ध्वनि है, उसे देखते हुए 'ज्योतिः कण' निरर्थक है।

निराला-काव्य का काफी भाग दुरूह है। दुरूहता का कारण तत्सम शब्दों का व्यवहार ही नहीं, सामान्य शब्दों का असाधारण प्रयोग भी है। जैसे उच्चारण में वह हिन्दी के नियमों का उल्लंघन करते हैं, वैसे ही शब्दों के प्रयोग में वह बहुत से नियम तोड़ डालते हैं। उच्चारण की तरह यहाँ भी नियम-भंग कलात्मक दृष्टि से कहीं सफल है, कहीं असफल।

हिन्दी में एक क्रिया है 'भरना'। निराला ने इसका इतना अधिक प्रयोग किया है कि वह निष्क्रिय हो गई है। 'प्रिय स्वतंत्र-रव अमृत-मंत्र नव भारत में भर दे'। सरस्वती भारत में रव और मंत्र भरेंगी। यहाँ क्रिया सार्थक है। किन्तु इसी गीत में आगे : 'कलुष-भेद-तम हर प्रकाश भर', वीणावादिनि स्वर भरने के अलावा प्रकाश भरने का काम करती हैं। यहाँ क्रिया निस्तेज है। निराला को स्तर और निर्झर के साथ तुक मिलाने के लिए छोटा-सा शब्द चाहिए; 'भर' काम आता है। ध्वनि-माधुर्य के कारण 'भर' की अस्वाभाविकता पर ध्यान नहीं जाता। 'यामिनी जागी' में : 'खुले केश अशेष शोभा भर रहे'। प्रकाश और स्वर की तरह सौन्दर्य भी भरा जा रहा है। अगले गीत में : 'भरा हर्ष वन के मन, हर्ष भरा गया'। उसी गीत में :

लता-मुकुल-हार-गंध भार भर
बही पवन बन्द मन्द मन्दतर—

गंध भार भरकर हवा चली। यहाँ 'भरना' क्रिया का प्रयोग सार्थक नहीं है। 'अमरण भरण वरण गान' ('गीतिका', पृ. 7)—गीत भरकर वन की छवि खुली। निराला 'भर' का प्रयोग 'मृदु' की तरह जगह भरने के लिए कर रहे हैं। उसी गीत में फिर : 'भर— मधुप-निकर कलरव भर'। जैसे निर्झर के साथ 'भर' की तुक पहले गीत में, वैसे ही 'स्वर' और 'झर' के साथ यहाँ। 'बह चली अब अलि, शिशिर-समीर'—इस गीत में दो बार : 'भर: प्रात-अरुण को करुण अश्रु भर; नयनों में भर नीर'। समान कर्म की आवृत्ति से 'भर' का सौन्दर्य नष्ट हो गया है। 'रँग गई पग-पग धन्य धरा'—इस सुन्दर गीत में निराला एक ही बंद में दो बार 'भर' का प्रयोग करते हैं :

वर्ण-गंध धर, मधु-मरन्द भर,
तरु-उर की अरुणिमा तरुणतर
खुली रूप-कलियों में पर भर।

अन्त्यानुप्रास ढूँढ़ने में निराला को कितनी कठिनाई होती थी, यह 'भर' के दुबारा प्रयोग से सिद्ध है। उन्हें समान ध्वनि वाले शब्द-खंड जोड़ने में आनन्द आता है लेकिन वे चाहते हैं कि ऐसी कोई बंदिश न हो कि यह जुड़ाई निश्चित स्थान पर हो। गीत की पंक्तियों के अन्तिम शब्द-खंड मिलने ही चाहिए, इस बंदिश से परेशानी होती है। 'जागो, नव-अम्बर-भर-ज्योतिस्तर वासे' ('गीतिका', पृ. 81)—यहाँ 'भर' के साथ लम्बा समास रचा है जो अनावश्यक है। यों अर्थ हो सकता था : 'हे ज्योतिस्तर-वासे, नव अम्बर को भरके जागो'। किन्तु निराला के लिए समास-रचना आवश्यक इसलिए है कि ज्योति के वस्त्रों से आकाश भर गया है, वह चित्र समास से ही सार्थक होता है। अर्थ यों होगा : नव अम्बर को भरने वाले ज्योतिस्तर वासों वाली। इस समास में निराला ने 'भर' को व्याकरण के नियम तोड़कर खपाया है। इसी गीत में दो बार 'भर' और :

दृग-दृग को रंजित कर
अजन भर दो भर।

'भर दो भर' का मुहावरा निराला का गढ़ा हुआ है, असफल है। 'भारति, जय, विजय करे'—इस 'गीत' में उन्होंने 'भर' के साथ तत्सम जोड़कर समास बनाया, फिर उसे संस्कृत के अनेक स्त्रीवाचक शब्दों की तरह दीर्घ आकारान्त किया, फिर सम्बोधन रूप देकर 'आ' का 'ए' किया : 'स्तव कर बहु-अर्थ-भरे'! लम्बी कसरत है, व्याकरण का ढाँचा टूट गया किन्तु ध्वनि-विचार से नियम-भंग सार्थक है।

'भर' का जोड़ीदार शब्द है 'हर'। अक्सर वह 'भर' के आसपास ही पाया जाता है; 'कलुष भेद-तम हर प्रकाश भर'। 'मधुप-निकर कलरव भर' के बाद एक पंक्ति का फासला देकर 'स्मर-शर हर केशर झर'। 'कौन तम के पार' में 'हर्ष-अलि हर स्पर्श-शर, सर'। कहाँ 'हर' और 'भर' पूर्वकालिक क्रियाएँ हैं, कहाँ वह हाइफन द्वारा दूसरे शब्दों के साथ समासबद्ध हो गई हैं, गीत सुनकर यह नहीं कहा जा सकता। इसके लिए उसे लिखित रूप में देखना ज़रूरी है। यह कमज़ोरी है यद्यपि कवि तर्क कर सकता है, पूर्वकालिक क्रिया से अर्थ ज़्यादा अच्छी तरह खुले तो उसी के अनुसार पाठ निश्चित करो, समास से खुले तो उसके अनुसार। होता यह है कि निराला ध्वनि-प्रवाह में पाठक या श्रोता को ऐसा बहा ले जाते हैं कि वह व्याकरण की बातों पर ध्यान देना भूल जाता है।

'तर' वैसा मधुर नहीं है, जैसा 'भर' या 'हर' है। 'पृष्ठ-ग्रीवा-बाहु-उर पर तर रहे'—('गीतिका', पृ. 2), आप प्रभुकृपा से तर गए, भवसागर पार कर गए, वैसा भाव इस 'तर' में नहीं है। केश पीठ और सीने पर फैले हुए हैं, भवसागर को पार नहीं कर गए। 'तुलसीदास' में जहाँ निराला ने लिखा है : 'सन्ध्या ज्योति: ज्यों सुविस्तार अम्बर तर', वहाँ 'तर' की वैसी ही व्यंजना है, जैसी 'यामिनी जागी'

में। 'आराधना' में लिखा : 'पग-पग को जग के डग तर दे'। (पृ. 28) यह 'तर' भवसागर से तरने वाला भाव लिये है। 'तुलसीदास' में इस 'तर' का एक जगह प्रयोग और है :

वीणा वह स्वयं सुवादित स्वर
फूटीं तर अमृताक्षर-निर्झर [बंद 87]

निर्झर तरकर बह फूटीं। कहीं भी इस 'तर' के प्रयोग में शक्ति नहीं है, ध्वनि की दृष्टि से भी अशक्त है।

एक विचित्र प्रयोग तुलना क्रिया का है।

दृगों की कलियाँ नवल खुलीं,
रूप-इन्दु से सुधा-बिन्दु लह,
रह-रह और तुलीं। ['गीतिका', पृ. 17]

कलियाँ पहले खिलीं, फिर रूप-सुधा पाकर और भी तुलीं। आत्मविश्वास से कोई काम करने पर तुल जाना—वैसा भाव है। 'तुलसीदास' में : 'जाते हो कहाँ तुले तिर्यक'। (बंद 38) निश्चयपूर्वक कहाँ चले—यह प्रश्न किया गया है। इससे मिलती-जुलती क्रिया है तोलना। काँटे पर कली तोली जा रही है—काँटे की कठोरता और कली की कोमलता का यह संयोग निराला को विशेष प्रिय है और उसे चित्रित करने के लिए वह तोलने वाली क्रिया का सहारा लेते हैं।

प्रिय-कर-कठिन-उरोज-परस कस-कसक मसक गई चोली,
एक-वसन रह गई मन्द हँस अधर-दशन अनबोली—
कली-सी काँटी की तोली।

पहली पंक्ति के व्यापार की परिणति है तीसरी पंक्ति में। एक व्यंग्यपूर्ण कविता में रस के छींटे देते हुए निराला ने उसी क्रिया का प्रयोग किया है :

मुहोमुह रहे
एक पेड़ पर दो डालों के काँटे जैसे
अपनी-अपनी कली तोलते हुए। ['नये पत्ते', पृ. 27]

कली तोलने की तरह निराला ने बल तोलने का मुहावरा गढ़ा है। 'अपने को तोल लो, अपनी ताकत परख लो'—वैसा ही भाव बल तोलने में।

बहती इस विमल वायु में
बह चलने का बल तोलो। ['परिमल', पृ. 36]

निराला क्रियाएँ गढ़ते हैं, प्रचलित क्रियाओं का प्रयोग अपने ढंग से करते हैं, क्रियाओं के प्रचलित रूप को तोड़ देते हैं, क्रिया के बिना भी काम चलाते हैं। 'अनुकूल' से 'अनुकूलना' क्रिया बनाई है। 'वासन्ती' में :

फिर फूलें नव वृन्तों पर
अनुकूलें अलि अनुकूले।

'स्वीकारो', 'स्वीकारते' से बहुत पहले निराला ने 'अनुकूलें' लिखा। कली से उन्होंने विचित्र क्रिया बनाई 'कलियाना' अर्थात् डाल में कलियाँ आना।

जावक-जय चरणों पर छाई,
पलक-पलास डाल कलियाई। ['आराधना', पृ. 40]

'कलियाई' की ध्वनि में कर्कशता है, उसके अर्थ में कोमलता है। इसीलिए प्रयोग सफल नहीं है।

उर्दू के कुछ पुराने कवियों की तरह निराला कर्ता के साथ जहाँ 'ने' लगाना चाहिए, वहाँ से उसे हटा देते हैं।

कोयलें मंजरी की शाखों से
गाईं सुमंगल होली तुम्हारी। ['गीत गुंज', पृ. 23]

यहाँ 'ने' का अभाव खटकता नहीं। एक तो 'कोयलें' और 'गाईं' के बीच काफी फासला है, 'गाईं' तक पहुँचते-पहुँचते पाठक भूल जाता है, 'ने' की भी ज़रूरत थी। दूसरे, 'मंजरी' और 'सुमंगल' की ध्वनि उसका ध्यान अपनी ओर खींचती है। तीसरे, लोकगीत की धुन में 'ने' का अभाव ही अच्छा लगता है, खड़ी बोली को अवधी के नज़दीक ले आता है। किन्तु 'कोयल कुछ क्षण कुछ गाई है'—('आराधना', पृ. 22) में इन तत्त्वों का अभाव है, 'क्षण' में नागरिक भद्रता है, यहाँ 'ने' की कमी खटकती है।

निराला ने गीत लिखा :

गिरते जीवन को उठा दिया
तुमने कितना धन लुटा दिया। ['अर्चना', पृ. 38]

दोनों पंक्तियाँ बहुत साफ उतरीं। इसके बाद तुक की तलाश शुरू हुई। पहले बंद के अन्त में 'छुटा दिया' से काम चलाया किन्तु अगले दो बंदों में 'खुटा दिया' और 'टुटा दिया' से तुक मिलाई। यहाँ क्रियाओं का रूप केवल तुकबंदी के लिए भ्रष्ट किया गया है, उससे भाषा या भाव में कोई खूबसूरती नहीं आई। अन्तिम दौर की कविताओं में मानो लिखते-लिखते वह थक जाते हैं। ठीक शब्द न मिला तो जो मिला, उसी को भिड़ा दिया। फिर भी इस दौर में उन्होंने क्रियाओं का प्रयोग बहुतायत से किया है और अच्छा किया है। 'परिमल' की रचनाओं में वह क्रियाओं के बिना वाक्य

नहीं रचते। सन् '30 के बाद गीतों और बहुत-सी कविताओं में वह क्रियाएँ हटाकर शैली में घनत्व पैदा करते हैं। 'अखिल-पल के स्रोत, जल-जग, गगन घन-घन धार' ('गीतिका', पृ. 12)—इस पूरी पंक्ति में क्रिया नहीं है। वह ध्यान केन्द्रित करते हैं पूरे परिवर्तन क्रम पर, स्रोत; जल और धार में जो तरलता है, वह क्रिया के अभाव की पूर्ति करती है।

'आओ मधुर सरण मानसि मन' ('गीतिका', पृ. 53)—इस गीत में 'आओ' से एक बार बुलाकर क्रियाओं के प्रयोग से छुट्टी ले ली। पहले बंद में 'खिल' शब्द क्रिया का आभास देता है : 'किरण चुम्बि मुख अंबुज रे खिल'। यह क्रिया का आभास मात्र है। यह नहीं कहना चाहते कि अम्बुज खिल जा, कहना यह चाहते हैं कि मुख पर किरणें हैं, और वह अम्बुज के समान खिला हुआ है। पूरे बंद की गठन इसी प्रकार की है।

नील वसन शतद्रु-तन-ऊर्मिल,
किरणचुम्बि मुख अम्बुज रे खिल,
अन्तस्तल मधु-गंध अनामिल,
उर-उर तव नव राग जागरण।

शक्ति की देवी मृत्युरूपा हैं। नीले वस्त्र पहने हैं; ये वस्त्र शतद्रु नदी के नील जल की तरह ऊर्मिल हैं। ऊर्मिल में क्रियाशीलता है। दूसरी पंक्ति के 'चुम्बि' और 'खिल' में वैसी ही क्रियाशीलता की ओर संकेत है। अन्तस्तल में 'अनामिल मधु-गंध है'; क्रियाशीलता का पूर्ण अभाव है, आप चाहें तो कह सकते हैं कि गंध सघन होकर स्थिर हो गई है। इस सौन्दर्य की परिणति है नये राग का जागरण। निराला जिस तरह की पदयोजना कर रहे हैं, उसमें क्रियाओं का भरा-पूरा प्रयोग बाधक है। यह इस कारण नहीं कि पदावली तत्सम है, निराला अतत्सम पदावली से भी क्रियाएँ ग़ायब कर देते हैं, न केवल पद्य में वरन् गद्य में भी। कारण यह है कि ध्वनि-प्रवाह को नियंत्रित किये हुए जो भाव और संवेदन वह मूर्त करते हैं, क्रियाओं के प्रयोग द्वारा, पाठक का ध्यान उनसे हटने नहीं देना चाहते। इसलिए :

पलक-पात उत्थित-जग-कारण,
स्मिति आशा-चल-जीवन-धारण,
शब्द अर्थ-भ्रम भेद-निवारण,
ध्वनि शाश्वत-समुद्र-जग-मज्जन।

यहाँ 'खेल' जैसी क्रिया की छाया भी नहीं है। 'पात' और 'उत्थित', 'स्मिते', 'चल', 'धारण', 'निवारण', 'मज्जन' में जो क्रियाशीलता स्थिर हो गई है, वह निराला के चित्र संगठन के अनुकूल है।

'तुलसीदास' में निराला ने ऐसी राह निकाली है कि क्रियाओं का प्रयोग भी करते हैं और उन्हें छोड़ते भी जाते हैं। 'सांस्कृतिक सूर्य अस्तमित'—इतना काफी है; 'है' जोड़ना अनावश्यक है।

रिपु के समक्ष जो था प्रचंड
आतप ज्यों तम पर करो द्दंड,
निश्चल अब वही बुन्देलखंड, आभागत।

'वाक्यांश' में 'क्रिया' का अभाव। 'निश्चल' कहना काफी है।

वीरों का गढ़, यह कालिंजर,
सिंहों के लिए आज पिंजर।

यहाँ भी क्रिया के बिना काम चलाते हैं। 'राम की शक्तिपूजा' में इसी तरह निराला क्रियाहीन और क्रियायुक्त पदों में सन्तुलन स्थापित करते हैं :

लौटे युगदल। राक्षस-पदतल पृथ्वी टलमल,
बिंध महोल्लास से बार-बार आकाश विकल।

पृथ्वी 'टलमल' है, आकाश 'विकल' है। पृथ्वी का काँपना, आकाश का विकल होना 'है' के बिना भी समझ में आ जाता है। 'लौटे' के बाद दो जगह निराला ने क्रियाएँ छोड़ीं। राम जब कल्पना में पुष्पवाटिका के दृश्य देखते हैं तब निराला क्रियाएँ हटाकर एक के बाद एक भावचित्र खींचते जाते हैं।

शैली की यही विशेषता भिन्न स्तर पर 'कुकुरमुत्ता' में है। दूसरे अंश के आरम्भ में :

बाग के बाहर पड़े थे झोंपड़े,
दूर से जो दिख रहे थे अधगड़े;
जगह गन्दी; रुका सड़ता हुआ पानी
मोरियों में; ज़िन्दगी की लन्तरानी—
बिलबिलाते कीड़े; बिखरी हड्डियाँ;
सेल्हरों की, परों की थीं गड्डियाँ,
कहीं मुर्गी, कहीं अंडे,
धूप खाते हुए कंडे।

पहली दो पंक्तियों में 'थे', फिर तीन पंक्तियों में कोई क्रिया नहीं। फिर एक 'थी', उसके बाद दो पंक्तियों में क्रिया ग़ायब। इससे सिद्ध होता है कि क्रियाहीन वाक्य या वाक्यांश लिखना निराला की तत्सम-प्रधान शैली की ही विशेषता नहीं है।

निराला मूर्त कार्य पर दृष्टि जमाने के लिए क्रिया को हटा देते हैं, साथ ही 'क्रिया' द्वारा भाव को मूर्त रूप भी देते हैं। 'उगलता गगन घन अन्धकार' में 'उगलता' क्रिया बिम्ब-निर्माण में सहायक है। 'झकझक झलकती वह्नि वामा के दृग त्यों-त्यों'—वह्नि की सारी चमक-दमक 'झलकती' से व्यक्त होती है। ऐसे ही 'तुलसीदास' में चेतनोर्मियों के प्रथम प्राण का उमड़ना बिम्ब निर्माण का मुख्य हेतु है। ये बिम्ब स्थिर ही नहीं, गतिशील भी हैं, गतिशीलता विशेषणों द्वारा, संज्ञाओं द्वारा व्यंजित होती है, क्रियाओं से और भी अधिक।

किसी भी हिन्दी कवि की अपेक्षा निराला जिस क्रिया से सबसे ज़्यादा काम लेते हैं, वह 'रहना' है। 'मौन रही हार' ('गीतिका', पृ. 6)—हारकर मौन हो रही या मौन हो गई। निराला व्याकरण-विरुद्ध प्रयोग करते हैं—'हार रही'। 'सहज जगमग नग रही निहार।' (उप., पृ. 30)—यहाँ क्रिया अधूरी है; निहार रही है—व्याकरण-सम्मत प्रयोग है। 'है' का लोप हिन्दी कविता में—विशेष रूप से छायावादी कविता में—सामान्य बात है।

खुले केश अशेष शोभा भर रहे,
पृष्ठ-ग्रीवा-बाहु-उर पर तर रहे,
बादलों में घिर अपर दिनकर रहे। ['गीतिका', पृ. 2]

'केश' शोभा भर रहे हैं, 'पृष्ठ' से लेकर 'उर' तक 'तर' रहे हैं किन्तु बादलों में वे दूसरा दिन नहीं कर रहे हैं, बादल तो केश हैं जिनमें मुख दूसरा सूर्य बना हुआ है। बादलों में घिरे हुए दूसरे दिनकर हैं, यह भाव निराला 'रहे' क्रिया की सहायता से व्यक्त करते हैं। 'रही यह एक ठठोली।' (उप., पृ. 44)—में 'रही' बोलचाल के प्रयोग—यह एकी (एक ही) रही—के अनुरूप है। 'सरोज-स्मृति' में 'समझता रहा हुआ मैं देख'—'देख रहा' में 'देखता रहा' का भाव है। 'राम की शक्तिपूजा' में 'खो रहा दिशा का ज्ञान' सशक्त प्रयोग है; 'रहा' क्रिया दिशा-ज्ञान खोने के अनवरत क्रम की ओर संकेत करती है। लेकिन कौन किसे खो रहा था—यह पूछते ही ज्ञात होगा कि प्रयोग नियम-विरुद्ध है। 'अप्रतिहत गरज रहा पीछे अम्बुधि विशाल; स्थिर राघवेन्द्र को हिला रहा फिर-फिर संशय; एक भी, अयुत लक्ष में रहा जो दुराक्रान्त; कल लड़ने को हो रहा विकल वह बार-बार'—दस पंक्तियों में पाँच बार निराला ने 'रहा' का प्रयोग किया है। इससे पता चलता है कि वह इस क्रिया पर कितना निर्भर हैं। यह क्रिया बड़ी जानदार है; बार-बार प्रयोग करने पर भी बेजान नहीं होती। दिशा का ज्ञान खो रहा है, विशाल अम्बुधि गरज रहा है, राघवेन्द्र को संशय हिला रहा है। जो हृदय दुराक्रान्त रहा है, वह फिर लड़ने को विकल हो रहा है। इन समस्त क्रियाओं में आन्तरिक संगति है, एक क्रिया दूसरी की ओर ठेलती है, परस्पर वे एक-दूसरी को संवर्द्धित करती हैं, राम और उनका परिवेश क्रियाओं की एक ही शृंखला में बँध जाते हैं। कविता का यह अंश जो इतना प्रभावशाली है, उसका एक कारण 'रहा' का प्रयोग है।

शब्दों के प्रयोग में निराला की ये कुछ मौलिक विशेषताएँ हैं।

अभिनव प्रयोग

'अलक', 'पलक' और 'छलक'—निराला के ये तीन प्रिय शब्द हैं और कभी-कभी एक साथ आते हैं, यथा : 'अलक-पलक में छिपी छलक'। ('गीतिका', पृ. 31) इनके लिंग-वचन के अनुसार निराला इनका कौन-सा रूप स्थिर करते हैं, यह व्याकरण पर नहीं, सन्दर्भ विशेष में कलात्मक औचित्य पर निर्भर है।

खुले अलक, मुँद गये पलक-दल, श्रम-सुख की हद होली।

['गीतिका', पृ. 44]

'यहाँ अलकें खुलीं' न लिखकर निराला ने लिखा : 'खुले अलक'। 'अलक' और 'पलक' की सानुप्रास पदावली रचना है। 'अलकें' और 'पलकें' लिखकर भी यह लक्ष्य सिद्ध हो सकता था किन्तु उन्होंने 'पलक' के साथ 'दल' जोड़ने का विचार कर लिया है। 'मुँद' के बाद 'दल' आना ही चाहिए, आखिरी हिस्से में 'हद'। उन्होंने 'खुले अलक' के लालित्य को 'पलक दल' के मार्दव से, 'श्रम-सुख' की लघुता को 'दल' और 'हद' की गुरुता से जोड़ दिया है। पंक्ति की ध्वनि-रचना में 'द' और 'ल' वर्ण मूल सूत्र हैं। इसलिए 'पलक दल' का प्रयोग अनिवार्य है, 'पलक दल' है, तब 'अलक' ही का प्रयोग होगा, अलकों का नहीं। 'तुलसीदास' में निराला ने लिखा :

बिखरी छूटी शफरी-अलकें,
निष्णात नयन-नीरज पलकें,
भावातुर पृथु उर की छलकें उपशमिता। [बंद 83]

यहाँ 'अलक-पलक-छलक', तीनों साथ हैं। 'अलक-पलक में छिपी छलक' में श्रृंगार के हाव-भाव हैं, यहाँ भिन्न स्थिति में उग्र सतेज रूप का चित्रण है। तीनों शब्द फासले पर हैं, उनकी व्यंजना-शक्ति में परिवर्तन हो गया है। 'खुले अलक मुँद गए पलक दल में' पुंल्लिंग प्रयोग होने पर भी कोमलता है, अलकें और पलकें स्त्रीवाचक होने पर भी परुषता की द्योतक हैं। 'जागो फिर एक बार' (1) में वही पलकें सुकुमार भाव व्यक्त करती हैं—भिन्न पदयोजना के कारण।

पिउ-रव पपीहे प्रिय बोल रहे,
सेज पर विरह-विदग्धा वधू
याद कर बीती बातें रातें मन मिलन की
मूँद रही पलकें चारु,
नयन जल ढल गये,
लघुतर कर व्यथा भार।

इन पंक्तियों में कोमल वर्णों से निराला ने जो माधुर्य उत्पन्न किया है, उसमें पलकें वृद्धि करती हैं, विरोधी स्वभाव की ध्वनि में उसकी कोमलता दब नहीं जाती। इसके अलावा 'पपीहे', 'बोल रहे', 'सेज', 'बातें', 'रातें', 'ढल गए'—में बार-बार 'ए' स्वर की आवृत्ति से निराला ने जो व्यूह रचा है, उसमें अलकें अनिवार्य हैं, 'ए' स्वर के कारण। यदि इसी तरह की व्यूह-रचना में दूसरे शब्दों के 'ए' से अलकें के 'ए' की कमी पूरी हो जाय तो निराला उसे फिर पुंल्लिंग रूप देकर अलक लिख देंगे!

खोली आँखें आतुरता से, देखा अमन्द
प्रेयसी के अलक से आती ज्यों स्निग्ध गन्ध।

'वनबेला' की इन पंक्तियों में निराला ने 'आँखें', 'से', 'देखा' में पहले तीन बार 'ए' स्वर दोहराया। फिर 'प्रे-के-से' द्वारा उसी स्वर पर बल दिया। अलकें के बिना काम चल सकता था, पंक्ति में एक मात्रा भी बढ़ती थी। निराला ने लिखा : 'प्रेयसी के अलक'।

गद्य में एक जगह लिखा है : 'शब्द-बंधों के सहस्रों तरंगों से अबाध उद्वेलित अवरोध'। ('सुधा', फरवरी, '30; सम्पा. टि.—3) सम्भव है 'ए' की आवृत्ति के विचार से 'शब्द-बंधों की' न लिखकर 'शब्द-बंधों के' लिखा हो। 'भार पलक परिमल के शीतल' ('पारस', परिमल, पृ. 64)—यहाँ 'पलक', 'परिमल', 'शीतल' में ह्रस्व अ-स्वर की प्रधानता है, पंक्ति में 'ए' केवल एक है। निराला ने पलक को पुंल्लिंग रूप में ही स्वीकार किया।

'सरोज-स्मृति' में निराला ने छलक को स्त्रीवाचक रूप में ग्रहण किया है : 'आँसुओं सजल दृष्टि की छलक'। 'तुलसीदास' में यही स्थिति है किन्तु वहाँ निराला ने उसका बहुवचन 'छलकें' बनाया है। इस शब्द का एकवचन प्रयोग ही हिन्दी की प्रकृति के अनुकूल जान पड़ता है किन्तु 'तुलसीदास' में उसके बहुवचन प्रयोग ने भाव-तरंगें उठा दी हैं।

'तरंग' शब्द हिन्दी में स्त्रीवाचक रूप में स्वीकृत है। 'तरंगों के प्रति' ('परिमल', पृ. 72) कविता में निराला को यही रूप मान्य है और उसी हिसाब से 'आती हो, गाती हो' आदि क्रियाओं का प्रयोग उन्होंने किया है। 'प्रेयसी' के आरम्भ ('अनामिका', पृ. 1) में भी लिखा है : 'लहरी तरंग वह प्रथम तारुण्य की'। किन्तु 'दे, मैं करूँ वरण'—इस गीत में उन्होंने लिखा :

प्राण संघात के सिन्धु के तीर मैं
गिनता रहूँगा न कितने तरंग हैं।

'तरंग' में 'ग' वर्ण की ध्वनि मुखर है, 'तरंगें' में दबी हुई, 'ए' स्वर उसकी शक्ति मानो खींच लेता है। इसके सिवा संघात और सिंधु में ध्वनि-साम्य है। 'तरंग' का पुंल्लिंग-प्रयोग यहाँ कलात्मक दृष्टि से उचित है। जहाँ बहुवचन का प्रश्न नहीं,

वहाँ निराला स्त्रीलिंग रूप स्वीकार कर लेते हैं : 'लहरी तरंग वह प्रथम तारुण्य की'। तरंगों-तरंगें की तुलना में तरंग उन्हें पसन्द है, 'ग' वर्ण के शक्तिमान बने रहने के कारण। समास-रचना में लिंग-वचन का झगड़ा नहीं, निराला तरंग-रूप का प्रयोग बार-बार करते हैं :

साम्राज्य सप्त-सागर-तरंग-दल-दत्त माल।

['एडवर्ड अष्टम के प्रति', अनामिका, पृ. 19]

शत घूर्णावर्त, तरंग-भंग उठते पहाड़।

['राम की शक्तिपूजा', उप., पृ. 153]

ऐसी पंक्तियों में 'तरंगें' लिखने से ध्वनि-योजना अशक्त हो जायगी। इसी बात को ध्यान में रखते हुए समाम-रचना का अभाव होने पर भी निराला ने गीत में लिखा : 'कितने तरंग हैं'।

निराला के शब्द-संसार में ध्वनि सम्राज्ञी है। उसके लिए वह व्याकरण और छन्द-रचना के नियम तोड़ते हैं। जहाँ ध्वनि का शासन नहीं है, वहाँ छन्द-व्याकरण का अनुशासन भंग करने में कोई औचित्य भी नहीं है। 'तुलसीदास' में उन्होंने समाज को स्त्रीलिंग माना : 'लख सादर, उठी समाज श्वसुर-परिजन की'। (पृ. 41) 'नये पत्ते' में उन्होंने उसे पुंल्लिंग माना : 'जनता पर जादू चला राजे के समाज का'। (पृ. 32) यह तर्क गलत होगा कि 'तुलसीदास' में 'उठी' से ध्वनि-साम्य पैदा करने के लिए 'की' अनिवार्य थी इसलिए उन्होंने समाज को स्त्रीलिंग माना। यह सम्भव है कि 'तुलसीदास' लिखते समय उनके मन में 'समाज' शब्द स्त्रीलिंग रहा हो, 'नये पत्ते' में उन्होंने अपना भ्रम या अनिश्चय दूर कर लिया हो!

कम-से-कम शब्दों के प्रयोग द्वारा अधिक-से-अधिक अर्थ निकालने के उद्‌देश्य से निराला जगह-जगह कारक चिन्हों को निकाल देते हैं। अनेक रचनाओं में जहाँ शब्द-योजना कमज़ोर है, लगता है, निराला ने छन्द-निर्वाह की कठिनाइयों से बाध्य होकर ऐसा किया है। 'सुमन चुने जाने के ज्यों भय' ('गीतिका', पृ. 67)—सुमन चुने जाने के भय से; 'से' का लोप। 'अँगुलि-घात गुँजा मृदु गुंजन' (उप., पृ. 77)—अँगुलि-घात से मृदु गुंजन गुँजाकर; यहाँ भी 'से' का लोप। 'लेते सौदा जब खड़े हाट' ('तुलसीदास', पृ. 37)—'हाट में' की जगह केवल 'हाट'। कारक चिन्हों के अलावा अन्य आवश्यक शब्द भी निकाल देते हैं। 'दौड़ते सभी कैमरा हाथ' ('वनबेला', अनामिका, पृ. 86)—'हाथ में कैमरा लिये हुए' की जगह केवल 'कैमरा हाथ'।

किसलयों के अधर यौवन-मद
रक्ताभ।

['दान', उप., पृ. 22]

यौवन-मद से किसलयों के अधर रक्ताभ हैं। 'मधुर स्वर तुमने बुलाया' ('अर्चना', पृ. 83)—तुमने मधुर स्वर में बुलाया। 'गगन के तारकों बन्द हैं कुल द्वार' (उप., पृ. 85)—गगन के तारकों के कुल द्वार बन्द हैं।

ओस पड़ी, शरद आई।
हरसिंगार मुसकाई। ['आराधना', पृ. 23]

हरसिंगार के फूलों ने मुसकराई। इस तरह के प्रयोग निराला-काव्य में बिखरे पड़े हैं। अन्तिम उदाहरण में चित्र स्पष्ट है; लोकगीत में इस तरह की स्वच्छन्दता खलती नहीं। 'गीतिका' और 'तुलसीदास' से जो उदाहरण दिये गए हैं, उनमें सम्बन्धवाचक शब्दों के अभाव का विशेष औचित्य नहीं।

जहाँ ध्वनि का शासन है, वहाँ शब्द-योजना में नियम-भंग होने से कलात्मक सौन्दर्य बढ़ता है। जहाँ छन्द का शासन है अर्थात् निराला को पंक्ति की मात्राएँ पूरी करने के लिए या तुक मिलाने के लिए भर्ती के शब्द या अप्रयुक्त शब्द, कठिनाई से अर्थ प्रकट करनेवाले शब्द रखने पड़ते हैं, वहाँ कला का ह्रास होता है।

बीत रे गई निशि
देश लख हँसी दिशि— ['गीतिका', पृ. 18]

'दिशि' से 'दिशा' अधिक स्वाभाविक है किन्तु 'श' की आवृत्ति द्वारा ध्वनि यहाँ अपना शासन क़ायम किये है।

चकित चपला के नयन नव,
देखती हो भू-शयन तव। [उप., पृ. 45]

अपना भू-शयन देखती हो; 'अपना' की जगह 'तव' का प्रयोग। यहाँ भी ध्वनि के माधुर्य में 'तव' का अनौचित्य छिप गया है यद्यपि उसका प्रयोग हुआ है 'नव' से तुक मिलाने के लिए। 'लजाती रहे स्नेह-दल-तूम' (उप., पृ. 31)—यहाँ कष्ट से अर्थ प्रकट करनेवाला 'तूम', 'चूम' और 'झूम' के साथ तुक मिलाने की मजबूरी ज़ाहिर करता है।

सदा बाढ़ में बही मन्द सरि—
खोले कूल न कोई जल-हरि,
महाराज ने भी लख लघु अरि
रक्खे पग गिन गिन

'सरि' के साथ तुक मिलाने के लिए 'हरि' और 'अरि' आए हैं और उन्हें खपाने के लिए निराला ने दुरूह पद-रचना की। 'अरघान की फैल' ('आराधना', पृ. 7)—इस सुन्दर गीत में लोकगीतों का ध्वनि-वातावरण है, उसमें 'आसमाँ' रूप फबता नहीं। 'बहुत दिनों बाद खुला आसमान' में आसमान रूप उचित है किन्तु

आसमाँ के साथ जैसा अर्थ-संसर्ग है, वह 'अरघान की फैल' के साथ मेल नहीं खाता। 'उड़ी आसमाँ को खुली धूल की गैल'—इस पंक्ति में एक मात्रा कम करने के लिए निराला ने आसमाँ रूप रखा है।

अन्तिम दौर की रचनाओं में निराला अक्सर तुक मिलाने के परिश्रम से बचना चाहते हैं। यह कार्य उनके लिए कभी सुखद नहीं था, अन्तिम दौर में थकान का अनुभव होने पर वह और भी अप्रिय हो गया। एक पंक्ति में 'कलियाँ' लिखा, दूसरी में 'आवलियाँ'। यदि भ्रमरावली हो सकता है तो आवलियाँ क्यों नहीं? अवली से तुक न मिलती थी, अवलियाँ से एक मात्रा कम पड़ती थी, इसलिए आवलियाँ लिखा। फिर 'मछलियाँ' और 'तलियाँ' से दूसरे बंदों में तुक मिलाई। ('अर्चना', पृ. 70) इस तरह की मिसालें 'अर्चना' और 'आराधना' में बहुत मिल जाएँगी। किन्तु कुछ गीतों में उन्होंने अन्त्यानुप्रास के लिए शब्द ही ऐसे चुने हैं जिनसे छायावादी कानों को कष्ट हो।

छोड़ दो, न छेड़ो टेढ़े। [उप., पृ 67]

दो 'ड़', फिर 'ढ़'। 'टेढ़े' के साथ 'खेड़े', 'पेड़े' और 'बेड़े' की तुकबंदी। यह उनकी असमर्थता का प्रमाण नहीं है।

अनेक हिन्दी कवियों की तरह निराला मुहावरों के प्रयोग पर विशेष ध्यान नहीं देते, ध्वनि या छन्द के अनुसार मुहावरेदार भाषा का ढाँचा तोड़ देते हैं और अपना गढ़ा हुआ मुहावरा जमाते हैं। 'मेरा मधुर मुझसे दूर है', इस तरह कोई मधुर का प्रयोग नहीं करता। निराला ने लिखा :

सरि, धीरे बह री!
व्याकुल उर, दूर मधुर,
तू निष्ठुर, रह री! ['गीतिका', पृ. 19]

यहाँ भी ध्वनि का शासन है। 'उर' के साथ 'मधुर'; 'धीरे' के बाद 'ध' की आवृत्ति। प्रयोग खलता नहीं। 'अँगुलि-घात गुँजा मृदु गुंजन' (उप., पृ. 77)—यहाँ 'गुँजा' और 'गुंजन' के संयोग से कोई बहुत अच्छी ध्वनि-रचना नहीं हुई। गुंजन को गुँजाना कोई मुहावरा नहीं। प्रयोग असफल माना जायगा।

लड़ना विरोध से द्वन्द्व-समर,
रह सत्य-मार्ग पर स्थिर निर्भर—
जाना, भिन्न भी देह, निज घर निःसंशय। ['तुलसीदास', पृ. 20]

तीसरी पंक्ति कमज़ोर है। 'भिन्न भी देह' अस्वाभाविक पद-रचना है। 'निर्भर' और 'निःसंशय' की खपत पंक्तियों में खाली जगह भरने के लिए है। मुक्तछन्द में इस तरह की कारीगरी का प्रायः अभाव है। किन्तु निराला छन्द-निर्वाह के लिए ही भाषा

की प्रकृति का उल्लंघन नहीं करते, कई जगह वह इस भाषा की प्रकृति की ओर यथेष्ट ध्यान नहीं देते।

तनये, लीकर दृक्पात तरुण
जनक से जन्म की विदा अरुण। ['अनामिका', पृ. 117]

यहाँ 'तरुण-अरुण' भरती के शब्द हैं किन्तु मुख्य दोष वह नहीं। 'विदा ली'—इस क्रिया के दो हिस्से एक-दूसरे से बहुत दूर पड़ गए हैं। 'दृक्पात कर विदा ली'—यह पद-रचना कृत्रिम है, साथ ही 'दृक्पात' करने की ध्वनि निराला के शब्द-संसार में असंगत है।

स्नेह से फुल्ल आई उमड़ मुस्कान— ['गीतिका', पृ. 85]

यहाँ फुल्ल का व्यवहार अस्वाभाविक है।

तत्सम शब्दों के प्रयोग में ही मुहावरा टूटता हो, ऐसी बात नहीं। 'गले-चले-भले' जैसे शब्दों का प्रयोग करते हुए भी निराला मुहावरे को निर्जीव, कहीं-कहीं हास्यास्पद बना देते हैं।

कैसी थी रात, बन्धु, थे गले-गले!...
तिमिर में मुँदे जग, आओ भले-भले! ['गीतिका', पृ. 96]

न मुहावरा ठीक, न शब्दों की ध्वनि ठीक। 'भर दो जीकर छाला-छाला' ('आराधना', पृ. 2)—यहाँ निराला मुहावरा गढ़ते हैं। छाला भरने से दु:ख की अतिशयता व्यक्त करते हैं। प्रयोग आंशिक रूप में ही सफल माना जा सकता है।

कई जगह निराला अप्रयुक्त शब्द रख देते हैं जो गीत में खपते नहीं, हिन्दी की प्रकृति के विरोधी जान पड़ते हैं। पुरवाई के साथ 'अनुत्कंठित' विशेषण जमता नहीं है। ('आराधना', पृ. 3) ऐसे ही कहाँ 'हल', कहाँ 'अभिभावन'! 'चले चतुर्दिक् हल अभिभावन' (उप., पृ. 26) 'प्रासारिक, पारिक' (उप., पृ. 14), 'परिमाप' (उप., पृ. 27), 'अनुद्दय' (उप., पृ. 34), 'जागंतिक, अगामीयता' ('सान्ध्यकाकली', पृ. 63) आदि ऐसे ही प्रयोग हैं।

कई जगह निराला की वाक्य-रचना अर्थवक्रता के शिकंजे में कसे जाने पर चरमरा उठती है।

मन्द पवन बहती सुधि रह-रह
परिमल की कह कथा पुरातन ['गीतिका', पृ. 98]

कहना चाहते हैं, परिमल की पुरातन कथा कहकर जो मन्द पवन बहती है, वह मानो सुधि बहती है। बहती क्रिया से निराला ने 'पवन' और 'सुधि', दोनों को साधा है।

यह अपल स्नेह—
विश्व के प्रणय-प्रणयिनियों कर
हार-उर गेह? ['अनामिका', पृ. 89]

'वनबेला' अपल स्नेह की प्रतीक है। वह ऐसा स्नेह है जिसकी माला गूँथकर संसार के प्रेमियों और प्रेमिकाओं ने अपने गृहस्थ-जीवन को पहना दी है। अर्थवक्रता के शिकंजे में वाक्य-रचना का ढाँचा चरमराता है।

था सर प्राचीन सरस,
सारस हंसों से हँस। ['अनामिका', पृ. 10]

सारस-हंसों की उपस्थिति से हँसता हुआ प्राचीन काव्य-सर सरस था। 'हँस' क्रिया के साथ निराला ने जो बल प्रयोग किया है, उससे वाक्य लँगड़ाता है।

विवाह-राग
भर रहा न घर निशि-दिवस जाग। [उप., पृ. 133]

रात-दिन जागकर स्त्रियाँ विवाह के गीतों से घर भर देती हैं—यह भाव 'जाग' क्रिया की गर्दन मरोड़ते हुए निराला यों प्रकट करते हैं : 'विवाह राग निशि-दिवस जाग घर न भर रहा'!

बड़े कवियों से हम यही नहीं सीखते कि शब्दों का प्रयोग कैसे करना चाहिए, वरन् यह भी सीखते हैं कि शब्दों का प्रयोग कैसे न करना चाहिए। निराला की वाक्य-रचना में जैसे दोष हैं, उनसे अनेक कवि मुक्त हैं—हिन्दी-उर्दू दोनों के—किन्तु वे निराला से बड़े कवि नहीं। उनकी भाषा में वह शक्ति नहीं, जो निराला की भाषा में है। निराला ने अपनी भाषा गढ़ी है; जो भाषा सुनी और पढ़ी है, उसका अनुसरण भी किया है। दोनों स्थितियों में उनके शब्द-संसार के अपने नियम हैं। निराला का अनौचित्य अपने इस शब्द-संसार के नियमों का उल्लंघन करने में है। निराला ने भाषा गढ़कर हिन्दी को नई व्यंजना-शक्ति दी है, सुनी और पढ़ी हुई भाषा का अनुसरण करके हिन्दी की अन्तर्निहित शक्ति उद्‌घाटित की है। निराला के शब्द-संसार में ध्वनि की तरंगें उठती हैं। जहाँ ये तरंगें भाव और मूर्तिविधान के साथ ऊपर उठती हैं, वहाँ निराला के कलात्मक उत्कर्ष का जवाब नहीं। निराला उदात्त ध्वनि वाले शब्दों से दो पंक्तियाँ रचने के बाद दो पंक्तियाँ अनुदात्त शब्दों से रचकर रखेंगे—नाटकीय वैषम्य के लिए। निराला ब्रज, अवधी के कोमल शब्दों से लोकधुन पर मधुर भाव वाले गीत रचते हैं। वह सीधे-सादे हिन्दी शब्दों से ऐसा दु:ख व्यक्त करते हैं कि उसकी गहराई के आगे सारी उदात्त शब्दावली फीकी लगती है। निराला हिन्दी की शक्ति उस तरह की शब्दावली से भी प्रकट करते हैं जो साधारणत: कवित्वहीन और कठोर मानी जाती है। नीरस, कर्कश शब्दों का व्यवहार करना सरल है, उनके व्यवहार से कविता रचना कठिन है। निराला कविता रचते हैं, केवल नीरस शब्दों का व्यवहार नहीं करते। यह प्रवृत्ति उनमें आदि से अन्त तक रही है, 'अध्यात्म-फल' में : 'जब कड़ी मारें पड़ीं दिल हिल उठा'—से लेकर 'आराधना' में 'मुगरी लेकर बान कूटता है' तक। यहीं छायावादोत्तर कवियों को उनसे बहुत कुछ सीखना है।

अलंकरण

अधिकांश रोमांटिक कवियों के लिए आदर्श कविता वह है जो भावावेश में स्वत: फूटकर बह निकले, जो विवेक से, चिन्तन और मनन के बाद न रची गई हो। ऐसी कविता स्वभावत: अलंकारहीन होगी क्योंकि अलंकारों का काम कविता को सजाना है, भावोत्कर्ष में सहायक होना नहीं। यह धारणा निराला में भी है।

लिखा है :

निरलंकार कवित्व अनर्गल
किसी महाकवि कलित-कंठ से
झरता था जैसे अविराम कुसुम-दल।

['सिर्फ एक उन्माद', परिमल, पृ. 144)

जैसे अविराम कुसुम दल झरते हैं, वैसे ही कवि-कंठ से कवित्व फूटता है। किन्तु निरलंकार कवित्व के वर्णन में निराला सालंकार भाषा का प्रयोग करते हैं। 'किसी-महाकवि-कलित-कंठ' में अनुप्रासों की बहार है। कुसुमदल से कविता की तुलना करने में उपमा अलंकार की सजावट है। यद्यपि अनुप्रासों में विशेष कारीगरी नहीं और कुसुमदलों के झरने की क्रिया ज़रा सुस्त है, इसलिए उसे अनर्गल कहने में विशेष औचित्य नहीं, फिर भी निराला का अलंकार-प्रेम स्पष्ट है क्योंकि निरलंकार कवित्व के वर्णन में उन्होंने सालंकार भाषा का प्रयोग किया है।

निराला का विचार था कि वेदों में पूर्ण ज्ञान है और यह ज्ञान ऋषियों ने अलंकारहीन भाषा में व्यक्त किया है। 'जागरण' कविता में उन्होंने लिखा :

सहज भाषा में
समझाती थी ऊँचे तत्त्व
अलंकार-लेश-रहित, श्लेषहीन,
शून्य विशेषणों से—
नग्न नीलिमा से व्यक्त
भाषा सुरक्षित वह वेदों में आज भी। ['परिमल', पृ. 235]

कविता स्वत:स्फूर्त होगी, पूर्ण ज्ञान की अभिव्यक्ति होगी तो उसमें अलंकार का लेश भी न होगा, इस धारणा से प्रेरित होकर निराला ने कल्पना की कि वेदों की भाषा अलंकारहीन है। इस भाषा के वर्णन में उन्होंने स्वयं 'लेश-श्लेश', 'शून्य-विशेषण', 'नग्न-नीलिमा' की सानुप्रास पदावली रची। अनुप्रासों के साथ उपमा अलंकार सजाया। वैदिक भाषा नीलिमा के समान थी। किन्तु नीलिमा कहना काफी नहीं था, उसके साथ

उन्होंने छायावादी विशेषण 'नग्न' जोड़ा, शृंगारी कविता के 'तुम्हारी नग्न कान्ति नव लाज' की तरह। ('परिमल', पृ. 62)

नीलिमा असाधारण उपमान है। उसकी सार्थकता इसी में नहीं है कि वह ब्रह्म का प्रतीक है अथवा स्वयं अनादि तत्त्व है, वरन् इसमें भी है कि निराला को उदात्त भाषा नीले रंग की दिखाई देती है। उपमा की शक्तिमत्ता का कारण निराला की सूक्ष्म संवेदन-क्रिया है, यहाँ वह अलंकार मात्र नहीं, कविता की भाव-संरचना का अभिन्न अंग है। तुलनीय है : 'बेला में श्वेत गंध: कुन्द हास में अमन्द श्वेत गंध छाई'। (पृ. 27)

तत्त्व एक है आकाश या अन्धकार। उस अन्धकार के अलंकार की तरह चन्द्रमा दिखाई देता है किन्तु जो स्वयं अलंकार है, निराला उसे निरलंकार कहकर उसकी प्रशंसा करते हैं। चन्द्रमा को देखकर मुखचन्द्र याद आता है, सघन अलकों से घिरा हुआ मुखचन्द्र। पता नहीं, मूलतत्त्व मुख है या 'अलकें'। निराला ज्ञान के उदात्त स्तर पर गीत आरम्भ करते हैं : 'जग का एक देखा तार'। ('गीतिका', पृ. 22) फिर फूल, खुशबू, हवा की दुनिया पार करते हुए आसमान में पहुँचते हैं :

तत्त्व-नभ-तम में सकल-भ्रम-शेष, श्रम विस्तार,
अलक-मंडल में यथा मुख चन्द्र निरलंकार।

ज्ञान के उदात्त स्तर से जो गीत आरम्भ होता है, उसकी समाप्ति मुखचन्द्र से हो, इसमें एक आन्तरिक संगति है। निराला अगणित कंठों से जो झंकार सुनते हैं, वह देह-सप्तक से फूटती है। रूप और गंध के संसार का पूर्ण विकास चन्द्र-मुख में है, इसलिए चन्द्रमा मूल नभ तत्त्व का अलंकार नहीं, उसका पूर्ण विकास है। उसमें अन्तर्निहित सौन्दर्य की अभिव्यंजना है। 'यथा' शब्द से आरम्भ करके निराला जो उपमा अलंकार प्रस्तुत करते हैं, वह बाहरी सजावट नहीं, उसमें गम्भीर अर्थ-ध्वनि है। धरती से फूटने वाले राग की चरम परिणति मुखचन्द्र है। इस मुखचन्द्र के निरलंकार सौन्दर्य का वर्णन निराला भ्रम और श्रम के अनुप्रास जोड़कर, अलक और अन्धकार में साम्य दिखाकर सालंकार भाषा के प्रयोग से करते हैं।

क्या दृष्टि! अतल की सिक्त धार
ज्यों भोगावती उठी अपार,
उमड़ता ऊर्ध्व को कल सलील
जल टलमल करता नील नील,
पर बँधा देह के दिव्य बाँध,
छलकता दृगों से साध-साध। ['अनामिका', पृ. 126]

जैसे निराला को उदात्त भाषा शैली दिखाई देती है, वैसे ही उदात्त सौन्दर्य में नीले जल की तरंगें उठती दिखाई देती हैं। यहाँ भी उपमा अलंकार सजावट के लिए

नहीं है, वह निराला के मूल संवेदन को प्रकट करने का ढंग है। वह उपमेय से ध्यान हटाकर उपमान पर केन्द्रित नहीं करता वरन् उपमेय के बोध को ही गहरा करता है।

ले चला साथ मैं तुझे कनक
ज्यों भिक्षुक लेकर, स्वर्ण-झनक
अपने जीवन की। [उप., पृ. 128]

भिक्षुक महज उपमान नहीं है, उस एक शब्द में निराला के जीवन का समस्त दैन्य, समस्त वेदना केन्द्रित है ('भज भिखारी', 'विश्वभरणा', 'अर्चना' में उसी कवि ने लिखा था)। 'स्वर्ण-झनक'; कुछ समय के लिए उसे सुनने का सुख, फिर वह भिक्षुक से दूर। वह 'अलंकार' नहीं, करुण भाव को और गहरा करने का ढंग है।

'उतरा ज्यों दुर्गम पर्वत पर नैशान्धकार'—राम के सिर पर जटाओं का ही मुकुट था, वह मुकुट भी खुल गया है। घनी केशराशि पीठ, छाती और बाँहों पर ऐसे फैल गई है, जैसे दुर्गम पर्वत पर अन्धकार फैल गया हो। इस उपमा की सार्थकता इस बात में नहीं है कि राम की केशराशि अन्धकार के समान घनी और काली है वरन् इसमें कि राम को जो अन्धकार घेरे हुए है, उसकी ओर इस उपमा में संकेत है। अन्धकार महज उपमान नहीं, वास्तविक है, धरती से आकाश तक फैला हुआ है। इसके अलावा वहाँ एक पर्वत भी है जिसके पास राम बैठे हुए हैं। उस पर्वत पर अन्धकार उतरा है, उपमान के दूरवर्ती संसार में नहीं, कथा के प्रत्यक्ष निकटवर्ती संसार में। निराला उपमा के द्वारा राम और उनके परिवेश, दोनों का चित्रण कर रहे हैं। यह उपमा 'अलंकार' की सार्थकता है।

'प्रेयसी के अलक से आती ज्यों स्निग्ध गंध'—फूलों की गंध और अलक-गंध निराला के मन में वैसे ही सम्बद्ध हैं, जैसे जूड़े में बेले के फूल। धूप में जिसका माथा गरम हो गया, वह परेशान-हाल कवि औरत के ख्वाब देख रहा है, उपमान की मादकता में यह करुण अर्थध्वनि है। वनबेला मस्तक पर तापत्रास लिये हुए ऊपर उठती है; निराला उपमा देते हैं :

ज्यों सिद्धि परम
भेदकर कर्म जीवन के दुस्तर क्लेश, सुषम
आई ऊपर। ['अनामिका', पृ. 87]

यह सिद्धि कवि से उतनी ही दूर जितनी दूर उस तापत्रास में प्रेयसी की अलक-गंध। वनबेला की सुगंध मन में सोती हुई इच्छाएँ जगाती है, इनमें एक इच्छा कवि-जीवन में सिद्धि प्राप्त करने की है। कर्म जीवन के दुस्तर क्लेश तो हैं, सिद्धि बहुत दूर है। जो एक साधारण अलंकार मालूम होता है, उसमें अर्थ की यह गहराई है, जीवन के

अन्तर्विरोधों का मार्मिक चित्रण है। आगे निराला फिर उपमा देते हैं, प्रेयसी अब पूरी अप्सरा बन गई है, गंध नारी के रूप में परिवर्तित हो गई है :

जैसे पार कर क्षार सागर
अप्सरा सुघर
सिक्त तन केश, शत लहरों पर
काँपती विश्व के चकित दृश्य के दर्शन-शर।

कितना वैषम्य है अप्सरा के इस स्वप्न में और कवि के वास्तविक परिवेश में जहाँ शत लहरों की शीतलता के बदले :

तप तप मस्तक
हो गया सान्ध्य नभ का रक्ताभ दिगन्त फलक।

उपमा की सार्थकता इसी में नहीं है कि वनबेला धरती के गर्भ से तापत्रास पार करती हुई ऊपर उठती है, वैसे ही अप्सरा जलराशि के जड़ स्तर पार करती हुई ऊपर उठती है, वरन् इसमें कि वह कवि और उसके परिवेश के अन्तर्विरोधों को निखार देती है, कविता में अन्तर्निहित नाटकीय वैषम्य को और गूढ़ बना देती है।

स्नेह निर्झर बह गया है।
रेत ज्यों तन रह गया है। ['अणिमा', पृ. 55]

निर्झर निराला के बाहर नहीं, उन्हीं के भीतर है। उसमें अब जल नहीं, केवल रेत बची है। 'स्नेह' में श्लेष भी है, कितना सार्थक, स्नेह पाने और स्नेह देने की शक्ति ही मानो क्षीण हो गई है।

लीला का सँवरण-समय फूलों का जैसे
फलों फले या झरे अफल, पातों के ऊपर
सिद्ध योगियों जैसे या साधारण मानव,
ताक रहा है भीष्म शरों की कठिन सेज पर।

['सान्ध्यकाकली', पृ. 87]

फूलों से फल प्राप्त हो सकते हैं, वे फल दिये बिना झर भी सकते हैं। मनुष्य सिद्धि प्राप्त कर सकता है, सिर्फ जिया और मर गया—यह भी सम्भव है। निराला का जीवन सफल रहा या असफल—पढ़ने वाला फैसला करे। कविता लिखते समय जो वास्तविकता है, वह यह कि लीला का सँवरण-समय आ पहुँचा है और भीष्म की सेज कठिन है, वह ताक रहे हैं, अवश्य ही सूनी आँखों से आकाश ताक रहे होंगे। भीष्म की कठिन सेज और सुकुमार फूल—दोनों का वैषम्य; फूल की सार्थकता फल बनने में है, निराला की साधना सफल हुई—इसमें जनता को सन्देह है, यह वेदना। फिर

भी भीष्म के समान युद्ध के बाद सोने में अपने प्रयत्न की गरिमा के प्रति आश्वासन है। उपमा भावों का द्वन्द्व प्रकट करती है, अलंकार मात्र नहीं है।

निराला रूपक बाँधने में कुशल हैं और यह कौशल उन्हें अत्यन्त प्रिय है। वसन्त से शुरू करेंगे तो पूरा ऋतु-चक्र समाप्त करके ही दम लेंगे। प्रसाद के जीवन की सारी कहानी ऋतुओं के रूपक के सहारे कहते हैं, वैसे ही 'पत्रोत्कंठित जोवन का विष बुझा हुआ है' आदि पंक्तियों में अपने जीवन की कथा समाप्त करते हैं। 'देवी सरस्वती' में भारतीय संस्कृति की गाथा ऐसे ही रूपक के सहारे रचते हैं। रामचन्द्र शुक्ल वाली कविता में ऋतुओं की जगह तिथियों का ठाठ है। ये रूपक निराला को कविता के लिए एक ढाँचा दे देते हैं जिसे वह भावों-संवेदनों से भरते रहते हैं। 'तुलसीदास' में सांस्कृतिक संध्या, उसके बाद रात्रि, फिर प्रभात का रूपक बाँधते हैं और सारी घटनाएँ इसी रूपक की सीमाओं के भीतर होती हैं। रूपक अलंकार नहीं, कविता का मूल रचना-विधान बन जाता है।

कली धरती की गंध लिये ऊपर उठती है, फूलों से फल बनते हैं, पेड़ों से पुराने पत्ते झरते हैं, उनमें 'नये पत्ते' आते हैं, धरती वसन्त में युवती बन जाती है, सूर्य उनका प्रेमी है, सूर्य समुद्र का जल सोखकर बादल बनाता है, फिर वही बादल धरती पर बरसता है—इस तरह के प्राकृतिक व्यापारों से निराला अपने रूपक रचते हैं।

वसन्त का वर्णन शुरू किया। प्रकृति और नारी के सौन्दर्य का चित्रण एक साथ किया। लताएँ किसलयों के वस्त्र पहने हैं, वृक्ष उनके पति हैं, वे उनसे जा मिली हैं। भौंरों और कोयलों का स्वर मंगल-गीत बन गया। कलियों में खुशबू आई, आँखों में यौवन की माया जागी। सरसी के हृदय में सरोज उठे, केशर के केश खुल गए, पृथ्वी का स्वर्ण शस्य-अंचल लहराया। ('गीतिका', पृ. 3) इस रूपक की विशेषता यह है कि निराला के लिए प्रकृति और नारी के सौन्दर्य एक-दूसरे के पूरक हैं, एक-दूसरे को संवर्द्धित करते हैं। प्रकृति को उद्दीपन विभाव के रूप में इस्तेमाल न करके वह नारी से उसका तादात्म्य स्थापित कर देते हैं। प्रकृति और नारी—दोनों शक्तिरूपा हैं, इसलिए नारी-प्रकृति के रूपकों में दार्शनिक संगति है।

कौन तुम शुभ्र किरण वसना? ['गीतिका', पृ. 32]

इस गीत में प्रकृति पर मानवीयता का 'आरोप' नहीं किया गया, यह कवियों का सुपरिचित 'पर्सोनिफिकेशन'-व्यापार नहीं है, यह दार्शनिक आधार पर नारी और प्रकृति के सौन्दर्य का तादात्म्य-बोध है। अंगों की गंध ही मलय पवन है, अलकों की सघनता मेघमाला है, जिस मधुऋतु में प्रकृति का सौन्दर्य निखरता है, उसी में नारी-जीवन सफल होता है।

निराला ने होली-गीत में लिखा :

फूल-सी देह—द्युति सारी,
हल्की तूल-सी सँवारी। [उप., पृ. 58]

यहाँ फूल और देह, दो अलग चीज़ें हैं, दोनों को मिला दें तो 'जुही की कली' और 'शेफालिका' की रचना होगी। फूलों की गंध और सुकुमारता निराला के नारी-सम्बन्धी चिन्तन से अभिन्न हैं।

रूपक बाँधने की तरह निराला को प्रतीक-योजना प्रिय है। भौंरा फूल या कली का प्रेमी है, परम्परागत प्रतीक है। 'परिमल' की 'भ्रमरगीत' और 'बदला' जैसी कविताओं में निराला ने उस प्रतीक का उपयोग किया है। प्रतीक पुराना है, किन्तु उसके द्वारा जो सौन्दर्य का संसार उद्घाटित किया है, उसका रूप-रस-गंध-बोध नये युग का है ('भ्रमरगीत' में) या भौंरे के प्रेम की परिणति अनोखी है। ('बदला' में)प्रपात, निर्झर आदि आधुनिक रोमांटिक काव्य से प्राप्त किये हुए प्रतीक हैं। निराला ने उनके प्रयोग में जो नवीनता दिखाई है, वह अन्धकार और मार्ग की बाधाओं के चित्रण में। (यथा : 'परिमल' में 'स्वागत', 'प्रपात के प्रति' आदि) 'रास्ते के फूल से' जैसी रचनाओं में प्रतीक-योजना कम, अन्योक्ति-काव्य का चमत्कार अधिक है।

'बादल' सामाजिक क्रान्ति का प्रतीक है, निराला के प्रयोग में मौलिकता है। 'बादल-राग' (6) में निराला ने वर्षा का भरा-पूरा चित्र दिया है। किसान के बिना यह चित्र अधूरा है। ऊपर है बादल, नीचे दलदल, नदियाँ, पर्वत और इनके बीच में खेत, खेतों में शस्य अपार, अपार शस्य के बीच हाड़ों का ढाँचा लिये किसान। चित्र के अग्रभाग में समूचे परिवेश के साथ किसान है; पृष्ठभूमि में अंगना-अंग से लिपटे हुए वे धनी हैं जिन्होंने उसका सार चूस लिया है। निराला की प्रतीक-योजना में किसान और वर्षा दो अलग वस्तुएँ न होकर एक ही यथार्थ के दो छोर हैं। बादल ध्वंसक और सर्जक, दोनों है; निराला उसकी इस दोहरी कार्यवाही के बहाने सामाजिक क्रान्तिकारी की दोहरी भूमिका चित्रित करते हैं।

प्राकृतिक वस्तुओं के अलावा निराला ने देवी-देवताओं को भी प्रतीक बना दिया है। 'रूखी री यह डाल वसन-वासन्ती लेगी'—इस गीत में उन्होंने देवी पार्वती को वसन्तागमन से पूर्व रूखी-सूखी प्रकृति का प्रतीक बनाया है। 'देवी सरस्वती' में सरस्वती वाणी मात्र की प्रतीक न होकर उस धरती की प्रतीक बना दी गई है जहाँ वाणी के द्वारा मनुष्य अपने साहित्य का विकास करता है। 'राम की शक्तिपूजा' में राम और महावीर मनुष्य के पराजित और अपराजित मन के प्रतीक माने जा सकते हैं। राम शक्ति की मौलिक कल्पना करके पार्वती को भारत की धरती में देखते हैं; जब उनका मन ऊपर चढ़ता है तब वह उस आकाश को पार कर जाते हैं जहाँ शिव निवास करते हैं।

जिन पाँच तत्त्वों से मनुष्य समेत सारा संसार रचा माना जाता है, वे भी निराला के लिए प्रतीक हैं। उनके प्रतीक होने का यह अर्थ नहीं कि उनकी वास्तविक सत्ता नहीं। वे एक ही शक्ति के भिन्न रूप हैं; वही शक्ति मनुष्य के जीवन में प्रतिफलित होती है। इसलिए प्रकृति और मानव के समान गुणों को व्यक्त करने के लिए पाँच तत्त्व प्रतीक बन जाते हैं। पृथ्वी, उसकी गंध मनुष्य के काम-जीवन से सम्बद्ध है : 'रँग गई पग-पग धन्य धरा', इत्यादि। जल यौवन और सौन्दर्य के विकास का प्रतीक है : 'ज्यों भोगावती

उठी अपार' इत्यादि; जल यदि स्वयं सुन्दर नहीं तो कमल और अप्सरा जैसी सुन्दर वस्तुओं का जन्मस्थान है। तेज, वाणी, काव्य, सौन्दर्य की प्रखरता का प्रतीक है। 'मेरे स्वर की रागिनी वह्नि' ('अनामिका', पृ. 127) में काव्य के उत्कर्ष का प्रतीक है अग्नि। वनबेला अपने सौन्दर्य की प्रखरता के कारण अग्नि-शिखा है। (उप., पृ. 88) समस्त प्रकृति का सौन्दर्य अग्निरूप है। गगन घन विटपी में नक्षत्रों के फूल खिले हैं; नीचे ज्योत्स्ना के वस्त्र पहने प्रकृति हँस रही है। प्रकृति का यह सौन्दर्य अग्नि का ही रूप है :

अरणियों की अग्नि तू दिक् दृगों की पहचान। ['गीतिका', पृ. 62]

वायु प्रणय की प्रतीक है, गंध ढोकर लाती है। बँगला-हिन्दी कविता में उसका यह प्रतीक रूप बार-बार व्यंजित हुआ है :

प्रणय-श्वास के मलय स्पर्श से
हिल हिल हँसतीं चपल हर्ष से। [उप., पृ. 17]

इसी तरह आकाश मन का प्रतीक है। मन के अनेक स्तर हैं, इसलिए चेतना का ऊर्ध्व संचरण दिखाने के लिए निराला मन को आकाश में ऊपर चढ़ते हुए दिखाते है, जैसे 'तुलसीदास' और 'राम की शक्तिपूजा' में।

यह प्रतीक-योजना काव्य की सजावट के लिए नहीं है, वह निराला के चिन्तन और भावबोध का अभिन्न अंग है।

निराला की सानुप्रास पदावली उनकी क्रीड़ावृत्ति का परिचय देती है, ध्वनि खंडों की आवृत्ति काव्य का अलंकरण है। उनकी श्रेष्ठ रचनाओं में उदात्त या अनुदात्त ध्वनि-प्रवाह भावों-संवेदनों के उतार-चढ़ाव के साथ आगे बढ़ता है। वहाँ वह कवि की मूल रचना-सामग्री है, कविता का बाह्य अलंकरण नहीं। निराला और रीतिवादी कवियों के शब्द-योजना कौशल में यह अन्तर है। वैसे ही उपमा-रूपक आदि अलंकार निराला के रूप-रस बोध का परिचय देते हुए काव्य तत्त्व को निखारते हैं, उनकी प्रतीक-योजना संसार के प्रति उनकी व्यापक दार्शनिक दृष्टि के सहारे काव्य में नया उत्कर्ष पैदा करती है।

अर्थ-चमत्कार

सहज भाषा वह जो अलंकार-लेश-रहित, श्लेषहीन हो। किन्तु निराला शब्दों की ध्वनि से खेलते हैं, उनके अर्थ से खेलते हैं। 'लेश' के बाद 'श्लेष'—यहाँ केवल ध्वनि-क्रीड़ा है, अर्थ-क्रीड़ा नहीं। 'लगे जो उपल पद, हुए उत्पल ज्ञात' ('गीतिका', पृ. 100)—यहाँ भी ध्वनि-क्रीड़ा है किन्तु सार्थक। 'लेश' और 'श्लेष' में अर्थ-चमत्कार नहीं है, 'उपल' और 'उत्पल' में है। जैसे वाल्मीकि का 'शोक' आवेश में 'श्लोक'

बन गया—'शोक: श्लोकत्वभागत:'—वैसे ही देवी की कृपा से निराला की राह में जो उपल थे, वे उत्पल बन गए। उपल और उत्पल के जोड़े की तरह निराला ने दो शब्द और रखे हैं : 'अवसन्न' और 'प्रसन्न'। दोनों में ध्वनि-साम्य है और अर्थ-वैषम्य। 'अवसन्न भी हूँ प्रसन्न मैं प्राप्तवर'—जो अवसन्न है, वह वर-प्राप्ति के कारण प्रसन्न भी है। यहाँ ध्वनि-क्रीड़ा अर्थ के उत्कर्ष में सहायक है।

'तुलसीदास' में निराला ने लिखा :

छल-छल-छल कहता यद्यपि जल,
वह मंत्र-मुग्ध सुनता कल-कल। [पृ. 8]

यहाँ निराला शब्द की ध्वनि और अर्थ, दोनों से खेलते हैं। छल-छल पानी की आवाज़ है; उस सौन्दर्य में छल है, यह भाव भी है।

अब स्मर के शर-केशर से झर
रँगती रज-रज पृथ्वी अम्बर। [उप., पृ. 13]

जो स्मर केशर हैं, वे केशर हैं; 'केशर' की आवृत्ति। 'शर', 'केश', 'केशर' का योग निराला को बहुत प्रिय है, कहीं स्मर के साथ, कहीं उसके बिना। 'स्मर-शर हर केशर झर'; ('गीतिका', पृ. 7) 'केशर के केश कली के छुटे'; (उप., पृ. 3) 'निर्झर केशर के शर के हैं'; ('आराधना', पृ. 93) 'रूखी री यह डाल वसन वासन्ती लेगी' (उप., पृ. 14)—में निराला श्लेष द्वारा पूरे गीत में रूखी डाल और पार्वती, दोनों पर अर्थ घटाते जाते हैं। 'दुलारे दोहावली' में दोहे के छह अर्थ करनेवाले निराला को यह चमत्कार-प्रदर्शन प्रिय है। रीतिवादी चमत्कार-प्रियता से जो भिन्नता है, वह डाल के रूखेपन के वर्णन में, रूखेपन से वसन्त-वैभव के वैषम्य-प्रदर्शन में, प्राकृतिक सौन्दर्य के चित्रण-उत्कर्ष में।

स्मर के एक शत्रु शिव हैं, दूसरे राम हैं। मदन-भस्म और कुमारसम्भव—इन दो विरोधी क्रियाओं से शिवत्व की पूर्ति होती है, विष और अमृत के सह-अस्तित्व की तरह। भक्त राम को वैष्णव दृष्टि से देखता है तो उन्हें काम का विरोधी पाता है। तुलसीदास राम के सौन्दर्य का वर्णन करते हैं तो कामदेव की छवि को अवश्य परास्त कराते हैं। 'कोटि मनोज लजावन हारे' इत्यादि। निराला राम और काम, इन दो शब्दों के ध्वनि-साम्य पर बल देते हुए अर्थ-कौतुक करते हैं। रत्नावली जिस वाक्य से तुलसीदास के सोते हुए संस्कारों को जगाती है, उसमें राम और काम एक साथ आते हैं :

धिक! धाए तुम यों अनाहूत,
धो दिया श्रेष्ठ कुल-धर्म धूत,
राम के नहीं, काम के सूत कहलाए! [पृ. 45]

काम पर पूर्ण बलाघात है; राम से भरपूर वैषम्य प्रदर्शित किया गया है। काम का अर्थ मदन देव के अलावा मनुष्य का कर्म भी है; सूत का अर्थ धागा भी है। 'आराधना' में 'तुलसीदास' की शब्द-योजना की प्रतिध्वनियाँ हैं, नये अर्थ-चमत्कार के साथ। 'राम के हुए तो बने काम' (पृ. 20)—यहाँ काम को भिन्न अर्थ में प्रयुक्त करते हुए निराला ने राम और काम के वैषम्य की जगह उनमें साम्य दिखाया। काम के सूत में जो घृणाभाव था, उसे दूर करके सूत को विजय का सूत्र बना दिया :

वह सूर्य्यवंश सम्भूत तभी
जीवन की जय का सूत तभी।

निराला की शब्द-क्रीड़ा का यह भी एक रूप है। एक अन्य गीत में लिखा : 'काम रूप हरो काम'। ('आराधना', पृ. 14) राम और काम में विरोध है भी, नहीं भी है। वह स्वयं कामरूप हैं, तब विरोध कैसा? काम को हरेंगे तब काम-रूप कैसे? निराला तुलसीदास की भक्ति-परम्परा का अनुसरण करते हुए यह अर्थ-चमत्कार दिखाते हैं।

अशरण-शरण राम,
काम के छवि-धाम। [उप., पृ. 48]

राम और काम में विरोध नहीं। राम काम के छविधाम हैं। यह सौन्दर्य अशरण को शरण देने के लिए है, इसलिए काम का विरोधी भी है।

निराला की क्रीड़ावृत्ति उन्हें जब शब्दों की ध्वनि के पीछे दौड़ाती है, तब अर्थ पीछे छूट जाता है, ध्वनि से अर्थ का सम्बन्ध खींच-तानकर किया जा सकता है लेकिन है वह खींचतान ही।

छलके छल के पैमाने क्या!
आए बेमाने माने क्या!
हलके-हलके हल के न हुए,
दलके-दलके दल के न हुए,
उफले-उफले फल के न हुए,
बेदाने थे तो दाने क्या? ['आराधना', पृ. 30]

जिस पैमाने में छल है, वह छलक रहा है। वे बेमाने हैं, बेईमान की ध्वनि भी है, उनके करतबों के माने क्या, अर्थ क्या! यह भी कि हम उसे क्या मानें जो बेमाने है। जो भीतर से हल्के हैं, वे हल का साथ क्या देंगे; जनजीवन से दूर हैं, उसके विरोधी हैं। वे भीतर से दलके (अवधी—दरके) हुए हैं, चटके हुए हैं, किसी दल का साथ क्या देंगे! उफल (उफन) रहे हैं, उनसे किसी को फल क्या मिलेगा! बेदाने हैं, बिना दाने के हैं, दूसरों को दाना क्या देंगे; और वे दाने—अक्लमन्द नहीं। निराला शब्द-क्रीड़ा से अर्थ को कैसे जोड़ते थे—उसकी यह मिसाल है। आवश्यक नहीं कि आप

उसे स्वीकार करें। यह अर्थक्रीड़ा है और आप पन्द्रह-सोलह तरीके से अन्य अर्थ भी कर सकते हैं।

तेरी पानी भरन जानी है, मानी है।
बेला हारों में लासानी है, सानी है। ['सान्ध्यकाकली', पृ. 30]

यह एक तरह की क्रीड़ा हुई जिसमें ध्वनि के साथ अर्थ को जोड़ा जा सकता है।

वारि वन वनवारि,
वनवारि वनवारि।
वारिज विपुलवारि
पुलवारि कुलवारि। [उप., पृ. 52]
द्रुमलता तुलवारि
कूलकलि कुलवारि;
आकुल मुकुल वारि,
विहग संकुल वारि। [उप., पृ. 52]

इस कविता में ध्वनि के साथ कहीं अर्थ जुड़ा है, कहीं नहीं जुड़ा। निराला का ध्यान् अर्थ पर उतना नहीं जितना कुछ बिम्बों पर है। वनवारी, वन, वारिज, विपुल वारि, द्रुमलता, कूल, कलि, मुकुल, विहग—ये बिम्ब पहचाने जा सकते हैं। ध्वनि के तरल प्रवाह पर ये बिम्ब लहराते हुए आगे बढ़ते जाते हैं। बनवारी के लिए कुलकानि निछावर करने की-सी बात है। परिवेश में प्रकृति का वैभव है; केन्द्र में शृंगार भाव है।

ताक कमसिनवारि,
ताक कम सिनवारि। [उप., पृ. 47]

यहाँ तक आप अर्थ कर सकते हैं, कमसिन वाली को ताकने की क्रिया सार्थक मान सकते हैं। किन्तु आखिरी बंद है :

इराविन समक कात्
इराविन सम ककात्,
इराव निसम ककात्
सम ककात् सिनवारि।

यहाँ निराला ध्रुपद जैसी पुरानी गायिकी में शब्दों के उलट-फेर कर रहे हैं, सामान्य कविता की तरह उसका अर्थ करना व्यर्थ होगा।

निराला को जैसे ध्वनि-क्रीड़ा पसन्द है, वैसे ही अर्थ-कीड़ा। कभी ये दोनों क्रीड़ाएँ साथ चलती हैं, कभी अलग। इस क्रीड़ा का एक रूप वह है जिसे छायावाद की लाक्षणिक शैली कहा गया है; दूसरा वह, जिसमें दुरूह कल्पना से, अथवा बाल की खाल निकालने वाली तर्कवृत्ति से, निराला अर्थ-चमत्कार उत्पन्न करते हैं।

चितवन की तूलिका उठाकर, मन की मदिरा में मौन भर कर, नभ के नील पटल पर वह तसवीर खींच रही है—यह छायावादी कविता में स्थूल के प्रति सूक्ष्म का विद्रोह हुआ। 'यमुना के प्रति' में :

उठा तूलिका मृदु चितवन की
भर मन की मदिरा में मौन इत्यादि।

निराला रूप के उपासक हैं। मन की मदिरा में मौन भरने की अपेक्षा उनके लिए यह लिखना अधिक सहज है :

कहाँ भीगते अब वैसे ही
बाहु, उरोज, अधर, अम्बर। ['परिमल', पृ. 55]

समय की हवा से क्या सोने के फूल झरेंगे नहीं; क्या पलकों पर यौवन की झलक विचरती रहेगी? ('युक्ति', परिमल, पृ. 58) व्यंजना की इस वक्रता के बदले निराला के लिए यज्ञ लिखना अधिक स्वाभाविक है : 'मरा हूँ हज़ार मरण'। ('आराधना', पृ. 6)

निराला सहजभाव से गीत आरम्भ करते हैं :

पास हीरे, हीरे की खान,
खोजता कहाँ और नादान? ['गीतिका', पृ. 25]

आगे उन्हें द्रौपदी को पाने के लिए अर्जुन की मत्स्य-भेद क्रिया याद आती है। उस कहानी को वह योगी की साधना पर घटाते हैं। योगी को चक्र के सूक्ष्म छिद्र के पार लक्ष्यबेध करना है। यह चक्र है शरीर के भीतर जिसे पार करती हुई कुंडलिनी ऊपर चढ़ेगी। लक्ष्य की तसवीर चित्त के निर्मल जल में दिखाई देगी। धनुष कर्म का है। लक्ष्यबेध से जो कृष्णा प्राप्त होगी, वह सिद्धि है। निराला का ध्यान वेदान्त ज्ञान के प्रतिपादन पर उतना नहीं जितना योगी के सन्दर्भ में अर्जुन की कथा को घटाकर चमत्कार उत्पन्न करने पर है।

एक गीत में लिखा है :

दु:ख-योग, धरा
विकल होती जब दिवस-वश
हीन तापकरा,
गगन-नयनों से शिशिर झर
प्रेयसी के अधर भरते। [उप., पृ. 50]

पृथ्वी सूर्य की किरणों से विकल हो जाती है, तब आकाश के नयनों से शिशिर—आँसू—झरकर उसके अधर भर देते हैं! यहाँ भावगाम्भीर्य नहीं, अलंकरणवृत्ति का परिचय है।

राम सीता के नेत्रों का ध्यान कर रहे हैं। सीता के नेत्रों में राम की छवि प्रतिबिम्बित है। राम की छवि वाले सीता के वे नेत्र स्वयं राम की आँखों में प्रतिबिम्बित होते हैं। काफी घुमावदार कल्पना है किन्तु निराला ने उसे इतने सहजभाव से, भाषा पर ऐसा असाधारण अधिकार प्रकट करते हुए शब्दबद्ध किया है कि उसकी दुरूहता खलती नहीं :

खिंच गए दृगों में सीता के राममय नयन।

सन्दर्भ के अर्थप्रवाह से निराला ने कल्पना की दुरूहता को दबा दिया है। यहाँ अलंकरण भावोत्कर्ष में सहायक है।

निराला के लिए सहज भाषा वह जिसमें अलंकार न हों, विशेषण न हों। वह विशेषणों को अलंकारों की श्रेणी में रखते हैं। मृदु, मसृण, स्निग्ध आदि विशेषण भाषा के अलंकरण के लिए हैं किन्तु विशेषण केवल भाषा की शोभा बढ़ाने के लिए नहीं होते। उनके द्वारा निराला पूरा सन्दर्भ ध्वनित करते हैं, पूरे वाक्यों का काम लेते हैं। भाषा में कसाव, शब्दों का मितव्यय, अर्थ की सघनता—शैली की ये विशेषताएँ विशेषणों के प्रयोग पर भी निर्भर हैं।

जग के दग्ध हृदय पर
निर्दय विप्लव की प्लावित माया ['परिमल', पृ. 158]

जग के 'हृदय' पर ज़ोर नहीं है; ज़ोर है उसके 'दग्ध' होने पर। उस दग्ध से ही विप्लव का निर्दय होना सार्थक होता है।

अति गहन विपिन में जैसे
गिरि के तट काट रही हैं
नवजल धाराएँ। [उप., पृ. 69]

गिरि के तट काटने की क्रिया गुरुत्वपूर्ण है विपिन की गहनता के कारण।

उतरा ज्यों दुर्गम पर्वत पर नैशान्धकार—

नैशान्धकार और भी भयावह हो गया है पर्वत के दुर्गम होने के कारण।

भग्न तन, रुग्ण मन
जीवन विषण्ण वन। ['आराधना', पृ. 62]

'सरोज-स्मृति' की आधी कथा निराला ने इन दो पंक्तियों में कह दी है। कथा कहते हैं 'भग्न', 'रुग्ण' और 'विषण्ण'। तन, मन और वन सहारे के लिए हैं।

शिशिर की शर्वरी।
हिंस्र पशुओं भरी। ['अर्चना', पृ. 11]

दूसरी—पूरी की पूरी—पंक्ति विशेषण है। पहली पंक्ति में चित्रफलक का प्रसार है; चित्रों का घनत्व है दूसरी पंक्ति में। विशेषण अलंकार नहीं हैं, रचना का अन्तस हैं।

निराला ने रत्नावली के लिए लिखा है :

प्रिय के जड़ युग कूलों को भर
बहती ज्यों स्वर्गंगा सस्वर। ['तुलसीदास', पृ. 32]

कैसा भी मूर्तिविधान हो, वह अपने में जड़ है; भावशक्ति से प्रेरित होने पर ही वह अर्थ से ध्वनित होता है। निराला के शब्द-चयन में, शब्दों द्वारा उभारे हुए बिम्बों में, रूप-आकार की दृढ़ता और स्पष्टता है; इनसे वह जो अर्थ प्रकट करते हैं, वह इस दृढ़ता और स्पष्टता की सीमाएँ पार कर जाता है। उपर्युक्त उदाहरण में जड़ युग कूलों और स्वर्गंगा के दो बिम्ब हैं। स्थिरता, जड़ता तुलसीदास के आसक्त मन में है; प्रवाह, गतिशीलता रत्नावली में है। तुलसी का आसक्त मन पृथ्वी की जड़ता से बँधा है; रत्नावली का मन स्वर्गंगा के समान पवित्र है। यह अर्थ बिम्बों द्वारा ध्वनित होता है; बिम्बों की सुदृढ़, स्पष्ट सीमाएँ पार कर जाता है।

तुलसीदास रत्नावली से मिलने जाते हैं। रत्नावली ने संकल्प किया है कि वह उनकी आसक्ति दूर कर देगी :

अस्तु रे, विवश, मारुत-प्रेरित,
पर्वत-समीप आकर ज्यों स्थित
घन-नीलालका दामिनी जित ललना वह;
उन्मुक्त-गुच्छ चक्रांक-पुच्छ,
लख, नर्तित कवि-शिखि-मन समुच्च
वह जीवन की समझा न तुच्छ छलना वह। [पृ. 82]

रत्नावली मारुत-प्रेरित मेघमाला बनी हुई है। कोई आन्तरिक शक्ति उसे तुलसीदास के काम-संस्कारों को भस्म करने की प्रेरणा दे रही है। मारुत शब्द इस शक्ति की ओर संकेतभर करता है, पूर्णत: व्यंजित नहीं करता। उस मेघमाला के पास बिजली भी है जो नीचे आनन्द से नाचने वाले मोर को नहीं दिखाई देती। इसीलिए तुलसीदास रत्नावली का जो रूप देखते हैं, वह छलना मात्र है। अर्थ की यह ध्वनि एक बंद को पार करती हुई दूसरे तक पहुँचती है : 'जागी योगिनी अरूप-लग्न' में उसका छलना वाला रूप नहीं, मारुत-प्रेरित—शक्ति वाला—रूप प्रकट होता है।

है अमानिशा; उगलता गगन घन अन्धकार;
खो रहा दिशा का ज्ञान; स्तब्ध है पवन-चार;
अप्रतिहत गरज रहा पीछे अंबुधि विशाल;
भूधर ज्यों ध्यानमग्न; केवल जलती मशाल।

राम का उल्लेख एक बार भी किये बिना निराला यहाँ परिवेश के चित्रण के साथ उनकी मनोदशा का चित्रण भी कर रहे हैं। परिवेश घना अँधेरा है; हवा का चलना बन्द है। समुद्र गरज रहा है। केवल पर्वत स्थिर है, अँधेरे में केवल मशाल जल रही है। बिम्ब स्पष्ट हैं; निराला की दार्शनिक तर्क-योजना के अनुसार उनमें अन्तर्निहित अर्थ सहज ग्राह्य नहीं है। पृथ्वी, अप, तेज, वायु, आकाश—यहाँ पाँचों तत्त्व हैं। इनमें आकाश शिव का निवास है; वह रावण का सहायक है। पवन का सम्बन्ध महावीर से है। वह अभी सक्रिय नहीं हुए, इसलिए पवन-चार स्तब्ध है। जो तत्त्व राम का सहायक है, वह निष्क्रिय है। समुद्र गरज रहा है, लंका का रक्षक है, राम के मार्ग में बाधक बन चुका है, प्रलयकाल में मनुष्य का नाश करता है, अन्धकार का मित्र है। भूधर पृथ्वी तत्त्व है, स्थिर है, राम इसी की पूजा करेंगे, इसे शक्ति रूप मानेंगे। मशाल अग्नि तत्त्व है, निर्बल होते हुए भी वह उस अन्धकार में राम को सहारा दिये हुए है। मशाल जल रही है, चेतना की लौ ऊपर उठ रही है। दिशा का ज्ञान खो रहा है; राम दिग्भ्रान्त हैं, मन की शक्ति समेटकर रास्ता ढूँढ़ रहे हैं।

यह सारा अर्थ कविता में आगे प्रतिध्वनित होता है जब महावीर आकाश तत्त्व को पराजित करने को उद्यत होते हैं। जो पवन-चार स्तब्ध था, वह प्रबल वेग से सक्रिय होता है। उसकी सक्रियता का लक्ष्य है समुद्र को त्रस्त करना, जो गरजकर राम को डरा रहा था।

शत घूर्णावर्त, तरंग-भंग उठते पहाड़,
जल-राशि राशि-जल पर चढ़ता खाता पछाड़।

समुद्र पछाड़ खाकर गिरता है, पवन की शक्ति के सामने कमज़ोर पड़ता है। महावीर अपने अट्टहास से रावण के सहायक आकाश को भी कँपा देते हैं।

'राम की शक्तिपूजा' की सफलता इस बात में है कि उसके बिम्ब अपने में आकर्षक हैं, वे परिवेश और राम की मनोदशा का चित्रण एक साथ करते हैं, दार्शनिक स्तर पर उनमें एक आन्तरिक संगति है और उनसे ध्वनित और प्रतिध्वनित अर्थ कविता में आदि से अन्त तक गूँजता है। शास्त्रकारों की ध्वनि काव्य की एक रीति है; निराला की ध्वनि काव्य का चरम उत्कर्ष।

ध्वनि और अलंकरण में अन्तर है, भाव और रस में अन्तर है। 'भावभेद रसभेद अपारा'—प्रत्येक महाकवि पर यह उक्ति चरितार्थ होती है। एक-से लगने वाले करुणा या शृंगार के भावों में अनेक भेद हैं। ये भेद विश्लेषण कार्य में कौशल दिखाने के लिए नहीं हैं। उनकी सार्थकता इस बात में है कि वे मनुष्य की सूक्ष्म मनोदशाओं का यथार्थ चित्रण करते हैं। एक है भावुकता का स्तर जिसमें यथार्थ-चित्रण कमज़ोर है; दूसरा है सघन भावबोध का स्तर जहाँ निराला मनुष्य के मन की भीतरी दुनिया की पूरी झाँकी दिखा देते हैं। लक्षण-ग्रंथों के रीतिबद्ध भावों और यथार्थ-द्रष्टा कवि द्वारा चित्रित सूक्ष्म मनोदशाओं में यह अन्तर है।

निराला कुछ रचनाओं में एक ही अथवा एक-सी भावदशा लेकर चलते हैं। 'मौन रही हार'—गीत शृंगार भाव से शुरू हुआ तो उसी भाव में समाप्त हुआ। किन्तु उनकी श्रेष्ठ रचनाएँ वे हैं जहाँ विरोधी भावों को संगठित करके वह मानसिक द्वन्द्व, मनुष्य की गतिशील चेतना का चित्रण करते हैं। 'बादल-राग' (6) में किसान की दशा के चित्रण में करुणा है, बादल के गर्जन-वर्षण में वीरभाव है, वह गगनस्पर्शी पर्वतों को क्षत-विक्षत करनेवाला अद्‌भुतकर्मा भी है। क्रोध, घृणा, दया, स्नेह, हास्य, आदि अनेक भाव एक साथ संगठित होकर बादल की समग्र कार्यवाही का चित्रण करते हैं। 'तुलसीदास' में युद्ध, शृंगार, वैराग्य, करुणा आदि के चित्र एक साथ देखने को मिलते हैं। 'वनबेला' में कामेच्छा की प्रबलता, साहित्यिक-सामाजिक संघर्ष में पिछड़ जाने से ग्लानि, दूसरों के आगे बढ़ने से ईर्ष्या, इन सब भावों को दबाने का प्रबल प्रयास चित्रित है। यह मनुष्य की मनोदशा का यथार्थ चित्रण है और रीतिवाद से भिन्न है।

मुक्त छन्द

छायावादी कवि के लिए आदर्श भाषा वह है जो अलंकारहीन हो; वैसे ही उसके लिए आदर्श छन्द वह है जो बन्धनों से मुक्त हो। छन्द का अर्थ ही है भाषा को गति-लय के बन्धनों से नियंत्रित करना। इसलिए कैसा भी आदर्श छन्द हो, वह बन्धन-मुक्त तो हो नहीं सकता। 'मुक्त छन्द' में मुक्त और छन्द परस्पर-विरोधी अर्थों के द्योतक हैं।

निराला के लिए जैसे अलंकारहीन भाषा वेदों में सुरक्षित है, वैसे ही मुक्त छन्द का व्यवहार उन्हीं ऋषियों ने किया था, जो सांसारिक मायामोह और अज्ञान से पूर्णत: मुक्त थे।

भाषा सुरक्षित वह वेदों में आज भी—
मुक्त छन्द,
सहज प्रकाशन वह मन का—
निज भावों का प्रकट अकृत्रिम चित्र।

['परिमल', पृ. 235-36]

वेदान्त ज्ञान से मुक्त छन्द का सहज सम्बन्ध जोड़ते हुए निराला ने लिखा :

मुक्त हो सदा ही तुम
बाधा-विहीन बन्ध छन्द ज्यों,
डूबे आनन्द में सच्चिदानन्द रूप। [उप., पृ. 176]

वेदान्त-ज्ञान से भिन्न स्तर पर रस-साधना करते हुए जब प्रकृति-प्रिया को बुलाते हैं, तब भी मुक्त छन्द की राह उसके लिए अधिक सुगम बतलाते हुए कहते हैं :

आज नहीं है मुझे और कुछ चाह,
अर्ध विकच इस हृदय-कमल में आ तू
प्रिये, छोड़कर बन्धनमय छन्दों की छोटी राह!

['अनामिका', पृ. 34]

'पन्तजी और पल्लव' में निराला ने संगीत में आलाप से मुक्त छन्द की तुलना करते हुए लिखा कि तालबद्ध संगीत पिंजड़े में बन्द पक्षी की चेष्टाओं के समान है, आलाप वन के मुक्त विहंग की वृत्तियों के समान है। 'परिमल' की भूमिका में मुक्त छन्द से मनुष्य की स्वाधीनता का सम्बन्ध जोड़ते हुए लिखा : "मनुष्यों की मुक्ति कर्मों के बन्धन से छुटकारा पाना है, और कविता की मुक्ति छन्दों के बन्धन से अलग हो जाना।" 'मेरे गीत और कला' में भाव, भाषा, छन्द—तीनों की मुक्ति का समर्थन करते हुए उन्होंने अपनी दार्शनिक मान्यता दोहराई : "भावों की मुक्ति छन्द की भी मुक्ति चाहती है। यहाँ भाषा, भाव और छन्द, तीनों स्वतंत्र हैं।" ('प्रबन्ध-प्रतिभा', पृ. 270)

ये सब तर्क सुनकर पाठक सहज ही प्रश्न करता है : मुक्तछन्द इतना महत्त्वपूर्ण है तो स्वयं निराला ने अधिकांश कविताएँ मुक्त छन्द के बदले बन्धनयुक्त छन्द में क्यों रचीं? दूसरा प्रश्न, यदि यह मान लें कि वेदों का छन्द मुक्त है तो क्या व्यास-वाल्मीकि के काव्य मानव-जाति के पतन का इतिहास हैं? निराला के मुक्त छन्द का जितना ही विरोध हुआ, उतना ही वेदान्त ज्ञान और भाव-स्वाधीनता से उसका सम्बन्ध जोड़ते हुए उन्होंने उसका समर्थन किया। साथ ही वह बन्धनयुक्त छन्दों में बराबर कविताएँ लिखते रहे; ऐसी कविताओं में भाव, भाषा, छन्द—सब परतंत्र होंगे, इस विचार से उन्हें कोई परेशानी न हुई।

भाव, भाषा और छन्द न पूरी तरह मुक्त होते हैं, न पराधीन। व्यक्ति और समाज, भावोद्गार और चिन्तन, मौलिकता और अनुकरण, रचनात्मक प्रतिभा और सीखा हुआ कौशल—ये सब परस्पर सम्बद्ध हैं, इनमें कोई एक निरपेक्ष रूप में मुक्त नहीं है। छन्द में बन्धन और मुक्ति, दोनों हैं। इनका सन्तुलन बिगड़ने पर छन्द या तो ध्वनि की यांत्रिक आवृत्ति बन जायगा या अतिशय मुक्ति से पीड़ित होकर अव्यवस्थित शब्द-जंजाल बन जायगा।

मुक्त छन्द पूर्णत: मुक्त नहीं है, इसका प्रमाण यह है कि उसका भी एक आधार है। वह आधार है कबित्त। निराला ने 'पन्तजी और पल्लव' निबन्ध में काफी विस्तार से समझाया कि मुक्त छन्द कबित्त के आधार पर ही सफल हो सकता है तथा कबित्त हिन्दी का जातीय छन्द है। इस निबन्ध में उनका तर्क अन्तर्विरोधों में फँस जाता है। वह इस धारणा को छोड़ नहीं सकते कि भावों की मुक्ति छन्द की मुक्ति चाहती है, साथ ही मुक्त छन्द के लिए उन्हें कबित्त का आधार भी चाहिए।

पन्त ने मात्रिक छन्द में छोटी-बड़ी पंक्तियों वाली कविताएँ लिखीं। इनसे अपनी रचनाओं की भिन्नता दिखाते हुए निराला ने मुक्त छन्द को आधारहीन छन्द कहा : "पन्त की रचनाएँ विषम मात्रिक होने पर भी गीति-काव्य की परिधि को पार कर स्वच्छन्द छन्द की निराधार नन्दन भूमि पर पैर नहीं रख सकतीं।" ('प्रबन्ध पद्म', पृ. 90) मुक्त छन्द किसी आधार पर चला तो फिर मुक्त कैसे हुआ? इसलिए निराला ने उसे निराधार नन्दनभूमि पर विचरते हुए दिखाया। आगे लिखा कि उसकी सृष्टि कबित्त छन्द से हुई है। इस तरह उसकी स्वयंभू ब्रह्म की पूर्णता खत्म हुई। फिर दिखाया कि ज़रा से हेर-फेर से 'जुही की कली' की पंक्तियाँ कबित्त छन्द के एक चरण का टुकड़ा बन जाती हैं। मैथिलीशरण गुप्त के समर्थन का हवाला देते हुए लिखा : "गुप्तजी ने कहा, मेरा भी यही विश्वास है कि मुक्त-काव्य हिन्दी में कबित्तछन्द के आधार पर ही सफल हो सकता है।" (उप., पृ. 94) यहाँ दूसरी स्थापना है। मुक्त छन्द निराधार नहीं है; उसे कबित्त छन्द का सुदृढ़ आधार मिला हुआ है। यही नहीं कि थोड़े हेर-फेर से कबित्त के चरण उनकी पंक्तियों में मिल जायें, निराला जानते हैं कि हेर-फेर के बिना भी उनकी रचनाओं में कबित्त के चरण ज्यों-के-त्यों मिल जाते हैं। लिखा है : "कहीं-कहीं बिना किसी प्रकार का परिवर्तन किये ही मेरे मुक्त-काव्य में कबित्त छन्द के बद्ध लक्षण: प्रकट हो जाते हैं। अवश्य इस तरह की लड़ी मैं जान-बूझकर नहीं रखा करता।" (उप., पृ. 92-93) उलझन यह है कि जो पूर्णत: मुक्त है, उसमें भी बद्ध लक्षण प्रकट हो जाते हैं; उससे बचने का प्रयास इस तर्क में है कि इस तरह की लड़ी मैं जान-बूझकर नहीं रखा करता! बन्धनमुक्त छन्द लिखने वालों का भी यही तर्क है।

उमड़कर आँखों से चुपचाप
बही होगी कविता अनजान!

कोई भी स्वच्छन्दतावादी कवि यह मानना पसन्द नहीं करता कि उसने मात्राएँ गिनकर छन्द लिखा है। गति, यति, लय, अन्त्यानुप्रास—सबकुछ प्रयास के बिना ही कविता में सजता चला जाता है, निराला वही धारणा दोहरा रहे थे।

निराला ने कबित्त पढ़े थे, कबित्त लिखे थे। उनकी अनेक रचनाओं में सोलह वर्णों वाली कबित्त की आधी पंक्ति बार-बार दोहराई जाती है। यथा : 'परिमल' के तीसरे खंड में :

आई याद चाँदनी की धुली हुई आधी रात...
आई याद कान्ता की कम्पित कमनीय गात...
निद्रालस वंकिम विशाल नेत्र मूँदे रही...
किंवा मतवाली थी यौवन की मदिरा पिये...

मान से प्रगल्भ प्रिय प्रणय निवेदन का...
मन्द हास मृदु वह सजा जागरण जग...
याद कर बीती बातें रातें मन मिलन की...
गया दिन आई रात, गई रात खुला दिन...
भस्म हो गया था काल—तीनों गुण—तापत्रय...
उठता नहीं है हाथ मेरा कभी नरनाथ...
न्याय धर्म वंचित वह पापी औरंगज़ेब...
रम्भा और रमा ये दो नारियाँ भी निकली थीं...
बीच-बीच पुष्प-गुँथे किन्तु तो भी बंधहीन।

शेष पन्द्रह वर्णों वाली आधी पंक्ति भी उनकी रचनाओं में बार-बार आती है। उदाहरण 'परिमल' के तीसरे खंड में आसानी से मिल जाएँगे। इनकी गति हिन्दी के परिचित कबित्त छन्द की है, इसमें सन्देह नहीं।

अब प्रश्न यह है कि निराला ने कविता को ही मुक्त छन्द का आधार क्यों बनाया। और बहुत से गणात्मक मात्रिक छन्द थे, उनमें किसी को चुन सकते थे। इस प्रश्न का उत्तर यह है कि निराला जिस तरह की नाटकीय कविताएँ लिख रहे थे, उनमें बोलचाल की लय का होना आवश्यक था। इस लय में विविधता होती है, उतार-चढ़ाव होता है; कुछ शब्दों पर कम, कुछ पर अधिक ज़ोर दिया जाता है। यह विविधता मात्रिक छन्द में लिखी हुई कविताओं में न दिखाई देती थी, गणात्मक वृत्तों में उसका अभाव और ज़्यादा था, इसलिए निराला ने कबित्त को मुक्त छन्द का आधार बनाया। "उसका सौन्दर्य गाने में नहीं, वार्तालाप करने में है"—'पन्तजी और पल्लव' में उनकी यह मुक्त छन्द-सम्बन्धी स्थापना अत्यन्त महत्त्वपूर्ण है। इससे पता चलता है कि उनकी मूल समस्या वेदान्त ज्ञान के अनुरूप छन्द को मुक्त करने की नहीं है वरन् छन्द की गति को वार्तालाप के अनुकूल बनाने की है।

'पन्तजी और पल्लव' में निराला ने लिखा है कि उन्होंने हिन्दी और बँगला के नाटक देखे थे, अलफ्रेड और कोरिंथियन कम्पनियों के नटों का हिन्दी उच्चारण बड़ा अस्वाभाविक लगा था; इस तरह "हिन्दी के अभिनय की सफलता पर विचार करते हुए, बोलते हुए, पाठ खेलते हुए, जिस छन्द की सृष्टि हुई, वह यही है।" वेदों से प्रमाण देने, भाव की मुक्ति से छन्द की मुक्ति का सम्बन्ध जोड़ने की बात उन्हें बाद में सूझी; मूल बात थी नाटकीय वार्तालाप के अनुरूप छन्द रचने की।

नाटकीय वार्तालाप की एक विशेषता यह है कि साधारण बातचीत में शब्दों पर जितना ज़ोर दिया जाता है, उससे ज़्यादा ज़ोर नाटकीय वार्तालाप में दिया जाता है। शब्दों पर इस आघात के बिना भाषा कमज़ोर मालूम होगी। 'मेरे गीत और कला' में निराला ने उर्दू और ब्रजभाषा के बारे में लिखा कि जिन कवि-सम्मेलनों में इन दोनों

के कवि इकट्ठे होते हैं, उनमें उर्दू वाले बाज़ी मार ले जाते हैं। कारण यह समझ में आया कि जिस जगह ठहरकर वे बोलते हैं : "वह जीतने वालों का घर है—ब्रजभाषा के मुकाबले।" यानी उर्दू वालों की आवाज़ बुलन्द मालूम होती है, ब्रजभाषा वालों का स्वर दबा हुआ लगता है। ऐसा क्यों होता है? निराला को अपना मुक्त छन्द उर्दू के सामने दबा हुआ क्यों नहीं लगता? कहते हैं, उर्दू वालों के बीच दो-चार बार पढ़ने का मौका मिला : "जहाँ धड़ाधड़ मुक्त छन्द के गोले निकलने शुरू हुए कि भाइयों की समझ में आ गया कि हाँ, कुछ पढ़ा जा रहा है—यह 'गड्ड गड्ड गड्ड गड्ड' नहीं है।" ('प्रबन्ध प्रतिमा', पृ. 270)

निराला कहना चाहते हैं कि ब्रजभाषा की लय बोलचाल की भाषा के अनुरूप नहीं, वह कमज़ोर मालूम होती है। उर्दू छन्दों की लय बोलचाल की भाषा के अनुरूप है, वह ताकतवर मालूम होती है। आधुनिक हिन्दी कवि अपने मात्रिक छन्दों में उस लय को नहीं ढाल पाते, वह कमज़ोर आवाज़ में गाते हैं, ज़ोर से बोलते नहीं। एक कविता में लिखा है : 'चढ़ा राग पिन पिन होगा जब'। ('बेला', पृ. 96) इस पिन पिन राग का मतलब है, मात्रिक छन्दों में गाई जानेवाली वह कविता जिसमें बोल-चाल की लय का—नाटकीय वार्तालाप का—ज़ोर नहीं। यह ज़ोर निराला के मुक्त छन्द में है।

निराला अपने मुक्त छन्द के द्वारा हिन्दी कविता की लय को, बोलचाल की भाषा, वाद्य की भाषा की लय के नज़दीक ला रहे थे, कला के क्षेत्र में यह भी उनका क्रान्तिकारी काम था। मुक्त छन्द की महत्ता इस बात में नहीं है कि वह बन्धनहीन है, पूर्णज्ञान या मुक्त भावों का वाहन है वरन् इसमें है कि उसने मात्रिक छन्दों की एकरस लय को भंग किया, वह हिन्दी कविता में बोलचाल की लय की विविधता लाया, उसने भाषा की छिपी हुई शक्ति उद्घाटित की। हिन्दी के कबित्त छन्द में यह विविधता है। ब्रजभाषा में ही लिखी हुई कविता में वार्तालाप का ओज कबित्त में ज़्यादा खुलता है। वीररस के श्रेष्ठ कविभूषण के कबित्त ही अधिक लोकप्रिय हैं। भूषण और पद्माकर, इन दोनों ही कवियों ने कबित्त की लय में नये प्रयोग किये हैं। देव ने ओज की जगह उसकी लय में माधुर्य भरा है। निराला ओज, माधुर्य, परुषता, वीरता, करुणा एक ही छन्द के माध्यम से प्रदर्शित करते हैं। 'जागो फिर एक बार' (1) में माधुर्य और कोमलता है; 'जागो फिर एक बार' (2) में परुषता और ओज। 'वह कविता की स्त्री-सुकुमारता नहीं, कवित्व का पुरुष-गर्व है'। ('प्रबन्ध पद्म', पृ. 91) यह स्थापना सही नहीं है। मुक्त छन्द वास्तव में अर्द्ध-नारीश्वर है, कभी-कभी एक ही कबित्त में परुषता और सुकुमारता, दोनों गुण दिखाता है। 'निर्गुण आत्मा की तरह यह पुरुष भी बनता है और स्त्री भी'—यह स्थापना (उप, पृ. 85) सही है। निराला ने अपने मुक्त छन्द को कबित्त की गति ही नहीं दी, उसकी सानुप्रास शब्दावली भी अपनाई। मुक्त छन्द के चरणों में उन्होंने अनुप्रासों के घुँघरू बाँधे। इन घुँघरुओं से जब जैसी इच्छा हुई,

वैसी ध्वनि निकाली। मुक्त छन्द में सहज भावोद्गार वाली कविताएँ उन्होंने कम लिखीं; वर्णनात्मक, नाटकीय, वक्तृत्व-कला-प्रधान कविताएँ ही अधिक लिखीं। मन का सहज प्रकाशन, भावों का अकृत्रिम चित्र उनके मुक्त छन्द में प्राय: नहीं है। स्वत:स्फूर्त गेयता की जगह नाटकीय रचना-कौशल मुक्त छन्द में लिखी हुई कविताओं की विशेषता है।

निराला की एक कविता है : 'नर्गिस'। यह मुक्त छन्द में नहीं है किन्तु इसके छन्द का आधार वही कबित्त है। सोलह वर्णों वाली जैसी पंक्तियाँ ऊपर उद्धृत की गई हैं, वैसी ही पंक्तियाँ इस कविता में हैं। फर्क यह है कि यहाँ उन्हें अन्त्यानुप्रास से जोड़ दिया है। छन्द रचना में निराला का यह अन्यतम प्रयोग है। छन्द की गति में ऐसी मस्ती, उसके उतार-चढ़ाव में मन की उमंग की ऐसी समर्थ व्यंजना, नाटकीयता का प्रदर्शन किये बिना ध्वनि की ऐसी मोहक भंगिमाएँ, एक ही कविता में लय की ऐसी निरन्तर परिवर्तनशीलता कबित्त छन्द के आधार पर लिखी हुई उनकी अन्य किसी कविता में नहीं है। कविता अन्त्यानुप्रास-युक्त है, इसलिए बन्धनहीन नहीं; फिर भी मुक्त छन्द में लिखी हुई कविताओं से यहाँ लय की विविधता अधिक है, इसलिए उनके मुक्त छन्द से यह अधिक मुक्त है।

चैत्र का है कृष्ण पक्ष, चन्द्र तृतीया का आज
उग आया गगन में, ज्योत्स्ना तनु शुभ्र साज
नन्दन की अप्सरा धरा को विनिर्जन जान
उतरी समय करने को नैश गंगा-स्नान। ['अनामिका', पृ. 186]

घिसे-पिटे मुर्दा-से दिखने वाले कबित्त में अब भी बड़ी जान थी।

'नये पत्ते' में निराला की कुछ ऐसी कविताएँ हैं जिनमें छन्द में और गद्य में कोई विशेष अन्तर दिखाई नहीं देता :

चेहरा पीला पड़ा।
रीढ़ झुकी। हाथ जोड़े।
आँख का अँधेरा बढ़ा,
सैकड़ों सदियाँ गुज़रीं। ['नये पत्ते', पृ. 35]

इस कविता के साथ दूसरी रचना 'खुशखबरी।' (उप., पृ. 33) पढ़ने से लगेगा कि गद्य से कविता की गति भिन्न है :

तबला दोनों हाथ आया हथियार,
दरबारी वीर राग छाया रहा;
सुब्हो-शाम किरन जैसे तार पर
जीवन संग्राम हमारा छिड़ा।

ये पंक्तियाँ 'खुशखबरी' की हैं। इनकी लय कहीं कबित्त छन्द से मिलती है। दूसरी पंक्ति में चार-चार वर्णों के तीन टुकड़े हैं, ठीक कबित्त छन्द की तरह।

दरबारी वीर राग छाया रहा... ['खुशखबरी']
पूरब का पाया हिला पश्चिम से... [उप.]
दुश्मन की जान आई आफत में... [उप.]
हाथ जोड़े। आँख का अँधेरा बढ़ा... [दग़ा की]

फिर सोलह वर्णों वाली पंक्तियाँ :

बड़े-बड़े ऋषि आए, मुनि आए, कवि आए... [दग़ा की]
किसी ने विहार किया, किसी ने अँगूठे चूमे... ['नये पत्ते', पृ. 35]
लोहा बजा धर्म पर, सभ्यता के नाम पर... [उप., पृ. 32]
बीनती है, काँड़ती है, कूटती है, पीसती है। [उप., पृ. 15]

कविता चाहे तुकान्त हो, चाहे अतुकान्त, उसकी चाल गद्य से मिलती है, तो वह कहीं-न-कहीं कबित्त की गति से बँधी हुई है। अनुप्रासों के घूँघरू नहीं बजते, सोलह-पन्द्रह-वर्णों की पंक्तियाँ जल्दी नहीं दोहराई जातीं, तब लगता है, यह गद्य है। फिर भी 'नये पत्ते' की इन गद्यात्मक रचनाओं और 'परिमल' के मुक्त छन्द में आन्तरिक समानता है। समानता यह है कि दोनों में बलाघात का सिद्धान्त एक है। वह इस तरह।

मान लीजिए, 'जुही की कली' में छन्द की आधारभूत कड़ी चार वर्णों की है। यदि इस पर एक जगह बलाघात है, तो चार की जगह पाँच या तीन वर्ण होने पर बलाघात में अन्तर न आएगा। 'विजन वन वल्लरी पर'—इसे यदि यों लिखा जाय : 'जन वन वल्लरीप', तो बलाघात-संख्या में कोई अन्तर न पड़ेगा। मुक्त छन्द, कबित्त की वर्ण-संख्या छोड़ देता है, बलाघात-संख्या पकड़े रहता है, इसीलिए छन्द बना रहता है। बलाघात संख्या सोलह वर्णों की पंक्ति को देखते नहीं, चार या आठ वर्णों के चरण को देखते निर्धारित होती है।

विजन वन/वल्लरी पर (दो जगह बलाघात)।
सोती थी/सुहागभरी/स्नेहस्वप्नमग्न (मूल बलाघात तीन जगह)।
अमल कोमल/तनु तरुणी/जुही की कली (तीन जगह)।
दृग बंद किए/शिथिल/पत्रांक में। (तीन जगह)।

इससे तुलना कीजिए 'नये पत्ते' की रचनाओं का बलाघात क्रम :

दरबारी/वीर राग/छाया रहा;
पूरब का/ पाया हिला/पश्चिम से;
चेहला/पीला पड़ा/रीड़ झुकी;
हाथ जोड़े/आँख का/अँधेरा बढ़ा।

हिन्दी में जो बहुत-सी कहावतें प्रचलित हैं, उनकी लय का विश्लेषण किया जाए तो देखेंगे कि जो कहावतें मात्रिक छन्दों में नहीं हैं, उनमें बलाघात का उपर्युक्त नियम लागू होता है।

लाद दे/लदा दे
लादने वाला/साथ कर दे

वर्णों और मात्राओं की संख्या घटती-बढ़ती है, बलाघात-संख्या एक-सी रहती है। 'कुकुरमुत्ता' में कहीं तो उर्दू बहर की तरह निराला वज़न का ध्यान रखते हैं, कहीं वज़न का विचार न करके बलाघात के सहारे आगे बढ़ते हैं।

और कितने फूल, फव्वारे कई
रंग अनेकों—सुर्ख, धानी, चम्पई।

यहाँ वज़न दुरुस्त है; किन्तु :

कास्मोपालिटन व मेट्रोपालिटन,
जैसे हों फ्रायड, लिटन—

यहाँ पंक्तियों में केवल बलाघात का ध्यान रखा गया है। ऐसी ही 'खजोहरा' में :

मिट्टी के सबब दूध ऐसा पानी
खुश हो बुआ ने नहाने की ठानी।

'गर्म पकौड़ी', 'प्रेम-संगीत', 'स्फटिक शिला' आदि कविताएँ बलाघात का ध्यान रखते हुए लिखी गई हैं। निराला के ये प्रयोग ऐतिहासिक दृष्टि से महत्त्वपूर्ण हैं।

कविता में व्यंजन कहाँ मुखर हैं, कहाँ दबे हुए हैं, स्वर कहाँ स्पष्ट सुनाई देते हैं, कहाँ अस्पष्ट हैं, छन्द की गति कहाँ उदात्त है, कहाँ अनुदात्त, बोलचाल में किन शब्दों पर ज़ोर दिया जाता है, किन पर नहीं दिया जाता—निराला इन सब बातों पर ध्यान देते थे, बारीकी से उन पर विचार करते थे। मुक्त छन्द 'स्वर-प्रधान नहीं, व्यंजन-प्रधान है।' ('प्रबन्ध पद्म', पृ. 91) जो अक्षर-मात्रिक स्वर-प्रधान राग हैं, वे स्त्री-भेद में हैं। जो व्यंजन-प्रधान हैं, वे पुरुष-भेद में हैं। (उप., पृ. 84) चौताल में गाने पर कबित्त छन्द के पुरुषत्व का विकास होता है : 'स्वर किस तरह परिपुष्ट उच्चरित होते हैं।' (उप., पृ. 85) 'कोई दीर्घ (स्वर) ऐसा नहीं, जिसने दो मात्राएँ न ली हों। कहीं-कहीं ह्रस्व-दीर्घ, दोनों स्वर लुप्त कर देने पड़े हैं।' (उप., पृ. 86) उसी कबित्त को ठुमरी के रूप में गाओ तो 'उस समय न यह उदात्त भाव रहता है, न यह पुरुष पुरातन तक ले जानेवाला उसका पौरुष।' (उप., पृ. 86) कबित्त को निराला जिस ढंग से गाते या पढ़ते थे, उनमें उदात्त भाव की रक्षा होती थी; ध्वनि-प्रवाह कहाँ कोमल है, कहाँ उदात्त, इस भेद के प्रति वह सजग

थे। कबित्त छन्द के बारे में जब कोई कुछ लिखे, तब 'प्रत्यक्ष जगत् में प्रचलित इसके स्वर-वैचित्र्य की जाँच करने के पश्चात्।' (उप., पृ. 87) उसे कुछ लिखना चाहिए; निराला ने यह जाँच की थी।

पन्त की दो पंक्तियाँ उद्धृत करते हैं :

दिव्य स्वर या आँसू का तार
बहा दे हृदयोद्‌गार!

ये पंक्तियाँ मुक्त छन्द में नहीं हैं। छन्द की जाँच करते हुए निराला मात्राएँ गिनने से पहले पंक्ति में आघात गिनते हैं : "उद्धृत प्रथम पंक्ति में चार आघात हैं और दूसरी में तीन।" (उप., पृ. 90) वह आघात क्यों गिन रहे हैं? इसलिए कि उनके अपने मुक्त छन्द में आघात ही प्रधान है जबकि पन्त के छन्द में उसकी भूमिका गौण है। पन्त का छन्द 'संगीत-प्रधान' है, अर्थात् उसमें वार्तालाप की लय, शब्दों पर यथास्थान आवश्यक ज़ोर नहीं है : "अतएव यह (पन्त का छन्द) अपनी प्रधानता को छोड़कर एक दूसरे छन्द (निराला के मुक्त छन्द) के घेरे में, जो इसके लिए अप्रधान है, नहीं जा सकता।" (उप., पृ. 91) सारांश यह कि बोलचाल की भाषा का लय पन्त के संगीत-प्रधान छन्दों में चौरस हो जाती है, निराला के मुक्त छन्द में वह उभरती है।

'सफलता' कहानी के नायक नरेन्द्र के बारे में लिखा कि वह मनुष्य-धर्म में विश्वास करता था जिसे अंग्रेज़ी में रिलीजन ऑफ मैन 'नये स्वरपात से, ज़ोर देकर कहते हैं।' ('चतुरी चमार', पृ. 63) निराला इस स्वरपात पर ध्यान देते हैं। कहाँ यह स्वरपात स्वाभाविक है, कहाँ अस्वाभाविक, इस पर विचार करते हैं। 'मेरे गीत और कला' में ब्रजभाषा-प्रेमियों के बारे में लिखा : "देखिए, भूषण के कबित्तों में गँवार की तरह चिल्ला रहे हैं या देव के छन्दों में मारे शृंगार के दुहरे हुए जा रहे हैं।" ('प्रबन्ध प्रतिमा', पृ. 269) इस आलोचना में थोड़ी ज़्यादती है लेकिन यह बात सही है कि कबित्त कई तरह से पढ़े जा सकते हैं। "आज भी जिस छन्द की आवृत्ति करके ग्रामीण सरल मनुष्य अपार आनन्द अनुभव करते हैं।" ('प्रबन्ध पद्म', पृ. 83)—यह कथन अधिक सहृदयतापूर्ण, वस्तुस्थिति के अधिक अनुरूप है।

एक शेर कहा :

मैंने कला की पाटी ली है शेर के लिए,
दुनिया के गोलन्दाज़ों को देखा दहल गया। ['बेला', पृ. 91]

ये गोलन्दाज़ वे हैं जो अस्वाभाविक स्वरपात से लोगों को आतंकित करते हैं। इन्हीं पर 'नये पत्ते' की 'खुशखबरी' में व्यंग्य है :

दुश्मन की जान आई आफत में
गली-गली गले के गोले दगे।

यह सब पढ़कर 'मेरे गीत और कला' में मुक्त छन्द की प्रशंसा याद आने लगती है: "जहाँ धड़ाधड़ मुक्त छन्द के गोले निकलने शुरू हुए...यह वह मशीनगन है, जो उर्दू वालों के पास भी नहीं।"

निराला गले से शब्दों के गोले निकालकर प्रसन्न होते हैं, गोल ग़ज़ों पर हँसते भी हैं। उनके मन में मुक्त छन्द के प्रति कहीं शंका है। शंकित मन कहता है, बोल-चाल की लय को अपनाने के लिए यह आवश्यक नहीं कि मुक्त छन्द ही लिखा जाय, सानुप्रास मात्रिक छन्दों में भी यह कार्य सम्भव है।

मात्रिक छन्द

स्वरपात के प्रति पन्त भी सचेत थे। कबित्त की शब्दावली 'एक उत्तेजित तथा विदेशी स्वरपात के साथ बोलती है।' मात्रिक छन्द वाली कविताओं की तुलना में कबित्त की शब्दावली पर स्वरपात अधिक स्पष्ट था—पन्त और निराला, दोनों यह देखते थे, अन्तर था स्वरपात के महत्त्व को समझने में। पन्त के लिए यह स्वरपात उत्तेजित, अत: अस्वाभाविक था, उन्होंने 'पल्लव' की भूमिका में कबित्त की एक पंक्ति ली : 'कूलन में केलिन कछारन में कुंजन में क्यारिन में कलित कलीन किलकन्त है'। इसे उन्होंने मात्रिक छन्द में यों लिखा :

सुकूलन में केलिन में (और)।
कछारन कुंजन में (सब ठौर)।
कलित क्यारिन में (कल) किलकन्त।
बनन में बगरयो (विपुल) वसन्त।

इस पर टिप्पणी की : "अब दोनों को पढ़िए और देखिए, उन्हीं 'कूलन केलिन' आदि शब्दों का उच्चारण-संगीत इन दो छन्दों में किस प्रकार भिन्न-भिन्न हो जाता है। कबित्त में परकीय और मात्रिक छन्दों में स्वकीय हिन्दी का अपना उच्चारण मिलता है।"

कबित्त से पन्त भी प्रभावित थे किन्तु यह प्रभाव उसकी शब्दावली का था, गति और लय का नहीं। 'मदन राज के बीर बहादर' जैसी पंक्तियों में उस शब्दावली का अनुकरण देखा जा सकता है। वह ब्रजभाषा की शब्दावली का माधुर्य नये छन्दों में ढाल रहे थे। 'पल्लव' की रचनाओं में उन्हें इस प्रयास में आशातीत सफलता मिली। 'पल्लव' की लोकप्रियता का यह मुख्य कारण था। कोमलकान्त पदावली के साथ उनके लघुगति छन्द हिन्दी-प्रेमियों को बड़े सुहावने लगे। इन छन्दों में स्वरपात चौरस था।

निराला इस चौरस स्वरपात की जगह 'उत्तेजित' स्वरपात खोज रहे थे, साथ ही मात्रिक छन्दों में नित-नये प्रयोग भी करते जा रहे थे। ये प्रयोग कई तरह के हैं। इनमें एक प्रयोग 'सुकूलन में केलिन में' (और) वाला है।

चकित चितवन कर अन्तर पार।
खोजती अन्तर तम का द्वार। ['परिमल', पृ. 35]

यह वही छन्द है जिसमें पन्त को स्वकीय हिन्दी का अपना उच्चारण मिलता था। निराला इस तरह की कविताएँ लिखते थे और हिन्दी की कमज़ोरी पर खीझते भी थे। 'यमुना के प्रति', 'वसन्त समीर' जैसी कविताएँ इसी तरह के स्वरपात-क्षीण मात्रिक छन्दों में लिखी गई हैं।

आओ, आओ, नील सिन्धु की।
कम्प तरंगों से उठकर
पृथ्वी पर, वन की वीणा में
मृदु मर्मर भर मर्मर स्वर। [उप., पृ. 80]

सिन्धु और तरंगों का सन्दर्भ होने पर भी निराला का स्वर ऊपर नहीं उठता, अस्वाभाविक रूप से गिरा-गिरा रहता है।

प्रिय, मुद्रित दृग खोलो!
गत स्वप्न-निशा का तिमिर जाल
नव किरणों से धो लो। [उप., पृ. 36]

गीत है, मात्रिक छन्द में लिखा गया है, फिर भी स्वरपात साफ और निखरा हुआ है।

'परिमल' के पहले खंड में निराला की तुकान्त मात्रिक छन्द वाली रचनाएँ हैं। इनमें पहली किस्म की रचनाएँ वे हैं, जिनमें स्वरपात सपाट है, जैसे 'खोज और उपहार', 'वसन्त समीर', 'यमुना के प्रति'। दूसरी किस्म की रचनाएँ वे हैं, जिनमें स्वरपात भाव के अनुरूप मद्धिम है।

बैठ लें कुछ देर— [उप., पृ. 29]
एक दिन थम जायेगा रोदन— [उप., पृ. 32]
सुमन भर न लिए— [उप., पृ. 37]

तीसरी किस्म की रचनाएँ वे हैं, जिनमें स्वरपात मुखर है, जैसे :

प्रिय, मुद्रित दृग खोलो
अथवा : *जब कड़ी मारें पड़ीं दिल हिल गया।*

चौथी किस्म की रचनाएँ वे हैं, जिनमें स्वरपात 'उत्तेजित' है, ध्वनि-प्रवाह का स्तर उदात्त है :

तुम तुंग हिमालय शृंग और
मैं चंचल गति सुरसरिता।

किन्तु ऐसी रचनाएँ 'परिमल' के पहले खंड में कम हैं, दूसरे में अधिक हैं।

दूसरे खंड की रचनाएँ मात्रिक छन्दों में हैं, तुकान्त भी हैं किन्तु पंक्तियाँ छोटी-बड़ी हैं। निश्चित स्थान पर तुक मिलाने की परेशानी निराला को नहीं होती। किन्तु विषम मात्रिक छन्दों में कविता लिखने का मुख्य कारण तुक ढूँढ़ने की परेशानी नहीं है। निराला जहाँ चाहते हैं, वहाँ आसानी से शब्दों पर ज़ोर देते हैं; छन्द की बँधी हुई गति स्वरपात को चौरस नहीं कर सकती। करुण, कोमल, ओजपूर्ण भावों के अनुसार वह छन्द की गति बदलते रहते हैं।

'परिमल' के बाद जब वह गीत-रचना पर अधिक ध्यान देने लगे तब उन्होंने गीतों में वह चमत्कार दिखाया जो 'परिमल' की विषम मात्रिक छन्दों वाली रचनाओं में दिखा चुके थे। भाव के अनुरूप वह स्वरपात को उभारते या दबाते हैं। 'परिमल' की रचनाएँ चाहे मुक्त छन्द में हों, चाहे विषम मात्रिक छन्दों में, चाहे तुकान्त सममात्रिक छन्दों में, स्वरपात निखारने की कला में 'गीतिका' से हेठी हैं। निराला मुक्त छन्द का समर्थन करते थे, यह कहकर कि उसमें आर्ट ऑफ रीडिंग है; अब वह ऐसे कौशल के धनी हो गए थे कि गेयता के साथ वक्तृत्व-कला की शक्ति को मिला सकते थे। कविता में भाषा की ओजपूर्ण गति को उतारने के लिए अब मुक्त छन्द आवश्यक न था। 'परिमल' के बाद उन्होंने मात्रिक छन्दों में ऐसी कविताएँ लिखना बन्द कर दिया जिनमें स्वरपात चौरस हो। इसके विपरीत 'रेखा', 'प्रेयसी', 'कैलास में शरत', 'स्वामी प्रेमानन्द जी महाराज' आदि जो मुक्त छन्द में कविताएँ लिखीं, वे कमज़ोर साबित हुईं। हर तरह का कमाल मात्रिक छन्दों में ही दिखाना उन्हें प्रिय हुआ। इसलिए निराला की अधिकांश कविताएँ मुक्त छन्द में नहीं, सानुप्रास मात्रिक छन्दों में हैं।

'परिमल' की रचनाओं में निराला एक दूसरा प्रयोग करते हैं। मात्रिक छन्द की छोटी-छोटी पंक्तियों से मन उचटता है। वे सोलह मात्राओं की सीमा लाँघकर चौबीस या अधिक मात्राओं की पंक्तियाँ रचते हैं :

किस अनन्त का नीला अञ्चल हिला हिला कर
आती हो तुम सजी मंडलाकार? ['परिमल', पृ. 72]

विषम मात्रिक छन्दों में लम्बी पंक्तियाँ रचने की सुविधा और भी ज़्यादा है और निराला उससे पूरा लाभ उठाते हैं। जैसे मुक्त छन्द में कबित्त की आधी पंक्ति वह

अक्सर दोहराते हैं, वैसे ही सोलह पंक्तियों की मात्रा को आधार मानकर उसमें आठ या अधिक मात्राएँ जोड़ते हुए वह लम्बी पंक्तियाँ रचते हैं।

कवियों के मानस की मृदुल कल्पना के-से जाल ['परिमल']
करुण स्वर का जब तक मुझ में रहता है आवेश [उप.]
व्यक्त इशारे से ही सारे बोल मधुर अनमोल [उप.]
मन्द तरंगों की यमुना का काला काला रंग [उप.]

निराला के पूर्ववर्ती रीतिवादी कवियों, उनके समकालीन छायावादी और गैर-छायावादी कवियों की रचनाओं में छन्द का ऐसा प्रसार नहीं है। निराला हिन्दी काव्य में जो नई प्राण-प्रतिष्ठा कर रहे थे, उसका एक अनिवार्य पक्ष यह छन्द का प्रसार था।

'तरंगों के प्रति' और 'तुम और मैं' में छोटी-बड़ी पंक्तियाँ मिलाकर निराला ने कविता के नपे-तुले बंद रचे। इनसे भिन्न दूसरे खंड की विषम मात्रिक रचनाएँ हैं जिनमें छोटी-बड़ी पंक्तियाँ हैं, नपा-तुला कुछ नहीं है। इन दोनों के रचना-कौशल को मिला दें तो 'सम्राट् एडवर्ड अष्टम के प्रति' और 'वनबेला' की कला मिल जाएगी। इन दोनों रचनाओं में छोटी-बड़ी पंक्तियों के बंद हैं किन्तु नपे-तुले नहीं हैं। विषम मात्रिक छन्दों का प्रवाह यहाँ व्यवस्थित किया गया है, साथ ही नपे-तुले बंदों की सीमा तोड़ दी गई है। ये कविताएँ अंग्रेज़ी की अनियमित ओड—जैसे वड्र्सवर्थ की प्रसिद्ध इम्मोर्टेलिटी ओड—के समान हैं। 'परिमल' की रचनाओं के आधार पर ही निराला की इस कला का विकास हुआ है।

सोलह मात्राओं के छन्द कई तरह के हैं। एक तरह का छन्द वह है जो 'यमुना के प्रति' में है। इसी की चाल का अनुसरण करते हुए 'तरंगों के प्रति', 'उसकी स्मृति', 'अधिवास', 'पहचाना', 'भिक्षुक', 'संध्या सुन्दरी', 'शरतपूर्णिमा की विदाई', 'आवाहन' आदि अनेक कविताएँ लिखी गई हैं। 'अनामिका' में संकलित 'उद्‌बोधन', रवीन्द्रनाथ की कविता पर आधारित 'ज्येष्ठ' में छन्द की यही चाल है। एक दूसरी चाल का छन्द है 'प्रभाती' में :

जीवन प्रसून वह वृन्तहीन
खुल गया उषा नभ में नवीन।

'तुम और मैं' के छन्द की चाल भी यही है :

तुम दिनकर के खर किरण जाल...
तुम कर पल्लव झंकृत सितार।

'परिमल' में इसका प्रयोग कम हुआ है किन्तु आगे चलकर यह निराला का प्रिय छन्द हो गया और उसके आधार पर उन्होंने बड़े चमत्कारी महल उठाये। 'तुलसीदास'

का आधारभूत छन्द यही है। इसी में उन्होंने 'सरोज-स्मृति' लिखी। यही 'राम की शक्तिपूजा' के छन्द का आधार है। 'तुलसीदास' की एक पंक्ति में अगली पंक्ति का आधा हिस्सा मिला दीजिए, 'राम की शक्तिपूजा' का छन्द मिल जायगा :

भारत के नभ का प्रभापूर्य शीतलच्छाय,
है अमानिशा; उगलता गगन घन अन्धकार।

'तुलसीदास' में निराला छन्द की रास खींचे रहते हैं; उसकी निरन्तर अवरुद्ध होती हुई गति में शक्ति भर देते हैं। प्रत्येक बंद अपने में पूर्ण, ऊर्जा का केन्द्र है। 'सरोज- स्मृति' में वह छन्द को सहज रूप में बढ़ने देते हैं, अर्थ-प्रसार के विचार से पैराग्राफ रचते हैं। 'राम की शक्तिपूजा' में 'सरोज-स्मृति' का प्रवाह है, 'तुलसीदास' की शक्ति है। प्रत्येक पैराग्राफ ध्वनि-संरचना का अनूठा नमूना है। 'राम की शक्तिपूजा' का छन्द उनके कानों में गूँजता रहता है, उसकी प्रतिध्वनि 'सम्राट् एडवर्ड अष्टम के प्रति' और 'वनबेला' में सुनाई देती है।

निकलता कमल जो मानव का वह निष्कलंक ['अनामिका']
साम्राज्य सप्त सागर तरंगदल दत्त माल [उप.]
हो गया सान्ध्य नभ का रक्ताभ दिगन्त फलक [उप.]
प्रेयसी के अलक से आती ज्यों स्निग्ध गंध [उप.]

'सरोज-स्मृति' में निराला ने एक ही छन्द में उदात्त करुणभाव चित्रित किये, विरोधियों की व्यंग्यपूर्ण आलोचना भी की। 'वनबेला' में इसी व्यंग्यपूर्ण आलोचना के लिए उन्होंने शक्तिपूजा के छन्द का उपयोग किया। वे एक ही छन्द से तरह-तरह की झंकारें निकालते हैं, यह उनके रचना-कौशल का प्रमाण है। 'राम की शक्तिपूजा' पढ़कर 'बैरगिया नाला जुलुम ज़ोर' की याद नहीं आती; किन्तु उसका आधारभूत छन्द है वही। 'दान' कविता जहाँ कमज़ोर है, वहाँ बैरगिया नाला की याद दिलाती ही है :

कर रामायण का पारायण
जपते हैं श्रीमन्नारायण। ['अनामिका', पृ. 25]

जैसे 'नर्गिस' में कबित्त छन्द नहीं पहचाना जाता, वैसे ही 'तुलसीदास' और 'सरोज-स्मृति' में यह छन्द। निराला जैसे शब्दों को नई शक्ति देते हैं, वैसे ही हिन्दी छन्दों में नई प्राण-प्रतिष्ठा करते हैं। 'यमुना के प्रति' में जो छन्द बहुत कमज़ोर मालूम होता है, उसी में स्वामी विवेकानन्द की कविता—'नाचे उस पर श्यामा'—का ज़ोरदार अनुवाद किया है :

गरज रहे हैं मेघ, अशनि का
गूँजा घोर निनाद—प्रमाद,

स्वर्ग धरा व्यापी संकर का
छाया विकट कटक उन्माद।

छन्द की चाल धीमी है या तेज़, यह उसके यांत्रिक ढाँचे पर निर्भर नहीं है। उसकी चाल धीमी या तेज़ होती है शब्द-योजना के कारण। 'यमुना के प्रति' में जो छन्द सुस्त है, वही 'नाचे उस पर श्यामा' में खूब सजग है। निराला की शब्द-योजना उनके भावावेश से जुड़ी हुई यद्यपि उस पर निर्भर नहीं है। इस तरह छन्द की गति—अन्ततोगत्वा—भावदशा से सम्बद्ध है।

निराला की कविताओं में शुरू से अन्त तक शब्दों पर ज़ोर देने का ढंग एक-सा नहीं रहता। यह ढंग पहचाना जा सकता है, जैसे 'सरोज-स्मृति' में :

यह हिन्दी का स्नेहोपहार...
जागे जीवन जीवन का रवि...
तू सवा साल की जब कोमल...
खंडित करने को भाग्य अंक।

यदि सारी पंक्तियाँ इसी साँचे में ढली हुई निकलें तो कविता नीरस और निःशक्त हो जाय। इसलिए निराला निरन्तर पंक्ति की लय में हेराफेरी करते रहते हैं।

व्यक्त हो चुका चीत्कारोत्कल
क्रुद्ध युद्ध का रुद्ध कंठफल।

इसी तरह की कारीगरी सबसे ज़्यादा 'राम की शक्तिपूजा' में है। लय में नई भंगिमाएँ पैदा करने के लिए वह यति का स्थान भी बदलते रहते हैं।

निराला ने माइकेल मधुसूदन दत्त और रवीन्द्रनाथ की रचनाओं में एक विशेषता देखी कि वाक्य एक पंक्ति में या दो पंक्तियों के जोड़ में सीमित नहीं रहता। कभी पंक्ति के बीच में खत्म होता है, कहीं अन्त में। निराला के वाक्यांश अनेक स्थलों पर पंक्ति के बीच में पूरे होते हैं, कभी-कभी पूर्ण विराम पंक्ति के अन्त में न आकर पहले ही छन्द की गति को रोक देता है। यथा : 'सरोज-स्मृति' में :

हैं बड़े नाम उनके! शिक्षित
लड़की भी रूपवती; समुचित
आपको यही होगा कि कहें
हर तरह उन्हें; वर सुखी रहें।
आएँगे कल।

इस तरह एक पंक्ति से दूसरी पंक्ति में अर्थ-प्रसार की कला वहाँ सफल होती है जहाँ अन्त्यानुप्रास इस प्रसार में बाधक नहीं होता। ऊपर की पंक्तियों में अन्त्यानुप्रास पर

ठहराव नहीं है; दूसरी पंक्ति में भागने की जल्दी है। ऐसी स्थिति में अर्थ-प्रसार-कला असफल होती है। निराला की काव्य-कला अन्त्यानुप्रास पर भरपूर ज़ोर चाहती है, अर्थप्रसार हो चाहे न हो। ऊपर की पंक्तियों में तुलनीय है, कविता के अन्तिम अंश की ये पंक्तियाँ, जहाँ अन्त्यानुप्रास पर पूरा ज़ोर है; जहाँ अन्त्यानुप्रास अर्थप्रसार में बाधक नहीं है :

हो इसी कर्म पर वज्रपात
यदि धर्म, रहे नत सदा माथ
इस पथ पर, मेरे कार्य सकल
हों भ्रष्ट शीत के से शतदल!

'राम की शक्तिपूजा' की लम्बी पंक्तियों में स्वभावत: अन्त्यानुप्रास पर और भी अधिक बल है, उसे लाँघकर शीघ्रता से दूसरी पंक्ति में अर्थप्रसार का प्रयत्न निराला नहीं करते।

अन्त्यानुप्रास मिलाने में निराला पूरे ध्वनि-साम्य का ध्यान नहीं रखते। जैसे 'मशाल' और 'विशाल'—यहाँ पूरा वर्ण-साम्य है। किन्तु 'स्थल-जल, हनूमान-विधान, अन्धकार-पवन-चार' में आंशिक वर्ण-साम्य ही है। 'ष' और 'श', 'ण' और 'न' का भेद उनके लिए अनावश्यक है। 'निर्निमेष' के साथ 'देश', 'सम्भाषण' के साथ 'पतन' की तुक मिलती है। 'तुलसीदास' में 'अंग' से तुक मिलाने के लिए 'व्यंग्य' को 'व्यंग' लिखते हैं। व्यंजन-साम्य न मिलने पर स्वर-साम्य से काम निकालते हैं। यथा 'राम की शक्तिपूजा' में—'रण देखी जो' के वज़न पर 'समग्र नभ को'। तुक ढूँढ़ने में वह काफी परिश्रम करते हैं और कभी-कभी दूर की कौड़ी लाते हैं। 'तुलसीदास' पंचतीर्थ आतुर पद चलकर पहुँचे। इस 'पहुँचे' से तुक मिलाने के लिए वह अवधी क्रिया 'कुचे' ढूँढ़ लाए :

नग्न पद चले, कंटक, उपाधि भी, न कुचे ['तुलसीदास', पृ. 25]

स्वभावत: पंक्ति के अन्त में लघु-गुरु वर्ण-क्रम बदलते रहते हैं। 'यमुना के प्रति' में 'अम्लान-ध्यान', 'गुञ्जार-वारंवार' से लगा कर 'झंकार-अपार' और 'तान-गान' तक वह गुरु-लघु वर्ण क्रम निबाहते हैं; केवल एक जगह 'गागर-अंबर' में यह क्रम भंग होता है। ऐसा परिश्रम उन्होंने फिर नहीं किया। वर्णक्रम परिवर्तन कहीं खटकता है, कहीं उससे नया सौन्दर्य उत्पन्न होता है। 'राम की शक्तिपूजा' में अंजना का भाषण कमज़ोर है। एक जगह 'रह-रह' के साथ 'सह-सह', दूसरी जगह 'सोचो मन में' के साथ 'श्री रघुनन्दन ने'! लघुगुरु वर्ण-क्रम बदला; अन्त्यानुप्रास भी कमज़ोर रहा। परिवर्तन से कोई खूबसूरती पैदा नहीं हुई किन्तु जहाँ लिखते हैं :

वह एक और मन रहा राम का जो न थका—

वहाँ वर्णक्रम-परिवर्तन के साथ भाव-परिवर्तन भी होता है; पाठक मन की पराजित दशा छोड़कर अपराजित दशा की बात सोचने लगता है। ऐसे ही 'शरण-मरण', 'संबल-विकल' के बाद 'रही-कही' में क्रम-भंग निराला की भावदशा के परिवर्तन की सूचना देता है :

दु:ख ही जीवन की कथा रही,
क्या कहूँ आज, जो नहीं कही। [सरोज-स्मृति]

यहाँ वर्णक्रम-परिवर्तन सार्थक है।

'तुलसीदास' के प्रत्येक बंद की पहली और चौथी पंक्ति के अन्त में साधारणत: लघुवर्ण आता है। अड़सठवें और उन्हत्तरवें बंदों में निराला ने लघु-गुरु क्रम रखा :

बोला भाई 'तो चलो अभी,
अन्यथा, न होंगे सफल कभी...
जब देखो तब द्वार पर खड़े,
उधार लाए हम, चले बड़े!'

पदावली अपने में कमज़ोर है, वर्णक्रम बदलने से विशेष अन्तर नहीं आया। आगे :

सूना उर ऋषियों का ऊना
सुनता स्वर, हो हर्षित दूना। [पृ. 49]

यहाँ पदावली वैसे ही सशक्त है; वर्णक्रम बदलने से नया चमत्कार नहीं हुआ। किन्तु :

उस मानस ऊर्ध्व देश में भी
ज्यों राहु ग्रस्त आभा रवि को— [पृ. 15]

यहाँ तुलसीदास का मन ऊर्ध्व देश के उच्चतम बिंदु तक पहुँच गया है, क्रम-परिवर्तन अच्छा लगता है।

उसके अदृश्य होते ही रे
उतरा वह मन धीरे-धीरे— [पृ. 23]

स्थिति-परिवर्तन के साथ क्रम-परिवर्तन सार्थक है। जहाँ रत्नावली के योगिनी-रूप का वर्णन करते हैं, वहाँ लघु-गुरु वर्णक्रम ने पंक्ति में नई शक्ति भर दी है।

बिखरी छूटी शफरी अलकें
निष्पात नयन नीरज पलकें। [पृ. 44]

इसी सन्दर्भ में पुनश्च:

अचपल ध्वनि की चमकी चपला,
बल की महिमा बोली अबला— ['तुलसीदास', पृ. 45]

यहाँ भी वही चमत्कार है। अन्त में तुलसीदास जब घर छोड़कर चलने को होते हैं, मन आकाश से मानो धरती पर उतरता है। निराला उनके अपने में खोये हुए मन की तसवीर खींचते हैं :

क्या हुआ कहाँ, कुछ नहीं सुना,
कवि ने निज मन भाव में गुना
साधना जगी केवल अधुना प्राणों की।

तुलसीदास की भावदशा में परिवर्तन के साथ यहाँ भी वर्णक्रम-परिवर्तन सार्थक है। निराला ने ऐसे परिवर्तन जान-बूझकर किये हों, यह आवश्यक नहीं।

छन्द की गति में वह जो परिवर्तन करते हैं, वह जान-बूझकर। ध्वनि की नई भंगिमाएँ सामान्यत: अर्थ के उत्कर्ष में सहायक होती हैं। किन्तु बहुत जगह गति-भंग-दोष उनकी मजबूरी ज़ाहिर करता है। 'राम की शक्तिपूजा' जैसी समर्थ रचना भी इस दोष से मुक्त नहीं। जाम्बवान के भाषण में :

जब तक लक्ष्मण हैं महावाहिनी के नायक
मध्यभाग में अंगद दक्षिण—श्वेत सहायक।

दूसरी पंक्ति में 'श्वेतस-हायक' पढ़ा जाय तब गति दुरुस्त होती है, 'श्वेत' पर रुकने से कोई सौन्दर्य पैदा नहीं होता, अनावश्यक झटका ज़रूर लगता है। इस तरह के दोष निराला के गीतों में भी हैं।

गीत और लोकसंगीत

अर्चना में एक गीत बड़े मधुर ढंग से शुरू होता है : 'रंगभरी किसी अंगभरी हो'। आगे दो पक्तियाँ हैं :

जैसे मैं बाज़ार में बिका
कौड़ी मोल : पूर्ण शून्य दिखा।

दूसरी पंक्ति में गति-भंग है। 'शून्यस-हायक' की तरह 'शून्यदि-खा' पढ़ा जाय तब गति दुरुस्त होती है। 'गीतिका' में एक गीत की पहली पंक्ति है : 'बह जाता

रे परिमल वन'। अन्तिम पंक्ति है : 'स्वर्ग की परी स्वर्ण किरण'। यहाँ भी 'स्वर-णकिरण' पढ़ा जाय तो गति ठीक रहती है किन्तु स्वर्ग-स्वर्ण के ध्वनि-साम्य के कारण गति-भंग अखरता नहीं।

गीत आरम्भ होता है :

प्रति क्षण मेरा मोह मलिन मन ['गीतिका', पृ. 45]

आगे निराला छन्द की गति बदलते हैं :

उल्लसित चमत्कृत कर भरती हो
अजस्र रस रूप धन किरण।

गति-परिवर्तन उल्लास की व्यंजना के अनुकूल है, सार्थक है। मात्राएँ बराबर रहती हैं, केवल गीत में थोड़ा हेर-फेर है। किन्तु 'यामिनी जागी' के पहले बंद में उन्नीस मात्राओं की पंक्ति है, दूसरे में सत्रह मात्राओं की। गाना है, स्वर खींचकर मात्राएँ पूरी की जा सकती हैं; छन्द की गति में परिवर्तन नहीं होता। किन्तु 'सखि वसंत आया'—इस गीत के पहले बंद में सोलह मात्राओं की पंक्ति है, दूसरे और तीसरे में सत्रह मात्राओं की। छन्द बदलता है, छन्द की गति बदलती है।

किसलय-वसना नव-वय लतिका।
मिली मधुर प्रिय-उर तरु-पतिका...
लता मुकुल हार-गंध-भार भर
बही पवन बंद मंद मंदतर। [उप., पृ. 3]

लय-परिवर्तन का औचित्य यही है कि ध्वनि-प्रवाह निम्न से उदात्त की ओर उठता है :

लघु-गुरु वर्णक्रम-परिवर्तन वह गीतों में भी करते हैं। 'यामिनी जागी' में 'भर रहे', 'तर रहे', 'दिन कर रहे' के बाद दूसरे बंद में 'बाल', 'मराल' और 'जयमाल'। 'सखि वसन्त आया' में पहले 'लतिका-पतिका', फिर 'भार भर', 'मंदतर'। तुक मिलाने में स्वर-साम्य से काम लेते ही हैं—'खड़ी' से 'कली' की, 'पड़ी' और 'गड़ी' से 'भरी' की तुक मिलाते हैं। (उप., पृ. 4) एक गीत में उन्होंने 'अनंग', 'तरंग' और 'उमंग' के साथ 'ब्रह्म' की तुक मिलाई है। ('अर्चना', पृ. 21) अन्तिम वर्ण ह्रस्व है, इतना ही साम्य है।

सामान्यत: गीतों में निराला के अन्त्यानुप्रास अत्यन्त मुखर हैं। कविताओं से अधिक गीतों का सौन्दर्य प्रकट करने के लिए वे अनिवार्य हैं। बहुत-से भजनों की तरह एक ही तुक बराबर नहीं दोहराई जाती। बँगला-अंग्रेज़ी की लिरिक रचनाओं की तरह एक ही गीत में अन्त्यानुप्रासों की विविधता रहती है। टेक दूसरी; प्रत्येक बंद के अन्त्यानुप्रास दूसरे। इनके अलावा निराला एक ही पंक्ति में ध्वनि-साम्य से नया सौन्दर्य पैदा करते हैं। 'अमरण भर वरण गान' (उप., पृ. 7); 'प्रिय स्वतंत्र रव,

अमृत मंत्र नव' ('गीतिका', पृ. 1) इत्यादि। कभी इस तरह ध्वनि-साम्य एक पंक्ति के बाद दूसरी में प्रकट होता है, यथा :

मन चंचल न करो!
प्रतिपल अञ्चल से पुलकित कर
केवल हरो, हरो। [उप., पृ. 16]

अथवा :

रँग गई पग-पग धन्य धरा,
हुई जग जगमग मनोहरा। [उप., पृ. 46]

कविताओं से कुछ अधिक ही गीतों का नाद-सौन्दर्य इस ध्वनि-साम्य पर निर्भर है। मुक्त-छन्द से सम्बन्धित बन्धन-हीनता के सारे सिद्धान्त यहाँ व्यर्थ हो जाते हैं।

निराला की कविताओं की तरह गीतों में भी स्वरपात कहीं अधिक मुखर है, कहीं कम। गीत बहुत तरह के हैं किन्तु इनमें दो वर्ग मुख्य हैं। एक वर्ग उन गीतों का है जिनमें बलाघात मुखर है, वक्तृत्व-कला का उतार-चढ़ाव है, ओजगुण की प्रमुखता है, स्वर उदात्त के आसपास रहता है। दूसरी तरह के गीत वे हैं, जो लोक-गीतों और ब्रजभाषा के पारम्परिक गीतों के अनुरूप रचे गए हैं, जिनमें नाटकीयता से अधिक आत्मनिवेदन; वक्तृत्व-कला से अधिक गेयता, ओज से अधिक कोमलता और माधुर्य है। शेष गीत इन्हीं दो वर्गों के बीच में आते हैं। दोनों तरह के गीत लिखने की प्रवृत्ति निराला में आरम्भ से है।

प्रिय, मुद्रित दृग खोलो!
गत स्वप्न निशा का किरणजाल
नव किरणों से धो लो।

यहाँ बलाघात मुखर है, ध्वनि-प्रवाह का स्तर उदात्त है या उसके निकट है। 'अलि घिर आये घन पावस के' ('परिमल', पृ. 90)—यह पारम्परिक गीतों के अनुरूप है, स्वरपात दबा हुआ है। पहले वर्ग के गीत 'गीतिका' में अधिक है, दूसरे वर्ग के 'अर्चना', 'आराधना' आदि में। पहले वर्ग के गीत संगीतशास्त्रियों को अटपटे लगते हैं। अटपटे न लगने पर पुरानी बंदिशों की तरह—या आधुनिक गीतों की तरह—गाने लगे तो लय-ताल के चौखटे में निराला का उदात्त स्वर-सौन्दर्य चौपट हो जायगा। सफल गायकी के लिए आवश्यक है कि पंक्ति का अर्थ निखारने के लिए अथवा ध्वनि की गरिमा प्रकट करने के लिए निराला ने जहाँ जैसा ज़ोर दिया है, वैसा ज़ोर गाते समय सुरक्षित रहे, यह हो नहीं पाता। इसीलिए 'वर दे वीणावादिनि, वर दे' की लोकप्रियता के बावजूद गाने वालों के कंठ में वीणावादिनी की दुर्गत हो जाती है।

यद्यपि निराला दुरूह शब्द-शिल्पी माने जाते हैं, फिर भी छायावादी कवियों में लोकगीतों का सबसे अधिक प्रवाह उन्हीं पर है। 'परिमल' के बाद काव्य के प्रत्येक चरण में होली की धुन गूँजती है। 'नयनों के डोरे लाल गुलाल भरे खेली होली'—हिन्दी का सर्वश्रेष्ठ होली-गीत है। लय की मादकता, पदावली की कोमलता, श्रृंगार भाव की मधुरता ने उसमें अनुपम सौन्दर्य पैदा किया है। कहीं गतिभंग नहीं, अन्त्यानुप्रास सब दुरुस्त हैं। निराला लोकगीतों का अनुकरण नहीं करते; उनकी धुन, चित्रण का ढंग, शब्द-योजना, वातावरण अपनाते हुए उन्हें अपने साहित्य के कलात्मक स्तर तक उठा ले आते हैं। 'खुले अलक मुँद गये पलक दल, श्रमसुख की हद होली'—यह पदयोजना लोकगीतों की परिधि से बाहर की है। उसमें निराला की अपनी कला का चमत्कार है।

लोकगीतों की एक विशेषता यह है कि बहुत जगह दीर्घ स्वर ह्रस्ववत् पढ़े जाते हैं। इससे भाषा में लोच पैदा होता है, पढ़ने और गाने का सौन्दर्य और बढ़ जाता है। सवैया गणात्मक छन्द है, पुराने कवि, लोकगीतों में स्वरों की घट-बढ़ के अनुरूप, हिन्दी में गणात्मक छन्द के नियम तोड़ देते हैं। 'अवधेस के द्वारे सकारे गई सुत गोद कै भूपति लै निकसे'। पूरी पंक्ति में 'ए' स्वर ह्रस्व-दीर्घ रूपों में रचा हुआ है। यह कौशल निराला के गीतों में है।

प्रिय कर कठिन उरोज परस कस कसक मसक गई चोली
एक वसन रह गई मन्द हँस, अधर-दशन अनबोली।

पहली पंक्ति में 'गई' की 'ई' ह्रस्ववत् है; दूसरी में 'गई' की 'ई' पूर्णत: दीर्घ है। ऐसे ही :

कली सी काँटे की तोली...
बनी रति की छवि भोली...

दोनों पंक्तियों में 'की' है; पहली में ह्रस्ववत्, दूसरी में दीर्घ। बाद के गीतों में स्वरों की यह घट-बढ़ निराला की शैलीगत विशेषता हो गई है :

वरद हुई शारदा जी हमारी,
पहनी वसन्त की माला सँवारी— ['गीत गुंज', पृ. 23]
कूची तुम्हारी फिरी कानन में
फूलों के आनन आनन में— [उप.]
चंग चढ़ी थी हमारी
तुम्हारी डोर न छूटी— ['अर्चना', पृ. 22]
फूटे हैं आमों के बौर
भौंर वन वन टूटे हैं।
होली मची ठौर-ठौर
सभी बन्धन छूटे हैं। (उप., पृ. 33]

छापे के अनुसार मात्राएँ गिनी जायँ तो घट-बढ़ जायँगी किन्तु दीर्घ स्वरों को आवश्यकतानुसार थोड़ा दबाकर पढ़ा जाए तो पंक्ति सटीक उतरेगी।

निराला को होली की धुन बहुत प्रिय थी। उस धुन में लिखे हुए गति स्वभावत: सौन्दर्य और श्रृंगार के भाव व्यंजित करते हैं। किन्तु जैसे कविताओं में कोई भी छन्द किसी भाव विशेष से नहीं बँधा, वैसे ही गीतों में भाव और लय का सम्बन्ध अटूट नहीं है। 'कौन गुमान करो ज़िन्दगी का'। ('अर्चना', पृ. 78) शब्द-योजना में वैराग्य है, धुन में श्रृंगार की मस्ती!

बाँधे हुए घर बार तुम्हारे
(जागी रात सेज प्रिय प्रति सँग)।
माथे है नील का टीका।
(रति सनेह रँग घोली।)।
दाग़-दाग़ कुल अंग स्याह हैं
(खुले अलक मुँद गये पलक दल)।
रँग रहा है फीका
(श्रमसुख की हद होली।)।
तुम्हारे कोई न जी का।
(बनी रति की छवि भोली।)।

यदि होली की धुन में वैराग्य का गीत गाया जा सकता है, तो कजली की धुन में राजनीतिक कविता भी लिखी जा सकती है। भारतेन्दु के समय से राजनीतिक कविताएँ लिखने के लिए लोकधुनों का उपयोग होता रहा है : 'काले-काले बादल छाये, न आये वीर जवाहरलाल'। ('बेला', पृ. 54) कजली की धुन में जो करुणा है, वह राजनीतिक कविता के भाव से मेल खाती है। 'टूटी बाँह जवाहर की, रणजित लट छूटी पंडित की' (उप., पृ. 55)—इस गीत में वह करुण ध्वनि और भी सार्थक है। निराला ने एक बहुत ज़ोरदार राजनीतिक कविता होली की धुन पर भी लिखी। इसमें वसन्तकालीन प्रकृति की झलक है, होली की धुन की उमंग है। युवकों का खून बहा है, कोंपलों की लाली से कहीं उस खून का सम्बन्ध है, यह सोचकर दर्द पैदा होता है। युवा शक्ति सारी बाधाएँ पार करके स्वाधीनता प्राप्त करेगी—यह विश्वास गीत में उमंग बनकर छा जाता है।

निकले क्या कोंपल लाल फाग की आग लगी है।
फागुन की टेढ़ी तान खून की होली जो खेली।

निराला एक ही गीत को कई तालों में गा सकते थे, जैसे कबित्त के लिए लिखा, वह तीन ताल, चार ताल और झपताल में गाया जा सकता है। उसका यह अर्थ नहीं कि वह ताल के प्रति उदासीन थे। 'पन्तजी और पल्लव' में जहाँ विभिन्न

तालों की बात लिखी है, वहाँ स्पष्ट है कि वह ताल से भाव का सम्बन्ध जोड़ देते हैं। "चौताल में इस छन्द के पुरुषत्व का कितना प्रसार होता है, स्वर किस तरह परिपुष्ट उच्चरित होते हैं, आनन्द कितना बढ़ता है, देखें।" इस चौताल में स्वयं निराला ने अनेक गीत लिखे हैं। इनका स्वर उदात्त है—भाव चाहे शृंगार का हो, चाहे करुणा का।

अमरण भर वरण गान—	(प्राकृतिक सौन्दर्य);
वन्दूँ पद सुन्दर तव—	(वन्दना);
निविड़ विपिन पथ अराल—	(त्रास);
ऊर्ध्व चन्द्र, अधर चन्द्र—	(मृत्यु-दर्शन)।

'प्राणधन को स्मरण करते'—'गीतिका' की भूमिका में उन्होंने चौदह मात्राओं के इस गीत को धम्मार ताल में गाने की बात लिखी है। गीत में शृंगार भाव है किन्तु चौदह मात्राओं के छन्द में रचे हुए अन्य गीतों में कठिन दार्शनिक चिन्तन, उदात्त संकल्प अथवा उत्कट आत्मनिवेदन है। 'कौन तम के पार, रे कह'—कठिन दार्शनिक चिन्तन। जग का एक देखा तार—वैसा ही उदात्त दार्शनिक भाव। 'बुझे तृष्णाशा विषानल झरे भाषा अमृत निर्झर'—उदात्त संकल्प; 'भजन कर हरि के चरण मन'—विनम्र वन्दना का भाव। ('अर्चना', पृ. 78)

निराला के कुछ बहुत ही शक्तिशाली गीत झपताल में हैं। दस मात्राओं के छन्द के लिए 'गीतिका' की भूमिका में लिखा है : "खड़ी बोली के आधुनिक कवियों ने इस छन्द की रचना नहीं की। अगर की है, तो मैंने देखी नहीं।" घोर दुःख में, वन्दना के आत्मीयता भरे क्षणों में, संघर्ष और पराजय की बेला में यह छन्द निराला के प्राणों में बज उठता है, उन्हें सहारा देता है, युद्ध और चुनौती के स्वर भी इसी छन्द में फूटते हैं। ताल के साथ शब्दों के मृदंग बज उठते हैं; ध्वनि की जैसी गहराई इन गीतों में है, वैसी अन्यत्र कम है।

'पावन करो नयन' ('गीतिका')—ध्वनि की गहराई पहली पंक्ति में नहीं, दूसरे बंद में है :

प्रतनु शरदिन्दु वर
पद्मजल विन्दु पर
स्वप्न जागृति सुघर
दुःख निशि करो शयन।

दिन में जो किरण संसार को रंग-रूप से भर देती है, वही कवि की दुःखनिशा में स्वप्न-जागृति बनकर उसे सान्त्वना देगी। सुख-दुःख का मिश्रभाव है।

'सार्थक करो प्राण' (उप., पृ. 56)—ओजपूर्ण वन्दना-गीत है। वन्दना केवल अपने लिए नहीं, संसार के लिए है। 'बहती निराधार' (उप., पृ. 66)—प्रकृति की शक्ति,

उसका अपार सौन्दर्य गीत के गम्भीर ध्वनि-प्रवाह में व्यक्त हुआ है। 'टूटें सकल बंध' (पृ., 73)—कली के बहाने दृढ़ संकल्प की घोषणा। 'जागा दिशा ज्ञान' (उप. पृ. 85)—पाश्चात्य साम्राज्यवाद पर भारतीय मानस की विजय का गीत। 'प्रात तव द्वार पर' (उप., पृ. 95)—जीवन-संघर्ष और उत्कट आत्मनिवेदन का गीत। 'अनगिनित आ गये शरण में जन जननि' (उप., पृ. 18)—ओज-मिश्रित वन्दना के कोमल मधुर भाव। 'दे मैं करूँ वरण' (उप., पृ. 97)—उदात्त स्तर पर रचे हुए गीतों का सिरमौर; जितना कष्ट, उतना ही संघर्ष के लिए दृढ़ संकल्प।

'अर्चना' में त्रास का गीत :

शिशिर की शर्वरी
हिंस्र पशुओं भरी;

'आराधना' में खिन्नता की व्यंजना :

भग्न तन, रुग्ण मन
जीवन विषण्ण वन—

और अन्त में शिवतांडव का गम्भीर घोष :

डमड डम डमड डम
डमरू निनाद है;
तांडव नचे शिव
प्रवाद उन्माद है। ['सान्ध्यकाकली']

यह सब निराला ने एक ही छन्द में रचा, एक ही ताल में गाया है। कविताओं में जो स्थिति 'सरोज-स्मृति' और 'तुलसीदास' के छन्द की है, गीतों में वही स्थिति इस छन्द की है। छन्द छोटा है, निराला उसमें बड़ी शक्ति केन्द्रित करते हैं, आवश्यकतानुसार उसे दुगुना करके ध्वनि की गरिमा का प्रभाव डालते हैं।

जननि दुःख हरण पदराग रंजित मरण—

गीतों में इस पंक्ति का वही महत्त्व है जो कविताओं में 'राम की शक्तिपूजा' के छन्द का।

'गीतिका' की भूमिका में निराला ने बँगला संगीत पर अंग्रेज़ी प्रभाव का विस्तार से उल्लेख किया है। रवीन्द्रनाथ के गीत भिन्न-भिन्न रागिनियों में बँधे हुए हैं; फिर भी उनकी 'अदायगी अँगरेज़ी है।' फिर अंग्रेज़ी और आधुनिक बँगला संगीत से अपने संस्कार-निर्माण का उल्लेख है। "यद्यपि मुझे पश्चिम के किसी प्रसिद्ध देश में अधिक काल तक रहने का सुयोग नहीं मिला, फिर भी मैं कलकत्ता और बंगाल में उम्र के बत्तीस साल तक रह चुका हूँ...गीतों की स्वरलिपि मैं स्वयं करना चाहता था, पर कुछ ऐसी परिस्थिति मेरी रही कि सब तरफ से अभाव का सामना मुझे करना पड़ा। एक अच्छे हारमोनियम की गुंजाइश भी मेरे लिए नहीं हुई।"

निराला जब अपने बारे में, अपनी कला के बारे में सोचते हैं तब उनका विवेचन इस तरह का होता है। जब वह गीत रचने बैठते हैं, तब उनका मन इस स्तर से ऊपर उठ जाता है। 'गीतिका' के बाद उनके गीतों पर लोकसंगीत का रंग और भी गहरा हुआ, उनमें निराला की अपनी कलात्मक विशेषताएँ और भी उजागर हुईं। जब वह गाते नहीं थे, बुदबुदाते थे, दूसरों से अंग्रेज़ी में बातें करते थे, तब उनके मन में लोकधुनें गूँजती रहती थीं :

वरद हुईं शारदाजी हमारी...
जिधर देखिए श्याम विराजे
श्याम कुञ्ज, वन, यमुना, श्यामा...
खेलूँगी कभी न होली
उससे जो नहीं, हमजोली।

'देवी सरस्वती' में जिस तरह लोकसंगीत का उन्होंने बखान किया है; सूर, तुलसी और मीरा के जिन पदों की गति-लय उन्होंने सरस्वती की वीणा में सुनी है, वही संगीत निराला के गीतों का प्राण है। निःसन्देह वह परम्परा के अनुसरणकर्ता मात्र नहीं हैं। "मैं खड़ी बोली में जिस उच्चारण-संगीत के भीतर से जीवन की प्रतिष्ठा का स्वप्न देखता आया हूँ।" ('गीतिका' की भूमिका), वह स्वप्न उनके गीतों में साकार हुआ। वह स्वप्न पुराने गीतों की प्रतिच्छवि नहीं है। निराला के गीत शास्त्रीय ढंग से नहीं गाए जा सकते; लोकसंगीत के ढंग से उनके काफी गीत गाए जा सकते हैं। निराला शास्त्रीय संगीत की आलोचना करते थे, पुरानी बंदिशों पर फिदा भी थे।

धिक मद, गरजे बदरवा
चमकि बिजुली डरपावे... ['सान्ध्यकाकली', पृ. 41]
धिक मनस्सब, मान, गरजे बदरवा।
झूले झिले, गाव गरजे बदरवा। ['गीत गुंज', पृ. 43]

कलकत्ता में और खास तौर से महिषादल में जहाँ निराला का लड़कपन बीता था, हिन्दुस्तानी संगीत का काफी प्रभाव था।

निराला रवीन्द्रनाथ के गीत गाते थे लेकिन उनकी गायन-पद्धति रवीन्द्र-संगीत से भिन्न थी। स्वभावतः वे जो अपने गीत गाते थे, वे रवीन्द्र-संगीत से और भी दूर थे।

खड़ी बोली में उच्चारण-संगीत के भीतर से जीवन की प्रतिष्ठा—निराला के गीतों की यह विशेषता है। हिन्दी का उच्चारण-संगीत बँगला का नहीं है, अंग्रेज़ी का नहीं है, संस्कृत और उर्दू के संगीत से भी वह भिन्न है। हिन्दी का अपना उच्चारण संगीत निराला के गीतों की विशेषता है, उनकी कविताओं की भी।

संस्कृत के अनुष्टुप में बड़ी शक्ति है, रामायण और महाभारत में उसी का सशक्त प्रवाह है। गणात्मक छन्द सुन्दर हैं किन्तु उनका सौन्दर्य साँचे में ढला हुआ

है। लघु-गुरु वर्णों का स्थान निश्चित है। उर्दू की बहर वज़न के हिसाब से चलती है, वज़न नपा-तुला जैसा एक पंक्ति में, वैसा ही दूसरी में। यह पद्धति गणात्मक छन्दों से बहुत मिलती-जुलती है। कबीर, जायसी, तुलसीदास, सूरदास आदि पुराने हिन्दी कवियों ने छन्द के नपे-तुले साँचे तोड़ दिये, उन्होंने अपने छन्दों में बोलचाल की भाषा की लय-स्वच्छन्दता अपनाई। गणात्मक वृत्तों का समस्त वैभव हिन्दी तथा अन्य भारतीय भाषाओं की इस प्रवृत्ति को न रोक सका। खड़ी बोली की स्वच्छन्द लय का विकास—इसी परम्परा के अनुरूप—जैसा हिन्दी में हुआ है, वैसा उर्दू में नहीं। हिन्दी में उसका जैसा विकास निराला में हुआ है, वैसा अन्य कवि में नहीं, इसका रहस्य यह है कि मात्राएँ गिनने के बदले निराला स्वरपात पर ध्यान देते हैं; किस वर्ण पर कहाँ कितना ज़ोर देना चाहिए, इस बात की तरफ सचेत रहते हैं; पंक्ति में बलाघात का साँचा बदलकर लय में परिवर्तन करते हैं। इसलिए उनकी भाषा, उनके छन्द अन्य कवियों की अपेक्षा अधिक शक्तिशाली जान पड़ते हैं।

छायावाद-यथार्थवाद

छन्द की तरह निराला ने कविता की विधाओं में नये-नये प्रयोग किये हैं। उन्होंने 'जुही की कली' और 'शेफालिका' जैसे मुक्तक लिखे हैं जिनमें एक दृश्य पर ध्यान केन्द्रित करके उसका वर्णन किया गया है। उन्होंने 'यमुना के प्रति' जैसी कविताएँ लिखी हैं जिनमें दृश्य-पट बदलता रहता है और भावों तथा बिम्बों की लम्बी शृंखला है। निराला ने बहुत-से गीत लिखे हैं जिनमें कुछ लोकगीतों की धुन पर हैं, अन्य अपनी विशिष्ट साहित्यिक कला प्रदर्शित करते हैं। गीतों और मुक्तकों में सीधे मन के भाव प्रकट करते हैं; वक्रता से, नाटकीय ढंग से भी।

'शिवाजी का पत्र', 'जागो फिर एक बार' (2) सामान्य मुक्तक रचनाओं से भिन्न हैं। ये भाषण हैं जिनमें वक्तृत्व-कला के गुण प्रकट होते हैं। निराला ने व्यक्तियों पर, विशेष घटनाओं पर बहुत-सी कविताएँ लिखी हैं—जैसे महादेवी वर्मा पर, सन् '46 में इलाहाबाद के विद्यार्थियों पर गोली चलने पर।

'वनबेला' और 'सम्राट् एडवर्ड अष्टम के प्रति' अंग्रेज़ी की ओड से मिलती-जुलती रचनाएँ हैं। सम्राट् एडवर्ड वाली रचना में सम्राट् को सीधे सम्बोधित किया गया है जैसेकि सामान्यत: ओड में किया जाता है। 'वनबेला' में कवि और वनबेला का संवाद है। 'सरोज-स्मृति' हिन्दी का अनुपम शोकगीत है। कवि-पिता ने पुत्री के निधन पर ऐसा शोकगीत कम ही लिखा होगा। पाश्चात्य एलेजी की तरह यहाँ देवी-देवताओं से शोक को अलंकृत नहीं किया गया, न कविता के अन्त में मन को काल्पनिक सान्त्वना दी गई है। 'तुलसीदास' और 'राम की शक्तिपूजा' में निराला

ने प्रबन्ध रचना-कौशल दिखाया है। ये कविताएँ खंडकाव्य नहीं हैं, रवीन्द्रनाथ की 'सूरदासेर प्रार्थना' जैसी कविताओं से इनका वर्ग भिन्न है। खंड-काव्य से छोटी किन्तु सामान्य मुक्तकों से लम्बी ये कविताएँ महाकाव्य के लघु अंश जैसी हैं। अंश लघु है किन्तु उसमें घनत्व महाकाव्यों से अधिक है।

निराला ने व्यंग्य और परिहास की 'कुकुरमुत्ता', 'खजोहरा' जैसी कविताएँ लिखी हैं। उन्होंने 'महगू महगा रहा', 'डिप्टी साहब आए' जैसी कविताएँ लिखी हैं जिन्हें रिपोर्ताज की संज्ञा दी जा सकती है। 'स्फटिक शिला' किसी यात्री की डायरी के पृष्ठ जैसी कविता है। काव्य-रूपों की ऐसी विविधता पुराने हिन्दी काव्य में नहीं है, आधुनिक हिन्दी काव्य में भी कम है।

वर्णन, संवाद और कथा-रचना—इन तीन क्षेत्रों में निराला सबसे कमज़ोर हैं कथा-रचना में। उन्होंने महाकाव्य लिखने का प्रयत्न नहीं किया, यह अच्छा किया। उपन्यासों में जहाँ कथा को आगे बढ़ाना होता है, उनके सूत्र उलझ जाते हैं। कहानियों में भी, कथा समाप्त करते समय, छन्द में जैसे गतिभंग पैदा कर देते हैं। कथा-साहित्य में 'चतुरी चमार', 'देवी', 'बिल्लेसुर बकरिहा' का शिल्प काव्य में 'राम की शक्तिपूजा' और 'तुलसीदास' के शिल्प से मिलता-जुलता है। 'राम की शक्तिपूजा' का सौन्दर्य कथा की प्रगति में नहीं, परिवेश के चित्रण और संवाद—राम के स्वगत-कथन आदि—में है। 'तुलसीदास' में वह तुलसीदास के अध्ययन, विवाह, वैराग्य की पूरी कहानी कहना चाहते हैं। यह कथा समगति से आगे नहीं बढ़ती। कुछ अविस्मरणीय दृश्यखंड कथा की कमज़ोर कड़ियों से जुड़े हुए दिखाई देते हैं : प्रारम्भ में भारत की सांस्कृतिक संध्या, मध्य में तुलसीदास का स्वगत-कथन, अन्त में रत्नावली का योगिनी रूप और तुलसीदास का वैराग्य। 'कुकुरमुत्ता' के पहले हिस्से में एक दृश्य पर ध्यान केन्द्रित रहता है, यह अच्छा बन पड़ा है। दूसरे हिस्से में कहानी बढ़ती है और यह हिस्सा कमज़ोर है।

निराला भाषण लिखने में कुशल हैं, संवाद लिखने में अपेक्षाकृत कमज़ोर। 'तुलसीदास' में रत्नावली के भाई की बातचीत (अड़सठवाँ बंद) कविता के सामान्य धरातल से निम्न स्तर की है। 'वनबेला' में बेला की उक्ति जहाँ-तहाँ लड़खड़ाती है। 'सरोज-स्मृति' में सासुजी की बातचीत—'वे बड़े भले जन हैं, भैया' आदि—निराला ने 'तुलसीदास' की तुलना में अधिक सफलता से निबाही है लेकिन आगे—'भैया अब नहीं हमारा बस' आदि में—सासुजी की उक्ति वैसी ही सहज, प्रवाहपूर्ण नहीं बन पाई। 'राम की शक्तिपूजा' में निराला ने बड़े परिश्रम से संवाद लिखे हैं और इस कार्य में उन्हें अभूतपूर्व सफलता मिली है किन्तु इस कविता में भी अंजना की उक्ति पूरी तरह सँभाली नहीं जा सकी, कलात्मक स्तर से गिरती है। जहाँ स्वगत-कथन है, वहाँ निराला का जवाब नहीं।

निराला में दृश्य-वर्णन की अद्‌भुत क्षमता है। गीत, मुक्तक, प्रबन्ध-काव्य—सर्वत्र यह कौशल दिखाई देता है। अनेक रोमांटिक कवियों में दृश्य-वर्णन की यह क्षमता

देखी जाती है। निराला के दृश्य-वर्णन कविता को पहनाये गए आभूषण नहीं हैं, वे उसके आन्तरिक गठन के अभिन्न अंग हैं। 'वनबेला', 'राम की शक्तिपूजा' में वे केन्द्रस्थित व्यक्ति की मनोदशाओं के चित्रण से सम्बद्ध हैं।

निराला की कुछ रचनाएँ बहुत कल्पनाशील जान पड़ती हैं, कुछ बहुत तथ्य-परक; कुछ में गम्भीर भाव हैं, कुछ में व्यंग्य और हास्य है। उनकी रचनाओं में अनेक शैलियाँ हैं, कहीं उदात्त ध्वनि-प्रवाह, सघन मूर्तिविधान, भाव-विचार-बिम्ब का संश्लिष्ट गुम्फन है, कहीं सादी बातें, सादे ढंग से, प्राय: गद्य के स्तर पर कही गई हैं। कौन-सी कला श्रेष्ठ है? किस तरह की रचनाओं में निराला को अधिक सफलता मिली है? उनकी कला में निरन्तर विकास होता गया है, या ह्रास और विकास का कोई उलझा हुआ क्रम है?

इन प्रश्नों का उत्तर देने के लिए निराला-काव्य के तीन चरणों पर ध्यान देना आवश्यक है। पहला चरण सन् '20 से '36 तक—'जन्मभूमि' वाली कविता से लेकर 'राम की शक्तिपूजा' तक। दूसरा चरण सन् '37 से सन् '46 तक—'वनबेला' से लेकर 'युवकजनों की है जान; खून की होली जो खेली' तक। तीसरा चरण सन् '50 से सन् '61 तक—'अर्चना' के गीतों से लेकर 'पत्रोत्कंठित जीवन का विष बुझा हुआ है' तक। इन तीनों चरणों में बहुत-सी बातें सामान्य हैं, कुछ भिन्न।

निराला ने तीनों चरणों में वर्षा, वसन्त, नारी-सौन्दर्य, सामाजिक क्रान्ति, दु:ख और मृत्यु पर कविताएँ लिखी हैं। तीनों चरणों में उनका काव्य 'गम्भीर' है, हास्य और व्यंग्यपूर्ण भी। तीनों चरणों में उन्होंने गीत लिखे हैं, प्रबन्ध-रचना-कौशल का परिचय भी दिया है। प्रत्येक चरण में निराला-काव्य का कलात्मक स्तर ऊँचा-नीचा है, उसमें कलात्मक विविधता है, वैषम्य भी। तीनों चरणों में भेद यह है कि पहले चरण में व्यंग्य और हास्य कम है, दूसरे में अधिक, तीसरे में फिर कम। क्रान्तिकारी भावना पहले दो चरणों में अधिक है, तीसरे में कम। मृत्यु और दु:ख के गीत दूसरे-तीसरे चरणों में अधिक हैं। प्रथम चरण में उन्होंने अपने श्रेष्ठ प्रबन्ध-काव्य लिखे; तीसरे चरण में गीतों का बाहुल्य है। लोकगीतों का प्रभाव सबसे ज़्यादा तीसरे चरण की रचनाओं पर है। मृदु, मसृण, सजल विशेषणों वाली शब्दावली पहले चरण में अधिक है, दूसरे-तीसरे चरणों में कम। कविता लिखने में परिश्रम से बचने, जो शब्द सामने आया, उसे किसी तरह खपाने की प्रवृत्ति तीसरे चरण में ज़्यादा है। विनय के पद भी तीसरे चरण में अधिक हैं।

निराला पहले चरण में छायावादी हैं, दूसरे में प्रगतिवादी, तीसरे में प्रयोगवादी—क्योंकि पहले चरण में कल्पनाशील अधिक हैं, दूसरे में यथार्थ का—जैसा देखा, वैसा—चित्रण करते हैं। तीसरे में अन्तर्मुखी हैं—यह विश्लेषण सही नहीं है। निराला प्रत्येक चरण में कल्पनाशील हैं, यथार्थद्रष्टा हैं, अन्तर्मुखी हैं किन्तु कल्पनाशीलता, यथार्थ-दर्शन और अन्तर्मुखी होने के तरीके अलग-अलग हैं; इन्हें पहचानना ज़रूरी है।

पहले चरण की रचनाओं में परिवेश को कल्पना के सहारे बदलकर चित्रमय रूप में प्रस्तुत करने की प्रवृत्ति है। किन्तु 'वनबेला' में निराला के समकालीन राजनीतिज्ञ और उनके अनुयायी कवि जैसे वास्तविक जीवन में निराला को दिखाई देते हैं, वैसे ही चित्रित किये गए हैं। 'सरोज-स्मृति' में हिन्दी सम्पादक, वापस की हुई रचनाएँ लिये हुए स्वयं कवि, जैसे वे निराला को याद हैं, वैसे ही कविता में चित्रित हैं। 'राम की शक्तिपूजा' में यही परिवेश कल्पना के सहारे परिवर्तित रूप में, वास्तविकता को प्रतीक-योजना के नीचे छिपाये हुए, प्रस्तुत किया गया है। यह दो तरह की कला हुई। कुल मिलाकर यथार्थवादी प्रवृत्ति सन् '36 के बाद निराला-काव्य में दृढ़ होती है। यह प्रवृत्ति प्रकृति और नारी से लेकर सामाजिक जीवन के चित्रण तक दिखाई देती है।

'परिमल' और 'गीतिका' में वन, उपवन, लता, वृक्ष, कलियाँ बहुतायत से हैं। यह पता मुश्किल से लगता है, ये वन-उपवन किस प्रदेश के हैं, वृक्षों और लताओं के नाम क्या हैं। कलियाँ जुही और शेफाली की हों, तो भी उनमें जितना कली का भाव है, उतना ही, या कुछ अधिक रमणीयता का भाव।

'अणिमा' के अन्त में कविता है : 'जलाशय के किनारे कुहरी थी'। यहाँ वृक्ष हैं, आम और नारियल के। विशेष कर एक आम की डाली तालाब के पानी पर झुकी हुई है। पपीहे के बोल सुनाई देते हैं, भोर होने को है, स्यार अभी स्वच्छन्दता से घूम रहे हैं, आसमान के तारे तालाब के पानी में प्रतिबिम्बित हैं। यहाँ प्रकृति सामान्य से विशेष हुई, निराला ने दृश्य को प्रतीक रूप में न लेकर विस्तार से उसका वर्णन किया। 'देवी सरस्वती' में निराला ने एक विशेष दृश्य न लेकर अवध के गाँवों के अनेक दृश्य लिये, लोक-संस्कृति के साथ प्राकृतिक परिवेश का विशिष्ट चित्रण किया। यह कला 'गीतिका' के प्रकृति-चित्रण से भिन्न है।

'अर्चना' के फूटे हैं आमों में बौर-जैसे गीत उसी विशिष्ट प्रकृति का चित्रण करते हैं यद्यपि यहाँ एक ही दृश्य का वैसा विस्तृत वर्णन नहीं है, जैसा 'जलाशय के किनारे कुहरी थी'—कविता में। निराला ग्राम दृश्यों के अलावा शहर और कस्बों के दृश्य भी चित्रित करते हैं। 'अणिमा' में एक कविता है : 'सड़क के किनारे एक दुकान है'! यह पान की दुकान है, सड़क का नाम माल रोड है। इक्कावान है, बैलगाड़ी है, खेत जोतता हुआ किसान है, हवा में नीम के फूलों की गंध है।

इसी तरह निराला मनुष्य का चित्रण करते हैं। झींगुर, महगू, आदमियों का नाम और पेशा बताकर, गाँव की आबादी का हाल लिखकर, कौन आया, कौन गया—सारा विवरण प्रस्तुत करके जनजीवन का चित्रण करते हैं। 'आराधना' में किसान खेत जोतकर हल-माची लिये हुए घर लौटते दिखाई देते हैं। (पृ. 74) इसी परम्परा में 'सान्ध्यकाकली' का गीत है :

गहरी विभावरी शीत की,
काँपी पाले से अरहर की
डाली गुनागरी (शीत की)।

इस गीत में निराला माचे पर किसान के कुत्ते का कुकुहाना सुनते हैं : 'सखि वसन्त आया' के पिक-स्वर से इस स्वर में काफी अन्तर है।

ऐसे ही नारी के प्रति दृष्टिकोण में अन्तर है। 'आवृत सरसी उर सरसिज उठे'—इस तरह सामने खड़ी हुई स्त्री का भेस बदलने की जगह निराला सीधे उसे स्त्री रूप में देखते हैं। 'स्फटिक शिला' में :

वर्त्तुल उठे हुए उरोजों पर अड़ी थी निगाह
चोंच जैसे जयन्त की, नहीं जैसे कोई चाह
देखने की मुझे और,
कैसे भरे दिव्य स्तन, हैं ये कितने कठोर। ['नये पत्ते', पृ. 60]

काम-चेतना ही नहीं, दु:ख और मृत्यु के चित्रण की पद्धति में भी अन्तर है। पुरानी पद्धति यह है :

आओ मधुर-सरण मानसि, मन।
नूपुर-चरण-रणन जीवन नित
वंकिम चितवन चित-चारु मरण। ['गीतिका', पृ. 53]

नई पद्धति यह है :

मैं अकेला;
देखता हूँ, आ रही
मेरे दिवस की सान्ध्यवेला। ['अणिमा', पृ. 20]

अथवा :

मारें मूर्च्छित हुईं, निशाने चूक गए हैं,
झूल चुकी है खाल, ढाल की तरह तनी थी।
['सान्ध्यकाकली', पृ. 87]

'अणिमा' से लेकर 'सान्ध्यकाकली' तक निराला-काव्य में यथार्थवादी धारा का व्यापक विकास है जिसमें प्रकृति, नारी, जनजीवन, दु:ख और मृत्यु को देखने और चित्रित करने की पद्धति बदली हुई है। इस सारे विकास को समझकर निराला के अन्तिम चरण की रचनाओं का मूल्य आँकना चाहिए। साथ ही यह भी समझना चाहिए कि निराला की छायावादी प्रकृति, यथार्थ अनुभव का रूप-परिवर्तन करने, यथार्थ जीवन से फैंटेसी की दुनिया में पहुँचने की शक्ति कभी खत्म नहीं होती। निराला की छायावादी कविता में जैसी भावुकता और काल्पनिक इच्छापूर्ति वाली कमज़ोरियाँ हैं, वैसी ही सीधे सपाट बयान की कुछ कमज़ोरियाँ यथार्थवादी कविता में हैं। 'महगू महगा रहा' में निराला गिनाना शुरू करते हैं, गाँव में कितनी जातों के लोग रहते हैं,

नाई, लोहार, बारी से लेकर महाब्राह्मण, गंगापुत्र तक गिनाते चले जाते हैं। ऐसे ही प्रकृति का चित्रण करते हुए अक्सर वस्तुओं के नाम गिनाते हैं मानो यह अपने में यथार्थवादी कला हो। 'नये पत्ते' की रचनाओं में कसाव कम है, फैलाव ज़्यादा है। महगू बोलता है तो उसके भाषण में वे सारी कमज़ोरियाँ और भी उभर आती हैं जो छायावादी रचनाओं के संवाद-लेखन में हैं। निराला जिन व्यक्तियों का चित्रण करते हैं, उन्हें पूरी तरह उभार नहीं पाते।

निराला इन कविताओं के स्तर को व्यंग्य के सहारे उठाते हैं। व्यंग्य कहीं बहुत स्पष्ट, कहीं अति गृह, कहीं मध्यमार्गी है।

बड़े बाप के बेटे,
बीसियों भी परतों के अन्दर, खुले हुए। ['नये पत्ते', पृ. 106]

यह निराला का गूढ़ व्यंग्य है। ऊपर परत हैं, बड़े बाप के बड़े बेटे होने से, उन परतों के नीचे साधारण मनुष्य जैसे हैं। 'गले का चढ़ाव बोर्झुआज़ी का नहीं गया।' (उप.)—यह मध्यमार्गी व्यंग्य है, स्वरभंगिमा से व्यक्तित्व को पहचानने की क्षमता का परिचय देता है। समाजवाद के प्रचार और पूँजीवादी संस्कारों के अन्तर्विरोध की ओर संकेत करता है। 'मास्को डायेलाग्स' में व्यंग्य अति स्पष्ट है, बड़े आदमियों से मेलजोल की बातें, मास्को से छपी नई किताबें पढ़ाने का दावा, हिन्दी न आने पर भी हिन्दी लेखक बनने की चाह। 'कुकुरमुत्ता', 'खजोहरा', 'प्रेम संगीत' जैसी कविताओं में हास्य का स्तर नीचा है, कहीं-कहीं अशोभन भी। 'कुकुरमुत्ता' में वक्तृत्व-कला है, पुरानी आस्थाओं पर व्यंग्य है, व्यंग्य की कमज़ोरी यह है कि जिन मान्यताओं को निराला ने हास्यास्पद बनाया है, उनका मूल्यांकन सही नहीं किया। सफल व्यंग्य सामाजिक जीवन और संस्कृति के अन्तर्विरोधों की सही पहचान से उत्पन्न होता है। 'कुकुरमुत्ता' में क्रान्तिकारी चेतना नहीं, बचकाना विद्रोह-प्रदर्शन अधिक है। इससे तुलनीय है 'वनबेला' में राजनीतिक नेताओं और कवियों पर निराला का सफल, सशक्त व्यंग्य। निराला ने जहाँ हास्य और व्यंग्य के स्तर पर पूरी कविता रचने का प्रयास नहीं किया, जहाँ भिन्न स्थितियों, भिन्न भावों के वैषम्य में व्यंग्य देखा है, वहाँ वह अधिक सफल हुए हैं।

कुछ दृश्यों के वर्णन के अन्त में निराला कोई गूढ़ संकेत करके चित्रण को कवित्वपूर्ण बनाने का प्रयास करते हैं। 'जलाशय के किनारे कुहरी थी'—इस कविता के अन्त में जो तारे तालाब के पानी में दिखाई देते हैं, वे चित्त-रूपी सरोवर के शान्त होने की सूचना देते हैं। सड़क के किनारे दुकान है—इस कविता के अन्त में : 'खुली जड़ें सिरसे की ऐंठी हैं' लिखकर निराला संकेत करते हैं कि मनुष्य का जीवन भी ऐसा ही विकृत हो गया है। 'छलाँग मारता चला गया' ('नये पत्ते', पृ. 92) के अन्त में मेढक थाले के पानी से उठकर मूत-मूतकर छलाँग मारता चला गया। ज़मींदार की शक्ति के सामने किसान कितना कमज़ोर है, उसका प्रतीक है—छलाँग मारता हुआ

मेढक। इस तरह निराला का यथार्थवाद प्रतीक-चित्रण से मुक्त नहीं है। साथ ही 'छलाँग मारता चला गया' कविता में निराला करुणा के साथ हास्य को मिलाने की कला का परिचय भी देते हैं। 'रानी और कानी' में कानी लड़की की माँ की व्यथा का चित्रण है, हास्य का पुट भी। रूखे हाथों सीला भीसने में यथार्थ की गहरी पकड़, मार्मिक करुणा भी है। थोड़े के पेटे में बहुतों को आना पड़ा, राजे ने अपनी रखवाली की, दगा की, 'चर्खा चला', 'पोचक', तारे गिनते रहे—ये सारी कविताएँ घोर यथार्थवादी हैं, फैंटेसी के बहुत नज़दीक भी। जैसे 'चोटी की पकड़' में, लगता है, निराला का दुःस्वप्न-पीड़ित मन सामाजिक जीवन के चित्र देखता है, वैसे ही 'नये पत्ते' की अनेक कविताओं में त्रास की प्रच्छन्न भावना विद्यमान है। हास्य और व्यंग्य है, तीव्र पीड़ा का भाव भी। इसके आगे एक कदम बढ़ाते ही हम 'शिशिर की शर्वरी' और 'निविड़ विपिन पथ अराल' में पहुँच जाते हैं। 'अर्चना' और 'आराधना' में निराला की जो नवीन उपलब्धि है, उसके लिए आवश्यक प्राथमिक प्रयत्न 'नये पत्ते' में है।

'परिमल', 'अनामिका' और 'गीतिका' की श्रेष्ठ रचनाओं का जो कलात्मक स्तर है, वह 'नये पत्ते' की रचनाओं के कलात्मक स्तर से भिन्न है, ऊँचा भी है। किन्तु 'नये पत्ते' में निराला की कला का ह्रास नहीं, विकास है। जीवन को नये ढंग से देखने और चित्रित करने का प्रयास है। यह कला नये ढंग की है जिसे निखारने के लिए निराला के सामने बने-बनाये साँचे नहीं थे। निराला ने यहाँ हिन्दी कविता के विकास का नया मार्ग दिखाया। 'परिमल', 'गीतिका', 'अनामिका' की बहुत-सी रचनाओं से ये कविताएँ अच्छी हैं किन्तु 'बादल-राग' (6), 'राम की शक्तिपूजा', 'शिशिर की शर्वरी', 'पत्रोत्कंठित जीवन का विष बुझा हुआ है' से इनका कलात्मक स्तर नीचा है। निराला 'नये पत्ते' की रचनाओं में जिस तरह का यथार्थवाद प्रतिष्ठित कर रहे थे, उसका पूर्ण विकास उनकी कविता में नहीं, गद्य में है और बहुत पहले से है। 'देवी', 'चतुरी चमार', 'कुल्ली भाट', 'बिल्लेसुर बकरिहा', 'चमेली' में निराला ने जनजीवन का जैसा समर्थ चित्रण किया है, उसके आगे 'अप्सरा', 'अलका', 'प्रभावती', 'लिली' आदि कहानियों का छायावादी सौन्दर्य निस्तेज है। 'नये पत्ते' में इस यथार्थवाद का अवशेष है, उसकी शुरुआत वहाँ नहीं है।

गद्य-साहित्य

दिवा-स्वप्न

निराला ने स्त्रियों के दुखी जीवन को लेकर अनेक कहानियाँ लिखीं। जाति-प्रथा, ऊँच-नीच का भेदभाव, विधवाओं के प्रति कटु व्यवहार, पुरुषों का अहंकार, भारतीय परिवार में घुटती हुई नारी—इन सबका चित्रण निराला की कहानियों में है किन्तु ये सब स्त्रियाँ युवतियाँ हैं, छायावादी कविता का आलम्बन बन जाती हैं और उनकी समस्याएँ चमत्कारी ढंग से सुलझ जाती हैं।

'पद्मा और लिली' की पद्मा राजेन्द्र से प्रेम करती है। पिता नहीं चाहते कि भिन्न जाति वाले राजेन्द्र से उनकी पुत्री पद्मा का ब्याह हो। राजेन्द्र विलायत से बैरिस्टर बनकर लौटा, फिर उसने देशसेवा का व्रत लिया। पद्मा भी पढ़-लिखकर लड़कियों को पढ़ाती है। इस बीच पिता की मृत्यु से पद्मा-राजेन्द्र के अन्तर्जातीय विवाह की समस्या सुलझ जाती है। ('लिली' संग्रह की पहली कहानी)

'ज्योतिर्मयी' में दहेज-प्रथा, विधवा के जीवन की व्यथा, भारतीय समाज की अनेक रूढ़ियों का सशक्त चित्रण है। नौजवान प्रेमी विधवा ज्योति को अपनाते झिझकता है। उसके दब्बूपन पर निराला ने करारे प्रहार किये हैं। अन्त में चतुराई से दोनों का ब्याह करा दिया जाता है। इससे समस्या का कोई समाधान नहीं निकलता।

'कमला' में निराला ऐसी स्त्री का चित्रण करते हैं जिसे भैयाचारों के षड्यंत्र के कारण पति ने छोड़ दिया है। जैसे प्रेमचन्द को संयुक्त परिवार परेशान करता है, वैसे ही निराला को भैयाचार। भैयाचारों का दायरा संयुक्त परिवार से बड़ा, पूरी बिरादरी से कुछ छोटा होता है। कबीलों वाले समाज के ये अवशेष—लम्बा सामन्ती युग पार करने के बाद—ब्रिटिश साम्राज्य के अन्तर्गत पनपने वाले पूँजीवादी समाज में अभी जीवित थे। भैयाचार आपस में रक्त-सम्बन्ध से जुड़े थे, भिन्न परिवारों में रहते हुए भी जन्म-मरण, विवाह आदि सभी अवसरों पर वे मिलकर ज़बर्दस्त सामाजिक शक्ति बन जाते थे। कमला के पिता ने दहेज न लिया, इससे भैयाचार जल उठे। उन्होंने कमला को बदनाम करके बदला लिया। कमज़ोर पति और ससुर ने कमला को छोड़ दिया। कानपुर के दंगे होने पर कमला के पति अपनी बहन का ब्याह कमला के भाई से करने पर मजबूर होते हैं। पहले जानते नहीं कि यह लड़का कमला का भाई है, जानने पर लज्जित और पराजित होते हैं किन्तु कमला की समस्या हल नहीं होती क्योंकि उसके पति दूसरा ब्याह कर चुके हैं। समस्या का हल न होना काल्पनिक

समाधान प्रस्तुत करने से अच्छा है किन्तु एक जगह निराला इस तरह के समाधान से बचते हैं, दूसरी जगह कमला के पति और ससुर को पराजित और लज्जित करने का जो रास्ता निकालते हैं, वह अपवाद रूप में सत्य हो सकता है, वह सामाजिक जीवन का सहज यथार्थ नहीं।

'सखी' कहानी की लीला ग़रीब लड़की है, ट्यूशन करके पढ़ती, घर का खर्च चलाती है। उसकी सखी ज्योतिर्मयी के ब्याह की बात आई. सी. एस. वर से चल रही है। ज्योतिर्मयी उसे लीला के हवाले करके उसकी समस्या हल कर देती है। ('चतुरी चमार' में पहली कहानी)

कई कहानियाँ निराला ने ऐसी लिखीं जिनमें नारी के साथ पुरुष की समस्या का भी काल्पनिक समाधान प्रस्तुत किया गया है। 'सफलता' में विधवा आभा को लेकर काफी छायावादी कविता रची गई हैं किन्तु गाँव में रहते हुए वह जो अपमान सहती है, उसका भी बहुत सही चित्रण किया गया है। उसका पथदर्शक नरेन्द्र साहित्यकार है, समाज में रहकर समाज का विरोध करना उसे सिखाता है। निराला इन समाज के ठेकेदारों पर तीव्र व्यंग्य करते हैं किन्तु उनके दाँव-पेंच, दूसरों को नुकसान पहुँचाने की शक्ति की पूरी तसवीर वह नहीं खींचते। उसकी जगह इच्छापूर्ति का स्वप्न है। नरेन्द्र और आभा अपनी नाटक कम्पनी चलाते हैं, नाटक लिखते और खेलते हैं। जिस प्रकाशक ने नरेन्द्र को सताया था, वह अब पराजित होता है। नरेन्द्र अपने अपमान का बदला ले लेता है।

'अलका' के बुधुआ लोध की तरह 'श्यामा' कहानी में सुधुआ है। ज़मींदार की मार खाकर जान गँवाता है। उसकी लड़की श्यामा विधवा है। पंडित रामप्रसाद के लड़के बंकिम से प्रेम हो जाता है। ज़मींदार भी पंडित हैं। भैयाचारों के दबाव से रामप्रसाद लड़के को घर से निकाल देते हैं। बंकिम श्यामा के साथ गाँव से बाहर चला जाता है, उन्नति करता हुआ डिप्टी कलक्टर हो जाता है, श्यामा उसकी पत्नी है। एक दिन ज़मींदार दयाराम डाली सजाकर आते हैं, तब श्यामा उन्हें अर्दली से कान पकड़वाकर निकाल देती है। दयाराम ने बंकिम के बाग़ पर कब्ज़ा कर लिया था, वह अब उसके परिवार को वापस मिलता है। बाग़ मिला, सरकारी नौकरी मिली, ज़मींदार को नीचा दिखाया, सुखी पारिवारिक जीवन-इच्छापूर्ति के इस भारी कुहरे में ज़मींदार और भैयाचारों के अत्याचार की कठोर वास्तविकता धुँधली पड़ जाती है।

'परिवर्तन' कहानी में सतानेवाली स्त्री है—नवयुवती परी अथवा 'परिमल' कुमारी, राजा की रखैल वैश्य की पुत्री। सताये जानेवाले युवक का नाम सूरज है। पिता शत्रुहनसिंह राजा की हथोड़ी के ज़मींदार हैं। परी की आज्ञा न मानने पर पिता-पुत्र अपमानित करके निकाल दिये जाते हैं। परी का विवाह एक राजा के लड़के से होता है, विवाह के समय वरपक्ष के पंडित दासी-पुत्री कहकर सूरज के अपमान का बदला लेते हैं। ड्योढ़ी के जमादार शत्रुहनसिंह महाराजा-रूप में प्रकट होते हैं, विपत्ति के दिनों में ड्योढ़ी के जमादार बन गए थे! सूरज जमादार का बेटा नहीं, राजा का

बेटा साबित होता है। आधी कहानी में रियासत के वातावरण का सुन्दर चित्रण है, आधी कहानी में छायालोक है।

'हिरनी' इन सब कहानियों से भिन्न है। नायिका या नायक के विवाह से समाप्त नहीं हो जाती। अनाथ बालिका रनिवास में दासी है। कुमारी रहने तक रानी उस पर दयालु रहती हैं, स्वयं एक कहार से ब्याह कराती हैं, जिससे उनके राजकुमार सच्चरित्र बने रहें किन्तु उसके बच्चा होने के बाद कुपित रहती हैं, अन्य दासियों की शिकायत करने पर सिपाही से हिरनी का झोंटा पकड़कर उसे बुलाती हैं, उसे मारती हैं किन्तु उसके 'हे राम' कहते ही उनकी नाक से खून बहने लगता है। यह रामजी का चमत्कार हो सकता है, आकस्मिक संयोग भी! जो भी हो, यहाँ इच्छापूर्ति का स्वप्न रचनेवाला कोई युवक नहीं है। (कहानी की घटना वास्तविक है और निराला ने उसे बलभद्र दीक्षित पढ़ीस से सुना था।)

'अर्थ' कहानी में राम जी का चमत्कार अधिक है। युवक भक्त रामकुमार अर्थ-प्राप्ति के लिए चित्रकूट की यात्रा करता है और अन्त में वह सफल भी होता है। इस सफलता वाले अंश को छोड़ दें तो तीन-चौथाई कथा बहुत ज़ोरदार है। धार्मिक आस्थाओं को लेकर भक्त के मन का द्वन्द्व, उसकी पत्नी का असीम प्यार, भैयाचारों के षड्यंत्र, उनकी ठगविद्या, चित्रकूट में रात को पहाड़ की चढ़ाई, कहानी में व्यंग्य-मिश्रित करुणा की अन्तर्धारा, कथा कहने वाले की निस्संग दृष्टि—यह सब कला का महान् चमत्कार है। सामाजिक वातावरण, प्राकृतिक परिवेश और मानसिक अन्तर्द्वन्द्व का ऐसा सफल चित्रण निराला के गद्य में अन्यत्र दुर्लभ है। अन्त में इच्छापूर्ति के स्वप्न से कहानी में अन्तर्निहित व्यंग्य छिन्न-भिन्न हो जाता है।

जिन्हें 'तुलसीदास' और 'राम की शक्तिपूजा' प्रिय हों, उन्हें यह कहानी ध्यान से पढ़नी चाहिए।

रामकुमार कुलीन ब्राह्मण कुल का बालक है। घर में पूजा-पाठ का वातावरण था : "हिन्दू धर्म पर उसे पूरा-पूरा विश्वास हो गया।" निराला धार्मिक विश्वासों पर व्यंग्य करते हुए रामकुमार का चित्रण करते हैं। वह सोचता है कि आज अगर भीम होते तो म्लेच्छों का नाश कर देते। उन्होंने गदा घुमाई तो भगदत्त के हाथी सेमर की रुई की तरह उड़ गए और उनमें कुछ अब भी हवा में चक्कर काट रहे हैं। महावीरजी पहाड़ उखाड़कर जहाँ पटकते, विदेशी योद्धा सब चूर हो जाते। राम ने वानरों की सहायता से रावण को हराया, वह आज के रावणों को हरा रहे हैं, रामकुमार कल्पना में देखता। कभी वह 'कृष्ण जी से असम्भव कार्य रूप गोवर्द्धन धारण करा' के उसके नीचे गोप-गोपियों को दुःशासनों से बचा लेता।

भक्त ने प्रवेशिका परीक्षा पास कर ली। पिता ने तभी विवाह कर दिया। भक्ति से आवेश में आगे पढ़ाई न की, म्लेच्छों की भाषा के प्रति अरुचि भी थी। माता-पिता की मृत्यु हो जाने के बाद भक्त को संसार का ज्ञान हुआ। पहले दाह-संस्कार के समय भैयाचारों ने लूटा, फिर वर्षी पर खूब खाया, खूब खर्च कराया।

भक्त पत्नी को छोड़ न सकता था, काम भी न करना चाहता था, गहने गिरवी रखकर भैयाचारों को सन्तुष्ट करता है, खर्च चलाता है।

भरत का नाम जपकर रुपयों के लिए अँगोछा बिछाता है, राम के नाम चिट्ठी लिखता है, 'श्री रामचन्द्र सिंह' को चित्रकूट में वह चिट्ठी नहीं मिलती। चिट्ठी के वापस आने पर रामकुमार 'अर्द्ध विक्षिप्त' सा हो जाता है।

वर्षी में दो हज़ार ब्राह्मणों को खिलाने के बाद पत्नी को मायके भेजकर वह नौकरी की तलाश में निकला। नौकरी उसे न मिली क्योंकि संसार का ज्ञान उसे न था। जिस संसार से निराला बार-बार टकराए थे, उसके बारे में उन्होंने लिखा : "वह क्या जाने कि संसार किसे कहते हैं! एक साधारण-सी जगह के लिए कितने असाधारण कार्य करने पड़ते हैं, कितना छल, कितनी खुशामद, कितनी सिफारिश दो रोटियों की नौकरी के लिए आज ज़रूरी हो रही है?" ('लिली', पृ. 93) व्यवहार में उसे लगा, राम इस संसार के स्वामी नहीं हैं। हर जगह लोग बेवकूफ बनाते थे, अपमानित करते थे। वह मन में सोचता था—क्या राम मिथ्या कल्पना-मात्र हैं?

कहीं भी नौकरी न पाकर राम को ढूँढ़ता हुआ वह चित्रकूट पहुँचा। पास जो सामान और रुपये-पैसे थे, उन्हें रास्ते में ट्रेन से बाहर फेंक दिया। हनुमद्धारा में जब महावीर जी के दर्शन करने गया, तब पैसे न चढ़ाने पर एक बाबाजी ने गालियाँ दीं। लोगों से उसने सुना कि कामदगिरि पर लक्ष्मण-सीता के साथ रामचन्द्रजी रहते हैं। 'तुलसीदास' में जैसे प्रकृति तुलसीदास से बातें करती है, वैसे ही रामकुमार से "बड़े-बड़े पेड़ हवा के झोंकों से लहरा-लहराकर कह रहे थे, 'हम पूर्ण हैं, हमें कुछ भी न चाहिए'।" दिन में जाने पर रामचन्द्र लुप्त हो जाएँगे, यह सुनकर उसने रात को पहाड़ पर चढ़ने का विचार किया। असफलताएँ भूलकर आनन्द में डूबा हुआ वह मन्दिर में शिव का जप करता रहा।

"जब देखा कि सब सुनसान हो गया है, तब बाहर निकला। घोर अन्धकार छाया हुआ था। आकाश में सावन की घटा छाई हुई थी, हवा चल रही थी, बादल गरज रहे थे...घोर...रात्रिकाल...देखा, कामदगिरि का बड़ा भयानक रूप हो रहा था—मृत्यु भी आज तुच्छ है—सत्य का साक्षात्कार, चिरकाल के प्यार वाले राम एक तरफ हैं, घोर प्रकृति, दुर्धर्ष पहाड़, अपार बाधाएँ प्राणों का मोह पैदा करती हुईं एक तरफ... एक बार पहाड़ की ओर गर्दन उठाकर रामकुमार ने देखा : घोर अन्धकार के सिवा कुछ भी न देख पड़ा।" ('लिली', पृ. 96)

यह 'राम की शक्तिपूजा' का पहाड़ है जिसके नीचे बैठे हुए राम समुद्र का गर्जन सुनते हैं। यहाँ समुद्र नहीं है, बादल गरजते हैं। पवन का चलना बन्द नहीं है, हवा चलती है। अन्धकार की सघनता दोनों जगह एक-सी है। घोर रात्रिकाल है, कामदगिरि का भयानक रूप है। रामकुमार को संशय हिला रहा है, राम हैं तो मेरी सहायता क्यों नहीं करते? यह छल-कपट का संसार मुझे पराजित-अपमानित क्यों करता है? इस संसार से, रावण से, प्रकृति ने—शक्ति ने—मानो दोस्ती कर ली है।

एक तरफ मनुष्य, दूसरी ओर घोर प्रकृति, दुर्धर्ष पहाड़। राम को पाने के लिए इस समय मृत्यु भी तुच्छ है। पहाड़ पर चढ़ने का अर्थ है : मृत्यु अथवा राम के दर्शन। पहाड़ की ओर गर्दन उठाकर रामकुमार ने देखा, घोर अन्धकार के सिवा कुछ भी न देख पड़ा। कैसी गहरी वेदना, कैसा करुणामिश्रित व्यंग्य!

'किंग लियर' की तरह रामकुमार कपड़े उतार डालता है। किंग लियर ने ऊपर वाले उतारे थे—या बटन भर खुलवाये थे—रामकुमार ऊपर-नीचे वाले सब उतार डालता है। (तुलनीय और स्मरणीय है निराला के अन्तिम दिनों का व्यवहार, जब वह नंगे हो जाते थे।) कामदगिरि की पूजा में वस्त्र उतारकर रखने के बाद उसने मन में कहा : 'लो, अब कुछ भी मेरे पास अपना कहने के लिए नहीं रह गया।' लियर मैदान में थे, राम पहाड़ के नीचे; रामकुमार 'अर्द्धविक्षिप्त-सा होकर बाह्य त्याग की सीमा तक पहुँचकर'—उस संसार के समस्त चिन्ह फेंककर, जिसने उसे सताया था, छल-कपट वाली सांसारिक सभ्यता से मुक्त होकर—पहाड़ पर चढ़ने लगा।

'तुलसीदास' में इस पहाड़ का उल्लेख भर है :

कामदगिरि का कर परिभ्रमण
आए जानकी कुंड सब जन। [बंद 46]

'राम की शक्तिपूजा' में अन्धकार से ढका हुआ वह बड़ा भयावना लगता है, परिवेश का मुख्य अंग है। 'अर्थ' में—अँधेरा होने पर भी—वह बहुत नज़दीक से दिखाई देता है। कमर तक ऊँची उठी हुई घास है। वर्षा के कारण कहीं-कहीं पत्थरों पर काई जमी हुई है। साँप और बिच्छुओं का भय है। लेकिन रामकुमार को 'कोई होश नहीं'। यह 'खड़ा पहाड़' है, ढलान नहीं है, सीधी चढ़ाई है। पहाड़ से एक झरना उतरा था, इस समय तक सूखा पड़ा था, उसी से हाथ-पैर टेककर रामकुमार ऊपर चढ़ने लगा। कुछ दूर पर भूखे भक्त को महावीर की देह से 'घी मिले सेंदुर की सुगंध' आई। यह सोचकर कि महावीर उसकी रक्षा कर रहे हैं, वह और साहस से ऊपर चढ़ने लगा। राम की सहायता के लिए महावीर आकाश में चढ़े, यहाँ उनकी गंध के सहारे भक्त अकेला पहाड़ पर चढ़ता है। "तीन-चौथाई पहाड़ चढ़ गया, तब सामने पहाड़ का एक हिस्सा लटका हुआ देख पड़ा।" बिजली कौंधने पर पेड़ दिखा, रामकुमार उसी के सहारे पहाड़ के लटकते हिस्से पर चढ़ा, पानी बरसने लगा, रामकुमार ऊपर चढ़ता गया। और ऊपर जाने पर वैसा ही एक और ऊँचा लटकता हुआ हिस्सा देख पड़ा। बिजली चमकी लेकिन इस बार की चमक में कोई पेड़ न दिखाई दिया : "दूर तक पहाड़ वैसा ही खड़ा चढ़ा था। ऊपर से लटका हुआ। अब पानी भी धीरे-धीरे बरसने लगा। लाचार हो, उसी लटके पहाड़ के नीचे बैठकर रोने लगा।"

यहाँ कोई महावीर न थे जो राम के अश्रु देखकर पवन-वेग से समुद्र मथ डालते और आकाश में पहुँचकर उसे अपने अट्टहास से कँपा देते। उल्टा भय हुआ कि लोग देखेंगे तो मारेंगे। जहाँ कपड़े उतारे थे, वहाँ कपड़े न मिले। "पवनदेव न जाने

कहाँ उड़ा ले गए थे।" छाती तक भरा हुआ नाला पार किया। "यस्विनी के घाट पानी में डूब गए थे। नये अनजान रास्ते से सीतापुर पहुँचा। एक ब्राह्मण से उसने गमछा माँगा तो उसने 'चोर-चोर' की आवाज़ लगाई। भूख और थकान से परेशान था लेकिन उसका मन वैसे ही ऊपर चढ़ा हुआ था, जैसे 'तुलसीदास' में युवा कवि का। "दुःख, ग्लानि, क्षोभ, क्लान्ति और भूख से बिलकुल मुरझा गया था। मन इतने उच्च स्तर पर था कि उसे अपने शरीर के लिए अब बिलकुल लज्जा न थी।" महुए के पेड़ के नीचे लेटा और बेहोश हो गया।

दोपहर तक सोता रहा। "देह फूल-सी हलकी हो गई थी। इतनी स्वच्छता का उसे कभी अनुभव न हुआ था।" (स्वामी सारदानन्द ने जब निराला का सिर अँगूठे और बीच की उँगली से दबाकर खींचा, तब सिर का दर्द बिलकुल मिट गया : "शरीर हल्का हो गया। उतनी प्रसन्नता मुझे जीवन भर कभी नहीं मिली।" ('समन्वय', कार्तिक, सं. 1984) स्वच्छन्दता के इस अनुभव के साथ मन में शंका पैदा हुई—क्या भगवान नहीं हैं? ऊपर से आवाज़ थाई—हैं, हैं। देखा, एक सुग्गा बैठा हुआ टें-टें कर रहा है। फिर सन्देह; फिर प्रश्न—यह सब क्या है? ऊपर से आवाज़ आई—चित्रकूट, चित्रकूट। रामकुमार ने अपने व्याकरण-ज्ञान से चित्रकूट को समास मानकर उसका अर्थ किया : 'चित्रकूट है इसका।'..."आँखें खोलते ही चूँ-चूँ करके एक चिड़िया उड़ती हुई देखता था, उससे तरह-तरह के अर्थ निकलते थे।' ('अर्थ', 'सुधा', सितम्बर, '32)

इस उत्तर के निकलते ही जैसे सारी पृथ्वी चक्कर खाने लगी, पेड़ घूमने लगे : "घूमते-घूमते धूमिल छाया में बदलते हुए सब आकाश में मिलने लगे।" ('तुलसीदास' में इसी धूमिल छाया का वर्णन है : "देखी कवि ने छवि छाया-सी, भरती-सी"—बंद, 24) इस छाया में केवल प्रकृति नहीं, भारत का सम्यक् देशकाल खिंचता और बदलता हुआ दिखाई देता है :

भारत का सम्यक् देशकाल;
खिंचता जैसे तमशेष जाल,
खींचती, वृहत् से अन्तराल करती-सी।

अन्त में उसकी आँखों से वह छाया भी ओझल हो गई। उसे कुछ न दिखाई दिया। "उसके देह है, यह ज्ञान भी न रहा। शरीर निश्चल, आँखें निष्पलक रह गईं।" (यह दशा रत्नावली की होती है :

निष्पात नयन नीरज पलकें...
निःसम्बल केवल ध्यानमग्न...)।

समाधि की-सी दशा टूटने पर उसे 'ज्ञान' हुआ। (जब आया फिर देहात्म बोध—'तुलसीदास', बंद 91) उसे लोक-प्रचलित दोहा याद आया : 'चित्रकूट के घाट पै, भइ संतन की भीर'। ज्ञानी शुकदेव का दिगम्बर तपस्वी रूप याद आया। शंका

हुई—क्या अभी जो देखा, वह राम है? सुन पड़ा—हाँ, हाँ! देखा, टें-टें करता हुआ सुग्गा उड़ गया।

यहाँ तक निराला तटस्थ होकर रामकुमार की भावदशाओं का चित्रण करते हैं। किन्तु आगे वह मनोवैज्ञानिक चित्रण की तटस्थता छोड़कर रामकुमार की भावदशा को ब्रह्मसाक्षात्कार की समाधि-दशा मान लेते हैं। "फिर मन चिरकाल से अभ्यस्त अज्ञान वाले घर में जाना ही चाहता था...।" जो देहात्मबोध है, वह अज्ञान है; जब रामकुमार का शरीर निश्चल, आँखें निष्पलक थीं, वह ब्रह्मज्ञान का क्षण था। उसका मन अज्ञान वाले कोठे में जाना ही चाहता था कि 'उठ-उठ' की आवाज़ आई। एक कटफोरा दूसरे महुए की डाल में चोंच मार रहा था। कुछ चरवाहे लड़के आए; उसे साधु समझकर पास के गाँव में जाने को कहा। रामकुमार को भूख लगी और वह गाँव की ओर चला। उसका मन अब भी स्वप्नाविष्ट था। निराला इस बात पर बल देते हैं कि उसे पूर्ण सत्य के दर्शन हो गए हैं। "मन आज की विश्व-प्रकृति के अद्‌भुत सत्य-परिचय में तन्मय था, स्वभाव एक सरल बालक का-सा बन रहा था। लज्जा लेशमात्र न थी। घर-द्वार, पेड़-पौधे छायामय दिखाई दे रहे थे। उनका सत्य उसी के पास सिमटा हुआ था।"

निराला ने जिस भावदशा का वर्णन किया है, वह रहस्यवादियों की परिचित भावदशा है। शरीर का लगभग अचेत हो जाना, सामने बाह्य प्रकृति का लोप हो जाना अथवा उसमें केवल प्रकाश का बोध होना, अगोचर-सी सत्ता का साक्षात्कार, मन में अभूतपूर्व उल्लास। निराला इससे मिलती-जुलती भावदशा का उल्लेख स्वामी सारदानन्द पर 'समन्वय' वाले लेख में—1927 में—करते हैं। उनका 'अर्थ' लेख—सन् '32 में—स्वामी सारदानन्द के सम्पर्क का विवरण देते हुए उसी भावदशा का कुछ विस्तृत परिचय देता है। 'स्वामी सारदानन्द जी महाराज और मैं' लेख 16 नवम्बर, '33 की 'सुधा' में प्रकाशित हुआ। उसमें भी उस भावदशा की झलक है : "बस, आँख खुल गई। मेरा मस्तिष्क हिम-शीकरों-सा स्निग्ध हो गया।" इन्हीं दिनों उन्होंने 'अर्थ' कहानी लिखी जिसमें उस भाव-दशा का विस्तृत विवरण है। 'भक्त और भगवान्' ('सुधा', दिसम्बर, '34) और 'तुलसीदास' ('सुधा', फरवरी, '35) उसी मानसिक स्थिति पर आधारित रचनाएँ हैं। 'तुलसीदास' में निराला तुलसीदास के मन को आकाश में काफी ऊँचे चढ़ाकर उतार लाते हैं क्योंकि उन्हें पूर्ण ज्ञान अपने-आप नहीं, रत्नावली के द्वारा प्राप्त होना है। रामकुमार अपनी पत्नी को मायके भेज आया है; उसके लिए आवश्यक नहीं कि वह पत्नी के उपदेश से भगवान् के दर्शन करे। वह रामायण-पाठ से रामभक्ति के संस्कार लिये हुए जब चित्रकूट पहुँचता है तब कुछ देर के लिए अर्थकष्ट भूल जाता है, मन पर राम और तुलसीदास छाये रहते हैं, उपवास और रात को पर्वत की चढ़ाई के श्रम से शरीर निढाल हो जाता है। सोकर जागने पर शरीर में थोड़ी शक्ति आती है। अर्द्ध-मूर्च्छित-सी दशा में उसे पेड़-पौधे चक्कर काटते, छाया में विलीन होते जान पड़ते हैं। स्नायुतंत्र में बहुत खिंचाव होने पर

जैसे मनुष्य को विचित्र वस्तुओं को देखने, विचित्र आवाज़ों को सुनने का मिथ्याभास होता है, वैसे ही रामकुमार को—'अर्थ' लेख में निराला को—चिड़ियों की बोली में विचित्र शब्द सुनाई देते हैं, मन में उनके विचित्र अर्थ खुलते हैं।

अर्द्धमूर्च्छा की-सी यह स्थिति आनन्दातिरेक में उत्पन्न होती है, दु:ख और चिन्ता की अतिशयता में भी। भवभूति और शेक्सपियर दु:ख और चिन्ता की इस अतिशयता से भली भाँति परिचित हैं, मेरा अनुमान है कि तुलसीदास भी परिचित थे।

चिन्ता ज्वाल शरीर वन, दावा लगि लगि जाय।
प्रगट धुआँ नहिं सञ्चरै, उर अन्तर धुँधुवाय।

चिन्ता से उत्पन्न होनेवाली जलन का ऐसा संक्षिप्त, सजीव वर्णन न भवभूति में है, न शेक्सपियर में। निराला इस जलन से भली भाँति परिचित हैं किन्तु 'अर्थ' में शरीर और वन, दोनों छायारूप धरकर लुप्त होते-से जान पड़ते हैं।

फिर रामकुमार को उसका एक मित्र मिला। परिचय के बाद "रामकुमार का मन नीचे उतर चला।" नंगे होने पर लाज आई। स्वप्न में रामचन्द्र दिखाई दिये, बोले : तुमने अर्थ के लिए बड़ा परिश्रम किया, मैंने तुम्हें दिया। नवयुग प्रेस में नौकरी लगी। फिर "चार ही साल में वह उपन्यास-साहित्य की चोटी पर पहुँच गया। कई हज़ार रुपये उसने एकत्र कर लिये। सारा ऋण चुका दिया, और अब विद्या के साथ सुखपूर्वक रहता है।"

इच्छापूर्ति का यह स्वप्न एक अत्यन्त सुन्दर कहानी को बिगाड़ देता है। पूर्वार्द्ध का करुणामिश्रित व्यंग्य इस इच्छापूर्ति से बहुत शक्तिशाली है। जहाँ व्यंग्य नहीं है और रामकुमार चिड़ियों की आवाज़ें सुनता है, वहाँ भी कहानी के मनोवैज्ञानिक यथार्थ चित्रण में खम नहीं है। किन्तु आगे निराला उसकी भावदशा को पूर्णज्ञान से बाँध देते हैं और पूर्णज्ञान को अर्थ-प्राप्ति से। जैसे अन्य नायक धन और यश कमाते हैं, वैसे ही यह रामकुमार।

यह कहानी 'तुलसीदास' और 'राम की शक्तिपूजा' का रहस्यभेद करने में सहायक होती है, यह उसका अतिरिक्त महत्त्व है।

विरोधी प्रवृत्तियाँ

निराला के कथा-साहित्य में दो परस्पर-विरोधी प्रवृत्तियाँ देखी जाती हैं। एक प्रवृत्ति काल्पनिक इच्छापूर्ति के सपने रचने की है, दूसरी वास्तविक जीवन-संघर्ष को चित्रित करने की। 'अप्सरा' में राजकुमार को सुन्दर स्त्री, धन, वैभव, कलात्मक सृजन में सफलता, सब-कुछ प्राप्त हो जाता है। निराला जानते हैं कि यह सब छलना है, फिर

भी उसके आकर्षण से मन को बचा नहीं पाते। राजकुमार के लिए उन्होंने लिखा है : "बेहोशी के वक्त कल्पना के लोक में तमाम सृष्टि उसके अनुकूल हो जाती, कनक उसकी, छायालोक उसके, बाग़-इमारत, आकाश-पृथ्वी सब उसके।" (पृ. 125) यहाँ 'छायालोक' शब्द का बड़ा सार्थक प्रयोग हुआ है। बाग़, इमारत, कनक—सब छायालोक में हैं। जो साहित्य उन्हें कवि के लिए सुलभ बनाता है, वह छायावाद है। यहाँ कल्पना यथार्थबोध को गहरा नहीं करती, उसे अफीम की घूँटी पिलाकर सुला देती है। यह बेहोशी का साहित्य है। यदि इस सजग दृष्टि से निराला ने होश और बेहोशी का वैषम्य दिखाते हुए यह उपन्यास लिखा होता तो वह श्रेष्ठ कृति होता किन्तु पुस्तक के अधिकांश में वह स्वयं बेहोशी में खो जाते हैं, राजकुमार से तादात्म्य स्थापित करने के कारण वह उसे तटस्थ दृष्टि से चित्रित नहीं कर पाते। 'व्यंग्य', जो उनके गद्य का प्राण है, यहाँ निश्चेतन-सा खोया रहता है।

किन्तु कनक-राजकुमार का सम्बन्ध केवल छायालोक का सम्बन्ध नहीं है। उसमें निराला कुछ ऐसी पेचीदगी पैदा करते हैं जो छायालोक की नहीं, वास्तविक जीवन की है, जो स्त्री-पुरुष के सम्बन्धों में जब-तब उभरकर उनके जीवन को नरक बना देती है। राजकुमार स्त्री के सामने स्वयं को पराजित अनुभव करता है। हारता है ताश के खेल में लेकिन लगता है, ताश का खेल प्रतीक मात्र है, उसे कोई और गहरी हार खल रही है। कनक से वह आँखें नहीं मिलाता, कनक दूसरों की नज़र बचाकर बार-बार उसे देखती है, उसकी निगाह 'पूरी बेहयाई से' राजकुमार के चुभ जाती है। (पृ. 208) राजकुमार के मन में लज्जा, घृणा, प्रेम के परस्पर-विरोधी भाव उथल-पुथल मचा देते हैं (पृ. 130); कभी-कभी उसे कनक से घृणा भी हो जाती है। (पृ. 104) राजकुमार का अन्तर्द्वन्द्व उपन्यास को छायालोक से थोड़ा नीचे उतार लाता है।

किसानों का संगठन करके देश को स्वाधीन करने की प्रतिज्ञा राजकुमार की थी। कनक के मोह में उसकी क्रान्तिकारी वृत्तियाँ सो जाती हैं। उसका मित्र चन्दन उस क्रान्ति-मार्ग पर चल रहा है। उसकी गिरफ्तारी की खबर से "राजकुमार की सुप्त वृत्तियाँ एक ही अंकुश से सतर्क हो गईं।" (पृ. 88) वह स्वयं को धिक्कारता है, अपनी साहित्य-सेवा उसे प्रवंचना मालूम होती है। उसके हृदय में 'व्यंग्य के सहस्रों शूल एक-साथ' चुभ जाते हैं (पृ. 89) किन्तु यह सब थोड़ी देर के लिए, राजकुमार फिर उसी मोहक छायालोक में खो जाता है।

इस छायालोक के नीचे किसान हैं, उनकी मेहनत से ऐश करनेवाले राजा और जागीरदार हैं, किसानों का संगठन करनेवाले क्रान्तिकारी हैं किन्तु चित्र का यह हिस्सा उभरकर नहीं आता। निराला का मूल उद्‌देश्य वैभव के चित्रण से हिन्दी कथा-साहित्य को समृद्ध करना है, दरिद्र किसानों के चित्रण से नहीं। चन्दन की माँ से एक जगह अवधी सुनने को मिलती है : "देखो न भैया, न जाने कब जीव निकल जाय, करारे का रुख, कौन ठिकाना, चाहे जब भहराय के बैठ जाय...।" (पृ. 218) यह निराला के

यथार्थवाद की प्रकृत भूमि है किन्तु कथा में उसकी झलक भर मिलती है। यथार्थवाद की भूमि पर छायालोक का घना कुहरा फैला हुआ है।

'अलका' में ग्रामीण वातावरण अधिक सजीव है, किसानों के शोषण का चित्र कथापट में ज़्यादा जगह घेरता है। 'अप्सरा' के चन्दन और राजकुमार—अजित और विजय के रूप में—यहाँ दोनों गाँव में पहुँच जाते हैं। किसान-संगठन कांग्रेस के साथ मिलकर हो, या अलग से, संघर्ष में पराजित होने पर किसान अपने क्रान्तिकारी नेताओं का साथ छोड़ दें तो ये नेता क्या करें? —इस तरह की समस्याओं पर निराला ने हिन्दी कथा-साहित्य में पहली बार विचार किया है। उपन्यास में वर्ग-संघर्ष का आर्थिक रूप ही प्रस्तुत नहीं किया, सामाजिक जीवन की रूढ़ियों, उन्हें तोड़ने की कठिनाइयों का चित्रण भी किया है। किन्तु इच्छापूर्ति के सपने सुन्दर स्त्री और धन-सम्पत्ति को लेकर ही रचे नहीं जाते, वे क्रान्तिकारी जीवन को लेकर भी रचे जा सकते हैं।

विजय कुछ समय के लिए सरकारी अफसर की मदद से ज़मींदार को नीचा दिखाता है। डिप्टी साहब ज़मींदार को बाहर बिठाल रखते हैं, विजय को बम्बई विश्वविद्यालय का ग्रेजुएट जानकर और उसे संन्यासी वेश में देखकर बहुत प्रभावित होते हैं। सिपाही ज़मींदार को कान पकड़कर घसीटते हैं, गाँव में 'विजय की जय-वैजयन्ती' फहराने लगती है। (पृ. 94)

ज़मींदार स्नेहशंकर, डिप्टी कमिश्नर ज्ञान प्रकाश आदर्श रूप में रंग-चुनकर प्रस्तुत किये गए हैं। शोभा उर्फ अलका पर बार-बार दृष्टि केन्द्रित करके निराला छायालोक में पहुँच जाते हैं, उसके सौन्दर्य के वर्णन में अनन्त कलियों का सौरभ हवा में उड़ा देते हैं। उपन्यास के अन्त में अलका राजा मुरलीधर को पिस्तौल से मार डालती है, इस तरह विजय उर्फ प्रभाकर का प्रतिद्वन्द्वी मारा जाता है, वह अब अलका के साथ रह सकेगा किन्तु इससे किसान-समस्या हल नहीं होती।

'अलका' में छायालोक कमज़ोर है, किन्तु यथार्थवाद पूरी ताकत से उभरकर नहीं आया। 'अप्सरा' में कनक को लेकर निराला ने जो कविता की थी, कुछ उससे ज़्यादा कविता यहाँ 'अलका' को लेकर हैं : दिन में शिशिर की स्नात ज्योत्स्ना-रात-सी स्निग्ध, शुभ्र वसना, सुकेशा...किसी दूरतर लक्ष्य की ओर क्षिप्त दृष्टि, (पृ. 38) जैसे जागरण के बाद स्वप्न-स्मृति सदा पलकों पर...प्रात: रश्मि-सी पृथ्वी की पलकें ज्योति:स्नात करती हुईं...। (पृ. 96) छायालोक का यह कुहरा उस गाँव के वास्तविक जीवन को ढक लेता है जिसमें शूद्रों की संख्या अधिक है और ब्राह्मण दरिद्र होने के कारण हल जोतते हैं या बकरी पालते हैं। (पृ. 70)

'निरुपमा' में निराला की दृष्टि केन्द्रित होती है कुमार पर जो लन्दन से डी.लिट्. की उपाधि लेकर लौटा है जिसे बंगालियों की प्रतिद्वन्द्विता के कारण नौकरी नहीं मिलती किन्तु जो बंगाली युवती निरुपमा का प्रेमी है और अन्त में प्रतिद्वन्द्वी यामिनीहरण को परास्त करके निरुपमा का पति बनता है। निरुपमा ज़मींदार भी है, चित्र के पिछले भाग में गाँव दिखाई देता है किन्तु कुमार-निरूपमा-सम्बन्धों के स्वप्नजाल में वहाँ का

जनजीवन साफ उभरता नहीं है। यामिनी-हरण का विवाह उन्हें धोखा देकर निरुपमा के बहाने मिस दुबे से कराया जाता है—जासूसी उपन्यासों के सनसनीखेज़ तरीके से, जैसे अलका राजा मुरलीधर को गोली मारती है।

जो कुमार या राजकुमार था, वह 'प्रभावती' में राजकुमार देव बन जाता है। कनक-निरुपमा का स्थान राजकुमारी प्रभावती लेती है। सौन्दर्य और धन-वैभव के भव्य चित्र खींचे गए हैं किन्तु यहाँ निराला की छायावादी कविता उतना उबाती नहीं है जितना 'अलका' में। सामन्तों के उत्पीड़न और विलासितापूर्ण जीवन की कठोर आलोचना है। विदेशी आक्रमणकारियों से देश की रक्षा करने के लिए जनजीवन को नये सिरे से संगठित करना आवश्यक है। चन्दन की जगह संगठन का काम यहाँ यमुना करती है। वह आदर्श रूप में चित्रित की हुई क्रान्तिकारी युवती है। जनता जहाँ सामन्त के बिना लड़ती है, या सामन्त के विरुद्ध लड़ती है, वहाँ निराला की निगाह नहीं जाती। उनकी दृष्टि सामन्ती वैभव के इर्द-गिर्द इतना घूमती है कि किसान-जीवन के चित्र उभर नहीं पाते। यह बात अवश्य है कि संयोगिता और पृथ्वीराज की रक्षा करते हुए प्रभावती मारी जाती है और राजकुमार देव के साथ उसका सुखद जीवन-स्वप्न उपन्यास के पूर्वभाग के बाद समाप्त हो जाता है। गुप्त संगठन, षड्यंत्र, वेश-परिवर्तन आदि से तिलस्मी-जासूसी उपन्यासों का वातावरण यहाँ अन्य उपन्यासों से कुछ ज़्यादा बोझिल है।

'चोटी की पकड़' में राजा है, नर्तकी है, क्रान्तिकारी संगठनकर्ता प्रभाकर है। यह उपन्यास कथासूत्र में उलझा होने पर भी 'अप्सरा'-'निरुपमा' वगैरह से ज़्यादा शक्तिशाली है। उपन्यास एक तरह की फैंटेसी है जिसमें त्रास की भावना विभिन्न रूपों में प्रकट होती है। पुस्तक की विशेषता रोचक कथा कहने या स्पष्ट चरित्र-चित्रण में नहीं है, उसकी सफलता मन पर ऐसे वातावरण की छाप डालने में है जिसमें हर तरह की दुरभि सन्धि, गुप्त षड्यंत्र, मनुष्य को अपमानित करना, सताना सम्भव है। निराला ने बंगाल में स्वदेशी आन्दोलन के पहले दौर पर कथा लिखने का प्रयास किया है, देशी रियासत को कथा-क्षेत्र बनाया है। सामन्ती वैभव आकर्षित करता है, साथ ही वह अद्‌भुत त्रास की सृष्टि भी करता है। ऐसी प्रच्छन्न पीड़ा निराला के दूसरे उपन्यास में नहीं है।

'चोटी की पकड़' और 'चतुरी चमार' के बीच की दुनिया है 'काले कारनामे' में। यहाँ देहात की तसवीर ज़्यादा साफ-सुथरी है। निराला गाँव की ज़मीन को बड़े ध्यान से देखते हैं। गलियारे में पानी भरा है, पगडंडी पानी बरस जाने से बिछलहर है। स्टेशन के सामने फैला हुआ लम्बा ऊसर है। "बीच में ऊसर का छोटा मगर पुराना बरगद देख पड़ता है, जिसके एक बगल एक बारहदरी है और दूसरी बगल एक पक्का कुआँ, सामने तालाब।" (पृ. 53) ('कुल्ली भाट' में निराला इसी ऊसर को पार करके बीघापुर स्टेशन से डलमऊ के लिए गाड़ी पकड़ते हैं।) राजा की जगह यहाँ ज़मींदार है, उसके भेदिये हैं, राज़ लेने-देने की बातें 'चोटी की पकड़' जैसी हैं, पुलिस का आतंक वहाँ से अधिक है, लोगों को फँसाना-सताना आये-दिन का काम

है। त्रास का वातावरण है और निराला अनजान में नहीं, जानकर, उसे वैसा चित्रित करते हैं। "घर में त्रास का वातावरण फैला। सिसकते हुए भी सबके मुँह बँधे रहे। इस परिवार में रोटियाँ शाम को ही खा ली जाती हैं, जिससे चिराग का तेल बचे... लड़के सो चुके थे। औरतें मसान-सी जगती रहीं।" (पृ. 48) 'अर्चना' के गीतों में जो त्रास प्रतीक-योजना में ढलकर कविता बनता है, वह यहाँ यथार्थ चित्रण की भूमि पर पुष्ट गद्य बना हुआ है। कविता में व्यक्त होनेवाले निराला के त्रास का विश्लेषण करने, उसका मूल सामाजिक रूप समझने के लिए 'चोटी की पकड़' और 'काले कारनामे' पढ़ना ज़रूरी है।

'काले कारनामे' में अन्यत्र लिखा है : "गाँव में तहलका मचा हुआ था। लोग कानों में बतला रहे थे। मिश्रजी के यहाँ आने-जानेवालों की हिम्मत पस्त थी। सारा वायुमंडल दहशत खाये हुए था। किसी को कुछ मालूम न था, क्या होनेवाला है। सब अपना-अपना अन्दाज़ा लड़ा रहे थे।" (पृ. 98) इस भय के वातावरण में आशा की किरण है मनोहर।

मनोहर दरिद्र है। ब्राह्मण होने पर भी वह अपमानित होता है : "दूसरे प्रान्तों में हम शूद्रों से भी बदतर समझे जाते हैं।" (पृ. 19) इसका कारण यह है कि सम्पत्ति सब उच्च वर्गों के हाथ में है : "हमारा समाज इस तरह स्वत्वहीन ग़ुलामों का एक समाज हो रहा है।" (पृ. 18) मनोहर यह सब दर्शन अपनी माँ को समझाता है। उसके माँ भी है, जैसे 'अप्सरा', 'अलका' के नायकों के नहीं है। इसे इच्छापूर्ति कह सकते हैं, किन्तु वह ऐसी इच्छापूर्ति है जो सक्रिय जीवन बिताने का सन्देश देती है। मानो 'राम की शक्तिपूजा' की सिंहवाहिनी राम के बदन में लीन होने के बदले निराला से बातें कर रही हों : "देखते-देखते उनके हृदय की सिंहिनी (ने) जैसे ऊपर को छलाँग मारी, उनका सर तमाम आदमियों के ऊपर उठ गया। बड़े ही स्नेह तथा गम्भीरता के स्वर से उन्होंने कहा : बेटा, मुझको विश्वास है कि तू मेरे दूध की लाज रखेगा और इन कामों की तह तक पहुँचकर इनकी ज़ंजीर तोड़ने के काम आएगा। अभी तो कच्चा बच्चा है। इन तमाम लांछनों को चुपचाप सर (पर) उठाए हुए तैयार होता (जा) कि एक वक्त तू इनकी जड़ें काटे।" (पृ. 20)

'लांछना ईंधन तल हृदय तल जले अनल' का यह मानो गद्य में भाष्य है। लांछना की आग भक्त के हृदय में नहीं, उसकी इष्टदेवी के हृदय में जल रही है। मनोहर की माँ जैसे भारतीय नारी का प्रतीक हो। वह इस युग की नहीं, मुगल काल से लेकर अंग्रेज़ी राज तक शताब्दियों की लम्बी अवधि में वह भारतीय नारी को घुटते, चुपचाप आँसू बहाते देख चुकी है। जिस अपमान को पुरुष अनुभव नहीं करता, उसे वह पहचानती है। उस अपमान की आग वह युवक-पुत्र के हृदय में फूँक देना चाहती है कि जब तक वह ज़ंजीरें न तोड़ ले, चैन से न बैठे।

"हम पीढ़ियाँ लिख रखते हैं। हमारी माँ का कहना था, सौ पीढ़ियाँ बीत चुकी हैं; यह तैंतालीसवीं पीढ़ी के बाद। हम उसको भगवान को अर्पण कर देती हैं और बाकी

पीढ़ियाँ चलती हुई बाँधे रहती हैं। यही कामना दिन-रात रहती है कि नारियों का अपमान है, हे भगवान्, बदला चुकाओ। सिर्फ बदले की आग धधकती है।" (पृ. 21) माँ ने लांछन सहा है, बेटे से कहती है—तू भी चुपचाप सहता जा। शक्ति को बिखरने न दे; भक्ति से आँखें झुकाए हुए तैयारी करता जा। सिर्फ बदले की आग धधकती है। इस आग से प्रेरणा पाकर बदला चुकाना है।

मनोहर का विवाह या प्रेम किसी अलका, अप्सरा, प्रभावती, निरुपमा से नहीं होता। वह काशी जाकर शूद्रों को संस्कृत पढ़ाता है। वह गाँव लौटकर नहीं आता किन्तु किसान उसे प्यार करते हैं, उसे अपना समझते हैं, उस पर गर्व करते हैं। उसके पिता से कहते हैं : "तुम्हारी मूँछें रख लीं, तुम्हारा सर ऊँचा किया, वह हमारा अपना भैया है, उसको कोई डर नहीं, हम जानते हैं कि लोगों ने उसको रहने न दिया, लेकिन वह वज्र है जो सर फोड़कर टूटे, वह हमारी पुकार है। हमारे आँसू से टपककर भाप बनकर उड़ गया है, कभी खुशी की वारिस लाएगा।" (पृ. 102)

जनता का ऐसा उत्कट प्यार निराला के किसी उपन्यास में किसी नायक के प्रति उमड़ते नहीं दिखाया गया। 'मेरा अन्तर वज्र कठोर'—यह रहस्य निराला को ही नहीं, उस गाँव के किसानों को भी मालूम है जहाँ की बस्ती में अधिकतर शूद्र हैं। बच्चू कहार ताल से सिंघाड़े तोड़कर मनोहर के पिता को देते हुए कहता है : "आपके बेटे की तारीफ में है, जो हम लोगों को ऊँचा उठाता है, ब्राह्मणों की तरह हमारा सर नहीं फोड़ता।" (पृ. 102)

मनोहर लौटकर घर नहीं आया। गाँव की कोई समस्या हल नहीं हुई। उपन्यास अधूरा है। यही उसकी सफलता है। काल्पनिक समाधान प्रस्तुत करने के बदले वह दु:ख और त्रास के वातावरण में आशा-किरण की झलक भर दिखाकर समाप्त हो जाता है।

'देवी', 'चतुरी चमार'

'भक्त और भगवान्' निराला की—और हिन्दी की—श्रेष्ठ कहानियों में है। इसमें मन की उन दशाओं का चित्रण है जो 'अर्थ' कहानी और 'तुलसीदास' में चित्रित की गई हैं। सारी कहानी में एक ही वातावरण छाया हुआ है जिसे काल्पनिक इच्छापूर्ति का स्वप्न बिगाड़ता नहीं। इस वातावरण में निराला को छायालोक दिखलाई देता है किन्तु छायालोक से भिन्न वास्तविक स्थूल संसार का बोध कहीं लुप्त नहीं होता।

कहानी भक्त के छायालोक पर तटस्थ व्यंग्य से शुरू होती है। जब तक भक्त के पिता जीवित थे, तब तक सारा सांसारिक ताप उन पर था। पितावृक्ष की छाया में भक्त को प्रकृति ज्योतिर्मय जल में नहाई हुई दिखाई देती थी। "स्वभावत: जगत् के करण-कारण भगवान् पर उसकी भावना बँध गई।"

इस सुखद युवक-जीवन में भक्त रामायण पढ़ता है, महावीर की पूजा करता है, संसार की चिन्ताओं से मुक्त राम के ध्यान में डूबा रहता है। कुएँ पर युवती पानी भरती है, बाबा गाते हैं : 'कौन पुरुष की नार झमाझम पानी भरै'। युवती बाबा की तरफ पर्दा किये है, भक्त की तरफ देखती हुई मुसकराती है। उसके भावाविष्ट मन को लगा—साक्षात् प्रकृति उसे देखकर मुसकरा रही है। किसानों की भजन-मंडली गाती है : 'कहत कोउ परदेसी की बात'। भक्त परदेसी के बारे में सोचने लगता है। महावीर की मूर्ति को देखकर प्रणाम करता है। मूर्ति मुसकराती है; भक्त यह नहीं देखता, कहानी-लेखक देखता है। महावीर को माला पहनाई; 'कोई हँस दिया—वह नहीं समझा।' निराला पुरानी बातों को स्मरण करके उन्हें नये अर्थ से रँगते हैं।

उसका ब्याह हो चुका था। गहने उतारकर देने की नौबत अभी नहीं आई। पत्नी सिन्दूर का सुहाग—महावीर का चिह्न—धारण किये है। "आँखों में राज्यश्री उतरकर अभिनन्दन कर रही थी"; उसे देखकर पत्नी मुसकराई। भक्त "फिर भी नहीं समझा।"

भक्त का नाम निरंजन है, "सम्पत्ति के सम्बन्ध में भी वह निरंजन था।" पूजा के लिए सामग्री चाहिए; विधाता उसका विधान कर देंगे। राजा के सरोवर से कमल लेकर महावीर का शृंगार करता है। किन्तु आगे सपना देखता है। अन्धकार-जल पर खिला हुआ कमल कहता है—मैं तो राजा का था, तुमने मुझे क्यों तोड़ा? गुलाब के फूलों ने कहा—हमें छूने का तुम्हें क्या अधिकार था? अब भक्त को मालूम हुआ, पूजा की जो सामग्री भक्त के लिए विधाता जुटा देते हैं, उस पर राजा का अधिकार है। यहाँ तक कि महावीर की मूर्ति भी राजा की ख़रीदी हुई है।

भक्त को राजकुमार की तरह अर्थ चाहिए। पत्नी भक्त से स्वप्न में कहती है—मैं महावीर को मस्तक पर धारण करती हूँ। भक्त ने पूछा—अर्थ क्या है? पत्नी ने कहा—अर्थ सब मैं हूँ, मुझे समझो। यह अर्थ आध्यात्मिक नहीं, भौतिक है, यह आगे स्पष्ट होता है, जब उसकी पत्नी कहती है—मेरा नाम सरस्वती है, पर मैं सजकर जैसे लक्ष्मी बन गई हूँ।

फिर पत्नी का देहान्त हुआ। घर के अन्य लोग न रहे। भक्त राजा के यहाँ नौकर हो गया, किन्तु उसे नौकरी अच्छी न लगती थी। छायालोक से उतरकर उसने जो संसार देखा, उससे विरक्ति हुई। रामकुमार को संसार का ज्ञान होता है खुद के सताए जाने पर; निरंजन को वैसा ही ज्ञान होता है दूसरों को सताए जाते देखकर। दोनों में यह अन्तर है। रामकुमार को नौकरी मिलती है भक्ति के वरदान रूप में; तब वह पत्नी के साथ सुखपूर्वक रहने लगता है। यहाँ भक्त की पत्नी का देहान्त हो चुका है, नौकरी वर नहीं, अभिशाप है। नौकरी से ही उसे दूसरों की पीड़ा का बोध होता है : "राजा कितना निर्दय, कितना कठोर होता है। प्रजा का रक्त-शोषण ही उसका धर्म है।" स्वप्न में महावीर से पूछता है—ये ग़रीब मरे जा रहे हैं, इनके लिए क्या होगा? महावीर उसे ईश्वर का भरोसा करके आश्वस्त होने को कहते हैं।

भक्त का मन "धीरे-धीरे उतरने लगा।" उसने आकाश की नीली लता में सूर्य, चन्द्र और तारों को फूलों की तरह हाथ जोड़े किसी की पूजा करते देखा; पृथ्वी की लता पर पर्वतों के फूल आकाश को नमस्कार कर रहे थे। उसकी पत्नी माँग में सिन्दूर लगाये दिखाई दी। महावीर ने कहा—यह मेरी माता देवी अंजना है।

स्वप्न टूटने पर आँख खुली, देखा—'कहीं कुछ न था।' एक स्वप्नाविष्ट मन का पूजाभाव, संसार का बोध, दीनजनों की स्थिति के प्रति चिन्ता, प्रच्छन्न अन्तर्द्वन्द्व की ओर संकेत—यह सब काफी तटस्थ रूप में चित्रित किया गया है। स्वप्न और यथार्थ में यहाँ एक भेद है जो 'अर्थ' कहानी में नहीं है। वहाँ स्वप्न ही यथार्थ है, यहाँ दोनों टकराते हैं। निराला स्वप्न की विजय नहीं दिखाते। कहानी में यह संकेत नहीं है कि राजा के अत्याचार से जो लोग पीड़ित हैं, वे सब रामकृपा से पीड़ामुक्त हो गए। न यह संकेत है कि भक्त को नौकरी अच्छी नहीं लगती तो नौकरी छोड़ने पर वह चार साल में यशस्वी उपन्यासकार बनकर अर्थ-चिन्ता से मुक्त हो गया। नौकरी है, पत्नी का अभाव है, पिता की छत्र-छाया नहीं है, मन स्वर्गीया पत्नी, महावीर और स्वामी प्रेमानन्द से बँधा है, उन्हें सपने में देखता है। महावीर को भारत रूप में देखकर वह भक्तिभावना और राष्ट्रीय चेतना का समन्वय करता है। यह एक वस्तुस्थिति है जिसका चित्रण करके निराला कहानी समाप्त कर देते हैं। भक्त के छायालोक और वास्तविक संसार के वैषम्य से पैदा होनेवाला कहानी का अन्तर्निहित व्यंग्य इच्छापूर्ति के स्वप्न से नष्ट नहीं होता। यह 'भक्त और भगवान्' कहानी की कलात्मक सफलता है।

गंगा किनारे बैठे हुए निराला से कुल्ली ने कहा : "मैं जानता हूँ, आप मनोहर को बहुत चाहते थे। ईश्वर चाह की जगह मार देता है, होश कराने के लिए।" (कुल्ली भाट, पृ. 72) होश किसे कहें, रामकुमार को सुग्गे की टें-टें में जब ईश्वर के अस्तित्व की घोषणा सुनाई देती है, जब भक्त निरंजन को महावीर आश्वस्त करते हैं कि ग़रीबों की रक्षा भगवान् करेगा या जब कुल्ली की पाठशाला में अछूत बालकों को देखकर निराला का मन धिक्कार उठता है : "ओफ! कितना मोह है! मैं ईश्वर, सौन्दर्य, वैभव और विलास का कवि हूँ!—फिर क्रान्तिकारी!" (उप., पृ. 94) यहाँ मन धीरे-धीरे नीचे नहीं उतरता; बात उतरने-चढ़ने की नहीं है; बात है मोहभंग होने की, क्रान्तिकारीत्व पर जो आवरण पड़ा हुआ है, उसे पहचानने की। दुःख मोह का शत्रु है। प्यार की जगह एक बार चोट हुई मनोहरा देवी की मृत्यु से, दूसरी बार हुई सरोज की मृत्यु से। पहली बार की चोट के बाद निराला ने अनेक बार छायालोक रचा और उससे बाहर निकले; दूसरी बार की चोट के बाद छायालोक रचने की शक्ति क्षीण होती गई। निराला ने दुःस्वप्न देखे या संसार के व्यंग्यपूर्ण चित्र खींचे। उन्होंने सुख और उल्लास के गीत गाए, यह भी सत्य है। संसार के व्यंग्यपूर्ण चित्रण में दुःख का बोध छिपा है, यह उल्लेखनीय है। कारण यह है कि संसार को होश में देखते हैं तो उस पर व्यंग्य करते हैं, और होश में तब देखते हैं जब प्यार की जगह मार खाते हैं। इस तरह दुःख का बोध और संसार के प्रति व्यंग्य-भाव परस्पर सम्बद्ध हैं।

निराला ने सन् '30 के बाद 'अप्सरा', 'अलका' लिखीं, 'देवी' और 'चतुरी चमार' भी। जो यथार्थवादी धारा 'अप्सरा'-'अलका' के छायालोक में धुँधली थी, वह यहाँ पूरी शक्ति से यथार्थ की धरती पर प्रवाहित है। इसका कारण अवध में किसान-आन्दोलन की प्रगति, उससे निराला का गहरा सम्पर्क है। सरोज की मृत्यु के बाद निराला के काव्य में वेदना सघन हुई है, गद्य में व्यंग्य भी निखरा है। सन् '36 से हिन्दी साहित्य में जो प्रगतिशील आन्दोलन चला, उसका प्रभाव भी निराला पर पड़ा किन्तु उनकी व्यंग्य-कला निराली है और वह प्रगतिशील साहित्यिक आन्दोलन के जन्म से पहले की है। 'देवी' और 'चतुरी चमार' की कला ही 'कुल्लीभाट' और 'बिल्लेसुर बकरिहा' में निखरती है। ये रचनाएँ गद्य-लेखन में, कथा-रचना में, यथार्थवादी साहित्य के विकास में नया चरण हैं।

'देवी' और 'चतुरी चमार' में कहानी का पुराना ढाँचा टूट गया है अथवा निराला के हाथ से छूट गया है। कथानक लेकर चलने वाली, समस्या के समाधान, नायक-नायिका के विवाह से समाप्त होनेवाली कहानियाँ ये नहीं हैं। इनमें परिवेश, पात्र ज्यों-के-त्यों उठाकर कथा में रख दिये गए हैं; मंच पर लाते समय उनका मेकअप नहीं किया गया। पात्रों में एक—अक्सर प्रमुख—पात्र निराला स्वयं हैं। कहानी एक तरफ रेखाचित्र है, दूसरी तरफ संस्मरण। इनके साथ ललित-निबन्ध-रचना-कौशल है, रेखाचित्र और संस्मरण के साथ अथवा उनके बिना भी रोचक बातें सुनाने की कला। यह ललित-निबन्धकला रिपोर्ताज की विधा को छूती है। सड़क पर जब गोरे कवायद कर रहे थे, गाँव में जब दरोगाजी आए, रामकृष्ण मिशन में संन्यासियों का जीवन—यह सब निराला ने रिपोर्ताज लेखक की कला से चित्रित किया है। 'कुल्ली भाट' में इन चारों कलाओं का मिश्रण है, 'बिल्लेसुर बकरिहा' और 'चमेली' में निराला अलग रहते हैं। उनमें रेखाचित्र वाली कला का प्राधान्य है।

'स्वामी सारदानन्द जी महाराज और मैं' निराला का संस्मरणात्मक ललित निबन्ध है। आरम्भ में विवरणात्मक गद्य है; उत्तरार्द्ध में सुगठित कहानी का कौशल। जगह-जगह निराला का व्यंग्य उभरता है। वह अपने सदेहप्रिय, शंकाकुल मन का चित्रण तटस्थ होकर करते हैं किन्तु इस निबन्ध में वह आत्मकेन्द्रित अधिक हैं, ये ग़रीब मरे जा रहे हैं—यह पुकार उनके छायालोक से नहीं टकराती।

'राजा साहब को ठेंगा दिखाया' में इसी निबन्धकला का विकास है। "लोग कहते हैं, ऐसा लिखा जाय कि एक मतलब हो, उसी वक्त समझ में आ जाय, अपढ़ लोग भी समझें।" निबन्ध की तरह कहानी यों शुरू होती है। संस्मरण नहीं है किन्तु देखी-सुनी हुई घटना का रिपोर्ताज जैसा विवरण है। स्थान और व्यक्तियों के नाम बदल दिये गए हैं, कल्पना इतना ही करती है। भूखे विश्वभर की समस्या हल नहीं होती। कहानी के अन्त में उसे सूचना मिलती है : अब सरकार को तुम्हारी नौकरी की आवश्यकता नहीं रही।

पाठक के मन पर इस निर्मम आघात से निराला कहानी समाप्त करते हैं। कहानी के आरम्भ का गूढ़ व्यंग्य खुलता है : ऐसा लिखा जाय कि एक मतलब हो, उसी वक्त समझ में आ जाय। निराला मानो पूछते हैं : बात सीधी है न? मतलब समझ में आ गया?

कथा में करुणा का भाव दृढ़तापूर्वक नियंत्रित रखा गया है, वैसा ही व्यंग्य है, गुरु, अन्तर्निहित, मर्मवेधी।

'देवी' कहानी संस्मरणात्मक ललित निबन्ध की शैली में आरम्भ होती है। निराला छायालोक पर हँसते हैं, दुःख और रोष से संसार की व्यंग्यपूर्ण आलोचना करते हैं। दुःख की व्यंजना और हास्यमिश्रित व्यंग्य के बीच स्पष्ट रेखा नहीं खींची जा सकती। फाकेमस्ती में भी मैं परियों के ख्वाब देखता रहा—यह उक्ति व्यंग्यपूर्ण है, दुःखपूर्ण भी। व्यंग्य का लक्ष्य संसार के अलावा छायालोक और निराला स्वयं हैं। ईश्वर की उपासना करते हुए आकाश की लता में सूर्य, चन्द्र नक्षत्र फूल से नहीं हिलते; जैसा भेदभाव धरती पर है, वैसा ऊपर भी है : "चन्द्र, सूर्य, वरुण, कुबेर, यम, जयन्त, इन्द्र, ब्रह्मा, विष्णु, महेश तक बाकायदा बाहिसाब ईश्वर के यहाँ भी छोटे से बड़े तक मेल मिला हुआ है।"

निराला प्रकृति की मारों से लड़ती हुई पगली भिखारिन का चित्रण करते हैं, भावुकता के स्तर से बचता हुआ उनका गद्य दुःख के चित्रण में कविता की तरह सारगर्भित और प्रभावशाली हो उठता है : "ज्योतिष का सुख-दुःख का चक्र इसके जीवन में अटल हो गया है। सहते-सहते अब दुःख का अस्तित्व इसके पास न होगा। पेड़ की छाँह में या किसी खाली बरामद में दोपहर की लू में, ऐसे ही एकटक कभी-कभी आकाश को बैठी हुई देख लेती होगी।" एक महान् ट्रैजेडी की-सी गहराई निराला के गद्य में है। उन्होंने पगली के उस अन्तिम समय का चित्रण किया है जब ऊपर के धुएँ के नीचे जीवन की दीपशिखा मन्द होती जा रही है।

निराला अपनी फाकेमस्ती और परियों के ख्वाब देखने पर हँसते हैं, इस हँसने में दर्द है। निराला होटल के नौकर संगमलाल से पगली के बारे में पूछते हैं। वह उसे पगली-गूँगी बताकर बात को अनावश्यक जानकर हँसता हुआ चला जाता है। यह हँसी निराला के व्यंग्य का लक्ष्य है, व्यंग्य खुलता नहीं है, कहानी के सन्दर्भ में निहित है। संगमलाल की हँसी पर दुःख होता है, यह व्यंग्य और दुःख का सन्तुलन है। नेता का जुलूस निकलता है, पगली "मुँह फैलाकर, भौंहें सिकोड़कर आँखों की पूरी ताकत से देख रही थी—समझना चाहती थी, वह क्या थी।" पगली की क्रियाएँ हास्यास्पद हैं, लक्ष्य है मन में करुण भाव उत्पन्न करना। सड़क पर पलटन मार्च करती हुई निकलती है। "पगली पास बैठे बच्चे की ओर देखकर चुटकी बजाकर सिपाहियों की तरफ छँगुली से हवा को कोंच-कोंचकर दिखा रही थी और हँसती हुई जैसे कह रही थी—खुश तो हो? कैसा अच्छा दृश्य है!" पगली की क्रियाएँ फिर हास्यास्पद हैं, वह स्वयं हँसती भी है। निराला का उद्देश्य हँसाना नहीं, हँसी की छलक के नीचे वेदना का सागर दिखाना है। 'किंग लियर' का लेखक इस कला में अद्वितीय है। हिन्दी में उससे मिलती-जुलती कला निराला के गद्य में है।

निराला के हास्य-व्यंग्य के अनेक स्तर हैं। वह संगमलाल को संग-मलाल कहते हैं। निर्दोष विनोद का यह एक स्तर है। वह बारह साल तक मकड़े की तरह शब्दों का जाल बुनते हुए मक्खियाँ मारते रहे—इस व्यंग्य में मृत्यु का-सा तीक्ष्ण दंश है।

बगल में चौरासी आसन दबाये पत्नी को सीता, सावित्री देनेवालों पर व्यंग्य खुला हुआ है, पीड़ा कम, हास्य अधिक है। नेता के जुलूस में पगली का बच्चा कुचल गया, नेता दस हज़ार की थैली लेकर चले गए—ज़रूरी-ज़रूरी कामों में खर्च करेंगे—यहाँ व्यंग्य स्पष्ट है, पीड़ा के साथ आक्रोश का भाव तीव्र है। रामायणी कथा से लौटे हुए भक्त पगली को देखकर कहते हैं : इसी संसार में स्वर्ग और नरक देख लो। दूसरा कहता है, कर्म के दंड हैं। तीसरा तुलसीदास की साखी देता है : 'सकल पदारथ हैं जग माहीं, कर्महीन नर पावत नाहीं'। निराला इन उक्तियों पर टिप्पणी करके व्यंग्य को स्पष्ट नहीं करते, सन्दर्भ से ध्वनि स्पष्ट हो जाती है। दु:ख से अधिक इनके पाखंड के प्रति जुगुप्सा का भाव उत्पन्न होता है।

जैसे अपने प्रबन्ध-काव्य में निराला भिन्न भाव, परस्पर-विरोधी भाव सजाते हैं, वैसे ही 'देवी' में निराला व्यंग्य का ऐसा अन्ध-संगीत रचते हैं जिसमें अनेक भावों के तार झंकृत होते हैं।

कहानी का अन्त पगली की मृत्यु से होता है। समस्या का और कोई समाधान नहीं है। 'देवी' एक ट्रैजेडी है जिसके अन्त में निराला हँसते हैं, संगमलाल हँसता है। निराला का चेक भुनाकर होटल के मैनेजर संगमलाल को तनख्वाह दिये बिना भाग गए। निराला ने समझाया—मैनेजर साहब बड़े अच्छे आदमी हैं। घर रुपया लेने गए हैं। बहुतों का देना है, लौटकर तुम्हें भी दे देंगे। 'संगम वैसा ही फिर हँसा।" पगली का अस्पताल में मरना, मैनेजर का भागना, संगमलाल को तनख्वाह न मिलना, निराला का साहित्य-समर में परास्त होना—सब एक ही संसार-चक्र की गति का परिणाम हैं।

'देवी' में नेता का जुलूस, पलटन का प्रदर्शन चित्रपट के दृश्यों की तरह आँखों के सामने आया, ओझल हो गया। दृष्टि केन्द्रित रहती है पहले निराला पर, फिर देवी पर। 'चतुरी चमार' में सन् '31-32 के बैसवाड़े पर एक जीता-जागता रिपोर्ताज प्रस्तुत किया गया है। प्रेमचन्द की लमही में इन दिनों क्या हो रहा था, कथा-साहित्य में उसे भेस बदलकर पेश किया गया है। नग्न यथार्थ कैसा था, उसे यदि हिन्दी पाठक जान पाते तो प्रेमचन्द के कृतज्ञ होते। छायावादी कवि निराला ने वह काम किया है जो बड़े-बड़े यथार्थवादी लेखक भी कम कर पाते हैं। यहाँ उन्होंने अपने युग के जीवित इतिहास का एक अंश, सजग पत्रकार की पूरी सावधानी से, भावी पीढ़ियों के लिए अंकित कर दिया है। जो ताज़गी अच्छी लिखी हुई डायरी में होती है, वह यहाँ है।

जो गाँव निराला की कविता, कहानियों, उपन्यासों में बार-बार उभरकर आता है, उसका भरा-पूरा नक्शा, ज़िला, डाकखाने समेत यहाँ देखने को मिलता है। निराला के घर से चतुरी का घर किस ओर है, कहाँ से पनालों का, बरसात का और दिन-रात का शुद्धाशुद्ध जल बहता है, ये सब चित्र में सजाई हुई निरर्थक वस्तुएँ नहीं हैं, उनमें गाँव के सामाजिक सम्बन्धों का पूरा इतिहास छिपा हुआ है। उम्र में चतुरी निराला के चाचा जैसा है; गाँव के रिश्ते में—अर्थात् ब्राह्मण-चमार का भेद देखते हुए—वह निराला का भतीजा है। समाज में ऊँच-नीच का भेदभाव, सदियों से

चला आता रूढ़िवाद, किसान-ज़मींदार का संघर्ष, किसानों का भय, उनका संगठन करने की कठिनाइयाँ—यह सब निराला ने सतर्क होकर देखा और चित्रित किया है। निराला बाह्य जीवन पर ध्यान केन्द्रित करते हैं, चतुरी के आन्तरिक जीवन पर भी। वह कबीरदास के पद गाता है, उलटबाँसियों के अर्थ करता है, आलंकारिक शब्दावली के भीतर मर्म भी पहचानता है। रूढ़िवाद के साथ सदियों से चली आती यह संस्कृति कहीं चतुरी का आत्म-सम्मान जगाए हुए है। निराला से कहता है : "काका, ये निर्गुण पद बड़े-बड़े विद्वान् नहीं समझते।" 'काका', यह शब्द—भतीजे के बराबर निराला के लिए—रूढ़ियों के बोझ का प्रतीक है किन्तु मैं इन पदों का अर्थ समझता हूँ, बड़े-बड़े विद्वान् उनका अर्थ नहीं समझते, यह भाव चतुरी के आत्म-सम्मान का सूचक है। उसकी संस्कृति कबीर तक सीमित नहीं। "कबीरदास, सूरदास, तुलसीदास, पलटूदास आदि ज्ञात-अज्ञात अनेकानेक सन्तों के भजन होने लगे।" इस लोक-संस्कृति से निराला भी बँधे हैं, चतुरी भी।

निराला का साहित्य-सर्जक गर्व चतुरी के निर्गुण पद विशेषज्ञ वाले आत्म-सम्मान से टकराता है। निराला युगान्तरकारी हैं, चतुरी "अपने उपानह-साहित्य में आजकल के अधिकांश साहित्यिकों की तरह अपरिवर्तनवादी है...चतुरी के जूते परिवर्तनवाद के चुस्त रूपक जैसे टस-से-मस नहीं होते।" लेकिन चतुरी का विचार है कि निर्गुण पद जैसे और विद्वान् नहीं समझते, वैसे निराला भी नहीं समझते। वह पद का मतलब समझाना शुरू करते हैं कि निराला टोक देते हैं : "चतुरी, आज गा लो, कल सुबह आकर मतलब समझाना।" चतुरी को विश्वास है, जहाँ गिरह लगती है, साहब (कबीरदास) आप खोल देते हैं। चतुरी दूसरे दिन निराला को पदों के अर्थ बुझाता है। निराला को खलता है, कोई उन्हें पदों का दार्शनिक अर्थ समझाए; चतुरी के भाष्य को 'कल्याण' के निरामिष लेखों के समतुल्य मानकर मन समझा लेते हैं और चुप रहते हैं। किन्तु निराला यह भी मानते हैं : "वे लोग ऊँचे दर्जे के उन गीतों का मतलब समझते थे, उनकी नीचता पर यह एक आश्चर्य मेरे साथ रहा। बहुत-से गाने आलंकारिक थे। वे उनका मतलब भी समझते थे।" निराला को किसी भी विद्वान का भाष्य पूरी तरह पसन्द न आता, उतनी ही कमी चतुरी के ज्ञान में थी। बाकी वह समाज में अप्रतिष्ठित होने पर भी ज्ञान में श्रेष्ठ था, निराला ने यह माना। यह ज्ञान चतुरी के लिए काफी था जिसने जूते गाँठते हुए ज़िन्दगी काट दी। वह चाहता है कि उसका बेटा इस पेशे से निकले, उसे दूसरी तरह की शिक्षा मिले। यह शिक्षा निराला के पास है। चतुरी प्रस्ताव करता है कि उसके बेटे को पढ़ा दिया करें, वह भी अपनी विद्या दे देगा : "तो कहो, भगवान् की इच्छा हो जाय तो कुछ हो जाय।" इस तरह संसार में उन्नति करने के लिए आवश्यक नई विद्या से चतुरी अपनी परम्परागत विद्या का संयोग करना चाहता है।

चतुरी के बेटे को पढ़ाते हुए घर के भीतर और बाहर किस तरह की अड़चनें पैदा होती हैं, निराला उनका रोचक वर्णन करते हैं। किन्तु जब बेटे ने दादा, मामा, काका पढ़ना-लिखना सीखा, तब "हर्ष में उसके माँ-बाप सम्राट् पद पाये हुए को

छापकर छलके।" निराला ने गाँवों में शिक्षा-प्रचार की आवश्यकता पर जो लिखा था, उस पर आचरण किया। गुरुमुख ब्राह्मणों ने निराला के घड़े का पानी पीना छोड़ दिया। इसका कारण यह भी था कि निराला शूद्रों से मांस मँगवाते थे, घर में पकाते थे, खुद खाते थे, उन्हें भी खिलाते थे। इस सामाजिक क्रान्ति के साथ राजनीतिक आन्दोलन भी चल रहा था। एक साल के हरी-भूसे को तीन साल की बाकी बताकर ज़मींदार ने दावे दायर किये। दरोगा गाँव में कांग्रेस का पता लगाने आया। महावीर के मन्दिर में तिरंगे झंडे को धुला हुआ देखकर, निराला से यह सुनकर कि वह कांग्रेस के नहीं, विश्व-सभा के सदस्य हैं, जिसके सदस्य अनेक नोबेल पुरस्कार पाए हुए साहित्यकार हैं, दरोगा लौट गया लेकिन जिस आनरेरी मजिस्ट्रेट के यहाँ दावे दायर किये गए थे, वह स्वयं ज़मींदार था। उसका रिश्तेदार वकील था जो चतुरी के विरोध में गढ़ाकोला के ज़मींदार की तरफ से लड़ रहा था। नतीज़ा यह कि मजिस्ट्रेट ने ज़मींदार को किसानों पर डिगरी दे दी। बैल वगैरह नीलाम कर लिये गए। इसके बाद चतुरी का मुक़दमा था। चतुरी को मुक़दमा लड़ने के लिए गाँववालों से चन्दा न मिला। वह चन्दे के बिना भी मुक़दमा लड़ने को तैयार था लेकिन दहशत के मारे गाँववाले गवाही देने को तैयार न थे। निराला ने कुछ पक्के गवाह ठीक कर दिये। चतुरी किसान है, कारीगर भी। अपनी कारीगरी के कारण 'गोदान' के होरी की तरह वह टूटता नहीं। ज़मींदार के सिपाही को साल में एक जोड़ा जूता देना वाजिब-उल-अर्ज़ में दर्ज़ नहीं है, इस रहस्य का पता लगना चतुरी की विजय है। निराला चतुरी को न आदर्श योद्धा और क्रान्तिकारी के रूप में चित्रित करते हैं, न भीतर से त्रस्त, टूटा हुआ, आत्म-ग्लानि से पीड़ित ही। चतुरी में साधारण श्रमिक जनता का साहस है जिसे निराला एक वाक्य में यों अंकित करते हैं : "सत्तू बाँधकर, रेल छोड़कर, पैदल दस कोस उन्नाव चलकर, दूसरी पेशी के बाद पैदल ही लौटकर हँसता हुआ चतुरी बोला, 'काका, जूता और पुरवाली बात अब्दुल-अर्ज़ में दर्ज़ नहीं है'।"

किसी समस्या का वास्तविक या काल्पनिक समाधान प्रस्तुत नहीं किया गया। लड़ाई की एक मंज़िल तय हुई, उसका इतिहास निराला ने लिख दिया। लोग लड़ सकते हैं, डरे, हारे, लेकिन लड़े तो—इस याद से ही निराला का मन हल्का हो जाता है। साहित्य-संसार में बारह साल तक मक्खियाँ मारने की पीड़ा नहीं है। निराला दाएँ-बाएँ विरोधियों पर वार करते चलते हैं, क्षुब्ध और दुखी होकर नहीं, प्रसन्न मुद्रा में, विरोधियों को बनाते हुए। पीड़ा है, मनोहरा देवी की याद में, जो चतुरी की चर्चा से ताज़ा हो जाती है। उस प्रच्छन्न पीड़ा की ओर संकेत भर है। पीड़ा कम है, इसलिए व्यंग्य में तीक्ष्णता नहीं, विनोद का भाव अधिक है। चतुरी के बनाये हुए जूते हल्के हैं, शायद नवाबी सभ्यता के असर से; बाँदा के चर्मकार भाई चित्रकूट के पास हैं, उनके बनाये हुए जूते वज़नी होते हैं, शायद इसलिए कि उन चर्मकार भाइयों पर "रामजी की तपस्या का प्रभाव पड़ा हो।" निराला नवाबी सभ्यता पर हँसते हैं, रामजी की तपस्या से उत्पन्न होनेवाले चमत्कारों पर भी। चतुरी जब उलटबाँसी सीधी करता है,

तब निराला उसका भाष्य ध्यान से सुनते हैं; जब वह दम लगाता है, तब भी उसकी समस्त क्रियाएँ कुतूहल-भाव से देखते और प्रसन्न होते हैं।

"फिर चलती हुई चिलम में दम लगाकर, धुआँ पीकर, सर नीचे की ओर ज़ोर से दबाकर, नाक से धुआँ निकालकर बैठे गले से बोला—काकी रोटी भी करती थीं, बर्तन भी मलती थीं...बड़ा अच्छा गाती थीं। काका, तुम वैसा नहीं गाते।"

एक सुखद-दु:खद स्मृति—डलमऊ में 'श्री रामचन्द्र कृपालु भजु मन' सुनकर मनोहरा देवी के कंठ-स्वर से पराजित होने की याद—निराला की प्रसन्नता में घुल-मिल जाती है।

'कुल्ली भाट', 'बिल्लेसुर बकरिहा'

'कुल्ली भाट' में कथा का केन्द्र गढ़ाकोला नहीं, निराला की ससुराल डलमऊ है। अछूत यहाँ भी हैं, इनमें शिक्षा-प्रचार का काम निराला नहीं, कुल्ली करते हैं। अछूत-समस्या के साथ हिन्दू-मुस्लिम विवाह की समस्या और अटक गई है। 'कुल्ली भाट' में निराला ने अपने ब्याह और गौने की कहानी लिखी है, दूसरी कहानी परिवार के नाश और बंगाल में हिन्दी सीखने की है; तीसरी कहानी अछूतों में कुल्ली के काम करने की है। निराला ने इसे जीवन-चरित्र मानकर लिखा है। वह जितना दूसरे का जीवन-चरित है, उतना स्वयं निराला का आत्म-चरित भी।

आकार में पुस्तक लघु उपन्यास जैसी है किन्तु उसकी रचना में आत्मकथा, जीवन-चरित, संस्मरण, रेखाचित्र—कई विधाएँ मिल गई हैं।

निराला ने अपने बारे में जो कुछ लिखा है, वह सब ज्यों-का-त्यों सही नहीं है किन्तु इससे परेशानी हो उन्हें, जो निराला का जीवन-चरित लिखते हों या उनकी आत्मकथा सम्पादित कर रहे हों। निराला ने गाँव-घर के वातावरण का, अपने बाल्यकालीन जीवन का कलात्मक चित्रण किया है। इसमें वह अपने बनाव-शृंगार पर, बंगाल से पाई हुई छायावादी संस्कृति पर हँसते हैं। यह नहीं लिखा कि जब सोलहवाँ साल पार किया और गौना लेने गए, तब 'जुही की कली' लिख चुके थे। गौने के बाद—सोलह पार करने के बाद—हिन्दी सीखने लगे, यह लिखा है। 'जुही की कली' लिखते समय ज्योति दिखी थी, यह याद है। उस ज्योति का मतलब क्या था, तब समझ में न आया था। गाँव से निकलकर स्टेशन की ओर चलते समय लू का ऐसा झोंका आया कि एक साथ जैसे कुंडलिनी जग गई। "वह प्रकाश देखा कि मोह दूर हो गया।" (पृ. 18) यहाँ आराम से घर बैठे ब्रह्मदर्शन करनेवालों पर व्यंग्य है। खुद आराम में हैं, सारा संसार आनन्द में डूबा हुआ क्यों न दिखाई दे? निराला ने लू के झोंके खाए तब मोह दूर हुआ। "रवि बाबू को आरामकुर्सी पर दिखा, हज़रत

मूसा को पहाड़ पर, मुझे गलियारे में, लू विरोध करती हुई कह रही थी : 'अब ज्ञान हो गया है, घर लौट जाओ'।"

यदि आकाश दिखने का अर्थ वैराग्य भाव का उदय है, तो 'जुही की कली' लिखते वक्त वह कैसे दिखा?

निराला एक तरफ अपने छायावादी रूप में हँसते हैं, दूसरी तरफ उससे आकर्षित भी हैं। छायावादी रूप ही नहीं, अपनी षोडश वर्षीय छवि पर, अपने 'अज्ञात-यौवन' भाव पर मुग्ध-विस्मित दृष्टि डालते हैं, हँसते भी हैं कुल्ली के प्रेमभाव का वर्णन करते हुए, मनोहरा देवी से प्रीति और विरोध के भावों का चित्रण करते हुए निराला ने अपना किशोर वय का ही नहीं, बाद की वयस्क अवस्था का भी मानसिक ताना-बाना प्रस्तुत किया है।

परिवार के विनाश का चित्र जो 'अलका' के आरम्भ में दबा-दबा है, यहाँ पूरी ताकत से उभर आया है। यह अंश शब्दों के अपव्यय से बचते हुए, संयम से, किसी बड़ी ट्रैजेडी के ढंग पर लिखा गया है। ऐसा लगता है कि यह दर्द तब ज़्यादा उभरता है जब निराला के मन में असफलता और पराजय के भाव कटुता उत्पन्न करते हैं। रवीन्द्रनाथ और मूसा ने प्रकाश जिस ढंग से देखा, निराला ने उस ढंग से नहीं। कुछ अधिक सत्य दिखाई दिया। जीवन-चरित पढ़े, कोई पसन्द न आया। समाजवादी-छायावादी सभी तरह के कवि हेच मालूम होते हैं : "साफ देखा—कलम हाथ लेते ही कितने कवियों की आँख की परी विश्व-साहित्य के सातवें आसमान पर पर मारती है, कितने कर्मवीर दलिया खाते हुए, कमर कमान किये, जान पर खेल रहे हैं, कितने आधुनिक बेधड़क समाजवाद के नाम पर पूरे उत्तानपाद।" यह चौतरफा हमला मन की कटुता के कारण है। इसके साथ परिवार के विनाश की स्मृति और भी सजग हो जाती है।

ब्याह, गवहीं, कुल्ली से मुलाकात के बाद निराला की हास्य-ध्वनि क्षीण होती जाती है। उसकी जगह व्यंग्य है, पीड़ा है। निराला साहित्य-क्षेत्र में लड़ते हैं, कुल्ली सामाजिक-क्षेत्र में। कुल्ली के प्रति तटस्थ व्यंग्य का भाव प्रशंसा के भाव में बदल जाता है। निराला ने 'देवी' कहानी में लिखा था कि बड़प्पन के सारे भाव उस पगली भिखारिन में समा गए। यहाँ वैसा कोई चमत्कार नहीं है। कुल्ली ने मुसलमान महिला से विवाह करके, अछूतों की सेवा करके निराला की, निराला के ससुरालवालों की प्रशंसा प्राप्त की। कुल्ली ने कांग्रेस क़ायम की, स्वयंसेवक भर्ती किये; बिंदा खटिक की दुलहिन मर रही थीं, गाँव में कोई न खड़ा हुआ तो कुल्ली ने अकेले सेवा की। कुल्ली ने अछूत बालकों से जो आत्मीयता पैदा की थी, उसे देखकर कुल्ली निराला की निगाह में बहुत ऊँचे उठ गए। उन अछूत बालकों की दृष्टि देखकर "लज्जा से मैं वहीं गड़ गया।" निराला को दूसरों के सामने लज्जा आए, ऐसा ज़रा कम होता है। इसका कारण वह सामाजिक क्रान्ति है जिसमें कुल्ली भाग ले रहे हैं, जो राजनीतिक आन्दोलन से सम्बद्ध है। इस आन्दोलन में स्वार्थसेवी नेता काफी थे।

इनकी असलियत कुल्ली ने पहचानी है, संसार के प्रति कुल्ली और निराला का अनुभव एक-सा है : "संसार में साँस लेने का भी सुबीता नहीं, यहाँ बड़ी निष्ठुरता है, यहाँ निश्छल प्राणों पर ही लोग प्रहार करते हैं; केवल स्वार्थ है यहाँ, वह चाहे जन-सेवा हो, चाहे देश-सेवा...।" (पृ. 106)

कुल्ली को बड़े-बड़े नेताओं से सहायता नहीं मिलती, फिर भी वह अकेले दम मैदान में डटे रहते हैं। जैसे पगली भिखारिन की दीपशिखा धुएँ के अँधेरे के नीचे धुँधली हो रही थी, वैसे ही कुल्ली की जीवनलीला समाप्त होने को है। फिर भी भीतर का प्रकाश मन्द नहीं हुआ। "देखा, चेहरा एक दिव्य आभा से पूर्ण है, लेकिन देह पहले से दुबली, जैसे कुल्ली समझ गए हैं, जीवन की संध्या हो गई है, अब घर लौटना है। कविता का दिव्य रूप और भाव सामने जड़ शरीर में देखकर पुलकित हो उठा।" (पृ. 106)

क्या 'जुही की कली' लिखते समय इससे अधिक दिव्य प्रकाश दिखा था?

निराला कहानी की शुरुआत यहाँ नायक के जन्म से नहीं करते, उसका अन्त नायक की मृत्यु से ज़रूर करते हैं। यह जीवन-चरित्र है; नायक की मृत्यु से उसका अन्त होना ही चाहिए। किन्तु मृत्यु के बाद की कुछ घटनाएँ हैं। निराला पर दुःख का प्रभाव कैसे उन्हें संज्ञाशून्य बना देता है, इस पर स्वयं लिखा है : "यह प्रभाव दुःख नहीं, नशे की तरह का है, जब किसी प्रियजन का वियोग होता है, या वैसा भय मुझ में आता है।" (पृ. 120) आरम्भ में गौने के समय की उमंगें; अब कुल्ली की मृत्यु के बाद यह संज्ञाशून्यता। दोनों में नाटकीय वैषम्य; यह संज्ञाशून्यता उन उमंगों पर व्यंग्य बनकर छा जाती है।

निराला शव-यात्रा में नहीं जाते। कुली को फूँककर लोग वापस आ गए। निराला जड़वत् अपनी जगह बैठे रहे। दस दिन बाद कुल्ली की स्त्री को देखने गए। कहानी को रँगने के बजाय निराला ने लिखा : कुल्ली की स्त्री में कुल्ली की अपेक्षा मुसलमानिन वाला भाव प्रबल था। एकादशाह के दिन लोग उनके यहाँ आए नहीं। "मैं आपसे पूछती हूँ, यह हिन्दुओं का खरापन है या दोगलापन?" (पृ. 121) कुल्ली की मृत्यु से कहानी समाप्त न हो सकती थी।

अछूत लड़का मन्नी पंडित को बुलाने गया। मन्नी पंडित को बहन ब्याहनी थी। गंगापुत्रों के यहाँ पंडिताई करने से हेठे समझे जाते थे; वर न मिलता था। "कुल्ली की स्त्री के घर होम कराने जाएँगे, तो कोई पानी भी न पिएगा।" (पृ. 121) कुल्ली ने जो सामाजिक क्रान्ति आरम्भ की थी, उसमें यह कठिनाई थी—काल्पनिक इच्छापूर्ति के स्वप्न से कितनी भिन्न!

निराला ज्योतिषी पंडित से तिथि-संवत् पूछकर होम कराने चले। पंचांग लेकर पहले ससुराल पहुँचे। माँगकर जनेऊ पहना। सासु बिगड़ीं कि कुल्ली के यहाँ होम कराने जाएँगे तो लोग उनके यहाँ खान-पान बन्द कर देंगे। वही भैयाचारों का विकट भय! निराला ने चिढ़कर कहा : "मैं आपका ससुर हूँ या अजिया ससुर? मेरे पापों

का फल आपको क्यों भुगतना पड़ेगा, मेरा दिया हुआ पिंड-पानी जबकि आपको नहीं मिल सकता? आप मुझे चौके में न खिलाइए, बस।" (पृ. 126)

लेकिन अब निराला अकेले न थे। साहित्यिक ख्याति साथ दे रही थी। निराला होम कराने जा रहे हैं, यह चमत्कार देखने के लिए लोगों की भीड़ उमड़ चली। निराला ने चौक पूरी, नवग्रहों के नौ कोठे बनाये, बालू की वेदी पर हवन की लकड़ी रखी। दीया जलाया। मंत्र पढ़ते हुए पहले अटके, फिर "अपनी संस्कृत शुरू की...लोग प्रभावित हो गए। खड़े जो जैसे रहे, रह गए, जैसे कवि-सम्मेलन में कविता पढ़ते वक्त होता है।" निराला ने होम समाप्त किया; लोगों ने कहा : "सब ठीक हुआ। बन गई कुल्ली की।"

सारी समस्याएँ सुलझी नहीं लेकिन संघर्ष की एक मंज़िल पार हुई। रेखाचित्र, संस्मरण, आत्म-चरित, जीवन-चरित, लघु उपन्यास—अनेक विधाओं के तत्त्व लेकर रची हुई 'कुल्ली भाट' की कथा हिन्दी के यथार्थवादी साहित्य के विकास में नई कड़ी साबित हुई।

'बिल्लेसुर बकरिहा' में वही गाँव है जो 'चतुरी चमार' में किन्तु यह उस समय की कहानी है जब सारे आन्दोलन शान्त हो गए हैं, फिर भी मनुष्य को जीवित रहने के लिए लड़ना है। बिल्लेसुर अकेले हैं, उन दरिद्र ब्राह्मणों के प्रतिनिधि हैं जो जीविका का और कोई साधन न होने से बकरियाँ पालते हैं। निराला बिल्लेसुर का जीवन-चरित नहीं लिख रहे, उसमें स्वयं अवतरित नहीं होते लेकिन वर्णन ऐसा है मानो कहानी गढ़ने के बदले आँखों-देखी बातें लिख रहे हों। यह लघु उपन्यास नहीं, न कहानी, एक तरह की लोककथा है जो साहित्यिक कहानी से अधिक समय लेती है, लघु उपन्यास से कम। न केवल इसका ढाँचा लोककथा का है, वरन् इसका वातावरण, कथा कहने की शैली, कथा की परिणति—सब-कुछ लोककथाओं जैसा है। बिल्लेसुर की कथा में काफी दर्द है किन्तु कहीं कटुता नहीं है; कथा में जहाँ व्यंग्य है, दबा हुआ है। निराला के प्रसन्न हास्य की आभा में सारी कथा रँगी हुई है।

बिल्लेसुर दरिद्र हैं। दुनिया को देखते मूर्ख भी हैं। मूर्खता के नीचे चतुराई छिपी है जिसे सफल अभिनेता की तरह प्रकट नहीं होने देते। जीविका की समस्या हल न कर पाने पर जवार के और लोगों की तरह वह भी बंगाल पहुँचते हैं। बर्दवान के महाराज के यहाँ सत्तीदीन सुकुल जमादार थे। वहाँ जमादार इनसे कसकर काम लेते हैं, घर का काम कराते हैं। चिट्ठियाँ बाँटने से कुछ पैसे मिल जाते हैं, वही आमदनी है। बिल्लेसुर ने सबसे दबकर, सबकी सुनकर जीना सीखा था। जमादार की पत्नी के व्यंग्य-बोल सुनते रहे : "कभी कुछ बोले नहीं। अपनी ज़िन्दगी की किताब पढ़ते गए। किसी भी वैज्ञानिक से बढ़कर नास्तिक।" (पृ. 19)

बिल्लेसुर के मन के आसपास ईश्वर नहीं, कोई धार्मिक आस्था नहीं, केवल दुःख है जो इतना सजीव है कि और किसी देवता को पास फटकने नहीं देता। वह "दुःख का मुँह देखते-देखते उसकी डरावनी सूरत को बार-बार चुनौती दे चुके थे। कभी हार नहीं खाई।" (पृ. 47) इस दुःख का एक कारण है गाँव का समाज। ज़मींदार से लेकर

पासियों तक—सभी बिल्लेसुर को चबा जाने को तैयार। "गाँव में जितने आदमी थे, अपना कोई नहीं, जैसे दुश्मनों के गढ़ में रहना हो।" (पृ. 39) इस अकेलेपन में किसी का विश्वास न करना चाहिए, देवताओं का भी नहीं, यह बिल्लेसुर ने सीखा। वह "दूसरे का अविश्वास करते-करते एक खास शक्ल के बन गए थे। पर अपना बल न छोड़ा था, जैसे अकेले तैराक हों!" (पृ. 19-20) आन्दोलन के उतार के बाद यह गढ़ाकोला के अकेले तैराक की कहानी है।

बिल्लेसुर ने सिपाहियों में भर्ती होने की कोशिश की। कद में छोटे थे। चमरौधे में रुई भरकर ऊँचे दिखने का प्रयत्न असफल हुआ। जमादार पत्नी के कहने से पुत्र-प्राप्ति की आशा से जगन्नाथपुरी गए। वहाँ बिल्लेसुर ने समुद्र देखकर प्रसन्नता के मारे "जगन्नाथ जी की स्मृति में बहुत से घोंघे बटोर लिये।" (पृ. 24) फिर उन्होंने एक नाटक किया। जमादार के पैर पकड़कर लेट गए और गुरुमंत्र देने को कहा। जमादार गायत्री मंत्र देकर ही पिंड छुड़ा सके। जमादार और उनकी स्त्री को प्रभावित करने के लिए एक स्वप्न-वृत्तान्त सुनाया—देखा, भुस्स से आग जल उठी, उसमें तीन मुँह वाला आदमी बैठा था। किन्तु इन सारे आडंबरों का जब कोई फल न निकला तब उन्होंने निश्चय किया कि "ज़मींदार की ग़ुलामी से गुरु की ग़ुलामी सख्त है," (पृ. 28) इसलिए गाँव चलते समय कंठीमाला और गायत्री मंत्र गुरुआइन को वापस दे आए।

निराला ने एक जगह बिल्लेसुर को सुकरात कहा है। इस सुकरात के "ज़बान न थी, पर इसकी फिलासफी लचर न थी।" (पृ. 39-40) निराला ने जैसे चतुरी के अन्तर्जगत की छानबीन की थी, वैसे ही यहाँ बिल्लेसुर का भीतरी मन टटोलते हैं। बिल्लेसुर भूल-भुलैया में भटकते हैं, फिर भी रास्ता निकाल लेते हैं, निर्गुण पदों की सहायता के बिना। जैसे सत्तीदीन जमादार के पैर छुए थे, वैसे ही महावीर के पैर छूकर बोले—मेरी बकरियों की रखवाली किये रहना। मूर्ति मुस्कराई या नहीं, बिल्लेसुर ने मुसकराना नहीं देखा। निराला कहते हैं : "तुलसीदास या सीताजी की जैसी अन्तर्दृष्टि न थी, होती, तो देखते, मूर्ति मुसकराई।" (पृ. 41) या फिर 'भक्त और भगवान' और 'अर्थ' कहानी के निरंजन-रामकुमार की दृष्टि होती, किन्तु बिल्लेसुर का मन दूसरे स्तर पर काम करता है। बदमाश लड़कों ने उनका बकरा मार डाला, महावीर ने रक्षा न की। निरंजन ने महावीर से पूछा था—ये ग़रीब मरे जा रहे हैं, इनका क्या होगा? बिल्लेसुर ने इस प्रश्न का जवाब अपने ढंग से दिया। बकरा न मिला तो मन्दिर की उल्टी प्रदक्षिणा की, फिर मूर्ति से बोले : "देख, मैं ग़रीब हूँ। तुझे सब लोग ग़रीबों का सहायक कहते हैं, मैं इसलिए तेरे पास आता था और कहता था, मेरी बकरियों को और बच्चों को देखे रहना। क्या तूने रखवाली की, बता, लिये थूथन-सा मुँह खड़ा है?" (पृ. 46) बिल्लेसुर प्रतीकों का अर्थ निकालने वाले दार्शनिक नहीं। हर चीज़ को व्यवहार की कसौटी पर परखते हैं। धार्मिक आस्था इस कसौटी पर खरी उतरी तो ठीक, नहीं तो गलत। सत्तीदीन नौकरी न दिला पाए, इसलिए गायत्री मंत्र, कंठीमाला गलत। महावीर बकरियों की रक्षा न कर पाए, इसलिए वह ग़रीबों के सहायक सिद्ध

न हुए। अपने प्रश्न का उत्तर न पाकर "आँखों से आँखें मिलाये हुए महावीर जी के मुँह पर वह डंडा दिया कि मिट्टी का मुँह गिली की तरह टूटकर बीघे भर के फासले पर जा गिरा।" (पृ. 46) 'राम की शक्तिपूजा' में राम की मूर्तिमान अर्चना महावीर के रूप में अक्षय है, उससे शिव और काली भी त्रस्त होते हैं। स्वयं राम रावण को पराजित करने के लिए देवी की पूजा करते हैं। 'राम की शक्तिपूजा' का विकल्प है : 'बिल्लेसुर बकरिहा'। विरोधी संसार में देवी-देवताओं के प्रति भग्न-आस्था वाले संघर्षरत प्राणी के प्रतीक हैं बिल्लेसुर।'

भाई की सास जब भोजन पकाती हैं, तब बिल्लेसुर फिर स्वाँग करते हैं। सास को दिखाने के लिए लोटे से पानी लेकर थाली के चारों तरफ तीन बार टपकाते हैं, अगरासन निकालकर लोटा बजाते हैं और आँखें बन्द कर लेते हैं। सास भी कम नहीं हैं, तड़के जगकर "बिल्लेसुर को जगाने के इरादे से ऊँचे स्वर से राम-राम जपने लगीं।" (पृ. 75) दोनों घाघ हैं। दोनों अपनी-अपनी घात में हैं। लेकिन दोनों को एक-दूसरे की ज़रूरत है, इसलिए समझौता हो जाता है।

बिल्लेसुर पशु-चारण और कृषि-सभ्यताओं के संगम हैं। अपनी ज़मीन नहीं है, ज़मींदार से खेत लेकर किसानी करते हैं। बकरी-पालन से जो अर्थाभाव पूरा नहीं होता, उसे किसानी से पूरा करते हैं। किसानी भी घिसे-पिटे तरीके से नहीं, अपनी सूझ-बूझ से नये प्रयोग के तौर पर करते हैं। हल-बैल न होने पर फावड़े से खुद खेत गोड़ते हैं, शकरकन्दें लगाते हैं। उन्नति का मार्ग सीधा नहीं है किन्तु पशुचारण में जितनी कठिनाइयाँ आईं, उतनी खेती में नहीं। ठगों से एक बार ठगे जाने पर वह सतर्क रहने लगे। वह ख़यालों की दुनिया में खो जाते हैं लेकिन थोड़ी देर के लिए। ठग त्रिलोचन ने सुन्दर लड़की से ब्याह करने को कहा। कैसी गोरी होगी, यह सोचते हुए रामरतन की स्त्री, रामचरन सुकुल की बिटिया के अलावा पुखराजबाई की लड़की हसीना भी याद आई जिसके बड़ी-बड़ी आँखें हैं (पृ. 58) बकरी के बच्चे कहाँ रहेंगे, छप्पर कहाँ डालेंगे, नई बीवी कहाँ रहेगी, बिल्लेसुर सपने देखते हैं लेकिन उनके पैर धरती पर हैं। त्रिलोचन की ठगविद्या का पता लगा लेते हैं।

लोककथा की तरह बिल्लेसुर की मुसीबतें खत्म हुईं और उनका ब्याह हो गया। किन्तु यह इच्छापूर्ति का स्वप्न नहीं है। बिल्लेसुर ने इस दिन के लिए बड़ा परिश्रम किया है। वह कथानायक नौजवान राजकुमार नहीं हैं। उम्र ढल रही है। गाँव के डोम, बाज़दार बिल्लेसुर से नेग पाने की बात कहते थे तो बिल्लेसुर "झुर्रियों में मुसकरा देते थे।" (पृ. 82)

बिल्लेसुर सहनशील व्यक्ति हैं किन्तु जब बदला लेते हैं, तब अपने ढंग से। गाँव के लोग बकरियाँ पालने पर उन्हें 'बकरिहा' कहकर चिढ़ाते हैं। बिल्लेसुर ने इसके जवाब में बकरी के बच्चों के वही नाम रखे जो चिढ़ाने वालों के थे।

'अलका' और 'निरुपमा' में जो परिवेश धुँधला है, वह यहाँ बहुत साफ है। यहाँ न केवल सामाजिक सम्बन्धों पर निराला ने ध्यान दिया है, ब्राह्मणों में आपसी

ऊँच-नीच के भेदभाव का चित्रण किया है, वरन् बकरी चराने से लेकर शकरकन्द लगाने तक बिल्लेसुर की सारी कार्यवाही को बारीकी से देखा है। बकरी के दूध से खोया बनाने में कौन-सी कठिनाइयाँ हैं, बकरी के घी में थोड़ा भैंस का घी मिलाकर कैसे बेचा जाय, 'अभी बौंड़ी पीली नहीं पड़ी थी', शकरकन्द खोदी जाय या नहीं (पृ. 70)—खेती किसानी की इन छोटी-छोटी बातों पर निराला ने पहले कभी इतना ध्यान न दिया था जितना इस कथा में दिया है। जाड़ा शुरू होने पर सवन जाति की चिड़ियाँ इमली की फुनगी पर बसेरा लेने आती हैं। बिल्लेसुर—सजग किसानों की तरह—आकाश के तारे पहचानते हैं। पहले शाम को हिरनी-हिरन जहाँ दिखते थे, वहाँ अब नहीं हैं। शरद ऋतु बीत गई। बिल्लेसुर कहते हैं, जब जहाँ चरने को चारा होता है, ये चले जाते हैं। (पृ. 72)

बिल्लेसुर में कहीं छिपा हुआ कवि है। काछी के खेत में बैंगन के पेड़ देखकर कविता का स्रोत फूट पड़ता है। "एक-एक पेड़ ऐंठा खड़ा कह रहा था, दुनिया में हम अपना सानी नहीं रखते।" (पृ. 64) सास के घर की तरफ चलते हैं। आम और महुए के पेड़ों से सुनहली धूप छनकर आती है। पेड़ों पर मौसम का जो असर था, वह 'उनमें भी आ गया', चारों तरफ हरियाली की तरंगें, "उनके साथ दिल मिल जाता और उन्हीं की तरह लहराने लगता था।" (पृ. 79) अपढ़ भारतीय किसान के हृदय में बड़ी कविता है। उसकी झलक बिल्लेसुर में है।

निराला परिवेश की हर वस्तु देखते हैं, हर आवाज़ सुनते हैं। दीनानाथ नाम के बकरे को पुकारते हुए बिल्लेसुर की आवाज़—उर् र् र्, उ र् र् र्! दिनवा अ ले—अ ले उ र् र् र्! आव—आव, दिनवा! (पृ. 43)—बिल्लेसुर के चित्र के साथ मन पर अंकित हो जाती है। बिल्लेसुर सास के गाँव गए तो बढ़इयों के यहाँ गाड़ी के पहिये बनने की ठक-ठक दूर से सुनाई दी। (पृ. 79)

निराला पूरी कहानी में बिल्लेसुर पर निगाह जमाये रहते हैं। निगाह हटती है तो बिल्लेसुर के ही आसपास की चीज़ें देखने के लिए। बहुत कम जगह किसी कविता या कहानी में निराला इतनी देर तक—इतनी जगह घुमाते हुए—एक ही पात्र पर दृष्टि केन्द्रित रखते हैं। कल्पना में सारे घटनाक्रम को बारीकी से—और बिल्लेसुर पर ध्यान जमाये हुए—देखने की शक्ति इस कथा की कलात्मक सफलता का रहस्य है।

कथा के आरम्भ में 'बकरिहा' शब्द की भाषावैज्ञानिक व्याख्या से लेकर साफा बाँधने के बाद दरपन में बिल्लेसुर के तरह-तरह की मुद्राएँ बनाने तक निराला की विनोद-वृत्ति हर पृष्ठ पर पाठक का मनोरंजन करती है। जैसे 'देवी' में व्यंग्य अनेक प्रकार का है और उन सभी प्रकारों से निराला ने उस रचना की कलात्मक सज्जा तैयार की है, वैसे ही 'बिल्लेसुर बकरिहा' में हास्य के अनेक रूप हैं। इन सब रूपों के धीमे-तेज़ प्रकाश से यह कहानी जगमगाती है। कहीं बिल्लेसुर की मुद्राएँ—सत्तीदीन के सामने लेटते हुए या दरपन में मुँह बनाते हुए—हँसाती हैं, कहीं उनकी क्रियाएँ जैसे समुद्र के किनारे घोंघे बटोरते हुए, कहीं उनकी बातचीत जैसे ठग त्रिलोचन को फटकार : "अब

लड़की नहीं, लड़की की आजी तक को दिखाओ तो भी मैं नहीं जाऊँगा।" (पृ. 62) बिल्लेसुर हास्य के आलम्बन हैं, हास्यास्पद नहीं हैं। हास्य के साथ वीर भाव जुड़ा है, वैसे ही जैसे निराला के व्यंग्य से अक्सर करुणा का भाव जुड़ा रहता है। निराला के हास्य का वह एक स्तर यहाँ भी है जो करुणा और व्यंग्य को छूता है।

निराला ने कथा कहते हुए हर जगह भाव-संयम बरता है। दु:ख और वीरता की ओर संकेत भर है, विस्तार से वर्णन नहीं किया। वैसे ही हास्य में संयम है, अट्टहास नहीं है, अधिकतर होंठों पर खेलती हुई मुसकान है, वैसी ही मितव्ययिता शब्द-चयन में है। गद्य का कसाव निराला की उस निगाह के अनुरूप है जो सिर्फ काम की बातें देखती है और बिल्लेसुर से हटकर इधर-उधर भटकती नहीं है। अन्य कहानियों की अपेक्षा निराला ने यहाँ अवधी शब्दों का प्रयोग अधिक किया है जिससे प्रयत्न-प्रदर्शन के बिना कथा आंचलिकता के रंग में रँग गई है।

चमेली

'सुकुल की बीवी' कुछ दूर तक संस्मरण है, उसके बाद कहानी। 'मतवाला' आफिस में काम करते हुए निराला, नंगा बदन, मुंशी नवजादिकलाल श्रीवास्तव की रेशमी चादर डालकर सभ्य दिखने का यत्न, साहित्य-समुद्र-मंथन से निकलता हुआ गरल, उसे पीने वाले महादेवप्रसाद सेठ—'देवी' की तरह यहाँ भी निराला अपने छायावादी मन पर काफी हँसते हैं। निराला के एक सहपाठी सुकुल हैं, निराला ने पूरा नाम नहीं लिखा, महिषादल के साथी होंगे। 'मतवाला' के बारे में लिखते हुए संस्मरण की ज़मीन तय करते हैं, सहपाठी सुकुल के स्कूली जीवन की तसवीर संस्मरण और कहानी के बीच की अनिश्चित भूमि है। विवाह होने, प्रवेशिका परीक्षा में पद्माकर के छन्द लिखने की बातें आत्म-संस्मरण हैं। किन्तु पिता के साथ माता के जीवित रहने की बात कहानी में कल्पनाक्षेत्र की बात है। सुकुल पास हुए, निराला फेल। "अब वह पिताजी नहीं, माताजी नहीं, पत्नी नहीं, केवल मैं हूँ, और परीक्षा-भूमि, सामने प्रश्नों की अगणित तरंगमाला!" ('सुकुल की बीवी', पृ. 17) हास्य-विनोद से आरम्भ होनेवाली कहानी में आत्मकथा का यह करुण सत्य। श्रीमती सुकुल गर्भ में आईं ब्राह्मण कुल में; पैदा हुईं मुसलमान परिवार में। होश आने पर हिन्दू-मुसलमान, दोनों से मन फिर गया। "बड़ी लज्जा लगी, हिन्दू-मुसलमान, इन दोनों शब्दों पर किसी की तरफदारी के लिए।" (पृ. 27)

कहानी बहुत विस्तार से कही गई है, ढाँचा बहुत ढीला-ढाला है। कहानी के अन्त में महादेव बाबू फिर दिखाई देते हैं। निराला सुकुल और सुकुल की बीवी का विधिवत् विवाह करा देते हैं। मूल कथा गढ़ी हुई या काफी रंग चुनकर पेश की हुई जान पड़ती है।

'श्रीमती गजानन्द शास्त्रिणी' में निराला की कला अतिरंजित चित्रण—कैरीकैच्योर—की कला है। धार्मिक रूढ़ियों को मानने वालों पर तीव्र व्यंग्य है। कहानी में मोहन वैसा ही शिक्षा-प्राप्त युवक है, जैसा इच्छापूर्तिवाली कहानियों में नायक होता है किन्तु यहाँ उसका विवाह युवती सुपर्णा से नहीं होता। उल्टा सुपर्णा श्रीमती गजानन्द शास्त्रिणी बन जाती हैं। मोहन छायावाद का समर्थक है, शास्त्रीजी सपत्नीक छायावाद के विरोधी। श्रीमती शास्त्रिणी असहयोग आन्दोलन में भाग लेकर पति के साथ ऊपर उठती चली जाती हैं, मोहन एम.ए. पास करके एक पत्र के दफ़्तर में कलम घिसता है। कहानी में इच्छापूर्ति का स्वप्न नहीं है, नग्न यथार्थ भी नहीं है। छायावाद के रूढ़िवादी विरोधियों पर कथा के बहाने निराला ने व्यंग्य किया जिसमें प्रसन्न हास्य अधिक है, कटुता कम।

इससे मिलते-जुलते स्तर का हास्य और व्यंग्य 'प्रेमिका-परिचय' ('लिली', पृ. 104) में है। व्यंग्य के लक्ष्य हैं लखनऊ विश्वविद्यालय के बाबू प्रेमकुमार, जो नवाबी सभ्यता और उर्दू शायरी के रंग में डूबे हुए हैं। प्रेमिका की खोज में बेवकूफ बनते हैं; निराला को उनकी असफलता से तसल्ली होती है। इनका साथी है शंकर जो 'सुकुल की बीवी' के सुकुल से मिलता-जुलता है—पढ़ाई की मेहनत और चोटी रखाने में। शंकर अपनी चोटी कई पेंच से बाँधता है, खोलने पर बल बल खाते हैं। "कहता है, इलेक्ट्रिसिटी शरीर में प्रिज़र्व करने का सबसे पहले यह आर्यों का निकाला हुआ तरीका है।" (उप., पृ. 106) [सुकुल पढ़ते समय खूँटी से बँधी रस्सी से चोटी बाँध लेते हैं; ऊँघने पर झटका लगे तो जग पड़ें। उनके साथ चोटीधारियों का पूरा दल है। हाकी के मैदान में "सुकुल की पार्टी-की-पार्टी की चोटियाँ, स्टिक बनी हुई, प्रतिपद-गति की ताल-ताल पर, सर-सर से हाकी खेलती हैं।" ('सुकुल की बीवी', पृ. 130)] निराला एक अतिरंजित कल्पना-चित्र से मन बहलाते हैं। रूढ़िवाद चोटी तक सीमित नहीं, उसकी जड़ें और गहरी हैं। वहाँ तक व्यंग्य नहीं पहुँचता, इसीलिए हल्का है।

'सुकुल की बीवी' में एक ललित निबन्ध है : 'कला की रूपरेखा'। यह संस्मरणात्मक निबन्ध 'सुकुल की बीवी' और 'प्रेमिका-परिचय' जैसी कहानियों से अधिक रोचक है। भूमिका में निराला ने उसे कहानियों में गिना है, किन्तु वह उस विधा से काफी भिन्न है। निबन्ध व्यंग्य-विनोद से शुरू होता है। अंडे खाने के पहले कला पर बातचीत होती है और कुछ देर के लिए निराला का भाषण काफी गम्भीर हो जाता है। रेशम के कारोबारी के रूप में अपना परिचय देने के बाद निराला एक दक्षिण भारतीय को देखते हैं जो जाड़े में लँगोटी से लाज बचाये उनके पास दौड़ता हुआ आता है। वह उसे अपनी मोटी खद्दर की चादर उतारकर दे देते हैं। वह देशभक्त है। लखनऊ कांग्रेस देखने आया है। निराला ने उस कांग्रेस को अपने ढंग से देखा, वैसा ही वर्णन लिखा। 'देवी' में जैसे पगली भिखारिन के आगे नेता का जुलूस निस्तेज लगता है, वैसे ही यहाँ उस ग़रीब दक्षिण भारतीय के सामने कांग्रेस का वह भव्य अधिवेशन। स्वयंसेवक की वर्दी पहने हुए दोनों हाथ उठाकर जब वह हर्षध्वनि करता है और लड़खड़ाती हिन्दी

में कहता है : "मैं वही हूँ, जिसे आपने चादरा दिया था," तब कहानी के क्लाईमैक्स के तौर पर निराला को उसमें कला का जीवित रूप दिखाई देता है। वापस जाते समय उसके पास किराये के पैसे नहीं हैं; पैदल जाएगा, लेकिन पैर में चप्पल भी नहीं हैं। निराला के पास कुल छह पैसे थे, चप्पलें घिस गई थीं। न अपनी चप्पलें दे सकते थे, न नई ख़रीद सकते थे। क्षमा माँगी।" उसने वीर की तरह मुझे देखा। फिर बड़े भाई की तरह आशीर्वाद दिया और मुसकराकर अमीनाबाद की ओर चला। मैं खड़ा-खड़ा उसे देखता रहा, जब तक वह दृष्टि से ओझल नहीं हो गया।" ('सुकुल की बीवी', पृ. 71)।

कहानी विनोद के जिस भाव से शुरू होती है, उसी से खत्म नहीं होती। अन्त और आरम्भ में वैषम्य है, जिस पर जान-बूझकर ज़ोर दिया गया है। हास्य का भाव आगे ओजमिश्रित करुणा में तिरोहित हो जाता है। यहाँ निराला एक साधारण भारतीय को—उसके देश-प्रेम, जीवट और लगन के कारण—अपने से कुछ बड़ा बनाकर चित्रित करते हैं। जीवन-यथार्थ के इस खंड-चित्र की विधा जो भी हो, है वह अत्यन्त कलापूर्ण। कला पर निराला के भाषण से जो बात समझ में नहीं आती, वह उस कला के जीवन्त स्वरूप के चित्रण से समझ में आ जाती है।

'स्वामी सारदानन्द जी महाराज और मैं' भी ललित निबन्ध है जिसे निराला ने कहानी मानकर 'चतुरी चमार' कहानी संग्रह में शामिल किया है। शुरुआत आत्मकथा के ढंग से होती है। निराला महिषादल-निवास, प्रारम्भिक संघर्ष, महावीर प्रसाद द्विवेदी जी की सहायता, संन्यासियों के साथ काम करने का विस्तृत विवरण देते हैं। फिर जैसे उद्बोधन कार्यालय में संन्यासियों के बीच पहुँचकर कथा बँध जाती है। संन्यासियों के रूप-आकार, वहाँ के वातावरण, अपने मन की दशाओं का विनोदपूर्ण और अत्यन्त सजीव चित्र निराला ने यहाँ खींचा है। निबन्ध के अन्त में वह जिन चमत्कारों को देखने की बात कहते हैं, उन्हें इच्छापूर्ति का स्वप्न कहा जा सकता है। इच्छापूर्ति धन, विद्या, यश, नारी को लेकर नहीं, संन्यास को लेकर है। स्वप्न में देखा श्यामा की बाँह पर मेरा मस्तक, मैं लहरों पर हिल रहा हूँ।

उन्होंने सचमुच यह स्वप्न देखा होता तो शायद 'राम की शक्तिपूजा' में यह न लिखते :

देखा, हैं महाशक्ति रावण को लिये अंक।
लाञ्छन को ले जैसे शशांक नभ में अशंक।

रावण की जगह महाशक्ति के अंक में निराला को होना चाहिए—इस स्वप्न की पूर्ति उपर्युक्त निबन्ध में है। इस निबन्ध की कलात्मक सफलता संन्यासियों वाले वातावरण के चित्रण में है, उसका अतिरिक्त महत्त्व निराला के जीवन से सम्बन्धित अनेक घटनाओं के विवरण में है।

निराला में कथा कहने की प्रवृत्ति अत्यन्त प्रबल है। आलोचनात्मक निबन्धों में विश्लेषण-विवेचन के साथ एकाध कहानी जोड़ देते हैं। 'अर्थ' निबन्ध ('सुधा',

सितम्बर, '32) में जहाँ वह स्वामी सारदानन्द का उल्लेख करते हैं, स्वयं चिड़ियों की बोली में तरह-तरह के अर्थ पहचानने की बात लिखते हैं, वहाँ कथा-रस उत्पन्न होता है किन्तु सारे निबन्ध में विवेचन प्रधान है, इसलिए वह कहानी या ललित निबन्ध की श्रेणी में नहीं आता। 'पन्तजी और पल्लव' में अपने जीवन से सम्बन्धित अनेक घटनाओं का उल्लेख किया है, वह सब बहुत रोचक है किन्तु लेख में आलोचनात्मक छानबीन की अधिकता है, इसलिए वह भी ललित निबन्ध की श्रेणी में न आएगा।

निराला का एक अधूरा उपन्यास है 'चमेली', जो फरवरी, 1939 के 'रूपाभ' में प्रकाशित हुआ था। इसकी चित्रभूमि वही है जो 'बिल्लेसुर बकरिहा' की है किन्तु पात्र भिन्न हैं, वर्णन-शैली भिन्न है। निराला हार, खलिहान का बड़ा अच्छा चित्रण करते हैं किन्तु किसी एक पात्र पर ध्यान केन्द्रित नहीं करते। किसान माड़ी हुई रास ओसा रहे हैं। चारपाई पर लट्ठ रखे ज़मींदार का सिपाही बैठा है। पुरवा की अदालत से लोग लौट आए हैं। आसमान पर ढोरों की खुरी की धूल छाई हुई है। सिपाही बख्तावरसिंह बैल हाँकती चमेली के पास लाठी का गूला रास की बगल में वैसे ही दे मारता है, जैसे 'छलाँग मारता हुआ' ('नये पत्ते', पृ. 92) कविता में ज़मींदार का लठैत। कविता से भिन्न यहाँ बख्तावरसिंह ने युवती चमेली का हाथ पकड़ लिया। चमेली के पुकारते ही महादेव ने आकर बख्तावरसिंह को पटक दिया और मारा। चमेली विधवा है। उसे बदनाम करके उसके बाप को परेशान करना मुश्किल नहीं। बख्तावरसिंह उसके बाप दुखी को परेशान करता है किन्तु चमेली बाप की फटकार पर उसे डाँट देती है। माँ चमेली का साथ देती है। सिपाही ज़मींदार का भैयाचार है। सबसे बड़ी चिन्ता यह है कि शूद्र ने ठाकुर को पीट लिया। दुखी पर उल्टी रिपोर्ट लिखा दी गई। शिवदत्त राम त्रिपाठी को एक रुपया देकर दुखी सहायता की प्रार्थना करता है।

उपन्यास के पहले अध्याय में खलिहान का वर्णन, दूसरे अध्याय में शिवदत्त राम त्रिपाठी का चित्रण बहुत सजीव है। किन्तु चमेली, दुखी, बख्तावर दूर से देखे हुए पात्र हैं, चित्रण में गहराई नहीं है। यहाँ निराला ने जिस कला को निखारा है, वह गाँव के परिवेश के विस्तृत चित्रण के अलावा, ग्रामीण जनों के संवाद-लेखन में है।

'कुल्ली भाट' में निराला जैसे रामसहाय तेवारी की बातचीत—अवधी से बदलकर खड़ी बोली में—प्रस्तुत करते हैं, वैसे ही शिवदत राम की भैहू की बातचीत है : "क्या है कि हफ्ते में एक रात, दो रात इस तरह दीदी अकेले बहिरे जाती हैं... बहेतू कहीं की, सवेरे से जब देखो, धोती उठाये बाहर भगी...कहे देती हूँ तुमसे, यह अब रहेंगी नहीं घर, खोदैया बिसाते से इसकी आसनाई है, सीधे तुम्हारे मुख में लगाएँगी कालिख और होंगी मुसलमानिन।"

उपन्यास में शिवदत्त राम का लड़का है जो पिता से भिन्न स्वभाव का है। लखनऊ में पढ़ता है। सम्भव है, अन्य कहानियों की तरह वह आदर्श युवक बनकर दुखी की सहायता करता; सम्भव है, उपन्यास में किसान-ज़मींदार-संघर्ष के यथार्थ

चित्र खींचे जाते। एक बात निश्चित है, यहाँ कहानी कहने में थोड़ा बिखराव है और यथार्थवाद का स्तर 'बिल्लेसुर बकरिहा' से कुछ नीचे है, ऊपर नहीं।

'अप्सरा', 'अलका' से आगे, 'लिली' की कहानियों से भिन्न, हिन्दी कथा-साहित्य का नया विकास है 'देवी', 'चतुरी चमार', 'कुल्ली भाट' और 'बिल्लेसुर बकरिहा' में। यहीं कथा-साहित्य में निराला की कला का चरम विकास भी है।

निबन्ध

कथा-साहित्य के अलावा निराला ने बहुत-सा गद्य लिखा है जिसका सम्बन्ध बहुत-कुछ उनके युग के विचारधारागत संघर्ष से है। उन्होंने राजनीतिक, सामाजिक, दार्शनिक, साहित्यिक समस्याओं पर टिप्पणियाँ लिखीं, निबन्ध लिखे, पुस्तकों की आलोचनाएँ लिखीं। इनमें कुछ लघु निबन्ध हैं, जैसे : 'रूप और नारी'। यह 'सुधा' में लिखी हुई उनकी एक सम्पादकीय टिप्पणी है जिसे उन्होंने 'प्रबन्ध पद्म' में शामिल किया है। 'सुधा' में उनकी लिखी हुई अधिकांश टिप्पणियाँ इस लघु निबन्ध की श्रेणी में आती हैं। इनमें कहीं वह दार्शनिक स्तर पर विषय-विवेचन करते हैं, कहीं साहित्यिक वाद-विवाद में दाँव-पेंच दिखाते हैं, कहीं सामयिक घटनाओं पर टिप्पणी करते हैं। गद्य में ये निराला के गीतों की तरह हैं। (परिमाण और संरचना के विचार से)

इनसे बड़े कुछ निबन्ध हैं, जैसे : 'नाटक-समस्या' ('प्रबन्ध प्रतिमा', पृ. 63) या 'विद्यापति और चंडीदास।' (उप., पृ. 148) इन निबन्धों की श्रेणी में 'परिमल' और 'गीतिका' की भूमिकाएँ भी हैं। इनके विषय अनेक हैं, विवेचन के ढंग अलग-अलग हैं। ऐसे कुछ निबन्धों में एक दोष यह है कि उनकी शुरुआत बड़े ऊँचे स्तर से होती है और आगे चलकर स्वर काफी नीची ज़मीन पर आ जाता है। इनमें वह नाटकीय कला नहीं है जो उनके काव्य में जगह-जगह देखने को मिलती है। इसका कारण एक परम्परागत संस्कार है जो वेद और ब्रह्म से ही बात शुरू करना उचित समझता है। 'गीतिका' की भूमिका निराला गीत-सृष्टि के शाश्वत होने, समस्त शब्दों के मूल कारण ध्वनिमय ओंकार की चर्चा से आरम्भ करते हैं। 'नाटक-समस्या' में पूरा पैराग्राफ 'ईश्वरीय यथार्थ नाटक' पर लिखकर मानवकृत नाटकों की ओर मुड़ते हैं। आदिकाल से आरम्भ करने का यह तरीका निराला में ही नहीं है, औरों में भी है। इसीलिए उसे परम्परागत संस्कार कहा। "आजकल हिन्दू जाति के जीवन में जिस तरह की गन्दगी भर गई है...।" ('प्रबन्ध प्रतिमा', पृ. 226), इस सहज ढंग से जब निबन्ध आरम्भ करते हैं तब निर्वाह अच्छा बन पड़ता है। निराला काव्य में जैसे मुक्तक हैं : 'जागो फिर एक बार' इत्यादि—वैसे ही गद्य में ये निबन्ध हैं।

इनमें बड़े कुछ और निबन्ध हैं जिन्हें निराला ने विशेष तैयारी के बाद लिखा है। 'चरखा', 'कला के विरह में जोशी-बन्धु', 'बंगाल के वैष्णव कवियों की शृंगार वर्णना', 'मेरे गीत और कला', 'पन्तजी और पल्लव', 'साहित्यिक सन्निपात या वर्तमान धर्म?' आदि निबन्ध हैं जिनमें तर्क का विराट् ताना-बाना है, गद्य की अनेक शैलियाँ, भावबोध के अनेक स्तर हैं, जिनके लेखन में नाट्यकला और प्रबन्ध-रचना, दोनों का आनन्द है। इनमें सबसे अधिक परिश्रम निराला ने 'साहित्यिक सन्निपात या वर्तमान धर्म?' निबन्ध लिखने में किया था। विचार-मंथन की दृष्टि से यह उनका सबसे महत्त्वपूर्ण निबन्ध है। निराला-काव्य में जैसे 'सरोज-स्मृति', 'तुलसीदास' और 'राम की शक्तिपूजा' प्रबन्ध-रचनाएँ हैं, वैसे ही गद्य में ये निबन्ध हैं।

निराला की तर्कभूमि सभी निबन्धों में एक-सी नहीं है। किसी एक निबन्ध से उनके तर्क उठाकर उनके किसी दूसरे निबन्ध के तर्क काटे जा सकते हैं किन्तु ऐसा कम होता है कि एक ही निबन्ध में उनके तर्क आपस में उलझ जायँ। सामान्यत: निबन्ध में विवेक का साफ-सुथरा ढाँचा होता है और उसके भीतर जिन तर्कों का प्रसार किया जाता है, उनमें आन्तरिक संगति होती है। 'वर्तमान धर्म' वाले लेख में निराला 'विरोधी पक्ष' की चर्चा करते हैं जो विशुद्ध ज्ञान की सत्ता न मानकर ज्ञान के साथ अज्ञान का संयोग करता है। सारे लेख में—पौराणिक गाथाओं की नवीन व्याख्या में—निराला ने इसी द्वन्द्वात्मक तर्कपद्धति का निर्वाह किया है। यह उस निबन्ध की आन्तरिक संगति है।

निराला के साहित्यिक—विशेष रूप से वाद-विवाद वाले—निबन्धों की एक दिशा स्पष्ट है। वह रीतिवादी धारा का विरोध करते हैं, सन्त साहित्य का समर्थन करते हैं; पुरानी कविता के मुकाबले नई कविता का पक्ष लेते हैं, पुरानी कविता के सिलसिले में, रीतिवादियों पर कोई आक्षेप करे तो वह चुप रहते हैं, सन्त साहित्य की आलोचना करे तो उसका जवाब देते हैं। वह इस बात के प्रति भी जागरूक हैं कि नई हिन्दी कविता सन्त साहित्य के अनुकरण से नहीं, वरन् अपनी लीक अलग बनाकर ही आगे बढ़ सकती है। इस विवेचन में कहीं-कहीं स्वयं की गरिमा से वह संत कवियों के परास्त होने की कल्पना भी करते हैं।

अनेक निबन्धों में उन्होंने तुलसीदास के ज्ञान पक्ष का समर्थन किया है। यह उचित था क्योंकि तुलसीदास की प्रबल मेधा की ओर भक्त-प्रशंसकों का ध्यान कम गया था किन्तु अपने विवेचन में निराला ने उनके काव्य की भाव-सम्पदा, कलात्मक उत्कर्ष और विचार-गरिमा के अनेक पक्षों की ओर ध्यान नहीं दिया। 'मेरे गीत और कला' में चलते-चलते तुलसीदास की कला में दोष दिखाया है, वह सम्यक् विवेचन नहीं। 'पन्तजी और पल्लव' में सूरदास के ज्ञान पक्ष को लेते हुए उनके विराट् चित्रों की उचित प्रशंसा की है, किन्तु 'गीतिका' की भूमिका में सूर-तुलसी-मीरा के गीतों को सगुण उपासना के कारण आधुनिकों की रुचि के प्रतिकूल मानकर उस रुचि को ही सीमित और सन्दिग्ध सिद्ध किया है। पुराने गीत पसन्द नहीं आते सगुणोपासना के

कारण! और कबीर के गीत पसन्द नहीं आते क्योंकि वे 'भाषा-साहित्य-संस्कृति' में अमार्जित हैं! अब निराला ने जो गीत लिखे हैं, वे डी.एल. राय और रवीन्द्रनाथ के गीतों की तरह अंग्रेज़ी संगीत से प्रभावित हैं!

निराला ने अनेक आधुनिक साहित्यकारों पर लिखा है और उनकी ऐतिहासिक देन की बार-बार प्रशंसा की है किन्तु प्रेमचन्द पर आदर्शवाद का आरोप लगाते हुए उन्होंने आंशिक सत्य की ओर ध्यान दिया है, उनके यथार्थवाद के विकास पर भरपूर विचार नहीं किया। स्वयं निराला के साहित्य में किस तरह का आदर्शवाद आ जाता था, इसका उल्लेख नहीं किया। प्रसाद, मैथिलीशरण, पन्त को अनेक प्रकार से कविता के विकास के लिए श्रेय देने के साथ उन्होंने पन्त-काव्य की कुछ ऐसी खामियों की आलोचना की है जो निराला-काव्य में भी हैं। कालिदास और रवीन्द्रनाथ के उल्लेखों में कला की बारीकियों पर ध्यान ज़्यादा दिया है, जो अपने में अनुचित नहीं, किन्तु उससे उनकी काव्य-प्रतिभा का पूरा ज्ञान नहीं होता। रवीन्द्रनाथ से गृहत्यागी तुलसीदास को श्रेष्ठ ठहराते हुए वह इस कलात्मक विवेचन का स्तर छोड़ देते हैं। यहाँ यह कहना आवश्यक है कि निराला ने रवीन्द्रनाथ, कालिदास, शेक्सपियर, शेली आदि कवियों से उद्धरण देकर उनकी जो व्याख्या की है, वह अत्यन्त महत्त्वपूर्ण है और आलोचक निराला ही नहीं, कवि निराला की रचना-प्रक्रिया को समझने में सहायक होती है।

निराला ने अपने से छोटों पर काफी लिखा है। यहाँ उद्‌देश्य प्रोत्साहन देना है। दोष नहीं दिखाये। यहाँ यह भ्रम न होना चाहिए कि निराला ने सूर-तुलसी-कबीर-रवीन्द्रनाथ में तो दोष दिखाये पर इनकी मुक्तकंठ से प्रशंसा की; इसलिए ये आधुनिक लेखक उनसे भी ऊँचे साहित्यकार हैं।

निराला ने अपने काव्य का विवेचन भी किया है। यह विवेचन महत्त्वपूर्ण है। जहाँ तर्क कमज़ोर है—जैसे श-ण-व-ल के मामले में—वहाँ भी निराला सोचने के लिए नई दिशा की ओर संकेत करते हैं। अपने काव्य का विवेचन प्रतिस्पर्धा के भाव से किया है, स्वभावत: उधर क्या गलत है, इधर क्या सही है, इस पर ध्यान ज़्यादा है। जैसे औरों के बारे में उनके तर्क कभी-कभी आपस में टकराते हैं, वैसे ही अपने बारे में। न टकराने पर भी दलीलें कभी-कभी कमज़ोर होती हैं, जैसे भाव-मुक्ति के लिए मुक्त छन्द आवश्यक है—यह दलील।

निराला की आलोचना से जो बात सीखी जा सकती है, वह यह कि अपने विवेचन में वह भाव के साथ विचार-तत्त्व पर काफी बल देते हैं। उनके लिए पदावली रचना ही महत्त्वपूर्ण नहीं है, महत्त्वपूर्ण बात है पूरी कविता में कला का निर्वाह, उसका आन्तरिक गठन, भाव की अन्तिम परिणति। 'मेरे गीत और कला' में उनका यही दृष्टिकोण है। निराला भाव, विचार, भाषा—इन सब पर कवि के समान अधिकार के पक्षपाती हैं। रवीन्द्रनाथ की एक कविता की व्याख्या करते हुए लिखा है : "इतना अच्छा निर्वाह, इतना प्रस्तर प्रवाह, इतनी दमदार भाषा आज तक बहुत कम कवियों में देख पड़ी है।" ('चयन', पृ. 125) कलात्मक निर्वाह, भाव-प्रवाह, भाषा-सामर्थ्य—तीनों पर समान बल है।

निराला की आलोचना एक कवि की लिखी हुई आलोचना है। उसमें जगह-जगह ऐसी अन्तर्दृष्टि है, जैसी आलोचना-विशेषज्ञों में कम मिलती है। निराला की लिखी हुई आलोचना उनके काव्य के किसी-न-किसी पक्ष को उजागर करती है, उनके कवि-मन के गुप्त रहस्य प्रकट करती है। अवश्य ही आलोचना जितनी महत्त्वपूर्ण है, उनके काव्य-सन्दर्भ के कारण उससे ज़्यादा मालूम हो सकती है किन्तु काव्य-सन्दर्भ को हटा देने पर भी पाठक यदि विवेक से आलोचना पढ़ेगा, तो उसमें उसे अनेक महत्त्वपूर्ण बातें दिखाई देंगी।

रवीन्द्रनाथ की एक कविता में 'चाइ-चाइ' शब्द आया। निराला ने व्याख्या की : "बँगला के चाइ-चाइ शब्द में आँधी की साँय-साँय की ध्वनि है, उधर चाइ-चाइ की अर्थ-द्युति व्याकुल प्रार्थना को सजीव कर देती है।" ('चयन', पृ. 111) निराला शब्द की ध्वनि सुनते हैं, फिर देखते हैं अर्थ की द्युति से वह ध्वनि मेल खाती है या नहीं। 'चाइ-चाइ' का एक कोशगत अर्थ; दूसरा, शब्द की ध्वनि द्वारा व्यंजित अर्थ। दोनों में मेल होना चाहिए। निराला-काव्य में यह चमत्कार खूब देखने को मिलता है।

रवीन्द्रनाथ के एक गीत की व्याख्या वह यों आरम्भ करते हैं : "विश्वकवि के इस संगीत का प्लाट (नक्शा) यह है।" ('रवीन्द्र कविता कानन', पृ. 144) संगीत शब्द का प्रयोग किया है गीत के अर्थ में। गीत में निराला को 'प्लाट' चाहिए। प्लाट का अर्थ 'नक्शा' ब्रैकेट में उन्होंने स्वयं लिखा है। कविता में तो प्लाट होना ही चाहिए, गीत में भी वह आवश्यक है। निराला का ध्यान भावोद्गारों से अधिक गीत के नक्शे पर है; कविता रची कैसे गई है, यह परखते हैं। स्वभावत: गीत लिखते समय उनकी अपनी निगाह भी नक्शे पर रहती है।

कालिदास से 'हस्ते लीला कमल मलके' इत्यादि उद्धृत करते हुए कहते हैं कि जो आलोचक नहीं—केवल भावोच्छ्वासों की दुनिया में रहता है—वह इसका महत्त्व न समझेगा; उसे फूल दिखाई देगा, उस फूल से संयुक्त "कंटकाधार मस्तिष्क—जिस पर यह कोमल कला टिकी हुई है—कदापि अनुभूत न होगा।" ('सुधा', जुलाई, '33; सम्पा. टि.—1) कला का आधार है मस्तिष्क, बुद्धितत्त्व के बिना भावोच्छ्वास व्यर्थ है। 'कली सी काँटे की तोली'—का मूर्तिविधान इतना प्रिय है कि उसका उपयोग आलोचना में भी करते हैं।

अन्य टिप्पणी में कालिदास से ही 'कुसुम जन्म ततो नव पल्लवा' आदि उद्धृत करने के बाद कहते हैं : "कला में उनकी सहृदयता के साथ बुद्धिवाद का परिपूर्ण विकास लक्षित होता है।" ('सुधा', दिसम्बर, '34; सम्पा. टि.—1) जैसे परिपूर्ण विकास रूपक के निर्वाह में दिखाया, वैसे ही 'बुद्धिवाद' के साथ रूपक बाँधना स्वयं निराला को प्रिय था।

निराला खड़ी बोली कविता के प्रसंग में दो बातों की चर्चा ज़्यादा करते हैं—एक ज्ञान की, दूसरी भाषा की। ज्ञान से तात्पर्य वेदान्त के अलावा भावों और विचारों में

आधुनिकता, रीतिवाद से मुक्त काव्यबोध से भी है। इससे अधिक चर्चा वह भाषा की करते हैं। कविता पढ़ते समय सबसे पहले वह भाषा की नब्ज़ टटोलते हैं। भाव और विचार पर ध्यान देते हैं भाषा की आवाज़ सुनने के बाद। उस आवाज़ से अन्दाज़ लगाते हैं, कवि किस कोठे से बोल रहा है, आवाज़ में कुछ दम है या नहीं। कविता और गद्य—दोनों में—भाषा निराला की प्रमुख समस्या थी। खड़ी बोली प्रिय थी, उन्हें परेशान भी करती थी। ब्रजभाषा लिखना हो तो सूर की तरह लिखो, बँगला लिखना हो तो रवीन्द्रनाथ की तरह, किन्तु हिन्दी किसकी तरह लिखो?

निराला ने आधुनिक हिन्दी के अनेक कवियों को पढ़ा था, उनकी रचनाएँ कंठस्थ की थीं—कविताएँ घोखने के लिए यह अनिवार्य क्रिया थी!—जगह-जगह इन कवियों की भाषा की प्रशंसा की और जब-तब खड़ी बोली से असन्तोष भी प्रकट किया। इन दोनों बातों में कोई अन्तर्विरोध नहीं क्योंकि निराला ने इन कवियों से भाषा लिखना सीखा था; साथ ही वह स्वयं रचनाकार थे, खड़ी बोली के विकास का नया स्वप्न मन में था, पुरानी कविता से असन्तोष होना स्वाभाविक था। किन्तु निराला अपने साहित्य में भाषा-सम्बन्धी एक तरह के प्रयोग से सन्तुष्ट नहीं रहे। हिन्दी में जितनी तरह की शैलियाँ हैं, वे प्राय: सब-की-सब निराला में हैं, कुछ इनसे अलग ब्रजभाषा, उर्दू और लोकगीतों की हैं, कुछ और जो उनकी हैं, अन्यत्र नहीं हैं।

'स्वकीया' निबन्ध में उन्होंने लिखा था : "किसी कवि का एक कबित्त पढ़ा था। उसमें किसी रईस से इनाम में मिले घोड़े की तारीफ है। अन्तिम चरण है—'चलना हराम इसे उठना कसम है।' बिलकुल यही दशा खड़ी बोली की है।" ('माधुरी', अगस्त, '35) यहाँ उनका असंतोष प्रकट हुआ है।

इस निबन्ध में उन्होंने लिखा है कि पहले खड़ी बोली नाम सुनकर वह भी औरों की तरह समझे थे कि यह बोली खड़ी हो गई पर नज़दीक से देखने पर निराशा हुई। इससे यह न समझना चाहिए कि निराला किसी समय खड़ी बोली पर मुग्ध थे, बाद को विरक्ति हो गई। आसक्ति और विरक्ति के भाव उनके मन में बहुत दिनों तक साथ-साथ रहे हैं।

'रँगीला' के तीसरे अंक (जून, 1932) में निराला ने मैथिलीशरण गुप्त के महाकाव्य 'साकेत' पर प्रशंसात्मक आलोचना लिखी। इस महाकाव्य को उन्होंने गुप्त जी की 'ओजस्विनी लेखनी' का पुरस्कार माना। आश्चर्य की बात है कि निराला ने यहाँ ओजगुण का बार-बार उल्लेख किया है और उसे गुप्त जी के काव्य की मिठास पर हावी होते हुए भी माना है। इस बात पर आश्चर्य इसलिए होते हैं कि निराला ने अपने लिए ओज के ऐसे मानदंड स्थिर किये कि जो कविता उनसे नीचे आए, वह ओजहीन लगती है। किन्तु निराला ने मैथिलीशरण गुप्त की रचनाओं में ही पहले खड़ी बोली की शक्ति पहचानी थी, इसलिए उसका ओजगुण भूले न थे। "गुप्तजी के भी अनेक गीत मैंने कंठस्थ किये थे।"—'गीतिका' की भूमिका में उन्होंने लिखा था। कंठस्थ इसलिए किये थे कि उनकी भाषा ओजपूर्ण लगी थी।

'रँगीला' में 'साकेत' की भाषा के बारे में उन्होंने लिखा : "यद्यपि बहुत-से लोग काव्य की भाषा में ज़ोर को मिठास से बढ़ने देना नहीं चाहते क्योंकि उस तरह काव्य का सबसे बड़ा अंग कमज़ोर पड़ जाता है, कहते हैं, फिर भी उदार आलोचकों के दल से प्रत्येक विशेषता को समान महत्त्व देने की नीयत रखता हुआ मैं यही कहूँगा कि मिठास को छाप लेने पर भी ओज और भाषा का अधिकार कवि को उसी हद तक प्रशंसित करते हैं।" लोगों को मिठास पसन्द है, काव्य में सबसे ज़्यादा इसी की तलाश भी होती है किन्तु उदार आलोचक ओज को उतना ही महत्त्व देते हैं; निराला खुद को इन्हीं उदार आलोचकों में गिनकर गुप्तजी के काव्य में माधुर्य से अधिक ओज पाते हैं। ओज या मिठास भाव में नहीं, सबसे पहले भाषा में देखते हैं। इसलिए आगे लिखते हैं : "गुप्तजी ओजस्वी कवि के नाम से ही हिन्दी में अधिक प्रसिद्ध हैं। खड़ी बोली का ठाठ जिन लोगों ने काव्य में तैयार किया है, गुप्तजी उनके अग्रणी हैं। भाषा की इस विशेषता में वे सर्वश्रेष्ठ कवि हैं।" आलोचना के अन्त में लिखा : "हिन्दी की उचित शिक्षा प्राप्त करने के लिए यह एक ही साधन सिद्ध है।" इस वाक्य से भी संकेत मिलता है कि निराला ने खड़ी बोली का ठाठ मैथिलीशरण गुप्त से सीखा था :

'हिन्दी कविता साहित्य की प्रगति' में उन्होंने लिखा : "खड़ी बोली का साँचा दुरुस्त हुआ बाबू मैथिलीशरणजी गुप्त की कविताओं से।" ('चयन', पृ. 75) यह साँचा शुद्धतावादी था। खिचड़ी शैली का एक दूसरा साँचा सनेही ने तैयार किया था और निराला ने इनकी पक्तियाँ भी कंठस्थ की थीं। सहृदयता गुप्त जी में अधिक है किन्तु "सनेहीजी की कविताएँ खिचड़ी शैली में होने के कारण स्वाभाविकता से विशेष सम्बन्ध रखकर चलती हैं। गुप्तजी की कविताएँ भाषा की एक नीति के आधार पर लिखी गई-सी जान पड़ती हैं।" (उप., पृ. 77) यह खिचड़ी शैली 'परिमल' और बाद के संग्रहों की अनेक रचनाओं में है। यद्यपि सनेही की अपेक्षा मैथिलीशरण गुप्त का सम्बन्ध 'सरस्वती' और महावीरप्रसाद द्विवेदी से घनिष्ठ था, फिर भी गुप्तजी की तुलना में सनेहीजी की भाषा-नीति ही द्विवेदीजी की नीति से अधिक मिलती थी। "गुप्तजी संस्कृत के शुद्ध प्रयोगों के पक्ष में रहते हैं।" (उप., पृ. 77); गांधीजी हिन्दी की खिचड़ी शैली के पक्षपाती थे : "यह काम आचार्य महावीरप्रसाद द्विवेदी उनसे बहुत पहले कर चुके थे।" ('प्रबन्ध प्रतिमा', पृ. 31) निराला ने काव्य-रचना करते समय इन सबकी भाषा का अध्ययन किया था और बारीकी से सनेही-मैथिलीशरण गुप्त-महावीरप्रसाद द्विवेदी के शैलीगत भेद का मनन किया था।

निराला द्विवेदी जी की गद्य की भाषा के जैसे प्रशंसक थे, वैसे उनकी पद्य की भाषा के नहीं। ब्रजभाषा और नायिका-भेद की जगह खड़ी बोली और आधुनिक काव्यबोध को प्रतिष्ठित करने में उनकी ऐतिहासिक भूमिका को स्वीकार करते हुए भी उनकी काव्यभाषा को सदोष बताया। 'खड़ी बोली की कविता में प्राण-प्रतिष्ठा' द्विवेदीजी ने की, हिन्दी के बहुत से सुकवि उत्पन्न किये, 'ब्रजभाषा के पक्षपातियों से इन्होंने लोहा लिया', 'नवीन युवक-शक्ति इन्हीं के साथ सम्मिलित हो गई।' (उप., पृ. 31)

'क्या वस्तु मृत्यु? जिसके भय से विचारे' आदि पंक्तियाँ उद्धृत करने के बाद निराला ने लिखा कि कविता में दर्शन की तो दुर्दशा की ही गई है, पर "इसकी भाषा अवश्य बड़े महत्त्व की है।" फिर जोड़ा : "यह महत्त्व हम इसकी प्राथमिक दशा का विचार करके इसे देते हैं।" 'नाना' से तुक मिलाने के लिए द्विवेदीजी ने महान को 'महाना' बना दिया था। इस पर व्यंग्य करते हुए निराला ने लिखा : "खैर, महाजनो येन गत: स पंथ:। दोष तो सिर्फ छायावादियों के शब्द-विकार पर पकड़े जाते हैं।" (उप., पृ. 33)

निराला ने नाथूराम शर्मा 'शंकर', नारायणप्रसाद बेताब, पद्मसिंह शर्मा की गद्य-पद्य भाषा का भी अध्ययन किया था। इन तीनों लेखकों की भाषा-शैली पर जहाँ-तहाँ उर्दू का प्रभाव है। निराला आधुनिक हिन्दी के विकास के लिए उर्दू का यह प्रभाव शुभ मानते थे। उन्होंने लिखा था : "मृतप्राय ब्रजभाषा के भीतर से नवीन खड़ी बोली का यह जो रूप उर्दू के सम्मिश्रण से निकाला गया है, यह निस्सन्देह भाषा के साथ ही जाति को चिरकाल तक सजीव कर रखेगा।" (उप., पृ. 30)

बेताब और पद्मसिंह शर्मा ने शंकरजी की कविता की प्रशंसा की है : "उनकी भाषा मँजी हुई होती है। मौलिक शब्द-न्यास भी प्राय: मिलता रहता है। कविता में मृदुलता भी रहती है और कठोरता भी।" (उप., पृ. 35) खड़ी बोली में कितनी कठोरता है, उसमें कितनी कोमलता लाई जाए, निराला इन समस्याओं पर ध्यान देते हुए कवियों की भाषा पर विचार करते थे। "यह अब खड़ी बोली पर विचार करने, उसे ही कोमलतर बनाने का समय है। और यह खड़ी बोली की कठोरता ही अब आगे चलकर सरस कवियों की काव्य-साधना का कारण होगी।" (उप., पृ. 31) ब्रजभाषा की कोमलता से काम न चलेगा; अब खड़ी बोली को कोमल बनाना चाहिए। लेकिन कोमलता यदि काव्य का गुण है तो ब्रजभाषा की कोमलता से क्यों न काम चलेगा? भारतेन्दु के समय से ब्रजभाषा के समर्थक उसकी कोमलता की ही दुहाई देते आए थे। निराला को यह कोमलता नापसन्द क्यों थी? निराला कोमलता के साथ ओजगुण का मिश्रण चाहते थे। कोमलता बहुत तरह की होती है। वह कोमलता, जो भाषा को निर्जीव बना दे, निराला को ग्राह्य नहीं थी। खड़ी बोली की कठोरता ही अब सरस कवियों की काव्य-साधना का कारण होगी—इस उक्ति का आशय यह है कि कठोर खड़ी बोली को कवि जब सरस बनाएँगे, तब उसकी कोमलता में ओज होगा। वह दरबारी कविता की नज़ाकत-नफ़ासत वाली कोमलता से भिन्न होगी।

बंग भाषा के उच्चारण वाले लेख में निराला ने कोमलता को स्त्री-धर्म बतलाते हुए उसके विरोधी भाव का शब्द रखा गाम्भीर्य और उसे पुरुष का धर्म कहा। इस गाम्भीर्य से उनका तात्पर्य उसी ओजपूर्ण कोमलता के गुण से है।

शंकर की भाषा में मृदुलता है, कठोरता भी। कठोरता अधिक है। "हिन्दी के प्रसिद्ध समालोचक ने इनके सम्बन्ध में कभी लिखा था कि इनके उग्र शब्द जैसे अपनी उग्रता सहन न कर सकते हों...इनके शब्द-संगठन में कवि के हृदय की रसप्रियता का परिचय नहीं मिलता।" (उप., पृ. 75) निराला को इसी रसप्रियता की

तलाश गुप्तजी की भाषा में थी। उनका विचार था कि उस भाषा में मिठास की अपेक्षा ओजस्विता अधिक है।

निराला ने श्रीधर पाठक, हरिऔध, रामचन्द्र शुक्ल, रूपनारायण पांडेय आदि की काव्य-भाषा पर भी लिखा है। (उप., पृ. 36-43) इनमें किसी की भी भाषा मैथिलीशरण और सनेही के जोड़ की नहीं है। इन दो कवियों की भाषा में भी खड़ी बोली उतना कोमल नहीं बन पाई जितना उसे बनना चाहिए था। उसे यह कोमलता सुमित्रानन्दन पन्त की रचनाओं में प्राप्त हुई।

ब्रजभाषा की प्रतिस्पर्धा में कोमलता और माधुर्य की खोज करनेवाले हिन्दी कवियों पर पन्त की कोमलकान्त पदावली ने जादू का असर किया। जादू का असर सबसे ज़्यादा निराला पर हुआ। उन्हें लगा कि अब तक जितने लोगों ने खड़ी बोली में कविता लिखी है, उनमें सहज कवि एक भी न था। "हिन्दी में जब से खड़ी बोली की कविता का प्रचार हुआ तब से आज तक उसमें स्वाभाविक कवि का अभाव ही था। जो पौधा लगाया गया था, उसे कुसुमित करने के लिए अब तक के कवियों को सींचने का श्रेय ज़रूर दिया जा सकता है, परन्तु वे उस पौधे के माली ही हैं, कुसुम नहीं। किसी पौधे में फूल एकाएक नहीं लग जाते, वे समय होने पर ही आते हैं। खड़ी बोली की जिस कविता का प्रचार किया गया, जिसके प्रचारकों और कवियों को कितनी ही गालियाँ खानी पड़ी थीं, उसका स्वाभाविक कवि अब इतने दिनों बाद आया है और हिन्दी का वह गौरव-कुसुम श्री सुमित्रानन्दन पन्त हैं।" ('मतवाला', 3 मई, 1924)

'पन्तजी और पल्लव' वाले लेख में निराला ने 'अंग्रेज़ी शब्दों को तत्सम रूपों की ओर' पन्त के झुकाव पर, हिन्दी शब्दों से उन्हें श्रेष्ठ मानने की प्रवृत्ति पर विचार किया, ब्रजभाषा काव्य के भाषागत और भावगत सौन्दर्य का विवेचन किया, पन्त के भाषा-सम्बन्धी प्रयोगों को अर्थ-विचार की दृष्टि से सदोष पाया किन्तु उनकी भाषा के माधुर्य की प्रशंसा की। "यदि पन्तजी की मौलिकता एक शब्द में कही जाय, तो वह मधुरता है।" ('प्रबन्ध-पद्म', पृ. 135) "माधुर्य में पन्तजी की 'अनंग', 'स्वप्न', 'वीचि-विलास', 'छाया' और 'मौन निमंत्रण' आदि कविताएँ हैं, जो अच्छी हैं। कहीं-कहीं इनमें भी चमत्कार हद दर्जे तक पहुँच गया है।" (पृ. 143) "इन पंक्तियों में सौन्दर्य के सहस्त्र दल को अपनी प्रतिभा के सूर्य से पन्तजी ने पूर्ण प्रस्फुट कर दिया है।" (पृ. 145) "इन पंक्तियों में कितनी स्वाभाविकता है! जान पड़ता है, ये हृदय के शब्द हैं। इसीलिए इतने सहज और इतनी तीक्ष्ण चोट करनेवाले हैं।" (उप., पृ. 146)

निराला को यह सारा सहज माधुर्य प्रिय था किन्तु वह कोमलता ही नहीं, भाषा में गाम्भीर्य चाहते थे। कोमलता के साथ ओजस्विता भी चाहिए। यह बात 'पन्तजी और पल्लव' लेख में उन्होंने स्पष्ट कर दी। परिवर्तन को छोड़कर 'पल्लव' की अन्य रचनाएँ "जितनी मधुर हैं, उतनी ओजस्विनी नहीं।...हिन्दी की मधुरता के साथ इस समय विशेष ओज की भी ज़रूरत है।" (उप., पृ. 138)

'मेरे गीत और कला' में निराला ने कालिदास और जयदेव के वर्ण-संगीत में भेद किया, पन्त के और अपने वर्ण-संगीत में वैसा ही भेद दिखाया। यह भेद वास्तव में श-ण-व-ल और स-न-ब-र का नहीं, माधुर्य और कोमलता के दो प्रकारों का भेद है। एक प्रकार वह, जिसमें ओज है; दूसरा वह, जिसमें ओज नहीं है या कम है। श-ण-व-ल के साथ 'र' आदि वर्णों का सहारा लेते हुए पन्तजी ने "खड़ी बोली का सुन्दर रूप से ठाठ बाँधा है। उनके उच्चारण में संगीत बड़ा मधुर झंकृत होता है। पर यह कला कालिदास की है।" ('प्रबन्ध प्रतिमा', पृ. 273)

खड़ी बोली का ठाठ सुन्दर है, संगीत बड़ा झंकृत होता है। फिर कमी क्या है? कमी है ओज की। निराला उदात्त की खोज में हैं। सौन्दर्य और माधुर्य का स्तर भी उदात्त होना चाहिए। "जयदेव आज इतने ऊँचे उठ गए हैं।" (उप., पृ. 275), शब्दश: उठ गए हैं, उदात्त के कारण। निराला का अन्तर्मन उदात्त से बँधा है; विवेक-दृष्टि के सामने अस्फुट भाव खुला नहीं है; ऊँचे उठने के मुहावरे से सांकेतिक रूप में व्यक्त हुआ है। अपनी कविताओं से दो उद्धरण देने के बाद कालिदास के बारे में कहते हैं कि कालिदास रूप-चित्रण में श्रेष्ठ हैं : "पर जहाँ भावजन्य सौन्दर्य है, जो और मधुर-हृदय के और पास तक पहुँचा हुआ है, वहाँ कालिदास उठ नहीं पाते।" (उप., पृ, 277) जयदेव आज इतने ऊँचे उठ गए हैं, कालिदास वहाँ उठ नहीं पाते—इन दोनों वाक्यों में उठ जाने और उठ न पाने की क्रियाएँ ध्यान देने योग्य हैं। निराला का अन्तर्मन उदात्त की कसौटी पर जयदेव और कालिदास को परख रहा है। निराला ने माधुर्य के दो प्रकारों में भेद का एक कारण ढूँढ़ा श-ण-व-ल वर्णों की प्रधानता, दूसरा कारण ढूँढ़ा भावजन्य सौन्दर्य का अभाव। दोनों कारण भ्रामक हैं—कालिदास में भावजन्य सौन्दर्य के अभाव वाली बात और भी—किन्तु माधुर्य के दो प्रकारों का भेद सही है। 'चौर पंचाशिका' से 'यद्यपि ताँ कनक चंपक दाम गौरीम्' आदि उद्धृत करते हुए निराला ने लिखा : "क्या स्वस्थ रूप है संस्कृत का!" (उप., पृ 278) यहाँ स्वास्थ्य का सम्बन्ध ओज से है। पन्त-काव्य में अर्थ-विचार और भाव-संगठन की दृष्टि से अनेक दोष दिखाने के बाद निराला ने लिखा : "सादगी के भीतर ही पन्त जी की शब्द-लालित्य वाली कला खुलती है। जहाँ वज्र की गरज के साथ काव्य में बिजली कौंधती है, वहाँ पन्तजी नहीं, कला से व्यापक बृहत् रूप में भी नहीं।" (उप,. पृ. 282)

पन्त की भाषा की खूबसूरती दिखाने के लिए निराला उनकी छह पंक्तियाँ उद्धृत करते हैं जिनमें न एक 'श' है, न एक 'ण'। उसके बाद अपनी चार पंक्तियाँ उद्धृत करते हैं जिनमें 'श' दो बार, 'ण' एक बार आया है। तब पन्त की पंक्तियाँ शक्तिशाली क्यों नहीं हैं? ब्रजभाषा को स-म-ब या स-न-ब पसन्द हैं और ये वर्ण हिन्दी की प्रक्रति के अनुकूल हैं; तब वहाँ बिजली क्यों नहीं कौंधती, वज्र की गरज क्यों नही सुनाई देती?

निराला ने अनजाने लौञ्जाइनस के उदात्त-सम्बन्धी उपमान को गद्य में उतार लिया है। रीति-सिद्ध कविता के विपरीत : "a well-timed stroke of sublimity scatters everything before it like a thunderbolt and in a flash reveals the full power of the speaker." यहाँ थंडरबोल्ट वज्र है, वज्र बिजली की कौंध है। [नगेन्द्र-नेमिचन्द्र जैन के अनुवाद में वज्र छूट गया है, केवल बिजली की कौंध है : "उदात्त तत्त्व उपयुक्त क्षण में बिजली की भाँति कौंध समस्त विषयवस्तु को छिन्न-भिन्न करता हुआ वक्ता की शक्ति के सम्पूर्ण वैभव को एक ही बार में उजागर कर देता है।" ('काव्य में उदात्त तत्त्व', पृ. 44); यह विषयवस्तु को छिन्न-भिन्न करने की बात भी एक ही रही!]

कविता में शब्द-लालित्य ठीक है किन्तु वह पदावली भी चाहिए जिसमें वज्र की गरज के साथ बिजली भी कौंधती हो। ऐसी पदावली निराला ने 'राम की शक्तिपूजा' में रची। पदावली ओजपूर्ण हो, साथ ही उसमें कला का व्यापक वृहत् रूप भी चाहिए। तभी उदात्त सार्थक होता है। 'मेरे गीत और कला' में जो बात उलझ गई है, वह 'पन्तजी और पल्लव' में स्पष्ट है : "हिन्दी की मधुरता के साथ इस समय विशेष ओज की भी ज़रूरत है।"

'पन्तजी और पल्लव' में ब्रजभाषा की सरसता को खड़ी बोली के माधुर्य से श्रेष्ठ ठहराते हुए निराला ने लिखा था : "ब्रजभाषा एक समय जीवित भाषा रह चुकी है और यों तो अब भी वह जीवित ही है, परन्तु खड़ी बोली इस समय भी हिन्दी भाषा का मातृ-गौरव नहीं प्राप्त कर सकी...आज किसी प्रान्तीय भाषा के साथ अपने हृदय की पूर्णता और उज्ज्वल उत्कर्ष पर विश्वास रखकर वार्तालाप करने की शक्ति, हिन्दी के प्रचलित दो रूपों में यदि किसी में है, तो ब्रजभाषा में।" ('प्रबन्ध पद्म', पृ. 103) निराला का यह कथन उनकी उस तर्क-योजना का अच्छा नमूना है जिसमें विरोधी को गिराने के लिए वह कैसा भी दाँव लगाने में नहीं हिचकते। उनके कथन में इतना ही सार है कि उन्होंने ब्रजभाषा काव्य का अध्ययन काफी दिनों तक और गहराई से किया था। 'खड़ी बोली के कवि और कविता' में ब्रजभाषा जीवित नहीं, मृतप्राय घोषित की गई है। महावीरप्रसाद द्विवेदी की ऐतिहासिक भूमिका यह थी कि "ब्रजभाषा के पक्षपातियों से इन्होंने लोहा लिया।" यहाँ दो निबन्धों में निराला ने ब्रजभाषा-सम्बन्धी दो परस्पर-विरोधी तर्क दिये हैं। यह एक तरह की असंगति हुई। 'मेरे गीत और कला' में दो विरोधी तर्क एक ही लेख में हैं। एक तर्क है—ब्रजभाषा कमज़ोर है, दूसरा तर्क है—ब्रजभाषा में प्राणों की शक्ति है। यह दूसरी तरह की असंगति हुई। ब्रजभाषा के उच्चारण और भावरूप पर उर्दू सवार है : "उसी तरह, जैसे हारे हुए पर जीता हुआ रहता है।" ('प्रबन्ध प्रतिमा', पृ. 269) फिर श-ण-व-ल को जातीय जीवन के विरुद्ध बताकर कहते हैं : "देखना यह है कि जो जीवन ब्रजभाषा से आ रहा है, वह श-ण-व-ल के अनुकूल आता है या स-म-ब-ल के।" (उप., पृ. 274) एक जगह ब्रजभाषा जानदार है, दूसरी जगह बेजान। तर्क यों उलझ गया है। निराला ने संतों को दरबारी कवियों से अलग किया है (उप,. पृ. 271) किन्तु यह नहीं बताया है कि श-ण-व-ल को लेकर इनकी भाषा में क्या भेद है। वास्तव में संतों की ब्रजभाषा में मिठास दूसरे ढंग की है, दरबारी कवियों की भाषा की मिठास दूसरे ढंग की।

निराला ने हिन्दी कवियों की भाषा का जो विवेचन किया, उससे रचनाकार की अन्तर्वृत्ति का पता चलता है। वह भाषा में माधुर्य चाहते हैं किन्तु ओजस्विता के साथ। उनकी काव्य-साधना का भी यही लक्ष्य है। उनके विवेचन से पता चलता है कि कविता में जिस भाषा को उन्होंने अपना माध्यम बनाया था, उसका अध्ययन कितने परिश्रम से, कितनी बारीकी से उन्होंने किया था! किन हिन्दी कवियों से उन्होंने भाषा लिखना सीखा—वह सारा इतिहास उनके आलोचनात्मक निबन्धों में है। जहाँ उनके तर्क उलझ गए हैं या विचार स्पष्ट नहीं हुआ, वहाँ भी उनकी अन्तर्वृत्तियाँ पहचानी जा सकती हैं। ये एक समर्थ कलाकार की अन्तर्वृत्तियाँ हैं।

उल्लेखनीय है कि निराला जब हिन्दी कवियों की चर्चा करते हैं तब सबसे पहले और सबसे अधिक उनकी भाषा पर ध्यान देते हैं। जब बँगला और अंग्रेज़ी कवियों की चर्चा करते हैं तब उनकी निगाह सबसे पहले और सबसे अधिक भाव-सौन्दर्य अथवा रूप-चित्रण पर होती है। रवीन्द्रनाथ पर पूरी एक पुस्तक लिखी है, अनेक निबन्धों और टिप्पणियों में उनकी चर्चा है। उनकी भाषा पर मुश्किल से कहीं एकाध वाक्य लिखा है। कारण यह है कि हिन्दी कवि निराला ने भाषा लिखना हिन्दी कवियों से ही सीखा था।

गद्य-शैली

पद्य की तरह गद्य में निराला ने अनेक शैलियों का प्रयोग किया है। पद्य में जैसे उन्होंने अनेक काव्य-रूप रचे हैं, वैसे ही गद्य में। जैसे पद्य में बहुत जगह उनका शब्द-चयन तत्सम बहुल है, वैसे ही गद्य में; जैसे पद्य में सरल शब्दावली के रहते भी दुरूहता उत्पन्न होती है, वैसे ही गद्य में।

निराला की एक शैली छायावादी अलंकारों के नूपुर बजाती हुई उनके कल्पना-लोक की अप्सरा के समान गद्य में अवतरित होती है। कैसी थी लाहौर नगरी जहाँ कांग्रेस का चवालीसवाँ अधिवेशन हुआ? अगणित श्वेत तम्बुओं की श्रृंखलित पंक्तियों से दिन में शुभ्रवसना देवी की भाँति, असंख्य प्रदीपों की उज्ज्वल कान्ति से रात्रि में परी की तरह जगमगाती हुई, सोने के सहस्त्रों अलंकारों से शोभित, ग्रीवा झुकाए हुए, रूप की राजहंसी, हरे पत्रों की रेशमी साड़ी पहने हुए उर्वशी अन्धकार-केशों को खोले हुए ज्योतिर्मयी स्वतंत्रता, मस्तक पर बालों से गुँथा चमकता हुआ हीरा, आकाश पर दृप्त उड़ती हुई जातीय पताका। ('सुधा', फरवरी, 1930; सम्पा. टि.—3)

कैसी थी कुमारी प्रभावती जो दुर्ग से उतरकर गंगा की धारा पर कुमार से मिलने आई? सर्वैश्वर्यमयी स्वर्ग की लक्ष्मी, मौन हिमाद्रि किरण-विच्छुरितच्छवि गौरी, मौन ज्योत्स्ना रागिनी की साकार प्रतिमा, सोपान-सोपान पर सुरंजिता, शिंजित चरण उतरती हुई, प्रतिपदक्षेप-झंकार कम्प-कमल पर इत्यादि।

लाहौर नगरी और कुमारी प्रभावती के सौन्दर्य में विशेष अन्तर नहीं। निराला ने जहाँ रूढ़ियों का विरोध किया है, सामाजिक क्रान्ति का ज़ोरदार समर्थन किया है, साहित्यिक वाद-विवाद में शत्रुदल पर समर्थ आक्रमण किया है, वहाँ उनकी शैली कल्पनाजन्य अलंकारों के भार से मुक्त है। ऐसे ही जहाँ ग्रामीण दृश्यों का वर्णन करते हैं या चतुरी और बिल्लेसुर जैसे व्यक्तियों का चित्रण करते हैं, वहाँ उनकी शैली सतेज, सहज और प्रवाहपूर्ण है।

निराला के छन्द की तरह गद्य की गति भिन्न-भिन्न है। बहुत धीमी गति है जहाँ प्रभावती दुर्ग से उतरती है या लाहौर नगरी अन्धकार-केश खोले हुए जगमगाती रहती है। ऐसी ही धीमी गति है उनके दार्शनिक गद्य की, भले ही उसमें विशेष अलंकरण न हो, भाषा में भी शुद्धता का विशेष ध्यान न रखा गया हो, जैसे 'शून्य और शक्ति' में : "शून्य या बिन्दु सब शास्त्रों में, सब तरफ, सब समय, स्वयंसिद्ध है। उद्भव, स्थिति और प्रलप का शून्य ही मूल रहस्य है। केवल शक्ति संसार को शून्य से अलग किये हुए है, दूसरे तरीके से, शून्य की ही व्याख्या करने में सदैव तत्पर।" ('प्रबन्ध पद्म', पृ. 1) वाक्य छोटे-छोटे हैं, 'तरफ' और 'तरीका' शुद्धता भंग कर देते हैं। गति मद्धिम है, अलंकारों का अभाव है। इसके विपरीत जब निराला बहस के दौरान थोड़ा उत्तेजित होते हैं तब वाक्य चाहे छोटे हों, चाहे बड़े, गद्य की चाल तेज़ हो जाती है। राजनीतिक, साहित्यिक, सामाजिक विषयों पर बोलचाल की हिन्दी की प्रकृति के अनुकूल, उन्होंने ऐसा सशक्त गद्य बहुत बड़े परिमाण में लिखा है, यह स्मरण रखना चाहिए।

निराला का गद्य उनके पद्य की सानुप्रास लड़ियों से मुक्त है। जब वह पाठक से सीधे बातें करते हुए अपनी वक्तृत्व-कला से उसे प्रभावित करते हैं, तब सानुप्रास लड़ियों से भाषा को कवित्वपूर्ण बनाना उनके लिए आवश्यक नहीं होता। किन्तु रूपक वह वैसे ही बाँधते हैं, जैसे पद्य में। अक्सर वृक्ष, कली और गंध वाले रूपक गद्य-पद्य में सामान्य हैं। छायालोक की अप्सराओं, सोलह साल की अधखुली कलियों के सौन्दर्य-वर्णन में उनके गद्य-पद्य के अलंकार-आभूषण एक-से हैं। पद्य की तरह गद्य में वह ख़याल की गिरह लगाते हैं जिसे खोलने में पाठक को काफी परिश्रम करना पड़ता है। निबन्ध का शीर्षक है : 'एक बात'। शीर्षक में बड़ी सादगी है; पाठक सोचता है, निबन्ध की भाषा सरल होगी। किन्तु निबन्ध शुरू होता है इस तरह : "हिन्दी की हितैषणा की गाँठ में गठिए का असर उसके सेवकों के तर दिमाग के कारण बढ़ता ही जा रहा है।" ('प्रबन्ध पद्म', पृ. 45) हितैषणा की गाँठ पाठक अभी खोल न पाया था, तर दिमाग से गठिए का असर गाँठ में कैसे पहुँचा, यह गुत्थी सुलझा न पाया था कि निराला ने दूसरे वाक्य में नया रूपक बाँधा : "भारतीयता का ज्योतिर्मय अर्थ विश्व की तमाम विभूतियों को भास्वर करता रहा, पर हिन्दी के हित-चिन्तकों के प्रस्तर-हृदय के भीतर, स्रोतस्वती ही के हृदय के रोड़े की तरह, आलोकस्निग्धता कुछ भी न पहुँची।" (उप., पृ. 44)

निराला इस तरह ख़याल की गिरह लगाते हैं—कभी व्यंग्य के लिए, कभी मनोविनोद के लिए। 'पल्लव' प्रेस में है। कोमलकान्त पदावली को प्रेस की मशीन में कैसा कष्ट मिल रहा होगा : प्रेम के कृष्ण कृति विशाल-वपु 'कलौ भीम भयंकरा:' भूतों के निष्करुण-पीड़न, विश्लेषण-पेषण, धर्षण-घर्षण आदि से किये गए अनर्गल अत्याचारों की कल्पना उन्हें प्रसन्न करती है। फिर 'पल्लव' के प्रवेश भाग में पन्तजी की सार्वभौमिकता के गज़ से कविता-कामिनी का शयनजीर्ण प्राचीन कंधा नापते देखकर पुन: प्रतिभा के बछड़े के हत्थे से कवि-समुदाय को पलायन-पंथ पर श्वानावरुद्ध भागता हुआ देखकर बड़ा आनन्द आया। (उप., पृ. 54-55) आगे खड़ी बोली की कविता को स्वर्णलंका बनाकर राक्षसों और वानरों के दल के दल अवतरित करते हुए पूरा पैराग्राफ लिख डाला है।

जहाँ ख़याल की गिरहबाज़ी नहीं है, उपमा या रूपक में सादगी है, वहाँ निराला का व्यंग्य बहुत प्रभावशाली होता है। 'देवी' के आरम्भ से : "बारह साल तक मकड़े की तरह शब्दों का जाल बुनता हुआ मैं मक्खियाँ मारता रहा। मुझे यह ख़याल था कि मैं साहित्य की रक्षा के लिए चक्रव्यूह तैयार कर रहा हूँ, इससे उसका निवेश भी सुन्दर होगा और उनकी शक्ति का संचालन भी ठीक-ठीक। पर लोगों को अपने फँस जाने का डर होता था, इसलिए इसका फल उल्टा हुआ।"

निराला जैसे निरलंकार पद्य कम लिखते हैं, वैसे ही गद्य। अलंकार कहीं छायावादी सौन्दर्य की सजावट के लिए हैं, कहीं हास्य और विनोद के लिए। पौराणिक गाथाओं से यह काफी अलंकरण सामग्री बटोरते हैं, जैसे 'पन्तजी और पल्लव' के स्वर्णलंका वाले रूपक में। 'सुकुल की बीवी' में वह स्वयं समुद्र–मंथन करते हैं; गरलपान करते हैं महादेव बाबू। महादेव के श्लेष से मन प्रसन्न होता है। 'अलका' में "जब से मुरलीधर पैत्रिक सिंहासन पर अपने नाम की मुरली धारण कर बैठे, बराबर सनातन प्रथा के अनुसार सरकारी अफसरों की सोहावनी सोहनी छोड़ते जा रहे हैं।" (पृ. 19) महादेव बाबू के लिए जैसे गरलपान स्वाभाविक है, वैसे ही मुरलीधर के लिए मुरली बजाना। पौराणिक गाथा भी है, श्लेष भी।

निराला का गद्य एक ओर वाद-विवाद में जूझने वाले कुशल तार्किक और व्यंग्य-लेखक का गद्य है, दूसरी ओर उसमें कवि-सुलभ चित्रमयता, भाव-गाम्भीर्य के भी दर्शन होते हैं। आत्म-समुद्र में जब, पाप और पुण्य, दोनों मिले हुए हैं : "तब उस विष की परिव्यक्त सघन नीलिमा भी राम की श्याम शोभा बनती है।" ('सुधा', 1 अक्तूबर, '33; सम्पा. टि.—1) चित्रमयता, अर्थ-वक्रता, भाव-सघनता के कारण इस तरह के गद्य का उतना ही ऊँचा स्थान है जितना निराला के श्रेष्ठ पद्य का।

"अब वह पिताजी नहीं, माताजी नहीं, पत्नी नहीं, केवल मैं हूँ, और परीक्षा-भूमि, सामने प्रश्नों की अगणित तरंगमाला!"—'सुकुल की बीवी' में निराला का यह एक वाक्य हास्य-मिश्रित वर्णन के बाद उससे विपरीत भाव जगाता हुआ क्लाइमैक्स के तौर पर आता है। उसमें लिरिक का सौन्दर्य है, करुणा के भाव में अपरिमित गहराई है।

और भी सादे ढंग से निराला यह भावगाम्भीर्य 'देवी', 'बिल्लेसुर बकरिहा' जैसी रचना में पैदा करते हैं। "और चूँकि मैं साहित्य को नरक से स्वर्ग बना रहा था, इसलिए मेरी दुनिया भी मुझसे दूर होती गई; अब मौत से जैसे दूसरी दुनिया में जाकर मैं उसे लाश की तरह देखता होऊँ।" जीवन और साहित्य के अंतर्विरोध को निराला ने इस वाक्य के प्रबल विरोधाभास द्वारा व्यक्त किया है। साहित्य को नरक से स्वर्ग बनाने का उल्टा फल कि मेरी दुनिया मुझसे दूर होती गई—एक विरोधाभास यह। दूसरा विरोधाभास : निराला मौत के बाद दूसरी दुनिया में पहुँच गए लेकिन जो लाश दिखाई दे रही है, वह इस दुनिया की है। इस वाक्य में जितनी तीव्र पीड़ा है, उतनी ही तीव्र जुगुप्सा है। 'तुम सब मुर्दे हो। मैं तुमसे दूर ही रहूँ, तो अच्छा'—निराला कहते हैं; जैसे निराला काव्य में अर्थ-वक्रता पैदा करते हैं, विरोधी भावों को एक ही ताने-बाने में गूँथ देते हैं, भावों के साथ तीक्ष्ण विवेक का परिचय देते हैं, वैसे ही यहाँ गद्य में।

'भक्त और भगवान्' के प्रारम्भिक वाक्यों में बड़ा रंगीन गद्य है—कोमल भाव जगाने वाला; व्यंग्य है किन्तु कटु नहीं, करुणा-मिश्रित। रूपक है लेकिन दूर की कौड़ी लाकर उसे दुरूह नहीं बनाया गया। यह भी कवि का गद्य है।

"भक्त साधारण पिता का पुत्र था। (पिता साधारण थे, पुत्र असाधारण था—यह ध्वनि।) सारा सांसारिक ताप पिता के पेड़ पर था, उस पर छाँह। (पिता ने साधारण होते हुए भी बड़े लाड़-प्यार से बेटे को जीवन में किसी अभाव से दुखी न होने दिया। अब : ते हिनो दिवसा गता:!) इसी तरह दिन पार हो रहे थे। उसी छाँह के छिद्रों से रश्मियों के रंग, हवा से फूलों की रेणु-मिश्रित गंध, जगह-जगह ज्योतिर्मय जल में नहाई भिन्न-भिन्न रूपों की प्रकृति को देखता रहता था। (सविकल्प समाधि में योगी को अथवा कल्पना में प्रतिभाशाली कवि को जो भव्य दृश्य दिखाई देते हैं, वे भक्त को भी दिखाई देते थे। इसके बाद व्यंग्य।) स्वभावत: जगत् के करण-कारण भगवान् पर उसकी भावना बँध गई।" इस तरह निराला एक वाक्य से दूसरे तक अर्थ-प्रसार करते हैं और पूरे पैराग्राफ में गहरे अर्थ की ध्वनि गूँजती है।

निराला ने गद्य-लेखन में तरह-तरह के प्रयोग किये हैं। इनमें एक महत्त्वपूर्ण प्रयोग है 'वर्तमान धर्म'। इसमें उन्होंने विचारों को जोड़ने वाली कड़ियाँ बहुत जगह तोड़ दी हैं, आकस्मिक ढंग से एक विचार से दूसरे तक पहुँचते हैं : 'जागो फिर एक बार' (2) की तरह। गम्भीर दार्शनिक विवेचन के साथ वह रूपकों के बाह्य अर्थ का हास्यास्पद रूप मिला देते हैं। हास्य के इसी स्तर पर वह शब्दों की ध्वनि से खेलते हुए एक शब्द के सहारे दूसरे शब्द—दूसरे विचार—तक पहुँच जाते हैं। हास्य और तीक्ष्ण दार्शनिक तर्कों का ऐसा मेल हिन्दी के दूसरे निबन्ध में नहीं। इस मेल में एक आन्तरिक संगति है। वह यह कि निराला जिस दार्शनिक पक्ष का समर्थन कर रहे हैं, वह रूपकों के बाह्य अर्थ को स्वीकार नहीं करता। इस ताने-बाने में वह साहित्यिक वाद-विवाद के सूत्र पिरो देते हैं। निराला का पक्ष है : ज्ञान के साथ अज्ञान है, दिन के साथ रात है। शिव और पार्वती के बिना सृष्टि अधूरी है। शिव-पार्वती, गणेश-कार्तिक, दिति-अदिति, सुर-असुर, गंगा-

यमुना और उनके संगम पर तीर्थराज जहाँ सरस्वती दिखाई नहीं देती, इड़ा-पिंगला—ये सब जोड़े ज्ञान-अज्ञान की तरह एक ही सिद्धान्त की पुष्टि करते हैं। इनके साथ हेमचन्द्र जोशी-इलाचन्द्र जोशी! शब्दों की ध्वनि से खेलते हुए वह एक भाव से दूसरी तक पहुँचते हैं : "एक दूसरा रूप कहता है, ऐसा नहीं भैंसा जैसे। उसकी दो साँसें हों, एक निःश्वास और दूसरा प्रश्वास, दोनों के बीच में न 'धड़ास' और न 'फड़ास' अर्थात् न कविन्यास और न उपिन्यास; बस, गतश्वास—गतश्वास, मौत।" ('प्रबन्ध प्रतिमा', पृ. 104)

'वर्तमान धर्म' का गद्य छायावादी अलंकृत गद्य के विरोध में लिखा हुआ निराला के मन की तीव्र प्रतिक्रिया भी व्यक्त करता है।

'वर्तमान धर्म' में निराला शब्दों की ध्वनियों से खेलते हैं, इसलिए लगता है, वह उनके गद्य-साहित्य में अपवाद है। वास्तव में ऐसा है नहीं। गद्य और पद्य में निराला की अनेक ऐसी रचनाएँ हैं जिनमें स्वगत-कथन की शैली में वह खुद से बातें करते हुए दूसरे को अपना 'राज़' नहीं देते। जैसे 'कुकुरमुत्ता' संग्रह की भूमिका में : "इसमें वही शरीक होंगे, जिन्हें न्योता नहीं भेजा गया ('कुकुरमुत्ता' संग्रह को पढ़ना कुकुरमुत्ता का कलिया खाने की तरह है; न्योते की ज़रूरत नहीं); साथ ही जो कंगाल नहीं, न ऐसे बड़े आदमी कि अपनी जगह गड़े रह गए। (साहित्य के रस ग्रहण में कंगाल न होना चाहिए, दावत अमीर के लिए भी है अगर वह अपनी जगह छोड़कर निराला के पास आए।) मतलब साफ है। हम दोनों मतलब के। न हम पैरों पड़ें, न वह। मेहनत की कमाई हम भी खायँ और वह भी (पुस्तक कुँवर सुरेशसिंह को समर्पित है। वह ऐसे बड़े आदमी नहीं हैं कि अपनी जगह गड़े रहें; बराबरी का सम्बन्ध है। मेहनत की कमाई दोनों खाते हैं, दोनों मतलब के हैं, अपना-अपना स्वार्थ लिये हुए मित्र हैं)।"

निराला का गद्य एक तरफ बहुत सीधे और ज़ोरदार ढंग से बात कहता है, दूसरी तरफ उसमें कहीं-कहीं ज़रूरत से ज़्यादा अर्थवक्रता है। यह अर्थवक्रता उनकी संस्कृत-निष्ठ-भाषा में है, 'गुलाबी उर्दू' में भी। 'चतुरी चमार' और 'बिल्लेसुर बकरिहा' का गद्य उनकी बोलचाल की अवधी से मिलता-जुलता है। खड़ी बोली लिखते हुए भी निराला उसे अवधी के स्तर पर ले आते हैं। 'सपना फलियायगा', 'निगाह ताड़ते हुए चोर की कठैली भी आँगन में रह जाय', 'कंडे की आग परचाकर', 'ताँबे की दंतखोदनी उठाकर दाँत खरिका किये', 'भद्रा के जैसे मारे इधर-उधर घूमते हो', 'बिल्लेसुर को बड़ी कायली हुई', 'अब तो मुझे माफी दीजिए', 'ब्याह ज़रूर गैतल है', 'तुम्हारी (लड़की) में मखमल का झब्बा लगा है', 'चोर बड़े लागन हैं', 'यह कारन करके रोना कैसा, सास ने अघाकर साँस ली', 'हमारी बिटिया की तरह गोरी नहीं', 'भलेमानुस है'; 'मुझे तींगुर नहीं लगता', 'लोग सिहाने लगे', 'रुपये के ना से', 'बिस्लेसुर कुनमुनाये'; 'एक पख लगाकर ब्याह पक्का करने लगे'; 'बंगालि की तरह चटककर बोली'; (कोई) 'अपनी चितकौड़ी कौड़ी को पट होते देखता 'हंडी में मुस्का बाँधकर'; 'जूते तेलवाये रखे थे', 'कोलिया के भीतर अधगिरा था'; 'बाज़दार', 'डोम और परजा बिल्लेसुर को घेरते रहे'; 'कंठा', 'मोहन

'गजुल्ला', 'पहुँची', 'मँगनी माँग लाये'—इस तरह के प्रयोग 'बिल्लेसुर बकरिहा' के गद्य में रचे हुए हैं। उनसे न केवल निराला गाँव का वातावरण तैयार करते हैं, वरन् हिन्दी भाषा की शक्ति के अटूट स्रोत—जनपदीय बोलियों—की ओर भी संकेत करते हैं। इस स्रोत से बहुत बड़ी शक्ति भारतेन्दु हरिश्चन्द्र, प्रतापनारायण मिश्र और बालकृष्ण भट्ट ने ली थी, प्रेमचन्द के गद्य की शक्ति का वह भी एक स्रोत है। आधुनिक हिन्दी गद्य उस स्रोत से कटा हुआ है, धरती की शक्ति को नहीं पहचानता।

निराला जब शहरी नफासत का भाव पैदा करना चाहते हैं, तब उर्दू शब्दों का प्रयोग अधिक करते हैं। 'निरुपमा' इस वाक्य से शुरू करते हैं : "लखनऊ में शिद्दत की गरमी पड़ रही है।" किन्तु इस शिद्दत के बाद तरु-लता-गुल्म, पृथ्वी, ज्वाला आदि शब्द आकर नफासत का साँचा तोड़ देते हैं। 'चमेली' के अन्त में उन्होंने नोट लिखा : " 'चमेली' नामक अप्रकाशित उपन्यास से, जिसकी एक विशेषता ठेठ हिन्दुस्तानी भाषा है।" जैसी भाषा को उस समय लोग हिन्दुस्तानी कहते थे, वैसी भाषा यह नहीं है। निराला कठिन तत्सम शब्दावली का प्रयोग छोड़ते हुए गद्य को बोलचाल की अवधी के नज़दीक लाने का प्रयास करते हैं। "उतरता बैसाख। खलिहान में गेहूँ, जव, चना, सरसों और अरहर की रासें लगी हुई हैं। गाँव के लोग मँड़नी कर रहे हैं। कोई-कोई किसान, चमार, चमारिन की मदद से, माड़ी हुई रास ओसा रहे हैं। धीमे-धीमे पछियाव चल रहा है।" 'चमेली' के इस गद्य पर अवधी की वैसी ही छाप है, जैसी 'बिल्लेसुर बकरिहा' के गद्य पर।

निराला ने जैसे 'उर्दू में' बहुत-सी ग़ज़लें लिखी हैं, वैसे कोई पूरी कहानी या लेख 'उर्दू' में नहीं लिखा। वह शुद्धता के पक्षपाती न थे, उर्दू शब्द वह शैली-भेद के लिए या गद्य में किसी विशेष प्रयोजन से इस्तेमाल करते हैं। उनकी भाषा का ठाठ वैसा ही रहता है, जैसा अन्यत्र उनकी हिन्दी का। "चतुरी चमार डाकखाना चमियानी, मौजा गढ़ाकोला, ज़िला उन्नाव का एक कदीमी बाशिंदा है।" रेखाचित्र शुरू यों करते हैं मानो थाने में रिपोर्ट लिखा रहे हों या कचहरी में बयान दे रहे हों! चतुरी का जीवन, उसकी भाषा कचहरी के जीवन और भाषा से बिलकुल भिन्न है, उससे टकराता भी है; प्रारम्भिक वाक्य की शैली में व्यंग्य अन्तर्निहित है। शेष गद्य में मकान, फासला, पुश्तैनी, रिश्ता, देहात, मज़बूत, तारीफ, हफ्ता, चुस्त, वज़न, इर्द-गिर्द, वगैरह, नज़दीक, साए, रोज़, दरवाज़ा, शुमार करना आदि बोलचाल के 'उर्दू' शब्दों के साथ निराला पूर्वज, शुद्धाशुद्ध, इच्छा, साधारण, प्रोत्साहन, श्रद्धा, साहित्यिक, मर्मज्ञ आदि 'हिन्दी' शब्दों की लड़ी पिरोते हैं। इनके साथ पिछवाड़े, पनाले, बनैले, ठूँठियाँ, रुँधवाए, चौगड़े, ढोर:, मड़नी आदि 'भदेस' शब्द गद्य में लोकरस घोलते हैं। यद्यपि इस तरह का गद्य हर तरह के भाव-विचार के प्रकाशन में काम नहीं आ सकता, फिर भी विभिन्न स्रोतों से आए हुए शब्दों का अनुपात यहाँ वैसा है, जैसा उस गद्य में होगा जो उर्दू, जनपदीय बोलियों और तत्सम-तद्भव-देशज शब्द-भंडार से उचित सामग्री लेकर हिन्दी की प्रकृति की रक्षा करता हुआ विकसित होगा।

लिखित भाषा में शक्ति आती है, जब वह बोलचाल की भाषा के अनुसार प्रवाहपूर्ण हो। निराला को हिन्दी के पद्य की तरह लिखित गद्य से भी सन्तोष न था। गद्य अस्वाभाविक और शक्तिहीन लगता था : "क्या मज़ाल, किसी विद्वान् का लिखा एक वाक्य सीधे ज़बान से निकल जाय।" ('सुधा', 1 अक्तूबर, '33; सम्पा. टि.—2) उन्होंने उस गद्य को श्रेष्ठ माना जिसमें जल्द-से-जल्द अधिक-से-अधिक भाव लिखे और बोले जा सकें। (उप.) निराला के गद्य की गति द्रुत नहीं है; अर्थवक्रता, गूढ़ व्यंग्य, अलंकार सौन्दर्य के कारण वाक्य धीरे-धीरे आगे बढ़ता है, उन्हें जल्दी-जल्दी पढ़ना उनके साथ अन्याय करना है। लेकिन निराला का यह प्रयत्न प्राय: सर्वत्र रहता है कि लिखें थोड़ा और लोग समझें बहुत। कविता में जहाँ-तहाँ तुकबंदी के लिए या भाषा को सरस बनाने के लिए जैसे वह बहुत-से फालतू शब्दों का व्यवहार पद्य में करते हैं, वैसे गद्य में नहीं। भाषा को बोलचाल की तरह सहज रूप देने के लिए वह वाक्य-रचना का ढंग बदल देते हैं। वाक्यांश या शब्दखंड रचे हुए गद्य की तरह नहीं, बोले हुए गद्य की तरह, जगह बदलते हैं।

माइकेल मधुसूदन दत्त 'पश्चिमी कई भाषाओं के जानकार थे'। ('सुधा', दिसम्बर, '32; सम्पा. टि.—1) 'कई' को पश्चिमी के पहले न रखकर उसके बाद भाषाओं के साथ जोड़कर उन्होंने खूबसूरती पैदा की है।

"यद्यपि बहुत-से लोग काव्य की भाषा में ज़ोर को मिठास से बढ़ने देना नहीं चाहते क्योंकि उस तरह काव्य का सबसे बड़ा अंग कमज़ोर पड़ जाता है, कहते हैं। फिर भी उदार आलोचकों के दल से...।" ('रँगीला' में 'साकेत' समीक्षा) यहाँ कहते हैं, वाक्यांश के आरम्भ की जगह उसके अन्त में आया है।

"तो यह जो बेचे को चमेली और चमेली को गंधराज कहना कसरत पर है, और साड़ी के रंग पर जो सर के बल हो रहे हैं लोग...।" ('प्रबन्ध प्रतिमा', पृ. 266) कर्ता—लोग—वाक्यांश के अन्त में।

बहुत जगह निराला क्रियापद हटा देते हैं, वैसे ही जैसे पद्य में, जब वह बिम्बों पर दृष्टि केन्द्रित करते हैं।

'कुल्लीभाट' : छाता बगल में। हाथ में जूते। सामने मील भर ऊसर। चार बजे की चटकती धूप। (पृ. 19)

'बिल्लेसुर बकरिहा' : बिल्लेसुर उस गरमी में बनावटी नरमी लाते हुए, खींस निपोड़कर जवाब देते हुए, ज़रा सुस्ताकर गायों के पीछे तरह-तरह के काम में दौड़ते हुए। (पृ. 19)

'चोटी की पकड़' : भयंकर अट्टालिका। पीछे की तरफ कुछ गिरी हुई। फिर भी विशाल उद्यान की ऊँची प्राचीर से सुरक्षित। भीतर भी रक्षा का अन्तराल उठा हुआ। निकासों पर पहरे। (पृ. 1)

'काले कारनामे' : अनेक प्रकार की चिड़ियाँ, तालाब के किनारे के ऊँचे पीपल और इमली के पेड़ पर बसेरा लेती हुईं। ताल पर सिंघाड़े की बेल फैलती हुई। लड़के

अखाड़े कूदते हुए। औरतें काम-काज से घर और बाहर आती-जाती हुईं। गाँव में चहल-पहल। हिंडोले पड़े हुए। लड़कियाँ झूलती हुईं।...गलियारे में पानी भरा हुआ। मेड़ के ऊपर से लोगों की निकली (निकाली) हुई पगडंडी, वह भी पानी बरस जाने से बिछलहर। कुएँ पर पनहारिनों का जमघट। (पृ. 5-6)

शैली की एक विशेषता के तौर पर निराला यहाँ क्रियापद हटाते चलते हैं। उद्देश्य है, वस्तु पर ध्यान केन्द्रित करना, बिम्बों की भीड़ में पाठक को फाँसकर रखना, क्रिया के सहारे निकलने का मौका न देना। शैली की इस विशेषता का प्रयोग वह हर जगह नहीं करते, इसलिए वह दोष नहीं बनती।

कथा-साहित्य की तरह जहाँ-तहाँ विवेचनात्मक गद्य में भी शैली की यह विशेषता दिखाई देती है।

"जैसे बीजमंत्र, उसका अर्थ, पश्चात् अनिंद्य सुंदर रूप उसी के फूल की तरह उसके अर्थ के डंठल पर खिला हुआ।" ('प्रबन्ध पद्म', पृ. 169)

"मैं तारीफ वाली बाहरी बातों में पहले से पीछे रहा; किताबों का गेटअप साधारण, तसवीर नदारद, छपाई मामूली।" ('प्रबन्ध प्रतिमा', पृ. 266)

इन दोनों उदाहरणों में निराला का ध्यान जहाँ बिम्बों पर है, वहाँ वे क्रियापद छोड़ते हैं।

उनके गद्य के काव्य साधारणत: छोटे-छोटे होते हैं—कथा-साहित्य में और आलोचनात्मक निबन्धों में भी। 'कुल्ली भाट' जैसी रचनाओं में कहीं-कहीं वाक्य बहुत ही छोटे हैं, सादगी का असर पैदा करने के लिए। अलंकृत वाक्य के गद्य अधिकतर लम्बे होते हैं। निराला विभिन्न वाक्यांशों की ध्वनि में सन्तुलन पैदा करके पूरे वाक्य—या अनेक वाक्यों से पूरे पैराग्राफ की संगीत रचना करते हैं। 'प्रभावती' के आरम्भ में चौथा पैराग्राफ—'वाल्मीकि की सीता, कालिदास की शकुन्तला, श्रीहर्ष की दमयन्ती' इत्यादि—इस संगीत रचना का अच्छा उदाहरण है। कहीं-कहीं उनके वाक्य बहुत लम्बे हो जाते हैं—वह रूपक बाँधने के फेर में जान-बूझकर उन्हें खींचते चले जाते हैं—वहाँ साधारण पाठक भूल-भुलैया में खो जाता है, समझ नहीं पाता प्रवेश कहाँ है, निकास किधर है। 'पन्तजी और पल्लव' में प्रेस की गैलियों वाला वाक्य, 'मेरे गीत और कला' के आरम्भ में शमा और साड़ी वाला वाक्य उनके विस्तार-कौशल के नमूने हैं।

निराला का काफी गद्य ऐसा है जो रचा हुआ नहीं है, जिसमें शैलीगत विशेषता के द्वारा वह किसी युगान्तर की बात नहीं सोचते। इसमें हिन्दीभाषी जनता की आवाज़ ही नहीं सुनाई देती। निराला आये-दिन अपने जीवन में जैसी हिन्दी बोलते थे, उसे आप सुन सकते हैं :

"अरे अवस्थी जी, आप और फिलासफी! आपको किसी बहाने मेरी तरफ भूँकना था, सो भूँक चुके। इस तरह आप दूसरों को प्रसन्न कर सकते हो, तो कीजिए, पर मैं कहूँगा, कुछ काटना तो सीखिए।" ('सुधा', फरवरी, '30; 'मनसुखा को उत्तर')

"हम पूछते हैं, चतुर्वेदी जी ने श्रीयुत श्रीनाथसिंह जी के अपूर्ण लेख का तो छूटते ही जवाब लिख दिया और जनता के मस्तिष्क से भ्रम का भी निराकरण कर दिया, पर निरालाजी के सम्बन्ध में उन्हें अभी तक कुछ लिखने की फुर्सत क्यों नहीं हुई, जबकि उत्तर पूरा पा चुके? —उन्होंने इसके उत्तर पर किसी पुरस्कार की भी तो घोषणा की थी।" ('सुधा', 1 सितम्बर, '23; सम्पा. टि.—1)

"इसमें भी कालिदास के वर्ण खोजिए। खड़ी बोली का जीवन भी मिलाइए। मुहावरा, अनुप्रास और चित्र देखिए, पर यह भी कला नहीं, पर देखिए। मुझे आवेश नहीं। यह मेरा सीधा ढंग है।" ('प्रबन्ध प्रतिमा', पृ. 276)

निराला जब आवेश में होते हैं—और समझते हैं कि आवेश में नहीं हैं—तभी सीधे ढंग पर आते हैं। उनके इस सीधे अनलंकृत गद्य में बड़ी शक्ति है। यहाँ गद्य की गति भी तीव्र है। 'सुधा' की बहुत-सी टिप्पणियों में उनका गद्य ऐसा ही है। इसमें वह ललकार है, चुनौती है। दूसरे को उभारने की शक्ति है, जो उनकी बातचीत की विशेषता थी।

"सत्य वही है जो मनुष्यमात्र में है। ज्ञान में हिन्दू, मुसलमान नहीं। विस्तार ही जीवन है। फैलकर अपनी प्रतिभा, कर्म, अध्ययन, उदारता से समस्त ब्रह्मांड को अपनाना चाहिए। साहित्यिक उत्कर्ष और मुक्ति का यही मार्ग है। हिन्दी में बहुत करना है, बहुत पड़ा है, बहुत पीछे हैं हम।" ('सुधा', दिसम्बर, '23; सम्पा. टि.—1)

"हिन्दी भाषी मुझे अच्छी तरह जानते हैं। वे यह भी जानते होंगे, मेरे कानों में डंके की आवाज़ कम जाती है। जिस साधना से आदमी—आदमी है, जिसके कारण नेता सम्मान पाते हैं, मैं उसी की जाँच करता हूँ। वहाँ प्रेमचन्दजी, दरिद्र प्रेमचन्दजी, अपने अध्यवसाय से शिक्षा प्राप्त करनेवाले प्रेमचन्दजी, साहित्य की साधना में यहाँ-रहाँ भटकते फिरनेवाले प्रेमचन्दजी, फिर भी एकनिष्ठ होकर दिन-पर-दिन, महीने-पर-महीने, वर्ष-पर-वर्ष साधना करते रहनेवाले प्रेमचन्दजी, बड़े-बड़े, बहुत बड़े हैं। इतना बड़ा कोई नेता भी इस तरह संकट में पड़ा जिसके नाबालिग बच्चे उड़ी निगाह से पिता के पास बैठे हुए शून्य सोचते रहें और महाव्याधि में भी पिता को विश्राम न मिला—उनके अन्न की चिन्ता रही? इतने बड़े पिता को अन्न की चिन्ता—धन्य रे देश!" ('हिन्दी के गर्व और गौरव प्रेमचन्दजी', भारत, 1 अक्तूबर, 1936)

यह निराला के गद्य का सहज रूप है। उसमें उतने ही अलंकार हैं, जितने बोलचाल की भाषा में आते हैं। स्वर का क्रमश: चढ़ते जाना, फिर अचानक उतार और स्तम्भित-सा विराम पर ठहरना, यह निराला के उस गद्य की विशेषता है जिसमें आवेश में बोलते हुए वह कला की बात भूल जाते थे। यहाँ उनके व्यक्तित्व को उनकी शैली से अलग करना असम्भव है। यही कला की सिद्धि भी है। उनके सहज भाव में बड़ी ऊर्जा है, उनके हृदय का अपार सौन्दर्य भी।

परम्परा

शक्तिपूजा

शंकराचार्य दार्शनिक थे, कवि भी थे। दार्शनिक स्तर पर वह अद्वैतवादी हैं, ब्रह्म की अखंड सत्ता में विश्वास करते हैं। काव्य-स्तर पर वह शक्ति के उपासक हैं, शक्ति के रूप-सौन्दर्य के गायक हैं। तर्क द्वारा यह अवश्य सिद्ध किया जा सकता है कि दार्शनिक स्तर पर शंकर के अद्वैत-ब्रह्म और काव्य के शक्ति-सौन्दर्य में कोई भेद नहीं है किन्तु ऐसा उस पुराने तर्कशास्त्र के आधार पर ही किया जा सकता है जो मनुष्य की चेतना को अखंड मानकर भावबोध और विचार-प्रक्रिया में किसी तरह के द्वन्द्व की कल्पना कर ही नहीं सकता। परब्रह्म स्वरूप शंकराचार्य जब 'बोलते' थे तब सच्चिदानन्द रूप में नहीं, देशकालबद्ध मनुष्य रूप में बोलते थे। जैसे उनका ज्ञान भाषातीत नहीं था, भाषा द्वारा ही प्रकट हुआ, वैसे ही उनका मन भावमुक्त—विशुद्धज्ञानमय—नहीं था, भावप्रेरित होकर ही उसने काव्य रचा था। भावप्रेरित मन के काव्य और विवेकी मन के तर्कसिद्ध ज्ञान में द्वन्द्व है।

शंकराचार्य की विचारधारा कबीर जैसे उन कवियों को प्रभावित करती है जो ब्रह्म की अद्वैत सत्ता मानते हुए माया के आकर्षण से बचे रहने का भरसक प्रयास करते हैं। इससे भिन्न शंकराचार्य की भावधारा है जो शक्ति के रूपसौन्दर्य से बँधी हुई है, जिससे प्रेरित होकर कवि अगोचर ज्ञान और आनन्द के गीत नहीं गाते वरन् गोचर सौन्दर्य और आनन्द के गीत गाते हैं। शंकराचार्य की विचारधारा उनसे आरम्भ नहीं होती किन्तु वेदान्त को निश्चित, व्यवस्थित दर्शन का रूप देने का श्रेय उन्हीं को है। उनकी भावधारा भी उनसे आरम्भ नहीं होती और काव्य में उनका वह महत्त्व नहीं जो दर्शन में है, फिर भी उस भावधारा के वह महत्त्वपूर्ण कवि हैं और भारतीय काव्य के विकास पर विचार करते समय उन्हें छोड़ा नहीं जा सकता। शंकराचार्य जिस भावधारा से सम्बद्ध हैं, उसके समर्थ कवि कालिदास हैं; आधुनिक काल में जयशंकर प्रसाद और निराला उसी भावधारा से जुड़े हुए हैं। रवीन्द्रनाथ नारी-सौन्दर्य के अन्यतम कवि हैं, कालिदास के प्रेमी, उन पर कविताएँ लिखने वाले, उनसे प्रभावित कवि हैं। किन्तु शाक्त भाववाली सौन्दर्योपासना रवीन्द्रनाथ में नहीं है, कालिदास में है। कालिदास के पार्वती और परमेश्वर वाणी और अर्थ के समान जुड़े हुए हैं, उन शक्तिरूपा पार्वती के सौन्दर्य का वर्णन उन्होंने 'कुमारसम्भव' में किया। रवीन्द्रनाथ के ब्राह्मसमाजी ब्रह्म

पार्वती के सम्पर्क से मुक्त हैं। नारी के रूप-चित्रण के लिए उसे शाक्त दृष्टि से देखना आवश्यक नहीं है।

कालिदास की तुलना में शंकराचार्य का शाक्त रसबोध और भी गाढ़ा है और इन दोनों के बीच में स्थिति है निराला की। 'गीतिका' में इस शाक्त रसबोध के प्रमाण जगह-जगह मिलते हैं और कालिदास से अधिक मिलते हैं अर्थात् शाक्त विचारधारा का प्रभाव कालिदास की अपेक्षा निराला पर अधिक है। साथ ही शंकराचार्य में यह रसबोध भीतर-भीतर घुमड़कर रह जाता है, फूटकर बहता नहीं है। निराला-काव्य में रस का ऐसा अवरोध नहीं; वह प्रवाहित है, कालिदास-काव्य की तरह, कुछ अधिक संयत, कुछ अधिक उदात्त।

तुलसीदास में नारीरूप की अस्वीकृति नहीं है, जैसी कबीर आदि में है; साथ ही शक्ति को जगदम्बा मानने के कारण, जगदम्बा को शाक्त नहीं, वैष्णव दृष्टि से देखने के कारण, नारीरूप के प्रति वैसी आसक्ति नहीं है, जैसी कालिदास में। तुलसीदास ने सीता की तुलना में राम के ही रूप का वर्णन अधिक किया है। सूरदास में राधा-कृष्ण का श्रृंगार शिव-पर्वती के श्रृंगार वाली परम्परा के अनुकूल है। शाक्त विचारधारा वैष्णव मत और ब्रह्मवाद से टकराती थी। वह इनसे आच्छन्न होने पर भी क्षीण और निष्प्राण नहीं हुई। अनेक कवियों में वैष्णव मत और ब्रह्मचिन्तन के साथ या उनके स्तर से नीचे अन्तर्धारा-सी प्रवाहित रही। भारतीय संस्कृति के इस द्वन्द्व का प्रमाण स्वयं शंकराचार्य की 'सौन्दर्य लहरी' है।

शिव: शक्तया युक्तो यदि भवति शक्त: प्रभवितुं
न चे देवं देवो न खलु कुशल: स्पन्दितुमपि।

('सौन्दर्य लहरी' का पहला छन्द; जो लोग सौन्दर्य लहरी के पहले इकतालीस छन्दों को 'आनन्द लहरी' के नाम से अलग कर लेते हैं, वे उसे आनन्द लहरी का पहला छन्द मान लें।) शक्ति से युक्त होने पर ही शिव कुछ करने में समर्थ होते हैं, वरना अकेले उनमें स्पन्दन भी नहीं होता। निराला कहते हैं :

ज्ञान-तन्तु तुम, जग-अजान-मन—
शव-शिव-शक्ति महान। ['गीतिका', पृ. 47]

शक्ति ही ज्ञान है, उसके बिना संसार का अज्ञानी मन शव जैसा है और शिव इसी शव जैसे हैं। शक्ति के बिना शिव में जीवन का स्पन्दन भी नहीं है।

शिव ने सौन्दर्य और सुरति के देवता कामदेव का नाश कर दिया; शंकराचार्य के अनुसार पार्वती की कृपा से वह अनंग होकर अब भी संसार पर विजय प्राप्त करता है। फूलों का धनुष, मधुकरों की प्रत्यंचा, वसन्त उसका साथी (सामन्त), मलय के रथ पर सवार कामदेव गिरिसुता की कृपा से संसार पर विजय पाता है। ('सौन्दर्य', छन्द 6) जिस काव्यलोक में मदन, वसन्त, पार्वती विचरण करते

हैं, उसमें कालिदास का मन रमता है, शंकराचार्य की पार्वती स्वयं सौन्दर्य की देवी हैं। अराल अलकों से उनका मुँह घिरा हुआ है:, कमल की छवि उस श्री से परास्त है, स्मर का नाश करनेवाले शिव की आँखें सुगंध से मत्त हो उठती हैं। (उप. छन्द 45) कान तक खींचे हुए स्मर के धनुष के समान पार्वती की विशाल आँखें शिव के चित्त को चंचल करने में सक्षम हैं। (उप., छन्द 52) वह कानों में जो ताटंक पहने हुए हैं, वह कामदेव का रथ है; उस पर सवार होकर मन्मथ सूर्य-चन्द्र के चक्रवाले धरती के रथ पर बैठे हुए शिव का सामना करता है। (उप., छन्द 59)

शंकराचार्य पार्वती के सौन्दर्य का वर्णन करते हैं, उसमें मातृत्व की छवि भी देखते हैं। केश अराल हैं, मन्द हँसी में सहज भोलापन है, चित्त में शिरीष की आभा (कोमलता) है, कुछ तट पत्थर के समान कठोर हैं। (उप., छन्द 93) इन्हीं स्तनों से सारस्वत के; समान दूध की धारा बहती है जिसे पीकर द्रविड़-सुत शंकर ने कमनीय कविता रची। (उप., छन्द 75) जहाँ सौन्दर्य है, वहाँ मातृत्व-भाव भी है। कालिदास में यह मातृत्व-भाव दबा हुआ है, शंकराचार्य में उभरा हुआ है। शंकराचार्य में माता के प्रति शिशु-भाव की प्रधानता है। वह गणेश और स्कन्द को पार्वती के स्तनों से दूध पीते देखते हैं, स्वयं भी वही दूध पीकर कवि बनते हैं। निराला के मन से यह शिशु-भाव बहुत दूर है। वह माता के सौन्दर्य को वयस्क दृष्टि से देखते हैं।

निराला-काव्य में आदिशक्ति के अनेक रूप हैं, वह कन्या है, माता भी। माता रूप में भी वह एक-सी नहीं है किन्तु जहाँ वह सौन्दर्य की देवी है, वहाँ वह कन्या हो, चाहे माता, निराला उसके रूप का वर्णन वयस्क दृष्टि से करते हैं। 'सरोज-स्मृति' में 'आई लावण्य-भार थर-थर' और 'ज्यों भोगावती उठी अपार' आदि पंक्तियाँ उसी दृष्टि के अनुरूप हैं। 'स्फटिक शिला' में नहाकर आई हुई युवती में वह सीता की छवि उसी वयस्क शाक्त दृष्टि से देखते हैं

...नहीं जैसे कोई चाह
देखने की मुझे और,
कैसे भरे दिव्य स्तन, हैं ये कितने कठोर।
मेरा मन काँप उठा, याद आईं जानकी।
कहा, तुम राम की,
कैसे दिये हैं दर्शन! ['नये पत्ते', पृ, 60]

निराला यहाँ तलवार की धार पर चलते हुए सध गए हैं; मन काँपता है, फिर सीता के ध्यान से सधता है। उन्हें राम को समर्पित करके छुट्टी पाते हैं।

कालिदास पार्वती के रूप का वर्णन करते हैं जब वह बालिका से युवती बनती हैं। कलाकार की तूलिका से जैसे चित्र, के रंग-रूप उभर आएँ, सूर्य की किरणों से

जैसे कमल के दल खुल जायँ, वैसे ही पार्वती का सुन्दर ढला हुआ शरीर नवयौवन से विभक्त हुआ। ('कुमारसम्भव', प्रथम सर्ग, छन्द 32) निराला इस रूप की वन्दना बार-बार करते हैं। जो शक्ति है, वह नवल वय की सुन्दरी भी है :

प्रथम मधु-संचय नवल वयसिके, नव सम्मान।
रहा तेरा ध्यान,
जग का गया सब अज्ञान। ['गीतिका', पृ. 62]

वह सुन्दरी है, ज्ञान की देवी भी है। आकाश-पृथ्वी के बीच ज्योत्स्ना-वसन पहने हुए वह प्रकृति की छवि है, वह अरणियों की अग्नि है और प्रथम मधु-संचय से परिचित युवती भी है। कालिदास के मन में वेदान्त ज्ञान और नारी सौन्दर्य के समन्वय के लिए वैसा आग्रह नहीं है, जैसा निराला में है। निराला की कहानियों में सोलह साल की अधखुली कलिकाएँ बहुत हैं; रीतिवादी कवियों ने वय:सन्धि का जो वर्णन किया है, उससे निराला के चित्रण में अन्तर शाक्त दृष्टि को लेकर है। शक्ति के दो रूप—परा और अपरा—युवती की आँखों में हैं। जो सोलह साल की अधखुली कली है, उसकी आँखें नावों सी "चपल लहरों पर अदृश्य प्रिय की ओर परा और अपरा की तरह बही जा रही हैं।" ('लिली', पृ. 37)

यह युवती रति-विमुख नहीं है, केलि करती है किन्तु नि:संग भाव से :

केलि-कलिकाओं में निस्संग
खुल गये गीतों के आकार। ['गीतिका', पृ. 64]

यही भाव रत्नावली के वर्णन में है; पति मुग्ध है, रत्नावली केलि करती हुई भी निस्संग है :

लखती ऊषारुण, मौन, राग;
सोते पति से; वह रही जाग;
प्रेम के फाग में आग त्याग की तरुणा;
प्रिय के जड़ युग कूलों को भर
बहती ज्यों स्वर्गंगा भास्वर;
नश्वरता पर आलोक-सुघर दृक-करुणा।

शृंगार का यह रूप कालिदास में भी है। प्रेम के फाग में आग वाला भाव वाममार्गी साधना की ओर संकेत करता है। नश्वरता पर करुणा का प्रवाह—यह धारणा शंकराचार्य के अनुरूप अधिक है।

'पन्तजी और पल्लव' में निराला ने एक वाक्य लिखा था : "कला ही कवि की प्रेयसी और अभीष्ट देवी है।" ('प्रबन्ध पद्म', पृ. 140) यहाँ प्रेयसी और अभीष्ट देवी

का सान्निध्य ध्यान देने योग्य है। किसी भी स्त्री को देवी कहें—देवी शब्द का वैसा प्रयोग यहाँ नहीं हुआ; जो प्रेयसी है, वह अभीष्ट पूज्य देवी भी है। 'मेरे गीत और कला' में निराला जहाँ औसत काव्य-प्रेमियों को साड़ी के रंग पर लट्टू होकर सर के बल खड़े होते देखते हैं और कहते हैं कि अपनी शमा लेकर निकलूँ तो 'साड़ी देखने वालों की साड़ी पहनने वाली से भी चार आँखें हो जाएँ' ('प्रबन्ध प्रतिमा', पृ. 266), वहाँ वह उसी अभीष्ट देवी की बात कह रहे हैं जो प्रेयसी भी है। इसी निबन्ध में कला की तुलना 'पूरे अंगों की सत्रह साल की सुन्दरी की आँखों की पहचान' से करते हैं। (पृ. 272) वही भाव है। 'भक्त और भगवान्' में भक्त की पत्नी का नाम सरस्वती है। उसका नाम ही सरस्वती नहीं है, वह पूज्य है क्योंकि पति से वह कहती है : "प्रिय, महावीर को मैं मस्तक पर धारण करती हूँ।" ('चतुरी चमार', पृ. 74) गीतों में निराला जिससे वर माँगते हैं—प्रेम का साधारण वर नहीं, अज्ञान दूर करनेवाला अमर वर—उसके नेत्रों के मद से मत्त भी होना चाहते हैं :

प्रिये, दृगों के मद से मादक कर दो;
मेरी अखिल पुरातन-प्रियता हर दो;
मुझको एक अमर वर दो,
मैंने जिसकी हठ ठानी।
कल्पना के कानन की रानी! ['गीतिका', पृ. 24]

निराला की चेतना में कई भँवरें हैं, कई विरोधी दिशाओं में बहती हुई अन्तर्धाराएँ आकर मिलती हैं। शंकराचार्य—और उनसे भी अधिक कालिदास—का मन इन अन्तर्धाराओं के प्रवाह-संघर्ष से मुक्त है।

शक्ति मृत्युरूपा भी हैं। इस रूप की उपासना कालिदास में नहीं है, शंकराचार्य में नहीं है, विवेकानन्द में है, निराला में है। शंकराचार्य के बाद वर्तमान युग में वेदान्त का सबसे अधिक—भारत के बाहर की—प्रचार स्वामी विवेकानन्द ने किया। जिन व्याख्यानों से उन्होंने पहले अमरीका और ब्रिटेन के विद्वानों को—बाद को भारतीय युवकों को—प्रभावित किया, उनमें वहाँ की अद्वैत सत्ता का जयघोष है, शक्ति की उपासना का प्रचार नहीं है। किन्तु उन्होंने शक्ति की उपासना पर भी लिखा है, विशेष रूप से पद्य में। जो भावधारा गद्य की ज्ञानचर्चा में दबी रहती है, वह पद्य में उभरकर आती है। वेदान्ती विवेकानन्द पर शाक्त भावधारा का उतना ही गहरा प्रभाव है जितना वेदान्ती शंकराचार्य पर। किन्तु शंकराचार्य की पार्वती कालिदास की पार्वती से मिलती-जुलती हैं; विवेकानन्द काली-पूजक हैं और कालिदास की दुनिया से बहुत दूर हैं।

हये वाक्य मन अगोचर, सुखे दुःखे तिनि अधिष्ठान,
महाशक्ति काली मृत्युरूपा, मातृभावे तौरि आगमन।

'सखार प्रति' कविता का अनुवाद निराला ने किया :

वे हैं मन-वाणी से अज्ञात—
वे ही सुख-दु:ख में रहती हैं—शक्ति मृत्यु-रूपा अवदात,
मातृभाव से वे ही आतीं। ['अनामिका', पृ. 168]

'नाचूक ताहाते श्यामा'—इसका अनुवाद भी निराला ने किया। इसमें भी स्वामी विवेकानन्द ने मृत्युरूपा काली का स्मरण किया है :

रुद्रमुखे सबाइ डराय, केह नाहि चाय मृत्युरूपा एलोकेशी।
उष्ण धार, रुधिर-उद्गार, भीम तरवार खसाइये देय बाँशी।
सत्य तुम मृत्युरूपा काली, सुख वनमाली तोमार मायार छाया।
करालिनि, कर मर्मच्छेद, होक मायाभेद, सुखस्वप्न देहे दया।

रुद्र रूप से सब डरते हैं,
देख देख भरते हैं आह,
मृत्युरूपिणी मुक्तकुन्तला
माँ की नहीं किसी को चाह!
उष्णधार उद्गार रुधिर का
करती है जो बारम्बार,
भीम भुजा की, बीन छीनती,
वह जंगी नंगी तलवार।
मृत्यु स्वरूपे माँ, है तू ही
सत्य-स्वरूपा, सत्याधार;
काली, सुख-वनमाली तेरी
माया छाया का संसार! ['अनामिका', पृ. 110]

अंग्रेज़ी में लिखी हुई 'काली दि मदर' कविता में यही भाव है।

For Terror is thy name
Death is in the breath
And every shaking step
Destroys a world for e'er. ['बीरबानी', पृ. 56]

उसका नाम भय है; मृत्यु उसके श्वास में है। प्रत्येक पदचाप से सदा के लिए एक लोक नष्ट हो जाता है।

तर्क से सिद्ध किया जा सकता है कि यह सच्चिदानन्द ब्रह्म की ही वन्दना है किन्तु वेदान्त के ब्रह्म और मृत्युरूपा काली में आप जैसे भी चाहें सन्तुलन स्थापित करें, भावबोध के अन्तर पर अवश्य विचार करें। कविता में मूर्ति-विधान दूसरे ढंग का है, उसे दीप्त करनेवाली भावशक्ति दूसरे ढंग की है।

निराला ने विवेकानन्द से मृत्युरूपा शक्ति की उपासना सीखी किन्तु कुछ बातों में मौलिक अन्तर के साथ। 'परिमल' की 'आवाहन' कविता में निराला ने काली की मुंडमालाओं, उसके खड्ग और खप्पर का वर्णन किया है; 'धारा' में काली का रूपक बाँधते हुए निराला ने नर-मुंडमालाओं का उल्लेख किया है। इन रचनाओं में काली का परम्परागत ध्वंसक रूप है और निराला उससे क्रान्ति का सम्बन्ध जोड़ते हैं। स्वामी विवेकानन्द की काली-पूजा में क्रान्तिकारी संघर्ष की ओर वैसा संकेत नहीं है।

'गीतिका' और 'अनामिका' में जहाँ मृत्युरूपा शक्ति की वन्दना है, वहाँ मुंडमालाएँ, खड्ग, खप्पर आदि उपकरण ग़ायब हैं। निराला की मृत्युरूपा शक्ति किसी का नाश नहीं करतीं, वह मृत्यु हैं तो केवल निराला के लिए। तुम मुझे विष पिलाती हो, तुम मुझे पदरागरंजित मरण दो—केवल मुझे, अन्य को नहीं—इस भाव से निराला अभीष्ट देवी से अत्यन्त आत्मीय सम्बन्ध स्थापित करते हैं। यह आत्मीयता उनकी लिरिक कविता का बहुत बड़ा गुण है। निराला के गीतों में भीम कृपाण वाली काली परिवर्तित हो गई हैं। रुधिर और मुंडमालाओं का संसर्ग छूटने से वह अधिक सार्वजनीन, कुछ अधिक आधुनिक, तंत्र-मुक्त मन के अधिक अनुकूल है। निराला मृत्युरूपा शक्ति की आराधना न तो मरने के लिए करते हैं, न मरकर भवसागर से मुक्ति पाने के लिए। उनके लिए आराधना का अर्थ है, इसी जीवन में—मृत्युञ्जय होना, संसार-सागर को पार करते हुए विजयी होना। मृत्यु और विष शक्ति हैं, जीवन-संग्राम के लिए आवश्यक हैं—यह भाव निराला-काव्य की विशेषता है। निराला इस मृत्युरूपा शक्ति को जननी के रूप में याद करते हैं, प्रेयसी के रूप में भी :

आओ मधुर-सरण मानसि, मन।
नूपुर-चरण-रणन जीवन नित
वंकिम चितवन चित-चारु मरण। ['गीतिका', पृ. 53]

दिये थे जो स्नेह-चुम्बन,
आजे प्याले गरल के घन;
कह रही हो हँस—'पियो, प्रिय,
पियो, प्रिय, निरुपाय!
मुक्ति हूँ मैं, मृत्यु में
आई हुई, न डरो!' ['अनामिका', पृ. 136]

मृत्युरूपा शक्ति यहाँ प्रेयसी रूप में सामने आती हैं। स्वामी विवेकानन्द के काव्य-लोक में यह रूप अदृश्य है।

कृत्तिवास की 'रामायण' में रावण से परास्त होकर राम दुर्गा की पूजा करते हैं। आखिरी कमल दुर्गा चुपचाप उठा ले जाती हैं। निराला ने 'राम की शक्तिपूजा' का

'नक्शा' कृत्तिवास से लिया। किन्तु उनकी शक्ति जितना स्वामी विवेकानन्द की काली से भिन्न हैं, उतना ही कृत्तिवास की दुर्गा से। निराला की कविता में दुर्गा प्रकाश की नहीं, अन्धकार की देवी हैं; वह रावण का साथ देती हैं क्योंकि रावण का सम्बन्ध भी अन्धकार से है। शिव रावण के साथ हैं, दुर्गा के साथी हैं क्योंकि उनका निवास भी आकाश में है। जड़ जल वाला समुद्र उनका सहायक है। अग्नि, वायु और पृथ्वी उनसे त्रस्त हैं। कृत्तिवास में यह प्रतीक व्यंजना कहीं नहीं है। 'राम की शक्तिपूजा' में दुर्गा नियति हैं, वह दैवी विधान हैं जो राम की समझ में नहीं आता। इस शक्ति को परास्त करके—अथवा अपने में लीन करके—ही राम रावण पर विजय पा सकते हैं। कृत्तिवास की दुर्गा इस नियतिरूप से मुक्त हैं; राम के मुख में उनके लीन होने का प्रश्न नहीं है।

निराला-काव्य में शक्ति के एक देवता और हैं—महावीर। इन्हें निराला ने तुलसीदास से प्राप्त किया है। 'राम की शक्तिपूजा' में इन्होंने जो शक्ति प्रदर्शन किया है, वह कृत्तिवास के लिए कल्पनातीत है। शिव और दुर्गा, दोनों को लेने के देने पड़ जाते हैं। निराला में एक ओर शाक्त भावधारा से प्राप्त किये हुए संस्कार हैं, दूसरी ओर वैष्णव-काव्य के संस्कार हैं। 'राम की शक्तिपूजा' में ये संस्कार टकराते हैं। दुर्गा रावण के साथ हैं, महावीर राम के साथ। महावीर दुर्गा से अधिक शक्तिशाली हैं। जब तक वह आकाश में जाकर शिव को त्रस्त नहीं करते, तब तक कथा सार्थक है। उसके बाद राम द्वारा शक्ति की पूजा औपचारिकता का निर्वाह है। पाठक जानता है, दुर्गा कृपा न भी करें तो महावीर जब चाहें, आकाश में उड़कर उन्हें ठीक कर सकते हैं।

'भक्त और भगवान्' में निराला भक्त के स्वप्न में महावीर को अवतरित करते हैं। स्वामी सारदानन्द के लिए उन्होंने लिखा था : "उन्हें लोग महावीर की विभूति सम्पन्न कहते हैं।" ('अर्थ', सुधा, सितम्बर, '32) और भी : "इन महादार्शनिक, महाकवि, स्वयंभू, मनस्वी, चिरब्रह्मचारी, संन्यासी, महापंडित, सर्वस्व-त्यागी साक्षात् महावीर के समक्ष देवत्व, इन्द्रत्व और मुक्ति भी तुच्छ है।" ('चतुरी चमार', पृ. 56) जो महान् है, उसे किसी-न-किसी रूप में महावीर से सम्बद्ध होना चाहिए। यह सब आस्था निराला ने तुलसीदास से पाई किन्तु महावीर को लेकर निराला और तुलसीदास की आस्था में बड़ा अन्तर भी है। कुछ सन्देह के बीज तो तुलसीदास के मन में भी थे किन्तु वह आस्था की धरती के नीचे दबे रहे। निराला के बीज धरती फोड़कर विकट रूप में बाहर निकल आते हैं।

'पन्तजी और पल्लव' में जहाँ वानरों के लिए लिखा है कि वे सुकवि किंकर (महावीरप्रसाद द्विवेदी) की "नासिका के छिद्र में लांगूल करके उन्हें जगा देते थे।" ('प्रबन्ध पद्म', पृ. 74), वहाँ वह महावीर का ही स्मरण कर रहे हैं। पैराग्राफ के अन्तिम वाक्य में 'तेल बोरि पट बाँधि पुनि' का हवाला इस धारणा को पुष्ट करता है। वानरों की अथवा महावीर की भूमिका यहाँ विशेष उदात्त नहीं। "रामलीला में

यदि मनुष्य बंदर बनकर न नाचें, तो मनुष्यत्व की रक्षा ही होती है।" ('सुधा', सितम्बर, '34; सम्पा. टि.—1) यहाँ भी महावीर की ओर संकेत है। किन्तु 'सुधा' की एक टिप्पणी में निराला ने हास्यपूर्ण सन्दर्भ में महावीर का स्पष्ट नामोल्लेख किया है : "सीताजी रामजी के सन्देशवाहक हनुमानजी को देखकर बहुत खुश हुईं। फिर रामजी के विरह से व्याकुल होकर पूछा, 'वत्स, रघुनाथजी क्या कभी मुझे याद भी करते हैं?' सहानुभूति से अपनी छोटी-छोटी पलकें तिलमिलाकर हनुमानजी बोले, 'माता, रघुनाथजी को तुम्हारे वियोग से बड़ा दु:ख है। अब उन्होंने मांस खाना और मदिरा पीना छोड़ दिया है,' कहकर हनुमानजी गदोरियों से और सीताजी आँचल से रामजी के वियोग-दु:ख पर बहते हुए अपने-अपने आँसू पोंछने लगे।" ('सुधा', 1 जून, '34; 'काकाकोलाहलकर' नाम से लिखी 'फुलझड़ियाँ' स्तम्भ में)

निराला के लिए आस्था और विश्वास का कोई ऐसा अधिष्ठान न था, जिसे एक बार उन्होंने सन्देह की दृष्टि से न देखा हो। उपर्युक्त टिप्पणी में उन्होंने महावीर के साथ सीता और राम को भी हास्यरस का आलम्बन बना दिया है। इससे तुलनीय है एक अन्य टिप्पणी : चित्रकूट में रामजी पहुँचे तो वहाँ मच्छरों ने बहुत तंग किया। "कोलभीलों की दी रसद उदर-रसीद करके भगवान् जानकी जी के साथ सोए तो वन के पुंज-पुंज मच्छड़ आकर गुंजार करने लगे।" जानकी जी ने 'चपत-प्रहार' द्वारा कइयों को वैकुंठ भेज दिया किन्तु 'मुक्ति प्रार्थी मशकों की भीड़ बढ़ते देखकर' उन्होंने रामजी को हिलाया और कहा, धनुषवाण धारण करो, राक्षस आ गए हैं। रामजी ने पड़े ही पड़े कहा, मुझे भी राक्षस काट रहे हैं; आग में तृण डालो और उधर को पीठ कर लो। ('सुधा', 16 जून, '34; 'फुलझड़ियाँ')

कोई आश्चर्य नहीं कि "बिल्लेसुर ने आँखों से आँखें मिलाए हुए महावीरजी के मुँह पर डंडा दिया कि मिट्टी का मुँह गिली की तरह टूटकर बीघे भर के फासले पर जा गिरा।" ('बिल्लेसुर बकरिहा', पृ. 46)

तुलसीदास और निराला की आस्था में यह अन्तर था।

रविरस्तं गतः—रवि हुआ अस्त

वाल्मीकि ने राक्षसों और वानरों के युद्ध का वर्णन करते हुए लिखा कि सूर्य अस्त हुआ; तब प्राणहारिणी रात्रि आरम्भ हुई।

युध्यतामेव तेषां तु तदा वानर राक्षसाम्।
रविरस्तं गतो रात्रि: प्रवृत्ता प्राणहारिणी।

['युद्धकांड', सर्ग, 44]

'रवि' और 'अस्त'—ये दोनों शब्द वाल्मीकि में एक साथ आए हैं। निराला ने कई कविताओं में सूर्यास्त का वर्णन किया है। 'राम की शक्तिपूजा' में रवि और अस्त एक साथ वैसे ही आए हैं, जैसे 'वाल्मीकि' में। क्या यह साम्य आकस्मिक है?

वाल्मीकि ने युद्ध में राम, लक्ष्मण तथा अन्य वीरों के शरीर से बहुत-सा रक्त बहने की बात लिखी है :

'नद्यस्तत्र प्रसुस्रुव:'—रक्त की नदियाँ बहने लगीं;

'शोणितास्रावकर्दमा'—रक्तस्राव से कीचड़ हो गया;

'सुस्राव रुधिरं बहु'—बहुत-सा खून बहा। (उप., सर्ग 44-45) निराला ने लिखा : 'विद्धांगवद्ध-कोदंड-मुष्टि—खर-रुधिर-स्राव'। क्या वाल्मीकि का 'आस्राव-सुस्राव' ही निराला के 'रुधिरं-स्राव' में प्रतिध्वनित है?

मेघनाद से युद्ध करते हुए राम और लक्ष्मण, दोनों शत्रु के शरजाल में बँध गए : 'बद्धौ तु शर-बन्धेन।' (उप., सर्ग 45) उनके अंग-अंग क्षत-विक्षत हो गए : 'ततो विभिन्न सर्वांगौ।' (उप.) निराला को अपने 'विद्धांग' के लिए प्रेरणा क्या वाल्मीकि के इसी वर्णन से मिली?

मेघनाद के वाणों से विद्ध होकर जब रामचन्द्र धरती पर गिरे, तब तीन जगह से झुके हुए रत्नभूषित धनुष की मुष्टि उनके हाथ से छूट गई। 'भिन्न मुष्टिपरीणाहं त्रिणतं रत्नभूषितम्।' (उप.) निराला के राम विद्धांग होने पर भी 'बद्ध-कोदंड-मुष्टि' हैं। 'भिन्नमुष्टि' का स्मरण करते हुए उससे 'वैषम्य' दिखाने के लिए ही क्या निराला ने 'बद्ध-कोदंड-मुष्टि' लिखा है?

रावण से युद्ध करते हुए राम बराबर रावण के सिर काटते हैं, बार-बार नये सिर उग आते हैं। राम सोचते हैं कि जिन वाणों से मारीच, खर-दूषण, विराध और कबन्ध को मारा, वे रावण के सामने निस्तेज क्यों हो गए?

मारीचो निहतो यैस्तु खरो यैस्तु सदूषण:।
क्रौञ्चारण्ये विराधस्तु कबन्धो दण्डकावने...
किन्तु तत्कारणं येन रावणे मन्दतेजस: [उप.]

निराला ने पराजित राम को अपने पुरुषार्थ का स्मरण करते हुए दिखाया :

देखते राम, जल रहे शलभ ज्यों रजनीचर,
ताड़का, सुबाहु, विराध शिरस्त्रय, दूषण खर।

आगे विभीषण से वाणों के निस्तेज होने की बात कहते हैं :

वे शर हो गए आज रण में श्रीहत, खंडित!

वाल्मीकि में खर-दूषण-विराध-स्मरण के साथ ही वाणों के निस्तेज होने का दु:ख है; निराला में ये दोनों क्रियाएँ कुछ फासले से आई हैं।

रावण द्वारा पराजित होने पर राम धनुष पर वाण चढ़ाने में असमर्थ हो गए।

नाशन्कोदभिसन्धातुं सायकान् रणमूर्धनि। [उप., सर्ग 103]

निराला की कविता में राम की यह दशा रावण की सहायता करती हुई दुर्गा के सामने होती है :

पर खिंचा न धनु, मुक्त ज्यों बँधा मैं हुआ त्रस्त!

युद्ध में राम-लक्ष्मण सहित सारी वानर सेना मूर्च्छित हो जाती है। केवल हनुमान मूर्च्छित नहीं हुए। हाथ में उल्का लिये हुए वह विभीषण के साथ समरभूमि में मृत अथवा मूर्च्छित वानरों को देखते हुए घूमते हैं। वानरों की गणना में सबसे पहले सुग्रीव और अंगद का नाम आता है, और नामों के अलावा नल और गवाक्ष का भी उल्लेख है।

सुग्रीवांगदं नीलं...
गवाक्षं च सुषेणं च...
मैन्दं नलं ज्योतिमुखं... [उप., सर्ग 74]

'राम की शक्तिपूजा' में मूर्च्छित वानरों की गणना सुग्रीव और अंगद से होती है; इनके बाद गवाक्ष और नल इसी क्रम से हैं जिस क्रम से वाल्मीकि में।

मूर्च्छित-सुग्रीवांगद-भीषण-गवाक्ष-गय-नल।

'सुषेण' की जगह 'भीषण' समान ध्वनि वाला शब्द है।

मूर्च्छित सेना के बीच विभीषण जाम्बवान के पास पहुँचते हैं। जाम्बवान सबसे पहले महावीर का समाचार पूछते हैं। विभीषण को आश्चर्य होता है कि राम-लक्ष्मण की जगह सबसे पहले महावीर का समाचार क्यों पूछ रहे हैं।

जाम्बवान कैफियत देते हैं : वह वीर जीवित है तो सारी सेना मरकर भी नहीं मरी; यदि वह मारे गए तो हम सब जीवित होते हुए भी मृत हैं। (उप.) सब मूर्च्छित हैं, वानर मूर्च्छित हैं, राम और लक्ष्मण मूर्च्छित हैं, केवल हनुमान उल्का लिये हुए विभीषण के साथ उनके बीच घूम रहे हैं। उनकी यही भूमिका 'राम की शक्तिपूजा' में है :

गर्जित-प्रलयाब्धि-क्षुब्ध हनुमत्-केवल-प्रबोध।

'मूर्च्छित सुग्रीवांगद' के सन्दर्भ में 'हनुमत्-केवल-प्रबोध' विशेष रूप से सार्थक है। महावीर हिमालय से औषधियों का शिखर उखाड़ लाए हैं; उन औषधियों की

गंध से ही मूर्च्छित वानर सम्प्रबुद्ध हुए—मानो रात बीत गई हो और वे नींद से जागे हों :

गंधेन तासां पवरौषधीनां
सुप्ता निशान्तेष्विव सम्प्रबुद्धा:। [उप., सर्ग 74]

'मूर्च्छित-सुग्रीवांगद—हनुमत्केवल प्रबोध'! 'प्रबोध' जितना सार्थक मूर्च्छा के सन्दर्भ में है, उतना गर्जित प्रलयाब्धि के सन्दर्भ में नहीं। 'सम्प्रबुद्ध' और 'प्रबोध' का साम्य क्या आकस्मिक है?

'राम की शक्तिपूजा' का बहुत ओजपूर्ण अंश वह है जिसमें महावीर की आकाश-यात्रा का वर्णन है। आकाश में पहुँचने से पहले निराला काफी विस्तार से समुद्र पर उस उड़ान की प्रतिक्रिया चित्रित करते हैं। वाल्मीकि रामायण के सुन्दरकांड में जहाँ हनुमान लंका के लिए उड़ान भरते हैं (पहला अध्याय), वहाँ समुद्र की लगभग वैसी ही स्थिति है, जैसी 'राम की शक्तिपूजा' में। समुद्र में पहाड़ जैसी लहरें उठती हैं। एक हवा महावीर के अपने वेग से उत्पन्न होती है, दूसरी हवा मेघों की है। दोनों मिलकर समुद्र को कँपा देती हैं। जब महावीर लहरों को खींचते हैं तो लगता है, पृथ्वी-आकाश को जल में डुबा देंगे। लहरें मेरु और मन्दार पर्वतों जैसी हैं, महावीर उन्हें गिनते हुए-से आगे बढ़ते हैं। 'राम की शक्तिपूजा' में पहाड़ जैसी तरंगों का उठना, हवाओं का चलना, समुद्र का सीमाएँ लाँघना वाल्मीकि के अनुसार है। पवन को महावीर के पक्ष में सक्रिय दिखाकर निराला ने समुद्र को अधिक क्षुब्ध कर दिया है।

सुंदरकांड के इस समुद्र-वर्णन की प्रतिध्वनि सम्भवत: निराला की अन्य रचनाओं में भी है। वाल्मीकि ने महावीर द्वारा तरंगों के गिने जाने की बात लिखी है :

अत्याक्रमन्महावेगस्तरंगान्गणयन्निव।

निराला ने तरंगों के गिनने की बात गीत में लिखी है :

प्राण संघात के सिंधु के तीर मैं
गिनता रहूँगा न कितने तरंग हैं,
धीर मैं ज्यों समीरण करूँगा तरण। ['गीतिका', पृ. 97]

निराला पवनसुत नहीं, स्वयं पवन के समान सिंधु पार करेंगे। पवनसुत ने तरंगें गिनी थीं—अवश्य ही सिंधु के तौर पर नहीं, वरन् सिंधु को पार करते हुए—निराला उस क्रिया से मुक्त रहेंगे।

'सान्ध्यकाकली' में शिव-तांडव वाली कविता :

डमड डम डमड डम,
डमरू निनाद है।

तांडव नचे शिव
प्रवाद उन्माद है।

यहाँ 'उन्माद' शब्द का प्रयोग विचित्र-सा है। शेष कविता में समुद्र के विक्षुब्ध होने का चित्रण है। वाल्मीकि ने लिखा था कि महावीर समुद्र पर जिस-जिस जगह से गए, वहाँ ऐसा लगा कि उनके वेग से समुद्र को उन्माद हो गया है :

यं यं देशं समुद्रस्य जगाम स महाकपि:।
स तु तस्यांगवेगेन सोन्माद इव लभ्यते।

'सान्ध्यकाकली' की रचना में निराला सम्भवत: इसी उन्माद को लक्ष्य कर रहे हैं। वाल्मीकि ने लिखा कि जल के ऊपर उठ जाने से अनेक जल पशु—'तिमि नक्रझषा: कर्मा'—साफ दिखाई देने लगे। निराला की रचना में 'नक्र' और 'झष' दोनों साथ हैं :

गर्जित पयोधि जल,
नक, झष, व्याल।

वाल्मीकि और निराला की रचनाओं में जहाँ शब्द-साम्य या भाव-साम्य है, वह आकस्मिक हो सकता है किन्तु एक बात निश्चित है कि निराला के राम, तुलसीदास के राम नहीं हैं। उनका मानसिक अन्तर्द्वन्द्व दो कवियों की याद दिलाता है—एक वाल्मीकि की, दूसरे भवभूति की। वाल्मीकि उस युग की उपज थे जिसमें मनुष्य को मनुष्य के रूप में ही देखने का चलन था, देवता भी मनुष्यवत् थे। मनुष्य को अलौकिक सत्ता का चमत्कारी रूप न बनाया गया था।

राज्यं, भ्रष्टं वने वास: सीता नष्टा मृतो द्विज:।
ईदृशीयं ममा लक्ष्मीर्दहेदपि हि पावकम्।

[अरण्यकांड, सड़सटवाँ अध्याय]

राज्य गया, वनवास मिला, सीता नष्ट हुईं, पिता का मित्र जटायु मारा गया; मेरा दुर्भाग्य ऐसा है कि वह अग्नि को भी जला दे। भवभूति के राम जब अपने को धिक्कारते हैं—'धिङ्भामधन्यम्' ('उत्तररामचरित', प्रथम अंक)—तब वाल्मीकि के राम की उसी मर्मवेदना को पुनर्जीवित करते हैं। निराला के राम कहते हैं :

धिक् जीवन को जो पाता ही आया विरोध,
धिक् साधन जिसके लिए सदा ही किया शोध!

इन पंक्तियों में वाल्मीकि और भवभूति के स्वरों की प्रतिध्वनि है। ये दोनों करुण रस के महान् कवि हैं। वाल्मीकि में करुणा के साथ ओज की यथेष्ट मात्रा

है, मानवीय सहानुभूति और युद्ध, दोनों साथ चलते हैं। भवभूति में भी युद्ध है किन्तु वह करुणा के सन्दर्भ में घुल-मिल नहीं जाता। निराला में करुणा और ओज की सहज मैत्री है, युद्ध और संघर्ष का चित्रण करुणा के सन्दर्भ का अनिवार्य अंश है। इस दृष्टि से वह भवभूति से अधिक वाल्मीकि के अनुयायी हैं। किन्तु भवभूति शोक की उस दशा से परिचित हैं जिसमें मनुष्य अर्द्ध-मूर्च्छित-सा होकर अपने को जीवन और मृत्यु के बीच पाता है। भवभूति ने मृत्यु और अन्धकार को जैसे देखा है, वैसे वाल्मीकि ने नहीं। इस दिशा में निराला वाल्मीकि से अधिक भवभूति के अनुवर्ती हैं।

नारी-सौन्दर्य का चित्रण वाल्मीकि और भवभूति, दोनों में है किन्तु इस कला का उत्कर्ष कालिदास में है। प्रकृति-चित्रण में वाल्मीकि महान् हैं, भवभूति दंडक वन के परम प्रेमी हैं, अरण्य-प्रेम में वाल्मीकि के अनुयायी हैं यद्यपि उनके काव्य में 'अरण्य' दुःख का प्रतीक बनकर भी आता है : 'जगज्जीर्णारण्यम्' इत्यादि। ('उत्तर.', छठा अंक) जहाँ नारी और प्रकृति का सौन्दर्य घुल-मिल जाता है, वह कला कालिदास की है और अद्वितीय है। उससे रवीन्द्रनाथ समेत आधुनिक युग के कवियों ने बहुत कुछ सीखा है।

निराला ने 'रघुवंश' के नवें सर्ग से कला की पूर्णता दिखाने के लिए अपनी टिप्पणी में यह छन्द उद्धृत किया ('सुधा', दिसम्बर, '34; सम्पा. टि.—1) :

कुसुमजन्म ततो नवपल्लवा
स्तदनु षट्पद कोकिल कूजितम्।
इति यथा कम माविर भून्मधु-
र्द्रुमवती मवतीर्य वनस्थलीम्।

निराला ने लिखा कि यहाँ मधु अर्थात् वसन्त पुरुष है : "और जिस पर वह उतरता है, वह वनस्थली स्त्री। दोनों एक साथ लिपटकर एक हैं।" कुसुम, पल्लव, कोकिल, भ्रमर—ये सब निराला के अनेक गीतों में एक साथ पाए जाते हैं। 'कुमारसम्भव' में कालिदास ने लता-वधुओं को तरु-पतियों से मिलते दिखाया :

लतावधूभ्यस्तरवोऽप्यवापुर्विनिम्र शाखा भुजबन्धनानि। [तीसरा सर्ग]

निराला ने लता और तरु यहाँ से लेकर 'रघुवंश' के भ्रमर और कोकिल से उन्हें मिलाया और वसन्त का वर्णन किया :

किसलय वसना नव-वय-लतिका
मिलि मधुर प्रिय-उर तरु-पतिका,
मधुप वृन्द वंदी
पिक-स्वर नभ सरसाया। ['गीतिका', पृ. 3]

लतावधुएँ तरु-पतियों से मिलीं, मधुपों और कोयलों ने उनके मिलन का अभिनन्दन किया। निराला की शृंगार-भावना में गंध की विशेष भूमिका है, इसलिए लता-तरु

मिलन के बाद उन्होंने लताओं को फिर याद किया और उनके मुकुलहार की गंध लिये पवन को बहते हुए दिखाया। किन्तु निराला के गीत में वनस्थली की जगह वन है। अब वसन्त कहाँ उतरे? उसके लिए छोटी-सी वनस्थली की जगह उन्होंने समूची पृथ्वी प्रस्तुत कर दी। पृथ्वी को उचित युवती रूप देने के लिए उन्होंने केश, उरोज और आँचल की व्यवस्था भी कर दी :

आवृत सरसी-उर-सरसिज उठे,
केशर के केश कली के छूटे,
स्वर्ण-शस्य-अञ्चल
पृथ्वी का लहराया।

निराला के गीत में तसवीर बहुत साफ नहीं उतरी। कारण यह कि एक चित्र वसन्त और पृथ्वी के शृंगार का है, दूसरा तरु-लता-मिलन का। उन्हें 'रघुवंश' का छन्द याद आ रहा है, उधर 'कुमारसम्भव' के छन्द का मोह भी नहीं छूटता।

कालिदास के प्रति निराला का द्वैत भाव है। वह उनके रूप-चित्रण से आकर्षित होते हैं, फिर कहते हैं, इसमें भाव का पता नहीं है। वह उनकी शब्द-योजना पर मुग्ध होते हैं, फिर कहते हैं, इसमें शपाशप भरा है! 'तन्वी श्यामा शिखरि-दशना' वाला छन्द उन्होंने 'मेरे गीत और कला' में उद्धृत किया है, उसमें श-क्ष-ण की आवृत्ति अवश्य है। शब्दावली में माधुर्य की अतिशयता है; माधुर्य के साथ ओज का मिश्रण नहीं है। चित्रण का स्तर उदात्त नहीं, केवल अन्तिम पंक्ति में विधाता की आदि सृष्टि का स्मरण करके कालिदास पूरे छन्द को ऊपर उठा देते हैं। यह कला निराला की नहीं। किन्तु अन्यत्र कालिदास शृंगार के उदात्त चित्रण के धनी कलाकार हैं और भाव के साथ शब्दध्वनि का स्तर उठता है, वैसे ही उसमें गम्भीरता भी आती है।

अशोक निर्भर्त्सित पद्मरागमाकृष्ट हेमद्युति कर्णिकारम्
मुक्ताकलापीकृतसिन्धुवारम् वसन्तपुष्पाभरणम् वहन्ती।

['कुमारसम्भव', तीसरा सर्ग]

यहाँ जो तीन बार 'पद्मरागम्', 'कर्णिकारम्' और 'सिन्धुवारम्' के अन्त्यानुप्रास मिलाये गए हैं, वे निराला की ध्वनि-पद्धति के अनुकूल हैं। क-व-र के साथ ग-द-ध-भ की ध्वनियों की लपेट निराला के ध्वनि-कौशल से तुलनीय है। दूसरी पंक्ति में दीर्घ आ-स्वर की आवृत्ति वैसे ही ओजगुण से सम्बद्ध है, जैसे निराला में : 'मुक्ता', 'कला पीकृत सिन्धुवार', 'वसन्त पुष्पाभरणम् वहन्ती'। इसी सर्ग में दीर्घ आकार और सघोष अल्पप्राण ध्वनियों का सौन्दर्य दर्शनीय है :

स्रस्तां नितम्बादवलम्बमाना पुनः-पुनः केसरदाम काञ्चीम्।
न्यासीकृतां स्थानविदां स्मरेण मौर्वीं द्वितीयामिव कार्मुकस्य।

इसमें 'ख्रस्तां', 'काञ्चीम्', 'कृतां', 'विदां', 'मौर्वीं' और 'द्वितीयाम्' में समान ध्वनिखंडों की आवृत्ति वैसी है, जैसी निराला की पदयोजना में बहुलता से सुलभ है।

'कुमारसम्भव' के प्रथम सर्ग में 'नूपुर सिञ्जितानि' देखकर लगता है, निराला ने इसी के अनुकरण पर लिखा था :

चलो भंजु-गुञ्जर घर
नूपुर-शिञ्जित-चरण। ['गीतिका', पृ. 103]

निराला-काव्य में कालिदासीय कला की एक अन्य विशेषता दिखाई देती है। कालिदास समास रचकर उससे पूरे वाक्य का काम लेते हैं। 'मेघदूत' में 'वप्रक्रीड़ा परिणत गज-प्रेक्षणीयम्' इतना बड़ा समास छोटे-से मेघ का विशेषण है। मेघ ऐसा है मानो हाथी वप्रक्रीड़ा में पर्वत से जूझ रहा हो। निराला तुलसीदास में इसी तरह की समास-रचना करते हैं :

शत शत अब्दों का सान्ध्यकाल
यह आकुंचिद्भ्रू कुटिल भाल।

सान्ध्यकाल भौंहें टेढ़ी किये है, माथे पर भी बल हैं। दूसरी पंक्ति सान्ध्यकाल के विशेषण के तौर पर है।

'परिमल' की कविताओं में समास-रचना का अभाव नहीं है किन्तु अपेक्षाकृत वह कम है। बाद की रचनाओं में—'राम की शक्तिपूजा' तक—समास-रचना निराला के भाषा-शिल्प की विशेषता है। इस दौर में वह कालिदास को घोखते रहे हैं। अन्तिम चरण की रचनाओं में उसका अनुपात कम हो गया है।

'मेरे गीत और कला' में निराला ने 'चौर पंचाशिका' से अपना प्रिय छन्द उद्धृत किया है :

अद्यापि तां कनकचम्पक दाम गौरीं
फुल्लारविन्द नयनां तनुरोम राजीम्।
सुप्तोत्थितां मदनविह्वलिता लसांगीम्
विद्यां प्रमाद गलिता भिव चिन्तयामि।

इसके वर्ण-संगीत और भाव-सौन्दर्य की प्रशंसा की है। इस सुन्दर छन्द की ध्वनि और चित्र की छवि निराला को इसलिए और भी प्रिय थी कि उसमें सोकर उठी हुई नायिका का वर्णन किया गया है। कुछ 'चौर पंचाशिका', कुछ 'गीतगोविन्द' के ध्वनि-सौन्दर्य की आभा निराला के 'यामिनि जागी' गीत में है। 'स्थल कमल गञ्जनं मम हृदय रञ्जनम्' के समकक्ष ध्वनि है : 'अलस पंकज दृग अरुण मुख तरुण अनुरागी'। 'चौर पंचाशिका' में 'प्रमाद गलिता' वाला भाव उन्हें बहुत पसन्द था। "'प्रमाद-गलितां' में जितना अर्थ-चमत्कार है, जितनी तरह के अर्थ होते हैं उतनी तरहें 'सृष्टिराद्येव धातुः'

में नहीं लाई जा सकतीं।" ('प्रबन्ध प्रतिभा', पृ. 278) यह 'प्रमाद गलिता' वाला भाव निराला के उपर्युक्त गीत की अन्तिम पंक्ति में है : 'वासना की मुक्ति मुक्ता त्याग में तागी'। किन्तु रोमराजी का सौन्दर्य शंकराचार्य में है, निराला में नहीं।

शंकराचार्य सौन्दर्य-लहरी में 'मणि' शब्द का प्रयोग सूर्य की किरणों के लिए करते हैं : 'गतैः माणिक्यत्वं गगनमणिभिः सान्द्रघटितम्'। (छन्द 42) निराला के गीत में गगन और मणि का ऐसा ही संयोग दर्शनीय है : 'ऊर्ध्व-दृग गगन में देखते मुक्तमणि'। ('गीतिका', पृ. 18)

शंकराचार्य का एक प्रिय शब्द है 'अराल' जिसका प्रयोग वह केशों के प्रसंग में करते हैं : 'अरालैः स्वाभाव्यादलिकुलहसश्तीभिरलकैः' ('सौन्दर्य.', छन्द 45); 'अराला केशेषु प्रकृति सरला मंदहसिते।' (उप., छन्द 93) निराला इस शब्द का प्रयोग अप्रत्याशित सन्दर्भों में बड़े अर्थगर्भित ढंग से करते हैं। 'सम्राट् एडवर्ड अष्टम के प्रति' में दृष्टि के लिए :

वीक्षण अराल
बज रहे जहाँ
जीवन का स्वर भर छन्द, ताल। ['अनामिका', पृ. 18]

'अर्चना' के गीत में पथ के लिए :

निविड़ विपिन, पथ अराल;
मरे हिंस्र जन्तु-व्याल।

'अराला केशेषु' वाले छन्द की अन्तिम पंक्ति में शंकराचार्य ने शंभु की करुणा को उनकी अरुणा शक्ति माना है : 'जगत्स्नातुं शंभोर्जयति करुणा काचिदरुणा'। 'अर्चना' के पहले गीत में निराला ने 'अरुणा' शब्द का प्रयोग इसी विशिष्ट अर्थ में किया है; 'अरुणा' के साथ 'करुणा' का संयोग भी है :

भव-अर्णव की तरणी तरुणा।
बरसीं तुम नयनों से अरुणा।
उसकी सहज साधिका अरुणा।

ऐसे ही 'अणिमा' में :

दलित जन पर करो करुणा।
दीनता पर उतर आए
प्रभु तुम्हारी भक्ति अरुणा।

शंकराचार्य में ध्वनिखंडों की वैसी ही आवृत्ति है, जैसी निराला को विशेष प्रिय थी :

महीं मूलाधारे कमपि मणिपूरे हुतवहम् ['सौन्दर्य.', छन्द 9]
तव स्तन्यं मन्ये तुहिन गिरिकन्ये हृदयतः [उप., छन्द 75]

निराला ने सानुप्रास पदावली रचना अन्य गुरु से सीखा था किन्तु उन पर शंकराचार्य का प्रभाव भी रहा हो तो आश्चर्य नहीं। शब्द-ध्वनि के प्रेमी महान् दार्शनिक शंकराचार्य का मन माया से कितना मुक्त था? निराला एक ओर ब्रह्म से माया के बन्धन काटने को कहते हैं, दूसरी ओर शक्ति के बिना शिव को शववत् मानते हैं, शक्ति की वन्दना करते हैं। शंकराचार्य अद्बितीय ब्रह्म को एकमात्र सत्य सिद्ध करने के लिए भारतव्यापी संघर्ष करते हैं, साथ ही यह भी कहते हैं कि शक्ति के बिना शिव में स्पन्दन नहीं होता। ब्रह्म की वन्दना के बदले वह उस महामाया की स्तुति करते हैं जिसे कोई सरस्वती कहता है, कोई पार्वती, कोई किसी अन्य नाम से पुकारता है; उसकी निःसीम महिमा दुरधिगम्य है, वह परब्रह्म की महिषी महामाया है जो विश्व को नचाती है। द्रविड़ सुत शंकराचार्य की 'सौन्दर्य-लहरी' में ब्रह्म मातृसत्ताक परिवार के पिता के समान हैं जो घर की शोभा बढ़ाता है किन्तु वास्तविक सत्ता जहाँ माता के हाथ में है। बार-बार ब्रह्म को अद्बितीय सिद्ध करने के बाद वह स्तुति करते हैं महामाया की :

गिरामाहुर्देवीं द्रुहिण गृहिणीमागम विदो
हरे पत्नीं पद्मां हरसहचरी मद्रितनयाम्।
तुरीया कापि त्वं दुरधिगम निःसीम महिमा
महामाया विश्वं भ्रमयसि परब्रह्म महिषि।

महामाया का यह स्तव तुलसीदास में है, और भी उदात्त स्वर में निराला में। शंकराचार्य की परम्परा हिन्दी-काव्य में इस रूप में भी जीवित है।

रवीन्द्रनाथ, कृत्तिवास

उन्नीसवीं सदी में बंगाल में जो जागरण हुआ, उसका गहरा प्रभाव सारे देश की संस्कृति पर दिखाई दिया। राजा राममोहन राय से जो नवीन विचारधारा शुरू होती है, वह एक ओर सामन्ती रूढ़ियों का विरोध करती है, दूसरी ओर सामन्ती अवशेषों के मुख्य सहायक ब्रिटिश साम्राज्यवाद से समझौता भी करती है। भारत में जितने सामाजिक-सांस्कृतिक आन्दोलन हुए हैं, उन्हें परखने की कसौटी यह है कि वे साम्राज्यवाद के विरुद्ध राजनीतिक संघर्ष चलाते हैं या नहीं। राजनीतिक संघर्ष न चलाने पर वे अनिवार्य रूप में भारतीय समाज-व्यवस्था में भी क्रान्तिकारी सुधार नहीं कर पाते। क्रान्तिकारी सुधारों का लक्ष्य होगा—जातिप्रथा का विनाश, हिन्दू-मुस्लिम धार्मिक अन्धविश्वासों का विध्वंस, नारी-स्वाधीनता की प्रतिष्ठा। ब्राह्मसमाज और

निराला की विचारधारा में यह मौलिक अन्तर है कि ब्राह्मसमाज ब्रिटिश साम्राज्य की प्रगतिशील भूमिका में विश्वास करता था, किसानों पर ज़मींदारों का शासन बनाये रखने के पक्ष में था। राजनीतिक स्वाधीनता के प्रश्न को गौण मानकर पूर्व और पश्चिम को मिलाने की बातें अंग्रेज़ी राज और भारतीय जनता के मुख्य अन्तर्विरोध पर पर्दा डालती थीं। निराला का 'चरखा' निबन्ध दूसरे महायुद्ध के बाद की परिस्थिति में ब्राह्मसमाज की ढुलमुल सुधारवादी चेतना और नये क्रान्तिकारी विचारों की टक्कर की सूचना देता है।

ब्राह्मसमाज का प्रभाव उच्चवर्गों के जीवन पर पड़ा किन्तु वह वहाँ भी जाति-प्रथा को मिटा न सका, नारी को उसने पुरानी रूढ़ियों से किसी हद तक मुक्त किया, हिन्दू-मुस्लिम समस्या हल करना उसके वश में न था। इस आन्दोलन की तुलना में स्वामी विवेकानन्द और उनके सहयोगियों ने बंगाल में और उसके बाहर व्यापक रूप से निम्न मध्यवर्ग को प्रभावित किया। अनेक क्रान्तिकारी नवयुवक, जो सुधारवादी आन्दोलन से ऊब चुके थे, स्वामी विवेकानन्द के प्रभाव से नये रास्ते ढूँढ़ने निकले। इसका कारण यह था कि उनके वेदान्त-प्रचार में साम्राज्यविरोधी स्वर बहुत साफ सुना जाता था। इसके अलावा उन्होंने वेदान्त की वह व्याख्या प्रस्तुत की थी जिसके आधार पर सामाजिक रूढ़ियों का विनाश सफलतापूर्वक किया जा सकता था। पराधीन देश में कोई द्विज नहीं, सब शूद्र हैं—उनकी इस धारणा ने बहुतों को प्रभावित किया, निराला को भी। किन्तु जिन रूढ़ियों की जड़ें आर्थिक और राजनीतिक ज़मीन में गहरी चली गई हैं, उन्हें विशुद्ध सांस्कृतिक आन्दोलन से खत्म नहीं किया जा सकता। निराला और स्वामी विवेकानन्द की विचारधाराओं में यह मौलिक अन्तर था कि निराला राजनीतिक संघर्ष के पक्ष में थे, वह हर सामाजिक-सांस्कृतिक समस्या को राष्ट्रीय पुनर्गठन के राजनीतिक प्रश्न से जोड़ते थे। परिणाम यह कि निराला ने अपने लेखों में ब्रिटिश साम्राज्यवाद और उसके सहायक देशी सामन्तवाद पर सीधा आक्रमण किया; धार्मिक-सांस्कृतिक रूढ़ियों के विरुद्ध उनका संघर्ष स्वामी विवेकानन्द की विचारधारा की सीमाएँ पार कर गया।

निराला ने स्वामी दयानन्द और आर्यसमाज के आन्दोलन का समर्थन किया, एकाध जगह उसकी आन्तरिक कमज़ोरियों का उल्लेख भी किया। आर्यसमाज उत्तर भारत के कुछ क्षेत्रों में—अधिकतर शहरी मध्यवर्ग में—सुधार-कार्य कर सका। राष्ट्रीय एकता क़ायम करने के लिए—समाज का देशव्यापी पुनर्गठन करने के लिए—जितने बड़े पैमाने पर कार्यवाही आवश्यक थी, वह उससे न हुई। अंग्रेज़ी राज और ज़मींदारों-राजाओं से सीधी टक्कर लिये बिना इस तरह की कार्यवाही सम्भव न थी। निराला रामकृष्ण मिशन के वेदान्त और दरिद्रों में उसके सेवा-कार्य से अधिक प्रभावित हुए।

बीसवीं सदी के प्रथम तीन दशकों में रवीन्द्रनाथ के साहित्य ने अनेक भारतीय भाषाओं के लेखकों को प्रभावित किया। सन् '20 के आन्दोलन के बाद महात्मा

गांधी संसार के सर्वश्रेष्ठ महापुरुप और रवीन्द्रनाथ संसार के सर्वश्रेष्ठ कवि के रूप में पूजे जाने लगे। रवीन्द्रनाथ ने बँगला भाषा को नया जीवन दिया, गद्य और पद्य की अनेक विधाओं का अभूतपूर्व विकास किया। वह पूर्व और पश्चिम का मेल चाहते थे किन्तु इसके लिए अपना सिर झुकाने को तैयार न थे। देश के भीतर और बाहर उन्होंने आत्मसम्मान की रक्षा के साथ राष्ट्रीय प्रतिष्ठा की भी रक्षा की। उनमें न केवल बंगाल की—चंडीदास, माइकल मधुसूदन दत्त, ईश्वरचन्द्र विद्यासागर की—परम्परा नये रूप में विकसित हुई, वरन् कालिदास, उपनिषदों और कबीर जैसे सन्तों की परम्परा ने भी नया जीवन पाया। अनेक जगह उनकी विचारधारा पूँजीवादी सुधारवादी आन्दोलनों की सीमाएँ पार कर जाती है। उनकी रूस से लिखी हुई चिट्ठी भारतीय समाज में व्यापक क्रांतिकारी परिवर्तन करने की उनकी उत्कट आकांक्षा का प्रमाण है।

रवीन्द्रनाथ के साहित्य की एक धारा—गद्य और पद्य दोनों में—बंगाल की प्रकृति, नदी-नालों, धान के खेतों, गाँव और शहर के स्त्री-पुरुषों के जीवन का चित्रण करती है। इसे यथार्थवादी धारा कह सकते हैं और इसमें प्रकृति-सम्बन्धी सूक्ष्म भाव-बोध की 'बलाका' जैसी रचनाओं से लेकर रवीन्द्रनाथ के व्यंग्य-लेखन तक को शामिल करना चाहिए। दूसरी धारा रूमानी है जो अतीत को अनैतिहासिक, अवैज्ञानिक रूप से रँग-चुनकर पेश करती है, प्रकृति और सामाजिक सम्बन्धों पर चाँदनी की झीनी चादर डाल देती है, नारी-सौन्दर्य के मोहक सपने रचकर कविता को भावुकता के स्तर से ऊपर उठने नहीं देती। तीसरी धारा रहस्यवादी है जिसने अपनी कुछ नई रूढ़ियाँ रच ली थीं, जिसने एक नये रीतिवाद का सृजन किया था, जिसका प्रभाव ही सबसे ज़्यादा सामयिक भारतीय साहित्य पर पड़ा था।

निराला पर रवीन्द्रनाथ के रहस्यवाद का प्रभाव आंशिक रूप से सन् '30 तक रहता है। 'परिमल' के दूसरे खंड की पहली कविता 'भर देते हो' में जो 'देव' निरन्तर उनके अन्तर में आते हैं, वह रवीन्द्रनाथ के काव्य-देवता हैं। निराला ने देवियों की स्तुति अधिक की है, रवीन्द्रनाथ ने देवों की। दोनों में यह अन्तर है। 'परिमल'-काल में भी यह प्रभाव आंशिक है क्योंकि विरोधी प्रभाव—'एक बार बस और नाच तू श्यामा' का प्रभाव—भी है। क्रान्तिकारी 'बादल-राग', 'अधिवास' का माया-ब्रह्म सम्बन्धी द्वन्द्व अलग। निराला अपनी साहित्य-साधना के किसी भी चरण में रवीन्द्रनाथ के रहस्यवाद को पूरी तरह स्वीकार नहीं करते; प्रथम चरण के बाद यह अस्वीकृति और भी तीव्र हो गई है।

रहस्यवाद से अधिक निराला पर रवीन्द्रनाथ की रूमानी कविताओं का प्रभाव है। यह प्रभाव पहले चरण में अधिक है, दूसरे में बहुत कम, तीसरे में नगण्य। निराला ने कुछ कविताएँ रवीन्द्रनाथ की रचनाओं के आधार पर लिखी थीं जिनकी आलोचना 'भावों की भिड़न्त' लेख में हुई थी। उस लेख का सुफल यह हुआ कि वह रवीन्द्रनाथ की पूरी कविताओं को आधार मानकर नया कुछ लिखने से विरत

हुए। यह भी सही है कि सन् '23-'24 की ही उनकी बहुत-सी रचनाएँ न केवल रवीन्द्रनाथ के प्रभाव से मुक्त हैं वरन् उस प्रभाव की विरोधी दिशा में चलती हैं।

निराला ने बहुत-सी शब्दावली जिसके लिए छायावाद बदनाम हुआ—और उसे बदनाम होना चाहिए था—रवीन्द्रनाथ से ली। 'पन्तजी और पल्लव' में उन्होंने रवीन्द्रनाथ की जिन प्रतिध्वनियों का विवरण प्रस्तुत किया, वे उनके काव्य में भी हैं। किन्तु रवीन्द्रनाथ की भाषा, उनका काव्य-कौशल, निराला को आंशिक रूप में ही, साहित्यिक जीवन के प्रथम चरण में, अधिक प्रभावित करता है। भाषा और काव्य-कौशल सिखाने वाले उनके काव्य-गुरु और भी हैं। निराला और रवीन्द्रनाथ की भाषा में बहुत बड़ा अन्तर समास-रचना को लेकर है। कालिदासीय समास-रचना-पद्धति निराला में है, रवीन्द्रनाथ में नहीं। इसके सिवा रवीन्द्रनाथ की भाषा अर्थ में सुबोध, निराला की उतनी ही दुरूह है। निराला और रवीन्द्रनाथ के काव्य-कौशल में मौलिक अन्तर है। अर्थ-वक्रता, भाव-घनत्व, उदात्त ध्वनि-प्रवाह, चमत्कारी नाटकीय वैषम्य निराला-काव्य की विशेषताएँ हैं। अर्थ की सरलता, भाव की तरलता, ध्वनि की कोमलता और माधुरी, लिरिक कविता की गेयता, स्वतःस्फूर्त भावराशि रवीन्द्रनाथ के काव्य की विशेषताएँ हैं। निराला उदात्त शृंगार, शक्तिपूजा, विकट जीवन-संघर्ष, अन्धकार और मृत्यु के कवि हैं। रवीन्द्रनाथ का भावबोध भिन्न स्तरों पर उनके काव्य का विकास करता है। ऐसी स्थिति में निराला जहाँ रवीन्द्रनाथ का अनुकरण करते हैं, वहाँ उनकी अपनी विशेषताएँ दबी रहती हैं; जहाँ रवीन्द्रनाथ से कोई 'आइडिया' लेकर अपनी कविता में सजाते हैं, वहाँ वह अलंकरण के काम आता है, मूल संरचना में लक्षित नहीं होता।

निराला ने अप्रत्यक्ष रूप से प्रेरणा लेकर प्रतिस्पर्धा के भाव से जहाँ कविताएँ लिखी हैं, सम्भवत: वहाँ रवीन्द्रनाथ का प्रभाव सबसे हितकर है। उन्हें 'कथा ओ काहिनी' की रचनाएँ बहुत पसन्द थीं, 'सूरदासेर प्रार्थना' जैसी कविताओं के टक्कर की रचनाएँ वह हिन्दी में देखना चाहते थे। 'तुलसीदास' इसी स्पर्धा का परिणाम है। उसका भावबोध, उसका शिल्प 'कथा ओ काहिनी' से भिन्न स्तर का है।

'सरोज-स्मृति' में जहाँ भोगावती के ऊपर उमड़ते हुए जल का वर्णन किया है, वहाँ उसे देह के बाँध से सीमित-मर्यादित होते हुए भी दिखाया है :

पर बँधा देह के दिव्य बाँध,
छलकता दृगों से साध-साध।

यह भाव उन्होंने रवीन्द्रनाथ की 'विजयिनी' से लिया है :

अंगे अंगे यौवनेर तरंग उच्छल
लावण्येर मायामंत्रे स्थिर अचंचल।

शोक-प्रधान कविता में यह रूमानी कल्पना अलंकरण मात्र है। 'वनबेला' में जहाँ अप्सरा से उपमा दी है :

जैसे पार कर क्षार सागर
अप्सरा सुधर
सिक्त तन केश, शत लहरों पर
काँपती विश्व के चकित दृश्य के दर्शन शर—

वहाँ रवीन्द्रनाथ की 'उर्वशी' से भाव लिया है :

सर्वांग कांदिवे तव निखिलेर नयन-आघाते
वारि विन्दु पाते।

'वनबेला' में बड़े पैमाने पर आत्म-संघर्ष का चित्रण है; उसमें यह रूमानी कल्पना पुन: अलंकरण मात्र है। रवीन्द्रनाथ के गीत 'नयन मुदिया सुनिगो, जामिना' में भारत के श्वेत शतदल पर भारती खड़ी होती हैं :

भारतेर श्वेत-हृदि-शतदले
दाँड़ाये भारती तव पदतले।

ये पदतल विश्वदेव के हैं, भारती उनके नीचे खड़ी हैं। निराला ने मातृभूमि की मूर्ति अपने हृदय-शतदल पर खड़ी की :

मुझे देख तू सजल दृगों से
अपलक, उर के शतदल पर। ['गीतिका', पृ. 20]

निराला के गीत 'बंदू पद सुन्दर तव' में रवीन्द्रनाथ का स्पष्ट अनुकरण है :

अयि भुवन-मनोमोहिनी
अयि निर्मल सूर्य करो ज्वल धरणी
जनक-जननी-जननी।

निराला में इसका अनुकरण :

जननि, जनक-जननि-जननि
जन्मभूमि भाषे। [उप., पृ. 81]

निराला कभी-कभी रवीन्द्रनाथ और कालिदास के श्रृंगार भाव को मिला देते हैं और उससे काव्य में संघर्ष या संन्यास की भावना का विरोध दिखाते हैं। 'तुलसीदास' में जिस संस्कृति पर वह अपने चरितनायक को पहले मुग्ध होते, फिर संघर्ष करते दिखाते हैं, वह इसी संयुक्त भावबोध के आधार पर चित्रित की गई है। 'राम की

शक्तिपूजा' में जहाँ राम पराजय के क्षण में सीता से प्रथम मिलन का मोहक स्वप्न देखते हैं, वहाँ निराला उसी भावबोध की ज़मीन पर चलते हैं जिसे उन्होंने रवीन्द्रनाथ में देखा है। किन्तु जहाँ अमानिशा के अन्धकार का चित्रण है, वहाँ उन्हें रवीन्द्रनाथ नहीं, विवेकानन्द याद आते हैं।

मेघ मन्द्रकुलिश निस्वन, महारन, भूलोक-द्यूलोक-व्यापी।
अन्धकार उगरे आँधार, हुहुंकार श्वसिछे प्रलयवायु।

निराला का अनुवाद :

अन्धकार उद्‌गीरण करता
अन्धकार घनघोर अपार
महाप्रलय की वायु सुनाती
श्वासों में अगणित हुंकार। ['अनामिका', पृ. 105]

निराला ने 'राम की शक्तिपूजा' में अपनी प्रतीक-योजना का ध्यान रखते हुए वायु को स्तब्ध कर दिया है। स्वामी विवेकानन्द के 'उगरे आँधार' से प्रेरणा लेकर 'उगलता गगन घन अन्धकार' लिखा। यहाँ स्वामी विवेकानन्द का शब्दचित्र निराला को नये और समर्थ प्रयोग की प्रेरणा देता है।

'राम की शक्तिपूजा' लिखते समय निराला का मन एक ओर पराजय, ग्लानि, विजयकामना के संघर्ष में उलझा हुआ था, समुद्रतट पर अन्धकार में वानर सेना के बीच विपर्यस्त लटों वाले राम को देख रहा था, दूसरी ओर अब तक जो पढ़ा-गुना था, उसे समेटकर—उसका सार-तत्त्व लेकर—काव्य-चित्रों को सजा रहा था। उन्हें शेक्सपियर की एक सॉनेट बहुत प्रिय थी—Mine eye hath play'd the painter इत्यादि। इसमें भावगरिमा उतनी नहीं जितनी कल्पना की गिरहबाज़ी है। 'काव्यसाहित्य' ('माधुरी', नवम्बर, '30) लेख में उन्होंने इस सॉनेट को प्रशंसा के साथ उद्धृत किया था। कवि की आँखें चित्रकार हैं, उन्होंने प्रियतमा की तसवीर खींचकर कवि के हृदय में टाँग दी है। "अब देखो कि आँखों ने अस्त्रों को कैसा बदला दिया। मेरी आँखों ने तुम्हारी तसवीर खींच ली और तुम्हारी आँखें मेरे लिए हृदय की खिड़कियाँ हैं।" (निराला का अनुवाद)

इसके बाद निराला ने तुलसीदास की चौपाई उद्धृत की : 'लोचन मग रामहिं उर आनी। दीन्हें पलक-कपाट सयानी'। इस पर टिप्पणी लिखी कि इसमें "स्नेह का प्रकाश तो है, पर इतना बड़ा सौन्दर्य अवश्य नहीं।" हिन्दी कवियों से दो और उद्धरण देने के बाद लिखा : "हिन्दी में कहीं मैंने शेक्सपियर की-सी उक्ति पढ़ी है, मुझे स्मरण नहीं। प्रिया और प्रियतम के स्नेह का आदान-प्रदान इस तरह की उक्तियों से बढ़ा दिया जाता है, इसलिए सांसारिक दृष्टि से इस कला को बहुत बड़ा महत्त्व प्राप्त है।" शेक्सपियर का मन एक ओर ट्रैजेडी के उदात्त भाव-दृश्य देखता था,

दूसरी ओर कल्पना की गिरह लगाना भी उसका प्रिय व्यापार था। सॉनेट-रचनाओं में जगह-जगह ट्रैजेडी के उदात्त भाव-दृश्य हैं, ट्रैजेडी-रचनाओं में जगह-जगह कल्पना की गिरहबाज़ी है। निराला के मन का साँचा भी कुछ वैसा ही था। तुलसीदास की भाव गम्भीर पंक्ति से शेक्सपियर की कल्पना-क्रीड़ा-सॉनेट ज़्यादा अच्छी लगी। अब जब तक उसे कहीं कविता में खपा न लें, उन्हें चैन नहीं। यह कार्य उन्होंने 'राम की शक्तिपूजा' के लिए रख छोड़ा था और उसे अद्‌भुत रूप से सम्पन्न किया। राम दुर्गा के बारे में सोच रहे हैं। वह समग्र नभ को आच्छादित किये हुए थीं। उनमें राम के ज्योतिर्मय अस्त्र बुझ-बुझकर लीन हो रहे थे। यह दृश्य देखकर राम का मन शंका से विकल हो उठा।

लख शंकाकुल हो गए अतुल-बल शेष शयन—
खिंच गये दृगों में सीता के राममय नयन;
फिर सुना—हँस रहा अट्टहास रावण खलखल,
भावित नयनों से गिरे सजल दो मुक्तादल।

निराला ने शेक्सपियर के सॉनेट का सारतत्त्व खींचकर एक पंक्ति लिखी : 'खिंच गए दृगों में सीता के राममय नयन'। पहले राम की छवि सीता की आँखों में, फिर वे छवि-युक्त नयन राम की आँखों में। "मेरी आँखों ने तुम्हारी तसवीर खींच ली, और तुम्हारी आँखें मेरे लिए हृदय की खिड़कियाँ हैं। कितना कमाल है!"

निराला ने भी कमाल किया है। अन्य सन्दर्भ में जो पंक्ति कल्पना-क्रीड़ा का उदाहरण बन जाती, वह राम के करुण-गम्भीर प्रसंग में बड़े शक्तिशाली ढंग से ट्रैजेडी के भाव को ऊपर उठाती है। निराला उस पंक्ति को वहाँ लाए हैं जहाँ शंका से व्यथित मन कुछ भी करने में असमर्थ हो गया है। आकाश घेरे हुए भीमामूर्ति की जगह उससे ठीक उल्टी काठ की मूर्ति—कोमलता और श्रृंगार भाव से पूर्ण—सीता की मूर्ति दिखाई देती है। उसके बाद ही तुरन्त तीव्र विरोधी भाव जगाती हुई रावण की विकट हँसी सुनाई देती है, जिन आँखों में सीता के 'राममय नयन खिंचे' थे, उनसे दो आँसू टपक पड़ते हैं। यह भाव-परिवर्तन इतनी तेज़ी से होता है कि करुण और भयानक चित्रों के बीच श्रृंगार की एक कड़ी उन्हीं दोनों चित्रों को अपने वैषम्य से निखारती है; उसमें कल्पना की जो गिरह लगाई गई है, उस पर ठहरकर सोचने-विचारने का समय पाठक को मिलता ही नहीं है। साथ ही उस पंक्ति में भाव-व्यंजना ऐसी सहज मालूम होती है कि चमत्कार पर विस्मित होने की जगह मन श्रृंगार और करुणा के भावों में डूब जाता है। निराला की कला जितना उस एक पंक्ति को रचने में है, उतना ही विषम नाटकीय सन्दर्भ में उसे जड़ने में है।

निराला की कला की गरिमा समझने के लिए 'राम की शक्तिपूजा' के साथ कृत्तिवास की रामायण के लंकाकांड को पढ़ना चाहिए। कृत्तिवास में उस अन्धकार-मय प्राकृतिक परिवेश का अभाव है जो 'राम की शक्तिपूजा' का अत्यन्त प्रभावशाली

अंश है। कृत्तिवास के राम रोते बहुत हैं, रोते-रोते धूल में लोटने लगते हैं। यही नहीं, उनके साथ लक्ष्मण रोते हैं, 'वीर हनुमान' भी रोते हैं। निराला ने 'चमका लक्ष्मण तेज प्रचंड' द्वारा जो विरोधी भाव का चित्र खींचा है, हनुमान को राम की करुणा के विपरीत अजेय वीरभाव का प्रतीक बना दिया है, वह कृत्तिवास की कला की परिधि से बाहर है। फिर सुग्रीव, अंगद, नल, नील, जाम्बवान भी रोना शुरू करते हैं। देवता स्वर्ग में दुखी हो जाते हैं—सौभाग्य से रोते नहीं हैं—इन्द्र ब्रह्मा से कहते हैं—राम का दु:ख और देखा नहीं जाता। तब ब्रह्मा ने कहा—एक ही उपाय है, राम देवी-पूजा करें। निराला ने और किसी को रुलाकर राम को सारी व्यथा का केन्द्र बना दिया है। जाम्बवान धीरोदात्त सेनापति की भूमिका में राम को देवी पूजने की सलाह देते हैं। निराला ने चित्र की पार्श्वभूमि से स्वर्ग, इन्द्र, ब्रह्मा आदि को दूर रखा है। दुर्गा और शिव जिस आकाश में निवास करते हैं, वह उसी आकाश का उच्चतम प्रसार है जो राम के चारों ओर अन्धकार उगलता है। जाम्बवान ने देवीपूजा के लिए कहा लेकिन यह परम्परागत देवी-पूजा नहीं है : 'शक्ति की करो मौलिक कल्पना', यह निर्देश है। कृत्तिवास में पौराणिक धर्म के प्रति आस्था है; निराला पौराणिक गाथा को प्रतीक-योजना से रूपक बना देते हैं।

कृत्तिवास में राम का वह सारा अन्तर्द्वन्द्व ग़ायब है जो 'राम की शक्तिपूजा' का प्राण है।

सवेरा हुआ और राम ने चंडीपाठ शुरू किया। अन्धकार की वह भूमिका—रावण और दुर्गा से उसका सम्बन्ध, आकाश और समुद्र की सक्रियता—यह सब कृत्तिवास में नहीं है। फिर सब लोगों ने प्रेमानन्द में मग्न होकर गाना और नाचना शुरू किया। इस तरह का कीर्तन चैतन्य महाप्रभु के प्रदेश की धार्मिक-सांस्कृतिक कार्यवाही का अभिन्न अंग है, निराला के स्वभाव के वह नितान्त प्रतिकूल था। निराला के राम नाचने-गाने के बदले योग द्वारा मन को सहस्रार तक चढ़ा ले जाते हैं। उन्होंने देवी-पूजा की, प्रकृति की, भारतभूमि की वन्दना की; जो साधना-आराधना शेष रही, वह योग द्वारा पूरी की। कृत्तिवास और निराला की देवी-पूजा-विधियों में आकाश-पाताल का अन्तर है।

कृत्तिवास के राम ने पूजा समाप्त की किन्तु देवी प्रकट न हुईं। तब वह रोने लगे। विभीषण ने सुझाव दिया कि एक सौ आठ कमलों से देवी की पूजा करो, तब वह दर्शन देंगी। इस तरह कृत्तिवास ने देवी-पूजा को दो हिस्सों में बाँट दिया है। निराला ने पूजाक्रम अखंड रखकर कथा में भावसूत्रों की बहुत घनी बुनावट की है। कृत्तिवास के राम ने विभीषण से पूछा—देव-दुर्लभ नील कमल कहाँ मिलेंगे? हनुमान ने कहा—आप चिन्ता न करें, कहीं भी नील पद्म यदि होंगे तो मैं ले आऊँगा। विभीषण ने कहा कि देवी दह में नील कमल हैं; लाने में समय लगेगा। हनुमान को भेजकर राम ने फिर देवी-वन्दना आरम्भ की। दुर्गा प्रसन्न हुईं किन्तु नील पद्मों की आशा में अदृश्य बनी रहीं। कृत्तिवास ने नील पद्मों के प्रति दुर्गा का मोह दिखाकर रावण

का पक्षपात करनेवाली उनकी राम-विरोधी नीति पर पर्दा डाल दिया है। निराला की कविता में दुर्गा का राम-विरोध नियति के समान कठोर और दुर्लंघ्य है।

दुर्गा जब प्रकट न हुईं तब राम फिर रुदन कार्य में संलग्न हुए। उस क्षण वीर हनुमान एक सौ आठ कमल लिये हुए वापस आए। गिनकर राम को कमल सँभलवा दिये। राम ने फिर देवी-पूजा की। जब अन्तिम कमल दुर्गा उठा ले गईं तो राम ने हनुमान से कहा—यह क्या हुआ? एक सौ आठ कमल चाहिए थे; एक कमल नहीं है। अब दूसरी बार जाओ; एक कमल और लेकर आओ। हनुमान ने कहा—मैं एक सौ आठ ही लाया था; देवी दह में और कमल नहीं हैं, देवी ने छल किया है और कमल उठा ले गई हैं। राम सुनकर विस्मित हुए, आँखें छलछला आईं और अश्रुजल बहने लगा। राम ने रोते हुए देवी की स्तुति की; कहा कि बहुत दु:ख सहा, और दु:ख न दो, नील पद्म दिखाकर पूजा सफल करो। फिर भी देवी ने राम को दर्शन न दिये। गालों से बहता हुआ अश्रुजल छाती पर गिरने लगा। तब लक्ष्मण रोने लगे, वीर हनुमान रोने लगे, सुग्रीव, सुषेण, विभीषण और जाम्बवान रोने लगे। राम ने कहा—सुग्रीव, तुम अपनी सेना लेकर वापस जाओ; मैं विभीषण को अयोध्या का राज्य देकर सत्य का पालन करूँगा और स्वयं समुद्र में डूबकर प्राण दे दूँगा : 'झाँप दिब जले आमि समुद्र-भितरे'।—यह कहकर राम फिर रोने लगे। तब हनुमान ने समझाया—आप क्यों कातर होते हैं, मैं रावण को मारकर सीता का उद्धार करूँगा। औरों ने भी समझाया, किन्तु राम ने किसी की न सुनी; वह रोते ही रहे। सिर पर कराघात किया, गहरी साँस छोड़ी; फिर मन में विचार आया, सब लोग मुझे नील-कमलाक्ष कहते हैं, मेरे दोनों नेत्र फुल्लनीलोत्पल हैं। एक चक्षु मैं देवी को अर्पित करूँगा। लक्ष्मण से बोले—क्या करें, दुर्गा की कृपा न हुई, जीवन विफल हुआ, मुझे सब लोग कमललोचन कहते हैं; संकल्प पूरा करने के लिए एक चक्षु दे दूँगा। उन्होंने तर्कस से एक तीर निकाला, नेत्र निकालने को उद्यत हुए, फिर रोते हुए देवी की स्तुति करने लगे। राम का रोदन देखकर देवी को दु:ख हुआ। जब राम चक्षु निकालने को उद्यत हुए, तब देवी ने उनका हाथ पकड़ लिया।

निराला की कविता में भाव-सम्बन्धी जितना तनाव है, वह सब कृत्तिवास में भावुकता का विशद फैलाव है। राम के बार-बार रोने-गिड़गिड़ाने से चरित्र का धीरोदात्त गुण नष्ट हो गया है। और लोग भी साथ रोते हैं तो भावुकता की अतिशयता कष्टदायक हो जाती है।

कृत्तिवास में राम को सभी लोग कमललोचन कहते हैं—निराला ने उस संकट क्षण में माँ का स्मरण कराया है : 'कहती थीं माता मुझे सदा राजीवनयन'! इस एक पंक्ति में माता के प्रति राम का अमित स्नेह, उस स्नेह के स्मरण में मन की घोर निराशा, उस निराशा में संकल्प की अपार दृढ़ता—यह सब एक साथ व्यक्त हुआ है।

कहकर देखा तूणीर ब्रह्मशर रहा झलक,
ले लिया हस्त, लक-लक करता वह महाफलक।

यह सब निराला का अपना चमत्कार है।

कृत्तिवासीय रामायण में राम और काली का संवाद चलता है जिससे नेत्र निकालने के प्रयत्न का सारा भावोत्कर्ष खत्म हो जाता है। राम ने उलाहना दिया कि उन्हें ऐसा व्यवहार न करना चाहिए था, फिर रावण-संहार की अनुमति माँगी। दुर्गा ने राम की महिमा का वर्णन किया और आश्वासन दिया—मैंने रावण को छोड़ा, तुम उसका नाश करो। यह कहकर वह अन्तर्धान हो गईं। तत्पश्चात् प्रेमानन्द में मग्न होकर सब लोग नाचने लगे।

निराला की कविता में राम अपनी साधना से दुर्गा को अपने वश में करते हैं। रावण पर विजय पाने के लिए दुर्गा की अनुमति नहीं माँगते; उन्हें रावण का साथ छोड़कर अपनी ओर आने को बाध्य करते हैं। कृत्तिवास में दुर्गा अन्तर्धान होती हैं, निराला उन्हें राम के वदन में लीन कर देते हैं। परिणति की यह भिन्नता महत्त्वपूर्ण है। दोनों कवियों में शक्ति-साधना के रूप अलग हैं, शक्ति-साधना के उद्देश्य अलग हैं। शक्ति की उपयोगिता—निराला के लिए—उसे आत्मस्थ करने में है, अपने से अलग रखते हुए उसकी वन्दना करने में नहीं है।

कृत्तिवास के राम वाल्मीकि के राम नहीं हैं, निराला के राम भी वाल्मीकि के राम नहीं हैं, तुलसीदास के और भी नहीं। भवभूति और वाल्मीकि के राम भी रोते हैं किन्तु उनमें करुणा की बड़ी गहराई है। निराला ने राम को और भी कम रोते दिखाया है, मूर्च्छित होने और ज़मीन पर लोटने की नौबत नहीं आती। उनके अश्रुजल का उपयोग बड़ी मितव्ययिता से किया है। राम के आँसू असाधारण हैं। उन्हें देखकर शक्ति के अक्षय स्रोत चंचल हो उठते हैं।

'ये अश्रु राम के' आते ही मन में विचार,
उद्वेल हो उठा शक्ति खेल सागर अपार।

शक्ति सागर का यह उद्वेलन इसीलिए सम्भव है कि निराला की आँखों में आँसू आसानी से नहीं आते। ऐसा भाव-संयम, उनके भंग होने पर करुणा की ऐसी अपूर्व अभिव्यक्ति केवल शेक्सपियर में है।

'राम की शक्तिपूजा' और कृत्तिवासीय रामायण में मौलिक अन्तर महावीर की भूमिका को लेकर है। कृत्तिवास में महावीर देवी से स्पर्धा करनेवाले वीर नहीं। निराला के महावीर तुलसीदास के महावीर हैं जहाँ वह शिव और काली को त्रस्त करते हुए महाकाश में पहुँच जाते हैं। अंजना कहती हैं—जब तुमने सूर्य को निगल लिया था, तब बालक थे; अब शिव के निर्मल वास—आकाश—को ग्रसने चले हो। हनुमान का यह रूप तुलसी-चित्रित हनुमान के अनुरूप है। 'अर्चना राम की मूर्तिमान अक्षय शरीर'—इस एक पंक्ति में तुलसीदास से प्राप्त निराला के समस्त संस्कार एक साथ झंकृत हो उठे हैं। राम से अधिक राम के दास का महत्त्व पहचानना निराला ने तुलसीदास से ही सीखा था।

सूर, तुलसी

निराला ने बंगाल के वैष्णव कवियों को पढ़ा था, उनके कुछ पदों का अनुवाद किया था, उन पर लेख लिखे थे। रीतिवादी कवियों के नायिका-भेद से इनका श्रृंगार-भाव उन्हें ज़्यादा अच्छा लगता था, कारण यह कि रूपचित्रण के साथ उसमें भाव-विह्वलता भी थी। निराला ने सूरदास को पढ़ा था, 'पन्तजी और पल्लव' में उनके विराट् चित्रों की प्रशंसा की थी किन्तु कवि रूप में वह राधाश्याम के प्रेमभाव और श्रृंगार-वर्णन से ही अधिक प्रभावित थे। निराला की कुछ रचनाओं में बंगाल के वैष्णव कवियों और सूरदास के प्रभाव घुल-मिलकर एक हो गए हैं।

तुम हो राधा के मनमोहन,
मैं उन अधरों की वेणु।...
तुम मदन पंच शर हस्त
और मैं हूँ मुग्धा अनजान...
तुम नाद वेद ओंकार सार
मैं कविश्रृंगार शिरोमणि। ['परिमल', पृ. 77-78]

ज्ञान और श्रृंगार की यह समन्वय-क्रिया निराला ने सूरदास तथा वैष्णव कवियों से सीखी थी।

'यमुना के प्रति' रचना में सूरदास का प्रभाव और भी स्पष्ट है। कविता का साँचा छायावादी है—पुरातन काल का स्वप्न देखने का ढंग, शब्द-चयन, अभिव्यंजना शैली आदि—उसमें जगह-जगह निराला ने रंग भरे हैं सूरदास के चित्रों के। नटनागर श्याम, वंशीवट, पनघट, रासलीला के दृश्य—सारे मूर्तिविधान पर सूरकाव्य की छाप है।

कहाँ सूर के रूप-बाग़ के
दाड़िम, कुन्द, विकच अरविन्द
कदली, चम्पक, श्रीफल, मृगशिशु,
खंजन, शुक, पिक, हंस, मिलिन्द! [उप., पृ. 55]

यहाँ सूरदास के पदों का सीधा स्मरण है। 'वह मुकुलित लावण्य लुप्त मधु'—इस तरह की पद-रचना पर सूरदास से अधिक बंगाल के वैष्णव कवियों का प्रभाव है। जहाँ-तहाँ उन्हें बिहारी की भी उक्ति-चातुरी, चित्रण-कौशल पसन्द है यद्यपि निबन्धों में बिहारी के प्रति विरोध-प्रदर्शन ही अधिक है।

एक रूप में कहाँ आज वह
हरि मृग का निर्वैर विहार,

काले नागों से मयूर का
बन्धु-भाव, सुख सहज अपार। ['यमुना के प्रति', पृ. 55]

नाग और मयूर का बंधुभाव उन्हें बहुत पसन्द आया। अन्य कविता में भी उसका उल्लेख किया किन्तु कुछ फर्क करते हुए। 'यमुना के प्रति' में नाग-मयूर मिलन सुखजन्य क्रिया है, 'मित्र के प्रति' में वह दु:खजन्य है, जैसाकि उसे होना चाहिए :

गये सूख भरे ताल
हुए रूख हरे शाल
हाय रे, मयूर व्याल
पूँछ से जुड़े। ['अनामिका', पृ. 11]

निराला ने सूरदास जैसे भक्त कवियों को ही नहीं, बिहारी जैसे रीतिवादी कवियों को भी पढ़ा था। पद्‌माकर के कबित्त उन्हें विशेष प्रिय थे। 'सुंदर सुरंग नैन सोभित अनंग रंग, अंग अंग फैलत तरंग परिमल के'—इस तरह की ध्वनि-तरंगें निराला की चित्तवृत्ति के अनुकूल थीं और उनकी प्रतिध्वनि जहाँ-तहाँ 'परिमल' में सुनी जा सकती है। उन्होंने ब्रजभाषा में जब-तब कुछ पद लिखे थे, 'मतवाला'-काल में अनेक कबित्त भी रचे थे। किन्तु ब्रजभाषा से अधिक उनके मन पर छाप थी 'रामचरितमानस' की भाषा की।

निराला ने अपने साहित्यिक जीवन के आरम्भ से तुलसीदास के ज्ञान-पक्ष का समर्थन आरम्भ किया था। अपने भाषणों और लेखों में उन्होंने तुलसीदास की मान्यताओं का विवेचन किया। निराला और तुलसीदास के व्यक्तित्व और कृतित्व में जो भेद और वैषम्य है, वह काफी स्पष्ट है। सिद्धकवि तुलसीदास की पवित्र मूर्ति के सामने निराला श्मशानवासी अघोरी जैसे लगते हैं, फिर भी दोनों में कहीं आन्तरिक साम्य है, तभी निराला सहज भाव से तुलसीदास के आकर्षण से निरन्तर बँधे रहे। 'राम की शक्तिपूजा' को छोड़कर उन्होंने उदात्त स्तर पर जिस कविता को रचने में अपनी पूरी ताकत लगा दी, वह 'तुलसीदास' है। आप विचार करें, बँगला या अंग्रेज़ी में कवियों पर लिखी हुई कितनी ऐसी रचनाएँ हैं जिनकी तुलना निराला के 'तुलसीदास' से की जा सकती है?

तुलसीदास ने सीता को राम के साथ जोड़कर माया की सकारात्मक भूमिका स्वीकार की। ब्रह्म व्यक्त है, अव्यक्त भी, अग्नि काष्ठ के बाहर है, भीतर भी, यह संसार जड़-चेतन गुण-दोषमय है, यह द्वन्द्व पद्धति निराला के चिन्तन की विशेषता है और अपने विवेचन में उन्होंने तुलसीदास के इस दार्शनिक दृष्टिकोण की सही व्याख्या की। तुलसीदास के हृदय में देश, भाषा, दीन-पीड़ित जनता के लिए अगाध स्नेह था; निराला ने अपनी कविता में उन्हें दीनजनों की चिन्ता करते हुए उचित दिखाया। अति विनम्र तुलसीदास—सारे संसार को सियाराममय जानकर प्रणाम करनेवाले

तुलसीदास—के मन में आत्म-सम्मान की प्रबल भावना थी और विरोधियों पर जब उन्होंने प्रत्याक्रमण किया, तब बड़े सशक्त ढंग से। वह अत्यन्त दृढ़ आस्था के कवि थे, फिर भी दु:ख सहते-सहते क्षुब्ध होकर उन्होंने इष्टदेव से कह ही दिया : 'कियो न कछू करिबो न कछू कहिबो न कछू मरिबोई रह्यो है'। अन्तर्ज्वाला क्या होती है, वह अच्छी तरह जानने थे। उन्होंने राम, लक्ष्मण और सीता को स्वप्न में देखा; अन्तर्ज्वाला का दाह प्रत्यक्ष अनुभव किया। 'चिन्ता ज्वाल शरीर वन, दावा लगि लगि जाय'—यह अनुभव न कबीर के पास था, न सूरदास, चंडीदास और विद्यापति के पास। 'रामचरितमानस' में तुलसीदास की करुणा बहिर्मुखी होकर कौसल्या, भरत आदि की ओर प्रवाहित है; 'विनयपत्रिका' में वह करुणा अन्तर्मुखी होकर तुलसीदास की ओर प्रबल वेग से प्रवाहित है। तुलसीदास के लिए भी कहा जा सकता है : उनकी दृष्टि जितनी वस्तुगत थी, उतनी ही आत्मगत।

तुलसीदास अपने काव्य-सौन्दर्य के प्रति सचेत, बड़े सजग कलाकार थे। उन्होंने इस सौन्दर्य की प्रशंसा में जो कुछ कहा है, उससे अधिक दूसरा कोई कह नहीं सकता। उनके काव्य में चरित्र-चित्रण से लेकर संवाद-लेखन तक नाट्यकला की अनोखी भंगिमाएँ हैं। वह तत्सम-प्रधान, समास-रचनायुक्त, उदात्त ध्वनि वाली पदावली रचते हैं। वह अत्यन्त कोमल, तद्भव और भदेस शब्दावली, लोकसंगीत के अनुकूल पदावली भी रचते हैं। भाव के साथ ध्वनि की तरंगें उठाने-गिराने में वह अद्वितीय हैं।

उदित उदय गिरि मंच पर, रघुबर बाल पतंग।
बिकसे संत सरोज सब, हरखे लोचन भृंग।

द-ग-ज-ब का वर्ण-चमत्कार, मंच-पतंग-संत-भृंग में उठान का भाव, उदयगिरि पर बाल पतंग के अभ्युदय का मूर्तिविधान, संत-सरोज के बिकसने, लोचन-भृंगों के हरखने में रूपक की सर्वांग-परिणति—निराला ने तुलसीदास की इस कला से बहुत कुछ सीखा है। शब्दों की मितव्ययिता के साथ एक से अधिक अर्थों का निर्वाह करते हुए रूपक-रचना में तुलसीदास कवि-गुरु हैं। निराला ने रूपक रचने की कला तुलसीदास से सीखी है।

तुलसीदास सुपठित मेधावी कवि थे। 'नानापुराण निगमागम' के अलावा 'क्वचिदन्यतोपि'—बहुत जगह से भाव, शब्द लेकर उन्होंने अपने काव्य को समृद्ध किया है। उनमें भाव-विह्वलता है, साथ ही विवेकशील व्यक्ति की निस्संग दृष्टि। उनकी मेधा कविता का साँचा तैयार करती है; भावविह्वलता के क्षणों में वह इस साँचे को भूलते नहीं। उन्हें कथा-रस के अलावा वाद-विवाद और ज्ञानचर्चा में आनन्द आता है। बालकांड का प्रारम्भिक अंश और उत्तरकांड का अधिकांश उनके कथा-रस-मुक्त, विचारक-विवेचक-दार्शनिक मन की आन्तरिक वृत्ति का प्रमाण है। तुलसीदास को सर्वत्र समान कलात्मक सफलता नहीं मिली, 'रामचरितमानस' में भी स्तर-वैषम्य है। किन्तु वह अत्यन्त प्रयोगशील-कवि हैं;

वाक्य-रचना, शब्द-चयन, छन्द-निर्वाह, काव्य-विधा—सर्वत्र वह भिन्न रचनाओं में अपने कलाप्रिय, नित्य-नव-सौन्दर्यान्वेषी मन का परिचय देते हैं। ये सारी विशेषताएँ भक्तकवि तुलसीदास के व्यक्तित्व और कृतित्व से आधुनिक हिन्दी कवि निराला के व्यक्तित्व और कृतित्व को जोड़ती हैं।

नील सरोरुह स्याम, तरुन-अरुन बारिज नयन।

'तरुन', 'अरुन'—ध्वनि की मनोहर आवृत्ति। तुलसीदास को अच्छी लगी। 'गीतावली' में उन्होंने पद रचा :

बिहरत अवध-बीथिन राम।
संग अनुज अनेक सिसु नव-नील-नीरद-स्याम।
तरुन-अरुन सरोज-पद बनी कनकमय पदत्रान।

['तुलसी ग्रंथावली', दूसरा खंड, पृ. 244]

नील सरोरुह स्याम, नील-नीरद-स्याम; तरुन-अरुन बारिज नयन, तरुन-अरुन सरोज-पद। अवश्य ही 'गीतावली' का पद रचते समय तुलसीदास के मन में 'रामचरितमानस' का सोरठा गूँज रहा था। (आप समझते हो कि 'गीतावली' पहले लिखी गई थी, तो उनकी गूँज 'रामचरितमानस' में सुन लीजिए।)।

निराला को यह 'तरुन-अरुन' का जोड़ा बहुत ही प्रिय था। वह उसे कितनी कविताओं में, कितने नये सन्दर्भों में कितनी बार दोहरा रहे हैं, इसकी सुध उन्हें न थी।

तुम भी निज तरुण-तरंग खोल
नव-अरुण-संग हो लो। ['परिमल', पृ. 36]
साथ-साथ प्रिय तरुण-अरुण के
अन्धकार में छिपी अजान! [उप., पृ. 48]
कितनी ही तरुण-अरुण किरणें। [उप., पृ. 64]
तरुण-अरुण जीवन-प्रभात विज्ञान। [उप., पृ. 83]
अरुण पंख तरुण किरण
खड़ी खोल रही द्वार। [उप., पृ. 107]
अलस, पंकज-दृग अरुण-मुख
तरुण-अनुरागी। ['गीतिका', पृ. 2]
तनये, लीकर दृक्पात तरुण
जनक से जन्म की विदा अरुण! ['अनामिका', पृ. 117]
श्याम-अरुण-सित-तरुण-नयन की। ['अर्चना', पृ. 24]
काँपे तन तरुणी-तरुणों के,
प्रात: खुले अधर अरुणों के। ['सान्ध्यकाकली', पृ. 61]

'तुलसीदास' में अरुण के साथ तरुण की जगह तरुणा है :

लखती ऊषारुण, मौन, राग;
सोते पति से वह रही जाग,
प्रेम के फाग में आग त्याग की तरुणा। [पृ. 32]

'अणिमा' में तरुणा के साथ अरुणा है :

प्रभु तुम्हारी शक्ति अरुणा...
हो तुम्हारी किरण तरुणा। [पृ. 14]

तरुणा आग हिन्दी के लिए अस्वाभाविक प्रयोग है किन्तु अरुण के साथ तरुण न जमे तो तरुणा सही। अरुणा शक्ति का प्रयोग दर्शन-सम्मत है किन्तु तरुणा किरण अस्वाभाविक है। तुलसीदास में तरुण अरुण के सान्निध्य के कारण—और अपने सहज अनुप्रास-प्रेम के कारण भी—निराला अरुणा शक्ति के वज़न पर तरुणा क़िरण लिखते हैं। अरुण से अरुणिमा बनाकर तरुण के साथ बड़ा सुन्दर प्रयोग किया है एक गीत में :

तरु-उर की अरुणिमा तरुणतर। ['गीतिका', पृ. 49]

अरुणिमा को अरुणाई-रूप में और भी मधुर बनाकर उसका प्रयोग तरुण के साथ अन्य गीत में है :

फूटी तरुण अरुणाई
कि छुट गई और सगाई। ['आराधना', पृ. 94]

तुलसीदास की प्रसिद्ध पंक्ति है : 'खसी माल मूरति मुसकानी'। जो मूर्ति मुसकराती है, वह पार्वती की है। निराला अपनी कल्पना में महावीर की मूर्ति को मुसकराते देखते हैं। 'भक्त और भगवान्' में भक्त ने कमल के फूलों से महावीर को सजाया। स्वप्न में उसने देखा : "महावीरजी की वही भक्ति मूर्ति सामने मुसकराती हुई खड़ी है।" ('चतुरी चमार', पृ. 74) बिल्लेसुर महावीर से कहने गए कि उनकी बकरियों की रखवाली करते रहें; "तुलसीदासजी या सीताजी की जैसी अन्तर्दृष्टि न थी; होती तो देखते, मूर्ति मुसकराई।" ('बिल्लेसुर बकरिहा', पृ. 41) इन दोनों उल्लेखों में जो मूर्ति मुसकराती है, वह देवी की नहीं, महावीर की है। एक गीत में निराला ने माला की जगह फूलों के खसने की बात लिखी है, मूर्ति प्रच्छन्न है।

समझे से हिले विटप हँसकर,
चढ़े मञ्जु खिले सुमन खसकर। ['गीतिका', पृ. 99]

मूर्ति कुछ समझकर हँसे और माला खसे, इसके बदले विटप हँसते हैं, सुमन खसते हैं। किन्तु 'चढ़े' की सार्थकता क्या है? जो सुमन खसे, वे चढ़ाए गए हैं। इसलिए मूर्ति प्रच्छन्न है, मानना होगा : शृंगार भाव के गीत में माला की जगह साड़ी खसी :

खिंची खसी साड़ी की मुख छवि। ['गीत गुंज', पृ. 38]

तुलसीदास का एक प्रिय शब्द है : 'मग'। 'लोचन मग रामहिं उर आनी; धरि धीर दिये मग में पग द्वै'। निराला भी, आधुनिक हिन्दी कविता में परित्यक्त, इस शब्द का प्रयोग बार-बार करते हैं :

शत-शत वर्षों का मग
हुआ पार देश का, न
हुए प्राण सार्थक जग। ['गीतिका', पृ. 79]
मग में पिक-कुहरित डाल-डाल। ['तुलसीदास', पृ. 40]
अहंकार के बाँध बँधा मग ['अर्चना', पृ. 7]
साधो मग डगमग पग। [उप., पृ. 14]

मग जैसे ठेठ हिन्दी शब्दों के साथ तुलसीदास कठिन तत्सम शब्दों का प्रयोग ही नहीं करते वरन् सामने संयुक्ताक्षर आने पर पूर्ववर्ती शब्द के अन्तिम ह्रस्व वर्ण को दो मात्राओं का समय भी देते हैं। 'जयति जय बालकपि-केली-कौतुक-उदित-चंड-कर-मंडल-ग्रासकर्ता'। ('तुलसी ग्रंथावली', दूसरा खंड, पृ. 390) पंक्ति की गति दुरस्त होती है जब आप पढ़ें : 'मंडलग्-ग्रासकर्ता। जयति पर-जंत्र मंत्राभिचार (ग्) ग्रसन, कारमनि कूट कृत्यादि हन्ता।' (उप., पृ. 391) 'साकिनी, डाकिनी पूतनाप्रेत बैताल भूत (प्) प्रमथ-जूत-जंता।' (उप.) हिन्दी की उच्चारण पद्धति का उल्लंघन इसी तरह निराला ने किया है। व्याकरण के सम्बन्ध में तुलसीदास ने कैसी स्वच्छन्दता बरती है, विशेष कर 'रामचरितमानस' में, उसका विस्तृत विवेचन होना चाहिए। यहाँ इतना ही कहना काफी है कि 'रामचरितमानस' में तुलसीदास ने, 'गीतिका', 'तुलसीदास' और 'राम की शक्तिपूजा' में निराला ने भाषा गढ़ी है और इस गढ़न्त में कुछ विशेषताएँ सामान्य हैं।

शब्दध्वनि-प्रेम तुलसीदास और निराला में सामान्य है; ध्वनि पहले, व्याकरण बाद को। 'ललित लल्लाट पर राज रजनीश कल।' (उप., पृ. 385) यहाँ ललाट को लल्लाट किया है एक मात्रा बढ़ाने के लिए; ललित के साथ ललाट का शुद्ध या अशुद्ध रूप में आना ज़रूरी था। 'रवन गिरजा, भवन भूधराधिप सदा, स्रवन कुंडल, वदनछवि अनुपम्।' (उप., पृ. 385) रवन गिरजा टेढ़ी समास रचना है, 'उमा रमन करुना अयन' की सीधी पद्धति के विपरीत। किन्तु तुलसीदास रवन, भवन, स्रवन के ध्वनि-खंड सजा रहे हैं; 'रवन गिरजा' के पहले आए, तभी ध्वनि-प्रवाह दुरुस्त होता है। कहीं-कहीं पूरी पंक्ति-की-पंक्ति समास बन जाती है : 'पुष्पकारूढ़-सौमित्रि-

सीता-सहित-भानु-कुल-भानु-कीरति-पताका।' (उप., पृ. 391) पुष्पक विमान पर चढ़े हुए लक्ष्मण सीता सहित राम की कीर्तिपताका जो हैं, वह महावीरजी। छन्द की सहज गति में व्याघात पैदा करके ध्वनि के अवरुद्ध प्रवाह को ऊपर उठाना तुलसीदास की विशेष कला है। वह सीधे सरल प्रवाह की पंक्तियाँ रचते हुए दो-चार जगह बीच में यह कारीगरी दिखा जाएँगे। यह कला 'विनयपत्रिका' में है, 'रामचरितमानस' में भी। पंक्तियाँ यों चलती हैं :

जरत सुरलोक नरलोक शोकाकुलं...
भस्म तनु भूषणं व्याघ्रचर्माम्बरं...
डाकिनी शाकिनी खेचरं भूचरं...

इसके बाद :

पाप संताप घनघोर संसृतिदीन...

पुनश्च:

पाहि भैरवरूप रामरूपी भद्र... [उप., पृ. 385]

ऐसे ही चौपाइयों में :

जे जनमे कलिकाल कराला...
चलत कुपंथ बेद मग छाँड़ें...

फिर ध्वनि की नई भंगिमा :

बंचक भगत कहाइ राम के।
किंकर कंचन कोह काम के। [बालकांड]

सानुप्रास पदों की लड़ियों से जैसा प्रेम तुलसीदास को है, वैसा शायद ही किसी भक्त को हो।

जलज-नयन, गुन अयन, भयन रिपु...
['तुलसी ग्रंथावली', दूसरा खंड, पृ. 383]
कोक गत सोक अवलोकि ससि
छीन छवि... [उप., पृ. 242]
सुनत बचन प्रिय रसाल जागे अतिसय दयाल,
भागे जंजाल विपुल, दुःख कदंब दारे।
तुलसिदास अति अनन्द, देखिकै मुखारविन्द,
छूटे भ्रमफंद परम मन्द द्वन्द्व मारे। [उप., पृ. 243]

निराला एक चरण के अन्तिम ध्वनिखंड को दूसरे चरण के आरम्भ में दोहराते हैं :

समर में अमर कर प्राण
गान गाए महासिन्धु से...
किसने सुनाया यह दुर्जय संग्राम राग
फाग था खेला बारहों महीनों में। ['परिमल']

यह कला तुलसीदास में है :

रुचिर मधुर भोजन करि, भूषन सजि सकल अंग,
संग अनुज बालक सब विविध विधि सवारे...
तुलसिदास सँग लीजै, जानि दीन अभय कीजै,
दीजै मति विमल गावै चरित वर तिहारे।

['तुलसी ग्रंथावली', दूसरा खंड, पृ. 243]

तुलसीदास का यह ध्वनि-प्रेम चित्त को निखारने, भाव-व्यंजना को उभारने में सहायक होता है। कैकेयी कोप कर रही है, राजा दशरथ सभय उसकी ओर हाथ बढ़ाते हैं :

केहि हेतु रानि रिसानि परसत पानि पतिहिं निवारई।

हाथ का बढ़ना, कैकेयी का बरजना—दोनों क्रियाएँ ध्वनि की लघु लहरियों से व्यंजित हैं। किन्तु जब कैकेयी क्रुद्ध होकर दशरथ की ओर देखती है तब ध्वनि-रेखा तेज़ी से बल खाकर ऊपर उठती है

मानहुँ सरोष भुअंगभामिनि विषम भाँति निहारई।

उसके बाद दीर्घ आकार की आवृत्ति से सर्पिणी की निकली हुई जीभों का चित्र :

दोउ वासना रसना दसनहित मर्म ठाहरु पेखई।

अन्तिम पंक्ति में स्वर का उतार, दशरथ की असहाय, दयनीय अवस्था का चित्र :

तुलसी नृपति भवितव्यता बस काम कौतुक लेखई।

निराला ने भावोत्कर्ष के साथ ध्वनि के उतार-चढ़ाव की यह कला तुलसीदास से सीखी है।

हिन्दी के लोकसंगीत पर आधारित इस छन्द का प्रयोग तुलसीदास ने बहुत जगह और भिन्न प्रसंगों में किया है। करुणा के प्रसंग में :

अनि लेहु मातु कलंक करुना परिहरहु अवसर नहीं।
दुःख सुख जो लिखा लिलार हमरे जाब जहँ पाउब तहीं।

[बालकांड]

हास्य के प्रसंग में :

गारी मधुर सुर देहिं सुंदर बिंग्य बचन सुनावहीं।
भोजन करहिं सुर अति बिलम्ब बिनोद सुनि सचुपावहीं। [बालकांड]

निराला—सीधे लोक-संस्कृति के सन्दर्भ में :

फिर लगा सावन सुमन भावन, झूलने घर घर पड़े,
सखि, चीर सारी की सँवारी झूलती, झोंके बड़े।
वन मोर चारों ओर बोले, पपीहे पी पी रटे।
ये बोल सुनकर प्राण डोले, ज्ञान भी मेरे हटे।

['आराधना', पृ. 96]

लोकसंगीत की अन्तर्धारा दोनों कवियों के छन्दों में प्रवाहित है।

निराला जब लिखते हैं :

बढ़ बढ़ कर बहती पुरवाई;
धुन मलार कजली की छाई। ['गीत गुंज', पृ. 33]

तब वह तुलसीदास की चौपाइयों की मिठास खड़ी बोली में ले आते हैं। किन्तु जब वह तुलसीदास की अवधी को खड़ी बोली का रूप देते हैं, तब वह भाषा न निराला की होती है, न तुलसीदास की :

महामोह तम पुञ्ज, जिनके वच रविकर-निकर।

जब 'वच' से बचत नहीं तब 'जासु' ने ही क्या बिगाड़ा था?

बन्दूँ गुरु पद, पद्म परागूँ।
सुरुचि, सुवास, सरस, अनुरागूँ।

'अनुरागूँ' क्रियारूप के साथ 'परागूँ' ज़ोर-ज़बर्दस्ती से।

अमिय मूल सित चूर्ण चारुतर।
सकल रोग परिवार भारहर।

'चूरन' रूप खड़ी बोली को स्वीकार है। उसे 'चूर्ण' बनाकर भद्र रूप दिया है। निराला को तुक मिलाने में दिक्कत होती ही थी; अवधी को खड़ी बोली बनाते समय जहाँ तुक मिलाने में कठिनाई हुई, उन्होंने अवधी का मूल रूप ज्यों-का-त्यों रहने दिया। 'सत संगति महिमा नहिं गोई'—इसे बदलकर लिखा : 'महिमा सत्संग की न गोई'! गोई ज्यों-का-त्यों रहा। निराला के 'प्रजननी', 'वशकरणा', 'मलहरणा', 'ज्योति:स्फुर' आदि प्रयोग हिन्दी के लिए अस्वाभाविक हैं, उनसे पनाह माँगकर जो 'रामचरितमानस'

न पढ़ता होगा, वह पढ़ेगा। तुलसीदास की भाषा को सँवारना निराला के वश में नहीं है; वह उसे बिगाड़ ही सकते थे। रामायण के अनुवाद में उन्होंने यही किया है।

किन्तु जहाँ तुलसीदास की कला से प्रेरणा लेकर काव्य रचा है, उन्हें आधुनिक बनाने की जगह उनके कलात्मक वैभव से अपनी आधुनिकता को सँवारा है, वहाँ उनकी कला का उत्कर्ष दर्शनीय है। न केवल मधुर ललित सानुप्रास पदावली की रचना उन्होंने तुलसीदास से सीखी है, वरन् 'राम की शक्तिपूजा' की उद्धृत ध्वनि-तरंगें निराला ने 'विनयपत्रिका' में देखी-सुनी थीं :

बद्ध वारिधि सेतु अमर मंगल हेतु...
यातु धानोद्धत क्रुद्ध कालाग्निहर...
लोम विद्युल्लता ज्वालमाला...
प्रलयपावक महाज्वाल माला वमन...
त्रिपुर मद भंगकर, मत्तगज चर्मधर...
सिंधुसुत गर्व गिरिवज्र गौरीस भव...
सुखद नर्मद वरद विरज अनवद्यऽखिल...
प्रबल भुजदंड परचंड कोदंडधर...
दुर्धर्ष दुस्तर दुर्ग स्वर्ग अपवर्ग-पति...

निराला ने ध्वनि-संरचना की जो कला तुलसीदास से सीखी, उसका पूर्ण विकास 'राम की शक्तिपूजा' में है।

निराला ने तुलसीदास से बहुत कुछ सीखा, कुछ आधुनिक हिन्दी कवियों से भी सीखा। 'परिमल' की अनेक रचनाओं में मैथिलीशरण की शैली की छाप है :

मिष्ट है पर इष्ट उनका है नहीं
शिष्ट पर न अभीष्ट जिनका नेक है। [पृ. 89]

कहीं नाथूराम शर्मा शंकर की अक्खड़ पद-रचना की प्रतिध्वनि है :

चूम चरण मत चोरों के तू,
गले लिपट मत गोरों के तू,
झटक-पटक झंझट को झटपट झोंक भाड़ में मान।

(8 सितम्बर, 1923 के 'मतवाला' में 'निराला' छद्मनाम के साथ प्रकाशित कविता—'गये रूप पहचान')। जहाँ-तहाँ बेताब और सनेही का रंग है :

सुनो अहा फूल
जबकि यहाँ दम है,
फिर क्या रंजोग़म है... ['परिमल', पृ. 65]

'यमुना के प्रति', 'वसन्त समीर' जैसी कुछ कविताओं में उन्होंने पन्त की शैली का अनुकरण किया है :

गंधलुब्ध किन अलिबालों के
मुग्ध हृदय का मृदु गुञ्जार— ['परिमल', पृ. 41]

यह शब्द-योजना, लालित्य की यह रीति पन्त की है, निराला की नहीं। 'कनक प्रभात', 'सकाल' जैसे कुछ शब्दों का प्रयोग, 'कोरों में निजनयन मरोर' जैसी पंक्तियों में मूर्तिविधान पन्त की छाप लिये है। निराला की जिन कविताओं में भावुकता अधिक है, उनमें पन्त की कोमलकान्त पदावली का प्रभाव भी अधिक है। 'परिमल' की इन रचनाओं के बाद उस तरह का प्रभाव निराला की बाद की रचनाओं में नहीं दिखाई देता।

प्रसाद का यह 'अत्यन्त सुन्दर पद' उन्हें बहुत प्रिय था, उसे 'गीतिका' की भूमिका में उद्धृत किया है :

चढ़कर मेरे जीवन रथ पर
प्रलय चल रहा अपने पथ पर,
मैंने निज दुर्बल पद बल पर
उससे हारी होड़ लगाई।

इसी भाव को थोड़ा-सा बदलकर उन्होंने अपने गीत में रचाया है :

जीवन के रथ पर चढ़कर,
सदा मृत्यु-पथ पर बढ़कर,
महाकाल के खरतर शर सह
सकूँ, मुझे तू कर दृढ़तर। ['गीतिका', पृ. 20]

किन्तु यह सब 'क्वचिदन्यतोपि' है। निराला की रचना-प्रक्रिया और काव्य-कौशल पर जिस कवि का सबसे अधिक प्रभाव है, वह हैं तुलसीदास।

युग और व्यक्तित्व

प्रथम महायुद्ध के बाद उपनिवेशों के स्वाधीनता-आन्दोलन में शक्तिशाली उभार आया। भारत इन उपनिवेशों में सबसे बड़ा, ब्रिटिश साम्राज्य का मुख्य आधार था! अंग्रेज़ों के झूठे वादों से ऊबकर, उनके दमन से क्षुब्ध होकर विभिन्न वर्ग स्वाधीनता-प्राप्ति के लिए नये कारगर तरीके ढूँढ़ रहे थे। आन्दोलन के तरीके

तभी कारगर हो सकते थे जब ब्रिटिश साम्राज्यवाद के मुख्य सहायकों—राजाओं, जागीरदारों और ज़मींदारों—की ताकत पर ज़ोरदार प्रहार किये जाते। भारतीय स्वाधीनता आन्दोलन में बहुत तरह के अन्तर्विरोध थे। हर पार्टी, नेतृत्व, विचारधारा के क्रान्तिकारीपन की कसौटी यह थी कि वह भारत की बहुसंख्यक जनता—किसानों—को साम्राज्यवाद के खिलाफ संघर्ष में किस हद तक गोलबंद करती है। किसान-आन्दोलन के द्वारा ही साम्राज्यवाद का सामाजिक आधार नष्ट किया जा सकता था। जो सामन्ती शक्तियाँ साम्प्रदायिकता उभारकर राष्ट्रीय आन्दोलन में फूट डाल रही थीं, उन्हें बेकार किया जा सकता था। भारत में एक छोटा-सा मज़दूर वर्ग था; यदि वह संगठित होता तो वह किसान आन्दोलन को उचित नेतृत्व दे सकता था। किन्तु उपनिवेशों में क्रान्ति की मुख्य शक्ति किसान रहे हैं, कारण कि साम्राज्यवादी शोषण का सबसे ज़्यादा असर उन पर होता था, साम्राज्यवाद के मुख्य सहायकों—सामन्तों—से सीधा किसानों का स्वार्थ टकराता था। भारत के जिन प्रदेशों में किसान-आन्दोलन की जैसी प्रगति रही है, उसके अनुरूप उनके साहित्य के विकास की दिशा भी निर्धारित हुई है।

यह आकस्मिक बात नहीं है कि किसान-जीवन के सबसे बड़े भारतीय चित्रकार प्रेमचन्द उस प्रदेश के रहनेवाले थे जिसमें किसान-आन्दोलन सबसे सशक्त था। किसान-जीवन को आधार बनाकर उन्होंने भारतीय साहित्य में नये यथार्थवाद का विकास किया। यह भी आकस्मिक बात नहीं है कि निराला ने 'बादल-राग' में किसान से क्रान्ति का सम्बन्ध जोड़ा। जिन प्रदेशों में किसान-आन्दोलन कमज़ोर था, वहाँ राष्ट्रीय चेतना में गहराई कम थी। ऐसी गहराई स्वाधीनता आन्दोलन के सामन्त-विरोधी पक्ष को समझने-बूझने से पैदा होती है। साहित्य में यथार्थवाद का विकास करने के बदले किसान-जीवन से कटे हुए साहित्यकार अतीत के सुनहले चित्र आँकते हैं, वे कल्पना की रंगीन दुनिया खड़ी करते हैं और उसे पश्चिमी भौतिकवाद से श्रेष्ठ बताकर राष्ट्रीय आत्म-सम्मान की भावना को तुष्ट करते हैं। ये प्रवृत्तियाँ हिन्दी साहित्य में थीं, उनसे टकरानेवाली यथार्थवादी प्रवृत्तियाँ भी थीं।

प्रेमचन्द और निराला—दो परस्पर विरोधी-से साहित्यकार लगते हैं किन्तु किसान-जीवन से इन दोनों का गहरा सम्पर्क था और यही उन्हें मिलाने वाली कड़ी है। प्रेमचन्द ने 'कायाकल्प' लिखा था जिसमें उनके परम्परागत अन्धविश्वासों की झलक है, निराला ने 'अप्सरा' लिखा जिसमें उनके छायालोक की तसवीर है। फिर भी प्रेमचन्द-साहित्य की मुख्य दिशा यथार्थवादी है; संयुक्त परिवार के प्रति अटूट आकर्षण से बँधे रहने पर भी वह उसका टूटना बड़े सफल ढंग से दिखाते हैं। निराला को संयुक्त परिवार से वैसा मोह नहीं है; वह भैयाचारों की लूट-खसोट का व्यंग्यपूर्ण चित्रण करते हैं। प्रेमचन्द ने किसान-ज़मींदार संघर्ष के अपूर्व चित्र खींचे हैं; अंग्रेज़ी राज की पूरी ताकत ज़मींदारों की सहायता के लिए कैसे सिमट आती

है, इसकी पूरी कैफियत दी है। निराला ने वैसे बड़े चित्र नहीं दिये किन्तु सामन्त-विरोधी आन्दोलन के दौरान जो समस्याएँ उठ खड़ी होती हैं, उनका और गहराई से चित्रण किया है। दोनों ही लेखकों में सामाजिक रूढ़ियों को तोड़ने की बेताबी है, निराला में कुछ अधिक। हिन्दू-मुस्लिम समस्या को हल करने के तरीके निराला के यहाँ ज़्यादा क्रान्तिकारी हैं। प्रेमचन्द पूरी तरह गांधीवादी कभी नहीं रहे, अपनी यात्रा की आखिरी मंज़िल में वह गांधीवाद के प्रभाव से मुक्त थे। निराला अपने युग के अधिकांश लेखकों की तुलना में गांधीवाद के प्रभाव से सर्वाधिक मुक्त थे। मुक्त होने का अर्थ सामन्त-विरोधी आन्दोलन से विमुख होना नहीं था, उसे और सशक्त बनाने के लिए प्रयत्नशील होना था।

निराला के चिन्तन की यह विशेषता थी कि वह राजनीतिक-सामाजिक-साहित्यिक आन्दोलनों को एक ही सम्बद्ध इकाई के विभिन्न पक्षों के रूप में देखते थे। स्वाधीनता आन्दोलन की विजय के लिए वह समाज और साहित्य में व्यापक परिवर्तन चाहते थे। अंग्रेज़ी राज खत्म न होगा जब तक ज़मींदारी खत्म न होगी; ज़मींदारी खत्म न होगी जब तक किसान संगठित न होंगे; किसान संगठित न होंगे जब तक उनमें ऊँच-नीच का भेदभाव बना रहेगा। इसके लिए क्रान्तिकारी युवकों को किसानों के बीच रहकर उनमें शिक्षा-प्रचार करना चाहिए, सामाजिक रूढ़ियों को तोड़ने में उनकी सहायता करनी चाहिए। राष्ट्र के पूरे विकास के लिए स्त्री को स्वाधीन और शिक्षित होना चाहिए। हिन्दुओं और मुसलमानों को आपसी भेदभाव भूलकर नहीं, धार्मिक भेदभाव मिटाकर, नई मनुष्यता की भूमि पर एक होना चाहिए। निराला की विचारधारा के अध्ययन का यह महत्त्व है कि स्वाधीनता आन्दोलन के विभिन्न पक्ष कैसे एक-दूसरे से जुड़े हुए हैं, यह समझने का अवसर मिलता है; उससे निराला-साहित्य के विकास को हम ज़्यादा अच्छी तरह समझ सकते हैं।

निराला-साहित्य में देवी सरस्वती हैं, लक्ष्मी हैं, महावीर हैं, निर्गुण ब्रह्म हैं। इन सबका अधिष्ठान भारत क्यों है? खेतों की लहराती हुई हरियाली को देवी सरस्वती क्यों कहते हैं? वाल्मीकि-कालिदास से लेकर लोकगीतों तक यह विराट् वाङ्मय सरस्वती से कैसे सम्बद्ध हो जाता है? महावीर की मूर्ति में निराला को भारत रूप कैसे दिखाई देता है? राम शक्तिपूजा के समय शक्ति की 'मौलिक' कल्पना क्यों करते हैं?—इन प्रश्नों का उत्तर यह है कि निराला का छायावाद स्वाधीनता आन्दोलन से कटा हुआ नहीं, उससे प्रेरित है। देवी रूप में भारतमाता की वन्दना बहुतों ने की है; महावीर और सरस्वती में भारत को देखना निराला का काम है। निराला के लिए स्वाधीनता का अर्थ धनी वर्गों की खुशहाली नहीं है, इसलिए भारतरूपा देवी सरस्वती में उन्हें किसान-जीवन के दृश्य दिखाई देते हैं।

निराला ने भारत के अतीत पर, वेदान्त ज्ञान पर अनेक कविताएँ लिखी हैं।

अन्य रहस्यवादियों की अपेक्षा इनमें युद्ध की ललकार क्यों अधिक सुनाई देती है? कारण यह है कि निराला का वेदान्त स्वाधीनता आन्दोलन से प्रेरित होकर नये-नये अर्थ ग्रहण करता है। वेदांत स्वाधीनता आन्दोलन के लिए ही प्रेरक शक्ति नहीं है, वह सभी तरह की सामाजिक रूढ़ियों के नाश के लिए समर्थ प्रेरणा भी है। वेदान्त की व्याख्या लोग तरह-तरह से करते हैं। निराला की व्याख्या सबसे क्रान्तिकारी क्यों है? इसलिए कि सामन्त विरोधी किसान आन्दोलन से उनका सम्बन्ध औरों से गहरा है।

निराला पौराणिक रूपकों को नया अर्थ देते हैं। देवी-देवताओं को प्रतीक रूप में इस्तेमाल करते हैं। पुरानी आस्थाओं पर जब-तब कड़ी चोट भी करते हैं। इसका कारण यह है कि वह जनसाधारण को रूढ़ियों से मुक्त करना चाहते हैं। इसके लिए सांस्कृतिक क्रान्ति को उतना ही आवश्यक समझते हैं, जितना सामाजिक क्रान्ति को।

निराला के चिन्तन में अनेक अन्तर्विरोध हैं। वे वेदान्त की परस्पर-विरोधी व्याख्याएँ करते हैं। देश में प्रचलित अनेक तरह के दार्शनिक प्रभाव, समाज से प्राप्त संस्कार इन अन्तर्विरोधों को जन्म देते हैं। निराला में एक विचारधारा बड़ी प्रबल है, वह यह कि प्रकृति ही एकमात्र सत्य है। प्रकृति सत्य है, इसलिए मानव-जीवन सत्य है; नारी का सौन्दर्य, पुरुष और नारी का प्रेम सत्य है। इस तरह निराला का भावबोध उनकी विचारधारा से जुड़ा हुआ है। प्रकृति और नारी से सम्बन्धित उनकी रचनाएँ उनकी विचारधारा से सम्पृक्त हैं।

भारत को आधुनिक प्रगतिशील राष्ट्र बनाने के लिए निराला विचारधारा में परिवर्तन चाहते हैं। परिवर्तन की यह आकांक्षा उन्हें बाध्य करती है कि वे बहुत-सी मान्यताओं को सन्देह की दृष्टि से देखें। किन्तु निराला का महत्त्व सन्देहवादी मात्र होने में नहीं है। उनकी विचारधारा का एक महत्त्वपूर्ण विज्ञान-सम्मत सकारात्मक पक्ष है। पूर्ण ज्ञानमय ब्रह्म की सत्ता अस्वीकार करके वह प्रकृति को एकमात्र सत्य मानते हैं; इस परिवर्तनशील प्रकृति को शून्य अथवा आकाश में लय कर देते हैं; उस आकाश को ऊर्जा में, ऊर्जा को पदार्थ में परिवर्तित होते दिखाते हैं।

साहित्य में किसी भी सामाजिक आन्दोलन की प्रतिक्रिया प्रत्यक्ष और अप्रत्यक्ष, दोनों तरह की होती है। हमारी भाषाएँ पिछड़ी न रहें, हमारा साहित्य किसी से घटकर न हो, यह प्रेरणा न्यूनाधिक मात्रा में उस युग के सभी साहित्यकारों को स्वाधीनता आन्दोलन से मिली थी। बहुजातीय राष्ट्र की विशेष परिस्थितियों में यह भाव भी जाग्रत हुआ कि भारतीय भाषाओं में अमुक भाषा का साहित्य सबसे समृद्ध है अथवा यह कि हमारी भाषा को दूसरे अपमानित न करें। निराला में हिन्दी जातीयता की प्रेरणा राष्ट्रीय स्वाधीनता के प्रेम से अभिन्न रूप में जुड़ी हुई है। इस राष्ट्रीय-जातीय प्रेरणा का फल यह है कि निराला हिन्दी साहित्य को रीतिवादी

रूढ़ियों से मुक्त करके उसे आधुनिक रूप देना चाहते हैं। भाषा और काव्य में नये-नये प्रयोग इस भावना का परिणाम हैं। इस तरह स्वाधीनता आन्दोलन अप्रत्यक्ष रूप से उनके साहित्य के विकास की प्रेरणा बनता है।

कवि कल्पनाशील प्राणी होता है। जो कल्पना की दुनिया में रहता है, उसे सामाजिक आन्दोलनों से क्या लेना-देना है? सभी कवियों की कल्पना एक-सी नहीं होती। कोई कल्पना के बल पर 'राम की शक्तिपूजा' लिखता है, कोई धरती-आकाश को स्वर्णधूलि और स्वर्णकिरणों से भर देता है। दोनों में बड़ा अन्तर है। ऐसा क्यों होता है? जैसा हमारा व्यक्तित्व है, जैसा हमारा सामाजिक जीवन है, वैसी हमारी कल्पना होती है। जैसे व्यक्तित्व और समाज का अभिन्न सम्बन्ध है, वैसे ही कल्पना और यथार्थ का। आदमी सपने में जो कुछ देखता है, वह यथार्थ का ही परिवर्तित रूप होता है। जिसके पास जैसा यथार्थ होगा, कल्पना से उसी को परिवर्तित करके तो पेश करेगा? निराला की कल्पना अत्यन्त सशक्त है। इसका एक कारण यह है कि उनका यथार्थ-बोध बहुत तगड़ा है।

निराला के अपने साहित्य में ही कल्पना के अनेक भेद दिखाई देते हैं। कहीं तो कल्पना उन्हें छायालोक में उठा ले जाती है जहाँ वे इच्छापूर्ति के सपने देखते हैं; कहीं वह यथार्थ-बोध को ही और गहरा करती है, जो दिखाई देता है, उसकी तह तक कवि के मन को पहुँचाती है, प्रभावशाली चित्रों द्वारा यथार्थ अनुभव को परिवर्तित रूप में व्यक्त करती है। इसका कारण निराला के व्यक्तित्व के अन्तर्विरोध हैं, उनके मन पर विभिन्न साहित्यिक-सांस्कृतिक धाराओं की छाप है। इनमें कुछ धाराएँ मनुष्य को जीवन-संघर्ष से विमुख करती हैं। दूसरी धाराएँ जीवन-संघर्ष की ओर उन्मुख करती हैं। जो मन जीवन-संघर्ष की ओर उन्मुख होता है, वह सामाजिक आन्दोलनों से कतराता नहीं है। निराला जहाँ सीधे सामाजिक आन्दोलन का चित्रण करते हैं और जहाँ कल्पना के सहारे किसी आन्तरिक बाह्य संघर्ष का चित्रण करते हैं, दोनों में आन्तरिक संगति रहती है। संघर्ष का स्वर दोनों जगह सुनाई देता है। कल्पना और सामाजिक आन्दोलनों में यह सम्बन्ध है।

स्वाधीनता-आन्दोलन के सुधारवादी नेतृत्व ने लोगों को यथार्थ की कठोरता का सामना करना, उससे जूझने के उपाय निकालना नहीं सिखाया। वह यथार्थ पर मन लुभाने वाला मुलम्मा चढ़ाकर जनता को झूठे आश्वासनों से बहलाता था, उसे चमत्कारों पर विश्वास करना सिखाता था। बहुत कम ऐसे लेखक हैं जिन पर उस युग के नेतृत्व की इस भावदृष्टि का असर न पड़ा हो। निराला ने मनुष्य की आत्मग्लानि और पीड़ा देखी। उसे त्रस्त और पराजित होते, अकेलेपन में भी जूझते देखा, तो इसका कारण उनकी विचारधारा है जो सुधारवादी नेतृत्व के अन्तविरोधों से परिचित थी। अन्य कारण उनका अपना जीवन-संघर्ष है जो बार-बार कठिन प्रहारों से मन की प्रवंचनाएँ छिन्न-भिन्न कर रहा था। निराला ने संघर्ष में सर्वत्र मनुष्य की विजय चित्रित करने के बदले उसकी ट्रैजेडी चित्रित

की—ट्रैजेडी दु:खान्त हो, यह न यूनानी नाटककारों के लिए अनिवार्य शर्त थी, न भवभूति और निराला के लिए। आत्म-पीड़ा से सुख पाने वाले कलाकार ट्रैजेडी का सृजन नहीं करते। ट्रैजेडी रचते हैं वे, जिनमें जीवन के अन्तर्विरोधों को देखने की शक्ति होती है। उदात्त करुणा, संघर्ष की क्षमता, दु:ख का गहन बोध ट्रैजेडी के मूल उपकरण हैं। निराला को ये उपकरण सघन मात्रा में प्राप्त थे। वह अपने युग के सबसे बड़े ट्रैजिक कवि हैं।

साहित्य की आत्मा है रस। रस पैदा होता है भाव से। साहित्यकार भावों की दुनिया में रहते हैं। विशुद्ध रक्षात्मक साहित्य की सृष्टि करते हैं। उन्हें स्वाधीनता-आन्दोलन या अन्य किसी सामाजिक आन्दोलन से क्या सरोकार?

साधारण मनुष्यों में भावात्मक प्रतिक्रिया तब होती है जब वे किसी वस्तु के सम्पर्क में आते हैं या उस तरह के सम्पर्क को कल्पना में याद करते हैं। कवि भी जब उर्वशी या शकुन्तला पर काव्य रचते हैं, तब यथार्थ जीवन के अनुभव को कल्पना से रँग-चुनकर पेश करते हैं। मनुष्य की भावात्मक प्रतिक्रिया उसके वस्तु-सम्बन्धी ज्ञान से सम्बद्ध है। यह ज्ञान सीमित होगा, झूठा होगा, तो उससे सम्बद्ध भाव भी हल्के और प्रभावहीन होंगे। महान् कवियों की भावगरिमा और हल्के कवियों की भावुकता में जो अन्तर होता है, उसका यही कारण है। निराला की भावशक्ति प्रबल है; इसका कारण उनका गहरा यथार्थ-बोध है। साहित्यकार का भावलोक उसके प्राकृतिक-सामाजिक परिवेश से कटा हुआ, कहीं अन्तरिक्ष में लटका हुआ नहीं होता; वह उस परिवेश से अभिन्न रूप में जुड़ा होता है। भक्ति और ज्ञान के समन्वय के बिना कर्म व्यर्थ होता है; भावशक्ति और परिवेश के ज्ञान के बिना साहित्य में रचना-प्रक्रिया भी व्यर्थ होती है।

इस तरह साहित्य में व्यक्त होनेवाली भाव-प्रक्रिया साहित्यकार के सामाजिक जीवन से सम्बद्ध है।

साहित्यकार जिस भाषा का प्रयोग करता है, वह उसे समाज से, पूर्ववर्ती साहित्यकारों से मिलती है। साहित्य में जो चित्र खींचता है—काव्य में जो बिम्ब प्रस्तुत करता है—वे उसे जीवन में अथवा पुस्तकों से प्राप्त होते हैं। जहाँ नई भाषा गढ़ना है, नये बिम्ब रचता है, वहाँ भी आधारभूत सामग्री उसे सामाजिक-सांस्कृतिक परिवेश से मिलती है। ऐसे ही कला के अन्य उपकरणों के बारे में समझना चाहिए। कुछ कवियों के बिम्ब बड़े सजीव और प्रभावशाली होते हैं, औरों के निर्जीव और प्रभावहीन। दुनिया को जैसी निगाह से, नज़दीक या दूर से आप देखेंगे, वैसा ही आपका मूर्तिविधान होगा। निराला की भाषा ओजपूर्ण है। उनके काव्य में नाट्यकला, वक्तृत्व-कला की विशेषताएँ हैं। वह एक ओर कालिदास और तुलसीदास से कुछ तत्त्व ग्रहण करते हैं, दूसरी ओर लोकगीतों की धुनों से, उनकी भाषा, भावव्यंजना शैली से बहुत कुछ सीखते हैं। इस सारी क्रिया की प्रेरक निराला की तीक्ष्ण व्यापक दृष्टि है।

विचारधारा, भावबोध, कला—ये सब मनुष्य के सामाजिक-सांस्कृतिक परिवेश से सम्बद्ध है किन्तु उसका यांत्रिक प्रतिच्छवि नहीं है। न मनुष्य का व्यक्तित्व सामाजिक सम्बन्धों का यांत्रिक परिणाम होता है, न उसका कृतित्व। साहित्य और कला की अपनी सापेक्ष रूप में स्वतंत्र सत्ता है, वैसी ही सापेक्ष रूप में स्वाधीन सत्ता है साहित्यकार की प्रतिभा की। वह दर्पण मात्र नहीं है, रचनाकार है। निराला के साहित्य-सर्जन में जैसी महत्त्वपूर्ण भूमिका उनके युग की है, वैसी ही महत्त्वपूर्ण भूमिका उनके व्यक्तित्व की है।

निराला प्रवंचनाएँ के जाल में फँसते हैं, उन्हें तीक्ष्ण विवेक से बार-बार काटते भी हैं। उनकी विचारधारा की सबसे बड़ी विशेषता यह है कि समाज को अप्रिय लगने वाले विचारों से वह घबराते नहीं हैं, उन्हें बड़ी निर्भीकता से व्यक्त करते हैं। वह आधुनिक हिन्दी के सबसे बड़े दार्शनिक कवि हैं, इसलिए नहीं कि उन्होंने किसी व्यवस्थित दर्शनशास्त्र की रचना की है, वरन् इसलिए कि उनके विचार समकालीन लोकप्रिय दार्शनिक व्यवस्थाओं की सीमाएँ तोड़ देते हैं। ये विचार तर्क-योजना का परिणाम मात्र नहीं हैं; वे उस भूमि पर उपजते हैं जहाँ काव्य का सूक्ष्म बोध अंकुरित होता है। रचनाकार की प्रतिभा ही ऐसे विचारों को जन्म देती है। निस्सन्देह अनेक कविताओं में निराला दूसरों से लिये हुए दार्शनिक विचारों को काव्य की पोशाक पहनाते हैं और वह पोशाक उनके छोटी पड़ती है। ज़्यादातर 'दार्शनिक' कवियों का यही हाल होता है। किन्तु जहाँ निराला के विचार शास्त्र की सीमाएँ लाँघते हैं, वे काव्य रूप में ही प्रकट होते हैं, उन्हें काव्य की पोशाक पहनाना आवश्यक नहीं होता।

निराला मेधावी, चिन्तनशील कवि हैं। उनकी कल्पनाशक्ति जैसी प्रबल है, वैसा ही प्रखर उनका विवेक है। स्वत:स्फूर्त भावोद्गारों के युग में वह निर्माण-कौशल के धनी कलाकार हैं। उनमें अप्रस्तुत वस्तुओं को प्रत्यक्षवत् देखने की अद्‌भुत शक्ति है, इसलिए अन्य छायावादी कवियों की अपेक्षा उनके मूर्तिविधान में अमूर्त सूक्ष्मता नहीं, वास्तविक मूर्तिमत्ता है। इस मूर्तिविधान को प्राणवंत बनाने वाली उनकी अपूर्व भावशक्ति है। सुदृढ़ मेधा, सजीव कल्पना, सघन भावशक्ति—इनका अनुपम संयोग निराला के व्यक्तित्व की विशेषता है। उनकी दृढ़ इच्छाशक्ति उन्हें पूरी तरह टूटने से बचाये रखती है। उसी की देन है वह निस्संग दृष्टि, जिससे हर परिस्थिति में वह स्वयं को सही रूप में देख सकते हैं।

निराला बड़े साहसी कवि हैं। वे इच्छापूर्ति के सपने बुनते हैं, फिर उन्हें मिटा भी देते हैं। संघर्ष और मृत्यु से बचने के लिए मनुष्य ने जो तरह-तरह के काल्पनिक सहारे ढूँढ़ रखे हैं, निराला उन्हें ठुकराते चलते हैं। उनका काफी साहित्य ऐसा है जिसमें मनुष्य है, प्रकृति है किन्तु देवी-देवता, स्वर्ग-नरक कुछ नहीं है। छायावादी कवियों में सबसे अधिक इहलौकिकता निराला में है।

निराला में जीने, जीवन का सुख पाने की अमिट आकांक्षा है। वह नारी और प्रकृति के सौन्दर्य के, मानव-उल्लास के कवि हैं। किन्तु उनका चरम उत्कर्ष इस

तरह के काव्य में नहीं है। उनकी शोकानुभूति और भी गहरी है। इसके अलावा वेदना के तीव्र आघातों से जहाँ मन संज्ञाशून्य-सा हो जाता है, जहाँ शोक के भाव परिवर्तित होकर दु:स्वप्न के चित्र बन जाते हैं, वहाँ मन की इस दशा को देखते हुए निराला काव्य रचते हैं। प्रत्येक समर्थ साहित्यकार बाहर और भीतर की दुनिया में कुछ नया ढूँढ़कर हमें देता है। निराला ने मन की उपर्युक्त स्थिति का जो चित्रण किया है, वह उनकी अपनी देन है।

अन्तर्द्वन्द्व को देखने, भावों और विचारों के संघर्ष को मूर्त रूप देने की कला का चरम विकास 'तुलसीदास' और 'राम की शक्तिपूजा' में है। यह निराला की बहुत बड़ी उपलब्धि है।

निराला के रचनाकार व्यक्तित्व की विशेषता है उनका ध्वनि-सम्बन्धी सूक्ष्म ज्ञान। भावशक्ति, कल्पना, मेधा, मूर्तिविधान—इनके साथ चलता है उनका ध्वनि-प्रवाह। जो बात शब्दों के कोशगत अर्थ से नहीं मालूम होती, वह उनके ध्वनि-प्रवाह से व्यक्त होती है। इस ध्वनि-प्रवाह के अनेक स्तर हैं। प्रत्येक स्तर विशेष भावबोध के स्तर से जुड़ा है। एक ही कविता में ध्वनि-प्रवाह के विभिन्न स्तर दिखाकर निराला भावों के संघर्ष या वैषम्य का चित्रण करते हैं। यह कला बिरले कवियों में ही देखी जाती है।

निराला का साहित्य हर जगह एक-सा नहीं है। कहीं उनका कलात्मक विवेक साथ नहीं देता, कहीं वह मेहनत नहीं करना चाहते। किन्तु जब मेहनत करते हैं तब पूरी ताकत से; चाहे गद्य हो चाहे कविता, जब तक सन्तोष न हो जाय, उसे छोड़ते नहीं हैं। उनकी श्रेष्ठ रचनाओं में जैसा कसाव है, शब्दों की जैसी मितव्ययिता है, मूर्त विषय पर दृष्टि की जैसी पैनी एकाग्रता है, वह सब चमत्कार बड़े-बड़े कलाकारों में ही देखने को मिलता है।

निराला में बहुत कुछ पढ़ने और जानने की बड़ी उत्कंठा थी। उनकी स्मरण-शक्ति अच्छी थी; जो पढ़ते थे, याद रखते थे, इसके अलावा उसे घोखते भी थे। उनके अध्ययन में संस्कृत कवियों से लेकर बंगाल के वैष्णव कवियों और रवीन्द्रनाथ ठाकुर तक अनेक धाराएँ शामिल थीं। उन्होंने नये-पुराने हिन्दी कवियों को पढ़ा और उनसे बहुत कुछ सीखा था। उन्होंने अंग्रेज़ी के रोमांटिक कवियों के अलावा इलियट, ओडेन आदि नये कवियों, पुरानों में शेक्सपियर और मिल्टन, ऐसे ही बँगला में रवीन्द्रनाथ के साथ विष्णु दे को पढ़ा था। बंकिम, शरत् आदि के गद्य साहित्य, मैक्सिम गोर्की के कथा साहित्य से वह परिचित थे। अध्ययन वह कलाकार की दृष्टि से करते थे, किसी के साहित्य का विस्तृत विवेचन करने के लिए नहीं, वरन् उससे क्या सीखें, अथवा यह देखने के लिए कि प्रतिभा की टक्कर में वह कहाँ ठहरता है, इसलिए अध्ययन करते थे। यशप्राप्ति की आकांक्षा, उनके व्यक्तित्व की कमज़ोरी, जब-तब उन्हें दूसरों का अनुसरण करने पर मजबूर करती थी। इस तरह की रचनाओं में उनके व्यक्तित्व की विशेषताएँ उजागर नहीं हुईं।

निराला में भारतीय दर्शन की अनेक धाराएँ सिमट आई हैं। योग, सांख्य, शांकर वेदान्त के अलावा उनमें शैव और शाक्त धारणाएँ भी आ मिली हैं। वह भारतीय काव्य की पुरानी प्रगतिशील परम्परा से सम्बद्ध हैं, वह समकालीन बँगला साहित्य की धारा से सम्बन्ध जोड़ते हैं, वह अंग्रेज़ी के काव्य साहित्य से भी प्रेरणा ग्रहण करते हैं। उन्होंने उर्दू काव्य भी पढ़ा था, विशेष रूप से ग़ालिब का अध्ययन किया था। इस व्यापक अध्ययन के चिह्न उनके साहित्य में कहीं प्रत्यक्ष, कहीं अप्रत्यक्ष रूप से विद्यमान हैं।

निराला मुख्यत: कवि हैं। काव्य के स्तर पर ही उनकी प्रतिभा सबसे अधिक सक्रिय होती है। स्वाधीनता-प्राप्ति के बाद निराला का गद्य लिखना प्राय: समाप्त हो गया। कविता लिखे बिना वह रह न सकते थे, गद्य लिखे बिना रह सकते थे। फिर भी उनका गद्य अत्यन्त महत्त्वपूर्ण है। उनके क्रान्तिकारी विचार साफ-सुथरे ढंग से उनके निबन्धों और टिप्पणियों में ही व्यक्त हुए हैं। उनके आलोचनात्मक निबन्ध साहित्यिक ही नहीं, दार्शनिक, सामाजिक, राजनीतिक समस्याओं पर भी हैं। ये निबन्ध उनकी काव्य-रचना के सहयोगी हैं। जो विवेचन गद्य में दस पन्ने लेता है, उसे बाद में कुछ पंक्तियों में संक्षिप्त करके वह कविता में सजा देते हैं। गद्य लेखन से विचारों को व्यवस्थित करने में उन्हें सहायता मिली। उनकी साहित्य-समालोचना रीति-विरोधी संघर्ष का अभिन्न अंग है; जिस काव्य-परम्परा से निराला जुड़े हुए थे, उसका मूल्यांकन इस समालोचना में है। उसमें वाद-विवाद और तर्क-युद्ध का आनन्द अलग है।

निराला के व्यक्तित्व की एक विशेषता उनकी हास्य और व्यंग्य की प्रवृत्ति है। भावुक कवियों में यह प्रवृत्ति कम देखी जाती है। निराला के गद्य में, पद्य में भी, व्यंग्य की तीक्ष्णता, हास्य की उल्लास व्यंजना अन्य छायावादियों से अधिक है।

अठारहवीं सदी में सामन्ती व्यवस्था के विघटन और नवीन औद्योगिक प्रगति के साथ यूरोप में रोमांटिक साहित्य का प्रसार हुआ। यह रोमांटिक साहित्य सामन्ती व्यवस्था का विरोधी है, दार्शनिक चिन्तन में चर्च के प्रभाव से मुक्त है, वह भारत जैसे उपनिवेशों की स्वाधीनता का समर्थक है। उसमें कल्पना की अतिशयता, पलायन वृत्ति, अत्यधिक आत्मकेन्द्रीयता जैसे दोष भी हैं, फिर भी वह शेक्सपियर और मिल्टन के युग के बाद यूरोप और इंग्लैंड का सबसे बड़ा मानवतावादी आन्दोलन है। अनेक पश्चिमी आलोचकों ने उसके दोषों को बहुत बढ़ा-बढ़ाकर दिखाया है, उसकी महत्त्वपूर्ण उपलब्धियों को छोड़ दिया है। उनकी देखा-देखी छायावादी साहित्य का वैसा ही विरोध कुछ हिन्दी लेखकों ने किया है। किन्तु वे स्वयं छायावादी कवियों से अधिक आत्मग्रस्त, अधिक व्यक्तिवादी, सामाजिक आन्दोलनों से अधिक विच्छिन्न हैं। आवश्यक है कि वह निराला से सीखें, अपनी भावुकता और निराला की भावशक्ति का अन्तर पहचानें, देखें कि तमाम लाक्षणिकता के बावजूद निराला का मूर्तिविधान कितना यथार्थपरक और सजीव है। निराला ने दु:ख और मृत्यु पर जो कविताएँ लिखी

हैं, उनमें पीड़ा का प्रदर्शन नहीं, मर जाने की आकांक्षा नहीं, उनमें मृत्यु से शक्ति पाकर जूझने की कामना है। जहाँ संघर्ष नहीं है, केवल दुःस्वप्न है, वहाँ भी निराला के सधे हुए अटूट मन की झलक मिलती है। यह निराला के व्यक्तित्व की विशेषता है, उनके युग की विशेषता है।

प्रथम महायुद्ध के बाद स्वाधीनता आन्दोलन के नवीन उत्थान के साथ जो साहित्य रचा गया, उसके समर्थ प्रतिनिधि निराला और प्रेमचन्द, दोनों हैं। निराला प्रेमचन्द की तरह सामाजिक सम्बन्धों की तीक्ष्ण आलोचना करते हैं, किन्तु वह प्रेमचन्द से भिन्न मनुष्य के अन्तर्जगत् में गहरे पैठते हैं; उसके सौन्दर्य-बोध, उसकी कलात्मक अभिरुचि, उसकी भावशक्ति को जाग्रत और परिष्कृत करते हैं। आदमी के बाहर की दुनिया और भीतर की दुनिया, दोनों एक-दूसरे से जुड़ी हुई हैं। इन दोनों के भरे-पूरे चित्रण से ही यथार्थवाद साहित्य की समर्थ धारा बनता है।

निराला का सहज स्वर उदात्त है; ओज उनके साहित्य का प्रधान गुण है। उनका माधुर्य अन्य कवियों के माधुर्य से भिन्न है; उनका शोक अन्य कवियों की वेदना से भिन्न है। कोई भी कवि एक ही उदात्त स्तर पर कविता नहीं लिख सकता, न उसे लिखनी चाहिए। निर्माण सौन्दर्य के लिए उसे अनुदात्त या स्वरित स्तरों पर भी रचना करनी चाहिए। निराला एक ही कविता में भिन्न स्तरों पर अपने रचना-कौशल का परिचय देते हैं, अलग-अलग रचनाओं में भी। उनके श्रेष्ठ साहित्य में—भाव चाहे कोमल हों, चाहे कठोर—एक अन्तर्निहित शक्ति का परिचय मिलता है। यह शक्ति स्वाधीनता आन्दोलन के नये उत्थान की थी; यह शक्ति निराला के व्यक्तित्व की थी। दोनों के संयोग से ही निराला की साहित्य-साधना पूरी हुई।

उपसंहार : छायावाद का स्वरूप

[1]

तब छायावाद क्या है? स्थूल के प्रति सूक्ष्म का विद्रोह? गांधीवाद का साहित्यिक प्रतिबिम्ब? निराला-साहित्य की विशेषताएँ उसकी अपनी विशेषताएँ हैं या छायावाद की सामान्य विशेषताएँ हैं?

प्रथम महायुद्ध के बाद—स्वाधीनता आन्दोलन के उभार के पहले दशक में—हिन्दी साहित्य में तीन धाराएँ प्रमुख हैं। एक धारा रीतिवादी है जिसके प्रतिनिधि रत्नाकर, मिश्रबन्धु, पद्मसिंह शर्मा आदि हैं। दूसरी धारा स्वाधीनता आन्दोलन के सुधारवादी पक्ष के साथ आगे बढ़ती है जिसके प्रतिनिधि मैथिलीशरण गुप्त, महावीरप्रसाद द्विवेदी, गोपालशरण सिंह आदि हैं। तीसरी धारा छायावाद की है

जिसकी साम्राज्य-विरोधी चेतना पहली दोनों धाराओं से अधिक प्रखर है, जिसके प्रतिनिधि कवि प्रसाद, निराला और पन्त हैं। इन तीनों कवियों के साहित्य की अपनी विशेषताएँ हैं, जैसीकि किसी भी धारा के साहित्यकारों में होंगी; साथ ही उनमें सामान्य विशेषताएँ हैं जो उन्हें साहित्य की एक निश्चित धारा से सम्बद्ध करती हैं। छायावाद साम्राज्य-विरोधी चेतना के निखार का साहित्य है—इस सत्य को रीतिवादी अस्वीकार करते थे जिनका अपना साहित्य विशुद्ध रस की खोज करता हुआ राजनीतिक संघर्षों का विरोधी था या बहुत उदार हुआ तो तटस्थ था। रीतिवाद के अनेक आचार्य अंग्रेज़ी राज के प्रमुख आधार देशी नरेशों को अपना अन्नदाता मानते थे। छायावाद की साम्राज्य-विरोधी चेतना को अस्वीकार करते थे। राष्ट्रीय आन्दोलन के सुधारवादी पक्ष के लोग, जो अपनी ढुलमुल राजनीति को देश की एकमात्र सही राष्ट्रीय नीति कहकर पेश करते थे, ये लोग सबसे अधिक प्रचार करते थे कि छायावाद केवल मिथ्या रहस्यवाद है, स्वाधीनता-आन्दोलन से विमुख एक प्रकार का पलायनवाद मात्र है। बाद को तरह-तरह के प्रगतिवादी और व्यक्तिवादी आलोचक छायावाद को अतृप्त कामवासना का विस्फोट अथवा सुधारवादी राजनीति का प्रतिबिम्ब मानते थे। इनकी स्थापनाओं की प्रतिध्वनि हिन्दी आलोचना-साहित्य में अब तक सुनाई देती है।

रामचन्द्र शुक्ल छायावादी काव्य से काफी असन्तुष्ट थे। उन्होंने 'कामायनी' के बारे में लिखा था : "वर्गहीन समाज की साम्यवादी पुकार की भी दबी-सी गूँज दो-तीन जगह है।" शुक्ल जी ने 'कामायनी' में गांधीवाद की गूँज नहीं सुनी। जो दबी-सी गूँज उन्हें सुनाई दी, वह वर्गहीन समाज की साम्यवादी पुकार की गूँज है। जो आलोचक छायावाद को गांधीवाद का साहित्यिक प्रतिबिम्ब मानते हैं, उनकी तुलना में शुक्लजी का दृष्टिकोण अधिक तथ्यपरक है।

मुक्तिबोध 'कामायनी : एक पुनर्विचार' में साम्राज्यवाद, सामन्तवाद, भारतीय पूँजीवाद की व्याख्या करते हुए, इनसे साहित्य का सम्बन्ध जोड़ते हुए बहुत-सी उलझनों में फँस गए हैं किन्तु भारत के राष्ट्रीय जागरण से प्रसाद-साहित्य को सम्बद्ध मानने में उन्हें दिशाभ्रम नहीं हुआ। मुक्तिबोध के अनुसार : "प्रसाद जी की भावुकता की मूल भित्ति मानव-सम्बन्धों के दृढ़ आधार पर खड़ी हुई है। इन्हीं सम्बन्धों के सामाजिक-राष्ट्रीय विस्तार के फलस्वरूप उन्होंने प्राचीन गौरव के ऐतिहासिक चित्र (अपनी रोमांटिक भावभूमि पर) प्रस्तुत किये; और उसमें हमारे प्रथम भारतीय राष्ट्रीय जागरण के स्पन्दनों की बेला सामने आई। इस अर्थ में प्रसादजी की कहानियाँ और नाटक (चाहे उनकी पार्श्वभूमि ऐतिहासिक ही क्यों न हो) छायावादी युग के सर्वोत्कृष्ट भावों और आदर्शों से सम्पन्न हैं। अतएव प्रसादजी के लिए यह स्वाभाविक ही था कि वे 'कामायनी' में भी उन देशव्यापी जीवन-आशाओं को व्यक्त करें। श्रद्धा कहती है : 'डरो मत अरे अमृत सन्तान'। ये पंक्तियाँ इस बात की साक्षिणी हैं कि हमारा छायावादी रोमांटिक व्यक्तिवाद देशव्यापी जीवन-आशाओं तथा आदर्शों से न केवल

समन्वित हो चुका था, वरन् वह अब इतना सबल भी हो गया था कि वह देश और व्यक्ति में परिव्याप्त मानव-गरिमा को प्रस्तुत कर सके। 'श्रद्धा-सर्ग' इस बात का जीवन्त प्रतीक है कि राष्ट्रवाद में अब इतना आत्मगौरव तथा आत्मविश्वास उत्पन्न हो गया था कि वह अब अपने को वर्तमान तथा भविष्य का निर्णायक निर्माता समझता था तथा अपनी अन्तिम विजय में उसे सम्पूर्ण विश्वास हो गया था—ऐसा विश्वास, जो जीवन-तथ्यों पर, मानव-सम्बन्धों पर, जीवन की सर्जक शक्तियों पर आधारित है।" (पृ. 63-65)

हिन्दी साहित्य में मुक्तिबोध-पूजकों का अच्छा-खासा दल है जो मुक्तिबोध के नाम का उपयोग प्रसाद-साहित्य के विरोध के लिए करता है। इस दल के मुखिया लोग मुक्तिबोध के अन्तर्विरोधों से कतराते हैं। वे बताएँ कि जो साहित्य देश और व्यक्ति में परिव्याप्त मानवगरिमा को प्रस्तुत करता है, वह ह्रासग्रस्त पूँजीवाद, जर्जर सामन्तवाद, हिंसक साम्राज्यवाद का प्रतिनिधि कैसे हो गया? मुक्तिबोध इन सबसे 'कामायनी' का सम्बन्ध कभी क्रमशः, कभी एक साथ जोड़ते हैं। मुक्तिबोध-पूजक सिद्ध करें कि 'डरो मत अरे अमृत संतान' आदि पंक्तियों में आत्म-गौरव तथा आत्म-विश्वास का स्वर नहीं, ह्रासमान व्यक्तिवाद की पराजय और कुंठा का स्वर है। किन्तु कुंठा का स्वर होता तो अब तक वे 'कामायनी' को संसार का सर्वश्रेष्ठ काव्य सिद्ध कर चुके होते। प्रसाद का दोष यह है कि उनके साहित्य में हमारे राष्ट्रीय जागरण के स्पन्दन सुनाई देते हैं।

प्रसाद साहित्य और गांधीवाद के आन्तरिक भेद पर मैं विस्तार से अन्यत्र लिख चुका हूँ। अपने उस पुराने लेख का कुछ अंश यहाँ उद्धृत करता हूँ :

"इन सीमाओं के बावजूद (दार्शनिक और सामाजिक चिन्तन की सीमाओं के बावजूद) यह समझना भ्रम होगा कि प्रसाद जी का चिन्तन पूँजीपति वर्ग के सांस्कृतिक मार्ग गांधीवाद पर चल रहा था। गांधीवाद जहाँ जनता के क्रान्तिकारी उभार को दबाकर वर्ग-शान्ति और समझौते की राह पर चलता है, वहाँ प्रसादजी वर्ग-शान्ति के बदले वर्गहीन समाज का आदर्श सामने रखते हैं। गांधीवाद जहाँ प्राचीन भारतीय समाज में वर्ग-संघर्ष अस्वीकार करता है, वहाँ प्रसादजी ने राजा-प्रजा के रक्तमय संघर्ष का चित्र खींचकर उसे स्वीकार किया है। सबसे महत्त्वपूर्ण बात यह कि गांधीवाद जहाँ निष्क्रिय प्रतिरोध की बात करता है, स्वयं कष्ट सहकर अन्यायी के हृदय-परिवर्तन की बात करता है, वहाँ प्रसादजी ने सक्रिय प्रतिरोध का आदर्श रखा है, शस्त्र उठाकर आततायियों का विरोध करने का चित्र खींचा है।

" 'स्कन्दगुप्त' में प्रसादजी ने दिखाया है कि हूणों के आक्रमण से त्रस्त और बिखरी हुई जनता में फिर से साहस-संचार करके स्कन्दगुप्त और उसके साथियों ने हूणों को समरभूमि में पराजित किया और उन्हें सिन्धु पार खदेड़ दिया। ब्रिटिश साम्राज्य से आक्रान्त देश में यह नाटक लिखकर प्रसादजी ने सामयिक राजनीति की भी एक गुत्थी सुलझाई थी। पर्णदत्त कहता है : 'देश के बच्चे भूखे हैं, नंगे हैं,

असहाय हैं, कुछ दो बाबा!' पर्णदत्त कैसा भीख चाहता है? क्या भीख माँगने से देश का उद्धार होगा? पर्णदत्त कहता है : 'जो दे सकता हो अपने प्राण, जो जन्मभूमि के लिए उत्सर्ग कर सकता हो जीवन, वैसे वीर चाहिए, कोई देगा भीख में?' पर्णदत्त की याचना के उत्तर में पहले स्कन्दगुप्त और फिर जनता में से बहुत-से वीर देश-रक्षा के लिए आगे आ जाते हैं। जनता का संगठन करने में साहित्यकार अपनी विशेष भूमिका पूरी करते हैं। विजया महाकवि कालिदास से कहती है : 'आश्चर्य और शोक का समय नहीं है। सुकवि शिरोमणि! गा चुके मिलन-संगीत, गा चुके कोमल कल्पनाओं के लचीले गान, रो चुके प्रेम के पचड़े। एक बार वह उद्‌बोधन गीत गा दो कि भारतीय जनता अपनी नश्वरता पर विश्वास करके भारत की सेवा के लिए सन्नद्ध हो जाय!' कालिदास काव्य से ही जनता को संगठित नहीं करते, वह स्त्रियों को घसीटनेवाले अत्याचारी हूणों का तलवार उठाकर विरोध भी करते हैं। प्रसाद के श्रेष्ठ नाटक 'स्कन्दगुप्त' के कालिदास महाकवि ही नहीं, वीर कवि भी हैं। हूणों को ललकारते हुए वह कहते हैं : 'इन निरीहों के लिए प्राण उत्सर्ग करना धर्म है। कायरो! स्त्रियों पर यह अत्याचार?'

"प्रसादजी के लिए कलाकार सामाजिक संघर्ष में तटस्थ नहीं रहता। वह जनता और देश के प्रति सहानुभूति ही नहीं प्रकट करता, वह संघर्ष में भाग भी लेता है। और यह संघर्ष निष्क्रिय प्रतिरोध के मार्ग पर नहीं बढ़ता, उसका रास्ता सक्रिय प्रतिरोध का है। इससे स्पष्ट है कि प्रसादजी ने अपने साहित्य में पूँजीवादी नेताओं की कार्यनीति को आदर्श नहीं माना।" ('लोकजीवन और साहित्य', पृ. 45-46)

साम्राज्य-विरोधी चेतना को निखारने के लिए प्रसाद इतिहास का उपयोग वैसे ही करते हैं, जैसे निराला। वह सक्रिय प्रतिरोध के वैसे ही समर्थक हैं, जैसे निराला। दोनों के लिए गांधीवादी राजनीति और समाजनीति के प्रतिनिधि कवि थे मैथिलीशरण गुप्त। दोनों ही इन्हें छायावादी कवियों से घटिया कवि मानते थे। दोनों ही गांधीवाद से मैथिलीशरण गुप्त के आन्तरिक सम्बन्ध को अच्छी तरह समझते थे।

काशी में मैथिलीशरण गुप्त के अभिनन्दन की तैयारियाँ हो रही थीं। गांधीजी अभिनन्दन ग्रंथ भेंट करें, इसके लिए प्रयत्न किया जा रहा था। निराला ने कहा :

"गुप्त जी बड़े हैं। उनका अभिनन्दन अवश्य होना चाहिए। विरोध से क्या होता है? कोई विश्वविद्यालय की ऊँची कक्षाओं को पढ़ाता है और कोई मिडिल स्कूल का अच्छा मुदर्रिस होता है। आप लोग यह बताइए, क्या प्रोफेसर का सम्मान होना चाहिए और मिडिल स्कूल के मुदर्रिस का सम्मान न होना चाहिए? मैं तो समझता हूँ, जो भी समाजसेवा की इस पाठशाला में यश कमा सके, उसका उचित सम्मान होना चाहिए, और गुप्तजी को मैं ऐसा ही यशस्वी मुदर्रिस मानता हूँ।" ('मैथिलीशरण गुप्त अभिनन्दन ग्रंथ' में पद्‌मनारायण आचार्य का लेख)

निराला सम्मान के पक्ष में थे किन्तु प्रोफेसर और मुदर्रिस का भेद करते हुए। प्रोफेसर प्रसाद या पन्त हो सकते हैं, वह स्वयं हो सकते हैं, मैथिलीशरण

गुप्त नहीं। 'मतवाला' में पन्त पर लिखते हुए निराला ने मैथिलीशरण गुप्त की पंक्तियाँ उद्धृत कीं, सम्मान प्रकट करने के लिए। फिर दिखाया खड़ी बोली का नया रचा हुआ रूप है पन्त-काव्य में। उसी धारणा के अनुरूप ऊपर उद्धृत किया हुआ उनका कथन है।

अभिनन्दन का विरोध करने के लिए नागरी प्रचारिणी सभा में कुछ साहित्य-प्रेमियों की बैठक हुई। इसमें जयशंकर प्रसाद भी थे। जब पद्मनारायण आचार्य ने प्रसाद से पूछा कि वह अभिनन्दन का विरोध क्यों कर रहे हैं, तब उन्होंने कहा : अभिनन्दन में तुम्हारे साथ रहेंगे, सभा में विरोध करनेवालों के साथ थे। दोनों बातों में कोई विरोध नहीं क्योंकि मैथिलीशरण गुप्त के अभिनन्दन का विरोध उनके गौरव की कहानी बन जायगा। फिर अपने को वेदनावादी कहते हुए मैथिलीशरण और निराला—दोनों की मान-सम्मान की आकांक्षा पर टिप्पणी की : "और मेरा कहना तो यह है कि जैसे निरालाजी को सम्मान नहीं मिला, पर सम्मान की इच्छा है, उसी प्रकार गुप्तजी भी अपने को उपेक्षित मानते हैं। उन्होंने उपेक्षिता की वकालत की है, पर वे स्वयं भी कहीं इस दर्द को छुपाये हुए हैं। और मैं तो वेदनावादी हूँ। वेदना के शमन को मानव की सबसे बड़ी पूजा समझता हूँ। इसीलिए निराला और गुप्तजी के अभिनन्दन को मैं ऋण मानता हूँ।"

बात बड़ी चतुराई से कही गई है। मुदर्रिस और प्रोफेसर का भेद न करके प्रसाद ने वेदना के शमन का सूत्र पकड़ा। गुप्तजी उपेक्षित महसूस करते हैं, दुखी हैं, अवश्य अभिनन्दन करना चाहिए। वे आधुनिक हिन्द के निर्माता हैं, श्रेष्ठ कवि हैं, ऐसी कोई बात नहीं है। निराला का नाम जोड़ने से मैथिलीशरण गुप्त के प्रति प्रतिद्वन्द्विता के भाव का साधारणीकरण हुआ।

इसके बाद गांधीवाद से मैथिलीशरण गुप्त का सम्बन्ध जोड़ते हुए प्रसाद ने ये महत्त्वपूर्ण बातें कहीं : "इस युग के तीन व्यक्तियों को महापुरुष मानता हूँ—गांधीजी, रवीन्द्र बाबू और मालवीय जी। और मैं अपने को इन तीनों में से किसी एक का अनुयायी नहीं मानता। पर गुप्तजी तो बिना अनुगमन किये रह ही नहीं सकते और वे इसी कला में बेजोड़ हैं। मेरी-उनकी क्या बराबरी? वे दूसरे क्षेत्र में काम करते हैं और मैं दूसरे में। जिस क्षेत्र में वे हैं, उस क्षेत्र में वे अद्वितीय हैं। अत: उनका अभिनन्दन होना चाहिए।"

गुप्तजी अनुगमन की कला में बेजोड़ हैं। मालवीयजी, रवीन्द्रनाथ ठाकुर और गांधीजी—इन तीनों में प्रसाद किसी के अनुगामी नहीं, मैथिलीशरण गुप्त अनुगमन किये बिना रह नहीं सकते। स्पष्ट ही उन तीन महापुरुषों में गुप्तजी अनुगामी हैं गांधीजी के। उस क्षेत्र में वह अद्वितीय हैं। यहाँ प्रसाद का व्यंग्य निराला से भी अधिक मर्मवेधी है। उनकी उक्ति से गांधीवाद-छायावाद के सम्बन्ध में मेरा विश्लेषण पुष्ट होता है। जो लोग प्रसाद-साहित्य को रवीन्द्र-काव्य का अनुकरण कहते थे अथवा मनु या स्कन्दगुप्त का नाम सुनते ही उन्हें हिन्दू पुनरुत्थानवादी मान बैठते

हैं, वे प्रसाद के कथन पर ध्यान दें। वह अपने को न मालवीय जी का अनुगामी मानते हैं, न रवीन्द्रनाथ का। हिन्दी के छायावादी साहित्य की अपनी विशेषताएँ हैं और उनका अध्ययन करने से प्रसाद की दर्पोक्ति सही मालूम होती है।

इस प्रसंग में स्वयं गांधीजी ने मैथिलीशरण गुप्त से अपने सम्बन्ध को लेकर जो कुछ कहा, वह उल्लेखनीय है। पद्मनारायण आचार्य से उन्होंने कहा : "मैं तो साहित्यिक दृष्टि से निश्चित रूप से मूर्ख हूँ। और गुप्तजी हम सभी मूर्खों के प्रतिनिधि कवि हैं।"

बात अतिरंजित ढंग से कही गई है किन्तु यह सच है कि मैथिलीशरण गुप्त गांधीजी और उनके अनुगामियों के प्रतिनिधि कवि हैं।

सन् '30-'31 के आन्दोलन की असफलता से गांधीवाद को गहरा धक्का लगा। सन् '30 से '40 तक का समय भारतीय समाज में गांधीवाद-विरोधी रुझानों के फूटने-फैलने का सबसे महत्त्वपूर्ण काल है। अनेक प्रकार की वामपंथी विचारधाराएँ देश में फैलती हैं; राष्ट्रीय आन्दोलन से सुधारवादी नेतृत्व को अलग कर देने की सम्भावनाएँ उत्पन्न होती हैं। किन्तु वामपक्षी नेता इन सम्भावनाओं से लाभ उठाने में असफल रहे। गांधीजी ने सिद्ध कर दिया कि मूर्ख वह नहीं, उनके विरोधी हैं।

उस दशक में गांधीवाद में लोगों की जो आस्था डिगी, उसका गहरा असर हिन्दी लेखकों पर पड़ा। प्रेमचन्द का 'गोदान', प्रसाद की 'तितली', निराला की 'देवी' और 'चतुरी चमार' इसी दौर की रचनाएँ हैं। इन सबका सृजन उस समय हुआ था जब प्रगतिशील साहित्य के प्रचार-प्रसार के लिए कोई भी संघबद्ध प्रयास न हुआ था। सन् '30 के बाद हिन्दी साहित्य में इस नये यथार्थवाद का विकास स्वत:स्फूर्त ढंग से हुआ। प्रगतिवादी आलोचक इस विकास से, उस विकास के सामाजिक कारणों से अपरिचित थे। प्रगतिवाद के विरोधी भी देश और साहित्य की नई गतिविधि से उतने ही बेखबर थे। इस नये यथार्थवाद की विशेषता है गांधीवाद के प्रति आलोचनात्मक दृष्टिकोण। जहाँ ऐसा दृष्टिकोण पहले से था, वहाँ उसमें और तीखापन आया। इस आलोचनात्मक दृष्टिकोण के साथ समाजवादी विचारधारा का प्रभाव जुड़ा हुआ है। हिन्दी के अनेक मार्क्सवादी लेखक अपनी दृष्टि को बहुत वैज्ञानिक समझकर प्रेमचन्द आदि उन पुराने लेखकों के प्रति प्राध्यापकीय उदारता दिखाते हुए कहते हैं, बहुत अस्पष्ट और उलझा हुआ प्रभाव था उन पर समाजवाद का क्योंकि उन्होंने उसका वैज्ञानिक अध्ययन न किया था, फिर भी वह धुँधली-सी समाजवादी विचारधारा थी, हम मानते हैं।

इस धुँधली विचारधारा की विशेषता थी—किसानों के संगठन और उनके सामन्त विरोधी संघर्ष के महत्त्व का बोध। वैज्ञानिक अध्ययन करनेवालों की विशेषता है : किसान-जीवन से अलगाव, मध्यवर्गीय दायरे में आत्मानुभूत सत्यों का उद्घाटन।

'गोदान', 'तितली' और 'चतुरी चमार' की विचारभूमि सामान्य है। इसीलिए प्रेमचन्द और छायावाद को परस्पर-विरोधी मानकर अलगाने की जगह दोनों का अध्ययन स्वाधीनता-आन्दोलन के उतार-चढ़ाव को ध्यान में रखते हुए करना चाहिए।

'तितली' में प्रसाद किसानों के जीवन-संघर्ष का चित्रण करते हैं। रामजस की बातें 'प्रेमाश्रम' के बलराज की याद दिलाती हैं। कहता है : "पैसे के बल पर धर्म और सदाचार का अभिनय करना भुलवा दूँगा। मैंने जो कुछ पढ़ा-लिखा था, सब झूठा था। आजकल क्या, सब युगों में लक्ष्मी का बोलबाला था। भगवान् भी इसी के संकेतों पर नाचते हैं। मैं तुम्हारे इस झूठे पाप-पुण्य की दुहाई नहीं मानता।" यही रामजस घिर जाता है, लेकिन बहादुरी से लड़ता है। "इधर दो, उधर दस। जमकर लाठी चलने लगी। मधुबन और रामजस जब घिर जाते तो लाठी टेककर दस-दस हाथ दूर जाकर खड़े हो जाते। छः आदमी गिरे और रामजस भी लहू से तर हो गया।" यह सब गांधीवाद की परिधि के बाहर के दृश्य हैं।

'कर्मभूमि' के महन्त की तरह 'तितली' में भी महन्त हैं : "जो भक्तों की भेंट और किसानों का सूद, दोनों ही समभाव से ग्रहण करते हैं।" प्रसाद ने प्रेमचन्द की तरह आर्थिक शोषण के साथ धार्मिक अन्धविश्वासों और रूढ़ियों का विरोध किया। 'तितली' के अन्त में सबको काम लायक ज़मीन मिल जाती है किन्तु तितली का विचार है कि ज़मींदार के रहते वास्तविक भूमि-सुधार नहीं हो सकते। कहती है : "यदि आप लोग वास्तविक सुधार करना चाहते हों, तो खेतों के टुकड़ों को निश्चित रूप में बाँट दीजिए और सरकार उन पर मालगुज़ारी लिया करे।" अर्थात् नये सिरे से भूमि का बँटवारा होना आवश्यक है।

'तितली', 'गोदान' और 'चतुरी चमार' की विचारभूमि सामान्य है किन्तु किसान-जीवन को देखने, उसे गहराई से चित्रित करने में बड़ा अन्तर है। यहाँ सिद्ध केवल यह करना है कि छायावादी साहित्य की साम्राज्य-विरोधी चेतना सन् '30 के बाद और निखरती है। इसका एक लक्षण यह है कि छायावादी कवि किसान-जीवन को आधार बनाकर नया साहित्य रचते हैं। जो साहित्य सन् '30 से पहले भी गांधीवाद का अनुयायी नहीं था, वह सन् '30 के बाद उससे और दूर हट जाता है।

किसान-जीवन से पन्त का लगाव कम है। 'पल्लव' और 'गुंजन' के प्राकृतिक सौन्दर्य में भारत का दरिद्र, संघर्षशील किसान खो गया है। किन्तु 'ग्राम्या' में पन्त पहली बार उत्तर भारत के गाँव को, गाँव में किसान-जीवन को नज़दीक से देखते हैं। यह कार्य वह प्रसाद और निराला के बाद करते हैं, प्रगतिशील साहित्यिक आन्दोलन के सूत्रपात के बाद करते हैं, किन्तु किसान-जीवन पर वह भी कविताएँ लिखते हैं, यह तथ्य उसी विकास का प्रमाण है जो '30-'40 वाले दशक की विशेषता है।

इस दशक में अपने सौन्दर्यवाद का दायरा तोड़कर उन्होंने नये कवित्वहीन विषयों पर कविताएँ लिखीं किन्तु जहाँ प्रसाद और निराला गांधीवाद के तीक्ष्ण

आलोचक हैं, वहाँ पन्त सन् '24 के बाद नये सिरे से गांधीवाद के प्रभाव में आते हैं। गांधीजी उन्हें अतिमानवीय चमत्कार के रूप में दिखाई देते हैं।

प्रथम भेंट में मिला हृदय को सूक्ष्म स्पर्श, दृग विस्मय प्रेरित,
स्फुरित इन्द्रधनु अर्चि विनिर्मित हुआ मनोमय वपु उद्भासित।

'साठ वर्ष : एक रेखांकन' में गांधीजी से अपनी भेंट का उल्लेख करने के बाद पन्त ने लिखा है : "तब से जब भी मेरा मन युग-संघर्ष के आँधी तूफान से आक्रान्त हुआ, मैंने गांधीजी का स्मरण किया है और जिस रूप में भी मैं ग्रहण कर सका, मैंने उनके व्यक्तित्व से सहायता ली है और मेरे काव्य में तब से गांधीवाद का एक स्वर सदैव विद्यमान रहा है। गांधीजी के तप:पूत व्यक्तित्व से जिस ओजस्वी सात्त्विक चैतन्य का जन्म मेरे भीतर हुआ था, उसे युग की विषाक्त शक्तियों से टकराकर संघर्ष करना पड़ा; इसी संघर्ष में मैं युग-जीवन में व्याप्त प्रच्छन्न विष के स्वरूप को समझ सका। मेरे कवि-हृदय को नवयुग मंगल के लिए एक सर्वांगपूर्ण रससिद्ध चैतन्य की खोज थी, जिसकी प्राप्ति के लिए गांधीजी का अन्त:स्पर्श शुभ्र सोपान बन सका।" (पृ. 51-52)

एक ओर प्रसाद और निराला, दूसरी ओर पन्त—इनके राजनीतिक दृष्टिकोणों का अन्तर यहाँ स्पष्ट हो जाता है।

स्वाधीनता-आन्दोलन के प्रति छायावादी कवियों का रुख उन्हें इतिहास को नये सिरे से समझने की प्रेरणा देता है। 'शेरसिंह का शस्त्र-समर्पण', 'पेशोला की प्रतिध्वनि', 'प्रलय की छाया'—निराला के वर्णिक मुक्त छन्द में लिखी हुई प्रसाद की ये कविताएँ इतिहास के पुराने संघर्षों से भारतीय जनता के नये संघर्षों को जोड़ती हैं। इनमें एक अत्यन्त महत्त्वपूर्ण संघर्ष था—1857 का स्वाधीनता संग्राम। निराला ने लिखा कि सन् '57 में यहाँ के लोगों ने सिद्ध कर दिया कि वे "ऐसी संगठित शक्ति की करामात दिखाने का हौसला रख सकते हैं—वह संगठन कर सकते हैं, जितना बड़ा आज तक राजनीति के अन्धकार में उड़ने वालों से नहीं हो सका।" ('प्रबन्ध प्रतिमा', पृ. 200) पन्त ने 'लोकायतन' में इस संग्राम का मूल्यांकन इस प्रकार किया है :

सन् सत्तावन का विप्लव था
लोकद्रोह से प्रेरित निश्चित,
वन दावा-सा फैल बुझा जो
जन-भू बल था तब न संगठित।
सामन्ती उच्छ्‌वास रहा वह
राष्ट्रीय आदर्शों से विरहित,
आंग्लों की बर्बरता अब तक

कुलिश नोक से उर में अंकित!
टोपे था वीरों की टोपी,
रानी शीर्ष-मुकुट शौर्य-स्मित...
सामन्ती विद्रोह रहा वह
अभिनव वैज्ञानिक युग के प्रति। [पृ. 91]

निराला के लिए सन् सत्तावन में यहाँ की जनता ने अपनी अपूर्व संगठन-क्षमता का परिचय दिया, पन्त के लिए तब जन-भू-बल संगठित न था। वह उसे लोकद्रोह मानते हैं, साथ ही उसे सामन्ती उच्छ्वास, सामन्ती विद्रोह भी कहते हैं। वह तात्या टोपे को वीरों की टोपी बनाकर उनकी प्रशंसा करते हैं, साथ ही उन्हें वैज्ञानिक युग का विरोध करनेवाला प्रतिक्रियावादी सामन्त-भक्त भी बना देते हैं। पन्त का दृष्टिकोण सुरेन्द्रनाथ सेन जैसे इतिहासकारों के दृष्टिकोण से मिलता है, निराला का दृष्टिकोण उन क्रान्तिकारियों का है जिन्होंने सन् सत्तावन के विकट संघर्ष के सम्मान में अपने दल का नाम 'गदर पार्टी' रखा था।

स्वाधीनता-संग्राम के प्रति निराला और पन्त के दृष्टिकोणों में जो अन्तर है, वह इतिहास के प्रति उनके दृष्टिकोणों में भी है। भारत के अन्य संघर्षों को प्रेरणादायक मानकर पन्त ने उन पर कविता लिखी हो, ऐसा भी नहीं है। गांधीजी के नेतृत्व में चलने वाले आन्दोलनों पर भी 'पल्लव'-'गुञ्जन' में उन्होंने कुछ नहीं लिखा। स्वभावत: पन्त की सारी क्रान्तियाँ मनुष्य के मन में होती हैं।

स्वाधीनता-आन्दोलन और भारतीय इतिहास के प्रति निराला, प्रसाद तथा पन्त के दृष्टिकोणों की भिन्नता छायावाद के अन्तर्विरोधों का प्रमाण है।

[2]

इतिहास के प्रति छायावादी कवियों का दृष्टिकोण स्वाधीनता-आन्दोलन की राजनीतिक प्रेरणा से ही निर्धारित नहीं होता, वह स्वाधीनता-आन्दोलन के साथ चलनेवाली सामाजिक क्रान्ति से भी प्रभावित होता है। सामन्ती समाज के अन्तर्विरोधों को, राजाओं के अत्याचारों, उच्च वर्णों द्वारा निम्न वर्णों के उत्पीड़न को निराला ने अच्छी तरह पहचाना था। प्रेमचन्द की पीढ़ी के उपन्यासकारों में यह दृष्टि सबसे अधिक वृन्दावनलाल वर्मा में है। उससे मिलती-जुलती दृष्टि प्रसाद की है। क्रूर, नृशंस, देश की रक्षा करने में असमर्थ राजा वध्य है—प्रसाद की 'ध्रुवस्वामिनी' में यह नीति-सूत्र पिरोया हुआ है।

समाज के नेता, महाराज, दंड-विधायक वे लोग हैं जो धूर्त, पाखंडी और अन्यायी हैं। 'राज्यश्री' में नरदत्त न्याय-अन्याय का एकदम आधुनिक विवेचन करता है, केवल उसकी शैली पर प्राचीनता का रंग है। दो-चार शब्द इधर-उधर बदल दिये जायँ तो लगेगा कि स्वाधीन भारत की समाज-व्यवस्था से परेशान कोई 'ऐंग्री यंग मैन' यह

सब लिख रहा है। नरदत्त कहता है : "कौन न कहेगा कि महत्त्वशाली व्यक्तियों के सौभाग्य-अभिनय में धूर्तता का बहुत हाथ होता है। जिनके रहस्यों को सुनने से रोम-कूप स्वेद-जल से भर उठे, जिसके अपराध का पात्र छलक रहा है, वही समाज का नेता है। जिसके सर्वस्व-हरणकारी करों से कितनों का सर्वनाश हो चुका है, वही महाराज है। जिसके दंडनीय कार्यों का न्याय करने में परमात्मा को समय लगे, वही दंड-विधायक है। यदि किसी साधारण मनुष्य का यही काम होता, जो महाराज देवगुप्त ने किया है, तो वह चोर, लंपट और धूर्त आदि उपाधियों से विभूषित होता। परन्तु उन्हें कौन कह सकता है?"

सम्पत्ति की पूजा करनेवाले समाज में ऐसी ही धूर्तता का बोलबाला होता है, फिर वह समाज चाहे सामन्ती हो, चाहे पूँजीवादी। नरदत्त के कथन में ऐसे ही समाज की आलोचना है। धर्मशास्त्रों की दुहाई इसी धूर्तता और अन्याय की रक्षा के लिए दी जाती है। निराला की तरह प्रसाद जातिप्रथा और वर्णव्यवस्था वाले उत्पीड़न के कट्टर विरोधी हैं, सामन्ती रूढ़ियों से जकड़ी हुई नारी की स्वाधीनता के प्रबल समर्थक हैं। इन रूढ़ियों को छिन्न-भिन्न करने के लिए प्रसाद, निराला और प्रेमचन्द—ये तीनों साहित्यकार धार्मिक अन्धविश्वासों की तीव्र आलोचना करते हैं।

इन्द्रजाल संग्रह में एक कहानी है : 'विराम चिह्न'। अछूत मन्दिर में प्रदेश करने के अधिकार के लिए लड़ रहे हैं। भक्त लोग लट्ठ लिये मन्दिर की रक्षा को तत्पर हैं। प्रसाद ने लिखा है : "आस्तिक भक्तों का झुंड अपवित्रता से भगवान् की रक्षा करने के लिए दृढ़ होकर खड़ा था।" यह संघर्ष शान्तिपूर्ण, अहिंसक ढंग से नहीं चलता। "लट्ठ चले, सिर फूटे। राधे आगे बढ़ ही रहा था। कुञ्जबिहारी ने बगल से घूमकर राधे के सिर पर करारी चोट दी। वह लहू से लथपथ वहीं लोटने लगा।"

शूद्र मन्दिर-प्रवेश के अधिकार के लिए लड़ते हैं किन्तु इस अधिकार के मिल जाने से उनकी समस्या हल न होगी, 'कर्मभूमि' के लेखक की तरह प्रसाद भी जानते हैं। 'तितली' में भूखा दरिद्र माधो मन्दिर के सामने खड़ा है। महन्त उसे दुरदुराकर भगाता है। प्रसाद लिखते हैं : "उसका सिर चकरा रहा था। उसने मन्दिर के सामने आकर भगवान् को देखा। वह निश्चल प्रतिमा! ओह, करुणा कहीं नहीं! भगवान् के पास भी नहीं!" (पृ. 181)

वहाँ एक स्त्री खड़ी है, नाम है राजकुमारी। माधो को दुतकारा जाता देखकर वह महन्त के धार्मिक पाखंड की आलोचना करती है : "ठाकुरजी के घर में भी दु:खियों और दीनों को आश्रय न मिले तो फिर क्या यह सब ढोंग नहीं? यह दरिद्र किसान क्या थोड़ी-सी भी सहानुभूति देवता के घर से भीख में नहीं पा सकता?" (उप., पृ. 182)

महन्त इस आलोचना का उत्तर नहीं देता। वह राजकुमारी पर अधिकार करना चाहता है। उसकी आवाज़ सुनकर मधुबन आ जाता है। "दोनों हाथों से महन्त का गला पकड़कर दबाने लगा। वह छटपटाकर भी कुछ बोल नहीं सकता था। और भी

बलपूर्वक दबाया। धीरे-धीरे महन्त का विलास-जर्जर शरीर निश्चेष्ट होकर ढीला पड़ गया।" (पृ. 186)

प्रेमचन्द और निराला की तरह प्रसाद नारी की सम्मान-रक्षा के विकट समर्थक हैं। इसके लिए वह हिंसा-अहिंसा का विचार नहीं करते। 'तितली' में मधुबन राजकुमारी की रक्षा करता है, ध्रुवस्वामिनी को अपनी रक्षा खुद करनी होती है। वह महारानी है किन्तु उसका पति मद्यप और क्लीव है। शकों से अपनी रक्षा करने के लिए उन्हें अपनी सहधर्मिणी सौंप देने को तैयार हो जाता है। ऐसा पति वध्य है; उसे त्यागकर नारी को दूसरा पति चुनने का अधिकार है। इस अधिकार के समर्थन में प्रसाद ने अपनी सतेज नाटिका 'ध्रुवस्वामिनी' लिखी है। जैसे 'काले कारनामे' में मनोहर की माँ शताब्दियों से किये जाते हुए नारी के अपमान की ज्वाला सँजोए हुए है, वैसे ही प्रसाद की यह ध्रुवस्वामिनी है। सामाजिक क्रान्ति की ऐसी तड़प, अपमानित पराधीन नारी के प्रति ऐसी गहरी सहानुभूति, उसके संघर्ष की कठिनाइयों का ऐसा ज्ञान, उसकी संघर्ष-क्षमता और विजय में ऐसा विश्वास प्रसाद की अन्य रचना में नहीं है। बौने, कुबड़े और हिजड़े के स्वाँग द्वारा उन्होंने सामन्ती सभ्यता के विकृत, ह्रास-ग्रस्त पक्ष का चित्रण किया है। ध्रुवस्वामिनी के तीक्ष्ण व्यंग्य-बोल शास्त्र और नीति की दुहाई देनेवालों को बेध डालते हैं। राजकुमारी की रक्षा के लिए जैसे मधुबन दौड़कर आता है, वैसे कोई पुरुष ध्रुवस्वामिनी की रक्षा करने नहीं आता। वह स्वयं ही चन्द्रगुप्त को प्रेरित करती है; क्लीव पति को त्यागने और नया पति चुनने के अधिकार का मानो प्रदर्शन करते हुए वह पति, अमात्य और अन्य जनों के सामने चन्द्रगुप्त को बाँहों में भर लेती है।

"इस राजकुल के अन्त:पुर में मेरे लिए न जाने कब से नीरव अपमान संचित रहा, जो मुझे आते ही मिला...। इस राजकुल में एक भी सम्पूर्ण मनुष्यता का निदर्शन न मिलेगा क्या? जिधर देखो, कुबड़े, बौने, हिजड़े, गूँगे और बहरे...अमात्य...आर्य समुद्रगुप्त के पुत्र को पहचानने में तुमने भूल तो नहीं की? सिंहासन पर भ्रम से किसी दूसरे को तो नहीं बिठा दिया?...मैं केवल यही कहना चाहती हूँ कि पुरुषों ने स्त्रियों को अपनी पशु-सम्पत्ति समझकर उनपर अत्याचार करने का अभ्यास बना लिया है, वह मेरे साथ नहीं चल सकता...ओह, तो मेरा कोई रक्षक नहीं? नहीं, मैं अपनी रक्षा स्वयं करूँगी। मैं उपहार में देने की वस्तु, शीतल मणि नहीं हूँ। मुझमें रक्त की तरल लालिमा है। मेरा हृदय उष्ण है और उसमें आत्म-सम्मान की ज्योति है। उसकी रक्षा मैं ही करूँगी।...संसार मिथ्या है या नहीं, यह तो मैं नहीं जानती, परन्तु आप, आपका कर्मकांड और आपके शास्त्र क्या सत्य हैं, जो सदैव रक्षणीया स्त्री की यह दुर्दशा हो रही है?...रोष है; हाँ, मैं रोष से जली जा रही हूँ। इतना बड़ा उपहास—धर्म के नाम पर स्त्री की आज्ञाकारिता की यह पैशाचिक परीक्षा, मुझसे बलपूर्वक ली गई है।...पृथ्वी तल से जैसे एक साकार घृणा निकलकर मुझे अपने पीछे लौट चलने का संकेत कर रही है। क्यों, क्या वह मेरे मन का कलुष है? क्या मैं मानसिक पाप कर

रही हूँ?...कुमार (यह उसका प्रेमी चन्द्रगुप्त है)! मैं कहती हूँ कि तुम प्रतिवाद करो। किस अपराध के लिए यह दंड ग्रहण कर रहे हो?...झटक दो इन लौह-शृंखलाओं को। यह मिथ्या ढोंग कोई नहीं सहेगा। तुम्हारा क्रुद्ध दुर्दैव भी नहीं।"

ऐसी है प्रसाद की ध्रुवस्वामिनी। नारी का यह रूप रीतिवादी काव्य में नहीं है, तथाकथित राष्ट्रीय काव्य में नहीं है, वह प्रसाद में है, निराला में है। प्राचीन काव्यों में वह 'महाभारत' और 'रामायण' में है। व्यास और वाल्मीकि की वह करुणा—ओज मिश्रित मानवतावादी परम्परा सामाजिक क्रान्ति के नवयुग में प्रसाद और निराला के साहित्य में फिर नया जीवन पाती है।

छायावाद भारत में आमूल सामाजिक क्रान्ति की आकांक्षा का साहित्य है। वह वर्णगत उत्पीड़न का विरोधी, शूद्र और नारी की समानता का समर्थक, धार्मिक अन्धविश्वासों और रूढ़ियों का विध्वंसक साहित्य है। स्वभावत: वह जीवन की स्वीकृति का साहित्य है : संसार में जन्म लेना पाप है, संसार दु:ख का कारण है, संसार मिथ्या है—इस तरह की मान्यताओं का वह विरोधी है। छायावादी कवियों में प्रसाद इन धारणाओं के सबसे सजग विरोधी हैं। वह बुद्ध की करुणा के समर्थक हैं, उनके दु:खवाद के नहीं। वह व्यावहारिक वेदान्त के समर्थक हैं, मायावाद के नहीं।

'रहस्यवाद' नाम के अपने प्रसिद्ध निबन्ध में उन्होंने प्रचलित धारणाओं के एकदम विपरीत रहस्यवाद की व्याख्या की है। रहस्यवाद का अर्थ है : जीवन में आनन्द की खोज और उसकी प्राप्ति। यह आनन्द अगोचर और अलौकिक नहीं है, उसमें कामचेतना का भी हिस्सा है। "काम का धर्म में अथवा सृष्टि के उद्‌गम में बहुत बड़ा प्रभाव ऋग्वेद के समय में ही माना जा चुका है—कामस्तदग्ने समवर्तताधि मनसोरेत: प्रथमं यदासीत्। यह काम प्रेम का प्राचीन वैदिक रूप है और प्रेम से वह शब्द अधिक व्यापक भी है।" ('काव्य और कला तथा अन्य निबन्ध', पृ. 47) रहस्यवाद के विरोधियों की आलोचना करते हुए प्रसाद ने लिखा कि वे मिथ्या नैतिक आदर्शों से प्रेरित हैं। यदि वे रहस्यवाद के आनन्दपथ को स्वीकार कर लें तो उनके "आदर्शवाद का ढाँचा ढीला पड़ जाता है।" (उप., पृ. 49) प्रसाद और निराला, दोनों ही आदर्शवाद शब्द का प्रयोग करते हैं और एक ही अर्थ ही में—मिथ्या नैतिक आदर्शों की विज्ञप्ति के लिए। ये आदर्शवादी "इस बात को स्वीकार करने में डरते हैं कि जीवन में यथार्थ वस्तु आनन्द है, ज्ञान से वा अज्ञान से मनुष्य उसी की खोज में लगा हुआ है।" (उप.) यह जीवन की स्वीकृति है। संसार से पराङ्‌मुख जो लोग भारतीय संस्कृति की दुहाई देकर मायावादी, दु:खवादी धारणाओं का समर्थन करते हैं, उनसे प्रसाद कहते हैं : "प्राचीन आर्य लोग सदैव से अपने क्रियाकलाप में आनन्द, उल्लास और प्रमोद के उपासक रहे।" (उप., पृ. 49) बाद को उन दार्शनिक मतों का प्रसार हुआ जिनके अनुसार "संसार दु:खमय माना गया और दु:ख से छूटना ही परम पुरुषार्थ समझा गया।" (उप., पृ. 51) भारत में जिस अद्वैत मूलाभक्ति का विकास हुआ, उसके अनुसार "संसार को मिथ्या

मानकर असम्भव कल्पना के पीछे भटकना नहीं पड़ता था। दुःखवाद से उत्पन्न संन्यास और संसार से विराम की आवश्यकता न थी।" (उप., पृ. 57) जो संसार को मिथ्या मानते थे, उनका दर्शन था मायावाद। तब "जगत् को मिथ्या—दुःखमय मानकर सच्चिदानन्द की जगत् से परे कल्पना हुई।" (उप., पृ. 60)

प्रसाद के कथा-साहित्य और नाटकों में इस मायावाद की आलोचना अनेक स्थलों पर, अनेक रूपों में मिलती है। 'कंकाल' में युवक मठाधीश देवीनिरंजन गंगातट पर आसन और दृढ़ धारणा से अपने मन को 'संयम में ले आने का प्रयत्न' करता है किन्तु ध्यान के समय एक बालिका की मूर्ति सामने आ खड़ी होती है। "वह उसे माया-आवरण कहकर तिरस्कार करता; परन्तु वह छाया, जैसे और ठोस हो जाती।" (पृ. 15) ध्यान में असफल होने पर "विद्वत्ता के जितने तर्क जगत् को मिथ्या प्रमाणित करने के लिए थे, उन्होंने उग्र रूप धारण किया।" (उप., पृ. 18) किन्तु इनके उग्र रूप धारण करने से वह अपनी मठाधीशी नहीं छोड़ देता। जगत् मिथ्या है, कर्म मिथ्या हैं; जिसने संसार रचा है, वह चाहता है, माया का खेल खेलो। देवनिरंजन गृहस्थ होकर पत्नी के साथ नहीं रहता किन्तु मठ के आय-व्यय का निरीक्षण गृहस्थ की ही तरह करता है; "फिर यह सहज उपलब्ध सुख क्यों छोड़ा जाय?" (उप., पृ. 18) प्रसाद का आनन्दपथ इस मठाधीशी सुख का समर्थक नहीं हैं। वह दिखा रहे हैं कि जो व्यक्ति संसार को मिथ्या कहता है, वह मठाधीश बनने का सुख छोड़ नहीं सकता। देवनिरंजन के तर्कों पर प्रसाद की टिप्पणी है : "त्यागपूर्ण थोथी दार्शनिकता जब किसी ज्ञानाभास को स्वीकार कर लेती है, तब उसका धक्का सम्हालना मनुष्य का काम नहीं।" (उप.)

देवनिरंजन आगे सोचता है, यह मठाधीशी आरम्भ कैसे हुई? धर्मसाधना के लिए तो एकांतवास का निर्देश है। अपने प्रश्न का उत्तर देता है कि "संघबद्ध होकर बौद्ध धर्म ने यह जो अपना कूड़ा छोड़ दिया है, उसे भारत के धार्मिक सम्प्रदाय अभी भी फेंक नहीं सकते।" (उप., पृ. 19) अर्थात् यह मठाधीशी वृत्ति उन्हीं का आविष्कार है जो संसार को माया कहते थे, उसे समस्त दुःखों का कारण मानते थे।

'तितली' में रामनाथ उस वेदान्त को नहीं मानता जो संसार को माया कहता है। यह मिथ्या वेदान्त है। "सच्चा वेदान्त व्यावहारिक है। वह जीवन समुद्र आत्मा को उसकी सम्पूर्ण विभूतियों के साथ समझता है।" (पृ. 94)

प्रसाद का व्यावहारिक वेदान्त रूढ़ि-विरोधी है, निराला के वेदान्त की तरह। उनके रहस्यवाद में आनन्द का वैसे ही स्थान है, जैसे निराला की प्रकृति-पूजा में। उल्लेखनीय है कि प्रकृति-पूजा वाले आनन्दमय रहस्यवाद का सम्बन्ध प्रसाद ने 'सौन्दर्य-लहरी' से जोड़ा है। 'सौन्दर्य-लहरी' में ब्रह्म की नहीं, शक्ति की उपासना है; यह शक्ति चेतन है, सुन्दर है—प्रसाद इस सत्य से भली भाँति परिचित हैं। रहस्यवाद वाले निबन्ध के अन्त में लिखा है : "साहित्य में विश्वसुन्दरी प्रकृति में चेतनता का आरोप संस्कृत-वाङ्मय में प्रचुरता से उपलब्ध होता है। यह प्रकृति अथवा शक्ति का

रहस्यवाद सौन्दर्य-लहरी के शरीरं त्वं शम्भो का अनुकरण मात्र है। वर्तमान हिन्दी में इस अद्वैत रहस्यवाद की सौन्दर्यमयी व्यंजना होने लगी है, वह साहित्य में रहस्यवाद का स्वाभाविक विकास है।"

यहाँ 'प्रकृति अथवा शक्ति का रहस्यवाद'—ये शब्द ध्यान देने योग्य हैं। सच्चिदानन्द ब्रह्म वाले अद्वैतवाद अथवा रहस्यवाद से यह भिन्न है। यह शरीर और आत्मा के द्वैत को स्वीकार नहीं करता। वह शरीरं त्वं शम्भो—इस सूत्र को लेकर आगे बढ़ता है। हिन्दी में—प्रसाद और निराला के साहित्य में—रहस्यवाद की 'सौन्दर्यमयी' व्यंजना होने लगी है। यह सौन्दर्य-पूजा उसकी विशेषता है, 'सौन्दर्य-लहरी' की अनुरूपता और 'गीतांजलि' से भिन्नता है।

प्रसाद ने इस शक्ति-साधक, सौन्दर्य-पूजक रहस्यवाद से 'गीतिका' के प्राक्कथन में निराला का सम्बन्ध जोड़ा : "निरालाजी ने नृम्ण और ओज, सौन्दर्य-भावना और कल्पना का जो माधुर्यमय संकलन किया है, वह उनकी कविता में शक्ति-साधना का उज्ज्वल परिचायक है।"

नृम्ण और ओज—ये गुण अन्य कवियों में भी मिलते हैं। प्रसाद ने उनके संकलन को शक्ति-साधना का परिचायक क्यों कहा? शक्ति से ओज का सम्बन्ध हो सकता है, नृम्ण का क्या सम्बन्ध? सौन्दर्य-भावना और कोमल कल्पना से शक्ति-साधना का सम्बन्ध कैसे स्थापित किया जा सकता है?—इन प्रश्नों का उत्तर रहस्यवाद वाले निबन्ध में है। प्रकृति विश्वसुन्दरी है। विश्वसुन्दरी प्रकृति शक्ति भी है। इसलिए निराला की सौन्दर्य-भावना उनकी शक्ति-साधना का उज्ज्वल परिचायक है। शक्ति और सौन्दर्य अभिन्न हैं।

किन्तु निराला के लिए शक्ति मृत्युरूपा भी है। जीवन और मृत्यु, सुन्दर और भीषण, जड़ और चेतन—इनके द्वन्द्व से चिरन्तन गतिशील प्रकृति निराला की प्रकृति है। निराला सौन्दर्य और आनन्द के कवि ही नहीं, दु:ख और मृत्यु के कवि भी हैं। प्रसाद-साहित्य में विषाद है, दु:ख भी है किन्तु उनके दर्शन में इनकी स्वीकृति के लिए कोई युक्ति नहीं है। आनन्दकामी रहस्यवाद की यही कमज़ोरी है।

[3]

छायावाद विकासमान आधुनिक भारतीय संस्कृति के अन्तर्विरोधों का साहित्य है। इन अन्तर्विरोधों का एक कारण परम्परा और आधुनिकता का द्वन्द्व है। हमें आधुनिक राष्ट्र बनना है, साथ ही अपनी परम्परा को भी क़ायम रखना है। दोनों बातों में कोई अनिवार्य द्वन्द्व नहीं किन्तु यदि आधुनिक भारत का नक्शा अस्पष्ट हो, तो परम्परा से कौन तत्त्व लिये जाएँ, कौन छोड़े जाएँ—यह विवेक भी अस्पष्ट होगा। 'तितली' और 'कामायनी' में आधुनिक समाज की जो कल्पना है, वह अस्पष्ट है। उस कल्पना के अनुरूप परम्परा का मूल्यांकन भी अस्पष्ट, जहाँ-तहाँ अवैज्ञानिक है।

उदाहरण के लिए रहस्यवाद वाले निबन्ध में मायावाद और दु:खवाद का खंडन करते हुए प्रसाद ने बुद्धिवाद का खंडन किया है। इस बुद्धिवाद को वह विवेकवाद भी कहते हैं और उसे आनन्दवाद का विरोधी मानते हैं। आनन्द और बुद्धि का द्वन्द्व 'कामायनी' का मूल सूत्र है। श्रद्धा कामगोत्र की बालिका है, वह कामायनी है, आनन्द का स्रोत है; "इड़ा का बुद्धिवाद श्रद्धा और मनु के बीच व्यवधान बनाने में सहायक होता है।" ('कामायनी' का आमुख)

प्रसाद ने भारतीय संस्कृति के आन्तरिक संघर्ष को पहले तो सामाजिक परिवेश से हटाकर विशुद्ध चिन्तन के धरातल पर स्थापित कर दिया है, फिर वेदों को पूर्ण ज्ञान का स्रोत मानकर उनसे आनन्दमय रहस्यवाद का सम्बन्ध जोड़कर बाद के समस्त विकास को प्रकारान्तर से पतन और ह्रास का इतिहास घोषित किया है। भक्ति-साहित्य को उन्होंने 'बुद्धिवाद का विकास' ('काव्य और कला', पृ. 51) अर्थात् मायावाद और दु:खवाद का विकास माना है। राम को उन्होंने 'विवेकवाद का सबसे बड़ा प्रतीक।' (उप., पृ. 59) माना, जो "केवल अपनी मर्यादा में और दु:सहिष्णुता में महान् रहे।" निर्गुण सन्त 'बुद्धिवादी' थे यद्यपि इन पर 'आनन्द के सहज साधकों' का प्रभाव भी पड़ा। स्वभावत: राम के उपासक तुलसीदास सबसे बड़े बुद्धिवादी सिद्ध होते हैं। किन्तु प्रसाद के अनुसार उनके समय में आनन्द-साधक रहस्यवाद की धारा इतनी प्रबल थी कि "स्वयं तुलसीदास को भी अपने महाप्रबन्ध में रहस्यात्मक संकेत करना पड़ा।" केवल "ब्रज के कवियों ने राधिका-कन्हाई-सुमिरन के बहाने आनन्द की सहज साधना परोक्षभाव में की।"

प्रसाद की यह आनन्द-साधना कहीं सामाजिक निष्क्रियता से जुड़ी हुई है। जीवन का चरम लक्ष्य यदि आनन्द की प्राप्ति है तब क्रान्ति, संघर्ष, सामाजिक कर्तव्य—यह सब किसलिए? सामाजिक रूप से निष्क्रिय दृष्टि तुलसीदास का महत्त्व नहीं पहचान सकती; जिस दर्शन में मनुष्य की सबसे गहरी, प्रत्यक्ष, मार्मिक अनुभूति—शोकानुभूति—की व्याख्या नहीं है, वह तुलसीदास जैसे कवियों की व्याख्या भी नहीं कर सकता।

किन्तु एक कविता में प्रसाद ने लिखा है कि तुलसीदास ने मानवता को ही राम का रूप दिया था : 'मानवता को सदय राम का रूप दिया था'। राम दु:ख-सहिष्णुता में ही महान् नही हैं; वे दूसरों का दु:ख दूर करने के कारण भी महान् हैं। इसीलिए 'सदय' मानवता के प्रतीक हैं। जो राम के रूप में मानवता को चित्रित करता है, वह मानवता से—संसार से—पराङ्मुख 'बुद्धिवादी', मायावादी कैसे हो सकता है? तुलसीदास ने राम की उपासना की तो मानो मानवता की उपासना की, उनका विरोध कोई समझदार कवि कैसे करे? इसलिए :

राम छोड़ कर और की जिसने कभी न आस की
रामचरित मानस कमल जय हो तुलसीदास की।

[कानन कुसुम, पृ. 87]

यह भी प्रसाद ने ही लिखा है।

स्वाधीनता-आन्दोलन की माँग है कि लेखक सामाजिक जीवन से पराङ्मुख न होकर उसे गहराई से देखें, उसमें भाग लें, उसे चित्रित करें। स्वाधीनता-आन्दोलन का यह दबाव साहित्य में यथार्थवादी रुझानों के पनपने का मुख्य सामाजिक कारण है। जहाँ स्वाधीनता-संघर्ष के साथ किसान-आन्दोलन भी संगठित हो रहा है, सामन्त-विरोधी संग्राम तेज़ हो रहा है, वहाँ यथार्थवाद के विकास के लिए सामाजिक परिवेश और भी अनुकूल है। दूसरी ओर स्वाधीनता-आन्दोलन के विकास की रूपरेखा स्पष्ट नहीं है। किसान-संघर्षों की भूमिका स्पष्ट नहीं, साम्राज्यवाद के दाँव-पेंच स्पष्ट नहीं, उनके काट पहले से अपने पास तैयार नहीं। इस तरह की अस्पष्टता, इस तरह का अज्ञान यथार्थवाद का विकास रोकता है। इसके साथ लेखक की अपनी सामाजिक स्थिति है, अपने संस्कार हैं, चारों ओर के सांस्कृतिक वातावरण का बोझ है जिसमें तरह-तरह की यथार्थ विरोधी दार्शनिक साहित्यिक धाराएँ पुजती हैं। इससे छायावादी साहित्य में विकट अन्तर्विरोधों की सृष्टि होती है।

प्रसाद चाहते हैं कि नये भारत के निर्माण के लिए ऐसा युवक-दल सामने आए :

जो अछूत का जगन्नाथ हो, कृषक-करों का दृढ़ हल हो
दुःखिया की आँखों का आँसू और मजूरों का कल हो—

['कानन कुसुम', पृ. 91]

अर्थात् युवक ऐसे होने चाहिए जो द्विज-शूद्र का भेद मिटा दें, जो दीन किसानों का सम्बल हों, दुखी जनों का दुःख दूर करें, मज़दूरों से भी जिनका सम्बन्ध हो। दूसरी ओर :

ले चल वहाँ भुलावा देकर,
मेरे नाविक! धीरे धीरे।
जिस निर्जन में सागर लहरी,
अम्बर के कानों में गहरी—
निश्छल प्रेमकथा कहती हो,
तज कोलाहल की अवनी रे।

['लहर', पृ. 14]

प्रसाद का मन छायालोक में वैसे ही रमता है, जैसे निराला का। प्रसाद अवश्य जानते हैं कि यह छायालोक की सैर घातक है। 'स्कन्दगुप्त' में जहाँ विजया कहती हैं : 'गा चुके कोमल कल्पनाओं के लचीले गान'—वहाँ प्रसाद की सजगता सिद्ध होती है किन्तु प्रसाद-काव्य पर उनके छायालोक का घना कुहरा छाया हुआ है। उनकी सजगता वैसी तीव्र नहीं है, जैसी निराला की। यथार्थ और छायालोक का अन्तर्विरोध उतना तीखा नहीं है जितना निराला में। निराला के किसान-संस्कार

छायालोक में उन्हें चैन से घूमने नहीं देते। 'अप्सरा' तक में किसान परिवेश को वह छोड़ नहीं पाते। सामाजिक उत्पीड़न को प्रत्यक्ष देखकर तिलमिला उठते हैं, स्वयं को धिक्कारने लगते हैं। 'मैं ईश्वर, सौन्दर्य, वैभव और विलास का कवि हूँ!—फिर क्रान्तिकारी!' प्रसाद इस आत्म-प्रताड़ना से मुक्त हैं। अन्तर्द्वन्द्व की वेदना के शमन हेतु उनके पास एक व्यवस्थित दर्शन है जिसका स्रोत, उनके अनुसार, सीधे ऋग्वेद में है। सौन्दर्य और आनन्द की साधना का यह दर्शन एक हद तक सामाजिक निष्क्रियता का दर्शन भी है।

'हंस' में 'तितली' की आलोचना करते हुए प्रेमचन्द ने लिखा था : "चरित्र सजीवन होकर छाया-से मालूम होते हैं। सूर्य का तीव्र प्रकाश कहीं नहीं है, मद्धिम चाँदनी में सारे दृश्य दिखाई देते जान पड़ते हैं।" यह उक्ति 'तितली' पर उतना लागू नहीं होती जितना प्रसाद की कहानियों और उनकी कविताओं पर। छायावादी कविता के कुछ दोष प्रसाद में सबसे अधिक हैं। इनमें एक दोष है मद्धिम चाँदनी में सारे दृश्यों का दिखाई देना। प्रसाद के काव्य-संसार में मानो अशरीरी भाव हवा में उड़ते हैं। प्रकृति और नारी, दोनों के ही चित्रण में वस्तु की रेखाएँ, आकार उभरते नहीं हैं। लाज, मादकता, आलस, शिथिलता, अंगड़ाई, नींद, सपने—इनकी भरमार है। जो कुछ दिखाई देता है, धुँधला और अस्पष्ट।

शशि मुख पर घूँघट डाले।
अंचल में दीप छिपाये
जीवन की गोधूली में
कौतूहल से तुम आये। ['आँसू']

एक तो गोधूलि, उस पर घूँघट से ढका हुआ मुख, दीप आँचल के भीतर, मानो इतना धुँधलापन काफी न हो! मूर्ति की तुलना की गई है अमूर्त कौतूहल से।

ऊषा सी आँखों में कितनी
मादकता भरी ललाई है।
कहता दिगन्त से मलय पवन
प्राची की लाजभरी चितवन—
है रात घूम आई मधुवन,
यह आलस की अँगड़ाई है। ['लहर', पृ. 20]

मादकता, आलस्य, लाज, अँगड़ाई—निष्क्रिय सौन्दर्य-पूजा के सारे उपकरण एक जगह समेट लिये गए हैं। देवसेना के प्रसिद्ध गीत 'आह! वेदना मिली विदाई में' :

मेरी यात्रा पर लेती थी—
नीरवता अनन्त अँगड़ाई। ['स्कन्दगुप्त']

यात्रा पर नीरवता अँगड़ाई लेती थी। लगता है, सचमुच छायावाद स्थूल के प्रति सूक्ष्म का विद्रोह है :

तुम कनक किरण के अन्तराल में
लुक छिप कर आते हो क्यों?...
हे लाज भरे सौन्दर्य बता दो
मौन बने रहते हो क्यों? ['चन्द्रगुप्त']

शशिमुख पर घूँघट डालने के बदले कनक-किरण के अन्तराल से लुक-छिपकर आना। लाजभरा सौन्दर्य—अपने मौन बने रहने का उत्तर क्या दे? एक विशेष स्थिति, विशेष प्रकार का सौन्दर्य, एक विशेष भावात्मक प्रतिक्रिया, उसी की आवृत्ति, प्रकृति पर उसी का आरोप। प्रसाद से सहानुभूति होने लगती है। कहीं गहरा धक्का लगा है। उस अनुभूति से उबर नहीं पाते, उसी में डूबे रहने में सुख मिलता है।

जगीं वनस्पतियाँ अलसाईं...
['कामायनी', अष्टम संस्करण, पृ. 23]
जलधि लहरियों की अँगड़ाई... [उप.]
अलस चेतना की आँखें... [उप., पृ. 35]
चेतना शिथिल सी होती है... [उप., पृ. 70]
चेतना थक सी रही तब... [उप., पृ. 216]
लेती ढीली सी भरी साँस... [उप., पृ. 234]
कोमल किसलय के अँचल में
नन्हीं लतिका ज्यों छिपती सी... [उप., पृ. 98]
नीरव निशीथ में लतिका सी... [उप., पृ. 98]

प्रसाद जब चेतना के थकने और शिथिल होने की बात करते हैं तब उनके सामने—निराला की तरह—जीवन-संग्राम में थके हुए योद्धा का चित्र नहीं होता, यह शिथिलता आलस्य और निष्क्रियता से सम्बद्ध है। यह अलस शिथिल चेतना स्वप्नों के छायालोक में विचरण करती है। प्रसाद का स्वप्न-संसार 'छायावाद' नाम सार्थक करता है। महादेवी वर्मा का अमूर्त भाव-संसार प्रसाद के छायालोक के आधार पर ही रचा गया है।

पन्त के जिस काव्य ने उन्हें लोकप्रिय बनाया, उसमें प्रकृति उतनी अस्पष्ट नहीं है जितनी प्रसाद-काव्य में। यही नहीं कि विभिन्न वस्तुएँ रूपरेखा, आकार आदि में स्पष्ट हैं, पन्त की प्रकृति पहचानी जा सकती है कि वह पार्वतीय है। बाद को 'ग्राम्या' की रचनाओं में उसकी अवधी (या मैदानी) विशेषता भी पहचानी जा सकती है।

मेखलाकार पर्वत अपार
अपने सहस्र दृग सुमन फाड़,

अवलोक रहा है बार-बार
नीचे जल में निज महाकार,
जिसके चरणों में पला ताल
दर्पण-सा फैला है विशाल!

यह प्रकृति सम्बन्धी कल्पना नहीं, वास्तविक प्रकृति है। प्रकृति की वास्तविकता के साथ भाषा और छन्द में ओज है जिसकी प्रतिध्वनि 'मेरे नगपति मेरे विशाल' जैसी कविताओं में सुनाई देती है। इस प्रकृति-चित्रण में उपदेश, नैतिकता, मानवीय भावनाओं का आरोप आरम्भ से है, बाद को वह और बढ़ता गया, पन्त के प्रकृति-काव्य को कमज़ोर बनाता गया। प्रसाद में प्रकृति-चित्र यदि धुँधले हैं तो कम-से-कम भावों का अभाव नहीं है। 'ग्राम्या', 'पल्लव' को छोड़कर अनेक कमज़ोर रचनाओं में पन्त प्रकृति-सम्बन्धी धारणाएँ दोहराते हैं; भाव और रूप, दोनों का अभाव रहता है। पन्त अपनी प्रकृति को अत्यन्त सुरक्षित स्थान से देखते हैं। प्रकृति विस्मय या उल्लास उत्पन्न करती है। उसके कर्कश, उग्र, भयावह रूप उनकी आँखों से ओझल रहते हैं।

प्रसाद के भावबोध में समरसता नहीं है। यह अलस चाँदनी में प्रकृति की मादक छवि निहारते हैं तो दिन की तेज़ धूप में लू के झोंकों से हिलता हुआ शाल्मली वृक्ष भी देखते हैं :

देखो, वृक्ष शाल्मली का वह महाभयावह कैसा है
आतप-भीत विहंगम कुल-सा क्रन्दन इस पर कैसा है
लू के झोंके लगने से जब डाल सहित वह हिलता है
कुंभकर्ण-सा कोटर-मुख से अगणित जीव उगिलता है।

['कानन कुसुम', पृ. 25]

भावबोध की यह भिन्नता प्रकृति-चित्रण ही में नहीं दिखाई देती, वह नारी-चित्रण में भी है। एक ओर शशि-मुख पर घूँघट डाले मौन लाजभरे सौन्दर्य हैं, दूसरी ओर देवसेना, ध्रुवस्वामिनी जैसी उदात्त चरित्र वाली मुखर देवियाँ हैं। मुक्तिबोध ने प्रसाद के काव्य से उनके कथा-साहित्य और नाटकों को अलग करके देखा, इसमें औचित्य है।

भावबोध में जैसा अन्तर्विरोध है, वैसा ही अन्तर्विरोध उनकी कला में है। छायावाद की विशेष अभिव्यंजना शैली बहुत कुछ प्रसाद की गढ़ी हुई है। छायावाद की 'कवित्वपूर्ण' शब्दावली पर उनकी छाप है। प्रसाद-गुण की साधना के लिए उन्होंने जयशंकर के साथ उपनाम 'प्रसाद' जोड़ा। बहुत जगह उनकी भाषा अशक्त है, छन्द के प्रवाह में ओज की कमी है। निराला और पन्त की तरह उनकी कला में बड़े उतार-चढ़ाव हैं। हर जगह एक-सी सफलता नहीं मिली, अक्सर एक ही

कविता या गीत में कुछ पंक्तियाँ बहुत सुन्दर बन पड़ती हैं, बाकी में शब्दों का जोड़-तोड़ है। किन्तु प्रसाद-काव्य की यह शिथिलता धोखा देनेवाली भी है। वह पहले से बताए बिना, ओजस्विता का अभिनय किये बिना अपनी पदयोजना में अप्रत्याशित शक्ति केन्द्रित कर देते हैं। निराला की प्रिय पंक्तियाँ :

चढ़कर मेरे जीवन रथ पर
प्रलय चल रहा अपने पथ पर

इसका प्रमाण हैं। उनके नाटकों में कहीं सहज ओजस्विता है, कहीं कृत्रिम। संवाद में बहुत जगह पारसी रंगमंच की अभिनय-कला का प्रभाव दिखाई देता है। पारसी नाटकों से भिन्नता शब्द-चयन में है, दर्शकों को अतिरंजित नाटकीयता से प्रभावित करने में नहीं। जहाँ वह इस नाटकीयता से मुक्त हैं, वहाँ अपनी प्रच्छन्न शक्ति का परिचय देते हैं। गद्य में ही नहीं, पद्य में—शेरसिंह के शस्त्र-समर्पण वाले मुक्त छन्द में ही नहीं, गीतों में—वह ओजपूर्ण शब्द-प्रवाह से चौंका देते हैं :

किस गहन गुहा से अति अधीर
झंझा प्रवाह-सा निकला यह जीवन विक्षुब्ध महा समीर...
देखे मैंने वे शैल-शृंग
जो अचल हिमानी से रंजित, उन्मुक्त उपेक्षा भरे तुंग...
जीवन निशीथ के अन्धकार!
तू नील तुहिन जलनिधि बनकर फैला है कितना वारपार...
बिखरी अलकें ज्यों तर्कजाल
यह विश्व मुकुट-सा उज्ज्वलतम शशिखंड-सदृश था स्पष्ट भाल...

निराला के ध्वनि-वैभव से यह शब्द-प्रवाह कितना मिलता-जुलता है! 'तुम और मैं', 'राम की शक्तिपूजा', पन्त के 'पर्वत प्रदेश में पावस' में छन्द की यही गति है।

प्रसाद-निराला-पन्त-महादेवी—इन सभी में अलंकरण-वृत्ति प्रबल है। यह वृत्ति पद्य में ही नहीं, गद्य में भी दिखाई देती है। कभी-कभी गद्य में अधिक, पद्य में कम—जैसे महादेवी वर्मा के गद्य में। अलंकरण में जो अर्थवक्रता, व्यंग्य की प्रखरता निराला में है, वह अन्य कवियों में नहीं। सामान्यत: छायावादी गद्य में बोलचाल की भाषा की शक्ति के प्रति उपेक्षा का भाव है। एक अभिजातवर्गीय दृष्टि कला को जनसाधारण से अलग करके उसे शिष्ट और अलंकृत रूप देने के लिए उन्हें प्रेरित करती है। शिवचन्द्र नागर ने महादेवी वर्मा पर बहुत सुन्दर पुस्तक लिखी है। उसमें महादेवी भी जैसे बातें करती हैं, वैसे ही बोलती-बतियाती सुनाई देती हैं। बोलचाल के इस गद्य में उनका व्यक्तित्व खूब निखरता है; उनकी विनोदप्रियता, हास्यवृत्ति, गद्य का सहज प्रवाह यहाँ है, उनके अलंकृत लेखन में नहीं। दुर्भाग्य से जब वह साधारण जनों पर लिखती हैं, तब भी उनकी असाधारण

अलंकरण-वृत्ति उनका साथ नहीं छोड़ती। पन्त ने कुछ कहानियाँ लिखीं, इसके अलावा उन्होंने आलोचनात्मक गद्य—भूमिकाओं आदि के रूप में ही—अधिक लिखा। पन्तजी जब भाषण नहीं देते, बातें करते हैं, तब उनका गद्य बहुत साफ-सुथरा, विनोदपूर्ण, भाषा की अन्तर्निहित शक्ति को उद्घाटित करनेवाला होता है। जब वह उत्तेजित होकर बोलते हैं—ऐसे अवसर बहुत कम आते हैं—तब मालूम होता है, वह अवध में काफी दिन रहे हैं। जब-तब वह उत्तेजित होकर लिखते भी हैं; तब उनके गद्य में नया ओज उत्पन्न होता है। इसकी झलक जहाँ-तहाँ उनकी भूमिकाओं, वक्तव्यों आदि में मिलेगी।

पद्‌मनारायण आचार्य ने प्रसाद की बातचीत का जो विवरण दिया है, उसे पढ़ने से ज्ञात होगा कि निराला-पन्त-महादेवी की तरह उनके गद्य के भी दो स्तर हैं। "पर गुप्तजी तो बिना अनुगमन किये रह ही नहीं सकते और वे इसी कला में बेजोड़ हैं। मेरी-उनकी क्या बराबरी? वे दूसरे क्षेत्र में काम करते हैं और मैं दूसरे में। जिस क्षेत्र में वे हैं, उस क्षेत्र में वे अद्वितीय हैं।" यह प्रसाद का सहज, सशक्त, व्यंग्यपूर्ण गद्य है जिसके दर्शन उनके नाटकों में कम होते हैं। किन्तु प्रसाद के नाटकों में गद्य एक-सा नहीं है, शैली की विविधता है। इसके अलावा निबन्धों में अलंकरण-वृत्ति का प्राय: अभाव है। छायावादी कवियों में सभी ने आलोचनात्मक निबन्ध लिखे हैं, सबसे कम अलंकरण प्रसाद के निबन्धों में हैं।

बोलचाल की भाषा और लिखित गद्य में जैसा शैली-भेद है, वैसा ही लोकगीतों और गद्य की शैली में है। यह अन्तर्विरोध सबसे अधिक निराला में है, सबसे कम महादेवी वर्मा में। निराला ने सबसे दुरूह, तत्सम-गर्भित पदावली रची; उन्होंने सबसे अधिक लोकगीतों के अनुरूप अपने गीतों की कला को सँवारा। एक ओर वह उदात्त के साधक हैं, दूसरी ओर लोकसंगीत के माधुर्य के उपासक हैं। पन्त की काव्यभाषा 'पल्लव'-काल में ब्रजभाषा से काफी प्रभावित है, 'ग्राम्या' में वह फिर बोलचाल की भाषा की मिठास से सरस होती है। परवर्ती काव्य में वह ब्रज तथा लोकभाषा से बहुत दूर हट गई है।

'आँधी' संग्रह में प्रसाद की एक कहानी है : 'ग्रामगीत'। उसमें यह गीत सुनाई देता है :

बरजोरी बसे हो नयनवाँ में।
अपने बाबा की बारी दुलारी
खेलत रहली अँगनवाँ में।
ई कुल बतियाँ कबों नहीं जनली,
देखली कबों ने सपनवाँ में।
मुरि मुसुक्याई पढ़्यो कछु टोना,
गारी दियो किधों मनवाँ में।

ढीठ! बिसारे बिसरत नाहीं
कैसे बसूँ जाय बनवाँ में,
बरजोरी बसे हो नयनवाँ में।

इस तरह का लोकसंगीत प्रसाद को भी प्रिय था। हिन्दी काव्य-भाषा की यह समस्या है कि उसे कैसे लोकभाषा के नज़दीक लाएँ, लोकभाषा के तत्त्वों से कैसे उसे नई शक्ति दें। प्रसाद के गीतों पर लोकभाषा, लोकधुनों का हल्का प्रभाव है लेकिन ऐसा प्रभाव है, इससे इनकार नहीं किया जा सकता।

मेरी आँखों की पुतली में
तू बन कर प्रान समा जा रे! ['लहर']

यह बनक लोकगीतों की है। 'सब ठाठ पड़ा रह जाएगा जब लाद चलेगा बंजारा'!

यथार्थोन्मुख और यथार्थ-विमुख, दोनों तरह की धाराएँ छायावादी साहित्य में हैं। वे भावबोध, विचारधारा और कला—तीनों जगह अपना प्रभाव दिखाती हैं। उनकी जड़ें सामाजिक और सांस्कृतिक परिवेश में हैं। निराला के व्यक्तित्व में जो अन्तर्विरोध बहुत तीक्ष्ण रूप में उभरकर सामने आते हैं, वे मुँदे-ढके रूप में अन्य कवियों में भी हैं। समर्थ साहित्य अन्तर्विरोधों को पार करता हुआ विकसित होता है। जिसे इस बात का पता नहीं कि उसकी भाषा लोकभाषा से कितनी कटी हुई है, वह अन्तर्विरोधों का सामना क्या करेगा, भाषा का विकास क्या करेगा?

छायावादी कवि प्रतिभाशाली थे किन्तु इनकी प्रतिभा अपना विशेष चमत्कार तब दिखाती है जब वह यथार्थ जीवन से कतराती नहीं है, स्वाधीनता-दोलन को नज़दीक से देखती है, किसान संगठन की आवश्यकता महसूस करती है, सामाजिक क्रान्ति की आकांक्षाओं को प्रतिबिम्बित करती है। निराला की साम्राज्य-विरोधी चेतना अत्यन्त प्रखर है। उनके किसान संस्कार प्रबल हैं। वह तुलसीदास से लेकर अवध के लोकगीतों तक से अपनी भाषा, ध्वनि-प्रवाह और कला के उपकरण जुटाते हैं। जीवन-संघर्ष में करारी चोटें खाकर तटस्थ निस्संग दृष्टि से सत्य को देखकर जो साहित्य उन्होंने रचा, वह छायालोक का साहित्य नहीं, यथार्थ जीवन का साहित्य है। निराला के व्यक्तित्व की विशेषताएँ उनके युग की विशेषताओं से मिल गई हैं। वह युग से लेते ही नहीं, रचनाकार हैं, उसे देते भी हैं। उनकी कला में हिन्दी गद्य और काव्य का बहुत-सा भावी विकास छिपा हुआ है।

स्वाधीनता-प्राप्ति के बाद दूसरे छायावादी कवियों के साहित्य में जैसे दिशा-परिवर्तन हुए, उनसे निराला-काव्य की तुलना करें तो पता चलेगा कि जो व्यक्तित्व सबसे ज़्यादा विघटित मालूम होता था, वही अपने युग का प्रतिनिधित्व करनेवाला सबसे धीर, प्रशान्त, अविघटित व्यक्तित्व भी है। निराला के साहित्य की अनेक विशेषताएँ उनके युग की सामान्य विशेषताएँ हैं। उनकी अपूर्व ऊर्जा, मेधा का प्रखर

प्रकाश, अनुपम भावशक्ति, उदात्त ध्वनि-प्रवाह, लोकसंगीत का माधुर्य, व्यंग्य की वक्रता—उनकी प्रतिभा की अपनी देन हैं।

[4]

जैसे शेक्सपियर और मिल्टन के बाद शेली, कीट्स और बायरन का युग अंग्रेज़ी-काव्य का सबसे रचनात्मक, सबसे प्रगतिशील युग है, वैसे ही तुलसीदास और सूरदास के युग के बाद प्रसाद-निराला-पन्त का युग सबसे रचनात्मक, सबसे प्रगतिशील युग है। शेक्सपियर और मिल्टन के युग में अंग्रेज़ी-भाषी जनता एक महाजाति के रूप में संगठित हुई; उसके जातीय अभ्युदय के युग का नाम है रिनैसेंस। सामन्ती युग के जनपदों का अलगाव दूर हुआ, व्यापार और विनिमय के विकास के साथ नये वर्ग संगठित हुए, पुरानी वर्ण-व्यवस्था टूटी। व्यापारी वर्ग, मध्य वर्ग और किसानों ने मिलकर—इंग्लैंड के गृहयुद्ध के रूप में—यूरोप की पहली सामन्त-विरोधी क्रान्ति सम्पन्न की। इस क्रान्ति की देन है मिल्टन, जो प्रजातंत्र के विनाश के बाद भी पराजय स्वीकार नहीं करता।

तुलसीदास और सूरदास के युग में जनपदों का अलगाव दूर होता है, व्यापार की मंडियों के रूप में बड़े-बड़े नगरों का विकास होता है। राजभाषा फारसी है; हिन्दीभाषी जनता की अपनी जातीय भाषा के विकास में यह बहुत बड़ी बाधा है। फिर भी ब्रजभाषा का साहित्य ब्रज जनपद के बाहर दूर-दूर तक लोकप्रिय होता है। तुलसीदास ब्रज और अवधी, दोनों भापा में लिखते हैं, उनका 'रामचरितमानस' ब्रज-अवध के अलावा अनेक पूर्वी-पश्चिमी जनपदों में पढ़ा और सुना जाता है। जैसे शेक्सपियर के नाटक अंग्रेज़ी-भाषी जाति की श्रेष्ठ उपलब्धि हैं, वैसे ही 'रामचरितमानस' हिन्दीभाषी जाति की श्रेष्ठ साहित्यिक उपलब्धि है। यूरोप से भिन्न भारत एक बहुजातीय राष्ट्र के रूप में विकसित होता है; तुलसीदास जिस तरह हिन्दी-भाषी प्रदेश के बाहर पढ़े जाते रहे हैं, उस तरह यूरोप में शेक्सपियर नहीं पढ़ा जाता रहा।

अठारहवीं सदी के अन्त में ब्रिटेन में औद्योगिक क्रान्ति हुई। अर्थतंत्र में छोटे पैमाने के उत्पादन का विनाश आरम्भ हुआ; कल-कारखानों में श्रमिक द्वारा नये तरीके से उत्पादन शुरू हुआ। देश के अर्थतंत्र में जो सामन्ती अवशेष थे, वे खत्म हुए। औद्योगिक क्रान्ति से आर्थिक प्रभुसत्ता भूस्वामी वर्ग के हाथ से छिन गई—पूरी तरह नहीं, आंशिक रूप में—किन्तु उन्नीसवीं सदी के पूर्वार्द्ध में राजनीतिक प्रभुसत्ता उसी के हाथ में बनी रही।

इस बीच फ्रांस में—यूरोप की दूसरी सामन्त-विरोधी क्रान्ति सम्पन्न होती है। इसका गहरा असर ब्रिटेन के रोमांटिक कवियों पर पड़ता है। औद्योगिक क्रान्ति से उत्पन्न नवीन सामाजिक परिस्थितियों में—फ्रांसीसी राज्यक्रान्ति से उत्पन्न उग्र विचारधारात्मक संघर्ष की नवीन सांस्कृतिक परिस्थितियों में—जो साहित्य रचा जाता

है, उसका नाम है रोमांटिक साहित्य। यह साहित्य कलात्मक स्तर पर रीतिवादी काव्य को परास्त करता है, आलोचना में यूरोपीय रीतिवाद के आदिगुरु अरस्तू की प्रभुसत्ता का ध्वंस कर देता है, जातीय अभ्युत्थान के महान् लेखकों—शेक्सपियर और मिल्टन—से अपना सम्बन्ध जोड़ता है।

भारत में दूसरे महायुद्ध के बाद—यूरोप की तीसरी सामन्त-विरोधी क्रान्ति, श्रमिक वर्ग के नेतृत्व में सम्पन्न होनेवाली, समाजवाद की ओर अग्रसर, रूसी राज्य-क्रान्ति के बाद—स्वाधीनता-आन्दोलन के नवीन अभ्युत्थान के युग में जो साहित्य रचा जाता है, वह छायावाद है। हिन्दी-भाषी जाति अंग्रेज़ जाति की तरह स्वतंत्र नहीं है। वह विभिन्न जनपदों, अक्सर विभाजित जनपदों में बँटी हुई है—आधा भोजपुरी क्षेत्र बिहार में, आधा संयुक्त प्रान्त में। उसकी भाषा हिन्दी-उर्दू, दो साहित्यिक अथवा शिष्ट रूपों में बँटी हुई है। 1857 की स्वाधीनता-संग्राम-भूमि—हिन्दीभाषी प्रदेश—पर अंग्रेज़ों की विशेष कृपा रही। सामन्ती अवशेषों के साथ रीतिवादी धारा ने अंग्रेज़ी राज में नया जीवन पाया। छायावादी कवियों में प्रसाद और निराला को पूरी स्कूली शिक्षा भी नहीं मिली; केवल पन्त इंटर तक पहुँचे थे, विश्वविद्यालय की शिक्षा उन्हें भी नहीं मिली। विश्वविद्यालयीय शिक्षा-प्राप्त अध्यापक-साहित्यकारों में महादेवी वर्मा अन्यतम हैं।

छायावादी कवियों ने शिक्षित मध्यवर्ग के काव्यबोध में भारी परिवर्तन किया। रीतिवादी काव्य में रूप-रस-गंध का संसार सीमित, रूढ़िबद्ध सौर निर्जीव हो गया था। छायावादी काव्य में प्रकृति और मनुष्य के पार्थिव, मांसल सौन्दर्य का नया उद्घाटन हुआ। छायावादी काव्य नये रीति-विरोधी गोचर सौन्दर्य का काव्य है। उसका मूर्तिविधान रूप-रस-गंध के संसार की इस नई पहचान का ही परिणाम है। छायावादी काव्य मनुष्य के नवीन उन्मुक्त भावलोक का साहित्य है। रीतिवादी भावरुद्ध काव्य-संसार की सीमाएँ तोड़कर, व्यक्ति के महत्त्व की घोषणा करते हुए, छायावादी कवियों ने हिन्दी कविता को नई भावराशि से समृद्ध किया। यह भावराशि एक ओर भावुकता को छूती है और कमज़ोर है, दूसरी ओर उसमें भावगाम्भीर्य है, वह अप्रतिहत भावशक्ति से संचालित भी है।

दार्शनिक चिन्तन की दृष्टि से तुलसीदास के बाद का यह सबसे समृद्ध युग है। छायावाद का कोई एक निश्चित व्यवस्थित दर्शन नहीं हैं—इंग्लैंड के रोमांटिक कवियों का भी नहीं है। छायावादी कवि रहस्यवाद से नाता जोड़ते हैं किन्तु उनकी व्याख्याएँ अलग-अलग हैं। जिस व्याख्या को एक कवि स्वीकार करता है, उसके अनुरूप ही सर्वत्र उसके दार्शनिक विचारों की अभिव्यक्ति हो, यह आवश्यक नहीं। जहाँ व्याख्याएँ परस्पर-विरोधी हों, वहाँ दार्शनिक ऊहापोह का कहना ही क्या! एक बात निश्चित है कि छायावाद में सांसारिकता की ओर उन्मुख प्रबल भावधारा ही नहीं, विचारधारा भी है। छायावाद की श्रेष्ठ उपलब्धि रहस्यवादी आनन्द का काव्य नहीं, शोकानुभूति का काव्य है। भवभूति के नाटकों,

तुलसीदास की 'विनयपत्रिका' और 'कवितावली' के बाद ओजमिश्रित करुणा की श्रेष्ठ अभिव्यक्ति इस युग के काव्य में हुई है।

छायावाद रीतिमुक्त कल्पना का काव्य है। मनुष्य की मानसिक क्षमताओं में कल्पनाशक्ति का महत्त्वपूर्ण स्थान है। यह कल्पनाशक्ति सुधारवादी, मिथ्या नैतिकतावादी कवियों में जड़ हो गई थी; उपयोगितावाद की ज़ंजीरें उसे सक्रिय न होने देती थीं। रीतिवादी कवियों में द्रष्टा की कल्पना नहीं, चमत्कारवादियों की गिरहबाज़ी थी। छायावादी कवियों की कल्पना एक ओर अपार्थिव छायालोक में घूमती है, दूसरी ओर वह यथार्थ का घनीभूत अनुभव भी प्रस्तुत करती है; काव्य में वह स्वप्नाविष्ट कवि-दृष्टि का चमत्कार दिखाती है।

छायावाद आत्मगत अनुभूतियों का साहित्य माना जाता है किन्तु सामाजिक-सांस्कृतिक परिवेश के प्रति उसमें जैसी सजगता है, वैसी पूर्ववर्ती, परवर्ती काव्य में कम है। आत्मगत अनुभूति, व्यक्तिगत जीवन पर निर्भर भावोद्गार लिरिक-काव्य की विशेषताएँ हैं। छायावाद में लिरिक-काव्य सबसे अधिक महादेवी वर्मा ने लिखा, फिर पन्त ने। प्रसाद ने नाटक लिखे, छायावाद का श्रेष्ठ महाकाव्य 'कामायनी' लिखा। ये लिरिक साहित्य के उदाहरण नहीं हैं। निराला ने 'राम की शक्तिपूजा' और 'तुलसीदास' जैसी प्रबन्ध कविताएँ लिखीं। प्रसाद और निराला, दोनों आत्मगत अनुभवों को नाटकीय रूप देना जानते हैं। यह नाटकीयता निराला के गीतों में भी है। इसलिए छायावाद के लिरिक पक्ष को उसका एकमात्र पक्ष न मानना चाहिए।

छायावाद नये सामन्त-विरोधी मानव-मूल्यों की प्रतिष्ठा का साहित्य है। जाति-प्रथा और साम्प्रदायिक विद्वेष से विभाजित समाज में वह मानवीय एकता की पुकार का साहित्य है। वह बाह्य जगत् के अन्तर्विरोधों को उजागर करता है, साथ ही मनुष्य के अन्तर्जगत् के नये रहस्य भी उद्घाटित करता है। मनोवैज्ञानिक छानबीन की दृष्टि से छायावादी साहित्य अत्यन्त समृद्ध है।

छायावाद निरन्तर और नवीन प्रयोगशीलता का साहित्य है। नये-नये काव्य-रूप, नया छन्द-विधान, नई प्रबन्ध-पटुता, अनेक प्रकार की शैलियों का व्यवहार इस साहित्य की विशेषता है। यह प्रयोगशीलता नवीनता या मौलिकता का प्रदर्शन नहीं है। कलात्मक प्रयोग नये अनुभवों को व्यक्त करने की समस्याओं से जुड़े हुए हैं। विशेष रूप से ध्वनि-प्रवाह सम्बन्धी करिश्मे जैसे यहाँ हैं, वैसे शेष हिन्दी काव्य में—एक ही युग के काव्य में—कम हैं। छायावादी कवियों ने पद्य के साथ गद्य भी लिखा। रीतिवादी और गांधीवादी कवि गद्य-लेखन में इनका मुकाबला नहीं कर सकते। इनके आलोचनात्मक निबन्ध पुरानी स्थापनाओं को दोहराने या उनकी नई व्याख्या करने के बदले कवियों के अपने रचना सम्बन्धी अनुभवों से समृद्ध है। रीति-मुक्त हिन्दी आलोचना नवीन साहित्य-निर्माण के साथ आगे बढ़ती है। प्रेमचन्द को छोड़कर इनके नाटकों और कथा-साहित्य का गद्य उस युग का श्रेष्ठ कलात्मक गद्य है। पद्य की तरह गद्य में शैलीगत विविधता है; गद्य-पद्य, दोनों में तर्क-योजना

के अतिरिक्त ये लेखक संरचना-सम्बन्धी स्थापत्यबोध, साहित्य के निर्माण-सौन्दर्य के प्रति अपनी सजगता का परिचय देते हैं। गद्य और पद्य, दोनों में इन्होंने हिन्दी की अभिव्यंजना शक्ति का नवीन विकास किया।

संस्कृत वाङ्मय से लेकर हिन्दी के पुराने कवियों तक की सांस्कृतिक विरासत के प्रतिनिधि ये छायावादी कवि हैं। इस विरासत से और लोग भी परिचित थे किन्तु उसका अनुसरण मात्र नहीं, रचनात्मक विकास छायावाद की विशेषता है। अन्य भाषाओं में, विशेष रूप से बँगला में, जो नया साहित्य रचा जा रहा था, उससे ये परिचित थे, न्यूनाधिक मात्रा में प्रभावित थे। नवीन साहित्य के अलावा निराला बँगला के पुराने साहित्य के भी अध्ययनशील प्रेमी थे। उनका परिचय उर्दू और अंग्रेज़ी साहित्य से भी था। देश-विदेश की अनेक सांस्कृतिक धाराएँ छायावादी साहित्य में आकर मिलती हैं। इन धाराओं के मिलने से उसका जातीय और राष्ट्रीय रूप नष्ट नहीं होता, और भी विकसित होता है।

इन छायावादी कवियों में परस्पर विरोध भी था : कहीं व्यक्तिगत, कहीं वस्तुगत। जहाँ साहित्यिक प्रतिद्वन्द्विता में श्रेष्ठ बनने की महत्त्वाकांक्षा है, वहाँ विरोध व्यक्तिगत है, किन्तु यह स्मरण रखना उचित है कि छायावादी कवियों की विचारधारा, भावबोध और कलात्मक क्षमता में बड़ा अन्तर है। कुछ ऐसे हैं जिनकी राजनीतिक चेतना प्रखर है, कुछ ऐसे हैं जिनकी राजनीतिक चेतना मन्द है। कुछ किसान जीवन से निकट रूप में सम्बद्ध हैं, कुछ उससे विच्छिन्न हैं। कुछ ऐसे हैं जो भावोच्छ्वास मात्र से सन्तुष्ट नहीं हैं, साहित्य में मेधा का चमत्कार देखना चाहते हैं। कुछ ऐसे हैं जिनकी भावशक्ति क्षीण है, विचारशक्ति और भी जीर्ण है। भाषा की परख, कलात्मक क्षमता, जीवन-संघर्ष के अपने-अपने अनुभव एक-से नहीं हैं, इसलिए मतभेद की ही नहीं, परस्पर विरोध और वाद-विवाद की गुंजाइश भी थी। ऐसे विरोध और वाद-विवाद का आधार वस्तुगत है और साहित्य में वह वांछनीय है, भले ही वह व्यक्तिगत रागद्वेष से सदैव मुक्त न हो। छायावादी कवियों का मूल्यांकन होगा तो उनकी कलात्मक क्षमता और रचनात्मक उपलब्धि का भेद भी सामने आएगा। इस भेद के बारे में मतभेद की गुंजाइश है किन्तु इससे यह न समझना चाहिए कि किसी एक को उठाने और दूसरों को गिराने के लिए साहित्य का विवेचन किया गया है। उसके लिए इतना परिश्रम करना आवश्यक नहीं। कुछ दिन में यह काम इतिहास स्वयं कर देता है। किन्तु जो काम इतिहास नहीं करता, वह साहित्य के मर्म को उद्घाटित करता है। यह काम आलोचकों का है। कोई आलोचक यह दावा नहीं कर सकता कि उसने जो कुछ समझा है, यह सब सही है या साहित्य की समझ उसमें पूर्ण विकसित होने के बाद औरों के लिए निर्वाण को प्राप्त हो गई है।

जहाँ कवियों ने अपने बारे में कुछ लिखा है, अपने काव्य का मूल्यांकन प्रस्तुत किया है, आलोचकों का कर्तव्य है कि उस पर ध्यान दें। निराला ने अपने बारे में जो कुछ लिखा है, उसकी चर्चा पहले हो चुकी है। प्रसाद और महादेवी वर्मा ने

अपना मूल्यांकन नहीं किया। पन्त ने अपने काव्य पर अनेक स्थानों में विशद प्रकाश डाला है। विशेष रूप से 'छायावाद : पुनर्मूल्यांकन' में उन्होंने भारतीय साहित्य के परिप्रेक्ष्य में अपना महत्त्वपूर्ण मूल्यांकन किया है। साथ ही अन्य कवियों पर भी मत प्रकट किया है।

कालिदास के बाद के समस्त भारतीय साहित्य पर दृष्टिपात करते हुए उन्होंने लिखा है : "भारतीय सांस्कृतिक परम्परा में कालिदास-से महाकवि हुए हैं, पर भारतीय दार्शनिक परम्परा में ऐसा सौन्दर्य-मंडित, ज्योति-संवृत कवि अभी तक एकमात्र निराला ही मिले हैं—यह उनके कृतित्व की पर्याप्त विजय है।" (पृ. 70) ऐसी उदारता वन्दनीय है जिसमें तुलसीदास समेत समस्त दार्शनिक काव्य-परम्परा निराला के सामने हेठी दिखाई देती है। अवश्य ही निराला छायावादी युग के एकमात्र दार्शनिक कवि नहीं हैं। वास्तव में दार्शनिक कवि होना एक बात है, सत्य के दर्शन करना दूसरी बात है।

पन्त ने लिखा है : "वास्तव में, दर्शनज्ञ या दर्शनों से प्रभावित कवि तो प्रसादजी तथा निरालाजी रहे हैं। एक शैवागम से, दूसरे वेदान्त से, और दोनों का दर्शन-बोध मूल्य की दृष्टि से उनके काव्य की परिसीमा बन गया है। मैंने तो जो कुछ भी वैचारिक या बौद्धिक तत्त्व ग्रहण किये हैं, वे भावनात्मक दृष्टि से, क्योंकि मेरी भावना अन्तर्मुखी न होकर जीवनोन्मुखी या वस्तून्मुखी रही है।" (पृ. 74)

वास्तव में तुलसीदास का दृष्टिकोण मध्ययुगीन रहा है; उस दार्शनिक परम्परा में कालिदास के बाद निराला श्रेष्ठ दार्शनिक कवि लगें तो आश्चर्य नहीं। किन्तु उनका दर्शनबोध उनके काव्य की परिसीमा है, वह जीवनोन्मुखी नहीं है, यह ध्यान में रखना चाहिए। मध्ययुगीन दर्शन से बँधे रहने का दोष रवीन्द्रनाथ ठाकुर में भी है। पन्त ने उनके बारे में लिखा है कि "उनका भावना तत्त्व आधुनिक या नवीन न होकर वही वैष्णव-युग की प्रेम-साधना का भावतत्त्व है...रवीन्द्र के गीतों में नये युग-हृदय की भावना-स्फूर्ति को, नये युग के निर्माण-उन्मेष तथा कर्म-सौन्दर्य को, तथा नये प्रेम मूल्य में परिणत तत्त्व को वाणी नहीं मिल सकी है।" (पृ. 80-81)

वर्तमान युग में केवल अरविन्द घोष ऐसे कवि-दार्शनिक हैं जिन्होंने "भारतीय चेतना एव मानस चैतन्य को मध्ययुगीन दार्शनिक जटिलताओं से मुक्त कर तथा उसका सन्तों की जीवन-घातक निषेध-वर्जनाओं से उद्धार कर उसका समग्र रूप से नवीन संस्कार किया। वह नि:सन्देह नये अन्तश्चैतन्य के प्रतिनिधि, महापुरुष तथा सत्यद्रष्टा हैं।" (पृ. 81)

अन्तश्चैतन्य के प्रतिनिधि कवि और सत्यद्रष्टा पन्त भी हैं। लोग उन्हें अरविन्द का अनुयायी समझते हैं, यह गलत है। उनका विकास स्वतंत्र रूप से हुआ है। उन्होंने स्पष्ट लिखा है : "मुझे स्वयं ही 'पल्लव' के बाद एक स्वतंत्र व्यापक अन्तर्दृष्टि जीवन, मन तथा आत्मा-सम्बन्धी मान्यताओं को निरखने-परखने के लिए मिल गई थी।" (पृ. 81) स्वभावत: अरविन्द के सत्य-दर्शन और पन्त की सूक्ष्म आध्यात्मिक

अनुभूति में अन्तर है और कुल मिलाकर योगी अरविन्द की देन क्या है? यदि यूरोप के विकासवाद को उनके दर्शन से निकाल दिया जाय तो उसमें पुराने भारतीय दर्शन की आवृत्ति के अलावा बचेगा क्या? पन्त कहते हैं :

"वास्तव में, विकासवाद के सिद्धांत को छोड़कर जिसमें वह पश्चिमी विकासवाद को महत्त्वपूर्ण रूप दे सके हैं, श्री अरविन्द-दर्शन केवल भारतीय औपनिषदिक चैतन्य का ही युग-अनुरूप दार्शनिक मूल्यांकन है, जिसका स्वतंत्र बोध मुझे 'ज्योत्स्ना' और 'युगवाणी'-काल में हो चुका था।" (पृ. 76)

स्वभावत: पुराने दार्शनिक चिन्तन की व्याख्या करनेवाले अरविन्द के जीवन-दर्शन और पन्त के सत्य-दर्शन में अन्तर है।

"श्री अरविन्द जीवन को जड़ के ऊपर की एक स्थिति भर मानते हैं। उनके अनुसार, जो प्राचीन भारतीय दृष्टिकोण भी है—जड़ से जीवन, जीवन से मन का विकास हुआ है...उनकी साधना-पद्धति मध्ययुगीन दृष्टि से आत्ममुक्ति-सम्बन्धी न होने पर भी उस प्रकार की नहीं है, जिसे मैं सामाजिक यथार्थ के विकास के पथ से सन्तुलित विश्व-जीवन के लिए सामूहिक मुक्ति की दृष्टि कहता हूँ।" (पृ. 78)

प्राचीन भारतीय दृष्टिकोण से अरविन्द को छुटकारा नहीं मिलता। सन्तुलित विश्व-जीवन के लिए मुक्ति की जो दृष्टि चाहिए, वह उनके पास नहीं है। अरविन्द के विपरीत—अपनी इस सत्यदृष्टि को सम्पन्न बनाने के लिए मैंने अपने युग की सभी प्रकार की आर्थिक, राजनीतिक, सामाजिक, सांस्कृतिक, दार्शनिक एवं वैज्ञानिक विचारधाराओं से अपने प्रयोजन के तत्त्वों को ग्रहण एवं आत्मसात करने का प्रयत्न किया है।" (पृ. 89)

स्पष्ट है कि अरविन्द घोष के जीवन-दर्शन में जो खामियाँ हैं, उन्हें पन्त ने दूर किया है। उस दर्शन का परिष्कार मात्र किया हो, ऐसी बात नहीं है। 'पल्लव' के बाद उन्हें जो व्यापक जीवन-दृष्टि मिली थी, उसे वे निरन्तर विकसित करते रहे हैं। यह जीवन-दृष्टि तुलसीदास, वैष्णव कवियों, संतों आदि की जीवन-घातक निषेध वर्जनाओं से मुक्त है, उसमें रवीन्द्रनाथ की तरह वैष्णव-युग की प्रेम-साधना की आवृत्ति नहीं है। उसके लिए नहीं कहा जा सकता कि वह नये युग-हृदय की भावना-स्फूर्ति के प्रतिकूल है। उसमें सन्तुलित विश्व-जीवन के लिए वह सामूहिक मुक्ति की दृष्टि है, जो अरविन्द के पास भी नहीं है। प्रसाद और निराला का ज़िक्र ही क्या, शैवागम और वेदान्त जिनके काव्य की परिसीमा बन गए हैं। विराट् भारतीय साहित्य और संस्कृति के परिप्रेक्ष्य में अनेक कवियों-दार्शनिकों का यह सर्वेक्षण अपने में मूल्यवान है। वह पन्त-काव्य का सर्वथा नवीन मूल्यांकन भी प्रस्तुत करता है, यह उसका अतिरिक्त मूल्य है। नि:सन्देह पन्त स्वयं अपना मूल्यांकन जिस पद्धति से, जिस स्तर पर प्रस्तुत कर सकते हैं, वह किसी आलोचक के लिए सम्भव नहीं। कुछ आलोचक तो पुरानी काव्य-दृष्टि से बँधे हुए थे; जो उस दृष्टि से मुक्त

थे, उनकी "संकीर्ण दृष्टि तथा दलबंदी के कारण, मेरी उस नई जीवन-दृष्टि तथा काव्य-वस्तु का समुचित मूल्यांकन नहीं हो सका।" (पृ. 76)

इसीलिए मैंने कहा, कवि अपने बारे में क्या कहते हैं, उस पर ध्यान देना आवश्यक है। पन्त ने जो कुछ लिखा है, वह दूसरों को गिराने और स्वयं को उठाने के लिए नहीं लिखा। उन्होंने जिस उदारता से औरों के बारे में लिखा है, उससे कुछ अधिक उदारता से अपने बारे में लिखा है। इसमें बुराई क्या है? साहित्य में किसी कवि का मूल्यांकन न हो तो क्या वह चुपचाप बैठा रहे? हिन्दी साहित्य में जो काम कोई आलोचक नहीं कर सका, उसे पन्त ने पूरा किया है। इसके लिए हमें उनका कृतज्ञ होना चाहिए। उन्होंने पहली बार अपना समुचित मूल्यांकन प्रस्तुत किया है; जो मूल्यांकन समुचित है, वह उचित भी हो, यह आवश्यक नहीं। इससे उसके मूल्य में कोई कमी नहीं आती। 'छायावाद : पुनर्मूल्यांकन' पन्त की ऐतिहासिक कृति है और छायावादी युग के अन्तर्विरोधों को समझने के लिए उसका महत्त्व असन्दिग्ध है।

परिशिष्ट

पुस्तक-सूची

परिमल— गंगा पुस्तक माला, लखनऊ; अष्टमावृत्ति, 1960
गीतिका— भारती भंडार, इलाहाबाद; प्रथम संस्करण, 1936
अनामिका— उप.; प्रथम संस्करण, 1938
तुलसीदास— उप.; तृतीय संस्करण, 1942
अणिमा— युग मन्दिर, उन्नाव; प्रथम संस्करण, 1943
बेला— निरुपमा प्रकाशन, प्रयाग; नवीन संस्करण, 1962
नये पत्ते— उप.; उप., 1962
अर्चना— कला मन्दिर, प्रयाग; प्रथम संस्करण, 1950
आराधना— साहित्यकार संसद्; प्रथम संस्करण, 1953
गीत गुंज— हिन्दी प्रचारक पुस्तकालय, वाराणसी; द्वितीय संस्करण, 1959
सान्ध्यकाकली— वसुमती, इलाहाबाद; प्रथम संस्करण, 1969
कुकुरमुत्ता— युग मन्दिर, उन्नाव; प्रथम संस्करण, 1942
रामायण— (विनय कांड)—राष्ट्रभाषा विद्यालय, काशी; प्रथम संस्करण, 1948
अप्सरा— गंगा पुस्तक माला, लखनऊ; सातवीं आवृत्ति, 1960
अलका— उप., दसवीं आवृत्ति, 1961

निरुपमा—भारती भंडार, प्रयाग; प्रथम संस्करण, 1936
प्रभावती—किताब महल, प्रयाग; चतुर्थ संस्करण, 1953
चोटी की पकड़—उप., प्रथम संस्करण, 1946
काले कारनामे—हिन्दी प्रचारक पुस्तकालय, काशी, 1960
कुल्ली भाट—गंगा पुस्तक माला, लखनऊ; पाँचवीं आवृत्ति, 1961
बिल्लेसुर बकरिहा—किताब महल, प्रयाग; नवीन संस्करण, 1958
लिली—गंगा पुस्तकमाला, लखनऊ; सातवीं आवृत्ति, 1961
सुकुल की बीवी—भारती भंडार, प्रयाग; तृतीय संस्करण, 1955
चतुरी चमार—किताब महल, इलाहाबाद; 1957
रवीन्द्र कविता-कानन—हिन्दी प्रचारक पुस्तकालय, काशी, 1954
प्रबन्ध पद्म—गंगा पुस्तक माला, लखनऊ; प्रथम संस्करण, 1934
प्रबन्ध प्रतिमा—भारती भंडार, प्रयाग; प्रथम संस्करण, 1940
चाबुक—कला मन्दिर, प्रयाग; प्रथम संस्करण (प्रकाशन वर्ष अप्रकाशित)।
चयन—कल्याणदास एंड ब्रदर्स; वाराणसी, प्रथम संस्करण, 1957
संग्रह—निरुपमा प्रकाशन, प्रयाग; 1962